Specht / Mantz

Handbuch Europäisches und deutsches Datenschutzrecht

Handbuch Europäisches und deutsches Datenschutzrecht

Bereichsspezifischer Datenschutz in Privatwirtschaft und öffentlichem Sektor

Herausgegeben von

Prof. Dr. Louisa Specht
Lehrstuhl für Bürgerliches Recht,
Daten- und Informationsrecht an der
Rheinische Friedrich-Wilhelms-Universität
Bonn

Dr. Reto Mantz
Dipl.-Inf., Richter am Landgericht
Frankfurt a.M.

2019

www.beck.de

ISBN 978 3 406 72539 5

© 2019 Verlag C.H. Beck oHG
Wilhelmstraße 9, 80801 München
Druck: Beltz Grafische Betriebe GmbH
Am Fliegerhorst 8, 99947 Bad Langensalza

Satz: 3w+p GmbH, Rimpar
Umschlaggestaltung: Druckerei C.H. Beck, Nördlingen

Gedruckt wird auf säurefreiem, alterungsbeständigem Papier
(hergestellt aus chlorfrei gebleichtem Zellstoff)

Vorwort

Datenschutzrecht ist (nicht erst) seit Verabschiedung der Datenschutzgrundverordnung (DS-GVO) in aller Munde. Die in immer geringeren Abständen auftretenden Datenskandale lassen das Datenschutzrecht immer deutlicher auch in das Bewusstsein derer treten, die bislang keinen rechten Bezug zu diesem Rechtsgebiet finden konnten. Mit der Geltungserlangung der DS-GVO am 25.5.2018 und der Änderung des nationalen Datenschutzrechts kommt es nun zu teils erheblichen Rechtsänderungen.

Diese Rechtsänderungen fallen jedoch bereichsspezifisch sehr verschieden aus. Die Bereichsspezifik besteht dabei nicht nur zwischen dem privaten Wirtschaftssektor und dem öffentlich-rechtlichen Bereich. Auch innerhalb des privaten und des öffentlich-rechtlichen Sektors differieren die datenschutzrechtlichen Herausforderungen erheblich. Die Spanne reicht hier im Privatrecht von Automotive und Arbeitsrecht über Finanzen, Versicherungen, Medizin, Energie, TK und IT bis zum Datenschutz bei Anwaltschaft und Presse, im öffentlich-rechtlichen Bereich von Schulen und Universitäten sowie Forschung und Wissenschaft über die Verwaltung, Strafverfolgung, Kultureinrichtungen, Bibliotheken, Museen und Archiven bis hin zu Sozialdatenschutz und Kirchen.

Für den Praktiker stellt sich hier die Frage, welche Vorgaben für ihn konkret (und ggf. erstmals) zu beachten sind, wenn er Akteure aus den spezifischen Bereichen berät, welche Fragen und Probleme er bedenken muss und welche Maßnahmen konkret zu ergreifen sind. Hierbei kann bereits die Ermittlung der anwendbaren Normen (DS-GVO, JI-RL, ePrivacy-Richtlinie bzw. -Verordnung sowie bundes- und/oder landesrechtlich zu berücksichtigende Normen wie Umsetzungsregelungen oder Normen zur Ausgestaltung der Öffnungsklauseln) eine erhebliche Schwierigkeit darstellen. Die bisher erschienenen, zweifellos hervorragenden Werke zum neuen Datenschutzrecht erörtern das Datenschutzrecht in der Regel im Allgemeinen und häufig einzig aus Sicht von DS-GVO und BDSG, zT mit landesdatenschutzrechtlichen Bezügen. Übersichtliche Aufarbeitungen insbesondere in Handbüchern, die die für die verschiedenen Sektoren spezifisch relevanten Probleme herausarbeiten und Lösungen vorschlagen, liegen derzeit nur sehr vereinzelt vor, außerdem behandeln diese einzelne Bereiche in der Regel nur für sich. Für den Anwender bedeutet dies, dass er allgemeine Ausführungen auf den für ihn relevanten Bereich übertragen und zurückführen muss, ohne dass er zwangsläufig zu den ihn betreffenden, ganz konkreten Fragestellungen auf Hinweise hoffen kann.

Diese Lücke zu schließen ist die Aufgabe dieses Handbuchs. Für dieses Unterfangen haben wir ausgewiesene Praktiker und Wissenschaftler versammelt, die das europäische und deutsche Datenschutzrecht bereichsspezifisch aufarbeiten, wobei zunächst einführend die verfassungsrechtlichen Grundlagen, Grundzüge der DS-GVO und des neuen BDSG, Grundlagen der Compliance sowie von ePrivacy, ferner das Straf- und Ordnungswidrigkeitenrecht dargestellt werden.

Wir bedanken uns herzlich bei den Autoren für die großartige Zusammenarbeit, ohne die eine so zeitnahe Anfertigung des Handbuchs nicht gelungen wäre. Ein besonderer Dank gilt auch den Mitarbeitern des Lehrstuhls für Bürgerliches Recht, Informations- und Datenrecht an der Rheinischen Friedrich-Wilhelms-Universität Bonn und hier insbesondere Frau Rebecca Rohmer, die die redaktionelle Bearbeitung der Beiträge vollständig übernommen hat und deren Genauigkeit, Fleiß und Einsatz nicht genug gelobt werden können.

Bonn/Frankfurt am Main im August 2018
Louisa Specht/Reto Mantz

Inhaltsübersicht

Vorwort V
Inhaltsverzeichnis IX
Autorenverzeichnis XXIX
Abkürzungsverzeichnis und Verzeichnis der abgekürzt zitierten Literatur XXXI

Teil A. Datenschutzrechtliche Grundlagen

§ 1 Einführung *(Specht/Mantz)* 1
§ 2 Verfassungsrechtliche Grundlagen, Europäisches und nationales Recht *(Bretthauer)* 7
§ 3 Vorgaben der Datenschutz-Grundverordnung *(Mantz/Marosi)* 38
§ 4 BDSG und andere sondergesetzliche Datenschutzregelungen *(Lauber-Rönsberg)* 95
§ 5 ePrivacy *(Steinrötter)* 129
§ 6 Compliance *(Krätschmer)* 143
§ 7 Internationaler Datentransfer *(Wieczorek)* 166
§ 8 Datenschutz und Straf- und Ordnungswidrigkeitenrecht *(Born)* 210

Teil B. Datenschutzrecht in der Privatwirtschaft

§ 9 Verbraucherdatenschutz *(Specht)* 233
§ 10 Beschäftigtendatenschutz *(Ströbel/Wybitul)* 279
§ 11 Datenschutz in der Anwaltschaft *(Bortz)* 308
§ 12 Datenschutz in der Privatversicherung *(Spittka)* 336
§ 13 Datenschutz im Medizinsektor *(Paschke)* 365
§ 14 Datenschutz im Finanzwesen *(Heinson)* 391
§ 15 Datenschutz in der Informationstechnik *(Schneider)* 418
§ 16 Datenschutz im Automotive-Sektor *(von Bodungen)* 450
§ 17 Datenschutz im Energiesektor *(Kreße)* 479
§ 18 Datenschutz im Telekommunikationssektor *(Kiparski)* 505
§ 19 Datenschutz in Presse und anderen Medien *(Hennemann)* 530

Teil C. Datenschutzrecht im öffentlichen Sektor

§ 20 Datenschutz in der Verwaltung von Bund, Ländern und Kommunen *(Bock)* 559
§ 21 Datenschutz und präventive Tätigkeit der Polizei *(Roggenkamp)* 599
§ 22 Datenschutz in der Justiz *(Engeler)* 623
§ 23 Datenschutz in Forschung und Hochschullehre *(Golla)* 646
§ 24 Datenschutz in Schule und Schulverwaltung *(Sassenberg)* 672
§ 25 Datenschutz in Kultureinrichtungen, Bibliotheken und Archiven *(Steinhauer)* ... 699
§ 26 Sozialdatenschutz *(Kipker/Pollmann)* 718
§ 27 Kirchliches Datenschutzrecht *(Paschke)* 762

Sachverzeichnis 769

Inhaltsverzeichnis

Vorwort	V
Inhaltsübersicht	VII
Autorenverzeichnis	XXIX
Abkürzungsverzeichnis und Verzeichnis der abgekürzt zitierten Literatur	XXXI

Teil A. Datenschutzrechtliche Grundlagen

§ 1 **Einführung**	1
I. Bedeutung des bereichsspezifischen Datenschutzrechts	1
II. Allgemeiner Teil des Handbuchs	2
III. Besonderer Teil des Handbuchs	3
§ 2 **Verfassungsrechtliche Grundlagen, Europäisches und nationales Recht**	7
I. Einleitung	8
1. Hintergrund	8
2. Historische Entwicklung des Datenschutzes	9
3. Gegenwart des Datenschutzes	11
II. Anwendbare Vorschriften	12
1. Art. 7 GRCh	12
2. Art. 8 GRCh	13
a) Schutzbereichsdimension, Eingriff und Rechtfertigung	13
b) Verfassungsrechtliche Grundprinzipien des Datenschutzes	17
3. Art. 16 AEUV	22
4. Art. 8 EMRK	23
5. Art. 2 Abs. 1 iVm Art. 1 Abs. 1 GG	24
a) Recht auf informationelle Selbstbestimmung	25
b) Grundrecht auf Gewährleistung der Vertraulichkeit und Integrität informationstechnischer Systeme	27
III. Einzelprobleme	28
1. Verhältnis der datenschutzrechtlichen Normen im grundrechtlichen Mehrebenensystem	28
2. Grundrechtsberechtigte & Grundrechtsverpflichtete	30
a) Grundrechtsberechtigte	30
b) Grundrechtsverpflichtete	31
3. Dogmatische Einordnung der Einwilligung	31
4. Einschlägige Schrankenregelung des Datenschutzgrundrechts	32
5. Drittwirkung des Datenschutzgrundrechts	33
6. Rolle der Gerichte im Mehrebenensystem des Datenschutzes	34
7. Rechtsschutz	35
IV. Fazit	37
§ 3 **Vorgaben der Datenschutz-Grundverordnung**	38
I. Einleitung	40
II. Anwendbare Normen	40
III. Anwendungsbereich	41
1. Sachlicher Anwendungsbereich	41

Inhaltsverzeichnis

      a) Identifizierung natürlicher Personen 42
      b) Anonyme und pseudonyme Daten 43
      c) Automatisiert oder in einem Dateisystem gespeichert 44
   2. Persönlicher Anwendungsbereich 44
      a) Verantwortlicher 44
      b) Auftragsverarbeiter 45
      c) Dritter 46
      d) Empfänger 46
      e) Betroffener 46
      f) Ausschließlich persönliche oder familiäre Tätigkeiten 46
   3. Räumlicher Anwendungsbereich 47
      a) Niederlassungsprinzip 47
      b) Marktortprinzip 48
      c) Völkerrecht 49
   4. Unanwendbarkeit und Verhältnis zu anderen Rechtsakten 49
IV. Zulässigkeit der Verarbeitung 51
   1. Rechtmäßigkeit 51
      a) Allgemeines 51
      b) Einwilligung 52
      c) Gesetzliche Rechtfertigungtatbestände 53
      d) Werbung 56
      e) Daten von Kindern 56
      f) Verarbeitung besonderer Kategorien personenbezogener Daten 57
      g) Daten über strafrechtliche Verurteilungen und Straftaten 58
      h) Automatisierte Entscheidungen im Einzelfall und Profiling 58
   2. Verarbeitung nach Treu und Glauben 59
   3. Transparenz 59
   4. Zweckbindung 60
      a) Grundlagen 60
      b) Zweckfestlegung 60
      c) Zweckänderung 61
      d) Ausnahmen für wissenschaftliche, historische, statistische Zwecke .. 62
   5. Datenminimierung 62
   6. Informationspflichten und Betroffenenrechte 63
      a) Informationspflichten 63
      b) Auskunftsrecht 67
      c) Berichtigung 68
      d) Löschung 68
      e) Einschränkung der Verarbeitung 69
      f) Datenübertragbarkeit (Art. 20 DS-GVO) 70
      g) Widerspruch 70
   7. Rechenschaftspflicht 71
V. Gemeinsam Verantwortliche und Auftragsverarbeitung 71
   1. Gemeinsam Verantwortliche 71
      a) Definition 71
      b) Abgrenzung 72
      c) Pflichten 72
   2. Auftragsverarbeiter 73
      a) Allgemeines 73
      b) Abgrenzung 73
      c) Pflichten und Anforderungen 73
VI. Risikobeherrschung: Datenschutz durch Technik, Sicherheit und
    Folgenabschätzung 75

1. Grundsätze	75
2. Risikoabschätzung	76
3. Datenschutz durch Technik	77
4. Sicherheit	77
5. Meldung von Verletzungen	78
6. Benachrichtigung bei Verletzungen	79
VII. Datenschutzbeauftragter	79
1. Rolle	79
2. Pflicht zur Benennung	79
3. Stellung und Aufgaben	81
a) Stellung	81
b) Aufgaben	81
4. Haftung	82
VIII. Selbstregulierung	82
1. Verhaltensregeln	82
2. Berechtigte, Inhalt	83
3. Genehmigung, Allgemeinverbindlichkeit	83
4. Anwendung und Wirkung	83
5. Zertifizierung	84
IX. Internationale Datentransfers	84
X. Aufsichtsbehörden, Europäischer Datenschutzausschuss	85
1. Stellung	85
2. Aufgaben	86
3. Befugnisse	86
4. Zuständigkeit und Zusammenarbeit	87
a) Zuständigkeit	87
b) Zusammenarbeit	88
5. Europäischer Datenschutzausschuss	90
a) Organisation und Vertretung	91
b) Aufgabe: Einheitliche Anwendung der DS-GVO	91
c) Verfahren	91
XI. Rechtsbehelfe, Haftung und Sanktionen	92
1. Sanktionsmöglichkeiten der Aufsichtsbehörde	92
2. Recht auf Beschwerde	92
3. Recht auf gerichtliche Durchsetzung	93
4. Schadenersatzansprüche der betroffenen Personen	93
5. Verbände, Wettbewerber	94
a) Verbandsklage	94
b) Klagebefugnis von Wettbewerbern?	94
§ 4 BDSG und andere sondergesetzliche Datenschutzregelungen	**95**
I. Einleitung	96
1. Verhältnis der DS-GVO zu nationalen Regelungen	96
a) Anwendungsvorrang der Verordnung	96
b) Mitgliedstaatliche Regelungsspielräume	98
c) Normwiederholungsverbot hinsichtlich der Vorgaben der DS-GVO	99
2. Umsetzung der JI-RL 2016/680	100
3. Reform des deutschen Datenschutzrechts	100
II. Das neue BDSG	102
1. Konzept und Struktur	102
a) Gliederung des BDSG	103

Inhaltsverzeichnis

		b) Auswirkungen des Mehrebenensystems	103
	2.	Anwendungsbereich des BDSG	105
		a) Sachlicher Anwendungsbereich	105
		b) Adressaten des BDSG	108
		c) Zeitlicher Anwendungsbereich	109
		d) Räumlicher Anwendungsbereich	110
	3.	Rechtmäßigkeit der Datenverarbeitung	110
		a) Allgemeine Grundsätze der Datenverarbeitung	110
		b) Öffnungsklauseln der DS-GVO und ihre Ausgestaltung	111
		c) Vorgaben zur Rechtmäßigkeit der Verarbeitung im Anwendungsbereich der JI-RL	120
	4.	Betroffenenrechte	120
		a) Ausgestaltung des Art. 23 Abs. 1 DS-GVO im nationalen Recht	120
		b) Vorgaben der JI-RL	125
	5.	Rechtsbehelfe, Haftung, Sanktionen	125
	6.	Datenschutzbeauftragte	125
	7.	Aufsichtsbehörden	126
	8.	Zusammenarbeit und Kohärenz	126
III.	Anpassung weiterer Bundesgesetze		127
IV.	Landesrechtliche Regelungen		128
V.	Fazit		128

§ 5 ePrivacy 129

I.	Einleitung		129
II.	Anwendbare Vorschriften		131
III.	Einzelprobleme		132
	1.	Verhältnis zur DS-GVO	132
	2.	Anwendungsbereich	132
		a) Intertemporal	132
		b) Sachlich	133
		c) Räumlich und persönlich	135
	3.	Inhaltliche Grundstruktur	136
		a) Verbot mit Erlaubnisvorbehalt: Einwilligung	136
		b) Verbot mit Erlaubnisvorbehalt: Gesetzliche Legitimationstatbestände	139
		c) Löschungs- und Anonymisierungsgebote	141
	4.	Aufsichtsarchitektur und Durchsetzungsmechanismen	141
	5.	Unerwünschte Anrufe	142
	6.	Direktwerbung	142

§ 6 Compliance 143

I.	Einleitung		143
II.	Allgemeine Compliance-Anforderungen		144
	1.	Der Begriff der „Compliance"	144
	2.	Verantwortung für Compliance im Unternehmen	145
	3.	Compliance-Pflichten und Compliance-Management-System	145
III.	Anwendbare Vorschriften: Compliance iRd DS-GVO		147
	1.	Compliance-Verantwortung iRd DS-GVO	147
		a) Verantwortung im Unternehmen: Datenschutzbeauftragter	147
		b) Verantwortung zwischen Unternehmen: Verantwortlicher und Auftragsverarbeiter	149
	2.	Organisationspflichten: TOM und Risikomanagement	150
		a) Technische und organisatorische Maßnahmen (TOM)	150
		b) Risikomanagement	153

3. Dokumentationspflicht: Nachweis der Compliance 154
4. Informationspflicht 157
5. Überprüfungspflicht: Audits 158
IV. Einzelprobleme 159
1. Projektmanagement und Compliance-Methode 159
2. Definition und Dokumentation der Anforderungen 160
3. Bestandsanalyse 161
4. Lücken- und Risikoanalyse 162
5. Lösungsentwicklung und Kontrolle 163
V. Fazit 164

§ 7 Internationaler Datentransfer 166
I. Einleitung 168
II. Anwendbare Vorschriften 168
III. Einzelprobleme 169
1. Angemessenheitsbeschlüsse (Art. 45 DS-GVO) 169
   a) Anwendungsbereich 169
   b) Anforderungen 170
   c) Verfahren 171
   d) Sonderfälle 172
2. Genehmigungsfreie Garantien 174
   a) Vereinbarungen im öffentlichen Bereich (Art. 46 Abs. 2 lit. a DS-GVO) 175
   b) Verbindliche interne Datenschutzvorschriften – Binding Corporate Rules (BCR) (Art. 46 Abs. 2 lit. b, 47 DS-GVO) 176
   c) Standarddatenschutzklauseln der Kommission (Art. 46 Abs. 2 lit. c DS-GVO) 184
   d) Standarddatenschutzklauseln der Aufsichtsbehörden (Art. 46 Abs. 2 lit. d DS-GVO) 188
   e) Genehmigte Verhaltensregeln – Codes of Conduct (CoC) (Art. 46 Abs. 2 lit. e, 40, 41 DS-GVO) 189
   f) Zertifizierungen (Art. 46 Abs. 2 lit. f, 42, 43 DS-GVO) 190
3. Genehmigungspflichtige Garantien 191
   a) Ad-hoc-Vertragsklauseln (Art. 46 Abs. 3 lit. a DS-GVO) 192
   b) Bestimmungen in Verwaltungsvereinbarungen (Art. 46 Abs. 3 lit. b DS-GVO) 193
4. Rechtshilfeabkommen/internationale Übereinkünfte (Art. 48 DS-GVO) 193
5. Ausnahmen vom Rechtfertigungserfordernis 195
   a) Ausdrückliche Einwilligung (Art. 49 Abs. 1 UAbs. 1 lit. a, Abs. 3 DS-GVO) 196
   b) Verträge zwischen Betroffenen und Verantwortlichen (Art. 49 Abs. 1 UAbs. 1 lit. b, Abs. 3 DS-GVO) 198
   c) Verträge im Interesse der Betroffenen (Art. 49 Abs. 1 UAbs. 1 lit. c, Abs. 3 DS-GVO) 199
   d) Öffentliches Interesse (Art. 49 Abs. 1 UAbs. 1 lit. d, Abs. 4 DS-GVO) 200
   e) Rechtsansprüche (Art. 49 Abs. 1 UAbs. 1 lit. e DS-GVO) 201
   f) Lebenswichtige Interessen (Art. 49 Abs. 1 UAbs. 1 lit. f DS-GVO) 202
   g) Öffentliche Register (Art. 49 Abs. 1 UAbs. 1 lit. g), Abs. 2 DS-GVO) 202

Inhaltsverzeichnis

    h) Auffangtatbestand der „zwingenden berechtigten Interessen" des Verantwortlichen (Art. 49 Abs. 1 UAbs. 2, Abs. 3 und 6 DS-GVO)   202
   6. Sonstiges und Sonderfälle 205
    a) Europäische und nationale Beschränkungen (Art. 49 Abs. 5 DS-GVO) 205
    b) Internationale Zusammenarbeit (Art. 50 DS-GVO) 205
    c) Internationaler Datentransfer im Konzern 205
    d) Outsourcing 207
    e) Discovery 207
    f) Datentreuhändermodelle 208
    g) Datenschutzrechtliche Folgen des Ausscheidens aus der EU/des EWR 209

§ 8 Datenschutz und Straf- und Ordnungswidrigkeitenrecht 210
 I. Einleitung 211
  1. EU-Recht 211
  2. Bundesrecht 211
  3. Landesrecht 211
 II. Bußgeld-/Ordnungswidrigkeitenverfahren unter der DS-GVO 211
  1. Das aufsichtsbehördliche Bußgeldverfahren 211
   a) Anwendbares Verfahrensrecht 211
   b) Zuständigkeit 212
   c) Verfahren 213
   d) Form 215
  2. Bußgeldtatbestände der DS-GVO 215
   a) Verantwortliche und Auftragsverarbeiter als Täter/Adressat 215
   b) Zurechnung des Handelns natürlicher Personen 216
   c) Personal und Dritte als Nebentäter 217
   d) Verstoß gegen DS-GVO-Norm 217
   e) Verschuldenserfordernis? 220
   f) Versuch 221
   g) Entscheidung über Verhängung Geldbuße und deren Höhe 221
   h) Einziehung 226
   i) Verjährung 226
   j) Eintragung von Bußgeldbescheiden in das Gewerberegister 226
 III. Ordnungswidrigkeiten im nationalen Recht 226
  1. Das aufsichtsbehördliche Bußgeldverfahren 226
  2. Bußgeldtatbestände 227
 IV. Strafverfahren 227
  1. Verfahrensrecht 228
  2. Einzelne Straftatbestände 228
  3. Strafzumessung 228
 V. Rechtsschutz 228
  1. Ordnungswidrigkeiten 228
   a) Rechtsbehelf: Einspruch 228
   b) Rechtsmittel: Rechtsbeschwerde 230
  2. Strafverfahren 231

Teil B. Datenschutzrecht in der Privatwirtschaft

§ 9 Verbraucherdatenschutz 233
 I. Einleitung 235
  1. Grundlagen 235
  2. Aktuelle Entwicklungen 236

Inhaltsverzeichnis

    II. Anwendbare Vorschriften 237
        1. DS-GVO 238
        2. BDSG 239
        3. ePrivacy-VO E 239
        4. Bereichsspezifische Regelungen 242
    III. Einzelprobleme 242
        1. Verarbeitungsgrundsätze 242
            a) Insbes. Grundsatz der Datensparsamkeit (Datenminimierung) 243
            b) Grundsatz der Zweckbindung 243
        2. Einwilligungserfordernis 244
            a) Koppelungsverbot 246
            b) Form (keine Schriftlichkeit, Einwilligung in AGB etc) 248
            c) Opt Out/Opt In/Double Opt In/Triple Opt In 249
            d) Einwilligung durch Do-not-Track-Einstellungen 250
            e) Anforderungen des § 7 UWG 250
            f) Stellvertretung 251
            g) Widerruflichkeit 252
            h) Einwilligung von Kindern, Art. 8 DS-GVO 252
            i) Fortgeltung von Alteinwilligungen 253
        3. Erlaubnistatbestände 253
            a) Vertragserfüllung, Art. 6 Abs. 1 lit. b DS-GVO 254
            b) Interessenabwägung 256
            c) Regelungen des BDSG 257
        4. Betroffenenrechte 258
            a) Auskunft (Art. 15 DS-GVO) 258
            b) Berichtigung (Art. 16 DS-GVO) 259
            c) Löschung (Art. 17 DS-GVO) 259
            d) Einschränkung der Verarbeitung (Art. 18 DS-GVO) 259
            e) Mitteilungspflicht (Art. 19 DS-GVO) 260
            f) Datenübertragbarkeit (Art. 20 DS-GVO) 260
            g) Widerspruch (Art. 21 DS-GVO) 260
            h) Automatisierte Einzelfallentscheidungen (Art. 22 DS-GVO) 261
        5. Spezifische Anwendungsfälle 261
            a) Scoring und Bonitätsauskünfte 261
            b) Cookie-Tracking 262
            c) Webanalytics, Webtracking 265
            d) Profiling 267
            e) E-Mail-Werbung 269
            f) Telefonmarketing 270
            g) Soziale Netzwerke 270
            h) Gewinnspielteilnahme 273
            i) Kundenkartenprogramme 273
            j) Big Data-Analysen 274
            k) Adresshandel 275
        6. Durchsetzung des Datenschutzrechts 275
            a) Befugnisse der Aufsichtsbehörden 275
            b) Sanktions- und Klagemöglichkeiten 276

§ 10 Beschäftigtendatenschutz 279
    I. Einleitung 280
    II. Anwendbare Vorschriften 280
        1. Art. 88 DS-GVO 280

	a) Übersicht	280
	b) Anwendungsbereich	281
	c) Verhältnis der Ausführungsgesetze zum Beschäftigtendatenschutz zur DS-GVO	283
	d) Anforderung an nationale und kollektivrechtliche Regelungen zum Beschäftigtendatenschutz	283
2.	§ 26 BDSG	285
	a) Übersicht	285
	b) Anwendungsbereich	287
	c) Erlaubnistatbestände	287
III. Einzelprobleme		292
1.	Einwilligung in Datenverarbeitung im Arbeitsverhältnis	292
	a) Zulässigkeit der Einwilligung auch im Beschäftigungsverhältnis	292
	b) Freiwilligkeit und Transparenz der Einwilligung	293
	c) Schriftform und Information	293
	d) Checkliste zur Einwilligung im Arbeitsverhältnis	295
	e) Fazit	296
2.	Ermöglichung und Ausübung der Beteiligungsrechte des Betriebsrats	296
3.	Stellung des Betriebsrats	298
4.	Kollektivvereinbarungen als Erlaubnistatbestand	299
	a) Allgemeiner Regelungsrahmen von datenschutzrechtlichen Kollektivvereinbarungen	300
	b) Schutzmaßnahmen	301
	c) Typische Regelungspunkte in datenschutzrechtlichen Betriebsvereinbarungen	301
5.	Beweisverwertungsverbote	304
	a) Grundlagen	304
	b) Bisherige Rechtsprechung zu Beweisverwertungsverboten	306
IV. Fazit		307

§ 11 Datenschutz in der Anwaltschaft ... 308
I. Einleitung ... 309
II. Bedeutung des Datenschutzrechts für die Anwaltschaft ... 310
III. Rechtlicher Regelungsrahmen ... 310
    1. EU-Recht ... 310
    2. Bundesrecht ... 311
IV. Datenverarbeitung innerhalb der Anwaltskanzlei ... 312
    1. Erlaubnistatbestände für die Verarbeitung ... 312
    2. Mandatsbezogene Daten ... 313
        a) Daten bei Erstanfragen ... 313
        b) Korrespondenz mit dem Mandanten und der Gegenseite ... 314
        c) Handakte, Schriftsätze, Beweismittel ... 315
        d) Notizen und andere Hilfsinformationen ... 315
        e) Zeiterfassung, Rechnungsstellung und Honorardurchsetzung ... 316
    3. Die zulässige Speicherdauer ... 317
    4. Datenverarbeitung innerhalb verschiedener Organisationsformen ... 318
        a) Bürogemeinschaften ... 318
        b) Sozietät, Partnerschaft und GmbH ... 319
V. Datenverarbeitung außerhalb der Anwaltskanzlei ... 319
    1. Non-legal Outsourcing ... 319
        a) Reichweite des Geheimnisschutzes von § 203 StGB ... 320
        b) Die strafrechtlich zulässige Einbeziehung Dritter ... 320

    c) Die berufsrechtlichen Regelungen des § 43e BRAO 321
    d) Die datenschutzrechtliche Bewertung 321
  2. Legal Outsourcing 322
 VI. Grenzüberschreitende Informationsverarbeitung 322
  1. Die internationale Kanzlei 322
  2. Das internationale Mandat 323
  3. Der Geheimnisschutz im internationalen Kontext 323
 VII. Datenschutzrechtliche Pflichten einer Anwaltskanzlei 324
  1. Informationspflichten 324
   a) Erhebung beim Betroffenen 324
   b) Erhebung nicht beim Betroffenen 325
  2. Auskunftspflichten 325
  3. Melde- und Benachrichtigungspflichten 326
   a) Meldepflichten gegenüber Aufsichtsbehörden 326
   b) Benachrichtigungspflichten gegenüber Betroffenen 326
  4. Pflichten hinsichtlich der Datenübertragbarkeit 326
  5. Bestellung eines Datenschutzbeauftragten 327
   a) Pflicht zur Bestellung gemäß § 38 Abs. 1 BDSG 327
   b) Pflicht zur Bestellung gemäß Art. 37 Abs. 1 DS-GVO 328
   c) Anforderungen an Datenschutzbeauftragte 330
   d) Der Anwalt als Datenschutzbeauftragter 330
  6. Sicherheit der Datenverarbeitung 331
   a) Verschlüsselung 331
   b) Stabilität 331
   c) Wiederherstellbarkeit 332
   d) Regelmäßige Überprüfung 332
  7. Verarbeitungsverzeichnis 332
  8. Folgenabschätzung 333
 VIII. Kontrolle des Datenschutzes und Rechtsschutz 334
  1. Zuständige Aufsichtsbehörde 334
  2. Befugnisse der Aufsichtsbehörde 334
  3. Rechtsmittel gegen Aufsichtsmaßnahmen 335

§ 12 Datenschutz in der Privatversicherung 336
 I. Einleitung 337
 II. Anwendbare Vorschriften 337
 III. Einzelprobleme 339
  1. Risikobeurteilung vor Vertragsschluss 339
   a) Allgemeine Bonitätsprüfungen 339
   b) Risikoeinschätzung hinsichtlich potentieller Versicherungsfälle 339
  2. Bearbeitung von Versicherungsfällen 341
   a) Abwicklung von Versicherungsfällen 341
   b) Verhinderung und Aufklärung von Versicherungsbetrug 342
  3. Datenaustausch mit anderen Versicherern sowie
   Versicherungsvertretern und -maklern 343
   a) Vorversicherer 343
   b) Rückversicherer 343
   c) Versicherungsvermittler 344
  4. Verarbeitung von Gesundheitsdaten 345
   a) Gesetzliche Erlaubnistatbestände 345
   b) Einwilligung und Entbindung von der Schweigepflicht 347
  5. Smarte Versicherungstarife 353

Inhaltsverzeichnis

           a) Pay-as-you-drive 353
           b) Pay-as-you-live 355
      6. Outsourcing in der Versicherungswirtschaft 355
           a) Datenschutzrechtliche Anforderungen 356
           b) Anforderungen nach § 32 VAG und Art. 274 DVO (EU) Nr. 2015/35 357
           c) Anforderungen nach § 203 StGB 358
      7. Verhaltensregeln für den Umgang mit personenbezogenen Daten durch die deutsche Versicherungswirtschaft (Code of Conduct) 359
      8. IT-Sicherheit und technische und organisatorische Maßnahmen 359
           a) Datensicherheit 359
           b) IT-Sicherheit 361
      9. Sonstige Verarbeitung von Kundendaten 362
           a) Beratung und Werbung 362
           b) Bestandsübertragung 362
    10. Aufsicht über Kranken-, Unfall- oder Lebensversicherer 363

§ 13 Datenschutz im Medizinsektor 365
    I. Einleitung 366
    II. Akteure und Datenkategorien im Gesundheitsbereich 367
      1. Medizinsektor und Gesundheitswesen 367
      2. Gesundheitsdaten und Gesundheitsverwaltungsdaten 367
      3. Der Datenumgang im Gesundheitswesen 368
           a) Datenumgang in der Arztpraxis 368
           b) Datenumgang im Krankenhaus 368
           c) Datenumgang im Pharmawesen 369
           d) Datenumgang bei sonstigen Trägern von Heilberufen 369
      4. Datenumgang bei gesetzlichen Krankenkassen und anderen Sozialversicherungsträgern 369
      5. Sonderfall: Datenerhebung durch patienteneigene Geräte 369
      6. Sonderfall: Auswertung von Gesundheitsdaten durch private IT-Dienstleister 369
           a) Der Gesundheitsdatenmarkt 369
           b) Big Data-Analysen zu wissenschaftlichen Zwecken 370
           c) Das Interesse von Netzwerkbetreibern an Gesundheitsdaten 370
    III. Rechtliche Rahmenbedingungen 370
      1. Europäischer Normkontext für Gesundheitsdaten 371
      2. Datenschutz-Grundverordnung 371
           a) Verarbeitungsverbot für Gesundheitsdaten 371
           b) Spielräume und Konkretisierungsmöglichkeiten für den nationalen Gesetzgeber 371
      3. Grundrechtlicher Normenkontext und Gesetzgebungskompetenz 372
      4. Bundesdatenschutzrechtliche Spezifizierung von Art. 9 DS-GVO 373
      5. Bereichsspezifische Regelungen zum Schutz von Gesundheits- und Sozialdaten 374
           a) Krankenkassen und Gesundheitsdatenschutz 374
           b) Landesrecht: Datenschutz und Krankenhausgesetze 374
           c) Kirchlicher Datenschutz 375
      6. Übersicht über die anwendbaren Datenschutzvorschriften 375
      7. Datenschutzrechtliche Spezialvorschriften 376
      8. Straf- und zivilrechtliche Regelungen für den Medizinsektor 376
    IV. Besondere Herausforderungen für den Datenschutz im Medizinsektor 376
      1. Gesundheitsdaten als sensitive Daten 376

Inhaltsverzeichnis

    2. Digitalisierung des Medizinsektors 377
    3. Rechtmäßige Verarbeitung von Gesundheitsdaten 377
        a) Der Grundsatz der Patientensouveränität 378
        b) Die Einwilligung im Gesundheitswesen 378
        c) Die „Interessenabwägung" als Maßstab für die Datenverarbeitung 380
        d) Die Selbstdetermination durch Gesundheitsapps 380
    4. Übermittlung von Gesundheitsdaten 381
        a) Der Medizinsektor als notwendig vernetztes System von Leistungserbringern und weiteren Akteuren 381
        b) Rechtsgrundlagen für die Datenübermittlung 382
        c) Vernetzung als Chance und Risiko 382
    5. Sorgfaltspflichten bei der Verarbeitung von Gesundheitsdaten 383
    6. Datenspeicherung und Datenlöschung 384
    7. Die Betroffenenrechte im Medizinsektor 384
    8. Nicht-medizinische Akteure im Medizinsektor 385
  V. Sonderfragen zum Datenschutzrecht im Medizinsektor 385
    1. Der Patient im Mittelpunkt von Überwachungsmaßnahmen 385
    2. Das Datenschutzrecht von Leistungserbringern 386
        a) Sozialversicherungspflichtig Beschäftigte im Medizinsektor 386
        b) Arztbewertungen im Internet 386
    3. Praxisübernahme und Übernahme von Patientendaten 387
        a) Einwilligung der Patienten 388
        b) Das sog „Zwei-Schrank-Modell" 388
        c) Gemeinschaftspraxis/angestellter Arzt 388
  VI. Rechtsschutz 389
    1. Datenschutzaufsichtsbehörden 389
    2. Datenschutzrechtliche Kontroll- und Rechtsschutzinstrumente 389
    3. Straf- und zivilrechtliche Rechtsschutzinstrumente 389

§ 14 Datenschutz im Finanzwesen 391
  I. Einleitung 392
  II. Anwendbare Vorschriften und Einzelprobleme 392
    1. Das Bankgeheimnis 392
    2. Rechtsgrundlagen für Datenverarbeitung bei Bankgeschäften 394
        a) Einwilligung 394
        b) Interessenabwägung 395
    3. Rating und Bonitätsauskünfte 396
    4. Kredithandel und Risikosteuerung 396
        a) Forderungsabtretung 396
        b) Übertragung bei Kreditkonsortien und Verbriefungen 398
        c) Unterbeteiligungen und Kreditderivate 399
    5. Marktregulierung und Marktordnung im Kreditwesen 400
        a) Das Refinanzierungsregister 400
        b) Das Deckungsregister 402
        c) Das Kontenabrufverfahren 402
    6. Zahlungsverkehr 404
    7. Finanzmarkt und Finanzdienstleistungen, insbesondere Wertpapierhandel 407
        a) Bereichsspezifische Pflichten zur Datenerhebung 408
        b) Dokumentations- und Aufzeichnungspflichten, insbesondere Aufzeichnung von Telefongesprächen 408
        c) Weiterverwendung der Aufzeichnungen 410
        d) Ergänzende Anforderungen der DS-GVO 411

Inhaltsverzeichnis

8. Bekämpfung von Geldwäsche und Terrorismusfinanzierung	412
a) Rechtsgrundlage im Sinne der DS-GVO	412
b) Identifizierung	413
c) Auskünfte an Behörden	414
d) Auslagerung von Sicherungsmaßnahmen	414
e) Die Geldtransfer-Verordnung	415
§ 15 Datenschutz in der Informationstechnik	**418**
I. Einleitung	419
II. Anwendbare Vorschriften	419
III. Einzelprobleme	420
1. Datenschutz durch Technikgestaltung	420
a) Grundsatz und Zielrichtung	420
b) Umsetzung in der Praxis	421
2. Technische Anforderungen an Datenminimierung und Speicherbeschränkung	424
a) Speicher- und Löschkonzepte	425
b) Löschung vs. Anonymisierung	427
3. Datenmanagement	428
a) Allgemeines	428
b) Datenqualitätsmanagement	428
c) Testdatenmanagement	430
4. Technische Anforderungen an Anonymisierung und Pseudonymisierung	432
a) Rechtliche Einordnung	433
b) Technische Anforderungen und Methodik	433
5. IT-Sicherheit und Datenschutz	440
6. Recht auf Datenportabilität	441
a) Bedeutung und Schutzrichtung	441
b) Voraussetzungen und Umfang des Anspruchs	442
c) Technische Anforderungen	444
d) Ausnahmen und Konflikte innerhalb der DS-GVO	445
e) Weitere Praxisempfehlungen	448
§ 16 Datenschutz im Automotive-Sektor	**450**
I. Einleitung	452
II. Rechtlicher Regelungsrahmen	452
1. Regulierungsebenen des Kfz-Datenschutzes	452
2. Abgrenzung zum TK-Datenschutz und Telemedien-Datenschutz	452
III. Datenschutzrechtliche Relevanz von Fahrzeugdaten	454
1. Datenhypertrophie in der Automobilwirtschaft	454
2. Bezug von Kfz-Daten zum Fahrzeughalter	455
a) Relevanz technischer Daten	455
b) Identifizierbarkeit des Fahrzeughalters	456
3. Weitere Betroffene	457
a) Fahrzeugeigentümer	457
b) Fahrzeugführer	458
c) Sonstige Verkehrsteilnehmer	458
IV. Adressaten der datenschutzrechtlichen Pflichten	459
1. Mögliche Verantwortliche	459
2. Unterscheidung zwischen Offline-Autos und Online-Autos	459
3. Gemeinsame Verantwortlichkeit	460
V. eCall	461

1. Einführung des eCall	461
2. Datenschutzrechtliche Implikationen	462
a) Notruffunktion	462
b) TPS-eCall und Zusatzdienste	463
VI. DS-GVO und Verarbeitung von Kfz-Daten	464
1. Gesetzlich erlaubte Datenverarbeitung	464
a) Einwilligung (Art. 6 Abs. 1 lit. a DS-GVO)	464
b) Vertrag (Art. 6 Abs. 1 lit. b DS-GVO)	466
c) Berechtigte Interessen (Art. 6 Abs. 1 lit. f DS-GVO)	467
2. Technischer Datenschutz	469
a) Vermeidung personenbezogener Daten	469
b) Transparenz	471
c) Datensicherheit	473
VII. StVG-Novelle zum automatisierten Fahren	474
1. Einführung der Blackbox	474
2. Speicherpflicht (§ 63a Abs. 1 StVG)	474
a) Gesetzliche Regelung	474
b) Offene Fragen	475
3. Datenübermittlung (§ 63a Abs. 2, 3 StVG)	476
a) Übermittlung an Behörden	476
b) Übermittlung an Unfallbeteiligte	476
4. Löschung (§ 63a Abs. 4 StVG)	477
5. Ausblick	477
§ 17 Datenschutz im Energiesektor	**479**
I. Einleitung	480
II. Rechtlicher Regelungsrahmen	480
1. EU-Recht	480
a) DS-GVO	480
b) Binnenmarktrichtlinien Strom und Gas	481
c) EnEff-RL	483
2. Bundesrecht	483
a) BDSG	483
b) MsbG	483
c) GPKE und GeLi Gas	486
III. Personenbezug von Messdaten und ableitbaren Daten	487
1. Notwendigkeit einer Differenzierung zwischen Einbau und Betrieb von Messsystemen	487
2. Begriff der personenbezogenen Daten	488
a) Bezug zu identifizierter natürlicher Person	488
b) Bezug zu identifizierbarer natürlicher Person	488
3. Personenbezug von Messdaten	491
a) Zuordnung zum Anschlussnutzer	491
b) Zuordnung zu Haushaltsmitgliedern	491
4. Personenbezug ableitbarer Daten	495
IV. Nebeneinander von DS-GVO und MsbG	496
1. Datenschutzrelevante Vorschriften des MsbG als zulässige Spezifikationen	496
a) Öffentliches Interesse	497
b) Begriff der Spezifizierung	498
c) VO-Konformität und Verhältnismäßigkeit der im MsbG enthaltenen datenschutzrelevanten Vorschriften	498

Inhaltsverzeichnis

2. Zulässigkeit der Beschränkungen der Rechte der betroffenen Personen	502
a) Anschlussnutzer	502
b) Haushaltsangehörige	503
V. Rechtsschutz	504

§ 18 Datenschutz im Telekommunikationssektor 505

I. Einleitung	506
II. Anwendbare Vorschriften	506
III. Anwendbarkeit des TK-Datenschutzes	506
1. Verhältnis des TK-Datenschutzes zur DS-GVO	506
2. Abgrenzung des TK-Datenschutzes vom Telemedien-Datenschutz	509
IV. Durch den TK-Datenschutz Verpflichtete	510
V. Durch den TK-Datenschutz Geschützte	511
VI. Fernmeldegeheimnis	511
1. Adressat	511
2. Schutzumfang	511
3. Geschützte des Fernmeldegeheimnisses	513
4. Pflichten aus dem Fernmeldegeheimnis	513
VII. TK-Datenschutz	513
1. Hintergrund des TK-Datenschutzes	513
2. Bestandsdaten	514
3. Verkehrsdaten	515
4. Standortdaten	516
5. Leitfaden zur datenschutzgerechten Speicherung von Verkehrsdaten	517
VIII. Datenspeicherung zur Missbrauchsbekämpfung	518
IX. Vorratsdatenspeicherung	519
1. Hintergrund und aktueller Stand der Vorratsdatenspeicherung	519
2. Verpflichtung zur Vorratsdatenspeicherung	519
3. Entscheidungen zur Vorratsdatenspeicherung	520
X. Outsourcing von TK-Leistungen	522
1. Outsourcing des Entgelteinzugs an Dritte	522
2. Outsourcing von Leistungen durch Dritte an TK-Anbieter	523
XI. Entwurf einer ePrivacy-VO	524
1. Anwendungsbereich der ePrivacy-VO E	524
2. Elektronische Kommunikationsdaten	525
3. Verarbeitung elektronischer Kommunikationsdaten	526
4. Datenlöschung	528
5. Einwilligung	528
6. Fernmeldegeheimnis	528
7. Outsourcing von TK-Leistungen	529

§ 19 Datenschutz in Presse und anderen Medien 530

I. Einleitung	532
II. Anwendbare Vorschriften	533
1. Datenschutzrecht in der EMRK	533
2. Datenschutzrecht auf unionaler Ebene	534
a) GRCh	534
b) AEUV	534
c) DS-GVO	534
d) Bisherige sekundärrechtliche Regelung in der DS-RL	535
3. Datenschutzrecht auf nationaler Ebene	535
a) Verfassungsrecht	535
b) Einfachgesetzliches Bundesrecht	536

        c) Staatsverträge 537
        d) Sonstiges Landesrecht 538
   III. Einzelfragen 538
      1. Presse und andere (Tele-)Medien 538
         a) Presse 538
         b) Rundfunk sowie Telemedien mit journalistisch-redaktionellen
            Inhalten 539
         c) Neuere Erscheinungsformen 540
      2. Datenschutzrechtliche Medienprivilegien 541
         a) Unionsrechtliche Vorgaben 542
         b) Nationale Ebene 545
      3. Betroffenenrechte 550
         a) Rundfunk 550
         b) Telemedien mit journalistisch-redaktionellen Inhalten 551
         c) Presse 552
      4. Aufsicht 552
         a) Rundfunk 552
         b) Telemedien mit journalistisch-redaktionellem Inhalt 554
         c) Presse 554
      5. Sanktionen 554
      6. Online-Archive 555
         a) Stand der europäischen und nationalen Rechtsprechung 555
         b) Insbesondere: Die Löschung von personenbezogenen Daten nach
            der DS-GVO 557
      7. Rechtsschutz 558
   IV. Fazit 558

Teil C. Datenschutzrecht im öffentlichen Sektor

§ 20 Datenschutz in der Verwaltung von Bund, Ländern und Kommunen ... 559
   I. Einleitung 560
   II. Anwendbare Vorschriften 562
      1. Anwendung der DS-GVO auf die Datenverarbeitung der Verwaltung 563
      2. Anwendung der JI-RL im Kontext der Datenverarbeitung
         öffentlicher Stellen 564
      3. Die Anwendung des BDSG auf die Datenverarbeitung der
         Verwaltung 565
      4. Besonderes Bundesrecht betreffend die Datenverarbeitung öffentlicher
         Stellen 566
      5. Landesrechtliche Regelungen im Datenschutzrecht 568
   III. Einzelfragen 569
      1. Rechtsgrundlagen für die Datenverarbeitung in der Verwaltung 569
         a) Die Einwilligung in Datenverarbeitungen öffentlicher Stellen 570
         b) Verarbeitung personenbezogener Daten durch öffentliche Stellen
            im öffentlichen Interesse und zur Erfüllung öffentlicher Aufgaben 571
         c) Zweckbindung und Verarbeitung zu kompatiblen Zwecke 572
         d) Verarbeitung besonderer Kategorien personenbezogener Daten 574
         e) Datenübermittlungen an öffentliche und nicht-öffentliche Stellen .. 576
      2. Videoüberwachung bei und durch öffentliche Stellen 579
      3. Einlasskontrollen 581
      4. Informations- und Auskunftspflichten 582
      5. Die digitale Organisation der Verwaltung 584

Inhaltsverzeichnis

a) Rollen und Verantwortlichkeiten	584
b) Auftragsverarbeitung im Bereich der Verwaltung	585
6. Einsatz zertifizierter Produkte, Verfahren und Dienstleistungen – Ausschreibung und Vergabe	586
7. Einzelfragen der IT-gestützten Verwaltung	587
a) Zentralisierung der IT und gemeinsame Nutzung	587
b) Kommunikation mit Bürgerinnen und Externen via E-Mail	588
8. Open Data und Informationsfreiheit	589
9. Öffentlichkeits- und Pressearbeit der Verwaltung	590
a) Die fehlende Umsetzung des Art. 85 DS-GVO	590
b) Social Media-Nutzung durch öffentliche Stellen	591
10. Die behördliche Datenschutzbeauftragte	592
a) Benennung	593
b) Aufgaben, Rechte und Pflichten	594
c) Beteiligung und Mitwirkung bei Datenschutz-Folgenabschätzungen	595
11. Aufsichtsbehördliche Kontrolle der Verwaltung	596
IV. Fazit	598
§ 21 Datenschutz und präventive Tätigkeit der Polizei	**599**
I. Einleitung	600
II. Anwendbare Vorschriften	601
1. Bereichsspezifisches Datenschutzrecht im Polizeirecht	601
2. Europäische Einflüsse – JI-RL und DS-GVO	601
a) Die JI-RL	601
b) Abgrenzung der Anwendungsbereiche JI-RL/DS-GVO	601
c) Vorgaben zur Rechtmäßigkeit der Datenverarbeitung	603
d) Verarbeitung aufgrund von Einwilligung	603
e) Datenschutzfreundliche Technikgestaltung	604
f) Datenschutzfolgenabschätzung	604
g) Informationspflichten und Auskunftsrecht	604
h) Umsetzungs- und Anpassungsaktivitäten	604
III. Ausgewählte Einzelfragen	605
1. Erhebung	605
a) Datenerhebungsgeneralklausel	605
b) Identitätsfeststellung	605
c) Online-Streife	607
d) Verdeckte Datenerhebung	607
e) Einsatz von Videokameras	612
2. Speicherung, Veränderung und Nutzung	615
a) Grundsätze	615
b) Erfordernis rechtmäßiger Datenerhebung?	615
c) Zweck Aufgabenerfüllung	615
d) Zweckänderungen	616
3. Übermittlung	617
a) Datenübermittlungen zwischen Polizeibehörden	617
b) Datenübermittlungen an ausländische Polizeibehörden	617
c) Datenübermittlungen an öffentliche Stellen	618
d) Datenübermittlungen an nicht-öffentliche Stellen	619
3. Betroffenenrechte	620
a) Informationspflichten und Benachrichtigung	620
b) Auskunft	621

    c) Berichtigung 622
    d) Löschung 622
  IV. Ausblick 622

§ 22 Datenschutz in der Justiz 623
  I. Einleitung 623
  II. Anwendbare Vorschriften 624
   1. Anwendung der DS-GVO auf die Datenverarbeitung der Justiz 625
   2. Anwendung JI-Richtlinie auf justizielle Datenverarbeitung 625
   3. Konkretisierung der DS-GVO für den Bereich der Justiz durch die
    Mitgliedstaaten 627
    a) Nationales Sonderrecht für die Datenverarbeitung der Justiz 628
    b) Die Regelungen des neuen BDSG hinsichtlich der
     Datenverarbeitung der Justiz 628
    c) Landesrechtliche Vorgaben hinsichtlich der Datenverarbeitung der
     Justiz 629
  III. Einzelfragen 630
   1. Datenschutzrechtliche Verantwortlichkeit in der Justiz 630
    a) Selbständige Verantwortlichkeit 630
    b) Gemeinsame Verantwortlichkeit 632
    c) Verantwortlichkeit für justiznahe Auftragsverarbeiter 633
   2. Der Erforderlichkeitsgrundsatz in der Justiz 634
   3. Betroffenenrechte im Rahmen der justiziellen Datenverarbeitung 636
    a) Justizielle Transparenzpflichten nach der DS-GVO 636
    b) Akteneinsichtsrechte nach dem Prozessrecht 639
    c) Konkurrenz der Transparenzpflichten 639
   4. Datenschutz und eJustice 639
    a) Datenschutz bei der elektronischen Aktenführung 640
    b) Datenschutz im elektronischen Rechtsverkehr 641
   5. Der justizielle Datenschutzbeauftragte 642
   6. Aufsichtsbehördliche Kontrolle und Selbstkontrolle der Justiz 643
   7. Justizielle Unabhängigkeit und Zentralisierung der Datenverarbeitung 644
  IV. Ausblick 645

§ 23 Datenschutz in Forschung und Hochschullehre 646
  I. Einleitung 647
  II. Forschung 649
   1. Anwendbare Vorschriften 649
   2. Einzelprobleme 650
    a) Begriff der Forschung 650
    b) Erlaubnistatbestände zur Datenverarbeitung 651
    c) Geeignete Garantien und technische und organisatorische
     Maßnahmen 658
    d) Sonderregelungen zu den Verarbeitungsgrundsätzen (Art. 5 Abs. 1
     DS-GVO) 660
    e) Sonderregelungen zu Betroffenenrechten 661
  III. Lehre an Hochschulen 664
   1. Anwendbare Vorschriften 665
   2. Einzelprobleme 665
    a) Erlaubnistatbestände zur Datenverarbeitung 665
    b) Ausgewählte Aspekte der Hochschullehre 667
  IV. Fazit 670

Inhaltsverzeichnis

§ 24 Datenschutz in Schule und Schulverwaltung 672
  I. Einleitung 673
  II. Rechtsquellen des schulischen Datenschutzes 674
    1. DS-GVO 674
    2. Ermächtigungen und Konkretisierungen im Landesrecht 676
  III. Schwerpunkte des Schuldatenschutzes 679
    1. Die betroffenen Personen 679
      a) Schüler 680
      b) Eltern/Erziehungsberechtigte 680
      c) Lehrer 680
      d) Schulleiter 680
      e) Mitarbeiter der Schulverwaltung 680
    2. Sachlicher Schutzumfang 681
      a) Besondere persönliche Merkmale 681
      b) Identifizierbarkeit 681
      c) Profiling 682
    3. Der Verantwortliche 683
      a) Entscheidungsgewalt und fachaufsichtliche Weisungen 683
      b) Entscheidungsbefugnis 684
      c) Übertragung der datenschutzrechtlichen Verantwortlichkeit auf den Schulleiter 684
      d) Transparenz 684
    4. Die Einwilligung 684
      a) Allgemeine Anforderungen an die Einwilligung 685
      b) Freiwilligkeit 685
      c) Einwilligung im Einzelfall (Zweckbezogenheit) 686
      d) Form der Einwilligung 687
      e) Einwilligungen bei Minderjährigen 687
    5. Bedeutung der Datenschutzfolgenabschätzung für die Noten- und Zeugnisverwaltung 689
    6. Auftragsdatenverarbeitung im schulischen Umfeld (insbes. Nutzung von Online-Diensten, Webanwendungen, Cloud-Diensten) 689
    7. Schulwebsite 690
    8. Datenschutzbeauftragter an Schulen 691
    9. Vergleichsarbeiten (Lernstandserhebungen) 692
    10. Datengestütztes Bildungsmonitoring 695
    11. Datenschutzrechtliche Fragen bei der Schulbuchzulassung 695
    12. Elektronisches Klassenbuch 695
    13. Tablet-Klassen 695
    14. Dienstgeräte von Lehrern 696
    15. Lern-Apps 696
  IV. Aufsicht, Maßnahmen und Rechtsschutz 697
    1. Aufsicht 697
    2. Rechte der Schüler 697
    3. Rechte der Lehrer (insbes. Remonstration) 698
    4. Haftungsfragen (insbes. Grad der Verantwortung des Verantwortlichen) 698

§ 25 Datenschutz in Kultureinrichtungen, Bibliotheken und Archiven 699
  I. Einleitung 699
  II. Rechtsgrundlagen 700
    1. EU-Recht 701

Inhaltsverzeichnis

2. Bundesrecht	702
3. Landesrecht	702
III. Bestandsdatenschutz in Archiven und Bibliotheken	703
1. Sammeln	704
2. Erschließen	707
3. Zugänglichmachen	709
IV. Nutzerdatenschutz in Archiven und Bibliotheken	710
1. Zulassung zur Benutzung	710
2. Erfassung von Benutzungsvorgängen	712
V. Datenschutz in anderen Kultureinrichtungen	715
VI. Datenschutz im Denkmalschutz	716
VII. Rechtsschutz	716

§ 26 Sozialdatenschutz ... 718

I. Einleitung	719
II. Bedeutung und Entwicklung des Sozialdatenschutzes	719
1. Ausgestaltung als Vollregelung	720
2. Abgrenzungsfragen und Systematik im Sozialdatenschutz	720
a) Systematik innerhalb des SGB	720
b) Abgrenzung zu anderen nationalen Datenschutzvorschriften	721
c) Sozialdatenschutz und europäisches Recht	721
III. Sozialgeheimnis	723
1. Sozialdatum	724
2. Leistungsträger	725
IV. Allgemeine sozialgesetzliche Datenverarbeitungsmodalitäten und Begriffsbestimmungen	726
1. Anwendungsbereich	727
2. Allgemeine Grundsätze: §§ 67 ff. SGB X	727
a) Erhebung von Sozialdaten	728
b) Sonstige Verarbeitungsmodalitäten	731
c) Übermittlung von Sozialdaten: §§ 67d – 77 SGB X	732
d) Besondere Datenverarbeitungsarten	738
e) Betroffenenrechte, Datenschutzkontrolle	739
f) Sanktionierung von Datenschutzverstößen	743
V. Der bereichsspezifische Schutz von Sozialdaten	744
1. Grundsicherung für Arbeitsuchende (§§ 50–52 SGB II)	745
2. Arbeitsförderung (§§ 394–397 SGB III)	749
3. Sozialversicherung (§§ 18f, 18g SGB IV)	750
4. Gesetzliche Krankenversicherung/GKV (§§ 284–305 SGB V)	751
5. Gesetzliche Rentenversicherung (§§ 145–152 SGB VI)	756
6. Gesetzliche Unfallversicherung (§§ 199–208 SGB VII)	757
7. Kinder- und Jugendhilfe (§§ 61–68 SGB VIII)	758
8. Soziale Pflegeversicherung (§§ 93–109 SGB XI)	759
VI. Rechtsschutz	759

§ 27 Kirchliches Datenschutzrecht ... 762

I. Einleitung	762
II. Religionsgemeinschaftliches Selbstbestimmungsrecht	763
III. Rechtlicher Regelungsrahmen	763
1. Die DS-GVO im Lichte des religionsgemeinschaftlichen Selbstbestimmungsrechts	763
2. Gesetz über den Kirchlichen Datenschutz der römisch-katholischen Kirche in Deutschland (KDG)	764

Inhaltsverzeichnis

   3. Kirchengesetz über den Datenschutz der Evangelischen Kirche in Deutschland (DSG-EKD) 765
   4. Spezialgesetzliche staatliche Datenschutzregelungen 765
  IV. Sonderfragen zum kirchlichen Datenschutzrecht 765
   1. Datenschutz bei kirchlichen Dienst- und Arbeitsverhältnissen 765
   2. Videoüberwachung in Kirchen und die Aufzeichnungen und Übertragungen von Gottesdiensten und kirchlichen Veranstaltungen .. 766
  V. Rechtsschutz 766
   1. Betroffenenrechte 766
   2. Recht auf Beschwerde 766
   3. (Kirchen-)Gerichtliche Rechtsbehelfe 767
   4. Schadensersatz 767
   5. Sanktionen 767

Sachverzeichnis 769

Autorenverzeichnis

Kirsten Bock	Referatsleiterin, Unabhängiges Landeszentrum für Datenschutz Schleswig-Holstein, Kiel
Prof. Dr. Benjamin von Bodungen LL.M.	German Graduate School of Management & Law (GGS), Heilbronn
Dr. Tobias Born	Rechtsanwalt, Frankfurt a.M.
Dr. Christoffer Bortz	Rechtsanwalt, Frankfurt a.M.
Dr. Sebastian Bretthauer	Wissenschaftlicher Mitarbeiter, Universität Frankfurt a.M.
Dr. Malte Engeler	Richter am Verwaltungsgericht Schleswig
Dr. Sebastian Golla	Wissenschaftlicher Mitarbeiter, Universität Mainz
Dr. Dennis Heinson LL.M. (UCLA)	Rechtsanwalt, Hamburg
Dr. Moritz Hennemann M.Jur. (Oxford)	Akademischer Rat, Universität Freiburg
Dr. Gerd Kiparski MBA	Rechtsanwalt, Köln
Dr. Dennis-Kenji Kipker	Wissenschaftlicher Geschäftsführer, Institut für Informations-, Gesundheits- und Medizinrecht, Universität Bremen
Dr. Stefan Krätschmer	Chief Privacy Officer, Europe, IBM, Ehningen
Prof. Dr. Bernhard Kreße LL.M., Maître en droit	Fernuniversität Hagen, Technische Universität Dortmund
Prof. Dr. Anne Lauber-Rönsberg LL.M.	Technische Universität Dresden
Dr. Reto Mantz, Dipl. Inf.	Richter am Landgericht Frankfurt a.M.
Johannes Marosi	Wissenschaftlicher Mitarbeiter, Universität Mainz
Dr. Anne Paschke	Akademische Rätin, Universität Passau
Maren Pollmann	Wissenschaftliche Mitarbeiterin, Universität Bremen
Prof. Dr. Jan Dirk Roggenkamp	Hochschule für Wirtschaft und Recht Berlin
Elke Sassenberg	Landesinstitut für Schulentwicklung, Stuttgart
Adrian Schneider	Rechtsanwalt, Köln
Prof. Dr. Louisa Specht	Universität Bonn
Jan Spittka	Rechtsanwalt, Köln
Prof. Dr. Eric Steinhauer	Universitätsbibliothek Hagen
Dr. Björn Steinrötter	Akademischer Rat, Universität Hannover
Dr. Lukas Ströbel	Rechtsanwalt, Frankfurt a.M.
Dr. Mirko Wieczorek	Richter am Landgericht Köln
Tim Wybitul	Rechtsanwalt, Frankfurt a.M.

Abkürzungsverzeichnis und Verzeichnis der abgekürzt zitierten Literatur

aA	andere/r Ansicht/Auffassung
aaO	am angegebenen Ort
Abb.	Abbildung
abgedr.	abgedruckt
Abk.	Abkommen
ABl.	Amtsblatt
abl.	ablehnend
Abs.	Absatz
abschl.	abschließend
Abschn.	Abschnitt
Abt.	Abteilung
abw.	abweichend
abzgl.	abzüglich
aE	am Ende
aF	alte Fassung
AfP	Archiv für Presserecht (Zeitschrift)
AG	Amtsgericht (mit Ortsnamen), Aktiengesellschaft
AGB	Allgemeine Geschäftsbedingungen
Albrecht/Jotzo Das neue DatenschutzR	Albrecht/Jotzo, Das neue Datenschutzrecht der EU, 2017
allg.	allgemein
allgM	allgemeine Meinung
Alt.	Alternative
aM	andere Meinung
amtl.	amtlich
Änd.	Änderung
ÄndG	Änderungsgesetz
ÄndRL	Änderungsrichtlinie
Anh.	Anhang
Anl.	Anlage
Anm.	Anmerkung
AnwBl	Anwaltsblatt (Zeitschrift)
AöR	Archiv des öffentlichen Rechts (Zeitschrift)
ArbR	Arbeitsrecht
Arg.	Argumentation
Art.	Artikel
Auernhammer	Auernhammer, DSGVO BDSG, 6. Aufl. 2018
Auer-Reinsdorff/Conrad HdB IT- und DatenschutzR	Auer-Reinsodrff/Conrad, Handbuch IT- und Datenschutzrecht, 3. Aufl. 2018
Auff.	Auffassung
aufgeh.	aufgehoben
Aufl.	Auflage
A&R	Arzneimittel & Recht (Zeitschrift)
ausdr.	ausdrücklich
ausf.	ausführlich
ausschl.	ausschließlich
Az.	Aktenzeichen

Abkürzungsverzeichnis

BAG	Bundesarbeitsgericht
Bay., bay.	Bayern, bayerisch
BayObLG	Bayerisches Oberstes Landesgericht
BayVBl.	Bayerische Verwaltungsblätter (Zeitschrift)
BayVerfGH	Bayerischer Verfassungsgerichtshof
BB	Betriebs-Berater (Zeitschrift)
Bbg	Brandenburg
Bd.	Band
bearb./Bearb.	bearbeitet/Bearbeiter, Bearbeitung
BeckRS	Beck-Rechtsprechung (beck-online)
BeckOGK BGB	Gsell/Krüger/Lorenz/Reymann, Beck'scher Online-Großkommentar Bürgerliches Gesetzbuch (Stand: 2018)
BeckOK BGB	Bamberger/Roth, Beck'scher Online-Kommentar Bürgerliches Gesetzbuch (Stand: 46. Ed. 2018)
BeckOK DatenschutzR	Wolff/Brink, Beck'scher Online-Kommentar Datenschutzrecht (Stand: 24. Ed. 2018)
BeckOK GG	Epping/Hillgruber, Beck'scher Online-Kommentar Grundgesetz (Stand: 37. Ed. 2018)
BeckOK InfoMedienR	Gersdorf/Paal, Beck'scher Online-Kommentar Informations- und Medienrecht (Stand: 20. Ed. 2018)
BeckOK OWiG	Graf, Beck'scher Online-Kommentar Ordnungswidrigkeitengesetz (Stand: 18. Ed. 2018)
BeckOK SozR	Rolfs/Giesen/Kreikebohm/Udsching, Beck'scher Online-Kommentar Sozialrecht (Stand: 49. Ed. 2018)
BeckOK StGB	v. Heintschel-Heinegg, Beck'scher Online-Kommentar Strafgesetzbuch (Stand: 38. Ed. 2018)
BeckOK VwGO	Posser/Wolff, Beck'scher Online-Kommentar Verwaltungsgerichtsordnung (Stand: 45. Ed. 2018)
BeckOK VwVfG	Bader/Ronellenfitsch, Beck'scher Online-Kommentar Verwaltungsverfahrensgesetz (Stand: 39. Ed. 2018)
BeckOK ZPO	Vorwerk/Wolf, Beck'scher Online-Kommentar Zivilprozessordnung (Stand: 28. Ed. 2018)
Begr.	Begründung
begr.	Begründet
Beil.	Beilage
Bek.	Bekanntmachung
Bem.	Bemerkung
ber./Ber.	Berichtigt/Berichtigung
bes.	besonders
Beschl.	Beschluss
beschr.	beschränkt, beschrieben, beschreibend
bespr./Bespr.	Besprochen/Besprechung
bestr.	Bestritten
Betr., betr.	Betreff, betrifft, betreffend
BfDI	Bundesbeauftragte für den Datenschutz und die Informationsfreiheit
BFH	Bundesfinanzhof
BFHE	Amtliche Sammlung der Entscheidungen des Bundesfinanzhofs
BGBl	Bundesgesetzblatt
BGBlA	Bundesgesetzblatt Österreich
BGH	Bundesgerichtshof

Abkürzungsverzeichnis

BGHSt	Amtliche Sammlung der Entscheidungen des Bundesgerichtshofs in Strafsachen
BGHZ	Amtliche Sammlung der Entscheidungen des Bundesgerichtshofs in Zivilsachen
BKR	Zeitschrift für Bank- und Kapitalmarktrecht
Bln., bln.	Berlin, berlinerisch
BR	Bundesrat
BR-Drs.	Bundesrats – Drucksache
Brem., brem.	Bremen, bremisch
BSG	Bundessozialgericht
BSGE	Amtliche Sammlung der Entscheidungen des Bundessozialgerichts
Bsp.	Beispiel
bspw.	beispielsweise
BT	Bundestag; Besonderer Teil
BT-Drs.	Bundestags-Drucksache
Buchst.	Buchstabe
BVerfG	Bundesverfassungsgericht
BverfGE	Amtliche Sammlung der Entscheidungen des Bundesverfassungsgerichts
BverwG	Bundesverwaltungsgericht
BverwGE	Amtliche Sammlung der Entscheidungen des Bundesverwaltungsgerichts
BW	Baden-Württemberg
bzgl.	bezüglich
bzw.	beziehungsweise
ca.	circa
Calliess/Ruffert	Calliess/Ruffert, EUV/AEUV, Kommentar, 5. Aufl. 2016
CCZ	Corporate Compliance Zeitschrift
CR	Computer und Recht (Zeitschrift)
C+U	Computer+Unterricht (Zeitschrift)
d.	der/die/das/den/des/durch
Dammann/Simitis	Dammann/Simitis, EG-Datenschutzrichtlinie, Kommentar, 1997
DANA	Datenschutz-Nachrichten (Zeitschrift)
DAR	Deutsches Autorecht (Zeitschrift)
Darst.	Darstellung
DB	Der Betrieb (Zeitschrift)
D. B. L.	Digital Business Lawyer
ders.	Derselbe
dgl.	Dergleichen, desgleichen
dh	das heißt
dies.	Dieselbe
diesbzgl.	Diesbezüglich
div.	diverse
DJT	Deutscher Juristentag
DKWW	Däubler/Klebe/Wedde/Weichert, Bundesdatenschutzgesetz, Kommentar, 5. Aufl. 2016
DÖV	Die öffentliche Verwaltung (Zeitschrift)
Dreier	Dreier, Grundgesetz, Kommentar, 3. Aufl. 2013
Drs.	Drucksache
DRV	Deutsche Rentenversicherung (Zeitschrift)
DS-GVO	Datenschutz-Grundverordnung (Verordnung (EU) 2016/679)

Abkürzungsverzeichnis

DSK	Konferenz der Datenschutzbeauftragten von Bund und Ländern
DSRITB	Tagungsband Herbstakademie
DS-RL	Datenschutzrichtlinie 95/46
DSRL-eK 2002/58	Richtlinie zum Datenschutz in der elektronischen Kommunikation 2002/58
DS-PJZS-RB 2008/977/JI	Rahmenbeschluss zum Datenschutz im Bereich der polizeilichen und justiziellen Zusammenarbeit in Strafsachen 2008/977/JI
DStR	Deutsches Steuerrecht (Zeitschrift)
DS-VO 2001/45	Datenschutzverordnung für die EU-Organe 2001/45
dt.	deutsch
DuD	Datenschutz und Datensicherheit (Zeitschrift)
DVBl	Deutsches Verwaltungsblatt (Zeitschrift)
DVP	Deutsche Verwaltungspraxis (Zeitschrift)
DVR	Deutsche Verkehrssteuerrundschau (Zeitschrift)
E	Entwurf
Ed.	Edition
EDPL	European Data Protection Law Review (Zeitschrift)
EG	Europäische Gemeinschaft(en), Einführungsgesetz
EGMR	Europäischer Gerichtshof für Menschenrechte
ehem.	Ehemalig/e/er/es
Ehmann/Helfrich	Ehmann/Helfrich, EG-Datenschutzrichtlinie, Kommentar, 1999
Ehmann/Selmayr	Ehmann/Selmayr, Datenschutz-Grundverordnung: DS-GVO, Kommentar, 2017.
Einf./einf.	Einführung/einführend
eing.	Eingehend
Einl.	Einleitung
einschl.	einschließlich
EL	Ergänzungslieferung
Empf.	Empfehlung
endg.	endgültig
Entsch.	Entscheidung
Entschl.	Entschluss
entspr.	Entspricht, entsprechend
EnZW	Zeitschrift für das gesamte Recht der Energiewirtschaft
EP	Europäisches Parlament
ER	Europäischer Rat
Erg.	Ergebnis, Ergänzung
erg.	Ergänzend
Ergbd.	Ergänzungsband
Erkl.	Erklärung
Erl.	Erlass, Erläuterung
ErwGr	Erwägungsgrund
ET	Energiewirtschaftliche Tagesfragen (Zeitschrift)
etc	et cetera (und so weiter)
EuCML	Journal of European Consumer and Market Law (Zeitschrift)
EuGRZ	Europäische Grundrechtezeitschrift
EuR	Zeitschrift Europarecht
europ.	Europäisch
EuZW	Europäische Zeitschrift für Wirtschaftsrecht
evtl.	eventuell

Abkürzungsverzeichnis

f., ff.	folgende Seite bzw. Seiten
FFW GDPR	Feiler/Forgó/Weigl, The EU General Data Protection Regulation: A Commentary, 2018
FG	Finanzgericht (mit Ortsnamen); Festgabe
FHS Betrieblicher Datenschutz	Forgó/Helfrich/Schneider, Betrieblicher Datenschutz, 2. Aufl. 2017
Fn.	Fußnote
FPR	Familie Partnerschaft Recht (Zeitschrift)
FS	Festschrift
G	Gesetz
GBl.	Gesetzblatt
GE	Gesetzesentwurf
geänd.	Geändert
gem.	gemäß
GesR	Gesundheitsrecht (Zeitschrift)
GmS-OBG	Gemeinsamer Senat der obersten Gerichtshöfe des Bundes
gewöhnl.	Gewöhnlich
ggf.	gegebenenfalls
ggü.	gegenüber
GHN	Grabitz/Hilf/Nettesheim, Das Recht der Europäischen Union, Kommentar, Loseblatt (Stand: 63. Aufl. 2018)
Gierschmann/Saeugling	Gierschmann/Saeugling, Systematischer Praxiskommentar Datenschutzrecht, 2014
GMBl.	Gemeinsames Ministerialblatt
Gola	Gola, Datenschutz-Grundverordnung, Kommentar, 2. Aufl. 2018
Gola/Schomerus	Gola/Schomerus, Bundesdatenschutzgesetz, Kommentar, 12. Aufl. 2015.
Grdl./Grdl.	Grundlegend/Grundlage
grds.	grundsätzlich
GrS	Großer Senat
GRUR	Gewerblicher Rechtsschutz und Urheberrecht (Zeitschrift)
GRUR Int.	Gewerblicher Rechtsschutz und Urheberrecht International (Zeitschrift)
GRUR-RR	GRUR-Rechtsprechungs-Report
GSH	v. der Groeben/Schwarze/Hatje, Europäisches Unionsrecht, 7. Aufl. 2015
GSP	Gesamtsozialplan (Zeitschrift)
GSSV	Gierschmann/Schlender/Stentzel/Veil, Kommentar Datenschutz-Grundverordnung, 2017
GSZ	Gesundheits- und Sozialpolitik (Zeitschrift)
GuP	Gesundheit und Pflege (Zeitschrift)
GVBl.	Gesetz- und Verordnungsblatt
GWR	Gesellschafts- und Wirtschaftsrecht (Zeitschrift)
hA	herrschende Ansicht/Auffassung
Härting DS-GVO-HdB	Härting, Datenschutz-Grundverordnung, Handbuch, 2016
Härting InternetR	Härting, Internetrecht, 6. Aufl. 2017
HdB	Handbuch
Hess	Hessen

Abkürzungsverzeichnis

hM	herrschende Meinung
Hmb	Hamburg
HRRS	Höchstrichterliche Rechtsprechung im Strafrecht (Zeitschrift)
HSH MultimediaR-HdB	Hoeren/Sieber/Holznagel, Handbuch Multimedia-Recht, Loseblatt (Stand: 46. Aufl. 2018)
Hrsg.	Herausgeber
hrsg.	herausgegeben
Hs.	Halbsatz
idF	in der Fassung
IDPL	International Data Privacy Law (Zeitschrift)
idR	in der Regel
idS	in diesem Sinne
iE	im Einzelnen
iErg	im Ergebnis
ieS	im engeren Sinne
iHd	in Höhe des/der
Inf.	Information
insbes.	Insbesondere
int.	International
InTeR	Zeitschrift zum Innovations- und Technikrecht
iRd	im Rahmen des/der
iS	im Sinne
iSd	im Sinne der/des
iSv	im Sinne von
ITRB	Der IT-Rechts-Berater (Zeitschrift)
iÜ	im Übrigen
iVm	in Verbindung mit
iW	im Wesentlichen
iwS	im weiteren Sinne
Jarass	Jarass, Charta der Grundrechte der Europäischen Union, Kommentar, 3. Aufl. 2016
Jg., Jge.	Jahrgang, Jahrgänge
Jh.	Jahrhundert
JR	Juristische Rundschau (Zeitschrift)
jur.	juristisch
JURA	Juristische Ausbildung (Zeitschrift)
JurisPK InternetR	Heckmann, juris Praxiskommentar Internetrecht, 5. Aufl. 2018
jurisPR	Juris PraxisReport
jurisPR-ITR	Juris PraxisReport IT-Recht
jurisPR-StrafR	Juris PraxisReport Strafrecht
JuS	Juristische Schulung (Zeitschrift)
JZ	Juristenzeitung (Zeitschrift)
Kap.	Kapitel, Kapital
Kfz	Kraftfahrzeug
Kj.	Kalenderjahr
Kom.	Komitee, Kommission
Komm.	Kommentar
KommJur	Kommunaljurist (Zeitschrift)

Abkürzungsverzeichnis

Kopp/Schenke	Kopp/Schenke, Verwaltungsgerichtsordnung, Kommentar, 23. Aufl. 2017
Koreng/Lachenmann	Koreng/Lachenmann, Formularhandbuch Datenschutzrecht, 2. Aufl. 2018
krit.	Kritisch
Kühling/Buchner	Kühling/Bucher, Datenschutz-Grundverordnung, Bundesdatenschutzgesetz, Kommentar, 2. Aufl. 2018
Kühling/Martini et al. DSGVO und nationales Recht	Kühling/Martini et al., Die DSGVO und das nationale Recht, 2016
K&R	Kommunikation & Recht (Zeitschrift)
KuR	Kunst und Recht (Zeitschrift)
KuU	Kultus und Unterricht (Zeitschrift)
Ld.	Land(es)
LDI	Landesbeauftragte/r für Datenschutz und Informationsfreiheit
LfD	Landesbeauftragter für den Datenschutz
lfd.	laufend(e)
Lfg.	Lieferung
LG	Landgericht (mit Ortsnamen)
Lit.	Literatur
lit.	litera
LKRZ	Zeitschrift für Landes- und Kommunalrecht
LKV	Landes- und Kommunalverwaltung (Zeitschrift)
LNK Das neue DatenschutzR	Laue/Nink/Kremer, Das neue Datenschutzrecht in der betrieblichen Praxis, 2016
Ls.	Leitsatz
LSA	Sachsen-Anhalt
LSG	Landessozialgericht (mit Ortsnamen)
LT	Landtag
LT-Drs.	Landtags-Drucksache
lt.	Laut
mÄnd	mit Änderungen
MAH IT-Recht	Leupold/Glossner, Münchener Anwaltshandbuch IT-Recht, 3. Aufl. 2013.
mAnm	mit Anmerkung
Mat.	Materialien
Maunz/Dürig	Maunz/Dürig, Grundgesetz, Kommentar, Loseblatt (Stand: 82. Aufl. 2018)
Max.	maximal
MDR	Monatsschrift für Deutsches Recht (Zeitschrift)
mE	meines Erachtens
MedR	Medizinrecht (Zeitschrift)
Meyer	Meyer, Charta der Grundrechte der Europäischen Union, Kommentar, 4. Aufl. 2014
mind.	mindestens
Mio.	Million(en)
MMR	Multimedia und Recht (Zeitschrift)
mN	mit Nachweisen

Abkürzungsverzeichnis

MPR	Medizin Produkte Recht (Zeitschrift)
Mrd.	Milliarde(n)
MS	Mitgliedstaaten der Europäischen Union
mspätÄnd	mit späteren Änderungen
mtl.	monatlich
MV	Mecklenburg-Vorpommern
mwH	mit weiteren Hinweisen
mwN	mit weiteren Nachweisen
mWv	mit Wirkung vom
nachf.	nachfolgend
Nachw.	Nachweise
Nds., neds.	Niedersachsen, niedersächsisch
nF	neue Fassung
NJW	Neue Juristische Wochenschrift (Zeitschrift)
NJW-RR	NJW-Rechtsprechungs-Report
NK-EMRK	Meyer-Ladewig/Nettesheim/von Raumer, Europäische Menschenrechtskonvention, Kommentar, 4. Aufl. 2017
NK-EuropaR	Vedder/Heintschel von Heinegg, Europäisches Unionsrecht, Kommentar, 2. Aufl. 2018
NK-MedienR	Paschke/Berlit/Meyer, Hamburger Kommentar Gesamtes Medienrecht, 3. Aufl. 2016
Notre Dame Law Rev.	Notre Dame Law Review (Zeitschrift)
npoR	Zeitschrift für das Recht der Non Profit Organisationen
Nr.	Nummer
nrkr	nicht rechtskräftig
NRW, nrw.	Nordrhein-Westfalen, nordrhein-westfälisch
NStZ	Neue Zeitschrift für Strafrecht
NStZ-RR	NStZ-Rechtsprechungs-Report
nv	nicht veröffentlicht
NVwZ	Neue Zeitschrift für Verwaltungsrecht
NVwZ-RR	NVwZ-Rechtsprechungs-Report
NWVBl.	Nordrhein-Westfälische Verwaltungsblätter (Zeitschrift)
NZA	Neue Zeitschrift für Arbeitsrecht
NZA-RR	NZA-Rechtsprechungsreport
NZI	Neue Zeitschrift für Insolvenz- und Sanierungsrecht
NZS	Neue Zeitschrift für Sozialrecht
NZV	Neue Zeitschrift für Verkehrsrecht
NZWiSt	Neue Zeitschrift für Wirtschafts-, Steuer und Unternehmensstrafrecht
o.	oben, oder
oÄ	oder Ähnliche/s
öAT	Zeitschrift für das öffentliche Arbeits- und Tarifrecht
öffentl.	öffentlich
ÖJZ	Österreichische Juristen-Zeitung
og	oben genannte(r, s)
OLG	Oberlandesgericht (mit Ortsnamen)
oV	ohne Verfasser
OVG	Oberverwaltungsgericht (mit Ortsnamen)

Abkürzungsverzeichnis

P. & D. P.	Privacy & Data Protection Journal (Zeitschrift)
Paal/Pauly	Paal/Pauly, Datenschutz-Grundverordnung, Bundesdatenschutzgesetz, Beck'scher Kompakt-Kommentar, 2. Aufl. 2018
Palandt BGB	Palandt, Bürgerliches Gesetzbuch, Kommentar, 77. Aufl. 2018
PflR	Pflegerecht (Zeitschrift)
Piltz	Piltz, BDSG, Praxiskommentar für die Wirtschaft, 2017
PinG	Privacy in Germany (Zeitschrift)
PharmR	Pharma Recht (Zeitschrift)
PKH	Prozesskostenhilfe
Plath, 2. Aufl. 2016,	Plath, BDSG/DSGVO, Kommentar, 2. Aufl. 2016
Plath	Plath, DSGVO/BDSG, Kommentar, 3. Aufl. 2018
Prot.	Protokoll
RAW	Recht Automobil Wirtschaft (Zeitschrift)
rd.	rund
RdA	Recht der Arbeit (Zeitschrift)
RdJB	Recht der Jugend und des Bildungswesens (Zeitschrift)
RDV	Recht der Datenverarbeitung (Zeitschrift)
RegE	Regierungsentwurf
RGBl	Reichsgesetzblatt
RhPf., rhpf.	Rheinland-Pfalz, rheinland-pfälzisch
rkr.	rechtskräftig
RL	Richtlinie
Rn.	Randnummer
Roßnagel DS-GVO-HdB	Roßnagel, Europäische Datenschutz-Grundverordnung, Handbuch, 2017
Roßnagel DatenschutzR-HdB	Roßnagel, Handbuch Datenschutzrecht, 2003
Roßnagel Das neue DatenschutzR	Roßnagel, Das neue Datenschutzrecht, 2017
Rs.	Rechtssache
Rspr.	Rechtsprechung
RW	Zeitschrift für rechtswissenschaftliche Forschung
RVO	Rechtsverordnung; Reichsversicherungsordnung (SozR)
S.	Seite(n), Satz
s.	siehe
Saarl., saarl.	Saarland, saarländisch
Sachs., sachs.	Sachsen, sächsisch
Sachs	Sachs, Kommentar zum Grundgesetz, 8. Aufl. 2018
Schaffland/Wiltfang	Schaffland/Wiltfang, Bundesdatenschutzgesetz, Kommentar, Loseblatt (Stand: September 2016)
SGb	Die Sozialgerichtsbarkeit (Zeitschrift)
Schantz/Wolff Das neue DatenschutzR	Schantz/Wolff, Das neue Datenschutzrecht, 2017
SchlH, schlh.	Schleswig-Holstein, schleswig-holsteinisch
SchlHA	Schleswig-Holsteinische Anzeigen
Schr.	Schrifttum, Schreiben
SchVw BW	Schulverwaltung Baden-Württemberg (Zeitschrift)

Abkürzungsverzeichnis

SchVw Nl	Schulverwaltung Niedersachsen (Zeitschrift)
SG	Sozialgericht (mit Ortsnamen)
Simitis	Simitis, Bundesdatenschutzgesetz, Kommentar, 8. Aufl. 2014
Slg.	Sammlung
Sodan/Ziekow	Sodan/Ziekow, Verwaltungsgerichtsordnung, Kommentar, 4. Aufl. 2014
sog	so genannt
Spindler/Schmitz	Spindler/Schmitz, Telemediengesetz: TMG, Kommentar, 2. Aufl. 2018
Spindler/Schuster	Spindler/Schuster, Recht der elektronischen Medien, Kommentar, 3. Aufl. 2015
Stan. Tech. L. Rev.	Stanford Technology Law Review (Zeitschrift)
st.	ständig
Stellungn.	Stellungnahme
Stichw.	Stichwort
str.	streitig, strittig
stRspr	ständige Rechtsprechung
Streinz	Streinz, EUV/AEUV. Kommentar, 2. Aufl. 2012
StV	Strafverteidiger (Zeitschrift)
SVR	Blätter Straßenverkehrsrecht (Zeitschrift)
Sydow	Sydow, Europäische Datenschutzgrundverordnung, Kommentar, 2. Aufl. 2018
Taeger/Gabel	Taeger/Gabel, Bundesdatenschutzgesetz, Kommentar, 2. Aufl. 2014
TBPH DatenschutzR	Tinnefeld/Buchner/Petri/Hof, Einführung in das Datenschutzrecht, 6. Aufl. 2017
teilw.	teilweise
Thür., thür.	Thüringen, thüringisch
Tz.	Textziffer
u.	und, unter, unten
ua	und andere, unter anderem
uÄ	und Ähnliches
UAbs.	Unterabsatz
uam	und anderes mehr
überarb.	überarbeitet
Überbl.	Überblick
überw.	überwiegend
uE	unseres Erachtens
Umf.	Umfang
umfangr.	umfangreich
umstr.	umstritten
unstr.	unstreitig
unveröff.	unveröffentlicht
unzutr.	unzutreffend
Urt.	Urteil
usw	und so weiter
uU	unter Umständen
uvam	und viele(s) andere(s) mehr
uvm	und viele(s) mehr

Abkürzungsverzeichnis

v.	vom, von
VA	Verwaltungsakt
va	vor allem
Var.	Variante
VBlBW	Verwaltungsblätter für Baden-Württemberg
VerfGH	Verfassungsgerichtshof (mit Landesnamen)
VDS-RL 2006/24/EG	Richtlinie zur Vorratsdatenspeicherung 2006/24/EG
Verf.	Verfasser, Verfassung, Verfahren
Verh.	Verhandlung(en)
Veröff.	Veröffentlichung(en)
VersR	Versicherungsrecht (Zeitschrift)
VerwArch	Verwaltungsarchiv (Zeitschrift)
Vfg.	Verfügung
VG	Verwaltungsgericht (mit Ortsnamen)
VGH	Verwaltungsgerichtshof (mit Ortsnamen)
vgl.	vergleiche
vH	von Hundert
VO	Verordnung
Voraufl.	Vorauflage
Vorb.	Vorbemerkung
vorl.	vorläufig
Vorschr.	Vorschrift
VR	Verwaltungsrundschau (Zeitschrift)
vs.	versus
VuR	Verbraucher und Recht (Zeitschrift)
VV	Verwaltungsvorschriften
VVDStRL	Veröffentlichungen der Vereinigung der Deutschen Staatsrechtslehrer
VzA	Anordnung der sofortigen Vollziehung
Wiss., wiss.	Wissenschaft, wissenschaftlich
WM	Zeitschrift für Wirtschafts- und Bankrecht
Wolf/Neuner, Allgemeiner Teil des Bürgerlichen Rechts	Wolf/Neuner, Allgemeiner Teil des Bürgerlichen Rechts, 11. Aufl. 2016
WP	Working Paper
WRP	Wettbewerb in Recht und Praxis (Zeitschrift)
WuM	Wohnungswirtschaft & Mietrecht (Zeitschrift)
Wybitul HdB DS-GVO	Wybitul, Handbuch EU-Datenschutz-Grundverordnung, 2017
WzS	Zeitschrift für die Sozialversicherungspraxis
zahlr.	Zahlreich
ZAP	Zeitschrift für die Anwaltspraxis
zB	zum Beispiel
ZD	Zeitschrift für Datenschutz
ZeuP	Zeitschrift für Europäisches Privatrecht
ZevKR	Zeitschrift für evangelisches Kirchenrecht
ZfbF	Schmalenbachs Zeitschrift für betriebswirtschaftliche Forschung
ZfPW	Zeitschrift für die gesamte Privatrechtswissenschaft

Abkürzungsverzeichnis

ZFS	Zeitschrift für Sozialreform
ZGR	Zeitschrift für Unternehmens- und Gesellschaftsrecht
ZHR	Zeitschrift für das gesamte Handels- und Wirtschaftsrecht
ZIS	Zeitschrift für Internationale Strafrechtsdogmatik
zit.	zitiert
ZMGR	Zeitschrift für das gesamte Medizinrecht
ZMV	Zeitschrift für Mitarbeitervertretung
ZNER	Zeitschrift für neues Energierecht
ZRP	Zeitschrift für Rechtspolitik
zT	zum Teil
ZUM	Zeitschrift für Urheber- und Medienrecht
ZUM-RR	ZUM-Rechtsprechungs-Report
zusf.	zusammenfassend
zust.	zustimmend
zutr.	zutreffend
zw.	zweifelhaft
zzgl.	zuzüglich
zzt.	zurzeit

Teil A. Datenschutzrechtliche Grundlagen

§ 1 Einführung

Übersicht

	Rn.
I. Bedeutung des bereichsspezifischen Datenschutzrechts	1
II. Allgemeiner Teil des Handbuchs	7
III. Besonderer Teil des Handbuchs	15

I. Bedeutung des bereichsspezifischen Datenschutzrechts

Die Bedeutung des Datenschutzrechts hat in den letzten Jahren in jeder Hinsicht zuge- 1
nommen. Dabei ist das Datenschutzrecht zwar bereits seit Jahrzehnten kodifiziert, dennoch fristete es lange Zeit ein Nischendasein, wurde zB in der anwaltlichen Beratung als Risikobereich betrachtet, auf den zwar im Rahmen vieler Geschäftsmodelle hingewiesen werden musste, nur wenige Kanzleien aber spezialisierten sich tatsächlich auf die datenschutzrechtliche Beratung. Für den Verbraucher spielte das Datenschutzrecht häufig nur insoweit eine Rolle, als dass er seitenlange und teils komplizierte Datenschutzerklärungen lesen, akzeptieren und in einer schier unendlichen Vielzahl Einwilligungen in die Datennutzung erteilen musste.

Diese bislang seiner Bedeutung nicht angemessene Berücksichtigung des Datenschutz- 2
rechts in der anwaltlichen Praxis, aber auch im Unternehmen, die durch ein Vollzugsdefizit im Bereich des Datenschutzrechts befördert wurde, war in doppelter Hinsicht bedauerlich und unberechtigt. Der Schutz persönlicher Daten ist für jeden Betroffenen von erheblicher Relevanz. Denn wer über eine ausreichende Menge personenbezogener Daten verfügt, kann zB Entscheidungen des Betroffenen voraussahen und im schlimmsten Fall beeinflussen, wie nicht zuletzt die Diskussion um Wählerbeeinflussung (ua in den USA und Großbritannien) gezeigt hat. Der Betroffene ist nicht nur Gegenstand von Entscheidungen, die über ihn allein auf Grundlage der ihn betreffenden personenbezogenen Daten getroffen werden, vielmehr kann dem Betroffenen durch die Weitergabe personenbezogener Daten auch erheblicher Schaden zufügt werden, wenn zB intime Details oder Geheimnisse an Dritte weitergegeben werden. Der Betroffene hat daher ein schützenswertes Interesse daran, aktiv und selbstbestimmt darüber entscheiden zu können, wer die ihn betreffenden personenbezogenen Daten in welcher Weise und zu welchen Zwecken verarbeiten darf. Er wird daher zu Recht nicht nur (national) über das verfassungsrechtlich gewährleistete informationelle Selbstbestimmungsrecht geschützt, sondern auch auf unionsrechtlicher Ebene über Art. 7 und 8 GRCh bzw. Art. 8 EMRK.

Spätestens seit der Diskussion um die Verabschiedung der DS-GVO hat das öffentliche 3
Bewusstsein für Datenschutz und Datensicherheit erfreulicherweise dramatisch zugenommen. Zusätzlich befeuert wird dies durch eine schier unendliche Abfolge von Datenskandalen.[1] Dennoch war die öffentliche Diskussion in der Zeit vor Geltungserlangung der DS-GVO in Deutschland va geprägt durch schwarzmalerische Verlautbarungen um einen vermeintlich unsinnigen und zu strengen Datenschutz, der die Wirtschaft mit unzumutbar

---

[1] S. nur für 2018 Hay Newman, 7.9.2018, The Worst Cybersecurity Breaches of 2018 so far, abrufbar unter: http://www.wired.com/story/2018-worst-hacks-so-far, zuletzt abgerufen am 9.8.2018.

hohen Transaktionskosten belaste. Entgegen dieser Einschätzung aber befürworten mittlerweile selbst US-amerikanische Großunternehmen wie Microsoft die DS-GVO.[2]

4 Ganz unabhängig davon aber, ob Datenschutz in den Blickpunkt des öffentlichen Interesses gerückt ist oder nicht, durchdringt das Datenschutzrecht unvermeidlich nahezu alle wirtschaftlichen, öffentlichen und privaten Lebensbereiche, weil mit zunehmender Digitalisierung mittlerweile praktisch alle Vorgänge des täglichen (Wirtschafts-)Lebens durch die Verarbeitung personenbezogener Daten geprägt sind.

5 Auch mit der 2016 erlassenen DS-GVO ist es aber keineswegs so, dass Datenschutzrecht nun nur noch durch diese eine Verordnung und ggf. das BDSG, das ua Öffnungsklauseln aus- und Regelungsaufträge erfüllt, reguliert würde. Ganz im Gegenteil finden sich datenschutzrechtliche Regelungen auch weiterhin in einer Vielzahl von Normen nicht nur des europäischen, sondern insbesondere des Bundes- und des Landesrechts. Teilweise kann daher schon die Ermittlung der für einen Fall relevanten Normen eine Herausforderung darstellen. Nicht nur aufgrund der auf Spezialgesetze (VVG, TMG, KUG etc) verteilten datenschutzrechtlichen Normen stellen sich datenschutzrechtliche Probleme in den verschiedenen öffentlich-rechtlichen Bereichen (Behörden, Schulen etc) oder privatrechtlichen Wirtschaftssektoren (IT, Versicherung, Automotive etc) in ganz unterschiedlicher Weise. Die jeweiligen Verarbeitungsvorgänge, Interessen der Beteiligten, Blickwinkel und Bedürfnisse unterscheiden sich teils erheblich. Nur beispielhaft seien Anwälte und Ärzte genannt, die durch ihr Berufsgeheimnis mit besonderen Verpflichtungen zur Geheimhaltung belegt sind, woraus sich natürlich spezielle Bedingungen bei der Verarbeitung von Daten ergeben. Das Beispiel sollte eindrücklich zeigen, dass Datenschutzrecht daher auch und gerade bereichsspezifisch gedacht und auch angegangen werden muss.

6 Diese Bereichsspezifik besteht zudem nicht nur zwischen dem privaten Wirtschaftssektor und dem öffentlich-rechtlichen Bereich. Auch innerhalb des privaten und des öffentlich-rechtlichen Sektors differieren die datenschutzrechtlichen Herausforderungen erheblich. In den nachfolgenden 26 Kapiteln soll diese Bereichsspezifik datenschutzrechtlich aufgearbeitet werden, um dem Rechtsanwender auf diese Weise den Einstieg in die für ihn relevanten Problemstellungen zu ermöglichen.

II. Allgemeiner Teil des Handbuchs

7 Zu diesem Zweck sollen zunächst im allgemeinen Teil (Kapitel 2 bis 9) die Grundlagen gelegt und Grundzüge dargestellt werden. Abseits von bereichsspezifischen Problemen werden die grundlegenden Koordinaten des Datenschutzrechts erörtert, die dann auch für die anderen Kapitel als Ausgangspunkt und Referenz dienen sollen.

8 Den Beginn hierfür leistet Bretthauer, der im Kapitel → § 2 Rn. 1 ff. die **verfassungsrechtlichen Grundlagen des Datenschutzes** herausarbeitet, wobei er zunächst die historische Entwicklung des europäischen und deutschen Datenschutzrechts aufzeigt, um anschließend im Detail Art. 7, 8 GRCh, Art. 16 AEUV, Art. 8 EMRK und Art. 2 Abs. 1 iVm Art. 1 Abs. 1 GG darzustellen. Danach werden diesbezüglich Einzelprobleme erschlossen, ua die dogmatische Einordnung der Einwilligung und die Drittwirkung des Datenschutzgrundrechts.

9 Mit Kapitel → § 3 Rn. 1 ff. führen Mantz und Marosi in die **Grundzüge der DS-GVO** ein, wobei zunächst der Anwendungsbereich (sachlich, persönlich und räumlich) dargestellt und von anderen Normbereichen abgegrenzt wird. Mit Blick auf die Datenschutzgrundsätze des Art. 5 DS-GVO werden dann die Rechtmäßigkeit der Verarbeitung

---

[2] Armbruster, Microsoft: Reguliert die Gesichtserkennung!, FAZ v. 15.7.2018, abrufbar unter: http://www.faz.net/aktuell/wirtschaft/diginomics/microsoft-reguliert-die-gesichtserkennung-15692359.html, zuletzt abgerufen am 9.8.2018.

(insbesondere die Erlaubnistatbestände der Art. 6 ff. DS-GVO), Zweckbindung und Transparenz sowie die Informationspflichten und Betroffenenrechte der Art. 12 ff. DS-GVO erklärt. Nach der Darstellung der Grundzüge der Auftragsverarbeitung gemäß Art. 28 ff. DS-GVO geht es um die Fragen der Risikobeherrschung, also ua Datenschutz durch Technik gemäß Art. 25 DS-GVO und Sicherheit der Verarbeitung. Im Anschluss an die Möglichkeiten der Selbstregulierung steht die Rolle der Aufsichtsbehörden und des Europäischen Datenschutzausschusses im Fokus. Das Kapitel schließt mit Ausführungen zu Rechtsbehelfen, Haftung und Sanktionen.

In Kapitel → § 4 Rn. 1 ff. erläutert im Anschluss hieran Lauber-Rönsberg das **BDSG**, das von den Öffnungsklauseln der DS-GVO Gebrauch macht und den Regelungsaufträgen der DS-GVO nachkommt, aber auch die JI-RL 2016/680 umsetzt. Hierbei werden Normen und Struktur sowie der Anwendungsbereich dargestellt. Anschließend werden die speziellen Regelungen des BDSG gegenüber der DS-GVO im Rahmen der Rechtmäßigkeit der Datenverarbeitung, der Betroffenenrechte etc aufgezeigt und erläutert, ferner die nationalen Regelungen zur Datenschutzaufsicht. 10

Kapitel → § 5 Rn. 1 ff. ist dem (aktuellen) Entwurf der **ePrivacy-Verordnung** gewidmet. Steinrötter geht nach einer Darstellung der dem Entwurf zugrundeliegenden Problematik zunächst auf das Verhältnis zur DS-GVO ein, um dann den Anwendungsbereich (kritisch) zu erarbeiten. Anschließend erörtert er die Grundstrukturen des Entwurfs sowie die diesbezügliche Aufsicht und Durchsetzung. 11

In Kapitel → § 6 Rn. 1 ff. zeigt Krätschmer mit der **Compliance** ganz praktische Probleme bei der Umsetzung des Datenschutzrechts im Unternehmen bzw. generell in Organisationen auf. Hierfür arbeitet er zunächst den Begriff der „Compliance" und die Notwendigkeit eines „Compliance Management Systems" heraus, um sodann die Compliance-Verantwortung im Sinne von technischen, aber insbesondere auch organisatorischen Maßnahmen und Pflichten sowohl des Unternehmens an sich aber auch des leitenden Personals darzustellen. 12

Kapitel → § 7 Rn. 1 ff. geht auf den praktisch bedeutsamen **internationalen Datentransfer** und seine Grundlagen in Art. 44 ff. DS-GVO ein. Wieczorek behandelt in diesem Zusammenhang Angemessenheitsbeschlüsse nach Art. 45 DS-GVO, Garantien nach Art. 46 DS-GVO und den Sonderfall von Rechtshilfeabkommen und internationalen Übereinkünften. Ferner geht er auf Ausnahmen ein. 13

In Kapitel → § 8 Rn. 1 ff. ergründet Born das ebenfalls sehr praxisrelevante **Straf- und Ordnungswidrigkeitenrecht bei Datenschutzverstößen.** Hierfür schildert er das aufsichtsbehördliche Bußgeldverfahren sowie die Bußgeldbestände jeweils nach der DS-GVO und nationalem Recht, um dann auf das Strafverfahren einzugehen. 14

III. Besonderer Teil des Handbuchs

Im besonderen Teil dieses Werks geht es anschließend um große und kleine Spezialbereiche, in denen das Datenschutzrecht von Relevanz ist, wobei jeweils auch eine Vielzahl von Einzelproblemen ergründet werden soll. 15

Eröffnet wird dieser Teil in Kapitel → § 9 Rn. 1 ff. von Specht, die einerseits die für **Verbraucher** besonders relevanten datenschutzrechtlichen Probleme erläutert (Opt Out/Opt In/Double Opt In/Triple Opt In, Einwilligung durch Do-not-Track-Einstellungen, Fortgeltung von Alteinwilligungen, Koppelungsverbot, Datenverarbeitung nach Art. 6 Abs. 1 lit. b und f DS-GVO etc) andererseits aber auch auf für den Verbraucher besonders relevante Datenverarbeitungssituationen eingeht (Scoring und Bonitätsauskünfte, Soziale Netzwerke, Cookie-Tracking, Profiling, Online-Marketing etc).

Kapitel → § 10 Rn. 1 ff. der Autoren Ströbel und Wybitul ist dem **Beschäftigtendatenschutz** gewidmet, der seine Ausprägung nunmehr insbesondere in Art. 88 DS-GVO 16 und § 26 BDSG gefunden hat. Hierfür gehen die Autoren auf das seit Jahren und nun unter den Vorgaben der DS-GVO diskutierte Thema der (freiwilligen) Einwilligung in die Datenverarbeitung im Beschäftigungsverhältnis ein. Weitere konkrete Probleme sind ua die Stellung des Betriebsrats, ob Kollektivvereinbarungen als Erlaubnistatbestand Verarbeitungen rechtfertigen können und die Frage eines Beweisverwertungsverbots von datenschutzwidrig erlangten Beweismitteln.

17 Anschließend bearbeitet Bortz in Kapitel → § 11 Rn. 1 ff. die speziellen Probleme der **Datenverarbeitung in der Anwaltschaft,** insbesondere vor dem Hintergrund von Art. 23, Art. 90 DS-GVO und § 29 BDSG. Konkret zeigt er die Probleme bei der Datenverarbeitung innerhalb und außerhalb (Stichwort „Outsourcing") der Anwaltskanzlei sowie im Zusammenhang mit grenzüberschreitenden Datenübermittlungen auf und geht umfassend auf die datenschutzrechtlichen Pflichten in der Kanzlei (zB Informations- und Auskunftspflichten, Gewährleistung der IT-Sicherheit) sowie die Rolle des Anwalts als externer Datenschutzbeauftragter ein.

18 Kapitel → § 12 Rn. 1 ff. erörtert sodann den **Datenschutz im privaten Versicherungssektor.** Spittka setzt sich hier va mit den sich aus dem Versicherungsvertragsgesetz (VVG) ergebenden datenschutzrechtlichen Anforderungen sowie den regulatorischen Anforderungen aus dem Versicherungsaufsichtsgesetz (VAG) auseinander, aber auch ganz konkret mit datenschutzrechtlichen Problemen, die sich zB bei der Risikobeurteilung vor Vertragsschluss sowie bei der Bearbeitung und Abwicklung von Versicherungsfällen ergeben. Auch der Datenaustausch mit anderen Versicherern sowie Versicherungsvertretern und -maklern ist Gegenstand des Beitrags.

19 Es folgt in Kapitel → § 13 Rn. 1 ff. die Auseinandersetzung Paschkes mit dem **Datenumgang in der Arztpraxis, im Krankenhaus, im Pharmawesen,** bei sonstigen Trägern von **Heilberufen,** bei **Krankenkassen** sowie bei anderen **Sozialversicherungsträgern.** Ebenfalls erörtert wird die sich bei der Datenerhebung durch patienteneigene Geräte ergebenden Probleme sowie die datenschutzrechtlichen Anforderungen an die Auswertung von Gesundheitsdaten durch private IT-Dienstleister. Auch die Bewertung von Ärzten auf Internetportalen ist Gegenstand des Beitrags.

20 In Kapitel → § 14 Rn. 1 ff. thematisiert Heinson den **Datenschutz im Finanzwesen.** Dieser Sektor ist bereits umfassend reguliert, sodass es regelmäßig zu Normkollisionen kommt, die der Beitrag auflöst. Daneben werden die Rechtsgrundlagen für die Datenverarbeitung bei Bankgeschäften ebenso umfassend erörtert, wie Rating und Bonitätsauskünfte, Kredithandel und Risikosteuerung und der Datenschutz im Kreditwesengesetz (KWG). Die Anforderungen, die das Datenschutzrecht an bargeldlose Zahlungen unter Verwendung von personenbezogenen Daten stellt, werden erläutert, aber auch die datenschutzrechtlichen Vorgaben für den Wertpapierhandel.

21 In → § 15 Rn. 1 ff. bearbeitet Schneider den **Datenschutz in der Informationstechnik** und legt hier einen Schwerpunkt auf den Datenschutz durch Technikgestaltung (Data Protection by design, Art. 25 DS-GVO). Organisatorische Maßnahmen werden ebenso erläutert, wie ganz konkrete technische Handlungsempfehlungen, zB die Einrichtung von Speicher- und Löschkonzepten. Um die Anforderungen der DS-GVO vollumfänglich erfüllen zu können, ist darüber hinaus in der Praxis – vor allem bei umfassenden Datenbeständen – ein zentrales Datenmanagement von entscheidender Bedeutung, dessen Errichtung der Beitrag ebenfalls erläutert. Weiter werden technische Möglichkeiten von Anonymisierung und Pseudonymisierung vorgestellt (Noise Addition, Permutation etc.) und letztlich ein Überblick über die Anforderungen an die IT-Sicherheit gegeben. Abschließend wird auch das Recht auf Datenportabilität in rechtlicher und technischer Hinsicht erläutert.

22 Kapitel → § 16 Rn. 1 ff. dient der Erörterung des **Datenschutzes im Automotive-Bereich.** Hersteller, Zulieferer, Werkstätten, Mobilfunknetzbetreiber, Carsharing-Unternehmen, Versicherer oder auch die Anbieter von Infotainmentdiensten können vermittels der gewaltigen im vernetzten Fahrzeug anfallenden Datenmengen vertiefte Einblicke in

Fahrzeugstandort, -zustand und -routen erhalten und außerdem wertvolle Erkenntnisse über Fahrstil, Internetgewohnheiten und sonstige Vorlieben des Fahrzeugnutzers gewinnen. Dies führt unweigerlich zur Frage nach dem zulässigen Zugang zu Fahrzeug- und Bewegungsdaten sowie deren erlaubter Verarbeitung und Kommerzialisierung. All diese Fragen beantwortet von Bodungen in diesem Kapitel.

Kapitel → § 17 Rn. 1 ff. erläutert den **Datenschutz im Energiesektor.** Maßgebend 23 für die Tätigkeit im Energiesektor ist zum einen die in Art. 6 Abs. 2 DS-GVO enthaltene Spezifizierungsklausel, echte Abweichungsmöglichkeiten eröffnet zum anderen Art. 23 Abs. 1 lit. e DS-GVO. Kresse bearbeitet hier die Binnenmarktrichtlinien Strom und Gas ebenso wie die Energieeffizienz-Richtlinie sowie sektorspezifische Regelungen des nationalen Rechts, die den Vorschriften des BDSG vorgehen (insb. das MsbG, GPKE und GeLi Gas). Einen Schwerpunkt stellt auch die Beantwortung der Frage dar, ob und wann Messdaten überhaupt einen Personenbezug aufweisen.

In → § 18 Rn. 1 ff. bearbeitet Kiparski den **Datenschutz im Telekommunikations-** 24 **sektor.** Dieser ist aus drei Gründen besonders datenschutzrelevant: Erstens wird für jeden TK-Vorgang ein sogenannter Call Data Record (CDR) in den TK-Anlagen erzeugt, der ua Informationen über den Beginn, das Ende, den Ursprung und das Ziel des TK-Vorgangs enthält, zweitens vergeben TK-Anbieter IP-Adressen, und drittens tauschen Nutzer teils hochsensible Daten über TK-Netze aus. § 18 erläutert sowohl das Verhältnis der TK-Vorschriften zur DS-GVO und zum Telemediendatenschutz als auch die relevanten TK-Vorschriften selbst. Grundlegend unterschieden wird hier die Verarbeitung von Bestandsdaten, von Verkehrsdaten sowie von Standortdaten. Die Datenverarbeitung zur Missbrauchsbekämpfung und die Vorratsdatenspeicherung finden ebenso Erörterung, wie Fragen des Outsourcings sowie der im Entwurf vorliegenden ePrivacy-Verordnung.

In Kapitel → § 19 Rn. 1 ff. thematisiert Hennemann den **Datenschutz in der Presse** 25 **und anderen Medien.** Die hier erforderlichen Tätigkeiten sind ohne eine Verarbeitung von personenbezogenen Daten nicht denkbar. Die Auferlegung des (gesamten) datenschutzrechtlichen Pflichtenkanons würde jedoch Funktions- und Schutzgewährleistungen der Medien grundlegend in Frage stellen. Es stellt sich daher unweigerlich die Frage, ob und inwieweit die Presse und andere Medien datenschutzrechtlichen Vorschriften unterliegen (sollen). Der Beitrag erörtert die für die Presse maßgeblichen Vorschriften im nationalen Recht, Staatsverträgen und Unionsrecht und geht darüber hinaus auf besonders relevante Einzelfragen ein (zB die datenschutzrechtliche Behandlung von Intermediären wie Suchmaschinen und sozialen Netzwerken).

Kapitel → § 20 Rn. 1 ff. dient der Darstellung des **Datenschutzes in der Verwal-** 26 **tung.** Neben den hier anwendbaren Vorschriften von DS-GVO, JI-RL und BDSG stellt sich va die Frage, welche bereichsspezifischen Regelungen für die Datenverarbeitung durch die Verwaltung einschlägig sein können. Hier findet beispielsweise das Bundesmeldegesetz besondere Erörterung. Bock erläutert außerdem besonders relevante Fragen der Datenverarbeitung in der Verwaltung, beispielsweise die Datenübermittlung an öffentliche und nicht-öffentliche Stellen, die Videoüberwachung bei und durch öffentliche Stellen sowie Einlasskontrollen.

Kapitel → § 21 Rn. 1 ff. erörtert den **Datenschutz im Polizeisektor.** Die Arbeit der 27 Polizei setzt in vielerlei Hinsicht die Verarbeitung personenbezogener Daten voraus, etwa, wenn es um die Verhütung oder Verfolgung von Straftaten geht. Roggenkamp erläutert in diesem Kapitel den sich aus der JI-RL und der DS-GVO ergebenden bereichsspezifischen Datenschutz ebenso wie besonders relevante Einzelfragen, zB betreffend Datenerhebungsgeneralklauseln, die Befugnisse zur Identitätsfeststellung, zur Online-Streife, zur verdeckten Datenerhebung, zum Einsatz von Videokameras oder zu Betroffenenrechten.

Es folgt in → § 22 Rn. 1 ff. die Auseinandersetzung Englers mit dem **Datenschutz in** 28 **der Justiz.** Hier erörtert er die Anwendbarkeit von DS-GVO und JI-RL auf die justizielle Datenverarbeitung sowie die Konkretisierung der DS-GVO für den Bereich der Justiz durch die Mitgliedstaaten. Besonderes Augenmerk wird auf die Frage der Verantwortlichkeit für die Datenverarbeitung in der Justiz gelegt sowie auf die Betroffenenrechte, wobei es hier insbesondere um Transparenzpflichten und Akteneinsicht geht. Der Bereich e-Justice wird freilich ebenfalls besonderer Erörterung unterzogen.

29   In Kapitel → § 23 Rn. 1 ff. erläutert Golla den **Datenschutz in Forschung und Hochschullehre.** Dieser für die Wissenschaft sehr wichtige Bereich ist besonders datenschutzsensibel. Die DS-GVO enthält jedoch keine umfassende Privilegierung wissenschaftlicher Zwecke. Sie privilegiert zwar in einzelnen Bereichen allein wissenschaftliche und historische Forschungszwecke, nicht aber die Lehre. Golla präzisiert in seinem Kapitel den Begriff der Forschung, geht auf die Erlaubnistatbestände zur Verarbeitung personenbezogener Daten im Bereich von Forschung und Hochschullehre ein und betrachtet dabei auch und gerade die Vorgaben des Art. 89 DS-GVO. Wo dies erforderlich ist, werden auch nationale Vorschriften des BDSG erörtert.

30   Kapitel → § 24 Rn. 1 ff. dient der Darstellung des **Datenschutzes in Schule und Verwaltung.** Sassenberg erläutert hier neben den Vorgaben der DS-GVO auch und gerade die vielen landesrechtlichen Regelungen, die den Datenschutz in den Ländern zT sehr unterschiedlich ausgestalten. Viele Bundesländer verfügen beispielsweise über Regelungen zu den Bereichen statistischer Erhebungen und Evaluation, während Schulversuche in datenschutzrechtlicher Hinsicht von den Ländern bisher kaum geregelt werden. Das bislang bundesweit einzige Schuldatenschutzgesetz existiert in Bremen. Vertieft werden die Schwerpunkte des Schuldatenschutzes, wie zB der Einfluss von fachaufsichtlicher Weisung auf die datenschutzrechtliche Verantwortlichkeit.

31   Steinhauer eruiert in → § 25 Rn. 1 ff. den **Datenschutz in Kultureinrichtungen, Bibliotheken und Archiven.** Insbesondere der Bereich von Archiven und Bibliotheken ist traditionell gekennzeichnet durch einen sehr intensiven Umgang mit personenbezogenen Daten. Dargelegt werden sowohl die in Betracht kommenden Rechtsgrundlagen für die Datenverarbeitung in den untersuchten Sektoren in DS-GVO, Bundesrecht und Landesrecht, als auch in spezifischen nationalen Regelungen zB den Archivgesetzen. Besonderes Augenmerk wird auf die Frage der Digitalisierung von Beständen gelegt, auf die Erstellung von analogen und digitalen Bibliothekskatalogen, das Zugänglichmachen von personenbezogenen Daten in Gedächtniseinrichtungen sowie den Nutzerdatenschutz. Aber auch der Datenschutz in anderen Kultureinrichtungen, wie Theatern und Musikschulen, sowie der Datenschutz im Denkmalschutz finden Erörterung.

32   Der **Sozialdatenschutz** ist → § 26 Rn. 1 ff. vorbehalten. Hier stellt Kipker und Pollmann nach kurzer Einführung in die Bedeutung und Entwicklung des Datenschutzes im Bereich des Sozialrechts zunächst Abgrenzungsfragen und Systematik des Sozialdatenschutzes dar und erläutert sodann die Einzelheiten des Sozialgeheimnisses, der Datenverarbeitungsmodalitäten im Sozialdatenschutz sowie ihre Rechtsgrundlagen und Besonderheiten. Während die allgemeinen Grundsätze der zulässigen Erhebung, Verarbeitung und Nutzung von Sozialdaten in den §§ 67 ff. SGB X (Schutz der Sozialdaten) geregelt sind, finden sich in den weiteren Büchern über das gesamte SGB verteilt die bereichsspezifischen Datenschutzvorschriften. Diese werden eingehender Erörterung unterzogen.

33   Im abschließenden Kapitel → § 27 Rn. 1 ff. stellt Paschke den **kirchlichen Datenschutz** vor. Enthalten sind sowohl der kirchliche Datenschutz der römisch-katholischen Kirche in Deutschland (KDG), das Kirchengesetz über den Datenschutz der Evangelischen Kirche in Deutschland (DSG-EKD), spezialgesetzliche staatliche Datenschutzregelungen, als auch besonders relevante Fragen zum kirchlichen Datenschutzrecht (zB Datenschutz in kirchlichen Dienst- und Arbeitsverhältnissen, Videoüberwachung in Kirchen und Rechtsschutzaspekte).

§ 2 Verfassungsrechtliche Grundlagen, Europäisches und nationales Recht

Übersicht

	Rn.
I. Einleitung	1
1. Hintergrund	2
2. Historische Entwicklung des Datenschutzes	3
3. Gegenwart des Datenschutzes	7
II. Anwendbare Vorschriften	9
1. Art. 7 GRCh	10
2. Art. 8 GRCh	12
a) Schutzbereichsdimension, Eingriff und Rechtfertigung	13
aa) Schutzbereich	13
bb) Eingriff	16
cc) Rechtfertigung	20
b) Verfassungsrechtliche Grundprinzipien des Datenschutzes	24
aa) Datenverarbeitung nach Treu und Glauben	25
bb) Zweckbindungsgrundsatz	26
cc) Verbotsprinzip	31
dd) Transparenzgebot	32
ee) Verfahrensabsicherung durch unabhängige Stelle	34
3. Art. 16 AEUV	37
4. Art. 8 EMRK	39
5. Art. 2 Abs. 1 iVm Art. 1 Abs. 1 GG	42
a) Recht auf informationelle Selbstbestimmung	43
aa) Schutzbereichsdimension, Eingriff und Rechtfertigung	44
bb) Verfassungsrechtliche Grundprinzipien des Datenschutzes	47
b) Grundrecht auf Gewährleistung der Vertraulichkeit und Integrität informationstechnischer Systeme	48
III. Einzelprobleme	51
1. Verhältnis der datenschutzrechtlichen Normen im grundrechtlichen Mehrebenensystem	51
2. Grundrechtsberechtigte & Grundrechtsverpflichtete	55
a) Grundrechtsberechtigte	56
b) Grundrechtsverpflichtete	58
3. Dogmatische Einordnung der Einwilligung	59
4. Einschlägige Schrankenregelung des Datenschutzgrundrechts	60
5. Drittwirkung des Datenschutzgrundrechts	62
6. Rolle der Gerichte im Mehrebenensystem des Datenschutzes	65
7. Rechtsschutz	67
IV. Fazit	73

Literatur:

Bizer, Sieben Goldene Regeln des Datenschutzes, DuD 2007, 350; *Bretthauer*, Intelligente Videoüberwachung, 2017; *Brink*, Die informationelle Selbstbestimmung – umzingelt von Freunden?, CR 2017, 433; *Britz*, Europäisierung des grundrechtlichen Datenschutzes?, EuGRZ 2009, 1; *Bull*, Datenschutz als Informationsrecht und Gefahrenabwehr, NJW 1979, 1177; *Eifert*, Informationelle Selbstbestimmung im Internet, NVwZ 2008, 521; *Faber*, Verrechtlichung – ja, aber immer noch kein „Grundrecht" – Zwanzig Jahre informationelles Selbstbestimmungsrecht, RDV 2003, 278; *Haase*, Datenschutzrechtliche Fragen des Personenbezugs, 2015; *Härtel*, Die Europäische Grundrechteagentur: unnötige Bürokratie oder gesteigerter Grundrechtsschutz?, EuR 2008, 489; *Herbst,* Was sind personenbezogene Daten?, NVwZ 2016, 902; *Herrmann,* Das Grundrecht auf Gewährleistung der Vertraulichkeit und Integrität informationstechnischer Systeme, 2010; *Hoffmann-Riem,* Informationelle Selbstbestimmung in der Informationsgesellschaft, AöR 123 (1998), 513; *Hoffmann-Riem,* Der grundrechtliche Schutz der Vertraulichkeit und Integrität eigengenutzter informationstechnischer Systeme, JZ 2008, 1009; *Kingreen,* Die Grundrechte des Grundgesetzes im europäischen Grundrechtsföderalismus, JZ 2013, 801; *Kingreen/Kühling,* Weniger Schutz durch mehr Recht: Der überspannte Parlamentsvorbehalt im Datenschutzrecht, JZ 2015, 213; *Kirchhof,* Grundrechtsschutz durch europäische und nationale Gerichte, NJW 2011, 3681; *Kirchhof*, Kooperation zwischen nationalen und europäischen Gerichten, EuR 2014, 267; *Kutscha*, Das „Computer-Grundrecht" – eine Erfolgsgeschichte?, DuD 2012, 391; *Luch*, Das neue „IT-Grundrecht", MMR 2011, 75; *Leuschner*, EuGH und Vorratsdatenspeicherung: Erfindet Europa ein Unionsgrundrecht auf Sicherheit?, EuR 2016, 431; *Ludwigs*, Kooperativer Grundrechtsschutz zwischen EuGH, BVerfG und EGMR, EuGRZ 2014, 273; *Marsch*, Das europäische Datenschutzgrundrecht, 2018; *Masing*, Herausforderungen des Datenschutzes, NJW 2012, 2305; *Michl*, Das Verhältnis zwischen Art. 7 und Art. 8 GRCh – zur Bestimmung der Grundlage des Datenschutzgrundrechts im EU-Recht, DuD 2017, 349; *Müllmann*, Zweckkonforme und zweckändernde Weiternutzung, NVwZ 2016, 1692; *Petri*, Das Urteil des Bundesverfassungsgerichts zur Online-Durchsuchung, DuD 2008, 443; *Reinhardt*, Konturen des europäischen Datenschutzgrundrechts, AöR 142 (2017), 528; *Spiecker gen. Döhmann*, Wissensverarbeitung im öffentlichen Recht, RW 2010, 247; *Spiecker gen. Döhmann*, Zur Zukunft systemischer Digitalisierung – Erste Gedanken zur Haftungs- und Verantwortungszuschreibung bei informationstechnischen Systemen, CR 2016, 698; *Spiecker gen. Döhmann/Bretthauer*, Dokumentation zum Datenschutz und Informationsfreiheitsrecht, 2018; *Simitis*, Die informationelle Selbstbestimmung – Grundbedingung einer verfassungskonformen Informationsordnung, NJW 1984, 398; *Steiner*, Das Bundesverfassungsgericht und die europäischen Gerichte, DVP 2017, 135; *Streinz/Michl*, Die Drittwirkung des europäischen Datenschutzgrundrechts (Art. 8 GRCh) im deutschen Privatrecht, EuZW 2011, 384; *Tinnefeld*, Schutz europäischer Grundwerte und Menschenrechte, DuD 2013, 461.

I. Einleitung

1 Im Zeitalter der Digitalisierung widmet sich das **Datenschutzrecht** einer der **zentralen Herausforderung: Dem Umgang** und der **Verwendung** von **personenbezogenen Daten.** Da die Digitalisierung nicht an Ländergrenzen Halt macht und Daten und Informationen innerhalb kürzester Zeit weltweit verbreitet werden können, reichen rein nationale Regelungen zum Schutz personenbezogener Daten nicht mehr aus. Deshalb sind daneben auch europäische Standards notwendig, die ein Mindestmaß an Datenschutz garantieren. Die nachstehenden Erläuterungen legen deshalb aus einer **verfassungsrechtlichen Perspektive** den **Fokus** auf den **nationalen** sowie **europäischen Rechtsrahmen.**

1. Hintergrund

2 Die **Gesellschaft des 21. Jahrhunderts** hat sich von der reinen Dienstleistungsgesellschaft zu einer **Informations- und Wissensgesellschaft** entwickelt, in der die Erzeugung, Organisation, Vermittlung und Vermarktung von Wissen Hauptquelle ihrer Produktivität ist.[1] Mithilfe moderner Informations- und Kommunikationstechnologien wird die Produktivität durch Verwendung von Wissen in den wertschöpfenden Geschäftsprozessen gesteigert.[2] Damit untrennbar verknüpft ist die fortschreitende **Digitalisierung sämtlicher Lebensbereiche.**[3] Big Data und Smart Data, Smart Grid, Industrie 4.0, intelligente Videoüberwachung, E-Mobility, Cloud Computing, Arbeit 4.0, Deep Learning oder systemische Digitalisierung[4] sind dabei nur einige Schlagwörter, deren wesentliche Grundlage die Verarbeitung und Auswertung von Daten und Informationen darstellt. Das Vorhandensein immer größerer Datenmengen sowie verbesserter Analysemöglichkeiten bietet einerseits große Chancen, andererseits aber auch enorme Risiken, wenn personenbezogene Daten zur Grundlage werden. Im öffentlichen Bereich der Strafverfolgung werden Big Data-Techniken und Data-Mining beispielsweise als neue Wunderwaffen der Verbrechensbekämpfung angepriesen.[5] Im privaten Bereich versprechen sich vor allem Unternehmen durch die Verarbeitung personenbezogener Daten, passgenaue Endprodukte für Verbraucher bereitstellen zu können.[6] Der Einzelne weiß dann oftmals aber nicht

---

[1] Willke Systemisches Wissensmanagement, 289 ff.
[2] Nikodemus Lernprozessorientiertes Wissensmanagement und kooperatives Lernen, 95.
[3] Jarass GRCh Art. 8 Rn. 2 mwN.
[4] Spiecker gen. Döhmann CR 2016, 698.
[5] Meinicke K&R 2015, 377.
[6] Zeidler/Brüggemann CR 2014, 248 etwa im Bereich der personalisierten Werbung im Internet.

mehr, wer was wann und warum bei welcher Gelegenheit über ihn weiß. Wer nicht mit hinreichender Sicherheit überschauen kann, welche ihn betreffenden Informationen in bestimmten Bereichen seiner sozialen Umwelt bekannt sind, und wer das Wissen möglicher Kommunikationspartner nicht einigermaßen abzuschätzen vermag, kann in seiner Freiheit wesentlich gehemmt werden, aus eigener Selbstbestimmung zu planen oder zu entscheiden.[7] Deshalb ist es notwendig, dass normative Vorgaben existieren, die ein rechtliches Fundament bereitstellen, um den Schutz des Einzelnen sicherzustellen und zu gewährleisten.

2. Historische Entwicklung des Datenschutzes

Die Anfänge des Datenschutzes als solches reichen bis in die Antike zurück.[8] Seine rechtliche Normierung und damit die **Datenschutzgesetzgebung beginnt** indes mit dem **30. 9. 1970** und der Verabschiedung des weltweit ersten Datenschutzgesetzes: Dem **1. Hessischen Datenschutzgesetz**.[9] Auf bundesdeutscher Ebene zog der Gesetzgeber nach langwierigen und mühevollen Debatten über die Notwendigkeit und den Inhalt einer gesetzlichen Regelung der Verarbeitung personenbezogener Daten nach und verkündet am **1. 2. 1977** das **1. Bundesdatenschutzgesetz**.[10] Sechs Jahre später folgte **1983** das berühmte **Volkszählungsurteil** des **BVerfG**,[11] das die **Geburtsstunde** des **Rechts auf informationelle Selbstbestimmung** (Art. 2 Abs. 1 iVm Art. 1 Abs. 1 GG) markiert.[12] Damit wurde erstmals höchstrichterlich ausdrücklich klargestellt, dass **Datenschutz Grundrechtsschutz** ist.[13] Auf bundesdeutscher Ebene kam es 1990[14] sowie 2001[15] zu umfangreichen Überarbeitungen des BDSG. Mit **Anwendbarkeit** der **DS-GVO** zum **25. 5. 2018** (Art. 99 Abs. 2 DS-GVO) wurde schließlich das bisher geltende BDSG aF aufgehoben, sodass das nunmehr geltende BDSG (→ § 4 Rn. 26 ff.) in Kraft treten konnte.[16]

Die nationale Entwicklung des Datenschutzrechts wird jedoch nicht ausschließlich durch rein legislative Tätigkeiten geprägt. Hinzu kommen eine Reihe wichtiger Entscheidungen des BVerfG, die das Datenschutzrecht maßgeblich geprägt und gestaltet haben. Neben dem bereits erwähnten Volkszählungsurteil sind insbesondere das Urteil zur Telekommunikationsüberwachung,[17] der Beschluss zur Rasterfahndung,[18] das Urteil zur Online-Durchsuchung,[19] das Urteil zur Kfz-Kennzeichenerfassung,[20] der Kammerbeschluss zur Videoüberwachung[21] sowie das Urteil zur Vorratsdatenspeicherung[22] zu nennen. Diese Entscheidungen haben in ihrem jeweiligen Kontext und spezifischen Verwendungszusammenhang der Verarbeitung personenbezogener Daten einen Rechtsrahmen gegeben und diesen entsprechend konturiert sowie überdies zur Kreation eines neuen Grundrechts, dem Grundrecht auf Gewährleistung der Vertraulichkeit und Integrität informationstech-

---

[7] Für das deutsche Recht so BVerfGE 65, 1 (43).
[8] Von Lewinski Freiheit – Sicherheit – Öffentlichkeit, 196 ff.
[9] HDSG v. 30. 9. 1970 – GVBl. 1970, 625; ausführlich zur Geschichte der Datenschutzgesetzgebung Simitis in Simitis BDSG Einl. Rn. 1 ff. sowie Abel in Roßnagel DatenschutzR-HdB Kap. 2.7 Rn. 1 ff.
[10] Vgl. hierzu Simitis NJW 1977, 729; Auernhammer BB 1977, 205; Bull NJW 1979, 1177.
[11] BVerfGE 65, 1.
[12] Faber RDV 2003, 278.
[13] Simitis in Simitis BDSG Einl. Rn. 30.
[14] BGBl I 2954; ausführlich zu den Einzelheiten des parlamentarischen Verfahrens Simitis in Simitis BDSG Einl. Rn. 50 ff.; Walz CR 1991, 364.
[15] BGBl I 904.
[16] BGBl I 2097.
[17] BVerfGE 100, 313.
[18] BVerfGE 115, 320.
[19] BVerfGE 120, 274.
[20] BVerfGE 120, 378.
[21] BVerfGK 10, 330.
[22] BVerfGE 125, 260.

nischer Systeme,[23] geführt. Das **BVerfG** hat wiederholt apodiktisch die **besondere Bedeutung** des **Rechts auf informationelle Selbstbestimmung verdeutlicht**. Aber nicht nur das nationale Recht hat die Entwicklung des Datenschutzes maßgeblich beeinflusst, sondern daneben vor allem die europäische und internationale Entwicklung.[24]

5   Auf **europäischer Ebene** hatte sich das Europäische Parlament bereits seit Beginn der 70er Jahre für Regelungen zum Datenschutz ausgesprochen.[25] Allerdings dauerte es bis **1995,** bis die **DS-RL** verabschiedet und in Kraft treten konnte.[26] Mit ihr wurde erstmals auf europäischer Ebene ein Regelungsinstrument geschaffen, das hinsichtlich der zu erreichenden Ziele für jeden Mitgliedstaat verbindlich war. Die Wahl der Form und Mittel zur Zielerreichung wurde gleichwohl den Mitgliedstaaten überlassen. Damit verbunden war eine **wesentliche Schwachstelle:** Der sich aus der DS-RL ergebende **konkrete Umsetzungsbedarf** in nationales Recht **war strittig.** Insbesondere die Verwendung von zahlreichen Generalklauseln und die Möglichkeit der Ausfüllung eingeräumter Freiräume führten dazu, dass bei der Umsetzung in den Mitgliedstaaten unterschiedliche Schutzniveaus im Datenschutz entstanden.[27] Diese teilweise sehr divergierenden nationalstaatlichen Regelungen, damit verbundene Vollzugsdefizite[28] sowie die fortschreitende Digitalisierung führten das Datenschutzrecht in eine fundamentale Krise. Der europäische Gesetzgeber leitete deshalb **Reformvorschläge zur Überarbeitung des geltenden Datenschutzrechts** in die Wege. Die Europäische Kommission unterbreitete am 25.1.2012 den Vorschlag eines Entwurfs für eine „Verordnung zum Schutz natürlicher Personen bei der Verarbeitung personenbezogener Daten und zum freien Datenverkehr (Datenschutz-Grundverordnung)" (→ § 3 Rn. 1zten und digitalisierten Welt und damit verbunden, einen einheitlichen europäischen Datenschutzrahmen für das 21. Jahrhundert zu schaffen.[29] Sechs Jahre nach Beginn des europäischen Reformprozesses ist die **DS-GVO seit dem 25.5.2018** nunmehr **unmittelbar** in allen Mitgliedstaaten **anwendbar.**[30]

6   Neben diesem dem europäischen Sekundärrecht entwachsenen Regelungswerk gab es bis zum Inkrafttreten des Vertrags von Lissabon im Dezember 2009 im europäischen Primärrecht nur eine datenschutzrechtliche Bestimmung mit Art. 286 EGV.[31] Daneben hatte der **EuGH** aber bereits **frühzeitig** die **grundrechtliche Bedeutung** des **Datenschutzes anerkannt**, auch wenn zunächst nur sehr abstrakt und allgemein auf die „Grundrechte der Person" Bezug genommen wurde.[32] Die nachfolgenden Judikate bestätigten letztendlich diese stetige datenschutzrechtliche Entwicklung.[33] Nunmehr enthält das **europäische Primärrecht** seit Inkrafttreten des Vertrages von Lissabon drei Bestimmungen zum Datenschutz mit einander zum Teil überschneidenden Regelungsgehalten:[34] Art. 16 AEUV (→ Rn. 37f.), Art. 39 EUV sowie Art. 8 GRCh (→ Rn. 12ff.). Daneben existiert mit **Art. 8 EMRK** (→ Rn. 39f.) eine weitere datenschutzrechtliche Gewährleistung, die über **Art. 6 EUV** ins Recht der Europäischen Union inkorporiert ist.[35] Dieser **Rechtsquellenpluralismus**[36] des Datenschutzrechts wirft gleichzeitig die Frage nach dem Verhältnis der einzelnen Regelungen zueinander auf (dazu ausführlich → Rn. 51 ff.).

---

[23] BVerfGE 120, 274.
[24] Vgl. zur internationalen Entwicklung Simitis in Simitis BDSG Einl. Rn. 151 ff.
[25] Simitis in Dammann/Simitis DSRL Einl. Rn. 1 ff.
[26] Vgl. zur Entwicklung auch Simitis in Simitis BDSG Einl. Rn. 203.
[27] So bereits Lütkemeier DuD 1995, 597.
[28] Vgl. etwa Spiecker gen. Döhmann K&R Beilage 1 2017, 4; Spiecker gen. Döhmann KritV 2014, 28; Kühling/Sivridis/Schwuchow/Burghardt DuD 2009, 335.
[29] Vgl. KOM (2012) 9 endg.
[30] Art. 99 Abs. 2 DS-GVO.
[31] Kingreen in Calliess/Ruffert AEUV Art. 16 Rn. 1; Sobotta in GHN AEUV Art. 16 Rn. 3.
[32] EuGH Urt. v. 12.11.1969 – 29/69, Rn. 7; Kingreen in Calliess/Ruffert GRCh Art. 8 Rn. 2.
[33] Kingreen in Calliess/Ruffert GRCh Art. 8 Rn. 2.
[34] Kingreen in Calliess/Ruffert AEUV Art. 16 Rn. 2.
[35] Vgl. zum Verhältnis der normativen Maßstäbe ausführlich Kingreen in Calliess/Ruffert GRCh Art. 52 Rn. 3–12 sowie 21–38.
[36] So die zutreffende Bezeichnung bei Schorkopf in GHN EUV Art. 6 Rn. 13.

3. Gegenwart des Datenschutzes

Auf europäischer Ebene spiegelt **Art. 6 EUV die Entwicklung des Grundrechtsschutzes** in der europäischen Union wider[37] und liefert damit gleichsam ein Abbild des europäischen Datenschutzes.[38] Durch die Inkorporation der GRCh in die Europäischen Verträge (EUV und AEUV) nach Art. 6 Abs. 1 EUV verfügt die Union über einen **geschriebenen** und **rechtsverbindlichen Grundrechtskatalog**. Datenschutzrechtlich sind deshalb insbesondere **Art. 7 GRCh** (→ Rn. 10 f.) sowie **Art. 8 GRCh** (→ Rn. 12 ff.) zu berücksichtigen. Nach Art. 6 Abs. 3 EUV wird ferner die EMRK Teil des Unionsrechts. Damit ist datenschutzrechtlich auch **Art. 8 EMRK** (→ Rn. 39 f.) in den Blick zu nehmen, da zum Grundrecht der Privatheit auch der Datenschutz gehört.[39] Neben diesen unmittelbar grundrechtlich geprägten Normen darf **Art. 16 AEUV** (→ Rn. 37 f.) nicht vernachlässigt werden, da dieser ebenfalls den Datenschutz in den Mittelpunkt stellt. Unklar ist jedoch, warum das Datenschutzgrundrecht außerhalb der GRCh nochmals besonders hervorgehoben wird.[40] Schließlich regelt Art. 39 EUV den Datenschutz abweichend von Art. 16 AEUV im Rahmen der Gemeinsamen Außen- und Sicherheitspolitik (GASP).[41] Die Entscheidungen des EuGH, die bereits auch schon bisher im Wesentlichen zur Konkretisierung der Grundrechteinterpretation beigetragen haben,[42] werden die Auslegung der GRCh künftig in besonderem Maße prägen (→ Rn. 65 ff.). 7

Auf nationaler Ebene findet der Datenschutz sein **verfassungsrechtliches Fundament** primär im **Recht auf informationelle Selbstbestimmung** als besondere Ausprägung des Allgemeinen Persönlichkeitsrechts aus Art. 2 Abs. 1 iVm Art. 1 Abs. 1 GG (→ Rn. 43 ff.).[43] Das Grundrecht gewährleistet die Befugnis des Einzelnen, grundsätzlich selbst über die Preisgabe und Verwendung seiner persönlichen Daten zu bestimmen.[44] Soweit das Recht auf informationelle Selbstbestimmung jedoch keinen hinreichenden Schutz vor Eingriffen gewährleistet, tritt das **Grundrecht auf Gewährleistung der Vertraulichkeit und Integrität informationstechnischer Systeme** (→ Rn. 48 ff.) ergänzend hinzu.[45] Diese besondere Ausprägung des Allgemeinen Persönlichkeitsrechts ist anzuwenden, wenn der Eingriff Systeme erfasst, die allein oder in ihren technischen Vernetzungen personenbezogene Daten des Betroffenen in einem Umfang und in einer Vielfalt enthalten können, dass ein Zugriff auf das System es ermöglicht, einen Einblick in wesentliche Teile der Lebensgestaltung einer Person zu gewinnen oder gar ein aussagekräftiges Bild der Persönlichkeit zu erhalten.[46] Beispiele hierfür sind etwa der Zugriff auf Personalcomputer oder vergleichbare elektronische Geräte (Smartphones, Tablets, Smart-Watches, Wearables etc). Zwar tragen im Wesentlichen diese beiden besonderen Ausprägungen die allgemeinen Anforderungen an die Verarbeitung personenbezogener Daten, gleichwohl können weitere bereichsspezifische Grundrechtsgewährleistungen hinzutreten.[47] Nicht nur in Deutschland ist der **Datenschutz** verfassungsrechtlich verankert. Auch in den **anderen Mitgliedstaaten** der Europäischen Union gibt es teils verfassungs- 8

---

[37] Kingreen in Calliess/Ruffert EUV Art. 6 Rn. 1.
[38] Zum missglückten systematischen Aufbau der Norm vgl. Kingreen in Calliess/Ruffert EUV Art. 6 Rn. 2.
[39] Vgl. zum Verhältnis zwischen Art. 6 Abs. 1 und Abs. 3 EUV Kingreen in Calliess/Ruffert EUV Art. 6 Rn. 15 ff.
[40] Kingreen in Calliess/Ruffert AEUV Art. 16 Rn. 3.
[41] Vgl. zur rechtlichen Tragweite der Norm Kaufmann-Bühler in GHN EUV Art. 39 Rn. 5 ff.
[42] Siehe etwa EuGH EuZW 2004, 245 – Lindqvist; NVwZ 2014, 857 – Google Spain; NJW 2015, 463 – private Videoüberwachung; NJW 2015, 3636 – Weltimmo; K&R 2015, 710 – Safe Harbor; NJW 2016, 3579 – Breyer; NJW 2017, 717 – Vorratsdatenspeicherung.
[43] Hierzu grundlegend BVerfGE 65, 1; ausführlich Trute in Roßnagel DatenschutzR-HdB Kap. 2.5 Rn. 1 ff.
[44] BVerfGE 65, 1 (43).
[45] Grundlegend dazu BVerfGE 120, 274; ausführlich etwa Herrmann Das Grundrecht auf Gewährleistung der Vertraulichkeit und Integrität informationstechnischer Systeme.
[46] BVerfGE 120, 274 (314).
[47] Umfangreich hierzu Trute in Roßnagel DatenschutzR-HdB Kap. 2.5 Rn. 63 ff.

rechtliche sowie teils einfachgesetzliche Regelungen zum Datenschutz.[48] Wie auch die deutschen Regelungen werden diese Normen künftig durch die europäischen Vorgaben stark geprägt und überlagert werden. Der europäische Ansatz bietet die Möglichkeit innerhalb der Europäischen Union einen einheitlichen und vergleichbaren datenschutzrechtlichen Standard zu etablieren.

II. Anwendbare Vorschriften

9 **Ausgangspunkt** der verfassungsrechtlichen Verortung des Datenschutzes auf europäischer Ebene ist Art. 6 EUV, der die Entwicklung des Grundrechtsschutzes in der europäischen Union dokumentiert.[49] Erster Anknüpfungspunkt ist die GRCh der Europäischen Union, die nach **Art. 6 Abs. 1 EUV** in den Bestand der europäischen Verträge inkorporiert ist. Daneben sind nach **Art. 6 Abs. 3 EUV** aber auch die EMRK sowie die gemeinsamen Verfassungsüberlieferungen der Mitgliedstaaten als allgemeine Grundsätze Teil des Unionsrechts. Vorliegend wird sich auf die zentralen datenschutzrechtlichen Vorschriften beschränkt. Das sind **Art. 7 GRCh** (→ Rn. 10 f.) und **Art. 8 GRCh** (→ Rn. 12 ff.), **Art. 8 EMRK** (→ Rn. 39 f.) sowie die im deutschen Verfassungsrecht aus Art. 2 Abs. 1 iVm Art. 1 Abs. 1 GG abgeleiteten besonderen Ausprägungen des Allgemeinen Persönlichkeitsrechts, nämlich das **Recht auf informationelle Selbstbestimmung** (→ Rn. 43 ff.) sowie das **Grundrecht auf Gewährleistung der Vertraulichkeit und Integrität informationstechnischer Systeme** (→ Rn. 48 ff.). Daneben wird auch **Art. 16 AEUV** (→ Rn. 37 f.) berücksichtigt, wenngleich diese Norm auf den ersten Blick aufgrund ihrer systematischen Stellung im AEUV keinen unmittelbaren verfassungsrechtlichen Bezug aufweist.

1. Art. 7 GRCh

10 **Art. 7 GRCh** garantiert die Achtung des Privat- und Familienlebens. In der datenschutzrechtlichen Rechtsprechung des EuGH wird dieses Grundrecht überwiegend im Zusammenhang mit Art. 8 GRCh erörtert (ausführlich → Rn. 12 ff.).[50] Dabei wird insbesondere der **Teilbereich des Privatlebens** betont, der die freie Entscheidung des Einzelnen über seine persönliche Lebensführung sowie darüber, ob er diese zum Gegenstand öffentlicher Kenntnis und Erörterung macht, schützt.[51] Ein allgemeines Auffanggrundrecht im Sinne der allgemeinen Handlungsfreiheit enthält die Gewährleistung des Privatlebens aber nicht.[52] Das Recht darf schließlich nicht auf die Befugnis reduziert werden, die Öffentlichkeit auszusperren, da „privat" nicht nur den Bereich der „Nicht-Öffentlichkeit" meint, sondern vor allem den der **Selbstbestimmung**.[53]

11 Damit kommt es unweigerlich zu Überschneidungen im Bereich des Schutzes der informationellen Selbstbestimmung, da der Schutz personenbezogener Daten in Art. 8 GRCh normiert ist. Eine systematische Aufbereitung beider Grundrechtsgarantien sowie eine damit einhergehende Abgrenzung im Bereich des Datenschutzes erfolgten bisher jedoch weitestgehend nur kursorisch.[54] Die klare gesetzgeberische Normierung des Schutzes personenbezogener Daten in einem eigenen Grundrechtsartikel spricht zumindest dafür, dass dem Datenschutzgrundrecht auch auf europäischer Ebene ein besonders hoher

---

[48] Vgl. dazu ausführlich Spiecker gen. Döhmann/Bretthauer Dokumentation zum Datenschutz und Informationsfreiheitsrecht Kap. D.
[49] Kingreen in Calliess/Ruffert EUV Art. 6 Rn. 1.
[50] Ebenso Gersdorf in BeckOK InfoMedienR GRCh Art. 7 Rn. 17.
[51] Kingreen in Calliess/Ruffert GRCh Art. 7 Rn. 3.
[52] Jarass GRCh Art. 7 Rn. 3.
[53] Wolff in Schantz/Wolff Das neue DatenschutzR Teil A Rn. 31; Kingreen in Calliess/Ruffert GRCh Art. 7 Rn. 4.
[54] Vgl. aber Marsch Das europäische Datenschutzgrundrecht, 203 ff.

Stellenwert beigemessen wird, womit seine exponierte Stellung zum Ausdruck kommt. Geht es um den **Schutz personenbezogener Daten,** ist **Art. 8 GRCh** deshalb **lex specialis** und geht Art. 7 GRCh vor (ausführlich → Rn. 53 f.).[55]

2. Art. 8 GRCh

Aus den Erläuterungen des Präsidiums des Konvents zur GRCh geht das **rechtliche** 12 **Fundament** von **Art. 8 GRCh** näher hervor.[56] Demnach stützt sich die Norm auf Art. 286 EGV, die DS-RL, Art. 8 EMRK sowie die Konvention des Europarats.[57] Da Art. 286 EGV nunmehr durch Art. 16 AEUV (→ Rn. 37 f.) und Art. 39 EUV ersetzt wurde, sind diese Normen nunmehr prägend. Schließlich wird auf die VO (EG) Nr. 45/2001 des Europäischen Parlaments und des Rates zum Schutz natürlicher Personen bei der Verarbeitung personenbezogener Daten durch die Organe und Einrichtungen der Gemeinschaft und zum freien Datenverkehr hingewiesen.[58] Demnach ist **bei der Auslegung und Interpretation von Art. 8 GRCh** das **rechtliche Fundament zu berücksichtigen,** das auf zahlreichen unterschiedlichen datenschutzrechtlichen Vorschriften beruht. Eine rechtliche Bindung wird dadurch gleichwohl nicht entfaltet, da die Erläuterungen keinen rechtlich verbindlichen Status entfalten und insofern lediglich eine nützliche Interpretationshilfe darstellen.[59] Neben der sich unmittelbar aus Art. 8 Abs. 1 GRCh ergebenden Schutzbereichsdimension (→ Rn. 13 ff.), statuieren die Abs. 2 und 3 weitere verfassungsrechtliche Grundprinzipien, um einen effektiven und wirksamen Schutz personenbezogener Daten (→ Rn. 24 ff.) zu gewährleisten.

a) Schutzbereichsdimension, Eingriff und Rechtfertigung. aa) Schutzbereich. 13 **Grundrechtliches Schutzgut** sind ausschließlich **personenbezogene Daten.** In Anlehnung an Art. 4 Nr. 1 DS-GVO (→ § 3 Rn. 10 ff.) versteht man darunter alle Informationen, die sich auf eine identifizierte oder identifizierbare natürliche Person beziehen. Diese dem Sekundärrecht entliehene Legaldefinition kann zwar zur Auslegung von Art. 8 GRCh herangezogen werden, ist aber gleichwohl nicht unmittelbar aus Art. 8 GRCh ableitbar, da rangniederes Recht so auszulegen ist, dass es mit höherrangigem Recht im Einklang steht und nicht umgekehrt. Das einfache Gesetzesrecht kann jedenfalls nicht über die Auslegung grundrechtlicher Normen bestimmen. **Auf** eine mögliche **Binnenmarktrelevanz**[60] – also die Verarbeitung personenbezogener Daten mit Ausstrahlungswirkung in den gesamten europäischen Binnenmarkt – **kommt es nicht an.**[61] Sinn und Zweck des Gewährleistungsgehalts von Art. 8 GRCh ist der Schutz personenbezogener Daten, unabhängig von deren Bedeutung für den europäischen Binnenmarkt.

Welche Daten schließlich als **personenbezogene Daten** zu qualifizieren sind und da- 14 mit den Schutzbereich von Art. 8 GRCh eröffnen, lässt sich nur aus dem **konkreten Verwendungszusammenhang** ableiten. Eine Legaldefinition enthält die GRCh nicht. Jedenfalls kann – in Anlehnung an Art. 4 Nr. 1 DS-GVO – eine natürliche Person als identifizierbar angesehen werden – und damit liegen personenbezogene Daten vor –, die direkt oder indirekt insbesondere mittels Zuordnung zu einer Kennung wie einem Namen, zu einer Kennnummer, zu Standortdaten, zu einer Online-Kennung oder zu einem oder mehreren besonderen Merkmalen, die Ausdruck der physischen, physiologischen, genetischen, psychischen, wirtschaftlichen, kulturellen oder sozialen Identität dieser natür-

---

[55] Gersdorf in BeckOK InfoMedienR GRCh Art. 7 Rn. 17.
[56] ABl. EU 2007 C 303, 17; ausführlich zur Diskussion im Grundrechtekonvent Bernsdorff in Meyer GRCh Art. 8 Rn. 5 ff.
[57] https://www.coe.int/en/web/conventions/full-list/-/conventions/rms/0900001680078b38, zuletzt abgerufen am 22.5.2018; einen Überblick dazu liefert Mengel EuGRZ 1981, 376.
[58] VO (EG) Nr. 45/2001.
[59] ABl. EU 2007 C 303, 17.
[60] Vgl. zum Begriff Gietl/Tomasic DuD 2008, 795 (796).
[61] So zu Recht auch Jarass GRCh Art. 8 Rn. 6; aA wohl Bernsdorff in Meyer GRCh Art. 8 Rn. 15.

lichen Person sind, identifiziert werden kann. Ganz konkret sind das Informationen, die sich auf die Intim- oder Privatsphäre wie etwa Gesundheitsdaten beziehen.[62] Ebenso werden auch Informationen im Zusammenhang mit der beruflichen Betätigung und/oder den persönlichen Einkommens- und Vermögensverhältnissen geschützt.[63] Auch das Steuergeheimnis wird gewährleistet.[64] Schließlich enthalten Fingerabdrücke personenbezogene Daten.[65] Inwiefern IP-Adressen geschützt werden, war zwar lange Zeit umstritten, ist nunmehr aber durch den EuGH geklärt, da auch dynamische IP-Adressen personenbezogene Daten sind.[66] Das gilt jedenfalls dann, wenn Anbieter von Online-Mediendiensten beim Zugriff von Personen auf eine Webseite, die diese Anbieter allgemein zugänglich machen, über rechtliche Mittel verfügen, die es ihnen erlauben, die betreffende Person anhand von Zusatzinformationen, über die der Internetzugangsanbieter dieser Person verfügt, bestimmen zu lassen.[67] Im Fall von Cyberattacken können sich die betroffenen Anbieter etwa an die zuständigen Behörden wenden, damit diese die nötigen Schritte unternehmen, um die fraglichen Informationen vom Internetzugangsanbieter zu erlangen und somit die Strafverfolgung einzuleiten. Es kommt auch nicht darauf an, ob Daten als besonders sensibel eingestuft werden oder nicht.[68] Auf grundrechtlicher Ebene erfolgt ein umfassender Schutz von **personenbezogenen Daten,** wobei das Merkmal **weit auszulegen** ist, da nur so ein effektiver Grundrechtsschutz gewährleistet wird.

15 Vom Schutz werden dem Wortlaut nach ausdrücklich nur **(natürliche) Personen** erfasst. Inwiefern auch **juristische Personen** in den Schutzbereich einbezogen werden, ist umstritten (ausführlich dazu → Rn. 56 f.).[69] Grundsätzlich ist der Grundrechtsschutz privater juristischer Personen jedenfalls dann zu bejahen, sofern die hinter diesen juristischen Personen stehenden natürlichen Personen einen derartigen Schutz und die Anwendbarkeit von Art. 8 GRCh erfordern.[70]

16 bb) **Eingriff.** Art. 8 GRCh gewährt dem Grundrechtsträger (→ Rn. 56) den Schutz seiner personenbezogenen Daten. Schutz in der Abwehrdimension (zur objektivrechtlichen Komponente siehe → Rn. 62 ff.) meint die Abwesenheit von Beeinträchtigungen.[71] Eine Beeinträchtigung oder einen **Eingriff**[72] stellt bei Art. 8 GRCh **jede Verarbeitung personenbezogener Daten** durch einen Grundrechtsverpflichteten (→ Rn. 58) dar.[73] Liegt ein Eingriff vor, löst dies den Rechtfertigungszwang des materiellen Grundrechtsschutzes aus.[74] Auf eine datenschutzrechtliche Kategorisierung kommt es dabei nicht an, sodass unerheblich ist, ob der Eingriff besonders sensible Daten – wie Gesundheitsdaten, genetische oder biometrische Daten – betrifft. Ebenso ist unerheblich, ob die Verarbeitung zu einem Nachteil führt.[75] Entscheidend ist einzig und allein die Verarbeitung personenbezogener Daten.

17 Ganz konkret stellt einen **Eingriff** in den Schutzbereich **jede Datenverarbeitung** dar. In der datenschutzrechtlichen Terminologie, die an Art. 4 Nr. 2 DS-GVO angelehnt

---

[62] EuGH NJW 1994, 3005; Kingreen in Calliess/Ruffert GRCh Art. 8 Rn. 9.
[63] EuGH EuR 2004, 276 (284); Kingreen in Calliess/Ruffert GRCh Art. 8 Rn. 9.
[64] EuG BeckRS 2006, 70485, Rn. 44 ff.; Jarass GRCh Art. 8 Rn. 6.
[65] EuGH NVwZ 2014, 435 (437); Jarass GRCh Art. 8 Rn. 6.
[66] EuGH NVwZ 2017, 213.
[67] EuGH NVwZ 2017, 213 Rn. 49.
[68] EuGH EuR 2004, 276 (286); Jarass GRCh Art. 8 Rn. 6.
[69] Kingreen in Calliess/Ruffert GRCh Art. 8 Rn. 11.
[70] Ähnlich Kingreen in Calliess/Ruffert GRCh Art. 8 Rn. 11 mwN.
[71] Wolff in PNH Frankfurter Kommentar I GRC Art. 8 Rn. 18.
[72] Vgl. zur Terminologie: Gärditz in Grabenwarter Europäischer Grundrechteschutz (EnzEuR II) § 4 Rn. 52 ff.
[73] Jarass GRCh Art. 8 Rn. 8; Wolff in PNH Frankfurter Kommentar Band I GRC Art. 8 Rn. 18; Kingreen in Calliess/Ruffert GRCh Art. 8 Rn. 12; Gersdorf in BeckOK InfoMedienR GRCh Art. 8 Rn. 18.
[74] Hierzu umfassend Gärditz in Grabenwarter Europäischer Grundrechteschutz (EnzEuR II) § 4 Rn. 54 ff.
[75] EuGH DuD 2003, 573 Rn. 75 – Österreich. Rundfunk; Jarass GRCh Art. 8 Rn. 8.

ist,[76] meint dies jedes Geschehen – unabhängig ob mit oder ohne Hilfe automatisierter Verfahren – wie das Erheben, das Erfassen, die Organisation, das Ordnen, die Speicherung, die Anpassung oder Veränderung, das Auslesen, das Abfragen, die Verwendung, die Offenlegung durch Übermittlung, die Verbreitung oder eine andere Form der Bereitstellung, den Abgleich oder die Verknüpfung, die Einschränkung, das Löschen oder die Vernichtung personenbezogener Daten. Der **Verarbeitungsbegriff** ist darum **weit auszulegen**. Eine Verarbeitung stellt bereits die bloße Weitergabe personenbezogener Daten dar,[77] die Präsentation von Daten im Internet,[78] die Veröffentlichung von Beihilfeempfängern,[79] die Speicherung von biometrischen Daten im Reisepass[80] oder die Weitergabe von Nutzerdaten an einen Drittstaat.[81] Ebenso stellt die Speicherung der an das Personal gezahlten Gehälter durch einen Arbeitgeber auch ohne Weitergabe der Daten an einen Dritten einen Eingriff dar.[82] Die Speicherung von Kommunikationsdaten auf Vorrat ist schließlich ein besonders intensiver Grundrechtseingriff (vgl. auch → Rn. 22).[83]

An einer Beeinträchtigung fehlt es, wenn der Betroffene in Kenntnis der Sachlage in die Verarbeitung seiner personenbezogenen Daten **eingewilligt** hat.[84] Die dogmatische Einordnung der Einwilligung ist bisher nur kursorisch erörtert (ausführlich dazu → Rn. 59). Entweder wirkt diese als Eingriffsausschluss[85] oder als Rechtfertigungsgrund.[86] Jedenfalls ist die **Datenverarbeitung** aufgrund der Entscheidung des Betroffenen **zulässig**. 18

Voraussetzung für eine **wirksame Einwilligung** in die Datenverarbeitung ist die Zustimmung in Kenntnis der Sachlage durch den Betroffenen.[87] Die GRCh selbst normiert die Anforderungen im Einzelnen hieran nicht. Lediglich die strenge **Zweckbindung** („für festgelegte Zwecke") sowie die kryptische Umschreibung, dass personenbezogene Daten nur nach **„Treu und Glauben"** verarbeitet werden dürfen, konturieren die grundrechtliche Einwilligung. Als weitere Voraussetzungen setzt die Einwilligung die **Freiwilligkeit** der Abgabe der Erklärung durch den Betroffenen voraus.[88] Ebenso ist sie zeitlich vor der Datenverarbeitung zu erteilen. Auch muss der Betroffene vor seiner Einwilligung ausreichend Informationen erhalten, um auf dieser Grundlage seine autonome Entscheidung treffen zu können.[89] Die Einwilligung kann mündlich oder schriftlich erteilt werden. Einfachgesetzlich sind die Voraussetzungen an eine rechtskonforme Einwilligung in Art. 7 DS-GVO näher ausgestaltet (→ § 3 Rn. 55 ff.), wobei je nach Fallgestaltung – etwa im Bereich des Arbeitnehmerdatenschutzes (→ § 10 Rn. 56 ff.) – weitere besondere Umstände hinzutreten können (siehe auch → § 4 Rn. 77 ff., → § 9 Rn. 25 ff., → § 12 Rn. 37 ff., → § 24 Rn. 33 ff., → § 26 Rn. 41 ff.), die die Einwilligungsanforderungen spezifizieren. 19

cc) Rechtfertigung. Ein Eingriff (→ Rn. 16 ff.) in den Schutzbereich (→ Rn. 13 ff.) von Art. 8 GRCh löst den verfassungsrechtlichen Rechtfertigungszwang aus. Dabei weist Art. 8 Abs. 2 GRCh die Besonderheit auf, dass die Regelung unmittelbar Voraussetzun- 20

---

[76] Ähnlich auch Art. 2 lit. b VO (EG) Nr. 45/2001.
[77] EuGH EuZW 2011, 484 Rn. 53 – Dt. Telekom; DuD 2003, 573 Rn. 74 – Österreich. Rundfunk.
[78] EuGH NWvZ 2014, 857 Rn. 80 – Google Spain.
[79] EuGH EuZW 2010, 939 Rn. 56 ff. – Schecke u. Eifert.
[80] EuGH NVwZ 2014, 435 Rn. 27 ff. – Schwarz.
[81] EuGH K&R 2015, 710 Rn. 45 – Safe Harbor.
[82] Ebenso Wolff in PNH Frankfurter Kommentar I GRC Art. 8 Rn. 19; aA Kingreen in Calliess/Ruffert GRCh Art. 8 Rn. 12 mit Bezug zu EuGH DuD 2003, 573 Rn. 74 – Österreich. Rundfunk.
[83] EuGH NVwZ 2014, 709 Rn. 34 ff. – Digital Rights Ireland.
[84] Jarass GRCh Art. 8 Rn. 9.
[85] Jarass GRCh Art. 8 Rn. 9; Kingreen in Calliess/Ruffert GRCh Art. 8 Rn. 13.
[86] So wohl Gersdorf in BeckOK InfoMedienR GRCh Art. 8 Rn. 27.
[87] Bernsdorff in Meyer GRCh Art. 8 Rn. 21.
[88] Jarass GRCh Art. 8 Rn. 9.
[89] Gersdorf in BeckOK InfoMedienR GRCh Art. 8 Rn. 27.

gen für die Rechtfertigung normiert.⁹⁰ Entsprechend ist das Verhältnis zu Art. 52 GRCh, der die Voraussetzungen der Rechtfertigung von Einschränkungen eines Grundrechts generell festlegt,⁹¹ nur schwer zu durchdringen (ausführlich dazu → Rn. 60 f.).⁹² Grundsätzlich gilt jedoch, dass **Grundrechtseinschränkungen** nur unter den strengen **Voraussetzungen** von **Art. 8 Abs. 2 GRCh iVm Art. 52 Abs. 1 GRCh** möglich sind.⁹³

21 Zunächst bedürfen Eingriffe in das Grundrecht einer **gesetzlich geregelten legitimen Grundlage** (vgl. Art. 8 Abs. 2 iVm Art. 52 Abs. 1 GRCh sowie Art. 8 Abs. 2 EMRK). Die Rechtsgrundlage muss den **Wesensgehalt** von **Art. 8 GRCh achten und wahren** (vgl. Art. 52 Abs. 1 GRCh). Die **Verhältnismäßigkeitsprüfung** (Art. 52 Abs. 1 GRCh), die die notwendige Erforderlichkeitsprüfung und Interessenabwägung umfasst, unterliegt aufgrund der besonderen Bedeutung des Schutzes personenbezogener Daten einer besonders „strikten Kontrolle".⁹⁴ Als besondere Ausprägung des Verhältnismäßigkeitsgrundsatzes sieht Art. 8 Abs. 2 GRCh vor, dass eine Datenverarbeitung nur nach **„Treu und Glauben"** sowie ausschließlich für einen zuvor **festgelegten Zweck** erfolgen darf (Art. 8 Abs. 2 GRCh). Demnach bedarf jeder Datenverarbeitungsschritt eines legitimen Zwecks, sodass eine rechtswidrige Datenverarbeitung einen Verstoß gegen Treu und Glauben darstellt. Bei der durchzuführenden Interessenabwägung sind schließlich entgegenstehende Grundrechte, wie etwa die Meinungs-, Informations- und Pressefreiheit (Art. 11 GRCh), die unternehmerische Freiheit (Art. 16 GRCh) oder das Eigentumsrecht (Art. 17 GRCh) zu berücksichtigen. Gerade dabei treten die konfligierenden Interessen besonders deutlich hervor, wenn beispielsweise ein datenverarbeitendes Unternehmen, dessen Geschäftsmodell auf der Verarbeitung personenbezogener Daten basiert, seine Interessen mit den Interessen des von der Datenverarbeitung Betroffenen in Ausgleich bringen muss. Relevant für die Beurteilung der Verhältnismäßigkeit sind daneben Anlass, Grund und Dauer der Datenverarbeitung.⁹⁵

22 Eine **besondere Ausprägung** erfährt der **Verhältnismäßigkeitsgrundsatz** im Rahmen **sicherheits- und polizeirechtlicher Datenverarbeitungen.**⁹⁶ Demnach gelten einerseits der Vorrang der unmittelbaren vor der mittelbaren Datenerhebung sowie andererseits der Vorrang der offenen vor der verdeckten Datenerhebung. Danach müssen Daten zunächst beim Betroffenen selbst erhoben werden, und nur wenn das nicht möglich ist, auch bei einem Dritten. Außerdem muss der Betroffene grundsätzlich von der Datenverarbeitung Kenntnis haben. Beide Ausprägungen bewirken, dass der Betroffene die Möglichkeit haben soll, wahrnehmen zu können, dass und in welchem Umfang ihn betreffende Daten verarbeitet werden, sodass er seine Rechte auch gerichtlich durchzusetzen vermag.⁹⁷ Gleichwohl erfährt insbesondere letztere Ausprägung umfangreiche Einschränkungen, da die notwendigen Maßnahmen zur Verbrechensbekämpfung oftmals nur heimlich und ohne Kenntnis des Betroffenen zur Zweckerreichung durchgeführt werden können (ausführlich → § 21 Rn. 1 ff. sowie → § 22 Rn. 1 ff.). Eine **anlasslose Vorratsdatenspeicherung** erklärte der EuGH wiederholt grundsätzlich für unzulässig.⁹⁸ Die Bekämpfung des internationalen Terrorismus zur Wahrung des Weltfriedens und der internationalen Sicherheit stellt gleichwohl prinzipiell eine dem Gemeinwohl dienende Zielsetzung der Europäischen Union dar. Das gilt ebenso für die Bekämpfung der schwe-

---

[90] Ähnliches gilt für das Eigentumsrecht aus Art. 17 GRCh.
[91] Jarass GRCh Art. 52 Rn. 1.
[92] Umfangreich dazu Borowsky in Meyer GRCh Art. 52 Rn. 12 ff.
[93] EuGH EuZW 2010, 939 Rn. 65; NVwZ 2014, 435 Rn. 34; NVwZ 2014, 709 Rn. 38; Jarass GRCh Art. 8 Rn. 11; Bernsdorff in Meyer GRCh Art. 52 Rn. 15a.
[94] EuGH NVwZ 2014, 709 Rn. 48; Kingreen in Calliess/Ruffert GRCh Art. 8 Rn. 16.
[95] Gersdorf in BeckOK InfoMedienR GRCh Art. 8 Rn. 32; Kingreen in Calliess/Ruffert GRCh Art. 8 Rn. 16.
[96] Kingreen in Calliess/Ruffert GRCh Art. 8 Rn. 16; Gersdorf in BeckOK InfoMedienR GRCh Art. 8 Rn. 33; PSK Polizei- und Ordnungsrecht § 13 Rn. 18 ff.
[97] Kingreen in Calliess/Ruffert GRCh Art. 8 Rn. 16.
[98] EuGH NVwZ 2014, 709; NJW 2017, 717.

ren und schwersten Kriminalität zur Gewährleistung der öffentlichen Sicherheit.[99] Unter Geltung der GRCh hat daneben jeder Mensch neben dem Recht auf Freiheit auch ein Recht auf Sicherheit aus Art. 6 GRCh.[100] Deshalb müssen sich die Ausnahmen vom Schutz personenbezogener Daten und dessen Einschränkungen auf das absolut Notwendige beschränken und den betroffenen Personen ausreichende Garantien zur Verfügung stellen, die einen wirksamen Schutz ihrer personenbezogenen Daten vor Missbrauchsrisiken sowie vor jedem unberechtigten Zugang zu diesen Daten und jeder unberechtigten Nutzung ermöglichen.[101] Deshalb ist gleichwohl eine Regelung möglich, die zur Bekämpfung schwerer Straftaten vorbeugend gezielte Vorratsspeicherung von Verkehrs- und Standortdaten ermöglicht, sofern die Vorratsdatenspeicherung hinsichtlich Kategorien der zu speichernden Daten, der erfassten elektronischen Kommunikationsmittel, der betroffenen Personen und der vorgesehenen Dauer der Vorratsspeicherung auf das absolut Notwendige beschränkt ist.[102] Der **EuGH untersagt** damit die **Vorratsdatenspeicherung nicht prinzipiell**, stellt **allerdings** an eine **rechtskonforme Ausgestaltung besonders hohe Anforderungen.** Nach Ansicht des OVG Münster erfüllen die deutschen Regelungen in § 113a Abs. 1 TKG iVm § 113b TKG diese Anforderungen derzeit jedenfalls nicht.[103] Eine abschließende Entscheidung durch das BVerfG steht noch aus.[104] Gleichwohl ist eine Vorratsdatenspeicherung, die die rechtsstaatlichen Grenzen einhält, zulässig. Ein generelles und absolutes Verbot ist den Entscheidungen des EuGH nicht zu entnehmen.

In einer **Reihe von Entscheidungen** musste sich der **EuGH** immer wieder damit 23 beschäftigen, ob ein **Eingriff** in den Schutzbereich von Art. 8 GRCh **gerechtfertigt** ist. So ist die Veröffentlichung der Empfänger von Agrarsubventionen (Name und Höhe der Zuwendung) auf einer Internetseite nicht angemessen, soweit keine tauglichen Schutzmechanismen zur Beschränkung der Informationsveröffentlichung bestehen.[105] Die Erfassung und Speicherung von Fingerabdrücken in Reisepässen ist hingegen gerechtfertigt, um etwa die illegale Einreise von Personen in das Unionsgebiet zu verhindern.[106] Demgegenüber kann das dauerhafte Auffinden und Zugänglichmachen persönlicher Daten im Internet mithilfe einer Suchmaschine unverhältnismäßig sein.[107] Im Hinblick auf das zentrale deutsche Ausländerregister entschied der EuGH, dass die Speicherung und Verarbeitung personenbezogener Daten namentlich genannter Personen zu rein statistischen Zwecken nicht mehr verhältnismäßig ist.[108] Kommt es zur Abwägung von Datenschutz und Pressefreiheit, ist eine besonders sorgfältige Interessenabwägung vorzunehmen.[109] Ebenso ist beim Widerstreit zwischen Informationszugang einerseits und Datenschutz andererseits ein besonders schonender Ausgleich zwischen den entgegengesetzten grundrechtlichen Positionen herbeizuführen.[110] Schließlich ist bei der Datenübermittlung in Drittstaaten ein dortiges angemessenes Schutzniveau erforderlich, da nur so der Eingriff verhältnismäßig ausgestaltet werden kann.[111]

b) Verfassungsrechtliche Grundprinzipien des Datenschutzes. Art. 8 GRCh weist 24 die Besonderheit auf, dass die Vorschrift nicht nur den materiell-rechtlichen Rahmen in Abs. 1 und Abs. 2 S. 1 GRCh näher bestimmt, sondern darüber hinaus weitere Sonder-

---

[99] EuGH NVwZ 2014, 709 Rn. 42.
[100] Leuschner EuR 2016, 431; Bernsdorff in Meyer GRCh Art. 6 Rn. 10 ff.
[101] EuGH NVwZ 2014, 709 Rn. 52 und 54.
[102] EuGH NJW 2017, 717 Rn. 108 ff.
[103] OVG Münster K&R 2017, 597; ZD 2017, 485; NVwZ-RR 2018, 43.
[104] Vgl. ZD 2017, 300 mwN.
[105] EuGH EuZW 2010, 939 Rn. 65 ff.
[106] EuGH ZD 2013, 608 Rn. 40 ff.
[107] EuGH NJW 2014, 2257 Rn. 97 ff.; vgl. auch Spiecker gen. Döhmann CMLR 52 (2015), 1033.
[108] EuGH MMR 2009, 171 Rn. 47 ff.
[109] EuGH EuZW 2009, 108.
[110] EuGH EuZW 2010, 617.
[111] EuGH K&R 2015, 710.

pflichten (Abs. 2 S. 2 GRCh) sowie eine formell-rechtliche Anforderung (Abs. 3) statuiert. Der Norm sind unmittelbar die **verfassungsrechtlichen Grundprinzipien zum Datenschutz** zu entnehmen. So dürfen die Daten nur nach Treu und Glauben (→ Rn. 25) sowie für einen zuvor festgelegten Zweck (→ Rn. 26 ff.) verarbeitet werden. Notwendig ist in jedem Fall eine Einwilligung des Betroffenen oder ein gesetzlicher Erlaubnistatbestand (→ Rn. 31). Ferner hat jede Person das Recht, Auskunft über die sie betreffenden erhobenen Daten zu erhalten und die Berichtigung der Daten zu erwirken (→ Rn. 32 f.). Außerdem wird die Einhaltung der Vorschriften von einer unabhängigen Stelle überwacht (→ Rn. 34 ff.).

25 **aa) Datenverarbeitung nach Treu und Glauben.** Personenbezogene Daten dürfen nur nach **Treu und Glauben** verarbeitet werden. Dieser unbestimmte Rechtsbegriff bedarf der Konkretisierung, da seine rechtliche Präzisierung unterbleibt. Im Kern schützt das Prinzip Betroffene vor unklaren Verarbeitungsvorgängen, damit sie ihr Selbstbestimmungsrecht effektiv ausüben können.[112] Damit verknüpft ist der Grundsatz der rechtmäßigen Datenverarbeitung. Eine Datenverarbeitung, die etwa gegen Vorschriften der DS-GVO (→ § 3 Rn. 1 ff.) oder sonstige datenschutzrechtlichen Normen verstößt, ist in der Regel grundrechtswidrig. Da ein derartiger Verstoß aber bereits unmittelbar gegen das in Art. 8 Abs. 2 GRCh ausdrücklich normierte Verbotsprinzip (→ Rn. 31) verstößt, ist der Grundsatz im Umkehrschluss **als Auffangklausel** zu verstehen, um eine als unklar zu beanstandende Datenverarbeitung auch bei Fehlen einer einschlägigen Regelung als (grund-)rechtswidrig qualifizieren zu können.[113] Im Übrigen wird der Grundsatz der Datenverarbeitung nach Treu und Glauben durch die weiteren in Art. 8 GRCh normierten verfassungsrechtlichen Grundprinzipien des Datenschutzes präzisiert, sodass sein Anwendungsbereich beschränkt bleibt.

26 **bb) Zweckbindungsgrundsatz.** Eine tragende Säule des Datenschutzrechts ist der **Zweckbindungsgrundsatz.** Bevor die Datenverarbeitung erfolgt, muss zwingend der **Zweck der Verarbeitung festgelegt** werden sowie die **Reichweite hinreichend bestimmt** sein.[114] Der Grundsatz, erweitert gelesen, soll verhindern, dass der Verantwortliche die Daten zu anderen Zwecken verarbeitet oder nutzt, für die sie zunächst erhoben wurden.[115] Damit wird der Verarbeitungsradius von vornherein nachhaltig eingeschränkt.[116] Sinn und Zweck ist es, den Informationsfluss für den Betroffenen berechenbar zu machen, sodass sichergestellt wird, dass dieser abschätzen kann, wer wann welche Informationen bei welcher Gelegenheit über ihn erhält. Einfachgesetzlich findet der Zweckbindungsgrundsatz seine Entsprechung in Art. 5 Abs. 1 lit. b DS-GVO (→ § 3 Rn. 81 ff.). Er taucht als Leitmotiv in einer Vielzahl von Normen innerhalb und außerhalb der DS-GVO auf.

27 Die **Zweckfestlegung** sowie die Reichweite der **Zweckbindung** werden von der jeweiligen **Verarbeitungssituation determiniert.** Damit geht jedoch nicht einher, dass ein größerer Verarbeitungsradius gleichzeitig die Zweckbindung unangemessen ausweiten kann. **Erforderlich** ist vielmehr ein **konkret umschriebener Zweck,** der den Betroffenen in die Lage versetzt, nachzuvollziehen, was letztendlich mit seinen Daten geschieht. So erweist sich die Zweckbestimmung der Datenverarbeitung zur „Verhinderung, Aufdeckung, Untersuchung und strafrechtlichen Verfolgung von terroristischen Straftaten oder grenzübergreifender schwerer Kriminalität" als hinreichend bestimmt, wenn die Handlungen, die unter diese Begriffe fallen, als auch die Personen, Gruppen und Organisationen,

---

[112] Ausführlich dazu Marsch Das europäische Datenschutzgrundrecht, 172 ff.; Albrecht/Jotzo Das neue DatenschutzR Teil 2 Rn. 3 mwN.
[113] Dammann in Dammann/Simitis DSRL Art. 6 Rn. 3 für die vormals geltende DS-RL.
[114] Gersdorf in BeckOK InfoMedienR GRCh Art. 8 Rn. 31.
[115] Bizer DuD 2007, 350 (352).
[116] So bereits Simitis NJW 1997, 281 (285).

§ 2 Verfassungsrechtliche Grundlagen, Europäisches und nationales Recht   Teil A

die als „terroristische Einheit" einzustufen sind klar und präzise definiert werden.[117] Hingegen ist der Zweck nicht mehr hinreichend bestimmt, wenn Daten „im Einzelfall" verarbeitet werden, damit „die Aufsicht oder Rechenschaftspflicht der öffentlichen Verwaltung gewährleistet ist" oder „einer Vorladung einem erlassenen Haftbefehl oder einer gerichtlichen Verfügung Folge geleistet werden kann". In diesen Fällen ist die Regelung zu unbestimmt und zu allgemein, um den Anforderungen an Klarheit und Präzision zu genügen.[118] Demgegenüber erweist sich der Zweck der Datenverarbeitung zur „Bekämpfung von schwerer Kriminalität" als hinreichend bestimmt.[119] Im Gegensatz dazu ist eine Regelung nicht auf das absolute Notwendige beschränkt, die generell die Speicherung aller personenbezogenen Daten sämtlicher Personen, deren Daten aus der Union in einen Drittstaat übermittelt wurden, gestattet, ohne irgendeine Differenzierung, Einschränkung oder Ausnahme anhand des verfolgten Ziels vorzunehmen und ohne ein objektives Kriterium vorzusehen, das es ermöglicht, den Zugang der Behörden zu den Daten und deren spätere Nutzung auf ganz bestimmte, strikt begrenzte Zwecke zu beschränken, die den sowohl mit dem Zugang zu diesen Daten als auch mit deren Nutzung verbundenen Eingriff zu rechtfertigen vermögen.[120] Ebenso kann die Datenverarbeitung zur „Verhinderung der illegalen Einreise von Personen in das Unionsgebiet" einen konkret umschriebenen Zweck darstellen.[121] Klare und handhabbare Kriterien fehlen bisher, die die Zweckbestimmung anleiten können. Deshalb ist die **Zweckbindung für jeden Datenverarbeitungsvorgang gesondert zu prüfen.**

Bisher ungeklärt ist auch die **Reichweite der Zweckbindung.** Das betrifft die Frage, in welchem konkreten Ausmaß eine Datenverarbeitung noch vom ursprünglichen Zweck gedeckt ist und wo dieser „Datenverarbeitungsradius" endet. Neue Verarbeitungszwecke, die außerhalb des ursprünglichen Radius und damit der Reichweite der Zweckbindung liegen, sind unmittelbar mit einer Zweckänderung verbunden. Für diese Zweckänderung sowie den neuen Verarbeitungszweck ist grundsätzlich eine weitere Rechtsgrundlage erforderlich. Der europäische Gesetzgeber hat diese Problematik erkannt und in Art. 6 Abs. 4 DS-GVO normiert (ausführlich dazu → § 3 Rn. 88 ff.).[122] Auf nationaler Ebene hat sich auch das BVerfG im Rahmen der Entscheidung zum BKA-Gesetz mit dieser Problematik näher beschäftigt.[123] Demnach differenziert es – vergleichbar wie auf europäischer Ebene – zwischen einer zweckkonformen sowie einer zweckändernden Weiternutzung von Daten.[124]

28

Mit dem grundrechtlichen Zweckbindungsgrundsatz sind unmittelbar auch der **Grundsatz der Erforderlichkeit** sowie der **Grundsatz der Datenminimierung** verknüpft. Denn nur wenn personenbezogene Daten für den festgelegten Zweck notwendig sind, sind sie auch erforderlich. Alle anderen Daten sind dann aber gerade nicht mehr zur Zweckerreichung notwendig. Damit verknüpft ist auch das Prinzip der Datenminimierung, das seinen Niederschlag in Art. 5 Abs. 1 lit. c DS-GVO gefunden hat (→ § 3 Rn. 95). Dieses besagt, dass personenbezogene Daten dem Zweck angemessen sowie auf das für die Zwecke der Verarbeitung notwendige Maß beschränkt sein müssen. Das technische Spiegelbild dazu findet sich in Art. 25 DS-GVO (→ § 3 Rn. 160 ff.), der erstmalig und ausdrücklich Datenschutz durch Technikgestaltung sowie durch datenschutzfreundliche Voreinstellungen normiert.

29

---

[117] EuGH ZD 2018, 23 Rn. 175 und 176.
[118] EuGH ZD 2018, 23 Rn. 179 und 181.
[119] EuGH NJW 2017, 717 Rn. 102.
[120] EuGH NJW 2015, 3151 Rn. 93.
[121] EuGH NVwZ 2014, 435 Rn. 37 f.
[122] Siehe etwa Buchner/Petri in Kühling/Buchner DS-GVO Art. 6 Rn. 178 ff. sowie Heberlein in Ehmann/Selmayr DS-GVO Art. 6 Rn. 42 ff.
[123] BVerfG NJW 2016, 1781.
[124] Vgl. dazu Müllmann NVwZ 2016, 1692 sowie Spiecker gen. Döhmann, BVerfG kippt BKA-Gesetz: Ein Pyrrhus-Sieg der Freiheitsrecht?, 21.4.2016, abrufbar unter http://verfassungsblog.de/bundesverfassungsgericht-kippt-bka-gesetz-ein-pyrrhus-sieg-der-freiheitsrechte, zuletzt abgerufen am 23.5.2018.

30 Das **Prinzip der Datenminimierung** gerät seit geraumer Zeit immer stärker unter Druck. Aufgrund der Technologisierung und Digitalisierung sämtlicher Lebensbereiche nimmt die Menge der zu verarbeitenden Daten rapide zu. Big Data und Smart Data,[125] Industrie 4.0, Smart Grid, Smart Home, Cloud Computing, intelligente Videoüberwachung,[126] E-Mobility oder Arbeit 4.0[127] sind nur einige Stichwörter, deren wesentliche Grundlage die Verarbeitung und Auswertung von Daten sind. Dass dabei auch zahlreiche personenbezogene Daten verarbeitet werden, erklärt sich von selbst. Deshalb wird **vereinzelt** für eine **Abschaffung dieses Grundprinzips plädiert.**[128] Das **überzeugt jedoch nicht,** da die Datensparsamkeit als Ausfluss des Zweckbindungsgrundsatzes eine der wesentlichen Säulen informationeller Selbstbestimmung darstellt. Nur der Betroffene, der überhaupt weiß, wer was wann und bei welcher Gelegenheit über ihn weiß, kann sich individuell entfalten und selbstbestimmt entscheiden. Die Selbstbestimmung ist als elementare Funktionsbedingung für eines auf Handlungsfähigkeit und Mitwirkungsfähigkeit seiner Bürger begründeten freiheitlichen demokratischen Gemeinwesens unerlässlich.[129] Notwendig ist deshalb eine differenzierte Betrachtungsweise, die sämtliche Facetten der widerstreitenden Positionen berücksichtigt und in die Abwägung einfließen lässt. Die **DS-GVO** hat mit ihren generalklauselartigen Ermächtigungstatbeständen **in Art. 6 Abs. 1 DS-GVO die Zweckbindung näher spezifiziert** (→ § 3 Rn. 48 ff.).

31 cc) **Verbotsprinzip.** Das **Verbotsprinzip** – auch Verbot mit Erlaubnisvorbehalt oder Verbotsprinzip mit Erlaubnisvorbehalt bezeichnet – folgt unmittelbar aus Art. 8 Abs. 2 S. 1 GRCh und **untersagt grundsätzlich** die **Datenverarbeitung personenbezogener Daten** durch einen Verantwortlichen.[130] **Ausnahmsweise** ist die Datenverarbeitung **zulässig,** wenn die betroffene Person eine wirksame **Einwilligung** erteilt oder eine gesetzliche **Rechtsgrundlage** existiert. Die an beide Legitimationen gestellten Voraussetzungen werden in Art. 8 GRCh nur schemenhaft skizziert. Die detaillierten Anforderungen ergeben sich im Einzelnen aus Art. 7 DS-GVO für die allgemeine datenschutzrechtliche Einwilligung (→ § 3 Rn. 55 ff.) sowie den allgemeinen (→ § 3 Rn. 58 f.) und spezifischen Ermächtigungsgrundlagen der jeweils einschlägigen Datenschutzgesetze. Ob zwischen beiden Legitimationsgrundlagen ein Stufenverhältnis vorliegt, sodass die Einwilligung einem gesetzlichen Erlaubnistatbestand vorgeht, lässt Art. 8 GRCh offen. Im öffentlichen Bereich scheidet die Einwilligung oftmals als Legitimationsgrundlage aus, da es dort an der notwendigen Freiwilligkeit fehlt.[131] Im privaten Sektor ist die Einwilligung hingegen zentral. Darum kommt es dort oftmals zu Streitigkeiten über deren Wirksamkeit.[132]

32 dd) **Transparenzgebot.** Das **Transparenzgebot** leitet sich unmittelbar aus **Art. 8 Abs. 2 S. 2 GRCh** ab und gewährt der betroffenen Person einerseits einen grundrechtlichen **Anspruch auf Auskunft** sowie andererseits einen grundrechtlichen **Anspruch auf Berichtigung.**[133] Damit wird die abwehrrechtliche Komponente des europäischen Da-

---

[125] Vgl. zu den datenschutzrechtlichen Herausforderungen Bretthauer ZD 2016, 267.
[126] Zum Grundsatz der Zweckbindung bei der intelligenten Videoüberwachung vgl. ausführlich Bretthauer Intelligente Videoüberwachung, 120 ff. sowie 263 ff.
[127] Vgl. dazu etwa Brecht/Steinbrück/Wagner PinG 2018, 10.
[128] Vgl. dazu http://www.handelsblatt.com/politik/deutschland/merkel-gegen-datensparsamkeit-bundesregierung-zerstreitet-sich-ueber-datenschutz/19237484.html sowie https://www.wbs-law.de/datenschutz/bundesregierung-fordert-abschaffung-der-datensparsamkeit-64713/, zuletzt abgerufen am 6.2.2018.
[129] So bereits BVerfGE 65, 1 (43).
[130] Ausführlich dazu Marsch Das europäische Datenschutzgrundrecht, 150 ff.
[131] Marsch Das europäische Datenschutzgrundrecht, 151 f.
[132] Vgl. etwa LG Berlin K&R 2014, 56 zur Wirksamkeit der Klauseln in der Google-Datenschutzerklärung oder KG Berlin K&R 2018, 121 zur Weitergabe von Daten im App-Zentrum einer Internetplattform ohne hinreichende Aufklärung des Nutzers.
[133] Jarass GRCh Art. 8 Rn. 16.

tenschutzgrundrechts um eine Leistungskomponente ergänzt, da der betroffenen Person ein **unmittelbarer Transparenzanspruch** eingeräumt wird. Bei Fehlen eines spezifischen Anspruchs, wie ihn etwa Art. 15 und Art. 16 DS-GVO normieren (→ § 3 Rn. 116 ff.), kann sich der Betroffene unmittelbar auf Art. 8 Abs. 2 S. 2 GRCh berufen. Denn nur derjenige, der überhaupt weiß, dass seine personenbezogenen Daten verarbeitet werden, kann gegen eine rechtswidrige Datenverarbeitung vorgehen.[134] Im Mittelpunkt steht damit die Ausgestaltung einer transparenten Informations- und Kommunikationspolitik zwischen Betroffenen und Verantwortlichen. Transparenz setzt voraus, dass eine für die betroffene Person bestimmte Information präzise, leicht zugänglich und verständlich sowie in klarer und einfacher Sprache abgefasst ist. In welcher Form – ob etwa mündlich, schriftlich oder elektronisch – die Informationen bereitgestellt werden müssen, lässt die Norm allerdings offen. Daneben verbleiben auch inhaltliche Reichweite und konkrete Ausgestaltung der notwendigen Transparenz weitestgehend offen.

Das **Auskunftsrecht** erstreckt sich nur auf diejenigen personenbezogenen Daten, die sich auf den Betroffenen beziehen.[135] Ein weitergehender Anspruch besteht nicht. Erfasst wird der **gesamte Inhalt der gespeicherten Daten über den Betroffenen**.[136] In welcher Form die Auskunft erteilt wird (Kopie, E-Mail, schriftlich oder mündlich), steht im Ermessen der Behörde, soweit der Funktion des Rechts ausreichend Rechnung getragen wird.[137] Die DS-GVO normiert das Auskunftsrecht umfassend in Art. 15 DS-GVO (ausführlich dazu → § 3 Rn. 116 ff.). In Zeiten der fortschreitenden und zunehmenden Digitalisierung sämtlicher Lebensbereiche wird die konkrete Erfüllung des Auskunftsanspruchs das Recht vor neue Herausforderungen stellen. Big Data-Technologien, die eine große Menge personenbezogener Daten verarbeiten, führen dazu, dass die von verschiedenen Personen zusammengeführten und analysierten Daten sich möglicherweise nicht mehr auf den Einzelnen rückführen lassen. Ein „einfaches Schwärzen" wie dies in Zeiten der klassischen Papierakte noch möglich war, kommt dann nicht mehr in Betracht. Folglich müssen hier **technische Konzepte und Lösungen** entwickelt werden, die es dem **Einzelnen ermöglichen,** sein **Auskunftsrecht effektiv wahrnehmen zu können**.[138] 33

ee) Verfahrensabsicherung durch unabhängige Stelle. Art. 8 Abs. 3 GRCh statuiert als **formell-rechtliche Anforderung** die Schaffung **einer unabhängigen Kontrollstelle,** welche die Einhaltung der Vorschriften aus Art. 8 Abs. 1 und Abs. 2 GRCh überwacht. Die Konstituierung als unabhängige und **weisungsfreie Stelle** dient der Verfahrensabsicherung. Sie ist ein wesentliches Element zum Schutz personenbezogener Daten.[139] Die notwendige Unabhängigkeit dient dem Ausschluss jeglicher Einflussnahme. Das betrifft einerseits die Verhinderung eines möglichen Einflusses durch die zu kontrollierenden Stellen selbst sowie andererseits auch andere äußere Einflussnahmen durch Dritte wie etwa durch politische Institutionen oder Lobbyvereinigungen. Missglückt ist der Wortlaut hinsichtlich der von Art. 8 Abs. 3 GRCh in den Blick genommenen unabhängigen Stelle. Der Wortlaut, der von „einer unabhängigen Stelle" (Singular) spricht, intendiert, dass ausschließlich der Europäische Datenschutzbeauftragte für die Einhaltung der Vorschriften zuständig ist. Das überzeugt jedoch nicht, weil ebenso die Kontrollstellen der Mitgliedstaaten für die Einhaltung der datenschutzrechtlichen Vorschriften zuständig und verantwortlich sind – insbesondere zur Einhaltung der Vorschriften der DS-GVO –, da Art. 8 GRCh nach Maßgabe von Art. 51 Abs. 1 S. 1 GRCh auch die Mitgliedstaaten ver- 34

---

[134] Gersdorf in BeckOK InfoMedienR GRCh Art. 8 Rn. 38; Jarass GRCh Art. 8 Rn. 16.
[135] Vgl. hierzu auch EuGH Urt. v. 20.12.2017 – C-434/16, Rn. 57, wobei der EuGH nur auf Art. 7 GRCh rekurriert und Art. 8 GRCh nicht in Betracht zieht.
[136] Jarass GRCh Art. 8 Rn. 16.
[137] EuGH NVwZ-RR 2014, 736 Rn. 58 und 60; Jarass GRCh Art. 8 Rn. 16.
[138] Zur Realisierung von Transparenz im Rahmen des Einsatzes intelligenter Videoüberwachung vgl. Bretthauer Intelligente Videoüberwachung, 152 ff.
[139] EuGH ZD 2012, 563 Rn. 37; MMR 2010, 352 Rn. 23; Jarass GRCh Art. 8 Rn. 16.

pflichtet.[140] Demnach werden – entgegen dem im Singular formulierten Wortlaut – sowohl der **Europäische Datenschutzbeauftragte** als auch die **nationalen Kontrollstellen von Art. 8 Abs. 3 GRCh erfasst.** Im Übrigen stützt Art. 16 Abs. 2 AEUV diese These, da nach dessen Wortlaut „unabhängige Behörden" (Plural) über die Einhaltung der Vorschriften wachen. Bisher völlig ungeklärt ist, ob Art. 8 Abs. 3 GRCh außerdem eine objektiv-rechtliche Komponente des Datenschutzes oder sogar eine Institutsgarantie zu entnehmen ist.[141] Schließlich vermittelt **Art. 8 Abs. 3 GRCh** ein **Beschwerderecht** des Betroffenen, da nur so die unabhängige Kontrollstelle auch über ihr bisher nicht zur Kenntnis gelangte mögliche datenschutzrechtliche Verstöße informiert werden kann. Es begründet aber nur ein Recht darauf, dass sich die zuständige Stelle überhaupt mit der Beschwerde auseinandersetzt. Ein Recht auf eine bestimmte Entscheidung besteht nicht.[142]

35   Der **EuGH** hat sich in der Vergangenheit bereits vereinzelt zu Fragen der Unabhängigkeit nationaler Datenschutzbehörden geäußert.[143] So liegt ein **Verstoß** gegen das Gebot der Unabhängigkeit vor, **wenn** die **zuständigen Kontrollbehörden** bei der Überwachung der Verarbeitung personenbezogener Daten durch nicht-öffentliche Stellen und öffentlich-rechtliche Wettbewerbsunternehmen **staatlicher Aufsicht unterstellt sind.**[144] Einen **Verstoß** stellt es ebenfalls dar, wenn das Mitglied einer Datenschutzkommission ein der Dienstaufsicht unterliegender Bundesbeamter ist, die **Geschäftsstelle der Datenschutzkommission in das Bundeskanzleramt eingegliedert** ist und der Bundeskanzler über ein unbedingtes Unterrichtungsrecht durch die Datenschutzkommission verfügt.[145] Schließlich entschied der EuGH, dass auch eine **zunächst bindende Kommissionsentscheidung** durch die **unabhängigen nationalen Kontrollstellen geprüft werden kann,** wodurch die besondere Stellung der unabhängigen Datenschutzbehörden nochmals besonders hervorgehoben wird.[146]

36   Die **Bedeutung** der unabhängigen Aufsichtsbehörden **wird** in den kommenden Jahren **stark zunehmen.** Sowohl die nationalen als auch die europäischen Kontrollstellen – etwa der Europäische Datenschutzbeauftragte oder der Europäische Datenschutzausschuss nach Art. 68 DS-GVO (→ § 3 Rn. 198 ff.) – sind zentrale Elemente zur Überwachung der Einhaltung der datenschutzrechtlichen Vorschriften. Damit werden gleichzeitig aber auch Streitigkeiten, die vor den zuständigen Gerichten auszutragen sind (→ Rn. 67 ff.), zunehmen. Aufgrund der Europäisierung des Datenschutzrechts wird künftig besonders der **EuGH** mit seinen Entscheidungen zur **Reichweite der Unabhängigkeit der Datenschutzbehörden** die Rechtsprechung und Praxis **prägen.** Die effektive Wahrnehmung der den unabhängigen Kontrollstellen obliegenden Aufgaben setzt ganz konkret deren effiziente Ausstattung mit Personal-, Sach- und Finanzmitteln voraus. Nur wenn die Aufsichtsbehörden über die notwendigen Ressourcen verfügen, können sie die ihnen zugedachten Aufgaben wirkungsvoll erfüllen und damit unabhängig im Sinne von Art. 8 Abs. 3 GRCh agieren.

3. Art. 16 AEUV

37   **Art. 16 AEUV** wiederholt wörtlich das in Art. 8 GRCh (→ Rn. 12 ff.) niedergelegte Recht auf Datenschutz und regelt in Abs. 2 die Kompetenzen der Union sowie das Verfahren zum Erlass von Datenschutzvorschriften.[147] Unklar ist, weshalb der Datenschutz

---

[140] Kingreen in Calliess/Ruffert GRCh Art. 8 Rn. 18; Gersdorf in BeckOK InfoMedienR GRCh Art. 8 Rn. 41.
[141] Bernsdorff in Meyer GRCh Art. 8 Rn. 24 mwN.
[142] Gersdorf in BeckOK InfoMedienR GRCh Art. 8 Rn. 42 mwN.
[143] EuGH NJW 2010, 1265; ZD 2012, 563; NJW 2015, 3151.
[144] EuGH NJW 2010, 1265; hierzu auch Spiecker gen. Döhmann JZ 2010, 787.
[145] EuGH ZD 2012, 563.
[146] EuGH NJW 2015, 3151; K&R 2015, 710 (mAnm Bretthauer).
[147] Sobotta in GHN AEUV Art. 16 Rn. 16; Hermann in Streinz AEUV Art. 16 Rn. 3.

anders als die meisten anderen Grundrechte außerhalb der GRCh nochmals besonders hervorgehoben wird.[148] Aufgrund des mit Art. 8 Abs. 1 GRCh übereinstimmenden Wortlauts wird oftmals davon ausgegangen, dass es sich bei Art. 16 AEUV ebenfalls um ein Grundrecht auf Datenschutz handelt.[149] Gegen die Klassifizierung als Grundrecht im Rahmen des AEUV spricht jedoch, dass Art. 16 AEUV keine Schrankenbestimmung enthält und somit eine schrankenlose Gewährleistung des Datenschutzgrundrechts die Folge wäre.[150] Der Gewährleistungsgehalt des Datenschutzgrundrechts würde im Übrigen je nach Rechtsgrundlage – schrankenlos nach Art. 16 AEUV, nicht schrankenlos nach Art. 8 GRCh – variieren. Das kann so vom europäischen Normgeber nicht beabsichtigt gewesen sein. Außerdem soll durch die Verankerung im AEUV kein weitreichenderer Schutz bewirkt werden, als er ohnehin durch die Regelung in Art. 8 GRCh niedergelegt ist.[151] Entsprechend ist es sachgerecht, den Inhalt der Gewährleistung von Art. 16 Abs. 1 AEUV anhand von Art. 8 GRCh (→ Rn. 12 ff.) zu bestimmen.[152] Art. 8 GRCh determiniert die Reichweite von Art. 16 AEUV. Darum darf die grundrechtliche Wirkung von Art. 16 Abs. 1 AEUV nicht überbewertet werden. Als grundrechtlicher Maßstab gilt ausschließlich Art. 8 GRCh. **Art. 16 Abs. 1 AEUV** hat dementsprechend nur eine **rein deklaratorische Funktion.** Wesentlich ist vielmehr Art. 16 Abs. 2 AEUV, der die Kompetenzen der Union sowie das Verfahren zum Erlass von datenschutzrechtlichen Sekundärrechtsakten näher ausgestaltet.

Art. 16 Abs. 2 AEUV enthält Kompetenzgrundlagen für mehrere Regelungsbereiche. Die Gesetzgebungskompetenz kommt der Union bei der Verarbeitung personenbezogener Daten durch Unionsorgane und durch die Mitgliedstaaten, wenn und soweit sie im Anwendungsbereich des Unionsrechts tätig werden, zu, sowie für den freien Datenverkehr als besondere Ausprägung der allgemeinen Binnenmarktkompetenz.[153] **Art. 16 Abs. 2 UAbs. 1 S. 1 Hs. 1 aE AEUV** ist **Rechtsgrundlage für** die **DS-GVO** (→ § 3 Rn. 1 ff.) und die Richtlinie zum Schutz natürlicher Personen bei der Verarbeitung personenbezogener Daten durch die zuständigen Behörden zum Zwecke der Verhütung, Aufdeckung, Untersuchung oder Verfolgung von Straftaten oder der Strafvollstreckung sowie zum freien Datenverkehr (JI-RL) (→ § 21 und § 22). Die inhaltlichen Konkretisierungsgebote an die datenschutzrechtlichen Sekundärrechtsakte ergeben sich aus Art. 8 Abs. 2 und Abs. 3 GRCh (→ Rn. 24 ff.). Dass die Einhaltung der datenschutzrechtlichen Vorschriften von unabhängigen Behörden überwacht wird, hebt Art. 16 Abs. 2 UAbs. 1 S. 2 AEUV nochmals prominent hervor, auch wenn diese Anforderung bereits unmittelbar aus Art. 8 Abs. 3 GRCh folgt (→ Rn. 34 ff.). Zu beachten ist in jedem Fall die Durchführung des ordentlichen Gesetzgebungsverfahrens nach Art. 289 AEUV iVm Art. 294 AEUV. Schließlich haben die aufgrund von Art. 16 AEUV erlassenen Rechtsvorschriften keine Auswirkungen auf die spezifischen datenschutzrechtlichen Bestimmungen, die im Rahmen der Gemeinsamen Außen- und Sicherheitspolitik (GASP) nach Art. 39 EUV erlassen werden (Art. 16 Abs. 2 UAbs. 2 AEUV). Die nach Art. 39 EUV erlassenen Regelungen gehen in den dort spezifisch normierten Fällen vor.

4. Art. 8 EMRK

Nach Art. 8 Abs. 1 EMRK hat jede Person das Recht auf Achtung ihres Privat- und Familienlebens, ihrer Wohnung und ihrer Korrespondenz. Ein ausdrückliches und unmittelbares Datenschutzgrundrecht, wie in Art. 8 GRCh (→ Rn. 12 ff.) normiert, ist **Art. 8 EMRK** nicht zu entnehmen. Gilt die EMRK prinzipiell für die Mitgliedstaaten des Euro-

---
[148] Kingreen in Calliess/Ruffert AEUV Art. 16 Rn. 3.
[149] Hermann in Streinz AEUV Art. 16 Rn. 4.
[150] Ausführlich dazu Hermann in Streinz AEUV Art. 16 Rn. 4 mwN.
[151] Hermann in Streinz AEUV Art. 16 Rn. 5; Sobotta in GHN AEUV Art. 16 Rn. 8.
[152] Hermann in Streinz AEUV Art. 16 Rn. 7.
[153] Ebenso Kingreen in Calliess/Ruffert AEUV Art. 16 Rn. 4.

parates, so ist der Anwendungsbereich der GRCh auf die Mitglieder der EU beschränkt. Ein Beitritt der EU zur EMRK ist bisher nicht erfolgt.[154] Das aus dem Privatleben folgende Recht, sich selbst zu verwirklichen, kann jedoch durch die Verarbeitung personenbezogener Daten erheblich gestört werden.[155] Deshalb hat auch der EGMR bereits frühzeitig den **Datenschutz als Teil des Rechts auf Achtung des Privat- und Familienlebens** angesehen und näher ausgestaltet.[156] So ist unbeachtlich, ob sich die personenbezogenen Daten auf das öffentliche oder private Leben des Betroffenen beziehen.[157] Wird der E-Mailverkehr sowie die Internetnutzung am Arbeitsplatz und damit auch anfallende Verkehrsdaten überwacht, ist der Schutzbereich von Art. 8 EMRK ebenfalls eröffnet.[158] Ebenso stellt die Speicherung von Fingerabdrücken einen Eingriff in Art. 8 EMRK dar.[159] Gleiches gilt für die geheime Videoüberwachung am Arbeitsplatz.[160] Gleichfalls stellt die Offenlegung der Krankenakten von Patienten einen Eingriff dar.[161] Die geheime Überwachung von Mitarbeitern einer NGO kann ebenfalls einen Verstoß gegen Art. 8 EMRK begründen.[162] Die Verwendung von Daten einer staatlich angekauften „Steuer-CD" für die Strafverfolgung stellt hingegen keinen Verstoß gegen Art. 8 EMRK dar.[163] Schließlich kann die Aufbewahrung von DNA-Profilen in einer automatisierten Gendatenbank unverhältnismäßig sein, wenn keine ausreichenden Mechanismen zum Schutz personenbezogener Daten vorhanden sind.[164]

40 Die **EMRK** wird über Art. 6 Abs. 3 EUV als **allgemeine Rechtserkenntnisquelle in das europäische Recht inkorporiert.** Der EuGH berücksichtigte bereits frühzeitig die leitenden Grundsätze der Konvention im Rahmen des Gemeinschaftsrechts, sodass er die Normen der EMRK – und das gilt besonders für Art. 8 EMRK – in den Grundrechtsaufbau integriert und seine Ergebnisse auch auf Entscheidungen des EGMR stützt.[165] Damit wird bezweckt, dass sich die Rechtsprechungen von EuGH und EGMR in ihren großen Leitlinien entsprechen und gänzlich divergierende Entscheidungen vermieden werden.

41 Das dogmatische Fundament sowie das Verhältnis zwischen EuGH und EGMR sowie nicht zuletzt auch dem BVerfG ist dabei jedoch höchst kritisch und wird vielfältig diskutiert (→ Rn. 65 f.).[166] Im Rahmen der Europäisierung des Datenschutzes werden die Urteile des EGMR und des EuGH künftig jedoch eine tragende Rolle spielen.

5. Art. 2 Abs. 1 iVm Art. 1 Abs. 1 GG

42 Die verfassungsrechtlichen Grundlagen des nationalen Datenschutzrechts finden sich primär im Recht auf informationelle Selbstbestimmung (→ Rn. 43 ff.) sowie im Grundrecht auf Gewährleistung der Vertraulichkeit und Integrität informationstechnischer Systeme (→ Rn. 48 ff.). Beide Gewährleistungen sind besondere Ausprägungen des Allgemeinen Persönlichkeitsrechts aus Art. 2 Abs. 1 iVm Art. 1 Abs. 1 GG. Ein ausdrücklich normiertes Datenschutzgrundrecht – vergleichbar zu Art. 8 GRCh – enthält das GG nicht. Das BVerfG hat seit seiner berühmten Volkszählungsentscheidung von 1983[167] den Datenschutz mit seiner Rechtsprechung maßgeblich geprägt und gestaltet.[168]

---

[154] Vgl. hierzu auch EuGH NZKart 2015, 190.
[155] Gersdorf in BeckOK InfoMedienR EMRK Art. 8 Rn. 29.
[156] EGMR Urt. v. 26.3.1987 – 9248/81; Urt. v. 16.2.2000 – 27798/95; Urt. v. 5.11.2017 – 61496/08; Meyer-Ladewig/Nettesheim in NK-EMRK Art. 8 Rn. 32 ff.; Jarass GRCh Art. 8 Rn. 1.
[157] EGMR Urt. v. 4.5.2000 – 28341/95; Gersdorf in BeckOK InfoMedienR EMRK Art. 8 Rn. 29.
[158] EGMR Urt. v. 3.4.2007 – 62617/00; Urt. v. 12.1.2016 – 61496/08.
[159] EGMR Urt. v. 4.12.2008 – 30562/04 und 30566/04.
[160] EGMR Urt. v. 5.10.2010 – 420/07.
[161] EGMR Urt. v. 6.6.2013 – 1585/09.
[162] EGMR Urt. v. 12.1.2016 – 37138/14.
[163] EGMR Urt. v. 6.10.2016 – 33696/11.
[164] EGMR Urt. v. 22.6.2017 – 8806/12.
[165] Kingreen in Calliess/Ruffert EUV Art. 6 Rn. 21.
[166] Siehe etwa Kirchhof NJW 2011, 3681.
[167] BVerfGE 65, 1.

a) **Recht auf informationelle Selbstbestimmung.** Erstmals ausdrücklich verfassungsrechtlich verortet wurde der Datenschutz **1983** in der wegweisenden, viel zitierten und auch als „Bergpredigt des Datenschutzes"[169] bezeichneten Entscheidung des BVerfG zur Volkszählung. Das **BVerfG** anerkannte das **Recht auf informationelle Selbstbestimmung** als besondere Ausprägung des Allgemeinen Persönlichkeitsrechts aus Art. 2 Abs. 1 iVm Art. 1 Abs. 1 GG.[170] Die literarischen und rechtswissenschaftlichen Wurzeln reichen hingegen schon bis in die Anfänge der 1970er Jahre zurück.[171] Zentrales **Kernelement** der informationellen Selbstbestimmung **ist** die **Befugnis des Einzelnen, grundsätzlich selbst über die Preisgabe und Verwendung seiner persönlichen Daten zu bestimmen.**[172] Unter den Bedingungen automatisierter Datenverarbeitung ist dieser Teil der Privatsphäre aber besonders gefährdet.[173] In Zeiten von Big Data, Social Scoring, intelligenter Videoüberwachung und KI gewinnt das Recht auf informationelle Selbstbestimmung in besonderer Weise an Bedeutung und bedarf deshalb umso mehr eines besonderen und effektiven Schutzes, da nur so ein Mindestschutz gewährleistet werden kann, um zu garantieren, dass der Einzelne weiß, wer wann wo und warum bei welcher Gelegenheit Daten über ihn erhebt, verarbeitet und weitergibt.

aa) **Schutzbereichsdimension, Eingriff und Rechtfertigung.** Der Schutzbereich wird maßgeblich dadurch geprägt, dass es sich beim Recht auf informationelle Selbstbestimmung um ein **Selbstbestimmungsrecht über personenbezogene Daten** handelt.[174] Der Begriff personenbezogene Daten als Schutzobjekt erfasst **alle Informationen, die sich auf eine identifizierte oder identifizierbare natürliche Person beziehen** (vgl. auch → § 3 Rn. 42 ff.). Unklar ist oftmals, ob das Schutzobjekt bereits jegliche Art von Daten erfasst, oder aber erst diejenigen Daten, die durch einen konkreten Verwendungszusammenhang zu einer Information verdichten und somit überhaupt erst einen Informationswert darstellen.[175] Erst der konkrete Verarbeitungsprozess und Verwendungskontext macht das Datum aber zur Information, sodass schließlich erst der **konkrete Verwendungszusammenhang** Aufschluss über die Verarbeitungskonsequenzen gibt und eine isolierte Betrachtung von Daten oder Informationen nicht möglich ist.[176] Um einen effektiven Schutz zu gewährleisten, ist der **Begriff** deshalb **weit zu verstehen**. Unter den Bedingungen moderner Technologien ist informationelle Selbstbestimmung darum als die Zusammenfassung aller Informationen über die Persönlichkeit und insbesondere über die Privatsphäre des Einzelnen bezogene Aspekte des Persönlichkeitsschutzes zu verstehen.[177] Insofern gibt es im Zeitalter der Informations- und Wissensgesellschaft kein belangloses Datum mehr.[178]

Vergleichbar zu den Eingriffsvoraussetzungen nach Art. 8 GRCh (→ Rn. 16 ff.) stellt **jede Form der Verarbeitung** wie das Erheben, das Erfassen, die Organisation, das Ordnen, die Speicherung, die Anpassung oder Veränderung, das Auslesen, das Abfragen, die Verwendung, die Offenlegung durch Übermittlung, Verbreitung oder eine andere Form der Bereitstellung, den Abgleich oder die Verknüpfung, die Einschränkung, das Löschen oder die Vernichtung **einen Eingriff** in die informationelle Selbstbestimmung **dar,** der

---

[168] Vgl. etwa Simitis NJW 1984, 398.
[169] Meister DuD 1986, 173 (175).
[170] BVerfGE 65, 1.
[171] Siehe etwa BT-Drs. VI/3826, Anlage 1, 51; Trute in Roßnagel DatenschutzR-HdB Kap. 2.5 Rn. 7 mwN.
[172] BVerfGE 65, 1 (43).
[173] So bereits BVerfGE 65, 1 (42).
[174] Di Fabio in Maunz/Dürig GG Art. 2 Rn. 175.
[175] Siehe hierzu Trute in Roßnagel DatenschutzR-HdB Kap. 2.5 Rn. 16 ff. sowie Spiecker gen. Döhmann RW 2010, 247 (250 ff.) hinsichtlich der Abgrenzung von Datum und Information.
[176] Simitis NJW 1984, 398 (402); Trute in Roßnagel DatenschutzR-HdB Kap. 2.5 Rn. 18 ff.
[177] Murswiek in Sachs GG Art. 2 Rn. 73.
[178] So bereits BVerfGE 65, 1 (45).

seinerseits rechtfertigungsbedürftig ist.[179] Demnach stellen etwa zwangsweise staatliche Befragungen im Rahmen von polizeilichen Maßnahmen, die Datenerhebung und -übermittlung von Sozialdaten oder Genuntersuchungen und -analysen Eingriffe dar. Ebenso stellt die offene staatliche Videoüberwachung einen Eingriff dar, wobei bisher nicht abschließend geklärt ist, ob bereits der bloße Anpassungs- und Überwachungsdruck für sich genommen ausreicht, um die Eingriffsschwelle zu überschreiten oder weitere objektive Kriterien hinzukommen müssen.[180] Diese Überlegungen gelten grundsätzlich auch in reinen Privatrechtsverhältnissen, da der **Geltungsbereich des Rechts auf informationelle Selbstbestimmung nicht nur auf staatliche Verarbeitungen beschränkt** ist, sondern eine der klassischen Anknüpfungspunkte für die Drittwirkung von Grundrechten darstellt (→ Rn. 62 ff.).[181]

46 Schließlich ist jeder Eingriff in das Recht auf informationelle Selbstbestimmung **rechtfertigungsbedürftig**. Auch hier hat das BVerfG konkrete Anforderungen an die **Voraussetzungen an eine derartige Rechtsgrundlage** formuliert.[182] Demnach sind Einschränkungen nur im **überwiegenden Allgemeininteresse** zulässig. Sie bedürfen einer **verfassungsgemäßen gesetzlichen Grundlage,** die dem rechtsstaatlichen Gebot der **Normenklarheit** entsprechen muss. Ebenso muss der Gesetzgeber bei seinen Regelungen den **Grundsatz der Verhältnismäßigkeit** beachten sowie **organisatorische und verfahrensrechtliche Vorkehrungen** treffen, welche der Gefahr einer Verletzung des Persönlichkeitsrechts entgegenwirken. In Betracht kommt eine Einwilligung des Betroffenen oder ein gesetzlicher Erlaubnistatbestand (vgl. zur europäischen Ebene → Rn. 16 ff.). Das Datenschutzrecht hat infolgedessen eine Unmenge an bereichsspezifischen Regelungen hervorgebracht, sodass eine Fülle an divergierenden Gesetzen für die unterschiedlichsten zu regulierenden Sektoren existiert.[183] Datenschutzrechtliche Regulierungen durchziehen sämtliche Lebensbereiche, sei es das Sozialrecht, das Gesundheits- und Medizinrecht, das Finanzrecht, das Kirchenrecht, das Internet, das IT-Sicherheitsrecht, das Polizei- und Sicherheitsrecht oder Wissenschaft, Forschung, Bildung und Lehre. Es verwundert deshalb nicht, wenn häufig die Rede davon ist, dass sich der Datenschutz in einer „Verrechtlichungsfalle" befindet.[184] Inwiefern die DS-GVO (→ § 3 Rn. 1 ff.) als einheitliches europäisches Rahmenwerk diesen Trend entgegenzuwirken vermag, erscheint fraglich, da durch zahlreiche Öffnungs- bzw. Modifizierungsklauseln auch weiterhin die Mitgliedstaaten in vielen Teilen bereichsspezifische Regelungen beibehalten oder erlassen können.

47 **bb) Verfassungsrechtliche Grundprinzipien des Datenschutzes.** Das BVerfG hat bereits im Volkszählungsurteil gefordert, dass neben den materiell-rechtlichen Gewährleistungsgehalten des Rechts auf informationelle Selbstbestimmung auch **organisatorische und verfahrensrechtliche Vorkehrungen** zu treffen sind, welche der Gefahr einer Verletzung des Persönlichkeitsrechts entgegenwirken.[185] Allerdings gibt es nicht „die" datenschutzrechtlichen Grundprinzipien, da ein ausdrücklicher Kanon nicht existiert. Verwunderlich ist dies jedoch nicht, da es sich beim Datenschutzrecht um eine Querschnittsmaterie handelt, die im ständigen Fluss ist. Deshalb sind einige Prinzipien gesetzlich normiert, andere hingegen erst im Begriff sich herauszubilden.[186] Gleichwohl sind **grundlegende Prinzipien** wie der Grundsatz der **Zweckbindung,** der Grundsatz der **Erfor-**

---

[179] Di Fabio in Maunz/Dürig GG Art. 2 Rn. 176 mwN.
[180] Vgl. hierzu BVerfG NVwZ 2007, 688 sowie umfangreich Bretthauer Intelligente Videoüberwachung, 89 ff.
[181] So bereits Simitis NJW 1984, 398 (401).
[182] BVerfGE 65, 1 (44).
[183] Eine Sammlung zahlreicher datenschutzrechtlicher Vorschriften findet sich bei Spiecker gen. Döhmann/Bretthauer Dokumentation zum Datenschutz und Informationsfreiheitsrecht.
[184] So etwa Hoffmann-Riem AöR 123 (1998), 513; Kingreen/Kühling JZ 2015, 213.
[185] BVerfGE 65, 1 (44).
[186] Wolff in BeckOK DatenschutzR Prinzipien des Datenschutzrechts Vor Rn. 1.

derlichkeit, der Grundsatz der **Transparenz,** das Gebot der **Datenminimierung** oder die Überwachung der Einhaltung der Vorschriften durch **unabhängige Stellen** aus dem Datenschutz richtigerweise nicht mehr hinwegzudenken (vgl. hierzu ausführlich im europäischen Recht→ Rn. 24 ff.).[187]

b) Grundrecht auf Gewährleistung der Vertraulichkeit und Integrität informationstechnischer Systeme. Seit 2008 existiert neben dem Recht auf informationelle Selbstbestimmung (→ Rn. 43 ff.) ein weiteres datenschutzrechtlich konturiertes Grundrecht: Das **Grundrecht auf Gewährleistung der Vertraulichkeit und Integrität informationstechnischer Systeme;**[188] oftmals auch vereinfacht als IT-Grundrecht[189] oder Computer-Grundrecht[190] bezeichnet. Diese Neukonzipierung war – jedenfalls nach Ansicht des BVerfG – nötig geworden, da die bisherigen anerkannten Ausprägungen des allgemeinen Persönlichkeitsrechts, insbesondere die Gewährleistung des Schutzes der Privatsphäre und das Recht auf informationelle Selbstbestimmung, den besonderen Schutzbedürfnissen des Nutzers informationstechnischer Systeme nicht mehr in ausreichendem Maße genügen würden.[191] 48

Der **Schutzbereich** umfasst **Systeme,** die allein oder in ihren technischen Vernetzungen personenbezogene Daten des Betroffenen in einem Umfang und in einer Vielfalt enthalten können, dass ein Zugriff auf das System es ermöglicht, einen Einblick in wesentliche Teile der Lebensgestaltung einer Person zu gewinnen oder gar ein aussagekräftiges Bild der Persönlichkeit zu erhalten.[192] Erfasst werden hiervon moderne vernetzte Kommunikationsmittel **wie Smartphones, Laptops, Tablets** oder **SmartWatches.** Auch **SmartMeter, intelligente Videoüberwachungsnetzwerke** oder **autonome Fahrzeuge** können erfasst sein. Geschützt wird das Interesse des Nutzers, dass die von einem vom Schutzbereich erfassten System verarbeiteten Daten **vertraulich** bleiben.[193] Ebenso darf die **Integrität** des geschützten informationstechnischen Systems nicht angetastet werden, indem etwa auf das System so zugegriffen wird, dass dessen Leistungen, Funktionen und Speicherinhalte durch Dritte genutzt werden können.[194] Geschützt wird primär vor einem heimlichen Zugriff auf das jeweils verwendete System, sodass dort gespeicherte Daten ausgespäht werden können. Die **Vertraulichkeits- und Integritätserwartung** besteht jedoch **nur dann,** soweit der **Betroffene das informationstechnische System als eigenes nutzt** und deshalb den Umständen nach davon ausgehen darf, dass er allein oder zusammen mit anderen zur Nutzung berechtigten Personen über das System selbstbestimmt verfügt.[195] Hinsichtlich der Eingriffsvoraussetzungen sowie der Rechtfertigung kann auf die obigen Ausführungen zum Recht auf informationelle Selbstbestimmung verwiesen werden (→ Rn. 45 f.). 49

Das „neue" Grundrecht hat nicht unberechtigterweise zu differenzierten Würdigungen in Rechtswissenschaft und Literatur geführt.[196] So wurde kritisch angemerkt, dass ebenso ein effektiver und wirksamer Schutz über das Recht auf informationelle Selbstbestimmung hätte abgeleitet werden können.[197] 10 Jahre nach Schöpfung des „neuen" Grund- 50

---

[187] Vgl. auch die sieben goldenen Regeln des Datenschutzes bei Bizer DuD 2007, 350.
[188] BVerfGE 120, 274.
[189] So etwa Luch MMR 2011, 75.
[190] So etwa Kutscha DuD 2012, 391.
[191] BVerfGE 120, 274 (311); kritisch dazu etwa Eifert NVwZ 2008, 521; Gurlit NJW 2010, 1035 (1037); Petri DuD 2008, 443 (445).
[192] BVerfGE 120, 274 (314); Murswiek in Sachs GG Art. 2 Rn. 73c.
[193] BVerfGE 120, 274 (314); kritisch zum Aspekt der Vertraulichkeit Murswiek in Sachs GG Art. 2 Rn. 73d mwN
[194] BVerfGE 120, 274 (314).
[195] BVerfGE 120, 274 (315).
[196] Siehe etwa Eifert NVwZ 2008, 521; Gurlit NJW 2010, 1035 (1037); Petri DuD 2008, 443 (445).
[197] So etwa Eifert NVwZ 2008, 521; Gurlit NJW 2010, 1035 (1037); aA Hoffmann-Riem JZ 2008, 1009 (1015 ff.).

rechts durch das BVerfG ist ein **erstes Zwischenfazit** angebracht. Eine **Analyse der Rechtsprechung liefert** dabei ein **ernüchterndes Bild**. Nur wenige Gerichtsentscheidungen setzen sich mit dieser besonderen Ausprägung des Allgemeinen Persönlichkeitsrechts explizit auseinander, was zunächst ein Indiz darstellt, dass der praktische Nutzen beschränkt ist. Das BVerfG hat zwar im Urteil zum BKA-Gesetz Vorschriften am Grundrecht auf Gewährleistung der Vertraulichkeit und Integrität informationstechnischer Systeme gemessen[198], weitere obergerichtliche Rechtsprechung existiert aber bisher kaum bis gar nicht.[199] Lediglich das BAG setzte sich in seiner Entscheidung zur Arbeitsplatzüberwachung mittels Keyloggern am Rande mit dem Grundrecht auseinander, sah es aber schließlich nicht als einschlägig an.[200] Dieser Befund überrascht im Ganzen, da in Zeiten von vernetzten Smartphones, Notebooks, Tablets oder SmartWatches immer mehr personenbezogene Daten in informationstechnischen Systemen verarbeitet, analysiert und ausgewertet werden. Die fortschreitende Digitalisierung sämtlicher Lebensbereiche müsste deshalb zu einer verstärkten Anwendung des IT-Grundrechts führen. Da durch die Europäisierung des Datenschutzes künftig die Entscheidungen des EuGH wesentlich stärker in den Fokus geraten, bleibt abzuwarten, ob das Grundrecht auf Gewährleistung der Vertraulichkeit und Integrität informationstechnischer Systeme weiterhin ein eher beiläufiges Schattendasein führen wird, oder aber sogar Eingang in die europäische Rechtsprechung zum Datenschutz finden wird.

III. Einzelprobleme

1. Verhältnis der datenschutzrechtlichen Normen im grundrechtlichen Mehrebenensystem

51   Die **Normen** der GRCh und der Verträge (EUV sowie AEUV) sind nach **Art. 6 Abs. 1 UAbs. 1 aE EUV rechtlich gleichrangig,** sodass die GRCh Bestandteil des europäischen Primärrechts ist.[201] Das Verhältnis von GRCh und EMRK bemisst sich wiederum nach den allgemeinen Regeln für das Verhältnis von Unionsrecht und Völkerrecht. Da völkerrechtliche Verträge in die Unionsordnung einbezogen werden müssen, stehen sie in der Normenhierarchie im Rang unter dem Primärrecht, wobei sie aus rechtsdogmatischer Sicht nebeneinander als Bestandteil aufeinander bezogener, aber dennoch getrennter Rechtsordnungen, zu verstehen sind.[202] Obwohl der Datenschutz als solches auch auf europäischer Ebene bereits frühzeitig ein Thema war und auch dessen grundrechtliche Bedeutung anerkannt und unumstritten war, wurde dessen rechtliches Fundament erst durch Inkrafttreten des Vertrages von Lissabon nunmehr auch ausdrücklich rechtlich festgeschrieben. Diese Entwicklung verdeutlicht einmal mehr den Stellenwert des Datenschutzes in der Europäischen Union.

52   Die Vielzahl datenschutzrechtlicher Vorschriften im europäischen und nationalen Recht[203] führt unweigerlich zur Frage nach dem **Rangverhältnis** der einzelnen Normen. Dabei ist grundsätzlich vom **Vorrangprinzip europäischer Normen** auszugehen. Nach dem Grundsatz des Anwendungsvorrangs des Unionsrechts haben „die Verträge und das von der Union auf der Grundlage der Verträge gesetzte Recht [...] Vorrang vor dem Recht der Mitgliedstaaten".[204] Der Anwendungsvorrang gilt einerseits gegenüber dem

---

[198] BVerfGE 141, 220 (303).
[199] Vgl. nur OLG Hamburg ZUM 2010, 893 (901); LG Hamburg MMR 2011, 693 (695).
[200] BAG NJW 2017, 3258 Rn. 26.
[201] Kingreen in Calliess/Ruffert EUV Art. 6 Rn. 12.
[202] Schorkopf in GHN EUV Art. 6 Rn. 57 mwN.
[203] Vgl. zu weiteren europäischen datenschutzrechtlichen Normen ausführlich Spiecker gen. Döhmann/Bretthauer Dokumentation zum Datenschutz und Informationsfreiheitsrecht Kap. D.
[204] Vertrag von Lissabon, Anhang, ABl. EU 2008 C 115, 344; EuGH Slg. 1964, 1251 (1269 ff.) – Costa/ENEL.

einfachgesetzlichen innerstaatlichen Recht als auch andererseits gegenüber dem Verfassungsrecht der Mitgliedstaaten.[205] Damit werden künftig Art. 7 und **Art. 8 GRCh** (→ Rn. 12 ff.) **zentraler Prüfungsmaßstab** für die **grundrechtliche Bewertung von Datenschutzeingriffen** darstellen.[206] Inwiefern dann aber noch Raum für verfassungsrechtliche Grundlagen und Prinzipien der Mitgliedstaaten verbleibt, wird die weitere Entwicklung zeigen müssen. Befürchtungen, dass durch die Europäisierung der bisherige datenschutzrechtliche Standard absinkt, insbesondere im Hinblick auf die bisherige Rechtsprechung des BVerfG, dürften letztendlich nicht überzeugen, betrachtet man die Rechtsprechungsentwicklung des EuGH der vergangenen Jahre und die starke Betonung datenschutzrechtlicher Aspekte.[207]

Bisher **weitgehend ungeklärt** ist die **Verortung des Datenschutzgrundrechts** im 53 Spannungsfeld **zwischen Art. 7 GRCh** (→ Rn. 10 f.) **und Art. 8 GRCh** (→ Rn. 12 ff.).[208] Aus der Rechtsprechung des EuGH lässt sich eine stringente Linie nicht ableiten, da beide Normen überwiegend zusammen geprüft werden,[209] gleichzeitig aber auch immer wieder die Selbstständigkeit der jeweiligen Vorschrift[210] betont wird.[211] Die Literatur sieht grundlegend Art. 8 GRCh als lex specialis zu Art. 7 GRCh an, da die Norm den Schutz personenbezogener Daten gewährt und damit den allgemeinen Persönlichkeitsschutz im Bereich der informationellen Selbstbestimmung konkretisiert.[212] Teilweise wird auch vertreten, dass zwar grundsätzlich ein Vorrang von Art. 8 GRCh besteht, wobei Art. 7 GRCh allerdings wiederum einschlägig sei, soweit es um personenbezogene Daten mit Bezug zum Privatleben geht.[213] Vereinzelt wird auch argumentiert, dass Art. 8 GRCh gegenüber Art. 7 GRCh einerseits enger sei, weil er sich nur auf die Datenverarbeitung beziehe, und andererseits aber auch weiter, weil er alle Daten eines Betroffenen und nicht nur solche der Privatsphäre erfasse.[214] Schließlich wird auch von einem Spezialitätsverhältnis zwischen beiden Normen ausgegangen, da sich Art. 8 GRCh vollständig innerhalb des Anwendungsbereichs von Art. 7 GRCh bewegt, mit der Fokussierung auf die Verarbeitung personenbezogener Daten aber zusätzliche Tatbestandsmerkmale und mit den Absätzen 2 und 3 zusätzliche Anforderungen beinhaltet.[215]

Zur Vermeidung von Abgrenzungsschwierigkeiten ist **Art. 8 GRCh** als **lex specialis** 54 **zu Art. 7 GRCh** zu verstehen.[216] Bereits mit seiner Überschrift „Schutz personenbezogener Daten" wird deutlich, dass Art. 8 GRCh sämtliche Konstellationen erfasst, welche die Verarbeitung personenbezogener Daten zum Gegenstand haben. Dabei ist unbeachtlich, ob die verarbeiteten Daten im Rahmen des Privat- oder Familienlebens (Art. 7 GRCh), im Rahmen einer Versammlung (Art. 12 GRCh) oder bei der Berufsausübung (Art. 15 GRCh) anfallen. Zwar sind derartige Umstände im Rahmen des Art. 8 GRCh zu berücksichtigen, gleichwohl ist alleiniger Anknüpfungspunkt für den Umgang und die

---

[205] EuGH Slg. 1970, 1125 Rn. 3 f. – Internationale Handelsgesellschaft.
[206] Dazu kritisch Masing Ein Abschied von den Grundrechten SZ v. 8.1.2012; Masing NJW 2012, 2305; siehe auch Britz EuGRZ 2009, 1; Spiecker gen. Döhmann/Eisenbarth JZ 2011, 169.
[207] Siehe etwa EuGH EuZW 2004, 245 – Lindqvist; NVwZ 2014, 857 – Google Spain; NJW 2015, 463 – private Videoüberwachung; NJW 2015, 3636 – Weltimmo; K&R 2015, 710 – Safe Harbor; NJW 2016, 3579 – Breyer; NJW 2017, 717 – Vorratsdatenspeicherung.
[208] Instruktiv dazu Michl DuD 2017, 349.
[209] Vgl. etwa EuGH EuZW 2010, 939 Rn. 47; JW 2014, 2257 Rn. 69; NVwZ 2014, 709 Rn. 24 ff.
[210] Vgl. etwa EuGH NVwZ 2016, 43 Rn. 38 ff.
[211] Kritisch bereits Wolff in PNH Frankfurter Kommentar I GRC Art. 8 Rn. 3 mwN; Michl DuD 2017, 349 (351).
[212] So etwa Gersdorf in BeckOK InfoMedienR GRCh Art. 7 Rn. 17; Wolff in PNH Frankfurter Kommentar I GRC Art. 8 Rn. 3; Kingreen in Calliess/Ruffert GRCh Art. 8 Rn. 1a; Guckelberger EuZW 2011, 126 (127).
[213] Jarass GRCh Art. 8 Rn. 4; GA Cruz Villalón, Schlussantrag zu Rs. 293/12 und C-594/12, Digital Rights, Rn. 62 ff.; Michl DuD 2017, 349 (352).
[214] Bock/Engeler DVBl 2016, 593 (595); Eichenhofer Der Staat 55 (2016), 41 (62).
[215] Michl DuD 2017, 349 (353).
[216] So im Ergebnis auch Wolff in PNH Frankfurter Kommentar Band I GRC Art. 8 Rn. 3.

Verwertung personenbezogener Daten Art. 8 GRCh.[217] Damit können im Übrigen auch Abgrenzungsschwierigkeiten vermieden werden, wie sie etwa in der deutschen Konzeption zu Tage treten, wenn dort diskutiert wird, ob das Recht auf informationelle Selbstbestimmung als eigenständiges Grundrecht zu verstehen ist[218] oder lediglich eine besondere Fallgruppe des Allgemeinen Persönlichkeitsrechts[219] darstellt. Mit der klaren und unmissverständlichen Formulierung im Kanon der GRCh sollte diese Chance nicht vertan werden und **Art. 8** GRCh deshalb als das Grundrecht verstanden werden, das es ist: Das **zentrale Datenschutzgrundrecht**. Je nach konkreter Fallgestaltung können die Wertungen anderer Grundrechte (etwa Art. 7, Art. 11, Art. 12, Art. 15, Art. 16, Art. 17 GRCh) bei der Auslegung von Art. 8 GRCh berücksichtigt werden. Die Wichtigkeit des Datenschutzes hat der europäische Normgeber durch einen differenziert ausgestalteten Art. 8 GRCh zum Ausdruck gebracht.

2. Grundrechtsberechtigte & Grundrechtsverpflichtete

55 Die primär richterrechtlich-pragmatische Entstehungsweise des europäischen Grundrechtsschutzes hat zunächst dazu geführt, dass allgemeine dogmatische Grundrechtsfragen wie das Problem der Grundrechtsberechtigung oder -verpflichtung nur sehr allmählich Beachtung gefunden haben.[220] Gerade aber im Rahmen des in Art. 8 GRCh geregelten Datenschutzes sind diese Fragen besonders vordringlich geworden.

56 **a) Grundrechtsberechtigte.** Ausgangspunkt der Überlegungen zur Grundrechtsberechtigung, dh wer in den Genuss der Grundrechtsträgerschaft kommt, ist der Wortlaut von Art. 8 GRCh.[221] Demnach hat **jede Person** das Recht auf Schutz der sie betreffenden Daten. Die deutsche Version der GRCh kennt unterschiedliche Kategorien von Grundrechtsträgern. In den Regelungen ist teilweise von Mensch(en),[222] teilweise von Person(en),[223] teilweise von natürlichen Personen,[224] teilweise von juristischen Personen[225] oder auch von Unionsbürgern[226] die Rede. Andere Sprachversionen kennen eine derartig feingliedrige Differenzierung nicht.[227] Welche (rechtlichen) Konsequenzen damit verbunden sind, ist völlig offen. Auch der EuGH hat auf die unterschiedlichen Sprachfassungen bereits hingewiesen.[228] Demnach erstreckt sich der durch Art. 8 GRCh verliehene Schutz **grundsätzlich nur** auf **natürliche Personen.**[229] Dafür sprechen der Wortlaut sowie die Nähe von Art. 8 GRCh zur Menschenwürde (Art. 1 GRCh).[230] Ferner wird die Beschränkung auf natürliche Personen auch aus Art. 16 AEUV hergeleitet, da dort die Regelungskompetenz ausdrücklich nur auf natürliche Personen beschränkt wird.[231] Dieses Argument überzeugt jedoch insoweit nicht, als dass eine Kompetenznorm nicht über die Weite des Grundrechtsschutzes aus Art. 8 GRCh präjudizieren kann, da andernfalls durch Kompetenzverschiebungen auf europäischer Ebene der Grundrechtsschutz bestimmt werden würde. Ob – entgegen einer engen am Wortlaut orientierten Auslegung – auch juris-

---

[217] Anders teilweise wohl Wolff in PNH Frankfurter Kommentar Band I GRC Art. 8 Rn. 62.
[218] So etwa Brink CR 2017, 433 (434).
[219] So etwa Jarass NJW 1989, 857.
[220] Ausführlich hierzu Gundel in Grabenwarter Europäischer Grundrechteschutz (EnzEuR II) § 2 Rn. 1 ff.
[221] Die folgenden Überlegungen lassen sich auch auf Art. 7 GRCh sowie Art. 8 EMRK übertragen, da dort ebenfalls „jede Person" in den jeweiligen Schutzbereich einbezogen wird.
[222] Vgl. etwa Art. 1, 2, 3, 6, 25 GRCh.
[223] Vgl. etwa Art. 7, 8, 10, 11, 12 GRCh.
[224] Vgl. etwa Art. 42, 43, 44 GRCh.
[225] Vgl. etwa Art. 42, 43, 44 GRCh.
[226] Vgl. etwa Art. 15, 39 GRCh.
[227] Vgl. insbesondere die englische, französische und spanische Version der GRCh.
[228] EuGH EuZW 2011, 137 Rn. 39 – DEB.
[229] EuGH EuZW 2010, 939 Rn. 52 f. – Schecke u. Eifert.
[230] Bernsdorff in Meyer GRCh Art. 8 Rn. 18.
[231] So Wolff in PNH Frankfurter Kommentar I GRC Art. 8 Rn. 11.

tische Personen vom Schutzgehalt des Datenschutzgrundrechts erfasst werden, ist darum umstritten.[232] Der EuGH selbst sieht juristische Personen dann vom Schutz erfasst, soweit der Name der juristischen Person eine oder mehrere natürliche Personen bestimmt.[233] Das ist etwa dann der Fall, wenn der Name der juristischen Personen (beispielsweise Gebrüder X GbR) einen unmittelbaren Rückschluss auf die dazugehörigen Gesellschafter ermöglicht. Diese Differenzierung überzeugt, da das Schutzniveau bei juristischen Personen im Vergleich zu betroffenen natürlichen Personen jedenfalls graduell niedriger anzusetzen ist, da sich juristische Personen nicht auf die Menschenwürde aus Art. 1 GRCh berufen können.[234] Zudem steht bei juristischen Personen oftmals der Schutz von wirtschaftlichen Interessen im Vordergrund, sodass etwa Betriebs- und Geschäftsgeheimnisse insbesondere über Art. 15, 16 und 17 GRCh geschützt sind.[235]

Da sich die Abgrenzung im Einzelfall oftmals als schwierig erweist,[236] bietet sich für die Differenzierung eine pragmatische Herangehensweise an. Natürliche Personen genießen unstrittig den Schutz aus Art. 8 GRCh. Juristische Personen kommen hingegen nur insoweit in den Schutz, wie ein Durchgriff auf die dahinterstehende natürliche Person als sinnvoll und erforderlich erscheint. Das ist jedenfalls dann der Fall, wenn der Schutz personenbezogener Daten auf die jeweilige Situation der juristischen Person genauso passt wie auf eine natürliche Person, insofern also eine vergleichbare grundrechtstypische Gefährdungslage besteht.[237] Damit kommt es letztendlich im konkreten Einzelfall auf Wertungen an. Sofern ein grundrechtlicher Schutz für juristische Personen über die zentralen wirtschaftlichen Grundrechte der GRCh gewährleistet wird und damit auch den Schutz von personenbezogenen Geschäftsdaten umfasst, sind die unterschiedlichen Grundrechte nebeneinander anwendbar.[238] Greifen die wirtschaftlichen Grundrechte hingegen nicht, so genießen **juristische Personen des Privatrechts** ebenso den **Schutz von Art. 8 GRCh, sofern der Schutz der hinter ihnen stehenden natürlichen Personen erforderlich erscheint.** 57

b) Grundrechtsverpflichtete. Die Grundrechtsverpflichtung ergibt sich unmittelbar aus Art. 51 GRCh. Demnach gilt sie für die Organe, Einrichtungen und sonstigen Stellen der Union sowie für die Mitgliedstaaten nur im Rahmen der Durchführung des Rechts der Union.[239] Der Schutz personenbezogener Daten muss deshalb durch die **Europäische Union** sowie durch ihre **Mitgliedstaaten** gewährleistet werden. In Folge der Verabschiedung der DS-GVO (→ § 3) hat Deutschland als eines der ersten Länder in der EU ein entsprechendes Anpassungs- und Umsetzungsgesetz erlassen (→ § 4 Rn. 26 ff.), um damit seinen Verpflichtungen zur Gewährleistung eines effektiven und wirksamen Grundrechtsschutzes im Bereich des Datenschutzes nachzukommen. 58

3. Dogmatische Einordnung der Einwilligung

Die Frage der dogmatischen Verortung der Einwilligung ist im Datenschutzrecht von besonderer Bedeutung, da sie als Rechtsinstrument zur Legitimierung datenschutzrelevanter Verarbeitungen im Zeitalter der Digitalisierung besonders häufig verwendet wird. Rein praktisch bewirkt die rechtmäßig erteilte Einwilligung zunächst eine rechtskonforme Da- 59

---

[232] Bernsdorff in Meyer GRCh Art. 8 Rn. 18; Kingreen in Calliess/Ruffert GRCh Art. 8 Rn. 11; Gersdorf in BeckOK InfoMedienR GRCh Art. 8 Rn. 9; Jarass GRCh Art. 8 Rn. 7.
[233] EuGH EuZW 2010, 939 Rn. 53 – Schecke u. Eifert.
[234] Vgl. zum deutschen Recht etwa DiFabio in Maunz/Dürig GG Art. 2 Rn. 224 f.; Lüneburg NJW 2009, 2697.
[235] Ruffert in Calliess/Ruffert GRCh Art. 15 Rn. 1; Gundel in Grabenwarter Europäischer Grundrechteschutz (EnzEuR II) § 2 Rn. 22.
[236] OVG Lüneburg NJW 2009, 2697 (2697); Wolff in PNH Frankfurter Kommentar I GRC Art. 8 Rn. 10.
[237] So bereits im deutschen Recht Sachs in Sachs GG Art. 19 Rn. 67; Enders in Maunz/Dürig GG Art. 19 Rn. 39 ff.
[238] So wohl auch Bernsdorff in Meyer GRCh Art. 8 Rn. 13.
[239] Ausführlich dazu Borowsky in Meyer GRCh Art. 51 Rn. 1 ff.

tenverarbeitung durch den Datenverwender. Gleichwohl ist zu differenzieren. Einerseits kann die **Einwilligung** des Betroffenen in die Datenverarbeitung als **taugliche Schranke** gesehen werden. In diesem Fall wäre auch die Datenverarbeitung aufgrund einer Einwilligung als Eingriff zu qualifizieren, der den Rechtfertigungsanforderungen von Art. 52 Abs. 1 GRCh unterfällt.[240] Dafür spricht zumindest die systematische Verortung der Einwilligung in Art. 8 Abs. 2 S. 1 GRCh, da sie insoweit mit einer „sonstigen gesetzlich geregelten legitimierten Grundlage" – also einer tauglichen Schrankenregelung – auf eine Stufe gestellt wird. Andererseits kann die **Einwilligung** auch **als Eingriffsausschluss** charakterisiert werden, sodass es bereits an einer Grundrechtsbeeinträchtigung bzw. -einschränkung fehlt.[241] Dafür spricht der Wortlaut der Norm, da bei einer Einwilligung keine gesetzliche Eingriffsermächtigung für die Datenverarbeitung erforderlich ist und somit auch nicht Art. 52 Abs. 1 GRCh zur Anwendung kommt.[242] Erfüllt die Einwilligung demnach die Anforderungen an eine „informierte Einwilligung",[243] also eine Zustimmung in Kenntnis der Sachlage, ist die Datenverarbeitung rechtmäßig und stellt bereits keinen Grundrechtseingriff dar.

4. Einschlägige Schrankenregelung des Datenschutzgrundrechts

60 Wird der verfassungsrechtliche Rechtfertigungszwang aufgrund eines Eingriffs (→ Rn. 16 ff.) in den Schutzbereich (→ Rn. 13 ff.) von Art. 8 GRCh ausgelöst, so ist strittig, welche **Schranke** auf **Art. 8 GRCh** anzuwenden ist. In Betracht kommt Art. 8 Abs. 2 GRCh, der spezifische Anforderungen an eine notwendige Rechtsgrundlage normiert. Daneben steht jedoch Art. 52 GRCh, der grundsätzlich die Voraussetzungen zu „Tragweite und Auslegung der Rechte und Grundsätze" regelt, unter denen Einschränkungen von „Rechten und Freiheiten" – also auch Art. 8 GRCh – rechtmäßig sind.[244] Art. 52 GRCh enthält jedoch eine nur schwer zu durchdringende Mischung aus Transfer- und Schrankenklauseln sowie Auslegungsregeln.[245] Zunächst immaniert **Art. 52 Abs. 1 GRCh** eine **allgemeine Schrankenbestimmung.** Art. 52 Abs. 2 und Abs. 3 GRCh inkorporieren der GRCh daneben die dem Vertragswerk (Abs. 2) sowie die der EMRK (Abs. 3) entlehnten Rechte. Die weiteren Absätze (Art. 52 Abs. 4 bis 7 GRCh) enthalten im Wesentlichen Auslegungsregeln.[246] Dieses Konvolut an Vorgaben bedingt die Schwierigkeiten bei der Feststellung der einschlägigen Schrankenregelung von Art. 8 GRCh.

61 Denkbar ist Art. 8 Abs. 2 GRCh als alleinige taugliche Schrankenregelung anzusehen, die als lex specialis der allgemeinen Norm des Art. 52 GRCh vorgeht. Dagegen spricht jedoch, dass die in Art. 52 Abs. 1 GRCh genannte und erforderliche Verhältnismäßigkeitsprüfung nicht ausdrücklich in Art. 8 Abs. 2 GRCh benannt ist.[247] Vielmehr stellen die in Art. 8 Abs. 2 GRCh normierten Voraussetzungen Konkretisierungen des Verhältnismäßigkeitsgrundsatz dar, sodass beide Normen prinzipiell nebeneinander anwendbar sind.[248] Dafür spricht ebenfalls, dass auf das Grundrecht, das nicht iSv Art. 52 Abs. 2 GRCh im Gemeinschaftsvertrag begründet war, sondern dem Sekundärrecht „entnommen" wurde, die allgemeine Grundrechtsschranke des Art. 52 Abs. 1 GRCh zur Anwendung gelangen sollte.[249] Sieht man in Art. 52 Abs. 3 GRCh schließlich nur für diejenigen

---

[240] So wohl Sobotta in GHN AEUV Art. 16 Rn. 8.
[241] Jarass GRCh Art. 52 Rn. 18.
[242] EuGH EuZW 2010, 939 Rn. 64; Kingreen in Calliess/Ruffert GRCh Art. 8 Rn. 13; Jarass GRCh Art. 8 Rn. 9; Wollenschläger AöR 135 (2010), 364 (385) mwN.
[243] Bernsdorff in Meyer GRCh Art. 8 Rn. 21.
[244] Jarass GRCh Art. 52 Rn. 1.
[245] Ausführlich dazu Borowsky in Meyer GRCh Art. 52 Rn. 12 ff.
[246] Borowsky in Meyer GRCh Art. 52 Rn. 12.
[247] Gersdorf in BeckOK InfoMedienR GRCh Art. 8 Rn. 24.
[248] So auch Gersdorf in BeckOK InfoMedienR GRCh Art. 8 Rn. 24 sowie Jarass GRCh Art. 8 Rn. 11.
[249] Bernsdorff in Meyer GRCh Art. 8 Rn. 17.

Rechte eine Transferklausel, die die EMRK einschränkungslos gewährleistet[250], so kann Art. 53 Abs. 3 GRCh ebenfalls keine taugliche Schranke für Art. 8 GRCh liefern, da Art. 8 Abs. 2 EMRK eine Einschränkung des Rechts auf Achtung des Privat- und Familienlebens statuiert.[251] Der EuGH scheint als alleinige Schranke Art. 52 Abs. 1 GRCh anwenden zu wollen.[252] Richtigerweise ist **Art. 8 Abs. 2 GRCh iVm Art. 52 Abs. 1 GRCh** alleinige **taugliche Schranke** für das Datenschutzgrundrecht.

5. Drittwirkung des Datenschutzgrundrechts

Immer mehr Datenverarbeitungen finden heutzutage bei privaten Stellen statt. Damit untrennbar verknüpft ist die Frage nach der Wirkungsweise von Art. 8 GRCh in Privatrechtsverhältnissen, da das Datenschutzgrundrecht von privater Seite ebenso gefährdet wird wie von staatlicher Seite.[253] **Grundsätzlich gelten** die **Grundrechte nur** für die Organe, Einrichtungen und sonstigen Stellen der **Union** sowie für die **Mitgliedstaaten** bei der Durchführung von Unionsrecht (Art. 51 Abs. 1 GRCh).[254] Eine Verpflichtung von Privatpersonen ist nicht vorgesehen. Das gilt auch für Art. 8 GRCh, der als Abwehrrecht primär nur im Verhältnis zwischen Staat und Bürger zur Anwendung kommt. Gleichwohl kommen den Grundrechten auch unter Privaten weitreichende Wirkungen zu, sodass sich aus ihnen auch für Private Bindungen ergeben.[255] Weitgehend **ungeklärt ist bisher** aber, **ob** und **unter welchen Voraussetzungen die Unionsgrundrechte unmittelbar oder mittelbar zwischen Privaten gelten** (auch Drittwirkung oder Horizontalwirkung genannt).[256] Das gilt auch für Art. 8 GRCh,[257] obwohl hier eine Beantwortung der Frage besonders dringlich geboten ist.

Der **EuGH** geht in seiner **Rechtsprechung** von einer **Drittwirkung der Grundrechte** aus, indem er die einschlägigen Vorschriften „im Lichte" der Grundrechte auslegt, ohne den Begriff der Drittwirkung jedoch explizit zu erwähnen.[258] Das **gilt auch** für seine **bisherige datenschutzrechtliche Rechtsprechung,** sofern sich Datenverarbeitungen zwischen Privaten anhand der vormals geltenden DS-RL messen lassen mussten.[259] Insoweit wurde das Datenschutzgrundrecht zur Interpretation der DS-RL herangezogen, die eben gerade nicht nur staatliche, sondern auch private Datenverarbeitungsvorgänge erfasst.[260] Diese Interpretation und eine damit verbundene Drittwirkung finden ihre Stütze im **Wortlaut von Art. 8 GRCh,** da jede Person „das Recht auf Schutz" der sie betreffenden personenbezogenen Daten hat.[261] Was die konkrete Ausgestaltung der jeweiligen Schutznormen angeht, so kommen den Grundrechtsverpflichteten jedoch erhebliche Spielräume zu.[262] Der europäische Normengeber hat diese Spielräume umfangreich genutzt. Einerseits hat er die bisher geltende DS-RL durch die DS-GVO (ausführlich → § 3) ersetzt und hat andererseits gleichzeitig in der DS-GVO wesentlich detailliertere Regelungen erlassen. Jedenfalls ist die Anzahl der Vorschriften – bisher 34 Artikel in der DS-RL, nunmehr 99 Artikel in der DS-GVO – ein quantitatives Kriterium, welches für sich allein genommen selbstredend noch keine qualitative Aussage trifft.

---

[250] So wohl Borowsky in Meyer GRCh Art. 52 Rn. 14a.
[251] So im Ergebnis auch Kingreen in Calliess/Ruffert GRCh Art. 8 Rn. 4 ff.
[252] So jedenfalls EuGH EuZW 2010, 939 Rn. 50.
[253] Streinz/Michl EuZW 2011, 384 (385); Marsch Das europäische Datenschutzgrundrecht, 247 ff.
[254] Allgemein dazu Jarass GRCh Art. 51 Rn. 31 ff.
[255] Jarass GRCh Art. 51 Rn. 31 ff.
[256] Kingreen in Calliess/Ruffert GRCh Art. 51 Rn. 21; Jarass GRCh Art. 51 Rn. 32 und 36.
[257] Vgl. nur Streinz/Michl EuZW 2011, 384.
[258] Jarass GRCh Art. 51 Rn. 32; so bereits auch: GA Kokott, Schlussantrag zu Rs. C-275/06, Promusicae, Rn. 57.
[259] Vgl. etwa EuGH NVwZ 2014, 857 Rn. 68; NJW 2015, 463 Rn. 29.
[260] Streinz/Michl EuZW 2011, 384 (386).
[261] So auch Jarass GRCh Art. 8 Rn. 10.
[262] Streinz/Michl EuZW 2011, 384 (387).

64 Die Wirkungsweise von Art. 8 GRCh zwischen Privaten wird künftig eine immer stärker werdende Rolle einnehmen, was nicht zuletzt auf die stetige Zunahme der privaten Datenverarbeitung zurückzuführen ist. Die europäische Rechtsprechung hat bereits zu erkennen gegeben, dass das Datenschutzgrundrecht auch in Privatrechtsverhältnissen zu berücksichtigen ist.[263] Gleichwohl sind dabei im Einzelnen **Umfang, Reichweite** und **Grenzen** weitestgehend **völlig unklar,** sodass hier noch ein erheblicher Forschungsbedarf besteht.[264] **Grundsätzlich gilt, dass Art. 8 GRCh** eine **mittelbare Drittwirkung in Privatrechtsverhältnissen** entfaltet.[265] Dafür spricht die vergleichbare Gefährdungslage, die von privaten und öffentlichen Stellen ausgeht, da die Datensammlungen privat agierender Unternehmen den öffentlichen Stellen heutzutage in nichts mehr nachstehen.[266] Auch dabei stellt sich bei den Betroffenen ein diffuses Gefühl von Überwachung, Machtlosigkeit und Ausgeliefertsein ein.[267] Nur so wird künftig ein effektiver und umfassender Grundrechtsschutz ermöglicht, der in Zeiten der Digitalisierung aber stärker denn je notwendig ist, um die durch private Datenverarbeiter bestehenden besonderen Gefährdungen der informationellen Selbstbestimmung besonders zu schützen.

6. Rolle der Gerichte im Mehrebenensystem des Datenschutzes

65 Der Datenschutz erfährt sein **verfassungsrechtliches Fundament** in nicht weniger als **wenigstens drei Grundrechtstexten:** Art. 8 GRCh (→ Rn. 12 ff.), Art. 8 EMRK (→ Rn. 39 ff.) sowie Art. 2 Abs. 1 iVm Art. 1 Abs. 1 GG (→ Rn. 42 ff.).[268] Unweigerlich müssen deshalb **verschiedene Gerichte** über die **Auslegung der** jeweiligen **Rechtsnormen entscheiden.** Die GRCh wird primär durch den EuGH angewandt, die EMRK durch den EGMR sowie Art. 2 Abs. 1 iVm Art. 1 Abs. 1 GG durch das BVerfG. Jeder der Grundrechtskataloge kann identische Schutzgewährungen, Verbürgungen bloß ähnlicher Schutzrichtung unterschiedlichen Tatbestands- oder voneinander abweichende Eingriffserlaubnisse enthalten.[269] Hinsichtlich des Datenschutzgrundrechts sind die Normtexte bereits sehr different. Während Art. 8 GRCh unmittelbar einen Schutz personenbezogener Daten adressiert, ist der Datenschutz in Art. 8 EMRK sowie in Art. 2 Abs. 1 iVm Art. 1 Abs. 1 GG jeweils ein Unterfall des Privatsphärenschutzes sowie des Allgemeinen Persönlichkeitsrechts. Dann wird eine Problemlösung aber umso dringlicher, wenn für denselben Sachverhalt auf zwei oder mehreren Ebenen Grundrechte anzuwenden sind, die zwar in dieselbe Richtung zielen, aber verschiedene Normtexte – insbesondere in sprachlicher Hinsicht – aufweisen.[270] Das Spannungsfeld in welchem folglich EuGH, EGMR und BVerfG agieren, bedarf besonders abgestimmter Verhaltensweisen, um eine Optimierung des Grundrechtsschutzes für den Bürger zu erreichen.[271] **Erforderlich** ist eine **Kooperation zwischen** den **beteiligten Institutionen,** die auf den **Prämissen der Zurückhaltung** und **des Dialogs** zwischen den betroffenen Gerichten **aufbauen.**[272] Denkbar ist etwa eine – an die Rechtsprechung des BVerfG angelehnte – neue und umgekehrte „Solange"-Rechtsprechung des EuGH. Wo bereits ein nationales Verfassungsgericht mit einer detaillierten Rechtsprechung vorhanden ist, könnte sich der EuGH in die-

---

[263] Vgl. etwa EuGH NVwZ 2014, 857 Rn. 68; NJW 2015, 463 Rn. 29.
[264] Instruktiv dazu Marsch Das europäische Datenschutzgrundrecht, 247 ff.
[265] So auch Streinz/Michl EuZW 2011, 384 (387).
[266] Marsch Das europäische Datenschutzgrundrecht, 265.
[267] Marsch Das europäische Datenschutzgrundrecht, 266.
[268] Daneben lassen sich auch Art. 16 AEUV sowie Regelungen zum Datenschutz in den Verfassungen der Bundesländer (etwa Art. 33 LVerf Berlin, Art. 11 LVerf Brandenburg, Art. 12 LVerf Bremen, Art. 6 LVerf Mecklenburg-Vorpommern, Art. 4a LVerf Rheinland-Pfalz, Art. 2 LVerf Saarland, Art. 33 LVerf Sachsen, Art. 6 LVerf Sachsen-Anhalt, Art. 6 LVerf Thüringen) anführen.
[269] Kirchhof EuR 2014, 267 (267).
[270] So bereits Kirchhof EuR 2014, 267 (268).
[271] Grundlegend dazu Kirchhof EuR 2014, 267; Kirchhof NJW 2011, 3681; Steiner DVP 2017, 135; Steiner DVP 2017, 135; Ludwigs EuGRZ 2014, 273; Kingreen JZ 2013, 801.
[272] Kirchhof EuR 2014, 267 (272 ff.).

sem Bereich einer eigenen Charta-Rechtsprechung in Fällen aus diesem Mitgliedstaat enthalten oder jedenfalls zurückhaltend agieren, solange das nationale Gericht den Kerngehalt der EU-Grundrechte mit beachtet.[273]

Die **Europäisierung des Datenschutzes** wird maßgeblich zu einer Verschiebung des Grundrechtsschutzes von der nationalen auf die europäische Ebene führen.[274] Die Stellung des **EuGH,** der vor allem datenschutzrechtliche Maßnahmen aufgrund der DS-GVO an **Art. 8 GRCh** (→ Rn. 12 ff.) zu messen hat, wird damit **besonders gewichtig.** Allerdings ist der EuGH nicht als grundrechtsschützendes Verfassungsgericht konzipiert.[275] Eine dem deutschen Recht entsprechende Individualverfassungsbeschwerde kann bei ihm nicht eingelegt werden. Die Regelungen der EMRK wiederum sind in Deutschland nach Art. 59 GG in die binnenstaatliche Rechtsordnung im Rang eines einfachen Bundesgesetzes eingeführt. Gleichwohl spricht das BVerfG den Vorschriften eine besondere Rolle zu, sodass die Fachgerichte die Wertungen der EMRK zu beachten haben.[276] Ebenso darf nicht außer Acht gelassen werden, dass nach wie vor auch weiterhin nationale Grundrechte wie das Recht auf informationelle Selbstbestimmung (Art. 2 Abs. 1 iVm Art. 1 Abs. 1 GG) anwendbar bleiben, da die Mitgliedstaaten beim eigenen Handeln auch stets an ihre Verfassungen gebunden sind (vgl. Art. 1 Abs. 3 GG). Dann überlagern sich zwangsläufig mit Art. 8 GRCh sowie dem Recht auf informationelle Selbstbestimmung mindestens zwei Grundrechtskomplexe, wobei im Übrigen auch Art. 8 EMRK zu berücksichtigen ist.[277] Der EuGH ist deshalb besonders gehalten, die mitgliedstaatlichen Grundrechte bei seiner Rechtsprechung zu achten und entsprechend zu würdigen. Notwendig ist deshalb eine kooperative Zusammenarbeit der beteiligten Institutionen, wie sie bereits jetzt auch schon im informellen Rahmen praktiziert wird. 66

7. Rechtsschutz

Die verschiedenen verfassungsrechtlichen Grundlagen des Datenschutzes bedingen, dass **unterschiedliche Gerichte** (EuGH, EGMR, BVerfG) über die **Schutzgewährleistungen zu entscheiden haben.** Dementsprechend stehen auch dem Bürger als Betroffenen einer grundrechtsrelevanten Maßnahme verschiedene Rechtsschutzmöglichkeiten zur effektiven Durchsetzung seiner Grundrechte zu. Daneben existiert mit der **Agentur der Europäischen Union für Grundrechte** eine Institution, die ebenfalls die Einhaltung der verfassungsrechtlichen Grundlagen überwacht.[278] Diese dient allerdings nicht dem subjektiven Rechtsschutz, sondern ist ein politisches Instrument zur Durchsetzung des Grundrechtsschutzes in der Union.[279] 67

Auf europäischer Ebene existiert vor dem **EuGH** keine dem BVerfG vergleichbare Rechtsschutzmöglichkeit der Verfassungsbeschwerde. Die Einführung einer Grundrechtsbeschwerde vor dem EuGH wurde nach ausführlicher und kontroverser Diskussion abgelehnt.[280] Die Grundrechte können gleichwohl insbesondere durch eine **Nichtigkeitsklage** nach Art. 263 AEUV sowie das **Vorabentscheidungsverfahren** nach Art. 267 AEUV durchgesetzt werden. Die Kommission kann schließlich im Vertragsverletzungsverfahren nach Art. 258 AEUV ebenfalls die Einhaltung von Art. 8 GRCh durch die Mitgliedstaaten prüfen lassen.[281] 68

---

[273] Kirchhof EuR 2014, 267 (272).
[274] Grundlegend dazu Masing Ein Abschied von den Grundrechten, SZ v. 9.1.2012, abrufbar unter https://www.datenschutzbeauftragter-online.de/wp-content/uploads/2012/01/20120109_SZ_Masing_Datenschutz.pdf, zuletzt abgerufen am 24.5.2018.
[275] Kirchhof EuR 2014, 267 (272).
[276] Vgl. etwa BVerfGE 74, 358 (370); 111, 307 (317).
[277] Vgl. zum Verhältnis zwischen EMRK und GRCh Schorkopf in GHN EUV Art. 6 Rn. 56 f.
[278] Ausführlich Härtel EuR 2008, 489.
[279] Kingreen in Calliess/Ruffert EUV Art. 6 Rn. 36.
[280] Kingreen in Calliess/Ruffert EUV Art. 6 Rn. 11 mwN; Beutler in GSH EUV Art. 6 Rn. 30 ff.
[281] So Beutler in GSH EUV Art. 6 Rn. 32.

69 Die Durchsetzung von Art. 8 EMRK vor dem **EGMR** erfolgt mithilfe der **Individualverfassungsbeschwerde** nach Art. 34 EMRK. Ziel des Verfahrens ist der individuelle Rechtsschutz.[282] Gleichwohl entscheidet der EGMR zwar über den Einzelfall, entwickelt dabei aber mit seiner Rechtsprechung gleichzeitig den Menschenrechtsschutz nach der Konvention im Allgemeininteresse fort, sodass neben die primär subjektive Seite auch eine objektive Komponente hinzutritt.[283]

70 Das **Recht auf informationelle Selbstbestimmung** kann schließlich vor dem **BVerfG** mit einer **Verfassungsbeschwerde** nach Art. 93 Abs. 1 Nr. 4a GG geltend gemacht werden. Die Verfassungsbeschwerde dient als einziges Verfahren des BVerfG dem Individualrechtsschutz des Bürgers gegen Grundrechtsverletzungen und garantiert so mit Verfassungsrang ein subjektiv-öffentliches Verfahrensrecht.[284] Das BVerfG hat mit seiner Rechtsprechung die Entwicklung des Datenschutzes nicht nur auf nationaler sondern auch auf europäischer Ebene maßgeblich geprägt.

71 Für den von einer datenschutzrechtlichen Maßnahme betroffenen Bürger erweist sich das **System des individuellen grundrechtlichen Rechtsschutzes als umfassend.** Mit dem EuGH, EGMR und BVerfG stehen drei Gerichte bereit, die unmittelbar oder mittelbar über die Einhaltung verfassungsrechtlicher Vorgaben wachen. Gleichwohl sind in jedem Fall grundsätzlich zunächst fachgerichtliche Rechtsbehelfe in Anspruch zu nehmen. So gilt für die Individualverfassungsbeschwerde zum EGMR, dass der innerstaatliche Rechtsweg erschöpft sein muss (vgl. Art. 35 Abs. 1 EMRK). Die Verfassungsbeschwerde zum BVerfG wiederum setzt voraus, dass alle fachgerichtlichen Rechtsschutzmöglichkeiten ausgeschöpft wurden.[285] Dieses austarierte System verfassungsrechtlicher Rechtsprechung sorgt einerseits für einen umfassenden grundrechtlichen Schutz der Betroffenen im Datenschutz, andererseits wird gleichzeitig die Rolle der verschiedenen Gerichte im Mehrebenensystem der Gewährleistung des Datenschutzes vor neue Herausforderungen gestellt.

72 Schließlich wird die Einhaltung der Unionsgrundrechte neben den nationalen und europäischen Gerichten auch durch die **Agentur der Europäischen Union für Grundrechte**[286] mit Sitz in Wien überwacht. Diese dient allerdings nicht dem subjektiven Rechtsschutz, sondern ist ein politisches Instrument zur Durchsetzung des Grundrechtsschutzes in der Union.[287] Das Ziel der Agentur besteht darin, den relevanten Organen, Einrichtungen, Ämtern und Agenturen der Gemeinschaft und ihrer Mitgliedstaaten bei der Durchführung des Gemeinschaftsrechts in Bezug auf die Grundrechte Unterstützung zu gewähren und ihnen Fachkenntnisse bereitzustellen, um ihnen die uneingeschränkte Achtung der Grundrechte zu erleichtern, wenn sie in ihrem jeweiligen Zuständigkeitsbereich Maßnahmen einleiten oder Aktionen festlegen (vgl. Art. 2 VO (EG) Nr. 168/2007). Bei der Ausführung ihrer Aufgaben bezieht sich die Agentur auf die Grundrechte, wie sie in Art. 6 Abs. 2 EUV definiert sind (vgl. Art. 3 Abs. 2 VO (EG) Nr. 168/2007). Insofern wird grundsätzlich nur auf die Grundrechte der EMRK rekurriert, sodass Art. 8 EMRK für den Datenschutz zunächst maßgeblich ist. Allerdings muss der Normtext erweitert interpretiert werden und auch die Grundrechte der GRCh und damit Art. 8 GRCh einbeziehen. Die Agentur wurde zeitlich vor der verbindlichen Verabschiedung der GRCh geschaffen, was jedoch den Verordnungsgeber nicht daran gehindert hat etwa in ErwGr 2 die GRCh ausdrücklich zu erwähnen.[288] Die Erwähnung wurde insofern als Kompromiss verstanden, da der ursprüngliche Vorschlag der Kommission zu einer Grundrechteagentur auf die GRCh noch explizit Bezug genommen hatte, dann im späteren Verfahrensverlauf

---

[282] Vgl. etwa Tinnefeld DuD 2013, 461 (462); Kirchhof NJW 2011, 3681 (3682f.).
[283] Meyer-Ladewig/Kulick in NK-EMRK Art. 34 Rn. 3.
[284] Detterbeck in Sachs GG Art. 93 Rn. 77.
[285] Detterbeck in Sachs GG Art. 94 Rn. 15.
[286] Ausführlich Härtel EuR 2008, 489.
[287] Kingreen in Calliess/Ruffert EUV Art. 6 Rn. 36.
[288] So auch Härtel EuR 2008, 489 (500f.).

die GRCh jedoch zunächst nicht rechtsverbindlich geworden ist, sodass es einige Politiker abgelehnt haben, im Haupttext der Verordnung wiederum auf die GRCh Bezug zu nehmen.[289]

IV. Fazit

Das europäische Datenschutzrecht steht vor einem erheblichen Wandel: **Datenschutz(recht) wird europäisch.** Damit gewinnt das Datenschutzgrundrecht aus **Art. 8 GRCh** (→ Rn. 12 ff.) an Ausstrahlungskraft sowie **erheblicher Bedeutung,** da sich datenschutzrechtliche Maßnahmen künftig an ihm messen lassen müssen. Dem EuGH wird die Aufgabe obliegen Art. 8 GRCh schärfere Konturen zu verleihen, und seine bisher schon eingeleitete datenschutzrechtliche Rechtsprechung fortzuführen und weiter zu entwickeln. Dabei sind die Wertungen aus Art. 8 EMRK (→ Rn. 39 f.) sowie Art. 2 Abs. 1 iVm Art. 1 Abs. 1 GG (→ Rn. 42 ff.) zu berücksichtigen. Das konkrete Zusammenspiel von EuGH, EGMR und BVerfG (→ Rn. 65 f.) wird Rechtsprechung und Literatur künftig noch wesentlich intensiver beschäftigen. Gleichzeitig werden damit neue Impulse für bisher noch nicht abschließend bewertete juristische Problemstellungen gesetzt (→ Rn. 51 ff.). Die europäischen Rechtsgrundlagen zum verfassungsrechtlichen Datenschutz werden die weitere Diskussion deshalb entscheidend beeinflussen und prägen.

73

Die Digitalisierung sämtlicher Lebensbereiche stellt das Datenschutzrecht vor **zentrale Herausforderungen.** Das betrifft in einer globalisierten und vernetzten Welt in besonderem Maße die **Durchsetzbarkeit des materiellen Datenschutzrechts.**[290] Denn nur wenn datenschutzrechtliche Anforderungen in effektiver Weise durchgesetzt werden, ist ein wirksamer Schutz der informationellen Selbstbestimmung gewährleistet. Aber auch **fundamentale datenschutzrechtliche Prinzipien** wie das Gebot der Datenminimierung oder das Gebot der Transparenz **geraten immer mehr unter Druck.** Die Auswertung und Analyse von unüberschaubar großen Datenmengen fordern diese hergebrachten Datenschutzprinzipien geradezu heraus. Hier muss sich das Recht künftig besonders erwehren, soll der Schutz des Individuums auch in einer modernen demokratisch-legitimierten und digitalisierten Gesellschaft im Mittelpunkt stehen.

74

Schließlich werden die sich erst noch oftmals in den Kinderschuhen befindlichen **technischen Entwicklungen** die **Datenschutzgesetzgebung** immer wieder **vor neue Herausforderungen stellen** und die Grenzen des rechtlich Machbaren maßgeblich ausloten. Selbstlernende Algorithmen,[291] systemische Digitalisierung,[292] künstliche Intelligenz[293] oder Mobilität 4.0[294] sind nur einige wenige an dieser Stelle genannten Schlagwörter, die das Datenschutzrecht in seinen Tiefen beanspruchen werden. Darauf vorausschauend zu reagieren sowie die jeweils betroffenen Interessen zu berücksichtigen, wird eine Herausforderung für Legislative, Exekutive und Judikative darstellen und die verfassungsrechtlichen Grundlagen beständig herausfordern.

75

---

[289] Härtel EuR 2008, 489 (500).
[290] Spiecker gen. Döhmann K&R 2012, 717 ff.
[291] Vgl. zu einem Algorithmenkontrollrecht Martini JZ 2017, 1017.
[292] Spiecker gen. Döhmann CR 2016, 698.
[293] Conrad DuD 2017, 740.
[294] Bretthauer PinG 2018, 66.

§ 3 Vorgaben der Datenschutz-Grundverordnung

Übersicht

	Rn.
I. Einleitung	1
II. Anwendbare Normen	3
III. Anwendungsbereich	7
1. Sachlicher Anwendungsbereich	8
a) Identifizierung natürlicher Personen	10
aa) Informationen	11
bb) Identifiziert bzw. identifizierbar	13
b) Anonyme und pseudonyme Daten	15
c) Automatisiert oder in einem Dateisystem gespeichert	17
2. Persönlicher Anwendungsbereich	18
a) Verantwortlicher	19
b) Auftragsverarbeiter	23
c) Dritter	24
d) Empfänger	25
e) Betroffener	26
f) Ausschließlich persönliche oder familiäre Tätigkeiten	27
3. Räumlicher Anwendungsbereich	29
a) Niederlassungsprinzip	30
b) Marktortprinzip	33
c) Völkerrecht	38
4. Unanwendbarkeit und Verhältnis zu anderen Rechtsakten	39
IV. Zulässigkeit der Verarbeitung	48
1. Rechtmäßigkeit	50
a) Allgemeines	50
b) Einwilligung	55
c) Gesetzliche Rechtfertigungtatbestände	58
aa) (Vor-)vertragliche Verhältnisse	58
bb) Erfüllung einer rechtlichen Verpflichtung	60
cc) Wahrung lebenswichtiger Interessen	61
dd) Im öffentlichen Interesse liegende Aufgabe oder Ausübung öffentlicher Gewalt	62
ee) Wahrung berechtigter Interessen des Verantwortlichen oder Dritten	63
d) Werbung	67
e) Daten von Kindern	69
f) Verarbeitung besonderer Kategorien personenbezogener Daten	71
g) Daten über strafrechtliche Verurteilungen und Straftaten	74
h) Automatisierte Entscheidungen im Einzelfall und Profiling	75
2. Verarbeitung nach Treu und Glauben	79
3. Transparenz	80
4. Zweckbindung	81
a) Grundlagen	82
b) Zweckfestlegung	85
c) Zweckänderung	88
d) Ausnahmen für wissenschaftliche, historische, statistische Zwecke	93
5. Datenminimierung	95
6. Informationspflichten und Betroffenenrechte	96
a) Informationspflichten	99
aa) Allgemeine Informationen	100
bb) Zweckänderung	104
cc) Art und Weise der Information, Kosten	105
dd) Ausnahmen von der Informationspflicht	113
b) Auskunftsrecht	116
c) Berichtigung	121
d) Löschung	124

	Rn.
aa) Löschpflicht	125
bb) Löschbegehren	126
cc) Rechtsfolge	127
dd) Recht auf Vergessenwerden	130
ee) Ausnahmen	131
e) Einschränkung der Verarbeitung	132
f) Datenübertragbarkeit (Art. 20 DS-GVO)	135
g) Widerspruch	138
7. Rechenschaftspflicht	139
V. Gemeinsam Verantwortliche und Auftragsverarbeitung	142
1. Gemeinsam Verantwortliche	142
a) Definition	142
b) Abgrenzung	143
c) Pflichten	144
2. Auftragsverarbeiter	145
a) Allgemeines	145
b) Abgrenzung	146
c) Pflichten und Anforderungen	147
VI. Risikobeherrschung: Datenschutz durch Technik, Sicherheit und Folgenabschätzung	153
1. Grundsätze	154
2. Risikoabschätzung	157
3. Datenschutz durch Technik	160
4. Sicherheit	164
5. Meldung von Verletzungen	166
6. Benachrichtigung bei Verletzungen	170
VII. Datenschutzbeauftragter	173
1. Rolle	174
2. Pflicht zur Benennung	175
3. Stellung und Aufgaben	177
a) Stellung	177
b) Aufgaben	183
4. Haftung	184
VIII. Selbstregulierung	185
1. Verhaltensregeln	186
2. Berechtigte, Inhalt	187
3. Genehmigung, Allgemeinverbindlichkeit	189
4. Anwendung und Wirkung	190
5. Zertifizierung	193
IX. Internationale Datentransfers	195
X. Aufsichtsbehörden, Europäischer Datenschutzausschuss	198
1. Stellung	200
2. Aufgaben	202
3. Befugnisse	205
4. Zuständigkeit und Zusammenarbeit	212
a) Zuständigkeit	213
b) Zusammenarbeit	218
aa) Konsultationsverfahren	219
bb) Amtshilfe	221
cc) Gemeinsame Maßnahmen	222
dd) Kohärenzverfahren	223
ee) Dringlichkeitsverfahren	226
ff) Zusammenarbeit in Deutschland	228
5. Europäischer Datenschutzausschuss	229
a) Organisation und Vertretung	230
b) Aufgabe: Einheitliche Anwendung der DS-GVO	233
c) Verfahren	235

	Rn.
XI. Rechtsbehelfe, Haftung und Sanktionen	236
1. Sanktionsmöglichkeiten der Aufsichtsbehörde	237
2. Recht auf Beschwerde	239
3. Recht auf gerichtliche Durchsetzung	240
4. Schadenersatzansprüche der betroffenen Personen	242
5. Verbände, Wettbewerber	248
a) Verbandsklage	248
b) Klagebefugnis von Wettbewerbern?	251

Literatur:
Bergt, Verhaltensregeln als Mittel zur Beseitigung der Rechtsunsicherheit in der Datenschutz-Grundverordnung, CR 2016, 670; *Dieterich,* Rechtsdurchsetzungsmöglichkeiten der DS-GVO, ZD 2016, 260; *Gola/Lepperhoff,* Reichweite des Haushalts- und Familienprivilegs bei der Datenverarbeitung – Aufnahme und Umfang der Ausnahmeregelung in der DS-GVO, ZD 2016, 9; *Golla,* Drohende Sanktionen bei Verstößen gegen die Vorgaben zum Werbedatenschutz, RDV 2017, 123; *Golla,* Mehr als die Summe der einzelnen Teile? Kollektiver Datenschutz, DSRITB 2017, 199; *Köhler,* Die DS-GVO – eine neue Einnahmequelle für gewerbsmäßige Abmahner?, ZD 2018, 337; *Lantwin,* Risikoberuf Datenschutzbeauftragter? ZD 2017, 411; *Mantz/Spittka,* EuGH: Speicherung von IP-Adressen beim Besuch einer Website, Urteil vom 19.10.2016 – C-582/14, NJW 2016, 3579; *Piltz,* Die Datenschutz-Grundverordnung, K&R 2016, 557; *Piltz,* Die Datenschutz-Grundverordnung, K&R 2016, 629; *Rossnagel,* Datenschutzgrundsätze – unverbindliches Programm oder verbindliches Recht?, ZD 2018, 339; *Sartor,* Providers' liabilities in the new EU Data Protection Regulation: A threat to Internet freedoms?, IDPL 2013, 3; *Sassenberg/Faber,* Rechtshandbuch Industrie 4.0 und Internet of Things, 2017; *Schantz,* Die Datenschutz-Grundverordnung – Beginn einer neuen Zeitrechnung im Datenschutzrecht, NJW 2016, 1841; *Wolff,* UWG und DS-GVO: Zwei separate Kreise?, ZD 2018, 248.

I. Einleitung

1   Gemäß ihrem Art. 1 enthält die DS-GVO Vorschriften (einerseits) zum Schutz natürlicher Personen bei der Verarbeitung personenbezogener Daten und (andererseits) zum freien Verkehr solcher Daten. Die DS-GVO ist dementsprechend verfassungsrechtlich in der GRCh und in den europäischen Verträgen verankert (→ § 2 Rn. 1 ff.) und steht damit bereits strukturell auf einem etwas anderen Fundament als die durch Art. 94 DS-GVO aufgehobene DS-RL.

2   Die DS-GVO besteht aus insgesamt elf Kapiteln: Nach den allgemeinen Bestimmungen, insbesondere der Festlegung des Anwendungsbereichs und der Definition grundlegender Begriffe (Kapitel I), werden wesentliche Grundsätze (Kapitel II) und sodann die Rechte der Betroffenen (Kapitel III) dargestellt. In Kapitel IV geht es um die Verantwortlichkeit, Kapitel V regelt die enorm wichtigen Übermittlungen an Drittländer und internationale Organisationen. Die folgenden Regelungen betreffen die Aufsichtsbehörden (Kapitel VI) sowie deren Zusammenarbeit (Kapitel VII). In Kapitel VIII sind Rechtsbehelfe, Haftung und Sanktionen untergebracht. Art. 85 ff. DS-GVO umfassen Regelungen zu besonderen Verarbeitungssituationen wie die Verarbeitung bei journalistischen Medien (Kapitel IX). Die DS-GVO schließt mit Vorgaben zu delegierten Rechtsakten und Durchführungsakten (Kapitel X) sowie Schlussbestimmungen wie zB dem Verhältnis zur ePrivacy-RL (Kapitel XI).

II. Anwendbare Normen

3   Die DS-GVO ist im Grundsatz – wie alle europäischen Verordnungen – in all ihren Teilen in der gesamten Union allgemein und unmittelbar verbindlich (Art. 288 Abs. 1 AEUV), eines Umsetzungsakts in den Mitgliedstaaten wie bei einer Richtlinie bedarf es nicht (Art. 288 Abs. 2 AEUV). Trotz dieser allgemeinen und unmittelbaren Verbindlich-

keit eröffnet die DS-GVO den Mitgliedstaaten an vielen Stellen und teils in erheblichem Umfang mit Öffnungsklauseln die Möglichkeit, auf mitgliedstaatlicher Ebene eigene Regelungen, Konkretisierungen oder Ergänzungen zu erlassen. Die DS-GVO wird deshalb auch als „Hybrid" oder (in Teilen) als „Richtlinie im Verordnungsgewand" bezeichnet,[1] da im Rahmen der Öffnungsklauseln die Verordnung im Ergebnis nicht anders wirkt als eine Richtlinie.

Es gibt in der DS-GVO mehrere Typen von **Öffnungsklauseln** (s. dazu auch → § 4 Rn. 10 ff.). Einerseits ist zwischen obligatorischen und fakultativen Klauseln zu unterscheiden, die die Mitgliedstaaten also entweder zu eigenen Regelungen verpflichten oder ihnen dies teilweise offenlassen. Andererseits gibt es Öffnungsklauseln, die ganz „spezifisch" nur einzelne Punkte der Regelung der Mitgliedstaaten überlassen, bspw. bei Einwilligungen von Kindern gemäß Art. 8 DS-GVO das Alter, bis zu dem eine Einwilligung der Eltern erforderlich ist, und „allgemeine" Öffnungsklauseln, die den Mitgliedstaaten weitreichende und eigene Befugnisse eröffnen, bspw. in Art. 23 DS-GVO zu Abweichungen bei den Betroffenenrechten oder in Art. 85 DS-GVO für den Bereich der Presse (eingehend → § 19 Rn. 39 ff.). Schließlich weist die DS-GVO sog „echte" und „unechte" Öffnungsklauseln auf, wenn nämlich die DS-GVO auf das „Recht der Union oder der Mitgliedstaaten" verweist.[2] Hier ist durch Auslegung zu ermitteln, ob die Mitgliedstaaten selbst und eigenständig handeln dürfen oder ob die Redewendung lediglich auf eine andere Öffnungsklausel verweist.[3] 4

Als Ergebnis dieser Öffnungsklauseln waren bzw. sind in Deutschland eine Vielzahl von datenschutzrechtlichen Normen auf Bundes- und Landesebene anzupassen bzw. entfallen möglicherweise ganz. Das (erste) deutsche Anpassungsgesetz DSAnpUG-EU[4] enthält dementsprechend Änderungen nicht nur bezüglich des – umfassend geänderten – BDSG. 5

Zusätzlich überträgt die DS-GVO der Kommission (und teils dem Rat) gemäß Art. 92, 93 DS-GVO die Befugnis bzw. Aufgabe, **delegierte Rechtsakte** nach Art. 290 AEUV (nämlich in Bezug auf Zertifizierungsverfahren gemäß Art. 43 Abs. 8 DS-GVO sowie hinsichtlich Icons in Bezug auf die Erfüllung von Informationspflichten entsprechend Art. 12 Abs. 8 DS-GVO) und **Durchführungsrechtsakte** nach Art. 291 AEUV zu erlassen (zB bei Standardvertragsklauseln, Art. 28 Abs. 7 DS-GVO, und Angemessenheitsbeschlüssen iSv Art. 45 Abs. 3, 5 DS-GVO). Delegierte Rechtsakte können (nur) zur Ergänzung oder Änderung nicht wesentlicher Teile einer Norm ergehen und sind im Wesentlichen mit Verordnungen nach deutschem Recht iSv Art. 80 GG vergleichbar.[5] Durchführungsrechtsakte hingegen dienen allein der Konkretisierung. 6

III. Anwendungsbereich

Der Anwendungsbereich der DS-GVO wird durch die Art. 2 und 3 DS-GVO bestimmt. 7

1. Sachlicher Anwendungsbereich

Gemäß Art. 2 Abs. 1 DS-GVO findet die DS-GVO Anwendung auf die ganz oder teilweise automatisierte Verarbeitung personenbezogener Daten sowie die nicht-automatisierte Verarbeitung personenbezogener Daten, die in einem Dateisystem gespeichert sind oder gespeichert werden sollen. 8

---

[1] Kühling/Martini et al DS-GVO und nationales Recht, 1.
[2] Kühling/Martini et al DS-GVO und nationales Recht, 11.
[3] Eine Übersicht der Öffnungsklauseln findet sich bei Kühling/Martini et al DS-GVO und nationales Recht, 14 ff.
[4] BGBl I 2097.
[5] Potters in Gola DS-GVO Art. 92, 93 Rn. 1; Sydow in Sydow DS-GVO Art. 92 Rn. 9.

9 Zentraler Begriff der DS-GVO ist der der personenbezogenen Daten nach Art. 4 Nr. 1 DS-GVO. Die Regelungen der DS-GVO finden allein auf die Verarbeitung solcher personenbezogener Daten Anwendung. Fehlt es an diesem Merkmal, ist der Verarbeitende daher aus der DS-GVO heraus nicht verpflichtet. Die DS-GVO ist insoweit „binär".[6]

10 **a) Identifizierung natürlicher Personen.** Nach Art. 4 Nr. 1 DS-GVO sind personenbezogene Daten

„alle Informationen, die sich auf eine identifizierte oder identifizierbare natürliche Person beziehen. Als identifizierbar wird eine natürliche Person angesehen, die direkt oder indirekt, insbesondere mittels Zuordnung zu einer Kennung wie einem Namen, zu einer Kennnummer, zu Standortdaten, zu einer Online-Kennung oder zu einem oder mehreren besonderen Merkmalen, die Ausdruck der physischen, physiologischen, genetischen, psychischen, wirtschaftlichen, kulturellen oder sozialen Identität dieser natürlichen Person sind, identifiziert werden kann."

Voraussetzung ist daher zunächst, dass es sich um Informationen über eine identifizierte oder identifizierbare **natürliche Person** handelt. Informationen über juristische Personen werden nicht erfasst (zum weiteren Anwendungsbereich im Bereich des TK-Datenschutzes → § 18 Rn. 3f.). Auch Daten über Verstorbene unterfallen nicht dem Schutzbereich der DS-GVO, sie können aber nach dem Recht der Mitgliedstaaten geschützt sein.[7] Das postmortale Persönlichkeitsrecht ist hierdurch nicht aufgehoben.[8]

11 **aa) Informationen.** Grundsätzlich kann jede Information einen Bezug zu einer Person aufweisen. Auch wenn in Ansehung der Information allein möglicherweise ein Bezug (nur) auf eine Sache oder eine Gruppe naheliegt, kann sie dennoch aus den Umständen heraus auf eine Person bezogen sein. Es gibt daher kein von vornherein „belangloses Datum".[9]

12 Zu den personenbezogenen Daten können insbesondere gehören:[10]

- Identifikationsmerkmale (Name, Anschrift, Geburtsdatum etc),
- äußere Merkmale (Aussehen, Geschlecht) inklusive Bild-, Ton- und Videoaufnahmen[11] sowie innere Merkmale (Meinungen, Motive, Überzeugungen),
- Meinungen, Prognose- und Planungsdaten, Wahrscheinlichkeitsaussagen und Bewertungen wie zB Scoring-Werte,
- Beziehungen zu anderen Personen wie zB Vertragsbeziehungen

Nicht-personenbezogen können reine Maschinen- oder Umweltdaten sein,[12] sofern sie nicht Informationen über natürliche Personen enthalten oder Rückschlüsse auf das Verhalten einer natürlichen Person (zB Beschäftigter oder Kunde) erlauben. Auch Sammelangaben über eine Personengruppe können außerhalb des Anwendungsbereichs liegen.[13]

13 **bb) Identifiziert bzw. identifizierbar.** Identifiziert ist die betroffene Person (im Folgenden auch: „der Betroffene"), wenn bereits feststeht, dass sich die Angaben auf diese Person und nicht auf eine andere beziehen, zB weil der Name direkt im Datensatz ent-

---

[6] Karg DuD 2015, 520.
[7] Ziebarth in Sydow DS-GVO Art. 4 Rn. 11 mwN.
[8] Gola in Gola DS-GVO Art. 4 Rn. 26.
[9] BVerfGE 65, 1 (45) – Volkszählung; vgl. auch Artikel 29-Datenschutzgruppe, Stellungnahme 4/2007 zum Begriff „personenbezogene Daten", WP 136, 20.6.2007, 7.
[10] Weitere Beispiele s. Artikel 29-Datenschutzgruppe, Stellungnahme 4/2007 zum Begriff „personenbezogene Daten", WP 136, 20.6.2007, 7ff.
[11] Wenn diese die Identifikation erlauben, EuGH NJW 2015, 463 Rn. 22 – Ryneš; Artikel 29-Datenschutzgruppe, Stellungnahme 4/2007 zum Begriff „personenbezogene Daten", WP 136, 20.6.2007, 8.
[12] Mantz/Spittka in Sassenberg/Faber RechtsHdB Industrie 4.0 und Internet of Things Teil 2 Kap. E. Rn. 22 mwN.
[13] Gola in Gola DS-GVO Art. 4 Rn. 7; eingehend Golla DSRITB 2017, 199.

halten ist. **Identifizierbarkeit** liegt vor, wenn aus den vorliegenden bzw. verfügbaren Daten zuverlässig auf die konkrete Person geschlossen werden kann. Probleme wirft häufig die Frage auf, ob im Einzelfall eine Identifizierbarkeit einer Person vorliegt. Dies ist grundsätzlich bereits dann der Fall, wenn es möglich ist, einen Bezug zu einer Person herzustellen, zB weil die Kombination der verfügbaren Daten einzigartig und groß genug ist, um eine Person aus einer Gruppe auszusondern („singling out")[14] und so einen Rückschluss auf eine einzelne Person zu erlauben.[15] Für die Anwendung des Datenschutzrechts macht es allerdings keinen Unterschied, ob die Person „identifiziert" oder (nur) „identifizierbar" ist.

Es war lange Zeit umstritten, ob der Personenbezug relativ oder objektiv bestimmt werden muss.[16] Im Wesentlichen geht es dabei um die Frage, ob der Betroffene den Bezug nur mithilfe der ihm selbst konkret vorliegenden Informationen (relativ) oder mithilfe aller weltweit verfügbaren Informationen (objektiv) herstellen kann. Der EuGH hat der objektiven Theorie allerdings mittlerweile eine Absage erteilt.[17] Ausgangspunkt der Betrachtung ist nunmehr der jeweilige Verantwortliche. Einzubeziehen sind aber nicht nur Daten des Verantwortlichen, sondern auch Mittel, die bei Dritten vorhanden sind. Personenbezug liegt daher vor, wenn der Verantwortliche eine Möglichkeit hat, auf diese Mittel zuzugreifen, außer eine solche Identifizierung wäre gesetzlich verboten oder praktisch aufgrund des tatsächlich erforderlichen Aufwandes nicht durchführbar.[18] Ausreichend ist bereits die abstrakte Möglichkeit des Rückgriffs auf weitere Dritte, gegebenenfalls auf zuständige staatliche Stellen.[19] So sind dynamische IP-Adressen für den Betreiber einer Website[20] als Verantwortlichem grundsätzlich als personenbeziehbar anzusehen, da er wegen möglichen Missbrauchs die Staatsanwaltschaft einschalten kann, die die entsprechenden Zuordnungsdaten von dem Access Provider beschaffen kann.[21]

b) Anonyme und pseudonyme Daten. Das Gegenteil personenbezogener Daten sind anonyme Daten. Sie unterfallen der DS-GVO nicht. **Anonym** sind Daten, die von vornherein keinen Personenbezug aufweisen. Personenbezogene Daten können jedoch auch anonymisiert werden,[22] indem nachträglich der Personenbezug entfernt wird.[23] Die DS-GVO definiert den Begriff der Anonymisierung (dazu → § 15 Rn. 65 ff.) nicht. ErwGr 26 DS-GVO geht allerdings davon aus, dass anonyme Daten vorliegen, wenn eine Identifizierung der betroffenen Person unter Berücksichtigung objektiver Faktoren, wie der Kosten der Identifizierung und des dafür erforderlichen Zeitaufwands unter Berücksichtigung der zum Zeitpunkt der Verarbeitung verfügbaren Technologien und technologischen Entwicklungen, nicht möglich ist.[24]

Während bei anonymen Daten die DS-GVO nicht anwendbar ist, weil die Gefahr für den Betroffenen dadurch vollständig entfällt, geht die DS-GVO davon aus, dass pseudonyme Daten zwar personenbezogen sind, die Gefahren für den Betroffenen (insbesondere bei Drittzugriff) durch die **Pseudonymisierung** aber bereits erheblich reduziert wer-

---

[14] ErwGr 26 S. 3 DS-GVO.
[15] Artikel 29-Datenschutzgruppe, Stellungnahme 4/2007 zum Begriff „personenbezogene Daten", WP 136, 20.6.2007, 10 mit Beispielen.
[16] Siehe hierzu Schantz in Schantz/Wolff Das neue DatenschutzR Teil C Kap. II. Rn. 277 mwN.
[17] EuGH NJW 2016, 3579 – Breyer.
[18] EuGH NJW 2016, 3579 Rn. 46 – Breyer.
[19] EuGH NJW 2016, 3579 Rn. 47 – Breyer; siehe hierzu im Einzelnen Mantz/Spittka NJW 2016, 3579 (3582 f.).
[20] Für den Access Provider sind sie aufgrund der Informationen aus dem Telekommunikationsvertrag ohnehin personenbezogen.
[21] Eingehend zu IP-Adressen Schantz in Schantz/Wolff Das neue DatenschutzR Teil C Kap. II. Rn. 285 ff.
[22] Dazu Artikel 29-Datenschutzgruppe, Opinion 05/2014 on Anonymisation Techniques, WP 216, 10.4.2014; Stellungnahme 4/2007 zum Begriff „personenbezogene Daten", WP 136, 20.6.2007, 24 ff.
[23] ErwGr 26 S. 5 DS-GVO.
[24] Zu den Risiken der De-Anonymisierung Rubinstein/Hartzog Wash. L. Rev. 91 (2016).

den.[25] Gemäß Art. 4 Nr. 5 DS-GVO ist Pseudonymisierung (dazu auch § 15 Rn. 84 ff.) „die Verarbeitung personenbezogener Daten in einer Weise, dass die personenbezogenen Daten ohne Hinzuziehung zusätzlicher Informationen nicht mehr einer spezifischen betroffenen Person zugeordnet werden können." Allerdings verlangt Art. 4 Nr. 5 DS-GVO darüber hinaus, dass diese zusätzlichen Informationen gesondert aufbewahrt werden und technischen und organisatorischen Maßnahmen unterliegen, die gewährleisten, dass ein Rückbezug auf den Betroffenen nicht mehr möglich ist. Werden die Informationen, die zur Zuordnung der pseudonymisierten Daten zur betroffenen Person erforderlich sind, unwiederbringlich gelöscht und ist auch sonst keine Identifizierung des Betroffenen unter Berücksichtigung objektiver Faktoren, wie Kosten der Identifizierung und des dafür erforderlichen Zeitaufwandes, möglich, werden aus pseudonymen Daten anonyme Daten. Zu beachten ist aber, dass pseudonymisierte Daten für eine Stelle Personenbezug haben und für eine andere Stelle anonym sein können. Es kommt hierbei auf die verfügbaren Zusatzinformationen an (→ Rn. 13).

17 **c) Automatisiert oder in einem Dateisystem gespeichert.** Art. 2 Abs. 1 DS-GVO enthält eine (gewisse) Einschränkung des Anwendungsbereichs in Bezug auf die nichtautomatisierte Datenverarbeitung. Bei einer solch „manuellen" Datenverarbeitung soll der Anwendungsbereich eröffnet sein, wenn die Daten in einem Dateisystem gemäß Art. 4 Nr. 6 DS-GVO gespeichert sind oder gespeichert werden sollen. Im Ergebnis wird dadurch der Anwendungsbereich der DS-GVO jedoch kaum beschränkt. Vielmehr hat der EuGH in der Entscheidung „Zeugen Jehovas" es bereits als ausreichend angesehen, wenn Daten nach gewissen Kriterien geordnet oder notiert sind, die eine leichte Auffindbarkeit ermöglichen.[26]

2. Persönlicher Anwendungsbereich

18 Im Gegensatz zum sachlichen und räumlichen Anwendungsbereich in Art. 2 und 3 DS-GVO enthält die DS-GVO keine explizite Norm zu den **Adressaten** bzw. zum persönlichen Anwendungsbereich. Dieser erschließt sich allerdings indirekt über den sachlichen Anwendungsbereich der Verarbeitung.

19 **a) Verantwortlicher.** Jeder Verarbeitung soll ein durch diese Verarbeitung Verpflichteter bzw. **Verantwortlicher** zugeordnet werden. Hierbei erfüllt der Begriff des Verantwortlichen drei Funktionen: Er bestimmt (1) den Adressaten der gesetzlichen Verpflichtungen, (2) den Adressaten der Maßnahmen der Aufsichtsbehörde und (3) den Adressaten für die Betroffenenrechte. Art. 4 Nr. 7 DS-GVO definiert den Verantwortlichen wie folgt:

> „Verantwortlicher" [ist] die natürliche oder juristische **Person**, Behörde, Einrichtung oder andere **Stelle**, die **allein** oder **gemeinsam** mit anderen über die **Zwecke** und **Mittel** der **Verarbeitung** von personenbezogenen Daten entscheidet; sind die Zwecke und Mittel dieser Verarbeitung durch das Unionsrecht oder das Recht der Mitgliedstaaten vorgegeben, so können der Verantwortliche beziehungsweise die bestimmten Kriterien seiner Benennung nach dem Unionsrecht oder dem Recht der Mitgliedstaaten vorgesehen werden.

> Diese Definition ist inhaltlich identisch mit der Vorgängerdefinition des **„für die Verarbeitung Verantwortlichen"** aus Art. 2 lit. d DS-RL. Im Gegensatz zur Definition in § 3 Abs. 7 BDSG aF definiert der Unionsgesetzgeber den Verantwortlichen allerdings nicht nur anhand der Verarbeitung, sondern auch anhand der Entscheidung über Zwecke

---

[25] Dazu Mantz in Sydow DS-GVO Art. 25 Rn. 51.
[26] EuGH Urt. v. 1.2.2018 – C-25/17, Rn. 53 ff. – Zeugen Jehovas.

und Mittel der Verarbeitung.[27] Zudem kennt die DS-GVO im Gegensatz zum BDSG aF den gemeinsam Verantwortlichen bereits anhand des Wortlautes und muss nicht erst unionsrechtskonform ausgelegt werden.[28] Der EuGH legt die Definition des Verantwortlichen grundsätzlich weit aus.[29] Eine Benennung der Verantwortlichkeit, wie sie Art. 4 Nr. 7 Hs. 2 DS-GVO vorsieht, erfolgt überraschend selten, jedenfalls nicht mit Bezugnahme auf die unionsrechtliche Spezifizierungsklausel.[30]

Bereits im Rahmen der DS-RL erfolgte eine Abkehr vom rein technisch-orientierten Verantwortlichkeitsbegriff, wie ihn bspw. Übereinkunft 108[31] des Europarates noch kannte.[32] Die Verantwortlichkeit wird seitdem organisatorisch bzw. hierarchisch zugeordnet.[33] Die Person und Stelle dient damit als Oberbegriff für die entsprechende **Organisationseinheit**. Hinsichtlich der Entscheidung über Zwecke und Mittel existiert noch keine höchstrichterliche Rechtsprechung, die sich mit diesem Thema vertieft auseinandersetzt. Die jüngste Rechtsprechung des EuGH lässt sich so lesen, dass, sobald eine Person oder Stelle aus Eigeninteresse Einfluss auf die Verarbeitung nimmt, sie an der Entscheidung über Zwecke und Mittel mitwirkt.[34] Die Entscheidung über den Zweck der Verarbeitung ist im Zusammenhang mit dem Begriff der Zweckbindung in Art. 5 Abs. 1 lit. b DS-GVO (→ Rn. 81 ff.) zu verstehen. Bei **gemeinsam Verantwortlichen** gemäß Art. 26 DS-GVO muss hier keine vollständige Übereinstimmung hinsichtlich des Zweckes vorliegen, ein gemeinsamer Teilzweck ist ausreichend, was zu diversen Anschlussproblemen führt.[35] Auch muss bei gemeinsam Verantwortlichen nicht jeder **Zugriff** auf die verarbeiteten Daten haben.[36]

Die **Mittel der Verarbeitung** beinhalten nicht nur technische, sondern auch organisatorische Elemente. Zu den technischen Elementen zählen etwa die eingesetzte Hard- oder Software, zu den organisatorischen, welche Daten verarbeitet werden, wie lange diese gespeichert werden oder wer Zugriff zu den Daten hat.[37] An den Verantwortlichen selbst richtet Art. 24 DS-GVO weitere Pflichten.

Zur **gemeinsamen Verantwortlichkeit** trifft Art. 26 DS-GVO weitere Regelungen (→ Rn. 142 ff.). Die Verarbeitung personenbezogener Daten darf gem. Art. 29 DS-GVO durch Zugangsberechtigte nur nach Weisung des Verantwortlichen oder aufgrund rechtlicher Verpflichtung durch Unions- oder mitgliedstaatliches Recht erfolgen.

b) Auftragsverarbeiter. Neben dem Verantwortlichen gibt es als weiteren potenziellen Adressaten den **Auftragsverarbeiter** gem. Art. 4 Nr. 8 DS-GVO. Er wird wie folgt definiert:

„Auftragsverarbeiter" [ist] eine natürliche oder juristische Person, Behörde, Einrichtung oder andere Stelle, die personenbezogene Daten **im Auftrag** des **Verantwortlichen** verarbeitet.

Wie sich aus der Definition ergibt, setzt die Stellung als Auftragsverarbeiter voraus, dass es bereits einen (oder ggf. mehrere gemeinsam) Verantwortlichen gibt. Er handelt dann

---

[27] Siehe zur Definition und den Begriffselementen auch Artikel 29-Datenschutzgruppe, Opinion 1/2010 on the concepts of „controller" and „processor", WP 169, 16.2.2010 – allerdings mit Bezug auf die Rechtslage der DS-RL.
[28] Eßer in Auernhammer DSGVO BDSG § 3 Rn. 76.
[29] Siehe EuGH ZD 2014, 350 Rn. 32 ff. – Google Spain und zuletzt ZD 2018, 357 (358) Rn. 28 – Wirtschaftsakademie.
[30] Siehe etwa Hartung in Kühling/Buchner DS-GVO Art. 4 Nr. 7 Rn. 14; Ernst in Paal/Pauly DS-GVO Art. 4 Nr. 7 Rn. 55; Schantz in Schantz/Wolff Das neue DatenschutzR Teil C Kap. IV Rn. 356 f.
[31] Art. 2 lit. d der Übereinkunft 108 des Europarates aF.
[32] Siehe BT-Drs. 12/8329.
[33] Vgl. Hartung in Kühling/Buchner DS-GVO Art. 4 Nr. 7 Rn. 9.
[34] EuGH Urt. v. 10.7.2018 – C-25/17, Rn. 68 – Zeugen Jehovas.
[35] EuGH ZD 2018, 357 (361 ff.) mit Anm. Marosi/Matthé.
[36] Zuletzt EuGH Urt. v. 10.7.2018 – C-25/17, Rn. 69 – Zeugen Jehovas.
[37] Artikel 29-Datenschutzgruppe, Opinion 1/2010 on the concepts of „controller" and „processor", WP 169, 16.2.2010, 17.

im Auftrag, also auf **Weisung** des Verantwortlichen.[38] Konstitutiv ist dabei die Entscheidung des Verantwortlichen, Verarbeitungen an Externe zu delegieren. Der Auftragsverarbeiter ist keine der internen Verwaltungsorganisation des Verantwortlichen untergeordnete Person oder Stelle, sondern hinsichtlich der Organisationseinheit extern und eigenständig.[39] Ohne den Auftrag des Verantwortlichen würde es sich um einen **Dritten** (→ Rn. 24) handeln. Hinsichtlich der Stellung als Auftragsverarbeiter ist auf die konkrete Verarbeitung abzustellen, auch bei identischen Daten.[40] Voraussetzungen und Pflichten des Auftragsverarbeiters sind in Art. 28 DS-GVO näher geregelt. Darüber hinaus knüpft die DS-GVO an vielen Stellen, insbes. auch im Vergleich zu der DS-RL, an den Auftragsverarbeiter (→ Rn. 145 ff.) an.

24 **c) Dritter.** Wichtig für den persönlichen Anwendungsbereich ist noch der Begriff des Dritten. Gem. Art. 4 Nr. 10 DS-GVO ist

„Dritter" eine natürliche oder juristische Person, Behörde, Einrichtung oder andere Stelle, **außer** der **betroffenen Person,** dem **Verantwortlichen,** dem **Auftragsverarbeiter** und den Personen, die unter der unmittelbaren Verantwortung des Verantwortlichen oder des Auftragsverarbeiters befugt sind, die personenbezogenen Daten zu verarbeiten.

Der Dritte ist selbst nicht Adressat der DS-GVO, dient aber als Abgrenzungskriterium gegenüber den in der Definition genannten Verarbeitungsbeteiligten (vgl. Art. 29 DS-GVO). De facto handelt es sich bei dem Dritten also um einen neuen Verantwortlichen bzw. Auftragsverarbeiter eines solchen.[41] Relevanz erlangt die Vorschrift insbes., um festzustellen, ob für eine Verarbeitung und vor allem eine Übermittlung eine Rechtsgrundlage vorliegt. Dabei ist zu hinterfragen, ob der potenzielle Dritte nicht doch eine vom Verantwortlichen abgeleitete Legitimation (zB Mitarbeiter) oder Befugnis (zB Auftragsverarbeiter) hat.

25 **d) Empfänger.** Daneben gibt es den Begriff des Empfängers in Art. 4 Nr. 9 DS-GVO. Der **Empfänger** ist allerdings grds. nicht Adressat der DS-GVO, sondern dient einer rein faktischen Einordnung und steht somit als Oberbegriff außerhalb der rechtlichen Qualifikation als Verantwortlicher oder Auftragsverarbeiter.[42] Relevant ist der Begriff des Empfängers hauptsächlich für die Informationspflichten und das Auskunftsrecht (→ Rn. 96 ff.).[43]

26 **e) Betroffener.** Auch der **Betroffene** ist ein Akteur im Rahmen der DS-GVO, allerdings ist auch er nicht Adressat. Der Betroffene wird indirekt in Art. 4 Nr. 1 DS-GVO definiert als identifizierte oder identifizierbare Person auf die sich die entsprechenden Informationen beziehen (näher → Rn. 10 ff.).

27 **f) Ausschließlich persönliche oder familiäre Tätigkeiten.** Art. 2 DS-GVO definiert nicht nur positiv den Anwendungsbereich der DS-GVO, sondern auch negativ. Dafür enthält Abs. 2 Ausnahmen und stellt in Abs. 3 und 4 das Verhältnis anderer Gesetze zur DS-GVO klar. Von Interesse für den persönlichen Anwendungsbereich ist hier besonders Art. 2 Abs. 2 lit. c DS-GVO, die sog **„Haushaltsausnahme".** Diese besagt, dass die DS-GVO für die Verarbeitung personenbezogener Daten durch natürliche Personen zur Aus-

---

[38] Ingold in Sydow DS-GVO Art. 4 Rn. 146; Hartung in Kühling/Buchner DS-GVO Art. 4 Nr. 8 Rn. 7.
[39] Dies wird insbes. in Art. 29 DS-GVO deutlich.
[40] Bspw. Artikel 29-Datenschutzgruppe, Opinion 1/2010 on the concepts of „controller" and „processor", WP 169, 16.2.2010, 30 f.
[41] Artikel 29-Datenschutzgruppe, Opinion 1/2010 on the concepts of „controller" and „processor", WP 169, 16.2.2010, 38.
[42] Hartung in Kühling/Buchner DS-GVO Art. 4 Nr. 9 Rn. 4 f.; Ernst in Paal/Pauly DS-GVO Art. 4 Nr. 9 Rn. 57.
[43] Pötters/Böhm in Wybitul HdB DS-GVO Art. 4 Rn. 45.

übung **ausschließlich persönlicher** oder **familiärer Tätigkeiten** keine Anwendung findet. Hierbei handelt es sich um eine Regelung, die so bereits in der DS-RL und dem BDSG aF vorhanden war. Im Hinblick auf einen effektiven Datenschutz gem. Art. 1 DS-GVO ist diese Vorschrift restriktiv auszulegen.[44] So hatte der EuGH zur Vorgängerregelung in Art. 3 Abs. 2 Spiegelstrich 2 DS-RL in der Rechtssache Lindqvist[45] entschieden, dass eine Veröffentlichung von Daten im Internet, die einer unbegrenzten Zahl von Personen zugänglich gemacht werden, nicht mehr von dieser Ausnahme erfasst wird. In der Rechtssache Jehovan todistajat[46] hatte der EuGH nochmals betont, dass es sich um eine ausschließlich persönlich oder familiäre Tätigkeit handeln muss und der **Anknüpfungspunkt** die verarbeitende Person ist, nicht die Person, deren Daten verarbeitet werden.[47] Der EuGH knüpfte dort an zwei Kriterien an, um die Anwendbarkeit der Ausnahme zu prüfen: Zum einen, ob eine Tätigkeit auf einen Bereich außerhalb der privaten Sphäre der verarbeitenden Person gerichtet ist, zum anderen, ob Daten einem potenziell unbegrenzten Personenkreis zugänglich gemacht werden.[48] In ErwGr 18 DS-GVO geht der Unionsgesetzgeber detaillierter auf die Voraussetzungen ein. So darf grds. kein Bezug zu einer beruflichen oder wirtschaftlichen Tätigkeit vorliegen. Ehrenamtliche Tätigkeiten dürften nicht unter die Ausnahme fallen.[49]

Als **Beispiele** für die Haushaltsausnahme werden das Führen von Schriftverkehr, Anschriftenverzeichnisse oder die Nutzung Sozialer Netzwerke und Online-Tätigkeiten im Rahmen persönlicher oder familiärer Tätigkeiten erwähnt. Inwiefern sich ErwGr 18 DS-GVO hinsichtlich der Sozialen Netzwerke mit der Linie aus Lindqvist versöhnen lässt, wird sich noch zeigen müssen.[50] Der EuGH hatte in der Rechtssache Wirtschaftsakademie,[51] allerdings ohne expliziten Bezug auf Art. 3 Abs. 2 Spiegelstrich 2 DS-RL, festgehalten, dass die reine Nutzung eines Sozialen Netzwerks nicht zu einer gemeinsamen Verantwortlichkeit (also einer Verantwortlichkeit überhaupt) führen soll, die Eröffnung einer Fanpage hingegen schon. Relevantes Differenzierungskriterium für die Abgrenzung dürfte also die (begrenzte) **Zugriffsmöglichkeit** sein.[52] Hinsichtlich der Infrastrukturdienstleister für die Sozialen Netzwerke und Online-Tätigkeiten soll aber laut ErwGr 18 DS-GVO gleichermaßen die DS-GVO gelten.

3. Räumlicher Anwendungsbereich

Maßgebliche Norm für den räumlichen Anwendungsbereich ist Art. 3 DS-GVO.

a) Niederlassungsprinzip. Grundsätzlich ist gem. Art. 3 Abs. 1 DS-GVO für die territoriale Anwendung der DS-GVO erforderlich, dass die Verarbeitung personenbezogener Daten im **Rahmen der Tätigkeiten** einer **Niederlassung** eines Verantwortlichen oder eines Auftragsverarbeiters in der Union erfolgt, unabhängig davon, ob die Verarbeitung selbst in der Union stattfindet. Dies ist auch als **Niederlassungsprinzip** bekannt.[53] Durch das Niederlassungsprinzip werden Betroffene ungeachtet ihrer Staatsangehörigkeit oder ihres Aufenthaltsortes geschützt. Für eine Niederlassung soll gem. ErwGr 22 DS-GVO ausschlaggebend sein, dass eine effektive und tatsächliche Ausübung einer Tätigkeit durch

---

[44] Zuletzt EuGH Urt. v. 10.7.2018 – C-25/17, Rn. 37 – Zeugen Jehovas.
[45] EuGH EuZW 2004, 245 Rn. 47 – Lindqvist.
[46] EuGH Urt. v. 10.7.2018 – C-25/17 – Zeugen Jehovas.
[47] EuGH Urt. v. 10.7.2018 – C-25/17, Rn. 40 f. – Zeugen Jehovas.
[48] EuGH Urt. v. 10.7.2018 – C-25/17, Rn. 44 f. – Zeugen Jehovas.
[49] Gola/Lepperhoff ZD 2016, 9 (10).
[50] Ohnehin liest sich ErwGr 18 DS-GVO im Hinblick auf die Sozialen Netzwerke als „Aufforderung zur Vorlage" an den EuGH.
[51] EuGH ZD 2018, 357 (358) Rn. 35 – Wirtschaftsakademie.
[52] Artikel 29-Datenschutzgruppe, Opinion 5/2009 on online social networking, WP 163, 12.6.2009, 6; Rauer/Ettig in Wybitul HdB DS-GVO Art. 2 Rn. 11.
[53] Ennöckl in Sydow DS-GVO Art. 3 Rn. 4; Klar in Kühling/Buchner DS-GVO Art. 3 Rn. 2.

eine feste Einrichtung vorliegt.[54] Die Rechtsform der Niederlassung ist dabei nicht ausschlaggebend. Zudem stellt der Auftragsverarbeiter keine „Niederlassung" des Verantwortlichen dar. Die DS-GVO ist, sofern nur der Verantwortliche oder nur der Auftragsverarbeiter eine Niederlassung in der EU/dem EWR besitzen, nur für diesen anwendbar.

31   Maßgeblich für die Analyse, ob eine Niederlassung vorliegt, dürften auch die Feststellungen des EuGH in der Rechtssache Weltimmo[55] sein. Hier legt der EuGH seinen Fokus auf die tatsächlichen Gegebenheiten und nicht auf formale Kriterien.[56] Die Verortung des Verantwortlichen oder Auftragsverarbeiters selbst in der Union, etwa durch die Hauptniederlassung[57] ist nicht erforderlich. Die Hauptniederlassung ist vielmehr relevant für die zuständige Aufsichtsbehörde (→ Rn. 215).[58] Ebenso ist auch eine Verantwortlichkeit seitens der Niederlassung gem. Art. 4 Nr. 7 DS-GVO nicht erforderlich.

32   Hinsichtlich des räumlichen Anwendungsbereichs besteht hier ein Auseinanderfallen der Konzepte des Verantwortlichen und der Niederlassung.[59] Ausreichend ist insoweit der Konnex der Verarbeitung im Rahmen der Tätigkeit einer Niederlassung. Diesen legt der EuGH weit aus. In seiner jüngeren Rechtsprechung wurde dies etwa in der Rechtssache Google Spain[60] für das Werbegeschäft eines Suchmaschinenbetreibers sowie in der Rechtssache Wirtschaftsakademie[61] für das Werbegeschäft eines Sozialen Netzwerkbetreibers festgestellt. Während sich bei Google Spain der Verantwortliche selbst außerhalb der EU/des EWR befand, hat der EuGH in Wirtschaftsakademie diese Rechtsprechung auch für unionsinterne Sachverhalte bestätigt. Der EuGH legte dabei ein wesentliches Augenmerk darauf, dass die Tätigkeit der Niederlassung **untrennbar** mit der Verarbeitung verbunden ist. Maßgeblich dürfte daher das Maß oder der Umfang der Beteiligung seitens der Niederlassung an den Aktivitäten des Verantwortlichen sein, in deren Zusammenhang Daten verarbeitet werden.

33   **b) Marktortprinzip.** Art. 3 Abs. 2 DS-GVO erstreckt den Anwendungsbereich der DS-GVO über das Niederlassungsprinzip hinaus auch auf solche Sachverhalte, in denen sich der Betroffene in der Union befindet, der Verantwortliche oder Auftragsverarbeiter allerdings nicht. Hierfür wird der Begriff des **Marktortprinzips** verwendet. Ungeschriebene Voraussetzung ist dabei, dass nicht bereits Abs. 1 einschlägig ist. Denkbar ist allerdings, dass auf den Auftragsverarbeiter Abs. 1 zutrifft, auf den Verantwortlichen hingegen Abs. 2. Zudem bleibt unklar, welche Zeitspanne für das Element „in der Union befinden" hinreichend ist.

34   Maßgebliche Voraussetzung ist allerdings, dass die Verarbeitung entweder im Zusammenhang damit erfolgt, dass dem Betroffenen **Waren oder Dienstleistungen angeboten** werden (lit. a), oder aber deren **Verhalten innerhalb der EU beobachtet** wird (lit. b). Dabei ist hinsichtlich der Waren oder Dienstleistung eine Entgeltlichkeit nicht notwendig. Das Anbieten von Waren oder Dienstleistungen spezifiziert ErwGr 23 DS-GVO näher. Für die Beurteilung, ob sich ein Angebot an einen oder mehrere Mitgliedstaaten richtet, ob der Verantwortliche oder Auftragsverarbeiter also offensichtlich beabsichtigt, dort Waren oder Dienstleistung anzubieten, gibt es mehrere Kriterien. Hierzu zählen unter anderem die verwendete Sprache der Website[62] oder die Währung, sofern diese in einem Mitgliedstaat gebräuchlich ist, die Bereitstellung von Waren oder Dienstleistungen in dieser Sprache oder die Erwähnung von Kunden oder Nutzern in der EU.

---

[54] Ausführlich zu den Voraussetzungen: Ernst in Paal/Pauly DS-GVO Art. 3 Rn. 7 ff.
[55] EuGH ZD 2015, 580 Rn. 41 – Weltimmo.
[56] EuGH ZD 2015, 580 Rn. 29 – Weltimmo.
[57] Art. 4 Nr. 16 DS-GVO.
[58] Vgl. Art. 56 DS-GVO.
[59] Klar in Kühling/Buchner DS-GVO Art. 3 Rn. 52; Ernst in Paal/Pauly DS-GVO Art. 3 Rn. 5 f.
[60] EuGH ZD 2014, 350 Rn. 56, 60 – Google Spain.
[61] EuGH ZD 2018, 357 (360) Rn. 60 – Wirtschaftsakademie.
[62] Bei auch außerhalb der EU/des EWR verwendeten Sprachen sind für eine offensichtliche Absicht weitere Kritierien neben der verwendeten Sprache zu verlangen.

Der Begriff des Angebots ist autonom auszulegen und nicht zivilrechtlich zu interpretieren.[63] Sowohl der Begriff der Ware als auch der Dienstleistung werden nicht weiter definiert, hier bietet sich jeweils eine unionsrechtliche Auslegung an.

Im Hinblick auf die **Verhaltensbeobachtung** wird ErwGr 24 DS-GVO genauer. So 35 soll eine Verhaltensbeobachtung dann vorliegen, wenn die Internetaktivität von Betroffenen nachvollzogen wird, inklusive einer daraus folgenden Profilbildung, die Grundlage für eine Entscheidung über den Betroffenen ist oder dessen Vorlieben, Verhaltensweisen oder Gepflogenheiten analysiert oder voraussagen soll. Hierbei ist keine dahingehende Motivation des Verantwortlichen oder Auftragsverarbeiters erforderlich, eine rein objektive Eignung ist ausreichend.[64] Da Art. 3 Abs. 2 lit. b DS-GVO im Gegensatz zu lit. a keine Absicht des Verarbeiters, spezifisch Daten von Betroffenen innerhalb der EU/des EWR zu erheben verlangt, stellt sich die berechtigte Frage, inwiefern hier nicht faktisch eine globale Anwendbarkeit gegeben ist.[65] Dies steht auch in einem gewissen Widerspruch zu Art. 27 DS-GVO, insbes. Art. 27 Abs. 2 DS-GVO (→ Rn. 37).

Das Marktortprinzip insgesamt stellt ggü. der DS-RL ein Novum dar und löst insbes. 36 Art. 4 Abs. 1 lit. c DS-RL (den Rückgriff auf in der EU belegene Mittel) ab. Hauptanwendungsfall des Marktortprinzips dürften Sachverhalte mit Internetbezug sein.

Ist die Anwendbarkeit der DS-GVO gemäß Art. 3 Abs. 2 DS-GVO begründet, hat dies 37 entsprechend Art. 27 DS-GVO zur weiteren Folge, dass der Verantwortliche oder der Auftragsverarbeiter schriftlich einen **Vertreter in der EU** benennen müssen, sofern nicht die Ausnahmen gemäß Art. 27 Abs. 2 DS-GVO greifen. Dieser Vertreter dient als Anlaufstelle des Verantwortlichen bzw. Auftragsverarbeiters.[66]

c) Völkerrecht. Art. 3 Abs. 3 DS-GVO schließlich erklärt die DS-GVO auch dann für 38 anwendbar, wenn ein nicht in der Union niedergelassener Verantwortlicher personenbezogene Daten an einem Ort verarbeitet, der aufgrund des **Völkerrechts** dem Recht eines Mitgliedstaates unterliegt. Der Wortlaut dieser Vorschrift ist missverständlich.[67] Die deutsche Version scheint zu implizieren, dass die Verarbeitung an diesem Ort stattfinden muss. Ein Vergleich mit der englischen[68] und französischen[69] Version zeigt allerdings, dass – wie in der Vorgängervorschrift Art. 4 Abs. 1 lit. b DS-RL – der Ort der Niederlassung maßgeblich ist. Laut ErwGr 25 DS-GVO sind hiermit vor allem diplomatische und konsularische Vertretungen eines Mitgliedstaates gemeint.

4. Unanwendbarkeit und Verhältnis zu anderen Rechtsakten

Die DS-GVO erklärt sich in Art. 2 Abs. 2 DS-GVO trotz grds. Einschlägigkeit gem. 39 Abs. 1 für bestimmte Anwendungsbereiche nicht für anwendbar, darüber hinaus stellen Art. 2 Abs. 3 und 4 DS-GVO das Verhältnis zu anderen Rechtsvorschriften klar (zur Haushaltsausnahme gem. Art. 2 Abs. 2 lit. c DS-GVO → Rn. 27 f.; zu mitgliedstaatlichen Ausnahmen vom Anwendungsbereich siehe → § 4 Rn. 48 ff.). Die Vorgängerregelung fand sich in Art. 3 Abs. 2 DS-RL.

Zunächst findet die DS-GVO gem. Art. 2 Abs. 2 lit. a DS-GVO keine Anwendung für 40 Verarbeitungen im Rahmen einer Tätigkeit, die **nicht in den Anwendungsbereich** der DS-GVO fällt. Hierbei wiederholt die DS-GVO im Grunde genommen ihre zugrundeliegende Kompetenznorm aus Art. 16 Abs. 2 S. 1 AEUV. Zu den Tätigkeiten zählen ua, wie aus ErwGr 16 DS-GVO hervorgeht, solche, die die nationale Sicherheit betreffen.

---

[63] Klar in Kühling/Buchner DS-GVO Art. 3 Rn. 66; Ernst in Paal/Pauly DS-GVO Art. 3 Rn. 16.
[64] Ernst in Paal/Pauly DS-GVO Art. 3 Rn. 18 f.; Klar in Kühling/Buchner DS-GVO Art. 3 Rn. 96 ff.
[65] Klar in Kühling/Buchner DS-GVO Art. 3 Rn. 23 ff., 101; Ernst in Paal/Pauly DS-GVO Art. 3 Rn. 14.
[66] Zu den Rechtsfolgen näher Ingold in Sydow DS-GVO Art. 27 Rn. 11 ff.
[67] S. auch: Klar in Kühling/Buchner DS-GVO Art. 3 Rn. 103; Ernst in Paal/Pauly DS-GVO Art. 3 Rn. 21.
[68] „not established in the Union, but in a place",
[69] „n'est pas établi dans l'Union mais dans un lieu".

41 Daneben findet die DS-GVO gem. Art. 2 Abs. 2 lit. b DS-GVO auch dann keine Anwendung, wenn es um die Verarbeitung durch die Mitgliedstaaten geht, die im Rahmen von Tätigkeiten, die in den Anwendungsbereich von Titel V Kapitel 2 EUV fallen, also die **gemeinsame Außen- und Sicherheitspolitik**. Dies wird auch durch ErwGr 16 DS-GVO klargestellt. Kompetenzgrundlage für den Erlass datenschutzrechtlicher Vorschriften in diesem Bereich wäre Art. 39 EUV.

42 Schließlich erklärt sich die DS-GVO in Art. 2 Abs. 2 lit. d DS-GVO auch für die Verarbeitung durch die zuständigen Behörden zum Zwecke der Verhütung, Ermittlung, Aufdeckung oder Verfolgung von Straftaten oder der Strafvollstreckung, einschließlich des Schutzes vor und der Abwehr von Gefahren für die öffentliche Sicherheit für nicht anwendbar. Dies wird weiter in ErwGr 19 DS-GVO spezifiziert. Der Unionsgesetzgeber hat für diesen Anwendungsbereich eine eigene **Richtlinie – (EU) 2016/680**[70] (JI-RL) – geschaffen. Diese Richtlinie löst den Rahmenbeschluss 2008/977/JI ab. Polizeiliche Tätigkeiten ohne Bezug zu Straftaten werden aber weiter durch die DS-GVO geregelt. Auch die Verarbeitungen nicht-öffentlicher Stellen in Bezug auf Strafverfolgung werden von der JI-RL nicht tangiert. Soweit die DS-GVO weiterhin anwendbar ist, eröffnet ErwGr 19 DS-GVO in bestimmten Fällen eine weitere Spezifizierung durch die Mitgliedstaaten (hierzu eingehend → § 21 Rn. 5 ff.).

43 Hinsichtlich der Verarbeitung im Rahmen der **Tätigkeiten von Gerichten und Justizbehörden** eröffnet ErwGr 20 DS-GVO eine weitere Spezifizierung durch Unions- oder Mitgliedstaatsrecht. Statt der regulären Aufsichtsbehörden sollen dort, jedenfalls für die justizielle Tätigkeit, spezielle, justizinterne Stellen geschaffen werden, die eine vergleichbare Funktion einnehmen (näher hierzu → § 22 Rn. 59 ff.).

44 Für die Verarbeitung durch die **Organe, Einrichtungen, Ämter und Agenturen der Union** ordnet Art. 2 Abs. 3 S. 1 DS-GVO die Anwendung von Verordnung (EG) Nr. 45/2001[71] an. Zudem sollen gem. S. 2 diese Verordnung und andere Rechtsakte der Union, die solche Verarbeitungen betreffen gem. Art. 98 DS-GVO an die DS-GVO angepasst werden.[72] Dies wird nochmal durch ErwGr 17 DS-GVO ergänzt.

45 Das Verhältnis zur **Richtlinie 2000/31/EG**[73] der sog eCommerce-Richtlinie, wird durch Abs. 4 klargestellt. Demnach sollen die eCommerce-RL und insbes. deren Vorschriften in Art. 12 bis 15 zur Verantwortlichkeit[74] der Vermittler unberührt bleiben. Dies wird in ErwGr 21 DS-GVO nochmals wiederholt. Art. 1 Abs. 5 lit. b RL 2000/31/EG wiederum bestimmt, dass die eCommerce-RL keine Anwendung findet auf Fragen betreffend die Dienste der Informationsgesellschaft, die von der DS-RL erfasst werden. Dies wird ergänzt durch ErwGr 14 eCommerce-RL. Über Art. 94 Abs. 2 S. 1 DS-GVO gilt dies dann auch für die DS-GVO. Absicht der Kommission war es wohl, das bisherige Verhältnis der DS-RL und eCommerce-RL fortzuschreiben. Aufgrund der expliziten Erwähnung von Art. 12–15 eCommerce-RL wird in der Literatur allerdings Kritik gegen dieses Verständnis geäußert.[75]

46 Neben Art. 2 DS-GVO enthält auch Kapitel XI (Schlussbestimmungen) Vorschriften, die das Verhältnis zu anderen Rechtsakten betreffen. Relevant ist hier vor allem Art. 95 DS-GVO. Nach dieser Vorschrift werden durch die DS-GVO im Verhältnis zur **Richtlinie 2002/58/EG**[76] in deren Anwendungsbereich für natürliche und juristische Personen keine weiteren Pflichten festgelegt, soweit sie bereits besonderen, in der Richtlinie festgelegten Pflichten unterliegen, die dasselbe Ziel verfolgen. Wie von ErwGr 173 DS-GVO

---

[70] ABl. EU 2016 L 119, 89.
[71] ABl. EG 2001 L 8, 1.
[72] Siehe hierzu COM (2017) 8 final.
[73] ABl. EG 2000 L 178, 1.
[74] Die englische Version der DS-GVO verwendet hier den Begriff „liability", während die französische sowie spanische Version von „responsibilité" bzw. „responsabilidad" sprechen.
[75] So etwa Sartor IDPL 2013, 3 ff.
[76] ABl. EG 2002 L 201, 37.

bereits angedacht, befindet sich die potenzielle Nachfolgerin der ePrivacy-Richtlinie momentan im Gesetzgebungsprozess (eingehend → § 5 Rn. 1 ff.; → § 18 Rn. 1 ff.).[77] Nach bisherigem Stand, also vor Erlass einer ePrivacy-VO, dürfte hinsichtlich der telekommunikationsrechtlichen Datenschutzvorschriften im Einzelnen zu differenzieren sein (eingehend → § 18 Rn. 3 ff.), während nach wohl hM die datenschutzrechtlichen Bestimmungen für Telemediendienste in §§ 11 ff. TMG bereits aufgrund der DS-GVO keine Anwendung mehr finden (→ § 9 Rn. 13).[78]

Art. 96 DS-GVO schließlich regelt das Verhältnis der DS-GVO zu bereits geschlossenen internationalen Übereinkünften, die die Übermittlung personenbezogener Daten an Drittstaaten und internationale Organisationen betreffen. 47

IV. Zulässigkeit der Verarbeitung

Art. 5 DS-GVO enthält, wie bereits der Titel der Norm besagt, die Grundsätze für die Verarbeitung personenbezogener Daten und ist somit die **zentrale Norm** der DS-GVO. Nach Abs. 2 ist der Verantwortliche[79] (→ Rn. 19 ff.) für die Einhaltung der Pflichten aus Abs. 1 verantwortlich. Wenn der Auftragsverarbeiter hier auch nicht ausdrücklich erwähnt wird, ist er dennoch wenigstens indirekt aufgrund von Art. 28 Abs. 1 DS-GVO an die Einhaltung von Art. 5 DS-GVO gebunden. In ErwGr 39 DS-GVO werden die Grundsätze der Verarbeitung etwas detaillierter behandelt. Im Gegensatz zu Art. 7 iVm Art. 5 DS-RL gelten diese Grundsätze bzw. Pflichten nun direkt. Art. 5 DS-GVO entspricht im Wesentlichen Art. 6 DS-RL. 48

Art. 5 Abs. 1 DS-GVO beinhaltet, wie die Klammerzusätze bereits verdeutlichen, drei Grundsätze.[80] So müssen personenbezogene Daten zunächst rechtmäßig verarbeitet werden (**„Rechtmäßigkeit"**), darüber hinaus müssen sie nach Treu und Glauben verarbeitet werden (**„Verarbeitung nach Treu und Glauben"**) und zudem in einer für die betroffene Person nachvollziehbaren Weise (**„Transparenz"**). 49

1. Rechtmäßigkeit

a) Allgemeines. Das Erfordernis einer **Rechtsgrundlage** zur Verarbeitung[81] überhaupt ergibt sich auf grundrechtlicher Ebene aus Art. 8 Abs. 2 S. 1 GRCh. Um den Verantwortlichen zur Überprüfung der Rechtmäßigkeit seiner Verarbeitung anzuhalten, bedingt dies konzeptionell, die Verarbeitung personenbezogener Daten als solche zu untersagen und zugleich die Möglichkeit der Rechtfertigung der Verarbeitung zu eröffnen (→ § 2 Rn. 31). Aufgrund der Ubiquität der Verarbeitung personenbezogener Daten ist der Begriff „Verbot mit Erlaubnisvorbehalt" etwas irreführend, auch dahingehend, dass hier keine behördliche Genehmigung oder etwas Vergleichbares erfolgt. Der Begriff des **Verarbeitungsrechtfertigungszwangs** scheint daher naheliegender. 50

Der Begriff der **Rechtmäßigkeit** lässt sich eng oder weit auslegen.[82] Nach dem engen Verständnis bedeutet Rechtmäßigkeit, dass eine Rechtsgrundlage für die Verarbeitung vorliegen muss. Diese kann sich insbes. direkt aus Art. 6 DS-GVO, aber auch aus dem sonstigen Unions- oder mitgliedstaatlichen Recht ergeben. Das enge Verständnis ergibt sich aus Art. 6 Abs. 1 DS-GVO selbst sowie ErwGr 40 DS-GVO. Gem. ErwGr 41 DS-GVO muss die Rechtsgrundlage aber nicht notwendigerweise ein Parlamentsgesetz sein, die je- 51

---

[77] COM (2017) 10 final.
[78] Piltz in Gola DS-GVO Art. 95 Rn. 18 f. mwN; Keppeler MMR 2015, 779; differenzierend Schmitz in Spindler/Schmitz TMG Vorb zu §§ 11 ff. Rn. 9 mwN.
[79] Art. 4 Nr. 7 DS-GVO.
[80] Eingehend zur Bedeutung der Grundsätze Rossnagel ZD 2018, 339.
[81] Geläufig auch als Verbot mit Erlaubnisvorbehalt bezeichnet.
[82] S. Herbst in Kühling/Buchner DS-GVO Art. 5 Rn. 8 ff.; Frenzel in Paal/Pauly DS-GVO Art. 5 Rn. 14.

weilige mitgliedstaatliche Verfassungsordnung kann dies dennoch verlangen. Nach der Wesentlichkeitstheorie ist in Deutschland ein Parlamentsgesetz erforderlich.

52 Denkbar ist allerdings auch eine weite Auslegung des Begriffs der Rechtmäßigkeit dahingehend, dass hierfür die Konformität der Verarbeitung mit der DS-GVO (und möglicherweise nach DS-GVO-konformem mitgliedstaatlichem Recht) insgesamt erforderlich ist. Dieses Verständnis erscheint aber konturlos und in hohem Maße unbestimmt, daher ist die enge Auslegung vorzuziehen.[83]

53 Art. 6 Abs. 1 DS-GVO enthält die eigentlichen Rechtsgrundlagen für die Verarbeitung bzw. **Öffnungsklauseln** zur Schaffung solcher für die Mitgliedstaaten. Wie sich aus dem Wort „mindestens" ergibt, kann die Verarbeitung auf mehrere Rechtsgrundlagen gestützt werden. Hierbei bestehen sechs verschiedene Rechtsgrundlagen, je nach Verantwortlichem und Verarbeitungskontext:

- **Einwilligung** der betroffenen Person (lit. a)
- Erforderlichkeit für die **Erfüllung eines Vertrages** bzw. vorvertragliche Maßnahmen auf Anfrage der betroffenen Person hin (lit. b)
- Erforderlichkeit zur Erfüllung einer **rechtlichen Verpflichtung** seitens des Verantwortlichen (lit. c)
- Erforderlichkeit, um **lebenswichtige Interessen** der betroffenen Person oder einer anderen natürlichen Person zu schützen (lit. d)
- Erforderlichkeit für die **Wahrnehmung einer Aufgabe, die im öffentlichen Interesse** liegt oder **in Ausübung öffentlicher Gewalt** erfolgt, die dem Verantwortlichen übertragen wurde (lit. e)
- Erforderlichkeit zur Wahrung der **berechtigten Interessen** des Verantwortlichen oder eines Dritten, sofern nicht die Interessen oder Grundrechte und Grundfreiheiten der betroffenen Person, die den Schutz personenbezogener Daten erfordern, überwiegen (lit. f)

54 Laut Art. 6 Abs. 1 S. 2 DS-GVO gilt lit. f allerdings nicht für die von Behörden in Erfüllung ihrer Aufgaben vorgenommene Verarbeitung. Die Auflistung der Rechtsgrundlagen entspricht im Wesentlichen Art. 7 DS-RL.[84] Neben den in Art. 6 Abs. 1 DS-GVO genannten Rechtsgrundlagen und den sich daran anschließenden Rechtsvorschriften im Unionsrecht sowie dem Recht der Mitgliedstaaten sind keine weiteren Rechtsgrundlagen möglich. Die Auflistung ist insofern **abschließend**.[85] Gemein ist den Rechtsgrundlagen, bis auf die Einwilligung, auch das Kriterium der **Erforderlichkeit**. Danach ist eine Verarbeitung nicht bereits dann gestattet, wenn sie dem Zweck der Verarbeitung förderlich ist, sondern nur, wenn darüber hinaus keine sinnvolle oder zumutbare Alternative besteht, den Zweck durch die konkrete Verarbeitung zu erreichen.[86]

55 **b) Einwilligung.** Die Rechtsgrundlage der **Einwilligung** für die Verarbeitung findet sich in Art. 6 Abs. 1 lit. a DS-GVO. Die Einwilligung kommt dem deutschen Grundrechtsverständnis der informationellen Selbstbestimmung gem. Art. 2 Abs. 1 iVm Art. 1 Abs. 1 S. 1 GG am nächsten, da sie idealerweise der betroffenen Person die Möglichkeit gibt, privatautonom über die potenzielle Verarbeitung zu entscheiden. Sie spielt auch im Rahmen der Rechtsgrundlagen für die Verarbeitung weiterhin eine zentrale Rolle.[87] Weitere Ausführungen zur Einwilligung enthalten Art. 7, Art. 4 Nr. 11 DS-GVO sowie ErwGr 32 f. und 42 f. DS-GVO. Nach diesen Vorschriften bestimmt sich auch die Wirksamkeit

---

[83] Frenzel in Paal/Pauly DS-GVO Art. 5 Rn. 16; Herbst in Kühling/Buchner DS-GVO Art. 5 Rn. 10 mit weiteren Argumenten.
[84] Reimer in Sydow DS-GVO Art. 6 Rn. 4.
[85] Vgl. zur DS-RL EuGH ZD 2012, 33 Rn. 36 – ASNEF/FECEMD.
[86] Wolff in Schantz/Wolff Das neue DatenschutzR Teil D Kap. I. Rn. 432 ff.
[87] Hierzu kritisch Buchner/Kühling in Kühling/Buchner DS-GVO Art. 7 Rn. 9 ff.

der Einwilligung. Darüber hinaus verlangen bestimmte Verarbeitungskontexte eine **ausdrückliche Einwilligung.**[88] Eine Einwilligung kann für einen oder mehrere bestimmte Zwecke abgegeben werden.

Wie sich aus der Definition der Einwilligung in Art. 4 Nr. 11 DS-GVO ergibt, muss 56 diese **unmissverständlich** abgegeben werden. Zudem muss sie **freiwillig**[89] (siehe hierzu auch Art. 7 Abs. 4 DS-GVO (Kopplungsverbot, dazu näher → § 9 Rn. 27 ff.) und ErwGr 42, 43 DS-GVO), für den **bestimmten Fall** (Zweckbindung, dazu → Rn. 81 ff.) und **informiert** erfolgen. Letzteres stellt in Anbetracht der verlangten Informationsfülle aus Art. 13 und 14 DS-GVO (→ Rn. 99 ff.) je nach Kontext ein schwieriges Unterfangen dar. In zukünftigen Reformvorhaben hinsichtlich der DS-GVO sollte nicht nur der Fokus auf dem „Ob" der Information liegen, sondern auch dem „Wie" der Vermittlung. Der Verantwortliche muss weiterhin die Einwilligung gem. Art. 7 Abs. 1 DS-GVO **nachweisen** können und hat nach Art. 7 Abs. 3 DS-GVO mit dem **Widerruf** (→ Rn. 125) durch die betroffene Person zu rechnen. Art. 7 Abs. 2 DS-GVO enthält zudem Vorgaben zur Form.

Es dürfte unzulässig sein, beim Versuch der Einholung einer Einwilligung im Falle ihrer 57 Verweigerung dann doch auf eine der anderen Rechtsgrundlagen aus Art. 6 Abs. 1 DS-GVO zurückzugreifen.[90] Anders kann dies aber sein, wenn die betroffene Person bei Einholung der Einwilligung darauf hingewiesen wird, dass die Verarbeitung alternativ auf einen gesetzlichen Erlaubnistatbestand gestützt wird.[91] Gleiches gilt für den Fall einer behördlichen Anordnungsbefugnis oder gesetzlichen Verarbeitungspflicht.[92] Zur Fortgeltung von Einwilligungen gem. DS-RL nimmt ErwGr 171 DS-GVO Stellung.[93]

c) Gesetzliche Rechtfertigungstatbestände. aa) (Vor-)vertragliche Verhältnisse. 58 Art. 6 Abs. 1 lit. b DS-GVO gestattet die Verarbeitung dann, wenn dies zur **Erfüllung eines Vertrages,** dessen Vertragspartei die betroffene Person ist, **erforderlich** ist (speziell zu Vertragsverhältnissen im Arbeitsrecht → § 10 Rn. 50). Darüber hinaus sind auch Verarbeitungen zur Durchführung **vorvertraglicher Maßnahmen** möglich, sofern diese **auf Anfrage** der betroffenen Person erfolgen und sie **erforderlich** sind. Um im Hinblick auf immer umfangreichere Vertragsleistungen die Rechtsgrundlage zur Vertragserfüllung nicht zu verwässern, muss das Merkmal der Erforderlichkeit eng und objektiv ausgelegt werden. Dabei ist auf den **Vertragsinhalt** und die **vertragscharakteristische Leistung** abzustellen.[94] Bei ausufernden Vertragsleistungen ist diese im Zweifel auf den Kern zu reduzieren. Zudem sollte insbes. bei Onlinediensten auf die eigentliche Leistung und nicht das dahinterstehende Geschäftsmodell abgestellt werden. Eine reine Zweckdienlichkeit oder -nützlichkeit ist hierbei nicht ausreichend.[95] Gleichermaßen ist allerdings auch keine Unverzichtbarkeit zu fordern.

Einseitige Rechtsgeschäfte seitens des Verantwortlichen fallen nicht unter Art. 6 Abs. 1 59 lit. b DS-GVO. Bei rechtsgeschäftsähnlichen Schuldverhältnissen ist wohl darauf abzustellen, ob diese auf einer autonomen Entscheidung der betroffenen Person beruhen.[96] Nich-

---

[88] So etwa Art. 9 Abs. 2 lit. a DS-GVO.
[89] Hierzu detailliert Ingold in Sydow DS-GVO Art. 7 Rn. 25 ff.; Buchner/Kühling in Kühling/Buchner DS-GVO Art. 7 Rn. 41 ff.
[90] Buchner/Petri bzw. Buchner/Kühling in Kühling/Buchner DS-GVO Art. 6 Rn. 23, Art. 7 Rn. 18, 21; aA Schulz in Gola DS-GVO Art. 6 Rn. 1.
[91] Wolff in Schantz/Wolff Das neue DatenschutzR Teil D Kap. II. Rn. 475; Buchner/Kühling in Kühling/Buchner DS-GVO Art. 7 Rn. 18.
[92] Buchner/Petri in Kühling/Buchner DS-GVO Art. 6 Rn. 24; Frenzel in Paal/Pauly DS-GVO Art. 6 Rn. 10 f.
[93] Dazu Heckmann/Paschke in Ehmann/Selmayr DS-GVO Art. 7 Rn. 58.
[94] Buchner/Petri in Kühling/Buchner DS-GVO Art. 6 Rn. 39 ff.; Wolff in Schantz/Wolff Das neue DatenschutzR Teil D Kap. II. Rn. 572.
[95] Buchner/Petri in Kühling/Buchner DS-GVO Art. 6 Rn. 42 ff.
[96] Buchner/Petri in Kühling/Buchner DS-GVO Art. 6 Rn. 30; Albers in BeckOK DatenschutzR DS-GVO Art. 6 Rn. 30.

tige Verträge sowie die Geschäftsführung fallen nicht hierunter.[97] Auch wenn die DS-GVO, wie die DS-RL, den Begriff der Erfüllung verwendet, sind damit der eigentliche Leistungserfolg, die Erfüllung von Nebenpflichten sowie die Beendigung und nachvertragliche Sorgfaltspflichten erfasst.[98] Die Durchführung vorvertraglicher Maßnahmen erfasst die Vertragsanbahnung sowie Vertragsverhandlungen. Ob es tatsächlich zum Vertragsschluss kommt, ist irrelevant.

60 **bb) Erfüllung einer rechtlichen Verpflichtung.** Art. 6 Abs. 1 lit. c DS-GVO eröffnet dem Unions- sowie mitgliedstaatlichen Gesetzgeber legislativen Spielraum für eine Verarbeitung, die aufgrund einer **rechtlichen Verpflichtung** seitens des Verantwortlichen **erforderlich** ist. Weitere Hinweise hierzu gibt ErwGr 45 DS-GVO. Demnach ist hierfür eine rechtliche Grundlage entweder **im Unions- oder im mitgliedstaatlichen Recht** erforderlich. Hierbei muss allerdings nicht jede einzelne Verarbeitung im Gesetz erfasst werden. Dennoch muss die entsprechende Ermächtigungsgrundlage sie wenigstens teleologisch erfassen.[99] In jedem Fall ist der Zweck der Verarbeitung zu fixieren (→ Rn. 81 ff.). Darüber hinaus kann der Mitgliedstaat die Bedingungen der Verarbeitung weiter spezifizieren. Erforderlich ist in jedem Fall, dass sich die rechtliche Verpflichtung unmittelbar auf die Verarbeitung bezieht.[100] Näheres zum mitgliedstaatlichen Recht und der Qualität der Rechtsgrundlage regeln Art. 6 Abs. 2 und vor allem Abs. 3 DS-GVO sowie ErwGr 41 DS-GVO. Hervorzuheben ist dabei insbes., dass die Rechtsgrundlagen gem. Art. 6 Abs. 3 S. 4 DS-GVO ein Ziel verfolgen müssen, das im **öffentlichen Interesse**[101] liegt und zudem **verhältnismäßig** sein muss. Rechtsvorschriften aus **Drittstaaten** stellen keine Rechtsgrundlage für die Verarbeitung dar, sofern sie nicht vom mitgliedstaatlichen Recht übernommen wurden.[102] Abzugrenzen ist die rechtliche Verpflichtung qua Rechtsvorschrift von der rechtlichen Verpflichtung qua Vertragsverhältnis, die von Art. 6 Abs. 1 lit. b DS-GVO erfasst wird. Da Art. 6 Abs. 1 lit. c wie lit. e DS-GVO selbst keine Ermächtigungsgrundlage schaffen, sondern hierfür **Öffnungsklauseln** darstellen, bestehen Parallelen zwischen beiden Vorschriften.

61 **cc) Wahrung lebenswichtiger Interessen.** Art. 6 Abs. 1 lit. d DS-GVO ermöglicht die Verarbeitung personenbezogener Daten zur Wahrung **lebenswichtiger Interessen** der **betroffenen Person** oder einer **anderen natürlichen Person**. Art. 7 lit. d DS-RL hatte sich noch nur auf die betroffene Person bezogen. Laut ErwGr 46 DS-GVO soll der Rückgriff auf diese Rechtsgrundlage nur dann erfolgen, wenn die Verarbeitung **offensichtlich nicht auf andere Rechtsgrundlagen** gestützt werden kann. Darüber hinaus zeigen auch die Beispiele wie die Überwachung von Epidemien oder humanitäre Notfälle wie Naturkatastrophen den **Ausnahmecharakter** dieser Rechtsgrundlage.

62 **dd) Im öffentlichen Interesse liegende Aufgabe oder Ausübung öffentlicher Gewalt.** Für die Verarbeitung personenbezogener Daten, die im Zusammenhang mit einer **im öffentlichen Interesse**[103] liegenden **Aufgabe** oder **in Ausübung öffentlicher Gewalt** erfolgt, sieht Art. 6 Abs. 1 lit. e DS-GVO vor, dass Unions- sowie mitgliedstaatliche Gesetzgeber Rechtsgrundlagen schaffen können. Weitere Details finden sich in Art. 6

---

[97] Reimer in Sydow DS-GVO Art. 6 Rn. 19.
[98] Buchner/Petri in Kühling/Buchner DS-GVO Art. 6 Rn. 33; Frenzel in Paal/Pauly DS-GVO Art. 6 Rn. 13.
[99] Vgl. Buchner/Petri in Kühling/Buchner DS-GVO Art. 6 Rn. 79 mit Hinweis auf das Doppeltürmodell.
[100] Buchner/Petri in Kühling/Buchner DS-GVO Art. 6 Rn. 76; Frenzel in Paal/Pauly DS-GVO Art. 6 Rn. 16.
[101] Hier können etwa Art. 9 Abs. 2 lit. i und j DS-GVO sowie Art. 23 Abs. 1 lit. a bis h DS-GVO herangezogen werden.
[102] Buchner/Petri in Kühling/Buchner DS-GVO Art. 6 Rn. 102.
[103] Für Religionsgemeinschaften oder Parteien s. auch ErwGr 55 bzw. 56 DS-GVO; für die Rechtspflege s. Buchner/Petri in Kühling/Buchner DS-GVO Art. 6 Rn. 124.

Abs. 2 und 3 DS-GVO sowie ErwGr 45 DS-GVO (insofern siehe auch zu lit. c → Rn. 60). Da sich beide Varianten der **Öffnungsklausel** entweder nur auf den Zweck (im öffentlichen Interesse liegende Aufgabe) oder den Kontext der Verarbeitung (in Ausübung öffentlicher Gewalt) beziehen, muss hierfür nicht zwangsläufig eine Behörde tätig werden, es kann auch jede andere Person oder Stelle, auch etwa eine juristische Person des Privatrechts, tätig werden. Nichtsdestotrotz hält ErwGr 45 DS-GVO fest, dass die Rechtsgrundlage die Art des Verantwortlichen genau bezeichnen soll. Wie auch bei Art. 6 Abs. 1 lit. c DS-GVO kann die Rechtsgrundlage bei lit. e gem. Art. 6 Abs. 3 S. 4 DS-GVO ein im öffentlichen Interesse liegendes Ziel verfolgen. Gem. Art. 6 Abs. 3 S. 2 DS-GVO muss der **Zweck** entweder **festgelegt** sein oder, im Gegensatz zu lit. c, jedenfalls für die Verarbeitung gem. lit. e **erforderlich** sein.[104] Wie auch bei lit. c muss die entsprechende Rechtsgrundlage gem. Art. 6 Abs. 3 S. 4 DS-GVO **verhältnismäßig** sein.[105] Ausschlaggebendes Kriterium für die Ausübung öffentlicher Gewalt ist die Übertragung von Befugnissen zur Durchsetzung einer im öffentlichen Interesse liegenden Aufgabe. Damit dürfte in Deutschland die Rechtsfigur der Beleihung erfasst sein.

ee) Wahrung berechtigter Interessen des Verantwortlichen oder Dritten. Eine Verarbeitung personenbezogener Daten kann schließlich auch dann gestattet sein, wenn sie gem. Art. 6 Abs. 1 lit. f DS-GVO zur Wahrung **berechtigter Interessen** des **Verantwortlichen** oder eines **Dritten erforderlich** ist. Dies allerdings nur dann der Fall, wenn **nicht die Interessen oder Grundrechte und Grundfreiheiten** der **betroffenen Person,** die den **Schutz der personenbezogenen Daten erfordern, überwiegen.** Hierbei hebt Art. 6 Abs. 1 lit. f DS-GVO die Interessen betroffener Personen bei **Kindern** besonders hervor. Ergänzt wird Art. 6 Abs. 1 lit. f DS-GVO durch die ErwGr 47 bis 49 DS-GVO. Art. 6 Abs. 1 lit. f DS-GVO dient mit der Flexibilität der **Abwägungsklausel** gleichzeitig auch als **Auffangklausel** der Rechtsgrundlagen, insbes. da nach der Rechtssache ASNEF/FECEMD die Verarbeitungsrechtsgrundlagen in Art. 7 DS-RL bzw. Art. 6 DS-GVO abschließend sind.[106] Im Vergleich zur DS-RL, die mit Art. 7 lit. f iVm Art. 5 DS-RL einen weiteren Spielraum für die Spezifizierung der berechtigen Interessen bot,[107] bietet hier Art. 6 Abs. 1 lit. f DS-GVO keinerlei Spielraum. Auch wenn der Rückgriff auf Vorschriften des BDSG aF zum Verständnis der Interessenabwägung bei konkretisierten Interessensabwägungen naheliegend erscheint, sollte hier die **unionrechtsautonome** Auslegung bedacht werden.[108] Zukünftige Interpretationshilfen könnten hier **Verhaltensregeln** gem. Art. 40 DS-GVO sowie Leitlinien und Empfehlungen des **EDSA** gem. Art. 70 Abs. 1 lit. e DS-GVO sein (→ Rn. 234).

Berechtige Interessen können rechtlicher, tatsächlicher, wirtschaftlicher oder ideeller Natur sein. Dabei können auch die Interessen Dritter berücksichtigt werden. ErwGr 47 bis 49 DS-GVO enthalten Beispiele für berechtige Interessen.[109] Ungeachtet dessen bleibt es bei einer Einzelfallabwägung. Auf Seiten des Verantwortlichen oder Dritten sollten vor allem die relevanten Grundrechte in die Interessenabwägung einbezogen werden. Ausgangspunkt einer Abwägung dürfte die Schutzwürdigkeit der Interessen der betroffenen Person sein. In die Abwägung allgemein sind die Interessen der betroffenen Person, die den Schutz der personenbezogenen Daten erfordern, die Auswirkungen der Verarbeitung sowie die Interessen des Verantwortlichen oder Dritten einzubeziehen.[110] Besonders rele-

---

[104] Zum Spezifizierungsgrad der Rechtsgrundlage siehe Art. 6 Abs. 3 S. 3 DS-GVO.
[105] Für Art. 6 Abs. 1 lit. e DS-GVO in Bezug auf die Erforderlichkeit näher Buchner/Petri in Kühling/Buchner DS-GVO Art. 6 Rn. 119.
[106] EuGH ZD 2012, 33 Rn. 36 – ASNEF/FECEMD.
[107] Auch wenn dieser bereits in EuGH ZD 2017, 24 Rn. 50 ff. – Breyer eingeschränkt wurde.
[108] S. auch Buchner/Petri in Kühling/Buchner DS-GVO Art. 6 Rn. 145.
[109] Etwa Betrugsbekämpfung, Direktwerbung, Übermittlungen im Konzern oder IT-Sicherheit.
[110] Zu Beispielen s Artikel-29-Datenschutzgruppe, Opinion 06/2014 on the notion of legitimate interests of the data controller under Article 7 of Directive 95/46/EC, WP 217, 9.4.2014, 43 f.; zur Abwägung allgemein Buchner/Petri in Kühling/Buchner DS-GVO Art. 6 Rn. 149 ff.

vant für die Abwägung ist der Zweck der Verarbeitung wie aus den ErwGr 47–49 DS-GVO deutlich wird. Daneben sollen nach ErwGr 47 DS-GVO vor allem die **vernünftigen Erwartungen** der betroffenen Person berücksichtigt werden. Ausschlaggebend kann demnach eine bereits vorhandene Beziehung zu dem Verantwortlichen und die Absehbarkeit einer Verarbeitung sein. Muss etwa eine Person vernünftigerweise nicht mit einer Verarbeitung rechnen, spricht einiges dafür, dass die Interessen der betroffenen Person überwiegen.

65 Die **Darlegungslast** dafür, dass kein Überwiegen der Interessen der betroffenen Person besteht, trägt der Verantwortliche (vgl. Art. 5 Abs. 2 DS-GVO). Besonderheiten gelten für die Verarbeitung nach einem **Widerspruch** der betroffenen Person gem. Art. 21 Abs. 1 DS-GVO. Nicht abwägungsfähig sind **besonders sensible Daten** gem. Art. 9 Abs. 1 DS-GVO. Daneben sollen sich auch **Behörden** gem. Art. 6 Abs. 1 S. 2 DS-GVO für die Erfüllung ihrer Aufgaben nicht auf Art. 6 Abs. 1 lit. f DS-GVO berufen können.[111]

66 Hierbei erscheint es zweifelhaft, ob der Unionsgesetzgeber tatsächlich nur Behörden[112] erfassen wollte. Die DS-GVO verlangt weder bei den rechtlichen Verpflichtungen gem. lit. c noch den im öffentlichen Interesse liegenden Aufgaben/der Ausübung öffentlicher Gewalt gem. lit. e, dass der Verantwortliche eine Behörde ist.[113] Vielmehr können sich auch andere Personen und Stellen, insbes. öffentliche Stellen, hierauf berufen.

67 **d) Werbung.** Zum Thema **Werbung** verhält sich die DSGVO nur sehr eingeschränkt (eingehend → § 9 Rn. 50). Hinsichtlich der Rechtsgrundlage der berechtigen Interessen gem. Art. 6 Abs. 1 lit. f DS-GVO erwähnt ErwGr 47 DS-GVO, dass **Direktwerbung** unter die berechtigten Interessen fallen kann. Als Ansatzpunkt für das (unionsrechtliche) Verständnis von Werbung könnte Art. 2 lit. a Richtlinie 2006/114/EG dienen.[114] Im Falle der Direktwerbung gilt dann das besondere Widerspruchsrecht aus Art. 21 Abs. 2 DS-GVO, das keine Interessenabwägung zur weiteren Verarbeitung zulässt. Bei **Kundenbindungssystemen** dürfte Art. 6 Abs. 1 lit. b DS-GVO als Rechtsgrundlage nicht ausreichen, da für die Erfüllung des Vertrages, also der Geschenke oder Rabatte, nicht die Erstellung eines genauen Kundenprofils erforderlich ist. Denkbar erscheint hier ein Rückgriff auf die Einwilligung gem. Art. 6 Abs. 1 lit. a DS-GVO oder die berechtigten Interessen gem. Art. 6 Abs. 1 lit. f DS-GVO. Im Allgemeinen dürfte die Zulässigkeit der Verarbeitung im Werbungskontext immer vom konkreten Einzelfall abhängen.

68 Im Hinblick auf Adresshandel bspw. durch **Online-Dienste** dürfte vor allem die Einwilligung gem. Art. 6 Abs. 1 lit. a DS-GVO relevant werden.[115] Art. 6 Abs. 1 lit. b DS-GVO als Rechtsgrundlage bezieht sich hinsichtlich des Merkmals der Erforderlichkeit auf die Leistung des Verantwortlichen, nicht auf das Geschäftsmodell. Inwiefern bei Versagung der Einwilligung gem. Art. 6 Abs. 1 lit. a DS-GVO ein Rückgriff auf die Vertragserfüllung gem. Art. 6 Abs. 1 lit. b DS-GVO möglich ist, erscheint stark zweifelhaft bis unzulässig (dazu s. auch → Rn. 57).[116]

69 **e) Daten von Kindern.** Die DS-GVO beinhaltet spezielle Regeln zum Schutz von **Kindern**.[117] So soll Kindern besonderer Schutz zukommen, da sie den Gesamtkontext einer Verarbeitung möglicherweise schlechter beurteilen können. Dies soll bspw. der Fall sein

---

[111] Auch ErwGr 47 DS-GVO bezieht sich nur auf Behörden.
[112] Unklar zum Begriff Heberlein in Ehmann/Selmayr DS-GVO Art. 37 Rn. 19.
[113] Auch Art. 9 DS-GVO differenziert nicht zwischen öffentlichen und nicht-öffentlichen Stellen: Weichert in Kühling/Buchner DS-GVO Art. 9 Rn. 169.
[114] Buchner/Petri in Kühling/Buchner DS-GVO Art. 6 Rn. 175; Wolff in Schantz/Wolff Das neue DatenschutzR Teil D Kap. II. Rn. 665.
[115] Buchner/Petri in Kühling/Buchner DS-GVO Art. 6 Rn. 41.
[116] Buchner/Petri in Kühling/Buchner DS-GVO Art. 6 Rn. 60.
[117] Allgemeine Hinweise gibt ErwGr 38 DS-GVO.

bei Werbung, Persönlichkeits- und Nutzerprofilen sowie bei Diensten, die Kindern direkt angeboten werden. Ausdruck findet dieser Schutz etwa im Rahmen der Rechtsgrundlage der berechtigten Interessen in Art. 6 Abs. 1 lit. f DS-GVO im Hinblick auf die Abwägung. Hier ist der Tatsache, dass die betroffene Person ein Kind ist, besonders Rechnung zu tragen.[118] Zudem trifft Art. 8 DS-GVO spezielle Vorkehrungen hinsichtlich der Einwilligung von Kindern im Bezug auf **Dienste der Informationsgesellschaft.**[119] So kann ein Kind bei einem direkt[120] auf Kinder gerichteten Angebot für einen Dienst der Informationsgesellschaft nur dann eine Einwilligung erteilen, wenn es bereits 16 Jahre alt ist.[121] Andernfalls ist eine Einwilligung nur dann möglich, wenn der **Träger der elterlichen Verantwortung** diese gibt oder ihr zustimmt. Dabei haben die Mitgliedstaaten die Möglichkeit, ein niedrigeres Alter, allerdings nicht unter 13 Jahren, festzulegen (→ § 4 Rn. 78 ff.). Darüber hinaus lässt Art. 8 DS-GVO allerdings gem. Abs. 3 das Vertragsrecht der Mitgliedstaaten betreffend Kinder unberührt.

Zudem muss der Verantwortliche in diesem Zusammenhang angemessene technische Vorkehrungen treffen, um sich zu vergewissern, dass die Einwilligung bzw. die Zustimmung hierzu tatsächlich vom Träger der elterlichen Verantwortung gegeben wurde.[122] Eine Ausnahme von dem Erfordernis der elterlichen Einwilligung ist nach ErwGr 38 DS-GVO dann gegeben, wenn es um Präventions- oder Beratungsdienste geht, die dem Kind direkt angeboten werden.[123] Besonderes gilt auch für den Widerruf der Einwilligung. Nach ErwGr 65 DS-GVO ist bei Personen die ihre Einwilligung im Kindesalter gegeben haben, keine Einschränkung des Widerrufs, wie in Art. 7 Abs. 3 DS-GVO vorgesehen, zu beachten. 70

f) Verarbeitung besonderer Kategorien personenbezogener Daten. Art. 9 DS-GVO[124] stellt verschiedene Arten von Daten unter einen besonderen Schutz. Deren Verarbeitung ist gem. Abs. 1 grds. untersagt. Begründet wird diese Sensibilität durch die besondere Verbindung dieser Daten zu Grundrechten und Grundfreiheiten. Abs. 2 gestattet die Verarbeitung unter bestimmten Umständen, die komplementär zu Art. 6 DS-GVO gelten (lit. a, c, d, e, f) und gegebenenfalls eine Spezifizierung[125] durch die Mitgliedstaaten erfordern (lit. b, g, h, i. j) (→ § 4 Rn. 81, 113). Art. 9 Abs. 3 ergänzt die Anforderungen an die Umstände der Verarbeitung für Verarbeitungen nach Art. 9 Abs. 2 lit. h DS-GVO. Abs. 4 schließlich enthält eine Spezifizierungsklausel für die Bedingungen der Verarbeitung einzelner Kategorien von Daten durch die Mitgliedstaaten. Die besonders geschützten Daten lassen sich grob in zwei Kategorien unterteilen. Geht eine der folgenden Informationen aus Daten hervor,[126] ist Abs. 1 anwendbar: 71

- Rassische und ethnische Herkunft
- Politische Meinungen
- Religiöse oder weltanschauliche Überzeugung
- Gewerkschaftszugehörigkeit

---

[118] Detailliert Buchner/Petri in Kühling/Buchner DS-GVO Art. 6 Rn. 155.
[119] Zu diesem Merkmal Art. 4 Nr. 25 DS-GVO.
[120] Erläuternd hierzu Kampert in Sydow DS-GVO Art. 8 Rn. 8 ff.
[121] Damit wird de facto auch die Einsichtsfähigkeit für die Einwilligung gem. Art. 7 DS-GVO festgestellt.
[122] Ausführlich Buchner/Kühling in Kühling/Buchner DS-GVO Art. 8 Rn. 23 ff.; Frenzel in Paal/Pauly DS-GVO Art. 8 Rn. 13 f.
[123] Diese dürfte aber ohnehin regelmäßig mangels Dienst der Informationsgesellschaft nicht erforderlich sein.
[124] Die Vorgängerregelung findet sich in Art. 8 DS-RL.
[125] Für jeweiligen Kontext Weichert in Kühling/Buchner DS-GVO Art. 9 Rn. 157; Frenzel in Paal/Pauly DS-GVO Art. 9 Rn. 49.
[126] Vertieft Weichert in Kühling/Buchner DS-GVO Art. 9 Rn. 22 f.; Frenzel in Paal/Pauly DS-GVO Art. 9 Rn. 10 f.

72 Bei den folgenden Daten ist bereits die Art der Daten gem. Abs. 1 besonders geschützt:

- Genetische Daten
- Biometrische Daten zur eindeutigen Identifizierung einer natürlichen Person
- Gesundheitsdaten
- Daten zum Sexualleben oder der sexuellen Orientierung einer natürlichen Person

Diese Auflistung ist **abschließend**.[127] Art. 4 Nr. 13–15 DS-GVO enthalten Definitionen zu **genetischen** (s. auch ErwGr 34 DS-GVO), **biometrischen** und **Gesundheitsdaten** (s. auch ErwGr 35 DS-GVO). **Lichtbilder** sollen laut ErwGr 51 DS-GVO nicht als biometrische Daten angesehen werden, sofern sie nicht besonders verarbeitet werden.

73 ErwGr 51 DS-GVO bestimmt, dass neben den speziellen Anforderungen aus Art. 9 Abs. 2–4 DS-GVO (zum Arbeitnehmerdatenschutz gem. Art. 9 Abs. 2 lit. b DS-GVO → § 10 Rn. 1 ff.; zum Datenschutz in der Anwaltschaft und Justiz gem. Art. 9 Abs. 2 lit. f DS-GVO → § 11 Rn. 1 ff. und → § 22 Rn. 1 ff.; zum Datenschutz im Medizinsektor gem. Art. 9 Abs. 2 lit. c, h, i DS-GVO → § 13 Rn. 1 ff.; in Bibliotheken und Forschung nach Art. 9 Abs. 2 lit. j DS-GVO → § 25 Rn. 1 ff. und → § 23 Rn. 1 ff.; zum Sozialdatenschutz gem. Art. 9 Abs. 2 lit. b, h DS-GVO → § 26 Rn. 1 ff.; zum Datenschutz in der Kirche nach Art. 9 Abs. 2 lit. d DS-GVO → § 27 Rn. 1 ff.) auch die allgemeinen Grundsätze und anderen Bestimmungen der Verarbeitung anwendbar sein sollen. Dies gilt ausdrücklich für die **Rechtmäßigkeit** der Verarbeitung, also insbes. für Art. 6 DS-GVO.[128] Neben den besonderen Anforderungen zusätzlich zu den Rechtsgrundlagen aus Art. 6 Abs. 1 DS-GVO eröffnet Art. 9 Abs. 2 DS-GVO in spezifischen Situationen die Möglichkeit, durch Unions- oder mitgliedstaatliches Recht für Verarbeitungen im Kontext der Erfüllung rechtlicher Verpflichtungen oder der Wahrnehmung von Aufgaben im öffentlichen Interesse bzw. in Ausübung öffentlicher Gewalt die Verarbeitung besonders geschützter Daten zu ermöglichen. Gemein ist den Ausnahmen in Art. 9 Abs. 2 DS-GVO, dass sie **angemessene Garantien** fordern, etwa in Form von besonderer Zweckbindung, anderweitigen materiell-rechtlichen Anforderungen oder in erweiterten formellen, prozeduralen, technischen oder organisatorischen Bedingungen.[129] Es ist offensichtlich, dass diese Ausnahmen eng ausgelegt werden sollten.

74 **g) Daten über strafrechtliche Verurteilungen und Straftaten.** Eine Verarbeitung personenbezogener Daten über **strafrechtliche Verurteilungen** und **Straftaten** oder damit zusammenhängende **Sicherungsmaßregeln** darf laut Art. 10 S. 1 DS-GVO, sofern sie nach Art. 6 Abs. 1 DS-GVO rechtmäßig ist, nur unter behördlicher Aufsicht vorgenommen werden. Alternativ kann sie auch nach dem Unions- bzw. mitgliedstaatlichen Recht rechtmäßig sein, sofern dieses **Garantien** für die Rechte und Freiheiten der betroffenen Person vorsieht. Ein umfassendes Register von strafrechtlichen Verurteilungen darf nur unter behördlicher Aufsicht geführt werden. Abzugrenzen ist die Vorschrift vom Anwendungsbereich der JI-RL (→ § 22 Rn. 6 ff.). Zudem ist insbes. für den **Journalismus** Art. 85 DS-GVO (dazu → § 19 Rn. 1 ff.) zu beachten.

75 **h) Automatisierte Entscheidungen im Einzelfall und Profiling.** Art. 22 Abs. 1 DS-GVO soll betroffene Personen davor schützen, dass sie einer ausschließlich[130] auf **auto-**

---

[127] ErwGr 51 und 52 DS-GVO befassen sich detaillierter mit dem allgemeinen Regelungsgehalt von Art. 9 DS-GVO; ErwGr 53 bis 56 DS-GVO behandeln jeweils besondere Arten von Daten.
[128] So auch Weichert in Kühling/Buchner DS-GVO Art. 9 Rn. 4; Frenzel in Paal/Pauly DS-GVO Art. 9 Rn. 1.
[129] Weichert in Kühling/Buchner DS-GVO Art. 9 Rn. 43, 132 ff.; Frenzel in Paal/Pauly DS-GVO Art. 9 Rn. 18 f.
[130] Hierzu näher Helfrich in Sydow DS-GVO Art. 22 Rn. 41 ff.; Buchner in Kühling/Buchner DS-GVO Art. 22 Rn. 14 ff.

matisierter Verarbeitung, auch im Rahmen von Profiling, beruhenden Entscheidung ausgesetzt sind, die ihnen gegenüber rechtliche Wirkungen entfaltet oder sie vergleichbar erheblich beeinträchtigt (eingehend → § 9 Rn. 73 ff.). Bemerkenswert ist dabei, dass Art. 22 DS-GVO nicht die Verarbeitung zum Zwecke einer solchen Entscheidung regelt, sondern die Verwertbarkeit der Entscheidung aufgrund der vorhergehenden Verarbeitung, die den sonstigen Vorschriften der DS-GVO unterliegt (vgl. ErwGr 72 DS-GVO zum Profiling). ErwGr 71 DS-GVO nennt als Beispiele die automatische Ablehnung eines Online-Kredits oder eines Online-Einstellungsverfahrens. Der Begriff des Profilings wird in Art. 4 Nr. 4 und ErwGr 71 DS-GVO näher definiert. Laut Art. 70 Abs. 1 lit. f DS-GVO soll der EDSA Leitlinien für das Profiling herausgeben.

Art. 22 Abs. 2 DS-GVO sieht von diesem Grundsatz drei Ausnahmen vor: Zum einen, 76 wenn diese Entscheidung für den Abschluss oder die Erfüllung eines Vertrages zwischen Verantwortlichem und betroffener Person erforderlich ist (lit. a). Zum zweiten, wenn diese Entscheidung aufgrund des Unions- oder mitgliedstaatlichen Rechts zulässig ist und diese Vorschriften angemessene Garantien für die Rechte und Freiheiten sowie berechtigen Interessen der betroffenen Person enthalten (lit. b). ErwGr 71 DS-GVO sieht hier etwa die Bekämpfung von Betrug und Steuerhinterziehung sowie die Sicherheit und Zuverlässigkeit eines von dem Verantwortlichen betriebenen Dienstes vor. Und zuletzt liegt eine Ausnahme vor, wenn diese Entscheidung mit ausdrücklicher Einwilligung der betroffenen Person erfolgt (lit. c).

Im Falle von Art. 22 Abs. 2 lit. a und c DS-GVO muss der Verantwortliche angemes- 77 sene Garantien für die Rechte und Freiheiten sowie berechtigten Interessen der betroffenen Person treffen. Dazu gehören in jedem Fall das Recht menschlicher Intervention auf Seiten des Verantwortlichen, auf Darlegung des eigenen Standpunktes und auf Anfechtung der Entscheidung. ErwGr 71 DS-GVO sieht darüber hinaus noch die Erläuterung der der Verarbeitung folgenden Entscheidung vor (→ Rn. 102).

Im Hinblick auf die besonderen Daten aus Art. 9 DS-GVO darf grds. keine Ausnahme 78 nach Art. 22 Abs. 2 DS-GVO gemacht werden, außer in Fällen von Art. 9 Abs. 2 lit. a und g DS-GVO. In diesen Fällen müssen allerdings neben den Voraussetzungen von Abs. 2 angemessene Garantien für die Rechte und Freiheiten sowie die berechtigen Interessen der betroffenen Person getroffen werden. Ein Kind als betroffene Person soll gem. ErwGr 71 DS-GVO allerdings auch nicht unter die Ausnahmen gem. Abs. 2 fallen können.

2. Verarbeitung nach Treu und Glauben

Der Grundsatz der Verarbeitung nach **Treu und Glauben** ist im Gegensatz zur Recht- 79 mäßigkeit deutlicher unpräziser. ErwGr 39 DS-GVO liefert hier keine weiteren Anhaltspunkte. Auch wenn sich der Bezug auf das deutsche Zivilrecht vom Wortlaut her anbietet, ist der Begriff unionsrechtsautonom auszulegen. Es liegt nahe, den Grundsatz der Verarbeitung nach Treu und Glauben als **Auffangtatbestand** für Situationen zu sehen, die sich in einem grds. rechtskonformen Kräfteungleichgewicht zwischen Betroffenem und Verantwortlichem widerspiegeln.[131] Nach dem Grundsatz sind vor allem auch die „vernünftigen Erwartungen" des Betroffenen in bestimmten Verarbeitungskontexten hinreichend zu berücksichtigen.[132]

3. Transparenz

Hauptbestandteile des Begriffs der **Transparenz** sind der **Ausschluss heimlicher Verar-** 80 **beitungen** und die **umfassende Information** der betroffenen Person.[133] Demnach soll

---

[131] Herbst in Kühling/Buchner DS-GVO Art. 5 Rn. 17; Frenzel in Paal/Pauly DS-GVO Art. 5 Rn. 16, 20.
[132] Heberlein in Ehmann/Selmayr DS-GVO Art. 5 Rn. 10.
[133] Weitere Details zum Grundsatz der Transparenz finden sich in ErwGr 39 und 58 DS-GVO.

für Betroffene Transparenz dahingehend bestehen, welche sie betreffenden personenbezogenen Daten erhoben, verwendet, eingesehen oder anderweitig verarbeitet werden und in welchem Umfang die personenbezogenen Daten derzeit und künftig noch verarbeitet werden. Zudem sollen Informationen zur Verarbeitung leicht zugänglich und verständlich und in klarer und einfacher Sprache abgefasst sein. Der Grundsatz der Transparenz wird hier insbes. durch Art. 12 bis 15 DS-GVO hergestellt (→ Rn. 96 ff.). Inwiefern die doch extensiven Informationspflichten in Art. 13 und 14 DS-GVO leicht zugänglich und verständlich sind, kann durchaus in Zweifel gezogen werden. Der Unionsgesetzgeber hätte gut daran getan, statt der reinen Menge an Informationen verstärkt auf die Vermittlung der Informationen zu achten und Ansätze wie die **Piktogramme** aus Art. 12 Abs. 7 DS-GVO (→ Rn. 109) sowie deren Maschinenlesbarkeit weiterzuentwickeln und auszubauen.

4. Zweckbindung

81 Art. 5 Abs. 1 lit. b DS-GVO sieht vor, dass personenbezogene Daten für festgelegte, eindeutige und legitime Zwecke erhoben werden und nicht in einer mit diesen Zwecken nicht zu vereinbarenden Weise weiterverarbeitet werden, wobei bestimmte Ausnahmen vorgesehen sind. Art. 6 Abs. 4 DS-GVO enthält sodann Vorgaben zur Beurteilung, ob eine Zweckänderung vorliegt.

82 **a) Grundlagen.** Die **Zweckbindung** ist ein wesentlicher Grundsatz des Datenschutzrechts. Er schränkt die Verarbeitungsmöglichkeiten des Verantwortlichen gegenüber den Erlaubnistatbeständen in Art. 6 Abs. 1 DS-GVO ein und schützt so die Interessen des Betroffenen.[134] Ohne Zweckbindung würde auch der weitere Grundpfeiler „Transparenz" (→ Rn. 80) der DS-GVO entwertet, denn die Information des Betroffenen wäre durch die jederzeitige Möglichkeit der weitergehenden Verwendung von Daten unbedeutend.

83 Nach Art. 5 Abs. 1 lit. b DS-GVO dürfen personenbezogene Daten nur für diejenigen Zwecke verwendet werden, die mit dem Zweck, für den sie ursprünglich erhoben wurden, kompatibel („nicht unvereinbar") sind. Die Zweckbindung der DS-GVO ist in diesem Punkt weniger streng als unter dem BDSG aF.[135]

84 Die Zweckbindung hat zwei Komponenten: Einerseits die Zweckfestlegung auf einen eindeutigen, legitimen Zweck und andererseits die anschließende Bindung an diesen bzw. damit kompatible Zwecke.

85 **b) Zweckfestlegung.** Der Zweck einer Verarbeitung ist vor der Erhebung der Daten festzulegen. Nicht ausreichend ist insoweit der Bezug auf einen der Rechtfertigungsgründe gemäß Art. 6 DS-GVO. Dass eine solche Rechtfertigung vorliegt, ist vielmehr schon Voraussetzung für die Verarbeitung überhaupt. Der Zweck muss vom Verantwortlichen in irgendeiner Form und für den Betroffenen erkennbar niedergelegt werden, die **Festlegung** „im Geiste" reicht schon aufgrund der Nachweispflichten aus Art. 5 Abs. 2 DS-GVO nicht aus.[136]

86 Der Zweck muss auch **„eindeutig"** sein. Dies bedeutet, dass (1) der Zweck auch als solcher bezeichnet bzw. erkennbar ist und eine gewisse Begrenzungsfunktion erfüllt. Darüber hinaus (2) muss der Zweck hinreichend **bestimmt** sein. Insoweit besteht ein gewisses Spannungsverhältnis, da der Verantwortliche zur Ermöglichung zukünftiger, weiterer Verarbeitungen ein Interesse an einer möglichst vagen Zweckbestimmung hat, während

---

[134] Die Artikel 29-Datenschutzgruppe, Opinion 03/2013 on purpose limitation, WP 203, 2.4.2013, 3, bezeichnet dies als zusätzlichen „Kompatibilitätstest"; vgl. auch Herbst in Kühling/Buchner DS-GVO Art. 5 Rn. 28.
[135] Eingehend Wolff in Schantz/Wolff Das neue DatenschutzR Teil D Kap. I. Rn. 398 f.
[136] Artikel 29-Datenschutzgruppe, Opinion 03/2013 on purpose limitation, WP 203, 2.4.2013, 17; Reimer in Sydow DS-GVO Art. 5 Rn. 20: mindestens Textform; Wolff in Schantz/Wolff Das neue DatenschutzR Teil D Kap. I. Rn. 403, spricht von einer Perpetuierung der Festlegung.

dem Betroffenen an einer engen Begrenzung gelegen sein dürfte.[137] Der Verantwortliche trägt jedoch im Ergebnis nicht zuletzt unter Berücksichtigung von Art. 5 Abs. 2 DS-GVO das Risiko, dass der von ihm festgelegte Zweck zu vage bzw. mehrdeutig und damit nicht mehr eindeutig ist. Nicht eindeutig sind Angaben wie „zur Verbesserung der Nutzererfahrung", „für Werbung", „IT-Sicherheit", „für kommerzielle Zwecke", „für Big Data-Anwendungen" etc, wenn nicht weitere Angaben den Zweck näher bestimmen.[138]

Weiter ist erforderlich, dass der Zweck **„legitim"** ist, also nachvollziehbar innerhalb einer gesetzlichen Grundlage oder der erteilten (und wirksamen) Einwilligung liegt. 87

c) Zweckänderung. Die Zweckvereinbarkeit bzw. Zweckbindung im eigentlichen Sinne bewirkt, dass der Verantwortliche sich bei weiteren Verarbeitungen für andere Zwecke **(Zweckänderung)** in dem Rahmen halten muss, den er zuvor (rechtmäßig) festgelegt hat. Ausgangspunkt der Zweckvereinbarkeit ist daher die oben dargestellte Zweckfestlegung (→ Rn. 85 ff.). Es kommt nicht darauf an, ob die zuvor erhobenen Daten auch für einen weiteren Zweck hätten zulässig erhoben werden dürfen, wobei dies dafür sprechen kann, dass auch die weitere Verarbeitung mit dem ursprünglichen Zweck **kompatibel** ist. 88

Art. 6 Abs. 4 DS-GVO[139] enthält – im Umkehrschluss – bestimmte nicht abschließende[140] und unter Berücksichtigung der betroffenen Grundrechte auszulegende[141] Kriterien für die Vereinbarkeit des neuen Zwecks mit dem bisher festgelegten Zweck, namentlich 89

- jede Verbindung des festgelegten Zwecks und des nun für die Weiterverarbeitung beabsichtigten Zwecks,
- den Zusammenhang, in dem die personenbezogenen Daten erhoben wurden, insbesondere das Verhältnis zwischen dem Betroffenen und dem Verantwortlichen,
- die Art der personenbezogenen Daten, insbesondere ob es sich um solche gemäß Art. 9, 10 DS-GVO (→ Rn. 71 ff.) handelt,
- die möglichen Folgen der beabsichtigten Weiterverarbeitung für die Betroffenen,
- das Vorhandensein „geeigneter" Garantien, bspw. durch Pseudonymisierung und/oder Verschlüsselung der Daten[142]

Es gilt daher vereinfacht, dass eine Vereinbarkeit eher gegeben ist, wenn 90

(1) der neue Zweck vom alten Zweck nur wenig abweicht oder ähnlich ist und eine Erhebung hierfür nach Art. 6 Abs. 1 DS-GVO zulässig wäre,
(2) das Verhältnis zwischen dem Verantwortlichen und dem Betroffenen eng und der Bezug des Zweckes zu diesem Verhältnis groß ist,
(3) die Daten weniger bedeutend sind und nicht als Daten der besonderen Kategorien anzusehen sind,
(4) die Folgen der Verarbeitung eher gering sind und
(5) der Verantwortliche Maßnahmen zur Sicherung der personenbezogenen Daten auch gegen unbefugten Zugriff Dritter (insbes. Verschlüsselung und Pseudonymisierung)[143] ergriffen hat, da hierdurch das Risiko für den Betroffenen verringert wird

---

[137] Wolff in Schantz/Wolff Das neue DatenschutzR Teil D Kap. I. Rn. 405.
[138] Artikel 29-Datenschutzgruppe, Opinion 03/2013 on purpose limitation, WP 203, 2. 4. 2013, 16; Schantz NJW 2016, 1841 (1843).
[139] Kritisch zur systematischen Stellung Pötters/Rauer in Wybitul HdB DS-GVO Art. 6 Rn. 51.
[140] Hierfür spricht der Wortlaut „unter anderem", ebenso Pötters/Rauer in Wybitul HdB DS-GVO Art. 6 Rn. 52; aA Reimer in Sydow DS-GVO Art. 6 Rn. 74.
[141] V. Grafenstein DuD 2015, 789 (794); Schantz in Schantz/Wolff Das neue DatenschutzR Teil D Kap. I. Rn. 410.
[142] Zum Begriff der „Garantie" eingehend Mantz in Sydow DS-GVO Art. 25 Rn. 20, wobei allerdings in Art. 25 DS-GVO „angemessene Garantien" erforderlich sind.
[143] Dazu ErwGr 75 DS-GVO; Mantz in Sydow DS-GVO Art. 25 Rn. 20.

91 Streitig ist, ob bei einer nach diesen Grundsätzen mit dem alten Zweck zu vereinbarenden weiteren Verarbeitung zusätzlich eine weitere Rechtfertigung nach Art. 6 Abs. 1 DS-GVO (→ Rn. 50 ff.) erforderlich ist[144] oder ob durch die zulässige Zweckänderung die neue Verarbeitung auf den bisherigen Rechtfertigungsgrund gestützt werden kann.[145] Für letztere Meinung spricht ErwGr 50 S. 2 DS-GVO, der (zumindest vordergründig) eindeutig davon spricht, dass keine gesonderte Rechtfertigung mehr erforderlich sei. Dies wird von der Gegenmeinung jedoch als Redaktionsversehen bezeichnet, das einen Systembruch mit den bisherigen Grundsätzen der Zweckbindung bedeuten würde.[146]

92 Ist der neue Zweck mit dem bisherigen nicht vereinbar, kann nicht mehr auf die Rechtfertigungsgründe des Art. 6 Abs. 1 DS-GVO zurückgegriffen werden.[147] Die Daten müssen dann – mit neuer Rechtfertigung – erneut erhoben werden.[148]

93 **d) Ausnahmen für wissenschaftliche, historische, statistische Zwecke.** Für bestimmte (neue) Zwecke wird nach Art. 5 Abs. 1 lit. b DS-GVO deren Vereinbarkeit mit dem ursprünglichen Zweck unwiderleglich vermutet, namentlich für im öffentlichen Interesse liegende Archivzwecke, für wissenschaftliche (eingehend zum Datenschutz in der Wissenschaft → § 23 Rn. 55 ff.) oder historische Forschungszwecke oder für statistische Zwecke. Diese Zweckänderungen werden durch die DS-GVO privilegiert, bedürfen allerdings ihrerseits einer neuen Rechtfertigung nach Art. 6 Abs. 1 DS-GVO.[149] Entsprechend ihres Ausnahmecharakters sind sie grundsätzlich eng auszulegen.[150] Die Weiterverarbeitung für Archivzwecke muss „ausschließlich" zu diesem privilegierten Zweck erfolgen.[151] Wissenschaftliche Forschung kann auch industrielle Forschung sein, Triebkraft der Tätigkeit muss aber das Erkenntnisziel und nicht seine Nutzungsmöglichkeit sein.[152] Big Data-Analysen oder Profiling werden nicht erfasst.[153] Auch ist es bei Verarbeitungen zu statistischen Zwecken nicht gestattet, die Daten anschließend wieder mit den ursprünglichen Daten zu verknüpfen.[154] Darüber hinaus müssen die Weiterarbeitungen den nach Art. 89 Abs. 1 DS-GVO vorgesehenen Garantien unterliegen (→ § 23 Rn. 46 ff.).

94 Nach ErwGr 50 Abs. 2 S. 1 und Art. 6 Abs. 4 DS-GVO kann durch Einwilligung des Betroffenen auch eine eigentlich unvereinbare Zweckänderung gerechtfertigt werden.

5. Datenminimierung

95 Gemäß Art. 5 Abs. 1 lit. c DS-GVO müssen personenbezogene Daten dem Zweck angemessen und erheblich sowie auf das für die Verarbeitung notwendige Maß beschränkt sein **(Datenminimierung)**. Die Regelung ergänzt die Zweckbindung nach Art. 5 Abs. 1 lit. b DS-GVO (→ Rn. 81) und betrifft nicht ein jeweiliges Einzeldatum, sondern die Situation, dass eine gewisse Menge von Daten vorhanden ist.[155] Daten sind dem jeweiligen Zweck angemessen, wenn sie einen konkreten Bezug zum Verarbeitungszweck haben. Erheblichkeit liegt vor, wenn ihre Verarbeitung geeignet ist, den festgelegten Verarbei-

---

[144] So Herbst in Kühling/Buchner DS-GVO Art. 5 Rn. 29, 48 f.; Schantz NJW 2016, 1841 (1844); Albrecht/Jotzo Das neue DatenschutzR Teil 3 Rn. 52.
[145] Frenzel in Paal/Pauly DS-GVO Art. 5 Rn. 31; Piltz K&R 2016, 557 (566); Wolff in Schantz/Wolff Das neue DatenschutzR Teil D Kap. I. Rn. 411.
[146] Herbst in Kühling/Buchner DS-GVO Art. 5 Rn. 48 mwN.
[147] Artikel 29-Datenschutzgruppe, Opinion 03/2013 on purpose limitation, WP 203, 2.4.2013, 36; Heberlein in Ehmann/Selmayr DS-GVO Art. 5 Rn. 16.
[148] Wolff in Schantz/Wolff Das neue DatenschutzR Teil D Kap. I. Rn. 412.
[149] Herbst in Kühling/Buchner DS-GVO Art. 5 Rn. 54; Wolff in Schantz/Wolff Das neue DatenschutzR Teil D Kap. I. Rn. 413.
[150] Heberlein in Ehmann/Selmayr DS-GVO Art. 5 Rn. 17; Wolff in Schantz/Wolff Das neue DatenschutzR Teil D Kap. I. Rn. 413; aA Reimer in Sydow DS-GVO Art. 5 Rn. 26.
[151] Heberlein in Ehmann/Selmayr DS-GVO Art. 5 Rn. 17.
[152] Wolff in Schantz/Wolff Das neue DatenschutzR Teil D Kap. I. Rn. 415.
[153] Heberlein in Ehmann/Selmayr DS-GVO Art. 5 Rn. 17 mwN.
[154] Mit Beispiel Wolff in Schantz/Wolff Das neue DatenschutzR Teil D Kap. I. Rn. 416.
[155] Wolff in Schantz/Wolff Das neue DatenschutzR Teil D Kap. I. Rn. 420.

tungszweck zu fördern. Aus der Beschränkung auf das für die Verarbeitung notwendige Maß folgt, dass Daten nicht erhoben und verarbeitet werden dürfen, wenn der Verarbeitungszweck auch ohne sie erreicht werden kann.[156]

6. Informationspflichten und Betroffenenrechte

Die DS-GVO legt, das zeigen auch Art. 5 Abs. 1 lit. a und ErwGr 39 und 60 DS-GVO, besonderen Wert auf die Einbindung des Betroffenen. Dieser soll, um seine Rechte effektiv wahren zu können, die maßgeblichen Umstände der Verarbeitung der ihn betreffenden **Informationen** erfahren.[157] Einerseits ist hierfür erforderlich, dass der Betroffene darüber informiert wird, dass überhaupt Daten über ihn erhoben und verarbeitet werden,[158] andererseits muss der Betroffene diejenigen Informationen erhalten, die ihm eine Einschätzung der Verarbeitung sowie die Geltendmachung der ihm zustehenden Rechte und dadurch eine Einwirkung auf die Verarbeitung ermöglichen. Die DS-GVO sieht hierfür weitreichende Informationspflichten des Verantwortlichen vor (Art. 12–14 DS-GVO, → Rn. 99 ff.). 96

Darüber hinaus hat der Gesetzgeber erkannt, dass nicht nur von der Verarbeitung von Daten an sich Gefahren für den Betroffenen ausgehen können, sondern dies insbesondere auch für unrichtige Daten gilt. Dementsprechend sieht Art. 5 Abs. 1 lit. d DS-GVO vor, dass personenbezogene Daten „sachlich richtig und erforderlichenfalls auf dem neuesten Stand" sein müssen. 97

Zur Absicherung von **Transparenz** und **Richtigkeit** enthält die DS-GVO daher einen Satz an Rechten des Betroffenen, darunter Ansprüche auf Auskunft (Art. 15 DS-GVO, → Rn. 116), Berichtigung (Art. 16 DS-GVO, → Rn. 121), Löschung (Art. 17 DS-GVO, → Rn. 124) sowie den Widerspruch (Art. 21 DS-GVO, → Rn. 138). Diese Rechte können nicht durch Rechtsgeschäft ausgeschlossen oder beschränkt werden.[159] Der Verantwortliche ist darüber hinaus gemäß Art. 12 Abs. 2 DS-GVO verpflichtet, dem Betroffenen die Ausübung dieser Rechte zu erleichtern, zB durch Bereitstellung entsprechender Formulare und Informationen.[160] 98

a) Informationspflichten. Nach Art. 12–14 DS-GVO ist der Verantwortliche verpflichtet, den Betroffenen über die Umstände der Verarbeitung seiner Daten zu informieren. Die Modalitäten der zu erteilenden Information bestimmt Art. 12 DS-GVO (→ Rn. 105 ff.), der Umfang ist in Art. 13, 14 DS-GVO geregelt. Dabei wird zunächst unterschieden, ob die Daten beim Betroffenen erhoben wurden (Art. 13 DS-GVO) oder auf andere Weise (Art. 14 DS-GVO). 99

aa) Allgemeine Informationen. Beide Normen unterscheiden zwischen Pflichtinformationen (jeweils Abs. 1), die immer offenbart werden müssen, und Informationen, die nur mitgeteilt werden müssen, wenn dies für eine faire und transparente Verarbeitung erforderlich ist (jeweils Abs. 2).[161] 100

Nach Art. 13 Abs. 1 und 14 Abs. 1 DS-GVO muss der Verantwortliche stets angeben: 101

– Namen und Kontaktdaten des Verantwortlichen, sowie ggf. des Datenschutzbeauftragten,
– Zwecke und Rechtsgrundlage der Verarbeitung,

---

[156] Herbst in Kühling/Buchner DS-GVO Art. 5 Rn. 57; Reimer in Sydow DS-GVO Art. 5 Rn. 32.
[157] EuGH ZD 2015, 577 Rn. 32 f. – Bara.
[158] EuGH ZD 2015, 577 Rn. 33 – Bara.
[159] Specht in Sydow DS-GVO Art. 15 Rn. 1.
[160] ErwGr 59 S. 2 DS-GVO.
[161] ErwGr 60 S. 2 DS-GVO.

- wenn die Verarbeitung auf dem berechtigten Interesse des Verantwortlichen oder eines Dritten gemäß Art. 6 Abs. 1 lit. f DS-GVO beruht, dann diese berechtigten Interessen (nur Art. 13 DS-GVO),
- Kategorien verarbeiteter Daten (nur Art. 14 DS-GVO)[162]
- ggf. Empfänger oder Kategorien von Empfängern der Daten,
- ggf. die Absicht des Verantwortlichen, die personenbezogenen Daten an ein Drittland oder eine internationale Organisation zu übermitteln, zusätzlich Vorhandensein oder das Fehlen eines Angemessenheitsbeschlusses bzw. einen Verweis auf die geeigneten oder angemessenen Garantien (→ Rn. 196)

102 Die einzelfallabhängig zusätzlich zu erteilenden Informationen gemäß Art. 13 Abs. 2 und 14 Abs. 2 DS-GVO umfassen:

- Speicherdauer bzw. Kriterien hierfür,
- Rechte zu Auskunft, Berichtigung, Löschung, Einschränkung, Widerspruch und Datenübertragbarkeit
- ggf. das Recht auf Widerruf der Einwilligung (in den Fällen von Art. 6 Abs. 1 lit. a, Art. 9 Abs. 2 lit. a DS-GVO),
- Bestehen eines Beschwerderechts bei einer Aufsichtsbehörde,
- aus welcher Quelle die Daten stammen (nur Art. 14 DS-GVO),
- ob die Bereitstellung der personenbezogenen Daten gesetzlich oder vertraglich vorgeschrieben oder für einen Vertragsabschluss erforderlich ist sowie, ob die betroffene Person verpflichtet ist, die personenbezogenen Daten bereitzustellen, und welche möglichen Folgen die Nichtbereitstellung hätte,
- Bestehen einer automatisierten Entscheidungsfindung einschließlich Profiling sowie aussagekräftige Informationen über die involvierte Logik sowie die Tragweite und die angestrebten Auswirkungen einer derartigen Verarbeitung für den Betroffenen

103 Wie oben dargestellt, müssen die jeweils in Abs. 2 enthaltenen Informationen nicht stets mitgeteilt werden, sondern nur, wenn dies aus Fairness- oder Transparenzgesichtspunkten erforderlich ist. Diese Voraussetzung wird jedoch in der Regel vorliegen, weil der Betroffene im Ergebnis nur mit diesen Informationen Ausmaß und Folgen der Verarbeitung abschätzen kann. Aus diesem Grund sollte der Verantwortliche grundsätzlich stets alle Informationen nach Abs. 1 und Abs. 2 DS-GVO mitteilen.[163]

104 **bb) Zweckänderung.** Wenn der Verantwortliche beabsichtigt, die zuvor erhobenen Daten nun für einen anderen Zweck zu verwenden (**Zweckänderung**), muss er gemäß Art. 13 Abs. 3 und 14 Abs. 4 DS-GVO den Betroffenen vor der neuen Verarbeitung über den anderen Zweck informieren und alle Informationen jeweils gemäß Abs. 2 mitteilen. Dies dient dem oben dargestellten Grundsatz der Transparenz und sichert die Zweckbindung. Allerdings kann die Information bei einer nachträglichen Zweckänderung problematisch sein, falls es nicht unschwer möglich ist, den Betroffenen zu kontaktieren. Anders als bei der Dritterhebung gemäß Art. 14 Abs. 5 DS-GVO sieht Art. 13 DS-GVO bei der Direkterhebung für diesen Fall keine Ausnahme vor. Über absehbare Zweckänderungen sollte daher bereits beim Erstkontakt informiert werden.[164]

---

[162] Kritisch zu dieser Einschränkung Schantz in Schantz/Wolff Das neue DatenschutzR Teil F Kap. III. Rn. 1151.
[163] Schantz in Schantz/Wolff Das neue DatenschutzR Teil F Kap. III. Rn. 1151.
[164] Piltz K&R 2016, 629 (630); Schantz in Schantz/Wolff Das neue DatenschutzR Teil F Kap. III. Rn. 1162, 1164.

cc) Art und Weise der Information, Kosten. Wie oben dargestellt, sind die Informationspflichten teils umfassend. Die DS-GVO versucht, einer eventuellen Überforderung oder Abstumpfung des Betroffenen durch Vorgaben zu Zeitpunkt und Art und Weise der Information zu begegnen. Die entsprechenden Pflichten sind für den Verantwortlichen im Einzelfall nicht immer leicht zu erfüllen.

(1) Zeitpunkt. Bei der Erhebung der Daten beim Betroffenen sind die Informationen vorher oder zeitgleich zu erteilen (Art. 13 Abs. 1 DS-GVO), denn nur durch diese **zeitnahe Information** ist es dem Betroffenen noch möglich, von der Bereitstellung von Daten abzusehen. Werden Daten nicht direkt beim Betroffenen erhoben, muss die Information nach Art. 14 Abs. 3 DS-GVO in angemessener Zeit, spätestens einen Monat nach Erhebung erteilt werden. Die Monatsfrist ist als Maximalfrist zu verstehen, wie ErwGr 61 DS-GVO zeigt. Im Einzelfall kann daher durchaus eine frühere Mitteilung erforderlich sein.[165] Bei Daten wie Post- oder Mailadresse oder Telefonnummern ist die Information jedenfalls bei der ersten Kontaktaufnahme mitzuteilen (Art. 14 Abs. 3 lit. b DS-GVO), bei der Offenlegung der Daten an einen Dritten zum Zeitpunkt der Offenlegung (Art. 14 Abs. 3 lit. c DS-GVO).

Bei einer kontinuierlichen Datenverarbeitung, bspw. in Sozialen Netzwerken, sollte der Betroffene in regelmäßigen Abständen an die einmal erteilen Informationen, zB die Datenschutzerklärung, erinnert werden.[166] Finden – abgesehen von einer Zweckänderung (→ Rn. 104) – Änderungen der Informationen statt, müssen diese dem Betroffenen vorab und deutlich mitgeteilt werden.[167]

(2) Sprache und Form. Gemäß Art. 12 Abs. 1 DS-GVO sind die Informationen in präziser, transparenter, verständlicher und leicht zugänglicher Form in einer einfachen und klaren Sprache zu erteilen. Hierbei sind auch der Adressatenkreis und dessen Verständnismöglichkeiten zu berücksichtigen,[168] wie sich Art. 12 Abs. 1 S. 1 DS-GVO entnehmen lässt, der vom Verantwortlichen ausdrücklich verlangt, bei Informationen an Kinder die Anforderungen besonders zu beachten.[169]

Die **Sprache** ist so einfach wie möglich zu halten, abstrakte Formulierungen und Mehrdeutigkeiten sind zu vermeiden.[170] Soweit möglich, ist auf Fachsprache zu verzichten, auch kann es erforderlich sein, verschiedene Sprachfassungen vorzuhalten.[171] Um dem Betroffenen die Bedeutung der Informationen nahezubringen, sollten auch die Folgen der Verarbeitung dargestellt werden.[172] Datenschutzinformationen sollten von anderen Informationen klar getrennt werden.[173] Die Informationen können auch strukturiert bzw. mit Navigationselementen dargestellt werden, sodass der Betroffene diese Punkt für Punkt durchgehen kann.[174] Ergänzend können auch Pop-up-Benachrichtigungen, Videos und Comics verwendet werden.[175] Art. 12 Abs. 7 DS-GVO sieht ebenfalls als Ergänzung die Verwendung von **Piktogrammen** vor, die für einzelne Verarbeitungen oder Folgen vor-

---

[165] Artikel 29-Datenschutzgruppe, Guidelines on transparency under Regulation 2016/679, WP 260, 15; Ingold in Sydow DS-GVO Art. 14 Rn. 20.
[166] Artikel 29-Datenschutzgruppe, Guidelines on transparency under Regulation 2016/679, WP 260, 16.
[167] Artikel 29-Datenschutzgruppe, Guidelines on transparency under Regulation 2016/679, WP 260, 16.
[168] Artikel 29-Datenschutzgruppe, Guidelines on transparency under Regulation 2016/679, WP 260, 7 f.
[169] Greve in Sydow DS-GVO Art. 12 Rn. 11, 15; zu kindgerechter Sprache s. Artikel 29-Datenschutzgruppe, Guidelines on transparency under Regulation 2016/679, WP 260, 10 mwN.
[170] Artikel 29-Datenschutzgruppe, Guidelines on transparency under Regulation 2016/679, WP 260, 9 mit konkreten Beispielen.
[171] Greve in Sydow DS-GVO Art. 12 Rn. 13; Paal/Hennemann in Paal/Pauly DS-GVO Art. 12 Rn. 35.
[172] Artikel 29-Datenschutzgruppe, Guidelines on transparency under Regulation 2016/679, WP 260, 8.
[173] Artikel 29-Datenschutzgruppe, Guidelines on transparency under Regulation 2016/679, WP 260, 7.
[174] Artikel 29-Datenschutzgruppe, Guidelines on transparency under Regulation 2016/679, WP 260, 7, 10, 17; vgl. auch LG Frankfurt a.M. ZD 2016, 494.
[175] Artikel 29-Datenschutzgruppe, Guidelines on transparency under Regulation 2016/679, WP 260, 11.

gesehen sind. Die EU-Kommission soll solche Piktogramme entwickeln, Art. 12 Abs. 8 DS-GVO.

110 Eine bestimmte **Form** ist für die Informationserteilung nicht vorgeschrieben, nach Art. 12 Abs. 1 S. 2 DS-GVO erfolgt die Übermittlung „schriftlich oder in anderer Form, ggf. auch elektronisch."

111 **(3) Zugänglichkeit. Leicht zugänglich** sind Informationen zB, wenn sie direkt ausgehändigt oder auf einer Website unter der entsprechenden Rubrik („Datenschutz", „Privacy" oÄ) bereitgehalten werden.[176] Der Betroffene darf nicht darauf angewiesen sein, die Informationen erst suchen zu müssen.[177] Ähnlich sah dies § 13 Abs. 1 S. 2 TMG vor. Dies ist aber nicht zwingend. Ist bei der Erhebung eine solch umfassende Information nicht möglich, zB bei Geräten mit kleinem Display, kann auch auf eine Website verwiesen werden, ggf. sogar per QR-Code.[178] In Apps sollten zum Zugriff auf die Informationen nicht mehr als zwei Klicks erforderlich sein.[179]

112 **(4) Kostenfreiheit.** Die Informationen sind zwingend **kostenfrei** zur Verfügung zu stellen und dürfen auch nicht von dem Erwerb von Produkten oder Dienstleistungen abhängig gemacht werden.[180]

113 **dd) Ausnahmen von der Informationspflicht.** Die Informationspflicht bei Direkt- und Dritterhebung entfällt gemäß Art. 13 Abs. 4 und 14 Abs. 5 DS-GVO, wenn der Betroffene über die jeweils zu erteilenden Informationen bereits verfügt. Hierbei müssen dem Betroffenen aber alle erforderlichen Informationen vorliegen.

114 Für die **Direkterhebung** nach Art. 13 DS-GVO sieht § 32 BDSG weitere, eng gefasste Ausnahmen von der Informationspflicht vor (dazu eingehend → § 4 Rn. 130 ff.). Bei der **Dritterhebung** kann gemäß Art. 14 Abs. 5 DS-GVO darüber hinaus von der Information abgesehen werden, wenn

> – die Erteilung der Information unmöglich ist oder einen unverhältnismäßigen Aufwand erfordern würde (Art. 14 Abs. 5 lit. b DS-GVO, der für die Verarbeitung für im öffentlichen Interesse liegende Archivzwecke (→ Rn. 93) weitere Voraussetzungen vorsieht). Ob der Aufwand unverhältnismäßig ist, ist im Wege einer Abwägung des Aufwands der Information auf der einen Seite und der Gefährdung der informationellen Selbstbestimmung (bzw. des grundrechtlichen Schutzbereichs gemäß Art. 7, 8 GRCh bzw. Art. 8 EMRK, näher hierzu → § 2 Rn. 7) auf der anderen Seite festzustellen. Hierbei kommt es auf den Aufwand für die Information jeweils an einen Betroffenen an, sodass die Informationspflicht nicht bereits bei einer Vielzahl Betroffener, zB bei **Big Data**, entfällt.[181] Auch die Unkenntnis von Kontaktmöglichkeiten allein ist nicht ausreichend, wenn diese im Einzelfall durch eine einfache Internetrecherche ermittelt werden können;
> – eine spezielle, konkrete Regelung zur Erhebung oder Offenlegung der betroffenen Daten vorliegt (Art. 14 Abs. 5 lit. c DS-GVO);
> – die Daten einer Berufsgeheimnispflicht unterliegen (zB bei Anwälten, Notaren und Ärzten) (Art. 14 Abs. 5 lit. d DS-GVO);

---

[176] Artikel 29-Datenschutzgruppe, Guidelines on transparency under Regulation 2016/679, WP 260, 8.
[177] Artikel 29-Datenschutzgruppe, Guidelines on transparency under Regulation 2016/679, WP 260, 8.
[178] Artikel 29-Datenschutzgruppe, Opinion 8/2014 on the on Recent Developments on the Internet of Things, WP 223, 16.9.2014, 18; Guidelines on transparency under Regulation 2016/679, WP 260, 19; zu weiteren Möglichkeiten Mantz/Spittka in Sassenberg/Faber RechtsHdB Industrie 4.0 und Internet of Things Teil 2 Kap. E Rn. 54.
[179] Artikel 29-Datenschutzgruppe, Guidelines on transparency under Regulation 2016/679, WP 260, 8.
[180] Artikel 29-Datenschutzgruppe, Guidelines on transparency under Regulation 2016/679, WP 260, 12.
[181] Ingold in Sydow DS-GVO Art. 14 Rn. 14.

- die Rechtsausübung des Verantwortlichen durch die Information gefährdet würde und die Interessen des Verantwortlichen überwiegen (§ 33 Abs. 1 Nr. 2 lit. a BDSG; dazu → § 4 Rn. 134);
- sowie den weiteren Fällen des § 33 BDSG (→ § 4 Rn. 134)

Wird von einer Information gemäß §§ 32 oder 33 BDSG abgesehen, muss der Verantwortliche geeignete Maßnahmen zum Schutz der berechtigten Interessen des Betroffenen ergreifen, darunter die (generelle) öffentliche Information über solche Ausnahmegründe (§§ 32 Abs. 2, 33 Abs. 2 BDSG). Der Verantwortliche muss zudem schriftlich dokumentieren, warum er von einer Information abgesehen hat. 115

b) Auskunftsrecht. Dem Betroffenen steht ergänzend zu den Informationspflichten gemäß Art. 12–14 DS-GVO ein **Auskunftsrecht** nach Art. 15 DS-GVO zu. Der Betroffene kann zunächst Auskunft verlangen, ob überhaupt auf ihn bezogene Daten verarbeitet werden. Das inhaltliche Auskunftsersuchen kann sich (auch ohne weiteres ausdrückliches Verlangen) anschließen. Die Auskunft beschränkt sich nicht auf reine Vertrags- oder Bestandsdaten. Der Betroffene kann vielmehr Auskunft verlangen über alle[182] zu seiner Person vorhandenen Daten, was auch solche Daten erfasst, die in der Vergangenheit verarbeitet wurden,[183] inklusive deren Herkunft, die Kategorien verarbeiteter Daten, die Zwecke der Verarbeitung inklusive erfolgter Zweckänderungen (dazu → Rn. 88), Empfänger oder Kategorien von Empfängern von Daten, über die Speicherdauer (bzw. Kriterien hierfür) und die Entscheidungsfindung im Wege des Profiling nach Art. 22 DS-GVO (→ Rn. 75). Ferner ist nach Art. 15 Abs. 3 DS-GVO eine Kopie der Daten, die Gegenstand der Verarbeitung sind, zur Verfügung zu stellen.[184] Bei Datenübermittlungen an Drittstaaten oder an internationale Organisationen gemäß Art. 13 Abs. 1 lit. f bzw. Art. 14 Abs. 1 lit. f DS-GVO kann auch die Unterrichtung über geeignete Garantien nach Art. 46 DS-GVO verlangt werden.[185] 116

Eine bestimmte Form ist für das **Auskunftsverlangen** nicht vorgesehen, ein Formzwang besteht daher nicht. Das Auskunftsersuchen soll bei der Verarbeitung großer Datenmengen auf bestimmte Informationen oder Verarbeitungsvorgänge konkretisiert werden. 117

Auch die Auskunft unterliegt gemäß Art. 12 Abs. 1 S. 2 DS-GVO keiner konkreten **Form.** Schrift- oder Textform sind jedoch empfehlenswert. Die Auskunft kann auch durch Zugang zu einem sicheren System gewährt werden.[186] 118

Gemäß Art. 12 Abs. 3 DS-GVO ist die Auskunft unverzüglich, aber spätestens nach einer **Frist** von einem Monat, zu erteilen. Die Auskunft ist grundsätzlich kostenlos. Wird die Auskunft unverhältnismäßig häufig geltend gemacht oder ist das Begehren offenkundig unbegründet, kann der Verantwortliche gemäß Art. 12 Abs. 5 DS-GVO ein angemessenes **Entgelt** verlangen oder die Auskunft verweigern. In diesen Fällen ist er jedoch nachweispflichtig.[187] Die Übermittlung der ersten Kopie der Daten ist stets **kostenlos.** Gemäß Art. 15 Abs. 3 S. 2 DS-GVO kann der Verantwortliche aber für jede weitere Kopie ein angemessenes Entgelt, allerdings lediglich in Höhe der Verwaltungskosten,[188] ver- 119

---

[182] Specht in Sydow DS-GVO Art. 15 Rn. 10.
[183] Zur DS-RL EuGH EuZW 2009, 546 – Rijkeboer; Paal in Paal/Pauly DS-GVO Art. 15 Rn. 23; Bäcker in Kühling/Buchner DS-GVO Art. 15 Rn. 8; aA Schmidt-Wudy in BeckOK DatenschutzR DS-GVO Art. 15 Rn. 52.
[184] Allerdings besteht Streit darüber, wie Art. 15 Abs. 3 DS-GVO einzuordnen ist und was mit der „Kopie" gemeint ist, s. Paal in Paal/Pauly DS-GVO Art. 15 Rn. 33; Specht in Sydow DS-GVO Art. 15 Rn. 18, jeweils mwN.
[185] Specht in Sydow DS-GVO Art. 15 Rn. 17.
[186] ErwGr 63 DS-GVO.
[187] Specht in Sydow DS-GVO Art. 15 Rn. 17.
[188] Vgl. EuGH ZD 2014, 248 Rn. 30.

langen. Hat sich der Datenbestand zwischenzeitig erheblich verändert und beantragt der Betroffene „erneut" Auskunft, ist die Kopie wieder unentgeltlich.[189]

120 Nach ErwGr 64 DS-GVO soll der Verantwortliche alle vertretbaren Mittel nutzen, um die **Identität** des Betroffenen, der Auskunft ersucht, zu überprüfen. Er kann daher gemäß Art. 12 Abs. 6 DS-GVO insbesondere weitere Informationen für die Prüfung anfordern.

121 **c) Berichtigung.** Nach Art. 16 DS-GVO steht dem Betroffenen ein Recht auf **Berichtigung** zu, wenn Daten unrichtig sind.[190] Unrichtig ist eine auf eine Person bezogene Angabe, wenn sie nicht mit der Realität übereinstimmt.[191] Der Verantwortliche muss unrichtige Daten von sich aus und ohne entsprechendes Verlangen bereits nach Art. 5 Abs. 1 lit. d DS-GVO berichtigen.[192] Nach Art. 16 DS-GVO kann der Betroffene darüber hinaus jederzeit die Berichtigung verlangen. Ausreichend ist insoweit ein einfaches Bestreiten des Betroffenen, wobei er zumindest die vermeintlich falschen Daten genau bezeichnen muss.[193] Eine Regelung für Fälle, in denen sich die Richtigkeit oder Unrichtigkeit nicht feststellen lässt **(non liquet)**, enthält die DS-GVO anders als zB § 35 Abs. 4 BDSG aF nicht. Allerdings dürften Unsicherheiten unter Zugrundelegung von Art. 5 Abs. 1 lit. d DS-GVO zu Lasten des Verantwortlichen wirken.[194] Gemäß Art. 16 S. 2 DS-GVO kann unter bestimmten Umständen auch die Vervollständigung von Daten erreicht werden.[195]

122 Die Berichtigung muss „**unverzüglich**" erfolgen, wobei dem Verantwortlichen eine gewisse Prüffrist für die Feststellung der Identität des Betroffenen und der Unrichtigkeit der Daten zuzubilligen ist.

123 Nach Art. 19 DS-GVO muss der Verantwortliche auch Empfänger der (nunmehr) berichtigten Daten hierüber unterrichten, sofern dies nicht unmöglich oder mit einem unverhältnismäßigen Aufwand verbunden ist (dazu s. auch → Rn. 127).

124 **d) Löschung.** In bestimmten Fällen kann der Betroffene die **Löschung** der ihn betreffenden Daten verlangen.

125 **aa) Löschpflicht.** Personenbezogene Daten sind ohnehin zu löschen, wenn ihre Verarbeitung unrechtmäßig ist oder die Daten für den Verarbeitungszweck nicht mehr erforderlich sind (Art. 5 Abs. 1 lit. b DS-GVO). Der Betroffene kann die Löschung darüber hinaus verlangen, wenn er seine Einwilligung wirksam widerrufen hat und keine andere Rechtsgrundlage für die Verarbeitung vorliegt (Art. 17 Abs. 1 lit. b DS-GVO), wenn er gemäß Art. 21 Abs. 1 DS-GVO Widerspruch (→ Rn. 138) erhoben hat und auf Seiten des Verantwortlichen keine vorrangigen berechtigten Gründe für die Verarbeitung vorliegen (Art. 17 Abs. 1 lit. c DS-GVO), die Löschung zur Erfüllung einer rechtlichen Verpflichtung des Verantwortlichen, zB aus einem Urteil, erforderlich ist (Art. 17 Abs. 1 lit. e DS-GVO)[196] sowie wenn es sich um personenbezogene Daten von Kindern handelt, die in Bezug auf einen Dienst der Informationsgesellschaft (→ Rn. 45, 69), zB im Bereich des E-Commerce oder in Sozialen Netzwerken, gemäß Art. 8 DS-GVO auf Grundlage der Einwilligung des Kindes erhoben wurden (Art. 17 Abs. 1 lit. f DS-GVO). Minderjährige können daher nach Eintritt der Volljährigkeit die Löschung ohne weitere Voraussetzungen verlangen.

---

[189] Specht in Sydow DS-GVO Art. 15 Rn. 17; Bäcker in Kühling/Buchner DS-GVO Art. 15 Rn. 45.
[190] Vgl. auch Art. 8 Abs. 2 S. 2 GRCh, der das Recht auf Berichtigung grundrechtlich verankert.
[191] Peuker in Sydow DS-GVO Art. 16 Rn. 11 mwN.
[192] Vgl. Herbst in Kühling/Buchner DS-GVO Art. 16 Rn. 2; Paal in Paal/Pauly DS-GVO Art. 16 Rn. 4.
[193] Peuker in Sydow DS-GVO Art. 16 Rn. 16.
[194] Peuker in Sydow DS-GVO Art. 16 Rn. 15.
[195] Laue/Nink/Kremer in LNK Das neue DatenschutzR § 4 Rn. 36.
[196] Streitig ist, ob die Regelung eine Öffnungsklausel darstellt, durch die die Mitgliedstaaten weitere Löschpflichten vorsehen können, dazu Paal in Paal/Pauly DS-GVO Art. 17 Rn. 27 mwN.

bb) Löschbegehren. Das Löschbegehren unterliegt keiner besonderen **Form**. Die Lö- 126
schung hat unverzüglich zu erfolgen, nach Art. 12 Abs. 3 DS-GVO spätestens binnen einer **Frist** von einem Monat. Die Löschung ist **unentgeltlich** (s. zu Ausnahmen
→ Rn. 119).

cc) Rechtsfolge. Sind Daten zu löschen, müssen sie irreversibel unkenntlich gemacht 127
werden. Sie können also entweder physisch entfernt oder vollständig und absolut anonymisiert werden, zB indem bei verschlüsselten oder pseudonymisierten Daten (→ Rn. 16)
die Schlüssel (vollständig) entfernt werden. Für letzteres ist allerdings Voraussetzung, dass
der Personenbezug auch durch Hinzunahme anderer Daten nicht wiederhergestellt werden kann.[197] Es sind alle Kopien, auch in Backups, zu löschen.

Darüber hinaus muss der Verantwortliche gemäß Art. 19 DS-GVO allen **Empfängern,** 128
denen Daten offengelegt wurden, die Löschung mitteilen, sofern dies nicht unmöglich
oder mit einem unverhältnismäßigen Aufwand verbunden ist. Im Rahmen der Prüfung
der Unverhältnismäßigkeit des Aufwandes sind ua die Menge und die Bedeutung der Daten für den Betroffenen sowie der Aufwand für die Benachrichtigung zu berücksichtigen.
Bei weitgehend belanglosen Daten und hohem Aufwand kann daher im Einzelfall von
der Benachrichtigung abgesehen werden.[198] Handelt es sich hingegen um besondere Kategorien von Daten, kann ein höherer Aufwand verlangt werden.[199]

Hat der Verantwortliche personenbezogene Daten **veröffentlicht,** sie also einer unbe- 129
grenzten Zahl von Personen zugänglich gemacht, muss er nach Art. 17 Abs. 2 DS-GVO
zusätzlich angemessene Maßnahmen ergreifen, um andere Verantwortliche von dem
Löschbegehren in Kenntnis zu setzen.[200]

dd) Recht auf Vergessenwerden. Art. 17 DS-GVO ist mit dem Titel „**Recht auf** 130
Vergessenwerden" überschrieben, der auf die EuGH-Entscheidung „Google Spain" zurückgeht.[201] Im dortigen Fall hatte der EuGH den Suchmaschinenbetreiber Google als
Verantwortlichen nach der DS-RL dazu verpflichtet, bei der Suche nach dem dortigen
Kläger bestimmte Suchergebnisse nicht mehr anzuzeigen (näher und zum Verhältnis zu
Online-Archiven → § 19 Rn. 110 ff.). Der Regelungsgehalt von Art. 17 DS-GVO liegt
aber etwas anders als die EuGH-Entscheidung: Art. 17 Abs. 1 DS-GVO umfasst generell
Löschungspflichten, die eben auch Suchmaschinenbetreiber betreffen können. Sind Daten
bei einem Verantwortlichen zu löschen, muss dieser nach Art. 17 Abs. 2 DS-GVO ggf.
auch Suchmaschinenbetreiber informieren.[202]

ee) Ausnahmen. Art. 17 Abs. 3 DS-GVO sieht bestimmte Ausnahmen von den Pflich- 131
ten der Abs. 1 und 2 vor, darunter bei einer Pflicht zur Aufbewahrung, aus Gründen der
öffentlichen Gesundheit und im öffentlichen Interesse liegender Archivzwecke, wissenschaftlicher oder historischer Forschungszwecke oder statistischer Zwecke sowie zur eigenen Rechtsausübung (näher → Rn. 114).

e) Einschränkung der Verarbeitung. In bestimmten Fällen kann der Betroffene vom 132
Verantwortlichen eine Einschränkung der Verarbeitung nach Art. 18 DS-GVO verlangen,
die ihrerseits (für den Verantwortlichen) quasi ein milderes Mittel darstellt.[203] Die Ein-

---

[197] Peuker in Sydow DS-GVO Art. 17 Rn. 32.
[198] Vgl. Peuker in Sydow DS-GVO Art. 19 Rn. 11.
[199] Herbst in Kühling/Buchner DS-GVO Art. 19 Rn. 9.
[200] Peuker in Sydow DS-GVO Art. 17 Rn. 47 ff.; Laue/Nink/Kremer in LNK Das neue DatenschutzR § 4 Rn. 48.
[201] EuGH NJW 2014, 2257 – Google Spain.
[202] Herbst in Kühling/Buchner DS-GVO Art. 17 Rn. 69; vgl. auch Peuker in Sydow DS-GVO Art. 17 Rn. 47.
[203] Fladung in Wybitul HdB DS-GVO Art. 18 Rn. 1.

schränkung der Verarbeitung ist gemäß Art. 4 Nr. 3 DS-GVO die Kennzeichnung von Daten, um ihre weitere Verarbeitung einzuschränken. Folge der Einschränkung ist ein relatives Nutzungsverbot, zulässig sind nur noch Verarbeitungen nach Art. 18 Abs. 2 DS-GVO. Die Einschränkung greift zB bei Daten, die für die eigene Verarbeitung nicht mehr erforderlich sind, deren Löschung aber Aufbewahrungspflichten entgegenstehen. Ferner können auch schutzwürdige Interessen des Verantwortlichen lediglich eine Einschränkung der Verarbeitung statt einer Löschung rechtfertigen, zB sofern sie zur Rechtsausübung erforderlich sind (→ Rn. 114). Hat der Betroffene Widerspruch eingelegt, sind die Daten zu sperren, solange noch nicht feststeht, wessen Interessen gemäß Art. 18 Abs. 1 lit. d DS-GVO überwiegen.

133 Der Verantwortliche ist ferner nach Art. 19 DS-GVO verpflichtet, diejenigen, denen er die Daten offengelegt hat, über die Einschränkung zu informieren (→ Rn. 127 f.). Auf Antrag des Betroffenen muss er diesen über die Empfänger unterrichten (Art. 19 S. 2 DS-GVO).

134 Will der Verantwortliche die Einschränkung aufheben, muss er den Betroffenen zuvor darüber informieren (Art. 18 Abs. 3 DS-GVO), um den Betroffenen über anstehende Weiterverarbeitungen in Kenntnis zu setzen und ihm ggf. die Ausübung seiner Rechte zu ermöglichen.

135 **f) Datenübertragbarkeit (Art. 20 DS-GVO).** Art. 20 DS-GVO normiert ein Recht auf **Datenportabilität.** Dieses gibt dem Betroffenen das Recht, vom Verantwortlichen die Bereitstellung derjenigen ihn betreffenden Daten in einem strukturierten, maschinenlesbaren Format zu verlangen, die er dem Verantwortlichen bereitgestellt hat. Der Betroffene kann nach Art. 20 Abs. 2 DS-GVO sogar verlangen, dass der Verantwortliche die Daten unmittelbar einem anderen Anbieter übermittelt, soweit dies technisch machbar ist. Ziel der Vorschrift ist, es dem Betroffenen zu ermöglichen, seine personenbezogenen Daten unschwer von einer IT-Umgebung auf eine andere bzw. von Anbieter zu Anbieter zu übertragen.[204]

136 Das Recht auf Datenübertragung umfasst diejenigen Daten, die sich auf den Betroffenen beziehen, also nicht allein Daten, die sich ausschließlich auf den Betroffenen beziehen, sondern auch solche, die mehrere Personen betreffen.[205]

137 Problematisch ist die Bestimmung, welche Daten dem Verantwortlichen vom Betroffenen „bereitgestellt" wurden. Nach Auffassung der Artikel 29-Datenschutzgruppe gehören dazu nicht nur diejenigen Daten, die vom Betroffenen aktiv ein- oder angegeben werden, sondern auch Daten in Bezug auf solche (Roh-)Daten, die zB durch ein Smart Meter, Wearables oder im Connected Car (→ § 16 Rn. 6 ff.) etc anfallen.[206] In der Literatur wird teils vertreten, dass hauptsächlich Stammdaten umfasst sind. Daten, die im Rahmen einer Bestellung im eCommerce eingegeben werden, sollen nicht übermittelt werden müssen.[207] Einigkeit besteht hingegen darin, dass Daten, die das Ergebnis einer Verarbeitung des Verantwortlichen darstellen, zB eine Auswertung, nicht portiert werden müssen.[208]

138 **g) Widerspruch.** Weiter steht dem Betroffenen in bestimmten Fällen das Recht zu, der weiteren Verarbeitung gemäß Art. 21 DS-GVO zu widersprechen. Es sind mehrere Konstellationen zu unterscheiden. Bei Direktwerbung kann der Betroffene nach Art. 21

---

[204] Artikel 29-Datenschutzgruppe, Leitlinien zum Recht auf Datenübertragbarkeit, WP 242, 13. 12. 2016, 3.
[205] ErwGr 68 DS-GVO; Artikel 29-Datenschutzgruppe, Leitlinien zum Recht auf Datenübertragbarkeit, WP 242, 13. 12. 2016, 7 f.; Kamlah in Plath, 2. Aufl. 2016, DSGVO Art. 20 Rn. 5.
[206] Artikel 29-Datenschutzgruppe, Leitlinien zum Recht auf Datenübertragbarkeit, WP 242, 13. 12. 2016, 8; Herbst in Kühling/Buchner DS-GVO Art. 20 Rn. 11, der für Daten des Connected Car allerdings Zweifel erhebt; zur Datenübertragung bei IoT Mantz/Spittka in Sassenberg/Faber RechtsHdB Industrie 4.0 und Internet of Things Teil 2 Kap. E. Rn. 70.
[207] Plath in Plath DSGVO Art. 20 Rn. 6 f.
[208] Artikel 29-Datenschutzgruppe, Leitlinien zum Recht auf Datenübertragbarkeit, WP 242, 13. 12. 2016, 8; Herbst in Kühling/Buchner DS-GVO Art. 20 Rn. 11.

Abs. 2 DS-GVO jederzeit und ohne weitere Voraussetzungen der weiteren Verarbeitung widersprechen. Im Übrigen steht dem Betroffenen insbesondere ein Widerspruchsrecht zu, wenn die Verarbeitung der Daten auf einem im öffentlichen Interesse liegenden Zweck nach Art. 6 Abs. 1 lit. e DS-GVO oder einer Interessenabwägung nach Art. 6 Abs. 1 lit. f DS-GVO beruht, wobei dies auch für das Profiling nach Art. 22 DS-GVO (→ Rn. 75) gilt. Der Betroffene muss hier konkret besondere Umstände vortragen, die die Verarbeitung für ihn im Einzelfall unzumutbar erscheinen lassen. Der Verantwortliche darf die Verarbeitung anschließend nur fortsetzen, wenn er zwingende Gründe für die Verarbeitung nachweisen kann, die gegenüber den Interessen des Betroffenen überwiegen. Dadurch wird dem Betroffenen die Möglichkeit eröffnet, die weitere Verarbeitung zu unterbinden, wenn in seiner persönlichen Situation begründete schutzwürdige Interessen denen des Verantwortlichen vorgehen. Solche schutzwürdigen Interessen können zB vorliegen, wenn der Betroffene bereits Opfer von Datenschutzverletzungen geworden ist und einer Wiederholung vorgebeugt werden soll[209] oder die Verarbeitung aufgrund einer herausgehobenen politischen Stellung oder der Teilnahme an einem Zeugenschutzprogramm besondere Folgen nach sich ziehen könnte.[210]

7. Rechenschaftspflicht

Gemäß Art. 5 Abs. 2 DS-GVO ist der Verantwortliche verpflichtet, die Prinzipien des Art. 5 Abs. 1 DS-GVO einzuhalten und muss dies nachweisen können (**„Rechenschaftspflicht"**). Eine Konkretisierung dieser Pflichten enthält Art. 24 DS-GVO, der die Einrichtung und Aktualisierung von technischen und organisatorischen Maßnahmen vorsieht, wobei Ziel der Maßnahmen ist, dass die Verarbeitung stets und vollumfänglich im Einklang mit den Vorgaben der DS-GVO erfolgt. 139

Der **Nachweispflicht** kann der Verantwortliche insbesondere durch entsprechende Dokumentation nachkommen, Bestandteile hiervon können insbesondere das Verarbeitungsverzeichnis gemäß Art. 30 DS-GVO sowie die Beschreibung und Bewertung von Vorgängen im Rahmen der Folgenabschätzung nach Art. 35 Abs. 7 DS-GVO sein.[211] Für die Rechtmäßigkeit der Datenverarbeitung liegt die **Beweislast** beim Verantwortlichen. 140

Die Rechenschaftspflicht entspricht daher insgesamt einer Pflicht zur **Compliance** (eingehend → § 8 Rn. 1 ff.). 141

V. Gemeinsam Verantwortliche und Auftragsverarbeitung

1. Gemeinsam Verantwortliche

a) Definition. Die DS-GVO kennt wie die DS-RL das Konzept der **gemeinsam Verantwortlichen** in Art. 4 Nr. 7 und Art. 26 DS-GVO. An der Definition hat sich im Vergleich zur DS-RL nichts geändert. Aufgrund der mangelhaften Umsetzung der DS-RL durch den deutschen Gesetzgeber dürften die gemeinsam Verantwortlichen trotzdem ein Novum für den deutschen Rechtsanwender sein. Art. 26 Abs. 1 S. 1 DS-GVO wiederholt die Definition im Wesentlichen: 142

„Legen zwei oder mehr Verantwortliche gemeinsam die Zwecke der und die Mittel zur Verarbeitung fest, so sind sie gemeinsam Verantwortliche."

Prinzipiell gelten hier die Erwägungen zum Verantwortlichen (→ Rn. 19 ff.). Was den Aspekt der Gemeinsamkeit angeht, ist festzuhalten, dass **keine Parität** zwischen mehre-

---

[209] Vgl. Däubler in DKWW BDSG § 35 Rn. 33 mwN.
[210] Kamlah in Plath DSGVO Art. 21 Rn. 5.
[211] Pötters in Gola DS-GVO Art. 5 Rn. 32.

ren Verantwortlichen herrschen muss.[212] Wann allerdings genau eine hinreichende gemeinsame **Entscheidung** oder Festlegung der Zwecke und Mittel vorliegt, ist nach momentaner Rechtsprechung des EuGH schwer zu beurteilen.[213] Der EuGH-Entscheidung „Jehovan todistajat" kann entnommen werden, dass eine Person oder Stelle an der Entscheidung über Zwecke und Mittel mitwirkt, sobald sie aus Eigeninteresse Einfluss auf die Verarbeitung nimmt.[214] Es bleibt zu hoffen, dass der EuGH oder jedenfalls der EDSA in Zukunft konkretere Leitlinien geben wird.

143 **b) Abgrenzung.** Die gemeinsam Verantwortlichen sind zum einen von dem **alleinigen Verantwortlichen** abzugrenzen und zum anderen vom **Auftragsverarbeiter** gem. Art. 4 Nr. 8 und Art. 28 DS-GVO. Insofern fordert ErwGr 79 DS-GVO eine klare Zuteilung der Verantwortlichkeiten. Bei der Abgrenzung ist auf die **tatsächlichen Beziehungen** und nicht auf die Vereinbarungen zwischen den Parteien abzustellen.[215] Zudem ist die Verantwortlichkeit anhand der einzelnen Verarbeitung und nicht im Gesamtkontext zu beurteilen. Hinsichtlich einer Abgrenzung zur alleinigen Verantwortlichkeit sind zwei Konstellationen denkbar: Zunächst wäre zu prüfen, ob es sich bei der entsprechenden, zusätzlichen Person oder Stelle originär um einen Dritten im Sinne von Art. 4 Nr. 10 DS-GVO (→ Rn. 24) handelt oder ob diese der Organisationseinheit des (offensichtlich) Verantwortlichen als unterstellte Person oder Stelle zugehörig ist. Daneben ist denkbar, dass es sich auch nur um Übermittlungsvorgänge zwischen zwei autonomen Verantwortlichen handelt. Hinsichtlich der Auftragsverarbeitung dürfte das maßgebliche Abgrenzungskriterium sein, ob der (potenziell) Dritte selbst Einfluss auf die **Zwecke und Mittel** der Verarbeitung ausüben kann oder sich der Einfluss auf die **Mittel**[216] beschränkt. Bei der Entscheidung über **wesentliche Aspekte** der Mittel kann allerdings die Grenze zur Verantwortlichkeit überschritten sein. Sobald der Auftragsverarbeiter autonom entscheidet, ist er auch im Hinblick auf Art. 28 Abs. 10 DS-GVO als eigener Verantwortlicher und nicht als gemeinsamer Verantwortlicher anzusehen. Maßgeblich für die Abgrenzung zu den gemeinsamen Verantwortlichen dürfte also die gegenseitige Beeinflussung sein.

144 **c) Pflichten.** Die von ErwGr 79 DS-GVO geforderte Zuteilung der Verantwortlichkeiten (für die einzelnen Pflichten) dürfte vor allem über die in Art. 26 Abs. 1 S. 2 DS-GVO geforderte **Vereinbarung** zwischen gemeinsamen Verantwortlichen sowie über den in Art. 28 Abs. 3 DS-GVO geforderten **Vertrag** bzw. das entsprechende **Rechtsinstrument** zwischen Verantwortlichem und Auftragsverarbeiter erfolgen. Die Vereinbarung gem. Art. 26 Abs. 1 S. 2 DS-GVO legt, außer im Falle der Festsetzung durch Union- oder mitgliedstaatliches Recht, in transparenter Form fest, wer welche Verpflichtungen der DS-GVO erfüllt. Gem. Art. 26 Abs. 2 S. 1 DS-GVO muss diese Vereinbarung den tatsächlichen Gegebenheiten entsprechen. Dabei ist festzuhalten, dass die gemeinsame Verantwortlichkeit die Vereinbarung nach sich zieht und nicht umgekehrt die Vereinbarung konstitutiv für die gemeinsame Verantwortlichkeit ist. Nach Art. 26 Abs. 3 DS-GVO schließlich kann der Betroffene seine Rechte aus der DS-GVO, ungeachtet der Vereinbarung, ggü. **jedem einzelnen Verantwortlichen** geltend machen. Darüber hinaus haften gemeinsam Verantwortliche gem. Art. 82 Abs. 4 DS-GVO **gesamtschuldnerisch** (→ Rn. 246).

---

[212] EuGH ZD 2018, 357 (359) Rn. 43 – Wirtschaftsakademie.
[213] EuGH ZD 2018, 357 (361 ff.) mit Anm. Marosi/Matthé.
[214] EuGH Urt. v. 10.7.2018 – C-25/17, Rn. 68 – Zeugen Jehovas.
[215] Thomale in Auernhammer DSGVO BDSG Art. 26 Rn. 8 f.
[216] Die Artikel 29-Datenschutzgruppe räumt hier in Opinion 1/2010 on the concepts of „controller" and „processor", WP 169, 16.2.2010, 17, dem Auftragsverarbeiter weiten Spielraum ein; Bertermann in Ehmann/Selmayr DS-GVO Art. 28 Rn. 3.

2. Auftragsverarbeiter

a) Allgemeines. Das Konzept des **Auftragsverarbeiters** gem. Art. 4 Nr. 8 und Art. 28 145
DS-GVO[217] dient vor allem dazu, es dem Verantwortlichen zu ermöglichen, sich externen Sachverstand und Kapazitäten einzuholen. Wie auch unter der DS-RL und dem BDSG aF besteht weiterhin eine **Privilegierungswirkung** der Auftragsverarbeitung.[218] Dies ergibt sich etwa auch implizit aus Art. 29 DS-GVO. Die Übermittlung zum Auftragsverarbeiter sowie dessen Verarbeitungen bedürfen also nicht einer gesonderten Rechtsgrundlage. Dies entbindet den Verantwortlichen selbst allerdings nicht von der Notwendigkeit für Rechtsgrundlagen zur Verarbeitung. Zudem bedarf es bei einem Auftragsverarbeiter in einem **Drittstaat** oder einer **internationalen Organisation** der Beachtung von Art. 44 ff. DS-GVO (→ § 7 Rn. 3). Damit ist zwar die Verarbeitung des Auftragsverarbeiters im Drittland privilegiert, die Übermittlung dorthin muss allerdings besonders geprüft werden. Das Konzept der **Funktionsübertragung** sollte hingegen unter der DS-GVO aufgegeben werden.[219] Im Unterschied zur DS-RL knüpfen die Pflichten der DS-GVO nun auch an vielen Stellen an den Auftragsverarbeiter an.

b) Abgrenzung. Wie bereits im Rahmen der Definition (→ Rn. 23) erwähnt, ist maß- 146
gebliches Abgrenzungskriterium zum gemeinsam sowie alleinigen Verantwortlichen gem. Art. 4 Nr. 7 DS-GVO, dass der Auftragsverarbeiter **im Auftrag** des Verantwortlichen und somit auch **auf Weisung** desselben arbeitet.[220] Demnach gilt gem. Art. 28 Abs. 10 DS-GVO ein Auftragsverarbeiter, der **eigenmächtig** die Zwecke und Mittel einer Verarbeitung bestimmt, als Verantwortlicher für die Verarbeitung. Da der Auftragsverarbeiter im Auftrag des Verantwortlichen tätig wird, setzt er auch einen Verantwortlichen als Bezugsobjekt notwendigerweise voraus. Beim Auftragsverarbeiter handelt es sich also demnach, wie auch Art. 29 DS-GVO verdeutlicht, nicht um eine dem Verantwortlichen unterstellte Person sondern, lässt man die Auftragsverarbeitung außen vor, um einen **Dritten**.

c) Pflichten und Anforderungen. Art. 28 Abs. 1 DS-GVO stellt sicher, dass der Verant- 147
wortliche eine **sorgfältige Auswahl** der potenziellen Auftragsverarbeiter durchführt und nur solche Personen einsetzt, die **hinreichende Garantien** dafür bieten, dass **geeignete technische und organisatorische Maßnahmen** zum Schutz der Rechte der betroffenen Person sowie zur Einhaltung der DS-GVO getroffen werden.

Art. 28 Abs. 2 DS-GVO beschäftigt sich mit der Frage der **weiteren Auftragsverar-** 148
beiter.[221] Möchte der Auftragsverarbeiter seinerseits Auftragsverarbeiter einsetzen, bedarf es hierfür einer vorherigen gesonderten oder allgemeinen schriftlichen Genehmigung des Verantwortlichen. Bei einer allgemeinen Genehmigung besteht eine Informationspflicht des Auftragsverarbeiters über jede Änderung der weiteren Auftragsverarbeiter, gepaart mit einem Einspruchsrecht des Verantwortlichen. Wenn der Auftragsverarbeiter einen weiteren Auftragsverarbeiter beauftragt, erfordert nach Art. 28 Abs. 4 DS-GVO auch dessen Beauftragung einen Vertrag bzw. ein Rechtsinstrument mit einem Art. 28 Abs. 3 DS-GVO entsprechenden Inhalt. Für Verstöße der weiteren Auftragsverarbeiter haftet gem. Art. 28 Abs. 4 S. 2 DS-GVO der Auftragsverarbeiter ggü. dem Verantwortlichen.

---

[217] Ergänzt durch ErwGr 81 DS-GVO.
[218] Bertermann in Ehmann/Selmayr DS-GVO Art. 28 Rn. 3; ausführlich Thomale in Auernhammer DSGVO BDSG Art. 28 Rn. 6 ff.; Hartung in Kühling/Buchner DS-GVO Art. 28 Rn. 15 ff.
[219] So auch Thomale in Auernhammer DSGVO BDSG Art. 28 Rn. 14 ff.; Hartung in Kühling/Buchner DS-GVO Art. 28 Rn. 44.
[220] Bertermann in Ehmann/Selmayr DS-GVO Art. 28 Rn. 3; Thomale in Auernhammer DSGVO BDSG Art. 28 Rn. 19 ff.; zur Abgrenzung mit Beispielen Hartung in Kühling/Buchner DS-GVO Art. 28 Rn. 46 ff.
[221] Bertermann in Ehmann/Selmayr DS-GVO Art. 28 Rn. 11 f.; Ingold in Sydow DS-GVO Art. 28 Rn. 35 ff.

149 Art. 28 Abs. 3 DS-GVO knüpft an die Entscheidung über die Durchführung einer Auftragsverarbeitung den Abschluss eines **Vertrages** oder eines **anderen Rechtsinstruments**[222] nach Unions- oder mitgliedstaatlichem Recht, das den Auftragsverarbeiter seitens des Verantwortlichen bindet. Konstitutiv ist für die Auftragsverarbeitung also die Entscheidung über die Durchführung, nicht der Vertrag. In diesem müssen **Gegenstand** und **Dauer** der Verarbeitung, die **Art** der personenbezogenen Daten, die **Kategorien betroffener Personen** und die **Pflichten und Rechte** des Verantwortlichen festgelegt werden. Der Vertrag bzw. das Rechtsinstrument muss gem. Art. 28 Abs. 9 DS-GVO **schriftlich** abgefasst werden. Dies kann auch in einem elektronischen Format erfolgen. Im Speziellen muss für den Auftragsverarbeiter gem. Art. 28 Abs. 3 DS-GVO festgelegt werden:

- Personenbezogene Daten werden nur auf dokumentierte Weisung des Verantwortlichen verarbeitet – dies gilt insbes. für die Übermittlung in ein Drittland –, außer in Fällen, in denen das Unions- oder mitgliedstaatliche Recht den Auftragsverarbeiter zur Verarbeitung verpflichtet. Im Falle einer rechtlichen Verpflichtung muss der Auftragsverarbeiter grds. den Verantwortlichen vorher darüber informieren, außer ein wichtiges öffentliches Interesse verbietet dies (lit. a).
- Er gewährleistet, dass die zur Verarbeitung befugten Personen zur Vertraulichkeit verpflichtet sind oder einer angemessenen, gesetzlichen Verschwiegenheitspflicht unterliegen (lit. b).
- Er ergreift alle gem. Art. 32 DS-GVO (→ Rn. 164 ff.) erforderlichen Maßnahmen (lit. c).
- Er hält die in Art. 28 Abs. 2 und 4 DS-GVO genannten Bedingungen für die Inanspruchnahme eines weiteren Auftragsverarbeiters ein (lit. d).
- Er unterstützt angesichts der Art der Verarbeitung den Verantwortlichen soweit möglich mit geeigneten technischen und organisatorischen Maßnahmen, um dessen Pflichten zur Beantwortung von Anträgen der in Kapitel III genannten Betroffenenrechte (→ Rn. 116 ff.) nachzukommen (lit. e).
- Er unterstützt angesichts der Art der Verarbeitung und im Hinblick auf die ihm zur Verfügung stehenden Informationen den Verantwortlichen bei der Einhaltung der Pflichten aus Art. 32 bis 36 DS-GVO (lit. f).
- Nach Wahl des Verantwortlichen löscht er nach Erbringung der Verarbeitungsleistung alle personenbezogenen Daten oder gibt diese zurück, außer es besteht eine Pflicht zur Speicherung nach dem Unions- oder mitgliedstaatlichen Recht (lit. g).
- Er stellt dem Verantwortlichen alle erforderlichen Informationen zum Nachweis der in Art. 28 DS-GVO genannten Pflichten zur Verfügung. Weiter ermöglicht er Überprüfungen und Inspektionen, die vom Verantwortlichen oder einem von diesem beauftragten Prüfer durchgeführt werden und trägt dazu bei (lit. h). Zudem informiert der Auftragsverarbeiter den Verantwortlichen unverzüglich, falls er der Ansicht ist, dass eine Weisung des Verantwortlichen gegen die DS-GVO oder andere unions- und mitgliedstaatrechtliche Datenschutzbestimmungen verstößt.

150 Der Vertrag bzw. das Rechtsinstrument kann gem. Art. 28 Abs. 6 DS-GVO ganz oder teilweise auf **Standardvertragsklauseln** beruhen, die gem. Art. 28 Abs. 7 DS-GVO die Kommission im Einklang mit dem Prüfverfahren gem. Art. 93 Abs. 2 DS-GVO oder gem. Art. 28 Abs. 8 DS-GVO die Aufsichtsbehörde im Einklang mit dem Kohärenzverfahren gem. Art. 63 DS-GVO festlegen können. Dies gilt auch dann, wenn diese Bestandteil einer dem Verantwortlichen oder Auftragsverarbeiter erteilten **Zertifizierung** gem. Art. 42 und 43 DS-GVO sind.

---

[222] Martini in Paal/Pauly DS-GVO Art. 28 Rn. 25 f.; Hartung in Kühling/Buchner DS-GVO Art. 28 Rn. 63.

Gem. Art. 28 Abs. 5 DS-GVO kann die Einhaltung genehmigter Verhaltensregeln gem. Art. 40 DS-GVO (→ Rn. 186 ff.) oder eines genehmigten Zertifizierungsverfahrens gem. Art. 42 DS-GVO (→ Rn. 193 ff.) durch den Auftragsverarbeiter als Faktor für einen **Nachweis** hinreichender Garantien iSv Art. 28 Abs. Abs. 1 und 4 DS-GVO herangezogen werden. 151

Art. 29 DS-GVO legt noch einmal, auch im Hinblick auf Art. 28 Abs. 3 lit. a DS-GVO, fest, dass eine Verarbeitung durch den Auftragsverarbeiter oder aber auch dem Verantwortlichen oder dem Auftragsverarbeiter unterstellte Personen nur auf **Weisung** des Verantwortlichen hin erfolgen darf. Ausnahmsweise kann dies auch ohne Weisung erfolgen, sofern diese Personen nach Unions- oder mitgliedstaatlichem Recht hierzu **verpflichtet** sind. 152

VI. Risikobeherrschung: Datenschutz durch Technik, Sicherheit und Folgenabschätzung

Die DS-GVO sieht nicht nur Regelungen zur Zulässigkeit von Datenverarbeitungen und zu den Rechten der Betroffenen vor, sondern verfolgt im Kapitel IV mit unterschiedlichen Ansätzen mit dem Zweck des Schutzes der Betroffenen das Ziel einer möglichst wirksamen Risikobeherrschung. Zu diesem Zweck erlegt die DS-GVO dem Verantwortlichen – mit gewissen Einschränkungen – auf, sich über den Umfang und die Risiken seiner Datenverarbeitung selbst Klarheit zu verschaffen, einerseits durch eine teils verpflichtende Risiko- und Folgenabschätzung, andererseits durch die Führung eines Verzeichnisses von Verarbeitungstätigkeiten. Zur anschließenden Minimierung oder Ausschaltung dieser Risiken erlegt die DS-GVO dem Verantwortlichen technische und organisatorische Maßnahmen auf. Ist es (ggf. dennoch) zu einer Verletzung des Schutzes personenbezogener Daten gekommen, muss der Verantwortlich dies melden bzw. die Betroffenen benachrichtigen. Art. 24 ff. DS-GVO bilden dementsprechend auch die Grundlage für die Compliance-Bemühungen des Verantwortlichen bzw. (nicht im gleichen Umfang) des Auftragsverarbeiters (eingehend → § 8 Rn. 1 ff.). 153

1. Grundsätze

Kapitel IV beginnt systematisch mit einer Generalklausel[223] in Art. 24 DS-GVO, die vom Verantwortlichen verlangt, dass er 154

„unter Berücksichtigung der Art, des Umfangs, der Umstände und der Zwecke der Verarbeitung sowie der unterschiedlichen Eintrittswahrscheinlichkeit und Schwere der Risiken für die Rechte und Freiheiten natürlicher Personen geeignete technische und organisatorische Maßnahmen umsetzt, um sicherzustellen und den Nachweis dafür erbringen zu können, dass die Verarbeitung gemäß [der DS-GVO] erfolgt."

Der Verantwortliche (nicht aber der Auftragsverarbeiter) soll also sicherstellen, dass (1) seine Verarbeitungstätigkeit rechtskonform erfolgt und soll dies (2) jederzeit nachweisen können, was die Rechenschaftspflicht in Art. 5 Abs. 2 DS-GVO (→ Rn. 139) konkretisiert. Hierfür muss er – abhängig von seiner Verarbeitung und den weiteren Umständen – technische und organisatorische Maßnahmen ergreifen. Welche Maßnahmen dies konkret sind, umschreibt Art. 24 DS-GVO nicht. Etwas konkreter werden insoweit Art. 25 und 32 DS-GVO, die aber auch nur einzelne Beispiele für Maßnahmen enthalten.[224]

Darüber hinaus sind Verantwortliche und Auftragsverarbeiter in bestimmten Fällen nach Art. 30 DS-GVO verpflichtet, ein **Verarbeitungsverzeichnis** zu führen (dazu auch → § 6 Rn. 21). Art. 30 Abs. 5 DS-GVO enthält – eher eng auszulegende – Ausnahmen 155

---
[223] Wolff in Schantz/Wolff Das neue DatenschutzR Teil E Kap. II. Rn. 822.
[224] Vgl. auch ErwGr. 78 DS-GVO.

hiervon, nämlich (1) wenn der Verantwortliche weniger als 250 Mitarbeiter beschäftigt, (2) die Verarbeitung kein Risiko für die Betroffenen darstellt, (3) sie nur gelegentlich vorgenommen wird oder (3) eine Verarbeitung besonderer Kategorien von Daten nach Art. 9, 10 DS-GVO (→ Rn. 71 ff.) erfolgt. Für das Vorliegen einer solchen Ausnahme ist der Verarbeitende beweispflichtig. Der Anwendungsbereich der Ausnahmen ist insgesamt eher gering,[225] so dass im Grundsatz von der Pflicht zur Führung eines Verarbeitungsverzeichnisses auszugehen ist.

156 Flankiert werden die Regelungen zur Risikobeherrschung – genauso wie der gesamten DS-GVO – durch eine **Mitwirkungspflicht** des Verantwortlichen sowie des Auftragsverarbeiters gemäß Art. 31 DS-GVO, durch die insbesondere die Pflicht zur Bereitstellung von Informationen und des Zugangs zu Systemen (Art. 58 Abs. 1 lit. a, b, e, f DS-GVO) gehört. Durch Art. 24 ff. DS-GVO sollen dementsprechend auch die Aufsichtsbehörden erst in die Lage versetzt werden, ihrer Kontroll- und Aufsichtstätigkeit wirksam nachkommen zu können.[226]

2. Risikoabschätzung

157 Art. 24 DS-GVO erlegt dem Verantwortlichen wie oben dargestellt (→ Rn. 154 ff.) Maßnahmen auf, um sicherzustellen, dass die Anforderungen der DS-GVO eingehalten werden. Grundlage hierfür und Ergebnis des den Art. 24 DS-GVO konkretisierenden Art. 25 DS-GVO ist praktisch zwingend, dass der Verantwortliche eine Risikoabschätzung durchführt[227] und zunächst ermittelt, welche Datenverarbeitungen mit welchen Daten er überhaupt vornimmt (**Bestandsanalyse**, s. auch → § 6 Rn. 33) und daran anschließend eine Risiko- und Folgenabschätzung. „Risikobehaftet" in diesem Sinne sind Datenverarbeitungen, die beim Betroffenen zu einer physischen, materiellen oder moralischen Schädigung in Form von erheblichen wirtschaftlichen oder gesellschaftlichen Nachteilen führen können.[228]

158 Im Wesentlichen geht es daher zuerst um eine Informationszusammenstellung und anschließend um die Bewertung:

> Es sollte ermittelt werden,
> – welche Arten von Daten (zB nur statistische Daten oder aber besondere Kategorien von Daten gemäß Art. 9, 10 DS-GVO, → Rn. 71 ff.),
> – in welchem Umfang erhoben werden,
> – wofür sie verarbeitet werden (zB Profiling?),
> – welche Personen an der Verarbeitung beteiligt sind und
> – ob Daten an Dritte (an wen und ggf. in welche Länder?) übermittelt werden.
>
> Anschließend müssen die Risiken, ihre jeweilige Eintrittswahrscheinlichkeit und die potenziellen Folgen (aus Sicht des Betroffenen) beurteilt werden,[229] wobei nicht nur der „worst case" zB eines Abhandenkommens, sondern auch und insbesondere die geplante, rechtmäßige Verarbeitung zu bewerten ist. Hilfreich ist die Einordnung der Risiken in die Risikokategorien „geringes Risiko", „mittleres Risiko" und „hohes Risiko".[230]

159 Stellt sich bei einer solchen – ggf. eher rudimentären – Risikoabschätzung heraus, dass eine Verarbeitung ein **hohes Risiko** birgt, ist zusätzlich die deutlich formalere (siehe die

---

[225] Hartung in Kühling/Buchner DS-GVO Art. 30 Rn. 39.
[226] Laue/Nink/Kremer in LNK Das neue DatenschutzR § 7 Rn. 1.
[227] Mantz in Sydow DS-GVO Art. 25 Rn. 21.
[228] ErwGr 75 DS-GVO.
[229] Mit Beispielen zu einem „hohen" Risiko Artikel 29-Datenschutzgruppe, Leitlinien zur Datenschutz-Folgenabschätzung (DSFA) und Beantwortung der Frage, ob eine Verarbeitung im Sinne der Verordnung 2016/679 „wahrscheinlich ein hohes Risiko mit sich bringt", WP 248, 4.4.2017, 11.
[230] Eingehend Mantz in Sydow DS-GVO Art. 25 Rn. 22 ff. mwN.

Anforderungen in Art. 35 Abs. 7 DS-GVO)[231] und strengere Folgenabschätzung gemäß Art. 35 DS-GVO durchzuführen. Liegt ein hohes Risiko vor und hat der Verantwortliche keine Maßnahmen zur Eindämmung ergriffen bzw. kann dies nicht, muss er gemäß Art. 36 DS-GVO vor Beginn mit der Verarbeitung die Aufsichtsbehörde **konsultieren**.

3. Datenschutz durch Technik

Eine Neuerung in der DS-GVO ist der Grundsatz des Datenschutzes durch Technikgestaltung (im Englischen **„Privacy by Design"** bzw. „Data Protection by Design") in Art. 25 DS-GVO, der die Anforderungen des Art. 24 DS-GVO konkretisiert und ihnen durch Sanktionen nach Art. 83 Abs. 4 lit. a DS-GVO Nachdruck verleiht. 160

Art. 25 Abs. 1 DS-GVO verlangt, dass der Verantwortliche „sowohl zum Zeitpunkt der Festlegung der Mittel für die Verarbeitung als auch zum Zeitpunkt der eigentlichen Verarbeitung geeignete technische und organisatorische Maßnahmen" zur wirksamen Umsetzung und Einhaltung der Datenschutzgrundsätze trifft. Er muss dementsprechend den im Rahmen der Risiko- und Folgenabschätzung ermittelten Risiken durch Maßnahmen wirksam und unter Berücksichtigung des Stands der Technik[232] begegnen und diese entweder erheblich reduzieren oder ausschalten. Zur Ermittlung, welche Maßnahme im Einzelfall angemessen ist, sind neben den Ergebnissen der Risikoabschätzung (insbesondere Eintrittswahrscheinlichkeit und Risiko) der Stand der Technik, die Implementierungskosten, Art, Umfang, Umstände und Zwecke der Verarbeitung zu berücksichtigen. Als mögliche Maßnahme nennt Art. 25 Abs. 1 DS-GVO nur die Datenminimierung und die schnellstmögliche Pseudonymisierung.[233] Gemäß ErwGr 78 DS-GVO ist aber auch die Transparenz über die Datenverarbeitung gegenüber dem Betroffenen als Maßnahme anzusehen. Weitere Maßnahmen sind die Verschlüsselung von Daten, Datentrennung, frühzeitige Löschungen im Rahmen eines Löschkonzepts, aber auch rein organisatorische Maßnahmen wie Schulungen und Überprüfungen von Mitarbeitern, Einrichtung eines Vier-Augen-Prinzips etc.[234] Welche Maßnahmen der Verantwortliche tatsächlich auswählt, obliegt seinem Ermessen, das jedoch durch die Aufsichtsbehörden und ggf. die Gerichte vollständig überprüfbar ist. Erforderlich ist jedenfalls, dass die Maßnahmen wirksam und angemessen sind. Bei hohen Risiken können auch aufwändige und teure Maßnahmen zumutbar und notwendig sein. 161

Eine weitere Neuheit stellt der Grundsatz des **Privacy by Default** in Art. 25 Abs. 2 DS-GVO dar. Er soll bewirken, dass ein Betroffener, der Voreinstellungen nicht ändert, vor einer unzulässigen oder ihn beeinträchtigenden Datenverarbeitung geschützt wird, die er durch Veränderung von Voreinstellungen hätte verhindern können. Der Verantwortliche muss daher Voreinstellungen so wählen, dass grundsätzlich nur solche personenbezogenen Daten erfasst werden, deren Verarbeitung für den jeweiligen Verarbeitungszweck erforderlich ist.[235] 162

Der **Auftragsverarbeiter** ist nicht Adressat von Art. 25 DS-GVO, für ihn wirkt die Regelung nur mittelbar, weil der Verantwortliche gehalten ist, nur Auftragsverarbeiter auszuwählen, die die Anforderungen des Art. 25 DS-GVO zu erfüllen imstande sind.[236] 163

4. Sicherheit

Art. 32 DS-GVO verpflichtet den Verantwortlichen (und den Auftragsverarbeiter) zu weiteren technischen und organisatorischen Maßnahmen der Datensicherheit („Datensi- 164

---

[231] Dazu Schwendemann in Sydow DS-GVO Art. 35 Rn. 23 ff.
[232] Dazu Mantz in Sydow DS-GVO Art. 25 Rn. 37 ff. mwN.
[233] Dazu Mantz in Sydow DS-GVO Art. 25 Rn. 51.
[234] Vgl. ENISA Privacy and Data Protection by Design, 16 ff.; eingehend mit Beispielen Mantz in Sydow DS-GVO Art. 25 Rn. 49 ff.
[235] Dazu näher Mantz in Sydow DS-GVO Art. 25 Rn. 62 ff.
[236] Mantz in Sydow DS-GVO Art. 25 Rn. 16.

cherheit durch Technik" bzw. **"Security by Design"**). Die Regelung ist – wenn auch nur im Ergebnis – der Regelung in § 9 BDSG aF iVm mit der zugehörigen Anlage ähnlich. Vom Wortlaut und der Auslegung ähnelt Art. 32 DS-GVO der Regelung in Art. 25 DS-GVO. Auch hier sind ausgehend von der Risiko- und Folgenabschätzung Maßnahmen zu ergreifen, die unter Berücksichtigung von Stand der Technik, Implementierungskosten, Art, Umfang, Umständen und Zwecken der Verarbeitung angemessen sein müssen und ein „angemessenes Schutzniveau" zum Ziel haben.

165   Art. 32 Abs. 1 DS-GVO zählt verschiedene Maßnahmen und konkrete Ziele auf, nämlich Pseudonymisierung und Verschlüsselung (lit. a), die Fähigkeit, Vertraulichkeit, Integrität, Verfügbarkeit und Belastbarkeit der Systeme und Dienste im Zusammenhang mit der Verarbeitung auf Dauer sicherzustellen (lit. b) und die Fähigkeit, die Verfügbarkeit der personenbezogenen Daten und den Zugang zu ihnen bei einem physischen oder technischen Zwischenfall rasch wiederherzustellen (lit. c). Darüber hinaus muss der Verarbeiter ein Verfahren zur regelmäßigen Überprüfung, Bewertung und Evaluierung der Wirksamkeit der technischen und organisatorischen Maßnahmen zur Gewährleistung der Sicherheit der Verarbeitung einrichten (lit. d).[237] Art. 32 Abs. 4 DS-GVO verlangt zudem technische und organisatorische Maßnahmen, um sicherzustellen, dass unterstellte Personen, insbesondere also Mitarbeiter, Daten nur auf und nach den Anweisungen des Verarbeiters verarbeiten. Dies umfasst ua Maßnahmen wie Weisungen und Schulungen, Weisungskontrolle und die Verpflichtung der Mitarbeiter auf das Datengeheimnis.[238]

5. Meldung von Verletzungen

166   Im Falle einer Verletzung des Schutzes personenbezogener Daten gemäß Art. 4 Nr. 12 DS-GVO muss der Verantwortliche dies nach Art. 33 Abs. 1 DS-GVO unverzüglich und möglichst binnen 72 Stunden nach Bekanntwerden der Aufsichtsbehörde melden (sog **„data breach notification"**). Durch die Meldung soll den Aufsichtsbehörden die Möglichkeit zur Reaktion und zur Ergreifung entsprechender Maßnahmen gegeben werden. Der Auftragsverarbeiter ist nach Art. 33 Abs. 2 DS-GVO verpflichtet, Verletzungen bei ihm unverzüglich dem Verantwortlichen zu melden, mit seiner Meldung beginnt beim Verantwortlichen die Frist gemäß Art. 33 Abs. 1 DS-GVO, sofern nicht bereits vorher Kenntnis von der Verletzung bestand.

167   Eine Verletzung des Schutzes personenbezogener Daten liegt vor bei Vernichtung, Verlust, Veränderung, unbefugter Offenlegung und unbefugtem Zugang von bzw. zu Daten,[239] zB durch einen Hacker-Angriff oder den unbeabsichtigten Verlust eines Datenträgers. Die Kenntnisnahme Dritter von den Daten ist nicht in allen Fällen erforderlich.

168   Die Meldung muss mindestens die in Art. 33 Abs. 3 DS-GVO aufgeführten Informationen enthalten, darunter eine Beschreibung des Vorfalls und der betroffenen Daten, der wahrscheinlichen Folgen und der ergriffenen oder vorgeschlagenen Maßnahmen als Reaktion.

169   Eine Ausnahme von der Meldepflicht gilt nur, wenn die Verletzung kein Risiko für die Rechte und Freiheiten natürlicher Personen darstellt, zB weil die verlorenen Daten nach dem Stand der Technik verschlüsselt waren.[240] Der Verantwortliche ist hierfür nachweispflichtig.[241]

---

[237] Eingehend dazu Mantz in Sydow DS-GVO Art. 32 Rn. 11 ff. mwN.
[238] Mantz in Sydow DS-GVO Art. 32 Rn. 22 ff.
[239] Zu den Begriffen Mantz in Sydow DS-GVO Art. 4 Rn. 178 ff.
[240] Näher Wilhelm in Sydow DS-GVO Art. 33 Rn. 9.
[241] ErwGr 85 DS-GVO; Wilhelm in Sydow DS-GVO Art. 33 Rn. 12.

6. Benachrichtigung bei Verletzungen

Weitreichender als die Meldung an die – idR geheimhaltungspflichtigen – Aufsichtsbehörden ist die **Benachrichtigung** der von der Verletzung betroffenen Personen gemäß Art. 34 DS-GVO. Die Benachrichtigungspflicht besteht allerdings nur, wenn voraussichtlich ein hohes Risiko für die Verletzung ihrer persönlichen Rechte und Freiheiten besteht, also eine gewisse Wahrscheinlichkeit für den Eintritt einer Rechtsverletzung des Betroffenen, zB durch Diskriminierung, Identitätsdiebstahl, finanzielle Verluste oÄ, besteht. Ein solch hohes Risiko wird idR vorliegen, wenn besondere Kategorien von Daten gemäß Art. 9, 10 DS-GVO, einem Berufsgeheimnis unterliegende Daten oder Bank- und Kreditkartendaten betroffen sind.[242]

170

Die Benachrichtigungspflicht besteht nicht, wenn dem durch den Vorfall entstandenen Risiko bereits vorab mittels getroffener Maßnahmen hinreichend begegnet wurde, zB durch Verschlüsselung nach dem Stand der Technik. Auch nachträglich ergriffene Maßnahmen, die das Risiko „aller Wahrscheinlichkeit nach" ausschließen, zB die Sperrung des Online-Zugangs zu einem Portal oder der Austausch der Zugangsdaten, wenn solche Zugangsdaten zuvor abhandengekommen sind,[243] können die Benachrichtigungspflicht entfallen lassen. Ist die Benachrichtigung der Betroffenen mit einem unverhältnismäßigen Aufwand verbunden, kann die Information durch öffentliche Bekanntmachung oder ähnliche Maßnahmen erfolgen.[244]

171

Die Benachrichtigung muss unverzüglich erfolgen und eine Kontaktadresse, die wahrscheinlichen Folgen sowie die ergriffenen oder vorgeschlagenen Maßnahmen enthalten (Art. 34 Abs. 2 DS-GVO).

172

VII. Datenschutzbeauftragter

Die Art. 37 ff. DS-GVO enthalten Regelungen zum **Datenschutzbeauftragten.**

173

1. Rolle

Der Datenschutzbeauftragte ist zentrales Element der **Selbstregulierung** in der DS-GVO. Er dient als **interne Kontrollinstanz** und unterstützt den Verantwortlichen oder Auftragsverarbeiter bei der Einhaltung der datenschutzrechtlichen Bestimmungen. Gem. ErwGr 97 DS-GVO sollen Datenschutzbeauftragte ihre Pflichten und Aufgaben in vollständiger **Unabhängigkeit** ausüben können. Der betriebliche oder behördliche Datenschutzbeauftragte war zwar im deutschen Datenschutzrecht bereits durchaus bekannt, die DS-RL regelte ihn in Art. 18 Abs. 2 2. Spiegelstrich aber nur sehr rudimentär. Demgegenüber bewirkt die DS-GVO mit den Art. 37–39 DS-GVO einen erheblichen Aufgabenzuwachs sowie eine Verrechtlichung des Konzepts. Während der Datenschutzbeauftragte unter der DS-RL noch fakultativ war, ist er unter der DS-GVO in bestimmten Fällen verpflichtend.

174

2. Pflicht zur Benennung

Die **Pflicht** zur Benennung eines Datenschutzbeauftragten besteht gem. Art. 37 Abs. 1 DS-GVO für den Verantwortlichen und[245] den Auftragsverarbeiter in jedem Fall, wenn:

175

---

[242] Reif in Gola DS-GVO Art. 34 Rn. 5; Wilhelm in Sydow DS-GVO Art. 34 Rn. 8.
[243] Jandt in Kühling/Buchner DS-GVO Art. 34 Rn. 15.
[244] Dazu Wilhelm in Sydow DS-GVO Art. 34 Rn. 13.
[245] Zur Frage, ob hier nicht vielmehr ein „oder" intendiert ist: Bergt in Kühling/Buchner DS-GVO Art. 37 Rn. 25; Heberlein in Ehmann/Selmayr DS-GVO Art. 37 Rn. 16.

- die Verarbeitung von einer Behörde oder öffentlichen Stelle durchgeführt wird, außer im Falle von Gerichten im Rahmen ihrer justiziellen Tätigkeit (lit. a),
- die Kerntätigkeit[246] des Verantwortlichen oder Auftragsverarbeiters in der Durchführung von Verarbeitungen besteht, die aufgrund ihrer Art, ihres Umfangs und/oder ihrer Zwecke eine umfangreiche regelmäßige Überwachung von Personen erforderlich machen (lit. b),
- die Kerntätigkeit des Verantwortlichen oder Auftragsverarbeiter in der umfangreichen Verarbeitung besonderer Kategorien von Daten gem. Art. 9 DS-GVO oder von personenbezogenen Daten über strafrechtliche Verurteilungen und Urteile gem. Art. 10 DS-GVO besteht

Der Begriff des Gerichts ist iSv ErwGr 97 DS-GVO weit zu verstehen.[247] Im nicht-öffentlichen Bereich soll sich zudem gem. ErwGr 97 DS-GVO die **Kerntätigkeit** auf die Haupttätigkeit und nicht die Nebentätigkeit beziehen. Außerhalb von Art. 37 Abs. 1 DS-GVO ist gem. Abs. 4 die Benennung eines Datenschutzbeauftragten fakultativ. Verantwortliche und Auftragsverarbeiter sowie Verbände und andere Vereinigungen, die Kategorien von Verantwortlichen oder Auftragsverarbeitern vertreten, können aber einen Datenschutzbeauftragten benennen, müssen das ggf. sogar nach Unions- oder mitgliedstaatlichem Recht. Der Sinn von Art. 37 Abs. 4 S. 2 DS-GVO wird nicht restlos klar. Vermutlich soll hier ein Verbands- bzw. Vereinigungsdatenschutzbeauftragter auch für die einzelnen Mitglieder tätig werden können.[248] Art. 37 Abs. 2 und 3 DS-GVO sehen vor, dass in bestimmten Fällen ein gemeinsamer Datenschutzbeauftragter benannt werden kann. Gem. Art. 37 Abs. 2 DS-GVO ist dies bei einer Unternehmensgruppe[249] möglich, sofern von jeder Niederlassung aus der Datenschutzbeauftragte leicht erreichbar[250] ist. Handelt es sich bei dem Verantwortlichen oder Auftragsverarbeiter um eine Behörde oder öffentliche Stelle, kann für mehrere Behörden bzw. öffentliche Stellen unter Berücksichtigung ihrer Organisationsstruktur und Größe auch ein gemeinsamer Datenschutzbeauftragter benannt werden.

176 Anforderungen an den Datenschutzbeauftragten enthält Art. 37 Abs. 5 DS-GVO. Demnach wird ein Datenschutzbeauftragter aufgrund seiner beruflichen Qualifikationen und insbesondere des Fachwissens im Datenschutzrecht und der Datenschutzpraxis, sowie anhand seiner Fähigkeiten zur Erfüllung der Aufgaben aus Art. 39 DS-GVO ernannt. Nach ErwGr 97 DS-GVO soll sich das erforderliche Niveau des Fachwissens vor allem nach den durchgeführten Verarbeitungen und dem erforderlichen Schutz der von dem Verantwortlichen oder Auftragsverarbeiter verarbeiteten Daten richten. Dabei kann der Datenschutzbeauftragte nach Art. 37 Abs. 6 DS-GVO Beschäftigter des Verantwortlichen oder Auftragsverarbeiters sein oder aufgrund eines Dienstleistungsvertrags tätig werden. Schließlich müssen Verantwortlicher oder Auftragsverarbeiter gem. Art. 37 Abs. 7 DS-GVO die Kontaktdaten des Datenschutzbeauftragten veröffentlichen und der (zuständigen) Aufsichtsbehörde mitteilen.

---

[246] Zum Verständnis dieses Begriffs: Heberlein in Ehmann/Selmayr DS-GVO Art. 37 Rn. 25; Helfrich in Sydow DS-GVO Art. 37 Rn. 63 ff.; Bergt in Kühling/Buchner DS-GVO Art. 37 Rn. 19 ff.
[247] Raum in Auernhammer DSGVO BDSG Art. 37 Rn. 40; aA Heberlein in Ehmann/Selmayr DS-GVO Art. 37 Rn. 22; zu Folgeproblemen hinsichtlich Gerichten: Bergt in Kühling/Buchner DS-GVO Art. 37 Rn. 17.
[248] Bergt in Kühling/Buchner DS-GVO Art. 37 Rn. 31; einschränkend Heberlein in Ehmann/Selmayr DS-GVO Art. 37 Rn. 36; Raum in Auernhammer DSGVO BDSG Art. 37 Rn. 72.
[249] Definiert in Art. 4 Nr. 19 DS-GVO.
[250] Zum Verständnis Bergt in Kühling/Buchner DS-GVO Art. 37 Rn. 28 ff.; Heberlein in Ehmann/Selmayr DS-GVO Art. 37 Rn. 30; Helfrich in Sydow DS-GVO Art. 37 Rn. 96 ff.

3. Stellung und Aufgaben

a) Stellung. Art. 38 DS-GVO regelt die Stellung des Datenschutzbeauftragten genauer. 177
Er gilt für die verpflichtend zu bestellenden Datenschutzbeauftragten gem. Art. 37 Abs. 1
DS-GVO ebenso wie für die freiwilligen gem. Art. 37 Abs. 4 DS-GVO. Nach Art. 38
Abs. 1 DS-GVO stellen Verantwortliche und Auftragsverarbeiter sicher, dass der Datenschutzbeauftragte ordnungsgemäß und frühzeitig in alle mit dem Schutz personenbezogener Daten zusammenhängenden Fragen **eingebunden** wird.

Entsprechend Art. 38 Abs. 2 DS-GVO unterstützen sie den Datenschutzbeauftragten 178
bei der Erfüllung seiner Aufgaben gem. Art. 39 DS-GVO dadurch, dass sie ihm die für
die Erfüllung dieser Aufgaben sowie zur Erhaltung seines Fachwissens erforderlichen **Ressourcen** zur Verfügung stellen. Daneben soll ihm auch der **Zugang** zu personenbezogenen Daten und Verarbeitungsvorgängen eröffnet werden. Dieser Zugang gilt zu allen Daten und Räumlichkeiten, auch beim Auftragsverarbeiter.[251]

Gem. Art. 38 Abs. 3 DS-GVO stellen Verantwortlicher und Auftragsverarbeiter sicher, 179
dass der Datenschutzbeauftragte bei der Erfüllung seiner Aufgaben **keinen Anweisungen** unterliegt.[252] Zudem darf der Datenschutzbeauftragte vom Verantwortlichen oder Auftragsverarbeiter wegen der Erfüllung seiner Aufgaben **nicht abberufen oder benachteiligt** werden.[253] Der Datenschutzbeauftragte berichtet unmittelbar der höchsten Managementebene des Verantwortlichen oder des Auftragsverarbeiters.

Der Datenschutzbeauftragte ist laut Art. 38 Abs. 5 DS-GVO nach dem Unions- oder 180
mitgliedstaatlichen Recht im Hinblick auf die Aufgabenerfüllung an die Wahrung der
Geheimhaltung und/oder **Vertraulichkeit** gebunden.[254]

Neben seinen eigentlichen Aufgaben kann der Datenschutzbeauftragte gem. Art. 38 181
Abs. 6 DS-GVO auch andere Aufgaben und Pflichten wahrnehmen. Verantwortlicher
oder Auftragsverarbeiter müssen dabei dann allerdings sicherstellen, dass es nicht zu einem
Interessenkonflikt kommt. Demnach dürften Mitarbeiter mit leitender Funktion wie
auch Geschäftsführer nicht in Frage kommen.[255]

Nach Art. 38 Abs. 4 DS-GVO schließlich können sich betroffene Personen an den Da- 182
tenschutzbeauftragten mit allen die Verarbeitung ihrer personenbezogenen Daten und mit
der Wahrnehmung ihrer Rechte zusammenhängenden Fragen wenden. Damit ist allerdings kein Antragsrecht verbunden.[256]

b) Aufgaben. Die **Aufgaben** des Datenschutzbeauftragten werden in Art. 39 DS-GVO 183
konkreter festgelegt. Dabei sind diese gem. Abs. 1 als Mindestaufzählung an Aufgaben zu
verstehen. Gem. Art. 39 Abs. 2 DS-GVO beachtet der Datenschutzbeauftragte hinsichtlich seiner Aufgaben das **Risiko** der Verarbeitungen und berücksichtigt **Art, Umfang,
Umstände und Zweck** der Verarbeitung.

– Gem. Art. 39 Abs. 1 lit. a DS-GVO soll der Datenschutzbeauftragte den Verantwortlichen oder Auftragsverarbeiter sowie deren Beschäftigte, die Verarbeitungen durchführen, über ihre Pflichten aus der DS-GVO sowie weiteren Unions- oder mitgliedstaatlichen Datenschutzvorschriften **unterrichten und beraten**.

---

[251] Bergt in Kühling/Buchner DS-GVO Art. 38 Rn. 18 f.; Raum in Auernhammer DSGVO BDSG Art. 38 Rn. 14.
[252] Siehe hierzu auch ErwGr 97 DS-GVO.
[253] Detailliert Bergt in Kühling/Buchner DS-GVO Art. 38 Rn. 30 ff.; s. auch Helfrich in Sydow DS-GVO Art. 38 Rn. 51 ff.; Moos in BeckOK DatenschutzR DS-GVO Art. 38 Rn. 13.
[254] Näher Heberlein in Ehmann/Selmayr DS-GVO Art. 38 Rn. 19; Helfrich in Sydow DS-GVO Art. 38 Rn. 71 ff.
[255] S. auch Heberlein in Ehmann/Selmayr DS-GVO Art. 38 Rn. 22 f.; Helfrich in Sydow DS-GVO Art. 38 Rn. 78; eingehend Raum in Auernhammer DSGVO BDSG Art. 38 Rn. 54 ff.
[256] Vgl. auch Heberlein in Ehmann/Selmayr DS-GVO Art. 38 Rn. 18; Helfrich in Sydow DS-GVO Art. 38 Rn. 68 ff.; einschränkend Raum in Auernhammer DSGVO BDSG Art. 38 Rn. 43.

- Nach Art. 39 Abs. 1 lit. b DS-GVO **überwacht** der Datenschutzbeauftragte die Einhaltung der DS-GVO, anderer Datenschutzvorschriften aus dem Unionsrecht oder mitgliedstaatlichen Recht sowie die Strategien des Verantwortlichen oder des Auftragsverarbeiters zum Schutz personenbezogener Daten. Die Strategien schließen die Zuweisung von Zuständigkeiten, die Sensibilisierung und **Schulung** der an den Verarbeitungen beteiligten Mitarbeiter und die diesbezüglichen Überprüfungen ein.
- Laut Art. 39 Abs. 1 lit. c DS-GVO **berät** der Datenschutzbeauftragte **auf Anfrage** hinsichtlich der Datenschutz-**Folgenabschätzung** gem. Art 35 DS-GVO und **überwacht** ihre Durchführung.
- Er arbeitet gem. Art. 39 Abs. 1 lit. d DS-GVO mit der (zuständigen) **Aufsichtsbehörde** zusammen.
- Für die Aufsichtsbehörde steht er gem. Art. 39 Abs. 1 lit. e DS-GVO als **Anlaufstelle** für Fragen in Bezug auf die Verarbeitungen, inklusive der vorherigen Konsultation nach Art. 36 DS-GVO, sowie ggf. zu allen sonstigen Fragen zur Verfügung.

4. Haftung

184 Grds. ist der Datenschutzbeauftragte Teil der juristischen Person oder Stelle, die ihn ernennt. Eine eigene **Haftung** ggü. den von einer Verarbeitung betroffenen Personen (als Verantwortlicher oder Auftragsverarbeiter) ist damit nicht zu konstruieren.[257] Denkbar ist hingegen eine **schuldrechtliche** Haftung ggü. der benennenden Person oder Stelle. Daneben wäre auch eine **Sanktion** gem. Art. 84 DS-GVO durch mitgliedstaatliches Recht vorstellbar. Zudem ist aufgrund der konkreten Pflichten in Art. 39 DS-GVO eine Einordnung des Datenschutzbeauftragten als **Überwachungsgarant** im straf- und ordnungswidrigkeitsrechtlichen Sinne naheliegend (dazu auch → § 6 Rn.11).[258]

VIII. Selbstregulierung

185 Art. 40–43 DS-GVO enthalten Instrumente, die im Wege der Selbstregulierung von Verantwortlichen die Einhaltung und Durchsetzung der Bestimmungen der DS-GVO fördern sollen, namentlich die (genehmigten bzw. allgemeingültigen) Verhaltensregeln und die Zertifizierung. Die Selbstregulierung soll im Ergebnis nicht nur den Betroffenen dienen, indem Anreize für eine Beachtung ua der Datenschutzgrundsätze gesetzt werden. Vielmehr können Verhaltensregeln und Zertifizierung auch für den Verantwortlichen (und Auftragsverarbeiter) erhebliche Vorteile haben. So kann insbesondere – angesichts der Vielzahl unbestimmter und auslegungsbedürftiger Rechtsbegriffe in der DS-GVO – jedenfalls teilweise Rechtssicherheit für den Verantwortlichen herbeigeführt werden.[259] Auf der anderen Seite kann insbesondere die Zertifizierung wettbewerbliche Vorteile für den Verarbeiter entfalten. Um diese Vorteile zum Nutzen der Beteiligten herbeizuführen, verpflichtet die DS-GVO Mitgliedstaaten, Aufsichtsbehörden, den Datenschutzausschuss und die Kommission zur Förderung von Verhaltensregeln (Art. 40 Abs. 1 DS-GVO) und Zertifizierungen (Art. 42 Abs. 1 DS-GVO).

1. Verhaltensregeln

186 Nach ErwGr 98 DS-GVO sollen Verbände oder andere Vereinigungen ermutigt werden, in den Grenzen der DS-GVO Verhaltensregeln auszuarbeiten. Die Verhaltensregeln sollen

---

[257] Heberlein in Ehmann/Selmayr DS-GVO Art. 37 Rn. 48; Raum in Auernhammer DSGVO BDSG Art. 39 Rn. 45.
[258] Golla RDV 2017, 123 (127); Wybitul ZD 2016, 203 (205); Paal in Paal/Pauly DS-GVO Art. 39 Rn. 12; kritisch Helfrich in Sydow DS-GVO Art. 39 Rn. 72; Lantwin ZD 2017, 411 (413).
[259] Kranig/Peintinger ZD 2014, 3 (4).

eine wirksame Anwendung der DS-GVO erleichtern. Hierbei sollen insbesondere die branchen- bzw. sektorspezifischen Besonderheiten Beachtung finden. Als Anwendungsbeispiel sieht ErwGr 98 DS-GVO vor, dass die Pflichten der Verantwortlichen und der Auftragsverarbeiter konkret bestimmt werden. Im Ergebnis stellen Verhaltensregeln Leitlinien guter Datenschutzpraxis dar, die von Sachverständigen eines bestimmten Bereichs entwickelt werden und die branchen- bzw. sektorspezifischen Gegebenheiten im Zusammenhang mit Datenverarbeitungen konkretisieren.[260] Für diesen Bereich sollen sie die Anwendung des Datenschutzrechts bestimmen.[261] Aufgrund von Verhaltensregeln kann von den verbindlichen Regelungen der DS-GVO nicht abgewichen werden, sie dienen allein der Konkretisierung. So können bspw. Ermessensentscheidungen durch Verfahrensregeln für bestimmte Fälle konkretisiert werden.[262]

2. Berechtigte, Inhalt

Nach Art. 40 Abs. 2 DS-GVO können „Verbände und andere Vereinigungen" Verhaltensregeln erarbeiten. Dies können Berufsverbände, Gewerkschaften, Arbeitgeberverbände, Kammern, aber auch Konzerne und Unternehmensgruppen mit gewisser Anzahl der Mitglieder und einer gewissen Homogenität sein,[263] nicht aber Einzelunternehmen. Streitig ist, ob für öffentliche Stellen Verhaltensregeln genehmigt werden können, da Art. 41 Abs. 6 DS-GVO deren Überwachung ausdrücklich ausschließt, während Art. 40 Abs. 4 DS-GVO Regelungen zur Überwachung verlangt.[264] 187

Art. 40 Abs. 2 DS-GVO sieht weiter (nicht abschließende) Beispiele vor, in denen Verhaltensregeln hilfreich sein können, darunter die Bestimmung von berechtigten Interessen in bestimmten Zusammenhängen, die Veröffentlichung von Informationen sowie die Meldung und Benachrichtigung im Falle einer Verletzung des Schutzes personenbezogener Daten (→ Rn. 10). Verhaltensregeln müssen hier nicht umfassend sein, sondern können sich auf einzelne, konkretisierungsbedürftige Punkte beschränken.[265] Zwingend sind nach Art. 40 Abs. 4 DS-GVO allerdings Regelungen zu Verfahren, die die Überwachung der Einhaltung der Verfahrensregeln ermöglichen. 188

3. Genehmigung, Allgemeinverbindlichkeit

Die erarbeiteten Verhaltensregeln sind nach Art. 40 Abs. 5 DS-GVO der Aufsichtsbehörde vorzulegen, die sie nach Prüfung genehmigen kann,[266] wenn sie mit der DS-GVO vereinbar sind.[267] Die Kommission kann genehmigten Verhaltensregeln gemäß Art. 40 Abs. 9 iVm Art. 92 Abs. 2 DS-GVO **Allgemeinverbindlichkeit** zubilligen.[268] 189

4. Anwendung und Wirkung

Verantwortliche und Auftragsverarbeiter können genehmigte Verfahrensregeln einerseits als **Auslegungshilfe** verwenden. Da die Verfahrensregeln branchenspezifisch erstellt wer- 190

---

[260] Raschauer in Sydow DS-GVO Art. 40 Rn. 5.
[261] Raschauer in Sydow DS-GVO Art. 40 Rn. 3.
[262] Vgl. Bergt in Kühling/Buchner DS-GVO Art. 40 Rn. 16, 19.
[263] Bergt in Kühling/Buchner DS-GVO Art. 40 Rn. 12; Wolff in Schantz/Wolff Das neue DatenschutzR Teil F Kap. V. Rn. 1283 mwN.
[264] Die wohl hM geht von einer Genehmigungsmöglichkeit aus, die Überwachung öffentlicher Stellen obliege nach Art. 41 Abs. 6 DS-GVO nur den Aufsichtsbehörden und nicht unabhängigen Dritten Bergt in Kühling/Buchner DS-GVO Art. 41 Rn. 18; Paal in Paal/Pauly DS-GVO Art. 40 Rn. 11; aA Spindler ZD 2014, 407 (408); Jungkind in BeckOK DatenschutzR DS-GVO Art. 40 Rn. 11.
[265] Wolff in Schantz/Wolff Das neue DatenschutzR Teil F Kap. V. Rn. 1282.
[266] Zum Streit über die rechtliche Einordnung der Genehmigung Bergt in Kühling/Buchner DS-GVO Art. 40 Rn. 40; Wolff in Schantz/Wolff Das neue DatenschutzR Teil F Kap. V. Rn. 1293 ff. mwN.
[267] Zum Verfahren eingehend Raschauer in Sydow DS-GVO Art. 40 Rn. 28 ff.
[268] Zum Streit über die rechtliche Einordnung der Allgemeinverbindlichkeit Spindler ZD 2014, 407 (410); Wolff in Schantz/Wolff Das neue DatenschutzR Teil F Kap. V. Rn. 1297 f. mwN.

den, kann bereits dadurch eine erhebliche Vereinfachung für den Verarbeiter eintreten. Der wichtigere Anwendungsfall ist allerdings, dass Verbände oder Vereinigungen für die Verhaltensregelungen Bestimmungen zur Einhaltung durch ihre Mitglieder treffen oder sich ein Verantwortlicher oder Auftragsverarbeiter gegenüber einer Stelle nach Art. 41 Abs. 2 DS-GVO auf die Einhaltung dieser Regeln verpflichtet. Darüber hinaus können Verhaltensregeln auch zur Schaffung eines angemessenen Datenschutzniveaus bei einem Empfänger im Drittland dienen (eingehend → § 7 Rn. 7).

191 Die Einhaltung der Verhaltensregeln wird durch eine unabhängige Stelle nach Art. 41 DS-GVO überwacht. Hierfür müssen Verbände oder Vereinigungen dieser Stelle die entsprechenden Befugnisse zur Durchsetzung nach Art. 41 Abs. 4 DS-GVO einräumen. Diese prüft in regelmäßigen Intervallen die Einhaltung der Regeln.

192 Die Genehmigung der Verhaltensregeln hat nicht zwangsläufig zur Folge, dass eine ihr folgende Verarbeitung nicht gegen die DS-GVO verstößt und dementsprechend keine Sanktionen zu befürchten sind. Die Anwendung von genehmigten Verhaltensregeln stellt aber ein Indiz für die Rechtmäßigkeit der konkreten Verarbeitung des Verantwortlichen dar. Ferner besteht eine generelle Vermutung dafür, dass eine solche Verarbeitung mit der DS-GVO in Einklang steht.[269]

5. Zertifizierung

193 Gemäß Art. 42 DS-GVO können Verantwortliche und Auftragsverarbeiter ihre Verarbeitung (oder auch nur Teile davon)[270] auf freiwilliger Basis einer **Zertifizierung** durch die Aufsichtsbehörde oder eine akkreditierte Stelle gemäß Art. 43 DS-GVO unterziehen, mit der die Rechtskonformität geprüft und bescheinigt werden kann.[271] Ziel der Regelung ist nach ErwGr 100 DS-GVO, die Transparenz zu erhöhen und die Einhaltung der DS-GVO zu verbessern. Gemäß Art. 42 Abs. 2 iVm Art. 46 Abs. 2 lit. f DS-GVO kann durch die Zertifizierung der Nachweis eines angemessenen Schutzniveaus geführt werden (eingehend → § 7 Rn. 57 ff.).

194 Gegenstand der Zertifizierung ist die Rechtmäßigkeit der Datenverarbeitung. Das Zertifikat ist auf drei Jahre beschränkt und widerrufbar.[272] Die Zertifizierung entfaltet keine Bindung der Aufsichtsbehörden und entbindet den Verantwortlichen nicht von seiner Verantwortlichkeit (Art. 42 Abs. 2 DS-GVO). Sie kann jedoch insbesondere Gegenstand der **Werbung** mit den eigenen Diensten oder Waren sein, da sie belegt, dass der Inhaber sich erfolgreich der Prüfung durch einen unabhängigen Dritten nach festgelegten Kriterien unterzogen hat. Die DS-GVO nennt an bestimmten Stellen ausdrücklich die Zertifizierung als einen „Faktor" zum Nachweis der Erfüllung von Anforderungen, zB in Art. 24 Abs. 3, 25 Abs. 3 und 32 Abs. 3 DS-GVO. Inhaberschaft und Befolgung einer Zertifizierung können darüber hinaus gemäß Art. 83 Abs. 2 lit. j DS-GVO bei einem Verstoß im Rahmen der Bemessung einer Geldbuße Berücksichtigung finden.

IX. Internationale Datentransfers

195 Es ist nicht ungewöhnlich und in Zeiten des Internets vielmehr die Regel, dass personenbezogene Daten zwischen Verantwortlichen außerhalb der Europäischen Union – und damit in einen Bereich außerhalb der unmittelbaren Regelungsgewalt der EU – übermittelt werden. Hierdurch entstehen für den Betroffenen Risiken, denen die Regelungen in Art. 44 ff. DS-GVO begegnen sollen. Ziel ist ausweislich Art. 44 S. 2 DS-GVO, dass

---

[269] Bergt CR 2016, 670 (677).
[270] Lepperhoff in Gola DS-GVO Art. 42 Rn. 19.
[271] Eingehend EDPB, Guidelines 1/2018 on certification and identifying certification criteria in accordance with Articles 42 and 43 of the Regulation 2016/679, 25.5.2018.
[272] Näher zum Verfahren Raschauer in Sydow DS-GVO Art. 42 Rn. 20 ff.

durch solche Übermittlungen das durch die DS-GVO gewährleistete Schutzniveau nicht untergraben wird.

Um dieses Ziel zu erreichen, stellen Art. 44 ff. DS-GVO zusätzliche Bedingungen an die Datenübermittlung in Drittländer oder an internationale Organisationen, die die übrigen Anforderungen der DS-GVO noch überschreiten. Solche Datenübermittlungen müssen einer mehrstufigen Prüfung standhalten. Zulässig können Datenübermittlungen in Drittländer oder an internationale Organisationen bei Vorliegen eines Angemessenheitsbeschlusses gemäß Art. 44 DS-GVO, geeigneter Garantien gemäß Art. 46, 47 DS-GVO oder im Falle der in Art. 49 DS-GVO geregelten Ausnahmen sein. 196

Die Voraussetzungen der Datenübermittlung in Drittländer oder an ausländische Organisationen werden eingehend in → § 7 Rn. 1 ff. behandelt. 197

X. Aufsichtsbehörden, Europäischer Datenschutzausschuss

Art. 51 DS-GVO sieht vor, dass die Mitgliedstaaten unabhängige **Aufsichtsbehörden** errichten müssen und setzt damit die Vorgaben von Art. 8 Abs. 3 GRCh und Art. 16 Abs. 2 S. 2 AEUV um. Die Existenz von Datenschutzaufsichtsbehörden (im Folgenden auch nur: „Behörden") ist an sich nicht neu, sondern bereits aus Art. 28 DS-RL bekannt, auch wenn dort die Bezeichnung „Kontrollstellen" verwendet wurde. Ebenso wenig ist das Konzept eines den Aufsichtsbehörden zur Seite stehenden, beratenden und ausgleichenden Datenschutzausschusses – aufgrund Art. 29 f. DS-RL bisher als „Artikel 29-Datenschutzgruppe" bezeichnet – unbekannt. Während jedoch die Regelungen der DS-RL insgesamt eher rudimentär waren, widmet sich die DS-GVO der Stellung und den Aufgaben und Befugnissen der Aufsichtsbehörden und des Europäischen Datenschutzausschusses (im Folgenden auch: **„Ausschuss"**) mit Art. 51–76 DS-GVO in teils sehr detaillierten Normen.[273] 198

Einerseits hat die Erfahrung mit der DS-RL gezeigt, dass eine einheitliche und wirksame Anwendung des europäischen Datenschutzrechts mehr Wunschdenken als Realität war. Auf der anderen Seite gilt die DS-GVO trotz der teils umfassenden Öffnungsklauseln und Regelungskompetenzen der Mitgliedstaaten in all ihren Teilen unmittelbar. Beide Befunde belegen einen erheblichen Bedarf an einer effektiven und wirksamen Rechtsdurchsetzung durch starke Behörden, aber gleichzeitig auch die Notwendigkeit der Koordination der Aufsichtsbehörden untereinander. Art. 51–76 DS-GVO begegnen diesem Spagat, der gleichzeitig den Interessen der Betroffenen und der Verantwortlichen Rechnung tragen soll, indem einerseits die Stellung der Aufsichtsbehörden deutlich hervorgehoben und anderseits ihre Kooperation und Kommunikation untereinander bestimmten Verfahren unterworfen wird. Gleichzeitig enthalten Kapitel VI und VII Mechanismen zur Lösung von Konflikten zwischen verschiedenen Aufsichtsbehörden, insbesondere unter Einbeziehung des Ausschusses. 199

1. Stellung

Die Aufsichtsbehörden sind – durch AEUV und GRCh abgesichert – in den Mitgliedstaaten „völlig unabhängig" auszugestalten (Art. 52 Abs. 1 DS-GVO). Diesen Grundsatz betont die DS-GVO, indem systematisch die Unabhängigkeit dem Kapitel zu den Aufsichtsbehörden vorangestellt wird. 200

Diese Unabhängigkeit der Aufsichtsbehörden ist notwendig, um eine wirksame und zuverlässige Kontrolle der Einhaltung der Vorschriften zum Schutz natürlicher Personen bei der Verarbeitung personenbezogener Daten sicherzustellen.[274] **Unabhängigkeit** in 201

---

[273] Wolff in Schantz/Wolff Das neue DatenschutzR Teil F Kap. I. Rn. 1019, bezeichnen bspw. die Zuständigkeitsregelungen als „erstaunlich kompliziert".
[274] EuGH NJW 2010, 1265 Rn. 25 – Kommission/Deutschland.

diesem Sinne bedeutet, dass die Aufsichtsbehörden vor jeglicher Beeinflussung von außen, ob direkt oder indirekt, geschützt werden. Dieses Ziel macht es erforderlich, dass die Leitung der Aufsichtsbehörde in keinerlei Hinsicht einer Weisungsgebundenheit unterliegt (Art. 52 Abs. 2 DS-GVO). Aber auch organisatorische Einflüsse von außen müssen verhindert werden, nämlich durch Sicherstellung, dass die Mitglieder der Aufsichtsbehörde in einem transparenten Verfahren durch Parlament, Regierung, Staatsoberhaupt oder durch eine unabhängige Stelle ernannt werden (Art. 53 Abs. 1 iVm Art. 54 Abs. 1 lit. c DS-GVO), durch eine hinreichende Ausstattung in personeller, technischer und finanzieller Hinsicht (Art. 52 Abs. 3 DS-GVO), durch die Möglichkeit, selbst und frei das Personal auszuwählen (Personalhoheit, Art. 52 Abs. 5 DS-GVO) und durch die Bereitstellung eines eigenen Haushalts, der keiner ihre Unabhängigkeit bedrohenden Kontrolle unterliegt (Art. 52 Abs. 6 DS-GVO). Kommen die Mitgliedstaaten diesen Pflichten, die nach Art. 54 DS-GVO teils durch entsprechende nationale Gesetze erfüllt werden müssen, nicht nach, liegt eine Vertragsverletzung vor, die bereits in der Vergangenheit noch unter der DS-RL mehrfach festgestellt wurde[275] und jeweils zu entsprechenden Änderungen geführt hat.[276]

2. Aufgaben

202 Die (umfassenden) Aufgaben der Aufsichtsbehörden sind in Art. 57 Abs. 1 DS-GVO aufgezählt. Sie können grob in mehrere Bereiche unterteilt werden: Überwachung, Beratung, Unterstützung und Durchsetzung. Wichtigste Aufgabe der Aufsichtsbehörden ist zunächst die Überwachung und Durchsetzung aller Bestimmungen der DS-GVO (lit. a), wozu auch die Untersuchung zB von Vorfällen gehört (lit. h). Darüber hinaus sollen die Aufsichtsbehörden über Risiken, Garantien und Rechte im Zusammenhang mit der Verarbeitung von personenbezogenen Daten (lit. b, e) sowie die für Verantwortliche und Auftragsverarbeiter bestehenden Pflichten (lit. d) informieren. Sie sollen auch Parlamente und Einrichtungen beraten und unterstützen (lit. c.). Eine wichtige Rolle nehmen die Behörden auch für Betroffene (und Verbände) ein, deren Beschwerden gemäß Art. 77 DS-GVO sie entgegennehmen und bearbeiten müssen (lit. f), wobei sie deren Einreichung durch Bereitstellung von Beschwerdeformularen unterstützen sollen (Art. 57 Abs. 2 DS-GVO).

203 Weiterhin sollen die Aufsichtsbehörden im Zusammenhang mit einer Vielzahl an Einzelregelungen handeln, zB im Rahmen von Konsultationen wegen absehbar hoher Risiken einer Datenverarbeitung gemäß Art. 36 Abs. 2 DS-GVO (→ Rn. 170) beraten (lit. l), Verhaltensregeln fördern (lit. m) und bei Zertifizierungen mitwirken bzw. diese überprüfen (lit. o).

204 Die Tätigkeit der Aufsichtsbehörden ist für den Betroffenen und ggf. den Datenschutzbeauftragten – bis auf eine eventuelle Missbrauchsgebühr – kostenfrei (Art. 57 Abs. 3, 4 DS-GVO).

3. Befugnisse

205 Um den Aufsichtsbehörden die Erfüllung ihrer Aufgaben zu ermöglichen, weist ihnen Art. 58 DS-GVO weitreichende Befugnisse zu, namentlich Untersuchungs-, Abhilfe- und Genehmigungsbefugnisse.

206 Im Rahmen der **Untersuchungsbefugnisse** gemäß Art. 58 Abs. 1 DS-GVO können die Aufsichtsbehörden zB vom Verantwortlichen die Übermittlung aller relevanten Informationen und Zugang zu Geschäftsräumen und Datenverarbeitungsanlagen verlangen, Datenschutzüberprüfungen durchführen und auf Verstöße hinweisen.

---

[275] EuGH NJW 2010, 1265 – Kommission/Deutschland; BeckRS 2012, 82023 – Kommission/Österreich; ZD 2014, 301 – Kommission/Ungarn.
[276] Nguyen in Gola DS-GVO Art. 52 Rn. 8.

Kommt die Aufsichtsbehörde nach einer Untersuchung zu dem Schluss, dass ein Verstoß 207
gegen die DS-GVO vorliegt, kann sie mit **Abhilfe**maßnahmen nach Art. 58 Abs. 2 DS-GVO insbesondere den Verantwortlichen warnen (lit. a), verwarnen (lit. b), konkrete Anweisungen erteilen (lit. c-e), dem Verantwortlichen Beschränkungen der weiteren Verarbeitung auferlegen (lit. f), die Löschung von Daten anordnen (lit. g) oder Geldbußen verhängen (lit. i). Die Abhilfebefugnisse erwecken den Eindruck von Eskalationsstufen.[277] Die Behörden sind bei der Behandlung von Verstößen jedoch nicht an diese gebunden, sondern können im Rahmen der Verhältnismäßigkeit[278] die erforderlichen Maßnahmen, ggf. sogar kumulativ, ergreifen, zB Löschung von Daten und zusätzlich eine Geldbuße. Allerdings dürfte es in vielen Fällen bei eher niedriger Verarbeitungstiefe, entsprechend geringem Risiko und ebenfalls geringem Verschulden des Verantwortlichen durchaus der Verhältnismäßigkeit entsprechen, zunächst Verwarnungen und Anweisungen auszusprechen und erst bei Nichtbefolgung Geldbußen anzuwenden.

Die dritte Gruppe umfasst gemäß Art. 58 Abs. 3 DS-GVO die Befugnis, in bestimmten 208
Fällen **Genehmigungen** oder Ratschläge zu erteilen, zB bei der Konsultation nach Art. 36 DS-GVO (lit. a), bei Anfragen von Parlamenten (lit. b), bzgl. Verhaltensregeln (lit. d), Zertifizierungen (lit. f) oder Standarddatenschutzklauseln gemäß Art. 28 DS-GVO (lit. g).

Darüber hinaus müssen Aufsichtsbehörden Verstöße bei Justizbehörden anzeigen und 209
sich ggf. an Verfahren beteiligen dürfen (Art. 58 Abs. 5 DS-GVO). Dies umfasst auch **Klagebefugnis** und Klagerecht gegen Entscheidungen der Kommission, wie es der EuGH in der Rechtssache „Schrems" gefordert hat,[279] was für Deutschland in § 21 BDSG seine Entsprechung gefunden hat. Ob den Aufsichtsbehörden auch ein Klagerecht gegen (bindende) Entscheidungen des Ausschusses zusteht, ist fraglich.[280]

Gemäß Art. 58 Abs. 6 DS-GVO können Mitgliedstaaten neben den genannten auch 210
weitere Befugnisse der Aufsichtsbehörden vorsehen, zB die Möglichkeit zur Abberufung eines Datenschutzbeauftragten.[281]

Die Ausübung der oben genannten Befugnisse richtet sich gemäß Art. 58 Abs. 4 DS- 211
GVO nach dem Unionsrecht und dem Verfahrensrecht der Mitgliedstaaten, in Deutschland dem VwVfG des Bundes und der Länder (s. auch → § 20 Rn. 117 f.). Hierbei sind die üblichen Verfahrensgrundsätze bei der Umsetzung von Unionsrecht zu beachten, also insbesondere der Grundsatz der Verhältnismäßigkeit aber auch der der höchstmöglichen praktischen Wirksamkeit (effet utile).[282]

4. Zuständigkeit und Zusammenarbeit

Detailreich hat der Gesetzgeber die Zuständigkeit und Zusammenarbeit der Aufsichtsbe- 212
hörden geregelt. So muss im Einzelfall zunächst ermittelt werden, welche Behörde(n) zuständig ist bzw. sind. In den verschiedenen Fallkonstellationen können nämlich mehrere Behörden mit einem Vorgang beschäftigt werden. Dementsprechend regeln Art. 60 ff. DS-GVO die Zusammenarbeit, um eine einheitliche und wirksame Anwendung der DS-GVO sicherzustellen, ggf. im Rahmen des Kohärenzverfahrens gemäß Art. 63 DS-GVO oder durch verbindlichen Beschluss des Ausschusses gemäß Art. 65 DS-GVO.

a) Zuständigkeit. Der Bestimmung der **Zuständigkeit** der Aufsichtsbehörde liegen 213
mehrere, sich widersprechende Ziele zugrunde.[283] So soll sich insbesondere jeder Bürger

---

[277] Dieterich ZD 2016, 260 (263).
[278] Nguyen in Gola DS-GVO Art. 58 Rn. 11. Eingehend zu dieser Frage Golla CR 2018, 353.
[279] EuGH NJW 2015, 3151 Rn. 65 – Schrems; Wolff in Schantz/Wolff Das neue DatenschutzR Teil F Kap. I. Rn. 1013.
[280] Dazu Wolff in Schantz/Wolff Das neue DatenschutzR Teil F Kap. I. Rn. 1018.
[281] Ziebarth in Sydow DS-GVO Art. 58 Rn. 118.
[282] Nguyen in Gola DS-GVO Art. 58 Rn. 20.
[283] Wolff in Schantz/Wolff Das neue DatenschutzR Teil F Kap. I. Rn. 1019.

an seine heimatliche Aufsichtsbehörde wenden können, anderseits sollen grenzüberschreitend tätige Verantwortliche gemäß Art. 56 Abs. 6 DS-GVO nur eine einzige Aufsichtsbehörde als Ansprechpartner haben (bezeichnet als **"One-Stop-Shop"**). Im Ergebnis kommt daher eine Zuständigkeit der Aufsichtsbehörde am Sitz des Betroffenen, am Sitz des Verantwortlichen und ferner am Sitz seiner Niederlassungen in Betracht. Nach Art. 55 Abs. 1 DS-GVO ist zunächst jede Behörde im Hoheitsgebiet ihres Mitgliedstaates zuständig. Hiervon ausgenommen sind justizielle Tätigkeiten bei Gerichten (Art. 55 Abs. 3 DS-GVO, dazu eingehend → § 22 Rn. 6 ff.) sowie Verarbeitungen, die gemäß Art. 6 Abs. 1 lit. c oder e DS-GVO auf einer gesetzlichen Pflicht, einer Aufgabe im öffentlichen Interesse oder zur Ausübung öffentlichen Gewalt beruhen.

214 Gemäß Art. 4 Nr. 22 DS-GVO können mehrere Behörden „betroffen" sein, namentlich, wenn

- der Verantwortliche oder Auftragsverarbeiter im Hoheitsgebiet des Mitgliedstaates dieser Aufsichtsbehörde niedergelassen ist (lit. a),
- eine Verarbeitung erhebliche Auswirkungen auf betroffene Personen mit Wohnsitz im Mitgliedstaat dieser Aufsichtsbehörde haben kann (lit. b),[284] oder
- eine Beschwerde gemäß Art. 77 DS-GVO bei einer Aufsichtsbehörde eingereicht wurde (lit. c) („angerufene Behörde").

215 Meist ist dies der Fall bei grenzüberschreitenden Sachverhalten gemäß Art. 4 Nr. 23 DS-GVO. Diese Mehrfachzuständigkeit löst die DS-GVO zunächst dadurch, dass gemäß Art. 56 DS-GVO die **„federführende"** Behörde bestimmt wird. Dies ist diejenige Behörde, in deren Mitgliedstaat der Verantwortliche seine einzige Niederlassung oder aber seine Hauptniederlassung hat. Insoweit ist nicht auf den juristischen Konzern- bzw. Unternehmensbegriff abzustellen. Eine Niederlassung, die nicht Hauptniederlassung ist, kann nur eine unselbständige Niederlassung sein, da die rechtlich selbständige Niederlassung idR selbst Verantwortlicher ist und Art. 56 DS-GVO nicht bei mehreren Verantwortlichen oder Auftragsverarbeitern greift.[285] Hauptniederlassung ist gemäß Art. 4 Nr. 16 DS-GVO der Ort der Hauptverwaltung in der EU, alternativ und ggf. vorrangig der Ort, wo die Entscheidungen über die Datenverarbeitung getroffen werden bzw. bei Auftragsverarbeitern, wo die Datenverarbeitung hauptsächlich stattfindet.[286] Besteht Streit darüber, welche der betroffenen Aufsichtsbehörden als federführende Behörde anzusehen ist, kann der Ausschuss gemäß Art. 65 Abs. 1 lit. b DS-GVO durch Beschluss entscheiden.

216 Gemäß Art. 51 Abs. 3 DS-GVO können in einem Mitgliedstaat mehrere Aufsichtsbehörden errichtet werden, in Deutschland sind dies die Landesbehörden, der oder die Bundesbeauftragte für Datenschutz und Informationsfreiheit sowie ggf. Aufsichtsbehörden für Presse (→ § 19 Rn. 90 ff.), Justiz (→ § 22 Rn. 59 ff.) und Kirche (→ § 27 Rn. 5). Der Mitgliedstaat muss jedoch sicherstellen, dass diese Behörden die Regeln für das Kohärenzverfahren nach Art. 63 DS-GVO einhalten.

217 Für die Bestimmung der Zuständigkeit unter den Landesbehörden in Deutschland übernimmt § 40 Abs. 2 BDSG die Abgrenzung gemäß Art. 4 Nr. 16 DS-GVO, sodass es auch insoweit auf die Hauptniederlassung (in Deutschland) ankommt.

218 **b) Zusammenarbeit.** Für den Fall, dass mehrere Aufsichtsbehörden zuständig sind, regelt Art. 60 DS-GVO eine Zusammenarbeit dieser Behörden mit der federführenden Behörde im Wege des **Konsultationsverfahrens.** Zu diesem Zweck tauschen die Auf-

---

[284] Zur Frage, wann „erhebliche Auswirkungen" bestehen, Artikel 29-Datenschutzgruppe, Guidelines for identifying a controller or processors's lead supervisory authority, WP 244, 13.12.2016, 4.
[285] Laue/Nink/Kremer in LNK Das neue DatenschutzR § 10 Rn. 31; Peuker in Sydow DS-GVO Art. 56 Rn. 17 mwN.
[286] Zu den verschiedenen Konstellationen siehe die Beispiele bei Wolff in Schantz/Wolff Das neue DatenschutzR Teil F Kap. I. Rn. 1026 ff.

sichtsbehörden untereinander alle zweckdienlichen Informationen aus (Art. 60 Abs. 1 S. 2 DS-GVO).[287]

aa) Konsultationsverfahren. Ziel ist es, einen Konsens zu erzielen (Art. 60 Abs. 1 S. 1 DS-GVO), wobei das konkrete Verfahren Art. 60 Abs. 3–7 DS-GVO zu entnehmen ist. Danach übermittelt zunächst die federführende Behörde den anderen zuständigen Behörden alle zweckdienlichen Informationen und legt unverzüglich einen Beschlussentwurf vor. Legt eine der zuständigen Behörden gegen diesen Beschluss einen begründeten und „maßgeblichen" Einspruch ein, dem die federführende Behörde nicht folgen will, leitet sie das Kohärenzverfahren gemäß Art. 63 DS-GVO ein. Will die federführende Behörde hingegen dem Einspruch folgen, legt sie einen überarbeiteten Beschlussentwurf vor, der von den übrigen Behörden binnen zwei Wochen geprüft werden muss. Das Schweigen der übrigen Behörden nach Ablauf der genannten Fristen ist als Zustimmung anzusehen und bindet diese (Art. 60 Abs. 6 DS-GVO). Es ist sodann Aufgabe der federführenden Behörde, die Hauptniederlassung des Verantwortlichen zu informieren. Die Behörde, bei der eine Beschwerde erhoben wurde, unterrichtet den Beschwerdeführer. 219

Abweichend hiervon ist der Fall geregelt, dass eine Beschwerde eines Betroffenen ganz (Art. 60 Abs. 8 DS-GVO) oder teilweise abgewiesen wird (Art. 60 Abs. 9 DS-GVO). Bei einer vollen oder teilweisen Abweisung erlässt die angerufene Behörde den Beschluss bzw. den abweisenden Teil der Entscheidung. Die federführende Behörde hingegen erlässt den (teil-)stattgebenden Beschluss. Dadurch ist für Verpflichtungen bzw. Sanktionen gegenüber dem Verarbeiter stets „seine" Behörde verantwortlich, für negative Entscheidungen gegenüber dem Betroffenen dessen Behörde. 220

bb) Amtshilfe. Hat ein Verantwortlicher oder Auftragsverarbeiter Niederlassungen außerhalb des Wirkungsgebiets der federführenden Aufsichtsbehörde, ist ihr aufgrund der Beschränkung auf ihr Hoheitsgebiet nach Art. 55 Abs. 1 DS-GVO ein Tätigwerden dort nicht möglich. Für diesen Fall sehen Art. 60 Abs. 2, 61 DS-GVO vor, dass eine Aufsichtsbehörde eine andere im Wege der **Amtshilfe** in Anspruch nehmen kann. Die Amtshilfe, insbesondere in Form der Informationsgewinnung und -übermittlung, soll spätestens innerhalb eines Monats geleistet werden und ist in der Regel unentgeltlich. 221

cc) Gemeinsame Maßnahmen. Verfügt der Verantwortliche oder Auftragsverarbeiter über Niederlassungen in mehreren Mitgliedstaaten oder haben die von ihm durchgeführten Verarbeitungen voraussichtlich erhebliche Auswirkungen auf eine bedeutende Zahl Betroffener in mehreren Mitgliedstaaten, können die betroffenen Aufsichtsbehörden unter Leitung der federführenden Behörde **gemeinsame Maßnahmen** gemäß Art. 62 DS-GVO durchführen. 222

dd) Kohärenzverfahren. Nach ErwGr 138 DS-GVO ist es der Wunsch des Gesetzgebers, dass die Aufsichtsbehörden einzelne Fälle im Konsens bzw. im Wege des Konsultationsverfahrens ohne Anrufung des Ausschusses lösen.[288] Ist dies jedoch nicht möglich, zB weil erhebliche Meinungsverschiedenheiten im Konsultationsverfahren auftreten, wird das Kohärenzverfahren gemäß Art. 63 DS-GVO durchgeführt. Ziel des Verfahrens ist ebenfalls die einheitliche Anwendung der DS-GVO in der EU. Im Kohärenzverfahren kann der Ausschuss entweder Stellungnahmen gemäß Art. 64 DS-GVO abgeben oder verbindliche Beschlüsse nach Art. 65 DS-GVO erlassen. 223

Art. 64 Abs. 1 DS-GVO sieht eine Beteiligung des Ausschusses durch Einholung einer **Stellungnahme** stets in den in Art. 64 Abs. 1 S. 2 DS-GVO genannten Fällen vor, bei 224

---

[287] Die Ausgestaltung des Informationsaustauschs kann die Kommission gemäß Art. 67 DS-GVO im Wege von Durchführungsrechtsakten gemäß Art. 93 Abs. 2 DS-GVO regeln.
[288] Laue/Nink/Kremer in LNK Das neue DatenschutzR § 10 Rn. 41.

denen es um Maßnahmen geht, die erhebliche Wirkungen in mehreren Mitgliedstaaten entfalten,[289] darunter zB der Beschluss über die Vereinbarkeit von Verhaltensregeln (→ Rn. 186 ff.) mit der DS-GVO oder die Festlegung von Standard-Datenschutzklauseln. Zusätzlich können Aufsichtsbehörden, der Vorsitz des Ausschusses oder die Kommission beantragen, dass der Ausschuss zu einer Angelegenheit mit allgemeiner Geltung oder mit Auswirkungen in mehr als einem Mitgliedstaat eine Stellungnahme abgibt, insbesondere, wenn eine Aufsichtsbehörde ihren Verpflichtungen zur Mitwirkung im Wege der Amtshilfe oder einer gemeinsamen Maßnahme nicht nachkommt.

225 In Art. 65 DS-GVO ist das Verfahren für eine **Streitbeilegung** der Aufsichtsbehörden durch Einholung eines verbindlichen Beschlusses des Ausschusses geregelt. Das Verfahren wird gemäß Art. 65 Abs. 1 DS-GVO durchgeführt bei Streit im Konsultationsverfahren (lit. a), über die Zuständigkeit (lit. b) oder wenn eine Aufsichtsbehörde entgegen Art. 64 Abs. 1 DS-GVO keine Stellungnahme (→ Rn. 224) eingeholt hat oder einer Stellungnahme des Ausschusses nicht folgt (lit. c). Nach Art. 65 Abs. 2, 3 DS-GVO muss der Ausschuss binnen eines Monats (bzw. max. zwei Monaten) zunächst mit Zweidrittelmehrheit und im Falle, dass dies nicht zum Erfolg geführt hat, anschließend binnen weiterer zwei Wochen mit einfacher Mehrheit einen Beschluss fassen. Die betroffen Aufsichtsbehörden dürfen während des laufenden Verfahrens in dieser Angelegenheit keine Beschlüsse fällen (Ausnahme hiervon sind Dringlichkeitsbeschlüsse → Rn. 226).

226 **ee) Dringlichkeitsverfahren.** In besonders dringlichen Fällen kann abweichend vom Konsultations- oder Kohärenzverfahren eine betroffene Aufsichtsbehörde **einstweilige Maßnahmen** ergreifen. Voraussetzung hierfür ist, dass „außergewöhnliche Umstände" bestehen und die Aufsichtsbehörde zu der Auffassung gelangt ist, dass „dringender Handlungsbedarf besteht, um Rechte und Freiheiten von betroffenen Personen zu schützen." Außergewöhnliche Umstände liegen bereits vor, wenn sie sich als Ausnahme vom Regelfall ergeben, wenn also ein Durchlaufen des Kohärenzverfahrens nicht mit der besonderen Notfallsituation vereinbar ist und erhebliche Nachteile für den Betroffenen hätte.[290] Der wesentliche Anwendungsfall für das Dringlichkeitsverfahren wird daher voraussichtlich bei Streit in den Verfahren nach Art. 60 bzw. 63 DS-GVO liegen. Darüber hinaus wird das Vorliegen eines dringenden Handlungsbedarfs fingiert, wenn eine andere Aufsichtsbehörde nicht im Wege der Amtshilfe gemäß Art. 61 Abs. 8 DS-GVO bzw. der gemeinsamen Maßnahme entsprechend Art. 62 Abs. 7 DS-GVO mitwirkt.

227 Die einstweiligen Maßnahmen sind befristet auf maximal drei Monate. Zusätzlich muss die handelnde Behörde die anderen betroffenen Behörden informieren. Ist dringlich eine endgültige Maßnahme erforderlich, kann die Aufsichtsbehörde im Dringlichkeitsverfahren um eine Stellungnahme oder einen verbindlichen Beschluss des Ausschusses ersuchen (Art. 66 Abs. 2 DS-GVO).

228 **ff) Zusammenarbeit in Deutschland.** Die Zusammenarbeit der deutschen Aufsichtsbehörden (untereinander) hat der Gesetzgeber in Umsetzung von Art. 51 Abs. 3 DS-GVO in § 18 BDSG geregelt. Nach dem Verfahren in § 18 Abs. 1, 2 BDSG wird – wo erforderlich – jeweils ein gemeinsamer Standpunkt erarbeitet, dieser bindet gemäß § 18 Abs. 3 BDSG den Vertreter der deutschen Aufsichtsbehörden im Ausschuss.

5. Europäischer Datenschutzausschuss

229 Der europäische Datenschutzausschuss nach Art. 68 DS-GVO tritt in gewisser Weise bzw. gewissem Umfang die Nachfolge der Artikel 29-Datenschutzgruppe an, was sich auch daran zeigt, dass er kurz nach Geltung der DS-GVO die Positionen der Artikel 29-Daten-

---

[289] ErwGr 135 DS-GVO.
[290] ErwGr 137 DS-GVO; Caspar in Kühling/Buchner DS-GVO Art. 66 Rn. 7.

schutzgruppe ausdrücklich bestätigt hat.[291] Anders als die Artikel 29-Datenschutzgruppe ist es jedoch ua Aufgabe des Ausschusses, rechtsverbindliche Entscheidungen zu treffen und so gemäß Art. 70 Abs. 1 DS-GVO die einheitliche Anwendung der DS-GVO sicherzustellen.

a) **Organisation und Vertretung.** Der Ausschuss selbst ist mit einer eigenen Rechtspersönlichkeit ausgestattet (Art. 68 Abs. 1 DS-GVO) und ist entsprechend Art. 69 DS-GVO selbst ebenfalls **unabhängig.** 230

Die personelle Zusammensetzung unterscheidet sich von der Artikel 29-Datenschutzgruppe nicht: Er besteht aus den Leitern der nationalen Aufsichtsbehörden sowie dem Europäischen Datenschutzbeauftragten. Letzterer hat gemäß Art. 68 Abs. 6 DS-GVO ein eingeschränktes Stimmrecht. Die Kommission hat nach Art. 68 Abs. 5 DS-GVO ein Teilnahme-, aber kein Stimmrecht. 231

Gemäß Art. 51 Abs. 3 DS-GVO müssen Mitgliedstaaten, die mehr als eine Aufsichtsbehörde haben, einen gemeinsamen Vertreter im Ausschuss bestimmen (vgl. auch → Rn. 228). Dies ist nach § 17 Abs. 1 S. 1 BDSG der oder die Bundesbeauftragte, der jedoch gemäß § 17 Abs. 2 BDSG die Vertretung in Fällen, die eine Aufgabe in Länderhoheit betreffen, auf seinen Stellvertreter überträgt. Den Stellvertreter wählt der Bundesrat aus dem Kreis der Leiter der Aufsichtsbehörden (§ 17 Abs. 1 S. 2 BDSG). 232

b) **Aufgabe: Einheitliche Anwendung der DS-GVO.** Zentrale Aufgabe des Ausschusses ist die Sicherstellung der **einheitlichen Anwendung der DS-GVO.** Diesen Auftrag füllt der Ausschuss einerseits durch seine führende Rolle im Kohärenzverfahren (Art. 70 Abs. 1 lit. a, t DS-GVO, → Rn. 223) aus, indem er Streitigkeiten auch durch verbindlichen Beschluss löst. 233

Darüber hinaus sieht Art. 70 Abs. 1 DS-GVO aber eine ganze Reihe von insgesamt 25 – nicht abschließenden – Aufgaben vor. Er kann insbesondere zu allen Fragen der Auslegung und Durchführung der DS-GVO Leitlinien oder Stellungnahmen erlassen[292] und zwar sowohl von sich aus als auch auf Ersuchen der Kommission. Einen Teil dieser Leitlinien greift Art. 70 Abs. 1 S. 2 DS-GVO explizit auf, zB zu bewährten Verfahren für die Löschung (lit. d), zu hohen Risiken (lit. h),[293] zur Übermittlung in Drittländer gemäß Art. 49 DS-GVO (lit. j)[294] und zu Geldbußen gemäß Art. 83 DS-GVO (lit. k, s. dazu auch → § 8 Rn. 26 ff.).[295] Es gehört auch zur Aufgabe des Ausschusses, die praktische Anwendung von Leitlinien und Empfehlungen zu überwachen (lit. l, o).[296] Darüber hinaus soll der Ausschuss die Kommission beraten (lit. b, c) und die Zusammenarbeit und den Informationsaustausch unter den Aufsichtsbehörden fördern (lit. u), teilweise sogar mit Aufsichtsbehörden weltweit (lit. w). 234

c) **Verfahren.** Der Ausschuss fasst seine Beschlüsse in der Regel mit einfacher Mehrheit (Art. 72 Abs. 1 DS-GVO), genaueres soll aber die Geschäftsordnung bestimmen, die sich der Ausschuss gemäß Art. 72 Abs. 2 DS-GVO gibt. Im Rahmen der Verfahren beteiligt der Ausschuss gemäß Art. 70 Abs. 3 DS-GVO die Kommission, den für Durchführungsrechtsakte nach Art 93 DS-GVO geschaffenen Ausschuss sowie ggf. interessierte Kreise 235

---

[291] EDPB, Endorsement 1/2018 v. 25.5.2018, abrufbar unter https://edpb.europa.eu/news/news/2018/endorsement-gdpr-wp29-guidelines-edpb_en, zuletzt abgerufen am 6.8.2018.
[292] Wolff in Schantz/Wolff Das neue DatenschutzR Teil F Kap. I. Rn. 980.
[293] Vgl. dazu Artikel 29-Datenschutzgruppe, Leitlinien zur Datenschutz-Folgenabschätzung (DSFA) und Beantwortung der Frage, ob eine Verarbeitung im Sinne der Verordnung 2016/679 „wahrscheinlich ein hohes Risiko mit sich bringt", WP 248, 4.4.2017.
[294] Vgl. dazu Artikel 29-Datenschutzgruppe, Guidelines on Article 49 of Regulation 2016/679, WP 262, 5.2.2018.
[295] Vgl. dazu Artikel 29-Datenschutzgruppe, Guidelines on the application and setting of administrative fines for the purposes of the Regulation 2016/679, WP 253, 3.10.2017.
[296] Dazu Dix in Kühling/Buchner DS-GVO Art. 70 Rn. 12.

(Art. 70 Abs. 4 DS-GVO), zB (Wirtschafts- oder Verbraucher-)Verbände und Lobbygruppen.[297]

XI. Rechtsbehelfe, Haftung und Sanktionen

236 Art. 77 ff. DS-GVO enthalten Regelungen zu Rechtsbehelfen, zur Haftung der Verantwortlichen und Auftragsverarbeiter und zu den Sanktionen, insbesondere in Form von Geldbußen. Ziel (auch) dieser Regelungen ist die einheitliche und gleichzeitig wirksame Durchsetzung der Bestimmungen der DS-GVO.

1. Sanktionsmöglichkeiten der Aufsichtsbehörde

237 Wie oben dargestellt (→ Rn. 205 ff.), können Aufsichtsbehörden verschiedene Maßnahmen bis hin zur Untersagung einer Datenverarbeitung ergreifen. Geprägt wurde die Wahrnehmung der Öffentlichkeit aber hauptsächlich von der – im Vergleich zur bisherigen Lage massiv erweiterten – Möglichkeit, Geldbußen gemäß Art. 83 DS-GVO zu verhängen (eingehend dazu und zum Verfahren → § 8). Art. 83 DS-GVO unterscheidet im Hinblick auf die Maximalhöhe einer Geldbuße im Wesentlichen zwischen zwei Gruppen:[298] Verstöße gegen die (eher) „administrativen" Pflichten der DS-GVO, die sich an den Verantwortlichen bzw. Auftragsverarbeiter richten und mit einer Maximalgeldbuße von bis zu EUR 10 Mio. oder 2% des Jahresumsatzes (zur Frage, ob für den Jahresumsatz auf den funktionalen Unternehmensbegriff des Kartellrechts oder das Einzelunternehmen abzustellen ist → § 8 Rn. 52 ff.) belegt werden können einerseits, und Verstöße gegen diejenigen Pflichten, die ua die Zulässigkeit der Verarbeitung oder die Betroffenenrechte angehen, also die Schutzbestimmungen für Betroffene umfassen, andererseits, die mit bis zu EUR 20 Mio. oder 4% des Jahresumsatzes sanktioniert werden können. Art. 83 Abs. 2 DS-GVO bestimmt, welche Kriterien unter Berücksichtigung der Anforderungen „wirksam, verhältnismäßig und abschreckend" bei der Bemessung der Sanktionen zugrunde zu legen bzw. einzubeziehen sind. Der Ausschuss kann hierzu gemäß Art. 70 Abs. 1 lit. k DS-GVO Leitlinien erarbeiten.[299]

238 Art. 84 DS-GVO erlegt den Mitgliedstaaten auf, Vorschriften über „andere Sanktionen" festzulegen und dadurch das Sanktionsregime zu ergänzen. Diese weiteren Sanktionen müssen ihrerseits wirksam, verhältnismäßig und abschreckend sein. Solche anderen Sanktionen können zB Strafvorschriften wie in § 42 BDSG sein (dazu → § 8 Rn. 73 ff.), ferner die Einziehung (→ § 8 Rn. 65)[300] oder Gewinnabschöpfung.[301] Aber auch weitere verwaltungsrechtliche Sanktionen sind denkbar und – sofern die DS-GVO nicht anwendbar ist oder keine Harmonisierung der verwaltungsrechtlichen Vorschriften erfolgt ist – teils gar zwingend zu erlassen.[302] Der Rechtsschutz gegen solche weiteren Sanktionen wird durch das Recht der Mitgliedstaaten bestimmt (→ § 8 Rn. 82 ff.).

2. Recht auf Beschwerde

239 Gemäß Art. 77 DS-GVO hat jeder Betroffene das Recht, bei einer Aufsichtsbehörde Beschwerde einzulegen (→ Rn. 202) inklusive eines Rechtsbehelfs bei Untätigkeit der Behörde (Art. 78 Abs. 2 DS-GVO). Gegen die Entscheidungen von Aufsichtsbehörden können der Betroffene ebenso wie der von einer behördlichen Entscheidung angesprochene

---

[297] Schöndorf-Haubold in Sydow DS-GVO Art. 70 Rn. 22.
[298] Dazu auch Wolff in Schantz/Wolff Das neue DatenschutzR Teil F Kap. II. Rn. 1113 ff.
[299] Vgl. dazu Artikel 29-Datenschutzgruppe, Guidelines on the application and setting of administrative fines for the purposes of the Regulation 2016/679, WP 253, 3. 10. 2017.
[300] Popp in Sydow DS-GVO Art. 84 Rn. 4.
[301] Bergt in Kühling/Buchner DS-GVO Art. 84 Rn. 9.
[302] ErwGr 152 DS-GVO; Nemitz in Ehmann/Selmayr DS-GVO Art. 84 Rn. 1.

3. Recht auf gerichtliche Durchsetzung

Nach Art. 79 DS-GVO kann der Betroffene – neben der Beschwerde bei der Aufsichtsbehörde – die **Gerichte** in Anspruch nehmen, wenn er der Ansicht ist, dass die ihm durch die DS-GVO gewährten Rechte infolge einer unzulässigen Verarbeitung seiner personenbezogenen Daten verletzt wurden. Erforderlich ist, dass der Betroffene eine Verletzung eigener Rechte geltend macht. Er kann dadurch insbesondere seine Betroffenenrechte nach Art. 12 ff. DS-GVO (→ Rn. 116 ff.) durchsetzen. Die Verletzung objektiver Vorschriften, die keine konkreten Auswirkungen auf die Rechte des Betroffenen haben,[303] zB die fehlende Durchführung einer Risikoabschätzung nach Art. 35 DS-GVO oder das fehlende Verarbeitungsverzeichnis gemäß Art. 30 DS-GVO, berechtigt nicht zur Klage. Wo aber eine konkrete Auswirkung auf die Rechte der betroffenen Person vorliegt, besteht das Klagerecht, bspw. bei Verletzung der Grundsätze des Privacy by Design bzw. Privacy by Default gemäß Art. 25 DS-GVO und der Datensicherheit gemäß Art. 32 DS-GVO.[304]

240

Gemäß Art. 79 Abs. 2 DS-GVO sind für Klagen des Betroffenen grundsätzlich die Gerichte im Mitgliedstaat des Verarbeiters zuständig **(internationaler Gerichtsstand)**, wahlweise aber auch am gewöhnlichen Aufenthaltsort des Betroffenen,[305] was eine erhebliche Erleichterung darstellt.

241

4. Schadenersatzansprüche der betroffenen Personen

Darüber hinaus kann jede Person, der wegen eines Verstoßes ein Schaden entstanden ist, gemäß Art. 82 DS-GVO Schadensersatz verlangen. Anspruchsberechtigt ist insbesondere die betroffene Person. Streitig ist, ob der Anspruch auch anderen Personen zusteht, denen durch eine Verarbeitung ein Schaden entstanden ist.[306] Der Anspruch richtet sich gegen Verantwortliche und Auftragsverarbeiter.

242

Nicht jeder Verstoß begründet einen Schadensersatzanspruch. **Voraussetzung** ist, dass der Verstoß gegen die Bestimmungen der DS-GVO, delegierte Rechtsakte oder konkretisierende nationale Bestimmungen kausal für den eingetretenen Schaden ist. Die **Beweislast** trägt hierfür zunächst der Geschädigte. Unter Berücksichtigung von Sinn und Zweck des Art. 82 DS-GVO sind hier allerdings keine Anforderungen zu stellen, die die generelle Wirksamkeit der Rechtsdurchsetzung in Frage stellen.[307] Es kann daher nur verlangt werden, dass der Anspruchsteller die Unzulässigkeit einer Verarbeitung insoweit darlegt, wie ihm dies möglich ist. Anschließend treffen den Anspruchsgegner erhebliche Mitwirkungs- bzw. Darlegungspflichten.[308]

243

Auftragsverarbeiter haften gemäß Art. 82 Abs. 2 S. 2 DS-GVO nur, wenn sie den speziell den Auftragsverarbeitern auferlegten Pflichten zuwidergehandelt haben, insbesondere Art. 28 DS-GVO.[309] Hat der Auftragsverarbeiter aber den Weisungen des Verantwortlichen zuwidergehandelt, haftet er ohne diese Beschränkung.[310]

244

Der Verstoß muss schuldhaft erfolgt sein. Insoweit sieht Art. 82 Abs. 3 DS-GVO eine Umkehr der **Beweislast** vor, sodass der Verantwortliche bzw. Auftragsverarbeiter nach-

245

---

[303] Bergt in Kühling/Buchner DS-GVO Art. 79 Rn. 5; Martini in Paal/Pauly DS-GVO Art. 79 Rn. 21.
[304] Bergt in Kühling/Buchner DS-GVO Art. 79 Rn. 5.
[305] Sofern Anspruchsgegner nicht eine Behörde ist, die in Ausübung ihrer hoheitlichen Befugnisse tätig geworden ist.
[306] Dagegen Kreße in Sydow DS-GVO Art. 82 Rn. 9 ff.; Gola/Piltz in Gola DS-GVO Art. 82 Rn. 10; dafür Schantz in Schantz/Wolff Das neue DatenschutzR Teil F Kap. III. Rn. 1247.
[307] Vgl. EuGH GRUR 2014, 1018 Rn. 32 f. – Umbrella Pricing/Kone.
[308] Gola/Piltz in Gola DS-GVO Art. 82 Rn. 15 mwN.
[309] Gola/Piltz in Gola DS-GVO Art. 82 Rn. 5.
[310] Schantz in Schantz/Wolff Das neue DatenschutzR Teil F Kap. III. Rn. 1248.

weisen muss, dass er „in keiner Hinsicht" für das den Schaden verursachende Ereignis verantwortlich ist.

246 Art. 82 Abs. 4 und 5 DS-GVO enthalten Regelungen zur Gesamtschuld. So haften zunächst alle Beteiligten. Dadurch wird ein wirksamer Schadensersatz für den Geschädigten erreicht. Lediglich im Innenverhältnis kann ein Ausgleich zwischen den Beteiligten anhand des Anteils der jeweiligen Verantwortung erfolgen.

247 Der Anspruch ist nicht begrenzt auf materielle Schäden, sondern umfasst auch immaterielle Folgen. Da der Schadensersatzanspruch im **Umfang** auch die Elemente der Wirksamkeit und Abschreckung enthalten soll, können in die Berechnung des Haftungsumfangs auch präventive Gesichtspunkte einfließen.[311]

5. Verbände, Wettbewerber

248 **a) Verbandsklage.** Art. 80 DS-GVO greift die Problematik auf, dass Betroffene ihre Rechte nur selten tatsächlich durchzusetzen versuchen.[312] Gemäß Art. 80 Abs. 1 DS-GVO können daher „Einrichtungen, Organisationen oder Vereinigungen" (im Folgenden vereinfachend „Verbände") den Betroffenen vertreten, also in einer Form von Vertretung für ihn klagen bzw. Beschwerden einreichen.[313] Streitig ist, ob der Verband nur im Namen der betroffenen Person oder auch im eigenen Namen in Form einer Prozessstandschaft klagen kann.[314] Verbände können gem. Art. 80 Abs. 1 DS-GVO Muster- oder Sammelklagen durchführen.[315] Die Befugnis ist nicht begrenzt auf die einzelne Durchsetzung von Rechten, vielmehr können die Mitgliedstaaten vorsehen, dass auch der Schaden des Betroffenen geltend gemacht werden kann.

249 Voraussetzung ist, dass der Verband ohne Gewinnerzielungsabsicht handelt, ordnungsgemäß nach dem Recht eines Mitgliedstaates gegründet ist und in öffentlichem Interesse handelt.

250 Nach Art. 80 Abs. 2 DS-GVO können die Mitgliedstaaten darüber hinaus vorsehen, dass die genannten Verbände unabhängig von einem Auftrag des Betroffenen datenschutzrechtliche Beschwerden oder Klagen erheben können, allerdings nicht auf Schadensersatz.

251 **b) Klagebefugnis von Wettbewerbern?** Streitig ist im Hinblick auf Art. 80 Abs. 2 DS-GVO, ob Wettbewerber die Verletzung der Vorgaben der DS-GVO rügen können. Unter dem BDSG aF bestand insoweit Uneinigkeit darüber, ob Datenschutzvorschriften als Marktverhaltensregeln iSv § 3a UWG anzusehen sind, wobei die wohl hM dies annahm.[316] Teilweise wird nunmehr vertreten, dass sich aus Art. 80 Abs. 2 DS-GVO ergebe, dass die Rechtsbehelfe der DS-GVO abschließend geregelt seien,[317] sodass neben den Betroffenen und den Verbänden gemäß Art. 80 DS-GVO kein Raum für weitere Kläger wäre.[318] Vor dem Hintergrund einer effektiven Durchsetzung des Datenschutzrechts ist allerdings fraglich, ob sich eine derart einschränkende Auslegung durchsetzen wird.

---

[311] Schantz in Schantz/Wolff Das neue DatenschutzR Teil F Kap. III. Rn. 1254; Kreße in Sydow DS-GVO Art. 82 Rn. 6 mwN.
[312] Schantz in Schantz/Wolff Das neue DatenschutzR Teil F Kap. IV. Rn. 1270 spricht von „rationaler Apathie".
[313] Dazu Werkmeister in Gola DS-GVO Art. 80 Rn. 7 ff.; Kreße in Sydow DS-GVO Art. 80 Rn. 10.
[314] So Laue/Nink/Kremer in LNK Das neue DatenschutzR § 11 Rn. 40; Schantz NJW 2018, 1841 (1847); Karg in BeckOK DatenschutzR DS-GVO Art. 80 Rn. 8.
[315] Bergt in Kühling/Buchner DS-GVO Art. 80 Rn. 1.
[316] Zum Streitstand KG Berlin ZD 2018, 118 Rn. 34; Wolff ZD 2018, 248.
[317] Köhler in KBF UWG § 3a Rn. 1.40 a u. 1.74 b; Köhler ZD 2018, 337; Werkmeister in Gola DS-GVO Art. 80 Rn. 17; Kreße in Sydow DS-GVO Art. 80 Rn. 17.
[318] AA LG Würzburg Beschl. v. 13.9.2018 – 1101741/18; Schantz in Schantz/Wolff Das neue DatenschutzR Teil F Kap. IV. Rn. 1275 ff.; Wolff ZD 2018, 248 (251); Härting DS-GVO-HdB Rn. 246.

§ 4 BDSG und andere sondergesetzliche Datenschutzregelungen

Übersicht

	Rn.
I. Einleitung	1
1. Verhältnis der DS-GVO zu nationalen Regelungen	3
a) Anwendungsvorrang der Verordnung	3
b) Mitgliedstaatliche Regelungsspielräume	8
aa) Öffnungsklauseln	10
bb) Einschränkungen des Anwendungsbereichs der DS-GVO	14
c) Normwiederholungsverbot hinsichtlich der Vorgaben der DS-GVO	15
2. Umsetzung der JI-RL 2016/680	17
3. Reform des deutschen Datenschutzrechts	20
II. Das neue BDSG	26
1. Konzept und Struktur	27
a) Gliederung des BDSG	30
b) Auswirkungen des Mehrebenensystems	31
2. Anwendungsbereich des BDSG	40
a) Sachlicher Anwendungsbereich	41
aa) Verarbeitung personenbezogener Daten	42
bb) Anwendungsvorrang der DS-GVO	46
cc) Kein spezielles datenschutzrechtliches Bundesgesetz	56
dd) Ausübung ausschließlich persönlicher oder familiärer Tätigkeiten	59
b) Adressaten des BDSG	60
c) Zeitlicher Anwendungsbereich	64
d) Räumlicher Anwendungsbereich	68
3. Rechtmäßigkeit der Datenverarbeitung	73
a) Allgemeine Grundsätze der Datenverarbeitung	74
b) Öffnungsklauseln der DS-GVO und ihre Ausgestaltung	75
aa) Einwilligung	77
bb) Erfüllung rechtlicher Verpflichtungen	83
cc) Aufgaben im öffentlichen Interesse oder in Ausübung öffentlicher Gewalt	86
dd) Verarbeitung zu anderen Zwecken	97
ee) Verarbeitung besonderer Kategorien personenbezogener Daten	112
c) Vorgaben zur Rechtmäßigkeit der Verarbeitung im Anwendungsbereich der JI-RL	121
4. Betroffenenrechte	122
a) Ausgestaltung des Art. 23 Abs. 1 DS-GVO im nationalen Recht	124
aa) Einschränkungen der Informationspflicht, §§ 32, 33 BDSG	130
bb) Einschränkungen des Auskunftsrechts, § 34 BDSG	136
cc) Einschränkungen des Rechts auf Löschung, § 35 BDSG	140
dd) Einschränkungen des Widerspruchsrechts, § 36 BDSG	144
ee) Automatisierte Entscheidungen/Profiling, § 37 BDSG	146
b) Vorgaben der JI-RL	147
5. Rechtsbehelfe, Haftung, Sanktionen	148
6. Datenschutzbeauftragte	151
7. Aufsichtsbehörden	154
8. Zusammenarbeit und Kohärenz	156
III. Anpassung weiterer Bundesgesetze	158
IV. Landesrechtliche Regelungen	164
V. Fazit	165

Literatur:

Albrecht, Das neue EU-Datenschutzrecht – von der Richtlinie zur Verordnung, CR 2016, 88; *Albrecht,* Brauchen wir neben der DS-GVO noch ein neues BDSG?, ZD 2016, 457; *Albrecht/Janson,* Datenschutz und Meinungsfreiheit nach der Datenschutzgrundverordnung, CR 2016, 500; *Benecke/Wagner,* Öffnungsklauseln in der Datenschutz-Grundverordnung und das deutsche BDSG – Grenzen und Gestaltungsspielräume für ein nationales Datenschutzrecht, DVBl 2016, 600; *Buchner/Kühling*, Die Einwilligung in der Datenschutzordnung 2018, DuD 2017, 544; *Dreier/Schulze*, Urheberrechtsgesetz, 5. Aufl. 2015; *Götting/Schertz/Seitz*, Handbuch des Persönlichkeitsrechts, 2. Aufl. 2018 (im Erscheinen); *Golla/Hofmann/Bäcker*, Connecting the Dots – Sozialwissenschaftliche Forschung in Sozialen Online-Medien im Lichte von DSGVO und BDSG-neu, DuD 2018, 89; *Greve*, Das neue Bundesdatenschutzgesetz, NVwZ 2017, 737; *Hofmann/Johannes*, DS-GVO: Anleitung zur autonomen Auslegung des Personenbezugs, ZD 2017, 221; *Johannes*, Die Gegenüberstellung – Allgemeine Grundsätze der Datenverarbeitung nach neuem BDSG, DS-GVO und JI-Richtlinie, ZD-aktuell 2017, 05757; *Johannes*, Der BDSG-Entwurf und das Mysterium der „23", ZD-Aktuell 2017, 05533; *Keppeler*, Was bleibt vom TMG-Datenschutz nach der DS-GVO? Lösung und Schaffung von Abgrenzungsproblemen im Multimedia-Datenschutz, MMR 2015, 779; *Kibler/Sandhu*, Vorwirkungen von EU-Verordnungen am Beispiel der Datenschutz-Grundverordnung, NVwZ 2018, 528; *Kühling*, Neues Bundesdatenschutzgesetz – Anpassungsbedarf bei Unternehmen, NJW 2017, 1985; *Kühling/Drechsler*, Alles „acte clair"? – Die Vorlage an den EuGH als Chance, NJW 2017, 2950; *Kühling/Martini*, Die Datenschutz-Grundverordnung: Revolution oder Evolution im europäischen und deutschen Datenschutzrecht?, EuZW 2016, 448; *Lachenmann*, Neue Anforderungen an die Videoüberwachung – Kritische Betrachtung der Neuregelungen zur Videoüberwachung in DS-GVO und BDSG-neu, ZD 2017, 407; *Lauber-Rönsberg/Hartlaub*, Personenbildnisse im Spannungsfeld zwischen Äußerungs- und Datenschutzrecht, NJW 2017, 1057; *Marosi*, Das TMG vor und nach der DSGVO – was bleibt, was kommt, in: Specht/Lauber-Rönsberg/Becker, Medienrecht im Medienumbruch, 2017, S. 225–243; *Roßnagel*, Gesetzgebung im Rahmen der Datenschutz-Grundverordnung – Aufgaben und Spielräume des deutschen Gesetzgebers?, DuD 2017, 277; *Schantz*, Die Datenschutz-Grundverordnung – Beginn einer neuen Zeitrechnung im Datenschutzrecht, NJW 2016, 1841; *Schnabel*, Das Recht am eigenen Bild und der Datenschutz, ZUM 2008, 657; *Schröder*, Anwendbarkeit der DS-GVO und des BDSG auf den Deutschen Bundestag, ZRP 2018, 129; *Specht*, Mit der Datenschutzgrundverordnung und dem Datenschutz-Anpassung- und Umsetzungsgesetz in ein Zeitalter technisch-infrastruktureller Privatheit?, BB 9/2017, I; *Weichert*, „Sensitive Daten" revisited, DuD 2017, 538.

I. Einleitung

1 Durch die seit dem 25.5.2018 anwendbare DS-GVO sowie zur Umsetzung der JI-RL bis zum 6.5.2018 wurde eine **umfassende Novellierung des deutschen Datenschutzrechts** sowohl auf Bundes- als auch auf Landesebene erforderlich. Zu diesem Zweck hat der Bundesgesetzgeber mit dem **Gesetz zur Anpassung des Bundesdatenschutzgesetzes** (DSAnpUG-EU) vom 30.6.2017 das alte BDSG durch ein neues BDSG ersetzt, das **am 25.5.2018 in Kraft getreten** ist.[1] Da dieses neu gefasste BDSG im Interesse einer einheitlichen Entwicklung des allgemeinen Datenschutzrechts auch für die Verarbeitung personenbezogener Daten im Rahmen von Tätigkeiten öffentlicher Stellen des Bundes außerhalb des Anwendungsbereichs des Unionsrechts Anwendung findet, zB hinsichtlich Datenverarbeitungen durch das Bundesamt für Verfassungsschutz, den BND, den MAD oder im Bereich des SÜG, hat das DSAnpUG-EU auch Anpassungen der jeweils einschlägigen bereichsspezifischen Gesetze vorgenommen.[2]

2 Darüber hinaus ergibt sich durch die DS-GVO ein **beträchtlicher Änderungsbedarf in Bezug auf den bereichsspezifischen Datenschutz.** Die Bundesregierung hat auf Bundesebene 154 Gesetze sowie 50 Verordnungen identifiziert, bei denen ein Anpassungsbedarf besteht.[3] Hinzu kommt noch der Reformbedarf auf Landesebene.

1. Verhältnis der DS-GVO zu nationalen Regelungen

3 **a) Anwendungsvorrang der Verordnung.** Nach stRspr des EuGH kommt dem Unionsrecht Vorrang vor dem nationalen Recht zu. Dieser Grundsatz führt zwar nicht zur Unwirksamkeit von mit der DS-GVO kollidierendem nationalen Recht. Dieses darf je-

---

[1] BGBl I 2097; lediglich Art. 7 des Gesetzes ist bereits am 6.7.2017 in Kraft getreten.
[2] BT-Drs. 18/11325, 2.
[3] So die Antwort der Bundesregierung vom 12.9.2017 auf die Anfrage des Abgeordneten Dr. von Notz BT-Drs. 18/13581, 10 ff.

doch aufgrund des **Anwendungsvorrangs** der DS-GVO nicht angewendet werden.[4] Im Regelungsbereich der DS-GVO stellt das **nationale Datenschutzrecht somit kein datenschutzrechtliches Vollregime** dar. Vielmehr ergeben sich die datenschutzrechtlichen Vorgaben primär aus der DS-GVO und werden durch die nationalen Bestimmungen im BDSG bzw. den Landesdatenschutzgesetzen sowie den bereichsspezifischen Datenschutzgesetzen ergänzt. Insofern müssen die verschiedenen Normtexte nebeneinander berücksichtigt werden. Wenn dem nationalen Recht neben der DS-GVO aber kein eigenständiger Anwendungsbereich mehr verbleibt, so muss es aufgrund der primärrechtlichen Verpflichtung zur loyalen Zusammenarbeit (Art. 4 Abs. 3 EUV) sowie zur Vermeidung von Rechtsunsicherheit aufgehoben werden.[5]

Ein Beispiel für die Auswirkungen des Anwendungsvorrangs ist das Verhältnis der DS-GVO zu den datenschutzrechtlichen Vorschriften im 4. Abschnitt des TMG. Nach Ansicht der DSK werden §§ 12, 13 und 15 TMG als mit der DS-GVO unvereinbare Regelungen durch die vorrangige Verordnung verdrängt. Hieran ändere auch die Regelung des Art. 95 DS-GVO nichts, da diese auf die genannten Vorschriften keine Anwendung finde. Diese Vorschriften beruhten vorrangig auf der DS-RL 95/46 und unterfielen daher nicht dem Anwendungsbereich von Art. 95 DS-GVO.[6]

Handlungsspielräume bestehen für die nationalen Gesetzgeber neben der DS-GVO somit nur dann, wenn deren **sachlicher Anwendungsbereich eingeschränkt** ist oder soweit der europäische Gesetzgeber den Mitgliedstaaten durch eine explizite oder implizite **Öffnungsklausel** die Befugnis zur Konkretisierung der DS-GVO oder zur Abweichung von ihren Regelungen eingeräumt hat. Dagegen besteht im Übrigen **keine Befugnis der mitgliedstaatlichen Gesetzgebung, die DS-GVO zu präzisieren, zu konkretisieren oder zu ergänzen.**[7]

Dies gilt auch für die **Rechtsprechung** der Mitgliedstaaten. Nach der stRspr des EuGH sind Begriffe des europäischen Rechts in ihrem spezifisch unionsrechtlichen Sinn auszulegen. Aus dem Gebot der einheitlichen Anwendung des Unionsrechts sowie aus dem Gleichheitssatz folgt, dass die Begriffe einer Vorschrift des Unionsrechts, die für die Ermittlung ihres Sinnes und ihrer Tragweite nicht ausdrücklich auf das Recht der Mitgliedstaaten verweist, in der Regel in der gesamten Union eine **autonome und einheitliche Auslegung** erhalten müssen.[8] Bei der Ermittlung von Sinn und Zweck einer sekundärrechtlichen Vorschrift kommt grundsätzlich den **Erwägungsgründen,** die nicht Bestandteil des Normtexts selbst sind, als Auslegungs- und Orientierungshilfen große Bedeutung zu.[9] Jedoch ist hierbei auch zu berücksichtigen, dass die Erwägungsgründe der DS-GVO zum Teil **nicht mehr an den endgültigen Verordnungstext angepasst wurden** und daher nicht auf die endgültige Fassung der Vorschrift abgestimmt sind oder gar im Widerspruch hierzu stehen.[10]

---

[4] Kühling/Martini et al. DS-GVO und nationales Recht, 3; Roßnagel in Roßnagel DS-GVO-HdB § 2 Rn. 2 ff.; allgemein zu Art. 288 AEUV Ruffert in Calliess/Ruffert AEUV Art. 288 Rn. 20.

[5] S. allgemein zu nationalen Regelungen, denen kein eigenständiger Anwendungsbereich verbleibt Kühling/Martini et al. DS-GVO und nationales Recht, 3.

[6] DSK Positionspapier Zur Anwendbarkeit des TMG für nicht-öffentliche Stellen ab dem 25.5.2018, Stand: 26.4.2018, abrufbar unter https://www.ldi.nrw.de/mainmenu_Datenschutz/submenu_Technik/Inhalt/TechnikundOrganisation/Inhalt/Zur-Anwendbarkeit-des-TMG-fuer-nicht-oeffentliche-Stellen-ab-dem-25_-Mai-2018/Positionsbestimmung-TMG.pdf, zuletzt abgerufen am 24.9.2018; s. dazu auch Marosi in SL-RB Medienrecht im Medienumbruch, 225 ff.; Keppeler MMR 2015, 779 (781 ff.); Jandt ZD 2018, 405.

[7] Wolff in Schantz/Wolff Das neue DatenschutzR Teil C Rn. 216; s. auch allgemein zu Verordnungen Ruffert in Calliess/Ruffert AEUV Art. 288 Rn. 20; aA Roßnagel in Roßnagel DS-GVO-HdB § 2 Rn. 17 ff.

[8] EuGH NVwZ-RR 2017, 444 Rn. 23 – J.D./Prezes Urzędu Regulacji Energetyki; NVwZ-RR 2012, 121 Rn. 32 – Ziolkowski und Szeja; EuZW 2011, 908 Rn. 25 – Brüstle; Mayer in GHN EUV Art. 19 Rn. 53; Wegener in Calliess/Ruffert EUV Art. 19 Rn. 13; Kühling/Drechsler NJW 2017, 2950 (2952).

[9] Wegener in Calliess/Ruffert AEUV Art. 288 Rn. 16.

[10] S. zB Art. 81 DS-GVO und ErwGr 144 DS-GVO; dazu Kreße in Sydow DS-GVO Art. 81 Rn. 5 ff.

Dies dürfte dort, wo dies der Fall ist, ihre Bedeutung als Auslegungshilfe erheblich schmälern.

7   Für die Anwendung der DS-GVO durch die Gerichte der Mitgliedstaaten bedeutet dies, dass gemäß Art. 267 Abs. 1 und Abs. 2 AEUV eine **Vorlage an den EuGH** möglich, für letztinstanzliche Gerichte gemäß Art. 267 Abs. 3 AEUV grds.[11] verpflichtend ist, sofern nicht im Einzelfall die Auslegung einer Bestimmung des Unionsrechts derart offenkundig ist, dass „keinerlei Raum für einen vernünftigen Zweifel an der Entscheidung der gestellten Frage bleibt" (sog acte clair) oder wenn „bereits eine gesicherte Rechtsprechung des Gerichtshofs vorliegt, durch die die betreffende Rechtsfrage gelöst ist" (sog acte éclairé).[12] Eine Verletzung des **Auslegungsmonopols des EuGH** stellt zugleich einen Entzug des gesetzlichen Richters gemäß Art. 101 Abs. 1 S. 2 GG dar, wenn der Beschluss der Nichtvorlage bei verständiger Würdigung offensichtlich unhaltbar sind.[13]

8   **b) Mitgliedstaatliche Regelungsspielräume.** EU-Verordnungen sind gemäß Art. 288 Abs. 2 AEUV in allen ihren Teilen verbindlich und gelten unmittelbar in den Mitgliedstaaten – wobei die Erwägungsgründen wie dargestellt allerdings lediglich als Auslegungshilfen heranzuziehen sind. Anders als bei Richtlinien gemäß Art. 288 Abs. 3 AEUV sind somit bei hinreichender Bestimmtheit keine weiteren Normsetzungsakte der nationalen Gesetzgeber erforderlich, damit die Verordnung mit ihrem Inkrafttreten gegenüber den Rechtssubjekten Rechte verleiht und Pflichten auferlegt und insoweit das entgegenstehende nationale Recht verdrängt.

9   Nicht unüblich ist es jedoch, dass auch Verordnungen ausfüllungsbedürftig sind, da sie ohne komplettierende mitgliedstaatliche Rechtsetzung unvollständig und damit nicht vollzugsfähig sind (sog hinkende Verordnung).[14] Dies gilt in besonderem Maße im Falle der DS-GVO, die den Mitgliedstaaten im Rahmen von Öffnungsklauseln die Ermächtigung zur Abweichung von oder Konkretisierung der DS-GVO einräumt. Um eine Anpassung der nationalen Rechtsordnung zu ermöglichen, hat der europäische Gesetzgeber in Art. 99 Abs. 2 DS-GVO eine relativ knappe Übergangsfrist von zwei Jahren zwischen dem Inkrafttreten und der Anwendbarkeit der Verordnung vorgesehen.

10 **aa) Öffnungsklauseln.** Im Gegensatz zu dem ursprünglichen Kommissionsvorschlag, in dem die Kommission sich umfangreiche Ausgestaltungskompetenzen im Rahmen von Durchführungsakten und delegierten Rechtsakten vorbehalten hatte, sieht die DS-GVO nun mehr als 70 Öffnungsklauseln vor, innerhalb deren Anwendungsbereichs die Mitgliedstaaten die Vorgaben der DS-GVO konkretisieren und ergänzen können.[15] Ua führen die Öffnungsklauseln dazu, dass es trotz der DS-GVO in diesen Bereichen weiterhin unterschiedliche Schutzniveaus zwischen den Mitgliedstaaten geben wird (so zB explizit ErwGr 153 DS-GVO). Soweit es den inhaltlichen Vorgaben der Öffnungsklauseln entspricht, behält damit auch das vor der DS-GVO geltende Recht seine Gültigkeit.[16]

11 Der Umfang der hieraus für die Mitgliedstaaten resultierenden Regelungsspielräume wird unterschiedlich bewertet. Zum Teil wird aus der großen Zahl der Öffnungsklauseln auf einen großen Handlungsspielraum der Mitgliedstaaten geschlossen;[17] die DS-GVO sei in Teilen eher eine „Richtlinie im Verordnungsgewand"[18] bzw. ein „Hybrid zwischen

---

[11] Eine Ausnahme von der Vorlagepflicht besteht allerdings bei Verfahren des einstweiligen Rechtsschutzes, Kühling/Drechsler NJW 2017, 2950 (2953).
[12] EuGH NJW 1983, 1257 Rn. 14 und 16 – C. I. L. F. I. T.
[13] BVerfG NJW 2010, 3422 Rn. 88 ff. – Honeywell mwN.
[14] Ruffert in Calliess/Ruffert AEUV Art. 288 Rn. 20 f.
[15] S. die Übersicht bei Kühling/Martini et al. DS-GVO und nationales Recht, 14 ff.
[16] S. zB OLG Köln ZD 2018, 434 hinsichtlich der Fortgeltung des KUG für journalistische Nutzungen auf Grundlage von Art. 85 Abs. 2 DS-GVO; so bereits Specht in Dreier/Schulze KUG Vor §§ 22 ff. Rn. 2; Lauber-Rönsberg/Hartlaub NJW 2017, 1057 (1060).
[17] Wolff in Schantz/Wolff Das neue DatenschutzR Teil C Rn. 219.
[18] Kühling/Martini EuZW 2016, 448.

Richtlinie und Verordnung".[19] Andere verweisen dagegen darauf, dass die große Zahl der Öffnungsklauseln gerade daraus resultiere, dass den Mitgliedstaaten möglichst wenig Spielraum gelassen werden soll, sodass die DS-GVO statt weniger breiter und genereller Ausnahmen mehrere sehr begrenzte Verweise zur Ermächtigung der Mitgliedstaaten zur konkreten Ausgestaltung des nationalen Rechts enthalte.[20]

Bei den Öffnungsklauseln ist zwischen **fakultativen Gestaltungsspielräumen** und **obligatorischen Umsetzungspflichten** der Mitgliedstaaten zu unterscheiden (→ § 3 Rn. 4).[21] Verpflichtende Öffnungsklauseln sieht die DS-GVO insbesondere dann vor, wenn Regelungen der Mitgliedstaaten erforderlich sind, um den Vorgaben der DS-GVO Wirkung zu verleihen, zB im Bereich der Zusammenarbeit und Kohärenz nach Kapitel VII. In anderen Bereichen, etwa hinsichtlich der Betroffenenrechte nach Kapitel III, stellt die DS-GVO es dagegen zB im Rahmen der fakultativen Öffnungsklausel des Art. 23 DS-GVO in das Ermessen der Mitgliedstaaten, inwieweit diese für Datenverarbeitungen, die wichtigen Zielen des öffentlichen Interesses dienen, abweichende Regelungen treffen. Wie die Diskussion um Art. 85 Abs. 1 DS-GVO und die damit zusammenhängende Frage der Fortgeltung des KUG für nicht-journalistische Meinungsäußerungen zeigt, besteht zT ein Klärungsbedarf hinsichtlich der Einordnung und des Umfangs der Öffnungsklauseln,[22] der wohl nur durch den EuGH endgültig beseitigt werden kann. 12

Fraglich ist, ob die Auslegung und die Prüfung der Vereinbarkeit der nationalen Regelungen anhand der europäischen oder der deutschen Grundrechte zu erfolgen hat. Wenn das Unionsrecht zu einer Vollharmonisierung führt, werden die deutschen Grundrechte grds. von den europäischen Grundrechten verdrängt. Dagegen bleiben die deutschen Grundrechte grds. dort relevant, wo das Unionsrecht den nationalen Gesetzgebern Regelungsspielräume eröffnet. Unklar ist, ob dies auch in Bezug auf die Öffnungsklauseln und Bereichsausnahmen der DS-GVO der Fall ist oder ob diese als unionsrechtlich determiniert anzusehen sind.[23] 13

bb) Einschränkungen des Anwendungsbereichs der DS-GVO. Neben den Öffnungsklauseln begründen auch die in Art. 2 Abs. 2 DS-GVO geregelten Einschränkungen des Anwendungsbereichs der DS-GVO Gestaltungsspielräume der Mitgliedstaaten, in denen es bei einer Anwendbarkeit des nationalen Rechts bleibt (→ dazu näher Rn. 48 ff. sowie § 3 Rn. 27 f. und 39 ff.). 14

c) Normwiederholungsverbot hinsichtlich der Vorgaben der DS-GVO. Ist die Anwendbarkeit der DS-GVO gegeben, so bedeutet dies nicht nur, dass das nationale Recht aufgrund des Anwendungsvorrangs des Unionsrechts zurücktreten muss. In diesen Bereichen ist zudem auch eine wörtliche Übernahme der Regelungen der DS-GVO in das nationale Recht mit der Rechtsprechung des EuGH nicht zu vereinbaren (Normwiederholungsverbot).[24] Untersagt sind daher grds. wörtliche Übernahmen, um zu verhindern, 15

---

[19] Kühling/Martini et al. DS-GVO und nationales Recht, 1.
[20] So Albrecht ZD 2016, 457.
[21] Kühling/Martini et al. DS-GVO und nationales Recht, 9 ff.
[22] Für die Einordnung des Art. 85 Abs. 1 als eigenständige Öffnungsklausel Schulz/Heilmann in GSSV DS-GVO Art. 85 Rn. 7; Hoidn in Roßnagel DS-GVO-HdB § 4 Rn. 180; Lauber-Rönsberg/Hartlaub NJW 2017, 1057 (1061 f.); Lauber-Rönsberg in GSS HdB des Persönlichkeitsrechts § 22 Rn. 41 ff.; aA Pötters in Gola DS-GVO Art. 85 Rn. 5; Buchner/Tinnefeld in Kühling/Buchner DS-GVO Art. 85 Rn. 12; Specht in Sydow DS-GVO Art. 85 Rn. 16. Zur Fortgeltung des KUG für journalistische Nutzungen auf Grundlage von Art. 85 Abs. 2 DS-GVO nun OLG Köln ZD 2018, 434.
[23] Dazu Greve NVwZ 2017, 737 (743 f.); Albrecht/Janson, CR 2016, 500 (503 ff.); Kühling/Martini et al. DS-GVO und nationales Recht, 288 f.; Hoidn in Roßnagel DS-GVO-HdB § 2 Rn. 106 ff.; Buchholtz/Stenzel in GSSV DS-GVO Art. 1 Rn. 13.
[24] Zur DS-GVO s. Benecke/Wagner DVBl 2016, 600 (604 f.); Kühling/Martini et al. DS-GVO und nationales Recht, 6 ff.; Roßnagel in Roßnagel DS-GVO-HdB § 2 Rn. 25; Wolff in Schantz/Wolff Das neue DatenschutzR Teil C Rn. 217.

16 dass die Herkunft der Norm verschleiert und so ua das Auslegungsmonopol des EuGH gefährdet wird.[25]

16 Allerdings gestattet ErwGr 8 DS-GVO – im Einklang mit der Rechtsprechung des EuGH[26] – als Ausnahme zu diesem grundsätzlichen Normwiederholungsverbot eine Übernahme von Vorschriften der Verordnung in das nationale Recht, wenn die DS-GVO den Mitgliedstaaten ermöglicht, Präzisierungen oder Einschränkungen vorzunehmen, und wenn eine Wiederholung der Vorschriften der DS-GVO im nationalen Recht erforderlich ist, um die Kohärenz zu wahren und die nationalen Rechtsvorschriften verständlicher zu machen.

2. Umsetzung der JI-RL 2016/680

17 Bislang mündeten die Aktivitäten des europäischen Gesetzgebers im Bereich des Datenschutzrechts primär in den Erlass von Richtlinien,[27] zB der durch die DS-GVO aufgehobenen DS-RL 95/46,[28] der DSRL-eK 2002/58[29] sowie der nun gemeinsam mit der DS-GVO beratenen JI-RL 2016/680. Diese soll eine Mindestharmonisierung (Art. 1 Abs. 3 JI-RL) der nationalen datenschutzrechtlichen Bestimmungen bei der Verarbeitung personenbezogener Daten zum Zweck der Verhütung, Ermittlung, Aufdeckung oder Verfolgung von Straftaten oder der Strafvollstreckung, einschließlich des Schutzes vor und der Abwehr von Gefahren für die öffentliche Sicherheit bewirken. Dieser Zwecksetzung entsprechend regelt die JI-RL lediglich Datenverarbeitungen durch öffentliche Stellen.

18 Soweit sich nicht durch diesen begrenzten Anwendungsbereich sowie die Rechtsnatur der Richtlinie Abweichungen zur DS-GVO ergeben, hat der europäische Gesetzgeber – auch weil eine trennscharfe Abgrenzung nicht ohne weiteres möglich ist – in den Verhandlungen beider Rechtsakte auf Kohärenz und zT auch auf gemeinsame terminologische Grundlagen geachtet. Dies gilt zB für die Begriffsbestimmungen in Art. 4 DS-GVO bzw. Art. 3 JI-RL sowie für die Ausgestaltung der Rolle des Datenschutzbeauftragten und der Aufsichtsbehörden.[30]

19 Im Gegensatz zu Verordnungen sind Richtlinien gemäß Art. 288 Abs. 3 AEUV für Mitgliedstaaten nur hinsichtlich des zu erreichenden Ziels verbindlich, überlassen ihnen jedoch die Wahl der Form und der Mittel. Auch wenn Richtlinien durchaus eine erhebliche Regelungsdichte erreichen können, so dass der umsetzende Mitgliedstaat im Einzelfall nicht mehr über einen nennenswerten Umsetzungsspielraum verfügt,[31] bedürfen Richtlinien damit grds. der Umsetzung ins nationale Recht.

3. Reform des deutschen Datenschutzrechts

20 Bei der Anpassung des deutschen Rechts an das europäische Datenschutzpaket stehen die nationalen Gesetzgeber insbesondere aufgrund der Heterogenität der Unionsrechtsakte vor Herausforderungen. Wie dargestellt bedarf die JI-RL der Umsetzung in das nationale Recht, wogegen in Bezug auf die DS-GVO als unmittelbar anwendbares Recht – mit Ausnahme der Öffnungsklauseln – eine Umsetzung nicht nur nicht erforderlich, sondern aufgrund des Normwiederholungsverbots sogar grds. nicht zulässig ist. Dies führt dazu, dass im Datenschutzrecht nunmehr ein **komplexes Nebeneinander von europäischem Recht in Gestalt der DS-GVO und von nationalem Recht** besteht, soweit es

---

[25] Grundlegend EuGH Urt. v. 7.2.1973 – 39/72, Rn. 17 – Kommission/Italien; Urt. v. 31.1.1983 – 94/77, Rn. 22/27 – Zerbone; Urt. v. 28.3.1985 – 272/83, Rn. 26 f. – Kommission/Italien.
[26] EuGH Urt. v. 28.3.1985 – 272/83, Rn. 26 f. – Kommission/Italien.
[27] Lediglich die datenschutzrechtlichen Rahmenbedingungen des Handelns der europäischen Organe wurde durch die DS-VO 2001/45/EG geregelt.
[28] ABl. EG 1995 L 281, 31, aufgehoben gemäß Art. 94 Abs. 1 DS-GVO zum 25.5.2018.
[29] ABl. EG 2002 L 201, 37.
[30] BT-Drs. 18/11325, 73; Wolff in Schantz/Wolff Das neue DatenschutzR Teil C Rn. 255.
[31] Ruffert in Calliess/Ruffert AEUV Art. 288 Rn. 25.

Öffnungsklauseln der DS-GVO ausfüllt oder datenschutzrechtliche Richtlinien umsetzt. Insbesondere in den Bereichen, in denen die DS-GVO und die JI-RL parallele Regelungen enthalten, zB hinsichtlich der Begriffsbestimmungen in Art. 4 DS-GVO bzw. Art. 3 JI-RL, wirft dies die Frage auf, in welcher Form eine Umsetzung der Richtlinienbestimmungen erfolgen soll, um eine Kohärenz des Datenschutzrechts insgesamt zu wahren und zugleich nicht gegen das grundsätzliche Normwiederholungsverbot zu verstoßen.

Noch erhöht wird der Komplexitätsgrad der erforderlichen Gesetzesreformen dadurch, 21 dass es sich bei dem Datenschutzrecht um eine **Querschnittsmaterie** handelt, die verschiedenste Rechtsbereiche berührt, so dass bereits nach alter Rechtslage keine einheitliche Kodifikation des Datenschutzrechts bestand. Vielmehr setzt sich das Datenschutzrecht aus zahlreichen bereichsspezifischen Datenschutzgesetzen sowohl auf Bundes- als auch auf Landesebene sowie dem BDSG und den Landesdatenschutzgesetzen als Auffanggesetzen zusammen. Nach wie vor stehen der Bundes- und die Landesgesetzgeber vor der Herausforderung, diese „hochgradig ausdifferenzierten […] Datenschutzlandschaft"[32] an die Anforderungen der unionsrechtlichen Vorgaben anzupassen.

Da zum einen die Anwendungsbereiche der DS-GVO und der JI-RL nicht trennscharf 22 auseinanderzuhalten sind und da zum zweiten verschiedene öffentliche Stellen sowohl Datenverarbeitungen im Rahmen der DS-GVO als auch der JI-RL vornehmen, hat sich der Gesetzgeber dazu entschieden, **beide Unionsrechtsakte in einem gemeinsamen Gesetz** zu erfassen.[33] Das neue BDSG enthält damit sowohl die erforderlichen Anpassungen an die DS-GVO als auch die Umsetzung der JI-RL ins nationale Recht. Allerdings differenziert der Gesetzgeber zwischen den Durchführungsbestimmungen zur Datenverarbeitungen im Rahmen des DS-GVO, die in Teil 2 des BDSG geregelt werden, und der Umsetzung der JI-RL, die in Teil 3 des BDSG enthalten sind.

Angesichts der knappen Umsetzungsfrist, die durch die Bundestagswahl im September 23 2017 faktisch nochmals verkürzt wurde, hat sich der Gesetzgeber auf Bundesebene für ein **zweistufiges Vorgehen**[34] entschieden und zunächst den allgemeinen Datenschutz in den Fokus genommen, indem durch das DSAnpUG-EU das BDSG aF durch ein neues BDSG abgelöst wurde. Der fachspezifische Datenschutz soll dagegen – mit Ausnahme der bereits durch das DSAnpUG-EU reformierten Bundesverfassungsschutzgesetz, MAD-Gesetz, BND-Gesetz und Sicherheitsüberprüfungsgesetz – erst in einem zweiten Schritt neu gefasst werden. Die Bundesregierung hat einen Anpassungsbedarf bei 154 Gesetze sowie 50 Verordnungen festgestellt.[35]

Dieses zweistufige Vorgehen ist bereits während des Gesetzgebungsverfahrens auf Kri- 24 tik gestoßen. So monierte der Bundesrat, dass ihm eine umfassende Bewertung der vorgeschlagenen Neufassung des BDSG nicht möglich sei, solange die Anpassungen des (gemäß § 1 Abs. 2 BDSG) vorrangigen Fachrechts nicht absehbar seien und der konkrete Anwendungsbereich des Gesetzes „in weiten Teilen im Unklaren" bleibe.[36] An diesem insbesondere für private Datenverarbeiter misslichen Umstand hat sich bis zum Zeitpunkt der Fertigstellung des Manuskripts nichts Wesentliches geändert.

Lediglich durch das Gesetz zur Änderung des Bundesversorgungsgesetzes und anderer 25 Vorschriften vom 17.7.2017[37] wurden einzelne weitere Fachgesetze an die Vorgaben der DS-GVO angepasst, zB die **Abgabenordnung für den Bereich der Steuerverwaltung** sowie **Teile des SGB**. Kritikwürdig ist allerdings, dass die zT umfangreichen Anpassungen an die DS-GVO erst im Zuge der Beratungen des Bundestagsausschusses für

---

[32] Kühling/Martini EuZW 2016, 448.
[33] BT-Drs. 18/11325, 73 f.
[34] BT-Drs. 18/11325, 69.
[35] So die Antwort der Bundesregierung vom 12.9.2017 auf die Anfrage des Abgeordneten Dr. von Notz, BT-Drs. 18/13581, 10 ff.
[36] BT-Drs. 18/11655, 1 Ziff. 1.
[37] BGBl I 2541.

Arbeit und Soziales in das Gesetz eingefügt wurden,[38] sodass durchaus fraglich ist, ob trotz dieser kurzen Zeitspanne eine sorgfältige Beratung und Prüfung möglich war. Bei weiteren wichtigen Gesetzen – wie zB dem TKG und dem TMG – steht eine Anpassung dagegen noch aus.

II. Das neue BDSG

26 Zur Anpassung des nationalen Rechts ersetzte das DSAnpUG-EU das BDSG aF durch ein neues BDSG. Trotz der Komplexität der Materie verlief das Gesetzgebungsverfahren aufgrund der äußeren Sachzwänge verhältnismäßig zügig. Nachdem ein erster interner RefE des BMI vom 5.8.2016,[39] der vor der Abstimmung mit den anderen Ressorts „geleakt" wurde, auf erhebliche Kritik gestoßen war,[40] veröffentlichte das BMI einen grundlegend überarbeiteten Referentenentwurf vom 23.11.2016,[41] der am 1.2.2017 vom Bundeskabinett angenommen wurde.[42] Am 28.4.2017 bzw. 12.5.2017 wurde das Gesetz vom Bundestag bzw. Bundesrat verabschiedet.[43]

1. Konzept und Struktur

27 Das neugefasste BDSG dient zum Ersten dem Ziel, den rechtlichen Rahmen für in den Anwendungsbereich der DS-GVO fallende Datenverarbeitungen im Rahmen der fakultativen und obligatorischen Öffnungsklauseln zu komplettieren, ua durch die Konkretisierung von Erlaubnistatbeständen für Datenverarbeitungen insbesondere durch öffentliche Stellen (§§ 3, 4, 22, 23–25, 26–31 BDSG), durch Regelungen der Betroffenenrechte (§§ 32–37 BDSG) sowie durch Regelungen zur institutionellen Ausgestaltung der Datenschutzaufsicht durch die Aufsichtsbehörden und die Mitwirkung im Kooperations- und Kohärenzverfahren (§§ 8–16, 17–19 BDSG).

28 Zum Zweiten setzt das BDSG die JI-RL um und schafft für diesen Teilbereich eine Vollregelung, ua durch Bestimmungen zu den Rechtsgrundlagen der Verarbeitung (§§ 47–51 BDSG) und zu den Betroffenenrechten (§§ 55–61 BDSG). In der Praxis werden hier jedoch häufig fachrechtliche Normen als leges speciales vorgehen (§ 1 Abs. 2 BDSG), zB das BKAG, das BPolG, die StPO und die AO.[44]

29 Zum Dritten schafft das BDSG Regelungen für Sachverhalte, die außerhalb des Anwendungsbereichs des Unionsrechts liegen und daher nicht durch die DS-GVO und die JI-RL erfasst werden, zB Datenverarbeitungen durch das Bundesamt für Verfassungsschutz, den MAD und den BND. Zweckmäßigerweise bestimmt § 1 Abs. 8 BDSG, dass für diese grundsätzlich die DS-GVO sowie die in Teil 1 und 2 des BDSG enthaltenen Bestimmungen Anwendung finden, um insoweit – entsprechend der Regelungssystematik des BDSG aF – ein „datenschutzrechtliches Vollregime" zu schaffen.[45]

---

[38] BT-Drs. 18/12611; dagegen beschränkte sich der vorgelegte Gesetzesentwurf der Bundesregierung vom 24.4.2017 darauf, Änderungen des Bundesversorgungsgesetzes und der Verordnung zur Kriegsopferfürsorge vorzuschlagen, BT-Drs. 18/12041; Weichert DuD 2017, 538 (543) bezeichnet dies als „Nacht- und Nebelaktion".
[39] Der geleakte Entwurf ist abrufbar unter https://cdn.netzpolitik.org/wp-upload/2016/09/Referentenentwurf_DSAnpUG_EU.pdf, zuletzt abgerufen am 24.9.2018.
[40] Dazu näher Kühling/Raab in Kühling/Buchner DS-GVO Einf. Rn. 123 ff.
[41] Abrufbar unter https://www.bmi.bund.de/SharedDocs/gesetzgebungsverfahren/DE/Downloads/referentenentwuerfe/dsanpug-refe.html, zuletzt abgerufen am 24.9.2018.
[42] BT-Drs. 18/11325.
[43] BGBl I 2097.
[44] Schantz in Schantz/Wolff Das neue DatenschutzR Teil B Rn. 208.
[45] BT-Drs. 18/11325, 69.

a) Gliederung des BDSG. Um diesen verschiedenen Zielsetzungen gerecht zu werden, ist das BDSG in vier Teile unterteilt: Als allgemeiner Teil vor die Klammer gezogen,[46] enthält Teil 1 gemeinsame Bestimmungen für Datenverarbeitungen unabhängig davon, ob sie zu Zwecken der DS-GVO, der JI-RL oder zu außerhalb dieser beiden Rechtsakte liegenden Zwecken erfolgen, zB hinsichtlich des Anwendungsbereichs und der Begriffsdefinitionen sowie der institutionellen Vorgaben. Teil 2 umfasst Bestimmungen, die sich allein auf den Anwendungsbereich der DS-GVO beziehen. Teil 3 dient der Umsetzung der JI-RL. Der lediglich eine Regelung enthaltene Teil 4 trifft Regelungen über Datenverarbeitungen, die außerhalb des Anwendungsbereichs des Unionsrechts liegen. 30

b) Auswirkungen des Mehrebenensystems. Während die JI-RL vollständig in das nationale Recht umgesetzt werden muss, ergeben sich bei in den **Anwendungsbereich der DS-GVO** fallenden Datenverarbeitungen die datenschutzrechtlichen Vorgaben **vorrangig aus der DS-GVO** und werden **durch die nationalen Bestimmungen im BDSG und die bereichsspezifischen Datenschutzgesetze ergänzt,** sodass die verschiedenen Normenebenen ineinander verschränkt sind. Insoweit schafft das **neue BDSG kein datenschutzrechtliches Vollregime.** Vielmehr ergeben sich einige zuvor im nationalen Recht geregelte Materien nach neuem Recht nunmehr aus der Verordnung. 31

Dies gilt zB für grundlegende Begriffsbestimmungen, etwa der des „personenbezogenen Datums" (→ Rn. 35),[47] für die Regelungen zur datenschutzrechtlichen Verantwortlichkeit sowie zur Auftragsverarbeitung (dazu → § 3 Rn. 142 ff.)[48] und zur Übermittlung personenbezogener Daten an Drittländer (dazu → § 7).[49] Auch die Regelungen zur Einwilligung ergeben sich im Wesentlichen aus der DS-GVO (dazu → § 3 Rn. 55 ff.).[50] 32

Datenschutzrecht wird hierdurch zu einer Materie der „Ko-Regulierung" von EU und Mitgliedstaaten.[51] Diese letztlich aus der unmittelbaren Anwendbarkeit der DS-GVO folgende **Fragmentarität des nationalen Rechts** führt dazu, dass die Regelungssystematik wesentlich komplexer ist[52] als nach der alten Rechtslage, nach der „lediglich" das Zusammenspiel von allgemeinen und speziellen Datenschutzgesetzen sowie von Bundes- und Landesgesetzen zu beachten war. 33

Ein Beispiel für die Auswirkungen dieses Mehrebenensystems stellen die Vorschriften zu den allgemeinen Begriffsbestimmungen dar: Für Datenverarbeitungen, die in den Anwendungsbereich der DS-GVO fallen, ergeben sich nun grundlegende Definitionen, zB wann ein Datum als personenbezogen anzusehen und damit der Anwendungsbereich des Datenschutzrechts eröffnet ist, aus Art. 4 Nr. 1 DS-GVO. Das nationale Recht enthält aufgrund des Normwiederholungsverbots (dazu → Rn. 16) keine diese Vorgaben umsetzende Regelung, sondern baut insoweit auf den Begriffsbestimmungen der DS-GVO auf (s. zB in § 1 Abs. 1 S. 1 BDSG). Auch eine Konkretisierung dieser Begriffsbestimmung wäre unionsrechtlich nicht zulässig. Die Bundesregierung lehnte daher den Vorschlag des Bundesrats, die Definition des Begriffs „Anonymisierung" – entsprechend § 3 Abs. 6 BDSG aF – in § 2 BDSG aufzunehmen, aufgrund der abschließenden Begriffsbestimmungen durch Art. 4 DS-GVO[53] zu Recht ab, da es sich letztlich um den Gegenbegriff des Personenbezugs handelt. 34

Die JI-RL enthält in Art. 3 Nr. 1 wortgleiche Begriffsbestimmungen. Da diese der Umsetzung ins nationale Recht bedürfen, wurde mit § 46 BDSG eine entsprechende Regelung 35

---

[46] Greve NVwZ 2017, 737 (738).
[47] § 3 Abs. 1 BDSG aF; nunmehr Art. 4 Abs. 1 Nr. 1 DS-GVO.
[48] § 3 Abs. 7 BDSG aF; nunmehr Art. 24 ff. DS-GVO.
[49] § 4b f. BDSG aF; nunmehr Art. 44 ff. DS-GVO.
[50] § 4a BDSG aF; nunmehr Art. 4 Nr. 11, Art. 7, Art. 8 DS-GVO.
[51] Roßnagel DuD 2017, 277 (278).
[52] So bereits Kühling/Raab in Kühling/Buchner DS-GVO Einf. Rn. 129.
[53] S. BT-Drs. 18/11655, 4 und 28.

geschaffen. Der Umstand, dass sich diese Bestimmung lediglich in Teil 3 findet, darf nicht zu dem Trugschluss verleiten, dass die Begriffsbestimmungen nur innerhalb des Anwendungsbereichs der JI-RL gelten würden. Vielmehr ergibt sich ihre Anwendbarkeit für andere Fälle unmittelbar aus der DS-GVO bzw. für nicht in den Anwendungsbereich des Unionsrechts fallende Datenverarbeitungen aus § 1 Abs. 8 BDSG.

36 Es ist grds. anzuerkennen, dass der Bundesgesetzgeber sich bei seiner Umsetzung von dem unionsrechtlichen Normwiederholungsverbot hat leiten lassen. Das Ziel des Normwiederholungsverbots besteht darin, dass die Herkunft der Norm nicht verschleiert werden soll, damit von den nationalen Rechtsanwendern der unionsrechtliche Kontext, insbesondere das Auslegungsmonopol des EuGH, nicht übersehen wird (dazu → Rn. 16). Die Relevanz, die der Gesetzgeber diesen unionsrechtlichen Vorgaben beigemessen hat, mag zT auch der massiven Kritik an dem ersten „geleakten" RefE des BMI vom 5.8. 2016[54] geschuldet sein, die sich ua auch gegen die umfangreichen Wiederholungen von Regelungen der DS-GVO gewendet hatte. Auch in weiteren Fällen, in denen wortgleiche Bestimmungen aus der DS-GVO und der JI-RL in den Teil I des BDSG aufgenommen wurden, zB Art. 38 DS-GVO in § 6 BDSG sowie Art. 39 DS-GVO in § 7 BDSG, stieß dies im Gesetzgebungsverfahren auf Kritik.[55]

37 Zugleich ist jedoch festzustellen, dass eine **strikte Beachtung des Normwiederholungsverbots** angesichts der Komplexität des Zusammenspiels der verschiedenen Regelungsebenen in einem **Spannungsverhältnis zu der Verständlichkeit und der Transparenz der Regelungen** steht. Gerade in einem dem Persönlichkeitsschutz dienenden Rechtsakt kommt der Verständlichkeit der Regelungen besondere Bedeutung zu. Dieser Gedanke kommt auch in ErwGr 8 DS-GVO zum Tragen, der jedenfalls in solchen Fällen eine Wiederholung von Teilen der Verordnung im nationalen Recht gestattet, wenn die DS-GVO Präzisierungen oder Einschränkungen ihrer Vorschriften durch das nationale Recht vorsieht und wenn eine Wiederholung erforderlich ist, um die Kohärenz zu wahren und die nationalen Rechtsvorschriften für die Personen, für die sie gelten, verständlich zu machen.

38 Wünschenswert wäre daher eine Überarbeitung des BDSG mit dem Ziel, die **Verständlichkeit des Zusammenspiels der Regelungen** bei gleichzeitiger Beachtung des Normwiederholungsverbots zu verbessern. Um mehr Transparenz zu schaffen, käme zum Beispiel in Betracht, durch explizite Regelungen die Schnittstellen zwischen BDSG und DS-GVO deutlich machen. Dies könnte zum einen durch **Verweise auf die DS-GVO** geschehen. Bei einigen Regelungen des BDSG hat der Gesetzgeber dies bereits umgesetzt, zB in §§ 33, 34, 35 BDSG, um die Normen der DS-GVO, die im nationalen Recht beschränkt werden, zu bezeichnen. Darüber hinaus wären Verweise auch in anderen Fällen sinnvoll; so könnten zB in § 1 Abs. 1 BDSG entsprechende Verweise ergänzt werden.[56]

39 Ein weiteres Instrument wären **Regelungen, die als „Wegweiser"** den Rechtsanwendern das Auffinden der einschlägigen Vorschriften in der DS-GVO und dem BDSG erleichtern. Solche katalogartigen Normen sind dem deutschen Recht nicht fremd; ein Beispiel ist § 15 UrhG. Dies würde sich zB in Bezug auf die versprengten Regelungen zu den Rechtsgrundlagen der Datenverarbeitung anbieten.[57]

---

[54] Der geleakte Entwurf ist abrufbar unter https://cdn.netzpolitik.org/wp-upload/2016/09/Referentenentwurf_DSAnpUG_EU.pdf, zuletzt abgerufen am 24.9.2018.
[55] BT Drs. 18/11655, 3 unter Ziff. 5.
[56] ZB könnte § 1 Abs. 1 BDSG folgendermaßen gefasst werden: „Dieses Gesetz gilt für die Verarbeitung (iSv Art. 4 Nr. 2 DS-GVO bzw. § 46 Nr. 2 BDSG) personenbezogener Daten (iSv Art. 4 Nr. 1 DS-GVO bzw. § 46 Nr. 1 BDSG." Eine Wiederholung der Begriffsbestimmungen wäre dagegen wohl nicht von ErwGr 8 gedeckt, da dieser nur Wiederholungen durch die nationale Gesetzgebung im Rahmen von Öffnungsklauseln gestattet.
[57] Die Rechtsgrundlagen von Datenverarbeitungen ergeben sich aus Art. 6 DS-GVO und werden im Rahmen der Öffnungsklauseln durch §§ 3, 4, 22ff. BDSG sowie im Anwendungsbereich der JI-RL §§ 3, 4,

2. Anwendungsbereich des BDSG

§ 1 Abs. 1–8 BDSG regelt als „Schleusennorm"[58] den personellen, sachlichen und räumlichen Anwendungsbereich des Gesetzes sowie sein Verhältnis zu anderen datenschutzrechtlichen Vorgaben des europäischen und nationalen Rechts. Obgleich die Regelung von ihrem Wortlaut her im Wesentlichen § 1 BDSG aF entspricht, ergeben sich durch den Vorrang der DS-GVO mit ihrem umfassenden Anwendungsbereich wesentliche Unterschiede zu dem früher geltenden Recht. Der **Anwendungsbereich des BDSG ist bedeutend geringer** als zuvor. 40

a) Sachlicher Anwendungsbereich. Der sachliche Anwendungsbereich des BDSG ist nur dann eröffnet, 41
– wenn personenbezogene Daten Lebender verarbeitet werden,
– wenn nicht die vorrangige DS-GVO eingreift (§ 1 Abs. 5 BDSG),
– wenn keine speziellere datenschutzrechtliche Regelung des Bundes eingreift (§ 1 Abs. 2 BDSG) und
– wenn, soweit die Datenverarbeitung durch natürliche Personen erfolgt, dies nicht zur Ausübung ausschließlich persönlicher oder familiärer Tätigkeiten dient (§ 1 Abs. 1 S. 2 BDSG).

aa) Verarbeitung personenbezogener Daten. Wie sich aus § 1 Abs. 1 BDSG ergibt, setzt das Gesetz die Verarbeitung personenbezogener Daten als Anwendungsvoraussetzung voraus. Wie dargestellt, enthält das BDSG in seinen ersten beiden Teilen – anders als in § 3 BDSG aF – keine Begriffsbestimmungen, da insoweit die Art. 4 Nr. 1 und Nr. 2 DS-GVO unmittelbar anwendbar sind.[59] Dagegen enthält § 46 BDSG zur Umsetzung der JI-RL 2016/680 den Vorgaben der DS-GVO entsprechende Begriffsbestimmungen. 42

Wie sich explizit aus Art. 4 Nr. 1 sowie ErwGr 14 S. 2 DS-GVO ergibt, sind personenbezogene Daten nur Daten natürlicher Personen, nicht hingegen **juristischer Personen**.[60] Dies ist konsequent, da sich auch der Kompetenztitel des Art. 16 Abs. 2 AEUV auf den Schutz natürlicher Personen beschränkt. Somit können juristische Personen sich lediglich auf den Schutz ihrer Geschäftsgeheimnisse, deliktische Tatbestände wie das im Rahmen des § 823 Abs. 1 BGB anerkannte Recht am eingerichteten und ausgeübten Gewerbebetrieb und § 824 BGB sowie auf das allgemeine Persönlichkeitsrecht berufen, das juristischen Personen allerdings einen schwächeren Schutz als natürlichen Personen gewährt.[61] Dagegen werden hinter der juristischen Person stehende natürliche Personen geschützt, wenn sich die Angaben über die juristische Person auch auf sie beziehen.[62] 43

Nach ErwGr 27 S. 1 DS-GVO gilt die Verordnung – ebenso wie das frühere Recht nach § 3 BDSG aF[63] – **nicht für personenbezogene Daten Verstorbener**. Zwar steht es den Mitgliedstaaten nach der **Öffnungsklausel**[64] des ErwGr 27 S. 2 DS-GVO frei, Vorschriften im nationalen Recht vorzusehen. Der deutsche Gesetzgeber hat hiervon aber **keinen Gebrauch** gemacht. 44

---

[57] §§ 48 ff. BDSG ausgestaltet bzw. umgesetzt. Im Anwendungsbereich der DS-GVO könnte zB eine zusammenfassende Regelung in das BDSG aufgenommen werden, dass eine Verarbeitung rechtmäßig ist, wenn eine der in Art. 6 Abs. 1 lit. a, b, d oder f DS-GVO genannten Bedingungen erfüllt ist oder wenn die Verarbeitung nach §§ 3, 4, 22–31 BDSG iVm Art. 6 Abs. 1 lit. c und lit. e DS-GVO gestattet ist.
[58] Gusy/Eichenhofer in BeckOK DatenschutzR BDSG § 1 Rn. 9.
[59] Zur autonomen Auslegung des unionsrechtlichen Begriffs des Personenbezugs Hofmann/Johannes ZD 2017, 221.
[60] EuGH EuZW 2010, 939 Rn. 52 f. – Schecke zu Art. 7, 8 GRCh; kritisch Schneider in BeckOK DatenschutzR Völker- und unionsrechtliche Grundlagen Rn. 22 f.
[61] Hierzu s. Brändel in GSS PersönlichkeitsR-HdB § 39 Rn. 1 ff.
[62] EuGH EuZW 2010, 939 Rn. 53 – Schecke zu Art. 7, 8 GRCh; Gola in Gola DS-GVO Art. 4 Rn. 24; BGH NJW 1986, 2505 (2506) zum BDSG aF.
[63] S. zB LG Berlin ZD 2016, 182 (186) – Digitaler Nachlass.
[64] Kühling/Martini et al. DS-GVO und nationales Recht, 21.

45 Durch spezialgesetzliche Regelungen, zB § 22 S. 3 KUG, und das auf Art. 1 Abs. 1 GG gestützte postmortale Persönlichkeitsrecht, das zum einen den Schutz des Lebensbilds[65] und zum anderen den Schutz der vermögenswerten Bestandteile für eine Dauer von zehn Jahren[66] beinhaltet, gewährleistet das nationale Recht aber einen (begrenzten) postmortalen Schutz.[67]

46 **bb) Anwendungsvorrang der DS-GVO.** Das BDSG ist nicht anwendbar, soweit die DS-GVO – oder andere Regelungen des Unionsrechts – unmittelbar gelten (dazu → Rn. 3), wie § 1 Abs. 5 BDSG deklaratorisch feststellt. Angesichts der praktischen Relevanz dieser Einschränkung wäre es aus Gründen der Rechtsklarheit wünschenswert gewesen, wenn diese Regelung in den ersten Absatz des § 1 BDSG aufgenommen worden wäre. Der Anwendungsvorrang der DS-GVO gilt auch dann, wenn im BDSG – als Ausnahme zu dem grundsätzlichen Normwiederholungsverbot – aus Gründen der Kohärenz und Verständlichkeit punktuell die Vorgaben der DS-GVO wiederholt werden (zum Normwiederholungsverbot → Rn. 16).[68]

47 Soweit der Anwendungsbereich der DS-GVO nicht eröffnet ist, ist das nationale Recht und damit grds. das BDSG anwendbar, sofern der nationale Gesetzgeber keine speziellere Regelung getroffen hat. Für diese Fälle ordnet § 1 Abs. 8 BDSG die entsprechende Anwendbarkeit der DS-GVO und der Teile 1 und 2 des BDSG an, sofern nichts Abweichendes geregelt ist.

48 Der **Anwendungsbereich der DS-GVO** wird zum einen dadurch **beschränkt,** dass die Verordnung gemäß Art. 2 Abs. 1 DSGVO für die **nichtautomatisierte Verarbeitung** personenbezogener Daten nur dann gilt, wenn die Daten in einem **Dateisystem** gespeichert sind oder gespeichert werden sollen.[69] Damit ist die DS-GVO nicht anwendbar in dem wohl seltenen Fall rein manueller Verarbeitungen (ErwGr 15 DS-GVO) von Daten, die nicht in einem Dateisystem gespeichert werden (sollen). Gemäß § 1 Abs. 8 BDSG gilt in solchen Fällen jedoch das **BDSG,** sofern es sich um **Datenverarbeitungen durch öffentliche Stellen** handelt, da § 1 Abs. 1 S. 1 BDSG insoweit keine vergleichbare Einschränkung des sachlichen Anwendungsbereichs enthält. Keine Anwendung findet die DS-GVO zum anderen in den in Art. 2 Abs. 2 DS-GVO genannten Fällen.

49 Der Anwendungsbereich der DS-GVO ist zum zweiten nicht eröffnet für Tätigkeiten, die aufgrund der fehlenden Regelungszuständigkeit der Europäischen Union **nicht in den Anwendungsbereich des Unionsrechts fallen (Art. 2 Abs. 2 lit. a DS-GVO;** ebenso Art. 2 Abs. 3 lit. a iVm ErwGr 14 JI-RL). Dies gilt insbesondere für den Bereich der nationalen Sicherheit (s. ErwGr 16 DS-GVO), zB Datenverarbeitungen durch das Bundesamt für Verfassungsschutz, den Bundesnachrichtendienst, den Militärischen Abschirmdienst sowie den Bereich des Sicherheitsüberprüfungsgesetzes. Die hierfür einschlägigen Sondergesetze werden durch Art. 2–5 DSAnpUG-EU reformiert. Gemäß § 1 Abs. 2 BDSG gehen sie den im BDSG getroffenen allgemeinen Regelungen vor.[70] Im Übrigen wird der Bereichsausnahme des Art. 2 Abs. 2 lit. a DS-GVO angesichts des Umfangs der Kompetenzen der EU nur geringe praktische Bedeutung zukommen, etwa für den Datenschutz im Parlamentsbetrieb sowie im Strafvollzugs- und Begnadigungsrecht.[71]

---

[65] BGH NJW 1968, 1773 – Mephisto.
[66] BGH GRUR 2007, 168 – kinski.klaus.
[67] Dazu s. ausführlich Brändel in GSS PersönlichkeitsR-HdB § 37 mit kritischen Anmerkungen ua zu Defiziten hinsichtlich der Sanktionen bei Rechtsverletzungen.
[68] BT-Drs. 18/11325, 80.
[69] Zum Begriff der Datei nach Art. 3 Abs. 1 DS-RL 95/46 s. nun EuGH Urt. v. 10.7.2018 – 25/17, Rn. 56ff. – Zeugen Jehovas.
[70] BT-Drs. 18/11325, 79.
[71] S. näher von Lewinski in Auernhammer DS-GVO Art. 2 Rn. 17; Beschl. der DSK v. 5.9.2018 zur Anwendung der DS-GVO im Bereich von Parlamenten, abrufbar unter www.datenschutzkonferenz_online. de; Schröder, ZRP 2018, 129 (130).

Zum dritten erfasst die DS-GVO nicht die Datenverarbeitungen durch die Mitgliedstaa- 50
ten im Rahmen der **Gemeinsamen Außen- und Sicherheitspolitik** gemäß Titel V
Kapitel 2 EUV (Art. 2 Abs. 2 lit. b DS-GVO).

Zum vierten sind Datenverarbeitungen durch **natürliche Personen zur Ausübung** 51
ausschließlich persönlicher oder familiärer Tätigkeiten aus dem Anwendungsbereich der DS-GVO ausgeschlossen (Art. 2 Abs. 2 lit. c DS-GVO). Die Ausnahme des
Art. 2 Abs. 2 lit. c DS-GVO bezieht sich laut ErwGr 18 DS-GVO zB auf privaten
Schriftverkehr und private Anschriftenverzeichnisse, die nicht den datenschutzrechtlichen
Vorgaben unterliegen. Der Erwägungsgrund birgt allerdings die Gefahr von Missverständnissen, da er daneben auch „die Nutzung sozialer Netzwerke und Online-Tätigkeiten"
erwähnt; letztere sollen jedoch ausschließlich „im Rahmen der genannten Tätigkeiten"
einbezogen sein. Die mit Datenverarbeitungen im Internet einhergehenden Risiken für
den Persönlichkeitsschutz sprechen dafür, den Wortlaut des Erwägungsgrundes eng auszulegen, so dass Internetnutzungen nur dann aus dem Anwendungsbereich des Datenschutzrechts herausfallen, wenn der **Kreis der Empfänger auf das persönliche oder familiäre Umfeld begrenzt** ist, dagegen nicht bei privat motivierten Veröffentlichungen im
Internet, die einem unbegrenzten Empfängerkreis zugänglich sind.[72]

Zudem kann eine Verarbeitung personenbezogener Daten im Einklang mit der bisheri- 52
gen Rechtsprechung des EuGH zu Art. 3 Abs. 2 DS-RL 95/46 nur dann unter die Ausnahme fallen, wenn sie **in der ausschließlich persönlichen oder familiären Sphäre**
desjenigen vorgenommen wird, der die Daten verarbeitet.

Aus diesem Grund hat der EuGH eine durch einen Hauseigentümer an seinem Einfamilien- 53
haus angebrachte **Videoüberwachung,** die sich teilweise auch auf den öffentlichen Raum
erstreckte, nicht als ausschließlich persönliche oder familiäre Tätigkeit iSv Art. 3 Abs. 2 DS-
RL 95/46 angesehen.[73]

Soweit eine Datenverarbeitung im Rahmen ausschließlich persönlicher oder familiärer 54
Tätigkeiten im Sinne von Art. 2 Abs. 2 lit. c DS-GVO erfolgt, ist somit das nationale
Recht anwendbar. Allerdings schränkt die insoweit parallele Regelung des § 1 Abs. 1 S. 2
BDSG den Anwendungsbereich des BDSG ebenfalls ein. In diesen Fällen gelten daher zB
die zivilrechtlichen Regelungen des Persönlichkeitsschutzes, wie eine nicht-veröffentlichte intime Bild- oder Filmaufnahmen betreffende Entscheidung des BGH zeigt.[74]

Zum Vierten sind Datenverarbeitungen durch die zuständigen Behörden zur **Strafver-** 55
folgung, Strafvollstreckung sowie Gefahrenabwehr (Art. 2 Abs. 2 lit. d DS-GVO)
aus dem Anwendungsbereich der DS-GVO ausgenommen. Diese Datenverarbeitungen
werden durch die JI-RL 2016/680 geregelt, die wiederum durch das deutsche Recht umgesetzt wird. Hier kommen vorrangig spezialgesetzliche Rechtsgrundlagen, zum Beispiel
das BKAG, das BPolG, die StPO etc in Betracht; das BDSG erfüllt insoweit eine Auffangfunktion.[75]

cc) Kein spezielles datenschutzrechtliches Bundesgesetz. Gemäß § 1 Abs. 2 S. 1 56
BDSG gehen „andere Rechtsvorschriften des Bundes über den Datenschutz" den Vorschriften des BDSG vor. Wenn andere datenschutzrechtliche Regelungen auf Bundesebene einen Sachverhalt gar nicht oder nur teilweise regeln, kann zur Lückenfüllung auf die
Vorschriften des BDSG zurückgegriffen werden (§ 1 Abs. 2 S. 2 BDSG). § 1 Abs. 2 S. 3
BDSG stellt – wie zuvor § 1 Abs. 3 S. 2 BDSG aF – klar, dass die Verpflichtung zur Wah-

---

[72] EuGH Urt. v. 10.7.2018 – 25/17, Rn. 42 – Zeugen Jehovas; EuZW 2004, 245 Rn. 47 – Lindqvist; MMR 2009, 175 Rn. 44 – Satamedia; Albrecht/Jotzo Das neue DatenschutzR Teil 3 Rn. 30; Schantz NJW 2016, 1841 (1843); ebenso ab Abs. 2 DS-RL 95/46.
[73] EuGH NJW 2015, 464 Rn. 31 ff. – Ryneš; anders dagegen bei Videoüberwachung in nicht-öffentlich zugänglichen Räumen Lachenmann ZD 2017, 407.
[74] BGH GRUR 2016, 315 Rn. 26 ff. – Intime Fotos zu § 1 Abs. 2 Nr. 3 BDSG aF.
[75] Schantz in Schantz/Wolff Das neue DatenschutzR Teil C Rn. 349.

rung gesetzlicher Geheimhaltungspflichten oder von sonstigen Berufs- oder besonderen Amtsgeheimnissen unberührt bleiben. Als Ausnahme hierzu regelt § 1 Abs. 3 BDSG – die bisherige Regelung des § 1 Abs. 4 BDSG aF aufgreifend –, dass die Vorschriften des BDSG den Regelungen des VwVfG vorgehen, soweit bei der Ermittlung eines Sachverhalts durch öffentliche Stellen personenbezogene Daten verarbeitet werden.

57 Somit ergibt sich aus § 1 Abs. 2 BDSG, dass das reformierte BDSG gegenüber dem bereichsspezifischen Datenschutzrecht des Bundes subsidiär ist; das BDSG ist lediglich ein „Auffanggesetz".[76] Dies galt bereits für das BDSG aF, nach dessen Subsidiaritätsklausel anderen „Rechtsvorschriften des Bundes, die auf personenbezogene Daten einschließlich deren Veröffentlichung anzuwenden" waren, Vorrang vor dem BDSG zukam (§ 1 Abs. 3 S. 1 BDSG aF). Trotz der geänderten Bezeichnung als „andere Rechtsvorschriften des Bundes über den Datenschutz" soll wohl an die bisherige Rechtslage angeknüpft werden, wie sich auch daraus ergibt, dass zumindest nach den Vorstellungen der Bundesregierung auch die Prozessordnungen, obgleich sie keine datenschutzrechtlichen Regelungen ieS darstellen, weiterhin dem neu gefassten BDSG vorgehen sollen.[77]

58 Wie nach der alten Rechtslage gilt auch weiterhin, dass ein Vorrang nur dann besteht, wenn eine **Tatbestandskongruenz** vorliegt.[78] Wie die Begründung zum Regierungsentwurf nunmehr klarstellt, gilt der Vorrang des jeweiligen bereichsspezifischen Gesetzes unabhängig davon, ob in der tatbestandskongruenten Vorschrift eine im Vergleich zum BDSG weitergehende oder engere gesetzliche Regelung getroffen wird.[79]

59 **dd) Ausübung ausschließlich persönlicher oder familiärer Tätigkeiten.** Auch das BDSG schließt in § 1 Abs. 1 S. 2 BDSG – insoweit parallel zu Art. 2 Abs. 2 lit. c DS-GVO – Datenverarbeitungen durch natürliche Personen zur Ausübung ausschließlich persönlicher oder familiärer Tätigkeiten aus seinem Anwendungsbereich aus. In diesen Fällen ist das Datenschutzrecht ieS nicht anwendbar. Vielmehr gelten die zivilrechtlichen Regelungen des Persönlichkeitsschutzes.[80]

60 **b) Adressaten des BDSG.** Das BDSG erfasst zum einen jegliche Datenverarbeitung durch **öffentliche Stellen des Bundes** (§ 1 Abs. 1 Nr. 1, § 2 Abs. 1 und Abs. 3 S. 1 BDSG).

61 Zum zweiten gilt es für Datenverarbeitungen durch die (in § 2 Abs. 2, Abs. 3 S. 2 BDSG definierten) **öffentlichen Stellen der Länder,** jedoch nur, wenn **keine landesrechtliche Regelung** besteht und soweit die öffentlichen Stellen der Länder entweder **Bundesrecht ausführen** (§ 1 Abs. 1 Nr. 2 lit. a BDSG) oder als **Organe der Rechtspflege** tätig werden und es sich dabei **nicht um eine Verwaltungsangelegenheit** handelt (§ 1 Abs. 1 Nr. 2 lit. b BDSG). Diese Beschränkung des Anwendungsbereichs des BDSG resultiert aus der eingeschränkten Gesetzgebungskompetenz des Bundes.[81] Da alle Länder eigene Datenschutzgesetze erlassen haben, gilt daher für Datenverarbeitungen durch öffentliche Stellen der Länder in der Regel das jeweilige Landesdatenschutzrecht, nicht das BDSG.

62 Zum dritten gilt es gemäß § 1 Abs. 1 S. 2 BDSG für Datenverarbeitungen **nicht-öffentlicher Stellen** iSv § 2 Abs. 4, Abs. 5 BDSG. Erfasst werden jedoch nur die ganz oder

---

[76] BT-Drs. 18/11325, 79.
[77] So die Gegenäußerung der Bundesregierung zur Stellungnahme des Bundesrats, BT-Drs. 18/11655, 27 zu Nr. 6; auch Klar in Kühling/Buchner BDSG § 1 Rn. 14 geht davon aus, dass § 1 Abs. 2 S. 1 BDSG insoweit identisch mit der Vorgängerregelung in § 1 Abs. 3 S. 1 BDSG aF ist.
[78] BT-Drs. 18/11325, 79; s. zum früheren Recht Dix in Simitis BDSG § 1 Rn. 170; bejaht in Bezug auf das KUG durch BAG NJW 2015, 2140 Rn. 16, 25 ff.
[79] BT-Drs. 18/11325, 79; dies war zuvor streitig, s. Dix in Simitis BDSG § 1 Rn. 172; Schnabel ZUM 2008, 657 (661) einerseits; Gola/Klug/Körffer in Gola/Schomerus BDSG § 1 Rn. 24; Gusy in BeckOK DatenschutzR BDSG § 1 Rn. 80 andererseits.
[80] BGH GRUR 2016, 315 Rn. 26 ff. – Intime Fotos zu § 1 Abs. 2 Nr. 3 BDSG aF.
[81] Schantz in Schantz/Wolff Das neue DatenschutzR Teil C Rn. 344.

teilweise automatisierte Verarbeitung personenbezogener Daten sowie die nichtautomatisierte Verarbeitung personenbezogener Daten, die in einem Dateisystem gespeichert sind oder gespeichert werden sollen (§ 1 Abs. 1 S. 2 BDSG). Dies entspricht der Regelung des Art. 2 Abs. 1 DS-GVO.[82]

Ebenso wie die Vorgängerregelung differenziert somit auch das neue BDSG – deutlicher als die DS-GVO – zwischen Datenverarbeitungen durch öffentliche und nicht-öffentliche Stellen. Auch die Rechtsgrundlagen der Verarbeitung sowie die Betroffenenrechte sehen zT unterschiedliche Regelungen für öffentliche und nicht-öffentliche Stellen vor.

c) Zeitlicher Anwendungsbereich. Das neue BDSG trat gemäß Art. 8 Abs. 1 DSAnpUG-EU am 25. 5. 2018 in Kraft. Lediglich Art. 7 DSAnpUG-EU, durch den insbesondere die Befugnis der Aufsichtsbehörden gemäß § 42b BDSG geschaffen wurde, bei angenommener Rechtswidrigkeit eines Beschlusses der Europäischen Union eine gerichtliche Entscheidung herbeizuführen, gilt bereits seit dem 6. 7. 2017.

Insofern fällt das Inkrafttreten des reformierten BDSG mit der Anwendbarkeit der DS-GVO zusammen. Diese war zwar gemäß Art. 99 Abs. 1 DS-GVO bereits am 25. 5. 2016 in Kraft getreten. Um den Mitgliedstaaten eine Anpassung ihrer nationalen Regelungen zu ermöglichen, sah die Verordnung in Art. 99 Abs. 2 DS-GVO jedoch eine Übergangsfrist von 2 Jahren vor und entfaltet erst seit dem 25. 5. 2018 rechtliche Wirkungen. Zudem gelten Einwilligungserklärungen gemäß ErwGr 171 S. 2 DS-GVO über den 25. 5. 2018 fort, sofern „die Art der bereits erteilten Einwilligung den Bedingungen" der DS-GVO entspricht.[83]

Das Auseinanderfallen von Inkrafttreten und Anwendbarkeit hatte in der unterinstanzlichen Rechtsprechung für Verunsicherung darüber gesorgt, inwieweit die DS-GVO bereits vor dem 25. 5. 2018 Wirkungen zulasten von Datenverarbeitern entfalte.[84] Dies mag auch dem Umstand geschuldet sein, dass in der deutschen Sprachfassung der Zeitpunkt, zu dem die Verordnung Rechtswirkungen begründet, in ihrer Überschrift als „Anwendung", in Art. 99 Abs. 2 DS-GVO hingegen als „Geltung" bezeichnet wird.[85] Diese sprachliche Ungenauigkeit ändert jedoch nichts daran, dass die DS-GVO – trotz ihres Inkrafttretens bereits im Jahr 2016 und unbeschadet etwaiger Verpflichtungen der Mitgliedstaaten, die Geltung der DS-GVO ab dem 25. 5. 2016 durch Maßnahmen im Vorfeld zu unterstützen – zumindest materiell-rechtlich erst ab dem 25. 5. 2018 Rechtswirkungen zugunsten bzw. zulasten des Einzelnen entfalten kann.[86]

Bis zum Ablauf des 24. 5. 2018 waren Datenverarbeitungsvorgänge somit allein nach dem BDSG aF zu beurteilen;[87] seit dem 25. 5. 2018 gilt dagegen das neue BDSG, sofern es neben der DS-GVO anwendbar ist. Eine Übergangsfrist sieht das Gesetz nicht vor. Auch die Rechtmäßigkeit von Datenverarbeitungen, die bereits unter der alten Rechtslage begonnen wurden, richtet sich somit seit dem 25. 5. 2018 nach dem neuen Recht.

---

[82] Klar in Kühling/Buchner BDSG § 1 Rn. 13.
[83] S. zur Fortgeltung von Einwilligungen die Stellungnahme des BayLDA vom 26. 10. 2016, abrufbar unter https://www.lda.bayern.de/media/baylda_ds_gvo_9_consent.pdf, zuletzt abgerufen am 24.9.2018, sowie im Werbekontext das Kurzpapier Nr. 3 der DSK, abrufbar unter https://www.ldi.nrw.de/mainmenu_Aktuelles/submenu_EU-Datenschutzreform/Inhalt/EU-Datenschutzreform/KP_3_Werbung.pdf, zuletzt abgerufen am 24. 9. 2018.
[84] Von einer Vorwirkung der DS-GVO gingen das FG Düsseldorf BeckRS 2017, 122830 Rn. 31 und das VG Wiesbaden BeckRS 2017, 129989 Rn. 32 aus; aA zu Recht VG Karlsruhe ZD 2017, 543 (545).
[85] Dagegen weisen die anderen, nach Art. 55 Abs. 1 EUV gleichermaßen verbindlichen Sprachfassungen eine einheitliche Verwendung der Begriffe auf, Kibler/Sandhu NVwZ 2018, 528 (530).
[86] Kibler/Sandhu NVwZ 2018, 528 (532); hierbei handelt es sich jedoch nicht um eine Vorwirkung, s. von Lewinski in Auernhammer DS-GVO Art. 99 Rn. 6.
[87] So zu Recht VG Karlsruhe ZD 2017, 543 (545); Kibler/Sandhu NVwZ 2018, 528 (533) gegen FG Düsseldorf BeckRS 2017, 122830 Rn. 31 und VG Wiesbaden BeckRS 2017, 129989 Rn. 32.

68 **d) Räumlicher Anwendungsbereich.** Gemäß § 1 Abs. 4 S. 1 BDSG findet das Gesetz in Bezug auf Datenverarbeitungen öffentlicher Stellen – unabhängig vom Ort der Verarbeitung – in räumlicher Hinsicht immer Anwendung.[88]

69 Bei Datenverarbeitungen nichtöffentlicher Stellen gilt das BDSG hingegen nur dann, wenn
- der Verantwortliche oder Auftragsverarbeiter personenbezogene Daten im Inland verarbeitet (§ 1 Abs. 4 S. 2 Nr. 1 BDSG) oder
- die Verarbeitung im Rahmen der Tätigkeiten einer inländischen Niederlassung des Verantwortlichen oder Auftragsverarbeiters erfolgt (§ 1 Abs. 4 S. 2 Nr. 2 BDSG) oder
- der Verantwortliche oder Auftragsverarbeiter zwar keine Niederlassung in einem Mitgliedstaat der EU oder des EWR hat, er aber dennoch in den Anwendungsbereich der DS-GVO fällt (§ 1 Abs. 4 S. 2 Nr. 3 BDSG).

70 Ist keine dieser Alternativen erfüllt, gelten nach § 1 Abs. 4 S. 3 BDSG lediglich die Regelungen zu Aufsichtsbehörden, Sanktionen und Rechtsbehelfen in den §§ 8–21, §§ 39–44 BDSG.

71 Hintergrund des § 1 Abs. 4 S. 2 BDSG ist, dass das BDSG nicht für Datenverarbeiter gelten soll, die in einem anderen Mitgliedstaat der EU niedergelassen sind und keinen territorialen Bezug zu Deutschland haben, da es zu einer Behinderung des freien Datenverkehrs in der EU führen würde, wenn der Verarbeiter neben den Regelungen seines Heimatstaates auch den deutschen Vorgaben unterliegen würde.[89] Dies begründet der Gesetzgeber mit dem Harmonisierungsgedanken der DS-GVO.[90]

72 Nicht auf den ersten Blick verständlich ist die Regelung des § 1 Abs. 4 S. 2 Nr. 3 BDSG, die das BDSG für anwendbar erklärt, wenn der Verantwortliche oder Auftragsverarbeiter zwar seine Niederlassung außerhalb der EU bzw. des EWR hat, aber der DS-GVO unterliegt. Um zu vermeiden, dass Verarbeiter ohne jeden territorialen Bezug zu Deutschland dem BDSG unterfallen, spricht vieles dafür, die Tatbestandsvoraussetzungen des vom deutschen Gesetzgeber implizit in Bezug genommenen Art. 3 Abs. 2 DS-GVO mit in die Norm hineinzulesen, so dass zusätzlich erforderlich ist, dass ein Verantwortlicher oder Auftragsverarbeiter betroffenen Personen in Deutschland Waren oder Dienstleistungen anbietet oder deren Verhalten in Deutschland beobachtet (zu Art. 3 Abs. 2 DS-GVO → § 3 Rn. 33 ff.).[91]

3. Rechtmäßigkeit der Datenverarbeitung

73 Aufgrund des Zusammenspiels der verschiedenen Regelungsebenen ergeben sich die rechtlichen Rahmenbedingungen für die Rechtmäßigkeit der Datenverarbeitung im Anwendungsbereich der DS-GVO aus Art. 5 ff. DS-GVO sowie aus dem nationalen Recht, soweit es die vom europäischen Gesetzgeber geschaffenen Öffnungsklauseln ausfüllt. Die Rechtmäßigkeit der Datenverarbeitung im Anwendungsbereich der JI-RL ist in § 47, §§ 48 ff. BDSG geregelt.

74 **a) Allgemeine Grundsätze der Datenverarbeitung.** Wie zuvor schon Art. 6 DS-RL, legen Art. 5 DS-GVO und Art. 4 Abs. 1 JI-RL Grundsätze für die Verarbeitung fest. Hierzu zählen das Gebot der Verarbeitung auf rechtmäßige Weise, nach Treu und Glauben und im Rahmen der DS-GVO der Transparenz,[92] der Grundsatz der Zweckbindung, der Grundsatz der Datenminimierung, der Grundsatz der sachlichen Richtigkeit und Aktualität, der Grundsatz der Speicherbegrenzung und der Grundsatz der Integrität und Ver-

---

[88] Schantz in Schantz/Wolff Das neue DatenschutzR Teil C Rn. 351.
[89] Schantz in Schantz/Wolff Das neue DatenschutzR Teil C Rn. 353.
[90] BT-Drs. 18/11325, 80.
[91] S. dazu Kühling NJW 2017, 1985 (1987); Klar in Kühling/Buchner BDSG § 1 Rn. 30.
[92] Das Transparenzgebot gilt hingegen nicht nach Art. 4 Abs. 1 JI-RL, um weiterhin verdeckte Ermittlungen zu ermöglichen, ErwGr 26 JI-RL und Schlichtenberg in Kühling/Buchner BDSG § 47 Rn. 3.

traulichkeit. Trotz ihrer Offenheit und Allgemeinheit sind diese Grundsätze geltendes Recht (zu Art. 5 DS-GVO → § 3 Rn. 48 ff.).[93] Ein Verstoß gegen Art. 5 DS-GVO ist gemäß Art. 83 Abs. 5 lit. a DS-GVO bußgeldbewehrt.[94] Die Regelungen des Art. 5 DS-GVO sind direkt anzuwenden. Art. 4 Abs. 1 JI-RL wird durch § 47 BDSG in deutsches Recht umgesetzt.

b) Öffnungsklauseln der DS-GVO und ihre Ausgestaltung. Vor dem Hintergrund 75 des Verbotsprinzips mit Erlaubnisvorbehalt (Art. 5 Abs. 1 lit. a DS-GVO) zählt Art. 6 Abs. 1 DS-GVO abschließend und erschöpfend die verschiedenen Erlaubnistatbestände für eine Verarbeitung personenbezogener Daten auf (zu Art. 6 → § 3 Rn. 51 ff.).[95] Im Hinblick auf Datenverarbeitungen im öffentlichen Interesse enthält die Regelung allerdings eher richtlinienähnliche Vorgaben mit weitgehenden Öffnungsklauseln in Art. 6 Abs. 2 und Abs. 3 DS-GVO.[96]

Im Folgenden werden die Rechtsgrundlagen der Verarbeitung nur insoweit dargestellt, 76 wie sie in den Mitgliedstaaten Gestaltungsspielräume zugestehen. Hinsichtlich der Tatbestände im Rahmen des Art. 6 DS-GVO, die eine abschließende Regelung darstellen, namentlich Art. 6 Abs. 1 lit. b, lit. d und lit. f DS-GVO, wird auf die umfassende Darstellung oben verwiesen (s. → § 3 53 ff.).

aa) Einwilligung. Als Ausdruck der Privatautonomie stellt die Einwilligung der betroffe- 77 nen Person zu der Datenverarbeitung eine zentrale Rechtsgrundlage dar. Die Voraussetzungen der Wirksamkeit von Einwilligungserklärungen werden durch die Verordnung in Art. 4 Nr. 11, Art. 6 Abs. 1 lit. a, Art. 7 und Art. 8 DS-GVO sowie die ErwGr 32 f. und 42 f. DS-GVO geregelt. ZT ergeben sich hierdurch Abweichungen von der bisherigen deutschen Rechtslage. So wird das Schriftformerfordernis nach § 4a Abs. 1 S. 3 BDSG aF durch die Nachweispflicht des Art. 7 Abs. 1 DS-GVO abgelöst; zudem stellte die DS-GVO klar, dass eine Einwilligung nicht im Wege des Opt Out möglich ist (zu den Wirksamkeitsvoraussetzungen → § 3 Rn. 55 ff.; → § 9 Rn. 25 ff.).[97] Aufgrund der umfassenden Regelungen in der DS-GVO verbleiben dem deutschen Gesetzgeber insoweit kaum Gestaltungsspielräume. Für den Anwendungsbereich der JI-RL trifft § 51 BDSG eine eigenständige Regelung, deren Anwendungsbereich jedoch durch § 45 BDSG begrenzt wird.

(1) Einwilligungsfähigkeit von Minderjährigen. Art. 8 Abs. 1 UAbs. 1 S. 1 DS-GVO 78 setzt die **Altersgrenze für die Einwilligungsfähigkeit von Minderjährigen** bei diesen direkt angebotenen Diensten der Informationsgesellschaft **auf 16 Jahre** herab.

Dieses typisierende, abgestufte Alterskonzept weicht von der zuvor im Datenschutz- 79 recht zwar streitigen, aber vorherrschenden Annahme ab, dass die Einwilligungsfähigkeit bei Minderjährigen von der Einsichtsfähigkeit im konkreten Einzelfall abhängen solle.[98] Zudem geht die hM im Schrifttum bei Einwilligungen in Eingriffe in Persönlichkeitsrechte, zB in das Recht am eigenen Bild gemäß § 22 S. 1 KUG, bei ausreichend einsichtsfähigen beschränkt Geschäftsfähigen von einer Doppelzuständigkeit des Minderjährigen und der Erziehungsberechtigten aus.[99] Eine solche Doppelzuständigkeit wurde auch im datenschutzrechtlichen Kontext im Einzelfall und in Anbetracht des jeweiligen Ver-

---

[93] Für eine Synopse s. Johannes ZD-aktuell 2017, 05757.
[94] S. vertiefend, ua zum Problem der mangelnden Bestimmtheit, Wolff in Schantz/Wolff Das neue DatenschutzR Teil D Rn. 385.
[95] Buchner/Petri in Kühling/Buchner DS-GVO Art. 6 Rn. 1.
[96] Kühling/Martini EuZW 2016, 448 (454).
[97] Buchner/Kühling DuD 2017, 544 (545 f.).
[98] Buchner/Kühling DuD 2017, 544 (545 f.); zur Diskussion nach früherer Rechtslage Simitis in Simitis BDSG § 4a Rn. 20 f. mwN; zu der Beurteilung im Rahmen von § 4 Nr. 2 UWG BGH NJW 2014, 2282 Rn. 37 – Nordjob-Messe.
[99] Götting in Schricker/Loewenheim KUG § 22 Rn. 42; Specht in Dreier/Schulze KUG § 22 Rn. 26; offen gelassen von BGH GRUR 1975, 561 – Nacktaufnahmen.

wendungszusammenhangs für möglich gehalten.[100] Jedenfalls im Bereich des Datenschutzrechts dürfte einer solchen Doppelzuständigkeit durch Art. 8 Abs. 1 DS-GVO der Boden entzogen worden sein, soweit ein „Dienst der Informationsgesellschaft" betroffen ist. Datenverarbeitungen im Rahmen anderer Verarbeitungszusammenhänge regelt die Norm nicht.[101]

80   Von der **fakultativen**[102] **Öffnungsklausel des Art. 8 Abs. 1 UAbs. 2 DS-GVO,** die Altersgrenze für die Einwilligungsfähigkeit Minderjähriger noch weiter auf die Vollendung des 13. Lebensjahres abzusenken, hat der deutsche Gesetzgeber **keinen Gebrauch** gemacht, was angesichts der Schutzbedürftigkeit von Minderjährigen aus rechtspolitischen Gründen zu begrüßen ist. ZT wird ein weiteres Absenken der Altersgrenze auch für verfassungsrechtlich bedenklich gehalten.[103]

81   **(2) Besondere Kategorien von Daten.** Art. 9 Abs. 1 DS-GVO untersagt die Verarbeitung besonders sensibler personenbezogener Daten. Ausnahmsweise ist eine Verarbeitung aber erlaubt, wenn die betroffene Person nach Abs. 2 lit. a in die Verarbeitung ausdrücklich eingewilligt hat, es sei denn, das Unionsrecht oder das nationale Recht schließen die Möglichkeit einer Einwilligung aus. Der deutsche Gesetzgeber hat von dieser Öffnungsklausel, die Möglichkeit der Einwilligung auszuschließen, soweit ersichtlich bislang keinen Gebrauch gemacht (zu Art. 9 Abs. 2 DS-GVO → Rn. 113).[104]

82   **(3) Einwilligungen im Rahmen von Arbeitsverhältnissen.** Durch die Unbestimmtheit der Öffnungsklausel bleibt es den Mitgliedstaaten vorbehalten, den **Arbeitnehmerdatenschutz** eigenständig zu regeln.[105] Der deutsche Gesetzgeber hat in **§ 26 Abs. 2 BDSG** eine spezielle Regelung für Einwilligungen im Rahmen von Arbeitsverhältnissen geschaffen (dazu näher → § 10 Rn. 56 ff.).

83   **bb) Erfüllung rechtlicher Verpflichtungen.** Gemäß Art. 6 Abs. 1 lit. c DS-GVO ist eine Verarbeitung zulässig, wenn sie zur Erfüllung einer öffentlich-rechtlich gesetzten Verpflichtung[106] erforderlich ist, der der Verantwortliche unterliegt. Der Tatbestand ist nur dann einschlägig, wenn sich die rechtliche Verpflichtung unmittelbar auf die Datenverarbeitung bezieht, wie es zB bei Aufbewahrungspflicht der Fall ist. Dagegen kommt er nicht zur Anwendung, wenn ein Verantwortlicher, um eine rechtliche Verpflichtung erfüllen zu können, auch personenbezogene Daten verarbeiten muss; für diesen Fall sind Art. 6 Abs. 1 lit. e und lit. f DS-GVO heranzuziehen.[107] Insofern kommt Art. 6 Abs. 1 lit. c DS-GVO ein begrenzter Anwendungsbereich zu.

84   Art. 6 Abs. 2 DS-GVO gestattet den Mitgliedstaaten, im nationalen Recht Regelungen vorzusehen, um die Vorgaben des Art. 6 Abs. 1 lit. c DS-GVO zu konkretisieren, zB indem sie spezifische Anforderungen für die Verarbeitung bestimmen. Art. 6 Abs. 3 S. 1 DS-GVO gibt vor, dass die Rechtsgrundlage für Verarbeitungen gemäß Art. 6 Abs. 1 lit. c DS-GVO durch Unionsrecht oder durch das Recht der Mitgliedstaaten festgelegt wird. Des Weiteren ergibt sich aus Art. 6 Abs. 3 S. 2 und 3 DS-GVO, dass die Rechtsgrundlage den Zweck der Verarbeitung festlegen muss und dass die Rechtsgrundlage spezifische Bestimmungen zur Anpassung der Anwendung der Vorschriften der Verordnung enthalten

---

[100] Simitis in Simitis BDSG § 4a Rn. 21 mwN.
[101] Nebel in Roßnagel DS-GVO-HdB § 3 Rn. 71.
[102] Kühling/Martini et al. DS-GVO und nationales Recht, 46.
[103] Kühling/Martini et al. DS-GVO und nationales Recht, 47.
[104] S. zu entsprechenden Forderungen im Zuge der Novellierung des Sozialdatenschutzes Buchner/Kühling DuD 2017, 544 (545).
[105] Kühling/Martini et al. DS-GVO und nationales Recht, 298.
[106] S. näher Wolff in Schantz/Wolff Das neue DatenschutzR Teil D Rn. 591.
[107] Wolff in Schantz/Wolff Das neue DatenschutzR Teil D Rn. 595 f.; Buchner/Petri in Kühling/Buchner DS-GVO Art. 6 Rn. 76.

kann.[108] Art. 6 Abs. 3 S. 4 DS-GVO bestimmt, dass die Rechtsgrundlage ein im öffentlichen Interesse liegendes Ziel verfolgend verhältnismäßig sein muss.

Allerdings sind sowohl der Sinngehalt als auch das Verhältnis der beiden Absätze untereinander unklar.[109] Fraglich ist auch, ob der eigentliche Erlaubnistatbestand die Rechtsnorm im Unionsrecht bzw. nationalen Recht ist[110] oder ob Art. 6 Abs. 1 lit. c DS-GVO selbst iVm der rechtlichen Verpflichtung einen Erlaubnistatbestand darstellt.[111]

cc) Aufgaben im öffentlichen Interesse oder in Ausübung öffentlicher Gewalt. Gemäß Art. 6 Abs. 1 lit. e DS-GVO ist eine Datenverarbeitung zulässig, wenn sie für die Wahrnehmung einer Aufgabe erforderlich ist, die im öffentlichen Interesse liegt oder in Ausübung öffentlicher Gewalt erfolgt, die dem Verantwortlichen übertragen wurde. Nach wohl vorherrschender Ansicht ist der Normtext einschränkend dahingehend auszulegen, dass die die Datenverarbeitung legitimierende Aufgabe durch eine Rechtsvorschrift definiert werden muss.[112] Damit ist der Erlaubnistatbestand zentral für die Tätigkeit von öffentlichen Stellen, sofern es nicht um die Zwecke der Verhütung, Ermittlung, Aufdeckung, Verfolgung oder Ahndung von Straftaten oder Ordnungswidrigkeiten iS § 45 BDSG geht.[113] Er schafft zB die Grundlage für die landesrechtlichen Befugnisse, die den Hochschulen Datenverarbeitungen im Rahmen der Forschung gestatten; die Forschung wird den Hochschulen als im öffentlichen Interesse liegende Aufgabe zugewiesen (dazu → § 23 Rn. 43, 83)

Zudem können sich private Stellen auf Art. 6 Abs. 1 lit. e DS-GVO stützen, wenn sie öffentliche Aufgaben wahrnehmen; dies gilt selbst dann, wenn sie keine Beliehenen sind. Als Beispiel werden zB die datenschutzrechtlichen Normen des Messstellenbetriebsgesetzes genannt, die iVm Art. 6 Abs. 1 lit. e DS-GVO einen Erlaubnistatbestand darstellen.[114]

(1) Öffnungsklauseln gemäß Art. 6 Abs. 2 und Abs. 3 DS-GVO. Die Öffnungsklauseln des Art. 6 Abs. 2 und Abs. 3 ermöglichen es den Mitgliedstaaten, zu Art. 6 Abs. 1 lit. e DS-GVO – ebenso wie im Rahmen des Abs. 1 lit. c – spezifischere Bestimmungen zu erlassen. Ebenso wie in Bezug auf Art. 6 Abs. 1 lit. c DS-GVO ist auch in Bezug auf Art. 6 Abs. 1 lit. e DS-GVO der Sinngehalt und das Verhältnis des Art. 6 Abs. 2 und Abs. 3 zueinander unklar.[115]

(2) § 3 BDSG: Verarbeitung durch öffentliche Stellen. Der Bundesgesetzgeber hat von den Öffnungsklauseln Gebrauch gemacht, indem er in § 3 BDSG eine – den Regelungsgehalt von § 13 Abs. 1 und § 14 Abs. 1 BDSG aF aufnehmende – allgemeine Rechtsgrundlage für die Verarbeitung personenbezogener Daten durch öffentliche Stellen iSv § 2 Abs. 1–3 BDSG sowie durch Beliehene, die gemäß § 2 Abs. 4 S. 2 BDSG ebenfalls als öffentliche Stellen gelten, geschaffen hat. § 3 BDSG erklärt die Verarbeitung personenbezogener Daten durch eine öffentliche Stelle für zulässig, wenn sie zur Erfüllung der in der Zuständigkeit des Verantwortlichen liegenden Aufgabe oder in Ausübung öf-

---

[108] Zu dem unklaren Verhältnis zwischen Art. 6 Abs. 2 und Art. 6 Abs. 3 S. 3 DS-GVO Benecke/Wagner DVBl 2016, 600 (601); Wolff in Schantz/Wolff Das neue DatenschutzR Teil D Rn. 606 ff.
[109] Deutlich Wolff in Schantz/Wolff Das neue DatenschutzR Teil D Rn. 606: „Ob der Rat wirklich genau wusste, was er mit den beiden Normen tat, darf bezweifelt werden".
[110] So Buchner/Petri in Kühling/Buchner DS-GVO Art. 6 Rn. 73; ebenso BT-Drs. 18/11325, 81 zu Art. 6 Abs. 1 lit. e DS-GVO.
[111] Wolff in Schantz/Wolff Das neue DatenschutzR Teil D Rn. 597; so wohl auch Frenzel in Paal/Pauly BDSG § 3 Rn. 10.
[112] Wolff in Schantz/Wolff Das neue DatenschutzR Teil D Rn. 612; Frenzel in Paal/Pauly DS-GVO Art. 6 Rn. 23; Albrecht CR 2016, 88 (92); Heberlein in Ehmann/Selmayr DS-GVO Art. 6 Rn. 19.
[113] Kramer in Auernhammer DS-GVO Art. 6 Rn. 24.
[114] Frenzel in Paal/Pauly DS-GVO Art. 6 Rn. 23.
[115] Wolff in Schantz/Wolff Das neue DatenschutzR Teil D Rn. 627.

fentlicher Gewalt, die dem Verantwortlichen übertragen wurde, erforderlich[116] ist. Diese allgemeine Regelung gilt, wenn nicht spezielleren Regelungen gemäß § 1 Abs. 2 BDSG Vorrang zukommt.

90 Der Gesetzgeber hielt die Vorschrift für notwendig, da Art. 6 Abs. 1 lit. e DS-GVO selbst keine Rechtsgrundlage für die Verarbeitung schaffe, wie sich aus der Formulierung in Art. 6 Abs. 3 S. 1 DS-GVO ergebe. Eine solche Rechtsgrundlage könne sich danach nur aus dem Unionsrecht oder dem nationalen Recht ergeben. Diesem Regelungsauftrag sei der deutsche Gesetzgeber durch § 3 BDSG nachgekommen.[117] Da die Regelung jedoch keine über Art. 6 Abs. 2 und Abs. 3 DS-GVO hinausgehenden spezifischeren Bestimmungen enthält, ist ihre **Vereinbarkeit mit dem Unionsrecht streitig.** Nach einer Ansicht stellt § 3 BDSG, der weitgehend den Wortlaut von Art. 6 Abs. 1 lit. e DS-GVO wiederholt, einen Verstoß gegen das Normwiederholungsverbot dar; von ihrer Anwendung in der Praxis sei abzuraten.[118] Nach aA ist die Vereinbarkeit mit dem Unionsrecht zu bejahen, da die Rechtsgrundlage spezifischere Bestimmungen enthalten könne, aber nicht müsse, so dass auch eine Wiederholung in diesem Ausnahmefall von dem Normtext gedeckt sei.[119]

91 Nach dem Willen des Gesetzgebers soll dieser Erlaubnistatbestand Datenverarbeitungen unabhängig von dem Zweck der Datenverarbeitung legitimieren, soweit keine anderen bereichsspezifischen Regelungen eingreifen; aus diesem Grund hat der Gesetzgeber die Norm auch systematisch in Teil 1 platziert.[120] Im Rahmen des Anwendungsbereichs der JI-RL setzt § 3 BDSG deren Art. 8 Abs. 1 um. Zudem gilt die Regelung aufgrund des Verweises in § 1 Abs. 8 BDSG entsprechend als Auffangtatbestand für Datenverarbeitungen außerhalb des Anwendungsbereichs des Unionsrechts.

92 Allerdings kommt die Regelung lediglich als Rechtsgrundlage für **Verarbeitungen mit geringer Eingriffsintensität** in die Rechte der betroffenen Person in Betracht. Je intensiver in die Grundrechte betroffener Personen eingegriffen wird, desto strengere Anforderungen sind an die Bestimmtheit und Klarheit der gesetzlichen Regelung zu stellen. Angesichts seiner **Unbestimmtheit** kann § 3 BDSG daher nur Verarbeitungen rechtfertigen, die eine geringe Eingriffsintensität aufweisen.[121]

93 **(3) § 4 BDSG: Videoüberwachung öffentlich zugänglicher Räume.** § 4 BDSG enthält eine § 6b BDSG aF weitgehend entsprechende Regelung zur Videoüberwachung in öffentlich zugänglichen Räumen (dagegen beurteilt sich die Zulässigkeit einer Videoüberwachung am Arbeitsplatz nach § 26 BDSG, dazu → § 10 Rn. 23 ff.). Nach § 4 Abs. 1 S. 1 BDSG ist eine Videoüberwachung zulässig, soweit sie zur Aufgabenerfüllung öffentlicher Stellen, zur Wahrnehmung des Hausrechts oder zur Wahrnehmung berechtigter Interessen für konkret festgelegte Zwecke erforderlich ist und keine Anhaltspunkte bestehen, dass schutzwürdige Interessen des Betroffenen überwiegen. § 4 Abs. 1 S. 2 BDSG konkretisierte die in einer Abwägung zu berücksichtigenden Kriterien. § 4 Abs. 3 BDSG regelt die Zulässigkeit der Speicherung und Verwendung der nach Abs. 1 erhobenen Daten. § 4 Abs. 2, 4 und 5 BDSG regeln Kennzeichnungs-, Informations- und Löschungspflichten.

94 Allerdings ist die **Vereinbarkeit** von Teilen dieser Regelung **mit der DS-GVO zweifelhaft.** Wie dargestellt, ermöglicht die Öffnungsklausel des Art. 6 Abs. 1 lit. e, Abs. 2 und 3 DS-GVO den Mitgliedstaaten lediglich, Regelungen in Bezug auf Datenverarbeitungen zur Wahrnehmung von Aufgaben, die im öffentlichen Interesse liegen oder in Ausübung öffentlicher Gewalt erfolgen, zu treffen. In diesen den Mitgliedstaaten

---

[116] Zu dem restriktiv auszulegenden Begriff der Erforderlichkeit Petri in Kühling/Buchner BDSG § 3 Rn. 13 f.
[117] BT-Drs. 18/11325, 81.
[118] Frenzel in Paal/Pauly BDSG § 3 Rn. 1 f., 10.
[119] Wolff in BeckOK DatenschutzR BDSG § 3 Rn. 22.
[120] BT-Drs. 18/11325, 81.
[121] BT-Drs. 18/11325, 81; Greve NVwZ 2017, 737; Petri in Kühling/Buchner BDSG § 3 Rn. 9.

eingeräumten Regelungsspielraum lässt sich zwar die Regelung des § 4 Abs. 1 Nr. 1 BDSG unproblematisch einordnen.

Fraglich ist aber, inwieweit eine Videoüberwachung zur **Wahrung des Hausrechts** 95 (§ 4 Abs. 1 Nr. 2 BDSG) sowie zur **Wahrnehmung sonstiger berechtigter Interessen** (§ 4 Abs. 1 Nr. 3 BDSG) noch unter Art. 6 Abs. 1 lit. e DS-GVO subsumiert werden kann. Insbesondere bei **Videoüberwachungen durch Private** stellt sich die Frage, ob die Videoüberwachung öffentlich zugänglicher Räume noch als Wahrnehmung einer gesetzlich definierten Aufgabe von öffentlichem Interesse verstanden werden kann.[122] Die DSK verweist in ihrem Kurzpapier zur Videoüberwachung nur hinsichtlich der Videoüberwachung durch öffentliche Stellen auf Art. 6 Abs. 1 lit. e DS-GVO; die Zulässigkeitsvoraussetzungen für Videoüberwachungen durch nicht-öffentliche Stellen ergäben sich dagegen zunächst aus Art. 6 Abs. 1 lit. f DS-GVO.[123]

Letztlich läuft es wohl auf eine Entscheidung im Einzelfall hinaus, ob auch eine Video- 96 überwachung durch Private unter Art. 6 Abs. 1 lit. e DS-GVO subsumiert werden kann. Wenn dies nicht der Fall ist, gilt Art. 6 Abs. 1 lit. f DS-GVO; da diese Regelung keine Öffnungsklausel beinhaltet, verdrängt sie aufgrund ihres Anwendungsvorrangs § 4 Abs. 1 Nr. 2 und Nr. 3 BDSG. Die Abwägungsentscheidung ergäbe sich dann allein aus dem Unionsrecht. Dieses Beispiel zeigt die mit der DS-GVO verbundenen **Rechtsunsicherheiten,** die – wie viele andere – endgültig erst durch den EuGH beseitigt werden können.

dd) Verarbeitung zu anderen Zwecken. Art. 6 Abs. 4 DS-GVO gestattet eine Weiter- 97 verarbeitung zu anderen Zwecken als denjenigen, zu denen die Datenerhebung erfolgte, und durchbricht damit den Grundsatz der Zweckbindung gemäß Art. 5 Abs. 1 lit. b DS-GVO. Bei der Anwendung dieser komplizierten Norm ist im ersten Schritt zu prüfen, ob eine Verarbeitung tatsächlich zu einem anderen Zweck vorgenommen werden soll als zu demjenigen, zu dem die personenbezogenen Daten erhoben wurden. Hierbei sind die in Art. 6 Abs. 4 lit. a-e DS-GVO genannten Kriterien zu beachten. Handelt es sich um eine sogenannte zweckkompatible Weiterverarbeitung, so ist keine gesonderte Rechtsgrundlage für die Weiterverarbeitung erforderlich, wie ErwGr 50 S. 2 DS-GVO klarstellt.[124] Es ist streitig, ob Art. 6 Abs. 4 DS-GVO selbst eine Öffnungsklausel darstellt oder ob die Regelung nur zusätzliche Anforderungen normiert, unter denen auf andere Öffnungsklauseln gestützte Erlaubnistatbestände des nationalen Rechts eine Weiterverarbeitung zu anderen Zwecken gestatten können.[125]

Handelt es sich tatsächlich um einen nicht kompatiblen Zweck, so ist im zweiten Prü- 98 fungsschritt zu prüfen, ob zum einen eine Einwilligung vorliegt, die auch die Verarbeitung zu nicht kompatiblen Zwecken abdeckt, Art. 6 Abs. 4 Alt. 1 DS-GVO. Zum zweiten kann eine Weiterverarbeitung zu nicht kompatiblen Zwecken nach Art. 6 Abs. 4 Alt. 2 DS-GVO zulässig sein, wenn sie auf einer Rechtsvorschrift des Unionsrechts oder des nationalen Rechts beruht. Letztere muss eine in einer demokratischen Gesellschaft notwendige und verhältnismäßige Maßnahme zum Schutz der Art. 23 Abs. 1 DS-GVO genannten Zwecke darstellen, die eine erhebliche Bandbreite umfassen. Zwar müssen auf Art. 23 Abs. 1 DS-GVO gestützte Gesetzgebungsmaßnahmen nach Art. 23 Abs. 2 lit. a DS-GVO ua eine Konkretisierung in Bezug auf die Zwecke der Verarbeitung enthalten.

---

[122] Dies bejaht Wolff in Schantz/Wolff Das neue DatenschutzR Teil D Rn. 636 f.; aA Lachenmann ZD 2017, 407 (410); Buchner in Kühling/Buchner BDSG § 4 Rn. 2 ff.
[123] DSK Kurzpapier Nr. 15 Videoüberwachung nach der Datenschutz-Grundverordnung, Stand: 8.1.2018, abrufbar unter https://www.bfdi.bund.de/SharedDocs/Downloads/DE/Datenschutz/Kurzpapier_Video%C3%BCberwachung.pdf?__blob=publicationFile&v=2, zuletzt abgerufen am 24.9.2018.
[124] Kühling/Martini et al. DS-GVO und nationales Recht, 38.
[125] Str., s. ausführlich Albers in BeckOK DatenschutzR DS-GVO Art. 6 Rn. 71; Buchner/Petri in Kühling/Buchner DS-GVO Art. 6 Rn. 199 f.

Dieses Erfordernis gilt aber wohl nicht bei gesetzgeberischen Maßnahmen im Rahmen des Art. 6 Abs. 4 DS-GVO, der lediglich auf Art. 23 Abs. 1 DS-GVO verweist.[126]

99 Der Bundesgesetzgeber hat von dem hierdurch eingeräumten Gestaltungsspielraum insbesondere durch die Regelungen der §§ 23–25 BDSG Gebrauch gemacht, die aber im Einzelnen – insbesondere hinsichtlich ihrer praktischen Relevanz und ihrer Vereinbarkeit mit den Vorgaben der DS-GVO – viele Fragen aufwerfen. Zudem schränken §§ 32, 33 BDSG die grundsätzlich im Falle einer nicht zweckkompatiblen Weiterverarbeitung gemäß Art. 13 Abs. 3, Art. 14 Abs. 4 DS-GVO bestehenden Informationspflichten ein (dazu su → Rn. 130).

100 **(1) § 23 BDSG: Durch öffentliche Stellen.** § 23 BDSG regelt die Weiterverarbeitung von Daten zu einem anderen Zweck durch öffentliche Stellen im Rahmen ihrer Aufgabenerfüllung. Damit handelt es sich um eine Spezialregelung zu dem allgemeinen Erlaubnistatbestand des § 3 BDSG für öffentliche Stellen.[127] Nach der Gesetzesbegründung orientiert sich die Vorschrift an den Regelungen des § 13 Abs. 2 und des § 14 Abs. 2–5 BDSG aF.[128]

101 § 23 Abs. 1 Nr. 1 BDSG gestattet eine Weiterverarbeitung, wenn sie offensichtlich im Interesse der betroffenen Person liegt und kein Grund zu der Annahme besteht, dass diese ihre Einwilligung verweigern würde. Fraglich ist allerdings, ob die Weiterverarbeitung im Falle der Vorteilhaftigkeit für die betroffene Person nicht ohnehin aufgrund von Art. 6 Abs. 4 lit. d DS-GVO als zweckkompatibel einzustufen ist, so dass dem Erlaubnistatbestand ein geringer Anwendungsbereich verbleiben dürfte.[129]

102 Unklar ist auch die praktische Relevanz des § 23 Abs. 1 Nr. 2 BDSG. Eine Befugnis zur Überprüfung von Angaben würde voraussetzen, dass die primäre Datenverarbeitung von einem Erlaubnistatbestand, zB § 3 BDSG, gestattet wird, so dass sich die Befugnis zur Überprüfung von Angaben aus diesem Erlaubnistatbestand als Annexkompetenz ergeben würde.[130] Gleiches gilt wohl auch für die in § 23 Abs. 1 Nr. 3 und 4 BDSG geregelten Befugnisse zur Gefahrenabwehr und Verfolgung von Straftaten und Ordnungswidrigkeiten.[131]

103 Auch in Bezug auf § 23 Abs. 1 Nr. 5 BDSG ist zweifelhaft, inwieweit den Regelungen neben Art. 6 Abs. 1 lit. d DS-GVO und § 23 Abs. 1 Nr. 3 BDSG eine eigenständige Bedeutung zukommen wird.[132]

104 Schließlich ist auch in Bezug auf § 23 Abs. 1 Nr. 6 BDSG fraglich, ob die dort geregelten Datenverarbeitungen zur Wahrnehmung von Aufsichts- und Kontrollbefugnissen, der Rechnungsprüfung und der Durchführung von Organisationsuntersuchungen nicht bereits als mit dem Erhebungszweck vereinbar angesehen werden können und somit die für die primäre Datenverarbeitung erforderliche Rechtsgrundlage genügt.[133]

---

[126] AA wohl Herbst in Kühling/Buchner BDSG § 23 Rn. 20, der mangels Konkretisierung der jeweiligen Ziele des deutschen Gesetzgeber § 23 Abs. 1 Nr. 3 BDSG für nicht mit den Voraussetzungen des Art. 6 Abs. 4 DS-GVO vereinbar hält.
[127] Herbst in Kühling/Buchner BDSG § 23 Rn. 1.
[128] BT-Drs. 18/11325, 96.
[129] Herbst in Kühling/Buchner BDSG § 23 Rn. 13: Erlaubnistatbestand sei „funktionslos". Dagegen hält Frenzel in Paal/Pauly BDSG § 23 Rn. 6f. den Erlaubnistatbestand aufgrund der der öffentlichen Stelle hierdurch zugewiesenen Deutungshoheit für unionsrechtswidrig.
[130] Frenzel in Paal/Pauly BDSG § 23 Rn. 8; dagegen hält Herbst in Kühling/Buchner BDSG § 23 Rn. 16 die Regelung für nicht mit Art. 6 Abs. 4 DS-GVO vereinbar, da keines der Ziele des Art. 23 Abs. 1 DS-GVO hier einschlägig sei. Dies ist aber nicht überzeugend, da durchaus denkbar ist, dass eine Überprüfung von Angaben im Einzelfall den genannten Zielen, zum Beispiel öffentlichen Sicherheit oder der Aufdeckung von Straftaten dienen kann.
[131] Frenzel in Paal/Pauly BDSG § 23 Rn. 8; aA aber Herbst in Kühling/Buchner BDSG § 23 Rn. 20, der § 23 Abs. 1 Nr. 3 BDSG zT für nicht mit den Vorgaben des Unionsrechts vereinbar hält.
[132] Frenzel in Paal/Pauly BDSG § 23 Rn. 10.
[133] Frenzel in Paal/Pauly BDSG § 23 Rn. 11, 28f.

§ 4 BDSG und andere sondergesetzliche Datenschutzregelungen   Teil A

Zusammenfassend ist damit festzustellen, dass die Erforderlichkeit und praktische Relevanz der einzelnen Erlaubnistatbestände durchaus Zweifel aufwirft. Allerdings ist die Aufnahme dieser Regelungen ins nationale Recht durchaus sinnvoll, da hierdurch mehr Rechtssicherheit geschaffen wird als dies im Rahmen des allgemeinen Abwägungserfordernisses des Art. 6 Abs. 4 DS-GVO derzeit möglich ist.   105

Neben den in § 23 Abs. 1 Nr. 1-Nr. 6 BDSG genannten Erlaubnistatbeständen sollte nach dem RegE eine Weiterverarbeitung auch zulässig sein, wenn die Daten allgemein zugänglich sind oder der Verantwortliche sie veröffentlichen dürfte, soweit nicht das schutzwürdige Interesse der betroffenen Person offensichtlich überwiegt. Dieser Erlaubnistatbestand wurde jedoch auf Empfehlung des Innenausschusses gestrichen, da allgemein zugängliche Daten in der Regel auch neu erhoben werden können.[134] Art. 23 Abs. 2 DS-GVO stellt klar, dass für die Weiterverarbeitung besonderer Kategorien personenbezogener Daten iSv Art. 9 Abs. 1 DS-GVO neben einer Rechtsgrundlage nach § 23 Abs. 1 BDSG auch einer der Ausnahmetatbestände nach Art. 9 Abs. 2 DS-GVO bzw. § 22 BDSG vorliegen muss.   106

(2) § 24 BDSG: Durch nicht-öffentliche Stellen. § 24 BDSG gestattet als Parallelregelung zu § 23 BDSG die Weiterverarbeitung durch nicht-öffentliche Stellen, wenn dies zur Abwehr von Gefahren für die staatliche oder öffentliche Sicherheit oder zur Verfolgung von Straftaten erforderlich ist (Nr. 1) – zB im Rahmen des Whistleblowing[135] – oder wenn dies zur Geltendmachung, Ausübung oder Verteidigung zivilrechtlicher Ansprüche erforderlich ist (Nr. 2), sofern nicht die Interessen der betroffenen Person an dem Ausschluss der Verarbeitung überwiegen. Auch hier ist für die Verarbeitung besonderer Kategorien personenbezogener Daten nach Art. 9 Abs. 1 DS-GVO gemäß § 24 Abs. 2 BDSG zusätzlich ein Erlaubnistatbestand nach Art. 9 Abs. 2 DS-GVO oder § 22 BDSG erforderlich. Nach der Gesetzesbegründung orientiert sich diese Vorschrift an den Regelungen der § 28 Abs. 2 Nr. 2 lit. b, § 28 Abs. 2 iVm Abs. 1 Nr. 2 und § 28 Abs. 8 S. 1 iVm Abs. 6 Nr. 1–3 und Abs. 7 S. 2 BDSG aF.[136]   107

Streitig ist, ob § 24 Abs. 1 Nr. 2 BDSG von einer Öffnungsklausel gedeckt ist. Folgt man der Ansicht, dass Art. 6 Abs. 4 DS-GVO selbst keine Öffnungsklausel darstellt, sondern nur zusätzliche Voraussetzungen normiert, unter denen ein Mitgliedstaat auf Grundlage einer anderen Öffnungsklausel eine nicht zweckkompatible Weiterverarbeitung gestatten kann, so wäre die **Regelung nicht mit dem Unionsrecht vereinbar** und somit nicht anwendbar.[137] Andererseits wäre Art. 6 Abs. 4 DS-GVO bei dieser Auslegung in sich widersprüchlich, da die Norm ausdrücklich auf die Ziele des Art. 23 Abs. 1 DS-GVO verweist, ohne dessen lit. j auszunehmen.   108

(3) § 25 BDSG: Datenübermittlungen durch öffentliche Stellen. § 25 Abs. 1 BDSG erweitert die Befugnis zur Weiterverarbeitung nach § 23 BDSG, indem er die Übermittlung von Daten durch eine öffentliche Stelle an eine andere öffentliche Stelle für zulässig erklärt, wenn dies zur Erfüllung der in der Zuständigkeit der übermittelnden Stelle oder des Datenempfängers liegenden Aufgaben erforderlich ist und die Voraussetzungen für eine Verarbeitung nach § 23 BDSG erfüllt sind.   109

§ 25 Abs. 2 BDSG gestattet die Übermittlung von Daten durch öffentliche Stellen an nicht-öffentliche Stellen, wenn die Übermittlung zur Erfüllung der in der Zuständigkeit der übermittelnden Stelle liegenden Aufgaben erforderlich ist und die Voraussetzung für eine Verarbeitung nach § 23 BDSG vorliegen (Nr. 1), wenn der Empfänger ein berechtigtes Interesse glaubhaft macht und die betroffene Person kein schutzwürdiges Interesse an   110

---

[134] BT-Drs. 18/12144, 4.
[135] Frenzel in Paal/Pauly BDSG § 24 Rn. 5.
[136] BT-Drs. 18/11325, 96.
[137] Herbst in Kühling/Buchner BDSG § 24 Rn. 13.

dem Ausschluss der Übermittlung hat (Nr. 2) oder wenn die Übermittlung zur Geltendmachung, Ausübung oder Verteidigung rechtlicher Ansprüche erforderlich ist (Nr. 3). Bei allen drei Tatbestandsalternativen muss sich der Empfänger gegenüber der übermittelnden öffentlichen Stelle dazu verpflichtet haben, die Daten nur für den Zweck zu verarbeiten, zu dessen Erfüllung sie ihm übermittelt werden. Allerdings ist der Empfänger schon aufgrund des Zweckbindungsgrundsatzes gemäß Art. 5 Abs. 1 lit. b DS-GVO an den Übermittlungszweck gebunden. Fraglich ist aber, ob durch eine solche Verpflichtungserklärung eventuell vertragliche Haftungsansprüche ausgelöst werden.[138] § 25 Abs. 3 BDSG trifft schließlich wieder eine Sonderregelung für die Übermittlung besonderer Kategorien personenbezogener Daten.

111 **(4) § 31 BDSG als Zweckänderung?** Als letzte Vorschrift im Rahmen des Kapitels zu den Rechtsgrundlagen der Verarbeitung personenbezogener Daten trifft § 31 BDSG Regelungen zu Scoring und Bonitätsauskünften. Die Regelung übernimmt den materiellen Schutzstandard der §§ 28a und 28b BDSG aF.[139] Problematisch ist allerdings, ob die DS-GVO eine Ermächtigung der Mitgliedstaaten vorsieht, eine solche Regelung im nationalen Recht zu erlassen. Bezeichnenderweise nennt auch der RegE keine Rechtsgrundlage der DS-GVO. ZT wird die Regelung auf die Gestaltungsmöglichkeiten im Bereich der Zweckänderung gemäß Art. 6 Abs. 4 DS-GVO gestützt.[140] Nach aA fehlt es hier an einer Öffnungsklausel, so dass § 31 BDSG aufgrund des Anwendungsvorrangs der Verordnung **als mit der DS-GVO kollidierendes nationales Recht nicht angewendet werden dürfe.** Stattdessen sei die Rechtmäßigkeit entsprechender Datenverarbeitungen je nach Einzelfall nach Art. 6 Abs. 1 lit. b, lit. a oder lit. f DS-GVO zu beurteilen (s. dazu ausführlich → § 3 Rn. 53 ff.).[141]

112 **ee) Verarbeitung besonderer Kategorien personenbezogener Daten.** Art. 9 DS-GVO etabliert striktere Voraussetzungen für die Zulässigkeit der Verarbeitung besonderer Kategorien von Daten. Diese gelten für Daten, aus denen die rassische und ethnische Herkunft, politische Meinungen, religiöse oder weltanschauliche Überzeugungen oder die Gewerkschaftszugehörigkeit hervorgehen, sowie für genetische Daten, biometrische Daten zur eindeutigen Identifizierung einer Person, Gesundheitsdaten sowie Daten zum Sexualleben oder der sexuellen Orientierung einer Person. Diese Daten dürfen nach Art. 9 Abs. 1 DS-GVO nicht verarbeitet werden. Nicht in den Katalog des Art. 9 DS-GVO aufgenommen wurden Daten über strafrechtliche Verurteilungen und Straftaten; diese unterfallen der speziellen Regelung des Art. 10 DS-GVO.

113 **(1) Öffnungsklausel gemäß Art. 9 Abs. 2 DS-GVO.** Dieses grundsätzliche Verbot wird allerdings durch die umfangreichen Ausnahmetatbestände des Art. 9 Abs. 2 DS-GVO durchbrochen, die zT unmittelbar anwendbar sind (Art. 9 Abs. 2 lit. a, c, d, e und f DS-GVO) und zT eine Rechtsgrundlage im Unionsrecht oder im nationalen Recht erfordern (Art. 9 Abs. 2 lit. b, g, h, i und j DS-GVO).[142] Streitig ist, inwieweit zusätzlich Art. 9 Abs. 2 DS-GVO einer der allgemeinen Erlaubnisgründe aus Art. 6 Abs. 1 DS-GVO, ggf. iVm mit einem im nationalen Recht geregelten Erlaubnistatbestand, erforderlich ist.[143] Art. 9 Abs. 2 lit. b (Arbeitsrecht, Recht der sozialen Sicherheit und des sozialen Schutzes), lit. g (erhebliches öffentliches Interesse), lit. h (Versorgung und Behandlung im Gesund-

---

[138] Herbst in Kühling/Buchner BDSG § 25 Rn. 12.
[139] BT-Drs. 18/11325, 101.
[140] Wolff in Schantz/Wolff Das neue DatenschutzR Teil D Rn. 695.
[141] Buchner in Kühling/Buchner BDSG § 31 Rn. 5, 7.
[142] Schantz in Schantz/Wolff Das neue DatenschutzR Teil D Rn. 707.
[143] Albrecht/Jotzo Das neue DatenschutzR Teil 3 Rn. 58; Greve in Auernhammer DS-GVO Art. 9 Rn. 7 halten keinen Erlaubnistatbestand gemäß Art. 6 DS-GVO für erforderlich; aA BT-Drs. 18/11325, 94; Golla/Hofmann/Bäcker DuD 2018, 89 (92 f.).

heit- oder Sozialbereich) und lit. i (öffentliches Interesse im Bereich der öffentlichen Gesundheit) DS-GVO werden durch §§ 22, 26 Abs. 3 BDSG, Art. 9 Abs. 2 lit. j DS-GVO (Zwecke öffentliche Archive, der wissenschaftlichen oder historischen Forschung oder der Statistik) durch §§ 27, 28 BDSG ins nationale Recht umgesetzt.

Art. 9 Abs. 3 und 4 DS-GVO enthalten ergänzende Öffnungsklauseln zu der Regelung 114 von Berufsgeheimnissen[144] sowie der Verarbeitung von genetischen, biometrischen oder Gesundheitsdaten.

Ergänzt wird Art. 9 DS-GVO durch eine Reihe weiterer Regelungen, die der beson- 115 deren Sensitivität der betroffenen Daten Rechnung tragen. So dürfen zB gemäß Art. 22 Abs. 4 DS-GVO automatisierte Entscheidungen im Einzelfall einschließlich Profiling nicht auf Daten nach Art. 9 Abs. 1 DS-GVO beruhen, sofern nicht einer der genannten Einschränkungsgründe vorliegt. Auch eine Zweckänderung wird gemäß Art. 6 Abs. 4 lit. c DS-GVO eingeschränkt.

(2) § 22 BDSG: Verarbeitung besonderer Kategorien. Die Regelung gestattet die 116 ausnahmsweise Verarbeitung besonderer Kategorien personenbezogener Daten. Neben diesem subsidiären allgemeinen Erlaubnistatbestand sind insbesondere zum Recht der sozialen Sicherheit und des Sozialschutzes die bereichsspezifischen Regelungen in § 35 SGB I, §§ 67ff. SGB X zu beachten (dazu → § 26 Rn. 16ff., 34ff.).

Aufgrund seiner Stellung in Teil II des BDSG gilt § 22 BDSG nur für Datenverarbei- 117 tungen im Anwendungsbereich der DS-GVO. § 22 Abs. 1 BDSG übernimmt den Inhalt der Öffnungsklauseln in Art. 9 Abs. 2 DS-GVO zT fast wörtlich. § 22 Abs. 1 Nr. 1 lit. a-c BDSG, der sowohl öffentliche als auch nicht-öffentliche Stellen erfasst, umfasst Erlaubnistatbestände im Rahmen von Art. 9 Abs. 2 lit. b, h und i DS-GVO und übernimmt hierbei ua die Regelungen der § 13 Abs. 2 Nr. 7, § 28 Abs. 7 BDSG aF. § 22 Abs. 1 Nr. 2 BDSG beschränkt sich auf Datenverarbeitungen von öffentlichen Stellen und entspricht im Wesentlichen § 13 Abs. 1 Nr. 1, 5, 6 und 9 BDSG aF.[145]

§ 22 Abs. 2 BDSG gibt vor, dass „angemessene und spezifische Maßnahmen zur Wah- 118 rung der Interessen der betroffenen Person vorzusehen" sind, und enthält eine beispielhafte Aufzählung technisch-organisatorischer Maßnahmen. Im Schrifttum wird kritisiert, dass die Regelung keine verbindliche Präzisierung der in Art. 24ff. DS-GVO ohnehin verlangten technisch-organisatorischen Maßnahmen leistet.[146] Andererseits wird darauf hingewiesen, dass § 22 Abs. 2 BDSG so die notwendige Flexibilität wahre und zugleich einen Appellcharakter aufweise.[147]

(3) §§ 27, 28 BDSG: Forschungs-, statistische und Archivzwecke. Nach Art. 9 119 Abs. 2 lit. j DS-GVO können die Mitgliedstaaten Erlaubnistatbestände für die Verarbeitung zu im öffentlichen Interesse liegenden Archivzwecken, zu Forschungszwecken sowie zu statistischen Zwecken schaffen. Hiervon hat der Bundesgesetzgeber in § 27 Abs. 1 und 4 BDSG sowie § 28 Abs. 1 BDSG Gebrauch gemacht (dazu s. näher → § 23 Rn. 25ff.).

(4) § 26 Abs. 3 BDSG: Beschäftigungsverhältnisse. Die Regelung dient der Umset- 120 zung von Art. 9 Abs. 2 lit. b DS-GVO und gestattet die Verarbeitung besonderer Kategorien personenbezogener Daten für Zwecke des Beschäftigungsverhältnisses, wenn sie zur Ausübung von Rechten oder zur Erfüllung rechtlicher Pflichten aus dem Arbeitsrecht,

---

[144] Kritisch zu der vom Gesetzgeber nicht genutzten Gelegenheit einer Neustrukturierung des Verhältnisses zwischen Datenschutzrecht und Berufsgeheimnissen Weichert in Kühling/Buchner DS-GVO Art. 9 Rn. 49, 146–148.
[145] BT-Drs. 18/11325, 95.
[146] Schantz in Schantz/Wolff Das neue DatenschutzR Teil D Rn. 706; Weichert DuD 2017, 538 (542).
[147] Weichert in Kühling/Buchner BDSG § 22 Rn. 29.

dem Recht der sozialen Sicherheit und des Sozialschutzes erforderlich ist und das schutzwillige Interesse der betroffenen Person nicht überwiegt (s. dazu → § 10 Rn. 49 ff.).[148]

121 **c) Vorgaben zur Rechtmäßigkeit der Verarbeitung im Anwendungsbereich der JI-RL.** Art. 4 ff. JI-RL beinhalten Vorgaben hinsichtlich der Rechtmäßigkeit der Datenverarbeitung. Diese hat der deutsche Gesetzgeber in §§ 48 ff. BDSG umgesetzt (dazu → § 21 Rn. 3 ff. und § 22 Rn. 9 ff.).

4. Betroffenenrechte

122 Kapitel III der DS-GVO enthält umfangreiche Regelungen zu den Rechten der betroffenen Person, die zT über die bisherige Rechtslage hinausgehen. Art. 23 DS-GVO räumt den Mitgliedstaaten jedoch die Möglichkeit ein, die Betroffenenrechte einzuschränken. Eine Einschränkung ist jedoch nur zum Schutz eines der in Art. 23 Abs. 1 DS-GVO genannten Rechtsgüter zulässig und auch nur dann, wenn eine solche Beschränkung den Wesensgehalt der Grundrechte achtet und in einer demokratischen Gesellschaft eine notwendige und verhältnismäßige Maßnahme darstellt. Zudem enthält Art. 23 Abs. 2 DS-GVO weitere Beschränkungen, die eingehalten werden müssen, damit eine gesetzgeberische Maßnahme den Vorgaben der DS-GVO entspricht.

123 Zudem können die Mitgliedstaaten nach Art. 89 Abs. 2 DS-GVO weitere Ausnahmen zugunsten der Forschung, zu statistischen Zwecken sowie zu Archivzwecken vorsehen. Von dieser fakultativen Öffnungsklausel hat der Gesetzgeber in § 27 Abs. 2, § 28 Abs. 2–3, § 29 Abs. 1 BDSG Gebrauch gemacht (→ § 23 Rn. 60 ff.).

124 **a) Ausgestaltung des Art. 23 Abs. 1 DS-GVO im nationalen Recht.** Grundsätzlich ist festzustellen, dass sich das neue BDSG hinsichtlich der Ausnahmen von den Betroffenenrechte an seiner Vorgängerregelung orientiert[149] und die durch die DS-GVO gewährten Betroffenenrechten in §§ 32 ff. BDSG auf Grundlage der Öffnungsklausel des Art. 23 Abs. 1 DS-GVO zum Teil einschränkt, was im Schrifttum auf erhebliche Kritik gestoßen ist.

125 Der RegE verweist darauf, dass durch die Stärkung der Betroffenenrechte in der DS-GVO ein zusätzlicher Erfüllungsaufwand entsteht. Die Einschränkung durch §§ 32 ff. BDSG führe „bei den Unternehmen zu einer Reduzierung von Pflichten und einer Verringerung des Erfüllungsaufwandes". Allerdings sehe das BDSG als Ausgleich für die Einschränkung der Betroffenenrechte von dem Verantwortlichen zu ergreifende Schutzmaßnahmen vor, wie etwa das Nachholen einer Informationspflicht oder eine Dokumentation, aus welchen Gründen von einer Information abgesehen wurde (zB gemäß § 32 Abs. 2 und 3, § 33 Abs. 2, § 34 Abs. 2 BDSG). Auch diese Schutzmaßnahmen lösten einen unmittelbaren Erfüllungsaufwand aus, der aber nach Einschätzung des Gesetzgebers geringer ausfällt als dies nach dem Schutzniveau der Verordnung der Fall wäre.[150]

126 Das Bemühen des Gesetzgebers, die Verantwortlichen vor einem unverhältnismäßigen Aufwand im Falle der Geltendmachung von Betroffenenrechten zu schützen, hat sich in verschiedenen Regelungen niedergeschlagen. So schränkt § 34 Abs. 1 BDSG das Auskunftsrecht ein, wenn die Auskunftserteilung einen unverhältnismäßigen Aufwand erfordern würde. Auch das Recht auf Löschung entfällt gemäß § 35 Abs. 1 BDSG, wenn eine Löschung nur mit unverhältnismäßig hohem Aufwand möglich und das Interesse der betroffenen Person an der Löschung als gering anzusehen ist. § 32 Abs. 1 Nr. 1 BDSG dient

---

[148] BT-Drs. 18/11325, 98.
[149] Schantz in Schantz/Wolff Das neue DatenschutzR Teil B Rn. 209.
[150] BT-Drs. 18/11325, 4.

ebenfalls dem Zweck, eine übermäßige Belastung von kleinen und mittelständischen Unternehmen zu vermeiden.[151]

Dies wirft die grundsätzliche Frage auf, ob ein unverhältnismäßiger Aufwand für den Verantwortlichen eine Einschränkung von Betroffenenrechten rechtfertigen kann. Dies wäre nur dann der Fall, wenn dieser Regelungszweck auf den in § 23 Abs. 1 DS-GVO genannten Katalog der geschützten Zwecke und Rechtsgüter gestützt werden könnte. 127

In Betracht käme hier zB **Art. 23 Abs. 1 lit. i DS-GVO,** der Beschränkungen der Betroffenenrechte zum Schutz der betroffenen Person sowie zum Schutz der Rechte und Freiheiten anderer Personen ermöglicht. Fraglich ist aber, ob ein Interesse des Verantwortlichen, vor unverhältnismäßigem Aufwand geschützt zu werden, hierunter subsumiert werden kann. Dies wird **von großen Teilen der Literatur verneint.**[152] Stattdessen sei es sinnvoll, durch einen Verzicht auf derartige Ausnahmebestimmungen einen Anreiz für Datenverarbeiter zu setzen, vermehrt technische Lösungen zur Umsetzung der Betroffenenrechte zu entwickeln.[153] Zwar hat der europäische Gesetzgeber selbst in Art. 14 Abs. 5 lit. b DS-GVO die Informationspflicht eingeschränkt, wenn die Erteilung der Information einen unverhältnismäßigen Aufwand erfordern würde; diese Erwägungen lassen sich nicht ohne weiteres verallgemeinern. Grundsätzlich anzuerkennen ist auch die Entscheidung des europäischen Gesetzgebers, die Betroffenenrechte zu stärken. Diese rechtspolitische Entscheidung, die für Datenverarbeiter einen zusätzlichen Aufwand verursacht, kann durch weiterreichende Einschränkungen der Betroffenenrechte auf nationaler Ebene konterkariert werden. Jedoch ist insbesondere dann, wenn die **Datenverarbeitung grundrechtlichen Schutz** genießt, zB im Rahmen der **Meinungs- und Informationsfreiheit,** darauf zu achten, dass die Betroffenenrechte nicht so aufwändig ausgestaltet sein dürfen, dass sie diese grundrechtlich geschützten Datenverarbeitungen unverhältnismäßig erschweren oder unmöglich machen. 128

Ein Beispiel hierfür ist das **Fotografieren von großen Menschenmengen oder von Bauwerken oder sonstigen Sehenswürdigkeiten, auf denen dem Fotografen unbekannte Menschen als „Beiwerk" zu sehen sind.** Je nach Fallgestaltung ist es grundsätzlich möglich, dass die Aufnahme der Fotografien auch ohne Einwilligung der abgebildeten Personen nach **Art. 6 Abs. 1 lit. f DS-GVO** grundsätzlich rechtmäßig ist. Jedoch müssen die abgebildeten Personen – soweit nicht das nationale Äußerungsrecht gemäß Art. 85 DS-GVO anwendbar bleibt, zB das KUG gemäß Art. 85 Abs. 2 DS-GVO für Datenverarbeitungen zu journalistischen Zwecken[154] – grds. **nach Art. 13 DS-GVO informiert** werden, sofern hier nicht Art. 14 DS-GVO einschlägig ist oder die Informationspflicht nach Art. 11 Abs. 1 DS-GVO entfällt. Anders als Art. 14 DS-GVO in seinem Abs. 5 lit. b sieht Art. 13 DS-GVO keine Einschränkung unter Verhältnismäßigkeitsgesichtspunkten vor. Eine den Vorgaben des Art. 13 DS-GVO entsprechende Information dürfte dem Fotografen aber in der Vielzahl solcher Fälle unmöglich sein. Hier besteht also durchaus die Gefahr, dass **umfassend ausgestaltete Betroffenenrechte die Ausübung der Meinungs- und Informationsfreiheit gefährden.** Bisherige Stellungnahmen der Landesdatenschutzbeauftragten versuchen, diese Problematik durch eine extensive Ausle- 129

---

[151] BT-Drs. 18/12144, 4.
[152] Schantz in Schantz/Wolff Das neue DatenschutzR Teil F Rn. 1204; Paal in Paal/Pauly BDSG § 35 Rn. 2; § 34 Nr. 2; Roßnagel DuD 2017, 277 (280); Johannes ZD-Aktuell 2017, 05533; Golla in Kühling/Buchner BDSG § 32 Rn. 5; s. auch BT-Drs. 18/11655, 23; s. auch die Stellungnahme des LfDI M-V zum DSAnpUG-EU v. 25.1.2017, 0.6.9.000/053/2017-00828, abrufbar unter https://www.datenschutz-mv.de/serviceassistent/_php/download.php?datei_id=1589894, zuletzt abgerufen am 24.9.2018.
[153] Specht BB 9/2017, I.
[154] S. nun OLG Köln ZD 2018, 434 hinsichtlich der Fortgeltung des KUG für journalistische Nutzungen auf Grundlage von Art. 85 Abs. 2 DS-GVO. Hingegen ist es umstritten, ob Art. 85 Abs. 1 DS-GVO eine eigenständige Öffnungsklausel hinsichtlich nicht-journalistischer Datenverarbeitungen enthält, s. oben die in Fn. 22 Genannten.

gung des Anwendungsbereichs des Art. 14 DS-GVO zu entschärfen.[155] Darüber hinaus spricht eine **grundrechtskonforme Auslegung des Art. 23 Abs. 1 lit. i DS-GVO im Lichte von Art. 11 GRCh** dafür, die Betroffenenrechte für diesen Fall einzuschränken, soweit sie in der Praxis nicht zu erfüllende Anforderungen stellen. Dies gilt insbesondere für die Informationspflichten und Auskunftsansprüche. Hinsichtlich der **Löschungsansprüche der betroffenen Person** hat der europäische Gesetzgeber selbst für eine entsprechende Einschränkung in **Art. 17 Abs. 3 lit. a DS-GVO** gesorgt. Dafür, dass den nationalen Gesetzgebern entsprechende Gestaltungsspielräume zustehen, spricht neben der Öffnungsklausel des Art. 23 Abs. 1 lit. i DS-GVO als weiteres Argument auch **Art. 85 Abs. 1 DS-GVO,** der den Mitgliedstaaten aufgibt, ihre Rechtsvorschriften mit dem Recht auf freie Meinungsäußerung und Informationsfreiheit in Einklang zu bringen. Dieses Anpassungsgebot muss auch bei der Entscheidung darüber berücksichtigt werden, ob und inwieweit die Mitgliedstaaten zB von der Öffnungsklausel **des Art. 23 Abs. 1 lit. i** Gebrauch machen.

130 **aa) Einschränkungen der Informationspflicht, §§ 32, 33 BDSG.** Art. 13 Abs. 3, Art. 14 Abs. 4 DS-GVO sehen grundsätzlich eine Verpflichtung des Verarbeiters vor, die betroffene Person vor einer nicht zweckkompatiblen Weiterverarbeitung über den geänderten Zweck zu informieren. Insbesondere da die Weiterverarbeitung uU erst mit zeitlichem Abstand zu der Datenerhebung geschieht, kann es für den Verantwortlichen selbst im Falle einer Direkterhebung schwierig sein, die betroffene Person zu erreichen.[156] Dies gilt erst recht bei Daten, die nicht bei der betroffenen Person abgegeben wurden. Über die Beschränkung des Art. 14 Abs. 5 DS-GVO hinaus hat der deutsche Gesetzgeber in §§ 32, 33 BDSG weitere Einschränkungen vorgesehen. § 32 BDSG betrifft im Wege der Direkterhebung erhobene Daten, § 33 BDSG gilt für Daten, die nicht bei der betroffenen Person erhoben wurden.

131 **(1) § 32 BDSG.** Nachdem der RegE ursprünglich die Informationspflicht im Rahmen des § 32 Abs. 1 Nr. 1 BDSG – parallel zu Art. 14 Abs. 5 DS-GVO – in allen Fällen einschränken wollte, in denen die Erteilung der Information über die beabsichtigte Weiterverarbeitung einen unverhältnismäßigen Aufwand erfordert und das Interesse der Personen an der Information als gering anzusehen ist,[157] betrifft die verabschiedete Regelung nur noch den seltenen Fall einer Weiterverarbeitung analog gespeicherter Daten, so dass ihr nunmehr ein sehr geringer Anwendungsbereich zukommt. Wie dargestellt, ist ihre **Vereinbarkeit mit dem Unionsrecht fraglich und davon abhängig,** ob sich der Schutzzweck der Regelung, eine übermäßige Belastung von kleinen und mittelständischen Unternehmen zu vermeiden,[158] unter eine der durch Art. 23 Abs. 1 DS-GVO geschützten Rechtspositionen subsumieren lässt.[159]

132 § 32 Abs. 1 Nr. 2 und Nr. 3 BDSG erfassen Fallgruppen, in denen die Erteilung der Information über die beabsichtigte Weiterverarbeitung öffentliche Interessen iSv Art. 23 Abs. 1 lit. a-e DS-GVO oder die öffentliche Sicherheit oder Ordnung gefährden würden und die Interessen des Verantwortlichen die Interessen des Betroffenen überwiegen. Wei-

---

[155] So der Vermerk des Hamburgischen Beauftragten für Datenschutz und Informationssicherheit, „Rechtliche Bewertung von Fotografien einer unüberschaubaren Anzahl von Menschen nach der DSGVO außerhalb des Journalismus", abrufbar unter https://www.filmverband-suedwest.de/wp-content/uploads/2018/05/Vermerk_DSGVO.pdf, zuletzt abgerufen am 24.9.2018, sowie die Stellungnahme der Landesbeauftragten für den Datenschutz des Landes Brandenburg, Verarbeitung personenbezogener Daten bei Fotografien – Rechtliche Anforderungen unter der DS-GVO, abrufbar unter https://www.lda.brandenburg.de/media_fast/4055/RechtlicheAnforderungenFotografie.pdf, zuletzt abgerufen am 24.9.2008.
[156] Schantz in Schantz/Wolff Das neue DatenschutzR Teil F Rn. 1164.
[157] BT-Drs. 18/11325, 33, 102f.; zweifelnd zu der Vereinbarkeit mit den Vorgaben der DS-GVO Schantz in Schantz/Wolff Das neue DatenschutzR Teil F Rn. 1165; Golla in Kühling/Buchner BDSG § 32 Rn. 3.
[158] BT-Drs. 18/12144, 4.
[159] Verneinend Golla in Kühling/Buchner BDSG § 32 Rn. 5.

tere Einschränkungen sieht § 32 BDSG vor, wenn die Erteilung der Information die Geltendmachung, Ausübung oder Verteidigung rechtlicher Ansprüche beeinträchtigen würde und die Interessen des Verantwortlichen überwiegen (Abs. 1 Nr. 4) und wenn die Erteilung der Information eine vertrauliche Übermittlung von Daten an öffentliche Stellen gefährden würde (Abs. 1 Nr. 5), zB bei der Weitergabe von Informationen an die Strafverfolgungsbehörden über den Verdacht einer Straftat.[160]

§ 32 Abs. 2 BDSG gibt dem Verantwortlichen auf, geeignete Maßnahmen zum Schutz der berechtigten Interessen der betroffenen Person zu ergreifen, wenn die Information unterbleibt; zudem muss der Verantwortliche in diesem Fall dokumentieren, aus welchen Gründen er von einer Information abgesehen hat. Wenn der Hinderungsgrund wegfällt, hat der Verantwortliche der Informationspflicht innerhalb einer angemessenen Frist, spätestens innerhalb von 2 Wochen nachzukommen (§ 32 Abs. 3 BDSG).

(2) § 33 BDSG. Die Vorschrift schränkt die nach Art. 14 Abs. 1, 2 und 4 DS-GVO bestehenden Informationspflichten ein, wenn entweder die Erfüllung der Aufgaben einer öffentlichen Stelle für Zwecke des Art. 23 Abs. 1 lit. a-e DS-GVO (§ 33 Abs. 1 Nr. 1 lit. a BDSG) oder wenn die öffentliche Sicherheit und Ordnung oder das Landeswohl gefährdet ist (§ 33 Abs. 1 Nr. 1 lit. b, Nr. 2 lit. b BDSG); auch hier ist jeweils eine Interessenabwägung erforderlich und im Falle des Nr. 2 lit. b, der dieses Erfordernis nicht explizit benennt, aus Gründen der Verhältnismäßigkeit in die Vorschrift hineinzulesen.[161] Eine weitere Einschränkung enthält § 33 Abs. 1 Nr. 2 lit. a BDSG für den Fall, dass die Erteilung der Information durch eine nicht-öffentliche Stelle die Geltendmachung, Ausübung oder Verteidigung zivilrechtlicher Ansprüche beeinträchtigen würde oder dass Daten aus zivilrechtlichen Verträgen zur Verhütung von Schäden durch Straftaten verarbeitet werden. Die zuletzt genannte Fallgruppe zielt vor allem auf Betrugspräventionsdateien der Wirtschaft,[162] zB „schwarzen Listen" von Kunden im Versandhandel.[163]

Auch § 33 Abs. 2 BDSG gibt dem Verantwortlichen auf, geeignete Maßnahmen zum Schutz der berechtigten Interessen der betroffenen Personen zu ergreifen, wenn eine Einschränkung der Informationspflicht eingreift, und die Gründe hierfür zu dokumentieren. § 33 Abs. 3 BDSG regelt einen Zustimmungsvorbehalt für die Information über eine Übermittlung personenbezogener Daten an bestimmte Sicherheitsbehörden.

bb) Einschränkungen des Auskunftsrechts, § 34 BDSG. Art. 15 DS-GVO statuiert ein umfangreiches Auskunftsrecht der betroffenen Personen; als Grundlage für die Durchsetzung weiterer Betroffenenrechte, zB dem Recht auf Löschung und Berichtigung, kommt dem Auskunftsrecht besondere Bedeutung zu.

Das Auskunftsrecht wird durch § 34 BDSG in den Fällen eingeschränkt, wenn entweder eine Informationspflicht aufgrund von § 33 Abs. 1 Nr. 1, Nr. 2 lit. b oder Abs. 3 BDSG entfällt (§ 34 Abs. 1 Nr. 1 BDSG) oder wenn die Daten nur aufgrund gesetzlicher oder satzungsmäßiger Aufbewahrungsfristen gespeichert sind (§ 34 Abs. 1 Nr. 2 lit. a BDSG) oder ausschließlich Zwecken der Datensicherung oder der Datenschutzkontrolle dienen (§ 34 Abs. 1 Nr. 2 lit. b BDSG) und die Auskunftserteilung unverhältnismäßig aufwendig wäre sowie eine Verarbeitung zu anderen Zwecken durch geeignete technische und organisatorische Maßnahmen ausgeschlossen ist. Insbesondere der Sinn der in § 34 Abs. 1 Nr. 2 BDSG genannten Fallgruppen ist zweifelhaft. Es ist schwer nachvollziehbar, dass keine Auskunft zu erteilen ist, wenn Daten aufbewahrt werden, um zB prüfungsrechtlichen Aufbewahrungspflichten zu genügen. Geradezu konterkariert wird der Schutzzweck der Betroffenenrechte durch die letztgenannte Fallgruppe, wonach der be-

---

[160] BT-Drs. 18/11325, 103.
[161] Schantz in Schantz/Wolff Das neue DatenschutzR Teil F Rn. 1170.
[162] BT-Drs. 18/12144, 5.
[163] Schantz in Schantz/Wolff Das neue DatenschutzR Teil F Rn. 1173.

troffenen Person eine Auskunft mit dem Argument verweigert werden kann, die Daten dienten nur der Datenschutzkontrolle.[164] **Unklar** ist zudem auch hier, ob der **Ausschluss des Auskunftsrechts aufgrund des hierdurch für den Verantwortlichen entstehenden Aufwands** gemäß § 34 Abs. 1 BDSG eine **Rechtsgrundlage in Art. 23 DS-GVO** findet (dazu → Rn. 127 ff.).

138 Gemäß § 34 Abs. 2 BDSG hat der Verantwortliche die Gründe für die Auskunftsverweigerung zu dokumentieren und der betroffenen Person mitzuteilen, soweit hindurch nicht der durch die Auskunftsverweigerung verfolgte Zweck gefährdet wird.

139 Dem früheren § 19 Abs. 6 BDSG aF entsprechend bestimmt § 34 Abs. 3 BDSG, dass die Auskunft im Falle einer Auskunftsverweigerung durch eine öffentliche Stelle des Bundes auf Verlangen der betroffenen Person der oder dem BfDI zu erteilen ist, soweit nicht die jeweils zuständige oberste Bundesbehörde im Einzelfall feststellt, dass dadurch die Sicherheit des Bundes oder eines Landes gefährdet wird. Auf diese Weise wird eine Überprüfung der Datenverarbeitung durch den oder die BfDI gewährleistet.

140 **cc) Einschränkungen des Rechts auf Löschung, § 35 BDSG.** Der pompös mit „Recht auf Vergessenwerden" überschriebene Art. 17 DS-GVO wurde zunächst als eine der großen Neuerungen der DS-GVO gefeiert, enthält aber im Wesentlichen das bereits zuvor bestehende Recht auf Löschung.[165] Ergänzend zu den in Art. 17 Abs. 3 DS-GVO vorgesehenen Ausnahmen schränkt § 35 BDSG das Recht auf Löschung ein. In diesen Fällen tritt an die Stelle der Löschung die Einschränkung der Verarbeitung gemäß Art. 18 DS-GVO.

141 § 35 Abs. 1 BDSG bestimmt, dass kein Recht auf Löschung besteht, wenn dies im Falle einer nicht automatisierten Datenverarbeitung wegen der besonderen Art der Speicherung nicht oder nur mit unverhältnismäßig hohem Aufwand möglich ist und das Interesse der betroffenen Person an der Löschung als gering anzusehen ist. Wie dargestellt, ist die **Vereinbarkeit dieser Regelung mit der DS-GVO fraglich** (zu der Frage, ob der für den Datenverarbeiter durch die Betroffenenrechte verursachte Aufwand iRv Art. 23 DS-GVO berücksichtigt werden kann → Rn. 127 ff.). Der vertretbare Aufwand für den Verantwortlichen soll sich nach dem Willen des Gesetzgebers nach dem jeweiligen Stand der Technik bemessen und insbesondere nicht oder nur mit unverhältnismäßig hohem Aufwand veränderbare oder löschbare Datenspeicher erfassen. Allerdings gilt die Einschränkung des § 35 Abs. 1 gemäß S. 3 BDSG nicht für unrechtmäßig verarbeitete Daten, da der Verantwortliche in diesem Falle nicht schutzwürdig ist.[166]

142 § 35 Abs. 2 BDSG schränkt Löschungsansprüche zur Wahrung schutzwürdiger Interessen der betroffenen Person ein. Wenn personenbezogene Daten für die Zwecke, für die sie erhoben oder auf sonstige Weise verarbeitet wurden, nicht mehr notwendig sind oder wenn sie unrechtmäßig verarbeitet wurden, somit Art. 17 Abs. 1 lit. a oder lit. d DS-GVO einschlägig ist, ist der Verantwortliche nach Art. 17 Abs. 1 DS-GVO eigentlich zur unverzüglichen Löschung verpflichtet. Durch die Ausnahme gemäß § 35 Abs. 2 BDSG wird der Verantwortliche dagegen, auch ohne, dass die betroffene Person dies verlangt, in entsprechender Anwendung von § 35 Abs. 1 S. 1 und S. 2 BDSG anstelle der Löschung zu einer Einschränkung der Verarbeitung gemäß Art. 18 DS-GVO verpflichtet. Hierdurch soll die betroffene Person in die Lage versetzt werden, eine Entscheidung zwischen einem Löschungsverlangen und dem Verlangen der Einschränkung der Verarbeitung zu treffen. Um dies zu ermöglichen, sieht § 35 Abs. 2 S. 2 BDSG eine Unterrichtungspflicht vor.[167]

143 Des Weiteren sieht auch § 35 Abs. 3 BDSG eine Einschränkung der Löschungspflicht vor, wenn satzungsmäßige oder vertragliche Aufbewahrungspflichten entgegenstehen, um

---

[164] So zu Recht Schantz in Schantz/Wolff Das neue DatenschutzR Teil F Rn. 1203.
[165] Kühling/Martini EuZW 2016, 448 (450): „Scheinriese".
[166] BT-Drs. 18/11325, 105.
[167] BT-Drs. 18/11325, 105.

§ 4 BDSG und andere sondergesetzliche Datenschutzregelungen Teil A

den Verantwortlichen vor einer Pflichtenkollision zu schützen.[168] In diesem Fall tritt an die Stelle der Löschung ebenfalls eine Einschränkung der Verarbeitung nach Art. 18 DS-GVO.

dd) Einschränkungen des Widerspruchsrechts, § 36 BDSG. § 36 BDSG schränkt das nach Art. 21 DS-GVO bestehende Widerspruchsrecht gegenüber öffentlichen Stellen ein, wenn an der Verarbeitung ein zwingendes öffentliches Interesse besteht, das die Interessen der betroffenen Person überwiegt, oder eine Rechtsvorschrift zur Verarbeitung verpflichtet. 144

In Bezug auf die erste Fallgruppe stellt sich die Frage, ob in diesem Fall das Widerspruchsrecht nicht bereits nach Art. 21 DS-GVO wegen des Vorliegens zwingender schutzwürdiger Gründe für die Verarbeitung iSv S. 2 entfallen würde, so dass die Regelung obsolet wäre. **Zweifelhaft ist, ob die zweite Fallgruppe mit den in Art. 23 Abs. 1 DS-GVO genannten Gründen für eine Beschränkung gerechtfertigt werden kann,** da sie nur pauschal auf die Verpflichtung zur Verarbeitung durch eine Rechtsvorschrift abstellt.[169] 145

ee) Automatisierte Entscheidungen/Profiling, § 37 BDSG. Art. 22 DS-GVO schränkt die Möglichkeit zu automatisierten Entscheidungen im Einzelfall einschließlich des Profilings ein. Auf Grundlage von Art. 22 Abs. 2 lit. b DS-GVO hat der deutsche Gesetzgeber in § 37 BDSG eine Ausnahme für Entscheidungen im Rahmen der Leistungserbringung nach einem Versicherungsvertrag normiert (dazu → § 12 Rn. 31 ff.). 146

b) Vorgaben der JI-RL. Art. 12 ff. JI-RL beinhalten weitgehend parallel ausgestaltete Betroffenenrechte, die der deutsche Gesetzgeber in §§ 57 ff. BDSG umgesetzt hat (dazu → § 21 Rn. 87 ff., § 23 Rn. 60 ff.). 147

5. Rechtsbehelfe, Haftung, Sanktionen

Rechtsbehelfe, Haftung und Sanktionen werden in Art. 77 ff. DS-GVO geregelt. Die DS-GVO hat insbesondere die Bußgeldtatbestände in Art. 83 DS-GVO erheblich erweitert und verschärft. Art. 84 DS-GVO ermöglicht den Mitgliedstaaten zudem strafrechtliche und verwaltungsrechtliche Sanktionen. Der deutsche Gesetzgeber hat dies in §§ 41, 42 BDSG umgesetzt (zu Bußgeld-, Ordnungswidrigkeiten- und Strafverfahren → § 8 Rn. 4 ff.; 73 ff.). 148

Diese Regelungen werden im nationalen Recht zum einen durch § 20 BDSG ergänzt, der den **verwaltungsrechtlichen Rechtsweg** gegen Entscheidungen sowie gegen Untätigkeit einer Aufsichtsbehörde eröffnet und **verfahrensrechtliche Regelung** trifft. 149

Zum zweiten begründet § 44 BDSG zwei **besondere Gerichtsstände** am Ort der inländischen Niederlassung des Verantwortlichen oder Auftragsverarbeiters oder am gewöhnlichen Aufenthaltsort der betroffenen Person. 150

6. Datenschutzbeauftragte

Art. 37 DS-GVO statuiert eine Pflicht zur Bestellung eines betrieblichen Datenschutzbeauftragten, sofern eine Datenverarbeitung entweder von einer Behörde oder **öffentlichen Stelle** (mit Ausnahme der Gerichte) durchgeführt wird oder von einer **nicht-öffentlichen Stelle,** die entweder in ihrer **Kerntätigkeit personenbezogene Daten verarbeitet** und daher einer besonderen Überwachung bedarf oder die **besondere Kategorien von Daten gemäß Art. 9 DS-GVO** oder **personenbezogene Daten über strafrechtliche Verurteilungen und Straftaten gemäß Art. 10 DS-GVO** verarbeitet. 151

---

[168] BT-Drs. 18/11325, 106.
[169] S. zum Vorstehenden Schantz in Schantz/Wolff Das neue DatenschutzR Teil F Rn. 1232.

Lauber-Rönsberg

152 Die Anforderungen an die Benennung des Datenschutzbeauftragten durch öffentliche Stellen werden durch § 5 BDSG näher konkretisiert. Auf Grundlage der Öffnungsklauseln des Art. 37 Abs. 4 S. 1 DS-GVO sieht zudem § 38 Abs. 1 S. 1 BDSG ergänzend vor, dass nicht-öffentliche Stellen einen Datenschutzbeauftragten benennen müssen, soweit sie in der Regel mindestens 10 Personen ständig mit der automatisierten Verarbeitung personenbezogener Daten beschäftigen. Gemäß § 38 Abs. 1 S. 2 BDSG gilt diese Verpflichtung unabhängig von der Anzahl der mit Datenverarbeitungen beschäftigten Mitarbeiter, wenn Daten geschäftsmäßig zum Zweck der Übermittlung, der anonymisierten Übermittlung oder für Zwecke der Markt- oder Meinungsforschung verarbeitet werden oder wenn die Datenverarbeitungen einer Datenschutz-Folgenabschätzung nach Art. 35 DS-GVO unterliegen.

153 Vorgaben zur Rechtsstellung des Datenschutzbeauftragten von öffentlichen Stellen sowie zu seinen Aufgaben ergeben sich aus § 6 und § 7 BDSG. Gemäß § 38 Abs. 2 BDSG gelten der Kündigungsschutz gemäß § 6 Abs. 4 BDSG, die Verschwiegenheitspflicht gemäß § 6 Abs. 5 S. 2 BDSG sowie das Zeugnisverweigerungsrecht des § 6 Abs. 6 BDSG auch für Datenschutzbeauftragte nicht-öffentlicher Stellen.

7. Aufsichtsbehörden

154 Die institutionellen Modifikationen in der Struktur der europäischen Datenschutzaufsicht stellen nach Einschätzungen im Schrifttum eine wesentliche Neuerung dar und werden als „datenschutzrechtliche Frischzellenkur, deren Ausstrahlung Wirkung weit über die Grenze der Union hinausreicht" bezeichnet.[170] Angesichts der begrifflichen Offenheit und Unbestimmtheit zahlreicher Vorschriften der DS-GVO und vor dem Hintergrund, dass es noch Jahre bis Jahrzehnte dauern dürfte, bis sich in Teilbereichen eine gefestigte Rechtsprechung des EuGH herausgebildet hat, kommt den Datenschutzaufsichtsbehörden eine zentrale Rolle bei der inhaltlichen Konkretisierung der DS-GVO zu.[171]

155 Art. 51 ff. DS-GVO enthalten umfangreiche Vorgaben über die Besetzung, Aufgaben und Zuständigkeiten der Aufsichtsbehörden. Diese werden durch §§ 8 ff. BDSG im Hinblick auf die oder den BfDI konkretisiert.

8. Zusammenarbeit und Kohärenz

156 Kapitel VII DS-GVO koordiniert die Datenschutzaufsicht auf europäischer Ebene (dazu → § 3 Rn. 198 ff.). Art. 60 DS-GVO regelt die Zusammenarbeit zwischen den nationalen Aufsichtsbehörden. Zudem wird durch Art. 68 DS-GVO ein Europäischer Datenausschuss (EDA) etabliert, der Beratungsaufgaben wahrnimmt sowie Empfehlungen abgibt (Art. 70 DS-GVO) und Streitfragen zwischen nationalen Aufsichtsbehörden mittels verbindlicher Beschlüsse beilegen kann (Art. 65 DS-GVO).

157 Vor dem Hintergrund der föderalen Ausgestaltung der Datenschutzaufsicht in Deutschland treffen §§ 18 ff. BDSG die notwendigen Vorkehrungen, um diese mit der Zusammenarbeit auf Unionsebene kompatibel zu machen. § 17 Abs. 1 S. 1 BDSG bestimmt, dass zentrale Anlaufstelle gemäß ErwGr 119 DS-GVO der oder die Bundesbeauftragte ist. Als Stellvertreter wird durch den Bundesrat eine Leiterin oder ein Leiter der Aufsichtsbehörde gewählt, § 17 Abs. 1 S. 2 BDSG. § 18 BDSG regelt das Verfahren der Zusammenarbeit der Aufsichtsbehörden des Bundes und der Länder. § 19 BDSG regelt die Zuständigkeitsverteilung zwischen den Aufsichtsbehörden der Länder.

---

[170] Kühling/Martini EuZW 2016, 448.
[171] S. auch Kühling/Martini EuZW 2016, 448 (449).

III. Anpassung weiterer Bundesgesetze

Wie dargestellt ergibt sich durch die DS-GVO und die JI-RL ein **beträchtlicher Änderungsbedarf in Bezug auf den fachspezifischen Datenschutz**. Allein auf Bundesebene sind ca. 200 Gesetze betroffen. 158

Bislang wurden durch das DSAnpUG-EU neben dem BDSG das **Bundesverfassungsschutzgesetz,** das **MAD-Gesetz,** das **BND-Gesetz** und das **Sicherheitsüberprüfungsgesetz** an die Vorgaben der DS-GVO angepasst. 159

Zudem wurden durch das Gesetz zur Änderung des Bundesversorgungsgesetzes und anderer Vorschriften vom 17.7.2017[172] einzelne weitere Fachgesetze reformiert, zB die **Abgabenordnung** für den Bereich der Steuerverwaltung sowie das **SGB X**. Wie oben dargestellt, sind die zT umfangreichen Anpassungen an die DS-GVO erst im Zuge der Beratungen des Bundestagsausschusses für Arbeit und Soziales in das Gesetz eingefügt worden,[173] so dass sehr zweifelhaft ist, ob angesichts dieser kurzen Zeitspanne eine gründliche Beratung und Prüfung möglich war. 160

Außerhalb der DS-GVO und der JI-RL wurde zudem im **Fluggastdatengesetz**[174] die Fluggastdatenrichtlinie[175] in nationales Recht umgesetzt. 161

Im Übrigen ist **noch keine weitere Anpassung der Bundesgesetze** erfolgt. Das zweistufige Vorgehen, zunächst das allgemeine Datenschutzrecht anzupassen und erst im zweiten Schritt den fachspezifischen Datenschutz, war bereits während des Gesetzgebungsverfahrens zum DSAnpUG-EU auf Kritik gestoßen. Angesichts der Bedeutung des fachspezifischen Datenschutzes wies der Bundesrat völlig zu Recht darauf hin, dass eine umfassende Erfassung der Rechtslage nicht möglich ist, solange die Anpassungen des gemäß § 1 Abs. 2 BDSG vorrangigen Fachrechts nicht absehbar sind.[176] 162

Die Gründe für die noch ausstehenden Reformen sind vielfältig. Anzuführen sind va die Komplexität und die Qualität der zu reformierenden Materien. Problematisch ist auch, dass durch die Verzögerungen im Gesetzgebungsverfahren der ePrivacy-VO in einem wichtigen Teilbereich der Ball noch im Spielfeld des europäischen Gesetzgebers liegt. Schließlich hat sicherlich auch die Bundestagswahl und die verzögerte Regierungsbildung hierzu beigetragen. Dennoch ist dieser Zustand der Rechtsunsicherheit, insbesondere aus Sicht der privaten Datenverarbeiter, höchst misslich. Insofern ist es zu begrüßen, dass die Bundesregierung am 5.5.2018 einen Entwurf für ein Zweites Datenschutz-Anpassungsgesetz (2. DSAnpUG-EU) beschlossen hat. Durch dieses Artikelgesetz sollen 154 Fachgesetze an die europäischen Vorgaben angepasst werden, darunter ua die **Bücher I–XII des SGB,** das **BundesbeamtenG,** das **BSI-Gesetz,** das **Deutsche-Welle-G** sowie das **MessstellenbetriebsG; keine Erwähnung findet hingegen** das **TMG**. Der RegE sieht auch punktuelle Änderungen des neugefassten BDSG vor, zB im Rahmen des Erlaubnistatbestands für die Verarbeitung besonderer Kategorien personenbezogener Daten gemäß § 22 BDSG. Gemäß § 9 BDSG-RegE sollen zukünftig Unternehmen, die gewerbliche Telekommunikationsdienstleistungen erbringen, einheitlich der Aufsicht durch die Bundesbeauftragte für den Datenschutz und die Informationsfreiheit (BFDI) unterstellt werden. Hierdurch soll dem Umstand Rechnung getragen werden, dass das **TKG** künftig **nur noch datenschutzrechtliche Regelungen in Umsetzung der ePrivacy-Richtlinie 2002/58/EG** enthalten soll. Bereiche, die durch die DS-GVO unmittelbar 163

---

[172] BGBl I 2541.
[173] BT-Drs. 18/12611; dagegen beschränkte sich der vorgelegte Gesetzesentwurf der Bundesregierung vom 24.4.2017 darauf, Änderungen des Bundesversorgungsgesetzes und der Verordnung zur Kriegsopferfürsorge vorzuschlagen, BT-Drs. 18/12041; Weichert DuD 2017, 538 (543) bezeichnet dies als „Nacht- und Nebelaktion".
[174] BGBl I 1484.
[175] ABl. EU 2016 L 119, 132.
[176] BT-Drs. 18/11855, 1 Ziff. 1.

geregelt werden, sollen hingegen aus dem TKG gestrichen werden. Hierzu enthält der Regierungsentwurf allerdings keine weiteren Vorschläge.[177]

IV. Landesrechtliche Regelungen

164 Auch die datenschutzrechtlichen Landesgesetze, die Datenverarbeitungen durch die öffentlichen Stellen der Länder regeln, mussten an die Vorgaben der DS-GVO angepasst werden. Anders als der Bundesgesetzgeber haben die Gesetzgeber der Länder soweit ersichtlich weitgehend eine zeitgleiche Reform sowohl der allgemeinen Landesdatenschutzgesetze als auch des fachspezifischen Datenschutzes angestrebt. Mittlerweile sind die entsprechenden Gesetzgebungsverfahren der Länder abgeschlossen. Neu gefasst wurden neben speziellen datenschutzrechtlichen Regelungen insbesondere auch die allgemeinen Datenschutzgesetze (LDSG (BW), BayDSG, BlnDSG, BbgDSG, BremDSGVOAG, HmbDSG, HDSIG, DSG M-V, NDSG, DSG NRW, LDSG RhPf, SaarlDSG, Sächs-DSG und SächsDSDG, DSG LSA, LDSG (SH), ThürDSG).

V. Fazit

165 Die Neuordnung des Datenschutzrechts ist eine „Großbaustelle", die für nicht-öffentliche und öffentliche Datenverarbeiter, die Aufsichtsbehörden, die Gerichte und nicht zuletzt die Gesetzgeber auf Bundes- und Landesebene einen erheblichen Mehraufwand bedeutet. Angesichts der zahlreichen abstrakten und abwägungsoffenen Vorgaben einerseits sowie den Zweifeln an der Vereinbarkeit einiger Regelungen des neuen BDSG mit der DS-GVO andererseits kann Rechtssicherheit erst durch eine Vielzahl von behördlichen und gerichtlichen Entscheidungen entstehen. Insofern ist zu hoffen, dass der EuGH bald Gelegenheit haben wird, maßgebliche Rechtsfragen zu klären. Erfahrungsgemäß dürfte dies jedoch einige Jahre oder gar Jahrzehnte dauern. Insbesondere vor diesem Hintergrund ist es erforderlich, dass die deutschen Gesetzgeber sowohl auf Bundes- als auch Landesebene alsbald die Anpassungen der noch ausstehenden Gesetze vorlegen, damit zumindest insoweit etwas mehr Rechtssicherheit geschaffen wird.

---

[177] Regierungsentwurf eines Zweiten Gesetzes zur Anpassung des Datenschutzrechts an die Verordnung (EU) 2016/679 und zur Umsetzung der Richtlinie (EU) 2016/680.

§ 5 ePrivacy

Übersicht

	Rn.
I. Einleitung	1
II. Anwendbare Vorschriften	6
III. Einzelprobleme	7
1. Verhältnis zur DS-GVO	7
2. Anwendungsbereich	9
a) Intertemporal	9
b) Sachlich	11
c) Räumlich und persönlich	18
3. Inhaltliche Grundstruktur	22
a) Verbot mit Erlaubnisvorbehalt: Einwilligung	23
aa) Verarbeitung elektronischer Kommunikationsdaten	24
bb) Endeinrichtungen des Endnutzers	28
b) Verbot mit Erlaubnisvorbehalt: Gesetzliche Legitimationstatbestände	32
aa) Verarbeitung elektronischer Kommunikationsdaten	33
bb) Endeinrichtungen des Endnutzers	34
c) Löschungs- und Anonymisierungsgebote	38
4. Aufsichtsarchitektur und Durchsetzungsmechanismen	39
5. Unerwünschte Anrufe	43
6. Direktwerbung	44

Literatur:
Engeler/Felber, Entwurf der ePrivacy-VO aus der Perspektive der aufsichtsbehördlichen Praxis, ZD 2017, 251; *Fazlioglu,* IAPP: The Top Five Contested Issues in the EU's Developing ePrivacy Regulation, ZD-Aktuell 2018, 04277; *Flannery,* Direct marketing and privacy: striking that balance, P. & D.P. 2017, 6; *Hanloser,* Geräte-Identifier im Spannungsfeld von DS-GVO, TMG und ePrivacy-VO, ZD 2018, 213; *Härting,* Entwurf einer E-Privacy-Verordnung, ITRB 2017, 265; *Herbrich,* Der Vorschlag für eine ePrivacy-Verordnung-EU, jurisPR-ITR 18/2017, Anm 2; *Herbrich,* Der Vorschlag für eine ePrivacy-Verordnung-EU (Teil 2): Fernmeldegeheimnis, Zulässigkeit der Datenverarbeitung, Privacy by Default, jurisPR-ITR 23/2017, Anm 2; *Herbrich,* Vorschlag für eine ePrivacy-Verordnung-EU (Teil 3): Kontrolle über elektronische Kommunikation, insbesondere Direktwerbung, unabhängige Aufsichtsbehörden, Rechtsbehelfe, Haftung und Sanktionen, jurisPR-ITR 25/2017, Anm 2; *Johnson/Graham,* The draft ePrivacy Regulation and its impact on online advertising and direct marketing, D.B.L. 2017, 19(1), 4; *Köhler,* Die Regelung der „unerbetenen Kommunikation" in der ePrivacy-Verordnung und ihre Folgen für das UWG, WRP 2017, 1291; *Lurtz,* Das Tauziehen um die Ausgestaltung der ePrivacy-Verordnung, ZD-Aktuell 2017, 05707; *Maier/Schaller,* ePrivacy-VO – alles Risiken der elektronischen Kommunikation gebannt?, ZD 2017, 373; *McNamee,* Opinion: why good privacy is good for business in the context of the draft ePrivacy Regulation, D.B.L. 2017, 19(12), 6; *Nelles/Becker,* Datenschutzrechtliche Probleme beim Einsatz neuer Scantechnologien, ZD 2017, 419; *Neuber,* Digitale Wirtschaft zwischen Datenschutz und ePrivacy, ZD 2018, 241; *Piltz,* Verhandlungen zur ePrivacy-Verordnung – die wichtigsten Knackpunkte, DB 2018, 749; *Rauer/Ettig,* Rechtskonfomer Einsatz von Cookies, ZD 2018, 255; *Roßnagel,* Entwurf einer E-Privacy-Verordnung – Licht und Schatten, ZRP 2017, 33; *Schleipfer,* Datenschutzkonformes Webtracking nach Wegfall des TMG, ZD 2017, 460; *Schmitz,* E-Privacy-VO – unzureichende Regeln für klassische Dienste, ZRP 2017, 172; *Webber/Lawne,* E-privacy in Europe – changes afoot, P & D.P. 2017, 4; *Weidert/Klar,* Datenschutz und Werbung – gegenwärtige Rechtslage und Änderungen durch die Datenschutz-Grundverordnung, BB 2017, 1858; *Wöger,* Der Entwurf für die ePrivacy-Verordnung – neue Regeln für die elektronische Kommunikation, PinG 2017, 80; *Zuiderveen Borgesius/Kruikemeier/Boerman/Helberger,* Tracking walls, take-it-or-leave-it choices, the GDPR, and the ePrivacy Regulation, E.D.P.L. 2017, 3(3), 353.

I. Einleitung

Die geplante Revision der Datenschutzrichtlinie für elektronische Kommunikation (eP- 1 rivacy-RL),[1] inklusive der damit einhergehenden Überführung in das Rechtsinstrument

---

[1] ABl. EG 2002 L 201, 37, zuletzt geändert durch ABl. EU 2009 L 337, 11.

einer Verordnung, ist **Teil der EU-Strategie für einen digitalen Binnenmarkt**.[2] Während das EU-Parlament den sachlichen Anwendungsbereich der Datenschutz-Grundverordnung (DS-GVO)[3] einst auf den Datenschutz in der elektronischen Kommunikation erstrecken wollte, wandte sich die Kommission dagegen[4] – dies ist der Grund, warum der nachfolgend zu skizzierende Entwurf für eine Verordnung über Privatsphäre und elektronische Kommunikation[5] (ePrivacy-VO E) überhaupt existiert. Da die finale Fassung der ePrivacy-VO bei Abschluss des Handbuchbeitrags[6] noch nicht feststand, können lediglich der KOM-Vorschlag zugrunde gelegt, die wichtigsten (tendenziell strengeren, jedenfalls aber ausdifferenzierteren) Änderungsanträge des EU-Parlaments[7] sowie Stellungnahmen des Rats[8] berücksichtigt werden. Das erlaubt dementsprechend **allein eine vorläufige Bewertung**. Substantielle Änderungen im finalen Text erscheinen indessen durchaus wahrscheinlich. Sofern nachfolgend nichts anderes angegeben ist, wird der KOM-Text in Bezug genommen.

2   Die derzeit noch geltende **ePrivacy-RL** bringt für den deutschen Rechtsanwender verschiedene, beinahe schon als „klassisch" zu bezeichnende Probleme mit sich. So war bislang etwa unklar, ob sich Art. 5 Abs. 3 ePrivacy-RL, der das Setzen von (jedweden) Cookies grundsätzlich von der Einwilligung der Nutzer abhängig macht, hinreichend in **§ 15 Abs. 3 S. 1 TMG** (lediglich auf personenbezogene Daten beschränkte Widerspruchslösung) wiederspiegelt.[9] Konkret geht es darum, ob Opt Out-Verfahren ausreichen oder es eines Opt In bedarf und inwieweit Browsereinstellungen als Einwilligung gelesen werden dürfen.[10] Schwierigkeiten ergaben sich beispielsweise auch bei der **Handhabung von IP-basierten Diensten**. Diese gesellten sich im Markt bekanntlich zunehmend zu den klassischen TK-Diensten und wiesen dabei zwar äquivalente Funktionalitäten auf (Messenger, Chats usw), waren aber gleichwohl nicht dem TK-Recht, sondern regelmäßig „lediglich" dem Telemedienrecht unterworfen.[11] Hier hat die ePrivacy-RL schlichtweg „mit der Entwicklung der Wirklichkeit der Technik und der Märkte nicht vollständig Schritt gehalten".[12] Die vorstehend skizzierten Probleme scheinen auf den ersten Blick mit einer unmittelbar anwendbaren Verordnung (Art. 288 Abs. 2 AEUV), die zudem kaum zwischen Telemedien und Telekommunikation differenziert (→ Rn. 11 ff.), weithin obsolet zu geraten.[13]

3   Allerdings erweist sich der Entwurf für eine ePrivacy-VO als mit neuen Problemen beladen. Bereits die DS-GVO geriet in ihrer Entstehung hoch kontrovers;[14] der ePrivacy-VO E vermochte es als designierter Nachfolgerechtsakt der ePrivacy-RL sogar, mindes-

---

[2] COM (2015) 192 final.
[3] ABl. EU 2016 L 199, 1.
[4] Dazu der seinerzeitige Berichterstatter des Parlaments Albrecht CR 2016, 88 (90).
[5] COM (2017) 10 final; siehe auch die weiteren Dokumente, abrufbar unter http://eur-lex.europa.eu/procedure/DE/2017_3 sowie die Übersicht bei http://www.cr-online.de/45742.htm, zuletzt abgerufen am 12.6.2018; beachte auch den – diverse Begriffsbestimmungen auch für den ePrivacy-VO E nach dessen Art. 4 Abs. 1 lit. b teils konturierenden – Vorschlag COM (2016) 590 final.
[6] Die Mitgliedstaaten verhandelten im Sommer 2018 über den im Parlament abgestimmten VO-Vorschlag; verschiedene Nachträge datieren aus Juni 2018.
[7] EU-Parlament C8–0009/2017, 2017/0003(COD) v. 9.6.2017 sowie A8–0324/2017 v. 20.10.2017; dazu die Synopse abrufbar unter https://www.lda.bayern.de/media/eprivacy_synopse.pdf, zuletzt abgerufen am 12.6.2018.
[8] Council of the EU Presidency Note 10866/17 v. 3.7.2017; Examination of the Presidency text 13217/17 v. 16.10.2017; Progress report 14374/14 v. 17.11.2017; Examination of the Presidency text 15333/17 v. 5.12.2017; Examination of the Presidency discussion paper 7207/18 v. 22.3.2018; Examination of the Presidency text 8537/18 v. 4.5.2018; Progress report/Policy debate v. 31.5.2018.
[9] Dazu Hanloser ZD 2018, 213 (214 ff.); Rauer/Ettig ZD 2014, 27; dies. ZD 2015, 255; dies. ZD 2016, 423; dies. ZD 2018, 255; Schürmann in Taeger Law as a Service (LaaS) 2013 II, 797.
[10] Schleipfer ZD 2017, 460 (463); beachte jüngst BGH ZD 2018, 79 mAnm Ettig/Rauer.
[11] Engeler/Felber ZD 2017, 251 (252) mwN.
[12] ErwGr 6 S. 1 ePrivacy-VO E.
[13] Engeler/Felber ZD 2017, 251 (252).
[14] Es gab über 4000 Änderungsanträge; Albrecht CR 2016, 88 (89).

tens ebenso große Herausforderungen[15] wie die DS-GVO selbst mit sich zu bringen sowie in der Juristenwelt für noch mehr Verstimmung zu sorgen. Zu den Hauptkritikpunkten zählt, dass **technische Realität und rechtliche Aufarbeitung** nicht unerheblich divergieren.[16] Auch eine **fehlende Abstimmung** mit der **DS-GVO** wird moniert.[17] Der Entwurfstext sei zudem in Teilen **unklar und unpräzise**.[18] Manche sehen überdies die **Medienvielfalt als bedroht** an.[19] Beklagt wird schließlich ein „deutliche[r] **Abfall im Datenschutzniveau**".[20]

Neben dem **hergebrachten Datenschutzrecht** bildet sich nicht nur in der rechtswissenschaftlichen Diskussion,[21] sondern auch innerhalb der legislativen Initiativen[22] immer deutlicher eine Art von **Datenwirtschaftsrecht** heraus, das auf eine Handelbarkeit des Gutes „digitales Datum" abzielt. So unterstreicht auch Art. 1 Abs. 2 ePrivacy-VO E die Relevanz des „freien Verkehr[s] elektronischer Kommunikationsdaten und elektronischer Kommunikationsdienste".[23] Die Herausbildung eines (nicht immer spannungsfreien) zweipoligen Datenrechtsgebiets spiegelt sich auch auf kompetenzieller Ebene wieder: Die ePrivacy-VO beruht auf Art. 16 AEUV, soweit es um bereichsspezifisches Datenschutzrecht geht, und Art. 114 AEUV, soweit es um Datenwirtschaftsrecht geht.

Ziel des geplanten Rechtsaktes ist es, eine maßvolle Stärkung der Privatsphäre bzw. Vertraulichkeit der elektronischen Kommunikation sowie Vereinfachung zu schaffen (Art. 1 Abs. 1 ePrivacy-VO E).[24] Dem wird der Entwurf allerdings – wie nachfolgend zu zeigen sein wird – nicht gerecht.

II. Anwendbare Vorschriften

Zentrale Vorschriften bilden neben Art. 2 für den sachlichen, Art. 3 für den räumlichen und Art. 29 Abs. 2 ePrivacy-VO E für den zeitlichen Anwendungsbereich die datenrechtlichen Erlaubnistatbestände der Art. 6 und Art. 8 f. ePrivacy-VO E. Art. 16 ePrivacy-VO E regelt die Direktwerbung. Für die bisweilen sperrigen Begriffsbestimmungen ist auf Art. 4 ePrivacy-VO zu rekurrieren.[25]

---

[15] Engeler/Felber ZD 2017, 251.
[16] Engeler/Felber ZD 2017, 251 (257): „In seinem Kern muss man dem aktuellen Entwurf schlicht attestieren, dass er technische Sachverhalte reguliert, die es derzeit praktisch nicht gibt"; Härting ITRB 2017, 265 (266): „kommunikationsfeindlich", „möchte Onlinewerbung reglementieren, wenn nicht gar verhindern".
[17] Härting ITRB 2017, 265 (266).
[18] Vgl. das Panorama bei Lurtz ZD-Aktuell 2017, 05707.
[19] Beaujean MMR 2018, 3 (4).
[20] Schleipfer ZD 2017, 460; anders die Beteuerung in ErwGr 5 S. 2 ePrivacy-VO; vgl. aber EU-Parlament C8–0009/2017, 2017/0003(COD), 95, wonach der KOM-Vorschlag „abgeändert werden muss, damit […] ein Schutzniveau sichergestellt wird, das mindestens demjenigen der DSGVO entspricht"; in diesem Sinne Der Europäische Datenschutzbeauftragte ABl. EU 2017 C 234, 3.
[21] Siehe nur Becker FS Fezer, 815; Berger ZGE 2017, 340; Hoeren MMR 2013, 486; Specht ZGE 2017, 411; Steinrötter MMR 2017, 731; Zech ZGE 2017, 317; ders. in De Franceschi European Contract Law and the Digital Single Market 2016, 51; ders. GRUR 2015, 1151; ders. CR 2015, 137; ders. JIPITEC 2015, 192; einen guten, straffen Überblick liefert Becker ZGE 2017, 253; vgl. auch den Ansatz von Fezer in Kuzev/Wangermann Repräsentatives Dateneigentum.
[22] Siehe als Teil der europäischen free flow of data-Initiative nur COM (2017) 495 final.
[23] Siehe für den freien Verkehr personenbezogener Daten Art. 1 Abs. 3 DS-GVO.
[24] COM (2017) 10 final (8, 26 f.).
[25] Die rechtsaktübergreifenden Verweisungen des Art. 4 Abs. 1 ePrivacy-VO E vermeiden formal-rechtstechnisch zwar Redundanzen, führen aber dazu, dass der Rechtsanwender stets den Text verschiedener Sekundärrechtsakte neben der ohnehin notwendigen nationalen Begleitgesetzgebung zu berücksichtigen hat und sich den maßgeblichen Rechtstext erst mühselig „zusammenpuzzeln" muss. Der europäische Normgeber sollte sich daher um eindeutige und aus sich selbst heraus nachvollziehbare Definitionen im Verordnungstext bemühen; richtig Schmitz ZRP 2017, 172 (173); in diesem Sinne dann auch das EU-Parlament C8–0009/2017, 2017/0003(COD), 49 ff.

III. Einzelprobleme

1. Verhältnis zur DS-GVO

7 Die ePrivacy-VO ist, soweit sie personenbezogene Kommunikationsdaten betrifft, **lex specialis** zur DS-GVO.[26] Gleiches gilt bereits für die ePrivacy-RL[27] als Vorläuferrechtsakt des hier kommentierten Regelungsregimes. Dieses ist aber grundsätzlich nicht abschließend, was ansonsten aufgrund des fragmentarischen Ansatzes des ePrivacy-VO E, der die DS-GVO hinsichtlich elektronischer Kommunikationsdaten nur zu präzisieren und zu ergänzen[28] sucht, auch zu Rechtslücken führte. Vielmehr gilt eine Art **„Einbettungsprinzip"**,[29] wonach die DS-GVO im Grundsatz immer dann greift, wenn die personenbezogenen Kommunikationsdaten im ePrivacy-VO E keine spezifische Regelung erfahren haben, obschon es Regelungsbedarf gibt.[30] Soweit der ePrivacy-VO E nicht-personenbezogene Kommunikationsdaten regelt, treten beide Rechtsakte von vornherein nicht miteinander in Konkurrenz.[31] Soll die DS-GVO in letzterer Konstellation gleichwohl (entsprechend) gelten, bedarf es eines Verweises im ePrivacy-VO E.[32]

8 Diese in der Theorie klaren Grundsätze scheinen namentlich dadurch in Frage gestellt, dass der ePrivacy-VO E bisweilen ausdrücklich auf die Anwendbarkeit einzelner DS-GVO-Normen oder -Kapitel verweist,[33] im Übrigen dazu aber schweigt. Letzteres könnte als gewollte Sperrwirkung (fehl-)interpretiert werden.[34] In der Tat ist die **textliche Inkonsistenz innerhalb des ePrivacy-VO E** hinsichtlich des Zusammenspiels mit der DS-GVO misslich;[35] sie ändert aber nichts an der Geltung vorstehender lex generalis-/lex specialis-Grundsätze. Ob Regelungen respektive Rechtsfiguren aus der allgemeinen DS-GVO nicht zum Regelungsgegenstand der elektronischen Kommunikation passen und daher unangewendet bleiben, ist in methodischer Hinsicht Auslegungsfrage und nicht über die zuvor genannten Kollisionsregeln aufzulösen.

2. Anwendungsbereich

9 **a) Intertemporal.** Die ePrivacy-VO sollte gemäß Art. 29 Abs. 2 des KOM-Entwurfs bereits ab dem **25.5.2018,** also zeitlich synchron mit der DS-GVO, gelten. Dies wurde allenthalben als **überambitioniert** für ein derart komplexes Gesetzgebungsprojekt angesehen.[36] Die legislative Entschließung des Parlaments hat den intertemporalen Anwendungsbereich („ein Jahr nach dem Datum des Inkrafttretens dieser Verordnung")[37] dementsprechend **bereits korrigiert.** Aufgrund der kontroversen Materie und mit Blick auf die noch bevorstehenden Trilog-Verhandlungen dürfte eine zeitliche Anwendbarkeit nicht vor Ende 2019, eher gar ab Anfang 2020 realistisch sein.[38]

---

[26] COM (2017) 10 final (3).
[27] Art. 95 DS-GVO; daher gibt es auch bis zum Inkrafttreten der ePrivacy-VO keine „Periode mit Rechtsunsicherheit"; so aber Schmitz ZRP 2017, 172.
[28] ErwGr 5 ePrivacy-VO E.
[29] Steinrötter EWS 2018, 61 (62); in diesem Sinne auch Herbrich jurisPR-ITR 18/2017 Anm. 2; Nelles/Becker ZD 2017, 419 (421).
[30] COM (2017) 10 final (3).
[31] Steinrötter EWS 2018, 61 (62).
[32] Council of the EU Progress report, 14374/17 v. 17.11.2017, 3.
[33] Siehe die verschiedenen Verweise in den Art. 18 ff. ePrivacy-VO E.
[34] So Engeler/Felber ZD 2017, 251 (253 f.) mit Blick auf Art. 25 und Art. 28 DS-GVO.
[35] Ebenso Schmitz ZRP 2017, 172 (173); vgl. auch Piltz DB 2018, 749; Rauer/Ettig ZD 2018, 255 (256).
[36] Statt vieler Engeler/Felber ZD 2017, 251; Herbrich jurisPR-ITR 18/2017 Anm. 2; Schmitz ZRP 2017, 172 (173); Spindler WRP 2/2018, Die erste Seite.
[37] EU-Parlament A8-0324/2017 v. 20.10.2017, 97; konkret soll der Rechtsakt mithin 385 Tage nach der Veröffentlichung im ABl. anwendbar sein; Hanloser ZD 2018, 213 (217).
[38] Piltz DB 2018, 749 (751).

Bis zur Anwendbarkeit der ePrivacy-VO gelten einstweilen die nationalen Umsetzungsnormen der ePrivacy-RL (ggü. der DS-GVO grundsätzlich vorrangig → Rn. 7f.) weiter (Art. 27 Abs. 1 ePrivacy-VO E; Art. 89 DS-GVO). Das betrifft aus der Sicht des deutschen Rechtsanwenders Teile des TKG, UWG und (str.) TMG.[39] Hinsichtlich der §§ 12, 13, 15 TMG hat die Datenschutzkonferenz jüngst die Position vertreten, dass vorstehende Normen ab der Geltung der DS-GVO (seit dem 25.5.2018) nicht mehr anwendbar seien.[40] Vielmehr gälten insofern die Bestimmungen des letztgenannten EU-Sekundärrechtsaktes, namentlich Art. 6 Abs. 2 lit. a, b, f DS-GVO.[41] Diese pauschale Annahme kann zumindest bei Daten ohne Personenbezug offenkundig nicht verfangen, da die DS-GVO insoweit sachlich nicht greift.[42]

10

b) Sachlich. Ausweislich Art. 2 Abs. 1 ePrivacy-VO E erstreckt sich der Sekundärrechtsakt auf „die Verarbeitung elektronischer Kommunikationsdaten,[43] die in Verbindung mit der Bereitstellung und Nutzung elektronischer Kommunikationsdienste erfolgt, [sowie auf] Informationen[44] in Bezug auf die Endeinrichtungen der Endnutzer." Es geht „hier nicht mehr nur um Cookies"[45]. Art. 2 Abs. 2 ePrivacy-VO E verschließt sodann verschiedenen Bereichen explizit den Geltungsbereich, ua nicht-öffentlichen elektronischen Kommunikationsdiensten (lit. c).

11

Der **Anwendungsbereich** ist in sachlicher Hinsicht insgesamt **weit geraten,** umfasst namentlich nicht-personenbezogene Daten,[46] Informationen von juristischen Personen[47] und die ua für Internet of Things-Anwendungen,[48] Connected Cars, Smart Cities und Smart Homes[49] relevante M2M-Kommunikation (welche für sich genommen freilich wiederum Personenbezug aufweisen kann).[50] Dies mag prima facie mit Blick auf manche Ziele des Art. 1 ePrivacy-VO E (Privatheit; Schutz personenbezogener Daten) und die Kompetenzgrundlage des Art. 16 AEUV irritieren.[51] Allerdings ist die Zielsetzung des Rechtsaktes laut Art. 1 ePrivacy-VO E nicht auf derlei klassisch-datenschutzrechtliche Aspekte beschränkt („insbesondere"). Kompetenziell wird das Regelungswerk überdies eben auch auf Art. 114 AEUV gestützt. Für Abwägungsfragen bleibt es aber durchaus von Re-

12

---

[39] Vgl. Piltz DB 2018, 749.
[40] DSK Positionspapier Zur Anwendbarkeit des TMG für nicht-öffentliche Stellen ab dem 25.5.2018, Stand: 26.4.2018, 2ff.; weitgehend zustimmend Gesellschaft für Datenschutz und Datensicherheit e.V. (GDD) ZD-Aktuell 2018, 06114; teilweise kritisch dazu Stoklas ZD-Aktuell 2018, 06123; beachte auch Neuber ZD 2018, 241: „In der Zwischenzeit ist die Wirtschaft maximal verunsichert".
[41] DSK Positionspapier Zur Anwendbarkeit des TMG für nicht-öffentliche Stellen ab dem 25.5.2018, Stand: 26.4.2018, 2ff.
[42] Vgl. Hanloser ZD 2018, 213 (215f.).
[43] Elektronische Kommunikationsdaten sind nach Art. 4 Abs. 3 lit. a ePrivacy-VO E „elektronische Kommunikationsinhalte und elektronische Kommunikationsmetadaten". Der Begriff ist technologieneutral zu verstehen (ErwGr 14 S. 1 ePrivacy-VO E). Als elektronische Kommunikationsinhalte beschreibt Art. 4 Abs. 3 lit. b ePrivacy-VO E wiederum „Inhalte, die mittels elektronischer Kommunikationsdienste übermittelt werden, zB Textnachrichten, Sprache, Bilder und Ton". Schließlich definiert Art. 4 Abs. 3 lit. c ePrivacy-VO E elektronische Kommunikationsmetadaten als „Daten, die in einem elektronischen Kommunikationsnetz [Art. 4 Abs. 1 lit. b iVm Art. 2 Nr. 1 des Vorschlags für eine Richtlinie über den europäischen Kodex für die elektronische Kommunikation, COM (2016) 590 final in der korrigierten Fassung v. 12.10.2016, COM (2016) 590 final/2] zu Zwecken der Übermittlung, der Verbreitung oder des Austauschs elektronischer Kommunikationsinhalte verarbeitet werden; dazu zählen die zur Verfolgung und Identifizierung des Ausgangs- und Zielpunkts einer Kommunikation verwendeten Daten, die im Zusammenhang mit der Bereitstellung elektronischer Kommunikationsdienste [Fn. 62] erzeugten Daten über den Standort des Geräts sowie Datum, Uhrzeit, Dauer und Art der Kommunikation".
[44] Was unter „Informationen" zu verstehen ist, definiert der Entwurf nicht.
[45] Rauer/Ettig ZD 2018, 255 (257).
[46] Schleipfer ZD 2017, 460 (466): „Wertungswiderspruch" zur DS-GVO hinsichtlich anonymer Daten.
[47] Etwa Geschäftsgeheimnisse (ErwGr 3 S. 1 ePrivacy-VO E).
[48] Spindler WRP 2/2018, Die erste Seite.
[49] Härting ITRB 2017, 265.
[50] ErwGr 12 ePrivacy-VO E.
[51] So jedenfalls Engeler/Felber ZD 2017, 251 (252f.), die eine „überschießende Tendenz" des Vorschlags gegenüber seinem „grundrechtlichen Fundament" ausmachen.

levanz, ob es sich in concreto um personenbezogene Daten handelt oder nicht, weshalb die Abgrenzung personenbezogene Daten/Sachdaten de iure grundsätzlich weiterhin erforderlich erscheint,[52] auch wenn es de facto zunehmend schwerer wird, die Differenzierung aufrecht zu erhalten.[53]

13 Die ePrivacy-RL vermochte wichtige technische und wirtschaftliche Kommunikationsmittel der jüngeren Vergangenheit nicht zu erfassen, was gewisse Schutzlücken nach sich zog. Es handelt sich bei diesen neueren, eine interpersonelle Kommunikation zulassenden Anwendungen um sog **Over-the-Top-Dienste**[54] **(„OTT-Dienste")**. Hierzu rechnen etwa Instant-Messaging und webgestützte Mail-Dienste sowie VoIP-Telefonie.[55] Konkrete Beispiele bilden WhatsApp, Skype, Gmail und Facebook.[56] Ein Spezifikum solcher Dienste ist der Umstand, dass nicht lediglich deren Anbieter und Betreiber, sondern stets auch Access-Provider involviert sind, damit der Dienst erbracht werden kann.[57]

14 Der ePrivacy-VO E schickt sich nunmehr an, derlei OTT-Dienste zu erfassen.[58] Sie sind grundsätzlich als **elektronische Kommunikationsdienste** gemäß Art. 4 Abs. 1 lit. b ePrivacy-VO E iVm Art. 2 Nr. 4 Kodex-RL E[59] einzustufen.[60] Insofern kann man nunmehr von einem technologieneutrale(re)n Ansatz sprechen.[61] Ganz allgemein hat der EU-Normgeber nach eigener Aussage bewusst technologieneutrale Begriffe verwendet.[62] Allerdings ist das übergreifende Konzept des ePrivacy-VO E keineswegs ein technologieneutrales, da es – in Abweichung von der DS-GVO – gerade risikospezifische Vorgaben macht.[63] Dies birgt stets die Gefahr, dass bestimmte (künftige) Phänomene nicht mit erfasst sind und die Verordnung schon bald wieder veraltet ist.[64]

15 Der KOM-Entwurf hat bei der Regulierung von OTT-Diensten offenbar auf die Client-Server-Architektur abgezielt und damit namentlich **reine**[65] **peer-to-peer-Anwendungen (P2P)** (wohl unbewusst) **unberücksichtigt** gelassen.[66]

16 Explizit nimmt der Entwurf keine Regelungen zur Vorratsdatenspeicherung auf, die damit im Grundsatz den Mitgliedstaaten überlassen bleibt, wenngleich die hohen unionsrechtlichen (und verfassungsrechtlichen) Anforderungen zu beachten sind.[67]

17 Intranets sind sachlich ebenfalls nicht erfasst (ErwGr 13 S. 4 ePrivacy-VO E).

---

[52] Engeler/Felber ZD 2017, 251 (253); aA wohl Rauer/Ettig ZD 2018, 255 (257).
[53] GRUR Expert Opinion on the EC Communication „Building a European Data Economy" v. 3. 4. 2017, 4.
[54] BEREC Report on OTT services BoR (16) 35, 3: „content, a service or an application that is provided to the end user over the public internet".
[55] COM (2017) 10 final (2).
[56] Köhler WRP 2017, 1291 (1292).
[57] Maier/Schaller ZD 2017, 373.
[58] ErwGr 11 ePrivacy-VO E; Engeler/Felber ZD 2017, 251 (254) merken an, dass es sich hierbei lediglich um OTT1-Dienste handele und unklar sei, wie die Kategorie OTT2 (zB Streaming-Dienste) zu handhaben sei. Letztlich erscheine eine Einordnung als interpersoneller Kommunikationsdienst (Art. 4 Abs. 2 ePrivacy-VO E: „untrennbar mit einem anderen Dienst verbundene untergeordnete Nebenfunktion") angezeigt.
[59] COM (2016) 590 final.
[60] Köhler WRP 2017, 1291 (1292).
[61] Spindler WRP 2/2018, Die erste Seite.
[62] COM (2017) 10 final (10).
[63] Diesen spezifischen Ansatz begrüßend Maier/Schaller ZD 2017, 373; Roßnagel ZRP 2017, 33; Schmitz ZRP 2017, 172; aA mit Blick auf das Webtracking Schleipfer ZD 2017, 460 (466); vgl. auch Der Europäische Datenschutzbeauftragte ABl. EU 2017 C 234, 3f.
[64] Schon jetzt ist etwa die Erfassung von Apps als Software iSd Art. 10 ePrivacy-VO E problematisch.
[65] Im Gegensatz zu brokered P2P-Diensten.
[66] Eingehend dazu Maier/Schaller ZD 2017, 373 (376), die dafür plädieren, insoweit „den Anbieter der Software stärker in die Pflicht zu nehmen".
[67] COM (2017) 10 final (3f.); vgl. nur Forgó/Heermann K&R 2015, 753 (759).

c) **Räumlich und persönlich.** Den territorialen Anwendungsbereich behandelt Art. 3 Abs. 1 ePrivacy-VO E.[68] Danach greift der Rechtsakt dann, wenn elektronische Kommunikationsdienste[69] für Endnutzer[70] in der EU bereitgestellt[71] werden, wobei es unerheblich ist, ob der Endnutzer eine Bezahlung zu erbringen hat (lit. a). Es handelt sich damit um einen **Marktort-Ansatz,** weshalb auch Diensteanbieter erfasst sind, die ihren Sitz außerhalb der Union haben und/oder die Verarbeitung extra-unional erfolgt (ErwGr 9 ePrivacy-VO E).[72] Die Erstreckung auf (vermeintlich) kostenlose Dienste trägt dem Umstand Rechnung, dass Nutzer vermehrt mit „ihren" Daten als werthaltiges Gut „zahlen",[73] es sich mithin durchaus um gegenseitige Verträge[74] und keineswegs Schenkungen, schenkungsähnliche Rechtsgeschäfte, Gefälligkeitsverhältnisse oder gar überhaupt kein Rechtsgeschäft handelt und derlei Dienste daher ebenfalls reguliert gehören.

Zudem sind die Nutzung eben solcher Dienste (lit. b) sowie Informationen bezüglich Endeinrichtungen[75] der Endnutzer in der Union (lit. c) sachlich geschützt.

Sofern der Dienstebetreiber nicht selbst in der EU niedergelassen ist, hat er schriftlich einen dort domizilierten **Vertreter** nach Maßgabe der Art. 3 Abs. 3–5 ePrivacy-VO E **zu benennen** (Abs. 2).

In persönlicher Hinsicht richtet sich der Sekundärrechtsakt an **mitgliedstaatliche Rechtsanwender** (Art. 288 Abs. 2 AEUV).[76] **Konkrete Normadressaten** (Berechtigte, va aber Verpflichtete) kann man regelmäßig erst – wenn überhaupt[77] – innerhalb der jeweiligen Vorschrift identifizieren.[78] Potentiell verpflichtet sind insbesondere Unterneh-

---

[68] Regelungen zum räumlichen Anwendungsbereich von Einheitsrecht weisen stets auch kollisionsrechtlichen Gehalt auf; zur DS-GVO jüngst Lüttringhaus ZVglRWiss 117 (2018), 50; dies gilt für noch umzusetzende Richtlinienvorgaben erst recht; siehe noch zur DS-RL Steinrötter EWS 2015, 83.

[69] Elektronische Kommunikationsdienste sind nach Art. 4 Abs. 1 lit. b ePrivacy-VO E iVm Art. 2 Nr. 4 Kodex-RL E COM (2016) 590 final in der korrigierten Fassung v. 12.10.2016, COM (2016) 590 final/2: „gewöhnlich gegen Entgelt über elektronische Kommunikationsnetze erbrachte Dienste, die ,Internetzugangsdienste' im Sinne der Begriffsbestimmung des Artikels 2 Absatz 2 der Verordnung (EU) 2015/2120 und/oder ,interpersonelle Kommunikationsdienste' und/oder Dienste umfasst, die ganz oder überwiegend in der Übertragung von Signalen über elektronische Kommunikationsnetze bestehen, einschließlich Telekommunikations- und Übertragungsdienste in Rundfunknetzen, die für die Maschine-Maschine-Kommunikation und für den Rundfunk genutzt werden, jedoch ausgenommen Dienste, die Inhalte über elektronische Kommunikationsnetze und -dienste anbieten oder eine redaktionelle Kontrolle über sie ausüben". Neben die klassischen TK- treten damit auch OTT-Dienste; Köhler WRP 2017, 1291 (1292).

[70] Endnutzer sind nach Art. 4 Abs. 1 lit. b ePrivacy-VO E iVm Art. 2 Nr. 14 Kodex-RL E COM (2016) 590 final in der korrigierten Fassung v. 12.10.2016, COM (2016) 590 final/2: „ein Nutzer, der keine öffentlichen Kommunikationsnetze oder öffentlich zugänglichen elektronischen Kommunikationsdienste bereitstellt".

[71] EU-Parlament A8–0324/2017 v. 20.10.2017, 47 wählt anstatt der „Bereitstellung" das „Anbieten" und ergänzt dies um Software sowie öffentlich zugängliche Verzeichnisse. Auch die Direktwerbung solle in Art. 3 aufgenommen werden.

[72] Spindler WRP 2/2018, Die erste Seite; zum Marktortprinzip des Art. 3 Abs. 2 DS-GVO: Steinrötter EWS 2018, 61 (63 f.).

[73] Beachte auch Art. 3 Abs. 1 COM (2015) 634 final; zu diesem Sonderproblem Langhanke/Schmidt-Kessel EuCML 2015, 218; Specht JZ 2017, 763; monographisch Langhanke Daten als Leistung 2018.

[74] Eingehend Metzger AcP 216 (2016), 817.

[75] Endeinrichtungen sind nach Art. 4 Abs. 1 lit. c ePrivacy-VO E iVm Art. 1 Nr. 1 Richtlinie 2008/63/EG der Kommission v. 20.6.2008 über den Wettbewerb auf dem Markt für Telekommunikationsendeinrichtungen (ABl. EU 2008 L 162, 20): „direkt oder indirekt an die Schnittstelle eines öffentlichen Telekommunikationsnetzes angeschlossene Einrichtungen zum Aussenden, Verarbeiten oder Empfangen von Nachrichten; sowohl bei direkten als auch bei indirekten Anschlüssen kann die Verbindung über Draht, optische Faser oder elektromagnetisch hergestellt werden; bei einem indirekten Anschluss ist zwischen der Endeinrichtung und der Schnittstelle des öffentlichen Netzes ein Gerät geschaltet; Satellitenfunkanlagen mit ihren Einrichtungen".

[76] Es gibt also durchaus ein Zusammenspiel zwischen dem räumlichen und dem persönlichen Anwendungsbereich.

[77] DAV Stellungnahme Nr. 29/2017, 8 ff.

[78] Herbrich jurisPR-ITR 18/2017 Anm. 2.

men, die eine App oder Website betreiben und mit Cookies bzw. Analysewerkzeugen das Nutzerverhalten auswerten, vor allem zur Ermöglichung (gewerblicher) Direktwerbung.[79]

3. Inhaltliche Grundstruktur

22 Im Ausgangspunkt ist die elektronische Kommunikation vertraulich und sind diesbezügliche Eingriffe[80] untersagt. Sie sind nur dann ausnahmsweise erlaubt, wenn die Verordnung eine solche Möglichkeit eröffnet (Art. 5 ePrivacy-VO E: **Verbot mit Erlaubnisvorbehalt**). Bezüglich der Erlaubnissätze ist der ePrivacy-VO E abschließend. Ein Rückgriff auf die Erlaubnistatbestände des Art. 6 DS-GVO verbietet sich mithin, sofern nicht ausdrücklich auf die DS-GVO Bezug genommen wird (zB in Art. 9 Abs. 1 ePrivacy-VO E).

23 **a) Verbot mit Erlaubnisvorbehalt: Einwilligung.** Der Endnutzer kann zunächst weitgehend in die Datenverarbeitung einwilligen. Art. 9 ePrivacy-VO E[81] verweist für die Begriffsbestimmung pauschal auf Art. 4 Nr. 11 DS-GVO. Das erscheint unglücklich, hat letztere Norm doch allein personenbezogene Daten zum Gegenstand. Der Verweis auf Art. 7 DS-GVO erhellt, dass etwa das Koppelungsverbot (→ § 3 Rn. 56; → § 9 Rn. 27 f.) auch hier Platz greift (vgl. auch ErwGr 18, 5 ePrivacy-VO E).

24 **aa) Verarbeitung elektronischer Kommunikationsdaten.** Bezogen auf **Kommunikationsmetadaten** kann eine Einwilligung in deren Verarbeitung durch Diensteanbieter erteilt werden, „sofern die betreffenden Zwecke durch eine Verarbeitung anonymisierter Informationen nicht erreicht werden können" (Art. 6 Abs. 2 lit. c ePrivacy-VO E). Der Parlamentsbericht sieht, wenn insoweit „voraussichtlich ein hohes Risiko" für natürliche Personen droht, sogar die Pflicht zur Folgeabschätzung sowie zur vorherigen Behördenkonsultation nach Art. 35 f. DS-GVO vor.[82]

25 Gleiches gilt für elektronische **Kommunikationsinhalte,** wobei der Betreiber hier additiv die Aufsichtsbehörde zu konsultieren hat – und zwar per se (Art. 6 Abs. 3 lit. b und ErwGr 19 S. 6 f. ePrivacy-VO). Selbst wenn die betreffende Dienstleistung ohne Verarbeitung der Kommunikationsinhalte nicht erbracht werden kann, bedarf es für die Bereitstellung des Dienstes zwingend der Einwilligung (Art. 6 Abs. 3 lit. a ePrivacy-VO).[83] Das erscheint als eine merkwürdige dogmatische Verknüpfung zwischen der Einwilligung und (jedenfalls in der Sache) der Erforderlichkeit.

26 In den beschriebenen Fällen des Art. 6 Abs. 2 lit. c, Abs. 3 ePrivacy-VO (→ Rn. 24 f.) ist der Endnutzer in regelmäßigen Abständen von sechs Monaten daran zu erinnern, dass er seine Einwilligung gemäß Art. 7 Abs. 3 DS-GVO jederzeit widerrufen kann (Art. 9 Abs. 3 iVm Art. 6 Abs. 2 lit. c, Abs. 3 lit. a, lit. b ePrivacy-VO E).[84]

27 Von diesen – nicht unerheblichen und durchaus strengen – Spezifika abgesehen, kann im Übrigen auf die Ausführungen zur Einwilligung iRd DS-GVO verwiesen werden (Art. 9 Abs. 1 ePrivacy-VO E[85]; → § 3 Rn. 55 ff.).

28 **bb) Endeinrichtungen des Endnutzers.** Soweit der Endnutzer die Einwilligung mit Blick auf den Schutz der in seinen Endeinrichtungen (Desktop-Computer, Smartphones,

---

[79] Piltz DB 2018, 749.
[80] Art. 5 S. 1 ePrivacy-VO E nennt das „Mithören, Abhören, Speichern, Beobachten, Scannen oder andere Arten des Abfangens oder Überwachens oder Verarbeitens […] durch andere Personen als die Endnutzer"; kritisch im Lichte „kommunikativer Grundrechte im 21. Jahrhundert" bzgl. der generellen Aufnahme des „Verarbeitens" in das Verbotsprinzip Härting ITRB 2017, 265: „gefährlichen Schluss […], dass der Verzicht auf elektronische Kommunikation der beste Vertraulichkeitsschutz ist."
[81] Der Rat hat die Norm in das Kapitel I als Art. 4a übertragen; Council of the EU 8537/18, 49.
[82] EU-Parlament A8–0324/2017 v. 20.10.2017, 59.
[83] Arg.: „nur" im Eingangssatz des Abs. 3.
[84] Skeptisch zu diesem Ansatz Schmitz ZRP 2017, 172 (173).
[85] Der Rat hat die Norm in das Kapitel I als Art. 4a übertragen; Council of the EU 8537/18, 49.

Tablets usw) gespeicherten oder sich auf diese beziehenden Informationen erteilt, ist der Einwilligungstatbestand des Art. 8 Abs. 1 lit. b ePrivacy-VO einschlägig.[86] Personenbezogene Daten sind hier ebenso erfasst wie andere, auch anonymisierte Informationen sowie technische Angaben.[87] In der Sache geht es vornehmlich um das Setzen von Cookies bzw. ganz allgemein um das Tracking.[88] Insoweit kann auch anbieterlokale Werbung sowie ein Werbenetzwerk betroffen sein. Beachtung verdient aber, dass die **Verarbeitung gerade auf dem Endgerät** stattfinden muss. So fallen beispielsweise Session-Cookies zur kurzfristigen Profilbildung nicht hierunter,[89] vielmehr bleibt insoweit die DS-GVO einschlägig. Gleiches soll nach den jüngsten Anpassungen durch den Rat gelten, wenn die Speicherung von bzw. der Zugriff auf Informationen auf einem Endgerät nötig erscheint, um etwa einen IoT-Service zu betreiben.[90] Das geht allerdings sehr weit. In den Ratsverhandlungen kristallisiert sich schließlich als wichtiger zu regelnder Aspekt die Zulässigkeit von „Cookie Walls" heraus. Offenbar geht der Rat der EU (anders als das Parlament) im Grundsatz davon aus, dass der Zugang zu bestimmten Inhalten auf Webseiten und zu einem bestimmten Grad (genannt wird die Unverhältnismäßigkeit als – denkbar unpräzise – Grenze) durchaus davon abhängig gemacht werden darf, dass die Einwilligung zum Cookie-Einsatz erteilt wurde.[91] Auch die Bundesregierung tendiert insoweit gen Liberalisierung des Koppelungsverbotes.[92] Die Regelungsalternative stellt ein Recht auf trackingfreie Systeme dar.[93]

Die **Einwilligung** kann der Endnutzer gleichsam „**zentralisiert**" gemäß Art. 9 Abs. 2 ePrivacy-VO E durch die „passenden technischen Einstellungen einer Software, die den Zugang zum Internet ermöglicht", erklären (beachte auch Art. 10 als Ausprägung des privacy by design,[94] ErwGr22 des Vorschlags).[95] Als derartige Software kommen **va Internet-Browser, aber auch Apps**[96] als solche[97] in Betracht.[98] Der Nutzer soll nach einer entsprechenden Aufforderung seine Privatsphäre-Einstellungen für die Folgezeit informiert, bewusst und aktiv wählen.[99] Browser oder andere Internet-„Torwächter"[100] müssen die Möglichkeit einräumen, dass der Nutzer bei der Installation[101] (bzw. zusätzlich bei 29

---

[86] Kritisch Beaujean MMR 2018, 3 (4), die die großen Player, welche „die Einwilligung ihrer Nutzer mehr oder weniger automatisch erhalten", durch den Entwurf als bevorzugt ansieht.
[87] Piltz DB 2018, 749 (750).
[88] Zu Einsatzzwecken und Phasen des Webtracking siehe Schleipfer ZD 2017, 460 (461); guter Überblick zu verschiedenen Geräte-Identifier (Cookies; Digital Fingerprinting; Betriebssoftware mobiler Endgeräte) bei Hanloser ZD 2018, 213 (213f.).
[89] Schleipfer ZD 2017, 460 (464); vgl. auch ErwGr 21 S. 3f. ePrivacy-VO E.
[90] Council of the EU 8537/18, 28.
[91] Council of the EU 8537/18, 26f.
[92] Meldung von golem, abrufbar unter https://tinyurl.com/y8fr7jsb, zuletzt abgerufen am 12.6.2018.
[93] Vgl. Piltz DB 2018, 749 (751).
[94] Siehe hier die Konkretisierungen des EU-Parlaments C8–0009/2017, 2017/0003(COD), 71ff., 97, das die do not track-Mechanismen explizit technologieneutral ausgestaltet wissen möchte.
[95] COM (2017) 10 final (9); für Härting ITRB 2017, 265 (266) ist unklar, ob der jeweilige Gerätenutzer oder der -eigentümer die Einwilligung abgeben können soll. Der Text des Art. 8 Abs. 1 lit. b ePrivacy-VO E stellt indes unzweideutig auf den „Endnutzer" ab. Die Auffassung von Schmitz ZRP 2017, 172 (173), wonach Art. 9 Abs. 2 ePrivacy-VO E eine Art Formvorschrift darstellt („Möglichkeit der elektronischen Einwilligung") ist abzulehnen.
[96] Die Umsetzung der Vorgaben bei Apps erscheint problematisch, da man klassischerweise keine dem Browser vergleichbare Einstellungsmöglichkeiten vorfindet und das Tracking nicht via Cookies, sondern betriebsspezifischer Tracking-IDs erfolgt; Schleipfer ZD 2017, 460 (465). Offenbar hat sich der europäische Normgeber hier von der klassischen Cookie-Konstellation leiten lassen; Engeler/Felber ZD 2017, 251 (256).
[97] AA Härting ITRB 2017, 265 (266): App-Shops.
[98] Es geht ganz allgemein um Software, die es ermöglicht, Informationen aus dem Internet abzurufen und darzustellen, also um solche, der eine „Torwächter"-Funktion (vgl. ErwGr 22, 11 ePrivacy-VO E) zukommt.
[99] COM (2017) 10 final (9); ErwGr 24, 2ff. ePrivacy-VO E.
[100] ErwGr 22, 11 ePrivacy-VO E.
[101] Beachte Art. 10 Abs. 3 ePrivacy-VO E für am Anwendungsstichtag der Verordnung bereits installierte Sofare: „zum Zeitpunkt der ersten Aktualisierung der Software, jedoch spätestens ab dem 25.8.2018".

Updates)[102] die vorstehende Entscheidung treffen kann. Dies alles zielt darauf ab, die Belästigung durch „Cookie-Schwemme" zu reduzieren.[103] Inwieweit ein solcher Ansatz noch eine Einwilligung „für den bestimmten Fall" (Art. 9 Abs. 1 ePrivacy-VO E iVm Art. 4 Nr. 11 DS-GVO) darstellt, darf freilich bezweifelt werden.[104] Zugleich soll ausweislich des Ratsdokuments vom 4.5.2018 die Verantwortlichkeit für das Erlangen von Einwilligungen zum Cookie-Einsatz nicht beim Browserbetreiber, sondern bei den Diensteanbietern der Informationsgesellschaft (Website; App) zu verorten sein.[105] Letztere können mithin losgelöst von den Software-Voreinstellungen selbst Einwilligungen einholen.[106]

30   Die **Online-Werbebranche** fürchtet bei diesem Voreinstellungs-Ansatz um ihr Geschäftsmodell.[107] In der Tat ist zunächst davon auszugehen, dass die Mehrheit der Nutzer sich für Einstellungen entscheidet, welche namentlich Cookies von Dritten[108] abwehrt. Dass Endnutzer dann in substantieller Anzahl nach einer – weiterhin zulässigen – individuellen Anfrage[109] ihre Einwilligung doch noch erteilen, was zumindest in einem bestimmten Umfang den Erhalt des Geschäftsmodells der Online-Werbung bedeutete, scheint nur auf den ersten Blick unrealistisch.[110] Vielmehr kann gar der Effekt eintreten, dass Nutzer gerade aufgrund der lästigen individuellen Anfragen (via Banner) letztendlich doch generell Third-Party-Cookies erlauben – was die Werbeindustrie wiederum stärken oder zumindest erhalten würde.[111] Art. 10 ePrivacy-VO E ist übrigens bereits ein entschärfter Ansatz, stand doch zwischenzeitlich gar zur Diskussion, über eine Privacy by Default-Lösung per se die Speicherung und Verarbeitung von Informationen auf Endgeräten durch Dritte zu verhüten.[112] Der insoweit recht ausdifferenzierte Parlamentsentwurf[113] folgt wieder einem Ansatz, der eine echte Voreinstellung vorsieht, welche eine Verarbeitung von Endgeräteinformationen grundsätzlich verhindert. Hingegen hat sich der Rat[114] in einer jüngeren Stellungnahme (bulgarische Ratspräsidentschaft) wieder für eine Ein-Klick-Lösung ausgesprochen.

31   Auf Kritik ist gestoßen, dass allein das Webtracking auf den Endgeräten der Nutzer reguliert werden soll, obwohl der Trackingvorgang quantitativ überwiegend auf den Servern der Tracker ablaufe.[115] Dem wird man indes entgegenhalten können, dass auf den Endgeräten gerade die wichtigen Phasen der Erhebung und Übertragung zum Tracker stattfinden, ohne die es zum weiteren Trackingverlauf – eigentlich – überhaupt nicht kommen darf, weshalb es durchaus einleuchtet, hier legislativ anzusetzen. Es handelt sich bei der beschriebenen Lösung um einen „Alles-oder-nichts-Ansatz".[116]

---

[102] So Council of the EU 8537/18, 59.
[103] Vgl. Rauer/Ettig ZD 2018, 255 (257).
[104] Herbrich jurisPR-ITR 23/2017 Anm. 2.
[105] Council of the EU 8537/18, 29.
[106] Council of the EU 8537/18, 31.
[107] Beaujean MMR 2018, 3 (4); Engeler/Felber ZD 2017, 251.
[108] Schleipfer ZD 2017, 460 (465f.) mahnt an, dass es über Third-Party-Cookies hinaus weitere einwilligungspflichtige Verarbeitungen gebe, etwa anbieterlokale Werbung. Diese erfassten Browsereinstellungen indes nicht. Banner seien dementsprechend nach wie vor erforderlich.
[109] Für ein solches Dialogfenster könnte man die „Zuständigkeit" der Software (Browser), der „verfolgenden" Dritten sowie der einzelnen Internetseiten andenken, COM (2017) 10 final (9).
[110] So aber COM (2017) 10 final (9).
[111] Schleipfer ZD 2017, 460 (466).
[112] Engeler/Felber ZD 2017, 251 (256); Fazlioglu ZD-Aktuell 2018, 04277; die Abkehr von einer Privacy by Default-Lösung beklagend: Roßnagel ZRP 2017, 33 und Der Europäische Datenschutzbeauftragte, ABl. EU 2017 C 234, 3 (5); als „praktikablen Kompromiss" bewerten Weidert/Klar BB 2017, 1858 (1863) den Ansatz des KOM-Entwurfs.
[113] EU-Parlament A8-0324/2017 v. 20.10.2017, 70ff.
[114] Examination of the Presidency discussion paper 7207/18 v. 22.3.2018, 2.
[115] Schleipfer ZD 2017, 460 (465).
[116] Schleipfer ZD 2017, 460 (465): „Erlaubt [der Nutzer die] Übertragung, so hat er keine Kontrolle mehr über [die] weitere Verwendung [der Daten]".

b) Verbot mit Erlaubnisvorbehalt: Gesetzliche Legitimationstatbestände. In be- 32
stimmten Fällen ist die Verarbeitung elektronischer Kommunikationsdaten auch ohne
Einwilligung des Endnutzers zulässig. Im Vergleich zur DS-GVO sind die **Erlaubnissätze
im KOM-Vorschlag** allerdings sehr **dürftig** ausgefallen. Nachdem das EU-Parlament[117]
insoweit ebenfalls einen sehr restriktiven Kurs verfolgt hat, **sprach sich der Rat** mit Vorschlag vom 5.12.2017[118] für eine **Annäherung an die DS-GVO** und damit die Einführung „klassischer" Erlaubnistatbestände wie die Vertragserfüllung aus. Eine Abwägungs-
bzw. Auffangklausel vergleichbar mit Art. 6 Abs. 1 S. 1 lit. f DS-GVO war hingegen auch
hier und bis zuletzt[119] noch kein Thema.

aa) Verarbeitung elektronischer Kommunikationsdaten. Zu Gunsten von Betrei- 33
bern elektronischer Kommunikationsnetze sowie -dienste ist die Verarbeitung zulässig,
wenn und soweit es für die **Kommunikationsübermittlung** (Art. 6 Abs. 1 lit. a eP-
rivacy-VO E) bzw. zur **Bewahrung oder Rekonstruktion der Sicherheit der Netze/
Dienste** oder zum **Erkennen technischer Defekte/Fehler beim Datentransfer** „nötig"[120] ist (Art. 6 Abs. 1 lit. b ePrivacy-VO E). Welche Dauer insoweit als „nötig" anzusehen ist, bleibt leider offen.[121] Vorstehende Erlaubnissätze stehen für sich exklusiv und
sind nicht kumulativ mit den Abs. 2, 3 zu lesen, was sich bereits daran zeigt, dass teilweise
unterschiedliche Verpflichtete adressiert sind.[122] Einwilligungen sind insoweit a priori
nicht vorgesehen. **Kommunikationsmetadaten** dürfen Dienstebetreiber verarbeiten,
wenn und soweit dies insbesondere für die Einhaltung verbindlicher Dienstqualitätsanfor-
derungen, zur Rechnungsstellung, zum Erkennen bzw. Beenden betrügerischer oder
missbräuchlicher Nutzungen „nötig"[123] ist (Art. 6 Abs. 2 lit. a, b ePrivacy-VO E). Dabei
ist keineswegs klar und damit dem Rechtsanwender letztendlich zunächst über ein trial-
and-error-Vorgehen überantwortet, ab wann ein derartiger Missbrauch anzunehmen ist.[124]
Der Rat der EU hat hier einige Erlaubnistatbestände ergänzt, etwa für den Fall, dass die
Datenverarbeitung notwendig ist, um wichtige Interessen einer natürlichen Person zu
schützen oder bestimmte statistische Erhebungen durchführen zu können.[125] Hinsichtlich
Kommunikationsinhalten bedarf es schließlich stets zwingend der Einwilligung durch
den Endnutzer (Art. 6 Abs. 3 ePrivacy-VO E). Etwa bei der M2M-Kommunikation kann
die Unterscheidung zwischen Metadatum (Abs. 2) und Inhalt (Abs. 3) durchaus diffizil geraten.[126]

bb) Endeinrichtungen des Endnutzers. Die Verwendung der Verarbeitungs- und Spei- 34
cherfunktion einer Endeinrichtung durch jeden anderen als den Endnutzer selbst ist im
Grundsatz ebenso rechtswidrig wie die Erhebung von Informationen aus den Endeinrichtungen (auch über deren Soft- und Hardware). Angesprochen sind damit insbesondere

---

[117] EU-Parlament C8–0009/2017, 2017/0003(COD), 56 ff.; dazu kursorisch Spindler WRP 2/2018, Die erste Seite.
[118] Council of the EU 15333/17, 42 ff.
[119] Stand: 12.6.2018 unter Berücksichtigung von Council of the EU 8537/18, 51 ff.
[120] Die DS-GVO verwendet in der deutschen Sprachfassung den Begriff „erforderlich" (Art. 6 Abs. 1 S. 1 lit. b-f DS-GVO). In der Sache ergeben sich insofern jedoch keine Unterschiede. Das EU-Parlament hat eine sprachliche Verschärfung beantragt: „technisch zwingend nötig", C8–0009/2017, 2017/0003(COD), 57. Das dürfte faktisch eine erhöhte Darlegungslast für Betreiber nach sich ziehen; Piltz DB 2018, 749 (750).
[121] Kritisch auch Engeler/Felber ZD 2017, 251 (254).
[122] Unsicher insoweit Härting ITRB 2017, 265 (266).
[123] Das EU-Parlament hat eine sprachliche Verschärfung beantragt: „[…] unbedingt nötig ist, für die dazu technisch erforderliche Dauer […]", C8–0009/2017, 2017/0003(COD), 58.
[124] Zutreffend Engeler/Felber ZD 2017, 251 (254): „unerfreulich vage"; ebenso Schmitz ZRP 2017, 172 (173 f.).
[125] Council of the EU 8537/18, 53.
[126] Härting ITRB 2017, 265 (266) bildet das Beispiel der Verbrauchsrohdaten („ein"/„aus") in Smart Homes.

Cookies bzw. ganz allgemein das Online-Tracking[127] als Basis zum Erstellen von Nutzerprofilen insbesondere für zielgenaue Werbeschaltungen. Der Regulierungsansatz des vorstehend beschriebenen Art. 8 Abs. 1 ePrivacy-VO E, ein **generelles Verarbeitungsverbot,** das sich insbesondere nicht auf personenbezogene Daten kapriziert, ist damit im Ausgangspunkt denkbar weit. Für den europäischen Normgeber war hier offenbar leitend, dass Zugriffe auf das Endgerät und damit gleichsam Eingriffe in die Endnutzerrechte über den Aufbau moderner Profiling- und Trackingtools[128] bereits über zunächst „unverdächtig" erscheinende Maschinendaten möglich sind, es mithin keineswegs nur um Cookies und IP-Adressen als Datenbasis geht.[129] Festzuhalten bleibt aber, dass der ePrivacy-VO E nicht das gesamte Webtracking, sondern allein die Datenerhebung auf dem Endgerät zum Gegenstand hat.[130]

35   **Ausnahmsweise** kann die Nutzung jener Funktionen bzw. die Informationserhebung **zulässig** geraten, wenn sie für den exklusiven Zweck der **Durchführung eines elektronischen Kommunikationsvorgangs** über ein elektronisches Kommunikationsnetz, für **die Bereitstellung eines vom Endnutzer gewünschten Dienstes der Informationsgesellschaft**[131] oder für die **Messung des Webpublikums**[132] „nötig" ist (Art. 8 Abs. 1 lit. a, c, d ePrivacy-VO E). Letzteres indes nur dann, wenn der Betreiber des vom Endnutzer gewählten Dienstes die Messung vornimmt, was auch dann anzunehmen ist, sofern er mit seinem Dienstleister wiederum einen Auftragsdatenverarbeitungsvertrag geschlossen hat[133] – dies hat der Rat nunmehr klarstellend explizit in den Text aufgenommen.[134] Wer annimmt, dass bei alledem die herrschenden technischen Kommunikationsstandards letztendlich einseitig festlegen, was „nötig" ist (zB Browserfingerprints),[135] scheint ein Stück weit vor technischen Gegebenheiten zu kapitulieren. Es kann für das Recht aber nicht Maßstab sein, was gerade herrschender technischer Standard ist, sondern vielmehr, was technischer Standard sein sollte und dabei technisch machbar und sinnvoll ist. Art. 8 Abs. 1 ePrivacy-VO schreibt bei diesem Verständnis der Norm nicht weniger vor, als die Internetarchitektur im Lichte des Gebots der Datensparsamkeit zu überarbeiten. Bis dahin käme die Teilnahme am Netzverkehr bei konsequenter Verfolgung des vorstehenden Ansatzes aber faktisch zum Erliegen.[136] Eine (eher provisorische, weil keineswegs sämtliche neuralgischen Fälle der Konturierung des Begriffs „nötig" erfassende) Lösung böte eine Lesart des Art. 8 Abs. 1 ePrivacy-VO E, wonach bei Daten, welche durch Internet- und Netzwerkprotokolle vorgeschrieben sind, allein die **Weiterverarbeitung untersagt** ist, wohingegen die **Erstverarbeitung zulässig** bleibt.[137] Eine Folge der hier skizzierten Unsicherheit mag sein, dass Website-, App- und Plattformanbieter sich sicherheitshalber die Einwilligung des Nutzers zu holen versuchen, was in eine Art „Banner-Overload" aus-

---

[127] Zu Einsatzzwecken und Phasen des Webtracking siehe Schleipfer ZD 2017, 460 (461).
[128] ErwGr 20 S. 3 ePrivacy-VO E: „unerwünschte Verfolgungswerkzeuge wie zB Spyware, Webbugs, versteckte Kennungen und Verfolgungs-Cookies".
[129] Engeler/Felber ZD 2017, 251 (254f.).
[130] Schleipfer ZD 2017, 460 (464).
[131] Beispiele: Aufruf einer Internetseite, für die ua der Transfer der IP-Adresse, der URL und von Konfigurationsdaten nötig erscheint, s. dazu Schleipfer ZD 2017, 460 (464), Warenkorbfunktion eines Online-Shops, s. dazu Herbrich jurisPR-ITR 23/2017 Anm. 2; kritisch Piltz DB 2018, 749 (751): „völlig unklar".
[132] Beispiel: Webanalyse und Reichweitenmessung, Schleipfer ZD 2017, 460 (464). Beachte auch die weitaus detailliertere Fassung des EU-Parlaments A8−0324/2017 v. 20.10.2017, 63.
[133] Beispiel: Adope Analytics, Google Analytics, INFOnline, Schleipfer ZD 2017, 460 (464). Zum diffizilen Verhältnis des ePrivacy-VO E zu Art. 28 DS-GVO Herbrich jurisPR-ITR 18/2017 Anm. 2; siehe auch Rauer/Ettig ZD 2018, 255 (257).
[134] Council of the EU Examination of the Presidency discussion paper 7207/18 v. 22.3.2018, 14.
[135] So Engeler/Felber ZD 2017, 251 (255).
[136] Engeler/Felber ZD 2017, 251 (255).
[137] IE überzeugend Engeler/Felber ZD 2017, 251 (255).

ufern könnte.[138] Ergänzt hat der Rat der EU einen Erlaubnistatbestand hinsichtlich der Notwendigkeit der Datenverarbeitung mit Blick auf bestimmte Sicherheitsupdates.[139]

Ausnahmsweise ist die Erhebung von solchen Informationen, die Endeinrichtungen zur Verbindung mit anderen Geräten oder Netzanlagen aussenden, dann zulässig, wenn und soweit sie gerade **ausschließlich zum Verbindungsaufbau** erfolgt (Art. 8 Abs. 2 lit. a ePrivacy-VO E). Derlei Informationen dürfen auch dann erhoben werden, wenn in transparenter Weise insbesondere auf die nach Art. 13 DS-GVO verlangten Informationen (ggf. in Kombination mit standardisierten Bildsymbolen) hingewiesen und geeignete technische und organisatorische Maßnahmen („TOMs") nach Art. 32 DS-GVO Anwendung finden (näher Art. 8 Abs. 2 lit. b, Abs. 3, 4 ePrivacy-VO E).[140] Es geht um **M2M-Kommunikation** als Basis für **IoT- und Industrie 4.0-Anwendungsfälle** sowie **Offline-Tracking**.[141] Ob der Entwurf das Offline-Tracking auf diese Weise wirksam zu regulieren vermag, erscheint jedoch nicht nur hinsichtlich der konkreten Umsetzung,[142] sondern ebenso mit Blick auf die im Gegensatz zu den Informationsgeboten datenschutzrechtlicher Provenienz stehenden technischen Realitäten zweifelhaft. Diese Realitäten zeichnen sich eben dadurch aus, über WLAN/Bluetooth in möglichst zuverlässiger und effektiver Weise eine Verbindung aufzubauen.[143] Auch hier bedürfte es zur Umsetzung der Norm daher im Grunde der Umgestaltung der technischen Standards.[144] Ob es insoweit sinnvoll erscheint, in die aktive Einwilligung zu flüchten, welche die Ratsfassung nunmehr (ebenso wie die Informationsgewinnung bei der Notwendigkeit iRv bestimmten statistischen Erhebungen) zulässt,[145] ist fraglich.

Der Parlamentsbericht[146] sieht weitere Legitimationstatbestände vor, etwa für die Erfüllung von aus Arbeitsverhältnissen resultierenden Pflichten des Arbeitnehmers. Der Rat[147] hat sich zwischenzeitlich dafür ausgesprochen, dass der Endnutzer regelmäßig über die Verfügbarkeit der Privatsphäre-Einstellungen zu unterrichten und die jeweilige Software die Änderungen klar und leicht ermöglicht.

c) Löschungs- und Anonymisierungsgebote. Werden Kommunikationsdaten nicht mehr benötigt, sieht Art. 7 ePrivacy-VO E weitgehende Löschungs- bzw. Anonymisierungspflichten vor.[148]

4. Aufsichtsarchitektur und Durchsetzungsmechanismen

Für die mitgliedstaatlichen Aufsichtsbehörden sowie den Europäischen Datenschutzausschuss (EDA) gelten mutatis mutandis weithin die Zuständigkeiten und Befugnisse, welche bereits die DS-GVO vorgibt (→ § 3 Rn. 198 ff.), Art. 18–20 ePrivacy-VO E. Für Deutschland bedeutet das im Ergebnis, dass es zu einem **Zusammenspiel von BNetzA und Datenschutzbehörden** kommt.[149]

Der Endnutzer kann die Rechtsbehelfe geltend machen, die dem Betroffenen nach Art. 77 ff. DS-GVO (dazu → § 3 Rn. 236 ff.) zustehen (Art. 21 Abs. 1 ePrivacy-VO). Zusätzlich hat jede durch Verstöße gegen die ePrivacy-VO beeinträchtigte und ein berechtigtes Interesse an der Unterlassung bzw. dem Verbot solcher Verstöße aufweisende natür-

---

[138] Engeler/Felber ZD 2017, 251 (255).
[139] Council of the EU 8537/18, 57.
[140] Die Kommission kann nach Art. 8 Abs. 4 iVm Art. 25 ePrivacy-VO E delegierte Rechtsakte hinsichtlich der standardisierten Bildsymbole erlassen.
[141] Herbrich jurisPR-ITR 23/2017 Anm. 2; vgl. auch Lurtz ZD-Aktuell 2017, 05707.
[142] Wo genau sollen etwa Hinweisschilder angebracht werden, damit diese effektiv wirken?
[143] Engeler/Felber ZD 2017, 251 (255 f.).
[144] Engeler/Felber ZD 2017, 251 (256).
[145] Council of the EU 8537/18, 57.
[146] EU-Parlament A8-0324/2017 v. 20.10.2017, 64 ff.
[147] Council of the EU Examination of the Presidency discussion paper 7207/18 v. 22.3.2018, 16.
[148] Kritisch zu Existenz und Ausgestaltung des Art. 7 ePrivacy-VO E Härting ITRB 2017, 265 (266).
[149] Eingehend Engeler/Felber ZD 2017, 251 (257).

41 Die Regeln für Schadensersatz zu Gunsten der Endnutzer (Art. 22 ePrivacy-VO E), für die Verhängung der – auch hier drakonischen – Geldbußen (Art. 23 ePrivacy-VO E) sowie anderer Sanktionen (Art. 24 ePrivacy-VO E) folgen weitgehend denen der DS-GVO (→ § 3 Rn. 236 ff.).[150] **Private enforcement** einerseits und **effektuierte Bußgelddrohungen** andererseits bilden damit auch im Bereich der elektronischen Kommunikation grundsätzlich ein scharfes Schwert.[151]

42 Weshalb die Kapitel IV und V des Entwurfs explizit Anordnungen bezüglich der Anwendbarkeit bestimmter Normen oder Kapitel der DS-GVO beinhalten anstatt das Zusammenspiel – wie an anderen Stellen – systematisch dem übergeordneten „Einbettungsprinzip" zu überlassen, bleibt an vielen Stellen unklar.

5. Unerwünschte Anrufe

43 Die Regelungen insbesondere zu (unerwünschten) Anrufen in den Art. 12–15, ErwGr 27 ff. ePrivacy-VO E bleiben vorliegend ausgespart.[152]

6. Direktwerbung

44 Die Vorschrift des Art. 16 ePrivacy-VO E zur „unerbetenen Kommunikation" erfasst sämtliche Formen der Direktwerbung,[153] inklusive des nichtkommerziellen[154] Bereichs.[155] Beispielsweise sind Bewertungsanfragen sowie iBeacons als Direktwerbung zu qualifizieren.[156]

45 Während im Ausgangspunkt die Direktwerbung über elektronische Kommunikationsdienste (traditionell sowie aus dem OTT-Bereich)[157] nur mit Einwilligung des Endnutzers zulässig ist (Abs. 1), gilt für Bestandskunden bei Direktwerbung für ähnliche Produkte/ Dienstleistungen lediglich eine Widerspruchslösung (Abs. 2). Wer Direktwerbung qua elektronischer Kommunikationsdienste betreibt, unterliegt nach Art. 16 Abs. 6 ePrivacy-VO E bestimmten Informationspflichten. So muss der Werbecharakter der Nachricht und die Identität desjenigen, in dessen Namen die Übermittlung erfolgt, herausgestrichen[158] sowie darüber informiert werden, wie der Empfänger in einfacher Weise sein Widerrufsrecht bezüglich künftiger Werbenachrichten ausüben kann. Letzteres kann über die Angabe eines Links oder einer gültigen Mail-Adresse erfolgen.[159]

46 Für Direktwerbeanrufe gelten die besonderen Bestimmungen des Art. 16 Abs. 3, 4, 7 ePrivacy-VO E. Siehe allgemein zur Direktwerbung → § 9 Rn. 78 ff.

---

[150] Beachtung verdient, dass die Mitgliedstaaten die Sanktionen für Verstöße gegen die Art. 12–14, 17 ePrivacy-VO E (Telefonwerbung) selbst festsetzen können (Art. 23 Abs. 4 ePrivacy-VO E).
[151] Zur DS-GVO Steinrötter EWS 2018, 61 (71).
[152] Dazu Herbrich jurisPR-ITR 25/2017 Anm. 2.
[153] Art. 4 Abs. 3 lit. f ePrivacy-VO E: „jede Art der Werbung in schriftlicher oder mündlicher Form, die an einen oder mehrere bestimmte oder bestimmbare Endnutzer elektronischer Kommunikationsdienste gerichtet wird, auch mittels automatischer Anruf- und Kommunikationssysteme mit oder ohne menschliche(r) Beteiligung, mittels E-Mail [Art. 4 Abs. 3 lit. e ePrivacy-VO E], SMS-Nachrichten usw."
[154] Vgl. ErwGr 32 ePrivacy-VO E.
[155] Zu den Auswirkungen auf das UWG Köhler WRP 2017, 1291 (1295 ff.).
[156] Herbrich jurisPR-ITR 25/2017 Anm. 2.
[157] ErwGr 33 ePrivacy-VO E.
[158] ErwGr 34 ePrivacy-VO E.
[159] ErwGr 35, 1 ePrivacy-VO E.

§ 6 Compliance

Übersicht

	Rn.
I. Einleitung	1
II. Allgemeine Compliance-Anforderungen	2
1. Der Begriff der „Compliance"	2
2. Verantwortung für Compliance im Unternehmen	5
3. Compliance-Pflichten und Compliance-Management-System	6
III. Anwendbare Vorschriften: Compliance iRd DS-GVO	8
1. Compliance-Verantwortung iRd DS-GVO	8
a) Verantwortung im Unternehmen: Datenschutzbeauftragter	8
b) Verantwortung zwischen Unternehmen: Verantwortlicher und Auftragsverarbeiter	12
2. Organisationspflichten: TOM und Risikomanagement	14
a) Technische und organisatorische Maßnahmen (TOM)	14
b) Risikomanagement	19
3. Dokumentationspflicht: Nachweis der Compliance	21
4. Informationspflicht	26
5. Überprüfungspflicht: Audits	27
IV. Einzelprobleme	30
1. Projektmanagement und Compliance-Methode	30
2. Definition und Dokumentation der Anforderungen	32
3. Bestandsanalyse	33
4. Lücken- und Risikoanalyse	34
5. Lösungsentwicklung und Kontrolle	35
V. Fazit	39

Literatur:

Behling, Die datenschutzrechtliche Compliance-Verantwortung der Geschäftsleitung, ZIP 2017, 697; *Jung,* Datenschutz-(Compliance-)Management-Systeme – Nachweis- und Rechenschaftspflichten nach der DS-GVO, ZD 2018, 208; *Lantwin,* Risikoberuf Datenschutzbeauftragter? Die Haftung nach der neuen DS-GVO, ArbRAktuell 2017, 508; *Veil,* Accountability – Wie weit reicht die Rechenschaftspflicht der DS-GVO, ZD 2018, 9; *Wybitul,* Welche Folgen hat die EU-Datenschutz-Grundverordnung für Compliance?, CCZ 2016, 194.

I. Einleitung

Bei Betrachtung der umfänglichen Anforderungen der Verordnung haben Unternehmen zu entscheiden, wie diese am effektivsten umgesetzt werden, um eine „DS-GVO Compliance" im Unternehmen sicherzustellen. Dies kann dadurch erfolgen, dass die Anforderungen in ein bestehendes Compliance-Management-System des Unternehmens integriert werden. Sofern dieses nicht besteht, stellt sich die Frage, ob aufgrund der DS-GVO ein solches System aufzubauen ist. In jedem Fall sollten dabei die wesentlichen Elemente eines Compliance-Management-Systems verstanden werden und darauf aufbauend die Art und Weise, wie diese sich in der DS-GVO als Mindestanforderungen wiederfinden. Zudem ist im Rahmen der praktischen Umsetzung dieser Anforderungen zu überlegen, wie diese strukturiert – idealerweise mittels einer Compliance-Methodik – umgesetzt werden können. 1

Darauf soll in diesem Kapitel detaillierter eingegangen werden, wobei das Thema Compliance unter dem Blickwinkel von Unternehmen betrachtet wird. Die Ausführungen gelten allerdings sinngemäß auch für Behörden.

II. Allgemeine Compliance-Anforderungen

1. Der Begriff der „Compliance"

2   Der Begriff „Compliance" im unternehmerischen, also im betriebswirtschaftlichen Sinne hat sich ursprünglich in der US-Finanzbranche im Zusammenhang mit Risikobereichen im Bankenwesen entwickelt. Aufgrund gesetzlicher Vorgaben für **Banken- und Versicherungen** (→ Rn. 6) sind in der Folge auch in Deutschland in den 1990er Jahren unternehmerische Compliance-Strukturen aufgebaut worden, bis nach der Jahrtausendwende durch Korruptionsaffären das Thema „Compliance" auch außerhalb der Finanzbranche zu einer zentralen Aufgabe für Unternehmen geworden ist.[1] Aufgrund von internationalen Vorgaben[2] und des verstärkten Fokus auf der Verfolgung von Korruption hatten in der Folge auch einzelne europäische Länder ihre Antikorruptionsgesetze verschärft.[3]

Neben den branchenspezifischen Regelungen und der Korruptionsbekämpfung haben Compliance-Aspekte nach der Jahrtausendwende vor allem im Bereich des **Kartellrechts** an Bedeutung gewonnen. Dies nicht zuletzt wegen der hohen Strafen, die Unternehmen im Rahmen des Kartellrechts nicht nur drohen, sondern die auch verhängt wurden, sowohl in Deutschland[4] als auch in Europa[5] als auch in den USA[6]. Insgesamt ist der Begriff der „Compliance" allerdings weiter zu verstehen und umschreibt einfach ausgedrückt die Einhaltung von Normen durch Unternehmen, unabhängig davon ob es sich dabei um gesetzliche oder auch unternehmensinterne Vorschriften handelt.

3   Darüber hinaus ist in den letzten zehn Jahren auch der **Datenschutz** verstärkt zu einem Compliance-Thema geworden, in Deutschland nicht zuletzt ausgelöst durch die in den Jahren 2008–2010 aufgedeckten Datenschutzschutzskandale.[7] Auch wenn die in diesem Zusammenhang verhängten Geldbußen – gemessen an Geldbußen im Bereich des Kartellrechts und der Schwere der Verstöße – verhältnismäßig gering ausfielen,[8] so darf nicht vergessen werden, dass diese Skandale nicht zuletzt auch zu Rücktritten auf höchster Managementebene der Unternehmen geführt haben.[9] In der Folge wurden nicht nur die Datenschutzteams von Unternehmen erheblich aufgewertet, sondern auch – zumindest in Großunternehmen – der Datenschutz als eigenständiger (Rechts-)Bereich im Un-

---

[1] Im Bereich von Unternehmen ist dabei als prominentestes Beispiel die Korruptionsaffäre bei Siemens in den Jahren 2006–2008 zu nennen.
[2] Siehe dazu innerhalb der EU der „Rahmenbeschluss 2003/568/JI des Rates vom 22.7.2003 zur Bekämpfung der Bestechung im privaten Sektor", abrufbar unter https://db.eurocrim.org/db/de/doc/187.pdf, zuletzt abgerufen am 24.6.2018.
[3] Das bekannteste Beispiel ist der UK Bribery Act von 2010, abrufbar unter http://www.legislation.gov.uk/ukpga/2010/23/contents, zuletzt abgerufen am 24.6.2018; zur Verschärfung der Korruptionsvorschriften in Deutschland siehe das „Gesetz zur Bekämpfung der Korruption",, BGBl I 2025. Neben dem UK Bribery Act wird vor allem das französische „Sapin II Gesetz" vom Dezember 2016 (Law n° 2016–1691 of 9 December 2016) als eines der strengsten Antikorruptionsgesetze weltweit angesehen.
[4] Zur Statistik der vom Bundeskartellamt bis 2016 in Deutschland verhängten Geldbußen siehe https://de.statista.com/statistik/daten/studie/158809/umfrage/vom-bundeskartellamt-verhaengte-bussgelder/, zuletzt abgerufen am 24.6.2018.
[5] Zur Übersicht der von der EU Kommission verhängten Geldbußen siehe http://ec.europa.eu/competition/cartels/statistics/statistics.pdf, zuletzt abgerufen am 24.6.2018.
[6] Zu einer Übersicht des US Justizministeriums zu Strafen, die unter dem Sherman Act verhängt wurden, siehe https://www.justice.gov/atr/sherman-act-violations-yielding-corporate-fine-10-million-or-more, zuletzt abgerufen am 24.6.2018.
[7] Siehe dazu die Datenschutzskandale der Telekom (2008), bei Lidl (2008) und der Deutschen Bahn (2009). Die Jahresangaben in Klammern bezeichnen das Jahr der Aufdeckung der Skandale.
[8] Im Falle der Deutschen Bahn wurde gegen das Unternehmen eine Geldbuße in Höhe von ca. EUR 1,1 Mio. und im Falle von Lidl in Höhe von ca. EUR 1,5 Mio. verhängt. Eine vergleichbar hohe Geldbuße in Höhe von EUR 1,3 Mio. hat im Jahre 2014 auch die Debeka akzeptiert und sich bereit erklärt, zusätzlich mit EUR 600.000 eine Stiftungsprofessur für Datenschutz zu finanzieren. Als Folge der sog Spitzelaffäre der Deutsche Telekom wurde ein Abteilungsleiter im Bereich Konzernsicherheit des Unternehmens zu 3 1/2 Jahren Gefängnis verurteilt worden.
[9] Beispiele dafür sind der Vorstandsvorsitzende Hartmut Mehdorn im Falle der Deutschen Bahn und der Deutschlandchef Frank-Michael Mros im Fall von Lidl.

ternehmen entwickelt. Dies führt bereits heute vielfach zu einer Dreiteilung der unternehmerischen Rechtsbereiche in Abteilungen für (allgemeine) Compliance und Datenschutz auf der einen und der klassischen Rechtsabteilung für allgemeine Rechtsthemen auf der anderen Seite. Damit wurde nicht nur der gesetzlich geregelten Unabhängigkeit des Datenschutzbeauftragten und seiner Überwachungsfunktion Rechnung getragen (→ Rn. 8 ff.), sondern auch – im Sinne der allgemeinen Compliance – Interessenkonflikten vorgebeugt. Entsprechende Konflikte können insbesondere bei der fehlenden Trennung zwischen (allgemeinen) Compliance- und Datenschutzabteilungen entstehen, da es zur Kernaufgabe einer Compliance-Organisation gehört, interne Untersuchungen durchzuführen und als Folge davon ggf. in Persönlichkeitsrechte von Mitarbeitern und auch von Externen, wie zB Geschäftspartnern oder Journalisten, einzugreifen.

Dieser Trend dürfte sich durch die DS-GVO verstärken, zum einen, weil durch die Verordnung die Compliance-Anforderungen an Unternehmen erheblich gestiegen sind, zum anderen, weil die Obergrenze für Geldbußen von bisher EUR 300.000 pro Verstoß (§ 43 Abs. 3 BDSG aF) auf bis zu EUR 20 Mio. bzw. 4% des weltweiten Umsatzes erhöht wurde (Art. 83 DS-GVO). 4

2. Verantwortung für Compliance im Unternehmen

Die DS-GVO regelt – ebenso wie das bisherige Datenschutzrecht – nicht ausdrücklich, wer im Unternehmen die Verantwortung für die Datenschutz-Compliance trägt. Die Verordnung legt lediglich fest, wie die Verantwortung zwischen dem Verantwortlichen und dem Auftragsverarbeiter als Unternehmen verteilt ist, (→ Rn. 12, 13) sowie dass innerhalb des Unternehmens die Verantwortung nicht beim Datenschutzbeauftragten liegt (→ Rn. 8–11). Die Grundsätze des bisherigen Rechts bleiben dabei weitestgehend unverändert. 5

Mangels einer expliziten Regelung kommen damit auch im Datenschutzrecht die allgemeinen Vorschriften zur Compliance-Verantwortung im Unternehmen zur Anwendung. Die Verantwortung obliegt damit in der AG dem Vorstand und dem Aufsichtsrat aufgrund ihrer allgemeinen Sorgfalts- und Aufsichtspflichten (§§ 93, 111 Abs. 1 AktG, § 130 OWiG) sowie in der GmbH – durch entsprechende Anwendung der aktienrechtlichen Grundsätze – der Geschäftsführung und dem Aufsichtsrat (§§ 43, 52 Abs. 1 GmbHG, § 111 Abs. 1 AktG). Darüber hinaus haftet selbstverständlich auch jeder Mitarbeiter für Pflichtverstöße im Rahmen seines Arbeitsverhältnisses und seiner Verantwortlichkeit im Unternehmen (zur Verantwortung des Datenschutzbeauftragten → Rn. 11).

3. Compliance-Pflichten und Compliance-Management-System

Im Rahmen der vorgenannten Sorgfalts- und Aufsichtspflichten stellt sich insofern die Frage, was die Geschäftsleitung allgemein – also unabhängig von den Vorschriften der DS-GVO – zu unternehmen hat, um die Compliance im Unternehmen sicherzustellen. Dabei ist insbesondere zu klären, ob und in welchem Umfang eine Compliance-Organisation und ein Compliance-Management-System einzurichten sind. 6

Aus den vorgenannten Vorschriften des **Gesellschafts- und Ordnungswidrigkeitenrechts** allein lässt sich noch nicht ableiten, dass Unternehmen ein Compliance-Management-System errichten müssen. Aufgrund ihrer Sorgfaltspflicht sind Unternehmen allerdings in jedem Fall verpflichtet, Rechtsverstöße zu verhindern und zu verfolgen (Legalitätskontrolle).[10] Die Frage, wie sie dieser Verpflichtung nachkommen, liegt grundsätzlich im Ermessen der Geschäftsleitung. Je nachdem, welchen Compliance-Risiken das Unternehmen ausgesetzt ist (zB aufgrund seiner Größe oder seines Geschäfts-

---

[10] Siehe dazu Behling ZIP 2017, 698.

modells),[11] kann sich dieses Ermessen jedoch auf Null reduzieren und zu einer Pflicht zur Einrichtung eines Compliance-Management-Systems führen. Ein Überwachungssystem ist jedoch zumindest dann einzurichten, soweit der Fortbestand des Unternehmens gefährdet ist (§ 91 Abs. 2 AktG). Auf Grund der Höhe der iRd DS-GVO drohenden Geldbußen kann diese Schwelle seit Inkrafttreten der Verordnung deutlich schneller überschritten werden.

Darüber hinaus sind Unternehmen selbstverständlich verpflichtet, ein angemessenes Risikomanagement zu implementieren, soweit dies **gesetzlich vorgeschrieben** ist, wie im Bereich der Finanz- und Versicherungsbranche (§ 25a KWG für Kredit- und Finanzdienstleister, §§ 23–34 VAG für Versicherungen).[12] Diese gesetzlichen Regelungen bestätigen jedoch im Umkehrschluss, dass eine entsprechende Pflicht nicht für Unternehmen aller Größen und Branchen besteht. Unternehmen haben daher im Einzelfall zu bewerten, ob unter Berücksichtigung der Unternehmensstruktur, des Geschäftsmodell oder weiterer Risikokriterien – wie zB der Häufung von Rechtsverletzungen in der Vergangenheit – der Pflicht zur Verfolgung von Rechtsverletzung auf andere Weise nachgekommen werden kann als durch die Einrichtung eines unternehmensinternen Compliance-Management-Systems. Davon unberührt bleibt die Möglichkeit für Unternehmen, sich zur Einrichtung eines Compliance-Management-System zu verpflichten[13] und dieses gegebenenfalls auch zertifizieren zu lassen.[14]

7   Die **wesentlichen Elemente eines Compliance-Management-Systems** können dabei vereinfacht wie folgt beschrieben werden:

- Organisationspflicht:
  Ziel der Organisationspflicht ist es, unternehmensinterne Strukturen und Prozesse zu schaffen, um damit Regelverstöße zu verhindern. Dazu gehören ein Compliance-Regelwerk (interne Richtlinien), eine Compliance-Governance (Compliance-Organisation) sowie die Auswahl von Mitarbeitern, Geschäftspartnern und Lieferanten unter Compliance-Gesichtspunkten, also im Hinblick auf ausreichende Verlässlichkeit und Qualifikation. Basierend darauf sind Unternehmensprozesse auf Compliance-Risiken zu überprüfen und entsprechend ihrer Risiken zu gestalten.
- Informationspflicht:
  Ziel der Informationspflicht ist es, eine Compliance-Kultur zu schaffen („Tone from the Top") und Mitarbeiter im Hinblick auf Compliance-Regeln zu schulen. Zudem müssen Mitarbeiter die Möglichkeit haben, sich selbst über diese Regeln zu informieren (Intranet, Hotline etc).
- Überprüfungspflicht:
  Ziel der Überprüfungspflicht ist es, die Wirksamkeit der Compliance-Organisation sowie die Einhaltung der Normen durch unternehmensinterne Prozesse auch fortlau-

---

[11] Zu den Kriterien bei der Frage der Ausgestaltung eines Compliance-Management-Systems siehe § 25a KWG: „Die Ausgestaltung des Risikomanagements hängt von Art, Umfang, Komplexität und Risikogehalt der Geschäftstätigkeit ab."

[12] Im Bereich des Versicherungswesens wurde zur Umsetzung der Solvency-II-Richtlinie die bisherige Regelung des § 64a VAG aF mit Wirkung zum 1.1.2016 durch einen neuen Abschnitt des VAG zur Geschäftsorganisation ersetzt (§§ 23–34 VAG). Zur vorgenannten Richtlinie 2009/138/EG vom 25.11. 2009 betreffend die Aufnahme und Ausübung der Versicherungs- und der Rückversicherungstätigkeit (Solvabilität II) siehe ABl. EU 2009 L 335, 1.

[13] Siehe dazu den Deutschen Corporate Governance Kodex (abgekürzt DCGK) als „Best Practice" für börsennotierte Unternehmen, in dessen Ziffer 4.1.3 sich Unternehmen zur Einrichtung eines Compliance-Management-Systems verpflichten. Zum DCGK siehe http://www.dcgk.de/de/, zuletzt abgerufen am 24.6.2018.

[14] Siehe dazu die im Jahre 2011 vom IDW bzw. dem TÜV veröffentlichten nationalen Compliance-Management-Systems-Standards IDW PS 980 und TR CMS 101:2011 (TÜV). Als internationale Standards wurde im Dezember 2014 der ISO 19600 Standard für Compliance-Management-Systeme im Allgemeinen sowie im Oktober 2016 der ISO 37001 für Antikorruption-Systeme im Speziellen verabschiedet. Zu den Standards sa Jung ZD 2018, 210f.

fend zu überprüfen. Basierend auf den Erkenntnissen sind bei Bedarf Anpassungen in der Organisation und bei den Prozessen vorzunehmen.
- **Sanktionspflicht:**
Ziel der Sanktionspflicht ist es, Verstöße gegen Normen zu verfolgen und angemessen zu sanktionieren. Dazu kann eine Whistleblower-Hotline dienen.

Diese sich aus einer Compliance-Verantwortung ergebenden Pflichten sind zu einem großen Teil in der DS-GVO gesetzlich normiert worden. Im Rahmen der Organisationspflichten zählen dazu insbesondere die Pflicht zur Umsetzung geeigneter technischer und organisatorischer Maßnahmen (→ Rn. 14 ff.) sowie die Auswahlpflicht in Bezug auf Auftragsverarbeiter (→ Rn. 16). Auch wenn diese Pflichten bereits in der Datenschutzrichtlinie von 1995 als Vorgängerin der DS-GVO angelegt waren, so erfahren sie durch die Verordnung doch eine deutlich stärkere Ausprägung. Darauf soll im nächsten Kapitel genauer eingegangen werden.

III. Anwendbare Vorschriften: Compliance iRd DS-GVO

1. Compliance-Verantwortung iRd DS-GVO

a) Verantwortung im Unternehmen: Datenschutzbeauftragter. Für die grundsätzliche Compliance-Verantwortung der Geschäftsleitung im Unternehmen (→ Rn. 5) bringt die DS-GVO auch im Rahmen des Datenschutzes keine Änderungen mit sich. Dabei bleibt es auch, wenn im Unternehmen ein Datenschutzbeauftragter benannt wird, da diesem – wie im Folgenden beschrieben – gemäß Art. 39 DS-GVO nur eine Beratungs- und Überwachungsfunktion zukommt. Auch die Tatsache, dass nicht jedes Unternehmen einen Datenschutzbeauftragten zu bestellen hat, bestätigt das Ergebnis, dass die Compliance-Verantwortung bei der Geschäftsleitung verbleibt.[15]

Der Datenschutzbeauftragte hat im Rahmen der Verordnung primär eine **beratende Funktion** (Art. 39 Abs. 1 lit. a DS-GVO). Im Gegensatz zur DS-GVO hatte das BDSG aF die Verantwortung des Datenschutzbeauftragten noch weiter formuliert, da es gefordert hat, dass er auf die Einhaltung der Datenschutzvorschriften „hinzuwirken" hat (§ 4g Abs. 1 S. 1 BDSG aF). In der Praxis dürfte dies – allein aufgrund der später beschriebenen Überwachungsfunktion des Datenschutzbeauftragten – zu keiner grundlegenden Änderung im Berufsbild des Datenschutzbeauftragten führen. Hinsichtlich der rechtlichen Pflichten macht die Formulierung der DS-GVO es jedoch gegenüber dem BDSG aF noch deutlicher als bisher, dass die Compliance-Verantwortung nicht beim Datenschutzbeauftragten liegt.

Allerdings trägt der Datenschutzbeauftragte bei der **Umsetzung einzelner unternehmerischer** Compliance-Pflichten (→ Rn. 7) aufgrund der ihm bereits kraft Gesetz zugewiesenen Aufgaben eine **Mitverantwortung,** dh er hat im Rahmen des unternehmensinternen Compliance-Management-Systems seinen Beitrag zur Compliance des Unternehmens zu leisten. Dies gilt zB für die unternehmerischen Informationspflichten, da die Verpflichtung des Datenschutzbeauftragten zur Unterrichtung über datenschutzrechtliche Pflichten nicht nur gegenüber dem Unternehmen, sondern – wie bereits iRd § 4g Abs. 1 S. 4 Nr. 2 BDSG aF – auch gegenüber den Beschäftigten besteht (Art. 39 Abs. 1 lit. a DS-GVO).

Von wesentliche Bedeutung ist auch im Rahmen der DS-GVO die Rolle des Datenschutzbeauftragten bei der **Überwachung** der Einhaltung der datenschutzrechtlichen Vorschriften (Art. 39 Abs. 1 lit. b DS-GVO). Während das BDSG aF die Überwachungspflicht noch auf die ordnungsgemäße Anwendung der Datenverarbeitungsprogramme be-

---
[15] Siehe dazu ausführlich Behling ZIP 2017, 699.

schränkt hat (§ 4g Abs. 1 S. 4 Nr. 1 BDSG aF), hat der Datenschutzbeauftragte iRd DS-GVO nun die Einhaltung von Datenschutzvorschriften insgesamt zu überwachen.[16] Interessant ist, dass die Überwachungspflicht auch die Organisations- (Strategie des Unternehmens einschließlich der Zuweisung von Zuständigkeiten), die Informations- (Sensibilisierung und Schulung von Mitarbeitern) und die diesbezüglichen Überprüfungspflichten des Unternehmens (also des unternehmensinternen Auditsystems) umfasst und damit insgesamt weiter ausgestaltet ist als im bisherigen Recht. Der Datenschutzbeauftragte wird damit zum Kontrolleur des unternehmerischen Compliance-Management-Systems, allerdings ohne dass er selbst die Verantwortung dafür trägt.

10   Diese Trennung zwischen der Verantwortung des Unternehmens und der Beratungs- und Überwachungsfunktion des Datenschutzbeauftragten wird auch durch Änderungen bei der sog Vorabkontrolle zum Ausdruck gebracht, die im Rahmen der DS-GVO durch die sog **Datenschutz-Folgenabschätzung** ersetzt wird. Während nach bisherigem Recht die Vorabkontrolle dem Datenschutzbeauftragten oblag (§ 4d Abs. 6 BDSG aF, sa Art. 20 Abs. 2 DS-RL), wird der Datenschutzbeauftragte im Rahmen der Datenschutz-Folgenabschätzung nur beratend und überwachend tätig und dies sogar nur auf Anfrage (Art. 39 Abs. 1 lit. c DS-GVO). Allerdings ist der Verantwortliche selbst verpflichtet, den Rat des Datenschutzbeauftragten einzuholen (Art. 35 Abs. 2 DS-GVO), sodass die Verantwortung für dessen Einbeziehung bei dem verantwortlichen Unternehmen liegt. Auch damit betont der Gesetzgeber die Verantwortung der Geschäftsleitung.

11   **Im Ergebnis** grenzt die DS-GVO die Verantwortung des Datenschutzbeauftragten als Beratungs- und Überwachungsfunktion im Unternehmen noch deutlicher von der grundlegenden Verantwortung der Geschäftsleitung für die Datenschutz-Compliance ab. Auch hier folgt der Datenschutz den allgemeinen Grundsätzen einer angemessenen Compliance-Struktur, in der die Kontrollfunktion von den Compliance-Verantwortlichen zu trennen ist. Um die Unabhängigkeit der Kontrollfunktion nicht zu gefährden, legt auch[17] die Verordnung fest, dass der Datenschutzbeauftragte im Rahmen des Unternehmens bei der Erfüllung seiner Aufgaben keinen Anweisungen unterliegt (Art. 38 Abs. 3 S. 1 DS-GVO).

Im Rahmen des BDSG aF war umstritten, ob die BGH-Rechtsprechung zur Garantenstellung und **Haftung** eines Compliance-Officers auch auf Datenschutzbeauftragte anzuwenden ist.[18] Dies hängt auch im Rahmen der DS-GVO von den Pflichten des Datenschutzbeauftragten ab, also in Bezug auf die Garantenstellung konkret davon, ob der Datenschutzbeauftragte verpflichtet ist, Rechtsverstöße zu verhindern. Nachdem die Verordnung noch deutlicher als das BDSG aF die Verantwortung der Geschäftsleitung von der Beratungs- und Überwachungsfunktion des Datenschutzbeauftragten abgrenzt, ist eine entsprechende Verhinderungspflicht und damit auch eine Garantenstellung im Rahmen der DS-GVO zu verneinen.[19] Dies wird insbesondere durch den Umstand deutlich gemacht, dass sich die Überwachungspflicht des Datenschutzbeauftragten auf das unternehmerische Compliance-Management-System selbst erstreckt (Art. 39 Abs. 1 lit. b DS-GVO) und die Kontrollfunktion nicht selbst für die Beseitigung eines Verstoßes verantwortlich gemacht werden kann.

---

[16] Damit wird auch der Veränderung der Rolle des Datenschutzbeauftragten Rechnung getragen, das in der Vergangenheit eher technisch ausgerichtet war, während inzwischen ein stärkerer Fokus auf die Kontrolle rechtlicher Anforderungen gelegt wird.
[17] Zur entsprechenden Regelung im bisherigen Recht siehe § 4f Abs. 3 S. 2 BDSG aF.
[18] BGH Urt. v. 17.7.2009 – 5 StR 394/08 zur Garantenstellung eines Compliance-Officers aufgrund seiner Verpflichtung, Rechtsverstöße zu verhindern. Zur Garantenstellung ablehnend Schmitz/Thoma in Gierschmann/Saeugling Syst Praxis-Kom. § 4f Rn. 45.
[19] Ebenso Helfrich in Sydow DS-GVO Art. 39 Rn. 72 und Lantwin ArbRAktuell 2017, 508; aA Bergt in Kühling/Buchner DS-GVO Art. 39 Rn. 55, der den Datenschutzbeauftragten aufgrund seiner Überwachungspflichten als Überwachungsgarant einstuft; offenlassend Paal in Paal/Pauly DS-GVO Art. 39 Rn. 12.

b) Verantwortung zwischen Unternehmen: Verantwortlicher und Auftragsverar- 12
beiter. Auch im Verhältnis zwischen dem Verantwortlichen und dem Auftragsverarbeiter bleibt es im Rahmen der Verordnung bei der grundsätzlichen Verantwortung von ersterem für die Einhaltung der datenschutzrechtlichen Vorschriften. Dies wird im Kapitel II der DS-GVO bereits im Hinblick auf die Datenschutzgrundsätze deutlich (Art. 5 Abs. 2 DS-GVO)[20] und im Kapitel IV durch Art. 24 Abs. 1 DS-GVO für die Einhaltung der DS-GVO Vorschriften insgesamt festgelegt.[21]

Sogenannte „**Gemeinsam Verantwortliche**" können ihrer grundsätzlichen gesamtschuldnerischen Haftung gegenüber betroffenen Personen nicht einmal dann entgehen, wenn sie – wie von Art. 26 Abs. 1 DS-GVO gefordert – einzelne Pflichten für die Verarbeitung untereinander vertraglich aufteilen (Art. 26 Abs. 3 DS-GVO).[22] Allerdings steht ihnen die Exkulpationsmöglichkeit des Art. 82 Abs. 4 DS-GVO offen. Eine entsprechende vertragliche Zuweisung der Verantwortlichkeiten wirkt jedoch im Innenverhältnis beim Haftungsausgleich zwischen den Verantwortlichen (sa Art. 82 Abs. 5 DS-GVO)[23] und – aufgrund des Verschuldensgrundsatzes bei Sanktionen – gegenüber Aufsichtsbehörden,[24] sodass die entsprechende Verteilung der Verantwortung bei der Verhängung von Geldbußen zu berücksichtigen ist.

Die Frage, welche (ergänzend zum Verantwortlichen zusätzliche) **Verantwortung den** 13
Auftragsverarbeitern zugewiesen wird, wurde im Gesetzgebungsverfahren zur DS-GVO ausführlich diskutiert. Dem Grunde nach bestand aber Einigkeit darüber, im Gegensatz zur DS-RL Auftragsverarbeiter mit in die Verantwortung für die Datenschutz-Compliance zu nehmen.[25]

---

[20] Im Gegensatz zur Verordnung – und auch zur DS-RL – enthielt das BDSG aF keine Vorschrift zu allgemeinen Datenschutzgrundsätzen und damit auch keine Regelung zur Verantwortung der „verantwortlichen Stelle" für diese. Allerdings haben einzelne Vorschriften des BDSG aF die Grundsätze ausdrücklich oder implizit abgebildet (zB § 3a S. 1 BDSG aF zur Datensparsamkeit = Datenminimierung, §§ 14 Abs. 2, 28 Abs. 2 BDSG aF zur Zweckbindung). Eine dem Art. 5 Abs. 1 DS-GVO inhaltlich entsprechende Regelung hat der deutsche Gesetzgeber jedoch inzwischen im Rahmen der Umsetzung der Richtlinie (EU) 2016/680 für Polizei und Justiz übernommen (§ 47 BDSG) in das nationale Recht übernommen. Die DS-RL enthielt ein dem Art. 5 Abs. 2 DS-GVO inhaltsgleiche Regelung bzgl. der Datenschutzgrundsätze (Art. 6 Abs. 2 DS-RL), aber keine Regelung, die die Verantwortung des „für die Verarbeitung Verantwortlichen" insgesamt regelt. Allerdings machen der ErwGr 46 sowie die Einzelregelungen der DS-RL – wie zB die Einzelregelungen zu den Informationspflichten (Art. 10, 11 DS-RL), zum Auskunftsrecht (Art. 12 DS-RL) und zur Datensicherheit (Art. 17 Abs. 1 DS-RL) – deutlich, dass die Verantwortung für die Einhaltung der DS-RL-Vorschriften bei dem „für die Verarbeitung Verantwortlichen" liegt.
[21] Eine dem Art. 24 Abs. 1 DS-GVO entsprechende allgemeine Regelung enthielt bereits § 11 Abs. 1 S. 1 BDSG aF. Auch die DS-RL folgte diesem Grundsatz, auch wenn in der Richtlinie eine Vorschrift gefehlt hat, die die Verantwortung universell geregelt hat.
[22] Insofern kritisch dazu Veil in GSSV DS-GVO Art. 26 Rn. 68.
[23] Ebenso Veil in GSSV DS-GVO Art. 26 Rn. 68.
[24] Ebenso Tinnefeld/Hanßen in Wybitul HdB DS-GVO Art. 26 Rn. 21 f. und Ingold in Sydow DS-GVO Art. 26 Rn. 10 aE.
[25] Dies war dadurch motiviert, dass Auftragsverarbeitern in der heutigen Datenverarbeitung eine immer größere Bedeutung zukommt, da die wenigsten Unternehmen in der Lage sind, aufgrund fehlenden Know-hows oder Ressourcen oder aus Kostengründen ihre IT-Infrastruktur vollständig selbst zu betreiben. Diesem Umstand trägt die DS-GVO Rechnung und weist dem Auftragsverarbeiter nicht nur eigene Verantwortlichkeiten zu, sondern ermöglicht es auch den betroffenen Personen, direkt Schadensersatzansprüche gegenüber Auftragsverarbeiter geltend zu machen (zum Schadensersatz siehe Art. 82 DS-GVO).
Neben den im Folgenden beschriebenen Verpflichtungen gemäß Art. 32 DS-GVO haben nunmehr auch Auftragsverarbeiter ein Verarbeitungsverzeichnis zu führen (Art. 30 Abs. 2 DS-GVO) und dem Verantwortlichen Verletzungen des Schutzes personenbezogener Daten zu melden (Art. 33 Abs. 2 DS-GVO). Darüber hinaus ist der Auftragsverarbeiter – neben dem Verantwortlichen – auch mitverantwortlich für Maßnahmen iRd internationalen Datentransfers (Art. 44 Abs. 1 DS-GVO). Siehe Art. 44 Abs. 1 DS-GVO (Hervorhebung von Verf.): „Jedwede Übermittlung personenbezogener Daten, die bereits verarbeitet werden oder nach ihrer Übermittlung an ein Drittland oder eine internationale Organisation verarbeitet werden sollen, ist nur zulässig, wenn der Verantwortliche und der **Auftragsverarbeiter** die in diesem Kapitel niedergelegten Bedingungen einhalten und auch die sonstigen Bestimmungen dieser Verordnung eingehalten werden...".

Während die DS-RL die Verantwortung für die Einhaltung der datenschutzrechtlichen Pflichten noch umfänglich dem Verantwortlichen zugeschrieben hat,[26] hat bereits § 9 BDSG aF eine Mitverantwortung des Auftragsverarbeiters bei der Implementierung technischer und organisatorischer Maßnahmen (TOM) vorgesehen. Eine entsprechende Regelung findet sich nun auch in Art. 32 Abs. 1 DS-GVO, jedoch beschränkt auf die Frage der Datensicherheit.[27] Gemäß der Vorschrift haben sowohl der Verantwortliche als auch der Auftragsverarbeiter geeignete TOM zu treffen, um die Sicherheit der Daten zu gewährleisten (→ Rn. 14ff.). Da der Auftragsverarbeiter dem Verantwortlichen auch bei der Erfüllung seiner Pflichten gegenüber betroffenen Personen sowie seinen Pflichten gemäß Art. 32–36 DS-GVO zu unterstützen hat (Art. 28 Abs. 3 UAbs. 1 S. 2 lit. e, f DS-GVO), gilt dies grundsätzlich auch bei der Einrichtung der TOM, die dem Verantwortlichen obliegen. Art 28 DS-GVO macht jedoch deutlich, dass dies nur abhängig von der Art der vom Auftragsverarbeiter übernommenen Leistungen und nach Maßgabe der vertraglichen Vereinbarungen zwischen ihm und dem Verantwortlichen gilt.[28]

2. Organisationspflichten: TOM und Risikomanagement

14 **a) Technische und organisatorische Maßnahmen (TOM).** Das wesentliche Instrument des Datenschutzes zur Sicherstellung der Compliance ist die Verpflichtung des Verantwortlichen – und auch des Auftragsverarbeiters – technische und organisatorische Maßnahmen (TOM) zu treffen, um die datenschutzrechtlichen Anforderungen umzusetzen.

Die Verordnung sieht die **Verantwortung** für das Einrichten von TOM im Hinblick auf die Einhaltung der DS-GVO Vorschriften insgesamt beim Verantwortlichen (Art. 24 Abs. 1 DS-GVO). Nur bei der Sicherheit der Daten trägt der Auftragsverarbeiter eine gesetzliche Mitverantwortung (Art. 32 Abs. 1 DS-GVO).[29] Darüber hinaus erwähnt die Neufassung des BDSG die Verpflichtung zur Einrichtung, Überprüfung, Bewertung und Evaluierung von TOM noch einmal ausdrücklich im Zusammenhang mit den ergänzenden Rechtsgrundlagen für die Verarbeitung von besonderen Kategorien personenbezogener Daten (§ 22 Abs. 2 S. 2 Nr. 1 und Nr. 9 BDSG), was vor dem Hintergrund der allgemeinen und direkt geltenden Regelung des Art. 24 Abs. 1 DS-GVO eher deklaratorischen Charakter hat.[30] Im Gegensatz zur DS-GVO sah das BDSG aF noch den Verantwortlichen und den Auftragsverarbeiter insgesamt in der Pflicht (§ 9 BDSG aF), also auch über das Thema Datensicherheit hinaus.[31]

---

[26] Gemäß Art. 17 Abs. 2 und 3 DS-RL hatte der „für die Verarbeitung Verantwortliche" lediglich den Auftragsverarbeiter sorgfältig auszusuchen und zu überwachen (Abs. 2) sowie sein Weisungsrecht vertraglich festzulegen (Abs. 3, 1. Spiegelstrich). Der Unionsgesetzgeber sah jedoch bereits vor, dass nationale Gesetzgeber weitergehende Pflichten des Auftragsverarbeiters festlegen können (Abs. 3, 2. Spiegelstrich), wovon das BDSG aF auch Gebrauch gemacht hat.

[27] Auch bei der Umsetzung der Richtlinie (EU) 2016/680 für Polizei und Justiz wurde festgelegt, dass im Falle der Auftragsverarbeitung die Verantwortung für die Datenschutz-Compliance grundsätzlich beim Verantwortlichen liegt (§ 62 Abs. 1 S. 1 BDSG), allerdings im Bereich der Datensicherheit beim Verantwortlichen und beim Auftragsverarbeiter liegt (§ 64 Abs. 1 S. 1 BDSG).

[28] Zur Unterstützungspflicht des Auftragsverarbeiters siehe Tinnefeld/Krätschmer in Wybitul HdB DS-GVO Art. 28 Rn. 46 in Tabelle zu lit e und f des Art. 28 Abs. 3 UAbs. 1 S. 2 DS-GVO.

[29] Zur Abgrenzung der Verantwortung zwischen dem Verantwortlichen und dem Auftragsverarbeiter siehe Tinnefeld/Krätschmer in Wybitul HdB DS-GVO Art. 28 Rn. 30.

[30] Eine dem Art. 32 Abs. 1 DS-GVO entsprechende Regelung hat der deutsche Gesetzgeber zur Umsetzung der Richtlinie (EU) 2016/680 für Polizei und Justiz auch in § 64 Abs. 1 S. 1 BDSG übernommen, die über die Regelung der Verordnung hinaus – allerdings auch hier nur klarstellend – den Schutz besonderer Kategorien personenbezogener Daten ausdrücklich erwähnt.

[31] Mit der Verpflichtung des Auftragsverarbeiters geht die DS-GVO jedoch über die bisherige unionsweite Regelung der DS-RL hinaus, die bei TOMs noch allein auf die Sicherheit der Daten und auf die alleinige Verpflichtung des Verantwortlichen abgestellt hatte (Art. 17 Abs. 1 DS-RL). Lediglich der ErwGr 46 DS-RL erwähnte die Pflicht zur Einrichtung geeigneter TOMs auch über das Thema Datensicherheit hinaus, wobei auch hier die Datensicherheit als Beispiel genannt wird.

Im Gegensatz zum bisherigen BDSG, dessen Anlage zu § 9 S. 1 BDSG aF einen Mindestkatalog von Maßnahmen enthielt, macht Art. 24 Abs. 1 DS-GVO keine näheren **Vorgaben** dazu, **welche Maßnahmen zu treffen** sind.[32] Vielmehr wird nur allgemein vorgegeben, dass sie geeignet sein müssen, um die Daten je nach Eintrittswahrscheinlichkeit und Schwere der Risiken zu schützen. Dabei sind die Art, der Umfang, die Umstände und der Zweck der Verarbeitung zu berücksichtigen. Ähnliches sieht Art. 32 Abs. 1 DS-GVO für die Sicherheit der Daten vor, stellt allerdings zusätzlich noch auf den Stand der Technik und die Implementierungskosten ab. Im Ergebnis geht es daher um eine Risikoabwägung im Anschluss an eine Risikobewertung, ähnlich wie bei Compliance-Maßnahmen im Allgemeinen (→ Rn. 6). Auch bei Beispielen für entsprechende Maßnahmen erwähnt die DS-GVO allgemeine Compliance-Elemente wie die Einführung von Datenschutz-Richtlinien[33] (Art. 24 Abs. 2 DS-GVO) sowie die Einhaltung von Verhaltensregeln und Zertifikaten (Art. 24 Abs. 3 DS-GVO; zu den Standards im Bereich Compliance → Rn. 6 am Ende).

Noch konkreter regelt die DS-GVO die Organisationspflichten des Verantwortlichen 15 in der Verpflichtung, Datenverarbeitungsprozesse so zu gestalten und zu implementieren, dass die Datenschutzgrundsätze und die Rechte der betroffenen Personen gesichert sowie Anforderungen der Verordnung eingehalten werden (Art. 25 Abs. 1 DS-GVO). Dieser „**Privacy by Design**"[34]-Grundsatz war im BDSG und in der DS-RL zwar bereits angelegt,[35] hat aber durch die ausdrückliche Regelung in der DS-GVO an Bedeutung gewonnen. Durch die Neuregelung wird der präventive Ansatz bei der Erfüllung der Organisationspflichten betont, der bisher nur im ErwGr 46 der DS-RL niedergelegt war.[36] Darüber hinaus stellt der Art. 25 DS-GVO in seinem zweiten Absatz auch klar, dass durch datenschutzfreundliche Voreinstellungen die Datenschutzgrundsätze der Zweckbindung, Datenminimierung, Speicherbegrenzung und Vertraulichkeit (Art. 5 Abs. 1 DS-GVO) umzusetzen sind (Art. 25 Abs. 2 DS-GVO – sog **„Privacy by Default"**). Dem Grunde nach konkretisiert Art. 25 DS-GVO aber nur Selbstverständlichkeiten, die sich bereits aus der allgemeinen Regelung des Art. 24 DS-GVO ergeben, da zum einen ohne ein entsprechendes „Design" von Prozessen die Verpflichtung zur Einrichtung geeigneter TOM nicht erfüllt werden kann und zum anderen auch die Datenschutzgrundsätze nur mit entsprechenden Voreinstellungen ausreichend umgesetzt werden. Der Umstand, dass dieser Regelung viel Aufmerksamkeit bei der Kommentierung der DS-GVO entgegengebracht wird, bestätigt aber die – zumindest „bewusstseinsbildende" – Bedeutung der neuen Vor-

---

[32] Bei der Umsetzung der Richtlinie (EU) 2016/680 für Polizei und Justiz wurde jedoch ein gegenüber dem BDSG aF erweiterter Maßnahmenkatalog aufgenommen (§ 64 Abs. 3 BDSG). Dabei wird auch auf die Richtlinien und Empfehlungen des BSI verwiesen (§ 64 Abs. 1 S. 2 BDSG).
[33] In der deutschen Übersetzung des Art. 24 Abs. 2 DS-GVO werden Richtlinien „Datenschutzvorkehrungen" genannt, während der Begriff „Policies" in der englischsprachigen Fassung der Verordnung passender erscheint.
[34] In der deutschen Fassung wird der Begriff eher unglücklich „Datenschutz durch Technikgestaltung" genannt, was außer Acht lässt, dass auch organisatorische Maßnahmen zu treffen sind. In der englischsprachigen Version der DS-GVO wird von „Data Protection by Design" gesprochen, da die Verordnung den Begriff „Data Protection" verwendet. Demgegenüber sprach die DS-RL noch vom „Right to Privacy" (Art. 1 Abs. 1 DS-RL) und auch außerhalb der EU ist der Begriff „Privacy" gebräuchlicher. Demgegenüber hatte die Artikel 29-Datenschutzgruppe im Jahre 2009 in ihren Ausführungen zur Zukunft des Datenschutzrechts noch den Begriff „Privacy by Design" verwendet (siehe Artikel 29-Datenschutzgruppe, The Future of Privacy, WP 168, 1.12.2009).
[35] Siehe zum BDSG die Anlage zu § 9 S. 1 BDSG („… ist die innerbehördliche oder innerbetriebliche Organisation so zu gestalten, dass sie den besonderen Anforderungen des Datenschutzes gerecht wird. …") und zur DS-RL dessen ErwGr 46.
[36] ErwGr 46 DS-RL (Hervorhebung vom Verf.): „(46) Für den Schutz der Rechte und Freiheiten der betroffenen Personen bei der Verarbeitung personenbezogener Daten müssen geeignete technische und organisatorische Maßnahmen getroffen werden, und zwar sowohl zum **Zeitpunkt der Planung des Verarbeitungssystems** als auch zum Zeitpunkt der eigentlichen Verarbeitung, um insbesondere deren Sicherheit zu gewährleisten und somit jede unrechtmäßige Verarbeitung zu verhindern. Die Mitgliedstaaten haben dafür Sorge zu tragen, daß der für die Verarbeitung Verantwortliche diese Maßnahmen einhält. …"

schrift. Eine eigenständige Bedeutung bekommt Art. 25 DS-GVO allerdings dadurch, dass die Vorschrift im Gegensatz zu Art. 24 DS-GVO bußgeldbewehrt ist (→ Rn. 25).

16 Neben der Verpflichtung, eigene Prozesse regelkonform auszugestalten, gehört zu einem Compliance-Management-System auch die Auswahl verlässlicher Geschäftspartner. Entsprechende Vorgaben enthält die DS-GVO für die **Auswahl von Auftragsverarbeitern** durch Verantwortliche. Gemäß Art. 28 Abs. 1 DS-GVO darf der Verantwortliche nur Auftragsverarbeiter einsetzen, die hinreichende Garantien dafür bieten, dass auch diese selbst geeignete TOM treffen, um die Einhaltung der datenschutzrechtlichen Vorschriften auch nach deren Einschalten zu gewährleisten. Bereits die DS-RL enthielt eine entsprechende Regelung (Art. 17 Abs. 2 DS-RL). Eine gesetzliche Verpflichtung des Verantwortlichen Auftragsverarbeiter zu überwachen, findet sich in den europarechtlichen Vorgaben hingegen nicht. Der Verantwortliche hat sich jedoch vertraglich ein Recht zur Überprüfung des Auftragsverarbeiters einräumen zu lassen (Art. 28 Abs. 3 S. 2 lit. h DS-GVO). Das BDSG aF hatte in diesem Punkt weitergehende Anforderungen an den Verantwortlichen gestellt. Neben der Pflicht zur sorgfältigen Auswahl (§ 11 Abs. 2 S. 1 BDSG aF) war der Verantwortliche nämlich nach bisherigem Recht auch zur Kontrolle der vom Auftragsverarbeiter getroffenen TOM verpflichtet und zwar vor Beginn der Datenverarbeitung durch diesen und auch regelmäßig während dessen Einsatzes (§ 11 Abs. 2 S. 3 BDSG aF).

Demgegenüber stellt die DS-GVO strengere Anforderungen bei der Kontrolle des Verantwortlichen über die Einschaltung weitere Auftragsverarbeiter, also von Unterauftragnehmern des Auftragsverarbeiters, der den Vertrag mit dem Verantwortlichen hält. Während im Rahmen des BDSG aF dazu nur eine vertragliche Regelung zwischen verantwortlicher Stelle und Auftragnehmer zu treffen war, ohne dass der Gesetzgeber Vorgaben zu deren Inhalt gemacht hat (§ 11 Abs. 2 S. 2 Nr. 6 BDSG aF), legt Art. 28 Abs. 2 DS-GVO nunmehr fest, dass die Einschaltung weiterer Auftragnehmer der Zustimmung des Verantwortlichen bedarf. Die Kontrolle des Verantwortlichen über die Auftragsverarbeiter soll damit auch auf nachgelagerte Auftragsverarbeiter ausgedehnt werden. Selbst wenn die Zustimmung vom Verantwortlichen allgemein erteilt wird, räumt ihm die Vorschrift ein Widerspruchsrecht bei Änderungen ein, also wenn weitere Auftragsverarbeiter hinzugezogen oder bestehende Auftragsverarbeiter ersetzt werden. Aus dem Sinn und Zweck der Norm ergibt sich jedoch, dass dieses Widerspruchsrecht auf die Fälle zu beschränken ist, in denen durch die Einschaltung anderer Auftragsverarbeiter die Einhaltung der datenschutzrechtlichen Anforderungen nicht mehr sichergestellt wäre.[37]

17 Neben der gesetzlich geregelten Auswahlpflicht bei Auftragsverarbeitern erfordert ein Compliance-Management-System auch die sorgfältige Auswahl eigener Mitarbeiter und sonstiger Geschäftspartner. Dasselbe gilt für die Due Diligence von Unternehmen bei Unternehmenskäufen. Diese allgemeinen Standards einer Compliance-Organisation können im Rahmen des Datenschutzes aus den gemäß Art. 24 DS-GVO zu treffenden Maßnahmen abgeleitet werden, da die TOM nur dann umfassend eingerichtet und deren Einhaltung sichergestellt werden, wenn sie nicht durch Mitarbeiter, Unternehmenskäufe oder Kooperationen mit Geschäftspartnern gefährdet werden.

18 **Zusammengefasst** lässt sich festhalten, dass die Art. 24, 25 DS-GVO den Verantwortlichen – sowie Art. 32 DS-GVO zusätzlich auch den Auftragsverarbeitern – verpflichten, geeignete Maßnahmen zu treffen haben, um die Einhaltung der Vorschriften der DS-GVO sicherzustellen. Dabei geht es neben der Einhaltung der Datenschutzgrundsätze (Art. 5 DS-GVO) vor allem um den Schutz der Rechte der betroffenen Personen. Im Rahmen dessen sind Unternehmen auch zur sorgfältigen Auswahl von eigenen Mitarbeitern und Geschäftspartnern verpflichtet. Art. 28 Abs. 1, 2 DS-GVO enthält dazu eine ausdrückliche gesetzliche Regelung im Verhältnis zwischen dem Verantwortlichen und seinen Auftragsverarbeitern.

---

[37] Siehe dazu Tinnefeld/Krätschmer in Wybitul HdB DS-GVO Art. 28 Rn. 40.

§ 6 Compliance

b) Risikomanagement. Nicht nur im Bereich der TOM (→ Rn. 14 ff.), sondern auch 19 bei sonstigen Anforderungen an den Datenschutz verfolgt die DS-GVO einen sog. „**risikobasierten**" Ansatz. Auch insofern werden Grundsätze des BDSG und der DS-RL weiterentwickelt[38] sowie allgemeinen Compliance-Grundsätzen Rechnung getragen (→ Rn. 6).

Dazu zählt die Regelung, dass Unternehmen und Einrichtungen mit weniger als 250 Mitarbeitern kein Verarbeitungsverzeichnis zu führen haben, sofern die von ihnen vorgenommenen Verarbeitungen nicht als risikobehaftet eingestuft werden (Art. 30 Abs. 5 DS-GVO). Auch die Meldepflicht bei Sicherheitsverletzungen[39] enthält ein nach Risiken abgestuftes System, da eine Meldung an die Aufsichtsbehörde entfällt, wenn es unwahrscheinlich ist, dass die Verletzungen zu Risiken für die betroffenen Personen führen (Art. 33 Abs. 1 DS-GVO), und eine Meldung an die betroffenen Personen nur bei einem hohen Risiko für deren Rechte erforderlich ist (Art. 34 Abs. 1 DS-GVO).

Die Regelung zur Datenschutz-Folgenabschätzung (Art. 35, 36 DS-GVO) entspricht ihrem Sinn und Zweck nach der Vorabkontrolle des § 4d Abs. 5 BDSG aF, auch wenn die Fälle, in denen ein solches „Data Protection Impact Assessment" in jedem Fall erforderlich ist (Art. 35 Abs. 3 DS-GVO), anders definiert sind als im BDSG aF. Dessen ungeachtet gilt weiterhin der Grundsatz, dass eine solche Maßnahme nur im Falle eines hohen Risikos für die Rechte der betroffenen Personen erforderlich ist.[40]

Nicht zuletzt schreibt die DS-GVO auch die Bestellung eines Datenschutzbeauftragten – außer bei Behörden und öffentlichen Stellen – nur vor, wenn die Kerntätigkeiten des Verantwortlichen oder Auftragsverarbeiters besonders risikobehaftet sind (Art. 37 Abs. 1 DS-GVO).[41] Die Neufassung des BDSG hat jedoch für Unternehmen die Rechtslage des § 4f Abs. 1 BDSG aF weitestgehend beibehalten.[42] Demzufolge sind Datenschutzbeauftragte zumindest dann zu benennen, wenn mindestens zehn Personen ständig mit der automatischen Verarbeitung von personenbezogenen Daten beschäftigt sind (Art. 38 Abs. 1 BDSG). Darüber hinaus ist auch die Ausnahme des § 4f Abs. 1 S. 6 BDSG aF für risikobehaftete Verarbeitung in den Art. 38 Abs. 1 BDSG übernommen worden, die ergänzend zu den Risikotatbeständen des Art. 37 Abs. 1 DS-GVO gilt.

Zusammengefasst lässt sich festhalten, dass sich der – auch im Gesetzgebungsverfah- 20 ren zur DS-GVO propagierte – risikobasierte Ansatz in der Verordnung vielfach wiederspiegelt und auch diesbezüglich die DS-GVO allgemeinen Compliance-Grundsätzen folgt

---

[38] Siehe zum BDSG wiederum die Anlage zu § 9 S. 1 („... Dabei sind insbesondere Maßnahmen zu treffen, die je nach der Art der zu schützenden personenbezogenen Daten oder Datenkategorien geeignet sind, ...") sowie zur DS-RL der ErwGr 46 („Diese Maßnahmen müssen unter Berücksichtigung des Standes der Technik und der bei ihrer Durchführung entstehenden Kosten ein Schutzniveau gewährleisten, das den von der Verarbeitung ausgehenden Risiken und der Art der zu schützenden Daten angemessen ist") und Art. 17 Abs. 1 DS-RL („Diese Maßnahmen müssen unter Berücksichtigung des Standes der Technik und der bei ihrer Durchführung entstehenden Kosten ein Schutzniveau gewährleisten, das den von der Verarbeitung ausgehenden Risiken und der Art der zu schützenden Daten angemessen ist").

[39] Aus der Definition des Begriffes der „Verletzung des Schutzes personenbezogener Daten" in Art. 4 Nr. 12 DS-GVO ergibt sich, dass die Vorschrift nur bei Verletzungen der Datensicherheit zur Anwendung kommt.

[40] Über die gesetzlichen geregelten Fälle des Art. 35 Abs. 3 DS-GVO hinaus hat die Artikel 29-Datenschutzgruppe weitere Kriterien für die Einstufung von Verarbeitungen als Verarbeitungen mit „hohem Risiko" veröffentlicht: Artikel 29-Datenschutzgruppe, Leitlinien zur Datenschutz-Folgenabschätzung (DSFA) und Beantwortung der Frage, ob eine Verarbeitung im Sinne der Verordnung 2016/679 „wahrscheinlich ein hohes Risiko mit sich bringt", WP 248, 4.10.2017. Zu einer Übersicht nationaler Positiv-/Negativlisten gemäß Art. 35 Abs. 4 und 5 DS-GVO siehe http://datenrecht.ch/datenschutz-folgenabschaetzung-erste-positiv-und-negativlisten/; detaillierter zu den Positivlisten der deutschen Aufsichtsbehörden siehe https://www.bvdnet.de/aufsichtsbehoerden-veroeffentlichen-positivlisten-zur-datenschutz-folgenabschaetzung/, beide Dateien zuletzt abgerufen am 24.6.2018.

[41] Nachdem in anderen EU-Staaten die Bestellung des Datenschutzbeauftragten bisher nicht zwingend war, ist das deutsche Modell des Datenschutzbeauftragten in die DS-GVO in abgeschwächter Form, dh für Unternehmen mit risikobehafteten Geschäftsmodellen, übernommen worden.

[42] Lediglich die 20-Personen-Schwelle für nicht-automatisierte Verarbeitungen (§ 4f Abs. 1 S. 3 BDSG aF) wurde nicht übernommen.

(→ Rn. 6). Die Verordnung nimmt nicht nur selbst bei der Ausgestaltung der gesetzlichen Pflichten eine Risikoabwägung vor, sondern verpflichtet auch die Verantwortlichen und Auftragsverarbeiter bei der Ausgestaltung von TOM ein angemessenes Risikomanagement zu betreiben.

3. Dokumentationspflicht: Nachweis der Compliance

21 Gegenüber dem bisherigen Recht hat die DS-GVO die Dokumentationspflichten für Unternehmen wesentlich erweitert. Beispiele dafür sind die Verpflichtung, dass nunmehr – neben dem Verantwortlichen – auch Auftragsverarbeiter ein Verarbeitungsverzeichnis zu führen haben (Art. 30 Abs. 2 DS-GVO) sowie dass Details der Datenschutz-Folgenabschätzung zu dokumentieren sind (Art. 35 Abs. 7 DS-GVO). Neben Dokumentationspflichten begründet die Verordnung auch eine Vielzahl von Nachweispflichten,[43] denen zwar durch jegliches Beweismittel nachgekommen werden kann, die allerdings rechtssicher ohne entsprechende Dokumentation schwer zu erfüllen sind. Im Folgenden soll auf die Nachweispflichten eingegangen werden, die unter Compliance-Gesichtspunkten am relevantesten erscheinen, nämlich die **allgemeinen Nachweispflichten** des Verantwortlichen (Art. 5 Abs. 2 DS-GVO und Art. 24 Abs. 1 DS-GVO).

22 Über spezifische Nachweispflichten hinaus fordert die DS-GVO von Verantwortlichen nachweisen zu können, dass sie die **Datenschutzgrundsätze** (Art. 5 Abs. 2 DS-GVO) sowie die **Vorschriften der Verordnung insgesamt** (Art. 24 Abs. 1 S. 1 DS-GVO) einhalten. Bereits aus dem Wortlaut des Art. 24 DS-GVO ergibt sich, dass der Nachweis mittels umgesetzter TOM erbracht werden soll (→ Rn. 14 ff.).

Das bisherige Recht enthielt demgegenüber nur Verhaltenspflichten (Art. 6 Abs. 2, 17 Abs. 1 DS-RL, § 9 BDSG aF), dh der Verantwortliche musste nur entsprechend der gesetzlichen Vorgaben gehandelt haben. Demzufolge mussten Aufsichtsbehörden dem Verantwortlichen ein fehlendes Handeln nachweisen, um gegebenenfalls Sanktionen verhängen zu können. Insofern stellt sich die Frage, ob und – wenn ja – inwieweit die Nachweispflicht daran etwas ändert. Darüber hinaus ist von wesentlicher Bedeutung, ob die Nachweispflicht nur gegenüber den Aufsichtsbehörden oder auch gegenüber Dritten wie zB betroffenen Personen besteht, da – im Gegensatz zu vergleichbaren Regelungen in anderen Rechtsgebieten (→ Rn. 6)[44] – die Art. 5 Abs. 2, 24 Abs. 1 DS-GVO dazu keine Aussagen treffen.

Historisch sind die allgemeinen Nachweispflichten im Zusammenhang mit dem Begriff der „Accountability"[45] zu bewerten, der aus dem angloamerikanischen Recht entwickelt wurde, dessen Bedeutung allerdings nicht eindeutig definiert ist. In ihrer Empfehlung an die Kommission im Vorfeld der Entwürfe zur DS-GVO hatte die Artikel 29-Datenschutzgruppe versucht, den Begriff so zu umschreiben, dass die Verantwortung für Aufsichtsbehörden überprüfbar gemacht werden soll und stellte dabei auf die Pflicht zur Gewährleistung der Einhaltung der zu treffenden Maßnahmen ab.[46] Während im Rahmen des

---

[43] Zu den Nachweispflichten iRd Verordnung siehe Veil in GSSV DS-GVO Art. 24 Rn. 49 ff.
[44] Siehe zB § 25a Abs. 1 UAbs. 2 S. 2 Nr. 2 KWG, der eine Dokumentation zur Prüfung durch die BaFin fordert: „... Eine ordnungsgemäße Geschäftsorganisation umfasst darüber hinaus ... Nr. 2 eine vollständige Dokumentation der Geschäftstätigkeit, die eine lückenlose Überwachung durch die Bundesanstalt für ihren Zuständigkeitsbereich gewährleistet; erforderliche Aufzeichnungen sind mindestens fünf Jahre aufzubewahren. ...". Allerdings erwähnt die Neuregelung des § 23 Abs. 5 VAG allgemein „Dritte" als Adressaten: „Die aufbau- und ablauforganisatorischen Regelungen sowie das interne Kontrollsystem sind für Dritte nachvollziehbar zu dokumentieren. Die Dokumentation ist sechs Jahre aufzubewahren ...".
[45] Die „Rechenschaftspflicht" des Art. 5 Abs. 2 DS-GVO wird in der englischsprachigen Fassung der Verordnung mit „Accountability" übersetzt.
[46] Artikel 29-Datenschutzgruppe, Stellungnahme 3/2010 zum Grundsatz der Rechenschaftspflicht, WP 173, 13.7.2010, Ziff. 21 bis 23. Die Stellungnahme versucht, den Begriff mit anderen Begriffen – wie zB „verstärkte Verantwortung", „Zuverlässigkeit" und „Vertrauenswürdigkeit" – zu umschreiben, beschränkt sich aber am Ende auf das Verständnis, dass es bei der Rechenschaftspflicht darum geht, dass Maßnahmen

Gesetzgebungsverfahrens der DS-GVO der Normgeber keine konkrete Vorstellung von dem Begriff gehabt zu haben scheint,[47] wird in der Literatur aus der Nachweispflicht zT eine Umkehrung der Darlegungs- und Beweislast zulasten des Verantwortlichen abgeleitet.[48] Insbesondere unter Verweis auf rechtsstaatliche Gesichtspunkte wird eine entsprechend weitreichende Auslegung der Pflicht jedoch auch kritisiert.[49]

Im **Verhältnis zu Aufsichtsbehörden** dürfte die Nachweispflicht als materiell-rechtliches Gegenstück zu deren Untersuchungsbefugnis gemäß Art. 58 Abs. 1 lit. a DS-GVO zu verstehen sein, die die Behörde berechtigt, den Verantwortlichen anzuweisen, alle erforderlichen Informationen bereitzustellen (so § 40 Abs. 4 S. 1 BDSG nF). Da der Verantwortliche gegenüber der Behörde nicht zu mehr verpflichtet sein kann, als die Aufsichtsbehörde im Rahmen ihrer Befugnisse berechtigterweise fordern darf, müssen die materiell-rechtliche Nachweispflicht des Verantwortlichen und die prozessualen Befugnisse der Behörde parallel laufen. Dh soweit den Untersuchungsbefugnissen der Behörde Grenzen gesetzt sind, so muss das auch für die Nachweispflicht des Verantwortlichen gegenüber der Behörde gelten. Die Nachweispflicht unterliegt daher wie die behördlichen Befugnisse rechtsstaatlichen Grenzen (zu letzteren siehe Art. 58 Abs. 4 DS-GVO),[50] wie zB dem Verbot des Zwangs zur Selbstbezichtigung,[51] der Unschuldsvermutung[52] und dem Verhältnismäßigkeitsgrundsatz.[53] Insbesondere der Verhältnismäßigkeitsgrundsatz – der im Rahmen der Grundrechteabwägung bei der Anwendung der Verordnung durchgehend zu berücksichtigen ist[54] – wird dazu führen müssen, dass Behörden bei der Forderung von Nachweisen die Risikobehaftetheit der Verarbeitung und die Erforderlichkeit der Forderung – zB weil der Verdacht eines Verstoßes besteht – berücksichtigen müssen.[55]

Zum **Umfang der Nachweispflicht** ergibt sich bereits aus dem Wortlaut des Art. 24 Abs. 1 DS-GVO und den ErwGr 74 und 78, dass der Nachweis durch die Umsetzung geeigneter TOM erfolgen soll. Dies entspricht auch dem vorgenannten Verständnis der „Accountability", sodass aus diesem Grund und auch unter Berücksichtigung des Bestimmtheitsgrundsatzes[56] Art. 5 Abs. 2 DS-GVO ebenfalls entsprechend einschränkend

---

getroffen werden sollen, die eine Datenschutz-Compliance sicherstellen. Zum Formulierungsvorschlag, der deutlich macht, dass der Nachweis gegenüber der Behörde zu erbringen ist, siehe Ziff. 34.

[47] Siehe dazu Buchholtz/Stentzel in GSSV DS-GVO Art. 5 Rn. 44 und Veil in GSSV DS-GVO Art. 24 Rn. 36.

[48] IdS Tinnefeld/Hanßen in Wybitul HdB DS-GVO Art. 24 Rn. 18 und Pötters in Gola DS-GVO Art. 5 Rn. 34 sowie ähnlich Hartung in Kühling/Buchner DS-GVO Art. 24 Rn. 20.

[49] Siehe dazu Buchholtz/Stentzel in GSSV DS-GVO Art. 5 Rn. 42 ff. (Verhältnismäßigkeit, Verbot der Vorfeldkontrolle und Unbestimmtheit) sowie Veil in GSSV DS-GVO Art. 24 Rn. 191–196 (kein Zwang zur Selbstbezichtigung), die die Regelung aus diesem Grund restriktiv auslegen und die Nachweispflicht auf risikobehaftete Verarbeitungen beschränken sowie eine Erforderlichkeit iRd Verhältnismäßigkeit fordern, siehe dazu Buchholtz/Stentzel in GSSV DS-GVO Art. 5 Rn. 48 sowie Veil in GSSV DS-GVO Art. 24 Rn. 196. Zwei der Autoren waren Mitglieder der deutschen Verhandlungsdelegation zur DS-GVO. Noch ausführlicher dazu Veil ZD 2018, 9 ff. Zu dieser Charta siehe http://www.europarl.europa.eu/charter/pdf/text_de.pdf, zuletzt abgerufen am 24.6.2018.

[50] Neben dem Art. 58 Abs. 4 DS-GVO verweisen auch die ErwG mehrfach auf die Charta der Grundrechte der Europäischen Union. Zu dieser Charta siehe http://www.europarl.europa.eu/charter/pdf/text_de.pdf, zuletzt abgerufen am 24.6.2018. Zu den Verfahrensgarantien bei Geldbußen siehe Art. 83 Abs. 8 DS-GVO.

[51] Siehe dazu auch § 40 Abs. 4 S. 2 BDSG nF und EuGH Urt. v. 25.1.2007 – C-407/04 P, Rn. 34.

[52] Siehe Art. 48 Abs. 1 der Charta der Grundrechte der Europäischen Union.

[53] Zur Beachtung von rechtsstaatlichen Grundsätzen – einschließlich des Verhältnismäßigkeitsgrundsatzes – bei der Ausübung behördlicher Befugnisse siehe ErwGr 129 DS-GVO und konkreter im Zusammenhang mit Sanktionen die ErwGr 148, 152 DS-GVO. Als Kriterium für die Verhängung von Geldbußen erwähnt auch Art. 83 Abs. 1, Abs. 9 DS-GVO den Verhältnismäßigkeitsgrundsatz ausdrücklich; zum Verbot der Selbstzeichnungspflicht siehe

[54] ErwGr 4 DS-GVO stellt ausdrücklich klar, dass die durch die Verordnung eingeräumten Rechte „unter Wahrung des Verhältnismäßigkeitsprinzips gegen andere Grundrechte" abzuwägen sind und verweist dabei auf die Charta der Grundrechte der Europäischen Union.

[55] Ebenso Buchholtz/Stentzel in GSSV DS-GVO Art. 5 Rn. 48 und Veil in GSSV DS-GVO Art. 24 Rn. 196.

[56] Buchholtz/Stentzel in GSSV DS-GVO Art. 5 Rn. 51 weisen mit Recht darauf hin, dass die Nachweispflicht des Art. 5 Abs. 2 DS-GVO einer Konkretisierung bedarf.

auszulegen ist. Verantwortliche haben daher iRd von ihnen bereitzustellenden Informationen (Art. 58 Abs. 1a DS-GVO, § 40 Abs. 4 S. 1 BDSG nF) auch den Nachweis der Umsetzung geeigneter TOM zu erbringen, also nachzuweisen, dass sie ihrer entsprechenden Organisationspflicht nachgekommen sind. Dies umfasst auch die grundsätzliche Wirksamkeit solcher Maßnahmen.[57] Ob allerdings solche Maßnahmen (trotz ihrer Geeignetheit und grundsätzlichen Wirksamkeit) im Einzelfall einen Verstoß verhindert haben, ist nicht Gegenstand der Nachweispflicht, da ansonsten der Verantwortliche nachzuweisen hätte, dass er keinen Verstoß begangen hat. Dies ist nicht nur faktisch kaum möglich, sondern würde auch gegen das vorgenannte Prinzip der Unschuldsvermutung verstoßen. Vor diesem Hintergrund ist die Nachweispflicht nicht als Beweislastregelung zulasten des Verantwortlichen zu verstehen, sondern als Mitwirkungspflicht iRd behördlichen Verfahrens (§ 26 Abs. 2 VwVfG). Im Rahmen eines solchen Verfahrens ist der Verantwortliche auch zur Auskunft verpflichtet (Art. 58 Abs. 1 lit. a DS-GVO), kann aber selbstbelastende Auskünfte verweigern.[58]

24   Aus dem Vorgesagten lässt sich ableiten, dass diese Nachweispflicht jedoch **nicht gegenüber Dritten** gilt, insbesondere nicht gegenüber betroffenen Personen.[59] Dabei ist zunächst zu berücksichtigen, dass – anders als Aufsichtsbehörden – Dritten keine Untersuchungsbefugnisse zustehen und damit Verantwortliche auch nicht zur Herausgabe von Informationen verpflichtet sind. Das vorgenannte prozessuale Gegenstück zur Nachweispflicht in Form einer Untersuchungsbefugnis fehlt also gegenüber Dritten. Auch der Umstand, dass sich die Nachweispflicht auf präventive Maßnahmen erstreckt – nämlich die Umsetzung von TOM – und Dritten – im Gegensatz zu Aufsichtsbehörden – keine Rolle im Rahmen der präventiven Abwehr von Gefahren zukommt, spricht dafür, dass die Nachweispflicht nur gegenüber den Aufsichtsbehörden besteht. Zudem hat der Gesetzgeber im Verhältnis zu betroffenen Personen in Art. 82 Abs. 2 und 3 DS-GVO bereits eine bewusste Beweislastregelung getroffen (dazu → § 3 Rn. 243), der eine davon abweichende Nachweispflicht des Verantwortlichen gegenüber betroffenen Personen zuwiderlaufen würde. Dh zum einen ist der wesentliche Gegenstand der Nachweispflicht – nämlich die Überprüfung der Organisationspflichten – allein Aufgabe der Aufsichtsbehörden, zum anderen hat der Gesetzgeber das Verhältnis zwischen Verantwortlichen und betroffenen Personen bereits anderweitig geregelt.

Die Nachweispflicht begründet daher eine Mitwirkungspflicht des Verantwortlichen bei Untersuchungen der Aufsichtsbehörde, insbesondere durch den Nachweis geeigneter TOM im Rahmen seiner Organisationspflichten. Dabei sind allerdings die vorgenannten rechtsstaatlichen Grundsätze zu berücksichtigen.

25   Auffallend ist, dass Art. 24 DS-GVO – als eine der wenigen Ausnahmen in der Verordnung – nicht in den **Bußgeldkatalog** des Art. 83 DS-GVO aufgenommen wurde. Damit können Verstöße gegen die Nachweispflicht – und auch gegen die Überprüfungs- und Aktualisierungspflicht des Art. 24 Abs. 1 S. 2 DS-GVO (→ Rn. 27) – nicht durch Geldbußen sanktioniert werden. Dies hat für die sonstigen Pflichten des Art. 24 DS-GVO – also insbesondere für die Pflicht geeignete TOM umzusetzen (→ Rn. 14 ff.) – wenig Auswirkungen, da Art. 25 DS-GVO ähnliche Pflichten enthält (→ Rn. 15). Nachdem Art. 25 DS-GVO jedoch keine Nachweispflicht enthält, hat der Gesetzgeber diese Pflicht nicht bußgeldbewehrt.

---

[57] Siehe ErwGr 74.
[58] Ebenso EuGH Urt. v. 25.1.2007 – C-407/04 P, Rn. 34 in Bezug auf ein Auskunftsersuchen der Kommission iRe Kartellrechtsverfahrens mwN zur früheren Rechtsprechung: „Nach dieser Rechtsprechung ist die Kommission berechtigt, ein Unternehmen gegebenenfalls durch Entscheidung zu verpflichten, ihr alle erforderlichen Auskünfte über ihm eventuell bekannte Tatsachen zu erteilen, doch darf sie dem Unternehmen nicht die Verpflichtung auferlegen, Antworten zu erteilen, durch die es die Zuwiderhandlung eingestehen müsste, für die die Kommission den Beweis zu erbringen hat."
[59] Ebenso Veil in GSSV DS-GVO Art. 24 Rn. 64; aA wohl Raschauer in Sydow DS-GVO Art. 24 Rn. 42, der von einer Dokumentationspflicht auch zugunsten von Betroffenen ausgeht, ohne allerdings ausdrücklich von einer Beweislastumkehr zu sprechen.

Nicht eindeutig geregelt ist die Frage, ob für die Nachweispflicht des Art. 5 Abs. 2 DS-GVO dasselbe gilt. Gemäß Art. 83 Abs. 5 lit. a DS-GVO sind Verstöße gegen Art. 5 DS-GVO zwar bußgeldbewehrt, dies aber nur bei Verstößen gegen die Grundsätze der Verarbeitung. Damit sind unzweifelhaft Verstöße gegen die Datenschutzgrundsätze des Art. 5 Abs. 1 GDPR gemeint. Ergänzend dazu regelt der Absatz 2 des Art. 5 DS-GVO die Verantwortung und Nachweispflicht des Verantwortlichen („Rechenschaftspflicht"). Dies ändert allerdings nichts daran, dass die Grundsätze der Verarbeitung abschließend in Art. 5 Abs. 1 DS-GVO aufgeführt werden und die Rechenschaftspflicht nur die Verantwortlichkeit und Nachweispflicht in Bezug auf diese Grundsätze feststellt. Die Rechenschaftspflicht stellt damit keinen eigenständigen Verarbeitungsgrundsatz dar, sodass ein Verstoß gegen die Nachweispflicht allein noch nicht mit einer Geldbuße geahndet werden kann. Dies ergibt sich auch aus der vorgenannten Unbestimmtheit der Nachweispflicht, die im Sinne der ausdrücklichen Regelung des Art. 24 Abs. 1 DS-GVO auszulegen ist, sodass die fehlende Bußgeldbewehrung dieser Vorschrift nicht durch Art. 5 Abs. 2 DS-GVO umgangen werden kann. Dh sofern dem Verantwortlichen der Nachweis der Maßnahmen nicht gelingt, kann eine Geldbuße erst dann verhängt werden, wenn die Behörde beweisen kann, dass der Verantwortliche tatsächlich gegen die Grundsätze verstoßen hat (Art. 5 Abs. 1 DS-GVO) bzw. seine Prozesse nicht iSd Verordnung gestaltet hat (Art. 25 DS-GVO). Allerdings kann eine fehlende Dokumentation der Behörde als Indiz im Rahmen des von ihr zu erbringenden Beweises dienen.[60]

Der Gesetzgeber hat damit zwar im Sinne eines wirksamen Compliance-Management-Systems Nachweispflichten für Verantwortliche gesetzlich normiert, sie aber im Rahmen der Art. 5 Abs. 2, 24 Abs. 1 DS-GVO nicht mit Geldbußen bewehrt.

4. Informationspflicht

Nachdem ohne entsprechende interne Kommunikation keine Compliance-Kultur in einem Unternehmen geschaffen werden kann, haben Verantwortliche Mitarbeiter über die einzuhaltenden Regeln zu informieren und bei Bedarf zu schulen. Ohne ein entsprechendes Policy-Statement („**Tone from the top**", „zero tolerance") dürfte es insbesondere in Unternehmen von gewisser Größe und Komplexität schwer sein, die Regeltreue von Mitarbeitern zu gewährleisten. Eine entsprechende Pflicht der Unternehmensleistung ergibt sich bereits aus den allgemeinen unternehmerischen Sorgfalts- und Aufsichtspflichten (→ Rn. 5) und ist im Bereich des Datenschutzes als organisatorische Maßnahme gemäß Art. 24 DS-GVO umzusetzen (→ Rn. 14 ff.).

26

Darüber hinaus lässt sich aus Art. 32 Abs. 4 DS-GVO indirekt eine spezifische Informationspflicht im Bereich der Datensicherheit ableiten. Gemäß der Vorschrift haben sowohl Verantwortliche als auch Auftragsverarbeiter durch Maßnahmen sicherzustellen, dass ihnen unterstellte Personen Daten nur auf Anweisung des Verantwortlichen bzw. Auftragsverarbeiters verarbeiten. Dies wird neben technischen Maßnahmen, wie zB Zugriffskontrollmaßnahmen, nur durch entsprechende organisatorische Maßnahmen, wie zB durch Schulungen oder die Kommunikation entsprechender unternehmensinterner Richtlinien, gewährleistet werden können.[61]

Die Geschäftsleitung eines Unternehmens wird von ihren Informationspflichten auch nicht dadurch entbunden, dass der Datenschutzbeauftragte ebenfalls verpflichtet ist, nicht nur die Geschäftsleitung selbst, sondern auch Mitarbeiter über die gesetzlichen Datenschutzvorschriften zu informieren (Art. 39 Abs. 1 lit. a DS-GVO). Dies ergibt sich daraus, dass die Benennung eines Datenschutzbeauftragten nichts an der Compliance-Verantwortung der Unternehmensleitung ändert (→ Rn. 8 ff.).

Im Ergebnis macht die DS-GVO jedoch nur **wenige ausdrückliche Vorgaben** zur unternehmensinternen Information und Kommunikation. Damit folgt die DS-GVO auch

---

[60] Ähnlich Raschauer in Sydow DS-GVO Art. 24 Rn. 42.
[61] Ausführlicher dazu Mantz in Sydow DS-GVO Art. 32 Rn. 25.

diesbezüglich dem Grundsatz, dass es im Rahmen der TOM (→ Rn. 14 ff.) dem Unternehmen obliegt zu bewerten, welche – im Falle der Informationspflicht primär organisatorische – Maßnahmen zu treffen sind, um die Einhaltung der Vorschriften im Unternehmen zu gewährleistet. Ohne eine entsprechende Information über die einzuhaltenden datenschutzrechtlichen Regeln – seien es gesetzliche Vorschriften oder interne Richtlinien (zu letzteren siehe Art. 24 Abs. 2 DS-GVO) – wird dies in der Praxis allerdings nicht zu bewerkstelligen sein, sodass eine – der Größe des Unternehmens und den durch das Geschäftsmodell des Unternehmens bedingten datenschutzrechtlichen Risiken – angemessene Information von Mitarbeiter unausweichlich ist. Dies kann zB durch Informationen im Intranet des Unternehmens, durch Schulungen und durch die Möglichkeit sich individuell zu informieren (Hotline) sichergestellt werden.

5. Überprüfungspflicht: Audits

27 Zum wesentlichen Bestandteil eines Compliance-Management-Systems gehört es, dass unternehmensinterne Prozesse regelmäßig überprüft und verbessert werden (→ Rn. 7 zu den Organisationspflichten). Dies soll dazu dienen, das System zur Vermeidung von Verstößen zu verbessern, aber auch Verstöße aufzudecken, um diese verfolgen zu können (Sanktionspflicht).

Dementsprechend fordert auch die DS-GVO vom Verantwortlichen, die von ihm getroffenen **Maßnahmen** erforderlichenfalls zu **überprüfen und zu aktualisieren** (Art. 24 Abs. 1 S. 2 DS-GVO). Auch wenn der Gesetzgeber es Unternehmen überlässt, über die Erforderlichkeit von entsprechenden Audits und Verbesserungen zu entscheiden, so dürfte es auch hier – zumindest bei Unternehmen einer bestimmten Größe und Komplexität oder mit einem unter datenschutzrechtlichen Gesichtspunkten risikobehafteten Geschäftsmodell – schwer vorstellbar sein, dass eine solche systematische regelmäßige Kontrolle der getroffenen Maßnahmen nicht erforderlich ist (zur fehlenden Bußgeldbewehrung → Rn. 25). Da die Regelungen der Art. 24, 25 DS-GVO allerdings uneingeschränkt für alle Unternehmen gelten, hat der Gesetzgeber mit dem Kriterium der Erforderlichkeit kleinen und mittelständischen Unternehmen die notwendige Flexibilität eingeräumt. Im Ergebnis muss diese Entscheidung im Rahmen des allgemeinen Risikomanagements getroffen werden (→ Rn. 6, 7 zum Compliance-Management allgemein; → Rn. 19 zum Risikomanagement iRd DS-GVO). Wie vorab beschrieben (→ Rn. 16), so hat sich der Verantwortliche auch beim Auftragsverarbeiter vertraglich ein Überprüfungsrecht einräumen lassen (Art. 28 Abs. 3 S. 2 lit. h DS-GVO), um bei Bedarf auch diesen zu überprüfen.

28 Über diese allgemeine Pflicht zur Überprüfung und Aktualisierung der Maßnahmen-TOM hinaus, legt die DS-GVO auch eine spezifische Überprüfungspflicht im Bereich der **Datensicherheit** fest (Art. 32 Abs. 1 lit. d DS-GVO). Im Gegensatz zur Überprüfungspflicht in Bezug auf allgemeine Maßnahmen (Art. 24 DS-GVO) wird diese Pflicht zwar nicht ausdrücklich unter den Vorbehalt der Erforderlichkeit gestellt, allerdings führen die in Art 32 DS-GVO genannten Kriterien für die Einrichtung von TOM zum selben Ergebnis, auch wenn der Wortlaut der Vorschrift dies nicht auf den ersten Blick erkennen lässt.[62] Die

---

[62] Die deutsche Fassung der Vorschrift mag den Eindruck erwecken, dass die in den lit. a–d genannten Maßnahmen zwingend immer zu treffen sind („diese Maßnahmen schließen unter anderem Folgendes ein"). Demgegenüber stellt die englischsprachige (Original-)Fassung diese Maßnahmen unter einen Geeignetheits-/Angemessenheitsvorbehalt („including inter alia as appropriate"). Die Regelung ist daher auch in ihrer deutschen Fassung so auszulegen, dass die Kriterien der „Geeignetheit" und „Angemessenheit" des Hs. 1 des Abs. 1 auch für die Maßnahmen der lit. a–d gelten. Dies lässt sich auch aus der Maßnahmen des lit. a ableiten („Pseudonymisierung und Verschlüsselung von Daten"), da es sicherlich nicht die Absicht des Gesetzgebers war, entsprechende Maßnahmen für alle Datenverarbeitungen zwingend vorzuschreiben. Zudem steht die Einrichtung der TOMs auch insgesamt unter dem Vorbehalt der Implementierungskosten und des Verarbeitungszweckes sowie der Eintrittswahrscheinlichkeit und der Schwere des Risikos; ebenso Mantz in Sydow DS-GVO Art. 32 Rn. 10 unter Verweis auf den Verhältnismäßigkeitsgrundsatz.

Maßnahmen gemäß Art. 32 Abs. 1 DS-GVO sind insofern nur exemplarisch zu verstehen[63] und keine Mindestmaßnahmen, die zu treffen sind, sodass Verantwortliche und Auftragsverarbeiter auch bei der Frage, ob eine Überprüfung der Datensicherheitsmaßnahmen notwendig ist, eine Abwägung im Rahmen des Risikomanagements vorzunehmen haben.[64]

Im Gegensatz zur Art. 24 Abs. 1 S. 2 DS-GVO erwähnt der lit. d des Art. 32 Abs. 1 DS-GVO zwar nicht ausdrücklich die Pflicht zur Aktualisierung der Maßnahmen, diese Pflicht lässt sich aber dem Sinn und Zweck der Vorschrift sowie der allgemeinen Pflicht des Art. 32 Abs. 1 DS-GVO zur Implementierung geeigneter Maßnahmen entnehmen. Anders ausgedrückt: Wenn die Überprüfung zu dem Ergebnis kommt, dass Maßnahmen nicht geeignet sind, kommen Unternehmen ihrer Pflicht geeignete Maßnahmen zu treffen nicht nach, wenn sie diese nicht anpassen.[65]

Abgesehen von den Überprüfungspflichten des jeweiligen Unternehmens, die in der Verantwortung der Geschäftsleitung liegt (→ Rn. 8 ff.), trifft auch den Datenschutzbeauftragten eine Überwachungspflicht als unternehmensinterne Kontrollfunktion (Art. 39 Abs. 1 lit. b DS-GVO). Darüber hinaus sind auch Aufsichtsbehörden zu Datenschutzprüfungen bei Unternehmen berechtigt (Art. 58 Abs. 1 lit. b DS-GVO). Sowohl die Überwachungspflicht des Datenschutzbeauftragten (→ Rn. 9) als auch das Prüfrecht der Aufsichtsbehörde (§ 38 BDSG aF) bestand allerdings bereits nach bisherigem Recht. 29

IV. Einzelprobleme

1. Projektmanagement und Compliance-Methode

Bei der Umsetzung der DS-GVO ergeben sich übliche Fragen des **Projektmanagements** wie zB: 30
- Welche Geschäftsbereiche sind betroffen und besonders risikobehaftet?
- Wer ist verantwortlich für die Umsetzung welcher Anforderungen bzw. Maßnahmen?
- Wer ist besonders entscheidend für die Umsetzung (Stakeholder), wie zB die Geschäftsbereichsleiter oder die IT-Abteilung als Lösungsentwickler?
- Welche Ressourcen sind insgesamt erforderlich zur Umsetzung (Personen und Budget)?
- Wie soll das Projekt gesteuert werden (zentrales Projektmanagement-Office oder dezentral in Geschäftsbereichen)?
- Wie erfolgt die Kommunikation bei der Umsetzung?
- Welche Methodik soll bei der Umsetzung der Anforderungen angewendet werden?
- Wie kann die fortlaufende Kontrolle der Compliance sichergestellt werden?

Die Liste der Fragen kann beliebig fortgesetzt werden, aber im Ergebnis gelten die vorgenannten Themen für nahezu alle Compliance-Projekte. Im Folgenden soll daher nur auf einzelne datenschutzspezifische Aspekte eines DS-GVO-Umsetzungsprojekts eingegangen werden.

Da der Gesetzgeber zur Einhaltung der Anforderungen der Verordnung die Umsetzung von TOM fordert (→ Rn. 14 ff.), stellt sich insbesondere die Frage, wie diese Maßnahmen im Rahmen des Compliance-Management-Systems am effektivsten und in einer möglichst einheitlich dokumentierten Form implementiert, kontrolliert und verbessert werden können. Dazu empfiehlt es sich – zumindest ab einer gewissen Größe des Unter- 31

---

[63] Ebenso Jergle in GSSV DS-GVO Art. 32 Rn. 22 ff. und Schreibauer/Spittka in Wybitul HdB DS-GVO § 32 Rn. 8. Mantz in Sydow DS-GVO Art. 32 Rn. 9 und Martini in Paal/Pauly DS-GVO Art. 32 Rn. 31 bezeichnen sie als „Regelbeispiele"
[64] Auch im Rahmen des § 22 Abs. 2 Nr. 2 BDSG nF wird es in Bezug auf die Sicherheit der Verarbeitung von besonderen Kategorien personenbezogener Daten in das Ermessen des Unternehmens gestellt (S. 2 am Anfang. „ ... können dazu insbesondere gehören ..."), eine Überprüfung, Bewertung und Evaluierung der Wirksamkeit der Maßnahmen vorzunehmen.
[65] Ebenso Mantz in Sydow DS-GVO Art. 32 Rn. 20 mwN.

nehmens oder Komplexität des Geschäftsmodells – eine einheitliche Methode zu entwickeln und diese im Rahmen des Umsetzungsprojekts im Unternehmen auszurollen.

Wesentliche Bestandteile einer solchen **Methode** können wie folgt aussehen:

1. **Definition und Dokumentation der Anforderungen:**
   - Gesetzliche Anforderungen
   - Unternehmensinterne Anforderungen
2. **Bestandsanalyse (status-quo):**
   - Dokumentation und Analyse der Prozesse, der betroffenen Geschäftsbereiche und
   - in einem Konzern – der betroffenen Unternehmen
   - Dokumentation und Analyse der bestehenden Datenschutz-Maßnahmen
3. **Lücken-/Risikoanalyse:**
   - Prüfung, ob alle Anforderungen im Status quo umgesetzt sind oder neue Maßnahmen zu entwickeln sind
   - Prüfung, ob in den bestehenden Maßnahmen die Risiken ausreichend berücksichtigt oder diese Maßnahmen zu verbessern sind
   - Prüfung, wie bei neuen Maßnahmen die Risiken angemessen berücksichtigt werden können
4. **Lösungsentwicklung:**
   - Definition neuer bzw. verbesserter Maßnahmen
   - Entwicklung entsprechender Maßnahmen
   - Implementierung der Maßnahmen
   - Dokumentation der Maßnahmen
5. **Kontrolle/Abweichungen**
   - Kontrolle der implementierten Maßnahme (einmalig und fortlaufend)
   - Sofern sich bei der Kontrolle Abweichungen von den definierten Maßnahmen ergeben, sind diese zu dokumentieren und bei Bedarf neu zu analysieren, zu entwickeln und zu implementieren.

2. Definition und Dokumentation der Anforderungen

32 Die Grundlage eines jeden Compliance-Projekts ist es, die umzusetzenden Anforderungen ausreichend zu definieren und zwar in einer Form und Sprache, die es den Geschäftsbereichen ermöglicht, diese umzusetzen und zu kontrollieren. Dies gilt sowohl für die gesetzlichen als auch für die unternehmensinternen Anforderungen. Mit letzteren sind zum Beispiel unternehmensinterne Richtlinien gemeint, die – auch auf Grundlage der gesetzlichen Anforderungen – entwickelt wurden (→ Rn. 14 am Ende).

Im Bereich des Datenschutzes sind bei den gesetzlichen Anforderungen neben der DS-GVO und spezialgesetzlichen Regelungen insbesondere die Regelungen der sog **ePrivacy**-Richtlinie aus dem Jahre 2002[66] zu berücksichtigen. Neben der Ablösung der DS-RL durch die DS-GVO soll auch diese Richtlinie durch eine (direkt geltende) Verordnung abgelöst werden,[67] deren Bedeutung gar nicht unterschätzt werden kann (→ § ePrivacy). Aufgrund der fortschreitenden Vernetzung von Infrastrukturen (zB iRd „Internet of Things") werden die strengeren Regelungen der ePrivacy-Verordnung in der Praxis den Vorschriften der DS-GVO in erheblichem Umfang „überschreiben" (siehe dazu Art. 95 DS-GVO), insbesondere da im ePrivacy Bereich – sowohl bei den telekommuni-

---

[66] Richtlinie 2002/58/EG vom 12.7.2002 (Datenschutzrichtlinie für elektronische Kommunikation), ABl. EG 2002 L 201, 37, angepasst durch Richtlinie 2009/136/EG vom 25.11.2009 (sog Cookie-Richtlinie), ABl. EU 2009 L 337, 11.
[67] Zum letzten Entwurf der Verordnung vom 12.6.2018 iRd bulgarischen Ratspräsidentschaft (1. Halbjahr 2018) siehe https://www.parlament.gv.at/PAKT/EU/XXVI/EU/02/58/EU_25822/imfname_10818356.pdf, zuletzt abgerufen am 16.8.2018.

kationsrechtlichen Regelungen als auch bei den Cookie-Vorschriften – das „berechtigte Interesse" als Rechtsgrundlage nicht anerkannt ist.[68]

Im Hinblick auf die DS-GVO ist bei der Dokumentation der Anforderungen insbesondere zwischen den **Verpflichtungen als Verantwortlicher und als Auftragsverarbeiter zu unterscheiden** (→ Rn. 12 ff.). Während Unternehmen bei internen Prozessen in der Regel als Verantwortlicher auftreten (zB Personalwesen, Marketing) hängt die Einstufung der Datenverarbeitung gegenüber Kunden vom Geschäftsmodell des Unternehmens ab. Auch im Verhältnis zu Lieferanten ist das Geschäftsverhältnis zu diesen ausschlaggebend dafür, ob diese als Verantwortliche oder als Auftragsverarbeiter gegenüber dem Unternehmen tätig werden. Mangels Konzernprivileg gilt Vorgesagtes auch zwischen Unternehmen in einem Konzern, was die Komplexität von Vertragsverhältnissen sowie von Rechten und Pflichten beliebig steigern kann, auch weil Konzernstrukturen meist an steuerrechtlichen – und nicht an datenschutzrechtlichen – Rahmenbedingungen ausgerichtet werden. Da die DS-GVO jedoch im Verhältnis zum BDSG aF weder an der Abgrenzung zwischen Verantwortlichem und Auftragsverarbeiter noch an der Verpflichtung zwischen diesen datenschutzrechtliche Verträge abzuschließen (§ 11 Abs. 2 S. 1 BDSG aF, Art. 28 Abs. 3 DS-GVO) etwas ändert, wird die bereits bestehende Komplexität lediglich durch die Erweiterung und Verschärfung der Anforderungen erhöht.

Ein wesentlicher Faktor für den Erfolg eines Umsetzungsprojekts ist es, die Anforderungen in eine Sprache zu „übersetzen", die es den betroffenen Geschäftsbereichen und Funktionen im Unternehmen ermöglicht, diese Anforderungen zu implementieren und auch zu kontrollieren. Dabei empfiehlt es sich, auf Grundlage der Anforderungen **konkrete Maßnahmenziele** zu definieren, die ohne datenschutzrechtliche Detailkenntnisse umgesetzt und im Rahmen von Audits kontrolliert werden können.[69] Methodiken der ISO-Standards können dabei als Orientierung dienen.[70]

3. Bestandsanalyse

Als Grundlage der Bestandsanalyse wird in der Regel die nach bisherigem Recht bereits erforderliche Verfahrensübersicht dienen (§ 4g Abs. 2 S. 1 BDSG aF), die nach Maßgabe des Art. 30 DS-GVO als **Verarbeitungsverzeichnis** weiterentwickelt werden muss. Dies gilt insbesondere für die TOM, die bereits nach bisherigem Recht zu dokumentieren waren (§§ 4g Abs. 2, 4e S. 1 Nr. 9 BDSG aF).

Bei der Frage, welche Geschäftsbereiche von datenschutzrechtlichen Anforderungen betroffen sind, hat sich mit der fortschreitenden Vernetzung von Geschäftsprozessen und Analyse von Daten das Bild über die Jahre grundlegend geändert. Während in der Vergangenheit der Datenschutz eher ein Thema für die IT-Abteilung des Unternehmens war, ist es inzwischen schwer vorstellbar, dass einzelne Geschäftsbereiche eines Unternehmens keine personenbezogenen Daten verarbeiten und damit bei der Umsetzung eines DS-GVO-Projektes ausgenommen werden können. Nicht zuletzt aufgrund der weiten Auslegung des Begriffs der personenbezogenen Daten durch die Breyer-Entscheidung des

---

[68] Siehe dazu die Art. 5, 6 und 9 der Richtlinie 2002/58/EG sowie Art. 6 und 8 des vorgenannten Entwurfes der Verordnung vom April 2018.
[69] Der Begriff der „Maßnahmenziele" (im Englischen „control objectives" genannt) ist dem ISO 27001 Standard entnommen worden. In der praktischen Umsetzung geht es darum, unter Zugrundelegung des unternehmerischen Geschäftsmodells konkrete Ziele zu definieren, wie zB dass zur Umsetzung der Art. 24 Abs. 2, 25 DS-GVO die Entwicklung und der Rollout einer unternehmensinternen Privacy by Design-Richtlinie zu erfolgen hat.
[70] Zur Orientierung können vor allem die Standards ISO 27001 und ISO 27002 für Informationssicherheits-Managementsysteme dienen. Zum Vergleich dieser Standards mit dem IT-Grundschutz des BSI siehe die Zuordnungstabelle des BSI, abrufbar unter https://www.bsi.bund.de/SharedDocs/Downloads/DE/BSI/Grundschutz/Hilfsmittel/Doku/Vergleich_ISO27001_GS.pdf?__blob=publicationFile, zuletzt abgerufen am 24.6.2018. Zu den Standards sa Jung ZD 2018, 211.

EuGH (→ § 3 Rn. 14) und durch den ErwGr 26 DS-GVO[71] sollte bei der Umsetzung der DS-GVO von dem Grundsatz ausgegangen werden, dass **alle Geschäftsbereiche** personenbezogene Daten verarbeiten (und seien es nur die Daten der in dem Bereich tätigen Mitarbeiter). Verantwortliche von Geschäftsbereichen, Abteilungen, Prozessen oder einzelner Applikationen sollten daher verpflichtet werden, die Fakten und Gründe ausreichend zu dokumentieren, wenn sie zu dem Ergebnis kommen sollten, dass sie keine personenbezogenen Daten verarbeiten.

Dessen ungeachtet kann und sollte auch unter Risikogesichtspunkten eine **Priorisierung** von Geschäftsbereichen vorgenommen werden, je nach der Art der von ihnen verarbeiteten Daten (zB Gesundheitsdaten von Mitarbeitern in der Personalabteilung) und der von ihnen vorgenommenen Verarbeitungen (zB Bereichen, in denen Datenschutz-Folgenabschätzung erforderlich sind). Auch wenn der Fokus bei der Umsetzung des Datenschutzes heute weniger auf der IT-Abteilung liegt als in der Vergangenheit, so ist die Implementierung der DS-GVO, ohne dass diese eine wesentliche Rolle spielt, natürlich nach wie vor nicht denkbar. Auf zentrale Lösungen der IT-Abteilung bei der Umsetzung von Maßnahmen wird im Folgenden noch eingegangen (→ Rn. 36).

4. Lücken- und Risikoanalyse

34 Durch Abgleich der Anforderungen (→ Rn. 32) mit dem Bestand (→ Rn. 33) kann festgestellt werden, welche TOM neu zu entwickeln sind. In der Folge ist eine Risikobewertung vorzunehmen, um sicherzustellen, dass die Maßnahmen die datenschutzrechtlichen Risiken angemessen berücksichtigen. Hierbei ist der Unterschied zwischen der **allgemeinen Risikoanalyse** (Art. 24, 25, 32 DS-GVO) und der **detaillierteren Datenschutz-Folgenabschätzung** (Art. 35 DS-GVO) deutlich zu machen. Nachdem seit Verabschiedung der DS-GVO in Kommentierungen und Zusammenfassungen zu den Anforderungen der Verordnung insbesondere dem englischen Begriff der Datenschutz-Folgenabschätzung („Data Protection Impact Assessment" – DPIA) viel Aufmerksamkeit geschenkt wurde, darf nicht übersehen werde, dass auf Grundlage der Art. 24, 25, 32 DS-GVO eine Risikoanalyse für alle Verarbeitungsprozesse gesetzlich vorgeschrieben ist (→ Rn. 14 ff.).

Die Vorgaben des Art. 35 Abs. 7 DS-GVO für eine **Dokumentation** iRd Datenschutz-Folgenabschätzung können allerdings auch für allgemeine Risikoanalysen als Richtschnur dienen. Im Ergebnis sind bei der allgemeinen Risikoanalyse dieselben Fakten zu erheben und Bewertungen vorzunehmen wie bei der Datenschutz-Folgenabschätzung, nur mit dem Unterschied, dass bei letzterer die Einholung des Rates des Datenschutzbeauftragten sowie ein Mindestinhalt der Dokumentation gesetzlich vorgeschrieben sind (Art. 35 Abs. 2, 7 DS-GVO). Zudem fordert die Verordnung bei Fällen der Datenschutz-Folgenabschätzung ausdrücklich die Umsetzung von Abhilfemaßnahmen (Art. 35 Abs. 7 lit. d DS-GVO), um dem erhöhten Risiko angemessen Rechnung zu tragen. Im Rahmen der allgemeinen Risikoanalyse liegt es hingegen im Ermessen des Verantwortlichen, ob die identifizierten Risiken die Umsetzung neuer oder verbesserter Maßnahmen erfordern.

Nachdem eine Risikoanalyse bereits nach bisherigen Recht erforderlich war, können für diese grundsätzlich auch bisher bewährten **Methoden** angewandt werden.[72] Dies gilt zB für die PIA-Methodik der britischen Aufsichtsbehörde (ICO) aus dem Jahre 2014.[73] Die französische Aufsichtsbehörde (CNIL) hat demgegenüber ihre bisherige PIA-Metho-

---

[71] ErwGr 26 DS-GVO: „… Um festzustellen, ob eine natürliche Person identifizierbar ist, sollten alle Mittel berücksichtigt werden, die von dem Verantwortlichen oder einer anderen Person nach allgemeinem Ermessen wahrscheinlich genutzt werden, um die natürliche Person direkt oder indirekt zu identifizieren, …". Der ErwGr 26 der DS-RL enthielt eine nahezu inhaltsgleiche Formulierung und war Grundlage der Breyer-Entscheidung des EuGH aus dem Jahre 2016.
[72] Ausführlich zu den Methoden Sassenberg/Schwendemann in Sydow DS-GVO Art. 35 Rn. 29.
[73] UK: Conducting privacy impact assessments code of practice, Information Commissioner's Office (ICO), 2014. Abrufbar unter https://ico.org.uk/media/for-organisations/documents/1595/pia-code-of-practice.pdf, zuletzt abgerufen am 24.6.2018.

dik[74] bereits aktualisiert und sogar eine Software zur Durchführung einer Datenschutz-Folgenabschätzung veröffentlicht.[75] Allgemeine Leitlinien zur Datenschutz-Folgenabschätzung haben darüber hinaus sowohl die Artikel 29-Datenschutzgruppe[76] als auch nationalen Aufsichtsbehörden veröffentlicht.[77]

5. Lösungsentwicklung und Kontrolle

Einer der wesentlichsten Punkte bei der Entwicklung von TOM ist die Frage, welche Maßnahmen im Unternehmen zentral entwickelt und/oder umgesetzt werden und welche Maßnahmen den jeweiligen Geschäftsbereichen überlassen werden. Für **zentrale Maßnahmen** kommen zB folgende Themen in Betracht:
- Klassifizierung von Prozessen nach Risikoklassen
- IT-Sicherheitsstandards
- Meldung von Datenschutzverletzungen
- Prozess für Betroffenenrechte
- Allgemeine Schulungen
- Rechte-/Rollenkonzepte
- Löschkonzepte

Auch bei diesen Themen bringt die DS-GVO gegenüber dem bisherigen Recht nichts grundlegend Neues, die Verordnung fordert jedoch nunmehr ausdrücklich, Datenschutzmaßnahmen umfassend zu bewerten, zu dokumentieren und zu aktualisieren.

Eine zentrale Rolle bei der Entwicklung und Umsetzung zentraler Maßnahmen spielt dabei selbstverständlich nach wie vor die **IT-Abteilung** eines Unternehmens bzw. deren externe **IT-Provider.** Dies gilt vor allem für die Maßnahmen im Bereich der Datensicherheit (Art. 32 DS-GVO), aber auch für technische Lösungen zur Umsetzung der Datenschutzgrundsätze (Art. 5 DS-GVO) – wie zB Zugriffskontrollen, Löschkonzepte und Verschlüsselungslösungen – und zur Sicherstellung der Betroffenenrechte, zB bei Lösungen zur Identifikation und Aufbereitung von Daten in der (oft inhomogen) IT-Infrastruktur und für das neue Recht auf Datenübertragbarkeit. Entscheidend bei der Umsetzung der Verordnung ist es, ein end-to-end Konzept für die Verarbeitung von Daten aufzusetzen, von deren Erhebung, über deren Zurverfügungstellung mit entsprechenden Metadaten (zB Wie wurden die Daten erhoben? Für welchen Zweck? Wer benötigt diese zu diesem Zweck?) bis zu deren Löschung (Wann müssen die Daten gelöscht werden?). Nur wenn dieser komplette Lifecycle der Verarbeitung von Daten nachvollzogen und dokumentiert werden kann, werden die Anforderungen der Verordnung umgesetzt werden können. Wie bereits in der Vergangenheit so gilt auch bei der Umsetzung der DS-GVO der Grundsatz, dass ein angemessenes **Daten-Management** Voraussetzung für die Datenschutz-Compliance ist.

Nach der Definition und Entwicklung geeigneter Maßnahmen ist es entscheidend, bei deren Implementierung ein System zu etablieren, das deren **fortlaufende Überprüfung** möglich macht. Eine Kontrolle der Maßnahmen hat bei der Implementierung und fort-

---

[74] Privacy Impact Assessment (PIA), Commission nationale de l'informatique et des libertés (CNIL), 2015, ersetzt durch die im Jahre 2018 veröffentlichten Materialien.
[75] CNIL, Februar 2018, abrufbar unter https://www.cnil.fr/sites/default/files/atoms/files/cnil-pia-1-en-methodology.pdf, zuletzt abgerufen am 24.6.2018. Zur im Januar 2018 veröffentlichten Software siehe https://www.cnil.fr/en/open-source-pia-software-helps-carry-out-data-protection-impact-assesment, zuletzt abgerufen am 24.6.2018.
[76] Artikel 29-Datenschutzgruppe, Leitlinien zur Datenschutz-Folgenabschätzung (DSFA) und Beantwortung der Frage, ob eine Verarbeitung im Sinne der Verordnung 2016/679 „wahrscheinlich ein hohes Risiko mit sich bringt", WP 248, 4.10.2017.
[77] Spanien: Zur allgemeinen Risikoanalyse siehe https://iapp.org/media/pdf/resource_center/AnalisisDeRiesgosRGPD.pdf, zur Datenschutz-Folgenabschätzung im Speziellen siehe https://iapp.org/media/pdf/resource_center/Guia_EvaluacionesImpacto.pdf, beide Dateien zuletzt abgerufen am 24.6.2018; DSK Kurzpapier Nr. 5 Datenschutz-Folgenabschätzung nach Art. 35 DS-GVO, Stand: 24.7.2017, abrufbar unter https://www.datenschutzzentrum.de/artikel/1162-Kurzpapier-Nr.-5-Datenschutz-Folgenabschaetzung-nach-Art.-35-DS-GVO.html, zuletzt abgerufen am 24.6.2018.

laufend zu erfolgen, um sicherzustellen, dass die Maßnahmen nach wie vor umgesetzt sind, und um zu prüfen, ob diese aktualisiert werden müssen. Im Falle einer Aktualisierung hat eine erneute Risikoanalyse zu erfolgen, um die verbleibenden Risiken zu bewerten. Auch insofern bringt die DS-GVO – verglichen mit bekannten IT-Sicherheits-Standards – nichts grundlegendes Neues mit sich. Dies erfordert es jedoch, dass nach Abschluss eines DS-GVO-Umsetzungsprojektes eine „daily business"-Governance aufgesetzt wird, die die DS-GVO-Compliance langfristig sicherstellt, einschließlich der fortlaufenden Schulung von Mitarbeitern.

38 Auch wenn sich ein DS-GVO-Umsetzungsprojekt strukturell nicht wesentlich von sonstigen Compliance-Projekten unterscheidet, so macht die Verordnung dafür doch detaillierte Vorgaben. Die Anforderungen der DS-GVO bauen dabei auf bestehende Datenschutz-Standards auf. Die DS-GVO liefert allerdings ausreichenden Anlass, um unternehmensinterne Verfahren umfassend zu überprüfen und nach Maßgabe der zusätzlichen Anforderungen anzupassen.

V. Fazit

39 Zusammengefasst lässt sich festhalten, dass die DS-GVO im Rahmen des Datenschutzrechts die wesentlichen Elemente eines **Compliance-Management-Systems** gesetzlich umsetzt. Die Verordnung etabliert daher – über die bestehenden branchenspezifischen gesetzlichen Verpflichtungen hinaus (→ Rn. 6) – eine gesetzliche Compliance-Regelung, die für alle Unternehmen und alle Behörden gilt, soweit nicht letztere gemäß Art. 2 Abs. 2 DS-GVO vom Anwendungsbereich der Verordnung ausgenommen sind.

Dabei wird auch im Rahmen der DS-GVO ein **risikobasierter Ansatz** verfolgt, unter anderem dadurch, dass
– bestimmte Regelungen nur bei angemessenen oder erhöhten Risiken gelten (Art. 30 Abs. 5 DS-GVO, Art. 33–36 DS-GVO, Art. 37 DS-GVO → Rn. 19)
– bestimmte Regelungen für kleinere Unternehmen nicht gelten (Art. 30 Abs. 5 → Rn. 19) und
– bei der Frage der Geeignetheit technischer organisatorischer Maßnahmen das Risiko der Verarbeitung für die Rechte und Freiheiten natürlicher Personen zu berücksichtigen ist (Art. 24 Abs. 1, 25 Abs. 1, 2, 32 Abs. 1 DS-GVO → Rn. 14 ff.)

Der risikobasierte Ansatz gilt dabei sowohl bei der Frage, ob bestimmte Pflichten bestehen (siehe zur Überprüfungspflicht → Rn. 27 ff.), als auch bei der Frage, wie diese Pflichten umzusetzen sind. Auch insofern folgt die DS-GVO allgemeinen Compliance-Grundsätzen (→ Rn. 6), insbesondere um kleinen und mittelständischen Unternehmen eine entsprechende Flexibilität einzuräumen. Für Kleinbetriebe kritisch ist jedoch der Umstand, dass gesetzliche Ausnahmen für diese nur in Art. 30 Abs. 5 DS-GVO vorgesehen sind.

40 Wenn man die einleitend beschriebenen wesentlichen Elemente eines Compliance-Management-System zugrunde legt (→ Rn. 7) könnte **eine Compliance-Management-System nach Maßgabe der DS-GVO** wie folgt zusammengefasst werden:

- Organisationspflicht:
  - TOM: Art. 24, 25, 32 DS-GVO
  - Auswahlpflicht: Art. 28 Abs. 1, 2 DS-GVO
- **Nachweis-/Dokumentationspflicht**:[78]
  - Nachweispflicht: Art. 5 Abs. 2, 24 Abs. 1 DS-GVO
  - Dokumentationspflicht: Art. 30, 35 Abs. 7 DS-GVO

---

[78] Die erwähnten Pflichten sind nur Beispiele der umfangreichen Pflichten im Rahmen der Verordnung (→ Rn. 21).

- Informationspflicht:
  - Anweisung: Art. 32 Abs. 4 DS-GVO
  - Unterrichtung/Schulung: Art. 39 Abs. 1 lit. a DS-GVO
- Überprüfungspflicht:
  - Selbstkontrolle durch Verantwortlichen: Art. 24 Abs. 1 S. 2, 32 Abs. 1 lit. d DS-GVO
  - Überprüfungsrecht von Verantwortlichem gegenüber Auftragsverarbeitern: Art. 28 Abs. 3 lit. h DS-GVO
  - Überprüfung durch Datenschutzbeauftragten: Art. 39 Abs. 1 lit. b DS-GVO

Die einleitend genannte Sanktionspflicht (→ Rn. 7) ist in der DS-GVO zwar nicht geregelt, gilt aber aufgrund der allgemeinen Sorgfalts- und Aufsichtspflichten der Geschäftsleitung und Aufsichtsräte (→ Rn. 5) auch im Bereich der DS-GVO.

Die Nichtbeachtung dieser Compliance-Pflichten kann nicht nur als eigenständige 41 Pflichtverletzung mit einer Geldbuße belegt werden (zur Ausnahme der Art. 5 und 24 DS-GVO → Rn. 25), sondern kann auch indirekt zu einem Verstoß gegen Pflichten der Verordnung führen, zB wenn mangels geeigneter Maßnahmen keine Meldung eines Datenschutzverstoßes erfolgt oder Anfragen von betroffenen Personen nicht rechtzeitig oder in ausreichendem Maße beantwortet werden können. Darüber hinaus ist das Fehlen oder die Ungeeignetheit von Maßnahmen bei der Frage, ob eine Geldbuße oder in welche Höhe eine Geldbuße verhängt wird, zu berücksichtigen (Art. 83 Abs. 2 lit. d DS-GVO).[79]

Auch wenn die DS-GVO lediglich bereits bekannte Datenschutz-Standards weiterent- 42 wickelt hat, so hebt die Verordnung doch durch den Detaillierungsgrad und die Ausdrücklichkeit ihrer Regelungen die Anforderungen an ein datenschutzrechtliches Compliance-Management-System auf ein neues Level. Zusammen mit der gesteigerten Relevanz des Datenschutzrechts infolge der fortschreitenden Digitalisierung und dem erhöhten Rahmen für Geldbußen haben diese Anforderungen bei der Priorisierung von Compliance-Management-Systemen in Unternehmen dem Datenschutz eine noch bedeutendere Stellung eingeräumt. Darüber ist der Datenschutz – im Gegensatz zum Kartellrecht, bei dem Geldbußen in vergleichbarer Höhe drohen – schon längst zu einem Verkaufsargument für Unternehmen geworden. Der unangemessene Umgang mit dem Datenschutz führt daher nicht nur zu Compliance-Risiken sondern auch zu Umsatz-Risiken für Unternehmen. Da unternehmerische Geschäftsmodelle vermehrt auf der Verarbeitung von Daten basieren, wird der Datenschutz in der Zukunft zu einem noch zentraleren Thema für Unternehmen im Rahmen ihres Compliance-Management-Systems werden.

---

[79] Ebenso im Bereich des Steuerstrafrecht das BGH Urt. v. 9.5.2017 – 1 StR 265/16, das ein Compliance-Management-System bei der Bemessung einer Geldbuße iRd § 30 OWiG strafmindernd berücksichtigt.

§ 7 Internationaler Datentransfer

Übersicht

	Rn.
I. Einleitung	1
II. Anwendbare Vorschriften	4
III. Einzelprobleme	6
1. Angemessenheitsbeschlüsse (Art. 45 DS-GVO)	6
a) Anwendungsbereich	6
b) Anforderungen	8
c) Verfahren	12
d) Sonderfälle	14
aa) Passenger Name Records (PNR)	14
bb) EU/US Privacy Shield und EU/US Safe Harbor-Abkommen	15
2. Genehmigungsfreie Garantien	19
a) Vereinbarungen im öffentlichen Bereich (Art. 46 Abs. 2 lit. a DS-GVO)	22
b) Verbindliche interne Datenschutzvorschriften – Binding Corporate Rules (BCR) (Art. 46 Abs. 2 lit. b, 47 DS-GVO)	24
aa) Anwendungsbereich	25
bb) Inhalte	28
cc) Genehmigung, Verfahren und praktische Umsetzung	43
c) Standarddatenschutzklauseln der Kommission (Art. 46 Abs. 2 lit. c DS-GVO)	44
aa) Anwendungsbereich	45
bb) Inhalte und praktische Umsetzung	46
cc) Besonderheiten/Probleme	51
d) Standarddatenschutzklauseln der Aufsichtsbehörden (Art. 46 Abs. 2 lit. d DS-GVO)	53
e) Genehmigte Verhaltensregeln – Codes of Conduct (CoC) (Art. 46 Abs. 2 lit. e, 40, 41 DS-GVO)	54
f) Zertifizierungen (Art. 46 Abs. 2 lit. f, 42, 43 DS-GVO)	57
3. Genehmigungspflichtige Garantien	60
a) Ad-hoc-Vertragsklauseln (Art. 46 Abs. 3 lit. a DS-GVO)	61
b) Bestimmungen in Verwaltungsvereinbarungen (Art. 46 Abs. 3 lit. b DS-GVO)	63
4. Rechtshilfeabkommen/internationale Übereinkünfte (Art. 48 DS-GVO)	65
5. Ausnahmen vom Rechtfertigungserfordernis	69
a) Ausdrückliche Einwilligung (Art. 49 Abs. 1 UAbs. 1 lit. a, Abs. 3 DS-GVO)	71
b) Verträge zwischen Betroffenen und Verantwortlichen (Art. 49 Abs. 1 UAbs. 1 lit. b, Abs. 3 DS-GVO)	74
c) Verträge im Interesse der Betroffenen (Art. 49 Abs. 1 UAbs. 1 lit. c, Abs. 3 DS-GVO)	77
d) Öffentliches Interesse (Art. 49 Abs. 1 UAbs. 1 lit. d, Abs. 4 DS-GVO)	79
e) Rechtsansprüche (Art. 49 Abs. 1 UAbs. 1 lit. e DS-GVO)	81
f) Lebenswichtige Interessen (Art. 49 Abs. 1 UAbs. 1 lit. f DS-GVO)	84
g) Öffentliche Register (Art. 49 Abs. 1 UAbs. 1 lit. g), Abs. 2 DS-GVO)	85
h) Auffangtatbestand der „zwingenden berechtigten Interessen" des Verantwortlichen (Art. 49 Abs. 1 UAbs. 2, Abs. 3 und 6 DS-GVO)	87
6. Sonstiges und Sonderfälle	92
a) Europäische und nationale Beschränkungen (Art. 49 Abs. 5 DS-GVO)	92
b) Internationale Zusammenarbeit (Art. 50 DS-GVO)	93
c) Internationaler Datentransfer im Konzern	94
d) Outsourcing	96
e) Discovery	98
f) Datentreuhändermodelle	101
g) Datenschutzrechtliche Folgen des Ausscheidens aus der EU/des EWR	102

§ 7 Internationaler Datentransfer

Literatur:
Albrecht, Das neue EU-Datenschutzrecht – von der Richtlinie zur Verordnung – Überblick und Hintergründe zum finalen Text für die Datenschutz-Grundverordnung der EU nach der Einigung im Trilog, CR 2016, 88; *Ambrock/Karg,* Ausnahmetatbestände der DS-GVO als Rettungsanker des internationalen Datenverkehrs? Analyse der Neuerungen zur Angemessenheit des Datenschutzniveaus, ZD 2017, 154; *Bergt,* Verhaltensregeln als Mittel zur Beseitigung der Rechtsunsicherheit in der Datenschutz-Grundverordnung, CR 2016, 670; *Börding,* Ein neues Datenschutzschild für Europa – Warum auch das überarbeitete Privacy Shield den Vorgaben des Safe Harbor-Urteils des EuGH nicht gerecht werden kann, CR 2016, 431; *Böse/Rockenbach,* Cloud Computing – Vertragliche und datenschutzrechtliche Besonderheiten in der Praxis, MDR 2018, 70; *Frhr. von dem Bussche/Voigt,* Konzerndatenschutz – Rechtshandbuch, München, 2014; *Dammann,* Erfolge und Defizite der EU-Datenschutzgrundverordnung – Erwarteter Fortschritt, Schwächen und überraschende Innovationen, ZD 2016, 307; *Engeler,* Das überschätzte Kopplungsverbot – Die Bedeutung des Art. 7 Abs. 4 DS-GVO in Vertragsverhältnissen, ZD 2018, 55; *Ernst,* Die Einwilligung nach der Datenschutzgrundverordnung – Anmerkungen zur Definition nach Art. 4 Nr. 11 DS-GVO, ZD 2017, 110; *Filip,* Binding Corporate Rules (BCR) aus der Sicht einer Datenschutzaufsichtsbehörde – Praxiserfahrungen mit der europaweiten Anerkennung von BCR, ZD 2013, 51; *Geppert,* Überprüfung der Modelle zur Datenübermittlung in Drittländer – Die Zukunft von EU-US-Privacy-Shield, BCRs und Standardvertragsklauseln, ZD 2018, 62; *Golland,* Das Koppelungsverbot in der Datenschutz-Grundverordnung – Anwendungsbereich, ökonomische Auswirkungen auf Web 2.0-Dienste und Lösungsvorschlag, MMR 2018, 130; *Grapentin,* Datenschutz und Globalisierung – Binding Corporate Rules als Lösung?, CR 2009, 693; *Grapentin,* Haftung und anwendbares Recht im internationalen Datenverkehr – EU-Standardvertragsklauseln und Binding Coprorate Rules, CR 2011, 102; *Härting,* Starke Behörden, schwaches Recht – der neue EU-Datenschutzentwurf, BB 2012, 459; *Härting,* Kopplungsverbot nach der DSGVO – Eine erste Sichtung der Literatur, ITRB 2017, 42; *Härting/Schneider,* Das Dilemma der Netzpolitik, ZRP 2011, 233; *Herfurth/Engel,* Codes of Conduct im Konzern? Verhaltensregeln von Unternehmensgruppen nach Art. 40 DS-GVO, ZD 2017, 367; *Hoeren,* EU-Standardvertragsklauseln, BCR und Safe Harbor Principles – Instrumente für ein angemessenes Datenschutzniveau, RDV 2012, 271; *Kort,* Arbeitnehmerdatenschutz gemäß der EU-Datenschutz-Grundverordnung, DB 2016, 711; *Kranig/Peintinger,* Selbstregulierung im Datenschutzrecht – Rechtslage in Deutschland, Europa und den USA unter Berücksichtigung des Vorschlags zur DS-GVO, ZD 2014, 3; *Krings/Mammen,* Zertifizierungen und Verhaltensregeln – Bausteine eines modernen Datenschutzes für die Industrie 4.0, RDV 2015, 231; *Krohm/Müller-Peltzer,* Auswirkungen des Kopplungsverbots auf die Praxistauglichkeit der Einwilligung – Das Aus für das Modell „Service gegen Daten"?, ZD 2017, 551; *Metz/Spittka,* Datenweitergabe im transatlantischen Rechtsraum – Konflikt oder Konsistenz? Eine Betrachtung unter Berücksichtigung der „Microsoft-Entscheidung" und der DS-GVO, ZD 2017, 361; *Molnár-Gábor/Kaffenberger,* EU-US Privacy-Shield – ein Schutzschild mit Löchern? Bedeutung des Austauschs von personenbezogenen Daten in der medizinischen Forschung, ZD 2017, 18; *Moos,* Die EU-Standardvertragsklauseln für Auftragsverarbeiter 2010 – Die wesentlichen Neuerungen und Kritikpunkte im Überblick, CR 2010, 281; *Moos,* Datenschutz- und Datennutzungsverträge, 2. Aufl. 2018; *Piltz,* Die Datenschutz-Grundverordnung – Teil 4: Internationale Datentransfers und Aufsichtsbehörden, K&R 2016, 777; *Priebe,* EuGH beanstandet Fluggastdatenabkommen zwischen der EU und Kanada, EuZW 2017, 762; *Rath/Kuß/Maiworm,* Die neue Microsoft Cloud in Deutschland mit Datentreuhand als Schutzschild gegen NSA & Co.? Eine erste Analyse des von Microsoft vorgestellten Datentreuhänder-Modells, CR 2016, 98; *Räther/Seitz,* Übermittlung personenbezogener Daten in Drittstaaten – Angemessenheitsklausel, Safe Harbor und Einwilligung, MMR 2002, 425; *Schantz,* Die Datenschutz-Grundverordnung – Beginn einer neuen Zeitrechnung im Datenschutzrecht, NJW 2016, 1841; *Schneider/Härting,* Wird der Datenschutz nun endlich internettauglich? Warum der Entwurf einer Datenschutz-Grundverordnung enttäuscht, ZD 2012, 199; *Schreiber/Kohm,* Rechtssicherer Datentransfer unter dem EU-US-Privacy-Shield? Der transatlantische Datentransfer in der Unternehmenspraxis, ZD 2016, 255; *Schröder,* Die Haftung für Verstöße gegen Privacy Policies und Codes of Conduct nach US-amerikanischem und deutschem Recht, 2007; *Spies,* Keine „Genehmigungen" mehr zum USA-Datenexport nach Safe Harbor? Übertragung personenbezogener Daten aus Deutschland in die USA, ZD 2013, 535; *Spindler,* Selbstregulierung und Zertifizierungsverfahren nach der DS-GVO – Reichweite und Rechtsfolgen der genehmigten Verhaltensregeln, ZD 2016, 407; *Voigt,* Weltweiter Datenzugriff durch US-Behörden – Auswirkungen für deutsche Unternehmen bei der Nutzung von Cloud-Diensten, MMR 2014, 158; *Voigt,* Konzerninterner Datentransfer – Praxisanleitung zur Schaffung eines Konzernprivilegs, CR 2017, 429; *Voskamp,* Transnationaler Datenschutz – Globale Datenschutzstandards durch Selbstregulierung, 2015; *Weichert,* EU-US-Privacy-Shield – Ist der transatlantische Datentransfer nun grundrechtskonform? Eine erste Bestandsaufnahme, ZD 2016, 209; *Wieczorek,* Informationsbasiertes Persönlichkeitsrecht, 2013; *Wieczorek,* Persönlichkeitsrecht und Meinungsfreiheit im Internet, 2013; *Wieczorek,* Der räumliche Anwendungsbereich der EU-Datenschutz-Grundverordnung, DuD 2013, 644; *Wybitul,* Der neue Beschäftigtendatenschutz nach § 26 BDSG und Art. 88 DSGVO, NZA 2017, 413; *Wybitul/Ströbel/Rueß,* Übermittlung personenbezogener Daten in Drittländer, ZD 2017, 503.

Teil A   Datenschutzrechtliche Grundlagen

I. Einleitung

1 Über Daten wird oft floskelhaft gesagt, sie seien „das Öl des 21. Jahrhunderts". Unstreitig ist, dass sich der Datenfluss in der Informationsgesellschaft signifikant erhöht hat, weiter zunehmen und nicht nur hinsichtlich der gesellschaftlichen und wirtschaftlichen Tragweite an Bedeutung gewinnen wird. Vor Landesgrenzen macht er dabei nicht halt. Auch nimmt mit ihm die Verarbeitung von Daten mit persönlichkeitsrechtsrelevanten Inhalten zu.

2 Anknüpfend an die lange europäische Tradition datenschutzrechtlicher Vorschriften (→ § 2 Rn. 2 ff.) setzt – unglücklicherweise[1] – auch die DS-GVO bei der Regulierung des Datenverkehrs am personenbezogenen Datum (Art. 4 Nr. 1 DS-GVO) an (→ § 3 Rn. 9 ff.). Dabei gilt – auch für den Auslandsdatentransfer – ein **präventives Verbot mit Erlaubnisvorbehalt** (→ § 3 Rn. 48 ff.).[2] Zur Vermeidung eines absinkenden Datenschutzniveaus enthält die DS-GVO dezidierte Vorschriften hierzu (→ Rn. 3 ff.). Denn naturgemäß würde der gesetzliche Schutz unterlaufen, wenn er bei einem grenzüberschreitenden Transfer nicht mehr gelten würde (Art. 44 S. 2 DS-GVO).[3]

3 Die Übermittlung personenbezogener Daten aus Mitgliedstaaten der EU in Drittländer unterliegt dem rechtlichen **Regelungsrahmen der Art. 44 ff. DS-GVO** (→ Rn. 4 ff.). Die speziellen Anforderungen zum Auslandsdatentransfer müssen zusätzlich zu den allgemeinen Voraussetzungen erfüllt sein, die an eine rechtmäßige Datenverarbeitung gestellt werden. Dies ergibt sich bereits unmittelbar aus Art. 44 S. 1 DS-GVO. Die Zulässigkeit eines Auslandsdatentransfers ist also – wie bisher unter DS-RL und BDSG aF – im Rahmen einer **zweistufigen Prüfung** zu ermitteln:[4] Auf der ersten Stufe ist anhand der allgemeinen Zulässigkeitsvoraussetzungen (zB Art. 5, 6 und 9 DS-GVO oder Art. 88 DS-GVO iVm § 26 BDSG) zu prüfen, ob die Datenverarbeitung rechtmäßig ist. Auf der zweiten Stufe ist anhand der speziellen Übermittlungsvorschriften der Art. 44 ff. DS-GVO zu prüfen, ob – und wenn ja unter welchen Bedingungen – der Drittlandtransfer zulässig ist. Dieses Kapitel beschränkt sich ausschließlich auf die Besonderheiten der zweiten Stufe (→ Rn. 4 ff.).

> **Checkliste: Datenverarbeitung mit Auslandsbezug**
> 1. Anwendbarkeit der DS-GVO (→ § 3 Rn. 7 ff.)
> 2. Rechtmäßigkeit der Datenverarbeitung (→ § 3 Rn. 48 ff.)
> 3. Rechtmäßigkeit des Auslandsdatentransfers (→ Rn. 6 ff.)

II. Anwendbare Vorschriften

4 Ergänzend zu den allgemeinen Grundsätzen des Art. 44 DS-GVO zum Drittlandtransfer (→ Rn. 3) lassen sich die einschlägigen Vorschriften unterteilen in:
– Angemessenheitsbeschlüsse (Art. 45 DS-GVO) (→ Rn. 6 ff.);
– genehmigungsfreie Garantien (Art. 46 Abs. 2 DS-GVO) (→ Rn. 19 ff.);
– genehmigungspflichtige Garantien (Art. 46 Abs. 3 DS-GVO) (→ Rn. 60 ff.);

---

[1] Krit. bereits Wieczorek DuD 2011, 476 (477 ff.); Härting/Schneider ZRP 2011, 233 (233 f.); Härting BB 2012, 459 (462 f.); Schneider/Härting ZD 2012, 199 (200, 203); Wieczorek DuD 2013, 644 (649), jeweils mwN; grdl. Wieczorek, Persönlichkeitsrecht und Meinungsfreiheit im Internet, 98 ff.
[2] Statt vieler Buchner/Petri in Kühling/Buchner DS-GVO Art. 6 Rn. 11 ff.
[3] ErwGr 101 S. 3 DS-GVO: „Das [...] gewährleistete Schutzniveau [...] sollte jedoch bei der Übermittlung personenbezogener Daten aus der Union [...] nicht untergraben werden".
[4] EDPB, Guidelines 2/2018 on derogations of Article 49 under Regulation 2016/679, 25.5.2018, 3; Schröder in Kühling/Buchner DS-GVO Art. 44 Rn. 20; Klug in Gola DS-GVO Art. 44 Rn. 2; Ambrock/Karg ZD 2017, 154 (155 f.).

§ 7 Internationaler Datentransfer Teil A

- den Sonderfall Rechtshilfeabkommen/internationale Übereinkünfte (Art. 48 DS-GVO) (→ Rn. 65 ff.); und
- Ausnahmen (Art. 49 DS-GVO) (→ Rn. 69 ff.).

Die vorgenannten Normen unterscheiden dabei grundlegend in **„sichere Drittländer"** 5
und **„unsichere Drittländer"**. Die Datenübermittlung in sichere Drittländer bedarf gem. Art. 45 DS-GVO keiner zusätzlichen Rechtfertigung auf der zweiten Stufe (→ Rn. 6 ff.). Die Datenübermittlung in unsichere Drittländer erfordert hingegen geeignete Garantien, die den Datenschutz sicherstellen, Art. 46 f. DS-GVO (→ Rn. 19 ff.). Andernfalls ist die Datenübermittlung nur auf Basis von Rechtshilfeabkommen bzw. internationalen Übereinkünften nach Art. 48 DS-GVO (→ Rn. 65 ff.) oder in Ausnahmefällen nach Art. 49 DS-GVO erlaubt (→ Rn. 69 ff.). Zur Klarstellung: Datenübermittlungen unter EU- bzw. EWR-Mitgliedstaaten sind hiervon nicht betroffen, da es sich hierbei nicht um Drittländer handelt und die Art. 44 ff. DS-GVO nicht anwendbar sind (→ Rn. 3; zum Ausscheiden von Ländern aus EU oder EWR s. das Bsp. „Brexit" → Rn. 102).

> **Praxistipp: Auffinden der passenden Rechtfertigungsgrundlage**
> Die DS-GVO bietet zahlreiche Möglichkeiten, einen Auslandsdatentransfer zu legitimieren. Nicht alle eignen sich indes für den konkret anvisierten Transfer. Dies gilt vor allem für Methoden und Ausnahmen mit eng umgrenztem Anwendungsbereich. Im Übrigen weisen die Möglichkeiten meist Vor- und Nachteile auf, die je nach Szenario unterschiedlich stark zur Geltung kommen oder die Übermittlungsmethode ausschließen. Die Prüfung und ggf. Auswahl der richtigen Rechtfertigungsgrundlage ist einzelfallabhängig zu treffen.

III. Einzelprobleme

1. Angemessenheitsbeschlüsse (Art. 45 DS-GVO)

a) Anwendungsbereich. Nach Art. 45 Abs. 1 DS-GVO ist die Übermittlung personen- 6
bezogener Daten in ein Drittland oder an eine internationale Organisation zulässig, wenn diese(s) über ein **angemessenes Datenschutzniveau** verfügt. Für eine solche Datenübermittlung bedarf es dann **keiner besonderen Genehmigung**, Art. 45 Abs. 1 S. 2 DS-GVO. Die Angemessenheitsentscheidung kann das gesamte Drittland, ein Gebiet oder einen oder mehrere Sektoren desselben betreffen, Art. 45 Abs. 1 S. 1 DS-GVO.[5]

Ob ein Drittland die Anforderungen an ein angemessenes Datenschutzniveau erfüllt, 7
prüft die Kommission auf Basis der in Art. 45 Abs. 2 DS-GVO niedergelegten Kriterien (→ Rn. 8 ff.) und des in Art. 45 Abs. 3–8 DS-GVO enthaltenen Verfahrens (→ Rn. 12 ff.) **(positive Angemessenheitsentscheidung)**. Art. 45 Abs. 9 DS-GVO stellt klar, dass die auf Basis von Art. 25 Abs. 6 DS-RL getroffenen positiven Angemessenheitsentscheidungen auch unter der DS-GVO ihre Wirksamkeit beibehalten. Positive Angemessenheitsentscheidungen stehen jedoch unter dem Vorbehalt einer Änderung, Ersetzung oder Aufhebung im Rahmen des Verfahrens nach Art. 45 Abs. 5 DS-GVO. Sie unterliegen zudem – bei Berücksichtigung eines geringen Wertungsspielraums – vollumfänglich gerichtlicher Kontrolle.[6]

---

[5] Zum Begriffsverständnis s. Schröder in Kühling/Buchner DS-GVO Art. 45 Rn. 6.
[6] Stellv. EuGH NJW 2015, 3151 (3155 f.) – Schrems.

Teil A   Datenschutzrechtliche Grundlagen

> **Checkliste: Liste der Drittländer mit einem angemessenen Datenschutzniveau**
> Die Kommission veröffentlicht gem. Art. 45 Abs. 8 DS-GVO im Amtsblatt der Europäischen Union sowie auf ihrer Website[7] eine **Liste aller Drittländer**, für die sie durch Beschluss festgestellt hat, dass sie ein angemessenes Datenschutzniveau gewährleisten bzw. nicht (mehr) gewährleisten. Sie umfasst derzeit (Art. 45 Abs. 9 DS-GVO) folgende Drittländer, deren Datenschutzniveau – zT mit Einschränkungen/Besonderheiten – als angemessen beurteilt worden ist:
> – Andorra (ABl. EU 2010 L 277, 27);
> – Argentinien (ABl. EU 2003 L 168, 19);
> – Australien (ABl. EU 2008 L 213, 47 – Sonderfall PNR → Rn. 14);
> – Färöer (ABl. EU 2010 L 58, 17);
> – Guernsey (ABl. EU 2003 L 308, 27);
> – Isle of Man (ABl. EU 2004 L 151, 51; ABl. EU 2004 L 208, 47);
> – Israel (ABl. EU 2011 L 27, 39);
> – Jersey (ABl. EU 2008 L 138, 21);
> – Kanada (ABl. EG 2000 L 2, 13; ABl. EU 2006 L 91, 49 – Sonderfall PNR → Rn. 14);
> – Neuseeland (ABl. EU 2013 L 28, 12);
> – Schweiz (ABl. EG 2000 L 251, 1);
> – United States of America (ABl. EU 2016 L 207, 1 – Sonderfall EU/US Privacy Shield → Rn. 15 ff., 17 f.; ABl. EU 2004 L 235, 11[8] – Sonderfall PNR → Rn. 14) und
> – Uruguay – Eastern Republic of Uruguay (ABl. EU 2012 L 227, 11).

8   b) **Anforderungen.** Art. 45 Abs. 2 DS-GVO formuliert die Anforderungen an die Angemessenheit. Diese entstammen den Bereichen Rechtsvorschriften und Rechtsdurchsetzung (Art. 45 Abs. 2 lit. a DS-GVO), unabhängige Aufsichtsbehörden (Art. 45 Abs. 2 lit. b DS-GVO) sowie internationale Verpflichtungen/rechtsverbindliche Übereinkünfte (Art. 45 Abs. 2 lit. c DS-GVO). Die exemplarisch aufgezählten Kriterien sind nicht abschließend („insbesondere"). Entscheidend ist eine **Gesamtbetrachtung** der zur Beurteilung herangezogenen Attribute. Angemessenheit bedeutet dabei nicht, dass der Datenschutz im Drittland identisch geregelt sein muss, sondern dass er **gleichwertig** ist und das europäische Schutzniveau nicht unterschreitet.[9] Dabei muss die Angemessenheitsentscheidung auf alle der in Art. 45 Abs. 2 lit. a–c DS-GVO genannten Bereiche eingehen.[10] Die in Art. 45 Abs. 2 DS-GVO enthaltenen Beispiele müssen aber weder kumulativ noch vollständig erfüllt sein.[11]

9   Art. 45 Abs. 2 lit. a DS-GVO enthält im weitesten Sinne Kriterien aus dem Bereich der **Rechtsstaatlichkeit.** Ausgangspunkt ist die Achtung der Menschenrechte und Grundfreiheiten, insbs. im Hinblick auf die Privatsphäre des Einzelnen, bzw. die im zu beurteilenden Drittland zu deren Schutz existierenden Rechtsvorschriften sowie deren Durchsetzung. Hierzu zählt, dass etwaige Eingriffsnormen dem Bestimmtheitsgrundsatz gerecht werden und auf das absolut notwendige Maß beschränkt sind.[12] Ein anlass- und

---
[7] Abrufbar unter https://ec.europa.eu/info/law/law-topic/data-protection/data-transfers-outside-eu/adequacy-protection-personal-data-non-eu-countries_en#dataprotectionincountriesoutsidetheeu, zuletzt abgerufen am 26.9.2018.
[8] Durch EuGH NJW 2006, 2029 (2029 ff.) – Passenger Name Records USA – für nichtig erklärt.
[9] Stellv. EuGH NJW 2015, 3151 (3157) – Schrems; Schröder in Kühling/Buchner DS-GVO Art. 45 Rn. 11 f.; Klug in Gola DS-GVO Art. 45 Rn. 5; von dem Bussche in Plath DSGVO Art. 45 Rn. 2; Schaffland/Holthaus in Schaffland/Wiltfang DS-GVO Art. 45 Rn. 6: „Kernbestand der Schutzprinzipien der DS-GVO erreicht".
[10] Klug in Gola DS-GVO Art. 45 Rn. 5; vgl. EuGH NJW 2015, 3151 (3156 ff.) – Schrems.
[11] Schaffland/Holthaus in Schaffland/Wiltfang DS-GVO Art. 45 Rn. 7; Schröder in Kühling/Buchner DS-GVO Art. 45 Rn. 20 f.
[12] EuGH NJW 2015, 3151 (3157) – Schrems; Schröder in Kühling/Buchner DS-GVO Art. 45 Rn. 16; s. auch Artikel 29-Datenschutzgruppe, Working Document 01/2016 on the justification of interferences

verdachtsunabhängiger Zugriff auf den Inhalt personenbezogener, insbes. elektronisch ausgetauschter Daten, ist mit einem angemessenen Datenschutzniveau unvereinbar.[13] Ein angemessenes Datenschutzniveau kann sich ferner über die **Betroffenenrechte** auszeichnen. Hierzu zählen insbes. Auskunfts-, Berichtigungs- und Löschungsansprüche.[14] Essentiell ist zudem, dass Betroffenen gegen unrechtmäßige Datenverarbeitung vollumfänglich der Rechtsweg offensteht und eine effektive Rechtsdurchsetzung möglich ist.[15]

Art. 45 Abs. 2 lit. b DS-GVO regelt mit der Existenz und wirksamen Funktionsweise **unabhängiger Aufsichtsbehörden** ein weiteres[16] wesentliches Kriterium für ein angemessenes Datenschutzniveau.[17] Dieses setzt eine völlige Unabhängigkeit der Aufsichtsbehörde voraus, dh die Freiheit von jeglichen Weisungen und Einflussnahmen, bspw. organisatorisch-struktureller Natur.[18] Die Vorschrift benennt wirkungsvolle Durchsetzungsbefugnisse hinsichtlich der geltenden Datenschutzbestimmungen als wichtiges Merkmal einer solchen unabhängigen Aufsichtsbehörde. 10

Art. 45 Abs. 2 lit. c DS-GVO stellt wiederum auf das Vorhandensein von **internationalen Verpflichtungen** ab. Diese können sich sowohl aus rechtsverbindlichen Übereinkünften oder Instrumenten als auch der Teilhabe an multilateralen oder regionalen Systemen in Bezug auf den Datenschutz ergeben. Dazu zählt insbes. der Beitritt eines Drittlandes zum Übereinkommen des Europarates vom 28.1.1981 zum Schutz des Menschen bei der automatischen Verarbeitung personenbezogener Daten (Konvention Nr. 108).[19] Nachteilig kann in die Wertung der Angemessenheit einfließen, dass das Drittland internationale Verpflichtungen getroffen hat, die es zu einer intensiven Datenverarbeitung zB im Bereich der inneren und äußeren Sicherheit verpflichten.[20] 11

c) Verfahren. Nach Art. 45 Abs. 3 S. 1 DS-GVO kann die Kommission eine positive Angemessenheitsentscheidung nach den vorstehenden Bewertungskriterien im Wege eines **Durchführungsrechtsaktes** nach Art. 291 Abs. 2 AEUV treffen. Dabei wird über Art. 45 Abs. 3 S. 4 DS-GVO sichergestellt, dass die Interessen der Mitgliedstaaten im Ausschussverfahren nach Art. 93 Abs. 2 DS-GVO iVm Art. 5 VO (EU) Nr. 182/2011[21] berücksichtigt werden. Der Durchführungsrechtsakt ist für die nationalen Aufsichtsbehörden bindend, Art. 288 Abs. 4 AEUV; gem. Art. 58 Abs. 5 DS-GVO iVm § 21 BDSG 12

---

with the fundamental rights to privacy and data protection through surveillance measures when transferring personal data (European Essential Guarantees), WP 237, 13.4.2016, 7.
[13] EuGH NJW 2015, 3151 (3157) – Schrems; Schröder in Kühling/Buchner DS-GVO Art. 45 Rn. 16; vgl. Artikel 29-Datenschutzgruppe, Working Document 01/2016 on the justification of interferences with the fundamental rights to privacy and data protection through surveillance measures when transferring personal data (European Essential Guarantees), WP 237, 13.4.2016, 7 ff.
[14] EuGH NJW 2015, 3151 (3157) – Schrems; Schröder in Kühling/Buchner DS-GVO Art. 45 Rn. 17.
[15] EuGH NJW 2015, 3151 (3157) – Schrems; Schröder in Kühling/Buchner DS-GVO Art. 45 Rn. 18; s. auch Artikel 29-Datenschutzgruppe, Working Document 01/2016 on the justification of interferences with the fundamental rights to privacy and data protection through surveillance measures when transferring personal data (European Essential Guarantees), WP 237, 13.4.2016, 11 f.
[16] Vgl. Schröder in Kühling/Buchner DS-GVO Art. 45 Rn. 20f. und Artikel 29-Datenschutzgruppe, Working Document 01/2016 on the justification of interferences with the fundamental rights to privacy and data protection through surveillance measures when transferring personal data (European Essential Guarantees), WP 237, 13.4.2016, 7 f.; strenger bspw. Weichert ZD 2016, 209 (215 f.): „zentrale Bedingung".
[17] S. auch Artikel 29-Datenschutzgruppe, Working Document 01/2016 on the justification of interferences with the fundamental rights to privacy and data protection through surveillance measures when transferring personal data (European Essential Guarantees), WP 237, 13.4.2016, 9 f.
[18] EuGH NJW 2010, 1265 (1265 ff.) – Kommission/Bundesrepublik Deutschland; ZD 2012, 563 (563 ff.) – Kommission/Republik Österreich; s. auch Wieczorek in Kühling/Buchner BDSG § 8 Rn. 4 ff., § 10 Rn. 4 ff., jeweils mwN.
[19] ErwGr 105 S. 2 DS-GVO.
[20] Schröder in Kühling/Buchner DS-GVO Art. 45 Rn. 22.
[21] ABl. EU 2011 L 55, 13 (sog Komitologie-Verordnung).

steht ihnen jedoch ein Klagerecht zu.[22] Der Inhalt des Durchführungsrechtsaktes muss nach Art. 45 Abs. 3 S. 3 DS-GVO den Anwendungsbereich und – sofern vorhanden – die zuständige(n) Aufsichtsbehörde(n) konkretisieren. Zudem sieht Art. 45 Abs. 3 S. 2 DS-GVO vor, dass ein Mechanismus aufzunehmen ist, durch den die Angemessenheitsentscheidung mind. im Abstand von vier Jahren zu überprüfen ist. Damit soll sichergestellt werden, dass zwischenzeitliche Entwicklungen im Drittland berücksichtigt werden können (zB iSd Art. 45 Abs. 4 und 5 DS-GVO).

13 Gem. Art. 45 Abs. 4–6 DS-GVO werden datenschutzrechtsrelevante **Entwicklungen in Drittländern** fortlaufend überwacht und ggf. bestehende **Beschlüsse widerrufen, geändert oder ausgesetzt.** Auch dies geschieht grds. mittels eines Durchführungsrechtsaktes nach Art. 291 Abs. 2 AEUV unter Berücksichtigung der mitgliedstaatlichen Interessen im Ausschussverfahren nach Art. 93 Abs. 2 DS-GVO iVm Art. 5 VO (EU) Nr. 182/2011 (→ Rn. 12). In Fällen äußerster Dringlichkeit kann der Durchführungsrechtsakt jedoch gem. Art. 45 Abs. 5 S. 3 DS-GVO iVm Art. 93 Abs. 3 DS-GVO und Art. 5, 8 VO (EU) Nr. 182/2011 auch sofort gelten. Korrigierende Beschlüsse haben keine rückwirkende Kraft, Art. 45 Abs. 5 S. 1 DS-GVO. Nach Art. 45 Abs. 6 DS-GVO nimmt die Kommission zudem Beratungen mit dem betreffenden Drittland auf, um der Situation abzuhelfen, die zu dem korrigierenden Beschluss nach Art. 45 Abs. 5 DS-GVO geführt hat. Übermittlungen auf Basis der Art. 46–49 DS-GVO bleiben davon unberührt, Art. 45 Abs. 7 DS-GVO. Alle Beschlüsse nach Art. 45 Abs. 3 und 5 DS-GVO werden veröffentlicht, wobei die nach Art. 25 Abs. 6 DS-RL gefassten Beschlüsse fortgelten, Art. 45 Abs. 8 und 9 DS-GVO (→ Rn. 7).

> **Praxistipp: Aktualität der Angemessenheitsbeschlüsse**
>
> Die Liste der Länder, die über ein angemessenes Datenschutzniveau verfügen (→ Rn. 7), sollte nicht nur im Hinblick auf etwaige Erweiterungen, sondern auch den Widerruf bzw. die Änderung bestehender Beschlüsse im Blick behalten werden. Andernfalls droht eine ggf. rechtswidrige Datenübermittlung unbemerkt zu bleiben. Nach Inkrafttreten der DS-GVO ist insbes. damit zu rechnen, dass die gem. Art. 45 Abs. 9 DS-GVO fortgeltenden positiven Angemessenheitsentscheidungen auf den Prüfstand kommen.

14 **d) Sonderfälle. aa) Passenger Name Records (PNR).** Für die Drittländer Australien (ABl. EU 2008 L 213, 47), Kanada (ABl. EU 2006 L 91, 49) und die USA (ABl. EU 2004 L 235, 11) sind positive Angemessenheitsentscheidungen beschränkt auf **Fluggastdatensätze (sog Passenger Name Records – PNR)** ergangen (→ Rn. 7). Die am 14.5.2004 unter Berufung auf Art. 25 Abs. 6 DS-RL als Grundlage für eine Übermittlung von PNR-Daten in die USA erlassene positive Angemessenheitsentscheidung[23] hat der EuGH mit Urteil vom 30.5.2006 jedoch kurze Zeit später bereits für nichtig erklärt.[24] Hintergrund war der auch für die DS-GVO geltende Umstand, dass die DS-RL **keinen Datenaustausch zum Zweck der nationalen Sicherheit sowie der Gemeinsamen Außen- und Sicherheitspolitik (GASP)** ermöglicht. Deshalb bemühten sich die EU und die betroffenen Drittländer im Anschluss daran um den Abschluss von den Datentransfer rechtfertigenden Abkommen, die zugleich ein angemessenes Datenschutzniveau herstellen sollten.[25] Diese können grds. eine internationale Übereinkunft iSv Art. 48 DS-GVO darstellen (→ Rn. 65 ff.). Allerdings begegnen diese Bestrebungen (da-

---

[22] Grundlegend hierzu EuGH NJW 2015, 3151 (3153 f.) – Schrems; Boehm in Kühling/Buchner DS-GVO Art. 58 Rn. 45 ff., 52 ff.; Bergt in Kühling/Buchner BDSG § 21 Rn. 9 ff.; Schreiber/Kohm ZD 2016, 255 (258 f.).
[23] ABl. EU 2004 L 235, 11; ähnlich die kanadische Entscheidung vom 6.9.2005, ABl. EU 2006 L 91, 49.
[24] EuGH NJW 2006, 2029 (2029 ff.) – Passenger Name Records USA.
[25] S. ABl. EU 2008 L 213, 47 (Australien); ABl. EU 2007 L 204, 18 (USA); ABl. EU 2012 L 174, 1.

tenschutz-)rechtlichen Bedenken.[26] Insofern bestehen derzeit erhebliche Rechtsunsicherheiten im Hinblick auf den Transfer von PNR-Daten. Zeitgleich wird über RL 2016/681/EU die Harmonisierung bei der unionsinternen Verwendung von PNR-Daten vorangetrieben.

bb) EU/US Privacy Shield und EU/US Safe Harbor-Abkommen. Am 26.7.2000 15
beschloss die Kommission gem. Art. 25 Abs. 6 DS-RL,[27] dass Datenübermittlungen, die auf Basis des zwischen den Europäischen Gemeinschaften und dem Handelsministerium der Vereinigten Staaten von Amerika (United States Department of Commerce – DOC) ausgehandelten **Safe Harbor-Abkommens** zwischen teilnehmenden Unternehmen stattfinden, so behandelt werden, als befänden sich die Datenimporteure innerhalb der Europäischen Gemeinschaften. Dazu konnten sich interessierte Unternehmen entweder bei der United States Federal Trade Commission (FTC) oder dem United States Department of Transportation (DoT) auf die ausgehandelten Datenschutzgrundsätze verpflichten/zertifizieren. Verstöße konnten FTC oder DoC nach US-amerikanischem Wettbewerbsrecht sanktionieren. Über die Jahre hinweg entzündete sich heftige Kritik am Safe Harbor-Abkommen und dem daraus folgenden, defizitären Datenschutz, auf die an dieser Stelle nicht näher eingegangen werden soll.[28] Im Kern ging es um Defizite bspw. im Bereich Transparenz, Betroffenenrechte, Verhältnismäßigkeit, Datensparsamkeit und Zweckbindung. Die inhaltlichen Defizite und die mangelnde Bereitschaft auf US-Seite, sie tatsächlich zu vollziehen, offenbarten sich in eindrucksvoller Weise im Rahmen der Enthüllungen von Edward Snowden im Jahr 2013 („PRISM").

Am 6.10.2015 erklärte der EuGH in der Sache **Schrems vs. Data Protection Com-** 16
missioner die Entscheidung der Kommission zu Safe Harbor für ungültig.[29] Dementsprechend entfiel der – ohnehin beschränkte – positive Angemessenheitsbeschluss für Datenübermittlungen in die USA. Dem vorausgegangen war eine Eingabe bei der irischen Aufsichtsbehörde (Data Protection Commissioner) im Hinblick auf die – vermeintlich unzulässige – Übermittlung personenbezogener Daten von Facebook Irland in die USA. Die Aufsichtsbehörde wies diese mit der Begründung zurück, an die Kommissionsentscheidung gebunden zu sein.[30] Der High Court of Ireland ließ daraufhin den EuGH im Wege der Vorabentscheidung gem. Art. 267 AEUV über diese Frage entscheiden.[31] Neben der Ungültigkeit des Safe Harbor-Abkommens konstatierte der EuGH, dass die nationalen Aufsichtsbehörden unabhängig über die Angemessenheit des Schutzniveaus urteilen und ggf. den Gerichtshof hinsichtlich einer endgültigen Entscheidung anrufen müssen.[32] Darüber hinaus stellte der EuGH zahlreiche Erfordernisse auf, die letztlich in Art. 45 Abs. 2–6 DS-GVO abgebildet wurden, so dass sie an dieser Stelle nicht erneut wiedergegeben werden müssen (→ Rn. 8ff.).[33]

Am 12.7.2016 einigten sich die Vereinigten Staaten von Amerika und die Kommission 17
auf das Nachfolgeprogramm zu Safe Harbor, den sog **EU/US Privacy Shield,** woraufhin eine positive Angemessenheitsentscheidung der Kommission iSv Art. 25 Abs. 6 DS-

---

[26] Dem 2014 zwischen der Europäischen Union und Kanada ausgehandelten Abk. ist das Europäische Parlament mit dem Entschließungsantrag v. 25.11.2014 (P8_TA(2014)0058) bspw. entgegengetreten und hat den EuGH angerufen, der eine Unvereinbarkeit mit Unionsrecht konstatierte, s. EuGH Gutachten v. 26.7.2017 – 1/15; näher hierzu Priebe EuZW 2017, 762 (762ff.).
[27] ABl. EG 2000 L 215, 7.
[28] S. stellv. Gola/Klug/Körffer in Gola/Schomerus BDSG § 4b Rn. 15 mwN; Räther/Seitz MMR 2002, 425 (429ff.); Pauly in Paal/Pauly DS-GVO Art. 45 Rn. 10f. mwN; s. auch Spies ZD 2013, 535 (536f.).
[29] EuGH NJW 2015, 3151 (3151ff.). – Schrems.
[30] Vgl. High Court of Ireland Urt. v. 18.6.2014 – 2014 IEHC 310, Rn. 2: „The Commissioner [...] maintains that he is bound by the terms of a finding of the European Commission in July 2000 to hold that the data protection regime in the United States is adequate [...]".
[31] High Court of Ireland Urt. v. 18.6.2014 – 2014 IEHC 310, Rn. 71.
[32] EuGH NJW 2015, 3151 Ls. 1; 3153f., Rn. 53ff. – Schrems.
[33] Überblick zu den Kernaussagen der Entscheidung bei Pauly in Paal/Pauly DS-GVO Art. 45 Rn. 13ff.

RL erging (ABl. EU 2016 L 207, 1) (→ Rn. 7).[34] Ähnlich dem Safe Harbor-Abkommen basiert dieser auf einem System der Selbstverpflichtung und -zertifizierung.[35] Vor dem Hintergrund der Entscheidung zu Safe Harbor (→ Rn. 16) soll der EU/US Privacy Shield die identifizierten Defizite jedoch ua durch effektive Rechtsschutzmöglichkeiten, eine wirksame (Datenschutz-)Aufsicht und einen Ombudsmann überwinden.[36] Ob dies gelungen ist, wird unterschiedlich beurteilt.[37] Eine erste Klage ist zwar aufgrund von Unzulässigkeit gescheitert,[38] eine Entscheidung in der Sache steht jedoch noch aus.[39] Insoweit bleibt abzuwarten, ob der EU/US Privacy Shield tatsächlich dauerhaft (in seiner aktuellen Form) Bestand haben wird. Soweit er jedoch nicht aufgehoben oder abgeändert wird (Art. 45 Abs. 5 DS-GVO → Rn. 13), darf der Datenexporteur als Legitimationsgrundlage für den Auslandsdatentransfer auf der zweiten Stufe auf ihn vertrauen (→ Rn. 3, 18).

18 Für eine rechtmäßige Übermittlung personenbezogener Daten unter der DS-GVO auf Basis des EU/US Privacy Shields ist folgendes **Verfahren** zu beachten: US-Unternehmen können sich online[40] für das Programm registrieren. Dort sind auch der Regelungstext mit den Datenschutzgrundsätzen, auf die sich diese Unternehmen verpflichten, sowie eine Liste der teilnehmenden Unternehmen abrufbar. Letztere umfasst derzeit ca. 3.000 Unternehmen (Tendenz steigend). Die Zertifizierung hat jährlich neu zu erfolgen. Auch will die Kommission die Einhaltung und Funktionsfähigkeit des EU/US Privacy Shields jährlich überprüfen.[41]

2. Genehmigungsfreie Garantien

19 Die Datenübermittlung in unsichere Drittländer ist gem. Art. 46 Abs. 1 DS-GVO nur zulässig, wenn **geeignete Garantien** einen angemessenen Schutz sicherstellen (→ Rn. 5). Diese bestehen darin, dass der in Europa ansässige Übermittler (**Datenexporteur**) und der im unsicheren Drittland ansässige Empfänger (**Datenimporteur**) eine Vereinbarung und damit Rechtsgrundlage schaffen, um das Rechtshindernis des nicht adäquaten Datenschutzniveaus durch die Vereinbarung entsprechend geltender Regelungen zu überwinden/auszugleichen.[42]

20 Art. 46 Abs. 1 DS-GVO formuliert einige **grundlegende Anforderungen** an „geeignete Garantien". Demnach soll durch eine zwischen den Parteien wirkende Vereinbarung erreicht werden, dass die Datenschutzvorschriften und die Rechte der betroffenen Personen auf eine innerhalb der EU angemessene Art und Weise (→ Rn. 8) beachtet werden.[43] Wesentlicher Bestandteil dessen sind durchsetzbare Rechte und wirksame Rechtsbehelfe. Inhaltlich sollten insbes. die Einhaltung der allgemeinen Grundsätze für die Verarbeitung

---

[34] Grundlegend hierzu Schröder in Kühling/Buchner DS-GVO Art. 45 Rn. 40ff.; Schreiber/Kohm ZD 2016, 255 (256ff.); Klug in Gola DS-GVO Art. 45 Rn. 11; Laue/Nink/Kremer in LNK Das neue DatenschutzR § 5 Rn. 40ff.
[35] Schreiber/Kohm ZD 2016, 255 (256); Schröder in Kühling/Buchner DS-GVO Art. 45 Rn. 41; Pauly in Paal/Pauly DS-GVO Art. 45 Rn. 17.
[36] Näher hierzu Schröder in Kühling/Buchner DS-GVO Art. 45 Rn. 41.
[37] S. stellv. Artikel 29-Datenschutzgruppe, Opinion 01/2016 on the EU – U.S. Privacy Shield draft adequacy decision, WP 238, 13.4.2016, 33, 40ff.: Defizite zB bei der Löschung von Daten, der Zweckbindung, der Weiterübermittlung, den Betroffenen- und Beschwerderechten und der Wahrung des Verhältnismäßigkeitsgrundsatzes; Börding CR 2016, 431 (438ff.): „unveränderte Defizite"; Molnár-Gábor/Kaffenberger ZD 2017, 12 (23f.); s. auch Pauly in Paal/Pauly DS-GVO Art. 45 Rn. 19ff., 24c f. mwN.
[38] Vgl. EuGH Urt. v. 22.11.2017 – T-670/16 – Digital Rights Ireland; wenig Erfolg versprechend auch die derzeit noch anhängige Klage von La Quadrature du Net mit dem Az. T-738/16.
[39] Näher hierzu Geppert ZD 2018, 62 (64f.).
[40] Abrufbar unter https://www.privacyshield.gov/welcome, zuletzt abgerufen am 26.9.2018.
[41] In ihrer ersten jährlichen Prüfung hat die Kommission ein grds. positives Fazit gezogen, s. COM (2017) 611 final.
[42] ErwGr 108 S. 1 DS-GVO: „[…] als Ausgleich für den in einem Drittland bestehenden Mangel an Datenschutz […]".
[43] ErwGr 108 S. 3 Hs. 1 DS-GVO.

personenbezogener Daten, die Grundsätze des Datenschutzes durch Technik (Privacy by Design) und durch datenschutzfreundliche Voreinstellungen (Privacy by Default) berücksichtigt werden.[44]

Zu den in Art. 46 Abs. 1 und 2 DS-GVO (→ Rn. 19) genannten geeigneten Garantien 21 zählen **sechs Übermittlungsmethoden,** für die keine gesonderte Genehmigung einer Aufsichtsbehörde erforderlich ist:
- Verträge zwischen Behörden oder öffentlichen Stellen (Art. 46 Abs. 2 lit. a DS-GVO) (→ Rn. 22ff.);
- Binding Corporate Rules (BCR) (Art. 46 Abs. 2 lit. b, 47 DS-GVO) (→ Rn. 24ff.);
- Standarddatenschutzklauseln der Kommission (Art. 46 Abs. 2 lit. c DS-GVO) (→ Rn. 44ff.);
- Standarddatenschutzklauseln der Aufsichtsbehörden (Art. 46 Abs. 2 lit. d DS-GVO) (→ Rn. 53);
- Codes of Conduct (CoC) (Art. 46 Abs. 2 lit. e DS-GVO) (→ Rn. 54ff.); und
- Zertifikate (Art. 46 Abs. 2 lit. f DS-GVO) (→ Rn. 57ff.).

Die ebenfalls iSv Art. 46 Abs. 1 DS-GVO geeigneten, jedoch genehmigungspflichtigen Garantien normiert Art. 46 Abs. 3 DS-GVO (→ Rn. 60ff.).

a) Vereinbarungen im öffentlichen Bereich (Art. 46 Abs. 2 lit. a DS-GVO). Zu den 22 in Art. 46 Abs. 1 DS-GVO genannten Garantien können **rechtsverbindliche Dokumente im öffentlichen Bereich** gehören, Art. 46 Abs. 2 lit. a DS-GVO. Sie kommen nur für Datentransfers zwischen Behörden oder öffentlichen Stellen – oder an internationale Organisationen mit entsprechenden Pflichten oder Aufgaben[45] – in Betracht. Sie haben dementsprechend keine hohe Praxisrelevanz im privatwirtschaftlichen Bereich.[46] Die Vorschrift dokumentiert einen Vertrauensvorschuss ggü. öffentlichen Institutionen im Vergleich zu nicht-öffentlichen Stellen, der zugleich die Einflussnahmemöglichkeiten der Aufsichtsbehörden schmälert.[47] Dies hat seinen Grund ua darin, dass von öffentlichen Institutionen aufgrund ihrer Bindung an Recht und Gesetz im Allgemeinen erwartet werden kann, dass sie auch die Datenschutzbestimmungen im Speziellen einhalten werden.[48]

Was genau Art. 46 Abs. 2 lit. a DS-GVO unter **„Dokumenten"**[49] versteht wird erst 23 auf den zweiten Blick deutlich: Gemeint sind **Verwaltungsvereinbarungen** jedweder Art.[50] Notwendig ist, dass sie eine **rechtsverbindliche und durchsetzbare Rechtfertigungsgrundlage** darstellen.[51] Insbes. müssen den Betroffenen effektive Rechtsbehelfe und das Recht auf Geltendmachung von Schadensersatz zustehen.[52] Unverbindliche Abreden taugen deshalb nicht als geeignete Garantien im vorstehenden Sinne; sie müssten gem. Art. 46 Abs. 3 lit. b DS-GVO vorab durch die zuständige Aufsichtsbehörde genehmigt werden (→ Rn. 63f.).[53]

---

[44] ErwGr 108 S. 4 DS-GVO.
[45] ErwGr 108 S. 5 DS-GVO.
[46] So auch Klug in Gola DS-GVO Art. 46 Rn. 5.
[47] Pauly in Paal/Pauly DS-GVO Art. 46 Rn. 15; Schröder in Kühling/Buchner DS-GVO Art. 46 Rn. 23.
[48] Lange/Filip in BeckOK DatenschutzR DS-GVO Art. 46 Rn. 20.
[49] In der englischen Sprachfassung „instrument", dh „Mechanismus" bzw. „(Regelungs-)Instrument".
[50] ErwGr 108 S. 5 DS-GVO.
[51] S. auch Zerdick in Ehmann/Selmayr DS-GVO Art. 46 Rn. 8: „selbst-durchführend (‚self-executing')".
[52] Lange/Filip in BeckOK DatenschutzR DS-GVO Art. 46 Rn. 21.
[53] ErwGr 108 S. 6 DS-GVO; Pauly in Paal/Pauly DS-GVO Art. 46 Rn. 16, 49; Lange/Filip in BeckOK DatenschutzR DS-GVO Art. 46 Rn. 21f., 66; Zerdick in Ehmann/Selmayr DS-GVO Art. 46 Rn. 17; zu Recht krit. bzgl. der Genehmigungsfähigkeit Schantz in Schantz/Wolff Das neue DatenschutzR Teil VI Rn. 779.

Beispiel(e): Vereinbarungen im öffentlichen Bereich

Ob eine Verwaltungsvereinbarung rechtlich bindend und durchsetzbar ist, ist einzelfallabhängig zu beurteilen. Folgende Verwaltungsvereinbarungen dürften diese Anforderungen regelmäßig erfüllen:
- Gemeinsame (verbindliche) Absichtserklärungen;[54]
- Behördenabkommen;[55]
- Völkerrechtliche Verträge, Staatsverträge und sonstige öffentlich-rechtliche Verträge.[56]

Folgende Verwaltungsvereinbarungen dürften die Anforderungen hingegen meist verfehlen:
- Letter of Intent (LoI);
- Memorandum of Understanding (MoU).[57]

24 **b) Verbindliche interne Datenschutzvorschriften – Binding Corporate Rules (BCR) (Art. 46 Abs. 2 lit. b, 47 DS-GVO).** Zu denjenigen Garantien iSv Art. 46 Abs. 1 DS-GVO, von denen im Hinblick auf ihren Stellenwert unter der DS-RL bzw. dem BDSG aF erwartet wird, dass sie an Bedeutung gewinnen, zählen **verbindliche interne Datenschutzvorschriften (Binding Corporate Rules – BCR)**, Art. 46 Abs. 2 lit. b, 47 DS-GVO.[58] Global agierende Unternehmensgruppen oder Gruppen mit gemeinsamer Wirtschaftstätigkeit können bei der zuständigen Aufsichtsbehörde die Genehmigung derartiger BCR beantragen (→ Rn. 43), um auf ihrer Basis nach Art. 46 Abs. 2 lit. b DS-GVO internationale Datentransfers in an sich unsichere Drittländer zu rechtfertigen. Dabei hatten sich BCR bereits unter altem Recht etabliert, ohne ausdrücklich in Art. 26 DS-RL benannt worden zu sein (s. aber § 4c Abs. 2 S. 1 Hs. 2 BDSG aF). Deshalb wurden die Inhalte vor allem praktisch ausgestaltet (vieles hiervon hat Einzug in Art. 47 DS-GVO gefunden → Rn. 28 ff.).[59] Trotzdem sind BCR – jedenfalls in Deutschland – bislang nicht weit verbreitet.[60]

---

[54] ErwGr 108 S. 5 DS-GVO.
[55] ErwGr 108 S. 5 DS-GVO; Albrecht/Jotzo in Albrecht/Jotzo Das neue DatenschutzR Teil 6 Rn. 17.
[56] Zerdick in Ehmann/Selmayr DS-GVO Art. 46 Rn. 8; s. auch Pauly in Paal/Pauly DS-GVO Art. 46 Rn. 16.
[57] Stellv. Pauly in Paal/Pauly DS-GVO Art. 46 Rn. 49; Zerdick in Ehmann/Selmayr DS-GVO Art. 46 Rn. 17; Lange/Filip in BeckOK DatenschutzR DS-GVO Art. 46 Rn. 67; vgl. Schantz in Schantz/Wolff Das neue DatenschutzR Teil VI Rn. 779.
[58] Grundlegend hierzu Abel in Moos Datenschutz- und Datennutzungsverträge § 31 Rn. 1 ff. (inkl. Vertragsmuster mit Erläuterungen).
[59] S. beispielhaft hierzu Artikel 29-Datenschutzgruppe, Working Document: Transfers of personal data to third countries: Applying Article 26 (2) of the EU Data Protection Directive to Binding Corporate Rules for International Data Transfers, WP 74, 3.6.2003 (allgemeine Anforderungen); Model Checklist Application for approval of Binding Corporate Rules, WP 102, 25.11.2004 (Checkliste für inhaltliche Anforderungen); Working Document Setting Forth a Co-Operation Procedure for Issuing Common Opinions on Adequate Safeguards Resulting From „Binding Corporate Rules", WP 107, 14.4.2005 (Anerkennungsverfahren); Working Document Establishing a Model Checklist Application for Approval of Binding Corporate Rules, WP 108, 14.4.2005 (Checkliste für Genehmigungen); Recommendation 1/2007 on the Standard Application for Approval of Binding Corporate Rules for the Transfer of Personal Data, WP 133, 10.1.2007 (Antragsformular); Working Document setting up a table with the elements and principles to be found in Binding Corporate Rules, WP 153, 24.6.2008 (inhaltliche Vorgaben); Working Document Setting up a framework for the structure of Binding Corporate Rules, WP 154, 24.6.2008 (strukturelle Vorgaben – Mutual Recognition); Working Document on Frequently Asked Questions (FAQs) related to Binding Corporate Rules, WP 155, 24.6.2008 (zuletzt aktualisiert 7.2.2017) (FAQ); Working Document 02/2012 setting up a table with the elements and principles to be found in Processor Binding Corporate Rules, WP 195, 6.6.2012 (inhaltliche Vorgaben für Auftragsverarbeiter); Recommendation 1/2012 setting up a table with the elements and principles to be found in Processor Binding Corporate Rules, WP 195a, 17.9.2012 (Antragsformular Auftragsverarbeiter); Explanatory Document on the Processor Binding Corporate Rules, WP 204, 19.4.2013 (Erklärungen für Auftragsverarbeiter); Opinion 02/2014 on a referential for requirements for Binding Corporate Rules submitted to national Data Protection Authorities in the EU and Cross Border Privacy Rules submitted to APEC CBPR Accountability Agents, WP 212, 27.2.2014 (Abgleich/Synopse APEC CBPR); Working Document setting up a table

aa) Anwendungsbereich. Art. 4 Nr. 20 DS-GVO enthält eine **Legaldefinition von** 25
BCR. Die dort verlangten Datenschutzmaßnahmen müssen auf die konkreten Bedürfnisse der Unternehmen(sgruppe) individuell angepasst sein.[61] Sie setzen die Vorgaben der DS-GVO innerhalb dieser Unternehmensgruppe um und enthalten für alle verbundenen Unternehmen weltweit einheitliche und damit umfassende Datenschutzgarantien iSv Art. 46 Abs. 1 DS-GVO, die internationale Datentransfers innerhalb dieses Verbundes rechtfertigen.[62] Sie schaffen aber **keinen datenschutzrechtlichen „Safe Haven"**, der zugleich eine Rechtfertigung der Datenverarbeitung auf erster Stufe beinhaltete (→ Rn. 3).[63]

Damit profitieren vom **persönlichen Anwendungsbereich von BCR** insbes. Unter- 26
nehmen(sgruppen) iSv Art. 4 Nr. 18 und 19 DS-GVO.[64] Zudem Unternehmensverbünde ohne Abhängigkeitsverhältnis iSv Art. 4 Nr. 19 DS-GVO[65] („Gruppe von Unternehmen"), wenn sie eine **gemeinsame Wirtschaftstätigkeit** ausüben.[66] Dabei wird nicht zwischen – gruppeninternen bzw. verbundenen – Verantwortlichen und Auftragsverarbeitern iSv Art. 4 Nr. 7 und 8 DS-GVO unterschieden, die insofern beide von BCR profitieren können. Nicht umfasst sind jedoch lose Zusammenschlüsse (zB Auftragsverhältnisse oder Kooperationen) mit externen Unternehmen und Dritten (bspw. Dienstleistern oder Subunternehmer).[67] BCR können ferner auf einzelne Mitglieder der Unternehmensgruppe/des Unternehmensverbundes beschränkt werden („alle betreffenden Mitglieder", Art. 47 Abs. 1 lit. a DS-GVO) (→ Rn. 29).

Der **sachliche Anwendungsbereich von BCR** kann von den Verwendern auf solche 27
Daten beschränkt werden, die tatsächlich aus der EU/dem EWR stammen.[68] Bei BCR handelt es sich um eine auf der zweiten Stufe der Zulässigkeitsprüfung internationaler Datentransfers ansetzende Rechtfertigung (→ Rn. 3), die nicht notwendigerweise auf außerhalb des Anwendungsbereiches der DS-GVO liegende personenbezogene Daten ausgeweitet werden muss. Ferner liegt es in der Dispositionshoheit der Verwender, den sachlichen Anwendungsbereich auf bestimmte Datenkategorien zu beschränken (zB Kundendaten) und für andere Datenkategorien (zB Mitarbeiterdaten), die ebenfalls in ein un-

---

with the elements and principles to befound in binding Corporate Rules, WP 256, 29.11.2017 (Übersicht zentrale Inhalte); Working Document on Processor Binding Corporate Rules, WP 257, 29.11.2017 (Übersicht zentrale Inhalte Auftragsverarbeiter).

[60] Dies war auf den zähen Genehmigungsprozess und evtl. auch darauf zurückzuführen, dass unter den deutschen Aufsichtsbehörden umstritten war, ob die einzelnen Datenübermittlungen erneut einer separaten Genehmigung bedürfen; hierzu stellv. Bln. LfD, Tätigkeitsbericht 2002 v. 31.12.2002, 149ff.; Filip ZD 2013, 51 (52); Lange/Filip in BeckOK DatenschutzR DS-GVO Art. 47 Rn. 17.

[61] Vgl. Artikel 29-Datenschutzgruppe, Explanatory Document on the Processor Binding Corporate Rules, WP 204, 19.4.2013, 5: „tailor-made to the particular needs of a given corporation"; s. auch Abel in Moos Datenschutz- und Datennutzungsverträge § 31 Rn. 15f.

[62] Schröder in Kühling/Buchner DS-GVO Art. 47 Rn. 1.

[63] Schröder in Kühling/Buchner DS-GVO Art. 47 Rn. 1; Filip ZD 2013, 51 (54f., 59); Zerdick in Ehmann/Selmayr DS-GVO Art. 47 Rn. 4; vgl. Lange/Filip in BeckOK DatenschutzR DS-GVO Art. 47 Rn. 8.

[64] Klug in Gola DS-GVO Art. 47 Rn. 3: Ähnlichkeit mit Definition des Konzerns iSv § 18 Abs. 1 AktG; s. auch Lange/Filip in BeckOK DatenschutzR DS-GVO Art. 47 Rn. 1.

[65] S. hierzu ErwGr 37 DS-GVO.

[66] Vgl. Zerdick in Ehmann/Selmayr DS-GVO Art. 47 Rn. 8: zB „joint ventures"; Schantz in Schantz/Wolff Das neue DatenschutzR Teil VI Rn. 780: „ausreichend verfestigte unternehmerische Organisation"; s. auch Schröder in Kühling/Buchner DS-GVO Art. 47 Rn. 13.

[67] Artikel 29-Datenschutzgruppe, Working Document: Transfers of personal data to third countries: Applying Article 26 (2) of the EU Data Protection Directive to Binding Corporate Rules for International Data Transfers, WP 74, 3.6.2003, 8; Schröder in Kühling/Buchner DS-GVO Art. 47 Rn. 13; Pauly in Paal/Pauly DS-GVO Art. 47 Rn. 4; offener Klug in Gola DS-GVO Art. 47 Rn. 3 aE: „bereits bei Geschäftspartnern gegeben"; s. auch Lange/Filip in BeckOK DatenschutzR DS-GVO Art. 47 Rn. 4, 8: „gesetzliche Formulierung […] jedenfalls recht weit".

[68] Schröder in Kühling/Buchner DS-GVO Art. 47 Rn. 17; Filip ZD 2013, 51 (56).

sicheres Drittland übermittelt werden sollen, auf sonstige Übermittlungsmethoden oder Ausnahmen zurückzugreifen (→ Rn. 32).[69]

28 **bb) Inhalte.** Art. 47 Abs. 1 und 2 DS-GVO beschreibt die **notwendigen Inhalte von BCR.** Dabei normiert Art. 47 Abs. 1 DS-GVO die wesentlichen und enthält Art. 47 Abs. 1 lit. c, Abs. 2 DS-GVO die detaillierten Vorgaben. Die Anforderungen müssen **nicht nur formal abgebildet, sondern auch materiell erfüllt** werden (→ Rn. 29).[70] Die ausführliche Darstellung derselben in Art. 47 Abs. 1 und 2 DS-GVO trägt dabei auch dem Umstand Rechnung, dass zentrale Voraussetzung einer unternehmerischen Selbstverpflichtung im Bereich des Datenschutzes die transparente Darlegung der jeweiligen Verarbeitungsvorgänge und Schutzmechanismen ist.[71] Die ausformulierten BCR dürfen sich deshalb auch nicht in der bloßen Wiedergabe dieser Anforderungen erschöpfen; entscheidend ist vielmehr die unternehmensindividuelle Übertragung in praktisch handhabbare Regeln.[72] Zudem handelt es sich um Mindestinhalte, die kumulativ vorliegen müssen.[73] Der Aufbau der BCR sollte übersichtlich sein, sich an den Vorgaben des Art. 47 DS-GVO orientieren und klare Formulierungen enthalten.[74]

29 Nach Art. 47 Abs. 1 lit. a DS-GVO müssen die BCR rechtlich verbindlich sein. Art. 47 Abs. 2 lit. c DS-GVO konkretisiert dies im Hinblick auf eine **interne wie externe Rechtsverbindlichkeit der BCR.** Dies bezieht sich auf die Gruppenunternehmen bzw. verbundenen Unternehmen genauso wie auf deren Beschäftigte.[75] Dabei versteht man unter der internen Rechtsverbindlichkeit die praktische Wirksamkeit der Maßnahmen innerhalb der Unternehmensgruppe/des Unternehmensverbundes, während man unter der externen Rechtsverbindlichkeit die Verbindlichkeit im Außenverhältnis, dh ggü. Dritten (insbes. Betroffene, Aufsichtsbehörden), versteht.[76] Zu wirksamen Maßnahmen im Innenverhältnis zählen eine Entscheidungsstruktur für klare und verbindliche Anweisungen, rechtswirksame (Arbeits-)Verträge (ggf. auch Betriebsvereinbarungen oÄ), Schulungen, Sanktionen und nachprüfbare Dokumentationen.[77] Die Rechtsverbindlichkeit im Außenverhältnis wird insbes. dadurch dokumentiert, dass unmissverständlich klar gemacht wird, welche Rechte drittbegünstigenden Charakter haben (vgl. Art. 47 Abs. 1 lit. b DS-GVO → Rn. 30).[78]

---

[69] Schröder in Kühling/Buchner DS-GVO Art. 47 Rn. 17; Lange/Filip in BeckOK DatenschutzR DS-GVO Art. 47 Rn. 34.
[70] Pauly in Paal/Pauly DS-GVO Art. 47 Rn. 16 betont zutreffend, dass der Hinweis auf „Gruppenrichtlinien", „Wohlverhaltenserklärungen" oÄ nicht ausreichend ist; so auch v. Towfigh/Ulrich in Sydow DS-GVO Art. 47 Rn. 8; Abel in Moos Datenschutz- und Datennutzungsverträge § 31 Rn. 20.
[71] Vgl. Artikel 29-Datenschutzgruppe, Working Document: Judging industry self-regulation: when does it make a meaningful contribution to the level of data protection in a third country?, WP 7, 14.1.1998, 3.
[72] Schröder in Kühling/Buchner DS-GVO Art. 47 Rn. 27.
[73] ErwGr 110 DS-GVO: „sämtliche"; s. auch Klug in Gola DS-GVO Art. 47 Rn. 4.
[74] Vgl. Filip ZD 2013, 51 (56).
[75] Stellv. Pauly in Paal/Pauly DS-GVO Art. 47 Rn. 17; Klug in Gola DS-GVO Art. 47 Rn. 4; Lange/Filip in BeckOK DatenschutzR DS-GVO Art. 47 Rn. 24.
[76] Artikel 29-Datenschutzgruppe, Working Document: Transfers of personal data to third countries: Applying Article 26 (2) of the EU Data Protection Directive to Binding Corporate Rules for International Data Transfers, WP 74, 3.6.2003, 10 ff.; Working Document Establishing a Model Checklist Application for Approval of Binding Corporate Rules, WP 108, 14.4.2005, 5 f.; Explanatory Document on the Processor Binding Corporate Rules, WP 204, 19.4.2013, 8; s. auch Lange/Filip in BeckOK DatenschutzR DS-GVO Art. 47 Rn. 24; Filip ZD 2013, 51 (57).
[77] Artikel 29-Datenschutzgruppe, Working Document setting up a table with the elements and principles to be found in Binding Corporate Rules, WP 153, 24.6.2008, 3; Explanatory Document on the Processor Binding Corporate Rules, WP 204, 19.4.2013, 8; Abel in Moos Datenschutz- und Datennutzungsverträge § 31 Rn. 25 ff.; Schröder in Kühling/Buchner DS-GVO Art. 47 Rn. 19; Pauly in Paal/Pauly DS-GVO Art. 47 Rn. 17.
[78] Stellv. Artikel 29-Datenschutzgruppe, Working Document: Transfers of personal data to third countries: Applying Article 26 (2) of the EU Data Protection Directive to Binding Corporate Rules for International Data Transfers, WP 74, 3.6.2003, 11 f., 18 ff.; Working Document Establishing a Model Checklist Application for Approval of Binding Corporate Rules, WP 108, 14.4.2005, 6 f.; Working Document

§ 7 Internationaler Datentransfer   Teil A

In Einklang mit Art. 46 Abs. 1 DS-GVO (→ Rn. 20) normiert Art. 47 Abs. 1 lit. b DS- 30
GVO, dass den betroffenen Personen ausdrücklich **durchsetzbare Rechte** zustehen
müssen. Dies wird wiederum von Art. 47 Abs. 2 lit. e DS-GVO konkretisiert. Danach
müssen die Rechte entweder über die zuständige Aufsichtsbehörde oder den Rechtsweg
durchsetzbar sein und zudem Möglichkeiten zur Wiedergutmachung/zum Schadensersatz
eröffnen.[79] Zu diesen Rechten gehört ua das Auskunftsrecht nach Art. 15 DS-GVO, das
Recht auf Berichtigung nach Art. 16 DS-GVO, das Recht auf Löschung bzw. „Vergessenwerden" nach Art. 17 DS-GVO, das Recht auf Einschränkung der Verarbeitung nach
Art. 18 DS-GVO, das Recht, nicht einer ausschließlich auf einer automatisierten Verarbeitung beruhenden Entscheidung – einschließlich Profiling – unterworfen zu sein
(Art. 22 DS-GVO) und das Recht auf Schadensersatz nach Art. 82 DS-GVO. Die in
Art. 47 Abs. 2 lit. e DS-GVO genannte Aufzählung ist jedoch nicht abschließend.[80] Die
BCR müssen ferner die Mittel zur Wahrnehmung dieser Rechte und deren Rechtsgrundlage hinreichend detailliert erläutern.[81]

Gem. Art. 47 Abs. 2 lit. a DS-GVO zählt zu den Mindestinhalten auch die Angabe von 31
Struktur und Kontaktdaten der Mitglieder der Unternehmensgruppe bzw. des Unternehmensverbundes mit gemeinsamer Wirtschaftstätigkeit. Neben Transparenzgründen
spielen hierfür praktische Erwägungen eine Rolle, um den Betroffenen und Aufsichtsbehörden die vorgenannten Rechte und Eingriffsmöglichkeiten (→ Rn. 29 f.) zu ermöglichen.[82]

Nach Art. 47 Abs. 2 lit. b DS-GVO sind ferner die **betreffenden Datenübermittlun-** 32
gen (oder Reihen von Datenübermittlungen) zu konkretisieren. Dazu zählen die Arten
personenbezogener Daten, Art und Zweck der Datenverarbeitung, Art der betroffenen
Personen und das betreffende Drittland bzw. die betreffenden Drittländer. Diese Angaben
in den zur Genehmigung anstehenden BCR sind auf eine Vielzahl nachgelagerter, individueller Datenübermittlungen gerichtet, die als solche nicht mehr genehmigungspflichtig
sind (→ Rn. 43). Die Angaben in den BCR selbst können generisch sein sowie gewisse
Abstrahierungen und Kategorisierungen enthalten und müssen insgesamt keinen übersteigerten Anforderungen an die Detailtiefe gerecht werden.[83] So reichen Schlagworte wie
„Personaldaten", „Gesundheitsdaten", „Nutzungsdaten" etc (Art der Daten) oder „Mitarbeiter", „Kunden", „Lieferanten" etc (Betroffene). Die Drittländer können und müssen
indes konkret und vollständig erfasst werden.

Gem. Art. 47 Abs. 2 lit. d DS-GVO müssen die BCR die Verwender auf die **allge-** 33
meinen Datenschutzgrundsätze verpflichten. Dazu zählen insbes. die Zweckbindung,
die Datenminimierung, begrenzte Speicherfristen, die Datenqualität, Datenschutz durch
Technikgestaltung (Privacy by Design) und datenschutzfreundliche Voreinstellungen (Privacy by Default), die Angabe der Rechtsgrundlage für die Verarbeitung, die Konkretisierung einer etwaigen Verarbeitung besonderer Kategorien von personenbezogenen Daten,
Maßnahmen zur Sicherstellung der Datensicherheit und Anforderungen für die Weiterübermittlung an nicht an die BCR gebundene Stellen. Die in Art. 47 Abs. 2 lit. d DS-

---
setting up a table with the elements and principles to be found in Binding Corporate Rules, WP 153, 24.6.2008, 3; Schröder in Kühling/Buchner DS-GVO Art. 47 Rn. 33 aE.
[79] Artikel 29-Datenschutzgruppe, Explanatory Document on the Processor Binding Corporate Rules, WP 204, 19.4.2013, 9, 16 ff.; vgl. auch ErwGr 108 S. 3 DS-GVO.
[80] S. zu weiteren drittbegünstigenden Rechten Lange/Filip in BeckOK DatenschutzR DS-GVO Art. 47 Rn. 39 (ua Verhältnismäßigkeit, Zweckbindung).
[81] Schröder in Kühling/Buchner DS-GVO Art. 47 Rn. 38; näher zu den rechtlichen Grundlagen, bspw. Vertrag oder Garantieerklärung, Lange/Filip in BeckOK DatenschutzR DS-GVO Art. 47 Rn. 30 und Pauly in Paal/Pauly DS-GVO Art. 47 Rn. 18.
[82] Lange/Filip in BeckOK DatenschutzR DS-GVO Art. 47 Rn. 32; Schröder in Kühling/Buchner DS-GVO Art. 47 Rn. 30.
[83] Artikel 29-Datenschutzgruppe, Explanatory Document on the Processor Binding Corporate Rules, WP 204, 19.4.2013, 12; Opinion 1/2010 on the concepts of „controller" and „processor", WP 169, 16.2.2010, 32; aA Pauly in Paal/Pauly DS-GVO Art. 47 Rn. 20; s. auch Abel in Moos Datenschutz- und Datennutzungsverträge § 31 Rn. 38, der die Auslagerung etwaiger Details in Anlagen empfiehlt.

GVO genannte Aufzählung ist nicht abschließend („insbesondere"). Auch eine Verpflichtung zur Speicherbegrenzung iSv Art. 5 Abs. 1 lit. e DS-GVO sollte Berücksichtigung finden.[84] Auch hier gilt, dass diese Anforderungen nicht nur formal abgebildet, sondern konkret beschrieben und tatsächlich erfüllt werden müssen (→ Rn. 28).[85]

34 Die BCR müssen ferner Regelungen zur **gesamtschuldnerischen Haftung** enthalten, Art. 47 Abs. 2 lit. f DS-GVO. So muss der in einem Mitgliedstaat niedergelassene Verantwortliche/Auftragsverarbeiter für etwaige Verstöße eines nicht in der EU niedergelassenen Mitglieds der Unternehmensgruppe gegen die BCR haften, was in diesen entsprechend niederzulegen ist. Damit werden aus Sicht des Betroffenen sogleich die verantwortlichen Adressaten benannt. Der Verantwortliche/Auftragsverarbeiter kann sich nur dann von seiner Haftung exkulpieren, wenn er nachweist, dass ihm der Umstand, durch den der Schaden eingetreten ist, nicht zur Last gelegt werden kann. Er trägt die Beweislast für die fehlende Verantwortlichkeit. Es besteht allerdings die Möglichkeit, die Haftung einer oder mehreren Gesellschaften der Gruppe konkret zuzuweisen, wenn dort – nachgewiesenermaßen – ausreichend finanzielle Mittel zur Begleichung etwaiger Schadensersatzansprüche vorhanden sind.[86]

35 Nach Art. 47 Abs. 2 lit. g DS-GVO sind ferner Mechanismen zur **Information der betroffenen Personen** zu etablieren. Dies bezieht sich einerseits auf die Aspekte, die auch in Art. 47 Abs. 2 lit. d–f DS-GVO genannt sind. Andererseits sollen die betroffenen Personen über die Art. 13 und 14 DS-GVO hinaus über die BCR informiert werden. Dies hat seinen Grund darin, dass andernfalls die fraglichen Rechte leer zu laufen drohen.[87] Hinsichtlich der Art und Weise der Information können sich die Verwender an Art. 13 und 14 DS-GVO orientieren. Danach müssen die BCR genau mitteilen, wo und wie sich die betroffenen Personen informieren können; zudem müssen die fraglichen Informationen vollumfänglich abrufbar sein/vorgehalten werden.[88]

36 Die Funktionen und Stellungen der mit der **Datenschutz-Compliance** befassten Mitarbeiter innerhalb der Unternehmensgruppe/des Unternehmensverbundes sind darzustellen, Art. 47 Abs. 2 lit. h DS-GVO.[89] Dies bezieht sich konkret auf den gem. § 37 DS-GVO benannten Datenschutzbeauftragten. Allgemein bezieht sich dies auf jede Person oder Einrichtung, die mit der Überwachung der Einhaltung der BCR, der Überwachung der Schulungsmaßnahmen und dem Umgang mit Beschwerden befasst ist. Gemeint ist der gesamte Mitarbeiterstab, der mit Unterstützung der Unternehmensspitze die Einhaltung der Datenschutzvorschriften überwacht und gewährleistet.[90] Nicht genannt werden müssen die Namen der – ohnehin wechselnden – Individuen, die die jeweiligen Funktionen/Stellen gerade bekleiden. Eine Verknüpfung sollte mit den Verfahren zur Überprüfung der BCR gem. Art. 47 Abs. 2 lit. j DS-GVO (→ Rn. 38) hergestellt werden, aus denen die vorgenannten Funktionen/Stellen ua die für ihre Arbeit notwendigen Informationen erhalten.[91] Es ist auch möglich, die vorgenannte Compliance auszulagern und bspw. durch externe Datenschutzbeauftragte zu gewährleisten.[92]

---

[84] Lange/Filip in BeckOK DatenschutzR DS-GVO Art. 47 Rn. 37.
[85] Schröder in Kühling/Buchner DS-GVO Art. 47 Rn. 36; vgl. Pauly in Paal/Pauly DS-GVO Art. 47 Rn. 22: „nicht zwingend erforderlich, dass die BCR stets sämtliche angeführten Grundsätze selbst regeln".
[86] Schröder in Kühling/Buchner DS-GVO Art. 47 Rn. 43; Lange/Filip in BeckOK DatenschutzR DS-GVO Art. 47 Rn. 45 ff.; Pauly in Paal/Pauly DS-GVO Art. 47 Rn. 24; Grapentin CR 2009, 693 (694).
[87] Vgl. Lange/Filip in BeckOK DatenschutzR DS-GVO Art. 47 Rn. 48; Schröder in Kühling/Buchner DS-GVO Art. 47 Rn. 44.
[88] Schröder in Kühling/Buchner DS-GVO Art. 47 Rn. 44; Pauly in Paal/Pauly DS-GVO Art. 47 Rn. 25.
[89] Näher hierzu Grapentin CR 2009, 693 (696).
[90] Artikel 29-Datenschutzgruppe, Working Document Setting up a framework for the structure of Binding Corporate Rules, WP 154, 24.6.2008, 9: „Struktur, Aufgaben und Zuständigkeiten"; s. auch Grapentin CR 2009, 693 (696).
[91] Vgl. Schröder in Kühling/Buchner DS-GVO Art. 47 Rn. 48: „wesentlicher Grundpfeiler jeder Compliance".
[92] Lange/Filip in BeckOK DatenschutzR DS-GVO Art. 47 Rn. 54.

Gem. Art. 47 Abs. 2 lit. i DS-GVO sind **interne Beschwerdeverfahren** zu etablieren 37
und in den BCR zu konkretisieren. Hierzu muss die Beschwerdeabteilung benannt werden.[93] Die dort tätigen Personen müssen außerdem unabhängig agieren können (vgl.
Art. 47 Abs. 2 lit. h DS-GVO → Rn. 36).[94] Ferner ist die Verknüpfung mit der (externen)
Rechtsverbindlichkeit nach Art. 47 Abs. 1 lit. b, Abs. 2 lit. e DS-GVO zu beachten.[95]
Darüber hinaus müssen die betroffenen Personen über die praktischen Aspekte des Beschwerdeverfahrens informiert werden, zB wo und in welcher Form die Beschwerde einzureichen ist, wofür einfache und verständliche Beschwerdeformulare bzw. Eingabemöglichkeiten zur Verfügung stehen sollten.[96]

BCR müssen Verfahren zur **Überprüfung** ihrer Einhaltung enthalten, Art. 47 Abs. 2 38
lit. j DS-GVO. Diese Verfahren müssen Datenschutzüberprüfungen und Abhilfemaßnahmen zum Schutz der Rechte der betroffenen Personen beinhalten. Die Ergebnisse sollen
den mit der Datenschutz-Compliance befassten Mitarbeitern und Funktionen (→ Rn. 36),
dem Verwaltungsrat des herrschenden Unternehmens und auf Anfrage der zuständigen Aufsichtsbehörde (→ Rn. 40), die im Rahmen geltenden Rechts zur Durchführung eigener
Audits berechtigt ist,[97] zur Verfügung gestellt werden. Die – auf das durch die BCR hergestellte Datenschutzniveau – inhaltlich unbeschränkten Überprüfungen haben regelmäßig
stattzufinden (wobei Umfang und Intervall in den BCR zu detaillieren sind), können sowohl von internen wie externen Auditoren durchgeführt werden und müssen die vorgenannten Stellen umfassend und verständlich instruieren.[98]

Nach Art. 47 Abs. 2 lit. k DS-GVO sind Verfahren für die **Meldung und Erfassung** 39
von Änderungen der BCR – inkl. der Meldung an die zuständige Aufsichtsbehörde
(→ Rn. 40) – vorzusehen. BCR sollen und müssen inhaltlich flexibel sein, um sowohl
auf veränderte unternehmensinterne Vorgänge als auch auf neue/geänderte datenschutzrechtliche Herausforderungen angemessen reagieren zu können.[99] Art. 47 Abs. 2 lit. k DS-GVO berücksichtigt dies insoweit, wie der Anpassungsprozess zu dokumentieren und den
zuständigen Stellen zu melden ist. Dadurch wird insbes. eine erneute Genehmigung vermieden, die die Praktikabilität und Attraktivität von BCR als Legitimationsgrundlage für
einen internationalen Datentransfer weitgehend aufheben würde.[100] Die Genehmigungsfreiheit setzt jedoch voraus, dass eine Liste der Gruppenunternehmen bzw. verbundenen
Unternehmen geführt wird, die fraglichen Änderungen nachverfolgt werden, etwaige Datentransfers an neue Mitglieder erst nach deren Bindung an die BCR stattfinden und sub-

---

[93] Artikel 29-Datenschutzgruppe, Working Document: Transfers of personal data to third countries: Applying Article 26 (2) of the EU Data Protection Directive to Binding Corporate Rules for International Data Transfers, WP 74, 3.6.2003, 17; Working Document Establishing a Model Checklist Application for Approval of Binding Corporate Rules, WP 108, 14.4.2005, 7; Working Document setting up a table with the elements and principles to be found in Binding Corporate Rules, WP 153, 24.6.2008, 7; Explanatory Document on the Processor Binding Corporate Rules, WP 204, 19.4.2013, 15.
[94] Artikel 29-Datenschutzgruppe, Working Document: Transfers of personal data to third countries: Applying Article 26 (2) of the EU Data Protection Directive to Binding Corporate Rules for International Data Transfers, WP 74, 3.6.2003, 17; Working Document setting up a table with the elements and principles to be found in Binding Corporate Rules, WP 153, 24.6.2008, 7; Explanatory Document on the Processor Binding Corporate Rules, WP 204, 19.4.2013, 15.
[95] Artikel 29-Datenschutzgruppe, Working Document: Transfers of personal data to third countries: Applying Article 26 (2) of the EU Data Protection Directive to Binding Corporate Rules for International Data Transfers, WP 74, 3.6.2003, 17.
[96] Artikel 29-Datenschutzgruppe, Working Document setting up a table with the elements and principles to be found in Binding Corporate Rules, WP 153, 24.6.2008, 7; Explanatory Document on the Processor Binding Corporate Rules, WP 204, 19.4.2013, 15.
[97] Artikel 29-Datenschutzgruppe, Explanatory Document on the Processor Binding Corporate Rules, WP 204, 19.4.2013, 14.
[98] Artikel 29-Datenschutzgruppe, Explanatory Document on the Processor Binding Corporate Rules, WP 204, 19.4.2013, 14; s. auch Lange/Filip in BeckOK DatenschutzR DS-GVO Art. 47 Rn. 58.
[99] Vgl. Artikel 29-Datenschutzgruppe, Explanatory Document on the Processor Binding Corporate Rules, WP 204, 19.4.2013, 13.
[100] Vgl. Artikel 29-Datenschutzgruppe, Explanatory Document on the Processor Binding Corporate Rules, WP 204, 19.4.2013, 13; Pauly in Paal/Pauly DS-GVO Art. 47 Rn. 29.

stantielle Änderungen inhaltlicher wie personeller Natur der zuständigen Aufsichtsbehörde mitgeteilt werden.[101] Wann von „substantiellen" Änderungen die Rede ist, ist einzelfallabhängig zu beurteilen. Geringfügige – insbes. den Datenschutz oder die Datensicherheit erhöhende – Änderungen bspw. an den technischen und organisatorischen Datenschutzmaßnahmen führen nicht zur Unterrichtungspflicht.[102]

40 Gem. Art. 47 Abs. 2 lit. l DS-GVO sind Verfahren für die **Zusammenarbeit mit der zuständigen Aufsichtsbehörde** vorzusehen und in den BCR zu konkretisieren. Damit soll gewährleistet werden, dass die Gruppenunternehmen/verbundenen Unternehmen die Vorschriften der BCR befolgen. Hierzu zählt insbes. eine Offenlegung der Ergebnisse aus den Überprüfungen nach Art. 47 Abs. 2 lit. j DS-GVO (→ Rn. 38) sowie eine Meldung etwaiger substantieller Änderungen nach Art. 47 Abs. 2 lit. k DS-GVO (→ Rn. 39).

41 Es soll ein **Meldeverfahren** zur Unterrichtung der zuständigen Aufsichtsbehörde etabliert werden, das über jegliche für ein Gruppenunternehmen/verbundenes Unternehmen in einem Drittland geltende rechtliche Bestimmungen, die sich nachteilig auf die mit den BCR geschaffenen Garantien auswirken, informiert, Art. 47 Abs. 2 lit. m DS-GVO. Dabei sind nationale Vorschriften von Drittstaaten als iSd vorstehenden Regelung grds. unschädlich zu betrachten, die den Wesensgehalt der unter der DS-GVO geschützten Grundrechte und Grundfreiheiten achten und die in einer demokratischen Gesellschaft notwendige und verhältnismäßige Maßnahmen verfolgen, Art. 23 Abs. 1 DS-GVO (s. auch den dort hinterlegten Katalog der anerkannten Zwecke). Wegen des Urteils des EuGH im Fall Schrems[103] ist jedoch damit zu rechnen, dass die Gerichte und Aufsichtsbehörden das Merkmal der nachteiligen Auswirkungen tendenziell strenger auslegen werden.[104]

42 Nach Art. 47 Abs. 2 lit. n DS-GVO sind schließlich geeignete **Datenschutzschulungen** für das Personal mit ständigem oder regelmäßigem Zugang zu personenbezogenen Daten zu schaffen. Dies ist grds. schon als Bestandteil einer ordnungsgemäßen Compliance-Struktur gem. Art. 47 Abs. 2 lit. j und lit. h DS-GVO anzusehen (→ Rn. 36, 38).[105] Ziel dieser Schulungen soll sein, dass den betreffenden Mitarbeitern die Datenschutzmaßnahmen bekannt gemacht und erklärt werden, so dass ihre Sicherstellung durch die gesamte Belegschaft unterstützt wird.[106] Das Schulungsprogramm sollte in den BCR durch Beispiele oder anderweitig veranschaulicht werden.[107]

> **Checkliste: Mindestinhalte von BCR**
>
> BCR müssen mindestens folgende Inhalte abbilden[108] und deren Umsetzung in der Unternehmensgruppe/im Unternehmensverbund gewährleisten:
> – Interne und externe Rechtsverbindlichkeit;
> – Rechtsmittel zur Durchsetzbarkeit der Betroffenenrechte (über die Aufsichtsbehörden oder Gerichte);
> – Betroffenenrechte (inkl. Wiedergutmachung/Schadensersatz);
> – Struktur und Kontaktdaten der Unternehmensgruppe/des Unternehmensverbundes und der jeweiligen Unternehmen;

---

[101] Näher hierzu Artikel 29-Datenschutzgruppe, Explanatory Document on the Processor Binding Corporate Rules, WP 204, 19.4.2013, 13; Pauly in Paal/Pauly DS-GVO Art. 47 Rn. 29.
[102] Vgl. Schröder in Kühling/Buchner DS-GVO Art. 47 Rn. 52.
[103] Stellv. EuGH NJW 2015, 3151 (3155 f.) – Schrems.
[104] So auch Schröder in Kühling/Buchner DS-GVO Art. 47 Rn. 55.
[105] Vgl. Schröder in Kühling/Buchner DS-GVO Art. 47 Rn. 56.
[106] Artikel 29-Datenschutzgruppe, Working Document: Transfers of personal data to third countries: Applying Article 26 (2) of the EU Data Protection Directive to Binding Corporate Rules for International Data Transfers, WP 74, 3.6.2003, 16 (inkl. jederzeitiger Zugriffsmöglichkeit, zB im Intranet).
[107] Artikel 29-Datenschutzgruppe, Working Document setting up a table with the elements and principles to be found in Binding Corporate Rules, WP 153, 24.6.2008, 5.
[108] Vertragsmuster mit Erläuterungen bei Abel in Moos Datenschutz- und Datennutzungsverträge § 31 Rn. 19 ff.

- Konkretisierung der Datenübermittlungen (Drittländer, Art und Zweck der Datenverarbeitung etc);
- Verpflichtung auf die allgemeinen Datenschutzgrundsätze (Zweckbindung etc);
- Regelungen zur (gesamtschuldnerischen) Haftung;
- Information der Betroffenen (BCR selbst, Betroffenenrechte etc);
- Struktur und Organisation der Datenschutz-Compliance (insbes. Datenschutzbeauftragter);
- Beschwerdeverfahren;
- Verfahren zur Überprüfung und Einhaltung der BCR;
- Meldung und Erfassung von Änderungen;
- Zusammenarbeit mit und Unterrichtung der zuständigen Aufsichtsbehörde;
- Datenschutzschulungen.

cc) Genehmigung, Verfahren und praktische Umsetzung. Erfüllen die BCR die 43 vorgenannten Anforderungen, erfolgt deren **Genehmigung durch die zuständige Aufsichtsbehörde** iSe Genehmigungspflicht, Art. 55 ff. DS-GVO. Sofern einschlägig, dh bei Datenübermittlungen aus mehr als nur einem EU-Mitgliedstaat,[109] gem. dem Kohärenzverfahren nach Art. 63 DS-GVO, Art. 47 Abs. 1, 57 Abs. 1 lit. s DS-GVO (→ § 3 Rn. 212 ff. [C.VIII.]). Nach Art. 47 Abs. 3 S. 1 DS-GVO kann die Kommission das Format und die Verfahren für den Informationsaustausch über die BCR zwischen Verantwortlichen, Auftragsverarbeitern und Aufsichtsbehörden festlegen; die hierfür erforderlichen Durchführungsrechtsakte werden gem. Art. 47 Abs. 3 S. 2 DS-GVO im Prüfverfahren nach Art. 93 Abs. 2 DS-GVO iVm Art. 5 VO (EU) Nr. 182/2011 (Komitologie-Verordnung → Rn. 12) erlassen, um die Interessen der Mitgliedstaaten zu berücksichtigen. Die auf Basis der so genehmigten BCR durchgeführten **Datentransfers benötigen keiner gesonderten Genehmigung.**[110]

Praxistipps für die Verwendung von BCR
Neben den wie vorstehend erläuterten Inhalten von BCR sind für einen praxisnahen und datenschutzgerechten Umgang mit denselben insbes. folgende Aspekte relevant:
- Von entscheidender Bedeutung ist, die Anforderungen nicht bloß formell zu erfassen, sondern tatsächlich in der Unternehmenskultur zu „leben" (→ Rn. 28);
- der Genehmigungsfähigkeit steht nicht entgegen, wenn die Verwender die BCR zB im Hinblick auf die nach Art. 47 Abs. 2 lit. b DS-GVO anvisierten Datenübermittlungen (→ Rn. 27, 32) inhaltlich einschränken;
- BCR müssen nicht alle Datenübermittlungen abdecken (s. o.); somit kann auch auf die sonstigen Übermittlungsmethoden des Art. 46 DS-GVO oder die Ausnahmen der Art. 48 f. DS-GVO zurückgegriffen werden (→ Rn. 27, 32);
- BCR – und Änderungen derselben – sind Betroffenen, Mitarbeitern und Aufsichtsbehörden mitzuteilen (Transparenzgedanke);
- BCR bieten einen (zusätzlichen) Compliance-Vorteil, da ein vorwerfbares Fehlverhalten im Bereich des Datenschutzes nach erfolgter Genehmigung bspw. in Zivilprozessen oder Verwaltungsverfahren schwerer nachweisbar ist;[111]

---

[109] Näher hierzu Lange/Filip in BeckOK DatenschutzR DS-GVO Art. 47 Rn. 15 f.; Pauly in Paal/Pauly DS-GVO Art. 47 Rn. 12; aA Schantz in Schantz/Wolff Das neue DatenschutzR Teil VI Rn. 780, der unter Verweis auf eine spätere Ausweitung auf Datenflüsse aus der gesamten EU dafür plädiert, das Kohärenzverfahren stets durchzuführen.
[110] Statt vieler Härting DS-GVO-HdB Rn. 193; Klug in Gola DS-GVO Art. 47 Rn. 7; Lange/Filip in BeckOK DatenschutzR DS-GVO Art. 47 Rn. 17; v. Towfigh/Ulrich in Sydow DS-GVO Art. 47 Rn. 4.
[111] Näher hierzu Schröder in Kühling/Buchner DS-GVO Art. 47 Rn. 3.

- zur Beschleunigung der Genehmigung sowie zur besseren Verständlichkeit ua ggü. den betroffenen Personen sollten BCR von Veranschaulichungen wie Organigrammen, Flowcharts uÄ Gebrauch machen, bspw. um die Compliance-Struktur nach Art. 47 Abs. 2 lit. h DS-GVO besser darzustellen;
- ggf. sind aufgrund des Regelungsinhaltes der BCR frühzeitig weitere Stellen (bspw. der Betriebsrat) einzubinden.

44 **c) Standarddatenschutzklauseln der Kommission (Art. 46 Abs. 2 lit. c DS-GVO).** Die praktisch wohl bedeutsamste Übermittlungsmethode sind **Standarddatenschutzklauseln der Kommission**[112] gem. Art. 46 Abs. 2 lit. c, 93 Abs. 2 DS-GVO (zum Ausschussverfahren vgl. → Rn. 12f.).[113] Dies traf bereits auf die alte Rechtslage nach Art. 26 Abs. 4, 31 Abs. 2 DS-RL zu. Nach Art. 46 Abs. 5 S. 2 DS-GVO gelten die auf dieser Grundlage von der Kommission verabschiedeten Standardvertragsklauseln bis auf Weiteres fort:
- Standardvertragsklauseln für die Übermittlung personenbezogener Daten in Drittländer vom 15.6.2001 (ABl. EG 2001 L 181, 19) (sog **Standardvertrag I** oder **Set I**);[114]
- Standardvertragsklauseln für die Übermittlung personenbezogener Daten in Drittländer vom 27.12.2004 (ABl. EG L 385, 74) (sog **Standardvertrag II** oder **Set II**)[115] und
- Standardvertragsklauseln für die Übermittlung personenbezogener Daten an Auftragsverarbeiter in Drittländer vom 5.2.2010 (ABl. EU 2010 L 39, 5) (sog **Standardvertrag Auftragsverarbeiter**).[116]

Die Standardverträge I und II sind im Verhältnis Verantwortlicher-Verantwortlicher alternativ verwendbar (→ Rn. 47); der Standardvertrag Auftragsverarbeiter betrifft das Verhältnis Verantwortlicher-Auftragsverarbeiter (→ Rn. 48).

45 **aa) Anwendungsbereich.** Standarddatenschutzklauseln iSv Art. 46 Abs. 2 lit. c, 93 Abs. 2 DS-GVO sind von der Kommission erlassene, **(weitgehend) unabänderliche Vertragswerke** (→ Rn. 46), die **für eine Vielzahl von Verwendungsfällen** internationaler Datentransfers zwischen Datenexporteur und Datenimporteur vorformuliert wurden. Unter der DS-GVO wurden bislang keine neuen Standarddatenschutzklauseln erlassen bzw. die alten Standardvertragsklauseln aufgehoben oder ersetzt (Art. 46 Abs. 5 S. 2 DS-GVO), so dass die unter der DS-RL ergangenen Entscheidungen zunächst unverändert fortgelten (→ Rn. 44). Insofern bieten alle drei Standardvertragsklauseln weiterhin „geeignete Garantien" für einen Datentransfer in unsichere Drittländer iSv Art. 46 Abs. 1 DS-GVO (→ Rn. 5, 19f.).[117] Es bleibt abzuwarten, wann und in welchem Umfang die Kommission Änderungen, Ersetzungen und/oder Aufhebungen vornehmen wird.[118] Wahrscheinlich ist, dass den Verwendern auch zukünftig mehrere Standarddatenschutzklauseln alternativ zur Verfügung stehen werden.

---

[112] Ehem. Standardvertragsklauseln oder Standard Contractual Clauses (SCC).
[113] Grundlegend hierzu Lang in Moos Datenschutz- und Datennutzungsverträge § 26 Rn. 1 ff. und § 27 Rn. 1 ff. (Standarddatenschutzklauseln für Verantwortliche), von dem Bussche in Moos Datenschutz- und Datennutzungsverträge § 28 Rn. 1 ff. (Standarddatenschutzklauseln für Auftragsverarbeiter) und Moos in Moos Datenschutz- und Datennutzungsverträge § 29 Rn. 1 ff. (Rahmenvertrag für Standarddatenschutzklauseln), jeweils inkl. Vertragsmuster und Erläuterungen; zum Ausschussverfahren vgl. Lange/Filip in BeckOK DatenschutzR DS-GVO Art. 46 Rn. 25.
[114] Abrufbar unter http://eur-lex.europa.eu/legal-content/DE/ALL/?uri=celex:32001D0497, zuletzt abgerufen am 26.9.2018.
[115] Abrufbar unter http://eur-lex.europa.eu/legal-content/DE/TXT/?uri=celex%3A32004D0915, zuletzt abgerufen am 26.9.2018.
[116] Abrufbar unter http://eur-lex.europa.eu/legal-content/DE/TXT/?uri=celex%3A32010D0087, zuletzt abgerufen am 26.9.2018.
[117] Statt Vieler Schröder in Kühling/Buchner DS-GVO Art. 46 Rn. 27.
[118] Pauly in Paal/Pauly DS-GVO Art. 46 Rn. 20 empfiehlt deshalb, ein Register über alle im Einsatz befindlichen Standarddatenschutzklauseln zu führen.

> **Praxistipp: Verwendung von Standarddatenschutzklauseln**
> Standarddatenschutzklauseln der Kommission sind schnell, unkompliziert und kurzfristig umsetzbar. Sie eignen sich deshalb hervorragend, um einen Auslandsdatentransfer zeitnah und sicher zu realisieren. Es bestehen große Spielräume für den Einsatz im Unternehmen (→ Rn. 49, 94 f.). Die Verträge erlauben es, mehrere Datenimporteure in eine Anlage aufzunehmen („one to many approach") (→ Rn. 49). Zu beachten ist jedoch stets, dass sie weitgehend unverändert übernommen werden müssen; die meisten Änderungen lösen ein Genehmigungserfordernis aus, das die Vorteile weitgehend zunichtemacht (→ Rn. 46). So bieten Standarddatenschutzklauseln ein probates Mittel, um ohne nennenswerten – insbes. rechtsbegutachtenden – Aufwand einen internationalen Datentransfer abzubilden. Bei der Umsetzung treten allerdings bisweilen praktische Probleme beim Ausfüllen der Anlagen und Freifelder zutage. Hierbei gilt die Faustregel, dass die Datenvorgänge so detailliert wie möglich beschrieben werden müssen, ohne übersteigerten Anforderungen gerecht werden zu müssen.[119] Es genügt, den Fachbereich so anzuleiten, dass dieser die zutreffenden Fakten nach kritischer Prüfung der Vorgänge wahrheitsgemäß, vollständig und genau einpflegt.

bb) Inhalte und praktische Umsetzung. Zu den **allgemeinen Voraussetzungen** in 46 Zusammenhang mit dem Abschluss von Standarddatenschutzklauseln der Kommission gehört, dass sie **weitgehend unabänderlich** und nach ihrem Abschluss **der Disposition der Parteien entzogen** sind.[120] Ersteres gilt allerdings nur für ggü. den Betroffenen abträglichen Vorschriften oder solchen, die im Widerspruch zur DS-GVO oder sonstigen Klauseln des Vertrages stehen; unschädlich sind Regelungen, die **zusätzliche Garantien** schaffen oder die Einbettung der Klauseln in ein **umfangreicheres Vertragswerk** (→ Rn. 49) ermöglichen.[121] Es ist nicht zulässig (auch und gerade nicht bei den Standardverträgen I und II), die Standarddatenschutzklauseln zu kombinieren, einen neuen Vertrag zu erschaffen und von einem Fortbestand der Genehmigungsfreiheit (→ Rn. 50) auszugehen.[122] Von zentraler Bedeutung ist zudem, dass die Standarddatenschutzklauseln nicht nur unterschrieben und formal in Kraft gesetzt werden, sondern die Inhalte auch tatsächlich umgesetzt/gewährleistet werden.[123]

Im **Verhältnis Verantwortlicher-Verantwortlicher** („controller to controller") 47 kommt die Verwendung der Standardverträge I[124] und II[125] in Betracht. Für die Auswahl dieser Vertragsmuster ist ausschlaggebend, den Datenimporteur korrekt als Verantwortlichen iSv Art. 4 Nr. 7 DS-GVO (→ § 3 Rn. 19 ff.) qualifiziert und ihn somit vom Auftragsverarbeiter iSv Art. 4 Nr. 8 DS-GVO (→ Rn. 48) abgegrenzt zu haben. Die Standardverträge I und II sind grds. gleichwertig. Im Kern normieren sie wesentliche Bestandteile des europäischen Datenschutzes wie bspw. den Zweckbindungsgrundsatz oder die Geltung der Betroffenenrechte (→ Rn. 9, 29 f.). Bisweilen wird der Standardvertrag II als wirtschaftsfreundlicher bezeichnet.[126] Er unterscheidet sich vom Standardver-

---

[119] Vgl. Artikel 29-Datenschutzgruppe, Stellungnahme der Artikel 29-Datenschutzgruppe 1/2010 zu den Begriffen „für die Verarbeitung Verantwortlicher" und „Auftragsverarbeiter" 00264/10/DE, WP 169, 16.2.2010, 32; Lang in Moos Datenschutz- und Datennutzungsverträge § 26 Rn. 57.
[120] Schröder in Kühling/Buchner DS-GVO Art. 46 Rn. 32.
[121] ErwGr 109 DS-GVO.
[122] Vgl. Hess LfD (nicht-öffentlicher Bereich), 23. Tb. 2009 v. 28.9.2010, 19; Lang in Moos Datenschutz- und Datennutzungsverträge § 26 Rn. 15; es würde sich dann um Ad-hoc-Vertragsklauseln iSv Art. 46 Abs. 3 lit. a DS-GVO handeln; s. auch Lange/Filip in BeckOK DatenschutzR DS-GVO Art. 46 Rn. 36.
[123] Statt vieler Wybitul/Ströbel/Rueß ZD 2017, 503 (505).
[124] Näher hierzu Lang in Moos Datenschutz- und Datennutzungsverträge § 26 Rn. 1 ff.
[125] Näher hierzu Lang in Moos Datenschutz- und Datennutzungsverträge § 27 Rn. 1 ff.
[126] Gabel in Taeger/Gabel BDSG § 4c Rn. 24; Lange/Filip in BeckOK DatenschutzR DS-GVO Art. 46 Rn. 37; Lang in Moos Datenschutz- und Datennutzungsverträge § 26 Rn. 15, § 27 Rn. 15; Grapentin CR 2011, 102 (103); Pauly in Paal/Pauly DS-GVO Art. 46 Rn. 26.

trag I insbes. durch seine verursacherbezogene Haftungsklausel, flexiblere Prüfungspflichten und eine präzisere Regelung des Auskunftsrechts.[127]

48   Im **Verhältnis Verantwortlicher-Auftragsverarbeiter** („controller to processor") kommt die Verwendung des Standardvertrags Auftragsverarbeiter[128] in Betracht.[129] Das Vertragsmuster kann verwendet werden, wenn der Datenimporteur Auftragsverarbeiter iSv Art. 4 Nr. 8 DS-GVO (→ § 3 Rn. 23) ist. Hierbei ist ausschlaggebend, ob die tatsächliche Entscheidungsbefugnis über Zweck und Mittel der Datenverarbeitung iSv Art. 4 Nr. 7 DS-GVO allein beim Datenexporteur verbleibt.[130] Entscheidend ist die faktische Ausgestaltung des Auftragsverhältnisses. Nicht ausschlaggebend ist, ob der Datenimporteur die ihm übertragene Aufgabe lediglich praktisch-technisch durchführt. Dieser kann eigenverantwortlicher als noch unter der DS-RL handeln. Dementsprechend kann auch die Entscheidung über die vorgenannten Mittel der Datenverarbeitung bedingt auf ihn delegiert werden.[131]

49   Zu den Besonderheiten in Zusammenhang mit dem Abschluss von Standarddatenschutzklauseln der Kommission gehört, dass sie in **größere Vertragszusammenhänge** eingefügt werden können (zB in einen (Rahmen-)Vertrag, der dem Datentransfer zugrunde liegt, oder in eine Zusatzvereinbarung).[132] Dazu zählen bspw. Verträge zwischen dem Auftragsverarbeiter und einem anderen Auftragsverarbeiter und internationale multilaterale Verträge zum Datenaustausch unter Gruppenunternehmen/verbundenen Unternehmen.[133] Ferner ist es möglich, den Vertrag auf ein **Mehrparteienverhältnis** umzustellen, bspw. um einen Datentransfer von einem Datenexporteur an zahlreiche Datenimporteure („one to many") zu ermöglichen.[134] Hierzu ist es zB möglich, im Freifeld zum Datenimporteur auf eine zusätzliche Anlage zu verweisen, in der die Datenimporteure vollständig und unter Angabe der notwendigen Informationen aufgelistet sind, was eine akzeptable Vertragsanpassung darstellt (→ Rn. 46). Es ist auch kein Hindernis, Standarddatenschutzklauseln neben anderen Übermittlungsmethoden wie bspw. BCR zur Anwendung zu bringen (→ Rn. 27).[135]

50   Ein **gesondertes Genehmigungsverfahren** müssen einmal von der Kommission angenommene Standarddatenschutzklauseln nicht durchlaufen.[136] Die Aufgaben und Befugnisse der zuständigen Aufsichtsbehörde nach Art. 57 und 58 DS-GVO bleiben unberührt. Dies schließt insbes. nicht aus, dass diese bei nachträglich zutage tretenden Defiziten regulierend eingreift. Hierbei ist im Besonderen damit zu rechnen, dass eine Datenübermitt-

---

[127] Lang in Moos Datenschutz- und Datennutzungsverträge § 27 Rn. 15; Gabel in Taeger/Gabel BDSG § 4c Rn. 24; Grapentin CR 2011, 102 (103); vgl. auch Lange/Filip in BeckOK DatenschutzR DS-GVO Art. 46 Rn. 37; Pauly in Paal/Pauly DS-GVO Art. 46 Rn. 26.
[128] Näher hierzu von dem Bussche in Moos Datenschutz- und Datennutzungsverträge § 28 Rn. 1 ff.
[129] Detaillierter Moos CR 2010, 281 (282 ff.).
[130] Vgl. Hartung in Kühling/Buchner DS-GVO Art. 28 Rn. 43 f.
[131] Näher hierzu Hartung in Kühling/Buchner DS-GVO Art. 28 Rn. 26 ff.; s. auch Artikel 29-Datenschutzgruppe, Stellungnahme der Artikel 29-Datenschutzgruppe 1/2010 zu den Begriffen „für die Verarbeitung Verantwortlicher" und „Auftragsverarbeiter" 00264/10/DE, WP 169, 16.2.2010, 18: „Entscheidungen über inhaltliche Fragen, die den Kern der Rechtmäßigkeit der Verarbeitung wesentlich betreffen, [...] [müssen] dem für die Verarbeitung Verantwortlichen vorbehalten [bleiben]"; krit. Lang in Moos Datenschutz- und Datennutzungsverträge § 26 Rn. 17.
[132] ErwGr 109 DS-GVO; Moos in Moos Datenschutz- und Datennutzungsverträge § 29 Rn. 1 ff., 8 ff. mwN; Gabel in Taeger/Gabel BDSG § 4c Rn. 21; Hess LfD (nicht-öffentlicher Bereich), 23. Tb. 2009 v. 28.9.2010, 19.
[133] ErwGr 109 DS-GVO; s. auch Schröder in Kühling/Buchner DS-GVO Art. 46 Rn. 32.
[134] Näher hierzu Lang in Moos Datenschutz- und Datennutzungsverträge § 26 Rn. 38 f.; s. zur Zulässigkeit bereits nach altem Recht stellv. Hess LfD (nicht-öffentlicher Bereich), 23. Tb. 2009 v. 28.9.2010, 19: „Mehrparteien-Standardverträge (‚multilaterale Standardverträge') sind also möglich".
[135] Stellv. Gabel in Taeger/Gabel BDSG § 4c Rn. 25.
[136] Stellv. Lang in Moos Datenschutz- und Datennutzungsverträge § 26 Rn. 10, 18 ff.

lung, die tatsächlich keine geeignete Garantie iSv Art. 46 Abs. 1 DS-GVO darstellt, untersagt wird.[137]

> **Checkliste: Verwendung von Standarddatenschutzklauseln**
> 1. Prüfen, ob Standarddatenschutzklauseln für den vorliegenden Anwendungsfall in Betracht kommen
> 2. Richtiges Muster wählen und essentielle Bestandteile (Vertragsrubrum) ergänzen
> 3. Optionen des Musters wählen
> 4. Sofern geboten und zulässig: Standarddatenschutzklauseln anpassen
> 5. Anlagen ausfüllen (Fachbereich(e) rechtzeitig einbinden)
> 6. Auf Vollständigkeit prüfen und unterschreiben
> 7. Register über die im Einsatz befindlichen Standarddatenschutzklauseln führen

[Beispiel(e): Anpassungen in Standarddatenschutzklauseln]
Idealerweise sollten Standarddatenschutzklauseln unverändert übernommen und verwendet werden (→ Rn. 46). Neben der Schaffung zusätzlicher Garantien und der Einbettung in einen umfangreicheren Vertragszusammenhang (→ Rn. 49) sind grds. folgende Anpassungen vorstellbar:
- Bestimmung konkreter Vorgehensweisen zB bei Audits oder Streitigkeiten mit Aufsichtsbehörden und/oder Betroffenen, sofern damit keine – auch geringe – Beschneidung des Rechts- und Pflichtenkreises einhergeht;[138]
- Einräumen einer (General-)Vollmacht ggü. dem europäischen Auftragnehmer zum Abschluss von Unterauftragsverhältnissen mit Unterauftragnehmern in unsicheren Drittländern im Namen des Datenexporteurs (→ Rn. 51);[139]
- Vereinbarung deutschen Rechts (bei deutschem Datenexporteur) in Abgrenzung zu einem weitreichenden Haftungsregime auf Seiten des Datenimporteurs (zB nach US-Recht);[140]
- Regelungen über wechselseitige Entschädigung, Streitbeilegung, Kostenteilung und Vertragsbeendigung analog den „veranschaulichenden Geschäftsklauseln" gem. Standardvertrag II (vgl. zum Spannungsverhältnis zum Kombinationsverbot → Rn. 46);[141]
- bei Standarddatenschutzklauseln zwischen Verantwortlichem und Auftragsverarbeiter: Ergänzungen, die dazu dienen, die in Art. 28 Abs. 3 DS-GVO geregelten Anforderungen an eine Auftragsverarbeitung abzubilden.[142]

Das Risiko unzulässiger Änderungen bzw. des Wiederauflebens des Genehmigungserfordernisses iSv Art. 46 Abs. 3 lit. a DS-GVO tragen die Verwender, weshalb sich im Zweifelsfall die vorherige Konsultation der zuständigen Aufsichtsbehörde empfiehlt.[143]

---

[137] Lang in Moos Datenschutz- und Datennutzungsverträge § 26 Rn. 11 f. mit konkreten Fallbeispielen für Untersagungen.
[138] Schröder in Kühling/Buchner DS-GVO Art. 46 Rn. 32; Lang in Moos Datenschutz- und Datennutzungsverträge § 26 Rn. 20; s. auch Lange/Filip in BeckOK DatenschutzR DS-GVO Art. 46 Rn. 32 mit Bsp. für rechtswidrige Anpassungen.
[139] Artikel 29-Datenschutzgruppe, FAQs in order to address some issues raised by the entry into force of the EU Commission Decision 2010/87/EU of 5 February 2010 on standard contractual clauses for the transfer of personal data to processors established in third countries under Directive 95/46/EC, WP 176, 12.7.2010, 3 f. (FAQ Nr. 1 und 3).
[140] Gabel in Taeger/Gabel BDSG § 4c Rn. 27 aE; vgl. Grapentin CR 2011, 102 (105).
[141] Lang in Moos Datenschutz- und Datennutzungsverträge § 26 Rn. 20; Moos CR 2010, 281 (285); Pauly in Paal/Pauly DS-GVO Art. 46 Rn. 21; wobei sich hier ein Spannungsverhältnis zum Kombinationsverbot auftut.
[142] Lange/Filip in BeckOK DatenschutzR DS-GVO Art. 46 Rn. 30.
[143] So auch Albrecht/Jotzo in Albrecht/Jotzo Das neue DatenschutzR Teil 6 Rn. 13; Schantz in Schantz/Wolff Das neue DatenschutzR Teil VI Rn. 781.

51 **cc) Besonderheiten/Probleme.** Standarddatenschutzklauseln der Kommission sind bekannt und bewährt, so dass nur wenige Besonderheiten und Probleme zu beachten sind. Dem Datenimporteur ist es bspw. grds. verboten, eine **Weiterverlagerung** (sog. „onward transfer") in ein unsicheres Drittland vorzunehmen.[144] Zulässig ist eine solche Weiterverlagerung iE nur dann, wenn der Empfänger auf dasselbe Datenschutzniveau verpflichtet wird, wie es durch die Standarddatenschutzklauseln im Verhältnis Datenexporteur-Datenimporteur geschaffen worden ist. Probleme ergeben sich beim „Standardvertrag Auftragsverarbeiter", der eine bislang ungelöste[145] **Ungleichbehandlung europäischer Auftragsverarbeiter** mit solchen in unsicheren Drittländern enthält.[146] Denn während letzteren die Einbindung von in unsicheren Drittländern befindlichen Unterauftragnehmern nach Klausel 11 gestattet ist, ist ein europäischer Auftragsverarbeiter bereits nicht Datenexporteur iSd Standarddatenschutzklauseln (→ Rn. 5, 19).[147] Ihm kann jedoch die Vollmacht eingeräumt werden, im Namen des Verantwortlichen und Datenexporteurs Standarddatenschutzklauseln in dessen Namen mit dem Unterauftragsverarbeiter abzuschließen.[148]

52 Ferner wurde im Zuge des Schrems-Verfahrens (→ Rn. 16) insbes. von Seiten der nationalen Aufsichtsbehörden auch die **Tauglichkeit von Standarddatenschutzklauseln generell** infrage gestellt.[149] Solange der EuGH aber keine Unanwendbarkeit geltender Standardvertragsklauseln oder etwaiger zukünftiger Standarddatenschutzklauseln festgestellt hat, kann den Verwendern kein Vorwurf gemacht werden, dass sie Datenübermittlungen auf nach geltendem Recht zulässige Übermittlungsmethoden stützen.[150] Unklar ist zudem, ob nationale Aufsichtsbehörden **weiterreichende Garantien** im Zusammenhang mit Standarddatenschutzklauseln fordern dürfen.[151] Dies spielte im deutschen Recht vor allem im Hinblick auf die Tauglichkeit des Standardvertrags II für die Übermittlung von Beschäftigtendaten eine Rolle.[152]

53 **d) Standarddatenschutzklauseln der Aufsichtsbehörden (Art. 46 Abs. 2 lit. d DS-GVO).** Zu den in Art. 46 Abs. 1 und 2 DS-GVO genannten Garantien gehören ferner **von einer Aufsichtsbehörde angenommene Standarddatenschutzklauseln,** Art. 46 Abs. 2 lit. d DS-GVO. Diese sollen dem Bedarf alternativer geeigneter Garantien iSv Art. 46 Abs. 1 DS-GVO Rechnung tragen und Möglichkeiten schaffen, (nationale) Sonderkonstellationen zu berücksichtigen (zB branchen- oder technikspezifische).[153] Sie ste-

---

[144] S. auch Wybitul/Ströbel/Rueß ZD 2017, 503 (505).
[145] Vgl. Artikel 29-Datenschutzgruppe, Working document 01/2014 on Draft ad hoc contractual clauses „EU data processor to non-EU sub-processor", WP 214, 21.3.2014.
[146] Näher hierzu Schröder in Kühling/Buchner DS-GVO Art. 46 Rn. 31; Gabel in Taeger/Gabel BDSG § 4c Rn. 26 mwN; Moos CR 2010, 281 (285).
[147] Stellv. Artikel 29-Datenschutzgruppe. FAQs in order to address some issues raised by the entry into force of the EU Commission Decision 2010/87/EU of 5 February 2010 on standard contractual clauses for the transfer of personal data to processors established in third countries under Directive 95/46/EC, WP 176, 12.7.2010, 3 (FAQ Nr. 1); Lange/Filip in BeckOK DatenschutzR DS-GVO Art. 46 Rn. 41 f.
[148] Stellv. Artikel 29-Datenschutzgruppe, FAQs in order to address some issues raised by the entry into force of the EU Commission Decision 2010/87/EU of 5 February 2010 on standard contractual clauses for the transfer of personal data to processors established in third countries under Directive 95/46/EC, WP 176, 12.7.2010, 4 (FAQ Nr. 3); Lange/Filip in BeckOK DatenschutzR DS-GVO Art. 46 Rn. 42.
[149] v. Towfigh/Ulrich in Sydow DS-GVO Art. 47 Rn. 9; vgl. Wybitul/Ströbel/Rueß ZD 2017, 503 (505 f.); Zerdick in Ehmann/Selmayr DS-GVO Art. 46 DS-GVO Rn. 12, jeweils mwN.
[150] Vgl. Klug in Gola DS-GVO Art. 46 Rn. 11 aE; Laue/Nink/Kremer in LNK Das neue DatenschutzR § 5 Rn. 53.
[151] Schröder in Kühling/Buchner DS-GVO Art. 46 Rn. 33: „wenig Raum für weitergehende nationale Forderungen"; vgl. noch Gabel in Taeger/Gabel BDSG § 4c Rn. 24; Lang in Moos Datenschutz- und Datennutzungsverträge § 27 Rn. 11 ff.
[152] Detailliert Lang in Moos Datenschutz- und Datennutzungsverträge § 27 Rn. 11 ff.; Lange/Filip in BeckOK DatenschutzR DS-GVO Art. 46 Rn. 38; Pauly in Paal/Pauly DS-GVO Art. 46 Rn. 27.
[153] Schröder in Kühling/Buchner DS-GVO Art. 46 Rn. 34; Lange/Filip in BeckOK DatenschutzR DS-GVO Art. 46 Rn. 47; Pauly in Paal/Pauly DS-GVO Art. 46 Rn. 31; Zerdick in Ehmann/Selmayr DS-GVO Art. 46 DS-GVO Rn. 13.

hen **Standarddatenschutzklauseln der Kommission gleich,** wenn sie im Prüfverfahren nach Art. 93 Abs. 2 DS-GVO iVm Art. 5 VO (EU) Nr. 182/2011 (Komitologie-Verordnung → Rn. 12) genehmigt worden sind. Unklar ist, inwieweit das Kohärenzverfahren gem. den Art. 63 ff. DS-GVO durchzuführen ist, denn während Art. 46 Abs. 4 DS-GVO explizit nur auf Art. 46 Abs. 3 DS-GVO verweist, verweist Art. 64 Abs. 1 lit. d DS-GVO ausdrücklich auf Art. 46 Abs. 2 lit. d DS-GVO.[154] Bzgl. der Inhalte kann auf die Ausführungen zu Art. 46 Abs. 2 lit. c DS-GVO entsprechend Bezug genommen werden (→ Rn. 44 ff.). Auch auf Basis der Standarddatenschutzklauseln nach Art. 46 Abs. 2 lit. d DS-GVO ließe sich also ohne separate Genehmigung ein internationaler Datentransfer realisieren. Derzeit existieren jedoch noch keine derartigen Vertragsmuster.

e) Genehmigte Verhaltensregeln – Codes of Conduct (CoC) (Art. 46 Abs. 2 lit. e, 40, 41 DS-GVO). Nach Art. 46 Abs. 2 lit. e DS-GVO iVm Art. 40 und 41 DS-GVO können **genehmigte Verhaltensregeln (Codes of Conduct – CoC)** auch einen Drittlandtransfer auf der zweiten Stufe eines grenzüberschreitenden Übermittlungsvorgangs (→ Rn. 3) legitimieren. Sie unterscheiden sich insofern von Binding Corporate Rules (→ Rn. 24 ff.), als dass sie in erster Linie eine Konkretisierung der Erlaubnistatbestände der DS-GVO auf erster Stufe darstellen und nur bei Hinzutreten weiterer Voraussetzungen darüber hinaus auch hinreichende Garantien iSv Art. 46 Abs. 1 DS-GVO für eine Übermittlung dieser Daten in unsichere Drittländer bieten können. Diese zusätzlichen Anforderungen sollen nachfolgend dargestellt werden; für die übrigen Einzelheiten zu genehmigten Verhaltensregeln wird auf die entsprechenden Ausführungen hierzu Bezug genommen (→ § 3 Rn. 185 ff.). 54

Verhaltensregeln müssen **fünf Mindestanforderungen** erfüllen, um eine Datenübermittlung in ein unsicheres Drittland rechtfertigen zu können: 55
– Genehmigung durch die zuständige Aufsichtsbehörde (Art. 40 Abs. 5 DS-GVO);
– Allgemeingültigkeit (Art. 40 Abs. 3 und 9 DS-GVO);
– Gewährleistung der notwendigen Inhalte nach Art. 40 DS-GVO;
– Darstellung geeigneter Garantien iSv Art. 46 Abs. 1 DS-GVO;
– Rechtsverbindlichkeit und Durchsetzbarkeit der Inhalte.
Nur bei den beiden letztgenannten Anforderungen handelt es sich (auch) um drittlandstransfertypische (→ Rn. 56).

Nach Art. 40 Abs. 3, 46 Abs. 2 lit. e DS-GVO müssen genehmigte und für allgemeingültig erklärte Verhaltensregeln **geeignete Garantien** iSv Art. 46 Abs. 1 DS-GVO bieten und insbes. **rechtsverbindliche und durchsetzbare Verpflichtungen** des Verantwortlichen oder Auftragsverarbeiters im Drittland enthalten, um (auch) eine Datenübermittlung in ein unsicheres Drittland rechtfertigen zu können. Unter geeigneten Garantien sind jedenfalls die in Art. 46 Abs. 1 DS-GVO genannten grundlegenden Anforderungen zu verstehen (→ Rn. 19 f.); die Rechtsverbindlichkeit und Durchsetzbarkeit der Inhalte bezieht sich insbes. auf die Rechte der betroffenen Personen.[155] Vor diesem Hintergrund müssen die Inhalte der genehmigten Verhaltensregeln ausgestaltet sein. Welche konkreten Anforderungen die (aufsichtsbehördliche) Praxis hier entwickeln wird, bleibt abzuwarten; bis auf Weiteres können die bereits seit längerer Zeit in der Praxis ausdifferenzierten und nunmehr kodifizierten Anforderungen an BCR (→ Rn. 24 ff.) als Orientierungsmaßstab herangezogen werden. Erfüllen die genehmigten Verhaltensregeln die (zusätzlichen) Anforderungen, ist eine gesonderte Genehmigung der Aufsichtsbehörde für den Auslandsdatentransfer jedenfalls nicht mehr erforderlich.[156] 56

---

[154] Lange/Filip in BeckOK DatenschutzR DS-GVO Art. 46 Rn. 47: Anwendbar bei Übermittlungen aus mehreren Mitgliedstaaten; Pauly in Paal/Pauly DS-GVO Art. 46 Rn. 30: Abstimmung „nach Art. 63 ff. ist im Trilog entfallen".
[155] Klug in Gola DS-GVO Art. 46 Rn. 12.
[156] Bergt in Kühling/Buchner DS-GVO Art. 40 Rn. 47, Schröder in Kühling/Buchner DS-GVO Art. 46 Rn. 35; Klug in Gola DS-GVO Art. 46 Rn. 12.

> **Praxistipp: CoC als Übermittlungsgrundlage für internationale Datentransfers**
> Nach Art. 27 DS-RL bzw. § 38a BDSG aF waren Verhaltensregeln für sich genommen nicht geeignet, einen Transfer personenbezogener Daten in unsichere Drittländer zu rechtfertigen. Dies ist unter der DS-GVO anders. Insofern ist mit branchenspezifischen Regelungen zu rechnen, die auch eine internationale Komponente aufweisen und somit grds. als Übermittlungsgrundlage für den Transfer personenbezogener Daten aus den Mitgliedstaaten der EU in unsichere Drittländer in Betracht kommen können. Deshalb bietet es sich vor allem aus Sicht kleinerer und mittlerer Unternehmen[157] an, die zukünftige Entwicklung in diesem Bereich im Blick zu behalten, um von etwaigen Vereinbarungen zu profitieren und diese mit selbst ergriffenen Maßnahmen (zB Standardvertragsklauseln) abzustimmen.

57 **f) Zertifizierungen (Art. 46 Abs. 2 lit. f, 42, 43 DS-GVO).** Nach Art. 46 Abs. 2 lit. f DS-GVO iVm Art. 42 und 43 DS-GVO können auch **genehmigte Zertifizierungen** einen Drittlandtransfer auf der zweiten Stufe eines grenzüberschreitenden Übermittlungsvorgangs (→ Rn. 3) legitimieren. Zertifizierungen dienen dem Nachweis, dass die **konkret bewertete Datenverarbeitung** das geltende Datenschutzrecht tatsächlich einhält, so dass sie nicht notwendigerweise (ausschließlich) auf der ersten Stufe eines grenzüberschreitenden Übermittlungsvorgangs angesiedelt sein müssen.[158] Nach Art. 46 Abs. 2 lit. f, 42 Abs. 2 DS-GVO können sie bei Erfüllen zusätzlicher Anforderungen hinreichende Garantien iSv Art. 46 Abs. 1 DS-GVO für eine Übermittlung personenbezogener Daten in unsichere Drittländer darstellen. Diese zusätzlichen Anforderungen sollen nachfolgend dargestellt werden; für die übrigen Einzelheiten zu Zertifizierungen wird auf die entsprechenden Ausführungen hierzu Bezug genommen (→ § 3 Rn. 185 ff.).

58 Zertifizierungen müssen **vier Mindestanforderungen** erfüllen, um eine Datenübermittlung in ein unsicheres Drittland rechtfertigen zu können:[159]
– Genehmigung durch die zuständige Aufsichtsbehörde oder eine akkreditierte Zertifizierungsstelle nach Art. 43 DS-GVO (Art. 42 Abs. 2 und 5 DS-GVO);
– Gewährleistung der Zertifizierungskriterien nach Art. 42 DS-GVO;
– Darstellung geeigneter Garantien iSv Art. 46 Abs. 1 DS-GVO;
– Rechtsverbindlichkeit und Durchsetzbarkeit der Inhalte.
Nur bei den beiden letztgenannten Anforderungen handelt es sich (auch) um drittlandstransfertypische (→ Rn. 59).

59 Nach Art. 42 Abs. 2, 46 Abs. 2 lit. f DS-GVO müssen genehmigte Zertifizierungen **geeignete Garantien** iSv Art. 46 Abs. 1 DS-GVO betreffen und **rechtsverbindliche und durchsetzbare Verpflichtungen** des Verantwortlichen oder Auftragsverarbeiters in dem Drittland enthalten, um (auch) eine Datenübermittlung in ein unsicheres Drittland rechtfertigen zu können. Unter geeigneten Garantien sind jedenfalls die in Art. 46 Abs. 1 DS-GVO genannten grundlegenden Anforderungen zu verstehen (→ Rn. 19 f.);[160] die Rechtsverbindlichkeit und Durchsetzbarkeit der Inhalte bezieht sich insbes. auf die Rechte der betroffenen Personen.[161] Vor diesem Hintergrund müssen die von der Zertifizierung nach Art. 42 DS-GVO (→ § 3 Rn. 193 f.) betroffenen Datenverarbeitungsvorgänge – dh die Übermittlung in ein unsicheres Drittland – jedenfalls die vorgenannten zusätzli-

---

[157] Vgl. ErwGr 98 S. 1 DS-GVO.
[158] S. stellv. Bergt in Kühling/Buchner DS-GVO Art. 42 Rn. 1 ff.; Paal in Paal/Pauly DS-GVO Art. 42 Rn. 7: auch Bündel von Verarbeitungen bzw. ganze Produkte und Leistungen können zertifiziert werden.
[159] S. auch Pauly in Paal/Pauly DS-GVO Art. 46 Rn. 38 ff.; Lange/Filip in BeckOK DatenschutzR DS-GVO Art. 46 Rn. 56.
[160] So auch Lange/Filip in BeckOK DatenschutzR DS-GVO Art. 46 Rn. 56.
[161] Pauly in Paal/Pauly DS-GVO Art. 46 Rn. 42; Klug in Gola DS-GVO Art. 46 Rn. 12.

chen Anforderungen erfüllen. Wie die als Maßstab für eine Zertifizierung in der (aufsichtsbehördlichen) Praxis bzw. der Praxis der Zertifizierungsstellen nach Art. 43 DS-GVO herangezogenen Kriterien konkret aussehen, bleibt abzuwarten; es ist mit einem ähnlichen Bewertungsmaßstab zu rechnen, wie ihn bspw. Standarddatenschutzklauseln (→ Rn. 44 ff.) oder BCR (→ Rn. 24 ff.) aufstellen.[162] Erfüllen die begutachteten Datenverarbeitungsvorgänge die vorgenannten Anforderungen und erhalten eine entsprechende Zertifizierung, ist eine gesonderte Genehmigung der Aufsichtsbehörde für den konkreten Auslandsdatentransfer nicht mehr erforderlich.[163]

> **Praxistipp: Zertifizierungen als Übermittlungsgrundlage für internationale Datentransfers**
>
> Die DS-GVO schafft mit der genehmigungsfreien Übermittlung personenbezogener Daten in unsichere Drittländer auf Basis genehmigter Zertifizierungen eine attraktive (neue) Übermittlungsmethode.[164] Es ist zu erwarten, dass es sowohl durch die Aufsichtsbehörden als auch durch akkreditierte Zertifizierungsstellen demnächst zur Erteilung von Zertifikaten kommen wird, die (auch) einen Drittlandtransfer ermöglichen werden. Ob hierbei im Rahmen der Tätigkeit der akkreditierten Zertifizierungsstellen eine „laxere Praxis"[165] zu erwarten ist, kann aus Sicht der Verwender dahinstehen, denn bei Vorliegen der gesetzlichen Voraussetzungen ermöglicht Art. 46 Abs. 2 lit. f DS-GVO einen darauf gestützten Datentransfer. Insofern können genehmigte Zertifizierungen eine wertvolle Ergänzung im Repertoire der eigenen Übermittlungsgrundlagen darstellen und auch auf Einzelfallebene eine maßgeschneiderte Lösung für Datentransfers darstellen. Vor allem da konkrete Datenverarbeitungen bis hin zu Datenpaketen sowie Produkten/Dienstleistungen[166] grds. eine solche Zertifizierung erhalten können.

3. Genehmigungspflichtige Garantien

Art. 46 Abs. 3 DS-GVO nennt **zwei Übermittlungsmethoden,** die eine gesonderte Genehmigung erfordern, um geeignete Garantien iSv Art. 46 Abs. 1 DS-GVO (→ Rn. 19) darzustellen: 60
- Ad-hoc-Vertragsklauseln (Art. 46 Abs. 3 lit. a DS-GVO) (→ Rn. 61 f.) und
- Bestimmungen in Verwaltungsvereinbarungen (Art. 46 Abs. 3 lit. b DS-GVO) (→ Rn. 63 f.).

Diese Aufstellung genehmigungspflichtiger Garantien ist indes nicht abschließend („insbesondere");[167] die DS-GVO konkretisiert jedoch nicht, wie weitere genehmigungspflichtige Garantien aussehen könnten. Neben den in Art. 46 Abs. 2 DS-GVO genannten genehmigungsfreien Garantien (→ Rn. 19 ff.), den von Art. 46 Abs. 3 DS-GVO umfassten genehmigungspflichtigen Garantien und dem Sonderfall Rechtshilfeabkommen/internationale Übereinkünfte (→ Rn. 65 ff.) ist eine Übermittlung personenbezogener Daten in ein unsicheres Drittland ansonsten jedenfalls nur in Ausnahmefällen (→ Rn. 65 ff.) zulässig.

---

[162] Vgl. Lange/Filip in BeckOK DatenschutzR DS-GVO Art. 46 Rn. 56 f.; zum „Systembruch" durch akkreditierte Zertifizierungsstellen vgl. auch Pauly in Paal/Pauly DS-GVO Art. 46 Rn. 43; im Hinblick auf deren Stellung bereits krit. Schantz in Schantz/Wolff Das neue DatenschutzR Teil VI Rn. 783 mwN.
[163] Klug in Gola DS-GVO Art. 46 Rn. 12; Schröder in Kühling/Buchner DS-GVO Art. 46 Rn. 38.
[164] So auch Schröder in Kühling/Buchner DS-GVO Art. 46 Rn. 38.
[165] Schantz in Schantz/Wolff Das neue DatenschutzR Teil VI Rn. 783 mwN.
[166] Stellv. Paal in Paal/Pauly DS-GVO Art. 42 Rn. 7.
[167] Stellv. Schröder in Kühling/Buchner DS-GVO Art. 46 Rn. 39; Pauly in Paal/Pauly DS-GVO Art. 46 Rn. 44: „bspw. Betriebsvereinbarungen"; Lange/Filip in BeckOK DatenschutzR DS-GVO Art. 46 Rn. 59.

61 **a) Ad-hoc-Vertragsklauseln (Art. 46 Abs. 3 lit. a DS-GVO).** Als nach Art. 46 Abs. 1 DS-GVO geeignete Garantien können Vertragsklauseln zwischen dem Datenexporteur (Verantwortlicher oder Auftragsverarbeiter) und dem Datenimporteur (Verantwortlicher, Auftragsverarbeiter oder Empfänger der personenbezogenen Daten) im Drittland vereinbart werden (sog **Ad-hoc-Vertragsklauseln** oder **Ad-hoc-Verträge**), Art. 46 Abs. 3 lit. a DS-GVO. Diese sind auf einer Einzelfallebene individuell durch die zuständige Aufsichtsbehörde zu prüfen und ggf. zu genehmigen.[168] Vorab ist das Kohärenzverfahren nach Art. 63 DS-GVO zu durchlaufen, Art. 46 Abs. 4 DS-GVO. Ad-hoc-Vertragsklauseln charakterisieren sich insbes. durch ihre **individuelle Gestaltbarkeit und Anpassungsfähigkeit** an den jeweiligen Verwendungszweck.

62 Gegenstand der Genehmigung iSd Art. 46 Abs. 3 lit. a, Abs. 4, 63 DS-GVO sind die durch die Ad-hoc-Vertragsklauseln **individuell geschaffenen Garantien.** Dabei soll durch detaillierte Festlegungen sichergestellt werden, dass **alle wesentlichen Bestimmungen des europäischen Datenschutzrechts** auch bei einer Datenverarbeitung im unsicheren Drittland gewahrt werden.[169] Um „geeignete Garantien" für eine solche Verarbeitung darzustellen, müssen die Klauseln die grundlegenden Anforderungen nach Art. 46 Abs. 1 DS-GVO erfüllen (→ Rn. 19 f.). Zu diesen wesentlichen Bestimmungen zählt die Regelung rechtsverbindlicher und durchsetzbarer Verpflichtungen zugunsten der betroffenen Personen.[170] Naturgemäß gilt, dass sich Ad-hoc-Vertragsklauseln von Standarddatenschutzklauseln iSd Art. 46 Abs. 2 lit. c DS-GVO (→ Rn. 44 ff.) bzw. Art. 46 Abs. 2 lit. d DS-GVO (→ Rn. 53) unterscheiden können. Dies ist im Besonderen dort sinnvoll, wo die Rechte der betroffenen Personen in speziellen Datenverarbeitungsvorgängen geschützt oder wo punktuelle Datenschutzdefizite ausgeglichen werden sollen.[171]

> **Praxistipp: Erstellen genehmigungsfähiger Ad-hoc-Vertragsklauseln**
>
> Ad-hoc-Vertragsklauseln werden auf Basis einer Einzelfallprüfung genehmigt. Einen verlässlichen Orientierungsmaßstab für genehmigungsfähige Inhalte bieten die Standarddatenschutzklauseln nach Art. 46 Abs. 2 lit. c DS-GVO (→ Rn. 44 ff.) bzw. Art. 46 Abs. 2 lit. d DS-GVO (→ Rn. 53).[172] Hierbei empfiehlt es sich, der Aufsichtsbehörde eine Synopse zur DS-GVO und/oder den als Grundlage herangezogenen Standarddatenschutzklauseln beizulegen, um ihr die Prüfung zu erleichtern und die Genehmigung zu beschleunigen/fördern. Dabei ist zu beachten, dass Ad-hoc-Vertragsklauseln als gesamtes Vertragswerk genehmigt werden; deshalb verbietet es sich, lediglich die attraktiven Bestandteile anderer Verträge (zB der Standarddatenschutzklauseln) herauszugreifen und in die Ad-hoc-Vertragsklauseln aufzunehmen (insbes. wenn dies zulasten der betroffenen Personen ginge).[173] Vielmehr ist darauf zu achten, dass die Ad-hoc-Vertragsklauseln insgesamt ihren Charakter als geeignete Garantien iSv Art. 46 Abs. 1 DS-GVO wahren. Dabei ist vor allem auf folgende Kernbestandteile zu achten:
> – Details der Datenübermittlung (Art und Zweck der Datenverarbeitung, betroffene Personen etc);
> – Ausgestaltung der Betroffenenrechte (inklusive Drittbegünstigungsklausel, Rechtsverbindlichkeit etc);

---

[168] Krit. Schröder in Kühling/Buchner DS-GVO Art. 46 Rn. 41: „erheblicher Prüfungsaufwand"; Pauly in Paal/Pauly DS-GVO Art. 46 Rn. 48: „praktisch wenig attraktiv".
[169] Lange/Filip in BeckOK DatenschutzR DS-GVO Art. 46 Rn. 61, 64; Pauly in Paal/Pauly DS-GVO Art. 46 Rn. 46.
[170] Schröder in Kühling/Buchner DS-GVO Art. 46 Rn. 40 betont zutreffend, dass dies gem. Art. 46 Abs. 1 DS-GVO für Art. 46 Abs. 3 lit. a DS-GVO auch ohne ausdrückliche Wiederholung wie in Art. 46 Abs. 3 lit. b DS-GVO gilt; s. auch v. Towfigh/Ulrich in Sydow DS-GVO Art. 46 Rn. 15: „redundant".
[171] Pauly in Paal/Pauly DS-GVO Art. 46 Rn. 47; Lange/Filip in BeckOK DatenschutzR DS-GVO Art. 46 Rn. 65; vgl. v. Towfigh/Ulrich in Sydow DS-GVO Art. 46 Rn. 14.
[172] Vgl. Pauly in Paal/Pauly DS-GVO Art. 46 Rn. 46.
[173] Vgl. auch Lange/Filip in BeckOK DatenschutzR DS-GVO Art. 46 Rn. 64.

– technische und organisatorische Maßnahmen zum Schutz der personenbezogenen Daten;
– Verpflichtung auf die allgemeinen Datenschutzgrundsätze (Zweckbindung etc);
– Haftung;
– Mitwirkung ggü. Aufsichtsbehörden;
– Zuständigkeiten (inklusive Ansprechpartner für betroffene Personen).

[Beispiel(e): Einsatzgebiete für Ad-hoc-Vertragsklauseln]
Ad-hoc-Vertragsklauseln können vor allem für spezielle Datenübermittlungen eine sinnvolle Rechtfertigungsgrundlage darstellen. Hierzu zählen ua folgende Szenarien:
– Discovery (→ Rn. 98 ff.);
– Beseitigung punktueller Defizite in Datenverarbeitungsvorgängen;[174]
– spezifische Verarbeitungen von Kunden- oder Mitarbeiterdaten.

b) Bestimmungen in Verwaltungsvereinbarungen (Art. 46 Abs. 3 lit. b DS-GVO). 63
Zu den nach Art. 46 Abs. 1 DS-GVO geeigneten Garantien können auch Bestimmungen zählen, die in **Verwaltungsvereinbarungen zwischen Behörden oder öffentlichen Stellen** aufgenommen werden, Art. 46 Abs. 3 lit. b DS-GVO. Auch diese sind auf einer Einzelfallebene individuell durch die zuständige Aufsichtsbehörde zu genehmigen und auch hier ist vorab das Kohärenzverfahren nach Art. 63 DS-GVO zu durchlaufen, Art. 46 Abs. 4 DS-GVO. Sie unterscheiden sich insofern von Vereinbarungen im öffentlichen Bereich nach Art. 46 Abs. 2 lit. a DS-GVO (→ Rn. 22 f.), als dass sie zwischen den Behörden oder öffentlichen Stellen nicht rechtsverbindlich sein müssen.[175] Dies gilt jedoch nicht in Bezug auf die nach wie vor erforderliche Rechtsverbindlichkeit ggü. den betroffenen Personen (→ Rn. 62, 64).

Gegenstand der Genehmigung iSd Art. 46 Abs. 3 lit. b, Abs. 4, 63 DS-GVO sind die 64 durch die Bestimmungen **individuell geschaffenen Garantien**. Dabei gelten grds. dieselben Maßstäbe wie zu Ad-hoc-Vertragsklauseln nach Art. 46 Abs. 3 lit. a DS-GVO (→ Rn. 62) sowie – ungeachtet der für Art. 46 Abs. 3 lit. b DS-GVO nicht erforderlichen Rechtsverbindlichkeit zwischen Datenexporteur und -importeur – Vereinbarungen im öffentlichen Bereich nach Art. 46 Abs. 2 lit. a DS-GVO (→ Rn. 22 f.). Auch hier lässt sich mithin konstatieren, dass den Bestimmungen nach Art. 46 Abs. 3 lit. b DS-GVO keine hohe Praxisrelevanz für den privatwirtschaftlichen Bereich zukommt. Insbes. wenn man sich vergegenwärtigt, dass für einen LoI oder ein MoU (→ Rn. 23) zusätzlich das Genehmigungsverfahren durchlaufen werden müsste, dessen positiver Ausgang fraglich ist.

4. Rechtshilfeabkommen/internationale Übereinkünfte (Art. 48 DS-GVO)

Art. 48 DS-GVO stellt klar, dass **Urteile und Entscheidungen in Drittländern** (dh ho- 65 heitliche Akte von Drittländern), die die Übermittlung oder Offenlegung personenbezogener Daten verlangen, nur anerkannt oder vollstreckbar werden, wenn ein **Rechtshilfeabkommen bzw. eine internationale Übereinkunft** zugrunde liegt. Damit gibt die Norm im Kern deklaratorisch wieder, was bereits unter DS-RL und BDSG aF galt, nämlich dass eine Übermittlung von Daten in ein Drittland auf Basis eines dortigen hoheitlichen Aktes nur dann anerkannt werden kann, wenn sie über europäisches Recht legitimiert ist.[176] Bei derartigen Vereinbarungen würde es sich um **spezielle Rechtferti-**

---

[174] Pauly in Paal/Pauly DS-GVO Art. 46 Rn. 47.
[175] ErwGr 108 S. 6 DS-GVO; Pauly in Paal/Pauly DS-GVO Art. 46 Rn. 16, 49; Lange/Filip in BeckOK DatenschutzR DS-GVO Art. 46 Rn. 21 f.; zu Recht krit. bzgl. der Genehmigungsfähigkeit Schantz in Schantz/Wolff Das neue DatenschutzR Teil VI Rn. 779.
[176] Schantz NJW 2016, 1841 (1846); Schröder in Kühling/Buchner DS-GVO Art. 48 Rn. 2, 5; von dem Bussche in Plath DSGVO Art. 48 Rn. 1; v. Towfigh/Ulrich in Sydow DS-GVO Art. 48 Rn. 2.

gungsgrundlagen für den Drittlandtransfer handeln.[177] Andernfalls wäre eine Rechtfertigung nur unter Rückgriff auf die Übermittlungsmethoden der Art. 45 ff. DS-GVO (→ Rn. 6 ff.)[178] oder die Ausnahmetatbestände des Art. 49 DS-GVO (→ Rn. 69 ff.) möglich.

66   In sachlicher Hinsicht umfasst Art. 48 DS-GVO **sämtliche Hoheitsakte** eines Drittlandes, die in einem Übermittlungs- oder Offenlegungsverlangen hinsichtlich personenbezogener Daten aus einem Mitgliedstaat der EU münden.[179] Der Grund des Verlangens ist nicht relevant.[180] Informationswünsche von Privaten (Unternehmen, Rechtsanwaltskanzleien etc.) sind nicht erfasst.[181] Die in der Norm angelegte Unterscheidung zwischen Urteilen eines Gerichts bzw. Entscheidungen einer Verwaltungsbehörde muss nicht getroffen werden; unerheblich ist auch, ob eine gerichtliche Entscheidung aus Sicht des deutschen bzw. nationalen Zivilprozessrechts als „Urteil" zu qualifizieren ist.[182] Herausgabeverlangen privater Dritter, bspw. im Rahmen der Discovery (→ Rn. 98 ff.), werden dann zu einem hoheitlichen Akt, wenn das Gericht bzw. die Behörde sie dazu macht (zB durch Umsetzung in einen Verwaltungsakt, eine gerichtliche Verfügung, einen gerichtlichen Beschluss oÄ).[183]

67   In personeller Hinsicht umfasst Art. 48 DS-GVO nur die **in der EU ansässigen Datenexporteure** (→ Rn. 19).[184] Bei der Vorschrift handelt es sich um eine spezielle Rechtfertigungsgrundlage für die Datenübermittlung (→ Rn. 3, 65, 69); der territoriale Anwendungsbereich der DS-GVO (→ § 3 Rn. 29 ff.) soll nicht weiter ausgedehnt werden. Dem stünden auch erhebliche rechtliche Bedenken gegenüber, da ansonsten der Anwendungsbereich der DS-GVO bis in den Kernbereich der nationalen Souveränität der betreffenden Drittländer ausgedehnt würde.[185]

68   In inhaltlicher Hinsicht kann ein Datentransfer auf Basis von Rechtshilfeabkommen bzw. internationalen Übereinkünften gerechtfertigt sein, wenn diese konkret die **Übermittlung personenbezogener Daten an Hoheitsträger zum Gegenstand** haben.[186] Die Regelungen müssen grds. dem Schutzniveau der DS-GVO entsprechen.[187] Nicht umfasst sind thematisch nicht oder nur mittelbar die Übermittlung personenbezogener Daten erfassende Vereinbarungen sowie unverbindliche internationale Übereinkommen

---

[177] Klug in Gola DS-GVO Art. 48 Rn. 1 f.; Schröder in Kühling/Buchner DS-GVO Art. 48 Rn. 12; Zerdick in Ehmann/Selmayr DS-GVO Art. 46 Rn. 4; aA Jungkind in BeckOK DatenschutzR DS-GVO Art. 48 Rn. 13: Rechtfertigung folgt aus dem jeweiligen Akt der Rechtshilfe selbst; zur Sonderstellung von Art. 48 DS-GVO im Rahmen der Zweistufenprüfung (→ Rn. 69).
[178] Stellv. ErwGr 115 S. 4 DS-GVO: „Bedingungen dieser Verordnung für Datenübermittlungen an Drittländer"; Jungkind in BeckOK DatenschutzR DS-GVO Art. 48 Rn. 20 ff. mwN; Pauly in Paal/Pauly DS-GVO Art. 48 Rn. 7; von dem Bussche in Plath DSGVO Art. 48 Rn. 1; Schaffland/Holthaus in Schaffland/Wiltfang DS-GVO Art. 48 Rn. 1 f.; Klug in Gola DS-GVO Art. 48 Rn. 5; v. Towfigh/Ulrich in Sydow DS-GVO Art. 48 Rn. 7, 9; aA Schröder in Kühling/Buchner DS-GVO Art. 48 Rn. 22 ff.
[179] Pauly in Paal/Pauly DS-GVO Art. 48 Rn. 5; Schröder in Kühling/Buchner DS-GVO Art. 48 Rn. 13; Schaffland/Holthaus in Schaffland/Wiltfang DS-GVO Art. 48 Rn. 5.
[180] Zerdick in Ehmann/Selmayr DS-GVO Art. 46 Rn. 6.
[181] Klug in Gola DS-GVO Art. 48 Rn. 4; Schaffland/Holthaus in Schaffland/Wiltfang DS-GVO Art. 48 Rn. 5.
[182] Pauly in Paal/Pauly DS-GVO Art. 48 Rn. 5; Schröder in Kühling/Buchner DS-GVO Art. 48 Rn. 13; vgl. Zerdick in Ehmann/Selmayr DS-GVO Art. 46 Rn. 5.
[183] Pauly in Paal/Pauly DS-GVO Art. 48 Rn. 5 f.; Schröder in Kühling/Buchner DS-GVO Art. 48 Rn. 13.
[184] Schröder in Kühling/Buchner DS-GVO Art. 48 Rn. 14; Schaffland/Holthaus in Schaffland/Wiltfang DS-GVO Art. 48 Rn. 6; aA Zerdick in Ehmann/Selmayr DS-GVO Art. 46 Rn. 5; zum räumlichen Anwendungsbereich der DS-GVO s. Wieczorek DuD 2013, 644 (644 ff.).
[185] Vgl. Schröder in Kühling/Buchner DS-GVO Art. 48 Rn. 14; Schaffland/Holthaus in Schaffland/Wiltfang DS-GVO Art. 48 Rn. 6; Jungkind in BeckOK DatenschutzR DS-GVO Art. 48 Rn. 6.
[186] Schaffland/Holthaus in Schaffland/Wiltfang DS-GVO Art. 48 Rn. 7; Schröder in Kühling/Buchner DS-GVO Art. 48 Rn. 16.
[187] v. Towfigh/Ulrich in Sydow DS-GVO Art. 48 Rn. 6; Laue/Nink/Kremer in LNK Das neue DatenschutzR § 5 Rn. 57.

oder Empfehlungen.[188] Zudem muss das Abkommen bzw. die Übereinkunft aktuelle Gültigkeit aufweisen.[189]

> **Checkliste: Rechtshilfeabkommen/internationalen Übereinkünfte**
> Ungeachtet der Frage eines ausreichenden Datenschutzbezugs (→ Rn. 68) bzw. einer möglichen Verdrängung nach Art. 2 Abs. 2 lit. d DS-GVO (→ § 3 Rn. 42) kommen nach Art. 48 DS-GVO grds. folgende Vereinbarungen in Betracht:
> – Haager Übereinkommen über den Zivilprozeß vom 1.3.1954;[190]
> – Haager Übereinkommen über die Zustellung gerichtlicher und außergerichtlicher Schriftstücke im Ausland in Zivil- und Handelssachen vom 15.11.1965;[191]
> – Haager Übereinkommen über die Beweisaufnahme im Ausland in Zivil- oder Handelssachen vom 18.3.1970 (zur Untauglichkeit für die Discovery → Rn. 98 ff.);[192]
> – Übereinkommen über Computerkriminalität vom 23.11.2001.[193]
>
> Nicht von Art. 48 DS-GVO umfasst ist der EU/US Privacy Shield (→ Rn. 17 f.); Vereinbarungen zu Passenger Name Records (PNR) (→ Rn. 14) können internationale Übereinkünfte darstellen, wenn sie die Übermittlung personenbezogener Daten gem. Art. 48 DS-GVO konkret regeln.

5. Ausnahmen vom Rechtfertigungserfordernis

Art. 49 DS-GVO normiert einige **Ausnahmetatbestände** für die Notwendigkeit des Vorliegens einer positiven Angemessenheitsentscheidung (→ Rn. 6 ff.) bzw. dem Erfordernis der Rechtfertigung einer Datenübermittlung in ein unsicheres Drittland nach den Art. 46 f. DS-GVO (→ Rn. 19 ff.). Dabei nimmt Art. 49 DS-GVO zusammen mit Art. 48 DS-GVO eine Sonderstellung ein, da die Zweistufenprüfung (→ Rn. 3) nur bedingt praktikabel ist.[194] Denn die Art. 48 und 49 DS-GVO enthalten derart spezielle Vorgaben für Auslandsdatentransfers, dass die Anforderungen nach den Art. 6 ff. DS-GVO teilweise überlagert werden (vgl. zB „ausdrückliche Einwilligung" gem. Art. 49 Abs. 1 lit. a DS-GVO (→ Rn. 71 ff.) vs. „Einwilligung" gem. Art. 6 Abs. 1 lit. a DS-GVO (→ § 3 Rn. 55 ff.).[195] Die Frage ist jedoch praktisch insoweit von geringer Bedeutung, wie Datenexporteur und Datenimporteur jedenfalls (auch) den speziellen Vorgaben der Art. 48 f. DS-GVO gerecht werden müssen. 69

Die Ausnahmen in dem Katalog des Art. 49 Abs. 1 DS-GVO dienen dazu, im **Fall berechtigter Interessen** auch bei Fehlen einer positiven Angemessenheitsentscheidung bzw. geeigneter Garantien eine Übermittlung in ein unsicheres Drittland zu ermöglichen. Der **Katalog ist abschließend** und die Ausnahmen sind **einzelfallabhängig zu prüfen und eng auszulegen**.[196] Dem steht nicht entgegen, dass sie – mit Ausnahme von Art. 49 Abs. 1 UAbs. 2 DS-GVO (→ Rn. 87 ff.) – mehrfach bemüht werden können (bspw. für Buchungen, Bestellungen, Reservierungen), Art. 49 Abs. 1 UAbs. 1 DS-GVO („Über- 70

---

[188] Schaffland/Holthaus in Schaffland/Wiltfang DS-GVO Art. 48 Rn. 7; Schröder in Kühling/Buchner DS-GVO Art. 48 Rn. 16.
[189] Klug in Gola DS-GVO Art. 48 Rn. 4.
[190] BGBl II 1958, 576.
[191] BGBl II 1977, 1452 ff.
[192] BGBl II 1977, 1472 ff.; s. Wieczorek in Moos Datenschutz- und Datennutzungsverträge § 30 Rn. 21 mwN.
[193] Sammlung Europäischer Verträge Nr. 185; BGBl II 2008, 1242 ff.
[194] Schröder in Kühling/Buchner DS-GVO Art. 44 Rn. 20, 23, Art. 48 Rn. 22 f.; vgl. Zerdick in Ehmann/Selmayr DS-GVO Art. 48 Rn. 4.
[195] Schröder in Kühling/Buchner DS-GVO Art. 44 Rn. 23; vgl. Zerdick in Ehmann/Selmayr DS-GVO Art. 46 Rn. 4 und Lange/Filip in BeckOK DatenschutzR DS-GVO Art. 49 Rn. 9.
[196] EDPB, Guidelines 2/2018 on derogations of Article 49 under Regulation 2016/679, 25.5.2018, 4; Artikel 29-Datenschutzgruppe, Guidelines on Article 49 of Regulation 2016/679, WP 262, 6.2.2018, 3 f.; Albrecht CR 2016, 88 (95).

mittlung oder Reihe von Übermittlungen").[197] Sie richten sich in erster Linie an Verantwortliche; auch Auftragsverarbeiter können jedoch grds. von ihnen profitieren.[198]

71 **a) Ausdrückliche Einwilligung (Art. 49 Abs. 1 UAbs. 1 lit. a, Abs. 3 DS-GVO).** Eine Datenübermittlung in ein unsicheres Drittland ohne geeignete Garantien ist möglich, wenn die **betroffene Person ausdrücklich eingewilligt** hat, Art. 49 Abs. 1 UAbs. 1 lit. a DS-GVO.[199] In Betracht kommt diese Zustimmung insbes. für Kunden ggü. Unternehmen.[200] Grds. kann auf die Ausführungen zu Art. 4 Nr. 11, 6 Abs. 1 lit. a, 7 und 8 DS-GVO (→ § 3 Rn. 55 ff.) Bezug genommen werden.[201] Art. 49 Abs. 1 UAbs. 1 lit. a DS-GVO unterscheidet sich hiervon jedoch insoweit, wie eine „ausdrückliche" (→ Rn. 72) Einwilligung erforderlich ist, welcher eine Unterrichtung über die möglichen Risiken einer Datenübermittlung ohne positiven Angemessenheitsbeschluss oder geeignete Garantien vorausgegangen ist (→ Rn. 73). Nach Art. 49 Abs. 3 DS-GVO ist die Ausnahme nicht für Tätigkeiten, die Behörden in Ausübung ihrer hoheitlichen Befugnisse durchführen, anwendbar.

72 Eine **ausdrückliche Einwilligung** liegt dann vor, wenn eine eindeutige, freiwillige, bestätigende Handlung einer informierten (→ Rn. 73) betroffenen Person vorliegt, die Einverständnis mit der konkreten Übermittlung ausdrückt (bspw. in Form einer schriftlichen, elektronischen oder mündlichen Erklärung).[202] Eine derartige Einwilligung kann **nicht stillschweigend oder konkludent** erfolgen (zB durch vorausgewählte Optionen auf Formularen oder Schaltflächen), sondern setzt eine aktive Handlung des Betroffenen voraus.[203] Die Einwilligung kann **jederzeit widerrufen** werden.[204] Hinsichtlich der Freiwilligkeit gilt, dass sie ohne Zwang erfolgen muss, was bei zu erwartenden Nachteilen jedweder Art zweifelhaft ist (sog **echte Wahlfreiheit**).[205] Dies ist insbes. bei Ober-/Unterordnungsverhältnissen (bspw. zwischen Arbeitgeber und Arbeitnehmer) und ggü. mit überwältigender Marktmacht ausgestatteten Verantwortlichen naheliegend.[206] Gänzlich ausgeschlossen ist eine Einwilligung jedoch auch da nicht.[207] Dies gilt im Besonderen dann, wenn die Einwilligung der betroffenen Person Vorteile bringt. Werden diese jedoch

---

[197] Pauly in Paal/Pauly DS-GVO Art. 49 Rn. 2; Schröder in Kühling/Buchner DS-GVO Art. 49 Rn. 2; aA Zerdick in Ehmann/Selmayr DS-GVO Art. 49 Rn. 4; krit. auch Lange/Filip in BeckOK DatenschutzR DS-GVO Art. 49 Rn. 11; Schantz in Schantz/Wolff Das neue DatenschutzR Teil VI Rn. 787; EDPB, Guidelines 2/2018 on derogations of Article 49 under Regulation 2016/679, 25.5.2018, 4: „may happen more than once, but not regularly […] outside the regular course of actions".
[198] Klug in Gola DS-GVO Art. 49 Rn. 1; Schröder in Kühling/Buchner DS-GVO Art. 49 Rn. 12.
[199] Grundlegend hierzu Ernst ZD 2017, 110 (111 ff.).
[200] Schröder in Kühling/Buchner DS-GVO Art. 49 Rn. 14.
[201] Vgl. Artikel 29-Datenschutzgruppe, Guidelines on Article 49 of Regulation 2016/679, WP 262, 6.2.2018, 6; Laue/Nink/Kremer in LNK Das neue DatenschutzR § 2 Rn. 4 ff.
[202] ErwGr 32 S. 1 DS-GVO; EDPB, Guidelines 2/2018 on derogations of Article 49 under Regulation 2016/679, 25.5.2018, 6; Schröder in Kühling/Buchner DS-GVO Art. 49 Rn. 14; Wybitul/Ströbel/Rueß ZD 2017, 503 (507); Pauly in Paal/Pauly DS-GVO Art. 49 Rn. 9: „Pauschaleinwilligungen […] unwirksam"; so auch Klug in Gola DS-GVO Art. 49 Rn. 5.
[203] ErwGr 32 S. 2 und 3 DS-GVO; EDPB, Guidelines 2/2018 on derogations of Article 49 under Regulation 2016/679, 25.5.2018, 7; Pauly in Paal/Pauly DS-GVO Art. 49 Rn. 7; offener Wybitul/Ströbel/Rueß ZD 2017, 503 (507); s. auch Schaffland/Holthaus in Schaffland/Wiltfang DS-GVO Art. 49 Rn. 6: „einfaches Nicken" reicht.
[204] Schröder in Kühling/Buchner DS-GVO Art. 49 Rn. 14; Zerdick in Ehmann/Selmayr DS-GVO Art. 46 Rn. 7: Geltung ex nunc.
[205] Wybitul/Ströbel/Rueß ZD 2017, 503 (507); Schröder in Kühling/Buchner DS-GVO Art. 49 Rn. 16 mwN; Klug in Gola DS-GVO Art. 49 Rn. 5; Ernst ZD 2017, 110 (111).
[206] ErwGr 43 S. 1 DS-GVO: „wenn zwischen der betroffenen Person und dem Verantwortlichen ein klares Ungleichgewicht besteht […] keine gültige Rechtsgrundlage".
[207] Ambrock/Karg ZD 2017, 154 (157); s. für das Beschäftigungsverhältnis BAG NJW 2015, 2140 (2140 ff.); Wybitul NZA 2017, 416 f.; Schantz NJW 2016, 1841 (1845).

von der Erteilung der Einwilligung abhängig gemacht, spricht dies wiederum gegen eine echte Wahlfreiheit (sog **Koppelungsverbot**) (→ § 3 Rn. 56, → § 9 Rn. 27 ff.).[208]

Der Einwilligung muss eine **Unterrichtung der betroffenen Person** über die möglichen Risiken[209] einer Datenübermittlung ohne positiven Angemessenheitsbeschluss bzw. geeignete Garantien vorausgehen. An die Unterrichtung sind **hohe Maßstäbe** anzusetzen.[210] Sie kann aber standardisiert sein.[211] Sie muss den konkreten Zweck der Übermittlung in verständlicher und übersichtlicher Form darstellen und die Kategorien der personenbezogenen Daten sowie die Empfänger und Zielorte benennen.[212] Daran muss sich die Darstellung der möglichen Risiken anschließen. Diese bezieht sich insbes. auf Defizite iSv Art. 45 Abs. 2 DS-GVO, weshalb das Datenschutzniveau in dem (unsicheren) Drittland als nicht angemessen iSd DS-GVO angesehen werden kann (→ Rn. 8 ff.). Die daraus möglicherweise erwachsenden Gefahren können abstrakt umschrieben werden.[213]

73

> **Praxistipp: Anwendung der Einwilligungsausnahme**
>
> Die Einwilligungsausnahme nach Art. 49 Abs. 1 UAbs. 1 lit. a DS-GVO ist für einen breiten Einsatz im Unternehmen, bspw. im Rahmen eines Outsourcings oder zur Etablierung einer konzernweiten Personalmanagementlösung (→ Rn. 94 ff.), nur bedingt geeignet. Zwar eignet sie sich grds. auch für wiederkehrende Handlungen (→ Rn. 70). Problematisch ist aber, dass eine Einwilligung jederzeit widerrufen werden kann und die betroffene Person echte Wahlfreiheit genießen muss. Damit bleiben die realistischen Einsatzgebiete auf punktuelle Ansätze insbes. im Verhältnis Kunde zu Unternehmen beschränkt. Zum Hemmschuh können auch die weitgehenden Informationspflichten werden. Grds. gilt jedoch, dass die Ausnahme gut geeignet ist, die unternehmerische Datenschutz-Compliance sinnvoll zu ergänzen.

Beispiel(e): Einsatzgebiete für die Einwilligungsausnahme
Zu den sinnvollen Einsatzgebieten der Einwilligungsausnahme gehören:
- Alltagshandlungen von Kunden ggü. Unternehmen wie Buchungen, Bestellungen und Reservierungen;
- der Einsatz zur Schließung etwaiger kurzfristig drohender Compliance-Lücken (bspw. bei zivilrechtlichen Auskunfts- und Herausgabeverlangen);
- für die Arbeitnehmer sinnvolle und vorteilhafte, im Ermessen des Arbeitnehmers stehende Aktionen des Arbeitgebers wie Aktienoptionsprogramme (sog Stock Options);
- optionale Elemente weiterreichender Datenverarbeitungslösungen (zB zusätzliche Profil-Funktionen von HR-Datenbanken wie die Veröffentlichung eines Profilfotos).

---

[208] ErwGr 43 S. 2 DS-GVO: „Die Einwilligung gilt nicht als freiwillig erteilt, […] wenn die Erfüllung eines Vertrags […] von der Einwilligung abhängig ist, obwohl diese Einwilligung für die Erfüllung nicht erforderlich ist", bzgl. des Umfangs str.; für ein strenges Koppelungsverbot bspw. Schantz NJW 2016, 1841 (1845); Dammann ZD 2016, 307 (311); Diekmann in Koreng/Lachenmann DatenschutzR-FormHdB Teil G.VII.4. Nr. 10; Ernst ZD 2017, 110 (112); weniger streng zB Frenzel in Paal/Pauly DS-GVO Art. 7 Rn. 18; Engeler ZD 2018, 55 (58 ff.); Krohm/Müller-Peltzer ZD 2017, 551 (552 ff.); differenzierend Golland MMR 2018, 130 (130 ff. mwN); s. auch Härting ITRB 2017, 42 (42 ff.).
[209] In der englischen Sprachfassung „possible risks", weshalb die (verunglückte) Formulierung der deutschen Sprachfassung („bestehende mögliche Risiken") wie hier zugrunde gelegt zu verstehen ist; Schröder in Kühling/Buchner DS-GVO Art. 49 Rn. 5.
[210] Im Detail EDPB, Guidelines 2/2018 on derogations of Article 49 under Regulation 2016/679, 25. 5. 2018, 7 f.; Pauly in Paal/Pauly DS-GVO Art. 49 Rn. 6; Schröder in Kühling/Buchner DS-GVO Art. 49 Rn. 15; Albrecht/Jotzo in Albrecht/Jotzo Das neue DatenschutzR Teil 6 Rn. 19.
[211] Artikel 29-Datenschutzgruppe, Guidelines on Article 49 of Regulation 2016/679, WP 262, 6. 2. 2018, 8.
[212] Klug in Gola DS-GVO Art. 49 Rn. 5; Lange/Filip in BeckOK DatenschutzR DS-GVO Art. 49 Rn. 7; Wybitul/Ströbel/Rueß ZD 2017, 503 (507); Ernst ZD 2017, 110 (113).
[213] Pauly in Paal/Pauly DS-GVO Art. 49 Rn. 6; Schaffland/Holthaus in Schaffland/Wiltfang DS-GVO Art. 49 Rn. 7; konkreter von dem Bussche in Plath DSGVO Art. 49 Rn. 2.

> **Checkliste: Mindestinhalte von Einwilligungserklärungen**
> Bei der Verwendung von Einwilligungserklärungen[214] ist auf folgende Mindestinhalte zu achten:
> – Bezeichnung des Betroffenen;
> – Zweck der Datenverarbeitung;
> – Empfänger und Zielort(e);
> – Kategorien personenbezogener Daten;
> – defizitäres Datenschutzniveau in dem/den Zielort(en);
> – mögliche Risiken der Datenverarbeitung (insbes. für Ausübung der Betroffenenrechte, Weiterverlagerungen, Zweckbindung und sonstige Grundsätze nach Art. 5 DS-GVO, technische und organisatorische Maßnahmen);
> – Widerrufsbelehrung;
> – ausdrückliche Einwilligung (inklusive Unterschrift, Check Box etc).

74 **b) Verträge zwischen Betroffenen und Verantwortlichen (Art. 49 Abs. 1 UAbs. 1 lit. b, Abs. 3 DS-GVO).** Eine Datenübermittlung in ein unsicheres Drittland ohne geeignete Garantien ist möglich, wenn die **Übermittlung für die Erfüllung eines Vertrages** (oder die Durchführung vorvertraglicher Maßnahmen) zwischen der betroffenen Person und dem Verantwortlichen auf Antrag der betroffenen Person erforderlich ist, Art. 49 Abs. 1 UAbs. 1 lit. b DS-GVO. Im vorvertraglichen Stadium ist es dabei notwendig, dass die betroffene Person bereits aktiv und wissentlich mitwirkt (zB weil Vertragsverhandlungen aufgenommen worden sind oder sich der Vertragsschluss konkret anbahnt).[215] Nach Art. 49 Abs. 3 DS-GVO ist diese Ausnahme nicht für Tätigkeiten, die Behörden in Ausübung ihrer hoheitlichen Befugnisse durchführen, anwendbar.

75 Die Ausnahme setzt voraus, dass die **betroffene Person Vertragspartei** ist oder werden soll.[216] Ferner muss der zugrundeliegende bzw. zur Disposition stehende Vertrag für sie einen **erkennbaren Auslandsbezug** aufweisen.[217] In diesem Fall weiß die betroffene Person von der Notwendigkeit der Datenübermittlung in das unsichere Drittland und dies deckt sich mit ihren vertraglichen und inhaltlichen Interessen, so dass sie in ihrer Schutzwürdigkeit gemindert ist und die Ausnahme des Art. 49 Abs. 1 UAbs. 1 lit. b DS-GVO greifen kann.[218]

76 Die Ausnahme der Vertragserfüllung ist wie die übrigen Ausnahmen des Art. 49 DS-GVO eng auszulegen (→ Rn. 70). Konkret äußert sich dies darin, dass die Übermittlung für die Vertragserfüllung erforderlich sein muss. Dies erfordert einen **engen und erheblichen Zusammenhang** zwischen betroffener Person und Vertragszweck.[219] Dies ist dann nicht der Fall, wenn die Übermittlung hauptsächlich den Interessen des Verantwortlichen dient („auf Antrag der betroffenen Person") und schließt auch aus, dass „bei Gelegenheit" weitere Nebenzwecke erreicht werden (zB die Übermittlung von PNR → Rn. 14 bzw.

---

[214] Allgemeines Muster bei Diekmann in Koreng/Lachenmann DatenschutzR-FormHdB Teil VII.4.; konkrete Muster bspw. bei Hinzpeter in Moos Datenschutz- und Datennutzungsverträge § 38 Rn. 1 ff. (soziale Netzwerke) und Rohwedder in Moos Datenschutz- und Datennutzungsverträge § 39 Rn. 1 ff. (Werbung).
[215] Pauly in Paal/Pauly DS-GVO Art. 49 Rn. 14.
[216] Klug in Gola DS-GVO Art. 49 Rn. 6; Lange/Filip in BeckOK DatenschutzR DS-GVO Art. 49 Rn. 13.
[217] Vgl. Gabel in Taeger/Gabel BDSG § 4c Rn. 7; Klug in Gola DS-GVO Art. 49 Rn. 6.
[218] Vgl. Gabel in Taeger/Gabel BDSG § 4c Rn. 7; Simitis in Simitis BDSG § 4c Rn. 13.
[219] EDPB, Guidelines 2/2018 on derogations of Article 49 under Regulation 2016/679, 25.5.2018, 8; Artikel 29-Datenschutzgruppe, Working document on a common interpretation of Article 26(1) of Directive 95/46/EC of 24 October 1995, WP 114, 25.11.2005, 15; Guidelines on Article 49 of Regulation 2016/679, WP 262, 6.2.2018, 8; Pauly in Paal/Pauly DS-GVO Art. 49 Rn. 13; Ambrock/Karg ZD 2017, 154 (159).

das sog Nachfass- oder Follow-up-Marketing).[220] Auch konzerninterne Datenübermittlungen (→ Rn. 94 ff.) können deshalb – auch weil idR geeignete Garantien iSd Art 46 f. DS-GVO (→ Rn. 19 ff.) etabliert werden können – grds. nicht auf diese Ausnahme gestützt werden.[221]

Beispiel(e): Verträge mit dem Betroffenen als Übermittlungsausnahme
Die Ausnahme der Vertragserfüllung auf Antrag des Betroffenen kommt bspw. in folgenden Szenarien in Betracht:
- Übermittlung von Details zur Vertragsabwicklung (zB für Beförderungsleistungen (Flug, Mietwagen etc), Reise- oder Unterbringungsdienstleistungen (zB Hotelbuchung oder -reservierung) bzw. Warenbestellungen);
- Internationaler Zahlungsverkehr (dh Banktransfers eines Kunden);
- Übermittlung von Personaldaten bei Auslandseinsätzen von Arbeitnehmern.

c) Verträge im Interesse der Betroffenen (Art. 49 Abs. 1 UAbs. 1 lit. c, Abs. 3 DS-GVO). Eine Datenübermittlung in ein unsicheres Drittland ohne geeignete Garantien ist möglich, wenn die Übermittlung zum Abschluss oder zur Erfüllung eines **im Interesse der betroffenen Person geschlossenen Vertrages** erforderlich ist, Art. 49 Abs. 1 UAbs. 1 lit. c DS-GVO. Dies bezieht sich – in Abgrenzung zu Art. 49 Abs. 1 UAbs. 1 lit. b DS-GVO (→ Rn. 75) – auf Verträge des Verantwortlichen mit **anderen natürlichen oder juristischen Personen als der betroffenen Person selbst,** die deren Interesse eindeutig dienen (also vor allem Verträge zugunsten Dritter iSv § 328 BGB). Nach Art. 49 Abs. 3 DS-GVO ist diese Ausnahme nicht für Tätigkeiten, die Behörden in Ausübung ihrer hoheitlichen Befugnisse durchführen, anwendbar. 77

Auch diese Ausnahme ist eng auszulegen (→ Rn. 70); bzgl. der **Erforderlichkeit** kann auf die Ausführungen zu Art. 49 Abs. 1 UAbs. 1 lit. b DS-GVO (→ Rn. 76) Bezug genommen werden.[222] Insofern scheidet es auch hier aus, die Ausnahme zur Legitimation umfangreicher konzerninterner Datenflüsse und/oder Cloud-Lösungen (→ Rn. 94 ff.)[223] bzw. Datenverarbeitungen im überwiegenden Interesse des Verantwortlichen (zB zu Gehaltsabrechnungen und Aktienoptionen, die grds. auch ohne Drittlandtransfer auskämen) heranziehen zu wollen.[224] 78

[Beispiel(e): Verträge im Interesse des Betroffenen als Übermittlungsausnahme]
Verträge im Interesse des Betroffenen kommen bspw. in folgenden Szenarien als Übermittlungsgrundlage in Betracht:
- (Mitarbeiter-)Versicherungen;
- Einschaltung einer Korrespondenzbank im internationalen Zahlungsverkehr;
- Bestellungen für Dritte (Geschenke, Zuwendungen, Drittauslieferungen usw);

---

[220] Artikel 29-Datenschutzgruppe, Working document on a common interpretation of Article 26(1) of Directive 95/46/EC of 24 October 1995, WP 114, 25.11.2005, 15 f.; Zerdick in Ehmann/Selmayr DS-GVO Art. 49 Rn. 10; Ambrock/Karg ZD 2017, 154 (159).

[221] Schröder in Kühling/Buchner DS-GVO Art. 49 Rn. 19; Lange/Filip in BeckOK DatenschutzR DS-GVO Art. 49 Rn. 15 ff.; offener v. Towfigh/Ulrich in Sydow DS-GVO Art. 49 Rn. 6 und Laue/Nink/Kremer in LNK Das neue DatenschutzR § 5 Rn. 62.

[222] Vgl. Artikel 29-Datenschutzgruppe, Working document on a common interpretation of Article 26(1) of Directive 95/46/EC of 24 October 1995, WP 114, 25.11.2005, 16; Guidelines on Article 49 of Regulation 2016/679, WP 262, 6.2.2018, 9; Lange/Filip in BeckOK DatenschutzR DS-GVO Art. 49 Rn. 22.

[223] Hierzu Albrecht/Jotzo in Albrecht/Jotzo Das neue DatenschutzR Teil 6 Rn. 20; Schantz in Schantz/Wolff Das neue DatenschutzR Teil VI Rn. 789, jeweils mwN.

[224] EDPB, Guidelines 2/2018 on derogations of Article 49 under Regulation 2016/679, 25.5.2018, 10; Artikel 29-Datenschutzgruppe, Working document on a common interpretation of Article 26(1) of Directive 95/46/EC of 24 October 1995, WP 114, 25.11.2005, 16; Guidelines on Article 49 of Regulation 2016/679, WP 262, 6.2.2018, 9; Schröder in Kühling/Buchner DS-GVO Art. 49 Rn. 22; Lange/Filip in BeckOK DatenschutzR DS-GVO Art. 49 Rn. 22; aA Schaffland/Holthaus in Schaffland/Wiltfang DS-GVO Art. 49 Rn. 15.

Teil A — Datenschutzrechtliche Grundlagen

– Buchung von Leistungen im Drittland durch einen inländischen Mittler (zB Reservierungen und Dienstleistungen im Zielort durch einen Reiseveranstalter).

79 **d) Öffentliches Interesse (Art. 49 Abs. 1 UAbs. 1 lit. d, Abs. 4 DS-GVO).** Eine Datenübermittlung in ein unsicheres Drittland ohne geeignete Garantien ist möglich, wenn die **Übermittlung aus wichtigen Gründen des öffentlichen Interesses** notwendig ist, Art. 49 Abs. 1 UAbs. 1 lit. d DS-GVO. Das Tatbestandsmerkmal der Notwendigkeit ist analog dem Tatbestandsmerkmal der Erforderlichkeit in Art. 49 Abs. 1 UAbs. 1 lit. b und c DS-GVO zu verstehen (→ Rn. 76).[225] Dabei muss das öffentliche Interesse des Drittlands im europäischen oder nationalen Recht des Mitgliedstaates, dem der Verantwortliche unterliegt, anerkannt sein, Art. 49 Abs. 4 DS-GVO. Dies dient der Klarstellung der bereits unter der DS-RL und dem BDSG aF herrschenden Auffassung, dass das „Vorliegen eines wichtigen öffentlichen Interesses" an europäischen Maßstäben zu messen ist.[226]

80 Im Hinblick auf den **Stellenwert des öffentlichen Interesses** in Art. 49 Abs. 1 UAbs. 1 lit. d DS-GVO muss es sich um einen ggü. Art. 6 Abs. 1 lit. e DS-GVO (→ § 3 Rn. 62) herausgehobenen Stellenwert handeln.[227] Die wichtigen Gründe des öffentlichen Interesses nach Art. 49 Abs. 1 UAbs. 1 lit. d DS-GVO müssen sich auf den Schutz eines besonders gewichtigen Rechtsguts beziehen.[228] Auch muss der Datenexporteur darlegen, dass es sich bei dem in Rede stehenden öffentlichen Interesse um ein solches wichtiges Interesse handelt.[229]

> **Checkliste: Anerkannte wichtige Gründe des öffentlichen Interesse]**
> Zu den aus europäischer Sicht anzuerkennenden wichtigen Gründen eines öffentlichen Interesses gehören Übermittlungen zum Zweck:
> – Des Austausches zwischen Wettbewerbs-, Steuer- und Zollbehörden;[230]
> – des Austausches zwischen Finanzaufsichtsbehörden (bspw. im Hinblick auf die Aufdeckung oder Verhinderung von Geldwäsche);[231]
> – der unternehmensinternen Compliance (bzgl. der vorgenannten Punkte);[232]
> – des Austausches zwischen für Angelegenheiten der sozialen Sicherheit oder für die öffentliche Gesundheit zuständigen Diensten (bspw. im Hinblick auf die Bekämpfung von Krankheiten und Doping);[233]
> – des Austausches zwischen (sonstigen) Sozialversicherungsträgern;[234]
> – der Gewährleistung der Arbeit einer internationalen humanitären Organisation in den Bereichen humanitäres Völkerrecht und Genfer Konvention (sofern eine Einwilligung aus physischen oder rechtlichen Gründen unmöglich ist).[235]

---

[225] Vgl. Klug in Gola DS-GVO Art. 49 Rn. 8 aE.
[226] Stellv. Artikel 29-Datenschutzgruppe, Working document on a common interpretation of Article 26(1) of Directive 95/46/EC of 24 October 1995, WP 114, 25.11.2005, 17; Guidelines on Article 49 of Regulation 2016/679, WP 262, 6.2.2018, 11; vgl. EDPB, Guidelines 2/2018 on derogations of Article 49 under Regulation 2016/679, 25.5.2018, 10f.
[227] Pauly in Paal/Pauly DS-GVO Art. 49 Rn. 19; Schröder in Kühling/Buchner DS-GVO Art. 49 Rn. 24 aE; Zerdick in Ehmann/Selmayr DS-GVO Art. 49 Rn. 14.
[228] Schröder in Kühling/Buchner DS-GVO Art. 49 Rn. 24 aE.
[229] Lange/Filip in BeckOK DatenschutzR DS-GVO Art. 49 Rn. 27; Pauly in Paal/Pauly DS-GVO Art. 49 Rn. 19.
[230] ErwGr 112 S. 1 DS-GVO.
[231] ErwGr 112 S. 1 DS-GVO; s. auch Gabel in Taeger/Gabel BDSG § 4c Rn. 10; Schröder in Kühling/Buchner DS-GVO Art. 49 Rn. 24.
[232] Vgl. Gabel in Taeger/Gabel BDSG § 4c Rn. 10.
[233] ErwGr 112 S. 1 DS-GVO.
[234] Gabel in Taeger/Gabel BDSG § 4c Rn. 10; Schröder in Kühling/Buchner DS-GVO Art. 49 Rn. 24.
[235] ErwGr 112 S. 5 DS-GVO.

e) **Rechtsansprüche (Art. 49 Abs. 1 UAbs. 1 lit. e DS-GVO).** Eine Datenübermittlung in ein unsicheres Drittland ohne geeignete Garantien ist möglich, wenn die Übermittlung zur **Geltendmachung, Ausübung oder Verteidigung von Rechtsansprüchen** erforderlich ist, Art. 49 Abs. 1 UAbs. 1 lit. e DS-GVO. Dies bezieht sich auf Gerichts-, Verwaltungs- und außergerichtliche Verfahren, wozu auch solche vor den Regulierungsbehörden zählen.[236] Die Vorschrift ergänzt die (allgemeinen) Zulässigkeitserfordernisse der Art. 6 Abs. 1 lit. f DS-GVO (→ § 3 Rn. 63 ff.), Art. 9 Abs. 2 lit. f DS-GVO (→ § 3 Rn. 71 ff.) und Art. 17 lit. e DS-GVO (→ § 3 Rn. 130) um eine Ausnahme zum Drittlandstransfer. Sie ist ebenfalls eng auszulegen (→ Rn. 70).[237]

81

Im Hinblick auf die **Erforderlichkeit** kann auf die Ausführungen zu Art. 49 Abs. 1 UAbs. 1 lit. b DS-GVO (→ Rn. 76) entsprechend Bezug genommen werden. Der enge und erhebliche Zusammenhang muss zwischen der betroffenen Person und dem konkreten Verfahren bestehen.[238] Die Erforderlichkeit schließt auch mit ein, dass vorrangig zu prüfen ist, ob geeignete Garantien iSv Art. 46 f. DS-GVO etabliert werden können bzw. Maßnahmen wie eine Anonymisierung/Pseudonymisierung den gewünschten Effekt erzielen, ohne eine Übermittlung personenbezogener Daten zu beinhalten.[239] Dem Grundsatz der Datenminimierung folgend sind Transfers in jedem Fall auf das notwendige Maß zu beschränken.

82

Im Hinblick auf **Rechtsansprüche vor Gericht** ist zu beachten, dass für hoheitliche Akte von Drittländern (dh auch der dortigen Gerichte) die Spezialvorschrift des Art. 48 DS-GVO anwendbar ist (→ Rn. 65 ff.). Auch Handlungen Privater können so zu hoheitlichen Akten iSv Art. 48 DS-GVO werden, wenn das Gericht sie dazu macht (→ Rn. 66). Dann würde sich die Herausgabe personenbezogener Daten vorrangig nach den Bestimmungen des/der fraglichen Rechtshilfeabkommens/internationalen Übereinkunft richten, sofern diese(s) die Übermittlung personenbezogener Daten zum Gegenstand hat (→ Rn. 68).[240] Dies bezieht sich insbes. auf das Haager Übereinkommen über die Beweisaufnahme im Ausland in Zivil- oder Handelssachen vom 18.3.1970 (→ Rn. 68).[241] Scheidet ein(e) solche(s) Rechtshilfeabkommen/internationale Übereinkunft jedoch aus oder handelt es sich (noch) um eine rein private Handlung einer Partei (wie bspw. im Fall der Discovery[242] denkbar (→ Rn. 98)), kann Art. 49 Abs. 1 UAbs. 1 lit. e DS-GVO einschlägig sein.[243]

83

---

[236] ErwGr 111 S. 1 DS-GVO; Artikel 29-Datenschutzgruppe, Guidelines on Article 49 of Regulation 2016/679, WP 262, 6.2.2018, 12; Pauly in Paal/Pauly DS-GVO Art. 49 Rn. 21: Fusionskontrolle/M&A; Schantz in Schantz/Wolff Das neue DatenschutzR Teil VI Rn. 795: Verfahren vor der Wertpapieraufsicht SEC; s. Schröder in Kühling/Buchner DS-GVO Art. 49 Rn. 32 f. zu Auskunftsersuchen von Behörden.
[237] Stellv. Artikel 29-Datenschutzgruppe, Working document on a common interpretation of Article 26(1) of Directive 95/46/EC of 24 October 1995, WP 114, 25.11.2005, 17.
[238] Zerdick in Ehmann/Selmayr DS-GVO Art. 49 Rn. 15: Datenübermittlung „aufs Blaue hinein" für mögliche Gerichtsverfahren unzulässig; Pauly in Paal/Pauly DS-GVO Art. 49 Rn. 21: „die maßgeblichen Daten für den Verfahrensausgang von Relevanz"; Wybitul/Ströbel/Rueß ZD 2017, 503 (508): direkter Zusammenhang; weitergehend Schaffland/Holthaus in Schaffland/Wiltfang DS-GVO Art. 49 Rn. 18 und von dem Bussche in Plath DSGVO Art. 49 Rn. 6.
[239] Stellv. Schröder in Kühling/Buchner DS-GVO Art. 49 Rn. 26.
[240] Artikel 29-Datenschutzgruppe, Working document on a common interpretation of Article 26(1) of Directive 95/46/EC of 24 October 1995, WP 114, 25.11.2005, 18; Guidelines on Article 49 of Regulation 2016/679, WP 262, 6.2.2018, 12; vgl. Klug in Gola DS-GVO Art. 49 Rn. 9; Albrecht/Jotzo in Albrecht/Jotzo Das neue DatenschutzR Teil 6 Rn. 23 mwN.
[241] Artikel 29-Datenschutzgruppe, Working document on a common interpretation of Article 26(1) of Directive 95/46/EC of 24 October 1995, WP 114, 25.11.2005, 18; vgl. Klug in Gola DS-GVO Art. 49 Rn. 9.
[242] Ausführlich hierzu Wieczorek in Moos Datenschutz- und Datennutzungsverträge § 30 Rn. 21 f. mwN.
[243] Vgl. Artikel 29-Datenschutzgruppe, Guidelines on Article 49 of Regulation 2016/679, WP 262, 6.2.2018, 12; Pauly in Paal/Pauly DS-GVO Art. 49 Rn. 22.

84 **f) Lebenswichtige Interessen (Art. 49 Abs. 1 UAbs. 1 lit. f DS-GVO).** Eine Datenübermittlung in ein unsicheres Drittland ohne geeignete Garantien ist möglich, wenn die **Übermittlung zum Schutz lebenswichtiger Interessen** der betroffenen Person oder anderer Personen erforderlich ist, sofern die betroffene Person aus physischen oder rechtlichen Gründen[244] außerstande ist, ihre Einwilligung zu geben, Art. 49 Abs. 1 UAbs. 1 lit. f) DS-GVO. Betroffen sind medizinische Daten.[245] Dies kann der Fall sein, wenn Heilbehandlungen (Versorgung wie Notfälle) notwendig werden, um das Leben oder die körperliche Unversehrtheit der betroffenen oder einer anderen Person zu schützen.[246] Dann ist bspw. eine Übermittlung personenbezogener Daten an Ärzte in Drittländer vorstellbar. Denkbar ist ferner eine Übermittlung an internationale humanitäre Organisationen.[247]

85 **g) Öffentliche Register (Art. 49 Abs. 1 UAbs. 1 lit. g), Abs. 2 DS-GVO).** Eine Datenübermittlung in ein unsicheres Drittland ohne geeignete Garantien ist möglich, wenn die **Übermittlung aus einem öffentlichen Register** erfolgt, Art. 49 Abs. 1 UAbs. 1 lit. g DS-GVO. Dieses muss nach nationalem oder europäischem Recht **zur Information der Öffentlichkeit bestimmt** sein und entweder der gesamten Öffentlichkeit oder allen Personen, die ein berechtigtes Interesse nachweisen können, zur Einsichtnahme offenstehen, soweit die festgelegten Voraussetzungen für die Einsichtnahme im Einzelfall gegeben sind. Zu diesen Registern zählen sämtliche Öffentlichkeitsinformationen, die der breiten Öffentlichkeit oder speziellen Personenkreisen mit relativ niedriger Zugangsschwelle zur Verfügung gestellt werden, wie bspw. durch das Handelsregister, das Vereinsregister, das Bundeszentralregister oder das Grundbuch.[248] Geschlossene private Register, wie zB diejenigen der Wirtschaftsauskunfteien (Schufa usw), werden von Art. 49 Abs. 1 UAbs. 1 lit. g DS-GVO nicht erfasst.

86 Art. 49 Abs. 2 S. 1 DS-GVO sieht vor, dass Datenübermittlungen **nicht die Gesamtheit oder ganze Kategorien** der im Register enthaltenen personenbezogenen Daten umfassen dürfen.[249] Damit soll einer Zweckentfremdung der Daten vorgebeugt werden.[250] Wenn das Register der Einsichtnahme durch Personen mit berechtigtem Interesse dient, darf die Übermittlung zudem nur auf Antrage dieser Personen oder dann erfolgen, wenn sie Adressaten der Übermittlung sind, Art. 49 Abs. 2 S. 2 DS-GVO. Schließlich ist den **Interessen und Grundrechten der betroffenen Person** in vollem Umfang Rechnung zu tragen.[251] Dies verlangt vom Datenexporteur eine Einzelfallprüfung, ob besondere Gründe in der Person des Betroffenen bzw. dessen Interessen einer Übermittlung im konkreten Fall entgegenstehen.[252]

87 **h) Auffangtatbestand der „zwingenden berechtigten Interessen" des Verantwortlichen (Art. 49 Abs. 1 UAbs. 2, Abs. 3 und 6 DS-GVO).** Art. 49 Abs. 1 UAbs. 2 DS-

---

[244] Näher hierzu Schaffland/Holthaus in Schaffland/Wiltfang DS-GVO Art. 49 Rn. 21.
[245] Klug in Gola DS-GVO Art. 49 Rn. 10; Ambrock/Karg ZD 2017, 154 (159).
[246] ErwGr 112 S. 2 DS-GVO; Artikel 29-Datenschutzgruppe, Working document on a common interpretation of Article 26(1) of Directive 95/46/EC of 24 October 1995, WP 114, 25.11.2005, 18: Bewusstlosigkeit; Schröder in Kühling/Buchner DS-GVO Art. 49 Rn. 35; Lange/Filip in BeckOK DatenschutzR DS-GVO Art. 49 Rn. 37 f.; Klug in Gola DS-GVO Art. 49 Rn. 10.
[247] ErwGr 112 S. 5 DS-GVO.
[248] Schröder in Kühling/Buchner DS-GVO Art. 49 Rn. 36; Pauly in Paal/Pauly DS-GVO Art. 49 Rn. 27.
[249] S. Artikel 29-Datenschutzgruppe, Working document on a common interpretation of Article 26(1) of Directive 95/46/EC of 24 October 1995, WP 114, 25.11.2005, 19: Nicht iSd Vorschrift, wenn „die Register geleert" würden.
[250] Artikel 29-Datenschutzgruppe, Working document on a common interpretation of Article 26(1) of Directive 95/46/EC of 24 October 1995, WP 114, 25.11.2005, 19; Lange/Filip in BeckOK DatenschutzR DS-GVO Art. 49 Rn. 43: „gewisse Gefahr einer übermäßigen Anwendung".
[251] ErwGr 111 S. 4 DS-GVO.
[252] Schröder in Kühling/Buchner DS-GVO Art. 49 Rn. 38.

GVO enthält einen – eng auszulegenden (→ Rn. 70) – **Auffangtatbestand,**[253] der eine Datenübermittlung ermöglicht, wenn kumulativ die folgenden Voraussetzungen erfüllt sind:
- Die Übermittlung kann auf keine andere Übermittlungsmethode gestützt werden (→ Rn. 88);
- die Übermittlung erfolgt nicht regelmäßig (→ Rn. 88);
- die Übermittlung betrifft nur eine begrenzte Anzahl von Personen (→ Rn. 88);
- die Übermittlung ist zur Wahrung der zwingenden berechtigten Interessen des Verantwortlichen erforderlich (→ Rn. 89);
- die Interessen, Rechte oder Freiheiten der Betroffenen überwiegen nicht (→ Rn. 89);
- der Verantwortliche beurteilt vorab die Umstände der Datenübermittlung (→ Rn. 90);
- der Verantwortliche sieht auf der Grundlage seiner Beurteilung taugliche Garantien zum Schutz der Daten vor (→ Rn. 90);
- der Verantwortliche informiert die zuständige Aufsichtsbehörde und die betroffene Person (→ Rn. 91);
- der Verantwortliche oder Auftragsverarbeiter dokumentiert die Beurteilung und die Garantien (→ Rn. 91).

Nach Art. 49 Abs. 3 DS-GVO ist diese Ausnahme nicht für Tätigkeiten, die Behörden in Ausübung ihrer hoheitlichen Befugnisse durchführen, anwendbar.

Zu den **Grundvoraussetzungen** des Auffangtatbestandes gehört, dass die Übermittlung 88 weder auf einen positiven Angemessenheitsbeschluss iSv Art. 45 DS-GVO (→ Rn. 6 ff.), eine geeignete Garantie iSv Art. 46 f. DS-GVO (→ Rn. 19 ff.) oder ein Rechtshilfeabkommen/eine internationale Übereinkunft iSv Art. 48 DS-GVO (→ Rn. 65 ff.)[254] noch eine Ausnahme iSv 49 Abs. 1 UAbs. 1 DS-GVO (→ Rn. 69 ff.) gestützt werden kann. Der Auffangtatbestand ist ihnen gegenüber **subsidiär.**[255] Der Verantwortliche muss ernsthafte Bemühungen erkennen lassen, die Übermittlung auf die vorgenannten Grundlagen zu stellen.[256] Sie ist ferner auf sich nicht wiederholende Transfers beschränkt; es muss sich zwar nicht um einen Einzelfall handeln, schließt jedoch regelmäßige Übermittlungen aus.[257] Dies wäre der Fall, wenn im Zeitpunkt der Übermittlung bereits weitere vergleichbare Transfers – oder gar eine Routinetätigkeit[258] – geplant sind.[259] Mit der begrenzten Anzahl von Betroffenen ist keine feststehende Größe gemeint, sondern – gemessen am Übermittlungszweck – eine **bestimmbare und geringe Anzahl an Personen.**[260]

Bei der **Interessenabwägung** zwischen den zwingenden berechtigten Interessen des 89 Verantwortlichen und den Interessen oder Rechten und Freiheiten der betroffenen Person kommt nicht bereits jedes berechtigte Interesse des Verantwortlichen iSv Art 6 Abs. 1 lit. f

---

[253] ErwGr 113 S. 3 DS-GVO: „in den verbleibenden Fällen"; Schröder in Kühling/Buchner DS-GVO Art. 49 Rn. 1; Wybitul/Ströbel/Rueß ZD 2017, 503 (508); v. Towfigh/Ulrich in Sydow DS-GVO Art. 49 Rn. 12.
[254] Die Vorschrift erwähnt Art. 48 DS-GVO nicht explizit; dies ergibt sich aber aus ErwGr 113 S. 3 DS-GVO: „keiner der anderen Gründe für die Übermittlung anwendbar"; s. auch Zerdick in Ehmann/Selmayr DS-GVO Art. 49 Rn. 18.
[255] EDPB, Guidelines 2/2018 on derogations of Article 49 under Regulation 2016/679, 25.5.2018, 14: „last resort".
[256] Artikel 29-Datenschutzgruppe, Guidelines on Article 49 of Regulation 2016/679, WP 262, 6.2.2018, 15: Gründe können zB die Notwendigkeit für kleine und mittlere Unternehmen oder die ablehnende Haltung des Datenimporteurs sein.
[257] Stellv. Artikel 29-Datenschutzgruppe, Guidelines on Article 49 of Regulation 2016/679, WP 262, 6.2.2018, 4.
[258] Klug in Gola DS-GVO Art. 49 Rn. 12.
[259] Lange/Filip in BeckOK DatenschutzR DS-GVO Art. 49 Rn. 51; Laue/Nink/Kremer in LNK Das neue DatenschutzR § 5 Rn. 65; Ambrock/Karg ZD 2017, 154 (160); aA Schaffland/Holthaus in Schaffland/Wiltfang DS-GVO Art. 49 Rn. 25.
[260] EDPB, Guidelines 2/2018 on derogations of Article 49 under Regulation 2016/679, 25.5.2018, 15; Artikel 29-Datenschutzgruppe, Guidelines on Article 49 of Regulation 2016/679, WP 262, 6.2.2018, 16; Pauly in Paal/Pauly DS-GVO Art. 49 Rn. 29; Lange/Filip in BeckOK DatenschutzR DS-GVO Art. 49 Rn. 52; aA Schaffland/Holthaus in Schaffland/Wiltfang DS-GVO Art. 49 Rn. 25.

DS-GVO (→ § 3 Rn. 63 ff.) in Betracht.[261] Es ist vielmehr ein Mehr vonnöten. Dieses kann aus der Wichtigkeit von branchen- oder marktbedingten Situationen, insbes. unternehmerischen Gefährdungen, herrühren,[262] ist aber letztlich stets individuell aus Sicht des Verantwortlichen zu beurteilen. Bei wissenschaftlichen, historischen oder statistischen (Forschungs-)Zwecken sind darüber hinaus auch die legitimen gesellschaftlichen Erwartungen auf einen Wissenszuwachs zu berücksichtigen.[263] Im Hinblick auf die **Erforderlichkeit** kann auf die Ausführungen zu Art. 49 Abs. 1 UAbs. 1 lit. b DS-GVO (→ Rn. 76) entsprechend Bezug genommen werden. Der enge und erhebliche Zusammenhang muss zwischen dem zwingenden berechtigten Interesse und den konkret zu übermittelnden Daten bestehen.[264]

90 Zur **Prüfung der Datenübermittlung** zählt insbes. die Art der personenbezogenen Daten, der Zweck und die Dauer der vorgesehenen Verarbeitung, die Situation im Herkunftsland, in dem betreffenden Drittland und im Endbestimmungsland.[265] Die **Einrichtung tauglicher Garantien** ist einzelfallabhängig auf Grundlage der vorgenannten Prüfung zu treffen. Trotz des Wortlautes der deutschen Sprachfassung[266] sind keine „geeigneten" Garantien iSv Art. 46 DS-GVO gemeint, denn dann könnte die Übermittlung bereits darauf gestützt werden.[267] Dennoch kann sich der Verantwortliche inhaltlich an den grundlegenden Anforderungen zu Art. 46 Abs. 1 DS-GVO (→ Rn. 20) orientieren.[268] Da die Ausnahme nach Art. 49 Abs. 1 UAbs. 2 DS-GVO eine gewisse Lockerung des Zweckbindungsgrundsatzes darstellt, liegt es nahe, dass die Garantien eine Konkretisierung der Zweckbestimmung befördern und/oder Löschpflichten zum Gegenstand haben.[269] Auch eine Anonymisierung, Pseudonymisierung oder Verschlüsselung der Daten ist denkbar.[270] Insgesamt bietet sich eine Orientierung an Art. 5 DS-GVO (→ § 3 Rn. 79 ff.) sowie den Betroffenenrechten der Art. 12 ff. DS-GVO (→ § 3 Rn. 96 ff.) an.[271]

91 Die **Informations- und Dokumentationspflichten** resultieren aus Art. 49 Abs. 1 UAbs. 2 S. 2 und 3, Abs. 6 DS-GVO. Danach muss der Verantwortliche die zuständige Aufsichtsbehörde von der Übermittlung in Kenntnis setzen (eine Genehmigung erfolgt nicht). Ferner muss er die betroffene Person über die Übermittlung und seine zwingenden berechtigten Interessen – zusätzlich zu Art. 13 f. DS-GVO (→ § 3 Rn. 99 ff.) – unterrichten. Betroffene und Aufsichtsbehörden haben so die Möglichkeit einer eigenen Bewertung und können ggf. Schritte gegen den Verantwortlichen einleiten. Ferner muss der Verantwortliche oder Auftragsverarbeiter die Beurteilung der Datenübermittlung sowie die vorgesehenen geeigneten Garantien (→ Rn. 90) in dem Verzeichnis der Verarbeitungstätigkeiten nach Art. 30 DS-GVO (→ § 3 Rn. 140, 155) erfassen.[272]

---

[261] Artikel 29-Datenschutzgruppe, Guidelines on Article 49 of Regulation 2016/679, WP 262, 6.2.2018, 16; Lange/Filip in BeckOK DatenschutzR DS-GVO Art. 49 Rn. 48; Pauly in Paal/Pauly DS-GVO Art. 49 Rn. 30.
[262] Artikel 29-Datenschutzgruppe, Guidelines on Article 49 of Regulation 2016/679, WP 262, 6.2.2018, 16; Lange/Filip in BeckOK DatenschutzR DS-GVO Art. 49 Rn. 48; vgl. Schröder in Kühling/Buchner DS-GVO Art. 49 Rn. 42.
[263] ErwGr 113 S. 4 DS-GVO.
[264] Lange/Filip in BeckOK DatenschutzR DS-GVO Art. 49 Rn. 49.
[265] ErwGr 113 S. 2 DS-GVO.
[266] In der englischen Sprachfassung ist in Abgrenzung zu Art. 46 DS-GVO („appropriate safeguards") von „suitable safeguards", dh „tauglichen" bzw. „brauchbaren" Garantien, die Rede.
[267] Lange/Filip in BeckOK DatenschutzR DS-GVO Art. 49 Rn. 53: „Redaktionsversehen"; s. auch Pauly in Paal/Pauly DS-GVO Art. 49 Rn. 31: „Weniger ggü. den Garantien nach Art. 46 f."
[268] Vgl. ErwGr 114 DS-GVO; Pauly in Paal/Pauly DS-GVO Art. 49 Rn. 31; Klug in Gola DS-GVO Art. 49 Rn. 15.
[269] Artikel 29-Datenschutzgruppe, Guidelines on Article 49 of Regulation 2016/679, WP 262, 6.2.2018, 17; Schröder in Kühling/Buchner DS-GVO Art. 49 Rn. 41 aE.
[270] Artikel 29-Datenschutzgruppe, Guidelines on Article 49 of Regulation 2016/679, WP 262, 6.2.2018, 17.
[271] Lange/Filip in BeckOK DatenschutzR DS-GVO Art. 49 Rn. 55.
[272] S. hierzu auch Kremer/Sander in Koreng/Lachenmann DatenschutzR-FormHdB Teil C.II.

> **Praxistipp: Anwendbarkeit des Auffangtatbestands**
> Bei Art. 49 Abs. 1 UAbs. 2 DS-GVO handelt es sich um einen Auffangtatbestand, dessen Existenz aus Unternehmens-/Verwendersicht grds. begrüßenswert ist, schafft er doch eine zusätzliche Möglichkeit, einen Drittlandstransfer zu rechtfertigen. Hierfür bedarf es jedoch der Erfüllung hoher Anforderungen. Es handelt sich mitnichten um eine Übermittlungsmethode, die immer dann greift, wenn die übrigen Normen der Art. 44 ff. DS-GVO nicht herangezogen werden können oder der Verantwortliche ihnen ausweichen will. Zudem trägt der Verantwortliche das Risiko einer Fehleinschätzung, das sich nicht zuletzt wegen der Informations- und Dokumentationspflichten nach Art. 49 Abs. 1 UAbs. 2 S. 2 und 3, Abs. 6 DS-GVO auch tatsächlich realisieren kann. Die Vorschrift ist als letztes Mittel bzw. Rückfalloption zu betrachten, wenn die Übermittlung personenbezogener Daten aus Sicht des Verantwortlichen zwingend erforderlich und datenschutzrechtlich grds. vorstellbar ist, die gängigen Übermittlungsmethoden aber ausfallen.[273]

6. Sonstiges und Sonderfälle

a) Europäische und nationale Beschränkungen (Art. 49 Abs. 5 DS-GVO). Sofern 92 keine positive Angemessenheitsentscheidung (→ Rn. 7) vorliegt, können durch nationales oder europäisches Recht ausdrücklich **Beschränkungen der Übermittlung** bestimmter Kategorien personenbezogener Daten **aus wichtigen Gründen des öffentlichen Interesses** vorgesehen werden, Art. 49 Abs. 5 S. 1 DS-GVO. Hinsichtlich des Verständnisses von wichtigen Gründen des öffentlichen Interesses kann auf die Ausführungen zu Art. 49 Abs. 1 UAbs. 1 lit. d DS-GVO Bezug genommen werden (→ Rn. 79 f.). Derartige Beschränkungen würden nicht nur für Ausnahmen nach Art. 49 DS-GVO, sondern auch die Übermittlungsmethoden nach Art. 46 f. DS-GVO gelten.[274] Sehen die Mitgliedstaaten solche Beschränkungen vor, sind diese der Kommission mitzuteilen, Art. 49 Abs. 5 S. 2 DS-GVO. Auf europäischer Ebene besteht ein solches Übermittlungsverbot bspw. nach Art. 35 VO (EU) Nr. 603/2013[275] und Art. 39 VO (EG) Nr. 1987/2006[276]. Der deutsche Gesetzgeber hat von der Öffnungsklausel (bislang) keinen Gebrauch gemacht.

b) Internationale Zusammenarbeit (Art. 50 DS-GVO). Art. 50 DS-GVO befasst sich 93 mit der **internationalen Zusammenarbeit in Bezug auf Drittländer und internationale Organisationen.** Die Norm stellt eine Spezialvorschrift ggü. den Vorschriften zu den Aufsichtsbehörden gem. Art. 51 ff. DS-GVO (→ § 3 Rn. 198 ff.) sowie denjenigen zur innereuropäischen Zusammenarbeit gem. Art. 60 ff. DS-GVO (→ § 3 Rn. 212 ff.) dar. Internationale Datentransfers sind hiervon nur mittelbar betroffen; zunächst bleibt abzuwarten, wie Kommission und Aufsichtsbehörden die Zielvorgaben von Art. 50 DS-GVO abarbeiten werden.

c) Internationaler Datentransfer im Konzern. Die DS-GVO kennt **kein Konzern-** 94 **privileg.**[277] Der konzerninterne Datenaustausch ist jedoch ausdrücklich als berechtigtes Interesse anerkannt und damit leichter zu rechtfertigen, als Datenübermittlungen an ein nicht

---

[273] Artikel 29-Datenschutzgruppe, Guidelines on Article 49 of Regulation 2016/679, WP 262, 6.2.2018, 15: „last resort"; ähnlich von dem Bussche in Plath DSGVO Art. 49 Rn. 9.
[274] Pauly in Paal/Pauly DS-GVO Art. 49 Rn. 34; Zerdick in Ehmann/Selmayr DS-GVO Art. 49 Rn. 19.
[275] ABl. EU 2013 L 180, 1.
[276] ABl. EU 2006 L 381, 4.
[277] Schulz in Gola DS-GVO Art. 6 Rn. 170; Buchner/Petri in Kühling/Buchner DS-GVO Art. 6 Rn. 168; Pauly in Paal/Pauly DS-GVO Art. 47 Rn. 1; (wohl) aA Kort DB 2016, 711 (714), der von einem beschränkten Konzernprivileg innerhalb der DS-GVO spricht.

konzernzugehöriges Unternehmen.[278] Von großem Interesse für Konzerne ist in der Praxis insbes. die Weitergabe von Beschäftigtendaten im Rahmen einer zentralisierten Personalverwaltung (zB in einer Matrixorganisation) oder von Kundendaten im Rahmen einer konzernweiten Kundendatenbank. Dabei verbleibt es bei dem Grundsatz des präventiven Verbotes mit Erlaubnisvorbehalt (→ Rn. 2). Dh Datenverarbeitungen müssen – ungeachtet auf welcher Stufe (→ Rn. 3) – grds. einzeln gerechtfertigt werden. Insofern kann ohne Einschränkungen auf die vorstehenden Ausführungen verwiesen werden. Dennoch ergeben sich Besonderheiten für konzerninterne Auslandsdatentransfers (→ Rn. 95).

95 Bei den für konzerninterne Datenflüsse in Betracht kommenden Rechtfertigungsgrundlagen ergibt sich folgendes Bild:
– Eine Übermittlung nach Großbritannien wäre nach vollzogenem EU-Austritt als Drittlandstransfer zu behandeln (→ Rn. 102);
– eine Übermittlung in die USA auf Basis des EU/US Privacy Shields ist bei entsprechender Zertifizierung/Registrierung grds. möglich (→ Rn. 15 ff.);
– sowohl BCR (→ Rn. 24 ff.) als auch Standarddatenschutzklauseln (→ Rn. 44 ff., 53) gehören zu den wohl tauglichsten Übermittlungsgrundlagen;
– CoC (→ Rn. 54 ff.) und Zertifizierungen (→ Rn. 57 ff.) kommen grds. in Betracht, sind derzeit aber noch keine Option;
– Übermittlungsgrundlagen wie Ad-hoc-Vertragsklauseln (→ Rn. 61 f.), Betriebsvereinbarungen[279] oder sonstige individuelle Vereinbarungen können sinnvoll eingesetzt werden, wenn sie vorab als geeignete Garantien nach Art. 46 Abs. 3 DS-GVO genehmigt werden;
– die Ausnahmen des Art. 49 DS-GVO können punktuell für eine Übermittlung in Betracht kommen, so zB grds. die Einwilligung der Betroffenen (→ Rn. 71 ff.) sowie eingeschränkt Verträge mit und im Interesse des Betroffenen (→ Rn. 74 ff., 77 f.), Datenübermittlungen zu Compliance-Zwecken (→ Rn. 79 f.), im rechtlichen Bereich (→ Rn. 81 ff.) oder in Sondersituationen (→ Rn. 87 ff.).

> **Praxistipp: BCR vs. Standarddatenschutzklauseln aus Konzernsicht→**
> Die Gegenüberstellung von BCR und Standarddatenschutzklauseln[280] aus Konzernsicht offenbart Vor- und Nachteile auf beiden Seiten:
> – Weder Standarddatenschutzklauseln noch BCR ermöglichen die Schaffung eines datenschutzrechtlichen Safe Havens, in dem jegliche Datenverarbeitungen zulässig wären;
> – Standarddatenschutzklauseln sind schnell, unkompliziert, kurzfristig, rechtssicher, kostengünstig und genehmigungsfrei umsetzbar;
> – BCR sind inhaltlich flexibel, umfassend und genau auf die Unternehmensbelange zugeschnitten;
> – Standarddatenschutzklauseln sind – zeitlich wie finanziell – aufwendiger im Erhalt (zB aus Sicht des Contract Managements und der Compliance);
> – bei zahlreichen wechselseitigen Datenübermittlungen im Konzern müsste selbiger ggf. ebenso zahlreich Standarddatenschutzklauseln abschließen und so ein regelrechtes Netz an – kaum zu überblickenden/praktikablen – Verträgen spinnen;
> – BCR bieten grds. einen höheren Datenschutzstandard und die Chance, die konzerninternen Datenflüsse umfassend aufzuarbeiten/zu analysieren;

---

[278] ErwGr 48 S. 1 DS-GVO: „Verantwortliche, die Teil einer Unternehmensgruppe [...] sind können ein berechtigtes Interesse haben, personenbezogene Daten innerhalb der Unternehmensgruppe für interne Verwaltungszwecke, einschließlich der Verarbeitung personenbezogener Daten von Kunden und Beschäftigten, zu übermitteln."
[279] Hierzu Pauly in Paal/Pauly DS-GVO Art. 46 Rn. 44.
[280] S. auch Lang in Moos Datenschutz- und Datennutzungsverträge § 27 Rn. 8 ff.

§ 7 Internationaler Datentransfer   Teil A

- die Etablierung von BCR ist – nicht nur aufgrund des Genehmigungs- und Kohärenzverfahrens – zeitintensiv und langwierig;
- BCR schaffen mehr Transparenz und bieten Compliance-Vorteile, da dem Konzern nach erfolgter Genehmigung ein strukturelles Fehlverhalten nur schwer nachgewiesen werden kann.

d) Outsourcing. Bei funktional aufgestellten Unternehmen spielt zunehmend eine **Auslagerung von Funktionen (sog Outsourcing)** und damit ein erheblicher Datenaustausch mit internen (zB Shared Service Center) wie externen Dienstleistern (zB IT-, Business Process- oder Application Service Provider) eine Rolle.[281] Dies wird datenschutzrechtlich meist in Form einer Auftragsverarbeitung gem. Art. 28 DS-GVO (→ § 3 Rn. 145ff.) abzubilden sein.[282] Andere Fälle einer Aufgabenverlagerung sind ggf. als Verarbeitung iSv Art. 4 Nr. 2 DS-GVO anzusehen, welche die Voraussetzungen einer Erlaubnisnorm wie bspw. Art. 6 Abs. 1 lit. f DS-GVO erfüllen muss.[283] Auch hier verbleibt es bei dem Grundsatz des präventiven Verbotes mit Erlaubnisvorbehalt und dem Fortbestand der Notwendigkeit einer separaten Rechtfertigung eines etwaigen Auslandsdatentransfers auf zweiter Stufe (→ Rn. 2f.). Insofern kann auf die vorstehenden Ausführungen hierzu verwiesen werden. Inwieweit sich – wie unter DS-RL und BDSG aF[284] – ggf. Besonderheiten herausbilden werden, bleibt einstweilen abzuwarten.   96

Diese Auslagerung kann auch in Form des **Cloud Computing** stattfinden.[285] Dabei handelt es sich um eine spezielle Form der Auslagerung, in der auf Basis von IT-Lösungen Dienstleistungen erbracht und genutzt werden (zB IT-Infrastruktur, Plattformen, Software/Applikationen, Geschäftsprozesse etc). Dabei gelten grds. die vorstehenden Ausführungen (→ Rn. 96). Allerdings gab es auch hier unter DS-RL und BDSG aF datenschutzrechtliche Besonderheiten.[286] Inwieweit sich unter der DS-GVO derartige Besonderheiten herausbilden bzw. diese fortgelten, bleibt ebenfalls bis auf Weiteres abzuwarten.[287] Naheliegend ist, dass zeitnah Standarddatenschutzklauseln für den speziellen Anwendungsbereich des Cloud Computing geschaffen werden.[288] Eine praktische Besonderheit besteht schon heute bei Datentreuhändermodellen (→ Rn. 101).   97

e) Discovery. Bei der sog Discovery[289] handelt es sich um eine in case-/common-law geprägten Jurisdiktionen (insbes. den USA) verbreitete Form der **(vor-)gerichtlichen Ausforschung der Gegenseite**.[290] Sie ist nach dortigen Maßstäben nicht nur zivilprozessual zulässig, sondern gehört zu den elementaren Bestandteilen des Verfahrens. Danach ist es einer Partei gestattet, von der Gegenseite im Rahmen eines sog Discovery Requests   98

---

[281] Schröder in Kühling/Buchner DS-GVO Art. 46 Rn. 19.
[282] Detailliert hierzu Zieger in Moos Datenschutz- und Datennutzungsverträge § 10 Rn. 1, 4ff. (inklusive Vertragsmuster und Erläuterungen mwN); von dem Bussche/Voigt in von dem Bussche/Voigt Konzerndatenschutz Teil 3 Rn. 1ff.
[283] Stellv. auch zur (abzulehnenden) Fortgeltung der sog Funktionsübertragungslehre sowie der Frage einer vertraglichen Abbildung, Gabel/Wieczorek in Moos Datenschutz- und Datennutzungsverträge § 32 Rn. 1ff. (inklusive Vertragsmuster und Erläuterungen mwN).
[284] Vgl. hierzu von dem Bussche/Voigt in von dem Bussche/Voigt Konzerndatenschutz Teil 3 Rn. 84ff.; Grapentin in Auer-Reinsdorff/Conrad HdB IT und DatenschutzR § 35 Rn. 73ff.
[285] Näher hierzu Spies in von dem Bussche/Voigt Konzerndatenschutz Teil 7 Rn. 1ff.; Grapentin in Auer-Reinsdorff/Conrad HdB IT und DatenschutzR § 35 Rn. 85ff.; Böse/Rockenbach MDR 2018, 70 (70ff.).
[286] S. bspw. Düsseldorfer Kreis (Arbeitsgruppe Internationaler Datenverkehr), Orientierungshilfe Cloud Computing v. 9.10.2014 (Version 2.0), 1ff.; Artikel 29-Datenschutzgruppe, Opinion 05/2012 on Cloud Computing, WP 196, 1.7.2012, 1ff.; näher hierzu Spies in von dem Bussche/Voigt Konzerndatenschutz Teil 7 Rn. 13ff., 29ff.; Böse/Rockenbach MDR 2018, 70 (72f.).
[287] Böse/Rockenbach MDR 2018, 70 (72f.) gehen davon aus, dass die Sonderregelungen fortgelten.
[288] Pauly in Paal/Pauly DS-GVO Art. 46 Rn. 31.
[289] Auch: „E-Discovery" oder „eDiscovery" (für „electronic discovery") bzw. „pre-trial discovery".
[290] Näher hierzu Wieczorek in Moos Datenschutz- und Datennutzungsverträge § 30 Rn. 1ff. mwN.

Herausgabe von bzw. Einsichtnahme in (möglicherweise) verfahrensrelevante(n) Unterlagen zu verlangen. Dabei geraten insbes. verbundene Unternehmen in ein Spannungsfeld. Sie müssten sich entscheiden, entweder Nachteile in dem in den USA laufenden Verfahren zu erleiden, oder gegen europäisches Datenschutzrecht zu verstoßen (→ Rn. 99).

99 In **datenschutzrechtlicher Sicht** gehört die Discovery zu den vielleicht größten Herausforderungen schlechthin.[291] Auch für den Transfer personenbezogener Daten im Rahmen einer Discovery gilt das präventive Verbot mit Erlaubnisvorbehalt; die Übermittlung ist an den Voraussetzungen der Art. 44 ff. DS-GVO zu messen (→ Rn. 2 ff.). Infrage kommt eine **Rechtfertigung des Auslandsdatentransfers** auf Basis einer internationalen Übereinkunft/eines Rechtshilfeabkommens nach Art. 48 DS-GVO (→ Rn. 65 ff.),[292] aufgrund der Erforderlichkeit der Übermittlung zur Geltendmachung, Ausübung oder Verteidigung von Rechtsansprüchen iSv Art. 49 Abs. 1 S. lit. e DS-GVO (→ Rn. 81 ff.),[293] auf Basis von Standarddatenschutzklauseln gem. Art. 46 Abs. 2 lit. c DS-GVO (→ Rn. 44 ff.) bzw. Art. 46 Abs. 2 lit. d DS-GVO (→ Rn. 53)[294] oder speziell auf die Situation der Discovery zugeschnittenen Ad-hoc-Vertragsklauseln gem. Art. 46 Abs. 3 lit. a DS-GVO (→ Rn. 61 ff.)[295]. Dabei ist die Besonderheit zu bedenken, dass grds. zwischen dem privaten Datenimporteuer einerseits sowie einem möglichen hoheitlichen Akt auf der anderen Seite zu trennen ist, was eine Beschränkung bzw. Konkretisierung der Übermittlungsmethoden notwendig machen kann (hoheitlicher Akt: Art. 48 DS-GVO und Art. 49 Abs. 1 S. lit. e DS-GVO; privater Datenimporteur: Art. 46 Abs. 2 lit. c und d DS-GVO) (→ Rn. 69).

100 Entscheidend bleibt die **Gewährleistung hinreichender Garantien** zum Schutz der in der Discovery übermittelten Daten.[296] Dabei läuft es sowohl in rechtlicher wie tatsächlicher Hinsicht darauf hinaus, einen **Ausgleich zwischen den gegenläufigen Interessen** herbeizuführen.[297] Dies gelingt insbes. durch eine Reduktion und Filterung auf das für die Discovery tatsächlich notwendige Material und eine weitgehende Anonymisierung bzw. Pseudonymisierung der übermittelten Daten.[298]

> **Checkliste: Reaktion auf einen Discovery Request**
> 1. Datenschutzrechtliche Bedenken so früh wie möglich adressieren, insbes.:
>   - Abschluss Ad-hoc-Vertragsklauseln anregen;
>   - Discovery Plan mitgestalten;
>   - Protective Order beantragen (ggf. nach Absprache/gemeinschaftlich).
> 2. Maßnahmen zum Interessenausgleich vereinbaren und umsetzen (insbes. Reduktion/Filterung und anschließende Anonymisierung/Pseudonymisierung).
> 3. Herausgabe etwaiger Dokumente in Phasen; dabei Rechtmäßigkeit des Transfers iSv Art. 44 ff. DS-GVO prüfen und absichern.

101 f) **Datentreuhändermodelle.** Spätestens mit dem sog **Microsoft Ireland Case**[299] ist eine spezielle Form des Datenzugriffs durch ausländische Behörden in das Licht der Öf-

---

[291] Grundlegend hierzu Wieczorek in Moos Datenschutz- und Datennutzungsverträge § 30 Rn. 5 ff. mwN.
[292] Wieczorek in Moos Datenschutz- und Datennutzungsverträge § 30 Rn. 18, 21 mwN.
[293] Wieczorek in Moos Datenschutz- und Datennutzungsverträge § 30 Rn. 18, 22 mwN.
[294] Wieczorek in Moos Datenschutz- und Datennutzungsverträge § 30 Rn. 25 ff. mwN.
[295] Detailliert hierzu Wieczorek in Moos Datenschutz- und Datennutzungsverträge § 30 Rn. 16 ff. (inklusive Vertragsmuster und Erläuterungen mwN).
[296] Wieczorek in Moos Datenschutz- und Datennutzungsverträge § 30 Rn. 23.
[297] Wieczorek in Moos Datenschutz- und Datennutzungsverträge § 30 Rn. 8 ff. mwN.
[298] Mehr dazu bei Wieczorek in Moos Datenschutz- und Datennutzungsverträge § 30 Rn. 11 ff. mwN.
[299] US-District Court Southern District of New York (SDNY) v. 25.4.2014 – 13 Mag. 2814 (Warrant bestätigend); US-Court of Appeals for the Second Circuit v. 14.7.2016 – 14–2985 (Urteil District Court und Warrant aufhebend); Supreme Court of the United States v. 17.4.2018 – 584 U.S. 17–2 (2018) (Aufhebung des Verfahrens).

fentlichkeit gerückt. Dabei verlangten – nicht ohnehin im Verborgenen agierende[300] – US-amerikanische (Sicherheits-)Behörden auf Basis des Stored Communications Act (SCA), Title II Electronic Communications Privacy Act of 1986 (ECPA), codified at 18 U.S.C. §§ 2701–2712, mittels einer sog **SCA Warrant** von Microsoft die Herausgabe (auch) in Irland gespeicherter (personenbezogener) E-Mail-Daten, was Microsoft unter Hinweis auf die Nichtanwendbarkeit der Rechtsgrundlage außerhalb der US-amerikanischen Jurisdiktion für die in Irland gespeicherten Daten verweigerte. In verallgemeinerter Form ging es also – nicht zum ersten oder letzten Mal – um die Frage, inwieweit Unternehmen bspw. innerhalb eines Konzernverbundes auf Basis nationaler Gesetze extraterritorial zu einer Datenübermittlung verpflichtet werden können. Ungeachtet der rechtlichen Beurteilung dieser Fragestellung, auf die an dieser Stelle nicht näher eingegangen werden soll,[301] bot jedenfalls nicht nur Microsoft[302] fortan an, Dienstleistungen bspw. im Storage-Bereich auch als **Datentreuhändermodell** anzubieten.[303] Durch das Einschalten eines ausschließlich in der EU ansässigen und vom Unternehmen gesellschaftsrechtlich unabhängigen Treuhänders soll ein ausländischer Zugriff auf die Daten tatsächlich ausgeschlossen werden.[304] Weitere Anwendungsbereiche eines solchen Treuhändermodells bestehen bspw. in der Gewährleistung von Anonymität in bestimmten Gesellschaftsmodellen oder in der Archivierung von Daten.[305] Abzuwarten bleibt, inwieweit Gesetzgebung wie bspw. der US-amerikanische Clarifying Lawful Overseas Use of Data Act (CLOUD Act) derartige Datentreuhändermodelle beeinflussen wird.

g) Datenschutzrechtliche Folgen des Ausscheidens aus der EU/des EWR. Nicht erst seit dem positiven Referendum über einen **EU-Austritt Großbritanniens (sog Brexit)** ist die Frage aktuell, wie Mitgliedstaaten nach dem Ausscheiden aus der EU/dem EWR datenschutzrechtlich zu behandeln sind. Wenngleich es zweifellos im Interesse des ausscheidenden Landes wäre, im Anschluss an den formalen Austritt als Land mit einem angemessenen Datenschutzniveau iSv Art. 45 Abs. 1 DS-GVO fort zu gelten, ist dies ohne bzw. bis zu einer positiven Angemessenheitsentscheidung gerade nicht der Fall – solche Länder würden zunächst als unsichere Drittländer gelten (→ Rn. 5 ff.).[306] Darüber hinaus dürfte aufgrund des in Art. 3 Abs. 2 DS-GVO verankerten Marktortprinzips[307] die DS-GVO inhaltlich de facto für ehemalige EU-Mitgliedstaaten fortgelten.

102

---

[300] Vgl. hierzu Pauly in Paal/Pauly DS-GVO Art. 48 Rn. 1; Rath/Kuß/Maiworm CR 2016, 98 (99).
[301] Hierzu Metz/Spittka ZD 2017, 361 (362 ff.); Anm. Schröder/Spies ZD 2014, 346 (348 ff.) und ZD 2016, 480 (481 ff.); Voigt MMR 2014, 158 (159 ff.); Rath/Kuß/Maiworm CR 2016, 98 (100).
[302] Konkret hierzu Rath/Kuß/Maiworm CR 2016, 98 (99 ff.).
[303] Grundlegend Moos/Rothkegel in Moos Datenschutz- und Datennutzungsverträge § 12 Rn. 1 ff. (inklusive Vertragsmuster und Erläuterungen mwN).
[304] Moos/Rothkegel in Moos Datenschutz- und Datennutzungsverträge § 12 Rn. 26.
[305] Näher hierzu Moos/Rothkegel in Moos Datenschutz- und Datennutzungsverträge § 12 Rn. 18 ff.
[306] S. stellv. die Stellungnahme der Kommission v. 9.1.2018 „Withdrawal of the United Kingdom from the Union and EU Rules in the Field of Data Protection", abrufbar unter http://ec.europa.eu/newsroom/just/item-detail.cfm?item_id=611943, zuletzt abgerufen am 26.9.2018.
[307] Näher hierzu Wieczorek DuD 2013, 644 (644 ff.).

§ 8 Datenschutz und Straf- und Ordnungswidrigkeitenrecht

Übersicht
Rn.

I. Einleitung 1
   1. EU-Recht 1
   2. Bundesrecht 2
   3. Landesrecht 3
II. Bußgeld-/Ordnungswidrigkeitenverfahren unter der DS-GVO 4
   1. Das aufsichtsbehördliche Bußgeldverfahren 4
      a) Anwendbares Verfahrensrecht 4
      b) Zuständigkeit 6
         aa) Sachliche Zuständigkeit 6
         bb) Örtliche Zuständigkeit 9
      c) Verfahren 13
      d) Form 19
   2. Bußgeldtatbestände der DS-GVO 20
      a) Verantwortliche und Auftragsverarbeiter als Täter/Adressat 20
      b) Zurechnung des Handelns natürlicher Personen 23
      c) Personal und Dritte als Nebentäter 25
      d) Verstoß gegen DS-GVO-Norm 26
         aa) Verstöße gegen Art. 83 Abs. 4 DS-GVO 27
         bb) Verstöße gegen Art. 83 Abs. 5 und 6 DS-GVO 30
         cc) Verstöße gegen nationale Vorschriften, die auf Öffnungsklauseln basieren 32
         dd) Unbestimmtheit von Bußgeldtatbeständen 33
         ee) Altverstöße und Verstöße als Dauerdelikte 36
      e) Verschuldenserfordernis? 39
      f) Versuch 42
      g) Entscheidung über Verhängung Geldbuße und deren Höhe 43
         aa) Ermessensentscheidung über das „Ob" 45
         bb) Bußgeldhöhe 51
      h) Einziehung 65
      i) Verjährung 66
      j) Eintragung von Bußgeldbescheiden in das Gewerberegister 67
III. Ordnungswidrigkeiten im nationalen Recht 68
   1. Das aufsichtsbehördliche Bußgeldverfahren 69
   2. Bußgeldtatbestände 70
IV. Strafverfahren 73
   1. Verfahrensrecht 74
   2. Einzelne Straftatbestände 77
   3. Strafzumessung 81
V. Rechtsschutz 82
   1. Ordnungswidrigkeiten 82
      a) Rechtsbehelf: Einspruch 82
      b) Rechtsmittel: Rechtsbeschwerde 93
   2. Strafverfahren 96

Literatur:

Cornelius, Die „datenschutzrechtliche Einheit" als Grundlage des bußgeldrechtlichen Unternehmensbegriff nach der EU-DSGVO, NZWiSt 2016, 421; *Faust/Spittka/Wybitul*, Milliardenbußgelder nach der DS-GVO? – Ein Überblick über die neuen Sanktionen bei Verstößen gegen den Datenschutz, ZD 2016, 120; *Franck*, Altpannen und Alt-Ordnungswidrigkeiten unter der DS-GVO, RDV 2017, 289; *Gola*, Neues Recht – neue Fragen: Einige aktuelle Interpretationsfragen zur DSGVO, K&R 2017, 145; *Golla*, Das Opportunitätsprinzip für die Verhängung von Bußgeldern nach der DSGVO, CR 2018, 353; *Grünwald/Hackl*, Das neue umsatzbezogene Sanktionsregime der DS-GVO, ZD 2017, 556; *Hochmayr*, Eine echte Kriminalstrafe gegen Unternehmen und das Schuldprinzip, ZIS 2016, 226; *Keppeler/Berning*, Technische und rechtliche Probleme bei der Umsetzung der DS-GVO-Löschpflichten, ZD 2017, 314; *Krohm*, Die wirtschaftliche Einheit als Bußgeldadressat unter der Datenschutz-Grundverordnung?, RDV 2017, 221; *Neun/Lubitzsch*,

EU-Datenschutz-Grundverordnung – Behördenvollzug und Sanktionen, BB 2017, 1538; *Nolde,* Sanktionen nach DSGVO und BDSG-neu: Wem droht was warum?, PinG 2017, 114; *Pohl,* Durchsetzungsdefizite der DSGVO? – Der schmale Grat zwischen Flexibilität und Unbestimmtheit, PinG 2017, 85; *Rost,* Bußgeld im digitalen Zeitalter, RDV 2017, 13; *Schönefeld/Thomé,* Auswirkungen der Datenschutz-Grundverordnung auf die Sanktionierungspraxis der Aufsichtsbehörden, PinG 2017, 126; *Veil,* Accountability – Wie weit recht die Rechenschaftspflicht der DS-GVO?, ZD 2018, 9; *Weiß,* Die Bußgeldpraxis der Aufsichtsbehörden in ausgewählten EU-Staaten- ein aktueller Überblick, PinG 2017, 97; *Wybitul,* DS-GVO veröffentlicht – Was sind die neuen Anforderungen an die Unternehmen?, ZD 2016, 253.

I. Einleitung

1. EU-Recht

Zentrale Bußgeldvorschrift ist Art. 83 DS-GVO, der die **allgemeinen Bedingungen für** 1 **die Verhängung von Geldbußen** regelt. Dieser enthält zugleich alle Bußgeldtatbestände der DS-GVO. Für den Bereich der elektronischen Kommunikation wird auch die geplante Verordnung des Europäischen Parlaments und des Rates über die Achtung des Privatlebens und den Schutz personenbezogener Daten in der elektronischen Kommunikation („ePrivacy-VO"),[1] die sich derzeit noch im Gesetzgebungsverfahren befindet (→ § 5 Rn. 1ff.), Bußgeldregelungen enthalten. Diese werden sich aber voraussichtlich weitgehend an der DS-GVO orientieren bzw. auch auf diese verweisen. Strafrechtliche Regelungen finden sich auf Ebene des europäischen Rechts nicht (→ Rn. 73).

2. Bundesrecht

Für Bußgeld- und Strafverfahren relevante datenschutzspezifische Vorschriften finden sich 2 im nationalen Recht in erster Linie in dem mit „Sanktionen" überschriebenen Kapitel 5 des BDSG. **§ 41 BDSG** regelt die (Nicht-)Anwendbarkeit bestimmter Vorschriften über das materielle Bußgeldrecht (§ 41 Abs. 1 BDSG) und das Bußgeld- und Strafverfahren (§ 41 Abs. 2 BDSG). Daneben enthält das BDSG in § 42 BDSG auch **materielle Strafvorschriften** – die für öffentliche Stellen nur im Rahmen der Verweisungsnorm § 84 BDSG zur Anwendung kommen – und **Bußgeldvorschriften** (§ 43 BDSG). Daneben finden sich Bußgeldvorschriften zum Teil auch im sektorspezifischen Datenschutzrecht, so etwa im Telekommunikationsrecht (§ 149 Abs. 1 Nr. 16 ff. TKG), welches aber hier nicht näher behandelt wird (→ § 18 Rn. 1 ff.).

3. Landesrecht

Vorschriften zu Ordnungswidrigkeiten und Strafvorschriften für Datenschutzverletzungen 3 im öffentlichen Bereich finden sich auch auf Landesebene und zwar insbesondere in den Landesdatenschutzgesetzen.[2]

II. Bußgeld-/Ordnungswidrigkeitenverfahren unter der DS-GVO

1. Das aufsichtsbehördliche Bußgeldverfahren

a) Anwendbares Verfahrensrecht. Gemäß § 41 Abs. 2 S. 1 bis 3 BDSG finden die 4 **Vorschriften des OWiG** – das gemäß § 2 OWiG an sich nur für Ordnungswidrigkeiten

---

[1] Vorschlag für eine Verordnung des Europäischen Parlaments und des Rates über die Achtung des Privatlebens und den Schutz personenbezogener Daten in der elektronischen Kommunikation und zur Aufhebung der Richtlinie 2002/58/EG (Verordnung über Privatsphäre und elektronische Kommunikation), 2017/0003 (COD), ST 8537 2018 INIT, derzeit aktuellster Entwurf vom 4.5.2018.
[2] Ordnungswidrigkeiten: zB § 23 Abs. 1 BayDSG, § 378 HDSIG, § 33 DSG NRW; Strafvorschriften: zB § 23 Abs. 2 BayDSG, § 38 HDSIG, § 34 DSG NRW.

nach Bundes- und Landesrecht gilt – weitgehend Anwendung auf Bußgeldverfahren der Aufsichtsbehörden unter der DS-GVO.

Entsprechendes wird voraussichtlich auch hinsichtlich der geplanten ePrivacy-VO gelten, wobei hierfür § 41 OWiG anzupassen sein wird.[3]

Damit ist der Gesetzgeber grundsätzlich dem Regelungsauftrag aus Art. 83 Abs. 8 DS-GVO nachgekommen, angemessene Verfahrensgarantien für Bußgeldverfahren nach der DS-GVO festzulegen.[4]

5   Durch die § 46 OWiG verdrängende Regelung des § 41 Abs. 2 S. 1 BDSG werden die Vorschriften der allgemeinen Gesetze über das Strafverfahren für entsprechend anwendbar erklärt. Hierfür wird explizit auf die StPO und das GVG verwiesen, wobei dieser Verweis wie im Rahmen von § 46 OWiG nicht abschließend zu verstehen ist, sodass etwa auch das JGG etc. Anwendung findet.[5]

6   **b) Zuständigkeit. aa) Sachliche Zuständigkeit.** Unter der DS-GVO ergibt sich die **sachliche Zuständigkeit** für Bußgeldverfahren der Aufsichtsbehörden aus Art. 55 Abs. 1 iVm Art. 58 Abs. 2 lit. i und Art. 83 DS-GVO.[6] In Art. 58 Abs. 2 lit. i und Art. 83 Abs. 1 DS-GVO ist die Befugnis der Aufsichtsbehörden, Bußgelder zu verhängen, niedergelegt. Art. 55 Abs. 1 DS-GVO stellt klar, dass die Aufsichtsbehörden im Hoheitsgebiet ihres eigenen Mitgliedsstaates für die Erfüllung dieser Befugnis zuständig sind. Diese Regelungen setzen insofern voraus, dass für die Datenschutzaufsicht sachlich zuständige Aufsichtsbehörden existieren und stellen sicher, dass diese auch für Bußgeldverfahren sachlich zuständig sind (näher zu den Aufsichtsbehörden → § 3 Rn. 198 ff.). Zuständigkeitsregelungen der Bundesländer für das Bußgeldverfahren wirken daher nur deklaratorisch[7] bzw. betreffen Verfahren bezüglich Ordnungswidrigkeiten gemäß Landesrecht.[8]

7   **Zuständigkeit in den Ländern**
Damit sind in den Ländern die **Landesdatenschutzbeauftragten** sachlich für Bußgeldverfahren nach der DS-GVO zuständig. Eine Ausnahme gibt es in Bayern, wo dies nur für den öffentlichen Bereich gilt, während im nicht-öffentlichen Bereich das **bayerische Landesamt für Datenschutz** Aufsichtsbehörde und somit auch Bußgeldstelle ist.[9]

8   Der Bundesgesetzgeber hat sich im Rahmen der Öffnungsklausel Art. 87 DS-GVO dahingehend festgelegt, dass gegen **Behörden und sonstige öffentliche Stellen** (iSd § 2 Abs. 1 BDSG) **keine Geldbußen** verhängt werden können, § 43 Abs. 3 BDSG. Entsprechende Regelungen finden sich in den Landesdatenschutzgesetzen.[10]

9   **bb) Örtliche Zuständigkeit.** Im Zuständigkeitsbereich der Aufsichtsbehörden der Länder ist gemäß **§ 37 OWiG**[11] örtlich
– entweder die Aufsichtsbehörde des Bundeslandes zuständig, in deren **Bezirk** die Ordnungswidrigkeit **begangen oder entdeckt** worden ist (§ 37 Abs. 1 Nr. 1 OWiG) oder
– die Aufsichtsbehörde in deren **Bezirk** der Betroffene – gemeint ist damit der vom Bußgeldverfahren Betroffene und nicht die betroffene Person im datenschutzrechtli-

---

[3] BT-Drs. 18/11325, 108.
[4] Kühling/Martini et al. DSGVO und nationales Recht, 479.
[5] Näher Lampe in KK-OWiG § 46 Rn. 3; siehe auch Born Datenschutzaufsicht, 211.
[6] Aus diesem Grund erklärt § 41 Abs. 1 S. 2 OWiG ua §§ 35, 36 OWiG für unanwendbar.
[7] ZB § 13 Abs. 4 Nr. 1 lit. b HDSIG.
[8] ZB § 13 Abs. 4 Nr. 1 lit. a HDSIG; § 33 Abs. 4 DSG NRW.
[9] Art. 18 Abs. 1 S. 1 BayDSG.
[10] ZB Art. 22 BayDSG; § 36 Abs. 2 HDSIG; § 33 Abs. 4 DSG NRW.
[11] Dazu Born Datenschutzaufsicht, 158.

§ 8 Datenschutz und Straf- und Ordnungswidrigkeitenrecht **Teil A**

chen Sinne – zur Zeit der Einleitung des Bußgeldverfahrens seinen **Wohnsitz** hat (§ 37 Abs. 1 Nr. 2 OWiG) bzw. im Falle eines Unternehmens seinen **Sitz**.[12]
Handlungsort ist gemäß § 7 Abs. 1 OWiG jeder Ort, an dem der Täter tätig geworden ist oder im Falle des Unterlassens hätte tätig werden müssen oder an dem der zum Tatbestand gehörende Erfolg eingetreten ist oder nach der Vorstellung des Täters eintreten sollte.

Wirkt sich ein Datenschutzverstoß in mehreren Bundesländern aus – etwa weil betroffene Personen in verschiedenen Bundesländern wohnen – kann es somit zu einer **Parallelzuständigkeit** verschiedener Aufsichtsbehörden kommen.[13] Im Grundsatz kommt dann gemäß § 39 Abs. 1 S. 2 OWiG die am schnellsten handelnde Aufsichtsbehörde zum Zug. Maßgeblich ist der Zeitpunkt der ersten Vernehmung durch die Aufsichtsbehörde bzw. des Vernehmenlassens durch die Polizei. Alternativ ist die Aufsichtsbehörde zuständig, der die Akten von der Polizei nach der Vernehmung des Betroffenen zuerst übersandt worden sind. Die Verfolgung und Ahndung kann einer anderen der zuständigen Aufsichtsbehörden durch eine Vereinbarung dieser Aufsichtsbehörden übertragen werden, wenn dies zur Beschleunigung oder Vereinfachung des Verfahrens oder aus anderen Gründen sachdienlich erscheint, § 39 Abs. 2 S. 1 OWiG. Entscheidend ist damit, inwiefern sich die Aufsichtsbehörden einigen können. 10

Bestimmung der Aufsichtsbehörde 11

Sinnvollerweise sollte im Regelfall die Aufsichtsbehörde des Landes bestimmt werden, in dem der Verantwortliche oder der Auftragsverarbeiter seine **Hauptniederlassung** im Sinne des Art. 4 Abs. 16 DS-GVO oder seine **einzige Niederlassung in der EU** im Sinne des Art. 56 Abs. 1 DS-GVO hat. Dies entspricht sowohl dem Rechtsgedanken des § 40 Abs. 2 BDSG, der bei Mehrfachzuständigkeiten im Verwaltungsverfahren Art. 4 Abs.[14] 16 DS-GVO für entsprechend anwendbar erklärt, als auch dem des § 19 Abs. 1 S. 1 BDSG, der eine parallele Regelung für die innerstaatliche Festlegung der federführenden Behörde für das Verfahren der Zusammenarbeit und Kohärenz im Sinne von Kapitel VII (Art. 60 ff.) DS-GVO trifft.[15] Eine weitere klarstellende Regelung im BDSG ist daher nicht zwingend erforderlich.[16]

Kommt eine Vereinbarung nicht zustande, so entscheidet auf **Antrag** einer der beteiligten Aufsichtsbehörden – jedenfalls wenn es sich um solche der Länder handelt – der BGH durch unanfechtbaren Beschluss gemäß § 304 Abs. 4 S. 1 StPO, § 39 Abs. 3 Nr. 3 OWiG.[17] 12

c) **Verfahren.** Für die Ermittlungen im Bußgeldverfahren stehen den Aufsichtsbehörden 13 weitgehende **Untersuchungsbefugnisse** (→ § 3 Rn. 206) zu. Die Aufsichtsbehörden können insbesondere:
– **Anweisungen** erteilen, alle für das Verfahren relevanten Informationen bereitzustellen (Art. 58 Abs. 1 lit. 1 DS-GVO) und Zugang zu allen personenbezogenen Daten und Informationen zu erhalten (Art. 58 Abs. 1 lit. e DS-GVO), die für ihre Aufgabenerfüllung notwendig sind,

---

[12] Lampe in KK-OWiG § 37 Rn. 3.
[13] S. auch Nolde PinG 2017, 114 (121).
[14] Im BDSG als Nummer bezeichnet.
[15] BT-Drs. 18/11325, 92.
[16] Dafür Nolde PinG 2017, 114 (121) unter Verweis auf Bitkom, Stellungnahme zum Regierungsentwurf für ein Gesetz zur Anpassung des Datenschutzrechts an die Verordnung (EU) 2016/679 und zur Umsetzung der Richtlinie (EU) 2016/680 (DSAnpUG-EU) vom 23.11.2016, 7.12.2016, abrufbar unter https://www.bmi.bund.de/SharedDocs/gesetzgebungsverfahren/DE/Downloads/stellungnahmen/datenschutz-anpassungs-und-umsetzungsgesetz-eu-dsanpug-eu/bitcom_stn.pdf, zuletzt abgerufen am 13.6.2018.
[17] Inhofer in BeckOK OWiG § 39 Rn. 17; Lampe in KK-OWiG § 39 Rn. 25 ff.

– **Durchsuchungen** durchführen (Art. 58 Abs. 1 lit. f DS-GVO iVm § 46 Abs. 1 und 2 OWiG iVm §§ 102 ff. StPO) und Gegenstände **sicherstellen** bzw. **beschlagnahmen** (§ 46 Abs. 1 und 2 OWiG iVm §§ 94 ff. StPO) und
– **Zeugen** vernehmen (§ 46 Abs. 1 OWiG iVm §§ 48 ff. StPO).

14 Gemäß § 55 Abs. 1 OWiG ist abweichend von § 163a Abs. 1 S. 1 StPO eine **Anhörung** des Betroffenen ausreichend und eine förmliche Vernehmung nicht notwendig. Dies ist angesichts der hohen Geldbußen, die insbesondere Art. 83 Abs. 4, Abs. 5 DS-GVO androhen, problematisch, da die Regelung in § 55 OWiG gerade von einem geringeren Eingriff durch Ordnungswidrigkeitenverfahren und Bußgeldern im Vergleich zu Strafverfahren ausgeht.[18] Ein Hinweis, dass auch vor der Vernehmung ein zu wählender Verteidiger befragt werden kann, ist nicht notwendig, § 55 Abs. 2 S. 1 OWiG. Aus praktischer Sicht dürfte diese Einschränkung aber weniger relevant sein, da gerade bei Androhung höherer Geldbußen ohnehin Rechtsbeistand gesucht werden dürfte.

15 Den Verantwortlichen und den Auftragsverarbeiter trifft auf Anfrage der jeweiligen Aufsichtsbehörde die **Kooperationspflicht** des Art. 31 DS-GVO (s. ErwGr 82 DS-GVO).[19] Die Verpflichtung besteht unabhängig von einem Bußgeldverfahren. Ein Verstoß hiergegen ist gemäß Art. 83 Abs. 4 lit. a DS-GVO selbst mit einer Geldbuße von bis zu EUR 10 Mio. oder im Fall eines Unternehmens von bis zu 2 % des gesamten weltweit erzielten Jahresumsatzes des vorangegangenen Geschäftsjahrs bewehrt – der jeweils höhere Betrag ist maßgeblich. Hier wird allerdings gewisse Zurückhaltung der Aufsichtsbehörden geboten und zu erwarten sein. So ist der Umfang der **Zusammenarbeit** des Verantwortlichen und des Auftragsverarbeiters mit der Aufsichtsbehörde, um dem jeweiligen Verstoß abzuhelfen und mögliche nachteilige Auswirkungen des Verstoßes zu mindern, schon bei der Bemessung des Bußgeldes zu berücksichtigen, Art. 83 Abs. 2 S. 2 lit. f DS-GVO.

16 Zudem kann diese Kooperationspflicht im Einzelfall zu einer Kollision mit dem **Anspruch auf ein faires Verfahren** aus Art. 47 Abs. 2 GRCh und dem **Recht auf Selbstbelastungsfreiheit** führen. Die europäische Rechtsprechung sieht jedoch die Verteidigungsrechte durch die Pflicht zur Beantwortung von Fragen nicht berührt.[20] In diesem Zusammenhang wird sich erst eine „Best Practice" der Aufsichtsbehörden herausbilden müssen.

17 Praxistipp

Verantwortliche und Auftragsverarbeiter befinden sich in einer schwierigen Lage. Sie sind gehalten, ihrer **Kooperationspflicht** nachzukommen, Art. 31 DS-GVO, die auch bei der Bemessung der Bußgeldhöhe zu berücksichtigen ist, Art. 83 Abs. 2 lit. f DS-GVO. Dies führt notwendigerweise zu einer gewissen **Selbstbelastung**. Dies gilt insbesondere in solchen Situationen, in denen die Rechtmäßigkeit unterschiedlich beurteilt werden kann.

Empfehlenswert ist es daher insbesondere:
– Sich auch unabhängig von den gesetzlichen Vorgaben im Grundsatz **kooperativ** zu verhalten. Schließlich sehen sich die – zumindest deutschen – Datenschutzbehörden traditionell als primär beratende und unterstützende Stellen,[21]
– eine ausreichende und wohl organisierte **Dokumentation** vorzuhalten. Hierzu gehört es,
  – als Verantwortlicher gemäß Art. 24 Abs. 1 S. 1 DS-GVO technische und organisatorische Maßnahmen zu treffen, um unter anderem den **Nachweis** erbringen zu können, dass die Verarbeitung gemäß der DS-GVO erfolgt – auch mit Blick auf die

---

[18] Lutz in KK-OWiG § 55 Rn. 1.
[19] Spoerr in BeckOK DatenschutzR DS-GVO Art. 31 Rn. 9.
[20] EuGH Urt. v. 18.10.1989 C-374/87, Rn. 34 f.; zum Ganzen und zur Kritik Martini in Paal/Pauly DS-GVO Art. 31 Rn. 31; krit. Brodowski/Nowak in BeckOK DatenschutzR BDSG § 41 Rn. 49.
[21] Bay. LfD, 5. Bericht, 11; Hillenbrand-Beck in Roßnagel DatenschutzR-HdB Kap. 5.4 Rn. 96.

in Art. 5 Abs. 2 DS-GVO niedergelegte „**Rechenschaftspflicht**" (→ § 3 Rn. 139 ff.). Verstöße gegen Art. 24 Abs. 1 S. 1 DS-GVO sind zwar nicht eigenständig bußgeldbewehrt, allerdings ist das Verhältnis zur ähnlich gelagerten und der Bußgeldvorschrift des Art. 83 Abs. 5 lit. a DS-GVO unterliegenden Rechenschaftspflicht gemäß Art. 5 Abs. 2 DS-GVO ungeklärt. Die Dokumentation kann insofern dazu dienen, aufzuzeigen, dass eine Einhaltung des Datenschutzrechts angestrebt wurde und wird bzw. als Indiz hierfür dienen. Die praktische Bedeutung einer angemessenen Dokumentation ist daher nicht zu unterschätzen,[22]
- jegliche Dokumentation, insbesondere auch in Form des **Verzeichnisses von Verarbeitungstätigkeiten** und in Bezug auf **Datenschutz-Folgenabschätzungen**, immer auch mit Blick auf mögliche aufsichtsbehördliche Kontrollen zu erstellen und zu pflegen, wobei Vollständigkeit und Verständlichkeit im Vordergrund stehen sollten. Dazu sollte gehören, die Dokumentation durch Verweise aufsichtsbehördliche Stellungnahmen, Rechtsprechung und Literatur etc. anzureichern. Es liegt insofern auch in der Hand Verantwortlicher und Auftragsverarbeiter, sich präventiv eine Argumentationsgrundlage zu schaffen.
- In der **Kommunikation** mit der Aufsichtsbehörde die passende Dokumentation heranzuziehen und gegebenenfalls die Argumentation stützende Fundstellen an die Aufsichtsbehörde in Kopie zu übermitteln (Stichwort unzureichende Ausstattung der Aufsichtsbehörden) – das Herstellen oder Herstellenlassen von Kopien ist in Verfahren vor Gerichten und Behörden gemäß § 45 Abs. 1 UrhG zulässig;
- den **Datenschutzbeauftragten** einzubeziehen. Dieser ist schließlich Anlaufstelle für die Aufsichtsbehörde und verpflichtet, mit dieser zusammenzuarbeiten, Art. 39 Abs. 1 lit. d und e DS-GVO. Durch seine weitgehend unabhängige Stellung kann er aber auch vermittelnd tätig werden.

Die Gefahr einer **Selbstbezichtigung** droht, wenn aufgrund einer **Verletzung des** 18 **Schutzes personenbezogener Daten** (Art. 4 Abs. 12 DS-GVO) eine Meldung an die Aufsichtsbehörde bzw. eine Benachrichtigung der betroffenen Person gemäß Art. 33 bzw. 34 DS-GVO (→ § 3 Rn. 166 ff.) erforderlich ist. Solche Meldungen bzw. Benachrichtigungen dürfen daher in einem Verfahren nach dem OWiG gegen den Meldepflichtigen oder Benachrichtigenden oder seine in § 52 Abs. 1 StPO bezeichneten Angehörigen nur mit Zustimmung des Meldepflichtigen oder Benachrichtigenden verwendet werden, § 43 Abs. 4 BDSG.[23]

d) **Form.** Bußgelder werden mit einem **Bußgeldbescheid** nach § 65 OWiG verhängt. 19 Es bestehen keine Besonderheiten betreffend die Form. Das Schriftformerfordernis für den Bußgeldbescheid resultiert aus der Verpflichtung zur Zustellung des Bußgeldbescheids in § 51 Abs. 2 OWiG.[24] Die inhaltlichen Anforderungen ergeben sich aus der allgemeinen Regelung des § 66 OWiG. Über die Bezeichnung der Tat, die dem Betroffenen zur Last gelegt wird, Zeit und Ort ihrer Begehung, die gesetzlichen Merkmale der Ordnungswidrigkeit und die angewendeten Bußgeldvorschriften sowie die Beweismittel hinaus braucht der Bußgeldbescheid **nicht begründet** zu werden, § 66 Abs. 3 OWiG.

2. Bußgeldtatbestände der DS-GVO

a) **Verantwortliche und Auftragsverarbeiter als Täter/Adressat.** Adressat von Buß- 20 geldern sind nach hM in erster Linie nur der **Verantwortliche oder der Auftragsver-**

---

[22] Zu Rechenschaftspflicht und risikobasierter Dokumentation Veil ZD 2018, 9.
[23] BT-Drs. 18/11325, 109; entsprechende Regelungen finden sich auch auf Landesebene zB in Art. 23 Abs. 4 BayDSG und § 36 Abs. 3 HDSIG.
[24] Kurz in KK-OWiG § 55 Rn. 12.

arbeiter und damit meist juristische Personen und Personenvereinigungen, nicht aber einzelne Mitarbeiter oder sonstige für den Verantwortlichen bzw. Auftragsverarbeiter tätige natürliche Personen.[25] Dies ergibt sich aus der **Systematik** der DS-GVO. So nimmt Art. 83 Abs. 4 lit. a DS-GVO auf die Pflichten und die Konkurrenzregelung in Art. 83 Abs. 2 DS-GVO auf Verstöße Verantwortlicher und Auftragsverarbeiter Bezug.[26] Zudem nennt die DS-GVO in den Vorschriften, auf die die Bußgeldtatbestände in Art. 83 Abs. 4 und Abs. 5 DS-GVO verweisen, regelmäßig, ob Verantwortliche und bzw. oder Auftragsverarbeiter Verpflichtete sind.[27]

21 Dadurch, dass sich Art. 83 Abs. 4 lit. a DS-GVO auf Verantwortliche und Auftragsverarbeiter bezieht, droht nicht allen, die durch in diesem Artikel in Bezug genommene Vorschriften verpflichtet sind, für entsprechende Verstöße gegen die DS-GVO eine Geldbuße. Dies gilt insbesondere für die Verstöße von:
– **Vertretern** von Verantwortlichen bzw. Auftragsverarbeitern gegen Pflichten nach Art. 30 und 31 DS-GVO.[28] Davon zu unterscheiden ist die bislang ungeklärte Frage, ob neben Verantwortlichen bzw. Auftragsverarbeitern auch deren Vertreter Adressaten von Bußgeldbescheiden sein können. Diese Problematik resultiert aus ErwGr 80 DS-GVO, wonach bei Verstößen des Verantwortlichen oder Auftragsverarbeiters der bestellte Vertreter Durchsetzungsverfahren unterworfen werden sollte,[29]
– **Datenschutzbeauftragten** gegen ihre Pflichten aus Art. 38 und 39 DS-GVO.[30]

22 Insoweit besteht ein erheblicher Unterschied zum deutschen Ordnungswidrigkeitenrecht, das grundsätzlich nur natürliche Personen im Blick hat.[31] Eine Verhängung einer Geldbuße gegen eine juristische Person oder Personenvereinigung kommt hingegen nur als Nebenfolge in Betracht.[32] So kann im Falle von Straftaten und Ordnungswidrigkeiten, die durch **Leitungspersonal** verwirklicht werden, unter den in § 30 OWiG genannten engen Voraussetzungen auch gegen die juristische Person bzw. die Personenvereinigung eine selbständige Geldbuße verhängt werden.[33] Unklar ist daher, welche Bedeutung dem gemäß § 41 Abs. 1 S. 1 BDSG anwendbaren § 30 OWiG unter der DS-GVO zukommt. Das danach bestehende Erfordernis des Handelns einer Leitungsperson für die Zurechnung gem. § 30 Abs. 1 OWiG[34] dürfte gegen Art. 83 DS-GVO verstoßen, der zwischen Täter und Verstoß sowie dem Adressaten der Haftung nicht unterscheidet.[35] Dies spricht dafür, § 30 OWiG im Anwendungsbereich von Art. 83 DS-GVO nicht anzuwenden.[36]

23 **b) Zurechnung des Handelns natürlicher Personen.** Da die DS-GVO Verantwortliche wie Auftragsverarbeiter jeweils als handelnde Einheit betrachtet, läuft dies im Ergebnis auf eine **Zurechnung** des Handelns natürlicher Personen zu Lasten der Verantwortlichen bzw. Auftragsverarbeiter hinaus. Dies gilt jedenfalls, soweit diese berechtigt sind, für

---

[25] Roßnagel DS-GVO, 108; Schönefeld/Thomé PinG 2017, 126 (128).
[26] Nolde PinG 114 (117).
[27] Nolde PinG 114 (117).
[28] Bergt in Kühling/Buchner DS-GVO Art. 83 Rn. 25.
[29] Im Ergebnis ablehnend Hartung in Kühling/Buchner DS-GVO Art 27 Rn. 19 ff.; s. auch Piltz in Gola DS-GVO Art. 83 Rn. 39 ff.
[30] Bergt in Kühling/Buchner DS-GVO Art. 83 Rn. 25.
[31] Kurz in KK-OWiG § 66 Rn. 5.
[32] Kurz in KK-OWiG § 66 Rn. 5.
[33] Zur Einordnung als Nebenfolge BT-Drs. 10/318, 39 und 43; zur umstrittenen Rechtsnatur der Verbandsgeldbuße Rogall in KK-OWiG § 30 Rn. 1 ff.
[34] Dies ist selbst beim selbständigen Verfahren gem. § 30 Abs. 4 OWiG erforderlich vgl. Rogall in KK-OWiG § 30 Rn. 186.
[35] Vgl. Holländer in BeckOK DatenschutzR DS-GVO Art. 83 Rn. 11; Neun/Lubitzsch BB 2017, 1538 (1541); so wohl auch Brodowski/Nowak in BeckOK DatenschutzR BDSG § 41 Rn. 11.3.
[36] AA Wolff in Schantz/Wolff Das neue DatenschutzR Teil F Rn. 1133 ff., der aber in Einzelfällen für eine Auslegung von § 30 OWiG plädiert, die eine Haftung erleichtert.

§ 8 Datenschutz und Straf- und Ordnungswidrigkeitenrecht Teil A

jene tätig zu werden.[37] Es kann sich dabei um Vertreter des Unternehmens und Leitungspersonal handeln, wie es auch von § 30 OWiG erfasst wird, aber auch um sonstige **Mitarbeiter** oder gegebenenfalls auch sonstige für das Unternehmen tätige dritte juristische oder natürliche Personen.[38] Um die Haftung nicht zu überspannen, müssen allerdings Fälle ausgenommen sein, in denen natürliche Personen nicht in Ausübung ihrer Tätigkeit für den Verantwortlichen oder Auftragsverarbeiter handeln. Dies betrifft insbesondere weisungswidriges und ähnliches Verhalten (**„Exzess"**),[39] sowie Handlungen, die nur bei Gelegenheit[40] der Tätigkeit stattfinden. In solchen Fällen kann aber möglicherweise ein Verstoß gegen Art. 25 oder 32 DS-GVO naheliegen, wenn keine organisatorischen Maßnahmen gegen solches Verhalten getroffen wurden.[41]

> **Praxisbeispiel** 24
> Der Zugriff eines Mitarbeiters eines Verantwortlichen auf eine Kundendatenbank, um die Postadressen von Kunden auf eigene Rechnung an ein Konkurrenzunternehmen weiterzuverkaufen, kann dem Verantwortlichen regelmäßig nicht zugerechnet werden. Täter und Adressat einer Geldbuße kann dann nur der Mitarbeiter sein.

c) Personal und Dritte als Nebentäter. Das für Verantwortliche und Auftragsverarbei- 25 ter tätig werdende Personal kann als **Nebentäter** gemäß § 14 Abs. 1 S. 2 OWiG Adressat von Geldbußen sein.[42] Danach kann eine Beteiligung auch dann vorliegen, wenn besondere persönliche Merkmale fehlen. Diese umfassen gem. § 9 Abs. 1 OWiG besondere persönliche Eigenschaften, zu denen auch rechtliche Wesensmerkmale gehören,[43] wie die Verpflichtung als Verantwortlicher unter der DS-GVO.[44] Eine solche über Art. 83 DS-GVO hinausgehende Sanktionierung von Datenschutzverstößen ist aufgrund von Art. 84 Abs. 1 DS-GVO zulässig.[45]

d) Verstoß gegen DS-GVO-Norm. Art. 83 Abs. 4 bis 6 DS-GVO sehen Geldbußen 26 für praktisch jeden Verstoß gegen die DS-GVO vor.

aa) Verstöße gegen Art. 83 Abs. 4 DS-GVO. Geldbußen für Verstöße gegen bestimm- 27 te Pflichten sieht zunächst Art. 83 Abs. 4 DS-GVO vor. Der Höchstbetrag liegt dabei bei EUR 10 Mio. oder im Fall eines Unternehmens von bis zu 2 % seines gesamten weltweit erzielten Jahresumsatzes des vorangegangenen Geschäftsjahrs, je nachdem, welcher der Beträge höher ist. Im Fokus stehen dabei primär **Verantwortliche und Auftragsverarbeiter,** die gemäß Art. 83 Abs. 4 lit. a DS-GVO für Verstöße gegen die Art. 1, 25 bis 39, 42 und 43 DS-GVO mit Geldbußen rechnen müssen. Sanktioniert werden durch Art. 83 Abs. 4 lit. b und c DS-GVO daneben Pflichtverstöße von **Zertifizierungsstellen** nach Art. 42 und 43 DS-GVO sowie die Verletzung von Pflichten der genehmigte Verhaltensregeln observierenden **Überwachungsstellen** gemäß Art. 41 Abs. 4 DS-GVO.

Als für die Praxis am relevantesten erweisen dürften sich im Lauf der Zeit diejenigen 28 Vorschriften, die sich auf eher **einfach nachzuweisende Verstöße** beziehen. Entsprechende Defizite sollten von Verantwortlichen und Auftragsverarbeitern daher mit Priorität

---

[37] Vgl. EuGH Urt. v. 7.2.2013 – C-68/12, Rn. 25; Bln. LfD, Bericht 2016, 33; Holländer in BeckOK DatenschutzR DS-GVO Art. 83 Rn. 11.
[38] Rost RDV 2017, 13 (17).
[39] Bln. LfD, Bericht 2016, 33; Neun/Lubitzsch BB 2017, 1538 (1542); Nolde PinG 2017, 114 (118); vgl. auch Holländer in BeckOK DatenschutzR DS-GVO Art. 83 Rn. 11.
[40] Vgl. BGH NJW 2012, 1237 Rn. 13.
[41] Vgl. Mantz in Sydow DS-GVO Art. 25 Rn. 60, Art. 32 Rn. 22 ff.
[42] Brodowski/Nowak in BeckOK DatenschutzR BDSG § 41 Rn. 13.
[43] Rogall in KK-OWiG § 9 Rn. 28.
[44] Nolde PinG 2017, 114 (118).
[45] AA Holländer in BeckOK DatenschutzR DS-GVO Art. 84 Rn. 12.

beseitigt bzw. solchen Defiziten mit Priorität vorgebeugt werden. Zu den typischen Defiziten zählen insbesondere (Art. 83 Abs. 4 lit. a DS-GVO):
- Das Nichtbestellen eines **Vertreters** in der EU, Art 27 DS-GVO, wobei fraglich ist, ob die Aufsichtsbehörden wegen eines solchen Verstoßes tatsächlich versuchen werden, ein Bußgeld gegen Stellen außerhalb der EU beizutreiben,
- Verstöße gegen die Vorgaben zur **Auftragsverarbeitung,** Art. 28 DS-GVO, insbesondere fehlende oder unzureichende, weil unvollständige, Verträge über die Auftragsverarbeitung,
- Fehlen eines **Verzeichnisses von Verarbeitungstätigkeiten** oder Mängel in Bezug auf ein solches, Art. 30 DS-GVO,
- unterlassene **Meldung** von Verletzungen des Schutzes personenbezogener Daten, Art. 33 und 34 DS-GVO,
- Nichtvornahme oder unzureichende Vornahme einer **Datenschutz-Folgenabschätzung,** Art. 35 DS-GVO,
- unterlassene Ernennung eines **Datenschutzbeauftragten** gemäß Art. 37 DS-GVO (in Deutschland auch gemäß Art. 37 Abs. 4 S. 1 DS-GVO iVm § 38 BDSG).[46]

29 **Praxistipp**

Als problematisch erweist sich, dass sich Art. 83 Abs. 5 DS-GVO und Art. 83 Abs. 4 DS-GVO teilweise **überschneiden**, obwohl sie unterschiedliche Höchstgrenzen für Bußgelder vorsehen. So werden etwa Defizite bei technischen und organisatorischen Maßnahmen (Art. 25 und 32 DS-GVO) gemäß Art. 83 Abs. 4 S. 1 lit. a DS-GVO sanktioniert. Da Art. 5 Abs. 1 lit. f DS-GVO solche aber ebenso vorschreibt, können Verstöße hiergegen auch nach Art 83 Abs. 5 lit. a DS-GVO geahndet werden (Art. 5 Abs. 1 lit. f DS-GVO). Verantwortliche und Auftragsarbeiter sollten im Zweifel vom „Worst-Case" ausgehen.

30 **bb) Verstöße gegen Art. 83 Abs. 5 und 6 DS-GVO.** Art. 83 Abs. 5 und 6 DS-GVO sehen Geldbußen von bis zu EUR 20 Mio. oder im Fall eines Unternehmens von bis zu 4 % seines gesamten weltweit erzielten Jahresumsatzes des vorangegangenen Geschäftsjahrs vor, je nachdem, welcher der Beträge höher ist. Diese drohen insbesondere für Verstöße gegen Vorschriften, die die **Zulässigkeit der Verarbeitung** personenbezogener Daten regeln (Art. 83 Abs. 5 lit. a und c DS-GVO), gegen Vorschriften, die die **Rechte betroffener Personen** ausgestalten (Art. 83 Abs. 5 lit. b DS-GVO) und für die Missachtung **aufsichtsbehördlicher Anordnungen** (Art. 83 Abs. 5 lit. e und Abs. 6 DS-GVO).

31 Wie schon bei Art. 85 Abs. 4 DS-GVO dürften sich für die Praxis die Bußgeldvorschriften am relevantesten erweisen, die sich auf eher einfach nachzuweisende Verstöße beziehen. Dazu zählen insbesondere:
- Gravierende Verstöße gegen die **Grundsätze für die Verarbeitung** personenbezogener Daten, einschließlich der Bedingungen für die Einwilligung gemäß Art. 5, 6, 7, und 9 DS-GVO (Art. 83 Abs. 5 lit. a DS-GVO),
- die Missachtung der **Rechte betroffener Personen** gemäß Art. 12 bis 22 DS-GVO (Art. 83 Abs. 5 lit. b DS-GVO), insbesondere durch fehlende Information gemäß Art. 13 und 14 DS-GVO oder Verstöße gegen das Auskunftsrecht gemäß Art. 15 DS-GVO,
- rechtswidrige **Datentransfers in Drittländer** entgegen Art. 44 bis 49 DS-GVO (Art. 83 Abs. 5 lit. c DS-GVO), insbesondere durch das Fehlen geeigneter Garantien im Sinne von Art. 46 DS-GVO,
- das Nichtgewähren von **Zugang zu Daten und Informationen** gegenüber Aufsichtsbehörden gemäß Art. 58 Abs. 1 DS-GVO,

---

[46] BT-Drs. 18/11325, 108.

– die Missachtung von **Anweisungen der Aufsichtsbehörden** gemäß Art. 58 Abs. 2 DS-GVO (Art. 83 Abs. 5 lit. e und Abs. 6 DS-GVO).

cc) Verstöße gegen nationale Vorschriften, die auf Öffnungsklauseln basieren. 32
Verstöße gegen nationale Vorschriften, die aufgrund von Öffnungsklauseln ergangen sind, stellen zugleich einen Verstoß gegen die DS-GVO dar. Sie sollen nach dem Willen des Gesetzgebers von den Bußgeldvorschriften der DS-GVO erfasst sein, die auf Öffnungsklauseln verweisen, wie etwa Art. 37 Abs. 4 S. 1 DS-GVO (→ Rn. 28).[47] Dieser verweist dafür auf ErwGr 146 S. 5 und 149 S. 1 DS-GVO, die eine entsprechende Einbeziehung nahelegen, was aber durchaus kritisch gesehen werden kann.[48] Zumindest eine ausdrückliche Einbeziehung solcher mitgliedstaatlichen Regelungen wäre angebracht gewesen.

dd) Unbestimmtheit von Bußgeldtatbeständen. Viele der Bußgeldtatbestände sind 33 recht unbestimmt. Dies gilt insbesondere hinsichtlich Art. 83 Abs. 4 lit. a DS-GVO, der Verstöße gegen die Grundsätze der Verarbeitung in Art. 5, 6, 7 und 9 DS-GVO sanktioniert, die durch **unbestimmte Rechtsbegriffe** geprägt sind,[49] und hinsichtlich technischer und organisatorischer Maßnahmen, Art. 32 DS-GVO, sowie in Zusammenhang mit ergriffenen bzw. zu ergreifenden Maßnahmen in Bezug auf Datenschutz durch Technikgestaltung und durch datenschutzfreundliche Voreinstellungen, Art. 25 DS-GVO.[50]

Es stellt sich die Frage der Verfassungswidrigkeit der Normen. Die Unbestimmtheit 34 könnte ein Maß erreicht haben, das die **Verfassungsidentität** des Grundgesetzes berührt und damit – wie Art. 4 Abs. 2 S. 1 EUV zeigt, ist dies auch europarechtlich nicht generell ausgeschlossen[51] – zu einer Durchbrechung des Anwendungsvorrangs der DS-GVO führen könnte.[52] Abzuwarten bleibt, wie insbesondere die Rechtsprechung mit dieser Frage umgehen wird.

> **Praxistipp** 35
>
> Aus praktischer Sicht ist es aufgrund der bestehenden Unsicherheiten ratsam, Maßnahmen zur Einhaltung des Datenschutzrechts und insbesondere der Vorgaben aus Art. 5 Abs. 1, Art. 25 und 32 DS-GVO zu dokumentieren. Die Pflicht zur Dokumentation kann zur eigenen Entlastung genutzt werden und ist selbst Teil der organisatorischen Pflichten, wie Art. 24 Abs. 1 S. 1 und Art. 5 Abs. 2 DS-GVO zeigen (→ Rn. 17).[53]

ee) Altverstöße und Verstöße als Dauerdelikte. Bei der Frage, wie mit datenschutz- 36 rechtlichen „**Altverstößen**" umzugehen ist, ist zu unterscheiden zwischen Verstößen, die vor Geltung der DS-GVO begangen und beendet wurden, und solchen, die nach diesem Zeitpunkt noch fortdauern.

Datenschutzverstöße, die vollständig in der Zeit vor Geltung der DS-GVO liegen, 37 können nicht mehr nach altem Recht geahndet werden, da dieses nicht mehr in Kraft ist.[54] Eine Ahndung nach der DS-GVO ist hingegen möglich, wenn die Tat für den jeweiligen Adressaten einer Geldbuße sowohl nach altem wie auch neuem Recht einen Bußgeldtatbestand erfüllt.[55] Folge ist gemäß § 4 Abs. 3 OWiG allerdings, dass kein höheres als das zur **Zeit der Begehung** angedrohte Bußgeld verhängt werden darf.[56] Ord-

---

[47] BT-Drs. 18/11325, 108.
[48] Frenzel in Paal/Pauly BDSG § 41 Rn. 3.
[49] Frenzel in Paal/Pauly DS-GVO Art. 83 Rn. 24; Neun/Lubitzsch BB 2017 1538 (1541).
[50] Pohl PinG 2017, 85 (89); Golla in Auernhammer DS-GVO Art. 83 Rn. 16 und 20.
[51] BVerfG NJW 2009, 2267 Rn. 339.
[52] Frenzel in Paal/Pauly DS-GVO Art. 83 Rn. 24.
[53] Ähnlich Nolde PinG 2017, 114 (119).
[54] Franck RDV 2017, 289 (290).
[55] Franck RDV 2017, 289 (290 f.).
[56] S. auch Art. 49 Abs. 1 S. 1 und 2 GRCh, Art. 7 Abs. 1 S. 2 EMRK, Art. 15 Abs. 1 S. 2 IPbpR.

nungswidrigkeiten gemäß § 43 BDSG aF oder etwa auch § 16 Abs. 2 Nr. 2 bis 5 TMG können daher nur mit den darin geregelten Geldbußen von maximal EUR 50.000[57] bzw. EUR 300.000[58] geahndet werden. Allerdings sollte die Geldbuße den wirtschaftlichen Vorteil übersteigen, den der Täter aus der Ordnungswidrigkeit gezogen hat, § 43 Abs. 3 S. 2 BDSG aF.[59] Deshalb konnte das gesetzlich vorgesehen Höchstmaß – zumindest theoretisch – auch nach alter Rechtslage bereits überschritten werden.

38 Viele Verstöße sind als **Dauerdelikte** einzuordnen, da sich der Verstoß nicht in einem einmaligen Akt erschöpft, wie es etwa bei einer einmaligen rechtswidrigen Datenübermittlung der Fall ist.[60] Verstöße, die vor Geltung der DS-GVO begonnen haben, und auch unter geltendem Recht einen Verstoß darstellen, können gemäß § 4 Abs. 2 OWiG ebenfalls nach den Bußgeldvorschriften der DS-GVO geahndet werden.[61] Das Rückwirkungsverbot aus Art. 49 Abs. 1 S. 1 GRCh das auch auf Ordnungswidrigkeiten Anwendung findet[62] – greift insofern nicht.[63]

39 **e) Verschuldenserfordernis?** Gemäß Art. 83 Abs. 2 lit. b DS-GVO sind Vorsatz oder Fahrlässigkeit gebührend bei der Entscheidung über die Verhängung einer Geldbuße und über deren Betrag zu berücksichtigen. Daraus wird zum Teil gefolgert, dass **Verschulden** keine Voraussetzung für eine Geldbuße sei.[64] Dies dürfte dem verfassungsrechtlich verankerten **Schuldprinzip** widersprechen (siehe auch § 10 OWiG), wonach nur vorsätzliches und fahrlässiges Handeln geahndet werden kann, und das auch mit Blick auf Vorgaben im EU-Recht „integrationsfest" ist.[65] Überzeugender ist es daher Art. 83 Abs. 2 lit. b DS-GVO so zu verstehen, dass dieser das Vorliegen eines Verschuldens als selbstverständlich voraussetzt.[66] Entsprechendes gilt für Art. 83 Abs. 3 DS-GVO. Ein Verschulden nur bei „Mehrfachverstößen" für erforderlich zu halten, würde „Mehrfachtäter" grundlos privilegieren. Schließlich spricht auch der **Verhältnismäßigkeitsgrundsatz** für ein Verschuldenserfordernis.[67]

40 Unklar ist, welche Bedeutung **§ 10 OWiG** hat, der für Fälle der Fahrlässigkeit die Ahndung nur zulässt, wenn das Gesetz fahrlässige Verstöße auch ausdrücklich mit Geldbuße bedroht. Im Ergebnis wird dies die Verhängung von Bußgeldern nach der DS-GVO, die Anwendungsvorrang genießt, nicht einschränken können, zumal § 10 OWiG nach § 41 Abs. 1 S. 1 BDSG nur „sinngemäß" anwendbar ist.[68]

41 Im Übrigen ist darauf zu verweisen, dass in der Praxis aufgrund eines **Organisationsverschuldens** nicht selten Fahrlässigkeit vorliegen wird, sodass sich auch bei Ablehnung des Verschuldenserfordernisses die Frage nach der Integrationsfestigkeit des Schuldprinzips im Ordnungswidrigkeitenrecht nicht stellen wird.[69]

---

[57] Insbes. § 43 Abs. 1 iVm Abs. 3 S. 1 BDSG; § 16 Abs. 3 TMG.
[58] § 43 Abs. 2 iVm Abs. 3 S. 1 BDSG aF.
[59] Vgl. auch § 17 Abs. 4 S. 1 OWiG.
[60] Zur unterlassenen Löschung als Dauerdelikt Keppeler/Berning ZD 2017, 314 (319), die aber auch eine anhaltende rechtswidrige Speicherung ist.
[61] Franck RDV 2017, 289 (290).
[62] Eser in Meyer GRCh Art. 49 Rn. 28; Jarass GRCh Art. 49 Rn. 7.
[63] S. auch Art. 103 Abs. 2 GG, Art. 7 Abs. 1 EMRK und Art. 15 Abs. 1 S. 1 IPbpR.
[64] Nemitz in Ehmann/Selmayr DS-GVO Art. 83 Rn. 17; Bergt in Kühling/Buchner DS-GVO Art. 83 Rn. 35; Härting DS-GVO-HdB Rn. 253.
[65] BVerfG NJW 2016, 1149 Rn. 76 ff.; bislang ist nicht abschließend geklärt, ob das Schuldprinzip auch im Bereich des Ordnungswidrigkeitenrechts gilt. Mit Zweifeln Bergt in Kühling/Buchner DS-GVO Art. 83 Rn. 36 unter Verweis auf Hochmayr ZIS 2016, 226 (230).
[66] Frenzel in Paal/Pauly DS-GVO Art. 83 Rn. 8, 14; Wolff in Schantz/Wolff Das neue DatenschutzR Teil F Rn. 1130; Popp in Sydow DS-GVO Art. 83 Rn. 13; Holländer in BeckOK DatenschutzR DS-GVO Art. 83 Rn. 18; Piltz K&R 2017, 85 (92).
[67] Neun/Lubitzsch BB 2017, 1538 (1542); Holländer in BeckOK DatenschutzR DS-GVO Art. 83 Rn. 18.
[68] Brodowski/Nowak in BeckOK DatenschutzR BDSG § 41 Rn. 17.1.
[69] Vgl. Bergt in Kühling/Buchner DS-GVO Art. 83 Rn. 36; Neun/Lubitzsch BB 2017, 1538 (1542); Mantz in Sydow DS-GVO Art. 25 Rn. 75.

§ 8 Datenschutz und Straf- und Ordnungswidrigkeitenrecht   Teil A

f) Versuch. Der Versuch einer Ordnungswidrigkeit gemäß Art. 83 Abs. 4 bis 6 DS-GVO 42
kann aufgrund des Fehlens einer ausdrücklichen gesetzlichen Bestimmung im Sinne von
§ 13 Abs. 2 OWiG **nicht geahndet** werden.[70]

g) Entscheidung über Verhängung Geldbuße und deren Höhe. Die Aufsichtsbehör- 43
den sind gehalten, die Verhängung von Geldbußen in jedem Einzelfall **wirksam, verhältnismäßig und abschreckend** auszugestalten, Art. 83 Abs. 1 DS-GVO. Bußgelder
sollen unter der DS-GVO insofern ein zentrales Element bei der Durchsetzung des Datenschutzrechts sein.[71] Dies ist sowohl bei der Entscheidung, ob ein Bußgeld verhängt
werden soll (dazu → Rn. 45 ff.) als auch bei der Entscheidung über die Höhe der Geldbuße (→ Rn. 51 ff.) zu beachten. Die Aufsichtsbehörden müssen zudem in jedem Einzelfall die in Art. 83 Abs. 2 S. 2 lit. a-k DS-GVO genannten Kriterien gebührend berücksichtigen.

> **Praxistipp** 44
>
> Gemäß Art. 83 Abs. 2 S. 2 lit. b und d sind Vorsatz oder Fahrlässigkeit des Verstoßes
> sowie der Grad der Verantwortung des Verantwortlichen oder Auftragsverarbeiters unter
> Berücksichtigung der von ihnen gemäß Art. 25 und 32 DS-GVO getroffenen technischen und organisatorischen Maßnahmen von der Aufsichtsbehörde zu berücksichtigen.
> Dies ist ein weiterer Grund, eine entsprechende Dokumentation (→ Rn. 17 und 35) aller
> Maßnahmen zum Datenschutz vorzuhalten und diese im Sinne der Vorgaben von
> Art. 24 Abs. 1 S. 1 DS-GVO und der „Rechenschaftspflicht" des Art. 5 Abs. 2 DS-GVO
> zu organisieren.[72]

aa) Ermessensentscheidung über das „Ob". Insbesondere unter Verweis auf Art. 83 45
Abs. 2, 4, 5 und 6 DS-GVO, wonach Geldbußen „verhängt werden" und ErwGr 148
S. 1 DS-GVO, wonach diese verhängt werden „sollten", wird die Ansicht vertreten, dass
die Verhängung eines Bußgelds bei Erfüllung eines Bußgeldtatbestandes grundsätzlich
zwingend sei, insofern also gerade kein **Ermessen** bestehe.[73]

Dagegen spricht, dass Art. 58 Abs. 2 lit. i und ErwGr 148 DS-GVO den Aufsichtsbe- 46
hörden die Entscheidung überlässt, entweder zusätzlich zu den geeigneten Maßnahmen
gemäß der DS-GVO oder an Stelle solcher Maßnahmen eine Geldbuße zu verhängen.
Die englische Fassung von Art. 83 Abs. 2 S. 1 DS-GVO („shall be imposed") sowie der
Wortlaut des Art. 83 Abs. 2 S. 2 DS-GVO, der die Kriterien für die **Entscheidung über
die Verhängung** einer Geldbuße und über deren Betrag vorsieht, sprechen ebenfalls für
einen **Ermessensspielraum** der Aufsichtsbehörden, sowohl bei der Gewichtung der in
Abs. 2 genannten Kriterien als auch bei der Bestimmung der Bußgeldhöhe.[74] Auch der
deutsche Gesetzgeber geht offenbar davon aus, dass ein Ermessen besteht. Andernfalls hätte er § 47 OWiG für unanwendbar erklärt.[75] Trotz der Entscheidungsmöglichkeit der
Aufsichtsbehörden sieht die DS-GVO aber die Verhängung von Geldbußen offensichtlich
als Regelfall an.[76]

Aufgrund des europarechtlichen **Effektivitätsgrundsatzes** (effet utile, Art. 4 Abs. 3 47
EUV)[77] besteht zudem eine primärrechtliche Verpflichtung zur effektiven Durchsetzung

---

[70] Brodowski/Nowak in BeckOK DatenschutzR BDSG § 41 Rn. 17.2.
[71] Artikel 29-Datenschutzgruppe, Guidelines on the application and setting of administrative fines for the purposes of the Regulation 2016/679, WP 253, 3.10.2017, 4.
[72] Wybitul ZD 2016, 253 (254); Bergt in Kühling/Buchner DS-GVO Art. 83 Rn. 11.
[73] Bergt in Kühling/Buchner DS-GVO Art. 83 Rn. 30 f.
[74] Brodowski/Nowak in BeckOK DatenschutzR § 41 BDSG Rn. 41; Nemitz in Ehmann/Selmayr DS-GVO Art. 83 Rn. 9; Grünwald/Hackl ZD 2017, 556 (557); Neun/Lubitzsch BB 2017, 1538 (1542).
[75] Frenzel in Paal/Pauly BDSG § 41 Rn. 7.
[76] Schreibauer/Spittka in Wybitul HdB DS-GVO Art. 83 Rn. 13.
[77] Vgl. auch Frenzel in Paal/Pauly DS-GVO Art. 83 Rn. 12.

des Datenschutzrechts. Diese kann zu einer Einschränkung des Ermessens in Bezug auf das Ob der Verhängung einer Geldbuße führen.[78] Dies wird allerdings abhängig von der Schwere des jeweiligen Verstoßes zu beurteilen sein, um die Verhältnismäßigkeit zu wahren.

48 Zu berücksichtigen sind insbesondere die von den betroffenen Personen erlittenen **Schäden** bzw. die für deren Persönlichkeitsrecht bestehenden **Risiken** (vgl. ErwGr 75 DS-GVO) und die mögliche Zusprechung von Schadenersatz.[79] Die Verhängung einer Geldbuße kann daher auch bei einem erstmaligen Verstoß verhältnismäßig sein.[80] Geldbußen sind also nicht zwingend die ultima ratio.[81] Die Regelung in § 11 des österreichischen Datenschutzgesetzes (DSG),[82] wonach die Datenschutzbehörde den Katalog des Art. 83 Abs. 2 bis 6 DS-GVO so zur Anwendung bringen wird, dass die Verhältnismäßigkeit gewahrt wird und insbesondere bei erstmaligen Verstößen im Einklang mit Art. 58 DS-GVO von ihren Abhilfebefugnissen insbesondere durch Verwarnen Gebrauch machen wird, ist aus europarechtlicher Sicht bedenklich. Sie kollidiert insbesondere mit der Vorgabe, dass die Verhängung von Geldbußen in jedem Einzelfall wirksam, verhältnismäßig und abschreckend sein muss, Art. 83 Abs. 1 DS-GVO, und mit dem Effektivitätsgrundsatz, Art. 4 Abs. 3 AEUV.

49 Bei geringfügigen Verstößen oder wenn die Auferlegung einer Geldbuße gegenüber einer natürlichen Person für diese eine unverhältnismäßige Belastung darstellen würde, kann die Aufsichtsbehörde zur Wahrung der Verhältnismäßigkeit von der Verhängung einer Geldbuße absehen und eine **Verwarnung** gemäß Art. 58 Abs. 2 lit. b DS-GVO aussprechen.[83] Verwarnungsverfahren nach §§ 56 ff. OWiG sind gemäß § 41 Abs. 2 S. 2 BDSG allerdings nicht statthaft. Grund hierfür ist, dass für die Verwarnung bereits in Art. 58 Abs. 2 lit. b DS-GVO eine Regelung existiert.[84]

50 Nach Ansicht des Europäischen Datenschutzausschusses bzw. der Artikel 29-Datenschutzgruppe soll ein geringfügiger Verstoß dann vorliegen können, wenn die Rechtsverletzung kein bedeutendes Risiko für die Rechte der betroffenen Personen darstellt und nicht den Kern der betreffenden rechtlichen Verpflichtung betrifft. Entscheidend für eine verhältnismäßige Entscheidung ist damit letztlich immer eine Prüfung anhand aller Umstände des jeweiligen Einzelfalls.[85]

51 **bb) Bußgeldhöhe.** Für die Höhe des Bußgeldes nennt die DS-GVO je nach Verstoß eine Obergrenze von **EUR 10 Mio. bzw. EUR 20 Mio.** Im Falle eines Unternehmens kann dieser Betrag aber auch überschritten werden, wobei eine Obergrenze von **2 % bzw. 4 % des gesamten weltweit erzielten Jahresumsatzes** des vorangegangenen Geschäftsjahrs maßgeblich ist. Keine Anwendung für die Bestimmung der Bußgeldhöhe findet wegen § 41 Abs. 1 S. 2 BDSG hingegen § 17 OWiG.[86]

---

[78] Golla in Auernhammer DS-GVO Art. 83 Rn. 4; Holländer in BeckOK DatenschutzR DS-GVO Art. 83 Rn. 26.
[79] Artikel 29-Datenschutzgruppe, Guidelines on the application and setting of administrative fines for the purposes of the Regulation 2016/679, WP 253, 3.10.2017, 11.
[80] Frenzel in Paal/Pauly DS-GVO Art. 83 Rn. 6; Neun/Lubitzsch BB 2017, 1538 (1541).
[81] Artikel 29-Datenschutzgruppe, Guidelines on the application and setting of administrative fines for the purposes of the Regulation 2016/679, WP 253, 3.10.2017, 7.
[82] Änderung durch das 24. Bundesgesetz: Datenschutz-Deregulierungs-Gesetz 2018 (NR: GP XXVI IA 189/A AB 98 S. 21. BR: AB 9948 S. 879.), BGBlA 2018 I 24.
[83] ErwGr 148 S. 2 DS-GVO, Holländer in BeckOK DatenschutzR DS-GVO Art. 83 Rn. 26.
[84] BT-Drs. 18/11325, 108.
[85] Artikel 29-Datenschutzgruppe, Guidelines on the application and setting of administrative fines for the purposes of the Regulation 2016/679, WP 253, 3.10.2017, 9.
[86] BT-Drs. 18/11325, 108; siehe auch Becker in Plath DSGVO Art. 83 Rn. 11.

§ 8 Datenschutz und Straf- und Ordnungswidrigkeitenrecht Teil A

(1) Unternehmensbegriff als Anknüpfungspunkt für Bußgeldberechnung. Unge- 52
klärt ist bislang, wie der Begriff des „Unternehmens" im Rahmen von Art. 83 DS-GVO
zu verstehen ist, dessen **weltweiter Jahresumsatz** Anknüpfungspunkt für die Berechnung der Geldbuße und deren maximale Höhe ist. Einerseits ist der Begriff des Unternehmens in Art. 4 Abs. 18 DS-GVO legaldefiniert und knüpft an **eine** natürliche oder
juristische Person an. Anderseits soll dem ErwGr 150 DS-GVO zufolge der Begriff „Unternehmen" bei der Verhängung von Geldbußen im Sinne der Art. 101 und 102 AEUV
verstanden werden. Dieser stellt damit auf den **funktionalen Unternehmensbegriff des
Kartellrechts** ab. Danach ist nicht die einzelne natürliche oder juristische Person, sondern jeweils die „eine wirtschaftliche Tätigkeit ausübende Einheit unabhängig von
Rechtsform oder Art der Finanzierung" maßgeblich.[87] Diese Einheit kann auch aus mehreren natürlichen oder juristischen Personen bestehen.[88] Bei der Berechnung von Geldbußen zugrunde zu legen wäre damit der Umsatz dieser wirtschaftlichen Einheit und nicht
nur der Umsatz der juristischen Person im Sinne des Art. 4 Abs. 18 DS-GVO. Relevant
ist die Auslegungsfrage damit insbesondere für Unternehmen in einem Konzern (§§ 15 ff.
AktG).

Den funktionalen Unternehmensbegriff des Kartellrechts heranziehen wollen nach der- 53
zeitigem Stand die **Aufsichtsbehörden,** die insofern darauf verweisen, dass Bußgelder
gemäß Art. 83 Abs. 1 DS-GVO wirksam, verhältnismäßig und abschreckend sein müssen.[89]

Hiergegen bestehen indes Bedenken: 54
– Dem EuGH zufolge sind Begründungserwägungen eines Gemeinschaftsrechtsakts
rechtlich nicht verbindlich und können weder herangezogen werden, um von den
Bestimmungen des betreffenden Rechtsakts abzuweichen, noch, um diese Bestimmungen in einem Sinne auszulegen, der ihrem Wortlaut offensichtlich widerspricht.[90]
– Zudem ist es systematisch nicht stimmig, dass in Art. 83 DS-GVO nicht der Begriff
„Unternehmensgruppe" verwendet wird, welcher in Art 4 Abs. 19 DS-GVO definiert
wird als „Gruppe, aus einem herrschenden Unternehmen und den von diesem abhängigen Unternehmen […]". Gemeint sind damit insbesondere Konzerne, und zwar auch
solche rein faktischer Natur, die nicht notwendigerweise aus rechtlich zusammenhängenden Unternehmen bestehen.[91]
– Hinzu kommen Widersprüche in den verschiedenen **Sprachfassungen** der DS-GVO.
Diese verwenden in Art. 4 Nr. 18 und Art. 83 DS-GVO bzw. ErwGr 150 DS-GVO
teils unterschiedliche Begriffe, teils dieselben.[92]

Es ist allerdings darauf hinzuweisen, dass der Grundsatz der rechtlichen Unverbindlichkeit 55
von Begründungserwägungen nicht konsequent gehandhabt wird. Im Anwendungsbe-

---

[87] Weiß in Calliess/Ruffert AEUV Art. 101 Rn. 25 mwN.
[88] EuGH EuZW 2009, 816 Rn. 55.
[89] Artikel 29-Datenschutzgruppe, Guidelines on the application and setting of administrative fines for the purposes of the Regulation 2016/679, WP 253, 3.10.2017, 6; DSK Kurzpapier Nr. 2, Aufsichtsbefugnisse/Sanktionen, 2; BayLDA, EU-Datenschutz-Grundverordnung (DS-GVO) – Das BayLDA auf dem Weg zur Umsetzung der Verordnung, VII Sanktionen nach der DS-GVO; Bln. LfD, Bericht 2016, 32 ff.; Schönefeld/Thomé PinG 2017, 126 (127), Rost RDV 2017, 13 (17).
[90] EuGH BeckEuRS 2009 496932 Rn. 16 – Hauptzollamt Bremen; EuZW 2014, 703 Rn. 31; BeckRS 2005, 70929 Rn. 32 – Deutsches Milch-Kontor (jeweils zu Verordnungen); BeckRS 2005 70345 Rn. 25 (zu Richtlinien); ohne Begründung Cornelius NZWiSt 2016, 421 (423); Gemeinsamer Leitfaden des Europäischen Parlaments des Rates und der Kommission für Personen, die an der Abfassung von Rechtstexten der Europäischen Union mitwirken, 2015, 31; Faust/Spittka/Wybitul ZD 2016, 120 (124).
[91] Schröder in Kühling/Buchner DS-GVO Art. 4 Nr. 19 Rn. 1.
[92] Identische Begriffe in Deutsch „Unternehmen", Französisch „entreprise", Italienisch „impresa" bzw. „imprese", Spanisch „empresa", Niederländisch „onderneming" und unterschiedliche in Englisch in Art. 83 DS-GVO und ErwGr 150 DS-GVO „undertaking" (Art. 4 Abs. 19 DS-GVO definiert „group of undertakings"), Art. 4 Abs. 18 DS-GVO „enterprise"; Maltesisch in ErwGr 150 DS-GVO „intrapriża" und in Art. 4 Abs. 18 und Art. 83 DS-GVO jeweils „impriża" (Art. 4 Abs. 19 DS-GVO definiert „grupp ta' impriżi").

reich der mittlerweile außer Kraft getretenen Verordnung (EG) Nr. 1346/2000 über Insolvenzverfahren beispielsweise wendet bzw. wendete der EuGH[93] ohne weitere Begründung einen Erwägungsgrund direkt an, ohne dass sich in den Artikeln der Verordnung eine inhaltlich entsprechende Regelung fand bzw. findet.[94] Zudem ergibt sich aus Art 288 Abs. 2 S. 2 AEUV, dass Verordnungen in allen ihren Teilen **verbindlich** sind.[95] Sieht man die Erwägungsgründe als Teil der Verordnung an, sind auch diese damit kraft Primärrechts verbindlich.

Für die Verbindlichkeit der Erwägungsgründe spricht auch, dass der Gesamttext von Verordnungen einschließlich der Erwägungsgründe im Amtsblatt der EU stets in einem mit „Verordnungen" überschriebenen Abschnitt und einer mit „Verordnung" beginnenden Bezeichnung abgedruckt wird. Dagegen spricht, dass in Verordnungen der EU jeweils erst auf die Erwägungsgründe vor Art. 1 (hier der DS-GVO) der einleitende Satz: „Haben folgende Verordnung erlassen:" folgt, sodass auch argumentiert werden kann, die Erwägungsgründe seien kein Teil der Verordnung.

56 Abgesehen davon gibt es mit Blick auf das Gebot der loyalen Zusammenarbeit und den **Effektivitätsgrundsatz** (effet utile, Art. 4 Abs. 3 AEUV), das Grundrecht zum Schutz personenbezogener Daten in Art. 8 Abs. 1 GRCh[96] sowie die Vorgabe in Art. 83 Abs. 1 DS-GVO, dass Geldbußen in jedem Einzelfall wirksam, verhältnismäßig und abschreckend sein müssen, durchaus Gründe, die den **EuGH** dazu bewegen könnten, den ErwGr 150 DS-GVO zur Auslegung des Unternehmensbegriffs heranzuziehen.[97] Dies stünde auch mit dessen Rechtsprechung im Einklang, wonach die verschiedenen sprachlichen Fassungen einer Vorschrift einheitlich auszulegen sind und die jeweilige Vorschrift bei sprachlichen Abweichungen nach dem allgemeinen Aufbau und dem **Zweck** der Regelung ausgelegt werden muss, zu der sie gehört.[98]

57 **Praxishinweis**

In der Praxis besteht ein erhebliches **Risiko,** dass die Aufsichtsbehörden den **Konzernumsatz** zur Berechnung von Geldbußen heranziehen werden. Dies müssen Unternehmen bei der Risikokalkulation berücksichtigen, zumal unklar ist, in welchem Umfang die Aufsichtsbehörden und die Gerichte die in der Rechtsprechung des EuGH zum Unternehmensbegriff im Kartellrecht aufgestellten Grundsätze adaptieren werden.[99] Wie die Aufsichtsbehörden Unternehmens- bzw. Konzernstrukturen sowie Umsätze ermitteln und berechnen werden, ist ebenfalls unklar.[100] Für Klarheit wird letztlich erst die Rechtsprechung des EuGH sorgen können.

58 **(2) Kriterien zur Bemessung der Bußgeldhöhe.** Die Entscheidung über die Bußgeldhöhe ist eine **Einzelfallentscheidung** (Art. 83 Abs. 2 S. 1 DS-GVO), die insbesondere von folgenden Vorgaben beeinflusst wird:[101]
– Verpflichtung der Aufsichtsbehörden sicherzustellen, dass die Verhängung von Geldbußen **wirksam, verhältnismäßig und abschreckend** ist, Art. 83 Abs. 1 DS-GVO,

---

[93] EuGH NZI 2006, 360 Rn. 39ff.; s. auch AG Köln NZI 2004, 151 (152).
[94] S. ErwGr 22 EuInsVO aF; zum Ganzen Mankowski in MMS EuInsVO 2015 Art. 3 Rn. 165ff., zur Kritik Rn. 168.
[95] S. auch Schönefeld/Thomé PinG 2017, 126 (127); aA Spittka, DSRITB 2018, 117 (121 f.).
[96] Krit. Krohm RDV 2017, 221 (223).
[97] Vgl. Cornelius NZWiSt 2016, 421 (244); Gola K&R 2017, 145 (146).
[98] EuGH Slg. 1977, 1999 Rn. 13/14; siehe auch Golla in Esser/Kramer DS-GVO Art. 83 Rn. 26; Krohm RDV 2017, 221 (223).
[99] Zur Bußgeldbemessung nach kartellrechtlichen Maßstäben Grünwald/Hackl ZD 2017, 556.
[100] Vgl. auch Roßnagel DS-GVO, 111.
[101] Näher Artikel 29-Datenschutzgruppe, Guidelines on the application and setting of administrative fines for the purposes of the Regulation 2016/679, WP 253, 3.10.2017, 9.

§ 8 Datenschutz und Straf- und Ordnungswidrigkeitenrecht Teil A

– gebührende Berücksichtigung der in Art. 83 Abs. 2 S. 2 lit. a-k DS-GVO genannten Kriterien,
– Beachtung des Ziels der **konsequenteren Durchsetzung** der DS-GVO, ErwGr 148 DS-GVO.

Ferner dürften zukünftig die vom Europäischen Datenschutzausschuss noch zu erarbeitenden Leitlinien über die Festsetzung von Geldbußen eine erhebliche Rolle spielen, Art. 70 Abs. 1 lit. k DS-GVO. Hier kann es zu Konflikten mit der Vorgabe der Entscheidung im Einzelfall kommen, die Art. 83 Abs. 1 S. 1 DS-GVO macht.[102]   59

> **Praxishinweis**   60
> In welcher Höhe die Aufsichtsbehörden Bußgelder verhängen werden und wie sich die Bußgeldpraxis entwickeln wird, lässt sich nicht voraussagen. Aus der bisherigen[103] Praxis der Aufsichtsbehörden Schlüsse zu ziehen, ist aufgrund des neuen Rechtsrahmens für Bußgelder, der insbesondere auch auf Abschreckung setzt, nicht möglich. Die Datenschutzbeauftragte von Irland hat sich aber beispielsweise dahingehend geäußert, den Bußgeldrahmen auszureizen zu wollen.[104]

Die Möglichkeit einer Zahlungserleichterung durch Stundung oder Ratenzahlung gestattet § 18 OWiG.   61

(3) Gesamtschuldnerische Haftung der Muttergesellschaft. Überträgt man den kartellrechtlichen Unternehmensbegriff auf das Datenschutzrecht, stellt sich die Anschlussfrage, ob – so die kartellrechtliche Rechtsprechung des EuGH – einer Muttergesellschaft Verstöße einer Tochtergesellschaft zugerechnet werden können.[105] Dies soll immer dann der Fall sein, wenn die Tochtergesellschaft trotz eigener Rechtspersönlichkeit im Wesentlichen Weisungen der Muttergesellschaft befolgt.[106] Ferner muss eine persönliche Beteiligung der Muttergesellschaft an der Zuwiderhandlung nicht nachgewiesen werden, wenn es sich um eine **100%ige Tochter** handelt. Insofern besteht eine widerlegliche Vermutung, dass die Muttergesellschaft tatsächlich einen bestimmenden Einfluss auf das Verhalten ihrer Tochtergesellschaft ausübt.[107] In der Folge kann die **Muttergesellschaft gesamtschuldnerisch** für die Zahlung der gegen die Tochtergesellschaft verhängten Geldbuße haftbar gemacht werden.[108]   62

> **Praxishinweis**   63
> Aufgrund der Rechtsprechung des EuGH besteht ein erhöhtes Risiko, dass die Aufsichtsbehörden versuchen werden, eine **gesamtschuldnerischen Haftung** von Mutter- und Tochtergesellschaften zu etablieren und damit auch vor Gericht erfolgreich sein werden.[109] In einem solchen Fall handelt es sich bei Mutter- und Tochtergesellschaft aber gegebenenfalls um **gemeinsam Verantwortliche** im Sinne von Art. 26 DS-GVO, gegen die jeweils eine eigenständige Geldbuße verhängt werden kann. Das Risiko einer hohen Geldbuße für die Muttergesellschaft besteht daher ggf. auch ohne Ausdehnung der EuGH-Rechtsprechung zum Kartellrecht auf das Datenschutzrecht.

---

[102] HessLfD, 45. Bericht, 1.3.5.2.
[103] Näher Weiß PinG 2017 97.
[104] Weckler in Independent, 27.4.2017, Data protection boss vows she will use new powers to fine firms up to €20m, abrufbar unter https://www.independent.ie/business/technology/data-protection-boss-vows-she-will-use-new-powers-to-fine-firms-up-to-20m-35657249.html, zuletzt abgerufen am 13.6.2018.
[105] Dafür Holländer in BeckOK DatenschutzR DS-GVO Art. 83 Rn. 12ff.; Schönefeld/Thomé PinG 2017, 126 (128).
[106] EuGH BeckRS 2012, 81494 Rn. 46; EuZW 2009, 816 Rn. 58.
[107] EuGH BeckRS 2012, 81494 Rn. 46; EuZW 2009, 816 Rn. 59.
[108] EuGH BeckRS 2012, 81494 Rn. 47.
[109] Feiler/Forgó/Weiler in FFW GDPR Art. 83 Rn. 11; zur Kritik Krohm RDV 2017, 221 (224f.).

64 **(4) Gesamtgeldbuße.** Verstoßen Verantwortliche oder Auftragsverarbeiter bei gleichen – gemeint sind „denselben" – oder miteinander verbundenen Verarbeitungsvorgängen gegen mehrere Bestimmungen der DS-GVO, ist nach Art. 83 Abs. 3 DS-GVO eine Gesamtgeldbuße zu verhängen. Es handelt sich insofern um eine Regelung für Fälle der **Tateinheit**.[110] Der Betrag für den schwerwiegendsten Verstoß bildet dabei die Obergrenze. § 19 OWiG wird verdrängt.[111]

65 **h) Einziehung.** Da es an einer entsprechenden ausdrücklichen gesetzlichen Regelung fehlt und § 87 OWiG gemäß § 41 Abs. 2 S. 2 BDSG keine Anwendung findet, ist eine Einziehung von Gegenständen als Nebenfolge **nicht möglich,** § 22 Abs. 1 OWiG.[112] Möglich ist aber eine Einziehung des Wertes von Taterträgen gemäß § 29a OWiG, die insbesondere bei entgeltlichen Datenschutzverstößen in Betracht kommt.[113]

66 **i) Verjährung.** Spezielle Regelungen zur Verjährung existieren nicht. Es gilt damit gemäß § 31 OWiG eine Verjährungsfrist von **3 Jahren** nach Abschluss der Tat.[114] Da viele Verstöße als Dauerdelikte einzuordnen sind – etwa eine fortdauernd rechtswidrige Speicherung – verjähren diese nicht, solange der Verstoß fortdauert.

67 **j) Eintragung von Bußgeldbescheiden in das Gewerberegister.** Gemäß § 149 Abs. 2 S. 1 Nr. 3 GewO werden insbesondere rechtskräftige (§ 89 OWiG) Bußgeldbescheide über mehr als **EUR 200** in das Gewerberegister eingetragen, die aufgrund von Taten ergangen sind, die bei oder in Zusammenhang mit der Ausübung eines Gewerbes oder dem Betrieb einer sonstigen wirtschaftlichen Unternehmung begangen worden sind. Für die Eintragung sind von der Aufsichtsbehörde als Vollstreckungsbehörde (§ 1 Abs. 1 Nr. 4 lit. a 1. GZRVwV, § 91 OWiG) bzw. von dem Gericht dem Gewerbezentralregister die einzutragenden Entscheidungen, Feststellungen und Tatsachen mitzuteilen, § 153a Abs. 1 S. 1 GewO.

III. Ordnungswidrigkeiten im nationalen Recht

68 Bußgeldvorschriften im nationalen Recht finden sich insbesondere in § 43 BDSG, den Landesdatenschutzgesetzen (→ Rn. 3 und 71) sowie im bereichsspezifischen (→ Rn. 2) Datenschutzrecht. Die Schaffung von Bußgeldtatbeständen ist zulässig, soweit über **Öffnungsklauseln** weitere Regelungen geschaffen wurden, die nicht in den von Art. 83 DS-GVO harmonisierten Bereich fallen.[115] Eine Umgehung dieser Vorgaben durch Anwendung von Art. 84 DS-GVO ist nicht gestattet, da dieser unter Bezugnahme auf Art. 83 DS-GVO nur die Einführung anderer Sanktionen zulässt, also gerade nicht von Geldbußen.[116]

1. Das aufsichtsbehördliche Bußgeldverfahren

69 Das aufsichtsbehördlichen Bußgeldverfahren für Verstöße gegen bundes- und landesrechtliche Datenschutzvorschriften unterscheidet sich nur im Detail von dem für Verstöße ge-

---

[110] Zu der Frage, ob die Regelung für Fälle der Tatmehrheit gilt und zu einer möglichen analogen Anwendung Bergt in Kühling/Buchner DS-GVO Art. 83 Rn. 6.
[111] Bodowski/Nowak in BeckOK DatenschutzR BDSG § 41 Rn. 24.
[112] Brodowski/Nowak in BeckOK DatenschutzR BDSG § 41 Rn. 23; auch eine nachträgliche Einziehung ist nicht möglich, da § 100 OWiG ebenfalls nicht anwendbar ist, § 41 Abs. 2 S. 2 BDSG.
[113] Vgl. Bodowski/Nowak in BeckOK DatenschutzR BDSG § 41 Rn. 23.
[114] Brodowski/Nowak in BeckOK DatenschutzR BDSG § 41 Rn. 25; Keppeler/Berning ZD 2017, 314 (319).
[115] Kühling/Martini et al. DSGVO und nationales Recht, 479 f.
[116] Kühling/Martini et al. DSGVO und nationales Recht, 280 f.

gen die DS-GVO. Das oben hierzu Gesagte gilt daher weitgehend entsprechend (→ Rn. 4 ff.). Zuständig sind für diese Verfahren grundsätzlich die Landesbeauftragten für Datenschutz bzw. in Bayern für den nicht-öffentlichen Bereich das Landesamt für Datenschutzaufsicht.[117] Für das Verfahren selbst gelten das OWiG und über § 46 OWiG insbesondere auch die StPO und das GVG (→ Rn. 5). Die Einschränkungen bezüglich der Anwendbarkeit bestimmter Vorschriften des OWiG in § 41 Abs. 1 S. 2 BDSG greifen allerdings nicht ein.

2. Bußgeldtatbestände

Das BDSG enthält nur zwei Bußgeldtatbestände und sieht in **§ 43 Abs. 1 BDSG** für Verstöße gegen § 30 Abs. 1 BDSG (Nr. 1) und § 30 Abs. 2 S. 1 BDSG (Nr. 2) ein Bußgeld von bis zu EUR 50.000 vor.[118] 70

Beispiele für Bußgeldvorschriften im **Landesrecht** sind Art. 23 BayDSG, § 38 HDSIG und § 33 DSG NRW, die insbesondere rechtswidrige Datenverarbeitungen sanktionieren. Da gegen öffentliche Stellen selbst grundsätzlich keine Bußgelder verhängt werden dürfen (zB Art. 24 Abs. 3 BayDSG; §§ 36 Abs. 2 HDSIG; 33 Abs. 4 DSG NRW; → Rn. 8) und das deutsche Ordnungswidrigkeitenrecht primär natürliche Personen im Fokus hat (→ Rn. 22), richten sich die Bußgeldvorschriften der Länder vorrangig gegen Bedienstete öffentlicher Stellen. 71

Geldbußen können schließlich nach § 130 OWiG für **Verletzungen der Aufsichtspflicht** in Betrieben und Unternehmen im Zusammenhang mit datenschutzrechtlichen Pflichten gegen den Inhaber und über § 30 OWiG (→ Rn. 22) auch gegen die jeweilige juristische Person bzw. Personenvereinigung verhängt werden.[119] Zuständig ist über § 131 Abs. 3 OWiG die Aufsichtsbehörde, die auch für die Verfolgung des Datenschutzverstoßes zuständig ist.[120] Gemäß § 130 Abs. 3 S. 2 OWiG findet der hohe Bußgeldrahmen der DS-GVO Anwendung. Aufgrund der großen Reichweite von Art. 83 Abs. 3 bis 6 DS-GVO dürfte § 130 OWiG aber keine allzu große eigene Bedeutung zukommen. 72

IV. Strafverfahren

Die DS-GVO selbst enthält keine strafrechtlichen Normen. Hierfür fehlt es an der gesetzgeberischen Kompetenz, da die Mitgliedstaaten der EU eine solche Befugnis nicht übertragen haben. Dies zeigt sich unter anderem an Art. 16 AEUV, auf den die DS-GVO maßgeblich gestützt ist.[121] Es ist daher ausdrücklich Aufgabe der Mitgliedstaaten, entsprechende Vorschriften zu erlassen, Art. 84 Abs. 1 S. 1 DS-GVO. Dies gilt nicht nur für Verstöße gegen die DS-GVO selbst, sondern auch für Verstöße gegen auf der Grundlage und in den Grenzen der DS-GVO erlassene nationale Vorschriften, ErwGr 149 DS-GVO (zu den Straftatbeständen → Rn. 77 ff.). Welche Bedeutung das Datenschutzstrafrecht einnehmen, und ob sein bisheriges Schattendasein ein Ende haben wird, ist allerdings kaum abzusehen.[122] 73

---

[117] ZB Zuständigkeit des BayLDA folgt aus § 96 BayZustV; § 33 Abs. 3 DSG NRW iVm § 36 Abs. 1 Nr. 1 OWiG; HDSB ist oberste Landesbehörde gemäß § 36 Abs. 1 Nr. 2 lit. a OWiG iVm § 8 Abs. 1 HDSIG. Zum Redaktionsschluss dieses Buches waren noch nicht alle Regelungen bekannt. Aufgrund der unionsrechtlich geforderten völligen Unabhängigkeit der Aufsichtsbehörden (Art. 52 Abs. 1 DS-GVO) dürfte eine Zuweisung der sachlichen Zuständigkeit für Verfahren nach dem OWiG zwingend sein. Im nicht durch die DS-GVO harmonisierten Anwendungsbereich des TKG (vgl. Art. 95 DS-GVO) ist die BNetzA zuständig, § 149 Abs. 3 TKG.
[118] § 43 Abs. 1 BDSG setzt Art. 9 und 23 Verbraucherkreditrichtlinie RL 2008/48/EG um; BT-Drs. 18/11325, 109.
[119] Näher Schröder in FHS Betrieblicher Datenschutz Teil 5 Kap. 3 Rn. 2 ff.
[120] Ellbogen in KK-OWiG § 131 Rn. 26 ff.
[121] Neun/Lubitzsch BB 2017, 1538 (1541); siehe auch Art. 82 ff. AEUV.
[122] Brodowski/Nowak in BeckOK DatenschutzR BDSG § 42 Rn. 9.

1. Verfahrensrecht

74 In Bezug auf das Strafverfahren bestehen kaum Besonderheiten.

75 Bei den datenschutzrechtlichen Straftatbeständen handelt es sich um **absolute Antragsdelikte**, § 42 Abs. 3 S. 1 BDSG.[123] Antragsberechtigt sind die betroffene Person, der Verantwortliche, in einigen Ländern auch der Auftragsverarbeiter,[124] ferner die Aufsichtsbehörde des jeweiligen Landes bzw. im Anwendungsbereich des BDSG gemäß § 42 Abs. 3 S. 2 BDSG der Bundesbeauftragte und die Aufsichtsbehörden der Länder.[125]

76 Eine Besonderheit ist, dass Meldungen bzw. Benachrichtigungen gemäß Art. 33 und 34 DS-GVO gegen den Meldepflichtigen oder Benachrichtigenden oder seine in § 52 Abs. 1 StPO bezeichneten Angehörigen nur mit Zustimmung des Meldepflichtigen oder Benachrichtigenden verwendet werden dürfen, § 43 Abs. 4 BDSG, sodass insoweit ein **Beweisverwendungsverbot** besteht.[126]

2. Einzelne Straftatbestände

77 Mit § 42 Abs. 1 und 2 BDSG können bestimmte besonders **schwerwiegende Datenschutzverstöße** als Straftat geahndet werden, insbesondere im Zusammenhang mit dem Handel mit personenbezogenen Daten.

78 Eine Freiheitsstrafe bis zu drei Jahren oder mit Geldstrafe droht, wenn wissentlich nicht allgemein zugängliche personenbezogene Daten einer großen Zahl von Personen, ohne hierzu berechtigt zu sein, einem Dritten übermittelt (Nr. 1) oder auf andere Art und Weise zugänglich gemacht werden (Nr. 2) und hierbei gewerbsmäßiges Handeln vorliegt, § 42 Abs. 1 BDSG.

79 Eine Freiheitsstrafe bis zu zwei Jahren oder Geldstrafe droht, wenn nicht allgemein zugängliche personenbezogene Daten ohne hierzu berechtigt zu sein, verarbeitet (Nr. 1) oder durch unrichtige Angaben erschlichen werden (Nr. 2) und der Täter hierbei gegen Entgelt (§ 11 Abs. 1 Nr. 9 StGB) oder in der Absicht handelt, sich oder einen anderen zu bereichern oder einen anderen zu schädigen, § 42 Abs. 2 BDSG.

80 In Zusammenhang mit der Verarbeitung personenbezogener Daten durch öffentliche Stellen im Rahmen von Tätigkeiten nach § 45 S. 2, 3 oder 4 BDSG finden die Straftatbestände des § 42 BDSG über § 84 BDSG entsprechende Anwendung. Vergleichbare Strafvorschriften für den öffentlichen Bereich finden sich auf Landesebene zB in § 23 Abs. 2 BayDSG, § 37 HDSIG und § 34 DSG NRW.

3. Strafzumessung

81 Die Vorgabe, dass strafrechtliche Vorschriften wirksam, verhältnismäßig und abschreckend sein müssen, Art. 84 Abs. 1 S. 2 DS-GVO, wird sich mit Blick auf den Effektivitätsgrundsatz auch in der Strafzumessung niederschlagen müssen.

V. Rechtsschutz

1. Ordnungswidrigkeiten

82 **a) Rechtsbehelf: Einspruch.** Gemäß Art. 78 Abs. 1 DS-GVO besteht eine Rechtsschutzgarantie gegen rechtsverbindliche Beschlüsse einer Aufsichtsbehörde und damit

---

[123] Im Landesrecht zB Art. 23 Abs. 2 S. 2 BayDSG, § 37 Abs. Abs. 3 S. 1 HDSIG, § 34 Abs. 2 S. 1 DSG NRW.
[124] ZB Art. 23 Abs. 2 S. 3 BayDSG, § 34 Abs. 2 S. 2 DSG NRW, nicht aber § 37 Abs. Abs. 3 S. 2 HDSIG.
[125] Das Recht zur Anzeige folgt aus § 40 Abs. 3 S. 2 BDSG iVm Art. 58 Abs. 5 S. 1 DS-GVO.
[126] BT-Drs. 18/11325, 109; Brodowski/Nowak in BeckOK DatenschutzR BDSG § 42 Rn. 75; entsprechende Regelungen finden sich auf Landesebene zB in Art. 23 Abs. 4 BayDSG.

auch gegen Bußgeldbescheide.[127] Statthafter Rechtsbehelf gegen Bußgeldbescheide ist der **Einspruch,** § 67 Abs. 1 S. 1 OWiG iVm § 41 Abs. 1 S. 1 BDSG. Dieser ist innerhalb von zwei Wochen nach Zustellung schriftlich oder zur Niederschrift bei der Aufsichtsbehörde, die den Bußgeldbescheid erlassen hat, einzulegen § 67 Abs. 1 S. 1 OWiG iVm § 41 Abs. 1 S. 1 BDSG. Es steht dem Einspruchsberechtigten frei, den Einspruch zu begründen.[128]

> Praxistipp 83
> Eine **Begründung** ist zumindest immer dann zu empfehlen, wenn Gesichtspunkte tatsächlicher oder rechtlicher Art bislang unberücksichtigt geblieben sind, die dazu geeignet sind, zu einer Rücknahme des Bußgeldbescheides (§ 69 Abs. 2 S. 1 OWiG) oder zur Verfahrenseinstellung (§ 47 Abs. 1 OWiG) zu führen.[129] Möglich ist es aber, zunächst ohne Begründung Einspruch einzulegen, um die Zweiwochenfrist zu wahren. Die Begründung kann dann zu einem späteren Zeitpunkt nachgeholt werden.[130]

Auch wenn es sinnvoll sein dürfte, die Begründung schriftlich beizubringen, kann sie 84 theoretisch auch noch in der mündlichen Hauptverhandlung vorgetragen werden. Will das Gericht ein schriftliches Verfahren gemäß § 72 OWiG durchführen und durch Beschluss entscheiden, so muss das Gericht gemäß § 72 Abs. 1 S. 2 OWiG zunächst auf die Möglichkeit eines solchen Verfahrens und die Möglichkeit eines Widerspruchs hiergegen hinweisen und dem Betroffenen und der Staatsanwaltschaft Gelegenheit geben, sich innerhalb von zwei Wochen nach Zustellung des Hinweises zu äußern.

> Praxistipp 85
> Ausländische Unternehmen sollten beachten, dass die Einlegung des Einspruchs in **deutscher Sprache,** § 46 Abs. 1 OWiG iVm § 184 GVG, zu erfolgen hat, wobei eine fremdsprachige Einlegung ausnahmsweise wirksam sein soll, wenn eine Übersetzung eines Dolmetschers, § 185 Abs. 1 GVG, beigefügt ist.[131]

Verwirft die Aufsichtsbehörde den Einspruch nicht als unzulässig, weil dieser nicht 86 rechtzeitig, nicht formgerecht oder sonst nicht wirksam eingelegt wurde, oder nimmt sie den Bußgeldbescheid nicht zurück, übersendet sie im **Zwischenverfahren** die Akten über die **Staatsanwaltschaft** an das zuständige **Gericht,** § 69 Abs. 3 S. 1 OWiG iVm § 41 Abs. 1 S. 1 BDSG.

> Praxistipp für Aufsichtsbehörden 87
> Die Gründe für die Aufrechterhaltung des Bußgeldbescheides sollten in der **Akte** vermerkt werden (vgl. § 69 Abs. 3 S. 1 Hs. 2 OWiG iVm § 41 Abs. 1 S. 1 BDSG). Wenn auch nicht zwingend, ist dies einer in Datenschutzfragen typischerweise weniger erfahreneren Staatsanwaltschaft dienlich.[132]

Die **Staatsanwaltschaft** wird mit dem Eingang der Akten zur **Verfolgungsbehörde,** 88 § 69 Abs. 4 S. 1 OWiG iVm § 41 Abs. 1 S. 1 BDSG. Diese wird insofern in ihrer Tätigkeit beschränkt, als eine Einstellung des Bußgeldverfahrens nur mit Zustimmung der Aufsichtsbehörde möglich ist, die den Bußgeldbescheid erlassen hat, § 41 Abs. 2 S. 3 BDSG.

---

[127] S. auch Art. 47 GRCh.
[128] Gertler in BeckOK OWiG § 67 Rn. 61.
[129] Ellbogen in Mitsch KK-OWiG § 67 Rn. 45.
[130] Ellbogen in Mitsch KK-OWiG § 67 Rn. 45; Gertler in BeckOK OWiG § 67 Rn. 61.
[131] Gertler in BeckOK OWiG § 67 Rn. 79 mwN.
[132] Ellbogen in Mitsch KK-OWiG § 69 Rn. 74a.

Diese Regelung soll die völlige Unabhängigkeit der Aufsichtsbehörden gemäß Art. 52 Abs. 2 DS-GVO absichern.[133]

89 Den Aufsichtsbehörden steht gemäß § 76 OWiG ein **Beteiligungsrecht** während des gesamten gerichtlichen Verfahrens zu.[134] Fraglich ist, ob dies der völligen Unabhängigkeit der Aufsichtsbehörden genügt (zur Unabhängigkeit → § 3 Rn. 200 f.).[135] Allerdings ist die Aufsichtsbehörde über den Termin der Hauptverhandlung zu informieren und erhält über ihren Vertreter in dieser auf Verlangen auch das Wort, § 75 Abs. 1 S. 3, 4 OWiG iVm § 41 Abs. 1 S. 1 BDSG. Vor diesem Hintergrund dürfte eine ausreichende Beteiligung am gerichtlichen Verfahren im Sinne von Art. 58 Abs. 5 DS-GVO garantiert sein.

90 Über den Einspruch entscheidet die Abteilung für Bußgeldsachen, § 46 Abs. 7 OWiG, des **Amtsgerichts,** in dessen Bezirk die Verwaltungsbehörde ihren Sitz hat durch den **Einzelrichter,** § 68 Abs. 1 S. 1 und 2 OWiG. Wird eine zusammenhängende Straftat (→ Rn. 77 ff.) verfolgt, besteht eine Zuständigkeit des Strafgerichts gemäß § 45 OWiG.

91 Übersteigt die festgesetzte Geldbuße EUR 100.000, ist die Zuständigkeit des **Landgerichts** begründet, § 41 Abs. 1 S. 3 BDSG, dessen Kammer für Bußgeldsachen entscheidet, § 46 Abs. 7 OWiG. Unklar ist, ob ein Einzelrichter entscheidet (§ 68 Abs. 1 S. 2 OWiG analog) oder die Kammer in der Besetzung einer großen Strafkammer mit drei Richtern einschließlich des Vorsitzenden und zwei Schöffen (§ 46 Abs. 1 OWiG iVm § 76 Abs. 1 GVG).[136] Für Letzteres spricht, dass nur unter diesen Umständen die Zuweisung an ein Landgericht sinnvoll ist, da sonst kein Unterschied zur Entscheidung durch den einzelnen Strafrichter bestünde.[137] Es besteht dabei stets die Möglichkeit, die Besetzung auf zwei Richtern einschließlich des Vorsitzenden und zwei Schöffen zu reduzieren, § 76 Abs. 2 S. 4 GVG.[138]

92 **Praxishinweis**

Der Einspruch gegen einen Bußgeldbescheid zieht **kein Verschlechterungsverbot** nach sich. Davon ausgenommen ist der Fall, dass das Gericht eine Hauptverhandlung nicht für erforderlich hält und durch Beschluss entscheidet, § 72 Abs. 3 S. 2, Abs. 1 S. 1 OWiG.[139] Dies betrifft typischerweise nur einfach gelagerte Fälle mit geklärtem Sachverhalt. Die Einlegung eines Einspruchs mag daher wohlüberlegt sein.

93 **b) Rechtsmittel: Rechtsbeschwerde.** Rechtsmittel gegen das Urteil oder den Beschluss des Amtsgerichts bzw. Landgerichts ist die **Rechtsbeschwerde** gemäß §§ 79 ff. OWiG.

94 Im Falle einer Entscheidung eines **Amtsgerichts** ist das **Oberlandesgericht** zuständig, § 121 Abs. 1 Nr. 1 lit. a GVG.

95 Hat das **Landgericht** über den Einspruch entschieden, ist die Zuständigkeit unklar. Teilweise wird – entgegen § 121 Abs. 1 Nr. 1 lit. a GVG – für die Zuständigkeit des OLG plädiert, dessen Bußgeldsenat aufgrund einer Bußgeldhöhe von über EUR 5.000 in der Besetzung mit drei Richtern einschließlich des Vorsitzenden entscheidet, § 80a Abs. 2 S. 2 OWiG.[140] Überzeugender ist es gemäß § 135 Abs. 1 GVG von einer Zuständigkeit des Bußgeldsenats des **BGH** auszugehen, der in der Besetzung von drei Mitgliedern einschließlich des Vorsitzenden entscheidet, § 139 Abs. 1 S. 1 GVG.

---

[133] BT-Drs. 18/11325, 108.
[134] Senge KK-OWiG § 76 Rn. 5 mwN.
[135] Schönefeld/Thomé PinG 126 (129).
[136] Brodowski/Nowak in BeckOK DatenschutzR BDSG § 41 Rn. 36.
[137] Brodowski/Nowak in BeckOK DatenschutzR BDSG § 41 Rn. 36.
[138] Dies befürwortend Brodowski/Nowak in BeckOK DatenschutzR BDSG § 41 Rn. 36.
[139] Gertler in BeckOK OWiG § 67 Rn. 3.
[140] Brodowski/Nowak in BeckOK DatenschutzR BDSG § 41 Rn. 38.

2. Strafverfahren

In Bezug auf den Rechtschutz im Strafverfahren wegen Datenschutzverstößen bestehen kaum Besonderheiten.

96

Teil B. Datenschutzrecht in der Privatwirtschaft

§ 9 Verbraucherdatenschutz

Übersicht

	Rn.
I. Einleitung	1
1. Grundlagen	1
2. Aktuelle Entwicklungen	4
II. Anwendbare Vorschriften	8
1. DS-GVO	9
2. BDSG	11
3. ePrivacy-VO E	13
4. Bereichsspezifische Regelungen	17
III. Einzelprobleme	19
1. Verarbeitungsgrundsätze	19
a) Insbes. Grundsatz der Datensparsamkeit (Datenminimierung)	20
b) Grundsatz der Zweckbindung	21
2. Einwilligungserfordernis	25
a) Koppelungsverbot	27
aa) Relatives oder absolutes Koppelungsverbot?	27
bb) Anwendbarkeit in Ungleichgewichtssituationen	29
b) Form (keine Schriftlichkeit, Einwilligung in AGB etc)	32
c) Opt Out/Opt In/Double Opt In/Triple Opt In	35
d) Einwilligung durch Do-not-Track-Einstellungen	39
e) Anforderungen des § 7 UWG	40
f) Stellvertretung	42
g) Widerruflichkeit	43
h) Einwilligung von Kindern, Art. 8 DS-GVO	44
i) Fortgeltung von Alteinwilligungen	45
3. Erlaubnistatbestände	46
a) Vertragserfüllung, Art. 6 Abs. 1 lit. b DS-GVO	47
b) Interessenabwägung	50
c) Regelungen des BDSG	51
4. Betroffenenrechte	53
a) Auskunft (Art. 15 DS-GVO)	54
b) Berichtigung (Art. 16 DS-GVO)	55
c) Löschung (Art. 17 DS-GVO)	56
d) Einschränkung der Verarbeitung (Art. 18 DS-GVO)	57
e) Mitteilungspflicht (Art. 19 DS-GVO)	58
f) Datenübertragbarkeit (Art. 20 DS-GVO)	59
g) Widerspruch (Art. 21 DS-GVO)	60
h) Automatisierte Einzelfallentscheidungen (Art. 22 DS-GVO)	60a
5. Spezifische Anwendungsfälle	61
a) Scoring und Bonitätsauskünfte	62
b) Cookie-Tracking	63
aa) Bisherige Rechtslage	64
bb) Neue Rechtslage	67
c) Webanalytics, Webtracking	70
aa) Bisherige Rechtslage	71
bb) Neue Rechtslage	72
d) Profiling	73
aa) Einfaches Profiling	74
bb) Profiling als Grundlage automatisierter Einzelentscheidung	76
e) E-Mail-Werbung	77
aa) Alte Rechtslage	77
bb) Neue Rechtslage	78

	Rn.
f) Telefonmarketing	80
g) Soziale Netzwerke	83
aa) Gewährleistung datenschutzrechtlicher Grundsätze	84
bb) Gewährleistung von Betroffenenrechten	86
h) Gewinnspielteilnahme	87
i) Kundenkartenprogramme	88
j) Big Data-Analysen	90
k) Adresshandel	93
6. Durchsetzung des Datenschutzrechts	95
a) Befugnisse der Aufsichtsbehörden	95
b) Sanktions- und Klagemöglichkeiten	97
aa) Verbandsklage	98
bb) Immaterielle Schäden	101

Literatur:

Albrecht/Wybitul, BDSG-neu: BMI-Entwurf für ein Datenschutz-Anpassungs- und -Umsetzungsgesetz EU, ZD 2017, 51; *Arendts*, Die Haftung für fehlerhafte Anlageberatung, 1998; *Arnold*, GfK 1990, 150; *Arnold/ Hillebrand/Waldburg*, Informed Consent in Theorie und Praxis Warum Lesen, Verstehen und Handeln auseinanderfallen, DuD 2015, 730; *Bachmann*, Optionsmodelle im Privatrecht, JZ 2008, 11; *Bauer/Fischer/McInturff*, Der Bildungskommunikationseffekt – eine Metaanalyse, ZfbF 51 (9/1999), 805; *Baumgartner/Gausling*, Datenschutz durch Technikgestaltung und datenschutzrechtliche Voreinstellungen, ZD 2017, 308; *Beukelmann*, Neues zum Datenschutz, NJW-Spezial 2017, 504; *Boehme-Neßler*, BilderRecht, 2010; *Bräutigam*, Das Nutzungsverhältnis bei sozialen Netzwerken – Zivilrechtlicher Austausch von IT-Leistung gegen personenbezogene Daten, MMR 2012, 635; *Buchner*, Grundsätze und Rechtmäßigkeit der Datenverarbeitung unter der DS-GVO, DuD 2016, 155; *Buchner*, Informationelle Selbstbestimmung im Privatrecht, 1. Aufl. 2006; *Calo*, Against Notice Skepticism in Privacy (and Elsewhere), Notre Dame Law Review 2012, 1027; *Culik/ Döpke*, Zweckbindungsgrundsatz gegen unkontrollierten Einsatz von Big Data-Anwendungen, ZD 2017, 226; *Dix*, Daten als Bezahlung – Zum Verhältnis zwischen Zivilrecht und Datenschutzrecht, ZEuP 2017, 1; *Dreier/Schulze*, Urheberrechtsgesetz, 5. Aufl. 2015; *Drewes*, Dialogmarketing nach der DSGVO ohne Einwilligung der Betroffenen, CR 2016, 721; *Düwell*, Das Datenschutz-Anpassungs- und -Umsetzungsgesetz, jurisPR-ArbR 22/2017 Anm. 1; *Eidenmüller*, Der homo oeconomicus und das Schuldrecht: Herausforderungen durch Behavioral Law and Economics, JZ 2005, 216; *Engeler/Felber*, Entwurf der ePrivacy-VO aus Perspektive der aufsichtsbehördlichen Praxis, ZD 2017, 251; *Ernst*, Die Einwilligung nach der Datenschutzgrundverordnung, ZD 2017, 110; *Fleischer*, Informationsasymmetrie im Vertragsrecht, 2001; *Forschepoth*, Datenschutz bei Kundenkarten und Online-Bonus-Programmen, Werden wir zu gläsernen Kunden?, 2010; *Freiwald*, First Principles of Communications Privacy, Stan. Tech. L. Rev. 3 2007; *Greve*, Das neue Bundesdatenschutzgesetz, NVwZ 2017, 737; *Halfmeier*, Die neue Datenschutzverbandsklage, NJW 2016, 1126; *Hoeren*, Google Analytics – datenschutzrechtlich unbedenklich? – Verwendbarkeit von Webtracking-Tools nach BDSG und TMG, ZD 2011, 3; *Hofmann*, Was bedeutet das „Strucksche Gesetz" für die Betroffenenrechte nach der Datenschutzreform?, ZD-Aktuell 2017, 05620; *Jensen*, Kritik von Sachverständigen zum derzeitigen Entwurf des DSAnpUG-EU, ZD-Aktuell 2017, 05596; *Jülicher/Röttgen/von Schönfeld*, Das Recht auf Datenübertragbarkeit, Ein datenschutzrechtliches Novum, ZD 2016, 358; *Keppeler/Berning*, Technische und rechtliche Probleme bei der Umsetzung der DS-GVO-Löschpflichten, ZD 2017, 314; *Kipker/Voskamp*, Datenschutz in sozialen Netzwerken nach der Datenschutzgrundverordnung, DuD 2012, 737; *Köhler/Bornkamm*, UWG, 33. Aufl. 2015; *Köndgen*, Grenzen des informationsbasierten Anlegerschutzes – zugleich Anmerkung zu BGH, Urt. v. 22.3.2011 – XI ZR 33/10, BKR 2011, 283; *Koller*, Die Abdingbarkeit des Anlegerschutzes durch Information im europäischen Kapitalmarktrecht, in: Baums/Lutter/Schmidt/Wertenbruch, Festschrift für Ulrich Huber zum siebzigsten Geburtstag, 2006, S. 821–841; *Kroeber-Riel*, Bildkommunikation, 2. Aufl. 1996; *Kühling*, Neues Bundesdatenschutzgesetz – Anpassungsbedarf bei Unternehmen, NJW, 2017, 1985; *Kühling/Martini*, Die Datenschutz-Grundverordnung: Revolution oder Evolution im europäischen und deutschen Datenschutzrecht?, EuZW 2016, 448; *Kühnl*, Persönlichkeitsschutz 2.0, 2016; *Langhanke*, Daten als Leistung, 2018; *Langhanke/Schmidt-Kessel*, Consumer Data as Consideration, EuCML 2015, 218; *Laue*, Öffnungsklauseln in der DS-GVO – Öffnung wohin?, Geltungsbereich einzelstaatlicher (Sonder-) Regelungen, ZD 2016, 463; *Koch*, Grenzen des informationsbasierten Anlegerschutzes – Die Gratwanderung zwischen angemessener Aufklärung und information overload, BKR 2012, 485; *Lurtz*, Das Tauziehen um die Ausgestaltung der ePrivacy-Verordnung, ZD-Aktuell 2017, 05707; *Maar/Burda*, Iconic Worlds, 2006; *Madigan*, Picture Memory, in: Yuille, Imagery, Memory and Cognition, 1983, S. 65–89; *Maier/Schaller*, ePrivacy-VO – alle Risiken der elektronischen Kommunikation gebannt?, ZD 2017, 373; *Marsch*, Das europäische Datenschutzgrundrecht, 2018; *Martinek*, Unsystematische Überregulierung und kontraintentionale Effekte im Europäischen Verbraucherschutzrecht oder: Weniger ist mehr, in: Grundmann, Systembildung und Systemlücken in Kerngebieten des Europäischen Privatrechts, 2000, S. 511–557;

Martinek/Semler/Flohr, Handbuch des Vertriebsrechts, 4. Aufl. 2016; *Möllers/Kernchen,* Information Overload am Kapitalmarkt, ZGR 2011, 1; *Nelles/Becker,* Datenschutzprobleme beim Einsatz neuer Scantechnologien, ZD 2017, 419; *Paal/Hennemann,* Big Data im Recht, NJW 2017, 1697; *Peper/Wolf,* Spendenwerbung unter der neuen Europäischen Datenschutz-Grundverordnung, npoR 2017, 197; *Piltz,* Die Datenschutz-Grundverordnung, K&R 2016, 629; *Podszun/de Toma,* Die Durchsetzung des Datenschutzes durch Verbraucherrecht, Lauterkeitsrecht und Kartellrecht, NJW 2016, 2987; *Pohle,* EU-Datenschutz: Entwurf einer ePrivacy-VO, ZD-Aktuell 2017, 05452; *Rauer/Ettig,* Aktuelle Entwicklung zum rechtskonformen Einsatz von Cookies – Die Rechtslage auf dem Prüfstand von Kommission und Gerichten, ZD 2016, 423; *Rauer/Ettig,* Rechtskonformer Einsatz von Cookies – Aktuelle Entwicklungen, ZD 2015, 255; *Roßnagel,* Big Data – Small Privacy? – Konzeptionelle Herausforderungen für das Datenschutzrecht, ZD 2013, 562; *Sattler,* Personenbezogene Daten als Leistungsgegenstand, JZ 2017, 1036; *Schaar,* Zwischen Big Data und Big Brother, RDV 2013, 223; *Schantz,* Die Datenschutz-Grundverordnung – Beginn einer neuen Zeitrechnung im Datenschutzrecht, NJW 2016, 1841; *Schierl,* Text und Bild in der Werbung, 2001; *Schleipfer,* Datenschutzkonformes Webtracking nach Wegfall des TMG, ZD 2017, 460; *Schmidt-Kessel/Grimm,* Unentgeltlich oder entgeltlich? – Der vertragliche Austausch von digitalen Inhalten gegen personenbezogene Daten, ZfPW 2017, 84; *Schmitz/von Dall'Arni,* Datenschutz-Folgenabschätzung – verstehen und anwenden, ZD 2017, 57; *Schneider,* Datenschutzrecht, 2017; *Schwartmann/Weiß,* Whitepaper zur Pseudonymisierung der Fokusgruppe Datenschutz, 2017; *Sedlmeier,* Rechtsgeschäftliche Selbstbestimmung im Verbrauchervertrag, 2012; *Specht,* Das Verhältnis möglicher Datenrechte zum Datenschutzrecht, GRUR Int. 2017, 1040; *Specht,* Diktat der Technik, im Erscheinen; *Specht,* DGRI-Jahrbuch, erscheint 2018; Specht/Werry/Werry, Handbuch Datenrecht in der Digitalisierung, im Erscheinen; *Spindler,* Die neue EU-Datenschutz-Grundverordnung, DB 2016, 937; *Spindler,* Anlegerschutz im Kapitalmarkt- und Bankrecht – Neujustierung durch Behavioural Finance?, in: Joost/Oetker/Paschke, Festschrift für Franz Jürgen Säcker zum 70. Geburtstag, 2011, S. 469–487; *Spindler,* Verbandsklagen und Datenschutz – das neue Verbandsklagerecht, ZD 2016, 114; *Strubel,* Anwendungsbereich des Rechts auf Datenübertragbarkeit, Auslegung des Art. 20 DS-GVO unter Berücksichtigung der Guidelines der Art. 29-Datenschutzgruppe, ZD 2017, 355; *Thüsing,* Beschäftigtendatenschutz und Compliance, 2. Aufl. 2016; *Ulrici,* Verbotsgesetz und zwingendes Gesetz, JuS 2005, 1073; *Venzke-Caprarese,* Retargeting in der Onlinewerbung, DuD 2017, 577; *Wandtke/Bullinger,* Praxiskommentar zum Urheberrecht, 4. Aufl. 2014; *Weichert,* Big Data und Datenschutz – Chancen und Risiken einer neuen Form der Datenanalyse, ZD 2013, 251; *Weiden,* Aktuelle Berichte – März 2017, Neuentwurf der ePrivacy-Verordnung veröffentlicht, GRUR 2017, 256; *Weidert/Klar,* Datenschutz und Werbung – gegenwärtige Rechtslage und Änderungen durch die Datenschutz- Grundverordnung, BB 2017, 1858; *Wendehorst/Graf von Westphalen,* Das Verhältnis zwischen Datenschutz-Grundverordnung und AGB-Recht, NJW 2016, 3745; *Wittig,* Die datenschutzrechtliche Problematik der Anfertigung von Persönlichkeitsprofilen zu Marketingzwecken, RDV 2000, 59; *Ziegenhorn/von Heckel,* Datenverarbeitung durch Private nach der europäischen Datenschutzreform, NVwZ 2016, 1585.

I. Einleitung

1. Grundlagen

Big Data, Cloud Computing, Webtracking, OTT-Dienste, Soziale Netzwerke, Predictive Analytics usw stellen eine erhebliche Herausforderung für das informationelle Selbstbestimmungsrecht des Betroffenen dar. Dies noch nicht einmal so sehr aufgrund der massenhaften Datenverarbeitungsvorgänge, mit deren Quantität auch die Gefahr einer Verletzung des informationellen Selbstbestimmungsrechts steigt, sondern weil va durch die Zusammenführung und Auswertung von Datenbeständen Entscheidungen über Personen getroffen werden können, die diese nicht bewusst beeinflussen können, weil sie die Parameter der Entscheidungsgrundlage nicht kennen und hierdurch zum bloßen Objekt algorithmischer Entscheidung zu werden drohen. Art. 22 DS-GVO soll dem vorbeugen und auch im Übrigen erfordert die seit dem 25.5.2018 unmittelbar in allen Mitgliedstaaten anwendbare DS-GVO eine Neubewertung gängigen Marktgebarens in Bezug auf den Umgang mit Kundendaten. Dies gilt sowohl für „traditionellere" Umgangsformen, wie zB für den Handel **mit Adressen oder anderen Daten, Gewinnspielteilnahmen** etc, als auch für die **werbliche Nutzung** von im Internet erhobenen Kundendaten sowie für die Erhebung selbst, bspw. zu Zwecken der **Erstellung von Persönlichkeitsprofilen.** Die ePrivacy-VO E tritt demgegenüber nicht wie geplant am 25.5.2018 in Kraft, sondern befindet sich nach einer erneuten Konsultation der bulgarischen Ratspräsidentschaft noch immer im Gesetzgebungsprozess. Es kann daher im Rahmen dieses Beitrags lediglich auf den vorläufigen Verordnungsentwurf abgestellt werden.

2   Sowohl die DS-GVO, als auch die ePrivacy-VO E stellen sich in großen Teilen als erfreulich für den Kundendatenschutz dar. Die Rechtsunsicherheit im Rahmen einer Datenverarbeitung zB nach Art. 6 Abs. 1 lit. f DS-GVO ist bereits für sich geeignet, den Verantwortlichen anzuhalten, weniger Daten zu verarbeiten oder aber, um eine Einwilligung des Betroffenen zu ersuchen. Gleichzeitig werden dem Betroffenen, wenn auch in weiten Teilen nicht gänzlich neue, wohl aber sehr umfassende Rechte zugestanden und die erheblichen Bußgeldandrohungen haben jedenfalls das Potenzial, Datenverarbeiter zu disziplinieren. Dabei sind für die Umsetzung der datenschutzrechtlichen Verpflichtungen sowohl organisatorische als auch technische Maßnahmen erforderlich. Dies kann die Löschung von **Altdaten** beinhalten, falls personenbezogene Daten nach altem Recht verarbeitet wurden, ihre Verarbeitung nach dem nunmehr geltenden Datenschutzrecht aber nicht mehr rechtmäßig ist. Ferner wird gem. Art. 25 DS-GVO unter bestimmten Voraussetzungen Datenschutz durch Technikgestaltung **(Privacy by Design)** bzw. durch datenschutzfreundliche Voreinstellungen **(Privacy by Default)** erforderlich. Unter dem Gesichtspunkt des mit der DS-GVO neu eingeführten **Marktortprinzips** (→ § 3 Rn. 33ff.) sind auch Unternehmen außerhalb der EU von den Vorgaben der DS-GVO betroffen, sofern sie Waren oder Dienstleistungen für betroffene Personen in der EU anbieten oder das Verhalten von Personen in der EU beobachten.

3   So erfreulich die DS-GVO aus Betroffenenperspektive aber sein mag, so sehr ist sie Hindernis für eine datengetriebene Wirtschaft. Dies aber nicht einmal so sehr aufgrund der erheblichen Bußgeldandrohung, sondern aufgrund der Kombination dieser Bußgeldandrohungen mit der nicht unerheblichen Rechtsunsicherheit in den Erlaubnistatbeständen. Hier wird es an den Datenschutzbehörden sein, im Rahmen ihrer Beratungsfunktion den Verantwortlichen Handlungsempfehlungen aufzuzeigen, damit Datenschutz nicht zum limitierenden Wettbewerbsfaktor wird.

2. Aktuelle Entwicklungen

4   Wesentlich für den Kundendatenschutz sind neben den gesetzlichen Regelungen, die in diesem Bereich zur Anwendung gelangen (va Art. 6–8 DS-GVO, die Betroffenenrechte gem. Art. 12–22 DS-GVO, die Sanktionen, Art. 82 DS-GVO sowie die Regelungen der künftigen ePrivacy-VO) drei grundlegende Entwicklungen. Dies ist erstens die wettbewerbsrechtliche Relevanz des Datenschutzes, der zunehmend als Marktverhaltensregel gilt. Im Falle eines Verstoßes gegen das Datenschutzrecht ist es also nicht allein an den Betroffenen, Ansprüche gegen den Datenverarbeiter geltend zu machen. Es ist auch nicht allein an den Aufsichtsbehörden, Verstöße zu ahnden, sondern es können zusätzlich die Wettbewerbs- und Verbraucherzentralen sowie Wettbewerber des Rechtsverletzers auf Grundlage des § 8 UWG tätig werden.[1] Es ist insofern auch durch das Wettbewerbsrecht eine gewisse Anreizfunktion zur Einhaltung datenschutzrechtlicher Vorgaben gegeben.

5   Zweitens stellt sich im Bereich des Kundendatenschutzes die sehr aktuelle Frage, welche Auswirkungen es hat, dass sich datengetriebene Dienste zunehmend darüber finanzieren, personenbezogene Werbung zu schalten. Hierdurch steigt das Interesse an der Erhebung personenbezogener Daten sowie am Erhalt der entsprechenden Verarbeitungsbefugnis so erheblich, dass in einer Vielzahl von Verträgen die Willenserklärungen der Vertragsparteien nach §§ 133, 157 BGB nicht anders ausgelegt werden können, als dass die Erklärung der datenschutzrechtlichen Einwilligung sowie die Hingabe der personenbezogenen Daten als Gegenleistung im Vertrag geschuldet ist.[2] Der Vorschlag der Europäischen Kommission für eine Richtlinie über bestimmte vertragsrechtliche Aspekte der

---

[1] Podszun/de Toma NJW 2016, 2987.
[2] Specht DGRI-Jahrbuch 2017.

Bereitstellung digitaler Inhalte vom 5.12.2015[3] sieht in Art. 3 Abs. 1 die Möglichkeit vor, eine vertragliche Gegenleistung in Form personenbezogener Daten zu erbringen und zeichnet damit die längst existierende Rechtswirklichkeit nach. Wie das Datenschutzrecht hier in das Vertragsrecht hineinwirkt, ist noch weitgehend ungeklärt. Es werden bereits Stimmen laut, die die Widerruflichkeit der Einwilligung dann, wenn sie als Gegenleistung im Vertrag hingegeben wird, als eingeschränkt oder gänzlich aufgehoben erachten.[4] Die Schutzfunktion des Datenschutzrechts darf hier aber nicht unterlaufen werden, die Widerruflichkeit der Einwilligung folglich auch dann nicht unmittelbar eingeschränkt sein, wenn sie als Gegenleistung im Vertrag erklärt wird.[5]

Drittens ist zu beobachten, dass sich Betroffene jedenfalls theoretisch ganz erheblich um ein angemessenes Datenschutzniveau sorgen, sich in der Praxis aber nicht entsprechend verhalten, sondern – ganz im Gegenteil – Daten zu jeder Gelegenheit preisgeben, um Dienste in Anspruch nehmen zu können, die teils weit von einem angemessenen Datenschutzniveau entfernt sind, oder auch nur, um die Chance auf Inanspruchnahme von Dienstleistungen oder Gütern zu erhalten (man denke etwa an die vielfältigen Gewinnspielteilnahmen, die zT eine ganz erhebliche Datenpreisgabe verlangen). Dieses Phänomen wird mit dem Stichwort „Privacy Paradox" umschrieben.[6] Sicherlich ließe sich die Ursache zT in der fehlenden bzw. fehlerhaften Erfüllung der **Informationspflicht** des Verantwortlichen erkennen oder auch in einem Verstoß gegen das Koppelungsverbot. Um diese Missstände zu beseitigen, haben insbesondere die Datenschutzaufsichtsbehörden mit der DS-GVO nun auch verstärkt die Aufgabe, sowohl die Öffentlichkeit für die **Risiken**, Vorschriften, Garantien und Rechte im Zusammenhang mit der Datenverarbeitung als auch die Verantwortlichen und die Auftragsverarbeiter für ihre diesbezüglichen Pflichten zu **sensibilisieren** (Art. 57 Abs. 1 lit. b und d DS-GVO). Wesentlich ist die Frage, ob sich eine Verhaltensänderung der Betroffenen beobachten lässt, wenn über die Risiken der Datenverarbeitung zukünftig effizienter informiert würde, oder ob die Einwilligung als wesentliches Instrument zur Gewährleistung informationeller Selbstbestimmung in ihrer derzeitigen Form grundsätzlich in Frage gestellt werden muss.

All diese Fragen adressiert dieser Beitrag. Er stellt dabei zunächst die für den Kundendatenschutz grundlegenden gesetzlichen Regelungen vor (→ Rn. 8 ff.) und widmet sich sodann spezifischen Einzelfallproblemen des Kundendatenschutzes, etwa im Rahmen der Verarbeitungsgrundsätze, der Einwilligung sowie besonders relevanter Erlaubnistatbestände und Betroffenenrechte (→ Rn. 19 ff.). Abschließend werden Datenverarbeitungssituationen mit besonderer Bedeutung für den Kundendatenschutz erörtert (Cookie-Tracking, Web-Analytics, Profiling, Newsletter-Werbung etc).

II. Anwendbare Vorschriften

Den Umgang mit Kundendaten regeln eine Vielzahl datenschutzrechtlicher Vorschriften. Sie lassen sich unterscheiden in **allgemeine** (insbes. DS-GVO,[7] BDSG sowie die Datenschutzgesetze der Länder) und **bereichsspezifische Datenschutzregelungen** (zB TKG, TMG, ePrivacy-VO E, UWG, KUG oÄ).

---

[3] Vgl. ausführlich zum Thema Bezahlung mit Daten als Gegenleistung Bräutigam MMR 2012, 635; Langhanke/Schmidt-Kessel EuCML 2015, 218; mit Bezug auf den Richtlinienvorschlag der Europäischen Kommission über bestimmte vertragsrechtliche Aspekte der Bereitstellung digitaler Inhalte vom 5.12.2015 vgl. ausführlich Dix ZEuP 2017, 1; Schmidt-Kessel/Grimm ZfPW 2017, 84.
[4] Sattler JZ 2017, 1036.
[5] Specht DGRI Jahrbuch 2017; dies. JZ 2017, 763.
[6] Vgl. dazu Dienlin/Trepte EJSP 2014, 285, abrufbar unter https://onlinelibrary.wiley.com/doi/pdf/10.1002/ejsp.2049, zuletzt abgerufen am 3.7.2018.
[7] ABl. EU 2016 L 119, 1.

1. DS-GVO

9 Die am 24.5.2016 in Kraft getretene DS-GVO gilt ab dem 25.5.2018 in den EU-Mitgliedstaaten **unmittelbar**. Die bis dato geltende EU-Datenschutzrichtlinie von 1995,[8] die im Gegensatz zur DS-GVO in nationales Recht umgesetzt werden musste, wird abgelöst. Datenschutz ist dabei kein Selbstzweck, sondern dient dem Schutz va des in Art. 7 GRCh gewährleisteten Privat- und Familienlebens sowie dem über Art. 2 Abs. 1, 1 Abs. 1 GG gewährleisteten informationellen Selbstbestimmungsrechts. Art. 8 GRCh gewährleistet ebenfalls den Schutz personenbezogener Daten und wird vom EuGH neben Art. 7 GRCh zur Anwendung gebracht, ist aber historisch-teleologisch als eine den Gesetzgeber treffende Pflicht zum Erlass und zur grundrechtsadäquaten Ausgestaltung von datenschützenden Regeln ausgestaltet.[9] Die Zielsetzung der DS-GVO zum Schutz der Grundrechte und Grundfreiheiten natürlicher Personen ist in Art. 1 Abs. 2 DS-GVO verankert. Daneben soll die DS-GVO aber auch den freien Verkehr personenbezogener Daten gewährleisten, Art. 1 Abs. 3 DS-GVO. Diese beiden Ziele sind miteinander zu harmonisieren.[10] Die Ausgestaltung der DS-GVO lässt jedoch erkennen, dass der Schutzaspekt einen erheblich größeren Raum einnimmt als die Gewährleistung des freien Datenverkehrs. Denn im Gegensatz zu umfassend gewährleisteten Betroffenenrechten sind die Befugnisse zur Verarbeitung personenbezogener Daten häufig abhängig von einer Einzelfallabwägung, was gerade der Verarbeitung großer Mengen personenbezogener Daten, wie wir sie in modernen Datenverarbeitungsszenarien, zB der Big Data-Analyse, finden, hinderlich ist. Bei der Harmonisierung beider Zielsetzungen wurde dem Schutz der Grundrechte und Grundfreiheiten der betroffenen Personen insofern häufig eine Vorrangstellung eingeräumt. Aus Betroffenenperspektive ist das begrüßenswert, die Wirtschaft wird durch die restriktiven Verarbeitungsbefugnisse allerdings vor nicht unerhebliche Herausforderungen gestellt.

10 Durch die DS-GVO soll ein möglichst einheitliches Datenschutzniveau in der gesamten EU hergestellt werden. Während die **Grundprinzipien** des Datenschutzrechts erhalten bleiben, wie etwa die Grundsätze des Verbots mit Erlaubnisvorbehalt, der Zweckbindung, der Erforderlichkeit, der Transparenz und der Datensparsamkeit, sind eine Vielzahl **neuer Regelungen** wie das Marktortprinzip (Art. 3 Abs. 2 lit. a DS-GVO), das „Recht auf Vergessenwerden" (Art. 17 DS-GVO), das Recht auf Datenportabilität (Art. 20 DS-GVO), der Datenschutz durch Technikgestaltung und durch datenschutzfreundliche Voreinstellungen (Art. 25 DS-GVO) sowie Verschärfungen der Bußgeldtatbestände (Art. 83 DS-GVO) und die Einführung eines sog Kohärenzverfahrens unter Einschluss der Einrichtung eines Europäischen Datenschutzausschusses (Art. 60 ff. DS-GVO) aus Betroffenenperspektive im Grundsatz zu begrüßen.[11] Nationale Vorschriften, die den Neuregelungen bislang nicht entsprechen, müssen angepasst bzw. aufgehoben werden, sodass sie mit den Vorgaben der DS-GVO im Einklang stehen.[12] Zahlreiche **Konkretisierungs- und Öffnungsklauseln** sowie Regelungsaufträge und Ausnahmevorschriften in der DS-GVO geben den einzelnen Mitgliedstaaten allerdings Gestaltungsspielräume für die nationale Gesetzgebung (zB Art. 23 und Art. 89 Abs. 2 DS-GVO).[13] Diese zahlreichen Gestaltungsmöglichkeiten auf nationaler Ebene nehmen der DS-GVO einen großen Teil des Vereinheitlichungsgedankens.[14] Es wird hier auch und gerade darauf ankommen, wie weitreichend die Konkretisierungs- und Öffnungsmöglichkeiten zu verstehen sind. Hier ließe sich einerseits darauf abstellen, sie seien als Ausnahmen von den Vorgaben der DS-GVO

---

[8] ABl. EG 1995 L 281, 31.
[9] Eingehend Marsch Das europäische Datenschutzgrundrecht.
[10] ErwGr 3 DS-GVO.
[11] Paal/Pauly in Paal/Pauly DS-GVO Einl. Rn. 1.
[12] Paal/Pauly in Paal/Pauly DS-GVO Einl. Rn. 2.
[13] Ausführlich zu den Öffnungsklauseln vgl. Laue ZD 2016, 463.
[14] So etwa Kühling NJW, 2017, 1985 (1986); aA Greve NVwZ 2017, 737 (744).

grundsätzlich **restriktiv** auszulegen,[15] einige Öffnungsklauseln, wie etwa Art. 85 DS-GVO, dienen aber der Herstellung **praktischer Konkordanz** und müssen daher überall dort ausgefüllt werden, wo die kollidierenden Grundrechte und Grundfreiheiten danach verlangen. Ein prinzipieller Vorrang des Rechts auf informationelle Selbstbestimmung sowie des Schutzes des Privatlebens vor anderen Grundrechten und Grundfreiheiten besteht nicht.[16] Die aufgrund von Konkretisierungs- und Öffnungsklauseln erlassenen nationalen Vorschriften ergänzen die DS-GVO und kommen neben oder statt ihrer zur Anwendung.[17]

2. BDSG

Mit dem sog DSAnpUG-EU,[18] das im Wesentlichen das neue **BDSG** enthält, hat der Bundesgesetzgeber das BDSG an die europäischen Vorgaben angepasst bzw. neue Regelungen auf der Grundlage der **Konkretisierungs- und Öffnungsklauseln** erlassen. Das BDSG trat mit Geltung der DS-GVO am 25.5.2018 in Kraft und löste das bislang geltende BDSG aF in der Fassung der Bekanntmachung vom 14.1.2003[19] ab. Das BDSG differenziert, anders als die DS-GVO zwischen öffentlichen und nicht-öffentlichen Stellen, § 1 Abs. 1 BDSG. Relevante Neuerungen für die Privatwirtschaft sind insbesondere die **Videoüberwachung** in § 4 BDSG, die **Verarbeitung besonderer Kategorien personenbezogener Daten** in § 22 BDSG sowie die **zweckändernde Datenverarbeitung** in § 24 BDSG. In den §§ 32 bis 37 BDSG finden sich umfassende Regelungen der **Betroffenenrechte,** die aufgrund der Öffnungsklausel in Art. 23 DS-GVO trotz starker **Kritik**[20] eingeschränkt worden sind. So wurden etwa die **Informationspflichten** bei Erhebung von personenbezogenen Daten bei der betroffenen Person deutlich eingeschränkt, § 32 BDSG. Darüber hinaus sieht § 33 Abs. 1 Nr. 2 BDSG eingeschränkte Informationspflichten für nicht-öffentliche Stellen vor, wenn die personenbezogenen Daten nicht bei der betroffenen Person erhoben wurden. Auch die Ausnahmeregelungen vom **Auskunftsrecht** des Betroffenen in §§ 34 und 57 BDSG sowie die Beschränkung der **Löschung** in § 35 BDSG bedeuten eine nicht unerhebliche **Absenkung des Datenschutzniveaus** zulasten des Betroffenen.[21]

Unternehmen sollten weiterhin Kenntnis über die **Sanktions- und Bußgeldvorschriften der DS-GVO** (Art. 83 und 84 DS-GVO) haben, die teils erheblich über die bisherigen Bußgeldandrohungen hinausgehen. Die ursprünglich in § 43 BDSG aF normierten Bußgeldvorschriften entfallen. Das BDSG regelt mit § 41 BDSG lediglich die Anwendung der Vorschriften über das Bußgeld- und Straf**verfahren.**

3. ePrivacy-VO E

Die **ePrivacy-VO E** sollte ursprünglich ebenfalls am 25.5.2018 in Kraft treten. Mit dieser Verordnung will der EU-Gesetzgeber die DS-GVO um Sonderregelungen für den Bereich der **elektronischen Kommunikation** ergänzen. Sie wird die ePrivacy-RL[22] ablö-

---

[15] Vgl. Albrecht/Wybitul ZD 2017, 51.
[16] Die Bundesregierung als mitgliedstaatlicher Akteur versteht die Konkretisierungs- und Öffnungsklauseln daher eher als weite Gestaltungsspielräume, vgl. BT-Drs. 18/11325, 100 f.
[17] Greve NVwZ 2017, 737 (744); Beukelmann NJW-Spezial 2017, 504 (504).
[18] Vgl. BT-Drs. 18/11325.
[19] BGBl I 66.
[20] Vgl. etwa die Pressemitteilung der BfDI, abrufbar unter https://www.bfdi.bund.de/DE/Infothek/Pressemitteilungen/2017/10_BDSG_neu_April.html;jsessionid=CB6D0A349C8A687F3F3BFCA3618BDA16.2_cid344, zuletzt abgerufen am 21.9.2017; Kritik des vzbv, 7–9, abrufbar unter http://www.vzbv.de/sites/default/files/downloads/2017/02/17-02-13_vzbv_stellungnahme_dsanpug-eu.pdf, zuletzt abgerufen am 21.9.2017; sehenswert ist die entsprechende Anhörung im Bundestag mit den geladenen Sachverständigen, abrufbar unter https://www.bundestag.de/dokumente/textarchiv/2017/kw13-pa-innen-datenschutz/499054, zuletzt abgerufen am 21.9.2017.
[21] Ausführlich zu den Beschränkungen der Rechte von Betroffenen vgl. Greve NVwZ 2017, 737 (739 f.).
[22] ABl. EU 2009 L 337, 11.

sen, ihre Verabschiedung lässt indes zum Zeitpunkt der Drucklegung dieses Beitrags weiter auf sich warten. Am 26.10.2017 hatte das EU-Parlament seine Verhandlungsposition zur ePrivacy-VO E beschlossen,[23] mit der es in wesentlichen Punkten der Beschlussempfehlung des zuständigen Ausschusses für Inneres und bürgerliche Freiheiten (LIBE)[24] folgte.[25] Die bulgarische Ratspräsidentschaft hat am 22.3.2018 allerdings einen neuen Entwurf für bestimmte Regelungsinhalte vorgelegt, weshalb mit einem Inkrafttreten der ePrivacy-VO nicht vor Mitte 2019 zu rechnen ist. Die zur ePrivacy-VO E erfolgenden Ausführungen sind daher notwendigerweise vorläufiger Art.[26] Die ePrivacy-VO E ist außerdem umfassend in → § 5 dieses Handbuches erläutert, die Ausführungen in diesem Beitrag konzentrieren sich auf die für den Bereich des Kundendatenschutzes wesentlichen Inhalte der ePrivacy-VO E. Nach Art. 1 Abs. 3 ePrivacy-VO E ist die ePrivacy-VO E als **lex specialis** zur DS-GVO ausgestaltet und wird diese im Hinblick auf elektronische Kommunikationsdaten, die als personenbezogene Daten einzustufen sind, präzisieren und ergänzen. Alle anderen Fragen zur Verarbeitung personenbezogener Daten, die in der ePrivacy-VO E nicht speziell geregelt sind, bleiben dem Anwendungsbereich der DS-GVO unterstellt.[27] Bis zu einem möglichen Inkrafttreten der ePrivacy-VO E gilt in datenschutzrechtlicher Hinsicht **allein die DS-GVO**. Die datenschutzrechtlichen Regelungen des TMG entfallen.[28] Dies bedeutet für die agierenden Unternehmen insbesondere eine nicht unerhebliche Einschränkung im Bereich des Online-Marketings. Neben den datenschutzrechtlichen Regelungen enthält die ePrivacy-VO E auch Regelungen für den Umgang mit nicht notwendigerweise personenbezogenen Kommunikationsdaten. Tritt sie in Kraft, werden sich Unternehmen insofern auch hinsichtlich **nicht-personenbezogener Daten** dem in der ePrivacy-VO E verankerten **Verbotsprinzip** gegenübergestellt sehen. Die ePrivacy-VO E richtet sich vor allem an Anbieter von elektronischen Kommunikationsdiensten, öffentlich verfügbaren Auskunftsdiensten sowie an Softwareanbieter, die elektronische Kommunikation ermöglichen.[29] Wie in der DS-GVO ist auch in der ePrivacy-VO E das sog **Marktortprinzip** verankert. Damit ist die ePrivacy-VO E auch auf diejenigen Angebote anzuwenden, die sich an Nutzer in der EU richten,[30] ohne dass personenbezogene Daten innerhalb der EU verarbeitet werden und ohne dass die verantwortliche Stelle notwendigerweise ihren Sitz innerhalb der EU hat.

14   Die ePrivacy-VO E erfasst insbesondere sog Over-The-Top-Dienste (**OTT-Dienste**)[31] wie Skype, Viber oder WhatsApp, FaceTime, vernetzte Geräte und Maschinen (**Ma-

---

[23] S. http://www.europarl.europa.eu/sides/getDoc.do?type=REPORT&reference=A8-2017-0324&language=EN, zuletzt abgerufen am 3.7.2018.
[24] S. http://www.europarl.europa.eu/sides/getDoc.do?pubRef=-%2f%2fEP%2f%2fNONSGML%2bCOMPARL%2bPE-606.011%2b01%2bDOC%2bPDF%2bV0%2f%2fEN, zuletzt abgerufen am 3.7.2018.
[25] Kritisch BDZV E-Privacy-Votum des Europäischen Parlaments gefährdet freien Journalismus im Netz, abrufbar unter http://www.bdzv.de/nachrichten-und-service/presse/pressemitteilungen/artikel/detail/e-privacy-votum-des-europaeischen-parlaments-gefaehrdet-freien-journalismus-im-netz/, zuletzt abgerufen am 7.12.2017.
[26] Zur ePrivacy-VO E vgl. auch Engeler/Felber ZD 2017, 251 ff.
[27] Vgl. auch Punkt 1.2. Kohärenz mit den bestehenden Vorschriften in diesem Bereich, 3 sowie ErwGr 5 der Entwurfsfassung der ePrivacy-VO vom 10.1.2017 der Europäischen Kommission, 2017/0003 (COD), abrufbar unter https://ec.europa.eu/digital-single-market/en/news/proposal-regulation-privacy-and-electronic-communications, zuletzt abgerufen am 29.9.2017.
[28] DSK Positionspapier Zur Anwendbarkeit des TMG für nicht-öffentliche Stellen ab dem 25.5.2018, Stand: 26.4.2018, abrufbar unter https://www.datenschutz-berlin.de/pdf/publikationen/DSK/2018/2018-DSK-Positionsbestimmung_TMG.pdf, zuletzt abgerufen am 2.7.2018; aA Schmitz in Spindler/Schmitz TMG Vorb zu §§ 11 ff. Rn. 8 ff.
[29] Pohle ZD-Aktuell 2017, 05452.
[30] Vgl. ErwGr 9 der Entwurfsfassung der ePrivacy-VO vom 10.1.2017 der Europäischen Kommission, 2017/0003 (COD), abrufbar unter https://ec.europa.eu/digital-single-market/en/news/proposal-regulation-privacy-and-electronic-communications, zuletzt abgerufen am 29.9.2017.
[31] Over-the-top-Dienste meint etwa VOIP-Dienste, Sofortnachrichtenübermittlung (Instant-Messaging) und webgestützte E-Mail-Dienste, vgl. Punkt 1.1. Gründe und Ziele des Vorschlags, 2, der Entwurfsfassung der ePrivacy-VO v. 10.1.2017 der Europäischen Kommission, 2017/0003 (COD), abrufbar unter https://

chine-to-Machine-Kommunikation), **Cookie-Tracking** und die **Einwilligung** in die Verwendung von E-Mail-Adressen zu Werbezwecken. Auch die ePrivacy-VO E strebt va ein einheitliches Schutzniveau für die Rechte und Freiheiten der europäischen Verbraucher bei der Nutzung elektronischer Kommunikationsdienste an.[32] Dabei geht es nicht nur um den Schutz personenbezogener Daten, sondern auch um die **Vertraulichkeit der Kommunikation.** Insbesondere sollen neben den Kommunikationsinhaltsdaten auch die **Metadaten** (zB Zeitpunkt und Dauer der Kommunikation, Standortdaten, Empfänger der Nachricht etc) geschützt werden.[33] So sieht Art. 6 Abs. 2 ePrivacy-VO E vor, dass die Verarbeitung der Kommunikationsmetadaten nur unter bestimmten Voraussetzungen, etwa zu Abrechnungs- oder Qualitätssicherungszwecken, stattfinden darf. Eine darüberhinausgehende Verarbeitung bedarf der **Einwilligung,** wenn nicht andere in derselben Norm vorausgesetzte Anforderungen an die Verarbeitung der Kommunikationsmetadaten erfüllt sind.[34] Des Weiteren sieht Art. 7 Abs. 2 ePrivacy-VO E eine Löschung oder Anonymisierung der Kommunikationsmetadaten vor, sobald sie für die Übermittlung einer Kommunikation nicht mehr benötigt werden.

Weitere Änderungen sind für den Einsatz von **Cookies** und sonstigen Trackingwerkzeuge zu erwarten. So enthält der erste Entwurf der EU-Kommission die Vorgabe, dass die Nutzung der Daten von Endgeräten nur erlaubt ist, wenn der Nutzer eingewilligt hat.[35] Diese sog „Cookie-Regelung" ist jedoch zum Zeitpunkt der Drucklegung dieses Beitrags noch sehr umstritten.[36] Während das EU-Parlament,[37] der EU-Datenschutzbeauftragte Buttarelli,[38] das Unabhängige Landeszentrum für Datenschutz Schleswig-Holstein (ULD)[39] und die Artikel 29-Datenschutzgruppe[40] für eine strenge Regelung und Umsetzung dieser Regelung plädieren, fordern va Verlage[41] sowie teilweise auch der EU-Rat[42] Einschränkungen.

Ferner soll es den Nutzern ermöglicht werden, ihre **Einwilligung über die Browsereinstellung** zu erteilen.[43] So können sie festlegen, ob generell Cookies akzeptiert werden sollen oder nicht. Webbrowser übernehmen insofern die Rolle eines „Gatekeepers" und helfen den Nutzern, ein Speichern von Daten in ihren Endgeräten bzw. den Zugriff auf

---

ec.europa.eu/digital-single-market/en/news/proposal-regulation-privacy-and-electronic-communications, zuletzt abgerufen am 29.9.2017; zu OTT-Diensten vgl. auch Maier/Schaller ZD 2017, 373 ff.

[32] Weiden GRUR 2017, 256 (256).
[33] Weiden GRUR 2017, 256 (256).
[34] Vgl. auch ErwGr 14 bis 18 der Entwurfsfassung der ePrivacy-VO vom 10.1.2017 der Europäischen Kommission, 2017/0003 (COD), abrufbar unter https://ec.europa.eu/digital-single-market/en/news/proposal-regulation-privacy-and-electronic-communications, zuletzt abgerufen am 29.9.2017.
[35] Vgl. Art. 8 sowie ErwGr 20 der Entwurfsfassung der ePrivacy-VO vom 10.1.2017 der Europäischen Kommission, 2017/0003 (COD), abrufbar unter https://ec.europa.eu/digital-single-market/en/news/proposal-regulation-privacy-and-electronic-communications, zuletzt abgerufen am 29.9.2017.
[36] Ausführlich zu den einzelnen Ansichten Lurtz ZD-Aktuell 2017, 05707.
[37] European Parliament Committee on Civil Liberties, Justice and Home Affairs (LIBE), Draft Report 2017/0003(COD) v. 9.6.2017, abrufbar unter http://www.europarl.europa.eu/sides/getDoc.do?pubRef=-//EP//NONSGML+COMPARL+PE-606.011+01+DOC+PDF+V0//EN, zuletzt abgerufen am 2.10.2017.
[38] Vgl. European Data Protection Supervisor, Opinion 6/2017, EDPS Opinion on the Proposal for a Regulation on Privacy and Electronic Communications (ePrivacy Regulation), 24.4.2017, 16 und 17 (Punkt 3.4 Consent must be freely given: 'tracking walls' must come down).
[39] Vgl. ausführliche Kritik von Engeler/Felber ZD 2017, 251 (254).
[40] Vgl. ausführliche Kritik der Artikel 29-Datenschutzgruppe, Opinion 01/2017 on the Proposed Regulation for the ePrivacy Regulation (2002/58/EC), WP 247, 4.4.2017, 15 (Punkt 20. The ePrivacy Regulation should explicitly prohibit tracking walls…).
[41] Vgl. offenen Brief der FAZ sowie anderer europäischer Verlage an das Europäische Parlament, abrufbar unter http://www.faz.net/aktuell/eprivacy-verordnung-faz-schickt-offenen-brief-an-die-eu-15037279.html, zuletzt abgerufen am 2.10.2017.
[42] Council of the European Union, 9324/17, 19.5.2017, abrufbar unter http://data.consilium.europa.eu/doc/document/ST-9324-2017-INIT/en/pdf, zuletzt abgerufen am 2.10.2017.
[43] ErwGr 22 der Entwurfsfassung der ePrivacy-VO vom 10.1.2017 der Europäischen Kommission, 2017/0003 (COD), abrufbar unter https://ec.europa.eu/digital-single-market/en/news/proposal-regulation-privacy-and-electronic-communications, zuletzt abgerufen am 2.10.2017.

diese Daten zu verhindern. Die Artikel 29-Datenschutzgruppe begrüßt zwar die Zustimmungsmöglichkeit zu einzelnen konkreten Tracking-Zielen für jede Website, spricht sich jedoch gegen die Möglichkeit einer pauschalen und unspezifischen Einwilligung durch Inanspruchnahme dieser technischen Möglichkeit aus. Die Vorgabe einer Gewährleistung von Datenschutz durch Browsereinstellungen setzt das bereits in der DS-GVO verankerte Prinzip des Datenschutzes durch technische Voreinstellungen (**Privacy by Default**) fort, nimmt jedoch mit dem Browser einen nicht zwingend mit dem Verantwortlichen personenidentischen Mittler in die Verantwortung.[44]

4. Bereichsspezifische Regelungen

17   Mit Geltung von DS-GVO, ePrivacy-VO E und BDSG werden einzelne bereichsspezifische Datenschutzregelungen, wie etwa des **TMG** (in seinen datenschutzrechtlichen Regelungen des Abschnitts 4) und **TKG** (in seinen datenschutzrechtlichen Regelungen des Teils 7), verdrängt. Denn Art. 95 DS-GVO enthält zwar eine Kollisionsregel zum Verhältnis der DS-GVO zur ePrivacy-RL, wonach natürlichen oder juristischen Personen in Bezug auf die Verarbeitung in Verbindung mit der Bereitstellung öffentlich zugänglicher elektronischer Kommunikationsdienste in öffentlichen Kommunikationsnetzen in der Union durch die DS-GVO keine zusätzlichen Pflichten auferlegt werden, soweit sie besonderen in der ePrivacy-RL festgelegten Pflichten unterliegen, die dasselbe Ziel verfolgen. Die Vorschriften aus dem 4. Abschnitt des TMG stellen jedoch vorrangig eine Umsetzung der durch die DS-GVO aufgehobenen Datenschutzrichtlinie dar. Art. 95 DS-GVO findet daher auf sie keine Anwendung. Damit können die §§ 12, 13, 15 TMG insbes. bei der Beurteilung der Rechtmäßigkeit der Reichweitenmessung und des Einsatzes von Tracking-Mechanismen, die das Verhalten von betroffenen Personen im Internet nachvollziehbar machen, ab dem 25. 5. 2018 nicht mehr angewendet werden.[45]

18   Eine **Anpassung** auch der übrigen bereichsspezifischen Datenschutzregelungen im Lichte der DS-GVO ist notwendig.[46] Das KUG bleibt zumindest für den Bereich journalistischer, wissenschaftlicher literarischer und künstlerischer Bildnisverwendung als Sonderregelung iSd Art. 85 Abs. 2 DS-GVO erhalten. Ob es darüber hinaus zur Anwendung gelangt, hängt va davon ab, ob Art. 85 Abs. 1 DS-GVO als eigenständige Öffnungsklausel zu verstehen ist. Die Abwägungsgrundsätze des § 23 KUG lassen sich aber als vom EGMR nicht beanstandet ohne Weiteres im Rahmen des Art. 6 Abs. 1 lit. f DS-GVO zur Anwendung bringen.[47] Im Falle künstlerischer Fotografien spricht sich der Hamburgische Datenschutzbeauftragte für Datenschutz und Informationsfreiheit explizit dafür aus, dass sich der Fotograf auf Art. 6 Abs. 1 lit. f DS-GVO stützen kann.[48]

III. Einzelprobleme

1. Verarbeitungsgrundsätze

19   Die bereits unter Geltung der Datenschutzrichtlinie existenten Verarbeitungsgrundsätze bleiben auch unter dem Geltungsregime der DS-GVO im Wesentlichen erhalten oder werden sogar ergänzt (zu den Einzelheiten → § 3 Rn. 1 ff.). Im Folgenden werden ledig-

---

[44] Artikel 29-Datenschutzgruppe, Opinion 01/2017 on the Proposed Regulation for the ePrivacy Regulation (2002/58/EC), WP 247, 4.4.2017, 17 (Punkt 24. Firstly, the Proposed Regulation incorrectly suggests that valid consent can be given through non-specific brwoser settings...).
[45] HM DSK Positionspapier Zur Anwendbarkeit des TMG für nicht-öffentliche Stellen ab dem 25.5.2018, Stand: 26.4.2018, abrufbar unter https://www.datenschutz.rlp.de/fileadmin/lfdi/Dokumente/Orientierungshilfen/DSK_Positionsbestimmung_TMG.pdf, zuletzt abgerufen am 1.5.2018.
[46] So auch Düwell jurisPR-ArbR 22/2017 Anm. 1; BR-Drs. 110/17, 2.
[47] Specht in Dreier/Schulze KUG § 23 Rn. 1.
[48] Vermerk des HmbBfDI, abrufbar unter https://www.filmverband-suedwest.de/wp-content/uploads/2018/05/Vermerk_DSGVO.pdf, zuletzt abgerufen am 10.5.2018.

lich die für den Kunden- und Verbraucherdatenschutz besonders relevanten Verarbeitungsgrundsätze erläutert.

a) Insbes. Grundsatz der Datensparsamkeit (Datenminimierung). Vor Inkrafttreten der DS-GVO war der Grundsatz der Datensparsamkeit (auch Datenvermeidung oder Datenminimierung) im sekundären Gemeinschaftsrecht nicht ausdrücklich geregelt. Vielmehr wurde dieser Grundsatz aus dem Erforderlichkeitsgrundsatz abgeleitet.[49] Im nationalen Recht fand sich in § 3a BDSG aF eine ausdrückliche Regelung (**„Datenvermeidung und Datensparsamkeit"**). Nunmehr ist in Art. 5 Abs. 1 lit. c DS-GVO explizit normiert, dass personenbezogene Daten dem Zweck angemessen und erheblich sowie auf das für die Zwecke der Verarbeitung notwendige Maß beschränkt sein müssen (**„Grundsatz der Datenminimierung"**). Dieser Grundsatz findet auch Berücksichtigung in Art. 25 Abs. 1 DS-GVO, der die Anforderungen an den **Datenschutz durch Technikgestaltung** regelt. Die verantwortliche Stelle muss demnach grundsätzlich prüfen, ob bestimmte personenbezogene Daten für **den konkreten Zweck erforderlich und angemessen** sind und ob es ggf. andere Möglichkeiten zur Erreichung des beabsichtigten Zwecks gibt, die weniger in die Rechte des Betroffenen eingreifen.[50] Dabei sollen in analogen Medien insbesondere Möglichkeiten der **Schwärzung** von nicht erforderlichen Daten in Betracht gezogen werden. Technisch ist es mittlerweile auch mit relativ geringem Aufwand möglich, standardmäßig bestimmte Datenfelder durch Konfiguration zu ignorieren.[51]

b) Grundsatz der Zweckbindung. Eine Datenverarbeitung darf grundsätzlich nur zweckgebunden erfolgen, Art. 8 Abs. 2 S. 1 GRCh. Gemäß Art. 5 Abs. 1 lit. b DS-GVO müssen personenbezogene Daten für zum Zeitpunkt der Datenverarbeitung **festgelegte, eindeutige und legitime Zwecke** erhoben werden und dürfen nicht in einer mit diesen Zwecken nicht zu vereinbarenden Weise weiterverarbeitet werden (→ § 3 Rn. 85 ff.).[52] Mit Blick auf den derzeitigen Vorschlag der bulgarischen Ratspräsidentschaft für ErwGr 21a ePrivacy-VO E ließe sich durchaus vertreten, dass eine Cookie-Nutzung zu Zwecken der Identifikation des Nutzers bereits ganz generell illegitim ist und daher ausscheidet.[53]

Der Grundsatz der Zweckbindung ist regelmäßig im Zusammenspiel mit dem Grundsatz der **Transparenz** zu lesen, denn die Einwilligung in eine Datenverarbeitung ist nur dann wirksam, wenn der Zweck nicht nur legitim, sondern auch genau umschriebenen ist.[54] Eine **Zweckänderung** ist nur zulässig, wenn auch hierfür eine informierte und freiwillige Einwilligung vorliegt, eine unionsrechtliche oder mitgliedstaatliche Rechtsvorschrift dies erlaubt oder der neue Zweck mit dem Ursprungzweck vereinbar ist, was sich nach den Kriterien des Art. 6 Abs. 4 lit. a-e DS-GVO richtet (→ § 3 Rn. 88 ff.).[55]

Im Hinblick auf den Kundendatenschutz stellt sich insbesondere die Frage, wie präzise der Zweck angegeben werden muss. Denn va im Falle moderner Datenverarbeitungsmethoden wie die Big Data-Analysen gestaltet sich eine präzise Zweckangabe im Vorfeld der Datenverarbeitung schwierig. Big Data-Datenbestände zeichnen sich durch das sog **3-V-Modell** aus (Volume, Velocity, Variety).[56] Es handelt sich in der Regel um eine ganz erhebliche Menge von Daten (Volume), die unstrukturiert ist (Variety) und in sehr kurzer

---

[49] Schulz in BeckOK DatenschutzR BDSG § 3a Rn. 8.
[50] Reimer in Sydow DS-GVO Art. 5 Rn. 29–33; ebenfalls verankert in Art. 25 DS-GVO, vgl. hierzu Mantz in Sydow DS-GVO Art. 25 Rn. 50.
[51] Nelles/Becker ZD 2017, 419 (422).
[52] ErwGr 39 DS-GVO.
[53] S. https://www.bvdw.org/fileadmin/bvdw/upload/dokumente/recht/e_privacy_verordnung/Bulg.RatsP_zu_ePrivacyVO_v._22.03.2018.pdf, zuletzt abgerufen am 3.7.2018.
[54] ErwGr 32 DS-GVO.
[55] Ausführlich dazu Culik/Döpke ZD 2017, 226 (228).
[56] Ausführlich zum sog 3-V-Modell vgl. Hackenberg in HSH HdB MultimediaR Teil 16.7 Rn. 1–6.

Zeit unter Einsatz verschiedener komplexer Algorithmen verarbeitet wird (Velocity).[57] Wesensmerkmal der Big Data-Analyse ist es, den Zweck der Datenverarbeitung flexibel zu halten.[58] Es wird nach bislang unbestimmten Zusammenhängen zwischen den Daten gesucht, indem Daten, die auf den ersten Blick nichts miteinander zu tun haben, zueinander in Beziehung gesetzt werden.[59] Die Präzision der Zweckangabe hängt zwar vom Einzelfall ab, jedenfalls aber darf der Zweckbindungsgrundsatz nicht durch einen allumfassenden Primärzweck ausgehebelt werden.[60] Big Data-Analysen erfolgen in der Regel auch nicht zu statistischen Zwecken, die in der Zweckangabe privilegiert sind. Bei der Datenerhebung für statistische Zwecke kann eine enge und konkrete Zweckbindung der Daten nicht verlangt werden, weil es zum Wesen der Statistik gehört, dass die Daten nach ihrer statistischen Aufbereitung für die verschiedensten, nicht von vornherein bestimmbaren Aufgaben verwendet werden sollen.[61] Diese im Volkszählungsurteil getroffene Privilegierung gilt allerdings allein für Datenverarbeitungen im öffentlichen Interesse und nicht auch für Datenverarbeitungen zu kommerziellen Zwecken.[62]

24 **Ausnahmen** vom sog Grundsatz der Zweckbindung sind insbes. in Art. 5 Abs. 1 lit. b Hs. 2 DS-GVO vorgesehen. Danach gilt es als mit den ursprünglichen Zwecken vereinbar, wenn eine Weiterverarbeitung für im öffentlichen Interesse liegende Archivzwecke,[63] für wissenschaftliche oder historische Forschungszwecke oder für statistische Zwecke[64] erfolgt. Mit dieser Ausnahmevorschrift wird also eine Vereinbarkeit mit dem ursprünglichen Erhebungszweck fingiert (vgl. hierzu auch → § 23 Rn. 56).[65]

2. Einwilligungserfordernis

25 Im Hinblick auf den Grundsatz des Verbots mit Erlaubnisvorbehalt gilt die **Einwilligung** als wohl wichtigstes Instrument zur Gewährleistung eines angemessenen Kundendatenschutzes. Der Betroffene kann eine Einwilligung in die Datenverarbeitung allerdings nur erklären, wenn er vollständig über alle entscheidungsrelevanten Informationen aufgeklärt ist und entsprechende Risiken und Vorteile abschätzen kann.[66] Die Informationsvermittlung durch den Verantwortlichen muss dementsprechend zeitlich noch vor der Einwilligungserklärung erfolgen. Gemäß ErwGr 42 DS-GVO muss die betroffene Person mindestens wissen, wer der **Verantwortliche** ist und für welche **Zwecke** die sie betreffenden personenbezogenen Daten verarbeitet werden sollen. Darüber hinaus schreibt Art. 7 Abs. 3 S. 3 DS-GVO vor, dass die betroffene Person vor Abgabe der Einwilligung über die Möglichkeit des Widerrufs zu informieren ist. Außerdem kann es für die Entscheidung des Betroffenen bedeutend sein, wer **potenzieller Datenempfänger** ist, ob dieser sich ggf. in einem **Drittland** aufhält oder welche **Verarbeitungs- und Speicherdauer** in Bezug auf die von der Einwilligung umfassten Daten beabsichtigt ist.[67] Für die Anforderungen an die Herstellung der Informiertheit ist es sinnvoll, sich an den Vorgaben aus Art. 13 und 14 DS-GVO zu orientieren.[68] Wird der Betroffene **auf elektronischem**

---

[57] Vgl. auch Hackenberg in HSH HdB MultimediaR Teil 16.7 Rn. 1.
[58] Weichert ZD 2013, 251 (256); Culik/Döpke ZD 2017, 226 (230).
[59] Kring Informatik 2014, 551 (553) mwN, abrufbar unter https://subs.emis.de/LNI/Proceedings/Proceedings232/551.pdf, zuletzt abgerufen am 11.8.2017; zu dieser Thematik vgl. auch Boehme-Neßler Bilder-Recht.
[60] Hierzu umfassend Specht GRUR Int. 2017, 1040 ff.
[61] BVerfG NJW 1984, 419 (423) – Volkszählung.
[62] Hierzu eingehend Specht GRUR Int. 2017, 1040 mwN.
[63] Vom deutschen Gesetzgeber in § 28 BDSG geregelt.
[64] Vom deutschen Gesetzgeber in § 27 BDSG geregelt.
[65] Vgl. ausführlich zu den Ausnahmen vom Grundsatz der Zweckbindung Frenzel in Paal/Pauly DS-GVO Art. 5 Rn. 32–33; Schantz in BeckOK DatenschutzR DS-GVO Art. 5 Rn. 18–23.
[66] Ingold in Sydow DS-GVO Art. 7 Rn. 34.
[67] Ingold in Sydow DS-GVO Art. 7 Rn. 35; zur Übermittlung in ein Drittland vgl. Lange/Filip in BeckOK DatenschutzR DS-GVO Art. 49 Rn. 7–8.
[68] Ingold in Sydow DS-GVO Art. 7 Rn. 35.

Weg zur Einwilligung aufgefordert, so wird im ErwGr 32 S. 6 DS-GVO zum Ausdruck gebracht, dass die Aufforderung in klarer und knapper Form und ohne unnötige Unterbrechung des Dienstes, für dessen Inanspruchnahme die Einwilligung erteilt wird, erfolgen muss. Ob bereits ein Pop-Up-Fenster eine solche unnötige Unterbrechung ist, ist streitig.[69] Eine Einwilligungsmöglichkeit durch Browser-Einstellungen ist hier sicherlich eine sinnvolle Alternative.[70]

Trotz dieser formal recht hohen Anforderungen an die Wirksamkeit der Einwilligung versagt sie als Instrument zur Gewährleistung tatsächlicher informationeller Selbstbestimmung zunehmend, weil die erforderliche Informationsvermittlung nicht stets auch die Informiertheit des Betroffenen zur Folge hat. Untersuchungen der Konsumentenverhaltensforschung belegen, dass eine steigende Informationsmenge zunächst zwar zur Erhöhung der **subjektiven Entscheidungseffizienz** beiträgt.[71] In Anbetracht **begrenzter kognitiver Fähigkeiten** ist der Einzelne aber ab einer individuell bestimmten Informationsmenge nicht mehr in der Lage, die ihm zur Verfügung gestellte Information auch tatsächlich aufzunehmen.[72] Die Informationsaufnahme sinkt, es kann sogar zum Abbruch der gesamten Informationsaufnahme kommen.[73] Bekannt ist dies va unter dem Schlagwort „Clicking without reading"-Phänomen: Der Betroffene scrollt die Datenschutzerklärung lediglich herunter und setzt einen Haken bei der Einwilligungserklärung, ohne die Datenschutzerklärung tatsächlich zu lesen.[74] Die DS-GVO wollte zur Lösung dieses Problems ursprünglich auf das Instrument der Informationsvisualisierung zurückgreifen, in die finale Fassung der DS-GVO hat ein konkreter Entwurf visueller Symbole jedoch keinen Eingang gefunden, Art. 12 Abs. 8 enthält lediglich die **Befugnisübertragung** an die Kommission, gem. Art. 92 DS-GVO delegierte Rechtsakte zur Bestimmung der Informationen, die durch Bildsymbole darzustellen sind, und der Verfahren für die Bereitstellung standardisierter Bildsymbole zu erlassen.[75] Aus anderen Disziplinen sind die Vorteile der Informationsvisualisierung allerdings bekannt und es wird sich ihrer bedient. Die Informationsvisualisierung nutzt die wissenschaftlich erwiesene Erkenntnis, dass die **kognitiven Fähigkeiten** des Menschen deutlich besser auf Bilder als auf Texte ansprechen.[76] Man spricht auch vom sog **Bildüberlegenheitseffekt.** Dieser erklärt sich insbesondere daraus, dass Bilder ganzheitlich aufgenommen werden, Texte dagegen sequenziell.[77] Für die Aufnahme eines Bildes in einer Form, dass es später wiedererkannt werden kann, benötigt das menschliche Gehirn für ein Bild mittlerer Komplexität im Durchschnitt etwa eine bis zwei Sekunden, während sich in derselben Betrachtungszeit nur etwa fünf bis zehn Worte eines einfachen Textes aufnehmen lassen.[78] Bilder aktivieren, wenn sie in Signalfarben erscheinen und werden deutlich besser erinnert als Text.[79] Es kann daher nur angeraten

---

[69] Vgl. Schantz/Wolff in Schantz/Wolff Das neue DatenschutzR Teil D Rn. 499 mwN.
[70] Härting DS-GVO-HdB Rn. 364.
[71] Arnold GfK 1990, 150 (152).
[72] Specht/Bienemann in SWW HdB DatenR; Buck in BeckOGK BGB § 675 Rn. 212 ff.; Köndgen BKR 2011, 283 (283 ff.); Eidenmüller JZ 2005, 216 (218 ff.); Koch BKR 2012, 485 (485); Koller FS Huber, 821 (824 ff.); Spindler FS Säcker, 469 (474 ff.); Sedlmeier Rechtsgeschäftliche Selbstbestimmung im Verbrauchervertrag, 134 ff.; Möllers/Kernchen ZGR 2011, 1 (1 ff.); Arendts Die Haftung für fehlerhafte Anlageberatung, 23; vgl. dazu auch Specht Diktat der Technik.
[73] Martinek in Grundmann Systembildung und Systemlücken in Kerngebieten des Europäischen Privatrechts, 511 (524); vgl. dazu auch Specht Diktat der Technik.
[74] Specht/Bienemann in SWW HdB DatenR; Arnold/Hillebrand/Waldburg DuD 2015, 730 (730 ff.); Kühnl Persönlichkeitsschutz 2.0, 342; Calo Notre Dame Law Rev. 2012, 1027 (1071); Heckmann/Paschke in Ehmann/Selmayr DS-GVO Art. 12 Rn. 52.
[75] Siehe Vorschläge der EU für Bildsymbole abgedruckt hier Franck in Gola DS-GVO Art. 12 Rn. 47.
[76] Kroeber-Riel Bildkommunikation, 26 f., 53 ff.; vgl. dazu auch Maar in Maar/Burda Iconic Worlds, 11.
[77] Bauer/Fischer/McInturff ZfbF 51 (9/1999), 805 (815); Schierl Text und Bild in der Werbung, 228.
[78] Kroeber-Riel Bildkommunikation, 53; vgl. zur Geschwindigkeit visueller Kommunikationsaufnahme: Boehme-Neßler BilderRecht, 64 f.
[79] Zu den Gründen vgl. Kroeber-Riel Bildkommunikation, 73 ff. mwN; zur Bildererinnerung vgl. auch Madigan in Yuille, Imagery, Memory and Cognition, 65 (65 ff.); Specht Diktat der Technik; vgl. zum Ganzen auch Specht/Bienemann in SWW HdB DatenR.

sein, auf gesetzgeberischer Ebene zum Zwecke der effizienteren Informationsvermittlung auf die Entwicklung einheitlicher standardisierter Bildsymbole zur Vermittlung datenschutzrechtlicher Information hinzuwirken.

27 **a) Koppelungsverbot. aa) Relatives oder absolutes Koppelungsverbot?** Mit der DS-GVO wird ein allgemeines **Koppelungsverbot** eingeführt, das in dieser Form im nationalen Datenschutzrecht bislang nicht existent war. Allein § 28 Abs. 3b BDSG aF und § 95 Abs. 5 TKG verbaten es, die Leistungserbringung von einer Einwilligung in die Datenverarbeitung abhängig zu machen, wenn ein zumutbarer Zugang zu gleichwertigen Alternativangeboten nicht bestand. Art. 7 Abs. 4 DS-GVO geht deutlich über diese bereichsspezifischen Koppelungsverbote hinaus. Dennoch verfolgt es weiterhin den Zweck, die Freiwilligkeit der Einwilligung zu wahren. Der Betroffene soll **ohne Zwang** frei entscheiden können, ob er die Einwilligung in die Datenverarbeitung erteilt, oder nicht.[80] Nach Art. 7 Abs. 4 DS-GVO muss

„bei der Beurteilung, ob die Einwilligung freiwillig erteilt wurde, […] dem Umstand in größtmöglichem Umfang Rechnung getragen werden, ob […] die Erfüllung eines Vertrags, einschließlich der Erbringung einer Dienstleistung, von der Einwilligung zu einer Verarbeitung von personenbezogenen Daten abhängig ist, die für die Erfüllung des Vertrags nicht erforderlich sind."

28 Nach ErwGr 43 DS-GVO, der freilich nicht unmittelbar in den Verordnungstext einbezogen, der aber bei seiner Auslegung zu berücksichtigen ist,[81] gilt die Einwilligung in die Datenverarbeitung als nicht freiwillig erteilt, wenn die Erfüllung eines Vertrags bzw. die Erbringung einer Dienstleistung von der Einwilligung in die Datenverarbeitung abhängig gemacht wird, obwohl diese für die Erfüllung des Vertrags nicht erforderlich ist. Ein Verstoß gegen diese Regelung hat zur Folge, dass die Einwilligung wegen der fehlenden Freiwilligkeit unwirksam und die Datenverarbeitung daher verboten ist.[82] Historisch und teleologisch mit ErwGr 43 DS-GVO argumentiert, lässt sich das Koppelungsverbot zwar auf eine widerlegliche Vermutung reduzieren, ist die Erfüllung eines Vertrags aber aufgrund möglicher bestehender Zurückbehaltungsrechte von der Einwilligung abhängig, dürfte diese Vermutung nicht widerlegt sein. Die Artikel 29-Datenschutzgruppe hat sich daher zuletzt insgesamt gegen die Möglichkeit ausgesprochen, die Einwilligung als Gegenleistung im Vertrag erklären zu können.[83] Dies lässt sich jedoch auch anders sehen: Das Koppelungsverbot ist Ausprägung des Grundsatzes der Freiwilligkeit und soll den Betroffenen daher va davor schützen, der Fremdbestimmung eines Dritten unterworfen zu sein. Das Rechtsgeschäft aber ermöglicht es, sich in Ausübung der Privatautonomie selbst zu binden und verlangt daher eine Selbstverpflichtung. In dieser Situation kommt es nicht darauf an, ob die Einwilligung freiwillig erteilt wird, sondern ob das Vertragsverhältnis, das zu ihrer Erteilung verpflichtet, freiwillig geschlossen wurde und die Selbstverpflichtung daher in Fremdbestimmung ausgeübt wurde. Der Maßstab, an dem dieses Verhalten zu messen ist, ist aber va Art. 102 AEUV bzw. § 19 GWB sowie §§ 134, 138 BGB und nicht das Koppelungsverbot.[84] Eine absolute Lesart des Koppelungsverbotes würde selbst ganz bewusste einvernehmliche Parteiabsprachen verbieten, die die Einwilligung zur Gegenleistung in einem Vertragsverhältnis erklären. Eine solch weitreichende Einschränkung der Privatautonomie hatte die DS-GVO aber nicht vor Augen und sie wäre vor dem

---

[80] Ausführlich zum Koppelungsverbot Stemmer in BeckOK DatenschutzR DS-GVO Art. 7 Rn. 40–47.
[81] EuGH Slg. 1989, 2789 – Casa Fleischhandels GmbH.
[82] Dix ZEuP 2017, 1 (4).
[83] Artikel 29-Datenschutzgruppe, Guidelines to Consent under Regulation 2016/679, WP 259, 28.11.2017, 9.
[84] Heckmann/Paschke in Ehmann/Selmayr DS-GVO Art. 7 Rn. 52, Frenzel in Paal/Pauly DS-GVO Art. 7 Rn. 21; Buchner/Kühling in Kühling/Buchner DS-GVO Art. 7 Rn. 48; Schulz in Gola DS-GVO Art. 7 Rn. 27; aA Stemmer in BeckOK DatenschutzR DS-GVO Art. 7 Rn. 41; vgl. zu diesem Problemkomplex auch Buchner Informationelle Selbstbestimmung im Privatrecht, 267 ff.; Buchner DuD 2016, 155 (159).

Hintergrund, dass jede Einschränkung der verfassungsrechtlich geschützten Privatautonomie erforderlich und angemessen sein muss, auch nicht gerechtfertigt. Zwar ist die Privatautonomie in die GRCh nicht explizit aufgenommen (Art. 6 GRCh betrifft die körperliche Bewegungsfreiheit, nicht aber die sonstige Handlungsfreiheit), verschiedene Ausprägungen, wie etwa die Berufsfreiheit (Art. 15 GRCh) oder die Eigentumsgarantie in Art. 17 GRCh sind aber sehr wohl erfasst und auch das in AEUV und EUV skizzierte Modell der offenen Wettbewerbsmärkte geht implizit von der Verbürgung der Privatautonomie aus. Auch unionsrechtlich ist die Privatautonomie insofern geschützt. Hinzu kommt, dass der Anwendungsbereich der Einwilligung umfassend reduziert wäre, wenn das Koppelungsverbot absolut verstanden würde. Denn eine Datenverarbeitung, die zur Erfüllung eines Vertrags erforderlich ist, ist in der Regel bereits über Art. 6 Abs. 1 lit. b DS-GVO zulässig und bedarf daher keiner Einwilligung.[85]

bb) Anwendbarkeit in Ungleichgewichtssituationen. ErwGr 43 DS-GVO enthält weiterhin einen Passus, nach dem die Einwilligung 29

„in besonderen Fällen, wenn zwischen der betroffenen Person und dem Verantwortlichen ein klares Ungleichgewicht besteht, insbesondere wenn es sich bei dem Verantwortlichen um eine Behörde handelt, und es deshalb in Anbetracht aller Umstände in dem speziellen Fall unwahrscheinlich ist, dass die Einwilligung freiwillig gegeben wurde, keine gültige Rechtsgrundlage liefern [soll]."

Behörden können eine Datenverarbeitung insofern weder im Bereich der Eingriffs-, 30 noch im Bereich der Leistungsverwaltung auf eine Einwilligung stützen. Im zivilrechtlichen Bereich stellt sich die Frage, ob das von ErwGr 43 DS-GVO in Bezug genommene klare Ungleichgewicht generell in arbeitsrechtlichen Situationen sowie im Verhältnis Verbraucher-Unternehmer anzunehmen ist. Im Arbeitsrecht ist dies bereits deshalb abzulehnen, weil der Gesetzgeber es den Mitgliedstaaten in ErwGr 155 DS-GVO explizit überlässt,

„spezifische Vorschriften für die Verarbeitung personenbezogener Beschäftigtendaten im Beschäftigungskontext [vorzusehen], und zwar insbesondere Vorschriften über die Bedingungen, unter denen personenbezogene Daten im Beschäftigungskontext auf der Grundlage der Einwilligung des Beschäftigten verarbeitet werden dürfen […]."

Im Verhältnis Unternehmer–Verbraucher ließe sich argumentieren, dass für letztge- 31 nannte auch im Hinblick auf andere Regelungen eine strukturelle Unterlegenheit anerkannt wird und diese Regelungen gerade auch unionsrechtlich harmonisierte Rechtsgebiete betreffen. Dies ist etwa der Fall in strukturellen Unterlegenheitssituationen aufgrund von Informationsasymmetrien,[86] deren Ausgleich die §§ 312 ff. BGB intendieren. Allerdings soll in derartigen strukturellen Unterlegenheitssituationen bei Erklärung der datenschutzrechtlichen Einwilligung gerade die Anwendung der AGB-Kontrolle vor missbräuchlichen Klauseln schützen, ErwGr 42 S. 3 DS-GVO.[87] Diese Regelung wäre überflüssig, wenn ein Unternehmer bereits generell eine Verarbeitungsbefugnis nicht über eine Einwilligung begründen könnte. Insofern kann ein klares Ungleichgewicht, wie es ErwGr 43 DS-GVO voraussetzt, für das Verhältnis Verbraucher–Unternehmer jedenfalls nicht generell vom Normgeber intendiert gewesen sein.[88] Freilich ist es aber nicht ausgeschlossen, eine solche Situation auch im Verhältnis Verbraucher-Unternehmer anzunehmen, wenn hierfür besondere Gründe, die vom Verbraucher vorzubringen sind, vorliegen.

---

[85] Hierzu bereits eingehend Specht DGRI-Jahrbuch 2017.
[86] Bachmann JZ 2008, 11 (12); eingehend Fleischer Informationsasymmetrie im Vertragsrecht.
[87] Vgl. hierzu auch Schantz/Wolff in Schantz/Wolff Das neue DatenschutzR Teil D Rn. 512.
[88] Vgl. hierzu auch Buchner DuD 2016, 155 (158).

32 **b) Form (keine Schriftlichkeit, Einwilligung in AGB etc).** Für die Einwilligung im Sinne des Art. 4 Nr. 11 DS-GVO ist die Schriftform nicht zwingend. Nach ErwGr 32 DS-GVO reicht es aus, wenn die Einwilligung „durch eine eindeutige bestätigende Handlung erfolgt, mit der freiwillig, für den konkreten Fall, in informierter Weise und unmissverständlich bekundet wird, dass die betroffene Person mit der Verarbeitung der sie betreffenden personenbezogenen Daten einverstanden ist". Die **Einwilligungserklärung** kann schriftlich, elektronisch oder auch mündlich erfolgen.[89] Dementsprechend hat der Verantwortliche die Wahl, ob er eine **konkludente** Einwilligung aus einer entsprechenden Handlung des Betroffenen **deutet,** eine **explizite Einwilligung** einzelfallspezifisch oder auch **formularmäßig** vorbereitet, unterschreiben lässt oder sich die Einwilligung (fern-) mündlich einholt.[90] Eine Ausnahme gilt im Arbeitsrecht, wo die Einwilligung weiterhin grds. schriftlich einzuholen ist, vgl. § 26 Abs. 2 S. 3 BDSG. Der Verantwortliche muss ohnehin nachweisen können, dass der Betroffene in die Verarbeitung der ihn betreffenden personenbezogenen Daten eingewilligt hat, Art. 7 Abs. 1 DS-GVO,[91] weshalb sich auch außerhalb des Arbeitsrechts für den Verantwortlichen empfiehlt, die Einwilligung des Betroffenen schriftlich oder elektronisch einzuholen.[92]

33 Ein **Schweigen** oder das bloße Untätigbleiben der betroffenen Person reicht nicht aus, um eine Einwilligung anzunehmen;[93] vielmehr muss die Einwilligung stets durch eine **eindeutige, bestätigende Handlung** erfolgen.[94] So kann in der einfachen Nutzung eines Online-Dienstes eine Einwilligung in die Verarbeitung der anfallenden Daten nicht gesehen werden.[95] Auch Installation und Nutzung einer Anwendung, zB einer App, sind nicht per se als Einwilligung in die Verarbeitung der bei Gebrauch der Anwendung anfallenden personenbezogenen Daten, etwa zu Werbezwecken, zu verstehen.[96] Ebenso wenig kann die bloße Weiternutzung einer Website nach Einblendung eines Cookie-Banners, das nicht das aktive Erklären einer Einwilligung erfordert, als eine solche Einwilligung gedeutet werden.[97] ErwGr 32 DS-GVO stellt klar, dass der Betroffene bei Online-Diensten seine Einwilligung in die Datenverarbeitung aktiv und eindeutig erklären muss, indem er etwa ein entsprechendes Kästchen auf der Website anklickt **(Opt In)** oder über die Einstellungen seines Smartphones oder Browsers bestimmte Datenverarbeitungsprozesse der jeweiligen Apps ausdrücklich erlaubt.[98]

34 Schließlich stellt sich die Frage, welche Anforderungen an eine **vorformulierte Einwilligungserklärung** zu stellen sind. Erfolgt die Einwilligung des Betroffenen durch eine schriftliche Erklärung, die auch andere Sachverhalte betrifft, so ist es zwingend geboten, das Ersuchen um die Einwilligung derart zu formulieren, gestalten und zu platzieren, dass es erstens für den Betroffenen durch eine klare und einfache Sprache verständlich und zweitens von den anderen Sachverhalten klar zu unterscheiden ist, Art. 7 Abs. 2 DS-GVO.[99] Demzufolge ist eine vorformulierte Einwilligungserklärung im Rahmen **Allgemeiner Geschäftsbedingungen** zwar grundsätzlich möglich. Diese darf jedoch nicht versteckt sein oder in den Bestimmungen der AGB untergehen, sondern muss sich klar von dem Inhalt der AGB abgrenzen.[100] Der Betroffene muss also deutlich erkennen kön-

---

[89] ErwGr 32 DS-GVO.
[90] Ingold in Sydow DS-GVO Art. 7 Rn. 22.
[91] Nationale Vorschrift § 51 Abs. 1 BDSG.
[92] Ingold in Sydow DS-GVO Art. 7 Rn. 21.
[93] ErwGr 32 DS-GVO.
[94] Albrecht/Jotzo Das neue DatenschutzR Teil 3 Rn. 39; ErwGr 32 DS-GVO.
[95] Albrecht/Jotzo Das neue DatenschutzR Teil 3 Rn. 39.
[96] Albrecht/Jotzo Das neue DatenschutzR Teil 3 Rn. 39.
[97] Venzke-Caprarese DuD 2017, 577 (580).
[98] Albrecht/Jotzo Das neue DatenschutzR Teil 3 Rn. 39.
[99] Wendehorst/Graf von Westphalen NJW 2016, 3745 (3745); vgl. zur Zumutbarkeit bei versteckten Hinweisen (Möglichkeit zur Kenntnisnahme) Ernst ZD 2017, 110 (113).
[100] Albers in BeckOK DatenschutzR DS-GVO Art. 6 Rn. 24; Wendehorst/Graf von Westphalen NJW 2016, 3745 (3745).

nen, dass es sich um zwei verschiedene Sachverhalte handelt, und er muss Bedeutung und Tragweite der vorformulierten Einwilligungserklärung verstehen können. Abheben lassen sich Einwilligungsklauseln etwa durch Fettdruck. Zudem unterliegen vorformulierte Einwilligungserklärungen der **AGB-Kontrolle** nach der Richtlinie 93/13/EWG.[101] Dies hat zur Folge, dass vorformulierte Einwilligungserklärungen etwa bei Verwendung **missbräuchlicher Klauseln** unwirksam sein können.[102]

c) Opt Out/Opt In/Double Opt In/Triple Opt In. Bislang konnte eine Einwilligung 35 durchaus im Rahmen eines Opt Out-Verfahrens eingeholt werden.[103] Die DS-GVO verlangt dem Betroffenen nunmehr ein aktives Tätigwerden ab, um eine wirksame Einwilligung zu erklären, vgl. Art. 4 Nr. 11 DS-GVO. ErwGr 32 DS-GVO verdeutlicht explizit, dass der Betroffene beim Besuch einer Website ein Kästchen aktiv anklicken muss **(Opt In)**, um seine Einwilligung zu erklären. Dagegen ist es nicht ausreichend, wenn bereits angekreuzte Kästchen vorhanden sind und der Betroffene gänzlich untätig bleibt, von seiner Abwahlmöglichkeit also keinen Gebrauch macht **(Opt Out)**.[104] In diesen Fällen fehlt die gemäß Art. 4 Nr. 11 DS-GVO erforderliche eindeutige bestätigende Handlung. Die Annahme einer Einwilligung durch das bloße Untätigsein des Betroffenen stellte bereits in der Vergangenheit die für die Einwilligung vorausgesetzte Informiertheit sowie die **Freiwilligkeit** elementar in Frage und war daher nicht mit dem **Recht auf informationelle Selbstbestimmung** zu vereinbaren.[105] Zu Recht sieht die DS-GVO daher strengere Einwilligungsvoraussetzungen vor.

Die den Datenverarbeiter treffende Beweislast lässt es auch weiterhin ratsam erschei- 36 nen, die Einwilligung nicht nur mittels bloßer „**Single Opt In**"-Erklärung einzuholen, etwa durch das Eintragen der E-Mail-Adresse auf der Website eines Online-Diensteanbieters,[106] da dies unproblematisch auch durch einen unbefugten Dritten erfolgen kann.[107] Sinnvoll ist es vielmehr weiterhin, die Einwilligung der betroffenen Person im Wege des sog **Double Opt In-Verfahrens**[108] einzuholen und zu dokumentieren. Hierbei willigt der Nutzer zunächst in die Datenverarbeitung ein und bestätigt diese Einwilligung anschließend durch das Anklicken eines Links, der ihm per E-Mail zugesandt wird.[109] Durch dieses Verfahren wird festgestellt, dass es sich bei der auf die E-Mail reagierende Person mit großer Wahrscheinlichkeit um dieselbe Person handelt, die bereits die E-Mail-Adresse eingegeben und in die Verarbeitung der angegebenen personenbezogenen Daten einschließlich der E-Mail-Adresse eingewilligt hat.[110] Dies wird insbesondere dann wichtig, wenn es um die Einwilligung in E-Mail-Werbung geht, für die es auch nach alter Rechtslage bereits einer eindeutig bestätigenden Handlung bedurfte, § 7 Abs. 2 Nr. 3 UWG. Zu Recht hatte der BGH daher seinerzeit bereits die sog „**Tell-a-Friend**"-Funktion für unzulässig befunden, mit der va Soziale Netzwerke unverlangt Werbe-E-Mails an Kontakte bereits registrierter Nutzer veranlassten, ohne dass diese Kontakte ihre Einwilligung hierzu erklärt hatten.[111]

---

[101] Nationale Vorschriften in §§ 305 ff. BGB.
[102] ErwGr 42 DS-GVO; Albrecht/Jotzo Das neue DatenschutzR Teil 3 Rn. 42; Albers in BeckOK DatenschutzR DS-GVO Art. 6 Rn. 24.
[103] BGH NJW 2010, 864; GRUR 2008, 1010 – Payback zur Entscheidung zur Teilunwirksamkeit einer formularmäßigen Opt Out-Erklärung; Spindler/Nink in Spindler/Schuster TMG § 13 Rn. 13.
[104] ErwGr 32 DS-GVO; kritisch zu den Änderungen durch die DS-GVO mit der Auffassung, die Einwilligung werde als Legitimationsgrundlage deutlich geschwächt, Härting ITRB 2016, 36 (40).
[105] Spindler/Nink in Spindler/Schuster TMG § 13 Rn. 13.
[106] BGH GRUR 2011, 936 – Double-opt-in-Verfahren.
[107] BGH GRUR 2011, 936 (940); aA OLG München MMR 2013, 38 (39): Nach Auffassung des OLG München stellt auch eine E-Mail, mit der zur Bestätigung einer Bestellung im Double Opt In-Verfahren aufgefordert wird, eine unzulässige Werbung gem. § 7 Abs. 2 Nr. 3 UWG dar.
[108] Oder Confirmed Opt In-Verfahren.
[109] BGH GRUR 2011, 936 (940).
[110] Lichtnecker/Plog in NK-MedienR Abschn. 28 Werberecht der elektronischen Medien Rn. 80.
[111] BGH GRUR 2013, 1259 – Empfehlungs-E-Mail.

37 Die im Rahmen des Double Opt In-Verfahrens erforderliche Bestätigungsmail ist zwar selbst keine Werbung (sie wurde zwar in der Vergangenheit vereinzelt als solche qualifiziert,[112] mittlerweile dürfte sich die Gegenauffassung aber durchgesetzt haben),[113] wenn sie entsprechend formuliert wird. Die für eine Einwilligung erforderliche Informiertheit erfordert es aber, dass die Bestätigungsmail alle für eine wirksame Einwilligung erforderlichen Hinweispflichten nochmals wiedergibt.[114]

38 Das Triple Opt In-Verfahren letztlich ist eine Variante des Double Opt In-Verfahrens, bei dem der Kunde angeben kann, aus welchen Bereichen er Werbung erhalten möchte. Das Triple Opt In-Verfahren gewährleistet daher die weitreichendste informationelle Selbstbestimmung des Betroffenen.

39 **d) Einwilligung durch Do-not-Track-Einstellungen.** Grds. adressiert die DS-GVO auch die Technik. Mit Art. 25 DS-GVO sollen datenschutzfreundliche Voreinstellungen zum Standard sowie datenschutzrechtliche Vorgaben auch im Übrigen technisch gewährleistet werden. Vor diesem Hintergrund sind sog **Do-not-Track-Mechanismen (DNT)**, die es dem Nutzer ermöglichen, über die Einstellungen im Browser eine Einwilligung in die Datenerhebung durch Tracking-Tools bestimmter Online-Diensteanbieter abzugeben oder zu verweigern, im Grundsatz zu begrüßen. Die Einwilligung wird durch die Nutzung dieser Voreinstellungen allerdings bislang nicht bestimmt und „für den konkreten Fall" abgegeben, wie es ErwGr 32 DS-GVO voraussetzt.[115] Andererseits ermöglichen derartige Voreinstellungen jedenfalls ein Mindestmaß informationeller Selbstbestimmung und damit bereits weit mehr, als es die individuelle Einwilligung derzeit aufgrund des Problems der Informationsüberlastung zu leisten imstande ist.[116] Hier ließe sich daran denken, technische Standards zu normieren, denen Do-not-Track-Mechanismen folgen müssen, um wirksame Einwilligungen zu gewährleisten. Gleiches gilt für pauschale Einwilligungen zur Datenerhebung durch alle Apps, die auf einem Smartphone installiert sind, zB durch Standardeinstellungen des Smartphones.[117] De lege lata erfüllen Do-not-Track-Mechanismen aber wohl nicht die Anforderungen an eine wirksame Einwilligung.

40 **e) Anforderungen des § 7 UWG.** Von der datenschutzrechtlichen Einwilligung ist die **wettbewerbsrechtliche Einwilligung** im Sinne von § 7 UWG zu unterscheiden. Während sich die datenschutzrechtliche Einwilligung gemäß Art. 4 Nr. 11 DS-GVO lediglich auf die Erlaubnis der Verarbeitung der personenbezogenen Daten zu einem bestimmten Zweck (etwa zu Werbezwecken) erstreckt, handelt es sich bei der Einwilligung im Sinne des § 7 UWG um eine solche, die dem Werbetreibenden erlaubt, den Verbraucher zu Werbezwecken (zB per Anruf oder E-Mail) zu kontaktieren.

41 Aus den datenschutzrechtlichen Vorschriften lässt sich ableiten, dass personalisierte Werbung im Grundsatz nicht verboten ist.[118] Wettbewerbsrechtlich unterliegt sie zumindest dann, wenn spezifische Werbeformen gewählt werden, zB eine Werbeansprache per E-Mail, dem **Grundsatz des Verbots mit Erlaubnisvorbehalt,** was sich bislang aus § 7

---

[112] LG Berlin CR 2003, 219 mit ablehnender Anm. Eckhardt.
[113] LG München Beschl. v. 10.7.2009 – 161 C 16680/09; vgl. AG Düsseldorf Urt. v. 14.7.2009 – 48 C 1911/09; vgl. LG Essen Urt. v. 20.4.2009 – 4 O 368/08; AG Berlin-Mitte Urt. v. 11.6.2008 – 21 C 43/08; LG Berlin Urt. v. 23.1.2007 – 15 O 346/06; AG München Urt. v. 16.11.2006 – 161 C 29330/06; AG Hamburg Urt. v. 11.10.2006 – 6 C 404/06.
[114] So zutreffend Eckhard in Auer-Reinsdorff/Conrad HdB IT- und DatenschutzR § 25 Rn. 119.
[115] Ingold in Sydow DS-GVO Art. 7 Rn. 44; vgl. insbesondere auch die ausführliche Kritik der Artikel 29-Datenschutzgruppe, Opinion 01/2017 on the Proposed Regulation for the ePrivacy Regulation (2002/58/EC), WP 247, 4.4 2017, 17, Punkt 24: „However, as general browser settings are not intended to apply to the application of a tracking technology in one individual case, they are unsuitable for providing consent under Article 7 and recital 32 of the GDPR (as the consent is not informed and specific enough) …".
[116] Venzke-Caprarese DuD 2017, 577 (582).
[117] Spindler/Nink in Spindler/Schuster TMG § 13 Rn. 14.
[118] BGH MMR 2013, 380 (381).

Abs. 2 Nr. 3 UWG ergibt. Liegt die Einwilligung in den Erhalt von Werbung nicht vor, so stellt die Werbeansprache gemäß § 7 UWG grundsätzlich eine **unzumutbare Belästigung** für den Verbraucher dar.[119] Darüber hinaus ist die Einwilligung eines Verbrauchers in Werbeanrufe bzw. Werbe-E-Mails nur dann wirksam, wenn seine **Willensbekundung ohne Zwang, für den konkreten Fall** und **in Kenntnis der Sachlage** erfolgt.[120] Zu beachten ist ferner, dass Werbung per E-Mail (vor allem der Versand von Newslettern) die **vorherige ausdrückliche Einwilligung** des Verbrauchers voraussetzt, § 7 Abs. 2 Nr. 2, 3 UWG. Die Einwilligung konnte in dieser Fallgruppe daher auch bislang nur mittels **Opt In-Erklärung,** also durch aktives Tätigwerden erfolgen. **Opt Out-Erklärungen** sind von der Vorschrift des § 7 Abs. 2 Nr. 2, 3 UWG nicht gedeckt.[121] § 7 Abs. 3 UWG sieht allerdings **Ausnahmen** von diesem ausdrücklichen Einwilligungserfordernis vor. Danach ist eine unzumutbare Belästigung bei einer Werbung unter Verwendung elektronischer Post nicht anzunehmen, wenn ein Unternehmer im Zusammenhang mit dem Verkauf von Waren oder Dienstleistung von dem Kunden dessen elektronische Postadresse erhalten hat, der Unternehmer die Adresse zur Direktwerbung für eigene ähnliche Waren oder Dienstleistungen verwendet, der Kunde der Verwendung nicht widersprochen hat und der Kunde bei Erhebung der Adresse und bei jeder Verwendung klar und deutlich darauf hingewiesen wird, dass er der Verwendung jederzeit widersprechen kann, ohne dass hierfür andere als die Übermittlungskosten nach den Basistarifen entstehen.[122] Die Voraussetzungen der Ausnahmevorschrift müssen kumulativ vorliegen. Die gesetzgeberische Wertung geht davon aus, dass der Kunde, der mit dem Unternehmer bereits eine **Geschäftsbeziehung** eingegangen ist, auch weiterhin Informationen, etwa zu ähnlichen Waren oder Dienstleistungen, erhalten möchte.[123] Die Ausnahmevorschrift des § 7 Abs. 3 UWG stellt somit ein **bedingtes Opt Out-Verfahren** dar. Kommt es zur Verabschiedung der ePrivacy-VO, so werden die Vorgaben des Art. 7 Abs. 2, 3 UWG voraussichtlich von den Vorgaben der Verordnung zu E-Mail- und Telefonwerbung verdrängt.

f) Stellvertretung. Ob die datenschutzrechtliche Einwilligung in Stellvertretung erteilt werden kann, ist zwar streitig,[124] es darf aber darauf hingewiesen sein, dass die Bevollmächtigung eines Dritten gerade Ausprägung des informationellen Selbstbestimmungsrechts ist und jeder Eingriff in dieses Recht einer Rechtfertigung bedarf. Das informationelle Selbstbestimmungsrecht kann dabei grundsätzlich auch zum Schutze seiner selbst eingeschränkt werden, wenn und soweit dies erforderlich und angemessen ist. Mit der Möglichkeit der Stellvertretung einhergehende Nachteile für den Betroffenen, die so schwer wiegen, dass eine solche Einschränkung des informationellen Selbstbestimmungsrechts zum Schutze seiner selbst erforderlich ist, sind aber nicht ersichtlich. Eine Stellvertretung ist damit grds. zulässig. Dies gilt freilich nur, wenn eine wirksame Bevollmächtigung vorliegt. Klauseln, mit denen sich Betroffene damit einverstanden erklären, dass Datenverarbeiter auf Daten über Kontakte aus dem Adressbuch zugreifen können, sind unwirksam.[125] Lässt der Betroffene die Erhebung von Drittdaten zu oder leitet diese an einen Datenverarbeiter weiter, stellt dies eine Verletzung des Datenschutzrechts dar, für die der Betroffene datenschutzrechtlich belangt werden kann. Ist der Betroffene minder-

42

---

[119] Vgl. insbesondere die Fälle in § 7 Abs. 2 UWG, in denen eine unzumutbare Belästigung stets anzunehmen ist.
[120] BGH MMR 2013, 380 (381); GRUR 2008, 923 (925); ausführlich zu den Tatbestandsvoraussetzungen vgl. Köhler in Köhler/Bornkamm UWG § 7 Rn. 149 ff.
[121] Vgl. hierzu insbesondere BGH GRUR 2008, 1010 (1012) – Payback.
[122] Ausführlich zu den Tatbestandsvoraussetzungen der Ausnahmevorschrift Habermeier/Ludyga in MSF HdB VertriebsR § 43 Rn. 32–36 mwN.
[123] Habermeier/Ludyga in MSF HdB VertriebsR § 43 Rn. 32.
[124] Dafür BGHZ 45, 193 (195); Kühling in BeckOK DatenschutzR BDSG § 4a Rn. 47; Gola/Klug/Körffer in Gola/Schomerus BDSG § 4a Rn. 25; Holznagel/Sonntag in Roßnagel DatenschutzR-HdB Kap. 4.8 Rn. 27; dagegen Simitis in Simitis BDSG § 4a Rn. 31.
[125] Buchner/Kühling DuD 2017, 544 (548) mwN.

jährig, resultiert hieraus eine Vermögensgefährdung des Kindes. Gem. § 1666 BGB kann das Familiengericht den Eltern aufgeben, die Nutzung entsprechender Dienste durch das Kind zu unterbinden, wenn diese Dienste einen solchen Datenzugriff bzw. eine solche Datenverarbeitung vorsehen.[126]

43 **g) Widerruflichkeit.** Die Einwilligung kann **jederzeit** von dem Betroffenen **widerrufen** werden, Art. 7 Abs. 3 DS-GVO.[127] Abzugrenzen ist der Widerruf vom Widerspruch gegen eine Datenverarbeitung (Art. 21 DS-GVO, vgl. hierzu → Rn. 61).[128] Der Betroffene muss gemäß Art. 7 Abs. 3 S. 3 DS-GVO vor Abgabe seiner Einwilligung über die Möglichkeit des Widerrufs informiert werden. Ein **Widerrufsgrund** muss **nicht genannt** werden.[129] Die Einwilligung kann nur mit **Wirkung ex nunc** widerrufen werden. Demnach wird die Datenverarbeitung, die bis dato rechtmäßig auf der Grundlage der Einwilligung erfolgt ist, von dem Widerruf nicht berührt, Art. 7 Abs. 3 S. 2 DS-GVO. Dies bedeutet allerdings nicht, dass der Datenbestand, der bis dahin rechtmäßig vom Verantwortlichen verarbeitet wurde, unbegrenzt erhalten bleiben kann. Art. 17 Abs. 1 lit. b DS-GVO gebietet die Löschung dieser Daten, sofern die Datenverarbeitung nicht noch auf einen anderen Rechtfertigungsgrund gestützt werden kann.[130] Der Widerruf der Einwilligung muss so einfach wie die Erteilung der Einwilligung möglich sein, Art. 7 Abs. 3 S. 4 DS-GVO. Demnach kann der Widerruf also **schriftlich, elektronisch oder mündlich** gegenüber dem Verantwortlichen erklärt werden. Das Widerrufsrecht ist aufgrund seiner Menschenwürdekomponente nicht abdingbar und entfällt insbesondere auch dann nicht, wenn die Einwilligung als Gegenleistung im Vertrag erteilt wird.[131] Zwar erscheint es aus zivilrechtlicher Perspektive zunächst logische Konsequenz einer Gegenleistungspflicht zu sein, dass diese im Grundsatz klagbar und zumindest nicht einseitig ohne Verletzung der vertraglichen Pflichten durch die Vertragsgegenseite „rückholbar" zu sein hat.[132] Der vertragsrechtliche Umgang mit personenbezogenen Daten unterliegt aber den Vorgaben des Datenschutzrechts. Das informationelle Selbstbestimmungsrecht wirkt über die mittelbare Drittwirkung auch in das Privatrecht. Den Staat treffen entsprechende Schutzpflichten. Eine Einschränkung der jederzeitigen Widerruflichkeit der Einwilligung scheidet aus diesem Grunde aus.[133]

44 **h) Einwilligung von Kindern, Art. 8 DS-GVO.** Die Einwilligung von Kindern unter 16 Jahren richtet sich jedenfalls für die Verarbeitung durch Dienste der Informationsgesellschaft (Art. 4 Nr. 25 DS-GVO) nach Art. 8 DS-GVO (→ § 3 Rn. 69). In Bezug auf die

---

[126] AG Bad Hersfeld Beschl. v. 20.3.2017 – F 111/17 EASO sowie Beschl. v. 15.5.2017 – F 120/17 EASO.
[127] Nationale Vorschrift in § 51 Abs. 3 BDSG.
[128] Ingold in Sydow DS-GVO Art. 7 Rn. 45.
[129] Ingold in Sydow DS-GVO Art. 7 Rn. 45.
[130] Wendehorst/Graf von Westphalen NJW 2016, 3745 (3745); Ingold in Sydow DS-GVO Art. 7 Rn. 48; Peuker in Sydow DS-GVO Art. 17 Rn. 18.
[131] Langhanke Daten als Leistung, 118; Bearbeiter in Schaffland/Wiltfang BDSG § 4a, Rn. 27; Simitis in Simitis BDSG § 4a Rn. 95; Scheja/Haag in MAH IT-Recht Abschn. 5 Rn. 80; vgl. auch § 6 Abs. 1 BDSG; Holznagel/Sonntag in Roßnagel DatenschutzR-HdB Rn. 4; Thüsing/Traut in Thüsing Beschäftigtendatenschutz und Compliance § 5 Rn. 34 mwN, der nur den völlig grundlosen Widerruf für nach Treu und Glauben (§ 242 BGB) beachtlich hält; aA Sattler JZ 2017, 1036ff., der allerdings die Widerruflichkeit allein bei der vertraglich als Gegenleistung geschuldeten Einwilligung einschränken will, nicht aber die Widerruflichkeit der einseitig erklärten Einwilligung.
[132] So auch Langhanke Daten als Leistung, 118; Bearbeiter in Schaffland/Wiltfang BDSG § 4a Rn. 27; Simitis in Simitis BDSG § 4a Rn. 95; Scheja/Haag in MAH IT-Recht Abschn. 5 Rn. 80; vgl. auch § 6 Abs. 1 BDSG; Holznagel/Sonntag in Roßnagel DatenschutzR-HdB Rn. 4; Thüsing/Traut in Thüsing Beschäftigtendatenschutz und Compliance § 5 Rn. 34 mwN, der nur den völlig grundlosen Widerruf für nach Treu und Glauben (§ 242 BGB) beachtlich hält.
[133] Hierzu eingehend Specht DGRI-Jahrbuch 2017; ebenso Spindler DB 2016, 937 (940); Schantz/Wolff in Schantz/Wolff Das neue DatenschutzR Teil D Rn. 532; enger Buchner/Kühling in Kühling/Buchner DS-GVO Art. 7 Rn. 38; Schulz in Gola DS-GVO Art. 38 Rn. 47.

Einwilligungsfähigkeit von Kindern scheinen aber im Rahmen der hiesigen Ausführungen zwei Dinge relevant: Erstens gilt die Vorgabe des Art. 8 DS-GVO nicht für Verträge, in denen sich der betroffene Minderjährige zur Erklärung einer datenschutzrechtlichen Einwilligung verpflichtet, Art. 8 Abs. 4 DS-GVO. Es ist also durchaus möglich, dass ein solcher Vertrag, der rechtlich nachteilhaft ist, von einem 17-Jährigen nicht ohne die Einwilligung seines gesetzlichen Vertreters abgeschlossen werden kann (§ 107 BGB), der Vollzug dieses Rechtsgeschäfts durch Erklärung der Einwilligung aber sehr wohl wirksam ist, weil die Einwilligung selbst bereits ab 16 Jahren erteilt werden kann. Für diesen Fall ergibt sich ein bereicherungsrechtlicher Anspruch auf Löschung der betroffenen personenbezogenen Daten gem. § 812 Abs. 1 S. 1 Alt. 1 BGB. Zweitens ist bislang ungeklärt, wann der Minderjährige bei Einwilligungen außerhalb von Diensten der Informationsgesellschaft einwilligungsfähig ist. Auf nationale Rechtsprechung, die eine Einwilligungsfähigkeit erst ab 18 Jahren annehmen will, kann nicht länger abgestellt werden,[134] ebenso wenig kommt es künftig auf die Frage an, ob die Einwilligung Rechtsgeschäft oder Realakt ist und insofern die §§ 104 ff. BGB direkt oder entsprechend herangezogen werden können oder vielmehr auf die Einsichtsfähigkeit des Betroffenen abzustellen ist. Unionsrecht ist autonom auszulegen. Die Artikel 29-Datenschutzgruppe will eine Einzelfallbetrachtung vornehmen und auf den jeweiligen Reifegrad des Minderjährigen abstellen.[135] Letztlich wird diese Frage der EuGH zu entscheiden haben.

i) Fortgeltung von Alteinwilligungen. Auf Basis des bis zum 25.5.2018 geltenden Datenschutzrechts eingeholte Einwilligungen sind jedenfalls dann, wenn sie im Wege eines **Opt Out-Verfahrens** eingeholt wurden, ab dem 25.5.2018 unwirksam und daher erneut einzuholen. ErwGr 171 DS-GVO lässt Alteinwilligungen lediglich fortgelten, wenn „die Art der bereits erteilten Einwilligung den Bedingungen dieser Verordnung entspricht". Ob dies auch bedeutet, dass vor einer entsprechenden Einwilligung bereits in der Vergangenheit die nach der DS-GVO erforderlichen Informationspflichten (die zuvor nicht in diesem Umfang bestanden) erfüllt wurden, wird nicht einheitlich beurteilt,[136] die Formulierung des ErwGr 171 DS-GVO spricht allerdings dagegen. Unternehmen sind in Anbetracht der hohen Bußgelder gut beraten, sich nicht auf den Fortbestand von Alteinwilligungen zu verlassen. Soll vor diesem Hintergrund die Einwilligung erneuert werden, sollte dies vor dem 25.5.2018 unproblematisch gewesen sein, da eine Kontaktaufnahme mit dem Betroffenen zu diesem Zeitpunkt noch auf die wirksame Einwilligung gestützt werden konnte. Nach dem 25.5.2018 besteht mangels Fortgeltung der Einwilligung aber keine wirksame Rechtsgrundlage mehr, auf die die erneute Kontaktaufnahme gestützt werden kann. Datenschutzrechtlich kommt hier zwar Art. 6 Abs. 1 lit. f DS-GVO in Betracht, wettbewerbsrechtlich aber erfordert Art. 7 Abs. 2 Nr. 3 UWG eine vorherige ausdrückliche Einwilligung, auf die die Werbeansprache gestützt werden kann. Da auch die Bitte um eine erneute Einwilligung eine solche Werbeansprache darstellt, entspricht sie nicht den Vorgaben des Art. 7 Abs. 2 Nr. 3 UWG und ist daher unter wettbewerbsrechtlichen Gesichtspunkten angreifbar.

3. Erlaubnistatbestände

Liegt eine Einwilligung des Betroffenen im Sinne des Art. 6 Abs. 1 lit. a DS-GVO nicht vor, so kommen als Verarbeitungsgrundlage im Kundendatenschutz insbesondere die **Erlaubnistatbestände** des Art. 6 Abs. 1 lit. b und lit. f DS-GVO in Betracht (→ § 3

---

[134] BGH NJW 2014, 2282 – Nordjob-Messe.
[135] Artikel 29-Datenschutzgruppe, Arbeitspapier 1/2008 zum Schutz personenbezogener Daten von Kindern, WP 147, 18.2.2008, 6.
[136] Ablehnend etwa Düsseldorfer Kreis, Beschluss Fortgeltung bisher erteilter Einwilligungen unter der Datenschutz-Grundverordnung v. 13./14.9.2016, abrufbar unter https://www.bfdi.bund.de/SharedDocs/Publikationen/Entschliessungssammlung/DuesseldorferKreis/FortgeltungBisherErteilterEinwilligungen.pdf?__blob=publicationFile&v=1, zuletzt abgerufen am 17.5.2018.

Rn. 58 ff.). Soweit es um die Verarbeitung sensibler personenbezogener Daten geht, richtet sich die Rechtmäßigkeit der Verarbeitung nach Art. 9 DS-GVO sowie § 22 BDSG; spezifische Probleme des Kundendatenschutzes ergeben sich nicht. Das Verhältnis der Einwilligung zu den übrigen Erlaubnistatbeständen des Art. 6 DS-GVO ist durch den Wortlaut des Art. 6 DS-GVO geklärt. Dieser spricht explizit von „mindestens" einer Rechtsgrundlage, sodass alternativ auch weitere Rechtsgrundlagen benannt werden können, auf denen die Datenverarbeitung beruht. Der Betroffene ist über diese weiteren Verarbeitungsgrundlagen aber zu informieren (Art. 13 Abs. 1 lit. c DS-GVO), da ein Widerruf der Einwilligung in diesem Fall nicht zur Beendigung der Datenverarbeitung führt.[137] Ob die Datenverarbeitung stets vorrangig auf die Einwilligung statt auf die übrigen Verarbeitungsgrundlagen zu stützen ist, ist nicht abschließend geklärt. Jede Verarbeitung aufgrund der verschiedenen Verarbeitungsgrundlagen ist ein Eingriff in die Rechte aus Art. 7, 8 GRCh, der dem Grundsatz der Verhältnismäßigkeit unterliegt. Eine Einwilligung stellt sich hier zwar einerseits regelmäßig als milderes Mittel dar,[138] sie ist aber nicht stets gleich geeignet, da Art. 6 DS-GVO gerade auch solche Datenverarbeitungssituationen erfasst, in denen die durch die jederzeitige Widerruflichkeit der Einwilligung verursachte Rechtsunsicherheit nicht hingenommen werden kann (zB Art. 6 Abs. 1 lit. b DS-GVO) oder in denen die Verarbeitungsinteressen aus anderen Gründen gegenüber dem Betroffeneninteresse überwiegen. Die Verarbeitungsbefugnisse des Art. 6 Abs. 1 lit. b-f DS-GVO sind insofern Ausdruck der Rücksichtnahme auf die im selben Maße schützenswerten Grundrechtspositionen der Datenverarbeiter[139] und stehen daher grundsätzlich nicht in einem Rangverhältnis zu Art. 6 Abs. 1 lit. a DS-GVO.[140] Etwas anderes sieht die DS-GVO lediglich für den Erlaubnistatbestand des Art. 6 Abs. 1 lit. d DS-GVO vor (vgl. ErwGr 46 DS-GVO) sowie für die Verarbeitung besonderer Kategorien personenbezogener Daten in Art. 9 Abs. 1 lit. c DS-GVO vor.

47 **a) Vertragserfüllung, Art. 6 Abs. 1 lit. b DS-GVO.** Nach Art. 6 Abs. 1 lit. b DS-GVO ist die Verarbeitung personenbezogener Daten rechtmäßig, wenn die Verarbeitung für die Erfüllung eines Vertrags, dessen Vertragspartei die betroffene Person ist, oder zur Durchführung vorvertraglicher Maßnahmen erforderlich ist, die auf Anfrage der betroffenen Person erfolgen. Art. 6 Abs. 1 lit. b DS-GVO stellt also eine Rechtsgrundlage für den Fall dar, dass die Datenverarbeitung unmittelbar mit dem **konkreten Zweck einer Vertragserfüllung** verknüpft ist.[141] Erfasst sind alle rechtsgeschäftlichen und rechtsgeschäftsähnlichen Verhältnisse, die auf die privatautonome Entscheidung des Betroffenen zurückzuführen sind.[142] In Anbetracht dieses Telos des Art. 6 Abs. 1 lit. b DS-GVO kann sich der Erlaubnistatbestand allein auf die Durchführung **wirksamer Verträge** erstrecken. Verträge, die in **faktischen Zwangssituationen** (§ 138 BGB, Art. 102 AEUV, § 19 GWB) oder unter Verstoß gegen ein **gesetzliches Verbot** (§ 134 BGB) oder gegen **zwingendes Recht** geschlossen werden, legitimieren die Datenverarbeitung nach Art. 6 Abs. 1 lit. b DS-GVO ebenfalls nicht. Denn diese Bereiche sind der **Privatautonomie** von vornherein **entzogen.**[143] Legitimiert wird auch die Verarbeitung von **Daten Dritter,** denn der Wortlaut des Art. 6 Abs. 1 lit. b DS-GVO verlangt lediglich, dass die Datenverarbeitung für die Erfüllung eines Vertrages, dessen Vertragspartei die betroffene Person ist, erforderlich ist, nicht aber auch, dass es sich gerade um Daten des Betroffenen handelt.[144] Auch

---
[137] Schantz/Wolff in Schantz/Wolff Das neue DatenschutzR Teil D Rn. 475.
[138] Schantz/Wolff in Schantz/Wolff Das neue DatenschutzR Teil D Rn. 474.
[139] Albers in BeckOK DatenschutzR DS-GVO Art. 6 Rn. 14.
[140] Buchner/Petri in Kühling/Buchner DS-GVO Art. 6 Rn. 110; Albers in BeckOK DatenschutzR DS-GVO Art. 6 Rn. 36; aA Schantz/Wolff in Schantz/Wolff Das neue DatenschutzR Teil D Rn. 474; Drewes CR 2016, 721 (723).
[141] Albrecht/Jotzo Das neue DatenschutzR Teil 3 Rn. 43.
[142] Albers in BeckOK DatenschutzR DS-GVO Art. 6 Rn. 30.
[143] So zutreffend Reimer in Sydow DS-GVO Art. 6 Rn. 18.
[144] Albers in BeckOK DatenschutzR DS-GVO Art. 6 Rn. 30.

muss der Verantwortliche nicht zwingend der Vertragspartner des Betroffenen sein. Auch eine Datenverarbeitung durch Dritte, die freilich ebenfalls zur Erfüllung des Vertrags oder vorvertraglicher Maßnahmen mit dem Betroffenen erfolgen muss, sind erfasst.[145] Der Begriff der Erfüllung iSd Art. 6 Abs. 1 lit. b DS-GVO umfasst sämtliche Verarbeitungen, die auf dem (wirksamen) Vertrag beruhen. Gemeint sind insbesondere Datenverarbeitungen zu Zwecken des **Vertragsschlusses,** der **Vertragsdurchführung** sowie der **Vertragsbeendigung.**[146] Auch die Erfüllung von **Neben- und Sorgfaltspflichten** ist erfasst.[147] Wird die auf einen Vertragsschluss gerichtete Willenserklärung angefochten, wirkt die Anfechtung zwar ex-tunc, die Datenverarbeitung kann aber jedenfalls für den Fall eines Eigenschafts- oder Inhaltsirrtums lediglich ex-nunc unrechtmäßig werden. Etwas anderes ließe sich wohl nur für den Fall der arglistigen Täuschung begründen. Art. 6 Abs. 1 lit. b DS-GVO setzt keine Verhältnismäßigkeitsprüfung im engeren Sinne und damit keine **Interessenabwägung** voraus. Vielmehr wird – auch unter Berücksichtigung der informationellen Selbstbestimmung – unterstellt, dass die Interessen des Betroffenen durch seine freiwillige Zustimmung zum Vertrag nicht außer Verhältnis gestellt werden. Die vertragliche Einigung ist gewissermaßen die Perpetuierung eines für beide Seiten angemessenen Interessenausgleichs.[148]

Die Datenverarbeitung muss für die Erfüllung eines Vertrags, dessen Vertragspartei die betroffene Person ist, oder zur Durchführung vorvertraglicher Maßnahmen allerdings **erforderlich** sein. Dass sie für den Datenverarbeiter **wünschenswert, zweckdienlich** oder **nützlich** ist, reicht nicht aus.[149] Das Kriterium der Erforderlichkeit bestimmt sich nach der vertragscharakteristischen Leistung, die möglichst eng zu fassen und auf den eigentlichen Kern zu reduzieren ist.[150]

48

Datengetriebene Geschäftsmodelle wie Soziale Netzwerke könnten hier jedoch auf die Idee kommen, den Zweck eines Vertrags zur Inanspruchnahme ihrer Dienste so weit zu formulieren, dass die Verarbeitung sämtlicher personenbezogener Daten, die bei der Nutzung des Dienstes anfallen oder darüber hinaus zur Verfügung gestellt werden, zweckbedingt erforderlich sind, ihre Verarbeitung damit über Art. 6 Abs. 1 lit. b DS-GVO gerechtfertigt ist. Derartige weite Zweckbestimmungsklauseln dürften jedoch einer AGB-Kontrolle nicht standhalten. Ist bereits im Urheberrecht mehr als streitig, ob sog **Buy-Out-Verträge** wirksam sind,[151] in denen sich umfassende Kataloge aller denkbaren vom Urheber über entsprechende Nutzungsrechte einzuräumenden Nutzungsarten finden, die zwar konkret die Nutzungsbefugnisse des Erwerbers bezeichnen, die jedoch weit über den jeweiligen Vertragszweck hinausreichen, so kann an der **Unwirksamkeit derartiger Klauseln** im Datenschutzrecht kein Zweifel bestehen. Denn anders als der Übertragungszweckgedanke im Urheberrecht, bei dem zwar zu Unrecht aber va in der Rechtsprechung noch immer vertreten wird, es handele sich um eine reine Auslegungsregel ohne Leitbildfunktion,[152] widersprechen Buy-Out-Verträge im Datenschutzrecht nicht nur **elementaren datenschutzrechtlichen Grundsätzen** wie dem Grundsatz der Datenminimierung, sondern auch dem Ausgangspunkt des Datenschutzrechts, das eine Datenverarbeitung im Grundsatz verbietet und sie nur im Ausnahmefall gestattet. Dieses grundlegende **Verbotsprinzip** würde in sein **Gegenteil verkehrt,** wenn über Buy-Out-Verträge der Datenverarbeiter mittels möglichst weit gefasster AGB festlegen könnte, welche Daten er fortan verarbeiten darf, und welche nicht. Die Reichweite des Art. 6 Abs. 1

49

---

[145] Reimer in Sydow DS-GVO Art. 6 Rn. 18; Laue/Nink/Kremer in LNK Das neue DatenschutzR § 2 Rn. 26.
[146] Laue/Nink/Kremer in LNK Das neue DatenschutzR § 2 Rn. 26.
[147] Buchner/Petri in Kühling/Buchner DS-GVO Art. 6 Rn. 33.
[148] Ähnlich Ziegenhorn/von Heckel NVwZ 2016, 1585 (1588).
[149] Buchner/Petri in Kühling/Buchner DS-GVO Art. 6 Rn. 42.
[150] Buchner/Petri in Kühling/Buchner DS-GVO Art. 6 Rn. 40.
[151] Zum Streitstand vgl. Wandtke/Grunert in Wandtke/Bullinger UrhG § 31 Rn. 42 sowie Vor §§ 31 ff. Rn. 109, jeweils mwN.
[152] Grundlegend BGH GRUR 1984, 45 (49) – Honorarbedingungen.

lit. b DS-GVO bestimmt sich also nicht über die vom Datenverarbeiter einseitig festgelegte, sondern über die unter objektiven Gesichtspunkten zu bestimmende Erforderlichkeit.

50 **b) Interessenabwägung.** Für den Bereich des Kundendatenschutzes besonders relevant ist auch der Erlaubnistatbestand des Art. 6 Abs. 1 lit. f DS-GVO. Nach dieser Vorschrift ist die Datenverarbeitung rechtmäßig, wenn sie zur **Wahrung der berechtigten Interessen des Verantwortlichen oder eines Dritten erforderlich** ist und **schutzwürdige Interessen des Betroffenen** nicht überwiegen. Im Vergleich zur bisherigen Regelung der §§ 28 ff. BDSG aF enthält der Wortlaut der Vorschrift eine allgemeinere Formulierung, Präzisierungen finden sich nicht im Verordnungstext, sondern lediglich in den ErwGr und hier insbesondere in den ErwGr 47 bis 49 DS-GVO.[153] So sind Anwendungsfälle des bisherigen § 29 BDSG (Datenverarbeitung zu **Werbezwecken, Adresshandel,** Datenverarbeitung durch **Auskunfteien** etc) als berechtigtes Interesse im Rahmen der nach Art. 6 Abs. 1 lit. f DS-GVO vorzunehmenden Interessenabwägung anzusehen.[154] Die sehr weit formulierte Vorschrift des Art. 6 Abs. 1 lit. f DS-GVO ist als Generalklausel zu qualifizieren und dient daher gewissermaßen als Auffangtatbestand.[155] Für die Interessenabwägung ist die **Vorhersehbarkeit** der Datenverarbeitung für den Betroffenen mitentscheidend, womit vor allem dem **Transparenzgrundsatz** aus Art. 5 Abs. 1 lit. a DS-GVO Rechnung getragen wird.[156] Sind etwa bestimmte Umstände gegeben, die aufgrund einer (vertraglichen) Beziehung zwischen dem Betroffenen und dem Verantwortlichen bzw. Dritten eine Datenverarbeitung im Interesse des Verantwortlichen bzw. des Dritten legitim erscheinen lassen, so muss gleichzeitig in die Abwägung miteinbezogen werden, ob der Betroffene im konkreten Fall mit einer Datenverarbeitung rechnen kann oder sogar muss. Hat der Betroffene begründete Vertraulichkeitserwartungen, so spricht dies eher für ein Überwiegen der Betroffeneninteressen. Diese begründeten Vertraulichkeitserwartungen können aber durch hinreichende Information in der Datenschutzerklärung zerstört werden (freilich darf es dort dann aber nicht heißen: „Wir legen höchsten Wert auf die Vertraulichkeit der von Ihnen zur Verfügung gestellten personenbezogenen Daten").[157] Diese Vorgabe ähnelt der „reasonable expectation of privacy" des US-amerikanischen Rechts,[158] sie muss aber freilich nicht denselben Grundsätzen folgen. Art. 6 Abs. 1 lit. f DS-GVO ist autonom auszulegen. Ergibt eine **sorgfältige Interessenabwägung,** dass der Betroffene vernünftigerweise nicht mit einer Datenverarbeitung rechnen musste, so sollten die schutzwürdigen Interessen und Grundrechte des Betroffenen die Interessen des Verantwortlichen überwiegen.[159] Ausdrücklich erwähnt werden im ErwGr 47 DS-GVO die Fälle der **Betrugsbekämpfung** sowie der **Direktwerbung,** in denen ein berechtigtes Interesse für eine Datenverarbeitung angenommen werden kann. Schließlich erachtet ErwGr 49 DS-GVO eine Datenverarbeitung zum Zwecke der Gewährleistung der Netzwerk- und Informationssicherheit für erforderlich. ErwGr 38 DS-GVO sieht vor, dass Kindern ein besonderer Schutz insbesondere bei der Verarbeitung der sie betreffenden personenbezogenen Daten zu Werbezwecken oder bei der Erstellung von Persönlichkeits- oder Nutzerprofilen zukommen soll. Dies ist bei der Interessenabwägung entsprechend zu berücksichtigen.[160] Dennoch muss in jedem **Einzelfall** konkret entschieden werden, ob schutzwürdige Interessen des Betroffenen den berechtigten Inter-

---

[153] Albrecht/Jotzo Das neue DatenschutzR Teil 3 Rn. 51.
[154] Ziegenhorn/von Heckel NVwZ 2016, 1585 (1588).
[155] Laue/Nink/Kremer in LNK Das neue DatenschutzR § 2 Rn. 33.
[156] Albrecht/Jotzo Das neue DatenschutzR Teil 3 Rn. 51.
[157] Hierzu im Einzelnen Drewes CR 2016, 721 (723).
[158] Vgl. hierzu Freiwald Stan. Tech. L. Rev. 3 (2007).
[159] ErwGr 47 DS-GVO.
[160] Vgl. auch Weidert/Klar BB 2017, 1858 (1860).

essen des Verantwortlichen bzw. Dritten nicht entgegenstehen.[161] Ebenfalls in die Abwägung einbezogen werden muss, ob dem Betroffenen alternativ die Möglichkeit gegeben wurde, eine datenschutzrechtliche Einwilligung zu erklären. Versagt er diese, ist dies zu seinen Gunsten in die Interessenabwägung einzustellen.[162] Dagegen spricht eine bestehende Kundenbeziehung im Falle werblicher Ansprache eher für ein Überwiegen der Verarbeitungsinteressen, ebenso die Verwendung öffentlich zugänglicher Daten.[163] Erweisen sich die Betroffeneninteressen und die Interessen des Datenverarbeiters als gleichrangig, ist die Datenverarbeitung gem. Art. 6 Abs. 1 lit. f DS-GVO rechtmäßig („sofern nicht die Interessen oder Grundrechte und Grundfreiheiten der betroffenen Person, die den Schutz personenbezogener Daten erfordern, überwiegen").

c) Regelungen des BDSG. Das BDSG (→ Rn. 11 ff.) wurde im Rahmen der EU-Datenschutzreform als Ergänzungswerk ua zur DS-GVO verabschiedet und ist parallel zur DS-GVO seit dem 25.5.2018 anwendbar. Es enthält in den §§ 3, 4 BDSG Rechtsgrundlagen für die Verarbeitung personenbezogener Daten durch öffentliche Stellen sowie für Videoüberwachung in öffentlich zugänglichen Räumen.[164] Zu den **für Unternehmen relevanten Rechtsgrundlagen** vgl. → § 6 Rn. 1 ff. Die Vorschriften in den **§§ 22 bis 31 BDSG** enthalten spezielle Rechtsgrundlagen für die Verarbeitung personenbezogener Daten. **Vor allem sind die Anforderungen** an die **Verarbeitung besonderer Kategorien personenbezogener Daten in § 22 BDSG** von **Unternehmen** zu beachten. Hier hat der Bundesgesetzgeber von der Öffnungsklausel in Art. 9 Abs. 4 DS-GVO Gebrauch gemacht. Gemäß § 22 Abs. 1 lit. b BDSG gibt es grundsätzlich die Möglichkeit, **Patienten- bzw. Gesundheitsdaten** unter bestimmten Voraussetzungen zu verarbeiten. Wegen der hohen **Schutzbedürftigkeit** dieser **sensiblen Daten** sind zwingend die besonderen Anforderungen an die **Datensicherheit** zur Gewährleistung **eines angemessenen Datenschutzes** gemäß § 22 Abs. 2 BDSG einzuhalten.[165] 51

Eine weitere praxisrelevante Regelung für Unternehmen ist § 24 BDSG, der die Voraussetzungen für eine **zweckändernde Datenverarbeitung** normiert.[166] Die Vorschrift sieht drei Fälle vor, in denen die Datenverarbeitung zu einem anderen Zweck zulässig ist. Relevant für den Bereich des Kundendatenschutzes ist va die Vorschrift des § 24 Abs. 1 Nr. 2 BDSG, der eine zweckändernde Datenverarbeitung erlaubt, wenn sie zur Geltendmachung, Ausübung oder Verteidigung **zivilrechtlicher Ansprüche** erforderlich ist. In beiden Fällen dürfen nach einer Abwägung die **Interessen des Betroffenen** an dem Ausschluss der Verarbeitung nicht überwiegen. Betrifft die zweckändernde Verarbeitung besondere Kategorien personenbezogener Daten im Sinne von Art. 9 Abs. 1 DS-GVO, so muss zusätzlich ein Ausnahmetatbestand nach Art. 9 Abs. 2 DS-GVO oder nach § 22 BDSG erfüllt sein, § 24 Abs. 2 BDSG. Eine zweckändernde Verarbeitung von nicht-sensiblen Daten ist im Übrigen gem. Art. 6 Abs. 4 DS-GVO va dann zulässig, wenn der ande- 52

---

[161] Ausführlich und teilweise mit Beispielen etwa Frenzel in Paal/Pauly DS-GVO Art. 6 Rn. 31; Laue/Nink/Kremer in LNK Das neue DatenschutzR § 2 Rn. 35–36; Reimer in Sydow DS-GVO Art. 6 Rn. 59–64; zur Interessenabwägung im Falle von betroffenen Kindern vgl. Laue/Nink/Kremer in LNK Das neue DatenschutzR § 2 Rn. 44–46.
[162] Schantz/Wolff in Schantz/Wolff Das neue DatenschutzR Teil D Rn. 474.
[163] Drewes CR 2016, 721 (725); Weidert/Klar BB 2017, 1858 (1862).
[164] Zur Frage, ob die Regelung des § 3 BDSG angesichts der Wiederholung des Inhalts der Vorschrift aus Art. 6 Abs. 1 lit. e DS-GVO überhaupt erforderlich bzw. unionsrechtskonform ist, vgl. Wolff in BeckOK DatenschutzR BDSG § 3 Rn. 6–10 und 22–23.2; zur Frage der Unionsrechtskonformität von § 4 BDSG zur Videoüberwachung durch nicht-öffentliche Stellen, vgl. Kühling NJW 2017, 1985 (1987).
[165] § 22 Abs. 2 BDSG ist Ergebnis der Umsetzung der Vorgaben des Art. 9 Abs. 2 lit. b, g und i DS-GVO.
[166] Die Vorschriften zur zweckändernden Datenverarbeitung waren im Bundesgesetzgebungsverfahren stark umstritten, vgl. BR-Drs.110/1/17 (neu), 27 ff.; Pressemitteilung der DSK Entwurf zum Bundesdatenschutzgesetz verspielt Chance auf besseren Datenschutz! v. 1.2.2017, abrufbar unter http://www.lfd.niedersachsen.de/startseite/allgemein/presseinformationen/entwurf_zum_bundesdatenschutzgesetz_verspielt_chance_auf_besseren_datenschutz/02022017-150736.html, zuletzt abgerufen am 27.10.2017.

re Zweck mit demjenigen, zu dem die personenbezogenen Daten idR ursprünglich erhoben wurden, vereinbar ist (→ § 3 Rn. 89).

4. Betroffenenrechte

53 Mit der DS-GVO wurden die Rechte der Betroffenen in den Art. 12 bis 23 DS-GVO erweitert und gestärkt. Im Bereich des Kundendatenschutzes ergeben sich mit Blick auf diese Rechte aber keine spezifischen Probleme, die Betroffenenrechte folgen vielmehr im Grundsatz denselben Vorgaben, unabhängig davon, ob der Betroffene in einer Kundenbeziehung zum Verantwortlichen steht, oder nicht. Insofern wird im Folgenden nur kursorisch auf die einzelnen Vorschriften eingegangen und im Übrigen auf → § 3 Rn. 96 ff. verwiesen. Wesentlich erscheint an dieser Stelle aber der Hinweis darauf, dass die Betroffenenrechte zwingendes Recht darstellen und daher weder durch Individualvereinbarung, noch durch AGB abbedungen werden können.[167] Dies ist zwar nicht wie in § 6 Abs. 1 BDSG aF ausdrücklich normiert, ergibt sich aber aus dem Charakter der Norm als Schutzvorschrift zugunsten der strukturell unterlegenen Vertragspartei.[168]

54 **a) Auskunft (Art. 15 DS-GVO).** Betroffene Personen haben nach Art. 15 Abs. 1 Hs. 1 DS-GVO das Recht, von dem Verantwortlichen eine Bestätigung darüber zu erhalten, ob sie betreffende personenbezogene Daten verarbeitet werden. Ist dies der Fall, so hat der Betroffene einen Anspruch auf **Auskunft über die personenbezogenen Daten** sowie auf weitere in Art. 15 Abs. 1 Hs. 2 DS-GVO aufgezählte Informationen. Des Weiteren steht dem Betroffenen nach Art. 15 Abs. 2 DS-GVO ein **Recht auf Unterrichtung** über geeignete Garantien (Art. 46 DS-GVO, vgl. im Einzelnen → § 7 Rn. 19 ff.) bei Datenübermittlungen in ein **Drittland** oder an eine internationale Organisation zu. Neu ist die Regelung in Art. 15 Abs. 3 DS-GVO, nach der die betroffene Person das Recht hat, von dem Verantwortlichen eine **Kopie** aller verarbeiteten Daten zu verlangen. Für weitere Kopien darf der Verantwortliche ein angemessenes Entgelt verlangen. Keine „weitere" Kopie beantragt der Betroffene, wenn er einen erneuten Auskunftsantrag stellt und sich der Datenbestand des Verantwortlichen seit Übersendung der letzten Kopie nicht nur unerheblich verändert hat.[169] Die erhebliche Veränderung des Datensatzes kann dazu führen, dass mehrmals pro Kalenderjahr eine kostenlose Kopie an die betroffene Person auszuhändigen ist.[170] Begrenzt wird der Auskunftsanspruch durch entgegenstehende Rechte Dritter, was insbesondere zur Folge hat, dass über Geschäftsgeheimnisse keine Auskunft zu erteilen ist. Als Geschäftsgeheimnis wird auch die zur Ermittlung des **Scorewertes** in die Scoreformel eingeflossenen Rechengrößen erachtet, zB die herangezogenen statistischen Werte, die Gewichtung einzelner Berechnungselemente bei der Ermittlung des Wahrscheinlichkeitswerts und die Bildung etwaiger Vergleichsgruppen.[171] Mit § 34 BDSG hat der Bundesgesetzgeber das Auskunftsrecht auf Grundlage der Öffnungsklausel in Art. 23 DS-GVO eingeschränkt.[172] Insbesondere sind die Daten, über die Auskunft zu erteilen ist, näher zu bezeichnen, § 34 Abs. 1 S. 2 BDSG. Dies ist bereits deshalb kritisch, weil der

---

[167] Ähnlich Bäcker in Kühling/Buchner DS-GVO Art. 23 Rn. 6.
[168] Zur Charakterisierung einer Norm als zwingendes Recht vgl. Wolf/Neuner Allgemeiner Teil des Bürgerlichen Rechts § 3 Rn. 11 f., 19 f.; Ulrici JuS 2005, 1073 (1074); Bachmann JZ 2008, 11 (12).
[169] Ähnlich Bäcker in Kühling/Buchner DS-GVO Art. 15 Rn. 45.
[170] Für Einzelheiten vgl. Specht in Sydow DS-GVO Art. 15 Rn. 20 ff.; Buchner in TBPH DatenschutzR, 296.
[171] BGH NJW 2014, 1235.
[172] Die Einschränkungen des Auskunftsrecht in § 34 BDSG stellen lediglich eine Arbeitserleichterung für den Verantwortlichen dar und missachten dabei den Schutzcharakter der Vorschrift des Auskunftsrechts, vgl. etwa BR-Drs.110/1/17 (neu), 53–54; weitere Kritik in der Pressemitteilung der DSK Entwurf zum Bundesdatenschutzgesetz verspielt Chance auf besseren Datenschutz! v. 1.2.2017, abrufbar unter http://www.lfd.niedersachsen.de/startseite/allgemein/presseinformationen/entwurf_zum_bundesdatenschutzgesetz_verspielt_chance_auf_besseren_datenschutz/02022017-150736.html, zuletzt abgerufen am 27.10.2017.

Betroffene häufig nicht weiß, welche Daten über ihn gespeichert sind. Die Pflicht, sie näher zu bezeichnen, mutet vor dem Hintergrund dieses Informationsdefizites, das der Auskunftsanspruch gerade beseitigen soll, absurd an.

b) Berichtigung (Art. 16 DS-GVO). Die betroffene Person kann von dem Verantwortlichen eine unverzügliche **Berichtigung** der sie betreffenden unrichtigen personenbezogenen Daten verlangen, Art. 16 S. 1 DS-GVO. Im zweiten Satz der Vorschrift wird dem Betroffenen ferner ein Recht auf **Vervollständigung** unvollständiger personenbezogenen Daten eingeräumt. Insbesondere zählt zu dem Recht auf Berichtigung auch das ungeschriebene Recht auf **Aktualisierung** personenbezogener Daten.[173] Trotz der fehlenden ausdrücklichen Regelung wird aus Art. 16 DS-GVO – unabhängig von der Geltendmachung des Anspruchs durch den Betroffenen – eine **Pflicht zur Berichtigung** bzw. Vervollständigung und Aktualisierung hergeleitet, sofern eine entsprechende Kenntnis von der Unrichtigkeit oder Unvollständigkeit besteht.[174]

55

c) Löschung (Art. 17 DS-GVO). Ein für die Praxis wohl äußerst wichtiges und relevantes Recht stellt das Recht auf **Löschung** gemäß Art. 17 DS-GVO dar. Während in den Absätzen 1 und 2 der Vorschrift die Tatbestände für die Löschrechte des Betroffenen bzw. die unverzüglichen **Löschpflichten** des Verantwortlichen aufgelistet sind, nennt Art. 17 Abs. 3 DS-GVO einen Katalog von **Ausnahmetatbeständen,** etwa wegen der Erforderlichkeit zur Ausübung des Rechts auf freie Meinungsäußerung und Information. Das Recht auf Löschung wird auch in Fällen gewährt, in denen die betroffene Person ihre Einwilligung noch im Kindesalter gegeben hat und die personenbezogenen Daten später löschen möchte, Art. 17 Abs. 1 lit. f DS-GVO.[175] Hat der Verantwortliche die personenbezogenen Daten öffentlich gemacht und ist er zur Löschung verpflichtet, so muss er unter dem Vorbehalt der technischen Möglichkeiten[176] alle weiteren für die Datenverarbeitung Verantwortlichen darüber informieren, dass eine betroffene Person die Löschung aller Links zu diesen personenbezogenen Daten oder von Kopien oder Replikationen dieser personenbezogenen Daten verlangt hat.[177] Das Recht auf Löschung wird eingeschränkt durch § 35 BDSG. So kann das Löschungsverlangen etwa im Falle nichtautomatisierter Datenverarbeitung abgelehnt werden, wenn die Löschung wegen der besonderen Art der Speicherung nicht oder nur mit einem **unverhältnismäßig hohen Aufwand** möglich ist und das Interesse des Betroffenen an der Löschung nicht überwiegt. Ein Bericht des Innenausschusses[178] erläutert hier, dass dies vor allem bei Archivierungen in Papierform oder bei Nutzung früher gebräuchlicher analoger Speichermedien der Fall sein soll.

56

d) Einschränkung der Verarbeitung (Art. 18 DS-GVO). Das Recht auf **Einschränkung der Verarbeitung** aus Art. 18 DS-GVO bezweckt einen (vorläufigen) Ausgleich zwischen den Interessen des Betroffenen an der Wahrung des informationellen Selbstbestimmungsrechts und dem Verantwortlichen an der Verarbeitung der personenbezogenen Daten.[179] Eine Einschränkung der Verarbeitung kann beispielsweise verlangt werden,

57

---

[173] Peuker in Sydow DS-GVO Art. 16 Rn. 23.
[174] Peuker in Sydow DS-GVO Art. 16 Rn. 27; Worms in BeckOK DatenschutzR DS-GVO Art. 16 Rn. 7.
[175] ErwGr 65 S. 3 DS-GVO.
[176] Interessant ist dabei die Diskussion über die technischen und rechtlichen Probleme bei der Umsetzung der Löschpflichten nach der DS-GVO, vgl. etwa Keppeler/Berning ZD 2017, 314.
[177] ErwGr 66 DS-GVO.
[178] BT-Drs. 18/12144, 5, 6; vgl. diesbezügliche Kritik, dass die Öffnungsklausel in Art. 23 DS-GVO keine Ausnahmen zur Vermeidung unverhältnismäßigen Aufwands rechtfertige, etwa Hofmann ZD-Aktuell 2017, 05620; vgl. weiter BR-Drs. 110/1/17 (neu), 56; eine übersichtliche Zusammenfassung der Kritik der Sachverständigen im Gesetzgebungsverfahren bietet Jensen ZD-Aktuell 2017, 05596; Worms in BeckOK DatenschutzR DS-GVO Art. 17 Rn. 19.
[179] Paal in Paal/Pauly DS-GVO Art. 18 Rn. 3; Worms in BeckOK DatenschutzR DS-GVO Art. 18 Rn. 2.

wenn der Betroffene die Richtigkeit der Daten oder die Rechtsmäßigkeit der Verarbeitung bestreitet und eine Überprüfung aussteht (Art. 18 Abs. 1 lit. a DS-GVO) oder etwa die Entscheidung über einen Widerspruch nach Art. 21 DS-GVO abgewartet wird (Art. 18 Abs. 1 lit. d DS-GVO). Mit Ausübung dieses Rechts kann der Betroffene erreichen, dass die betroffenen Daten zumindest **vorübergehend** nur eingeschränkt verarbeitet werden.[180] Methoden zur Beschränkung der Verarbeitung können beispielsweise darin bestehen, dass ausgewählte personenbezogenen Daten vorübergehend auf ein anderes Verarbeitungssystem übertragen werden, dass sie für Nutzer gesperrt werden oder dass veröffentlichte Daten vorübergehend von einer Website entfernt werden, vgl. ErwGr 67 DS-GVO.

58 **e) Mitteilungspflicht (Art. 19 DS-GVO).** Unter dem Vorbehalt des Möglichen teilt der Verantwortliche allen Empfängern, denen personenbezogenen Daten offengelegt wurden, jede Berichtigung oder Löschung der personenbezogenen Daten oder eine Einschränkung der Verarbeitung mit.

59 **f) Datenübertragbarkeit (Art. 20 DS-GVO).** Mit Art. 20 DS-GVO wird dem Betroffenen ein neues **Recht auf Datenübertragbarkeit** eingeräumt.[181] Diese Vorschrift soll dem Betroffenen, effizientere **Kontrolle über seine Daten** verschaffen[182] sowie **Lock-In-Effekte** eindämmen.[183] Macht der Betroffene dieses Recht auf Datenübertragbarkeit geltend, so hat der Verantwortliche ihm alle vom Betroffenen bereitgestellten Daten in strukturierter, gängiger und maschinenlesbarer Form zur Verfügung zu stellen, Art. 20 Abs. 1 DS-GVO. Die Regelung stellt jedoch eher eine Verbraucherschutz- bzw. Marktregulierungsvorschrift dar und verfolgt weniger datenschutzrechtliche Aspekte.[184] Dem Betroffenen soll ein Wechsel zwischen Anbietern, etwa zwischen Sozialen Netzwerken oder E-Mail-Diensten, durch die Mitnahme der ihn betreffenden personenbezogenen Daten erleichtert werden.[185] Der Gesetzgeber hofft mit dieser Regelung auf einen Wettbewerb um **datenschutzfreundliche Grundeinstellungen**.[186] Datenschutz soll demnach nicht mehr als Hindernis, sondern als **Wettbewerbsvorteil** gelten. Im Sinne eines effektiven Verbraucherschutzes wäre es zwar wünschenswert, von dieser Regelung auch solche Daten zu erfassen, die nicht unmittelbar vom Betroffenen, sondern von einem Dritten über den Betroffenen bereitgestellt wurden (zB auf Bewertungsportalen) sowie solche Daten, die aus den vom Betroffenen zur Verfügung gestellten Daten generiert wurden (zB neue Erkenntnis durch Verknüpfung von Daten). Eine solch weitgehende Beschränkung des Art. 12 GG sowie Art. 15 GRCh des betroffenen Unternehmens scheint aber wohl nicht intendiert und stößt darüber hinaus auch an die faktische Grenze der Ermittelbarkeit dieser Daten.

60 **g) Widerspruch (Art. 21 DS-GVO).** Schließlich hat der Betroffene das Recht, der rechtmäßigen Verarbeitung der ihn betreffenden personenbezogenen Daten zu widersprechen, Art. 21 DS-GVO. Dies gilt unter den jeweils spezifischen Voraussetzungen des Art. 21 DS-GVO in Fällen der Datenverarbeitung auf der Grundlage von Art. 6 Abs. 1 lit. e und f DS-GVO (Art. 21 Abs. 1 DS-GVO), unabhängig von der Rechtsgrundlage, sofern personenbezogene Daten verarbeitet werden, um Direktwerbung zu betreiben (Art. 21 Abs. 2 DS-GVO).[187] Ein Widerspruchsrecht besteht auch in Fällen, in denen Da-

---

[180] Peuker in Sydow DS-GVO Art. 18 Rn. 1.
[181] Zum Anwendungsbereich und zur Auslegung dieses Rechts vgl. Strubel ZD 2017, 355.
[182] ErwGr 68 DS-GVO.
[183] Kühling/Martini EuZW 2016, 448 (450).
[184] So Kühling/Martini EuZW 2016, 448 (450); Schantz NJW 2016, 1841 (1845).
[185] Albrecht/Jotzo Das neue DatenschutzR Teil 4 Rn. 19.
[186] Kühling/Martini EuZW 2016, 448 (450).
[187] ErwGr 69 und 70 DS-GVO.

ten zu wissenschaftlichen oder historischen Forschungszwecken oder zu statistischen Zwecken gem. Art. 89 Abs. 1 DS-GVO verarbeitet werden (vgl. hierzu im Einzelnen → § 23 Rn. 46 ff.). Das Widerspruchsrecht besteht in Fällen der rechtmäßigen Datenverarbeitung, in Fällen rechtswidriger Datenverarbeitung gelten dagegen die Art. 77 ff. DS-GVO.[188] Nach Art. 21 Abs. 5 DS-GVO besteht die Möglichkeit, den Widerspruch mittels automatisierter Verfahren zu erklären, sofern ein Zusammenhang mit der Nutzung von Diensten der Informationsgesellschaft besteht. So kann der Widerspruch gegenüber Online-Diensteanbietern auch durch **technische Spezifikationen** (zB Browsereinstellungen) ausgeübt werden.[189]

h) Automatisierte Einzelfallentscheidungen (Art. 22 DS-GVO). Das Profiling wird in → Rn. 73 ff. näher dargestellt. 60a

5. Spezifische Anwendungsfälle

Eine Reihe der für den Kundendatenschutz relevanten Anwendungsfälle beurteilen sich unter Rückgriff auf die dargelegten Grundsätze. So ist etwa im Falle einer Werbeansprache der Kunden grds. auf Art. 6 Abs. 1 lit. f DS-GVO zu referenzieren. Das BDSG enthält keine werbespezifischen Datenschutzvorgaben. Auch Big Data-Analysen, Profiling-Maßnahmen, Fingerprinting, Offline-Tracking etc beurteilen sich grundsätzlich nach Art. 6 Abs. 1 lit. f DS-GVO. Für spezifische Anwendungsfälle ergeben sich aber Besonderheiten datenschutzrechtlicher oder wettbewerbsrechtlicher Natur. Auch die ePrivacy-VO E adressiert gerade Werbemaßnahmen im Netz. Da sie sich allerdings noch in der Entwurfsfassung[190] befindet, kann mit Blick auf ihre Regelungen in diesem Abschnitt nur eine vorläufige Bewertung vorgenommen werden. 61

a) Scoring und Bonitätsauskünfte. Nach welchen Vorgaben sich Scoring und Bonitätsauskünfte beurteilen, ist streitig. Denn unklar ist, auf welche Öffnungsklausel sich die im nationalen Recht für Scoring und Bonitätsauskünfte vorgesehene Regelung des § 31 BDSG stützen lässt. Die Öffnungsklausel des Art. 22 Abs. 2 lit. b DS-GVO gestattet allein die automatisierte Einzelentscheidung, nicht aber die Datenverarbeitung selbst.[191] Argumentieren ließe sich, jedenfalls das Scoring sei eine zweckändernde Datenverarbeitung und als solche über Art. 6 Abs. 4 DS-GVO aufgrund einer mitgliedstaatlichen Regelung (hier: § 31 BDSG) zulässig.[192] Erachtet man dagegen Art. 6 Abs. 4 DS-GVO nicht als eigenständige Öffnungsklausel, sondern lediglich als Ergänzung der Vorgaben der Art. 6 Abs. 2 und 3 DS-GVO, entfällt diese Möglichkeit und § 31 BDSG dürfte als mit der DS-GVO kollidierendes nationales Recht nicht angewendet werden. Stattdessen wäre die Rechtmäßigkeit entsprechender Datenverarbeitungen je nach Einzelfall nach Art. 6 Abs. 1 lit. b DS-GVO zu beurteilen.[193] Rechtssicherheit wird hier letztlich nur der EuGH herbeiführen können. Die Einhaltung der in § 31 BDSG vorgesehenen Voraussetzungen ließe sich aber jedenfalls im Rahmen der Interessenabwägung nach Art. 6 Abs. 1 lit. f DS-GVO heranziehen, soweit sie die Umsetzung der unionsprimärrechtlichen Vorgaben zum Schutze der Wirtschaft (zB Art. 15 GRCh) intendieren.[194] 62

---

[188] Vgl. hierzu im Einzelnen Helfrich in Sydow DS-GVO Art. 21 Rn. 2 ff.
[189] Schantz NJW 2016, 1841 (1846); Albrecht/Jotzo Das neue DatenschutzR Teil 4 Rn. 27.
[190] Einen ersten Entwurf für eine „Verordnung des Europäischen Parlaments und des Rates über die Achtung des Privatlebens und den Schutz personenbezogener Daten in der Kommunikation und zur Aufhebung der RL 2002/58/EG (Verordnung über Privatsphäre und elektronische Kommunikation)" hat die Europäische Kommission am 10.1.2017 veröffentlicht, 2017/0003 (COD), abrufbar unter https://ec.europa.eu/digital-single-market/en/news/proposal-regulation-privacy-and-electronic-communications, zuletzt abgerufen am 31.10.2017.
[191] So auch Buchner in Kühling/Buchner BDSG § 31 Rn. 5, 7.
[192] Wolff in Schantz/Wolff Das neue DatenschutzR Teil D Rn. 695.
[193] Buchner in Kühling/Buchner BDSG § 31 Rn. 5, 7.
[194] So auch Buchner in Kühling/Buchner DS-GVO Art. 22 Rn. 37–39.

63 **b) Cookie-Tracking. Cookies** sind kleine Textdateien, die beim Besuch einer Website im Browser gespeichert werden. Bei jedem erneuten Besuch der Website sendet der Browser die Cookie-Datei an die Website, wodurch bestimmte Dinge erinnert werden, zB welche Waren beim letzten Besuch der Website in den Einkaufswagen eines Online-Shops gelegt wurden, ohne dass der Bestellvorgang abgeschlossen wurde. Unterschieden werden muss dabei grundlegend zwischen **Sessions-Cookies** und dauerhaften Cookies sowie zwischen eigenen Cookies des Website-Betreibers **(First-Party-Cookies)** und **Third-Party-Cookies.** Session-Cookies werden mit dem Beenden des Browsers wieder gelöscht, während dauerhafte Cookies eine längere Speicherdauer haben, die auch so lange anhalten kann, bis der Nutzer das Cookie wieder löscht. Third-Party-Cookies sind Cookies von Drittanbietern, deren Inhalte auf der aufgerufenen Website eingebunden werden, zB Werbebanner. Cookies sollen das Surfen erleichtern, sie können aber auch dazu verwendet werden, das Surfverhalten der Nutzer auszuwerten und Nutzungsprofile zu bilden. Üblicherweise werden diese Nutzungsprofile für Zwecke der Reichweitenmessung und der Einblendung **personalisierter Werbung** während des Surfens im Web eingesetzt,[195] das Gefährdungspotential für das informationelle Selbstbestimmungsrecht geht aber weit darüber hinaus.

64 **aa) Bisherige Rechtslage.** Schon bisher waren beim Einsatz von Cookies datenschutzrechtliche Grundsätze einzuhalten. So erforderte es etwa das Gebot der Datensparsamkeit und der Zweckbindung bereits bislang, soweit wie möglich anstelle dauerhafter Cookies Session-Cookies einzusetzen.

65 Die (Un-)Zulässigkeit des Cookie-Trackings richtete sich bislang neben den Vorgaben des BDSG aber auch nach Art. 5 Abs. 3 der ePrivacy-RL.[196] Danach sollten die Mitgliedstaaten sicherstellen, dass die Speicherung von Cookies nur dann erlaubt ist, wenn der Nutzer auf der Grundlage von klaren und umfassenden Informationen über die Zwecke der Verarbeitung seine Einwilligung in die entsprechende Cookie-Nutzung abgibt (hiervon nicht betroffen waren die Cookies, die für das Bereitstellen eines Dienstes (technisch) erforderlich sind). Genaue Anforderungen an die Einwilligung fehlten.[197] ErwGr 66 RL 2009/136/EG weist hier allein darauf hin, dass die Gestaltung so benutzerfreundlich wie möglich sein sollte. Inzwischen erscheint auf fast jeder Website ein Banner mit dem Hinweis auf die Verwendung von Cookies. Der Nutzer muss dieser Nutzung zwar per Klick zustimmen; unterlässt er die Zustimmung, wird allerdings auch durch das fortgesetzte Surfen auf der Website die Einwilligung in den Einsatz von Cookies angenommen.[198] Abgesehen davon, dass die meisten Nutzer die Banner mit den Cookie-Hinweisen als lästig empfinden, kann in der bloßen Weiternutzung der Website trotz Einblendung des Cookie-Banners eine **konkludente Einwilligung** in die Verarbeitung der anfallenden Daten nicht gesehen werden.[199]

66 Die Regelungen des TMG, die bislang über die Zulässigkeit der Cookie-Nutzung entscheiden sollten, waren aber ohnehin insgesamt richtlinienwidrig. Der deutsche Gesetzgeber hatte seinerzeit Art. 5 Abs. 3 ePrivacy-RL nicht in nationales Recht umgesetzt. Vielmehr ging die Bundesregierung davon aus, dass die Regelungen im TMG den Vorgaben der ePrivacy-RL bereits entsprachen.[200] Insbesondere die Regelung in § 13 Abs. 1 TMG sollte den Anforderungen an die in Art. 5 Abs. 3 ePrivacy-RL definierte Informations-

---

[195] Ausführlich zu den Einsatzzwecken und den einzelnen Phasen beim Tracking vgl. Schleipfer ZD 2017, 460 (461).
[196] ABl. EG 2002 L 201, 37.
[197] In ErwGr 66 RL 2009/136/EG heißt es, dass die Gestaltung so benutzerfreundlich wie möglich sein soll.
[198] Kritisch zur konkludent erteilten Einwilligung vgl. etwa Rauer/Ettig ZD 2015, 255 (258).
[199] Die meisten nationalen Datenschutzbehörden erachten bislang eine konkludente Einwilligung aber als ausreichend, vgl. Rauer/Ettig ZD 2015, 255 (258) mwN.
[200] Communications Committee, Working Document, Questionnaire on the implementation of Article 5(3) of the ePrivacy Directive, COCOM11–20 v. 4.10 2011, 3.

pflicht genügen. Auch die Vorgaben der §§ 12, 15 TMG an die Einwilligung sollten den Anforderungen des Art. 5 Abs. 3 ePrivacy-RL hinreichend Rechnung tragen.[201] Die Regelung in § 12 Abs. 1 TMG beschränkte sich allerdings auf die Erhebung und Verarbeitung **personenbezogener Daten,**[202] während Art. 5 Abs. 3 ePrivacy-RL einen sehr viel weiteren Bezug hat und auch nicht-personenbezogene Daten erfasst. Die unionsrechtlich erforderliche Einwilligung in jeden Zugriff auf in den Endgeräten der Nutzer gespeicherte Daten war im TMG nicht weitreichend genug geregelt.[203] Darüber hinaus enthält § 15 Abs. 3 TMG eine **Widerspruchslösung** gegen die Verwendung **pseudonymisierter Nutzungsprofile,** die mittels Cookies erstellt werden. Unionsrechtlich sollte diese Widerspruchslösung aber gerade verhindert werden. Erforderlich sein sollte eine **Opt In-Regelung.**[204] Insofern lässt sich durchaus davon sprechen, dass die ePrivacy-RL nicht richtlinienkonform in das deutsche Recht umgesetzt wurde. Die Meinungen hierüber gehen aber freilich auseinander,[205] ein entsprechendes Vorabentscheidungsverfahren liegt derzeit dem EuGH vor.[206]

bb) Neue Rechtslage. Sofern es tatsächlich zu einer Verabschiedung der ePrivacy-VO E kommt, werden diese Diskussionen überholt sein, die datenschutzrechtlichen Regelungen des TMG sind ohnehin seit dem 25.5.2018 als mit der DS-GVO kollidierendes Recht unanwendbar. Grundgedanke des zum Zeitpunkt der Verfassung dieses Beitrags vorliegenden Entwurfs für eine ePrivacy-VO[207] ist es, dass jede vom betreffenden Endnutzer nicht selbst vorgenommene Nutzung der Verarbeitungs- und Speicherfunktionen von Endeinrichtungen der Endnutzer und jede Erhebung von Informationen aus Endeinrichtungen der Endnutzer im Grundsatz untersagt ist und nur unter engen Ausnahmebestimmungen vorgenommen werden darf.[208] Ausnahmen ergeben sich nur in engen Grenzen, etwa dann, wenn der entsprechende Vorgang für die Bereitstellung eines vom Endnutzer gewünschten Dienstes der Informationsgesellschaft oder für die Messung des Webpublikums nötig ist, sofern der Betreiber des vom Endnutzer gewünschten Dienstes der Informationsgesellschaft diese Messung durchführt. Das Setzen von Cookies wird hierdurch weitreichend eingeschränkt. 67

Der von der bulgarischen EU-Ratspräsidentschaft am 22.3.2018 vorgestellte neue Entwurf für bestimmter Regelungsinhalte der ePrivacy-VO enthält in ErwGr 21 sogar den Zusatz: 68

---

[201] Communications Committee, Working Document, Questionnaire on the implementation of Article 5(3) of the ePrivacy Directive, COCOM11-20 v. 4.10 2011, 4, 5.
[202] Rauer/Ettig ZD 2016, 423 (424).
[203] Vgl. Umlaufentschließung der Datenschutzbeauftragten des Bundes und der Länder vom 5.2.2015, Keine Cookies ohne Einwilligung der Internetnutzer, abrufbar unter http://www.bfdi.bund.de/SharedDocs/Publikationen/Entschliessungssammlung/DSBundLaender/Entschliessung_Cookies.pdf?__blob=publicationFile&v=9, zuletzt abgerufen am 4.11.2017.
[204] Beschluss der obersten Aufsichtsbehörden für den Datenschutz im nicht-öffentlichen Bereich (Düsseldorfer Kreis am 24./25.11.2010), Umsetzung der Datenschutzrichtlinie für elektronische Kommunikationsdienste, abrufbar unter https://www.ldi.nrw.de/mainmenu_Service/submenu_Entschliessungsarchiv/Inhalt/Beschluesse_Duesseldorfer_Kreis/Inhalt/2010/Umsetzung_der_Datenschutzrichtlinie/Umsetzung_der_Datenschutzrichtlinie_f__r_elektronische_Kommunikationsdienste.pdf, zuletzt abgerufen am 4.11.2017.
[205] Zum Streitstand vgl. Rauer/Ettig ZD 2016, 423 (424) mwN; zur Stellungnahme der Bundesregierung und der EU-Kommission vgl. https://www.telemedicus.info/article/2716-EU-Kommission-Cookie-Richtlinie-ist-in-Deutschland-umgesetzt.html, zuletzt abgerufen am 3.7.2018.
[206] BGH GRUR 2018, 96.
[207] Entwurfsfassung der ePrivacy-VO vom 10.1.2017 der Europäischen Kommission, 2017/0003 (COD), abrufbar unter https://ec.europa.eu/digital-single-market/en/news/proposal-regulation-privacy-and-electronic-communications, zuletzt abgerufen am 4.11.2017; zur Cookie-Nutzung nach der ePrivacy-VO E vgl. auch Engeler/Felber ZD 2017, 251 (256).
[208] ErwGr 20 der Entwurfsfassung der ePrivacy-VO vom 10.1.2017 der Europäischen Kommission, 2017/0003 (COD), abrufbar unter https://ec.europa.eu/digital-single-market/en/news/proposal-regulation-privacy-and-electronic-communications, zuletzt abgerufen am 4.11.2017.

„Access to specific website content may still be made conditional on the well-informed acceptance of a cookie or similar device, if it is used for a legitimate purpose."

ErwGr 21a ePrivacy-VO stellt klar, dass eine Cookie-Nutzung „to determine the nature of who is using the site" nicht unter diese legitimen Zwecke fällt. Legitime Cookie-Nutzung kann daher beispielsweise zu Zwecken statistischer Erhebungen in Bezug auf den Traffic der Website erfolgen, nicht aber, um zu identifizieren, welche Person auf die Website zugreift bzw. ihre Funktionen nutzt. Nach der vorgeschlagenen Formulierung kann eine solche identifizierende Datenerhebung durch Cookies nicht einmal auf Grundlage einer Einwilligung erfolgen.[209] Sowohl für die Einwilligung, als auch für jegliche Verarbeitung personenbezogener Daten im Anschluss an ihre Erhebung durch Cookies gelten die Anforderungen der DS-GVO.[210] Die datenschutzrechtlichen Grundsätze wie die der Speicherbegrenzung, der Datenminimierung und der Zweckbindung lassen einen Einsatz von First-Party-Session-Cookies auch zukünftig sehr viel eher zulässig erscheinen, als die Verwendung dauerhafter Cookies. Mit Art. 21 Abs. 2 DS-GVO haben Betroffene das Recht, der Datenverarbeitung für Zwecke der Direktwerbung zu **widersprechen.** Im Gegensatz zu Art. 21 Abs. 1 DS-GVO bezieht sich das Widerspruchsrecht aus Art. 21 Abs. 2 DS-GVO auch auf die Verwendung von durch Datenerhebung mittels Cookies zusammengestellte **„Nutzungsprofile",** soweit sie in Verbindung mit der Direktwerbung stehen.[211] Der Nutzer soll außerdem frei entscheiden können, ob er einer Datenverarbeitung zu Werbezwecken zustimmt oder nicht. Dabei ist va zu fordern, auch bei Ablehnung von Tracking-Maßnahmen die Nutzung einer Website nicht durch sog **Tracking-Walls** zu verwehren sowie eine Datenverarbeitung zu Zwecken der (Direkt-) Werbung abzulehnen und die Website dennoch besuchen zu dürfen.[212] Dies erfordert bereits das Koppelungsverbot. Die Abgabe einer Einwilligungserklärung durch entsprechende Einstellungen im **Webbrowser** bzw. durch Installation eines **Tracking-Blockers** oder durch Aktivierung des sog **Do-not-Track-Mechanismus** könnte zu einer effektiveren Wahrnehmung des informationellen Selbstbestimmungsrechts führen, scheitert aber bislang in der Mehrzahl der Fälle daran, dass die Einwilligungserklärung nicht für den bestimmten Fall und damit zu pauschal erteilt wird (→ Rn. 39). Die ePrivacy-VO E sieht die Möglichkeit der Einwilligungserklärung durch Browsereinstellungen in ihrer bisherigen Entwurfsfassung aber explizit vor und würde sie daher im Falle einer Verabschiedung legitimieren.

69 Kommt es nicht zu einer Verabschiedung der ePrivacy-VO E, richtet sich die Datenverarbeitung durch Cookies aufgrund des Anwendungsvorrangs der DS-GVO gegenüber den Regelungen des TMG allein nach der DS-GVO. Die DS-GVO enthält aber keine spezielle Regelung, die allein das Cookie-Tracking behandelt, geschweige denn, dieses privilegiert. Die Zulässigkeit des Cookie-Trackings richtet sich daher bis zu einer möglichen Verabschiedung der ePrivacy-VO E allein nach den generellen Vorgaben der DS-GVO. Damit ist es grundsätzlich verboten und nur dann gestattet, wenn eine Einwilli-

---

[209] Vgl. dazu sowie zu weiterer Kritik Engeler/Felber ZD 2017, 251 (256); lesenswert sind auch die Kritikpunkte der Artikel 29-Datenschutzgruppe, Opinion 01/2017 on the Proposed Regulation for the ePrivacy Regulation (2002/58/EC), WP 247, 4.4.2017, 15 (Punkt 20. The ePrivacy Regulation should explicitly prohibit tracking walls…); EU-Präsidentschaft 7207/18, abrufbar unter https://www.bvdw.org/fileadmin/bvdw/upload/dokumente/recht/e_privacy_verordnung/Bulg.RatsP_zu_ePrivacyVO_v._22.03.2018.pdf, zuletzt abgerufen am 2.7.2018.

[210] Schleipfer ZD 2017, 460 (464–466) mwN.

[211] Schleipfer ZD 2017, 460 (462); nach aA liegt bei Online-Einblendung von Werbung infolge der Verarbeitung pseudonymer Nutzungsprofile keine Direktwerbung vor, sodass das Widerspruchsrecht gem. Art. 21 Abs. 2 DS-GVO nicht anwendbar ist, Schwartmann/Weiß Whitepaper zur Pseudonymisierung der Fokusgruppe Datenschutz, 13 f., dabei wird verkannt, dass die Grundsätze des Datenschutzes für alle Informationen gelten, die sich auch auf (re-) identifizierbare natürliche Personen beziehen, vgl. ErwGr 26, 28 und 30 DS-GVO.

[212] Vgl. dazu etwa https://netzpolitik.org/2017/eprivacy-fuehrende-eu-abgeordnete-fordert-verschluesselungspflicht-und-tracking-schutz/, zuletzt abgerufen am 12.11.2017.

gung der Nutzer oder aber ein anderer Erlaubnistatbestand des Art. 6 DS-GVO eingreift. Denken lässt sich hier va an Art. 6 Abs. 1 lit. b DS-GVO, sofern mittels Cookies Daten erhoben werden, die für die **Erfüllung eines Vertrags,** dessen Vertragspartei die betroffene Person ist, oder zur **Durchführung vorvertraglicher Maßnahmen** erforderlich sind, die auf Anfrage der betroffenen Person erfolgen (zB der Einkaufskorb/Einkaufswagen). Auch Art. 6 Abs. 1 lit. f DS-GVO bietet eine taugliche Rechtsgrundlage, erfordert aber eine **Abwägung in jedem Einzelfall.** Entscheidend wird es daher auf die **Kategorie der erhobenen Daten** ankommen (sensibel oder nicht sensibel, Daten eines Kindes oder Straftäters, Art. 8–10 DS-GVO) sowie auf den mit der Datenerhebung verfolgten **Zweck.** Die Positionsbestimmung der Konferenz der unabhängigen Datenschutzbehörden des Bundes und der Länder vom 26. 4. 2018 sieht hier eine Einwilligung als zwingend erforderlich für Tracking-Mechanismen, die das **Verhalten von betroffenen Personen** im Internet nachvollziehbar machen sowie bei der **Erstellung von Nutzerprofilen.** Diese Zwecke sind damit **nicht geeignet,** in der Interessenabwägung nach Art. 6 Abs. 1 lit. f DS-GVO zu einer Rechtmäßigkeit der Datenverarbeitung zu führen, sofern sie überhaupt als legitim betrachtet werden.[213]

c) Webanalytics, Webtracking. Unter dem sog **Webtracking** versteht man das Erheben 70 und Speichern von Besuchsdaten auf Websites inklusive des Aufrufens einzelner Elemente dieser Website und deren Auswertung. Typischerweise analysiert ein Trackingtool, von welcher Website Nutzer kommen, wie lange sie auf einer Website verweilen, welche Elemente einer Website wie häufig und wie lang aufgerufen werden und auf welcher Seite der Nutzer die Website verlässt. Weiterhin erhoben werden Daten, wie die Anzahl der Zugriffe, die Zahl der anfragenden Nutzer und ihre regionale Herkunft, die aufgerufenen Seiten, Daten über den benutzten Webbrowser und das vom Nutzer verwendete Endgerät sowie dessen IP-Adresse.[214] Klassische **Webanalysetools** sind **Google Analytics** oder **eTracker.**[215] Das Datenschutzrecht ist in diesen Fällen anwendbar, wenn personenbezogene Daten verarbeitet werden, zu denen in der Regel auch die **IP-Adresse** gehört und zwar sowohl die **statische,** als auch die **dynamische IP-Adresse** (→ § 3 Rn. 14).[216] Grundsätzlich werden Webanalysetools zur bedarfsgerechten **Gestaltung der Website** genutzt. Inzwischen werden sie darüber hinaus auch zu Zwecken der **Marktforschung** und **Werbung** genutzt.[217] Ziel ist es immer häufiger, mithilfe der Webanalysetools Nutzungsprofile zu erstellen und personalisierte Werbung zu schalten. In den meisten Fällen bedienen sich Websitebetreiber der Webanalysetools Dritter zur Analyse des Nutzungsverhaltens. Ob der Einsatz von Webanalysediensten unter Einhaltung des geltenden Datenschutzrechts erfolgt, ist einzelfallspezifisch zu beurteilen.

aa) Bisherige Rechtslage. Bisher war ein beanstandungsfreier Einsatz von **Webanalyse-** 71 **diensten** wie **Google Analytics** durchaus möglich, sofern bestimmte Voraussetzungen beachtet wurden. In einem Hinweis aus dem Jahr 2017 teilt der Hamburgische Beauftragte für Datenschutz und Informationsfreiheit etwa mit, für einen beanstandungsfreien Betrieb von Google Analytics sei eine **Auftragsdatenverarbeitungssituation** erforderlich, ein entsprechender Auftragsdatenverarbeitungsvertrag, die IP-Adresse sei um die letzten acht Bit (192.168.0.xxx)[218] zu kürzen (was im Falle von Google Analytics durch die Er-

---

[213] DSK Positionspapier Zur Anwendbarkeit des TMG für nicht-öffentliche Stellen ab dem 25.5.2018, Stand: 26. 4. 2018, abrufbar unter https://www.datenschutz.rlp.de/fileadmin/lfdi/Dokumente/Orientierungshilfen/DSK_Positionsbestimmung_TMG.pdf, zuletzt abgerufen am 18.5.2018.
[214] Hoeren ZD 2011, 3; Scheja/Haag in MAH IT-Recht Teil 5 Rn. 437.
[215] LfD RhPf. MMR-Aktuell 2011, 313915.
[216] Zur Personenbezogenheit von dynamischen IP-Adressen vgl. EuGH NJW 2016, 3579 – Breyer; Fortführung BGH ZD 2017, 424.
[217] Hoeren ZD 2011, 3.
[218] Zur Anonymisierung der IP-Adresse vgl. Conrad/Hausen in Auer-Reinsdorff/Conrad HdB IT- und Datenschutz § 36 Rn. 119–120.

gänzung des Trackingcodes um die Funktion „_anonymizeIp()" erfolgt), es müsse eine Widerspruchslösung implementiert, der Betroffene auf sein Widerspruchsrecht hingewiesen und ggf. Altdaten aus bislang unrechtmäßigen Erhebungsvorgängen gelöscht werden.[219] Der Einsatz der Webanalysetools von Dritten wurde bislang zumeist auf die **Rechtsgrundlage** des § 15 Abs. 3 TMG gestützt. Nach dieser Vorschrift dürfen Diensteanbieter für Zwecke der Werbung, der Marktforschung oder zur bedarfsgerechten Gestaltung der Telemedien Nutzungsprofile bei Verwendung von **Pseudonymen** erstellen, sofern der Nutzer dem nicht widerspricht.[220] Verboten ist eine Zusammenführung der erstellten Nutzungsprofile mit den Daten über den Träger des Pseudonyms, § 15 Abs. 3 S. 3 TMG.[221] Der Hinweis auf eine Möglichkeit zur Einrichtung einer Cookie-Sperre genügte bereits bislang nicht den Anforderungen an die Hinweispflicht auf das Widerspruchsrecht gem. § 15 Abs. 3 S. 2 TMG.[222] Zu beachten war bislang auch bereits das **Trennungsgebot** des § 15 Abs. 3 S. 3 TMG.[223] Sollte eine Übermittlung von Daten oder Informationen in **Drittländer** erfolgen, etwa weil sich die Server der Anbieter des Webanalysetools in Drittstaaten befinden, so galten bereits bislang die der **§§ 4b, c** BDSG.

72 **bb) Neue Rechtslage.** Auch nach neuer Rechtslage geben Websitebetreiber ihre Verantwortlichkeit durch die Beauftragung Dritter mit der Webanalyse nicht etwa an diese ab. Als Auftraggeber bleibt der Websitebetreiber gegenüber den Nutzern gemäß Art. 24 DS-GVO **verantwortlich** dafür, dass die datenschutzrechtlichen Vorgaben eingehalten werden.[224] Zu beachten sind aber nunmehr va die geänderten Anforderungen an die Auftragsdatenverarbeitung (vgl. hierzu → § 3 Rn. 145 ff.) sowie an die internationale Datenübermittlung. Ob es jedenfalls im Übrigen bei den Hinweisen des Hamburgischen Beauftragten für Datenschutz und Informationsfreiheit bleiben kann, erscheint nach dem Urteil des EuGH in Sachen ULD/WAK Schleswig-Holstein zumindest diskussionswürdig. Hier hatte der EuGH angenommen, der Facebook Fanpage-Betreiber sei gemeinsam mit Facebook verantwortlicher Datenverarbeiter, weil er über die Parameter (mit-)bestimme, nach denen Daten erhoben würden.[225] Reicht bereits dies für eine gemeinsame Verantwortlichkeit iSd Art. 26 DS-GVO aus, ließe sich ein Joint Controllership auch im Falle des Betriebs von Google Analytics begründen. In der Folge bedürfte es einer Vereinbarung gem. Art. 26 DS-GVO, die in ihren wesentlichen Inhalten offenzulegen wäre. Im Außenverhältnis wären sowohl Google, als auch der Websitebetreiber verantwortlich. Die ePrivacy-VO E enthält Vorgaben zu Webanalysediensten in Art. 8 Abs. 1 lit. d DS-GVO. Danach ist der Einsatz von Webanalysediensten zulässig, wenn er für die Messung des Webpublikums nötig ist und der Betreiber des vom Endnutzer gewünschten Dienstes der Informa-

---

[219] Ausführlich zu den Anforderungen zur Einhaltung des Datenschutzes vgl. Hinweise des HmbBfDI zum Einsatz von Google Analytics, abrufbar unter https://www.datenschutz-hamburg.de/uploads/media/GoogleAnalytics_Hinweise_fuer_Webseitenbetreiber_in_Hamburg_2017.pdf, zuletzt abgerufen am 5.11.2017 sowie „Datenschutznotizen" v. 22.2.2017, abrufbar unter https://www.datenschutz-notizen.de/hamburger-aufsichtsbehoerde-bestaetigt-datenschutzkonformen-einsatz-von-google-analytics-0517357/, zuletzt abgerufen am 12.7.2018.
[220] Krit. insbes. zu Google Analytics Hoeren ZD 2011, 5.
[221] Hoeren ZD 2011, 5.
[222] So etwa ULD SchlH Datenschutzrechtliche Bewertung des Einsatzes von Google Analytics, Januar 2009, 3, abrufbar unter https://www.datenschutzzentrum.de/uploads/it/20090123_GA_stellungnahme.pdf, zuletzt abgerufen am 5.11.2017.
[223] Vgl. Hinweise des HmbBfDI zum Einsatz von Google Analytics, 1, abrufbar unter https://www.datenschutz-hamburg.de/uploads/media/GoogleAnalytics_Hinweise_fuer_Webseitenbetreiber_in_Hamburg_2017.pdf, zuletzt abgerufen am 5.11.2017 sowie „Datenschutznotizen" v. 22.2.2017, abrufbar unter https://www.datenschutz-notizen.de/hamburger-aufsichtsbehoerde-bestaetigt-datenschutzkonformen-einsatz-von-google-analytics-0517357/, zuletzt abgerufen am 12.7.2018.
[224] ErwGr 74 DS-GVO; Hoeren ZD 2011, 5; ULD SchlH Datenschutzrechtliche Bewertung des Einsatzes von Google Analytics, Januar 2009, 3, abrufbar unter https://www.datenschutzzentrum.de/uploads/it/20090123_GA_stellungnahme.pdf, zuletzt abgerufen am 5.11.2017.
[225] EuGH Urt. v. 5.6.2018 – C-210/16.

tionsgesellschaft diese Messung durchführt. Sofern Drittanbieter allein als Auftragsdatenverarbeiter tätig werden, ist auch der Einsatz dieser Dritt-Analysetools weiterhin nach Art. 8 Abs. 1 lit. d ePrivacy-VO E möglich, andernfalls bedarf es der Einwilligung des Nutzers.

d) Profiling. Mit der DS-GVO wird der Begriff des **Profilings**[226] eingeführt. Nach der Definition in Art. 4 Nr. 4 DS-GVO wird darunter jede Art der automatisierten Verarbeitung personenbezogener Daten verstanden, die darin besteht, dass diese personenbezogenen Daten verwendet werden, um bestimmte Aspekte, die sich auf eine natürliche Person beziehen, zu bewerten. Mit Hilfe des Profilings sollen insbesondere Details bezüglich der wirtschaftlichen Lage, der Gesundheit, persönliche Vorlieben, Interessen, Zuverlässigkeit, Verhalten, Aufenthaltsort oder Ortswechsel der betroffenen Person analysiert bzw. vorhergesagt werden.[227] Es wird eine **Bewertung von Persönlichkeitsmerkmalen** vorgenommen, die auf einer Interpretation von personenbezogenen Daten beruht, häufig mit dem Ziel der Schaltung personalisierter Werbung.[228] Neben der bloßen Verarbeitung personenbezogener Daten zu diesem Zwecke (einfaches Profiling)[229] sind die Wirkungen des Profilings auch als ein Unterfall der automatisierten Einzelfallentscheidung reguliert, Art. 22 DS-GVO.[230] Der europäische Verordnungsgeber wollte damit auf die Unklarheiten beim Data-Mining und bei Big Data-Anwendungen reagieren.[231] Über die Rechtsfolgen wurde man sich bei den Trilog-Verhandlungen jedoch nicht einig.[232] Insofern gelten für die Profilbildung die allgemeinen Regeln der Art. 6 Abs. 1 lit. f DS-GVO und 22 DS-GVO.[233]

aa) Einfaches Profiling. Die Rechtmäßigkeit des einfachen Profilings richtet sich nach Art. 6 Abs. 1 lit. f DS-GVO und setzt damit eine Interessenabwägung voraus. Allein aus dem **Widerspruchsrecht** gegen eine Werbeansprache (Art. 21 Abs. 2 DS-GVO) kann **nicht auf die Zulässigkeit** jeder Persönlichkeitsprofilbildung geschlossen werden,[234] einzig der Schluss, eine Persönlichkeitsprofilbildung könne nicht gänzlich untersagt sein, ist möglich. Die Erstellung von Persönlichkeitsprofilen kann dabei bereits ein **illegitimer Zweck** sein, wenn eine **umfassende Abbildung der Persönlichkeit** intendiert ist. Das BVerfG hat sowohl im Volkszählungsurteil, als auch in seinem Urteil zur Verfassungsmäßigkeit einer Repräsentativstatistik festgehalten, dass eine umfassende Registrierung und Katalogisierung der Persönlichkeit durch die Zusammenführung einzelner Lebens- und Personaldaten zur Erstellung von Persönlichkeitsprofilen der Bürger selbst in der Anonymität statistischer Erhebungen unzulässig ist.[235] In der Literatur wird diese Auffassung jedenfalls dann für die Erstellung von Persönlichkeitsprofilen geteilt, wenn nicht nur Einzeldaten zusammengetragen, sondern mit dem Ziel der **Abbildung der Konsumentenpersönlichkeit** auch ausgewertet werden.[236] Die Artikel 29-Datenschutzgruppe erachtet allerdings solche Profiling-Methoden als rechtmäßig, die lediglich die **Vorlieben der Kunden** analysieren, die sich aus den bestellten Waren ableiten lassen und die zur besse-

---

[226] Der Begriff wird unterschiedlich ausgelegt, vgl. dazu v. Lewinski in BeckOK DatenschutzR DS-GVO Art. 22 Rn. 7–8 mwN.
[227] ErwGr 71 DS-GVO.
[228] Martini in Paal/Pauly DS-GVO Art. 22 Rn. 21.
[229] Piltz K&R 2016, 629 (635).
[230] Schneider DatenschutzR, 132.
[231] Albrecht/Jotzo Das neue DatenschutzR Teil 3 Rn. 66.
[232] Schantz NJW 2016, 1841 (1844) mwN.
[233] ErwGr 72 DS-GVO.
[234] So aber Drewes CR 2016, 721 (726).
[235] BVerfG NJW 1984, 419 (424) – Volkszählung; NJW 1969, 1707 (1707) – Repräsentativstatistik; Roßnagel ZD 2013, 562 (565), Schaar RDV 2013, 223 (225).
[236] Wittig RDV 2000, 59 (61).

ren Abstimmung der Angebote für den Betroffenen dienen.[237] Dem ist zuzustimmen. Jede weitere Anreicherung des Persönlichkeitsprofils stärkt die Interessen der Betroffenen in der nach Art. 6 Abs. 1 lit. f DS-GVO vorzunehmenden Abwägung und führt ab einem gewissen Punkt zur **Illegitimität des Verarbeitungszweckes**.[238] Die Grenze jedenfalls zum Überwiegen der Betroffeneninteressen sollte dabei aufgrund des **hohen Risikos**, das mit jeder weiterreichenden Persönlichkeitsprofilanreicherung für das informationelle Selbstbestimmungsrecht des Betroffenen einhergeht, nicht zu hoch angesetzt werden. Auch die **Pseudonymisierung** kann jedenfalls im Rahmen der Persönlichkeitsprofilbildung keinen Einfluss auf die Interessenabwägung haben. Zwar erläutert ErwGr 28 S. 1 DS-GVO, dass

> „die Anwendung der Pseudonymisierung auf personenbezogene Daten […] die Risiken für die betroffen Personen senken und die Verantwortlichen und die Auftragsverarbeiter bei der Einhaltung ihrer Datenschutzpflichten unterstützen [kann]".

Das mit der Erstellung von Persönlichkeitsprofilen einhergehende Risiko für das informationelle Selbstbestimmungsrecht des Betroffenen, das auch in verschiedenen Erwägungsgründen zum Ausdruck kommt,[239] wiegt aber so erheblich, dass diese Maßnahme nicht zu einem Überwiegen der Interessen des Datenverarbeiters führen kann.[240] **§ 15 Abs. 3 TMG** ist ab dem 25.5.2018 aufgrund des Anwendungsvorrangs der DS-GVO **unanwendbar** (→ Rn. 13.).

75 Nach ErwGr 72 DS-GVO hat der Europäische Datenschutzausschuss eine **Leitlinienkompetenz** für die Beurteilung der Zulässigkeit des Profilings, von der zu hoffen bleibt, dass er sie möglichst bald ausübt. Der **Grundsatz der Transparenz** macht es erforderlich, den Betroffenen über das Profiling und die Folgen zu informieren.[241] Der Verantwortliche hat dem Betroffenen auf Verlangen unverzüglich **Auskunft** über die Datenverarbeitungen zu geben, Art 15 Abs. 1 lit. h DS-GVO. Der Betroffene hat das Recht, **Widerspruch** gegen die Verarbeitung ihn betreffender personenbezogener Daten zum Zwecke der Direktwerbung einzulegen, was auch für das Profiling gilt, soweit es mit dieser Direktwerbung in Verbindung steht, Art. 21 Abs. 1 S. 1 Hs. 2 DS-GVO. Bedeutung erlangt das Profiling ferner im Rahmen der **Datenschutz-Folgenabschätzung** nach Art. 35 Abs. 3 lit. a DS-GVO. Hat eine Datenverarbeitung eine Entscheidung zum Ergebnis, die auf einer Bewertung persönlicher Aspekte beruht, so ist stets eine Datenschutz-Folgenabschätzung durchzuführen. Dies wird insbesondere in Fällen des **Scorings** oder **Trackings erforderlich**.[242] Entscheidungen nach Art. 22 Abs. 2 DS-GVO dürfen grundsätzlich nicht auf **besonderen Kategorien personenbezogener Daten** nach Art. 9 Abs. 1 DS-GVO beruhen, vgl. Art. 22 Abs. 4 DS-GVO.

76 **bb) Profiling als Grundlage automatisierter Einzelentscheidung.** Art. 22 DS-GVO gibt dem Betroffenen das Recht, keiner Entscheidung unterworfen zu werden, die rechtliche oder andere erhebliche Folgen für ihn hat und ausschließlich auf einer automatisierten Verarbeitung beruht. Telos der Norm ist es in erster Linie, den Betroffenen nicht zum bloßen Objekt algorithmischer Entscheidungen werden zu lassen. Auch die Rechtmäßigkeit des qualifizierten Profilings richtet sich im Grundsatz nach Art. 6 Abs. 1 lit. f DS-GVO, Art. 22 DS-GVO stellt lediglich zusätzliche Anforderungen. Art. 22 Abs. 1 DS-GVO setzt allerdings voraus, dass die (unzulässige) automatisierte Einzelentscheidung der

---

[237] Artikel 29-Datenschutzgruppe, Opinion 06/2014 on the notion of legitimate interests of the data controller under Article 7 of Directive 95/46/EC, WP 217, 9.4.2014, 31 ff.; ähnlich Martini in Paal/Pauly DS-GVO Art. 22 Rn. 23.
[238] Vgl. zum Ganzen bereits umfassend Specht GRUR Int. 2017, 1040 ff. mwN; aA OLG Frankfurt aM CR 2001, 294 (296).
[239] Vgl. etwa ErwGr 60, 63, 70, 71, 72 DS-GVO.
[240] AA Weidert/Klar BB 2017, 1858 (1862).
[241] Art. 13 Abs. 2 lit. f und Art. 14 Abs. 2 lit. g DS-GVO; ErwGr 60 DS-GVO.
[242] Schmitz/von Dall' Armi ZD 2017, 57 (60).

betroffenen Person gegenüber **rechtliche Wirkung** entfaltet oder diese in ähnlicher Weise **erheblich beeinträchtigt**. ErwGr 71 DS-GVO nennt als Beispiele etwa die automatische Ablehnung eines Online-Kreditantrags oder Online-Einstellungsverfahren ohne menschliches Eingreifen. Sind rechtliche Folgen oder erhebliche Beeinträchtigungen nicht gegeben, ist die automatisierte Einzelentscheidung im **Umkehrschluss** erlaubt. **Ausnahmen** vom Verbot der automatisierten Einzelentscheidung sieht Art. 22 Abs. 2 DS-GVO vor. Danach ist die automatisierte Einzelentscheidung rechtmäßig, wenn sie zur Erfüllung eines Vertrags erforderlich ist (lit. a) oder der Betroffene ausdrücklich einwilligt (lit. c). Außerdem können ua Rechtsvorschriften der Mitgliedstaaten automatisierte Einzelentscheidungen unter bestimmten Voraussetzungen erlauben (lit. b). Von dieser Möglichkeit hat der deutsche Gesetzgeber mit § 37 BDSG (keine Anwendbarkeit des Art. 22 Abs. 1 DS-GVO auf die **Leistungserbringung nach einem Versicherungsvertrag**)[243] Gebrauch gemacht. § 31 BDSG, der die Zulässigkeitsvoraussetzungen für das **Scoring** regelt, kann indes nicht auf § 22 Abs. 2 lit. b DS-GVO gestützt werden, weil über Art. 22 Abs. 2 lit. b DS-GVO nicht die der Einzelentscheidung vorangehende Datenverarbeitung einer mitgliedstaatlichen Regelung vorbehalten bleibt, sondern nur die Einzelfallentscheidung selbst.[244]

e) **E-Mail-Werbung. aa) Alte Rechtslage.** Bislang richtet sich die E-Mail-Werbung neben den grundsätzlichen datenschutzrechtlichen Vorgaben va nach § 7 Abs. 1 und 2 Nr. 3 UWG, der für die werbliche Ansprache via E-Mail eine Double Opt In-Einwilligung verlangt (vgl. hierzu die Ausführungen → Rn. 35, 40 f.). Bei bestehender Kundenbeziehung ist unter bestimmten Voraussetzungen eine Ausnahme von dieser Vorgabe möglich, insbesondere ist der klare und deutliche Hinweis auf ein einzuräumendes Widerspruchsrecht gegen die Datenverarbeitung erforderlich. Mit § 7 UWG hat der deutsche Gesetzgeber Art. 13 ePrivacy-RL umgesetzt.[245] 77

bb) Neue Rechtslage. Datenschutzrechtlich richtet sich eine Datenverarbeitung zu Zwecken der **E-Mail-Werbung** zunächst nach Art. 6 Abs. 1 lit. f DS-GVO.[246] Danach könnte ein **berechtigtes Interesse** des Verantwortlichen, etwa aufgrund einer bestehenden Kundenbeziehung, die Rechtmäßigkeit der Datenverarbeitung begründen, sofern die Interessen oder Grundrechte und Grundfreiheiten des Betroffenen nicht überwiegen (vgl. hierzu die Ausführungen → Rn. 47 ff.). Der Betroffene hat das Recht, der Datenverarbeitung zu Zwecken der E-Mail-Werbung zu **widersprechen**, Art. 21 Abs. 2 und 3 DS-GVO (vgl. hierzu die Ausführungen → Rn. 60). Wettbewerbsrechtlich erfordert die Werbeansprache per E-Mail eine ausdrückliche im Wege des Double oder Triple Opt In-Verfahrens eingeholte Einwilligung (→ Rn. 35 f.). Eine in AGB enthaltene **Opt Out-Erklärung** hält der Inhaltskontrolle nach § 307 Abs. 1 S. 1, Abs. 2 Nr. 1 BGB nicht stand.[247] Bei Inkrafttreten der ePrivacy-VO E wird die Regelung des § 7 Abs. 2 Nr. 3 UWG allerdings von dieser verdrängt (vgl. hierzu die Ausführungen → Rn. 13 ff.). Die ePrivacy-VO E regelt in Art. 16 die **unerbetene Kommunikation** und verlangt in Abs. 1 der Vorschrift für Direktwerbung grundsätzlich die **Einwilligung** des Endnutzers. Die Vorgaben für diese Einwilligung richten sich nach der DS-GVO (vgl. hierzu umfassend → § 3 Rn. 1 ff. sowie Rn. 25 ff.). Eine Ausnahme in Abs. 2 erlaubt Direktwerbung für eigene ähnliche Produkte oder Dienstleistungen unter der Voraussetzung, dass die E-Mail-Kontaktangaben des Kunden im Zusammenhang mit dem Verkauf eines Produkts 78

---

[243] Vgl. die Kritik im Gesetzgebungsverfahren BR-Drs. 110/1/17 (neu), 57–58 sowie Buchner in Kühling/Buchner DS-GVO Art. 22 Rn. 37–39.
[244] Vgl. Kritik im Gesetzgebungsverfahren BR-Drs. 110/1/17 (neu), 40–41.
[245] BT-Drs. 15/1487, 21; vgl. außerdem Art. 95 DS-GVO zur Kollisionsregelung sowie den ErwGr 173 DS-GVO.
[246] ErwGr 47 DS-GVO.
[247] BGH MMR 2008, 731 – Payback.

oder einer Dienstleistung sowie im Einklang mit der DS-GVO erhoben wurden. Dem Kunden muss jedoch „klar und deutlich" die Möglichkeit gegeben werden dieser Nutzung kostenlos und auf einfache Weise zu widersprechen **(Opt Out)**.[248] Es ergeben sich daher keine wesentlichen Unterschiede zur bereits bisher nach Art. 7 Abs. 2, 3 UWG geltenden Rechtslage.

79 Nach stRspr des BGH stellt eine Versendung von E-Mail-Werbung ohne Vorliegen einer wirksamen Einwilligung einen **Eingriff in das Recht am eingerichteten und ausgeübten Gewerbebetrieb** oder auch in das Allgemeine Persönlichkeitsrecht des Betroffenen dar.[249] Eine **vorformulierte Einwilligungserklärung** muss der AGB-Kontrolle gem. §§ 305 ff. BGB standhalten.[250]

80 **f) Telefonmarketing.** Für Telefonwerbung gelten im Grundsatz ähnliche Voraussetzungen wie für die E-Mail-Werbung (vgl. die Ausführungen zur DS-GVO bei E-Mail-Werbung → Rn. 40 f.). Nach § 7 Abs. 1 und 2 Nr. 2 UWG ist stets eine **unzumutbare Belästigung** anzunehmen, wenn ein **Werbeanruf** gegenüber einem Verbraucher ohne dessen vorherige **ausdrückliche Einwilligung** erfolgt.[251] Sofern die ePrivacy-VO E in ihrer zum Zeitpunkt der Erstellung dieses Beitrags vorhandenen Entwurfsfassung in Kraft tritt, dürfen Direktwerbeanrufe gem. Art. 16 Abs. 3 ePrivacy-VO E allein unter Nennung einer erreichbaren **Anschlussrufnummer** oder eines **Codes** erfolgen, der kenntlich macht, dass es sich um einen Werbeanruf handelt. Die Verwendung eines Codes birgt allerdings die Gefahr, dass der Adressat zwar erkennen kann, dass es sich um einen Werbeanruf handelt, er den konkreten Anrufer hinter der Telefonwerbung jedoch nicht identifizieren kann.[252] Darüber hinaus enthält Art. 16 Abs. 4 ePrivacy-VO E eine **Öffnungsklausel,** die den Mitgliedstaaten das Recht zur Regelung einer **Widerspruchslösung** einräumt. Danach sollen die Mitgliedstaaten regeln können, dass **persönliche Direktwerbeanrufe** bei Verbrauchern möglich sind, sofern diese dem Erhalt solcher Kommunikation nicht widersprochen haben.[253]

81 Vorformulierte Einwilligungen in die Telefonwerbung unterliegen nach stRspr des BGH[254] der AGB-Kontrolle gem. §§ 305 ff. BGB. Die Einwilligung ist nur wirksam, wenn sie in Kenntnis der Sachlage und für den konkreten Fall erklärt wird. Dies setzt die hinweisbedingte **Kenntnis** des Verbrauchers über die Möglichkeit von Werbeanrufen voraus. Des Weiteren muss der Verbraucher wissen, auf welche Art von Werbemaßnahmen und auf welche Unternehmen sich seine Einwilligung bezieht.

82 Am Telefon geschlossene **Verträge** sollen nach einem am 12.5.2017 vom Bundesrat beschlossenen Gesetzesentwurf nur dann wirksam sein, wenn der Verbraucher dessen schriftliche Fassung genehmigt.[255]

83 **g) Soziale Netzwerke.** Soziale Netzwerke bergen eine Vielzahl datenschutzrechtlicher Probleme, von denen hier nur die aus Kundensicht dringendsten besprochen sein können. Neben der Frage, ob und wie die Erklärung der datenschutzrechtlichen Einwilligung für die Nutzung eines Sozialen Netzwerkes zu qualifizieren ist (einseitige Einwilligung oder Einwilligung als Gegenleistung im Vertrag, → Rn. 5) nebst den sich anschließenden

---

[248] Vgl. auch ErwGr 32 bis 35 der Entwurfsfassung der ePrivacy-VO vom 10.1.2017 der Europäischen Kommission, 2017/0003 (COD), abrufbar unter https://ec.europa.eu/digital-single-market/en/news/proposal-regulation-privacy-and-electronic-communications, zuletzt abgerufen am 2.10.2017.
[249] BGH ZD 2017, 327 – Einwilligung in E-Mail-Werbung; GRUR 2013, 1259 – Empfehlungs-E-Mail.
[250] BGH ZD 2017, 327 (328 f.) – Einwilligung in E-Mail-Werbung.
[251] Köhler in Köhler/Bornkamm UWG § 7 Rn. 121 ff. mit Bezug zu verschiedenen unionsrechtlichen Regelungen.
[252] Kritisch vzbv, abrufbar unter https://www.vzbv.de/pressemitteilung/eprivacy-verordnung-bei-datenschutz-und-verschluesselungspflichten-auf-dem, zuletzt abgerufen am 11.12.2017.
[253] ErwGr 36 der Entwurfsfassung der ePrivacy-VO vom 10.1.2017 der Europäischen Kommission.
[254] BGH GRUR 2013, 531 – Einwilligung in Werbeanrufe II.
[255] BR-Drs. 181/1/17.

Fragen der Widerruflichkeit der Einwilligung sowie den Problemen des Koppelungsverbotes (→ Rn. 6), sowie wettbewerbsrechtlichen Problemen va der sog Tell-a-friend-Funktion (→ Rn. 36) sind dies va die Realisierung der datenschutzrechtlichen Grundsätze (Datenminimierung, Speicherbegrenzung, Privacy by Design and Default) und die Gewährleistung der Betroffenenrechte (vgl. → Rn. 53 ff.). Eine Vielzahl dieser Probleme hat sich allerdings bereits unter Geltung des BDSG aF ergeben, sie werden angesichts der nicht unerheblichen Bußgeldandrohungen sowie angesichts des in der DS-GVO verankerten **Marktortprinzips** (auch Diensteanbieter, die ihren Sitz außerhalb der Union haben, deren Angebot sich jedoch an Betroffene in der Union richtet, oder deren Dienste das Verhalten Betroffener innerhalb der EU beobachtet, unterfallen dem Anwendungsbereich der DS-GVO, Art. 3 Abs. 2 DS-GVO)[256] nun aber möglicherweise virulenter. Dies betrifft beispielsweise die korrekte Einbindung von Social Media-Buttons, für die sich die sog Zwei-Klick-Methode durchgesetzt hat.[257] Eine Alternative ist die Einbindung der Buttons über einfache HTML-Links anstelle von iframes, wie es bspw. über Shariff möglich ist.[258]

aa) Gewährleistung datenschutzrechtlicher Grundsätze. Gemäß Art. 25 Abs. 1 DS-GVO muss der Verantwortliche sowohl zum Zeitpunkt der Festlegung der Mittel für die Datenverarbeitung als auch zum Zeitpunkt der eigentlichen Verarbeitung und unter Berücksichtigung bestimmter in der Vorschrift genannter Umstände (Verhältnismäßigkeitsabwägung)[259] den **Datenschutz durch Technikgestaltung** in seinem Diensteangebot berücksichtigen. Er trifft geeignete technische und organisatorische Maßnahmen, um die in der DS-GVO verankerten Datenschutzgrundsätze wie etwa den der **Datenminimierung** wirksam umzusetzen, Art. 25 Abs. 1 DS-GVO. Nach Art. 25 Abs. 2 S. 3 DS-GVO müssen die Maßnahmen insbesondere sicherstellen, dass personenbezogene Daten durch Voreinstellungen nicht ohne Eingreifen der Person einer unbestimmten Zahl von natürlichen Personen zugänglich gemacht werden. Diese Regelung richtet sich vor allem an die Betreiber Sozialer Netzwerke.[260] Damit soll vermieden werden, dass Nutzerinhalte einem großen Empfängerkreis zugänglich gemacht werden. Die Verantwortlichen der Sozialen Netzwerke müssen nach dieser Vorschrift sicherstellen, dass die Voreinstellung den **kleinstmöglichen Empfängerkreis** vorsieht.[261] Der Verordnungsgeber will damit eine allgemeine Zugänglichmachung von (vertraulichen) Inhalten, etwa eine unbewusste Einladung der Öffentlichkeit zu einer **Facebook-Party,** zum Schutz der informationellen Selbstbestimmung der Nutzer verhindern.[262] Der Nutzer soll entsprechende Einstellungen jedoch ändern können, wenn er Inhalte einem erweiterten Empfängerkreis oder gar der breiten Öffentlichkeit zugänglich machen möchte.[263] Die Vorschrift sollte nicht einschränkend dahingehend ausgelegt werden, dass nicht solche Diensteangebote von der Vorgabe der datenschutzfreundlichen Voreinstellung erfasst sind, deren Nutzungszweck gerade in der Zugänglichmachung von Inhalten einem großen bzw. unbegrenzten Empfängerkreis

---

[256] ErwGr 23 DS-GVO.
[257] Bereits beim Laden der Social Media-Buttons sendet der Browser persönliche Daten wie die IP-Adresse oder lokal abgelegte Cookies an die sozialen Dienste. Mit der Zwei-Klick-Methode ruft der Nutzer erst durch einen Klick die eigentlichen Teilen-Knöpfe auf; vorher findet keine Datenübertragung statt; vgl. grundlegend Schützen und teilen, abrufbar unter https://www.heise.de/ct/ausgabe/2014-26-Social-Media-Buttons-datenschutzkonform-nutzen-2463330.html, zuletzt abgerufen am 15.5.2018; zur Unzulässigkeit der Einbindung von Social Media-Buttons ohne Zweiklick-Lösung vgl. LG Düsseldorf Urt. v. 9.3.2016 – 12 O 151/15.
[258] S. https://www.heise.de/newsticker/meldung/Datenschutz-und-Social-Media-Der-c-t-Shariff-ist-im-Einsatz-2470103.html, zuletzt abgerufen am 15.5.2018.
[259] Laue/Nink/Kremer in LNK Das neue DatenschutzR § 7 Rn. 14–15.
[260] Baumgartner/Gausling ZD 2017, 308 (313); Laue/Nink/Kremer in LNK Das neue DatenschutzR § 7 Rn. 18; Martini in Paal/Pauly DS-GVO Art. 25 Rn. 52.
[261] Laue/Nink/Kremer in LNK Das neue DatenschutzR § 7 Rn. 18.
[262] Martini in Paal/Pauly DS-GVO Art. 25 Rn. 52.
[263] Laue/Nink/Kremer in LNK Das neue DatenschutzR § 7 Rn. 18.

besteht,[264] etwa Blogs, Kommentarfunktionen auf Websites oder **Tweets,** denn auch im Rahmen dieser Dienste kann sich der Nutzer frei entscheiden, die voreingestellte geringe Reichweite seiner Beiträge aktiv zu verändern. Die Grenzen zwischen Diensten, die auf eine große Reichweite angelegt sind und solchen, die es nicht sind, sind fließend (gerade auch Beiträge in Sozialen Netzwerken können darauf angelegt sein, ein möglichst breites Publikum zu erreichen, was beispielsweise zu einem erheblichen Erfolg von Influencerwerbung zB in dem Sozialen Netzwerk Instagram führt). Bei einschränkender Auslegung des Art. 25 Abs. 2 S. 3 DS-GVO droht daher ein Leerlaufen der Regelung. Die Anwendung Facebook Custom Audiences ist nach einem Beschluss des VG Bayreuth rechtswidrig.[265]

85   Die nach dem Verbotsprinzip grundsätzlich erforderliche Rechtsgrundlage für eine Datenverarbeitung kann nicht für jedwede über Soziale Netzwerke erhobene Daten in Art. 6 Abs. 1 lit. b DS-GVO gesehen werden. Art. 6 Abs. 1 lit. b DS-GVO erfasst nur solche Daten, die für die Erfüllung des Vertrags **erforderlich sind** (zB Abrechnungsdaten), nicht aber sämtliche Daten, die der Anbieter eines Sozialen Netzwerkes oder eines ähnlichen Dienstes in seinen Nutzungsbedingungen als erforderlich definiert. Erforderlich zur Erfüllung eines Vertrages sind solche Daten, die zur Erfüllung der Leistungspflichten aus einem Vertrag benötigt werden, zB Abrechnungsdaten, E-Mail-Adresse etc. Dagegen ist die Speicherung von Kundenpräferenzen für Marketingzwecke nicht für die Erfüllung des Vertrags erforderlich.[266] Hieran ändert auch die Tatsache nichts, dass das Netzwerk in der Regel über Einnahmen aus personalisierter Werbung finanziert wird.[267] Die für die personalisierte Kundenansprache verwendeten Daten mögen zur Umsatzsteigerung des Sozialen Netzwerkes oder auch ähnlicher Dienste nützlich sein, für die konkrete Erfüllung des Vertragsverhältnisses mit dem Nutzer aber sind sie gänzlich unerheblich. Um dem Koppelungsverbot zu genügen, scheint es möglich, dass die Anbieter Sozialer Netzwerke und ähnlicher Dienste künftig ein **Entgelt** verlangen, sofern der Nutzer nicht in die Datenverarbeitung zu Werbezwecken einwilligt.[268] Eine echte Wahlmöglichkeit bestünde jedoch auch in diesem Fall nicht, wenn die verlangten Entgelte den Wert der Datenverarbeitung übersteigen, da in solchen Fällen die Verweigerung der Einwilligung für den Betroffenen wirtschaftliche Nachteile im Sinne von ErwGr 42 DS-GVO bedeuten würde.[269]

86   **bb) Gewährleistung von Betroffenenrechten.** Schließlich stellen die in der DS-GVO geregelten (neuen) Betroffenenrechte vor allem die Anbieter Sozialer Netzwerke vor Herausforderungen. Art. 20 DS-GVO gibt dem Betroffenen das Recht, ohne großen Aufwand alle von ihm zur Verfügung gestellten Daten[270] auf ein anderes Soziales Netzwerk zu übertragen (vgl. hierzu die Ausführungen → Rn. 59).[271] Mangels **einheitlicher elektronischer Formate** im Bereich der Sozialen Netzwerke scheint der Nutzen aber begrenzt.[272] Auch das **Recht auf Löschung,** Art. 17 DS-GVO (vgl. hierzu die Ausführungen → Rn. 56), erscheint im Bereich der Sozialen Netzwerke nur begrenzt erfolgversprechend. Dies gilt insbesondere in Bezug auf durch Nutzer öffentlich gemachte Daten, zB in Form von Posts. Denn hier ist bereits zweifelhaft, ob das Soziale Netzwerk tatsäch-

---

[264] AA Baumgartner/Gausling ZD 2017, 308 (313); Laue/Nink/Kremer in LNK Das neue DatenschutzR § 7 Rn. 18.
[265] VG Bayreuth Urt. v. 8. 5. 2018 – B 1 S 18.105.
[266] Heberlein in Ehmann/Selmayr DS-GVO Art. 6 Rn. 13.
[267] Albrecht/Jotzo Das neue DatenschutzR Teil 3 Rn. 44.
[268] Albrecht/Jotzo Das neue DatenschutzR Teil 3 Rn. 44.
[269] Albrecht/Jotzo Das neue DatenschutzR Teil 3 Rn. 44.
[270] Aufgrund des Umfangs und der Komplexität wird die Übertragbarkeit nicht auf Inhaltsdaten in Sozialen Netzwerken bezogen, sondern wohl nur auf Bestandsdaten zu beschränken sein, vgl. etwa Jülicher/Röttgen/von Schönfeld ZD 2016, 358 (361).
[271] Artikel 29-Datenschutzgruppe, Guideline on the right to data portability, WP 242rev.01, 23. 12. 2016.
[272] Kipker/Voskamp DuD 2012, 737 (740).

lich datenschutzrechtlich Verantwortlicher ist oder ob der Löschanspruch nicht vielmehr (auch) gegen den einzelnen postenden Nutzer zu richten ist.[273] Für Fanpages sind Fanpage-Betreiber und Facebook Joint Controller verantwortlich.[274]

h) Gewinnspielteilnahme. Bevor Kunden einer **Gewinnspielteilnahme** und der damit verbundenen Datenverarbeitung zustimmen, müssen diesen zwingend alle Informationen über die Datenverarbeitung zur Verfügung gestellt werden, Art. 13 und Art. 14 DS-GVO. Im Vergleich zur bisherigen Rechtslage sind die Anforderungen an die **Informationspflichten** der Verantwortlichen gestiegen.[275] Sie haben ihre Grundlage im **Transparenzgebot**.[276] Der Verantwortliche muss in präziser, transparenter, verständlicher und leicht zugänglicher Form in einer klaren und einfachen Sprache alle Informationen gem. Art. 13 und 14 DS-GVO sowie alle **Mitteilungen** über die **Betroffenenrechte** gem. Art. 15 bis 22 DS-GVO übermitteln (→ § 3 Rn. 96 ff.).[277] Damit Gewinnspielteilnehmern vor allem bewusst ist, dass insbesondere (dritte) Werbeunternehmen von der Teilnahme profitieren, muss ihnen durch eine **hervorgehobene Erklärung** klar ersichtlich sein, wer welche konkreten Daten zu welchen Zwecken verarbeitet bzw. welche konkreten Daten zu welchen Zwecken an welche Dritte übermittelt werden.[278] Eine allgemeine Formulierung „Weitergabe an Dritte und Partnerunternehmen" genügt nicht den Anforderungen an eine transparente Datenverarbeitung.[279] Vor allem bei **Online-Gewinnspielen** entsprechen die Datenschutzerklärungen bzw. die vorformulierten Einwilligungserklärungen häufig nicht den datenschutzrechtlichen Anforderungen.[280] Insbesondere sind **Opt Out-Einwilligungen** nicht mehr ausreichend.[281] Erst recht kann die bloße Teilnahme am Gewinnspiel keine **stillschweigende Einwilligung** in die Datenverarbeitung bedeuten.[282] Wird die Einwilligung in die Datenverarbeitung zur Bedingung der Teilnahme am Gewinnspiel gemacht, kann dies einen Verstoß gegen das Koppelungsverbot darstellen.

i) Kundenkartenprogramme. Kunden- oder andere Rabatt- oder Prämienkarten werden mittlerweile von einer Vielzahl von Unternehmen angeboten. Bereits bei der Beantragung der Kundenkarte gibt der Kunde eine Reihe von Daten preis und erklärt in der Regel die Einwilligung in umfangreiche Datenverarbeitungsszenarien. Hintergrund des Einsatzes der Kundenkarte ist nicht nur die Kundenbindung, sondern in der Regel auch die Erfassung und Analyse des **Konsumverhaltens** der einzelnen Kunden, um so **Prognosen** für die Zukunft aufzustellen mit dem Ziel effizienterer individueller Werbeansprache.[283] Darüber hinaus werden nicht selten weitere persönliche Daten, wie etwa Fa-

---

[273] Kipker/Voskamp DuD 2012, 737 (741 f.).
[274] EuGH Urt. v. 5.6.2018 – C-210/16 – Wirtschaftsakademie Schleswig-Holstein; vgl. auch GA Yves Bot, Schlussanträge zu Rs. C-210/16, abrufbar unter http://curia.europa.eu/juris/document/document.jsf?text=&docid=195902&pageIndex=0&doclang=DE&mode=req&dir=&occ=first&part=1&cid=954730, zuletzt abgerufen am 18.5.2018; zur bisherigen nationalen Rechtslage vgl. BVerwG ZD 2016, 393; VG Schleswig ZD-Aktuell 2013, 03831.
[275] Peper/Wolf npoR 2017, 197 (198).
[276] Insbesondere in Art. 12, 13 und 14 DS-GVO sowie in den ErwGr 39, 60 und 71 DS-GVO.
[277] Art. 12 Abs. 2 DS-GVO.
[278] Conrad in Auer-Reinsdorff/Conrad HdB IT- und DatenschutzR § 34 Rn. 532.
[279] Conrad in Auer-Reinsdorff/Conrad HdB IT- und DatenschutzR § 34 Rn. 532; LDI NRW, 19. Bericht, 40.
[280] Conrad in Auer-Reinsdorff/Conrad HdB IT- und DatenschutzR § 34 Rn. 532; LDI NRW, 19. Bericht, 40.
[281] Vgl. hierzu noch nach bisheriger Rechtslage OLG Frankfurt aM GRUR-RR 2016, 252, wonach die Einwilligung des Verbrauchers unwirksam ist, wenn die Einwilligungserklärung einen Link auf eine Liste von mehreren Unternehmen enthält und der Verbraucher für jedes dieser Unternehmen durch Anklicken des Feldes „Abmelden" entscheiden muss, von welchem Unternehmen er keine Telefonwerbung wünscht.
[282] Art. 4 Nr. 11 DS-GVO sowie ErwGr 32 DS-GVO.
[283] Vgl. ausführlich zum Thema Kundenkarte Forschepoth Datenschutz bei Kundenkarten und Online Bonus-Programmen, Werden wir zu gläsernen Kunden?.

milienstand, Haushaltsgröße, Einkommen, Beruf oder Hobbies erhoben, um diese Daten für Zwecke zur **Marktforschung** und **Werbung** zu verarbeiten.[284] Auch hier gilt, dass der Kunde klar und verständlich über alle Einzelheiten der beabsichtigten Datenverarbeitung **informiert** werden muss, bevor er in diese **einwilligt,** Art. 4 Nr. 11, Art. 6 Abs. 1 lit. f DS-GVO. Vor allem muss der Kunde wissen, welche Daten zu welchen konkreten Zwecken verarbeitet und ggf. für welche Zwecke an Dritte übermittelt werden (vgl. hierzu die Ausführungen zu Verarbeitungsvorgängen und Einwilligungen → Rn. 19 ff., 25 ff.). Auch hier ist auf das unbedingte Erfordernis einer Opt In-Einwilligung hinzuweisen, die nicht bereits in der bloßen Teilnahme am Kundenkartenprogramm gesehen werden kann.

89   Aus den persönlichen Angaben, die freiwillig im Antragsformular gemacht wurden, können zusammen mit den Daten über das Konsumverhalten **Nutzungsprofile** erstellt werden. Hier gelten die bereits für das Profiling getätigten Ausführungen (vgl. → Rn. 73 ff.). Es existieren aber bereits erste **anonyme Kundenkarten** auf dem Markt, mit denen Kunden in den Genuss von Rabatten kommen können, ohne persönliche Angaben von sich preiszugeben.[285]

90   **j) Big Data-Analysen.** Auch Big Data-Analysen sind bereits nach alter Rechtslage erheblichen Bedenken ausgesetzt, unter Geltung der DS-GVO ändern sich diese nicht wesentlich. Im Rahmen von **Big Data-Analysen** werden große Mengen an Daten erhoben, gespeichert und mithilfe von **Algorithmen** ausgewertet.[286] Dies erfolgt zu unterschiedlichsten Zwecken. So sind Big Data-Analysen zB im Bereich der Forschung, va der Medizinforschung denkbar, auch und gerade aber im Bereich der Marktforschung mit dem Zweck der (verbesserten) Werbeansprache. Bei der rechtlichen Beurteilung muss unterschieden werden zwischen zwei Stufen im Big Data-Prozess. Die erste Stufe betrifft die Erhebung und Speicherung der **Datenbasis,** während auf der zweiten Stufe die **Analyse** mithilfe algorithmischer Techniken stattfindet.[287]

91   Soweit es um die Datenbasis geht und einzelne personenbezogene Daten erhoben und gespeichert werden, gelten die Grundsätze für die Verarbeitung personenbezogener Daten (dazu → Rn. 19 ff.).[288] Insbesondere der Grundsatz der Rechtmäßigkeit gem. Art. 6 iVm Art. 5 Abs. 1 lit. a DS-GVO setzt voraus, dass die Verarbeitung aller personenbezogenen Daten auf einer Rechtsgrundlage beruht.[289] Hierbei sind vor allem die Anforderungen an die **Einwilligung** aus Art. 6 Abs. 1 lit. a DS-GVO und die Bedingungen für die Einwilligung gem. Art. 7 DS-GVO zu beachten. Von hoher Relevanz ist auch der **Grundsatz der Zweckbindung** nach Art. 5 Abs. 1 lit. b DS-GVO, der im Falle von Big Data-Analysen nur schwer einzuhalten ist, weil es im Wesen von Big Data-Analysen liegt, dass ihr konkreter Zweck sich erst bei Zusammenführung der Daten aufgrund der neu gewonnenen Erkenntnisse ergibt (vgl. hierzu → Rn. 21 f.).[290] Des Weiteren ist der **Grundsatz der Datenminimierung** aus Art. 5 Abs. 1 lit. c DS-GVO zu beachten, wonach die Erhebung der Daten nur auf das für die Zwecke der Verarbeitung notwendige Maß beschränkt sein darf. Angesichts der Tatsache, dass bei Big Data-Prozesse gerade die massenhafte Sammlung von Daten intendieren, wird sich die Praxis mit dem Grundsatz der Datenminimierung schwer tun. Zudem müssen nach Art. 5 Abs. 1 lit. e DS-GVO **(Grundsatz**

---

[284] Vgl. Pressemitteilung der Verbraucherzentralen vom 4.10.2016, Kundenkarten: Wenig Rabatt für viel Information, abrufbar unter https://www.verbraucherzentrale.de/Kundenkarten-Wenig-Rabatt-fuer-viel-Information-2, zuletzt abgerufen am 12.11.2017.
[285] Zum Beispiel die anonyme Kundenkarte von Gerabo vgl. https://www.datenschutz-notizen.de/kundenkarten-rabattaktionen-und-es-geht-doch-anonym-2512415/, zuletzt abgerufen am 3.7.2018.
[286] Härting DS-GVO-HdB Rn. 598.
[287] Härting DS-GVO-HdB Rn. 601.
[288] Art. 5 DS-GVO bzw. ErwGr 39 DS-GVO; vgl. zur rechtlichen Beurteilung von Big Data-Analysen auch Culik/Döpke ZD 2017, 226.
[289] Paal/Hennemann NJW 2017, 1697 (1700).
[290] Specht GRUR Int. 2017, 1040.

der Speicherbegrenzung) personenbezogene Daten in einer Form gespeichert werden, die die Identifizierung der betroffenen Person nur so lange ermöglicht, wie es für die Zwecke, für die sie verarbeitet werden, tatsächlich erforderlich ist.[291] Überdies sind die gespeicherten Daten so zu strukturieren, dass sich feststellen lässt, ob Daten einen Personenbezug haben oder nicht.[292] Damit soll vor allem den **Rechten der Betroffenen** auf Auskunft, Berichtigung, Widerspruch, Datenübertragung oder Löschung Rechnung getragen werden.[293]

Auf der zweiten Stufe der Datenanalyse gilt es, zusätzlich zu den Voraussetzungen, die an die erste Verarbeitungsstufe gestellt werden, zu beachten, dass der Betroffene keiner Entscheidung unterworfen wird, die ausschließlich auf einer **automatisierten Verarbeitung** beruht und ihm gegenüber rechtliche Wirkung entfaltet oder in ähnlicher Weise erheblich beeinträchtigt, Art. 22 Abs. 1 DS-GVO (vgl. hierzu → Rn. 73). Um derartige Wirkungen oder Beeinträchtigungen zu verhindern, sollten geeignete mathematische oder statistische Verfahren für das Profiling verwendet bzw. technische und organisatorische Maßnahmen getroffen werden.[294] 92

k) Adresshandel. Im Gegensatz zur bisherigen deutschen Rechtslage sind die Voraussetzungen für die Datenverarbeitung zum Zwecke des **Adresshandels** in der DS-GVO unkonkret und weniger einschränkend. Während sich nach der bisher geltenden Rechtslage die Rechtsgrundlagen für den Adressdatenhandel **zu eigenen Zwecken** in § 28 Abs. 3 BDSG aF und **für fremde Zwecke** in § 29 BDSG aF fand,[295] ist die nunmehr geltende Rechtsgrundlage in Art. 6 Abs. 1 lit. f DS-GVO vergleichsweise unbestimmt. Gemäß Art. 6 Abs. 1 lit. f DS-GVO ist die Verarbeitung personenbezogener Daten erlaubt, wenn die Verarbeitung zur **Wahrung berechtigter Interessen** erforderlich ist und **schutzwürdige Interessen des Betroffenen** nicht überwiegen (vgl. hierzu → Rn. 47 ff.). Insbesondere dürfen Unternehmen dabei auch legitime Interessen Dritter verfolgen.[296] Eine Privilegierung besonderer Datenarten, wie sie noch in § 28 Abs. 3 BDGS aF für Listendaten enthalten war, ist nicht mehr gesetzlich geregelt.[297] Der im Vergleich zur bisher geltenden Rechtslage undifferenzierten und unkonkreten Regelung des Art. 6 Abs. 1 lit. f DS-GVO ist ein erhöhter Grad an Rechtsunsicherheit immanent.[298] Allerdings ist das Direktmarketing gem. ErwGr 47 DS-GVO explizit als legitimes Interesse anerkannt, das in eine Interessenabwägung eingestellt werden kann. Außerdem gestattet Art. 6 Abs. 1 lit. f DS-GVO eine Datenverarbeitung bereits dann, wenn die verarbeiterseitig vorgebrachten Interessen den Betroffeneninteressen gleichwertig sind, sie müssen diese nicht überwiegen. 93

Art. 21 DS-GVO gibt dem Betroffenen das Recht, der Datenverarbeitung für Zwecke des Adresshandels zu **widersprechen,** Art. 21 Abs. 2 DS-GVO (vgl. hierzu → Rn. 60). Er ist zuvor in transparenter Form über seine Rechte zu unterrichten. 94

6. Durchsetzung des Datenschutzrechts

a) Befugnisse der Aufsichtsbehörden. Unternehmen sind der Datenschutzaufsicht durch die jeweils zuständigen Behörden unterworfen. § 3 dieses Handbuchs enthält eine 95

---

[291] Eine Ausnahme gilt für Fälle des Art. 89 DS-GVO.
[292] Härting DS-GVO-HdB Rn. 602.
[293] Vgl. im Einzelnen Paal/Hennemann NJW 2017, 1687 (1701).
[294] ErwGr 71 DS-GVO.
[295] Vgl. etwa Gola/Klug/Körffer in Gola/Schomerus BDSG § 29 Rn. 31–36b; Conrad in Auer-Reinsdorff/Conrad HdB IT- und DatenschutzR § 34 Rn. 427–429; insbesondere Polenz in Tamm/Tonner VerbraucherR Teil C Rn. 70, mit dem Hinweis, dass es sich beim Adresshandel praktisch immer um fremde Geschäftszwecke handelt und daher § 29 BDSG aF anwendbar ist.
[296] Ziegenhorn/von Heckel NVwZ 2016, 1585 (1588).
[297] Laue/Nink/Kremer in LNK Das neue DatenschutzR § 2 Rn. 41.
[298] Ziegenhorn/von Heckel NVwZ 2016, 1585 (1588).

eingehende Besprechung der sich hierbei ergebenden Befugnisse, sodass im Folgenden lediglich die für Verbraucher besonders relevanten Fragen adressiert werden. Mit der DS-GVO wurden sowohl die Aufgaben als auch die Befugnisse der Aufsichtsbehörden deutlich erweitert. Art. 57 DS-GVO regelt die **Aufgaben** der Aufsichtsbehörden als unmittelbar anwendbares Recht. Im Vergleich zur bislang geltenden Rechtslage,[299] nach der generell die Überwachung der Einhaltung der datenschutzrechtlichen Vorschriften als Aufgabe benannt wurde, formuliert Art. 57 Abs. 1 DS-GVO nunmehr eine Reihe konkreter Aufgaben, denen sich die Aufsichtsbehörden widmen müssen.[300] Mit der detaillierten und nicht abschließenden Aufzählung der Aufgaben in Art. 57 DS-GVO soll ein einheitlicher Vollzugsrahmen und hierdurch ein gleichwertiges Datenschutzniveau in der EU erreicht werden.[301] Die Einzelaufgaben basieren dabei auf der Gesamtaufgabe, die **Anwendung der Verordnung zu überwachen und durchzusetzen,** Art. 57 Abs. 1 lit. a DS-GVO.[302] Nennenswert ist unter anderem die Aufgabe, die Öffentlichkeit für die Risiken, Vorschriften, Garantien und Rechte im Zusammenhang mit der Datenverarbeitung (Art. 57 Abs. 1 lit. b DS-GVO) sowie die Verantwortlichen und Auftragsverarbeiter für ihre Pflichten aus der DS-GVO zu **sensibilisieren** (Art. 57 Abs. 1 lit. d DS-GVO). Im Vergleich zur bislang geltenden Rechtslage, die in der Regel ein reaktives Tätigwerden auf Anfrage des Verantwortlichen vorsah, wird nunmehr ein proaktives Handeln durch die Aufsichtsbehörden durch Bereitstellung von Informationen vorausgesetzt.[303] Zu den Kernaufgaben der Aufsichtsbehörden zählt weiterhin die Bearbeitung von **Beschwerden,** Art. 57 Abs. 1 lit. f DS-GVO. Um die einheitliche Anwendung und Durchsetzung der DS-GVO zu gewährleisten, wird eine Zusammenarbeit der Aufsichtsbehörden gefordert, Art. 57 Abs. 1 lit. g DS-GVO.

96 Art. 58 DS-GVO regelt die **Befugnisse** der Aufsichtsbehörden.[304] Die einheitlichen Absätze 1 bis 3 der Vorschrift sehen im Vergleich zur bisher geltenden Rechtslage einen deutlich detaillierteren (nicht abschließenden) Katalog einzelner Befugnisse vor **(Untersuchungs-, Abhilfe- und Genehmigungsbefugnisse).** Aufsichtsbehörden dürfen weiterhin den Verantwortlichen oder Auftragsverarbeiter **anweisen,** alle **Informationen** bereitzustellen, die für die Erfüllung ihrer Aufgaben erforderlich sind, Art. 58 Abs. 1 lit. a DS-GVO. Auch können sie den Verantwortlichen oder Auftragsverarbeiter **warnen** bzw. **verwarnen,** wenn beabsichtigte Verarbeitungsvorgänge voraussichtlich gegen die DS-GVO verstoßen bzw. ein Verstoß bereits gegeben ist, Art. 58 Abs. lit a und b DS-GVO. Eine wesentliche Neuerung ist die Möglichkeit der Verhängung von **Geldbußen,** Art. 58 Abs. 2 lit. i DS-GVO. Sie kann zusätzlich zu oder anstelle von in Art. 58 Abs. 2 DS-GVO genannten Maßnahmen, je nach den Umständen des Einzelfalls, erfolgen.

97 **b) Sanktions- und Klagemöglichkeiten.** Um die **Effektivität des Grundrechtsschutzes** zu gewährleisten, sieht Kapitel VIII Rechtsbehelfe, Haftung und Sanktionen vor. Danach können datenschutzrechtliche Verstöße durch den Betroffenen mit der **Beschwerde** (Art. 77 DS-GVO) oder einem **gerichtlichen Rechtsbehelf** (Art. 79 DS-GVO) angegriffen werden. Darüber hinaus wurden mit der DS-GVO die **Bußgeldvorschriften** (Art. 83 DS-GVO) verschärft. Zudem ist es den Mitgliedstaaten gem. Art. 84 DS-GVO überlassen, Vorschriften über andere Sanktionen für Verstöße gegen die DS-GVO festzulegen. Diese **Sanktionen** müssen vor allem **wirksam, verhältnismäßig** und **abschreckend** sein.[305]

---

[299] Art. 28 DS-RL bzw. § 38 BDSG aF.
[300] § 14 BDSG regelt die Aufgaben der/des Bundesbeauftragten für Datenschutz.
[301] Eichler in BeckOK DatenschutzR DS-GVO Art. 57 Rn. 2.
[302] Körffer in Paal/Pauly DS-GVO Art. 57 Rn. 1.
[303] Körffer in Paal/Pauly DS-GVO Art. 57 Rn. 6.
[304] § 16 BDSG regelt im Sinne des Art. 58 Abs. 6 DS-GVO ergänzend die Befugnisse der/des Bundesbeauftragten für Datenschutz.
[305] ErwGr 149 und 152 DS-GVO.

aa) Verbandsklage. Art. 80 DS-GVO ermöglicht es dem Verbraucher, sich von Einrichtungen, Organisationen oder Vereinigungen **ohne Gewinnerzielungsabsicht**, die im **öffentlichen Interesse** und im Bereich des **Schutzes personenbezogener Daten** tätig sind, vor Aufsichtsbehörden und Gerichten **vertreten** zu lassen.[306] Sinn und Zweck der Norm ist, dem Betroffenen die **Durchsetzung seiner Rechte** zu erleichtern und höhere Rechtsverfolgungskosten durch die Beauftragung eines Rechtsanwaltes zu ersparen.[307] Insbesondere sollen etwaige hohe Rechtsanwaltskosten nicht dazu führen, dass die Betroffenen von der Durchsetzung ihrer Rechte aus finanziellen Gründen absehen. Dies trägt der **Effektivität des Grundrechtsschutzes** Rechnung. Die genannten Institutionen können nunmehr im Namen des Betroffenen etwa eine Beschwerde bei der Aufsichtsbehörde einlegen, einen gerichtlichen Rechtsbehelf einlegen oder das Recht auf Schadensersatz geltend machen.[308]

98

Zusätzlich erhalten die Mitgliedstaaten gem. Art. 80 Abs. 2 DS-GVO die Möglichkeit, den in Abs. 1 der Vorschrift genannten Institutionen durch entsprechende Regelung das Recht einzuräumen, **unabhängig von einem Auftrag des Betroffenen** die Rechte in den Art. 77 bis 79 DS-GVO in Anspruch zu nehmen, sofern sie der Auffassung sind, dass die Rechte einer betroffenen Person infolge einer nicht im Einklang mit der DS-GVO stehenden Verarbeitung verletzt worden sind.[309] Damit wird der **kollektive Rechtsschutz** gestärkt.[310] Das Verbandsklagerecht besteht jedoch nicht für die Geltendmachung von **Schadensersatzansprüchen** aus Art. 82 DS-GVO. Hierfür muss von dem Betroffenen explizit ein Auftrag gem. Art. 80 Abs. 1 DS-GVO erteilt werden.[311]

99

Die Möglichkeit des **Verbandsklagerechts im Datenschutzrecht** wurde bereits am 24.2.2016 mit Inkrafttreten des Gesetzes zur Verbesserung der zivilrechtlichen Durchsetzung von verbraucherschützenden Vorschriften des Datenschutzrechtes[312] eingeführt (vgl. § 2 Abs. 2 S. 1 Nr. 11 UKlaG).[313] Der Unterschied zur bestehenden nationalen Rechtslage besteht aber darin, dass das Verbandsklagerecht im Sinne des Art. 80 Abs. 2 DS-GVO **akzessorisch** zur behaupteten Verletzung der Rechte des Betroffenen ist, während gem. § 2 Abs. 1 S. 1 UKlaG ein Verstoß gegen die in § 2 Abs. 2 Nr. 11 UKlaG benannten Vorschriften vorliegen muss.[314] Wettbewerbsrechtlich sind die Regelungen des Datenschutzrechts Marktverhaltensregeln, Verletzungen des Datenschutzrechts damit ebenfalls auf Grundlage des § 8 UWG verfolgbar. Der Gefahr von Massenabmahnungen, wie sie seinerzeit auch im Urheberrecht zu beobachten war, kann dadurch vorgebeugt werden, dass ein Kostenersatzanspruch für derartige Abmahnungen innerhalb von zwei Jahren nach Geltungserlangung der DS-GVO ausgeschlossen ist. Ein entsprechender Gesetzesentwurf soll im Juli 2018 verabschiedet werden.

100

bb) Immaterielle Schäden. Art. 82 Abs. 1 DS-GVO regelt die **Haftung** und das Recht auf **Schadensersatz.** Liegt ein **Verstoß** gegen die Vorgaben der DS-GVO vor, so kann sich der Betroffene den dadurch verursachten **Schaden** ersetzen lassen. Neben dem materiellen Schaden wird auch der **immaterielle Schaden** ausdrücklich benannt. Ein Schmerzensgeldanspruch im Sinne des § 253 Abs. 1 BGB war bislang nicht explizit von § 7 BDSG aF umfasst und kam deshalb nicht in Betracht.[315] Allein bei schwerwiegenden

101

---
[306] ErwGr 142 DS-GVO.
[307] Kreße in Sydow DS-GVO Art. 80 Rn. 1.
[308] ErwGr 142 DS-GVO.
[309] Zu beachten ist, dass hier auf eine Verarbeitung und nicht lediglich auf einen Verstoß gegen datenschutzrechtliche Vorschriften der DS-GVO abgestellt wird, Frenzel in Paal/Pauly DS-GVO Art. 80 Rn. 11.
[310] Albrecht/Jotzo Das neue DatenschutzR Teil 8 Rn. 31.
[311] ErwGr 142 DS-GVO; Kreße in Sydow DS-GVO Art. 80 Rn. 13.
[312] BGBl I 233–236.
[313] Ausführlich dazu vgl. Halfmeier NJW 2016, 1126; Spindler ZD 2016, 114.
[314] Frenzel in Paal/Pauly DS-GVO Art. 80 Rn. 11.
[315] § 7 BDSG aF bzw. Art. 23 Abs. 1 DS-RL; vgl. Simitis in Simitis BDSG § 7 Rn. 32–34 mwN; Gola/Klug/Körffer in Gola/Schomerus BDSG § 7 Rn. 19 mwN.

Persönlichkeitsrechtsverletzungen war bislang ein Anspruch auf Geldentschädigung vorgesehen, der unmittelbar aus Art. 1 Abs. 1, Art. 2 Abs. 1 GG folgte. Ein solcher Geldentschädigungsanspruch erforderte jedoch eine **schwerwiegende Verletzung des Persönlichkeitsrechts**.[316] Nach dem Willen des europäischen Verordnungsgebers soll der Begriff des (materiellen und immateriellen) Schadens **im Lichte der Rechtsprechung des Europäischen Gerichtshofs weit ausgelegt** werden.[317] Demnach sind grundsätzlich alle Schäden, die der Geschädigte an seinem Vermögen oder an sonstigen rechtlich geschützten Gütern erleidet, zu ersetzen.[318] Eine schwerwiegende Persönlichkeitsverletzung ist für die Haftung gem. Art. 82 DS-GVO nicht erforderlich, wohl aber ist das **Gewicht der Rechtsverletzung** und der **objektive Umfang der Beeinträchtigung** der betroffenen Person im Schadensumfang, der im Prozess mit einem Mindestbetrag umschrieben, im Übrigen jedoch nach § 287 ZPO in das Ermessen des Gerichts gestellt werden sollte, angemessen zu berücksichtigen.[319] Art. 82 DS-GVO enthält in Abs. 3 eine Exkulpationsmöglichkeit.[320] Neben den unmittelbar aus der DS-GVO resultierenden Ansprüchen gilt das nationale Deliktsrecht, insbes. das Äußerungsrecht, unverändert weiter, vgl. ErwGr 146 S. 4 DS-GVO.[321] Auch vertragliche Ansprüche sind nicht gesperrt und können daher neben die Ansprüche gem. Art. 82 DS-GVO treten.[322]

102 Benachrichtigungen gemäß Art. 33 und Art. 34 DS-GVO gegen den Meldepflichtigen oder zu Benachrichtigenden oder seine in § 52 Abs. 1 StPO bezeichneten Angehörigen dürfen nur mit Zustimmung des Meldepflichtigen oder zu Benachrichtigenden verwendet werden, § 43 Abs. 4 BDSG, sodass insoweit ein **Beweisverwendungsverbot** besteht (→ Rn. 75 f.).

---

[316] Für Einzelheiten vgl. Specht in Dreier/Schulze KUG §§ 33 ff. Rn. 21 ff.
[317] ErwGr 146 DS-GVO.
[318] Albrecht/Jotzo Das neue DatenschutzR Teil 8 Rn. 24.
[319] So Kreße in Sydow DS-GVO Art. 82 Rn. 6.
[320] Vgl. hierzu im Einzelnen Albrecht/Jotzo Das neue DatenschutzR Teil 8 Rn. 22; Frenzel in Paal/Pauly DS-GVO Art. 82 Rn. 15.
[321] Streitig; dafür Frenzel in Paal/Pauly DS-GVO Art. 82 Rn. 20; Bergt in Kühling/Buchner DS-GVO Art. 82 Rn. 67; Quaas in BeckOK DatenschutzR DS-GVO Art. 82 Rn. 11–13; Gola/Piltz in Gola DS-GVO Art. 82 Rn. 25; dagegen Kreße in Sydow DS-GVO Art. 82 Rn. 27.
[322] Kreße in Sydow DS-GVO Art. 82 Rn. 27; Gola/Klug/Körffer in Gola/Schomerus BDSG § 7 Rn. 18; Gola/Piltz in Gola DS-GVO Art. 82 Rn. 22.

§ 10 Beschäftigtendatenschutz

Übersicht

	Rn.
I. Einleitung	1
II. Anwendbare Vorschriften	3
1. Art. 88 DS-GVO	3
a) Übersicht	4
b) Anwendungsbereich	8
aa) Sachlicher Anwendungsbereich	9
bb) Personeller Anwendungsbereich	11
c) Verhältnis der Ausführungsgesetze zum Beschäftigtendatenschutz zur DS-GVO	14
d) Anforderung an nationale und kollektivrechtliche Regelungen zum Beschäftigtendatenschutz	16
aa) Angemessene und besondere Maßnahmen	17
bb) Spezifischere Vorschriften	19
2. § 26 BDSG	23
a) Übersicht	24
b) Anwendungsbereich	28
c) Erlaubnistatbestände	31
aa) § 26 Abs. 1 S. 1 BDSG	32
bb) § 26 Abs. 1 S. 2 BDSG	42
cc) § 26 Abs. 3 BDSG	49
III. Einzelprobleme	54
1. Einwilligung in Datenverarbeitung im Arbeitsverhältnis	56
a) Zulässigkeit der Einwilligung auch im Beschäftigungsverhältnis	57
b) Freiwilligkeit und Transparenz der Einwilligung	59
c) Schriftform und Information	63
d) Checkliste zur Einwilligung im Arbeitsverhältnis	67
e) Fazit	68
2. Ermöglichung und Ausübung der Beteiligungsrechte des Betriebsrats	70
3. Stellung des Betriebsrats	77
4. Kollektivvereinbarungen als Erlaubnistatbestand	83
a) Allgemeiner Regelungsrahmen von datenschutzrechtlichen Kollektivvereinbarungen	86
b) Schutzmaßnahmen	89
c) Typische Regelungspunkte in datenschutzrechtlichen Betriebsvereinbarungen	91
aa) Vorgaben von Art. 88 Abs. 2 DS-GVO für Betriebsvereinbarungen	95
bb) Datenschutzgrundsätze nach Art. 5 DS-GVO	96
cc) Einordnung der Betriebsvereinbarung als datenschutzrechtlicher Erlaubnistatbestand	98
dd) Festlegung maßgeblicher und grundsätzlich zulässiger Verarbeitungszwecke	101
ee) Regelungen zu Leistungs- und Verhaltenskontrollen	107
ff) Einwilligungen	108
5. Beweisverwertungsverbote	109
a) Grundlagen	110
b) Bisherige Rechtsprechung zu Beweisverwertungsverboten	121
IV. Fazit	127

Literatur:

Behling, Neues EGMR-Urteil zur Überwachung der elektronischen Kommunikation am Arbeitsplatz: Datenschutzrechtliche Implikationen für deutsche Arbeitgeber, BB 2018, 52; *Benkert,* Neuer Anlauf des Gesetzgebers beim Beschäftigtendatenschutz, NJW-Spezial 2017, 242; *Braun,* Datenschutz im Smart Office, ZD 2018, 71; *Däubler,* Informationsbedarf versus Persönlichkeitsschutz – was muss, was darf der Arbeitgeber wissen?, NZA 2017, 1481; *Düwell/Brink*, Beschäftigtendatenschutz nach der Umsetzung der Datenschutzgrundverordnung: Viele Änderungen wenig Neues, NZA 2017, 1081; *Dzida*, Big Data und Arbeitsrecht, NZA 2017, 541; *Fischer*, Datenschutzrechtliche Stolperfallen im Arbeitsverhältnis und nach dessen Beendigung, NZA 2018, 8; *Fuhlrott*, Keylogger & Arbeitnehmerdatenschutz, NZA 2017, 1308; *Fuhlrott*, Aktuelle Rechtsprechung zum Beschäftigtendatenschutz, GWR 2017, 448; *Fuhlrott/Schröder*, Beschäftigtendatenschutz und arbeitsgerichtliche Beweisverwertung, NZA 2017, 278; *Gola*, Der „neue" Beschäftigtendatenschutz nach § 26 BDSG nF, BB 2017, 1462; *Gola/Pötters*, Wer ist datenschutzrechtlich „Verantwortlicher" im Unternehmen?, RDV 2017, 279; *Klösel/Mahnhold*, Die Zukunft der datenschutzrechtlichen Betriebsvereinbarung, NZA 2017, 1428; *Kort*, Der Beschäftigtendatenschutz gem. § 26 BDSG-neu, ZD 2017, 319; *Niklas/Thurn*, Arbeitswelt 4.0 – Big Data im Betrieb, BB 2017, 1589; *Schrey/Kielowski*, Die datenschutzrechtliche Betriebsvereinbarung in DS-GVO und BDSG 2018 – Viel Lärm um Nichts?, BB 2018, 629; *Ströbel/Böhm/Breunig/Wybitul*, Beschäftigtendatenschutz und Compliance: Compliance-Kontrollen und interne Ermittlungen nach der EU-Datenschutzgrundverordnung und dem neuen Bundesdatenschutzgesetz, CCZ 2018, 14; *Weichert*, Die Verarbeitung von Wearable-Sensordaten bei Beschäftigten, NZA 2017, 565; *Wybitul*, Betriebsvereinbarungen im Spannungsverhältnis von arbeitgeberseitigem Informationsbedarf und Persönlichkeitsschutz des Arbeitnehmers, NZA 2017, 1488; *Wybitul*, Der neue Beschäftigtendatenschutz nach § 26 BDSG und Art. 88 DSGVO, NZA 2017, 413; *Wybitul/Brink/Albrecht*, Interview: Beschäftigtendatenschutz nach der DS-GVO, NZA 2018, 285.

I. Einleitung

1 In der Regel verfügen Arbeitgeber über umfangreiche Informationen über ihre Mitarbeiter. Kontrollen der Leistung und des Verhaltens von Beschäftigten sind im Arbeitsverhältnis typische Datenverarbeitungen. Angesichts dieser besonderen Situation im Arbeitsverhältnis ist der Beschäftigtendatenschutz ein Bereich, in dem spezielle Regelungen zum Datenschutz sinnvoll und notwendig sind. Im Rahmen der Verhandlungen zur DS-GVO hatte das Europäische Parlament daher Vorschläge für eine eigene Regelung zum Beschäftigtendatenschutz gemacht, konnte sich letztlich damit jedoch nicht durchsetzen. Daher enthält die DS-GVO keine detaillierten Regelungen zum Beschäftigtendatenschutz. Die Ausgestaltung des Beschäftigtendatenschutzes bleibt im Rahmen der Öffnungsklausel in Art. 88 DS-GVO weitgehend in den Händen der Mitgliedstaaten.

2 Die Bundesregierung konnte sich vor den Neuwahlen 2017 nicht auf eine umfassende und detaillierte Regelung zum Beschäftigtendatenschutz einigen. Entsprechend spiegelt der nun gültige § 26 BDSG mit seinen Regelungen teilweise die bereits bestehende Rechtslage nach dem § 32 BDSG aF in der Ausgestaltung durch die Rechtsprechung wieder und ergänzt diese um einige wenige allgemeine Vorgaben, etwa zur Datenverarbeitung durch den Betriebsrat oder zur Einwilligung im Arbeitsverhältnis.

II. Anwendbare Vorschriften

1. Art. 88 DS-GVO

3 Art. 88 DS-GVO enthält die einzige explizite auf den Beschäftigtendatenschutz zugeschnittene Regelung der DS-GVO.[1] Der europäische Gesetzgeber konnte sich im Gesetzgebungsverfahren nicht auf eine einheitliche und umfassende EU-weite Regelung zum Beschäftigtendatenschutz einigen. Entsprechend gibt Art. 88 DS-GVO den Mitgliedstaaten die Möglichkeit, im Bereich des Beschäftigtendatenschutzes spezifischere nationale Vorschriften zu erlassen.

4 **a) Übersicht.** In seinem **Absatz 1** enthält Art. 88 DS-GVO eine **bereichsbezogene Öffnungsklausel** für den Beschäftigtendatenschutz. Die Vorschrift erlaubt dem nationalen Gesetzgeber, aber auch den Vertragsparteien von Kollektivverträgen, spezifischere Re-

---

[1] Für eine Darstellung der Auffassungen der EU Datenschutzbehörden zum Datenschutz am Arbeitsplatz siehe Artikel 29-Datenschutzgruppe, Opinion 2/2017 on data processing at work, WP 249, 8.6.2017.

gelungen zum Schutz von Beschäftigten bei der Verarbeitung ihrer personenbezogenen Daten im Beschäftigungskontext zu erlassen beziehungsweise zu vereinbaren. Art. 88 Abs. 1 DS-GVO führt hierzu eine nicht abschließende Aufzählung möglicher Regelungszwecke für die einzelnen Mitgliedstaaten auf.

Die Vorschrift stellt zudem ausdrücklich klar, dass neben mitgliedstaatlichen Regelungen beispielsweise **auch „Kollektivvereinbarungen" von der Öffnungsklausel des Art. 88 Abs. 1 DS-GVO umfasst** sind. Somit können etwa auch Betriebsräte und Arbeitgeber (Betriebsparteien) im Rahmen von Betriebsvereinbarungen eigene, an die konkrete Situation im Betrieb angepasste Regelungen zum Beschäftigtendatenschutz treffen. Zudem kommen auch andere Kollektivvereinbarungen als Regelungsrahmen zum Beschäftigtendatenschutz in Betracht, etwa Tarifverträge, Dienstvereinbarungen und Sprecherausschussvereinbarungen. Dies entspricht der bisherigen Rechtsprechung des BAG,[2] nach der Betriebsvereinbarungen schon in der Vergangenheit als datenschutzrechtliche Erlaubnistatbestände wirken konnten. Für die Praxis hat die Aufnahme von Betriebsvereinbarungen in Art. 88 DSGVO erhebliche Bedeutung. Denn so können insbesondere Betriebsparteien angemessene und auf den jeweiligen Betrieb, das Unternehmen oder den Konzern zugeschnittene Regelungen zum Datenschutz am Arbeitsplatz vereinbaren. 5

Derartige Regelungen zum Beschäftigtendatenschutz im Sinne von Art. 88 Abs. 1 DS-GVO müssen den in Art. 88 Abs. 2 DS-GVO genannten inhaltlichen Anforderungen entsprechen. Danach müssen mitgliedstaatliche Regelungen oder Kollektivvereinbarungen insbesondere **angemessene und besondere Maßnahmen zur Wahrung der Grundrechte** der betroffenen Personen enthalten. Die Verordnung regelt nicht näher, inwiefern diese Erfordernisse über die generellen Anforderungen der DS-GVO, beispielsweise aus den Grundsätzen der Datenverarbeitung in Art. 5 DS-GVO, hinausgehen oder diese konkretisieren. Bis es entsprechende Auslegungshinweise der Aufsichtsbehörden und vor allem eine noch zu entwickelnde Rechtsprechung der Gerichte gibt, sollten Betriebsparteien bei der Vereinbarung entsprechender Kollektivvereinbarungen vor allem darauf achten, gerade in Bezug auf die in Art. 88 Abs. 2 DS-GVO beispielhaft genannten Verarbeitungsvorgänge, umfassende Maßnahmen zum Schutz der Rechte der Mitarbeiter zu treffen. Dies gilt etwa in Bezug auf Überwachungssysteme am Arbeitsplatz, die Übermittlung von Beschäftigtendaten in Konzernstrukturen oder die Transparenz bei der Verarbeitung von Beschäftigtendaten. 6

Gemäß Art. 88 Abs. 3 DS-GVO mussten Mitgliedstaaten bis zum 25.5.2018 die Kommission über Gesetze informieren, die auf der Öffnungsklausel in Absatz 1 beruhen. Erlassen die Mitgliedstaaten nach Geltung der DS-GVO derartige Rechtsvorschriften, müssen sie die Kommission unverzüglich darüber informieren.[3] Dies gibt der Kommission die Möglichkeit, die Einhaltung der Einschränkungen aus Absatz 2 zu überprüfen. Die **Meldepflicht** gilt nach ihrem Wortlaut nur für Vorschriften der Mitgliedstaaten, nicht für Kollektivvereinbarungen. In Bezug auf Betriebsvereinbarungen und andere Kollektivvereinbarungen wäre eine solche Meldepflicht zudem nicht praktikabel und praktisch wohl auch nur schwer umsetzbar. 7

b) Anwendungsbereich. Regelungen zum Anwendungsbereich der Öffnungsklausel finden sich in Art. 88 Abs. 1 DS-GVO. 8

aa) Sachlicher Anwendungsbereich. Die Öffnungsklausel des Art. 88 Abs. 1 DS-GVO regelt die **Verarbeitung personenbezogener Beschäftigtendaten im Beschäftigtenkontext.** Als Beispiele für von den Mitgliedstaaten regelbare Sachverhalte nennt die 9

---

[2] Vgl. etwa BAG ZD 2014, 426.
[3] In der Literatur findet sich teilweise die Ansicht, dass die Regelung in Art. 88 Abs. 3 DS-GVO eine Ausschlussfrist ist, welche Mitgliedstaaten die Nutzung der Öffnungsklausel nur bis zur Geltung der DS-GVO ermöglicht. Es ist jedoch nicht ersichtlich, dass der europäische Gesetzgeber die Öffnungsklausel derart befristen wollte. So auch Maschmann in Kühling/Buchner DS-GVO Art. 88 Rn. 57.

Norm zunächst „Zwecke der Einstellung, der Erfüllung des Arbeitsvertrags" sowie „Zwecke der Beendigung des Beschäftigungsverhältnisses". Typische Zwecke der Erfüllung des Arbeitsvertrags sowie seiner Beendigung sollen insbesondere die folgenden, in Art. 88 Abs. 1 DS-GVO **beispielhaft genannten Fallgruppen** umfassen:

- Erfüllung von durch Rechtsvorschriften festgelegten Pflichten;
- Erfüllung der durch Kollektivvereinbarungen festgelegten Pflichten;
- Management, Planung und Organisation der Arbeit;
- Sicherstellung der Gleichheit und Diversität am Arbeitsplatz;
- Sicherstellung der Gesundheit und Sicherheit am Arbeitsplatz;
- Schutz des Eigentums des Arbeitgebers;
- Schutz des Eigentums der Kunden des Arbeitgebers;
- Inanspruchnahme der mit der Beschäftigung zusammenhängenden individuellen oder kollektiven Rechte und Leistungen sowie
- Beendigung des Beschäftigungsverhältnisses.

10 Entscheidend für den Anwendungsbereich der Öffnungsklausel zum Beschäftigtendatenschutz ist der **„Beschäftigungskontext" der jeweiligen Verarbeitung** personenbezogener Daten. Nicht erforderlich ist dabei, dass der Arbeitgeber die personenbezogenen Daten selbst verarbeitet. Auch die Verarbeitung durch einen Auftragsverarbeiter, zum Beispiel im Bereich der Lohnabrechnung, dürfte demnach wohl unter den sachlichen Anwendungsbereich der Öffnungsklausel fallen. Verarbeiten Unternehmen personenbezogene Daten ohne Zusammenhang zum Beschäftigungsverhältnis, können die Mitgliedstaaten eine spezifischere Regelung nicht auf die Öffnungsklausel aus Art. 88 DS-GVO stützen, sondern müssen auf die allgemeinen Erlaubnistatbestände der Verordnung zurückgreifen, zB Art. 6 Abs. 1 oder Art. 9 Abs. 2 DS-GVO. Bieten beispielsweise Arbeitgeber ihren Beschäftigten Dienstleistungen oder Produkte zu vergünstigten Bedingungen an, so kommt ein für die Anwendung von Art. 88 DS-GVO hinreichender Beschäftigungskontext durchaus in Betracht.

11 **bb) Personeller Anwendungsbereich.** Die Öffnungsklausel betrifft ausschließlich die Verarbeitung personenbezogener Beschäftigtendaten. Dabei definiert die DS-GVO den **Begriff der „Beschäftigten"** nicht genauer. Somit bleibt es auf europäischer Ebene weitgehend offen, wie Mitgliedstaaten und Betriebsparteien den Begriff in der Praxis auslegen sollen. Im Geltungsbereich des deutschen Rechts bestimmt § 26 Abs. 8 BDSG den Begriff des Beschäftigten. Diese Legaldefinition entspricht weitgehend dem bisherigen § 3 Abs. 11 BDSG aF (siehe hierzu nachfolgend → Rn. 23 ff.).

12 Nach einem engen Verständnis des Begriffs wären unter **Beschäftigten nur „Arbeitnehmer"** im vom deutschen Arbeitsrecht definierten Sinne zu verstehen.[4] Danach wären Beamte, Richter oder auch GmbH-Fremdgeschäftsführer nicht von dem Begriff umfasst.[5] Vertreter einer solchen engen Auslegung begründen diese mit dem Harmonisierungsgedanken der DS-GVO. Nur durch eine möglichst enge Auslegung der Öffnungsklauseln könne ein europaweit einheitliches Datenschutzrecht sichergestellt werden.[6]

13 Richtigerweise sollten die Mitgliedstaaten den Begriff des Beschäftigten bei der Umsetzung von Art. 88 DS-GVO jedoch weit auslegen können. Im europäischen Gesetzgebungsprozess war bis kurz vor Schluss der Verhandlungen im Entwurfstext der Öffnungsklauseln von „Arbeitnehmerdaten" die Rede. Erst im endgültigen Text hat der europäische Gesetzgeber den Begriff der Beschäftigten eingefügt. Das spricht dafür, dass der Gesetzgeber die Öffnungsklausel bewusst nicht auf den eingeschränkten Arbeitneh-

---

[4] Siehe zu der Definition bspw. Röller in Küttner Personalbuch Rn. 1.
[5] So zB Maschmann in Kühling/Buchner DS-GVO Art. 88 Rn. 13.
[6] Pauly in Paal/Pauly DS-GVO Art. 88 Rn. 7.

merbegriff begrenzen wollte.[7] Zudem legt der EuGH den Begriff des Arbeitnehmers ohnehin weiter aus als das deutsche Arbeitsrecht. Dabei hat der EuGH bereits Beamte, Richter[8] und Fremdgeschäftsführer einer GmbH[9] als Arbeitnehmer bewertet. Es ist naheliegend, dass der europäische Gesetzgeber sich bei der Öffnungsklausel an der bisherigen Auslegung des EuGH orientiert hat. Entsprechend sind von Art. 88 Abs. 1 DS-GVO **auch Beamte, Auszubildende und Bewerber** und die sonstigen in § 26 Abs. 8 BDSG genannten Personengruppen umfasst. Dabei ist im Rahmen der Regelung des Beschäftigtendatenschutzes in Betriebsvereinbarungen allerdings zu beachten, dass diese nach § 5 Abs. 1 BetrVG nur für Arbeitnehmer im betriebsverfassungsrechtlichen Sinne gelten können.[10]

c) Verhältnis der Ausführungsgesetze zum Beschäftigtendatenschutz zur DS-GVO. Die DS-GVO regelt nicht, in welchem Verhältnis die Regelungen zum Beschäftigungsverhältnis, die auf der Grundlage von Art. 88 DS-GVO erlassen wurden, zu den Erlaubnistatbeständen der Verordnung stehen. Die Öffnungsklausel des Art. 88 Abs. 1 DS-GVO regelt insbesondere nicht eindeutig, in welchem Verhältnis eine mitgliedstaatliche Rechtsvorschrift oder eine Kollektivvereinbarung auf der Grundlage der Öffnungsklausel zu anderen Vorschriften der DS-GVO steht. Die Vorschrift lässt – ebenso wie § 26 BDSG – offen, ob eine Vorschrift auf der Grundlage von Art. 88 Abs. 1 DS-GVO neue Erlaubnistatbestände neben denen des Art. 6 Abs. 1 DS-GVO begründen kann.

14

Die Europäische Kommission geht davon aus, dass der Erlaubnistatbestand des Art. 6 Abs. 1 lit. c DS-GVO auch Kollektivvereinbarungen umfasst.[11] Somit würden Rechtsvorschriften und Kollektivvereinbarungen gemäß Art. 88 Abs. 1 DS-GVO nur Art. 6 Abs. 1 DS-GVO konkretisieren und könnten diesem nicht vorgehen. Dagegen stellt jedoch ErwGr 10 DS-GVO klar, dass die Mitgliedstaaten bei der Spezifizierung ihrer nationalen Regelungen einen Spielraum haben sollen. Ohne einen solchen Spielraum hätten mitgliedstaatliche Regelungen oder Kollektivvereinbarungen letztlich keinen eigenständigen Sinn und Zweck. Entsprechend **können nationale Regelungen,** die sich im Anwendungsbereich der Öffnungsklausel des Art. 88 Abs. 1 DS-GVO bewegen und die Anforderungen des Art. 88 Abs. 2 DS-GVO erfüllen, die **allgemeinen Regelungen der DS-GVO konkretisieren.** Sie können daher im Rahmen der Vorgaben der DS-GVO vor allem auch **eigene Erlaubnistatbestände** zur Verarbeitung personenbezogener Daten statuieren.[12] Betriebsvereinbarungen müssen zudem auch die Vorgaben des Betriebsverfassungsrechts umsetzen, zB § 75 Abs. 2 BetrVG.

15

d) Anforderung an nationale und kollektivrechtliche Regelungen zum Beschäftigtendatenschutz. Art. 88 Abs. 2 DS-GVO schränkt die bereichsspezifische Öffnungsklausel des ersten Absatzes ein. Danach sind lediglich solche mitgliedstaatlichen Vorschriften rechtmäßig, die „**angemessene und besondere Maßnahmen zur Wahrung der menschlichen Würde, der berechtigten Interessen und der Grundrechte der betroffenen Person**" umfassen. Diese Maßnahmen zum Schutz betroffener Personen sollen insbesondere die Transparenz der Verarbeitung, die Übermittlung personenbezogener Daten innerhalb von Konzernstrukturen sowie den Einsatz von Überwachungssystemen am Arbeitsplatz betreffen. Die Vorgaben des Art. 88 Abs. 2 DS-GVO gelten für gesetzliche Regelungen zum Beschäftigtendatenschutz grundsätzlich ebenso wie für Be-

16

---

[7] Pötters/Wybitul/Böhm in Wybitul HdB DS-GVO Art. 88 Rn. 10.
[8] EuGH Slg. 1974, 153.
[9] EuGH NJW 2015, 2481.
[10] Vgl. zum Arbeitnehmermerbegriff im betriebsverfassungsrechtlichen Sinne zB Besgen in BeckOK ArbR BetrVG § 5 Rn. 3: „Arbeitnehmer iSd BetrVG ist grds. jeder, der auf Grund eines privaten Arbeitsvertrags im Dienste eines anderen in persönlicher Abhängigkeit zur Leistung fremdbestimmter Arbeit verpflichtet ist."
[11] Europäischer Rat, 15108/14, 2.
[12] Piltz in Piltz BDSG § 26 Rn. 21.

triebsvereinbarungen und andere Kollektivvereinbarungen. Der nachstehende Überblick zeigt Möglichkeiten auf, wie diese – recht allgemein gehaltenen – Anforderungen an spezifische Regelungen zum Beschäftigtendatenschutz in der Praxis umgesetzt werden können.

17 **aa) Angemessene und besondere Maßnahmen.** Art. 88 Abs. 2 DS-GVO fordert zunächst angemessene und besondere Maßnahmen, also letztlich spezifische Regelungen zum Beschäftigtendatenschutz. Angemessen können Maßnahmen dann sein, wenn sie einen **verhältnismäßigen beziehungsweise einen fairen Interessenausgleich** zwischen dem Verantwortlichen und den von der Verarbeitung betroffenen Personen herstellen. Die in Art. 5 Abs. 1 lit. a DS-GVO geforderte Datenverarbeitung nach „Treu und Glauben" wird deutlich besser durch den in der englischen Sprachfassung der Verordnung verwendeten Begriff der „fairness" charakterisiert. Es spricht viel dafür, dass durch das Erfordernis der „fairness" unangemessene Datenverarbeitung ausgeschlossen werden sollen. Diese Einschränkung ist auch im Kontext von Art. 52 Abs. 1 S. 2 GRCh zu sehen, wonach europäische Grundrechte nur eingeschränkt werden können, wenn sie notwendig sind und den allgemeinen Zielen der Union oder den Erfordernissen des Schutzes der Rechte und Freiheiten anderer entsprechen. Eine übermäßige Verarbeitung der Daten von Beschäftigten, wie beispielsweise eine dauerhafte Videoüberwachung oder der dauerhafte Einsatz einer sog Keylogger-Software entspricht dieser Anforderung grundsätzlich nicht. Der europäische Gesetzgeber überlässt es jedoch in gewissem Umfang den Mitgliedstaaten und den Betriebsparteien, im Einzelfall selbst zu bestimmen, welche Datenverarbeitungen angemessen sind.

18 Soweit Art. 88 Abs. 2 DS-GVO „besondere Maßnahmen" fordert, ist dies eine **Abgrenzung zu den allgemeinen und eher abstrakten Schutzmechanismen der DS-GVO.** Anhaltspunkte für die Anforderungen an diese allgemeinen und abstrakten Schutzmechanismen finden sich beispielsweise in den Grundsätzen der Datenverarbeitung von Art. 5 DS-GVO, in den Erlaubnistatbeständen des Art. 6 DS-GVO, in den besonderen Voraussetzungen an Einwilligungserklärungen in Art. 7 DS-GVO, in den Informationspflichten des Verantwortlichen nach den Art. 12 ff. DS-GVO sowie in allen Rechten von betroffenen Personen aus den Art. 15 ff. DS-GVO.[13] Mit diesem Erfordernis stellt der europäische Gesetzgeber klar, dass es nicht ausreichen kann, lediglich die allgemeinen abstrakten Erfordernisse der DS-GVO unangepasst zu übernehmen. Die Mitgliedstaaten und Betriebsparteien müssen die Schutzmaßnahmen jeweils konkret auf die Besonderheiten des Beschäftigungsverhältnisses anpassen.

19 **bb) Spezifischere Vorschriften.** Die Öffnungsklausel des Art. 88 Abs. 1 DS-GVO ermöglicht den Mitgliedstaaten lediglich, „spezifischere Vorschriften zur Gewährleistung des Schutzes der Rechte und der Freiheiten hinsichtlich der Verarbeitung personenbezogener Beschäftigtendaten im Beschäftigungskontext" vorzusehen. Unklar und in der Fachliteratur umstritten ist die genaue Bedeutung des Begriffs der **„spezifischeren Vorschriften".**[14] Damit können einerseits Vorschriften gemeint sein, die einen spezifischen Regelungsbereich betreffen, also den Beschäftigtendatenschutz.[15] Nach diesem Verständnis wären die Mitgliedstaaten in dem spezifischen Bereich nicht an die Standards der DS-GVO gebunden und könnten gegebenenfalls auch das Schutzniveau der DS-GVO unterschreiten.[16] Andererseits kann man das Tatbestandsmerkmal auch als das Festschreiben eines Mindeststandards verstehen. Die Mitgliedstaaten dürften nach dieser Lesart lediglich konkretisierende Regelungen treffen, die vom Schutzstandard der DS-GVO nicht we-

---

[13] Düwell/Brink NZA 2016, 665 (667).
[14] In der englischen Sprachfassung „more specific rules".
[15] Düwell/Brink NZA 2017, 1081 (1082).
[16] Riesenhuber in BeckOK DatenschutzR DS-GVO Art. 88 Rn. 69 f.

sentlich nach unten abweichen dürfen. Nach einem anderen Verständnis dürften die Mitgliedstaaten den Schutzstandard der DS-GVO nicht unterschreiten, jedoch auch schärfere beziehungsweise restriktivere Regelungen zum Schutz der betroffenen Beschäftigten treffen.[17]

Richtigerweise wird hingegen eine nicht unerhebliche Abweichung vom Schutzniveau der DS-GVO sowohl nach oben als auch nach unten nicht zulässig sein. Gegen ein mögliches Abweichen vom Schutzniveau der DS-GVO spricht zunächst der **Zweck der Vollharmonisierung.** Trotz Öffnungsklauseln soll die DS-GVO europaweit ein möglichst einheitliches Datenschutzniveau schaffen. Auch bei einem Blick auf die Gesetzeshistorie wird deutlich, dass im Rahmen der Nutzung der Öffnungsklausel des Art. 88 Abs. 1 DS-GVO sowohl eine Erhöhung als auch eine Absenkung des Schutzstandards vom Gesetzgeber nicht vorgesehen war.[18] In den ersten Entwürfen des DS-GVO war noch von „stricter rules" die Rede, dieser Passus wurde jedoch bis zur entscheidenden Version wieder gestrichen.[19] Der europäische Gesetzgeber hat die Möglichkeit des generellen Abweichens vom Schutzniveau der DS-GVO durchaus erkannt, sich jedoch dagegen entschieden.

Am Überzeugendsten ist es daher, spezifische Vorschriften im Sinne von Art. 88 DS-GVO so zu verstehen, dass diese den **besonderen Sachgesetzlichkeiten** und **Anforderungen des zu regelnden Lebenssachverhalts** Rechnung tragen müssen.[20] „Spezifisch" ist somit in diesem Zusammenhang das Gegenstück zu den allgemeinen Vorgaben der DS-GVO zum Schutz der betroffenen Personen. Die nationalen Regelungen zum Beschäftigtendatenschutz müssen folglich stets mit Blick auf die allgemeinen Vorgaben der DS-GVO betrachtet werden und gegenüber den Regelungen der DS-GVO einen **konkretisierenden Mehrwert** bieten.[21]

Auch wenn die Öffnungsklausel in Art. 88 Abs. 1 DS-GVO letztlich nur konkretisierende Regelungen der Mitgliedstaaten gestattet, behält Art. 88 Abs. 2 DS-GVO erhebliche Bedeutung. Manche Stimmen in der Literatur bestreiten dies zwar unter Berufung auf systematische Erwägungen.[22] Jedoch stellt Art. 88 Abs. 2 DS-GVO ausdrücklich definierte Vorgaben an den Mindestinhalt der Regelungen.[23]

2. § 26 BDSG

Der deutsche Gesetzgeber hat von der Öffnungsklausel durch die Regelung in § 26 BDSG Gebrauch gemacht. Diese deutsche Regelung zum Beschäftigtendatenschutz greift erkennbar auf bekannte Mechanismen und Vorgaben des § 32 BDSG aF zurück. So stellt der Gesetzgeber auch in der Gesetzesbegründung klar: „§ 26 führt die spezialgesetzliche Regelung des § 32 BDSG aF fort."[24]

a) Übersicht. Künftig wird der Beschäftigtendatenschutz in Deutschland neben Kollektivvereinbarungen primär durch § 26 BDSG geregelt werden. Zwar sind **viele Regelungen an den bisherigen § 32 BDSG aF angelehnt,** jedoch ist die Neuregelung deutlich umfangreicher und detaillierter.

– **§ 26 Abs. 1 BDSG** beinhaltet sowohl in Satz 1 als auch in Satz 2 Erlaubnistatbestände zur Verarbeitung personenbezogener Daten von Beschäftigten. Diese Erlaubnistatbestände ähneln weitestgehend den Erlaubnistatbeständen in § 32 Abs. 1 BDSG aF, wobei

---

[17] Kort ZD 2017, 319 (322).
[18] Piltz in Piltz BDSG § 26 Rn. 10f.; Wybitul/Pötters RDV 2016, 10 (14).
[19] Ausführlicher in Piltz in Piltz BDSG § 26 Rn. 15.
[20] Riesenhuber in BeckOK DatenschutzR DS-GVO Art. 88 Rn. 66.
[21] Piltz in Piltz BDSG § 26 Rn. 8.
[22] So etwa Riesenhuber in BeckOK DatenschutzR DS-GVO Art. 88 Rn. 71.
[23] Vgl. Klösel/Mahnhold NZA 2017, 1428 (1430).
[24] BT-Drs. 18/11325, 96f.

§ 26 Abs. 1 S. 1 BDSG den alten Erlaubnistatbestand um die Verarbeitung für die Verwirklichung betriebsverfassungsrechtlicher Zwecke erweitert.
- **§ 26 Abs. 2 BDSG** regelt die besonderen Anforderungen an wirksame Einwilligungserklärungen im Arbeitsverhältnis. Danach kann eine wirksame Einwilligungserklärung im Arbeitsverhältnis insbesondere dann vorliegen, wenn der Beschäftigte dadurch einen rechtlichen oder wirtschaftlichen Vorteil erlangt, oder wenn die Interessen des Arbeitgebers und des Beschäftigten gleichgerichtet sind.
- **§ 26 Abs. 3 BDSG** regelt in Umsetzung der Öffnungsklausel aus Art. 9 Abs. 2 lit. b DS-GVO die zulässige Verarbeitung besonderer Kategorien personenbezogener Daten im Kontext zum Beschäftigungsverhältnis. Inhaltlich lehnt sich die Vorschrift aber weitgehend an die Vorgaben der Verordnung an.
- In seinem **Absatz 4** stellt § 26 BDSG über Art. 88 Abs. 1 DS-GVO hinaus noch einmal ausdrücklich klar, dass auch Kollektivvereinbarungen als Rechtsgrundlage für die Verarbeitung personenbezogener Daten im Arbeitsverhältnis herangezogen werden können.
- **§ 26 Abs. 5 BDSG** sieht zudem vor, dass Verantwortliche geeignete Maßnahmen umsetzen müssen, um die Grundsätze der Datenverarbeitung nach der DS-GVO einzuhalten. Die Regelung unterstreicht so noch einmal, dass die Bedeutung der Grundsätze des Art. 5 DS-GVO auch für den Datenschutz am Arbeitsplatz gelten (vgl. → § 3 Rn. 48 ff.).
- **§ 26 Abs. 6 BDSG** stellt klar, dass die Beteiligungsrechte der Interessenvertretungen der Beschäftigten auch in Bezug auf die Verarbeitung von personenbezogenen Daten auf Grundlage des § 26 BDSG erhalten bleiben.
- **§ 26 Abs. 7 BDSG** erweitert den Anwendungsbereich des § 26 BDSG in Fortführung des bisherigen § 32 Abs. 2 BDSG aF auf die Verarbeitung personenbezogener Beschäftigtendaten, die nicht in einem Dateisystem gespeichert sind oder gespeichert werden sollen.
- Abschließend definiert **§ 26 Abs. 8 BDSG** den Begriff der Beschäftigten im Sinne der Norm.

26 Unklar ist, ob die deutsche Regelung zum Beschäftigtendatenschutz letztlich den Anforderungen der Öffnungsklausel in Art. 88 Abs. 1 und Abs. 2 DS-GVO genügt. Teilweise wird dies in der Literatur mit dem Argument bestritten, die Regelung in § 26 BDSG sei zu unspezifisch und mehr eine Art „Generalklausel".[25] Andererseits lässt sich argumentieren, dass der deutsche Gesetzgeber in der Gesetzesbegründung klar dargelegt hat, dass er die bisherige Regelung zum Beschäftigtendatenschutz fortführen möchte. Damit ist auch künftig die umfassende arbeitsgerichtliche Ausgestaltung der deutschen Regelung zum Beschäftigtendatenschutz zu berücksichtigen. Zusammen mit diesen umfassenden richterrechtlichen Vorgaben könnte § 26 BDSG den Anforderungen von Art. 88 DS-GVO zwar gegebenenfalls genügen. Letztlich muss man jedoch konstatieren, dass § 26 BDSG eher allgemeine Regelungen enthält, die allenfalls unter Rückgriff auf die bisherige Rechtsprechung als ansatzweise spezifisch beziehungsweise konkret bezeichnet werden könnten. Dabei ist auch zu beachten, dass § 26 BDSG vor allem Regelungen zu datenschutzrechtlichen Erlaubnistatbeständen und diese flankierende Vorgaben enthält. So enthält § 26 BDSG hingegen beispielsweise keine Regelungen dazu, wie Beschäftigte über die Verarbeitung ihrer Daten zu informieren sind oder passt andere Anforderungen der DS-GVO an die Besonderheiten des Beschäftigungsverhältnisses an, zB zum Verarbeitungsverzeichnis, zu Löschpflichten oder zu anderen allgemeinen datenschutzrechtlichen Anforderungen der Verordnung. Insgesamt wird man § 26 BDSG in seiner jetzigen Fassung daher wohl eher als Regelung betrachten müssen, die **den Vorgaben von Art. 88 DS-GVO vollumfänglich entspricht**.

---

[25] Maschmann in Kühling/Buchner DS-GVO Art. 88 Rn. 63.

Bis der EuGH diese Frage entschieden haben wird, müssen Unternehmen in Deutschland sich indes an die Regelungen zum Beschäftigtendatenschutz halten.

b) Anwendungsbereich. Sachlich regelt § 26 BDSG die Verarbeitung personenbezogener Daten im Beschäftigtenkontext und für Zwecke des Beschäftigungsverhältnisses. Für die Beschreibung des sachlichen Anwendungsbereichs verwendet der deutsche Gesetzgeber dabei die in der DS-GVO, insbesondere in Art. 4 DS-GVO, definierten Begriffe. Im Rahmen von § 26 BDSG sollen, wie schon auf europäischer Ebene, die Zwecke einer Datenverarbeitung über deren Zulässigkeit entscheiden. § 26 BDSG richtet sich nach seinem Wortlaut nicht alleine an Arbeitgeber, sondern allgemeiner **an sämtliche Verantwortliche,** die personenbezogene Beschäftigtendaten im Beschäftigungskontext verarbeiten. Damit gilt § 26 BDSG nicht nur für Stellen, die betroffene Personen iSv § 26 Abs. 8 BDSG beschäftigen, sondern gegebenenfalls auch für Auftragnehmer oder Dritte, die für den Arbeitgeber personenbezogene Daten im Beschäftigungskontext verarbeiten. Die Datenverarbeitung durch Betriebsräte und andere Interessenvertretungen von Beschäftigten fällt ebenso in den Anwendungsbereich von § 26 BDSG und muss sich an dessen Vorgaben messen lassen (näher → Rn. 77 ff.).

§ 26 Abs. 7 BDSG erstreckt die Vorgaben des geplanten Beschäftigtendatenschutzes auch auf die **nicht-automatische Verarbeitung von Daten, die nicht in einem Dateisystem gespeichert sind** oder werden sollen. Dies gilt auch für besondere Kategorien personenbezogener Daten. In diesem Punkt geht der Anwendungsbereich des deutschen Beschäftigtendatenschutzes über den Anwendungsbereich der DS-GVO hinaus. Die Vorgaben der DS-GVO gelten grundsätzlich nur für automatisierte Verarbeitungen oder Daten in Dateisystemen. Angesichts der Klarstellung in § 26 Abs. 5 BDSG müssen Verantwortliche deshalb die Datenschutzgrundsätze des Art. 5 DS-GVO auch für die nicht-automatisierte Verarbeitung personenbezogener Daten von Beschäftigten für Zwecke des Beschäftigungsverhältnisses einhalten.

Die DS-GVO bestimmt nicht näher, was unter Beschäftigten zu verstehen ist. § 26 Abs. 8 BDSG legt daher für Datenverarbeitungen im Rahmen des BDSG fest, dass der **datenschutzrechtliche Beschäftigtenbegriff** neben Arbeitnehmern, Leiharbeitnehmern und Auszubildenden auch noch Heimarbeiter, Beamte, Richter, Soldaten, Bewerber und ehemalige Beschäftigte und weitere Personengruppen umfassen soll. Die Liste in § 26 Abs. 8 BDSG ist abschließend. Dabei stellt die Norm eindeutig klar, dass die Anforderungen des § 26 BDSG auch für die Verarbeitung personenbezogener Daten ehemaliger Beschäftigter gelten.

c) Erlaubnistatbestände. § 26 BDSG beinhaltet verschiedene Erlaubnistatbestände, die der deutsche Gesetzgeber auf die Öffnungsklauseln in Art. 88 Abs. 2 DS-GVO und Art. 9 Abs. 2 lit. b DS-GVO stützt.

aa) § 26 Abs. 1 S. 1 BDSG. Personenbezogene Daten von Beschäftigten dürfen von Verantwortlichen auf der Grundlage von § 26 Abs. 1 BDSG verarbeitet werden, wenn dies für einen der folgenden Zwecke erforderlich ist:
– Entscheidung über die **Begründung** eines Beschäftigungsverhältnisses;
– **Durchführung** eines Beschäftigungsverhältnisses;
– **Beendigung** eines Beschäftigungsverhältnisses;
– Ausübung oder Erfüllung der sich aus einem Gesetz oder einer Kollektivvereinbarung ergebenden Rechte und Pflichten der **Interessenvertretung** der Beschäftigten.

Die ersten drei dieser Erlaubnistatbestände finden sich in ähnlicher Form auch in § 32 Abs. 1 S. 1 BDSG aF wieder. Neu hat der deutsche Gesetzgeber die Erlaubnis zur Verarbeitung personenbezogener Daten für **betriebsverfassungsrechtliche Zwecke** aufgenommen. Derartige Datenverarbeitungen konnten die Betriebsparteien bisher vor allem auf das Betriebsverfassungsrecht stützen, da das BDSG aF subsidiär zu anderen Bundesgesetzen war, vgl. § 1 Abs. 3 S. 1 BDSG aF. Da es sich bei der DS-GVO um eine im Sinne von Art. 288 Abs. 2 AEUV vorrangige EU-Verordnung handelt, musste der deutsche Gesetzgeber den Erlaubnistatbestand nun explizit mit aufnehmen.

34 Für die betriebliche Praxis sollten die Betriebsparteien beachten, dass Arbeitgeber die Verarbeitung personenbezogener Daten für andere Zwecke als solche des Beschäftigungsverhältnisses **grundsätzlich auch auf die allgemeinen Erlaubnisvorschriften der Verordnung** stützen können, etwa auf Art. 6 Abs. 1 oder Art. 9 Abs. 2 DS-GVO. Eine ausdrückliche Regelung, die einen Rückgriff auf diese Erlaubnistatbestände im Beschäftigungskontext ausschließen würde, ist weder Art. 88 DS-GVO noch § 26 BDSG zu entnehmen. Zudem erlaubt Art. 88 Abs. 1 DS-GVO lediglich Vorschriften zur Verarbeitung personenbezogener Beschäftigtendaten im Beschäftigungskontext. Für die Datenverarbeitung in einem anderen Kontext fehlt dem nationalen Gesetzgeber schlicht die Regelungskompetenz. Somit kann die Regelung in § 26 BDSG für solche Datenverarbeitungen richtigerweise auch nicht lex specialis sein, welche die in der DS-GVO geregelten allgemeinen Erlaubnistatbestände verdrängt.

35 Eine Datenverarbeitung muss „erforderlich" sein, um gemäß § 26 Abs. 1 S. 1 BDSG zulässig zu sein. Erforderlich ist eine Verarbeitung personenbezogener Daten dann, wenn sie **notwendig** ist, um die **Zwecke der Vorschrift** zu verwirklichen.

36 Anhaltspunkte zur näheren Bestimmung des Begriffs der Erforderlichkeit im Sinne von § 26 BDSG finden sich in der Gesetzesbegründung. Der Begriff der Erforderlichkeit für Zwecke des Beschäftigungsverhältnisses wird danach – entsprechend den bisherigen Vorgaben der deutschen Arbeitsgerichte – auf der Grundlage einer **praktischen Konkordanz** zwischen den Interessen des Arbeitgebers und denen des Beschäftigten ermittelt.[26] Abzuwägen sind hierbei die widerstreitenden Grundrechtspositionen des Arbeitgebers und des Arbeitnehmers. Das Interesse des Arbeitgebers an der Datenverarbeitung und das Persönlichkeitsrecht des Beschäftigten müssen zu einem möglichst schonenden Ausgleich gebracht werden. Dabei müssen die Interessen beider Seiten so weitgehend wie möglich berücksichtigt werden.

37 Die Prüfung der praktischen Konkordanz in Form einer Interessenabwägung zwischen den Belangen des Beschäftigten und des Verantwortlichen entspricht der bisherigen Rechtsprechung der Arbeitsgerichte zu § 32 Abs. 1 BDSG aF. Diese erachtete eine Verarbeitung dann zur Verwirklichung von Zwecken des Beschäftigungsverhältnisses für erforderlich, wenn diese Verarbeitung auf der Grundlage eines Interessenausgleichs – und damit einer **Verhältnismäßigkeitsprüfung** – erfolgte.[27] Eine Datenverarbeitung muss für die Verwirklichung der jeweils verfolgten Zwecke daher zunächst geeignet sein. Zudem muss sie das mildeste aller gleich effektiven zur Verfügung stehenden Mittel darstellen. Weiter darf die in Frage stehende Datenverarbeitung nicht unangemessen sein, darf also nicht übermäßig in die Grundrechte und sonstigen geschützten Positionen des einzelnen Beschäftigten eingreifen.

38 Dem Arbeitgeber steht im Rahmen seiner **unternehmerischen Freiheit** ein Entscheidungsspielraum über die Organisation betrieblicher Abläufe zu, wobei auch wirtschaftliche Aspekte zum Tragen kommen können.[28] Eine Datenverarbeitung kann daher auch dann das mildeste Mittel sein, wenn eine – in die Persönlichkeitsrechte der Mitarbeiter weniger eingreifende – Verarbeitungsmethode existiert, diese aber wirtschaftlich nicht zweckmäßig oder gar nicht umsetzbar ist. Hier bleibt abzuwarten, wie die europäische Rechtsprechung diesen **Ermessensspielraum** des Arbeitgebers künftig ausgestalten wird.

39 Teile der Literatur bewerten eine Bestimmung der Erforderlichkeit anhand einer praktischen Konkordanz kritisch.[29] Zur Auslegung sei der Maßstab der Erforderlichkeit im

---

[26] BT-Drs. 18/11325, 97; Tiedemann in Sydow DS-GVO Art. 88 Rn. 19; Maschmann in Kühling/Buchner DS-GVO BDSG § 26 Rn. 18.
[27] Vgl. bspw. BAG BB 2014, 890 Rn. 23 – sog Spindurteil; BB 2017, 2364; BB 2017, 2682.
[28] Gola BB 2017, 1462 (1464).
[29] Vgl. Düwell/Brink NZA 2017, 1081 (1084).

Sinne der DS-GVO heranzuziehen. Bei einer solchen europäischen Rechtsquelle sei eine sog. **autonome Auslegung** vorzunehmen. Die der deutschen Grundrechtsdogmatik entnommene praktische Konkordanz könne nicht zur Auslegung eines auf einer Öffnungsklausel der DS-GVO beruhenden deutschen Gesetzes herangezogen werden.

Die Auslegung des Begriffs „erforderlich" erfolgt jedoch im Rahmen der spezifischen Vorschriften des BDSG. Es handelt sich in diesem Fall gerade nicht um die Auslegung eines Begriffes der DS-GVO. Soweit die Auslegung mittels einer praktischen Konkordanz von der Öffnungsklausel des Art. 88 DS-GVO gedeckt ist, kann diese durchaus auch für die Auslegung von Begriffen des BDSG herangezogen werden. Insofern handelt es sich beim **BDSG** um **eine deutsche Rechtsquelle.** Entsprechend ist mit der Gesetzesbegründung[30] zur Auslegung der Erforderlichkeit der Datenverarbeitung eine Prüfung der praktischen Konkordanz vorzunehmen. 40

Die materiell-rechtlichen Vorgaben der bisherigen deutschen arbeitsrechtlichen Rechtsprechung zur Bestimmung der Erforderlichkeit im Sinne von § 32 Abs. 1 BDSG aF können somit auch zur Bestimmung des Begriffs der Erforderlichkeit im Sinne von § 26 Abs. 1 BDSG herangezogen werden.[31] Im Rahmen einer **Erforderlichkeitsprüfung** sind auch weitere Umstände, die in den ErwGr 47 und 48 DS-GVO aufgeführt werden, zu berücksichtigen. Das betrifft insbesondere die vernünftigen Erwartungen des betroffenen Arbeitnehmers in Bezug auf die Verarbeitung seiner personenbezogenen Daten. Arbeitgeber sind somit gut beraten, ihre Mitarbeiter bereits im Vorfeld transparent darüber zu informieren, welche personenbezogenen Daten sie in welcher Form verarbeiten. Dies entspricht sowohl den Vorgaben der DS-GVO als auch denen der bisherigen deutschen Rechtsprechung der Arbeitsgerichte. Letztlich dürfte die Frage, ob die Auslegung des Begriffs der Erforderlichkeit auf der Basis der DS-GVO oder des BDSG erfolgen soll, in der Praxis allenfalls theoretische beziehungsweise geringe Bedeutung haben, da beide unbestimmten Rechtsbegriffe weitestgehend deckungsgleich auszulegen sein werden. 41

In der Bewerbungsphase können beispielsweise solche Datenverarbeitungen, welche die Sichtung und die Prüfung eingegangener Bewerbungen und die Kontaktaufnahme betreffen, erforderlich im Sinne des § 26 BDSG sein.[32] Zu den erforderlichen Daten gehören in diesem Fall regelmäßig die sogenannten Stammdaten des Bewerbers, wie zum Beispiel Name, Adresse, Telefonnummer und E-Mail-Adresse. Die Verarbeitung dieser Informationen ist regelmäßig zur Zuordnung der Bewerbungsunterlagen zu einem Bewerber und zur Kontaktaufnahme unerlässlich.[33]

bb) § 26 Abs. 1 S. 2 BDSG. § 26 Abs. 1 S. 2 BDSG erlaubt die Verarbeitung personenbezogener Daten für Zwecke der Aufdeckung von Straftaten im Beschäftigungsverhältnis. Die Norm **entspricht weitgehend dem bisherigen § 32 Abs. 1 S. 2 BDSG aF.** Wie beim Erlaubnistatbestand des ersten Satzes, ist auch bei § 26 Abs. 1 S. 2 BDSG eine Abwägung zwischen dem Interesse des Arbeitgebers und dem Recht der Beschäftigten auf den Schutz ihrer personenbezogenen Daten maßgeblich. 42

Der deutsche Gesetzgeber hat die Neufassung des Beschäftigtendatenschutzes nicht dazu genutzt, klarzustellen, dass neben der Aufklärung von Straftaten auch die Aufklärung konkreter Anhaltspunkte für **Pflichtverletzungen** im Arbeitsverhältnis, **die keine Straftaten darstellen,** vom Erlaubnistatbestand mit umfasst ist. Zu dieser Frage gab es bereits mit dem bisherigen § 32 Abs. 1 BDSG aF große Diskussionen in Literatur und Rechtsprechung.[34] Erst kürzlich hat eine Entscheidung des LAG Baden-Württem- 43

---

[30] BT-Drs. 18/11325, 97.
[31] Ebenso Gräber/Nolden in Paal/Pauly BDSG § 26 Rn. 14.
[32] Piltz in Piltz BDSG § 26 Rn. 35.
[33] Piltz in Piltz BDSG § 26 Rn. 36.
[34] Beispielsweise hat sich das BAG bereits in seinem Urteil zur Videoüberwachung vom 20.10.2016 mit dieser Frage auseinandergesetzt vgl. BAG ZD 2017, 339.

berg³⁵ diese Diskussionen erneut angeheizt. Das Gericht lehnte eine Ausweitung des Erlaubnistatbestandes auf Pflichtverletzungen unterhalb der Schwelle von Straftaten ab und nahm zusätzlich eine Sperrwirkung für solche Datenverarbeitungen nach § 32 Abs. 1 S. 1 BDSG aF an. Entsprechend hielten auch einige Stimmen in der Literatur die Verarbeitung personenbezogener Daten von Beschäftigten zur Aufklärung von Pflichtverletzungen, die keine Straftaten darstellen, nach dem künftigen Beschäftigtendatenschutz für unzulässig.³⁶

44   Die Entscheidung des LAG Baden-Württemberg wurde jedoch vom BAG zu Recht wieder aufgehoben. Im Einklang mit seiner bisherigen Rechtsprechung stellte das BAG klar, dass eine **derart enge Auslegung von § 32 Abs. 1 S. 2 BDSG aF nicht angebracht** sei.³⁷ Es sei nicht ersichtlich, warum der Erlaubnistatbestand zur Aufdeckung von Straftaten einen Rückgriff auf die Verarbeitung für Zwecke des Beschäftigtenverhältnisses zur Aufdeckung von Pflichtverletzungen verdrängen sollte. Eine Datenverarbeitung des Arbeitgebers zur Aufdeckung von solchen Pflichtverletzungen, die keine Straftat sind, falle somit unter den Erlaubnistatbestand nach § 32 Abs. 1 S. 2 BDSG aF.

45   Auf die Abgrenzung zwischen § 26 Abs. 1 S. 1 und S. 2 BDSG lässt sich diese Entscheidung des BAG übertragen. Schließlich hat der Bundesgesetzgeber klargestellt, dass die Neuregelung den bislang geltenden Beschäftigtendatenschutz fortführen soll. Die Aufklärung (auch) konkreter Verdachtsmomente für nicht strafbare Pflichtverletzungen kann somit künftig nach § 26 Abs. 1 S. 1 BDSG erlaubt sein. **§ 26 Abs. 1 S. 2 BDSG** gilt gemäß seinem Wortlaut **nur für die Aufklärung von Straftaten** im Beschäftigtenverhältnis. Ein pauschales Verbot von Datenverarbeitungen zur Aufdeckung von Pflichtverletzungen, die keine Straftaten darstellen, würde auch dem in der Gesetzesbegründung dargelegten Gebot der Interessenabwägung als Grundlage für die Datenverarbeitung im Beschäftigtenkontext widersprechen.

46   Die Verarbeitung personenbezogener Daten zur Aufklärung von Straftaten im Beschäftigtenkontext muss nach § 26 Abs. 1 S. 2 BDSG **erforderlich** und das **relativ mildeste Mittel** sein. Im Fall einer heimlichen Schrankkontrolle entschied das BAG etwa, dass die Kontrolle unter Anwesenheit des Arbeitnehmers milder und daher die durchgeführte Schrankkontrolle in Abwesenheit des Arbeitnehmers unverhältnismäßig gewesen sei.³⁸ Aber auch eine heimliche Überwachung oder Untersuchung kann angemessen und nach § 26 Abs. 1 S. 2 BDSG gerechtfertigt sein. Das zeigt auch die Regelung in § 33 Abs. 1 Nr. 2a BDSG, in welcher der deutsche Gesetzgeber die Informationspflichten von Verantwortlichen aufhebt, wenn dadurch die Geschäftszwecke erheblich gefährdet würden. Entscheidend ist jedoch immer eine umfassende Abwägung zwischen den Interessen des Betroffenen, in diesem Fall dem Arbeitnehmer, und den Interessen des Verantwortlichen, also dem Arbeitgeber.

47   § 26 Abs. 1 S. 2 BDSG fordert zusätzlich, dass **dokumentierte tatsächliche Anhaltspunkte** den Verdacht der Straftat im Beschäftigungsverhältnis begründen. Entsprechend bedarf es im Regelfall zumindest eines Anfangsverdachts, um eine Datenverarbeitung gemäß § 26 Abs. 1 S. 2 BDSG zu rechtfertigen. Das Dokumentationserfordernis ist aufgrund des Rechenschaftsgrundsatzes gemäß Art. 5 Abs. 2 DS-GVO ohnehin für alle Verarbeitungen personenbezogener Daten ein wesentliches Prinzip³⁹ und somit keine gravierende weitere Erschwernis. Hinsichtlich der geforderten tatsächlichen Anhaltspunkte wird in der Praxis eine Abwägung nötig sein. Bei eher weniger schweren Straftaten und für Untersuchungsmaßnahmen, die besonders schwer in Persönlichkeitsrechte der Arbeitnehmer eingreifen, wird regelmäßig mehr als ein vager Anfangsverdacht zu fordern sein. Hingegen

---

[35] LAG Baden-Württemberg ZD 2017, 88.
[36] Düwell/Brink NZA 2017, 1081 (1084).
[37] BAG NJW 2017, 2853 Rn. 25.
[38] BAG Urt. v. 20.6.2014 – 2 AZR 546/12, Rn. 30.
[39] Vgl. die Rechenschaftspflicht in Art. 5 Abs. 2 DS-GVO.

kann ein erster Anfangsverdacht bei schweren Straftaten gegebenenfalls bereits Untersuchungsmaßnahmen des Arbeitgebers rechtfertigen.

Präventivkontrollen können nicht von § 26 Abs. 1 S. 2 BDSG gerechtfertigt sein. Jedoch können auch vorsorgliche Überwachungsmaßnahmen regelmäßig unter den Erlaubnistatbestand aus § 26 Abs. 1 S. 1 BDSG oder aus Art. 6 Abs. 1 S. 1 lit. f) DS-GVO fallen. Es geht dann nicht darum konkrete Täter zu enttarnen, sondern potentielle Täter von der Begehung von Straftaten abzuhalten. Eine heimliche Präventivkontrolle ist daher zumeist nicht gerechtfertigt.[40] 48

cc) § 26 Abs. 3 BDSG. Die Verarbeitung besonderer Kategorien personenbezogener Daten im Beschäftigtenverhältnis kann durch § 26 Abs. 3 BSDG erlaubt sein. Besondere Kategorien personenbezogener Daten gemäß Art. 9 Abs. 1 DS-GVO sind solche **sensiblen Daten**, aus denen die rassische und ethnische Herkunft, politische Meinungen, religiöse oder weltanschauliche Überzeugungen oder die Gewerkschaftszugehörigkeit hervorgehen (→ § 3 Rn. 71). Des Weiteren betrifft dies auch die Verarbeitung genetischer Daten oder biometrischer Daten, die eine natürliche Person eindeutig identifizieren können. Art. 9 Abs. 1 DS-GVO umfasst zudem auch Gesundheitsdaten oder Daten zum Sexualleben sowie zur sexuellen Orientierung einer natürlichen Person. 49

Zulässig ist die Verarbeitung solcher sensibler Daten für Zwecke des Beschäftigungsverhältnisses nach § 26 Abs. 3 S. 1 BDSG, soweit sie zur Ausübung von Rechten oder zur Erfüllung rechtlicher Pflichten aus dem Arbeitsrecht, dem Recht der sozialen Sicherheit und des Sozialschutzes erforderlich ist. Die Vorschrift betrifft rechtliche Pflichten aus dem Arbeitsverhältnis und nicht allein gesetzliche Pflichten. Dies wird dadurch deutlich, dass § 26 Abs. 3 S. 1 BDSG gerade auch die **Verwirklichung arbeitsvertraglicher Zwecke** umfasst. § 26 Abs. 3 S. 1 BDSG erlaubt somit die Verarbeitung besonderer Kategorien personenbezogener Daten nur zur Ausübung von Rechten oder zur Erfüllung von Pflichten. Zudem darf kein Grund zu der Annahme bestehen, dass das schutzwürdige Interesse der betroffenen Person an dem Ausschluss der Verarbeitung überwiegt. 50

Damit eine Verarbeitung sensibler Daten im Beschäftigungskontext zulässig ist, muss der Verantwortliche auch hier eine **Erforderlichkeitsprüfung** in Form einer umfassenden Interessenabwägung vornehmen. Ein mögliches entgegenstehendes überwiegendes Interesse am Ausschluss einer Verarbeitung sensibler Daten des Arbeitnehmers kann insbesondere dann bestehen, wenn die Verarbeitung der Verwirklichung von Zwecken dient, die in einem Zusammenhang mit der Erbringung der Arbeitsleistung oder mit der Erfüllung arbeitsvertraglicher oder gesetzlicher Pflichten des Arbeitgebers stehen. 51

Beachtlich ist hierbei auch Art. 9 Abs. 2 lit. e DS-GVO, welcher besagt, dass von den Betroffenen selbst veröffentlichte Daten keine besonders sensiblen Daten im Sinne von Art 9 Abs. 1 DS-GVO mehr sind. Demzufolge kann eine Internetrecherche auch von sensiblen Daten vor einem Bewerbungsgespräch datenschutzrechtlich grundsätzlich erlaubt sein.[41] Letztlich ist dies primär eine Frage der Erforderlichkeit, wobei hier auch der besonderen Relevanz der in Frage stehenden Daten Rechnung zu tragen ist. 52

§ 22 Abs. 2 BDSG gilt auch bei der Verarbeitung sensibler Daten im Beschäftigungsverhältnis entsprechend, § 26 Abs. 3 S. 3 BDSG. Die Vorschrift zählt beispielhaft **Schutzmaßnahmen** auf, die Verantwortliche treffen müssen, wenn sie sensible Daten im Beschäftigungsverhältnis verarbeiten. Maßnahmen zur Datensicherheit, Pseudonymisierung oder Verschlüsselung sind danach besonders geeignet. Die Vornahme oder das Fehlen solcher Schutzmaßnahmen ist auch im Rahmen der Erforderlichkeitsprüfung zu berücksichtigen. Je umfassender die vom Verantwortlichen umgesetzten Schutzmaßnahmen sind, desto eher fällt eine Interessenabwägung im Ergebnis zugunsten der Zulässigkeit einer Datenverarbeitung aus. Arbeitgeber sollten daher gerade bei der Verarbeitung besonderer Ka- 53

---

[40] Gola BB 2017, 1462 (1467).
[41] Gola/Klug/Körffer in Gola/Schomerus BDSG § 32 Rn. 51 f.

tegorien personenbezogener Daten sicherstellen, dass sie angemessene Schutzmaßnahmen im Sinne von § 22 Abs. 2 BDSG (sowie nach Art. 24 Abs. 1 und Abs. 2 DS-GVO) getroffen haben.

III. Einzelprobleme

54 Der folgende Abschnitt stellt verschiedene Einzelprobleme vor, welche im Rahmen des Beschäftigtendatenschutzes für Arbeitgeber besonders relevant sein können. Bei der Auswahl der vorgestellten Einzelprobleme wurde das Augenmerk hauptsächlich auf deren Praxisrelevanz gelegt. Die dargestellten Einzelprobleme sind natürlich keine abschließende Liste aller datenschutzrechtlichen Probleme im Arbeitsverhältnis. Mit den ersten Erfahrungen der DS-GVO in der Praxis und der weiter fortschreitenden Digitalisierung wird die Arbeitswelt künftig viele weitere datenschutzrechtliche Probleme zu bewältigen haben.

55 Einige Probleme des Beschäftigtendatenschutzes stellen sich in verschiedenen Teilbereichen und sind in anderen Kapiteln dieses Handbuches ausführlich dargestellt. Eine umfassende Darstellung datenschutzrechtlich relevanter Probleme in Bezug auf Compliance finden Sie in → § 6.

1. Einwilligung in Datenverarbeitung im Arbeitsverhältnis

56 Einwilligungen als Erlaubnistatbestand für die Verarbeitung personenbezogener Beschäftigtendaten waren bereits nach der alten Rechtslage höchst umstritten. Teilweise wurde in der Fachdiskussion generell bestritten, dass Arbeitnehmer eine Einwilligung freiwillig und somit wirksam erteilen können.[42] In § 26 Abs. 2 BDSG stellt der deutsche Gesetzgeber nun klar, dass **Einwilligungen im Beschäftigungsverhältnis** (weiterhin) **zulässige Rechtsgrundlagen sein können.** Zur genaueren Konkretisierung stellt der Gesetzgeber in der Norm Regeln dazu auf, unter welchen Umständen Beschäftigte in die Verarbeitung ihrer personenbezogenen Daten durch den Arbeitgeber einwilligen können.

57 **a) Zulässigkeit der Einwilligung auch im Beschäftigungsverhältnis.** Die grundsätzliche Möglichkeit, dass Beschäftigte auch im Rahmen des Beschäftigungsverhältnisses in eine Verarbeitung ihrer personenbezogenen Daten wirksam einwilligen können, entspricht der bisherigen Rechtsprechung des BAG.[43] Diese Rechtsprechung ist nun in § 26 Abs. 2 BDSG kodifiziert. Die Zulässigkeit einer Datenverarbeitung auf der Grundlage einer Einwilligung im Beschäftigungskontext ergibt sich zudem auch aus ErwGr 155 DS-GVO. Dieser sieht ausdrücklich die Möglichkeit von Einwilligungen im Beschäftigtenkontext vor. Dennoch ist der **klarstellende § 26 Abs. 2 BDSG positiv zu sehen.** Denn vor dem Hintergrund des bislang geltenden § 4a BDSG aF war es ausgesprochen umstritten, ob und unter welchen Umständen Beschäftigte gegenüber ihrem Arbeitgeber in die Verarbeitung personenbezogener Daten einwilligen konnten. Zumindest diese Grundsatzdiskussion ist künftig nicht mehr nötig.

58 Arbeitgeber müssen bei der Verarbeitung personenbezogener Beschäftigtendaten auf Grundlage von Einwilligungserklärungen beachten, dass sie mit Hilfe einer Einwilligung nicht die **Grenzen** durchbrechen dürfen, die ihnen in Hinblick auf die **Wahrung des Persönlichkeitsrechts des Beschäftigten** gesetzt sind. Eine Einwilligung in die Erhebung von Informationen über eine eventuelle **Schwangerschaft** von Mitarbeiterinnen wäre demnach beispielsweise regelmäßig unzulässig.[44]

---

[42] BAG ZD 2015, 330 (334) mwN.
[43] BAG ZD 2015, 330.
[44] Gola BB 2017, 1462 (1468).

b) Freiwilligkeit und Transparenz der Einwilligung. Die Anforderungen der DS-GVO an wirksame Einwilligungserklärungen sind grundsätzlich hoch.[45] Gemäß Art. 4 Nr. 11 DS-GVO muss jede Einwilligung stets **freiwillig** sein. Hierzu stellt die Norm Regeln auf, anhand derer die Freiwilligkeit beurteilt werden kann. 59

§ 26 Abs. 2 BDSG konkretisiert die Anforderungen der DS-GVO an die Freiwilligkeit von Einwilligungserklärungen im Beschäftigtenverhältnis. Die Anforderungen der DS-GVO müssen bei der Bewertung der Rechtmäßigkeit einer Einwilligungserklärung als Erlaubnistatbestand daneben weiter berücksichtigt werden. Bei der Beurteilung der Freiwilligkeit der Einwilligung muss der Arbeitgeber danach vor allem die im Beschäftigungsverhältnis bestehende **Abhängigkeit des Beschäftigten** berücksichtigen. Entscheidend kommt es dabei auf die Umstände an, unter denen der Beschäftigte eine Einwilligungserklärung im Einzelfall erteilt. Eine Einwilligung kann grundsätzlich dann freiwillig sein, wenn durch die entsprechende Datenverarbeitung für den Beschäftigten ein rechtlicher oder wirtschaftlicher Vorteil entsteht oder sofern Arbeitgeber und Beschäftigter gleichgelagerte Interessen verfolgen. Einen wirtschaftlichen oder sonstigen Vorteil hat der Arbeitnehmer beispielsweise von der Einführung von Maßnahmen zur Förderung der Gesundheit der Mitarbeiter oder von der Erlaubnis zur Privatnutzung dienstlicher IT-Systeme.[46] Gleichgerichtete Interessen nimmt der deutsche Gesetzgeber zum Beispiel bei der Aufnahme von Namen und Geburtsdaten in eine Geburtstagsliste oder für die Nutzung von Fotos im Intranet an.[47] Die Aufzählung dieser Beispiele in § 26 Abs. 2 BDSG ist nicht abschließend, wie der Gesetzgeber durch die Verwendung des Worts „insbesondere" deutlich macht. 60

Grundsätzlich ist für das Vorliegen einer freiwilligen Einwilligungserklärung von Arbeitnehmern entscheidend, dass diese eine **echte Wahlmöglichkeit** haben. Im Umkehrschluss wird eine Einwilligung in aller Regel unfreiwillig und damit unzulässig sein, wenn die damit zu rechtfertigende Datenverarbeitung für den betroffenen Beschäftigten insgesamt als nachteilig zu bewerten ist, also gar kein (gegebenenfalls auch mittelbarer) Nutzen für den Beschäftigten zu erkennen ist. Insbesondere darf dem Beschäftigten durch Nicht-Erteilung der Einwilligung oder den späteren Widerruf kein Nachteil entstehen. In der Praxis wird die Einwilligung, daher insbesondere dann eine sinnvolle Alternative sein, wenn sie nicht das Arbeitsverhältnis als solches, sondern Zusatzleistungen des Arbeitgebers betrifft.[48] 61

Bei der Rechtfertigung von Datenverarbeitungen auf der Basis von Einwilligungen sollten Arbeitgeber auch das (faktische) **Koppelungsverbot**[49] des Art. 7 Abs. 4 DS-GVO beachten (→ § 9 Rn. 27 ff.). Die Erfüllung eines Vertrages darf nicht von der Einwilligung in eine Datenverarbeitung abhängig gemacht werden, die für die Erfüllung des Vertrages nicht erforderlich ist. Eine Freiwilligkeit kann in einem solchen Fall niemals gegeben sein, da der Arbeitnehmer zumeist unter einem wirtschaftlichen Zwang stehen wird, den entsprechenden Arbeitsvertrag abzuschließen. 62

c) Schriftform und Information. Damit eine Einwilligungserklärung als wirksame Rechtsgrundlage für die Verarbeitung personenbezogener Daten wirken kann, sollte der 63

---

[45] So halten die europäischen Aufsichtsbehörden die Möglichkeit einer freiwilligen Einwilligung im Arbeitsverhältnis für den absoluten Ausnahmefall, Artikel 29-Datenschutzgruppe, Opinion 2/2017 on data processing at work, WP 249, 8.6.2017, 23: „Employees are almost never in a position to freely give, refuse or revoke consent, given the dependency that results from the employer/employee relationship. Given the imbalance of power, employees can only give free consent in exceptional circumstances, when no consequences at all are connected to acceptance or rejection of an offer."
[46] BT-Drs. 18/11325, 97.
[47] BT-Drs. 18/11325, 97.
[48] So auch DSK Kurzpapier Nr. 14 Beschäftigtendatenschutz, Stand: 12.1.2018, 2.
[49] Es ist umstritten, ob es sich hierbei um ein tatsächliches Koppelungsverbot handelt. Während Dammann ZD 2016, 307 (311) ein „verkapptes Koppelungsverbot" erkennt, bezweifelt dies Frenzel in Paal/Pauly DS-GVO Art. 7 Rn. 21. Dieser „Streit" sollte jedoch in der Praxis von keiner großen Relevanz sein.

Arbeitgeber sie **grundsätzlich schriftlich** einholen, § 26 Abs. 2 S. 3 BDSG. Ausnahmsweise kann eine andere Form rechtmäßig sein, soweit diese wegen besonderer Umstände angemessen ist. Mit der Realität des modernen Wirtschaftslebens ist ein strenges Schriftformerfordernis iSv § 126 BGB – gerade bei einer großen Anzahl an einzuholenden Erklärungen – jedoch oftmals schwer in Einklang zu bringen.[50] Daher dürfte das Einholen von Einwilligungserklärungen in elektronischer oder in Textform in Bezug auf eine Angemessenheit in der betrieblichen Praxis oft den Regelfall darstellen.[51]

64   Zusätzlich muss auch im Arbeitsverhältnis eine rechtmäßige Einwilligungserklärung immer auf einer **informierten Grundlage** erfolgen. Die Einwilligung muss sich daher auf einen **bestimmten Fall beziehen, informiert und unmissverständlich** erfolgen. Dabei werden an die Transparenz in Bezug auf die zu legitimierende Datenverarbeitung nicht unerhebliche Anforderungen gestellt. Die Bestimmtheit von Einwilligungserklärungen im Arbeitsverhältnis stellt etwa im Hinblick auf innerbetriebliche Big Data-Analysen ein großes Problem dar. Sinn solcher Analysen ist es gerade, möglichst viele verschiedene Daten zu neuen Zwecken zusammenzusetzen und auszuwerten.[52] Eine genaue Bestimmung des Zweckes ist daher vor Beginn der Analyse nahezu unmöglich. Die Durchführung solcher Big Data-Analysen sollte daher gegebenenfalls auf einen anderen Rechtfertigungsgrund als die Einwilligung gestützt werden. **Pauschale Einwilligungen** entsprechen hingegen regelmäßig nicht den Anforderungen an die Bestimmtheit im Sinne von Art. 7 DS-GVO in Verbindung mit § 26 Abs. 2 BDSG. Der Beschäftigte muss nämlich die Möglichkeit haben, bei mehreren Verarbeitungsprozessen für jeden einzelnen Prozess zu entscheiden, ob er in diese Verarbeitung seiner personenbezogenen Daten einwilligen möchte.

65   Der Arbeitgeber muss dem Betroffenen vor der Einwilligung alle entscheidungserheblichen Informationen zur Verfügung stellen. Der Betroffene muss anhand dieser Informationen die konkrete Tragweite seiner Entscheidung abschätzen können.[53] Der Verantwortliche muss den betroffenen Beschäftigten dabei insbesondere über den Zweck der Datenverarbeitung und über sein Widerrufsrecht nach Art. 7 Abs. 3 DS-GVO aufklären. Der Widerruf muss für den Beschäftigten grundsätzlich genauso einfach wie die Erteilung der Einwilligung selbst sein. Ein Widerruf der Einwilligung hat auch im Arbeitsrecht „ex nunc"-Wirkung, er entzieht somit der Datenverarbeitung für die Zukunft die Rechtsgrundlage. Die Zulässigkeit der Verarbeitung in der Vergangenheit bleibt vom Widerruf hingegen unberührt.[54]

66   Sofern Arbeitgeber planen, **besondere Kategorien personenbezogener Daten auf der Grundlage einer Einwilligung** zu verarbeiten, müssen sie hierauf im Rahmen der Einwilligungserklärung gesondert hinweisen. Auch im Beschäftigungsverhältnis dürfen besondere Kategorien personenbezogener Daten nach Art. 9 Abs. 1 lit. a DS-GVO auf der Grundlage einer Einwilligung der betroffenen Person verarbeitet werden.

Umstritten ist aber, ob Arbeitgeber (und andere Verantwortliche) eine Datenverarbeitung bei widerrufener Einwilligungserklärung alternativ auch auf eine andere Rechtsgrundlage stützen können. In ihren Leitlinien zu Einwilligungen nach der DS-GVO vom 28.11.2017 stellt die Artikel 29-Datenschutzgruppe klar, dass der Verantwortliche in einem solchen Fall nicht einfach die Rechtsgrundlage ohne Information der betroffenen Person wechseln könne. Hierfür müsse die betroffene Person erneut gemäß den Art. 13 und 14 DS-GVO informiert werden.[55] Für die Möglichkeit, eine Datenverarbeitung alternativ auch auf **mehrere Rechtsgrundlagen** zu stützen, spricht vor allem der klare

---

[50] Vgl. auch BR-Drs. 110/1/17, 32.
[51] AA Fischer NZA 2018, 8 (10).
[52] Niklas/Thurn BB 2017, 1589 (1591).
[53] Helfrich in HSH MultimediaR-HdB Teil 16.1 Rn. 78.
[54] Fischer NZA 2018, 8 (11).
[55] Artikel 29-Datenschutzgruppe, Guidelines on Consent under Regulation 2016/679, WP 259, 28.11.2017, 22.

Wortlaut von Art. 6 Abs. 1 DS-GVO. Dieser nennt die Einwilligung gleichberechtigt mit anderen gesetzlichen Erlaubnistatbeständen. Es ist aber auch möglich, dass ein Arbeitgeber den Mitarbeiter bereits im Rahmen der Einwilligungserklärung darüber informiert, dass er sich vorbehält, die in Frage stehenden personenbezogenen Daten zu den festgelegten Zwecken gegebenenfalls auch auf Grundlage spezifisch benannter anderer Rechtsgrundlagen zu verarbeiten. Eine erneute Information, wie von den europäischen Datenschutzaufsichtsbehörden gefordert, erscheint bei einer vorab transparent gestalteten Information jedenfalls dann als unangemessen, wenn der Arbeitgeber sich einen Rückgriff auf gesetzliche Tatbestände ausdrücklich vorbehalten hat. Ein solcher Vorbehalt könnte sich etwa an dem nachstehenden Vorschlag orientieren:

„Wir weisen Sie hiermit darauf hin, dass wir uns vorbehalten, Ihre personenbezogenen Daten nicht nur auf der Basis der hier erbetenen Einwilligung zu verarbeiten, sondern gegebenenfalls auch auf der Grundlage gesetzlicher Erlaubnistatbestände, wie etwa nach Art. 6 Abs. 1, Art. 9 Abs. 2 DS-GVO oder nach § 26 Abs. 1 BDSG. Dies gilt insbesondere für den Fall, dass Sie sich entschließen, die hier erbetene Einwilligung nicht abzugeben oder eine erteilte Einwilligung zu widerrufen."

d) Checkliste zur Einwilligung im Arbeitsverhältnis. Die folgende Checkliste soll 67 Arbeitgebern bei der Prüfung helfen, ob sie in einem konkreten Fall eine Einwilligungserklärung der Arbeitnehmer als Rechtsgrundlage für die Verarbeitung personenbezogener Daten heranziehen können.

- **Bestandsaufnahme:** Zunächst sollte der Arbeitgeber prüfen, welche Verarbeitungsvorgänge er auf Grundlage einer Einwilligungserklärung der Mitarbeiter rechtfertigt.
- **Entfernung von Einwilligungserklärungen aus Arbeitsverträgen:** Arbeitgeber sollten Arbeitsverträge dahingehend überprüfen, ob sie Regelungen enthalten, nach denen der Arbeitnehmer mit Unterzeichnung des Arbeitsvertrags gleichzeitig in die Verarbeitung seiner personenbezogenen Daten einwilligt. Solche Regelungen sind nahezu immer unwirksam und sollten aus Transparenzgründen entfallen.
- **Prüfung der Rechtmäßigkeit:** Soweit ein Arbeitgeber die Verarbeitung personenbezogener Daten auf eine Einwilligungserklärung der Mitarbeiter stützt, sollte er prüfen, ob diese auch nach den Anforderungen der DS-GVO als rechtmäßig erteilt gilt (→ § 3 Rn. 55 ff.).
- **Überprüfung erteilter Einwilligungen:** Vor Inkrafttreten der DS-GVO erteilte Einwilligungen sollten Arbeitgeber dahingehend überprüfen, ob sie auch die neuen, höheren Anforderungen der DS-GVO erfüllen. Soweit es möglich ist, im konkreten Fall rechtmäßige Einwilligungserklärungen einzuholen, sollte der Arbeitgeber prüfen, ob er von den Mitarbeitern neue, rechtmäßige Einwilligungserklärungen einholen möchte.
- **Freiwilligkeit:** Soweit Arbeitgeber die Verarbeitung von Beschäftigtendaten auf (bereits bestehende oder noch einzuholende) Einwilligungen stützen, müssen sie prüfen, ob auch nach neuer Rechtslage Einwilligungen als mögliche Rechtsgrundlage für die betreffenden Verarbeitungsvorgänge in Betracht kommen. Dies ist nur dann der Fall, wenn der Beschäftigte in die Datenverarbeitung entsprechend der gesetzlichen Anforderungen freiwillig einwilligen kann. Eine „Erzwingung der Datenverarbeitung" ist nicht gestattet.[56]
- **Bestimmtheit und Informiertheit:** Weiterhin müssen Arbeitgeber prüfen, ob die Einwilligungserklärungen den sonstigen Anforderungen der DS-GVO, beispielswei-

---

[56] Ernst in Paal/Pauly DS-GVO Art. 7 Rn. 20; Ernst ZD 2017, 110 (111 f.).

se in Bezug auf die Bestimmtheit der Erklärung oder die Informiertheit der Beschäftigten, genügen.
- **Alternative Rechtsgrundlagen:** Hat ein Arbeitgeber einen Verarbeitungsvorgang bislang auf Einwilligungen gestützt, ist dies unter der DS-GVO zukünftig aber nicht mehr zulässig, so sollte der Arbeitgeber überprüfen, ob er die betreffenden Verarbeitungsvorgänge zukünftig auf eine andere Rechtsgrundlage stützen kann. Ist dies der Fall, muss der Arbeitgeber seiner Informationspflicht nachkommen und die Beschäftigten in transparenter Form informieren.
- **Beendigung nicht rechtskonformer Verarbeitungsvorgänge und Löschung von Daten:** Ist eine Verarbeitung auf Grundlage einer Einwilligungserklärung nicht möglich und steht eine alternative Rechtsgrundlage für die Datenverarbeitung nicht zur Verfügung, so muss der Arbeitgeber den Verarbeitungsvorgang einstellen. Die betreffenden personenbezogenen Daten sind nach Maßgabe der gesetzlichen Vorschriften zu löschen oder zu anonymisieren.[57] Letzteres kommt in der Praxis aufgrund der hohen Anforderungen der Rechtsprechung jedoch nur selten als Alternative zur Löschung in Betracht.
- **Rückgriff auf gesetzliche Erlaubnistatbestände:** Arbeitgeber sollten sich aus Transparenzgründen in Einwilligungserklärungen ausdrücklich vorbehalten, die Verarbeitung neben der Einwilligung auch auf andere, konkret benannte gesetzliche Rechtsgrundlagen zu stützen. Ist die beabsichtigte Verarbeitung auch auf Grundlage anderer Erlaubnistatbestände zulässig, so sollte der Arbeitgeber immer auch in Erwägung ziehen, ganz auf eine Einwilligung der Beschäftigten als Rechtsgrundlage zu verzichten.

68 **e) Fazit.** Die künftige Bedeutung von Einwilligungserklärungen als Erlaubnistatbestand in der Praxis ist aktuell schwer zu beurteilen. Einige Stimmen halten sie künftig nur noch in wenigen Ausnahmefällen für relevant, da die objektiv erforderlichen Verarbeitungen von Beschäftigtendaten im Wesentlichen durch die gesetzlichen Erlaubnistatbestände des § 26 Abs. 1 und 3 BDSG sowie die Erlaubnistatbestände aus Art. 6 Abs. 1 DS-GVO gestattet seien.[58] Andererseits nutzen aktuell noch viele Arbeitgeber Einwilligungserklärungen als Rechtfertigungstatbestände. Womöglich werden viele dieser Arbeitgeber versuchen, dieses Modell auch unter Geltung der DS-GVO fortzuführen. Insgesamt lässt sich – nicht nur im Beschäftigungskontext – ein gewisser Trend beobachten, Datenverarbeitungen nach Möglichkeit eher auf andere Erlaubnistatbestände (insbesondere auf die Wahrnehmung berechtigter Interessen) als auf Einwilligungen zu stützen.

69 Generell stehen Datenverarbeitungen in vielen Unternehmen erst am Anfang. Beispielsweise sind Big Data-Analysen zur Optimierung des Betriebsklimas und der Effektivität der Mitarbeiter womöglich erst der Beginn einer umfassenden Digitalisierung der Personaldaten und ihrer Verwendung. Einwilligungen als Erlaubnistatbestände könnten in diesen Bereichen künftig stark an Bedeutung gewinnen, wenn die Verarbeitung von Daten sich weiterentwickelt. Somit bleibt abzuwarten, wie sich die Nutzung von Einwilligungserklärungen angesichts der hohen Anforderungen der DS-GVO und des BDSG künftig entwickelt.

2. Ermöglichung und Ausübung der Beteiligungsrechte des Betriebsrats

70 Künftig erlaubt § 26 Abs. 1 S. 1 BDSG die Verarbeitung personenbezogener Daten auch für Zwecke der

---

[57] Vgl. zum Recht auf Löschung auch DSK Kurzpapier Nr. 11 Recht auf Löschung/ „Recht auf Vergessenwerden", Stand: 29.8.2017.
[58] Gola BB 2017, 1462 (1468), ähnlich Selk in Ehmann/Selmayr DS-GVO Art. 88 Rn. 103; die DSK sieht den überwiegenden Anwendungsbereich der Einwilligung im Beschäftigungsverhältnis in Fällen, die nicht das Arbeitsverhältnis als solches, sondern Zusatzleistungen des Arbeitgebers betreffen (zB die private Nutzung dienstlicher Geräte), DSK Kurzpapier Nr. 14 Beschäftigtendatenschutz, Stand: 8.1.2018.

„Erfüllung und Ausübung der sich aus einem Gesetz oder einem Tarifvertrag, einer Betriebs- oder Dienstvereinbarung (Kollektivvereinbarung) ergebenden Rechte und Pflichten der Interessenvertretung der Beschäftigten."

Damit trägt der Gesetzgeber der Tatsache Rechnung, dass **mitbestimmungsrechtliche Vorschriften** – wie insbesondere das Betriebsverfassungsgesetz (BetrVG) – der DS-GVO künftig nicht mehr vorgehen, sondern sich an deren Maßstäben messen lassen müssen.[59] Dabei setzen viele Rechte von Betriebsräten und anderen Interessenvertretungen auch die Verarbeitung von personenbezogenen Daten voraus, wie beispielsweise die Erfüllung von Informationsansprüchen eines Betriebsrates.

71

Die Interessenvertretungen der Arbeitnehmer haben nach deutschem Arbeitsrecht unter anderem die folgenden datenschutzrechtlich relevanten Mitbestimmungs- und Beteiligungsrechte:[60]
– Überwachung der Einhaltung von Gesetzen, Verordnungen und Betriebsvereinbarungen, § 80 Abs. 1 Nr. 1 BetrVG/§ 68 Abs. 1 Nr. 2 BPersVG;
– Mitbestimmung zu Fragen der Betriebsordnung, § 87 Abs. 1 Nr. 1 BetrVG/§ 75 Abs. 3 Nr. 15 BPersVG;
– Mitbestimmung bei der Einführung und Anwendung neuer technischer Einrichtungen, die zur Überwachung geeignet sind, § 87 Abs. 1 Nr. 6 BetrVG/§ 75 Abs. 3 Nr. 17 BPersVG;
– Mitbestimmung bei Regelungen zur Verhütung von Unfällen und zum Gesundheitsschutz, § 87 Abs. 1 Nr. 7 BetrVG/§ 75 Abs. 3 Nr. 11 BPersVG;
– Mitbestimmung bei der Abfrage persönlicher Angaben in Arbeitsverträgen, § 94 Abs. 2 BetrVG/§ 75 Abs. 3 Nr. 9 und § 76 Abs. 2 Nr. 3 BPersVG;
– Mitbestimmung bei Personalfragebögen, § 94 Abs. 1 BetrVG/§ 75 Abs. 3 Nr. 8 und § 76 Abs. 2 Nr. 2 BPersVG.

72

§ 26 Abs. 1 S. 1 BDSG erlaubt es Arbeitgebern und Betriebsräten (zur Rolle der Betriebsräte unter der DS-GVO → Rn. 77 ff.), personenbezogene Daten von Beschäftigten zu verarbeiten, soweit dies für die Erfüllung betriebsverfassungs- und kollektivrechtlicher Rechte und Pflichten erforderlich ist. Das **BetrVG** selbst kann letztlich nicht als umfassende **datenschutzrechtliche** Erlaubnistatbestandsnorm im Sinne von Art. 88 DS-GVO gewertet werden, da es über § 75 Abs. 2 BetrVG keine klaren Regelungen zu den in Art. 88 Abs. 2 DS-GVO geforderten Garantien zum Schutz der von der Verarbeitung betroffenen Personen enthält. § 75 Abs. 2 S. 1 BetrVG verpflichtet den Betriebsrat dazu, sich im Rahmen seiner Tätigkeit aktiv für die Förderung der freien Entfaltung der Persönlichkeit der Arbeitnehmer und damit namentlich auch für den Persönlichkeitsrechtsschutz vor dem Hintergrund der durch die automatisierte Datenverarbeitung eröffneten Möglichkeiten der Mitarbeiterkontrolle einzusetzen.[61] Ob der pauschale Verweis auf die Datenschutzgrundsätze des Art. 5 DS-GVO in § 26 Abs. 5 BDSG für die Vorgaben des Art. 88 Abs. 2 DS-GVO ausreicht, ist jedoch ebenso fraglich (siehe hierzu bereits → Rn. 16 ff.). Dort wo betriebsverfassungsrechtliche Anforderungen das Verarbeiten personenbezogener Daten von Beschäftigten voraussetzen, konkretisiert § 26 Abs. 1 S. 1 BDSG die allgemeineren Anforderungen von Art. 6 Abs. 1 lit. c DS-GVO bei der Datenverarbeitung zur Erfüllung rechtlicher Verpflichtungen.

73

Der in § 26 Abs. 1 BDSG und Art. 88 Abs. 2 DS-GVO vorausgesetzte Begriff der **Erforderlichkeit** ist nicht durch das Betriebsverfassungsrecht geprägt, sondern primär durch **datenschutzrechtliche Vorgaben**.[62] Insofern müssen Verantwortliche hier eine objektive Interessenabwägung zwischen dem Informationsinteresse, den Aufgaben des Betriebsrats, den davon betroffenen Interessen sowie Grundrechten und Grundfreiheiten der Ar-

74

---
[59] Vgl. Kort ZD 2016 555 (555); Pauly in Paal/Pauly DS-GVO Einl. Rn. 16.
[60] Ausführlicher Gola BB 2017, 1462 (1470).
[61] Gola BB 2017, 1462 (1469).
[62] Vgl. Gola BB 2017, 1462 (1466).

beitnehmer vornehmen. Eine subjektive Feststellung eines möglichen betriebsverfassungsrechtlichen Aufgabenbezugs durch den Betriebsrat[63] ist für die Feststellung einer datenschutzrechtlichen Erforderlichkeit nicht ausreichend. So kann es für die Mitarbeitervertretung erforderlich sein, einen Überblick über die von ihr vertretenen Arbeitnehmer zu haben. Jedoch darf eine solche Datensammlung weder von der Quantität noch von der Qualität her so gestaltet sein, dass die Datei zu einem Personalinformationssystem wird.[64] Gemäß § 83 Abs. 2 S. 2 BetrVG obliegt die Personalaktenführung allein dem Arbeitgeber. Auch hier gilt der Grundsatz der Datenminimierung aus Art. 6 Abs. 1 lit. c DS-GVO.

75   Die datenschutzrechtlich zu bestimmende **Erforderlichkeit** der Datenverarbeitung **bindet sowohl den Arbeitgeber** bei der Zusammenstellung und Weitergabe von Beschäftigtendaten an Interessenvertretungen **als auch den Betriebsrat** oder andere Interessenvertretungen bei der weiteren Verarbeitung der überlassenen personenbezogenen Daten. Der Wortlaut von § 26 Abs. 1 BDSG enthält keine Einschränkung nur auf die Weitergabe von Daten durch Arbeitgeber. Entsprechend müssen die Interessenvertretungen prüfen und dokumentieren, welche weiteren Verarbeitungsschritte für die Erfüllung ihrer Rechte und Pflichten erforderlich sind. § 26 Abs. 1 BDSG verdrängt insofern sowohl für Arbeitgeber als auch für Interessenvertretungen von Beschäftigten die allgemeineren Vorschriften zur Erfüllung rechtlicher Verpflichtungen nach Art. 6 Abs. 1 lit. c und Abs. 3 DS-GVO.

76   § 26 Abs. 6 BDSG stellt klar, dass das BDSG die Beteiligungsrechte des Betriebsrats oder anderer Interessenvertretungen nicht berühren soll. Dies entspricht der allgemeinen Struktur des BDSG. Gemäß § 1 Abs. 2 S. 1 BDSG sollen andere Rechtsvorschriften des Bundes den Vorschriften des BDSG vorgehen. Dabei sollten Verantwortliche im Blick behalten, dass dies nicht für die DS-GVO gilt. Als EU-Verordnung geht diese den deutschen Rechtsvorschriften vor. Ebenso wie die gleichlautende Vorschrift des bislang geltenden § 32 Abs. 3 BDSG aF hat die Vorschrift lediglich **klarstellenden Charakter**.[65] So werden Mitbestimmungsrechte des Betriebsrats, etwa nach § 87 Abs. 1 Nr. 6 BetrVG, nicht durch das BDSG eingeschränkt. Allerdings sind Informations- und Beteiligungsrechte des Betriebsrats oder anderer Interessenvertretungen künftig grundsätzlich an den Vorgaben der DS-GVO und auch an § 26 Abs. 1 S. 1 BDSG zu messen, sofern sie die Verarbeitung personenbezogener Daten von Beschäftigten voraussetzen. Dies gilt etwa für Informationsrechte des Betriebsrats nach § 80 Abs. 2 BetrVG.

3. Stellung des Betriebsrats

77   Nach der ständigen Rechtsprechung zum bislang geltenden deutschen Arbeits- und Datenschutzrecht wurde der Betriebsrat gemeinhin als Teil des Arbeitgebers bzw. des Betriebs und somit als **Teil der verantwortlichen Stelle im Sinne von § 3 Abs. 7 BDSG aF** bewertet.[66] Bislang ist unklar, wie Gerichte und Aufsichtsbehörden die datenschutzrechtliche Stellung von Betriebsräten unter Geltung der DS-GVO und des BDSG bewerten. Nach der offeneren Definition des Art. 4 Nr. 7 DS-GVO wäre es sowohl möglich, Arbeitnehmervertretungen als Teil des Verantwortlichen „Arbeitgeber" zu werten, als auch, sie als eigene Verantwortliche zu sehen. Danach ist es möglich, dass neben der juristischen Person auch eine unabhängige Stelle innerhalb einer juristischen Person ebenfalls Verantwortlicher sein kann.

78   Entscheidend für die datenschutzrechtliche Einordnung als eigener Verantwortlicher ist, ob die Interessenvertretung allein und unabhängig über die Zwecke und Mittel der Verarbeitung von personenbezogenen Daten entscheidet (→ § 3 Rn. 19 ff.). Gegen die mögliche Einordnung des Betriebsrats als eigene verantwortliche Stelle spricht vor allem, dass es

---

[63] BAG NZA 2004, 936.
[64] Gola BB 2017, 1462 (1466).
[65] Vgl. Zöll in Taeger/Gabel BDSG § 32 Rn. 55.
[66] Vgl. bspw. BAG ArbRAktuell 2014, 338; ZD 2012, 481; NZA 2009, 1218; NZA 1998, 385.

letztlich nicht der Betriebsrat oder Personalrat ist, der über die Zwecke und Mittel der durch ihn vorgenommenen oder veranlassten Datenverarbeitung entscheidet. Vielmehr gibt beispielsweise im Falle von Betriebsräten das BetrVG die Zwecke und Mittel von Datenverarbeitungen durch den Betriebsrat vor. Letztlich spricht diese betriebsverfassungsrechtlich geprägte Festlegung von Zwecken und Mitteln gegen eine Einordnung des Betriebsrats als eigenständiger datenschutzrechtlicher Verantwortlicher.

Bis es zu einer Klärung dieser Frage durch Gerichte und Aufsichtsbehörden kommt, sollten die Betriebsparteien sich zur jeweiligen datenschutzrechtlichen Stellung verständigen und das Ergebnis möglichst auch dokumentieren. 79

Soweit die Betriebsparteien die Interessenvertretung der Arbeitnehmer als Teil des Arbeitgebers, und damit nicht als eigenen Verantwortlichen im Sinne von Art. 4 Nr. 7 DS-GVO bewerten, würde die Interessenvertretung auch unter die **Kontrolle des Datenschutzbeauftragten** des Arbeitgebers nach Art. 39 Abs. 1 lit. b DS-GVO fallen.[67] Die DS-GVO entfaltet gem. Art. 288 Abs. 2 AEUV unmittelbare Wirkung. Entsprechend kann das BetrVG keine Ausnahme zu den umfassenden Kontrollaufgaben, Kontrollpflichten und Kontrollbefugnissen des Datenschutzbeauftragten rechtfertigen.[68] 80

Soweit der Betriebsrat als eigener Verantwortlicher gesehen werden sollte, muss der Betriebsrat auch selbständig die Anforderungen des Datenschutzrechts erfüllen. Das könnte unter anderem bedeuten, dass der Betriebsrat ein eigenes Verzeichnis von Verarbeitungstätigkeiten erstellen und ggf. einen eigenen Datenschutzbeauftragten ernennen müsste. Auch wären Interessenvertretungen in diesem Fall zu einer eigenständigen Information der Mitarbeiter gem. Art. 12 ff. DS-GVO verpflichtet. Somit wären die Interessenvertretungen der Beschäftigten dann auch Adressaten möglicher Bußgelder nach Art. 83 DS-GVO wegen unzulässiger Datenverarbeitungen. Zudem wäre der Betriebsrat dann auch der Anspruchsgegner möglicher Schadensersatzforderungen nach Art. 82 DS-GVO. 81

Die **besseren Argumente** dürften dafür sprechen, **Betriebsräte auch künftig als Teil des Verantwortlichen „Arbeitgeber"** zu sehen.[69] Betriebsräte sind bei der Verarbeitung von Daten streng an die engen gesetzlichen Vorgaben des BetrVG gebunden. Insofern ist es bereits fraglich, ob Betriebsräte wirklich selbständig über die Zwecke und Mittel der Verarbeitung personenbezogener Daten entscheiden. Zudem stünde die Erstreckung des Begriffs des Verantwortlichen auf unselbständige Teile einer juristischen Person im Widerspruch zum Sanktionsregime der DS-GVO. Sowohl Bußgelder als auch Schadensersatzansprüche der Betroffenen setzen die eigene Rechtsfähigkeit des Verantwortlichen voraus.[70] 82

4. Kollektivvereinbarungen als Erlaubnistatbestand

Bereits nach dem alten BDSG hatte die Rechtsprechung anerkannt, dass Betriebsvereinbarungen und andere Kollektivvereinbarungen unter Umständen als eine „andere Rechtsvorschrift" gemäß Art. 4 Abs. 1 BDSG aF und damit als Erlaubnistatbestand für die Verarbeitung personenbezogener Daten herangezogen werden können.[71] Auch nach der neuen Rechtslage können **Kollektivvereinbarungen unter Umständen datenschutzrechtliche Erlaubnistatbestände** sein. Art. 88 Abs. 1 DS-GVO und ErwGr 155 DS-GVO erwähnen ausdrücklich neben den Rechtsvorschriften auch Kollektivvereinbarungen. 83

Entsprechend hat auch der deutsche Gesetzgeber in § 26 Abs. 4 BDSG klargestellt, dass auch Kollektivvereinbarungen eine rechtmäßige Grundlage für die Verarbeitung personenbezogener Daten sein können. Beim Abschluss solcher Kollektivvereinbarungen haben die Verhandlungspartner die **Vorgaben von Art. 88 Abs. 2 DS-GVO** zu beach- 84

---

[67] So auch Pötters/Gola RDV 2017, 279 (283).
[68] Ausführlich hierzu Kort NZA 2015, 1345 (1347f.).
[69] AA Kort ZD 2017, 319 (323).
[70] Vgl. hierzu Pötters/Gola RDV 2017, 279 (280f.).
[71] BAG BB 1996, 2686 (2689).

ten.[72] Unklar ist, ob die Betriebsparteien diese Voraussetzungen lediglich bei solchen Kollektivvereinbarungen beachten müssen, die als eigenständiger datenschutzrechtlicher Erlaubnistatbestand wirken sollen. Der Wortlaut von Art. 88 Abs. 1 DS-GVO deutet eher darauf hin, dass sämtliche Betriebsvereinbarungen zu Datenverarbeitungen im Beschäftigtenkontext erfasst werden sollen. In diesem Fall würden die Vorgaben des Art. 88 Abs. 2 DS-GVO für alle Betriebsvereinbarungen gelten, die die Verarbeitung von Beschäftigtendaten im Beschäftigungskontext regeln oder voraussetzen. Sinn- und zweckhaft erscheint es jedoch, nur solche Betriebsvereinbarungen zu erfassen, die als datenschutzrechtlicher Erlaubnistatbestand wirken sollen.

85   Beim Abschluss von Betriebsvereinbarungen müssen die Betriebsparteien zudem auch § 75 Abs. 2 BetrVG beachten, der sie dazu verpflichtet, die **Persönlichkeitsrechte der Arbeitnehmer** im Betrieb zu schützen. Allerdings dürften die Verpflichtungen nach Art. 88 DS-GVO und § 26 BDSG deckungsgleich oder sogar weitgehender als die nach § 75 Abs. 2 BetrVG sein.

86 **a) Allgemeiner Regelungsrahmen von datenschutzrechtlichen Kollektivvereinbarungen.** Art. 88 Abs. 1 DS-GVO erlaubt es den Betriebsparteien, in Betriebsvereinbarungen **„spezifischere Vorschriften"** zum Beschäftigtendatenschutz zu regeln. Ähnliches gilt für die sonstigen Interessenvertretungen von Beschäftigten in Bezug auf andere Kollektivvereinbarungen. Die wohl überwiegende Ansicht folgert aus dem Wortlaut von Art. 88 Abs. 1 DS-GVO jedenfalls ein Verbot, das Schutzniveau der DS-GVO in Kollektivvereinbarungen wesentlich zu unterschreiten (hierzu ausführlicher bereits → Rn. 19 ff.). Richtigerweise gilt vor dem Hintergrund der mit der DS-GVO bezweckten Vollharmonisierung auch ein Verbot, das Schutzniveau der gesetzlichen Datenschutzregeln nicht unerheblich zu überschreiten. Hierfür spricht auch der Wortlaut von Art. 88 Abs. 1 DS-GVO, der letztlich nicht strengere oder weniger strenge, sondern spezifischere Regeln vorsieht.

87   Die DS-GVO sieht grundsätzlich keine Möglichkeit vor, bestimmte Verarbeitungstätigkeiten pauschal zu verbieten. Einige Stimmen in der Literatur wollen jedoch **pauschale Verarbeitungsverbote** mit dem Hinweis erlauben, dass das Ergebnis einer angemessenen Interessenabwägung auf Betriebsebene auch sein kann, dass der Arbeitgeber sich auf bestimmte Kontrollarten beschränkt.[73] Entsprechend könnten die Betriebsparteien manche Verarbeitungen des Arbeitgebers auch ohne Verweis auf eine Verhältnismäßigkeitsprüfung im Einzelfall ausschließen. Diese Möglichkeit widerspricht jedoch wesentlichen Grundsätzen der DS-GVO. Danach müssen die materiellen Regelungen, die konkrete Datenverarbeitungen erlauben oder verbieten, eine Interessenabwägung erlauben oder auf einer klar beschriebenen Interessenabwägung beruhen. Zwar ist es möglich, bestimmte Datenverarbeitungen generell zu verbieten, dieses Verbot muss jedoch auf einer angemessenen und klar beschriebenen Interessenabwägung beruhen. In solchen Fällen kann man auch nicht mehr von „pauschalen" Verarbeitungsverboten sprechen.[74]

88   Den Betriebsparteien bleibt bei der Ausgestaltung von erlaubten Datenverarbeitungen aufgrund der Abstraktheit der gesetzlichen Vorgaben, wie etwa Art. 6 Abs. 1, Art. 9 Abs. 2 DS-GVO oder § 26 BDSG, dennoch ein nicht unerheblicher **Regelungs- und Einschätzungsspielraum**. Einen noch weiteren Handlungsspielraum haben die Betriebsparteien bei den eher prozessorientierten Vorgaben der DS-GVO, wie etwa der Da-

---

[72] Diese Klarstellung in § 26 Abs. 4 S. 2 BDSG ist deklaratorisch, da die Beachtung des Art. 88 Abs. 2 DS-GVO ohnehin eine Voraussetzung für eine rechtmäßige Nutzung der Öffnungsklausel ist.
[73] Düwell/Brink NZA 2017, 1081 (1083); Maschmann, DB 2016, 2480 (2486); Wybitul NZA 2017, 413 (418).
[74] Vorlagefragen des BGH an den EuGH Urt. v. 19.10.2016 – C-582/14, Rn. 30 – Breyer; BAG NZA 2015, 994 ff.

tenportabilität, der Datenschutz-Folgenabschätzung[75] oder den Transparenzpflichten nach Art. 12 ff. DS-GVO. Solange die Betriebsparteien hier Mechanismen und Prozesse vereinbaren, deren Schutzniveau die Besonderheiten des konkreten Arbeitsverhältnisses angemessen abbilden und von dem Schutzstandard der DS-GVO nicht erkennbar abweichen, haben sie einen nicht unerheblichen Einschätzungs- und Regelungsspielraum. Bei der Frage, ob das Schutzniveau der DS-GVO durch eine Kollektivvereinbarung unterschritten wurde, sollte letztlich ein Gesamtvergleich beider Regelungswerke entscheidend sein. Eine fehlende Rechtfertigungswirkung ist regelmäßig nur dann möglich, wenn die Regelungen der Betriebsvereinbarung im erheblichen Widerspruch zu den allgemeinen Maßstäben der Art. 5 ff. DS-GVO stehen.[76]

b) Schutzmaßnahmen. Tarifverträge, Betriebsvereinbarungen und andere Kollektivvereinbarungen zur Verarbeitung personenbezogener Daten von Beschäftigten müssen nach Art. 88 Abs. 2 DS-GVO angemessene und besondere Maßnahmen zur Wahrung der menschlichen Würde, der berechtigten Interessen und der Grundrechte der betroffenen Person umfassen. Sie müssen insbesondere entsprechende Regelungen im Hinblick auf die **Transparenz der Verarbeitung** enthalten.[77] 89

Sofern Betriebsvereinbarungen auch die **Übermittlung personenbezogener Daten innerhalb einer Unternehmensgruppe** oder einer Gruppe von Unternehmen, die eine gemeinsame Wirtschaftstätigkeit ausüben, betreffen, müssen die Kollektivvereinbarungen auch entsprechende Schutzmaßnahmen regeln. Eine solche Regelung zum konzernweiten Datentransfer kann jedoch von großem Nutzen sein, vor allem dann, wenn ein Mitarbeiter sich zum konzernweiten Einsatz bereit erklärt hat. Die Übermittlung ist in solchen Fällen nicht nur nützlich, sondern oftmals auch bereits erforderlich.[78] 90

c) Typische Regelungspunkte in datenschutzrechtlichen Betriebsvereinbarungen. Der vorliegende Überblick beschreibt typische Regelungskomplexe für Betriebsvereinbarungen im Sinne von Art. 88 DS-GVO. Viele Überlegungen lassen sich dabei auf Dienstvereinbarungen oder Sprecherausschussvereinbarungen übertragen.[79] 91

Arbeitgeber und Betriebsräte sollten alte Betriebsvereinbarungen mit datenschutzrechtlichen Erlaubnistatbeständen überprüfen und gegebenenfalls anpassen. Denn § 26 BDSG enthält keine Ausnahme- oder Übergangsregelungen für „**Altfälle**", also für vor Geltung der DS-GVO abgeschlossene Betriebsvereinbarungen. 92

Im Folgenden werden Regelungspunkte vorgestellt, die in der **betrieblichen Praxis** häufig im Rahmen von Verhandlungen zu DS-GVO-Betriebsvereinbarungen zur Sprache kommen. Dabei erhebt diese Aufzählung ausdrücklich keinen Anspruch auf Vollständigkeit. Zudem weisen mehrere der nachstehend angesprochenen Themen durchaus einige inhaltliche Überschneidungen auf. 93

Bei der Verhandlung von Betriebsvereinbarungen nach Maßgabe von Art. 88 DS-GVO ist auch zu beachten, dass es in der Praxis durchaus zweckmäßig ist, eine Reihe von Regelungen in Form einer **Rahmenbetriebsvereinbarung** zur Umsetzung der Vorgaben der DS-GVO zu vereinbaren. Oftmals kann durch eine Kombination aus einer solchen 94

---

[75] Vgl. zur Auffassung der europäischen Datenschutzaufsichtsbehörden zur Datenschutz-Folgenabschätzung Artikel 29-Datenschutzgruppe, Guidelines on Data Protection Impact Assessment (DPIA) and determining whether processing is „likely to result in a high risk" fort he purposes of Regulation 2016/679, WP 248 rev.01, 4. 4. 2017.
[76] Klösel/Mahnhold NZA 2017, 1428 (1431).
[77] Vgl. zum Verständnis der europäischen Datenschutzaufsichtsbehörden zu den Transparenzanforderungen der DS-GVO (auch im Arbeitsverhältnis) Artikel 29-Datenschutzgruppe, Guidelines on transparency under Regulation 2016/679, WP 260
[78] Vgl. Piltz in Piltz BDSG § 26 Rn. 46.
[79] Tarifverträge werden hingegen wegen ihrer bislang geringen Bedeutung für die Praxis nicht explizit angesprochen.

DS-GVO-Rahmenbetriebsvereinbarung und entsprechend gestalteten Einzelbetriebsvereinbarungen ein hohes Maß an Klarheit und Rechtssicherheit erzielt werden.[80]

95 **aa) Vorgaben von Art. 88 Abs. 2 DS-GVO für Betriebsvereinbarungen.** Häufig verständigen sich Arbeitgeber und Betriebsräte zunächst auf allgemeine Regelungen zur Umsetzung der Vorgaben von **Art. 88 Abs. 2 DS-GVO.** Regelmäßig vereinbaren sie hierbei Regelungen zur Transparenz von Datenverarbeitungen (insbesondere zu der Frage, wie im konkreten Arbeitsverhältnis die Mitarbeiter informiert werden sollen) sowie zur Datenübermittlung im Konzern und zu Überwachungssystemen am Arbeitsplatz.

96 **bb) Datenschutzgrundsätze nach Art. 5 DS-GVO.** Grundsätzlich ist es zweckmäßig, in Kollektivvereinbarungen zum Datenschutz die **Prinzipien des Art. 5 DS-GVO** aufzugreifen und in einer Weise zu erläutern, die auch für Laien nachvollziehbar ist. Eine solche verständliche Umsetzung der Datenschutzgrundsätze des Art. 5 DS-GVO dient auch der Umsetzung der Vorgaben des § 26 BDSG. Hier empfiehlt es sich, beispielsweise auch auf das Rechtmäßigkeitsprinzip nach Art. 5 Abs. 1 lit. a DS-GVO hinzuweisen und zu erläutern, dass Verantwortliche danach personenbezogene Beschäftigtendaten nur dann verarbeiten dürfen, wenn hierfür eine datenschutzrechtliche Erlaubnisnorm vorliegt.

97 Auf diese Weise können die Betriebsparteien sicherstellen, dass sie das gleiche Verständnis von den einzuhaltenden Grundregeln haben. Zudem können sie so die Vorgaben des Art. 5 DS-GVO in klarer und für die betroffenen Arbeitnehmer leicht verständlicher Sprache schildern.

98 **cc) Einordnung der Betriebsvereinbarung als datenschutzrechtlicher Erlaubnistatbestand.** Sofern sich die Betriebsparteien einig sind, dass eine Betriebsvereinbarung den **Umgang mit personenbezogenen Beschäftigtendaten erlauben** beziehungsweise datenschutzrechtlich legitimieren soll, sollten sie dies ausdrücklich in der Kollektivvereinbarung festhalten.[81] Eine entsprechende Formulierung könnte in etwa wie folgt lauten:

> „Es besteht Einigkeit zwischen den Betriebsparteien, dass die vorliegende Betriebsvereinbarung als datenschutzrechtliche Erlaubnis zur Verarbeitung personenbezogener Daten im Beschäftigungskontext wirkt. Soweit die vorliegende Betriebsvereinbarung die Verarbeitung personenbezogener Daten regelt oder voraussetzt, gilt die vorliegende Betriebsvereinbarung als Erlaubnistatbestand im Sinne von Art. 88 Abs. 1 und 2 DS-GVO."

99 Sofern die Betriebsparteien eine entsprechende Regelung in einer Rahmenbetriebsvereinbarung vereinbaren, sollten sie zudem festlegen, dass die Rahmenbetriebsvereinbarung zusammen mit bestehenden bzw. noch abzuschließenden Betriebsvereinbarungen als datenschutzrechtlicher Erlaubnistatbestand wirken soll. Je präziser die Rahmenbetriebsvereinbarung und konkretisierende Einzelbetriebsvereinbarungen jeweilige (angemessene) Datenverarbeitungen beschreiben und regeln, desto größer ist die Wahrscheinlichkeit, dass Arbeitsgerichte und Datenschutzaufsichtsbehörden diese Datenverarbeitungen als durch die abgeschlossenen Betriebsvereinbarungen gerechtfertigt betrachten werden.

100 Für eine größere Transparenz ist es dabei zudem äußerst zweckmäßig, eine entsprechende Klarstellung aufzunehmen, nach der sich Arbeitgeber und Betriebsrat die Verarbeitung personenbezogener Daten **auch auf der Grundlage gesetzlicher Vorschriften vorbehalten.** Beispielsweise könnten die Betriebsparteien hier einen Hinweis einfügen, dass die Verarbeitung der personenbezogenen Daten etwa auch zur Wahrung berechtigter Zwecke nach Art. 6 Abs. 2 lit. f DS-GVO in Betracht kommt.

---

[80] Vgl. hierzu umfassend und mit einer Checkliste Wybitul NZA 2017, 1488 ff.
[81] Vgl. auch Pötters/Böhm/Wybitul in Wybitul HdB DS-GVO Art. 88 Rn. 34 ff.

dd) Festlegung maßgeblicher und grundsätzlich zulässiger Verarbeitungszwecke.

Die Zwecke einer Datenverarbeitung entscheiden über ihre Zulässigkeit. Dementsprechend müssen Verantwortliche bereits vor der Erhebung personenbezogener Daten festlegen, für welche Zwecke sie diese Daten verarbeiten wollen.[82]

Im Rahmen von Kollektivvereinbarungen kommen hier nach Art. 88 Abs. 1 DS-GVO zunächst solche **Zwecke** in Betracht, **die im „Beschäftigungskontext" stehen,** also einen Bezug zum Beschäftigungsverhältnis aufweisen. Diese Definition ist weit gefasst (vgl. hierzu bereits eingangs → Rn. 9 f.).[83] Beispielhaft nennt die Vorschrift etwa Zwecke der Einstellung oder der Erfüllung des Arbeitsvertrags. Dies umfasst auch die Erfüllung von durch Rechtsvorschriften oder durch Kollektivvereinbarungen festgelegten Pflichten, aber auch das Management, die Planung und die Organisation der Arbeit. Ferner können auch die Herstellung von Gleichheit und Diversität am Arbeitsplatz, sowie die Sicherstellung von Gesundheit und die Sicherheit am Arbeitsplatz zulässige Zwecke sein. Als weitere zulässige Zwecke zählt die Vorschrift auch den Schutz des Eigentums der Arbeitgeber oder der Kunden auf. Zudem nennt Art. 88 Abs. 1 DS-GVO Zwecke der Inanspruchnahme der mit der Beschäftigung zusammenhängenden individuellen oder kollektiven Rechte und Leistungen sowie Zwecke der Beendigung des Beschäftigungsverhältnisses.

Grundsätzlich kann es gerade aus Gründen der Transparenz empfehlenswert sein, die Zwecke einzelner Datenverarbeitungen in Betriebsvereinbarungen teilweise sogar noch deutlich detaillierter zu regeln. Darüber hinaus können Betriebsvereinbarungen auch Verarbeitungssituationen regeln, die im Katalog des Art. 88 Abs. 1 DS-GVO nicht genannt sind, sofern sie einen Zusammenhang mit dem Beschäftigungsverhältnis aufweisen.

Bei der Festlegung von Zwecken für Datenverarbeitungen im Rahmen von Betriebsvereinbarungen sollten sich die Betriebsparteien zunächst **am gesetzlichen Leitbild orientieren** und Zwecke im Beschäftigungskontext sowie die in Art. 88 Abs. 1 DS-GVO exemplarisch genannten Zwecke nennen. Diese können Arbeitgeber und Betriebsräte dann noch durch (nicht abschließende) Beispiele näher konkretisieren, wie etwa „Durchführung interner Sachverhaltsaufklärungen zur Aufklärung vermuteter Pflichtverletzungen im Arbeitsverhältnis" oder „Vorbereitung und Durchführung von Meldungen an Sozialversicherungsträger und Steuerbehörden im Rahmen von Gehaltszahlungen". Grundsätzlich werden Betriebsvereinbarungen umso rechtssicherer sein, je präziser und transparenter sie Verarbeitungszwecke regeln und beschreiben.

Weder Art. 88 DS-GVO noch andere Vorschriften der DS-GVO regeln präzise, in welcher Detailtiefe Verantwortliche Verarbeitungszwecke letztlich festlegen müssen. Eine sachgerechte Möglichkeit zur Beantwortung dieser Frage wäre es, eine umso genauere (und transparentere) Zweckfestlegung zu fordern, je tiefer die geplante Datenverarbeitung in Grundrechte oder andere geschützte Positionen betroffener Personen eingreift.

Sollten die Betriebsparteien sich darauf einigen, eine Rahmenbetriebsvereinbarung zur DS-GVO abzuschließen, können sie naturgemäß nicht alle Zwecke derart kleinteilig aufführen. In diesen Fällen bietet es sich an, in der Rahmenbetriebsvereinbarung auf weitere, verarbeitungsspezifische Betriebsvereinbarungen zu verweisen, mit denen zusammen die Rahmenbetriebsvereinbarung die Zwecke ausreichend detailliert beschreibt. Eine weitere Möglichkeit ist es, Zwecke auf einzelne Datenverarbeitungen bezogen, in Anlagen zur Rahmenbetriebsvereinbarung oder zu einzelnen Betriebsvereinbarungen zu regeln.

ee) Regelungen zu Leistungs- und Verhaltenskontrollen.

Ein häufiger Diskussionspunkt bei Verhandlungen zu datenschutzrechtlich relevanten Kollektivvereinbarungen ist die **Regelung zu Leistungs- und Verhaltenskontrollen.** In der betrieblichen Praxis ist

---

[82] Vgl. für Beispiele der europäischen Datenschutzbehörden zu möglichen Zwecken der Verarbeitung im Beschäftigtenverhältnis Artikel 29-Datenschutzgruppe, Opinion 2/2017 on data processing at work, WP 249, 8.6.2017, 9.
[83] S. Hanloser in FHS Betrieblicher Datenschutz Teil IV Kap. 1 Rn. 8.

Teil B

Datenschutzrecht in der Privatwirtschaft

es in den allermeisten Fällen schlichtweg nicht machbar, sämtliche ggf. relevanten Leistungs- und Verhaltenskontrollen abschließend zu beschreiben oder auch nur aufzuzählen. Daher kann es durchaus zweckmäßig sein, bereits in einer Rahmenbetriebsvereinbarung allgemeine Vorgaben für derartige Überwachungsmaßnahmen zu vereinbaren. Als generelle Richtschnur kann hier auch die Inbezugnahme der bislang von der Rechtsprechung herausgearbeiteten Zulässigkeitskriterien vereinbart werden. Dabei sollten sich die Betriebsparteien natürlich die Möglichkeit vorbehalten, später bzw. in Einzelbetriebsvereinbarungen jeweilige Kontrollen bzw. die dafür nötigen Datenverarbeitungen detaillierter zu regeln.

108 **ff) Einwilligungen.** Es ist seit langem umstritten, ob und unter welchen Umständen Arbeitgeber personenbezogene **Daten von Arbeitnehmern auf der rechtlichen Basis von Einwilligungen** der betroffenen Arbeitnehmer verarbeiten dürfen (vgl. hierzu → Rn. 56 ff.). Sofern im Betrieb, Unternehmen oder Konzern personenbezogene Daten von Arbeitnehmern auf der Grundlage von Einwilligungen verarbeiten, können die Betriebsparteien in Betriebsvereinbarungen die in § 26 Abs. 2 BDSG geregelten gesetzlichen Anforderungen und Voraussetzungen an Einwilligungen von Beschäftigten konkreter regeln und damit rechtlich absichern.[84]

5. Beweisverwertungsverbote

109 Unternehmen, welche die datenschutzrechtlichen Regelungen des BDSG und der DS-GVO missachten, drohen im Falle eines **Kündigungsschutzprozesses** gegen einen überführten Mitarbeiter Beweisverwertungsverbote in Bezug auf die datenschutzwidrig ermittelten belastenden Informationen. Kündigungen können somit unter Umständen alleine daran scheitern, dass die belastenden Erkenntnisse nicht datenschutzkonform ermittelt wurden.

110 **a) Grundlagen.** Nach einer **restriktiven Ansicht** sind alle rechtswidrig erlangten Beweismittel im Arbeitsprozess generell unverwertbar.[85] Anhänger dieser Ansicht begründen sie vor allem mit der Sicherung der Einheit der Rechtsordnung und dem Grundsatz von Treu und Glauben.[86] Unter Verweis auf das Prinzip der Wahrheitsfindung im Prozess hält die Gegenauffassung hingegen auch rechtswidrig gewonnene Erkenntnisse grundsätzlich für verwertbar;[87] die Verwertung soll dabei nur bei „erheblicher" Verletzung des allgemeinen Persönlichkeitsrechts verboten sein. Zwischen diesen beiden Ansichten gibt es auch vermittelnde Positionen.[88]

111 Auch der BGH und das BAG nehmen eine **vermittelnde Position** ein. Die Gerichte prüfen bei der Frage möglicher Beweisverwertungsverbote, ob mit der prozessualen Verwertung eine Grundrechtsverletzung einhergeht bzw. verstärkt wird.[89] Die Rechtswidrigkeit der Beweiserhebung führt damit nicht zwingend zur Unverwertbarkeit der gewonnenen Beweise im Prozess. Vielmehr ist über die Frage der Beweisverwertung getrennt zu entscheiden.[90] Auch wenn sich die dargestellte Rechtsprechung auf das BDSG aF bezog, ist davon auszugehen, dass diese Rechtsprechung bei der Behandlung der DS-GVO und des neuen BDSG von den Arbeitsgerichten fortgeführt werden wird. Eine Verwertung im Prozess scheidet erst dann aus, wenn die Berücksichtigung des Beweismittels durch das Gericht zu einem weitgehenden Eingriff in die verfassungsrechtlich garantierte Rechtspo-

---

[84] Vgl. hierzu auch ErwGr 155 DS-GVO, der eine solche Regelungskompetenz auch für Kollektivvereinbarungen ausdrücklich vorsieht.
[85] So beispielsweise Bayreuther NZA 2005, 1038 (1042).
[86] Vgl. Betz RdA 2018, 100, (106) mwN.
[87] Werner NJW 1988, 993 (1002).
[88] So beispielsweise Bergwitz NZA 2012, 353.
[89] BAG NZA 2014, 810; BGH NJW 2013, 2668 (2670).
[90] BGH Urt. v. 15.5.2018 – VI ZR 233/17 – Dashcam.

sition führen würde. Diese differenzierende Auffassung der Rechtsprechung ermöglicht es, die widerstreitenden Interessen der Prozessparteien im Kündigungsschutzprozess im Rahmen einer Abwägung in einen angemessenen Ausgleich zu bringen. Die Herstellung **praktischer Konkordanz** ist dabei entscheidend.

Der Anknüpfungspunkt für diese vermittelnde Auffassung ist die **Grundrechtsbindung der Gerichte** (Art. 1 Abs. 3 GG) und ihre Verpflichtung zu einer rechtsstaatlichen Verfahrensgestaltung.[91] Ein Gericht darf dann keine Beweise verwerten, wenn es dadurch verfassungsrechtlich garantierte Grundrechtspositionen einer Prozesspartei verletzen würde. Bei Datenschutzverstößen steht regelmäßig die Verletzung des Datenschutzgrundrechts im Sinne von Art. 7 GRCh bzw. Art. 8 EMRK im Vordergrund. 112

§ 286 ZPO iVm Art. 103 Abs. 1 GG verpflichtet andererseits die Gerichte dazu, grundsätzlich den von den Parteien vorgetragenen Sachverhalt und die von ihnen angebotenen Beweise zu berücksichtigen.[92] Darüber hinaus garantiert das **Rechtsstaatsprinzip** gemäß Art. 20 Abs. 3 GG eine funktionierende Rechtspflege. Der beweisbelasteten Partei muss eine effektive Beweisführung im Hinblick auf die streitentscheidenden Tatsachenbehauptungen möglich sein (Art. 19 Abs. 4 GG sowie Art. 47 GRCh). 113

Ihre Grenzen kann die Pflicht zur Verwertung aller korrekt angebotenen Beweise nur in den oben genannten kollidierenden Grundrechten der gegnerischen Partei finden. Entscheidend für das Vorliegen eines Verwertungsverbots ist damit eine **Abwägung zwischen diesen kollidierenden Interessen**.[93] Erhebt der Arbeitgeber Beweise unter Verletzung der Grundrechte des Arbeitnehmers und liegt in der prozessualen Verwertung ein erneuter oder fortgesetzter Grundrechtsverstoß, der nicht durch überwiegende Interessen des Arbeitgebers gerechtfertigt ist, scheidet eine Berücksichtigung im Prozess aus. 114

Zur Beurteilung des möglichen Vorliegens eines zivilrechtlichen Beweisverwertungsverbots ist also regelmäßig eine **zweistufige Prüfung** erforderlich. Erstens ist zu prüfen, ob die Verwertung Grundrechte des Prozessgegners beeinträchtigt. Zweitens ist zu fragen, ob die Interessen des Beweisführers an der Verwertung im konkreten Einzelfall überwiegen. 115

Das Interesse an einer funktionstüchtigen Rechtspflege und das Interesse, sich ein Beweismittel für zivilrechtliche Ansprüche zu sichern, reichen für sich allein gesehen regelmäßig nicht aus, um ein überwiegendes Verwertungsinteresse zu begründen.[94] Nach ständiger Rechtsprechung müssen vielmehr weitere Aspekte hinzutreten, die ergeben, dass das Interesse an der Beweisverwertung trotz der Persönlichkeitsbeeinträchtigung des Prozessgegners schutzbedürftig ist.[95] Dieser Fall soll insbesondere dann vorliegen, wenn sich der Beweisführer in einer **Notwehrsituation oder einer notwehrähnlichen Lage** im Sinne von § 227 BGB bzw. § 32 StGB befindet.[96] Grundsätzlich lässt sich somit festhalten, dass ein Verstoß gegen das allgemeine Persönlichkeitsrecht bei der Beweiserhebung nach dessen Schutzzweck in der Regel auch die Verwertung des Beweismittels hindert. Der Prüfungsmaßstab bei der Frage nach der Verwertbarkeit deckt sich demnach oft mit demjenigen, der bei der Frage nach der Rechtswidrigkeit der Datenerhebung zu Grunde zu legen ist. 116

Eine Verletzung einer **lediglich formellen Voraussetzung des Datenschutzrechts** zieht für sich genommen beispielsweise meist noch kein Beweisverwertungsverbot nach sich.[97] Ist eine datenschutzrechtliche Formvorschrift jedoch von besonderer Bedeutung für den materiellen Grundrechtsschutz, so führt ein Verstoß zur Rechtswidrigkeit der Da- 117

---

[91] BVerfG NJW 2002, 3619 (3623).
[92] BAG NZA 2014, 143 (145).
[93] BVerfG NJW 2002, 3619; BAG NJW 2003, 3436.
[94] BAG NZA 2012, 1027.
[95] BAG NJW 2003, 3436.
[96] BGH NJW 2013, 2668 (2670).
[97] BAG NZA 2012, 1027.

tenerhebung, -nutzung oder -verarbeitung. Ausnahmsweise kann dann auch hier ein Beweisverwertungsverbot folgen.

118   Mehrheitlich kommen Beweisverwertungsverbote jedoch bei Verstößen gegen **materiell-rechtliche Schutzvorschriften** der DS-GVO und des BDSG in Betracht. Haben diese einen ungerechtfertigten Eingriff in das allgemeine Persönlichkeitsrecht des Betroffenen zur Folge, unterliegen die Beweismittel und Kenntnisse regelmäßig einem Beweisverwertungsverbot. Daher wird eine Datenverarbeitung, die nicht von einem datenschutzrechtlichen Erlaubnistatbestand gedeckt ist, eigentlich fast immer zu einem Beweisverwertungsverbot führen.

119   Kategorisch ausgeschlossen ist eine Verwertung, wenn die personenbezogenen Daten dem **Kernbereich privater Lebensgestaltung** zuzurechnen sind.[98] Dieser ist absolut geschützt, eine Abwägung durch das Gericht findet in diesen Fällen nicht statt. Dieser absolute Schutzanspruch bedeutet nicht nur, dass der Kernbereich privater Lebensgestaltung „der öffentlichen Gewalt schlechthin entzogen" ist, sondern er gilt richtigerweise auch im Rahmen von horizontalen Rechtsbeziehungen zwischen Privaten, also auch im Rahmen eines Kündigungsschutzprozesses.[99]

120   Für eine Prozesspartei kann ein Beweisverwertungsverbot mitunter **weitreichende Folgen** haben: Stützt etwa ein Arbeitgeber eine Kündigung auf ein datenschutzrechtswidrig erlangtes Beweismittel (beispielsweise auf eine rechtswidrige Videoaufnahme), so muss diese Information bei der Prüfung der Rechtmäßigkeit der Kündigung außer Betracht bleiben. Trotz eines eindeutig nachweisbaren Verstoßes kann die Kündigung im schlimmsten Fall daher scheitern.

121   **b) Bisherige Rechtsprechung zu Beweisverwertungsverboten.** Beweisverwertungsverbote wegen datenschutzrechtswidrig erhobener Beweise waren in den letzten Jahren immer häufiger Gegenstand von arbeitsrechtlichen und ordentlichen Gerichtsverfahren.

122   Das BAG entschied beispielsweise im Juli 2017, dass der heimliche Einsatz einer **„Keylogger"-Software** in das Grundrecht auf informationelle Selbstbestimmung des Arbeitnehmers eingreife. Die ohne weiteren (nachweisbaren) Anlass installierte Software speicherte alle Tastatureingaben des Arbeitnehmers und fertigte zusätzlich in regelmäßigen Abständen Screenshots an. Den Einsatz des „Keyloggers" wertete das BAG als unverhältnismäßig und somit gemäß des BDSG aF als rechtswidrig.

123   Dabei kam es gar nicht entscheidend darauf an, dass dem Arbeitgeber mildere Mittel zur Aufklärung zur Verfügung gestanden hätten. Eine **verdeckte Ermittlung** des Arbeitgebers ohne konkreten Verdacht **„ins Blaue hinein" sei in diesem Fall unverhältnismäßig** und damit nicht angemessen gewesen. Eine Verwertung der belastenden Informationen, die der Arbeitgeber unter Verstoß gegen das BDSG aF gewonnen hatte, kam für das BAG in diesem Fall nicht in Betracht. Das BAG hat in diesem Fall keinerlei Anhaltspunkte dafür gesehen, dass der Arbeitgeber sich in einer notwehrähnlichen Situation befinde. Ein anlasslos gegen einen Arbeitnehmer ermittelnder Arbeitgeber könne in keinem Fall in einer notwehrähnlichen Situation sein.[100] Besonders beachtlich im Keylogger-Urteil ist, dass das BAG das Beweisverwertungsverbot direkt als Folge des Verstoßes gegen das BDSG aF entnahm. Damit überging das BAG die selbst aufgestellte oben beschriebene Systematik.

124   Kein Beweisverwertungsverbot hingegen nahm das BAG im Fall einer **verdeckten Videoüberwachung** an, die sich eigentlich gegen einzelne Mitarbeiter richtete und nur zufällig ein Vergehen einer anderen Mitarbeiterin aufdeckte.[101] In dieser Entscheidung betonte das BAG, dass ein Beweisverwertungsverbot sich nicht direkt aus einem möglichen

---

[98] LAG Köln NZA-RR 2011, 241 Rn. 42.
[99] BVerfG NJW 2006, 39.
[100] BAG NZA 2017, 1327 (1327 ff.).
[101] BAG NZA 2017, 112 (113).

Verstoß gegen Vorschriften des BDSG aF ergeben kann. Ein solches komme laut den Arbeitsrichtern nur in Betracht, wenn dies aufgrund einer verfassungsrechtlich geschützten Position einer Prozesspartei zwingend geboten ist. Mit einer ähnlichen Argumentation wog der BGH in seinem **Dashcam-Urteil** das Recht auf informationelle Selbstbestimmung gegen das Interesse des Beweisführenden an der Durchsetzung seiner zivilrechtlichen Ansprüche und dessen Anspruch auf rechtliches Gehör in Verbindung mit dem allgemeinen Interesse an der funktionierenden Zivilrechtspflege ab. Der BGH nahm in diesem Fall eine Beweisnot des Klägers an und bewertete die mit der Verletzung des Datenschutzrechts einhergehenden Grundrechtsverletzungen als vergleichbar gering, da die Dashcam-Aufnahmen nur den öffentlichen Raum zeigten. Entsprechend nahm der BGH in dem konkreten Fall kein Beweisverwertungsverbot an.[102]

Kein Beweisverwertungsverbot nahm das BAG zudem in einem Fall an, in welchem 125 der Arbeitgeber zwar die Voraussetzungen des BDSG aF einhielt, aber ein **Mitwirkungsrecht des Betriebsrates** nach § 87 Abs. 1 Nr. 6 BetrVG missachtete.[103]

Arbeitgeber sollten die Gefahr eines Beweisverwertungsverbotes berücksichtigen. 126 Grundsätzlich haben Arbeitgeber somit einen zusätzlichen Anreiz, die hohen Anforderungen der DS-GVO und des BDSG bei internen Ermittlungen genau einzuhalten und zu dokumentieren.

IV. Fazit

Die Regelung des Art. 88 DS-GVO wird nicht zu Unrecht als teilweise konturlos kriti- 127 siert.[104] Die Abstraktheit der Norm erschwert die Umsetzung der Anforderungen in der Praxis. Viele der in dieser Vorschrift angelegten Regelungen ergeben sich ohnehin bereits aus anderen Vorgaben der DS-GVO. Etwa das in Art. 88 Abs. 2 DS-GVO geregelte Erfordernis, bei der Datenverarbeitung ein hohes Maß an Transparenz zu schaffen, ergibt sich bereits aus Art. 12 ff. DS-GVO. Die Klarstellungen, dass der Austausch von Beschäftigtendaten zwischen Konzernunternehmen (so solche Übermittlungen denn tatsächlich stattfinden) sowie der Einsatz von Überwachungssystemen am Arbeitsplatz klar zu regeln sind, sind dagegen zielführend. Bei der Umsetzung in der Praxis sind Betriebsparteien und Arbeitnehmer jedenfalls gut beraten, sich vor allem an den in Art. 5 DS-GVO geregelten Datenschutzgrundsätzen, der bisherigen Rechtsprechung des BAG und an den vorstehenden Handlungsempfehlungen zu orientieren.[105]

Auch die nationale deutsche Regelung zum Beschäftigtendatenschutz im BDSG wurde 128 vielfach kritisiert.[106] Den lange erhofften großen Wurf beim Beschäftigtendatenschutz hat der deutsche Gesetzgeber mit § 26 BDSG jedenfalls nicht vorgelegt. Aber auch die sonstigen Regelungen des Gesetzes sind leider weiten Teilen wenig überzeugend. Insgesamt ist der Entwurf komplex und schwer verständlich. Die Praxis zeigt, dass das Nebeneinander von DS-GVO, BDSG und BetrVG schwer nachvollziehbar ist und oft zu Missverständnissen führt. Die Regelungen in § 26 BDSG bringen ein hohes Maß an Auslegungsbedürftigkeit und Rechtsunsicherheit mit sich. Es zeigt sich dabei, dass der Gesetzgeber komplexe Themenfelder wie den Beschäftigtendatenschutz nicht im Eilverfahren regeln, sondern sich die Zeit nehmen sollte, angemessene und ausgewogene Regelungen auf der Grundlage der sachgerechten Vorgaben der Rechtsprechung zu entwickeln.

---

[102] BGH Urt. v. 15.5.2018 – VI ZR 233/17 – Dashcam.
[103] BAG NZA 2017, 443.
[104] Damann ZD 2016, 307 (310); Maschmann in Kühling/Buchner DS-GVO Art. 88 Rn. 42 f.
[105] Vgl. hierzu auch umfassend Wybitul NZA 2017, 1488.
[106] Gräber/Nolden in Paal/Pauly BDSG § 26 Rn. 57 ff.; Seifert in Simitis BDSG aF § 32 Rn. 3 mwN.

§ 11 Datenschutz in der Anwaltschaft

Übersicht

	Rn.
I. Einleitung	1
II. Bedeutung des Datenschutzrechts für die Anwaltschaft	2
III. Rechtlicher Regelungsrahmen	4
1. EU-Recht	5
2. Bundesrecht	9
IV. Datenverarbeitung innerhalb der Anwaltskanzlei	12
1. Erlaubnistatbestände für die Verarbeitung	14
2. Mandatsbezogene Daten	17
a) Daten bei Erstanfragen	17
b) Korrespondenz mit dem Mandanten und der Gegenseite	19
c) Handakte, Schriftsätze, Beweismittel	22
d) Notizen und andere Hilfsinformationen	25
e) Zeiterfassung, Rechnungsstellung und Honorardurchsetzung	29
3. Die zulässige Speicherdauer	32
4. Datenverarbeitung innerhalb verschiedener Organisationsformen	37
a) Bürogemeinschaften	38
b) Sozietät, Partnerschaft und GmbH	41
V. Datenverarbeitung außerhalb der Anwaltskanzlei	45
1. Non-legal Outsourcing	45
a) Reichweite des Geheimnisschutzes von § 203 StGB	46
b) Die strafrechtlich zulässige Einbeziehung Dritter	47
c) Die berufsrechtlichen Regelungen des § 43e BRAO	52
d) Die datenschutzrechtliche Bewertung	56
2. Legal Outsourcing	57
VI. Grenzüberschreitende Informationsverarbeitung	59
1. Die internationale Kanzlei	60
2. Das internationale Mandat	62
3. Der Geheimnisschutz im internationalen Kontext	63
VII. Datenschutzrechtliche Pflichten einer Anwaltskanzlei	66
1. Informationspflichten	68
a) Erhebung beim Betroffenen	68
b) Erhebung nicht beim Betroffenen	72
2. Auskunftspflichten	76
3. Melde- und Benachrichtigungspflichten	78
a) Meldpflichten gegenüber Aufsichtsbehörden	79
b) Benachrichtigungspflichten gegenüber Betroffenen	80
4. Pflichten hinsichtlich der Datenübertragbarkeit	81
5. Bestellung eines Datenschutzbeauftragten	86
a) Pflicht zur Bestellung gemäß § 38 Abs. 1 BDSG	87
b) Pflicht zur Bestellung gemäß Art. 37 Abs. 1 DS-GVO	89
aa) Verarbeitungsgegenstand	90
bb) Kerntätigkeit	93
cc) Umfangreiche Verarbeitung	95
c) Anforderungen an Datenschutzbeauftragte	97
d) Der Anwalt als Datenschutzbeauftragter	98
6. Sicherheit der Datenverarbeitung	99
a) Verschlüsselung	101
b) Stabilität	102
c) Wiederherstellbarkeit	105
d) Regelmäßige Überprüfung	107
7. Verarbeitungsverzeichnis	108
8. Folgenabschätzung	110
VIII. Kontrolle des Datenschutzes und Rechtsschutz	113

	Rn.
1. Zuständige Aufsichtsbehörde	114
2. Befugnisse der Aufsichtsbehörde	116
3. Rechtsmittel gegen Aufsichtsmaßnahmen	121

Literatur:
Auer-Reinsdorff, Datenverarbeitung und Datenschutz der Anwaltskanzlei, ZAP 2018, 565; *Axmann/Degen*, Kanzlei-Homepages und elektronische Mandatsbearbeitung – Anwaltsstrategien zur Minimierung rechtlicher Risiken; NJW 2006, 1457; *Basar*, „Outsourcing" und Strafrecht – Die Reform des § 203 StGB und §§ 53a und 97 StPO, jurisPR-StrafR 4/2018, Anm 1; *Cornelius*, Das Non-Legal-Outsourcing für Berufsgeheimnisträger Straf- und berufsrechtliche sowie strafprozessuale Konsequenzen der neuesten Gesetzesnovelle, NJW 2017, 3751; *Dahns*, Rechtssicherheit beim Outsourcing von Dienstleistungen, NJW-Spezial 2017, 766; *Degen*, Mahnen und Klagen per E-Mail – Rechtlicher Rahmen und digitale Kluft bei Justiz und Anwaltschaft?, NJW 2008, 1473; *Eßer/Steffen*, Zivilrechtliche Haftung des betrieblichen Datenschutzbeauftragten Wann haften interner und externer Datenschutzbeauftragter?, CR 2018, 289; *Fuhlrott/Remi*, „Neuer" Datenschutz in Kanzleien – Anwälte als Arbeitgeber, Datenverarbeitende und Werbende, NZA 2018, 609; *Grosskopf/Momsen*, Outsourcing bei Berufsgeheimnisträgern- strafrechtliche Verpflichtung zur Compliance?, CCZ 2018, 98; *Grunewald*, Die Entwicklung des anwaltlichen Berufsrechts im Jahr 2017, NJW 2017, 3627; *Grupp*, Non-legal Outsourcing: Ein erster Schritt aus einem großen Dilemma, AnwBl 2017, 507; *Härting*, Das Projekt Datenschutz, AnwBl 2018, 262; *Halbritter*, Die neue Datenschutzgrundverordnung und ihre Auswirkungen für Rechtsanwälte und Strafverteidiger, AnwBl BE 2018, 93; *Hamm*, Compliance vor Recht? Anwälte bei der Bewältigung eines „Datenskandals", NJW 2010, 1332; *Hartung/Weberstaedt*, Legal Outsourcing, RDG und Berufsrecht, NJW 2016, 2209; *Hartung*, Outsourcing in Kanzleien: Das Berufsrecht vollzieht die Wirklichkeit nach, AnwBl 2018, 460; *Kazemi*, Die EU-Datenschutz-Grundverordnung in der anwaltlichen Beratungspraxis, 2017; *Kazemi*, Der Datenschutzbeauftragte in der Rechtsanwaltskanzlei, NJW 2018, 443; *Kilian*, Datenschutz und Berufsgeheimnis, AnwBl 2018, 226; *Kleemann/Kader*, Praktische Umsetzung des neuen Datenschutzrechts in kleinen und mittelständischen Steuerberatungskanzleien, DStR 2018, 1091; *König*, Zur Möglichkeit einer sektoralen Datenschutzkontrolle nach dem Entwurf der EU-Grundverordnung, DuD 2013, 101; *Lück*, Datenschutz in der Rechtsanwaltskanzlei Was gilt ab dem 25. Mai 2018?, AnwBl BE 2018, 105; *Obenhaus*, Cloud Computing als neue Herausforderung für Strafverfolgungsbehörden und Rechtsanwaltschaft, NJW 2010, 651; *Raschke*, Legal Outsourcing im Spannungsfeld von Straf- und Strafprozessrecht, BB 2017, 579;https://beck-online.beck.de/Dokument?vpath=bibdata%2Fzeits%2Fnjw%2F2010%2Fcont%2Fnjw.2010.651.1.htm&pos=4&hlwords=on *Rüpke*, Datenschutz, Mandatsgeheimnis und anwaltliche Kommunikationsfreiheit, NJW 2008, 1121; *Ruppert*, Der neue strafrechtliche Geheimnisschutz – Der Weg in die Zukunft des IT-Outsourcings?, K&R 2017, 609; *Schmidt*, Datenschutz-Organisation und -Dokumentation in der Anwaltskanzlei, NJW 2018, 1448; *Schneider*, Handbuch EDV-Recht – Datenschutz und IT Management, 5. Aufl. 2017; *Schröder*, Zulassung eines externen Datenschutzbeauftragten als Syndikusanwalt seines Arbeitgebers, ZD 2018, 178; *Schuler/Weichert*, Beschränkung der Datenschutzkontrolle bei Berufsgeheimnisträgern nach § 29 Abs. 3 BDSG-neu ist grundrechtswidrig, abrufbar unter https://www.netzwerk-datenschutzexpertise.de/sites/default/files/gut_2017_dskontrolleinschr_bdsg-neu_03.pdf, zuletzt abgerufen am 9.4.2018; *Weichert*, Verfassungswidrige Beschränkung der Datenschutzkontrolle bei Berufsgeheimnisträgern, DANA 2017, 76; *Zikesch/Kramer*, Die DS-GVO und das Berufsrecht der Rechtsanwälte, Steuerberater und Wirtschaftsprüfer Datenschutz bei freien Berufen, ZD 2015, 565.

I. Einleitung

Nach einer kurzen Einführung zur grundsätzlichen **Bedeutung des Datenschutzrechts für die Anwaltschaft** wird im nächsten Schritt **der rechtliche Regelungsrahmen** für das EU-Recht und das Bundesrecht dargestellt. Das dritte Kapitel beschäftigt sich mit der **Datenverarbeitung innerhalb der Anwaltskanzlei.** Hier werden zunächst die zur Anwendung kommenden **Erlaubnistatbestände** für die Verarbeitung grundsätzlich erläutert, bevor für verschiedene **Arten mandatsbezogener Daten** eine Subsumtion unter die Erlaubnistatbestände vorgenommen wird. In weiteren Abschnitten des dritten Kapitels werden **die zulässige Speicherdauer** und die Auswirkungen der **anwaltlichen Organisationsformen** auf die Datenverarbeitung betrachtet. Das vierte Kapitel beschäftigt sich anschließend mit der **Datenverarbeitung außerhalb der Anwaltskanzlei,** wobei insoweit sowohl das Non-legal **Outsourcing** als auch das Legal Outsourcing betrachtet werden. In einem fünften Kapitel wird **die grenzüberschreitende Informationsverarbeitung** im anwaltlichen Kontext dargestellt. Das folgende sechste Kapitel nimmt **die** 1 datenschutzrechtlichen **Pflichten einer Anwaltskanzlei** in den Blick. Dabei werden sowohl die **Informationspflichten**, als auch die **Auskunftspflichten** und gegenüber den Aufsichtsbehörden und den Betroffenen bestehende **Melde- und Benachrichtigungspflichten** diskutiert. Außerdem werden auch die Pflichten hinsichtlich der **Datenübertragbarkeit** und der **Bestellung eines Datenschutzbeauftragten** betrachtet. Weitere Themen des sechsten Kapitels zu den datenschutzrechtlichen Pflichten sind die **Sicherheit der Datenverarbeitung,** das **Verarbeitungsverzeichnis** und die **Folgenabschätzung**. Das abschließende siebte Kapitel widmet sich der **Kontrolle des Datenschutzes** durch die Aufsichtsbehörden und dem **Rechtsschutz**.

II. Bedeutung des Datenschutzrechts für die Anwaltschaft

2 Die fortschreitende **Digitalisierung** der Gesellschaft erfasst zunehmend auch die Anwaltschaft und verändert grundlegend die Arbeitsweise vom Einzelanwalt bis zur Großkanzlei. Der Begriff **Legal Tech** hat mittlerweile Eingang selbst in den Sprachgebrauch der Massenmedien gefunden und umschreibt digitale Dienstleistungen, die mithilfe von **Automatisierung** die anwaltliche Beratung vereinfachen, wenn nicht teilweise sogar ersetzen sollen. Aber auch jenseits der originären Beratungstätigkeit von Anwälten verändert die Digitalisierung zunehmend die Arbeit von Kanzleien. Vom sog Non-legal Outsourcing (gemeint ist hierbei die Inanspruchnahme externer Dienstleistungen, die sich nicht auf die Erbringung der anwaltlichen Beratungsleistung als solche beziehen) versprechen sich viele Kanzleien eine effizientere Gestaltung ihrer Prozesse und auch einen höheren Komfort für ihre Mitarbeiter, sei es über die Nutzung von zentralen, externen Medien zur Speicherung von Daten oder der Nutzung von Rechenleistung bzw. ganzer Anwendungen über die Cloud.

3 Diese Veränderungen werfen einige datenschutzrechtliche Fragestellungen auf, bei denen insbesondere die **Besonderheiten des Berufsgeheimnisses** von Rechtsanwälten zu berücksichtigen sind (zum Verhältnis von Datenschutzrecht und Berufsgeheimnis → Rn. 46). Aber auch die herkömmlichen Problemstellungen haben nicht an Bedeutung verloren: Wie lange dürfen bzw. müssen Daten gespeichert werden? (→ Rn. 32) Wann müssen Daten oder Akten gelöscht bzw. zerstört werden? (→ Rn. 32) Welche Ansprüche hat der Mandant im Hinblick auf die bei der Kanzlei gespeicherten Daten? (→ Rn. 66) Muss eine Kanzlei einen Datenschutzbeauftragten ernennen? (→ Rn. 86) Das nachfolgende Kapitel beleuchtet den aktuellen Stand der für Rechtsanwälte und Kanzleien typischerweise entstehenden datenschutzrechtlichen Fragestellungen.

III. Rechtlicher Regelungsrahmen

4 Für den Datenschutz in Rechtsanwaltskanzleien sind insbesondere die Öffnungsklauseln der DS-GVO hinsichtlich spezieller Vorschriften für Berufsgeheimnisträger relevant sowie die Frage, wie der deutsche Gesetzgeber den hieraus erwachsenden Spielraum für nationales Recht genutzt hat.

1. EU-Recht

5 Zugunsten der Datenverarbeitung durch Rechtsanwälte ist **keine Bereichsausnahme** vorgesehen, sodass die Vorschriften der DS-GVO grundsätzlich auch von Rechtsanwälten zu befolgen sind. Insofern bringt die DS-GVO keine grundlegende Neuerung, denn auch unter der bisherigen Rechtslage ging die herrschende Auffassung davon aus, dass die Anwendung des BDSG aF für Kanzleien nicht grundsätzlich ausgeschlossen war, sondern lediglich im Rahmen von bestimmten mandatsbezogenen Datenverarbeitungen einge-

schränkt bzw. von speziellen Vorschriften überlagert wurde.[1] Als Beispiel hierfür ist die Kollision zwischen beruflicher Schweigepflicht und datenschutzrechtlichen Informations- und Auskunftsansprüchen zu nennen, bei der ein Vorrang der Berufs- und Standesregelungen angenommen wurde. Da es nach dem neuen Datenschutzrecht keine mit der Subsidiaritätsklausel des § 1 Abs. 3 BDSG aF vergleichbare Regelung gibt, kann ein solch grundsätzlicher Vorrang berufsrechtlicher Regelungen nun nicht mehr angenommen werden.

Dem europäischen Verordnungsgeber ist aber durchaus das **Spannungsverhältnis** 6 **zwischen Datenschutzrecht** (und hier insbesondere Betroffenen- und Informationsrechten) **und der Geheimhaltungspflicht von Berufsgeheimnisträgern** bewusst, sodass er entweder selbst Einschränkungen in der DS-GVO vorgesehen oder diese Möglichkeit durch Öffnungsklauseln für die Mitgliedstaaten geschaffen hat. Als Vorschriften speziell für Berufsgeheimnisträger seien hier insbesondere **Art. 90 und Art. 23 DS-GVO** genannt. Art. 90 DS-GVO ermöglicht es den Mitgliedstaaten, die Befugnisse der Aufsichtsbehörden gegenüber solchen Verantwortlichen zu regeln, die einem Berufsgeheimnis unterliegen. Die Regelungsbefugnis des Art. 90 DS-GVO besteht dabei für personenbezogene Daten des Berufsgeheimnisträgers, die der Geheimhaltungspflicht unterliegen und nur insoweit, als die Regelung notwendig und verhältnismäßig ist, um das Recht auf Schutz der personenbezogenen Daten mit der Pflicht zur Geheimhaltung in Einklang zu bringen. Art. 23 DS-GVO eröffnet hingegen sowohl für die Union als auch für die Mitgliedstaaten die Möglichkeit, die Betroffenenrechte der Art. 12–22 DS-GVO sowie die Benachrichtigungspflicht des Art. 34 DS-GVO einzuschränken, etwa für den Schutz der Unabhängigkeit der Justiz und den Schutz von Gerichtsverfahren sowie die Verhütung, Aufdeckung, Ermittlung und Verfolgung von Verstößen gegen berufsständische Regeln reglementierter Berufe. Von den Regelungsbefugnissen der Art. 23 und 90 DS-GVO hat **der deutsche Gesetzgeber** in **§ 29 BDSG** Gebrauch gemacht (→ Rn. 10).

Auch **Informationspflichten** werden durch die DS-GVO eingeschränkt, wenn und 7 soweit personenbezogene Daten gemäß dem Unionsrecht oder dem Recht der Mitgliedstaaten dem Berufsgeheimnis, einschließlich einer satzungsmäßigen Geheimhaltungspflicht, unterliegen und daher vertraulich behandelt werden müssen, **Art. 14 Abs. 5 lit. d DS-GVO.**

Zudem sieht der **ErwGr 91 DS-GVO** im Hinblick auf die Notwendigkeit einer **Fol-** 8 **genabschätzung für Rechtsanwälte** ausdrücklich vor, dass die Verarbeitung personenbezogener Daten nicht als umfangreich gilt, wenn die Verarbeitung personenbezogene Daten von Mandanten betrifft und durch einen einzelnen Rechtsanwalt erfolgt.

2. Bundesrecht

Der Bundesgesetzgeber hat durch das BDSG verschiedene Regelungsaufträge der DS- 9 GVO umgesetzt und von zahlreichen Öffnungsklauseln Gebrauch gemacht. Das BDSG hat zwar durch die DS-GVO grundsätzlich an Bedeutung verloren, regelt bzw. konkretisiert jedoch gerade für Rechtsanwälte immer noch wichtige Teilbereiche des Datenschutzrechts.

Für Rechtsanwälte relevant ist insbesondere die Regelung des **§ 29 BDSG** zu Rechten 10 der betroffenen Personen sowie aufsichtsbehördlichen Befugnissen im Fall von Geheimhaltungspflichten. Mit dieser Vorschrift hat der deutsche Gesetzgeber seine Regelungsbefugnis aus den Art. 23 und 90 DS-GVO genutzt. Für Rechtsanwälte sieht die Regelung konkret vor, dass die weiten **Informations-, Auskunfts- und Benachrichtigungspflichten** der DS-GVO dann nicht greifen, wenn dadurch Informationen offenbart würden, die dem **Berufsgeheimnis** unterliegen, § 29 Abs. 1 BDSG (vgl. näher → Rn. 71). Außerdem werden die **Durchsuchungsbefugnisse der Aufsichtsbehörden** insoweit

---

[1] Zu der Diskussion unter alter Rechtslage vgl. etwa Abel in Roßnagel DatenschutzR-HdB Kap. 7.11 Rn. 7ff.; Rüpke ZRP 2008, 87 (87); Härting ITRB 2009, 138 (138); Redeker NJW 2009, 554 (554).

eingeschränkt, als ihre Ausübung zu einem Verstoß gegen die Berufsgeheimnispflicht führen würde, § 29 Abs. 3 BDSG (vgl. näher → Rn. 115).

11 Nach wie vor datenschutzrechtlich von erheblicher Bedeutung für Rechtsanwälte sind die standesspezifischen Regelungen der BRAO, insbesondere die Verpflichtung zur Verschwiegenheit in **§ 43a Abs. 2 BRAO,** sowie die Strafnormen des **§ 203 StGB,** die die Verletzung von Privatgeheimnissen unter Strafe stellen. In diesem Zusammenhang gilt konkurrenzrechtlich zu beachten, dass die Einhaltung der datenschutzrechtlichen Voraussetzungen nicht zwangsläufig zu einer Offenbarungsbefugnis für Berufsgeheimnisse nach § 203 StGB führt; Datenschutzrecht und Strafrecht verfolgen hier unterschiedliche Schutzzwecke.[2] Hervorzuheben ist zudem, dass die Regelungen des Berufs- und Strafrechts grundsätzlich alle Arten von Informationen schützen, während die DS-GVO lediglich personenbezogene Daten normiert, was gemäß Art. 4 Nr. 1 DS-GVO lediglich solche Informationen umfasst, die sich auf eine identifizierte oder identifizierbare natürliche Person beziehen (zum Begriff der personenbezogenen Daten näher → § 3 Rn. 10).

IV. Datenverarbeitung innerhalb der Anwaltskanzlei

12 Die Verarbeitung personenbezogener Daten unterliegt grundsätzlich einem **Verbot mit Erlaubnisvorbehalt,** Art. 6 DS-GVO. Derartige Datenverarbeitungen sind also auch im Rahmen der Anwaltskanzlei nur dann erlaubt, wenn ein Erlaubnistatbestand einschlägig ist.

13 Für jede Datenverarbeitung ist also zu kontrollieren, ob diese unter einen Erlaubnistatbestand der DS-GVO subsumiert werden kann. Hier soll nachfolgend für typische Situationen der Datennutzung in der Anwaltskanzlei dargestellt werden, unter welchen Voraussetzungen diese verarbeitet werden dürfen.

1. Erlaubnistatbestände für die Verarbeitung

14 Im Rahmen der Datenverarbeitung eines Rechtsanwalts kommen vorwiegend die Erlaubnistatbestände der Verarbeitung zur Erfüllung eines Vertrags (Art. 6 Abs. 1 lit. b DS-GVO), der Erfüllung einer rechtlichen Verpflichtung (Art. 6 Abs. 1 lit. c DS-GVO) sowie der Verarbeitung zur Wahrung der berechtigten Interessen des Verantwortlichen (Art. 6 Abs. 1 lit. f DS-GVO) in Betracht (zu diesen Erlaubnistatbeständen allgemein → § 3 Rn. 48). Während die Bedingung einer Erforderlichkeit der **Verarbeitung zur Erfüllung eines Vertrags** (Art. 6 Abs. 1 lit. b DS-GVO) regelmäßig in Bezug auf die Verarbeitung personenbezogener **Daten des Mandanten** einschlägig sein dürfte, ist eine Verarbeitung personenbezogener **Daten von Dritten** (etwa Kontaktdaten der Gegenseite, von Zeugen, Sachverständigen etc) regelmäßig über das **überwiegende Interesse** zu rechtfertigen, Art. 6 Abs. 1 lit. f DS-GVO.[3] Die anwaltliche Schweigepflicht trägt in diesem Zusammenhang dazu bei, dass im Regelfall schutzwürdige Interessen des Betroffenen am Ausschluss von Verarbeitung oder Nutzung nicht überwiegen.[4] Die Bedingung der **Erfüllung einer rechtlichen Verpflichtung** (Art. 6 Abs. 1 lit. c DS-GVO) findet etwa im Hinblick auf eine **Speicherung von personenbezogenen Daten zu Aufbewahrungs- und Dokumentationspflichten** Anwendung.

15 Grundsätzlich möglich wäre zudem auch eine Verarbeitung auf Basis einer **Einwilligung des Betroffenen** (Art. 6 Abs. 1 lit. a DS-GVO). Für die anwaltliche Praxis spielt dieser Erlaubnistatbestand angesichts der strengen Anforderungen an eine rechtswirksame Einwilligung allerdings eher eine untergeordnete Rolle (vgl. zu den Anforderungen an eine Einwilligung → § 3 Rn. 55). Außerdem steht die Einwilligung unter dem **Vorbe-**

---

[2] Cornelius NJW 2017, 3751 (3753).
[3] Vgl. Assion/Nolte/Veil in GSSV DS-GVO Art. 6 Rn. 86.
[4] Abel in Roßnagel DatenschutzR-HdB Kap. 7.11 Rn. 17.

halt der jederzeitigen Widerruflichkeit. Wenngleich Art. 6 Abs. 1 S. 1 DS-GVO grundsätzlich davon ausgeht, dass eine Verarbeitung auch auf mehrere Erlaubnistatbestände gestützt werden kann („...wenn mindestens eine der nachstehenden Bedingungen erfüllt ist"), könnte etwa die nachträgliche Heranziehung von Art. 6 Abs. 1 lit. f DS-GVO daran scheitern, dass die ursprüngliche Einholung einer Einwilligung als Indiz dafür gewertet wird, dass die schutzwürdigen Belange des Betroffenen doch überwiegen.[5]

> **Praxistipp:**
> Soweit es um die Verarbeitung personenbezogener Daten des Mandanten auf Grundlage von Art. 6 Abs. 1 lit. b DS-GVO geht, bietet die Ausgestaltung der Mandatsvereinbarung eine Möglichkeit, den Umfang der zulässigen Verarbeitung zu beeinflussen. Durch die Wahl der Formulierung des Beratungszwecks haben es Rechtsanwalt und Mandant in der Hand, auch den Umfang der zur Erfüllung des Vertrags erforderlichen Datenverarbeitung zu gestalten.

Sofern ein Rechtsanwalt **besondere Kategorien von personenbezogenen Daten** im Sinne des Art. 9 Abs. 1 DS-GVO verarbeitet, etwa im Sozialrecht soweit es um Gesundheitsdaten geht oder im Asylrecht bezüglich der ethnischen Herkunft, ist für die Verarbeitung dieser Daten auch **Art. 9 Abs. 2 lit. f DS-GVO** relevant, der eine Verarbeitung dieser besonderen personenbezogenen Daten erlaubt, soweit dies zur Geltendmachung, Ausübung oder Verteidigung von Rechtsansprüchen erforderlich ist. Überdies enthält **§ 22 Abs. 1 Nr. 1 BDSG** weitere Erlaubnistatbestände, die ebenfalls die Verarbeitung dieser besonderen personenbezogenen Daten erlauben. 16

2. Mandatsbezogene Daten

a) **Daten bei Erstanfragen.** Im Rahmen der Erstanfrage bzw. des Erstkontakts mit einem Mandanten werden in der Regel alle für die Beurteilung des Falles notwendigen Daten erhoben. Dies umfasst neben Informationen zum Beratungsgegenstand insbesondere auch Namen und Anschrift der betroffenen Parteien, sowie ggf. weiterer involvierter Personen. Zum Zeitpunkt der Erhebung der Daten besteht grundsätzlich noch keine Vertragsbeziehung zwischen Rechtsanwalt und Mandant. Dennoch lässt sich die **Verarbeitung** aller personenbezogenen Daten des Mandanten im Rahmen der Erstberatung **auf Art. 6 Abs. 1 lit. b DS-GVO stützen**, soweit diese zur **Durchführung vorvertraglicher Maßnahmen** erforderlich ist, die auf Anfrage des Mandanten erfolgen. Die Verarbeitung personenbezogener Daten von anderen Personen, also insbesondere der Gegenseite, von Zeugen oder Sachverständigen ua, ist regelmäßig im Sinne des Art. 6 Abs. 1 lit. f DS-GVO zur Wahrung der berechtigten Interessen des Mandanten erforderlich, ohne dass insoweit berechtigte Interessen dieser betroffenen Dritten überwiegen werden. 17

Im Anschluss an den Erstkontakt nimmt der Rechtsanwalt regelmäßig eine Konfliktprüfung durch Abgleich der neuen Daten mit bestehenden Datensätzen zu aktuellen und ehemaligen Mandatsbeziehungen vor. Diese Verpflichtung resultiert vorrangig aus dem strafrechtlichen Verbot des Parteiverrats.[6] Gleichwohl lässt sich die hierfür notwendige Datenverarbeitung nicht auf die Erfüllung einer rechtlichen Verpflichtung im Sinne von Art. 6 Abs. 1 lit. c DS-GVO stützen, da sich die Strafnorm des § 356 StGB als solche nicht unmittelbar auf die Datenverarbeitung bezieht.[7] Die **Datenverarbeitung zur Konfliktprüfung** rechtfertigt sich vielmehr aus dem überwiegenden Interesse des Rechtsanwalts nach **Art. 6 Abs. 1 lit. f DS-GVO**. Eine effektive Vermeidung der Verwirklichung des Tatbestands des Parteiverrats verlangt die langfristige Speicherung und 18

---
[5] Kazemi DS-GVO in der anwaltlichen Beratungspraxis § 4 Rn. 132.
[6] Abel in Roßnagel DatenschutzR-HdB Kap. 7.11 Rn. 19.
[7] Buchner/Petri in Kühling/Buchner DS-GVO Art. 6 Rn. 76.

Verarbeitung von Mandatsdaten und einen umfassenden Abgleich bei der Aufnahme eines neuen Mandats, ohne dass insoweit im Regelfall die Interessen der betroffenen Personen überwiegen. Art. 6 Abs. 1 lit. f DS-GVO kann diesbezüglich aber nur die Verarbeitung derjenigen Daten rechtfertigen, die für eine Konfliktprüfung erforderlich sind. Mindestens erforderlich sind regelmäßig Name und Anschrift des Mandanten sowie der Gegenseite – sofern vorhanden – und der jeweilige Beratungsgegenstand (sofern dieser überhaupt ein personenbezogenes Datum enthält).

19 **b) Korrespondenz mit dem Mandanten und der Gegenseite.** Die Verarbeitung personenbezogener Daten des Mandanten für die Korrespondenz mit diesem dient der Erfüllung vertraglicher Verpflichtungen aus dem Mandatsverhältnis iSv Art. 6 Abs. 1 lit. b DS-GVO. Für die Verarbeitung personenbezogener Daten der Gegenseite wird hingegen im Rahmen der Mandatsbearbeitung regelmäßig ein berechtigtes Interesse iSv Art. 6 Abs. 1 lit. f DS-GVO bestehen.

20 Eine **Übermittlung** personenbezogener Daten des Mandanten **an andere Rechtsanwälte** und die Gegenseite wird ebenfalls regelmäßig an **Art. 6 Abs. 1 lit. f DS-GVO** zu messen sein. Die Kontaktdaten des eigenen Mandanten dürfen demgemäß selbstverständlich nicht übermittelt werden, wenn bezüglich des Mandanten beispielsweise der Vorwurf des Stalkings gegen die Gegenseite im Raum steht.

21 Vielfach sieht auch das anwaltliche **Berufsrecht** verschiedene Verpflichtungen für den Rechtsanwalt vor. Im Rahmen der Korrespondenz spielt hierbei etwa die Pflicht eine Rolle, dem Mandanten Schriftsatzkopien zukommen zu lassen, § 11 Abs. 1 S. 2 BORA. Soweit die Datenverarbeitung der Erfüllung solcher berufsrechtlichen Verpflichtungen dient, kommt auch die Erlaubnisnorm des Art. 6 Abs. 1 lit. c DS-GVO in Betracht. Das Erfordernis der „Erfüllung einer rechtlichen Verpflichtung" ist nicht auf die Erfüllung formeller Parlamentsgesetze wie etwa der BRAO beschränkt, sondern kann auch materielle Gesetze und Rechtsakte von Selbstverwaltungskörperschaften erfassen.[8] Mithin können Datenverarbeitungen immer dann auch auf **Art. 6 Abs. 1 lit. c DS-GVO** gestützt werden, wenn sich die **Verpflichtungen der BORA** unmittelbar auf eine Datenverarbeitung beziehen,[9] wie dies etwa für § 11 Abs. 1 S. 2 BORA anzunehmen ist. Bei der Weiterleitung von Schriftsatzkopien an den Mandanten ist jedoch zu beachten, dass **fremde Geheimnisse** auch **dem eigenen Mandanten** gegenüber nur **offenbart** werden dürfen, wenn ein Rechtfertigungsgrund besteht.[10]

> **Praxistipp:**
> Auch jenseits des Datenschutzrechts gibt es rechtliche Verpflichtungen, die im Rahmen der Korrespondenz mit dem Mandanten und der Gegenseite zu beachten sind. Dies betrifft insbesondere die Notwendigkeit des Schwärzens von Geschäfts- und Betriebsgeheimnissen zur Vermeidung einer Strafbarkeit gemäß § 17 UWG sowie künftig auch eine zivil- und strafrechtliche Verantwortlichkeit nach dem GeschGehG-E. Relevant kann eine straf- und zivilrechtliche Verantwortlichkeit für den Rechtsanwalt dabei immer dann werden, wenn er von seinem Mandanten Informationen erhält, die Geschäfts- und Betriebsgeheimnisse von dessen Arbeitgeber enthalten. Verwendet der Rechtsanwalt diese Informationen dann zugunsten seines Mandanten in einem Schriftsatz, kann dies möglicherweise eine unbefugte Mitteilung an Gericht und Gegenseite darstellen. Daher empfiehlt es sich im Zweifelsfall, etwaige Betriebs- und Geschäftsgeheimnisse zu schwärzen.

---

[8] Kühling/Martini et al. DSGVO und nationales Recht, 30; Frenzel in Paal/Pauly DS-GVO Art. 6 Rn. 16; Buchner/Petri in Kühling/Buchner DS-GVO Art. 6 Rn. 84.
[9] Buchner/Petri in Kühling/Buchner DS-GVO Art. 6 Rn. 76.
[10] Abel in Roßnagel DatenschutzR-HdB Kap. 7.11 Rn. 26.

c) **Handakte, Schriftsätze, Beweismittel.** Gemäß **§ 50 Abs. 1 BRAO** müssen Rechts- 22
anwälte durch das **Führen von Handakten** jederzeit ein geordnetes und zutreffendes
Bild über die Bearbeitung des Mandats geben können. Die Handakten sind für die Dauer
von **sechs Jahren aufzubewahren.** Nicht erfasst sind von diesen Anforderungen die
Korrespondenz zwischen dem Rechtsanwalt und seinem Auftraggeber sowie Dokumente,
die der Auftraggeber bereits in Urschrift oder Abschrift erhalten hat. Diese Anforderungen gelten nach § 50 Abs. 4 BRAO entsprechend, sofern sich der Rechtsanwalt zum
Führen von Handakten oder zur Verwahrung von Dokumenten der elektronischen Datenverarbeitung bedient. Durch diese Aufbewahrungsverpflichtung können Löschpflichten, wie sie von Art. 17 Abs. 1, 2 DS-GVO aufgestellt werden gem. Art. 17 Abs. 3 lit. b
DS-GVO iVm § 50 Abs. 1 BRAO überlagert werden.

Die zur Erfüllung von § 50 Abs. 1 BRAO notwendigen Datenverarbeitungen sind 23
grundsätzlich durch **Art. 6 Abs. 1 lit. c DS-GVO** gerechtfertigt. **Hierüber hinausgehende Datenverarbeitungen** können über ein berechtigtes Interesse nach **Art. 6
Abs. 1 lit. f DS-GVO** erlaubt sein. Zu berücksichtigen ist bei der Interessensabwägung
insbesondere das durch die anwaltliche Schweigepflicht gesetzlich abgesicherte hohe
Schutzniveau der Datenverarbeitung eines Rechtsanwalts.

Im Rahmen von **Schriftsätzen** oder im Zusammenhang mit der **Vorlage von Be-** 24
weismitteln dürfen personenbezogene Daten auch an Gerichte, Behörden oder andere
öffentliche Stellen übermittelt werden, sofern dies im Rahmen des Mandats und der Vertretung der Interessen des Mandanten unvermeidlich, erforderlich oder zweckmäßig ist
(**Art. 6 Abs. 1 lit. f DS-GVO**).[11] Im Rahmen der erforderlichen Interessenabwägung
hat der Rechtsanwalt aber stets zu prüfen, ob die schutzwürdigen Belange des Datensubjekts nicht doch einmal im Einzelfall überwiegen. Dies kann etwa dann der Fall sein,
wenn es um die Übermittlung der Anschrift eines Stalking-Opfers oder einer unter Personenschutz stehenden Person geht.

d) **Notizen und andere Hilfsinformationen.** Ebenfalls auf Grundlage berechtigter In- 25
teressen des Rechtsanwalts iSd Art. 6 Abs. 1 lit. f DS-GVO gerechtfertigt ist regelmäßig
die Speicherung oder anderweitige Verarbeitung von Notizen und anderen Hilfsinformationen, wie etwa der **Entscheidungspraxis** von Spruchkörpern, **Erfahrungen** mit einzelnen Richtern, **Umfeldfaktoren** bei Mandanten etc. Die Verarbeitung solcher Daten
ist **notwendiger Bestandteil der Arbeitsweise** einer Kanzlei und dient der Professionalisierung und Verbesserung der angebotenen Dienstleistung. Oft wird es sich dabei um
Daten handeln, die ohnehin öffentlich sind, bzw. jederzeit bei für die Öffentlichkeit zugänglichen Informationsquellen gesammelt werden können, wie etwa öffentliche Gerichtsverhandlungen. Aber auch soweit diese Daten vom strafrechtlichen Schutz des Geheimnisschutzes und den Bestimmungen des Berufsrechts erfasst werden, kann
datenschutzrechtlich regelmäßig vom einem berechtigten Interesse des Rechtsanwalts für
die Verarbeitung ausgegangen werden.

Gleiches gilt für **Daten aus Drittregistern,** wie etwa Einwohnermeldeämtern, Aus- 26
kunfteien oder dem Handelsregister. Sofern diese Daten ohnehin öffentlich zugänglich
sind, ist eine Verarbeitung unproblematisch. Sofern diese nicht öffentlich sind, ist die Verarbeitung jedoch zumindest durch Art. 6 Abs. 1 lit. f DS-GVO gedeckt. Anderes würde
lediglich dann gelten, wenn die **Daten aus einer gesetzeswidrigen Quelle** stammen.
Die Rechtswidrigkeit muss jedoch für den Rechtsanwalt bereits im Rahmen der lediglich
gebotenen summarischen Prüfung **erkennbar** sein.[12]

Eine datenschutzrechtlich relevante Verarbeitung liegt dabei im Übrigen auch dann 27
vor, wenn die Notizen oder Aufzeichnungen **in nicht-elektronischer Form abgelegt**
sind. Nach Art. 4 Nr. 2 DS-GVO erfasst der Begriff der Verarbeitung „jeden mit oder

---

[11] So unter alter Rechtslage bereits Abel in Roßnagel DatenschutzR-HdB Kap. 7.11 Rn. 27.
[12] Abel in Roßnagel DatenschutzR-HdB Kap. 7.11 Rn. 25.

ohne Hilfe automatisierter Verfahren ausgeführten Vorgang". Der sachliche Anwendungsbereich der DS-GVO erfasst auch „die nichtautomatisierte Verarbeitung personenbezogener Daten, die in einem **Dateisystem** gespeichert sind oder gespeichert werden sollen", Art. 2 Abs. 1 DS-GVO. Folglich ist auch die mit einer gewissen Systematisierung angelegte Notizzettel-Kartei bereits nach den datenschutzrechtlichen Maßstäben der DS-GVO zu bemessen.[13]

28 Datenschutzrechtliche Fragestellungen können in diesem Zusammenhang auch in Konkurrenz zu steuerrechtlichen Verpflichtungen entstehen, beispielsweise hinsichtlich eines **Bewirtungsnachweises.** Rechtsanwälte können die nach § 4 Abs. 5 S. 1 Nr. 2 EStG erforderlichen Angaben zu Teilnehmern und Anlass einer Bewirtung in der Regel nicht unter Berufung auf die anwaltliche Schweigepflicht verweigern.[14] Eine ähnliche Problematik stellt sich für das **Führen eines Fahrtenbuchs** durch einen Rechtsanwalt.[15]

29 **e) Zeiterfassung, Rechnungsstellung und Honorardurchsetzung.** Auch im Rahmen der **Rechnungsstellung** oder – sofern auf Stundensatzbasis abgerechnet wird – im Rahmen der **Zeiterfassung** kommt es regelmäßig zu einer Verarbeitung personenbezogener Daten. Soweit der Rechtsanwalt hierbei personenbezogene Daten des Mandanten verarbeitet, wird dies bereits durch **Art. 6 Abs. 1 lit. b DS-GVO** gedeckt sein, da auch die Abrechnung zu den **vertraglichen Verpflichtungen** aus der Mandatsvereinbarung zählen wird. Im Übrigen ergibt sich der Anspruch des Mandanten auf korrekte und detaillierte Abrechnung auch aus **§§ 11, 23 BORA,** sodass eine diesbezügliche Datenverarbeitung zudem der **Erfüllung einer rechtlichen Verpflichtung** dient (Art. 6 Abs. 1 lit. c DS-GVO; zum Begriff der rechtlichen Verpflichtung bereits → Rn. 21 mwN). Soweit im Rahmen der Zeiterfassung die Daten weiterer Personen erfasst werden (zB „Telefonat mit Herrn/Frau..."), ergibt sich insofern nichts anderes, da die Verwendung dieser personenbezogenen Daten der Überprüfbarkeit der Abrechnung dient. Ein Anspruch hierauf kann daher ebenfalls aus §§ 11, 23 BORA abgeleitet werden, weshalb gleichfalls Art. 6 Abs. 1 lit. c DS-GVO als Rechtfertigungsgrundlage heranzuziehen ist.

30 Vielfach setzen Kanzleien für ihre Abrechnung sowie die Zeiterfassung **softwarebasierte Lösungen** ein, die zunehmend auch im Rahmen eines Software as a Service bzw. Cloud-basierten Modells genutzt werden. Die daraus resultierenden datenschutzrechtlichen Themenstellungen unterscheiden sich nicht von der allgemeinen Diskussion zum Non-legal Outsourcing (dazu → Rn. 45).

31 Eine gerichtliche **Durchsetzung von Honoraransprüchen** kann dem Rechtsanwalt dabei weder unter Berufung auf das Datenschutzrecht noch mit Begründung auf die berufsrechtliche Pflicht zur Verschwiegenheit untersagt werden. Die für die Übermittlung der personenbezogenen Daten des Mandanten erforderliche Rechtfertigung ergibt sich entweder bereits aus der Tatsache, dass auch die Durchsetzung von Ansprüchen aus der Mandatsvereinbarung für die Erfüllung eines Vertrags **erforderlich** ist (Art. 6 Abs. 1 lit. b DS-GVO)[16] oder aber zumindest als **zweckändernde Weiterverarbeitung** gemäß Art. 6 Abs. 4 DS-GVO iVm § 24 Abs. 1 Nr. 2 BDSG gestattet ist. Für die Verschwiegenheitspflicht des § 43a Abs. 2 BRAO, § 2 Abs. 1 BORA sieht die Berufsordnung in § 2 Abs. 3 lit. b BORA explizit eine Ausnahme zur Durchsetzung und Abwehr von Ansprüchen aus dem Mandatsverhältnis vor.

---

[13] Vgl. etwa Schild in BeckOK DatenschutzR DS-GVO Art. 4 Rn. 33.
[14] BFH BeckRS 2004, 24001651.
[15] Vgl. Bilsdorfer DStR 2012, 1477 (1479).
[16] So die weite Auslegung bei Schulz in Gola DS-GVO Art. 6 Rn. 27; Plath in Plath DSGVO Art. 6 Rn. 9; eine engere Auslegung vertritt etwa Heberlein in Ehmann/Selmayr DS-GVO Art. 6 Rn. 13.

3. Die zulässige Speicherdauer

Ungeachtet von in der DS-GVO normierten Grundsätzen der Datenminimierung (Art. 5 Abs. 1 lit. c DS-GVO) oder der Speicherbegrenzung (Art. 5 Abs. 1 lit. e DS-GVO) sowie von Betroffenenrechten auf Löschung (Art. 17 DS-GVO), wird der Rechtsanwalt die durch ihn gespeicherten personenbezogenen Daten im Regelfall weder nach Abschluss eines Mandats noch im Falle eines Betroffenenbegehrens auf Löschung aus seinen Akten und Systemen entfernen können. Grund hierfür sind zahlreiche **Aufbewahrungs- und Dokumentationspflichten,** zu deren Erfüllung der Rechtsanwalt gesetzlich verpflichtet ist.

Handakten sind gemäß § 50 Abs. 1 BRAO für die **Dauer von sechs Jahren** aufzubewahren. Die Frist beginnt erst mit Ablauf des Kalenderjahres, in dem der jeweilige Auftrag beendet wurde. Während der Dauer dieser Aufbewahrungsfrist ist der Rechtsanwalt nach § 50 Abs. 2 BRAO dazu verpflichtet, alle Dokumente, die er aus Anlass seiner Tätigkeit von dem Mandanten oder für ihn erhalten hat, herausgeben zu können. Eine Löschung bzw. Zerstörung der Handakten kommt also vor Ablauf der Sechs-Jahres-Frist für den Rechtsanwalt nicht in Betracht. Der Rechtsanwalt kann jedoch die Aufbewahrungspflicht dadurch zum Erlöschen bringen, dass er den Mandanten dazu auffordert, die Dokumente in Empfang zu nehmen. In diesem Fall müssen die Dokumente nur noch sechs Monate aufbewahrt werden. Diese Anforderungen gelten nach § 50 Abs. 4 BRAO entsprechend, sofern sich der Rechtsanwalt zum Führen von Handakten oder zur Verwahrung von Dokumenten der elektronischen Datenverarbeitung bedient.

Gemäß **§ 147 AO** sind jegliche Geschäftsbriefe für die Dauer von **sechs Jahren bzw.** jegliche Buchungsunterlagen sogar für die Dauer von **zehn Jahren** aufzubewahren. Die Aufbewahrungspflicht beginnt auch insoweit mit dem Schluss des Kalenderjahres, in dem die Buchung vorgenommen oder der Geschäftsbrief empfangen oder abgesandt wurde.

Soweit die Erfüllung dieser rechtlichen Verpflichtungen auch eine fortdauernde Speicherung von personenbezogenen Daten erforderlich macht, kann sich diese Speicherung auf den Erlaubnistatbestand des **Art. 6 Abs. 1 lit. e DS-GVO** stützen. Hinsichtlich eines Löschbegehrens normiert Art. 17 Abs. 3 lit. b DS-GVO, dass das **Betroffenenrecht insoweit zurücktreten** muss.

Vielfach besteht in Kanzleien jedoch ein Interesse daran, personenbezogene Daten auch über diese Zeiträume hinaus zu speichern. Dies ist insbesondere dann der Fall, wenn die **Verjährungsfristen für etwaige Regressansprüche** des Mandanten länger als die gesetzlichen Aufbewahrungspflichten laufen. Zu beachten ist hierbei, dass die Verjährung des Schadensersatzanspruchs eines Mandanten erst beginnt, wenn der Mandant Kenntnis von der Fehlerhaftigkeit der Beratung hat (und nicht bloß von den zugrundeliegenden Tatsachen).[17] Wegen der langen Frist der absoluten Verjährung nach § 199 Abs. 3 S. 1 Nr. 2 BGB kommen daher **Aufbewahrungsfristen von bis zu 30 Jahren** in Betracht. Die fortdauernde Speicherung personenbezogener Daten kann sich in einem solchen Fall auf **Art. 6 Abs. 4 DS-GVO iVm § 24 Abs. 1 Nr. 2 BDSG** gründen.

> Praxistipp:
> Allein die Sicherung wertvollen Wissens aus vergangenen Mandaten rechtfertigt für sich genommen noch keine fortdauernde Speicherung personenbezogener Daten, da die Aufbewahrung von „best practices" oder „precedents" keine Speicherung personenbezogener Daten erfordert. Sollen Vertragsdokumente, Schriftsätze oder Gerichtsentscheidungen im Rahmen einer „Know-how"-Datenbank gesammelt werden, so empfiehlt es sich, die in diesen Dokumenten enthaltenen personenbezogenen Daten vorher zu löschen oder zu schwärzen.

---

[17] Vgl. BGH NJW 2014, 993f.

4. Datenverarbeitung innerhalb verschiedener Organisationsformen

37 Je nach gewählter Organisationsform der Zusammenarbeit mehrerer Rechtsanwälte können hierbei unterschiedliche datenschutzrechtliche Fragestellungen entstehen.

38 **a) Bürogemeinschaften.** Viele Rechtsanwälte üben mit anderen Rechtsanwälten oder mit Kollegen anderer freier Berufe eine Bürogemeinschaft aus. Eine Bürogemeinschaft zeichnet sich dadurch aus, dass ihre **Mitglieder untereinander rechtlich selbständig** bleiben und beispielsweise Mandate nicht gemeinschaftlich annehmen und Honorare getrennt abrechnen. Resultierend aus der rechtlichen Selbständigkeit sind die Mitglieder einer solchen Bürogemeinschaft sowohl **datenschutzrechtlich, als auch berufsrechtlich und strafrechtlich untereinander als Fremde bzw. Dritte** anzusehen.[18] Sie sind jeweils eigenständige Verantwortliche; ein **Austausch personenbezogener Daten** untereinander stellt grundsätzlich eine **Übermittlung** dar, die entsprechend gemäß DS-GVO zu rechtfertigen ist. In der Konsequenz führt dies datenschutzrechtlich dazu, dass die Bürogemeinschaft so zu organisieren ist, wie es unter vollkommen Fremden notwendig wäre. Diese Konsequenzen lassen sich aber beispielsweise dann vermeiden, wenn die Mitglieder der Bürogemeinschaft als gemeinsame Verantwortliche agieren. Dies erfordert aber eine entsprechende Vereinbarung gem. Art. 26 DS-GVO mit klaren Abgrenzungen bezüglich der jeweiligen Aufgabenbereiche und Pflichten.

39 In der Praxis entstehen hierdurch vielfältige organisatorische Herausforderungen.[19] Ein informatorischer Austausch unter den Mitgliedern der Bürogemeinschaft darf nicht unter Nennung der Mandanten erfolgen. Beschäftigen die Mitglieder der Bürogemeinschaft **gemeinsames Personal,** so sind **organisatorische und technische Schutzmaßnahmen** zu implementieren, die sicherstellen, dass diese Angestellten geschützte Informationen aus der Sphäre eines Rechtsanwalts klar von den Sphären der übrigen Mitglieder der Bürogemeinschaft trennen. Dies betrifft sowohl die gedankliche Zuordnung und Trennung der einzelnen Aufgaben zu der jeweiligen Sphäre als auch die getrennte Erfassung, Speicherung und Nutzung elektronisch abgelegter Informationen. Hierüber ist das Personal **aufzuklären und zu belehren** (§ 43a Abs. 2 S. 4 BRAO); die Einhaltung dieser Schutzmechanismen hat jedes Mitglied der Bürogemeinschaft zu **kontrollieren.** Die **IT-Systeme** sind – sofern solche gemeinsam genutzt werden – so einzurichten, dass gegenseitig **kein Zugriff auf Daten** eines anderen Mitglieds der Bürogemeinschaft erfolgen kann. Dabei ist auch darauf zu achten, dass keines der Mitglieder der Bürogemeinschaft über **Administratorenrechte** verfügen darf. Andernfalls hätte es Zugriff auf die geschützten Informationen der anderen Mitglieder der Bürogemeinschaft. Zu beachten ist in diesem Zusammenhang, dass etwa für die Strafbarkeit des § 203 StGB bereits die Möglichkeit der Kenntnisnahme genügt.[20]

> **Praxistipp:**
> Bei der gemeinsamen Nutzung von IT-Systemen in der Bürogemeinschaft sollten Administratorenrechte nur an externe IT-Dienstleister vergeben werden. Um eine Pflege des IT-Systems zu ermöglichen, ist weiter erforderlich, dass jedes Mitglied der Bürogemeinschaft mit diesem Dienstleister einen Vertrag abgeschlossen hat, der neben der Ausgestaltung der Rechte und Pflichten bzgl. der Pflege des gemeinsamen IT-Systems auch eine Auftragsverarbeitungsvereinbarung umfasst.

40 Wie weitreichend die organisatorischen Anforderungen in einer Bürogemeinschaft sind, zeigt sich auch daran, dass vom Berufsgeheimnis des Rechtsanwalts bereits die Tatsa-

---

[18] Vgl. Abel in Abel Datenschutz in Anwaltschaft, Notariat und Justiz § 4 Rn. 10; Abel in Roßnagel DatenschutzR-HdB Kap. 7.11 Rn. 42 f.
[19] Dazu ausführlich Abel in Abel Datenschutz in Anwaltschaft, Notariat und Justiz § 4 Rn. 11 ff.
[20] BT-Drs. 18/11936, 28; Cierniak/Pohlit in MüKoStGB § 203 Rn. 53.

che der Beauftragung als solche umfasst ist. Daraus folgt, dass zur Vermeidung eines Offenbarens von geschützten Geheimnissen im Sinne des § 203 StGB bereits die analoge Aktenführung so zu organisieren ist, dass eine **Beschriftung von Aktendeckeln** mit dem Namen von Mandanten nicht für die anderen Mitglieder der Bürogemeinschaft einsehbar ist. Auch im Rahmen der Erzeugung von Ausdrucken an einem **gemeinsam genutzten Kopierer** ist – etwa durch die Nutzung der Funktion eines vertraulichen Drucks mit Passwortfreigabe – sicherzustellen, dass kein anderes Mitglied der Bürogemeinschaft Kenntnis von geschützten Informationen erlangen kann.

b) Sozietät, Partnerschaft und GmbH. Im Gegensatz zur Bürogemeinschaft sind Kanzleien als **einheitliche verantwortliche Stelle** anzusehen, solange sie im Rahmen einer juristischen Person, Gesellschaft oder anderen Personenvereinigung des privaten Rechts zusammengefasst sind.[21] Dies trifft gleichermaßen für die Sozietät in Form einer **BGB-Gesellschaft,** wie die Partnerschaft nach **PartG** oder die **GmbH** zu. Für solche Kanzleien stellen sich die hinsichtlich der Bürogemeinschaft dargestellten Probleme nicht. Ein **Austausch zwischen den Mitgliedern** einer Sozietät unter Nennung von personenbezogenen Daten stellt in diesem Fall **keine „Übermittlung"** personenbezogener Daten dar, weil die Informationen innerhalb des einen „Verantwortlichen" verbleiben. Unerheblich ist dabei die Größe der Kanzlei bzw. wie viele Standorte diese hat. Solange diese in einer juristischen Person, Gesellschaft oder anderen Personenvereinigung des privaten Rechts zusammengefasst ist, handelt es sich datenschutzrechtlich um eine Stelle, die insgesamt innerhalb ihrer Sphäre zur Nutzung der Daten befugt ist. 41

Es entspricht jedoch auch hier den notwendigen technischen und organisatorischen Maßnahmen (vgl. Art. 32 Abs. 1 DS-GVO), dass gerade bei größeren Kanzleien **nicht jede Person auf alle Daten Zugriff** haben darf. So besteht nur in seltenen Fällen eine Notwendigkeit, dass das Sekretariat auf alle Dokumente eines Mandanten Zugriff hat. In der Regel dürfte – jenseits eines generellen Zugriffs auf die Kontaktdaten – eine punktuelle Dateifreigabe geboten sein, sofern Tätigkeiten, wie zB das Lektorieren eines Schriftsatzes, durch das Sekretariat durchgeführt werden sollen. 42

Gleiches gilt für Praktikanten, Referendare und wissenschaftliche Mitarbeiter. Bei größeren Kanzleien muss auch nicht jeder Rechtsanwalt Zugriff auf alle Daten haben, sondern nur der jeweils mit dem Mandat beschäftigte Rechtsanwalt. Durch ein solch **restriktives Datenmanagement** wird der Gefahr eines Datenmissbrauchs – sei dieser bewusst oder fahrlässig – vorgebeugt. Insofern kann in einem restriktiven Dateimanagement eine einfache und **wirkungsvolle Sicherungsmaßnahme** erblickt werden, die keinesfalls aus Bequemlichkeit vernachlässigt werden darf. 43

Auf die im Rahmen der internationalen Ausrichtung von Kanzleien zu beachtenden Fragestellungen soll in → Rn. 59 näher eingegangen werden. 44

V. Datenverarbeitung außerhalb der Anwaltskanzlei

1. Non-legal Outsourcing

Über Jahre bestand eine große strafrechtliche und berufsrechtliche Unsicherheit hinsichtlich der Rechtssicherheit eines Outsourcings für Rechtsanwälte,[22] die mittlerweile auch vom Gesetzgeber adressiert wurde[23] und sich hierdurch zumindest deutlich verringert hat.[24] 45

---

[21] Art. 4 Nr. 7 DS-GVO, § 2 Abs. 4 BDSG.
[22] Ein Überblick zur alten Rechtslage findet sich etwa bei Szalai/Kopf ZD 2012, 462; Siegmund ZRP 2015, 78, jeweils mwN.
[23] Vgl. BGBl I 3618.

46 **a) Reichweite des Geheimnisschutzes von § 203 StGB.** § 203 StGB sichert das Vertrauen der Gesellschaft in die Anwaltschaft dadurch ab, dass eine **Verletzung des Berufsgeheimnisses** des Rechtsanwalts **strafbewehrt** ist. Eine Einbeziehung Dritter in den dadurch geschaffenen Schutzbereich ist nur unter den engen Voraussetzungen dieser Norm möglich. Zu beachten ist hierbei, dass für die Strafbarkeit des § 203 StGB bereits die **Möglichkeit der Kenntnisnahme** von dem geschützten Geheimnis genügt.[25] Aus diesem Grund sind in diesem Zusammenhang nicht nur die klassischen Anwendungsbereiche des Outsourcing wie etwa die Nutzung externer Cloudspeicher-Lösungen oder eine Einbindung von „Software as a Service"-Leistungen zu betrachten, sondern auch Dienstleistungen in Bezug auf die internen IT-Systeme der Kanzlei, wie etwa Ferndiagnose oder Fernwartung. Auch insoweit können IT-Dienstleister Zugriff auf geheime Unterlagen bekommen. Gleiches gilt zudem, wenn externe Mitarbeiter für die Wartung der IT-Systeme eingeschaltet werden und diese Wartung in den Räumlichkeiten der Kanzlei vornehmen.

47 **b) Die strafrechtlich zulässige Einbeziehung Dritter.** § 203 Abs. 3 S. 1 StGB konkretisiert das Berufsgeheimnis des Rechtsanwalts dahingehend, dass kein strafbares Offenbaren eines dem Berufsgeheimnisträger anvertrauten Geheimnisses vorliegt, wenn **berufsmäßig tätige Gehilfen** in die Geheimnissphäre einbezogen werden. Eine Gehilfenstellung in diesem Sinne verlangt nach der Gesetzesbegründung jedoch, dass die jeweilige Person **in die Organisation** der fraglichen Berufspraxis in irgendeiner Weise **eingebunden** ist, weshalb externe Personen, die selbständig tätig oder die in den Betrieb eines Dritten eingebunden sind, regelmäßig nicht als Gehilfen im Sinne des § 203 Abs. 3 S. 1 StGB angesehen werden können.[26]

48 Berufsgeheimnisträger dürfen fremde Geheimnisse jedoch nun explizit auch gegenüber sonstigen Personen offenbaren, die an ihrer beruflichen oder dienstlichen Tätigkeit mitwirken, soweit dies für die Inanspruchnahme der Tätigkeit der **sonstigen mitwirkenden Personen** erforderlich ist, § 203 Abs. 3 S. 2 StGB. Hiervon sind solche Personen erfasst, die nicht in die organisatorische Sphäre des Berufsgeheimnisträgers eingegliedert sind.[27] Anders als bei den in die organisatorische Sphäre des Berufsgeheimnisträgers eingegliederten Gehilfen ist aber eine **Weitergabe von Geheimnissen** an die sonstigen mitwirkenden Personen im Sinne von § 203 Abs. 3 S. 2 StGB **nicht per se gestattet**. Entscheidend für die Zulässigkeit der Weitergabe ist insoweit das **Kriterium der Erforderlichkeit.** Dieses Kriterium ist nach zutreffender Ansicht weder auf die Auslagerung an sich, noch auf jede einzelne Handlung im Rahmen der Auslagerung zu beziehen; es kommt vielmehr darauf an, dass die Weitergabe geschützter Informationen **auf** die für eine **sachgemäße Erbringung der Tätigkeit** der sonstigen mitwirkenden Personen **begrenzt** wird.[28]

49 Zu prüfen ist deswegen, ob für die jeweilige Dienstleistung die Daten auch **anonymisiert, pseudonymisiert oder verschlüsselt verarbeitet** werden können, da in diesem Fall eine ohne entsprechende Sicherheitsvorkehrungen vorgenommene Verarbeitung nicht erforderlich wäre. Bei der Wahl des Dienstleisters ist beispielsweise darauf zu achten, dass eine Übertragung der Daten vom Endgerät des Rechtsanwalts an die Server des Cloud-Providers stets nur auf Grundlage einer dem aktuellen Stand der Technik entsprechenden **Ende-zu-Ende-Verschlüsselung** stattfindet.[29] Bei der Verarbeitung von Daten auf den Servern des Cloud-Providers sollte eine Verschlüsselung häufig gerade dann ohne größe-

---

[24] Siehe für einen Überblick zur neuen Rechtslage Grunewald NJW 2017, 3627; Cornelius NJW 2017, 3751.
[25] BT-Drs. 18/11936, 28; Cierniak/Pohlit in MüKoStGB § 203 Rn. 53.
[26] BT-Drs. 18/12940, 18.
[27] Ruppert K&R 2017, 609 (612).
[28] Cornelius NJW 2017, 3751 (3752); Ruppert K&R 2017, 609 (612).
[29] Weit verbreitet ist hierbei das Transport Layer Security-Protokoll (TLS), das etwa als Transportverschlüsselung im Rahmen von HTTPS eingesetzt wird.

ren Aufwand softwaretechnisch möglich sein, wenn es sich um die Bereitstellung von Dienstleistungen in Form eines „Infrastructure as a Service" handelt. Im Rahmen der Nutzung von „Software as a Service"-Lösungen kann hingegen eine Verarbeitung von Daten in der Cloud notwendig sein, sodass zumindest insoweit eine Verschlüsselung der Daten in der Cloud (derzeit) häufig nicht in Betracht kommt.[30]

Soweit die durch den Rechtsanwalt einbezogenen mitwirkenden Personen ihrerseits wiederum **weitere (Sub-)Dienstleister** einbeziehen, sind auch insoweit die **gleichen Maßstäbe** hinsichtlich der Weitergabe von Geheimnissen anzulegen. Die aus § 203 Abs. 3 S. 2 StGB resultierende Verringerung des Geheimnisschutzes wird dadurch aufgefangen, dass einerseits das unbefugte Offenbaren eines fremden Geheimnisses auch für die sonstigen mitwirkenden Personen und ihre (Sub-)Dienstleister **strafbewährt** ist (§ 203 Abs. 4 S. 1 StGB) und andererseits die Strafbarkeit des Rechtsanwalts insoweit erweitert ist, als er dafür Sorge zu tragen hat, dass die sonstigen **mitwirkenden Personen zur Geheimhaltung verpflichtet** sind (§ 203 Abs. 4 Nr. 1 StGB). 50

Die strafrechtlichen Regelungen werden durch prozessuale Vorschriften begleitet, die das **Zeugnisverweigerungsrecht** (§ 53a StPO) und das **Beschlagnahmeprivileg** (§ 97 Abs. 3 StPO) auch auf Personen ausdehnen, die an der beruflichen Tätigkeit des Berufsgeheimnisträgers mitwirken. 51

c) Die berufsrechtlichen Regelungen des § 43e BRAO. In der BRAO werden durch § 43e BRAO die Anforderungen an ein Outsourcing weiter konkretisiert. Danach verlangt die Einbindung externer Dienstleister einen **Vertrag in Textform.** In die Belehrung über die strafrechtlichen Folgen ist zudem eine **Verpflichtung** des Dienstleisters **zur Verschwiegenheit** aufzunehmen und es ist zu vereinbaren, dass der Dienstleister nur insoweit Kenntnis von fremden Geheimnissen nimmt, wie dies zur Vertragserfüllung **erforderlich** ist. Ausdrücklich ist zudem vertraglich zu vereinbaren, ob der Dienstleister dazu befugt ist, selbst weitere Personen zur Vertragserfüllung heranzuziehen. 52

Die BRAO schreibt dem Rechtsanwalt außerdem in § 43e Abs. 2 BRAO vor, dass der Dienstleister **sorgfältig auszuwählen** sowie die Zusammenarbeit zu beenden ist, wenn die Einhaltung der vertraglich zwingend zu vereinbarenden Vorgaben nicht gewährleistet ist. 53

Sofern die jeweilige Dienstleistung unmittelbar **nur einem einzelnen Mandat dienen** soll, regelt § 43e Abs. 5 BRAO, dass es allein in die **Entscheidungsmacht des Mandanten** gestellt ist, ob die Geheimnisse an die mitwirkende Person offenbart werden dürfen. Nach der Gesetzesbegründung ist für den Einzelmandatsbezug maßgeblich, ob für die jeweilige Dienstleistung „ein besonderer Bedarf im einzelnen Mandat besteht".[31] 54

Ein Verstoß gegen die Regelungen der BRAO stellt eine **Berufspflichtverletzung** dar, hat jedoch keine Auswirkungen auf das Strafbarkeitsrisiko.[32] 55

d) Die datenschutzrechtliche Bewertung. Von der strafrechtlichen und berufsrechtlichen Perspektive grundsätzlich unabhängig ist die datenschutzrechtliche Bewertung des Non-legal Outsourcing (zum Begriff vgl. → Rn. 1).[33] Eine Einbindung entsprechender Dienstleister erfolgt datenschutzrechtlich regelmäßig im Rahmen einer **Auftragsverarbeitung,** die die **Anforderungen des Art. 28 DS-GVO** erfüllen muss (dazu → § 3 Rn. 145). 56

---

[30] So auch Cornelius NJW 2017, 3751 (3752).
[31] BT-Drs. 18/12940, 36.
[32] Cornelius NJW 2017, 3751 (3754).
[33] Zu den unterschiedlichen Regelungszwecken von Straf- und Datenschutzrecht Cornelius NJW 2017, 3751 (3754).

> **Praxistipp:**
> Gerade im Zusammenhang mit der Einbindung großer (vorwiegend ausländischer) IT-Dienstleister sollte in diesem Zusammenhang beachtet werden, dass eine Grundvoraussetzung der Auftragsverarbeitung ist, dass der Verantwortliche gegenüber dem Auftragsverarbeiter weisungsbefugt ist. Lässt sich dieses Kriterium in der vertraglichen Vereinbarung nicht ausreichend durchsetzen, so besteht die Gefahr, dass sich das Verhältnis eher als gemeinsame Verantwortlichkeit für die Datenverarbeitung im Sinne von Art. 26 DS-GVO darstellt. Dies hätte zur Konsequenz, dass sich die Verarbeitung durch den „Dienstleister" eigenständig an den Rechtfertigungsgründen des Art. 6 DS-GVO zu messen hätte.

2. Legal Outsourcing

57 Beim Legal Outsourcing handelt es sich um die **Übertragung von juristischer mandatsbezogener Tätigkeit** auf Dritte. Was als arbeitsteiliges Arbeiten innerhalb einer Kanzlei – etwa bei der Befassung mehrerer Rechtsanwälte mit einem Mandat oder der Einbindung von angestellten juristischen Mitarbeitern – bereits seit langem etabliert und bewährt ist, findet in letzter Zeit zunehmend auch unter Einbeziehung von externen juristischen Dienstleistern Anwendung. Gerade größere Kanzleien setzen in Reaktion auf den Kostensenkungsdruck ihrer Mandanten zunehmend **Legal Process Outsourcing-Provider** ein. In diesen Bereich fallen aber auch **projektbezogene Unterbeauftragungen** zwischen Kanzleien.

58 Auch hierbei stellen sich Fragen zur Wahrung des Anwaltsgeheimnisses. Hinsichtlich des strafbewährten Geheimnisschutzes gemäß § 203 StGB und der berufsrechtlichen Anforderungen des § 43e BRAO gilt insoweit grundsätzlich nichts anderes als beim Non-legal Outsourcing (→ Rn. 45). Auch datenschutzrechtlich wird das Legal Outsourcing regelmäßig im Rahmen einer **Auftragsverarbeitung** erfolgen (→ Rn. 56). Besonderheiten ergeben sich für das Legal Outsourcing aber aus den **Anforderungen des RDG**.[34]

VI. Grenzüberschreitende Informationsverarbeitung

59 Der Arbeitsalltag von Rechtsanwälten wird – auch jenseits der Großkanzlei – zunehmend internationaler, sei es nun durch Mandanten und Mandate mit Auslandsbezug oder durch die Inanspruchnahme von Dienstleistungen eines ausländischen Dienstleisters. Daher stellt sich für immer mehr Rechtsanwälte die Frage, welche Voraussetzungen im Rahmen der grenzüberschreitenden Informationsverarbeitung Anwendung finden. Während sich dieses Kapitel auf spezifische Aspekte der Anwaltschaft beschränkt, finden sich allgemeine Ausführungen zum internationalen Datenverkehr in → § 7 Rn. 1 ff.

1. Die internationale Kanzlei

60 Ist eine Kanzlei von mehreren Standorten aus tätig, so bleibt sie dennoch eine Verantwortliche im Sinne der DS-GVO, solange die verschiedenen Standorte als **Niederlassungen** einer Rechtspersönlichkeit zugeordnet sind. Insoweit hat es bei der Beurteilung der Rolle als „Verantwortlicher" im Sinne des Art. 4 Nr. 7 DS-GVO auch keine Auswirkung, ob die einzelnen Niederlassungen in einem Land oder verteilt über mehrere Länder sind. Der DS-GVO unterfallen dabei auch **ausländische Kanzleien,** die lediglich eine Niederlassung in der Europäischen Union unterhalten, Art. 3 Abs. 1 DS-GVO. Eine Weitergabe von personenbezogenen Daten zwischen den Niederlassungen, auch über Länder-

---

[34] Dazu Hartung/Weberstaedt NJW 2016, 2209 (2209).

grenzen hinweg, stellt insoweit **keine Offenlegung** durch Übermittlung im Sinne des Art. 4 Nr. 2 DS-GVO dar. Soweit sie in Drittländer (also Länder außerhalb des Europäischen Wirtschaftsraums) erfolgt, ist sie folglich auch nicht an den Grundsätzen des Art. 44 DS-GVO zu messen.

Erst wenn die Kanzlei aus mehreren juristischen Personen, Gesellschaften oder anderen Personenvereinigungen besteht, ist eine Weitergabe personenbezogener Daten zwischen diesen Einheiten nach Art. 6 DS-GVO rechtfertigungsbedürftig und eine Übermittlung in Drittländer an den Maßstäben der Art. 44 ff. DS-GVO zu beurteilen (zum Datenaustausch mit Drittländern allgemein siehe → § 7 Rn. 1 ff.). Wenngleich die DS-GVO in diesem Zusammenhang **kein Konzernprivileg** einführt, schafft sie in vielerlei Hinsicht Regelungen speziell für Unternehmensgruppen, die auch auf Kanzleien mit mehreren rechtlichen Einheiten Anwendung finden.[35]

2. Das internationale Mandat

Der internationale Bezug eines Mandats kann sich etwa daraus ergeben, dass der Mandant im Ausland sitzt oder daraus, dass andere Beteiligte (etwa Beklagter, Zeuge, Sachverständiger, Vertragspartner) nicht in Deutschland ansässig sind. Besonderheiten ergeben sich daraus nicht: Soweit der Rechtsanwalt in diesen Konstellationen eine Datenübermittlung in Länder außerhalb des Europäischen Wirtschaftsraums vornehmen möchte, ist diese wiederum zunächst nach Art. 6 DS-GVO rechtfertigungsbedürftig und im zweiten Schritt an den Maßstäben der Art. 44 ff. DS-GVO zu messen (zum Datenaustausch mit Drittländern allgemein siehe → § 7 Rn. 6).

3. Der Geheimnisschutz im internationalen Kontext

Was den Geheimnisschutz anwaltlicher Tätigkeit anbelangt, ist zu beachten, dass die **BRAO eigene Anforderungen** für den Datentransfer ins Ausland macht. Ausländische Dienstleister dürfen nur dann herangezogen werden, wenn in dem jeweiligen Land ein mit dem hiesigen gesetzlichen Stand **vergleichbares Datenschutzniveau für die Geheimnisse der Mandanten** existiert, § 43e Abs. 4 BRAO. Dies beurteilt sich insbesondere danach, ob in dem jeweiligen Staat eine dem § 203 StGB entsprechende Vorschrift existiert und ob bzw. unter welchen Voraussetzungen (staatliche) Stellen auf die Daten Zugriff nehmen dürfen.[36] Um diesem Erfordernis zu genügen, muss der Rechtsanwalt darauf achten, in welchem Land ein Cloud-Anbieter die Daten speichert und verarbeitet. Hierbei kann davon ausgegangen werden, dass das Anwaltsgeheimnis im Grundsatz in allen Mitgliedstaaten anerkannt ist.[37] Die für den Rechtsanwalt rechtssicherste Lösung stellt jedoch die Verarbeitung der Daten in Deutschland dar.

Die Anforderung des vergleichbaren Schutzniveaus besteht jedoch nicht, sofern „der Schutz der Geheimnisse dies nicht gebietet", wodurch dem Rechtsanwalt die Möglichkeit eröffnet wird, aus dem Ausland erbrachte Dienstleistungen zu beziehen, wenn die im Einzelfall vorzunehmende Abwägung ergibt, dass der Schutz der Geheimnisse kein vergleichbares Schutzniveau verlangt.[38] In Anbetracht der im Raum stehenden Strafbarkeit sollten sich Rechtsanwälte jedoch nur in evidenten Fällen auf diese Ausnahme verlassen.

Von den in der BRAO zum Outsourcing vorgegebenen Anforderungen kann durch ausdrückliche **Einwilligung des Mandanten** abgewichen werden, § 43e Abs. 4 BRAO.

---

[35] Zu den Regelungen für Unternehmensgruppen vgl. Wolff in Schantz/Wolff Das neue DatenschutzR Teil D Rn. 664.
[36] Cornelius NJW 2017, 3751 (3754).
[37] GA Juliane Kokott, Schlussantrag zu Rs. C-550/07 P.
[38] BT-Drs. 18/12940, 13.

VII. Datenschutzrechtliche Pflichten einer Anwaltskanzlei

66 Die DS-GVO legt dem Verantwortlichen diverse Pflichten auf (zu den Betroffenenrechten allgemein → § 3 Rn. 96 mwN), die jedoch für Berufsgeheimnisträger sowohl durch die DS-GVO selbst, als auch durch den nationalen Gesetzgeber verschiedene Einschränkungen erfahren haben.

67 Grundsätzlich lässt sich für die Betroffenenrechte festhalten, dass diese für personenbezogene Daten der Gegenseite oftmals eingeschränkt sind, im Verhältnis des Rechtsanwalts zu seinem Mandanten jedoch regelmäßig Anwendung finden. Auch in diesem Verhältnis werden sie jedoch teilweise ausgeschlossen, etwa sofern Daten ausschließlich aufgrund einer gesetzlichen Verpflichtung verarbeitet werden (siehe Art. 17 Abs. 3 lit. b DS-GVO), was insbesondere im Zusammenhang mit der Führung von Handakten gemäß § 50 BRAO oder den handels- und steuerrechtlichen Aufbewahrungspflichten relevant ist.

1. Informationspflichten

68 **a) Erhebung beim Betroffenen.** Für die Erhebung personenbezogener Daten beim Betroffenen sieht Art. 13 DS-GVO umfangreiche **Informationspflichten gegenüber dem Betroffenen** vor (zu der Informationspflicht des Art. 13 DS-GVO im Einzelnen → § 3 Rn. 99). Die in Art. 13 Abs. 1 lit. a-f, Abs. 2 lit. a-f DS-GVO genannten Informationen sind jeweils zum Zeitpunkt der Erhebung der personenbezogenen Daten mitzuteilen. Eine Ausnahme für Berufsgeheimnisträger besteht insoweit nicht.

69 Für den Rechtsanwalt bedeutet dies, dass er seinem Mandanten regelmäßig **direkt nach einer Erstanfrage bzw. einem Erstkontakt Auskunft** zu den in Art. 13 Abs. 1 lit. a-f, Abs. 2 lit. a-f DS-GVO genannten Informationen geben muss.

> **Praxistipp:**
> In der Praxis bietet es sich an, bei Übersendung der Mandatsvereinbarung eine vorbereitete Erklärung mit Hinweisen zur Datenverarbeitung anzufügen. Ein Muster für diese Erklärung findet sich etwa auf den Seiten des Deutschen Anwaltvereins.[39]

70 Gerade wenn der **Mandant nicht eine Einzelperson,** sondern eine juristische Person, Gesellschaft oder andere Personenvereinigung ist, stellt sich allerdings die Frage, inwieweit die Informationspflichten gegenüber jeder natürlichen Person erfüllt werden müssen, mit der im Rahmen der Mandatsbeziehung kommuniziert wird und deren Daten in diesem Zusammenhang gespeichert werden. Art. 13 Abs. 1 und 2 DS-GVO knüpft die Informationspflicht an eine **Erhebung personenbezogener Daten** an. Eine solche Erhebung liegt vor, wenn die personenbezogenen Daten **gezielt beschafft** werden.[40] Dies trifft sicherlich regelmäßig für den unmittelbaren Ansprechpartner des Mandanten zu, dessen Kontaktdaten im Rahmen des Erstgesprächs erfragt und häufig in der Mandatsvereinbarung sowie dem CRM-System der Kanzlei hinterlegt werden. Eine Erhebung personenbezogener Daten liegt allerdings dann **nicht vor, wenn die Daten von dem Betroffenen selbst oder Dritten ohne Aufforderung geliefert** werden.[41] Soweit der Rechtsanwalt also im Rahmen der Mandatsbearbeitung für einen Mandanten von weiteren Kontaktpersonen angeschrieben wird, ist ein Ablegen dieser Kontaktdaten nicht als Erheben anzusehen und löst daher keine Informationspflicht gemäß Art. 13 DS-GVO aus. Eine Speicherung der Kontaktdaten dieser Personen wird an den Maßstäben des Art. 6 Abs. 1 lit. f DS-GVO zu messen sein.

---

[39] Abrufbar unter https://anwaltsblatt.anwaltverein.de/files/anwaltsblatt.de/Dokumente/2018/s0192_1_t8938.html, zuletzt abgerufen am 15.6.2018.
[40] Ernst in Paal/Pauly DS-GVO Art. 4 Rn. 23.
[41] Schild in BeckOK DatenschutzR DS-GVO Art. 4 Rn. 36.

Eine Beschränkung der Informationspflicht des Art. 13 DS-GVO sieht § 29 Abs. 2 BDSG 71
im anwaltlichen Kontext insoweit vor, als im Fall der Übermittlung personenbezogener
Daten an einen Anwalt die Pflicht der übermittelnden Stelle zur Information des Betroffenen gem. Art. 13 Abs. 3 DS-GVO nicht besteht, sofern das Interesse des Betroffenen an
der Informationserteilung nicht überwiegt.

b) Erhebung nicht beim Betroffenen. Art. 14 DS-GVO sieht eine Informationspflicht 72
grundsätzlich auch dann vor, wenn die personenbezogenen Daten nicht bei der betroffenen Person selbst erhoben wurden. Für diese Informationspflicht besteht aber gemäß
Art. 14 Abs. 5 lit. d DS-GVO eine **Ausnahme,** soweit die personenbezogenen Daten
dem **Berufsgeheimnis** unterliegen und daher vertraulich behandelt werden müssen. **§ 29
Abs. 1 S. 1 BDSG konkretisiert** bzw. ergänzt diese Ausnahme von den Betroffenenrechten und normiert, dass die Pflicht zur Information der betroffenen Person gemäß
Art. 14 Abs. 1–4 DS-GVO nicht besteht, soweit durch ihre Erfüllung Informationen offenbart würden, die ihrem Wesen nach, insbesondere wegen der überwiegenden berechtigten Interessen eines Dritten, geheim gehalten werden müssen.

Dies stellt eine Fortführung der alten Rechtslage in Deutschland dar, denn auch schon 73
zuvor bestand für personenbezogene Daten, die ein Rechtsanwalt aufgrund eines Mandatsverhältnisses erhebt, kein Anspruch auf Auskunft nach § 34 BDSG aF. Das Auskunftsbegehren scheiterte am Ausnahmetatbestand des § 34 Abs. 7 iVm § 33 Abs. 2 S. 1 Nr. 3
BDSG aF iVm § 43a Abs. 2 BRAO.

Erhält der Rechtsanwalt im Zuge der Aufnahme oder im Rahmen der Bearbeitung 74
eines Mandats personenbezogene Daten Dritter, so besteht im Umfang des Mandatsgeheimnisses gemäß **§ 43a Abs. 2 BRAO** keine Pflicht des Rechtsanwalts, die betroffene
Person über die Erhebung der Daten gemäß Art. 14 DS-GVO zu informieren. Dies können etwa die Daten des Anspruchsgegners, von Zeugen oder Sachverständigen, sowie
weiterer involvierter Personen sein. Angesichts des **weiten Anwendungsbereichs des
Mandatsgeheimnisses** (vgl. § 43a Abs. 2 BRAO: „... alles, was ihm in Ausübung seines
Berufs bekanntgeworden ist."), wird daneben wenig Raum für die in § 29 Abs. 1 BDSG
vorgesehene Interessenabwägung bestehen, da sich der Ausschluss der Informationspflicht
stets direkt auf Art. 14 Abs. 5 lit. d DS-GVO iVm § 43a Abs. 2 BRAO stützt.

Spiegelbildlich ist auch ein die Informationen bereitstellender Mandant grundsätzlich 75
nicht zur Information gegenüber der betroffenen Person verpflichtet. § 29 Abs. 2 BDSG
sieht eine Ausnahme von etwaigen Pflichten des Mandanten gemäß Art. 13 Abs. 3 DS-GVO vor, soweit nicht im Einzelfall das Interesse der betroffenen Person an der Informationserteilung überwiegt.

2. Auskunftspflichten

Das Recht auf Auskunft der betroffenen Person gemäß **Art. 15 DS-GVO** ist gegenüber 76
Rechtsanwälten **ebenfalls eingeschränkt,** soweit durch die Auskunft Informationen offenbart würden, die nach einer Rechtsvorschrift oder ihrem Wesen nach, insbesondere
wegen der überwiegenden berechtigten Interessen eines Dritten, **geheim gehalten** werden müssen, § 29 Abs. 1 S. 2 BDSG. Eine solche Rechtsvorschrift stellt neben § 43a
Abs. 2 BRAO auch § 203 StGB dar.

Durch die Formulierung „soweit" in § 29 Abs. 1 S. 2 BDSG wird allerdings deutlich, 77
dass für jede der in Art. 15 Abs. 1 DS-GVO genannten **Kategorien einzeln zu prüfen**
ist, ob eine Auskunft gegenüber anfragenden betroffenen Personen erteilt werden kann
oder ob eine Erteilung dieser Auskunft der Geheimhaltung unterliegt. Verlangt **der eigene Mandant** Auskunft gemäß Art. 15 DS-GVO, besteht diesem gegenüber grundsätzlich
keine Geheimhaltungspflicht, sodass sich der Rechtsanwalt selbstredend nicht der Auskunft verweigern kann. Etwas anderes gilt hier allenfalls, soweit die mitzuteilenden Informationen auch dem Mandanten gegenüber der Geheimhaltung unterliegen. Dies kann

etwa dann der Fall sein, wenn hinsichtlich des Mandanten der Vorwurf des Stalkings gegen die Gegenseite im Raum steht.

3. Melde- und Benachrichtigungspflichten

78 Sofern der Schutz personenbezogener Daten verletzt wird, sieht die DS-GVO umfangreiche Meldepflichten gegenüber der Aufsichtsbehörde (Art. 33 DS-GVO) sowie Benachrichtigungspflichten gegenüber den betroffenen Personen vor (Art. 34 DS-GVO; zu den Melde- und Benachrichtigungspflichten allgemein → § 3 Rn. 166).

79 **a) Meldepflichten gegenüber Aufsichtsbehörden.** Die **Pflicht zur Meldung** von Datenschutzverletzungen an die Aufsichtsbehörden ist für Rechtsanwälte **uneingeschränkt** anwendbar. Insoweit besteht keine Einschränkung auf Grundlage des Geheimnisschutzes. Daher ist insbesondere die **enge Frist des Art. 33 Abs. 1 DS-GVO** zu beachten („unverzüglich und möglichst binnen 72 Stunden"). Soweit die Datenschutzverletzung bei einem vom Rechtsanwalt eingesetzten Auftragsverarbeiter eintritt, hat dieser dem Rechtsanwalt unverzüglich Meldung zu machen, Art. 33 Abs. 2 DS-GVO. Die 72-Stundenfrist des Rechtsanwalts zur Meldung an die Aufsichtsbehörden beginnt mit Kenntnis des Rechtsanwalts von der Verletzung.[42]

80 **b) Benachrichtigungspflichten gegenüber Betroffenen.** Hinsichtlich der **Benachrichtigungspflicht** gegenüber den betroffenen Personen gemäß Art. 34 DS-GVO ergibt sich für Rechtsanwälte wiederum eine **Einschränkung** insoweit, als durch die Benachrichtigung Informationen offenbart würden, die nach einer Rechtsvorschrift oder ihrem Wesen nach, insbesondere wegen der überwiegenden berechtigten Interessen eines Dritten, **geheim gehalten** werden müssen, § 29 Abs. 1 S. 3 BDSG. Diese Einschränkung der Benachrichtigungspflicht steht allerdings unter dem **Vorbehalt einer Interessenabwägung im Einzelfall.** Gemäß § 29 Abs. 1 S. 4 BDSG ist die betroffene Person nach Art. 34 DS-GVO zu benachrichtigen, wenn die Interessen der betroffenen Person, insbesondere unter Berücksichtigung drohender Schäden, gegenüber dem Geheimhaltungsinteresse überwiegen. Damit hat der Rechtsanwalt im Fall einer Datenschutzverletzung die Pflicht, die der betroffenen Person drohenden Schäden zu bewerten und ins Verhältnis zur Verschwiegenheitsverpflichtung zu setzen. Bei der Abwägung ist zu berücksichtigen, dass gemäß § 1 Abs. 2 S. 3 BDSG die Verpflichtung zur Wahrung gesetzlicher Geheimhaltungspflichten dem Datenschutzrecht grundsätzlich vorgeht. Daher müssen im Einzelfall besondere Umstände vorliegen, um zu einem **Überwiegen der Betroffeneninteressen** zu gelangen. Überwiegen in der gebotenen Abwägung die Interessen der betroffenen Person, so ist die Benachrichtigung stets vollständig vorzunehmen, da der Wortlaut des § 29 Abs. 1 S. 4 BDSG von „wenn" statt „soweit" spricht.[43]

4. Pflichten hinsichtlich der Datenübertragbarkeit

81 Art. 20 DS-GVO gibt jeder betroffenen Person das **Recht,** die sie betreffenden personenbezogenen **Daten** in einem strukturierten, gängigen und maschinenlesbaren Format **heraus zu verlangen.** Anschließend kann die betroffene Person diese Daten an einen anderen Verantwortlichen **übermitteln.** Nach Art. 20 Abs. 2 DS-GVO kann der Betroffene aber auch verlangen, dass der Verantwortliche die Daten direkt an einen anderen Verantwortlichen übermittelt, soweit dies technisch machbar ist.

82 Für den Rechtsanwalt kann sich hieraus die Pflicht ergeben, die über den Mandanten gesammelten Daten dem eigenen Mandanten in elektronischer Form herauszugeben oder

---

[42] Dies ergibt sich bereits aus dem Wortlaut des Art. 33 Abs. 1 DS-GVO, der an das Bekanntwerden beim Verantwortlichen anknüpft.
[43] Uwer in BeckOK DatenschutzR BDSG § 29 Rn. 18.

auch einem anderen Rechtsanwalt zur Verfügung zu stellen, sofern der eigene Mandant etwa den Rechtsanwalt wechseln möchte.

Von dieser Pflicht zur Datenübertragbarkeit sind aber nur solche personenbezogenen Daten erfasst, bei denen a) sich der Rechtsanwalt im Rahmen der **Verarbeitung** auf Art. 6 Abs. 1 lit. a DS-GVO **(Einwilligung) oder** Art. 6 Abs. 1 lit. b DS-GVO **(Vertragsdurchführung)** stützt und bei denen b) die **Verarbeitung mittels automatisierter Verfahren** erfolgt. 83

Während die Voraussetzung hinsichtlich der Verarbeitungsgrundlage im Rahmen von Mandantendaten regelmäßig erfüllt sein wird (dazu → Rn. 14), schränkt das Erfordernis der automatisierten Verarbeitung den Anwendungsbereich der Norm im Kanzleialltag ein. So sind etwa **Papierakten** beispielsweise **nicht umfasst**.[44] Aus Art. 20 DS-GVO kann mithin kein Recht abgeleitet werden, bisher nicht elektronisch gespeicherte Informationen in maschinenlesbare Daten umzuwandeln. Arbeitet der Rechtsanwalt aber bereits mit einer **elektronischen Akte,** so kann dies den Umfang des Rechts auf Übertragung im Einzelfall erhöhen. 84

Welche Anforderungen an ein strukturiertes, gängiges und maschinenlesbares Format zu stellen sind, hängt von der jeweiligen Datenkategorie ab. Ausgeschlossen sind damit aber zumindest solche **Datenformate,** die eine kostspielige Lizenzierung spezieller Programme erfordern.[45] Im Büroalltag gängige Formate, wie etwa „.docx"- oder „.xlsx"-Dateien, entsprechen diesen Anforderungen. Dem gemäß ErwGr 68 DS-GVO zu beachtenden Kriterium der **Interoperabilität** wird eine PDF-Datei allerdings hingegen nur genügen, wenn die Verarbeitung des jeweiligen Datums regelmäßig keine Veränderung erforderlich macht.[46] In eingescannter Form vorhandene Unterlagen könnten also im PDF-Format übermittelt werden, nicht hingegen aber beispielsweise eine durch den Rechtsanwalt in einem Scheidungsverfahren angefertigte Übersicht zum Vermögen des Mandanten. 85

5. Bestellung eines Datenschutzbeauftragten

Die DS-GVO normiert in den Art. 37 ff. DS-GVO Anforderungen an die Bestellung eines Datenschutzbeauftragten, seine Stellung innerhalb der Organisation des Verantwortlichen und seine Aufgaben (zu den Anforderungen allgemein → § 3 Rn. 173). Die nach der bisherigen Rechtslage strittige Frage, ob die Bestellpflicht des § 4f BDSG aF auch für Rechtsanwälte bzw. Kanzleien gilt,[47] spielt unter der DS-GVO keine Rolle: Sofern ein Rechtsanwalt bzw. eine Kanzlei die Voraussetzungen des Art. 37 Abs. 1 DS-GVO bzw. des § 38 Abs. 1 BDSG erfüllen, besteht auch für solche Verantwortliche eine Bestellpflicht. 86

a) Pflicht zur Bestellung gemäß § 38 Abs. 1 BDSG. Eine Bestellpflicht besteht zunächst nach § 38 Abs. 1 BDSG, wenn bei einem Verantwortlichen **in der Regel mindestens zehn Personen** ständig mit der automatisierten Verarbeitung personenbezogener Daten **beschäftigt** sind. Für eine Rechtsanwaltskanzlei zählen dabei neben den Partnern auch angestellte Anwälte, Referendare als freie Mitarbeiter und in der Station, Rechtsanwaltsfachangestellte, Sekretärinnen, Auszubildende, sowie Rechtspraktikanten.[48] Durch die relativ niedrige Schwelle von zehn Personen kann also selbst in kleineren Kanzleien die Bestellung eines Datenschutzbeauftragten gemäß § 38 Abs. 1 BDSG notwendig sein. 87

---

[44] Herbst in Kühling/Buchner DS-GVO Art. 20 Rn. 13; von Lewinski in BeckOK DatenschutzR DS-GVO Art. 20 Rn. 29.
[45] Artikel 29-Datenschutzgruppe, Leitlinien zum Recht auf Datenübertragbarkeit 16/DE, WP 242, 13.12. 2016, 20.
[46] So auch Herbst in Kühling/Buchner DS-GVO Art. 20 Rn. 20.
[47] Siehe hierzu Abel in Roßnagel DatenschutzR, HdB Kap. 7.11 Rn. 32; Rüpke ZRP 2008, 87 f.
[48] Kazemi NJW 2018, 443 (444).

88 Eine wesentliche Veränderung der Rechtslage im Vergleich zum bisherigen BDSG aF ist jedoch, dass bei der Bestellpflicht nicht mehr lediglich auf Größe bzw. Mitarbeiterzahl des Verantwortlichen abzustellen ist. Die **DS-GVO** verfolgt einen **risikobasierten Ansatz** und verpflichtet den Verantwortlichen zur Bestellung eines Datenschutzbeauftragten in Abhängigkeit von Art und Umfang der Datenverarbeitung. Auch wenn weniger als zehn Personen in einer Kanzlei mit der automatisierten Verarbeitung personenbezogener Daten beschäftigt sind, kann die Pflicht zur Bestellung eines Datenschutzbeauftragten aus den Anforderungen des Art. 37 Abs. 1 DS-GVO bestehen.

89 **b) Pflicht zur Bestellung gemäß Art. 37 Abs. 1 DS-GVO.** Ein Rechtsanwalt bzw. eine Kanzlei muss einen Datenschutzbeauftragten ernennen, sofern die **Kerntätigkeit** in der Durchführung von **Verarbeitungsvorgängen** besteht, welche aufgrund ihrer Art, ihres Umfangs und/oder ihrer Zwecke eine **umfangreiche regelmäßige und systematische Überwachung** von betroffenen Personen erforderlich machen (Art. 37 Abs. 1 lit. b DS-GVO) oder die Kerntätigkeit des Verantwortlichen oder des Auftragsverarbeiters in der **umfangreichen Verarbeitung besonderer Kategorien von Daten** gem. Art. 9 DS-GVO oder von personenbezogenen **Daten über strafrechtliche Verurteilungen und Straftaten** gem. Art. 10 DS-GVO besteht (Art. 37 Abs. 1 lit. c DS-GVO).

90 **aa) Verarbeitungsgegenstand.** Entscheidend für die Bestellpflicht ist zunächst der Verarbeitungsgegenstand. Eine Bestellpflicht erwächst nach Art. 37 Abs. 1 lit. b DS-GVO bei einer regelmäßigen und systematischen Überwachung natürlicher Personen. Dieser Begriff wird in der DS-GVO zwar nicht legaldefiniert, es findet sich jedoch in ErwGr 24 DS-GVO das Konzept einer „**Beobachtung des Verhaltens von betroffenen Personen**". Eine solche Beobachtung kann bei Rechtsanwälten etwa im Rahmen von **Zwangsvollstreckungen** oder aus der Nutzung eines **Wiedervorlagesystems** resultieren.[49]

91 Die Artikel 29-Datenschutzgruppe geht davon aus, dass eine Überwachung regelmäßig ist, wenn diese **fortlaufend** ist, in bestimmten Abständen während eines bestimmten Zeitraums vorkommt, immer wieder bzw. wiederholt zu bestimmten Zeitpunkten auftritt oder ständig bzw. regelmäßig stattfindet.[50] Für eine „systematische" Überwachung ist hingegen entscheidend, ob diese vereinbart, **organisiert bzw. methodisch** vorkommt, im Rahmen eines allgemeinen Datenerfassungsplans oder im Rahmen einer Strategie erfolgt.[51]

92 Ein weiterer Verarbeitungsgegenstand, der eine Bestellpflicht hervorruft, ist die Verarbeitung besonderer Kategorien von Daten gemäß Art. 9 DS-GVO oder von personenbezogenen Daten über strafrechtliche Verurteilungen und Straftaten gemäß Art. 10 DS-GVO (Art. 37 Abs. 1 lit c DS-GVO). Rechtsanwälte verarbeiten besondere Kategorien von Daten etwa im **Sozialrecht,** soweit es um Gesundheitsdaten geht oder im **Asylrecht** bezüglich der ethnischen Herkunft. Eine Verarbeitung von **Strafdaten** findet etwa statt, wenn Strafurteile in Abschrift in der Handakte gehalten werden.

93 **bb) Kerntätigkeit.** Art. 37 Abs. 1 DS-GVO verlangt zudem, dass die Verarbeitung der betroffenen Verarbeitungsgegenstände eine Kerntätigkeit bildet. ErwGr 97 DS-GVO konkretisiert den Begriff der Kerntätigkeit dahingehend, dass sich dieser auf **Haupttätigkeiten** und nicht auf die Verarbeitung personenbezogener Daten als Nebentätigkeit bezieht. Die Artikel 29-Datenschutzgruppe bestimmt den Begriff der Kerntätigkeit als „die **wich-**

---

[49] Kazemi NJW 2018, 443 (443).
[50] Artikel 29-Datenschutzgruppe, Leitlinien in Bezug auf Datenschutzbeauftragte 16/DE, WP 243, 13.12.2016, 10.
[51] Artikel 29-Datenschutzgruppe, Leitlinien in Bezug auf Datenschutzbeauftragte 16/DE. WP 243, 13.12.2016, 10.

tigsten Arbeitsabläufe, die zur Erreichung der Ziele des Verantwortlichen oder des Auftragsverarbeiters erforderlich sind".[52]

Ein Rechtsanwalt übt Rechtsdienstleistungen im Sinne der §§ 1 ff. RDG aus, also Tätigkeiten in konkreten fremden Angelegenheiten, die eine rechtliche Prüfung des Einzelfalls erfordern. Dies ist per se noch keine Tätigkeit, die direkt auf die Verarbeitung personenbezogener Daten ausgerichtet ist. Allerdings sollen auch solche Tätigkeiten vom Begriff der Kerntätigkeiten umfasst sein, „bei denen die Verarbeitung von Daten einen **untrennbaren Bestandteil der Tätigkeit** des Verantwortlichen oder Auftragsverarbeiters darstellt."[53] Ob dies für einen Rechtsanwalt der Fall ist, lässt sich nicht pauschal beantworten und sollte vielmehr im Rahmen einer **einzelfallbezogenen Bewertung der** Kerntätigkeit der Kanzlei anhand ihrer jeweiligen **Kanzlei- und Mandatsstruktur** bewertet werden.[54] Während in der Rechtsberatung – gerade für Unternehmen – die Verarbeitung personenbezogener Daten nicht zwingend ein untrennbarer Bestandteil der Tätigkeit ist, kann hiervon in der Rechtsvertretung regelmäßig ausgegangen werden, da auch vielfältige Daten Dritter verarbeitet werden müssen.[55] 94

cc) Umfangreiche Verarbeitung. Eine Pflicht zur Benennung eines Datenschutzbeauftragten erwächst jedoch schließlich nur dann, wenn eine „umfangreiche" Verarbeitung stattfindet. Hierdurch wird eine **quantitative Komponente** verlangt, ohne dass jedoch deutlich wird, welche Bezugsgröße hier herangezogen werden soll.[56] Dies erfordert eine **Betrachtung des Einzelfalls**, wobei hierbei insbesondere die Zahl der betroffenen Personen, das Datenvolumen und/oder das Spektrum an in Verarbeitung befindlichen Daten, die Dauer oder Permanenz der Datenverarbeitungstätigkeit, sowie die geografische Ausdehnung der Verarbeitungstätigkeit einbezogen werden.[57] Insgesamt wird hiervon keine bloß geringfügige Zahl von betroffenen Personen erfasst sein, es erscheint jedoch schwierig, eine starre Grenze anzulegen.[58] Um die Bewertung des Umfangs der Datenverarbeitung nachvollziehbar zu machen, sollte der Rechtsanwalt in jedem Fall **dokumentieren**, welche Daten und von wie vielen Personen verarbeitet werden und ob daher im konkreten Fall von einer umfangreichen Datenverarbeitung auszugehen sei oder nicht.[59] Bei der Erfassung des Umfangs ist zu beachten, dass wirklich **alle Datensubjekte mitgezählt** werden, deren Daten verarbeitet werden: Von Daten des Mandanten oder Zeugen über den Gerichtsvollzieher bis hin zur Sekretärin der Gegenseite etc kann ein einziger Schriftsatz so leicht deutlich über zehn Datensubjekte betreffen. 95

Nach Auffassung der Artikel 29-Datenschutzgruppe stellt es dabei ausdrücklich keine umfangreiche Verarbeitung dar, wenn die Verarbeitung von personenbezogenen Daten über strafrechtliche Verurteilungen und Straftaten **durch einen einzelnen Rechtsanwalt** erfolgt.[60] Allerdings sollte auch bei Einzelanwälten nicht auf Pauschalbewertungen zurückgegriffen werden, denn gerade in Rechtsgebieten mit inzwischen oftmals hochautomatisierten Prozessen können auch bei einem einzelnen Rechtsanwalt hohe personenbezogene Datenaufkommen entstehen.[61] 96

---

[52] Artikel 29-Datenschutzgruppe, Leitlinien in Bezug auf Datenschutzbeauftragte 16/DE. WP 243, 13.12.2016, 7.
[53] Artikel 29-Datenschutzgruppe, Leitlinien in Bezug auf Datenschutzbeauftragte 16/DE, WP 243, 13.12.2016, 8.
[54] Kazemi NJW 2018, 443 (443).
[55] Kazemi NJW 2018, 443 (443).
[56] Mayer in GSSV DS-GVO Art. 37 Rn. 54.
[57] Artikel 29-Datenschutzgruppe, Leitlinien in Bezug auf Datenschutzbeauftragte 16/DE, WP 243, 13.12.2016, 9.
[58] So aber Kazemi NJW 2018, 443 (443), der eine Festlegung auf 365 Datensubjekte pro Monat vorschlägt.
[59] Mayer in GSSV DS-GVO Art. 37 Rn. 60.
[60] Artikel 29-Datenschutzgruppe, Leitlinien in Bezug auf Datenschutzbeauftragte 16/DE, WP 243, 13.12.2016, 9.
[61] Kazemi NJW 2018, 443 (443).

97 c) Anforderungen an Datenschutzbeauftragte. Materielle Anforderung an den Datenschutzbeauftragten ist das Aufweisen der **notwendigen Fachkunde**, Art. 37 Abs. 5 DS-GVO. Eine **anwaltliche Zulassung** erfüllt für sich genommen dieses Kriterium noch nicht, die erforderlichen Kenntnisse können aber genauso von nicht anwaltlichen Mitarbeitern erlangt werden.[62] Erforderlich ist nicht, dass der Datenschutzbeauftragte ein ausgewiesener IT- oder Rechtsexperte ist, notwendig ist hingegen insbesondere ein gutes Verständnis der eingesetzten IT, der einschlägigen Gesetze und der betrieblichen Organisation.[63] Ausgeschlossen für diese Tätigkeit sind regelmäßig die Partner als Kanzleiinhaber, Leiter der IT-Abteilung oder Mitarbeiter der Personalabteilung einer Kanzlei, soweit es hier an der notwendigen Unabhängigkeit fehlt.[64]

> **Praxistipp:**
> Vor dem Hintergrund der geforderten Unabhängigkeit empfiehlt sich für viele gerade kleinere Kanzleien häufig nur die Ernennung eines externen Datenschutzbeauftragten. Da ein solcher externer Datenschutzbeauftragter naturgemäß auch mit der Verschwiegenheitspflicht des § 43a Abs. 2 S. 1 BRAO unterfallenden Informationen in Berührung kommen wird, ist er entsprechend zur Geheimhaltung zu verpflichten. Durch unbefugtes Offenbaren macht sich der externe Datenschutzbeauftragte aber auch selbst strafbar gemäß § 203 Abs. 4 S. 1 StGB.

98 d) Der Anwalt als Datenschutzbeauftragter. Will sich ein Anwalt zum externen Datenschutzbeauftragten bestellen lassen, so sind hierbei eine Reihe von Aspekte zu beachten. Grundsätzlich gilt, dass der Anwaltsberuf mit dem des Datenschutzbeauftragten vereinbar ist und nicht gegen die „Stellung als unabhängiges Organ der Rechtspflege" im Sinne von § 7 Nr. 8 BRAO verstößt. Sehr weitgehend erscheint es, den Datenschutzbeauftragten unter der DS-GVO vor dem Hintergrund des Art. 39 Abs. 1 lit. b DS-GVO als „verlängerten Arm" staatlicher Aufsichtsbehörden anzusehen.[65] Trotz der grundsätzlichen Vereinbarkeit gilt aber zu beachten, dass die Tätigkeit als betrieblicher Datenschutzbeauftragter zu einem zu berufsrechtlichen Tätigkeitsverbot gem. § 45 Abs. 1 Nr. 4 BRAO für den bestimmten Mandanten führen kann. Der zum Datenschutzbeauftragten bestellte Anwalt darf für den Mandanten in derselben Angelegenheit nicht tätig werden. Aufgrund der vielfältigen Einbeziehungsmöglichkeiten des Datenschutzbeauftragten nach der DS-GVO ist die Liste möglicher Interessenkonflikte dabei denkbar lang. Jegliche Beratung mit direktem oder indirektem Bezug zu einer Verarbeitung personenbezogener Daten erscheint per se ausgeschlossen. Das Tätigkeitsverbot erstreckt sich gemäß § 45 Abs. 3 BRAO auch auf alle mit dem zum Datenschutzbeauftragten bestellten Anwalt in Sozietät oder in sonstiger Weise verbundenen Anwälte. Weiterhin gilt zu beachten, dass die Tätigkeit des Datenschutzbeauftragen steuerrechtlich als gewerbliche Tätigkeit angesehen wird.[66] Dies hat zur Folge, dass eine klare Abgrenzung zwischen der Anwaltstätigkeit und der Tätigkeit als Datenschutzbeauftragter erforderlich ist. Fehlt eine solche klare Trennung, wird die Anwaltstätigkeit gewerbesteuerlich infiziert. Letztlich ist zudem zu beachten, dass der Datenschutzbeauftragte persönlich haftet, was über eine eigenständige Berufshaftpflichtversicherung versichert werden sollte.

---

[62] Kazemi NJW 2018, 443 (444).
[63] Mayer in GSSV DS-GVO Art. 37 Rn. 87.
[64] Kazemi NJW 2018, 443 (444).
[65] So angedeutet bei Härting CR-Online.de Blog vom 13.5.2018, abrufbar unter: https://www.cr-online.de/blog/2018/05/13/taetigkeit-verboten-berufsrechtliche-konsequenzen-der-bestellung-eines-anwalts-zum-datenschutzbeuftragten/, zuletzt abgerufen am 3.10.2018.
[66] BFHE 202, 336.

6. Sicherheit der Datenverarbeitung

Ein Rechtsanwalt ist bereits sowohl nach dem **Berufsrecht** (§ 2 Abs. 7 BORA) als auch durch das **Strafrecht** (§ 203 StGB) dazu verpflichtet, für die Sicherheit der ihm anvertrauten Daten zu sorgen. Welche **organisatorischen und technischen Voraussetzungen** hierfür zu schaffen sind, wird durch das **Datenschutzrecht** konkretisiert. 99

Nach Art. 32 Abs. 1 DS-GVO muss ein Verantwortlicher geeignete technische und organisatorische Maßnahmen für die Sicherheit der Daten treffen, um ein **dem Risiko angemessenes Schutzniveau** zu gewährleisten. Hierbei sind der Stand der Technik, die Implementierungskosten, Art, Umfang, Umstände, Zweck der Verarbeitung, sowie die Eintrittswahrscheinlichkeit und Schwere des Risikos für die Rechte und Freiheiten natürlicher Personen zu berücksichtigen. Bei der Beurteilung eines angemessenen Schutzniveaus sind insbesondere die Risiken zu berücksichtigen, die mit der Verarbeitung verbunden sind. Hierbei ist zu beachten, dass **bei Berufsgeheimnisträgern** davon ausgegangen werden kann, dass die ihnen **anvertrauten Daten** oftmals einen **hohen Stellenwert** haben und deswegen auch **bei der Sicherheit hohe Maßstäbe** anzusetzen sind. Die DS-GVO selbst nennt bereits einige Beispiele für die Erreichung des notwendigen Niveaus an Datensicherheit. 100

a) Verschlüsselung. Durch Pseudonymisierung und Verschlüsselung personenbezogener Daten wird erreicht, dass im Falle eines ungewollten Zugriffs auf die Datenquelle **sensible Informationen nicht offengelegt** werden, da Rückschlüsse auf Personen nur unter Hinzuziehung zusätzlicher Informationen möglich sind. Diese Sicherheitsmaßnahme ist aber nur dann zumutbar, wenn dadurch die Arbeitsweise des Rechtsanwalts nicht unzumutbar beeinträchtigt wird. So ist etwa die manuelle Pseudonymisierung personenbezogener Daten in einem Schriftsatz von einem Rechtsanwalt nicht zu erwarten. Andererseits sollte aber eine Verschlüsselung immer dort vorgenommen werden, wo sie dem **Stand der Technik** entspricht und ohne großen Aufwand einsetzbar ist. Dies kann etwa eine Festplattenverschlüsselung mobiler Datenträger sein oder aber die dem aktuellen Stand der Technik entsprechende **Ende-zu-Ende-Verschlüsselung** bei der Übertragung von Daten auf externe Server. Bei der **Korrespondenz per E-Mail** sollte dem Mandanten ebenfalls die Möglichkeit gegeben werden, verschlüsselt per E-Mail kommunizieren zu können.[67] 101

b) Stabilität. Darüber hinaus ist auch die Vertraulichkeit, Integrität, Verfügbarkeit und Belastbarkeit der eingesetzten Systeme und Dienste im Zusammenhang mit der Datenverarbeitung auf Dauer sicherzustellen (Art. 32 Abs. 1 lit. b DS-GVO). 102

Im Rahmen der Vertraulichkeit sind dabei etwa Maßnahmen zur **Zutritts-, Zugriffs- und Zugangskontrolle** zu ergreifen. Der Schutz der Integrität zielt auf Maßnahmen, die verhindern, dass Daten eine unautorisierte Modifikation erhalten, wie etwa durch die **Nutzung elektronischer Signaturen**.[68] Eine Absicherung der Verfügbarkeit kann durch Datensicherungen erfolgen, etwa im Rahmen der **Spiegelung von Servern** oder der mehrfachen Speicherung von Daten auf gesonderten Datenträgern. Die Belastbarkeit von IT-Systemen lässt sich etwa durch gezielte testweise Überlastungen der eingesetzten Server im Rahmen von **DoS- oder DDoS-Attacken** (Denial of Service- bzw. Distributed Denial of Service-Attacken) überprüfen. 103

Sofern in der Kanzlei ein **drahtloses Netzwerk** betrieben wird, gehört zu den unter Art. 32 Abs. 1 lit. b DS-GVO geforderten Maßnahmen auch, dass dieses stets dem neuesten Stand der Technik entsprechen muss. Erforderlich ist derzeit eine **Verschlüsselung** 104

---

[67] Teilweise wird auf Seiten der Aufsichtsbehörde von einer solchen Pflicht ausgegangen, abrufbar unter https://www.datenschutzbeauftragter-info.de/wp-content/uploads/2018/02/schreiben-der-aufsichtsbehoerde.pdf, zuletzt abgerufen am 3.10.2018.
[68] Dazu Martini in Paal/Pauly DS-GVO Art. 32 Rn. 36.

mit dem WPA2-Standard. Die Möglichkeit des dynamischen Einhängens in das drahtlose Netzwerk sollte deaktiviert sein. Eingerichtet werden sollte vielmehr ein Schutzmechanismus, wonach der Router nach einigen erfolglosen Einwahlversuchen von der betreffenden Person keine Verbindungsanfragen mehr akzeptiert. Sofern ein WLAN für Mandanten oder andere Gäste eingerichtet wird, sollte hierfür ein zusätzliches Gäste-Netzwerk verwendet werden und **kein Zugriff auf das kanzleiinterne Netzwerk** gestattet werden.

105 **c) Wiederherstellbarkeit.** Ein Verantwortlicher hat zudem Vorkehrungen zu treffen, mit denen die Verfügbarkeit der Daten und der Zugang zu ihnen bei einem physischen oder technischen Zwischenfall rasch wiederhergestellt werden können, Art. 32 Abs. 1 lit. c DS-GVO. Dies erfordert, dass ein Rechtsanwalt regelmäßig **Back-Up Kopien** seiner elektronischen Systeme durchführt. Es ist heute technischer Standard, dieses automatisiert durchzuführen, im Idealfall mehrmals täglich.

106 Zudem gehören **Virenscanner und Firewalls** zu den zwingenden Schutzvorrichtungen der digitalen Infrastruktur einer Kanzlei. Die Nutzung privater **USB-Sticks** oder anderer externer Speichermedien sollte grundsätzlich nicht gestattet sein.

107 **d) Regelmäßige Überprüfung.** Auch ist nach Art. 32 Abs. 1 lit. d DS-GVO erforderlich, dass ein Verantwortlicher Verfahren zur regelmäßigen Überprüfung, Bewertung und Evaluierung der Wirksamkeit der technischen und organisatorischen Maßnahmen zur Gewährleistung der Sicherheit der Verarbeitung implementiert. Dies kann etwa in Zusammenarbeit mit dem externen IT-Berater geschehen.

7. Verarbeitungsverzeichnis

108 Für die meisten Rechtsanwälte relevant ist außerdem die Pflicht, nach Art. 30 Abs. 1 DS-GVO ein **Verzeichnis über alle Verarbeitungstätigkeiten** zu führen. Zwar sind von dieser Pflicht nach Art. 30 Abs. 5 DS-GVO grundsätzlich solche Unternehmen oder Einrichtungen befreit, die weniger als 250 Mitarbeiter beschäftigen. Allerdings trifft auch kleinere Einheiten die Pflicht zur Führung des Verarbeitungsverzeichnisses, sofern die Verarbeitung ein Risiko für die Rechte und Freiheiten der betroffenen Personen birgt oder die **Verarbeitung nicht nur gelegentlich** erfolgt. Auch erfasst sind solche Verantwortliche, die **Daten besonderer Datenkategorien** gemäß Art. 9 Abs. 1 DS-GVO bzw. personenbezogene **Daten über strafrechtliche Verurteilungen und Straftaten** im Sinne des Art. 10 DS-GVO verarbeiten. Die Datenverarbeitung nach Art. 9 Abs. 1 DS-GVO und Art. 10 DS-GVO ist regelmäßig bei Anwälten einschlägig, die im Strafrecht, im Sozialrecht oder etwa im Asylrecht tätig sind. Allerdings werden angesichts des Anknüpfens an die „nicht nur gelegentliche Datenverarbeitung" wohl ohnehin die meisten Rechtsanwälte zur Führung eines Verarbeitungsverzeichnisses verpflichtet sein. Für das Tatbestandsmerkmal der „nicht nur gelegentlichen Datenverarbeitung" findet sich zwar keine Legaldefinition in der DS-GVO. Allerdings kann jedenfalls eine **vorhersehbar und regelmäßig wiederkehrende Verarbeitung** nicht als gelegentlich eingeordnet werden, wozu insbesondere die Verarbeitung im Rahmen des Mandanten- oder Personalmanagements sowie der Buchhaltung zählen wird.[69]

109 Das Verarbeitungsverzeichnis hat sämtliche der in Art. 30 Abs. 1 S. 2 DS-GVO näher beschriebenen **Eckdaten der Verarbeitung** zu enthalten. Als Verarbeitungstätigkeiten gelten dabei beispielsweise elektronische Anwaltsakten, die Kanzleisoftware, sowie andere in der Kanzlei eingesetzte Softwaretools (wie etwa elektronische Spracherkennungsprogramme, Buchhaltungssoftware, Adressdatenbanken), die Kanzlei-Website oder elektronische Listen jeglicher Art (Urlaubsliste, Wiedervorlagen, Terminverwaltung etc). Das Ver-

---

[69] Spoerr in BeckOK DatenschutzR DS-GVO Art. 30 Rn. 24; Martini in Paal/Pauly DS-GVO Art. 30 Rn. 34.

arbeitungsverzeichnis ist nach Art. 30 Abs. 2 DS-GVO **schriftlich** zu führen, wobei dies auch digital erfolgen kann. Es muss der **Aufsichtsbehörde auf Verlangen vorgelegt** werden, Art. 30 Abs. 4 DS-GVO.

> **Praxistipp:**
> Der oft beschwerliche Prozess der Erstellung des Verarbeitungsverzeichnisses eignet sich gut dazu, die Effizienz, Nachvollziehbarkeit und Sinnhaftigkeit der Datenverarbeitung in der Kanzlei zu überdenken. Angesichts der geforderten Angaben sind dabei eine ganze Reihe von Entscheidungen zu treffen, etwa zur Festlegung von Speicherfristen für Mandantendaten, zum Umgang mit Bewerberdaten oder zur gesetzlichen Grundlage für die Verwendung von Mitarbeiterfotos.
> Ein Muster-Verarbeitungsverzeichnis findet sich etwa auf der Website des Deutschen Anwaltvereins.[70]

8. Folgenabschätzung

Eine Frage des Einzelfalls wird sein, ob ein Rechtsanwalt zur Durchführung einer Folgenabschätzung nach Art. 35 DS-GVO verpflichtet ist. Birgt eine Form der Verarbeitung voraussichtlich ein **hohes Risiko,** so müssen Verantwortliche grundsätzlich vorab eine Abschätzung der Folgen der vorgesehenen Verarbeitungsvorgänge für den Schutz personenbezogener Daten durchführen. Bei dieser Risikoabschätzung sind insbesondere Art, Umfang, die Umstände und der Zweck der Verarbeitung zu berücksichtigen, sowie ob hierbei auf neue Technologien zurückgegriffen wird. Nähere Hinweise zur Durchführung einer Datenschutz-Folgenabschätzung bietet das Kurzpapier der Datenschutzkonferenz Nr. 5 „Datenschutz-Folgenabschätzung nach Art. 35 DS-GVO".[71] 110

Ein solches Risiko wird nach Art. 35 Abs. 3 lit. a DS-GVO insbesondere bei Maßnahmen des **Profiling** und bei automatisierten Datenverarbeitungsmaßnahmen gesehen. Auch soll dieses Risiko nach Art. 35 Abs. 3 lit b DS-GVO bestehen, wenn ein Rechtsanwalt eine **umfangreiche Verarbeitung besonderer Kategorien von personenbezogenen Daten** gemäß Art. 9 Abs. 1 DS-GVO oder von personenbezogenen **Daten über strafrechtliche Verurteilungen und Straftaten** gemäß Art. 10 DS-GVO vornimmt. ErwGr 91 S. 4 DS-GVO sieht in diesem Zusammenhang ausdrücklich vor, dass die Verarbeitung personenbezogener Daten **nicht** als umfangreich gilt, wenn diese personenbezogene Daten von Patienten oder von Mandanten betrifft und **durch** einen **einzelnen** Arzt, sonstigen Angehörigen eines Gesundheitsberufes oder **Rechtsanwalt** erfolgt. Dies soll dem Umstand Rechnung tragen, dass die verarbeiteten Daten bereits dem Berufsgeheimnis unterfallen und dadurch bereits geschützt sind.[72] 111

Eine Konkretisierung des hohen Risikos der Datenverarbeitung nimmt die **Artikel 29- Datenschutzgruppe** vor, indem sie zehn Fallgruppen benennt, aus denen sich ein solches hohes Risiko ergeben kann und als Faustregel empfiehlt, dass bei Vorliegen von zwei oder mehr Fallgruppen eine Datenschutz-Folgenabschätzung vorzunehmen ist.[73] 112

---

[70] Abrufbar unter https://anwaltverein.de/de/praxis/datenschutz, zuletzt abgerufen am 3.10.2018.
[71] Abrufbar unter https://www.datenschutzzentrum.de/uploads/dsgvo/kurzpapiere/DSK_KPNr_5_Datenschutz-Folgenabschaetzung.pdf, zuletzt abgerufen am 3.10.2018.
[72] Martini in Paal/Pauly DS-GVO Art. 35 Rn. 35.
[73] Artikel 29-Datenschutzgruppe, Leitlinien zum Begriff des hohen Risikos und zur Datenschutz-Folgenabschätzung 16/DE, WP 248, 4.4.2017, 7 ff.

VIII. Kontrolle des Datenschutzes und Rechtsschutz

113 Eine der wesentlichen Änderungen der DS-GVO zur alten Rechtslage sind die deutlich verschärften Rechtsfolgen bei Verstößen gegen das Datenschutzrecht (dazu allgemein → § 8). Auch wenn die empfindlichen Strafen auch für Rechtsanwälte eine hohe abschreckende Wirkung haben und diese deswegen vorliegend auch nicht ungenannt bleiben sollen, werden im Folgenden vor allem die Befugnisse der Aufsichtsbehörde beleuchtet.

1. Zuständige Aufsichtsbehörde

114 Weder in der DS-GVO noch im BDSG wird die bereits seit vielen Jahren aus der Anwaltschaft erhobene Forderung nach einer autonomen Datenschutzaufsicht für Rechtsanwälte umgesetzt.[74] Damit gelten hinsichtlich der **Zuständigkeit der Datenschutzaufsicht für Rechtsanwälte** die allgemeinen Grundsätze – lediglich **bei den Befugnissen** der zuständigen Aufsichtsbehörde sind für Rechtsanwälte einige **Besonderheiten** zu beachten.

115 Gemäß § 40 Abs. 1 BDSG sind die nach Landesrecht zuständigen Behörden verantwortlich für die Überwachung der Einhaltung der Vorschriften über den Datenschutz und damit auch der Einhaltung der DS-GVO. Sofern eine **Kanzlei mehrere Standorte** hat und deswegen grundsätzlich unterschiedliche Landesbehörden als zuständige Behörden in Betracht kommen, kommt es für die Zuständigkeit nach § 40 Abs. 2 S. 1 BDSG darauf an, welche Niederlassung als **Hauptniederlassung** im Sinne von Art. 4 Nr. 16 DS-GVO anzusehen ist. Im Ergebnis ist insofern auf die **Hauptverwaltung** abzustellen, es sei denn, die Entscheidungen hinsichtlich der Zwecke und Mittel der Verarbeitung personenbezogener Daten werden an einem anderen Standort getroffen und dieser Standort ist befugt, diese Entscheidungen umsetzen zu lassen. In diesem Fall gilt derjenige Kanzleistandort als Hauptniederlassung, der derartige Entscheidungen trifft.

2. Befugnisse der Aufsichtsbehörde

116 Nach Art. 58 DS-GVO hat die Aufsichtsbehörde umfangreiche Untersuchungs-, Abhilfe- und Genehmigungsbefugnisse (zu diesen Befugnissen allgemein → § 3 Rn. 205). Neben der Verhängung von Geldbußen kann sie den Verantwortlichen auch warnen, verwarnen oder anweisen, bestimmte Handlungen zu tun oder zu unterlassen. Für die Anwaltschaft werden diese umfangreichen Befugnisse hingegen durch **§ 29 Abs. 3 BDSG** hinsichtlich der Befugnisse zu **Eingriffs- und Zugriffsrechten** (Art. 58 Abs. 1 lit. e DS-GVO) sowie der **Zugangs- und Betretungsrechte** (Art. 58 Abs. 1 lit. f DS-GVO) insoweit **eingeschränkt**, als die Inanspruchnahme dieser Befugnisse zu einem **Verstoß gegen die Geheimhaltungspflichten** eines Rechtsanwalts führen würde.[75] Von dieser Einschränkung sind dem Wortlaut nach auch ausdrücklich die Auftragsverarbeiter und beruflichen Gehilfen der Berufsgeheimnisträger erfasst.

117 Die Aufsichtsbehörde darf deswegen insbesondere keinen Zugriff auf Systeme nehmen, die mandatsbezogene Informationen enthalten oder auf die zur Abrechnung von Mandaten genutzten Systeme. Ausgeschlossen ist damit auch ein Einblick in Datenbanken mit Informationen zu Mandanten, sowie Mandatsakten oder E-Mail Systeme, mit denen Mandantenkorrespondenz geführt wird.

118 Im Regelfall wird es genügen, wenn der Rechtsanwalt derartigen Ersuchen der Aufsichtsbehörde mit einem **Hinweis auf einen möglichen Verstoß gegen seine Ge-**

---

[74] Vgl. BRAK Stellungnahme 30/2012, 2; Redeker NJW 2009, 554 (557 f.); Conrad ZD 2014, 165 f.
[75] Grundsätzliche Kritik an dieser Vorschrift äußern etwa Weichert DANA 2017, 76 (79); Herbst in Kühling/Buchner DS-GVO Art. 90 Rn. 27 ff.; eine weite Auslegung auch jenseits der genannten Befugnisse fordert hingegen Kazemi NJW 2018, 443 (445).

heimhaltungspflichten begegnet – nur in Fällen, in denen ein Verstoß gegen Geheimhaltungspflichten nicht offensichtlich ist, wird der Rechtsanwalt den Ausschlussgrund weiter **substantiieren** müssen.[76]

Sofern die Aufsichtsbehörde trotz dieser Einschränkungen von geschützten Informationen Kenntnis erlangt, so weitet sich die **Geheimhaltungspflicht** auch auf die **Aufsichtsbehörde** aus, § 29 Abs. 3 S. 2 BDSG. Hierbei ist insbesondere auch eine Weitergabe an andere staatliche Stellen ausgeschlossen. 119

Im Hinblick auf die **Verhängung von Geldbußen** für Verstöße gegen die DS-GVO hat jede Aufsichtsbehörde nach Art. 83 Abs. 1 DS-GVO sicherzustellen, dass diese in jedem Einzelfall wirksam, verhältnismäßig und abschreckend ist. Die Höhe der im Einzelfall zu bestimmenden Geldbuße liegt damit im Ermessen der zuständigen Aufsichtsbehörde. Möglich sind nach Art. 83 Abs. 5 DS-GVO Geldbußen von bis zu 20 Millionen Euro oder von bis zu 4 % des gesamten weltweit erzielten Jahresumsatzes des vorangegangenen Geschäftsjahrs. 120

3. Rechtsmittel gegen Aufsichtsmaßnahmen

Nach Art. 78 Abs. 1 DS-GVO hat jede natürliche oder juristische Person ein Recht auf einen wirksamen gerichtlichen Rechtsbehelf gegen einen sie betreffenden rechtsverbindlichen Beschluss einer Aufsichtsbehörde. § 20 Abs. 1 S. 1 BDSG bestimmt, dass – außer bei Bußgeldern – innerstaatlich der **Verwaltungsrechtsweg eröffnet** ist. Ein Vorverfahren findet für die Beschreitung des Rechtsweges nicht statt, § 20 Abs. 6 DS-GVO. Örtlich zuständig ist nach § 20 Abs. 3 BDSG das Verwaltungsgericht, in dessen Bezirk die Aufsichtsbehörde ihren Sitz hat. 121

Daneben hat der Betroffene selbstverständlich jederzeit das Recht, selbst den (Zivil-) Rechtsweg gegen den Verantwortlichen zu beschreiten, wenn die Verarbeitung der ihn betreffenden personenbezogenen Daten in Rede steht, Art. 79 DS-GVO, § 44 BDSG (dazu im Einzelnen → § 3 Rn. 240). 122

---

[76] Kazemi NJW 2018, 443 (445).

§ 12 Datenschutz in der Privatversicherung

Übersicht

	Rn.
I. Einleitung	1
II. Anwendbare Vorschriften	3
III. Einzelprobleme	8
1. Risikobeurteilung vor Vertragsschluss	8
a) Allgemeine Bonitätsprüfungen	9
b) Risikoeinschätzung hinsichtlich potentieller Versicherungsfälle	10
aa) HIS	11
bb) Vorversichereranfrage	12
cc) Genetische Daten	13
dd) Daten über strafrechtliche Verurteilungen und Straftaten	15
2. Bearbeitung von Versicherungsfällen	16
a) Abwicklung von Versicherungsfällen	17
b) Verhinderung und Aufklärung von Versicherungsbetrug	19
3. Datenaustausch mit anderen Versicherern sowie Versicherungsvertretern und -maklern	22
a) Vorversicherer	23
b) Rückversicherer	24
c) Versicherungsvermittler	26
4. Verarbeitung von Gesundheitsdaten	27
a) Gesetzliche Erlaubnistatbestände	30
aa) Automatisierte Einzelentscheidungen	31
bb) Verwaltung von Systemen im Gesundheitsbereich	33
b) Einwilligung und Entbindung von der Schweigepflicht	37
aa) Entbindung von der Schweigepflicht nach § 203 StGB	40
bb) Einwilligung in Datenerhebung bei Dritten	44
cc) Muster Einwilligungs- und Schweigepflichtentbindungserklärung in der Versicherungswirtschaft	54
5. Smarte Versicherungstarife	58
a) Pay-as-you-drive	59
b) Pay-as-you-live	62
6. Outsourcing in der Versicherungswirtschaft	65
a) Datenschutzrechtliche Anforderungen	66
b) Anforderungen nach § 32 VAG und Art. 274 DVO (EU) Nr. 2015/35	70
c) Anforderungen nach § 203 StGB	73
7. Verhaltensregeln für den Umgang mit personenbezogenen Daten durch die deutsche Versicherungswirtschaft (Code of Conduct)	76
8. IT-Sicherheit und technische und organisatorische Maßnahmen	79
a) Datensicherheit	80
b) IT-Sicherheit	84
9. Sonstige Verarbeitung von Kundendaten	88
a) Beratung und Werbung	89
b) Bestandsübertragung	90
10. Aufsicht über Kranken-, Unfall- oder Lebensversicherer	93

Literatur:

Brand/Baroch Castellvi, Versicherungsaufsichtsgesetz, 2018; *Dovas,* Joint Controllership – Möglichkeiten oder Risiken der Datennutzung?, ZD 2016, 512; *Höld,* Verwendung von Kundendaten durch ausgeschiedene Versicherungsvertreter, NJW 2016, 2774; *Landheid/Wandt,* Münchener Kommentar zum Versicherungsvertragsgesetz, 2. Aufl. 2017; *Moos,* Datenschutz- und Datennutzungsverträge, 2. Aufl. 2018; *Pohle/Ghaffari,* Die Neufassung des § 203 StGB – der Befreiungsbeschlag für IT-Outsourcing am Beispiel der Versicherungswirtschaft?!, CR 2017, 489; *Prölss/Martin,* Versicherungsvertragsgesetz, 30. Aufl. 2018; *Rüffer/Halbach/Schimikowski,* Versicherungsvertragsgesetz, 3. Aufl. 2015; *Sassenberg/Faber,* Rechtshandbuch Industrie 4.0 und Internet of Things, 2017; *Schneider,* Datenschutz, 2017; *Schneider,* Der Vertrieb von Versicherungen über das Internet, 2004; *Spindler,* Big Data und Forschung mit Gesundheitsdaten in der gesetzlichen Krankenversicherung, MedR 2016, 691; *Völkel,* Please don't hold the line! Datenschutzrechtliche Anforderungen und Verantwortlichkeiten bei App-basierter Online-Kommunikation mit Versicherten in der Gesetzlichen Krankenversicherung, DSRITB 2016, 917; *Weichert,* Car-to-Car-Communication zwischen Datenbegehrlichkeit und digitaler Selbstbestimmung, SVR 2016, 361; *Weichert,* Datenschutz im Auto – Teil 2, SVR 2014, 241; *Weichert,* Pay-as-you-drive – ein trojanisches Pferd der Kfz-Versicherung, Polizeispiegel, April 2014, S. 22; *Weißhaupt,* Digital is the new M&A, DB 14/2018, M4f.

I. Einleitung

Wie kaum eine Branche, ist der private Versicherungssektor[1] mit seinen zahlreichen Akteuren (Erstversicherer, Rückversicherer, Versicherungsvertreter, Versicherungsmakler, aber auch Start Ups wie sog Insurtechs) von der Digitalisierung[2] und damit auch von der Verarbeitung personenbezogener Daten betroffen. Dies ist zum einen darauf zurückzuführen, dass die gesamte Branche einem stark gestiegenen Kostendruck unterworfen ist und derzeit versucht, diesem verstärkt durch Automatisierung, innovative Softwarelösungen und (konzerninternes) Outsourcing (→ Rn. 65 ff.) zu begegnen. Darüber hinaus birgt die stetig zunehmende Vernetzung ein ungeahntes Potenzial für neue, individualisierte Versicherungstarife (→ Rn. 58 ff.). Telematik-basierte Tarife für Kfz-Versicherungen (sog **„Pay-as-you-drive"-Tarife**) sind längst zu haben.[3] Aufgrund der immer größeren Verbreitung von Wearables, wie Fitnessarmbändern und Smart Watches, wird im Bereich der Krankenversicherung längst auch an **„Pay-as-you-live"-Produkten** geforscht.[4]

1

Auch unabhängig von den vorgenannten Entwicklungen zählt die private Versicherungsbranche zu den datenlastigen Sektoren, mit einem starken Austausch teilweise sehr sensibler Daten zwischen den Akteuren. Auch müssen Versicherer, stärker als viele andere Branchen, Vorkehrungen zur Erkennung und Verhinderung von Betrug treffen. Aus diesem Grund hat sich die deutsche Versicherungswirtschaft mit den „Verhaltensregeln für den Umgang mit personenbezogenen Daten durch die deutsche Versicherungswirtschaft" als erste Branche einen **Code of Conduct** (→ Rn. 76 ff.) gegeben und diesen im Verfahren nach § 38 BDSG aF von den Datenschutzaufsichtsbehörden anerkennen lassen. Bis November 2017 sind bereits fast 300 Versicherungsunternehmen beigetreten. Zur Erlangung von Rechtssicherheit für den Umgang mit Gesundheitsdaten und Informationen, die dem Berufsgeheimnisschutz unterliegen, wurde mit den Datenschutzaufsichtsbehörden zudem ein Muster für eine Einwilligungs- und Schweigepflichtentbindungserklärung[5] ausgehandelt (→ Rn. 54 ff.).

2

II. Anwendbare Vorschriften

Die Verarbeitung personenbezogener Daten durch Versicherungsunternehmen erfolgt in der Regel, soweit dies zur Begründung, Durchführung, Beendigung von Versicherungsverhältnissen erforderlich ist, insbesondere zur Bearbeitung eines Antrags, zur Beurteilung des zu versichernden Risikos, zur Erfüllung der Beratungspflichten nach dem VVG, zur Prüfung einer Leistungspflicht und zur internen Prüfung des fristgerechten Forderungsausgleichs. Sie erfolgt auch zur Prüfung und Regulierung der Ansprüche Geschädigter in

3

---

[1] Dieses Kapitel beschäftigt sich mit den datenschutzrechtlichen Aspekten privater Versicherungen (Haftpflicht- und Sachversicherungen sowie Kranken-, Unfall- und Lebensversicherungen). Fragen im Zusammenhang mit gesetzlichen Versicherungen und Sozialversicherungen werden nicht behandelt.
[2] Siehe hierzu vertiefend Schaloske in Sassenberg/Faber RechtsHdB Industrie 4.0 und Internet of Things Teil 4 Kap. D Rn. 1 ff. mwN; Weißhaupt DB 14/2018, M4f.
[3] LfDI NRW, 22. Bericht, Ziff. 5.1.
[4] Schaloske in Sassenberg/Faber RechtsHdB Industrie 4.0 und Internet of Things Teil 4 Kap. D Rn. 30.
[5] Düsseldorfer Kreis, Beschluss Einwilligungs- und Schweigepflichtentbindungserklärung in der Versicherungswirtschaft v. 17.1.2012.

der Haftpflichtversicherung, zur Prüfung und Abwicklung von Regressforderungen, zum Abschluss und zur Durchführung von Rückversicherungsverträgen, Entwicklung von Tarifen, Produkten und Dienstleistungen, zur Erstellung von Statistiken, für versicherungsrelevante Forschungszwecke, zB Unfallforschung, zur Missbrauchsbekämpfung oder zur Erfüllung gesetzlicher und aufsichtsrechtlicher Verpflichtungen (ua aus dem VAG) und zu Zwecken der Werbung sowie der Markt- und Meinungsforschung.

4   Bei der datenschutzrechtlichen Bewertung der Zulässigkeit der Verarbeitung personenbezogener Daten nach den Maßstäben der DS-GVO und des BDSG sind auch Anforderungen nach dem Versicherungsvertragsgesetz (VVG) sowie die regulatorischen Anforderungen aus dem Versicherungsaufsichtsgesetz (VAG) zu berücksichtigen. Abhängig von ihrer Größe können Versicherungsunternehmen auch als „Betreiber Kritischer Infrastrukturen" unter die IT-sicherheitsrechtlichen Anforderungen des BSIG fallen. Kranken-, Unfall- und Lebensversicherer müssen bei der Offenlegung von Informationen aus dem Schutzbereich des § 203 StGB ferner sicherstellen, dass es nicht zu einem strafbewehrten unbefugten Offenbaren iSd Vorschrift kommt.

5   Zunächst richtet sich die Verarbeitung personenbezogener Daten im Zusammenhang mit der Entscheidung über die Begründung von Versicherungsverhältnissen und danach im Zusammenhang mit der Begründung, Durchführung und Beendigung des Versicherungsverhältnisses sowie die weitere Datenverarbeitung durch Versicherungsunternehmen nach den Vorschriften der DS-GVO und des BDSG. Soweit personenbezogene Daten, die nicht unter die besonderen Kategorien personenbezogener Daten gemäß Art. 9 DS-GVO fallen, verarbeitet werden, kommen als Erlaubnistatbestände Art. 6 Abs. 1 lit. b, lit. c und lit. f DS-GVO, und in einigen Ausnahmefällen die Einwilligung nach Art. 6 Abs. 1 lit. a DS-GVO in Betracht. Soweit besondere Kategorien personenbezogener Daten nach Art. 9 Abs. 1 DS-GVO (in der Regel Gesundheitsdaten iSd Art. 4 Nr. 15 DS-GVO) betroffen sind, dürfte im Versicherungswesen wohl auch in Zukunft weiter auf die Einwilligung zurückgegriffen werden müssen, wenn die Ausnahmetatbestände nach Art. 9 Abs. 2 lit. c, e, und f DS-GVO nicht einschlägig sind. Das BDSG enthält im Rahmen der Umsetzung von Öffnungsklauseln für Versicherungsunternehmen diesbezüglich wenig Erleichterungen gegenüber der DS-GVO. § 22 Abs. 1 lit. b BDSG enthält einen Ausnahmetatbestand für die Verarbeitung personenbezogener Daten für die Verwaltung von Systemen und Diensten im Gesundheitsbereich (→ Rn. 33 f.). § 37 BDSG trägt den Bedürfnissen der Versicherungswirtschaft nach der Zulässigkeit automatisierter Einzelfallentscheidungen Rechnung (→ Rn. 31 f.).[6]

6   Das VVG und das VAG enthalten besondere Vorschriften, welche auch beim Umgang mit personenbezogenen Daten durch Versicherungsunternehmen zu beachten sind. Soweit Versicherungsunternehmen (hier in der Regel Kranken-, Unfall- und Lebensversicherer) personenbezogene **Gesundheitsdaten** über den Versicherten bei Dritten erheben, werden in § 213 VVG weitere Anforderungen hierzu aufgestellt. Sofern ein Versicherungsunternehmen konzerninterne oder externe Dienstleister einsetzt, an die personenbezogene Daten weitergegeben werden oder diese Zugriff erhalten, müssen insbesondere die Voraussetzungen des § 32 VAG an eine Ausgliederung[7] eingehalten werden (→ Rn. 70 ff.). Die Anforderungen an eine Ausgliederung gelten unabhängig davon, ob das **Outsourcing** im Wege der Auftragsverarbeitung erfolgt oder es sich bei dem Service-Provider um einen (gemeinsam) Verantwortlichen handelt.

7   Angehörige (dh Beschäftigte und Organe)[8] eines Kranken-, Unfall- oder Lebensversicherers fallen gem. § 203 Abs. 1 Nr. 7 StGB in den Anwendungsbereich des **strafrechtlichen Schutzes von Privatgeheimnissen.** Bereits die Tatsache, dass ein Versicherungs-

---

[6] Siehe auch BT-Drs. 18/11325, 106 f.
[7] Siehe für einen Überblick über § 32 VAG Schaaf in Brand/Baroch Castellvi VAG § 32 Rn. 2 f.
[8] Cierniak/Niehaus in MüKoStGB § 203 Rn. 40.

vertrag besteht, stellt ein Geheimnis iSd § 203 StGB dar.[9] Beim Outsourcing sind die Anforderungen des § 203 Abs. 3 StGB einzuhalten (→ Rn. 73 ff.).[10]

III. Einzelprobleme

1. Risikobeurteilung vor Vertragsschluss

Als Risikoträger haben Versicherungsunternehmen ein besonderes Interesse, vor Vertragsschluss eine entsprechende Risikobeurteilung vorzunehmen und gegebenenfalls zu überprüfen, ob unrichtige oder unvollständige Angaben gemacht wurden (für die zusätzlichen Anforderungen an die Verarbeitung besonderer Kategorien personenbezogener Daten → Rn. 27 ff.). 8

a) Allgemeine Bonitätsprüfungen. Zunächst haben Versicherungsunternehmen bei einem Dauerschuldverhältnis, wie einem Versicherungsvertrag, ein wesentliches Interesse daran, einen Überblick über die (potenzielle) Zahlungsfähigkeit des Versicherungsnehmers zu erhalten. Für die Abfrage von Bonitätsdaten, insb. bei Auskunfteien, und die anschließende Verarbeitung von Bonitätsdaten durch Versicherungsunternehmen gelten die allgemeinen Anforderungen. Hierbei ist zu berücksichtigen, dass Bonitätsprüfungen grds. auch ohne Einwilligung der betroffenen Person durchgeführt werden können.[11] Der Versicherer kann sich hierbei auf Art. 6 Abs. 1 lit. b DS-GVO berufen, die Auskunftei auf Art. 6 Abs. 1 lit. f DS-GVO. Aufseiten des Versicherungsunternehmens ist in diesem Zusammenhang zu berücksichtigen, inwieweit ein **finanzielles Ausfallrisiko** besteht.[12] Ein solches besteht nur dann, wenn eine Partei erheblich in Vorleistung geht.[13] Für den Versicherungsvertrag kommt es daher im Wesentlichen darauf an, wie schnell sich das Versicherungsunternehmen bei Ausbleiben der Prämienzahlungen vom Vertrag lösen kann. Dies hängt wiederum vom Versicherungstyp und -tarif ab. Besteht ein gesetzlicher Kontrahierungszwang ohne oder nur mit eingeschränkten Möglichkeiten der Kündigung im Fall des Zahlungsverzugs, ist von einem finanziellen Ausfallrisiko auszugehen. Dies ist zB beim Basistarif der privaten Krankenversicherung gem. § 12 Abs. 1a VAG iVm § 193 Abs. 5 VVG der Fall.[14] Nicht zulässig ist eine Verarbeitung von Bonitätsdaten zum Zweck der Prüfung des zu versichernden Risikos, etwa um aus der Bonität der Versicherten die Schadensanfälligkeit zB Lebenserwartung, Gesundheitsprognosen oder allg. „Schadensgeneigtheit" abzuleiten.[15] Sofern die Bonitätsabfrage nicht auf Art. 6 Abs. 1 lit. b DS-GVO gestützt werden kann, dürfte eine Einwilligung idR an der fehlenden Freiwilligkeit nach Art. 7 Abs. 4 DS-GVO scheitern. 9

b) Risikoeinschätzung hinsichtlich potentieller Versicherungsfälle. Neben der allgemeinen Frage der Bonität des Versicherungsnehmers kann auch ein Interesse des Versicherungsunternehmens an einer Risikoeinschätzung hinsichtlich potenzieller betrügerischer Versicherungsfälle bestehen. Hierzu kann zum einen auf versicherungsspezifische Warnsysteme zur Betrugsprävention und -aufklärung zurückgegriffen werden. Zum anderen kann auch bei ehemaligen Versicherern angefragt werden (sog Vorversicheranfrage). 10

---

[9] BGH NJW 2010, 2509 Rn. 15.
[10] Siehe hierzu Pohle/Ghaffari CR 2017, 489.
[11] Zur Position der deutschen Datenschutzaufsichtsbehörden Hess LfD, 45. Bericht, Ziff. 4.2.1.1.
[12] Grundsätzlich gegeben bei Kreditversicherungen s. zum BDSG aF Eichler/Kamp in BeckOK DatenschutzR Versicherungswesen Rn. 117.
[13] BGH NJW 1984, 1886 (1887).
[14] So auch zum BDSG aF Eichler/Kamp in BeckOK DatenschutzR Versicherungswesen Rn. 119
[15] Zum BDSG aF Eichler/Kamp in BeckOK DatenschutzR Versicherungswesen Rn. 113.

11 aa) HIS. Das Hinweis- und Informationssystem (HIS) kann von den teilnehmenden Versicherungsunternehmen nicht nur zur Sachverhaltsaufklärung bei der Leistungsprüfung (zB im Schadensfall) (siehe hierzu und zu weiteren Details zu HIS → Rn. 19 f.), sondern auch für die Risikobeurteilung bei der Antragstellung, dh beim Antrag auf Abschluss eines Versicherungsvertrages, genutzt werden.[16] Rechtsgrundlage hierfür ist Art. 6 Abs. 1 lit. f DS-GVO.[17] Eine standardmäßige HIS-Abfrage bei jedem Antrag dürfte jedoch gegen die berechtigten Interessen der Versicherungsnehmer verstoßen. Vielmehr ist eine HIS-Abfrage nur dann zulässig, wenn konkrete Anhaltspunkte für einen potenziellen Missbrauch bestehen. Dies kann etwa der Fall sein, wenn es im Rahmen der Anzeigepflicht des Versicherungsnehmers nach § 19 VVG zu nicht unwesentlichen Ungereimtheiten kommt. In jedem Fall ist auf die Möglichkeit einer HIS-Anfrage in transparenter Weise nach Art. 13, 14 DS-GVO (dazu allgemein → § 3 Rn. 100 ff.) zu informieren.

12 bb) Vorversichereranfrage. Eine **Anfrage beim Vorversicherer** eines Antragstellers für Zwecke der Risikoeinschätzung (siehe zu weiteren Fällen des Datenaustauschs mit dem Vorversicherer → Rn. 23) ist als Datenerhebung ohne Mitwirkung der betroffenen Person auch auf Grundlage des Art. 6 Abs. 1 lit. f DS-GVO grundsätzlich nur unter strengen Voraussetzungen gerechtfertigt. Dies ist zB der Fall, wenn die Beurteilung eines besonderen Risikos jenseits vom allgemeinen Vertragsrisiko bei Vertragsabschluss zur Verifikation von Angaben des Betroffenen oder zur Einholung von spezifischen Erfahrungswerten bei Dritten berechtigt.[18] Hierbei ist zunächst vom Auskunftsrecht des Versicherers nach § 19 Abs. 1 VVG Gebrauch zu machen. Bestehen Anhaltspunkte für nicht wahrheitsgemäße Angaben, kommt eine Vorversichereranfrage in Betracht. Hierbei muss jedoch geprüft werden, ob eine Anfrage beim Vorversicherer überhaupt zur Verifikation geeignet ist, da der Vorversicherer die Richtigkeit der Informationen nicht garantieren kann.[19] Darüber hinaus ist zu beachten, dass nicht jeder Umstand, nach dem der Versicherer fragt, auch tatsächlich zur **Gefahrerhöhung** geeignet ist und entsprechend zur Verifikation berechtigt.[20] Schließlich darf die Vorversichereranfrage es dem Versicherer nicht ermöglichen, ein Individualprofil des Antragsstellers zu erstellen, sondern nur jene Informationen zu verifizieren, die für eine vernünftige Risikoprüfung und zulässige Tarifgestaltung zum Schutze der Versichertengemeinschaft unabdingbar sind.[21]

13 cc) Genetische Daten. Für die Verarbeitung genetischer Daten iSd Art. 4 Nr. 13 DS-GVO ist zunächst die Sonderregelung des § 18 Abs. 1 S. 1 **Gendiagnostikgesetz** (GenDG) zu beachten. Nach dieser Vorschrift

[darf][d]er Versicherer (…) von Versicherten weder vor noch nach Abschluss des Versicherungsvertrages
1. die Vornahme genetischer Untersuchungen oder Analysen verlangen oder
2. die Mitteilung von Ergebnissen oder Daten aus bereits vorgenommenen genetischen Untersuchungen oder Analysen verlangen oder solche Ergebnisse oder Daten entgegennehmen oder verwenden.

14 Die Norm ist mit der DS-GVO vereinbar, da Mitgliedsstaaten nach Art 9 Abs. 4 DS-GVO zusätzliche Bedingungen, einschließlich Beschränkungen, einführen oder aufrecht-

---

[16] BfDI Hinweis- und Informationssystem der Versicherungswirtschaft (HIS), abrufbar unter https://www.bfdi.bund.de/DE/Datenschutz/Themen/Finanzen_Versicherungen/VersicherungenArtikel/HinweisUndInformationssystemVersicherungswirtschaft.html, zuletzt abgerufen am 29.6.2018.
[17] BfDI Hinweis- und Informationssystem der Versicherungswirtschaft (HIS), abrufbar unter https://www.bfdi.bund.de/DE/Datenschutz/Themen/Finanzen_Versicherungen/VersicherungenArtikel/HinweisUndInformationssystemVersicherungswirtschaft.html, zuletzt abgerufen am 29.6.2018.
[18] Zum BDSG aF Eichler/Kamp in BeckOK DatenschutzR Versicherungswesen Rn. 50.
[19] Zum BDSG aF Eichler/Kamp in BeckOK DatenschutzR Versicherungswesen Rn. 51.
[20] Zum BDSG aF Eichler/Kamp in BeckOK DatenschutzR Versicherungswesen Rn. 52.
[21] Zum BDSG aF Eichler/Kamp in BeckOK DatenschutzR Versicherungswesen Rn. 53.

erhalten dürfen, soweit die Verarbeitung von genetischen, biometrischen oder Gesundheitsdaten betroffen ist. Das Verbot nach § 18 Abs. 1 S. 1 GenDG kann daher nicht einmal mit einer Einwilligung nach Art. 9 Abs. 2 lit. a DS-GVO überwunden werden. § 18 Abs. 1 S. 2 GenDG sieht eine Ausnahme vor, wonach nach § 18 Abs. 1 S. 1 Nr. 2 GenDG für die Lebensversicherung, die Berufsunfähigkeitsversicherung, die Erwerbsunfähigkeitsversicherung und die Pflegerentenversicherung nicht gilt, wenn eine Leistung von mehr als EUR 300.000 oder mehr als EUR 30.000 Jahresrente vereinbart wird. Die Vorschrift stellt keinen Erlaubnistatbestand iSd DS-GVO dar. Zum einen sieht Art. 9 DS-GVO keine entsprechende Öffnungsklausel vor. Zum anderen werden keine spezifischen Maßnahmen zum Schutz der betroffenen Person vorgesehen. Inwieweit eine Einwilligung nach Art. 9 Abs. 2 lit. a DS-GVO als Erlaubnistatbestand für die Datenverarbeitung im Rahmen der Ausnahme nach § 18 Abs. 1 S. 2 GenDG herangezogen werden kann, bleibt abzuwarten. Eine Kopplung des Vertragsschlusses an die Einwilligung dürfte wohl gegen das Kopplungsverbot gemäß Art. 7 Abs. 4 DS-GVO verstoßen und zur Nichtigkeit der Einwilligung führen. Insofern wäre eine Klärung durch den Gesetzgeber wünschenswert.

dd) Daten über strafrechtliche Verurteilungen und Straftaten. Problematisch ist die 15 Abfrage von personenbezogenen Daten über strafrechtliche Verurteilungen und Straftaten im Rahmen der Risikoeinschätzung, etwa im Zusammenhang mit dem Abschluss einer **D&O-Versicherung.**[22] Hier greift die Sonderregelung des Art. 10 DS-GVO (→ § 3 Rn. 1 ff.). Erforderlich für eine Verarbeitung wäre danach, dass die Verarbeitung unter behördlicher Aufsicht vorgenommen wird oder nach dem Unionsrecht oder dem Recht der Mitgliedstaaten, das geeignete Garantien für die Rechte und Freiheiten der betroffenen Personen vorsieht, erlaubt ist. Diese Voraussetzungen liegen aber nicht vor. Eine Versicherungsaufsichtsbehörde, wie die BaFin, ist zunächst keine Behörde iSd Art. 10 Abs. 1 DS-GVO.[23] Damit wäre die Verarbeitung für deutsche Versicherungsunternehmen nur zulässig, wenn dies nach dem Unionsrecht oder dem Recht der Mitgliedstaaten, das geeignete Garantien für die Rechte und Freiheiten der betroffenen Personen vorsieht, zulässig ist. Derzeit sieht weder das direkt anwendbare EU-Recht noch das deutsche nationale Recht entsprechende Erlaubnistatbestände vor. Hier ist der deutsche Gesetzgeber gefordert, der die Auswirkungen des Art. 10 DS-GVO bislang deutlich unterschätzt hat.[24] Ein Zulässigkeit nach Art. 10 DS-GVO, entweder über den Tatbestand „unter behördlicher Aufsicht" oder über das deutsche Recht könnte dann ggf. vorliegen, wenn die BaFin eine Verarbeitung personenbezogenen Daten über strafrechtliche Verurteilungen und Straftaten für die Risikobewertung ausdrücklich anordnen würde.

2. Bearbeitung von Versicherungsfällen

Bei der Bearbeitung und Abwicklung von Versicherungsfällen liegt der Schwerpunkt der 16 datenschutzrechtlichen Betrachtung auf der Erhebung personenbezogener Daten über den Versicherten bei Dritten (zB Ärzten), der Erhebung personenbezogener Daten über Dritte (zB Unfallgegner) sowie auf der Verhinderung und Aufklärung von Versicherungsbetrug.

a) Abwicklung von Versicherungsfällen. Die für die Bearbeitung und Abwicklung 17 von Versicherungsfällen erforderlichen personenbezogenen Daten des eigenen Versicherungsnehmers können durch das Versicherungsunternehmen auf Grundlage des Art. 6 Abs. 1 lit. b DS-GVO verarbeitet werden. Ist der Versicherte nicht gleichzeitig Versicherungsnehmer (zB Mitversicherte einer Kfz-Haftpflichtversicherung, versicherte Person bei einer Gruppenversicherung), kann die Verarbeitung der personenbezogenen Daten des

---

[22] Directors-and-Officers-Versicherung.
[23] Kampert in Sydow DS-GVO Art. 10 Rn. 5.
[24] Siehe auch BT-Drs. 19/2693, 3.

Versicherten für die Bearbeitung und Abwicklung von Versicherungsfällen grds. auf Art. 6 Abs. 1 lit. f DS-GVO gestützt werden, soweit die Verarbeitung tatsächlich erforderlich ist. Die jeweilige betroffene Person ist zwar nicht selbst Vertragspartner des Versicherungsunternehmens, weshalb auch Art. 6 Abs. 1 lit. b DS-GVO als Erlaubnistatbestand ausscheidet, aufgrund der Begünstigung des Versicherten, zB im Wege eines Vertrags zugunsten Dritter, ist es jedoch sachgerecht den Versicherten im Rahmen der Interessenabwägung wie einen Vertragspartner zu behandeln. Die Geltendmachung, Ausübung und Verteidigung von Rechtsansprüchen ist ein berechtigtes Interesse iSd Art. 6 Abs. 1 lit. f DS-GVO.

Die Erhebung von Daten von Zeugen oder Geschädigten anlässlich einer Leistungsprüfung und -erbringung in der Haftpflichtversicherung und die Verarbeitung personenbezogener Daten zur Erfüllung von Direktansprüchen in der Kfz-Haftpflichtversicherung können auf Art. 6 Abs. 1 lit. f DS-GVO gestützt werden. Gleiches gilt für Daten eines Rechtsanwalts oder einer Reparaturwerkstatt zur Korrespondenz im Leistungsfall. Das Versicherungsunternehmen muss auch hier grds. seinen Informationspflichten nach Art. 14 DS-GVO (→ § 3 Rn. 102) nachkommen.

18 Sofern personenbezogene Daten über den Versicherungsnehmer bzw. Versicherten bei Dritten erhoben werden, kann dies grds. nur in Ausnahmefällen über Art. 6 Abs. 1 lit. f DS-GVO gerechtfertigt werden. Zunächst ist im Rahmen der Erforderlichkeit zu prüfen, ob die Daten nicht direkt bei der betroffenen Person erhoben werden können. Sofern es sich um die Erhebung personenbezogener Gesundheitsdaten durch das Versicherungsunternehmen handelt, sind die Beschränkungen nach § 213 VVG zu beachten (→ Rn. 44 ff.).

19 **b) Verhinderung und Aufklärung von Versicherungsbetrug.** Auch bei der Bearbeitung und Abwicklung von Versicherungsfällen besteht seitens des Versicherungsunternehmens ein berechtigtes Interesse daran, Versicherungsbetrug zu erkennen, zu verhindern und aufzuklären. Der EU-Gesetzgeber hat die Verhinderung von Betrug im unbedingt erforderlichen Umfang als berechtigtes Interesse iSd Art. 6 Abs. 1 lit. f DS-GVO anerkannt.[25] Die deutschen Versicherungsunternehmen haben für die Sparten Kraftfahrt-, Unfall-, Rechtsschutz-, Sach-, Lebens-, Transport- und Haftpflichtversicherung das sog Hinweis- und Informationssystem (HIS) eingerichtet.[26] **HIS** wird als Auskunftei von der Firma informa HIS GmbH betrieben. Die privaten Krankenversicherungen planen, ebenfalls ein entsprechendes System in Form einer Auskunftei zu errichten, um insbesondere der missbräuchlichen Inanspruchnahme von privaten Krankenversicherungen entgegenzuwirken.[27] Das HIS wird in seiner derzeitigen Ausgestaltung von den deutschen Datenschutzaufsichtsbehörden auf Basis des Art. 6 Abs. 1 lit. f DS-GVO bei Einhaltung der übrigen datenschutzrechtlichen Voraussetzungen[28] als zulässig erachtet.[29] Die Einmeldung in HIS erfolgt nach festgelegten Einmeldekriterien.

---

[25] ErwGr 47 S. 6 DS-GVO.
[26] Siehe zu Geschichte und Kritik an HIS Eichler/Kamp in BeckOK DatenschutzR Versicherungswesen Rn. 33 ff.
[27] Hess LfD, 46. Bericht, Ziff. 2.5.
[28] Siehe hierzu auch Art. 14 der Verhaltensregeln für den Umgang mit personenbezogenen Daten durch die deutsche Versicherungswirtschaft, Stand: 29.6.2018, abrufbar unter https://www.gdv.de/resource/blob/23938/8db1616525e9a97326e2f2303cf42bd5/download-code-of-conduct-data.pdf, zuletzt abgerufen am 29.9.2018.
[29] BfDI Hinweis- und Informationssystem der Versicherungswirtschaft (HIS), abrufbar unter https://www.bfdi.bund.de/DE/Datenschutz/Themen/Finanzen_Versicherungen/VersicherungenArtikel/HinweisUndInformationssystemVersicherungswirtschaft.html, zuletzt abgerufen am 29.6.2018.

Einmeldekriterien für HIS sind zB atypische Schadenshäufigkeiten, besondere Schadenfolgen, erschwerte Risiken oder Schadensabwicklungen aufgrund von Sachverständigengutachten.[30]

Versicherungsunternehmen können Informationen zur Schadensfallprüfung im Leistungsbereich im automatisierten Verfahren abrufen, soweit im Einzelfall ein berechtigtes Interesse vorliegt und die Daten lediglich zu einer genaueren Überprüfung genutzt werden, nicht jedoch zu einer generellen Ablehnung der Versicherungsleistung.[31] Hinsichtlich des HIS bleibt abzuwarten, inwieweit die Datenschutzaufsichtsbehörden eine gemeinsame Verantwortlichkeit des Betreibers und der teilnehmenden Versicherungsunternehmen nach Art. 26 DS-GVO annehmen werden. Ein gemeinsamer Informationspool/Warndatei mehrerer Verantwortlicher wird als eine der möglichen Fallgruppen für gemeinsam Verantwortliche gesehen.[32] 20

Darüber hinaus können Versicherungsunternehmen auf Basis des Art. 6 Abs. 1 lit. f DSGVO jederzeit bei entsprechenden Anhaltspunkten prüfen, ob bei der Antragstellung oder bei Aktualisierungen von Antragsdaten während des Versicherungsverhältnisses unrichtige oder unvollständige Angaben gemacht wurden und damit die Risikobeurteilung beeinflusst wurde oder ob falsche bzw. unvollständige Sachverhaltsangaben bei der Feststellung eines entstandenen Schadens gemacht wurden.[33] 21

3. Datenaustausch mit anderen Versicherern sowie Versicherungsvertretern und -maklern

Im Zusammenhang mit der Begründung, Durchführung und Beendigung eines Versicherungsvertrags kann es regelmäßig zum Datenaustausch zwischen dem Versicherungsunternehmen, das Vertragspartner des Versicherungsnehmers ist oder einen Vertragsschluss beabsichtigt, und verschiedenen anderen Akteuren des Versicherungsmarktes kommen. 22

a) Vorversicherer. Außerhalb der Risikoeinschätzung (→ Rn. 12) ist ein Datenaustausch zwischen Versicherungsunternehmen und Vorversicherer in vielen Fällen nicht nur hilfreich, sondern auch erforderlich. 23

Beispiele sind die Übertragung der Schadensfreiheitsklassen in der Kfz-Haftpflichtversicherung und Vollkaskoversicherung, die Übertragung von Ansprüchen auf Altersvorsorge bei Anbieter- oder Arbeitgeberwechsel und die Übertragung von Altersrückstellungen in der Krankenversicherung auf den neuen Versicherer.

In diesen Fällen ist die Verarbeitung für das Versicherungsunternehmen durch Art. 6 Abs. 1 lit. b DS-GVO und für den Vorversicherer ebenfalls durch Art. 6 Abs. 1 lit. b DS-GVO (nachvertragliche Pflichten) oder jedenfalls Art. 6 Abs. 1 lit. f DS-GVO gerechtfertigt.

b) Rückversicherer. Rückversicherer sichern die Risiken des Versicherungsunternehmens aus seinen Versicherungsverträgen ab. Rückversicherer bedienen sich ggf. wiederum 24

---

[30] BfDI Hinweis- und Informationssystem der Versicherungswirtschaft (HIS), abrufbar unter https://www.bfdi.bund.de/DE/Datenschutz/Themen/Finanzen_Versicherungen/VersicherungenArtikel/HinweisUndInformationssystemVersicherungswirtschaft.html, zuletzt abgerufen am 29.6.2018.
[31] BfDI Hinweis- und Informationssystem der Versicherungswirtschaft (HIS), abrufbar unter https://www.bfdi.bund.de/DE/Datenschutz/Themen/Finanzen_Versicherungen/VersicherungenArtikel/HinweisUndInformationssystemVersicherungswirtschaft.html, zuletzt abgerufen am 29.6.2018.
[32] DSK, Kurzpapier Nr. 16 Gemeinsam für die Verarbeitung Verantwortliche, Art. 26 DSGVO, Stand: 19.3.2018, 5.
[33] Siehe Art. 15 der Verhaltensregeln für den Umgang mit personenbezogenen Daten durch die deutsche Versicherungswirtschaft, Stand: 29.6.2018, abrufbar unter https://www.gdv.de/resource/blob/23938/8db1616525e9a97326e2f2303cf42bd5/download-code-of-conduct-data.pdf, zuletzt abgerufen am 29.9.2018.

weiterer Rückversicherer, sodass es zu einer **Absicherungskette** kommen kann. Im Zusammenhang mit der Risikoabsicherung kann es uU erforderlich werden, auch personenbezogene Daten der Versicherungsnehmer an Rückversicherer weiterzugeben. Eine Rechtfertigung der Übermittlung nach Art. 6 Abs. 1 lit. b DS-GVO scheidet aus, da weder ein Vertragsverhältnis zwischen dem Rückversicherer und dem Versicherungsnehmer besteht, noch die Datenverarbeitung für die Durchführung des Vertrags zwischen Versicherungsunternehmen und Versicherungsnehmer erforderlich ist. Soweit Art. 6 Abs. 1 lit. f DS-GVO als Erlaubnistatbestand herangezogen wird, ist im Einzelfall zu prüfen, inwieweit nicht anonymisierte oder zumindest stark pseudonymisierte Daten ausreichen.

Der Code of Conduct der Versicherungswirtschaft nennt in Art. 17 Abs. 2 S. 2 folgende Beispiele für Fälle, in denen eine Datenweitergabe an Rückversicherer erfolgen kann:
1. Die Rückversicherer führen zB bei hohen Vertragssummen oder bei einem schwer einzustufenden Risiko im Einzelfall die Risikoprüfung und die Leistungsprüfung durch,
2. die Rückversicherer unterstützen die Unternehmen bei der Risiko- und Schadensbeurteilung sowie bei der Bewertung von Verfahrensabläufen,
3. die Rückversicherer erhalten zur Bestimmung des Umfangs der Rückversicherungsverträge einschließlich der Prüfung, ob und in welcher Höhe sie an ein und demselben Risiko beteiligt sind (Kumulkontrolle) sowie zu Abrechnungszwecken Listen über den Bestand der unter die Rückversicherung fallenden Verträge,
4. die Risiko- und Leistungsprüfung durch den Erstversicherer wird von den Rückversicherern stichprobenartig oder in Einzelfällen zur Prüfung ihrer Leistungspflicht gegenüber dem Erstversicherer kontrolliert.

In diesen Fällen dürfte jedoch im Regelfall keine Weitergabe von Klardaten erforderlich sein[34], sodass die Daten lediglich anonymisiert oder, soweit erforderlich, pseudonymisiert weitergegeben werden dürfen. Bei Unterstützungsleistungen handelt der Rückversicherer nicht als Versicherungsunternehmen, sondern wie ein externer Dienstleister (→ Rn. 65 ff.).[35]

25 Sofern Gesundheitsdaten betroffen sind, ist eine Einwilligung nach Art. 9 Abs. 2 lit. a DS-GVO erforderlich, für Daten im Anwendungsbereich des § 203 StGB (außerhalb des § 203 Abs. 3 StGB) eine Schweigepflichtentbindungserklärung.

26 **c) Versicherungsvermittler.** Unter Versicherungsvermittlern werden gem. § 59 Abs. 1 VVG **Versicherungsvertreter** und **Versicherungsmakler** verstanden. Versicherungsvertreter sind hierbei (direkt oder indirekt) auf Seiten des Versicherungsunternehmens (§ 59 Abs. 2 VVG), Versicherungsmakler auf Seiten des Versicherungsnehmers (§ 59 Abs. 3 VVG) tätig. Soweit der Datenaustausch zwischen Versicherer und Versicherungsvermittlern erforderlich ist, kann er auf Art. 6 Abs. 1 lit. b DS-GVO oder Art. 6 Abs. 1 lit. f DS-GVO gestützt werden. Wechselt der betreuende Versicherungsvertreter ohne Veranlassung des Versicherungsnehmers, so ist eine Übermittlung personenbezogener Daten an den neuen Versicherungsvertreter im Rahmen der Interessenabwägung grds. nur nach Einräumung eines Widerspruchsrechts zulässig. Sofern Gesundheitsdaten betroffen sind, ist wiederum eine Einwilligung nach Art. 9 Abs. 2 lit. a DS-GVO erforderlich, für Daten im Anwendungsbereich des § 203 StGB (außerhalb des § 203 Abs. 3 StGB) eine Schweigepflichtentbindungserklärung. Inwieweit es sich bei Versicherungsunternehmen und Versicherungsvertreter um **gemeinsam für die Verarbeitung Verantwortliche** iSd Art. 4 Nr. 7 und Art. 26 DS-GVO handelt,[36] muss anhand der konkreten vertraglichen Ausgestaltung der Beziehung im Einzelfall bewertet werden.[37]

---
[34] Zum BDSF aF Eichler/Kamp in BeckOK DatenschutzR Versicherungswesen Rn. 73 ff.
[35] Zum BDSG aF Eichler/Kamp in BeckOK DatenschutzR Versicherungswesen Rn. 76.
[36] So Dovas ZD 2016, 512 (517).
[37] Zur Verwendung von Kundendaten durch ausgeschiedene Versicherungsvertreter nach BDSG aF Höld NJW 2016, 2774.

4. Verarbeitung von Gesundheitsdaten

Bei vielen Versicherungen müssen Gesundheitsdaten verarbeitet werden. Hiervon sind zunächst Kranken-, Unfall- oder Lebensversicherungen betroffen. Im Rahmen neuer, individualisierter Tarife für Kfz-Versicherungen können Gesundheitsdaten aber auch in anderen Bereichen anfallen. Gem. Art. 4 Nr. 15 DS-GVO sind „Gesundheitsdaten" 27

„personenbezogene Daten, die sich auf die körperliche oder geistige Gesundheit einer natürlichen Person, einschließlich der Erbringung von Gesundheitsdienstleistungen, beziehen und aus denen Informationen über deren Gesundheitszustand hervorgehen."

Gesundheitsdaten fallen in die besonderen Kategorien personenbezogener Daten iSd Art. 9 Abs. 1 DS-GVO. Eine Verarbeitung dieser Daten ist nur zulässig, wenn **zusätzlich** zu den allgemeinen Erlaubnistatbeständen nach Art. 6 Abs. 1 DS-GVO auch eine spezielle Rechtfertigung nach Art. 9 Abs. 2 DS-GVO (ggf. iVm mitgliedsstaatlichem Recht) vorliegt.[38] 28

Gesundheitsdaten können in allen Versicherungssparten anfallen, auch dort, wo dies nicht sofort vermutet wird, zB in der Reisegepäckversicherung (Verletzungen durch Raub) und in der Kfz-Versicherung (Verletzungen durch Unfall).[39] 29

a) Gesetzliche Erlaubnistatbestände. Als gesetzliche Erlaubnistatbestände für die Verarbeitung von Gesundheitsdaten im Zusammenhang mit dem Versicherungsverhältnis ohne ausdrückliche Einwilligung nach Art. 9 Abs. 2 lit. a DS-GVO kommen Art. 9 Abs. 2 lit. e DS-GVO (Verarbeitung bezieht sich auf personenbezogene Daten, die die betroffene Person **offensichtlich öffentlich gemacht** hat) und Art. 9 Abs. 2 lit. f DS-GVO (Verarbeitung ist zur **Geltendmachung, Ausübung oder Verteidigung von Rechtsansprüchen** erforderlich) in Frage. In engen Ausnahmefällen, in denen der Versicherungsnehmer bzw. Versicherte krankheits- oder verletzungsbedingt nicht in der Lage ist, seine Einwilligung selber zu erteilen, kann sich das Versicherungsunternehmen auch auf Art. 9 Abs. 2 lit. c DS-GVO (Verarbeitung ist zum **Schutz lebenswichtiger Interessen** der betroffenen Person oder einer anderen natürlichen Person erforderlich und die betroffene Person ist aus körperlichen oder rechtlichen Gründen außerstande, ihre Einwilligung zu erteilen) berufen. 30

aa) Automatisierte Einzelentscheidungen. § 37 Abs. 2 S. 1 iVm § 37 Abs. 1 BDSG erlaubt die Verarbeitung von Gesundheitsdaten im Rahmen automatisierter Entscheidung im Einzelfall, einschließlich Profiling, iSd Art. 22 Abs. 1 DS-GVO. 31

Die Verarbeitung ist zur automatisierten Entscheidung zulässig, wenn die Entscheidung im Rahmen der **Leistungserbringung nach einem Versicherungsvertrag** ergeht und
1. dem Begehren der betroffenen Person **stattgegeben** wurde oder
2. die Entscheidung auf der Anwendung **verbindlicher Entgeltregelungen für Heilbehandlungen** beruht und
    a) der Verantwortliche für den Fall, dass dem Antrag nicht vollumfänglich stattgegeben wird, angemessene Maßnahmen zur Wahrung der berechtigten Interessen der betroffenen Person trifft, wozu mindestens das Recht auf Erwirkung des Eingreifens einer Person seitens des Verantwortlichen, auf Darlegung des eigenen Standpunktes und auf Anfechtung der Entscheidung zählt, und

---

[38] DSK Kurzpapier Nr. 17 Besondere Kategorien personenbezogener Daten, Stand: 27.3.2018, 2; Artikel 29-Datenschutzgruppe, Guidelines on Automated individual decision-making and Profiling for the purposes of Regulation 2016/679, WP 251, 6.2.2018, 15.
[39] Düsseldorfer Kreis, Beschluss Einwilligungs- und Schweigepflichtentbindungserklärung in der Versicherungswirtschaft v. 17.1.2012, 9.

b) der Verantwortliche die betroffene Person über diese Rechte informiert und zwar spätestens im Zeitpunkt der Mitteilung, aus der sich ergibt, dass dem Antrag der betroffenen Person nicht vollumfänglich stattgegeben wird.

Sofern Gesundheitsdaten verarbeitet werden, muss der Verantwortliche gem. § 37 Abs. 2 S. 2 BDSG **zusätzliche technische und organisatorische Maßnahmen** nach § 22 Abs. 2 S. 2 BDSG implementieren (→ Rn. 83).

32 § 37 Abs. 1 BDSG basiert nicht nur auf der Öffnungsklausel des Art. 22 Abs. 1 lit. b DS-GVO für automatisierte Einzelentscheidungen, sondern über § 37 Abs. 2 S. 2 BDSG auch auf der Öffnungsklausel des Art. 22 Abs. 4 DS-GVO iVm Art. 9 Abs. 2 lit. g DS-GVO und stellt damit grundsätzlich einen Erlaubnistatbestand für die Verarbeitung von Gesundheitsdaten dar. Das erhebliche öffentliche Interesse iSd Art. 9 Abs. 2 lit. g DS-GVO liegt hierbei in der Gewährleistung eines bezahlbaren und funktionsfähigen Krankenversicherungsschutzes in der privaten Krankenversicherung.[40] Die Automatisierung trägt durch die Reduzierung an Personal- und Verwaltungskosten erheblich hierzu bei. Allerdings darf die Verarbeitung von Gesundheitsdaten ohne Einwilligung der betroffenen Person nur im Rahmen des § 37 Abs. 1 Nr. 2 BDSG erfolgen und ist damit auf die Anwendung verbindlicher Entgeltregelungen für Heilbehandlungen beschränkt. Dies ist darauf zurückzuführen, dass die Rechtmäßigkeit der Verarbeitung § 37 Abs. 1 Nr. 1 BDSG ansonsten vom Ergebnis der Entscheidung abhängen würde. Zum einen muss die Rechtmäßigkeit vor der Verarbeitung feststehen, zum anderen würde die Versicherung einen Datenschutzverstoß durch unbefugte Verarbeitung von Gesundheitsdaten in dem Moment begehen, in dem einem Begehren der betroffenen Person nicht stattgegen wird. Sofern keine Gesundheitsdaten betroffen sind, behält § 37 Abs. 1 Nr. 1 BDSG jedoch seine Bedeutung als Ausnahmevorschrift iSd § 22 Abs. 1 lit. b BDSG, etwa bei der automatisierten Schadensregulierung zwischen der Kfz-Haftpflichtversicherung des Schädigers und dem Geschädigten.[41] Im Rahmen des § 37 Abs. 1 Nr. 2 BDSG dürfen Gesundheitsdaten, soweit erforderlich, jedoch ohne Einwilligung verarbeitet werden. Es würde auch keinen Sinn ergeben, wenn zwar die automatisierte Entscheidung ohne Einwilligung erfolgen dürfte, nicht aber die hierfür zwingend erforderliche Verarbeitung von Gesundheitsdaten. Ansonsten würde auch eine Rechtfertigung nach § 22 Abs. 1 lit. b BDSG greifen (→ Rn. 33 ff.).

33 **bb) Verwaltung von Systemen im Gesundheitsbereich.** Gemäß § 22 Abs. 1 lit. b BDSG dürfen besondere Kategorien personenbezogener Daten, dh auch Gesundheitsdaten, durch nicht-öffentliche Stellen (→ § 4 Rn. 62) verarbeitet werden, wenn dies zum Zweck der Gesundheitsvorsorge, für die Beurteilung der Arbeitsfähigkeit des Beschäftigten, für die medizinische Diagnostik, die Versorgung oder Behandlung im Gesundheits- oder Sozialbereich oder für die **Verwaltung von Systemen und Diensten im Gesundheits- und Sozialbereich** oder aufgrund eines Vertrags der betroffenen Person mit einem Angehörigen eines Gesundheitsberufs erforderlich ist und diese Daten von ärztlichem Personal oder durch **sonstige Personen, die einer entsprechenden Geheimhaltungspflicht unterliegen,** oder unter deren Verantwortung verarbeitet werden. Zu den Systemen im Gesundheitsbereich gehören auch **private Krankenversicherungen.**[42] Entsprechendes muss auch für die private Unfallversicherung gelten. Hierin liegt eine wirkliche Neuerung gegenüber § 28 Abs. 7 BDSG aF.[43] Lebensversicherungen lassen sich hingegen nicht unter den Gesundheits- und Sozialbereich fassen. Angehörige eines Unternehmens der privaten Kranken- oder Unfallversicherung unterliegen gem. § 203 Abs. 1 Nr. 7 StGB einer besonderen Geheimhaltungspflicht und sind somit „sonstige Personen,

---

[40] BT-Drs. 18/11325, 107.
[41] BT-Drs. 18/11325, 106.
[42] Weichert in Kühling/Buchner BDSG § 22 Rn. 14; Schulz in Gola DS-GVO Art. 9 Rn. 30.
[43] Siehe zur alten Rechtslage Eichler/Kamp in BeckOK DatenschutzR Versicherungswesen Rn. 12.

die einer entsprechenden Geheimhaltungspflicht unterliegen" iSd § 22 Abs. 1 lit. b BDSG[44] (→ Rn. 65 ff. zu Fragen des Outsourcings).

Über § 22 Abs. 1 lit. b BDSG kann die Verarbeitung von Gesundheitsdaten (und anderen besonderen Kategorien personenbezogener Daten) gerechtfertigt werden, soweit sie für die Erbringung und **Abrechnung von Gesundheitsleistungen** erforderlich ist.[45] Zudem wäre auch, soweit erforderlich, die Verarbeitung von Gesundheitsdaten im Rahmen der vorvertraglichen Risikobewertung gerechtfertigt.[46] Inwieweit auch eine Verarbeitung von Gesundheitsdaten für Zwecke der Qualitäts- und Wirtschaftlichkeitskontrolle auf diese Vorschrift gestützt werden kann, ist umstritten.[47] Hierfür dürfte aber in der Regel eine Verarbeitung anonymisierter Daten ausreichen. Sofern tatsächlich ein Personenbezug zwingend erforderlich sein sollte, wären die Daten in jedem Fall zu pseudonymisieren, um den schutzwürdigen Interessen der Patienten genügend Rechnung zu tragen. 34

Zu beachten ist, dass eine Rechtfertigung der Verarbeitung von Gesundheitsdaten nach § 22 Abs. 1 lit. b BDSG keine Entbindung von der Schweigepflicht nach § 203 StGB bewirkt. Hier sind weiterhin Schweigepflichtentbindungserklärungen nach § 213 VVG erforderlich.[48] Auch gilt das Erfordernis einer datenschutzrechtlichen Einwilligungserklärung nach § 213 VVG (→ Rn. 44 ff.) bis auf weiteres fort.

Die Erlaubnistatbestände nach § 22 Abs. 1 lit. a und c BDSG (→ § 4 Rn. 116 ff.) sind für private Versicherungen nicht einschlägig. § 22 Abs. 1 lit. a BDSG gilt für die Verarbeitung personenbezogener Daten im Rahmen des Sozialrechts (→ § 26).[49] Von § 22 Abs. 1 lit. c BDSG sind öffentliche Gesundheitsinteressen, wie zB Psychiatrie, Maßregelvollzug, Transplantation, Transfusion, Krebsregistrierung, Arzneimittel- und Medizinproduktesicherheit erfasst.[50] 35

Sofern Gesundheitsdaten auf Grundlage des § 22 Abs. 1 lit. b BDSG verarbeitet werden, müssen zusätzliche technische und organisatorische Maßnahmen nach § 22 Abs. 2 BDSG implementiert werden (→ Rn. 83). 36

b) Einwilligung und Entbindung von der Schweigepflicht. Sofern die Erlaubnistatbestände der Art. 9 Abs. 2 lit. c, e und f DS-GVO sowie der §§ 37 Abs. 2 S. 1 iVm 37 Abs. 1 Nr. 2, 22 Abs. 1 lit. b BDSG nicht einschlägig sind, bleibt für die Verarbeitung von Gesundheitsdaten durch Versicherer nur noch die Einwilligung der betroffenen Personen (dh des Versicherungsnehmers bzw. der versicherten Person, wenn Vertragspartner und versicherte Person nicht identisch sind). Gerade bei Kranken-, Lebens- und Berufsunfähigkeitsversicherungen müssen Gesundheitsdaten sowohl für die Risikobewertung im Rahmen der Antragsprüfung als auch für die Bearbeitung von Versicherungsfällen verarbeitet werden. Letzteres gilt auch für die Unfallversicherung und Kfz-Versicherungen. 37

Hierbei ist zu berücksichtigen, dass weder Art. 9 Abs. 2 DS-GVO noch das BDSG für die Verarbeitung besonderer Kategorien personenbezogener Daten eine dem Art. 6 Abs. 1 lit. b DS-GVO (Verarbeitung ist erforderlich für die Erfüllung eines Vertrags, dessen Vertragspartei die betroffene Person ist, oder zur Durchführung vorvertraglicher Maßnahmen erforderlich, die auf Anfrage der betroffenen Person erfolgen) entsprechende Regelung enthält. Der Erlaubnistatbestand des Art. 9 Abs. 2 lit. e DS-GVO (personenbezogene Da- 38

---

[44] Vgl. Weichert in Kühling/Buchner DS-GVO Art. 9 Rn. 144 zu Art. 9 Abs. 3 DS-GVO, der iVm Art. 9 Abs. 2 lit. h DS-GVO die Grundlage für § 22 Abs. 1 lit. b BDSG bildet.
[45] Albers/Veit in BeckOK DatenschutzR DS-GVO Art. 9 Rn. 79; Weichert in Kühling/Buchner DS-GVO Art. 9 Rn. 109.
[46] Siehe zum Umfang Armbrüster in Prölss/Martin VVG § 19 Rn. 13 ff.
[47] Dafür Weichert in Kühling/Buchner DS-GVO Art. 9 Rn. 109; aA Frenzel in Paal/Pauly DS-GVO Art. 9 Rn. 44.
[48] Weichert in Kühling/Buchner BDSG § 22 Rn. 14.
[49] Weichert in Kühling/Buchner BDSG § 22 Rn. 8 f.
[50] Weichert in Kühling/Buchner BDSG § 22 Rn. 20.

ten, die die betroffene Person offensichtlich öffentlich gemacht hat) ist entsprechend eng auszulegen, sodass das reine Mitteilen der Daten durch die betroffene Person nicht hierunter fällt.[51] Sofern die Verarbeitung von Gesundheitsdaten jedoch für die Durchführung vorvertraglicher Maßnahmen oder Vertragserfüllung iSd Art. 6 Abs. 1 lit. b DS-GVO erforderlich ist, besteht die Möglichkeit, den Abschluss des Versicherungsvertrags bzw. die Erbringung der Versicherungsleistung an die Erteilung der Einwilligung zu koppeln, ohne dass die Einwilligung mangels Freiwilligkeit nichtig wäre. Gem. Art. 7 Abs. 4 DS-GVO muss bei der Beurteilung, ob die Einwilligung freiwillig erteilt wurde, dem Umstand in größtmöglichem Umfang Rechnung getragen werden, ob unter anderem die **Erfüllung eines Vertrags,** einschließlich der Erbringung einer Dienstleistung, von der Einwilligung zu einer Verarbeitung von personenbezogenen Daten abhängig gemacht wird, die für die Erfüllung des Vertrags nicht erforderlich sind. Die Erforderlichkeit kann aber bei der Verarbeitung von Gesundheitsdaten durch Versicherungsunternehmen gerade gegeben sein, ohne dass eine Rechtfertigung (allein) über dem Art. 6 Abs. 1 lit. b DS-GVO möglich wäre (→ § 3 Rn. 55 ff. für die allgemeinen Anforderungen an die datenschutzrechtliche Einwilligung).

39 Beim Einholen der Einwilligung sind zunächst die allgemeinen Anforderungen nach Art. 6 Abs. 1 lit. a, Art. 7 und Art. 9 Abs. 2 lit. a DS-GVO einzuhalten.[52] Darüber hinaus sind jedoch weitere, für den Versicherungssektor spezifische Punkte zu beachten.

40 **aa) Entbindung von der Schweigepflicht nach § 203 StGB.** Angehörige (dh Beschäftigte und Organe) eines Unternehmens der privaten Kranken-, Unfall- oder Lebensversicherung unterliegen gem. § 203 Abs. 1 Nr. 7 StGB einer **strafrechtlich sanktionierten Geheimhaltungspflicht** hinsichtlich fremder Geheimnisse, namentlich zum persönlichen Lebensbereich gehörende Geheimnisse oder Betriebs- oder Geschäftsgeheimnisse, die ihnen im Rahmen ihrer Tätigkeit anvertraut worden oder sonst bekannt geworden sind. Hierunter fallen nicht nur die von der betroffenen Person angegebenen gesundheitlichen und sonstigen Daten, sondern bereits der Umstand, dass die betroffene Person einen Versicherungsvertrag abgeschlossen hat bzw. abzuschließen beabsichtigt.[53] Ein Verstoß gegen § 203 StGB kann mit Freiheitsstrafe bis zu einem Jahr oder mit Geldstrafe bestraft werden.

41 Darüber hinaus unterliegen auch die meisten Quellen, von denen ein Versicherungsunternehmen Gesundheitsdaten über Versicherte oder relevante Dritte (zB Ärzte, Krankenhäuser andere Personenversicherer und gesetzliche Krankenkassen) erhält, Geheimhaltungspflichten nach § 203 StGB. Zwar scheidet eine eigene Strafbarkeit der für das Versicherungsunternehmen tätigen Personen (zB durch Anstiftung oder (psychische) Beihilfe), denen gegenüber ein Geheimnis offenbart wird, bei einem Verstoß der Quelle gegen § 203 StGB aus, da das strafbewehrte unbefugte Offenbaren und die Beteiligungshandlung zwangsläufig zusammenfallen und sie damit eine notwendige Teilnahme[54] darstellen, die keinen Raum für Teilnahmestrafbarkeit lässt. Allerdings werden die jeweilgen Dritten dem Versicherungsunternehmen zur Vermeidung einer eigenen Strafbarkeit keine Informationen zur Verfügung stellen, sofern keine Entbindung von der Schweigepflicht durch die betroffene Person vorliegt.

42 Anders als bei der Einwilligung in die Verarbeitung personenbezogener Daten in Art. 7 DS-GVO, werden an die Entbindung von der Schweigepflicht nach § 203 StGB keine besonderen Anforderungen bezüglich Form und Inhalt gestellt. Allerdings sind **verfassungsrechtliche Vorgaben** hinsichtlich Freiwilligkeit und Transparenz zu beachten

---

[51] Schiff in Ehmann/Selmayr DS-GVO Art. 9 Rn. 40.
[52] Siehe hierzu auch Artikel 29-Datenschutzgruppe, Guidelines on consent under Regulation 2016/679, WP 259 rev.01, 10.4.2018.
[53] BGH NJW 2010, 2509 (2511).
[54] Siehe hierzu Heine/Weißer in Schönke/Schröder StGB Vor §§ 25 ff. Rn. 43.

(→ Rn. 54 ff. für die Mustererklärung).⁵⁵ Da eine Schweigepflichtentbindung auch konkludent erklärt werden kann, liegt sie bei einer wirksamen Einwilligung in die Erhebung personenbezogener Daten bei Dritten bzw. in die Offenlegung der Daten vor. Es besteht keine Notwendigkeit, zwei verschiedene Erklärungen für ein und denselben Vorgang einzuholen.⁵⁶

> Aus Gründen der Transparenz sollte in der Praxis immer ausdrücklich klargestellt werden, dass die datenschutzrechtliche Einwilligungserklärung zugleich eine Schweigepflichtentbindungserklärung darstellt.

Im Unterschied zu rein datenschutzrechtlichen Vorschriften, besteht die strafrechtliche Geheimhaltungspflicht gem. § 203 Abs. 5 StGB auch nach dem Tod der betroffenen Person fort. Maßgebend ist in diesem Fall, ob die betroffene Person bereits zu Lebzeiten eine (wirksame) Einwilligung abgegeben hat, andernfalls ob etwa eine mutmaßliche Einwilligung des Verstorbenen anzunehmen ist.⁵⁷ 43

bb) Einwilligung in Datenerhebung bei Dritten. Für die Erhebung personenbezogener Gesundheitsdaten durch den Versicherer ist in § 213 VVG eine Sonderregelung vorgesehen: 44

§ 213 Erhebung personenbezogener Gesundheitsdaten bei Dritten
(1) Die Erhebung personenbezogener Gesundheitsdaten durch den Versicherer darf nur bei Ärzten, Krankenhäusern und sonstigen Krankenanstalten, Pflegeheimen und Pflegepersonen, anderen Personenversicherern und gesetzlichen Krankenkassen sowie Berufsgenossenschaften und Behörden erfolgen; sie ist nur zulässig, soweit die Kenntnis der Daten für die Beurteilung des zu versichernden Risikos oder der Leistungspflicht erforderlich ist und die betroffene Person eine Einwilligung erteilt hat.
(2) Die nach Absatz 1 erforderliche Einwilligung kann vor Abgabe der Vertragserklärung erteilt werden. Die betroffene Person ist vor einer Erhebung nach Absatz 1 zu unterrichten; sie kann der Erhebung widersprechen.
(3) Die betroffene Person kann jederzeit verlangen, dass eine Erhebung von Daten nur erfolgt, wenn jeweils in die einzelne Erhebung eingewilligt worden ist.
(4) Die betroffene Person ist auf diese Rechte hinzuweisen, auf das Widerspruchsrecht nach Absatz 2 bei der Unterrichtung.

Die Vorschrift sollte bisher die DS-RL für die Verarbeitung personenbezogener Gesundheitsdaten umsetzen und die Anforderungen des BVerfG aus einer Entscheidung aus dem Jahr 2006⁵⁸ erfüllen.⁵⁹ Obwohl § 213 VVG in der derzeit gültigen Fassung (vom 1.1. 2008) aus der Zeit vor Geltung der DS-GVO stammt, bleibt sie auch unter der DS-GVO als Vorschrift iSd Art. 9 Abs. 4 DS-GVO weiterhin anwendbar. Gem. Art. 9 Abs. 4 DS-GVO dürfen Mitgliedsstaaten gegenüber den in Art. 9 DS-GVO enthaltenen Regelungen für die Verarbeitung besonderer Kategorien personenbezogener Daten zusätzliche Bedingungen, **einschließlich Beschränkungen,** einführen oder **aufrechterhalten,** soweit die Verarbeitung von genetischen, biometrischen oder **Gesundheitsdaten** betroffen ist. Da der deutsche Gesetzgeber die Vorschrift bislang weder aufgehoben noch angepasst hat, ist hierin ein solches Aufrechterhalten einer zusätzlichen Beschränkung zu sehen. Dies führt

---
⁵⁵ BVerfG MMR 2007, 93 mAnm Geis/Geis; NJW 2013, 3086.
⁵⁶ Eichler/Kamp in BeckOK DatenschutzR Versicherungswesen Rn. 17.
⁵⁷ Muschner in RHS VVG § 213 Rn. 14.
⁵⁸ BVerfG MMR 2007, 93 mAnm Geis/Geis.
⁵⁹ Muschner in RHS VVG § 213 Rn. 1; siehe zur Historie der Vorschrift Kalis in Bach/Moser VVG § 213 Rn. 10 ff. und Eberhardt in MüKoVVG § 213 Rn. 7 ff.

dazu, dass im Anwendungsbereich des § 213 VVG, jenseits der Einwilligung, ein Rückgriff auf die Erlaubnistatbestände des Art. 9 Abs. 2 DS-GVO und des BDSG gesperrt ist.

45 Der Anwendungsbereich des § 213 VVG umfasst die Erhebung (→ § 3 Rn. 8 ff.) personenbezogener Daten bei Dritten, dh bei jeder anderen Stelle als der betroffenen Person selber.

Die Erhebung personenbezogener Daten durch einen Versicherer bei Dritten ist zulässig, wenn
1. die Erhebung nur bei Ärzten, Krankenhäusern und sonstigen Krankenanstalten, Pflegeheimen und Pflegepersonen, anderen Personenversicherern und gesetzlichen Krankenkassen sowie Berufsgenossenschaften und Behörden erfolgt,
2. die Kenntnis der Daten für die Beurteilung des zu versichernden Risikos oder der Leistungspflicht erforderlich ist und
3. die betroffene Person eine Einwilligung erteilt hat.

46 Gem. § 213 Abs. 2 S. 1 VVG kann die Einwilligung auch vor Abgabe der Vertragserklärung, abgegeben werden. Hier ist von einer sog **Generaleinwilligung** die Rede.[60] Im Fall der Generaleinwilligung werden die Rechte und Freiheiten der betroffenen Person gem. § 213 Abs. 2 S. 2 VVG dadurch geschützt, dass diese über die jeweils bevorstehende konkrete Übermittlung informiert werden und ihr ein **Widerspruchsrecht** eingeräumt werden muss. Die betroffene Person kann die Generaleinwilligung zudem gem. § 213 Abs. 2 S. 2 VVG jederzeit in eine Einzeleinwilligung umwandeln (und damit einen Widerruf nach Art. 7 Abs. 3 S. 1 DS-GVO ausüben). Über das Widerspruchsrecht sowie das „Umwandlungsrecht" muss die betroffene Person nach § 213 Abs. 4 VVG hingewiesen werden. Der Hinweis auf das Widerspruchsrecht kann bei Unterrichtung über die beabsichtigte Datenerhebung erfolgen. Im Umkehrschluss muss die Information über das „Umwandlungsrecht" bei Abgabe der Generaleinwilligung erteilt werden.

47 § 213 VVG gilt für **alle Versicherungszweige**,[61] nicht etwa nur für Kranken-, Unfall- oder Lebensversicherungen. Teilweise wird unter Verweis auf die Gesetzesbegründung vertreten, die Aufzählung der Datenquellen in § 213 Abs. 1 VVG sei nicht abschließend, sondern lasse im Rahmen einer „Analogiebildung" andere praxisrelevante gängige Datenquellen wie etwa auch Psychotherapeuten, Heilpraktiker, Physiotherapeuten und Hebammen zu.[62] Vor dem Hintergrund des eindeutigen Wortlauts des § 213 Abs. 1 VVG („nur") und unter Berücksichtigung des Umstandes, dass die DS-GVO hinsichtlich der Erlaubnistatbestände **keine Analogie** kennt, erscheint diese Auffassung jedoch fragwürdig. Die deutschen Datenschutzaufsichtsbehörden haben eine weite Auslegung jedoch bislang akzeptiert.[63] Aus Gründen der Rechtssicherheit sollte der nationale Gesetzgeber entsprechende Änderungen vornehmen, zB durch einen dynamischen Verweis auf Berufsgeheimnisträger nach § 203 StGB. Es lässt sich aufgrund des weiten Wortlauts der Vorschrift und der vergleichbaren Interessenlage auch keine Beschränkung auf Daten des Versicherten ableiten, sodass § 213 VVG auch die Erhebung von Gesundheitsdaten Dritter, wie etwa Verletzten bei einem Haftpflichtanspruch, erfasst.[64]

48 Fraglich ist, was für Fälle gilt, in denen die Gesundheitsdaten nicht bei Dritten erhoben werden, sondern durch **verdeckte Überwachung** der betroffenen Person, etwa im Fall des Verdachts eines vorgetäuschten Versicherungsfalles. Die Auffassung, § 213 VVG sei nicht anzuwenden, da keine Gesundheitsdaten, sondern nur Daten erhoben würden, aus denen in begrenztem Umfang Rückschlüsse auf den Gesundheitszustand des Observierten

---

[60] Voit in Prölss/Martin VVG § 213 Rn. 38.
[61] Muschner in RHS VVG § 213 Rn. 11; Voit in lss/Martin VVG § 213 Rn. 9.
[62] Muschner in RHS VVG § 213 Rn. 11; wohl für eine erweiternde Auslegung Eberhardt in MüKoVVG § 213 Rn. 48.
[63] Düsseldorfer Kreis, Beschluss Einwilligungs- und Schweigepflichtentbindungserklärung in der Versicherungswirtschaft, 10 Fn. 8.
[64] Voit in Prölss/Martin VVG § 213 Rn. 10; aA Eberhardt in MüKoVVG § 213 Rn. 33.

§ 12 Datenschutz in der Privatversicherung

gezogen werden können,⁶⁵ ist abzulehnen. Gemäß der Definition der Gesundheitsdaten in Art. 4 Nr. 15 DS-GVO handelt es sich auch bei der Information, dass eine Person gesund oder jedenfalls nicht so schwer, wie behauptet, verletzt ist, um Gesundheitsdaten. Allerdings liegt bei dieser Konstellation keine Datenerhebung bei Dritten vor, da die Daten nicht von einem Dritten zur Verfügung gestellt werden, sondern von der betroffenen Person stammen. Dem steht nicht entgegen, dass dennoch uU die Informationspflichten nach Art. 14 DS-GVO greifen.⁶⁶ Voraussetzung von Art. 14 DS-GVO ist gerade nicht, dass die Daten bei einem Dritten erhoben werden, sondern nur, dass sie nicht bei der betroffenen Person erhoben wurden. Eine verdeckte Observation kann daher ggf. auf Art. 9 Abs. 2 lit. f DS-GVO (Geltendmachung, Ausübung oder Verteidigung von Rechtsansprüchen) gestützt werden. Aufgrund des Art. 5 Abs. 1 lit. a DS-GVO ist auch hier die Verhältnismäßigkeit zu wahren. Ähnlich wie im Beschäftigtendatenschutz (→ § 10 Rn. 47) dürfte die Verhältnismäßigkeit jedoch gewahrt sein, wenn zu dokumentierende tatsächliche Anhaltspunkte den Verdacht begründen, dass der Versicherte einen Versicherungsbetrug begeht, die Verarbeitung zur Aufdeckung erforderlich ist und das schutzwürdige Interesse des Versicherten an dem Ausschluss der Verarbeitung nicht überwiegt, insbesondere Art und Ausmaß im Hinblick auf den Anlass nicht unverhältnismäßig sind.

Ferner muss die Kenntnis der personenbezogenen Gesundheitsdaten für die Beurteilung des zu versichernden Risikos oder der Leistungspflicht aufgrund objektiver Maßstäbe⁶⁷ im Einzelfall **erforderlich** sein. Die Beurteilung des zu versichernden Risikos erfolgt hierbei zunächst auf Grundlage der Angaben des Versicherungsnehmers bzw. des Versicherten.⁶⁸ 49

Fälle einer erforderlichen Datenerhebung bei Dritten können sein:
1. Beurteilung der Leistungspflicht in der Krankenversicherung, der Berufsunfähigkeitsversicherung, aber auch bei der Frage der Freiwilligkeit bei Freitod in der Lebensversicherung;⁶⁹
2. Erhebung von Gesundheitsdaten Dritter bei Ansprüchen aus seiner Haftpflichtversicherung;⁷⁰
3. Verhinderung oder Aufdeckung eines Versicherungsmissbrauchs;⁷¹
4. Prüfung eines Rücktritts- oder Anfechtungsrechts des Versicherers.⁷²

Keine Erforderlichkeit liegt vor, wenn sich die Informationen nicht auf den Deckungsumfang der Versicherung beziehen (zB keine Angaben zu nicht-versicherten Kur- oder Rehabilitationsaufenthalten),⁷³ weiter idR bei voller Einsichtnahme in die Krankenakte (da ggf. auch Gesundheitsdaten, die sich nicht auf den Versicherungsfall beziehen)⁷⁴ und bei Daten, die dem Versicherungsunternehmen bereits vorliegen.⁷⁵ 50

Hinsichtlich des Inhalts der Einwilligungserklärung kann auf die Ausführungen zur Mustererklärung verwiesen werden (→ Rn. 54 ff.).⁷⁶ 51

Sofern eine Erforderlichkeit der Datenerhebung bei Dritten vorliegt, kann der Vertragsschluss bzw. die Leistungserbringung ohne Verstoß gegen Art. 7 Abs. 4 DS-GVO an die Abgabe der Einwilligungserklärung gekoppelt werden. Erfolgt die Einwilligung nicht und bestehen keine anderen Möglichkeiten, die Informationen zu erlangen, kann das Versi- 52

---

⁶⁵ Muschner in RHS VVG § 213 Rn. 11.
⁶⁶ Zur verdeckten Videoüberwachung Franck in Gola DS-GVO Art. 14 Rn. 2.
⁶⁷ Voit in Prölss/Martin VVG § 213 Rn. 26.
⁶⁸ Voit in Prölss/Martin VVG § 213 Rn. 24.
⁶⁹ Voit in Prölss/Martin VVG § 213 Rn. 25.
⁷⁰ Voit in Prölss/Martin VVG § 213 Rn. 25.
⁷¹ Voit in Prölss/Martin VVG § 213 Rn. 29.
⁷² Voit in Prölss/Martin VVG § 213 Rn. 30.
⁷³ Voit in Prölss/Martin VVG § 213 Rn. 27.
⁷⁴ Voit in Prölss/Martin VVG § 213 Rn. 31.
⁷⁵ Voit in Prölss/Martin VVG § 213 Rn. 32.
⁷⁶ Zu prozessualen Fragen und Beweislast Eberhardt in MüKoVVG § 213 Rn. 132 ff.

cherungsunternehmen den Abschluss des Vertrages bzw. die Versicherungsleistung verweigern.[77]

53 Für die Formerfordernisse der Einwilligung nach § 213 VVG gelten die Anforderungen des Art. 7 DS-GVO.

54 **cc) Muster Einwilligungs- und Schweigepflichtentbindungserklärung in der Versicherungswirtschaft.** Aufgrund der nach altem Recht bestehenden Rechtsunsicherheit hinsichtlich Freiwilligkeit und inhaltlichen Anforderungen an die Einwilligungs- und Schweigepflichtentbindungserklärung im Zusammenhang mit der Verarbeitung personenbezogener Daten durch Versicherungsunternehmen, haben die deutschen Datenschutzaufsichtsbehörden in Form des Düsseldorfer Kreises nach Gesprächen mit dem Gesamtverband der Deutschen Versicherungswirtschaft eV (GDV) ein Muster für eine Einwilligungs- und Schweigepflichtentbindungserklärung veröffentlicht.[78] Bei der Klausel handelt es sich um ein „Baukastensystem", das an die jeweilige Versicherungskonstellation angepasst werden muss.[79] Die Mustererklärung stellt eine datenschutzrechtliche Einwilligungserklärung insbesondere für die Verarbeitung von Gesundheitsdaten dar, ferner für Fälle in denen nach Auffassung der Datenschutzaufsichtsbehörden kein gesetzlicher Erlaubnistatbestand nach altem Recht vorlag. Sie bildet die Anforderungen nach § 213 VVG ab. Zudem beinhaltet das Muster auch Schweigepflichtentbindungserklärungen nach § 203 StGB.

55 Das Muster ist sehr detailliert ausformuliert und erfüllt weitgehend die Anforderungen der Datenschutzaufsichtsbehörden an Einwilligungen nach Art. 6 Abs. 1 lit. a, Art. 7 und Art. 9 Abs. 2 lit. a DS-GVO.

> Diese Anforderungen sind:[80]
> 1. Identität des Verantwortlichen,
> 2. Zwecke der jeweiligen Verarbeitungstätigkeiten, für die eine Einwilligung eingeholt werden soll,
> 3. die (Art der) personenbezogenen Daten, die erhoben und genutzt werden sollen,
> 4. das Recht zum Widerruf der Einwilligung,
> 5. Informationen über die Nutzung der Daten für automatisierte Entscheidungen nach Art. 22 Abs. 2 lit. c DS-GVO,
> 6. die bestehenden möglichen Risiken bei Datenübermittlungen ohne Vorliegen eines Angemessenheitsbeschlusses und ohne geeignete Garantien iSd Art. 46 DS-GVO und
> 7. die Namen der Empfänger in Fällen von gemeinsam Verantwortlichen oder Dritten an die die personenbezogenen Daten auf Grundlage der Einwilligungserklärung weitergegeben werden und die diese Daten auf Basis der Einwilligung weiterverarbeiten.

56 Die Muster-Erklärung sollte um weitere Angaben ergänzt werden, soweit einschlägig, hinsichtlich der Aufklärung über mögliche Risiken bei Datenübermittlungen in Drittländer und automatisierten Entscheidungen im Einzelfall. Darüber hinaus sollte klargestellt werden, dass die Offenlegung personenbezogener Daten, einschließlich Gesundheitsdaten, an Auftragsverarbeiter in Drittländern keiner Einwilligung bedarf, sofern die Voraussetzungen für eine Drittlandübermittlung nach Art. 44 ff. DS-GVO vorliegen. Zudem müsste der letzten Änderung des § 203 StGB im Jahr 2017 Rechnung getragen werden, wonach das Offenbaren von Geheimnissen iSd § 203 StGB ohne Einwilligung zulässig ist, sofern es gegenüber sonstigen Personen erfolgt, die an einer beruflichen oder dienstlichen

---

[77] Rixecker in Langheid/Rixecker VVG § 213 Rn. 19 f.; Muschner in RHS VVG § 213 Rn. 55 ff.
[78] Düsseldorfer Kreis, Beschluss Einwilligungs- und Schweigepflichtentbindungserklärung in der Versicherungswirtschaft v. 17.1.2012.
[79] Düsseldorfer Kreis, Beschluss Einwilligungs- und Schweigepflichtentbindungserklärung in der Versicherungswirtschaft v. 17.1.2012, 9.
[80] Artikel 29-Datenschutzgruppe, Guidelines on consent under Regulation 2016/679, WP 259 rev.01, 10.4.2018, 13.

§ 12 Datenschutz in der Privatversicherung   Teil B

Tätigkeit iSd § 203 StGB mitwirken (→ Rn. 73 ff.). Schließlich sollten sich die Aufsichtsbehörden dazu äußern, welche Datenverarbeitungen unter § 22 Abs. 1 lit. b BDSG ohne Einwilligung möglich sind.

> **Praxistipp:** 57
> Das Muster dient nicht nur für GDV-Mitglieder als Orientierung, da Abweichungen auch für andere Versicherungsunternehmen nur schwer zu rechtfertigen sind.

5. Smarte Versicherungstarife

Die zunehmende Digitalisierung der Gesellschaft bietet Versicherungsunternehmen nicht 58 nur neue Vertriebs- und Servicemöglichkeiten, zB in Form von Apps.[81] Ein besonderes Augenmerk der Versicherungswirtschaft liegt auf der **Möglichkeit individualisierter Versicherungstarife**. Bei diesen sog „Pay-as-you-…"-Tarifen haben nicht nur versicherungsmathematische Modelle, sondern, in gewissem Umfang, das persönliche Verhalten der Versicherten Einfluss auf die zu zahlende Prämie. Erste Versicherungsprodukte sind die Telematik-Tarife der Kfz-Versicherung („pay-as-you-drive").[82] Ein weiteres Feld für Individualisierung sind die Kranken-, Berufsunfähigkeits- und Lebensversicherungen auf Basis von Daten, die über Smartphones und Wearables, wie zB Fitnessarmbänder oder Smartwatches gewonnen werden.[83] Auch wenn hierfür eine sehr weitgehende Verarbeitung, ggf. sehr sensibler, personenbezogener Daten und eine sehr detaillierte Profilbildung erfolgt,[84] können individualisierte Versicherungstarife datenschutzkonform angeboten werden, wenn die Anforderungen an **Transparenz** und **Freiwilligkeit** als essentialia der Selbstbestimmung der Versicherten erfüllt werden.[85]

a) Pay-as-you-drive. Bei Pay-as-you-drive-Tarifen werden vom Versicherer über eine 59 gesondert eingebaute Telematik-Box oder eine Schnittstelle zur Fahrzeugsensorik Daten über Fahrt (zB Nachtfahrten, Stadtfahrten) und individuelles Verhalten (zB starkes Beschleunigen oder starkes Bremsen, Geschwindigkeit(-sübertretungen) erhoben und hieraus ein (Gesamt-)Scorewert gebildet.[86] Auf Grundlage eines Scorewertes erhält der Versicherungsnehmer dann entweder einen Rabatt auf die Prämie oder die Prämie wird in einem bestimmten Rahmen festgelegt.[87]

Die Datenschutzaufsicht in Nordrhein-Westfalen hat folgende Anforderungen an eine Pay-as-you-drive-Versicherung aufgestellt:[88]
1. **Trennung der Datenkreise**: Telematikunternehmen hat die Echtzeitdaten, aber keine Namen der Versicherungsnehmer; der Versicherer kennt die Namen, erhält aber nur die Scores und die Gesamtkilometerzahl, aber keine weiteren Fahrdaten.
2. **Sicherheit**: Die Daten müssen in der Telematik-Box und bei der Übermittlung nach dem Stand der Technik verschlüsselt werden; die Hardware muss gegen unbefugte Zugriffe geschützt werden.

---

[81] Siehe für den Bereich der gesetzlichen Krankenversicherung Völkel DSRITB 2016, 917; allgemein zu Anforderungen bei Apps DSK Orientierungshilfe zu den Datenschutzanforderungen an App-Entwickler und App-Anbieter, Stand:16.4.2014.
[82] Siehe hierzu auch Schaloske in Sassenberg/Faber RechtsHdB Industrie 4.0 und Internet of Things Teil 4 Kap. D Rn. 26 ff.
[83] Siehe hierzu auch Schaloske in Sassenberg/Faber RechtsHdB Industrie 4.0 und Internet of Things Teil 4 Kap. D Rn. 30 ff.
[84] Weichert Polizeispiegel April 2014, 22.
[85] Hess LfD, 46. Bericht, Ziff. 2.5.
[86] Schaloske in Sassenberg/Faber RechtsHdB Industrie 4.0 und Internet of Things Teil 4 Kap. D Rn. 27; Weichert SVR 2014, 241 (245) konkret zum S Direkt-Tarif der Sparkassen-Direktversicherung.
[87] Schaloske in Sassenberg/Faber RechtsHdB Industrie 4.0 und Internet of Things Teil 4 Kap. D Rn. 27.
[88] LfD NRW, 22. Bericht, Ziff. 5.1.

3. **Wahlmöglichkeit**: Bei mehreren Fahrern müssen diese individuell vor Fahrtantritt entscheiden können, ob sie die Aufzeichnung ihres Fahrverhaltens zulassen oder nicht. Mindestens stellt der Versicherer einen Aufkleber zur Verfügung, der darauf hinweist, dass eine individuelle Fahrtaufzeichnung stattfindet.
4. **Zweckbindung**: Die erhobenen Daten dürfen nur für die Tarifgestaltung und nicht für die Schadensregulierung genutzt werden.
5. **Transparenz**: Die Versicherungsnehmer müssen umfassend und verständlich über die Datenverarbeitung und die beteiligten Stellen unterrichtet werden. Ihnen ist ein Widerspruchsrecht hinsichtlich der Datenweitergabe an Werkstätten einem Unfall einzuräumen.

60 Unter den genannten Voraussetzungen wäre die Verarbeitung personenbezogener Daten des **Versicherungsnehmers** über. Art. 6 Abs. 1 lit. b DS-GVO gerechtfertigt, da die Verarbeitung, auch wenn es sich hierbei um eine hochsensible Datensammlung handelt, für die Erfüllung des vom Versicherungsnehmer gewählten Versicherungsvertrags erforderlich ist. Eine Einwilligung muss zur Wahrung der Freiwilligkeit nicht eingeholt werden. Die **Freiwilligkeit** wird bereits über die Auswahl des Tarifs gewahrt. Kritisch wäre nur, wenn es nur noch Pay-as-you-drive-Tarife gäbe oder Kfz-Versicherungen ohne Überwachung nur noch zu erheblich höheren Prämien erhältlich wären.[89] Zu beachten ist, dass die Anforderungen an die **Transparenz** in der Regel deutlich über die Vorgaben der Art. 13, 14 DS-GVO hinausgehen, um eine hinreichende Informiertheit des Versicherungsnehmers sicherzustellen.[90] Bei Beachtung der Anforderungen der Datenschutzaufsicht wird auch der **Datenschutz durch Technikgestaltung** nach Art. 25 Abs. 1 DS-GVO umgesetzt. Die Datenschutzaufsicht scheint allerdings die Forderung nach dem Aufkleber bei Einhaltung der übrigen Punkte nicht durchzusetzen.[91] Die Trennung der Datenkreise setzt eine effektive Pseudonymisierung, wie in ErwGr 29 beschrieben, um. Das Telematikunternehmen muss hierbei nicht zwingend ein externer Dienstleister sein. Auch ein entsprechend abgeschottetes Konzernunternehmen kann diese Funktion übernehmen. Schließlich sind beim Scoring die Anforderungen an **automatisierte Entscheidungen im Einzelfall,** einschließlich Profiling, nach Art. 22 DS-GVO (→ § 3 Rn. 75 ff.) zu beachten.

61 Fraglich ist, wie zu verfahren ist, wenn das Fahrzeug nicht ausschließlich vom Versicherungsnehmer, sondern auch von **anderen Personen** geführt wird. Für letztere scheidet Art. 6 Abs. 1 lit. b DS-GVO als Erlaubnistatbestand aus. Die Einholung einer Einwilligung dürfte sich in der Praxis mangels Kontakt des Versicherers zu anderen Fahrern des Fahrzeugs schwierig gestalten. Teilweise wird vertreten, das „Innenverhältnis" zwischen Versicherungsnehmer und sonstigen privaten bzw. familiären Nutzern des Fahrzeugs werde datenschutzrechtlich nicht geregelt.[92] Dies würde sich nunmehr aus Art. 2 Abs. 2 lit. c DS-GVO ergeben. Das Argument greift aber nur, soweit das Fahrzeug nicht kommerziell genutzt wird und weder Versicherer noch Telematikunternehmen Rückschlüsse auf die Identität der anderen Fahrer ziehen können. Letzteres ist aufgrund des weiten Verständnisses des Personenbezugs bei Fahrzeugdaten[93] fraglich, bei entsprechender technischer

---

[89] So bereits allgemein Schneider Der Vertrieb von Versicherungen über das Internet, 107 f.; wohl auch Weichert Polizeispiegel April 2014, 22 unter Verweis auf das Solidaritätsprinzip.
[90] Siehe als praktisches Beispiel die Produktbeschreibung und das Merkblatt für den S-Direkt-Tarif, der Gegenstand der Prüfung des LfD NRW war, abrufbar unter https://www.sparkassen-direkt.de/telematik/datenschutz/ sowie die Ausführungen zum Score, abrufbar unter https://www.sparkassen-direkt.de/telematik/faq/ → Wie wird der Score berechnet?, beide zuletzt abgerufen am 14.6.2018.
[91] Frequently Asked Questions zum S-Direkt-Tarif → „Was ist zum Thema Datenschutz zu sagen?", https://www.sparkassen-direkt.de/telematik/faq/, zuletzt abgerufen am 14.6.2018.
[92] Frequently Asked Questions zum S-Direkt-Tarif → „Was ist zum Thema Datenschutz zu sagen?", https://www.sparkassen-direkt.de/telematik/faq/, zuletzt abgerufen am 14.6.2018.
[93] Siehe hierzu Gemeinsame Erklärung der Konferenz der unabhängigen Datenschutzbehörden des Bundes und der Länder VDA Datenschutzrechtliche Aspekte bei der Nutzung vernetzter und nicht vernetzter Kraftfahrzeuge v. 26.1.2016.

Ausgestaltung aber nicht ausgeschlossen. Bei hinreichender Transparenz und Möglichkeit für die anderen Nutzer, das Tracking jederzeit abzuschalten, liegt allerdings zumindest eine Rechtfertigung über die Interessenabwägung nach Art. 6 Abs. 1 lit. f DS-GVO vor.

b) Pay-as-you-live. Versicherungsunternehmen können im Bereich Kranken-, Berufsunfähigkeits- und Lebensversicherungen Daten, die über Smartphones und Wearables, wie zB Fitnessarmbänder oder Smart Watches, gewonnen werden, zum einen für Assisstance-Leistungen zu Themen wie Ernährung, Fitness und Lifestyle einsetzen, um so die Gesundheit der Versicherten zu verbessern und die Wahrscheinlichkeit des Eintritts eines Versicherungsfalles zu senken.[94] Es kann aber auch, ähnlich den Telematik-Tarifen (→ Rn. 59 ff.), ein **Monitoring gesundheitsbezogenen Verhaltens** in Verbindung mit einem Nachlass auf die Versicherungsprämie aufgesetzt werden.[95] 62

Hierbei sind zunächst, soweit übertragbar, ähnliche datenschutzrechtliche Anforderungen zu stellen, wie bei der Pay-as-you-drive-Versicherung[96] (→ Rn. 59), dh Trennung der Datenkreise, Sicherheit und Transparenz. Der Unterschied zu einem normalen Telematik-Tarif liegt allerdings darin, dass bei der Pay-as-you-live-Versicherung Fitness-Daten, wie zB Werte über den Blutdruck, das Gewicht oder Ausdauer des Versicherungsnehmers verarbeitet werden. Hierbei handelt es sich um **Gesundheitsdaten**[97] und damit um besondere Kategorien personenbezogener Daten iSd Art. 9 DS-GVO. Insofern ist immer eine ausdrückliche Einwilligung des Versicherungsnehmers erforderlich, die jedoch an den Versicherungsvertrag gekoppelt werden kann (→ Rn. 38). Anders als bei Pay-as-you-drive-Versicherungen besteht hier auch nicht die Gefahr der beiläufigen Überwachung anderer Personen. 63

Sofern die jeweilige App über eine Sharing-Funktion verfügt, die über die Übermittlung der Daten an den Dienstleister des Versicherers hinausgeht, muss diese als Voreinstellungen deaktiviert sein. Ansonsten liegt ein Verstoß gegen den **Datenschutz durch datenschutzfreundliche Voreinstellungen** (data protection by default) nach Art. 25 Abs. 2 DS-GVO[98] vor. 64

6. Outsourcing in der Versicherungswirtschaft

Die Versicherungswirtschaft ist, stärker als viele andere Branchen, auf Outsourcing angewiesen. Dies liegt zum einen daran, dass im Versicherungskonzern viele der mit Kunden kontrahierenden Risikoträger wenig bis kein eigenes Personal haben. Weiter stehen Versicherer, und derzeit insbesondere Lebensversicherer, unter erheblichem Kostendruck. Viele Tätigkeiten werden daher bei konzerninternen oder auch externen Dienstleistern zentralisiert. Schließlich können viele im Rahmen der Digitalisierung erforderliche Leistungen ohnehin nur von spezialisierten externen Dienstleistern erbracht werden. Outsourcing kann dabei in Form der Auslagerung von reinen IT-Services (IT Outsourcing – ITO) oder von ganzen Geschäftsprozessen (Business Process Outsourcing – BPO) erfolgen.[99] Abhängig von Umfang und Art der betroffenen Daten, sind neben den datenschutzrechtlichen Anforderungen auch versicherungsaufsichtsrechtliche Anforderungen nach § 32 VAG (einschließlich entsprechender Verlautbarungen der BaFin) und der Delegierten Verordnung (EU) Nr. 2015/35 der Kommission vom 10.10.2014 zur Ergänzung der Richtlinie 2009/138/EG des Europäischen Parlaments und des Rates betreffend die 65

---

[94] Schaloske in Sassenberg/Faber RechtsHdB Industrie 4.0 und Internet of Things Teil 4 Kap. D Rn. 30.
[95] Schaloske in Sassenberg/Faber RechtsHdB Industrie 4.0 und Internet of Things Teil 4 Kap. D Rn. 31 zum „Generali Vitality-Programm".
[96] Schaloske in Sassenberg/Faber RechtsHdB Industrie 4.0 und Internet of Things Teil 4 Kap. D Rn. 34.
[97] Düsseldorfer Kreis, Orientierungshilfe zu den Datenschutzanforderungen an App-Entwickler und App-Anbieter v. 16.4.2014, 28.
[98] Dazu Mantz in Sydow DS-GVO Art. 25 Rn. 62 ff.
[99] Pohle/Ghaffari CR 2017, 489.

Aufnahme und Ausübung der Versicherungs- und der Rückversicherungstätigkeit (Solvabilität II) (DVO (EU) 2015/35) sowie die Anforderungen des § 203 StGB zu beachten.

66 **a) Datenschutzrechtliche Anforderungen.** Sobald an den Outsourcing-Dienstleister personenbezogene Daten weitergegeben werden oder dieser Zugriff auf solche erhält, müssen datenschutzrechtliche Anforderungen eingehalten werden. Im Rahmen eines ITO (zB (Cloud-)Hosting, Software-as-a-Service-Angebote, Application Management, Wartung und Support) dürfte in der Regel eine **Auftragsverarbeitung** nach Art. 28 DS-GVO vorliegen, insbesondere, da der Anwendungsbereich der Auftragsverarbeitung gemäß Art. 28 DS-GVO ein wenig weiter zu verstehen ist als der der Auftragsdatenverarbeitung nach § 11 BDSG aF.[100]

> Auch IT-Wartung oder Fernwartung (zB Fehleranalysen, Support-Arbeiten in Systemen des Auftraggebers) stellen Auftragsverarbeitungen iSd Art. 28 DS-GVO dar, wenn in diesem Rahmen für den Auftragsverarbeiter die Notwendigkeit oder **Möglichkeit** des Zugriffs auf personenbezogene Daten besteht.[101]

67 Es muss eine Auftragsverarbeitungsverarbeitungsvereinbarung (AVV) nach Art. 28 Abs. 3 DS-GVO in schriftlicher oder elektronischer Form abgeschlossen werden (→ § 3 Rn. 149).

68 Unter dem BDSG aF wurde das BPO meistens unter die „Funktionsübertragung" gefasst, die es jedoch unter der DS-GVO nicht mehr gibt.[102] Fälle der Funktionsübertragung können nun, abhängig von der Weisungsgebundenheit des Dienstleisters, Auftragsverarbeitung nach Art. 28 DS-GVO, gemeinsame Verantwortlichkeit nach Art. 26 DS-GVO (→ § 3 Rn. 142 ff.) oder eine „normale" Übermittlung an einen anderen Verantwortlichen sein. Welche der drei Fallgruppen bei einem BPO einschlägig ist, muss im Einzelfall bewertet werden. Die Grenze der Auftragsverarbeitung ist in der Regel überschritten, da aufgrund der Auslagerung des gesamten Geschäftsprozesses hier (auch) der Outsourcing-Dienstleister über die Zwecke und Mittel der Verarbeitung von personenbezogenen Daten entscheidet. Dies bedeutet jedoch nicht, dass zwischen dem Versicherungsunternehmen und dem Outsourcing-Dienstleister bei einem BPO überhaupt keine vertraglichen Datenschutzregelungen mehr abgeschlossen werden müssen. Im Gegenteil, gemeinsam für die Verarbeitung Verantwortliche müssen gem. § 26 Abs. 1 DS-GVO eine Vereinbarung treffen, in der sie in transparenter Form festlegen, wer von ihnen welche Verpflichtung unter der DS-GVO erfüllt, insbesondere was die Wahrnehmung der Rechte der betroffenen Person angeht. In der Vereinbarung sollte auch geregelt werden, wer den Melde- und Benachrichtigungspflichten nach Art. 33, 34 DS-GVO bei einem Data Breach nachkommt.[103] Auch sollte eine klare Regelung zum Umgang mit personenbezogenen Daten bei und nach Beendigung der Zusammenarbeit getroffen werden.[104] Zudem sind, unter Berücksichtigung der Art, des Umfangs, der Umstände und der Zwecke der Verarbeitung sowie der unterschiedlichen Eintrittswahrscheinlichkeit und Schwere der Risiken für die Rechte und Freiheiten der betroffenen Personen, weitere Regelungen zu empfehlen. Da, anders als bei der Auftragsverarbeitung, der Datenaustausch zwischen gemeinsam Verantwortlichen nicht privilegiert ist, muss auch hierfür ein Erlaubnistatbestand vorliegen. Hier kommt in der Regel Art. 6 Abs. 1 lit. f DS-GVO in Frage. Im Rahmen der Interessenabwägung sprechen klare Datenschutzregelungen, wie zB Festlegung von Gegenstand und Dauer der Verarbeitung,

---

[100] DSK Kurzpapier Nr. 13 Auftragsverarbeitung, Art. 28 DS-GVO, 16.1.2018, 1.
[101] DSK Kurzpapier Nr. 13 Auftragsverarbeitung, Art. 28 DS-GVO, 16.1.2018, 3.
[102] DSK Kurzpapier Nr. 13 Auftragsverarbeitung, Art. 28 DS-GVO, 16.1.2018, 1; DSK Kurzpapier Nr. 16 Gemeinsam für die Verarbeitung Verantwortliche, Art. 26 DS-GVO, 2.
[103] Schreibauer/Spittka in Wybitul HdB DS-GVO Art. 33 Rn. 7, Art. 34 Rn. 5.
[104] Schneider Datenschutz nach der EU-Datenschutz-Grundverordnung, 248 f.

Art und Zweck der Verarbeitung, die Art der personenbezogenen Daten, die Kategorien betroffener Personen, die technischen und organisatorischen Maßnahmen, Unterstützungs- sowie Kontroll- und Inspektionsrechte[105] dafür, dass die Abwägung zugunsten des Datenaustauschs ausgeht. Dasselbe trifft auch für die „normale" Übermittlung an einen anderen Verantwortlichen zu.[106] Nur weil es die Funktionsübertragung nicht mehr gibt, bedeutet dies nicht, dass Daten ohne vertragliche Vereinbarung auf Grundlage des Art. 6 Abs. 1 lit. f DS-GVO weitergegeben werden dürfen.

Problematisch ist die Weitergabe von **Gesundheitsdaten** beim Outsourcing bei Kranken-, Unfall-, Berufsunfähigkeits- oder Lebensversicherungen, im Rahmen eines BPO außerhalb der Auftragsverarbeitung. Hier muss zusätzlich zu Art. 6 Abs. 1 lit. f DS-GVO noch ein Erlaubnistatbestand nach Art. 9 Abs. 2 DS-GVO vorliegen.[107] Die Vorschrift enthält aber keinen klaren Tatbestand für Outsourcing. Auch die Einwilligung, obwohl in Ziffer 3.2 des Musters für eine Einwilligungs- und Schweigepflichtentbindungserklärung (→ Rn. 54 ff.) vorgesehen, ist für Outsourcing eigentlich nicht geeignet, da sie jederzeit widerrufen werden kann.[108] Eine Zulässigkeit der Datenweitergabe nach § 203 StGB (→ Rn. 73 ff.) wiederum stellt keinen datenschutzrechtlichen Erlaubnistatbestand dar.[109] Unter dem BDSG aF haben die deutschen Datenschutzaufsichtsbehörden vertreten, dass bei Beschäftigten eine Verarbeitung besonderer Kategorien personenbezogener Daten als Annex zur ausgelagerten Funktion auch durch den Dienstleister auf § 28 Abs. 6 Nr. 3 BDSG aF (Verarbeitung zur Geltendmachung, Ausübung oder Verteidigung rechtlicher Ansprüche erforderlich) zulässig war.[110] Die entsprechende Vorschrift unter der DS-GVO ist Art. 9 Abs. 2 lit. f DS-GVO. Sowohl § 28 Abs. 6 Nr. 3 BDSG aF als auch Art. 9 Abs. 2 lit. f DS-GVO sind nicht auf Beschäftigtendaten beschränkt und können daher auch für die Verarbeitung von Kundendaten herangezogen werden. Der deutsche Gesetzgeber sollte allerdings tätig werden und klare Regelungen zur Vermeidung von Auslegungsstreitigkeiten schaffen, wie er es bereits für das Outsourcing nach § 203 StGB getan hat (→ Rn. 73). 69

b) Anforderungen nach § 32 VAG und Art. 274 DVO (EU) Nr. 2015/35. Versicherungsunternehmen müssen beim Outsourcing auch die Anforderungen an Ausgliederungen[111] nach § 32 VAG iVm mit dem Rundschreiben 2/2017 (VA) – Mindestanforderungen an die Geschäftsorganisation von Versicherungsunternehmen (MaGo) der Bundesanstalt für Finanzdienstleistungsaufsicht (BaFin) einhalten. Die Vorgaben zum Outsourcing gelten auch bei konzern-/gruppeninternen Ausgliederungen.[112] Der spezifischen Ausgliederungskontrolle durch die Aufsichtsbehörde unterfallen nach Ziff. 13.1 MaGo alle versicherungstypischen Funktionen oder Tätigkeiten,[113] die ein Versicherungsunternehmen ausgliedert, also zB nicht die Übertragung des Kantinenbetriebs auf einen externen Dienstleister. 70

Nach § 32 Abs. 2 VAG dürfen die ordnungsgemäße Ausführung der ausgegliederten Funktionen und Versicherungstätigkeiten, die Steuerungs- und Kontrollmöglichkeiten 71

---

[105] Siehe hierzu Moos/Rothkegel in Moos Datenschutz- und Datennutzungsverträge, 1062 ff.; Mantz in Sydow DS-GVO Art. 32 Rn. 23.
[106] Siehe für Regelungen bei einer Aufgabenverlagerung Gabel/Wieczorek in Moos Datenschutz- und Datennutzungsverträge § 32.
[107] Vgl. DSK Kurzpapier Nr. 16 Gemeinsam für die Verarbeitung Verantwortliche, Art. 26 DS-GVO, 2.
[108] Siehe hierzu auch Schneider in Schneider Datenschutz nach der EU-Datenschutz-Grundverordnung, 145 ff.
[109] Pohle/Ghaffari CR 2017, 489, 494.
[110] Regierungspräsidium Darmstadt, Arbeitsbericht der ad-hoc-Arbeitsgruppe „Konzerninterner Datentransfer", 11.
[111] Die Begriffe „Outsourcing" und „Ausgliederung" werden von der BaFin singleich verwendet, Rundschreiben 2/2017 MaGo Ziff. 13.1 Rn. 237.
[112] Schaaf in Brand/Baroch Castellvi VAG § 32 Rn. 23.
[113] Siehe hierzu Schaaf in Brand/Baroch Castellvi VAG § 32 Rn. 4 ff.

des Vorstands sowie die Prüfungs- und Kontrollrechte der Aufsichtsbehörde durch eine Ausgliederung nicht beeinträchtigt werden. Dies umfasst ua die vertragliche Sicherstellung des Zugriffs auf alle (vom Outsourcing betroffenen) Daten (§ 32 Abs. 2 Nr. 1 VAG) sowie vertragliche Auskunfts- und Weisungsrechte (§ 32 Abs. 4 VAG) und ist auch im Rahmen der gemeinsamen Verantwortlichkeit und bei „normaler" Übermittlung zu beachten.

72 Zudem müssen beim Outsourcing die Vorgaben des Art. 274 DVO (EU) Nr. 2015/35 eingehalten werden. Hierzu muss das Versicherungsunternehmen nach Art. 274 DVO (EU) Nr. 2015/35 sicherstellen, dass infolge des Outsourcings keine gesetzlichen Vorschriften, insbesondere keine **Datenschutzvorschriften,** verletzt werden. Auch vor diesem Hintergrund müssen bei Outsourcing-Konstellationen jenseits der Auftragsverarbeitung klare datenschutzrechtliche Rechte und Pflichten vereinbart werden, hinsichtlich derer man sich durchaus an Art. 28 Abs. 3 S. 2 DS-GVO orientieren kann. Datenschutz und, soweit einschlägig, auch § 203 StGB sind bei der Durchführung der Risikoanalyse nach § 32 Abs. 3 S. 1 VAG miteinzubeziehen.[114]

> Wichtig ist, dass die entsprechenden Kontroll- und Zugangsrechte auch der BaFin als versicherungsrechtlicher Aufsichtsbehörde eingeräumt werden. Die Aufsichtspraxis der BaFin zeigt zudem, dass die Behörde den Fokus verstärkt auf die Prüfung der Einhaltung des Datenschutzrechts und der IT-Sicherheit legt.

73 **c) Anforderungen nach § 203 StGB.** Sobald ein konzerninterner oder externer Dienstleister im Rahmen des Outsourcings (ITO und BPO) durch ein Unternehmen der privaten Kranken-, Unfall- oder Lebensversicherung Zugriff auf Informationen bekommt, die dem § 203 StGB unterfallen (→ Rn. 40), müssen zusätzliche vertragliche Maßnahmen ergriffen werden, um eine Strafbarkeit der beteiligten Personen zu vermeiden. Der deutsche Gesetzgeber hat 2017 eine lang anhaltende Rechtsunsicherheit beseitigt[115] und mit §§ 203 Abs. 3 S. 2, Abs. 4, 204 StGB Regelungen geschaffen, die ein **straffreies Outsourcing** für Berufsgeheimnisträger und damit auch die genannten Personenversicherer ermöglichen.

74 Unternehmen der privaten Kranken-, Unfall- oder Lebensversicherung dürfen sonstigen Personen, die an ihrer beruflichen oder dienstlichen Tätigkeit mitwirken, Geheimnisse iSd § 203 StGB offenbaren, soweit dies für die Inanspruchnahme der Tätigkeit der sonstigen mitwirkenden Personen erforderlich ist. Die **Erforderlichkeit** bezieht sich hierbei auf die Kenntnis der Informationen für die Durchführung der outgesourcten Tätigkeit und nicht auf die Frage, ob das Outsourcing erforderlich ist oder nicht.[116] Hinsichtlich der Entscheidung über das „Ob" des Outsourcings ist das Versicherungsunternehmen, im Rahmen des Versicherungsaufsichtsrechts, frei. Im Rahmen des „Wie" des Outsourcings sollte daher für jeden Fall geprüft werden, welche Zugriffsrechte genau im Rahmen eines IT-Outsourcing unbedingt erforderlich sind, damit der Outsourcing-Dienstleister seine Tätigkeit ausführen kann.[117] Gem. § 203 Abs. 3 S. 2 Hs. 2 StGB gelten diese Voraussetzungen auch für den Outsourcing-Dienstleister, wenn dieser sich weiterer Personen (dh Unterauftragnehmer) bedient. § 203 Abs. 3 S. 2 StGB erfasst sowohl ITOs als auch BPOs.[118]

75 Angehörige eines Unternehmens der privaten Kranken-, Unfall- oder Lebensversicherung machen sich gem. § 203 Abs. 4 Nr. 1 StGB strafbar, wenn sie nicht dafür Sorge getragen haben, dass eine sonstige mitwirkende Person zur Geheimhaltung verpflichtet

---

[114] Schaaf in Brand/Baroch Castellvi VAG § 32 Rn. 29.
[115] Siehe zum Hintergrund Pohle/Ghaffari CR 2017, 489.
[116] Pohle/Ghaffari CR 2017, 489 (492 f.).
[117] Pohle/Ghaffari CR 2017, 489 (493).
[118] Pohle/Ghaffari CR 2017, 489 (492).

wurde, die unbefugt ein fremdes, ihr bei der Ausübung oder bei Gelegenheit ihrer Tätigkeit bekannt gewordenes Geheimnis offenbart. Dies gilt nicht, wenn die sonstige mitwirkende Person selbst Berufsgeheimnisträger ist. Letzteres ist jedoch in der Versicherungswirtschaft in der Regel nicht der Fall, da selbst konzerninterne Dienstleister meist nicht selber Versicherer sind. Es ist somit erforderlich, dass der auftraggebende Versicherer seine Outsourcing-Dienstleister vertraglich zur Verschwiegenheit verpflichtet und ebenso angemessen dafür Sorge trägt, dass Mitarbeiter des Outsourcing-Dienstleisters sowie Unterauftragnehmer ihrerseits zur Geheimhaltung verpflichtet werden und der IT-Dienstleister dies nachweist.[119] Dies gilt für den Outsourcing-Dienstleister über § 203 Abs. 4 Nr. 2 StGB entsprechend. Regelungen zu § 203 StGB können unproblematisch in die datenschutzrechtlichen Regelungen integriert werden.[120]

7. Verhaltensregeln für den Umgang mit personenbezogenen Daten durch die deutsche Versicherungswirtschaft (Code of Conduct)

Vor dem Hintergrund der umfassenden und teilweise hochsensiblen Verarbeitung personenbezogener Daten in der Versicherungswirtschaft hat der Gesamtverband der Deutschen Versicherungswirtschaft eV (GDV) zur Schaffung von Rechtssicherheit mit den deutschen Datenschutzaufsichtsbehörden, vertreten durch die Berliner Datenschutzaufsicht, mit den „Verhaltensregeln für den Umgang mit personenbezogenen Daten durch die deutsche Versicherungswirtschaft **(Code of Conduct)**"[121] Verhaltensregeln nach § 38a BDSG aF ausgehandelt, um die gesetzlichen Regelungen im Hinblick auf die typischen Datenverarbeitungen in der Branche zu konkretisieren. 76

Der Code of Conduct wurde überarbeitet, um auch als Verhaltensregeln nach Art. 40, 41 DS-GVO (→ § 3 Rn. 195 ff.) gelten zu können. Es waren einige Änderungen des Code of Conduct erforderlich, zB zu den neuen Transparenzpflichten und Rechten der betroffenen Personen, zu gemeinsamer Verantwortlichkeit, zum Recht auf Datenübertragbarkeit sowie zu Datenschutz durch Technikgestaltung und zur Meldung von Verletzungen der Sicherheit der Verarbeitung (Data Breach Notification). 77

Wie bereits die Verhaltensregeln nach § 38a BDSG aF, gelten die Verhaltensregeln nach Art. 40 DS-GVO zunächst nur für Unternehmen, die sich ihnen unterwerfen. Die Verhaltensregeln strahlen aber auch auf andere Branchenmitglieder aus, da es in der Regel schwer zu rechtfertigen sein wird, dass das ausgehandelte Schutzniveau der Verhaltensregeln unterschritten wird. 78

8. IT-Sicherheit und technische und organisatorische Maßnahmen

Neben den allgemein gültigen datenschutzrechtlichen Anforderungen an die IT-Sicherheit, können Versicherungsunternehmen auch speziellen IT-sicherheitsrechtlichen Anforderungen unterliegen. 79

a) Datensicherheit. Zunächst müssen Versicherungsunternehmen, wie alle anderen Verantwortlichen auch (→ § 3 Rn. 164 f.), die Anforderung des Art. 32 DS-GVO an die Sicherheit der Verarbeitung personenbezogener Daten einhalten. Hierbei ist im Rahmen 80

---

[119] Pohle/Ghaffari CR 2017, 489 (494).
[120] Vgl. BayLDA, Formulierungshilfe für einen Auftragsverarbeitungsvertrag nach Art. 28 Abs. 3 DS-GVO, 5; die vorgeschlagene Formulierung müsste in der Praxis jedoch weiter ausgebaut werden, um eine Strafbarkeit nach § 203 StGB auszuschließen.
[121] Verhaltensregeln für den Umgang mit personenbezogenen Daten durch die deutsche Versicherungswirtschaft, Stand: 29.6.2018, abrufbar unter https://www.gdv.de/resource/blob/23938/8db1616525e9a97326e2f2303cf42bd5/download-code-of-conduct-data.pdf, zuletzt abgerufen am 29.9.2018; Bln. LfD Jahresbericht 2012, Ziff 15.1.

der Beurteilung des angemessenen Schutzniveaus[122] zu berücksichtigen, dass Versicherer, auch jenseits der privaten Kranken-, Unfall-, Berufsunfähigkeits- und Lebensversicherung, hochsensible Daten verarbeiten, zB im Rahmen des Datenaustauschs mit HIS (→ Rn. 11, 19) oder bei „Pay-as-you-drive"-Tarifen. Versicherungsunternehmen müssen daher im Zusammenhang mit ihrem Datenschutz-Compliance-System ein umfassendes IT-Sicherheitskonzept erstellen, dessen Wirksamkeit regelmäßig überprüft und neu bewertet werden muss.

81 Besonders hohe Sicherheitsanforderungen sind hierbei an die Verarbeitung von Gesundheitsdaten im Zusammenhang mit Apps zu stellen. Es muss eine sichere, verschlüsselte Datenübertragung sichergestellt werden.[123] Die deutschen Datenschutzaufsichtsbehörden fordern zudem bei App-Angeboten mit höherem Schutzniveau die Verwendung einer Zwei-Faktor-Authentifizierung in Form von zB QR-Codes, Zertifikaten oder Zugangs-Tokens.[124] Entsprechendes muss für die Verarbeitung sensibler Daten über Online-Plattformen gelten.

82 Werden besondere Kategorien personenbezogener Daten auf Grundlage des § 37 Abs. 2 S. 1 iVm § 37 Abs. 1 BDSG oder des § 22 Abs. 1 lit. b BDSG verarbeitet, müssen weitere angemessene und spezifische Maßnahmen zur Wahrung der Interessen der betroffenen Person vorgesehen werden.

83 Hierzu können, unter Berücksichtigung des Stands der Technik, der Implementierungskosten und der Art, des Umfangs, der Umstände und der Zwecke der Verarbeitung sowie der unterschiedlichen Eintrittswahrscheinlichkeit und Schwere der mit der Verarbeitung verbundenen Risiken für die Rechte und Freiheiten natürlicher Personen, insbesondere folgende Maßnahmen gehören:

1. Technisch organisatorische Maßnahmen, um sicherzustellen, dass die Verarbeitung gemäß der DS-GVO erfolgt,
2. Maßnahmen, die gewährleisten, dass nachträglich überprüft und festgestellt werden kann, ob und von wem personenbezogene Daten eingegeben, verändert oder entfernt worden sind,
3. Sensibilisierung der an Verarbeitungsvorgängen Beteiligten,
4. Benennung einer oder eines Datenschutzbeauftragten,
5. Beschränkung des Zugangs zu den personenbezogenen Daten innerhalb der verantwortlichen Stelle und von Auftragsverarbeitern,
6. Pseudonymisierung personenbezogener Daten,
7. Verschlüsselung personenbezogener Daten,
8. Sicherstellung der Fähigkeit, Vertraulichkeit, Integrität, Verfügbarkeit und Belastbarkeit der Systeme und Dienste im Zusammenhang mit der Verarbeitung personenbezogener Daten, einschließlich der Fähigkeit, die Verfügbarkeit und den Zugang bei einem physischen oder technischen Zwischenfall rasch wiederherzustellen,
9. zur Gewährleistung der Sicherheit der Verarbeitung die Einrichtung eines Verfahrens zur regelmäßigen Überprüfung, Bewertung und Evaluierung der Wirksamkeit der technischen und organisatorischen Maßnahmen oder
10. spezifische Verfahrensregelungen, die im Fall einer Übermittlung oder Verarbeitung für andere Zwecke die Einhaltung der Vorgaben des BDSG und der DS-GVO sicherstellen.

---

[122] Siehe hierzu auch Schreibauer/Spittka in Wybitul HdB DS-GVO Art. 33 Rn. 7, Art. 32 Rn. 15 ff.
[123] Düsseldorfer Kreis, Orientierungshilfe zu den Datenschutzanforderungen an App-Entwickler und App-Anbieter v. 16.4.2014, 23 f.
[124] Düsseldorfer Kreis, Orientierungshilfe zu den Datenschutzanforderungen an App-Entwickler und App-Anbieter v. 16.4.2014, 21 f.

b) IT-Sicherheit. Versicherungsunternehmen können auch zu den Verpflichteten der IT-sicherheitsrechtlichen Anforderungen nach §§ 8a ff. BSIG gehören. Die Vorschriften setzen die Richtlinie zur Netz- und Informationssicherheit (NIS-Richtlinie)[125] um[126] und gelten unabhängig davon, ob personenbezogene Daten verarbeitet werden. Die hierfür zuständige Aufsichtsbehörde ist das Bundesamt für die Sicherheit in der Informationstechnologie (BSI).

Die Anforderungen der §§ 8a ff. BSIG gelten für Betreiber Kritischer Infrastrukturen (BKI). Kritische Infrastrukturen sind gem. § 2 Abs. 10 S. 1 BSIG:

„Einrichtungen, Anlagen oder Teile davon, die
1. den Sektoren Energie, Informationstechnik und Telekommunikation, Transport und Verkehr, Gesundheit, Wasser, Ernährung sowie Finanz- und Versicherungswesen angehören und
2. von hoher Bedeutung für das Funktionieren des Gemeinwesens sind, weil durch ihren Ausfall oder ihre Beeinträchtigung erhebliche Versorgungsengpässe oder Gefährdungen für die öffentliche Sicherheit eintreten würden."

Die Schwellenwerte, wann tatsächlich eine Kritische Infrastruktur nach § 2 Abs. 10 S. 1 Nr. 2 BSIG vorliegt, werden durch das Bundesministerium des Innern, für Bau und Heimat (BMI) gem. § 2 Abs. 10 S. 2 BSIG durch Rechtsverordnung nach § 10 Abs. 1 BSIG, namentlich die Verordnung zur Bestimmung Kritischer Infrastrukturen nach dem BSI-Gesetz (BSI-Kritisverordnung – BSI-KritisV), festgelegt. Gem. § 7 Abs. 1 Nr. 5, Abs. 7 BSI-KritisV iVm Anhang 6 (Anlagenkategorien und Schwellenwerte im Sektor Finanz- und Versicherungswesen) zur BSI-KritisV können grundsätzlich **private Krankenversicherungen, Lebensversicherungen, sowie Kompositversicherungen** (dh Schadens- und Unfallsicherungen, die nicht bereits unter die vorgenannten Fälle gefasst werden können) unter die Kritischen Infrastrukturen fallen. Erfasst sind die Vertragsverwaltungs-, Leistungs- bzw. Schaden- sowie Auszahlungssysteme. Die konkreten Schwellenwerte für Lebens- und Kompositversicherungen liegen hierbei bei **500.000** Leistungs- bzw. Schadensfällen pro Jahr. Für private Krankenversicherungen liegt die Schwelle bei **zwei Millionen** Leistungsfällen pro Jahr. Versicherungskonzerninterne **IT-Dienstleister**, zB Betreiber von Rechenzentren, können zudem gem. § 5 Abs. 1 Nr. 2 BSI-KritisV iVm Anhang 4 (Anlagenkategorien und Schwellenwerte im Sektor Informationstechnik und Telekommunikation) zur BSI-KritisV selbständig unter die BSI-KritisV fallen. Dies richtet sich für Server Housing nach vertraglich vereinbarter Leistung in MW (fünf) und für IT-Hosting nach der Anzahl der laufenden Instanzen im Jahresdurchschnitt (25.000) oder dem ausgelieferten Datenvolumen in TB/Jahr (75.000).

Fällt ein Versicherungsunternehmen unter das BSIG, ist es gem. § 8a Abs. 1 S. 1, 2 BSIG verpflichtet, nach dem Stand der Technik angemessene organisatorische und technische **Vorkehrungen zur Vermeidung von Störungen** der Verfügbarkeit, Integrität, Authentizität und Vertraulichkeit ihrer informationstechnischen Systeme, Komponenten oder Prozesse zu treffen, die für die Funktionsfähigkeit der von ihnen betriebenen Kritischen Infrastrukturen maßgeblich sind.[127] Zudem muss gem. § 8a Abs. 3 BSIG mindestens alle zwei Jahre ein **Sicherheitsaudit** durchgeführt und die Dokumentation dem BSI vorgelegt werden. Im Fall folgender Störungen muss gem. § 8 Abs. 4 BSIG unverzüglich eine Meldung an das BSI erfolgen:

1. Störungen der Verfügbarkeit, Integrität, Authentizität und Vertraulichkeit ihrer informationstechnischen Systeme, Komponenten oder Prozesse, die zu einem Ausfall oder zu einer erheb-

---

[125] ABl. EU 2016 L 194, 1.
[126] Siehe hierzu Mantz/Spittka in Sassenberg/Faber RechtsHdB Industrie 4.0 und Internet of Things Teil 4 Kap. E Rn. 152 ff.
[127] Siehe für Details Mantz/Spittka in Sassenberg/Faber RechtsHdB Industrie 4.0 und Internet of Things Teil 4 Kap. E Rn. 160.

lichen Beeinträchtigung der Funktionsfähigkeit der von ihnen betriebenen Kritischen Infrastrukturen geführt haben,
2. erhebliche Störungen der Verfügbarkeit, Integrität, Authentizität und Vertraulichkeit ihrer informationstechnischen Systeme, Komponenten oder Prozesse, die zu einem Ausfall oder zu einer erheblichen Beeinträchtigung der Funktionsfähigkeit der von ihnen betriebenen Kritischen Infrastrukturen führen können,

9. Sonstige Verarbeitung von Kundendaten

88 Versicherungsunternehmen müssen beim Umgang mit den personenbezogenen Daten der Versicherungsnehmer weitere Besonderheiten berücksichtigen.

89 **a) Beratung und Werbung.** Im Zusammenhang mit Kundenkommunikation zu Versicherungsprodukten und der damit zusammenhängenden Verarbeitung personenbezogener Daten muss eine Abgrenzung zwischen Werbung und **versicherungsrechtlichen Beratungspflichten** vorgenommen werden. Während sich die Verarbeitung personenbezogener Daten für Zwecke der Direktwerbung nach den allgemeinen Regeln und damit entweder nach Art. 6 Abs. 1 lit. f iVm Art. 21 Abs. 2 DS-GVO (Interessenabwägung) oder Art. 6 Abs. 1 lit. a DS-GVO (Einwilligung) richtet,[128] unterliegen Versicherungsunternehmen aufgrund der Komplexität vieler Versicherungsprodukte Befragungs- und Beratungspflichten nach § 6 Abs. 1, 4 VVG.[129] Sofern die Kundenkommunikation ausschließlich erfolgt, um diesen Befragungs- und Beratungspflichten nachzukommen, ist Art. 6 Abs. 1 lit. c DS-GVO (Erfüllung einer rechtlichen Verpflichtung) der einschlägige Erlaubnistatbestand.

90 **b) Bestandsübertragung.** Bei Versicherungsverträgen besteht mit der sog Bestandsübertragung nach § 13 VAG eine besondere Möglichkeit des Austauschs einer Vertragspartei. Durch einen sog Bestandsübertragungsvertrag zwischen einem abgebenden und einem übernehmenden Versicherungsunternehmen kann der aufnehmende Versicherer neuer Vertragspartner der Versicherungsnehmer werden, unter gleichzeitigem Ausscheiden des bisherigen Versicherers. Voraussetzung hierfür ist nach § 13 Abs. 1 S. 1 VAG die Zustimmung der Aufsichtsbehörde, also der BaFin. Mit deren Zustimmung gehen nach § 13 Abs. 5 VAG die Rechte und Pflichten aus den Versicherungsverträgen auf das übernehmende Unternehmen über, ohne dass dies noch der Zustimmung des Versicherungsnehmers bedürfte. Es handelt sich damit um einen Fall der **Universalsukzession**.[130]

91 Wie auch bei Umwandlungen nach dem UmwG,[131] stellt die Weitergabe personenbezogener Daten im Zusammenhang mit der Bestandsübertragung keinen datenschutzrelevanten Vorgang dar und bedarf daher keiner Rechtfertigung. Es ist deshalb weder eine datenschutzrechtliche Einwilligung noch die Einräumung eines Widerspruchsrechts[132] erforderlich. Der neue Vertragspartner darf die Daten im Anschluss an die Übertragung in demselben Umfang (weiter-)verarbeiten, wie es das übertragende Versicherungsunternehmen durfte. Gegenüber dem alten Vertragspartner erteilte Einwilligungen gelten für den neuen Vertragspartner im Wege der Auslegung weiter, sofern sich der Umfang der Datenverarbeitung nicht ändert.

---

[128] Siehe DSK Kurzpapier Nr. 3 Verarbeitung personenbezogener Daten für Werbung, Stand: 29.6.2017, 1 f.
[129] Siehe hierzu Rudy in Prölss/Martin VVG § 6 Rn. 2 ff. und Rn. 44 ff.
[130] Diehl/Seemayer in Brand/Baroch Castellvi VAG § 13 Rn. 63.
[131] Zur Rechtslage unter der DS-RL Lüttge NJW 2000, 2463; Zöllner ZHR 165 (2000), 441; Marsch-Parner/Mackenthun ZHR 165 (2000), 426; Diekmann/Eul/Klevens RDV 2000, 149; Schaffland NJW 2002, 1539; Innenministerium Baden-Württemberg in Bekanntmachung des Innenministeriums (Nr. 38) über Hinweise zum Bundesdatenschutzgesetz für die Privatwirtschaft vom 18.1.2000, Punkt A.; BT-Drs. 14/555, S. 182; Hess LT-Drs. 15/1539, S. 9 ff.
[132] Zum Asset Deal BayLDA, Pressemitteilung Kundendaten beim Unternehmensverkauf – ein Datenschutzproblem v. 30.7.2015.

Etwas anderes ergibt sich auch nicht aus § 203 StGB. Zwar ist für das Offenbaren von 92
Informationen, die dem Schutz durch § 203 StGB unterliegen, im Zusammenhang mit
Unternehmensveräußerungen grundsätzlich die Einwilligung der betroffenen Personen erforderlich,[133] dies würde jedoch Unternehmen der privaten Kranken-, Unfall- oder Lebensversicherung von § 13 VAG ausnehmen, was vom Gesetzgeber nicht beabsichtigt ist.
Die Vorschrift wurde über die Jahre in Kenntnis der Rechtsprechung des BGH zu § 203
StGB immer wieder weiterentwickelt und damit bestätigt. Erwähnt sei hier insbesondere
die Umsetzung eines zu Lebensversicherungen ergangenen Urteils des BVerfG vom 26.7.
2005[134] durch Art. 1 Nr. 7 des Gesetzes vom 23.12.2007.[135] Im Fall einer Bestandsübertragung nach § 13 VAG liegt daher kein unbefugtes Offenbaren iSd § 203 StGB vor.

10. Aufsicht über Kranken-, Unfall- oder Lebensversicherer

Versicherungsunternehmen unterliegen in Deutschland hinsichtlich des Umgangs mit per- 93
sonenbezogenen Daten nicht nur der Aufsicht durch die zuständige Datenschutzaufsichtsbehörde, sondern auch der allgemeinen Aufsicht der BaFin und ggf. auch des BSI
(→ Rn. 84 ff.).

Die **BaFin** hat gegenüber Versicherungsunternehmen gem. §§ 305, 306 VAG umfas- 94
sende Ermittlungs- und Durchsuchungsbefugnisse. Das **BSI** kann gem. § 8a Abs. 4 BSIG
die Einhaltung der Anforderungen nach § 8a Abs. 1 BSIG überprüfen. Sofern die Offenlegung personenbezogener Daten im Rahmen der vorgenannten Aufsichtstätigkeit tatsächlich erforderlich ist, kann diese auf Art. 6 Abs. 1 lit. c DS-GVO gestützt werden. Die
jeweiligen Rechtsgrundlagen für die behördlichen Anfragen und Ermittlungen stellen zudem mitgliedsstaatliche Vorschriften iSd Art. 9 Abs. 2 lit. g DS-GVO sowie Art. 10 S. 1
DS-GVO dar, sodass auch besondere Kategorien personenbezogener Daten und personenbezogener Daten über strafrechtliche Verurteilungen und Straftaten offengelegt werden dürfen.

Was die Aufsichtstätigkeit der **datenschutzrechtlichen Aufsichtsbehörde** betrifft, 95
hat der deutsche Gesetzgeber von der Öffnungsklausel nach Art. 90 Abs. 1 DS-GVO Gebrauch gemacht. Gem. § 29 Abs. 3 S. 1 DS-GVO bestehen gegenüber den in § 203
Abs. 1, 2a, 3 StGB genannten Personen (und damit auch gegenüber Angehörigen eines
Unternehmens der privaten Kranken-, Unfall- oder Lebensversicherung nach § 203
Abs. 1 Nr. 7 StGB oder deren Auftragsverarbeitern), die Untersuchungsbefugnisse der
Aufsichtsbehörden gemäß Art. 58 Abs. 1 lit. e[136] und lit. f[137] DS-GVO nicht, soweit die
Inanspruchnahme der Befugnisse zu einem Verstoß gegen die Geheimhaltungspflichten
dieser Personen führen würde. Damit können die Befugnisse der Datenschutzaufsicht im
Zusammenhang mit der Verarbeitung personenbezogener Daten der Versicherungsnehmer
eingeschränkt sein. Die Regelung dürfte aufgrund der ausdrücklichen Regelungsmöglichkeit in Art. 90 Abs. 1 DS-GVO iVm § 203 StGB unionsrechtskonform sein.[138] Zu beachten ist, dass der Datenschutzaufsichtsbehörde immer noch das Auskunftsrecht nach Art. 58
Abs. 1 lit. a DS-GVO sowie die Untersuchungsbefugnis nach Art. 58 Abs. 1 lit. b DS-GVO zustehen. Zudem wird vertreten, dass überhaupt kein Verstoß gegen § 203 StGB
vorliegt, soweit die Datenschutzaufsicht im Rahmen ihrer Befugnisse nach Art. 58 Abs. 1
lit. e, f DS-GVO tätig wird.[139] Vor dem Hintergrund der weiten Auskunftsbefugnisse der
BaFin und der Tatsache, dass die Datenschutzaufsicht gegenüber der BaFin sogar einen
„Unabhängigkeitsvorteil" hat sowie der speziellen Geheimhaltungspflicht nach § 29
Abs. 3 S. 2 BDSG, bleibt abzuwarten, wie die Gerichte die Aufsichtsbefugnisse über Ver-

---
[133] BGH NJW 1992, 737 (739).
[134] BVerfG VersR 2005, 1109.
[135] BGBl I 3248.
[136] Zugang zu personenbezogenen Daten und Informationen.
[137] Zugang zu den Geschäftsräumen, einschließlich aller Datenverarbeitungsanlagen und -geräte.
[138] So auch Piltz in Piltz BDSG § 29 Rn 34 f.
[139] Herbst in Kühling/Buchner BDSG § 29 Rn. 30.

sicherungsunternehmen auslegen werden. In jedem Fall ist die Auffassung, dass Versicherungsunternehmen hinsichtlich der Datenerhebung nach § 213 VVG nicht der Datenschutzaufsicht, sondern allein der Aufsicht durch die BaFin unterliegen,[140] nunmehr in jedem Fall aufgrund des weiten Verarbeitungsbegriffs des Art. 4 Nr. 2 DS-GVO abzulehnen.

---

[140] Voit in Prölss/Martin VVG § 213 Rn. 60.

§ 13 Datenschutz im Medizinsektor

Übersicht

Rn.

I. Einleitung 1
II. Akteure und Datenkategorien im Gesundheitsbereich 2
   1. Medizinsektor und Gesundheitswesen 2
   2. Gesundheitsdaten und Gesundheitsverwaltungsdaten 4
   3. Der Datenumgang im Gesundheitswesen 8
      a) Datenumgang in der Arztpraxis 9
      b) Datenumgang im Krankenhaus 10
      c) Datenumgang im Pharmawesen 11
      d) Datenumgang bei sonstigen Trägern von Heilberufen 12
   4. Datenumgang bei gesetzlichen Krankenkassen und anderen Sozialversicherungsträgern 13
   5. Sonderfall: Datenerhebung durch patienteneigene Geräte 14
   6. Sonderfall: Auswertung von Gesundheitsdaten durch private IT-Dienstleister 15
      a) Der Gesundheitsdatenmarkt 15
      b) Big Data-Analysen zu wissenschaftlichen Zwecken 16
      c) Das Interesse von Netzwerkbetreibern an Gesundheitsdaten 17
III. Rechtliche Rahmenbedingungen 18
   1. Europäischer Normkontext für Gesundheitsdaten 19
   2. Datenschutz-Grundverordnung 21
      a) Verarbeitungsverbot für Gesundheitsdaten 21
      b) Spielräume und Konkretisierungsmöglichkeiten für den nationalen Gesetzgeber 23
   3. Grundrechtlicher Normenkontext und Gesetzgebungskompetenz 28
   4. Bundesdatenschutzrechtliche Spezifizierung von Art. 9 DS-GVO 32
   5. Bereichsspezifische Regelungen zum Schutz von Gesundheits- und Sozialdaten 34
      a) Krankenkassen und Gesundheitsdatenschutz 34
      b) Landesrecht: Datenschutz und Krankenhausgesetze 37
      c) Kirchlicher Datenschutz 39
   6. Übersicht über die anwendbaren Datenschutzvorschriften 40
   7. Datenschutzrechtliche Spezialvorschriften 41
   8. Straf- und zivilrechtliche Regelungen für den Medizinsektor 43
IV. Besondere Herausforderungen für den Datenschutz im Medizinsektor 45
   1. Gesundheitsdaten als sensitive Daten 45
   2. Digitalisierung des Medizinsektors 47
   3. Rechtmäßige Verarbeitung von Gesundheitsdaten 49
      a) Der Grundsatz der Patientensouveränität 50
      b) Die Einwilligung im Gesundheitswesen 53
      c) Die „Interessenabwägung" als Maßstab für die Datenverarbeitung ... 60
      d) Die Selbstdetermination durch Gesundheitsapps 62
   4. Übermittlung von Gesundheitsdaten 64
      a) Der Medizinsektor als notwendig vernetztes System von Leistungserbringern und weiteren Akteuren 65
      b) Rechtsgrundlagen für die Datenübermittlung 68
      c) Vernetzung als Chance und Risiko 70
   5. Sorgfaltspflichten bei der Verarbeitung von Gesundheitsdaten 72
   6. Datenspeicherung und Datenlöschung 75
   7. Die Betroffenenrechte im Medizinsektor 79
   8. Nicht-medizinische Akteure im Medizinsektor 81
V. Sonderfragen zum Datenschutzrecht im Medizinsektor 83
   1. Der Patient im Mittelpunkt von Überwachungsmaßnahmen 83
   2. Das Datenschutzrecht von Leistungserbringern 85
      a) Sozialversicherungspflichtig Beschäftigte im Medizinsektor 85
      b) Arztbewertungen im Internet 86

Teil B

Datenschutzrecht in der Privatwirtschaft

	Rn.
3. Praxisübernahme und Übernahme von Patientendaten	91
a) Einwilligung der Patienten	93
b) Das sog „Zwei-Schrank-Modell"	94
c) Gemeinschaftspraxis/angestellter Arzt	96
VI. Rechtsschutz	97
1. Datenschutzaufsichtsbehörden	98
2. Datenschutzrechtliche Kontroll- und Rechtsschutzinstrumente	99
3. Straf- und zivilrechtliche Rechtsschutzinstrumente	101

Literatur:

Bauer/Eickmeier/Eckard, E-Health: Datenschutz und Datensicherheit, 2018; *Blobel/Koepper*, Handbuch Datenschutz und Datensicherheit im Gesundheitswesen, 4. Aufl. 2016; *Buchner*, Der NEUE Datenschutz im Gesundheitswesen, 2018; *Buchner*, Datenschutz und Datensicherheit in der digitalisierten Medizin, MedR 2016, 660; *Buchner/Pampel/Ertel*, Datenschutz im Gesundheitswesen, Stand: 2017; *Buchner/Schwichtenberg*, Gesundheitsdatenschutz unter der Datenschutz-Grundverordnung, GuP 2016, 218; *Chasklowicz/Spyra/Schroeder-Printzen/Weber*, Ärztliche Schweigepflicht und Schutz der Patientendaten, 2017; *Dierks/Kluckert*, Unionsrechtliche „Antworten" zur Frage des anwendbaren nationalen Rechts bei grenzüberschreitenden E-Health-Dienstleistungen, NZS 2017, 687; *Dietel*, mHealth-Anwendungen als Medizinprodukte – Vereinbarkeit mit dem HWG und Ausblick auf die neue EU-Medizinprodukteverordnung, PharmR 2017, 53; *Dochow*, Notwendigkeit der Datenschutz-Folgenabschätzung und Benennung eines Datenschutzbeauftragten in der Arztpraxis?, PinG 2018, 51; *Gocke/Debatin*, IT im Krankenhaus, 2011; *Hanika*, Digitalisierung, Big Data, Analytics und Smart Data im Gesundheitswesen – Die Datafizierung unseres Lebens (1. Teil), PflR 2017, 414; *Heimhalt/Rehmann*, Gesundheits- und Patienteninformationen via Apps, MPR 2014, 197; *Hoffmann*, Einwilligung der betroffenen Person als Legitimationsgrundlage eines datenverarbeitenden Vorgangs im Sozialrecht nach dem Inkrafttreten der DSGVO, NZS 2017, 807; *Jandt*, Smart Health, DuD 2016, 571; *Klinger/Kuhlmann*, Bewertungsportale: Wie können Bewertete gegen einzelne Einträge vorgehen?, GRUR-Prax 2017, 34; *Otto/Rüdlin*, Standardisierung von Patienteneinwilligungen im Krankenhaus, ZD 2017, 519; *Petruzzelli*, Bewertungsplattformen – Überdehnung der Meinungsfreiheit zu Lasten der Betroffenen vs. gerechtfertigte Einschränkung zu Lasten der Bewertenden, MMR 2017, 800; *Pommering/Drepper/Helbing/Ganslandt*, Leitfaden zum Datenschutz in medizinischen Forschungsprojekten, 2017; *Rehmann*, E-Health – Telemonitoring und Telemedizin, A&R 2017, 153; *Schmücker*, E-Health-Gesetz und seine Chancen für das Gesundheitswesen, GuP 2016, 81; *Schneider*, Sekundärnutzung klinischer Daten – Rechtliche Rahmenbedingungen, 2015; *Spindler*, Big Data und Forschung mit Gesundheitsdaten in der gesetzlichen Krankenversicherung, MedR 2016, 691; *Spranger*, Die datenschutzrechtliche Einwilligung im Gesundheitskontext: zum Umgang mit genetischen, biometrischen und Gesundheitsdaten, MedR 2017, 864; *Spranger/Schulz*, Auswirkungen der Datenschutz-Grundverordnung auf die pharmazeutische Forschung, PharmR 2017, 128; *Stiftung Datenschutz*, Big Data und E-Health, 2017; *Timm*, Digitalisierung und Big Data in der Medizin, MedR 2016, 686; *Washausen*, Der Gesundheitsdatenschutz im Privatversicherungsrecht, 2016; *Weichert*, „Sensitive Daten" revisited, DuD 2017, 538; *Weichert*, Kein Patientengeheimnis bei ärztlichen Haftpflichtverfahren?, VuR 2017, 138; *Werry/Knoblich*, Die neue europäische Datenschutz-Grundverordnung – Inhalte und akuter Handlungsbedarf für Pharma- und Medizinprodukteunternehmen, MPR 2017, 1; *Wilmer*, Wearables und Datenschutz – Gesetze von gestern für die Technik von morgen?, K&R 2016, 382; *Ziegler*, Aktuelle datenschutzrechtliche Fragen der Anwendung von IT im Gesundheitswesen unter Berücksichtigung der EU-Datenschutzgrundverordnung, ZMGR 2016, 211.

I. Einleitung

1 Während die DS-GVO zu einer weitreichenden Vereinheitlichung des Datenschutzrechtes in Europa geführt hat, bleibt das Datenschutzrecht im Gesundheitsbereich aufgrund der unterschiedlichen Akteure, die aus dem öffentlichen aber auch aus dem nicht-öffentlichen oder kirchlichen Bereich kommen, den unterschiedlichen Gesetzgebungskompetenzen und den damit zusammenhängenden divergierenden datenschutzrechtlichen Rechtsgrundlagen sowie der besonderen Schutzbedürftigkeit von Gesundheitsdaten weiterhin sehr komplex. Die zunehmende Digitalisierung und ein darüber ermöglichtes Zusammenwirken der unterschiedlichen Akteure erhöht die Komplexität weiter. Im Folgenden wird daher ein Überblick über die wichtigsten bereichsspezifischen datenschutzrechtlichen Grundlagen gegeben und auf Einzelfragen von der Datenverarbeitung zur Behandlung

§ 13 Datenschutz im Medizinsektor

und Untersuchung von Patienten, über Arztbewertungen im Internet bis zur Übergabe der Patientenkartei im Rahmen der Praxisübernahme eingegangen.

II. Akteure und Datenkategorien im Gesundheitsbereich

1. Medizinsektor und Gesundheitswesen

Dieses Kapitel widmet sich dem Datenschutzrecht im Gesundheitswesen unter besonderer Berücksichtigung des Medizinsektors. Das Gesundheitswesen setzt sich aus allen Institutionen und Akteuren zusammen, die sich mit der Förderung und Erhaltung der Gesundheit sowie der medizinischen Versorgung von Menschen befassen. Hierzu gehören die Leistungserbringer, dh alle Personengruppen ((Zahn-)Ärzte, Pfleger, Apotheken sowie Therapeuten), die ambulant bzw. stationär die gesundheitliche Versorgung der Bevölkerung übernehmen. Des Weiteren ist das deutsche Gesundheitswesen durch die Leistungsträger bzw. -gewährer geprägt. Dies sind die unterschiedlichen im Gesundheitssektor agierenden Versicherungen, seien es private oder gesetzliche Krankenversicherungen, sowie die Pflegeversicherung. Darüber hinaus gibt es eine Reihe weiterer Akteure im Gesundheitswesen, wie Universitäten, die sich mit der Erforschung von Krankheiten befassen (vgl. zum Datenschutz in Forschungssachverhalten → § 23), die Pharmaindustrie und IT-Dienstleister, die einerseits die Leistungserbringer im Rahmen ihrer Tätigkeit unterstützen, aber inzwischen auch immer häufiger Softwarelösungen unmittelbar für den Patienten bereithalten, sodass dieser seine Gesunderhaltung selbst aktiv fördern und gegebenenfalls sogar seine eigene Krankenversorgung (partiell) übernehmen kann.

Der Medizinsektor hingegen ist enger zu verstehen. Hierzu gehören einerseits die Leistungserbringer sowie alle privatwirtschaftlich handelnden Unternehmen und Personen, die bei der Krankenversorgung bzw. Gesunderhaltung von Menschen mitwirken. Die nachfolgenden Ausführungen beschränken sich im Wesentlichen auf diesen Kreis und blenden damit insbesondere die Frage des Sozialdatenschutzes im Kontext der Datenverarbeitung der gesetzlichen Krankenkassen aus (vgl. hierzu → § 26 Rn. 1 ff.).

2. Gesundheitsdaten und Gesundheitsverwaltungsdaten

Bei der Versorgung von Kranken bzw. der Unterstützung von Betroffenen bei deren Gesundheitserhaltung fallen verschiedene gesundheitsrelevante Daten an. So verschieden die Akteure im Gesundheitswesen sind, so unterschiedlich sind auch die personenbezogenen Daten, die sie für die Ausübung ihrer Tätigkeit benötigen. Daher wird im Folgenden zwischen Gesundheitsdaten und Gesundheitsverwaltungsdaten differenziert.

Gesundheitsdaten iSd Art. 4 Nr. 15 DS-GVO sind alle personenbezogenen[1] Daten, die sich auf die körperliche oder geistige Gesundheit einer natürlichen Person, einschließlich der Erbringung von Gesundheitsdienstleistungen, beziehen und aus denen Informationen über deren Gesundheitszustand hervorgehen. Dies sind beispielsweise Daten, die aus äußerlichen Untersuchungen bzw. Analysen von körpereigenen Substanzen stammen und Informationen über Behinderungen, akute Krankheiten, Vorerkrankungen sowie Krankheitsrisiken beinhalten.[2] Erfasst werden von dieser Definition aber nicht nur Informationen zu Krankheiten einer Person, sie bezieht sich vielmehr auf den Gesundheitszustand im Allgemeinen; ein besonders schutzbedürftiges Gesundheitsdatum ist danach selbst die Feststellung, dass eine Person vollständig gesund ist.[3]

---

[1] Ein Personenbezug liegt nicht vor bei vollständig anonymisierten Daten, etwa statistischen Daten, auch wenn diese auf persönlichen Befunden beruhen. Anders ist dies bei pseudonymisierten Daten, wie sie für medizinische Forschungsprojekte gespeichert werden, Weichert in Kühling/Buchner DS-GVO Art. 4 Nr. 15 Rn. 3.
[2] Korge in GSSV DS-GVO Art. 9 Rn. 17.
[3] Weichert in Kühling/Buchner DS-GVO Art. 4 Nr. 15 Rn. 1.

6 Daneben gibt es Gesundheitsverwaltungsdaten (vgl. hierzu → § 26 Rn. 1 ff.),[4] welche für die Patientenverwaltung und die Abrechnung von Leistungen in der Gesundheitsbranche von Relevanz sind. Hierbei handelt es sich um personenbezogene Daten, die keine Rückschlüsse auf den Gesundheitszustand einer Person zulassen. Dies sind ua die Patientenstammdaten, zu denen die Kontaktdaten und die Versichertennummer[5] sowie ggf. Kontaktdaten eines Arbeitgebers aber auch die Konfession des Patienten gehören.

7 Abhängig davon, welche Datenkategorien betroffen sind, können unterschiedliche Datenschutzgesetze zur Anwendung gelangen. Während für Gesundheitsdaten ein besonders hohes Schutzniveau gilt und daher verschiedene spezialdatenschutzrechtliche Vorschriften greifen, gilt für Gesundheitsverwaltungsdaten primär die DS-GVO.

3. Der Datenumgang im Gesundheitswesen

8 Durch das arbeitsteilige Zusammenwirken der unterschiedlichen Akteure und die strukturelle Diversität im Gesundheitswesen werden die Gesundheitsdaten eines Patienten zumeist von vielen Leistungserbringern verarbeitet und ausgetauscht. Die Gesundheitsversorgung sowie der damit in Zusammenhang stehende Umgang mit Gesundheitsdaten erfolgen jedoch in der Regel durch besonders geschulte Berufsgeheimnisträger iSd § 203 StGB. Diese bedienen sich bei der Datenverarbeitung zumeist der Unterstützung durch IT-Dienstleister. Durch die immer größere Bedeutung der Gesundheitsdaten für die Forschung, aber auch für die Krankenversorgung und die Gesundheitswirtschaft, kommen vorangetrieben durch die Digitalisierung immer mehr Akteure mit Gesundheitsdaten in Berührung, die keine Berufsgeheimnisträger sind. Bei der Digitalisierung und Vernetzung im Gesundheitswesen ergeben sich zunehmend Herausforderungen in Bezug auf die (ärztliche) Schweigepflicht,[6] weil auch nicht-ärztliches Personal in die Datenverarbeitung einbezogen werden muss. Durch die Neufassung des § 203 StGB[7] wird unterdessen – bei aller Unklarheit im Detail[8] – klargestellt, dass Personen, die als Berufsgeheimnisträger der Schweigepflicht unterliegen, Daten an externe IT-Dienstleister weitergeben dürfen, soweit dies für die Inanspruchnahme der Tätigkeit der sonstigen mitwirkenden Personen erforderlich ist (§ 203 Abs. 3 S. 2 StGB).

9 **a) Datenumgang in der Arztpraxis.** Bei der ambulanten Gesundheitsversorgung in der Arztpraxis erfolgt der Datenumgang in Bezug auf Gesundheitsdaten durch Ärzte und medizinische Fachangestellte/Arzthelfer. Diese unterliegen der Schweigepflicht und sind im Umgang mit sensiblen Patientendaten geschult.[9]

10 **b) Datenumgang im Krankenhaus.** Auch in Bezug auf die stationären Patientendaten erfolgt der Datenumgang in erster Linie durch geschultes Fachpersonal, dh ua Ärzte, medizinisch-technische Angestellte und Krankenschwestern. In diesem Kontext ist nach der Trägerschaft der Krankenhäuser für die Frage nach der Anwendbarkeit bestehender Datenschutzgesetze zu unterscheiden (für eine Übersicht über die Datenverarbeitung in Krankenhäusern siehe → Rn. 40). Der Bund, aber auch die Länder und Kommunen, können jeweils Träger von Krankenhäusern sein. Zudem gibt es privat und kirchlich geführte Krankenhäuser. Kirchliche Krankenhäuser müssen insbesondere die konfessionsbe-

---

[4] Diese sind nicht zwingend mit den Sozialdaten kongruent.
[5] Der Umstand, dass ein Betroffener krankenversichert ist, ist ein personenbezogenes Datum, aber kein Gesundheitsdatum, Weichert in Kühling/Buchner DS-GVO Art. 4 Nr. 15 Rn. 7.
[6] Zur Schweigepflicht umfassend Laufs/Kern HdB ArztR §§ 65 ff.
[7] Vgl. Art. 1 Nr. 2 des Gesetzes zur Neuregelung des Schutzes von Geheimnissen bei der Mitwirkung Dritter an der Berufsausübung schweigepflichtiger Personen v. 30.10.2017, BGBl I 3618.
[8] Hierzu etwa Fechtner/Haßdenteufel CR 2017, 355 (359).
[9] Zur Datenverarbeitung in der Arztpraxis vgl. Jäschke/Vogel in Jäschke Datenschutz im Gesundheitswesen, 163 ff.

zogenen Vorgaben ihrer Träger beachten (zum kirchlichen Datenschutzrecht vgl. → § 27 Rn. 1 ff.).

c) Datenumgang im Pharmawesen. Durch die Medikamente, die ein Patient verschrieben bekommt, können Apotheker auch Rückschlüsse auf den Gesundheitszustand eines Patienten ziehen, sodass diese Berufsgruppe ebenfalls der Schweigepflicht unterliegt. Aber nicht nur Apotheken, sondern auch die Pharmaindustrie als Erzeuger von Medikamenten benötigt immer häufiger einen Zugriff auf Patientendaten, da insbesondere bei schweren Erkrankungen personalisierte Medizin als neue Behandlungsmethode eingesetzt wird. Hierzu gehört auch der Einsatz einer Gendiagnostik der Patienten.

d) Datenumgang bei sonstigen Trägern von Heilberufen. Daneben gibt es eine Reihe weiterer Akteure im Gesundheitswesen, die einen Zugriff auf die Krankengeschichte eines Patienten vornehmen müssen, um therapeutische Maßnahmen durchführen zu können und die Gesundheit eines Patienten zu verbessern. Hierzu zählen ua Physio- oder Psychotherapeuten. Für diese gelten im Grundsatz die gleichen Datenschutzstandards wie für Ärzte.[10]

4. Datenumgang bei gesetzlichen Krankenkassen und anderen Sozialversicherungsträgern

Die Abrechnung der Leistungen durch die Leistungsträger übernehmen die Krankenkassen. Diese sind neben den Patientenstammdaten auch auf die Mitteilung von Diagnosen und erbrachten Leistungen angewiesen (vgl. § 295 SGB V), da sich hiernach die abrechenbaren Entgelte auf dieser Grundlage bestimmen.[11] In diesem Zusammenhang sind insbesondere das Sozialgeheimnis aus § 35 SGB I sowie die datenschutzrechtlichen Vorgaben in SGB V und SGB X zu beachten (vgl. zum Sozialdatenschutz → § 26 Rn. 1 ff.).

5. Sonderfall: Datenerhebung durch patienteneigene Geräte

Ein neuer aktiver Datensammler im Gesundheitswesen ist der Patient, der seine Daten über Fitnesstracker, Smart Watches etc selbständig permanent aufzeichnen kann, um seinen Gesundheitszustand zu überwachen und zu kontrollieren.[12] Diese Daten können bei Bedarf auch von Ärzten in die Krankheitsdiagnose miteinbezogen werden. Der Umstand, dass Patienten mittels Einwilligung über ihre Daten frei verfügen können, wird rechtsdogmatisch vereinzelt als Grundrechtsverzicht eingestuft.[13] Richtigerweise liegt darin aber nichts anderes als eine aktive Grundrechtsausübung des Rechts auf informationelle Selbstbestimmung bzw. von Art. 7, 8 GRCh.[14]

6. Sonderfall: Auswertung von Gesundheitsdaten durch private IT-Dienstleister

a) Der Gesundheitsdatenmarkt. Bei der eigenen Datenerhebung bedienen sich die Betroffenen zumeist privater IT-Dienstleister, die die Daten teilweise auch aktiv selbst auswerten und weiterverarbeiten. Diese Akteure sind durch die Digitalisierung neu im Gesundheitssektor. Sie sind die Treiber in dem rapide wachsenden Gesundheitsdatenmarkt.[15]

---

[10] Vgl. Jäschke/Ullrich in Jäschke Datenschutz im Gesundheitswesen, 218.
[11] Die Abrechnung bei gesetzlich versicherten Patienten bestimmt sich nach dem einheitlichen Bewertungsmaßstab iSd § 87 Abs. 2 SGB V. Die Gebührenordnung für Ärzte (GOÄ) enthält die Abrechnungssätze für privatversicherte Patienten und solche, die über keine Krankenversicherung verfügen.
[12] Zum Problemfeld Wearables und Datenschutz siehe Wilmer K&R 2016, 382 (382 ff.).
[13] So etwa Robbers JuS 1985, 925 (928).
[14] Näher hierzu Radlanski Das Konzept der Einwilligung in der datenschutzrechtlichen Realität, 70 ff.
[15] Zu den rechtlichen Rahmen- und den Marktbedingungen für den Umgang mit Gesundheitsdaten vgl. ABl. EU C 440, 3.

Im Gegensatz zu den oben genannten Leistungserbringern trifft diese IT-Dienstleister bei einem Tätigwerden für den Betroffenen keine gesetzliche Schweigepflicht im Sinne des § 203 StGB. Sorgfaltspflichten im Umgang mit Gesundheitsdaten können sich aber aus den allgemeinen datenschutzrechtlichen Regelungen sowie vertraglichen Bindungen ergeben.

16 **b) Big Data-Analysen zu wissenschaftlichen Zwecken.** Gesundheitsdaten werden zudem zu wissenschaftlichen Forschungszwecken verwendet (vgl. hierzu ausführlich → § 23 Rn. 1 ff.). Dies kann durch öffentliche Forschungseinrichtungen wie Universitäten, aber auch durch private Forschungseinrichtungen oder auf Big Data-Analysen spezialisierte IT-Dienstleister erfolgen.[16] Datenschutzrechtliche Herausforderungen ergeben sich hier insbesondere im Hinblick auf eine wirksame Anonymisierung der Gesundheitsdaten,[17] der Reichweite einer Einwilligung der Betroffenen[18] und den Anforderungen an eine Zweckänderung beim Zugriff auf vorhandene Datenbestände.[19]

17 **c) Das Interesse von Netzwerkbetreibern an Gesundheitsdaten.** Durch die zunehmende Digitalisierung und Vernetzung werden immer mehr Akteure in die Datenverarbeitung im Medizinsektor eingebunden, die weder zu den klassischen Leistungserbringern noch zu den Krankenkassen gehören. So entstehen neue Unternehmen oder zumindest neue Geschäftsmodelle, die sich der Datenverarbeitung in den neuen Gesundheitsnetzen widmen. Die Netzwerkbetreiber haben ein doppeltes Interesse an den in solche Netze eingebrachten Gesundheitsdaten: Zum einen bilden diese den unmittelbaren Gegenstand ihrer Dienstleistungsangebote. Zum anderen lassen sich neue Geschäftsmodelle in Bezug auf die weitere Nutzung der ohnehin schon vorliegenden Daten entwickeln.[20]

III. Rechtliche Rahmenbedingungen

18 Das Datenschutzrecht ist insbesondere im Gesundheitssektor strukturell sehr komplex. Dies beruht zum einen darauf, dass Gesundheitsdaten als sehr sensibel eingestuft und damit besonders geschützt sind. Zum anderen ist im Gesundheitssektor aufgrund der unterschiedlichen Akteure, Gesetzgebungskompetenzen und diversen europäischen Vorgaben die Regelungsmaterie sehr unübersichtlich. Abhängig vom handelnden Akteur (Universitätsklinikum, Bundeswehrkrankenhaus, Krankenhaus mit kirchlicher Trägerschaft, kommunales Krankenhaus, Arztpraxis oder privatwirtschaftliches Unternehmen etc) und dem jeweiligen Einsatzgebiet bestimmen sich die anzuwendenden Rechtsgrundlagen.[21] Aufgrund der unterschiedlichen Einsatzgebiete kann es teilweise auch zu einer gleichzeitigen Anwendbarkeit von verschiedenen Gesetzen kommen, die sich inhaltlich partiell sogar widersprechen können. Zudem gelten für alle medizinischen Akteure im Gesundheitswesen die Regelungen des Strafgesetzbuches (insbes. § 203 StGB) und des Bürgerlichen Gesetzbuches (§§ 630a ff. BGB), die eigenständig neben das Datenschutzrecht treten und in ihren spezifischen Vorgaben zu beachten sind.

---

[16] Hierzu Heckmann/Paschke in Stiftung Datenschutz Big Data und E-Health, 69 ff.
[17] Gerade bei Big Data Analysen kann es zahlreiche Erkenntnisse geben, die Rückschlüsse auf bestimmte Personen zulassen, hierzu Marnau DuD 2016, 428 ff.; Boehme-Neßler DuD 2016, 419 ff.; Britsch/Pieper CR 2015, 724 ff.
[18] Heckmann/Paschke in Stiftung Datenschutz Big Data und E-Health, 69 (82 f.).
[19] Hierzu Culik/Döpke ZD 2017, 226 ff.
[20] Eckhard in BEE E-Health: Datenschutz und Datensicherheit, 21 ff.
[21] Vgl. Blobel/Koeppe HdB Datenschutz und Datensicherheit im Gesundheits- und Sozialwesen, 24 ff.

1. Europäischer Normkontext für Gesundheitsdaten

Die datenschutzrechtlichen Vorgaben dienen der Verwirklichung von Art. 7, 8 GRCh. Danach sind die Achtung des Privatlebens und der Schutz personenbezogener Daten von besonderem Gewicht. Diese Wertung der Grundrechtecharta ist bei der Auslegung von Vorgaben für und den Umgang mit Gesundheitsdaten im Besonderen zu berücksichtigen (vgl. zu den verfassungsrechtlichen Grundlagen → § 2). Diese Daten werden ferner durch Art. 2, 3 GRCh geschützt, da sie in unmittelbarem Zusammenhang mit dem Leben und der Gesundheit des Betroffenen in Zusammenhang stehen.[22] Die Diskriminierungsfreiheit der Betroffenen (vgl. Art. 21 Abs. 1 GRCh) und die Achtung von Gesundheitsdaten dienen gleichzeitig dem Gesundheitsschutz nach Art. 34, 35 GRCh.[23] Der Datenschutz ist zudem in Art. 16 Abs. 1 AEUV primärrechtlich normiert.

19

Die europäische Regelungskompetenz für das Datenschutzrecht findet sich in Art. 16 Abs. 2 AEUV. Hiernach kann die EU auch für die Mitgliedsstaaten entsprechende datenschutzrechtliche Regelungen vorgeben. Allerdings müssen die geregelten Tätigkeiten in den Anwendungsbereich des Unionsrechts fallen. Da das Datenschutzrecht lediglich Rahmenbedingungen für die branchenübergreifende Arbeitsweise mit personenbezogenen Daten festlegt, steht den DS-GVO-Regelungen zum Umgang mit Gesundheitsdaten auch Art. 168 Abs. 7 AEUV nicht entgegen.[24]

20

2. Datenschutz-Grundverordnung

a) Verarbeitungsverbot für Gesundheitsdaten. Die DS-GVO regelt ab dem 25.5. 2018 den Umgang mit personenbezogenen Daten. Insbesondere für den Umgang mit Gesundheitsverwaltungsdaten gibt die DS-GVO den Handlungsrahmen vor. Art 9 Abs. 1 DS-GVO enthält im Hinblick auf Gesundheitsdaten, sowie genetische Daten, ein allgemeines Verarbeitungsverbot, das nur in den speziell geregelten Ausnahmefällen durchbrochen wird. Die Verarbeitung besonderer Kategorien personenbezogener Daten in Deutschland wird durch § 22 BDSG weiter spezifiziert.

21

Für personenbezogene Daten ohne gesundheitsrelevanten Kontext enthält die DS-GVO ebenfalls ein Verbot mit Erlaubnisvorbehalt. Danach dürfen entsprechende Daten nur verarbeitet werden, wenn der Betroffene in die Datenverarbeitung eingewilligt hat oder ein gesetzlicher Erlaubnistatbestand eine entsprechende Verarbeitung gestattet.

22

b) Spielräume und Konkretisierungsmöglichkeiten für den nationalen Gesetzgeber. Das strenge Verarbeitungsverbot für Gesundheitsdaten wird durch die in Art. 9 Abs. 2 DS-GVO enthaltenen Ausnahmen gelockert. So ist eine Verarbeitung von Gesundheitsdaten zu vorher festgelegten zulässigen Zwecken möglich, wenn die betroffene Person hierin eingewilligt hat (lit. a). Zudem ist eine Verarbeitung zulässig, wenn dies arbeits- oder sozialrechtlich erforderlich ist (lit. b),[25] der Schutz lebenswichtiger Interessen der betroffenen Person dies erfordert[26] und sie aus körperlichen oder rechtlichen Gründen

23

---

[22] Weichert in Kühling/Buchner DS-GVO Art. 9 Rn. 34.
[23] Weichert in Kühling/Buchner DS-GVO Art. 9 Rn. 16.
[24] Weichert in Kühling/Buchner DS-GVO Art. 9 Rn. 96.
[25] Die genaue Abgrenzung zu lit. h bzgl. der Datenverarbeitung im Bereich der Arbeitsmedizin und der Beurteilung der Arbeitsfähigkeit des Beschäftigten ist derzeit noch unklar. Weichert in Kühling/Buchner DS-GVO Art. 9 Rn. 54 spricht sich für eine duale Geltung der Regelungen aus. Vorliegend wird die Auffassung bevorzugt, dass in den enumerativ von lit. h aufgezählten Fällen, diese Ermächtigungsnorm Anwendung findet, während lit. b für die Speicherung von Daten über die Behinderung eines Arbeitnehmers bzw. eine Schwangerschaft einschlägig ist, damit der Arbeitgeber seinen diesbezüglichen arbeitsrechtlichen Pflichten nachkommen kann.
[26] Das Vorliegen von lebenswichtigen Interessen ist stets anzunehmen, wenn Gefahren für Leib und Leben des Betroffenen drohen.

außerstande ist, ihre Einwilligung zu geben (lit. c).[27] Die bedeutendste Ausnahme des Verarbeitungsverbots ergibt sich für den Gesundheitssektor aus Art. 9 Abs. 2 lit. h DS-GVO: Danach ist eine Verarbeitung für Zwecke der Gesundheitsvorsorge oder der Arbeitsmedizin, für die Beurteilung der Arbeitsfähigkeit des Beschäftigten, für die medizinische Diagnostik, die Versorgung oder Behandlung im Gesundheits- oder Sozialbereich oder für die Verwaltung von Systemen und Diensten im Gesundheits- oder Sozialbereich auf der Grundlage des Unionsrechts oder des Rechts eines Mitgliedstaats aufgrund eines Vertrags mit einem Angehörigen eines Gesundheitsberufs zulässig. In diesen Fällen ist jedoch nach Art. 9 Abs. 3 DS-GVO erforderlich, dass die Daten von Fachpersonal oder unter dessen Verantwortung verarbeitet werden und dieses Fachpersonal nach dem Unionsrecht oder dem Recht eines Mitgliedstaats oder den Vorschriften nationaler zuständiger Stellen dem Berufsgeheimnis unterliegt, oder wenn die Verarbeitung durch eine andere Person erfolgt, die ebenfalls nach dem Unionsrecht oder dem Recht eines Mitgliedstaats oder den Vorschriften nationaler zuständiger Stellen einer Geheimhaltungspflicht unterliegt.

24 Ferner ist die Verarbeitung aus Gründen des öffentlichen Interesses im Bereich der öffentlichen Gesundheit, wie dem Schutz vor schwerwiegenden grenzüberschreitenden Gesundheitsgefahren zulässig oder zur Gewährleistung hoher Qualitäts- und Sicherheitsstandards bei der Gesundheitsversorgung und bei Arzneimitteln und Medizinprodukten. Dies kann auf der Grundlage des Unionsrechts oder des Rechts eines Mitgliedstaats geschehen, das aber angemessene und spezifische Maßnahmen zur Wahrung der Rechte und Freiheiten der betroffenen Person, insbesondere des Berufsgeheimnisses, vorsehen muss (lit. i).

25 Zudem ist eine Verarbeitung zulässig, wenn die Gesundheitsdaten durch den Betroffenen offensichtlich öffentlich gemacht wurden (Art. 9 Abs. 2 lit. e DS-GVO) oder die Verarbeitung für die Geltendmachung, Ausübung oder Verteidigung von Rechtsansprüchen erforderlich ist (Art. 9 Abs. 2 lit. f DS-GVO).

26 Darüber hinaus gestattet Art. 9 Abs. 4 DS-GVO, dass die Mitgliedstaaten zusätzliche Bedingungen, einschließlich Beschränkungen, einführen oder aufrechterhalten, soweit die Verarbeitung von genetischen, biometrischen oder Gesundheitsdaten betroffen ist. Auf Grundlage der nationalen Regelungen ist ein weiterer Umgang mit den genannten Datenarten zulässig.

27 Ferner erlaubt Art. 91 Abs. 1 DS-GVO den Kirchen und religiösen Vereinigungen und Gemeinschaften die Fortführung ihrer eigenen datenschutzrechtlichen Regelungen, wenn diese mit der DS-GVO in Einklang stehen.

3. Grundrechtlicher Normenkontext und Gesetzgebungskompetenz

28 In Deutschland basiert der Datenschutz vorrangig auf dem Recht auf informationelle Selbstbestimmung, welches als Ausprägung des allgemeinen Persönlichkeitsrechts (Art. 2 Abs. 1 iVm Art. 1 Abs. 1 GG) jedem Menschen die Hoheit über die ihn betreffenden personenbezogenen Daten zuschreibt, sodass er über die Preisgabe und Verwendung dieser Daten grundsätzlich selbständig entscheiden kann.[28] Gleichsam verhindert das Sozialstaatsprinzip aus Art. 20 GG die informationelle Diskriminierung der Betroffenen.[29]

29 Aufgrund des Föderalismusprinzips liegt die Gesetzgebungskompetenz in Deutschland primär bei den Ländern, sofern nicht dem Bund entsprechende Kompetenzen explizit zugewiesen wurden (Art. 70 Abs. 1 GG). Obwohl bundeseinheitliche Regelungen im Datenschutzrecht von besonderer Bedeutung sind, um einheitliche Verhältnisse zu schaffen, enthält das Grundgesetz keine unmittelbare diesbezügliche Kompetenzregelung. Um sein Handeln zu rechtfertigen, greift der Bundesgesetzgeber daher auf verschiedene Sachkom-

---

[27] Hierbei ist auf den mutmaßlichen Willen des Betroffenen abzustellen. Ist der eindeutige Wille eines Betroffenen beispielsweise aufgrund einer wirksamen Patientenverfügung bekannt, muss nicht nur die entsprechende Behandlung, sondern auch eine Datenverarbeitung unterbleiben.
[28] BVerfGE 65, 1.
[29] Weichert in Kühling/Buchner DS-GVO Art. 9 Rn. 16.

petenzregelungen zurück, die im Kontext des Datenschutzrechts von Bedeutung sind. Bei der Kompetenzverteilung ist zwischen Vorgaben für öffentliche und nicht-öffentliche Stellen zu unterscheiden.

Für die Regulierung des Datenschutzrechts im nicht-öffentlichen Bereich besteht die ausschließliche Kompetenz des Bundes insbesondere für das Telekommunikationswesen (Art. 73 Abs. 1 Nr. 7 GG) und die konkurrierende Gesetzgebungskompetenz für Regelungen in Bezug auf das Recht der Wirtschaft (Art. 74 Abs. 1 Nr. 11 GG), Maßnahmen gegen gemeingefährliche und übertragbare Krankheiten bei Menschen und Tieren sowie das Recht des Apothekenwesens (Art. 74 Abs. 1 Nr. 19 GG), die wirtschaftliche Sicherung der Krankenhäuser (Art. 74 Abs. 1 Nr. 19a GG) sowie die medizinisch unterstützte Erzeugung menschlichen Lebens, die Untersuchung und die künstliche Veränderung von Erbinformationen sowie Regelungen zur Transplantation von Organen, Geweben und Zellen (Art. 74 Abs. 1 Nr. 26 GG). Zudem kann der Bund seine Regelungen auf die Kompetenzgrundlagen für arbeits-, zivil-, straf- und prozessrechtlichen Sachverhalte (Art. 74 Abs. 1 Nr. 1, 12 GG) stützen. Das Bundesverfassungsgericht hat daher festgestellt, dass eine bundesgesetzliche Zuständigkeit für die Regelung des Datenschutzrechts insoweit immer kraft Sachzusammenhangs besteht, „als der Bund eine ihm zur Gesetzgebung zugewiesene Materie verständigerweise nicht regeln kann, ohne dass die datenschutzrechtlichen Bestimmungen mitgeregelt werden" müssen.[30]

Auch im Rahmen des öffentlichen Handelns können einheitliche datenschutzrechtliche Regelungen als Organisationsvorgabe erforderlich sein. Der Bund besitzt insbesondere im Rahmen des allgemeinen Verwaltungshandelns bei bundeseigener Verwaltung die ausschließliche (Annex-)Kompetenz, datenschutzrechtliche Vorgaben zu erlassen (vgl. Art. 86 GG). Darüber hinaus ist Datenschutzrecht in Bezug auf die Verwaltung der Länder Ländersache (Art. 30, 70 GG). Zudem gewährt Art. 140 GG iVm Art. 137 Abs. 3 WRV den Religionsgemeinschaften das Recht ihre inneren Angelegenheiten, wozu auch der Umgang mit personenbezogenen Daten gehört, selbständig zu regeln. Diese Regelungskompetenz gilt unabhängig davon, dass durch die europäische DS-GVO der Regelungsspielraum für die Mitgliedsstaaten in Bezug auf das Datenschutzrecht enger geworden ist.

4. Bundesdatenschutzrechtliche Spezifizierung von Art. 9 DS-GVO

Das deutsche Bundesdatenschutzgesetz enthält in § 22 BDSG[31] Spezifizierungen im Hinblick auf den Schutz von Gesundheitsdaten. Nach § 22 Abs. 1 Nr. 1 lit. b BDSG ist eine Verarbeitung von Gesundheitsdaten zulässig, soweit dies erforderlich ist zum Zweck der Gesundheitsvorsorge, für die Beurteilung der Arbeitsfähigkeit des Beschäftigten, für die medizinische Diagnostik, die Versorgung oder Behandlung im Gesundheits- oder Sozialbereich oder für die Verwaltung von Systemen und Diensten im Gesundheits- und Sozialbereich oder aufgrund eines Vertrags der betroffenen Person mit einem Angehörigen eines Gesundheitsberufs. Erforderlich ist zusätzlich, dass diese Daten von ärztlichem Personal oder durch sonstige Personen, die einer entsprechenden Geheimhaltungspflicht unterliegen, oder unter deren Verantwortung verarbeitet werden. Zudem ist eine Datenverarbeitung nach § 22 Abs. 1 Nr. 1 lit. c BDSG, die aus Gründen des öffentlichen Interesses im Bereich der öffentlichen Gesundheit erforderlich ist, wie des Schutzes vor schwerwiegenden grenzüberschreitenden Gesundheitsgefahren oder zur Gewährleistung hoher Qualitäts- und Sicherheitsstandards bei der Gesundheitsversorgung und bei Arzneimitteln und Medizinprodukten, gestattet.

Um dem hohen Schutzniveau für Gesundheitsdaten Rechnung zu tragen, enthält § 22 Abs. 2 BDSG einen nicht abschließenden Katalog von technischen und organisatorischen Maßnahmen zur Wahrung der Interessen der betroffenen Person. Hierzu gehören ua Eingabe-, Veränderungs- und Zugangskontrollen, die Sensibilisierung der Beteiligten an Ver-

---
[30] BVerfGE 125, 260 (314) mwN.
[31] Bislang enthielt § 28 Abs. 7 BDSG aF Vorgaben im Umgang mit Gesundheitsdaten.

arbeitungsvorgängen, die Benennung eines Datenschutzbeauftragten, die Verschlüsselung entsprechender Daten sowie die Gewährleistung von IT- bzw. Datensicherheit. Unter Berücksichtigung des Stands der Technik, der Implementierungskosten und der Art, des Umfangs, der Umstände und der Zwecke der Verarbeitung sowie der unterschiedlichen Eintrittswahrscheinlichkeit und Schwere der mit der Verarbeitung verbundenen Risiken für die Rechte und Freiheiten natürlicher Personen haben die verantwortlichen Stellen die entsprechenden Maßnahmen umzusetzen.

5. Bereichsspezifische Regelungen zum Schutz von Gesundheits- und Sozialdaten

34 **a) Krankenkassen und Gesundheitsdatenschutz.** Des Weiteren besteht im deutschen Gesundheitswesen ein duales Leistungsträgerprinzip. Einerseits gibt es die gesetzlichen Krankenkassen (vgl. ua die Vorgaben des SGB V), für die aufgrund der gesetzlich vorgesehenen „Pflichtversicherung" sehr strenge Anforderungen existieren, und die privaten Krankenversicherungen. Auch diese Unterscheidung kann zu einer unterschiedlichen datenschutzrechtlichen Beurteilung eines ansonsten ähnlich gelagerten Sachverhaltes führen.

35 Als spezialgesetzliche Regelung hat der Bund in diesem Kontext den Sozialdatenschutz im SGB X geregelt. Auf Grundlage des Sozialgeheimnisses in § 35 SGB I haben Sozialträger wie gesetzliche Krankenkassen sicherzustellen, dass die von ihnen verwalteten personenbezogen (Gesundheits-)Daten nur Befugten zugänglich sind (vgl. ausführlich zum Sozialdatenschutz → § 26 Rn. 1 ff.). Zudem beinhalteten bisher die einzelnen Sozialgesetzbücher, allen voran das SGB V im Gesundheitssektor, Spezialregelungen für den Umgang mit personenbezogenen Daten. Patientendaten unterliegen für gesetzliche Krankenkassen aber auch für Leistungserbringer wie Hausärzte bislang besonderen Regelungen (vgl. ua § 73 Abs. 1b, § 295 SGB V). Diese Vorgaben sollen durch den Gesetzgeber allerdings noch an die DS-GVO angepasst werden. Aufgrund des Anwendungsvorrangs des EU-Rechts sind die geltenden Regelungen ohne einen entsprechenden parlamentarischen Neuerlass unberücksichtigt zu lassen.[32]

36 Für die privaten Krankenversicherungen gelten neben der DS-GVO und dem BDSG ua Spezialvorgaben zum Umgang mit Gesundheitsdaten aus dem VVG (§ 213 VVG).[33] Ein aufkommender Trend in der Gesundheitsversicherungsbranche sind sog „Smart Health Insurances". Hierbei können die Versicherten je nach Geschäftsmodell ihre Fitness- und Gesundheitsdaten an ihre Krankenversicherung übermitteln und auf diesem Wege nachweisen, dass sie einen gesunden/sportlichen Lebensstil führen (zu datenbezogenen Geschäftsmodellen in der Versicherungsbranche vgl. → § 13). Damit verbunden können beispielsweise Kostenvergünstigungen sein. Entsprechende Tarife können die Versicherten zu einer Gesundheitsoptimierung anhalten. Gleichzeitig sind sie umstritten, da hierin eine Bevormundung von Patienten gesehen und eine Determinierung des Versicherten befürchtet wird.[34] Das Risiko einer Determinierung des Menschen wird insbesondere in der statistischen Auswertung der Gesundheitsdaten durch Krankenkassen gesehen, da entsprechende Datenverarbeitungen Rückschlüsse auf Krankheiten oder Schwangerschaften von Versicherten haben können, bevor diese davon überhaupt in Kenntnis sind. Die Datenauswertungen können ferner, ohne dass der Betroffene hierauf Einfluss nehmen kann, zu einer Klassifizierung Versicherter und gegebenenfalls auch zu einer Tarifanpassung führen.

37 **b) Landesrecht: Datenschutz und Krankenhausgesetze.** Die Länder haben im Bereich des Datenschutzrechts von ihrer oben dargestellten Gesetzgebungskompetenz auch

---

[32] Vgl. Heckmann/Paschke in Ehmann/Selmayr DS-GVO Art. 7 Rn. 107.
[33] Vgl. zur Reichweite des § 213 VVG auch Britz Versicherungsunternehmen bei Dritten gemäß § 213 VVG unter Berücksichtigung des Gendiagnostikgesetzes, 56 ff.; ausführlich zum Gesundheitsdatenschutzrecht im Privatversicherungsrecht vgl. Washausen Der Gesundheitsdatenschutz im Privatversicherungsrecht.
[34] Hierzu Braun/Nürnberg GSP 2015, 70 (70 ff.).

mit Blick auf den Gesundheitssektor Gebrauch gemacht. Neben den Landesdatenschutzgesetzen, die für kommunale Einrichtungen Anwendung finden, galt es für Krankenhäuser zumindest bisher, die verschiedenen datenschutzrechtlichen Regelungen der Krankenhausgesetze der Länder zu achten.[35] Allerdings besitzen nicht alle Bundesländer entsprechende Krankenhaus(datenschutz)gesetze. Inwieweit nach Inkrafttreten der DS-GVO diese datenschutzrechtlichen Spezialgesetze von den Ländern fortgeführt werden, bleibt abzuwarten.

Für Krankenhäuser im Straf- und Maßregelvollzug gelten die Landeskrankenhausgesetze nicht. Stattdessen findet die JI-RL (RL (EU) 2016/680) Anwendung, die in Deutschland durch Teil 3 des BDSG umgesetzt wurde, sowie spezifische Vorschriften zum Datenschutz im Maßregelvollzug (vgl. ua Art. 34 BayMRVG). **38**

c) Kirchlicher Datenschutz. Art. 91 Abs. 1 DS-GVO gestattet Kirchen und religiösen Vereinigungen oder Gemeinschaften die Fortführung ihrer Datenschutzvorschriften. Für Krankenhäuser der römisch-katholischen Kirche gilt somit das KDG, für Institutionen, deren Träger die evangelische Kirche ist, findet das DSG-EKD Anwendung (zum kirchlichen Datenschutzrecht vgl. → § 27). Der Umstand, dass diese Krankenhäuser privatwirtschaftlich organisiert sind, entzieht diesen nicht das kirchliche Selbstbestimmungsrecht, sodass dem kirchlichen Selbstverständnis und der langen Tradition des christlichen Krankenhauswesens auch in datenschutzrechtlicher Hinsicht Rechnung zu tragen ist.[36] **39**

6. Übersicht über die anwendbaren Datenschutzvorschriften

Das komplexe Geflecht der datenschutzrechtlichen Vorschriften offenbart sich besonders im Medizinsektor. Das nachfolgende Schaubild zeigt für die unterschiedlichen Akteure den jeweils geltenden datenschutzrechtlichen Rechtsrahmen auf. **40**

Trägerschaft KKH / Normen	Bund (z.B. Bundeswehrkrankenhaus)	Land – Hochschulkliniken	Land – Sonstige Krankenhäuser*	Kommunen (Gemeinde-, Stadt-, Kreis-, Bezirks-, Zweckverbandskrankenhaus)	Öffentliche Trägerschaft
DS-GVO	✓	!	!	!	
BDSG	✓	!	!	!	
LDSG/LKHG	✗	!	!	!	
KDG/DSG-EKD	✗	✗	✗	✗	

*Krankenhäuser im Straf- und Maßregelvollzug: Die LKHG gelten hier nicht, dafür aber die JI-Richtlinie (Richtlinie (EU) 2016/680) und Teil 3 des BDSG

Leistungserbringer / Normen	Private Krankenhäuser	Freigemeinnützige nicht-konfessionelle Krankenhäuser	Konfessionelle Krankenhäuser	Private Leistungserbringer – Ärzte, Apotheken, Therapeuten etc.	Private Leistungserbringer – IT-Dienstleister	Nichtöffentliche Trägerschaft
DS-GVO	✓	✓	!	✓	✓	
BDSG	!	!	Grds. keine Anwendung	!	!	
LDSG	✗	✗		✗	!**	
LKHG	!	!		✗	✗	
KDG/DSG-EKD	✗	✗	✓	✗	✗	

** Beachte u.a. Art. 2 Abs. 2 BayDSG

DS-GVO = Datenschutz-Grundverordnung
BDSG = Bundesdatenschutzgesetz
LDSG = Landesdatenschutzgesetze
LKHG = Landeskrankenhausgesetze
KDG = Gesetz über den kirchlichen Datenschutz der Katholischen Kirche in Deutschland
DSG-EKD = Kirchengesetz über den Datenschutz der

✓ = immer anwendbar
✗ = nie anwendbar
! = grundsätzlich anwendbar, jedoch sind Spezifizierungsregelungen zu beachten

---

[35] Vgl. ua §§ 43 ff. LKHG; Art. 27 BayKrG, §§ 27 BbgKHEG.
[36] BVerfGE 53, 366 (402 ff.).

7. Datenschutzrechtliche Spezialvorschriften

41 Darüber hinaus enthalten verschiedene Richtlinien (vgl. ua Richtlinie 2002/98/EG, Richtlinie 2005/61/EG, Richtlinie 2004/23/EG, Richtlinie 2006/86/EG) bereichsspezifische datenschutzrechtliche Regelungen. Diese wurden national durch datenschutzrechtliche Regelungen im Gendiagnostikgesetz, Transplantationsgesetz, der TPG-Gewebeverordnung, dem Transfusionsgesetz, der Röntgen- und Strahlenschutzverordnung[37] sowie im Bayerischen Krebsregistergesetz umgesetzt. In welchem Verhältnis diese nationalen spezialgesetzlichen Vorgaben sowie die Spezialrichtlinien zur DS-GVO stehen und ob sie weiterhin Anwendung finden oder entsprechende neue Regelungen erforderlich sind, ist noch nicht abschließend geklärt. Über Art. 9 Abs. 4 DS-GVO könnten die Mitgliedstaaten zusätzliche Bedingungen und Beschränkungen aufrechterhalten, soweit die Verarbeitung von genetischen, biometrischen oder Gesundheitsdaten betroffen ist. Somit ist davon auszugehen, dass die genannten Regelungen grundsätzlich weiterbestehen können, sofern der nationale Gesetzgeber erforderliche Anpassungen an die DS-GVO vornimmt.[38]

42 Nach dem Inkrafttreten der ePrivacy-VO werden die dortigen datenschutzrechtlichen Regelungen auch für den Medizinsektor beachtet werden müssen, wenn telemedizinische Maßnahmen ergriffen werden.

8. Straf- und zivilrechtliche Regelungen für den Medizinsektor

43 Neben den Sanktionen, die bei Verstößen gegen datenschutzrechtliche Vorgaben drohen, stellt § 203 StGB die unbefugte Weitergabe von zum persönlichen Lebensbereich gehörenden Geheimnissen bzw. Betriebs- oder Geschäftsgeheimnissen unter Strafe. Solche nationalstaatlichen den Datenschutz ergänzenden Regelungen zum Schutz des Berufsgeheimnisschutzes werden durch Art. 90 DS-GVO zum Schutze der Betroffenen gefördert. Zudem enthalten die berufsrechtlichen Regelungen insbesondere für Ärzte Schweigepflichten sowie Dokumentations- und Aufklärungspflichten (vgl. MBO-Ä).[39]

44 Die §§ 630a ff. BGB normieren ferner den Behandlungsvertrag und damit verschiedene schuldrechtliche Dokumentations- und Aufklärungspflichten (§§ 630e, 630f BGB) für Ärzte sowie ein Einsichtsrecht des Patienten in seine Patientenakte (§ 630g BGB). Diese Vorgaben gelten neben den entsprechenden datenschutzrechtlichen Vorgaben.

IV. Besondere Herausforderungen für den Datenschutz im Medizinsektor

1. Gesundheitsdaten als sensitive Daten

45 Gesundheitsdaten und genetische Daten werden durch den europäischen Gesetzgeber als besonders schutzwürdig eingestuft (vgl. Art. 9 DS-GVO).[40] Die besondere Schutzbedürftigkeit dieser personenbezogenen Daten beruht darauf, dass diese Aussagen über die gegenwärtige und auch zukünftige körperliche und seelische Befindlichkeit eines Menschen ermöglichen und daher ein erhebliches Missbrauchs- und Schadenspotential sowohl für den Einzelnen als auch Angehörige haben kann.[41] Gelangen diese Daten in die falschen Hände, besteht das Risiko, dass die betroffene Person unter Umständen keine Arbeitsstelle mehr bekommt oder Versicherungen bestimmte Risiken nicht mehr tragen wollen. Somit können entsprechende Daten im gesellschaftlichen Kontext eine Stigmatisierung des

---

[37] Ab dem 31.12.2018 gilt das Strahlenschutzgesetz.
[38] So auch Weichert in Kühling/Buchner DS-GVO Art. 9 Rn. 173. Hierzu liegt bereits ein Referentenentwurf für ein 2. DSAnpUG-EU vor.
[39] Für Heilpraktiker ergeben sich entsprechende Schweigepflichten aus Art. 3 BOH.
[40] Verstöße im Umgang mit diesen Daten können daher nach Art. 83 Abs. 5 lit a DS-GVO mit einer Geldstrafe von bis zu EUR 20 Mio. oder 4% des Gesamtjahresumsatzes aus dem vorherigen Geschäftsjahr geahndet werden.
[41] Weichert in Kühling/Buchner DS-GVO Art. 9 Rn. 17.

Betroffenen und eine Ausgrenzung bewirken. Durch den besonderen Schutz entsprechender Daten soll eine informationelle Diskriminierung der Betroffenen verhindert werden.[42]

Der Gesetzgeber weist in diesem Kontext vorrangig dem Betroffenen die Hoheit über die ihn betreffenden Gesundheitsdaten sowie die ihn betreffenden genetischen Daten zu. Primär ist seine Einwilligung (hierzu näher unter → Rn. 53 ff.) zur Verarbeitung entsprechender Daten erforderlich. Zudem wurden aufgrund der Sensibilität dieser Informationen weitere datenschutzrechtliche Regelungen zum Schutze von Gesundheitsdaten geschaffen. Die Sensibilität dieser Daten stellt eine wesentliche Herausforderung im Rahmen der Digitalisierung des Medizinsektors dar.

2. Digitalisierung des Medizinsektors

Durch immer neue wissenschaftliche Erkenntnisse hat sich der Gesundheitsbereich in den letzten Jahrzehnten umfassend weiterentwickelt.[43] Hierzu hat auch der technische Fortschritt beigetragen. Die Digitalisierung stellt jedoch den Medizinsektor vor große datenschutzrechtliche Herausforderungen. Einer Vielzahl von besonders schutzwürdigen Gesundheitsdaten steht eine Vielzahl von nützlichen Anwendungen gegenüber. Von der Online-Geschäftsstelle der Krankenkassen über die Vernetzung der Arztpraxen und Kliniken bis hin zu Big Data-Analysen zur Gesundheitsvorsorge gibt es zahlreiche IT-Innovationen, bei denen Gesundheitsdaten (und Gesundheitsverwaltungsdaten) für legitime Zwecke verarbeitet werden. In solchen Fällen ist weniger das „Ob" als mehr das „Wie" der Datenverarbeitung problematisch: Wie erreicht man ein adäquates Schutzniveau der betroffenen sensiblen Daten? Dies gilt umso mehr als bei diesen Prozessen komplexe Datenflüsse entstehen können, bei denen die Verantwortungsanteile der unterschiedlichen Akteure (Leistungserbringer, IT-Dienstleister, Kommunikationsdienstleister, Intermediäre) oftmals unklar sind.

Bisher besteht aufgrund datenschutzrechtlicher Unsicherheiten vielfach eine digitale Disruption im Medizinsektor, welche einem effizienten Gesundheitswesen entgegensteht. Zum Schutze von Menschenleben und einer Verbesserung der Gesundheitsversorgung in der Bevölkerung bedarf es daher einer innovationsfördernden Auslegung entsprechender Schutzvorschriften. Kreative Digitalisierungsstrategien verbinden den Datenschutz und die Versorgung von Menschen. Die Transformation zu einer digitalisierten Betreuung von Hilfsbedürftigen hat insbesondere im Pflegebereich bereits begonnen. Der Einsatz von Pflege- und Therapierobotern sowie Assistenzsystemen wird bereits wissenschaftlich getestet. Wichtig ist jedoch bei jedem Einsatz entsprechender Assistenzsysteme, dass der Einsatz ethisch vertretbar ist und insbesondere Menschen, die auf Hilfe angewiesen sind, keine Totaldetermination erfahren.[44]

3. Rechtmäßige Verarbeitung von Gesundheitsdaten

Aufgrund des Grundsatzes des Verbots mit Erlaubnisvorbehalt dürfen Gesundheitsdaten, die unter einem besonderen Schutz stehen, nur verarbeitet werden, wenn der Betroffene eingewilligt hat oder ein gesetzlicher Erlaubnistatbestand besteht (vgl. → Rn. 23 ff.). Eine Besonderheit im Gesundheitswesen ist, dass im Rahmen von Diagnoseverfahren beim Patient körpereigene Stoffe entnommen, diese jedoch vielfach erst nach entsprechenden Analyseverfahren in schutzbedürftige Gesundheitsdaten übersetzt werden. An diesen Daten sowie Daten, die aus bildgebenden Verfahren stammen, hat neben dem behandelnden Arzt, der diese Daten interpretiert, auch der Patient ein Interesse. Das Interesse des Betroffenen an seinen eigenen Daten wird auf verschiedenem Wege abgesichert. Die in den

---

[42] Weichert in Kühling/Buchner DS-GVO Art. 9 Rn. 2.
[43] Laufs in Laufs/Kern HdB ArztR § 4 Rn. 3.
[44] Vgl. hierzu Bendel Die Moral in der Maschine; Loh InTeR 2017, 220 ff.; Loh InTeR 2018, 29 ff.

Daten enthaltenden Informationen besitzen jedoch häufig für den Patienten kaum Aussagekraft, sodass in diesem Kontext ein Bedürfnis für entsprechende ärztliche Aufklärung besteht.

50 **a) Der Grundsatz der Patientensouveränität.** Ein wichtiger Grundsatz im Gesundheitssektor ist daher die Patientensouveränität. So hat das BVerfG festgestellt, dass „das Recht auf informationelle Selbstbestimmung und die personale Würde des Patienten (Art. 1 Abs. 1 iVm Art. 2 Abs. 1 GG) es gebieten, jedem Patienten gegenüber seinem Arzt und Krankenhaus grundsätzlich einen Anspruch auf Einsicht in die ihn betreffenden Krankenunterlagen zu gewährleisten […]. Deshalb und wegen der möglichen erheblichen Bedeutung der in solchen Unterlagen enthaltenen Informationen für selbstbestimmte Entscheidungen des Behandelten hat dieser generell ein geschütztes Interesse daran, zu erfahren, wie mit seiner Gesundheit umgegangen wurde, welche Daten sich dabei ergeben haben und wie man die weitere Entwicklung einschätzt".[45]

51 Der Patient hat daher einfachgesetzlich neben seinem datenschutzrechtlichen Anspruch auf Auskunft über die ihn betreffenden (Gesundheits-)Daten (Art. 15 Abs. 1 DS-GVO) auch einen schuldrechtlichen Anspruch auf Einsicht in seine Patientenakte (§ 630g Abs. 1 BGB). Hierdurch soll die Transparenz im Gesundheitssektor verbessert und das Informationsinteresse der Patienten gestärkt werden. Der Anspruch aus § 630g Abs. 1 BGB ist aber insoweit beschränkt, als der Arzt aus therapeutischen Gründen ein Einsichtsrecht verweigern darf, wenn die physische oder psychische Gesundheit des Patienten durch die Einsichtnahme erheblich gefährdet wäre. Dieses ärztliche Verweigerungsrecht ist unter Bezugnahme auf die informationelle Selbstbestimmung des Patienten restriktiv zu handhaben. Eine Verweigerung des Einsichtnahmerechts ist ultima ratio. So ist die Schwärzung einiger Passagen einer gänzlichen Verweigerung der Informationserteilung vorzuziehen. Dies kann uU auch geboten sein, wenn Daten Dritter zB von ebenfalls erkrankten Verwandten ohne das Wissen des Patienten durch den Arzt in die Akte aufgenommen wurden.

52 Patienten kommt aufgrund der informationellen Selbstbestimmung hinsichtlich ihrer Gesundheitsdaten sowohl ein Recht auf Kenntnis als auch ein Recht auf Nichtwissen zu. Jenes ist in der jüngeren Vergangenheit immer wichtiger geworden, da durch neue Diagnoseverfahren immer früher Krankheiten bzw. negative genetische Dispositionen erkannt werden können. Die Kenntnis hierüber kann uU gravierende Auswirkungen für den Betroffenen haben. Somit muss der Patient auch das Recht haben, über entsprechende medizinische Erkenntnisse durch seinen Arzt in Unkenntnis gelassen werden. Ein Missachten dieses Patientenrechts kann sogar Schadensersatzpflichten begründen.[46] Ärzte sollten daher insbesondere bei Krankheiten mit schwereren Verläufen den Patienten die Wahl lassen, ob sie über die Analyseergebnisse informiert werden möchten.

53 **b) Die Einwilligung im Gesundheitswesen.** Nicht nur der Patient als Betroffener besitzt Interesse an seinen Gesundheitsdaten, sondern auch die weiteren Akteure im Medizinsektor haben ein Interesse daran, Patientendaten verarbeiten zu dürfen. Um dem Grundsatz der Patientensouveränität gerecht zu werden, besitzt neben den genannten gesetzlichen Erlaubnistatbeständen für die Verarbeitung von Patientendaten aus Art. 9 DS-GVO und § 22 Abs. 1 BDSG die Einwilligung des Betroffenen für die Gesundheitsdatenverarbeitung einen hohen Stellenwert, vgl. Art. 9 Abs. 2 lit. a DS-GVO.

54 Nach der Legaldefinition des Art. 4 Nr. 11 DS-GVO ist die Einwilligung iSd DS-GVO jede freiwillig für den bestimmten Fall in informierter Weise und unmissverständlich abgegebene Willensbekundung in Form einer Erklärung oder einer sonstigen eindeutigen bestätigenden Handlung, mit der die betroffene Person zu verstehen gibt, dass sie

---

[45] BVerfG NJW 2006, 1116.
[46] BGH NJW 2014, 2190.

mit der Verarbeitung der sie betreffenden personenbezogenen Daten einverstanden ist.[47] Als formelle Wirksamkeitsvoraussetzungen der Einwilligung sind die Einwilligungsfähigkeit des Betroffenen, das Vorliegen einer Einwilligungserklärung und die Einhaltung des Einwilligungsverfahrens erforderlich. Letzteres bedeutet, dass der Patient vor Einwilligungserteilung hinreichend verständlich und präzise über die anschließende Datenverarbeitung und alle für ihn diesbezüglich relevanten Umstände informiert wird.[48] Daraus ergibt sich, dass für eine wirksame Einwilligung eine „eindeutig positiv bejahende Handlung" erforderlich ist.[49] Aufgrund der Vorgabe des Art. 9 Abs. 2 lit. a DS-GVO muss die Einwilligung für die Verarbeitung von Gesundheitsdaten nunmehr ausdrücklich erfolgen. Ein bloßes Schweigen eines Patienten genügt demnach nicht. Ebenso wenig wird die Vermutung einer Einwilligung von einem nicht einwilligungsfähigen Patienten (beispielsweise aufgrund Bewusstlosigkeit) anerkannt.[50] Für diese Fälle gibt es gesetzliche Erlaubnistatbestände der Datenverarbeitung wie beispielsweise Art. 9 Abs. 2 lit. c DS-GVO.

55 In materieller Hinsicht muss die Einwilligung freiwillig erteilt werden. Dies bedeutet die Abwesenheit von Zwang und das Vorliegen einer Wahlfreiheit. ErwGr 43 DS-GVO vermutet aber auch die Unfreiwilligkeit, wenn ein klares Machtungleichgewicht zwischen dem Betroffenen und dem Verantwortlichen der Datenverarbeitung besteht, sodass der Betroffene sich einem inneren Zwang ausgesetzt sieht. Das Vorliegen der Freiwilligkeit einer Einwilligung kann hierbei anhand einer Zweistufenprüfung festgestellt werden. Zunächst muss im Rahmen der ersten Stufe die Machtasymmetrie identifiziert werden. Anschließend ist in der zweiten Stufe zu prüfen, ob die betroffene Person eine echte und damit freie Wahl bezüglich der Einwilligung besitzt.[51]

56 Im Gesundheitsbereich ist insbesondere im Verhältnis zwischen Patient und seinem behandelnden Arzt oder im Verhältnis zu seiner Krankenkasse zunächst einmal ein Machtungleichgewicht anzunehmen.[52] Die Frage nach dem Vorliegen einer echten Wahlfreiheit ist jedoch differenzierter zu betrachten. Eine Wahlmöglichkeit des Patienten ist zu verneinen, wenn in Anbetracht aller Umstände des Einzelfalls nicht anzunehmen ist, dass die Einwilligung freiwillig gegeben würde.[53] Der Patient hat dementsprechend keine echte Wahl, wenn er bei einer Ablehnung der Einwilligung Nachteile zu befürchten hätte.[54] In solchen Fällen stellt die Einwilligung keine gültige Grundlage für die Datenverarbeitung dar.[55] Wird eine Behandlung von der Einwilligung zur Datenverarbeitung von nicht für die Behandlung relevanten Daten abhängig gemacht, ist das Vorliegen einer Wahlmöglichkeit abzulehnen, da grundsätzlich anzunehmen ist, dass der Patient um seine Gesundheit fürchtet und die bestmögliche Behandlung möchte. Auch wenn andere Ärzte ohne ein entsprechendes Einwilligungserfordernis Patienten behandeln, führt dies nicht zur Wirksamkeit der Einwilligung, da in der konkreten Situation keine echte Wahlmöglichkeit für den Patienten geschaffen wird, da dieser sich zumeist als behandlungsbedürftig einschätzt und damit einem inneren Zwang ausgesetzt ist, die Einwilligung zu erteilen.

57 Darüber hinaus ist der Patient hinreichend über die Datenverarbeitung zu informieren. Eine pauschale allumfassende Einwilligung ist nicht zulässig, vielmehr muss der Patient in Kenntnis aller Umstände für einen bestimmten Zweck einwilligen.[56] Der Datenumgang hat sich danach am datenschutzrechtlichen Zweckbindungsgrundsatz zu orientieren. Lediglich für den Zweck, für den die Patientendaten erhoben wurden, dürfen diese wei-

---

[47] Vgl. Ernst ZD 2017, 110 (110 ff.).
[48] Vgl. ausführlich zu den Voraussetzungen der Einwilligung Heckmann/Paschke in Ehmann/Selmayr DS-GVO Art. 7 Rn. 31 ff.
[49] Heckmann/Paschke in Ehmann/Selmayr DS-GVO Art. 7 Rn. 36.
[50] Heckmann/Paschke in Ehmann/Selmayr DS-GVO Art. 7 Rn. 37.
[51] Heckmann/Paschke in Ehmann/Selmayr DS-GVO Art. 7 Rn. 51.
[52] Vgl. auch Heckmann/Paschke in Ehmann/Selmayr DS-GVO Art. 7 Rn. 52.
[53] Heckmann/Paschke in Ehmann/Selmayr DS-GVO Art. 7 Rn. 53.
[54] Heckmann/Paschke in Ehmann/Selmayr DS-GVO Art. 7 Rn. 53.
[55] Vgl. ErwGr 43 S. 1 DS-GVO.
[56] Heckmann/Paschke in Ehmann/Selmayr DS-GVO Art. 7 Rn. 64.

58 terverwendet werden. Zudem ist der Grundsatz der freien Widerrufbarkeit datenschutzrechtlicher Einwilligungen zu beachten. Hierüber ist der Patient vor Einwilligungserteilung zu informieren.

58 Das Verfahren zur Einholung von Einwilligungen für eine Datenverarbeitung mag in der ärztlichen Praxis wenig praktikabel erscheinen, ist aber durch die Digitalisierung des Gesundheitswesens und die gesetzlich intendierte Förderung von eHealth und Telekonsilen zu begrüßen. Auch zur Vertrauensstärkung in der Behandlungssituation, insbesondere bei Fernbehandlungen, kann eine entsprechende Patienteninformierung sinnvoll sein.

59 Möchte ein Arzt die Gesundheitsdaten eines Patienten an Dritte weitergeben, bedarf er zusätzlich noch der Schweigepflichtentbindung, da diese Daten ebenfalls der Berufsgeheimnispflicht aus § 203 StGB unterliegen. Diese Zustimmung ist nicht mit der datenschutzrechtlichen Einwilligung identisch.[57] Allerdings gestatten die berufsrechtlichen Regelungen beim Austausch von Patientendaten unter Ärzten im Behandlungskontext auch vermutete Schweigepflichtentbindungen, vgl. § 9 Abs. 4 MBO-Ä. Diese Regelung ist jedoch eng auszulegen.

60 **c) Die „Interessenabwägung" als Maßstab für die Datenverarbeitung.** Neben der Einwilligung ist im Gesundheitswesen eine Datenverarbeitung, sei es in Bezug auf Gesundheitsdaten aber auch auf weitere personenbezogene Daten von Patienten, aufgrund von gesetzlichen Grundlagen zulässig. Diese Erlaubnisse beruhen auf Interessenabwägungen zwischen dem grundrechtlichen Schutz auf Datenschutz des Einzelnen und anderen grundrechtlich geschützten Interessen. Einerseits hat der Gesetzgeber weitestgehend klar umgrenzte gesetzliche Erlaubnistatbestände für die Datenverarbeitung formuliert (vgl. hierzu → Rn. 23 ff.) und damit diese Interessenabwägung vorweggenommen. Andererseits hat der Gesetzgeber bezüglich der Verarbeitung von personenbezogenen Daten, die kein besonders hohes Schutzniveau erfordern, einen Auffangtatbestand zur Datenverarbeitung geschaffen. Die Verarbeitung erfordert ein berechtigtes Interesse des Verantwortlichen oder eines Dritten, das den Interessen bzw. Grundrechten und Grundfreiheiten des Betroffenen, die den Schutz personenbezogener Daten erfordern, überwiegen muss (Art. 6 Abs. 1 lit. f DS-GVO). Diese Regelung ermöglicht eine weitergehende Datenverarbeitung, bürdet dem Verantwortlichen der Datenverarbeitung allerdings damit auch das Risiko einer gerichtsfesten Interessenabwägung auf.

61 Stützt sich der Verantwortliche der Datenverarbeitung auf einen der genannten Rechtfertigungstatbestände, trägt er also das Subsumtionsrisiko. Daher sollte vor jeder Datenverarbeitung geprüft werden, ob diese eine ausreichende gesetzliche Grundlage hat und den Datenschutz des Patienten hinreichend berücksichtigt.

62 **d) Die Selbstdetermination durch Gesundheitsapps.** Neben der ärztlichen Datenerhebung nimmt die Selbstvermessung des körperlichen Zustandes durch Patienten immer weiter zu. So gibt es inzwischen Apps, die das Schlafverhalten des Nutzers analysieren, die Nahrungsaufnahme überwachen und den Nutzer bei der Gewichtsreduzierung helfen sollen. Darüber hinaus kann man seinen Blutzuckerspiegel, Herzschlag, Puls und andere Vitalfunktionen mithilfe von Apps überwachen und sich durch Smart Watches in regelmäßigen Abständen daran erinnern lassen, dass man sich aus gesundheitlichen Gründen bewegen sollte. Die Gesundheitswirtschaft baut diesen sehr lukrativen Markt zudem immer weiter aus. Die auf diesem Wege durch Patienten selbst erhobenen Daten können eine allgemeine Gesundheits- und/oder sogar eine Leistungsverbesserung bei Sportlern bewirken und auch bei der Erkennung von Krankheiten für Ärzte überaus sinnvoll sein, da erstmalig Langzeitdaten vorliegen, die nunmehr systematisch ausgewertet werden können.

---

[57] Weichert in Kühling/Buchner DS-GVO Art. 9 Rn. 49.

Allerdings können diese Apps auch kritisch betrachtet werden, da für den Einzelnen nicht 63
erkennbar ist, was mit seinen Daten passiert. Die Health-App des iPhones speichert serienmäßig teilweise ohne das Wissen der Betroffenen und ohne eine entsprechende Aktivierung des Nutzers per default das tägliche Bewegungspensum des Trägers eines iPhones auf. Hierzu gehört die genaue tägliche Schritt- und Stufenzahl mit der jeweiligen Uhrzeit. Diese App wurde eigentlich entwickelt, Menschen zu mehr Bewegung und einem gesünderen Leben anzuhalten. Gleichzeitig ist diese App nunmehr ein beliebtes Ermittlungsinstrument der Strafverfolgungsbehörden, um Bewegungsprofile von möglichen Tätern zu erstellen.

Solange die Daten nur vom Nutzer für eigene Zwecke erhoben und verarbeitet werden, ist dies kein datenschutzrechtlich relevanter Vorgang. Allerdings besteht bei den zum Download zur Verfügung gestellten Apps zumeist keine diesbezügliche Garantie. Zudem werden die meisten App-Daten nicht mehr auf dem Gerät (Laptop, Smartphone etc) des Nutzers, sondern über eine Cloud-Lösung gespeichert, sodass noch mehr Angriffspunkte bestehen. Eine konkludente pauschale Einwilligung der Nutzer in jedwede Datenverarbeitung, die mit der Nutzung einer App einhergeht, ist als unwirksam abzulehnen. Das Missbrauchsrisiko ist hoch und selbst wenn nur vermeintlich anonyme Daten übermittelt werden, können sich daraus Informationen ergeben, die ein Nutzer über sich nicht preisgeben wollte.[58] Der Umgang mit entsprechenden Anwendungen, die Gesundheitsdaten verarbeiten, kann sinnvoll sein, bedarf aber der kritischen Hinterfragung durch die Nutzer. Der Umstand, dass immer mehr Versicherer die Daten entsprechender Fitness-Apps nutzen und diese zumindest mittelbar auch in kommerzieller Hinsicht nutzen, wird von Datenschützern ebenfalls teilweise kritisch gewertet. Unabhängig von der Datenschutzkonformität entsprechender Tarifmodelle können diese geeignet sein, das derzeitige Sozialsystem umzugestalten hin zu einer leistungsbasierten „Sozial"gemeinschaft.

4. Übermittlung von Gesundheitsdaten

Die Datenübermittlung zählt zu den zentralen Formen der Datenverarbeitung im Medi- 64
zinsektor. Gesundheitsdaten mögen zunächst in einer Arztpraxis erhoben und gespeichert werden. Sie werden anschließend aber nicht nur von der erhebenden Stelle zur unmittelbaren Heilbehandlung oder Maßnahmen der Gesundheitsvorsorge genutzt. Vielmehr ist es nicht selten erforderlich, dass Gesundheitsdaten zur Mit- oder Weiterbehandlung an andere Ärzte übermittelt werden müssen. Bestimmte Informationen zu ärztlichen Behandlungen sind auch an Träger der Krankenversicherung zu Abrechnungszwecken weiterzugeben. Darüber hinaus erfolgen weitere Datenübermittlungen, etwa zu Zwecken der medizinischen Forschung oder zu statistischen Zwecken.

a) Der Medizinsektor als notwendig vernetztes System von Leistungserbringern 65
und weiteren Akteuren. Der Medizinsektor stellt sich als ein notwendig vernetztes System von Leistungserbringern und weiteren Akteuren dar. Erst dieser Zusammenhang zwischen Arztpraxen und Kliniken, Therapieeinrichtungen und weiteren Behandlern, Apotheken, Krankenkassen und Forschungseinrichtungen begründet ein effizientes System der Gesundheitsvorsorge, Krankenversorgung und Finanzierung der Gesundheitskosten. Ihre jeweilige Aufgabe können diese Akteure erst dann richtig erfüllen, wenn sie über die notwendigen Informationen verfügen. Ein Datenaustausch ist insoweit unverzichtbar.

Während dieser Datenaustausch bislang vielfach auf konventionellem Wege (Briefpost, 66
Telefax, Patienten als Boten etc) erfolgte, wird seit einigen Jahren die digitale Vernetzung

---

[58] So wurden geheime Stützpunkte der US Army durch eine Veröffentlichung anonymer Daten durch eine Fitnesstracking-App lokalisiert und man konnte alle Laufwege einzelner Nutzer weltweit nachvollziehen, abrufbar unter https://www.theguardian.com/world/2018/jan/28/fitness-tracking-app-gives-away-location-of-secret-us-army-bases; http://www.zeit.de/digital/datenschutz/2018 01/fitnesstracker-strava-soldaten-verrat-geheimnisse-fitnessapp-datenschutz, zuletzt abgerufen am 15.6.2018.

im Gesundheitswesen vorangetrieben. Hierzu soll insbesondere die Telematikinfrastruktur dienen, die auf der Grundlage der §§ 291a ff. SGB V als Fundament für E-Health in Deutschland errichtet wird. Zur Authentifizierung der Patienten bzw. Versicherten dient die elektronische Gesundheitskarte, deren Etablierung sich aufgrund zahlreicher technischer Fehler, Pannen und anderer Schwierigkeiten als außerordentlich schwierig erweist.

67 Erst eine ausreichende Vernetzung im Gesundheitswesen macht neuartige Behandlungsmethoden, insbesondere solche der Fernbehandlung möglich. Fernbehandlungen waren in der Vergangenheit nach der Musterberufsordnung für Ärzte (§ 7 Abs. 4 MBO-Ä aF) verboten. Mit Beschluss des Deutschen Ärztetages am 11.5.2018 wurde dieses strikte Verbot jedoch gelockert, sodass die Telemedizin nunmehr weiter voranschreiten kann.[59]

68 **b) Rechtsgrundlagen für die Datenübermittlung.** Die Datenübermittlung als Bestandteil der Datenverarbeitung stützt sich auf die zuvor genannten Erlaubnistatbestände. Eine Datenübermittlung an einen Auftragsverarbeiter iSd Art. 4 Nr. 8, 28 DS-GVO bedurfte bis zur Geltung der DS-GVO keines eigenen Erlaubnistatbestandes, da der Auftrags(daten)verarbeiter als rechtliche Einheit mit dem Verantwortlichen und nicht als Dritter angesehen wurde (§ 3 Abs. 8 S. 3 BDSG aF). Diese „Privilegierungswirkung" ist unter dem Regelungsregime der DS-GVO allerdings umstritten. Für eine Fortgeltung dessen und damit dem Entfallen des Bedürfnisses einer eigenen Übermittlungserlaubnis spricht sich allerdings die überwiegende Literatur aus.[60] Überzeugend scheint der Vergleich zur DS-RL und die durch die DS-GVO weitreichend intendierte Kontinuität. Die Auftragsverarbeitung ist weiterhin als zulässige Form der Datenverarbeitung gestattet. Wenn man die Auftragsverarbeitung als Gesamtverarbeitungsvorgang und nicht nur den Übermittlungsvorgang isoliert betrachtet, scheint danach keine gesonderte Einwilligung erforderlich.[61] Würde man nunmehr einzelne Verarbeitungsformen einer gesonderten Gestattung unterwerfen, würde dies die Auftragsverarbeitung als Ganzes konterkarieren.

69 Des Weiteren besteht grundsätzlich das Erfordernis der Einholung einer Schweigepflichtentbindung nach § 203 StGB. Keine strafrechtlich relevante Offenbarung ist nunmehr jedoch die Datenweitergabe an einen berufsmäßig tätigen Gehilfen. Zudem enthält § 203 Abs. 3 StGB die Befugnis für Berufsgeheimnisträger, fremde Geheimnisse gegenüber sonstigen Personen zu offenbaren, die an ihrer beruflichen oder dienstlichen Tätigkeit mitwirken, soweit dies für die Inanspruchnahme der Tätigkeit der sonstigen mitwirkenden Personen erforderlich ist. Dies betrifft neben IT-Dienstleistern auch Auftragsverarbeiter. Eine unbefugte Offenbarung fremder Geheimnisse durch diese Akteure wird durch § 203 Abs. 4 S. 1 StGB pönalisiert. Allerdings muss der Geheimnisträger in diesen Fällen sicherstellen, dass die sonstige mitwirkende Person, die unbefugt ein fremdes, ihr bei der Ausübung oder bei Gelegenheit ihrer Tätigkeit bekannt gewordenes Geheimnis offenbart, zur Geheimhaltung verpflichtet wurde, sofern die mitwirkende Person nicht selbst Berufsgeheimnisträger ist, da er sich anderenfalls nach § 203 Abs. 4 S. 2 Nr. 1 StGB strafbar macht. Die gleiche Pflicht besteht für Auftragsverarbeiter, die Unteraufträge erteilen, vgl. § 203 Abs. 4 S. 2 Nr. 2 StGB. Hierbei ist zudem zu beachten, dass der Geheimnisschutz über den Tod des Betroffenen hinaus wirkt, vgl. § 203 Abs. 5 StGB.

70 **c) Vernetzung als Chance und Risiko.** Die Vernetzung der unterschiedlichen Akteure im Gesundheitswesen bietet erhebliche Vorteile. Die Gesundheitsversorgung ist arbeitsteilig organisiert, sodass Patienten von verschiedenen Stellen betreut werden, die jedoch alle

---

[59] S. https://telemedallianz.de/witm_rechtliches_fernbehandlungsverbot.html, zuletzt abgerufen am 15.6.2018.
[60] Bertemann in Ehmann/Selmayr DS-GVO Art. 28 Rn. 8; Hartung in Kühling/Buchner DS-GVO Art. 28 Rn. 16 ff.
[61] Bertemann in Ehmann/Selmayr DS-GVO Art. 28 Rn. 8; diese Auffassung entspricht der Auslegung der DS-GVO/DS-RL in den anderen europäischen Ländern, vgl. Bertemann in Ehmann/Selmayr DS-GVO Art. 28 Rn. 5.

für die Gewährleistung der richtigen Behandlung einen Zugriff auf die Krankenhistorie eines Patienten benötigen. Der Datenaustausch zwischen den unterschiedlichen Akteuren im Gesundheitswesen ist immanent. Auf diesem Wege kommen wichtige Informationen wie Diagnosen, Überweisungen schneller und zuverlässiger zu ihren Empfängern. Hierdurch werden Doppeluntersuchungen unterbunden und dadurch Ressourcen geschont. Gleichzeitig ist der derzeitige Umgang mit Daten im Gesundheitssystem oftmals nicht datenschutzkonform, wenn und soweit etwa Dateien mittels einfacher E-Mail angefragt oder versandt werden.

Die Vernetzung ist aufgrund des geforderten hohen Datenschutzniveaus auch eine Herausforderung, der sich derzeit verschiedene private Anbieter ua im Zusammenwirken mit gesetzlichen Krankenkassen stellen. Eine (Teil-)Finanzierung entsprechender Vorhaben zur Förderung datenschutzkonformer elektronischer Kommunikation durch die gesetzlichen Krankenkassen wird durch § 67 Abs. 1, 2 SGB V gestattet. Perspektivisch müssen entsprechende Vernetzungsprojekte in Bezug auf die Telematikinfrastruktur iSd §§ 291a ff. SGB V entwickelt werden. Dies bedeutet, dass die Interoperabilität gewährleistet sein muss, vorgegebene Standards eingehalten und entsprechende Zulassungen bei der gematik beantragt werden.[62]

5. Sorgfaltspflichten bei der Verarbeitung von Gesundheitsdaten

Unter Berücksichtigung der Art, des Umfangs, der Umstände und der Zwecke der Verarbeitung sowie der unterschiedlichen Eintrittswahrscheinlichkeit und Schwere der Risiken für die Rechte und Freiheiten natürlicher Personen muss der Verantwortliche nach Art. 24 Abs. 1 S. 1 DS-GVO geeignete technische und organisatorische Maßnahmen treffen, um sicherzustellen und den Nachweis dafür erbringen zu können, dass die Verarbeitung gemäß der DS-GVO erfolgt, vgl. auch Art. 5 Abs. 2 DS-GVO. Hierbei muss die besondere Schutzbedürftigkeit von Gesundheitsdaten im Medizinsektor beachtet werden. Insbesondere für Krankenhäuser ist die Erstellung eines Datenschutzmanagements erforderlich.[63] Hierzu gehört neben einer Dienstanweisung zum Datenschutz, das Verarbeitungsverzeichnis iSd Art. 30 DS-GVO, die Zusammenstellung aller Verträge mit Auftragsverarbeitern und Weisungen an diese, die Ergebnisdokumentation durchgeführter Datenschutz-Folgeabschätzungen nach Art. 35 Abs. 1, 3 lit. b DS-GVO sowie ein Notfallkonzept zum Umgang mit Verletzungen des Datenschutzrechts.[64]

In diesem Kontext sind die durch Art. 33 DS-GVO normierten fristgebundenen Meldepflichten bei Verletzungen des Schutzes personenbezogener Daten gegenüber der Aufsichtsbehörde zu beachten. Zudem ist der Betroffene nach Art. 34 Abs. 1 DS-GVO grundsätzlich unverzüglich zu informieren, wenn eine Verletzung des Schutzes der (Gesundheits-)Daten einer Person anzunehmen ist.

Bei der Verarbeitung von personenbezogenen Daten sind die Datensicherheitsmaßnahmen aus Art. 32 DS-GVO und § 22 Abs. 2 BDSG zu achten.[65] Die Gewährleistung von IT-Sicherheit gehört auch und gerade im Medizinsektor zu den großen Herausforderungen der Digitalisierung.[66] Hierzu gehört insbesondere, dass Ärzte nicht mit ihren Patienten mittels einfacher E-Mail kommunizieren. Stattdessen ist ein sicherer Kommunikati-

---

[62] Vgl. hierzu https://fachportal.gematik.de/erste-schritte/hinweise-zur-zulassung/, zuletzt abgerufen am 15.6. 2018.
[63] Vgl. hierzu ausführlich BayLDA, Leitfaden Anforderungen an das Datenschutzmanagement in bayerischen öffentlichen und privaten Krankenhäusern, März 2018, abrufbar unter https://www.lda.bayern.de/media/leitfaden_krankenhaus.pdf, zuletzt abgerufen am 15.6.2018.
[64] BayLDA, Leitfaden Anforderungen an das Datenschutzmanagement in bayerischen öffentlichen und privaten Krankenhäusern, März 2018, abrufbar unter https://www.lda.bayern.de/media/leitfaden_krankenhaus.pdf, zuletzt abgerufen am 15.6.2018.
[65] Vgl. hierzu ausführlich https://www.bvitg.de/wp-content/uploads/Art.32_SicherheitVerarbeitung.pdf, zuletzt abgerufen am 15.6.2018.
[66] Köhler GesR 2017, 145 ff.

onskanal zu nutzen, der die Kommunikation derart verschlüsselt, dass Dritte hierauf keinen Zugriff haben. Zudem hat der Arzt durch Verschließen der Aktenschränke und Sperren des Computers, wenn er den Raum verlässt, sicherzustellen, dass Patienten keinen Zugriff auf Daten anderer Patienten haben.

6. Datenspeicherung und Datenlöschung

75   Eine Datenspeicherung ist nur gestattet, solange und soweit dies durch die Einwilligung bzw. eine gesetzliche Grundlage für die Datenverarbeitung gedeckt ist, vgl. Art. 5 Abs. 1 lit. e DS-GVO. Zudem können Betroffene ihr Recht auf Löschung geltend machen (Art. 17 Abs. 1 DS-GVO), sodass die entsprechenden Daten unverzüglich zu löschen sind, sofern keine entgegenstehenden rechtlichen Verpflichtungen einschlägig sind, die eine weitere Speicherung dieser (personenbezogenen) Daten erforderlich machen, Art. 17 Abs. 3 (lit. b, lit. c) DS-GVO.

76   Im Gesundheitswesen bestehen insbesondere folgende Aufbewahrungspflichten[67]:
– § 10 Abs. 3 MBO-Ä (ärztliche Aufzeichnungen, mind. 10 Jahre nach Behandlungsabschluss),
– § 12 Abs. 1 GenDG (Ergebnisse genetischer Untersuchungen, 10 Jahre),
– § 28 Abs. 3 RöV/§ 85 Abs. 2 StrlSchG (Behandlungen mit Röntgenstrahlung, mind. 30 Jahre, Röntgenuntersuchungen, mind. 10 Jahre),
– § 11 TFG (Aufzeichnungen über Blutspenden, mind. 15, 20 bzw. 30 Jahre),
– § 15 TPG (Dokumentation bei Organ-/Gewebespende, -entnahme, -übertragung, mind. 30 Jahre).

77   Wenn nur diese Aufbewahrungspflichten einer Löschung entgegenstehen, bedeutet dies nicht, dass die Daten uneingeschränkt weiterverarbeitet werden dürfen. Die Verarbeitung erschöpft sich vielmehr ab diesem Zeitpunkt auf den Zweck der Aufbewahrung. Eine weitergehende Verarbeitung ist nicht erforderlich, um dieser Verpflichtung nachzukommen.

78   Bei der Speicherung von personenbezogenen Daten sind die Datensicherheitsmaßnahmen aus Art. 32 DS-GVO zu wahren. Bei der Datenarchivierung ist sicherzustellen, dass die datenschutzrechtlichen Vorgaben eingehalten werden. Hierzu gehört ua, dass Daten, die einer Löschpflicht unterliegen, über Backup-Systeme nicht wiederholt in die verwendeten Datenbanken (ua in das KIS) eingespielt werden.

7. Die Betroffenenrechte im Medizinsektor

79   Auch im Medizinsektor muss die Informationspflicht nach Art. 12 ff. DS-GVO beachtet werden. Danach ist der Patient in verständlicher Art und Weise über die erhobenen Daten, seine Betroffenenrechte und den Verantwortlichen zu informieren. Als Betroffener steht ihm insbesondere ein Auskunftsanspruch (Art. 15 DS-GVO), das Recht auf Berichtigung bei unrichtig gespeicherten Daten (Art. 16 DS-GVO), das bereits genannte Recht auf Löschung (Art. 17 DS-GVO), das Recht auf Einschränkung der Verarbeitung (Art. 18 DS-GVO) sowie das Recht auf Datenübertragbarkeit (Art. 19 DS-GVO) zu. Bevor den genannten Betroffenenrechten nachgekommen wird, muss jedoch die verantwortliche Stelle sicherstellen, dass die Person, die die Rechte geltend macht, auch der Betroffene ist. Daher ist insbesondere bei telefonischen Anfragen Vorsicht geboten. Werden die entsprechenden Daten einem Dritten nämlich herausgegeben, können datenschutzrechtliche Sanktionen drohen.

80   Darüber hinaus besteht insbesondere nach §§ 630c, 630e BGB eine schuldrechtliche Informations- und Aufklärungspflicht. Zudem besitzt der Patient ein Einsichtsrecht in seine Patientenakte, § 630g BGB. Der Arzt darf jedoch in Ausnahmefällen die Einsicht aus therapeutischen Gründen verweigern. Diese Einschränkung kann bei einer dringenden

---

[67] Daneben bestehen weitere steuer- und handelsrechtliche Aufbewahrungspflichten (ua § 147 AO).

§ 13 Datenschutz im Medizinsektor

Gefahr selbstschädigenden Verhaltens oder eine Fremdschädigung durch den Patienten auch auf Art. 15 DS-GVO übertragen werden, auch wenn therapeutische Gründe nicht explizit in Art. 15 Abs. 4 DS-GVO genannt sind. Bei minderjährigen Kindern hat die Aufklärung gegenüber den Sorgeberechtigten zu erfolgen.[68] Diese haben auch ein Einsichtsrecht in die Patientenakte. Allerdings ist in Einzelfällen, insbesondere bei Schwangerschaftsabbrüchen bei Minderjährigen, zum Schutze der Patientinnen das Einsichtsrecht zu verweigern.

8. Nicht-medizinische Akteure im Medizinsektor

81 Durch eine Digitalisierung und Vernetzung des Gesundheitssektors, aber auch die Ambition vieler Patienten, den eigenen Körper zu vermessen, werden immer mehr private IT-Dienstleister in die Datenverarbeitung eingebunden. Die Gesundheitswirtschaft ist zudem ein sehr lukrativer Markt, den verschiedene Anbieter für sich entdeckt haben. Bei den meisten IT-Dienstleistern arbeitet kein ausgebildetes medizinisches Personal, sodass diesen bei einer Integrierung ins Gesundheitswesen das Risikobewusstsein im Umgang mit Gesundheitsdaten bewusst zu machen ist. Die Rolle dieser Akteure im Gesundheitswesen darf zudem nicht unterschätzt werden. Je nach Ausgestaltung des Netzwerks oder bestimmter Anwendungen hängt es oft vom Datenumgang dieser nicht-medizinischen Akteure ab, ob die benötigte Information zur richtigen Zeit am richtigen Ort verfügbar und sie nur Berechtigten zugänglich ist.

82 Allerdings bedarf es bei der Einbindung nicht-medizinischer Akteure im Gesundheitswesen entweder der Einwilligung des Betroffenen oder einer Beauftragung im Rahmen der Auftragsverarbeitung durch einen Berufsgeheimnisträger. Art. 9 Abs. 2 lit. h DS-GVO gilt aufgrund der Regelung des Art. 9 Abs. 3 DS-GVO nämlich nur als Ermächtigungsgrundlage für die Datenverarbeitung, wenn die Daten von (medizinischem) Fachpersonal oder unter dessen Verantwortung verarbeitet werden und dieses Fachpersonal dem Berufsgeheimnis (vgl. § 203 StGB) unterliegt, oder wenn die Verarbeitung durch eine andere Person erfolgt, die ebenfalls nach dem Unionsrecht oder dem Recht eines Mitgliedstaats oder den Vorschriften nationaler zuständiger Stellen einer Geheimhaltungspflicht unterliegt. Bedient sich ein Geheimnisträger nicht-medizinischer Akteure als IT-Dienstleister/Auftragsverarbeiter und haben diese aufgrund ihrer Tätigkeit Einblick in Patientengeheimnisse, muss dieser die nicht-medizinischen Akteure zur Geheimhaltung verpflichten, vgl. § 203 Abs. 4 Nr. 1 StGB.

V. Sonderfragen zum Datenschutzrecht im Medizinsektor

1. Der Patient im Mittelpunkt von Überwachungsmaßnahmen

83 Immer mehr Krankenhäuser nutzen die Videoüberwachung zur Kontrolle ihrer Ein- und Ausgänge und teilweise sogar in den Wartebereichen der Notaufnahme.[69] Diese Form der Videoüberwachung in öffentlich zugänglichen Räumen soll nach § 4 BDSG in Deutschland weiterhin möglich sein.[70]

84 Zudem findet aus medizinischen Gründen (Video-)Überwachung von Patienten bzw. deren Vitalfunktionen statt (sog Monitoring). Diese Form der Daueruüberwachung ist grundsätzlich über Art. 9 Abs. 2 lit. h DS-GVO gerechtfertigt, wenn sie der medizinischen Diagnostik (zB Langzeit-EKG) oder der Versorgung von Patienten (im Rahmen der Neonatologie, Intensivstationen sowie in Aufwachräumen) dient.

---

[68] Ausnahmen können bei Schwangerschaftsabbrüchen bestehen, wenn Minderjährige die nötige Reife für die Entscheidung besitzen. Dies wird teilweise ab dem 16. Lebensjahr vermutet.
[69] Blobel/Koeppe HdB Datenschutz und Datensicherheit im Gesundheits- und Sozialwesen, 116.
[70] Allerdings wird die Europarechtskonformität der Vorschrift angezweifelt, vgl. Kühling NJW 2017, 1985 (1988).

2. Das Datenschutzrecht von Leistungserbringern

85 **a) Sozialversicherungspflichtig Beschäftigte im Medizinsektor.** Auch für Ärzte und andere im Gesundheitswesen tätige Personen gilt das Datenschutzrecht im Hinblick auf ihre eigenen personenbezogenen Daten. Für diese ist, sofern sie in einem Angestelltenverhältnis beschäftigt sind, insbesondere § 26 BDSG anwendbar (vgl. zum Beschäftigtendatenschutz → § 10 Rn. 1 ff.).

86 **b) Arztbewertungen im Internet.** Bewertungsportale zählen zu den hochfrequentierten Interaktionsplattformen im Internet.[71] Das gilt auch und besonders für Ärztebewertungen. Die Möglichkeit, Ärzte online zu bewerten, dient nicht nur als Ventil für Unmut und Unzufriedenheit der Patienten, sondern hat eine darüber hinausgehende Funktion der Qualitätssicherung im Gesundheitswesen.[72] Damit soll eine gewisse Transparenz in den für Menschen wichtigen Bereich ärztlicher Behandlungen gebracht werden. Dass die Möglichkeit einer anonymen Bewertung essentiell für Bewertungsportale ist, hat der BGH mehrfach betont.[73] Gerade bei Ärztebewertungen gilt es auch, die Persönlichkeitsrechte des Patienten zu schützen, weil anderenfalls Gesundheitsdaten zugeordnet werden könnten. Außerdem könnte das Vertrauensverhältnis zwischen Arzt und Patient gestört werden, wenn sich ein Patient kritisch äußert und dennoch sich weiterbehandeln lässt. Vor diesem Hintergrund können Ärzte nicht verlangen, erst gar nicht mit ihren Praxisdaten auf solchen Bewertungsportalen aufgelistet zu werden. Eine Löschung eines Profils kann lediglich verlangt werden, wenn dieses zu Werbezwecken durch Dritte genutzt und damit unverhältnismäßig kommerzialisiert wird.[74] Ansonsten werden das Persönlichkeitsrecht und die informationelle Selbstbestimmung von Ärzten geringer gewichtet als die Meinungsfreiheit der Patienten und deren Recht auf anonyme Bewertung.[75] Die über einen Arzt auf dem Bewertungsportal gespeicherten Informationen betreffen nur dessen Sozialsphäre und seine berufliche Tätigkeit, nicht aber seine persönliche Intim- oder Geheimsphäre.[76] Gegen unwahre Tatsachenbehauptungen und beleidigende oder sonst unzulässige Bewertungen hat ein Betroffener ausreichenden Rechtsschutz, ohne dass die Einträge über den Arzt als solche in Frage gestellt werden können.

87 Wenn demnach Ärztebewertungen im Internet grundsätzlich legitim und rechtlich zulässig sind, sind doch auch Grenzen zu beachten. Dies hat der BGH insbesondere in Bezug auf Ärztebewertungsportale in mehreren Entscheidungen konkretisiert: So ist der Betreiber eines Bewertungsportals nach den Grundsätzen der Störerhaftung verpflichtet, rechtswidrige Portaleinträge (wie unrichtige Tatsachenbehauptungen oder Schmähkritik) zu löschen, sobald er Kenntnis davon hat. Ist er also mit der Behauptung eines Betroffenen konfrontiert, „ein von einem Nutzer eingestellter Beitrag verletze ihn in seinem Persönlichkeitsrecht, und ist die Beanstandung so konkret gefasst, dass der Rechtsverstoß auf der Grundlage der Behauptung des Betroffenen unschwer bejaht werden kann, so ist eine Ermittlung und Bewertung des gesamten Sachverhalts unter Berücksichtigung einer etwaigen Stellungnahme des für den beanstandeten Beitrag Verantwortlichen erforderlich."[77] „Zur Bestimmung, welcher Überprüfungsaufwand vom Hostprovider [bei behaupteten unwahren Tatsachenbehauptungen] im Einzelfall zu verlangen ist, bedarf es

---

[71] Grundlegend aus rechtlicher Sicht hierzu die „Spickmich-Entscheidung" des BGH NJW 2009, 2888 – spickmich.de.
[72] Allgemein zur Bedeutung von Ärztebewertungsportalen Büscher GRUR 2017, 433 (433 ff.).
[73] BGH NJW 2009, 2888 – spickmich.de; NJW 2014, 2651 – Ärztebewertungen; NJW 2015, 489 – Jameda I; NJW 2016, 2106 – Jameda II; Urt. v. 20. 2. 2018 – VI ZR 30/17 – Jameda III.
[74] BGH Urt. v. 20. 2. 2018 – VI ZR 30/17 – Jameda III.
[75] So die stRspr vgl. BGH NJW 2015, 489 – Ärztebewertungsportal; OLG Frankfurt aM NJW 2012, 2896, zustimmend die Literatur, vgl. Klinger/Kuhlmann GRUR-Prax 2017, 34 (34 f.); kritisch demgegenüber Buchner MedR 2015, 345 (345 f.).
[76] Vgl. BGH NJW 2015, 489 (492 f.) – Ärztebewertungsportal.
[77] BGH NJW 2016, 2106 Ls. 2 – Jameda II.

einer umfassenden Interessenabwägung, bei der die betroffenen Grundrechte der Beteiligten zu berücksichtigen sind. Maßgebliche Bedeutung kommt dabei dem Gewicht der angezeigten Rechtsverletzung sowie den Erkenntnismöglichkeiten des Providers zu. Zu berücksichtigen sind aber auch Funktion und Aufgabenstellung des vom Provider betriebenen Dienstes sowie die Eigenverantwortung des für die persönlichkeitsbeeinträchtigende Aussage unmittelbar verantwortlichen – ggf. zulässigerweise anonym auftretenden – Nutzers."[78] Der Zeitraum, den ein Provider zur Prüfung eines Sachverhalts besitzt, bemisst sich nach dem Einzelfall. Das LG Hamburg entschied, dass für eine Stellungnahme eines Hostproviders nach einer Beschwerde eines Arztes eine Frist von vier Tagen ausreichend ist, sofern keine entgegenstehenden Tatsachen vorgetragen werden.[79]

Darüber hinaus kann eine konkrete Gestaltung des Portals und des ihm zugrundeliegenden Geschäftsmodells kritisch gesehen werden, wenn es die Interessen der betroffenen Ärzte unzureichend berücksichtigt. So ist es etwa unzulässig, das Portal so zu gestalten, dass Nutzern auf den kostenfreien Arztprofilen Werbung von zahlenden Ärzten mit gleicher Fachrichtung in der Umgebung angezeigt werden.[80] Dies führt zu einer unverhältnismäßigen Kommerzialisierung eines Bewertungsportals.

Auch wenn es bei dem Konflikt um Ärztebewertungen im Internet in erster Linie mit der Abgrenzung von Persönlichkeitsschutz und Meinungsfreiheit um einen medienrechtlichen Konflikt geht, hat diese Thematik auch einen datenschutzrechtlichen Aufhänger.[81] So stellte der BGH auf § 35 Abs. 2 S. 2 Nr. 1 BDSG aF ab, wonach personenbezogene Daten zu löschen sind, wenn ihre Speicherung unzulässig ist. Ähnlich regelt nun Art. 17 Abs. 1 lit. f DS-GVO, dass personenbezogene Daten unverzüglich zu löschen sind, wenn sie unrechtmäßig erhoben wurden. Während die Rechtsprechung den Zugriff auf öffentliche Profile von Ärzten (etwa auf den Websites einer Arztpraxis oder einer Klinik) bislang auf § 29 BDSG aF gestützt hat,[82] wird man künftig wohl auf Art. 6 Abs. 1 lit. f DS-GVO abstellen müssen. Danach ist die Datenverarbeitung, etwa durch Erhebung und Speicherung öffentlich zugänglicher Arztprofile, dann rechtmäßig, wenn die Verarbeitung „zur Wahrung der berechtigten Interessen des Verantwortlichen oder eines Dritten erforderlich (ist), sofern nicht die Interessen oder Grundrechte oder Grundfreiheiten der betroffenen Person, die den Schutz personenbezogener Daten erfordern, überwiegen." Der Betrieb von Ärztebewertungsportalen liegt, das hat zumindest die Rechtsprechung in Deutschland immer wieder betont, im Interesse der Patienten, die sich auf diese Weise ein Bild von den für ihre Behandlung in Betracht kommenden Ärzten machen können. Die berechtigten Interessen der Ärzte fließen in die Anforderungen an die Portalgestaltung und den Betrieb ein.

Dementsprechend werden die Betreiber von Bewertungsportalen künftig sehr genau darauf zu achten haben, dass sie ihre Geschäftsmodelle im Einklang mit der Rechtsprechung gestalten, weil anderenfalls nicht nur berechtigte Löschbegehren von Ärzten, sondern auch Schadensersatz und ggf. Schmerzensgeld gerichtlich durchgesetzt werden können und zudem erhebliche Sanktionen drohen.

3. Praxisübernahme und Übernahme von Patientendaten

Die Patientenkartei stellt bei dem Kauf einer Arztpraxis einen zentralen wertbildenden Faktor dar. Bei der Übergabe dieser Daten sind jedoch die Vorgaben des Datenschutzrechts sowie die ärztliche Schweigepflicht zu beachten. Bei dem Inhalt der Patientenakten handelt es sich um besonders schutzbedürftige Gesundheitsdaten. Es gelten daher die

---

[78] BGH NJW 2016, 2106 Ls. 3 – Jameda II.
[79] LG Hamburg NJW-RR 2017, 1323 (1326).
[80] BGH NJW 2018, 1884 – Jameda III.
[81] Zum Themenfeld Bewertungsportale und Datenschutz siehe Heckmann in jurisPK InternetR Kap. 9 Rn. 649 ff.
[82] Siehe ausführlich zu dieser Herleitung BGH NJW 2015, 489 (490) – Jameda I.

oben genannten datenschutzrechtlichen Prinzipien. Die Weitergabe dieser Daten an Dritte stellt eine erlaubnispflichtige Verarbeitung dar.

92   Zudem ist bei einer Praxisübergabe zu berücksichtigen, dass die Patientendaten auch nicht einfach entsorgt werden dürfen. Vielmehr unterliegen die ärztlichen Aufzeichnungen und Befunde den gesetzlichen Aufbewahrungspflichten (vgl. § 10 Abs. 3 MBO-Ä). Statt einer Aufbewahrung durch den ursprünglich behandelnden Arzt, können diese allerdings auch „in gehörige Obhut gegeben" werden.

93   **a) Einwilligung der Patienten.** Grundsätzlich gilt, dass jeder Patient der Übergabe seiner Daten bei der Praxisübernahme zustimmen muss.[83] Dies geschieht bestenfalls durch eine ausdrückliche Einwilligung vor Übergabe der Daten. Aus organisatorischen Gründen ist dies in der Praxis jedoch kaum umzusetzen. Eine vorsorglich eingeholte Einwilligung für den Fall eines irgendwann stattfindenden Praxisverkaufs ist aufgrund der Unbestimmtheit einer solchen Erklärung unwirksam, da insbesondere der Erwerber der Praxis zu diesem Zeitpunkt noch nicht bekannt ist.

94   **b) Das sog „Zwei-Schrank-Modell".** Als Alternative hat sich das sogenannte „Zwei-Schrank-Modell"[84] durchgesetzt. Dabei wird zwischen den beiden Ärzten neben dem Kaufvertrag auch ein Verwahrungsvertrag gem. §§ 688 ff. BGB geschlossen.[85] Der Praxisübernehmer verwahrt die Patientenakten in einem zweiten Schrank[86] und darf nur nach Einwilligung des Patienten auf die Akte zugreifen. Werden die Daten elektronisch verwaltet, so kann der Zugang zu den „alten Akten" durch ein Passwort geschützt sein, dass der Arzt nur nach Zustimmung des Patienten verwenden darf.[87] Eine solche Zustimmung kann nunmehr aufgrund der Regelung des Art. 9 Abs. 2 lit. a DS-GVO nur noch ausdrücklich erfolgen. Entsprechende Einwilligungen sollten zudem schriftlich dokumentiert werden, um im Zweifelsfall die Einhaltung der (datenschutzrechtlichen) Vorschriften nachweisen zu können. Das Eigentum an den Patientenakten verbleibt bis zur Einwilligung und Umordnung in den anderen Schrank beim Praxisverkäufer. Die Zwei-Schrank-Methode hat zudem den Vorteil, dass der frühere Arzt seinen weiter bestehenden Aufbewahrungspflichten nachkommt. Bei Patienten, die nach Praxisübernahme nicht mehr vorstellig werden, gilt die 10-jährige Aufbewahrungspflicht, vgl. § 10 Abs. 3 MBO-Ä. Nach Ablauf müssen die eingeschlossenen Akten vernichtet werden.[88]

95   Wird die Patientenkartei ohne die Einwilligung der Patienten an den Nachfolger übergeben, so ist der Kaufvertrag aufgrund des Verstoßes gegen das informationelle Selbstbestimmungsrecht der Patienten und die ärztliche Schweigepflicht nichtig, § 134 BGB iVm § 203 StGB.[89]

96   **c) Gemeinschaftspraxis/angestellter Arzt.** Eine weitere Möglichkeit besteht darin, dass sich der Inhaber der Arztpraxis und der Erwerber zunächst zu einer Gemeinschaftspraxis[90] zusammenschließen.[91] Dieser Vorgang bedarf nicht der Zustimmung der Patienten, da die Einwilligung zumeist die Datenverarbeitung durch alle Ärzte einer Arztpraxis erfasst. Somit hat auch der neue Arzt Zugang zu den personenbezogenen Daten, sodass es bei anschließender alleiniger Übernahme der Praxis keiner Einwilligung mehr bedarf.

---

[83] Zur Einwilligung Buchner Der NEUE Datenschutz im Gesundheitswesen, 42 f.
[84] Buchner Datenschutz im Gesundheitswesen Teil G/7.1; Schlund in Laufs/Kern HdB ArztR § 19 Rn. 6; vgl. auch BGH BeckRS 9998, 165897.
[85] Mustervertrag hierzu von Krafczyk in BeckOF MedizinR, 5.1.4.1.
[86] Zur Zulässigkeit der Überlassung der Patientendatei im Original BGH NJW 1974, 602.
[87] Katzenmeier in LKL ArztR Kap. IX Rn. 34 mwN.
[88] Buchner Datenschutz im Gesundheitswesen Teil G/7.1.
[89] BGH BeckRS 9998, 165897.
[90] Abrufbar unter https://www.aerzteblatt.de/archiv/48303/Praxisverkauf-Schweigepflicht-beachten, zuletzt abgerufen am 15.6.2018. Eine Gemeinschaftspraxis ist nicht identisch mit einer Praxisgemeinschaft.
[91] Vgl. für die Rechtsanwaltskanzlei BGH NJW 2001, 2462.

Gleiches gilt, wenn der übernehmende Arzt zunächst bei dem anderen Arzt angestellt war. Umstritten ist hingegen, wie mit der Übernahme der Praxis durch einen Arzt umzugehen ist, der zunächst als Vertretung zuständig war und in diesem Rahmen auch Einsicht in die Patientenkartei hatte. Unabhängig von der Dauer der Vertretung wird dieser Arzt dennoch als „Dritter" behandelt, sodass in diesem Fall eine Einwilligung der Patienten nötig sein soll.[92]

VI. Rechtsschutz

Der Betroffene kann sich bei Datenschutzverstößen im Medizinsektor bei der zuständigen Aufsichtsbehörde beschweren. Neben datenschutz- und strafrechtlichen Sanktionen für den Verantwortlichen der Datenverarbeitung, kann der Betroffene gegebenenfalls Schadensersatzansprüche geltend machen. 97

1. Datenschutzaufsichtsbehörden

Die funktionell zuständige Datenschutzaufsichtsbehörde ist unabhängig davon, ob es sich um eine öffentliche oder nicht-öffentliche Stelle handelt, grundsätzlich die jeweilige Landesdatenschutzbehörde (vgl. § 40 BDSG). Lediglich in Bayern muss nach dem handelnden Akteur differenziert werden. Für öffentlich-rechtliche Stellen in Bayern ist der Landesbeauftragte für den Datenschutz (Art. 15ff. BayDSG), für nicht-öffentliche Stellen das Landesamt für Datenschutzaufsicht (Art. 18 BayDSG) als Aufsichtsbehörden zuständig. Für öffentliche Stellen des Bundes ist die Beauftragte für den Datenschutz und die Informationsfreiheit (Bundesbeauftragte, § 9 Abs. 1 BDSG) zuständig. Örtlich bestimmt sich die Zuständigkeit der Datenschutzaufsichtsbehörden nach § 40 Abs. 2 BDSG iVm Art. 4 Nr. 16 DS-GVO. 98

2. Datenschutzrechtliche Kontroll- und Rechtsschutzinstrumente

Neben der Durchsetzung und Überwachung der Einhaltung des Datenschutzrechts (vgl. Art. 57 Abs. 1 lit. a DS-GVO) kann die Datenschutzaufsichtsbehörde neben weiteren Befugnissen, Untersuchungen in Form von Datenschutzüberprüfungen bei der verantwortlichen Stelle vornehmen, den Verantwortlichen auf Datenschutzverstöße aufmerksam machen aber auch eine Datenberichtigung oder -löschung anordnen und Geldbußen nach Art. 83 DS-GVO verhängen (vgl. Art. 58 DS-GVO). 99

Zudem haftet der Verantwortliche sowie ein Auftragsverarbeiter gegenüber dem Betroffenen, wenn dieser wegen eines Verstoßes gegen die DS-GVO einen materiellen oder immateriellen Schaden erleidet, vgl. Art. 82 Abs. 1 DS-GVO. In welcher Höhe ein etwaiges Schmerzensgeld festgesetzt wird, obliegt dem Gericht nach billigem Ermessen. Hierbei muss das Gericht der Ausgleichs- und Genugtuungsfunktion des Anspruchs Rechnung tragen. Klagen in diesem Zusammenhang können nach § 44 Abs. 1 BDSG bei dem Gericht des Ortes erhoben werden, an dem sich eine Niederlassung des Verantwortlichen oder des Auftragsverarbeiters befindet sowie an dem Ort, an dem die betroffene Person ihren gewöhnlichen Aufenthaltsort hat. 100

3. Straf- und zivilrechtliche Rechtsschutzinstrumente

Werden Gesundheitsdaten vorsätzlich an Dritte weitergegeben, besteht neben einer Strafbarkeit des Berufsgeheimnisträgers nach § 203 Abs. 1 StGB auch eine Pönalisierungsmöglichkeit nach § 42 Abs. 1 BDSG, wenn der Täter hierbei gewerbsmäßig handelt. Zudem 101

---

[92] Abrufbar unter https://www.aerzteblatt.de/archiv/48303/Praxisverkauf-Schweigepflicht-beachten, zuletzt abgerufen am 15.6.2018.

wird mit Freiheitsstrafe bis zu zwei Jahren oder mit Geldstrafe bestraft, wer personenbezogene Daten, die nicht allgemein zugänglich sind, ohne hierzu berechtigt zu sein, verarbeitet oder durch unrichtige Angaben erschleicht und hierbei gegen Entgelt oder in der Absicht handelt, sich oder einen anderen zu bereichern oder einen anderen zu schädigen (vgl. § 42 Abs. 2 BDSG). § 42 BDSG stellt allerdings ein Antragsdelikt dar, § 42 Abs. 3 BDSG.

102 Der Anspruch auf Einsichtnahme in die Patientenakte nach § 630g BGB ist vor den ordentlichen Gerichten geltend zu machen. Der Streitwert für das Auskunftsverlangen richtet sich nach dem Interesse des Klägers und liegt im Ermessen des Gerichts, vgl. § 3 ZPO. Die örtliche Zuständigkeit richtet sich nach den allgemeinen Zuständigkeitsregelungen, insbesondere die folgenden Gerichtsstände können hierfür einschlägig sein: §§ 12, 13 ZPO (Wohnsitz), § 17 ZPO (Sitz der juristischen Person), § 21 ZPO (Sitz der Niederlassung), § 29 ZPO (Gerichtsstand des Erfüllungsorts) und § 32 ZPO (Gerichtsstand der unerlaubten Handlung).

§ 14 Datenschutz im Finanzwesen

Übersicht

	Rn.
I. Einleitung	1
II. Anwendbare Vorschriften und Einzelprobleme	3
1. Das Bankgeheimnis	4
2. Rechtsgrundlagen für Datenverarbeitung bei Bankgeschäften	11
a) Einwilligung	12
b) Interessenabwägung	15
3. Rating und Bonitätsauskünfte	19
4. Kredithandel und Risikosteuerung	21
a) Forderungsabtretung	24
b) Übertragung bei Kreditkonsortien und Verbriefungen	30
c) Unterbeteiligungen und Kreditderivate	33
5. Marktregulierung und Marktordnung im Kreditwesen	36
a) Das Refinanzierungsregister	38
b) Das Deckungsregister	43
c) Das Kontenabrufverfahren	47
6. Zahlungsverkehr	52
7. Finanzmarkt und Finanzdienstleistungen, insbesondere Wertpapierhandel	65
a) Bereichsspezifische Pflichten zur Datenerhebung	67
b) Dokumentations- und Aufzeichnungspflichten, insbesondere Aufzeichnung von Telefongesprächen	70
c) Weiterverwendung der Aufzeichnungen	75
d) Ergänzende Anforderungen der DS-GVO	79
8. Bekämpfung von Geldwäsche und Terrorismusfinanzierung	83
a) Rechtsgrundlage im Sinne der DS-GVO	85
b) Identifizierung	86
c) Auskünfte an Behörden	91
d) Auslagerung von Sicherungsmaßnahmen	92
e) Die Geldtransfer-Verordnung	97
aa) Spezifische Datenschutzregelungen	100
bb) Aufbewahrung von Aufzeichnungen	105

Literatur:

Barczak, Normenkonkurrenz und Normenkollision, JuS 2015, 969; *Boos/Fischer/Schulte-Mattler,* KWG, CRR-VO, Kommentar zu Kreditwesengesetz, VO (EU) Nr. 575/2013 (CRR) und Ausführungsvorschriften, 5. Aufl. 2016; *Bräutigam/Rücker,* E-Commerce, 2017; *Buck-Heeb/Poelzig,* Die Verhaltenspflichten (§ 63 ff. WpHG n. F.) nach dem 2. FiMaNoG – Inhalt und Durchsetzung, BKR 2017, 486; *Fisahn,* Bankgeheimnis und informationelle Selbstbestimmung, CR 1995, 632; *Früh,* Abtretungen, Verpfändungen, Unterbeteiligungen, Verbriefungen und Derivate bei Kreditforderungen vor dem Hintergrund von Bankgeheimnis und Datenschutz, WM 2000, 497; *Herzog,* Geldwäschegesetz (GwG), Kommentar, 3. Aufl. 2018; *Indenhuck/Stein,* Datenschutzvorgaben für Kreditinstitute nach PSD2 und DSGVO – Zur Reichweite des Einwilligungserfordernisses nach Art. 94 Abs. 2 PSD2 bzw. § 59 Abs. 2 ZAG, BKR 2018, 136; *Kipker/Stelter,* Datenschutz unter MiFID II, DuD 2018, 364; *Lange/Baumann/Prescher/Rüter,* Wesentliche Änderungen im Kapitalmarktrecht durch MiFID II und MiFIR, DB 2018, 556; *von Lewinski/Pohl,* Auskunfteien nach der europäischen Datenschutzreform, ZD 2018, 17; *Nobbe,* Der Verkauf von Krediten, ZIP 2009, 97; *Roth/Blessing,* Die neuen Vorgaben nach MiFID II – Teil 2 – Die Aufzeichnungspflichten betreffend Telefongespräche und elektronischer Kommunikation, CCZ 2017, 8; *Schalast/Safran/Sassenberg,* Strafbarkeit von Sparkassenvorständen beim Verkauf notleidender Kredite, NJW 2008, 1486; *Schimansky/Bunte/Lwowski,* Bankrechts-Handbuch, 5. Aufl. 2017; *Seiler,* Die Datenschutzregelungen in der PSD II – insbesondere Art. 94 – Einwilligungserfordernis statt gesetzlicher Erlaubnis und mögliche praktische Auswirkungen, DSRITB 2016, 591; *Weichert,* Die Payment Service Directive 2 und der Datenschutz, BB 2018, 1161; *Wonka,* Die Rechtmäßigkeit staatlicher Auskunftsersuchen gegenüber Banken, NJW 2017, 3334.

Teil B

I. Einleitung

1 Dieses Kapitel behandelt die datenschutzrechtlichen Anforderungen an Unternehmen des Finanzwesens im Lichte der DS-GVO. Das Finanzwesen ist stark reguliert, insbesondere durch Europarecht. Die Europäische Union hat die Regulierung nach der Finanzkrise ab 2007 noch einmal ausgedehnt, beispielsweise durch die zweite Finanzmarktrichtlinie („Markets in Financial Instruments Directive II", MiFID II). Das **Regulierungsrecht** setzt häufig nicht nur den allgemeinen Rahmen für die Geschäftstätigkeit in einem Markt, sondern bestimmt viele Geschäftsabläufe auch inhaltlich. Viele der regulierten Abläufe erfordern gleichzeitig die Verarbeitung personenbezogener Daten. Bislang trat das Datenschutzrecht regelmäßig hinter sektorspezifische Regelungen zurück, beispielsweise das KWG, GwG oder ZAG (vgl. § 1 Abs. 3 BDSG aF). Selbst soweit das BDSG aF nicht vollständig verdrängt wurde, enthielt das bereichsspezifische Recht viele Erlaubnisvorschriften im Sinne des § 4 Abs. 1 BDSG aF, nach deren Maßgabe sich die Zulässigkeit der jeweiligen Datenverarbeitung richtete.

2 Die DS-GVO fügt den Geschäftsabläufen des Finanzwesens nunmehr eine weitere Dimension rechtlicher Anforderungen hinzu. Regelmäßig tritt sie nicht hinter das Regulierungsrecht zurück. Die neuen Anforderungen gelten neben den bestehenden bereichsspezifischen Regelungen. Da viele dieser Regelungen ihrerseits auf Europarecht beruhen, kommt es regelmäßig zu **Normenkollisionen,** die es jeweils aufzulösen gilt. Das Verhältnis zwischen den bereichsspezifischen Regelungen und der DS-GVO ist vielfach noch nicht geklärt.

II. Anwendbare Vorschriften und Einzelprobleme

3 Die folgende Darstellung behandelt zunächst datenschutzrechtliche Fragen, die übliche Geschäftsabläufe aufwerfen können. Hierzu zählen beispielsweise das Verhältnis von Bankgeheimnis und Datenschutzrecht sowie der Kredithandel (→ Rn. 4 ff.). Die weiteren Abschnitte dieses Kapitels gliedern sich anschließend nach den Schwerpunktbereichen des Regulierungsrechts, namentlich dem KWG, dem WpHG, dem ZAG und dem GwG (→ Rn. 36 ff.).

1. Das Bankgeheimnis

4 Das Bankgeheimnis zählt nicht zum Datenschutzrecht im eigentlichen Sinne. Seine Zielrichtung ist aber mit ihm vergleichbar. Das Geheimnis beinhaltet den Schutz von Informationen in Gestalt einer **Vertraulichkeitsverpflichtung** des Kreditinstituts gegenüber seinem Kunden. Gesetzlich ist es nicht normiert. Es handelt sich um eine rein schuldrechtliche Pflicht.[1] Sie beinhaltet nach der Rechtsprechung des BGH, kundenbezogene Tatsachen und Wertungen geheim zu halten, soweit der Kunde dies wünscht.[2] Kreditinstitute vereinbaren dies regelmäßig vertraglich. Häufig verwenden sie hierfür den Mustertext für allgemeine Geschäftsbedingungen des Bundesverbands deutscher Banken (**„AGB-Banken"**). Er enthält in Ziffer 2 Abs. 1 eine entsprechende Verschwiegenheitspflicht.[3] Verstößt das Kreditinstitut gegen das Bankgeheimnis, macht es sich aus § 280 Abs. 1 iVm § 241 Abs. 2 BGB schadensersatzpflichtig.

---

[1] BGH NJW 2007, 2106 (2107); zum Überweisungsverkehr s. bereits NJW 1958, 1232 (1233); die genaue Rechtsgrundlage ist umstritten (zB ob es ein vertragliches oder gesetzliches Schuldverhältnis oder Gewohnheitsrecht ist), vgl. ausführlich Nobbe WM 2005, 1537 (1539); für die hier dargestellten datenschutzrechtlichen Gesichtspunkte ist die Entscheidung für eine Ansicht nicht erforderlich.
[2] BGH NJW 1958, 1232; NJW 2006, 830 mwN.
[3] Abrufbar unter https://bankenverband.de/service/agb-banken/, Stand: 13.1.2018, zuletzt abgerufen am 1.10.2018.

Gegenstand der Geheimhaltungspflicht sind Tatsachen und Wertungen, die einem Kredit- 5
institut aufgrund, aus Anlass oder im Rahmen der Geschäftsverbindung mit dem Kunden
bekannt werden.[4] Da die Tatsachen und Wertungen mit dem jeweiligen Kunden verknüpft sind, sind sie häufig (→ Rn. 11) auch personenbezogen. Datenschutzrecht ist anwendbar. Dies wirft die Frage auf, ob ein Konkurrenzverhältnis zwischen Bankgeheimnis und Datenschutzrecht besteht. Zum BDSG aF vertrat der BGH, das Bankgeheimnis gehe vor. Es habe aufgrund der Regelung in § 1 Abs. 3 S. 2 BDSG aF Vorrang. Diese Vorschrift bestimmt, dass Pflichten zur Wahrung von Berufsgeheimnissen, die nicht auf gesetzlichen Vorschriften beruhen, vom BDSG unberührt bleiben. Datenschutzrecht habe demnach, so der BGH, eine Auffangfunktion.[5]

Die DS-GVO enthält keine entsprechende Einschränkung des sachlichen Anwen- 6
dungsbereichs (vgl. Art. 2 DS-GVO). Deshalb sollte man davon ausgehen, dass Bankgeheimnis und Datenschutzrecht künftig gleichzeitig gelten. Dies bedeutet vor allem, dass die schuldrechtlichen Pflichten bei der Anwendung der DS-GVO zu berücksichtigen sind, wenn das Kreditinstitut die Daten des Kunden verarbeiten will. Ein Kreditinstitut kann sich demnach nicht auf die **Rechtsgrundlage** des Art. 6 Abs. 1 lit. b DS-GVO (Vertragserfüllung) berufen, soweit das Bankgeheimnis einer Datenverarbeitung entgegensteht. Auch im Rahmen der Interessenabwägung unter Art. 6 Abs. 1 lit. f DS-GVO ist die Geheimhaltungspflicht zu berücksichtigen.[6] Will das Institut beispielsweise Kundendaten an Dritte übermitteln, kann das vertraglich festgeschriebene Geheimhaltungsinteresse des Kunden dem entgegenstehen.[7]

Eine **Einwilligung** kommt über das Bankgeheimnis hinweg. Denn bereits definitions- 7
gemäß reicht es nur so weit, wie der Kunde Vertraulichkeit wünscht. Dies spiegeln auch die AGB-Banken wieder, die eine Befreiung vom Bankgeheimnis bereits im Vertragstext vorsehen. Dementsprechend ist für eine Befreiung nicht zwangsläufig eine Vertragsänderung erforderlich. Es genügt eine individuelle Willensbetätigung für den Einzelfall, die im gleichen Atemzug mit einer datenschutzrechtlichen Einwilligung erklärt werden kann (zu den datenschutzrechtlichen Anforderungen an Einwilligungen → § 3 Rn. 55 ff., § 9 Rn. 25 ff.).

Einer auf Art. 6 Abs. 4 DS-GVO gestützten **Zweckänderung** dürfte das Bankgeheim- 8
nis nicht entgegenstehen. Nach Art. 6 Abs. 4 lit. b DS-GVO kommt es bei der Prüfung, ob der Zweck geändert werden darf, auch auf das Verhältnis zwischen Betroffenem und Verantwortlichem an. Gemäß ErwGr 50 DS-GVO ist dabei auch die vernünftige Erwartungshaltung der betroffenen Person in Bezug auf die weitere Verarbeitung zu berücksichtigen.[8] Die schuldrechtliche Pflicht aus dem Bankgeheimnis betrifft nur die Weitergabe oder andere Offenlegung der Daten an Dritte oder gegenüber Dritten, nicht aber die Verarbeitung durch den Verantwortlichen. Der Verantwortliche kennt die Inhalte der Daten ohnehin. Die Pflicht zur Geheimhaltung schränkt die Zwecke der Verarbeitung durch den Verantwortlichen selbst somit nicht ein. Daraus folgt aber nicht, dass nicht andere Inhalte des Schuldverhältnisses zwischen dem Institut und dem Kunden eine derartige Erwartung begründen könnten. Ob dies der Fall ist, hängt vor allem vom Inhalt des jeweiligen Kundenvertrags ab.

Auch **gesetzliche Vorgaben** überwinden das Bankgeheimnis. Unterliegt ein Kreditin- 9
stitut beispielsweise gesetzlichen Pflichten, gewisse Kundeninformationen an eine Behörde zu übermitteln, tritt es zurück. Beispiele sind der Kontoabruf gem. § 24c KWG (→ Rn. 47),[9] die gesetzlichen Meldepflichten gem. §§ 43 ff. GwG oder auch ganz allge-

---
[4] BGH NJW 1958, 1232; NJW 2006, 830 mwN; vgl. AGB-Banken Ziffer 2 Abs. 1, abrufbar unter https://bankenverband.de/service/agb-banken/, Stand: 13.1.2018, zuletzt abgerufen am 1.10.2018.
[5] BGH NJW 2007, 2106 (2108).
[6] Zur Vorgängerregelung s. Simitis in Simitis BDSG § 28 Rn. 99.
[7] Zur bisherigen Rechtslage vgl. Fisahn CR 1995, 632 (635).
[8] Vgl. Schulz in Gola DS-GVO Art. 6 Rn. 181.
[9] Siehe zum Eingriff in das Recht auf informationelle Selbstbestimmung BVerfG NJW 2007, 2464.

mein staatliche **Auskunftsersuchen** unter den jeweils geltenden Voraussetzungen.[10] Ein besonderer Fall ist der gesetzlich geregelte Zugriff privater Rechtssubjekte auf Kontodaten, namentlich durch sog Kontoinformationsdienste gem. dem (künftigen) § 50 ZAG. Auch hier unterliegt das Kreditinstitut einer gesetzlichen Pflicht zur Datenübermittlung und ist insoweit nicht an das Bankgeheimnis gebunden.

10 Im Ergebnis lässt sich damit festhalten, dass ein Kreditinstitut das Bankgeheimnis bei der Prüfung der jeweiligen Rechtsgrundlage für eine Verarbeitung von personenbezogenen Kundendaten stets berücksichtigen muss. Dies ist insbesondere dann der Fall, wenn Daten an Dritte weitergegeben werden sollen. Im Zweifel ist eine individuelle Einwilligung die sicherste Rechtsgrundlage – wenn nicht praktische Gründe entgegenstehen, wie etwa die Widerruflichkeit.

2. Rechtsgrundlagen für Datenverarbeitung bei Bankgeschäften

11 Für die Abwicklung eines Bankgeschäfts zwischen einem Kunden und einem Kreditinstitut ist regelmäßig erforderlich, personenbezogene Daten zu verarbeiten. Diese Verarbeitung lässt sich nach Art. 6 Abs. 1 lit. b DS-GVO rechtfertigen, soweit
– der Kunde eine betroffene Person iSd Art. 4 Nr. 1 DS-GVO ist und
– die Datenverarbeitung zur Erfüllung des Vertrags dient,
der dem Geschäft zugrunde liegt. Daraus folgt ein grundsätzliches Problem bei der Verarbeitung personenbezogener Daten im Rahmen von Bankgeschäften. Kunde und betroffene Person sind regelmäßig nicht identisch. Art. 6 Abs. 1 lit. b DS-GVO scheidet insoweit als Rechtsgrundlage für die Datenverarbeitung aus. Divergenz besteht schon immer dann, wenn der Kunde keine natürliche Person ist. Soweit keine rechtliche Verpflichtung im Sinne des Art. 6 Abs. 1 lit. c DS-GVO besteht, kommen als Rechtsgrundlagen in aller Regel nur noch eine Einwilligung (Art. 6 Abs. 1 lit. a DS-GVO) sowie die „Interessenabwägung" (Art. 6 Abs. 1 lit. f DS-GVO) in Betracht.

12 **a) Einwilligung.** Datenschutzrechtliche Einwilligungen gelten jeweils nur für die betroffene natürliche Person, die sie erteilt. Bei **Kundenverträgen** fallen Unterzeichner und betroffene Person häufig auseinander. Beispielsweise kann der Kunde eine Gesellschaft sein; die betroffene natürliche Person ist aber der **Geschäftsführer,** der den Vertrag als Vertreter der Gesellschaft unterzeichnet. Praktisch gesehen reicht es deshalb häufig nicht aus, lediglich eine Einwilligungserklärung im Rahmen des Vertragsschlusses auf einem Vertragsformular oder etwa einer Website vorzusehen. Als praktikable Rechtsgrundlage kommt die Einwilligung deshalb letztlich nur im Privatkunden- und **Verbrauchergeschäft** in Betracht. Aber auch hierbei unterliegt die Einwilligung den allgemeinen Nachteilen, die vom Bankgeschäft unabhängig sind. Insbesondere muss sie freiwillig erteilt werden, dh sie darf grundsätzlich nicht zur Bedingung des Vertragsschlusses gemacht werden (Art. 7 Abs. 4 DS-GVO, → § 9 Rn. 27 f.). Zudem muss die Widerruflichkeit (Art. 7 Abs. 3 DS-GVO, → § 9 Rn. 43) berücksichtigt und ein Prozess geschaffen werden, der den Widerruf von Einwilligungen in die Geschäftsabläufe integriert.

13 Ein zusätzliches Problem erzeugen die Fälle, in denen die jeweilige Kundin zwar keine natürliche Person ist, bei ihr aber der Informationsgehalt über die juristische Person auf eine oder mehrere dahinter stehende natürliche Persone(n) „durchschlägt".[11] Gemeint ist damit, dass zwar eine juristische Person Kundin wird, sich anhand der vorhandenen Angaben aber eine oder mehrere natürliche Personen identifizieren lassen. Es handelt sich dann um personenbezogene Daten über diese Personen. Dies kann etwa der Fall sein, wenn Einzelkaufleute oder **Einpersonengesellschaften** Kunden/Kundinnen sind sowie wenn der Firmenname eine natürliche Person identifiziert. Auch Angaben über eine **Personengruppe** können personenbezogene Daten sein. Wenn eine Information für alle

---

[10] Hierzu Wonka NJW 2017, 3334.
[11] Hierzu siehe Klar/Kühling in Kühling/Buchner DS-GVO Art. 4 Rn. 15.

Personen einer Gruppe gilt, bezieht sie sich gleichzeitig auf jede einzelne identifizierte oder identifizierbare Person.[12]

Ein Beispiel sind die vertretungsberechtigten Personen einer GmbH, da sie im öffentlichen Handelsregister eingetragen sind. Bei Informationen über eine GmbH sollte man deshalb immer davon ausgehen, dass es sich um personenbezogene Daten über die Personen handelt, die in ihrem Registereintrag genannt sind.

Liegt ein Fall des „Durchschlagens" vor, erfordert die Verarbeitung der Daten über die 14 dahinterstehenden natürlichen Personen jeweils einer Rechtsgrundlage im Sinne des Art. 6 Abs. 1 DS-GVO. Soll dies eine Einwilligung sein, muss jede dahinterstehende natürliche Person sie individuell erklären. Abermals bestehen erhebliche praktische Hindernisse: Einmal muss der Verantwortliche jeweils prüfen, ob ein Fall des „Durchschlagens" vorliegt. Ferner können die dahinterstehenden Personen wechseln, beispielsweise weil sich die Vertretungsberechtigungen ändern. Liegt nur ein Teil der erforderlichen Einwilligungen vor, muss für die Betroffenen, die nicht eingewilligt haben, ohnehin nach Alternativen gesucht werden.

b) Interessenabwägung. Scheiden andere Rechtsgrundlagen aus, kommt eine Interes- 15 senabwägung gem. Art. 6 Abs. 1 lit. f DS-GVO in Betracht. Ob die Abwägung zugunsten der Datenverarbeitung ausgeht, lässt sich nur im Einzelfall beurteilen (zu den Abwägungskriterien siehe → § 3 Rn. 63 ff.). Grundsätzlich lässt sich sagen, dass die Interessen des Kreditinstituts gegenüber dem Interesse der betroffenen Personen umso stärker sind, je näher sie (sachlich) an der Erbringung des eigentlichen Bankgeschäfts liegen.

Dies gilt auch, wenn die jeweilige betroffene Person nicht selbst Partei des Vertrags ist, 16 der einem Bankgeschäft zugrunde liegt. Der Zweck der beabsichtigten Datenverarbeitung liegt dann zwar in der **Geschäftsbeziehung** zwischen Dritten. Daraus folgt aber spiegelbildlich auch, dass die Verwendung der Informationen durch das Kreditinstitut in solchen Fällen üblicherweise eine weitaus geringere **Tragweite** für den Betroffenen hat, als wäre er als natürliche Person selbst betroffen (beispielsweise als Kreditnehmer, dessen Daten an eine Auskunftei weitergegeben würden).

Unterzeichnet etwa ein Vertreter einen Vertrag für eine Gesellschaft, beinhaltet dies im 17 Wesentlichen Informationen über seine Eigenschaft als Vertreter, die Vertragsunterzeichnung durch ihn, den Vertragsinhalt usw. Vom eigentlichen Geschäftsablauf ist er allenfalls **mittelbar betroffen,** nämlich insoweit, als es sein Rechtsverhältnis mit der durch ihn vertretenen Gesellschaft (Kundin) vorgibt (in der Terminologie des BGB: das Grundgeschäft, etwa ein Arbeitsvertrag). Insoweit ist gem. ErwGr 47 DS-GVO auch zu berücksichtigen, welche **vernünftigen Erwartungen** die betroffene Person haben durfte, die auf ihrer Beziehung zu dem Verantwortlichen beruhen. Vorliegend darf der Vertreter durchaus davon ausgehen, dass das Kreditinstitut seine Angaben benötigt. Denn es hat regelmäßig ein erkennbar hohes Interesse an den ihn betreffenden Informationen. Sie sind nicht nur notwendig, um das Geschäft mit der Kundin abzuwickeln. Die Daten über die Vertragsunterzeichnung können zB auch zu Beweiszwecken erforderlich sein.

Im Ergebnis müssen **„mitbetroffene" Dritte** die Verarbeitung ihrer personenbezoge- 18 nen Daten auf Grundlage einer Interessenabwägung in vielen Fällen dulden. Letztlich kommt es aber stets auf den Einzelfall an. Insbesondere in Verarbeitungssituationen, die bereichsspezifischem Datenschutzrecht unterliegen, können sich besondere Gesichtspunkte ergeben (→ Rn. 36 ff.).

---

[12] Klar/Kühling in Kühling/Buchner DS-GVO Art. 4 Rn. 16.

3. Rating und Bonitätsauskünfte

19 Bei Begründung eines Kundenverhältnisses, etwa dem Abschluss eines Darlehensvertrags und im Laufe der Vertragsbeziehung haben Kreditinstitute regelmäßig das Interesse, Informationen über die Kreditwürdigkeit des Kunden zu erhalten. Diese Informationen benötigen sie, um über das „Ob" und „Wie" des Vertragsschlusses zu entscheiden.[13] Hierzu holen sie beispielsweise Bonitätsauskünfte ein (→ § 9 Rn. 62, § 12 Rn. 9). Dies ist grundsätzlich gem. Art. 6 Abs. 1 lit. b DS-GVO zulässig, allerdings nur, soweit ein **wirtschaftliches Risiko** für das Kreditinstitut besteht. Handelt es sich beispielsweise um ein Konto auf Guthabenbasis im Sinne der §§ 30ff. ZKG, ist ein Bonitätsauskunft nicht erforderlich.[14]

20 Kreditinstitute melden auch bestimmte Informationen an Auskunfteien und Ratingagenturen ein (→ § 12 Rn. 1ff.).[15]

4. Kredithandel und Risikosteuerung

21 Mit Krediten wird reger Handel getrieben. Kreditinstitute und Finanzunternehmen dient dies – neben Geschäftsinteressen – auch zur Risikosteuerung.[16] Erweisen sich Kredite als gefährdet, kann das Risiko durch den Verkauf weitergegeben werden. Dies kann beispielsweise die Bankbilanz entlasten.[17] Ein Kredit gilt als gefährdet, wenn sich die Vermögensverhältnisse des Kreditnehmers oder etwaigen Sicherungsgebers wesentlich verschlechtert haben oder dies droht. Ein Kredit gilt als **notleidend,** wenn der Kreditnehmer mit dem Schuldendienst in Rückstand geraten ist und der Darlehensgeber berechtigt ist, den Vertrag außerordentlich zu kündigen **("non performing loan")**.[18]

22 Kredite werden einzeln oder zu Portfolios gebündelt verkauft. Die rechtliche Eigenschaft eines Darlehensvertrags, übertragbar zu sein, wird in der Fachsprache als Fungibilität bezeichnet.[19] Rechtlich entspricht dies seiner Verkehrsfähigkeit. Um sie herzustellen, verwendet der Kreditgeber häufig spezifische **Übertragungs- oder Abtretbarkeitsbestimmungen** im Darlehensvertrag. Hierdurch kann er im gesetzlichen Rahmen der §§ 399ff. BGB auf seine Bedürfnisse anpassen. Häufig werden nicht nur die Einzelheiten zur Abtretung der Ansprüche geregelt, sondern auch erlaubt, den Gläubiger auszutauschen. Der ursprüngliche Darlehensgeber wird dann durch den Käufer oder eine für diesen Zweck dienende Gesellschaft ersetzt (beispielsweise eine Zweckgesellschaft, „special purpose vehicle", SPV, vgl. auch § 1 Abs. 26 KWG).

23 Aus der Natur der Sache ergibt sich, dass praktisch immer auch personenbezogene Daten über den Kreditnehmer, dessen Beschäftigte oder etwaige Sicherungsgeber (oder deren Beschäftigte) an den Käufer gelangen. Dies ist auch dann der Fall, wenn der Darlehensgeber im Verhältnis zum Kreditnehmer weiterhin als Gläubiger auftritt (sog stille Zession).[20]

24 **a) Forderungsabtretung.** Der BGH hatte zur bisherigen Rechtslage entschieden, Datenschutzrecht hindere die zivilrechtliche Wirksamkeit der Abtretung nicht.[21] Das BDSG aF habe insgesamt hinter dem Bankgeheimnis zurückzustehen. Das BDSG aF sei subsidiär, da das Bankgeheimnis ein **Berufsgeheimnis** im Sinne des § 1 Abs. 3 S. 2 BDSG aF sei (siehe → Rn. 5).[22] Für den BGH war es deshalb nicht entscheidungserheblich, ob die

---

[13] Buchner/Petri in Kühling/Buchner DS-GVO Art. 6 Rn. 47.
[14] Buchner/Petri in Kühling/Buchner DS-GVO Art. 6 Rn. 47.
[15] Siehe zum Thema von Lewinski/Pohl ZD 2017, 17.
[16] Früh WM 2000, 497 (498).
[17] Krepold in SBL Bankrechts-HdB § 39 Rn. 58; Nobbe ZIP 2009, 97 (97).
[18] Krepold in SBL Bankrechts-HdB § 39 Rn. 59; Nobbe ZIP 2009, 97 (97).
[19] Zu Wertpapieren vgl. Groß KapMarktR WpPG § 2 Rn. 3.
[20] Bei Verbraucherdarlehensverträgen kann gem. § 496 Abs. 2 BGB eine Unterrichtungspflicht bestehen.
[21] BGH NJW 2007, 2106 (2107).
[22] BGH NJW 2007, 2106 (2107).

Datenweitergabe im Rahmen der Abtretung datenschutzrechtlich zulässig ist. Das BVerfG entschied später jedoch, das Recht auf informationelle Selbstbestimmung des Kreditnehmers stehe der wirksamen Abtretung einer Darlehensforderung grundsätzlich nicht entgegen.[23] Da das Datenschutzrecht der Verwirklichung des Rechts auf informationelle Selbstbestimmung dient, kann man aus der Entscheidung des BVerfG schließen, dass die mit der Abtretung verbundene Datenweitergabe nach bisheriger Rechtslage ebenfalls datenschutzrechtlich zulässig war. Dies gilt zumindest für die Abtretung der Forderungen aus notleidenden Darlehen (darum war es im Streitfall gegangen).[24] Die Art. 7 und 8 GRCh schützen auch das informationelle Selbstbestimmungsrecht.[25] Sie bilden den verfassungsrechtlichen Auslegungsmaßstab der DS-GVO, insbesondere da Ziel der DS-GVO ist, die Grundrechte und Grundfreiheiten natürlicher Personen zu schützen (Art. 1 Abs. 2 DS-GVO). Deshalb spricht vieles dafür, dass die Gerichte sich an bestehenden Präzedenzfällen orientieren und insbesondere bei **Abwägungsentscheidungen** zu ähnlichen Ergebnissen gelangen werden.

Der BGH stellte in derselben Entscheidung in einem obiter dictum fest, § 28 Abs. 1 25 S. 1 Nr. 2 BDSG aF sei die einschlägige Erlaubnisnorm.[26] Nach bisheriger Rechtslage lief es deshalb im Kern auf eine Interessenabwägung hinaus. Unter der DS-GVO ist dies nicht anders. Art. 6 Abs. 1 lit. f DS-GVO ist einschlägig, soweit nicht eine Einwilligung greift. Insbesondere scheidet Art. 6 Abs. 1 lit. c DS-GVO als Rechtsgrundlage aus. Diese Rechtsgrundlage erlaubt Datenverarbeitung zur Erfüllung einer rechtlichen Verpflichtung des Verantwortlichen. Eine rechtliche Verpflichtung im Sinne dieser Vorschrift besteht nicht. Die **Auskunftpflicht** des Zedenten gegenüber dem Zessionar aus § 402 BGB ist keine Verpflichtung im Sinne dieser Vorschrift. Nach (soweit ersichtlich) einhelliger Ansicht gelten rechtsgeschäftliche Schuldverhältnisse nicht als rechtliche Verpflichtungen im Sinne des Art. 6 Abs. 1 lit. c DS-GVO.[27] Lediglich ein solches besteht aber zwischen dem Zedenten und dem Zessionar aufgrund der Abtretung. Auch die geänderte dingliche Rechtslage (die Abtretung ist ein Verfügungsgeschäft) ändert daran nichts. Der Wechsel der Rechteinhaberschaft für sich genommen genügt deshalb nicht, den Eingriff in das Persönlichkeitsrecht des Schuldners zu rechtfertigen, der durch die Datenübermittlung erfolgt.

Vielmehr kommt es nach der einschlägigen Rechtsgrundlage, Art. 6 Abs. 1 lit. f DS- 26 GVO, darauf an, ob das Interesse des Schuldners der Datenweitergabe entgegensteht. Hierfür ist die in den §§ 399 ff. BGB ausgedrückte Entscheidung des Gesetzgebers zur Übertragbarkeit von Forderungen zu berücksichtigen. Er will, dass Forderungen grundsätzlich **verkehrsfähig** sind.[28] Es wäre ein Wertungswiderspruch, wenn eine Forderungsübertragung zwar wirksam, aber als Verstoß gegen Datenschutzrecht bußgeldbewehrt wäre. Nach der Wertung des § 402 BGB sind demnach zumindest die Daten, die zur Geltendmachung der Forderung nötig (erforderlich) sind, im Rahmen der Interessenabwägung privilegiert und können zumindest bei notleidenden Darlehen im Regelfall übertragen werden.[29] Ist der Schuldner eine betroffene Person im Sinne des Art. 4 Nr. 1 DS-GVO und besteht kein Grund zur außerordentlichen Kündigung des Vertrags, dh das Darlehen ist nicht notleidend, sollte man mit der herrschenden Meinung zum bisherigen Recht von der Datenübermittlung absehen. Darin wird überwiegend eine Verletzung des Bankgeheimnisses gesehen.[30] Sollen Forderungen aus dem Darlehensvertrag dennoch ab-

---

[23] BVerfG NJW 2007, 3707.
[24] BGH NJW 2007, 2106 (2106) sowie BVerfG NJW 2007, 3707 (3708); vgl. auch Krepold in SBL Bankrechts-HdB § 39 Rn. 58a; Nobbe ZIP 2008, 97 (101 f.); Schalast/Safran/Sassenberg NJW 2008, 1486.
[25] Bernsdorff in Meyer GRCh Art. 8 Rn. 13.
[26] BGH NJW 2007, 2106 (2109).
[27] Buchner/Petri in Kühling/Buchner DS-GVO Art. 6 Rn. 77; Frenzel in Paal/Pauly DS-GVO Art. 6 Rn. 16; Schulz/Gola in Gola DS-GVO Art. 6 Rn. 41.
[28] BGH NJW 2007, 2106 (2109).
[29] Zur bisherigen Rechtslage ebenso Früh WM 2000, 497 (501).
[30] Krepold in SBL Bankrechts-HdB § 39 Rn. 58a; Nobbe ZIP 2008, 97 (102 ff.).

getreten werden, empfiehlt sich eine Befreiung vom Bankgeheimnis und eine datenschutzrechtliche Einwilligung einzuholen.

27 Sollen über das zu diesem Zweck Erforderliche hinaus Daten übermittelt werden, müssen über die Geltendmachung der Forderung hinausgehende Interessen des Zedenten und des Zessionars vorliegen. Dies gibt der Grundsatz der Datenminimierung vor (Art. 5 Abs. 1 lit. c DS-GVO). Grundsätzlich ist es schwieriger zu rechtfertigen, wenn Daten des Kreditnehmers über die zur Geltendmachung der Forderung erforderlichen Angaben hinaus übermittelt werden. Bei der Abwägung wirkt zugunsten des Gläubigers (Zedenten) sein Interesse auf Refinanzierung – insbesondere bei notleidenden Krediten. Auch die beabsichtigte **Verwendung der Daten** ist zu berücksichtigen. Je näher sie mit der Geltendmachung der Forderung verbunden ist, desto günstiger für die Gläubiger (Zedent und Zessionar). Auf Seiten des Schuldners steht sein Geheimhaltungsinteresse. Es wird insbesondere vom Grad des Persönlichkeitsbezugs, der Aussagekraft der Daten sowie den durch die Übermittlung drohenden Nachteilen bestimmt.

Ein Beispiel: Ist der Schuldner eine juristische Person und werden mit der Forderung Daten über dessen Beschäftigte (zB Ansprechpartner) oder andere Dritte übermittelt, so sind diese in ihrem Datenschutzinteresse in der Regel nur geringfügig betroffen. Die beabsichtigte Verwendung (Geltendmachung der Forderung gegenüber der juristischen Person) kann für sie persönlich wenig Nachteile bewirken. Ist der Kreditnehmer demgegenüber natürliche Person, wiegt die Beeinträchtigung seiner Interessen schwerer.

28 Bestehen Zweifel daran, dass eine Interessenabwägung zugunsten der Übermittlung ausgeht, sollte man eine Einwilligung in Betracht ziehen. Sie unterliegt jedoch zwei wesentlichen Nachteilen: Einmal ist sie gem. Art. 7 Abs. 3 S. 1 DS-GVO jederzeit **widerruflich**. Zudem muss man davon ausgehen, dass ein Rückgriff auf eine gesetzliche Rechtsgrundlage nicht mehr möglich ist, sollte sich die Einwilligungserklärung als nicht rechtswirksam erweisen. Zwar ist über das sog Rückgriffsverbot noch nicht höchstrichterlich entschieden. Mit der Artikel 29-Datenschutzgruppe sollte aber einstweilen von einer „Sperrwirkung" ausgegangen werden.[31] Unabhängig davon sind die strengen Transparenzanforderungen der DS-GVO zu erfüllen (zu den datenschutzrechtlichen Anforderungen an Einwilligungen → § 3 Rn. 55 ff., § 9 Rn. 25 ff.). Benennt die Einwilligungserklärung die potenziellen Zessionare nicht, steht sie auf wackeligen Beinen.[32]

29 Kommt auch eine Einwilligung nicht in Betracht, bleibt noch, den Personenbezug zu entfernen (zB durch Schwärzung in den jeweiligen Unterlagen), oder gewisse Angaben nicht an den Zessionar zu übertragen. Letztere Möglichkeit ist durchaus praxistauglich und kommt selbst bezüglich der Informationen in Betracht, die zur Geltendmachung der Forderung benötigt werden. Denn der Zedent kann mit dem Zessionar vereinbaren, dass der Zedent auch nach der Abtretung die **Forderungseinziehung** für den Zessionar übernimmt.[33] Erfolgt die Datenweitergabe ohne Rechtsgrundlage, liegen die Voraussetzungen für ein Bußgeld nach Art. 83 Abs. 5 lit. a DS-GVO vor. Auch eine Strafbarkeit gem. § 42 Abs. 2 BDSG ist nicht auszuschließen.

30 **b) Übertragung bei Kreditkonsortien und Verbriefungen.** Die teilweise oder vollständige Übertragung von Kreditforderungen kann auf zwei Weisen geschehen: Entweder schließt der Kreditgeber einen Kauf- und Abtretungsvertrag mit dem Übernehmer oder es wird eine **Vertragsübernahmevereinbarung** im Einvernehmen mit dem Kreditneh-

---

[31] Artikel 29-Datenschutzgruppe, Guidelines on Consent under Regulation 2016/679, WP 259, 28.11.2017.
[32] Artikel 29-Datenschutzgruppe, Guidelines on Consent under Regulation 2016/679, WP 259, 28.11.2017.
[33] Früh WM 2000, 497 (501).

mer geschlossen.³⁴ Beides geschieht insbesondere dann, wenn ein Kreditkonsortium gegründet wird („loan syndicate", daher auch der Begriff **Syndizierung**). Die am Konsortium Beteiligten gründen eine Zweckgesellschaft (SPV), an die die Forderungen übertragen werden. Entsprechend verhält es sich auch bei sog Verbriefungen. Auch hier wird eine Sammlung (ein „pool") von Kreditforderungen an eine Zweckgesellschaft übertragen. Diese Gesellschaft gibt dann Wertpapiere aus, die aus den Zahlungen der Kreditnehmer bezahlt werden.³⁵ In beiden Fällen ist die Zweckgesellschaft nicht nur Empfängerin der Forderung im Sinne des bürgerlichen Rechts, sondern erhält auch personenbezogene Daten.

Findet die Übertragung durch Kauf und Abtretung statt, gelten die vorstehenden Grundsätze (→ Rn. 24 ff.). Für den Fall der Vertragsübernahme ist bei Verbraucherkreditverträgen § 309 Nr. 10 BGB zu berücksichtigen.³⁶ Er bestimmt, dass Klauseln in Allgemeinen Geschäftsbedingungen grundsätzlich unwirksam sind, wonach bei Darlehensverträgen ein Dritter anstelle des Verwenders in die sich aus dem Vertrag ergebenden Rechte und Pflichten eintritt oder eintreten kann. Ausnahmen bestehen nur, wenn der Dritte
– namentlich bezeichnet wird oder
– dem anderen Vertragsteil das Recht eingeräumt wird, sich vom Vertrag zu lösen.
Die auf diese Weise geschaffene Transparenz oder alternative Kündigungsmöglichkeit schützt die Entscheidungsfreiheit des Schuldners (Kreditnehmers). Dies läuft mit seinem Datenschutzinteresse gleich. Ist dem Kunden bereits bei Vertragsschluss bekannt, an wen seine Daten gelangen können, wird zudem dem **Transparenzgrundsatz** aus Art. 5 Abs. 1 lit. a DS-GVO Rechnung getragen.

31

Die Übertragung der personenbezogenen Daten des Kreditnehmers im Rahmen einer Vertragsübernahme dient prinzipiell der Erfüllung der Vertragsübernahmevereinbarung. Sie ist folglich nach Art. 6 Abs. 1 lit. b DS-GVO gerechtfertigt, soweit die Übernahme die Datenübermittlung erfordert oder die Vereinbarung dies sonst vorsieht. Diese Rechtsgrundlage deckt aber nur den Fall ab, in dem der Kreditnehmer eine natürliche Person ist. Für alle anderen betroffenen Personen muss entweder eine andere Rechtsgrundlage bestehen (→ Rn. 11 ff.) oder der Personenbezug entfernt werden. Ist das eine nicht der Fall und das andere nicht möglich, dürfen die betreffenden Daten nicht an den Übernehmer übermittelt werden.

32

c) Unterbeteiligungen und Kreditderivate. Im Zusammenhang mit dem Kredithandel spricht man von einer Unterbeteiligung, wenn sich Dritte (die Unterbeteiligten) an einem Kredit beteiligen. Sie gründen mit dem Kreditgeber (dem Hauptbeteiligten) hierzu eine Gesellschaft bürgerlichen Rechts. Zwei Unterfälle sind zu unterscheiden. Bei der liquiditätsmäßigen Unterbeteiligung stellt der Unterbeteiligte den auf ihn entfallenden Anteil an den Kreditmitteln bereit. Bei der risikomäßigen Unterbeteiligung garantiert der Unterbeteiligte lediglich, ggf. für den Zahlungsausfall des Kreditnehmers einzustehen.³⁷ Kreditderivate sind der Oberbegriff von Instrumenten zur **Risiko- und Eigenkapitalsteuerung** von Kreditinstituten. Ihre Struktur ist im Einzelnen komplex. § 1 Abs. 11 S. 4 Nr. 4 KWG definiert sie „als Kauf, Tausch oder anderweitig ausgestaltete Festgeschäfte oder Optionsgeschäfte, die zeitlich verzögert zu erfüllen sind und dem Transfer von Kreditrisiken dienen."³⁸ Grob vereinfacht erfolgt auch hierbei die Übertragung des Kreditrisikos auf einen sog Sicherungsgeber.³⁹

33

---

³⁴ Die Vertragsübernahme sei laut Nobbe ZIP 2008, 97 (99) die Ausnahme. Diese Aussage dürfte sich allerdings nur auf Darlehensverträge mit natürlichen Personen beziehen.
³⁵ Früh WM 2000, 497 (498 f.).
³⁶ § 309 Nr. 10 BGB gilt nicht für Abtretungen, s. Grüneberg in Palandt BGB § 309 Rn. 98.
³⁷ Früh WM 2000, 497 (499).
³⁸ Siehe hierzu auch BaFin-Rundschreiben 10/1999 – Behandlung von Kreditderivaten im Grundsatz I gemäß §§ 10, 10a KWG und im Rahmen der Großkredit- und Millionenkreditvorschriften (Geschäftszeichen I 5 – A 233–2/98).

34 Unterbeteiligung und Kreditderivate haben gemein, dass die eigentliche Forderung gegen den Kreditnehmer zunächst nicht übertragen wird. Folglich müssen für die Geltendmachung der Kreditforderung an Dritte auch keine personenbezogenen Daten übermittelt werden. Dennoch kann der jeweilige Unterbeteiligte oder Sicherungsgeber ein berechtigtes Interesse daran haben, Informationen über das Kreditverhältnis zu erhalten. Zum Zeitpunkt der Risikoübernahme wird ihm daran gelegen sein, selbst zu prüfen und zu beurteilen, welche Risiken bestehen. Im Fall des Zahlungsausfalls und der Inanspruchnahme der Unterbeteiligung oder der Sicherung wird er prüfen wollen, ob der Sicherungsfall überhaupt eingetreten ist.[40] Als Rechtsgrundlagen für die damit verbundene Datenübermittlung und -verarbeitung kommen im Wesentlichen individuelle Einwilligungen der Betroffenen sowie Art. 6 Abs. 1 lit. f DS-GVO („Interessenabwägung") in Betracht (→ Rn. 15 ff.).

35 Ist vorgesehen, dass die Forderung gegen den Kreditnehmer nach Inanspruchnahme des Unterbeteiligten oder Sicherungsgebers (dh wenn der Kredit notleidend geworden ist) an diesen abgetreten wird, gelten die obigen Grundsätze zur Forderungsabtretung (→ Rn. 24 ff.).

5. Marktregulierung und Marktordnung im Kreditwesen

36 Das Kreditwesen gehört zum Kern des Finanzwesens. Seine Funktionsfähigkeit ist für die Wirtschaft unerlässlich. Kreditinstitute sind deshalb bereits seit langem reguliert. Das Kreditwesengesetz existiert bereits seit 1934.[41] Im Kreditwesen wird ein großer Teil der Geschäftsprozesse inzwischen elektronisch abgewickelt. Die gesetzliche Regulierung derartiger Prozesse erfordert deshalb zwangsläufig **bereichsspezifische Datenschutzregelungen.** Das Kreditwesengesetz enthält Datenschutzrecht in mehreren Schwerpunktbereichen: Kreditinstitute können ein Register mit Informationen über ihre Refinanzierungen führen, das sog Refinanzierungsregister (§§ 22a ff. KWG → Rn. 38 ff.). Geben sie Pfandbriefe aus, müssen sie ebenfalls ein Register führen, das sog Deckungsregister (§§ 5 ff. PfandBG → Rn. 43 ff.). Sie sind zudem verpflichtet, eine Datei über die bei ihnen geführten Konten, Depots und Schließfächer zu führen. Bestimmte Behörden können diese Daten dann automatisiert abrufen (§ 24c KWG → Rn. 47 ff.).

37 Zusätzlich beeinflussen viele Bestimmungen des Kreditwesengesetzes die Verarbeitung personenbezogener Daten auch mittelbar. Ein Beispiel ist die Verwaltungsanweisung der BaFin, die Anforderungen an das gem. § 25a KWG betreibende Risikomanagement konkretisiert, die sog **MaRisk.** Sie enthält für den Fall der Auslagerung von Aktivitäten und Prozessen auf einen Subunternehmer (§ 25b KWG) die Vorgabe, dass Prüfer und die Interne Revision das Recht haben müssen, diesen das Auslagerungsunternehmen angemessen zu prüfen.[42] Mit dem Zugriff auf die hierfür erforderlichen Informationen bei diesem Unternehmen geht stets Datenverarbeitung einher.

38 **a) Das Refinanzierungsregister.** Kreditinstitute benötigen Kapital zur Finanzierung ihres Aktivgeschäfts. Vergeben sie etwa Geldkredite, fließt Liquidität ab. Wird die Liquidität ausgeglichen, spricht man von Refinanzierung. Dies kann beispielsweise durch Veräußerung eines Teils des Forderungsbestandes geschehen (→ Rn. 21 ff.). Bei der Veräußerung spricht man von einer Refinanzierungstransaktion. Das Kreditwesengesetz enthält in den §§ 22a ff. KWG Regelungen über Refinanzierungen. Diese Bestimmungen ermöglichen es sog Refinanzierungsunternehmen (§ 1 Abs. 24 KWG), gesetzliche **Privilegierungen** in Anspruch zu nehmen, wenn diese bestimmte Eintragungen in ein sog Refinanzie-

---

[39] Früh WM 2000, 497 (500).
[40] Früh WM 2000, 497 (500).
[41] Als Reichsgesetz über das Kreditwesen vom 5.12.1934, RGBl I 1203 ff.
[42] Rundschreiben 09/2017 (BA) – Mindestanforderungen an das Risikomanagement – MaRisk, Gz. BA 54-FR 2210-2017/0002 vom 27.10.2017, Tz. AT 9.7 lit. b.

rungsregister machen. Hierbei werden auch personenbezogene Daten verarbeitet. Die Bestimmungen über das Refinanzierungsregister regulieren die Durchführung von Refinanzierungstransaktionen nur mittelbar (vgl. § 22a Abs. 1 S. 2 KWG). Ein Register zu führen ist nicht verpflichtend (§ 22a Abs. 2 KWG).

Für eine Refinanzierungstransaktion werden in der Regel **Zweckgesellschaften** 39 (SPVs) gegründet (vgl. Legaldefinition in § 1 Abs. 26 KWG), die anschließend Zugriff auf die zur Refinanzierung dienenden Forderungen erhalten (vgl. → Rn. 30 ff.). Gibt die Zweckgesellschaft anschließend Wertpapiere über diesen Bestand aus, spricht man von sog forderungsbesicherten Wertpapieren (**„asset-backed securities"**, ABS).[43] Bis zur Einführung des Refinanzierungsregisters waren die Transaktionen nicht ohne weiteres insolvenzfest. Dies war nur der Fall, wenn die Vermögensgegenstände und Sicherheiten vollständig auf die Zweckgesellschaft übertragen wurden. Dies ist aber bei Refinanzierungstransaktionen nicht immer der Fall (→ Rn. 33 ff.). Denn die (dingliche) Veräußerung ist mit einem erheblichen Aufwand an Zeit, Verwaltung und Kosten verbunden. § 22j Abs. 1 KWG bestimmt nunmehr, dass Übertragungsberechtigte verlangen können, dass ordnungsgemäß in das Refinanzierungsregister eingetragene Gegenstände nach § 47 InsO aus der Insolvenzmasse des Refinanzierungsunternehmens ausgesondert werden. Demnach können Übertragungsberechtigte auf die Vermögensgegenstände auch ohne dingliche Übertragung zugreifen.

Mit dem Refinanzierungsregister sind eine Reihe von Datenverarbeitungen verbunden. 40 Für die Führung des Registers verantwortlich im Sinne des Art. 4 Nr. 7 DS-GVO ist das registerführende Unternehmen. Dies ist das **Refinanzierungsunternehmen** (§ 22a Abs. 1 KWG) oder der Refinanzierungsmittler (§ 22a Abs. 4 KWG und § 22c KWG, vgl. Legaldefinition in § 1 Abs. 25 KWG). Unter den Voraussetzungen des § 22b KWG kann das Register auch durch einen Dritten geführt werden, beispielsweise wenn die Führung eine unangemessene Belastung darstellt (§ 22d Abs. 2 KWG). In einem solchen Fall sollte deshalb zwischen dem Refinanzierungsunternehmen und dem Dritten eine Vereinbarung über eine Auftragsverarbeitung gem. Art. 28 DS-GVO abgeschlossen werden. Im Übrigen ist gemäß § 22a Abs. 3 KWG eine Auslagerung der Registerführung nicht statthaft.

Die in das Register einzutragenden Daten sind in § 22d KWG in Verbindung mit der 41 auf Grundlage von § 22d Abs. 1 S. 2 KWG erlassenen **Refinanzierungsregisterverordnung** (RefiRegV) vorgeschrieben. Der Personenbezug der Angaben folgt insbesondere daraus, dass bei persönlichen Forderungen Angaben zum Schuldner sowie der Name und die Adresse des Übertragungsberechtigten erforderlich sind (s. § 5 RefiRegV einschließlich Anlage). Dabei kann es sich um betroffene Personen im Sinne des Art. 4 Nr. 1 DS-GVO handeln. Da keine gesetzliche Pflicht besteht, das Register zu führen (§ 22a Abs. 2 S. 1 KWG), ist Rechtsgrundlage Art. 6 Abs. 1 lit. f DS-GVO. Erfolgen die Eintragungen und Verarbeitungen wie gesetzlich oder nach der RefiRegV vorgesehen oder vorausgesetzt, spricht dies im Rahmen der Interessenabwägung regelmäßig für ein Überwiegen der Interessen des Kreditinstituts gegenüber denjenigen der Betroffenen.

§ 22d KWG und § 9 RefiRegV enthalten dedizierte Vorgaben zur **Sicherheit der** 42 **Verarbeitung.** Diese konkretisieren das vom Gesetz- bzw. Verordnungsgeber intendierte Schutzniveau im Sinne des Art. 32 DS-GVO. Wird das Refinanzierungsregisters elektronisch geführt (dies dürfte in der Praxis immer der Fall sein), muss das registerführende Unternehmen gem. § 22d Abs. 1 S. 1 KWG zumindest hinreichende Vorkehrungen gegen einen Datenverlust treffen. Dies dient der Verfügbarkeit gem. Art. 32 Abs. 1 lit. b DS-GVO und der Wiederherstellbarkeit gem. Art. 32 Abs. 1 lit. c DS-GVO. § 9 RefiRegV nimmt in der aktuellen Fassung[44] noch Bezug auf § 9 des BDSG aF. Die darin

---
[43] Monatsbericht der Deutschen Bundesbank, Juli 1997, Asset-Backed Securities in Deutschland: Die Veräußerung und Verbriefung von Kreditforderungen durch deutsche Kreditinstitute, abrufbar unter https://www.bundesbank.de/de/publikationen/berichte/monatsberichte/monatsbericht-juli-1997-691416, zuletzt abgerufen am 1.10.2018.
[44] Refinanzierungsregisterverordnung vom 18.12.2006, BGBl I 3241.

aufgeführten technischen und organisatorischen Maßnahmen dienen allerdings auch den Schutzzielen des Art. 32 DS-GVO. Beispielsweise schreibt § 9 Abs. 1 Nr. 6 RefiRegV vor, die Verfälschung der gespeicherten Daten müsse bemerkt werden können. Dies ist eine Maßnahme, die der Integrität (Art. 32 Abs. 1 lit. b DS-GVO) sowie zur Herstellung des angemessenen Schutzniveaus im Sinne des Art. 32 Abs. 2 DS-GVO (Veränderung) dient. Deshalb sollten die registerführenden Unternehmen weiterhin dafür Sorge tragen, auch die Anforderungen des § 9 RefiRegV zu erfüllen.

43 **b) Das Deckungsregister.** Eine besondere Form der Refinanzierung ist die Ausgabe sogenannter Pfandbriefe. Dabei handelt es sich um Schuldverschreibungen (vgl. § 793 Abs. 1 BGB), die auf gesetzlich vorgegebene Weise besichert („gedeckt") sind (s. § 1 Abs. 1 PfandBG). Je nach Art der Besicherung unterscheidet das Gesetz Hypotheken-, Schiffs-, Flugzeug- und – bei Forderungen gegen staatliche Stellen – Öffentliche Pfandbriefe (§ 1 Abs. 3 PfandBG). Pfandbriefe dürfen nur von hierzu staatlich lizenzierten Kreditinstituten ausgegeben werden (§ 32 Abs. 1 iVm § 1 Abs. 1 KWG), sog **Pfandbriefbanken** (§ 1 Abs. 1 S. 2 Nr. 1a KWG).

44 Nach § 5 PfandBG müssen Pfandbriefbanken ein sog Deckungsregister führen. Darin sind gem. § 5 Abs. 1 PfandBG die zur Deckung der Pfandbriefe verwendeten Werte (Sicherheiten) einzutragen. Das Deckungsregister ist ein besonderes Refinanzierungsregister im Sinne des § 22a KWG. Auch die im Deckungsregister eingetragenen Werte sind nach § 47 InsO aussonderungsberechtigt (§ 22j Abs. 1 KWG und § 30 PfandBG). Wie für das Refinanzierungsregister existiert auch für das Deckungsregister eine ergänzende Rechtsverordnung, die **Deckungsregisterverordnung** (DeckRegV).[45] § 11 DeckRegV enthält gemeinsam mit zwei zugehörigen Anlagen die einzutragenden Datenkategorien. Wie auch im Refinanzierungsregister zählen hierzu unter anderem Angaben über Schuldner, die regelmäßig Personenbezug aufweisen.

45 Pfandbriefbanken müssen eine Aufzeichnung der Eintragungen in das Deckungsregister gem. § 5 Abs. 1 PfandBG zweimal (kalender-)jährlich an die BaFin übermitteln. Die Übermittlung muss gem. § 5 Abs. 1 S. 1 PfandBG grundsätzlich nur die im jeweils vergangenen halben Jahr vorgenommenen Eintragungen enthalten. § 15 der DeckRegV regelt Einzelheiten zur Übermittlung. Die BaFin muss die Aufzeichnungen aus den Deckungsregistern der Pfandbriefbanken gem. § 17 DeckRegV für 50 Jahre aufbewahren.

46 Eine Besonderheit gegenüber dem Refinanzierungsregister enthält § 5 Abs. 1b PfandBG. Nach dieser Vorschrift ist die Übermittlung der im Deckungsregister einzutragenden personenbezogenen Daten an eine Pfandbriefbank, die nach der Deckungsregisterverordnung zur Eintragung der Daten in ihr Deckungsregister verpflichtet ist, zur Wahrnehmung berechtigter Interessen zulässig. Die Vorschrift soll eine Rechtsgrundlage im Sinne des § 4 Abs. 1 BDSG aF sein. Dritte dürfen die einzutragenden Daten demnach an die **Pfandbriefbank** übermitteln, wenn dies berechtigten Interessen dient. Unter der DS-GVO lässt sich die Vorschrift im Rahmen der Anwendung von Art. 6 Abs. 1 lit. f DS-GVO heranziehen. Aus ihr lässt sich ableiten, dass der Gesetzgeber den Erhalt der **Pflichteinträge** gem. §§ 8ff. DeckRegV ermöglichen wollte. Das Interesse der Betroffenen daran, dass ihre personenbezogenen Daten nicht in das Register eingetragen werden, steht dahinter regelmäßig zurück. Auch wenn eine entsprechende Regelung im KWG fehlt, dürfte diese gesetzgeberische Wertung auf die Übermittlung von personenbezogenen Daten zur Eintragung in das Refinanzierungsregister übertragbar sein.

47 **c) Das Kontenabrufverfahren.** Kreditinstitute sind verpflichtet, eine Datei mit gewissen Angaben über Konten, Depots oder Schließfächer sowie deren jeweiligen Inhaber anzulegen (§ 24c Abs. 1 KWG). Die Datei enthält neben der Konto-, Depot- oder Schließfach-

---

[45] Deckungsregisterverordnung vom 25.8.2006 (BGBl I 2074), die durch Artikel 7 des Gesetzes vom 20.3.2009 (BGBl I 607) geändert worden ist.

nummer und dem jeweiligen Eröffnungs- und Beendigungstag (§ 24c Abs. 1 Nr. 1 KWG) bei natürlichen Personen auch den Namen und den Geburtstag sowie bei abweichend wirtschaftlich Berechtigten (soweit erhoben), die Anschrift (§ 24c Abs. 1 Nr. 2 KWG).[46] Es handelt sich um einen gesetzlich geregelten Fall der **Vorratsdatenspeicherung**.[47] Die Datei wird angelegt und vorgehalten, ohne dass der Verwendungszweck zu diesem Zeitpunkt bereits festgelegt würde. Die Daten sind gem. § 24c Abs. 1 S. 3 KWG grundsätzlich erst zehn Jahre nach Auflösung des Kontos oder Depots zu löschen. Ändern sich zwischenzeitlich Angaben, ist auch der vorausgegangene Datensatz aufzubewahren, allerdings nur für weitere drei Jahre nach Anlegung des neuen Datensatzes (§ 24c Abs. 1 S. 4 KWG).

Eine Vielzahl von Behörden ist gesetzlich ermächtigt, zu unterschiedlichsten Zwecken auf die gespeicherten Daten zuzugreifen. Hierzu zählt gem. § 24c Abs. 2 KWG zunächst die BaFin „zur Erfüllung ihrer aufsichtlichen Aufgaben" nach dem KWG oder dem GwG. Auch die Zentralstelle für Finanztransaktionsuntersuchung hat „zur Erfüllung ihrer Aufgaben nach dem GwG" Zugriff. Soweit es die Geldwäsche- und Terrorismusbekämpfung betrifft, erhält das Register durch die 5. Geldwäscherichtlinie europarechtlichen Unterbau. Art. 32a der Richtlinie schreibt den Mitgliedstaaten vor, „zentrale automatische Mechanismen wie [...] Datenabrufsysteme" einzurichten, die unter anderem die Ermittlung von natürlichen oder juristischen Personen ermöglichen, die bei Kreditinstituten Zahlungskonten und Bankkonten und Schließfächer innehaben oder kontrollieren (Art. 32a Abs. 1 der 5. Geldwäscherichtlinie). 48

Gemäß § 24c Abs. 3 KWG übermittelt die BaFin aber die in der Datei gespeicherten Angaben auch zu anderen Zwecken an andere staatliche Stellen. Hierzu zählen gem. § 24c Abs. 3 S. 1 Nr. 2 KWG die Behörden für Rechtshilfe in Strafsachen, **Strafverfolgungsbehörden** sowie **Strafgerichte**. Zusätzlich erlauben die §§ 93 Abs. 7 bis 10, 93b AO über das **Zentralamt für Steuern** einer ganzen Reihe weiterer Stellen, an die Inhalte der Dateien der Kreditinstitute zu gelangen. Hierzu zählen etwa die Behörden für Grundsicherung, Sozialhilfe, BAFöG, Wohngeld, Polizei und Verfassungsschutz (§ 93 Abs. 8 S. 1 AO) sowie auch Gerichtsvollzieher (§ 93 Abs. 8 S. 2 AO und § 802 Abs. 1 ZPO). 49

Die Daten vorzuhalten, ohne dass ihr späterer Verwendungszweck bereits festgelegt ist, entspricht nicht dem in Art. 5 Abs. 1 lit. b DS-GVO verankerten Grundsatz, dass personenbezogene Daten für festgelegte und eindeutige Zwecke erhoben werden müssen („Zweckbindung"). Es ist insoweit offen, ob die Aufbewahrungspflicht einer gerichtlichen Prüfung am Maßstab der DS-GVO und der GRCh standhalten würde. Das BVerfG sah 2007 keine Verletzung des Rechts auf informationelle Selbstbestimmung aus Art. 1 Abs. 1 iVm Art. 2 Abs. 1 GG.[48] Die Entscheidung hat sich allerdings nicht mit dem Grundrechtseingriff befasst, der von der Datensammlung ausgeht (§ 24c Abs. 1 KWG), sondern allein mit dem Abruf der in den Dateien gespeicherten Daten. Zudem betrug seinerzeit die gesetzliche Aufbewahrungsfrist noch drei Jahre; auch war der Kreis der zugriffsberechtigten Stellen noch deutlich kleiner.[49] Im Lichte der Entscheidung zur Vorratsspeicherung von Telekommunikationsdaten[50] könnte § 24c Abs. 1 KWG inzwischen durchaus anders zu würdigen sein. Unter der DS-GVO würde es insoweit auf die Bewertung des EuGH am Maßstab der Art. 7 und 8 GRCh ankommen. Auch der EuGH hat sich bereits mit der Speicherung von Telekommunikationsdaten auf Vorrat befasst.[51] Er verlangt unter an- 50

---

[46] Zu weiteren Einzelheiten s. die Übersicht bei BFS-MA KWG § 24c Rn. 7.
[47] So auch BfDI, 24. Bericht, 129.
[48] BVerfG NJW 2007, 2464.
[49] Achtelik in Herzog KWG § 24c Rn. 1 f.
[50] BVerfGE 125, 260.
[51] EuGH Urt. v. 21.12.2016 – C-203/15, C-698/15 – Tele2 Sverige AB/Post- och telestyrelsen und Secretary of State for the Home Department/Watson ua.

derem konkrete materielle Zugriffsvoraussetzungen und Benachrichtigung der Betroffenen.[52] Beides fehlt in § 24c KWG.

51 Kreditinstituten ist zu empfehlen, die Datei mit besonders strengen technischen und organisatorischen Maßnahmen im Sinne des Art. 32 DS-GVO zu schützen. Ohnehin sind gem. § 24c Abs. 6 KWG Maßnahmen anhand des Stands der Technik zu treffen, ohne dass wie in Art. 32 DS-GVO vorgesehen, die Wirtschaftlichkeit zu berücksichtigen wäre. § 24c Abs. 1 S. 6 KWG enthält eine weitere besondere Regelung. Das Kreditinstitut muss durch technische und organisatorische Maßnahmen sicherstellen, dass ihm Abrufe nicht zur Kenntnis gelangen. Damit ist ihm folglich nicht möglich, unberechtigte Abrufe festzustellen. Es kann die Wirksamkeit der von ihm getroffenen Schutzmaßnahmen, beispielsweise zum Schutz der Vertraulichkeit im Sinne des Art. 32 Abs. 1 lit. b DS-GVO, nicht prüfen. Es kann seiner dementsprechenden Pflicht aus Art. 24 Abs. 1 S. 2 DS-GVO damit nicht nachkommen. Es ist deshalb fraglich, ob diese Regelung mit der DS-GVO vereinbar ist. Allenfalls ließe sich argumentieren, das Kreditinstitut sei für die Verarbeitung nicht im Sinne des Art. 4 Nr. 7 DS-GVO verantwortlich, da es Zwecke und Mittel des Abrufs nicht festlegt. Der jeweilige Abrufzweck wird durch die zugreifende Stelle bestimmt. Die Mittel des Abrufs sind von der BaFin in einer Schnittstellenspezifikation festgelegt.[53] Im Ergebnis bleibt aber offen, ob diese Argumentation tragen würde.

6. Zahlungsverkehr

52 Bargeldlose Zahlungen werden fast immer unter Verwendung personenbezogener Daten abgewickelt. Technologie für anonyme elektronische Zahlungen hat sich im Zahlungsverkehr bislang nicht durchgesetzt. Prinzipiell möglich wäre dies beispielsweise durch Verwendung eines Distributed Ledger wie Bitcoin. Ob sich anonyme elektronische Zahlungsverfahren künftig verbreiten, ist nicht zuletzt auch eine Frage des rechtlichen Rahmens. Der 5. Geldwäscherichtlinie zufolge ermöglichen sog virtuelle Währungen Geldwäsche und Terrorismusfinanzierung. Dies will der europäische Gesetzgeber bekämpfen, indem er die Anonymität einschränkt (s. ErwG 8 f.).

53 Am Zahlungsverkehr Beteiligte müssen bereichsspezifisches Datenschutzrecht beachten. Insbesondere das Zahlungsdiensteaufsichtsgesetz (ZAG) enthält Datenschutzregelungen, die teilweise erst jüngst durch die europäische Zweite Zahlungsdiensterichtlinie (Payment Services Directive, PSD2) eingeführt wurden.[54] Auch die EU-Geldtransfer-Verordnung enthält spezifisches Datenschutzrecht (insbesondere in Art. 15 und 16).[55] Zudem spielt die privatrechtliche Beziehung zwischen Zahler und Zahlungsdienst, die im BGB in den §§ 675c ff. BGB geregelt ist, für die datenschutzrechtliche Bewertung eine Rolle. Das ZAG zählt zum Aufsichtsrecht, enthält aber auch Regelungen zum Datenschutz. Dem ZAG unterworfen sind im Wesentlichen die sog Zahlungsdienstleister. Darunter versteht das ZAG Unternehmen, Institute, Banken sowie die öffentliche Verwaltung, soweit diese Zahlungsdienste erbringen (§ 1 Abs. 1 S. 1 ZAG). Das Gesetz unterscheidet in § 1 Abs. 1 S. 2 ZAG sieben Arten von Zahlungsdiensten. Hiervon wirft insbesondere das Zahlungsgeschäft (mit und ohne Kreditgewährung, § 1 Abs. 1 S. 2 Nr. 3 und Nr. 4 ZAG) datenschutzrechtliche Fragen auf.

54 Zahlungsgeschäft ist die Erbringung von Zahlungsvorgängen durch die Ausführung von Lastschriften, Überweisungen sowie mittels einer Zahlungskarte. § 675f Abs. 4 BGB ist insoweit missverständlich. Er definiert den Zahlungsvorgang als jede Bereitstellung, Übermittlung oder Abhebung eines Geldbetrags, unabhängig von der zugrunde liegenden

---

[52] EuGH Urt. v. 21.12.2016 – C-203/15, C-698/15, Rn. 251 und 263 – Tele2 Sverige AB/Post- och telestyrelsen und Secretary of State for the Home Department/Watson ua.
[53] Achtelik in Herzog KWG § 24c Rn. 17.
[54] Das deutsche „Gesetz zur Umsetzung der Zweiten Zahlungsdiensterichtlinie" trat am 13.1.2018 in Kraft, BGBl I 2446; BT-Drs. 18/11495 sowie BR-Drs. 451/17.
[55] ABl. EU 2015 L 141, 1.

§ 14 Datenschutz im Finanzwesen   Teil B

Rechtsbeziehung zwischen Zahler und Zahlungsempfänger. Das ZAG meint aber die Ver- bzw. Übermittlung der Zahlung vom Zahler an den Zahlungsempfänger.[56] Das **Zahlungsgeschäft** ist folglich der Kern des Zahlungsverkehrs.

Bei der Abwicklung einer Zahlung werden auch die personenbezogenen Daten nicht unmittelbar vom Zahler (zB Überweisendem) an den Zahlungsempfänger übermittelt, sondern durch einen oder mehrere Zahlungsdienstleister. Nicht jeder Empfänger personenbezogener Daten gilt dabei als Zahlungsdienstleister im Sinne des ZAG. Beispielsweise sind im Interbanken-Zahlungsverkehr an der Abwicklung von SEPA-Überweisungen („Clearing and Settlement Mechanism", CSM) sog **Clearingstellen** beteiligt. Sie sind gem. § 2 Abs. 1 Nr. 7 ZAG von der Definition des Zahlungsdienstes ausgenommen. Gemäß Art. 6 Abs. 1 DS-GVO benötigen alle beteiligten Verantwortlichen für die Verarbeitung von personenbezogenen Zahlungsverkehrsdaten eine Rechtsgrundlage. Zahlungsdienstleister sind insoweit zumeist Verantwortliche im Sinne von Art. 4 Nr. 7 DS-GVO. Wenn sie über den Verarbeitungszweck auch nicht immer eigenständig entscheiden, da sie im Auftrag des Zahlers handeln, so bestimmen sie doch über die Mittel, mit denen sie die jeweiligen Daten verarbeiten.[57] Dies schließt nicht aus, dass zwischen Zahler und Zahlungsdienstleister oder letzterem und einem weiteren Empfänger der personenbezogenen Zahlungsverkehrsdaten (zB einer Clearingstelle) ein Auftragsverhältnis im Sinne des Art. 28 f. DS-GVO besteht. Dies ist Frage des Einzelfalls.[58] 55

Das ZAG enthält für den Bereich des Zahlungsverkehrs spezifische Datenschutzregelungen, die auf der PSD 2 beruhen. Zentrale Vorschrift ist § 59 Abs. 2 ZAG. Diese Vorschrift verlangt, dass Zahlungsdienstleister die für das Erbringen der Zahlungsdienste notwendigen personenbezogenen Daten nur mit der ausdrücklichen **Einwilligung** des Zahlungsdienstnutzers abrufen, verarbeiten und speichern dürfen. 56

Dies verwundert, denn zumindest der Zahlungsdienstleister selbst könnte sich nach Maßgabe der DS-GVO prinzipiell auf den Zahlungsvertrag (entweder Einzelzahlungs- oder Zahlungsdiensterahmenvertrag, § 675f Abs. 1 und Abs. 2 BGB) in Verbindung mit Art. 6 Abs. 1 lit. a DS-GVO als Rechtsgrundlage stützen. Nimmt man § 59 Abs. 2 ZAG wörtlich, ist dies nicht möglich („… nur mit der ausdrücklichen Einwilligung…"). Der Rechtsanwender steht somit vor einem Widerspruch zwischen ZAG (genauer: PSD 2) und DS-GVO. Die Gesetzesmaterialien zur DS-GVO, zur PSD 2 und zum ZAG schweigen zu der Frage, welche Regelungen Vorrang haben. Mit den anerkannten Regeln lässt sich die **Normenkollision** ebenfalls nicht zweifelsfrei auflösen.[59] Der Grundsatz lex superior derogat legi inferiori hilft nicht. EU-Verordnungen stehen auf der gleichen Normenhierarchiestufe wie EU-Richtlinien.[60] Der Grundsatz lex posterior derogat legi priori spricht für einen Vorrang der DS-GVO, da die PSD 2 älter ist.[61] Wendet man den Grundsatz lex specialis derogat legi generali an, gelangt man allerdings zum Gegenteil: Die PSD 2 ist gegenüber der allgemeinen DS-GVO spezieller, da ihr Datenschutzrecht bereichsspezifisch ist. 57

Welche Vorschriften gehen also vor? Die Aufsichtsbehörden haben sich (noch) nicht geäußert. In der Literatur wird für eine einschränkende Auslegung des ZAG plädiert. Der Zahlungsdienstleister benötige eine Einwilligung nur, wenn die Daten für den Zweck des Erbringens der Zahlungsdienste notwendig sind. Zu anderen Zwecken soll es möglich bleiben, sich auf eine Rechtsgrundlage im Sinne des Art. 6 Abs. 1 DS-GVO zu stützen.[62] Diese Ansicht ist letztlich richtig. Problematisch ist daran, dass § 59 Abs. 2 ZAG aus- 58

---

[56] Steinacker/Krauß in Bräutigam/Rücker Teil 13 Abschn. C Rn. 8.
[57] Im Ergebnis ebenso Weichert BB 2018, 1161 (1162).
[58] Vgl. Weichert BB 2018, 1161 (1162).
[59] Hierzu anschaulich Barczak JuS 2015, 969; zur Normenkonkurrenz im EU-Sekundärrecht s. Geismann in GSH AEUV Art. 288 Rn. 27 ff.; Nettesheim in GHN AEUV Art. 288 Rn. 227 ff.
[60] Nettesheim in GHN AEUV Art. 288 Rn. 227 ff.; Geismann in GSH AEUV Art. 288 Rn. 27 ff.
[61] ABl. EU 2015 L 337, 35 gegenüber der DS-GVO, ABl. EU 2016 L 119, 1.
[62] Indenhuck/Stein BKR 2018, 136 (140 f.).

drücklich an die Datenkategorie anknüpft („für das Erbringen notwendige Daten"), nicht aber die Zwecke der Nutzung. Der Wortlaut legt nahe, dies als **Sperrwirkung** zu verstehen. Demnach unterläge sämtliche Verarbeitung der Daten dem Einwilligungserfordernis, dh insbesondere auch, wenn sie zu anderen Zwecken als der Zahlungsabwicklung erfolgt. Hierfür spricht auch die Begründung zum ZAG, wonach zB im Fall einer Zweckänderung eine Einwilligung erforderlich sei.[63] Im Ergebnis sprechen aber die besseren Gründe gegen eine Sperrwirkung. Denn man wird kaum argumentieren können, dass § 59 Abs. 1 ZAG die einzige weitere zulässige Rechtsgrundlage für die Verarbeitung der genannten Daten enthalten kann. Die Verarbeitung wäre demnach zusätzlich nur noch zu Zwecken der Verhütung, Ermittlung und Feststellung von Betrugsfällen im Zahlungsverkehr erlaubt. Beispielsweise muss die Verarbeitung zur Erfüllung anderer **gesetzlicher Pflichten** weiterhin auch ohne Einwilligung möglich sein, etwa Meldungen beim Verdacht auf Terrorismusfinanzierung gem. § 43 GwG.[64] § 43 GwG beruht seinerseits auf der EU-Geltransferverordnung, deren Einhaltung ersichtlich nicht unter einen Einwilligungsvorbehalt gestellt werden sollten.

59   Ein weiteres Auslegungsproblem betrifft die Granularität der Einwilligung: Strenggenommen müsste der Zahler bei jeder Zahlung ausdrücklich in die konkrete Datenverarbeitung einwilligen. Da § 59 Abs. 2 ZAG (und auch die PSD 2) keine näheren Anforderungen an die Einwilligung stellt, müssten zusätzlich die Anforderungen des Art. 7 DS-GVO erfüllt werden.[65] Denn § 59 Abs. 3 ZAG bestimmt (tautologisch), dass die datenschutzrechtlichen Bestimmungen über die Verarbeitung personenbezogener Daten einzuhalten sind. Auch die Artikel 29-Datenschutzgruppe vertritt, dass die Einwilligungsanforderungen der DS-GVO auch in Verarbeitungssituationen anwendbar sind, für die bereichsspezifisches Datenschutzrecht gilt.[66] Der Zusatz „ausdrücklich" in § 59 Abs. 2 ZAG kann demnach als Verschärfung gegenüber den Anforderungen des Art. 7 DS-GVO ausgelegt werden.[67] Ein vertretener Ansatz ist demnach, die Anforderungen der DS-GVO ergänzend heranzuziehen.[68] Insbesondere die Transparenzanforderungen des Art. 7 DS-GVO sind streng. Der Zahler müsste beispielsweise darüber aufgeklärt werden, an welche Empfänger seine Daten gelangen.[69] Jeder Zahlungsdienstleister müsste ferner in seinen Prozessen eine **Widerrufsmöglichkeit** vorsehen. Schließlich bestünden auch Bedenken hinsichtlich der Freiwilligkeit, namentlich wegen des **„Koppelungsverbots"**. Art. 7 Abs. 4 DS-GVO zufolge ist ein maßgeblicher Faktor für die Beurteilung der Freiwilligkeit, ob die Erbringung einer Dienstleistung von der Einwilligung abhängig gemacht wird (vgl. ErwGr 42 und 43 DS-GVO). Gerade dies setzt § 59 Abs. 2 ZAG aber voraus.

60   Die strengen Anforderungen des Art. 7 DS-GVO lassen sich demnach kaum erfüllen. § 59 Abs. 2 ZAG bezweckt jedoch ersichtlich nicht, dem Zahlungsverkehr unangemessene Hindernisse zu bereiten. Im Ergebnis kommt man nicht umhin, Art. 7 DS-GVO im Lichte des § 59 Abs. 2 ZAG großzügig auszulegen und eine allgemeine Einwilligung in Datenübermittlungen anlässlich von Zahlungsvorgängen genügen zu lassen. Man wird die Vorschrift deshalb dahingehend auslegen können, dass die Anforderungen des Art. 7 DS-GVO nur soweit zu erfüllen sind, wie dies für den Zahlungsdienstleister möglich und angemessen ist. Kann er beispielsweise nicht wissen, welche weiteren Zahlungsdienstleister an einem Zahlungsvorgang beteiligt sind und demnach auch nicht, an wen personen-

---

[63] BT-Drs. 18/11495, 143.
[64] Vgl. Indenhuck/Stein BKR 2018, 136 (138).
[65] Weichert BB 2018, 1161 (1164).
[66] Vgl. Artikel 29-Datenschutzgruppe, Guidelines on Consent under Regulation 2016/679, WP 259, 28.11.2017, 4, zur ePrivacy-RL.
[67] Seiler DSRITB 2016, 591 (596).
[68] Seiler DSRITB 2016, 591 (597), der aber Art. 7 DS-GVO, die zentrale Norm der DS-GVO für Einwilligungen, nicht erwähnt.
[69] Siehe Artikel 29-Datenschutzgruppe, Guidelines on Consent under Regulation 2016/679, WP 259, 28.11.2017, 13.

bezogene Daten übermittelt werden, muss er diese Angaben nicht in die Einwilligungserklärung aufnehmen.

Auch gilt das Einwilligungserfordernis aus § 59 Abs. 2 ZAG nur jeweils zwischen dem Zahlungsdienst und seinem Zahlungsdienstnutzer. Der Zahlungsempfänger muss nach dieser Vorschrift deshalb beispielsweise nicht auch gegenüber dem Zahlungsdienstleister des Zahlers einwilligen, obwohl auch dieser (ggf.) seine personenbezogenen Daten verarbeitet. Außerhalb des Anwendungsbereichs von § 59 Abs. 2 ZAG gelten die allgemeinen Grundsätze. Dies betrifft unter anderem die beteiligten Clearingstellen. Sie sind gem. § 2 Abs. 1 Nr. 7 ZAG von der Definition des Zahlungsdienstes ausgenommen. Es kommen alle Rechtsgrundlagen im Sinne des Art. 6 Abs. 1 DS-GVO in Betracht. Regelmäßig wird man auf Art. 6 Abs. 1 lit. f DS-GVO zurückgreifen und eine Interessenabwägung durchführen müssen.

Insgesamt ungelöst lassen auch diese Erwägungen indes, auf welcher Grundlage die **besonderen Kategorien personenbezogener Daten** im Sinne des Art. 9 DS-GVO verarbeitet werden können, die in Zahlungsverkehrsdaten enthalten sein können.[70] Als Erlaubnistatbestand dürfte praktisch nur eine Einwilligung im Sinne des Art. 9 Abs. 2 lit. a DS-GVO in Frage kommen. Die am Zahlungsverkehr beteiligten Stellen sind aber, wie gesagt, häufig nicht in der Lage, Einwilligungen der betroffenen Personen einzuholen. Nach Art. 9 DS-GVO müssten grundsätzlich alle Personen, deren besondere Kategorien personenbezogener Daten im Rahmen der jeweiligen Transaktion verarbeitet werden, gegenüber allen Verantwortlichen einwilligen, dh auch gegenüber Clearingstellen oder dem Zahlungsdienstleister der Gegenpartei (Zahler oder Zahlungsempfänger).

Ebenfalls problematisch ist, dass im Zahlungsverkehr auch Daten, die **Berufsgeheimnissen** im Sinne des § 203 StGB unterfallen, verarbeitet werden können. Beispiele sind Patienten- oder Mandantendaten. Zahlt der Betroffene selbst, muss er gegenüber sämtlichen beteiligten Zahlungsdienstleistern einwilligen. Zahlt der Geheimnisträger, ist dies nur mit einer Schweigepflichtentbindung möglich.[71] Anderenfalls besteht ein **Strafbarkeitsrisiko**.

Insgesamt verbleibt eine erhebliche Rechtsunsicherheit. Gewissheit wird in diesen Fragen erst geschaffen, wenn behördliche und/oder gerichtliche Entscheidungen vorliegen.

7. Finanzmarkt und Finanzdienstleistungen, insbesondere Wertpapierhandel

Die Richtlinie der Europäischen Union zur Harmonisierung der Finanzmärkte, die sog Finanzmarktrichtlinie (englisch: Markets in Financial Instruments Directive, MiFID II) enthält zahlreiche Regelungen zum Datenschutz. In Deutschland ist die Richtlinie im Kern im Wertpapierhandelsgesetz umgesetzt; daneben gilt die Delegierte Verordnung (EU) Nr. 2017/565.[72] Datenschutzrechtlich relevant sind im Kern zwei Regelungsbereiche: Zum einen bestehen Pflichten der Wertpapierdienstleistungsunternehmen (legaldefiniert in § 2 Abs. 10 WpHG), gewisse Informationen über ihre Kunden zu erheben. Zum anderen müssen die Unternehmen bestimmte **Informationen aufzeichnen**, aufbewahren und auf Verlangen zur Verfügung stellen. Je nach Vorschrift besteht die Pflicht gegenüber dem Kunden und/oder der Bundesanstalt für Finanzdienstleistungsaufsicht.

Bei den beschriebenen Vorgängen handelt es sich jeweils um Datenverarbeitung im Sinne von Art. 4 Nr. 2 DS-GVO. In der Theorie ist denkbar, dass die aufgezeichneten Informationen keinen Personenbezug aufweisen und der Anwendungsbereich der DS-GVO somit nicht eröffnet ist. Bei den Kunden muss es sich nicht zwangsläufig um natürliche Personen handeln. Jedoch ist praktisch kaum auszuschließen, dass anhand der Informationen Einzelne identifizierbar sind – bei einem Vertrag beispielsweise anhand der Un-

---

[70] Weichert BB 2018, 1161 (1164).
[71] Weichert BB 2018, 1161 (1164).
[72] In der Koexistenz beider Rechtsquellen wird eine „faktische Erschwernis" bei der Handhabung bezeichnet Buck-Heeb/Poelzig BKR 2017, 486 (486).

terschrift. Deshalb sollte stets davon ausgegangen werden, dass personenbezogene Daten im Sinne von Art. 4 Nr. 1 DS-GVO vorhanden sind.

67 **a) Bereichsspezifische Pflichten zur Datenerhebung.** Die Verhaltens-, Organisations- und Transparenzpflichten im 11. Abschnitt des WpHG (§§ 63 ff. WpHG) enthalten spezifische Pflichten, deren Erfüllung regelmäßig eine Datenerhebung voraussetzt. § 64 Abs. 3 WpHG beispielsweise verpflichtet das Wertpapierdienstleistungsunternehmen, von seinen Kunden bestimmte Informationen einzuholen. Hierzu zählen Angaben
1. über Kenntnisse und Erfahrungen des Kunden in Bezug auf Geschäfte mit bestimmten Arten von Finanzinstrumenten oder Wertpapierdienstleistungen,
2. über die finanziellen Verhältnisse des Kunden, einschließlich seiner Fähigkeiten, Verluste zu tragen, und
3. über seine Anlageziele, einschließlich seiner Risikotoleranz.

§ 66 WpHG nimmt hiervon gewisse Immobiliar-Verbraucherdarlehensverträge aus.

68 Nach § 65 Abs. 1 WpHG hat ein Wertpapierdienstleistungsunternehmen vor der Vermittlung des Vertragsschlusses über eine Vermögensanlage von dem Kunden eine **Selbstauskunft** über dessen Vermögen oder dessen Einkommen einzuholen. Die Beschaffungspflicht ist jeweils auf das für den Zweck Erforderliche beschränkt. § 77 WpHG verpflichtet Wertpapierdienstleistungsunternehmen, die einen direkten elektronischen Zugang zu einem Handelsplatz anbieten, gewisse Prüfungen, Überwachungen und Festlegungen vorzunehmen. Namentlich geht es um die Beurteilung der Eignung der Kunden, einen schriftlich zu schließenden Vertrag, die Festlegung von Handels- und Kreditschwellen und die Überwachung des Handels der Kunden.

69 Alle genannten Pflichten kommen als rechtliche Verpflichtungen im Sinne von Art. 6 Abs. 1 lit. c und Abs. 3 DS-GVO in Betracht. Die Pflichten wären folglich jeweils in Verbindung mit Art. 6 Abs. 1 lit. c DS-GVO eine **Rechtsgrundlage** im Sinne des Art. 6 Abs. 1 DS-GVO. Zu dieser Vorschrift wird jedoch vertreten, der Anwendungsbereich beschränke sich auf Verpflichtungen, die unmittelbar Datenverarbeitung regeln.[73] Dies ist häufig nicht der Fall, da die Verarbeitung personenbezogener Daten der Pflichterfüllung zwar inhärent ist, sie aber nicht ausdrücklich geregelt wird. Regelmäßig ist nicht die Beschaffung, sondern erst die Aufzeichnung der Informationen klar als Datenverarbeitung geregelt (vgl. Art. 16 Abs. 6 MiFID II). Beispielsweise erlaubt § 83 Abs. 3 S. 3 WpHG ausdrücklich, für die Aufzeichnung von Telefonaten und elektronischer Kommunikation Daten zu erheben. Für die Pflichten, die eine Datenerhebung zwar voraussetzen, sie aber nicht regeln, ist folglich regelmäßig Art. 6 Abs. 1 lit. f DS-GVO die einschlägige datenschutzrechtliche Rechtsgrundlage – mit der Konsequenz, dass die Rechtmäßigkeit stets vom Ausgang einer Interessenabwägung abhängt, in die die konkrete Art und Weise der Pflichterfüllung durch den Verantwortlichen einzustellen ist. Solange die Datenverarbeitung sich im Rahmen der Erfüllung der gesetzlichen Pflicht auf das jeweils Erforderliche beschränkt, dürfte sie regelmäßig zulässig sein.

70 **b) Dokumentations- und Aufzeichnungspflichten, insbesondere Aufzeichnung von Telefongesprächen.** Die MiFID II enthält zahlreiche Dokumentations- und Aufbewahrungspflichten, die in Deutschland im Wertpapierhandelsgesetz umgesetzt sind. Sie konkretisieren die allgemeine Aufzeichnungspflicht aus Art. 16 Abs. 6 MiFID II, die den Aufsichtsbehörden ermöglichen soll, die Einhaltung der gesetzlichen Bestimmungen zu kontrollieren und diese durchzusetzen. § 83 Abs. 3 WpHG verpflichtet Wertpapierdienstleistungsunternehmen, Telefongespräche und elektronische Kommunikation aufzuzeichnen (sog **Taping**). Dies setzt Art. 16 Abs. 7 MiFID II um. Die Art. 72 ff. der Delegierten Verordnung (EU) Nr. 2017/565 regeln die Aufbewahrung der Aufzeichnungen. Die

---

[73] Buchner/Petri in Kühling/Buchner DS-GVO Art. 6 Rn. 76; Frenzel in Paal/Pauly DS-GVO Art. 6 Rn. 16.

Pflicht erstreckt sich gem. § 83 Abs. 3 S. 4 WpHG auch auf Telefonate und elektronische Kommunikation, bei denen es letztlich nicht zum Geschäftsabschluss oder zur Dienstleistung kommt. Zudem müssen auch persönliche Gespräche dokumentiert werden (§ 83 Abs. 6 WpHG). Bei den genannten Verpflichtungen handelt es sich um rechtliche Verpflichtungen im Sinne des Art. 6 Abs. 1 S. 1 lit. c und Abs. 3 DS-GVO. Auch wenn Aufzeichnungen später gem. § 83 Abs. 9 WpHG nicht zur Überwachung der Mitarbeiter verwendet werden dürfen, dürfte ein Mitbestimmungsrecht nach § 87 Abs. 1 Nr. 6 BetrVG bestehen.[74] Es genügt, dass die technische Einrichtung sich abstrakt gesehen zur Überwachung eignet.[75]

An den Aufzeichnungsregelungen wird bemängelt, eine eindeutige Zweckbestimmung fehle. Es sei nicht hinreichend bestimmt, wenn die MiFID II lediglich angebe, die Aufzeichnung diene gem. Art. 16 Abs. 6 MiFID II der Kontrolle und Durchsetzung der gesetzlichen Bestimmungen durch die Behörde. Auch ErwGr 57 der MiFID II, wonach die Aufzeichnung dem Anlegerschutz, der Marktüberwachung sowie der Rechtssicherheit diene, sei nicht normenkonkret genug. Im WpHG konkretisiere § 83 Abs. 3 S. 1 WpHG lediglich insoweit, als der Zweck der Beweissicherung angeführt werde.[76] Die Kritik ist nachvollziehbar. Eine möglichst enge Zweckbestimmung ist notwendig, damit in der Folge ein möglichst präziser Maßstab dafür besteht, in welchem Umfang Aufzeichnungen überhaupt erforderlich und damit rechtmäßig sind.[77] Je generischer die Zwecke gefasst sind, desto weitreichender ist im Ergebnis die Aufzeichnungspflicht auszulegen. 71

Die unklare Zweckbestimmung hat bereits zu unterschiedlichen Sichtweisen über den **Umfang der Aufzeichnungspflicht** geführt. Hinzu kommt, dass Art. 16 Abs. 7 MiFID II vorgibt, „zumindest" solche Telefongespräche seien aufzuzeichnen, welche die Annahme, Übermittlung und Ausführung von Kundenaufträgen betreffen. Muss die Aufzeichnung deshalb auf Gesprächsinhalte ausgedehnt werden, die über dieses Minimum hinausgehen? Die European Securities and Markets Authority (ESMA) geht davon aus, dass Telefonate mit Kunden „vom Anfang bis zum Ende" aufzuzeichnen sind.[78] Die BaFin sieht dies anders. Sie hat einen Fragen- und Antwortenkatalog veröffentlicht, demzufolge es zulässig ist, die Aufzeichnung erst im Verlauf eines Telefongesprächs zu beginnen, zu unterbrechen sowie sie vor dessen Ende zu stoppen, solange hierbei der relevante Inhalt erfasst ist.[79] Eine derartige selektive Aufzeichnung wird in der Literatur als nachteilhaft bezeichnet, weil die Grenze zwischen relevanten und nicht-relevanten Gesprächsinhalten häufig fließend sei. Es bestehe somit das Risiko unter- oder überschießender Aufzeichnung.[80] 72

In der Begründung des **deutschen Umsetzungsgesetzes** wird nach der Art der Dienstleistungen unterschieden, die das Wertpapierdienstleistungsunternehmen erbringt: Würden nur Wertpapierdienstleistungen angeboten, sei das ganze Gespräch aufzuzeichnen. Würden auch weitere Dienstleistungen (über den Anwendungsbereich der MiFID II hinaus) erbracht, reiche aus, „frühzeitig mit der Aufzeichnung zu beginnen".[81] Bei Anlageberatungen hänge die Aufzeichnungsdauer vom Zielmarkt und den Risiken des ange- 73

---

[74] So auch Roth/Blessing CCZ 2017, 8 (13).
[75] Kania in ErfK BetrVG § 87 Rn. 55; BAG NJW 1976, 261 ff.
[76] Kipker/Stelter DuD 2018, 364 (366).
[77] Diese Anforderung dürfte sich aus Art. 8 GRCh, nicht aber aus dem Grundsatz der Datenminimierung aus Art. 5 Abs. 1 lit. c DS-GVO ergeben, da die DS-GVO keinen prinzipiellen Vorrang gegenüber der MiFID II hat, s. Nettesheim in GHN AEUV Art. 288 Rn. 227 ff.; Geismann in GSH AEUV Art. 288 Rn. 27 ff.; anders Kipker/Stelter DuD 2018, 364 (366 f.).
[78] ESMA Questions and Answers on MiFID II and MiFIR investor protection and intermediaries topics, Stand: 25.5.2018, 42, abrufbar unter https://www.esma.europa.eu/sites/default/files/library/esma35-43-349_mifid_ii_qas_on_investor_protection_topics.pdf, zuletzt abgerufen am 1.10.2018.
[79] Abrufbar unter https://www.bafin.de/SharedDocs/Veroeffentlichungen/DE/Auslegungsentscheidung/WA/ae_040518_faq_mifid2_wohlverhaltenregeln.html, zuletzt abgerufen am 1.10.2018.
[80] Roth/Blessing CCZ 2017, 8 (11 f)
[81] BT-Drs. 18/10936, 244; so auch Lange/Baumann/Prescher/Rüter DB 2018, 556 (558), zur Gesetzesbegründung s. Roth/Blessing CCZ 2017, 8 (12).

botenen Finanzinstruments ab.[82] Im beratungsfreien Geschäft, wenn der Kunde die Order für ein bestimmtes Finanzinstrument in eigener Verantwortung abgebe, sei spätestens bei Erteilung der Order gegenüber dem Kunden die Zusammenfassung des Geschäftsabschlusses zu bestätigen und darauf hinzuweisen, dass die Order ohne Beratung erteilt wird. Dieser Teil des Gesprächs sei aufzuzeichnen.[83] Insoweit besteht durchaus Umsetzungsspielraum. Die Ansicht der **BaFin** wird den widerstreitenden Interessen am besten gerecht: Die Aufzeichnung darf datenschutzrechtlich nur solche Gesprächsinhalte erfassen, die im Rahmen der genannten Zwecke liegen. Auf diese Weise wird eine überschießende Aufzeichnung vermieden.[84] Insoweit ist der Hinweis durchaus wichtig, dass Aufzeichnungen, die über die Verpflichtungen der MiFID II hinausgehen, einer weiteren Rechtsgrundlage bedürfen.[85] Wenn keine Rechtsgrundlage vorliegt, dürfen die Daten nicht verarbeitet werden. Ein Bußgeld gem. Art. 83 Abs. 5 lit. a DS-GVO droht; § 201 StGB kann erfüllt sein. Auf der anderen Seite ist es gem. § 120 Abs. 2 Nr. 124 WpHG auch ordnungswidrig, „nicht richtig, nicht vollständig oder nicht in der vorgeschriebenen Weise" aufzuzeichnen.

74 Die Anforderungen an die Aufzeichnung von Telefonaten ist auch auf die weiteren Aufzeichnungspflichten übertragbar. Hierzu zählen insbesondere diejenige hinsichtlich elektronischer Kommunikation aus § 83 Abs. 3 WpHG oder diejenige aus § 77 Abs. 3 WpHG. Im Zusammenhang mit den in § 83 Abs. 11 WpHG genannten Rechtsverordnungen (gemeint dürfte Abs. 1 sein) bestehen unzählige weitere Aufzeichnungspflichten. Die BaFin wird deshalb in § 83 Abs. 1 WpHG verpflichtet, ein Verzeichnis der Mindestaufzeichnungen zu erstellen, die sich aus dem WpHG in Verbindung mit den Rechtsverordnungen ergeben.[86] Auch insoweit gilt, dass stets nur die erforderlichen Inhalte aufgezeichnet werden sollten.

75 **c) Weiterverwendung der Aufzeichnungen.** Was die weitere Verwendung anbelangt, sieht das WpHG mehrere Möglichkeiten vor. Grundsätzlich unterliegen Aufzeichnungen nach § 83 Abs. 3 und Abs. 6 WpHG gem. § 83 Abs. 9 WpHG einer besonderen **Zweckbindung.** Das Wertpapierdienstleistungsunternehmen darf sie demnach insbesondere nicht zur Überwachung seiner Mitarbeiter verwenden. Jede Auswertung darf zudem nur durch einen oder mehrere gesondert zu benennende Mitarbeiter erfolgen.

76 Zulässig ist zunächst, die Aufzeichnungen zur Erfüllung des jeweiligen Kundenauftrags auszuwerten. Ferner dürfen sie gem. § 7 Abs. 2 WpHG (im Fall von Aufzeichnungen nach § 83 Abs. 3 und Abs. 6 WpHG iVm § 83 Abs. 9 WpHG) für die Überwachung der Einhaltung bestimmter gesetzlicher Vorschriften an die BaFin herausgegeben werden. Zu diesen Vorschriften zählen auch die auf der MiFID II beruhenden Bestimmungen im WpHG. Der Herausgabeanspruch ist auf das für diesen Zweck Erforderliche beschränkt. Voraussetzung für die Herausgabe sind zudem „Anhaltspunkte" der BaFin. § 7 Abs. 2 WpHG sagt jedoch nicht, worauf sich diese beziehen müssen. Es dürften Anhaltspunkte für die Verletzung der genannten Bestimmungen gemeint sein. § 83 Abs. 9 WpHG erlaubt zudem die Herausgabe an weitere Aufsichts- oder Strafverfolgungsbehörden.

77 Darüber hinaus hat der Kunde gem. § 83 Abs. 7 WpHG einen Anspruch darauf, dass ihm die Aufzeichnungen nach § 83 Abs. 3 S. 1 WpHG und die Dokumentation nach § 83 Abs. 6 S. 1 WpHG zur Verfügung gestellt werden.

---

[82] BT-Drs. 18/10936, 244f.; zur Gesetzesbegründung s. Roth/Blessing CCZ 2017, 8 (12).
[83] BT-Drs. 18/10936, 245; so auch Lange/Baumann/Prescher/Rüter DB 2018, 556 (558); zur Gesetzesbegründung s. Roth/Blessing CCZ 2017, 8 (12).
[84] Vgl. BT-Drs. 18/10936, 244, wonach der Erforderlichkeitsgrundsatz zu berücksichtigen sei; Buck-Heeb/Poelzig BKR 2017, 486 (489); Roth/Blessing CCZ 2017, 8 (11), wonach dies datenschutzrechtlich problematisch sei.
[85] Kipker/Stelter DuD 2018, 364 (367).
[86] Abrufbar unter https://www.bafin.de/SharedDocs/Downloads/DE/Rundschreiben/dl_rs_0518_MaComp_anlage_at8.html, zuletzt abgerufen am 1.10.2018.

Gem. § 83 Abs. 3 S. 1 WpHG werden die Aufzeichnungen „für Zwecke der **Beweissi-** 78
cherung" angefertigt. Angesichts der strengen Zweckbindung in § 83 Abs. 9 WpHG ist
aber fraglich, ob das Wertpapierdienstleistungsunternehmen und seine Kunden sie zu Beweiszwecken verwenden dürfen, beispielsweise in einem Gerichtsverfahren. Auch in dieser Hinsicht erzeugt die unklare Zweckbestimmung (siehe dazu → Rn. 71) Auslegungs-
probleme. „Beweissicherung" kann auch so verstanden werden, dass sie lediglich die
Kontrolle durch die Aufsichtsbehörde ermöglichen soll (vgl. § 83 Abs. 1 WpHG). Die
Gesetzesbegründung stützt dies, spricht aber zudem davon, die Beweissicherung erfolge
„zugunsten des Kunden".[87] Dem Kunden hilft die Aufzeichnung wenig, wenn er sie im
Streitfall mit dem Wertpapierdienstleistungsunternehmen nicht einem Gericht zum Beweis anbieten könnte. Mit Blick auf den allgemeinen Zweck der Regelungen, für Kunden und Unternehmen Rechtssicherheit zu schaffen (ErwGr 57 der MiFID II), sollte man
deshalb davon ausgehen dürfen, dass eine Verwendung zu Beweiszwecken erlaubt ist. Anderenfalls hätte der Kunde, wie gesagt, von seinem Herausgabeanspruch (§ 83 Abs. 7
WpHG) nicht viel. Dürfte nur der Kunde die Aufzeichnung für ein Gerichtsverfahren
verwenden, wäre die **prozessuale Waffengleichheit** gefährdet. Auch das Unternehmen
darf die Aufzeichnungen deshalb zu Beweiszwecken verwenden. Zweckänderungen über
das im WpHG Vorgesehene dürften angesichts § 83 Abs. 9 WpHG aber unzulässig sein.
Insbesondere bleibt kein Raum für Art. 6 Abs. 4 DS-GVO.

d) Ergänzende Anforderungen der DS-GVO. Die DS-GVO steht in der Normen- 79
hierarchie auf der gleichen Stufe wie die MiFID II. Die DS-GVO wird von den Regelungen der MiFID II nicht verdrängt. Auch im Anwendungsbereich der bereichsspezifischen Datenschutzregelungen des WpHG gilt die DS-GVO.[88] Stets ist zu berücksichtigen,
ob die jeweilige nationale Regelung auf der MiFID II beruht und ob diese von der DS-
GVO abweicht. Falls ja, muss die Kollision zunächst anhand der anerkannten Kollisionsregeln aufgelöst werden (vgl. → Rn. 57). In der Praxis ist dies aber nur relevant, sofern
sich im konkreten Fall maßgebliche Unterschiede bei der Anwendung ergeben. Art. 78
MiFID II, eine Regelung zum Datenschutz, die auf die Geltung der nunmehr durch die
DS-GVO abgelösten DS-RL verweist, kann zur Auflösung eines Konflikts nicht herangezogen werden. Art. 78 MiFID II betrifft nur die Datenverarbeitung durch die Aufsichtsbehörde, wie sich aus der Überschrift des Titels VI („Zuständige Behörden") ergibt.[89]

Gemäß Art. 13 und Art. 14 DS-GVO muss der Verantwortliche den betroffenen Perso- 80
nen bei der Erhebung einen Katalog von **Infor**[90]**mationen** im Zusammenhang mit der
Datenverarbeitung zur Verfügung stellen. Betroffen kann beispielsweise der Kunde selbst
sein, wenn er eine natürliche Person ist, oder etwa die Beschäftigten des Kunden, wenn
er eine Gesellschaft ist. § 83 Abs. 5 WpHG enthält ebenfalls eine Informationspflicht:
Kunden und Mitarbeiter sind über die Aufzeichnung von Telefongesprächen oder der
elektronischen Kommunikation zu informieren. Art. 76 der Delegierten Verordnung (EU)
Nr. 2017/565 enthält weitere Einzelheiten zum Inhalt der Information und konkretisiert
insoweit Art. 16 Abs. 7 der MiFID II, auf dem die Pflicht beruht. Die Pflichtenkataloge
der DS-GVO und der MiFID II widersprechen sich insoweit nicht. In der Praxis dürfte
sich anbieten, sowohl nach DS-GVO als auch nach MiFID II zu informieren.

Lässt das Wertpapierdienstleistungsunternehmen zur Pflichterfüllung Daten im **Auftrag** 81
verarbeiten, gelten die Art. 28 ff. DS-GVO. Es wird regelmäßig eine Vereinbarung zu
schließen sein, die die Anforderungen des Art. 28 Abs. 3 DS-GVO erfüllt. Erfolgt die
Verarbeitung in einem Drittland, sind auch die Anforderungen der Art. 44 ff. DS-GVO
einzuhalten. Dies ist im Wertpapierhandel eine häufige Konstellation.

---

[87] BT-Drs. 18/10936, 246.
[88] So auch Kipker/Stelter DuD 2018, 364 (365).
[89] Kipker/Stelter DuD 2018, 364 (366) entnehmen Art. 78 MiFID II wohl eine weitergehende Geltung und messen die Regelungen der MiFID II sodann an der DS-GVO.
[90]

82 Ferner gelten auch die Anforderungen an die **Sicherheit der Verarbeitung** aus Art. 32 DS-GVO. Hier ergibt sich die Besonderheit, dass die MiFID II bereichsspezifische Vorgaben enthält. Ein Beispiel ist § 80 Abs. 1 S. 2 Nr. 4 WpHG. Diese Regelung sieht vor, dass ein Wertpapierdienstleistungsunternehmen über Sicherheitsmechanismen verfügen muss, die Sicherheit und Authentifizierung der Informationsübermittlungswege gewährleisten, das Risiko der Datenverfälschung und des unberechtigten Zugriffs minimieren und verhindern, dass Informationen bekannt werden, sodass die Vertraulichkeit der Daten jederzeit gewährleistet ist. Dies beruht auf Art. 16 Abs. 5 der MiFID II. § 80 Abs. 1 S. 3 WpHG verweist zusätzlich auf die Art. 21 bis 26 der Delegierten Verordnung (EU) Nr. 2017/565. Die dortigen Art. 21 Abs. 2 und Abs. 3 enthalten weitere Anforderungen, insbesondere eine Pflicht zur Notfallplanung. Zumindest bezüglich der unmittelbar aus der MiFID II stammenden Pflichten besteht eine Normkollision. Wie sie aufzulösen ist, ist durch Behörden und Rechtsprechung noch nicht geklärt. Die Anforderungen aus Art. 16 Abs. 5 der MiFID II lassen sich als spezifische Ausgestaltung der allgemeinen Pflichten aus Art. 32 DS-GVO ansehen, soweit sie sich nicht ohnehin decken. Vieles spricht dafür, hier nach dem lex specialis-Grundsatz der MiFID II den Vorrang zu geben (→ Rn. 57). Der Streit dürfte im Ergebnis weitgehend akademisch bleiben. In der Praxis werden die bereichsspezifischen Anforderungen aus dem WpHG und der Delegierten Verordnung ohnehin diejenigen sein, die das Wertpapierdienstleistungsunternehmen auch nach Art. 32 DS-GVO zu treffen hätte.

8. Bekämpfung von Geldwäsche und Terrorismusfinanzierung

83 Wird illegal erwirtschaftetes Geld in den legalen Finanz- und Wirtschaftskreislauf eingeschleust, so spricht man von Geldwäsche. Geldwäsche ist nach § 261 StGB strafbar. Das Gesetz über das Aufspüren von Gewinnen aus schweren Straftaten (Geldwäschegesetz, GwG) bezweckt, Geldwäsche und Terrorismusfinanzierung (vgl. § 89c StGB) zu bekämpfen. Dies erfordert auch, personenbezogene Daten zu verarbeiten. Das GwG enthält bereichsspezifisches Datenschutzrecht, das die Verpflichteten beachten müssen. Das GwG selbst beschränkt die Zwecke der Datenverarbeitung. Auf Grundlage des GwG dürfen personenbezogene Daten nur für die Verhinderung von Geldwäsche und Terrorismusfinanzierung verarbeitet werden (§ 58 GwG).

84 Zu den **Verpflichteten** zählen insbesondere Kredit- und Zahlungsinstitute nach dem ZAG (§ 2 Abs. 1 Nr. 1 und Nr. 3 GwG). Zahlungsinstitute sind gem. § 1 Abs. 1 Nr. 1 ZAG Zahlungsdienstleister. Die Pflichten aus dem GwG gelten deshalb im Kern auch für diejenigen Stellen, die den Zahlungsverkehr abwickeln. § 2 GwG dehnt den Kreis der Verpflichteten jedoch weit über das Kreditwesen hinaus aus. Zu ihm zählen zB auch Versicherungsvermittler (§ 2 Abs. 1 Nr. 8 GwG), Rechtsanwälte (§ 2 Abs. 1 Nr. 10 GwG) und Wirtschaftsprüfer (§ 2 Abs. 1 Nr. 12 GwG). Jeder Verpflichtete ist für die Datenverarbeitung Verantwortlicher im Sinne des Art. 4 Nr. 7 DS-GVO. Dieser Verantwortlichkeit kann er sich nicht entziehen, indem er einen anderen im Sinne des Art. 4 Nr. 8 und Art. 28 f. DS-GVO (Auftragsverarbeitung) mit der Verarbeitung beauftragt. Das Bestehen einer gesetzlichen Pflicht begründet stets eine eigene Verantwortlichkeit.

85 **a) Rechtsgrundlage im Sinne der DS-GVO.** Das GwG basiert zu weiten Teilen auf Europäischen Geldwäsche-Richtlinien. Derzeit befindet es sich auf dem Umsetzungsstand der 4. EU-Geldwäsche-Richtlinie.[91] Die nunmehr bereits in Kraft getretene 5. EU-Geldwäsche-Richtlinie[92] enthält in Art. 43 eine maßgebende Regelung zum Datenschutz. Sie bestimmt, dass die Verarbeitung personenbezogener Daten nach dieser Richtlinie zu Zwecken der Verhinderung von Geldwäsche und Terrorismusfinanzierung als **Angelegenheit von öffentlichem Interesse** gemäß der DS-GVO zu verstehen ist. Daraus

---

[91] ABl. EU 2015 L 141, 73.
[92] ABl. EU 2018 L 156, 43.

folgt, dass als Rechtsgrundlage für die Datenverarbeitung stets Art. 6 Abs. 1 lit. e DS-GVO dienen dürfte. Die Schwelle des erheblichen öffentlichen Interesses, das auch die Verarbeitung besonderer Kategorien nach Art. 9 Abs. 2 lit. g DS-GVO ermöglicht, dürfte aber nicht überschritten sein. Dies hätte der Wortlaut des Art. 43 der 5. EU-Geldwäsche-Richtlinie klarstellen müssen. Die Existenz des Art. 43 wirft die Frage auf, ob auch Datenverarbeitung unter den bisherigen EU-Geldwäsche-Richtlinien auf Art. 6 Abs. 1 lit. e DS-GVO und nicht auf eine andere Rechtsgrundlage gestützt werden sollte. Die Frage hat durchaus praktische Relevanz. Denn beispielsweise ist den betroffenen Personen die Rechtsgrundlage für die Datenverarbeitung bei der Datenerhebung jeweils mitzuteilen (Art. 13 und 14 DS-GVO, jeweils Abs. 1 lit. c). Auch ist die 5. EU-Geldwäsche-Richtlinie ein Artikelgesetz. Würde man nicht einheitlich Art. 6 Abs. 1 lit. e DS-GVO anwenden, wäre kaum noch zu überblicken, welche Rechtsgrundlage für welche Vorschrift gelten würde. Vieles spricht deshalb dafür, dass Art. 6 Abs. 1 lit. e DS-GVO die Rechtsgrundlage für Datenverarbeitung zur Erfüllung von Pflichten unter allen EU-Geldwäsche-Richtlinien ist. Dies schließt nach Art. 6 Abs. 1 DS-GVO jedoch nicht aus, dass die jeweilige Verarbeitung noch zusätzlich auf eine andere Rechtsgrundlage gestützt werden kann („mindestens eine"). Bis die Rechtsfrage geklärt ist und wenn eine andere Rechtsgrundlage eindeutig einschlägig ist, sollte hiervon Gebrauch gemacht werden.

b) Identifizierung. Der geldwäscherechtlich Verpflichtete hat gem. § 11 Abs. 1 GwG 86 seinen jeweiligen Vertragspartner zu identifizieren. Dies zählt gem. § 10 Abs. 1 Nr. 1 GwG zu seinen allgemeinen Sorgfaltspflichten. Es dient dem **„Know your customer"**-Prinzip. Ein Beispiel ist die Eröffnung eines Girokontos bei einer Bank. Tritt eine andere Person für den Vertragspartner auf, beispielsweise weil er keine natürliche Person ist, erstreckt sich die Identifizierungspflicht auch auf diese Person. Hierzu können beispielsweise Vertreter und Boten zählen. Es ist umstritten, ob der Kreis der „auftretenden Person" auf bestimmte Gruppen einzuschränken ist, beispielsweise auf Vertreter, die nicht in den Betrieb eingegliedert sind.[93] Für die datenschutzrechtliche Bewertung kann dies dahinstehen. Es kommt nur darauf an, ob die „auftretende Person" als natürliche Person von der jeweiligen Datenverarbeitung betroffen ist (vgl. Art. 4 Nr. 1 DS-GVO).

Bei der Identifizierung wird ein vorgegebener Satz an personenbezogene Daten erho- 87 ben. Die Identitätsfeststellung erstreckt sich bei natürlichen Personen auf Name, Geburtsort, Geburtsdatum, Staatsangehörigkeit und (idR) Anschrift (§ 11 Abs. 4 Nr. 1 GwG). Da es sich um eine unmittelbar gesetzliche Verpflichtung zur Datenerhebung handelt, kann die Datenerhebung (auch) auf Art. 6 Abs. 1 lit. c DS-GVO gestützt werden. Bei natürlichen Personen muss die Richtigkeit der Angaben im Regelfall durch einen gültigen amtlichen Ausweis, der ein Lichtbild des Inhabers enthält und mit dem die Pass- und Ausweispflicht im Inland erfüllt wird, insbesondere anhand eines inländischen oder nach ausländerrechtlichen Bestimmungen anerkannten oder zugelassenen Passes, Personalausweises oder Pass- oder Ausweisersatzes überprüft werden (§ 12 Abs. 1 Nr. 1 GwG). Bei juristischen Personen oder Personengesellschaften müssen unter anderem auch die Namen der Mitglieder des Vertretungsorgans oder der gesetzlichen Vertreter erhoben werden. Dies gilt auch **rekursiv,** falls das Mitglied oder der Vertreter eine juristische Person ist (§ 11 Abs. 4 Nr. 2 lit. e GwG). Auch die über juristische Personen erhobenen Daten dürften regelmäßig Personenbezug aufweisen (vgl. auch → Rn. 13f.). Zur Identifizierung fordert der Verpflichtete üblicherweise einen Auszug aus dem Handels- oder Genossenschaftsregister oder einem vergleichbaren amtlichen Register oder Verzeichnis an (§ 12 Abs. 2 GwG).

Die Identifizierungspflicht aus § 11 Abs. 1 GwG erstreckt sich auch auf sog **wirt-** 88 **schaftlich Berechtigte.** Dies sind gem. § 3 Abs. 1 GwG natürliche Personen, die letztlich die Kontrolle über den Vertragspartner des Verpflichteten haben oder auf deren Ver-

---

[93] Zum Meinungsstand s. Paul GWR 2018, 147.

anlassung eine Transaktion durchgeführt oder eine Geschäftsbeziehung begründet wird. Soweit deshalb Daten von wirtschaftlich Berechtigten verarbeitet werden, stellen sich die unter → Rn. 11 ff. beschriebenen Probleme der Bestimmung einer Rechtsgrundlage nicht. Von wirtschaftlich Berechtigten ist nur ein geringerer Satz an Daten zu erheben. § 11 Abs. 5 GwG gibt ihn vor. Über die genannten Angaben hinausgehende Identifizierungsmerkmale sind „risikoangemessen" zu erheben. Insoweit verläuft die Linie zwischen rechtmäßiger und rechtswidriger Datenverarbeitung auf Grundlage des Art. 6 Abs. 1 lit. c DS-GVO entlang der Reichweite der Pflicht aus § 11 Abs. 5 GwG.

89 Die Ermittlung des wirtschaftlich Berechtigten wird durch das sog **Transparenzregister** vereinfacht. Es ist ein gem. § 18 GwG als hoheitliche Aufgabe des Bundes geführte Verzeichnis, das gewisse Angaben über wirtschaftlich Berechtigte enthält (§ 19 GwG). Registerführende Stelle ist der Bundesanzeiger Verlag. Das Bundesministerium der Finanzen hat ihn gem. § 25 Abs. 1 GwG mit dieser Aufgabe beliehen. Verpflichteten ist die Einsichtnahme gem. § 23 Abs. 1 Nr. 2 GwG zur Erfüllung ihrer Sorgfaltspflichten aus § 10 Abs. 3 GwG gestattet.[94] Nachdem unter der DS-GVO der Grundsatz der Direkterhebung nicht mehr ausdrücklich normiert ist (vgl. § 4 Abs. 2 BDSG aF), dürfte es datenschutzrechtlich zulässig sein, für die Identifizierung unmittelbar auf das Transparenzregister zuzugreifen. Rechtsgrundlage ist auch hierfür Art. 6 Abs. 1 lit. c DS-GVO. Nach § 11 Abs. 5 S. 3 Hs. 2 GwG darf der Verpflichtete sich bei der Vergewisserung, dass die zur Identifizierung erhobenen Angaben zutreffend sind, allerdings nicht allein auf das Transparenzregister verlassen.

90 An die Pflicht zur Erhebung der Identifikationsdaten knüpft § 8 GwG an. Die in § 8 Abs. 1 GwG genannten Daten sind gem. § 8 Abs. 4 GwG für fünf Jahre aufzubewahren. Diese Frist ist im Rahmen von Löschkonzepten und bei der Anwendung von Art. 17 DS-GVO zu berücksichtigen. § 8 Abs. 3 GwG enthält zudem besondere Vorgaben für die Informationssicherheit. Die Maßnahmen nach Art. 32 DS-GVO sind so zu treffen, dass sie auch diese Anforderungen erfüllen.

91 **c) Auskünfte an Behörden.** § 6 Abs. 6 GwG schreibt Verpflichteten vor, Vorkehrungen zur Auskunftserteilung an die zuständigen Behörden zu treffen. Sie müssen hierzu gewisse Informationen vorhalten. Zu diesen Informationen zählt, ob sie während eines Zeitraums von fünf Jahren vor der jeweiligen Anfrage Geschäftsbeziehungen mit **„bestimmten Personen"** unterhalten haben. Wer zu den „bestimmten Personen" zählt, lässt das GwG offen.[95] Es handelt sich um eine gesetzlich vorgeschriebene anlasslose Vorratsdatenspeicherung. Die Verfassungsmäßigkeit der Vorschrift ist bereits wegen des unbestimmten Betroffenenkreises sowie den fehlenden verfahrensmäßigen Sicherungen (Übermittlungspflicht „auf Anfrage zuständiger Behörden") zweifelhaft.[96] § 6 Abs. 6 S. 2 GwG schreibt eine „sichere und vertrauliche" Übermittlung dieser Informationen vor. Dies ist als gesetzliche Konkretisierung der nach Art. 32 DS-GVO zu treffenden technischen und organisatorischen Maßnahmen zu verstehen.

92 **d) Auslagerung von Sicherungsmaßnahmen.** § 6 Abs. 7 GwG erlaubt, interne Sicherungsmaßnahmen im Sinne des § 6 GwG unter gewissen Voraussetzungen durch Dritte durchführen zu lassen, beispielsweise die Überprüfung der Zulässigkeit der Mitarbeiter oder die Aufzeichnung und Aufbewahrung von Informationen. In vielen Fällen ist hierfür die Weitergabe von personenbezogenen Daten erforderlich. Dies erfordert eine Rechtsgrundlage (Art. 6 Abs. 1 DS-GVO), wenn nicht eine **Auftragsverarbeitung** gem.

---

[94] Nähere Einzelheiten regelt die Transparenzregistereinsichtnahmeverordnung (TrEinV), die auf Grundlage einer entsprechenden Ermächtigung in § 23 Abs. 5 GwG erlassen wurde.
[95] Auch Herzog in Herzog GwG § 6 Rn. 22 enthält keine Hinweise zur Auslegung.
[96] Vgl. BVerfGE 125, 260 (327 f.), insbesondere Rn. 226.

Art. 28 DS-GVO vorliegt. Verpflichtete sollten deshalb im Regelfall eine Auftragsverarbeitungsvereinbarung abschließen.

Zu den internen Sicherungsmaßnahmen zählen gem. § 6 Abs. 2 Nr. 1 GwG auch die **Kundensorgfaltspflichten** nach den §§ 10 bis 17 GwG. Soweit der Verpflichtete die allgemeinen Sorgfaltspflichten aus § 10 Abs. 1 Nr. 1 bis 4 GwG durch einen Dritten erfüllen lassen will, stellt § 17 GwG besondere Anforderungen. Zu den allgemeinen Sorgfaltspflichten zählt beispielsweise die Identifizierung des Vertragspartners (§ 10 Abs. 1 Nr. 1 GwG iVm § 11 f. GwG). Auch bei einer derartigen „vertraglichen Auslagerung" ist in der Regel eine Auftragsverarbeitungsvereinbarung abzuschließen.

In diesem Zusammenhang besteht ein Wertungswiderspruch zwischen der DS-GVO und dem GwG. § 17 Abs. 1 S. 2 GwG nennt einige Personengruppen, auf die der Verpflichtete kraft Gesetzes zurückgreifen kann. Beauftragt er einen Dritten aus einer dieser Gruppen, bestimmt § 17 Abs. 1 S. 3 GwG, dass die Verantwortung für die Erfüllung der allgemeinen Sorgfaltspflichten erfüllen bei dem Verpflichteten verbleibt. Beauftragt der Verpflichtete einen Dritten, der nicht zu diesen Gruppen gehört, werden ihm die Maßnahmen des Dritten gem. § 17 Abs. 5 S. 2 GwG ebenfalls zugerechnet.

Der Verpflichtete bleibt demnach nach außen voll (wenn auch nicht zwangsläufig allein) **verantwortlich.** Kommen dem Dritten beispielsweise personenbezogene Daten aus der Legitimationsprüfung abhanden, haftet auch der Verpflichtete. Unter der DS-GVO ist dies nicht zwangsläufig der Fall. Ist eine Auftragsverarbeitung vereinbart (was häufig der Fall sein wird), darf der Auftragsverarbeiter (Dritte) nach Art. 29 DS-GVO die Daten nur auf Weisung des Verantwortlichen (dh Verpflichteten im Sinne des GwG) verarbeiten. Verstößt der Auftragsverarbeiter dagegen, etwa indem er Zwecke der Datenverarbeitung selbst bestimmt, wird er nach Art. 28 Abs. 10 DS-GVO selbst zum Verantwortlichen. Der (ehemalige) Auftragsverarbeiter haftet allein. Entsprechendes gilt auch, wenn er die erforderlichen Maßnahmen für die Sicherheit der Verarbeitung nicht trifft. Art. 32 DS-GVO weist ihm insoweit eine eigene Pflicht zu. Gemäß Art. 82 Abs. 2 iVm Abs. 3 DS-GVO haftet der Auftragsverarbeiter deshalb für Schäden mangelhafter Verarbeitungssicherheit allein.

Welches Haftungsregime gilt nun, wenn der Dritte, der gleichzeitig Auftragsverarbeiter ist, datenschutzrechtliche Pflichten verletzt? Die Zuweisung der Verantwortung aus § 17 GwG beruht auf Art. 25 S. 2 der 4. EU-Geldwäsche-Richtlinie. Er lautet:

„Die endgültige Verantwortung für die Erfüllung dieser Anforderungen verbleibt jedoch bei dem Verpflichteten, der auf den Dritten zurückgreift."

Wie auch die DS-GVO handelt es sich um Europarecht, das prinzipiell auf gleicher Hierarchiestufe steht. Soweit es um die Haftung bezüglich der Verarbeitung personenbezogener Daten geht, ist der Normkonflikt zugunsten der DS-GVO aufzulösen. Sie ist sowohl spezieller als auch nach der 4. Geldwäsche-Richtlinie in Kraft getreten. Bei Datenschutzverletzungen gilt folglich die Haftungszuordnung der DS-GVO.

e) Die Geldtransfer-Verordnung. Auch die Geldtransfer-Verordnung (GT-VO) dient der Bekämpfung von Geldwäsche und Terrorismusfinanzierung.[97] Sie schreibt vor, dass Zahlungsdienstleister (Art. 4 Nr. 5 GT-VO) oder zwischengeschaltete Zahlungsdienstleister (Art. 4 Nr. 6 GT-VO) bei Geldtransfers bestimmten Daten über Auftraggeber (in der Sprache des ZAG: Zahlern) und Begünstigte (ZAG: Zahlungsempfänger) mit zu übermitteln haben. Im bargeldlosen Zahlungsverkehr werden anonyme Zahlungen damit weitgehend ausgeschlossen.

Normadressaten sind demnach sowohl der Zahlungsdienstleister des Auftraggebers und des Begünstigten, als auch die Kette der dazwischenliegenden Beteiligten, beispielsweise die am SEPA-Zahlungsverkehr beteiligten **Clearingstellen** (→ Rn. 55).

---

[97] Zur Verordnung allgemein s. Kunz CB 2016, 54; Lindner/Lienke/Aydur CCZ 2016, 90.

99 Art. 4 GT-VO schreibt die Datenkategorien vor, die zu übermitteln sind. Für den Auftraggeber sind dies beispielsweise auch dessen Anschrift sowie die Nummer eines amtlichen persönlichen Dokuments Art. 4 Abs. 1 lit. c GT-VO. Auf Seiten des Begünstigten genügen der Name und die Nummer des Zahlungskontos (Art. 4 Abs. 2 GT-VO). Die Art. 5 und 6 der GT-VO sehen hiervon einige Ausnahmen vor. Die Daten, die der Zahlungsdienstleister für die Erfüllung seiner Pflichten aus den Art. 4 bis 6 GT-VO benötigt, darf er gem. Art. 6 Abs. 1 lit. c DS-GVO erheben und für den Geldtransfer an den jeweiligen Empfänger (zwischengeschalteten Zahlungsdienstleister oder Zahlungsdienstleister des Begünstigten) weitergeben. Entsprechendes gilt für die Pflicht des zwischengeschalteten Zahlungsdienstleisters aus Art. 10 GT-VO, diese weiterzugeben. Art. 7 GT-VO verpflichtet den Zahlungsdienstleister des Begünstigten, Verfahren einzurichten, die fehlende Angaben (Daten) feststellen. Darauf basierend verpflichtet ihn Art. 8 GT-VO eine Entscheidung über die Ausführung, Zurückweisung oder Aussetzung des Geldtransfers zu treffen sowie **angemessene Folgemaßnahmen** zu ergreifen. Entsprechende Vorschriften enthalten Art. 11 und Art. 12 GT-VO für den zwischengeschalteten Zahlungsdienstleister. Die jeweils erforderlichen Datenverarbeitungen sind ebenfalls auf Grundlage des Art. 6 Abs. 1 lit. c DS-GVO zulässig.

100 **aa) Spezifische Datenschutzregelungen.** Nicht unproblematisch ist Art. 15 „Datenschutz" der GT-VO. Er verweist auf die aufgehobene Datenschutz-Richtlinie. Gem. Art. 94 Abs. 2 S. 1 DS-GVO gilt dies als Verweis auf die DS-GVO. Art. 15 Abs. 2 GT-VO bestimmt, dass personenbezogene Daten „auf Grundlage dieser Verordnung" nur für Zwecke der Verhinderung der Geldwäsche und Terrorismusfinanzierung verarbeitet werden dürfen. Sie dürfen nicht in einer Weise weiterverarbeitet werden, die mit diesen Zwecken unvereinbar ist. Dies entspricht in stark vereinfachter Form dem **Kompatibilitätstest** aus Art. 6 Abs. 4 DS-GVO. Es ist deshalb konsequent, Art. 6 Abs. 4 DS-GVO ergänzend heranzuziehen. Im Rahmen der Prüfung der Vereinbarkeit ist Ausgangspunkt dann der Zweck, zu dem die Daten aufgrund der GT-VO erhoben wurden. Im Zweifel liegt er ganz allgemein darin, Geldwäsche und Terrorismusfinanzierung zu bekämpfen.

101 Art. 15 Abs. 2 S. 3 GT-VO untersagt die Verarbeitung für **kommerzielle Zwecke.** Auch insoweit heißt es, eine solche Verarbeitung „auf Grundlage dieser Verordnung" sei unzulässig. Es ist unklar, was dies bedeutet. Eine Rechtsgrundlage im Sinne des Art. 6 Abs. 1 DS-GVO zur Verarbeitung für kommerzielle Zwecke enthält die GT-VO ohnehin nicht. Sinn und Zweck der Regelung dürfte vielmehr sein, die Verwendung von Daten, die auf Grundlage der Verordnung erhoben wurden, zu kommerziellen Zwecken zu verbieten. Jeder Zahlungsdienstleister (auch zwischengeschaltete) erhebt Daten, wenn er diese erhält. Demnach schränkt Art. 15 Abs. 2 S. 3 GT-VO den Raum für Zweckänderungen ein. Kommerzielle Zwecke sind von vornherein inkompatibel.

102 Ein absolutes Verbot kann aber ebenso wenig gemeint sein. Der Zahlungsdienstleister benötigt die in den Art. 4 GT-VO genannten Angaben (zB Name und Anschrift des Auftraggebers) auch für andere Zwecke. Ein Rechtsverhältnis zwischen Auftraggeber und Zahlungsdienstleister, beispielsweise zwischen einem Finanzinstitut und seinem Kunden, beschränkt sich regelmäßig nicht auf die Abwicklung von Geldtransfers. Auch Verarbeitungen zu kommerziellen Zwecken können legitim und sogar vom Auftraggeber gewünscht sein. Ein Beispiel ist **Direktwerbung,** die auf Grundlage einer ausdrücklichen Einwilligung erfolgt. Es ist ersichtlich nicht Sinn und Zweck von Art. 15 Abs. 2 S. 3 GT-VO, die informationelle Selbstbestimmung der Kunden durch ein solches „Verbot" zu beschneiden. Die Vorschrift muss deshalb einschränkend ausgelegt werden. Werden Daten allein für die Zwecke der GT-VO erhoben, so gilt Art. 15 Abs. 2 S. 3 GT-VO. Die betroffene Person kann jedoch nach Maßgabe des Art. 6 Abs. 4 iVm Art. 7 DS-GVO in die Verarbeitung der so erhobenen Daten zu einem anderen Zweck einwilligen.

103 **Zwischengeschaltete Zahlungsdienste,** die Daten nur für die Abwicklung des Zahlungsverkehrs erhalten, dürfen die Zwecke nicht eigenmächtig ändern. Wollen sie die er-

haltenen Daten zu einem anderen Zweck verwenden, müssen sie entweder eine Einwilligung einholen oder sie auf andere Weise und auf anderer Rechtsgrundlage erheben, beispielsweise direkt bei der betroffenen Person. Werden Daten gleichzeitig zu mehreren Zwecken erhoben, oder wird der Zweck bereits vorhandener Daten auf einen der Zwecke der GT-VO geändert, ohne dass der Erhebungszweck wegfällt, so gilt die Beschränkung des Art. 15 Abs. 2 S. 3 GT-VO für diese Daten nicht.

Art. 15 Abs. 4 GT-VO enthält eine Anforderung an die Sicherheit der verarbeiteten Daten. Die Vorschrift ist als Konkretisierung von Art. 32 DS-GVO zu lesen. Die Vertraulichkeit der verarbeiteten Daten ist zu wahren. Diese Vorgabe ist spezieller als Art. 32 Abs. 1 DS-GVO. Da die Vorschrift keine Einschränkungen enthält, besteht insbesondere kein Raum für die Berücksichtigung der Implementierungskosten oder Eintrittswahrscheinlichkeit und Schwere des Risikos, so wie es Art. 32 Abs. 1 DS-GVO vorsieht. 104

bb) Aufbewahrung von Aufzeichnungen. Art. 16 GT-VO normiert eine Aufbewahrungspflicht. Die in den Art. 4 bis 7 GT-VO genannten Angaben sind fünf Jahre lang aufzubewahren, und zwar nur durch die Zahlungsdienstleister des Auftraggebers und des Begünstigten (Art. 16 Abs. 1 S. 2 GT-VO). Zwischengeschaltete Zahlungsdienstleister sind nicht verpflichtet. Für sie gilt der allgemeine Grundsatz aus Art. 16 Abs. 1 S. 1 GT-VO, dass Angaben zum Auftraggeber und zum Begünstigten nicht länger als unbedingt erforderlich aufbewahrt werden dürfen. Nach Ablauf der in Abs. 1 genannten Aufbewahrungsfrist sind die personenbezogenen Daten grundsätzlich zu löschen (Art. 16 Abs. 2 S. 1 GT-VO). 105

Problematisch ist Art. 16 Abs. 2 S. 3 GT-VO, wonach die Mitgliedstaaten eine weitere Aufbewahrung „der personenbezogenen Daten" unter anderem nur vorschreiben dürfen, wenn sie dies für die Verhinderung, Aufdeckung oder Ermittlung von Geldwäsche oder Terrorismusfinanzierung für erforderlich halten. Die Frist für diese weitere Aufbewahrung darf einen Zeitraum von fünf Jahren nicht überschreiten. Auch an dieser Vorschrift ist unglücklich, dass sie dem Wortlaut nach nicht berücksichtigt, dass die zur Erfüllung der Pflichten aus der GT-VO vorhandenen Daten auch noch zu anderen Zwecken gespeichert sein können. **Sinn und Zweck der Löschpflicht** ist aber nicht, die Verarbeitung der Daten, die auch zu anderen Zwecken rechtmäßig verarbeitet werden, zu verhindern. Es sollte deshalb davon ausgegangen werden, dass die Pflicht nur soweit greift, wie die Daten ausschließlich zum Zwecke der Verhinderung, Aufdeckung oder Ermittlung von Geldwäsche oder Terrorismusfinanzierung unter der GT-VO aufbewahrt werden. 106

§ 15 Datenschutz in der Informationstechnik

Übersicht

	Rn.
I. Einleitung	1
II. Anwendbare Vorschriften	2
III. Einzelprobleme	3
1. Datenschutz durch Technikgestaltung	3
a) Grundsatz und Zielrichtung	3
b) Umsetzung in der Praxis	9
aa) Technische Maßnahmen	11
bb) Organisatorische Maßnahmen	14
cc) Bestehende Standards und Empfehlungen	15
2. Technische Anforderungen an Datenminimierung und Speicherbeschränkung	18
a) Speicher- und Löschkonzepte	21
aa) Speicherfristen	22
bb) Durchführung der Löschung	26
b) Löschung vs. Anonymisierung	35
3. Datenmanagement	38
a) Allgemeines	38
b) Datenqualitätsmanagement	39
aa) Bedeutung	40
bb) Maßnahmen	43
cc) Erlaubnistatbestände und Grenzen	46
c) Testdatenmanagement	50
4. Technische Anforderungen an Anonymisierung und Pseudonymisierung	61
a) Rechtliche Einordnung	63
b) Technische Anforderungen und Methodik	65
aa) Anonymisierung	65
bb) Pseudonymisierung	84
5. IT-Sicherheit und Datenschutz	97
6. Recht auf Datenportabilität	106
a) Bedeutung und Schutzrichtung	107
b) Voraussetzungen und Umfang des Anspruchs	109
c) Technische Anforderungen	120
d) Ausnahmen und Konflikte innerhalb der DS-GVO	124
aa) Zweifel an der Identität	124
bb) Recht auf Löschung	125
cc) Wahrnehmung von Aufgaben im öffentlichen Interesse	126
dd) Rechte und Freiheiten anderer Personen	127
e) Weitere Praxisempfehlungen	135

Literatur:

Aggarwal/Yu, Privacy-Preserving Data Mining: Models and Algorithms, Chap. 2, abrufbar unter http://charuaggarwal.net/generalsurvey.pdf, zuletzt abgerufen am 27.3.2018; *AK Technik der Konferenz der unabhängigen Datenschutzbehörden des Bundes und der Länder,* Das Standard-Datenschutzmodell – Empfohlen von der 90. Konferenz der unabhängigen Datenschutzbehörden des Bundes und der Länder am 30.9./1.10.2015 in Darmstadt; *Arbeitskreis „Technische und organisatorische Datenschutzfragen" der Konferenz der Datenschutzbeauftragten des Bundes und der Länder,* Orientierungshilfe „Datenschutz und Datensicherheit in Projekten: Projekt- und Produktivbetrieb", 2.11.2009; *Artikel 29-Datenschutzgruppe,* Leitlinien zum Recht auf Datenübertragbarkeit 16/DE, WP 242rev.01, 13.12.2016; *Artikel 29-Datenschutzgruppe,* Opinion 03/2014f. on Personal Data Breach Notification 693/14/EN, WP 213, 25.3.2014; *Artikel 29-Datenschutzgruppe,* Stellungnahme 4/2007 zum Begriff „personenbezogene Daten" 01248/07/DE, WP 136, 20.6.2007; *Artikel 29-Datenschutzgruppe,* Stellungnahme 05/2014 zu Anonymisierungstechniken 0829/14/DE, WP 216, 10.4.2014; *Baumgartner/Gausling,* Datenschutz durch Technikgestaltung und datenschutzfreundliche Voreinstellungen, ZD 2017, 308; *Bayerischer Landesbeauftragter für Datenschutz,* Orientierungshilfe: Datenträgerentsorgung, 17.2.2014, abrufbar unter https://www.datenschutz-bayern.de/technik/orient/oh_datentraegerentsorgung.pdf, zuletzt abgerufen am 27.3.2018; *Brüggemann,* Das Recht auf Datenportabilität, DSRITB 2017, 1; *Brüggemann,* Das Recht auf Datenportabilität – Die neue Macht des Datensubjekts und worauf Unternehmen sich einstellen müssen, K&R 2018, 1; *Bundesamt für Sicherheit in der Informationstechnik,* IT-Grundschutz-Kataloge, abrufbar unter https://www.bsi.bund.de/DE/Themen/ITGrundschutz/ITGrundschutzKataloge/itgrundschutz kataloge_node.html, zuletzt abgerufen am 27.3.2018; *Bundesamt für Sicherheit in der Informationstechnik,* BSI – Technical Guideline, BSI TR-02102-1, 22.1.2018; *Düsseldorfer Kreis,* Arbeitspapier Datenschutzfreundliche Technologien in der Telekommunikation 17.10.1997, abrufbar unter https://www.lfd.niedersachsen.de/download/59762, zuletzt abgerufen am 27.3.2018; *Düsseldorfer Kreis,* Orientierungshilfe zu den Datenschutzanforderungen an App-Entwickler und App-Anbieter, abrufbar unter https://www.datenschutz-bayern.de/technik/orient/OH_Apps.pdf, zuletzt abgerufen am 27.3.2018; *Düsseldorfer Kreis,* Orientierungshilfe zu den Datenschutzanforderungen an Smart-TV-Dienste, abrufbar unter https://www.lda.bayern.de/media/oh_smarttv.pdf, zuletzt abgerufen am 11.6.2018; *Europäische Kommission,* Vorschlag für Verordnung des Europäischen Parlaments und des Rates zum Schutz natürlicher Personen bei der Verarbeitung personenbezogener Daten und zum freien Datenverkehr (Datenschutz-Grundverordnung), KOM (2012) 11 endg.; *European Data Protection Supervisor,* Guidelines on the protection of personal data in IT governance and IT management of EU institutions, Rn. 82, abrufbar unter https://edps.europa.eu/sites/edp/files/publication/it_governance_management_en.pdf, zuletzt abgerufen am 4.4.2018; *European Union Agency for Network and Information Security (ENISA),* Privacy and Data Protection by Design – from policy to engineering, Dezember 2014; *Franck,* Das System der Betroffenenrechte nach der Datenschutz-Grundverordnung (DS-GVO), RDV 2016, 111; *Gierschmann,* Was „bringt" deutschen Unternehmen die DS-GVO? – Mehr Pflichten, aber die Rechtsunsicherheit bleibt, ZD 2016, 51; *GSMA,* https://www.gsma.com/publicpolicy/wp-content/uploads/2012/03/usecaseannexprivacy1.pdf, zuletzt abgerufen am 27.3.2018; *Hauf,* Allgemeine Konzepte – K-Anonymity, l-Diversity and T-Closeness, abrufbar unter https://dbis.ipd.kit.edu/img/content/SS07Hauf_kAnonym.pdf, zuletzt abgerufen am 27.3.2018; *Hoeren,* Thesen zum Verhältnis von Big Data und Datenqualität – Erste Raster zum Erstellen juristischer Standards, MMR 2016, 8; *Karg,* Anonymität, Pseudonyme und Personenbezug revisited?, DuD 2015, 520; *Konferenz der unabhängigen Datenschutzbehörden des Bundes und der Länder und des Verbandes der Automobilindustrie (VDA),* Gemeinsame Erklärung der Konferenz der unabhängigen Datenschutzbehörden des Bundes und der Länder und des Verbandes der Automobilindustrie (VDA) – Datenschutzrechtliche Aspekte bei der Nutzung vernetzter und nicht vernetzter Kraftfahrzeuge, abrufbar unter https://www.ldi.nrw.de/mainmenu_Service/submenu_Newsarchiv/Inhalt/Datenschutz_im_Auto/Gemeinsame_Erklaerung_VDA_Datenschutzbehoerden.pdf, zuletzt abgerufen am 27.3.2018; *Li/Li/Venkatasubramanian,* t-Closeness: Privacy Beyond k-Anonymity and l-Diversity, abrufbar unter http://ieeexplore.ieee.org/document/4221659/, zuletzt abgerufen am 27.3.2018; *Open Data Handbook,* File Formats, abrufbar unter http://opendatahandbook.org/guide/de/appendices/file-formats/, zuletzt abgerufen am 27.3.2018; *Piltz,* Die Datenschutz-Grundverordnung – Teil 2: Rechte der Betroffenen und korrespondierende Pflichten des Verantwortlichen, K&R 2016, 629; *Seghezzi/Fahrni/Friedli,* Integriertes Qualitätsmanagement – Der St. Galler Ansatz, 4. Aufl. 2013; *Specht,* Das Verhältnis möglicher Datenrechte zum Datenschutzrecht, GRUR Int. 2017, 1040; *Stiemerling,* Löschen: Mission Impossible?, PinG 2018, 93; *Strubel,* Anwendungsbereich des Rechts auf Datenübertragbarkeit – Auslegung des Art. 20 DS-GVO unter Berücksichtigung der Guidelines der Art. 29-Datenschutzgruppe, ZD 2017, 355; *Wybitul,* EU-Datenschutz-Grundverordnung im Unternehmen, 2016; *Wybitul/Rauer,* EU-Datenschutz-Grundverordnung und Beschäftigtendatenschutz – Was bedeuten die Regelungen für Unternehmen und Arbeitgeber in Deutschland? ZD 2012, 160.

I. Einleitung

Informationstechnologie ist das Herzstück einer jeden Datenverarbeitung. Nicht umsonst ist die „automatisierte Verarbeitung" wesentlicher Anknüpfungspunkt für die Frage, ob und inwiefern Datenschutzrecht überhaupt Anwendung findet. Die Verarbeitung von Daten mit Hilfe von IT ist daher zugleich Voraussetzung wie auch Regelungsgegenstand des Datenschutzrechts. In diesem Kapitel sollten einige der wichtigsten und aus technischer Sicht herausforderndsten Aufgaben für den IT-Bereich skizziert werden, die sich aus dem (neuen) Datenschutzrecht ergeben. Die Übersicht ist bei Weitem nicht abschließend – fast jede datenschutzrechtliche Pflicht kann mittelbar auch Auswirkungen auf die Gestaltung von IT-Systemen haben. Der Fokus soll daher auf solchen Themen liegen, die spezifische Herausforderungen für Design und Betrieb von IT-Systemen und -Anwendungen haben.

II. Anwendbare Vorschriften

Der Personenbezug in Art. 4 Nr. 1 DS-GVO stellt die wesentliche Grundlage für den sachlichen Anwendungsbereich der DS-GVO dar. In Abgrenzung hierzu ist die Anonymisierung von Daten eines der wesentlichen Werkzeuge im IT-Sektor für eine sichere und flexible Verarbeitung von Daten.

Die Pseudonymisierung nach Art. 4 Nr. 5 DS-GVO ist eine zentrale Maßnahme innerhalb der DS-GVO, um zur Sicherheit der Verarbeitung beizutragen und für Verantwortliche Spielräume bei der Verarbeitung personenbezogener Daten zu eröffnen.

Der Grundsatz der Datenminimierung nach Art. 5 Abs. 1 lit. c DS-GVO ist insbesondere für die Gestaltung von IT-Systemen eine zentrale Anforderung, die – auch im Zusammenspiel mit Datenschutz durch Technikgestaltung und dem Grundsatz der Speicherminimierung – in der Praxis durchaus eine erhebliche Herausforderung darstellen kann.

Der häufig übersehene Grundsatz der Datenrichtigkeit (Art. 5 Abs. 1 lit. d DS-GVO) erlangt insbesondere durch Big und Smart Data-Anwendung immer größere Bedeutung, da eine sachlich wie formal richtige Datenbasis die Grundlage für rechtskonforme, zutreffende und sinnvolle Datenanalysen darstellt. Auch im Hinblick auf die Sicherheit der Verarbeitung kann es durchaus eine Rolle spielen, ob Daten technisch korrekt und in sich schlüssig sind, um rechtzeitig Gefahren von Datenverlusten zu vermeiden.

Der Grundsatz der Speicherbegrenzung nach Art. 5 Abs. 1 lit. e DS-GVO erfordert als logische Folge des Grundsatzes der Datenminimierung dezidierte Löschkonzepte, die insbesondere in komplexen IT-Umgebungen im Detail durchaus mit erheblichem Aufwand verbunden sein können.

Das Recht auf Datenportabilität gemäß Art. 20 DS-GVO ist eines der aus IT-Sicht wichtigsten neuen Betroffenenrechte der DS-GVO – abhängig von den konkreten Verarbeitungssituationen kann es durchaus auch eines der folgenreichsten sein. Denn für die konkrete Umsetzung stellen sich noch zahlreiche Detailfragen, die ggf. einen ganz erheblichen Umsetzungsaufwand mit sich bringen können.

Das Prinzip des Datenschutzes durch Technikgestaltung (Art. 25 DS-GVO) zielt vor allem darauf ab, bereits in Entwicklungsprozessen datenschutzrechtliche Anforderungen hinreichend zu berücksichtigen und – soweit möglich – datenschutzrechtliche Probleme auf technischem Wege zu lösen.

Die Sicherheit der Verarbeitung (Art. 32 DS-GVO) ist als übergeordnetes Ziel bei der Gestaltung sämtlicher Anwendungen und IT-Prozesse zu berücksichtigen. Anders als unter alter Rechtslage verzichtet die DS-GVO auf ganz spezifische Anforderungen und nimmt vielmehr den Verantwortlichen in die Pflicht, durch spezifische Risikoanalysen und Schutzkonzepte die Sicherheit der Verarbeitung individuell zu gewährleisten.

III. Einzelprobleme

1. Datenschutz durch Technikgestaltung

3 **a) Grundsatz und Zielrichtung.** Mit dem Grundsatz des Datenschutzes durch Technikgestaltung hat das viele Jahre diskutierte Konzept des „Data Protection by Design" – bisweilen auch ungenau als „Privacy by Design" bezeichnet[1] – mit Art. 25 Eingang in die DS-GVO gefunden. Art. 25 DS-GVO verfolgt den Zweck, bereits in einem möglichst frühen Stadium Datenrisiken zu minimieren, indem bei der Auswahl, Festlegung und Einrichtung der IT-Systeme die Datenschutzanforderungen umfassend Berücksichtigung finden. Verantwortliche sind also gehalten, bereits bei der Gestaltung neuer Verarbeitungsprozesse die konkreten Anforderungen der DS-GVO hinsichtlich der Verarbeitung personenbezogener Daten zu berücksichtigen und – soweit möglich – unter Abwägung der konkreten Risiken wirtschaftlich sinnvoll – auf technischem Wege zu implementieren.

---

[1] Tatsächlich wird durch Art. 25 DS-GVO nicht „Privacy" im engeren Sinne geschützt, sondern es ist vielmehr ein umfassender Schutz personenbezogener Daten gemeint, so auch Baumgartner/Gausling ZD 2017, 308.

Die Norm schützt damit auch (mittelbar) die Rechte der Betroffenen.[2] Bei Datenschutz durch Technikgestaltung handelt es sich also um ein Gesamtkonzept, das unrechtmäßige Datenverarbeitungen sowie den Datenmissbrauch verhindern soll und damit gleichzeitig das Vertrauen des Nutzers bei datenverarbeitenden Angeboten verstärken soll.[3]

Bereits bei der Entwicklung von Anwendungen sollen demnach datenschutzrechtliche Aspekte Berücksichtigung finden. Die konkreten Anforderungen sind dabei denkbar vage und abhängig von dem Stand der Technik, den Implementierungskosten, den Einzelheiten der Verarbeitung sowie der Eintrittswahrscheinlichkeit und Schwere der mit der Verarbeitung verbundenen Risiken für die Rechte und Freiheiten natürlicher Personen. 4

Um zu bestimmen, in welchem Umfang konkrete Maßnahmen zum Datenschutz durch Technikgestaltung erforderlich sind, müssen daher in einem ersten Schritt die beabsichtigte Verarbeitung sowie die damit verbundenen Risiken für die betroffenen Personen betrachtet werden. Eine solche Beurteilung der geplanten Verarbeitungsmaßnahmen ist nicht nur spezifisch für Art. 25 DS-GVO vorgegeben. Beiden Faktoren kommt im Rahmen der Risiko- und Folgenabschätzung auch in Art. 24 Abs. 1 DS-GVO sowie in den ErwGr 75 und 76 DS-GVO eine hervorgehobene Stellung zu. Insoweit bietet es sich an, diese für die Datenschutz-Folgenabschätzung ohnehin vorzunehmenden Prüfungen miteinander zu kombinieren. 5

Ob eine Datenschutz-Folgenabschätzung, in der Praxis meist „Data Protection Impact Assessment" oder kurz „(D)PIA" genannt,[4] erforderlich ist, bemisst sich daran, ob die konkrete Verarbeitung ein hohes Risiko für die Rechte und Freiheiten natürlicher Personen zur Folge haben wird. Dafür müssen insbesondere die Eintrittswahrscheinlichkeit und die Schwere der Risiken für die Rechte und Freiheiten natürlicher Personen angesichts der konkreten Verarbeitungssituation bestimmt werden.[5] Die Ergebnisse dieser Vorprüfung können sodann verwendet werden, um zu bestimmen, ob und welche Maßnahmen im Hinblick auf Datenschutz durch Technikgestaltung im konkreten Fall erforderlich sind. 6

Nach Art. 83 Abs. 4 lit. a DS-GVO ist ein Verstoß gegen die Pflichten aus Art. 25 Abs. 1 und 2 DS-GVO bußgeldbewehrt. Aufgrund der sehr vagen Vorgaben von Art. 25 DS-GVO und des entsprechend weiten Einschätzungsspielraums des Verantwortlichen, dürften Bußgelder spezifisch für Verstöße von Art. 25 DS-GVO in der Praxis eher die Ausnahme sein. Da jedoch Art. 25 DS-GVO zahlreiche andere Datenschutzgrundsätze mittelbar insofern miterfasst, als diese ohnehin technischer Umsetzungen bedürfen, wird ein Verstoß gegen Art. 25 DS-GVO regelmäßig auch Verstöße gegen andere Grundsätze der DS-GVO mit sich ziehen.[6] Jedoch kann bei der Bemessung der Höhe der Geldbuße nach Art. 83 Abs. 2 lit. d DS-GVO berücksichtigt werden, in welchem Umfang das Unternehmen sich um die Einhaltung der Anforderungen des Art. 25 DS-GVO bemüht hat. 7

Insofern steht bei Art. 25 DS-GVO im Vergleich zu anderen Geboten der DS-GVO weniger das Sanktionsrisiko im Vordergrund, als das eigene Interesse des Verantwortlichen, durch frühzeitige datenschutzkonforme Gestaltung seiner Produkte und Verarbeitungsprozesse die Einhaltung der DS-GVO insgesamt auf technischem Wege sicherzustellen. 8

b) Umsetzung in der Praxis. Art. 25 DS-GVO macht wenig konkrete Gestaltungsvorgaben. In der Praxis wird daher in erster Linie prozessual sicherzustellen sein, dass eine dem Risiko der Verarbeitung entsprechende Begleitung der Entwicklungsprozesse durch datenschutzverantwortliche Personen im Unternehmen stattfindet. Dies kann bspw. durch 9

---

[2] Mantz in Sydow DS-GVO Art. 25 Rn. 19.
[3] Hartung in Kühling/Buchner DS-GVO Art. 25 Rn. 11.
[4] Mantz in Sydow DS-GVO Art. 25 Rn.
[5] Hartung in Kühling/Buchner DS-GVO Art. 25 Rn. 13.
[6] So auch Baumgartner, der gleichermaßen bei einem Verstoß gegen Art. 25 DS-GVO auch solche gegen Art. 24 und Art. 32 DS-GVO naheliegend sieht, in Ehmann/Selmayr DS-GVO Art. 25 Rn. 20.

regelmäßige Absprachen von wesentlichen Design- oder Technologieentscheidungen mit dem Datenschutzbeauftragten bis hin zu einer festen Einbindung von datenschutzverantwortlichen Personen des Unternehmens in die Entwicklungsprozesse umgesetzt werden. Der Grad der Beteiligung hängt jeweils von dem Risiko der Verarbeitung ab.

10 Als konkrete Maßnahmen kommen sowohl organisatorische als auch technische Maßnahmen in Betracht, die im Einzelfall dahingehend zu bewerten sind, ob sie im jeweiligen Projekt möglich, angemessen und wirtschaftlich sinnvoll sind. Beispielhaft wären etwa folgende Maßnahmen in Erwägung zu ziehen:

aa) Technische Maßnahmen.

11 – Die **Anonymisierung** von Daten stellt stets ein wirksames Mittel dar, einerseits eine datenschutzfreundliche Gestaltung von Verarbeitungsprozessen sicherzustellen, andererseits aber auch erheblichen Spielraum bei der Verwendung der Daten zu Gunsten des Verantwortlichen zu schaffen, da anonyme Daten nicht dem Anwendungsbereich der DS-GVO unterfallen. Dass eine Anonymisierung stattfinden muss, wo sie ohne weiteres möglich ist, ergibt sich auch aus dem Gebot der Datenminimierung aus Art. 5 Abs. 1 lit. c DS-GVO.

– Die **Pseudonymisierung** wird beispielhaft in Art. 25 Abs. 1 DS-GVO, gesondert in ErwGr 28 DS-GVO, sowie an verschiedensten anderen Stellen innerhalb der DS-GVO als geeignetes Mittel zur datenschutzfreundlichen Gestaltung von Verarbeitungsprozessen genannt. Der Gesetzgeber sieht sie als „besonders probates Mittel" zur Senkung der Risiken an.[7] Zugleich kann die Pseudonymisierung dem Verantwortlichen in verschiedensten Situationen zusätzlichen Gestaltungsspielraum verschaffen, bspw. im Falle von Zweckänderungen nach Art. 6 Abs. 4 lit. e DS-GVO.

– Die **Verschlüsselung** von Daten stellt eine der wichtigsten Maßnahmen dar, um die Sicherheit der Verarbeitung zu gewährleisten. Art. 32 Abs. 1 lit. a DS-GVO nennt sie als eine der wenigen konkreten Maßnahmen, die die DS-GVO hinsichtlich der Sicherheit der Verarbeitung explizit vorschlägt.

– Auch Maßnahmen zur **Datenminimierung** nach Art. 5 Abs. 1 lit. c DS-GVO sind im Rahmen des Datenschutzes durch Technikgestaltung zu berücksichtigen. Neben offensichtlichen Umsetzungen wie dem Verzicht auf personenbezogene Daten, die nicht unbedingt für die Verarbeitung benötigt werden, kann sich hier auch an weniger offenkundigen Stellen sinnvolles Einsparpotenzial ergeben. So kann etwa die Nutzung von Single-Sign-On-Services dazu führen, dass Daten zur Authentifizierung nicht von jeder Anwendung neu erhoben werden müssen, sondern stattdessen auf einen zentralen Dienst zurückgegriffen wird, der die Authentifizierung (und damit die Verwaltung potenziell sicherheitsrelevanter personenbezogener Daten) ohne mehrfache Datenhaltung umsetzt.[8]

– Auch die technische Realisierung von **Betroffenenrechten** sollten hinreichend berücksichtigt werden.[9] Dazu gehört insbesondere das **Widerspruchsrecht,** das der Betroffene nach Art. 21 Abs. 5 DS-GVO mittels automatisierter Verfahren ausüben kann. So kann in Verarbeitungssituationen, in denen ein Widerspruchsrecht regelmäßig zu erwarten sein wird (bspw. im Bereich der Direktwerbung), eine technische Möglichkeit zur Erklärung des Widerspruchs vorgesehen werden – ggf. mit Eingabe der Gründe für die „besondere Situation" iSd Art. 21 Abs. 1 DS-GVO –, um sowohl für betroffene Personen als auch für Verantwortliche die Berücksichtigung des Widerspruchs effizienter zu gestalten.

---

[7] Hanßen in Wybitul HdB DS-GVO Art. 25 Rn. 37 f.; Mantz in Sydow DS-GVO Art. 25 Rn. 51.
[8] Baumgartner/Gausling ZD 2017, 308 (312); Martini in Paal/Pauly DS-GVO Art. 25 Rn. 30.
[9] Martini in Paal/Pauly DS-GVO Art. 25 Rn. 32.

Ein Unternehmen plant, eine neue Technologie zu entwickeln, mit der das Einkaufsverhalten ihrer Kunden analysiert wird, um hierzu Prognosen über Kauftrends, aktive Zielgruppen und künftig benötigte Warenbestände zu erstellen. Die Rechtmäßigkeit nach Art. 6 Abs. 1 lit. f DS-GVO unterstellt, gebieten die Risiken für die Rechte und Freiheiten der Betroffenen, dass bereits bei der Entwicklung geprüft wird, ob und inwiefern eine Auswertung auf anonymer oder pseudonymer Basis vorgenommen werden kann. Zudem muss sichergestellt werden, dass Betroffenenrechte wie Widerspruchs- oder Auskunftsrechte im Verarbeitungsprozess vorgesehen sind.

Als besondere Form des Datenschutzes durch Technikgestaltung sieht Art. 25 Abs. 2 DS-GVO zudem konkret das Gebot der **datenschutzfreundlichen Voreinstellungen** vor. Diese sollen der „technischen Unbeholfenheit"[10] des Einzelnen entgegenkommen und vermeiden, dass technisch weniger versierte Anwender durch bloße Unkenntnis oder Unfähigkeit, datenschutzfreundliche Einstellungen vorzunehmen, benachteiligt werden. Durch die Regelung in einem eigenen Absatz, obwohl es sich um einen Unterfall des Data Protection by Design handelt, wollte der Gesetzgeber die hohe Relevanz und die Bedeutung der Einhaltung dieser Vorgaben verdeutlichen.

12

Der Grundsatz des Datenschutzes durch Voreinstellung fordert, dass datenverarbeitende Produkte bereits bei der ersten Anwendung möglichst wenige personenbezogene Daten verarbeiten, namentlich nur solche, die für den Verarbeitungszweck erforderlich sind.[11] Unter Voreinstellungen sind Maßnahmen zur Regulierung der Datenverarbeitung zu verstehen, die zu Beginn der Datenverarbeitung gesetzt worden sind, ohne dass der Betroffene hierauf aktiv eingewirkt hat.[12] Diese Anforderung gilt nach Art. 25 Abs. 2 S. 2 DS-GVO in Bezug auf die Menge der erhobenen Daten, den Umfang der Verarbeitung sowie die Speicherfrist und Zugänglichkeit.

13

Bietet eine App an, optional sämtliche Daten auf einem Cloud-Server als Sicherungskopie zu speichern, muss diese Option nach dem Grundsatz der datenschutzfreundlichen Voreinstellungen standardmäßig deaktiviert sein. Die App darf allerdings den Nutzer bei der ersten Verwendung fragen, ob er eine solche Sicherungskopie seiner Daten in der Cloud wünscht.

bb) Organisatorische Maßnahmen. Neben technischen Maßnahmen kommen auch organisatorische Maßnahmen in Betracht, die bereits bei der Entwicklung neuer Technologien Berücksichtigung finden können:
- Bestimmte Verarbeitungssituationen können Änderungen an bestehenden oder die Einführung neuer **unternehmensinterner Prozesse** erforderlich machen.[13] Werden bspw. besondere Kategorien personenbezogener Daten verarbeitet, so kann die Einführung eines Vier-Augen-Prinzips eine empfehlenswerte Maßnahme sein,[14] wonach die Maßnahme nicht allein von einer einzelnen Person, sondern von zwei Personen verantwortet und durchgeführt wird.
- Hinsichtlich der Funktionen und Verarbeitung muss der Verantwortliche **Transparenz** schaffen.[15] Dieser Pflicht können Unternehmen durch das Führen einer detaillierten und strukturierten Dokumentation[16] hinsichtlich der Funktionen und Verarbeitung nachkommen.
- Auch die frühzeitige **Ressourcenplanung** zur Erfüllung der in Art. 25 DS-GVO auferlegten Pflichten ist zu berücksichtigen. Gerade mittlere und größere Unternehmen

14

---
[10] Schaffland/Holthaus in Schaffland/Wiltfang DS-GVO Art. 25 Rn. 10.
[11] Hartung in Kühling/Buchner DS-GVO Art. 25 Rn. 24.
[12] Moser in GSSV DS-GVO Art. 25 Rn. 71; Hartung in Kühling/Buchner DS-GVO Art. 25 Rn. 24.
[13] Mantz in Sydow DS-GVO Art. 25 Rn. 60.
[14] Mantz in Sydow DS-GVO Art. 25 Rn. 60.
[15] Vgl. ErwGr 78 DS-GVO.
[16] Mantz in Sydow DS-GVO Art. 25 Rn. 53.

sollten eine durchdachte Ressourcenplanung nicht vernachlässigen und vor allem dabei beachten, auf welche bereits bestehenden Ressourcen und Prozesse sie zurückgreifen können[17] und welche Ressourcen künftig hinzugezogen oder erweitert werden müssen.

15   **cc) Bestehende Standards und Empfehlungen.** Darüber hinaus bietet es sich an, bei der Entwicklung neuer Verarbeitungsprozesse auf bestehende Standards und Empfehlungen zurückzugreifen, um eine datenschutzfreundliche und sichere Gestaltung der Verarbeitungsprozesse sicherzustellen.

In Betracht kommen hierbei insbesondere:
- IT-Grundschutz-Kataloge des Bundesamts für Sicherheit in der Informationstechnologie (BSI)[18]
- Das Standard-Datenschutzmodell der Konferenz des Bundes und der Länder[19]
- Die Empfehlungen der European Union Agency for Network and Information Security zu Privacy and Data Protection by Design[20]
- Orientierungshilfen und Empfehlungen der Datenschutzaufsichtsbehörden

16   Darüber hinaus können branchen- oder produktspezifische Standards und Empfehlungen bestehen, deren Berücksichtigung bei der Entwicklung hinsichtlich Art. 25 DS-GVO jedenfalls sinnvoll sein können. So haben der Verband der Automobilindustrie und die Datenschutzaufsichtsbehörden im Januar 2016 eine gemeinsame „Erklärung zu datenschutzrechtlichen Aspekten bei der Nutzung vernetzter und nicht vernetzter Fahrzeuge" veröffentlicht,[21] an die sich Unternehmen in diesem Geschäftsfeld orientieren können.

17   Für Anbieter von Smart TV-Diensten hat der Düsseldorfer Kreis bspw. eine Orientierungshilfe veröffentlicht,[22] wonach die Dienste so konfiguriert werden müssen, dass Datenverbindungen erst nach hinreichender Information der Nutzer hergestellt werden. Anbieter für mobile Apps können sich ua auch an den „Privacy Design Guidelines for Mobile Application Development"[23] oder an der Orientierung des Düsseldorfer Kreises zu den Datenschutzanforderungen an App-Entwickler und App-Anbieter[24] orientieren. Auch wenn viele der Empfehlungen derzeit noch nicht spezifisch an die Anforderungen der DS-GVO angepasst sind, können sie jedoch zumindest bis zur Aktualisierung der Dokumente im Hinblick auf die neue Rechtslage sinnvolle und hilfreiche Anhaltspunkte bieten, welche Aspekte aus datenschutzrechtlicher Sicht bei der jeweiligen Produktentwicklung zu berücksichtigen sein.

2. Technische Anforderungen an Datenminimierung und Speicherbeschränkung

18   Ein weiterer Aspekt des technischen Datenschutzes ist der Grundsatz der Speicherbegrenzung nach Art. 5 Abs. 1 lit. e DS-GVO. Er flankiert den allgemeinen Grundsatz der Datenminimierung nach Art. 5 Abs. 1 lit. c DS-GVO, der bereits unter dem BDSG aF als Grundsatz der Datenvermeidung und Datensparsamkeit im Wesentlichen bekannt war

---

[17] Wybitul EU-DSGVO im Unternehmen Rn. 325.
[18] IT-Grundschutz-Kataloge, abrufbar unter https://www.bsi.bund.de/DE/Themen/ITGrundschutz/IT GrundschutzKataloge/itgrundschutzkataloge_node.html, zuletzt abgerufen am 27.3.2018; so auch Baumgartner/Gausling ZD 2017, 308 (311).
[19] Das Standard-Datenschutzmodell – Empfohlen von der 90. Konferenz der unabhängigen Datenschutzbehörden des Bundes und der Länder am 30.9./1.10.2015 in Darmstadt, so auch Baumgartner/Gausling ZD 2017, 308 (311).
[20] European Union Agency for Network and Information Security (ENISA), Privacy and Data Protection by Design – from policy to engineering, Dezember 2014.
[21] https://www.ldi.nrw.de/mainmenu_Service/submenu_Newsarchiv/Inhalt/Datenschutz_im_Auto/Gemeinsame_Erklaerung_VDA_Datenschutzbehoerden.pdf, zuletzt abgerufen am 27.3.2018.
[22] Düsseldorfer Kreis Orientierungshilfe Smart-TV, 26.
[23] https://www.gsma.com/publicpolicy/wp-content/uploads/2012/03/usecaseannexprivacy1.pdf, zuletzt abgerufen am 27.3.2018.
[24] https://www.datenschutz-bayern.de/technik/orient/OH_Apps.pdf, zuletzt abgerufen am 27.3.2018.

und eine Verarbeitung personenbezogener Daten nur in dem Umfang erlaubt, der für den konkreten Verarbeitungszweck erforderlich ist.

Der Grundsatz der Speicherbeschränkung stellt gewissermaßen die logische Konsequenz aus dem Grundsatz der Datenminimierung, dem Grundsatz der Zweckbindung und dem Prinzip des Datenschutzes durch Technikgestaltung dar. Während der Grundsatz der Datenminimierung den Umfang der Datenverarbeitung inhaltlich auf den konkreten Zweck beschränkt, begrenzt der Grundsatz der Speicherbeschränkung die Datenverarbeitung in zeitlicher Hinsicht auf den konkreten Zweck.[25] So ist auf technischem Wege sicherzustellen, dass personenbezogene Daten bzw. identifizierende Merkmale nur so lange gespeichert werden, wie dies für den Verarbeitungszweck erforderlich ist.

Auch wenn diese Vorgabe auf den ersten Blick eine Selbstverständlichkeit darstellt, können sich in der Praxis durchaus Herausforderungen bei den Detailfragen ergeben.

a) Speicher- und Löschkonzepte. In der Praxis erfordert der Grundsatz der Speicherbegrenzung die Ausarbeitung eines grundlegenden Speicherkonzeptes. Hierin sind die vorhandenen Verarbeitungsvorgänge und -zwecke zu erfassen und hieraus konkrete Speicherfristen abzuleiten.

aa) Speicherfristen. Zunächst ist zu identifizieren, welche personenbezogenen Daten durch den Verantwortlichen zu welchen Zwecken verarbeitet werden. Anhand dessen ist sodann festzulegen, für welchen Zeitraum die personenbezogenen Daten gespeichert werden sollen. Dies kann bspw. für die Dauer der Vertragsbeziehungen, eventuelle Verjährungsfristen oder entsprechend gesetzlicher Aufbewahrungsfristen definiert werden, wie bspw. § 14b UStG oder § 257 Abs. 4 HGB.

Denkbar ist auch eine Differenzierung nach verwendeter Applikation. So werden bspw. E-Mails eines Kunden nicht zwingend über die gesamte Vertragslaufzeit gespeichert werden müssen. Spätestens nach Ablauf der entsprechenden Verjährungsfristen ist zu prüfen, ob eine Löschung in Betracht kommt oder ob Gründe bestehen, die eine weitere Speicherung der personenbezogenen Daten rechtfertigen.

Im Zuge des Speicher- und Löschkonzeptes wird auch zu klären sein, wie genau die Löschung in technischer Hinsicht sichergestellt werden kann. Dies kann im Einzelfall durchaus eine Herausforderung sein, insbesondere dann, wenn bestimmte Daten nicht nur an einer zentralen Stelle, sondern in verschiedenen Systemen verteilt, verarbeitet werden. Auch abhängig vom konkreten Zeitpunkt der Löschung können verschiedene Löschroutinen erforderlich sein: Sollen bspw. bestimmte personenbezogene Daten bereits unmittelbar mit Kündigung des Vertrages durch den jeweiligen Kunden gelöscht werden, kann es geboten sein, dass die Löschroutine mit Bearbeitung durch den entsprechenden Mitarbeiter ausgelöst wird. In anderen Situationen bietet sich demgegenüber eine regelmäßige Löschroutine an, die bspw. täglich anhand zuvor festgelegter Kriterien Datensätze automatisch löscht, die nicht mehr benötigt werden.

Aus fachlicher Sicht bietet es sich an, hinsichtlich der Löschkonzepte auf bestehende und bewährte Empfehlungen zurückzugreifen, wie bspw. Orientierungshilfen der Aufsichtsbehörden[26] oder die DIN-Norm 66398.

bb) Durchführung der Löschung. Zudem ist konkret festzulegen, wie und wo eine Löschung konkret vorzunehmen ist. Was auf den ersten Blick trivial klingt, kann im Detail durchaus Probleme bereiten. So ist zu berücksichtigen, dass auch im Falle einer Löschung von Daten aus Bestandssystemen regelmäßig noch an anderer Stelle Datensätze oder Fragmente hiervon verbleiben. Dies betrifft bspw. vorgehaltene Sicherungskopien,

---

[25] Reimer in Sydow DS-GVO Art. 5 Rn 39.
[26] Vgl. etwa Bay. LfD, Orientierungshilfe Datenträgerentsorgung, 17.2.2014, abrufbar unter https://www.datenschutz-bayern.de/technik/orient/oh_datentraegerentsorgung.pdf, zuletzt abgerufen am 27.3.2018.

Zwischenspeicher („Caches") oder Log-Dateien, in denen etwa Datenbanktransaktionen enthalten sind, die auch personenbezogene Daten umfassen können. Daher sollte bereits bei Erstellung des Speicherkonzeptes berücksichtigt werden, an welchen Stellen in den vorhandenen Systemen eine Löschung vorzunehmen ist.

27 Darüber hinaus ist festzulegen, ob und wie lange welche Daten über die initiale Löschung hinaus vorgehalten werden müssen. Dies kann bspw. Sicherungskopien betreffen, bei denen aus Gründen der Sicherheit der Verarbeitung nach Art. 32 DS-GVO abhängig von den konkreten Risiken der Datenverarbeitung eine weitergehende Speicherung geboten sein kann. Denn eine sofortige und restlose Löschung kann vor dem Hintergrund der Datensicherheit jedenfalls in Einzelfällen nicht sinnvoll oder sogar praktisch unmöglich sein.

28 Dabei ist zunächst zu berücksichtigen, dass die DS-GVO nicht nur einen Schutz vor unberechtigter Erhebung oder Verarbeitung personenbezogener Daten bezweckt. Nach Art. 5 Abs. 1 lit. f sowie Art. 32 Abs. 2 DS-GVO muss der Verantwortliche insbesondere auch Maßnahmen zum Schutz vor der Vernichtung oder dem Verlust personenbezogener Daten treffen. Hierzu gehört zweifellos auch die Erstellung von risikoentsprechenden Sicherungskopien personenbezogener Daten.

29 Insbesondere bei komplexeren IT-Systemen werden Sicherheitskopien jedoch selten durch eine einfache 1:1 Kopie von einzelnen Datensätzen vorgenommen. Vielmehr wird die Datensicherung regelmäßig durch inkrementelle Sicherung einzelner geänderter Datenbestände oder auf Blockebene vorgenommen.[27] Dies dient nicht nur der wirtschaftlichen, sondern auch der technischen Effizienz. Denn einerseits benötigen mehrere Sicherungskopien hierdurch deutlich weniger Speicherplatz, andererseits ist eine Sicherung der Daten hierdurch auch deutlich schneller und damit in kürzeren Abständen möglich, weil nicht mit jeder erneuten Sicherung eine vollständige Kopie sämtlicher Daten hergestellt werden muss, sondern lediglich die Unterschiede im Vergleich zur vorangegangenen Sicherung gespeichert werden müssen.

30 Das Entfernen eines einzelnen Datensatzes aus einer solchen Kopie wird in der Praxis jedoch regelmäßig äußerst schwierig, in Einzelfällen sogar nahezu unmöglich sein, ohne mit der Löschung des Einzeldatensatzes gleich die gesamte Sicherungskopie aller Daten löschen zu müssen.[28] Dies bringt Verantwortliche in eine Zwickmühle: Einerseits sind sie zur Löschung einzelner Datensätze verpflichtet, gleichzeitig würde jedoch eine solche Löschung ganzer Sicherheitskopien einen Verstoß gegen Art. 32 DS-GVO darstellen.

31 Zumindest in den Fällen, in denen eine Löschung einzelner Datensätze aus Sicherungskopien praktisch unmöglich ist, wird eine sofortige Beseitigung sämtlicher personenbezogenen Daten auch aus Sicherungskopien daher regelmäßig nicht verlangt werden können. Der Verantwortliche wird die zu löschenden Daten daher aus seinem Produktivsystem entfernen und damit den weiteren Verarbeitungsvorgängen entziehen müssen. Eine restlose Löschung auch aus sämtlichen Sicherungskopien wird in solchen Fällen jedoch nicht verlangt werden können.

32 Hierbei wird allerdings zu berücksichtigen sein, wie sichergestellt wird, dass solche noch in Sicherungskopien weiterhin gespeicherten Daten im Falle des Zurückspielens einer Sicherungskopie („Rollback") nicht wieder in die Bestandssysteme und Verarbeitungsprozesse aufgenommen werden und die Löschung aus den Produktivsystemen damit rückgängig gemacht wird.

33 Um dies zu vermeiden bietet sich eine gestufte Löschung[29] an: Hierbei werden zunächst die zu löschenden Daten aus den operativen Anwendungen gelöscht und damit aus sämtlichen Geschäftsprozessen entfernt. Auf diese Weise sind die Daten für den Verantwortlichen zunächst nicht mehr nutzbar, in den ggf. vorhandenen Sicherungskopien aber

---

[27] Ausführlich Stiemerling PinG 2018, 93 (95).
[28] Stiemerling PinG 2018, 93 (95).
[29] Stiemerling PinG 2018, 93 (96).

nach wie vor vorhanden. Zugleich wird auf nicht personenbezogene Weise (bspw. anhand von internen Identifikationsnummern für Datensätze) dokumentiert, welche Datensätze von der Löschung betroffen sind, um sicherzustellen, dass im Falle eines Rollbacks die Löschung erneut ausgeführt wird. Die endgültige Löschung erfolgt dann mit Löschung der jeweiligen Sicherungskopie.

Zu bedenken ist dabei jedoch, dass das Löschungskonzept auch für Sicherheitskopien eine risikoentsprechende Löschfrist vorsehen sollte und der Prozess dem Betroffenen im Rahmen der Informationspflichten nach Art. 13 Abs. 2 lit. a und 14 Abs. 2 lit. a DS-GVO zu kommunizieren ist. Bei der Bestimmung der Löschfristen können auch gesetzliche Aufbewahrungsfristen eine Rolle spielen, insbesondere dann, wenn diese eine gewisse Variabilität aufweisen. So sieht § 174 Abs. 3 AO etwa eine Regelaufbewahrung von 10 Jahren für bestimmte Dokumente vor. Diese kann sich im Einzelfall jedoch abhängig von der steuerlichen Festsetzungsfrist auch verlängern. Hieraus ergibt sich für den Verantwortlichen die Notwendigkeit, auch mit Hilfe von Sicherungskopien einen gewissen zeitlichen Puffer zu gewährleisten, sodass eine längere Speicherfrist für Sicherungskopien insbesondere bei variablen Pflichten notwendig sein kann. 34

b) Löschung vs. Anonymisierung. Regelmäßig stellt sich die Frage, ob anstelle einer Löschung von Daten auch eine Anonymisierung in Betracht kommt. Dies kann bspw. dann eine Rolle spielen, wenn Unternehmen bestimmte Daten noch benötigen, um historische Auswertungen vornehmen zu können. Teilweise können bestimmte nicht-personenbezogene Daten auch noch benötigt werden, um rechtlich erforderliche Berechnungen durchführen oder im Nachhinein überprüfen zu können, wie etwa für Bilanzen. 35

Die Anonymisierung wird in der DS-GVO nicht mehr definiert, sondern nur in ErwGr 26 DS-GVO näher umschrieben.[30] Nach dessen S. 5 gelten die Grundsätze der DS-GVO nicht für anonyme Daten, also solche, die sich nicht (mehr) auf eine identifizierte oder identifizierbare natürliche Person beziehen. Durch die Formulierung wird deutlich, dass anonyme Daten die Kehrseite von personenbezogenen Daten im Sinne des Art. 4 Nr. 1 DS-GVO darstellen und damit nicht in den von Art. 1 Abs. 1 DS-GVO beschriebenen Anwendungsbereich der Verordnung fallen.[31] Daher kann sich auch der Löschungsanspruch nur auf personenbezogene, nicht hingegen auf nicht-personenbezogene Daten beziehen. 36

Zudem setzt eine Löschung nicht voraus, dass die betreffenden Daten „vernichtet" werden. Dies folgt schon aus Art. 4 Nr. 2 DS-GVO, wonach die Verarbeitung personenbezogener Daten ua „das Löschen oder die Vernichtung" umfasst. Deswegen genügt es zur Erfüllung des Art. 17 Abs. 1 DS-GVO, wenn die in den Daten enthaltenen Informationen soweit unkenntlich gemacht wurden, sodass die betreffenden Daten nicht oder nur mit unverhältnismäßigen Mitteln wiederhergestellt werden können.[32] Teleologisch betrachtet steht die Beseitigung des Personenbezugs damit der Löschung nahe, weil auch hier die betroffene Person als nicht mehr schutzbedürftig erachtet wird.[33] Werden also im Falle eines Löschungsanspruches sämtliche personenbezogene Daten gelöscht und verbleiben ausschließlich anonyme Daten bei dem Verantwortlichen, so ist der Löschungsanspruch erfüllt. 37

Der Kunde eines Online-Shops verlangt die Löschung seiner personenbezogenen Daten. In diesem Fall wird der Online-Shop dennoch sicherstellen müssen, dass er diejenigen nicht-personenbezogenen Daten behält, die er benötigt, um seinen Jahresabschluss zu erstellen, Fehler in der Buchhaltung im Falle einer Steuerprüfung zu entdecken oder zur Geschäftsplanung die Umsätze über bestimmte Zeiträume in der Vergangenheit zu analysieren.

---

[30] Dagegen enthielt § 3 Abs. 6 BDSG aF noch eine entsprechende Begriffserläuterung.
[31] Ebenso Karg DuD 2015, 520 (523).
[32] Veil in GSSV DS-GVO Art. 17 Rn. 83 ff.
[33] Specht GRUR Int. 2017, 1040 (1047).

3. Datenmanagement

38 **a) Allgemeines.** Um die Anforderungen der DS-GVO vollumfänglich erfüllen zu können, ist in der Praxis – vor allem bei umfassenden Datenbeständen – ein zentrales Datenmanagement von entscheidender Bedeutung. Konkret geht es dabei um die zentrale Erfassung und Strukturierung aller verarbeiteten personenbezogenen Daten und eine Bündelung der relevanten technischen und organisatorischen Maßnahmen, um einerseits die Einhaltung der datenschutzrechtlichen Anforderungen und andererseits den Nutzen der Daten für die verfolgten Verarbeitungszwecke zu maximieren. Zwei aus rechtlicher wie praktischer Sicht besonderer Aspekte des Datenmanagements sollen hier genauer dargestellt werden.

39 **b) Datenqualitätsmanagement.** Nach Art. 5 Abs. 1 lit. d DS-GVO müssen personenbezogene Daten „sachlich richtig" und „erforderlichenfalls auf dem neuesten Stand sein". Der für die Verarbeitung Verantwortliche hat demnach „angemessene Maßnahmen" zu treffen, um unrichtige Daten entweder zu löschen oder zu berichtigen. Eine vergleichbare Pflicht findet sich auch in Art. 6 Abs. 1 lit. d DS-RL, die allerdings nie explizit in deutsches Recht umgesetzt wurde.[34] Im Unterschied hierzu ist ein Verstoß gegen Art. 5 Abs. 1 lit. d DS-GVO nach Art. 83 Abs. 5 lit. a DS-GVO zudem bußgeldbewehrt. Verantwortliche haben dementsprechend auch sicherzustellen, dass die Qualität der von ihnen verarbeiteten Daten so gewährleistet ist – eine falsche Datenverarbeitung kann für Betroffene schließlich in vielen Verarbeitungssituationen gravierende Folgen haben.

40 **aa) Bedeutung.** Der Verantwortliche ist gesetzlich verpflichtet, sicherzustellen, dass die von ihm verarbeiteten personenbezogenen Daten sachlich zutreffend sind und hat angemessene Maßnahmen zur Sicherstellung der Datenqualität von Gesetzes wegen zu treffen. Flankiert wird diese Pflicht durch den Anspruch der betroffenen Person auf Berichtigung von Daten (Art. 16 DS-GVO), das Recht auf Einschränkung der Verarbeitung bei Bestreiten der Richtigkeit von Daten (Art. 18 Abs. 1 lit. a DS-GVO) sowie die Pflicht des Verantwortlichen, in Fällen von Profiling, technische und organisatorische Maßnahmen zu treffen, um unrichtige personenbezogene Daten zu korrigieren und das Risiko von Fehlern zu minimieren.[35]

41 Der Grundsatz der Datenrichtigkeit stellt also eine gesetzliche Anforderung an den Verantwortlichen und zugleich ein wesentliches Recht der betroffenen Person unter der DS-GVO dar, um Betroffene von einer unrichtigen Datenverarbeitung zu schützen.

42 Besondere Bedeutung hat dabei die Datenrichtigkeit bei Big Data-Anwendungen.[36] Denn eine zutreffende Ableitung von Informationen aus großen Datenbeständen birgt eine besondere Gefahr, wenn bereits der Datenbestand selbst unrichtige Daten enthält. Aber auch bei anderen Verfahren, bei denen aus Daten neue Erkenntnisse gewonnen werden sollen (wie bspw. Scoring) spielt die Datenqualität eine wichtige Rolle. Denn wenn bereits der zugrundeliegende Datenbestand unrichtig ist, besteht die Gefahr, aus diesen Daten falsche Erkenntnisse über die betroffene Person zu gewinnen, was – etwa im Falle des Kreditscorings – ganz erhebliche negative Auswirkungen auf die betroffene Person haben kann.

43 **bb) Maßnahmen.** Die DS-GVO lässt dem für die Verarbeitung Verantwortlichen erheblichen Spielraum bei der Wahl der zur Erfüllung seiner Pflicht erforderlichen Mittel. So spricht bereits der Wortlaut des Gesetzes von „angemessenen Mitteln". Es erfolgt also keine Reduzierung auf lediglich „zwingend notwendige" Mittel. Vielmehr spricht ErwGr 39

---

[34] Hoeren MMR 2016, 8 (9).
[35] Vgl. ErwGr 71 DS-GVO.
[36] Hoeren MMR 2016, 8 (10).

DS-GVO sogar davon, dass zum Zwecke der Berichtigung „alle vertretbaren Schritte" unternommen werden sollen, um eine Berichtigung bzw. Löschung unrichtiger Daten zu gewährleisten. Dem für die Verarbeitung Verantwortlichen steht daher ein ganz erheblicher Spielraum hinsichtlich der Wahl der Mittel zu.[37]

Dabei sind sowohl die fachlichen Anforderungen wie auch die Rechte und Freiheiten der Betroffenen zu berücksichtigen. So werden für eher kleine und wenig komplexe Datenbestände einfachere Maßnahmen ausreichend sein, als bei großen und komplexen Datenbeständen. Auch wird zu berücksichtigen sein, ob der konkrete Verarbeitungszweck besonderer Maßnahmen zur Sicherstellung der Datenrichtigkeit bedarf, um die Rechte und Freiheiten der Betroffenen zu schützen. 44

Hinsichtlich der konkreten Maßnahmen sind sowohl organisatorische als auch technische Prozesse denkbar. Bei umfassenderen Datenbeständen bietet es sich an, sich an den in der Informationstechnik bewährten Konzepten zur Datenqualitätssicherung zu orientieren, wonach im Einzelfall durchaus komplexe und kontinuierlichen Prozesse erforderlich sein können, um anhand einheitlich definierter Qualitätsstandards sicherzustellen, dass die verarbeiteten Daten inhaltlich wie formal korrekt und dem konkreten Verarbeitungszweck entsprechend vorgehalten werden.[38] 45

Für Bestandsdaten von Kunden eines mittelständischen Betriebes wird es ausreichend sein, bei konkreten Hinweisen auf falsch gespeicherte Daten manuell Korrekturen am Datenbestand vorzunehmen, wie etwa im Fall von Post- oder E-Mail-Rückläufern. Weder aus fachlicher Sicht noch zum Schutz der Rechte und Freiheiten der betroffenen Personen sind umfassendere Maßnahmen zwingend erforderlich.

Bei komplexen Datenbeständen, wie etwa bei einem Unternehmen, das Risikoscoring anbietet, werden hingegen komplexere Maßnahmen notwendig sein, wie die Definition von Datenqualitätsstandards und automatisierte Konsistenzprüfungen, da Fehler im Datenbestand zu einem falschen Scoring und damit zu erheblichen Beeinträchtigungen der Rechte und Freiheiten der Betroffenen führen können.

cc) Erlaubnistatbestände und Grenzen. Da es sich auch bei Maßnahmen zur Sicherstellung der Datenrichtigkeit um eine „Verarbeitung" iSd Art. 4 Nr. 2 DS-GVO handelt, stellt sich die Frage, inwiefern diese Verarbeitung unter der DS-GVO gerechtfertigt ist. 46

Diese Ermächtigung folgt aus Art. 6 Abs. 1 lit. c DS-GVO – denn die Verarbeitungsvorgänge zu Zwecken der Sicherstellung der Datenrichtigkeit erfolgen in Erfüllung einer gesetzlichen Verpflichtung aus Art. 5 Abs. 1 lit. d DS-GVO. Ein Rückgriff auf ein berechtigtes Interesse – das dem Vorbehalt des Widerspruchs nach Art. 21 DS-GVO unterliegt – ist hingegen nicht erforderlich. Alternativ kann die Sicherstellung der Datenrichtigkeit allerdings als vertragliche Pflicht angesehen werden, sodass auch eine Rechtfertigung nach Art. 6 Abs. 1 lit. b DS-GVO in Betracht kommt. 47

Letztere stößt allerdings an ihre Grenzen, wenn die Maßnahmen auch besondere Kategorien personenbezogener Daten erfassen sollen. Weder Art. 9 DS-GVO noch § 22 BDSG sehen eine Ausnahme für eine Verarbeitung aufgrund vertraglicher Verpflichtung oder berechtigtem Interesse vor. Im Hinblick auf diese kommt eine Rechtfertigung nur aus Art. 9 Abs. 2 lit. g DS-GVO in Betracht. Danach ist eine Verarbeitung zulässig, wenn diese „auf der Grundlage des Unionsrechts oder des Rechts eines Mitgliedstaats, das in angemessenem Verhältnis zu dem verfolgten Ziel steht, den Wesensgehalt des Rechts auf Datenschutz wahrt und angemessene und spezifische Maßnahmen zur Wahrung der Grundrechte und Interessen der betroffenen Person vorsieht" und wenn die Verarbeitung „aus Gründen eines wichtigen öffentlichen Interesses erforderlich" ist. Bei der Verpflich- 48

---

[37] So im Ergebnis auch Böhm/Ströbel in Wybitul HdB DS-GVO Art. 5 Rn. 23.
[38] SFF Integriertes Qualitätsmanagement, 16; Wallmüller Ganzheitliches Qualitätsmanagement in der Informationsverarbeitung, 21; Noh Informationswirtschaft: Innovation für die Neue Ökonomie, 67.

tung zur Sicherstellung von Datenrichtigkeit aus Art. 5 Abs. 1 lit. d DS-GVO handelt es sich zweifellos um eine Rechtsgrundlage des Unionsrechts, die den Anforderungen dieser Ausnahmevorschrift entspricht. Dass die Grundsätze der Verarbeitung in der DS-GVO „aus Gründen eines wichtigen öffentlichen Interesses erforderlich" sind, wird unterstellt werden können. Andernfalls ergäbe sich der nicht aufzulösende Widerspruch, dass die DS-GVO in Art. 5 Abs. 1 lit. d DS-GVO eine Pflicht des Verantwortlichen fordert, die nach Art. 9 Abs. 2 lit. g DS-GVO nicht rechtskonform zu erfüllen wäre. Dies gilt insbesondere deshalb, weil gerade bei besonderen Kategorien personenbezogener Daten die Richtigkeit der Daten eine zentrale Rolle spielt. Werden etwa über eine Person unrichtige Gesundheitsdaten verarbeitet, kann dies potenziell für betroffene Personen sogar lebensbedrohlich sein.

49 Die Grenzen der Befugnis – gleich aus welcher Norm man diese herleitet – liegen jedenfalls dort, wo die Verarbeitungsvorgänge nicht mehr von der gesetzlichen Verpflichtung umfasst sind, dh wenn eine Verarbeitung über die Sicherstellung der Datenrichtigkeit hinaus erfolgt, bspw. wenn die Daten im Anschluss an die Verarbeitungsmaßnahmen zur Sicherung der Datenrichtigkeit für statistische Zwecke verwendet werden sollen. Diese Anschlussverarbeitung bedarf dann einer gesonderten Rechtfertigung.

50 **c) Testdatenmanagement.** Besondere Bedeutung erlangt das Datenmanagement auch dann, wenn es um das Testen von IT-Systemen geht. Dies kann sowohl die Einführung neuer IT-Systeme betreffen, die vor der Produktivnutzung auch im Hinblick auf die Sicherheit der Verarbeitung nach Art. 32 DS-GVO auf ihre Funktionsfähigkeit und Sicherheit getestet werden muss. Aber auch bestehende IT-Systeme werden regelmäßig fachlichen Tests unterzogen werden müssen, bspw. im Rahmen von Wartungsarbeiten oder dem Einspielen von sicherheitsrelevanten Aktualisierungen („Hotfixes"). Nicht zuletzt kann es auch für Schulungen von Mitarbeitern erforderlich sein, IT-Systeme durch die Anwender zum Erlernen der Bedienung in geschützter Umgebung testen zu lassen.

51 Grundsätzlich wird auch ein Testen von IT-Systemen mit personenbezogenen Daten nach der DS-GVO jedenfalls dann zulässig sein, wenn dies im Hinblick auf den Testzweck erforderlich ist.[39] Soweit das Testen von IT-Systemen im Hinblick auf die Sicherheit der Verarbeitung nach Art. 32 DS-GVO geboten ist, ergibt sich die Zulässigkeit aus Art. 6 Abs. 1 lit. c iVm Art. 32 DS-GVO bzw. Art. 9 Abs. 2 lit. g iVm Art. 32 DS-GVO für besondere Kategorien personenbezogener Daten. Im Übrigen wird das Testen von IT-Systemen auch als Maßnahme zur Sicherstellung der Datenrichtigkeit nach Art. 5 Abs. 1 lit. d DS-GVO zulässig sein. Denn der Verantwortliche hat nach Art. 5 Abs. 1 lit. d DS-GVO alle angemessenen Maßnahmen zu treffen, um die Daten sachlich richtig und erforderlichenfalls auf den neusten Stand zu halten. Davon wird auch das Testen von IT-Systemen umfasst sein, weil damit präventiv eine unrichtige Verarbeitung vermieden werden soll. Denkbar ist auch eine Rechtfertigung nach Art. 6 Abs. 1 lit. b DS-GVO, wenn man das Testen von Systemen als Teil der vertraglichen Leistungserbringung betrachtet.

52 Ebenfalls denkbar wäre, in dem Testen von IT-Systemen ein berechtigtes Interesse des Verantwortlichen nach Art. 6 Abs. 1 lit. f DS-GVO zu sehen.[40] Der Nachteil hierin bestünde jedoch darin, dass stets eine Abwägung im Einzelfall vorzunehmen wäre, ob die Interessen der Betroffenen dieses Interesse des Verantwortlichen an den konkreten Tests überwiegen. Im Ergebnis könnte dem Verantwortlichen bei negativem Ausgang das Testen – auch zu Zwecken der Sicherheit der Verarbeitung – untersagt sein. Da es an einer entsprechenden Interessenabwägung für besondere Kategorien gänzlich fehlt, wäre ein Testen mit solchen Daten zudem stets unzulässig.

---

[39] European Data Protection Supervisor, Guidelines on the protection of personal data in IT governance and IT management of EU institutions, Rn. 82, abrufbar unter https://edps.europa.eu/sites/edp/files/publication/it_governance_management_en.pdf, zuletzt abgerufen am 4.4.2018.
[40] So zur Rechtslage nach BDSG aF Conrad/Witzel in Auer-Reinsdorff/Conrad HdB IT und DatenschutzR § 18 Rn. 51.

Wäre der Verantwortliche in einem solchen Fall gezwungen, bspw. Hotfixes „auf gut 53
Glück" in seine IT-Systeme einzuspielen und damit schlimmstenfalls den Verlust von Daten oder gar das versehentliche Offenlegen sensibler Daten zu riskieren, könnte er bei negativer Interessenabwägung seinen Pflichten aus Art. 32 DS-GVO nicht mehr nachkommen. Da dies auch im Hinblick auf den Grundsatz der Integrität und Vertraulichkeit nach Art. 5 Abs. 1 lit. f DS-GVO ersichtlich nicht gewollt sein kann, wird man im Testen – jedenfalls in solchen Konstellationen – eher eine gesetzliche Pflicht als ein berechtigtes Interesse sehen müssen.

Der Grundsatz der Datenminimierung aus Art. 5 Abs. 1 lit. c DS-GVO gebietet es je- 54
doch, das Testen mit personenbezogenen Daten auf solche Fälle zu beschränken, in denen ein Testen mit anonymen oder pseudonymen Daten aufgrund des Testzwecks oder technischer Zwänge nicht in Betracht kommt.[41] So wird bei sehr frühen Evaluationstests, bei denen überhaupt erst geprüft werden soll, ob eine bestimmte Applikation für den konkreten Anwendungsfall in Betracht kommt, häufig kein Test mit Echtdaten erforderlich sein.

Der Düsseldorfer Kreis hat hierzu nach alter Rechtslage folgende Fälle differenziert:[42] 55
– Bei reinen Funktionstests, die lediglich die grundsätzliche Verwendbarkeit von Programmen und Geräten für die nachfolgenden Projektphasen sicherstellen sollen, dürfen keine personenbezogenen Daten verwendet werden.
– Bei Integrations- und Abnahmetests, bei denen die Implementierung vor dem Auftreten von Fehlern in einer quasi-produktiven Umgebung mit realistischen Szenarien getestet werden soll, ist „nach Möglichkeit" auf personenbezogene Daten zu verzichten. Sollen personenbezogene Daten verwendet werden, ist dies unter folgenden Voraussetzungen möglich, wenn:
 – eine bereichsspezifische Rechtsvorschrift dies nicht ausdrücklich untersagt und
 – eine Anonymisierung für die Testzwecke nur mit einem unvertretbar hohen Aufwand möglich wäre und
 – der Verantwortliche dem Vorgehen (intern) schriftlich zugestimmt hat und
 – die schutzwürdigen Belange der Betroffenen und die Datensicherheit angemessen berücksichtigt werden und
 – sichergestellt ist, dass nur die erforderlichen Personen die Daten nutzen können und
 – die Personen entsprechend der gesetzlichen Anforderungen für die Art der Daten zur Vertraulichkeit verpflichtet sind.

Für das Datenmanagement ergibt sich demnach die Anforderung, dass für die entspre- 56
chenden Testfälle, in denen ein Testen mit personenbezogenen Daten nicht zulässig ist, entsprechend anonymisierte Daten zur Verfügung zu stellen sind. Dies kann im Einzelfall durchaus herausfordernd sein. Denn einerseits müssen die Daten so verfremdet sein, dass ein Personenbezug gänzlich ausgeschlossen werden kann (zu den konkreten Anforderungen vgl. → Rn. 65 ff.). Auf der anderen Seite können jedoch – abhängig vom Testzweck – gewisse potenziell personenbeziehbare Informationen für den jeweiligen Test und zur Sicherstellung realistischer Testszenarien durchaus erforderlich sein. Darüber hinaus können sich aus der Anonymisierung durchaus Inkonsistenzen innerhalb der zu testenden Datensätze ergeben.

Eine Hotelkette bietet einen Rabatt für Kinder unter 12 Jahren an. Im Rahmen der Einführung einer neuen Software zur Verwaltung von Buchungen soll im Rahmen eines Integrationstests getestet werden, ob der Preis für die Buchungen stets richtig berechnet wurde und mit den Preisen auf den Endrechnungen übereinstimmt. Wird das Geburtsdatum der be-

---

[41] So auch zur Rechtslage nach BDSG aF Conrad in Auer-Reinsdorff/Conrad HdB IT und DatenschutzR § 34 Rn. 589.
[42] Arbeitskreis „Technische und organisatorische Datenschutzfragen" der Konferenz der Datenschutzbeauftragten des Bundes und der Länder, Orientierungshilfe Datenschutz und Datensicherheit in Projekten: Projekt- und Produktivbetrieb, 2.11.2009.

troffenen Personen in den Testdaten anonymisiert, schlägt der Test trotz korrekt funktionierender Software fehl, weil das verfremdete Geburtsdatum nicht mehr mit den Preisen auf den Endrechnungen konsistent ist.

57 Solche Inkonsistenzen können durch ein gutes Datenmanagement vermieden werden, indem sowohl das Vorhandensein des personenbezogenen Datums, als auch die Notwendigkeit der Anonymisierung und die fachliche Bedeutung bei der Erstellung von Testdaten beachtet werden.

58 Als Zwischenstufe zwischen dem Testen mit personenbezogenen und anonymen Daten kann auch ein Testen mit pseudonymen Daten möglich sein. Wenn bspw. nicht alle personenbezogenen Merkmale zum Testen erforderlich sind, eine Anonymisierung einzelner Merkmale (wie bspw. von Primärschlüsseln) nicht möglich oder nur mit unverhältnismäßig großem Aufwand verbunden ist, wird nach den oben genannten Grundsätzen auch ein Testen mit pseudonymen Daten in Betracht kommen.

59 Insofern bietet es sich an, im Rahmen des Datenmanagements sowohl einen unter Berücksichtigung der fachlichen Anforderungen anonymisierten Datenpool mit Testdaten vorzuhalten, als auch den Abzug pseudonymer oder personenbezogener Testdaten zu ermöglichen. Anstelle oder in Ergänzung zu anonymisierten Testdaten kann es auch sinnvoll sein, gänzlich synthetische Testdaten vorzuhalten, also solche die nicht aus bestehenden personenbezogenen Daten generiert, sondern nach fachlichen Gesichtspunkten frei erfunden wurden. Dies bietet sich etwa bei laufenden Tests in Entwicklungsumgebungen oder Unit-Tests an, bei denen auch gezielt falsche Datensätze Fehler provozieren können, um solche fehlerhaften Daten bereits bei der Entwicklung von Software zu berücksichtigen. Aber auch für frühe Evaluationstests können synthetische Testdaten durchaus sinnvoll sein.

60 Werden Tests mit personenbezogenen oder pseudonymen Daten durchgeführt, ist zudem zu beachten, dass auch für diese die Grundsätze der Datenminimierung nach Art. 5 Abs. 1 lit. c DS-GVO und der Speicherbegrenzung nach Art. 5 Abs. 1 lit. e DS-GVO gelten. Das heißt, dass Testdaten nur in dem Umfang verwendet werden dürfen, wie sie für den konkreten Test erforderlich sind. Zudem sind die personenbezogenen oder pseudonymen Testdaten nach Durchführung der Tests umgehend zu löschen. Organisatorisch ist zudem zu empfehlen, für den Abzug personenbezogener oder pseudonymer Testdaten entsprechende Prozesse vorzusehen, die einerseits dokumentieren, wann, durch wen und für welchen Zweck solche Testdaten verwendet wurden und andererseits eine entsprechende Löschung nach Durchführung der Tests sicherstellen können.

4. Technische Anforderungen an Anonymisierung und Pseudonymisierung

61 Die Anonymisierung und insbesondere die Pseudonymisierung haben unter der DS-GVO eine größere Bedeutung erlangt. So wird die Pseudonymisierung an verschiedensten Stellen innerhalb der DS-GVO als Regelbeispiel für eine datenschutzfreundliche Gestaltung von Verarbeitungsprozessen oder als möglicher Abwägungsfaktor zu Gunsten des Verantwortlichen genannt.[43] Die Anonymisierung kann zudem ein mächtiges Werkzeug darstellen, um in Verarbeitungssituationen, die aufgrund strenger materieller oder formeller Anforderungen der DS-GVO in der Praxis nur schwer umzusetzen sind, zusätzlichen Spielraum für den Verantwortlichen zu schaffen, etwa im Zusammenhang mit Smart Data-Analysen.

62 Die technischen Anforderungen an Anonymisierung und Pseudonymisierung sind jedoch komplex und können Verantwortliche in Einzelfällen vor durchaus erhebliche Herausforderungen stellen. In der Praxis erfordert eine hinreichende Anonymisierung daher eine enge interdisziplinäre Zusammenarbeit zwischen juristisch und technisch geschulten

---

[43] So etwa in Art. 6 Abs. 4 lit. f, Art. 25 Abs. 1, Art. 32 Abs. 1 lit. a, Art. 40 Abs. 2 lit. d oder Art. 89 Abs. 1 DS-GVO.

Personen und den jeweils betroffenen Fachbereichen, um sowohl die rechtlichen als auch die technischen und fachlichen Anforderungen an eine effektive Anonymisierung erreichen zu können.

a) Rechtliche Einordnung. Anders als unter alter Rechtslage ist der Begriff der Anonymisierung in der DS-GVO nicht definiert,[44] sondern lediglich in ErwGr 26 DS-GVO umschrieben. Danach gelten die Grundsätze der DS-GVO – im Umkehrschluss aus Art. 2 Abs. 1 DS-GVO – nicht für anonyme Daten, also solche, die sich nicht (mehr) auf eine identifizierte oder identifizierbare natürliche Person beziehen. Anonyme Daten sind also das Gegenstück zu den in Art. 4 Nr. 1 DS-GVO definierten personenbezogenen Daten, also solche, die nicht auf eine identifizierte oder identifizierbare Person beziehbar sind. 63

Eine konkrete Definition enthält die DS-GVO demgegenüber für pseudonyme Daten. Nach Art. 4 Nr. 5 DS-GVO ist Pseudonymisierung die Verarbeitung personenbezogener Daten (a) die ohne Hinzuziehung zusätzlicher Informationen nicht mehr einer spezifischen Person zugeordnet werden können, wobei (b) die zusätzlichen Informationen gesondert aufbewahrt werden und (c) durch technische und organisatorische Maßnahmen sichergestellt wird, dass keine Zuordnung der pseudonymen Daten und der zusätzlichen Informationen erfolgt. 64

b) Technische Anforderungen und Methodik. aa) Anonymisierung. Die DS-GVO enthält keine technischen Angaben darüber, wie eine Anonymisierung konkret erreicht werden kann. Aus der Definition der personenbezogenen Daten in Art. 4 Nr. 1 DS-GVO folgen neben der allgemeinen Anforderung einer Nicht-Identifizierbarkeit zugleich auch Anhaltspunkte, welche Aspekte bei der Anonymisierung von personenbezogenen Daten zu beachten sind. Insbesondere muss demnach eine Identifizierbarkeit durch Zuordnung zu einem Namen, zu einer Kennnummer, zu Standortdaten, zu einer Online-Kennung oder zu einem oder mehreren besonderen Merkmalen ausgeschlossen werden. 65

Die einfachste Methode, um eine Anonymisierung herbeizuführen, ist die Entfernung oder Unkenntlichmachung direkter Identifikationsmerkmale der betroffenen Person.[45] Einfach bewerkstelligen lässt sich das bei klar identifizierenden Merkmalen. Ein Name oder eine Telefonnummer lassen sich bspw. leicht identifizieren und eine Identifizierung lässt sich durch Löschen dieser Merkmale oder Ersetzen durch Fantasiewerte ohne weiteres ausschließen. 66

Problematisch sind hingegen solche Merkmale, bei denen eine Identifizierung auf den ersten Blick nicht möglich erscheint, bei genauerer Betrachtung aber nicht auszuschließen ist. Die DS-GVO spricht in Art. 4 Nr. 1 DS-GVO hierbei von „einem oder mehreren besonderen Merkmalen". Sind ein oder mehrere solcher Merkmale geeignet, die anonymisierten Daten wieder einer Person zuzuordnen, liegt keine Anonymisierung vor. Die Datenschutzbehörden sprechen insoweit auch von einer „rücknahmefesten Prozedur".[46] 67

Ein Datensatz enthält die Merkmale Name, Telefonnummer, Geburtsdatum und Geburtsort. Für Testzwecke wird von dem Datensatz eine Kopie hergestellt, in der Name und Telefonnummer durch Fantasiewerte ersetzt werden.

Das Geburtsdatum 3.3.1984 ist für sich genommen nicht personenbeziehbar. Wenn in dem Datensatz jedoch nur eine Person an diesem Tag Geburtstag hat, ist sie durch dieses besondere Merkmal identifizierbar. Selbst wenn mehrere Personen an diesem Tag Geburtstag haben, kann sich eine Identifizierbarkeit aus der Kombination der besonderen Merkmale Geburtstag und Geburtsort ergeben.

---

[44] Ernst in Paal/Pauly DS-GVO Art. 4 Rn. 89.
[45] Schantz in Schantz/Wolff Das neue DatenschutzR Teil C Rn. 298.
[46] Düsseldorfer Kreis Arbeitspapier Datenschutzfreundliche Technologien in der Telekommunikation 17.10.1997, abrufbar unter https://www.lfd.niedersachsen.de/download/59762, zuletzt abgerufen am 27.3.2018.

68 Ob ein oder mehrere Merkmale geeignet sind, eine bestimmte Person zu identifizieren, hängt vom Einzelfall ab. Dabei ist insbesondere zu berücksichtigen, wie viele Datensätze vorhanden sind, wie wahrscheinlich die Kombination verschiedener Merkmale ist und wie eindeutig die einzelnen Merkmale innerhalb dieses Datensatzes sind.

69 Die Anonymisierung von Daten setzt daher eine intensive Auseinandersetzung mit Art und Umfang der vorliegenden Daten voraus. Dementsprechend gibt es keine allgemeingültigen abstrakten Vorgehensweisen.

70 Neben der direkten Unkenntlichmachung von eindeutig identifizierenden Merkmalen kommen aber auch eine Aggregation von Daten, die Bildung von Gruppen oder die kontrollierte Einbringung von Zufallsfehlern als Verfahren der Anonymisierung in Betracht.[47] Voraussetzung hierfür ist allerdings, dass die betroffene Person auch anhand der verbleibenden anonymen Daten in ihrer Gesamtheit nicht mehr identifizierbar ist.

71 Regelmäßig problematisch ist hierbei auch die Verfremdung von Identifikationsnummern, wie bspw. Kundennummern oder ID-Nummern. Werden also etwa unternehmensinterne Kundennummern nicht verfremdet, wird eine Zuordnung einzelner Datensätze zu einem Kunden auch bei Verfremdung von Namen, Anschrift und anderen eindeutig identifizierenden Merkmalen möglich bleiben, solange diese bei dem Verantwortlichen weiterhin vorhanden sind. Sollen also bspw. zu Test- oder Analysezwecken anonymisierte Kopien von Kundendaten erstellt werden, müssen zwingend auch sämtliche Identifikationsnummern verfremdet werden, um eine Anonymisierung zu erreichen. Dies ergibt sich bereits aus der Definition des Personenbezugs aus Art. 4 Nr. 1 DS-GVO, die ausdrücklich auch auf solche Kennnummern Bezug nimmt. Im Umkehrschluss wird ein Personenbezug daher erst dann auszuschließen sein, wenn auch keine Kennnummern mehr existieren, die die Daten einer Person zuordnen können.[48]

72 In der Praxis ist dies vor allem dann problematisch, wenn verschiedene Kundendaten über mehrere Systeme verteilt gespeichert und durch die Identifikationsnummern verknüpft sind. In einem solchen Fall erfordert eine effektive und rechtssichere Anonymisierung daher, eine systemübergreifende Verfremdung aller Identifikationsnummern.

73 **(1) Noise Addition.** Als Randomisierung wird eine bewusste Verfälschung von Daten um zufällige Werte bezeichnet.

74 So kann bspw. das Geburtsdatum dadurch verfälscht werden, dass eine zufällige Anzahl von Tagen zu dem eigenetlichen Geburtstag hinzugerechnet wird (sog stochastische Überlagerung[49] oder noise addition). Vorteil dieser Lösung ist es, dass sich durch eine Eingrenzung der zufällig gewählten Werte bestimmen lässt, inwiefern die anonymisierten Werte von den tatsächlichen Werten abweichen, um bspw. statistische Auswertungen nicht wesentlich zu verfälschen oder die Integrität anonymisierter Daten zu wahren.

Zu dem Geburtsdatum 3.3.1984 wird eine zufällige Anzahl an Tagen addiert – so ergibt sich bspw. der 8.3.1984 oder der 15.3.1984.

Das Geburtsdatum ist nicht mehr identisch mit dem Original. Bei statistischen Auswertungen ergibt sich jedoch nur eine minimale Verfälschung von wenigen Tagen. Zudem bezieht sich der Datensatz nach wie vor auf eine volljährige Person.

75 Zu beachten ist hierbei, dass die gezielt vorgenommenen Verfälschungen der Daten einerseits groß genug sein müssen, um hinreichend von den unanonymisierten Daten abzuweichen und andererseits so gering gewählt werden müssen, dass der Anonymisierungszweck erreicht werden kann. Zudem ist zu berücksichtigen, dass eine stochastische

---

[47] Klar/Kühling in Kühling/Buchner DS-GVO Art. 4 Rn. 34.
[48] So auch Artikel 29-Datenschutzgruppe, Stellungnahme 4/2007 zum Begriff „personenbezogene Daten" 01248/07/DE, WP 136, 20.6.2007, 15.
[49] Artikel 29-Datenschutzgruppe, Stellungnahme 05/2014 zu Anonymisierungstechniken 0829/14/DE, WP 216, 10.4.2014, 14.

Überlagerung allein in aller Regel nicht für eine Anonymisierung ausreichend ist – mindestens die eindeutig identifizierenden Merkmale, wie Name oder Kundennummer müssen ebenfalls hinreichend verfremdet werden.

(2) Permutation. Eine weitere Methode zur gezielten Verfälschung von Daten zum Zwecke der Anonymisierung ist die Vertauschung von Merkmalen innerhalb einer Datenmenge (sog Permutation).[50] Hierbei werden die innerhalb der Datenmenge vorhandenen Merkmale nicht verändert, sondern lediglich untereinander vertauscht. Der Vorteil dieser Lösung besteht darin, dass die Gesamtwerte der Datenmenge intakt bleiben und lediglich die Zuordnung verändert wird. In Betracht kommt eine Vertauschung dann, wenn numerische Werte insgesamt erhalten bleiben sollen, die Zuordnung zu einem konkreten Datensatz aber nicht benötigt wird. Ob dies allein für eine Anonymisierung ausreicht, muss jedoch im Einzelfall geprüft werden.

76

IBAN	Datum	Betrag
DE46XXX	25.3.2018	19,99
DE49XXX	26.3.2018	15,99
DE46XXX	27.3.2018	17,99
DE49XXX	28.3.2018	19,99

Die Kombination aus Datum und Betrag führt bei allen Datensätzen zu einer Identifizierbarkeit, wenn parallel zu den hier anonymisierten Daten die Originaldatensätze mit vollständiger IBAN noch existieren. Denn anhand der Kombination aus Datum und Betrag ließen sich die Transaktionen wieder im Originaldatensatz zuordnen.

IBAN	Datum	Betrag
DE46XXX	25.3.2018	15,99
DE49XXX	26.3.2018	19,99
DE46XXX	27.3.2018	19,99
DE49XXX	28.3.2018	17,99

Die Beträge wurden vertauscht – die Werte 19,99 sind nicht mehr eindeutig zuzuordnen, weil es diese Kombination aus Datum und Betrag in den Originaldatensätzen nicht gibt.
Allerdings sind die Werte 15,99 und 17,99 **nach wie vor identifizierbar**, weil es diese Werte in dem gesamten Datensatz nur einmal gibt und diese daher eindeutig einer Transaktion in den Originaldatensätzen zuzuordnen sind.

(3) k-Anonymität. k-Anonymität beschreibt ein Verfahren, bei denen mehrere (k) Datensätze zu einem Datensatz aggregiert werden.[51] Es werden also mehrere Datensätze zu einem zusammengefasst, um so eine Zuordnung zu einer bestimmten Person auszuschlie-

77

---

[50] Artikel 29-Datenschutzgruppe, Stellungnahme 05/2014 zu Anonymisierungstechniken 0829/14/DE, WP 216, 10.4.2014, 17.
[51] Artikel 29-Datenschutzgruppe, Stellungnahme 05/2014 zu Anonymisierungstechniken 0829/14/DE, WP 216, 10.4.2014, 19.

ßen. Der Bezug zu einem Einzeldatensatz geht dabei verloren, verallgemeinernde Aussagen über die Menge aller Datensätze lassen sich jedoch nach wie vor präzise ermitteln.

78 Ob und inwiefern eine Anonymisierung ausreicht, hängt insbesondere von der Anzahl der aggregierten Datensätze (k) sowie der konkreten Daten ab. Werden zu wenige Datensätze aggregiert, lassen sich nach wie vor Rückschlüsse auf die Originaldaten und damit ggf. eine Zuordnung zu einer bestimmbaren Person herstellen. Als Richtwert gilt: Je größer die Anzahl (k) der Datensätze, desto höher der Grad der Anonymisierung.

Name	Datum	Produkt	Betrag
Michaela Muster	25.3.2018	Buch	15,99
John Doe	25.3.2018	Lebensmittel	19,99
Michael Meyer	26.3.2018	Buch	19,99
Jane Doe	26.3.2018	Lebensmittel	17,99

Diese Werte lassen sich verschiedentlich aggregieren:

Datum	Durchschnitt	Betrag
25.3.2018	17,99	35,98
26.3.2018	18,99	37,98

Datum	Produkt	Betrag
25.3.2018	Buch	35,98
26.3.2018	Lebensmittel	37,98

Eine Zuordnung einzelner Transaktionen zu einer Person ist anhand der aggregierten Werte nicht mehr möglich.[52] Zugleich ist es nach wie vor möglich, statistisch korrekte Auswertungen durchzuführen.

79 Die Schwächen der Methode der k-Anonymität treten zu Tage, wenn über eine Person Zusatzwissen vorhanden ist. Ist in dem genannten Beispiel etwa bekannt, dass Jane Doe am 26.3.2018 einen Einkauf getätigt hat, lassen sich wegen der sehr kleinen gebildeten Gruppe Rückschlüsse auf ihre Person ziehen (etwa, dass sie maximal für 37,97 EUR Einkäufe getätigt haben kann).

80 Um diesen Schwächen zu begegnen wurden verschiedene mathematischen Methoden (wie insbesondere die Konzepte der sog l-Diversity[53] und T-Closeness[54]) vorgeschlagen, um die zu aggregierenden Gruppen so zu bilden, dass solche Rückschlüsse vermieden

---

[52] Die hier gewählten Beispiele dienen lediglich der Illustration; aufgrund der naturgemäß wenigen dargestellten Daten wäre eine Identifizierbarkeit in der Praxis mit hoher Wahrscheinlichkeit noch gegeben.
[53] Aggarwal/Yu Privacy-Preserving Data Mining: Models and Algorithms, Chap. 2, abrufbar unter http://charuaggarwal.net/generalsurvey.pdf, zuletzt abgerufen am 27.3.2018.
[54] Li/Li/Venkatasubramanian, t-Closeness: Privacy Beyond k-Anonymity and l-Diversity, abrufbar unter http://ieeexplore.ieee.org/document/4221659/, zuletzt abgerufen am 27.3.2018.

oder zumindest begrenzt werden können.⁵⁵ Diese sollten jedenfalls bei der Anonymisierung größerer Datenmengen oder sensibler Datenbestände berücksichtigt werden.⁵⁶

(4) Organisatorische Maßnahmen. Teilweise wird in der Literatur bezweifelt, ob eine Identifikation der betroffenen Person angesichts der derzeit bzw. künftig zur Verfügung stehenden Möglichkeiten der Deanonymisierung überhaupt noch vollkommen ausgeschlossen werden kann.⁵⁷ Gerade bei großen Datenmengen ist eine effektive Anonymisierung in der Praxis tatsächlich eine ernstzunehmende Herausforderung. Allerdings kann aus dem bloßen Vorhandensein der theoretischen technischen Möglichkeiten nicht abgeleitet werden, dass diese auch praktisch besteht (hierbei handelt es sich aber um ein allgemeines Problem der Reichweite des Personenbezugs, vgl. hierzu → § 3 Rn. 14). Bei der Anonymisierung handelt es sich nämlich auch um eine Prognose, die neben den Verarbeitungszweck auch die Motive des Verantwortlichen und die Kosten für eine mögliche Deanonymisierung berücksichtigen muss.⁵⁸ Darüber hinaus dürfen auch die vom Verantwortlichen vorgenommenen organisatorischen Maßnahmen nicht ausgeblendet werden.

81

Um Zweifeln an der Effektivität einer Anonymisierung zu begegnen, sollten Verantwortliche daher neben den vorgenannten technischen Anforderungen auch ergänzende organisatorische Maßnahmen implementieren. Zum Beispiel:
– Dokumentation der Anonymisierungstechniken und der Erwägungsgründe, die zu der Wahl dieser Techniken geführt haben
– Durchführung einer Datenschutzfolgenabschätzung, um sowohl die Risiken für die Betroffenen als auch die Interessen des Verantwortlichen zu prüfen und zu dokumentieren
– Regelmäßige Prüfung der eingesetzten Anonymisierungstechniken auf ihre Effektivität, ggf. auch durch automatisierte Stichproben
– Implementierung von Prozessen und Arbeitsanweisungen, die bereits eventuelle Versuche einer Deanonymisierung unterbinden

82

Bei der Erarbeitung von Anonymisierungskonzepten sollten zudem die Empfehlungen der Aufsichtsbehörden zur effektiven Anonymisierung berücksichtigt werden.⁵⁹

83

bb) Pseudonymisierung. Pseudonymisierung setzt voraus, dass sämtliche direkt identifizierenden Merkmale zu einer spezifischen Person aus den zu pseudonymisierenden Daten entfernt werden. Mittels zusätzlicher Informationen bleibt eine Zuordnung der pseudonymen Daten zu den personenbezogenen Daten jedoch nach wie vor möglich.

84

Pseudonymisierte Daten unterliegen nach wie vor uneingeschränkt dem Anwendungsbereich der DS-GVO, unterliegen aber in bestimmten Verarbeitungssituationen einer privilegierten Behandlung und sind vom Gesetzgeber als geeignete Maßnahme für eine „datenschutzfreundliche" Gestaltung von Verarbeitungsprozessen anerkannt. Dabei ist die Pseudonymisierung allerdings nie allein ausreichend, sondern vielmehr eine von mehreren möglichen Maßnahmen, um bspw. die Sicherheit der Verarbeitung zu gewährleisten oder die Risiken und Beeinträchtigungen für die Interessen von betroffenen Personen zu reduzieren.

85

---

⁵⁵ Zusammenfassend Hauf, K-Anonymity, I-Diversity and T-Closeness, abrufbar unter https://dbis.ipd.kit. edu/img/content/SS07Hauf_kAnonym.pdf, zuletzt abgerufen am 27.3.2018.
⁵⁶ So auch Artikel 29-Datenschutzgruppe, Stellungnahme 05/2014 zu Anonymisierungstechniken 0829/14/ DE, WP 216, 10.4.2014, 12.
⁵⁷ So Ernst in Paal/Pauly DS-GVO Art. 4 Rn. 48 ff.
⁵⁸ Schantz in Schantz/Wolff Das neue DatenschutzR Teil C Rn. 300.
⁵⁹ Artikel 29-Datenschutzgruppe, Stellungnahme 05/2014 zu Anonymisierungstechniken 0829/14/DE, WP 216, 10.4.2014; Artikel 29-Datenschutzgruppe, Stellungnahme 4/2007 zum Begriff „personenbezogene Daten" 01248/07/DE, WP 136, 20.6.2007; Düsseldorfer Kreis Arbeitspapier Datenschutzfreundliche Technologien in der Telekommunikation 17.10.1997, abrufbar unter https://www.lfd.niedersachsen.de/ download/59762, zuletzt abgerufen am 27.3.2018.

86 Art. 4 Nr. 5 DS-GVO setzt voraus, dass für eine Pseudonymisierung folgende Voraussetzungen kumulativ vorliegen:[60]
  1. Ohne Hinzuziehung zusätzlicher Informationen ist keine Identifizierung der betroffenen Person möglich
  2. Die zusätzlichen Informationen zur Identifizierung werden getrennt von den pseudonymen Daten aufbewahrt
  3. Durch geeignete technisch-organisatorische Maßnahmen ist sichergestellt, dass keine Zuordnung erfolgt

87 **(1) Keine Identifizierung.** In einem ersten Schritt ist zu evaluieren, welche Merkmale tatsächlich eine Identifizierung einer Person ermöglichen. Hiermit sind in erster Linie diejenigen Informationen gemeint, die aus sich heraus eine spezifische Person identifizieren, wie bspw. Name oder Anschrift.

88 Solche Informationen sind aus den zu pseudonymisierenden Daten zu löschen oder durch Fantasiewerte zu ersetzen. Nicht zu löschen sind hingegen solche Informationen, die eine Identifizierung der Person nur mittels zusätzlicher Informationen ermöglichen, wie bspw. Identifikationsnummern.

Personenbezogene Daten:

Kundennummer	Name	Vorname	Betrag
12345	Müller	Petra	19,99
12346	Schneider	Adrian	14,99
12347	Muster	Michela	19,99

Pseudonymisierte Daten:

Kundennummer	Name	Vorname	Betrag
12345	XXX	Paula	19,99
12346	XXX	Benjamin	14,99
12347	XXX	Nathalie	19,99

Über die Kundennummer (oder den hier eindeutigen Betrag 14,99; zur Anonymisierung solcher numerischer Werte vgl. → Rn. 73 ff.) ist nach wie vor eine Zuordnung der Datensätze zu den jeweiligen Personen möglich. Dies setzt jedoch einen Zugriff auf die vorgenannte Tabelle mit personenbezogenen Daten voraus. Allein über die pseudonymisierten Daten ist keine Identifikation einer Person möglich.

89 Neben der Verfremdung der identifizierenden Merkmale kommt auch eine vollständige Löschung in Betracht. Werden in dem oben genannten Beispiel etwa Name und Vorname überhaupt nicht benötigt, empfiehlt es sich (auch aus Gründen der Datenminimierung nach Art. 5 Abs. 1 lit. c DS-GVO), diese vollständig aus den pseudonymisierten Daten zu löschen.

90 Auch bei pseudonymisierten Daten stellt sich daher die Frage, welche Merkmale tatsächlich für den konkreten Verarbeitungszweck benötigt werden, sodass eine Pseudony-

---

[60] Ernst in Paal/Pauly DS-GVO Art. 4 Rn. 40.

misierung abhängig von den konkret benötigten Daten und dem konkreten Verarbeitungszweck vorgenommen werden sollte.

Auch eine Verschlüsselung von Daten stellt eine Pseudonymisierung dar, wenn der Verantwortliche über den Schlüssel verfügt.[61] Werden Daten mittels einer Hash-Funktion[62] verfremdet, dh mittels eines Algorithmus, der Zeichenketten zwar kryptographisch verändert, für denselben Eingabewert jedoch stets denselben Ausgabewert produziert, liegt ebenfalls regelmäßig eine Pseudonymisierung vor. Eine Ausnahme kann allenfalls dann bestehen, wenn die „gehashten" Daten mit dem Verantwortlichen nicht bekannten oder vernichteten Informationen zusätzlich verfremdet wurden (sog Salt).[63] Denn in diesem Fall ist es für den Verantwortlichen allenfalls mit unverhältnismäßig hohem Aufwand – je nach verwendetem Algorithmus praktisch gar nicht – möglich, den verfremdeten Wert dem ursprünglichen Wert wieder zuzuordnen. 91

(2) Zusätzliche Informationen. Um eine Rückzuordnung der pseudonymisierten Daten auszuschließen, müssen die für die Identifikation der betroffenen Person notwendigen zusätzlichen Informationen getrennt von den pseudonymisierten Daten aufbewahrt werden. Eine Aufbewahrung bei einem Dritten als Treuhänder ist denkbar, aber keine notwendige Voraussetzung.[64] Die getrennte Aufbewahrung kann also bspw. auch dadurch geschehen, dass diese auf vollständig getrennten Serversystemen gespeichert werden. Aber auch ein entsprechendes technisches Zugriffskonzept kann bei hinreichend sicherer Ausgestaltung ausreichend sein, um eine logisch getrennte Aufbewahrung der zusätzlichen Informationen zu bewirken. 92

Umstritten ist die Konstellation, in der zwar eine Zuordnung der pseudonymen Merkmale lediglich einem Dritten möglich ist, ohne dass der Verantwortliche selbst eine Möglichkeit der Zuordnung hätte. Übersendet bspw. ein Arzt eine Probe an ein Labor, die mit einer Kennnummer versehen ist und kann nur der Arzt die Kennnummer einem Patienten zuordnen, stellt sich die Frage, ob die Probe für das Labor ein pseudonymes (und damit der DS-GVO unterliegendes) oder ein anonymes Datum (das dem Anwendungsbereich der DS-GVO entzogen ist), darstellt.[65] Unstreitig verbleibt die Probe für den Arzt ein pseudonymes Datum. Für das Labor sprechen die besseren Argumente jedoch dafür, von einem (jedenfalls im Hinblick auf den Patienten, nicht jedoch im Hinblick auf den Arzt) anonymen Datum auszugehen. Denn dem Labor ist eine Zuordnung der Probe zu einer spezifischen Person gerade unmöglich. Die Pseudonymisierung kann also dann einer Anonymisierung gleichstehen, wenn ein Zugriff auf die identifizierenden Merkmale faktisch und rechtlich ausgeschlossen ist.[66] Da die pseudonymen Daten jedenfalls für die Stelle, die einen solchen Zugriff hat, nach wie vor dem Schutz der DS-GVO unterliegen, ergeben sich für die betroffenen Personen hierdurch auch keine Schutzlücken. 93

(3) Technische und organisatorische Maßnahmen. Die Trennung von pseudonymen und personenbezogenen Daten muss durch entsprechende technisch-organisatorische Maßnahmen abgesichert werden. In Betracht kommen hier insbesondere solche Maßnahmen, die den Zugang zu den identifizierenden Zusatzinformationen und damit eine Depseudonymisierung unterbinden. 94

Dies kann durch technische Maßnahmen, wie unterschiedliche Zugriffsberechtigungen erfolgen. Derjenige, der bspw. Analysen auf Grundlage pseudonymisierter Daten vor- 95

---

[61] Klar/Kühling in Kühling/Buchner DS-GVO Art. 4 Nr. 5 Rn. 9.
[62] Vgl. BSI TR-02102-1, 22.1.2018, 33.
[63] Vgl. Artikel 29-Datenschutzgruppe, Opinion 03/2014 f. on Personal Data Breach Notification 693/14/EN, WP 213, 25.3.2014, 10.
[64] Anders als im Gesetzgebungsverfahren diskutiert vgl. Stenzel/Jergl in GSSV DS-GVO Art. 4 Nr. 5 Rn. 6.
[65] Beispiel nach Schild in BeckOK DatenschutzR BDSG § 3 Rn. 105; Ziebarth in Sydow DS-GVO Art. 4 Rn. 100.
[66] Ziebarth in Sydow DS-GVO Art. 4 Rn. 97 mwN.

nimmt, darf dementsprechend nicht zugleich Zugriff auf die dazugehörigen Zuordnungsschlüssel bzw. zusätzlichen identifizierenden Merkmale haben. Auch entsprechende Arbeitsanweisungen können eine sinnvolle flankierende organisatorische Maßnahme sein, wobei aufgrund des Gedankens des Datenschutzes durch Technikgestaltung nach Art. 25 Abs. 1 DS-GVO technische Maßnahmen grundsätzlich vorgezogen werden sollten.

96 **(4) Rückzuordnung.** Denkbar sind Konstellationen, in denen die Ergebnisse pseudonymer Datenverarbeitungsvorgänge wieder den zugrundeliegenden personenbezogenen Daten zugeordnet werden sollen. Dies kann bspw. der Fall sein, wenn auf Grundlage pseudonymer Daten bestimmte Analysen (etwa zur Betrugsbekämpfung) durchgeführt wurden, die nun wiederum einzelnen Personen zugeordnet werden sollen. Die DS-GVO sieht diesen Fall nicht ausdrücklich vor, setzt diese jedoch implizit voraus – andernfalls wäre eine Aufbewahrung der Zusatzinformationen überflüssig, die eine Rückzuordnung von Daten möglich machen. Eine Rückzuordnung stellt allerdings einen eigenständigen Verarbeitungsvorgang im Hinblick auf die personenbezogenen Daten dar, der dementsprechend einer gesonderten Rechtfertigung, etwa nach Art. 6 DS-GVO, bedarf und die entsprechenden Informationspflichten nach Art. 13 DS-GVO auslöst.

5. IT-Sicherheit und Datenschutz

97 Die Sicherheit der Verarbeitung stellt einen wesentlichen Grundsatz der DS-GVO dar. Er findet sich sowohl in dem Grundsatz der Integrität und Vertraulichkeit der Verarbeitung in Art. 5 Abs. 1 lit. f DS-GVO, als auch in konkreterer Form in Art. 32 DS-GVO wieder. Die DS-GVO verfolgt dabei den Ansatz von „Zuckerbrot und Peitsche": Auf der einen Seite werden dem Verantwortlichen an verschiedensten Stellen Anreize für eine sichere Verarbeitung geschaffen, etwa durch Beschränkung der Meldepflichten bei Daten, die in pseudonymer oder verschlüsselter Form gespeichert werden oder bei der Privilegierung pseudonymer Daten im Rahmen der Zweckänderung. Auf der anderen Seite stellt Art. 32 DS-GVO die konkrete und bußgeldbewehrte Pflicht für den Verantwortlichen auf, die Sicherheit der Verarbeitung sicherzustellen.

98 Nach Art. 32 Abs. 1 DS-GVO hat der Verantwortliche technische und organisatorische Schutzvorkehrungen zu treffen, um die Sicherheit der Verarbeitung zu gewährleisten. Dies konkretisiert die Pflicht des Verantwortlichen zur Sicherung der Integrität und Vertraulichkeit der Verarbeitung aus Art. 5 Abs. 1 lit. f DS-GVO.[67]

99 Anders als die Anlage zu § 9 S. 1 BDSG aF stellt die DS-GVO selbst hierbei keinen konkreten Kriterienkatalog zur Verfügung. Vielmehr ist der für die Verarbeitung Verantwortliche angehalten, ein Schutzkonzept zu entwickeln, bei dem insbesondere folgende Faktoren zu berücksichtigen sind:
– Stand der Technik
– Implementierungskosten
– Art, Umfang, Umstände und Zweck der Verarbeitung
– Eintrittswahrscheinlichkeit von Risiken
– Schwere von Risiken für die Rechte und Freiheiten der betroffenen Personen

100 Die von der DS-GVO geforderten Maßnahmen sind daher denkbar unkonkret. Auch das BDSG sieht für private Verantwortliche keine nähere Konkretisierung vor. Private Verantwortliche sind damit nicht mehr gezwungen, sämtliche goldenen Regeln der Anlage zu § 9 S. 1 BDSG aF zu erfüllen.

101 Auch hinsichtlich der beispielhaft genannten Maßnahmen verzichtet die DS-GVO auf eine weitere Konkretisierung.

102 Die DS-GVO begegnet damit den vielfältigen Konstellationen, Angriffsvektoren und Risikolagen der Praxis und beschränkt sich darauf, den allgemeinen Grundsatz der Sicher-

---

[67] Böhm/Ströbel in Wybitul HdB DS-GVO Art. 5 Rn. 34.

§ 15 Datenschutz in der Informationstechnik **Teil B**

heit der Verarbeitung gesetzlich zu regeln. Die Konkretisierung obliegt dem Verantwortlichen bzw. Auftragsverarbeiter.[68] Erforderlich ist hierfür eine spezifische Analyse der Risiken und eine Definition daraus resultierender Schutzziele,[69] die sich an den in Art. 32 Abs. 2 DS-GVO genannten Maßnahmen orientieren sollten.[70] Für die konkrete Gestaltung der technisch-organisatorischen Maßnahmen wird man in der Praxis häufig auf die unter Anlage § 9 S. 1 BDSG aF entwickelten Grundsätze zurückgreifen können.[71]

Die zu treffenden Maßnahmen unterstehen – noch klarer als unter der alten Rechtslage – dem Grundsatz der Verhältnismäßigkeit. So sind bei der Wahl der Mittel insbesondere auch die Implementierungskosten zu berücksichtigen, sodass bei der Auswahl konkreter Maßnahmen auch Lizenzkosten sowie Folgekosten für Betrieb und Wartung Berücksichtigung finden können.[72] Dem Verantwortlichen bzw. Auftragsverarbeiter wird unter der DS-GVO also ein erheblicher Einschätzungs- und Umsetzungsspielraum eingeräumt.[73] 103

Dieser sollte jedoch sorgfältig genutzt werden. In keinem Fall sind das Gebot der Verhältnismäßigkeit und der Verweis auf die Implementierungskosten daher dahingehend zu verstehen, dass dies der entscheidende Faktor bei der Wahl der einzusetzenden Mittel sein darf. Insofern ist auch bei der Abwägung der wirtschaftlichen Implikationen zu berücksichtigen, dass sich das Schutzniveau bei der Sicherheit der Verarbeitung nach Art. 83 Abs. 2 lit. d DS-GVO sowohl verschärfend als auch mindernd auf eventuelle Bußgelder, insbesondere im Fall von Datenverlust oder -kompromittierung auswirken kann.[74] Auch wenn Spielraum für verantwortliche wirtschaftliche Entscheidungen besteht, sollten die wirtschaftlichen Risiken bei der Beurteilung der technisch-organisatorischen Maßnahmen ebenfalls einbezogen werden. 104

Bei der Beurteilung der Risiken, die den Maßstab für die zu implementierenden Sicherheitsmaßnahmen darstellen, bietet es sich an, auf die Ergebnisse einer ggf. durchgeführten Datenschutzfolgenabschätzung zurückzugreifen. 105

6. Recht auf Datenportabilität

Das Recht auf Datenportabilität ist eines der zentralen neuen Rechte von betroffenen Personen in der DS-GVO, stellt Verantwortliche jedoch vor zahlreiche organisatorische und technische Herausforderungen. Sowohl die Möglichkeit zum Export personenbezogener Daten in geeigneten technischen Formaten als auch die gesetzlich geforderte Implementierung von Schnittstellen können Auswirkungen auf Design, Entwicklung und Betrieb von Anwendungen und IT-Systemen haben. 106

a) Bedeutung und Schutzrichtung. Mit dem Recht auf Datenportabilität erhalten betroffene Personen einen Anspruch, die von ihnen bereitgestellten und sie betreffenden personenbezogenen Daten von dem Verantwortlichen in einem strukturierten, gängigen und maschinenlesbaren Format herauszuverlangen. 107

Ausweislich des ErwGr 68 DS-GVO verfolgt das Recht auf Datenportabilität damit das Ziel, dem Betroffenen „eine bessere Kontrolle über die eigenen Daten" zu geben. Die Verantwortlichen werden deshalb auch dazu aufgefordert, interoperable Formate zu entwickeln, die die Datenübertragbarkeit ermöglichen. Insofern geht Art. 20 DS-GVO damit über das im Recht auf informationelle Selbstbestimmung (Art. 8 GRCh) verbürgte Auskunftsrecht hinaus, indem es dieses um eine Dispositionsbefugnis erweitert.[75] Daneben dient Art. 20 DS-GVO auch dem Zweck, den Wettbewerb zwischen verschiedenen An- 108

---

[68] Mantz in Sydow DS-GVO Art. 32 Rn. 7.
[69] Laue/Nink/Kremer in LNK Das neue DatenschutzR § 7 Rn. 30.
[70] Jandt in Kühling/Buchner DS-GVO Art. 32 Rn. 7.
[71] Paulus in BeckOK DatenschutzR DS-GVO Art. 32 Rn. 6.
[72] Jergl in GSSV DS-GVO Art. 32 Rn. 17.
[73] Hladjk in Ehmann/Selmayr DS-GVO Art. 32 Rn. 4.
[74] Schreibauer/Spittka in Wybitul HdB DS-GVO Art. 32 Rn. 4.
[75] Brüggemann DSRITB 2017, 1 (1).

bietern zu intensivieren und Lock-in-Effekte zu vermeiden.[76] Insoweit stellt das Recht auf Datenportabilität zugleich ein Novum und einen Fremdkörper innerhalb des europäischen Datenschutzrechts dar.[77]

109 **b) Voraussetzungen und Umfang des Anspruchs.** Der Anspruch auf Datenportabilität besteht dann, wenn die betroffene Person, die sie betreffenden personenbezogenen Daten dem Verantwortlichen auf Grundlage einer Einwilligung oder auf Grundlage eines Vertrages bereitgestellt hat.

110 Nach Art. 20 Abs. 1 lit. a DS-GVO muss die Rechtsgrundlage der Datenverarbeitung entweder auf einer Einwilligung des Betroffenen oder auf einem Vertrag beruhen, wobei keine direkte vertragliche Beziehung zwischen der betroffenen Person und dem Verantwortlichen bestehen muss.[78] Beruht die Verarbeitung dagegen auf einer anderen Rechtsgrundlage, so betont ErwGr 68 DS-GVO ausdrücklich, dass das Recht auf Datenportabilität für diese Fälle nicht gelten soll.

111 Das Recht auf Datenportabilität besteht nur in Bezug auf personenbezogenen Daten, die die betroffene Person „betreffen". Eine Einschränkung auf personenbezogene Daten, die ausschließlich den Anspruchsinhaber betreffen, ist damit aber nicht gewollt.[79] Nicht erfasst sind hingegen anonymisierte Daten.[80] Bei pseudonymisierten Daten gilt hingegen die Sonderregelung des Art. 11 Abs. 2 DS-GVO.[81] Danach kann der Verantwortliche das Recht auf Datenportabilität so lange ablehnen, bis die betroffene Person zusätzliche Informationen bereitgestellt hat, welche es dem Verantwortlichen ermöglichen, die betroffene Person zu identifizieren. Welche personenbezogenen Daten tatsächlich von Art. 20 DS-GVO erfasst werden, wird eine Frage des Einzelfalls sein. So wird bspw. der Wechsel eines Cloudspeicher-Anbieters bei großen Datenmengen oftmals als typischer Anwendungsfall einer Direktübertragung im Sinne des Art. 20 Abs. 2 DS-GVO genannt.[82] Diese Einschätzung berücksichtigt allerdings nicht, dass in der Cloud auch regelmäßig große Datenbestände enthalten sind, welche gerade nicht den Anspruchsinhaber betreffen werden.[83] Eine generalisierende Betrachtung erscheint daher wenig zielführend.

112 Zudem müssen die Daten vom Betroffenen „bereitgestellt" worden sein. Davon sind jedenfalls solche Daten umfasst, die vom Betroffenen durch ein aktives und wissentliches Verhalten zur Verfügung gestellt wurden.[84] Ebenso sind solche Daten nicht umfasst, die durch Dritte bereitgestellt wurden oder die der Verantwortliche auf andere Art und Weise erlangt hat.[85] Fraglich ist allerdings, was für diejenigen Daten gilt, die aufgrund der Nutzung eines Dienstes entstanden sind.[86] Die Artikel 29-Datenschutzgruppe vertritt in diesem Zusammenhang die Auffassung, dass das Merkmal des Bereitstellens weit auszulegen sei und somit auch Nutzungsdaten umfasse.[87] Gegen diese Interpretation spricht aber schon der Wortlaut der Vorschrift. Zwar enthält die DS-GVO für das Tatbestandsmerkmal des „Bereitstellens" keine Legaldefinition, allerdings handelt es sich hierbei um eine Form der Verarbeitung im Sinne des Art. 4 Nr. 2 DS-GVO. Vergleicht man die einzelnen Handlungsbeschreibungen des Verarbeitens, so fällt auf, dass die Definition ausschließlich aktive Handlungsbeschreibungen umfasst. Dies wird nochmals dadurch bekräftigt, als dass

---

[76] Kammann/Braun in Ehmann/Selmayr DS-GVO Art. 20 Rn. 3.
[77] Herbst in Kühling/Buchner DS-GVO Art. 20 Rn. 4.
[78] Brüggemann K&R 2018, 1.
[79] So auch Herbst in Kühling/Buchner DS-GVO Art. 20 Rn. 10.
[80] Laue/Nink/Kremer in LNK Das neue DatenschutzR § 4 Rn. 62.
[81] Veil in GSSV DS-GVO Art. 20 Rn. 90.
[82] Franck RDV 2016, 111 (118); ähnlich Gierschmann ZD 2016, 51 (54).
[83] So Herbst in Kühling/Buchner DS-GVO Art. 20 Rn. 3.
[84] Piltz K&R 2016, 634.
[85] Brüggemann K&R 2018, 1 (2).
[86] Vgl. dazu umfassend Strubel ZD 2017, 355 (356 ff.).
[87] Artikel 29-Datenschutzgruppe, Leitlinien zum Recht auf Datenübertragbarkeit 16/DE, WP 242rev.01, 13.12.2016, 9 f.

die DS-GVO die Verbreitung als ein Sonderfall des Bereitstellens versteht („Verbreitung oder eine andere Form der Bereitstellung") und demnach ebenso wie für das Verbreiten eine aktive Handlung voraussetzt.[88]

Regelmäßig umfasst sind die vom Kunden bereitgestellten Stammdaten, wie Name, Anschrift, E-Mail-Adresse.

Nicht umfasst sind vom Verantwortlichen selbst auf Grundlage der Daten des Betroffenen erstellte Informationen, wie Scorewerte, Bewegungsprofile[89] oder Zuordnung zu bestimmten Zielgruppen.

Liegen die Anspruchsvoraussetzungen vor, so steht der betroffenen Person in Bezug auf die Art und Weise der Übertragung ein Wahlrecht zu. Nach Art. 20 Abs. 1 DS-GVO kann sie die Daten zunächst an sich selbst herausverlangen, um sie gegebenenfalls dann – ohne Behinderung des Erstverantwortlichen – an einen zweiten Verantwortlichen zu übermitteln (indirekter Übertragungsweg). Nach Art. 20 Abs. 2 DS-GVO kann die betroffene Person aber auch verlangen, dass die Daten direkt vom ersten Verantwortlichen an einen zweiten Verantwortlichen übermittelt werden (direkter Übertragungsweg). 113

Nach Art. 20 Abs. 1 DS-GVO ist der Verantwortliche zur behinderungsfreien Datenübermittlung an den Betroffenen verpflichtet. Damit soll verhindert werden, dass der Wechsel zu einem Konkurrenzanbieter vom Erstverantwortlichen erschwert wird. Der Begriff „Behinderung" zielt dabei jedoch nicht auf das Ergebnis, sondern nur auf die vom Erstverantwortlichen eingesetzten Mittel ab. Daher ist es mit Art. 20 Abs. 1 DS-GVO durchaus vereinbar, wenn der Erstverantwortliche dem Nutzer ein günstigeres Angebot macht, um so einen Anbieterwechsel zu verhindern. 114

Nach Art. 20 Abs. 2 DS-GVO kann der Betroffene aber auch verlangen, dass die Daten unmittelbar an einen anderen Verantwortlichen übertragen werden. Entscheidend für den Vorgang der Direktübertragung ist damit, dass die Daten ohne Umweg über die betroffene Person direkt zum zweiten Verantwortlichen gelangen. Die Bezugnahme auf die Ausübung des Rechts auf Datenübertragbarkeit nach Art. 20 Abs. 1 DS-GVO verdeutlicht, dass der Anspruch nur besteht, wenn die Voraussetzungen des Art. 20 Abs. 1 DS-GVO vorliegen.[90] Insofern finden die Bestimmungen zum Behinderungsverbot auch bei einer Direktübermittlung unmittelbare Anwendung. 115

Das Recht auf Direktübertragung steht unter dem Vorbehalt der technischen Machbarkeit („soweit dies technisch machbar ist"). Hierbei sind sowohl objektive als auch subjektive Faktoren zu berücksichtigen, wie bspw. die Größe und wirtschaftliche Stärke des jeweiligen Unternehmens, da sich die technischen Möglichkeiten abhängig vom jeweiligen Unternehmen erheblich unterscheiden können.[91] Hierfür spricht auch ErwGr 68 DS-GVO, wonach der Verantwortliche nicht dazu verpflichtet sein soll, technisch kompatible Datenverarbeitungssysteme zu übernehmen oder beizubehalten. Daraus kann gefolgert werden, dass sich die technische Machbarkeit grundsätzlich an den beim Verantwortlichen bereits vorhandenen technischen Möglichkeiten orientieren soll.[92] 116

Problematisch ist in diesem Zusammenhang, dass aktuell nur punktuell standardisierte Schnittstellen bestehen, die konkret auf eine Portabilität von Daten ausgelegt sind. Es ist daher aktuell schwer absehbar, in welchem Umfang Verantwortliche tatsächlich verpflichtet sein werden, Schnittstellen von Dritten nach Art. 20 Abs. 2 DS-GVO tatsächlich zu implementieren. Dies wird auch von der konkret vom Betroffenen angebotenen Leistung abhängen. Es erscheint bspw. wenig sinnvoll, wenn der Anbieter eines Cloud-Speicher- 117

---

[88] Strubel ZD 2017, 355 (357f.).
[89] Dies gilt auch nach der Auffassung der Artikel 29-Datenschutzgruppe, welche in diesem Zusammenhang von „ inferred data" oder von „derived data" spricht, vgl. Artikel 29-Datenschutzgruppe, Leitlinien zum Recht auf Datenübertragbarkeit 16/DE, WP 242.rev.01, 13. 12. 2016, 10.
[90] Strubel ZD 2017, 355 (356).
[91] Laue/Nink/Kremer in LNK Das neue DatenschutzR § 4 Rn. 65.
[92] Herbst in Kühling/Buchner DS-GVO Art. 20 Rn. 27.

dienstes eine Schnittstelle zur Portierung der Daten seiner Kunden zu einem Zahlungsdiensteanbieter unterstützt – der Empfänger der Daten könnte mit der weit überwiegenden Mehrheit der Daten schlicht nichts anfangen.

> Als Faustregel kann angenommen werden: Je größer der Anbieter, desto mehr Schnittstellen Dritter zur Portabilität von Daten wird er anbieten müssen. Je weiter verbreitet eine Schnittstelle zur Portabilität von Daten, desto höher ist die Wahrscheinlichkeit, dass Verantwortliche sie unterstützen müssen.

118   Problematisch ist weiterhin, dass zur Portierung von Daten zwei Seiten gehören. Daher stellt sich die Frage, ob den Adressat der Daten ebenfalls eine Mitwirkungspflicht bei der Portierung von Daten auferlegt werden kann.[93] Konkret: Müssen Verantwortliche umgekehrt auch Schnittstellen anbieten, mit denen Daten zu ihrem Dienst portiert werden können? Der Wortlaut des Art. 20 DS-GVO ist diesbezüglich nicht ergiebig. Allerdings muss beachtet werden, dass Drittanbieter vor dem tatsächlichen Erhalt der Daten noch keine Verantwortlichen im Sinne des Art. 4 Nr. 7 DS-GVO sind und sie damit gegenüber der betroffenen Person Art. 20 DS-GVO nicht unterfallen.[94]

119   Ungeklärt ist außerdem, ob künftige Verantwortliche dazu berechtigt sind, die Annahme des Datensatzes zu verweigern – bspw. weil die zu übertragenden Datenmengen zu groß sind oder der Drittanbieter schlicht bestimmte Benutzer nicht wünscht. Wäre ein künftiger Verantwortlicher allerdings dazu verpflichtet den Datensatz anzunehmen, so löste dies einen indirekten Kontrahierungszwang aus, der dann wiederum gegen den Grundsatz der Privatautonomie verstoßen würde.[95] Insofern spricht viel dafür, dass die Entscheidung über die Annahme zu portierender Daten – vorbehaltlich anderer gesetzlicher Vorschriften wie dem Kartellrecht oder dem Allgemeinen Gleichstellungsgesetz – dem Drittanbieter freisteht.

120   **c) Technische Anforderungen.** Die Daten müssen der betroffenen Person in einem strukturierten, gängigen und maschinenlesbaren Format zur Verfügung gestellt werden. Zu den technischen Einzelheiten macht die DS-GVO keine Ausführungen. Insbesondere wurde auch darauf verzichtet, die Begriffe im Rahmen eines Durchführungsrechtsaktes näher zu konkretisieren.[96] Damit trägt der Verordnungsgeber vor allem dem Umstand Rechnung, dass solche Rechtsakte oftmals hinter den aktuellen technischen Entwicklungen zurückbleiben werden.[97] Aus praktischer Sicht lässt er den Rechtsanwender damit jedoch recht ratlos zurück. So dürfte nahezu jedes Dateiformat als strukturiert und maschinenlesbar gelten. Bereits einfache Ordnerstrukturen dürften hierfür ausreichen.[98] Dennoch wird nicht jedes beliebige Datenformat ausreichend sein. In Anbetracht des Zwecks des Rechts auf Datenportabilität werden vielmehr solche Datenformate gemeint sein, die auch durch einen Dritten – nämlich einen Anbieter vergleichbarer Leistungen, dem die betroffene Person die Daten zur Verfügung stellen könnte – sinnvoll gelesen und verarbeitet werden können. Dies stellt auch ErwGr 68 DS-GVO klar, der zusätzlich ein „interoperables" Format fordert. Angesichts des Wortlauts („sollten aufgefordert werden") hat ErwGr 68 S. 2 DS-GVO allerdings nur Empfehlungscharakter.[99] Eine solche Verpflich-

---

[93] Fladung in Wybitul HdB DS-GVO Art. 20 Rn. 9.
[94] Fladung in Wybitul HdB DS-GVO Art. 20 Rn. 9.
[95] Brüggemann DSRITB 2017, 1 (10 f.).
[96] Demgegenüber enthielt der Kommissionsentwurf in Art. 18 Abs. 3 DS-GVO noch die Ermächtigung zur Festlegung des Formats in einem Durchführungsrechtsakt, vgl. KOM (2012) 11 endg.
[97] Fladung in Wybitul HdB DS-GVO Art. 20 Rn. 5.
[98] Frank RDV 2016, 117.
[99] Artikel 29-Datenschutzgruppe, Leitlinien zum Recht auf Datenübertragbarkeit 16/DE, WP 242rev.01, 13.12.2016, 5.

tung würde aber auch deshalb zu weit gehen, weil durch die DS-GVO nur das Datenschutzrecht als solches, nicht aber technische Standards harmonisiert werden sollen.[100]

In der Praxis sind nichtsdestotrotz proprietäre Dateiformate nicht zu empfehlen, da diese nicht ohne weiteres durch einen Dritten verarbeitet werden können. Ausgenommen sind allerdings solche Fälle, in denen die Daten bereits durch die betroffene Person in einem proprietären Format zur Verfügung gestellt wurden (wie etwa beim Upload proprietärer Dateien bei einem Cloud-Storage-Service). Eine weitere Ausnahme kann dann bestehen, wenn die proprietären Dateiformate für den konkreten Verarbeitungszweck so marktüblich sind, dass keine Zweifel daran bestehen, dass Mitbewerber diese entsprechend verarbeiten können (bspw. bestimmte Datenbankexporte von weit verbreiteten Herstellern). 121

Textinhalte: Einfache Text-Dateien, OpenDocument/ODF,[101] RDF[102]

Datenbankinhalte: CSV, SQL-Export, JSON, XML

Bilddateien: SVG, PNG, JPEG

Musikdateien: WAV, MP3, Ogg Vorbis

Darüber hinaus muss es sich um „gängige" Formate handeln. Eine trennscharfe Abgrenzung, wann ein Format „gängig" ist, wird freilich kaum vorzunehmen sein. Zur näheren Bestimmung der allgemeinen Gebräuchlichkeit wird teilweise eine geographische Betrachtung vorgeschlagen.[103] Demnach sollen Formate nur dann als gängig anzusehen sein, wenn sie in allen Mitgliedstaaten gleichermaßen gebräuchlich sind. In der Praxis dürfte das jedoch wenig hilfreich sein. Es dürfte nur in wenigen Nischenmärkten überhaupt Datenformate geben, die nicht auch in allen anderen Mitgliedsstaaten mehr oder weniger gängig sind. 122

Überzeugender erscheint eher eine branchentypische Betrachtung.[104] Hiernach kann der Verbreitungsgrad eines bestimmten Formats abhängig vom jeweils relevanten Markt bestimmt werden. In diesem Zusammenhang müsste dann zwar näher definiert werden, wie der relevante Markt im Einzelfall abgegrenzt werden kann.[105] Aus praktischer Sicht dürfte dies regelmäßig jedoch gut zu bewerkstelligen sein. Darüber hinaus dürften jedenfalls solche Datenformate als gängig bezeichnet werden, die darauf ausgelegt sind, beliebige Daten zwischen verschiedenen IT-Systemen auszutauschen. 123

d) Ausnahmen und Konflikte innerhalb der DS-GVO. aa) Zweifel an der Identität. Sofern der Verantwortliche berechtigte Zweifel an der Identität des Antragstellers hat, darf er von diesem gemäß Art. 12 Abs. 6 DS-GVO zusätzliche Informationen verlangen, die zur Bestätigung der Identität der betroffenen Person erforderlich sind. Sofern die betroffene Person nicht in der Lage ist, einen Identifikationsnachweis zu erbringen, kann der Verantwortliche den Anspruch auf Datenportabilität nach Art. 12 Abs. 2 S. 1 DS-GVO verweigern. 124

bb) Recht auf Löschung. Nach Art. 20 Abs. 3 S. 1 DS-GVO bleibt das Recht auf Löschung (Art. 17 DS-GVO) von der Ausübung des Rechts auf Datenportabilität unberührt. Hieraus kann gefolgert werden, dass die Datenübermittlung nicht notwendigerweise die Löschung der Daten beim ersten Verantwortlichen nach sich zieht. Vielmehr ergeben sich die Voraussetzungen und Einschränkungen der Löschung weiterhin aus Art. 17 125

---

[100] Veil in GSSV DS-GVO Art. 20 Rn. 116.
[101] Kammann/Braun in Ehmann/Selmayr DS-GVO Art. 20 Rn. 23.
[102] http://opendatahandbook.org/guide/de/appendices/file-formats/, zuletzt abgerufen am 27.3.2018.
[103] Veil in GSSV DS-GVO Art. 20 Rn. 115.
[104] Veil in GSSV DS-GVO Art. 20 Rn. 115.
[105] Veil in GSSV DS-GVO Art. 20 Rn. 117.

DS-GVO selbst.[106] Schließlich kann aus dem Verweis auf Art. 17 DS-GVO abgeleitet werden, dass sich aus Art. 20 DS-GVO keine Pflicht des Verantwortlichen zur Speicherung der Daten ergibt. Würde nämlich Art. 20 DS-GVO eine dauerhafte Pflicht zu Speicherung der Daten begründen, dann würde das Recht auf Datenportabilität gewissermaßen zu einer „Vorratsdatenspeicherung" verpflichten, und zwar allein aus dem Grund, damit der Verantwortliche die Übertragung aller vom Betroffenen bereitgestellten Daten erfüllen kann.[107] Eine Pflicht zur Speicherung der Daten kann sich jedoch aus gesetzlichen Aufbewahrungsfristen ergeben, die vom Recht auf Datenportabilität ebenfalls unberührt bleiben sollen.[108]

126 cc) **Wahrnehmung von Aufgaben im öffentlichen Interesse.** Nach Art. 20 Abs. 3 S. 2 DS-GVO gilt das Recht auf Datenübertragbarkeit aus Art. 20 Abs. 1 DS-GVO nicht für Daten, die für die Wahrnehmung einer Aufgabe im öffentlichen Interesse oder in Ausübung öffentlicher Gewalt verarbeitet werden. Letztlich ergibt sich diese Einschränkung jedoch schon aus dem Wortlaut des Art. 20 Abs. 1 DS-GVO selbst, da dieser als Voraussetzung für den Übertragungsanspruch die Verarbeitung auf Grundlage einer Einwilligung oder eines Vertrages fordert.[109] Art. 20 Abs. 3 S. 2 DS-GVO umfasst jedoch solche Fälle, in denen die Verarbeitung nicht nur auf Art. 6 Abs. 1 S. 1 lit. e DS-GVO beruht, sondern zusätzlich auch auf Art. 6 Abs. 1 S. 1 lit. a und b DS-GVO. In diesen Fällen liegen die Voraussetzungen des Übertragungsanspruches zwar grundsätzlich vor, sind dann jedoch von diesem besonderen Ausschlusstatbestand des Art. 20 Abs. 3 S. 2 DS-GVO ausgeschlossen.

127 dd) **Rechte und Freiheiten anderer Personen.** Nach Art. 20 Abs. 4 DS-GVO darf das Recht auf Datenportabilität nicht die Rechte und Freiheiten anderer Personen beeinträchtigen. Abweichend vom Wortlaut („Recht gemäß Abs. 2") gilt der Ausschlusstatbestand auch für die Datenübermittlung nach Art. 20 Abs. 1 DS-GVO. Die Einschränkung des Art. 20 Abs. 4 DS-GVO muss demzufolge als Redaktionsversehen gewertet werden.[110] Hierfür sprechen auch die englische und französische Sprachfassung, die ebenfalls einen Verweis auf Art. 20 Abs. 1 DS-GVO enthalten.[111]

128 Die Schrankenregelung des Art. 20 Abs. 4 DS-GVO enthält keine Angaben dazu, wen im Falle von Rechtsverstößen die datenschutzrechtliche Verantwortung trifft. Diesbezüglich muss zwischen den einzelnen Übertragungsmöglichkeiten differenziert werden:

129 Weniger Schwierigkeiten bereitet dabei die Zuordnung der Verantwortlichkeit im Falle des Art. 20 Abs. 1 DS-GVO. So wird die bloße Bereitstellung der Daten an die betroffene Person grundsätzlich nicht geeignet sein, die Rechte Dritter zu beeinträchtigen, da dem Anspruchsberechtigten in diesen Fällen die mit den Daten verbundenen Informationen ohnehin bekannt sein werden.[112]

130 Anders gestaltet sich dies jedoch, wenn die betroffene Person die Daten anschließend an einen anderen Verantwortlichen übermittelt. Hier erfolgt die Übertragung durch die betroffene Person selbst, sodass diese auch die Pflicht trifft, die Rechte und Freiheiten anderer Personen nicht zu beeinträchtigen.[113]

---

[106] So auch Veil in GSSV DS-GVO Art. 20 Rn. 26.
[107] Veil in GSSV DS-GVO Art. 20 Rn. 26.
[108] Artikel 29-Datenschutzgruppe, Leitlinien zum Recht auf Datenübertragbarkeit 16/DE, WP 242rev.01, 13.12.2016, 7.
[109] Brüggemann DSRITB 2017, 1 (8); Veil in GSSV DS-GVO Art. 20 Rn. 79.
[110] So auch Paal in Paal/Pauly DS-GVO Art. 20 Rn. 25.
[111] So lautet die englische Fassung: *„The right referred to in paragraph 1 shall not adversely affect the rights and freedoms of others"*. Ebenso heißt es in der französischen Fassung: *„Le droit visé au paragraphe 1 ne porte pas atteinte aux droits et libertés de tiers."*
[112] So auch Herbst in Kühling/Buchner DS-GVO Art. 20 Rn. 17.
[113] Herbst in Kühling/Buchner DS-GVO Art. 20 Rn. 17.

Fraglich ist jedoch, wen im Falle einer Direktübertragung nach Art. 20 Abs. 2 DS-GVO 131
die datenschutzrechtliche Verantwortung trifft. Hier erfolgt die Übermittlung zwar durch
den ersten Verantwortlichen, allerdings wird dieser regelmäßig keine Kenntnis von dem
Inhalt der Daten haben. Überdies wird es ihm auch faktisch kaum möglich sein, sämtliche
Daten auf mögliche Rechtsverletzungen zu überprüfen.[114] Deswegen erscheint es sachgerecht, der betroffenen Person die Überprüfung „ihrer Daten" aufzubürden.[115] Sie hat
nämlich Kenntnis von deren Inhalt und kann daher „problematische" Datensätze vor der
Übermittlung löschen (lassen) oder vorab eine Auswahl der übermittelnden Daten treffen.
Von dem Verantwortlichen kann insoweit allenfalls eine Mitwirkung durch Schaffung entsprechender technischer Maßnahmen gefordert werden. Der Wortlaut von Art. 20 Abs. 2
DS-GVO sieht eine solche Mitwirkung freilich nicht zwingend vor.

> **Praxistipp:**
> Ist aufgrund der Art der Daten bereits absehbar, dass durch eine Direktübertragung der
> Daten die Rechte Dritter beeinträchtigt werden, sollten die Nutzer auf diesen Umstand
> hingewiesen werden und es sollte ihnen die Möglichkeit gegeben werden, diese bereits
> absehbar problematischen Daten zu anonymisieren oder pseudonymisieren.
> Bei der Direktübertragung von Daten aus einer Chat-App zu einem anderen Anbieter
> sollte daher die technische Möglichkeit geschaffen werden, jedenfalls die Namen der
> Absender bzw. deren Telefonnummern zu pseudonymisieren, bspw. durch eine Kürzung
> des Namens bzw. der Telefonnummern um mehrere Ziffern.

Ebenfalls wird durch Art. 20 Abs. 4 DS-GVO nicht näher spezifiziert, welche Rechte 132
und Freiheiten anderer Personen beeinträchtigt sein können. Ein Hinweis hierzu findet
sich in Art. 18 Abs. 2 lit. aa des Ratsentwurfs zur DS-GVO,[116] in dem der Schutz des
geistigen Eigentums noch ausdrücklich erwähnt worden war. Ebenso fallen auch Betriebs-
und Geschäftsgeheimnisse in den Anwendungsbereich der Schrankenregelung.[117] Dies
deckt sich auch mit ErwGr 63 S. 5 DS-GVO, der diese Gegenrechte in Bezug auf den
wortgleichen Art. 15 Abs. 4 DS-GVO beispielhaft auflistet.[118]

Auf Grundlage der Öffnungsklauseln der DS-GVO hat der deutsche Gesetzgeber weitere Ausschlusstatbestände geschaffen. Deswegen besteht das Recht auf Datenportabilität 133
nach § 28 Abs. 4 BDSG auch dann nicht, soweit dieses Recht voraussichtlich die Verwirklichung im öffentlichen Interesse liegender Archivzwecke unmöglich machen oder
ernsthaft beeinträchtigen würde und diese Beschränkungen für die Erfüllung der Archivzwecke erforderlich ist. Daneben bleibt das allgemeine Medienprivileg auch unter der
DS-GVO fortbestehen, sodass Art. 20 DS-GVO ebenfalls keine Anwendung findet, wenn
die Daten zu journalistischen Zwecken verarbeitet werden.[119]

Zudem stellt sich die Frage, in welchem Verhältnis Art. 20 DS-GVO zu den übrigen 134
Normen, die einen Anbieterwechsel ermöglichen, steht. Da das Recht auf Datenportabilität allerdings nicht zwingend die Kündigung des zugrundeliegenden Dienstverhältnisses
erfordert, ist davon auszugehen, dass Art. 20 DS-GVO neben den spezialgesetzlichen

---

[114] Damit sind vor allem „multi-data subject"-Situationen gemeint, in denen die personenbezogenen Daten Dritter auch die betroffene Person betreffen – so etwa bei einem E-Mailverkehr, Chatverlauf, Gruppenbild oder Telefonprotokoll.
[115] So auch Herbst in Kühling/Buchner DS-GVO Art. 20 Rn. 17; anders Brüggemann DSRITB 2017, 1 (9), der die Prüfpflicht dem Erstverantwortlichen auferlegen, dafür jedoch die Schrankenregelung des Art. 20 Abs. 4 DS-GVO weit auslegen und bereits im Verdachtsfall einen Anspruch auf Datenportabilität verneinen will.
[116] Diese Regelung wurde allerdings nicht in die Endfassung mit aufgenommen.
[117] Veil in GSSV DS-GVO Art. 20 Rn. 125; Herbst in Kühling/Buchner DS-GVO Art. 20 Rn. 18.
[118] Strubel ZD 2017, 355 (360).
[119] Vgl. nur §§ 9c Abs. 1 und 57 Abs. 1 RStV.

Normen Anwendung findet.[120] So dürfte die Rufnummernportierung des § 46 Abs. 3 TKG für natürliche Personen künftig auch nach Art. 20 DS-GVO möglich sein.[121]

135 e) **Weitere Praxisempfehlungen.** Der Anwendungsbereich des Rechts auf Datenübertragbarkeit dürfte sich neben sozialen Medien vor allem im Bereich des Cloud Computing oder im Rahmen mobiler Apps erstrecken.[122] In Betracht kommt aber auch eine Anwendung des Art. 20 DS-GVO im Banken- und Versicherungsbereich.[123] In diesen Fällen dürfte der praktische Schwerpunkt regelmäßig darin bestehen, zu bestimmen, **welche Daten im Einzelnen** von der betroffenen Person bereitgestellt und welche von dem Anbieter selbst erstellt wurden und auf welcher Rechtsgrundlage die Daten erhoben wurden, um bestimmen zu können, in welchem Umfang der Anspruch besteht. So erfordert das Recht auf Datenportabilität indirekt eine **dezidierte Dokumentation** von Art, Herkunft und Rechtsgrundlage der erhobenen Daten. Insbesondere in größeren Unternehmen werden darauf aufbauend technische Prozesse zu etablieren sein, um einen Export bzw. eine Direktübertragung der so betroffenen Daten gewährleisten zu können.

136 Daneben könnte das Recht auf Datenportabilität bei einem Arbeitnehmerwechsel relevant werden, indem es dem Arbeitnehmer die Mitnahme seiner Daten erlaubt, die im **HR-System** gespeichert sind.[124] In diesem Fall wird im Einzelnen zu prüfen sein, welche Daten vom Arbeitnehmer tatsächlich selbst bereitgestellt wurden und insbesondere, inwiefern eine Übermittlung die Rechte und Freiheiten Dritter berühren können. So wird das Recht auf Datenportabilität bspw. nicht die Mitnahme sämtlicher E-Mails eines Arbeitnehmers rechtfertigen können, wenn diese auch **Kundendaten** oder **Geschäftsgeheimnisse** enthalten können. Regelmäßig wird sich der Anspruch auf Datenportabilität daher allenfalls auf Stammdaten von Arbeitnehmern beziehen und damit von geringem praktischen Nutzen sein. Gänzlich auszuschließen ist ein darüber hinausgehender Anspruch jedoch nicht, sodass ein solcher im Einzelfall durchaus erheblichen Prüfungsaufwand verursachen kann. Insofern empfiehlt es sich – auch im Hinblick auf die Rechenschaftspflicht des Verantwortlichen aus Art. 5 Abs. 2 DS-GVO – auch im HR-Bereich im Einzelnen zu dokumentieren, welche Daten aus welcher Quelle auf welcher Rechtsgrundlage verarbeitet werden.

137 Auch vor dem Hintergrund der immensen Bußgelder nach Art. 83 Abs. 5 lit. b DS-GVO, empfiehlt es sich insbesondere für größere Unternehmen, ein **Konzept zum Umgang mit Anfragen zur Datenportabilität** zu etablieren. Dieses sollte neben den internen Verantwortlichkeiten und Ansprechpartnern insbesondere einen Prozess vorsehen, wie die jeweils betroffenen Daten im Einzelfall zu beschaffen und in ein, den gesetzlichen Anforderungen entsprechendes, Format zu bringen sind. Von besonderer Bedeutung ist daher die Schnittstelle zwischen datenschutzverantwortlichen und technischen Ansprechpartnern.

138 Zudem werden unternehmensübergreifende **Dateiformate** erforderlich sein, um auf Dauer die Rechte der Betroffenen gewährleisten zu können.[125] Offene und nicht-proprietäre Formate wie CSV, JSON oder XML bieten sich aktuell jedenfalls an. Ob und inwiefern im Einzelfall auch andere Formate in Frage kommen, sollte unternehmens- und branchenspezifisch festgelegt und im Konzept zur Datenportabilität festgehalten werden. Ergänzend wird auch zu definieren sein, welche **Schnittstellen** zur Direktübertragung

---

[120] Brüggemann DSRITB 2017, 1 (3).
[121] Brüggemann DSRITB 2017, 1 (3).
[122] Laue/Nink/Kremer in LNK Das neue DatenschutzR § 4 Rn. 62.
[123] Sydow in Sydow DS-GVO Art. 20 Rn. 13.
[124] Wybitul/Rauer ZD 2012, 160 (162); kritisch dazu Veil in GSSV DS-GVO Art. 20 Rn. 80ff.; differenzierend Artikel 29-Datenschutzgruppe, Leitlinien zum Recht auf Datenübertragbarkeit 16/DE, WP 242rev.01, 13.12.2016, 8f.
[125] Fladung in Wybitul HdB DS-GVO Art. 20 Rn. 14.

von Daten an und von Dritten nach Art. 20 Abs. 2 DS-GVO realistisch angeboten werden können und sollten.

Dementsprechend betrifft das Recht auf Datenportabilität nicht zuletzt auch die **Hersteller von Software,** die potenziell personenbezogene Daten von Unternehmen verarbeitet. Schließlich muss für Unternehmenskunden die Möglichkeit bestehen, die relevanten Daten aus der Software zu exportieren und ggf. im Wege der Direktübertragung auf die Systeme von Wettbewerbern zu übertragen. Softwareseitig kann das im Einzelfall durchaus zu Änderungsbedarf führen.

Nach Art. 13 Abs. 2 lit. b DS-GVO sind betroffene Personen bereits **bei Erhebung der Daten** über ihr Recht auf Datenportabilität zu unterrichten. Die Artikel 29-Datenschutzgruppe empfiehlt, die betroffenen Personen bereits im Rahmen dieser Unterrichtung darüber aufzuklären, welche konkreten Datenarten mit dem Recht auf Datenportabilität herausverlangt werden dürfen.[126] Denkbar, wenngleich nicht verpflichtend, ist auch die Angabe der unterstützten Datenformate, um bereits bei der Erhebung der Daten Transparenz im Hinblick auf eine ggf. später stattfindende Datenportabilität zu erhöhen und zusätzliche Argumente dafür zu schaffen, dass die angebotenen Dateiformate auch von den betroffenen Personen selbst bei Datenerhebung als hinreichend erachtet wurden.

Nicht zuletzt muss sichergestellt werden, dass das Recht auf Datenportabilität auch im Fall der **Auftragsverarbeitung** sichergestellt ist. Dementsprechend sollten die zugrundeliegenden Verträge eine Bestimmung darüber enthalten, dass der Auftragsverarbeiter im Falle eines Übertragungsverlangens nach Art. 20 DS-GVO den Verantwortlichen bei der Durchführung dieses Betroffenenrechts unterstützen muss.[127] Gleiches gilt innerhalb einer vertraglichen Vereinbarung bei Vorliegen einer **gemeinsamen Verantwortlichkeit.**[128]

---

[126] Artikel 29-Datenschutzgruppe, Leitlinien zum Recht auf Datenübertragbarkeit 16/DE, WP 242rev.01, 13.12.2016, 13.
[127] Artikel 29-Datenschutzgruppe, Leitlinien zum Recht auf Datenübertragbarkeit 16/DE, WP 242rev.01, 13.12.2016, 6.
[128] Artikel 29-Datenschutzgruppe, Leitlinien zum Recht auf Datenübertragbarkeit 16/DE, WP 242rev.01, 13.12.2016, 6.

§ 16 Datenschutz im Automotive-Sektor

Übersicht

	Rn.
I. Einleitung	1
II. Rechtlicher Regelungsrahmen	2
1. Regulierungsebenen des Kfz-Datenschutzes	2
2. Abgrenzung zum TK-Datenschutz und Telemedien-Datenschutz	3
III. Datenschutzrechtliche Relevanz von Fahrzeugdaten	6
1. Datenhypertrophie in der Automobilwirtschaft	6
2. Bezug von Kfz-Daten zum Fahrzeughalter	9
a) Relevanz technischer Daten	9
b) Identifizierbarkeit des Fahrzeughalters	12
3. Weitere Betroffene	14
a) Fahrzeugeigentümer	15
b) Fahrzeugführer	16
c) Sonstige Verkehrsteilnehmer	17
IV. Adressaten der datenschutzrechtlichen Pflichten	18
1. Mögliche Verantwortliche	18
2. Unterscheidung zwischen Offline-Autos und Online-Autos	19
3. Gemeinsame Verantwortlichkeit	21
V. eCall	23
1. Einführung des eCall	23
2. Datenschutzrechtliche Implikationen	25
a) Notruffunktion	25
b) TPS-eCall und Zusatzdienste	28
VI. DS-GVO und Verarbeitung von Kfz-Daten	30
1. Gesetzlich erlaubte Datenverarbeitung	30
a) Einwilligung (Art. 6 Abs. 1 lit. a DS-GVO)	31
b) Vertrag (Art. 6 Abs. 1 lit. b DS-GVO)	36
c) Berechtigte Interessen (Art. 6 Abs. 1 lit. f DS-GVO)	38
2. Technischer Datenschutz	41
a) Vermeidung personenbezogener Daten	41
aa) Privacy by Design	42
bb) Privacy by Default	46
b) Transparenz	47
c) Datensicherheit	50
VII. StVG-Novelle zum automatisierten Fahren	52
1. Einführung der Blackbox	52
2. Speicherpflicht (§ 63a Abs. 1 StVG)	53
a) Gesetzliche Regelung	53
b) Offene Fragen	54
3. Datenübermittlung (§ 63a Abs. 2, 3 StVG)	56
a) Übermittlung an Behörden	56
b) Übermittlung an Unfallbeteiligte	57
4. Löschung (§ 63a Abs. 4 StVG)	58
5. Ausblick	59

Literatur:

Alich, Datenschutz im Connected Car, RAW 2016, 90; *Arzt/Ruth-Schumacher,* Zulassungsrechtliche Rahmenbedingungen der Fahrzeugautomatisierung, NZV 2017, 57; *Balzer/Nugel,* Das Auslesen von Fahrzeugdaten zur Unfallrekonstruktion im Zivilprozess, NJW 2016, 193; *Baumgartner/Gausling,* Datenschutz durch Technikgestaltung und datenschutzfreundliche Voreinstellungen, ZD 2017, 308; *Bernd,* Der Gesetzesentwurf zur Änderung des Straßenverkehrsgesetzes – ein Überblick, SVR 2017, 121; *Bockslaff/Kadler,* Umfangreiche Datenspeicherung bei Carsharing-Anbietern: Möglichkeit zur Erstellung von Bewegungsprofilen und rechtliche Probleme, ZD 2017, 166; *von Bodungen/Hoffmann,* Autonomes Fahren – Haftungsverschiebung entlang der Supply Chain? (2. Teil), NZV 2016, 503; *von Bodungen/Hoffmann,* Zur straßenverkehrsrechtlichen (Un-)Zulässigkeit automatisierter Fahrzeuge, InTeR 2017, 85; *von Bodungen/Hoffmann,* Hoch- und vollautomatisiertes Fahren *ante portas* – Auswirkungen des 8. StVG-Änderungsgesetzes auf die Herstellerhaftung, NZV 2018, 97; *Bönninger*, Wem gehören die Daten im Fahrzeug?, ZFS 2014, 184; *Bönninger*, Mobilität im 21. Jahrhundert: sicher, sauber, datengeschützt, DuD 2015, 388; *Brisch/Müller-ter Jung*, Autonomous Driving – Von Data Ownership über Blackbox bis zum Beweisrecht, CR 2016, 411; *Brockmeyer*, Treuhänder für Mobilitätsdaten – Zukunftsmodell für hoch- und vollautomatisierte Fahrzeuge?, ZD 2018, 258; *Buchner*, Datenschutz im vernetzten Automobil, DuD 2015, 372; *Droste*, Produktbeobachtungspflichten der Automobilhersteller bei Software in Zeiten vernetzten Fahrens, CCZ 2015, 105; *Ernst*, Die Einwilligung nach der Datenschutzgrundverordnung, ZD 2017, 110; *Ethik-Kommission*, Bericht Automatisiertes und Vernetztes Fahren, 2017; *Forgó*, Datenschutzrechtliche Fragestellungen des autonomen Fahrens, in: Oppermann/Stender-Vorwachs, Autonomes Fahren: Rechtsfolgen, Rechtsprobleme, technische Grundlagen, 2017, S. 157– 172; *Frinken*, Die Verwendung von Daten aus vernetzten Fahrzeugen, 2017; *Froitzheim*, Dash Cams, das allgemeine Persönlichkeitsrecht und Beweisverwertung, NZV 2018, 109; *Gauger/Wagner*, eCallPrinzip der „entscheidenden ersten Stunde" wird Gesetz, RAW 2015, 93; *Greger/Zwickel*, Haftungsrecht des Straßenverkehrs: Handbuch und Kommentar, 5. Aufl. 2014; *Herrmann*, Telekommunikationsrechtliche Herausforderungen für vernetzte Fahrzeuge, RAW 2017, 19; *Heun/Assion*, Smart Services: IT- und datenschutzrechtliche Herausforderungen, BB 2018, 579; *Hoeren*, Ein Treuhandmodell für Autodaten? – § 63a StVG und die Datenverarbeitung bei Kraftfahrzeugen mit hoch- oder vollautomatisierter Fahrfunktion, NZV 2018, 153; *Hornung/Goeble*, „Data Ownership" im vernetzten Automobil: Die rechtliche Analyse des wirtschaftlichen Werts von Automobildaten und ihr Beitrag zum besseren Verständnis der Informationsordnung, CR 2015, 265; *Jensen/Gruschka/Lüssem*, Datenschutz im Fahrzeug der Zukunft: Vernetzt, Autonom, Elektrisch, in: Mayr/Pinzger, Informatik 2016, Lecture Notes in Informatics (LNI), 2016, S. 441–454; *Joachim*, Automatisiertes Fahren – Datenschutz und Datensicherheit, ZD-Aktuell 2016, 04211; *v. Kaler/Wieser*, Weiterer Rechtsetzungsbedarf beim automatisierten Fahren, NVwZ 2018, 369; *Kinast/Kühnl*, Telematik und Bordelektronik – Erhebung und Nutzung von Daten zum Fahrverhalten, NJW 2014, 3057; *Kiparski/Sassenberg*, DSGVO und TK-Datenschutz – Ein komplexes europarechtliches Geflecht, CR 2018, 324; *Klann*, Zur Zulässigkeit der Verwendung privater Verkehrsüberwachungskameras zu Beweiszwecken, DAR 2013, 189; *Kluge/Müller*, Der automatisierte Notruf: Konstruktive Anforderungen an das eCall-System, InTeR 2015, 213; *König*, Die gesetzlichen Neuregelungen zum automatisierten Fahren, NZV 2017, 123; *König*, Gesetzgeber ebnet Weg für automatisiertes Fahren – weitgehend gelungen, NZV 2017, 249; *Konzett/Riccabona-Zecha*, Fahrerassistenzsysteme, Unfalldatenspeicher & eCall, ZVR 2015, 117; *Krügel*, Das personenbezogene Datum nach der DS-GVO: Mehr Klarheit und Rechtssicherheit?, ZD 2017, 455; *Kühling*, Neues Bundesdatenschutzgesetz – Anpassungsbedarf bei Unternehmen, NJW 2017, 1985; *Lange*, Automatisiertes und autonomes Fahren – eine verkehrs-, wirtschafts- und rechtspolitische Einordnung, NZV 2017, 345; *Laux*, Autonome Fahrzeuge und Datenschutz – Ein Überblick, in: Hagebölling, Mobilitätswende in Deutschland: Perspektiven und rechtliche Herausforderungen, 2017, S. 81–94; *Lüdemann*, Connected Cars: Das vernetzte Auto nimmt Fahrt auf, der Datenschutz bleibt zurück, ZD 2015, 247; *Lüdemann*, Die Blackbox für das Auto kommt, ZD-Aktuell 2017, 05560; *Lüdemann/Sengstacken*, Lebensretter eCall: Türöffner für neue Telematik-Dienstleistungen, RDV 2014, 177; *McKinsey&Company*, Wettlauf um den vernetzten Kunden – Überblick zu den Chancen aus Fahrzeugvernetzung und Automatisierung, 2015; *Piltz/Reusch*, Internet der Dinge: Datenschutzrechtliche Anforderungen an der Produktbeobachtung, BB 2017, 841; *Pataki*, Die Empfehlungen des Verkehrsgerichtstages 2018 zum automatisierten Fahren aus der Sicht der Versicherer, DAR 2018, 133; *Pohle/Zoch*, eCall = Der gläserne Fahrer? Datenschutz in Kraftfahrzeugen im Rahmen von eCall und anderen kommunizierenden Bordsystemen, CR 2014, 409; *Prütting*, Gespeicherte Daten im Fahrzeug als Beweis im Zivil- und Strafprozess, RAW 2018, 15; *Putzki/Sesing*, Datenaufzeichnung im automatisierten Fahrzeug, MMR-Aktuell 2017, 388288; *Reiter/Methner*, Datenschutz im Fahrzeug, InTeR 2015, 29; *Richter*, Dashcams, Fotos und Videos: Rechtsprechungsübersicht zur Beweisverwertbarkeit, SVR 2018, 134; *Rieß/Greß*, Privacy by Design für Automobile auf der Datenautobahn, DuD 2015, 391; *Roßnagel*, Big Data – Small Privacy? Konzeptionelle Herausforderungen für das Datenschutzrecht, ZD 2013, 562; *Roßnagel*, Fahrzeugdaten – wer darf über sie entscheiden?, SVR 2014, 281; *Scherer*, eCall: Ein Lehrstück für Politik, Regulierung und Datenschutz, MMR 2014, 353; *Schirmer*, Augen auf beim automatisierten Fahren! Die StVG-Novelle ist ein Montagsstück, NZV 2017, 253; *Schmid/Wessels*, Event Data Recording für das hoch- und vollautomatisierte Kfz – eine kritische Betrachtung der neuen Regelungen im StVG, NZV 2017, 357; *Schneider*, Schließt Art. 9 DS-GVO die Zulässigkeit der Verarbeitung bei Big Data aus?, ZD 2017, 303; *von Schönfeld*, Ein fahrbarer Datensatz – Datenschutzrechtliche Probleme im modernen Auto, DAR 2015, 617; *Schulz/Roßnagel/David*, Datenschutz bei kommunizierenden Assistenzsystemen: Wird die informationelle Selbstbestimmung von der Technik überrollt? ZD 2012, 510; *Siedenbiedel*, Belohnung für vorbildliche Autofahrer, DANA 2015, 24; *Spiegel*, Automatisiert, automatisierter, hochautomatisiert – Fahren bald alle Level 5?, DSRITB 2017, 691; *Verband der Automobilindustrie*, Datenschutz-Prinzipien für vernetzte Fahrzeuge, 2014; *Verband der Automobilindustrie*, Zugang zum Fahrzeug und zu im Fahrzeug generierten Daten, 2016; *Wagner/Goeble*, Freie Fahrt für das Auto der Zukunft, ZD 2017, 263; *Wagner/Ruttloff/Freytag*, Automatisiertes Fahren nach der StVG-Novelle: Next Steps – Rechtsverordnungen und Haftungsfragen, CB 2017, 386; *Wehrl*, 56. Deutscher Verkehrsgerichtstag 2018, DAR 2018, 121; *Weichert*, Datenschutz im Auto – Teil 1: Das Kfz als großes Smartphone mit Rädern, SVR 2014, 201; *Weichert*, Datenschutz im Auto – Teil 2: Das Kfz als großes Smartphone mit Rädern, SVR 2014, 241; *Weichert*, Car-to-Car-Communication zwischen Datenbegehrlichkeit und digitaler Selbstbestimmung, SVR 2016, 361; *Weichert*, Der Personenbezug von Kfz-Daten, NZV 2017, 507; *Weisser/Färber*, Rechtliche Rahmenbedingungen bei Connected Car: Überblick über die Rechtsprobleme der automobilen Zukunft, MMR 2015, 506; *Wendt,* Autonomes Fahren und Datenschutz – eine Bestandsaufnahme, ZD-Aktuell 2018, 06034; *Werkmeister/Brandt,* Bremst der Datenschutz das automatisierte Fahren aus?, RAW 2017, 99; *Werkmeister/Schröder,* Wer ist verantwortlich für die Daten im Fahrzeug?, RAW 2015, 82; *Ziebarth,* Verbesserte Videoüberwachung?, ZD 2017, 467; *Zurlutter,* Datenschutzrechtliche Aspekte der Auskunfts- und Aufklärungsobliegenheit über Kfz-Daten in der Kfz-Haftpflichtversicherung: Am Beispiel von Unfalldatenspeichern und Telematik-Tarifen, 2016.

I. Einleitung

1 Mit zunehmender Digitalisierung, Vernetzung und Automatisierung erheben, speichern und transferieren moderne Fahrzeuge immer mehr Daten. Das fahrerlose – autonome – Fahrzeug von morgen ist ohne ständigen Austausch **gewaltiger Datenmengen** zwischen miteinander vernetzten Fahrzeugen sowie mit der Straßenverkehrsinfrastruktur nicht realisierbar. Hersteller, Zulieferer, Werkstätten, Mobilfunknetzbetreiber, Carsharing-Unternehmen, Versicherer oder auch die Anbieter von Infotainmentdiensten können vermittels dieser Kfz-Daten vertiefte Einblicke nicht nur in Fahrzeugstandort, -zustand und -routen, sondern auch betreffend Fahrstil, Internetgewohnheiten und sonstige Vorlieben des Fahrzeugnutzers erhalten. Dies führt unweigerlich zur Frage nach dem zulässigen Zugang zu Fahrzeug- und Bewegungsdaten sowie deren erlaubter Verarbeitung und Kommerzialisierung. Dabei genießen sämtliche Daten, die einer bestimmten Person zugeordnet werden können, besonderen rechtlichen Schutz. Das betrifft vielzählige der in Automobilen generierten Daten. Aus diesem Grunde kommt datenschutzrechtlichen Fragestellungen gerade auch im Automobilbereich eine **zentrale Rolle** zu.

II. Rechtlicher Regelungsrahmen

1. Regulierungsebenen des Kfz-Datenschutzes

2 In vernetzten und automatisierten Kfz werden personenbezogene oder -beziehbare Daten vielfältiger Natur erhoben (→ Rn. 6 ff.). Diese unterfallen zugleich **vielschichtiger datenschutzrechtlicher Regulierung** auf unterschiedlichen Rechtsebenen. Vereinzelte Rufe nach einem eigenständigen „Autofahrerdatenschutzrecht"[1] sind bislang verhallt.[2] Daher gilt es, bei der Verarbeitung von Kfz-Daten neben den – überschaubaren – bereichsspezifischen Datenschutzregelungen für den Automobilsektor auch den allgemeinen – technikneutralen – datenschutzrechtlichen Anforderungen Rechnung zu tragen. So schreibt zwar die eCall-Verordnung auf europäischer Ebene mit Wirkung seit dem 31.3.2018 die Einführung eines bordeigenen automatischen Notrufsystems für Neufahrzeuge vor, das datenübertragende Funktionen erfüllt (→ Rn. 23 ff.). Für den Regelbetrieb von Kfz deutlich relevanter sind allerdings die rechtlichen Vorgaben der DS-GVO (→ Rn. 30 ff.). Diese findet in der EU unmittelbare Anwendung und verdrängt – vorbehaltlich entsprechender Öffnungsklauseln – entgegenstehendes nationales Recht. Das betrifft insbesondere auch die jüngst in §§ 63a, 63b StVG eingeführte Speicherpflicht („Blackbox") für Positions- und Zeitangaben hoch- und vollautomatisierter Fahrzeuge zwecks Verkehrskontrolle und Unfallrekonstruktion (→ Rn. 52 ff.).

2. Abgrenzung zum TK-Datenschutz und Telemedien-Datenschutz

3 Im Automobilbereich als Querschnittsmaterie sind auch die sektorspezifischen Regelungen zum Datenschutz nach dem TKG und TMG zu bedenken. Wenn Hersteller vernetz-

---

[1] So etwa Bönninger ZFS 2014, 184 (186); Reiter/Methner InTeR 2015, 29 (34).
[2] Ablehnend insoweit BT-Drs. 18/1362, 5; ferner Weichert SVR 2014, 241 (247); Lüdemann ZD 2015, 247 (254); Alich RAW 2016, 90 (95).

ter Fahrzeuge Konnektivität – iSd Übertragung von Signalen über Telekommunikationsnetze (§ 3 Nr. 24 TKG) – von einem Mobilfunkanbieter erwerben und diese ihrerseits mittels im Kfz verbauter SIM-Karten ihren Kunden im eigenen Namen und auf eigene Rechnung – gleichsam als Wiederverkäufer bzw. Reseller – anbieten, liegt ihre Einstufung als **TK-Diensteanbieter** (§ 3 Nr. 6 TKG) auf der Hand.[3] Das gilt etwa, wenn das fahrzeugeigene Entertainment-System bereits ab Werk unbeschränkten Internetzugang ermöglicht, ohne dass der Fahrzeugnutzer einen separaten Vertrag mit einem Mobilfunkanbieter abschließen müsste. In diesem Fall ist der Hersteller den strengen datenschutzrechtlichen Vorgaben der §§ 91 ff. TKG für Bestands-, Verkehrs- und Standortdaten (→ § 18 Rn. 24 ff.) unterworfen.[4]

Steht dagegen bei elektronischen Informations- und Kommunikationsdiensten nicht die Signalübertragung, sondern vielmehr die Inhaltsleistung der übertragenen Daten im Vordergrund, können die für **Telemedien** maßgeblichen datenschutzrechtlichen Bestimmungen für Bestands- und Nutzungsdaten (§§ 11 ff. TMG) Platz greifen.[5] Das betrifft etwa den Anbieter einer im Infotainment-System des Kfz zur Verfügung gestellten App zur Tankstellen- oder Rastplatzsuche. Dagegen soll es sich bei Diensten zur Bereitstellung fahrzeugbezogener Inhalte, die – bspw. beim autonomen Fahren – unmittelbar von den Steuerungsgeräten eines Kfz weiterverarbeitet werden (M2M-Kommunikation), schon nicht um Telemediendienste handeln, weil keine Übertragung von Informationen mittels Bild-, Text- oder Toninhalten zur Wahrnehmung durch den Fahrzeugnutzer erfolgt.[6] Ebenso wenig erfasst das TMG persönliche Daten, die lediglich anlässlich der Inanspruchnahme des Telemediums anfallen, ohne für die Nutzung oder Inanspruchnahme des Telemediendienstes erforderlich zu sein (sog Inhaltsdaten).[7]

Die Anwendung der über TKG und TMG verstreuten, kaum rechtssicher abgrenzbaren, sich überlappenden und zum Teil durch allgemeines Datenschutzrecht ergänzungsbedürftigen Spezialregelungen zur Verarbeitung personenbezogener Daten bereitete schon bisher in der Praxis erhebliche Schwierigkeiten. Nach dem Inkrafttreten der DS-GVO stellt sich die nicht minder prekäre Frage, ob und inwieweit für diese nationalen Vorgaben zum Umgang mit personenbezogenen Daten in bereichsspezifischen Verarbeitungssituationen überhaupt ein eigenständiger Anwendungsbereich verbleibt. In jedem Fall dürften die in §§ 91 ff. TKG enthaltenen datenschutzrechtlichen Regelungen nunmehr in weiten Teilen **von den Vorgaben der DS-GVO überlagert** werden, soweit sie eine überschießende nationale Umsetzung des telekommunikationsrechtlichen Sonderregimes der Richtlinie 2002/58/EG darstellen und mithin keinen Bestandsschutz nach Art. 95 DS-GVO (→ § 18 Rn. 3 ff.) genießen.[8] Für die datenschutzrechtlichen Regelungen der §§ 11 ff. TMG ist sogar von einer vollständigen Verdrängung durch die DS-GVO auszugehen.[9] Aus diesem Grund stehen die in der DS-GVO statuierten Vorgaben zur Datenverarbeitung im Mittelpunkt der nachfolgenden Darstellung.

---

[3] Weisser/Färber MMR 2015, 506 (510); Alich RAW 2016, 90 (93); Herrmann RAW 2017, 19 (21); Stender-Vorwachs/Steege MMR 2018, 212 (214); Sassenberg/Kiparski in Sassenberg/Faber RechtsHdB Industrie 4.0 und Internet of Things Teil 2 Kap. D Rn. 18 u. 29.
[4] Dies lässt sich vermeiden, wenn Automobilhersteller nicht selbst Konnektivität zur Verfügung stellen, sondern diese vom Kunden vermittels gesonderten Vertrages mit einem Mobilfunkanbieter beigestellt wird; s. Weisser/Färber MMR 2015, 506 (510); Stender-Vorwachs/Steege MMR 2018, 212 (213).
[5] Schreibauer in Auernhammer TMG Vorbem. zu §§ 11 bis 16 Rn. 10.
[6] Schulz/Roßnagel/David ZD 2012, 510 (512); Buchner DuD 2015, 372 (374f.); Alich RAW 2016, 90 (94); Herrmann RAW 2017, 19 (24).
[7] Schreibauer in Auernhammer TMG § 15 Rn. 11; Buchner DuD 2015, 372 (375).
[8] Heun/Assion in Heun DS-GVO Art. 95 Rn. 6; Heun in Kühling/Buchner DS-GVO Art. 95 Rn. 1; Kühling/Raab in Kühling/Buchner DS-GVO Art. 95 Rn. 11; s. eingehend zu den Folgen des Inkrafttretens der DS-GVO für §§ 91 ff. TKG jüngst auch Kiparski/Sassenberg CR 2018, 324 (325 ff.).
[9] Schreibauer in Auernhammer TMG Vorbem. zu §§ 11 bis 16 Rn. 35; Piltz in Gola DS-GVO Art. 95 Rn. 19.

III. Datenschutzrechtliche Relevanz von Fahrzeugdaten

1. Datenhypertrophie in der Automobilwirtschaft

6 Die Frage nach dem – für die Anwendbarkeit des datenschutzrechtlichen Instrumentariums unerlässlichen – Personenbezug der beim vernetzten, automatisierten oder – künftig – autonomen Fahren anfallenden Daten wird sowohl in der automobilen Praxis als auch in der rechtswissenschaftlichen Aufbereitung kontrovers diskutiert. Die **Vielzahl und Vielgestaltigkeit** der in Rede stehenden Fahrzeugdaten befördern diese Diskussion. So geht der Verband der Automobilindustrie (VDA) davon aus, dass es sich bei den im Fahrzeug generierten Daten weit überwiegend um rein technische Daten ohne datenschutzrechtliche Relevanz handele.[10] Andernorts wird dagegen betont, dass es in der heutigen vernetzten Datenwirtschaft keine belanglosen Informationen mehr gebe, weil mit Hilfe von Big Data nahezu jedes Datum – ggf. nach Verknüpfung mit weiteren Daten und entsprechender Analyse – Personenbezug aufweisen könne.[11]

7 Die Entwicklung im Automobilbau schreitet rasant voran und führt zu einer stetig zunehmenden Vernetzung und Automation im Straßenverkehr. Zugleich werden rund um das moderne Fahrzeug immer mehr **Daten sensorisch erhoben.**[12] Dies gilt zunächst für technische Daten zum Fahrzeugzustand (etwa betreffend Reifendruck, Motordrehzahl oder Verschleiß der Bremsbeläge). Ebenso erfassen GPS-Sensoren aber auch Standort und Fahrweg von Automobilen, während Radar, Laserscanner und Stereo-Kameras mit 3D-Funktionalität Objekte in der Fahrzeugumgebung detektieren. Die Erfassung des Fahrzeugumfeldes ist zwingende Voraussetzung für das automatisierte Fahren. In Zukunft werden Kameras überdies Bildaufzeichnungen im Wageninnenraum anfertigen und Aufschluss darüber geben, ob der Fahrzeugführer abgelenkt oder gar fahruntauglich ist.[13] Die gewonnenen Daten bleiben in vernetzten Fahrzeugen nicht internen Verarbeitungsprozessen vorbehalten, sondern werden vielmehr über Kommunikationsschnittstellen mit anderen Fahrzeugen (Car-to-Car bzw. C2C), Verkehrsinfrastruktureinrichtungen (Car-to-Infrastructure bzw. C2I) sowie Herstellern, Werkstätten, Versicherern, Cloud-basierten Plattformanbietern und sonstigen Dritten (Car-to-X bzw. C2X) ausgetauscht.[14] Der nunmehr in der EU vorgeschriebene Einbau von Notruftechnik bedingt, dass Neufahrzeuge künftig über ein eigenes Mobilfunkmodul verfügen müssen (→ Rn. 24). Damit wird das Automobil endgültig zu einem **Teil des Internets der Dinge.**[15]

8 Vernetzung und Automation bereiten zugleich den Boden für gänzlich **neue Angebote und Geschäftsmodelle** in der Automobilbranche mit gewaltigen Potenzialen.[16] Hersteller und Werkstätten können auf Basis aus dem Automobil übermittelter Daten fahrzeugbezogene Dienste – etwa telemetrische Fahrzeugüberwachung und präventive Ferndiagnostik – anbieten. Die Lokalisierung von Fahrzeugen in Echtzeit erlaubt effiziente Mobilitätslösungen wie das Carsharing im „free flow", bei dem Mietfahrzeuge an beliebigen Standorten in Betrieb genommen und wieder abgestellt werden können. Kfz-Versicherer stützen ihre Prämienberechnung auf die Auswertung des – von einer Telematik-Box aufgezeichneten – Fahrverhaltens und belohnen umsichtiges Fahren durch Prämiennachlass (→ Rn. 45).[17] Schließlich wird das autonome Fahren – bislang undenkbare –

---

[10] VDA Zugang zum Fahrzeug und zu im Fahrzeug generierten Daten, 6.
[11] Roßnagel ZD 2013, 562 (563); Schneider ZD 2017, 303 (306); Krügel ZD 2017, 455 (456 f.).
[12] S. den umfassenden Überblick bei Frinken Die Verwendung von Daten aus vernetzten Fahrzeugen, 7 ff.
[13] Lüdemann ZD 2015, 247 (248); Frinken Die Verwendung von Daten aus vernetzten Fahrzeugen, 17.
[14] Reiter/Methner InTeR 2015, 29 (30); Hornung/Goeble CR 2015, 265 (265 f.); Alich RAW 2016, 90 (91).
[15] Lüdemann ZD 2015, 247 (248); Weisser/Färber MMR 2015, 506 (507).
[16] Ausführlich hierzu McKinsey&Company Wettlauf um den vernetzten Kunden – Überblick zu den Chancen aus Fahrzeugvernetzung und Automatisierung, 18 ff.
[17] Reiter/Methner InTeR 2015, 29 (30); eingehend Zurlutter Datenschutzrechtliche Aspekte der Auskunfts- und Aufklärungsobliegenheit über Kfz-Daten in der Kfz-Haftpflichtversicherung, 147 ff.

Infotainmentangebote im Kfz ermöglichen, weil der von der Fahraufgabe entbundene Systemnutzer seine Aufmerksamkeit künftig fahrfremden Tätigkeiten widmen kann.[18]

2. Bezug von Kfz-Daten zum Fahrzeughalter

a) Relevanz technischer Daten. Die rund um das Fahrzeug erhobenen Daten fallen in den Anwendungsbereich des Datenschutzrechtes, wenn sie sich **auf eine natürliche Person beziehen,** die identifiziert oder identifizierbar ist (Art. 1 Abs. 1 DS-GVO, § 1 Abs. 1 BDSG). Bei Kfz-Daten, die Auskunft über zurückgelegte Wegstrecken, Lenk- und Rastzeiten oder im Fahrzeug genutzte Unterhaltungsangebote geben, trifft dies unzweifelhaft zu, wenn sich die Daten eindeutig einer bestimmten Person zuordnen lassen.[19] Dies ist bspw. der Fall, wenn der Nutzer eines Carsharing-Dienstes sich vor Fahrtbeginn mittels persönlicher Identifikationsnummer (PIN) beim Anbieter authentifizieren muss. Ebenso verhält es sich, wenn die im Rahmen eines Navigations-Dienstes erhobenen Positionsdaten und Zielvorgaben mit Identifikatoren wie einer nutzerbezogenen Registrierung oder Mobilfunknummer verknüpft sind. Dem Anbieter des Dienstes ist hier ein unmittelbarer Rückschluss auf eine konkrete Person möglich.   9

Rein **technische Daten** wie die Hubraumgröße oder Achslast eines Kfz beziehen sich dagegen auf eine Sache und treffen keinerlei direkte Aussage über eine natürliche Person. Insoweit scheinen sie auf den ersten Blick datenschutzrechtlich unkritisch zu sein. Bei näherer Betrachtung wird freilich offenbar, dass viele sachbezogene Fahrzeugdaten zugleich Informationen über natürliche Personen enthalten oder jedenfalls Rückschlüsse auf deren Verhalten zulassen.[20] So können technische Parameter eines Kfz schon deshalb auch als Daten mit Bezug zu einer Person eingestuft werden, weil sie eine Aussage darüber treffen, dass der Fahrzeughalter über ein Fahrzeug mit bestimmten Eigenschaften (etwa mit zu niedrigem Reifendruck) verfügt.[21] In diesem Fall weist das Datum bereits aus sich heraus einen (Doppel-)Bezug sowohl zu einer Sache (Kfz) als auch zu einer Person (Halter) auf, beschreibt mithin eine spezifische **Personen-Sache-Beziehung.**[22] Als Fahrzeughalter ist dabei anzusehen, wer das Fahrzeug für eigene Rechnung in Gebrauch hat und diejenige Verfügungsgewalt darüber innehat, die ein solcher Gebrauch voraussetzt.[23]   10

Noch greifbarer wird der Personenbezug, wenn technische Daten eine Interpretation des Verhaltens des Halters erlauben, dieses beeinflussen sollen oder sich darauf auswirken können.[24] So lassen gespeicherte Daten über einen dauerhaft niedrigen Reifendruck auf eine schlechte Wartung des Fahrzeugs und insoweit mangelnde Sorgfalt des Fahrzeughalters schließen.[25] Warnmeldungen im Fahrzeug, die auf einen Druckverlust im Reifen hinweisen,[26] zielen dagegen darauf ab, (auch) den Fahrzeughalter zum Aufpumpen der Reifen bzw. Reifenwechsel anzuhalten.[27] Schließlich kann der Reifendruck auch auf **sensible Informationen** hinweisen. So lässt eine von den Reifendrucksensoren erfasste langsame Gewichtszunahme über einen mehrmonatigen Zeitraum mit folgender abrupter Ge-   11

---

[18] Weisser/Färber MMR 2015, 506 (507); Lüdemann ZD 2015, 247 (249).
[19] Kinast/Kühnl NJW 2014, 3057 (3058); Laux in Hagebölling Mobilitätswende in Deutschland, 81 (83).
[20] Forgó in Oppermann/Stender-Vorwachs Autonomes Fahren, 157 (159); Weisser/Färber MMR 2015, 506 (508); Jensen/Gruschka/Lüssem in Mayr/Pinzger Informatik 2016, 441 (444).
[21] Roßnagel SVR 2014, 281 (284); Werkmeister/Schröder RAW 2015, 82 (83); Hornung/Goeble CR 2015, 265 (270); Reiter/Methner InTeR 2015, 29 (32).
[22] Weichert NZV 2017, 507 (510).
[23] BGH NJW 2007, 3120; Greger in Greger/Zwickel Haftungsrecht des Straßenverkehrs § 3 Rn. 258.
[24] Weichert NZV 2017, 507 (510) unter Bezugnahme auf die Kriterien für den Personenbezug von Daten gem. Artikel 29-Datenschutzgruppe, Stellungnahme 4/2007 zum Begriff „personenbezogene Daten", 01248/07/DE, WP 136, 20.6.2007, 11 ff.
[25] Weisser/Färber MMR 2015, 506 (508); Weichert NZV 2017, 507 (511).
[26] Derartige Warnungen schreibt VO (EG) Nr. 661/2009, welche die Typengenehmigung von Kraftfahrzeugen zum Gegenstand hat, in Art. 9 Abs. 2 vor.
[27] Weichert NZV 2017, 507 (511).

wichtsabnahme auf eine Schwangerschaft und damit auf ein sensibles Gesundheitsdatum nach Art. 9 Abs. 1 iVm Art. 4 Nr. 15 DS-GVO schließen.[28]

12 **b) Identifizierbarkeit des Fahrzeughalters.** Für die Anwendbarkeit der datenschutzrechtlichen Bestimmungen ist zusätzlich zum Personenbezug erforderlich, dass die in Rede stehenden Informationen eine **identifizierte oder identifizierbare Person** betreffen (dazu → § 3 Rn. 10 ff.). Insoweit ist belangvoll, dass Kfz mit einer Fahrzeug-Identifizierungsnummer (FIN) sowie einem Kennzeichen versehen sein müssen.[29] Beide Identifikatoren werden ihrerseits in § 45 S. 2 StVG als stets personenbezogen fingiert.[30] Sie werden sowohl im örtlichen Fahrzeugregister der Zulassungsbehörde als auch im Zentralen Fahrzeugregister des Kraftfahrt-Bundesamtes immatrikuliert, um ua Auskünfte zum Zwecke der Halterfeststellung erteilen zu können (§ 33 Abs. 1, 2 StVG). Dabei sind Name und Anschrift des Fahrzeughalters auch für Privatpersonen im Wege einer Anfrage bei der Zulassungsbehörde bzw. beim Kraftfahrt-Bundesamt in Erfahrung zu bringen. Hierzu ist vom Auskunftsuchenden unter Angabe des Kennzeichens oder der Fahrzeug-Identifizierungsnummer bspw. darzulegen, dass er die Halterdaten zur Geltendmachung von Rechtsansprüchen im Zusammenhang mit der Teilnahme am Straßenverkehr benötigt (einfache Registerauskunft nach § 39 Abs. 1 StVG). Für die datenschutzrechtliche Betrachtung genügt bereits die abstrakte rechtliche Möglichkeit der Informationsverknüpfung, weshalb die Identifizierbarkeit des Fahrzeughalters unabhängig davon zu bejahen ist, ob die – ohnehin niederschwelligen – Voraussetzungen des Auskunftsanspruchs im konkreten Einzelfall tatsächlich erfüllt sind.[31]

13 Daraus ergibt sich folgender – datenschutzrechtlich signifikanter – Befund: Sind im Kfz erhobene Daten mit dem Kennzeichen oder der Fahrzeug-Identifizierungsnummer verknüpft, ist jedenfalls im Hinblick auf den Fahrzeughalter von personenbezogenen Daten auszugehen.[32] Der VDA und die Datenschutzbehörden des Bundes und der Länder in Deutschland haben denn auch in einer gemeinsamen Erklärung klargestellt, dass die bei der Nutzung eines Kfz anfallenden Daten „jedenfalls dann personenbezogen ... [sind], wenn eine Verknüpfung mit der Fahrzeugidentifikationsnummer oder dem Kfz-Kennzeichen vorliegt."[33] Zweifeln lässt sich am Bezug zum Fahrzeughalter lediglich dann, wenn ein Kfz von einer Vielzahl von Personen (etwa Familienangehörigen) genutzt wird und das im Einzelfall zugeordnete Datum – etwa Geoposition oder Fahrgeschwindigkeit zu einem bestimmten Zeitpunkt – gar nicht den Fahrzeughalter selbst, sondern richtigerweise eine andere Person betrifft. Dem lässt sich freilich entgegenhalten, dass auch diese Kfz-Daten **Angaben über einen auf den Halter beziehbaren Sachverhalt** – etwa den Aufenthalt seines Kfz an einem bestimmten Ort – enthalten.[34] Überdies genügt es für den Personenbezug von Daten, dass diese nur möglicherweise auf eine bestimmte Person zutreffen. Erforderlich ist lediglich, dass der Verarbeiter die Daten der betreffenden Person zuschreibt, sofern diese Zuordnung – trotz ihrer Unrichtigkeit – nicht derart willkürlich

---

[28] Jensen/Gruschka/Lüssem in Mayr/Pinzger Informatik 2016, 441 (447).
[29] Die Verpflichtung des Herstellers zur Anbringung der FIN folgt aus § 59 Abs. 1 Nr. 4, 2 StVZO. Das Kennzeichen ist nach § 10 Abs. 5 FZV am Kraftfahrzeug anzubringen.
[30] In Anbetracht der Vollharmonisierung durch die DS-GVO bestehen allerdings an der Wirksamkeit dieser Fiktion nunmehr Zweifel; s. Ziebarth in Sydow DS-GVO Art. 4 Rn. 18 Fn. 42.
[31] So für die auf einer Bewertungsplattform für Autofahrer eingegebenen Kfz-Kennzeichen OVG Münster BeckRS 2017, 136577 Rn. 43 ff. unter Berufung auf BGH NJW 2017, 2416 (2418).
[32] Roßnagel SVR 2014, 281 (284); Reiter/Methner InTeR 2015, 29 (32); Alich RAW 2016, 90 (91).
[33] Vgl. Gemeinsame Erklärung der Konferenz der unabhängigen Datenschutzbehörden des Bundes und der Länder und des Verbandes der Automobilindustrie (VDA) Datenschutzrechtliche Aspekte bei der Nutzung vernetzter und nicht vernetzter Kraftfahrzeuge, 1.
[34] So hat das OVG Münster den auf einem Internetportal unter Angabe des Kfz-Kennzeichens abgegebenen Bewertungen über individuelles Fahrerverhalten Personenbezug zum Halter beigemessen, obgleich die Bewertungen sich nicht notwendig auf dessen persönliches Verhalten bezogen; s. BeckRS 2017, 136577 Rn. 37.

ist, dass ihr kein Aussagegehalt über die Person mehr zukommen kann.[35] Insbesondere die statistische Wahrscheinlichkeit der Zuordnung eines Datums ist für dessen Personenbezug ausreichend.[36] Es ist vorliegend anzunehmen, dass verarbeitende Stellen in vielen Fällen eine Identität von Fahrzeugnutzer und Halter annehmen und (auch) Letzterem die erhobenen Kfz-Daten zuschreiben werden. Daher sollte – pauschalierend – davon ausgegangen werden, dass die im Kfz erhobenen Daten Halterbezug besitzen, selbst wenn dies nicht für alle verarbeiteten Datensätze zutreffen mag.[37] Diese Zuordnung mag freilich künftig zu überdenken sein, wenn sich Shared Mobility-Konzepte durchsetzen sollten, aufgrund derer die Nutzer von der Anschaffung eigener Fahrzeuge absehen und ihren Mobilitätsbedarf durch kurzzeitige Anmietung von Fahrzeugen gewerblicher Flottenbetreiber decken.

3. Weitere Betroffene

Sind im Fahrzeug generierte Daten im Regelfall als halterbezogen zu begreifen, so ist es gleichwohl denkbar, dass sie sich **(auch) in Bezug zu anderen Personen** setzen lassen. Sofern entsprechende Verknüpfungsdaten verfügbar sind, kommen als datenschutzrechtlich Betroffene neben dem Halter etwa der Fahrzeugeigentümer, der Fahrzeugführer oder sonstige Dritte – bspw. die Mitfahrer oder Passanten im Fahrzeugumfeld – in Betracht.[38] In Anbetracht der Vielgestaltigkeit und Komplexität des modernen Straßenverkehrs lässt sich die datenschutzrechtliche Betroffenheit freilich nicht immer eindeutig zuweisen und abgrenzen. Erlaubt ein Datum Rückschlüsse auf mehrere Personen, sind diese allesamt betroffene Personen iSv Art. 4 Nr. 1 DS-GVO.[39] Erschwerend kommt hinzu, dass die betroffenen Personen häufig – etwa wenn es um den Einsatz von Fahrzeugen des Arbeitgebers (Halter) durch seine Arbeitnehmer (Fahrzeugführer) geht – in vielfältigen rechtlichen und tatsächlichen Beziehungen zueinander stehen, wodurch sich zusätzliche Identifizierungsmöglichkeiten ergeben können.[40]

14

a) Fahrzeugeigentümer. Eigentümer und Halter eines Kfz werden oft personenidentisch sein.[41] Folglich wird der Eigentümer bereits in seiner Eigenschaft als Fahrzeughalter datenschutzrechtlich Betroffener sein (dazu bereits → Rn. 12 f.). Selbst wenn Eigentümer- und Halterschaft im Einzelfall auseinanderfallen sollten, können Daten, die im Fahrzeug anfallen, eine – datenschutzrechtlich relevante – Verknüpfung mit dem Eigentümer aufweisen.[42] Bspw. gibt der **Tachometerstand** Aufschluss über die vom Kfz zurückgelegte Wegstrecke, welche wiederum für die Wertbestimmung eines Gebrauchtwagens von besonderer Wichtigkeit ist. Folglich hat der Tachostand maßgeblichen Einfluss auf die Bewertung eines Vermögensbestandteils des Fahrzeugeigentümers.[43] Als Information über die Vermögensverhältnisse des Eigentümers ist der Tachostand mithin ein auf diesen bezogenes Datum.

15

---

[35] BGH NJW 2013, 2530 (2532); Schantz in Schantz/Wolff Das neue DatenschutzR Teil C Rn. 294; Gola in Gola DS-GVO Art. 4 Rn. 6.
[36] Klar/Kühling in Kühling/Buchner DS-GVO Art. 5 Nr. 1 Rn. 10; Auernhammer BDSG § 3 Rn. 32; Weichert NZV 2017, 507 (511).
[37] Pohle/Zoche CR 2014, 409 (410); Werkmeister/Schröder RAW 2015, 82 (83); Alich RAW 2016, 90 (92); Forgó in Oppermann/Stender-Vorwachs Autonomes Fahren, 157 (162).
[38] Roßnagel SVR 2014, 281 (284); Werkmeister/Brand RAW 2017, 99 (100); Weichert NZV 2017, 507 (509).
[39] Eßer in Auernhammer BDSG § 3 Rn. 35; Ernst in Paal/Pauly DS-GVO Art. 4 Rn. 7; Schild in BeckOK DatenschutzR DS-GVO Art. 4 Rn. 28.
[40] Weichert SVR 2014, 201 (204); ders. NZV 2017, 507 (509).
[41] Greger in Greger/Zwickel Haftungsrecht des Straßenverkehrs § 3 Rn. 275; Weichert NZV 2017, 507 (509).
[42] Hornung/Goeble CR 2015, 265 (270); Werkmeister/Schröder RAW 2016, 82 (83 Fn. 7).
[43] Eingehend zu Tachometerangaben Weichert NZV 2017, 507 (511).

16 b) Fahrzeugführer. Fahrzeugführer ist diejenige Person, die das Fahrzeug lenkt und die tatsächliche Gewalt über das Steuer hat.[44] Bei privat genutzten Kfz ist der Fahrzeugführer häufig mit dem Fahrzeughalter personenidentisch. Dagegen ist beim gewerblichen Carsharing derjenige, der ein Fahrzeug nur für einige Fahrten oder einen begrenzten Zeitraum nutzt, nicht als Fahrzeughalter zu qualifizieren.[45] Auch während solcher Fahrten fallen selbstredend Fahrzeugdaten an. Deren Zuordnung zu dem nicht mit dem Halter identischen Fahrzeugführer bedarf freilich – in Ermangelung behördlicher Registrierung samt Verknüpfungsmöglichkeit mit dem Kfz-Kennzeichen – anderer Identifizierungsmechanismen als beim Fahrzeughalter (dazu bereits → Rn. 12f.).[46] Unproblematisch ist die Verknüpfung für einen Carsharing-Anbieter, der zusätzlich zu den Daten der bei ihm registrierten Nutzer im Zusammenhang mit der Nutzung seiner Fahrzeuge entstehende Kfz-Daten – ua GPS-Daten zur Position des Fahrzeugs, jeweilige Uhrzeit und Fahrgeschwindigkeit – aufzeichnet und auf diese Weise über ein minutengenaues Bewegungsprofil seiner Kunden verfügt.[47] **Individuell zuordenbare Fahrerprofile** können sich ebenso ergeben, wenn im Wege umfassender Datenerhebungen vielfältige Informationen – etwa über die Weite des Anschnallgurtes des Fahrers und seiner Sitz- und Spiegeleinstellungen, tägliche Fahrzeiten, übliche Fahrstrecken sowie Brems- und Beschleunigungsverhalten – verknüpft werden.[48] Verbindet der Fahrzeugführer sein Mobiltelefon mit dem Bordsystem des Fahrzeugs, kann er bestimmbar werden, wenn Ortsangaben von Kalendereinträgen in das Navigationssystem des Fahrzeugs übernommen werden. Schließlich hinterlassen im Fall einer Online-Anbindung des Fahrzeugs Cookies, Geräte- sowie Browserkennungen Spuren des Fahrzeugführers und kommen als Identifikatoren in Betracht.[49]

17 c) Sonstige Verkehrsteilnehmer. Als sonstige Verkehrsteilnehmer, die von Datenaufzeichnungen im und um das vernetzte Fahrzeug betroffen sein können, kommen Mitfahrer im Kfz in Betracht. Diese lassen sich durch **Bildaufnahmen im Fahrzeuginnenraum** identifizieren, welche bspw. im Taxenverkehr aufgrund ihrer abschreckenden Wirkung Fahrgastangriffen vorbeugen sollen.[50] Selbst im Falle einer Verpixelung solcher Aufnahmen von Innenkameras kommt eine Zuordnung zu einem bestimmten Mitfahrer in Betracht, sofern sie mit Zusatzinformationen wie sensorisch erfassten Gewichtsdaten und Sitzeinstellungen verknüpft werden.[51] Ebenso können Passanten und Radfahrer, die sich außerhalb des Fahrzeugs befinden, durch Bild- und Videoaufnahmen von im Fahrzeug installierten Kameras erfasst werden. Schon heute verfügen viele Fahrzeuge über Rückfahrkameras, die die Übersicht beim Einparken verbessern und tote Winkel verkleinern. **Dashcams,** die das Verkehrsgeschehen zu Beweiszwecken reproduzierbar aufzeichnen, erfreuen sich ebenfalls zunehmender Beliebtheit (zur Rechtmäßigkeit solcher Aufzeichnungen → Rn. 40). Besitzen Aufnahmen eine Auflösung, welche eine automatische Verarbeitung erlaubt, können erfasste Passanten vermittels Verknüpfung mit Open Data – etwa mit in Sozialen Netzwerken hochgeladenen Bildern – identifizierbar werden. Eine solche Identifizierung von Personen im Fahrzeugumfeld ist umso mehr zu besorgen, wenn künftig in noch viel größerem Maße umfassende Bildinformationen aus dem Fahrzeugumfeld erfasst werden, damit sich Kfz autonom im Straßenverkehr bewegen können.[52]

---

[44] BGH NJW 1977, 1056; NJW 1962, 2069; Heß in BHHJJ StraßenverkehrsR § 18 StVG Rn. 3.
[45] Greger in Greger/Zwickel Haftungsrecht des Straßenverkehrs § 3 Rn. 262 u. 283.
[46] Kinast/Kühnl NJW 2014, 3057 (3058); Werkmeister/Schröder RAW 2015, 82 (83).
[47] So der Sachverhalt in LG Köln ZD 2017, 192; s. dazu auch Bockslaff/Kadler ZD 2017, 166.
[48] Kinast/Kühnl NJW 2014, 3057 (3058); Werkmeister/Schröder RAW 2015, 82 (83).
[49] BGH GRUR 2018, 96 (99); Roßnagel SVR 2014, 281 (284); Weichert NZV 2017, 507 (509).
[50] Weichert SVR 2014, 241 (246); Lüdemann ZD 2015, 247 (249).
[51] Werkmeister/Brandt RAW 2017, 99 (100).
[52] Lüdemann ZD 2015, 247 (249); Jensen/Gruschka/Lüssem in Mayr/Pinzger Informatik 2016, 441 (451).

IV. Adressaten der datenschutzrechtlichen Pflichten

1. Mögliche Verantwortliche

Anknüpfungspunkt für die Zuweisung datenschutzrechtlicher Pflichten ist die Verantwortlichkeit für die Datenverarbeitung. Ausschlaggebend ist gemäß Art. 4 Nr. 7 Hs. 1 DS-GVO die Entscheidungsgewalt über die Zwecke und Mittel der in Rede stehenden Verarbeitung personenbezogener Daten. Deren Zuweisung fällt im vernetzten und automatisierten Fahrzeug aufgrund der Vielzahl der zu verarbeitenden Daten (dazu bereits → Rn. 6 ff.) und involvierten Stellen schwer. Dementsprechend kommen auch **unterschiedliche Verantwortliche** in Betracht. Zuvörderst ist an Fahrzeughersteller, herstellerunabhängige Werkstätten sowie Anbieter von Drittdiensten zu denken.[53] Ebenso können aber auch der Halter oder Fahrzeugführer nicht nur Betroffene einer Datenverarbeitung, sondern selbst Verantwortliche sein. Das ist der Fall, wenn sie Telefon- oder Zieldaten in das Bordsystem eingegeben oder das Verkehrsgeschehen mit einer Dashcam aufzeichnen.[54] Was den zuletzt genannten Fall angeht, lässt sich in Anbetracht der Erfassung des öffentlichen Straßenraumes[55] sowie der denkbaren Verwendung als Beweismittel im Zivilprozess nicht von einer ausschließlich dem privaten Aktionskreis zuzuordnenden Datenverarbeitung ausgehen, die nicht dem Datenschutzrecht unterfiele (Art. 2 Abs. 2 lit. c DS-GVO).[56]

18

2. Unterscheidung zwischen Offline-Autos und Online-Autos

Nach der gemeinsamen Erklärung der unabhängigen Datenschutzbehörden des Bundes und der Länder sowie des VDA kommt es für die Feststellung des datenschutzrechtlich Verantwortlichen maßgeblich auf den **Zeitpunkt der Datenerhebung im Kfz** an.[57] Dabei wird wiederum zwischen Fahrzeugen mit und solchen ohne Internetverbindung unterschieden. Bei Fahrzeugen ohne Internetverbindung sei derjenige, der die im Fahrzeug abgelegten Daten auslese und anschließend verarbeite, der Verantwortliche. Folglich soll die datenschutzrechtliche Verantwortung in der Regel bei der auslesenden Werkstatt liegen.[58] Bei Fahrzeugen mit Internetverbindung sei dagegen der elektronische Erhalt der personenbezogenen Daten samt Speicherung auf Backend-Speichern maßgeblich. Mithin seien der Hersteller und ggf. sonstige Diensteanbieter als Verantwortliche zu begreifen.[59]

19

Die Unterscheidung von Offline- und Online-Fahrzeugen rekurriert maßgeblich auf den Zeitpunkt der Erlangung der tatsächlichen Verfügungsmacht über die personenbezogenen Kfz-Daten. Dies wird kritisiert, weil es für die Zuschreibung datenschutzrechtlicher Verantwortung nach Art. 4 Nr. 7 Hs. 1 DS-GVO nicht so sehr auf die physische Herrschaft über die Daten, sondern vielmehr darauf ankomme, wer die Zwecke und Mittel ihrer Verarbeitung bestimme.[60] Charakteristisch für den Verantwortlichen soll sein rechtlicher oder tatsächlicher Einfluss auf die Entscheidung über eine Verarbeitung perso-

20

---

[53] Weichert SVR 2014, 201 (205); ders. SVR 2016, 361 (363); Werkmeister/Schröder RAW 2015, 82 (84).
[54] Rieß/Greß DuD 2015, 391 (395); Werkmeister/Schröder RAW 2015, 82 (84).
[55] EuGH NJW 2015, 463 (464); aA offenbar Werkmeister/Schröder RAW 2015, 82 (85).
[56] OLG Celle ZD 2018, 85 (86); Froitzheim NZV 2018, 109 (114); aA Klann DAR 2013, 188.
[57] Gemeinsame Erklärung der Konferenz der unabhängigen Datenschutzbehörden des Bundes und der Länder und des Verbandes der Automobilindustrie (VDA) Datenschutzrechtliche Aspekte bei der Nutzung vernetzter und nicht vernetzter Kraftfahrzeuge, 1 f.
[58] Gemeinsame Erklärung der Konferenz der unabhängigen Datenschutzbehörden des Bundes und der Länder und des Verbandes der Automobilindustrie (VDA) Datenschutzrechtliche Aspekte bei der Nutzung vernetzter und nicht vernetzter Kraftfahrzeuge, 2.
[59] Gemeinsame Erklärung der Konferenz der unabhängigen Datenschutzbehörden des Bundes und der Länder und des Verbandes der Automobilindustrie (VDA) Datenschutzrechtliche Aspekte bei der Nutzung vernetzter und nicht vernetzter Kraftfahrzeuge, 2.
[60] Weichert NZV 2017, 507 (512).

nenbezogener Daten sein.[61] Eine so verstandene Datenherrschaft dürfte nun aber im Fall von Kfz-Daten vielfach bereits **von Anfang an beim Hersteller** zu verorten sein, hat dieser doch durch die Programmierung der Steuergeräte maßgeblichen Einfluss darauf, welche technischen Daten im Kfz erhoben, gespeichert und über Schnittstellen auslesbar bereitgestellt werden.[62] Dass der Hersteller beim Offline-Auto auf das Auslesen etwa durch eine Vertragswerkstatt angewiesen ist, fällt vor allem dann nicht merklich ins Gewicht, wenn die Daten anschließend sogleich von der Werkstatt online oder vermittels digitaler Datenträger an den Hersteller transferiert werden.[63]

3. Gemeinsame Verantwortlichkeit

21 Die vorstehend skizzierte Erklärung der unabhängigen Datenschutzbehörden des Bundes und der Länder sowie des VDA setzt sich nur rudimentär damit auseinander, dass es bei Verarbeitungsvorgängen im vernetzten Fahrzeug durchaus auch **mehrere gemeinsam Verantwortliche** geben kann (Art. 26 Abs. 1 S. 1 DS-GVO). Eine solche kumulative Verantwortung – samt daraus resultierender gesamtschuldnerischer Haftung (§ 82 Abs. 4 DS-GVO) – setzt eine Mitentscheidung über Zielrichtung und Mittel der Datenverarbeitung voraus.[64] Folglich dürften Hersteller und Vertragswerkstätten gemeinsam Verantwortliche sein, wenn sie zusammenwirken, um im Kfz erhobene technische Daten – etwa zur Abnutzung von Verschleißteilen – zwecks vorausschauender Planung und effizienter Durchführung von Wartungs- und Reparaturmaßnahmen zu nutzen. Wenn sie gemeinsam Kundendaten verarbeiten, tragen Werkstätten und Hersteller ebenfalls zusammen die datenschutzrechtliche Verantwortung.[65] Eine gemeinschaftliche Verantwortlichkeit kommt schließlich in Betracht, wenn der Hersteller die jeweiligen Standortdaten eines Fahrzeugs – etwa zwecks Produktverbesserung – erhebt und eben diese Daten mit einem Service Provider für das Angebot von IT-Diensten im Kfz – etwa Stau- oder Unwetterwarnungen in Echtzeit – teilt.[66]

22 Zu weitgehend erscheint es dagegen, dem Hersteller ausnahmslos für die Hard- und Software vernetzter und automatisierter Kfz eine **Gesamtverantwortung** zuzuschreiben, welche installierte Browser und eingebaute SIM-Karten mitumfassen soll.[67] Zwar verheißt die Verantwortungsbündelung beim Hersteller transparentere datenschutzrechtliche Strukturen. Verkannt wird indes, dass der Hersteller nicht zwangsläufig Einfluss auf die Zwecke einer jeden Datenverarbeitung im Kfz hat. Das betrifft bspw. den Fall, dass Fahrzeugkomponenten von Zulieferern mit eigenen Datenspeichern ausgestattet werden, auf die der Hersteller keinerlei Zugriff hat.[68] Um zur (Mit-)Verantwortlichkeit des Herstellers zu gelangen, müsste man es hier genügen lassen, dass der Hersteller durch die Integration des Bauteils in das Kfz eine unabdingbare Voraussetzung für die Datenverarbeitung durch den Zulieferer setzt.[69] Indes ist fraglich, ob der Hersteller bereits deshalb in solcher Weise auf Art und Umfang der konkreten Datenerhebung gestaltend Einfluss nimmt, dass eine Ver-

---

[61] Schantz in Schantz/Wolff Das neue DatenschutzR Teil C Rn. 361; Eßer in Auernhammer DS-GVO Art. 4 Rn. 37 (jeweils unter Bezugnahme auf die Kriterien für die Bestimmung des Datenverantwortlichen gem. Artikel 29-Datenschutzguppe, Stellungnahme 1/2010 zu den Begriffen „für die Verarbeitung Verantwortlicher" und „Auftragsverarbeiter", 00264/10/DE, WP 169, 16.2.2010, 15).
[62] Rieß/Greß DuD 2015, 391 (395); Weichert SVR 2016, 361 (363f.); ders. NZV 2017, 507 (512).
[63] Weichert NZV 2017, 507 (512).
[64] Ingold in Sydow DS-GVO Art. 26 Rn. 4; Schantz in Schantz/Wolff Das neue DatenschutzR Teil C Rn. 369.
[65] Werkmeister/Brandt RAW 2017, 99 (102).
[66] S. zu den in solchen Verarbeitungsketten maßgeblichen Kriterien für die Annahme gemeinsamer – statt getrennter – Verantwortung Artikel 29-Datenschutzgruppe, Stellungnahme 1/2010 zu den Begriffen „für die Verarbeitung Verantwortlicher" und „Auftragsverarbeiter" 00264/10/DE, WP 169, 16.2.2010, 24f.
[67] So aber Weichert SVR 2014, 201 (205).
[68] Rieß/Greß DuD 2015, 391 (395).
[69] So Weichert SVR 2014, 201 (205), wonach jede Zweckveranlassung zu einer Verantwortlichkeit führt.

antwortungszuschreibung (auch) ihm gegenüber gerechtfertigt ist.[70] Mit eben dieser Überlegung ließe sich auch die Verantwortlichkeit eines Herstellers verneinen, der dem Kunden zwar die Inanspruchnahme einer in die Funktionalitäten des Fahrzeuges integrierten App ermöglicht, auf Art und Umfang der Datenverarbeitungen des betreffenden Zusatzdiensteanbieters aber weder rechtlich noch tatsächlich Einfluss nehmen kann.[71]

V. eCall

1. Einführung des eCall

Bereits im Jahr 2003 hat die Europäische Kommission das Ziel ausgerufen, die Zahl der Verkehrstoten in der EU um die Hälfte zu reduzieren.[72] Dazu sollte unter anderem der Einsatz neuer Technologien beitragen, zu denen von Anfang an auch der eCall (emergency call) gezählt wurde.[73] Darunter ist ein **europaweites, bordeigenes Notrufsystem** für Kfz zu verstehen. Sensoren im Fahrzeug lösen im Falle eines schweren Unfalls automatisch eine Einwahl in das Mobilfunknetz aus, wobei über die europäische Notrufnummer 112 eine Sprach- und Datenverbindung zu behördlich vorab festgelegten Notrufabfragestellen hergestellt wird. Auf diese Weise soll der Zeitraum zwischen Unfall und Eintreffen der alarmierten Notdienste minimiert werden, um die Zahl der Opfer zu verringern und die Verletzungsfolgen von Unfällen im Straßenverkehr zu reduzieren. Ebenso kann der eCall – etwa bei einem medizinischen Notfall – manuell über eine Notruftaste im Fahrzeug ausgelöst werden.

23

Zentraler rechtlicher Baustein für die Einführung[74] des eCall ist die Verordnung (EU) 2015/758 (sog eCall-VO).[75] Diese richtet sich vor allem an die Kfz-Hersteller und erlegt diesen verbindliche Standards auf, was die technische Ausrüstung neuer Typen von Personenkraftwagen und leichten Nutzfahrzeugen mit bordeigenen eCall-Systemen samt Mobilfunkmodul und Internetschnittstelle anbelangt (Art. 4, 5 eCall-VO).[76] Den nationalen Typengenehmigungsbehörden ist es seit dem 31.3.2018 untersagt, für neue Fahrzeugtypen eine EG-Typengenehmigung zu erteilen, wenn diese nicht den Vorgaben der eCall-VO entsprechen (Art. 7 eCall-VO). Im Ergebnis sind bordeigene eCall-Systeme nach Maßgabe der eCall-VO fortan verpflichtend und ohne Deaktivierungsmöglichkeit in allen relevanten Neuwagen zu verbauen.[77] Ergänzend erlaubt die eCall-VO in ErwGr 15 das Angebot zusätzlicher privater Notrufsysteme sowie sonstiger Dienste mit Zusatznutzen (etwa für schnelle Hilfe bei Pannen, für Ferndiagnosen zum Zustand des Fahrzeugs oder

24

---

[70] Zwar hat der EuGH jüngst die Mitverantwortlichkeit des Betreibers einer auf Facebook unterhaltenen Fanpage darauf gestützt, dass der Betrieb der Fanpage Facebook die Möglichkeit zur Verarbeitung personenbezogener Daten von Besuchern der Fanseite eröffne; der EuGH hat allerdings maßgeblich auch darauf abgestellt, dass der Betreiber der Fanseite gestaltend auf die Datenerhebung durch Facebook Einfluss nehme, indem er durch entsprechende Parametrierung die Kategorien von Personen festlege, deren personenbezogene Daten Facebook auswerte, s. EuGH EuZW 2018, 534 Rn. 35f. – Wirtschaftsakademie.
[71] Werkmeister/Schröder RAW 2015, 82 (84). Ob allein die Integration in das Kfz einhergehende Schaffung bzw. Erhöhung der Gefahr einer Datenerhebung durch Dritte ein abweichendes Ergebnis erlaubt, ist fraglich; s. dazu OLG Düsseldorf MMR 2017, 254 (256) – Facebook Like-Button (Vorlagebeschluss an EuGH).
[72] S. Mitteilung der Kommission Europäisches Aktionsprogramm für die Straßenverkehrssicherheit, KOM (2003) 311 endg., 9.
[73] S. Mitteilung der Kommission Informations- und Kommunikationstechnologien für sichere und intelligente Fahrzeuge, KOM (2003) 542 endg., 15.
[74] S. zur knapp 15-jährigen (!) Einführungsgeschichte des eCall Scherer MMR 2014, 353 (353f.); Pohle/Zoch CR 2014, 409 (412f.); Gauger/Wagner RAW 2015, 93 (94f.).
[75] ABl. EU 2015 L 123, 77; ergänzt und geändert wurde die eCall-VO durch die delegierte Verordnung (EU) 2017/79 der Kommission v. 12.9.2016, ABl. EU 2016 L 12, 44.
[76] Die eCall-VO betrifft Fahrzeuge der Klassen M1 und N1 gemäß Anhang II Teil A Nr. 1.1.1 und 1.2.1 der Richtlinie 2007/46/EG, ABl. EU 2007 L 263, 1.
[77] Kluge/Müller InTeR 2015, 213 (215); Konzett/Riccabona-Zecha ZVR 2015, 117 (119).

für dessen Ortung nach einem Diebstahl), welche technisch auf dem bordeigenen eCall-System aufbauen. Ersichtlich wird hier vom EU-Gesetzgeber das Ziel verfolgt, über den verpflichtenden Notruf hinaus eine **frei zugängliche, interoperable und standardisierte Plattform** zu schaffen, auf der verschiedenste datengetriebene Anwendungen und Dienste im Kfz aufsetzen können.[78]

2. Datenschutzrechtliche Implikationen

25 **a) Notruffunktion.** Beim eCall wird flankierend zum Aufbau einer Sprachverbindung zur Notrufzentrale zugleich ein **Mindestdatensatz** (minimal set of data bzw. MSD) übermittelt. Dieser Datensatz enthält insbesondere den Zeitstempel des Unfalls, die Fahrzeug-Identifizierungsnummer sowie Informationen zum Standort und zur Fahrtrichtung des Fahrzeugs, Treibstoffart sowie Anzahl der Insassen.[79] Auf Basis aller erhaltenen Informationen kann die Notrufzentrale die aus ihrer Sicht erforderlichen Rettungsmaßnahmen initiieren. Bereits dargestellt wurde, dass sich vermittels der Fahrzeug-Identifizierungsnummer ein Personenbezug jedenfalls zum Fahrzeughalter herstellen lässt, selbst wenn dieser sich nicht im Fahrzeug befindet, weil er es etwa einem Dritten überlassen hat (→ Rn. 13). Folglich muss sich das mit der eCall-VO etablierte gesetzliche Notrufsystem an den rechtlichen Vorgaben für die Verarbeitung personenbezogener Daten messen lassen (Art. 6 Abs. 1 eCall-VO).

26 Was die **fehlende Deaktivierungsmöglichkeit** des eCall anbelangt, lässt sich schwerlich einer Verletzung von Privatsphäre und Datenschutz (Art. 7, 8 GRCh) das Wort reden. Insoweit wird vielmehr angeführt, dass der eCall nicht zuletzt auch dem Schutze hochrangiger Rechtsgüter anderer Verkehrsteilnehmer diene, welcher bei optionaler Abschaltung nicht zu gewährleisten sei.[80] Im Hinblick auf den konkreten Umfang des Mindestdatensatzes ist dagegen jedenfalls unter Transparenzgesichtspunkten zu beklagen, dass dessen Bestimmung einer privaten Normungsorganisation im Wege einer – nicht ohne Weiteres zugänglichen – CEN-Norm überantwortet wird.[81] Dass darin das Mitsenden auch der – datenschutzrechtlich besonders problematischen – Fahrzeug-Identifizierungsnummer vorgesehen ist, lässt sich freilich damit rechtfertigen, dass sich andernfalls bei abusiver Verwendung des Notrufes die insoweit Verantwortlichen kaum sicher zur Verantwortung ziehen ließen.[82] Die Möglichkeit des sanktionslosen Missbrauchs stellte indes die Funktionsfähigkeit des eCall insgesamt in Frage. Demgemäß ist auch in § 108 Abs. 1 S. 5 TKG das Übersenden von Daten zur Verfolgung eines Missbrauchs des 112-Notrufes festgeschrieben.

27 Im Übrigen taugt der eCall in vielfältiger Hinsicht als Blaupause für die datenschutzrechtskonforme Ausgestaltung von Telematikanwendungen im Kfz.[83] So ist der gesetzlich vorgeschriebene Notruf ein **„schlafendes System"**, welches erst dann automatisch aktiviert wird, wenn es tatsächlich zu einem schweren Unfall kommt.[84] Dies soll verhindern, dass es im notfallfreien Betrieb zu einer dauerhaften elektronischen Verfolgung der Nutzer

---

[78] S. ErwGr 16 eCall-VO; kritisch insoweit Lüdemann/Sengstacken RDV 2014, 177: eCall als „Türöffner für weitreichende Datennutzungen"; ferner Lüdemann ZD 2015, 247 (251 f.).
[79] Kluge/Müller InTeR 2015, 213 (216); Gauger/Wagner RAW 2015, 93 (95). Der Mindestdatensatz ist in der Norm „Intelligente Transportsysteme – Elektronische Sicherheit – Minimaler Datensatz für den elektronischen Notruf eCall" (DIN EN 15722:2015) festgelegt.
[80] Lüdemann/Sengstacken RDV 2014, 177 (179); Pohle/Zoch CR 2014, 409 (416).
[81] Pohle/Zoch CR 2014, 409 (414).
[82] Pohle/Zoch CR 2014, 409 (414).
[83] Scherer MMR 2014, 353 (354); ebenso Lüdemann/Sengstacken RDV 2014, 177 (178): „unter Datenschutzgesichtspunkten im Wesentlichen bedenkenfrei"; Wendt ZD-Aktuell 2018, 06034: „Begrüßenswert".
[84] Freilich lässt die eCall-VO ungeklärt, was genau unter einem schweren Unfall zu verstehen sein soll; zu den damit einhergehenden Auslegungsschwierigkeiten eingehend Kluge/Müller InTeR 2015, 213 (217 ff.).

(„Tracking") von außerhalb des Fahrzeugs kommt (Art. 6 Abs. 4 eCall-VO). Auch dürfen die nach der eCall-VO verarbeiteten personenbezogenen Daten allein zum Zweck der Notfallrettung verwendet werden (Art. 6 Abs. 2 eCall-VO) und sind anschließend vollständig zu löschen (Art. 6 Abs. 3 eCall-VO).[85] Die im bordeigenen eCall-System fortlaufend gespeicherten (Lokations-)Daten müssen mit Ausnahme der drei letzten Positionen des Kfz kontinuierlich gelöscht werden (Art. 6 Abs. 5 eCall-VO) und dürfen vor Auslösung des eCall keiner Einrichtung zugänglich sein (Art. 6 Abs. 6 eCall-VO). Die Fahrzeughersteller sind angehalten, in das bordeigene eCall-System **Technologien zur Stärkung des Datenschutzes** („Privacy by Design" → Rn. 42 ff.) einzubetten (Art. 6 Abs. 7 eCall-VO). Überdies ist herstellerseitig in der Betriebsanleitung klar und umfassend (zum Gebot der Transparenz → Rn. 47 ff.) über die bordseitige Datenverarbeitung des Notfallsystems aufzuklären (Art. 6 Abs. 9 eCall-VO). Dass die vorgeschriebenen Angaben ua zu Reichweite, Zweck und Speicherungsdauer der verarbeiteten Daten in der Betriebsanleitung festzuhalten sind, hat den Vorteil, dass diese Informationen auch im Falle eines etwaigen Weiterverkaufs des Kfz zur Verfügung stehen.

b) TPS-eCall und Zusatzdienste. Die für das eCall-System konstitutive Mobilfunkschnittstelle eröffnet Herstellern die Möglichkeit, ihre Fahrzeuge zusätzlich zum eCall mit – gleichwertigen – **privaten Notrufdiensten** (nachfolgend TPS-eCall)[86] sowie sonstigen Zusatzdiensten auszurüsten, wie sie bereits seit einiger Zeit in Kfz der Luxusklasse üblich sind (Art. 5 Abs. 3 eCall-VO).[87] Um Unklarheiten seitens der Nutzer zu vermeiden, sind Informationen der Hersteller über das eCall-System einerseits und TPS-eCall-Systeme andererseits in der Betriebsanleitung nicht zusammen aufzuführen (Art. 6 Abs. 10 eCall-VO). Ebenso muss die Technik im Fahrzeug dergestalt konzipiert sein, dass das gesetzlich vorgeschriebene eCall-System von einem fakultativen privaten eCall-System und sonstigen Zusatzdiensten strikt getrennt und ein Datenaustausch zwischen beiden Systemen ausgeschlossen ist (Art. 6 Abs. 11 eCall-VO). Der Fahrzeughalter hat die Wahlfreiheit zwischen gesetzlichem und privatem Notruf, wobei aber jeweils nur ein System aktiv sein darf und das gesetzliche eCall-System automatisch ausgelöst werden muss, wenn das TPS-eCall-System nicht in Betrieb ist (Art. 5 Abs. 3 lit. b u. c eCall-VO). In der Praxis verfügen private eCall-Dienste zumeist über einen eigenen Zugriff auf die Bordelektronik samt Mobilfunkschnittstelle, die sie mit dem Netz verbinden.

28

Zu beachten ist, dass die in Art. 6 eCall-VO statuierten Vorgaben zu Privatsphäre und Datenschutz – fast ausschließlich – nur für das verpflichtend vorgegebene eCall-System gelten. Dies lässt sich bereits aus Gegenstand (Art. 1) und Anwendungsbereich (Art. 2 Abs. 1) der eCall-VO folgern, welche allein auf den gesetzlichen Notruf rekurrieren. Überdies findet sich die Vorgabe, dass TPS-eCalls und andere Dienste der ausdrücklichen Einwilligung durch den Eigentümer bedürfen und im Einklang mit der – nunmehr von der DS-GVO abgelösten – Datenschutzrichtlinie 95/46/EG stehen müssen (Art. 6 Abs. 9 lit. i eCall-VO). Private eCall-Dienste und sonstige Zusatzdiente unterfallen folglich nicht den datenschutzrechtlichen Bestimmungen der eCall-VO.[88] Vielmehr sind sie **an den allgemeinen datenschutzrechtlichen Vorgaben zu messen,**[89] welche nunmehr insbesondere in der DS-GVO enthalten sind (→ Rn. 30 ff.). Für private Notrufsysteme und Zusatzdienste lässt sich die eCall-VO folglich nicht als datenschutzrechtliche lex specialis für den Kfz-Bereich begreifen.

29

---

[85] Pohle/Zoch CR 2014, 409 (415) beklagen insoweit allerdings die fehlende Festlegung einer konkreten Aufbewahrungsfrist. Da Notfallsituationen sich sehr unterschiedlich darstellen können, erscheint indes eine Regelung, die sich an der Erforderlichkeit der Datenspeicherung im Einzelfall orientiert, vertretbar.
[86] Die Abkürzung steht für „third party services supported eCall".
[87] Lüdemann/Sengstacken RDV 2014, 177 (179); Kluge/Müller InTeR 2015, 213 (216).
[88] Lüdemann/Sengstacken RDV 2014, 177 (179 f.).
[89] Pohle/Zoch CR 2014, 409 (416); Lüdemann/Sengstacken RDV 2014, 177 (180 f.).

VI. DS-GVO und Verarbeitung von Kfz-Daten

1. Gesetzlich erlaubte Datenverarbeitung

30 Die Verarbeitung personenbezogener Daten im Kfz ist auch nach der DS-GVO **grundsätzlich verboten** und nur bei Eingreifen eines Erlaubnistatbestandes zulässig. Die Fälle rechtmäßiger Datenverarbeitung finden sich in Art. 6 DS-GVO aufgeführt (→ § 3 Rn. 53 ff.). Dazu zählt zuvörderst eine wirksame Einwilligung des Betroffenen (Art. 6 Abs. 1 lit. a DS-GVO). Ebenso ist eine Verarbeitung personenbezogener Daten rechtmäßig, sofern die Voraussetzungen eines sonstigen gesetzlichen Erlaubnistatbestandes erfüllt sind. Dies ist insbesondere der Fall, wenn die Datenverarbeitung für die Erfüllung eines Vertrags mit dem Betroffenen (Art. 6 Abs. 1 lit. b DS-GVO) oder zur Wahrung berechtigter Interessen des Verantwortlichen bzw. eines Dritten erforderlich ist (Art. 6 Abs. 1 lit. f DS-GVO).

31 **a) Einwilligung (Art. 6 Abs. 1 lit. a DS-GVO).** Auch beim vernetzten Kfz werden sich viele Datenverarbeitungsprozesse mangels einschlägiger gesetzlicher Erlaubnistatbestände auf die Einwilligung des Betroffenen als Legitimationsgrundlage stützen müssen. Dem Betroffenen eröffnet sich zugleich die Möglichkeit, **personenbezogene Daten selbstbestimmt preiszugeben.**[90] Hat der Betroffene seine Einwilligung wirksam erteilt, muss sich der Verantwortliche nicht auf einen gesetzlichen Erlaubnistatbestand stützen und bspw. auf den positiven Ausgang der – nicht sicher zu prognostizierenden – Abwägung widerstreitender Interessen nach Art. 6 Abs. 1 lit. f DS-GVO vertrauen. Dem Prinzip der Selbstbestimmung wird freilich bloße Untätigkeit – etwa durch das Stehenlassen bereits bestätigter Kästchen in der Anzeige des Armaturenbrettes – nicht gerecht.[91] Die Einwilligung des Betroffenen muss vielmehr durch eindeutige bestätigende Handlung erfolgen (Art. 4 Nr. 11 DS-GVO). Diese ist nicht (mehr) an eine bestimmte Form gebunden und kann konkludent durch Auswahl bestimmter technischer Einstellungen erfolgen.[92]

32 Der Grundsatz der **Einwilligung in informierter Weise** (Art. 4 Nr. 11 DS-GVO) bedingt, dass der datenschutzrechtlich Betroffene einen verlässlichen Überblick über die Funktionen des vernetzten Fahrzeugs und dessen Datenströme gewinnen muss.[93] Denn nur wer die Tragweite seiner Einwilligung überblickt, vermag selbstbestimmt über seine Daten zu entscheiden. Auch bei derart komplexen Datenverarbeitungsprozessen wie dem automatisierten oder gar autonomen Fahren müssen die Informationen für einen Durchschnittskunden verständlich sein und einen vertretbaren Umfang wahren.[94] Insofern sind Selbstbestimmung und Transparenz (dazu noch → Rn. 47 ff.) bei der Datenverarbeitung im modernen Automobil aufs engste miteinander verzahnt. **Blankoeinwilligungen** beim Fahrzeugkauf, die sämtliche künftig in Betracht kommenden Erhebungen von Daten im Kfz umfassen, lassen sich mit dem Erfordernis der Informiertheit der Einwilligung nicht vereinbaren.[95] Ebenso wenig dürfte es ausreichen, zu Fahrtbeginn auf elektronischem Wege die Einwilligung des Betroffenen in sämtliche Datenverarbeitungen anlässlich der bevorstehenden Fahrt abzufragen.

---

[90] Ethik-Kommission Automatisiertes und Vernetztes Fahren Bericht, 12, 24 f.
[91] ErwGr 32 DS-GVO; ferner Baumgartner/Gausling ZD 2017, 308 (312); Ernst ZD 2017, 110 (112).
[92] ErwGr 32 DS-GVO; Ernst ZD 2017, 110 (114); Schantz in Schantz/Wolff Das neue DatenschutzR Teil D Rn. 489.
[93] VDA Datenschutz-Prinzipien für vernetzte Fahrzeuge, 2.
[94] Buchner/Kühling in Kühling/Buchner DS-GVO Art. 7 Rn. 60; Heberlein in Ehmann/Selmayr DS-GVO Art. 6 Rn. 8; Reiter/Methner InTeR 2015, 29 (33). Skeptisch insoweit Lüdemann ZD 2015, 247 (253), weil der Einwilligende den Umfang der komplexen Datenverarbeitungsvorgänge beim vernetzten und automatisierten Fahren realistischerweise kaum vollumfänglich abschätzen könne.
[95] Vgl. Schulz in Gola DS-GVO Art. 7 Rn. 31; Buchner/Kühling in Kühling/Buchner DS-GVO Art. 7 Rn. 62; Kramer in Auernhammer DS-GVO Art. 6 Rn. 10.

Um dem datenschutzrechtlich Betroffenen eine **freie Entscheidungsfindung** (Art. 4   33
Nr. 11 iVm Art. 7 Abs. 4 DS-GVO) zu ermöglichen, sollten ihm vom Verantwortlichen
nach Möglichkeit ernsthafte Alternativen der Nutzung datenbasierter Dienste im Fahrzeug angeboten werden.[96] Freiwilligkeit kann es nur geben, wenn der Betroffene vernünftigerweise zwischen mehreren in Betracht kommenden Varianten der Datenpreisgabe wählen kann und bspw. den Zugriff auf bestimmte Datenkategorien im Fahrzeug (etwa technische Daten) gewähren und für andere (etwa Lokationsdaten) versagen kann, soweit keine rechtlichen Bestimmungen entgegenstehen.[97] Ebenso sollte der Fahrzeugnutzer darin frei sein, seine Einwilligung in die Verarbeitung von Positionsdaten nur bestimmten Akteuren (etwa dem Anbieter eines App-basierten Verkehrslage-Dienstes) zu erteilen und sie anderen zu verwehren. Eine wegen Verstoßes gegen das Kopplungsverbot aus Art. 7 Abs. 4 DS-GVO (→ § 3 Rn. 56) unstatthafte Einwilligung wäre anzunehmen, wenn darin die – insoweit überschießende – Preisgabe vollständiger Bewegungsprofile des Betroffenen inbegriffen wäre, obgleich diese für die vom Fahrzeughersteller zu erbringenden ferndiagnostischen Serviceleistungen zum Fahrzeugzustand nicht vonnöten sind.

Die effektive Umsetzung der informationellen Selbstbestimmung verlangt auch die   34
Möglichkeit zur **jederzeitigen Rücknahme** der Einwilligung in die Verarbeitung von
Kfz-Daten (Art. 7 Abs. 3 DS-GVO).[98] Widerruft der Betroffene seine Einwilligung, müssen sämtliche zuvor darauf gestützten Datenerhebungen, die weder nach einem sonstigen Erlaubnistatbestand zulässig noch – wie die Notruffunktion beim eCall (→ Rn. 23 ff.) – gesetzlich vorgeschrieben sind, ihr Ende finden.[99] Darin liegt zugleich der gravierende Nachteil der Einwilligung als Legitimationsbasis für die Verarbeitung personenbezogener Fahrzeugdaten, kann ihr Widerruf doch potenziell – insbesondere mit Blick auf das automatisierte und autonome Fahren – die Sicherheit des Straßenverkehrs bedrohen.[100] Schon aus diesem Grund dürfte sich die Einwilligung als (solitärer) Zulässigkeitstatbestand für die Verarbeitung von Kfz-Daten vielfach nur bedingt eignen.

Erschwerend kommt hinzu, dass die Einwilligung lediglich die personenbezogenen Da-   35
ten desjenigen erfasst, der die Einwilligung erteilt hat.[101] Dies bereitet spezifisch im Hinblick auf die bei Kfz-Daten denkbare **Vielzahl betroffener Personen** besondere
Schwierigkeiten. Wird ein Fahrzeug von mehreren Personen genutzt, soll jede Person in
die Verarbeitung der Kfz-Daten einwilligen müssen.[102] Das gilt nach hier vertretener Ansicht jedenfalls für den Halter (→ Rn. 12 f.). Insoweit stellt sich das Folgeproblem, dass der Fahrzeughersteller bereits bei Involvierung eines Zwischen- oder Gebrauchtwagenhändlers regelmäßig nicht auf eine Einwilligung des Halters wird zurückgreifen können.[103] Bei sonstigen Fahrzeugnutzern müssen dagegen weitere Identifikatoren – etwa die Erfassung der Weite des Anschnallgurtes, die Aufzeichnung von Bildaufnahmen im Fahrzeuginneren oder die Verbindung des Fahrzeugs mit einem Smartphone des Nutzers – hinzutreten, um zu einer datenschutzrechtlichen Betroffenheit samt daraus resultierendem Einwilligungserfordernis zu gelangen (→ Rn. 16 f.). Nicht zuletzt im Hinblick auf spontan mitfahrende Personen drängt sich hier die Frage nach der praktischen Umsetzbarkeit auf, wenn es etwa darum geht, ob die Aufzeichnung von Lokationsdaten durch eine im Fahr-

---

[96] Ethik-Kommission Automatisiertes und Vernetztes Fahren Bericht, 12.
[97] ErwGr 43 S. 1 Alt. 1 DS-GVO; Ethik-Kommission Automatisiertes und Vernetztes Fahren Bericht, 12; Ernst ZD 2017, 110 (112); Schantz in Schantz/Wolff Das neue DatenschutzR Teil D Rn. 517.
[98] VDA Datenschutz-Prinzipien für vernetzte Fahrzeuge, 3.
[99] Schantz in Schantz/Wolff Das neue DatenschutzR Teil D Rn. 531; Reiter/Methner InTeR 2015, 29 (33).
[100] Forgó in Oppermann/Stender-Vorwachs Autonomes Fahren, 157 (166); Laux in Hagebölling Mobilitätswende in Deutschland, 81 (87); Piltz/Reusch BB 2017, 81 (843).
[101] Schulz in Gola DS-GVO Art. 6 Rn. 20; Laux in Hagebölling Mobilitätswende in Deutschland, 81 (86).
[102] Lüdemann ZD 2015, 247 (252).
[103] Forgó in Oppermann/Stender-Vorwachs Autonomes Fahren, 157 (165); Laux in Hagebölling Mobilitätswende in Deutschland, 81 (86).

zeug eingebaute Telematik-Box (→ Rn. 45) erlaubterweise erfolgen darf.[104] Hier steht die Etablierung datenschutzrechtlich tragfähiger Lösungen noch aus. Zwar ist es denkbar, dass Hersteller und Anbieter von Telematikdiensten den Halter in ihren Allgemeinen Geschäftsbedingungen dazu verpflichten, die Einwilligung des jeweiligen Dritten einzuholen.[105] Freilich löst dies nicht die Frage, wie datenschutzrechtlich zu verfahren ist, wenn die Einholung der Einwilligung im Einzelfall unterbleibt oder ihre Erteilung verweigert wird.

36 **b) Vertrag (Art. 6 Abs. 1 lit. b DS-GVO).** Soweit eine Verarbeitung von Kfz-Daten in Rede steht, ohne deren Kenntnis die datenverarbeitende Stelle ein schuldrechtliches Vertragsverhältnis schon nicht durchführen könnte, folgt deren Zulässigkeit aus Art. 6 Abs. 1 lit. b DS-GVO.[106] Das betrifft bspw. die Anmiet- und Abgabestandorte beim **standortunabhängigen („free flow") Carsharing,** da der Anbieter auf deren Kenntnis zur Vermittlung, Relokation und Wartung seiner Fahrzeuge angewiesen ist.[107] Die darüber hinausgehende – offenbar in der Praxis nicht unübliche[108] – lückenlose Speicherung von Positionsdaten im Fahrtverlauf samt Geschwindigkeiten dürfte dementgegen zur Durchführung der mit den Nutzern abzuschließenden Kfz-Kurzzeitmietverträge nicht vonnöten sein, weshalb sie anderweitiger Rechtfertigung bedarf.[109] Abstrakt gesprochen gilt, dass mit der Datenintensivität der vertraglich vereinbarten Zwecksetzung das Ausmaß der gesetzlich zulässigen Datenverarbeitung anwächst.[110] Sofern bspw. die Berechnung des mit einer Versicherung vereinbarten Telematik-Tarifs (→ Rn. 45) auf der Erhebung von Positionsdaten fußt, ist die Verarbeitung solcher Daten in Anbetracht des gewählten Geschäftsmodells zulässig.[111] Will der Fahrzeugnutzer einen TPS-eCall (→ Rn. 28 f.) verwenden, so ist zu bedenken, dass Art. 5 Abs. 3 eCall-VO dessen Gleichwertigkeit mit dem gesetzlich normierten Notrufsystem verlangt. Folglich ist für die Durchführung des privaten Notrufdienstes die Verarbeitung jedenfalls solcher Daten als erforderlich zu begreifen, die als Bestandteil des Mindestdatensatzes beim gesetzlich vorgeschriebenen Notruf übermittelt werden (ua Insassenanzahl, Standort und Fahrtrichtung). In Abhängigkeit vom vertraglich stipulierten Leistungsumfang des – in der Praxis typischerweise über die gesetzlichen Vorgaben hinausgehenden – privaten eCalls ließe sich ggf. auch eine weitergehende Datenverarbeitung legitimieren.

37 Art. 88 DS-GVO sieht für die **Datenverarbeitung im Beschäftigungskontext** (→ § 10 Rn. 3 ff.) eine Öffnungsklausel für den nationalen Gesetzgeber vor. Davon macht nun § 26 BDSG Gebrauch, wonach personenbezogene Daten ua verarbeitet werden dürfen, wenn dies für die Durchführung eines Beschäftigungsverhältnisses erforderlich ist. Im Fall der Erstellung lückenloser Bewegungsprofile von Beschäftigten mittels technikgestützter Datenaufzeichnung in Dienstfahrzeugen wird dies nur in Ausnahmefällen – etwa bei Werttransporten oder sonstigen besonderen Gefährdungslagen – in Betracht kommen.[112] Eine Verarbeitung personenbezogener Kfz-Daten auf Grundlage einer Einwilligung des Arbeitnehmers wird dagegen regelmäßig an deren mangelnder Freiwilligkeit

---

[104] Reiter/Methner InTeR 2015, 29 (33); Hornung/Goeble CR 2015, 265 (272).
[105] Kinast/Kühnl NJW 2014, 3057 (3059).
[106] Vgl. Buchner/Petri in Kühling/Buchner DS-GVO Art. 6 Rn. 26; Schulz in Gola DS-GVO Art. 6 Rn. 36; Wolff in Schantz/Wolff Das neue DatenschutzR Teil D Rn. 551.
[107] Kinast/Kühnl NJW 2014, 3057 (3058); Bockslaff/Kadler ZD 2017, 166 (169).
[108] S. insoweit LG Köln ZD 2017, 192.
[109] Bockslaff/Kadler ZD 2017, 166 (169).
[110] Buchner DuD 2015, 372 (376).
[111] Kinast/Kühnl NJW 2014, 3057 (3058 f.); Weichert SVR 2014, 241 (246).
[112] Forst in Auernhammer BDSG aF § 32 Rn. 57; Maschmann in Kühling/Buchner BDSG § 26 Rn. 52; Alich RAW 2016, 90 (96).

scheitern.[113] Beim Einsatz von Telematik ist überdies zu bedenken, dass Einrichtung und Nutzung von Systemen, die eine Verhaltens- und Leistungskontrolle der Arbeitnehmer zulassen, nach § 87 Abs. 1 Nr. 6 BetrVG mitbestimmungspflichtig sind, sofern ein Betriebsrat besteht.[114] Maßgeblich ist insoweit, ob das System zur Überwachung objektiv geeignet ist, ohne dass zu berücksichtigen ist, ob der Arbeitgeber dieses Ziel verfolgt und die durch die Überwachung gewonnenen Daten auswertet.[115]

c) Berechtigte Interessen (Art. 6 Abs. 1 lit. f DS-GVO). Die Verarbeitung von Fahrzeugdaten lässt sich ebenfalls rechtfertigen, wenn sie berechtigten Interessen des Verantwortlichen dient, die jenen des Betroffenen zumindest gleichstehen (Art. 6 Abs. 1 lit. f DS-GVO). Aus ErwGr 47 S. 7 DS-GVO lässt sich folgern, dass dies auch bei **personalisierter Werbung im Kfz** der Fall sein kann.[116] Denkbar wäre es, dass Hersteller bei technischen Problemen im bordeigenen Display Vertragswerkstätten in der näheren Fahrzeugumgebung empfehlen. Flankierend könnte zur Überbrückung von Wartezeiten der Hinweis auf Restaurants und sonstige Freizeitmöglichkeiten hinzukommen. Insgesamt dürfte die Abwägungsregelung in Art. 6 Abs. 1 lit. f DS-GVO die Umsetzung innovativer Verarbeitungsmodelle gerade auch im Automobilbereich signifikant befördern.[117] Belangvoll ist überdies, dass dieser Legitimaationstatbestand auch dann Platz greift, wenn der von der Verarbeitung Betroffene nicht Vertragspartner des Verantwortlichen ist. Dementsprechend wird Art. 6 Abs. 1 lit. f DS-GVO als die bedeutsamste Ermächtigungsgrundlage für das – äußerst datenintensive – **autonome Fahren** begriffen, wobei es in Anbetracht der für den autonomen Fahrbetrieb technisch benötigten Daten als fernliegend angesehen wird, dass schutzwürdige Interessen der Betroffenen gegenüber der sicheren Verkehrsbewältigung durch das selbstfahrende Auto überwiegen könnten.[118] Anders soll die vorzunehmende Abwägung allerdings ausfallen, wenn die im autonomen Fahrzeug sensorisch erhobenen Daten zu umfassenden Bewegungsprofilen zusammengesetzt und im Streitfall verwendet werden, um die Rechts- oder Beweisposition des Betroffenen zu verschlechtern.[119] 38

Im Rahmen der deliktischen Produzentenhaftung (§ 823 BGB) trifft Kfz-Hersteller die (Verkehrssicherungs-)Pflicht, ihre Produkte nach Inverkehrgabe zu beobachten, um rechtzeitig Gefahren bei deren Verwendung aufzudecken und Gefahrabwendungsmaßnahmen zu ergreifen.[120] So ist es denkbar, dass Automationsfunktionen wie der Autobahnpilot – nicht zuletzt aufgrund missverständlicher Instruktionen der Hersteller – in Situationen wie dem innerstädtischen Verkehr eingesetzt werden, für die sie nicht konzipiert sind. Die Neuartigkeit automatisierter Fahrzeuge sowie deren Gefahrenpotential für die Sicherheit im Straßenverkehr streiten dafür, vom Erfordernis **umfassender Produktbeobachtungsmaßnahmen** auszugehen.[121] Es kommt hinzu, dass die zunehmende Vernetzung im Automobilbereich den Herstellern technisch erlaubt, die hochdynamischen Datenbestände ihrer Fahrzeuge in Echtzeit über drahtlose Netzwerke abzurufen. Aus produkthaftungs- 39

---

[113] Reiter/Methner InTeR 2015, 29 (33); s. auch ErwGr 43 DS-GVO, wonach ein – bei Arbeitsverhältnissen naheliegendes – Ungleichgewicht zwischen den Beteiligten die Freiwilligkeit der Einwilligung unterminiert.
[114] Weisser/Färber MMR 2015, 506 (509); kritisch insoweit Laux in Hagebölling Mobilitätswende in Deutschland, 81 (89): „uferlose Mitbestimmung".
[115] BAG NJW 1976, 261 (262); NZA 2014, 439 (440).
[116] Kinast/Kühnl NJW 2014, 3057 (3060); Alich RAW 2016, 90 (95).
[117] Alich RAW 2016, 90 (95). Zu Recht wird aber auch auf die mit dieser Ermächtigungsgrundlage einhergehende Rechtsunsicherheit hingewiesen, s. Kramer in Auernhammer DS-GVO Art. 6 Rn. 27; Buchner/Petri in Kühling/Buchner DS-GVO Art. 6 Rn. 141 f.
[118] Forgó in Oppermann/Stender-Vorwachs Autonomes Fahren, 157 (165); Laux in Hagebölling Mobilitätswende in Deutschland, 81 (86).
[119] Forgo in Oppermann/Stender-Vorwachs Autonomes Fahren, 157 (165); Laux in Hagebölling Mobilitätswende in Deutschland, 81 (86); Roßnagel SVR 2014, 281 (285).
[120] BGH NJW 1981, 1606 (1607); NJW 2009, 1080 (1081); Sprau in Palandt BGB § 823 Rn. 175.
[121] Hierzu bereits von Bodungen/Hoffmann NZV 2016, 503 (505).

rechtlicher Perspektive wachsen damit Intensität und Reichweite der zumutbaren Produktbeobachtungsmaßnahmen signifikant an.[122] Um hier zu einem **datenschutzrechtlichen Gleichlauf** zu gelangen, ließe sich bei der von Art. 6 Abs. 1 lit. f DS-GVO vorgegebenen Interessenabwägung aus Herstellerperspektive anführen, dass die betreffenden Datenverarbeitungen der – mit den Verkehrssicherungspflichten bezweckten – Reduktion von Produktgefahren und damit der Vermeidung von Haftungsfällen dienen.[123] Überdies ist nicht von der Hand zu weisen, dass Datenverarbeitungen im Zuge der Produktbeobachtung der Sicherheit im Straßenverkehr zuträglich sind und damit – jedenfalls in dieser Hinsicht – auch im Interesse des von der Datenverarbeitung Betroffenen liegen dürften.[124]

40 Es steht zu erwarten, dass sich Art. 6 Abs. 1 lit. f DS-GVO als Rechtsgrundlage für **Datenverarbeitungen durch Dashcams** etablieren wird, weil die DS-GVO keine – dem § 6b BDSG aF vergleichbare – Norm speziell für Videoaufzeichnungen kennt. Die nunmehr in § 4 BDSG vorgesehene Begrenzung der zulässigen Verarbeitungsmöglichkeiten im Fall der Videoüberwachung dürfte dagegen europarechtswidrig sein, weil Art. 6 Abs. 1 lit. f DS-GVO einen abschließenden Legitimationstatbestand darstellt, der mitgliedstaatlicher Beschränkung nicht zugänglich ist.[125] Kommen im Kfz montierte Frontkameras zum Einsatz, kollidiert das Interesse des Betroffenen, nicht gezielt und heimlich zum Objekt einer Aufzeichnung zu werden, mit dem Interesse des Aufzeichnenden an einer Verwendung dokumentierter Schadensereignisse als Beweismaterial.[126] Zwischenzeitlich kristallisiert sich in der Rechtsprechung eine – freilich in ihren Nuancen nicht gänzlich stringente – differenzierende Betrachtungsweise heraus.[127] Danach sind **permanente und anlasslose Aufzeichnungen** im öffentlichen Verkehrsraum unzulässig.[128] Ggf. mag hier eine Verpixelung der Aufnahmen vor ihrer Speicherung helfen, die freilich den Beweiswert der Aufnahmen schmälert. Anders stellt sich die Rechtslage dar, wenn **anlassbezogene Aufzeichnungen** in Rede stehen, bei denen bereits nach wenigen Sekunden die zurückliegenden Bildsequenzen überschrieben und erst im Fall eines auslösenden Ereignisses – etwa einer Vollbremsung oder eines Aufpralls – die unmittelbar zuvor sowie anschließend erfolgten Aufnahmen dauerhaft gespeichert werden.[129] Hier soll das berechtigte Interesse an der Beweisbeschaffung zumindest ebenbürtig sein. Fruchtlos muss dagegen der Versuch bleiben, die in einer unzulässigen Daueraufzeichnung enthaltene – isoliert betrachtet zulässige – Aufnahme direkt vor dem Unfallgeschehen als Fall rechtmäßigen Alternativverhaltens zu begreifen, missachtete dies doch den Schutzzweck der Norm.[130] Allerdings soll die datenschutzrechtliche Unzulässigkeit von Dashcam-Aufnahmen nicht zwangsläufig ein prozessuales Verwertungsverbot evozieren, sondern (nur) nach Abwägung mit dem öffentlichen Interesse an einer wirksamen Zivilrechtspflege sowie materiell richtigen Judikaten.[131]

---

[122] Droste CCZ 2015, 105 (110); von Bodungen/Hoffmann NZV 2016, 503 (506).
[123] Piltz/Reusch BB 2017, 841 (844f.); aA Lüdemann ZD 2015, 247 (252) zu § 28 Abs. 1 BDSG aF.
[124] Piltz/Reusch BB 2017, 841 (844f.).
[125] Piltz BDSG § 4 Rn. 19; Kühling NJW 2017, 1985 (1987); Ziebarth ZD 2017, 467, 469.
[126] Onstein in Auernhammer BDSG aF § 6b Rn. 9; Klann DAR 2013, 188 (190).
[127] S. die umfassende – tabellarische – Rechtsprechungsübersicht bei Richter SVR 2018, 134 ff.
[128] So jüngst BGH NJW 2018, 2883 (2885f.); VG Ansbach DAR 2014, 663 (665); Froitzheim NZV 2018, 109 (112f.).
[129] OLG Nürnberg NJW 2017, 3597 (3602); Froitzheim NZV 2018, 109 (113f.).
[130] So zutreffend Froitzheim NZV 2018, 109 (114); aA offenbar OLG Stuttgart NJW 2016, 2280 (2282).
[131] So jüngst BGH NJW 2018, 2883 (2888f.); OLG Nürnberg NJW 2017, 3597 (3601); Balzer/Nugel NJW 2016, 193 (197); Prütting RAW 2018, 15 (16f.); aA Froitzheim NZV 2018, 109 (116): Unverwertbarkeit.

2. Technischer Datenschutz

a) Vermeidung personenbezogener Daten. Ungeachtet der Frage, ob eine Nutzung 41 von Daten im Einzelfall materiell-rechtlich erlaubt ist oder nicht, muss sich jede Form der Datenverarbeitung in technisch-organisatorischer Hinsicht am in Art. 5 Abs. 1 lit. c DS-GVO statuierten **Grundsatz der Datenminimierung** (→ § 3 Rn. 95) messen lassen. Danach besteht eine besonders effektive Methode, um Konflikte mit datenschutzrechtlichen Vorgaben zu vermeiden, darin, das Anfallen personenbezogener Kfz-Daten von vornherein auf das erforderliche Maß zu beschränken oder gänzlich auszuschließen. Wurden personenbezogene Daten nie erhoben oder wirksam anonymisiert, kann es insoweit nicht (mehr) zu Eingriffen in das Recht auf Schutz personenbezogener Daten (Art. 8 GRCh) kommen. Das vernetzte, automatisierte und – künftig – autonome Fahrzeug ist in ganz besonderer Weise dafür prädestiniert, als Anwendungsfall der in Art. 25 Abs. 1, 2 DS-GVO statuierten Grundsätze des Datenschutzes durch Technikgestaltung („Privacy by Design") sowie vermittels datenschutzfreundlicher Voreinstellungen („Privacy by Default") zu dienen (→ § 3 Rn. 162).

aa) Privacy by Design. Datenschutz durch Technikgestaltung verlangt danach, die sich 42 im Straßenverkehr stellenden datenschutzrechtlichen Herausforderungen – gleichsam vorausschauend – **bereits in der Entwicklungsphase von Kfz** zu bedenken. Sind personenbezogene Daten für bestimmte Funktionen oder Dienste im Kfz verzichtbar, lässt sich bereits bei deren technischer Ausgestaltung dafür Sorge tragen, dass nur Daten ohne Personenbezug erhoben werden. Das – insoweit binäre – datenschutzrechtliche Regime findet keine Anwendung, wenn definitiv ausgeschlossen ist, dass verarbeitete Daten konkreten Einzelpersonen wie dem jeweiligen Fahrzeughalter zugeordnet werden können. Bspw. kommt es bei den Aufzeichnungen einer Rückfahrkamera nicht darauf an, welche Identität eine sich im hinteren Fahrzeugumfeld aufhaltende Person hat; ebenso ist das Kennzeichen eines dort befindlichen Kfz für die Zwecke des unfallfreien Einparkens ohne Belang. Die Aufnahmen könnten folglich datenschutzfreundlich gestaltet werden, indem Personen und Kfz-Kennzeichen – etwa durch Verpixelung – gar nicht erst zu identifizieren sind.[132] Lassen sich Aufnahmen dagegen aus technischen Gründen nur personalisiert vornehmen, ist deren Anonymisierung bereits im Kameramodul in Betracht zu ziehen, indem die aufgezeichneten Bilder in Objekte mit bestimmter Größe, Entfernung und Bewegungsrichtung umgerechnet und anschließend sogleich gelöscht werden.[133]

Werden personenbezogene Kfz-Daten erhoben, sollten diese nach Möglichkeit nur 43 temporär („flüchtig") in den Fahrzeugsystemen verwendet werden, um bestimmte Fahrzeugfunktionen zu ermöglichen.[134] Besteht die technische Notwendigkeit persistenter Speicherung, sollten die Daten in jedem Fall **im Fahrzeug verbleiben** und erst nach Wahl des Betroffenen – vorzugsweise anonymisiert oder sonst auch pseudonymisiert (→ Rn. 45) – weitergeleitet werden.[135] So genügte es bei der Überwachung des Reifendrucks, wenn die relevanten technischen Daten unmittelbar am Sensor erhoben würden und dieser lediglich bei Überschreitung vorab für den Reifendruck definierter Grenzwerte eine Kommunikation zu anderen Steuergeräten im Fahrzeug, zum Fahrzeugführer oder nach außen aufbaute.[136] Auf diese Weise ließe sich insbesondere auch den bereits beschriebenen – datenschutzrechtlich prekären – Auswertungen von Reifendruckdaten (→ Rn. 11) ein Riegel vorschieben. Im Übrigen tragen auch solche Systeme dem Grund-

---

[132] Werkmeister/Brandt RAW 2017, 99 (100).
[133] Rieß/Greß DuD 2015, 391 (393).
[134] VDA Zugang zum Fahrzeug und zu im Fahrzeug generierten Daten, 6; Rieß/Greß DuD 2015, 391 (396).
[135] Datenschutzrechtliche Empfehlungen der Bundesbeauftragten für den Datenschutz und die Informationsfreiheit zum automatisierten und vernetzten Fahren v. 1.6.2017, Empfehlung 10.
[136] Sehr instruktiv insoweit Jensen/Gruschka/Lüssem in Mayr/Pinzger Informatik 2016, 441 (447 f.).

satz der Datenminimierung Rechnung, bei denen technisch sichergestellt ist, dass sensorisch erhobene Daten sofort oder jedenfalls frühzeitig – etwa zum Fahrtende oder bei Überschreibung eines Ringspeichers – überschrieben oder gelöscht werden und folglich schon nicht in Umlauf kommen können.[137]

44 Als Privacy by Design-Lösung ist ebenso die Anonymisierung personenbezogener Daten (→ § 3 Rn. 15) in Betracht zu ziehen.[138] Lassen sich im Fahrzeug erhobene Daten keiner identifizierbaren Person zuordnen, unterliegen sie nicht (länger) datenschutzrechtlichen Beschränkungen. Dementsprechend entfernen viele Hersteller im sog Vehicle Backend den Bezug der aus ihrer Fahrzeugkommunikation herrührenden Daten zur datenschutzrechtlich belangvollen Fahrzeug-Identifizierungsnummer (→ Rn. 12 f.). Erst im Anschluss werden die Daten auf anonymisierter Basis an externe Diensteanbieter übermittelt. Diese müssen bspw. zur Erstellung eines übergreifenden Staubildes in Echtzeit um die Anzahl der Fahrzeuge an einem bestimmten Ort wissen, nicht aber um die Zuordnung der vom Hersteller zur Verfügung gestellten Positionsdaten zu ganz bestimmten Fahrzeugen.[139] Die **Anonymisierung von Daten im Vehicle Backend** ändert freilich nichts daran, dass deren vorgelagerte Erhebung durch den Hersteller datenschutzrechtlichen Anforderungen Stand halten muss. Für den Hersteller ist nämlich anhand der Fahrzeug-Identifizierungsnummer, IP-Adresse oder sonstiger Kennungen sehr wohl erkennbar, welchem Fahrzeug die betreffenden Daten zuzurechnen sind.[140] Eine gänzlich anders gelagerte Frage ist es, ob Herstellern eine gesetzliche Verpflichtung auferlegt werden sollte, im Fahrzeug generierte Rohdaten in anonymisierter Form allen Verkehrsteilnehmern zur Verfügung zu stellen, sofern dies für die Sicherheit des Straßenverkehrs notwendig ist oder – nach der der Idee von „open data" bzw. „open innovation" – innovativen Wertschöpfungsmodellen im Kfz-Bereich Vorschub leisten kann.[141]

45 Eine weitere technische Maßnahme zum Schutz personenbezogener Dritter besteht in deren in Art. 25 Abs. 1 iVm Art. 4 Nr. 5 DS-GVO ausdrücklich angesprochenen **Pseudonymisierung** (→ § 3 Rn. 16). Hier besteht zwar ein Re-Identifizierungsrisiko durch denjenigen, der nach einer zuvor bestimmten Zuordnungsregel die betroffene Person durch ein Pseudonym ersetzt hat. Andererseits stellt die Pseudonymisierung – anders als die Anonymisierung – sicher, dass sich im Fall der Übertragung von C2X-Daten die Sender missbräuchlich abgesetzter Warnmeldungen und Informationen erforderlichenfalls ausfindig machen und aus dem System ausschließen lassen.[142] Ein weiterer Anwendungsfall im Kfz-Bereich sind – fahrstilabhängige – **„pay as you drive"-Versicherungstarife** (→ dazu auch § 12 Rn. 59 ff.). Zur Bestimmung des Versicherungstarifs werden von einer im Fahrzeug eingebauten Telematik-Box Fahrdaten ua zu Ort, Zeit, Geschwindigkeit, Beschleunigung und Kurvenverhalten erfasst, um eine defensive Fahrweise mit einem Nachlass auf die Versicherungsprämie zu belohnen.[143] Die Daten zum Fahrverhalten werden allerdings nicht an den Versicherer selbst, sondern an einen unabhängigen Dienstleister übermittelt, der keinerlei Kenntnis davon hat, welche Person sich hinter den mit einer Kunden-Identifikationsnummer verknüpften Kfz-Daten verbirgt.[144] Das externe Unter-

---

[137] Weichert SVR 2014, 201 (206); Lüdemann ZD 2015, 247 (253); v. Schönfeld DAR 2015, 617 (620); Rieß/Greß DuD 2015, 391 (394); Werkmeister/Brandt RAW 2017, 99 (100); Heun/Assion BB 2018, 579 (581).
[138] Datenschutzrechtliche Empfehlungen der Bundesbeauftragten für den Datenschutz und die Informationsfreiheit zum automatisierten und vernetzten Fahren v. 1.6.2017, Empfehlung 5.
[139] Weichert SVR 2014, 201 (205); Rieß/Greß DuD 2015, 391 (394); Jensen/Gruschka/Lüssem in Mayr/Pinzger Informatik 2016, 441 (453).
[140] Weisser/Färber MMR 2015, 506 (508).
[141] So etwa Hornung/Goeble CR 2015, 265 (272).
[142] Rieß/Greß DuD 2015, 391 (394).
[143] Weichert SVR 2014, 241 (245 f.); Zurlutter Datenschutzrechtliche Aspekte der Auskunfts- und Aufklärungsobliegenheit über Kfz-Daten in der Kfz-Haftpflichtversicherung, 147.
[144] Weichert SVR 2014, 241 (246); Zurlutter Datenschutzrechtliche Aspekte der Auskunfts- und Aufklärungsobliegenheit über Kfz-Daten in der Kfz-Haftpflichtversicherung, 150.

nehmen bewertet auf Basis der übermittelten Daten den Fahrstil und leitet seine Auswertung vermittels bestimmter Score-Werte an das Versicherungsunternehmen weiter, welches den Betroffenen zwar über die Kunden-Identifizierungsnummer ausfindig machen, allerdings keinen Zugriff auf dessen einzelne Fahrdaten nehmen kann.[145] Alternative Lösungen im Bereich der Telematikversicherungen verzichten vollständig auf die Erhebung standortbezogener GPS-Daten.[146] Eine solche – datenschutzseitig vorzugswürdige – Ausgestaltung hat freilich den Nachteil, dass die Kontrolle von Geschwindigkeitsübertretungen mangels Wissen um die Lokation des Kfz und dessen genaue Fahrstrecke nicht möglich ist.

bb) Privacy by Default. Schon bei der Entwicklung der Fahrzeugtechnik ist nach Art. 25 Abs. 2 DS-GVO auf Voreinstellungen Wert zu legen, die die Privatsphäre der Fahrzeugnutzer nach Möglichkeit schonen („Privacy by Default" → § 3 Rn. 162).[147] Viele Nutzer lassen werkseitige Technikeinstellungen regelmäßig aus Bequemlichkeit, fehlendem Wissen um die konkret ablaufenden Datenverarbeitungsprozesse oder Vertrauen in den Hersteller unangetastet.[148] Einer insoweit drohenden extensiven Datennutzung lässt sich im Fahrzeug am besten durch **datenschutzfreundliche Standardeinstellungen** bei Auslieferung begegnen, die auf eine Speicherung von Kfz-Daten nach Möglichkeit verzichten.[149] Sofern sich der Fahrzeugführer dementgegen einer intensiveren Verarbeitung personenbezogener Daten unterwerfen möchte, um bspw. dem Fahrzeughersteller die fortlaufende Überwachung des Fahrzeugzustandes zu ermöglichen, so lässt sich dies technisch am besten – nach entsprechender datenschutzrechtlicher Aufklärung (→ Rn. 47 f.) – im Wege von Opt In-Möglichkeiten abbilden.[150] Derart aktivierte Dienste sollte der Nutzer selbstredend auch jederzeit wieder ausschalten und den digitalen Status des Fahrzeugs in den Auslieferungszustand zurückversetzen können.[151] Schließlich ist nach Möglichkeit sicherzustellen, dass der Verzicht auf datenschutzfreundliche Voreinstellungen nicht sämtliche Nutzer eines Kfz betrifft. Wird ein Fahrzeug von verschiedenen Personen genutzt, sollten stattdessen Nutzer- bzw. Authentifizierungslösungen technisch implementiert werden, die es bspw. durch Eingabe einer PIN erlauben, differenzierte – vom jeweiligen Nutzer vorab konfigurierte – Grundeinstellungen zu aktivieren.[152]

b) Transparenz. Gemäß Art. 25 Abs. 1 iVm Art. 5 Abs. 1 lit. a DS-GVO hat die technische Gestaltung der Fahrzeug-Infrastruktur ebenso dem Datenschutzgrundsatz der Transparenz (→ § 3 Rn. 80) Rechnung zu tragen. Die von datengetriebenen Diensten im vernetzten Fahrzeug Betroffenen sind möglichst frühzeitig über die erhobenen, verwendeten, gespeicherten und extern übermittelten Daten sowie die Zwecke und Rechtsgrundlagen der Datenverarbeitung zu informieren.[153] Dies trägt dem Umstand Rechnung, dass die Datensparsamkeit eines Fahrzeugs für die informierte Kaufentscheidung eines Kunden sehr wohl von Bedeutung sein kann. Es kommt erschwerend hinzu, dass die Hersteller

---

[145] Weichert SVR 2014, 241 (246); Zurlutter Datenschutzrechtliche Aspekte der Auskunfts- und Aufklärungsobliegenheit über Kfz-Daten in der Kfz-Haftpflichtversicherung, 150.
[146] Siedenbiedel DANA 1/2015, 24 (25); Zurlutter Datenschutzrechtliche Aspekte der Auskunfts- und Aufklärungsobliegenheit über Kfz-Daten in der Kfz-Haftpflichtversicherung, 153.
[147] Datenschutzrechtliche Empfehlungen der Bundesbeauftragten für den Datenschutz und die Informationsfreiheit zum automatisierten und vernetzten Fahren v. 1. 6. 2017, Empfehlung 9.
[148] S. v. Schönfeld DAR 2015, 617 (621); Baumgartner/Gausling ZD 2017, 308 (312).
[149] Bönninger DuD 2015, 388 (389); Laux in Hagebölling Mobilitätswende in Deutschland, 81 (91).
[150] S. v. Schönfeld DAR 2015, 617 (621); Weichert SVR 2016, 361 (364).
[151] Datenschutzrechtliche Empfehlungen der Bundesbeauftragten für den Datenschutz und die Informationsfreiheit zum automatisierten und vernetzten Fahren v. 1. 6. 2017, Empfehlung 11.
[152] Forgó in Oppermann/Stender-Vorwachs Autonomes Fahren, 157 (169); Laux in Hagebölling Mobilitätswende in Deutschland, 81 (90); Bönninger DuD 2015, 388 (389).
[153] Datenschutzrechtliche Empfehlungen der Bundesbeauftragten für den Datenschutz und die Informationsfreiheit zum automatisierten und vernetzten Fahren v. 1. 6. 2017, Empfehlung 1 u. 2; v. Schönfeld DAR 2015, 617 (620); Weichert SVR 2016, 361 (365).

vernetzter Fahrzeuge – anders als bei konventionellen Fahrzeugen – auch noch im Zeitraum nach dem Fahrzeugverkauf auf die fahrzeugeigene Datenarchitektur zugreifen, um notwendige Updates aufzuspielen oder die Bewährung ihrer Produkte im Feld zu beobachten.[154] Der **umfassenden Aufklärung** über Reichweite und Leistungsfähigkeit der Datenschutzeinstellungen eines Kfz ist daher bereits im Vorfeld der kundenseitigen Kaufeinscheidung besonderes Gewicht beizumessen.

48   Die wichtigsten Informationen zur Datenverarbeitung sind vom Hersteller überdies in allgemein verständlicher Form in der Borddokumentation bereitzustellen.[155] Insbesondere **interaktive Betriebsanleitungen** erlauben eine benutzerfreundliche Aufbereitung datenschutzrechtlich relevanter Informationen.[156] Ergänzend lassen sich direkt im Fahrzeug situationsbezogene Informationen über dessen Vernetzungsstatus sowie Dienste mit sensiblen Datenverarbeitungen erteilen. Insoweit kommt – etwa bei aktivierter Fahrzeugortung – das Aufleuchten standardisierter Bildsymbole im Armaturenbrett ebenso in Betracht wie eine Alarmierung durch Signalton.[157] Aus Transparenzgründen sollten Fahrzeughersteller zudem darauf achten, die vielfach noch (zu) kleinen Armaturenanzeigen und Bildschirme im Kfz so zu gestalten, dass der Betroffene von den im Display zur Verfügung gestellten Informationen ohne Weiteres Kenntnis nehmen kann.[158] Die datenschutzrechtlichen Transparenzanforderungen finden ebenso auf App-Anbieter im Kfz Anwendung, wobei diese insbesondere auf die nahtlose und störungsfreie Integration ihrer Dienste in das bordeigene Infotainment-System des Kfz zu achten haben.[159]

49   Schwierigkeiten bereitet das Transparenzgebot im Hinblick auf die Verarbeitung personenbezogener Daten anderer Verkehrsteilnehmer oder von Passanten im Fahrzeugumfeld.[160] Insbesondere auch für diesen Personenkreis müssen Hersteller praktikable Aufklärungsverfahren entwickeln. Wie hier datenschutzkompatible technische Lösungen aussehen könnten, ist derzeit freilich weitgehend ungewiss. Denkbar wären entsprechende **Warnhinweise oder Kennzeichnungen am Fahrzeugäußeren.** Mit besonderer Dringlichkeit stellt sich diese Frage im Hinblick auf automatisierte Fahrzeuge, die geradezu darauf angewiesen sind, mit Sensoren und Kameras das Fahrzeugumfeld zu erfassen. Insgesamt spricht einiges dafür, die – vielfach eher abstrakt gefassten – Vorgaben der DS-GVO durch Formulierung verbindlicher Mindeststandards speziell für den Kfz-Bereich zu präzisieren.[161] Bspw. könnten – wie auch beim eCall (→ Rn. 23 ff.) – einheitliche Datenschutzstandards in die Rahmenrichtlinie 2007/46/EG Eingang finden, welche das europäische Zulassungsrecht für Kfz regelt.[162] Dadurch ließe sich sicherstellen, dass bereits bei der Konstruktion und Produktion von Kfz dem datenschutzrechtlichen Transparenzprinzip entsprochen wird.[163]

---

[154] Ethik-Kommission Automatisiertes und Vernetztes Fahren Bericht, 26; Weichert SVR 2014, 241 (242).
[155] VDA Datenschutz-Prinzipien für vernetzte Fahrzeuge, 2; Weichert SVR 2016, 361 (365).
[156] Rieß/Greß DuD 2015, 391 (394).
[157] Gemeinsame Erklärung der Konferenz der unabhängigen Datenschutzbehörden des Bundes und der Länder und des Verbandes des Automobilindustrie (VDA) Datenschutzrechtliche Aspekte bei der Nutzung vernetzter und nicht vernetzter Kraftfahrzeuge, 3; Rieß/Greß DuD 2015, 391 (394).
[158] Weichert SVR 2014, 241 (242); Alich RAW 2016, 90 (96).
[159] Weichert SVR 2014, 241 (242).
[160] Ethik-Kommission Automatisiertes und Vernetztes Fahren Bericht, 25.
[161] So etwa Weichert SVR 2014, 241 (247); Lüdemann ZD 2015, 247 (253).
[162] Soweit die Rahmenrichtlinie, welche zum 1.9.2020 durch Verordnung (EU) Nr 2018/858 v. 30.5.2018 (ABl. EU 2018 L 151, 1) abgelöst wird, in Anhang IV auf diejenigen Rechtsakte verweist, deren Einhaltung Voraussetzung für die Erteilung einer EG-Typengenehmigung ist, handelt es sich vielfach um von der Wirtschaftskommission für Europa der Vereinten Nationen (UNECE) erarbeitete Bauvorschriften. S. hierzu etwa Arzt/Ruth-Schumacher NZV 2017, 57 (59); von Bodungen/Hoffmann InTeR 2017, 85 (87). Insoweit bleibt die fortschreitende Normierung durch die UNECE zu beobachten, deren Arbeitsgruppen derzeit Entwürfe vorbereiten und diskutieren, welche sich speziell mit den Vorgaben für Datenspeicher bei automatisierten Fahrzeugen befassen (vgl. jüngst Dokument ECE/TRANS/WP.29/1137 v. 13.4.2018 Rn. 31).
[163] Weichert SVR 2014, 241 (247); Bönninger DuD 2015, 388 (389).

c) **Datensicherheit.** Aus der rasant ansteigenden Datenverarbeitung im zunehmend vernetzten und automatisierten Fahrzeug resultieren neue Gefahrenquellen. So eröffnen Online-Kommunikationskomponenten und standardisierte Plattformen, wie sie bspw. mit dem eCall eingeführt wurden (→ Rn. 23f.), Hackern die Möglichkeit zu **Cyberangriffen,** welche eine besondere Herausforderung für die Sicherheit des Straßenverkehrs darstellen.[164] Gelingt es unbefugten Dritten, Kfz-Daten auszulesen oder zu manipulieren, steht nicht nur die Integrität der Daten, sondern ebenso die Funktionalität des Fahrzeugs und damit die körperliche Unversehrtheit von Insassen und sonstigen Verkehrsteilnehmern auf dem Spiel.[165] So ist es bekanntermaßen bereits gelungen, die Bremsen eines Fahrzeugs mittels externen Smartphones auszuschalten,[166] die datengetriebene Fahrzeugsteuerung aus der Entfernung zu übernehmen[167] oder Fahrzeuge während der Fahrt gänzlich abzuschalten.[168] An eben dieser Stelle setzt Art. 32 DS-GVO an, der regulatorische Leitplanken für den Schutz personenbezogener Daten einzieht und die Verantwortlichen verpflichtet, an den Stand der Technik angepasste, risikoadäquate Maßnahmen technischer und organisatorischer Art zu treffen, um die Sicherheit und Integrität der Datenverarbeitung zu gewährleisten.

50

Die unmittelbare Zugriffsmöglichkeit Dritter auf das vernetzte Fahrzeug erhöht dessen Anfälligkeit für Angriffe von außen signifikant. Essentiell dürfte es daher sein, die **verletzlichen Schnittstellen** zwischen fahrzeugeigenen Steuergeräten und dem Internet so sicher auszugestalten, dass sich Cyberangriffe – etwa in der Form unbefugter Aufzeichnung, Nutzung, Löschung oder sonstiger Manipulation von Daten – effektiv ausschließen lassen. Idealerweise sollten die fahrzeugeigenen Steuergeräte bereits bei der Entwicklung der Fahrzeugtechnik vom Infotainment-System vollständig entkoppelt werden.[169] Externen Zugriffen auf das Fahrzeug sollten ausnahmslos elaborierte Zugangskontrollen vorgeschaltet werden.[170] Vorzugswürdig ist es, Kfz-Daten zunächst vom Fahrzeug auf einen sicheren Server des Fahrzeugherstellers zu übertragen, auf welchen dann wiederum Dritte zugreifen können.[171] Der **Datenaustausch zwischen Kfz und Vehicle Backend** sollte dabei in jedem Fall ausschließlich auf Basis – möglichst komplexer – Verschlüsselungstechnologien erfolgen.[172] Schließlich bedarf es der Implementierung von Verfahren zur regelmäßigen Überprüfung, Bewertung und Evaluierung der Wirksamkeit der ergriffenen technischen und organisatorischen Maßnahmen zur Gewährleistung von Cybersecurity (Art. 32 Abs. 1 lit. d DS-GVO). Das macht die ständige Beobachtung der IT-technischen Entwicklung im Fahrzeugbereich erforderlich, damit – nicht zuletzt im Hinblick auf die im Straßenverkehr in Rede stehenden signifikanten Rechtsgüter – fortlaufend ein hohes (Daten-)Sicherheitsniveau im Kfz gewährleistet ist.[173] In diesem Zusammenhang ließen

51

---

[164] Datenschutzrechtliche Empfehlungen der Bundesbeauftragten für den Datenschutz und die Informationsfreiheit zum automatisierten und vernetzten Fahren v. 1.6.2017, Empfehlung 10; Lüdemann ZD 2015, 247 (251); Jensen/Gruschka/Lüssem in Mayr/Pinzger Informatik 2016, 441 (452).
[165] Weichert SVR 2014, 241 (244); ders. SVR 2016, 361 (364); Rieß/Greß DuD 2015, 391 (393); Forgó in Oppermann/Stender-Vorwachs Autonomes Fahren, 157 (167).
[166] S. Hacker schalten Corvette-Bremsen ab, abrufbar unter http://www.handelsblatt.com/technik/it-internet/auto-per-handy-ferngesteuert-hacker-schalten-corvette-bremsen-ab/12180170.html, zuletzt abgerufen am 2.5.2018.
[167] S. Hacker sollen Auto ferngesteuert haben, abrufbar unter http://www.spiegel.de/auto/aktuell/hacker-verschaffen-sich-kontrolle-ueber-jeep-cherokee-a-1044840.html, zuletzt abgerufen am 2.5.2018.
[168] S. Hacker schalten Tesla während Fahrt aus, abrufbar unter https://www.wiwo.de/technologie/mobilitaet/connected-car-hacker-schalten-tesla-waehrend-der-fahrt-aus/12159364.html, zuletzt abgerufen am 2.5.2018.
[169] Rieß/Greß DuD 2015, 391 (393); Stender-Vorwachs/Steege MMR 2018, 212 (216).
[170] VDA Zugang zum Fahrzeug und zu im Fahrzeug generierten Daten, 6; Jensen/Gruschka/Lüssem in Mayr/Pinzger Informatik 2016, 441 (452).
[171] VDA Zugang zum Fahrzeug und zu im Fahrzeug generierten Daten, 6; Rieß/Greß DuD 2015, 391 (393).
[172] Datenschutzrechtliche Empfehlungen der Bundesbeauftragten für den Datenschutz und die Informationsfreiheit zum automatisierten und vernetzten Fahren v. 1.6.2017, Empfehlung 4.
[173] VDA Datenschutz-Prinzipien für vernetzte Fahrzeuge, 3f.

sich künftig auch branchenspezifische Verhaltensstandards (Art. 40 DS-GVO) festlegen und Zertifizierungen (Art. 42 DS-GVO) vorsehen.[174]

VII. StVG-Novelle zum automatisierten Fahren

1. Einführung der Blackbox

52 Das achte Gesetz zur Änderung des Straßenverkehrsgesetzes vom 16.6.2017 (8. StVG-ÄnderungsG)[175] statuiert in §§ 1a, 1b, 12 StVG straßenverkehrsrechtliche Änderungen und Ergänzungen, welche insbesondere das Zusammenwirken von Mensch und Maschine beim Einsatz **hoch- und vollautomatisierter Fahrfunktionen** im Straßenverkehr zum Gegenstand haben. Darunter fallen (nur) solche Automationsfunktion in Kfz, die in den Grenzen ihres in der Systembeschreibung vorgegebenen Einsatzzweckes sämtlichen an die Fahrzeugführung gerichteten Verkehrsvorschriften zu entsprechen vermögen (§ 1a Abs. 2 S. 1 Nr. 2 StVG).[176] Dagegen sind diese Systeme – anders als vollständig autonome, fahrerlose Fahrzeuge – nicht in der Lage, einschränkungslos jede Fahrsituation zu bewältigen, weshalb sie auf eine Mensch-Maschine-Schnittstelle nicht verzichten können und insbesondere die Notwendigkeit der Steuerungsübernahme durch den Funktionsnutzer mit ausreichender Zeitreserve anzuzeigen haben (§ 1a Abs. 2 S. 1 Nr. 5 StVG). Ziel des 8. StVG-ÄnderungsG war es, rechtliche Rahmenbedingungen und damit Rechtssicherheit für den Einsatz hoch- und vollautomatisierter Fahrzeuge in Deutschland zu schaffen.[177] Einen weiteren Eckpfeiler der StVG-Novelle stellen die jetzt in §§ 63a, 63b StVG enthaltenen **Regelungen zur Speicherung, Übermittlung und Löschung** im automatisierten Fahrzeug verarbeiteter Daten dar. Damit wird die Blackbox zum Zwecke der Aufklärung von Verkehrsverstößen und Schadensereignissen verpflichtender Ausrüstungsgegenstand in hoch- und vollautomatisierten Fahrzeugen.

2. Speicherpflicht (§ 63a Abs. 1 StVG)

53 **a) Gesetzliche Regelung.** Gemäß § 63a Abs. 1 StVG speichern Kraftfahrzeuge mit hoch- und vollautomatisierten Fahrfunktionen mittels eines Satellitenortungssystems festgestellte Positions- und Zeitangaben, wenn ein Wechsel der Fahrzeugsteuerung zwischen Fahrzeugführer und Automationssystem erfolgt (S. 1), wenn das System den Fahrzeugführer auffordert, die Steuerung des Fahrzeugs zu übernehmen (S. 2 Alt. 1) oder wenn eine technische Systemstörung auftritt (S. 2 Alt. 2). Es soll auf diese Weise nachvollziehbar festgehalten werden, ob in einem bestimmten Zeitpunkt das Automationssystem oder der Fahrzeugführer die Kontrolle über das Fahrzeug innehatte, ob der Systemnutzer die Kontrolle aufgrund einer maschinellen Übernahmeaufforderung hätte ausüben müssen oder ob das System versagt hat.[178] Die aufgezeichneten Positionsdaten können überdies einen bestimmungswidrigen Gebrauch des Systems offenbaren – etwa wenn ein Autobahnpilot im innerstädtischen Verkehr eingesetzt wird.[179] Insgesamt dient die Vorschrift **Beweiszwecken** und will einerseits verhindern, dass sich der Systemnutzer durch pauschale Berufung auf technisches Versagen seiner Verantwortung nach Haftungs-, Straf- bzw. Ordnungswidrigkeitenrecht entzieht.[180] Andererseits wird dem Systemnutzer aber auch die Möglichkeit eröffnet, gegen ihn gerichtete Schuldvorwürfe zu entkräften, wenn die Fahrzeugsteuerung im Unfallzeit-

---

[174] Joachim, ZD-Aktuell 2016, 04211.
[175] BGBl I 1648.
[176] S. hierzu umfassend von Bodungen/Hoffmann NZV 2018, 97 (100 f.).
[177] BT-Drs. 18/11300, 13; König NZV 2017, 123 (124); Hoeren NZV 2018, 153.
[178] BT-Drs. 18/11534, 16; 18/11776, 11; König NZV 2017, 249 (252); Lüdemann ZD-Aktuell, 05560.
[179] BT-Drs. 18/11534, 7.
[180] BT-Drs. 18/11300, 24; Lüdemann ZD-Aktuell, 05560; Putzki/Sesing MMR-Aktuell, 388288; Wagner/Goeble ZD 2017, 263 (267); Bernd SVR 2017, 121 (126); Hoeren NZV 2018, 153 (154).

punkt maschinell erfolgte und vorangehend keine systemseitige Aufforderung zu ihrer Übernahme ausgesprochen worden war.[181] Die konkrete Person des Fahrers sowie Streckenprotokolle werden dementgegen nicht gespeichert.[182] Jedenfalls im Hinblick auf den Fahrzeughalter wird es sich bei den gespeicherten Kfz-Daten gleichwohl um personenbezogene Daten handeln (→ Rn. 12 f.).[183] Im Hinblick auf den jeweiligen Fahrzeugführer müssen dagegen zusätzliche Identifikatoren hinzukommen (→ Rn. 16).[184]

b) Offene Fragen. Zwar ließe sich auf den ersten Blick aus dem Wortlaut von § 63a Abs. 1 S. 1 StVG („Kraftfahrzeuge gemäß § 1a speichern …") schließen, dass die Datenspeicherung zwingend auf einem im Fahrzeug verbauten Medium zu erfolgen hat. Indes folgt aus § 63b S. 1 Nr. 1, 2 StVG, dass insbesondere auch der Ort des Speichermediums sowie der Adressat der Speicherpflicht der – noch ausstehenden – **Regelung durch Rechtsverordnung** vorbehalten sein sollen.[185] Eine lokale Datenfixierung im Fahrzeug selbst böte aus datenschutzrechtlicher Perspektive den Vorteil, dass der Halter die Hoheit über seine Daten behielte und deren – gefahrträchtige – Übermittlung an Dritte entbehrlich wäre.[186] Dagegen spricht allerdings das Risiko der Zerstörung von im Kfz installierten Datenspeichern im Schadensfall oder durch Manipulation, wodurch das gesetzgeberische Ziel der Beweismittelsicherung unterminiert würde.[187] Alternativ könnten die Daten auf dem Backend des Herstellers abgelegt werden, wobei allerdings die Sorge geäußert wird, dass diese Lösung – datenschutzrechtlich prekären – alternativen Nutzungen von Fahr- und Bewegungsdaten durch den Hersteller ein Einfallstor öffnen und dieser die Datenherausgabe im Fall von Produkthaftungsprozessen obstruieren könne.[188]

54

Vor diesem Hintergrund ist der jüngst vorgelegte Vorschlag des 56. Deutschen Verkehrsgerichtstages zu verstehen, wonach die von § 63a Abs. 1 StVG erfassten Kfz-Daten sowohl im Fahrzeug selbst als auch bei einem unabhängigen Dritten gespeichert werden sollen, um Interessenkonflikten im Falle einer notwendigen Herausgabe vorzubeugen.[189] Zwar wurde einer solchen **Treuhänderlösung** andernorts aus Sach- und Kostengründen bereits eine Absage erteilt.[190] Es ist indes nicht von der Hand zu weisen, dass die kumulative Speicherung des Datensatzes sowohl im Kfz als auch bei einem neutralen Treuhänder die Verfügbarkeit der Daten bei Rechtsstreitigkeiten ebenso wie im Fall von schweren Unfällen in Gebieten ohne Mobilfunkabdeckung beförderte.[191] Überdies ersparte eine elektronische Datenübertragung an einen neutralen Dritten dem Kfz-Halter den Aufwand des Auslesens seiner Kfz-Daten in einer Werkstatt.[192] Die Festlegung des Speicherortes dürfte letztlich auch für die – ebenfalls noch im Verordnungswege vorzunehmende – Bestimmung des **Adressaten der Speicherpflicht** nach § 63a Abs. 1 StVG belangvoll sein.

55

---

[181] BT-Drs. 18/11300, 24; Schirmer NZV 2017, 243 (256); v. Kaler/Wieser NVwZ 2018, 369 (371).
[182] BT-Drs. 18/11776, 11; König NZV 2017, 249 (252); Hoeren NZV 2018, 153.
[183] Dies wird auch durch den neu eingefügten § 32 Abs. 1 Nr. 8 StVG gestützt, der ausweislich der Gesetzesmaterialien sicherstellen soll, dass das Identifikationsdatum des Speichermediums (sog Speicher-ID) im Zentralen Fahrzeugregister gespeichert wird, damit die Speicher-ID „eindeutig einem bestimmten Kraftfahrzeug und Halter zugeordnet wird" (BT-Drs. 18/11300, 16 u. 24).
[184] Sofern Schmid/Wessels NZV 2017, 357 (359) davon ausgehen, dass der Fahrzeugführer stets Betroffener sei, bleibt unerörtert, woraus diese ausnahmslose Zuordenbarkeit der Kfz-Daten zum Fahrzeugführer folgen soll.
[185] Krit. insoweit König NZV 2017, 249 (253); Schmid/Wessels NZV 2017, 357 (359).
[186] Wagner/Goeble ZD 2017, 263 (267); Spiegel DSRITB 2017, 691 (695); Wendt ZD-Aktuell 2018, 06034.
[187] Wagner/Goeble ZD 2017, 263 (267); Spiegel DSRITB 2017, 691 (695); Wendt ZD-Aktuell 2018, 06034.
[188] Wendt ZD-Aktuell 2018, 06034; Brisch/Müller-ter Jung CR 2016, 411 (413).
[189] 56. Deutscher Verkehrsgerichtstag v. 24.–26.1.2018, Arbeitskreis II, Empfehlung 5; dazu auch Pataki DAR 2018, 133 (134); Wehrl DAR 2018, 121 (122).
[190] S. Wagner/Goeble ZD 2017, 263 (267); Hoeren NZV 2018, 153 (154); Brockmeyer ZD 2018, 258 (259 ff.).
[191] Wehrl DAR 2018, 121 (123).
[192] Pataki DAR 2018, 133 (134).

Bei ausschließlicher Speicherung der Daten unmittelbar im Kfz kommt insoweit neben dem Hersteller gewiss auch der Halter wegen seiner Sachherrschaft über das Kfz in Betracht.[193] Nicht zu übersehen ist allerdings, dass der Halter im Gegensatz zum Hersteller keinerlei Einfluss darauf hat, welche Daten von der Blackbox gespeichert werden (siehe insoweit schon die Ausführungen zum Datenverantwortlichen → Rn. 18 ff.); zudem ist der Halter mangels Zugriffsmöglichkeit auf die Blackbox nicht in der Lage, die Daten auszulesen.[194]

3. Datenübermittlung (§ 63a Abs. 2, 3 StVG)

56 **a) Übermittlung an Behörden.** § 63a Abs. 2 S. 1 StVG statuiert die **Erlaubnis,** die gespeicherten Kfz-Daten den nach Landesrecht für die Ahndung von Verkehrsverstößen zuständigen Behörden auf deren Verlangen hin zu übermitteln. Dieser Ermächtigungsgrundlage bedarf es aus datenschutzrechtlichen Gründen, damit die auskunftserteilende Person einer – ausschließlich nach den Voraussetzungen von StPO und OWiG begründbaren – Pflicht zur Datenübermittlung nachkommen kann.[195] Die polizeiliche Übermittlungsanordnung wird sich dabei im Regelfall gegen denjenigen richten, der aufgrund seiner Sachherrschaft über das Kfz den Datenübertragungsvorgang selbst initiieren oder der zuständigen Behörde die Blackbox zwecks Datenauslesung zur Verfügung stellen kann.[196] Dem **zulässigen Umfang** der zu übermittelnden Daten wird durch den Zweck des im Einzelfall behördlich geführten Kontrollverfahrens Grenzen gesetzt (§ 63a Abs. 2 S. 3 StVG).[197] So bedarf es bei einer allgemeinen Verkehrskontrolle durch die Polizei (§ 36 Abs. 5 StVO) zwecks Überprüfung der Fahrzeugpapiere keiner Übermittlung der nach § 63a Abs. 1 StVG aufgezeichneten Daten.[198] Problematisch ist insoweit allerdings, dass die datenübermittelnde Person kaum sicher wird abschätzen können, welche Daten für die Zweckerreichung im Einzelfall erforderlich sind, und sie sich überdies vor die technische Herausforderung gestellt sieht, die zu transferierenden Daten von der Vielzahl der nach § 63a Abs. 1 StVG gespeicherten Daten zu separieren.[199]

57 **b) Übermittlung an Unfallbeteiligte.** Nach § 63a Abs. 3 StVG hat der Fahrzeughalter die Übermittlung der gemäß Abs. 1 gespeicherten Daten an Dritte zu veranlassen, wenn die Daten zur Geltendmachung, Befriedigung oder Abwehr von Rechtsansprüchen erforderlich sind, die im Zusammenhang mit einem Unfall mit Personen- oder Sachschaden unter potenzieller Beteiligung eines Kfz mit Automationssystem stehen. Es handelt sich hierbei um einen gegen den Fahrzeughalter gerichteten **materiell-rechtlichen Auskunftsanspruch.**[200] Allerdings drängt sich sogleich die Frage auf, wie der Halter seiner damit einhergehenden Pflicht nachkommen soll, wenn er weder Zugriff auf die Mobilitätsdaten der Blackbox noch einen eigenen Auskunftsanspruch gegen den Hersteller hat oder die Daten – abhängig von dem noch durch Rechtsverordnung festzulegenden Speicherort (→ Rn. 54) – außerhalb des Fahrzeugs auf einem Server des Herstellers abgelegt werden.[201] Die Datenübertragung muss vom Halter allerdings nur veranlasst werden, soweit sie für Dritte zur Geltendmachung, Befriedigung oder Abwehr von Rechtsansprüchen **erforderlich** ist. Mit Blick auf die gesetzliche Ausgestaltung der straßenverkehrs-

---

[193] Putzki/Sesing MMR-Aktuell 2017, 388288; Lüdemann ZD-Aktuell, 05560; König NZV 2017, 123 (128).
[194] Wendt ZD-Aktuell 2018, 06034; Schmid/Wessels NZV 2017, 357 (359).
[195] BT-Drs. 18/11776, 11; König NZV 2017, 249 (252); Schmid/Wessels NZV 2017, 357 (360).
[196] Schmid/Wessels NZV 2017, 357 (361).
[197] BT-Drs. 18/11300, 25; BT-Drs. 18/11534, 16; König NZV 2017, 249 (252).
[198] BT-Drs. 18/11534, 16.
[199] Schmid/Wessels NZV 2017, 357 (360).
[200] BT-Drs. 18/11300, 25; Wagner/Ruttloff/Freytag CB 2017, 386 (388 f.); Hoeren NZV 2018, 153.
[201] Weichert SVR 2016, 361 (363); Schmidt/Wessels NZV 2017, 357 (362); Wagner/Goeble ZD 2017, 263 (268); Hoeren NZV 2018, 153 (154).

rechtlichen Haftung von Halter und Fahrzeugführer als Gefährdungshaftung (§ 7 Abs. 1 StVG) bzw. Haftung für vermutetes Verschulden (§ 18 Abs. 1 S. 1 StVG) besteht nun aber für den Geschädigten regelmäßig keine Notwendigkeit zum Verschuldensnachweis. In der Folge verengt sich der Anwendungsbereich von § 63a Abs. 3 StVG signifikant. Im Wesentlichen beschränkt er sich auf Situationen, in denen der Fahrzeugführer den Entlastungsbeweis antreten will (§ 18 Abs. 1 S. 2 StVG), der Hersteller sich dadurch exkulpieren möchte, dass der Fahrzeugführer einer Übernahmeaufforderung des Automationssystems nicht Folge geleistet hat, oder der Geschädigte verschuldensabhängige – deliktische – Haftungsansprüche durchzusetzen gedenkt.[202]

4. Löschung (§ 63a Abs. 4 StVG)

Nach § 63a Abs. 4 StVG sind die gemäß Abs. 1 gespeicherten Kfz-Daten nach Ablauf von sechs Monaten zu löschen, sofern das zugehörige Fahrzeug nicht an einem Unfallereignis beteiligt war und sich die Speicherfrist aus diesem Grund auf drei Jahre verlängert. In beiden Konstellationen ist von einem **Mindest- und Höchstspeicherzeitraum** für die aufgezeichneten Daten auszugehen.[203] Die Notwendigkeit des sechsmonatigen Mindestspeicherzeitraumes wird damit gerechtfertigt, dass sich der mit der Datenaufzeichnung verfolgte Beweiszweck vereiteln ließe, sofern die Löschung zu einem früheren Zeitpunkt zulässig wäre.[204] Der nach der Gesetzesbegründung bei Unfallereignissen angestrebte Gleichlauf von datenschutzrechtlicher Löschungsfrist und zivilrechtlicher Verjährungsfrist[205] stellt sich dementgegen schon deshalb nicht ein, weil sich die Frist des § 63a Abs. 4 StVG in Ermangelung einer anderslautenden gesetzlichen Regelung schon ab dem Tage der Speicherung berechnet, während die Verjährungsfrist für Ansprüche nach §§ 7, 18 StVG, § 823 BGB frühestens mit dem Schluss des Jahres zu laufen beginnt, in dem der Anspruch entstanden ist (§ 199 Abs. 1 Nr. 1 BGB).[206] Überdies drängt sich die Frage nach der Sinnhaftigkeit einer Löschungspflicht für solche im Kfz gespeicherte Daten auf, bei denen es sich in Anbetracht der Identität von Fahrzeughalter und Fahrzeugführer lediglich um eigene Daten des Auskunftspflichtigen handelt.[207]

5. Ausblick

Nach § 1c StVG sollen die mit dem 8. StVG-ÄnderungsG implementierten Regelungen ab dem Jahr 2020 wissenschaftlich evaluiert werden. In datenschutzrechtlicher Hinsicht darf freilich damit gerechnet werden, dass detaillierte technische und organisatorische Regelungen zum Datenspeicher bereits zu einem früheren Zeitpunkt auf Grundlage von § 63b StVG **im Verordnungswege** erlassen werden. Zu berücksichtigen ist hierbei allerdings das komplexe Wechselspiel präzisierenden nationalen Rechtes mit den internationalen Vorgaben, die derzeit insbesondere auf Ebene der UNECE für Datenspeicher vorbereitet werden (→ Rn. 49).

Schließlich ist die Einbettung des § 63a StVG – einschließlich seiner (künftigen) flankierenden Rechtsverordnung(en) – in den Kontext der normhierarchisch grds. vorrangigen und deutlich weitreichenderen DS-GVO im Blick zu behalten. So erhebt bereits der Gesetzgeber nicht den Anspruch, mit der StVG-Novelle sämtliche datenschutzrechtlich relevanten Fragen des automatisierten und vernetzten Fahrens einer Lösung zuzuführen.[208]

---

[202] Wagner/Goeble ZD 2017, 263 (268); König NZV 2017, 123 (127).
[203] BT-Drs. 18/11776, 12; König NZV 2017, 249 (252); Lange NZV 2017, 345 (350).
[204] König NZV 2017, 249 (252); aA Spiegel DSRITB 2017, 691 (700), wonach bereits die anlasslose Speicherfrist von sechs Monaten zu lang sein soll.
[205] S. BT-Drs. 18/11300.
[206] König NZV 2017, 123 (127); Putzki/Sesing MMR-Aktuell 2017, 388288.
[207] So schon die Stellungnahme des Bundesrates zum Entwurf des 8. StVG-ÄnderungsG in BT-Drs. 18/11534, 9.
[208] BT-Drs. 18/11534, 15.

Dies findet in § 63a Abs. 2 S. 4 StVG seinen Ausdruck, wonach die allgemeinen Regelungen zur Verarbeitung personenbezogener Daten unberührt bleiben sollen. Überdies muss sich § 63a StVG seinerseits an den Vorgaben der DS-GVO zur Datenverarbeitung messen lassen. Zwar ist der Erlass spezifischeren nationalen Recht für die Verarbeitung von Daten nach Maßgabe von Art. 6 Abs. 2, 3 DS-GVO sehr wohl zulässig. Die auf Grundlage dieser Öffnungsklausel erlassenen nationalen Vorschriften dürfen indes nicht hinter dem von der DS-GVO statuierten Schutzniveau zurückbleiben.[209] In eben diesem Zusammenhang sind in der Literatur geäußerte Bedenken von Belang, wonach jedenfalls die in § 63a Abs. 4 Hs. 2 StVG für Unfalldaten vorgesehene – starre – Mindestspeicherdauer von drei Jahren überlang sein soll.[210] Insoweit drängt sich die Frage nach der Vereinbarkeit mit dem in der DS-GVO statuierten „Recht auf Vergessenwerden" sowie dem Grundsatz der Datenminimierung auf, wonach personenbezogene Daten unverzüglich wieder gelöscht werden müssen, wenn sie für die Zwecke ihrer Erhebung und sonstigen Verarbeitung nicht mehr benötigt werden (Art. 17 Abs. 1 lit. a DS-GVO).

---

[209] Buchner/Petri in Kühling/Buchner DS-GVO Art. 6 Rn. 194; Schulz in Gola DS-GVO Art. 6 Rn. 175; Wolff in Schantz/Wolff Das neue DatenschutzR Teil D Rn. 604.
[210] Wagner/Goeble ZD 2017, 263 (268): „unverhältnismäßig"; wohl auch Spiegel DSRITB 2017, 691 (700).

§ 17 Datenschutz im Energiesektor

Übersicht

	Rn.
I. Einleitung	1
II. Rechtlicher Regelungsrahmen	2
1. EU-Recht	2
a) DS-GVO	2
b) Binnenmarktrichtlinien Strom und Gas	4
c) EnEff-RL	7
2. Bundesrecht	8
a) BDSG	8
b) MsbG	9
aa) Normentwicklung	9
bb) Datenschutzkonzept	10
c) GPKE und GeLi Gas	16
III. Personenbezug von Messdaten und ableitbaren Daten	17
1. Notwendigkeit einer Differenzierung zwischen Einbau und Betrieb von Messsystemen	17
2. Begriff der personenbezogenen Daten	20
a) Bezug zu identifizierter natürlicher Person	20
b) Bezug zu identifizierbarer natürlicher Person	21
3. Personenbezug von Messdaten	25
a) Zuordnung zum Anschlussnutzer	25
b) Zuordnung zu Haushaltsmitgliedern	26
aa) Zuordnung durch datenumgangsberechtigte Personen iSd § 49 Abs. 2 MsbG	27
bb) Zuordnung durch den Anschlussnutzer	29
4. Personenbezug ableitbarer Daten	33
IV. Nebeneinander von DS-GVO und MsbG	36
1. Datenschutzrelevante Vorschriften des MsbG als zulässige Spezifikationen	36
a) Öffentliches Interesse	37
b) Begriff der Spezifizierung	39
c) VO-Konformität und Verhältnismäßigkeit der im MsbG enthaltenen datenschutzrelevanten Vorschriften	40
aa) Datenminimierung, Art. 5 Abs. 1 lit. c DS-GVO	41
bb) Datenhoheit des Anschlussnutzers	43
cc) Rechte des Anschlussnutzers als betroffene Person	45
dd) Nichtberücksichtigung der Belange von Haushaltsangehörigen als betroffene Personen	51
2. Zulässigkeit der Beschränkungen der Rechte der betroffenen Personen	52
a) Anschlussnutzer	53
b) Haushaltsangehörige	54
V. Rechtsschutz	56

Literatur:

Albrecht, Intelligente Stromzähler als Herausforderung für den Datenschutz – Tatsächliche und rechtliche Betrachtung, 2015; *Bartsch/Rieke,* Das neue Datenschutzrecht mit Auswirkungen auch auf Energieversorger, EnWZ 2017, 435; *Bräuchle,* Die datenschutzrechtliche Einwilligung in Smart-Metering Systemen – Kollisionslagen zwischen Datenschutz- und Energiewirtschaftsrecht, in: Plöderer/Grunske/Schneider/Ull, Informatik 2014: Big Data – Komplexität meistern, S. 515–526; *Bräuchle,* Datenschutzprinzipien in IKT-basierten kritischen Infrastrukturen: Die Formalisierung der datenschutzrechtlichen Einwilligung in Smart Metering Systemen, 2017; *Bretthauer,* Smart Meter im Spannungsfeld zwischen Europäischer Datenschutzgrundverordnung und Messstellenbetriebsgesetz, EnWZ 2017, 56; *Buchmann,* Wie kann man Privatheit messen? Privatheitsmaße aus der Wissenschaft, DuD 2015, 510; *Cuijpers/Koops,* The 'smart meters' bill: a privacy test based on article 8 of the ECHR: Study commissioned by the Dutch Consumers Association, 2008, abrufbar unter https://pure.uvt.nl/ws/files/1477311/CPDP_final_Cuiper_Koops_springer_1_.pdf, zuletzt abgerufen am 13.4.2018; *Cuijpers/Koops,* Smart Metering and Privacy in Europe: Lessons from the Dutch

Case, in: Gutwirth/Leenes ua, European Data Protection: Coming of Age, 2013, S. 269–293; *Dinter,* Das Gesetz zur Digitalisierung der Energiewende – Startschuss für Smart Meter?, ET 2015, 235; *Franck,* Smart Grids und Datenschutz, 2016; *Fredersdorf/Schwarzer/Engel,* Die Sicht der Endanwender im Smart Meter Datenschutz, DuD 2015, 682; *Geminn,* Das Smart Home als Herausforderung für das Datenschutzrecht, DuD 2016, 575; *Göge,/Boers,* Gläserne Kunden durch Smart Metering. – Datenschutzrechtliche Aspekte des neuen Zähl- und Messwesens, ZNER 2009, 368; *Greveler,* Smart Meter: Strom sparen – Daten verschwenden?, in: Bala/Müller, Der gläserne Verbraucher: Wird Datenschutz zum Verbraucherschutz?, 2014, S. 83–92; *Greveler,* Die Smart-Metering-Debatte 2010–2016 und ihre Ergebnisse zum Schutz der Privatsphäre, Datenbank Spektrum 2016, 137; *Guckelberger,* Smart Grids/Smart Meter zwischen umweltverträglicher Energieversorgung und Datenschutz, DÖV 2012, 613; *Heinrich,* EU-DSGVO und BDSG 2017 – Herausforderungen und Chancen für Versorgungsunternehmen, Versorgungswirtschaft 2018, 5; *Heinrich,* EU-DSGVO und BDSG 2017 – Herausforderungen und Chancen für Versorgungsunternehmern, Versorgungswirtschaft 2018, 5; *Heun/Assion,* Smart Services: IT- und datenschutzrechtliche Herausforderungen, BB 2018, 579; *Hornung/Fuchs,* Nutzerdaten im Smart Grid – zur Notwendigkeit einer differenzierten grundrechtlichen Bewertung, DuD 2012, 20; *Karg,* Datenschutzrechtliche Rahmenbedingungen beim Einsatz intelligenter Zähler, DuD 2010, 365; *Karsten/Leonhardt,* Datenschutzrechtliche Anforderungen bei intelligenten Messsystemen – Das neue „Gesetz zur Digitalisierung der Energiewende", RDV 2016, 22; *Katko/Babaei-Beigi,* Accountability statt Einwilligung? Führt Big Data zum Paradigmenwechsel im Datenschutz?, MMR 2014, 360; *Keppeler,* Personenbezug und Transparenz im Smart-Meter-Datenschutz zwischen europäischem und nationalen Recht, EnWZ 2016, 99; *König,* Bericht zum Symposium „Regulierung – Wettbewerb – Innovation", DVBl 2017, 299; *Krickel,* Digitalisierung in der Energiewirtschaft, in: Hecker/Lau/Müller, Zukunftsorientierte Unternehmenssteuerung in der Energiewirtschaft, 2015, S. 41–73; *Lange/Möllnitz,* Die Digitalisierung der Energiewende: Wie der Messstellenbetrieb künftig funktionieren soll, EnWZ 2016, 448; *Lüdemann/Ortmannn/Pokrant,* Das neue Messstellenbetriebsgesetz, Wegbereiter für ein zukunftsfähiges Smart Metering?, EnWZ 2016, 339; *Lüdemann/Ortmannn/Pokrant,* Datenschutz beim Smart Metering – Das geplante Messstellenbetriebsgesetz (MsbG) auf dem Prüfstand, RDV 2016, 125; *Lüdemann/Scheerhorn ua,* Systemdatenschutz im Smart Grid: Datenschutzgerechtes Energiemanagement, DuD 2015, 93; *Molina-Markham/Shenoy ua,* Private Memoirs of a Smart Meter, in: Association for Computing Machinery (ACM), BuildSys '10: Proceedings of the 2nd ACM Workshop on Embedded Sensing Systems for Energy Efficiency in Buildings, 2010, S. 61–66; *Müller,* Gewinnung von Verhaltensprofilen an intelligenten Stromzählern, DuD 2010, 359; *Raabe/Lorenz ua,* Harmonisierung konträrer Kommunikationsmodelle im Datenschutzkonzept des EnWG – „Stern" trifft „Kette": Ansätze zur datenschutzrechtlichen Konfliktlösung im Smart Metering, CR 2011, 831; *Säcker,* Berliner Kommentar zum Energierecht, Band 4: Messstellenbetriebsgesetz, 2017; *Schäfer-Stradowsky/Bold,* Energierechtliche Anmerkungen zum Smart-Meter-Rollout, EnWZ 2015, 349; *Steinbach/Weise,* MsbG – Kommentar zum Messstellenbetriebsgesetz, 2018; *Wengeler,* Intelligente Messsysteme und Zähler vor dem Pflicht-Roll-Out, EnWZ 2014, 500; *Wiesemann,* Orientierungshilfe zum datenschutzgerechten Smart Metering – Ein Licht im Dunkeln?, ZD 2012, 447; *Wilkes,* Smart Metering und die Öffnung des Messwesens, WuM 2010, 615.

I. Einleitung

1 Dieses Kapitel befasst sich auf Grundlage der DS-GVO sowie sektorspezifischer Vorschriften mit **speziellen Aspekten** des Datenschutzes im Energiesektor. Freilich stellen sich (auch) im Energiesektor zahlreiche allgemeine Rechtsfragen, die nicht sektorspezifisch sind, sondern in der Energiewirtschaft ebenso wie in anderen Wirtschaftsbereichen Bedeutung haben. Hiermit befasst sich der vorliegende Beitrag ausdrücklich nicht; insoweit wird auf den allgemeinen Teil dieses Handbuches verwiesen, insbes. → § 3 Rn. 1 ff.

II. Rechtlicher Regelungsrahmen

1. EU-Recht

2 **a) DS-GVO.** Auch im Energiesektor gilt die DS-GVO, weil insoweit ein Ausschlussgrund nach Art. 2 Abs. 2 DS-GVO nicht besteht.[1] Die DS-GVO wirkt im Grundsatz wie jede VO vollharmonisierend,[2] enthält jedoch, was bereits in ErwGr 8, 10, 13 DS-GVO

---

[1] Vgl. Kühling/Martini et al. DSGVO und nationales Recht, 4 abrufbar unter http://www.uni-speyer.de/de/lehrstuehle/martini/publikationen.php, zuletzt abgerufen am 13.4.2018.
[2] Vgl. auch ErwGr 10 DS-GVO; Bretthauer EnWZ 2017, 56.

angelegt ist, als „Grundverordnung"[3] verschiedene Freiräume für eine Normsetzungskompetenz der Mitgliedstaaten.[4] Maßgebend für die Tätigkeit im Energiesektor ist zum einen die in Art. 6 Abs. 2 DS-GVO enthaltene **Spezifizierungsklausel.** Diese Vorschrift ermächtigt die Mitgliedstaaten, aus Gründen des öffentlichen Interesses[5] die Anwendung der Vorschriften der DS-GVO durch die Beibehaltung oder Einführung spezifischerer und präziserer Bestimmungen anzupassen. Die entsprechende Rechtsgrundlage iSd Art. 6 Abs. 3 S. 1 lit. b DS-GVO muss dabei nicht nur den Anforderungen des Art. 6 Abs. 2 DS-GVO genügen, sondern auch denen des Art. 6 Abs. 3 S. 2, 4 DS-GVO. Die Formulierung „präziser bestimmen" in Art. 6 Abs. 2 DS-GVO verdeutlicht, dass sich mitgliedstaatliche Bestimmung innerhalb der Vorgaben der DS-GVO bewegen müssen;[6] ein „Oszillieren"[7] der jeweiligen Normen um das grundsätzliche Schutzniveau der DS-GVO herum reicht hingegen nicht aus, sodass eine Verrechnung der zugunsten und zulasten der betroffenen Person bestehenden Abweichungen im mitgliedstaatlichen Recht im Rahmen des Art. 6 Abs. 2 DS-GVO nicht möglich ist.[8]

Echte Abweichungsmöglichkeiten eröffnet den Mitgliedstaaten jedoch Art. 23 Abs. 1 **3** DS-GVO, wobei im Energiesektor nur lit. e der Vorschrift in Betracht kommt.[9] Nach Art. 23 Abs. 1 DS-GVO können die Mitgliedstaaten insbesondere sämtliche Betroffenenrechte aus Art. 12–22 DS-GVO gesetzlich beschränken, wobei freilich in den Wesensgehalt der Grundrechte – insbesondere also der Art. 8 EMRK, Art. 7 f. GRCh[10] – nicht eingegriffen werden darf und das **Verhältnismäßigkeitsprinzip** geachtet werden muss.[11] Art. 23 Abs. 1 lit. e DS-GVO fordert ferner, dass die Beschränkung den Schutz wichtiger Ziele des allgemeinen öffentlichen Interesses der Union oder eines Mitgliedstaats sicherstellt. Die beschränkenden Vorschriften selbst müssen in Konkretisierung des Verhältnismäßigkeitsgrundsatzes[12] den in Art. 23 Abs. 2 DS-GVO aufgeführten inhaltlichen Anforderungen entsprechen, in denen Schutzvorkehrungen zugunsten der betroffenen Personen vorgesehen sind und die außerdem eine Hinweis- und Warnfunktion für den Gesetzgeber erfüllen.[13] Es verbleibt freilich ein erheblicher Gestaltungsspielraum beim mitgliedstaatlichen Gesetzgeber.[14]

b) Binnenmarktrichtlinien Strom und Gas. Speziell im Energiesektor hat der EU- **4** Verordnungsgeber im Rahmen des 3. Energiebinnenmarktpakets mit der Elektrizitätsbinnenmarktrichtlinie 2009 (Elt-RL)[15] und der Gasbinnenmarktrichtlinie 2009 (Gas-RL)[16] eine grundsätzliche Verpflichtung der Mitgliedstaaten statuiert, intelligente Messsysteme für Strom und Gas einzuführen. Zum einen sollen die Mitgliedstaaten zur Förderung der Energieeffizienz gemäß Art. 3 Abs. 11 Elt-RL die Einführung intelligenter Messsysteme zum Zwecke der **Optimierung des Stromverbrauchs** ggf. nachdrücklich empfehlen.[17]

---

[3] Selmayr/Ehmann in Ehmann/Selmayr DS-GVO Einf. Rn. 82.
[4] Kühling/Martini et al. DSGVO und nationales Recht, 8, 14 ff., abrufbar unter http://www.uni-speyer.de/ de/lehrstuehle/martini/publikationen.php, zuletzt abgerufen am 13.4.2018; Selmayr/Ehmann in Ehmann/ Selmayr DS-GVO Einf. Rn. 82, 84 f.; vgl. den Überblick zu den einzelnen Abweichungsmöglichkeiten bei Kraska ZD-aktuell 2016, 04713; Kühling/Martini EuZW 2016, 448 (449 ff.).
[5] Dies gilt wegen Art. 6 Abs. 3 S. 1 DS-GVO auch für Art. 6 Abs. 1 S. 1 lit. c DS-GVO, vgl. Heberlein in Ehmann/Selmayr DS-GVO Art. 6 Rn. 38, 32, 16.
[6] Plath in Plath, 2. Aufl. 2016, DSGVO Art. 6 Rn. 25.
[7] Schulz in Gola DS-GVO Art. 6 Rn. 175.
[8] So aber Schulz in Gola DS-GVO Art. 6 Rn. 175.
[9] Vgl. Keppeler EnWZ 2016, 99 (105).
[10] Peuker in Sydow DS-GVO Art. 23 Rn. 43.
[11] Peuker in Sydow DSGVO Art. 23 Rn. 43 f.
[12] Bäcker in Kühling/Buchner DS-GVO Art. 23 Rn. 48.
[13] Peuker in Sydow DS-GVO Art. 23 Rn. 46.
[14] Bäcker in Kühling/Buchner DS-GVO Art. 23 Rn. 48.
[15] ABl. EU 2009 L 211, 55.
[16] ABl. EU 2009 L 211, 55 (94).
[17] Bräuchle in Plöderer/Grunske ua Informatik 2014, 515 (517); Lüdemann/Ortmann/Pokrant EnWZ 2016, 339.

Gemäß Art. 3 Abs. 7 Elt-RL sollen die Mitgliedstaaten im Bereich **Strom** Maßnahmen ergreifen, um „schutzbedürftige Endkunden", insbesondere Verbraucher und Endkunden in abgelegenen Gebieten, vor Energiearmut zu schützen, sodass „solche Kunden in schwierigen Zeiten von der Energieversorgung" nicht ausgeschlossen werden. Die außerdem zum Schutz von Haushaltskunden zu treffenden Maßnahmen umfassen gemäß Art. 3 Abs. 7 S. 7 iVm Anhang 1 Abs. 2 Elt-RL die schrittweise Einführung intelligenter Messsysteme, wobei die Einführung solcher Systeme unter dem Vorbehalt einer wirtschaftlichen Bewertung mit positivem Ergebnis steht. Im Falle einer positiven Bewertung intelligenter Zähler sind aufgrund eines Zeitplans mit einem Planungsziel von 10 Jahren 80% der Endverbraucher bis 2020 mit intelligenten Messsystemen auszustatten. Dies soll gemäß Art. 37 Abs. 1 lit. p, Anhang 1 Abs. 1 lit. h Elt-RL auch zur Gewährleistung eines unverzüglichen Zugangs der Kunden zu den Verbrauchsdaten dienen.

5   Die Gas-RL enthält entsprechende Vorschriften, ist aber an entscheidender Stelle weniger spezifisch. Art. 3 Abs. 3 Gas-RL entspricht Art. 3 Abs. 7 Elt-RL, desgleichen findet Art. 37 Abs. 1 lit. p Elt-RL eine Entsprechung in Art. 41 Abs. 1 lit. q Gas-RL. Ebenso wie Anhang I Abs. 2 Elt-RL und aus denselben Gründen sieht Anhang I Abs. 2 Gas-RL für den Fall einer positiven wirtschaftlichen Bewertung die Einführung intelligenter Messsysteme im **Gasbereich** vor. Allerdings sollen die zuständigen Behörden insoweit lediglich einen nicht näher spezifizierten Zeitplan für die Einführung intelligenter Messsysteme erstellen. Ein Planungsziel von 10 Jahren ist anders als im Strombereich nicht vorgegeben, desgleichen findet sich im Gasbereich auch keine Verpflichtung hinsichtlich einer Mindestquote von Endverbrauchern, die zu einem bestimmten Datum mit intelligenten Messsystemen ausgestattet sein sollen.

6   Datenschutzrechtliche Regelungen enthalten beide Binnenmarktrichtlinien nicht. Hierzu dürfte aus Sicht des Richtliniengebers auch keine Veranlassung bestanden haben, weil mit der Datenschutzrichtlinie 2002[18] und den nationalen Datenschutzgesetzen[19] ausreichende Regelwerke bestanden. Dennoch liegt auf der Hand, dass intelligente Messsysteme, soweit sie personenbezogene Daten erheben und weiterverarbeiten, erhebliche **datenschutzrechtliche Implikationen** aufweisen können,[20] was einerseits in der Pflicht der betroffenen Haushalte, eine technische Kommunikationsschnittstelle in ihrem Haushalt zu dulden,[21] und andererseits in der potenziellen kommunikativen Vernetzung der verschiedenen Energieversorgungsunternehmen und der Energieabnehmer begründet liegt.[22] Demgemäß hat die Europäische Kommission eine Empfehlung zu Vorbereitungen der Einführung intelligenter Messsysteme herausgegeben, in der sie in ErwGr 5 bis 15 die besondere Bedeutung des Datenschutzes hervorhebt und datenschutzkonforme Lösungen anmahnt und in Nr. 4 bis 29 Ansätze verschiedene Aspekte datenschutzgerechter Lösungen anspricht.[23]

---

[18] ABl. EG 1995 L 281, 31.
[19] In Deutschland damals noch BDSG idF der Bek. v. 14.1.2003, BGBl I 66, außer Kraft seit 24.5.2018.
[20] ZB Konferenz der Datenschutzbeauftragten des Bundes und der Länder und Düsseldorfer Kreis, Orientierungshilfe datenschutzgerechtes Smart Metering v. 27.6.2012, 11f., abrufbar unter https://bfdi.bund.de/SharedDocs/Publikationen/Entschliessungssammlung/DSBundLaender/Orientierungshilfe_SmartMeter.html, zuletzt abgerufen am 13.4.2018; Verbraucherzentrale Bundesverband, Smart Meter Einbau: Zwangsdigitalisierung durch die Kellertür – Stellungnahme v. 9.10.2015 zum Entwurf eines Gesetzes zur Digitalisierung der Energiewende, 4, abrufbar unter https://www.vzbv.de/pressemitteilung/smart-meter-verbraucher-lehnen-zwangsdigitalisierung-ab, zuletzt abgerufen am 13.4.2018; sa BT-Drs. 18/7555, 63 (81); Bretthauer EnWZ 2017, 56f.; Müller DuD 2010, 359 (360ff.); Karg DuD 2010, 365 (366ff.); Greveler in Bala/Müller Der gläserne Verbraucher, 83 (84ff.); Lüdemann/Scheerhorn ua DuD 2015, 93 (96f.); Wiesemann ZD 2012, 447 (448ff.); Heun/Assion BB 2018, 579.
[21] Raabe/Lorenz ua CR 2011, 831; Schäfer-Stradowsky/Boldt EnWZ 2015, 349 (350f.).
[22] Fredersdorf/Schwarzer/Engel DuD 2015, 682ff.; Greveler in Bala/Müller Der gläserne Verbraucher, 83 (84f.); vgl. aus niederländischer Sicht Cuijpers/Koops The 'smart meters' bill: a privacy test based on article 8 of the ECHR, 3ff.; dies. in Gutwirth/Leenes ua European Data Protection: Coming of Age, 269ff.
[23] ABl. EU 2012 L 73, 9.

c) EnEff-RL. Schließlich verpflichtet Art. 9 Abs. 1 S. 1 der Energieeffizienz-Richtlinie 7 (EnEff-RL)[24] die Mitgliedstaaten, alle Endkunden sukzessive mit „individuellen Zählern" auszustatten, „die den tatsächlichen Energieverbrauch des Endkunden genau widerspiegeln und Informationen über die tatsächliche Nutzungszeit bereitstellen."[25] Soweit intelligente Verbrauchserfassungssysteme im Einklang mit der Elt-RL und der Gas-RL eingeführt werden, müssen die Systeme dem Endkunden nach Art. 9 Abs. 2 lit. a EnEff-RL „Informationen über seine **tatsächlichen Nutzungszeiten** vermitteln"; dabei muss „die Sicherheit der intelligenten Zähler und der Datenkommunikation sowie die Wahrung der Privatsphäre der Endkunden im Einklang mit den einschlägigen Rechtsvorschriften der Union über den Datenschutz und den Schutz der Privatsphäre" gemäß Art. 9 Abs. 2 lit. b EnEff-RL gewährleistet sein.[26]

2. Bundesrecht

a) BDSG. Auch im Energiesektor findet – jedenfalls auf den ersten Blick – das BDSG 8 Anwendung, durch welches die von der DS-GVO gelassenen Freiräume zur mitgliedstaatlichen Normsetzung ausgefüllt werden und das außerdem der Umsetzung der so genannten JI-RL[27] dient. Es handelt sich somit um konkretisiertes Europarecht,[28] weshalb in § 1 Abs. 5 BDSG auch die Selbstverständlichkeit klargestellt wird, dass in dem Umfang, in dem die DS-GVO unmittelbar Anwendung findet, kein Raum für die Anwendung der Vorschriften des BDSG besteht.[29] Von Bedeutung ist in dem Zusammenhang freilich § 1 Abs. 2 BDSG, wonach in anderen Rechtsvorschriften des Bundes als des BDSG enthaltene **sektorspezifische Regelungen** des Datenschutzes den Vorschriften des BDSG vorgehen.

b) MsbG. aa) Normentwicklung. Um solche Regelungen handelt es sich bei den Vor- 9 schriften des 3. Teils des MsbG (§§ 49–75 MsbG); auch die Vorschriften des 2. Teils dieses Gesetzes haben zT datenschutzrechtliche Bedeutung.[30] Das MsbG dient der Umsetzung der mit dem 3. Energiebinnenmarktpaket angestoßenen „Digitalisierung der Energiewende".[31] Zwar wurden im Rahmen einer EnWG-Novelle bereits im Jahre 2011 mit §§ 21b-21i EnWG aF erste gesetzliche Vorgaben für den **flächendeckenden Ausbau** intelligenter Energienetze und Messsysteme geschaffen.[32] §§ 21c–21h EnWG aF normierten – unter anderem – datenschutzrechtliche Anforderungen an digitale Messsysteme;[33] näheres sollte eine Rechtsverordnung nach § 21i Abs. 1 Nr. 4 EnWG aF regeln, zu der es freilich nie kam.[34] Die datenschutzrechtlichen Vorgaben der §§ 21b ff. EnWG aF waren Gegenstand erheblicher Kritik, weil eine ausreichende Beachtung datenschutz-

---

[24] ABl. EU 2012 L 315, 1.
[25] Vgl. Bourwieg in Steinbach/Weise MsbG § 1 Rn. 13; Bräuchle in Plöderer/Grunske ua Informatik 2014, 515 (519).
[26] Vgl. Bourwieg in Steinbach/Weise MsbG § 1 Rn. 13.
[27] ABl. EU 2016 L 119, 89.
[28] Gusy/Eichenhofer in BeckOK DatenschutzR BDSG § 1 Rn. 1.
[29] Vgl. Klar in Kühling/Buchner BDSG § 1 Rn. 3.
[30] Heun/Assion BB 2018, 579 (584).
[31] Vgl. den Titel des „Gesetzes zur Digitalisierung der Energiewende", BGBl I 2034, dessen Art. 1 das MsbG beinhaltet; vgl. auch Lüdemann/Ortmann/Pokrant EnWZ 2016, 339; ausf. zum Begriff der Digitalisierung mit Bezug zur Energiewirtschaft Krickel in HLM Zukunftsorientierte Unternehmenssteuerung in der Energiewirtschaft, 42 ff.
[32] Lüdemann/Ortmann/Pokrant EnWZ 2016, 339.
[33] Ausf. Bräuchle in Plöderer/Grunske ua Informatik 2014, 515 (517 ff.); Wengeler EnWZ 2014, 500 ff.; Albrecht Intelligente Stromzähler als Herausforderung für den Datenschutz, 211 ff.
[34] Ludemann/Ortmann/Pokrant EnWZ 2016, 339, sa Wiesmann ZD 2012, 447 (448); Bräuchle in Plöderer/Grunske ua Informatik 2014, 515 (523).

rechtlicher Grundsätze nicht ohne die Einführung weiterer Kautelen gewährleistet sei.[35] Der Gesetzgeber hat daraufhin durch Art. 3 Nr. 2 des Gesetzes zur Digitalisierung der Energiewende[36] die §§ 21b-21i EnWG aF wieder aufgehoben und durch Art. 1 desselben Gesetzes das MsbG beschlossen.

10 **bb) Datenschutzkonzept.** Wohl im Hinblick auf die Grundrechtsrelevanz des Datenschutzes[37] hat der Gesetzgeber in den §§ 49 ff. MsbG anders als in §§ 21b ff. EnWG aF davon abgesehen, lediglich allgemeine datenschutzrechtliche Vorgaben zu machen und die Details auf eine noch zu erlassende Rechtsverordnung auszulagern. Der Umgang mit den datenschutzrechtlichen Fragen, die die Einführung intelligenter Messsysteme mit sich bringt, wird vielmehr im Gesetz selbst mit einem **hohen Detailgrad** geregelt.[38] In Bezug auf das Verhältnis zum BDSG ist § 49 Abs. 1 S. 1 MsbG von Bedeutung, nach dem eine Übermittlung, Nutzung oder Beschlagnahme personenbezogener Daten nach anderen Rechtsvorschriften des Bundes oder der Länder unzulässig ist.[39] Dies deckt sich mit § 1 Abs. 2 BDSG.

11 § 29 Abs. 1 Nr. 1 MsbG sieht – mit zeitlicher Staffelung in Abhängigkeit der wirtschaftlichen Vertretbarkeit nach den Vorgaben des § 31 Abs. 1 MsbG – eine **verpflichtende Ausstattung** von Messstellen mit intelligenten Messsystemen bei Letztverbrauchern mit einem Jahresstromverbrauch über 6.000 kWh vor. Bei Letztverbrauchern mit einem Jahresstromverbrauch bis einschließlich 6.000 kWh ist die Ausstattung mit intelligenten Messsystemen hingegen gemäß § 29 Abs. 2 MsbG für den Messstellenbetreiber[40] (immerhin) optional; jedenfalls aber sind Messstellen gemäß § 29 Abs. 3 MsbG mindestens mit sog modernen Messeinrichtungen auszustatten, soweit dies gemäß § 32 MsbG wirtschaftlich vertretbar ist; auch moderne Messeinrichtungen ermöglichen gemäß § 2 Nr. 15 MsbG die Messung des tatsächlichen Energieverbrauchs und die tatsächliche Nutzungszeit.

12 Ein zentraler Punkt des Datenschutzkonzeptes des MsbG ist die Beschränkung des Umgangs mit personenbezogenen Daten ohne Einwilligung des Anschlussnutzers auf **bestimmte Stellen,** die in § 49 Abs. 2 Nr. 1–6 MsbG abschließend aufgezählt werden;[41] freilich wird dies durch § 49 Abs. 3 MsbG wieder ausgehöhlt, da dort die Möglichkeit der Beauftragung von Dienstleistern durch die berechtigten Stellen, also Auftragsverarbeitung, vorgesehen ist.[42] Auch dürfen die Daten ohne Einwilligung des Anschlussnutzers nur für die in § 50 MsbG genannten Zwecke erhoben, verarbeitet oder genutzt werden.[43] Diese Begriffe sind entsprechend der Terminologie des BDSG aF zu verstehen,[44] welches gemäß seinem § 3 Abs. 3–5 BDSG aF begrifflich zwischen der Erhebung, Verarbeitung und Nutzung von Daten unterschied, wohingegen Art. 4 Nr. 2 DS-GVO die „Verarbeitung" nunmehr als umfassenden Oberbegriff verwendet. Dass § 50 MsbG – im Gegensatz zu § 49 MsbG – nicht von „personenbezogenen", sondern allgemein von „Daten" spricht,

---

[35] Raabe/Lorenz ua CR 2011, 831 (835 ff.); Wiesemann ZD 2012, 447 (449 ff.); Bräuchle in Plöderer/Grunske ua Informatik 2014, 515 (517 ff.); Greveler in Bala/Müller Der gläserne Verbraucher, 83 (85 ff.); vgl. auch den Überblick über die Debatte bei Greveler Datenbank Spektrum, 137 ff.
[36] BGBl I 2034.
[37] Lüdemann/Ortmann/Pokrant EnWZ 2016, 339 (343); Bretthauer EnWZ 2017, 56 (57).
[38] Heun/Assion BB 2018, 579 (584); zum Datenschutzkonzept des MsbG ausf. Bräuchle Datenschutzprinzipien in IKT-basierten kritischen Infrastrukturen, 126 ff.
[39] Vgl. Lüdemann/Ortmann/Pokrant RDV 2016, 125 (129).
[40] Lüdemann/Ortmann/Pokrant EnWZ 2016, 339 (343).
[41] Vgl. Lüdemann/Ortmann/Pokrant EnWZ 2016, 339 (344); dies. RDV 2016, 125 (129 f.); Braun ZD 2018, 71 (74).
[42] Karsten/Leonhardt RDV 2016, 22 (23); Lüdemann/Ortmann/Pokrant EnWZ 2016, 339 (344); Raabe/Lorenz in Säcker MsbG § 49 Rn. 36; vgl. Wiesemann in FHS Betrieblicher Datenschutz Teil VI Kap. 7 Rn. 22.
[43] Vgl. insgesamt Herb in Steinbach/Weise MsbG § 49 Rn. 3 ff.; allgemein auch Bretthauer EnWZ 2017, 56 (60).
[44] Herb in Steinbach/Weise MsbG § 49 Rn. 19.

hat nicht zur Folge, dass sich die Verarbeitung personenbezogener Daten ausschließlich nach § 49 MsbG richtet. Vielmehr handelt es sich bei Daten iSd MsbG um einen Oberbegriff, der personenbezogene Daten mit umfasst.[45] Der zulässige Umfang der Datenerhebung richtet sich im Übrigen nach §§ 55 ff. MsbG.

Für die Datenverarbeitung durch den **Messstellenbetreiber** sind hingegen §§ 60 ff. MsbG zu beachten. Bedeutsam ist insoweit die sich im Einklang mit § 49 Abs. 2 MsbG aus § 60 Abs. 3 Nr. 1–4 MsbG ergebende Beschränkung der standardmäßigen Datenübermittlung auf den Verteilernetzbetreiber, den Übertragungsnetzbetreiber und Bilanzkoordinator sowie den Energielieferanten (→ Rn. 27), die überdies – insoweit wiederum im Einklang mit § 50 Abs. 1, 2 MsbG – in Abhängigkeit von der jeweiligen Empfängerkategorie nur zu den in §§ 66 Abs. 1, 67 Abs. 1 und 69 Abs. 1 MsbG genannten Zwecken erfolgen darf. Auf diese Zwecke ist sodann auch die Datennutzung durch den Verteilernetzbetreiber, den Übertragungsnetzbetreiber und Bilanzkoordinator bzw. den Energielieferanten beschränkt. 13

Welche Anforderungen an die Zulässigkeit einer Datenerhebung bzw. -verarbeitung oder -nutzung im dargelegten Sinne nach §§ 55 ff. MsbG bzw. §§ 60 ff., 66 ff. MsbG zu stellen sind, richtet sich also nach der Datenart, der berechtigten Stelle und dem Verwendungsweck;[46] die gesetzlichen Vorgaben für einen zulässigen Umgang mit Daten orientieren sich insoweit an den energiewirtschaftlichen Aufgaben der berechtigten Stellen sowie dem Grundsatz der Datensparsamkeit.[47] Soweit es im Hinblick auf den Verwendungszweck möglich ist, sind personenbezogene Daten gemäß § 52 Abs. 3 MsbG zu anonymisieren oder zu pseudonymisieren; auch dies dient der **Datenvermeidung und -sparsamkeit**.[48] Von besonderer Bedeutung ist die gesetzliche Vorgabe bezüglich der Datenübermittlung: Der Messstellenbetreiber darf berechtigten Stellen gemäß § 60 Abs. 3 Nr. 3 lit. b und Nr. 4 lit. b MsbG, jeweils iVm § 55 Abs. 1 Nr. 2 MsbG von Letztverbrauchern mit einem Jahresstromverbrauch bis einschließlich 10.000 kWh lediglich Jahresarbeitswerte übermitteln; lediglich im Übrigen sieht § 60 Abs. 3 MsbG bei der Zählerstandsgangmessung nach § 55 Abs. 1 Nr. 2 bis 4 MsbG eine Übermittlung in 15-minütiger Auflösung vor, und zwar jeweils am Folgetag. Da der Durchschnittsjahresverbrauch von Strom in Privathaushalten bei 3.500 kWh liegt,[49] kommt für die Mehrzahl der Haushalte nur die Übermittlung von Jahresarbeitswerten in Betracht.[50] 14

Die Kommunikationseinheit eines intelligenten Messsystems (sog Smart Meter Gateway, § 2 S. 1 Nr. 19 MsbG) muss gemäß § 22 Abs. 1 MsbG ferner **technischen Mindestanforderungen** an Datenschutz und Datensicherheit genügen, deren Einhaltung gemäß § 22 Abs. 2 MsbG vermutet wird, wenn bestimmte Schutzprofile und Technische Richtlinien des Bundesamtes für Sicherheit in der Informationstechnik (BSI) in ihrer jeweils geltenden Fassung eingehalten werden.[51] Die in § 22 Abs. 1 MsbG enthaltene Verweisung auf den „Stand der Technik" hält das System flexibel und ermöglicht eine dem technischen Fortschritt und der aktuellen Bedrohungslage angepasste Weiterentwicklung der Anforderungen.[52] Die Datenkommunikation ist gemäß § 52 Abs. 1 MsbG verschlüsselt und gemäß §§ 2 S. 1 Nr. 26, 28, 52 Abs. 4 MsbG digital signiert:[53] Gemäß § 52 Abs. 4 MsbG dürfen aus intelligenten Messsystemen stammende personenbezogene Daten 15

---

[45] BT-Drs. 18/7555, 105; Bretthauer EnWZ 2017, 56 (59).
[46] Lüdemann/Ortmann/Pokrant RDV 2016, 125 (130).
[47] Dinter ER 2015, 229 (234); Lüdemann/Ortmann/Pokrant RDV 2016, 125 (130); dies. EnWZ 2016, 339 (344); vgl. BT-Drs. 18/7555, 65.
[48] Lüdemann/Ortmann/Pokrant RDV 2016, 125 (130); dies. EnWZ 2016, 339 (344); Wiesemann in FHS Betrieblicher Datenschutz Teil VI Kap. 7 Rn. 24 f.
[49] BT-Drs. 18/7555, 110.
[50] Lüdemann/Ortmann/Pokrant RDV 2016, 125 (130).
[51] Vgl. Greveler Datenbank Spektrum 2016, 137 (141, 145 ff.); zur Datensicherheit bei intelligenten Messsystemen allgemein Wiesemann in FHS Betrieblicher Datenschutz Teil VI Kap. 7 Rn. 68 ff.
[52] BT-Drs. 18/7555, 85.
[53] Vgl. Greveler Datenbank Spektrum, 137 (141); Bretthauer EnZW 2017, 56 (60 f.).

sowie bestimmte weitere Datengruppen nur zwischen Teilnehmern an der Smart Metering PKI des BSI kommuniziert werden;[54] hierbei handelt es sich nach § 2 S. 1 Nr. 21 MsbG um das vom MsbG vorgesehene System zur Ausstellung, Verteilung und Prüfung von digitalen Zertifikaten, welches die Authentizität und die Vertraulichkeit bei der Kommunikation und den gesicherten Datenaustausch der verschiedenen Marktteilnehmer mit den Smart Meter Gateways sicherstellt. Inhaber der Wurzelzertifikate für die Smart Metering PKI ist gemäß § 28 MsbG das BSI.

16 **c) GPKE und GeLi Gas.** Nach § 20 Abs. 1 S. 1 EnWG haben Netzbetreiber Jedermann nach sachlich gerechtfertigten Kriterien diskriminierungsfrei Netzzugang zu gewähren. Die Netzzugangsregelung soll gemäß § 20 Abs. 1 S. 4 EnWG massengeschäftstauglich sein. Dies bedeutet, dass sie eine Vielzahl von Handels- oder Liefertransaktionen, aber auch Kunden- und Lieferantenwechsel ermöglichen muss, ohne die Kunden, Händler, Lieferanten und Netzbetreiber mit unverhältnismäßigem Aufwand oder Transaktionskosten zu belasten.[55] Im Extremfall müssen die Netzzugangsregelungen der Netzbetreiber sogar einen Wechsel aller Kunden gleichzeitig abzuwickeln geeignet sein.[56] Auf Grundlage der §§ 29 Abs. 1, 54 Abs. 1 EnWG iVm § 27 Abs. 1 Nr. 11 StromNZV aF (entspricht heute: § 27 Abs. 1 Nr. 20 StromNZV), § 42 Abs. 7 Nr. 4 GasNZV aF (entspricht heute: § 50 Abs. 1 Nr. 18 GasNZV) hat die BNetzA zur Sicherstellung der Massengeschäftstauglichkeit Festlegungen erlassen, die Geschäftsprozesse und Datenformate für den Informationsaustausch insbesondere bei der Belieferung von Kunden mit Energie verbindlich vorgeben.[57] Zu nennen sind für den Strombereich die „Geschäftsprozesse zur Kundenbelieferung mit Elektrizität (GPKE)" vom 11.7.2006 und für den Gasbereich die „Geschäftsprozesse Lieferantenwechsel Gas (GeLi Gas)" vom 20.8.2007,[58] in denen insbesondere der Datenaustausch im Falle eines Lieferantenwechsels geregelt ist. Es handelt sich jeweils um **Allgemeinverfügungen** iSd § 35 Abs. 1 S. 2 VwVfG,[59] die für die betroffenen Marktakteure, also die Lieferanten und Netzbetreiber, unmittelbar verbindlich sind.[60] Die in den GPKE und GeLi Gas geregelten Prozesse zur Anbahnung und Abwicklung der Netznutzung erfassen das Lieferende, den Lieferbeginn, die Ersatzversorgung, die Zählerstand- und Zählwerteübermittlung, die Stammdatenänderung, die Geschäftsdatenanfrage und die Netznutzungsabrechnung; der Datenaustausch im Rahmen des Kundendatenmanagements erfolgt abhängig von den einschlägigen Prozessen.[61] Soweit es sich um personenbezogene Daten handelt, sind die datenschutzrechtlichen Vorgaben der DS-GVO zu beachten. Datenschutzrechtliche Sondervorschriften für die Belieferung von Kunden mit Energie existieren nicht; auch die GPKE und die GeLi Gas enthalten keine diesbezüglichen Konkretisierungen.

---

[54] Vgl. Bretthauer EnWZ 20157, 56 (61).
[55] Hartmann in Danner/Theobald EnergieR EnWG § 20 Rn. 105.
[56] Hartmann in Danner/Theobald EnergieR EnWG § 20 Rn. 106.
[57] Hartmann in Danner/Theobald EnergieR EnWG § 20 Rn. 107.
[58] Konsolidierte Lesefassungen von GPKE und GeLi Gas abrufbar unter https://www.bundesnetzagentur.de/DE/Service-Funktionen/Beschlusskammern/Beschlusskammer6/BK6_31_GPKE_und_GeLiGas/BK6_GPKE_undGeLi_Gas_node.html, zuletzt abgerufen am 13.4.2018.
[59] Für die GPKE BGH NJW-RR 2008, 1654 Rn. 8 ff. – EDIFACT; für die GeLi Gas OLG Düsseldorf OLGR Düsseldorf 2009, 21 Rn. 10 ff.
[60] Hartmann in Danner/Theobald EnergieR EnWG § 20 Rn. 108.
[61] Hartmann in Danner/Theobald EnergieR EnWG § 20 Rn. 111 f.

III. Personenbezug von Messdaten und ableitbaren Daten

1. Notwendigkeit einer Differenzierung zwischen Einbau und Betrieb von Messsystemen

Inwieweit die DS-GVO trotz speziellerer Regelungen des MsbG zu beachten sein kann, hängt im Hinblick auf ihren in Art. 2 Abs. 1 DS-GVO festgelegten sachlichen Anwendungsbereich vornehmlich von der Frage des **Personenbezugs** der im Zuge des Einbaus und Betriebs der Messsysteme erhobenen Daten ab, wobei zwischen Einbau und Betrieb klar zu differenzieren ist.[62] Denn während der Einbau eines intelligenten Messsystems selbst noch nicht zur – in der Terminologie des Art. 4 Nr. 2 DS-GVO – Verarbeitung in Gestalt einer Erhebung von Verbrauchsdaten einzelner Nutzer führt,[63] ist der Messbetrieb eben hierauf angelegt.[64] Dies wird von der Gegenansicht[65] übersehen, die nicht klar zwischen Datenerhebung und diese vorbereitenden Maßnahmen differenziert. Denn auch wenn der Einbau intelligenter Messsysteme die technische Grundlage für eine spätere Datenverarbeitung schaffen soll, handelt es sich lediglich um eine die Verarbeitung von Verbrauchsdaten vorbereitende und daher jedenfalls insoweit datenschutzrechtlich irrelevante Maßnahme.[66]

17

Der Einbau intelligenter Messsysteme kann allerdings mit der Erhebung so genannter Bestandsdaten in Zusammenhang stehen, worunter in Anlehnung an § 3 Nr. 3 TKG Daten eines Teilnehmers zu verstehen sind, die für die Begründung, inhaltliche Ausgestaltung, Änderung oder Beendigung eines Vertragsverhältnisses über Energiedienstleistungen erhoben werden.[67] Denn nach § 9 Abs. 1 S. 1 Nr. 1 MsbG bedarf die Durchführung des Messstellenbetriebs, wozu gemäß § 3 Abs. 2 Nr. 1 MsbG auch der Einbau von Messstellen gehört, den Abschluss eines Messstellenvertrags zwischen dem Messstellenbetreiber und dem Anschlussnehmer oder Anschlussnutzer. Anschlussnehmer ist dabei gemäß § 2 S. 1 Nr. 2 MsbG meistens der Eigentümer der in Rede stehenden Immobilie, **Anschlussnutzer** ist hingegen nach § 2 S. 1 Nr. 3 MsbG regelmäßig der zur Nutzung des Netzanschlusses berechtigte Letztverbraucher, bei dem es sich zB auch um einen Mieter handeln kann. Der Begriff des Letztverbrauchers ist in § 2 S. 1 Nr. 8 MsbG legal definiert; es handelt sich hauptsächlich um natürliche oder juristische Personen, die Energie für den eigenen Verbrauch beziehen. Unabhängig davon, ob der Anschlussnehmer oder der Anschlussnutzer **Vertragspartner** des Messstellenbetreibers werden soll, benötigt dieser für den Abschluss und die Durchführung des Vertrags jedenfalls Daten wie den Namen und die Anschrift seines Vertragspartners. Auch weitere Daten wie die Bankverbindung, die Telefonnummer oder die E-Mail-Adresse werden ggf. abgefragt.[68] Im Falle eines ausdrücklichen Vertragsschlusses wird die Zurverfügungstellung dieser Daten freiwillig erfolgen. Denkbar ist jedoch auch, dass der Abschluss eines Messstellenvertrages überhaupt nicht gewünscht wird. Besteht in diesem Fall außerdem kein kombinierter Vertrag gemäß § 9 Abs. 2 MsbG mit einem Energielieferanten über die Energiebelieferung, der auch Regelungen über den Messstellenbetrieb enthält, so kommt ein Messstellenvertrag gemäß § 9 Abs. 3 MsbG zwischen dem grundzuständigen Messstellenbetreiber iSd § 2 S. 1 Nr. 4 MsbG und dem Anschlussnutzer durch die bloße Entnahme von Elektrizität aus dem all-

18

---

[62] Franck Smart Grids und Datenschutz, 47.
[63] Vgl. AG Dortmund WuM 2014, 157 Rn. 22f.; Göge/Boers ZNER 2009, 368 (369); Franck Smart Grids und Datenschutz, 47f.
[64] Franck Smart Grids und Datenschutz, 47f.; vgl. allerdings LG Dortmund WuM 2015, 115 Rn. 3, welches anders als die Vorinstanz AG Dortmund WuM 2014, 157 Rn. 22, nicht zwischen der Erhebung von Verbrauchsdaten und dem diese vorbereitenden Einbau von Messgeräten differenziert.
[65] LG Dortmund WuM 2015, 115 Rn. 3.
[66] Franck Smart Grids und Datenschutz, 47f.; ähnlich AG Dortmund WuM 2014, 157 Rn. 22ff.
[67] Franck Smart Grids und Datenschutz, 66f.; Wiesemann in FHS Betrieblicher Datenschutz Teil VI Kap. 7 Rn. 17.
[68] Vgl. Franck Smart Grids und Datenschutz, 67.

gemeinen Versorgungsnetz über einen Zählpunkt zustande,[69] auch wenn der Anschlussnutzer insoweit vielleicht überhaupt keinen Rechtsbindungswillen und noch nicht einmal Erklärungsbewusstsein hat. In diesem Fall wird sich der grundzuständige Messstellenbetreiber die Bestandsdaten seines Vertragspartners nötigenfalls über andere Stellen, zB das Grundbuch- oder Einwohnermeldeamt, besorgen.

19 Für die Ausstattung der Messstellen mit intelligenten Messsystemen ist der hierzu gemäß § 29 MsbG verpflichtete, grundzuständige Messstellenbetreiber ferner darauf angewiesen, **Zutritt** zu den Liegenschaften zu erhalten. Zur Gewährung des Zutritts sind Anlagenbetreiber, Anschlussnutzer und Anschlussnehmer gemäß § 38 MsbG verpflichtet. Wird der Zutritt verweigert, muss der grundzuständige Messstellenbetreiber sein Zutrittsrecht gerichtlich durchsetzen, wofür er sich wiederum zunächst Kenntnis von der Person des Anschlussnutzers oder ggf. Grundstückseigentümers verschaffen muss. Auch insoweit kann der grundzuständige Messstellenbetreiber zum Zwecke des Einbaus intelligenter Messsysteme auf die Erhebung von Daten angewiesen sein. Zu beachten ist dabei freilich, dass der Gesetzgeber durch die Normierung eines Zutrittsrechts des grundzuständigen Messstellenbetreibers das Grundrecht auf Unverletzlichkeit der Wohnung aus Art. 13 GG einschränkt, ohne jedoch dem Zitiergebot nach Art. 19 Abs. 1 S. 2 GG nachgekommen zu sein, anders als dies zB in § 19a Abs. 4 S. 9 EnWG geschehen ist.[70] Es mag also durchaus sein, dass § 38 MsbG vor dem Bundesverfassungsgericht keinen Bestand haben wird.

2. Begriff der personenbezogenen Daten

20 **a) Bezug zu identifizierter natürlicher Person.** Art. 4 Nr. 1 DS-GVO definiert als personenbezogene Daten alle Informationen, die sich auf eine identifizierte oder identifizierbare natürliche Person beziehen. Schließt ein Anschlussnehmer oder -nutzer als natürliche Person ausdrücklich gemäß § 9 Abs. 1 S. 1 Nr. 1 MsbG einen Messstellenvertrag ab, so steht der Personenbezug, der dem Messstellenbetreiber vom Anschlussnehmer oder -nutzer mitgeteilten Bestandsdaten daher außer Frage, weil diese bereits aufgrund des Namens dem Namensträger zugeordnet werden können. Gleiches gilt, wenn sich der grundzuständige Messstellenbetreiber aufgrund eines nach § 9 Abs. 3 MsbG mit dem Anschlussnutzer durch bloße Elektrizitätsentnahme zustande gekommenen Vertrags die **Bestandsdaten** seines Vertragspartners über staatliche Register beschafft, oder wenn er zum Zwecke des Einbaus eines intelligenten Messsystems sein Betretungsrecht gerichtlich durchsetzt und dafür zunächst den Namen und die Anschrift des Anschlussnutzers oder Anschlussnehmers in Erfahrung bringt. Sofern jedoch Bestandsdaten im Zuge des Einbaus eines intelligenten Messsystems nicht erhoben zu werden brauchen, weil die pflichtigen Personen dem grundzuständigen Messstellenbetreiber an dem zB durch Aushang gemäß § 38 S. 2 MsbG angekündigten Betretungstermin den Zutritts zu dem Grundstück bzw. den jeweiligen Räumen ohne Weiteres gestatten, ist nicht ersichtlich, dass der Einbau des Messsystems mit der Erhebung von auf eine identifizierte natürliche Person bezogenen Daten einhergeht.

21 **b) Bezug zu identifizierbarer natürlicher Person.** Auch in diesem Fall kann freilich ein Bezug zu einer identifizierbaren natürlichen Person vorliegen, und zwar deshalb, weil der Messstellenbetreiber weiß, dass eine bestimmte Messstelle an einem bestimmten Zählpunkt gemäß § 29 MsbG mit einem intelligenten Messsystem ausgestattet ist und dieses nach § 2 S. 1 Nr. 3 MsbG einem bestimmten Anschlussnutzer zugeordnet werden kann.[71] Nach Art. 4 Nr. 1 DS-GVO ist eine Person insbesondere dann identifizierbar, wenn sie

---

[69] Zum zwingenden Erfordernis eines Messstellenvertrags insgesamt Lüdemann/Ortmann/Pokrant EnWZ 2016, 339 (342).
[70] Strathmann in Steinbach/Weise MsbG § 38 Rn. 12.
[71] Bretthauer EnWZ 2017, 56 (57).

direkt oder indirekt, insbesondere mittels Zuordnung zu **Standortdaten** identifiziert werden kann. Der Begriff der Standortdaten ist in Art. 4 DS-GVO nicht legal definiert; allerdings gibt Art. 2 S. 2 lit. c ePrivacy-RL eine Hilfestellung, die bei aller Vorsicht gegenüber der Übertragbarkeit von Rechtsbegriffen auf andere Regelwerke angesichts der insoweit ähnlichen Regelungsmaterie der ePrivacy-RL und der DS-GVO herangezogen werden kann.[72] Danach – und allgemein auf die DS-GVO übertragen – sind Standortdaten insbesondere Daten, die in einem elektronischen Kommunikationsnetz verarbeitet werden und die den geografischen Standort des Endgeräts eines Nutzers angeben. Dies trifft auf ein eingebautes intelligentes Messsystem zu, da es sich um ein gemäß § 2 S. 1 Nr. 3 MsbG einem bestimmten Anschlussnutzer zuzuordnendes Endgerät handelt.[73] Dies reicht für den Personenbezug auch ohne Kenntnis des Namens der betroffenen Person aus;[74] Art. 4 Nr. 1 DS-GVO nennt den Namen nur als einen von vielen Identifizierungsmerkmalen.

Schwieriger ist die Frage zu beantworten, inwieweit die von einem intelligenten Messsystem erhobenen Daten personenbezogen sind oder nicht. Traditionell ein weites Verständnis des Begriffs personenbezogener Daten verfolgen die **Datenschutzaufsichtsbehörden** des Bundes und der Länder.[75] Diese haben im Juni 2012 im Rahmen des Düsseldorfer Kreises eine „Orientierungshilfe datenschutzgerechtes Smart Metering" herausgegeben, in der es wörtlich heißt: „Alle Daten, die mit einem Smart Meter erhoben werden, sind personenbezogen, unabhängig davon, ob es sich um technische Daten handelt."[76] Lediglich bei der Prüfung des Datenschutzbedarfs sei hinsichtlich der Sensitivität der Daten zu differenzieren.[77] Diese weite Definition wurde verschiedentlich kritisiert.[78] In der Tat ist umstritten, welche Anforderungen an den Personenbezug von Daten im Sinne von deren Zuordnungsmöglichkeit zu einer bestimmten Person zu stellen sind. 22

Im Wesentlichen stehen sich insoweit zwei Positionen gegenüber:[79] Nach der sog **relativen Theorie,** die freilich bereits in Widerspruch zu ErwGr 26 S. 1 DS-RL stand[80] und auch mit ErwGr 26 S. 3 DS-GVO nicht vereinbar ist,[81] soll es ausschließlich darauf ankommen, ob der Verantwortliche nach seinem derzeitigen oder zukünftigen Kenntnisstand zur Identifizierung der betroffenen Person in der Lage ist.[82] Nach der Gegenauffassung, der sog objektiven[83] oder **absoluten**[84] **Theorie,** kommt es auf die individuellen Erkenntnismöglichkeiten des Verantwortlichen nicht an; vielmehr ist ein Personenbezug 23

---

[72] Im Ansatz nicht zu folgen ist insoweit hingegen Bretthauer EnWZ 2017, 56 (57 Fn. 19), der die nationale Vorschrift § 3 Nr. 19 TKG für die Auslegung des unionsrechtlichen Begriffs der Standortdaten heranziehen will; der Sache nach gibt es freilich eine weitgehende Überschneidung zwischen § 3 Nr. 19 TKG und Art. 2 S. 2 lit. c ePrivacy-RL.
[73] Vgl. iE zutreffend Bretthauer EnWZ 2017, 56 (57).
[74] Vgl. Schild in BeckOK DatenschutzR DS-GVO Art. 4 Rn. 17; ähnlich Härting InternetR Teil A Rn. 15.
[75] Keppeler EnWZ 2016, 99 (100).
[76] Konferenz der Datenschutzbeauftragten des Bundes und der Länder und Düsseldorfer Kreis, Orientierungshilfe datenschutzgerechtes Smart Metering v. 27.6.2012, 9, 18, abrufbar unter https://bfdi.bund.de/SharedDocs/Publikationen/Entschliessungssammlung/DSBundLaender/Orientierungshilfe_SmartMeter.html, zuletzt abgerufen am 13.4.2018.
[77] Konferenz der Datenschutzbeauftragten des Bundes und der Länder und Düsseldorfer Kreis, Orientierungshilfe datenschutzgerechtes Smart Metering v. 27.6.2012, 9, 18, abrufbar unter https://bfdi.bund.de/SharedDocs/Publikationen/Entschliessungssammlung/DSBundLaender/Orientierungshilfe_SmartMeter.html, zuletzt abgerufen am 13.4.2018.
[78] Wiesemann ZD 2012, 447 (448); Keppeler EnWZ 2016, 99 (100).
[79] Zum Meinungsstand BGH MMR 2015, 131 Rn. 23 ff.; ausf. mit weiterer Differenzierung der verschiedenen Ansichten Bergt ZD 2015, 365 ff.
[80] Arning/Forgó/Krügel DuD 2006, 700 (704); Karg MMR 2011, 341 (346).
[81] Vgl. Härting InternetR Teil A Rn. 18 f.
[82] ZB LG Frankenthal MMR 2008, 687 Rn. 15; Gola in Gola DS-GVO Art. 4 Rn. 16 f.; Härting NJW 2013, 2065 (2066); Roßnagel/Scholz MMR 2000, 722 (723); Eckhardt CR 2011, 339 (342 ff.); Meyerdierks MMR 2009, 8 (10 ff.); Nietzsch K&R 2011, 101 (102).
[83] ZB BGH MMR 2015, 131 Rn. 23; Keppeler EnWZ 2016, 99 (100).
[84] Ziebarth in Sydow DS-GVO Art. 4 Rn. 34; Wiesemann in FHS Betrieblicher Datenschutz Teil VI Kap. 7 Rn. 20.

bereits dann gegeben, wenn ausschließlich ein Dritter in der Lage ist, den Betroffenen zu identifizieren.[85] Aufgrund eines Vorabentscheidungsersuchens des BGH zu der Frage, ob eine dynamische IP-Adresse für den Anbieter von Online-Mediendiensten schon dann ein personenbezogenes Datum darstellt, wenn ein Dritter, im konkreten Fall der Internetzugangsanbieter, über das zur Identifizierung der betroffenen Person erforderliche Zusatzwissen verfügt,[86] hat der EuGH in seiner Breyer-Entscheidung, freilich noch unter Geltung der DS-RL, der relativen Theorie eine Absage erteilt.[87] Der EuGH weist nämlich ausdrücklich darauf hin, dass es nach ErwGr 26 DS-RL ausreichend ist, wenn ein Teil der Mittel, die vernünftigerweise zur Identifizierung einer Person eingesetzt werden können, in der Hand eines „Dritten", in concreto also des Internetzugangsanbieters, liegt.[88] Es ist auch nicht erforderlich, dass gerade der Verantwortliche die objektiv zur Identifizierung zur Verfügung stehenden Mittel miteinander verknüpft; vielmehr muss lediglich die „Möglichkeit" bestehen, das dem Verantwortlichen zur Verfügung stehende Datum mit den Zusatzinformationen „zu verknüpfen" – also ganz gleich, durch wen –, um die betroffene Person zu bestimmen.[89] In Bezug auf eine dynamische IP-Adresse ließ es der EuGH infolgedessen ausreichen, dass der Online-Mediendiensteanbieter sich an die Staatsanwaltschaft, also einen Dritten,[90] wendet und diese sich sodann beim Internetzugangsanbieter, einem weiteren Dritten,[91] die für die Identifizierung der betroffenen Person erforderlichen weiteren Informationen verschafft.[92] Es genügt also, dass **„irgendein Dritter"**[93] die Identifizierung vernünftigerweise durchführen kann. Der EuGH hat die absolute Theorie in seinem Urteil also gerade nicht „formal klar" abgelehnt,[94] sondern ist ihr vielmehr gefolgt, wobei er aber zur Vermeidung eines zu weiten Begriffsverständnis der Personenbezogenheit unter Hinweis auf ErwGr 26 S. 2 DS-RL für die Entscheidung über die Bestimmbarkeit einer Person ausschließlich solche Mittel berücksichtigen will, die „vernünftigerweise" vom Verantwortlichen oder einem Dritten zur Bestimmung dieser Person eingesetzt werden können.[95] Gesetzlich verbotene oder im Hinblick auf den Aufwand an Zeit, Kosten und Arbeitskräften praktisch undurchführbare Maßnahmen bleiben hierbei außer Betracht.[96] Somit kommt es nach Ansicht des EuGH darauf an, ob irgendeine Stelle vernünftigerweise eine Verknüpfung des in Rede stehenden Datums mit anderen Daten dergestalt durchführen kann, dass die betroffene Person identifiziert werden kann.

24 Obwohl die **Breyer-Entscheidung** des EuGH zu Art. 2 lit. a DS-RL ergangen ist, ist nicht damit zu rechnen, dass der EuGH unter Geltung des Art. 4 Nr. DS-GVO einen grundlegend anderen Ansatz verfolgen wird. Zu berücksichtigen ist allerdings die etwas strengere Formulierung des ErwGr 26 DS-GVO in Bezug auf die zur Entscheidung über die Identifizierbarkeit anzuwendenden Kriterien: Waren nach ErwGr 26 S. 2 DS-RL noch alle Mittel zu berücksichtigen, die vom Verantwortlichen oder einem Dritten „vernünftigerweise" zur Bestimmung der betroffenen Person eingesetzt werden könnten, fordert ErwGr 26 S. 3 DS-GVO, dass die Nutzung der jeweiligen Mittel „nach allgemeinem Ermessen wahrscheinlich" ist. Auch insoweit sind freilich nach ErwGr 26 S. 4 DS-GVO

---

[85] Karg MMR 2011, 341 (345 f.); Arning/Forgó/Krügel DuD 2006, 700 (704); Forgó/Krügel MMR 2010, 17 (18).
[86] BGH MMR 2015, 131 Tenor II. 1.
[87] EuGH NJW 2016, 3579 Rn. 40 ff. – Breyer.
[88] EuGH NJW 2016, 3579 Rn. 43 – Breyer.
[89] EuGH NJW 2016, 3579 Rn. 45 – Breyer.
[90] EuGH NJW 2016, 3579 Rn. 48 – Breyer.
[91] EuGH NJW 2016, 3579 Rn. 48 – Breyer.
[92] EuGH NJW 2016, 3579 Rn. 47 f. – Breyer.
[93] Klabunde in Ehmann/Selmayr DS-GVO Art. 4 Rn. 13.
[94] So aber Ziebarth in Sydow DS-GVO Art. 4 Rn. 37.
[95] EuGH NJW 2016, 3579 Rn. 43, 45 – Breyer; vgl. Raabe/Lorenz in Säcker MsbG § 49 Rn. 15.
[96] EuGH NJW 2016, 3579 Rn. 46 – Breyer; vgl. Heun/Assion BB 2018, 579 (580); aA Lüdemann/Ortmann/Pokrant RDV 2016, 125 (128).

alle objektiven Faktoren wie der Zeit- und Kostenaufwand, aber auch die verfügbare Technologie und die technologische Entwicklung, zu berücksichtigen.[97] Da gesetzlich verbotene Maßnahmen nach Ansicht des EuGH „vernünftigerweise" nicht eingesetzt werden,[98] wird ihr Einsatz iSd ErwGr 26 S. 3 DS-GVO wohl auch nicht „nach allgemeinem Ermessen wahrscheinlich" sein.

3. Personenbezug von Messdaten

a) Zuordnung zum Anschlussnutzer. Dass der Einbau eines intelligenten Messsystems mit der Erhebung von Daten einer identifizierten oder identifizierbaren Person einhergeht, wurde bereits unter Hinweis auf die Zuordnungsfähigkeit jedes intelligenten Messsystems zu einem bestimmten Anschlussnutzer dargelegt (→ Rn. 20 f.).[99] Handelt es sich bei diesem um eine natürliche Person, so ist Personenbezogenheit gegeben.[100] Bezüglich der durch das intelligente Messsystem gemäß § 55 MsbG erhobenen Messdaten selbst liegt auf der Hand, dass jedenfalls der Messstellenbetreiber diese Daten dem **Anschlussnutzer** zuordnen kann, sodass schon deshalb Personenbezug vorliegt.[101] Auch der Energielieferant, mit dem der Anschlussnutzer oder der Anschlussnehmer einen Energieversorgungsvertrag geschlossen hat oder schließen will, wird über das Messsystem erfasste Messwerte jedenfalls im Hinblick auf die Abrechnung, aber auch zB im Zuge eines Lieferanten- oder Tarifwechsels gemäß §§ 60 Abs. 3 Nr. 4, 69 Abs. 1 MsbG vom Messstellenbetreiber erhalten und die entsprechenden Daten seinem Verhandlungs- oder Vertragspartner zuordnen.[102] Messdaten können ferner nach §§ 60 Abs. 3 Nr. 1 und 2, 66 Abs. 1 an den Verteilernetzbetreiber und nach §§ 60 Abs. 3 Nr. 3, 66 Abs. 1, 67 Abs. 1 MsbG an den Übertragungsnetzbetreiber und Bilanzkoordinator übermittelt werden. Aufgrund der individuellen Kennung des intelligenten Messsystems können die Messwerte auch insoweit stets dem Anschlussnutzer zugeordnet werden.[103]

b) Zuordnung zu Haushaltsmitgliedern. Schwieriger zu beantworten ist die Frage, ob und ggf. wann Messdaten auch einen Bezug zu **weiteren Personen** aufweisen, die in einem mit intelligenten Messsystemen ausgestatteten Haus oder einer Wohnung leben. Wichtig ist dies in Bezug auf zB die Rechte und Pflichten, die betroffenen Personen nach der DS-GVO zustehen können,[104] aber auch, um zu ermitteln, ob eventuelle Schutzlücken von MsbG und DS-GVO zivilrechtlich geschlossen werden sollten.

aa) Zuordnung durch datenumgangsberechtigte Personen iSd § 49 Abs. 2 MsbG. Im Hinblick auf das zur Identifizierbarkeit von Personen Gesagte (→ Rn. 21 ff.) ist zunächst darauf abzustellen, ob die nach § 49 Abs. 2 MsbG zum Umgang mit den Daten berechtigten Personen, also insbesondere der Messstellenbetreiber, die Verteilernetz- (§§ 60 Abs. 3 Nr. 1 und 2, 66 Abs. 1 MsbG) und Übertragungsnetzbetreiber (§§ 60 Abs. 3 Nr. 3, 66 Abs. 1, 67 Abs. 1 MsbG) sowie der Energielieferant (§§ 60 Abs. 3 Nr. 4, 69 Abs. 1 MsbG), iSd ErwGr 26 DS-GVO unter Berücksichtigung des hiermit verbundenen Aufwands wahrscheinlich Anstalten unternehmen werden, um diese weiteren Haushaltsmitglieder anhand der Messdaten in Verbindung mit anderweitig zu beschaffenden

---

[97] Klabunde in Ehmann/Selmayr DS-GVO Art. 4 Rn. 13; Ernst in Paal/Pauly DS-GVO Art. 4 Rn. 10; vgl. Klar/Kühling in Kühling/Buchner DS-GVO Art. 4 Nr. 1 Rn. 28.
[98] EuGH NJW 2016, 3579 Rn. 46 – Breyer.
[99] Bretthauer EnWZ 2017, 56 (57).
[100] Lüdemann/Ortmann/Pokrant RDV 2016, 125 (127).
[101] Vgl. Greveler in Bala/Müller Der gläserne Verbraucher, 83 (85); Lüdemann/Scheerhorn ua DuD 2015, 93 (94); Lüdemann/Ortmann/Pokrant RDV 2016, 125 (127).
[102] Keppeler EnWZ 2016, 99 (100).
[103] Vgl. Lüdemann/Scheerhorn ua DuD 2015, 93 (94).
[104] Vgl. Keppeler EnWZ 2016, 99 (100).

Informationen zu identifizieren.[105] Anhaltspunkte dafür, wer neben dem Nutzungsberechtigten in einem Haushalt lebt, können sich möglicherweise über Soziale Netzwerke ergeben. Ein Abgleich über das Melderegister wird allerdings vielfach an § 44 Abs. 3 Nr. 2 BMG scheitern, weil ein Datenabgleich über eine Melderegisterauskunft oftmals lediglich zum Zwecke der Werbung erfolgen wird und dann iSd **Breyer-Rechtsprechung** des EuGH[106] ungesetzlich ist.[107] Da die Identifizierung einer natürlichen Person aber gemäß Art. 4 Nr. 1 DS-GVO nicht zwingend mittels eines Namens erfolgen muss, sondern auch im Wege der Zuordnung zu besonderen Merkmalen, die Ausdruck der (unter anderem) physischen, physiologischen, genetischen oder sozialen Identität dieser Personen sind, reicht es beispielsweise aus, zu wissen, dass es sich bei den weiteren Haushaltsmitgliedern um den Ehegatten und die Kinder des Anschlussnutzers handelt. Die vom Messsystem erfassten Messdaten, etwa ein bestimmter Stromverbrauch innerhalb eines bestimmten Intervalls, sind dann sämtlichen dieser Personen zuzuordnen.[108] Erstens jedoch stellt die Zuordnung von Informationen zu einer bloßen **Personenmehrheit** keine Zuordnung zu einer bestimmten Person dar: Dass entweder die Ehefrau oder der Ehemann um eine bestimmte Zeit ein stromkostenintensives Haushaltsgerät benutzt hat, stellt so lange kein personenbezogenes Datum dar, wie nicht ermittelbar – bzw. eine entsprechende Ermittlung nach allgemeinem Ermessen nicht wahrscheinlich – ist, welche dieser beiden natürlichen Personen den Stromverbrauch verursacht hat.[109] Zweitens steigen die Schwierigkeiten bei der Zuordnung von Messdaten mit der Anzahl der Bewohner der an ein gemeinsames intelligentes Messsystem angeschlossenen Wohneinheit an: Bei einer Seniorenresidenz mit vielen Bewohnern oder einem Bürogebäude werden deshalb Messdaten bestimmten natürlichen Personen kaum mehr zugeordnet werden können.[110]

28 Unabhängig von den Schwierigkeiten der Zuordnung von Messdaten zu konkreten Personen auch in kleinen Mehrpersonenhaushalten bleibt ferner die Frage, ob es iSd ErwGr 26 S. 3 DS-GVO nach allgemeinem Ermessen **wahrscheinlich** ist, dass eine der nach § 49 Abs. 2 MsbG datenumgangsberechtigten Stellen den notwendigen Zeit- und Kostenaufwand betreibt, um sich die erforderlichen Zusatzinformationen für die Identifizierung der Haushaltsmitglieder des Anschlussnutzers mittels Zuordnung zu den in Art. 4 Nr. 1 DS-GVO genannten besonderen Merkmalen zB als die Kinder oder den Ehegatten des Anschlussnutzers zu beschaffen. Soweit sich aus den Lastprofilen der an das Energieversorgungsnetz angeschlossenen Geräte Rückschlüsse auf die Lebensgewohnheiten und persönlichen Verhältnisse identifizierter Haushaltsangehörigen ziehen lassen,[111] können die entsprechenden Messdaten von erheblichem wirtschaftlichem Interesse sein,[112] sodass es in der Tat nicht von der Hand zu weisen ist, dass etwa ein Energielieferant, der Informationen seiner Kunden zB zu Werbezwecken einsetzen will, zur Investition von Zeit und Kosten zum Zwecke der Identifizierung eines Haushaltsmitglieds bereit sein wird.[113] Rechtskonform ist eine Informationsgewinnung zu derartigen wirtschaftlichen Zwecken allerdings nur, soweit sie von § 50 Abs. 1 und 2 MsbG oder von Art. 6 Abs. 1 S. 1 DS-GVO erfasst sind. Das wirtschaftlich-werbliche Interesse eines Energieversorgungsunter-

---

[105] Vgl. Keppeler EnWZ 2016, 99 (100); Lüdemann/Scheerhorn ua DuD 2015, 93 (94); Hornung/Fuchs DuD 2012, 20 (22).
[106] EuGH NJW 2016, 3579 Rn. 46 – Breyer.
[107] Den Aspekt der Gesetzwidrigkeit übersieht (freilich vor der Breyer-Entscheidung) Keppeler EnWZ 2016, 99 (101).
[108] Keppeler EnWZ 2016, 99 (100); Schäfer-Stradowsky/Boldt EnWZ 2015, 349 (351); Wiesemann in FHS Betrieblicher Datenschutz Teil VI Kap. 7 Rn. 20.
[109] Keppeler EnWZ 2016, 99 (102).
[110] Keppeler EnWZ 2016, 99 (101).
[111] Vgl. LG Dortmund WuM 2015, 115 Rn. 3; Müller DuD 2010, 359 (360 f.); Hornung/Fuchs DuD 2012, 20 (22).
[112] Lüdemann/Scheerhorn ua DuD 2015, 93 (94); Keppeler EnWZ 2016, 99 (101 f.); vgl. Hornung/Fuchs DuD 2012, 20 (22); Bretthauer EnWZ 2017, 56 (57 f.).
[113] Vgl. Keppeler EnWZ 2016, 99 (102).

nehmens wird das Interesse natürlicher Personen an der Vermeidung eines so tiefgreifenden Eingriffs in die Privatsphäre, wie es die automatisierte **Ausforschung privater Lebensgewohnheiten** darstellt, im Hinblick auf Art. 8 EMRK und Art. 7 f. GRCh allerdings kaum jemals überwiegen.[114] In der Logik der Breyer-Entscheidung des EuGH[115] führt die Rechtswidrigkeit von Informationsbeschaffungsmaßnahmen zum Zwecke der Identifizierung der weiteren Haushaltsmitglieder des Anschlussnutzers freilich zu dem absurden Ergebnis, dass die Durchführung solcher Informationsbeschaffungsmaßnahmen nach allgemeinem Ermessen unwahrscheinlich ist, sodass die Haushaltsangehörigen iSd Art. 4 Nr. 1 DS-GVO nicht identifizierbar sind, die Messdaten eines intelligenten Messsystems also insoweit keinen Personenbezug aufweisen und ihre Verarbeitung datenschutzrechtlichen Beschränkungen nicht unterliegt.

bb) Zuordnung durch den Anschlussnutzer. Allerdings können Messdaten im Mehrpersonenhaushalt möglicherweise durch den Anschlussnutzer einzelnen Personen zugeordnet werden. **Anschlussnutzer** ist gemäß § 2 S. 1 Nr. 3 MsbG im Regelfall der zur Nutzung des Netzanschlusses berechtigte Letztverbraucher. Neben dem Eigentümer eines selbst genutzten Gebäudes, der den Netzanschluss für eigene Zwecke nutzt und dann auch Anschlussnehmer nach § 2 S. 1 Nr. 2 MsbG ist, kann es sich insbesondere um den Mieter einer Wohneinheit handeln.[116] Entscheidend ist mit Blick auf die Legaldefinition des Letztverbrauchers in § 2 S. 1 Nr. 8 MsbG, wer die über den Netzanschluss gelieferte Energie „bezieht". Da der Anschlussnutzer gemäß § 3 Abs. 1 NAV mit dem Netzbetreiber durch ein Anschlussnutzungsverhältnis verbunden ist,[117] handelt es sich gemäß § 3 Abs. 2 S. 1 Nr. 1 NAV um denjenigen, der mit einem Energieversorgungsunternehmen einen Energielieferungsvertrag abgeschlossen hat oder der Ersatzversorgung nach § 38 EnWG unterfällt. Anschlussnutzer ist damit also nicht notwendigerweise jedes Mitglied eines bestimmten Haushalts,[118] sondern nur derjenige, auf den die genannten Bestimmungen zutreffen. Haushaltskinder sind also regelmäßig nicht Anschlussnutzer, desgleichen der Ehegatte des Anschlussnutzers, schließlich auch etwa Untermieter, die ohnehin keinen Anspruch auf Grund- und somit Ersatzversorgung nach §§ 38 Abs. 1, 36 Abs. 1 EnWG haben.[119]

In einer Vielzahl von Fällen ist der Anschlussnutzer ohne weiteres in der Lage, Messdaten einzelnen **Haushaltsmitgliedern** zuzuordnen.[120] Dies ist offensichtlich, wenn er die von ihm selbst nicht bewohnte Wohneinheit an eine Einzelperson untervermietet hat. Aber auch, wenn er selbst gemeinsam mit anderen in der Wohneinheit wohnt, ist eine personengenaue Zuordnung von Messdaten an andere möglich. Verbraucht zB in einem bestimmten Zeitraum nur ein bestimmtes Haushaltsmitglied Energie, weil – nach Kenntnis des Anschlussnutzers – nur dieses Mitglied ein strombetriebenes Gerät angeschaltet hat, so kann der Anschlussnutzer den in dieser Zeit erfolgten Stromverbrauch diesem Haushaltsmitglied zuordnen. Möglich ist dies dem Anschlussnutzer aufgrund der Vorgaben der §§ 61 Abs. 1 Nr. 1, 21 Nr. 2 lit. a MsbG: Nach diesen Vorschriften muss der Messstellenbetreiber den Anschlussnutzer in die Lage versetzen, standardmäßig jederzeit Informationen über den tatsächlichen Energieverbrauch sowie über die tatsächliche Nutzungszeit einzusehen. Dies geschieht nach §§ 61 Abs. 2 S. 1, 35 Abs. 1 Nr. 3 MsbG durch Übermittlung der Messdaten an eine **lokale Anzeigetafel,** die der Anschlussnutzer also

---

[114] Vgl. ausf. zur Bedeutung des Art. 8 EMRK in Bezug auf intelligente Messsysteme Cuijpers/Koops The 'smart meters' bill: a privacy test based on article 8 of the ECHR, 13 ff.; dies. in Gutwirth/Leenes ua, European Data Protection: Coming of Age, 269 ff.; zur Grundrechtsrelevanz in Bezug auf Art. 13 GG s. Hornung/Fuchs DuD 2012, 20 (22).
[115] EuGH NJW 2016, 3579 Rn. 46 – Breyer.
[116] Bourwieg in Steinbach/Weise MsbG § 2 Rn. 26.
[117] Germer EnWZ 2017, 67.
[118] Vgl. Bretthauer EnWZ 2017, 56 (57 f.).
[119] Raabach in Kment EnWG § 36 Rn. 11.
[120] Bräuchle in Plöderer/Grunske ua Informatik 2014, 515 (521).

bei sich zuhause konsultieren kann. Die Übermittlung der nach §§ 55 Abs. 1, § 2 S. 1 Nr. 27 MsbG viertelstündlich zu erhebenden Daten[121] an die Anzeigetafel ist kontinuierlich und innerhalb von 24 Stunden in Echtzeit zu erfassen, hat also in gleicher Auflösung, zu erfolgen.[122] Darüber hinaus kann der Anschlussnutzer gemäß § 61 Abs. 2 MsbG beim Messstellenbetreiber beantragen, dass ihm die Daten online zur Verfügung gestellt werden, sodass auch bei Abwesenheit des Anschlussnutzers eine Information über den Energieverbrauch gewährleistet ist.

31   Die Zuordnung der Messdaten durch den Anschlussnutzer auf (andere) Haushaltsmitglieder ist nicht gemäß Art. 2 Abs. 2 lit. c DS-GVO von vorneherein dem sachlichen Anwendungsbereich der DS-GVO entzogen. Zwar handelt es sich bei der Einsichtnahme in die Messdaten durch den Anschlussnutzer um die Verarbeitung personenbezogener Daten durch eine natürliche Person zur Ausübung ausschließlich persönlicher oder **familiärer Tätigkeiten**,[123] die infolgedessen als im privaten Aktionskreis stattfindender Datenumgang privilegiert werden kann.[124] Dies gilt jedoch offensichtlich nicht für die durch den Messstellenbetreiber stattfindende Datenerhebung. Aus diesem Grunde und nicht etwa, weil die „Bedrohung für die informationelle Selbstbestimmung der weiteren Haushaltsmitglieder weitaus größer" sei als in den Art. 2 Abs. 2 lit. c DS-GVO üblicherweise unterfallenden Sachverhalten,[125] greift die Privilegierung nicht. Die Intensität der Beeinträchtigung der Belange betroffener Personen durch den zu persönlichen oder familiären Zwecken handelnden Verarbeiter ist insoweit ohne Belang.[126]

32   Da in Bezug auf den Messstellenbetreiber ein Fall des Art. 2 Abs. 2 lit. c DS-GVO nicht vorliegt, stellt sich die Frage, ob es, was für den Personenbezug der Messdaten insoweit erforderlich ist, gemäß ErwGr 26 S. 3 DS-GVO „nach allgemeinem Ermessen wahrscheinlich" ist, dass der Anschlussnutzer als im Verhältnis zum Messstellenbetreiber „Dritter" sich seiner Kenntnisse vom Haushalt und den Lebensgewohnheiten seiner Bewohner bedienen kann, um die zur Verfügung gestellten Messdaten bestimmten Haushaltsmitgliedern zuzuordnen (→ Rn. 23 f.). Dies wird man bejahen müssen, weil die Frage **abstrakt** zu beurteilen ist und nicht in Abhängigkeit von der Persönlichkeit eines bestimmten Anschlussnutzers. Erst recht ist Personenbezug gegeben, wenn man die noch zu Art. 2 lit. a und ErwGr 26 S. 2 DS-RL ergangene Breyer-Entscheidung des EuGH ohne die aufgrund der neuen Rechtslage gebotene Korrektur (→ Rn. 24) anwenden und darauf abstellen will, ob „vernünftigerweise" davon auszugehen ist, dass die in Rede stehenden Daten iVm dem Sonderwissen eines Dritten einer konkreten Person zugeordnet werden können:[127] Denn es muss vernünftigerweise davon ausgegangen werden, dass jedenfalls manche Anschlussnutzer mittels ihres **Sonderwissens** einen Personenbezug der Messdaten herstellen werden. Vorbehaltlich zulässiger Abweichungen (→ Rn. 2 f.) durch das MsbG ist der sachliche Anwendungsbereich der DS-GVO in Bezug auf Messdaten gemäß Art. 2 Abs. 1 DS-GVO daher auch in Bezug auf Haushaltsmitglieder des Anschlussnutzers eröffnet. Die Übermittlung von Verbrauchsinformationen an den Anschlussnutzer nach § 61 MsbG unterliegt dabei nicht den Beschränkungen der §§ 55 Abs. 1 Nr. 2 bis 4, 60 Abs. 3 Nr. 3 lit. b, Nr. 4 lit. b MsbG hinsichtlich der Mindestjahresstromverbrauchswerte (→ Rn. 14); sie muss im Übrigen gemäß § 61 Abs. 3 MsbG auch bei Vorhandensein einer modernen Messeinrichtung (→ Rn. 11) erfolgen.

---

[121] BT-Drs. 18/7555, 106; Wißmann/Volz in Steinbach/Weise MsbG § 55 Rn. 9.
[122] V. Bremen/Börkey in Steinbach/Weise MsbG § 61 Rn. 2; Wiesemann in FHS Betrieblicher Datenschutz Teil VI Kap. 7 Rn. 53.
[123] Vgl. Bräuchle in Plöderer/Grunske ua Informatik 2014, 515 (522); Raabe/Lorenz ua CR 2011, 831 (837).
[124] Vgl. Bräuchle in Plöderer/Grunske ua Informatik 2014, 515 (522).
[125] So aber Bräuchle in Plöderer/Grunske ua Informatik 2014, 515 (522); ähnlich Raabe/Lorenz ua CR 2011, 831 (837).
[126] In diesem Sinne zu § 1 Abs. 2 Nr. 3 BDSG 1990 Dammann in Simitis BDSG § 1 Rn. 149.
[127] EuGH NJW 2016, 3579 Rn. 42 ff. – Breyer.

4. Personenbezug ableitbarer Daten

Die Zuordnung von Messdaten zu einer identifizierbaren Person stellt, obwohl es sich nach dem oben Gesagten jedenfalls hinsichtlich des Anschlussnutzers (→ Rn. 20 f., 25) und oftmals auch hinsichtlich der weiteren Haushaltsmitglieder (→ Rn. 29 ff.) um personenbezogene Daten handelt, für sich genommen lediglich einen **geringen Eingriff** in die von Art. 8 EMRK und Art. 7 f. GRCh geschützte Privatsphäre dar. Aus diesem Grund wird teilweise – zu Unrecht: Die Sensitivität von Daten ist irrelevant für die Beurteilung der Personenbezogenheit, sondern spielt bei der Ermittlung des Datenschutzbedarfs eine Rolle[128] – vertreten, die Messdaten selbst seien nicht als personenbezogene Daten anzusehen.[129] Soweit mithilfe der Messdaten allerdings **detaillierte Lastprofile** der im Haushalt verwendeten Geräte und Einrichtungen erstellt werden können, die sodann Rückschlüsse auf Verhaltensweisen des Anschlussnutzers oder andere identifizierbarer Haushaltsmitglieder zulassen, liegt das Erfordernis datenschutzrechtlicher Schutzmechanismen auf der Hand.[130] Für die Ablesung von Heizkostenzählern hat das Landgericht Dortmund deshalb mit Recht entschieden, dass es sich bei den Verbrauchsdaten grundsätzlich um personenbezogene Daten handelt, weil sie **Rückschlüsse** auf das Heizverhalten der betroffenen Personen, die Zeiträume ihrer An- und Abwesenheit und die Nutzung bestimmter Räume erlauben.[131] Ebenso hat die Landesbeauftragte für Datenschutz und Informationsfreiheit NRW ein Energieversorgungsunternehmen darauf hingewiesen, dass es sich bei Messdaten, aus denen sich der Leerstand einer Wohneinheit ergibt, um personenbezogene Daten handelt, die deshalb ohne Einwilligung des Kunden nicht an die Gemeinde weitergereicht werden dürfen.[132]

Allgemein hängt die Antwort auf die Frage, welche Informationen sich aus Messdaten gewinnen lassen, von dem Detailgrad der Lastprofile der einzelnen Geräte und Einrichtungen ab, die anhand der Messdaten ermittelt werden können.[133] Dieser wiederum ist abhängig von der zeitlichen Auflösung der Auswertungen **(Granularität)**[134] und vom Umfang der **Aggregation** der Lastprofile:[135] Je mehr Messwerte, ggf. auch unterschiedlicher Haushalte, im Messsystem zusammenkommen, desto schwieriger wird ihre Zuordnung zu einzelnen Vorgängen. Es ist unstreitig und wurde vielfach auf Grundlage verschiedener Studien dargelegt, dass bei hoher zeitlicher Auflösung der Messwerte und geringer Aggregation zB Rückschlüsse auf folgende Informationen zu ziehen sind: Uhrzeit, zu der der Nutzer zu Bett geht; Uhrzeit, zu der er aufsteht; nächtliche Toiletten- oder Kühlschrankbesuche; Häufigkeit des Kochens; Nutzung des Backofens; warme oder kalte Zubereitung des Frühstücks, Verlassen des Hauses; Rückkehr nach Hause; Häufigkeit des Wäschewaschens, Häufigkeit des Babywickelns mit Heizstrahler über dem Wickeltisch; Anzahl der Haushaltsmitglieder; Veränderung persönlicher Verhältnisse, etwa durch Nachwuchs; Anwesenheit von Besuch; Erkrankung und deshalb Nutzung medizinischer Geräte; alleinige Anwesenheit der Kinder zuhause; Nutzung des Computers; Dau-

---

[128] Lüdemann/Ortmann/Pokrant RDV 2016, 125 (128).
[129] AG Dortmund WuM 2014, 157 Rn. 26; wohl auch Bretthauer EnWZ 2017, 56 (59).
[130] BR-Drs. 543/15, 11; BR-Drs. 349/16, 2; LG Dortmund WuM 2015, 115 Rn. 3; AG Dortmund WuM 2014, 157 Rn. 28; Müller DuD 2010, 359 (360); Keppeler EnWZ 2016, 99 (101); Schäfer-Stradowsky/Boldt EnWZ 2015, 349 (350).
[131] LG Dortmund WuM 2015, 115 Rn. 3.
[132] LDI NRW, 23. Bericht, 146.
[133] Müller DuD 2010, 359 (361); Keppeler EnWZ 2016, 99 (101).
[134] BR-Drs. 543/15, 11, Müller DuD 2010, 359 (362); Keppeler EnWZ 2016, 99 (101); Cuijpers/Koops The 'smart meters' bill: a privacy test based on article 8 of the ECHR, 25; dies. in Gutwirth/Leenes ua, European Data Protection: Coming of Age, 269 (285 f.); Fredersdorf/Schwarzer/Engel DuD 2015, 682 (684); Wiesemann in FHS Betrieblicher Datenschutz Teil VI Kap. 7 Rn. 19; Albrecht Intelligente Stromzähler als Herausforderung für den Datenschutz, 255.
[135] Müller DuD 2010, 359 (362); Schäfer-Stradowsky/Boldt EnWZ 2015, 349 (351); Wiesemann ZD 2012, 447 (450); Fredersdorf/Schwarzer/Engel DuD 2015, 682 (684); Lüdemann/Ortmann/Pokrant EnWZ 2016, 339 (346); Bräuchle Datenschutzprinzipien in IKT basierten kritischen Infrastrukturen, 146 f.; Wiesemann in FHS Betrieblicher Datenschutz Teil VI Kap. 7 Rn. 35.

er der Anwesenheit der Haushaltshilfe; Tätigkeiten der Haushaltshilfe während ihrer Anwesenheit; abendliche längere Abwesenheit des Ehepartners während einer Dienstreise des anderen.[136] Bei sekundengenauem Messintervall ist es sogar schon gelungen, die von Haushaltsmitgliedern zu einem bestimmten Zeitpunkt angesehene Fernsehsendung zu identifizieren.[137]

35 Da sich die aus den Messdaten ableitbaren Lastprofile und die daraus folgenden Erkenntnisse über Gewohnheiten und persönliche Verhältnisse für den Messstellenbetreiber und die anderen Berechtigten, an die die Daten ggf. gemäß § 60 MsbG weitergeleitet werden, jedenfalls in Ein-Personen-Haushalten auch ohne Zusatzinformationen konkret einer Person zuordnen lassen, handelt es sich jedenfalls in dieser – nicht seltenen – Konstellation auch bei ableitbaren Daten um Daten mit Personenbezug iSd Art. 4 Abs. 1 Nr. 1 DS-GVO.[138] Doch auch im Falle von Mehrpersonenhaushalten liegt regelmäßig **Personenbezug** vor, weil und soweit der Anschlussnutzer über die Sonderinformationen hinsichtlich der in seinem Haushalt verwendeten Geräte sowie der Vorlieben der Haushaltsmitglieder verfügt, die es ihm ermöglichen aus den Lastprofilen konkrete Verhaltensweisen abzuleiten.[139]

IV. Nebeneinander von DS-GVO und MsbG

1. Datenschutzrelevante Vorschriften des MsbG als zulässige Spezifikationen

36 Es wurde bereits dargelegt, dass die DS-GVO aufgrund ihres vollharmonisierenden Charakters grundsätzlich auch im energiewirtschaftlichen Messwesen gilt (→ Rn. 2). Allerdings stellen die Datenverarbeitungsvorschriften des MsbG möglicherweise zulässige Spezifikationen iSd Art. 6 Abs. 2 und 3 DS-GVO dar, was voraussetzt, dass die Datenverarbeitung nach dem MsbG entweder gemäß Art. 6 Abs. 1 S. 1 lit. e DS-GVO für die Wahrnehmung einer im öffentlichen Interesse liegenden Aufgabe oder gemäß Art. 6 Abs. 1 S. 1 lit. c DS-GVO zur Erfüllung einer rechtlichen Verpflichtung des Verantwortlichen erforderlich ist. Auch in letzterem Fall müssen die Verarbeitungsvorschriften des MsbG gemäß Art. 6 Abs. 3 S. 4 DS-GVO ein im **öffentlichen Interesse** liegendes Ziel verfolgen. Der Begriff des öffentlichen Interesses räumt den Mitgliedstaaten einen Wertungsspielraum ein, wie sich insbesondere aus ErwGr 10 S. 5 DS-GVO, aber auch aus dem Wortlaut des Art. 6 Abs. 2 DS-GVO ergibt.[140] Soweit die Verarbeitung nach §§ 49 ff. MsbG lediglich Daten ohne Personenbezug betrifft[141] (→ Rn. 12, 17 ff.), richtet sich diese ohnehin ausschließlich nach nationalem und nicht nach Unionsrecht.

---

[136] Molina-Markham/Shenoy ua in BuildSys '10: Proceedings of the 2nd ACM Workshop on Embedded Sensing Systems for Energy Efficiency in Buildings, 61 ff.; Müller DuD 2010, 359 (361); Keppeler EnWZ 2016, 99 (101); Greveler in Bala/Müller Der gläserne Verbraucher, 83 (86 f.); ders. Datenbank Spektrum, 137 (138); Franck Smart Grids und Datenschutz, 82 ff.; Bretthauer EnWZ 2017, 56 (57); Guckelberger DÖV 2012, 613 (619); Lüdemann/Ortmann/Pokrant EnWZ 2016, 339 (343); dies. RDV 2016, 125 (128); Cuijpers/Koops The 'smart meters' bill: a privacy test based on article 8 of the ECHR, 17, 25; dies. in Gutwirth/Leenes ua European Data Protection: Coming of Age, 269 ff. Cuijpers/Koops The 'smart meters' bill: a privacy test based on article 8 of the ECHR, 3 ff.; dies. in Gutwirth/Leenes ua European Data Protection: Coming of Age, 269 (284 f.); vgl. auch bzgl. Heizverhalten LG Dortmund WuM 2015, 115 Rn. 3; AG Dortmund WuM 2014, 157- Rn. 28.
[137] Greveler/Glösekötter ua Multimedia Content Identification Through Smart Meter Power Usage Profiles, 2012, abrufbar unter https://www.nds.rub.de/research/publications/SmartmeterContentIdent/, zuletzt abgerufen am 13.4.2018.
[138] Lüdemann/Scheerhorn ua DuD 2015, 93 (94); vgl. Bretthauer EnWZ 2017, 56 (57f.).
[139] Vgl. Karsten/Leonhardt RDV 2016, 22 (23 f.).
[140] Kühling/Martini et al. DSGVO und nationales Recht, 31, abrufbar unter http://www.uni-speyer.de/de/lehrstuehle/martini/publikationen.php, zuletzt abgerufen am 13.4.2018.
[141] Vgl. BT-Drs. 18/7555, 105; Wiesemann in FHS Betrieblicher Datenschutz Teil VI Kap. 7 Rn. 30; Bretthauer EnWZ 2017, 56 (59); Heun/Assion BB 2018, 579 (684).

a) **Öffentliches Interesse.** Die Einführung intelligenter Messsysteme dient nach der Gesetzesbegründung zum MsbG dazu, die Versorgungssicherheit in den Energienetzen auch künftig zu gewährleisten.[142] Intelligente Messsysteme – dies gilt auch für moderne Messeinrichtungen (→ Rn. 11) – sollen den Letztverbrauchern, Netzbetreibern und Energieerzeugern ua die erforderlichen Verbrauchsinformationen bereitstellen, um einerseits dem Letztverbraucher gezieltes **energiesparendes Verhalten** und andererseits den Energieversorgungsunternehmen ein nachfrageabhängiges **Einspeisemanagement** zu ermöglichen:[143] Die Anschlussnutzer erhalten gemäß § 61 MsbG ständig präzise Verbrauchsinformationen in Echtzeit und sind somit in der Lage, verbrauchsintensives Verhalten zu identifizieren und ggf. abzustellen;[144] auch können sie von variablen Tarifen profitieren, die ggf. zu energiewirtschaftlich sinnvollen Verbrauchsverlagerungen motivieren:[145] Gemäß § 40 Abs. 5 S. 1 EnWG sind Stromlieferanten grundsätzlich verpflichtet, für Letztverbraucher einen Tarif anzubieten, der einen Anreiz zu Energieeinsparung oder Steuerung des Energieverbrauchs setzt;[146] hierbei handelt es sich gemäß § 40 Abs. 5 S. 2 EnWG insbesondere um lastvariable oder tageszeitabhängige Tarife. Auch in Privathaushalten dient die viertelstündige Messung von Zählerständen gemäß §§ 55 Abs. 1 Nr. 2, 2 S. 1 Nr. 27 MsbG als Grundlage für variable Tarife.[147] **Variable Tarife** sind nach Auffassung des Gesetzgebers ein „wesentliches Element, um Energieeinsparungen beim Letztverbraucher anzureizen" und lassen sich nur über intelligente Messsysteme iSd § 2 S. 1 Nr. 7 MsbG realisieren.[148] Beispielsweise können lastvariable Tarife einen Anreiz zur Verlagerung eines möglichst hohen Anteils des Energieverbrauchs in Zeiten hoher Erzeugung aus regenerativen Quellen und niedrigen Gesamtverbrauchs setzen.[149] Auch die Energieversorgungsunternehmen können Messdaten aus einem intelligenten Messsystem gezielt nutzen, um die Bereitstellung von Energie im Netz zu optimieren und insbesondere die Kraftwerkseinsatzplanung so zu planen, dass die bereitgestellte Strommenge die Nachfrage nur knapp übersteigt.[150]

Die Versorgungssicherheit mit Energie ist ein öffentliches Interesse sowohl nach den Maßstäben des Unions- als auch des nationalen Rechts.[151] In Art. 3 Abs. 10 Elt-RL wird die Gewährleistung der **Versorgungssicherheit,** die überdies in engem Zusammenhang mit der Energieeffizienz steht,[152] ausdrücklich erwähnt. Dass die Förderung der **Energieeffizienz** insbesondere die Einführung intelligenter Messsysteme beinhalten soll, ergibt sich bereits unmittelbar aus Art. 3 Abs. 11, Abs. 7 S. 7 iVm Anhang 1 Abs. 2 Elt-RL (→ Rn. 4). Dass die Versorgungssicherheit und hieran anknüpfend auch die Energieeffizienz sogar überragende öffentliche Interessen darstellen, erschließt sich aus ErwGr 1 EnEff-RL, wo es heißt:

„Die Union steht vor beispiellosen Herausforderungen, die auf die verstärkte Abhängigkeit von Energieimporten, knappe Energieressourcen sowie das Erfordernis, dem Klimawandel Einhalt zu gebieten und die Wirtschaftskrise zu überwinden, zurückzuführen sind. Energieeffizienz ist ein wertvolles Instrument, um diese Herausforderungen anzugehen. Sie verbessert die Versorgungssi-

---

[142] BT-Drs. 18/7555, 62; vgl. Wiesemann in FHS Betrieblicher Datenschutz Teil VI Kap. 7 Rn. 27; Wengeler EnWZ 2014, 500 (501).
[143] BT-Drs. 18/7555, 62, 66.
[144] Wilkes WuM 2010, 615 (616).
[145] Vgl. BT-Drs. 18/7555, 62, 109; Wilkes WuM 2010, 615 (616); Hornung/Fuchs DuD 2012, 20 (24); Karsten/Leonhardt RDV 2016, 22 (24 Fn. 14).
[146] Vgl. Schäfer-Stradowsky/Boldt EnWZ 2015, 349 (353).
[147] Vgl. BT-Drs. 18/7555, 75 zu Nr. 23 und 27.
[148] BT-Drs. 18/7555, 95.
[149] Raabe/Lorenz ua CR 2011, 831.
[150] Müller DuD 2010, 359 (361).
[151] Wiesemann in FHS Betrieblicher Datenschutz Teil VI Kap. 7 Rn. 27; Bretthauer EnWZ 2017, 56 (58); Bräuchle in Plöderer/Grunske ua, Informatik 2014, 515 (517); ders. Datenschutzprinzipien in IKT-basierten Infrastrukturen, 49 ff.; vgl. Fredersdorf/Schwarzer/Engel DuD 2015, 682.
[152] Bräuchle in Plöderer/Grunske ua Informatik 2014, 515 (517).

cherheit der Union durch die Verringerung des Primärenergieverbrauchs sowie der Energieeinfuhren."

Zu den von der EnEff-RL zur Verbesserung der Energieeffizienz selbst vorgesehenen Maßnahmen gehört ua gemäß Art. 9 EnEff-RL die Verbreitung intelligenter Messsysteme in den Bereichen Strom und Gas, die auch in ErwGr 27 ff. EnEff-RL umfangreiche Erwähnung findet (→ Rn. 7). Der Europäische Rat als Grundsatzorgan der EU hat mehrfach auf das zwingende Erfordernis einer Steigerung der Versorgungssicherheit in Reaktion auf die Auswirkungen des **Klimawandels** hingewiesen.[153] Auf die Schlussfolgerungen des Vorsitzes des Europäischen Rates vom 9.3.2007 weist ErwGr 2 EnEff-RL ausdrücklich hin. Auch nach der Rechtsprechung des Bundesverfassungsgerichts ist die Versorgungssicherheit mit Energie „ein Gemeinschaftsinteresse höchsten Ranges" und stellt „ein von der jeweiligen Politik des Gemeinwesens unabhängiges ‚absolutes' Gemeinschaftsgut" dar.[154] Da die Einführung intelligenter Messsysteme der Versorgungssicherheit dient, ist ein Bezug des MsbG zu einer im öffentlichen Interesse liegenden Aufgabe iSd Art. 6 Abs. 2 DS-GVO gegeben.[155]

39 **b) Begriff der Spezifizierung.** Gemäß Art. 6 Abs. 2 DS-GVO haben die Mitgliedstaaten allerdings eine Normsetzungskompetenz nur für „spezifischere Bestimmungen zur Anpassung der Anwendung der Vorschriften" der DS-GVO. Mitgliedstaatliche Bestimmungen dürfen die Vorgaben der DS-GVO daher zwar konkretisieren, nicht aber die Vorgaben der DS-GVO verlassen (→ Rn. 2).[156] Eine zulässige Spezifizierung setzt voraus, dass die mitgliedstaatliche Regelung die jeweilige Datenverarbeitung **präziser** regelt als die DS-GVO,[157] sich aber gleichwohl innerhalb der Rechtmäßigkeitsvoraussetzungen der DS-GVO bewegt. Die **Regelungsdichte** des nationalen Rechts muss also höher als die der DS-GVO sein,[158] ergänzende oder den Anwendungsbereich der DS-GVO erweiternde Vorschriften sind jedoch unzulässig.[159] Das **Datenschutzniveau** der DS-GVO darf nicht unterschritten werden.[160] Art. 6 Abs. 3 S. 3 DS-GVO nennt beispielhaft Kategorien von Inhalten möglicher Spezifizierungen.

40 **c) VO-Konformität und Verhältnismäßigkeit der im MsbG enthaltenen datenschutzrelevanten Vorschriften.** Die §§ 49 ff. MsbG werden vor diesem Hintergrund mehrheitlich als ohne Weiteres verordnungskonform angesehen,[161] gerade auch auf-

---

[153] Europäischer Rat Schlussfolgerungen des Vorsitzes v. 9.3.2007, 7224/07, CONCL 1, Rn. 27 f., abrufbar unter register.consilium.europa.eu/doc/srv?l=DE&f=ST%207224%202007%20INIT, zuletzt abgerufen am 13.4.2018; ders. Schlussfolgerungen des Vorsitzes v. 20.7.2007, 11177/1/07, CONCL 2, Rn. 40, abrufbar unter http://www.consilium.europa.eu/ueDocs/cms_Data/docs/pressData/de/ec/94935.pdf, zuletzt abgerufen am 13.4.2018.
[154] BVerfGE 30, 292 Rn. 82; ebenso Bräuchle in Plöderer/Grunske ua Informatik 2014, 515 (517); ders. Datenschutzprinzipien in IKT-basierten Infrastrukturen, 50; vgl. Wengeler EnWZ 2014, 500 (501).
[155] Wiesemann in FHS Betrieblicher Datenschutz Teil VI Kap. 7 Rn. 27; wohl auch Keppeler EnWZ 2016, 99 (105).
[156] Plath in Plath, 2. Aufl. 2016, DSGVO Art. 6 Rn. 25.
[157] Kühling/Martini et al. DSGVO und nationales Recht, 33, abrufbar unter http://www.uni-speyer.de/de/lehrstuehle/martini/publikationen.php, zuletzt abgerufen am 13.4.2018.
[158] Frenzel in Paal/Pauly DS-GVO Art. 6 Rn. 32.
[159] Heberlein in Ehmann/Selmayr DS-GVO Art. 6 Rn. 33; ähnlich Schulz in Gola DS-GVO Art. 6 Rn. 175, der sodann aber über einen Saldo der Normen mit einem höheren und einem niedrigeren Datenschutzniveau bilden will.
[160] Albers in BeckOK DatenschutzR DS-GVO Art. 6 Rn. 56; Buchner/Petri in Kühling/Buchner DS-GVO Art. 6 Rn. 194; vgl. Bartsch/Rieke EnWZ 2017, 435 (440).
[161] Herb in Steinbach/Weise MsbG § 49 Rn. 11; Wiesemann in FHS Betrieblicher Datenschutz Teil VI Kap. 7 Rn. 27; Bretthauer EnWZ 2017, 56 (61); Heun/Assion BB 2018, 579 (584); aA wohl Verbraucherzentrale Bundesverband, Smart Meter Einbau: Zwangsdigitalisierung durch die Kellertür – Stellungnahme v. 9.10.2015 zum Entwurf eines Gesetzes zur Digitalisierung der Energiewende, 9, abrufbar unter https://www.vzbv.de/pressemitteilung/smart-meter-verbraucher-lehnen-zwangsdigitalisierung-ab, zuletzt abgerufen am 13.4.2018.

grund ihrer **Detailtiefe**.[162] In der Tat finden sich im MsbG präzisierende Vorschriften zu sämtlichen in Art. 6 Abs. 3 S. 3 DS-GVO angesprochenen Aspekten, die den Regelungsrahmen der DS-GVO nicht verlassen. Näherer Diskussion bedürfen aber die folgenden Aspekte:

aa) Datenminimierung, Art. 5 Abs. 1 lit. c DS-GVO. Bedenken können bestehen hinsichtlich der Frage, ob die Datenschutzregeln des MsbG das in Art. 5 Abs. 1 lit. c DS-GVO verankerte Prinzip der Datenminimierung im Hinblick auf die **Granularität** der erhobenen Daten hinreichend beachten. Nach dieser Vorschrift muss die Verarbeitung personenbezogener Daten auf das für die Zwecke der Verarbeitung notwendige Maß beschränkt sein. Dem werden die insoweit relevanten Vorschriften der §§ 55, 60 ff., 66 ff. MsbG allerdings gerecht: Gemäß § 55 Abs. 1 Nr. 2 MsbG erfolgt die **Messdatenerhebung** bei Letztverbrauchern mit einem Jahresstromverbrauch bis einschließlich 100.000 kWh durch eine Zählerstandsgangmessung, also gemäß § 2 S. 1 Nr. 27 MsbG durch eine Messung im **Viertelstundentakt.** Diese zeitliche Größe ist für eine hinreichende Verbrauchstransparenz für den Anschlussnutzer freilich erforderlich, weil es ihm bei einer niedrigeren Auflösung nicht möglich sein wird, beispielsweise sog „Stromfresser" zu identifizieren.[163] Damit liefe das Ziel des MsbG, den Letztverbraucher im Interesse der Energieeffizienz und daraus folgend der Versorgungssicherheit zu energiesparendem Verhalten zu motivieren, weitgehend leer.[164] Im Übrigen lässt ein 15-minütiges Messintervall zwar Rückschlüsse auf Lebensgewohnheiten, zB Schlafens- und Kochzeiten, und Anwesenheitszeiten zu;[165] anders als bei feingranularen Daten im Minuten- oder Sekundenbereich ergeben sich indes keine Rückschlüsse auf die Intimsphäre betreffende Informationen.[166]

Die **Messdatenübermittlung** an andere berechtigte Stellen durch den Messstellenbetreiber erfolgt im Übrigen, wie bereits erwähnt (→ Rn. 14), gemäß § 60 Abs. 3 Nr. 3 lit. b, Nr. 4 lit. b MsbG für Privathaushalte fast ausschließlich in Bezug auf Jahresarbeitswerte, die keine Rückschlüsse auf private Umstände zulassen. Nur wenn ein Privathaushalt ausnahmsweise mehr als 10.000 kWh im Jahr verbraucht, was angesichts eines Durchschnittsjahresverbrauchs von 3.500 kWh[167] sehr selten sein dürfte, erfolgt eine kleintaktige Datenkommunikation in Viertelstundeneinheiten; für die Datenempfänger gilt dann allerdings die Zweckbindung nach §§ 66 ff. MsbG; die Datenverarbeitung muss für die dort jeweils genannten Zwecke „zwingend erforderlich" sein. Die granulare Übermittlung von Messdaten bei einem Verbrauch von über 10.000 kWh widerspricht mit Blick auf Sinn und Zweck des MsbG auch bei Einbeziehung vereinzelter Privathaushalte dem Grundsatz der Datenminimierung nicht.

bb) Datenhoheit des Anschlussnutzers. Unter dem Aspekt der ua in Art. 6 Abs. 1 S. 1 lit. a, Art. 7, 12 DS-GVO zum Ausdruck kommenden, allerdings **primärrechtlich** in Art. 7 und 8 Abs. 2 GRCh sowie Art. 8 Abs. 1 EMRK verankerten[168] Datenhoheit des Anschlussnutzers, dessen (personenbezogene, → Rn. 22 ff.) Messdaten es schließlich sind, die vom intelligenten Messsystem erhoben werden, wird das gemäß § 6 MsbG ab 1.1. 2021 bestehende **Auswahlrecht** des Anschlussnehmers statt des Anschlussnutzers bezüglich des Messstellenbetreibers kritisch beurteilt. Dass der vom Anschlussnehmer ausge-

---
[162] Bretthauer EnWZ 2017, 56 (61).
[163] BT-Drs. 18/7555, 106; Wißmann/Volz in Steinbach/Weise MsbG § 55 Rn. 10; aA Lüdemann/Ortmann/Pokrant EnWZ 2016, 339 (346).
[164] Vgl. Wißmann/Volz in Steinbach/Weise MsbG § 55 Rn. 10.
[165] Molina-Markham/Shenoy ua in BuildSys '10: Proceedings of the 2nd ACM Workshop on Embedded Sensing Systems for Energy Efficiency in Buildings, 61 ff.; Greveler Datenbank Spektrum 2016, 137 (138).
[166] Greveler Datenbank Spektrum 2016, 137 (141).
[167] BT-Drs. 18/7555, 110.
[168] Heckmann/Paschke in Ehmann/Selmayr DS-GVO Art. 7 Rn. 4, Art. 12 Rn. 8.

wählte Messstellenbetreiber die in § 6 Abs. 1 MsbG genannten Kriterien erfüllen muss und den Anschlussnehmer gegenüber dem Anschlussnutzer gemäß § 6 Abs. 3 und 5 MsbG recht detaillierte Informationspflichten insbesondere bezüglich der Kosten treffen, ändert nichts an dem Umstand, dass nicht der Anschlussnutzer als betroffene Person, sondern ein Dritter darüber entscheidet, wer zur Erhebung der Daten berechtigt sein soll. Da die nach §§ 55 MsbG erfolgende Datenerhebung iSd Art. 6 Abs. 1 S. 1 lit. c, e DS-GVO im öffentlichen Interesse liegt, weshalb die Frage der Anwendbarkeit einer datenschutzrelevanten mitgliedstaatlichen Regelung wie § 6 MsbG überhaupt nur in Betracht kommt, stellt sich iSd Art. 6 Abs. 2 S. 4 DS-GVO die Frage nach der Verhältnismäßigkeit dieser Regelung für den mit ihr angestrebten, gleichfalls im öffentlichen Interesse liegenden Zweck.

44   Der Grund dafür, dass der Gesetzgeber das Auswahlrecht für den Messstellenbetreiber in die Hand des Anschlussnehmers gegeben hat, liegt in der Ermöglichung eines **gebündelten Messstellenbetriebs** für eine gesamte Liegenschaft „aus einer Hand".[169] Hierdurch entstehen Synergieeffekte und werden Effizienzgewinne ermöglicht.[170] Ein datenschutzrechtlich milderes, jedoch gleich effizientes Mittel ist nicht ersichtlich,[171] zumal die vertraglich, zB durch einen Mietvertrag, mit den Anschlussnehmern verbundenen Anschlussnutzer jenseits der in § 7 Abs. 5 MsbG vorgesehenen Anspruchs auf biennale Einholung zweier verschiedener Bündelangebote für den Messstellenbetrieb der Liegenschaft einen zivilrechtlichen Anspruch aus § 241 Abs. 2 BGB auf Berücksichtigung ihrer Belange haben.

Praxistipp:

Dies schließt es ein, dass der Anschlussnehmer, wenn die Anschlussnutzer sich gemeinsam auf einen Wunsch-Messstellenbetreiber einigen, nur aus den Interessen der Anschlussnutzer objektiv insgesamt überwiegenden Gründen einen anderen Messstellenbetreiber beauftragen darf. Ebenfalls wird der Anschlussnehmer verpflichtet sein, datensparsamere Konfigurationen des Messsystems zu wählen, wenn die Anschlussnutzer dies verlangen.

Soweit vom Bundesrat vorgeschlagen wurde, stets ein **Einvernehmen** des Anschlussnehmers mit den Anschlussnutzern zu verlangen,[172] ist dies hingegen gerade in den Fällen des Bestehens einer Vielzahl von Anschlussnutzern in einer Liegenschaft nicht praktikabel, da es kaum jemals Einvernehmen geben wird. Allerdings wird jeder Anschlussnutzer von seinem Anschlussnehmer aus § 242 BGB **zivilrechtlich** verlangen können, mit dem Messstellenbetreiber eine datensparsamere Konfiguration zu vereinbaren, sofern der Messstellenbetreiber einen entsprechenden Tarif anbietet und es technisch aufgrund der in § 6 MsbG vorgesehenen Bündelung des Messstellenbetriebs möglich ist.[173]

45   **cc) Rechte des Anschlussnutzers als betroffene Person.** In Bezug auf die Rechte des Anschlussnutzers als betroffene Person fallen die Vorschriften des MsbG deutlich hinter denen in der DS-GVO normierten Standards zurück; auch die **Regelungsdichte** solcher Rechte ist erheblich niedriger als in der DS-GVO. Bereits die Vorgaben des Art. 12 DS-GVO finden nur eingeschränkte Entsprechung im MsbG; lediglich der in Art. 12 Abs. 1 DS-GVO niedergelegte Transparenzgrundsatz findet in §§ 61, 53 MsbG eine gewisse Entsprechung.

---

[169] So bereits BT-Drs. 17/6072, 77; vgl. BT-Drs. 18/7555, 77; Becker in Steinbach/Weise MsbG § 6 Rn. 1 f.; Drozella in Säcker MsbG § 6 Rn. 1.
[170] BT-Drs. 18/7555, 77; Becker in Steinbach/Weise MsbG § 6 Rn. 1 f.
[171] RefE des Gesetzes zur Digitalisierung der Energiewende v. 4.11.2015, 132, abrufbar unter https://www.bmwi.de/Redaktion/DE/Downloads/P-R/referentenentwurf-gesetz-digitalisierung-energiewende.html, zuletzt abgerufen am 13.4.2018; aA unter Hinweis auf § 29 Abs. 2 MsbG Lange/Möllnitz EnWZ 2016, 448 (451).
[172] BR-Drs. 543/15, 5.
[173] Vgl. Lange/Möllnitz EnWZ 2016, 448 (451).

Eine Art. 13 DS-GVO entsprechende Vorschrift existiert im MsbG nicht. Zwar enthalten 46
auch §§ 54 Abs. 3,61 69 Abs. 2 Nr. 1 und 2 MsbG einige **Informationspflichten.**[174] Sie
umfassen aber nur teilweise die in Art. 13 DS-GVO geforderten Angaben,[175] sodass es
sich insoweit um Abweichungen von und nicht lediglich Spezifizierungen der DS-GVO
handelt, zumal der Anschlussnutzer gemäß §§ 9 Abs. 1 Nr. 1, 6 MsbG im gesetzlichen
Regelfall nicht Vertragspartei des Messstellenvertrags über den von ihm genutzte Anschluss ist und somit auch keine über die Angaben nach § 6 Abs. 3 S. 2 Nr. 3 MsbG hinausgehenden Informationen erhalten muss. Ähnliches gilt für das in Art. 15 DS-GVO
normierte **Auskunftsrecht** betroffener Personen, welches deutlich weiter geht als § 53
Abs. 1 MsbG.[176]

Praxistipp:
Da Art. 13 DS-GVO durch das MsbG somit nicht verdrängt wird, empfiehlt es sich für
Messstellenbetreiber unbedingt, dem Anschlussnutzer so früh wie möglich die in Art. 13
DS-GVO bezeichneten Informationen zu erteilen.

Ein Recht, **Berichtigung** personenbezogener Daten zu verlangen, enthält das MsbG 47
anders als Art. 16 DS-GVO nicht; dies kann freilich als entbehrlich angesehen werden,
soweit aufgrund der technischen Vorgaben intelligenter Messgeräte Falschmessungen und
-übertragungen ausgeschlossen sind. §§ 60 Abs. 6, 64 Abs. 2, 67 Abs. 3, 68 Abs. 3 und 69
Abs. 3 MsbG normieren allerdings umfangreiche Pflichten zur **Löschung** personenbezogener Daten, die für die Zwecke des Datenumgangsberechtigten nicht mehr benötigt
werden. Dies entspricht (lediglich) Art. 17 Abs. 1 lit. a DS-GVO und bleibt somit erheblich hinter den übrigen in Art. 17 DS-GVO enthaltenen Vorgaben zurück.[177] Vor allem
aber sind die Löschungsvorschriften des MsbG pflichten- und nicht anspruchsorientiert,
sodass fraglich ist, ob betroffenen Personen ein subjektives Recht auf Datenlöschung im
Anwendungsbereich des MsbG zustehen kann. Eine dies bejahende, unionsrechtskonforme Auslegung der genannten Vorschriften des MsbG liegt allerdings nahe.

Das MsbG enthält kein Recht auf **Einschränkung** der Verarbeitung und weicht somit 48
von Art. 18 DS-GVO ab. Anders als Art. 19 DS-GVO enthält es auch keine Mitteilungspflichten im Zusammenhang mit der Berichtigung oder Löschung personenbezogener
Daten oder der Einschränkung der Verarbeitung.

Das Recht auf **Datenübertragbarkeit** aus Art. 20 DS-GVO wird durch das MsbG 49
eingeschränkt abgebildet. Das Recht des Anschlussnutzers als betroffene Person, die bereitgestellten Daten in einem maschinenlesbaren Format zu erhalten, findet eine vollwer-
tige Entsprechung in §§ 61, 53 MsbG. Datenübertragbarkeit selbst wird hingegen nicht
gewährleistet.

Zu guter Letzt gewährt das MsbG kein Art. 21 DS-GVO entsprechendes **Wider-** 50
spruchsrecht gegen die Verarbeitung personenbezogener Daten. Gerade in Bezug auf
Datenverarbeitungen im öffentlichen Interesse gemäß Art. 6 Abs. 1 S. 1 lit. e DS-GVO,
auf die sich Spezifizierungen nach Art. 6 Abs. 2 und 3 DS-GVO beziehen können, ist
gemäß Art. 21 Abs. 1 S. 1 DS-GVO jedoch grundsätzlich erforderlich. Eine nach Art. 6
Abs. 2 und 3 DS-GVO zulässige Spezifizierung enthält das MsbG in Bezug auf Art. 21
DS-GVO daher nicht.

dd) Nichtberücksichtigung der Belange von Haushaltsangehörigen als betroffene 51
Personen. Es wurde oben dargelegt, dass **Haushaltsangehörige** des Anschlussnutzers in
vielen Fällen betroffene Personen sind, weil der Anschlussnutzer aufgrund seines Sonderwissens über die Lebensweise und Gewohnheiten der Haushaltsangehörigen aus den

---

[174] Vgl. Wiesemann in FHS Betrieblicher Datenschutz Teil VI Kap. 7 Rn. 52 ff.
[175] Für eine Anwendung des Art. 13 DS-GVO daher dezidiert Keppeler EnWZ 2016, 99 (105).
[176] Vgl. Wiesemann in FHS Betrieblicher Datenschutz Teil VI Kap. 7 Rn. 19 ff.
[177] AA wohl Bretthauer EnWZ 2017, 56 (61).

Messdaten Rückschlüsse auf deren Verhalten oder spezifische Situation in einem konkreten Zeitpunkt ziehen kann (→ Rn. 29 ff., → Rn. 33 ff.). Das gesamte MsbG normiert keinerlei durch diesen Personenkreis ausübbaren Rechte;[178] auch eine Art. 14 DS-GVO entsprechende Informationspflicht gegenüber Haushaltsangehörigen findet sich im MsbG nicht. Im Gegenteil kann der Anschlussnutzer beim Messstellenbetreiber gemäß § 61 Abs. 2 S. 1 MsbG sogar beantragen, Kenntnis von den Messdaten ausschließlich über einen – also auch vor dem Zugriff durch die Haushaltsangehörigen – geschützten individuellen Zugang zu einem Online-Portal zu erlangen. Es ist offensichtlich, dass insoweit jedenfalls keine zulässige Spezifizierung iSd Art. 6 Abs. 2 und 3 DS-GVO vorliegt, sondern die Haushaltsangehörigen vom MsbG schlicht außen vor gelassen worden sind.[179]

Praxistipp:
§ 61 Abs. 2 S. 2 MsbG ist aus Gründen der Verhältnismäßigkeit mit Blick auf Art. 8 EMRK, Art. 7 f. GRCh menschen- und grundrechtskonform so auszulegen, dass die Übermittlung der Messdaten an ein Online-Portal auch der Einwilligung sämtlicher Haushaltsangehörigen bedarf, wenn nicht der in dieser Vorschrift explizit genannte Fall technischer Unmöglichkeit einer Übermittlung an eine lokale Anzeigeeinheit vorliegt.

2. Zulässigkeit der Beschränkungen der Rechte der betroffenen Personen

52 Die Beschränkung der Rechte des Anschlussnutzers und die Nichtgewährung von Rechten für Haushaltsangehörige von Anschlussnutzern kann allerdings nach Art. 23 Abs. 1 lit. e DS-GVO gerechtfertigt sein. Dies setzt voraus, dass die Beschränkung bzw. Nichtgewährung der Rechte den Schutz wichtiger Ziele des allgemeinen **öffentlichen Interesses** sicherstellt. Wie bereits dargelegt, stellen die durch das MsbG verfolgten Ziele, Energieeffizienz und daran anknüpfend Versorgungssicherheit zu gewährleisten, überragende Ziele des Gemeinwohls dar (→ Rn. 37 f.).[180] Dies gilt umso mehr, als das in der Vorschrift ausdrücklich genannte öffentliche Gesundheitswesen ohne eine auf Dauer stabile Energieversorgung gleichfalls nur noch bedingt aufrechterhalten werden könnte.[181] Allerdings muss die Beschränkung von Rechten nach Art. 23 Abs. 1 lit. e DS-GVO notwendig und verhältnismäßig sein und den Wesensgehalt der Grundrechte, insbesondere also der Art. 8 EMRK, Art. 7 f. GRCh, achten (→ Rn. 3).[182]

53 **a) Anschlussnutzer.** Hinsichtlich der Beschränkung der Rechte der **Anschlussnutzer** ist dies nicht ersichtlich. Es bestehen keine Anhaltspunkte dafür, dass der Messstellenbetrieb und die erforderlichen Datenverarbeitungen durch eine volle Gewährleistung der oben angeführten Rechte (→ Rn. 45 ff.) des Anschlussnutzers als betroffener Person substanziell beeinträchtigt werden würden, auch wenn natürlich zulasten der Messstellenbetreiber und Energieversorgungsunternehmen ein höherer Verwaltungs- und Kostenaufwand anfiele. Dies gilt auch für das **Widerspruchsrecht** nach Art. 21 DS-GVO, zumal die nach § 49 Abs. 2 MsbG datenumgangsberechtigten Stellen auch nach Art. 21 Abs. 1 S. 2 DS-GVO die Datenverarbeitung bei Vorliegen zwingender schutzwürdiger Gründe, die die Interessen, Rechte und Freiheiten des Anschlussnutzers überwiegen, fortsetzen dürfen. Würden also ohne eine Fortsetzung der Datenverarbeitung die Gemeinwohlziele des MsbG erheblich beeinträchtigt, so ist der Widerspruch unbeachtlich. Dies wird freilich in aller Regel der Fall sein, da eine substanzielle und nachhaltige Steigerung der Energieeffizienz durch die Anwendung der MsbG-Regelungen gerade darauf angewiesen

---

[178] Vgl. Bretthauer EnWZ 2017, 56 61).
[179] Vgl. Bräuchle in Plöderer/Grunske ua Informatik 2014, 515 (522).
[180] Wohl auch Bretthauer EnWZ 2017, 56 (58 f.); vgl. Bräuchle in Plöderer/Grunske ua Informatik 2014, 515 (517); aA in Bezug auf die Datenverarbeitung zu Zwecken der Einführung intelligenter Stromnetze Keppeler EnWZ 2016, 99 (105).
[181] Wiesemann in FHS Betrieblicher Datenschutz Teil VI Kap. 7 Rn. 27.
[182] Vgl. Peuker in Sydow DS-GVO Art. 23 Rn. 43 f.

ist, erstens möglichst vielen Anschlussnutzern ihr Verbrauchsverhalten vor Augen zu führen und zweitens den Energieversorgungsunternehmen ein nachfrageabhängiges Einspeisemanagement zu ermöglichen, wofür die Kenntnis der Messdaten erforderlich ist.

b) Haushaltsangehörige. Nicht anders ist im Ergebnis die Situation in Bezug auf **Haushaltsmitglieder** von Anschlussnutzern zu beurteilen, in Bezug auf die das MsbG überhaupt keine Rechte vorsieht. Es ist nicht ersichtlich, dass das Bestehen von Rechten von Haushaltsmitgliedern nach der DS-GVO gegenüber den in § 49 Abs. 2 MsbG bezeichneten Stellen die Erreichung der Ziele des MsbG in Frage stellen würde und deshalb die Versagung von Rechten erforderlich iSd **Verhältnismäßigkeitsprinzips** ist. Gewiss ist die Erfüllung der Informationspflichten nach Art. 14 DS-GVO sowie die Bearbeitung der Eingaben einer Vielzahl betroffener Personen für Messstellenbetreiber und Energieversorgungsunternehmen mit Zusatzkosten verbunden. Datenschutzbedingte Zusatzkosten werden aber von der DS-GVO in Kauf genommen. Die Sorge, dass der Messstellenbetreiber oder das Energieversorgungsunternehmen einen erheblichen Rechercheaufwand betreiben müsste, um zB Auskunft über die verarbeiteten ableitbaren Daten zu erteilen[183] oder auch nur die Identität der Informationsberechtigten zu erfahren, ist angesichts des Art. 14 Abs. 5 lit. b DS-GVO unbegründet; ohnehin müssen gemäß Art. 14 Abs. 1 lit. d DS-GVO nicht die erhobenen Daten selbst, sondern nur die Datenkategorien iSv sich auf die Daten beziehenden allgemeinen Angaben mitgeteilt werden.[184] Eine teilweise vorgeschlagene, § 99 Abs. 1 S. 3 TKG entsprechende Regelung, den Anschlussnutzer erklären zu lassen, dass er seine Haushaltsmitglieder über die Verarbeitung der Messdaten unterrichtet hat und künftige Haushaltsmitglieder unterrichten wird,[185] ist nicht Gesetz geworden und wäre überdies unzureichend. 54

Eine **Ausnahme** gilt jedoch in Bezug auf das **Auskunftsrecht** nach Art. 15 Abs. 1 DS-GVO; dieses Recht steht Haushaltsmitgliedern nur eingeschränkt zu: Nach Art. 15 Abs. 1 DS-GVO ist jede betroffene Person – also auch ein Haushaltsangehöriger – auf Verlangen ua darüber zu informieren, welche personenbezogenen Daten über sie verarbeitet werden. Bereits hinsichtlich der Mitteilung der Messdaten und erst recht hinsichtlich der ableitbaren Daten liegt das Problem freilich darin, dass sich die Daten auch auf andere Haushaltsangehörige beziehen können. Um Messdaten – und erst recht ableitbare Daten – zuverlässig einem bestimmten Haushaltsangehörigen zuzuordnen, benötigt der Datenumgangsberechtigte daher Sonderwissen, das er sich erst beim Anschlussnutzer verschaffen müsste. Hierin wäre wiederum eine Datenerhebung zu sehen, die auch nicht nach Art. 6 Abs. 1 S. 1 lit. c oder f DS-GVO gerechtfertigt wäre, weil insoweit im Hinblick auf Art. 8 EMRK, Art. 7f. GRCh das Interesse der anderen Haushaltsangehörigen an der Nichterhebung dieser Sonderinformationen durch den Datenumgangsberechtigten überwöge. Da die Datenerhebung durch den Datenumgangsberechtigten somit bereits **primärrechtlich unzulässig** wäre, empfiehlt es sich, ein Auskunftsrecht des Haushaltsangehörigen in einer jedenfalls insoweit in Betracht kommenden analogen Anwendung des Art. 14 Abs. 5 lit. b DS-GVO[186] oder des Art. 15 Abs. 4 DS-GVO[187] zu versagen. 55

Praxistipp:

Den Interessen des betroffenen Haushaltsmitglieds kann zivilrechtlich dadurch Rechnung getragen werden, dass es vom Anschlussnutzer Einsicht in die diesem gemäß § 61 Abs. 2

---

[183] Keppeler EnWZ 2016, 99 (102 f.).
[184] Näher Paal/Hennemann in Paal/Pauly DS-GVO Art. 14 Rn. 18; Bäcker in Kühling/Buchner DS-GVO Art. 14 Rn. 17.
[185] Wiesemann in FHS Betrieblicher Datenschutz Teil VI Kap. 7 Rn. 39; Karsten/Leonhardt RDV 2016, 22 (24).
[186] Für eine analoge Anwendung des Art. 14 Abs. 5 DS-GVO auf das Auskunftsrecht aus Art. 15 DS-GVO Härting DS-GVO-HdB Rn. 684 f.
[187] Schmidt-Wudy in BeckOK DatenschutzR DS-GVO Art. 15 Rn. 49; Paal in Paal/Pauly DS-GVO Art. 15 Rn. 41.

MsbG zur Verfügung gestellten Informationen verlangt. Ein weitergehendes Informationsinteresse ist auch nicht ersichtlich.

V. Rechtsschutz

56 Rechtsschutz gegen Datenverarbeitungen der datenumgangsberechtigten Stellen oder – seitens von Haushaltmitgliedern – gegen den Anschlussnutzer bestehen nach den allgemeinen Vorschriften; es bestehen insoweit keine sektorspezifischen Besonderheiten. Die **Sonderzuständigkeiten** nach §§ 102 ff. EnWG gelten nach § 102 Abs. 1 EnWG lediglich für bürgerliche Rechtsstreitigkeiten, die sich „aus diesem Gesetz" ergeben. Erforderlich ist daher, dass sich die anspruchsbegründende Norm direkt und unmittelbar aus dem EnWG ergibt; bloße Berührungspunkte eines Rechtsstreits mit dem EnWG genügen nicht.[188]

---

[188] Theobald/Werk in Danner/Theobald EnergieR EnWG § 102 Rn. 4.

§ 18 Datenschutz im Telekommunikationssektor

Übersicht

Rn.

I. Einleitung 1
II. Anwendbare Vorschriften 2
III. Anwendbarkeit des TK-Datenschutzes 3
   1. Verhältnis des TK-Datenschutzes zur DS-GVO 3
   2. Abgrenzung des TK-Datenschutzes vom Telemedien-Datenschutz 9
IV. Durch den TK-Datenschutz Verpflichtete 11
V. Durch den TK-Datenschutz Geschützte 14
VI. Fernmeldegeheimnis 15
   1. Adressat 16
   2. Schutzumfang 17
   3. Geschützte des Fernmeldegeheimnisses 21
   4. Pflichten aus dem Fernmeldegeheimnis 23
VII. TK-Datenschutz 24
   1. Hintergrund des TK-Datenschutzes 24
   2. Bestandsdaten 25
   3. Verkehrsdaten 32
   4. Standortdaten 37
   5. Leitfaden zur datenschutzgerechten Speicherung von Verkehrsdaten 41
VIII. Datenspeicherung zur Missbrauchsbekämpfung 42
IX. Vorratsdatenspeicherung 43
   1. Hintergrund und aktueller Stand der Vorratsdatenspeicherung 43
   2. Verpflichtung zur Vorratsdatenspeicherung 44
   3. Entscheidungen zur Vorratsdatenspeicherung 47
X. Outsourcing von TK-Leistungen 50
   1. Outsourcing des Entgelteinzugs an Dritte 52
   2. Outsourcing von Leistungen durch Dritte an TK-Anbieter 55
XI. Entwurf einer ePrivacy-VO 57
   1. Anwendungsbereich der ePrivacy-VO E 58
   2. Elektronische Kommunikationsdaten 62
   3. Verarbeitung elektronischer Kommunikationsdaten 66
   4. Datenlöschung 73
   5. Einwilligung 76
   6. Fernmeldegeheimnis 77
   7. Outsourcing von TK-Leistungen 79

Literatur:
Dieterle, Neuer Zugriff des Verfassungsschutzes auf Vorratsdaten, ZD 2016, 517; *Ditscheid/Ufer,* Die Novellierung des TKG 2009 – ein erster Überblick, MMR 2009, 367; *Engeler/Felber,* Entwurf der ePrivacy-VO aus Perspektive der aufsichtsbehördlichen Praxis, ZD 2017, 251; *Geuer,* Das Fernmeldegeheimnis als gesetzliches Verbot, Rechtsprobleme bei Forderungsabtretung aus TK-Verträgen, ZD 2012, 515; *Grünwald/Nüßing,* Kommunikation over the Top – Regulierung für Skype, WhatsApp oder Gmail? MMR 2016, 91; *Hanebeck/Neuenhoeffer,* Anwendungsbereich und Reichweite des telekommunikationsrechtlichen Fernmeldegeheimnisses – Rechtliche Schwierigkeiten bei der Anwendung des TKG, K&R 2006, 112; *Jandt/Schnabel,* Location Based Services im Fokus des Datenschutzes, Alternative Lokalisierungstechnologien und ihre datenschutzrechtliche Einordnung, K&R 2008, 723; *Kiparski,* Update Telekommunikationsrecht, in: Taeger, DSRI-Tagungsband 2012, S. 479–495; *Kiparski,* Update Telekommunikationsrecht, in: Taeger, DSRI- Tagungsband 2013, S. 711–728; *Kiparski/Sassenberg,* DSGVO und TK-Datenschutz – Ein komplexes europarechtliches Geflecht, CR 2018, 324; *Klein,* Die Abtretbarkeit von TK-Forderungen, in: Taeger, DSRI-Tagungsband 2012, S. 435–448; *Kühling/Schall,* E-Mail-Dienste sind Telekommunikationsdienste iSd § 3 Nr. 24 TKG. Warum OTT-Kommunikationsdienste sehr wohl TK-Dienste sein können, CR 2016, 185; *Nebel/Richter,* Datenschutz bei Internetdiensten nach der DS-GVO – Vergleich der deutschen Rechtslage mit dem Kommissionsentwurf, ZD 2012, 407; *Neumann,* Abtretung von Telekommunikationsentgeltforderungen an Inkassounternehmen, CR 2012, 235; *Roßnagel,* Vorratsdatenspeicherung rechtlich vor dem Aus?, NJW 2017, 696; *Sassenberg/Mantz,* Entwicklungen im zivilrechtlichen Telekommunikationsrecht im Jahr 2015, K&R 2016, 230; *Schmitz,* Der Vertragspartner ohne Daten – Datenweitergabe an die Erbringer von

telekommunikationsgestützten Diensten, ZD 2012, 8; *Schmitz,* E-Privacy-VO – unzureichende Regeln für klassische Dienste, ZRP 2017, 172; *Schuster,* E-Mail-Dienste als Telekommunikationsdienste?, CR 2016, 173; *Vander,* Möglichkeiten und Grenzen weisungsgebundener Datenweitergabe – Beauftragung von IT-Leistungen in geheimnisschutzrelevanten Geschäftsfeldern nach der EuGH-Rechtsprechung, ZD 2013, 497; *Wissenschaftliche Dienste des Bundestages,* Zur Vereinbarkeit des Gesetzes zur Einführung einer Speicherpflicht und einer Höchstspeicherfrist für Verkehrsdaten mit dem EuGH-Urteil vom 21.12.2016 zur Vorratsdatenspeicherung, BT PE 6-3000-167/16, 12.1.2017.

I. Einleitung

1 Im TK-Sektor spielt der Datenschutz eine wesentliche Rolle. Gerade hier hinterlassen Nutzer eine Vielzahl digitaler Spuren. Einerseits wird für jeden TK-Vorgang ein sogenannter Call Data Record (CDR) in den TK-Anlagen erzeugt, der ua Informationen über den Beginn, das Ende, den Ursprung und das Ziel des TK-Vorgangs enthält, andererseits vergeben TK-Anbieter ihren Nutzern Internet Protokoll Adressen (IP-Adressen), um Datenverkehre von und zu ihren Nutzern routen zu können. Auch tauschen Nutzer teils hochsensible Daten über TK-Netze aus. Damit verfügen Anbieter von TK-Diensten über eine große Menge an personenbeziehbaren und personenbezogenen Daten. Aus diesem Grunde hat der TK-Datenschutz in der ePrivacy-RL und im TKG eine besondere bereichspezifische Regelung erfahren.[1]

II. Anwendbare Vorschriften

2 Der TK-Datenschutz ist im 2. Abschnitts des 7. Teils des TKG mit den §§ 91 bis 107 TKG und das Fernmeldegeheimnis in § 88 TKG als Teil des 1. Abschnitts des 7. Teils geregelt. Die Regelungen des TK-Datenschutzes gehen überwiegend zurück auf die ePrivacy-RL, die damit in nationales Recht umgesetzt wurde. Der deutsche Gesetzgeber ging bei der Umsetzung der ePrivacy-RL aber über die Vorgaben zur Mindestharmonisierung hinaus und bezog bspw. auch juristische Personen in den Anwendungsbereich des TK-Datenschutzes ein (→ Rn. 3).[2]

Aktuell überarbeitet der europäische Gesetzgeber die ePrivacy-RL als Teil der Strategie für den Digitalen Binnenmarkt in Europa[3] und will sie in eine VO (→ Rn. 57) überführen.[4] Weitere Regelungen, insbesondere zur Speicherung und Verarbeitung von Verkehrsdaten im Zusammenhang mit Roaming finden sich in der Durchführungs-VO (→ Rn. 36).[5]

III. Anwendbarkeit des TK-Datenschutzes

1. Verhältnis des TK-Datenschutzes zur DS-GVO

3 Beim TK-Datenschutz handelt es sich um **sektorspezifische Spezialregelungen** (lex specialis), die gemäß Art. 95 DS-GVO den allgemeinen datenschutzrechtlichen Regelungen der DS-GVO vorgehen,[6] sofern sie dasselbe Regelungsziel verfolgen. Nach Art. 95 DS-GVO sollen natürlichen und juristischen Personen durch die DS-GVO in Bezug auf

---

[1] Siehe hierzu auch ErwGR 2 ePrivacy-VO E.
[2] Braun in Beck TKG § 91 Rn. 4.
[3] COM(2015) 192 final.
[4] COM(2017) 10 final; siehe auch den überarbeiteten Text des Rates Nr. 11995/17, Stand: 8.9.2017.
[5] ABl. EU 2016 L 344, 46.
[6] Kühling/Raab in Kühling/Buchner DS-GVO Art. 95 Rn. 1; Pauly in Paal/Pauly DS-GVO Art. 95 Rn. 2; Sydow in Sydow DS-GVO Art. 95 Rn. 3 und 5; siehe noch zu § 1 Abs. 3 BDSG Braun in Beck TKG § 91 Rn. 7.

elektronische Kommunikationsdienste in öffentlichen Kommunikationsnetzen keine zusätzlichen Pflichten auferlegt werden. Das Konkurrenzverhältnis zwischen dem TK-Datenschutz aus der ePrivacy-RL und der DS-GVO wird aus ErwGr 173 DS-GVO deutlich, der von einem Anwendungsvorrang der ePrivacy-RL ausgeht.[7] Das heißt, dass für diejenigen Sachverhalte, die von den Regelungen des TK-Datenschutzes aus der ePrivacy-RL erfasst sind, die ePrivacy-RL und ihre Umsetzung durch das TKG eine abschließende Spezial-Regelung darstellt.[8] Die Regelungen der DS-GVO finden damit subsidiär nur auf solche Sachverhalte der elektronischen Kommunikation Anwendung, die von der ePrivacy-RL nicht umfasst sind.[9]

> Dieses bedeutet, dass die DS-GVO solche Regelungen in den §§ 91 ff. TKG verdrängt, die nicht der Umsetzung der ePrivacy-RL dienen, mithin den Anwendungsbereich der Vorgaben der ePrivacy-RL ausdehnen.[10] Hierbei handelt es sich um eine gesetzgeberische überschießende Umsetzung der Mindestharmonisierungsvorgaben der Richtlinie.[11] Werden hingegen Vorgaben aus der ePrivacy-RL lediglich strenger umgesetzt, als es die Richtlinie vorgibt, handelt es sich um eine erweiterte Umsetzung, die auch als lex specialis die Regelungen der DS-GVO verdrängt.

Die ePrivacy-RL findet gemäß Art. 3 Abs. 1 nur auf die Verarbeitung personenbezogener Daten in Verbindung mit der **Bereitstellung öffentlich zugänglicher elektronischer Kommunikationsdienste in öffentlichen Kommunikationsnetzen** Anwendung. Damit ist der Anwendungsbereich der ePrivacy-RL enger als der des TK-Datenschutzes, der gemäß § 91 Abs. 1 TKG schon das geschäftsmäßige Erbringen von TK-Diensten erfasst und auf das Merkmal der Öffentlichkeit verzichtet.[12] Die Ausdehnung des Anwendungsbereichs des deutschen TK-Datenschutzes stellt damit eine überschießende Umsetzung dar, die nunmehr von den Regelungen der DS-GVO verdrängt wird. Somit findet gemäß Art. 95 DS-GVO iVm Art. 3 Abs. 1 ePrivacy-RL der TK-Datenschutz auf Anbieter nicht-öffentlicher Dienste oder Netze keine Anwendung. Er wird durch die DS-GVO verdrängt.[13] 4

Für Anbieter von geschlossenen Benutzergruppen und innerbetrieblichen Unternehmensnetzen, die nicht öffentlich sind, heißt das, dass sie nicht mehr den datenschutzrechtlichen Regelungen des TKG, sondern den Regelungen der DS-GVO unterfallen.[14] Auch ist zu beachten, dass in den Fällen, in denen der Anwendungsvorrang der DS-GVO gilt, diese selbst nur auf personenbezogene Daten natürlicher Personen Anwendung findet. Die Daten juristischer Personen fallen damit weiterhin in den Regelungsbereich des TKG.[15]

Für die Regelungen des Datenschutzes im TKG bedeutet das in Art. 95 DS-GVO geregelte lex specialis-Verhältnis, dass die **Regelungen zur Sicherheit der Verarbeitung** in Art. 4 ePrivacy-RL, die mit §§ 109 und 109a TKG umgesetzt wurden, die Art. 32 bis 5

---

[7] Siehe hierzu Kiparski/Sassenberg CR 2018, 324 (324).
[8] Siehe ErwGr 173 VO (EU) Nr. 2016/679; Sydow in Sydow DS-GVO Art. 95 Rn. 5; Holländer in BeckOK DatenschutzR DS-GVO Art. 95DS-GVO Rn. 5; Klabunde/Selmayr in Ehmann/Selmayr DS-GVO Art. 95 Rn. 6; Kühling/Raab in Kühling/Buchner DS-GVOArt. 95 Rn. 5; Piltz in Gola DS-GVO Art. 95 Rn. 15; Nebel/Richter ZD 2012, 407 (408); noch für das BDSG aF Eckhard in Spindler/Schuster TKG § 91 Rn. 2.
[9] Siehe hierzu auch Art. 1 Abs. 1 ePrivacy-VO E; eine vergleichbare Formulierung beschreibt aktuell in Art. 1 Abs. 1 S. 1 der ePrivacy-RL das Verhältnis zur DS-RL; siehe hierzu Klabunde/Selmayr in Ehmann/Selmayr DS-GVO Art. 95 Rn. 6.
[10] Ausführlich hierzu Kiparski/Sassenberg CR 2018, 324 (325 f.).
[11] Siehe zur überschießenden Umsetzung Kuhn EuR 2015, 216 ff.
[12] Nebel/Richter ZD 2012, 407 (408).
[13] Siehe auch Kiparski/Sassenberg CR 2018, 324 (326); Holländer in BeckOK DatenschutzR DS-GVO Art. 95 Rn. 4.
[14] Nebel/Richter ZD 2012, 407 (408).
[15] Holländer in BeckOK DatenschutzR DS-GVO Art. 95 Rn. 6.

einschließlich Art. 34 der DS-GVO verdrängen, die identische Ziele verfolgen.[16] Die Regelungen zur
- Vertraulichkeit der Kommunikation in Art. 5 ePrivacy-RL, umgesetzt in § 88 TKG,
- zu Verkehrsdaten in Art. 6 ePrivacy-RL, umgesetzt in §§ 96 und 97 TKG,
- zu Standortdaten in Art. 9 ePrivacy-RL, umgesetzt in § 98 TKG,
- zum Einzelgebührennachweis in Art. 7 ePrivacy-RL, umgesetzt in § 99 TKG,
- zur Rufnummernanzeige und Unterdrückung in Art. 8 ePrivacy-RL, umgesetzt in § 102 TKG, zur automatischen Anrufweiterschaltung in Art. 11 ePrivacy-RL, umgesetzt in § 103 TKG und
- zu Teilnehmerverzeichnissen in Art. 12 ePrivacy-RL, umgesetzt in § 104 TKG

verdrängen den Rückgriff auf Regelungen in der DS-GVO, insbesondere auf den Erlaubnistatbestand des Art. 6 DS-GVO.[17]

6   Datenschutzrechtliche Regelungen des TKG, die ihrerseits nicht der Umsetzung der ePrivacy-RL dienen, weil sie eine überschießende gesetzgeberische Umsetzung darstellen, werden nun von den Regelungen der DS-GVO verdrängt.[18] Dies betrifft insbesondere die **Informationspflichten** in § 93 TKG,[19] die **elektronische Abgabe der Einwilligung** in § 94 TKG, die Regelungen zu **Bestandsdaten** in § 95 TKG (→ Rn. 25),[20] aber auch Teile der Regelungen des § 97 Abs. 2 TKG, die Bestandsdaten betreffen.

7   § 97 Abs. 1 S. 2 TKG ermöglicht die **Verkehrsdatenweitergabe** von TK-Anbietern an andere TK-Anbieter ohne eigene Netzinfrastruktur, damit diese TK-Leistungen gegenüber ihren Endkunden abrechnen können.[21] Dieser Erlaubnistatbestand hat seine Grundlage in Art. 6 Abs. 2 ePrivacy-RL, der eine Verkehrsdatenverarbeitung zum Zwecke der Gebührenabrechnung und der Bezahlung von Zusammenschaltungsentgelten erlaubt. Der Terminus „Verarbeitung" umfasst nach der Legaldefinition in Art. 4 Nr. 2 DS-GVO auch eine Übermittlung an Dritte.[22] Da das Wort „Gebührenabrechnung" in Art. 6 Abs. 2 ePrivacy-RL nicht auf den TK-Anbieter begrenzt ist, der die Verkehrsdaten erzeugt, kann dieser die erzeugten Verkehrsdaten auch an seine Zusammenschaltungspartner weitergeben, damit diese auf Basis der übermittelten Verkehrsdaten ihrerseits gegenüber ihren Endkunden die Gebührenabrechnung durchführen.[23] Ebenso verhält es sich mit dem Zweck der Bezahlung von Zusammenschaltungsentgelten. Diese Regelung umfasst jeglichen Netzzugang und jegliche Netznutzung. Zu beachten ist, dass gemäß Art. 6 Abs. 5 ePrivacy-RL die Verarbeitung von Verkehrsdaten nur durch Personen erfolgen darf, die auf Weisung der Betreiber öffentlicher Kommunikationsnetze und Dienste handeln.[24] Erfolgt also eine Verkehrsdatenweitergabe an Dritte, die keine öffentlichen Kommunikationsnetze oder Dienste betreiben, muss ein vertragliches Weisungsrecht vereinbart werden (→ Rn. 53).

8   Eine Verkehrsdatenweitergabe an Dritte zur Durchführung der Forderungsbeitreibung nach § 97 Abs. 1 S. 3 TKG ist auch weiterhin möglich. Art. 6 Abs. 2 iVm Abs. 5 ePrivacy-RL ermöglicht eine Datenverarbeitung durch Dritte nur für die Gebührenabrechnung (→ Rn. 52).

---

[16] Kühling/Raab in Kühling/Buchner, DS-GVO Art. 95 Rn. 6; Kiparski/Sassenberg CR 2018, 324 (329).
[17] Kühling/Raab in Kühling/Buchner, DS-GVO Art. 95 Rn. 7; Kiparski/Sassenberg CR 2018, 324 (327 ff.); Pauly in Paal/Pauly DS-GVO Art. 95 Rn. 2.
[18] Kühling/Raab in Kühling/Buchner, DS-GVO Art. 95 Rn. 11; Kiparski/Sassenberg CR 2018, 324 (325); Holländer BeckOK DatenschutzR DS-GVO Art. 95 Rn. 5; Nebel/Richter ZD 2012, 407 (408).
[19] Die Regelung über Informationspflichten in Art. 6 Abs. 4 ePrivacy-RL bleibt hinter dem Regelungsgehalt des § 93 TKG zurück.
[20] Kiparski/Sassenberg CR 2018, 324 (327 f.).
[21] Büttgen in Scheurle/Mayen TKG § 97 Rn. 9.
[22] Kiparski/Sassenberg CR 2018, 324 (328).
[23] Kiparski/Sassenberg CR 2018, 324 (328).
[24] Siehe hierzu EuGH ZD 2013, 77 (78); MMR 2008, 227 (228) – Promusicae.

2. Abgrenzung des TK-Datenschutzes vom Telemedien-Datenschutz

Abzugrenzen sind die Regelungen des TK-Datenschutzes von denen des **Telemedienrechts**.[25] Der TK-Datenschutz knüpft hierbei gemäß § 3 Nr. 24 TKG an die **Signalübertragung** über TK-Netze an, wohingegen das TMG die **Inhaltsleistung** der übertragenen Daten reguliert.[26] Abgegrenzt wird die Übertragungs- von der Inhaltsleistung anhand des sog Open System Interconnection (OSI) -Schichtenmodells der International Organization for Standardization (ISO).[27] Hierbei ist aber zu beachten, dass gerade durch die jüngste Rechtsprechung zu Inhaltsdiensten wie Gmail[28] und Facebook Messenger[29] die Grenze zwischen Inhalts- und Übertragungsdienst zu verschwimmen beginnt.[30] 9

Telekommunikation selbst ist nach § 3 Nr. 22 TKG der technische Vorgang des Aussendens, Übermittelns und Empfangens von Signalen mittels TK-Anlagen. Um TK handelt es sich also dann, wenn die technische Transportdienstleistung im Vordergrund steht.[31] Das Merkmal der Signalübertragung ist nach Ansicht des VG Köln nicht rein technisch zu verstehen. Dieses ist vielmehr anhand einer den gesamten Dienst betreffenden wertenden Betrachtung zu ermitteln.[32] Hierbei sind insbesondere die Regulierungsziele des § 2 Abs. 1 Nr. 1 TKG (Verbraucherschutz), Nr. 2 (chancengleicher Wettbewerb) und Nr. 9 (Wahrung der öffentlichen Sicherheit) heranzuziehen. **Over-the-Top Dienste (OTT-Dienste)**[33] substituieren zusehends klassische TK-Dienste wie SMS und Sprachtelefonie. Auf diese klassischen TK-Dienste finden die Regelungen im TKG zu Kundenschutz (§§ 43a–47b TKG), zu Datenschutz (§§ 91–107 TKG) und auch zur öffentlichen Sicherheit (§§ 108–115 TKG) Anwendung. Gerade aus Gründen des Verbraucher-, des Datenschutzes und des Schutzes der öffentlichen Sicherheit ist das Merkmal der Signalübertragung nach Ansicht des VG Köln wertend so auszulegen, dass auch Dienste, die zwar selbst originär keine Signalübertragung darstellen, sondern über das freie Internet erbracht werden, aber hierbei die Signalübertragung des Internet Access Anbieters nutzen, Signalübertragungsdienste darstellen und sind damit TK iSd § 3 Nr. 22 TKG sind.[34] Die Anbieter dieser OTT-Dienste müssen sich die Signalübertragungsleistung des Internet Access Anbieters zurechnen lassen.[35] Die überwiegende Literaturmeinung stellt hingegen darauf ab, dass der OTT-Anbieter keinen steuernden Einfluss auf die Datenübertragung des Internet-Service-Providers hat und daher sein Dienst auch nicht überwiegend aus Signalübertragung besteht.[36] Entscheiden wird diese Rechtsfrage der EuGH.[37] 10

---

[25] Nach § 1 Abs. 1 TMG gilt das TMG für alle elektronischen Informations- und Kommunikationsdienste, soweit sie nicht TK-Dienste nach § 3 Nr. 24 TKG sind.
[26] Braun in Beck TKG § 91 Rn. 9; Eckhard in Spindler/Schuster TKG § 91 Rn. 7.
[27] Eckhard in Spindler/Schuster TKG § 91 Rn. 7; Braun in Beck TKG § 91 Rn. 10.
[28] VG Köln MMR 2016, 141 (143); das OVG NRW BeckRS 2018, 3494 hat dem EuGH die Frage zur Vorabentscheidung vorgelegt, ob es sich bei E-Mail-Diensten, die über das offene Internet erbracht werden um TK-Dienste handelt.
[29] KG ZUM-RD 2017, 524 (532).
[30] Ausführlich zur Anwendbarkeit des TKG auf OTT-Dienste BEREC BoR (16) 35; Kühling/Schall CR 2016, 185 und CR 2015, 641; Grünwald/Nüßing MMR 2016, 91; Schuster CR 2016, 173; Gersdorf K&R 2016, 91; Spindler in Spindler/Schmitz TMG § 1 Rn. 26ff.; Telle K&R 2016, 166.
[31] Schütz in Beck TKG § 3 Rn. 78.
[32] VG Köln MMR 2016, 141 (143); Kühling/Schall CR 2016, 641 (654); siehe auch Kiparski DSRITB 2017, 887 (897).
[33] Siehe zur Definition OTT-Dienste BEREC BoR (16) 35, 3.
[34] VG Köln MMR 2016, 141 (143); auch KG ZUM-RD 2017, 524 (532).
[35] VG Köln MMR 2016, 141 (143); KG ZUM-RD 2017, 524 (533); auch Kühling/Schall CR 2015, 641 (651 f.).
[36] Grünwald/Nüßing MMR 2016, 91 (94); Spindler in Spindler/Schmitz TMG § 1 Rn. 29; Schuster CR 2016, 173 (181); Gersdorf K&R 2016, 91 (98).
[37] Das OVG NRW BeckRS 2018, 3494 hat das Berufungsverfahren ausgesetzt und dem EuGH die Frage, ob es sich bei E-Mail-Diensten, die über das offene Internet erbracht werden um TK-Dienste handelt, zur Vorabentscheidung vorgelegt.

Die Grenzen zwischen klassischen TK-Anbietern und Anbietern von Telemediendiensten beginnen durch das Angebot von **OTT-Diensten** zu verschwimmen, die klassische TK-Dienste substituieren und über das offene Internet angeboten werden. Hierauf reagiert die deutsche Rechtsprechung, aber auch der europäische Gesetzgeber. Zukünftig werden nicht mehr nur klassische TK-Anbieter von den datenschutzrechtlichen Pflichten des TKG und der ePrivacy-VO E betroffen sein, sondern auch OTT-Anbieter (→ Rn. 59). Hier gilt es für OTT-Anbieter, ihre Dienste genau zu analysieren und sich auf die Anwendbarkeit des TK-Datenschutzes einzustellen.

IV. Durch den TK-Datenschutz Verpflichtete

11 Auf den **TK-Datenschutz verpflichtet** ist gemäß § 91 Abs. 1 S. 1 TKG, wer geschäftsmäßig TK-Dienste erbringt oder an der Erbringung mitwirkt, mithin Diensteanbieter iSd § 3 Nr. 6 TKG. Das geschäftsmäßige Erbringen von TK-Diensten ist in § 3 Nr. 10 TKG als nachhaltiges Angebot von TK für Dritte mit oder ohne Gewinnerzielungsabsicht definiert. Ein Rückgriff auf die Definition der TK-Dienste in § 3 Nr. 24 TKG erfolgt somit nicht.[38] **Geschäftsmäßig** werden diese Dienste erbracht, wenn das Angebot von TK-Diensten auf eine gewisse Dauer angelegt und nicht auf einen Einzelfall begrenzt ist.[39]

12 Ebenfalls erforderlich ist eine **Drittbezogenheit** der erbrachten TK-Dienste. Hierzu müssen die TK-Dienste einem anderen Dritten angeboten werden.[40] Kein Angebot an Dritte ist das unternehmensinterne TK-Netz, wenn es sich nur an die Mitarbeiter richtet und die private Nutzung untersagt ist.[41]

13 Zu beachten ist, dass Verpflichteter des TK-Datenschutzes nach der Regelung des Art. 95 DS-GVO nur noch sein kann, wer personenbezogenen Daten mit der **Bereitstellung öffentlich zugänglicher elektronischer Kommunikationsdienste** in öffentlichen Kommunikationsnetzen verarbeitet. Zwar war nach § 91 TKG das Merkmal der Öffentlichkeit kein Erfordernis zur Anwendbarkeit des TK-Datenschutzes.[42] Diese überschießende Umsetzung des deutschen Gesetzgebers wird nun aber von der DS-GVO verdrängt (→ Rn. 4).

Verpflichtete des TK-Datenschutzes sind damit auch bspw. Hotels, die Zimmertelefone zur Verfügung stellen[43] und Betreiber öffentlicher WLAN-Netze. Nicht mehr verpflichtet auf den TK-Datenschutz sind Unternehmen, die ihren **Mitarbeitern** die private Nutzung des Firmentelefons oder des Internets gestatten, da es sich hierbei nicht um einen öffentlich zugänglichen Kommunikationsdienst handelt.[44] Ebenfalls sind nach der aktuellen Rechtsprechung Verpflichtete des TK-Datenschutzes solche OTT-Anbieter, die über das offene Internet klassischen TK-Diensten vergleichbare Dienste anbieten, wie bspw. WhatsApp, Skype, Gmail[45] oder Facebook Messenger.[46]

---

[38] Mit ausführlicher Begründung Eckhard in Spindler/Schuster TKG § 88 Rn. 25.
[39] Braun in Beck TKG § 91 Rn. 12; Eckhard in Spindler/Schuster TKG § 88 Rn. 25.
[40] Eckhard in Spindler/Schuster TKG § 88 Rn. 27.
[41] Neumann K&R 2014, 320 (320); Eckhard in Spindler/Schuster TKG § 88 Rn. 27.
[42] Braun in Beck TKG § 91 Rn. 12.
[43] BNetzA Mitteilung Nr. 149/2015, ABl Nr. 4/2015, 1140; siehe zu weiteren Beispielen Braun in Beck TKG § 91 Rn. 12; Mayen in Scheurle/Mayen TKG § 88 Rn. 55.
[44] Ausführlich zur bisherigen Rechtslage vor Inkrafttreten des Art. 95 DS-GVO Sassenberg/Mantz BB 2013, 889; Neumann K&R 2014, 320 ff.; siehe auch Eckhard in Spindler/Schuster TKG § 88 Rn. 28; Hanebeck/Neuenhoeffer K&R 2006, 112 (113); aA LAG Berlin-Brandenburg ZD 2011, 43 (44); LAG Niedersachsen MMR 2010, 639 (640).
[45] So VG Köln MMR 2016, 141 (143) für Gmail.
[46] KG ZUM-RD 2017, 524 (533) für Facebook Messenger.

V. Durch den TK-Datenschutz Geschützte

Geschützt durch die Vorschriften des TK-Datenschutzes sind gemäß § 91 Abs. 1 TKG 14 personenbezogene Daten von Teilnehmern und Nutzern von TK. **Teilnehmer** sind gemäß § 3 Nr. 20 TKG natürliche oder juristische Personen, die mit einem Anbieter von öffentlich zugänglichen TK-Diensten einen Vertrag über die Erbringung derartiger Dienste geschlossen haben. **Nutzer** sind nach § 3 Nr. 14 TKG natürliche oder juristische Personen, die einen öffentlich zugänglichen TK-Dienst für private oder geschäftliche Zwecke in Anspruch nehmen, ohne notwendigerweise Teilnehmer zu sein. Damit sind von den Regelungen des TK-Datenschutzes sowohl natürliche als **auch juristische Personen umfasst.** Dies ist ein erheblicher Unterschied zum allgemeinen Datenschutzrecht, welches lediglich auf Daten natürlicher Personen Anwendung findet.[47] Daten juristischer Personen sind nach § 91 Abs. 1 S. 2 TKG aber nur insoweit erfasst, als die juristische Person mit der Fähigkeit ausgestattet ist, Rechte zu erwerben oder Verbindlichkeiten einzugehen (also bspw. GmbH, AG, oHG und KG). Ferner sind nur das Fernmeldegeheimnis betreffende Daten, mithin Verkehrsdaten (→ Rn. 32) und keine Bestandsdaten (→ Rn. 25) von juristischen Personen geschützt.[48]

> Vom TK-Datenschutz werden sowohl Verkehrs- als auch Bestandsdaten von natürlichen Personen geschützt. Das Besondere am TK-Datenschutz ist, dass vom Schutz auch Verkehrsdaten von juristischen Personen erfasst sind.

VI. Fernmeldegeheimnis

Das Fernmeldegeheimnis ist im TKG zwar nicht in den Regelungen zum TK-Daten- 15 schutz verortet, dennoch hat das Fernmeldegeheimnis des § 88 TKG eine **starke datenschützende Wirkung.**[49] Beim Fernmeldegeheimnis handelt es sich um eine spezielle Schutzvorschrift für Daten, die während und im Zusammenhang mit einem TK-Vorgang anfallen. Das in der einfachgesetzlichen Norm des § 88 Abs. 1 TKG statuierte Fernmeldegeheimnis ergänzt das in Art. 10 GG grundrechtlich geschützte Fernmeldegeheimnis.[50] Während Art. 10 GG Staatsorgane verpflichtet, richtet sich § 88 TKG an Privatrechtssubjekte.[51] Diese Verpflichtung von privatrechtlichen TK-Anbietern durch § 88 TKG wurde mit der Liberalisierung des TK-Marktes erforderlich.[52]

1. Adressat

Zur Wahrung des Fernmeldegeheimnisses ist gemäß § 88 Abs. 2 TKG **jeder TK-Diens-** 16 **teanbieter** verpflichtet. Der Adressatenkreis der Norm ist damit bewusst weit gefasst.[53] Diensteanbieter sind nach § 3 Nr. 6 TKG alle, die ganz oder teilweise geschäftsmäßig TK-Dienste erbringen oder an der Erbringung solcher Dienste mitwirken.

2. Schutzumfang

Geschützt werden soll vom Fernmeldegeheimnis die **freie Entfaltung der Persönlich-** 17 **keit** durch einen Kommunikationsaustausch über TK-Dienste.[54] Hierbei gewährleistet das

---

[47] Eckhard in Spindler/Schuster TKG § 91 Rn. 15.
[48] Braun in Beck TKG § 91 Rn. 21.
[49] Bock in Beck TKG § 88 Rn. 11.
[50] Graulich in AFSG TKG § 88 Rn. 4; Hanebeck/Neunhoeffer K&R 2006, 112 (112).
[51] Bock in Beck TKG § 88 Rn. 1.
[52] KG ZUM-RD 2017, 524 (532); Eckhard in Spindler/Schuster TKG § 88 Rn. 2.
[53] Hanebeck/Neuenhoeffer K&R 2006, 112 (113).
[54] BVerfG MMR 2006, 217 (219); Bock in Beck TKG § 88 Rn. 4.

Fernmeldegeheimnis die Vertraulichkeit der individuellen Kommunikation, wenn diese wegen der räumlichen Distanz zwischen den Beteiligten auf eine Übermittlung durch andere angewiesen ist und deshalb in besonderer Weise den Zugriff Dritter ermöglicht.[55] Durch den besonderen Schutz des Fernmeldegeheimnisses soll vermieden werden, dass der Meinungs- und Informationsaustausch mittels TK deshalb unterbleibt oder nach Form und Inhalt verändert abläuft, weil die Beteiligten damit rechnen müssen, dass dritte Stellen sich in die Kommunikation einschalten und Kenntnis über die Kommunikationsbeziehung und den Kommunikationsinhalt gewinnen können.[56]

18   Der Schutzbereich des Fernmeldegeheimnisses erstreckt sich nicht nur auf die klassische Sprachtelefonie, sondern auf **alle Formen der modernen Datenübertragung**.[57] Damit ist der Schutzbereich der Norm entwicklungsoffen und technikneutral und umfasst auch Übermittlungstechniken, die bei der Entstehung der Norm noch nicht bekannt waren.[58]

19   Dem Fernmeldegeheimnis unterliegen gemäß § 88 Abs. 1 TKG der **Inhalt der TK,** mithin alles was gesendet und empfangen wird[59] und ihre **näheren Umstände,** insbesondere die Tatsache, ob jemand an einem TK-Vorgang beteiligt ist oder war. Die näheren Umstände umfassen somit sämtliche Verkehrsdaten iSd § 96 TKG (→ Rn. 32), wenn sie Aufschluss über einen TK-Vorgang geben und alles, was darüber hinaus den konkreten TK-Vorgang individualisierbar macht.[60] Das Fernmeldegeheimnis erstreckt sich auch auf die näheren Umstände erfolgloser Verbindungsversuche. Nicht erfasst vom Fernmeldegeheimnis sind die generellen Umstände der Bereitstellung von TK-Dienstleistungen mithin Bestandsdaten iSd § 95 TKG (→ Rn. 25).[61]

Dynamische IP-Adressen weisen eine besondere Nähe zu einem konkreten TK-Vorgang auf. TK-Anbieter müssen bei der Zuordnung von dynamischen IP-Adressen zu Teilnehmern auf Verkehrsdaten dieser Teilnehmer zugreifen.[62]

20   Aus dem Schutzbereich des Fernmeldegeheimnisses heraus fallen allerdings solche Daten, die nach dem **Abschluss des TK-Vorgangs** bei den Teilnehmern aufgezeichnet und gespeichert werden.[63] Der Schutz des Fernmeldegeheimnisses endet in dem Moment, in dem die Nachricht beim Empfänger angekommen und der Übertragungsvorgang beendet ist.[64] Damit sind die nach dem Abschluss des Übertragungsvorgangs im Herrschaftsbereich des Teilnehmers verbleibenden Verbindungsdaten nicht mehr vom besonderen Schutz des Fernmeldegeheimnis umfasst, wobei diejenigen Verbindungsdaten, die im Herrschaftsbereich des TK-Anbieters verbleiben, weiterhin durch das Fernmeldegeheimnis geschützt sind.[65]

Konkret heißt dies bspw. für das Übersenden von **E-Mails**, dass diese dem Fernmeldegeheimnis unterliegen, solange sich die E-Mail noch im Herrschaftsbereich des E-Mail-Providers auf dessen Servern befindet. Erst wenn der Empfänger der Email diese auf seinen PC herunterlädt, ist der TK-Vorgang beendet und die E-Mail unterliegt dann auf dem eigenen

---

[55] BVerfG MMR 2006, 217 (219); MMR 2009, 673 (674); Graulich in AFSG TKG § 88 Rn. 4; Eckhard in Spindler/Schuster TKG § 88 Rn. 12.
[56] BVerfG MMR 2012, 410 (411); Graulich in AFSG TKG § 88 Rn. 4.
[57] BVerfG MMR 2009, 673 (674); Bock in Beck TKG § 88 Rn. 12.
[58] BVerfG NJW 2007, 351 (353); MMR 2006, 217 (219); Graulich in AFSG TKG § 88 Rn. 4.
[59] BVerfG MMR 2006, 217 (219); Eckhard in Spindler/Schuster TKG § 88 Rn. 10.
[60] BVerfG MMR 2006, 217 (219); Graulich in AFSG TKG § 88 Rn. 5; Eckhard in Spindler/Schuster TKG § 88 Rn. 10; Mayen in Scheurle/Mayen TKG § 88 Rn. 38.
[61] BVerfG MMR 2012, 410 (411); Klesczewski in Säcker TKG § 88 Rn. , 5; Graulich in AFSG TKG § 88 Rn. 20; Bock in Beck TKG § 88 Rn. 14; Eckhard in Spindler/Schuster TKG § 88 Rn. 11; Mayen in Scheurle/Mayen TKG § 88 Rn. 41.
[62] BVerfG MMR 2012, 410 (411).
[63] BVerfG MMR 2006, 217 (220); MMR 2009, 673 (674); Graulich in AFSG TKG § 88 Rn. 9; Bock in Beck TKG § 88 Rn. 5; Eckhard in Spindler/Schuster TKG § 88 Rn. 13.
[64] KG ZUM-RD 2017, 524 (534); Graulich in AFSG TKG § 88 Rn. 9.
[65] BVerfG MMR 2006, 217 (219); Graulich in ASFG TKG § 88 Rn. 15.

PC nicht mehr dem Fernmeldegeheimnis.⁶⁶ Auch auf dem Smartphone gespeicherte SMS unterfallen nicht mehr dem Fernmeldegeheimnis.⁶⁷

3. Geschützte des Fernmeldegeheimnisses

In den **persönlichen Schutzbereich** des Fernmeldegeheimnisses fallen alle an dem jeweiligem TK-Vorgang Beteiligten, also zB der Anrufer und der Angerufene.⁶⁸ Im Gegensatz zu den Regelungen des allgemeinen Datenschutzes in der DS-GVO unterfällt auch die TK juristischer Personen dem Fernmeldegeheimnis.⁶⁹ 21

Die Teilnehmer eines Kommunikationsvorgangs können auch auf den besonderen Schutz durch das **Fernmeldegeheimnis verzichten.** Wichtig hierbei ist aber, dass vom Fernmeldegeheimnis alle Parteien eines Kommunikationsvorgangs geschützt werden.⁷⁰ Ein Verzicht auf den Schutz des Kommunikationsvorgangs kann daher nur durch alle Beteiligten erklärt werden.⁷¹ 22

4. Pflichten aus dem Fernmeldegeheimnis

Aus dem Fernmeldegeheimnis folgt für die verpflichteten TK-Anbieter nach § 88 Abs. 3 S. 1 TKG ein **Kenntnisnahme-, Aufzeichnungs- und Verwertungsverbot** hinsichtlich des Inhalts und der näheren Umstände der TK.⁷² Eine Kenntnisnahme ist nur insoweit erlaubt, wie dies für die geschäftsmäßige Erbringung der TK-Dienste einschließlich des Schutzes ihrer technischen Systeme erforderlich ist. Kenntnisse über Tatsachen, die dem Fernmeldegeheimnis unterliegen, dürfen die TK-Diensteanbieter nach § 88 Abs. 3 S. 2 TKG nur für den in § 88 Abs. 3 S. 1 TKG genannten Zweck **(Zweckbindungsgrundsatz)** verwenden. 23

Spam-Filter bei E-Mails und **Virensoftware** können zur Erbringung des TK-Diensten und zum Schutz der technischen Systeme iSd § 88 Abs. 3 S. 1 TKG erforderlich und eine Kenntnisnahme von dem Inhalt der Kommunikation daher zulässig sein, wenn dies für das Funktionieren des Spam-Filters erforderlich ist.⁷³

> Ein Schutz derjenigen Daten, die dem Fernmeldegeheimnis unterliegen, ist für Diensteanbieter schon aus dem Grunde essenziell, da eine vorsätzliche Verletzung des Fernmeldegeheimnisses nach § 206 Abs. 1 StGB strafbewährt ist.

VII. TK-Datenschutz

1. Hintergrund des TK-Datenschutzes

Das TKG kennt zwei Kategorien von TK-Daten. Einerseits die in § 95 TKG geregelten Bestandsdaten (→ Rn. 25) und andererseits die in § 96 TKG geregelten Verkehrsdaten (→ Rn. 32). Speziell geregelt werden noch die Standortdaten (→ Rn. 37) gemäß § 98 TKG. Diese sind größtenteils Verkehrsdaten.⁷⁴ 24

---

⁶⁶ Siehe hierzu BVerfG MMR 2009, 673 (674); KG ZUM-RD 2017, 524 (534).
⁶⁷ Mayen in Scheurle/Mayen TKG § 88 Rn. 43.
⁶⁸ Eckhard in Spindler/Schuster TKG § 88 Rn. 23.
⁶⁹ Eckhard in Spindler/Schuster TKG § 91 Rn. 21 und § 88 Rn. 23; Graulich in AFSG TKG § 88 Rn. 22.
⁷⁰ Bock in Beck TKG § 88 Rn. 19.
⁷¹ KG ZUM-RD 2017, 524 (537); Eckhard in Spindler/Schuster TKG § 88 Rn. 24; Hanebeck/Neunhoeffer K&R 2006, 112 (114); Bock in Beck TKG § 88 Rn. 19; Mayen in Scheurle/Mayen TKG § 88 Rn 49.
⁷² Mayen in Scheurle/Mayen TKG § 88 Rn. 16.
⁷³ Eckhard in Spindler/Schuster TKG § 88 Rn. 48; Bock in Beck TKG § 88 Rn. 26.
⁷⁴ Klesczewski in Säcker TKG § 96 Rn. 6; Eckhard in Spindler/Schuster TKG § 98 Rn. 11.

2. Bestandsdaten

25 **Bestandsdaten** sind gemäß § 3 Nr. 3 TKG Daten eines Teilnehmers, die für die Begründung, inhaltliche Ausgestaltung, Änderung oder Beendigung eines Vertragsverhältnisses über TK-Dienste erhoben werden. Teilnehmer ist gemäß § 3 Nr. 20 TKG jede natürliche oder juristische Person, die mit einem Anbieter von öffentlich zugänglichen TK-Diensten einen Vertrag über die Erbringung derartiger Dienste geschlossen hat.

> Bestandsdaten können auch Verkehrsdaten sein, wenn sie bei einem konkreten TK-Vorgang genutzt werden. Bspw. ist die Rufnummer Bestandsdatum, sie kann aber bei einem konkreten Anruf ein Verkehrsdatum sein. Daher kommt es bei der Abgrenzung von Bestands- und Verkehrsdaten immer auf den konkreten Verwendungszusammenhang an.

26 Die Regelung zu Bestandsdaten in § 95 TKG wird mit Inkrafttreten der DS-GVO ihren **Anwendungsbereich größtenteils verlieren** (→ Rn. 6). Die Zulässigkeit der Bestandsdatenverarbeitung des § 95 Abs. 1 TKG richtet sich nunmehr nach Art. 6 Abs. 1 lit. b DS-GVO. Die weiteren Sonderregelungen des § 95 Abs. 2 bis 5 TKG treten hinter den allgemeinen Regelungen der DS-GVO zurück.

27 Eine **Pflicht zur Bestandsdatenerhebung** ergibt sich für TK-Anbieter aus § 111 Abs. 1 TKG. Hiernach muss der TK-Anbieter die dort genannten Daten bei Freischaltung des Dienstes erheben. Diese Daten unterliegen aber einer engen Zweckbindung. Die Daten dürfen nur für Auskunftsersuchen nach §§ 112 und 113 TKG verwendet werden. Gelöscht werden müssen diese Daten gemäß § 111 Abs. 5 TKG mit dem Ablauf des Kalenderjahres, das auf die Beendigung des Vertragsverhältnisses folgt.[75]

28 § 95 Abs. 3 TKG legt fest, dass die vom Diensteanbieter erhobenen Bestandsdaten mit Ablauf des auf die Beendigung folgenden Kalenderjahres zu **löschen** sind. Diese Löschregel findet keinen Niederschlag in der ePrivacy-RL und wird daher durch die allgemeinen Regelungen der DS-GVO verdrängt. Hiernach muss der TK-Anbieter Bestandsdaten dann löschen, wenn es keinen Rechtfertigungsgrund für die Speicherung mehr gibt, insbesondere wenn er die Daten nicht mehr zur Erfüllung des TK-Vertrages benötigt und auch sonst keine rechtlichen Verpflichtungen zur Speicherung mehr bestehen. Andererseits verpflichtet § 111 Abs. 5 TKG TK-Anbieter aus Gründen der öffentlichen Sicherheit zu einer **Speicherung von Bestandsdaten** bis zum Ende des auf die Vertragsbeendigung folgenden Kalenderjahres.[76]

29 Zudem ermöglicht § 95 Abs. 4 TKG TK-Anbietern, im Zusammenhang mit dem Begründen und dem Ändern des Vertragsverhältnisses sowie dem Erbringen von TK-Diensten die **Vorlage eines amtlichen Ausweises** zu verlangen. Diese Regelung findet keine Grundlage in der ePrivacy-RL.[77] Ebenfalls findet sich in der ePrivacy-RL keine Erlaubnis des TK-Anbieters, von dem vorgelegten Ausweis eine Kopie zu erstellen. Daher wird diese Berechtigung mit Geltung der DS-GVO entfallen.[78] Gemäß § 111 Abs. 1 S. 2 Nr. 1 TKG muss sich der TK-Anbieter aber bei im Voraus bezahlten Mobilfunkdiensten (Prepaid) einen Ausweis vorlegen lassen und die Richtigkeit der erhobenen Daten anhand dieses Ausweises kontrollieren (→ Rn. 27). Diese Verpflichtung bleibt neben der DS-GVO bestehen.

30 Der TK-Anbieter darf Bestandsdaten seiner Teilnehmer gemäß § 95 Abs. 1 S. 2 TKG auch an seine Vorleistungserbringer **weitergeben,** soweit dies zur Erfüllung des Vertrages zwischen den Diensteanbietern erforderlich ist. Diese Regelung geht zurück auf Art. 6 Abs. 2 ePrivacy-RL und geht damit der DS-GVO vor (→ Rn. 5). Zu beachten ist, dass

---

[75] Klesczewski in Säcker TKG § 95 Rn. 17; Eckhard in Spindler/Schuster TKG § 95 Rn. 21.
[76] Kiparski/Sassenberg CR 2018, 324 (327).
[77] Kiparski/Sassenberg CR 2018, 324 (327).
[78] Kiparski/Sassenberg CR 2018, 324 (327).

§ 18 Datenschutz im Telekommunikationssektor **Teil B**

der TK-Anbieter als Vertragspartner des Endkunden diesen gemäß Art. 13 Abs. 1 lit. e DS-GVO über die Weitergabe der Bestandsdaten informieren muss.

Das bisher in § 95 Abs. 5 TKG geregelte **Kopplungsverbot** von der Erbringung von TK-Diensten an eine Einwilligung des Teilnehmers in eine Verwendung seiner Daten wird nunmehr in Art. 7 Abs. 4 DS-GVO geregelt (→ dazu § 3 Rn. 27). 31

> Die Regelung des § 95 Abs. 1 S. 1 TKG über die Erhebung von Bestandsdaten von natürlichen Personen wird nunmehr von Art. 6 Abs. 1 lit. b DS-GVO verdrängt.

3. Verkehrsdaten

Verkehrsdaten[79] sind gemäß § 3 Nr. 30 TKG Daten, die bei der Erbringung eines TK- 32 Dienstes erhoben, verarbeitet oder genutzt werden. Nach der höchstrichterlichen Rechtsprechung[80] unterfallen auch **dynamische IP-Adressen** den Verkehrsdaten, da sie Auskunft über einen TK-Vorgang zu einem bestimmten Zeitpunkt geben.[81]

§ 96 Abs. 1 TKG legt abschließend fest, welche Verkehrsdaten vom Diensteanbieter er- 33 hoben werden dürfen. Diese sind Nummern und Kennungen, der Beginn und das Ende der Verbindung, der in Anspruch genommene TK-Dienst, Endpunkte von fest geschalteten Verbindungen und übermittelte Datenmengen, wenn dies entgeltrelevant ist und sonstige zur Aufrechterhaltung der TK sowie zur Entgeltabrechnung erforderliche Daten. Verwendet werden dürfen diese Verkehrsdaten gemäß § 96 Abs. 1 S. 2 TKG nur, wenn dies für den Verbindungsaufbau oder für im Abschnitt 2 des Teils 7 des TKG genannte Zwecke erforderlich ist oder anderweitig gesetzlich gestattet ist. Anderenfalls sind Verkehrsdaten gemäß § 96 Abs. 1 S. 3 TKG **unverzüglich** nach Beendigung der Verbindung **zu löschen** (→ Rn. 41).

Nach § 97 Abs. 1 TKG dürfen TK-Anbieter Verkehrsdaten verwenden, soweit die Da- 34 ten zur Ermittlung des Entgeltes zur **Abrechnung** mit ihrem Teilnehmer benötigt werden. Hierzu muss der TK-Anbieter gemäß § 97 Abs. 3 S. 1 TKG unverzüglich nach der Beendigung einer TK-Verbindung aus den Verkehrsdaten die für die Abrechnung relevanten Daten ermitteln. Alle anderen Verkehrsdaten muss er gemäß § 97 Abs. 3 S. 3 TKG unverzüglich löschen. Zu beachten ist hierbei, dass bei **Pauschaltarifen (Flatrates)** eine Entgeltermittlung nicht auf Basis der Verkehrsdaten erfolgt und diese daher auch nicht verwendet werden dürfen.[82] Diejenigen Verkehrsdaten, die der Diensteanbieter zur Abrechnung benötigt, sind in § 97 Abs. 2 TKG genannt. Diese darf der Diensteanbieter gemäß § 97 Abs. 3 S. 2 TKG bis zu **sechs Monate** nach Versenden der Entgeltabrechnung speichern. § 97 Abs. 2 und Abs. 3 TKG beziehen sich auch auf die Entgeltabrechnungen zwischen Diensteanbietern, womit diese Verkehrsdaten ihrer Teilnehmer zu Zwecken der Entgeltabrechnung untereinander speichern dürfen. Daher können TK-Anbieter Verkehrsdaten dann länger speichern, wenn sie sie noch für eine Abrechnung im Vorleistungsverhältnis benötigen.

Gemäß § 97 Abs. 1 S. 2 TKG darf der TK-Netzbetreiber Verkehrsdaten an Diensteanbieter ohne eigenes Netz **übermitteln**. Nicht hiervon gedeckt ist eine Übermittlung von 35 Verkehrsdaten von einem TK-Anbieter an einen Premiumdiensterbringer, da diese selbst keine Diensteanbieter iSd § 3 Nr. 6 TKG sind.[83] § 97 Abs. 1 S. 3 TKG ermöglicht die

---

[79] Säcker in Säcker TKG § 3 Nr. 89 bringt zahlreiche Beispiele von Verkehrsdaten.
[80] BVerfG MMR 2010, 356 (365); NJW 2012, 1419 (1422). BGH MMR 2017, 605 (605); MMR 2011, 341 (343); anders noch MMR 2010, 567 (568); EuGH NJW 2016, 3579 ff. – Breyer mAnm Mantz/Spittka; siehe auch GRUR 2012, 265 ff.
[81] Siehe zur Diskussion Lutz in AFSG TKG § 96 Rn. 7; ausführlich Specht/Müller-Riemenschnieder ZD 2014, 71 ff.; die dynamische IP-Adresse stellt nach der Rspr. des EuGH auch ein personenbezogenes Datum dar, wenn zwar nicht nur für den TK-Anbieter, der die IP-Adresse vergeben hat und weiß, welche natürliche Person dahintersteht.
[82] Diese Daten sind nach Feststellung ihrer Abrechnungsirrelevanz zu löschen VG Köln ZD 2016, 43 (15).
[83] So VG Köln ZD 2014, 210 (212); aA Schmitz ZD 2012, 8 (10).

Kiparski 515

Verkehrsdatenweitergabe an Dritte zwecks Forderungseinzugs (→ Rn. 52). Gemäß § 97 Abs. 5 TKG kann der Diensteanbieter, der mit der Rechnung Entgelte für Leistungen eines Dritten einzieht, die er im Zusammenhang mit der Erbringung von TK-Diensten erbracht hat, Bestands- und Verkehrsdaten an den Dritten übermitteln, soweit diese im Einzelfall für die Durchsetzung der Forderungen des Dritten gegenüber dem Teilnehmer erforderlich sind.

36 Mit der europäischen Regelung zu **Roam-like-at-Home**[84] aus der geänderten Roaming-VO[85] ergibt sich eine neue Ermächtigung zur Speicherung von Verkehrs- und Standortdaten für TK-Anbieter. TK-Anbieter dürfen gemäß Art. 6a Roaming-VO[86] ihren Roamingkunden für EU-Roamingleistungen keine Aufschläge mehr berechnen. Endkunden können mithin ihren Mobilfunktarif im EU-Ausland wie zu Hause nutzen (Roam-like-at-Home). Um einen Missbrauch des Roam-like-at-Home zu vermeiden, begrenzt Art. 6b Abs. 1 der Roaming-VO Roam-like-at-Home auf Zwecke von „vorübergehenden Reisen". Zur Begrenzung von Roam-like-at-Home auf vorübergehende Reisen können TK-Anbieter gegenüber ihren Endkunden eine Regelung zur angemessenen Nutzung der Roamingleistungen im EU-Ausland anwenden. Gemäß dieser Regelung zur angemessenen Nutzung werden Roamingdienste gemäß Art. 4 Abs. 4 Durchführungs-VO[87] dann angemessen und im Rahmen von vorübergehenden Reisen genutzt, wenn über einen Betrachtungszeitraum von mindestens 4 Monaten eine überwiegende Inlandsnutzung oder ein überwiegender Inlandsaufenthalt des Kunden vorliegt. Um dies dem Endkunden nachzuweisen, ist es für den TK-Anbieter erforderlich, über einen Betrachtungszeitraum von 4 Monaten und darüber hinaus, wenn eine missbräuchliche Nutzung festgestellt wurde, Verkehrs- und Standortdaten der Endkunden zu speichern.[88] Diese Verkehrs- und Standortdaten muss der TK-Anbieter erheben und speichern, um feststellen zu können, ob eine überwiegende Inlandsnutzung oder ein überwiegender Inlandsaufenthalt vorgelegen hat. Zwar dürfen nach § 97 Abs. 3 TKG nicht abrechnungsrelevante Verkehrsdaten, insbesondere solche Verkehrsdaten einer Flatrate nicht gespeichert werden. Um aber eine überwiegende Inlandsnutzung belegen zu können, muss und darf der TK-Anbieter nun nach Art. 4 Abs. 4 Durchführungs-VO auch Verkehrsdaten einer Flatrate über einen Zeitraum von mindestens 4 Monaten speichern. Diese Ermächtigung zur Datenspeicherung nach Art. 4 Abs. 4 Durchführungs-VO gilt aber nur für solche TK-Anbieter, die eine Regelung zur angemessenen Nutzung gegenüber ihren Endkunden nach Art. 6b Abs. 1 Roaming-VO anwenden und nur für solche Tarife, die dem EU-Roaming unterliegen.

4. Standortdaten

37 **Standortdaten** sind gemäß § 3 Nr. 19 TKG Daten, die in einem TK-Netz oder von einem TK-Dienst erhoben oder verwendet werden und die den Standort des Endgerätes des Endnutzers eines öffentlich zugänglichen TK-Dienstes angeben. Dies umfasst bspw. die Standorterfassung im Mobilfunknetz, aber auch eine Ortung in einem WLAN-Netz.[89] Nicht erfasst von der Definition der Standortdaten sind damit solche Positionsdaten, die nicht TK-netzseitig oder TK-dienstseitig gewonnen werden.[90] Dies können zB Ortungs-

---

[84] Ausführlich Huber MMR-Aktuell 2015, 373467.
[85] Die Roaming-VO Nr. 531/2012 ist durch die Verordnung (EU) Nr. 2015/2120 vom 25.11.2015 geändert worden.
[86] ABl. EU 2012 L 172, 10, geändert durch ABl. EU 2015 L 310, 1.
[87] ABl. EU 2016 L 344, 46.
[88] ErwGr 17 der Durchführungs-VO betont ausdrücklich den Grundsatz der Datensparsamkeit; es sollen nur solche Daten gespeichert werden, die zur Erkennung und Verhinderung einer missbräuchlichen Nutzung von EU-Roamingleistungen erforderlich sind.
[89] Löwnau/Müller in Scheurle/Mayen TKG § 98 Rn. 6; Sassenberg/Mantz WLAN und Recht Rn. 125.
[90] Jandt/Schnabel K&R 2008, 723 (725); Braun in Beck TKG § 98 Rn. 8; aA Eckard in Spindler/Schuster TKG § 98 Rn. 9; Lutz in ASFG TKG § 98 Rn. 8, der auch GPS-Daten einbezieht.

dienste über GPS sein. Hierauf finden nicht die datenschutzrechtlichen Regelungen des TKG, sondern die des TMG bzw. nunmehr der DS-GVO (→ dazu § 3 Rn. 46) Anwendung.

Die Verwendung von Standortdaten jenseits des Erfordernisses der TK-Diensteerbringung steht unter den engen Anforderungen des § 98 TKG und betrifft **Dienste mit Zusatznutzen,** also solche, die gemäß § 3 Nr. 5 TKG die Erhebung und Verwendung von Verkehrsdaten oder Standortdaten in einem Maße erfordern, die über das für die Übermittlung einer Nachricht oder die Entgeltabrechnung dieses Vorganges erforderliche Maß hinausgehen. Dieses sind spezielle Ortungsdienste (sog **Location Based Services**).[91] Soweit bei der Bereitstellung des Dienstes mit Zusatznutzen auf Verkehrsdaten zurückgegriffen wird, richtet sich dies nach § 96 Abs. 3 und 4 TKG.[92] 38

§ 98 Abs. 1 TKG unterscheidet zwischen Eigen- und Fremdortung. Regelungen zur **Eigenortung** finden sich in § 98 Abs. 1 S. 1 bis 3 TKG; die **Fremdortung** ist in § 98 Abs. 1 S. 4 bis 7 TKG geregelt. Zur Eigenortung müssen Teilnehmer ihre Einwilligung gegenüber dem Anbieter des Dienstes mit Zusatznutzen erteilen,[93] wenn Standortdaten von ihnen zur Bereitstellung eines Dienstes mit Zusatznutzen verwendet werden sollen. Hierbei muss die Einwilligung vom Teilnehmer und nicht vom jeweiligen Nutzer erteilt werden. Verwenden iSd § 98 Abs. 1 TKG umfasst hierbei auch das Erheben von Standortdaten.[94] Der Anbieter des Dienstes mit Zusatznutzen muss dem Teilnehmer bei jeder Feststellung des Standortes des Mobilfunkendgerätes durch eine Textmitteilung an das Endgerät hierüber informieren. 39

Im Falle der **Fremdortung** werden die Standortdaten an einen Dritten, der nicht der Anbieter des Dienstes mit Zusatznutzen ist, übermittelt. Hierbei muss die Einwilligung des Teilnehmers abweichend von den Vorgaben des § 94 TKG ausdrücklich, eindeutig und schriftlich erfolgen.[95] Sinn und Zweck der Regelung ist es, einem Missbrauch von Standortdaten zur Erstellung von Bewegungsprofilen oder für ortsbezogene Werbung vorzubeugen.[96] Der Teilnehmer muss den jeweiligen Nutzer dann aber gemäß § 98 Abs. 1 S. 4 TKG über die erteilte Einwilligung unterrichten. 40

Einschlägig sein können die Regelungen zur Fremdortung bspw. bei **Internet-of-Things (IoT)** Anwendungen, bei denen das vernetzte Gerät, zB ein **LKW** einer Spedition, stetig geortet und die Standortinformationen in die Systeme des Spediteurs übertragen werden. Hier muss der Spediteur nicht die schriftliche Einwilligung der betroffenen Mitarbeiter einholen, da diese keine Teilnehmer sind. Es gelten für ihn aber die datenschutzrechtlichen Grundsätze der Transparenz und Verhältnismäßigkeit. Neben etwaigen mitbestimmungsrechtlichen Regelungen muss der Spediteur die betroffenen Mitarbeiter über die Ortung informieren. Auch muss dem betroffenen Mitarbeiter die Ortung jedes Mal per SMS vom Anbieter des Dienstes mit Zusatznutzen mitgeteilt werden.[97]

5. Leitfaden zur datenschutzgerechten Speicherung von Verkehrsdaten

Da § 97 Abs. 3 S. 2 TKG eine Höchstspeicherdauer für Verkehrsdaten festlegt, ist die Norm nach Auffassung des BfDI und der BNetzA insoweit auslegungsbedürftig, als dass die Höchstspeicherdauer nicht generell, sondern nur ausnahmsweise Anwendung finden sollte. In einem **Leitfaden für eine datenschutzgerechte Speicherung von Ver-** 41

---

[91] Ausführlich hierzu Jandt/Schnabel K&R 2008, 723 ff.
[92] Klesczewski in Säcker TKG § 96 Rn. 6; Eckhard in Spindler/Schuster TKG § 98 Rn. 4; vertiefend Ditscheid/Ufer MMR 2009, 367 (369).
[93] Die Anforderungen der Einwilligung ergeben sich aus § 94 TKG.
[94] Eckhard in Spindler/Schuster TKG § 98 Rn. 12.
[95] Dieses bedeutet Schriftform nach § 126 BGB; eine Einwilligung per SMS oder in AGB ist damit nicht mehr möglich Ditscheid/Ufer MMR 2009, 367 (369).
[96] BT-Drs. 16/12405, 18; BT-Drs. 17/5707, 79.
[97] BfDI Info 5, 27.

kehrsdaten haben BNetzA und BfDI dargestellt, welche betrieblichen Speicherfristen für Verkehrsdaten von den Aufsichtsbehörden im Regelfall als angemessen angesehen werden.[98] Die in dem Leitfaden für jede Verkehrsdatenkategorie festgelegte **Regelspeicherdauer** ergibt sich aus den Parametern der Höchstspeicherdauer des § 97 Abs. 3 S. 2 TKG und der Rechnungseinspruchsfrist des § 45i Abs. 1 TKG von acht Wochen. Zu den acht Wochen rechnet die BNetzA und der BfDI noch Postlaufzeiten hinzu und kommt so auf eine Regelspeicherdauer von drei Monaten je abrechnungsrelevantem Verkehrsdatum. Zudem wird für einige Verkehrsdaten (zB Cell-ID und IMEI) festgelegt, dass diese nicht abrechnungsrelevant und entsprechend unverzüglich zu löschen sind.[99] Mangels Rechtsetzungsbefugnis der BNetzA und des BfDI hat dieser Leitfaden keinen bindenden Charakter.

> Der Leitfaden zur datenschutzgerechten Speicherung von Verkehrsdaten bietet eine gute und detaillierte Handreichung zur Speicherdauer der einzelnen Arten von Verkehrsdaten. Er wird von den Behörden bei Kontrollbesuchen zugrunde gelegt.

VIII. Datenspeicherung zur Missbrauchsbekämpfung

42 Anbieter von TK-Diensten können gemäß § 100 Abs. 1 TKG Bestandsdaten und Verkehrsdaten der Teilnehmer und Nutzer erheben und verwenden, soweit dies erforderlich ist, um Störungen oder Fehler an TK-Anlagen zu erkennen, einzugrenzen oder zu beseitigen. Der Begriff der **Störung** ist umfassend als jede vom TK-Diensteanbieter nicht gewollte Veränderung der von ihm für sein TK-Angebot genutzten technischen Einrichtungen zu verstehen.[100] Störungen an TK-Anlagen liegen bereits dann vor, wenn die eingesetzte Technik die ihr zugedachten Funktionen nicht mehr richtig oder vollständig erfüllen kann.[101] Dies ist bereits dann der Fall, wenn einzelne IP-Adressbereiche von anderen Internetdienstleistern gesperrt wurden, da hierdurch diese IP-Adressbereiche für den betroffenen TK-Diensteanbieter nicht mehr nutzbar sind.[102] Eine bereits **mittelbare Beeinträchtigung** der TK-Systeme des TK-Anbieters ist ausreichend.[103] Ausreichend ist zudem eine bloß **abstrakt bestehende Gefahr** einer Störung.[104] Es genügt, dass die in Rede stehende Datenerhebung und -verwendung geeignet, erforderlich und im engeren Sinn verhältnismäßig ist, um abstrakten Gefahren für die Funktionstüchtigkeit des TK-Betriebs entgegenzuwirken.[105] Auf dieser Basis können TK-Anbieter zB IP-Adressen bis zu 7 Tage speichern.[106]

Bei „Denial-of-Service" (DOS)-Attacken, Spam, beim Versand von Trojanern und bei „Hacking" handelt es sich um Störungen iSd § 100 Abs. 1 S. 1 TKG, nicht hingegen bei bloßen Urheberrechtverletzungen, die über den Internetanschluss begangen werden.[107]

---

[98] Leitfaden des BfDI und der BNetzA für eine datenschutzgerechte Speicherung von Verkehrsdaten, Stand 19.12.2012, abrufbar unter http://www.BNetzA.de/DE/Sachgebiete/Telekommunikation/Unternehmen_Institutionen/Anbieterpflichten/Datenschutz/SpeicherungvonVerkehrsdaten/speicherungvonverkehrsdatennode.html, zuletzt abgerufen am 2.4.2018; siehe auch Kiparski DSRITB 2013, 711 (719f.).
[99] Zur Löschverpflichtung dieser Daten VG Köln ZD 2016, 43 (44).
[100] BGH MMR 2011, 341 (343); OLG Köln ZD 2016, 175 (176); BT-Drs. 16/11967, 17.
[101] BGH ZD 2014, 461 (462).
[102] BGH ZD 2014, 461 (462); MMR 2011, 341 (343).
[103] Eckhardt ZD 2014, 463 (465).
[104] BGH MMR 2011, 341 (343); OLG Köln ZD 2016, 175 (176).
[105] So BGH MMR 2011, 341 (343).
[106] BGH MMR 2011, 341 (344); OLG Köln ZD 2016, 175 (176) bis zu 4 Tage.
[107] OLG Köln ZD 2016, 175 (176).

IX. Vorratsdatenspeicherung

1. Hintergrund und aktueller Stand der Vorratsdatenspeicherung

Die Vorratsdatenspeicherung in Deutschland blickt auf eine ereignisreiche Geschichte zurück.[108] Nachdem die Regelungen im TKG im Jahr 2010 durch das **BVerfG**[109] für unvereinbar mit Art. 10 Abs. 1 GG erklärt wurden und der **EuGH** im Jahr 2014[110] die Vorratsdatenspeicherungs-RL[111] für nichtig erklärte, startete der deutsche Gesetzgeber einen neuen Anlauf mit dem **Gesetz zur Einführung einer Speicherpflicht und einer Höchstspeicherfrist für Verkehrsdaten.**[112] Im Oktober 2015 wurden die §§ 113a bis 113g neu in das TKG eingefügt.[113] Die Verpflichtung zur Vorratsdatenspeicherung ist am 1.7.2017 in Kraft treten. Die **BNetzA** hat aber aufgrund einer Eilrechtsschutz-Entscheidung des OVG NRW (→ Rn. 48) die Durchsetzung der Speicherverpflichtung des § 113b TKG vorerst bis zum rechtskräftigen Abschluss des Hauptsacheverfahrens ausgesetzt (→ Rn. 49). 43

2. Verpflichtung zur Vorratsdatenspeicherung

Verpflichtet zur Speicherung von Verkehrs- und Standortdaten auf Vorrat sind nach § 113a TKG Erbringer von öffentlich zugänglichen TK-Diensten für Endnutzer iSd § 3 Nr. 8 TKG. Die zu speichernden Daten und die Dauer der Vorhaltung ergeben sich aus § 113b TKG. **Verkehrsdaten** (→ Rn. 32) sind für zehn Wochen, **Standortdaten** (→ Rn. 37) für vier Wochen zu speichern. Bei der Nutzung mobiler Dienste ist zudem nach § 113b Abs. 4 TKG die Cell-ID der genutzten Funkzellen, die geographische Lage und die Hauptstrahlrichtung der Funkantennen zu speichern. **Inhalte** von TK dürfen ausweislich § 113b Abs. 5 TKG **nicht** gespeichert werden. 44

TK-Diensteanbieter, die selbst nicht sämtliche nach §§ 113b bis 113g TKG zu speichernden Daten erzeugen oder über diese verfügen, müssen gemäß § 113a Abs. 1 Nr. 1 TKG sicherstellen, dass die **Daten von ihrem Vorleister** gemäß den Anforderungen des § 113d und § 113f TKG gespeichert werden. Die BNetzA hat hierzu einen Anforderungskatalog nach § 113f Abs. 1 TKG erlassen,[114] bei dessen Einhaltung die gesetzliche Vermutung nach § 113f Abs. 1 S. 1 TKG greift, dass der besonders hohe Standard der Datensicherheit und der Datenqualität gewährleistet ist. Die Daten müssen gemäß § 113b Abs. 8 TKG so gespeichert werden, dass im Fall eines Auskunftsersuchens schnell zugegriffen werden kann. Spätestens eine Woche nach Ablauf der Speicherfrist sind die Daten gemäß § 113b Abs. 8 TKG zu **löschen.** 45

Die auf Vorrat gespeicherten Daten dürfen gemäß § 113c Abs. 2 TKG ausschließlich für die in § 113c Abs. 1 TKG genannten **Beauskunftungszwecke** genutzt werden. Eine anderweitige Verwertung, insbesondere für Analysezwecke, ist nach § 149 Abs. 1 Nr. 39 TKG bußgeldbewehrt. Jeder Zugriff auf Daten, die nach § 113a TKG auf Vorrat gespeichert wurden, ist nach § 113e Abs. 1 TKG zu **protokollieren.** Festzuhalten sind Log-Files, die den Zeitpunkt des Zugriffs, den zugreifenden Nutzer und Zweck und Art des Zugriffs dokumentieren. Die Protokolle müssen nach Ablauf eines Jahres nach ihrer Erstellung gelöscht werden. 46

---

[108] Siehe zur Historie der Vorratsdatenspeicherung Roßnagel NJW 2017, 696 (696); Busch ZRP 2014, 41 (42).
[109] BVerfG MMR 2010, 356 ff.
[110] EuGH MMR 2014, 412 ff.– Digital Rights Ireland.
[111] ABl. EU 2006 L 105, 54.
[112] BGBl I 2218.
[113] Einen Überblick über die Vorratsdatenspeicherung bieten Roßnagel NJW 2016, 533 ff.; Forgó/Heermann K&R 2015, 753 ff., Sassenberg/Mantz K&R 2016, 230 (235); Dieterle ZD 2016, 517 ff.
[114] BNetzA Verfügung Nr. 35/2016, ABl. 22/2016, 4173; siehe hierzu auch Kipker MMR-Aktuell 2016, 378702 und Heermann ZD-Aktuell 2016, 05393.

3. Entscheidungen zur Vorratsdatenspeicherung

47 Nach der Entscheidung des **BVerfG** vom 2.3.2010,[115] mit der die im TKG geregelte Vorratsdatenspeicherung für verfassungswidrig erklärt wurde und nach der Entscheidung des EuGH vom 8.4.2014,[116] mit der der EuGH die Vorratsdatenspeicherungs-RL für unionsrechtswidrig erklärte, ist die jüngste Entscheidung des EuGH in den Verfahren Tele2 Sverige und Watson ganz wesentlich. Hierin stellte der **EuGH** fest, dass die Regelungen zur Vorratsdatenspeicherung in den Ländern Schweden und Großbritannien europarechtswidrig sind.[117] Die Pflicht zur uneingeschränkten Vorratsdatenspeicherung verstößt unter Berücksichtigung der Art. 7, 8 und 11 GRCh gegen die in Art. 15 ePrivacy-RL niedergelegten Erfordernisse der Notwendigkeit, Angemessenheit und Verhältnismäßigkeit.[118] Die Speicherung von Verkehrs- und Standortdaten muss nach dem mit der ePrivacy-RL geschaffenen System die **Ausnahme und nicht die Regel** sein.[119] Nach den vom EuGH in der Entscheidung aufgestellten Leitplanken darf eine Vorratsdatenspeicherung nicht uneingeschränkt erfolgen und sich nicht auf alle Teilnehmer und auf alle elektronischen Kommunikationsmittel sowie auf sämtliche Verkehrsdaten erstrecken. Es muss vielmehr eine **Differenzierung,** Einschränkung oder Ausnahme jeweils in Abhängigkeit von dem Ziel der Verfolgung schwerster Straftaten bestehen. Eine Vorratsdatenspeicherung darf **nicht pauschal** sämtliche Personen, die elektronische Kommunikationsdienste nutzen, betreffen, ohne dass sich diese Personen auch nur mittelbar in der Lage befänden, Anlass zur Strafverfolgung zu geben.[120] Die Vorratsdatenspeicherung muss sich zudem auf die Daten eines bestimmten Zeitraumes und/oder eines geographischen Gebietes und/oder eines Personenkreises beschränken, der in irgendeiner Weise in eine schwere Straftat verwickelt sein könnte.[121] Weiterhin ist eine Vorratsdatenspeicherung nur zur **Bekämpfung schwerer Kriminalität** gerechtfertigt, was sich aus den Zugriffsrechten auf die gespeicherte Daten ergeben muss.[122] Auch müssen gesetzlich ausreichende Mindesterfordernisse für einen wirksamen Schutz der gespeicherten Daten gegen Missbrauch gegeben sein.[123]

48 Bezugnehmend auf diese Entscheidung des EuGH in Sachen Tele2[124] hat das **OVG NRW** mit einer wegweisenden Entscheidung im einstweiligen Rechtsschutz wenige Tage vor Inkrafttreten der Verpflichtung zur **Vorratsdatenspeicherung** diese gegenüber einem zur Speicherung verpflichteten Unternehmen **aufgehoben.**[125] Das OVG NRW hat festgestellt, dass die Regelung des § 113a Abs. 1 iVm § 113b TKG dem zwingend zu beachtenden Erfordernis einer **Beschränkung** des von der Vorratsdatenspeicherung betroffenen **Personenkreises** erkennbar nicht gerecht werde.[126] Es müsse ein zumindest mittelbarer Zusammenhang der gespeicherten Daten mit schweren Straftaten sichtbar sein, die Daten müssten auf irgendeine Weise zur Bekämpfung schwerer Kriminalität beitragen oder eine schwerwiegende Gefahr für die öffentliche Sicherheit und Ordnung verhin-

---

[115] BVerfG MMR 2010, 356 ff.
[116] EuGH ZD 2017, 124 (129); so auch MMR 2014, 412 ff. – Digital Rights Ireland; hierauf stellt auch Roßnagel NJW 2017, 696 (698) ab.
[117] EuGH ZD 2017, 124 ff.; siehe zu den Schlussfolgerungen aus dem Urteil Rat der EU, 14480/1/17, 4; ausführlich Priebe EuZW 2017, 136 ff.
[118] EuGH ZD 2017, 124 ff.
[119] EuGH ZD 2017, 124 (129).
[120] EuGH ZD 2017, 124 (129).
[121] EuGH ZD 2017, 124 (129).
[122] EuGH ZD 2017, 124 (129); siehe auch Kipker/Schefferski/Stelter ZD 2017, 131 (131).
[123] EuGH ZD 2017, 124 (129).
[124] EuGH ZD 2017, 124 ff.
[125] OVG NRW ZD 2017, 485 f.; auch das VG Köln Urt. v. 20.4.2018 – 9 K 7417/17 hat sich im Hauptsacheverfahren der Ansicht des OVG NRW angeschlossen.
[126] OVG NRW ZD 2017, 485 (485); auch der wissenschaftliche Dienst des Bundestages hat vor dem Hintergrund des EuGH Urteils in Sachen Tele2 in einem Gutachten erhebliche Zweifel an der Vereinbarkeit der deutschen Regelung mit Unionsrecht geäußert BT PE 6-3000-167/16, 24. In diese Richtung auch Priebe EuZW 2017, 136 (139).

dern.¹²⁷ Gemessen an den vom EuGH aufgestellten unionsrechtlichen Anforderungen könne nicht mehr entscheidend ins Gewicht fallen, dass der Gesetzgeber mit der durch § 113a Abs. 1 iVm § 113b TKG geregelten Speicherpflicht bewusst hinter den Vorgaben aus Richtlinie zur Vorratsdatenspeicherung¹²⁸ und der Vorgängerregelung des § 113a TKG¹²⁹ zurückgeblieben ist. Auch mit der Neuregelung der Vorratsdatenspeicherung durch § 113a Abs. 1 iVm § 113b TKG bliebe es dabei, dass die Speicherpflicht hinsichtlich der betroffenen Personen, der erhobenen Verkehrs- und Standortdaten und der erfassten TK-Mittel die Regel sei, obwohl nach dem durch die ePrivacy-RL geschaffenen System die Vorratsdatenspeicherung von Daten die Ausnahme zu sein habe.¹³⁰ Die Regelung zur Vorratsdatenspeicherung sei daher im Sinne des Unionsrechts nicht auf das absolut Notwendige beschränkt.¹³¹

Aufgrund der Entscheidung des OVG NRW und der über den Einzelfall hinausgehenden Begründung hat die **BNetzA** am 28.6.2017 erklärt, bis zum rechtskräftigen Abschluss eines Hauptsacheverfahrens von Anordnungen und sonstigen Maßnahmen zur **Durchsetzung** der in § 113b TKG geregelten Speicherverpflichtungen gegenüber allen verpflichteten Unternehmen **abzusehen**. Bis dahin sollen auch keine Bußgeldverfahren wegen einer nicht erfolgten Umsetzung gegen die verpflichteten Unternehmen eingeleitet werden.¹³² 49

> Es besteht eine gesetzliche Pflicht nach § 113b TKG Verkehrsdaten auf Vorrat zu speichern. Die BNetzA als zuständige Aufsichtsbehörde hat aber die Durchsetzung dieser Pflicht vorübergehend ausgesetzt. Aufgrund der bisher ergangenen Entscheidungen des EuGH (→ Rn. 47) und des OVG NRW (→ Rn. 48) steht zu erwarten, dass die neuen Regelungen zur Vorratsdatenspeicherung in §§ 113a ff. TKG nur schwerlich im noch laufenden Hauptsacheverfahren vor dem BVerfG Bestand haben werden.¹³³ Führende TK-Anbieter haben daher erklärt, keine Verkehrsdaten auf Vorrat zu speichern.¹³⁴ Auf Ebene der EU soll den Mitgliedstaaten im Rahmen der neuen ePrivacy-VO (→ Rn. 57) die Möglichkeit einer Vorratsdatenspeicherung erhalten bleiben.¹³⁵ Als zulässige Maßnahme deutet sich ein sog Quick-Freeze" an,¹³⁶ wonach TK-Anbieter ab einem bestimmten Verdachtsmoment Verkehrsdaten bestimmter Teilnehmer oder bestimmte Verkehrsdaten einer gewissen eng umgrenzten örtlichen Region speichern müssen.¹³⁷

---

¹²⁷ OVG NRW ZD 2017, 485 (485).
¹²⁸ Richtlinie 2006/24/EG aufgehoben durch EuGH Urt. v. 8.4.2014 – C-293/12 und C-594/12 – „Digital Rights".
¹²⁹ Aufgeboben durch BVerfG MMR 2010, 356 ff.
¹³⁰ OVG NRW ZD 2017, 485 (485).
¹³¹ OVG NRW ZD 2017, 485 (485); ebenfalls: Kipker/Schefferski/Stelter ZD 2017, 131 (132); entgegen der Entscheidung des OVG NRW hatte das BVerfG in zwei Eilrechtsschutzverfahren entschieden, dass keine Aussetzung des Vollzugs der Regelungen zur Vorratsdatenspeicherung erfolge BVerfG ZD 2016, 433 (434); mit der Verkehrsdatenspeicherung alleine sei noch kein derart schwerwiegender Nachteil verbunden, dass er die Außerkraftsetzung eines Gesetzes im einstweiligen Rechtsschutz erfordere.
¹³² Siehe hierzu https://www.bundesnetzagentur.de/DE/Sachgebiete/Telekommunikation/Unternehmen_Institutionen/Anbieterpflichten/OeffentlicheSicherheit/Umsetzung110TKG/VDS_113aTKG/VDS.html;jsessionid=78D6E085E5114408787D3AAA7897E877, zuletzt abgerufen am 22.4.2018; mit der Aussetzung der Vorratsdatenspeicherung durch die BNetzA fehlt es den durch § 113b TKG Verpflichteten nunmehr am erforderlichen Rechtsschutzinteresse, um selbst im Wege des Eilrechtsschutzes gegen die Verpflichtung vorzugehen, so OVG NRW ZD 2017, 584 (584).
¹³³ In diese Richtung auch Roßnagel NJW 2017, 696 (698) und NJW 2016, 533 (538); Rößner K&R 2017, 560 (561); auch der wissenschaftliche Dienst des Bundestages hält die deutsche Regelung für europarechtswidrig BT PE 6-3000-167/16, 24.
¹³⁴ 1&1, Deutsche Telekom, Telefonica und Vodafone, abrufbar unter https://heise.de/-3757527, zuletzt abgerufen am 22.4.2018.
¹³⁵ So Rat der EU 14480/1//17, 2.
¹³⁶ So bereits der Diskussionsentwurf des BMJ für ein Gesetz zur Sicherung vorhandener Verkehrsdaten und Gewährleistung von Bestandsdatenauskünften im Internet vom 7.6.2011.
¹³⁷ In diese Richtung auch Roßnagel NJW 2017, 696 (698).

X. Outsourcing von TK-Leistungen

50 Für Anbieter von TK-Diensten ist es wichtig, einerseits Teile ihrer Wertschöpfung an andere Unternehmen outzusourcen. Andererseits erbringen TK-Anbieter TK-Leistungen als Outsourcing-Partner für andere Unternehmen. Bspw. das Forderungsinkasso führen viele Anbieter nicht mehr selbst durch und haben dieses an externe Dienstleister ausgelagert.[138]

51 Das Outsourcing von TK-Leistungen ist aufgrund der Geltung des **Fernmeldegeheimnisses** (→ Rn. 15) problematisch.[139] Dem Outsourcing von TK-Leistungen ist gemein, dass für ihr Erbringen oft ein Zugriff auf dem Fernmeldegeheimnis unterliegende Verkehrsdaten nach § 96 Abs. 1 TKG erforderlich ist.[140] § 206 Abs. 1 StGB stellt die Verletzung des Fernmeldegeheimnisses unter Strafe. Gemäß § 134 BGB sind Rechtsgeschäfte, die gegen ein gesetzliches Verbot verstoßen, nichtig, weswegen ein Rechtsgeschäft, das eine Verletzung des Fernmeldegeheimnisses zum Gegenstand hat, nichtig wäre.[141]

1. Outsourcing des Entgelteinzugs an Dritte

52 Für den **Einzug des Entgeltes für TK-Leistungen** regelt § 97 Abs. 1 S. 3 TKG, dass ein TK-Anbieter, der mit einem Dritten einen Vertrag über den Einzug des Entgeltes geschlossen hat, diesem Dritten auch Verkehrsdaten übermitteln darf (→ Rn. 5). Der **EuGH** entschied hierzu in einem **Vorabentscheidungsverfahren,** dass Art. 6 Abs. 2 und Abs. 5 der ePrivacy-RL in dem Sinne auszulegen sind, dass ein Diensteanbieter Verkehrsdaten eines TK-Vorgangs zum Zwecke des Einzugs einer Forderung an einen Zessionar herausgeben darf.[142] Wichtig ist dem EuGH, dass durch eine solche Auslagerung nicht das bestehende Schutzniveau für die persönlichen Daten der Nutzer beeinträchtigt werden darf.[143] Art. 6 Abs. 5 ePrivacy-RL legt fest, dass eine Verarbeitung von Verkehrsdaten nur durch Personen erfolgen darf, die auf Weisung des Betreibers öffentlicher Kommunikationsnetze oder Dienste handeln. Art. 6 Abs. 5 ePrivacy-RL sei im Lichte der DS-RL (jetzt der DS-GVO) auszulegen.[144] Daher dürfe der TK-Anbieter Verkehrsdaten nur dann weitergeben, wenn der Dritte die Verkehrsdaten auf seine Weisung hin verarbeite und sich die Verarbeitung auf das für die Einziehung der Forderung erforderliche Maß beschränke.[145] Das Maß der Kontrolle orientiere sich an Art. 16 und 17 der DS-RL (jetzt Art. 28 DS-GVO), womit die Anforderungen der Auftragsverarbeitung des Art. 28 DS-GVO in die Auslegung des Art. 6 Abs. 5 ePrivacy-RL hineinzulesen seien.[146]

53 Der **BGH** hat hierzu in detaillierender Weise entschieden, dass § 97 Abs. 1 S. 3 TKG als nationale Umsetzung von Art. 6 Abs. 2 und 5 ePrivacy-RL eine **Übermittlung von Verkehrsdaten an Dritte** erlaube, sofern mit dem Dritten ein **Vertrag** über den Einzug des Entgeltes und der Erstellung einer detaillierten Rechnung geschlossen wurde. Dieser Vertrag muss klar das **Weisungs- und Kontrollrecht** (jederzeit) des TK-Anbieters gegenüber dem Dritten hinsichtlich der überlassenen Verkehrsdaten regeln (tatsächliche Kontrollbefugnis) und zudem die Rechtmäßigkeit der Datenverarbeitung durch den Drit-

---

[138] Siehe auch BGH NJW 2013, 1092 (1093); ZD 2012, 229 (231); EuGH ZD 2013, 77 (79).
[139] Siehe hierzu BGH ZD 2012, 229 (230); Eckhard in Spindler/Schuster TKG § 88 Rn. 10; Bock in Beck TKG § 88 Rn. 14.Klein DSRITB 2012, 435 ff.; Kiparski DSRITB 2012, 479 (487 f.); Kiparski DSRITB 2013, 711 (711 f.); Vander ZD 2013, 492 ff., Vander DSRITB 2013, 105 ff.; Geuer ZD 2012, 515 ff.; Neumann CR 2012, 235 ff.
[140] Siehe zum Forderungsinkasso BGH NJW 2013, 1092 (1093); ZD 2012, 229 (230); ZD 2012, 429 (429); siehe zur Diskussion Kiparski DSRITB 2012, 479 (487 f.).
[141] Daher haben Instanzgerichte die Abtretung von TK-Forderungen als unwirksam angesehen AG Bremen ZD 2012, 42; AG Meldorf CR 2012, 258 ff.; AG Hamburg-Altona MMR 2006, 834 ff.; AG Wiesbaden Urt. v. 1.4.2011 – 93 C 5977/10; siehe hierzu ausführlich Geuer ZD 2012, 515 ff.
[142] EuGH ZD 2013, 77 (78).
[143] EuGH ZD 2013, 77 (79).
[144] EuGH ZD 2013, 77 (78).
[145] EuGH ZD 2013, 77 (78).
[146] EuGH ZD 2013, 77 (78); Vander DSRITB 2013, 105 (109).

ten (insbesondere Löschpflichten) sicherstellen.[147] Auch müssen die mit der Datenverarbeitung betrauten Mitarbeiter auf die Einhaltung des Fernmeldegeheimnisses verpflichtet werden.[148] Zudem muss sich die Datenweitergabe auf solche Daten beschränken, die zur Einziehung der TK-Forderung erforderlich sind.[149] Auch muss es dem Diensteanbieter möglich sein, sich jederzeit von der Einhaltung der Regelungen zu überzeugen.[150]

> Einschränkend hat der BGH festgelegt, dass sog **Kettenabtretungen** von Forderungen aus TK-Vorgängen nicht möglich sind.[151] Die Befugnisnorm des § 97 TKG erstreckt sich auch auf TK-gestützte Dienste im Sinne des § 3 Nr. 25 TKG und somit auf Premium-Dienste gemäß § 3 Nr. 17a TKG.[152] Auch Forderungen aus diesen TK-Vorgängen können folglich an Inkassounternehmen abgetreten werden. § 97 Abs. 1 S. 3 und S. 4 TKG erlauben aber nach Auffassung des BGH lediglich die Weitergabe von Verbindungsdaten vom TK-Diensteanbieter an einen Dritten, nicht aber die Weitergabe der Daten von diesem an einen weiteren Dritten.[153] Dies ist auch dann nicht möglich, wenn es sich bei dem Letztempfänger seinerseits wiederum um einen TK-Anbieter nach § 6 TKG handelt, der selbst den Verpflichtungen aus dem TKG zur Wahrung des Datenschutzes und des Fernmeldegeheimnisses unterliegt.[154]

Die Entscheidung des EuGH zeigt, dass eine Verkehrsdatenverarbeitung durch Dritte 54
nach Art. 6 Abs. 2 und 6 ePrivacy-RL grds. zulässig ist. Hierbei müssen TK-Anbieter bei dem Entgelteinzug und dem Inkasso durch Dritte **keine Auftragsverarbeitungsvereinbarung** nach Art. 28 DS-GVO schließen. § 97 Abs. 1 S. 3 TKG verpflichtet sie aber dazu, eine Vereinbarung mit dem Dritten zu schließen, die die Anforderungen des Art. 28 DS-GVO erfüllt. Die grundsätzlichen Erwägungen des EuGH lassen sich auch auf weitere in Art. 6 Abs. 5 ePrivacy-RL genannte Sachverhalte anwenden.

2. Outsourcing von Leistungen durch Dritte an TK-Anbieter

Beim Outsourcing von TK-Diensten an TK-Anbieter werden dem beauftragten TK-An- 55
bieter Daten zur Übermittlung über die TK-Netze des TK-Anbieters überlassen. Die Übermittlung der Daten ist vom TK-Anbieter als eine in seiner eignen Verantwortung zugewiesene Aufgabe wahrzunehmen.[155] Der TK-Anbieter bestimmt über die konkrete Ausführung der Datenübermittlung über sein TK-Netz. Zudem erbringt der TK-Anbieter seine Leistungen nicht auf Weisung des outsourcenden Dritten. Er ist an die gesetzlichen Regelungen des TKG gebunden und darf die ihm überlassenen Daten nur nach den im TKG geregelten Erlaubnistatbeständen verarbeiten. Daher ist der TK-Anbieter nicht berechtigt, bei der Datenverarbeitung allein auf Weisung des outsourcenden Dritten tätig zu werden. Damit ist der TK-Anbieter immer **Verantwortlicher** iSd Art. 4 Nr. 7 DS-GVO und nicht Auftragsverarbeiter nach Art. 4 Nr. 8 DS-GVO. Der Abschluss einer **Auftragsverarbeitungsvereinbarung** nach Art. 28 DS-GVO scheidet demnach aus.[156]

Das Vorstehende gilt auch in **TK-Vorleistungsbeziehungen,** wenn also der outsour- 56
cende Dritte selbst ein TK-Anbieter ist und von einem anderen TK-Anbieter TK-Vor-

---

[147] Klein DSRITB 2012, 435 (448).
[148] BGH ZD 2012, 229 (231); Klein DSRITB 2012, 435 (447).
[149] BGH NJW 2013, 1092 (1094); so auch schon die Vorinstanz LG Deggendorf Urt. v. 19.7.2011 – 13 S 141/10; so auch schon der EuGH ZD 2013, 77 (78).
[150] BGH NJW 2013, 1092 (1094); auch EuGH ZD 2013, 77 (79).
[151] So ausdrücklich BGH NJW 2013, 1092 (1093 f.); ZD 2012, 229 (231); Klein DSRITB 2012, 435 (448); kritisch Vander DSRITB 2013, 105 (110).
[152] BGH ZD 2012, 429 (429).
[153] So ausdrücklich BGH ZD 2012, 429 (430); ZD 2012, 229 (231).
[154] BGH ZD 2012, 429 (430).
[155] So Wronka RDV 2011, 122 (123) für Postsendungen.
[156] Wronka RDV 2011, 122 (123).

leistungen bezieht. Hierbei unterliegt auch der TK-Vorleister den Regelungen des TKG und kann nicht allein auf Weisung des die Leistung einkaufenden TK-Anbieters handeln.[157] Er ist Verantwortlicher nach Art. 4 Nr. 7 DS-GVO. Auch hier scheidet eine **Auftragsverarbeitungsvereinbarung** nach Art. 28 DS-GVO aus. Hierfür spricht auch das Verständnis des TKG, wonach eine Auftragsverarbeitungsvereinbarung nach § 97 Abs. 1 S. 4 und 5 TKG nur dann zu schließen ist, wenn der Dritte selbst nicht TK-Anbieter ist und den Anforderungen des TKG unterliegt.

> TK-Anbieter unterliegen selbst den Regelungen des TKG. Daher können sie bei der Durchführung von TK-Leistungen nicht allein den Weisungen eines Dritten unterliegen, denn sie müssen die datenschutzrechtlichen Regelungen des TKG beachten. Folglich ist eine Auftragsverarbeitung nach Art. 28 DS-DVO bei der Wahrnehmung von TK-Leistungen nicht möglich.

XI. Entwurf einer ePrivacy-VO

57 Als Teil der Strategie für einen **digitalen Binnenmarkt**[158] überarbeitet die EU-Kommission aktuell auch die ePrivacy-RL.[159] Die Überarbeitung erfolgt, um Sicherheit und Vertrauen in den digitalen Binnenmarkt zu stärken und die Regelungen der ePrivacy-RL an die der DS-GVO anzupassen.[160] Der ePrivacy-VO E[161] präzisiert und ergänzt nach Art. 1 Abs. 3 ePrivacy-VO E die DS-GVO hinsichtlich der elektronischen Kommunikation und ist insoweit lex specialis gegenüber der DS-GVO.[162] Mit Inkrafttreten der ePrivacy-VO E werden die Regelungen zum Fernmeldegeheimnis in § 88 TKG und zum TK-Datenschutz in §§ 91 ff. TKG obsolet werden.[163] Die ePrivacy-VO E enthält keine speziellen Regeln für die Verletzung der Datensicherheit, wie dies noch bei der ePrivacy-RL der Fall war. Hier finden nun die Regelungen der DS-GVO Anwendung.[164]

1. Anwendungsbereich der ePrivacy-VO E

58 Der ePrivacy-VO E ist eng mit dem **Kodex-E**[165] verzahnt, der sich ebenfalls noch im Gesetzgebungsprozess befindet.[166] Hinsichtlich einer Vielzahl von Begriffsbestimmungen verweist Art. 4 Abs. 1 lit. b ePrivacy-VO E auf Definitionen des Kodex-E.

59 Die Regelungen der ePrivacy-VO E finden Anwendung auf **elektronische Kommunikationsdienste.** Dies sind nach Art. 2 Abs. 4 Kodex-E solche Dienste, die gewöhnlich gegen Entgelt und über elektronische Kommunikationsnetze erbracht werden. Die Dienste umfassen Internet Access-Dienste und auch interpersonelle Kommunikationsdienste. Interpersonelle Kommunikationsdienste werden nach Art. 2 Abs. 5 Kodex-E gewöhnlich gegen Entgelt erbracht, und stellen einen Dienst dar, der einen direkten interpersonellen und interaktiven Informationsaustausch über elektronische Kommunikationsnetze zwi-

---

[157] Siehe Wronka RDV 2011, 122 (124).
[158] COM(2015) 192 final, 15.
[159] ABl. EU 2002 L 201, 37344, 46, geändert durch ABl. EU 2009 L 337, 11.
[160] COM(2017) 10 final, 2; EU Präsidentschaft 14374/17, 2.
[161] Referenziert wird im Folgenden auf den Vorschlag der Kommission COM(2017) 10 final, sofern nicht ein anderer Bearbeitungsstand ausdrücklich genannt wird.
[162] ErwGr 5 ePrivacy-VO E; siehe auch EU Präsidentschaft 14374/17, 3; Engeler/Felber ZD 2017, 251 (253); Schmitz ZRP 2017, 172 (173); kritisch zur Abgrenzung DS-GVO und ePrivacy-VO E BR-Drs. 145/1/17, 7.
[163] Deutscher Anwaltverein Stellungnahme Nr. 29/2017, 6.
[164] Siehe hierzu Artikel 29-Datenschutzgruppe, Opinion 01/2017 on the Proposed Regulation for the ePrivacy Regulation (2002/58/EC), WP 247, 4.4.2017, 7.
[165] COM(2016) 590 final.
[166] In den Trilog-Verhandlungen ist eine Einigung zwischen den Beteiligten erfolgt. Eine Verabschiedung durch das EU Parlament und den Rat steht nun an; IP/18/4070.

schen einer endlichen Zahl von Personen ermöglicht, wobei die Empfänger von den Personen bestimmt werden, die die Kommunikation veranlassen oder daran beteiligt sind. Hiervon sind jetzt auch ausdrücklich sog **Over-the-Top-Dienste** (OTT-Dienste), wie bspw. VoIP, Instant Messaging und E-Mail erfasst,[167] die von der bisherigen ePrivacy-RL nicht explizit betroffen sein sollten. Erfasst sind nach Art. 4 Abs. 2 ePrivacy-VO E auch solche OTT-Dienste, bei denen interpersonelle Kommunikation lediglich eine Nebenfunktion darstellt, wobei in diesem Fall nur die Kommunikations-Nebenfunktion von den Regelungen der ePrivacy-VO E erfasst ist und nicht der ganze OTT-Dienst.[168] Zudem muss die Kommunikations-Nebenfunktion eine Kommunikation mit einer begrenzten Anzahl an Teilnehmern ermöglichen. Offene Chaträume wären damit ausdrücklich nicht umfasst.[169] Hiermit geht die ePrivacy-VO E noch über den Kodex-E hinaus, der Kommunikations-Nebenfunktionen eines Dienstes vom Anwendungsbereich ausnimmt.[170]

Die ePrivacy-VO E erweitert in Art. 1 Abs. 1a und 2 ePrivacy-VO E den Schutzbereich gegenüber der DS-GVO um **juristische Personen,** da auch juristische Personen sensitive Daten über TK-Netze austauschen.[171] Insoweit behält die ePrivacy-VO E den bisherigen weiten Schutzbereich der ePrivacy-RL bei.[172] 60

Das **Verhältnis der ePrivacy-VO E zur DS-GVO** wird in vergleichbarer Weise ausgestaltet, wie das Verhältnis der ePrivacy-RL zur DS-GVO (→ Rn. 3). ErwGr 2a ePrivacy-VO E[173] legt fest, dass das Verarbeiten von elektronischen Kommunikationsdaten durch TK-Anbieter nur nach den Regelungen der ePrivacy-VO E erlaubt ist. Sofern in der ePrivacy-VO E keine speziellen Regelungen getroffen werden, soll die DS-GVO subsidiär auf personenbezogene Daten Anwendung finden.[174] 61

> Keine Anwendung findet die ePrivacy-VO gemäß Art. 2 Abs. 2 lit. c ePrivacy-VO E auf elektronische Kommunikationsdienste, die nicht öffentlich zugänglich sind, mithin auf geschlossene Benutzergruppen oder Unternehmensnetzwerke, selbst bei gestatteter privater Nutzung durch Arbeitnehmer.[175]

2. Elektronische Kommunikationsdaten

Der ePrivacy-VO E führt mit elektronischen Kommunikationsdaten eine neue Begrifflichkeit ein. Sprach die ePrivacy-RL in Art. 2 lit. b und lit. c noch von Verkehrs- und Standortdaten, spricht die ePrivacy-VO E nun von **elektronischen Kommunikationsdaten.** Der Begriff der elektronischen Kommunikationsdaten ist breit und technologieneutral zu verstehen. Er soll alle Informationen bezüglich der übermittelten Inhalte und die Informationen bezüglich der Endnutzer von elektronischen Kommunikationsdienste 62

---

[167] ErwGr 1 und 11 ePrivacy-VO E; EU Präsidentschaft Nr. 9324/17, 3; Artikel 29-Datenschutzgruppe, Opinion 01/2017 on the Proposed Regulation for the ePrivacy Regulation (2002/58/EC), WP 247, 4.4. 2017, 8; siehe auch Engeler/Felber ZD 2017, 251 (254); Roßnagel ZRP 2017, 33 (33); fehlgehend Maier/Schaller ZD 2017, 373 (374), die in der Definition immer noch auf das Signalübertragungsmerkmal abstellen, anstatt auf interpersonelle Kommunikation.
[168] ErwGr 11a ePrivacy-VO E, Nr. 15333/17; Artikel 29-Datenschutzgruppe, Opinion 01/2017 on the Proposed Regulation for the ePrivacy Regulation (2002/58/EC), WP 247, 4.4.2017,8.
[169] ErwGr 11a ePrivacy-VO E, Nr. 15333/17.
[170] Artikel 29-Datenschutzgruppe, Opinion 01/2017 on the Proposed Regulation for the ePrivacy Regulation (2002/58/EC), WP 247, 4.4.2017, 6; BR-Drs. 145/1/17, 9; siehe auch Deutscher Anwaltverein Stellungnahme Nr. 29/2017, 14.
[171] ErwGr 3 ePrivacy-VO E.
[172] So Art. 1 Abs. 1a des ePrivacy-VO-E, Nr. 15333/17; bereits die ePrivacy-RL erfasste in Art. 1 Abs. 2 auch juristische Personen; siehe auch Artikel 29-Datenschutzgruppe, Opinion 01/2017 on the Proposed Regulation for the ePrivacy Regulation (2002/58/EC), WP 247, 4.4.2017, 9; BR-Drs. 145/1/17, 10.
[173] EPrivacy-VO E Nr. 15333/17 und Nr. 5165/18.
[174] ErwGr 2a ePrivacy-VO E. Nr. 15333/17.
[175] Siehe ErwGr 13 ePrivacy-VO E.

erfassen, die zum Zwecke des Informationsaustausches verarbeitet werden.[176] Dieses gilt unabhängig davon, aufgrund welcher Technologie und Infrastruktur die elektronischen Kommunikationsdaten übertragen werden.[177]

63 Verkehrsdaten werden in Art. 4. Abs. 1 lit. c ePrivacy-VO E als **elektronische Kommunikationsmetadaten** bezeichnet und sind Daten, die in einem elektronischen Kommunikationsnetz zu Zwecken der Übermittlung, der Verbreitung oder des Austauschs elektronischer Kommunikationsinhalte verarbeitet werden. Der Gesetzgeber verwendet in der Definition den Begriff des „Kommunikationsnetzes", was hinsichtlich der bewussten Erstreckung des Anwendungsbereichs auf OTT-Anbieter unpassend erscheint. OTT-Anbieter betreiben idR keine Kommunikationsnetze und können nach der Legaldefinition auch keine Kommunikationsmetadaten haben. Dennoch verfügen OTT-Anbieter, die Substitutionsprodukte zu klassischen TK-Produkten anbieten, auch über Daten in ihren Systemen, die in gleicher Weise Aufschluss über einen TK-Vorgang geben. Daher gilt es, den Terminus „Kommunikationsnetz" anhand der Zielrichtung der VO dahingehend auszulegen, dass es sich bei den Systemen von OTT-Anbietern, die zur Nachrichtenübermittlung genutzt werden, auch um einen Teil eines Kommunikationsnetzes handelt.

64 **Standortdaten** sind Teil der elektronischen Kommunikationsmetadaten. Dies gilt aber nur für solche Standortdaten, die in Verbindung mit dem jeweiligen TK-Dienst erzeugt werden.[178] GPS-Standortdaten fallen daher nicht unter die Kommunikationsmetadaten.

65 **Bestandsdaten** werden in der ePrivacy-VO E, wie schon in der ePrivacy-RL nicht speziell geregelt.[179] Insoweit gelten für Bestandsdaten die Regelungen der DS-GVO (→ Rn. 57).

3. Verarbeitung elektronischer Kommunikationsdaten

66 Die Regelungen zur Verarbeitung von elektronischen Kommunikationsdaten finden sich in Art. 6 ePrivacy-VO E. Sie bleiben in ihrer Regelungstiefe deutlich hinter den bisherigen Regelungen zur Verarbeitung von Verkehrsdaten in §§ 96 f. TKG zurück.[180] Es fehlen bspw. Regelungen zum Speicherumfang, zur Erstellung von Einzelverbindungsnachweisen und zu einem Verfahren für Einwendungen gegen Rechnungen.

67 Die erlaubte **Verarbeitung** wird in Art. 6 ePrivacy-VO E in drei Gruppen eingeteilt. In Abs. 1 ist zuerst die Verarbeitung elektronischer Kommunikationsdaten für Betreiber elektronischer Kommunikationsnetze und -dienste geregelt. In Abs. 2 findet sich dann die zulässige Verarbeitung elektronischer Kommunikationsmetadaten durch Betreiber elektronischer Kommunikationsdienste. Abschließend findet sich in Abs. 3 die Erlaubnis für Betreiber elektronischer Kommunikationsdienste zur Verarbeitung von elektronischen Kommunikationsinhalten. Der Begriff des „**Verarbeitens**" knüpft hierbei an Art. 4 Nr. 2 DS-GVO an.

68 Betreiber elektronischer Kommunikationsnetze und -dienste dürfen gemäß Art. 6 Abs. 1 ePrivacy-VO E **elektronische Kommunikationsdaten,** die gemäß Art. 4 Abs. 3 lit. a) ePrivacy-VO E sowohl elektronische Kommunikationsinhalte als auch elektronische Kommunikationsmetadaten umfassen, verarbeiten, wenn dies zur **Durchführung der Übermittlung der Kommunikation** nötig ist, aber nur für die dafür erforderliche Dauer. Dies bedeutet, dass eine Verarbeitung von Kommunikationsmetadaten und von Kommunikationsinhalten zur Übermittlung der Kommunikation zulässig ist.

69 Ebenfalls dürfen Betreiber elektronischer Kommunikationsnetze und -dienste nach Art. 6 Abs. 1 lit. b ePrivacy-VO E elektronische Kommunikationsdaten zur **Aufrechter-**

---

[176] So ErwGr 14 ePrivacy-VO-E.
[177] ErwGr 14 ePrivavy-VO-E; siehe auch die Artikel 29-Datenschutzgruppe, Opinion 01/2017 on the Proposed Regulation for the ePrivacy Regulation (2002/58/EC), WP 247, 4.4.2017, 8.
[178] ErwGr 17 ePrivacy-VO E.
[179] Schmitz ZRP 2017, 172 (174).
[180] Schmitz ZRP 2017, 172 (175).

haltung oder Wiederherstellung der Sicherheit elektronischer Kommunikationsnetze und -dienste oder zur Erkennung von technischen Defekten oder Fehlern bei der Übermittlung verarbeiten. Hiervon sind auch Maßnahmen zur Bekämpfung von Spam und Bot-Traffic umfasst,[181] bei denen die Eingriffsintensität in die Grundrechte des Endnutzers sehr gering ist. Art. 6 Abs. 1 lit. b ePrivacy-VO E hat Ähnlichkeiten zu § 100 Abs. 1 TKG, wobei letzterer detailliertere Vorgaben macht.[182] Die Dauer, für die die Vorhaltung erlaubt ist, lässt die VO offen. Hier wird an die bisher ergangene deutsche Rechtsprechung anzuknüpfen sein (→ Rn. 42).[183]

Gemäß Art. 6 Abs. 2 lit. a ePrivacy-VO E dürfen Betreiber elektronischer Kommunikationsdienste elektronische Kommunikationsmetadaten verarbeiten, sofern dies zur **Einhaltung verbindlicher Dienstequalitätsanforderungen** nach dem Kodex-E[184] oder nach der VO (EU) Nr. 2015/2120[185] nötig ist. Ebenfalls dürfen gemäß Art. 6 Abs. 2 lit. b ePrivacy-VO E elektronische Kommunikationsmetadaten verarbeitet werden, sofern dies zur **Vertragsdurchführung** des mit dem Endnutzer geschlossenen Vertrages nötig ist.[186] Dies umfasst auch die Verarbeitung zur Abrechnungszwecken, für Interconnection-Abrechnungen und zum Erkennen und Beenden von betrügerischer Nutzung (Fraud). Wie die Beispiele in Art. 6 Abs. 2 lit. b ePrivacy-VO E zeigen, ist der Begriff der Vertragsdurchführung sehr weit zu verstehen und umfasst jegliche Datenverarbeitung, die für die Vertragsdurchführung nützlich ist. Hiervon umfasst ist auch eine Verarbeitung von Kommunikationsmetadaten zur Erstellung eines Einzelverbindungsnachweises.

70

Neu im Vergleich zur ePrivacy-RL ist, dass Kommunikationsmetadaten gemäß Art. 6 Abs. 2 lit. c ePrivacy-VO E mit **Einwilligung** des betroffenen Endnutzers verarbeitet werden können.[187] Endnutzer ist der jeweilige Vertragspartner des TK-Anbieters, also der Anschlussinhaber.[188] Eine Einwilligung des tatsächlichen Nutzers ist nicht nötig.[189]

71

Mit Art. 6 Abs. 3 ePrivacy-VO E wird die nach Abs. 1 zulässige Verarbeitung von Kommunikationsinhalten **auf Dienste erweitert,** bei denen es sich im Gegensatz zu Art. 6 Abs. 1 lit. a ePrivacy-VO E nicht um die reine Übermittlung von Kommunikation handelt **(Dienste mit Zusatznutzen).** Der Dienst muss hierfür die Verarbeitung des Kommunikationsinhaltes erfordern und der Endnutzer muss der Verarbeitung zugestimmt haben. Gemäß Art. 6 Abs. 3 lit. b ePrivacy-VO E ist eine Verarbeitung elektronischer Kommunikationsinhalte ebenfalls dann zulässig, wenn alle betroffenen Endnutzer, also A- und B-Teilnehmer (bei einem Telefongespräch mit zwei Teilnehmern), ihre Einwilligung erteilt haben.[190] Nach Art. 6 Abs. 3 lit. a ePrivacy-VO E wird die Verarbeitung auch dann möglich sein, wenn der betroffene Endnutzer seine Einwilligung erteilt hat und er einen Dienst mit Zusatznutzen nachfragt, der nur ihm gegenüber erbracht wird (bspw. Übersetzung oder Assistenzdienste). Ebenfalls darf dieser Dienst mit Zusatznutzen keine anderen Endnutzer negativ beeinträchtigen und die Verwendung der Inhaltsdaten erfolgt nur während der Erbringung des Dienstes mit Zusatznutzen. Mit dieser Regelung sollen insbesondere solche Übersetzungsdienste ermöglicht werden, die während eines laufenden Telefongesprächs ihre Leistung erbringen.[191] Anderenfalls müssten immer beide Teilnehmer des Gesprächs der Verwendung des Dienstes zustimmen.

72

---

[181] Offengelassen Engeler/Felber ZD 2017, 251 (254).
[182] Schmitz ZRP 2017, 172 (173).
[183] Engeler/Felber ZD 2017, 251 (254).
[184] COM(2016) 590 final.
[185] ABl. EU 2015 L 310, 1.
[186] Das Fehlen dieses Erlaubnistatbestandes hatte BR-Drs. 145/1/17, 10 gerügt.
[187] ErwGr 17 ePrivacy-VO E.
[188] Schütz in Beck TKG § 3 Rn. 21.
[189] Dies bemängelt die Artikel 29-Datenschutzgruppe, Opinion 01/2017 on the Proposed Regulation for the ePrivacy Regulation (2002/58/EC), WP 247, 4.4.2017, 14; Der Europäische Datenschutzbeauftragte, ABl. EU 2017 C 234, 3; siehe zu Nutzern Schütz in Beck TKG § 3 Rn. 54.
[190] Kritisch dazu BR-Drs. 145/1/17, 11.
[191] ErwGr 19a ePrivacy-VO E Nr. 15333/17.

> Wollen Betreiber elektronischer Kommunikationsdienste Inhaltsdaten verarbeiten, handelt es sich hierbei um eine Hochrisiko-Verarbeitung nach Art. 35 DS-GVO.[192] Betreiber sollten vor der Verarbeitung stets die zuständigen Aufsichtsbehörden konsultieren.[193]

4. Datenlöschung

73 Elektronische **Kommunikationsinhalte** müssen nach Art. 7 Abs. 1 ePrivacy-VO E nach Erhalt durch den Endnutzer vom Betreiber **gelöscht** oder anonymisiert werden. Dagegen müssen elektronische Kommunikationsmetadaten gemäß Art. 7 Abs. 1 ePrivacy-VO E gelöscht oder anonymisiert werden, sobald diese für die Übermittlung der Kommunikation nicht mehr benötigt werden.

74 Betreiber elektronischer Kommunikationsdienste können diese **Daten länger speichern,** sofern dies nach Art. 6 Abs. 1 lit. b oder nach Art. 6 Abs. 2 lit. a und c ePrivacy-VO E entweder aus Gründen der Abrechnung oder aus Sicherheitsgründen erforderlich ist oder eine Einwilligung vorliegt. Werden gemäß Art. 7 Abs. 3 ePrivacy-VO E elektronische Kommunikationsmetadaten zu **Abrechnungszwecken** verarbeitet, dürfen diese Daten bis zum Ablauf der Frist aufbewahrt werden, innerhalb derer nach dem jeweiligen nationalen Recht die Rechnung rechtmäßig angefochten oder der Anspruch auf Zahlung geltend gemacht werden kann. Diese Regelung knüpft an die bisherige Regelung in Art. 6 Abs. 2 ePrivacy-RL an. Gemäß § 45i Abs. 1 TKG kann ein Teilnehmer die erteilte Abrechnung innerhalb einer Frist von **8 Wochen** nach Zugang der Rechnung beanstanden. Nachdem diese Frist verstrichen ist, zzgl. etwaiger Postlaufzeiten, muss der TK-Anbieter Kommunikationsmetadaten löschen. Auf der anderen Seite muss der TK-Anbieter Kommunikationsmetadaten so lange nicht löschen, wie er keine Abrechnung gestellt hat. Der TK-Anbieter kann dem Teilnehmer gegenüber die Rechnung innerhalb der allgemeinen Verjährungsfrist stellen und seine Forderung geltend machen. Hierfür gibt es im TKG keine gesonderte zeitliche Limitierung.

75 Eine **Löschverpflichtung** für TK-Anbieter ergibt sich bereits aus Art. 6 ePrivacy-VO E, wonach elektronische Kommunikationsdaten immer nur für die erforderliche Dauer vorgehalten werden dürfen.

5. Einwilligung

76 Die Einwilligung in die Verarbeitung von **elektronischen Kommunikationsdaten** wird mit dem Verweis in Art. 4a Abs. 1 ePrivacy-VO E auf die DS-GVO (Art. 7 DS-GVO) vereinheitlicht. Ebenfalls soll die Regelung über die Einwilligung in der DS-GVO gemäß Art. 4a Abs. 1 ePrivacy-VO E auch entsprechend für juristische Personen gelten. Wenn Endkunden in die Verarbeitung von elektronischen Kommunikationsdaten eingewilligt haben, müssen diese gemäß Art. 4a Abs. 3 ePrivacy-VO E mindestens alle 12 Monate an ihr Recht zum **Widerruf** der Einwilligung erinnert werden.[194] Endkunden können aber gegenüber ihrem TK-Anbieter verlangen, diese Erinnerung nicht länger zu erhalten. Für die Abbestellung der Erinnerung müssen aber dieselben Anforderungen gelten, wie für die Einwilligung selbst. Die Reglung über die Erinnerung an das Widerrufsrecht der Einwilligung ist neu und ist bisher der DS-GVO und auch dem TK-Datenschutz unbekannt.

6. Fernmeldegeheimnis

77 Das **Fernmeldegeheimnis** wird in Art. 5 Abs. 1 ePrivacy-VO E in dem bisher schon unter der ePrivacy-RL bekannten Umfang geregelt. Der Schutz des Fernmeldegeheimnis-

---

[192] Artikel 29-Datenschutzgruppe, Opinion 01/2017 on the Proposed Regulation for the ePrivacy Regulation (2002/58/EC), WP 247, 4.4.2017, 8.
[193] ErwGr 19 ePrivacy-VO E.
[194] Kritsch hierzu Schmitz ZRP 2017, 172 (173).

ses endet gemäß Art. 1 lit. a ePrivacy-VO E in dem Augenblick, in dem der Kommunikationsinhalt vom bestimmungsgemäßen Endnutzer empfangen wurde, die Nachricht sich also ausschließlich in der Verfügungsgewalt des Empfängers befindet.[195] Das entspricht dem Verständnis unter dem in § 88 TKG geregelten Fernmeldegeheimnis (→ Rn. 20).

Auch Betreiber von **Online-Spielen,** die als Annex zu ihrem Dienst eine Chat-Funktion anbieten fallen hinsichtlich der über die Chat-Funktion ausgetauschten Inhalte und der Metadaten unter das Fernmeldegeheimnis des Art. 5 ePrivacy-VO E. Dieses gilt nur dann, wenn die Chat-Funktion eine Kommunikation mit einer begrenzten Teilnehmerzahl ermöglicht.

Art. 5 Abs. 2 ePrivacy-VO E stellt im Entwurf des Rates nunmehr ausdrücklich klar, dass das Fernmeldegeheimnis bei **Machine-to-Machine** Kommunikation nur auf die Übertragung der Maschinenkommunikation über TK-Dienste Anwendung findet.[196] Eine Definition der Maschinenkommunikation enthält die ePrivacy-VO E in Art. 4 nicht.[197] ErwGr 12 ePrivacy-VO E[198] definiert **Maschinenkommunikation** als automatisierten Datenaustausch zwischen Geräten oder Software-Applikationen mit begrenzter oder ohne menschliche Einwirkung.[199]

78

Maschinenkommunikation ist hinsichtlich des Übertragungsteils über TK-Netze vom Fernmeldegeheimnis umfasst.

7. Outsourcing von TK-Leistungen

Art. 6 Abs. 4 ePrivacy-VO E ermöglicht explizit eine Weitergabe von Kommunikationsdaten an Dritten, sofern mit dem Dritte eine Auftragsverarbeitungsvereinbarung nach Art. 28 DS-GVO geschlossen wurde. Bisher war der Abschluss einer Auftragsverarbeitungsvereinbarung zwischen TK-Anbietern nicht nötig. Die Datenweitergabe wurde von § 97 Abs. 1 TKG geregelt. Nunmehr ermöglicht Art. 6 Abs. 4 ePrivacy-VO E recht umfangreich die Weitergabe von Kommunikationsinhaltsdaten und -metadaten an Dritte. Eine Einschränkung auf einen bestimmten Anwendungsfall enthält die Regelung nicht. Damit können sowohl TK-Netzleistungen auf einen Dritten outgesourced werden, als auch Kundenbetreuungs- und Verwaltungsleistungen, wie die Rechnungsstellung und das Inkasso, die Kundenverwaltung und die Kundenbetreuung in Call-Centern. Jedem Outsourcing-Partner dürfen hierfür Kommunikationsdaten übermittelt werden, wenn durch den Abschluss einer Auftragsverarbeitungsvereinbarung nach Art. 28 DS-GVO entsprechende Regelungen getroffen wurden.

79

---

[195] ErwGr 19 ePrivacy-VO E.
[196] So Art. 5 Abs. 2 ePrivacy-VO E Nr. 15333/17; im Entwurf der Kommission COM(2017) 10 final, war noch keine Regelung für Maschinenkommunikation enthalten; erstmals wurde mit Nr. 11995/17 eine Regelung in Art. 5 Abs. 2 ePrivacy-VO E durch den Rat eingefügt, wonach das Fernmeldegeheimnis auf reine Maschinenkommunikation keine Anwendung finden soll.
[197] BITKOM Stellungnahme zum Kommissionentwurf der e-Privacy Verordnung (COM (2017) 10 final, 3, abrufbar unter https://www.bitkom.org/noindex/Publikationen/2017/Positionspapiere/FirstSpirit-149379565484720170427-E-Privacy-Stellungnahme-FIN.pdf, zuletzt abgerufen am 21.1.2018.
[198] ePrivacy-VO E Nr. 15333/17.
[199] Die BNetzA erachtet auch noch Kommunikation mit begrenzter menschlicher Beteiligung als Maschinenkommunikation, so Nummernplan Rufnummern für Mobile Dienste Ziff. 7.1 Nr. 2, Verfügung Nr. 78/2017, ABl. 16/2017, 2971; Nummernplan Internationale Kennungen für Mobile Teilnehmer Ziff. 6.1. Nr. 2, Verfügung Nr. 32/2016, ABl. 11/2016, 1431; siehe auch Sassenberg/Kiparski in Sassenberg/Faber RechtsHdB Industrie 4.0 und Internet of Things Teil 2 Kap. D Rn. 72.

§ 19 Datenschutz in Presse und anderen Medien

Übersicht

	Rn.
I. Einleitung	1
II. Anwendbare Vorschriften	4
1. Datenschutzrecht in der EMRK	5
2. Datenschutzrecht auf unionaler Ebene	6
a) GRCh	7
b) AEUV	8
c) DS-GVO	9
d) Bisherige sekundärrechtliche Regelung in der DS-RL	11
3. Datenschutzrecht auf nationaler Ebene	12
a) Verfassungsrecht	13
b) Einfachgesetzliches Bundesrecht	16
c) Staatsverträge	21
d) Sonstiges Landesrecht	24
III. Einzelfragen	26
1. Presse und andere (Tele-)Medien	26
a) Presse	27
b) Rundfunk sowie Telemedien mit journalistisch-redaktionellen Inhalten	29
c) Neuere Erscheinungsformen	31
aa) Journalistische Tätigkeiten im weiteren Sinne	33
bb) Informations-Intermediäre	35
2. Datenschutzrechtliche Medienprivilegien	37
a) Unionsrechtliche Vorgaben	38
aa) Art. 85 Abs. 1 DS-GVO	39
bb) Art. 85 Abs. 2 DS-GVO	44
cc) Art. 85 Abs. 3 DS-GVO	47
dd) Verhältnis zu Art. 17 DS-GVO	48
b) Nationale Ebene	49
aa) Die Regelung des § 9c RStV	51
bb) Die Regelung des § 57 RStV	62
cc) Landesrechtliche Medienprivilegien	67
dd) Unionsrechtskonformität der nationalen Medienprivilegien	72
3. Betroffenenrechte	75
a) Rundfunk	76
aa) Speicherung bei medienrechtlichem Rechtsschutz	77
bb) Auskunft	78
cc) Berichtigung/Hinzufügung einer Darstellung	80
b) Telemedien mit journalistisch-redaktionellen Inhalten	81
aa) Speicherung bei medienrechtlichem Rechtsschutz	82
bb) Auskunft	83
cc) Berichtigung	86
dd) Ausnahmen	87
c) Presse	88
4. Aufsicht	90
a) Rundfunk	91
aa) Allgemein	92
bb) ZDF und Deutschlandradio: Rundfunkbeauftragter für den Datenschutz	94
b) Telemedien mit journalistisch-redaktionellem Inhalt	101
c) Presse	104
5. Sanktionen	106
6. Online-Archive	110
a) Stand der europäischen und nationalen Rechtsprechung	111
aa) Google Spain (EuGH)	112

§ 19 Datenschutz in Presse und anderen Medien · Teil B

	Rn.
bb) Deutsche Gerichte	114
b) Insbesondere: Die Löschung von personenbezogenen Daten nach der DS-GVO	117
7. Rechtsschutz	120
IV. Fazit	122

Literatur:

Albrecht, Das neue EU-Datenschutzrecht – von der Richtlinie zur Verordnung, Überblick und Hintergründe zum finalen Text für die Datenschutz-Grundverordnung der EU nach der Einigung im Trilog, CR 2016, 88; *Albrecht/Janson*, Datenschutz und Meinungsfreiheit nach der Datenschutzgrundverordnung – Warum die EU-Mitgliedstaaten beim Ausfüllen von DSGVO-Öffnungsklauseln an europäische Grundrechte gebunden sind – am Beispiel von Art. 85 DSGVO, CR 2016, 500; *Arning/Moos/Schefzig*, Ein Kommentar zu EuGH, Urt. v. 13.5.2014 – Rs. C-131/12 – Google/Mario Costeja Gonzalez, CR 2014, 447; *Barnitzke*, Verbot der Suchmaschinenindexierung bei persönlichkeitsrechtsverletzendem Beitrag, GRUR-Prax 2016, 411; *Bayerische Staatskanzlei*, Erläuterungen zu den einzelnen Regelungen und Änderungen in den Staatsverträgen (Juni 2017); *Beater*, Medienrecht, 2. Aufl. 2016; *Benecke/Wagner*, Öffnungsklauseln in der Datenschutz-Grundverordnung und das deutsche BDSG – Grenzen und Gestaltungsspielräume für ein nationales Datenschutzrecht, DVBl 2016, 600; *Binder/Vesting*, Beck'scher Kommentar zum Rundfunkrecht, 4. Aufl. 2018; *Brost*, Das Internet muss vergessen – Veränderte Kriterien zu sog. Online-Archiven in Zeiten von Google & Co., Zugleich Anmerkung zu OLG Hamburg v. 7.7.2015 – 7 U 29/12, AfP 2015, 407; *Buchholtz*, Das „Recht auf Vergessen" im Internet – eine Herausforderung für den demokratischen Rechtsstaat, AöR 140 (2015), 121; *Caspar*, Datenschutz im Verlagswesen: Zwischen Kommunikationsfreiheit und informationeller Selbstbestimmung, NVwZ 2010, 1451; *Cornils*, Das datenschutzrechtliche Medienprivileg unter Behördenaufsicht? – Der unionsrechtliche Rahmen für die Anpassung der medienrechtlichen Bereichsausnahmen (in § 9c, § 57 RStV-E und den Landespressegesetzen) an die EU-Datenschutz-Grundverordnung (Gutachten für den BDZV Bundesverband Deutscher Zeitungsverleger e.V. ua), 2017 (abgedruckt in BW LT-Drs. 16/3555, 79–184); *Di Fabio*, Persönlichkeitsrechte im Kraftfeld der Medienwirkung – Zur ethischen Dimension der Medienfreiheit, AfP 1999, 126; *Diesterhöft*, Datenschutzrechtlicher Direktanspruch gegen Suchmaschinenbetreiber – Königsweg zum medialen Neubeginn? – Zum „Recht auf Vergessen" im europäischen Datenschutzrecht, VBlBW 2014, 370; *Dörr*, Freies Wort, freies Bild und freie Berichterstattung vs. Datenschutz? Die Fortentwicklung der kommunikativen Freiheit durch den Datenschutz, ZUM 2004, 536; *Dörr/Kreile/Cole*, Handbuch Medienrecht, 2. Aufl. 2011; *Dörr/Natt*, Suchmaschinen und Meinungsvielfalt – Ein Beitrag zum Einfluss auf die demokratische Willensbildung, ZUM 2014, 829; *Dörre*, EuGH: Haftung des Suchmaschinenbetreibers für Suchergebnisse, GRUR-Prax 2014, 281; *Eberle*, Medien und Datenschutz – Antinomien und Antipathien, MMR 2008, 508; *Federath/Fuchs/Herrmann/Maier/Scheuer/Wagner*, Grenzen des „digitalen Radiergummis", DuD 2011, 403; *Feldmann*, Pflicht zur Suchmaschinenpessimierung qua Störerhaftung?, K&R 2015, 634; *Gersdorf*, Verbot presseähnlicher Angebote des öffentlich-rechtlichen Rundfunks, AfP 2010, 421; *Gola*, Aus den aktuellen Berichten der Aufsichtsbehörden (30): Umgang mit dem Internet, RDV 2017, 132; *Greve/Schärdel*, Der digitale Pranger – Bewertungsportale im Internet, MMR 2008, 644; *Hennemann*, Das Recht auf Vergessen(werden) in der Datenschutz-Grundverordnung – Tatbestandsmerkmale, praktische Umsetzungsmöglichkeiten und Perspektiven, in: Specht/Lauber-Rönsberg/Becker Medienrecht im Medienumbruch, 2017, S. 245–258; *Hennemann*, Das Recht auf Löschung gemäß Art. 17 Datenschutz-Grundverordnung, PinG 2016, 176; *Höch*, Der Weg ist richtig, die Straße noch im Bau – Zugleich Kommentar zu OLG Hamburg, Urteil vom 7.7.2015 – 7 U 29/12, K&R 2015, 632; *Hubert*, Das datenschutzrechtliche „Presseprivileg" im Spannungsfeld zwischen Pressefreiheit und Persönlichkeitsrecht – Informationelle Selbstbestimmung als Vermeidung von Befangenheit, 1993; *Institut für Europäisches Medienrecht*, Stellungnahme – Zur Konsultation der Länder betreffend die Spezifizierung des Art. 85 DSGVO; *Karg*, Anmerkung zu einer Entscheidung des EuGH (Urteil vom 13.5.2014 – C-131/12, ZD 2014, 350) zum Löschungsanspruch gegen Suchmaschinenbetreiber, ZD 2014, 359; *Kloepfer*, Pressefreiheit statt Datenschutz? – Datenschutz statt Pressefreiheit?, AfP 2000, 511; *Koreng*, Das „Recht auf Vergessen" und die Haftung von Online-Archiven – Schlussfolgerungen für Pressearchive aus der EuGH-Entscheidung „Google Spain", AfP 2015, 514; *Koreng/Feldmann*, Das „Recht auf Vergessen" – Überlegungen zum Konflikt zwischen Datenschutz und Meinungsfreiheit, ZD 2012, 311; *Lauber-Rönsberg*, Internetveröffentlichungen und Medienprivileg – Verhältnis zwischen datenschutz- und medienzivilrechtlichem Persönlichkeitsschutz, ZD 2014, 177; *Lauber-Rönsberg/Hartlaub* Personenbildnisse im Spannungsfeld zwischen Äußerungs- und Datenschutzrecht, NJW 2017, 1057; *Lent*, Elektronische Presse zwischen E-Zines, Blogs und Wikis – Was sind Telemedien mit journalistisch-redaktionell gestalteten Angeboten?, ZUM 2013, 914; *von Lewinski*, Staat als Zensurhelfer – Staatliche Flankierung der Löschpflichten Privater nach dem Google-Urteil des EuGH AfP 2015, 1; *Mann*, Die Rzeczpospolita-Entscheidung des EGMR und ihre Folgen – Online-Archive in der Rechtsprechung des EGMR – Zugleich Kommentar zu EGMR, Entscheidung vom 16.7.2013 – 33846/07, K&R 2013, 553; *Mayer-Schönberger*, Delete: Die Tugend des Vergessens in digitalen Zeiten, 2009; *Milstein*, Search Engine Bias als Rechtsproblem, CR 2013, 721; *Möller/v. Zezschwitz*, Datenschutz und Medien, 2003; *Nolte*, Zum Recht auf Vergessen im Internet – Von digitalen Radiergummis und anderen Instrumenten ZRP 2011, 236; *Ossenbühl,* Medien zwischen Macht und Recht, JZ 1995, 633; *Paal,* Online-Suchmaschinen – Persönlichkeitsrechts- und Datenschutz – Internationale Zuständigkeit, anwendbares Recht und sachrechtliche Fragen, ZEuP 2016, 591; *Paal/Hennemann,* Meinungsbildung im digitalen Zeitalter – Regulierungsinstrumente für einen gefährdungsadäquaten Rechtsrahmen, JZ 2017, 641; *Paal/Hennemann,* Rechtspolitik im digitalen Zeitalter, ZRP 2017, 215; *Paal/Hennemann,* Meinungsvielfalt im Internet – Regulierungsoptionen in Ansehung von Algorithmen, Fake News und Social Bots, ZRP 2017, 76; *Paal/Hennemann,* Online-Archive im Lichte der Datenschutz-Grundverordnung, K&R 2017, 18; *Peifer/Kamp,* Datenschutz und Persönlichkeitsrecht – Anwendung der Grundsätze über Produktkritik auf das Bewertungsportal spickmich.de?, ZUM 2009, 185; *von Pentz,* Ausgewählte Fragen des Medien- und Persönlichkeitsrechts im Lichte der aktuellen Rechtsprechung des VI. Zivilsenats, AfP 2015, 11; *Ruttig,* Damit das Internet vergisst – Online-Archive und das Recht verurteilter Straftäter auf Beseitigung ihrer Namensnennungen jedenfalls nach Verbüßung der Strafe, AfP 2013, 372; *Sajuntz,* Die Entwicklung des Presse- und Äußerungsrechts im Jahr 2015, NJW 2016, 1921; *Schulz,* Von der Medienfreiheit zum Grundrechtsschutz für Intermediäre? – Überlegungen zur Entwicklung der Gewährleistungsgehalte von Art. 5 Abs. 1 GG am Beispiel von Suchmaschinen, CR 2008, 470; *Schneider/Härting,* Wird der Datenschutz nun endlich internettauglich? – Warum der Entwurf einer Datenschutz-Grundverordnung enttäuscht, ZD 2012, 199; *Spindler,* Datenschutz- und Persönlichkeitsrechte im Internet – Der Rahmen für Forschungsaufgaben und Reformbedarf, GRUR-Beilage 2014, 101; *Spindler,* Durchbruch für ein Recht auf Vergessen(werden)? – Die Entscheidung des EuGH in Sachen Google Spain und ihre Auswirkungen auf das Datenschutz- und Zivilrecht, JZ 2014, 981; *Thomale,* Die Privilegierung der Medien im deutschen Datenschutzrecht – Zur Umsetzung der EG-Datenschutzrichtlinie hinsichtlich der journalistisch-redaktionellen Verarbeitung personenbezogener Daten, 2006; *Verweyen/Ruf,* Anmerkung zu einer Entscheidung des OLG Hamburg, Urt. v. 7.7.2015 (7 U 29/12) – Zu den Pflichten eines Online-Archivbetreibers in Bezug auf die Vorhaltung ursprünglich rechtmäßiger identifizierender Verdachtsberichterstattung, MMR 2015, 772; *Weberling,* Medienrechtliche Bedingungen und Grenzen des Roboterjournalismus, NJW 2018, 735.

I. Einleitung

1   Presse und andere Medien sind für ein **demokratisches Gemeinwesen** von konstituierender Bedeutung.[1] Medien eröffnen und befördern die Meinungsbildung. Die mit einer Vielzahl von Medien im Ausgangspunkt verbundene Chance einer Vielfalt von Meinungen ist für eine **pluralistische und offene Zivilgesellschaft** unabdingbar. Öffentlich-rechtliche wie private Medien genießen vor diesem Hintergrund besondere Privilegien, unterliegen allerdings auch presse-, rundfunk- und medienrechtlichen Pflichten.[2]

2   In Bezug auf den **Datenschutz** wirft die Tätigkeit von Medien mannigfaltige Fragestellungen auf, denn Presse und andere Medien verarbeiten fortlaufend personenbezogene Daten. Journalismus allgemein, die Recherche und Berichterstattung sowie das Vorhalten von (Online-)Archiven im Besonderen sind ohne eine Verarbeitung von personenbezogenen Daten nicht möglich bzw. sinnhaft.[3] Die Tätigkeit der Medien ist deswegen auch besonders **persönlichkeitsrechtssensitiv**. Allerdings würde die Auferlegung des (gesamten) datenschutzrechtlichen Pflichtenkanons grundlegende Funktions- und Schutzgewährleistungen der Medien grundlegend in Frage stellen (etwa die Redaktionsdatenverarbeitung bei gleichzeitiger Wahrung des besonderen Informanten- beziehungsweise Quellenschutzes).[4] Es stellt sich somit die grundlegende – und seit der Einführung des

---

[1] Siehe nur BVerfG NJW 1966, 1499 (1502).
[2] Instruktiv (und kritisch) zu Macht und Kontrolle der Medien Beater MedienR § 21 Rn. 1803 ff.
[3] Statt vieler v. Lewinski in Auernhammer DS-GVO Art. 85 Rn. 6.
[4] Stellvertretend LReg BW, LT-Drs. 16/2953, 1 f. sowie LReg BW, LT-Drs. 16/3555, 12 f.: „Die Presse ist bei Erfüllung ihrer verfassungsrechtlich verbürgten Aufgabe bei der öffentlichen und individuellen Meinungsbildung zwingend auf die Verwendung personenbezogener Daten angewiesen. Journalistische Arbeit, vor allem auch eine verdeckte Recherche im Rahmen eines investigativen Journalismus, wäre ohne die Möglichkeit, personenbezogene Daten auch ohne Einwilligung der betroffenen Personen zu erheben, zu speichern und zu nutzen, nicht möglich. Entsprechendes gilt, wenn den betroffenen Personen konkrete Auskunfts- und daraus folgende Berichtigungsansprüche zu nicht veröffentlichten Daten eingeräumt würden. Einflüsse von außen auf diese Daten vor allem im Vorfeld der Berichterstattung müssen deshalb weitestmöglich von vornherein vermieden werden. Das Medienprivileg soll verhindern, dass der Datenschutz freier journalistischer Tätigkeit entgegensteht. Geschützt werden hierdurch nicht nur die Journalisten, sondern auch Informanten und sonstige Betroffene. Erfasst wird insbesondere auch der Schutz

BDSG 1977 umstrittene – Frage, ob und inwieweit die Presse und andere Medien datenschutzrechtlichen Vorschriften unterliegen (sollen).[5]

Zentrale Weichenstellung für das Verhältnis von Medien und Datenschutz sind die 3 sog **datenschutzrechtlichen Medienprivilegien**.[6] Die bundes- und landesrechtlichen Regelungen auf der Grundlage des Unionsrechts sehen eine weitgehende Freistellung der Presse und anderer Medien von den datenschutzrechtlichen Vorgaben vor. Dies bedeutet insbesondere, dass keine Einwilligung der betroffenen Person bzw. kein sonstiger datenschutzrechtlicher Erlaubnistatbestand für die Verarbeitung personenbezogener Daten erforderlich ist. Darüber hinaus sind Modifikationen zugunsten der Presse und anderer Medien vorgesehen bei den Betroffenenrechten, der Aufsicht und den Sanktionen.

II. Anwendbare Vorschriften

Der Rechtsrahmen für die Kommunikations- und Medienfreiheiten sowie den Daten- 4 schutz betreffend Presse und andere Medien umfasst völkerrechtliche, supranationale und nationale Regelungsschichten, weshalb die Betrachtung stets **im Lichte dieses Mehrebenensystems** zu erfolgen hat.

1. Datenschutzrecht in der EMRK

Aus völkerrechtlicher Perspektive ist zu verweisen auf **Art. 8 Abs. 1** und **Art. 10** 5 **EMRK**:[7] Während Art. 8 Abs. 1 EMRK das Recht auf Datenschutz benennt,[8] normiert Art. 10 Abs. 1 S. 1 EMRK, dass jede Person das Recht auf freie Meinungsäußerung hat. Dieses Recht auf freie Meinungsäußerung schließt die Meinungsfreiheit und die Informationsfreiheit ein (Art. 10 Abs. 1 S. 2 EMRK). Art. 10 EMRK nennt die Pressefreiheit nicht *expressis verbis*, anerkannt ist jedoch, dass die Pressefreiheit den sonstigen Freiheitsrechten der Norm innewohnt bzw. sich aus einer entsprechenden Gesamtschau ergibt.[9] Der EGMR hat verschiedentlich bereits Persönlichkeitsrechte und die Pressefreiheit gegeneinander abgewogen[10] sowie hierbei die besondere Rolle der Presse für die Demokratie hervorgehoben.[11]

---

der Quellen der Journalisten und die Speicherung und sonstige Verarbeitung personenbezogener Daten, etwa in Redaktions- oder Nachrichtenarchiven."

[5] Einführend etwa Dix in Simitis BDSG § 41 Rn. 1 ff.; allgemein(er) Caspar NVwZ 2010, 1451; Dörr ZUM 2004, 536; Eberle MMR 2008, 508.

[6] Monographisch Hubert Das datenschutzrechtliche „Presseprivileg" im Spannungsfeld zwischen Pressefreiheit und Persönlichkeitsrecht und Thomale Die Privilegierung der Medien im deutschen Datenschutzrecht; siehe zudem Cornils Das datenschutzrechtliche Medienprivileg unter Behördenaufsicht?; der Begriff „Medienprivileg" wird zu Recht kritisiert, denn er suggeriert ein grundsätzliches Primat des Datenschutzes. Gleichwohl darf der Begriff als inzwischen etabliert bezeichnet werden, weswegen er auch nachfolgend zugrunde gelegt wird. Zusammenfassend zur Diskussion Dix in Simitis BDSG § 41 Rn. 1; Dörr ZUM 2004, 536 (541); Plath/Frey in Plath, 2. Aufl. 2016, BDSG § 41 Rn. 2 Fn. 1; Schiedermair in DKC HdB MedienR Kap. I. IV. 2. Rn. 66; Westphal in Taeger/Gabel BDSG § 41 Rn. 15 f., jeweils mwN; vgl. ferner Albrecht/Janson CR 2016, 500 (502).

[7] Siehe darüber hinaus die Europäische Datenschutzkonvention, hierzu Schiedermair in DKC HdB MedienR Kap. I. I. 1. Rn. 1 ff.

[8] Hierzu etwa Schiedermair in DKC HdB MedienR Kap. I. II. 1. Rn. 8.

[9] Siehe hierzu Cornils in BeckOK InfoMedienR EMRK Art. 10 Rn. 22 f.; Westphal in Taeger/Gabel BDSG § 41 Rn. 7.

[10] Hierzu mit Blick auf Art. 85 DS-GVO Schiedermair in Ehmann/Selmayr DS-GVO Art. 85 Rn. 11 ff.

[11] Vgl. v. Lewinski in Auernhammer DS-GVO Art. 85 Rn. 5; siehe im Übrigen beispielhaft in Bezug auf Online-Archive EGMR AfP 2014, 517 (518 f.) – Wegrzynowski und Smolczewski/Polen; EGMR Urt. v. 10. 3. 2009 – 3002/03 u. 23676/03, Rn. 27 – Times Newspapers Ltd (Nr. 1 und 2)/Vereinigtes Königreich; hierzu Cornils in BeckOK InfoMedienR EMRK Art. 10 Rn. 81.

2. Datenschutzrecht auf unionaler Ebene

6   Auf unionaler Ebene finden sich für den Datenschutz im Bereich der Presse und der anderen Medien relevante Vorgaben im Primär- und Sekundärrecht.

7   **a) GRCh.** Hinzuweisen ist zunächst auf die GRCh, die mit ihrer Bezugnahme auf **Medienfreiheit(en) in Art. 11 GRCh** einerseits und **Datenschutz in Art. 8 GRCh** anderseits bereits die insoweit kollidierenden (europäischen) Grundrechte klar benennt.[12] Nach Art. 8 GRCh hat jede Person das Recht auf Schutz der sie betreffenden personenbezogenen Daten (eingehend → § 2 Rn. 12 ff.). Art. 11 Abs. 1 GRCh normiert – parallel zu Art. 10 EMRK – das Recht auf freie Meinungsäußerung, das die Meinungsfreiheit und Informationsfreiheit umfasst. Gemäß Art. 11 Abs. 2 GRCh werden die Freiheit der Medien und ihre Pluralität geachtet.

8   **b) AEUV.** Während der Datenschutz im Unionsprimärrecht in Art. 39 EUV und Art. 16 AEUV expliziten Niederschlag gefunden hat, ist dies in Bezug auf die Presse und andere Medien nicht der Fall. Dieser Befund resultiert aus dem Umstand, dass der Europäischen Union keine ausdrückliche Kompetenz für die Presse- bzw. Medienregulierung oder allgemein zur Vielfaltssicherung zusteht.[13] Eine solche Kompetenz kann auch nicht unmittelbar aus Art. 11 Abs. 2 GRCh abgeleitet werden; die Kulturkompetenz (Art. 167 AEUV) sieht lediglich beschränkte Einzelkompetenzen vor, die in diesem Zusammenhang keine weiterreichenden Kompetenzzuschreibungen eröffnen.[14]

9   **c) DS-GVO.** Ausfluss der fehlenden Kompetenz der Europäischen Union für den Bereich der Presse- und Medienregulierung ist die Vorschrift des **Art. 85 DS-GVO**.[15] Nach Art. 85 Abs. 1 DS-GVO bringen die Mitgliedsstaaten durch Rechtsvorschriften das Recht auf den Schutz personenbezogener Daten im Sinne der DS-GVO mit dem Recht auf freie Meinungsäußerung und Informationsfreiheit, einschließlich (unter anderem) der Verarbeitung zu journalistischen Zwecken, in Einklang. Die Mitgliedsstaaten können insbesondere nach Art. 85 Abs. 2 DS-GVO für die Verarbeitung, die zu journalistischen Zwecken erfolgt, Abweichungen oder Ausnahmen von einer Vielzahl von Kapiteln der DS-GVO vorsehen, wenn dies erforderlich ist, um das Recht auf Schutz der personenbezogenen Daten mit der Freiheit der Meinungsäußerung und der Informationsfreiheit auszutarieren.[16] Art. 85 Abs. 1 und 2 DS-GVO eröffnen auf dieser Grundlage den Mitgliedsstaaten die Option zur Einführung eines **„großen Medienprivilegs"** (hierzu ausführlich → Rn. 38 ff.).

10 Aspekte der Meinungs- und Informationsfreiheit haben teilweise auch im Übrigen in der DS-GVO ihren Ausdruck gefunden. So sieht etwa **Art. 17 Abs. 3 lit. a DS-GVO** in Bezug auf das Recht auf Löschung („Recht auf Vergessenwerden", → § 3 Rn. 130) einen Ausschlusstatbestand vor, soweit die Verarbeitung zur Ausübung des Rechts auf freie Meinungsäußerung und Information erforderlich ist. Diese Regelung kann auch im Kontext der Presse und anderer Medien Relevanz entfalten, insbesondere (aber nicht nur) soweit die Abrufbarkeit von personenbezogenen Daten in Online-Archiven in Rede steht (hierzu ausführlich → Rn. 110 ff.). Auf der Ebene des Sekundärrechts ist damit in Bezug auf die Löschung von personenbezogenen Daten bereits ein **„kleines Medienprivileg"** kodifiziert.[17] Im Anwendungsbereich eines „großen Medienprivilegs" auf der Grundlage

---

[12] Vgl. v. Lewinski in Auernhammer BDSG § 41 Rn. 3.
[13] Vgl. KOM (2003) 270 endg., 26.
[14] Ebenso ergibt sich auch aus Art. 352 AEUV keine Kompetenz.
[15] Vgl. Schiedermair in Ehmann/Selmayr DS-GVO Art. 85 Rn. 8.
[16] Siehe ferner Art. 85 Abs. 3 DS-GVO zur die Mitteilungspflicht der Mitgliedsstaaten betreffend auf Art. 85 Abs. 2 DS-GVO erlassenen Rechtsvorschriften (sowie Änderungen dieser Vorschriften).
[17] Paal/Hennemann K&R 2017, 18 (22).

von Art. 85 Abs. 2 DS-GVO wird das Recht auf Löschung allerdings regelmäßig durch nationale Bestimmungen ausgeschlossen sein.[18]

d) Bisherige sekundärrechtliche Regelung in der DS-RL. Vor der Geltung der DS-GVO beurteilte sich unionsrechtlich die Frage der Einführung eines Medienprivilegs nach der Vorgängernorm zu Art. 85 (Abs. 1) DS-GVO, sprich nach **Art. 9 DS-RL.**[19] Dieser Norm zufolge konnten die Mitgliedstaaten für die Verarbeitung personenbezogener Daten, die allein zu journalistischen Zwecken erfolgt, Abweichungen und Ausnahmen von bestimmten datenschutzrechtlichen Vorgaben der DS-RL nur vorsehen, wenn und soweit sich eine entsprechende Regelung als notwendig erweist, um das Recht auf Privatsphäre mit den für die Freiheit der Meinungsäußerung geltenden Vorschriften in Einklang zu bringen.[20] Allgemein angenommen wurde, dass es den Mitgliedsstaaten obliegt, die verschiedenen Rechtspositionen durch die nationalen Vorschriften auf der Grundlage von Art. 9 DS-RL zum Ausgleich zu bringen.[21]

3. Datenschutzrecht auf nationaler Ebene

Der Datenschutz in Bezug auf die Presse und andere Medien beurteilt sich auf nationaler Ebene nach Maßgabe des Verfassungsrechts, einfachgesetzlicher Regelungen, insbesondere des neuen BDSG, des RStV sowie auf der Grundlage sonstiger landesgesetzlicher Regelungen.

a) Verfassungsrecht. Aus verfassungsrechtlicher Perspektive ist in formaler Hinsicht zunächst die **föderale Kompetenzordnung** hervorzuheben. Datenschutz im nicht-öffentlichen Bereich ist grundsätzlich Bundesrecht, im öffentlichen Bereich teils Bundes- und teils Landesrecht. Presse- und Medienrecht sind grundsätzlich Landesrecht. Sämtliche Regelungen sind vor dem Hintergrund der betroffenen Grundrechte und der Staatsstrukturprinzipien zu entfalten. In Rede stehen dabei insbesondere der Persönlichkeitsschutz (Recht auf informationelle Selbstbestimmung, Datenschutz) einerseits und die Sicherung der Meinungsvielfalt (Meinungs- bzw. Pressefreiheit) andererseits; beide Zielsetzungen sind im Zuge der Beurteilung von Datenschutz in der Presse und anderen Medien miteinander in Ausgleich zu bringen. Das daraus oftmals resultierende Spannungsverhältnis ist altbekannt.[22]

Dabei ist zunächst ganz grundlegend zu beachten, dass die **freie Presse** ein **Wesenselement eines demokratisch-freiheitlichen Rechtsstaats** ist.[23] Die Pressefreiheit ist „für eine freiheitliche demokratische Staatsordnung schlechthin konstituierend".[24] **Datenschutzrechtliche Privilegien** für die Presse und andere Medien sind daher bereits **verfassungsrechtlich induziert** bzw. **erforderlich**, damit Presse und andere Medien ihre (öffentliche) Aufgabe erfüllen können.[25] Entsprechende Privilegien stellen sich somit

---

[18] Vgl. Schulz/Heilmann in GSSV DS-GVO Art. 85 Rn. 62.
[19] Ausführlich hierzu etwa Schiedermair in DKC HdB MedienR Kap. I. II. 2. Rn. 9 ff.; zu den Unterschieden zwischen Art. 9 DS-RL und Art. 85 DS-GVO dies. in Ehmann/Selmayr DS-GVO Art. 85 Rn. 2.
[20] Hierzu Dix in Simitis BDSG § 41 Rn. 5 f.; Ehmann/Helfrich EG-DSRL Art. 9 Rn. 2, 13 f.; Westphal in Taeger/Gabel BDSG § 41 Rn. 7 ff.
[21] EuGH EuZW 2004, 245 (251 f.) – Lindqvist.
[22] Siehe etwa Di Fabio AfP 1999, 126; Kloepfer AfP 2000, 511.
[23] Vgl. BVerfG NJW 1966, 1603 (1604) – Spiegel.
[24] BVerfG NJW 1966, 1499 (1502); siehe ferner NJW 1981, 1774 (1776) sowie statt vieler Ossenbühl JZ 1995, 633 (634 ff.).
[25] Umstr., hierzu etwa Kloepfer AfP 2000, 511; Schiedermair in DKC HdB MedienR Kap. I. IV. 2. Rn. 66; vgl. auch Ossenbühl JZ 1995, 633 (636).

(auch) als **Materialisierungen** des verfassungsrechtlichen Gebots aus Art. 5 Abs. 1 S. 2 GG dar.[26]

15 Als kollidierendes Verfassungsrecht fungiert (insbesondere) das **Recht auf informationelle Selbstbestimmung** (→ § 2 Rn. 22 ff.).[27] Das BVerfG hat Selbstbestimmung als „eine elementare Funktionsbedingung eines auf Handlungs- und Mitwirkungsfähigkeit seiner Bürger begründeten freiheitlichen demokratischen Gemeinwesens"[28] eingestuft. Das Recht auf informationelle Selbstbestimmung bildet hiernach für den vorliegenden Betrachtungsgegenstand gleichsam den Gegenpol zur Presse- und Medienfreiheit in Ansehung des (ständig drohenden) Konflikts zwischen Datenschutz und Medien bei der Verarbeitung personenbezogener Daten durch Medien.[29]

16 **b) Einfachgesetzliches Bundesrecht. § 41 Abs. 1 BDSG aF** richtete betreffend den Datenschutz in der Presse einen Regelungsauftrag an die Bundesländer.[30] Die Bundesländer hatten in ihrer Gesetzgebung vorzusehen, dass für die Erhebung, Verarbeitung und Nutzung personenbezogener Daten von Unternehmen und Hilfsunternehmen der Presse ausschließlich zu eigenen journalistisch-redaktionellen oder literarischen Zwecken den Vorschriften der §§ 5 (Datengeheimnis), 9 (technische und organisatorische Maßnahmen) und 38a (Verhaltensregeln zur Förderung der Durchführung datenschutzrechtlicher Regelungen) BDSG aF entsprechende Regelungen einschließlich einer hierauf bezogenen Haftungsregelung entsprechend § 7 (Schadensersatz) BDSG aF zur Anwendung kommen.[31] Art. 41 Abs. 2 bis 4 BDSG aF sahen ebenso wie § 42 BDSG aF ein Medienprivileg bzw. Sonderregelungen für die Deutsche Welle vor.[32]

17 Die Regelung des § 41 Abs. 1 BDSG aF bezweckte damit, dem von Art. 9 DS-RL adressierten Spannungsverhältnis gerecht zu werden. Ohne einen pauschalen Vorrang eines der betroffenen Grundrechte[33] eröffnete § 41 Abs. 1 BDSG aF den Ländern die Option, der Presse durch die Befreiung von den (meisten) datenschutzrechtlichen Bestimmungen die Erfüllung ihrer (öffentlichen) Aufgabe zu ermöglichen.[34] Zivilrechtliche Ansprüche blieben im Übrigen unberührt.[35]

18 Im Gegensatz zum BDSG aF finden sich in Bezug auf Presse und andere Medien keine Regelungen im neuen BDSG. Die Vorschrift des **§ 41 BDSG aF** wurde **nicht übernommen**. Zur Begründung führt der (Bundes-)Gesetzgeber aus:

„Für die Verarbeitung personenbezogener Daten von Unternehmen und Hilfsunternehmen der Presse ausschließlich zu eigenen journalistisch-redaktionellen oder literarischen Zwecken fand das BDSG aF nach dem sogenannten Presseprivileg des § 41 Absatz 1 BDSG aF nur sehr eingeschränkt Anwendung. Für das Pressewesen sind nunmehr ausschließlich die Länder zuständig. Aus kompetenzrechtlichen Gründen kann § 41 Absatz 1 BDSG aF daher nicht beibehalten wer-

---

[26] Siehe nur BGH NJW 2010, 2432 (2435) – Online Archiv II; BVerwG ZUM-RD 2016, 206 (207); sowie Dörr ZUM 2004, 536 (541) und Cornils Das datenschutzrechtliche Medienprivileg unter Behördenaufsicht?, 15: „verfassungsrechtlich gebotene Immunisierung".
[27] Ausführlich zum Datenschutz im Verfassungsrecht Schiedermair in DKC HdB MedienR Kap. I. III. Rn. 22 ff.
[28] BVerfG NJW 1984, 419 (422) – Volkszählungsurteil.
[29] Hierzu etwa Eberle MMR 2008, 508.
[30] § 41 Abs. 1 BDSG aF lautet: „Die Länder haben in ihrer Gesetzgebung vorzusehen, dass für die Erhebung, Verarbeitung und Nutzung personenbezogener Daten von Unternehmen und Hilfsunternehmen der Presse ausschließlich zu eigenen journalistisch-redaktionellen oder literarischen Zwecken den Vorschriften der §§ 5, 9 und 38a entsprechende Regelungen einschließlich einer hierauf bezogenen Haftungsregelung entsprechend § 7 zur Anwendung kommen." Zur Genese der Vorschrift siehe Westphal in Taeger/Gabel BDSG § 41 Rn. 2 ff.
[31] Ausführlich hierzu Dix in Simitis BDSG § 41 Rn. 24 ff.
[32] Siehe hierzu Gola/Klug/Körffer in Gola/Schomerus BDSG § 41 Rn. 13 ff.
[33] Siehe Dix in Simitis BDSG § 41 Rn. 1 f.
[34] Siehe nur BGH NJW 2010, 2432 (2435) – Online Archiv II; Dix in Simitis BDSG § 41 Rn. 2.
[35] Siehe etwa Plath/Frey in Plath, 2. Aufl. 2016, BDSG § 41 Rn. 23.

§ 19 Datenschutz in Presse und anderen Medien   Teil B

den. Der Bundesgesetzgeber geht aber davon aus, dass die insofern zuständigen Landesgesetzgeber das Presseprivileg wie bisher absichern werden."[36]

Denn § 41 BDSG aF stützte sich auf eine Rahmenkompetenz nach Art. 75 Abs. 1 Nr. 2 GG aF. Im Anschluss an die Föderalismusreform bestand die Norm als Bundesrecht gemäß Art. 125a Abs. 1 S. 1 GG fort.[37] Die von den Ländern in der Zwischenzeit erlassenen Gesetze (siehe → Rn. 24) haben das Bundesrecht (nur) ausgestaltet; eine inhaltliche Ersetzung fand nicht statt.[38] 19

Datenschutzrechtliche Medienprivilegien auf Bundesebene sind allerdings erforderlich bzw. möglich für die Deutsche Welle als Auslandsrundfunk des Bundes sowie für „Radio Andernach" der Bundeswehr (wobei letzteres keinen Rundfunk im rechtlichen Sinne darstellt).[39] 20

c) Staatsverträge. Parallel zur Regelung des § 41 BDSG aF sah § 57 RStV aF bislang ein Medienprivileg für bestimmte Telemedien vor: Soweit Unternehmen und Hilfsunternehmen der Presse als **Anbieter von Telemedien** personenbezogene Daten ausschließlich zu eigenen journalistisch-redaktionellen oder literarischen Zwecken erheben, verarbeiten oder nutzen, sollten nur die §§ 5, 7, 9 und 38a BDSG aF (mit näheren Maßgaben) gelten, vgl. § 57 Abs. 1 S. 1 RStV aF. § 57 Abs. 2 und 3 RStV aF sahen Regelungen zu Auskunft über und Berichtigung von personenbezogenen Daten der betroffenen Person sowie zu presserechtlichen Ansprüchen vor. § 57 RStV war somit in seinem Anwendungsbereich die zu § 41 BDSG aF speziellere Regelung.[40] 21

Ebenso normierte § 47 RStV aF besondere Bestimmungen zu den (reduzierten) datenschutzrechtlichen Pflichten **privater Rundfunkanbieter.** Weitere Regelungen zum Datenschutz fanden (und finden) sich in den §§ 16 bis 18 Deutschlandradio-Staatsvertrag und §§ 16 bis 18 ZDF-Staatsvertrag (sowie in weiteren Staatsverträgen zu einzelnen öffentlich-rechtlichen Rundfunkanstalten).[41] Medienprivilegien waren dabei etwa in § 17 Deutschlandradio-Staatsvertrag aF und in § 17 ZDF-Staatsvertrag aF vorgesehen. 22

In Reaktion auf die DS-GVO (und das neue BDSG) wurden durch den 21. Rundfunkänderungsstaatsvertrag die Medienprivilegien in den verschiedenen Staatsverträgen neu geregelt (hierzu ausführlich → Rn. 49 ff.).[42] § 47 RStV aF wurde gestrichen. **§ 57 RStV** ist um die Telemedien des Rundfunks erweitert worden.[43] Die §§ 16 bis 18 Deutschlandradio-Staatsvertrag sehen nun ebenso wie §§ 16 bis 18 ZDF-Staatsvertrag nur noch Regelungen zum Rundfunkbeauftragten für den Datenschutz und zum Datenschutzbeauftragten vor (hierzu ausführlich → Rn. 93 ff.). Die Medienprivilegien im Deutschlandradio-Staatsvertrag und im ZDF-Staatsvertrag wurden gestrichen, da **§ 9c RStV** nun eine **umfassende Neuregelung** vorsieht (hierzu ausführlich → Rn. 51 ff.). § 9c RStV soll die bestehenden Medienprivilegien in den Rundfunk- und Mediengeset- 23

---

[36] BT-Drs. 18/11325, 79; hierzu Kahl/Piltz K&R 2018, 289 (291 f.).
[37] Dix in Simitis BDSG § 41 Rn. 20.
[38] v. Lewinski in Auernhammer BDSG § 41 Rn. 13.
[39] Siehe v. Lewinski in Auernhammer DS-GVO Art. 85 Rn. 22; ders. in Auernhammer BDSG § 41 Rn. 8.
[40] Siehe etwa Plath/Frey in Plath, 2. Aufl. 2016, BDSG § 41 Rn. 22.
[41] Allgemein zum Datenschutz in den Rundfunkanstalten nach der alten Rechtslage etwa Bach in Möller/v. Zezschwitz Datenschutz und Medien, 57 ff.; Schiedermair in DKC HdB MedienR Kap. I. IV. 4. Rn. 69 ff.
[42] Siehe ferner zur Vertraulichkeit § 24 RStV sowie zur Verarbeitung personenbezogener Daten im Kontext des Rundfunkbeitrags § 11 RStV; hierzu Bayerische Staatskanzlei Erläuterungen zu den einzelnen Regelungen und Änderungen in den Staatsverträgen, 5 und 8 f. Zu dem (nicht realisierten) Vorschlag eines „Staatsvertrags zum Ausgleich von Persönlichkeitsschutz und Medienfreiheiten (Art. 85-StV)" siehe Institut für Europäisches Medienrecht, Stellungnahme – Zur Konsultation der Länder betreffend die Spezifizierung des Art. 85 DS-GVO, 6 ff.
[43] Stellvertretend LReg BW, LT-Drs. 16/2953, 2; Bayerische Staatskanzlei Erläuterungen zu den einzelnen Regelungen und Änderungen in den Staatsverträgen, 5.

zen ersetzen.⁴⁴ Die Regelung sieht hierfür ein **einheitliches Medienprivileg** für den **öffentlich-rechtlichen und privaten Rundfunk** vor.⁴⁵

24 **d) Sonstiges Landesrecht.** Weitere datenschutzrechtliche Regelungen in Bezug auf **Unternehmen der Presse und deren Hilfsunternehmen** (sowie den Rundfunk) sahen ferner die Landespresse- und Landesmediengesetze (teilweise auch die Landesdatenschutzgesetze) vor. In diesen Vorschriften wurden regelmäßig auf der Grundlage von und inhaltsgleich zu § 41 BDSG aF Medienprivilegien zugunsten von Unternehmen der Presse und deren Hilfsunternehmen sowie Rundfunkunternehmen kodifiziert.⁴⁶ Siehe hierzu etwa § 12 LPrG BW aF, § 37 LDSG BW aF, Art. 10a BayPrG aF, § 22a BlnPrG aF, § 31 BlnDSG aF, § 16a BbgPrG aF, § 5 BremLPrG aF, § 36 BremDSG aF, § 11a HmbLPrG aF, § 10 HPrG aF, § 37 HDSG aF, § 18a LPrG M-V aF, § 19 NLPrG aF, § 12 PrG NRW aF, § 12 LMG RhPf aF, §§ 11a und 11b SLMG aF, § 11a SächsPrG aF, § 10a LPrG S-A aF, § 10 LPrG SchlH aF, § 11a ThürPrG aF.⁴⁷ Stellvertretend sei insofern verwiesen auf § 12 LPrG BW aF:

„Soweit Unternehmen und Hilfsunternehmen der Presse personenbezogene Daten ausschließlich zu eigenen journalistisch-redaktionellen oder literarischen Zwecken erheben, verarbeiten und nutzen, gelten von den Vorschriften des [BDSG] (…), in seiner jeweils gültigen Fassung nur die §§ 5, 9 und 38a sowie § 7 mit der Maßgabe, dass nur für Schäden gehaftet wird, die durch eine Verletzung von § 5 oder § 9 [BDSG] eintreten."

25 Zur Anpassung an die DS-GVO und das BDSG wurden diese Vorschriften umfassend novelliert (hierzu ausführlich → Rn. 67 ff.).

III. Einzelfragen

1. Presse und andere (Tele-)Medien

26 Die Meinungsbildung erfolgt im Zeitalter der Digitalisierung nicht mehr allein mittels der **„traditionellen" Massenmedien** Presse und Rundfunk, sondern wird vielmehr durch vielfältige meinungsbildende (und -beeinflussende) Angebote ergänzt – und teilweise zumindest funktional ersetzt.⁴⁸ In diesem Sinne eröffnen die sog **neuen Medien** vielfältige neue Kommunikationsoptionen und prägen (zunehmend) den gesellschaftlichen Diskurs.⁴⁹

27 **a) Presse.** Die Pressetätigkeit umfasst grundsätzlich **Herstellung und Vertrieb** von Zeitungen, Zeitschriften und Büchern. Ein einheitlicher Pressebegriff existiert allerdings nicht. Verfassungsrechtlich (Art. 5 Abs. 1 Hs. 2 Fall 1 GG) werden unter „Presse" grundsätzlich Publikationen in „gedruckter und zur Verbreitung geeigneter und bestimmter"⁵⁰ Form verstanden. Es stehen somit **nicht bestimmte inhaltliche Kriterien** im Vordergrund,⁵¹ sondern es wird eine **formale Abgrenzung** vorgenommen.⁵² Der persönliche

---

⁴⁴ Stellvertretend LReg BW, LT-Drs. 16/2953, 2.
⁴⁵ Stellvertretend LReg BW, LT-Drs. 16/2953, 2.
⁴⁶ Buchner in BeckOK DatenschutzR BDSG § 41 Rn. 12; Gaertner in Gierschmann/Saeugling DatenschutzR BDSG § 41 Rn. 2.
⁴⁷ Ausführliche Übersicht betreffend den privaten Rundfunk bei Schiedermair in Ehmann/Selmayr DS-GVO Art. 85 Rn. 6 f.
⁴⁸ Siehe hierzu statt vieler Paal/Hennemann JZ 2017, 641; dies. ZRP 2017, 76.
⁴⁹ Siehe bereits Di Fabio AfP 1999, 126.
⁵⁰ BVerfG NJW 1997, 386 (387) – Werkszeitungen; NJW 1992, 1439 (1439) – Bayer-Aktionäre; NJW 1984, 1741 (1742) – Wallraff; vgl. ferner Beater MedienR § 3 Rn. 138 f.
⁵¹ BVerfG NJW 1973, 1221 (1224) – Soraya; NJW 1984, 1741 (1742) – Wallraff; Kühling in BeckOK Info-MedienR GG Art. 5 Rn. 47; Beater MedienR § 3 Rn. 139.
⁵² BVerfG NJW 1984, 1741 (1742) – Wallraff; NJW 1997, 386 (387) – Werkszeitungen.

Schutzbereich der Pressefreiheit umfasst grundsätzlich Verleger bzw. Presseunternehmen, (selbstständige) Journalisten, Redakteure, sonstige Herausgeber einer Pressepublikation sowie Hilfsunternehmen der Presse (etwa Agenturen, Korrespondenten und Grossisten).[53] Einfachgesetzlich enger gefasst sind regelmäßig die Landespressegesetze (vgl. etwa Art. 6 Abs. 3 BayPrG oder § 7 Abs. 3 Nr. 2 PrG NRW).[54] Hier kann je nach Einzelfall – und je nach Verständnis der Pressefreiheit – eine verfassungskonforme Auslegung angezeigt sein.[55]

28 Bereits unter dem Eindruck der elektronischen Datenverarbeitung und erst recht im Zuge der fortschreitenden Digitalisierung wurde und wird der Pressebegriff zunehmend – und zutreffend – weit(er) ausgelegt.[56] Unter Zugrundelegung dieser weit(er)en Auslegung wird auch die **„elektronische Presse"** (Online-Angebote wie etwa eine online „erscheinende" Zeitung), vom verfassungsrechtlichen Pressebegriff umfasst.[57] Eine grundlegend andere Betrachtung der „Presse" geht damit allerdings nicht zwangsläufig einher. Denn entsprechende Angebote stellen zumeist (nur) neuartige Erscheinungsformen oder Substitute traditioneller Presse dar.[58]

29 **b) Rundfunk sowie Telemedien mit journalistisch-redaktionellen Inhalten.** Der Rundfunk unterteilt sich in **Hörfunk und Fernsehen.** Betrieben wird Rundfunk in Deutschland durch private und öffentlich-rechtliche Rundfunkanstalten. Der verfassungsrechtliche Rundfunkbegriff ist offen und entwicklungsfähig (sog dynamischer Rundfunkbegriff); von zunehmend zentraler Bedeutung ist die elektronische Verbreitung von Massenkommunikation.[59]

30 Telemedien sind nach der Legaldefinition in § 2 Abs. 1 S. 3 RStV alle elektronischen Informations- und Kommunikationsdienste, soweit sie nicht Telekommunikationsdienste nach § 3 Nr. 24 TKG sind, die ganz in der Übertragung von Signalen über Telekommunikationsnetze bestehen, telekommunikationsgestützte Dienste nach § 3 Nr. 25 TKG oder Rundfunk nach § 2 Abs. 1 S. 1 und 2 RStV sind. **Telemedien mit journalistisch-redaktionellen Inhalten** im Sinne einer „elektronischen Presse" zeichnen sich durch journalistische und redaktionelle Elemente aus.[60] Für das journalistische Element ist die **publizistische Ausrichtung** ein zentraler Faktor; Kontinuität und Dauerhaftigkeit sind insoweit ebenso zu berücksichtigen wie Universalität, Aktualität, Periodizität und Publizität.[61] Regelmäßig erfasst sind daher Digitalausgaben von Zeitungen und Zeitschriften sowie darüber hinaus auch reine Online-Zeitungen.[62] Insbesondere Suchmaschinen und Aggregatoren werden vor diesem Hintergrund nicht als Telemedien mit journalistisch-redaktionellen Inhalten eingestuft; eine andere Bewertung kann je nach Einzelfall bei Auftritten innerhalb eines Sozialen Netzwerks oder bei Blogs geboten sein.[63]

---

[53] Hierzu Beater MedienR § 3 Rn. 153; v. Lewinski in Auernhammer BDSG § 41 Rn. 14 ff.; Lauber-Rönsberg ZD 2014, 177 (180); Plath/Frey in Plath, 2. Aufl. 2016, BDSG § 41 Rn. 5 ff.; siehe zu Publikationen von Unternehmen, Vereinen oder Parteien etwa BVerwG ZUM-RD 2016, 206 (207); zu Google Street View siehe LG Köln MMR 2010, 278 (279) und LG Berlin ZUM-RD 2011, 418 (419 f.).
[54] Kühling in BeckOK InfoMedienR GG Art. 5 Rn. 45 f.
[55] Beater MedienR § 3 Rn. 159; Kühling in BeckOK InfoMedienR GG Art. 5 Rn. 46.
[56] Umstr., siehe hierzu Gersdorf AfP 2010, 421 (423 ff.); Gola/Klug/Körffer in Gola/Schomerus BDSG § 41 Rn. 10a; Herb in BeckOK RundfunkR RStV § 57 Rn. 10; Kühling in BeckOK InfoMedienR GG Art. 5 Rn. 46; Tinnefeld/Buchner in BeckOK DatenschutzR Medien Rn. 43 f.; jeweils mwN zum Streitstand.
[57] Siehe auch BVerwG ZUM-RD 2016, 206 (207).
[58] Verwiesen sei insofern nur auf die entsprechende Diskussion im Zuge von § 30 GWB, hierzu Hennemann in BeckOK InfoMedienR GWB § 30 Rn. 13 ff.
[59] Beater MedienR § 4 Rn. 216 ff.
[60] Ausführlich hierzu Lent ZUM 2013, 914.
[61] Lent in BeckOK InfoMedienR RStV § 54 Rn. 5; ders. ZUM 2013, 914 (915 f.).
[62] Lent ZUM 2013, 914 (918).
[63] Lent ZUM 2013, 914 (918 ff.); ders. in BeckOK InfoMedienR RStV § 54 Rn. 5.1 mwN, auch zu weiteren Fallgruppen.

31 **c) Neuere Erscheinungsformen.** Schwieriger einzuordnen in die traditionellen Kategorien von Presse, Rundfunk und Telemedien mit journalistisch-redaktionellem Inhalt sind **neuere Kommunikationsformen des Web 2.0/3.0.** Denn im Zeitalter der Digitalisierung ist im Grundsatz jeder dazu in der Lage, eine **Informationsverbreitung** an eine Vielzahl von Personen bei einer gleichzeitigen (gewissen) **Strukturierung des Informationsangebots** vorzunehmen – letzteres ist bedeutsam insbesondere (auch) zur Abgrenzung zu reinen Einzeläußerungen.[64] Nimmt man eine solche Betrachtung auch für die Pressefreiheit bzw. Medienfreiheit zum Ausgangspunkt, so erweitert sich der potenzielle Schutzbereich signifikant. Durchaus treffend wird in diesem Zusammenhang die Pressefreiheit teilweise bereits als „**Auffangmedienfreiheit**" verstanden: Umfasst sein sollen damit sämtliche Medieninhalte, die nicht Rundfunk und Film sind.[65]

32 Auf dieser Grundlage wären letztlich sämtliche Akteure, die auf den (öffentlichen) Meinungsbildungsprozess in Form eines (strukturierten) Informationsangebots einwirken, mit in die medienrechtliche Betrachtung einzubeziehen. Potenziell **relevante Akteure** wären damit etwa sog Bürgerjournalisten, Blogs, Soziale Netzwerke (mit ihren News-Funktionen), Instant Messenger-Dienste (Twitter, Snapchat etc),[66] Suchmaschinen und – konsequent weitergedacht – auch unter Umständen der einzelne Nutzer (der eben nicht mehr nur Rezipient sein muss).[67] Maßgeblicher Anknüpfungspunkt könnte eine journalistische Tätigkeit im weiteren Sinne sein, die ihrerseits von Einzeläußerungen einerseits und Vermittlertätigkeiten andererseits abzugrenzen wäre.

33 **aa) Journalistische Tätigkeiten im weiteren Sinne.** Im vorgenannten Sinne sind zunächst auch **nicht etablierte Medienunternehmen** medienrechtlich relevante Akteure. Der EuGH urteilte bereits im Jahre 2009, dass journalistische Tätigkeiten, die „zum Zweck haben, Informationen, Meinungen oder Ideen, mit welchem Übertragungsmittel auch immer, in der Öffentlichkeit zu verbreiten" von der Privilegierung des Art. 9 DS-RL erfasst sind.[68] Auf dieser Grundlage könnten etwa auch Beiträge **in Blogs** und **auf Sozialen Netzwerken** als eine journalistische Tätigkeit im weiteren Sinne bewertet werden.[69] Für eine solche Festlegung spricht, dass die Übergänge zwischen professionellem und nicht professionellem Journalismus fließend sein können.[70] Unabhängig davon ist eine Differenzierung danach zu erwägen, ob und inwieweit die jeweiligen Inhalte eher der Selbstdarstellung des Betreibers bzw. des Äußernden dienen oder der journalistisch-redaktionelle Gehalt (etwa im Sinne einer Zeitungskolumne) im Vordergrund steht.[71] Die schlichte Selbstbeschreibung als Journalist uÄ reicht jedenfalls nicht aus.[72] Dagegen wird die Frage der Länge der jeweiligen Beiträge nicht relevant sein, sodass auch Kurznachrichten (etwa auf Twitter) unter Umständen eine journalistische Tätigkeit sein können.[73]

34 Insgesamt ist allerdings keinesfalls anzunehmen, dass Beiträge auf entsprechenden Plattformen nun *per se* Medieninhalte wären.[74] Vielmehr ist mit dem BVerwG zu konzedieren, dass nicht „alle Meinungsäußerungen, Foren oder Bewertungsportale" privilegiert sein können, weil ansonsten das Medienprivileg in ein allgemeines Meinungsprivileg umge-

---

[64] Vgl. Kühling in BeckOK InfoMedienR GG Art. 5 Rn. 46.
[65] Siehe hierzu Kühling in BeckOK InfoMedienR GG Art. 5 Rn. 46; vgl. dagegen (enger) Beater MedienR § 3 Rn. 138.
[66] Kühling in BeckOK InfoMedienR GG Art. 5 Rn. 46.
[67] Siehe hierzu ausführlich Lent ZUM 2013, 914 sowie (befürwortend) Koreng/Feldmann ZD 2012, 311 (314).
[68] EuGH MMR 2009, 175 (178) – Satamedia.
[69] So Koreng/Feldmann ZD 2012, 311 (314); vgl. auch Spindler GRUR-Beilage 2014, 101 (104).
[70] Siehe Spindler GRUR-Beilage 2014, 101 (104); zust. Lauber-Rönsberg ZD 2014, 177 (180); vgl. auch Koreng/Feldmann ZD 2012, 311 (314).
[71] Hierzu Lent ZUM 2013, 914 (919).
[72] Vgl. hierzu Gola RDV 2017, 132 (132).
[73] Hierzu Lent ZUM 2013, 914 (919).
[74] Siehe zu dort sog „pressenahen" Tätigkeiten Kahl/Piltz K&R 2018, 289 (292).

deutet werden würde.[75] Denn insbesondere Bewertungsportale bündeln lediglich Einzelmeinungen und weisen im Ausgangspunkt grundsätzlich keine journalistisch-redaktionelle Bearbeitung auf[76] – sie sind mangels Bezug zu anderen journalistischen Inhalten deshalb auch nicht mit Leserbriefen zu vergleichen.[77]

bb) Informations-Intermediäre. Vermittler von Informationen, sog Informations-Intermediäre, können (in Abstufungen) eine (erhebliche) **Relevanz für die Meinungsbildung** aufweisen.[78] Solche Informations-Intermediäre, insbesondere Suchmaschinen und Soziale Netzwerke, treffen oftmals entscheidende Auswahlentscheidungen in Bezug auf ihre Angebote. Informationsintermediäre steuern und kanalisieren damit (in zunehmenden Umfang) auch Informationen und Meinungen. Dabei ist zum einen eine Auswahl für ein funktionierendes Angebot unerlässlich und zum anderen ein Gefahrpotential für Verzerrungen sowie Diskriminierungen zumindest eröffnet. Der punktuelle Ausschluss von bzw. die Bevorzugung einzelner Informationen kann im Grundsatz ebenso informationssteuernde Wirkung entfalten.[79] Während es allerdings bei Suchmaschinen (regelmäßig) an der journalistisch-redaktionellen Bearbeitung fehlen wird, nähern sich andere Angebote an eine solche Bearbeitung zumindest an – und werden (deswegen) auch bereits teilweise als **funktionales Äquivalent zu traditionellen Medien** wahrgenommen bzw. genutzt. Hinweise auf fremde Inhalte und die Vermittlung von Meinungen treten schrittweise zurück; die eigene Gestaltung, Zusammenstellung und Integration von Inhalten auf dem eigenen Angebot nehmen ein zunehmendes Gewicht ein. Voranschaulicht wird diese Entwicklung vor allem durch die **Ausgestaltung von Sozialen Netzwerken.**

De lege lata werden (Informations-)Intermediäre allerdings ganz überwiegend bislang nicht als Medien eingestuft.[80] Der EuGH verneinte etwa in Bezug auf Google ausdrücklich eine von Art. 9 DS-RL privilegierte Datenverwendung[81] und sieht die Tätigkeit eines Suchmaschinenbetreibers damit auch (wohl) nicht als vom Schutzbereich des Art. 11 GRCh umfasst an.[82] Ein Intermediär (wie Google) kann sich aber gegebenenfalls mittelbar auf die Meinungsfreiheit Dritter (zB Autoren) stützen.[83] Vor diesem Hintergrund ist zumindest *de lege ferenda* die Frage aufgeworfen, ob die (bzw. ein Teil der benannten) Intermediäre unter den verfassungsrechtlichen Presse- bzw. Medienbegriff subsumiert und weitergehenden einfachgesetzlichen (presse- bzw. medienspezifischen) Pflichten unterworfen werden sollten. Bejahendenfalls müssten entsprechende Angebote dann konsequenterweise auch von datenschutzrechtlichen Medienprivilegien profitieren (können).[84]

2. Datenschutzrechtliche Medienprivilegien

Unter Bezug auf die vorbenannten Medien(begriffe) sind nachfolgend die datenschutzrechtlichen Medienprivilegien in den Blick zu nehmen.

---

[75] BVerwG ZUM-RD 2016, 206 (207); siehe hierzu etwa Dix in Simitis BDSG § 41 Rn. 11.
[76] Siehe BGH NJW 2015, 489 (490) – Ärztebewertungsportal II sowie statt vieler Gola/Klug/Körffer in Gola/Schomerus BDSG § 41 Rn. 10a; aA Greve/Schärdel MMR 2008, 644 (648); Koreng/Feldmann ZD 2012, 311 (314); siehe auch bereits Peifer/Kamp ZUM 2009, 185 (186f.).
[77] So aber Greve/Schärdel MMR 2008, 644 (648).
[78] Dörr/Natt ZUM 2014, 829 (830ff.).
[79] Siehe hierzu Arning/Moos/Schefzig CR 2014, 447 (453).
[80] Anders etwa Kühling, in BeckOK InfoMedienR GG Art. 5 Rn. 46; siehe auch bereits Schulz CR 2008, 470.
[81] EuGH GRUR 2014, 895 (901) – Google Spain.
[82] Arning/Moos/Schefzig CR 2014, 447 (453); Paal ZEuP 2016, 591 (610 Fn. 116); sich dem EuGH anschließend OLG Celle ZD 2017, 428 (429); vgl. auch bereits BVerfG NJW 2005, 1341 (1342).
[83] Siehe etwa LG Frankfurt MMR 2018, 251 (254).
[84] Eine Einstufung bzw. Privilegierung von Suchmaschinen und Sozialen Netzwerken als Hilfsunternehmen der Medien bejahend v. Lewinski in Auernhammer DS-GVO Art. 85 Rn. 9; siehe allgemein hierzu auch Lauber-Rönsberg ZD 2014, 177.

38 **a) Unionsrechtliche Vorgaben.** Art. 85 DS-GVO sieht einerseits einen **Regelungsauftrag** zu einem schonenden Ausgleich verschiedener Grundrechtspositionen und andererseits eine **Öffnungsklausel** betreffend bestimmter Kapitel der DS-GVO vor.[85] Die DS-GVO eröffnet den Mitgliedsstaaten die Option eines **technologieneutralen**[86] „**großen Medienprivilegs**".[87] Die maßgebliche Vorschrift des Art. 85 DS-GVO benennt hierfür (nur) allgemeine Abwägungsmaßstäbe, nicht jedoch konkrete(re) Hinweise zur adäquaten Fassung.[88]

39 **aa) Art. 85 Abs. 1 DS-GVO.** Nach Art. 85 Abs. 1 DS-GVO bringen **die Mitgliedsstaaten** durch Rechtsvorschriften das Recht auf den Schutz personenbezogener Daten im Sinne der DS-GVO mit dem Recht auf freie Meinungsäußerung und Informationsfreiheit, einschließlich der Verarbeitung zu journalistischen Zwecken, **in Einklang**.[89] Ebenso wie bereits Art. 9 DS-RL bezweckt Art. 85 DS-GVO damit (explizit Art. 85 Abs. 2 DS-GVO aE) einen **Ausgleich** zwischen dem Recht auf Schutz der personenbezogenen Daten (Art. 8 GRCh) und den Rechten auf freie Meinungsäußerung und Information (Art. 11 und 13 GRCh).[90] Ein absoluter Vorrang des Datenschutzes besteht hiernach ebenso wenig wie ein allgemeiner Vorrang der Meinungsäußerungs- und Informationsfreiheit.[91]

40 Art. 85 Abs. 1 DS-GVO sieht einen Regelungsauftrag für die Mitgliedsstaaten vor;[92] dabei definiert die Norm lediglich das Ziel und überlässt den Mitgliedsstaaten (auch aus kompetenziellen Gründen[93]) einen weitreichenden Einschätzungs- und Ermessensspielraum zur konkreten Umsetzung im nationalen Recht.[94] Der Regelungsauftrag ist als **allgemeine Öffnungsklausel** zu qualifizieren.[95] Inhalt (aber auch Grenze) des Regelungsauftrags ist die Datenverarbeitung zu den in Art. 85 Abs. 1 (und 2) DS-GVO benannten Zwecken.[96] Eine Vollharmonisierung bezweckt die Norm dabei nicht.[97] Gleichwohl wird angenommen, dass es sich bei der Ausfüllung des Regelungsauftrags (und des Abs. 2) um

---

[85] Die Qualifikation von sowie das Verhältnis zwischen Art. 85 Abs. 1 und Art. 85 Abs. 2 DS-GVO sind umstr., siehe hierzu ausführlich Cornils Das datenschutzrechtliche Medienprivileg unter Behördenaufsicht?, 25 ff., der Abs. 1 und Abs. 2 als „generelle Öffnungsklausel mit Mindestgarantie in Abs. 2" einstuft.
[86] Hierzu Specht in Sydow DS-GVO Art. 85 Rn. 2, 7.
[87] Zur Genese der Vorschrift Cornils Das datenschutzrechtliche Medienprivileg unter Behördenaufsicht?, 25 ff.
[88] Das Fehlen konkreter(er) Hinweise wurde während des Gesetzgebungsverfahrens teilweise kritisiert, vgl. Schneider/Härting ZD 2012, 199 (203).
[89] Siehe auch ErwGr 4 DS-GVO (zutr. kritisch hierzu v. Lewinski in Auernhammer DS-GVO Art. 85 Rn. 2); ausführlich zu dem allgemeinen Abwägungsgebot des Art. 85 Abs. 1 DS-GVO Schiedermair in Ehmann/Selmayr DS-GVO Art. 85 Rn. 8 ff.
[90] Albrecht/Janson CR 2016, 500 (502); Buchner/Tinnefeld in Kühling/Buchner DS-GVO Art. 85 Rn. 5 ff.; v. Lewinski in Auernhammer DS-GVO Art. 85 Rn. 3; Pauly in Paal/Pauly DS-GVO Art. 85 Rn. 1; Schiedermair in Ehmann/Selmayr DS-GVO Art. 85 Rn. 8; Schulz/Heilmann in GSSV DS-GVO Art. 85 Rn. 1, 17 ff.; Specht in Sydow DS-GVO Art. 85 Rn. 1.
[91] Albrecht/Janson CR 2016, 500 (502); Buchner/Tinnefeld in Kühling/Buchner DS-GVO Art. 85 Rn. 27; Kahl/Piltz K&R 2018, 289 (290); Schulz/Heilmann in GSSV DS-GVO Art. 85 Rn. 19; Specht in Sydow DS-GVO Art. 85 Rn. 1.
[92] Albrecht/Janson CR 2016, 500 (502); Schulz/Heilmann in GSSV DS-GVO Art. 85 Rn. 20 ff.
[93] Schiedermair in Ehmann/Selmayr DS-GVO Art. 85 Rn. 8.
[94] Benecke/Wagner DVBl 2016, 600 (602 f.); v. Lewinski in Auernhammer DS-GVO Art. 85 Rn. 3, 12 f., 21 (der zutr. darauf hinweist, dass in Ansehung der betroffenen Grundrechte eine Regelungspflicht besteht); Pauly in Paal/Pauly DS-GVO Art. 85 Rn. 2, 12; Schulz/Heilmann in GSSV DS-GVO Art. 85 Rn. 8.
[95] Umstr., hierzu ausführlich Cornils Das datenschutzrechtliche Medienprivileg unter Behördenaufsicht?, 33 ff.
[96] Buchner/Tinnefeld in Kühling/Buchner DS-GVO Art. 85 Rn. 12; siehe auch Specht in Sydow DS-GVO Art. 85 Rn. 16.
[97] Benecke/Wagner DVBl 2016, 600 (603); Pauly in Paal/Pauly DS-GVO Art. 85 Rn. 4; Specht in Sydow DS-GVO Art. 85 Rn. 15.

Durchführung von Unionsrecht (Art. 51 Abs. 1 GRCh) handelt.[98] Die Mitgliedsstaaten sind somit bei der Ausgestaltung auf mitgliedstaatlicher Ebene an Unions(grund)recht(e) gebunden.[99]

In **sachlicher** (und damit verknüpft in persönlicher) **Hinsicht** stellt Art. 85 Abs. 1 (und Abs. 2) DS-GVO auf „**journalistische Zwecke**" ab. ErwGr 153 S. 7 DS-GVO führt hierzu aus, dass der Begriff des Journalismus weit auszulegen ist, um der Bedeutung des Rechts auf freie Meinungsäußerung in einer demokratischen Gesellschaft Rechnung zu tragen.[100] Auf dieser Grundlage ist somit (nur) ein Beitrag zur öffentlichen Meinungsbildung erforderlich, der sich an einen unbestimmten Personenkreis richtet.[101] Die meinungsbildende Wirkung muss dabei prägend sein.[102] Kriterien wie Aktualität, Periodizität, Publizität, Universalität und Faktizität haben indiziellen Charakter.[103] Je nach Einzelfall können daher auch Auftritte innerhalb sozialer Medien journalistischen Zwecken dienen;[104] nicht dagegen reine Verzeichnisse.[105] Allgemein ist nicht nur die Veröffentlichung selbst privilegiert, sondern die gesamte Datenverarbeitung im Zuge der journalistischen Tätigkeit (Recherche, redaktionelle Entscheidung, publizistische Verwertung, Dokumentation und Archivierung).[106] In Betracht kommt auch (unbeschadet journalistischer Sorgfaltspflichten im Übrigen) die Verwendung von nicht rechtmäßig erhobenen Daten (bzw. auch und gerade dem Quellenschutz unterfallende Daten).[107]

41

Umfasst von Art. 85 DS-GVO sind deswegen **in persönlicher Hinsicht** nicht nur traditionelle Medienunternehmen und selbständige Journalisten, sondern darüber hinaus auch journalistische Tätigkeiten im weiteren Sinne (siehe dazu → Rn. 33).[108] Dies bedeutet, dass unter Art. 85 DS-GVO auch Tätigkeiten von nicht professionell tätigen (Einzel-)Personen (dh insbesondere Blogger)[109] fallen können.[110] Suchmaschinen und Soziale Netzwerke selbst sind im Grundsatz allerdings nicht erfasst (siehe dazu → Rn. 31 ff.).[111]

42

Abweichend zu Art. 9 DS-RL ist nicht entscheidend, ob die Verarbeitung allein zu journalistischen Zwecken erfolgt.[112] Insbesondere schadet eine Gewinnerzielungsabsicht

43

---

[98] Albrecht/Janson CR 2016, 500 (503 ff.); Buchner/Tinnefeld in Kühling/Buchner DS-GVO Art. 85 Rn. 7; Kahl/Piltz K&R 2018, 289 (290); Schiedermair in Ehmann/Selmayr DS-GVO Art. 85 Rn. 8; Schulz/Heilmann in GSSV DS-GVO Art. 85 Rn. 9.
[99] Kahl/Piltz K&R 2018, 289 (290).
[100] Kahl/Piltz K&R 2018, 289 (290); siehe auch EuGH MMR 2009, 177 – Satamedia.
[101] Buchner/Tinnefeld in Kühling/Buchner DS-GVO Art. 85 Rn. 17; Pauly in Paal/Pauly DS-GVO Art. 85 Rn. 8; siehe auch Schulz/Heilmann in GSSV DS-GVO Art. 85 Rn. 38 f.; weitergehend v. Lewinski in Auernhammer DS-GVO Art. 85 Rn. 8: „jede Form der Meinungsäußerung (...)".
[102] Buchner/Tinnefeld in Kühling/Buchner DS-GVO Art. 85 Rn. 25; Pauly in Paal/Pauly DS-GVO Art. 85 Rn. 8; unter Bezug auf BGH MMR 2009, 608 – spickmich.de.
[103] Schulz/Heilmann in GSSV DS-GVO Art. 85 Rn. 38.
[104] v. Lewinski in Auernhammer DS-GVO Art. 85 Rn. 8, der darüber hinaus auch die „klassische Homepage" als privilegiert einstuft.
[105] Buchner/Tinnefeld in Kühling/Buchner DS-GVO Art. 85 Rn. 24; Schulz/Heilmann in GSSV DS-GVO Art. 85 Rn. 39; siehe auch OLG Saarbrücken NJW 1981, 136.
[106] Aufzählung von Buchner/Tinnefeld in Kühling/Buchner DS-GVO Art. 85 Rn. 17; siehe auch in Bezug auf Art. 10 EMRK Cornils in BeckOK InfoMedienR EMRK Art. 10 Rn. 26.
[107] Hierzu näher Buchner/Tinnefeld in Kühling/Buchner DS-GVO Art. 85 Rn. 19 sowie Dix in Simitis BDSG § 41 Rn. 12.
[108] Vgl. auch Kahl/Piltz K&R 2018, 289 (290). Im Übrigen weiterführend zum Roboterjournalismus Weberling NJW 2018, 735.
[109] Siehe v. Lewinski in Auernhammer DS-GVO Art. 85 Rn. 8; siehe auch Schulz/Heilmann in GSSV DS-GVO Art. 85 Rn. 25.
[110] Pötters in Gola DS-GVO Art. 85 Rn. 8; siehe auch Specht in Sydow DS-GVO Art. 85 Rn. 14.
[111] Anders etwa Schulz/Heilmann in GSSV DS-GVO Art. 85 Rn. 26 f., 42 ff.; siehe zudem zu Bewertungsportalen und Meinungsforen etwa Specht in Sydow DS-GVO Art. 85 Rn. 8 mwN.
[112] Kahl/Piltz K&R 2018, 289 (290); Schiedermair in Ehmann/Selmayr DS-GVO Art. 85 Rn. 17; Specht in Sydow DS-GVO Art. 85 Rn. 10; zu den Folgen siehe etwa v. Lewinski in Auernhammer DS-GVO Art. 85 Rn. 11; aA (unter Bezug auf ErwGr 153) Buchner/Tinnefeld in Kühling/Buchner DS-GVO Art. 85 Rn. 14, 16; siehe ferner Schulz/Heilmann in GSSV DS-GVO Art. 85 Rn. 46, 56 (zu Daten aus dem nicht-redaktionellen Bereich bzw. zu kumulativ verfolgten Zwecken).

nicht.¹¹³ Datenverarbeitungen zu Verwaltungszwecken (zB Beschäftigtendaten) sind dagegen grundsätzlich nicht erfasst.¹¹⁴

44 **bb) Art. 85 Abs. 2 DS-GVO.** Die Mitgliedsstaaten können nach Art. 85 Abs. 2 DS-GVO für die Verarbeitung, die zu journalistischen Zwecken erfolgt, **Abweichungen oder Ausnahmen** von den Kapiteln II (Grundsätze), III (Rechte der betroffenen Person), IV (Verantwortlicher und Auftragsverarbeiter), V (Übermittlung personenbezogener Daten an Drittländer oder an internationale Organisationen), VI (Unabhängige Aufsichtsbehörden), VII (Zusammenarbeit und Kohärenz) und IX (Vorschriften für besondere Verarbeitungssituationen) vorsehen, wenn dies erforderlich ist, um das Recht auf Schutz der personenbezogenen Daten mit der Freiheit der Meinungsäußerung und der Informationsfreiheit in Einklang zu bringen.¹¹⁵ Es handelt sich insoweit um einen **„obligatorischen Handlungsauftrag"**, der für die Mitgliedsstaaten **nicht dispositiv** ist.¹¹⁶ Nationale Regelungen können allerdings auf die besonderen Gegebenheiten des jeweiligen Mitgliedsstaats Rücksicht nehmen.¹¹⁷ Denn weitergehende spezifische Vorgaben bestehen für die Mitgliedsstaaten nicht.¹¹⁸

45 Abweichungen und Ausnahmen müssen **erforderlich** sein zur Auflösung von Grundrechtskollisionen zwischen dem Recht auf Schutz personenbezogener Daten und den Rechten auf Meinungsäußerung sowie Information.¹¹⁹ Eine nennenswerte Hürde für nationale Regelungen bedeutet dies freilich nicht.¹²⁰ Insbesondere ist Art. 85 Abs. 2 DS-GVO mit Blick auf das Regelungsziel – sowie auch und gerade aus kompetenziellen Gründen – **nicht als Ausnahmeregelung** zu verstehen.¹²¹

46 Sachlich unterstreicht ErwGr 153 S. 3 DS-GVO, dass der Verordnungsgeber insbesondere Abweichungen und Ausnahmen für den audiovisuellen Bereich sowie für Nachrichten- und Pressearchive vor Augen hatte (zu Online-Archiven → Rn. 110 ff.).

47 **cc) Art. 85 Abs. 3 DS-GVO.** Nach Art. 85 Abs. 3 DS-GVO sind auf der Grundlage von Art. 85 Abs. 2 DS-GVO erlassene nationale Vorschriften zu notifizieren.¹²²

48 **dd) Verhältnis zu Art. 17 DS-GVO.** Fraglich ist das Verhältnis von Art. 85 Abs. 2 DS-GVO zu Art. 17 DS-GVO: Da Art. 17 Abs. 3 lit. a DS-GVO bereits explizit die Meinungsäußerungs- und die Informationsfreiheit aufführt, ist zumindest erwägenswert, dass hierdurch in Bezug auf das Recht auf bzw. die Pflicht zur Löschung von personenbezogenen Daten für Medien eine abschließende Regelung getroffen wurde.¹²³ Hiergegen spricht allerdings, dass Art. 85 Abs. 2 DS-GVO explizit auf das gesamte Kapitel III verweist und insofern zu erkennen gibt, dass auch die Ausgestaltung des Rechts auf Löschung unter einem Konkretisierungsvorbehalt des nationalen Gesetzgebers (innerhalb der Vorgaben des Art. 85 DS-GVO) steht.

---

¹¹³ Buchner/Tinnefeld in Kühling/Buchner DS-GVO Art. 85 Rn. 15; Pauly in Paal/Pauly DS-GVO Art. 85 Rn. 7, jeweils mwN.
¹¹⁴ Buchner/Tinnefeld in Kühling/Buchner DS-GVO Art. 85 Rn. 16.
¹¹⁵ Hierzu Albrecht/Janson CR 2016, 500 (502 ff.); Benecke/Wagner DVBl 2016, 600 (602 f.); Kühling/Martini et al. DSGVO und nationales Recht, 292 ff.; Pauly in Paal/Pauly DS-GVO Art. 85 Rn. 2.
¹¹⁶ So Albrecht/Janson, CR 2016, 500 (502); siehe ferner Cornils Das datenschutzrechtliche Medienprivileg unter Behördenaufsicht?, 46 ff. („Mindestgarantie"); Kahl/Piltz K&R 2018, 289 (290); Pauly in Paal/Pauly DS-GVO Art. 85 Rn. 2; Schiedermair in Ehmann/Selmayr DS-GVO Art. 85 Rn. 1, 16; Schulz/Heilmann in GSSV DS-GVO Art. 85 Rn. 5; Specht in Sydow DS-GVO Art. 85 Rn. 9.
¹¹⁷ Vgl. Albrecht CR 2016, 88 (97); v. Lewinski in Auernhammer DS-GVO Art. 85 Rn. 3.
¹¹⁸ Schulz/Heilmann in GSSV DS-GVO Art. 85 Rn. 3.
¹¹⁹ Pauly in Paal/Pauly DS-GVO Art. 85 Rn. 12; Specht in Sydow DS-GVO Art. 85 Rn. 16.
¹²⁰ Vgl. auch v. Lewinski in Auernhammer DS-GVO Art. 85 Rn. 13.
¹²¹ Schulz/Heilmann in GSSV DS-GVO Art. 85 Rn. 61; andere Akzentuierung bei Pauly in Paal/Pauly DS-GVO Art. 85 Rn. 12.
¹²² Näher hierzu Pauly in Paal/Pauly DS-GVO Art. 85 Rn. 14 f.
¹²³ Vgl. Kühling/Martini et al. DSGVO und nationales Recht, 288 f.

b) Nationale Ebene. In Deutschland sind „große Medienprivilegien" auf der Grundlage 49
von Art. 85 Abs. 2 DS-GVO für **Rundfunkanstalten und -unternehmen** (nun) in § 9c
RStV, für **Telemedien mit journalistisch-redaktionell gestalteten Inhalten** in § 57
RStV sowie für die **Presse (und Rundfunkunternehmen)** in den Landespresse- und
Landesmediengesetzen geregelt. Im Wesentlichen gelten für Presse und Medien damit nur
die datenschutzrechtlichen Vorgaben zum Datengeheimnis und zur Datensicherheit.[124]

Zumindest hingewiesen sei auf die Frage, ob und inwieweit das **KUG** neben der DS- 50
GVO noch anwendbar ist bzw. inwiefern das KUG auf Art. 85 DS-GVO zu stützen ist
bzw. gestützt werden muss. In diesem Zusammenhang besteht noch erheblicher Klärungsbedarf.[125]

aa) Die Regelung des § 9c RStV. § 9c RStV beinhaltet ein **„großes Medienprivi-** 51
leg" für den **öffentlich-rechtlichen und privaten Rundfunk.** Im Einzelnen sieht die
Norm verschiedene Privilegien zugunsten der in der ARD zusammengeschlossenen Landesrundfunkanstalten, des ZDF, des Deutschlandradios und von privaten Rundfunkveranstaltern vor, soweit diese personenbezogene Daten „zu journalistischen Zwecken" verarbeiten.[126] Eine Begrenzung auf „ausschließlich zu eigenen journalistisch-redaktionellen
Zwecken" (so etwa § 17 Abs. 1 ZDF-Staatsvertrag aF) besteht nicht mehr. Stellvertretend
hierzu die Ausführungen der Bayerischen Staatskanzlei:

„Von der datenschutzrechtlichen Privilegierung sollen auch Vorarbeiten (von der Beschaffung der
Information über die Verarbeitung bis zur Veröffentlichung, auch in digitalen Archiven) erfasst
sein, nicht erst die Gestaltung der Angebote. Die Voraussetzung „ausschließlich zu eigenen" entfällt im Hinblick auf den Wortlaut der DSGVO. Zudem sollen Kooperationen mit anderen journalistischen Einheiten möglich sein, da diese in der Praxis zunehmend an Bedeutung gewinnen
(zB Rechercheverbünde)."[127]

(1) Datengeheimnis. § 9c Abs. 1 S. 1 bis 3 RStV normiert Regelungen zur Beachtung 52
des Datengeheimnisses. Soweit die benannten Anstalten oder Unternehmen personenbezogene Daten verarbeiten, ist es den hiermit befassten Personen nach § 9c Abs. 1 S. 1
RStV untersagt, diese personenbezogenen Daten zu anderen Zwecken (als journalistischen) zu verarbeiten. Die DS-GVO enthält keine expliziten Regelungen zum Datengeheimnis,[128] sodass eine Fortführung der entsprechenden Vorgaben der auf § 5 BDSG aF
verweisenden Vorgängernormen geregelt werden musste. Mit der Neuregelung ist insoweit keine inhaltliche Änderung verbunden; das Datengeheimnis untersagt nach § 5
BDSG aF den bei der Datenverarbeitung beschäftigten Personen, personenbezogene Daten unbefugt zu erheben, zu verarbeiten oder zu nutzen; wobei anstelle von „unbefugt"
zu anderen als journalistischen Zwecken tritt.[129]

Nach § 9c Abs. 1 S. 2 und 3 RStV sind die mit der Verarbeitung personenbezogener 53
Daten befassten Personen bei der Aufnahme ihrer Tätigkeit auf das **Datengeheimnis zu**
verpflichten; die Verpflichtung besteht auch nach Beendigung der Tätigkeit fort.

---

[124] Stellvertretend LReg BW, LT-Drs. 16/2953, 2.
[125] Hierzu OLG Köln Beschl. v. 18.6.2018 – 15 W 27/18 sowie ausführlich Kahl/Piltz K&R 2018, 289 (292); Lauber-Rönsberg/Hartlaub NJW 2017, 1057; Remmertz GRUR-Prax 2018, 254 (256); Specht in Sydow DS-GVO Art. 85 Rn. 11.
[126] Nach § 9c Abs. 5 RStV gelten die § 9c Abs. 1 bis 4 RStV auch für Teleshoppingkanäle.
[127] Bayerische Staatskanzlei Erläuterungen zu den einzelnen Regelungen und Änderungen in den Staatsverträgen, 2.
[128] Teilweise werden entsprechende Pflichten des Verantwortlichen aber aus Art. 32 Abs. 4 DS-GVO abgeleitet, vgl. Mantz in Sydow DS-GVO Art. 32 Rn. 22; Martini in Paal/Pauly DS-GVO Art. 32 Rn. 77.
[129] Bayerische Staatskanzlei Erläuterungen zu den einzelnen Regelungen und Änderungen in den Staatsverträgen, 2.

54 **(2) Eingeschränkte Anwendung der DS-GVO.** Nach § 9c Abs. 1 S. 4 RStV finden im Übrigen für die Datenverarbeitung zu journalistischen Zwecken die Kapitel I (Allgemeine Bestimmungen), VIII (Rechtsbehelfe, Haftung und Sanktionen; hierzu siehe → Rn. 106 ff.),[130] X (Delegierte Rechtsakte) und XI (Schlussbestimmungen) der DS-GVO ebenso Anwendung wie Art. 5 Abs. 1 lit. f (Integrität und Vertraulichkeit) in Verbindung mit Art. 5 Abs. 2 (Rechenschaftspflicht), Art. 24 (Verantwortung) und Art. 32 (Meldung von Verletzungen) DS-GVO.

55 **(a) Art. 5 Abs. 1 lit. f, Abs. 2 DS-GVO.** Nach Art. 5 Abs. 1 lit. f DS-GVO gilt der Grundsatz der „**Integrität und Vertraulichkeit**" der Verarbeitung personenbezogener Daten.[131] Diese Daten müssen in einer solchen Weise verarbeitet werden, die eine angemessene Sicherheit der Daten gewährleistet, einschließlich Schutz vor unbefugter oder unrechtmäßiger Verarbeitung und vor unbeabsichtigtem Verlust, unbeabsichtigter Zerstörung oder unbeabsichtigter Schädigung durch geeignete technische und organisatorische Maßnahmen. Rundfunkanbieter sind somit für die Integrität und Vertraulichkeit verantwortlich; überdies muss die Einhaltung dieses Grundsatzes im Sinne des Grundsatzes der **Rechenschaftspflicht** nachgewiesen werden können (Art. 5 Abs. 2 DS-GVO).[132]

56 **(b) Art. 24 DS-GVO.** Die Anwendbarkeit von Art. 24 DS-GVO unterstreicht die Verantwortung für Rundfunkanbieter für die Datenverarbeitung. Rundfunkanbieter haben somit nach Art. 24 Abs. 1 S. 1 DS-GVO unter Berücksichtigung der Art, des Umfangs, der Umstände und der Zwecke der Verarbeitung sowie der unterschiedlichen Eintrittswahrscheinlichkeit und Schwere der Risiken für die Rechte und Freiheiten natürlicher Personen **geeignete technische und organisatorische Maßnahmen** umzusetzen, um sicherzustellen und den Nachweis dafür erbringen zu können, dass die Verarbeitung **verordnungskonform** erfolgt.[133] „Verordnungskonform" bezieht nicht die gesamte DS-GVO mit in den Pflichtenkatalog von Rundfunkanbietern ein – dies würde das Medienprivileg konterkarieren –, sondern ist unter Berücksichtigung von und nach Maßgabe von § 9c RStV zu verstehen.[134]

57 Entsprechende Maßnahmen müssen erforderlichenfalls überprüft und aktualisiert werden (Art. 24 Abs. 1 S. 2 DS-GVO). Sofern dies in einem angemessenen Verhältnis zu den Verarbeitungstätigkeiten steht, müssen die Maßnahmen nach Art. 24 Abs. 2 DS-GVO die Anwendung geeigneter Datenschutzvorkehrungen durch den Verantwortlichen umfassen. Die Einhaltung genehmigter Verhaltensregeln nach Art. 40 DS-GVO oder eines genehmigten Zertifizierungsverfahrens nach Art. 42 DS-GVO kann gemäß Art. 24 Abs. 3 DS-GVO als Gesichtspunkt herangezogen werden, um die Erfüllung der Pflichten des Verantwortlichen nachzuweisen.

58 **(c) Art. 32 DS-GVO.** Rundfunkunternehmen haben ferner die **Datensicherheit** nach Art. 32 DS-GVO zu gewährleisten. Dies bedeutet, dass Rundfunkunternehmen (bzw. eingesetzte Auftragsverarbeiter) unter Berücksichtigung des Stands der Technik, der Implementierungskosten und der Art, des Umfangs, der Umstände und der Zwecke der Verarbeitung sowie der unterschiedlichen Eintrittswahrscheinlichkeit und Schwere des Risikos für die Rechte und Freiheiten natürlicher Personen **geeignete technische und**

---

[130] Siehe aber § 9c Abs. 1 S. 5 DS-GVO.
[131] Hierzu Frenzel in Paal/Pauly DS-GVO Art. 5 Rn. 46 ff.
[132] Hierzu Frenzel in Paal/Pauly DS-GVO Art. 5 Rn. 50 ff.
[133] Hierzu Martini in Paal/Pauly DS-GVO Art. 24 Rn. 18 ff.
[134] Bayerische Staatskanzlei Erläuterungen zu den einzelnen Regelungen und Änderungen in den Staatsverträgen, 3.

§ 19 Datenschutz in Presse und anderen Medien

organisatorische **Maßnahmen** treffen müssen, um ein dem Risiko angemessenes Schutzniveau zu gewährleisten (Art. 32 Abs. 1 S. 1 Hs. 1 DS-GVO).[135]

Entsprechende Maßnahmen schließen nach Art. 32 Abs. 1 S. 1 Hs. 2 DS-GVO un- 59
ter anderem ein: (a) die Pseudonymisierung und Verschlüsselung personenbezogener Daten; (b) die Fähigkeit, die Vertraulichkeit, Integrität, Verfügbarkeit und Belastbarkeit der Systeme und Dienste im Zusammenhang mit der Verarbeitung auf Dauer sicherzustellen; (c) die Fähigkeit, die Verfügbarkeit der personenbezogenen Daten und den Zugang zu ihnen bei einem physischen oder technischen Zwischenfall rasch wiederherzustellen; (d) ein Verfahren zur regelmäßigen Überprüfung, Bewertung und Evaluierung der Wirksamkeit der technischen und organisatorischen Maßnahmen zur Gewährleistung der Sicherheit der Verarbeitung. Die Maßnahmen nach Art. 32 Abs. 1 Hs. 2 DS-GVO führen (nur) Optionen für geeignete Maßnahmen auf, die jeweils im Lichte der Zwecke der Verarbeitung zu beurteilen sind.[136] Es sind daher nicht pauschal alle personenbezogenen Daten, etwa in Redaktionsarchiven, zu pseudonymisieren.[137]

(3) Hilfs- und Beteiligungsunternehmen. Die Vorgaben der § 9c Abs. 1 S. 1 bis 5 60
RStV gelten entsprechend für die zu den in § 9c Abs. 1 S. 1 RStV genannten Stellen gehörenden Hilfs- und Beteiligungsunternehmen (§ 9c Abs. 1 S. 6 RStV), soweit diese zu journalistischen Zwecken tätig werden.[138] Beteiligungsunternehmen zeichnen sich durch eine gesellschaftsrechtliche Beteiligung des Rundfunkveranstalters aus; Hilfsunternehmen können dagegen sowohl Konzern- als auch unabhängige Unternehmen umfassen.[139]

(4) Verhaltenskodizes. Nach § 9c Abs. 1 S. 7 RStV können sich die in der ARD zu- 61
sammengeschlossenen Landesrundfunkanstalten, das ZDF, das Deutschlandradio und andere Rundfunkveranstalter sowie ihre Verbände und Vereinigungen Verhaltenskodizes geben, die in einem transparenten Verfahren erlassen und veröffentlicht werden. Hiermit sollen allerdings keine Verhaltenskodizes im Sinne der Art. 40 f. DS-GVO gemeint sein.[140]

bb) Die Regelung des § 57 RStV. § 57 RStV sieht – inhaltlich im Wesentlichen 62
gleichlaufend zu § 9c RStV[141] – in seiner Neufassung verschiedene Privilegien zugunsten von Anbietern von Telemedien zu journalistischen Zwecken vor; dies umfasst entsprechende Angebote der in der ARD zusammengeschlossenen Landesrundfunkanstalten, des ZDF, des Deutschlandradios, von privaten Rundfunkveranstaltern sowie von Unternehmen und Hilfsunternehmen der Presse.

(1) Begriff der Presse. Presse soll dabei zumindest ausweislich der Bayerischen Staats- 63
kanzlei wie folgt zu verstehen sein:

„[E]rfasst ist also nur die gedruckte Presse (…). Nicht erfasst von der Regelung werden Anbieter von Telemedien, die personenbezogene Daten zu journalistischen Zwecken verarbeiten, aber weder Rundfunkveranstalter noch Presseverlage sind, zB geschäftsmäßige Blogger oder reine On-

---

[135] Hierzu Martini in Paal/Pauly DS-GVO Art. 32 Rn. 25 ff.; siehe im Übrigen zur Beurteilung des angemessenen Schutzniveaus, zur Einhaltung genehmigter Verhaltensregeln/genehmigter Zertifizierungsverfahren und zur Verpflichtung von Personal Art. 32 Abs. 2 bis 4 DS-GVO.
[136] Martini in Paal/Pauly DS-GVO Art. 32 Rn. 31.
[137] Bayerische Staatskanzlei Erläuterungen zu den einzelnen Regelungen und Änderungen in den Staatsverträgen, 3.
[138] Bayerische Staatskanzlei Erläuterungen zu den einzelnen Regelungen und Änderungen in den Staatsverträgen, 3.
[139] Bayerische Staatskanzlei Erläuterungen zu den einzelnen Regelungen und Änderungen in den Staatsverträgen, 3.
[140] Bayerische Staatskanzlei Erläuterungen zu den einzelnen Regelungen und Änderungen in den Staatsverträgen, 4.
[141] Stellvertretend LReg BW, LT-Drs. 16/2953, 3.

line-Presse. Um alle journalistischen Verarbeitungsarten zu erfassen, kommen Auffang-Privilegien im Landesrecht in Betracht."[142]

Zu überzeugen vermag dies nach der hier vertretenen Ansicht zur **Definition der Presse** bzw. **von Telemedien mit journalistisch-redaktionellen Inhalten** allerdings nicht (siehe hierzu → Rn. 41 f.). Eine umfassende(re) Definition der Presse wäre an dieser Stelle wünschenswert (und zeitgemäßer) gewesen; in der Tat können aber auf Landesebene entsprechende (weitergehende) Regelungen getroffen werden (siehe hierzu → Rn. 69).[143]

64 **(2) Datengeheimnis.** § 57 Abs. 1 S. 1 bis 3 RStV normiert gleichlaufend zu § 9c Abs. 1 S. 1 bis 3 RStV Regelungen zur Beachtung des Datengeheimnisses (siehe hierzu → Rn. 52 f.). Soweit die benannten Anstalten oder Unternehmen personenbezogene Daten verarbeiten, ist es insbesondere den hiermit befassten Personen nach § 57 Abs. 1 S. 1 RStV untersagt, diese personenbezogenen Daten zu anderen Zwecken zu verarbeiten.

65 **(3) Eingeschränkte Anwendung der DS-GVO.** Nach § 57 Abs. 1 S. 4 RStV finden im Übrigen – und im Gleichlauf zu § 9c Abs. 1 S. 4 RStV (siehe auch → Rn. 54) – für die Datenverarbeitung zu journalistischen Zwecken die Kapitel I (Allgemeine Bestimmungen), VIII (Rechtsbehelfe, Haftung und Sanktionen; hierzu → Rn. 106 ff.),[144] X (Delegierte Rechtsakte) und XI (Schlussbestimmungen) der DS-GVO ebenso Anwendung wie Art. 5 Abs. 1 lit. f (Integrität und Vertraulichkeit) in Verbindung mit Abs. 2 (Rechenschaftspflicht), Art. 24 (Verantwortung) und Art. 32 (Meldung von Verletzungen) DS-GVO Anwendung.

66 **(4) Hilfs- und Beteiligungsunternehmen.** Die Vorgaben der § 57 Abs. 1 S. 1 bis 4 RStV gelten – gleichlaufend zu § 9c Abs. 1 S. 6 RStV (siehe dazu → Rn. 60) – entsprechend für die zu den in § 57 Abs. 1 S. 1 RStV genannten Stellen gehörenden Hilfs- und Beteiligungsunternehmen (vgl. § 57 Abs. 1 S. 7 RStV).

67 **cc) Landesrechtliche Medienprivilegien.** Die Landespressegesetze sahen **Medienprivilegien zugunsten von Unternehmen der Presse und deren Hilfsunternehmen** auf der Grundlage von und (im Wesentlichen) inhaltsgleich zu § 41 BDSG aF vor (siehe dazu → Rn. 24).[145] Diese Medienprivilegien können und sollen auf der Grundlage von Art. 85 Abs. 2 DS-GVO fortbestehen; durch die DS-GVO und die Novellierung des BDSG war freilich eine (redaktionelle) Anpassung erforderlich.

68 Vor diesem Hintergrund wurden die **entsprechenden landesrechtlichen Regelungen novelliert.** Siehe nun § 12 LPrG BW, Art. 11 BayPrG, Art. 38 BayDSG, § 16a BbgPrG, § 5 BremPrG, § 11a HmbPrG, § 10 HPrG, § 18a LPrG M-V, § 19 NPrG, § 12 PrG NRW, § 12 LMG RhPf, § 11 SLMG, § 11a SächsPrG, § 10a LPrG S-A, § 10 LPrG SchlH und § 11a ThürLPrG sowie die geplante Novellierung in Bln.[146]

69 **Inhaltlich** sind die Regelungen (zumeist) an §§ 9c und 57 RStV angelehnt. Regelmäßig werden im Gleichlauf zu etwa § 9c Abs. 1 S. 4 RStV Teile der DS-GVO – darüber hinaus in Bezug auf die Verpflichtung zum Datengeheimnis teilweise § 83 BDSG (vgl. etwa § 12 Abs. 2 S. 1 und 2 LPrG BW – für anwendbar erklärt. Für den Anwendungsbereich der Vorschriften sei stellvertretend hingewiesen auf § 12 LPrG BW, der ganz über-

---

[142] Bayerische Staatskanzlei Erläuterungen zu den einzelnen Regelungen und Änderungen in den Staatsverträgen, 6; siehe in diesen Zusammenhang auch etwa Dix in Simitis BDSG § 41 Rn. 9.
[143] Unbeschadet der bundesrechtlichen Regelung des KUG, vgl. Lauber-Rönsberg/Hartlaub NJW 2017, 1057 (1060).
[144] Siehe aber § 57 Abs. 1 S. 5 DS-GVO.
[145] Siehe auch die teilweise weiterreichenden landesrechtlichen Regelungen (etwa in § 28 BbgDSG und § 12 LDSG MV); hierzu Kahl/Piltz K&R 2018, 289 (294).
[146] Übersicht bei Johannes ZD-aktuell 2018, 06148.

wiegend wortgleich zu § 57 RStV ein Medienprivileg für „Unternehmen der Presse und deren Hilfsunternehmen" in Bezug auf die Verarbeitung personenbezogener Daten „zu journalistischen oder literarischen Zwecken" vorsieht. Damit erhalten (auch) die landesrechtlichen Regelungen einen gegenüber den Vorgängernormen weitergefassten Anwendungsbereich – und zwar nicht nur in **sachlicher** (siehe bereits → Rn. 39),[147] sondern gerade (wohl) auch in **persönlicher** Hinsicht.

Stellvertretend sei insofern auf die Begründung der LReg BW zu § 12 LPrG BW verwiesen: 70

„Soweit entsprechende journalistische oder literarische Tätigkeiten von Einzelpersonen ohne unmittelbare Anbindung an ein Presseunternehmen ausgeübt werden, sollen auch diese in verfassungskonformer und dem Erwägungsgrund 153 entsprechend weiter Auslegung als „Ein-Mann-Unternehmen" von dem Presseprivileg erfasst sein."[148]

Auf dieser Grundlage, insbesondere mit Bezug auf ErwGr 153 DS-GVO und im Einklang mit der Rechtsprechung des EuGH, können daher auch die oben benannten **journalistischen Tätigkeiten im weiteren Sinne** als vom (jeweiligen) landesrechtlichen Medienprivileg als umfasst eingestuft werden (siehe bereits → Rn. 33 f.). 71

dd) Unionsrechtskonformität der nationalen Medienprivilegien. Die Unionsrechtskonformität der nationalen Medienprivilegien bzw. die **Vereinbarkeit dieser Privilegien mit der DS-GVO** wurde in Bezug auf den 21. Rundfunkänderungsstaatsvertrag teilweise in Frage gestellt. In diesem Zusammenhang wurde geltend gemacht, dass die (weitgehenden) Ausnahmen durch die Medienprivilegien dem (vermeintlichen) Regel-Ausnahme-Charakter des Art. 85 DS-GVO nicht gerecht werden.[149] Darüber hinaus wird insbesondere bezweifelt, ob die Selbstregulierung der Presse den Anforderungen des Art. 85 DS-GVO genügt.[150] 72

Diese **Kritik** vermag zumindest im Ergebnis **nicht zu überzeugen** (siehe zur (eingeschränkten) Aufsicht der Presse → Rn. 104 ff.). Ganz grundlegend ist zunächst zu bedenken, dass der Europäischen Union gerade keine Kompetenz in Bezug auf die Medien(regulierung) zusteht. Art. 85 DS-GVO überlässt es gerade richtigerweise den Mitgliedsstaaten, die kollidierenden Grundrechte zum Ausgleich zu bringen.[151] Für diesen Grundrechtsausgleich wird (nur) ein **Abwägungsrahmen** vorgegeben, den die Länder mit den rundfunkstaatsvertraglichen und sonstigen landesrechtlichen Regelungen ausgefüllt haben. Durchaus sachgerecht erscheint es, dass dabei einer **funktionsfähigen Presse** und damit der **Medienfreiheit** allgemein ein besonders **hoher Stellenwert** zuerkannt wurde (→ Rn. 14).[152] Zur Ermöglichung dieser Pressefreiheit müssen verschiedene datenschutzrechtliche Schutzinstrumentarien (etwa die Einwilligung, Art. 6 Abs. 1 lit. a, 7 DS-GVO) demgegenüber zurücktreten.[153] 73

---

[147] Zu „ausschließlich eigenen journalistisch-redaktionellen Zwecken" (gemäß § 41 BDSG aF bzw. § 57 RStV aF) siehe etwa v. Lewinski in Auernhammer BDSG § 41 Rn. 19 ff.; Herb in BeckOK RundfunkR RStV § 57 Rn. 11 ff.; Westphal in Taeger/Gabel BDSG § 41 Rn. 24 ff.
[148] LReg BW, LT-Drs. 16/3555, 20.
[149] DSK Umsetzung der DSGVO im Medienrecht, 9.11.2017; siehe auch in Bezug auf § 41 BDSG aF und § 57 RStV aF Buchner/Tinnefeld in Kühling/Buchner DS-GVO Art. 85 Rn. 2, 27, 31; Dix in Simitis BDSG § 41 Rn. 5 f.; Westphal in Taeger/Gabel BDSG § 41 Rn. 7 ff.; ausführlich Kloepfer AfP 2000, 511 (516 ff.); vgl. ferner auch Specht in Sydow DS-GVO Art. 85 Rn. 19.
[150] Benecke/Wagner DVBl 2016, 600 (602 f.); Buchner/Tinnefeld in Kühling/Buchner DS-GVO Art. 85 Rn. 32.
[151] Siehe auch Cornils Das datenschutzrechtliche Medienprivileg unter Behördenaufsicht?, 19 ff.
[152] Siehe hierzu OLG Köln Beschl. v. 18.6.2018 – 15 W 27/18 sowie Schulz/Heilmann in GSSV DS-GVO Art. 85 Rn. 72.
[153] Siehe LReg BW, LT-Drs. 16/3555, 12 f. sowie etwa Buchner/Tinnefeld in Kühling/Buchner DS-GVO Art. 85 Rn. 28; Schiedermair in Ehmann/Selmayr DS-GVO Art. 85 Rn. 16; Schulz/Heilmann in GSSV DS-GVO Art. 85 Rn. 22.

74 Die vorgenommene **Abwägung der Länder** wird auch dadurch unterstrichen, dass die Medien durch die Medienprivilegien keineswegs von sämtlichen (datenschutzrechtlichen) Pflichten freigestellt wurden. Die **betroffenen Personen** sind datenschutzrechtlich gerade **nicht schutzlos** gestellt (siehe auch → Rn. 75 ff.). Hierfür ist zunächst auf die allgemeinen Möglichkeiten des (zivilrechtlichen) Rechtsschutzes zu verweisen (→ Rn. 120 f.).[154] Darüber hinaus ist zu betonen, dass die Medienprivilegien auf „journalistische Zwecke" beschränkt sind. Schließlich gewährleisten gerade die (nach wie vor) anwendbaren datenschutzrechtlichen Vorschriften (Datengeheimnis etc), dass ein nicht unwesentlicher Mindeststandard zugunsten der betroffenen Person besteht.[155] Stellvertretend sei insofern auf die Begründung der LReg BW zu § 12 LPrG BW verwiesen:

„[ErwGr 153] spricht ausdrücklich auch die Möglichkeit unterschiedlicher Regelungen in den einzelnen Mitgliedstaaten an und geht damit offenkundig davon aus, dass diesen bei der Umsetzung von Artikel 85 DSGVO ein Abwägungsspielraum zusteht (…). Angesichts dieses Spielraums und des im Vergleich zur Richtlinie 95/46 EG eher „medienfreundlicheren" Wortlautes ist nicht davon auszugehen, dass Artikel 85 DSGVO die nationalen Gesetzgeber zu strengeren Regelungen als bisher bei der Verarbeitung journalistischer oder literarischer personenbezogener Daten durch Presseunternehmen verpflichtet, sodass keine weitergehenden Schutzvorschriften zugunsten der von der Datenverarbeitung Betroffenen erforderlich sind. (…) Dass insgesamt kein ausreichender Schutz der Persönlichkeitsrechte gewährleistet wäre und in der Vergangenheit nicht hinnehmbare Schutzlücken entstanden sind, ist nicht erkennbar. Eine Einschränkung der Pressefreiheit durch die Einräumung bisher nicht bestehender Rechte der Betroffenen bzw. durch die Begründung neuer Verpflichtungen für die Presseunternehmen ist deshalb nicht erforderlich."[156]

3. Betroffenenrechte

75 Die Betroffenenrechte gemäß Art. 12 ff. DS-GVO finden für die Presse und andere Medien aufgrund der datenschutzrechtlichen Medienprivilegien keine Anwendung. Vielmehr sehen der RStV sowie die Landespresse- und Landesmediengesetze insoweit einen **eigenen** (beschränkten) **Kanon von Betroffenenrechten** vor.

76 **a) Rundfunk.** Betroffenen Personen stehen gegen die in § 9c Abs. 1 S. 1 RStV benannten Rundfunkanstalten bzw. -unternehmen gemäß § 9c Abs. 1 S. 8 RStV nicht die Betroffenenrechte nach Art. 12 ff. DS-GVO, sondern nur die in § 9c Abs. 2 und 3 RStV genannten Rechte zu. Dies ergibt sich auch bereits aus § 9c Abs. 1 S. 4 RStV, der lediglich klarstellenden Charakter hat.[157]

77 **aa) Speicherung bei medienrechtlichem Rechtsschutz.** Führt die journalistische Verarbeitung personenbezogener Daten zur Verbreitung von Gegendarstellungen der betroffenen Person oder zu Verpflichtungserklärungen, Beschlüssen oder Urteilen über die Unterlassung der Verbreitung oder über den Widerruf des Inhalts der Daten, so sind nach § 9c Abs. 2 RStV diese Gegendarstellungen, Verpflichtungserklärungen und Widerrufe **zu den gespeicherten Daten zu nehmen** und dort für dieselbe Zeitdauer **aufzubewahren** wie die Daten selbst sowie bei einer Übermittlung der Daten **gemeinsam mit diesen zu übermitteln**. Durch den Verweis auf die Verarbeitung (Art. 4 Nr. 2 DS-GVO)

---

[154] Schulz/Heilmann in GSSV DS-GVO Art. 85 Rn. 24.
[155] Siehe hierzu die Ausführungen der LReg BW, LT-Drs. 16/3555, 20 f.
[156] LReg BW, LT-Drs. 16/3555, 14, 22.
[157] Bayerische Staatskanzlei Erläuterungen zu den einzelnen Regelungen und Änderungen in den Staatsverträgen, 4.

wurde somit der Anwendungsbereich gegenüber Vorgängernormen (vgl. etwa Art. 17 Abs. 2 ZDF-Staatsvertrag aF) erweitert.[158]

bb) Auskunft. Wird jemand durch eine Berichterstattung in seinem Persönlichkeitsrecht beeinträchtigt, kann die betroffene Person nach § 9c Abs. 3 S. 1 RStV grundsätzlich **Auskunft** über die der Berichterstattung zu Grunde liegenden zu ihrer Person **gespeicherten Daten** verlangen. Einheitlicher Bezugspunkt ist daher nunmehr (abweichend vorher etwa § 47 Abs. 2 RStV aF) die „Berichterstattung", womit bezweckt ist, dass „interne journalistische Prozesse nicht gefährdet werden".[159] Umfasst sind zudem nur Beeinträchtigungen des Persönlichkeitsrechts, nicht dagegen etwa (reine) Vermögensschäden.[160]

78

Die Auskunft nach § 9c Abs. 3 S. 1 RStV kann allerdings nach Abwägung der schutzwürdigen Interessen der Beteiligten nach § 9c Abs. 3 S. 2 RStV **verweigert** werden, soweit

79

- aus den Daten auf Personen, die bei der Vorbereitung, Herstellung oder Verbreitung von Rundfunksendungen mitwirken oder mitgewirkt haben, geschlossen werden kann (Nr. 1);
- aus den Daten auf die Person des Einsenders oder des Gewährsträgers von Beiträgen, Unterlagen und Mitteilungen für den redaktionellen Teil geschlossen werden kann (Nr. 2); oder
- durch die Mitteilung der recherchierten oder sonst erlangten Daten die journalistische Aufgabe durch Ausforschung des Informationsbestandes beeinträchtigt würde (Nr. 3).

cc) Berichtigung/Hinzufügung einer Darstellung. Die betroffene Person kann nach § 9c Abs. 3 S. 3 RStV die unverzügliche **Berichtigung** unrichtiger personenbezogener Daten im Datensatz oder die **Hinzufügung** einer eigenen Darstellung von angemessenem Umfang verlangen. „Unverzüglich" soll dabei im Sinne des Art. 16 DS-GVO zu verstehen sein.[161] Die weitere Speicherung der personenbezogenen Daten ist nach § 9c Abs. 3 S. 4 RStV rechtmäßig, wenn dies für die Ausübung Rechts auf freie Meinungsäußerung und Information oder zur Wahrnehmung berechtigter Interessen erforderlich ist.

80

b) Telemedien mit journalistisch-redaktionellen Inhalten. Betroffenen Personen stehen gegen Anbieter von Telemedien zu journalistischen Zwecken gemäß § 57 Abs. 1 S. 8 RStV nicht die Betroffenenrechte nach Art. 12 ff. DS-GVO, sondern nur die in § 57 Abs. 2 und 3 RStV genannten Rechte zu. Dies ergibt sich auch bereits aus § 57 Abs. 1 S. 4 RStV, der lediglich klarstellenden Charakter hat.

81

aa) Speicherung bei medienrechtlichem Rechtsschutz. Die Speicherung bei (erfolgreichem) medienrechtlichem Rechtsschutz regelt § 57 Abs. 3 RStV für Telemedien mit journalistisch-redaktionellen Inhalten im Gleichlauf zu § 9c Abs. 2 RStV (→ Rn. 77).

82

bb) Auskunft. Werden personenbezogene Daten von einem Anbieter von Telemedien zu journalistischen Zwecken gespeichert, verändert, übermittelt, gesperrt oder gelöscht und wird die betroffene Person dadurch in ihrem Persönlichkeitsrecht beeinträchtigt, so kann die betroffene Person nach § 57 Abs. 2 S. 1 RStV grundsätzlich Auskunft über die zugrundeliegenden zu ihrer Person gespeicherten Daten verlangen.

83

---

[158] Bayerische Staatskanzlei Erläuterungen zu den einzelnen Regelungen und Änderungen in den Staatsverträgen, 4.
[159] Bayerische Staatskanzlei Erläuterungen zu den einzelnen Regelungen und Änderungen in den Staatsverträgen, 4.
[160] Bayerische Staatskanzlei Erläuterungen zu den einzelnen Regelungen und Änderungen in den Staatsverträgen, 4.
[161] Bayerische Staatskanzlei Erläuterungen zu den einzelnen Regelungen und Änderungen in den Staatsverträgen, 4.

84 Anders als bei § 9c Abs. 3 S. 1 RStV ist somit nicht (nur) die Berichterstattung der **Bezugspunkt**, sondern allgemein die **Datenverarbeitung**; hierdurch soll dem Umstand Rechnung getragen werden, dass „bei Telemedien andere Kommunikationsformen im Rahmen des Nach-Außen-Tretens denkbar sind, zB [in] Form [eines Austausches oder von Blogs]."[162] Mit der Streichung des Tatbestandsmerkmals „über Angebote" (§ 57 Abs. 2 S. 1 RStV aF) soll keine inhaltliche Änderung einhergehen.[163]

85 Die Auskunft kann gemäß § 57 Abs. 2 S. 2 RStV verweigert werden nach Abwägung der schutzwürdigen Interessen der Beteiligten in den in § 9c Abs. 3 S. 2 RStV benannten Fällen (→ Rn. 79).

86 **cc) Berichtigung.** Die betroffene Person kann nach § 57 Abs. 2 S. 2 RStV die unverzügliche **Berichtigung** unrichtiger personenbezogener Daten im Datensatz oder die **Hinzufügung** einer eigenen Darstellung von angemessenem Umfang verlangen. Die weitere Speicherung der personenbezogenen Daten ist nach § 57 Abs. 2 S. 3 RStV rechtmäßig, wenn dies für die Ausübung des Rechts auf freie Meinungsäußerung und Information oder zur Wahrnehmung berechtigter Interessen erforderlich ist.

87 **dd) Ausnahmen.** Die Rechte auf Auskunft und Berichtigung nach § 57 Abs. 2 S. 1 bis 3 RStV **gelten nicht** für Angebote von Unternehmen, Hilfs- und Beteiligungsunternehmen der Presse, soweit diese Angebote der **Selbstregulierung** durch den Pressekodex und der Beschwerdeordnung des Deutschen Presserates unterliegen.[164]

88 **c) Presse.** Betroffenen Personen werden gegen die Presse auch – je nach Bundesland (nach wie vor) – spezifische datenschutzrechtliche Rechte zustehen.

89 Verwiesen sei insofern nur auf die zu den §§ 9c Abs. 2, 57 Abs. 3 RStV vergleichbaren Regelungen zur Speicherung bei medienrechtlichem Rechtsschutz (vgl. § 12 Abs. 3 LPrG BW).

4. Aufsicht

90 Die datenschutzrechtliche Aufsicht bestimmt sich nach den Vorgaben verschiedener Staatsverträge sowie aufgrund landesrechtlicher Bestimmungen.

91 **a) Rundfunk.** Regelungen zur behördlichen Aufsicht von Rundfunkanbietern finden sich in §§ 9c Abs. 4 und 59 RStV sowie in §§ 16 ff. ZDF-Staatsvertrag respektive Deutschlandradio-Staatsvertrag.

92 **aa) Allgemein.** § 9c Abs. 4 S. 1 RStV normiert, dass sich die Aufsicht über die in der ARD zusammengeschlossenen Landesrundfunkanstalten, das ZDF, das Deutschlandradio oder private Rundfunkveranstalter sowie zu diesen gehörenden Beteiligungs- und Hilfsunternehmen betreffend die Einhaltung des Datenschutzrechts **nach Landesrecht bestimmt**. Die damit verbundene Vielzahl von Aufsichtsbehörden ermöglicht Art. 51 Abs. 1 DS-GVO.[165] Die Regelung dient dazu,

„den Ländern die Wahlmöglichkeit zu bewahren, entweder einen eigenen „Rundfunkbeauftragten für den Datenschutz" für jede Anstalt zu bestellen, der sowohl die journalistische Tätigkeit als auch die Verwaltungstätigkeit (Mitarbeiterdaten, Daten der Beitragszahler) überwacht (einheitli-

---

[162] Bayerische Staatskanzlei Erläuterungen zu den einzelnen Regelungen und Änderungen in den Staatsverträgen, 6.
[163] Bayerische Staatskanzlei Erläuterungen zu den einzelnen Regelungen und Änderungen in den Staatsverträgen, 6.
[164] Zur Selbstkontrolle der Presse Beater MedienR § 21 Rn. 1834 ff.
[165] Vgl. auch Bayerische Staatskanzlei Erläuterungen zu den einzelnen Regelungen und Änderungen in den Staatsverträgen, 5.

che Aufsicht), oder zum Beispiel einem Rundfunkbeauftragten für den Datenschutz nur die Aufsicht über den journalistischen Bereich zuzuweisen, während die Verwaltungstätigkeit vom Landesdatenschutzbeauftragten überwacht wird (geteilte Aufsicht)."[166]

Gemäß § 9c Abs. 4 S. 2 RStV bleiben die Regelungen des RStV unberührt; Ziel der Regelung ist es vor allem, § 59 RStV gerecht zu werden.[167] 93

bb) ZDF und Deutschlandradio: Rundfunkbeauftragter für den Datenschutz. Für 94
das Deutschlandradio und das ZDF ist mit den §§ 16 ff. Deutschlandradio-Staatsvertrag respektive §§ 16 ff. ZDF-Staatsvertrag[168] nun die Unabhängigkeit der Aufsicht im Lichte der DS-GVO wesentlich gestärkt worden.[169] Aufsichtsbehörde im Sinne des Art. 51 DS-GVO ist der Rundfunkbeauftragte für den Datenschutz (§ 16 Abs. 1 S. 1 ZDF-Staatsvertrag).[170]

(1) Ernennung. Die Ernennung des Rundfunkbeauftragten erfolgt nach § 16 Abs. 1 S. 2 95
und 3 ZDF-Staatsvertrag durch den Fernsehrat mit Zustimmung des Verwaltungsrats für die Dauer von vier Jahren; eine Wiederernennung ist dreimal möglich; nach § 16 Abs. 1 S. 4 ZDF-Staatsvertrag bestehen für Rundfunkbeauftragte besondere Anforderungen an Qualifikation, Erfahrung und Sachkunde.[171]

(2) Unabhängigkeit. Die **Unabhängigkeit** des Rundfunkbeauftragten ist in verschiede- 96
ner Weise **institutionalisiert.** Zunächst kann das Amt nicht neben anderen Aufgaben innerhalb des ZDF und seiner Beteiligungs- und Hilfsunternehmen wahrgenommen werden; sonstige Aufgaben dürfen die Unabhängigkeit nicht gefährden (§ 16 Abs. 1 S. 5 und 6 ZDF-Staatsvertrag). Darüber hinaus ist der Rundfunkbeauftragte gemäß § 17 Abs. 1 S. 1 und 2 ZDF-Staatsvertrag in der Ausübung seines Amtes unabhängig und nur dem Gesetz unterworfen; er unterliegt nicht der Rechts- oder Fachaufsicht sowie nur eingeschränkt der Dienstaufsicht.[172]

(3) Aufgaben und Befugnisse. Der Rundfunkbeauftragte überwacht nach § 18 Abs. 1 97
S. 1 ZDF-Staatsvertrag in Bezug auf die Tätigkeit des ZDF und seiner Beteiligungsunternehmen (§ 16c Abs. 3 S. 1 RStV) die Einhaltung der datenschutzrechtlichen Vorschriften des ZDF-Staatsvertrags und des RStV, der DS-GVO sowie sonstiger datenschutzrechtlicher Normen.[173] Durch die Bezugnahme auf § 16c Abs. 3 S. 1 RStV ist klargestellt, dass nur Mehrheitsbeteiligungen des ZDF der Aufsicht unterfallen.[174]

Die **Befugnisse des Rundfunkbeauftragten** bestimmen sich nach Art. 57 und 58 98
Abs. 1 bis 5 DS-GVO (§ 18 Abs. 1 S. 2 ZDF-Staatsvertrag). Der Rundfunkbeauftragte kann diese Befugnisse nur in Bezug auf den durch §§ 9c, 57 RStV eingeschränkten daten-

---

[166] LReg BW, LT-Drs. 16/2953, 3.
[167] Bayerische Staatskanzlei Erläuterungen zu den einzelnen Regelungen und Änderungen in den Staatsverträgen, 5.
[168] Die §§ 16 ff. Deutschlandradio-Staatsvertrag sind – mit Ausnahme des Verweises auf den Hörfunkrat anstelle des Fernsehrats – deckungsgleich mit den §§ 16 ff. ZDF-Staatsvertrag; nachfolgend werden letztere Bestimmungen stellvertretend betrachtet.
[169] LReg BW, LT-Drs. 16/2953, 4 f.
[170] Die Regelung des §§ 16 ff. ZDF-Staatsvertrag sind mit Blick auf die Vorgaben der Art. 52 ff. DS-GVO ausgestaltet worden, siehe hierzu im Einzelnen Bayerische Staatskanzlei Erläuterungen zu den einzelnen Regelungen und Änderungen in den Staatsverträgen, 10 ff.
[171] Zur Amtsbeendigung sowie zur Vergütung siehe § 16 Abs. 2 und 3 ZDF-Staatsvertrag.
[172] Zur Dienststelle des Rundfunkbeauftragten, deren Finanzierung und Ausstattung siehe § 17 Abs. 2 und 3 ZDF-Staatsvertrag.
[173] Zum Vorgehen bei festgestellten Verstößen siehe § 18 Abs. 2 und 3 ZDF-Staatsvertrag; zur jährlichen Berichterstattung des Rundfunkbeauftragten siehe § 18 Abs. 4 ZDF-Staatsvertrag; zur Verschwiegenheitspflicht siehe § 18 Abs. 6 ZDF-Staatsvertrag.
[174] Siehe auch Bayerische Staatskanzlei Erläuterungen zu den einzelnen Regelungen und Änderungen in den Staatsverträgen, 11.

schutzrechtlichen Pflichtenkatalog des ZDF ausüben.[175] Geldbußen gegenüber dem ZDF kann der Rundfunkbeauftragte allerdings gemäß § 18 Abs. 1 S. 4 ZDF-Staatsvertrag nicht verhängen (vgl. Art. 83 Abs. 7 DS-GVO).

99 Der Rundfunkbeauftragte hat bei der Zusammenarbeit mit anderen Aufsichtsbehörden – soweit die Datenverarbeitung zu journalistischen Zwecken betroffen ist – den **Informantenschutz** zu wahren (§ 18 Abs. 1 S. 3 ZDF-Staatsvertrag).

100 Jedermann, der der Auffassung ist, durch das ZDF oder seine Beteiligungsunternehmen durch die Verarbeitung seiner personenbezogenen Daten in seinen **schutzwürdigen Belangen** verletzt worden zu sein, kann sich gemäß § 18 Abs. 5 ZDF-Staatsvertrag unmittelbar an den Rundfunkbeauftragten wenden.

101 **b) Telemedien mit journalistisch-redaktionellem Inhalt.** Gemäß § 59 Abs. 1 S. 1 RStV überwachen grundsätzlich die nach den allgemeinen Datenschutzgesetzen des Bundes und der Länder zuständigen **Aufsichtsbehörden** für ihren Bereich die Einhaltung der allgemeinen Datenschutzbestimmungen und des § 57 RStV.

102 § 59 Abs. 1 S. 2 RStV stellt präzisierend klar, dass die für den Datenschutz im journalistischen Bereich beim **öffentlich-rechtlichen Rundfunk** und bei den **privaten Rundfunkveranstaltern** zuständigen Stellen für ihren Bereich auch die Einhaltung der Datenschutzbestimmungen für journalistisch-redaktionell gestaltete Angebote bei Telemedien überwachen (vgl. § 9c Abs. 4 RStV).

103 Eine Aufsicht erfolgt für **Unternehmen, Hilfs- und Beteiligungsunternehmen der Presse** betreffend deren Telemedien mit journalistisch-redaktionellen Inhalten allerdings nur, falls diese Unternehmen nicht der **Selbstregulierung** durch den Pressekodex und der Beschwerdeordnung des Deutschen Presserates unterliegen (§ 59 Abs. 1 S. 3 RStV; zur Vereinbarkeit dieser Regelung mit Art. 85 Abs. 2 DS-GVO → Rn. 105).

104 **c) Presse.** Unbeschadet der Ausnahme in § 59 Abs. 1 S. 3 RStV unterliegen die Unternehmen der Presse sowie deren Hilfsunternehmen auch nach Landesrecht nicht der Aufsicht (siehe etwa § 10 HPrG) bzw. teils nur, falls diese Unternehmen nicht der **Selbstregulierung** unterliegen.[176]

105 Der **Ausschluss** jeglicher (staatlicher) Aufsicht ist **mit Art. 85 Abs. 2 DS-GVO vereinbar.**[177] Zutreffend wird insofern ausgeführt:

„Soweit Artikel der [DS-GVO], die in nach dem Wortlaut des Artikel 85 Absatz 2 DSGVO nicht abänderbaren Kapiteln, insbesondere in Kapitel VIII, stehen, die Existenz einer Aufsichtsbehörde voraussetzen, werden diese Artikel zwar nicht ausdrücklich ausgeschlossen. Sie sind aber, da für den Bereich des Presseprivilegs eine datenschutzrechtliche Aufsichtsbehörde ausgeschlossen wird, tatbestandlich nicht anwendbar. Dies gilt vor allem für das Recht auf Beschwerde bei einer Aufsichtsbehörde nach Artikel 77 DSGVO, für das Recht auf wirksamen gerichtlichen Rechtsbehelf gegen eine Aufsichtsbehörde nach Artikel 78 DSGVO und auch für die Bußgeldregelung in Artikel 83 DSGVO."[178]

5. Sanktionen

106 Datenschutzverstöße durch die Presse und Medien richten sich zwar grundsätzlich nach Kapitel VIII (Rechtsbehelfe, Haftung und Sanktionen) der DS-GVO (vgl. §§ 9c Abs. 1

---

[175] Bayerische Staatskanzlei Erläuterungen zu den einzelnen Regelungen und Änderungen in den Staatsverträgen, 11.
[176] Hierzu Kahl/Piltz K&R 2018, 289 (295); dort auch zu den Folgefragen betreffend Blogger und Bürgerjournalisten.
[177] v. Lewinski in Auernhammer DS-GVO Art. 85 Rn. 16; siehe auch Schulz/Heilmann in GSSV DS-GVO Art. 85 Rn. 22; ausführlich hierzu Cornils Das datenschutzrechtliche Medienprivileg unter Behördenaufsicht?, 49 ff.
[178] LReg BW, LT-Drs. 16/3555, 22.

S. 4 und 57 Abs. 1 S. 4 RStV), es sind aber **weitreichende Ausnahmen** vorgesehen bzw. möglich. Insbesondere **modifizieren** die auf Art. 85 Abs. 2 DS-GVO gestützten Ausnahmen den nach Art. 82, 83 DS-GVO **sanktionsbewehrten Pflichtenkanon**.[179]

Folgerichtig gelten nach §§ 9c Abs. 1 S. 5 und 57 Abs. 1 S. 5 RStV die Art. 82 (Schadensersatz) und 83 (allgemeine Bedingungen für die Verhängung von Geldbußen) DS-GVO für Rundfunkanstalten und -unternehmen sowie für Anbieter von Telemedien mit journalistisch-redaktionellen Inhalten mit der Maßgabe, dass nur für eine Verletzung des Datengeheimnisses (§ 9c Abs. 1 S. 1 bis 3 bzw. § 57 Abs. 1 S. 1 bis 3 RStV) sowie für unzureichende Maßnahmen nach Art. 5 Abs. 1 lit. f, Art. 24 und 32 DS-GVO gehaftet wird. 107

Das gesamte Kapitel VIII der DS-GVO findet im Übrigen keine Anwendung auf Unternehmen, Hilfs- und Beteiligungsunternehmen der Presse (als Anbieter von Telemedien mit journalistisch-redaktionellen Inhalten), soweit diese der **Selbstregulierung** durch den Pressekodex und der Beschwerdeordnung des Deutschen Presserates unterliegen (§ 57 Abs. 1 S. 6 RStV). 108

Im Gleichlauf zu den vorgenannten Beschränkungen unterliegen auch im Übrigen die Unternehmen der Presse sowie deren Hilfsunternehmen in Bezug auf die Datenverarbeitung zu journalistischen und literarischen Zwecken nach den **Landespresse- bzw. Landesmediengesetzen** (→ Rn. 67 ff.) nur vergleichbar eingeschränkt den Sanktionsvorschriften. Betreffend die Haftung für eine Verletzung des Datengeheimnisses wird dabei zum Teil explizit § 83 BDSG für anwendbar erklärt (vgl. etwa § 12 Abs. 2 LPrG BW). 109

6. Online-Archive

Von besonderem Interesse aus datenschutzrechtlicher Perspektive ist das Vorhalten eines Online-Archivs eines Presseunternehmens bzw. anderer Medien.[180] Online-Archive zeichnen sich aus durch verschiedene Formen der **Archivierung von Inhalten,** die ein Medienunternehmen zu journalistisch-redaktionellen Zwecken erstellt und die es zeitlich unbefristet außerhalb seines aktuellen Angebots und als Altinhalte gekennzeichnet über seine Telemedien-Angebote im Internet zum Abruf bereithält.[181] Entsprechende Online-Archive ermöglichen den Abruf (auch) personenbezogener Daten, weswegen seit längerem insbesondere darüber diskutiert wird, ob und inwieweit die jeweilige betroffene Person einen **Anspruch auf Löschung** von sie betreffenden personenbezogenen Daten hat. Hiermit verbunden ist nicht nur ein Zusammentreffen von und eine Abwägung zwischen Datenschutzrecht und Pressefreiheit, sondern es kommt in Ansehung der Meinungs- und Informationsfreiheit zu **mehrpoligen Grundrechtskollisionen**.[182] Dies gilt mit Blick auf die wirtschaftliche Betätigungsfreiheit umso mehr, wenn und soweit (nur) die Indexierung entsprechender Archiv-Fundstellen bei einer Suchmaschine in Rede steht. 110

a) Stand der europäischen und nationalen Rechtsprechung. Leitcharakter zur Frage des Datenschutzes bei Online-Archiven haben (bislang) auf unionaler Ebene die Google Spain-Entscheidung des EuGH sowie auf nationaler Ebene verschiedene Entscheidungen des BGH. 111

aa) Google Spain (EuGH). In einem Online-Archiv einer spanischen Zeitung fanden sich zwei zwölf Jahre alte (rechtmäßige) Beiträge über die Zwangsversteigerung eines Grundstücks wegen Nichtzahlung von Sozialversicherungsbeiträgen bei gleichzeitiger na- 112

---

[179] Frenzel in Paal/Pauly DS-GVO Art. 82 Rn. 9; Pauly in Paal/Pauly DS-GVO Art. 85 Rn. 11; siehe auch Schulz/Heilmann in GSSV DS-GVO Art. 85 Rn. 75 f.; aus der Perspektive des KUG Lauber-Rönsberg/Hartlaub NJW 2017, 1057 (1060 f.).
[180] Die nachfolgenden Ausführungen basieren auf den Erwägungen bei Paal/Hennemann K&R 2017, 18.
[181] In Anlehnung an Mann K&R 2013, 553 (555); ders. AfP 2014, 210 (211).
[182] Siehe Paal/Hennemann K&R 2017, 18 (19 f.) mwN.

mentlicher Nennung des Eigentümers. Google Spain und Google Inc. wurden von der spanischen Datenschutzbehörde dazu verpflichtet, bestimmte Daten aus dem Index zu entfernen sowie den Zugang zu den beiden Beiträgen künftig zu verhindern. Im Zuge eines Vorabentscheidungsverfahrens bejahte der EUGH auf der Grundlage der DS-RL einen Anspruch des Betroffenen gegen Google **(Rechte auf Löschung und Widerspruch nach Art. 12 lit. b und Art. 14 lit. a DS-RL)**.[183] Insbesondere unternehme Google selbst als datenschutzrechtlich Verantwortlicher eine Verarbeitung personenbezogener Daten.[184] Die Entscheidung wurde (medial) als Etablierung eines **„Rechts auf Vergessenwerden"**[185] wahrgenommen.

113   Von besonderem Interesse in Bezug auf Presse und andere Medien sind die Ausführungen des EuGH zur Differenzierung zwischen Suchmaschinenbetreibern einerseits und den Betreibern von Online-Archiven anderseits. Der EuGH betont, dass insofern zwei unterschiedliche Datenverarbeitungen in Rede stehen, was eine unterschiedliche Abwägung bedingen kann.[186] Dabei legen die Ausführungen des EuGH nahe, dass sich Suchmaschinenbetreiber selbst nicht auf Art. 11 Abs. 1 S. 1 GRCh (oder das **datenschutzrechtliche Medienprivileg nach Art. 9 DS-RL**) berufen können.[187] Diese Bewertung führt *in praxi* dazu, dass betroffene Personen nicht gegen den Archivbetreiber vorgehen, sondern von einem Intermediär die Entfernung von Links und der damit verbundenen „Tiefenwirkung"[188] verlangen (können). Dass dadurch gegebenenfalls der Datenverkehr zu dem Archiv abnimmt, ist unter Berücksichtigung der (unverfälschten) Bestandssicherung des Archivs selbst hinzunehmen.[189]

114 **bb) Deutsche Gerichte.** Der **BGH** urteilte in den vergangenen Jahren in mehreren Entscheidungen über Presse- bzw. Online-Archive.[190] Dabei nahm der BGH in seiner Ausgangsentscheidung an, dass Beiträge nach einer „gezielte[n] Suche" aufgefunden werden.[191] Mit einer Verbreitung in Online-Archiven sei daher nur eine geringe **Breitenwirkung** verbunden, die mit den Wirkungen des öffentlich-rechtlichen Fernsehens (vor dem Aufkommen des Internets) nicht vergleichbar sei.[192] Der BGH betonte vielmehr das Interesse der Öffentlichkeit sich auch über Vergangenes zu informieren. Medien hätten die Aufgabe, „nicht mehr aktuelle Veröffentlichungen für interessierte Mediennutzer verfügbar zu halten".[193] Einem entsprechenden datenschutzrechtlichen Löschungsanspruch stehe daher (grundsätzlich) das Medienprivileg für journalistisch-redaktionelle Inhalte (§ 57

---

[183] EuGH GRUR 2014, 895 – Google Spain; hierzu Arning/Moos/Schefzig CR 2014, 447; Buchholtz AöR 140 (2015), 121 (140 ff.); Diesterhöft VBlBW 2014, 370; Dörre GRUR-Prax 2014, 281; Paal ZEuP 2016, 591 (600 ff.); ders./Hennemann K&R 2017, 18 (19 f.); v. Lewinski AfP 2015, 1; Spindler JZ 2014, 981.
[184] EuGH GRUR 2014, 895 – Google Spain.
[185] Grundlegend Mayer-Schönberger Delete: Die Tugend des Vergessens in digitalen Zeiten; vgl. ferner etwa Federath/Fuchs/Herrmann/Maier/Scheuer/Wagner DuD 2011, 403; Nolte ZRP 2011, 236.
[186] EuGH GRUR 2014, 895 (901) – Google Spain; zur Kritik an der Abwägung des EuGH vgl. Paal/Hennemann K&R 2017, 18 (19) mwN.
[187] EuGH GRUR 2014, 895 (901) – Google Spain; hierzu auch Karg ZD 2014, 359 (361); eine Einbeziehung von Suchmaschinen(betreibern) in den Schutzbereich der Medienfreiheit nach Art. 11 Abs. 2 GRCh befürwortend Arning/Moos/Schefzig CR 2014, 447 (453); Milstein CR 2013, 721 (723); ders. K&R 2013, 446 (447); bezüglich Art. 5 Abs. 1 S. 1 GG Dörr/Natt ZUM 2014, 829; Karg ZD 2014, 359 (361).
[188] Vgl. Mann K&R 2013, 553 (556) und ders. AfP 2014, 210 (212 f.).
[189] Mann AfP 2014, 210 (213).
[190] BGH K&R 2010, 175 (177) – Online Archiv I; NJW 2010, 2432 – Online Archiv II; NJW 2010, 2728 – Online Archiv III; K&R 2011, 331 – Online Archiv IV; MMR 2011, 548 – Online Archiv V; GRUR 2011, 544 (LS) – Online Archiv VI; K&R 2013, 37 – Online Archiv VII; K&R 2013, 110 – Online Archiv VIII/Apollonia; für eine Zusammenfassung siehe etwa Mann AfP 2014, 210; Ruttig AfP 2013, 372; siehe auch EGMR Beschwerde Nr. 60798/10 und 65599/10.
[191] BGH K&R 2010, 175 (177) – Online Archiv I.
[192] BGH K&R 2010, 175 (177 ff.) – Online Archiv I unter Bezug auf BVerfG NJW 1973, 1226 – Lebach.
[193] BGH K&R 2010, 175 (178) – Online Archiv I.

Abs. 1 S. 1 RStV aF und § 17 Abs. 1 Deutschlandradio-Staatsvertrag aF) entgegen.[194] Denn das Archiv leiste die pressetypische Bereitstellung von Informationen für die öffentliche Meinungsbildung.[195] Für die verfolgten journalistisch-redaktionellen Zwecke sei es nicht maßgeblich, ob eine Erstveröffentlichung oder ein seit längerem abrufbarer Beitrag in Rede stehe.[196]

In seiner **Apollonia-Entscheidung** (2012) führte der BGH in Bezug auf die Breiten- und Tiefenwirkung aus, dass sich keine abweichende Beurteilung ergebe „aus den technischen Nutzungsmöglichkeiten des Internets und den dort kostenlos verfügbaren und ‚hoch effizient arbeitenden Suchmaschinen'. Die technischen Möglichkeiten des Internets rechtfertigen es nicht, die Zugriffsmöglichkeiten auf Originalberichte über besondere zeitgeschichtliche Ereignisse nur auf solche Personen zu beschränken, die Zugang zu Print-Archiven haben oder diesen suchen."[197] Gegen die Apollonia-Entscheidung des BGH ist eine Verfassungsbeschwerde anhängig.[198]

115

Während der BGH somit – ebenso wie der EuGH – die Verpflichtung des Suchmaschinenbetreibers (und nicht des Archivbetreibers)[199] betonte, verfolgt das **OLG Hamburg** eine davon abweichende Linie. Es nimmt eine Pflicht des Archiv-Betreibers an, Beiträge derart zu modifizieren, dass der in den Beiträgen aufgeführte Name der betroffenen Person von Suchmaschinen nicht erfasst wird.[200] Aus einer solchen Verpflichtung resultierten insbesondere keine unangemessene Beschränkung der Presse- und Meinungsfreiheit; denn in Rede stehe nicht ein nachträglicher Eingriff in den Beitrag selbst, sondern nur die namensbezogene Auffindbarkeit. Ob der Ansatz des OLG Hamburg überhaupt technisch realisierbar ist, ist bereits zweifelhaft.[201] Ganz grundsätzlich erscheint darüber hinaus materiell eine Fokussierung (nur) auf den Suchmaschinenbetreiber sachgerecht(er).[202] Andernfalls droht eine Vermischung der unterschiedlichen Verantwortlichkeiten und (Prüfungs-)Pflichten.[203] Dieser Befund gilt auch und gerade in Ansehung des Medienprivilegs.

116

b) Insbesondere: Die Löschung von personenbezogenen Daten nach der DS-GVO. Die Frage der Löschung von Beiträgen ist seit dem 25.5.2018 anhand und am Maßstab der DS-GVO zu messen. Die Datenverarbeitung bei Online-Archiven beurteilt sich daher nun im Anwendungsbereich (auch) des deutschen Rechts nach **§§ 9c und 57 RStV sowie den landesrechtlichen Regelungen** auf der Grundlage Art. 85 Abs. 1 und 2 DS-GVO. Damit sind **Online-Archive umfassend privilegiert** (vgl. auch ErwGr 153 DS-GVO).[204] Die (datenschutzrechtlichen) Betroffenenrechte, auch das Recht auf Löschung, finden keine Anwendung,[205] sondern es bestehen nur die im RStV bzw. den Landespresse- und Landesmediengesetzen geregelten Rechte (→ Rn. 75 ff.) bzw. sonstige Ansprüche nach allgemeinem Zivilrecht (→ Rn. 120 f.).

117

---

[194] BGH K&R 2010, 175 (178 f.) – Online Archiv I; NJW 2010, 2432 (2437) – Online Archiv II; NJW 2010, 2728 (2730 f.) – Online Archiv III.
[195] BGH NJW 2010, 2432 (2436) – Online Archiv II.
[196] BGH NJW 2010, 2432 (2436) – Online Archiv II.
[197] BGH K&R 2013, 110 (112) – Online Archiv VIII/Apollonia; andere Betonung bei BGH K&R 2014, 802 (805) – Ärztebewertungsportal II; hierzu v. Pentz AfP 2015, 11 (21 Fn. 93).
[198] BVerfG – 1 BvR 16/13.
[199] Anders bei ursprünglich rechtswidrigen Artikeln, vgl. BGH GRUR 2016, 532.
[200] OLG Hamburg K&R 2015, 668 ff.; (tendenziell) zustimmend Brost AfP 2015, 407 (408 f.); Höch K&R 2015, 632; Verweyen/Ruf MMR 2015, 772 (773); ablehnend Feldmann K&R 2015, 634; Koreng AfP 2015, 514; Paal/Hennemann K&R 2017, 18 (20 f.).
[201] Vgl. Barnitzke GRUR-Prax 2016, 411; Feldmann K&R 2015, 634 (635); Höch K&R 2015, 632 (633); Koreng AfP 2015, 514 (515); Paal/Hennemann K&R 2017, 18 (21); Sajuntz NJW 2016, 1921 (1924).
[202] Siehe Feldmann K&R 2015, 634 (635 f.); Koreng AfP 2015, 514 (517); Paal/Hennemann K&R 2017, 18 (21); Sajuntz NJW 2016, 1921 (1924).
[203] Vgl. Feldmann K&R 2015, 634 (636).
[204] Näher Schulz/Heilmann in GSSV DS-GVO Art. 85 Rn. 40 f.
[205] Schulz/Heilmann in GSSV DS-GVO Art. 85 Rn. 62.

118 Außerhalb des Anwendungsbereichs der Medienprivilegien, also insbesondere in Bezug auf Suchmaschinen, beurteilt sich eine Löschung nach Art. 17 DS-GVO („Recht auf Vergessenwerden").[206] Gemäß Art. 17 Abs. 1 DS-GVO hat in den in lit. a bis f benannten Fällen die betroffene Person das Recht, von dem Verantwortlichen zu verlangen, dass sie betreffende personenbezogene Daten unverzüglich gelöscht werden; dies gilt insbesondere bei einer unrechtmäßigen Verarbeitung (Art. 17 Abs. 1 lit. d DS-GVO). Den Verantwortlichen trifft eine hiermit korrespondierende (antragsunabhängige) Pflicht zur Löschung.[207]

119 Art. 17 Abs. 3 DS-GVO sieht verschiedene Ausschlusstatbestände zu Rechten und Pflichten nach Art. 17 Abs. 1 DS-GVO vor. Von besonderer Relevanz ist im vorliegenden Zusammenhang Art. 17 Abs. 3 lit. a DS-GVO, wonach kein Recht auf bzw. eine Pflicht zur Löschung besteht, soweit die Verarbeitung erforderlich ist zur Ausübung des Rechts auf freie Meinungsäußerung und Information (Art. 11 Abs. 1 GRCh) und damit auch betreffend die Medienfreiheit (Art. 11 Abs. 2 GRCh), die (mit Blick auf die Vermittlung von Meinungen) als *lex specialis* zur allgemeinen Meinungsäußerungs- und Informationsfreiheit einzustufen ist.[208] Die Regelung ermöglicht bereits unabhängig vom datenschutzrechtlichen Medienprivileg die Abwägung bei mehrdimensionalen Grundrechtskollisionen, die auch und gerade in Suchmaschinenkonstellationen angezeigt ist (→ Rn. 110). Für die entsprechende Abwägung kann die bisherige Rechtsprechung von EuGH und BGH fruchtbar gemacht werden (→ Rn. 111 ff.).

7. Rechtsschutz

120 Über die (eingeschränkten) Betroffenenrechte, die Aufsicht und die Sanktionen hinaus richtet sich der (Individual-)Rechtsschutz gegen die Presse und anderen Medien nach den allgemeinen **presserechtlich kodifizierten Ansprüchen** bzw. nach **Ansprüchen des allgemeinen Zivilrechts.**

121 Insbesondere kann bei Persönlichkeitsrechtsverletzungen nach §§ 1004 iVm 823 Abs. 1 BGB iVm Art. 1 Abs. 1, 2 Abs. 1 GG Unterlassung verlangt werden, gegebenenfalls iVm §§ 22, 23 KUG betreffend das Recht am eigenen Bild.[209] In Betracht kommen im Übrigen Ansprüche auf Berichtigung, Beseitigung, Widerruf, Rückruf, Gegendarstellung und Schadensersatz. Schließlich kann unter Umständen der Presserat eingeschaltet werden.[210]

IV. Fazit

122 **Presse und andere Medien** sind richtigerweise **datenschutzrechtlich** weitgehend **privilegiert.** Entsprechende Medienprivilegien nebst Einschränkungen bei Betroffenenrechten, Aufsicht und Sanktionen sehen der RStV sowie die landespresse- und landesmedienrechtlichen Regelungen überwiegend gleichförmig vor. Hierdurch wird das Spannungsfeld zwischen Datenschutz einerseits sowie Meinungsäußerung- und Informationsfreiheit zwar überwiegend **zugunsten der Medien** aufgelöst. Gleichwohl erfüllt die Bundesrepublik Deutschland damit aber den ihr mit Art. 85 DS-GVO aufgegebenen **Regelungsauftrag** zu einem (schonenden) Ausgleich zwischen den in Rede stehenden Grundrechtspositionen.

---

[206] Hierzu ausführlich Hennemann PinG 2016, 176; ders. in Specht ua Medienrecht im Medienumbruch, 245 ff., jeweils mwN.
[207] Paal in Paal/Pauly DS-GVO Art. 17 Rn. 20; Hennemann PinG 2016, 176 (177).
[208] Jarass GRCh Art. 11 Rn. 9; siehe auch v. Lewinski in Auernhammer DS-GVO Art. 85 Rn. 2 Fn. 1.
[209] Stellvertretend OLG Köln Beschl. v. 18. 6. 2018 – 15 W 27/18 sowie Schiedermair in Ehmann/Selmayr DS-GVO Art. 85 Rn. 19.
[210] Hierzu etwa Beater MedienR § 21 Rn. 1837.

Teil C. Datenschutzrecht im öffentlichen Sektor

§ 20 Datenschutz in der Verwaltung von Bund, Ländern und Kommunen

Übersicht

	Rn.
I. Einleitung	1
II. Anwendbare Vorschriften	7
1. Anwendung der DS-GVO auf die Datenverarbeitung der Verwaltung	9
2. Anwendung der JI-RL im Kontext der Datenverarbeitung öffentlicher Stellen	12
3. Die Anwendung des BDSG auf die Datenverarbeitung der Verwaltung	15
4. Besonderes Bundesrecht betreffend die Datenverarbeitung öffentlicher Stellen	18
5. Landesrechtliche Regelungen im Datenschutzrecht	23
III. Einzelfragen	25
1. Rechtsgrundlagen für die Datenverarbeitung in der Verwaltung	25
a) Die Einwilligung in Datenverarbeitungen öffentlicher Stellen	27
b) Verarbeitung personenbezogener Daten durch öffentliche Stellen im öffentlichen Interesse und zur Erfüllung öffentlicher Aufgaben	31
c) Zweckbindung und Verarbeitung zu kompatiblen Zwecke	35
d) Verarbeitung besonderer Kategorien personenbezogener Daten	41
e) Datenübermittlungen an öffentliche und nicht-öffentliche Stellen	47
2. Videoüberwachung bei und durch öffentliche Stellen	58
3. Einlasskontrollen	64
4. Informations- und Auskunftspflichten	67
5. Die digitale Organisation der Verwaltung	76
a) Rollen und Verantwortlichkeiten	78
b) Auftragsverarbeitung im Bereich der Verwaltung	80
6. Einsatz zertifizierter Produkte, Verfahren und Dienstleistungen – Ausschreibung und Vergabe	86
7. Einzelfragen der IT-gestützten Verwaltung	89
a) Zentralisierung der IT und gemeinsame Nutzung	89
b) Kommunikation mit Bürgerinnen und Externen via E-Mail	91
8. Open Data und Informationsfreiheit	93
9. Öffentlichkeits- und Pressearbeit der Verwaltung	96
a) Die fehlende Umsetzung des Art. 85 DS-GVO	97
b) Social Media-Nutzung durch öffentliche Stellen	101
10. Die behördliche Datenschutzbeauftragte	104
a) Benennung	106
b) Aufgaben, Rechte und Pflichten	109
c) Beteiligung und Mitwirkung bei Datenschutz-Folgenabschätzungen	112
11. Aufsichtsbehördliche Kontrolle der Verwaltung	116
IV. Fazit	121

Literatur:
Albrecht/Janson, Datenschutz und Meinungsfreiheit nach der Datenschutzgrundverordnung, CR 2016, 500; *AK Technik,* Das Standard-Datenschutzmodell – eine Methode zur Datenschutzberatung und -prüfung auf der Basis einheitlicher Gewährleistungsziele, Version 1.1, abrufbar unter https://www.datenschutz-mv.de/static/DS/Dateien/Datenschutzmodell/SDM-Methode_V_1_1.pdf, zuletzt abgerufen am 12.7.2018; *Benecke/Wagner,* Öffnungsklauseln in der Datenschutz-Grundverordnung und das deutsche BDSG – Grenzen und Gestaltungsspielräume für ein nationales Datenschutzrecht, DVBl 2016, 600; *Biresborn,* Sozialdatenschutz nach Inkrafttreten der EU-Datenschutzgrundverordnung – Verarbeiten von Sozialdaten, Reichweite von Einwilligungen, grenzüberschreitende Datenübermittlung und Auftragsverarbeitung, NZS 2017, 926; *Bock/Engeler,* Die verfassungsrechtliche Wesensgehaltsgarantie als absolute Schranke im Datenschutzrecht, DVBl 2016, 593; *Borges,* Der neue Personalausweis und der elektronische Identitätsnachweis, NJW 2010, 3334; *Brink,* Das Recht auf Datenportabilität, K&R 2018, 3; *Buchner,* Grundsätze und Rechtmäßigkeit der Daten-

verarbeitung unter der DS-GVO, DuD 2016, 155; *Engeler*, Der stattliche Twitter-Auftritt, MMR 2017, 651; *Habermas*, Strukturwandel der Öffentlichkeit, 1990; *Jandt*, Biometrische Videoüberwachung – was wäre wenn..., ZRP 2018, 16; *Kokott/Sobotta*, The distinction between privacy and data protection in the jurisprudence oft he CJEU and the ECtHR, IDPL 3 (2013), 222; *Kort*, Die Zukunft des deutschen Beschäftigtendatenschutz, ZD 2016, 555; *Kort*, Der Beschäftigtendatenschutz gem. § 26 BDSG-neu, ZD 2017, 319; *Lachenmann*, Neue Anforderungen an die Videoüberwachung, ZD 2017, 407; *Landmann/Rohmer*, Gewerbeordnung, 2017; *Marschall/Müller*, Der Datenschutzbeauftragte im Unternehmen zwischen BDSG und DS-GVO, ZD 2016, 415; *Martini*, Transformation der Verwaltung durch Digitalisierung, DÖV 2017, 443; *Martini/Wenzel*, In-House-Geschäfte und interkommunale Zusammenarbeit nach der Vergaberechtsreform, DVBl 2017, 749; *Nolte*, Die Gewährleistung des Zugangs zu Daten der Exekutive durch das Grundrecht der Informationsfreiheit, NVwZ 2018, 521; *Papier*, Rechtsstaatlichkeit und Grundrechtsschutz in der digitalen Gesellschaft, NJW 2017, 3025; *Pechstein/Nowak/Häde*, Frankfurter Kommentar zu EUV, GRC und AEUV, 2017; *Petersen*, Die Informationsfreiheitsgesetze in Berlin, Brandenburg, Sachsen, Sachsen-Anhalt und Thüringen, LKV 2010, 344; *Robrahn/Bock*, Schutzziele als Optimierungsgebote, DuD 2018, 7; *Rost*, Zur Soziologie des Datenschutzes, DuD 2013, 85; *Roßnagel*, Gesetzgebung im Rahmen der Datenschutz-Grundverordnung, DuD 2017, 277; *Schmidt/Weichert*, Datenschutz, 2012; *Steinmüller ua*, Grundfragen des Datenschutzes, 1971; *Stelkens/Bonk/Sachs*, Verwaltungsverfahrensgesetz, 8. Aufl. 2014; *Wright/DeHert*, Enforcing Privacy, 2016.

I. Einleitung

1 Die Entstehung des Datenschutzrechts und der Datenschutzidee ist eng mit dem Verwaltungsrecht verbunden. In Deutschland entwickelte sich das Datenschutzrecht als eine Antwort auf die zunehmende Datenverarbeitung im Sozialrecht → § 26, in dem das klassische Über-Unterordnungsverhältnis zwischen Bürger und Staat[1] in verwaltungsrechtlichen Beziehungen gerade in der Datenverarbeitung von Sozialdaten eine besondere Ausprägung erfährt. Das „Gefühl des Ausgeliefertseins" der Bürgerinnen und Bürger gegenüber den Informationsbegehren eines übermächtigen Staates[2] spielt mindestens seit dem Volkszählungsurteil eine entscheidende Rolle im Verhältnis Bürger – Verwaltung. Auch wenn in Deutschland lange primär eine Skepsis gegenüber der Datenverarbeitung von privaten Organisationen bestand und die Bürgerinnen und Bürger eher zugeknöpft Informationen über sich herausgaben, hat sich dieses Verhältnis seit Anfang des Jahrtausends zwar gegenüber Unternehmen geändert, wenn auch vielleicht nicht ganz freiwillig. Die Skepsis gegenüber der Verwaltung bleibt bislang hingegen bestehen. Die Einführung des neuen elektronischen Personalausweises (nPA)[3] mit seinen eID-Funktionalitäten kann jedenfalls als gescheitert betrachtet werden.[4] Dies wird sich nicht ohne Weiteres ändern, wenn den Bürgerinnen und Bürgern kein nachhaltiger Beweis der Vertrauenswürdigkeit der Verwaltung im Umgang mit deren personenbezogenen Daten erbracht wird.

2 Verwaltung funktioniert andererseits aber nur, wenn auch hinreichende Informationen über die Bürgerinnen und Bürger vorliegen, die der Verwaltung die Planung und Ausführung ihrer Aufgaben ermöglicht. Daraus erwachsen Gewährleistungs- und Schutzpflichten für einen sorgsamen Umgang mit diesen Informationen für die Zwecke der Verwaltung. Dies gilt insbesondere für die mit der modernen Datenverarbeitung einhergehenden Gefahren für Persönlichkeitsrechte und das Recht auf Datenschutz.[5] Dem Datenschutz in der Verwaltung kommt damit eine überragende Funktion zu.

---

[1] Steinmüller ua Grundfragen des Datenschutzes; BT-Drs. VI/3826, Anlage 1, 36; Martini/Wenzel DVBl 2017, 753.
[2] Habermas Strukturwandel in der Öffentlichkeit, 90 spricht von „Informationsmacht".
[3] Grundlegend Borges NJW 2010, 3334.
[4] Mit der Folge, das als umstrittene Reaktion auf dieses Scheitern nun durch das Gesetz zur Förderung des elektronischen Identitätsnachweises (BGBl I 2310–2315) eine Änderung des § 10 Personalausweisgesetzes erfolgte und jeder neue Personalausweis künftig bereits mit der einsatzbereiten Funktion zum elektronischen Identitätsnachweis ausgegeben wird, vgl. Art. 1 Nr. 1 lit. a Gesetz zur Förderung des elektronischen Identitätsnachweises.
[5] Zur Unterscheidung zwischen Privatheitsschutz und Datenschutz Kokott/Sobotta IDPL 2013, 222; Bock/Engeler DVBl 2016, 593 (595); Johannes in Roßnagel Das neue DatenschutzR § 2 Rn. 57.

Ähnlich wie in den 60er Jahren ein „zentrales Bundesdatenbanknetz"[6] scheiterte, könnte ein ähnliches Schicksal auch den Erfolg der Digitalisierung der Verwaltung beeinträchtigen. Damals sollten alle Bürger ein sog Personenkennzeichen erhalten, mit dem alle gespeicherten Daten dem jeweiligen Bürger zugeordnet werden und durch ein Verbundsystem über vier zentrale Datenbanken zentral abrufbar sein sollten. Beweggrund war auch damals schon die Idee des „Once-Only-Prinzips".[7] Die bislang in getrennten Systemen gespeicherten Daten sollten zentral zusammengeführt werden, sodass „die Daten laufen, nicht die Bürger".[8] Scheiterte damals das Vorhaben an der späten Einbindung der Bundesregierung,[9] sollte die Digitalisierung der Verwaltung, die mittlerweile zwar in den Händen eines nationalen IT-Planungsrates liegt, nicht an den Bürgerinnen und Bürgern vorbei laufen. Ohne ihr Vertrauen würde die Digitalisierung der Verwaltung aber zum Selbstzweck. 3

Jede Datenverarbeitung stellt einen Eingriff in das durch Art. 8 GRCh verbriefte Recht auf Schutz personenbezogener Daten[10] sowie das Selbstbestimmungsrecht der Bürgerinnen und Bürger da. Konsequenterweise erfordert daher auch jede Datenverarbeitung der Verwaltung eine rechtfertigende Rechtsgrundlage. Wie eng dieser Grundsatz mit der Vertrauensfrage verbunden ist, zeigt dessen Entstehungsgeschichte. Im hessischen Datenschutzgesetz von 1970,[11] der ersten Kodifizierung des Datenschutzes überhaupt, wurde das Schutzziel der Vertraulichkeit der Datenverarbeitung als Inhalt des Datenschutzes unter dem Begriff des „Datengeheimnis" entwickelt,[12] wie es auch in der DS-GVO in Art. 5 Abs. 1 lit. f[13] Bestand hat. Eine moderne Verwaltung steht damit vor der Frage, wie sie den Spagat zwischen effizienten, automatisierten und damit sich quasi selbst erledigenden Verwaltungsabläufen im Verwaltungs-Back-End und einer transparenten, die Selbstbestimmung der Bürgerinnen und Bürger wahrenden, Aufgabenerfüllung schaffen kann. 4

Soweit mit dem Einzug der EDV in die Verwaltung von einem „Siegeszug automatisierter Datenverarbeitung" gesprochen werden kann,[14] hat die Digitalisierung mit dem Internet und den damit verbundenen erweiterten technischen Möglichkeiten der Verkettung von Informationen eine neue Dimension erreicht. Die „Verkettungsfrage"[15] ist dabei zur Gretchenfrage des digitalen Staates geworden. Sie betrifft die Verwaltung nicht nur als eine der drei Gewalten, sondern auch auf vertikaler Ebene sowie zwischen den unterschiedlichen Fachverfahren der Verwaltung. Das Gebot einer funktionalen Trennung als Ausfluss des Rechtsstaatsprinzips (Art. 20 GG) wird durch Vernetzung interoperabler und 5

---

[6] Siehe Weichert in DKWW BDSG Einl. Rn. 4.
[7] Siehe zum Once-Only-Prinzip auch den „EU-eGovernment-Aktionsplan 2016–2020", COM (2016) 179 final, 7; weiterführend Martini/Wenzel DVBl 2017, 749 (752ff.) sowie kritisch Bieresborn NZS 2017, 926 (929, dort Fn. 26).
[8] Wagner in BeckOK DatenschutzR Landesdatenschutz Rn. 4.
[9] Weichert in DKWW BDSG Einl. Rn. 4, 47.
[10] Siehe zur Selbständigkeit des Schutzbereichs des Art. 8 GRCh Wolff in PNH Frankfurter Kommentar I GRC Art. 8 Rn. 3; zum Vorschlag, insofern von einem Recht auf „informationelle Integrität" zu sprechen Bock/Engeler DVBl 2016, 593 (597).
[11] Hess GVBl. I 625.
[12] Vgl. § 2 HDSG 1970 zum Inhalt des Datenschutzes und § 3 HDSG 1970 zum Datengeheimnis; ebenso Wagner in BeckOK DatenschutzR Landesdatenschutz Rn. 9. Die Frage der berechtigten Erhebung und Zweckbindung der Verarbeitung personenbezogener Daten wurde erst durch das Bundesverfassungsgericht im Volkszählungsurteil gestellt. Das hessische Datenschutzgesetz von 1970 musste daraufhin freilich reformiert werden.
[13] Das Schutzziel der Vertraulichkeit findet sich zudem ua für den Verantwortlichen und dessen Personal in Art. 28 Abs. 3 lit. b, Art. 32 Abs. 1 lit. b DS-GVO.
[14] Vgl. Simitis in Simitis BDSG Einl. Rn. 6ff.
[15] Das Bundesverfassungsgericht hat bereits im Volkzählungsurteil (BVerfGE 65, 1) die Problematik der unüberschaubaren Verkettung und den Anspruch auf Nichtverkettung von personenbezogenen Informationen erkannt und die Befugnis des Einzelnen, grundsätzlich selbst über die Preisgabe und Verwendung seiner persönlichen Daten zu bestimmen, festgestellt, die nur aus Gründen der Gemeinschaftsbezogenheit und Gemeinschaftsgebundenheit der auf Kommunikation angewiesenen Person eingeschränkt werden kann.

zentral zur Verfügung gestellter Fachverfahren mehr und mehr in Frage gestellt.[16] Die Digitalisierung ist damit nicht nur eine Frage der Kosteneinsparung und Technisierung, sondern auch eine Herausforderung für das Prinzip der Rechtsstaatlichkeit, dem zufolge die Gewalten personell und funktional unabhängig und getrennt voneinander agieren sollen (Verbot der Mischverwaltung).[17] Zwar unterstützen Fachverfahren das gebotene, kooperative Zusammenwirken, jedoch hängt die verbleibende Eigenständigkeit der zuständigen Stelle wesentlich von der Gestaltung, mithin dem Design, der Verfahren ab.

6   Die damit einhergehende Vorfestlegung des Entscheidungsrahmens und somit mögliche Präjudizierung des Verwaltungshandelns ist Fluch und Segen zugleich. Durch IT-Verbünde, Plattformen, sowie Übermittlung zwischen unterschiedlichen Verwaltungseinheiten wird zunehmend auch die vertikale Gewaltenteilung durchbrochen und die kommunale Selbstverwaltung berührt. Dies ist immer dann der Fall, wenn der Bund zentrale Vorgaben im Hinblick auf die Beschaffenheit der IT-Systeme und der Gestaltung der Fachverfahren vorgibt. Dies mag zwar einerseits zu einer Vereinheitlichung von Verwaltungsentscheidungen führen, andererseits schwächt die Durchbrechung der vertikalen Gewaltenteilung aber die eigentlich angestrebte Dezentralisierung der Macht und verschiebt die informationelle Asymmetrie zwischen Bürger und Staat zu dessen Ungunsten.[18] Die datenschutzrechtliche Bedeutung, der mit Hilfe des Datenschutzrechts adressierten Machtungleichheit zwischen datenverarbeitender Organisation und dem schutzbedürftigen Individuum[19] tritt dabei typischerweise zwischen der Verwaltung einerseits und den Bürgerinnen und Bürgern als Betroffene ihrer Datenverarbeitung andererseits zutage.

II. Anwendbare Vorschriften

7   Anders als das BDSG aF unterscheidet die DS-GVO nicht zwischen öffentlichen und privaten Stellen.[20] Die Datenverarbeitung der Verwaltung wird in vollem Umfang von den inhaltlichen Vorgaben der DS-GVO erfasst. Die Vorschriften des BDSG und der Landesdatenschutzgesetze finden jedoch keine Anwendung, soweit das Recht der Europäischen Union, im Besonderen die DS-GVO, unmittelbar gilt, § 1 Abs. 5 BDSG. Ausgenommen von der Anwendung der DS-GVO sind allein mitgliedstaatlichen Angelegenheiten, die nicht dem Unionsrecht unterfallen, mithin Verwaltungsbereiche, die keinen Unionsbezug haben und sich allein auf die inneren Angelegenheiten des Mitgliedstaates beziehen.[21] Die DS-GVO ist „in allen ihren Teilen verbindlich und gilt unmittelbar in jedem Mitgliedstaat" (Art. 288 Abs. 2 AEUV). Sie ist weder umsetzungsbedürftig noch umsetzungsfähig.[22] Lediglich im Bereich der Öffnungsklauseln ist es den mitgliedstaatlichen Gesetzgebern gestattet, die Regelungen der DS-GVO zu präzisieren.[23] Im föderalen System der

---

[16] Vgl. Papier NJW 2017, 3025 (3028); Papier verwendet den Begriff des „Informationellen Trennungsgebots"; zur Frage der Vereinbarkeit einheitlicher Behördenansprechpartner mit diesem Grundsatz siehe Petersen LKV 2010, 344.
[17] BVerfGE 119, 331 (364).
[18] Bereits das Hessische Datenschutzgesetz von 1970 erkannte diese Problematik und übertrug dem Datenschutzbeauftragten „die Auswirkungen der maschinelle Datenverarbeitung auf die Arbeitsweise und die Entscheidungsbefugnisse (staatlicher Stellen) dahingehend [zu beobachten], ob sie zu einer Verschiebung in der Gewaltenteilung zwischen den Verfassungsorganen des Landes, zwischen den Organen der kommunalen Selbstverwaltung und zwischen der staatlichen und der kommunalen Selbstverwaltung führen," § 10 Abs. 2 hessLDSG 1970. Wagner in BeckOK DatenschutzR Landesdatenschutz Rn. 11.
[19] Vgl. zu diesem Kernanliegen des Datenschutzes Steinmüller ua Grundfragen des Datenschutzes; BT-Drs. VI/3826, Anlage 1, 36 sowie aktuell insbesondere die theoretischen Arbeiten von Rost DuD 2013, 85.
[20] Siehe etwa Kommentierung bei Dammann in Simitis BDSG § 2 Rn. 5 ff.
[21] Vgl. Ernst in Paal/Pauly BDSG § 1.
[22] Dazu näher Benecke/Wagner DVBl 2016, 600 (604 ff.).
[23] ErwGr 10 DS-GVO folgend, sollen „die Mitgliedstaaten die Möglichkeit haben, nationale Bestimmungen, mit denen die Anwendung der Vorschriften dieser Verordnung genauer festgelegt wird, beizubehalten oder einzuführen. In Verbindung mit den allgemeinen und horizontalen Rechtsvorschriften über den

Bundesrepublik Deutschland obliegt die Ausfüllung der Öffnungsklauseln dabei dem Bund und den Ländern abhängig von den jeweiligen Gesetzgebungskompetenzen. Von den Öffnungsklauseln haben Bund und Länder dabei jeweils durch abstrakte Gesetze wie dem BDSG und den neuen Landesdatenschutzgesetzen als auch durch Schaffung und insbesondere Anpassung bereichsspezifischer Gesetzeskörper, etwa im Melderecht oder im Sozialrecht, Gebrauch gemacht.

Mit der Neufassung des BDSG hat der Bundesgesetzgeber im Rahmen seiner jeweiligen Kompetenzen aus den Art. 73 GG und 74 GG für den Bereich der öffentlichen Stellen des Bundes von den Öffnungsklauseln Gebrauch gemacht und weitergehende Regelungen getroffen. Soweit die Länder ihre Gesetzgebungskompetenz genutzt haben, ergeben sich aus den Landesdatenschutzgesetzen konkretisierende Regelungen für die öffentlichen Stellen der Länder. Dies gilt auch, soweit die Landesstellen Bundesrecht anwenden.[24] Konkretes datenschutzrechtliches Sonderrecht für den Verwaltungsbereich findet sich zudem in den Fachgesetzen des Bundes und der Länder. 8

1. Anwendung der DS-GVO auf die Datenverarbeitung der Verwaltung

Die Befugnis zur Regelung der Datenverarbeitung von öffentlichen Stellen wurde durch Öffnungsklauseln in den Trilog-Verhandlungen durch den Rat durchgesetzt.[25] Damit können die Mitgliedstaaten bereichsspezifische Regelungen insoweit beibehalten, als sie die Regelungen der DS-GVO konkretisieren[26] oder neu ausgestalten. Allerdings wurde der öffentliche Bereich durch die Öffnungsklauseln nicht bedingungslos dem Willen der nationalen Gesetzgeber im Bereich des Datenschutzes anheimgestellt, sondern mit Bedingungen und Voraussetzungen verbunden. Sie stellen keine allgemeine Ausnahme für den öffentlichen Bereich da.[27] 9

Grundsätzlich ist die DS-GVO damit auch auf die Datenverarbeitung der öffentlichen Stellen anwendbar. Ausgenommen davon sind gem. Art. 2 Abs. 2 lit. a DS-GVO Tätigkeiten, die nicht in den Anwendungsbereich des Unionsrecht[28] fallen, zB Angelegenheiten der nationalen Sicherheit,[29] sowie gem. Art. 2 Abs. 2 lit. d DS-GVO die Verarbeitung personenbezogener Daten durch die zuständigen Behörden zum Zwecke der Verhütung, Aufdeckung, Untersuchung und Verfolgung von Straftaten oder die Vollstreckung strafrechtlicher Sanktionen, einschließlich des Schutzes vor und der Abwehr von Gefahren für die öffentliche Sicherheit (siehe dazu → § 22 Rn. 9 ff.). 10

Die DS-GVO enthält keine ausdrücklichen Sonderregelungen für die Datenverarbeitung öffentlicher Stellen. Sie definiert weder den Bereich der öffentlichen Verwaltung 11

Datenschutz zur Umsetzung der Richtlinie 95/46/EG gibt es in den Mitgliedstaaten mehrere sektorspezifische Rechtsvorschriften in Bereichen, die spezifischere Bestimmungen erfordern. Diese Verordnung bietet den Mitgliedstaaten zudem einen Spielraum für die Spezifizierung ihrer Vorschriften." AA offenbar Kühling/Martini et al. DSGVO und nationales Recht, 1, 4 ff., die zwischen „(fakultativen) Gestaltungsspielräume[n] und obligatorischen Ausfüllungspflichten" unterscheiden und „Konkretisierungen", „Ergänzungen" und „Modifikationen" als Handlungsoptionen, identifizieren und insoweit auch von Ergänzungs- und Abweichungsmöglichkeiten sprechen.

[24] Vgl. Ernst in Paal/Pauly BDSG § 1 Rn. 2.
[25] Martini DÖV 2017, 443 (444).
[26] Der Bundesgesetzgeber hat sich mit dem DSAnpUG-EU für eine Neuformulierung des BDSG entschieden. Aufgrund des Anwendungsvorrangs der DS-GVO wären weite Teile des BDSG unanwendbar geworden, oder ihre Anwendbarkeit wäre unklar geblieben, weil im Widerspruch zur DS-GVO nicht immer eindeutig feststellbar ist. Die Fortgeltung schon bestehender Normen gem. Art. 88 Abs. 3 DS-GVO ist anmeldepflichtig. Für die Regelungen im BDSG nF erübrigt sich damit die Feststellung, ob eine Fortgeltung in Betracht kommt. Näher dazu Kort ZD 2016, 555 ff.; Roßnagel DuD 2017, 277.
[27] Ebenso Schaller in Roßnagel DS-GVO § 4 Rn. 1.
[28] Die DS-GVO kann nur Tätigkeiten regeln, die dem Unionsrecht unterfallen und den freien Datenverkehr betreffen, Art. 16 Abs. 2 AEUV.
[29] S. ErwGr 16 DS-GVO, der zudem noch als weitere Ausnahme die von den Mitgliedstaaten im Rahmen der Gemeinsamen Außen- und Sicherheitspolitik der Union durchgeführte Verarbeitung personenbezogener Daten benennt.

noch den Begriff der Behörde, erwähnt aber beide Begriffe mehrfach. Der Behördenbegriff wird im Rahmen der Verantwortlichkeit in Art. 4 Abs. 7 DS-GVO aufgenommen. Da sich die DS-GVO bei der Bestimmung des Verantwortlichen auch auf „sonstige Stellen" bezieht, ist der Begriff der Behörde weit auszulegen. Behörde sind alle Stellen, die Aufgaben der öffentlichen Verwaltung wahrnehmen.[30] Die Aufgaben müssen nicht notwendig nach außen gerichtet sein.[31] Damit wird zunächst jede Stelle erfasst, die unmittelbar staatliche bzw. öffentliche Aufgaben wahrnimmt.[32] Damit können nicht nur sämtliche Behörden der öffentlichen Verwaltung, sondern auch die Behörden der Staatsorgane, wie etwa die Bundestags- und die Bundesratsverwaltung, Behörde iSd DS-GVO sein. Dies gilt auch für die Behörden der Gemeinden. Bei Anwendung des mitgliedstaatlichen Rechts und der Fachgesetze wird man auf die dort vorherrschenden Bestimmungen und Auslegungen des Behördenbegriffs zurückgreifen. Die DS-GVO erstreckt sich damit, freilich unter Berücksichtigung der og Ausnahme, auf alle Behörden.

> **Praxistipp:**
> Die DS-GVO ist auch auf die Datenverarbeitung der Verwaltung anwendbar und trifft, anders als das BDSG, keine Unterscheidung zwischen öffentlichen und nicht-öffentlichen Stellen.

2. Anwendung der JI-RL im Kontext der Datenverarbeitung öffentlicher Stellen

12 Die Richtlinie (EU) 2016/680 zum Datenschutz in Strafsachen erfasst die Verarbeitung personenbezogener Daten durch die zuständigen Behörden zum Zwecke der Verhütung, Ermittlung, Aufdeckung oder Verfolgung von Straftaten oder der Strafvollstreckung, einschließlich des Schutzes vor und der Abwehr von Gefahren für die öffentliche Sicherheit (zur Datenverarbeitung der Polizei → § 21). Allgemeine Regelungen zur Umsetzung der Richtlinie wurden vom Bundesgesetzgeber im BDSG aufgenommen. Weitere allgemeine Regelungen finden sich auch in den Landesdatenschutzgesetzen,[33] bereichsspezifische Regelungen zB in den Landesverwaltungsgesetzen und den Justizvollzugsdatenschutzgesetzen der Länder, sowie im Bundeskriminalamtsgesetz (BKAG), dem Bundespolizeigesetz (BPolG) und der StPO.

13 Der Anwendungsbereich erfasst die für die Verhütung und Verfolgung von Straf- und Ordnungswidrigkeiten zuständigen Behörden, auch soweit diese Stellen Gefahren für die öffentliche Sicherheit abwehren, sowie die Vollstreckungs- und Vollzugsbehörden im Straf- und Maßregelvollzug. Im Bereich der öffentlichen Verwaltung bestehen damit Ausnahmen vom Anwendungsbereich der DS-GVO im Bereich der Justiz- sowie des Ordnungswidrigkeitenrecht (zur Datenverarbeitung der Gerichte → § 22 Rn. 9), soweit dieser Bereich durch die JI-RL erfasst wird (zur Abgrenzung → § 22 Rn. 9 ff.).

14 Auch die Aufsichtsbehörden für den Datenschutz sind beispielsweise von dieser Differenzierung betroffen. Im Rahmen ihrer aufsichtsbehördlichen Tätigkeiten unterfallen sie als Sonderordnungsbehörden dem Verwaltungsverfahrensrecht.[34] Gegen ihre Maßnahmen ist der Verwaltungsrechtsweg nach § 40 VwGO eröffnet. In Bußgeldverfahren nach der DS-GVO wird die Aufsichtsbehörde jedoch als Verwaltungsbehörde tätig und es gelten die Verfahrensvorschriften des OWiG.[35] In diesem Bereich unterfallen sie in ihren Tätigkeiten der JI-RL und den entsprechenden Ausführungsbestimmungen in den Landesdatenschutzgesetzen.

---

[30] S. § 1 Abs. 4 VwVfG.
[31] Stelkens in SBS VwVfG § 35 Rn. 50.
[32] Vgl. zB Erbguth/Schubert in Sachs GG Art. 35 Rn. 6.
[33] ZB im hessischen Landesdatenschutzgesetz.
[34] Vgl. Körffer in Paal/Pauly DS-GVO Art. 58 Rn. 31.
[35] Vgl. Körffer in Paal/Pauly DS-GVO Art. 58 Rn. 31.

3. Die Anwendung des BDSG auf die Datenverarbeitung der Verwaltung

Das neue BDSG stellt kein eigenständiges und umfassendes deutsches Recht der Datenverarbeitung dar, wie dies noch beim BDSG aF der Fall war. Im Hinblick auf das unionsrechtliche Wiederholungsverbot, dass dem Bundesgesetzgeber eine Wiederholung der materiellen Verordnungsinhalte verwehrt, kann es nur eine Sammlung all jener Regelungen darstellen, für die die DS-GVO den Mitgliedstaaten im Rahmen der Öffnungsklauseln Ausgestaltungsspielräume und -aufträge erteilt hat.[36] Mit dem Wiederholungsverbot, das aus Art. 288 Abs. 2 AEUV folgt, soll verhindert werden, dass die alleinige Auslegungskompetenz des EuGH aus Art. 267 AEUV durch inhaltsgleiche Wiedergabe in nationalen Bestimmungen verdeckt oder eingeschränkt wird.[37] Jede Regelung des BDSG muss sich damit konsequenterweise entweder auf eine Öffnungsklausel beziehen oder es wird eine Datenverarbeitung geregelt, die nicht durch die DS-GVO erfasst wird. Dabei dürfen lediglich Teile des Verordnungswortlautes wiederholt werden, wenn sie für das Verständnis der Norm erforderlich sind und die unmittelbare Anwendung der DS-GVO nicht behindern.[38] Das macht das BDSG zu einem Ergänzungs- und Ausfüllungsgesetz, das die Regelungen der DS-GVO stets nur begleiten, niemals aber ersetzen oder verdrängen kann. Widersprüche oder Absenkungen des Schutzniveaus gehen daher stets zu Lasten der Anwendbarkeit des BDSG und zugunsten des Anwendungsvorrangs der DS-GVO.[39] Von den Ausgestaltungsspielräumen hat der Bundesgesetzgeber im BDSG ua für Datenschutzbeauftragte (§§ 5–7 BDSG), die Verarbeitung besonderer Kategorien personenbezogener Daten (§ 22 BDSG) und der Verarbeitung für andere Zwecke (§ 23 BDSG) Gebrauch gemacht und besondere Regelungen für öffentliche Stellen vorgesehen. Es fehlen dagegen konkretisierende Regelungen zB zur Anwendung des Art. 25 oder Art. 32 DS-GVO für den Bereich der öffentlichen Stellen.[40]

Die Regelungen des BDSG dürfen folglich – um zur Anwendung zu gelangen – den Text oder Inhalt der DS-GVO nicht schlicht wiederholen.[41] Genau daran ist der Bundesgesetzgeber gleich zu Beginn, mit dem Willen eine allgemeine Rechtsgrundlage für die Verarbeitung personenbezogener Daten durch öffentliche Stellen zu schaffen,[42] allerdings gescheitert. Statt den § 3 BDSG mit einem eigenen, über den des Art. 6 Abs. 1 lit. c und e DS-GVO hinausgehenden materiellen Regelungsgehalt iSd Öffnungsklauseln des Art. 6 Abs. 2 und 3 DS-GVO zu versehen, erschöpft sich der Regelungsgehalt in einer Wiederholung. Die Regelung zur Zulässigkeit der Verarbeitung personenbezogener Daten durch öffentliche Stellen zur Erfüllung ihrer jeweiligen Aufgaben, geht in ihrem materiell-rechtlichen Gehalt nicht über die eigentliche Rechtsgrundlage für die Verarbeitung personenbezogener Daten öffentlicher Stellen in Art. 6 Abs. 1 lit. c und lit. e DS-GVO hinaus. Es handelt sich insofern um einen Verstoß gegen das Wiederholungsverbot.[43] Art. 6 Abs. 3 S. 2 DS-GVO erfordert vielmehr spezifische Bestimmungen zur Anpassung der Anwendung der DS-GVO. Dazu gehören zB Bestimmungen darüber, welche allgemeinen Bedingungen für die Regelung der Rechtmäßigkeit der Verarbeitung durch den Verantwortlichen gelten, welche Personen betroffen sind, welche Arten von Daten verarbeitet

---

[36] EuGH Urt. v. 10.10.1973 – C-34/73, Rn. 9 ff. – Variola; Kort ZD 2016, 555; Kort ZD 2017, 319; Roßnagel DuD 2017, 277 (278).
[37] EuGH Urt. v. 10.10.1973 – C-34/73, Rn. 9 ff. – Variola; Urt. v. 31.1.1978 – C-94/77, Rn. 22, 27 – Zerbone.
[38] EuGH Urt. v. 28.3.1985 – C-272/83, Rn. 26 f. – Kommission/Italien.
[39] Grundlegend EuGH NJW 1978, 1741 Rn. 13 ff. – Simmenthal; Roßnagel DuD 2017, 277.
[40] Hier hätte der Bundesgesetzgeber schlicht die Regelungen des § 9 BDSG aF nebst Anlage übernehmen können oder sich an den moderneren Ausgestaltungen in den Landesdatenschutzgesetzen, zB § 5 LDSG SH aF, orientieren können; s. auch Barlag in Roßnagel DS-GVO § 3 Rn. 193 ff.
[41] EuGH Urt. v. 10.10.1973 – C-34/73, Rn. 9 ff. – Variola; Urt. v. 31.1.1978 – C-94/77, Rn. 22, 27 – Zerbone, Urt. v. 28.3.1985 – C-272/83, Rn. 26 f. – Kommission/Italien; Kühling/Martini et al. DSGVO und nationales Recht, 6 f.
[42] BR-Drs. 110/17, Anlage, 75 f.
[43] So auch Frenzel in Paal/Pauly BDSG § 3 Rn. 1–2.

werden dürfen, welcher Zweckbindung sie unterliegen und an welche Einrichtungen und für welche Zwecke die personenbezogenen Daten offengelegt, wie lange sie gespeichert und welche Verarbeitungsvorgänge und -verfahren angewandt werden dürfen, einschließlich Maßnahmen zur Gewährleistung einer rechtmäßig und nach Treu und Glauben erfolgenden Verarbeitung, wie solche für sonstige besondere Verarbeitungssituationen. Derartige Konkretisierungen sind typischer Weise in den bereichsspezifischen Regelungen der Fachgesetze enthalten. Soweit diese die Aufgaben und zugehörigen Verarbeitungsbefugnisse regeln, konkretisieren sie bereits die Regelungen der DS-GVO, ohne dass es einer Wiederholung des Textes aus Art. 6 Abs. 1 lit. c und lit. e DS-GVO in § 3 BDSG bedurft hätte.

> **Praxistipp:**
> Einige Regelungen des BDSG für öffentliche Stellen wiederholen lediglich den Inhalt der DS-GVO. In diesen Fällen ist aufgrund des Anwendungsvorranges auf die DS-GVO Bezug zu nehmen.

17   Anders als die DS-GVO hat der Bundesgesetzgeber jedoch den Begriff der öffentlichen Stellen ausgefüllt und entsprechend den föderalen Anforderungen ausgestaltet. Das BDSG gilt für alle öffentlichen Stellen des Bundes und der Länder, soweit dort keine Landesdatenschutzgesetze bestehen und soweit die Länder Bundesrecht ausführen oder als Organe der Rechtspflege tätig werden und es sich nicht um Verwaltungsangelegenheiten handelt, § 1 Abs. 1 S. 1 BDSG. Gem. § 2 Abs. 1 BDSG sind öffentliche Stellen des Bundes die Behörden, die Organe der Rechtspflege und andere öffentlich-rechtlich organisierte Einrichtungen des Bundes, der bundesunmittelbaren Körperschaften, der Anstalten und Stiftungen des öffentlichen Rechts sowie deren Vereinigungen ungeachtet ihrer Rechtsform. Öffentliche Stellen der Länder sind die Behörden, die Organe der Rechtspflege und andere öffentlich-rechtlich organisierte Einrichtungen eines Landes, einer Gemeinde, eines Gemeindeverbandes oder sonstiger der Aufsicht des Landes unterstehender juristischer Personen des öffentlichen Rechts sowie deren Vereinigungen ungeachtet ihrer Rechtsform, § 2 Abs. 2 BDSG. Vereinigungen des privaten Rechts von öffentlichen Stellen des Bundes und der Länder, die Aufgaben der öffentlichen Verwaltung wahrnehmen, gelten ungeachtet der Beteiligung nicht-öffentlicher Stellen als öffentliche Stellen des Bundes, wenn sie über den Bereich eines Landes hinaus tätig werden oder dem Bund die absolute Mehrheit der Anteile gehört oder die absolute Mehrheit der Stimmen zusteht, § 2 Abs. 3 S. 1 BDSG. Andernfalls gelten sie als öffentliche Stellen der Länder, § 2 Abs. 3 S. 2 BDSG.

4. Besonderes Bundesrecht betreffend die Datenverarbeitung öffentlicher Stellen

18   Neben dem generellen Rahmen, den der deutsche Gesetzgeber mit dem allgemeinen BDSG zur Umsetzung der Öffnungsklauseln genutzt hat, setzen vor allem die unzähligen besonderen Fachgesetze den abstrakten Rahmen der DS-GVO für den Bereich der öffentlichen Stellen um.[44] Die Interpretation dieser Möglichkeit wird je nach Bedürfnis zugunsten der Verantwortlichen oder Betroffenen[45] weiter oder enger ausgelegt. Dort, wo spezifische Vorschriften fehlen, gelten die allgemeinen Vorschriften des BDSG bzw. der

---

[44] S. ErwGr 10 DS-GVO: „Hinsichtlich der Verarbeitung personenbezogener Daten zur Erfüllung einer rechtlichen Verpflichtung oder zur Wahrnehmung einer Aufgabe, die im öffentlichen Interesse liegt oder in Ausübung öffentlicher Gewalt erfolgt, die dem Verantwortlichen übertragen wurde, sollten die Mitgliedstaaten die Möglichkeit haben, nationale Bestimmungen, mit denen die Anwendung der Vorschriften dieser Verordnung genauer festgelegt wird, beizubehalten oder einzuführen. In Verbindung mit den allgemeinen und horizontalen Rechtsvorschriften über den Datenschutz zur Umsetzung der Richtlinie 95/46/EG gibt es in den Mitgliedstaaten mehrere sektorspezifische Rechtsvorschriften in Bereichen, die spezifischere Bestimmungen erfordern."
[45] Vgl. Pötters in Gola DS-GVO Art. 1 Rn. 24.

DS-GVO. Soweit allerdings die Mitgliedstaaten von einer dieser Regelungsoptionen Gebrauch machen, gehen diese spezifischen Vorschriften der DS-GVO vor.[46] Das ergibt sich zwar nicht unmittelbar aus dem Text der Öffnungsklausel, aber aus dem Zweck der Vorschrift, denn ohne Vorrang fehlte diese Regelungen der Anwendungsbereich.[47]

Auch dort, wo der Bundesgesetzgeber die Öffnungsklauseln durch Fachgesetze ausgestaltet, ist er an den Zweckbindungsgrundsatz gebunden. Nationale Rechtsvorschriften, die es der Verwaltung erlauben, im Rahmen der Zweckkompatibilität personenbezogene Daten zu verarbeiten, haben dabei zu beachten, dass diese im Einklang mit den Zwecken der Erstverarbeitung stehen. Dies begrenzt den Anwendungsrahmen auf die in Art. 6 Abs. 1 S. 1 lit. c und lit. e DS-GVO genannten Zwecke. Die Regelungsgrenze wird durch die in Art. 23 Abs. 1 DS-GVO genannten Sicherstellungsziele gezogen. Diese dürfen insbesondere nicht in den Wesensgehalt der Grundrechte und Grundfreiheiten[48] eingreifen. Eine Überschreitung der Zweckbindungsgrenze ist immer dann gegeben, wenn vorhandene Datenbestände unbeschränkt ausgetauscht und verknüpft werden dürfen.[49] Insoweit ist bei der Öffnung von Datenbeständen im Rahmen von automatisierten Abrufberechtigungen auf die Erhebungsgrundlage der abrufenden Stelle abzustellen. Liegt eine solche nicht vor oder ist sie zu unbestimmt, ist diese auch nicht im Rahmen eines Rückgriffs auf eine Weiterverarbeitungsregelung zu retten.

19

> **Praxistipp:**
> Der Zweckbindungsgrundsatz gilt auch für Datenverarbeitungen, die durch Fachgesetze geregelt sind.

Im allgemeinen Verwaltungsrecht, das die allgemeinen Rechtsinstitute und Verfahren, die grundsätzlich überall in der Verwaltung gelten, regelt, finden sich vereinzelt spezifische datenschutzrechtliche Regelungen. Dazu gehören das Verwaltungsverfahrensrecht, das Verwaltungsvollstreckungsrecht, das Verwaltungszustellungsrecht und das Gebührenrecht. Auch in den zahlreichen Fachgesetzen des besonderen Verwaltungsrechts des Bundes finden sich datenschutzrechtliche Sonderregelungen. Diese sind vor dem Hintergrund der DS-GVO zu prüfen und im Zweifel europarechtskonform auszulegen.

20

Ein äußerst relevantes Beispiel bildet das Meldewesen, das gerne auch als das „informationelle Rückgrat" einer modernen, bürgerorientierten Verwaltung bezeichnet wird.[50] Rechtsgrundlagen des Meldewesens sind das Bundesmeldegesetz (BMG)[51] und die dazugehörigen Rechtsverordnungen. Das BMG mit seinen Regelungen zur Erhebung, Speicherung bis hin zur Löschung von Meldedaten, nimmt eine besondere Rolle ein,[52] denn die Meldedaten der Bürgerinnen und Bürger bilden eine elementare Planungsgrundlage. Sie bilden den Kern der staatlichen und kommunalen Informationsgrundlagen und sind

21

---

[46] Näher zur Tatbestandkongruenz Ernst in Paal/Pauly BDSG § 1 Rn. 7 f.
[47] Man kann darin mit Riesenhuber in BeckOK DatenschutzR DS-GVO Art. 88 Rn. 16, eine einfach-gesetzliche Ausprägung des Grundsatzes lex specialis derogat legi generali sehen, der aus der unmittelbaren Geltung abgeleitete grundsätzliche Vorrang der Verordnung vor dem mitgliedstaatlichen Recht tritt dann zurück; vgl. EuGH Beschl. v. 3. 6. 1964 – 6/64 – Costa./.Enel.
[48] Zur Wesensgehaltsgarantie im Datenschutzrecht siehe Bock/Engeler DVBl 2016, 591.
[49] Vgl. Martini DÖV 2017, 443 (451).
[50] Vgl. zB die Ausführungen des Bundesministeriums des Innern, für Bau und Heimat auf dessen Website zum Meldewesen, abrufbar unter https://www.bmi.bund.de/DE/themen/moderne-verwaltung/verwaltungsrecht/meldewesen/meldewesen-node.html, zuletzt abgerufen am 21. 6. 2018.
[51] BGBl I 1084, das zuletzt durch Art. 11 Abs. 4 des Gesetzes vom 18. 7. 2017 (BGBl I 2745) geändert worden ist.
[52] Das Melderecht regelt zwar primär innerstaatliches Recht der Bundesrepublik Deutschland. Jedoch bestehen auch hier Bezüge zum Europarecht, sodass auch das Melderecht nicht allein auf innere Angelegenheiten bezogen ist. So ergibt sich beispielsweise aufgrund der Freizügigkeit für EU-Bürgerinnen und Bürger (vgl. dazu § 8 Freizügigkeitsgesetz/EU, BGBl I 1950 (1986)), das zuletzt durch Art. 6 des Gesetzes vom 20. 7. 2017 (BGBl I 2780) geändert worden ist) ein europarechtlicher Bezug, der die Anwendbarkeit der DS-GVO auf das Melderecht nach sich zieht.

damit datenschutzrechtlich besonders relevant. Dementsprechend ist der staatliche Erhebungs- und Verwertungsdrang hier besonders groß. Aus den Meldedaten können etwa abgelesen werden, wie viele Kinder in welchem Zeitraum Kita- oder Schulplätze benötigen werden. Auch Wahlen und Abstimmungen werden mit Hilfe der Meldedaten vorbereitet. Eine einheitliche Auslegung und Anwendung des BMG in den ca. 5.100 kommunalen Meldebehörden soll eine allgemeine Verwaltungsvorschrift zur Durchführung des BMG sowie weitere Verordnungen,[53] die ebenfalls datenschutzrechtliche Regelungen enthalten, sicherstellen. Damit wird deutlich, dass das Datenschutzrecht, weder auf die DS-GVO noch das BDSG begrenzt ist, sondern weiterhin in zahlreichen besonderen Bundesgesetzen und Verordnungen festgeschrieben ist.

22   Daneben bestehen freilich auch datenschutzrechtlich relevante bundesgesetzliche Regelungen im Bereich der Verwaltung, die nicht in den Anwendungsbereich der DS-GVO oder JI-RL fallen. Dazu zählen die Bereiche Verteidigung und Geheimdienste, zB das Bundesverfassungsschutzgesetz, das MAD-Gesetz, das BND-Gesetz sowie das Sicherheitsüberprüfungsgesetz.[54] Für diese Bereiche ist ebenfalls das BDSG, die §§ 1 bis 21, anwendbar soweit sich nicht spezifische Regelungen aus den Fachgesetzen ergeben.[55] § 85 BDSG regelt für Verarbeitungsvorgänge, die nicht in den Anwendungsbereich der DS-GVO und der JI-RL fallen allgemeine Zulässigkeitsvoraussetzungen für Übermittlungen von personenbezogenen Daten an Drittstaaten, eine Einschränkung der Befugnisse der Bundesbeauftragten im Geschäftsbereich des Bundesministeriums der Verteidigung bei Gefährdung der Sicherheit des Bundes, sowie eine Einschränkung der Informationspflicht und des Auskunftsrechts bei Geheimhaltungsbedürfnis für öffentliche Stellen des Bundes.

5. Landesrechtliche Regelungen im Datenschutzrecht

23   Die Länder taten sich nach Inkrafttreten der DS-GVO mit der Verabschiedung neuer Landesdatenschutzgesetze schwer. Dies mag auch daran gelegen haben, dass neben den Öffnungsklauseln der DS-GVO auch eine Umsetzung der JI-RL im gleichen Zuge in Angriff genommen wurde.

24   Die Landesdatenschutzgesetze gelten für Behörden und sonstige öffentliche Stellen eines Landes und für dessen Kommunalverwaltungen. Es gilt auch für die sonstigen der Aufsicht der Länder unterstehenden juristischen Personen des öffentlichen Rechts, zB Universitäten,[56] und für deren Vereinigungen. Unternehmen der Privatwirtschaft sind nur dann an ein Landedatenschutzgesetz gebunden, wenn und soweit sie hoheitliche Aufgaben unter Aufsicht einer Landesbehörde wahrnehmen, zB Schornsteinfeger, oder wenn sie Daten im Auftrag hoheitlicher Stellen verarbeiten.[57] Insoweit ist der Anwendungsbereich weiter als der der DS-GVO.[58]

Praxistipp:
Bei Regelungslücken im Landesrecht gilt auch für die öffentlichen Stellen der Länder das BDSG und die DS-GVO.

---

[53] Zur Umsetzung des Bundesmeldegesetzes wurden die Allgemeine Verwaltungsvorschrift zur Durchführung des Bundesmeldegesetzes (BMGvwV) erlassen, sowie die erste und zweite Bundesmeldedatenübermittlungsverordnung, die Bundesmeldedatenabrufverordnung, die Melderegisterauskunftsverordnung, sowie eine Portalverordnung.
[54] Art. 2 und 3 DSAnpUG-EU.
[55] S. Schwichtenberg in Kühling/Buchner BDSG § 85 Rn. 1.
[56] So unterfällt beispielsweise die Verarbeitung personenbezogener Daten durch die Johann Wolfgang-Goethe-Universität Frankfurt am Main dem Hessischen Datenschutzgesetz.
[57] Vgl. dazu § 2 Abs. 4 S. 2 BDSG.
[58] Vgl. BT-Drs. 18/11325, 79; Ernst in Paal/Pauly BDSG § 1 Rn. 2; Klar/Kühling in Kühling/Buchner BDSG § 2 Rn. 9 f.

III. Einzelfragen

1. Rechtsgrundlagen für die Datenverarbeitung in der Verwaltung

Die Verarbeitung personenbezogener Daten (→ § 3) stellt den Kernbereich der Anwendung des Datenschutzrechts da. Die der Verwaltung von den Bürgerinnen und Bürgern anvertrauten personenbezogenen Daten dürfen nur nach den in Art. 5 DS-GVO genannten Grundsätzen verarbeitet werden. Sie beschreiben die Bedingungen der Rechtmäßigkeit der Verarbeitung. Dabei gelten die in Art. 5 Abs. 1 lit. a DS-GVO genannten Grundsätze (Rechtmäßigkeit, Verarbeitung nach Treu und Glauben, Transparenz) als vor die Klammer gezogene Maßgaben für den Grundsatz der Zweckbindung (lit. b), und die in lit. c bis f genannten Prinzipien. Sie dürfen weder überraschend (Treu und Glauben bzw. Fairness), noch von den Bestimmungen abweichend (Rechtmäßigkeit) oder im Verborgenen (Transparenz) umgesetzt werden. Neben der Rechtmäßigkeit der Verarbeitung ieS ist die Sicherheit der Verarbeitung, also die Sicherstellung der Grundsätze durch technische und organisatorische Maßnahmen maßgeblich für die Umsetzung der Anforderungen der DS-GVO.

Der Begriff der Verarbeitung wird in Art. 4 Abs. 2 DS-GVO näher beschrieben. Um eine echte Definition handelt es sich nicht. Verarbeitung ist danach „jeder mit oder ohne Hilfe automatisierter Verfahren ausgeführter Vorgang oder jede solche Vorgangsreihe im Zusammenhang mit personenbezogenen Daten wie das Erheben, das Erfassen, die Organisation, das Ordnen, die Speicherung, die Anpassung oder Veränderung, das Auslesen, das Abfragen, die Verwendung, die Offenlegung durch Übermittlung, Verbreitung oder eine andere Form der Bereitstellung, den Abgleich oder die Verknüpfung, die Einschränkung, das Löschen oder die Vernichtung". Was genau einen insbesondere technischen Vorgang ausmacht, bleibt im Unklaren. Es lässt sich jedoch feststellen, dass in jedem Vorgang, der in den Anwendungsbereich der DS-GVO fällt, drei Komponenten beteiligt sind: Personenbezogene Daten, technische Systeme iSv Hardware bzw. ein Trägermaterial, mit dessen Hilfe die Verarbeitung stattfinden kann und die Prozesse, die die Verarbeitung steuern.[59] Für die Bestimmung von Verarbeitungsvorgängen ist die Kenntnis bzw. Identifizierung dieser drei Komponenten stets erforderlich. Letztlich ergibt sich diese Anforderung auch aus dem Transparenzprinzip. Der Verantwortliche kann seiner Rechenschaftspflicht aus Art. 5 Abs. 2 DS-GVO nur gerecht werden, wenn er die Umstände der Datenverarbeitung kennt. Für die Verwaltung ist diese Kenntnis zur Bestimmung ihrer Verfahren und damit der Verarbeitungstätigkeiten (Art. 30 DS-GVO) erforderlich. Eine weitere Differenzierung zur Beurteilung von Datenverarbeitungsvorgängen in der Verwaltung bezieht sich auf die funktionalen Zusammenhänge der Verarbeitung,[60] die es zu unterscheiden gilt. Maßgeblich sind dafür zunächst die Organisationsform der öffentliche Stelle und ihre rechtlichen Aufgaben und Befugnisse, sodann die Zwecke der Verarbeitung in den unterschiedlichen Vorgängen (Verfahren), die die Verwaltungsmitarbeiter mit ihren jeweiligen Zuständigkeiten umsetzen, des Weiteren die Organisationsstruktur, die dafür sorgt, dass die Verarbeitung zweckgemäß erfolgt und schließlich die gesamte IT, dh die IT-Infrastruktur, die der öffentliche Stelle zur Verfügung steht mit all ihren Funktionalitäten.

> **Praxistipp:**
> Der Begriff der Verarbeitung erfasst den gesamten Lebenszyklus eines personenbezogenen Datums vom Erheben, über das Speichern, Nutzen, Übermitteln und Löschen.

---

[59] Vgl. EDSB Guidelines 1/2018 on certification and identifying certification criteria in accordance with Articles 42 and 43 of the Regulation 2016/679, 12, abrufbar unter https://edpb.europa.eu/sites/edpb/files/consultation/edpb_guidelines_1_2018_certification_en.pdf, zuletzt abgerufen am 21.6.2018.
[60] Vgl. Paal in Paal/Pauly DS-GVO Art. 38 Rn. 4 im Hinblick auf die Zugangsrechte des oder der Datenschutzbeauftragten.

27 **a) Die Einwilligung in Datenverarbeitungen öffentlicher Stellen.** Eine Besonderheit stellt im Kontext der Datenverarbeitung durch öffentliche Stellen die Einwilligung der Bürgerinnen und Bürger dar. Aufgrund des asymmetrischen Machtverhältnisses im Über-Unterordnungsverhältnis zwischen Bürgerinnen und Bürgern und staatlicher Verwaltung bleibt kaum Raum für das Tatbestandsmerkmal der Freiwilligkeit.[61] Vielmehr steht die Asymmetrie der Annahme grundsätzlich entgegen. Es fragt sich letztlich, ob die Verwaltung nicht ohne Ausnahme auf gesetzliche Grundlagen zu verweisen ist. Dies dürfte für belastendes Verwaltungshandeln uneingeschränkt gelten. Das wird insbesondere auch dadurch bestärkt, dass die öffentliche Verwaltung zur Rechtfertigung ihres Handelns nicht auf berechtigte Interessenwahrnehmung als Rechtsgrundlage zurückgreifen darf, Art. 6 Abs. 1 S. 2 DS-GVO. Nichtsdestotrotz wird zum Teil die Auffassung vertreten, dass die Einwilligung, Art. 6 Abs. 1 lit. a iVm Art. 7 DS-GVO, eine valide Rechtsgrundlage für verwaltungsrechtliches Handeln darstellen könne. Das dies, wenn überhaupt, nur in Ausnahmefällen der Fall sein kann, stellt ErwGr 43 DS-GVO klar. Daraus ergibt sich, dass eine Einwilligung im behördlichen Kontext regelmäßig nicht als Rechtsgrundlage der Datenverarbeitung dienen kann, soweit die Behörde für die Verarbeitung verantwortlich ist. In den allermeisten Fällen fehlt es nämlich an einer realistischen Alternative die Bedingungen der Verarbeitung abzulehnen. Letztlich geht es dabei nicht nur um die Frage einer digitalen oder analogen Verarbeitung, da im Verwaltungsverfahren auch eine analoge Verarbeitung oft unter den Anwendungsbereich der DS-GVO fallen wird. Die nicht-automatisierte Verarbeitung personenbezogener Daten, die in einem Dateisystem gespeichert sind oder gespeichert werden sollen, sind gemäß Art. 2 Abs. 1 DS-GVO schließlich ebenso vom Anwendungsbereich umfasst, was insbesondere die jedenfalls auf Basis strukturierte Akten- und Ablagesysteme agierende Verwaltung betreffen dürfte.[62] Es geht im Kontext der Datenverarbeitung öffentlicher Stellen folglich seltener darum, Bürgerinnen und Bürgern eine Wahlmöglichkeit zwischen der digitalen Verarbeitung und einer anderen Form der Verarbeitung bieten zu können. Grundsätzlich muss sich die Verwaltung bei der Verarbeitung personenbezogener Daten also auf andere Rechtsgrundlagen als die Einwilligung beziehen.

28 Nur unter bestimmten, engen Bedingungen kann es Anwendungsbereiche für eine auf eine Einwilligung gestützte Datenverarbeitung geben. Die DS-GVO schließt dies nicht vollständig aus. Gem. Art. 4 Abs. 11 DS-GVO ist „Einwilligung" jede freiwillig, für einen bestimmten Fall, in informierter Weise und unmissverständlich abgegebene Willensbekundung der betroffen Person in Form einer Erklärung oder einer sonstigen eindeutigen bestätigenden Handlung, mit der die betroffene Person zu verstehen gibt, dass sie mit der Verarbeitung der sie betreffenden personenbezogenen Daten einverstanden ist.

> **Praxistipp:**
> Im Bereich der öffentlichen Verwaltung ist die Einwilligung der betroffenen Person nur in sehr seltenen Fällen eine zulässige Rechtsgrundlage.

29 Zum Teil haben die Länder weitergehende Regelungen zur Einwilligung des Betroffenen geschaffen.[63] Für den eingeschränkten Anwendungsbereich gegenüber öffentlichen Stellen ergeben sich keine weiteren Abweichungen oder Besonderheiten.

30 Für den Bereich der Leistungsverwaltung wird in engen Grenzen die Freiwilligkeit der Einwilligung der betroffenen Person gegenüber der Verwaltung als möglich erachtet.[64] Die Artikel 29-Datenschutzgruppe stellt dafür darauf ab, dass den Bürgerinnen und Bürgern durch die Annahme oder Ablehnung der Einwilligung keine Nachteile entstehen

---

[61] Vgl. ErwGr 43 DS-GVO.
[62] Zerdick in Ehmann/Selmayr DS-GVO Art. 3 Rn. 3.
[63] S. zB § 6 Abs. 3 Berliner Datenschutzgesetz (BlnDSG).
[64] Martini DÖV 2017, 443 (451).

oder sie von den Angeboten der Verwaltung ausgeschlossen wird.[65] Als Beispiel wird dafür die Zusendung von Informationen per E-Mail über den Fortschritt bzw. die Verzögerungen bei Straßenbauarbeiten angeführt. Die Erhebung und Nutzung der E-Mail-Adressen der Bürgerinnen und Bürger zu diesem spezifischen Zweck könne auf eine Einwilligung gestützt werden, wenn die Informationen ebenfalls auf anderem Wege, zB über die Website oder die öffentlichen Aushänge der Kommune zugänglich gemacht werden.

b) Verarbeitung personenbezogener Daten durch öffentliche Stellen im öffentlichen Interesse und zur Erfüllung öffentlicher Aufgaben. Jeder Erhebung personenbezogener Daten beim oder über den Bürger oder die Bürgerin bedarf einer Rechtsgrundlage. Sie bildet die Grundvoraussetzung für die Rechtmäßigkeit einer Datenverarbeitung. Ohne eine Rechtsgrundlage kann eine Datenverarbeitung in organisatorischer und technischer Hinsicht noch so vorbildlich umgesetzt worden sein, sie bleibt rechtswidrig. Ebenso verhält es sich, wenn eine Verarbeitung zwar rechtlich möglich ist, aber aufgrund fehlender Information der Betroffenen oder durch mangelhafte Umsetzung der technischen oder organisatorischen Maßnahmen, die Betroffenen nicht angemessen schützt. Voraussetzung für die Rechtmäßigkeit der Datenverarbeitung öffentlicher Stellen ist stets das Zusammenspiel aus Rechtsgrundlage („Ob der Verarbeitung") und konkreter Umsetzung („Wie der Verarbeitung"). 31

Die für die Verwaltung maßgeblichen Rechtsgrundlagen werden in Art. 6 Abs. 1 DS-GVO benannt. Art. 6 Abs. 2 DS-GVO ermöglicht den Mitgliedstaaten spezifische Rechtsgrundlagen für Rechtspflichten (Art. 6 Abs. 1 lit. c DS-GVO) und Verarbeitungen für Aufgaben im öffentlichen Interesse oder in Ausübung öffentlicher Gewalt (Art. 6 Abs. 1 lit. e DS-GVO) zu erlassen. Ein berechtigtes Interesse, Art. 6 Abs. 1 lit. f DS-GVO, wurde vom Gesetzgeber als Rechtsgrundlage für die öffentliche Verarbeitung hingegen ausdrücklich ausgenommen. Öffentliche Stellen dürfen danach insoweit Daten erheben und weiterverarbeiten, als dies in ihren zugewiesenen Zuständigkeits- und Aufgabenbereich fällt, dazu erforderlich ist und gesetzlich normiert wurde.[66] Allein eine Aufgabenbeschreibung im Gesetz genügt dafür jedoch noch nicht.[67] Vielmehr ist in der Rechtsgrundlage der Zweck der Verarbeitung, der für die Aufgabenerfüllung erforderlich ist, zu beschreiben. Eine Aufgabe in Ausübung öffentlicher Gewalt, sollte immer auch im öffentlichen Interesse liegen, sodass der Alternative wenig praktische Bedeutung zukommen dürfte. 32

> Praxistipp:
> Öffentliche Stellen dürfen nur in ihrem zugewiesenen Zuständigkeits- und Aufgabenbereich Daten erheben und weiterverarbeiten, wenn dies erforderlich ist und gesetzlich normiert wurde.

Was für eine Aufgabenerfüllung erforderlich ist, darf nicht der Beurteilung durch die öffentliche Stelle überlassen werden. Es darf auch nicht über das absolut Notwendige hinausgehen.[68] So hat der EuGH in der Entscheidung „Schecke und Eifert" zur Veröffentlichungspflicht bei EU-Subventionen ausgeführt, dass die Geeignetheit der Verarbeitung zur Erreichung des Zweckes alleine nicht entscheidend ist. Vielmehr muss die Rechtsgrundlage, mit der die Verarbeitung ermöglicht werden soll, auf einer ausgewogenen Ge- 33

---

[65] Artikel 29-Datenschutzgruppe, Guidelines on Consent under Regulation 2016/679, WP 259, 10.4.2018, 6 f.
[66] Schantz/Wolff in Schantz/Wolff Das neue DatenschutzR Teil D Rn. 612.
[67] S. Albers in BeckOK DatenschutzR DS-GVO Art. 6 Rn. 38.
[68] EuGH Urt. v. 16.12.2008 – C-73/07 Rn. 56 – Satakunnan Markkinapörssi und Satamedia; Urt. v. 9.11.2010 – C-92/09 Rn. 77, 86 – Schecke Eifert.

wichtung der Ziele und der Rechte der betroffenen Person aus Art. 7 und 8 der GRCh beruhen und muss sich im Hinblick auf die Ausnahmen und Einschränkungen auf das absolut Notwendige beschränken. Soweit Maßnahmen vorstellbar sind, die die Grundrechte weniger stark beeinträchtigen, die Ziele der in Rede stehenden Zwecke aber in ebenso wirksamer Weise dienen, so ist eine Verhältnismäßigkeit (ieS) nicht gegeben.[69] Daraus folgt für die Mitgliedstaaten ein Mindestmaß an Konkretisierung der für die Erfüllung der öffentlichen Aufgaben zulässigen Datenverarbeitungen.

34 Einen Normierungsversuch hat der Bundesgesetzgeber mit § 3 BDSG unternommen, der die Verarbeitung der öffentlichen Stelle aber allein durch deren Aufgabenbeschreibung oder die Ausübung öffentlicher Gewalt eingrenzt. Damit werden weder Art. 6 Abs. 1 lit. c oder e DS-GVO konkretisiert noch die og Anforderungen erfüllt. § 3 BDSG fasst letztlich lediglich die Regelung in Art. 6 Abs. 1 lit. c und e DS-GVO zusammen und scheitert daher schon am Wiederholungsverbot.[70]

35 **c) Zweckbindung und Verarbeitung zu kompatiblen Zwecke.** Das Zweckbindungsprinzip des Art. 5 Abs. 1 lit. b DS-GVO (→ § 3) gilt auch und insbesondere für die Datenverarbeitung der Verwaltung. Auch die Regelungen in Art. 6 Abs. 4 DS-GVO, die eine zweckkompatible Weiterverarbeitung zulässt, folgt diesem Grundgedanken. Eng verwandt mit dem Grundsatz der Zweckbindung ist der Gedanke der Datenminimierung, der in der DS-GVO ebenfalls deutliche Spuren hinterlassen hat. Es soll demnach keine erneute Erhebung erforderlich sein, wenn der ursprüngliche Erhebungszweck die Weiterverarbeitung erfassen kann.[71] Richtig ist insofern, dass hier von einem übermäßig strengen Zweckbindungsprinzip, wie es gelegentlich von Gegnern desselben vorgetragen wird, Abstand genommen wird. Aufgehoben wurde das Prinzip allerdings nicht. Auch die Möglichkeit der Mitgliedstaaten, unabhängig von den Zwecken der Ersterhebung weitere Rechtsgrundlagen für die Verarbeitung schaffen zu können, folgt[72] diesem Grundsatz und hebt ihn nicht auf.[73]

36 Welche Verarbeitungen mit dem Zweck der Ersterhebung kompatibel sind, kann gem. Art. 6 Abs. 4 Alt. 2 DS-GVO durch die Mitgliedstaaten geregelt werden, wenn damit eines der Ziele in Art. 23 Abs. 1 DS-GVO verfolgt wird. Für den Bereich der Verwaltung sind dabei vor allem die lit. e bis i relevant, die den Schutz sonstiger wichtiger Ziele des allgemeinen öffentlichen Interesses verfolgen, zB wichtigen wirtschaftlichen oder finanziellen Interessen der Union oder eines Mitgliedstaats, etwa im Währungs-, Haushalts- und Steuerbereich sowie im Bereich der öffentlichen Gesundheit und der sozialen Sicherheit, die Verhütung, Aufdeckung, Ermittlung und Verfolgung von Verstößen gegen die berufsständischen Regeln reglementierter Berufe, Kontroll-, Überwachungs- und Ordnungsfunktionen, die dauernd oder zeitweise mit der Ausübung öffentlicher Gewalt für die nationale oder öffentliche Sicherheit der genannten Zwecke verbunden sind, sowie für den Schutz der betroffenen Person oder der Rechte und Freiheiten anderer Personen, Art. 23 Abs. 1 DS-GVO.

37 Zweckkompatible Weiterverarbeitungen sollten auch bei Verarbeitungstätigkeiten der Verwaltung insgesamt zurückhaltend behandelt werden. Zunächst sollte stets die Rechtsgrundlage der Erstverarbeitung zu Grunde gelegt werden. Fällt die Rechtsgrundlage durch eine Öffnungsklausel in die explizite Regelungskompetenz des Bundes oder der Länder, so haben diese freilich die Möglichkeit, auch die mit einer Weiterverarbeitung kompatiblen Zwecke zu definieren und als Rechtsgrundlagen auszugestalten.[74] Der Bundesgesetz-

---

[69] EuGH Urt. v. 9.11.2010 – C-92/09 Rn. 86 – Schecke Eifert.
[70] Frenzel in Paal/Pauly BDSG § 3 Rn. 1 f.
[71] Vgl. ErwGr 50 DS-GVO, der für die weitere Verarbeitung auf die ursprüngliche Rechtsgrundlage abstellt.
[72] Im Ergebnis zustimmend, allerdings etwas abgeschwächt Frenzel in Paal/Pauly DS-GVO Art. 6 Rn. 46.
[73] So aber offenbar Buchner DuD 2016, 155 (157).
[74] Martini DÖV 2017, 443 (451).

geber hat davon in § 23 BDSG Gebrauch gemacht und die „Verarbeitung zu anderen Zwecken durch öffentliche Stellen" geregelt. Schon die Überschrift deutet darauf hin, dass hier die Regelungskompetenz überschritten wurde. In der Kommentarliteratur wird daher zurecht bei § 23 BDSG von „zweckändernder Verarbeitung"[75] gesprochen. Eine Kompetenz zu anderen Zwecken wurde den Mitgliedstaaten aber gerade nicht eröffnet. In Art. 6 Abs. 4 iVm Art 23 Abs. 1 DS-GVO wurde lediglich die Möglichkeit eröffnet, Zwecke zu regeln, die noch mit dem Zweck der Ersterhebung kompatibel sind und der diesbezügliche inhaltlich weit gesteckten Handlungsspielraum aber keineswegs zweckändernde Verarbeitungen umfasst.

> **Praxistipp:**
> Der Zweckbindungsgrundsatz gilt auch bei einer Weiterverarbeitung, die in den Aufgabenbereich der öffentlichen Stelle fallen und mit dem Ursprungszweck kompatibel sein muss.

§ 23 BDSG kann nicht als Rechtsgrundlage einer Datenverarbeitung dienen, da er 38 konkrete Aufgaben nicht benennt. Insofern ist auf die Fachgesetze zu verweisen. Soweit davon ausgegangen wird, dass die Vorschrift als Rechtsgrundlage dienen kann, gelten für die Verarbeitung die allgemeinen datenschutzrechtlichen Grundsätze.[76] Auch für die in § 23 BDSG genannten Zwecke, wird es in der Praxis schwierig sein, eine Verarbeitung in Übereinstimmung mit den Vorgaben der DS-GVO zu ermöglichen.

Soweit § 23 Abs. 1 Nr. 1 BDSG darauf abstellt, dass ein kompatibler Zweck dann vor- 39 liegt, wenn es offensichtlich sein soll, dass eine Verarbeitung im Interesse der betroffenen Person liegt und sie bei Kenntnis des neuen Zwecks eine Einwilligung erteilt hätte, ist auf den sehr beschränkten Anwendungsbereich der Einwilligung im Verhältnis Staat – Bürger zu verweisen.[77] Eine Verarbeitung zu bestimmten Zwecken bei Abwesenheit einer gesetzlichen Rechtsgrundlage für eben jene Zwecke auf die vermutete Nichtverweigerung einer Einwilligung zu stützen, führt das Verbotsprinzip ad absurdum. Will sich eine öffentliche Stelle in Ausnahmefällen doch auf diese Rechtsgrundlage beziehen, so ist in diesen Fällen in der Praxis eine eindeutige Dokumentation der Tatbestandsvoraussetzungen anzuraten. Zu Recht wird der Vorschrift nämlich vorgeworfen, der öffentlichen Stelle eine „doppelte Deutungshoheit" zu übertragen: Zum einen soll sie das Interesse der betroffenen Person festlegen und dessen Offensichtlichkeit. Zum anderen darf also ein Grund zur Ablehnung der Verarbeitung nicht offensichtlich sein.[78] Allenfalls eine Benachrichtigung der betroffenen Person in einer anderen Sache, als der, für die die Adresse – insbesondere eine E-Mail-Adresse – bei der öffentlichen Stelle ursprünglich erhoben wurde, könnte in den Anwendungsbereich der Norm fallen. Hier wäre dann freilich zu prüfen, ob allein die betroffene Person angesprochen wird. Familien- und Partneradressen scheiden dabei „offensichtlich" aus.

Auch die Nr. 2 und 5 des § 23 Abs. 1 BDSG enthalten keinen eigenständigen Rege- 40 lungsgehalt. Die Überprüfung von Angaben, fällt regelmäßig in den Anwendungsbereich des Art. 5 Abs. 1 lit. d DS-GVO. Problematisch an der Regelung ist zudem, dass sie selbst auf „tatsächlichen Anhaltspunkten" basieren soll, für dessen Erhebung wiederum keine Rechtsgrundlage besteht, es sei denn, es wird sich auf den og Untersuchungsgrundsatz berufen. Zu Recht wird daher angenommen, dass Nr. 2 „formal und inhaltlich keine Berechtigung begründen" könne.[79] Auch § 23 Abs. 1 Nr. 3 bis 5 BDSG beschreiben ledig-

---

[75] S. zB Herbst in Kühling/Buchner BDSG § 23 Rn. 1.
[76] S. dazu im Detail Frenzel in Paal/Pauly BDSG § 23 Rn. 5.
[77] S. auch Artikel 29-Datenschutzgruppe, Guidelines on Consent under Regulation 2016/679, WP 259, 28.11.2017, 3 ff.
[78] Frenzel in Paal/Pauly BDSG § 23 Rn. 6.
[79] Frenzel in Paal/Pauly BDSG § 23 Rn. 8.

lich Regelungsgegenstände, die bereits von Art. 6 Abs. 1 DS-GVO oder Fachgesetzen erfasst werden.

41 **d) Verarbeitung besonderer Kategorien personenbezogener Daten.** Personenbezogene Daten können in unterschiedliche Kategorien (→ § 3 Rn. 71–74) im Hinblick auf ihren Aussagegehalt differenziert werden. Gehen aus diesem Aussagegehalt die rassische oder ethnische Herkunft, politische Meinungen, religiöse oder weltanschauliche Überzeugungen oder die Gewerkschaftszugehörigkeit hervor, oder betrifft die Verarbeitung genetische oder biometrische Daten zur eindeutigen Identifizierung einer natürlichen Person, oder Gesundheitsdaten oder Daten zum Sexualleben oder der sexuellen Orientierung, werden diese Daten als besonders sensibel für die Grundrechte und Grundfreiheiten eingestuft[80] und in Art. 9 DS-GVO als besondere Kategorien betrachtet. Bei der Verarbeitung solcher Datenkategorien besteht daher ein besonderer Schutzbedarf.[81]

42 Da es für die Verarbeitung von besonderen Kategorien personenbezogener Daten gute Gründe geben kann, sind für das in Art. 9 Abs. 1 S. 1 DS-GVO gesetzte Regelverbot[82] der Verarbeitung spezifische Ausnahmen vorgesehen,[83] aber im Gegensatz zu den Rechtsgrundlagen in Art. 6 Abs. 1 DS-GVO durchaus stark eingeschränkt. Es kann für diese Kategorien insofern von einem strengen Verbot mit Erlaubnisvorbehalt gesprochen werden, bei deren Verarbeitung neben den Erlaubnistatbeständen in Art. 6 DS-GVO[84] und den davon abgeleiteten Erlaubnistatbeständen des BDSG und der Fachgesetze weitere, besondere Anforderungen zu stellen sind.[85]

> **Praxistipp:**
> An die Verarbeitung besonders sensibler Daten, sind besondere Anforderungen zu stellen.

43 Für die Verarbeitung von besonderen Kategorien von Daten auf der Grundlage einer Einwilligung, zum Schutz lebenswichtiger Interessen der betroffenen Person sowie zur Geltendmachung, Ausübung oder Verteidigung von Rechtsansprüchen sind die Regelungen der DS-GVO in Art. 9 Abs. 2 lit. a, c, und f DS-GVO durch die Mitgliedstaaten nicht weiter konkretisierungsbedürftig und können direkt angewendet werden.[86] Für den öffentlichen Bereich[87] hat der Bundesgesetzgeber von den Öffnungsklauseln in Art. 9 Abs. 2 lit. b, g, h, i, j DS-GVO für § 22 Abs. 1 Nr. 1 und 2 BDSG Gebrauch gemacht.

---

[80] Vgl. ErwGr 51 DS-GVO; Schiff in Ehmann/Selmayr DS-GVO Art. 9 Rn. 1.
[81] S. ErwGr 51–53 DS-GVO; zum Teil wird vertreten, es komme nicht auf die Kategorie, sondern auf den Verarbeitungszusammenhang an (vgl. zB Gola/Klug/Körffer in Gola/Schomerus BDSG § 3 Rn. 3, 56). Dem ist entgegenzuhalten, dass eine „Differenzierung zwischen wichtigen und weniger wichtigen Daten mit der bundesverfassungsgerichtlichen Dogmatik zum informationellen Selbstbestimmungsrecht" mit den Aussagen des BVerfG im Volkszählungsurteil, es gebe „unter den Bedingungen der automatischen Datenverarbeitung kein ‚belangloses' Datum mehr" unvereinbar ist, Ehmann/Helfrich in Ehmann/Helfrich DS-RL Art. 8 Rn. 9 mwN. Daher kann es insbesondere bei besonderen Kategorien nicht allein auf den Verarbeitungszusammenhang ankommen. Vielmehr ist deren besondere Sensibilität im Hinblick auch auf mögliche, im Verarbeitungszeitpunkt nicht absehbare Umstände, zu berücksichtigen.
[82] S. Kampert in Sydow DS-GVO Art. 9 Rn. 5.
[83] Vgl. Schiff in Ehmann/Selmayr DS-GVO Art. 9 Rn. 6.
[84] Zur Frage, ob Art. 6 neben Art. 9 DS-GVO zur Anwendung kommen kann, insoweit ablehnend Schiff in Ehmann/Selmayr DS-GVO Art. 9 Rn. 9, mit der Begründung, dass der Unionsgeber es unterlassen habe auf Art. 6 DS-GVO zu verweisen und eine Anwendung des Art. 6 Abs. 4 DS-GVO eine wegen Art. 5 Abs. 1 lit. b DS-GVO unzulässige Absenkung des Schutzniveaus darstellen würde. Art. 9 DS-GVO sei daher abschließend für die Verarbeitung sensitiver Kategorien von personenbezogenen Daten.
[85] So offenbar auch Frenzel in Paal/Pauly BDSG § 22 Rn. 1.
[86] Kampert in Sydow DS-GVO Art. 9 Rn. 12.
[87] Zudem wirft der § 22 BDSG die Frage nach der Bestimmung der öffentlichen Stelle auf und verlangt für die Inanspruchnahme der Privilegierung eine Abgrenzung zur nicht-öffentlichen Stelle, vgl. Frenzel in Paal/Pauly BDSG § 22 Rn. 5.

Statt jedoch „konkrete rechtliche Bestimmungen"[88] oder weitere Bedingungen einzuführen, wurden für öffentliche Stellen weitere Zwecke vorgesehen, die eine Erlaubnis begründen sollen, ohne dabei die Anforderungen konkret zu fassen.[89] In der Praxis ist es damit auch an dieser Stelle erforderlich, nicht lediglich den § 22 BDSG zu prüfen, sondern sich bei dessen Anwendung aufgrund des Anwendungsvorranges der DS-GVO auf das Vorliegen lebenswichtiger Interessen, offensichtlicher Veröffentlichung durch die betroffene Person, die Geltendmachung, Ausübung oder Verteidigung von Rechtsansprüchen vor Gericht oder zum Schutz der öffentlichen Gesundheit direkt auf die DS-GVO zu beziehen.[90] Soweit die Fachgesetze konkrete Regelungen zur Verarbeitung besonderer Kategorien personenbezogener Daten enthalten, die den Vorgaben der DS-GVO entsprechen, sind diese als Rechtsgrundlagen heranzuziehen. Sich allein auf eine europarechtskonforme Auslegung des § 22 BDSG zu beschränken, dürfte in diesen Fällen nicht ausreichend sein.

Die Einwilligung zur Verarbeitung besonderer Kategorien personenbezogener Daten muss stets ausdrücklich erfolgen (zu den Anforderungen an die Einwilligung im öffentlichen Bereich → Rn. 27) und muss sich konkret[91] auf die Verarbeitung dieser Daten beziehen. Allerdings hat die Einwilligung im öffentlichen Bereich nur einen begrenzten Anwendungsbereich und zudem kann der Gesetzgeber bestimmte Verarbeitungen oder Datenkategorien der Disposition der Betroffenen entziehen.[92] Die Schaffung von Einwilligungstatbeständen für die Verarbeitung besonderer Kategorien von personenbezogenen Daten durch öffentliche Stellen wird nicht für alle erdenklichen Umstände möglich sein. So kann beispielsweise die Mitteilung eines Gesundheitsdatums, über eine gelegentliche Überreaktionen auf Insektenstiche an eine Lehrkraft oder Erziehungs- oder Betreuungsperson im Interesse der betroffenen Person liegen und mit deren Einwilligung erfolgen, ohne dass dafür ein weiterer, gesetzlicher Erlaubnistatbestand vorliegen muss. Jedoch ist auch hierbei der Wesensgehalt des Grundrechts zu achten, dessen Wahrung dem Allgemeinwohlinteresse dient, weil damit die Möglichkeit der Ausübung des informationellen Selbstbestimmungsrechts erst geschaffen wird.[93] Insofern sind diese Fälle abzugrenzen von Tatbeständen, in denen öffentliche Stellen gezielt Informationen von Betroffenen abfragen wie zB über einen Gesundheitsbogen oder eine Aufforderung zur Mitteilung solcher Informationen. Sind in den Fachgesetzen, zB im Schulgesetz, keinen expliziten Rechtsgrundlagen für die Verarbeitung vorhanden, so hat die Verarbeitung und insbesondere die Erhebung zu unterbleiben.

Nach § 22 Abs. 1 Nr. 2 BDSG sollen allein den öffentlichen Stellen weitere Privilegierungen bei der Verarbeitung besonderer Kategorien zur Verfügung stehen. So sollen Verarbeitungen aus zwingend erforderlichen Gründen eines erheblichen öffentlichen Interesses, zur Gefahrenabwehr oder zum Schutz des Gemeinwohls, der Verteidigung, Krisenbewältigung oder für humanitäre Maßnahmen zulässig sein, soweit die Interessen des Verantwortlichen die Interessen der betroffenen Person überwiegen. Auch an dieser Stelle fehlt es an der gebotenen Konkretisierung der Regelungen. Als konkretisierende Rechtsgrundlagen kommen daher nur solche Fachgesetze in Frage, die auch dem Bestimmtheitsgebot und den weiteren Voraussetzungen der DS-GVO entsprechen, dh „konkret zur Datenverarbeitung ermächtigende Norm[en]".[94]

---
[88] Frenzel in Paal/Pauly BDSG § 22 Rn. 2.
[89] S. Wortlaut Art. 22 Abs. 1 S. 1 BDSG „Abweichend".
[90] S. Frenzel in Paal/Pauly BDSG § 22 Rn. 2.
[91] Kampert in Sydow DS-GVO Art. 9 Rn. 14.
[92] Nach Art. 9 Abs. 2 lit. a DS-GVO können Bereiche bestimmte werden, in denen nach Unionsrecht oder dem Recht der Mitgliedstaaten das Verbot nach Abs. 1 durch die Einwilligung der betroffenen Person nicht aufgehoben werden kann.
[93] S. dazu im Detail Bock/Engeler DVBl 2016, 593 (597 f.).
[94] Frenzel in Paal/Pauly BDSG § 22 Rn. 11, 15, der zu Recht darauf hinweist, dass es für den Gesetzgeber sinnvoller gewesen wäre, die Regelungen der Fachgesetze zusammenzustellen und ggfs. zu überarbeiten, um den in Art. 9 Abs. 2 iVm Art. 5 DS-GVO gesetzten Rahmen auszufüllen.

46 Um dem besonderen Charakter und dem daraus folgenden Schutzbedarf besonderer Kategorien von personenbezogenen Daten zu entsprechen, benennt § 22 Abs. 2 BDSG zur Bestimmung der nach Art. 9 Abs. 2 lit. b, g und i DS-GVO erforderlichen „geeigneten Garantien" technische und organisatorische Maßnahmen sowie Gewährleistungsziele, jedoch ohne diese in eine Systematik zu bringen und ihnen einen über die DS-GVO hinausgehenden eigenen Regelungsinhalt zu geben.[95] Hier hätte sich der Bundesgesetzgeber an den Ausarbeitungen der DSK im Rahmen des Standard-Datenschutzmodell[96] orientieren können, auf die auch im Rahmen des BSI-Grundschutz[97] verwiesen wird. Der allgemeine Verweis auf die technisch organisatorischen Maßnahmen der DS-GVO ist überflüssig. In der Praxis werden öffentliche Stellen daher gut beraten sein, sich bei der Durchführung der nach Art. 35 Abs. 3 lit. b DS-GVO erforderlichen Datenschutzfolgenabschätzung (DSFA)[98] sowie bei der Ausgestaltung informationstechnischer Systeme für Verarbeitungen von besonderen Kategorien von personenbezogenen Daten am SDM zu orientieren, um damit den für besonderer Kategorien von personenbezogenen Daten erforderlichen Schutzbedarf und die entsprechenden Maßnahmen zur Umsetzung der Gewährleistungsziele der DS-GVO zu bestimmen. Ebenso böte es sich für den Gesetzgeber an, das SDM als ein „qualifiziertes Regelungsregime"[99] zu verabschieden, um geeignete Garantien für die Verarbeitung von Daten iSd Art. 9 DS-GVO sicherzustellen.

> **Praxistipp:**
> Schutzbedarfsgerechte und geeignete Maßnahmen zum Schutz besonderer Kategorien personenbezogener Daten können mit dem Standard-Datenschutzmodell im Rahmen einer Datenschutz-Folgenabschätzung ermittelt, in die Praxis umgesetzt und evaluiert werden.

47 **e) Datenübermittlungen an öffentliche und nicht-öffentliche Stellen.** Die Übermittlung personenbezogener Daten ist eine besondere Form der Verarbeitung nach Art. 4 Abs. 2 DS-GVO. Charakteristisch für die Übermittlung ist die Beteiligung einer weiteren Stelle, die dem Betroffenen nicht notwendig bekannt sein muss und die nicht zum Verantwortungsbereich der übermittelnden Stelle gehört. Das Selbstbestimmungsrecht des Betroffenen wird mit der Übermittlung weiter eingeschränkt, wenn die Übermittlung für ihn im Verborgenen[100] bleibt. Die DS-GVO begegnet dem durch umfangreiche Informationspflichten, die den Betroffenen von der Verarbeitung in Kenntnis setzen sollen. Bei einer Übermittlung tritt zudem zu den normalen Risiken der Verarbeitung bei der Stelle, die die Daten ursprünglich erhoben hat, ein zusätzliches Übermittlungs- und ein weiteres Verarbeitungsrisiko hinzu; damit steigt auch die Eingriffsintensität[101] der Verarbeitung.

48 Die DS-GVO erlaubt Übermittlungen von öffentlichen Stellen an andere öffentliche Stellen oder private Stellen, wenn dafür eine der Rechtsgrundlagen des Art. 6 Abs. 1 lit. a, b, d DS-GVO vorliegt. Hiermit werden Möglichkeiten für das sog „Once-only"-Prin-

---

[95] So werden beispielsweise die Gewährleistungsziele Vertraulichkeit, Verfügbarkeit, Integrität und Belastbarkeit, mit deren Hilfe sich Maßnahmen bestimmen lassen, erst in der Nr. 8, nach den Maßnahmen der Sensibilisierung, Pseudonymisierung und Verschlüsselung genannt, die für sich bereits in Art. 6 Abs. 4 lit. e DS-GVO genannt sind.
[96] Näher dazu Rost in Schmidt/Weichert Datenschutz, 356; DSK Das Standard-Datenschutzmodell, 22. Weichert in Kühling/Buchner BDSG § 22 Rn. 33.
[97] Auch der IT-Planungsrat referenziert das SDM, vgl. 19. Sitzung des IT-Planungsrats in Hannover, abrufbar unter https://www.it-planungsrat.de/SharedDocs/Sitzungen/DE/2016/Sitzung_19.html?nn=6848410&pos=4, zuletzt abgerufen am 21.6.2018.
[98] Forum Privatheit White Paper Datenschutz-Folgenabschätzung; abrufbar unter https://www.forum-privatheit.de/publikationen-und-downloads/veroeffentlichungen-des-forums/themenpapiere-white-paper/Forum-Privatheit-WP-DSFA-3-Auflage-2017-11-29.pdf, zuletzt abgerufen am 21.6.2018.
[99] Frenzel in Paal/Pauly BDSG § 22 Rn. 14.
[100] Frenzel in Paal/Pauly BDSG § 25 Rn. 1 sprechen insoweit von der „Stelle hinter der Stelle".
[101] S. DSK Kurzpapier Nr. 18 Risiko für die Rechte und Freiheiten natürlicher Personen, Stand: 26.4.2018.

zips[102] geschaffen, nach dem für Bürgerinnen und Bürger die Erledigung von Verwaltungsangelegenheiten erleichtert werden sollen, in dem personenbezogenen Informationen, die bei der Verwaltung vorhanden sind, nicht bei den Bürgerinnen und Bürgern mehrfach angefordert oder von ihnen vorgelegt werden müssen. In den Fällen des Art. 6 Abs. 1 lit. c und e DS-GVO muss die Verarbeitung auf der Grundlage von mitgliedstaatlichen Bestimmungen geschehen, die die spezifischen Anforderungen für die Verarbeitung sowie sonstige Maßnahmen präzisieren. Im „Normalfall" benennen die mitgliedstaatlichen Bestimmungen die Zwecke und Bedingungen, unter denen personenbezogene Daten von einer öffentlichen Stelle an eine andere öffentliche oder nicht-öffentliche Stelle übermittelt werden dürfen. Ist zB eine öffentliche Stelle zur Nachprüfung der Identität einer Person aufgrund einer Rechtsvorschrift verpflichtet, so wird sie die ihr vorliegenden Daten zur Prüfung beispielsweise bei der zuständigen Meldebehörde prüfen lassen und zu diesem Zweck an diese übermitteln.

In § 25 BDSG wird die Übermittlung personenbezogener Daten von öffentlichen Stellen an öffentliche und nicht-öffentliche Stellen dagegen aufgrund des Begnügens mit unbestimmten Rechtsbegriffen eher generalklauselartig geregelt.[103] Eine Übermittlung an öffentliche Stellen soll nach § 25 Abs. 1 BDSG zulässig sein, wenn sie zur Erfüllung der in der Zuständigkeit der übermittelnden Stelle oder des Dritten, an den die Daten übermittelt werden, liegenden Aufgaben erforderlich ist und die Voraussetzungen vorliegen, die eine Verarbeitung nach § 23 BDSG zulassen würden. Ähnlich wie in §§ 15, 16 BDSG aF stellt die Norm dabei auf die Aufgaben der empfangenden Stelle ab. Daraus ergibt sich die Frage, ob eine Verarbeitung für eine Aufgabenerfüllung erforderlich sein muss, die dem Empfänger durch eine Rechtsnorm zugewiesen sein muss. Aufgrund des Verweises auf § 23 BDSG wird daher der Anwendungsbereich zum Teil[104] enger gesehen. Danach soll § 25 BDSG nur auf Fälle der Verarbeitung zu einem anderen Zweck als dem, für den die Daten ursprünglich erhoben wurden, anwendbar sein. Der Normtext selbst bleibt insoweit unklar.[105] Unklar bleibt auch, warum § 25 Abs. 1 BDSG des Weiteren als Alternative auf einen „Dritten" verweist. Im Anwendungsfall des § 25 Abs. 1 BDSG kann es sich nur um eine öffentliche Stelle handeln.[106]

Die Übermittlung macht es erforderlich, dass sowohl die übermittelnde Stelle zur Übermittlung an die empfangende Stelle befugt sein muss, als auch die empfangende Stelle berechtigt sein muss, die Daten in Empfang zu nehmen und zu verarbeiten, da ein Empfangen ohne Verarbeitung nicht möglich ist.[107] Die empfangende Stelle soll die Daten nur zur Erfüllung jener Aufgaben, für die sie übermittelt wurden, verarbeiten dürfen. Der Wortlaut verkennt entweder, dass auch bei der empfangenden Stelle eine Rechtsgrundlage zur Verarbeitung vorliegen kann oder er soll eine Verarbeitung im Sinne einer Auftragsverarbeitung für die übermittelnde Stelle erfolgen. Die Erteilung einer Melderegisterauskunft an die anfragende Stelle wäre zB eine solche Aufgabenerfüllung. Die Verarbeitung erfolgt in diesem Fall nur zu dem Zweck, für den die Daten übermittelt wurden.

Praxistipp:
Bei einer Übermittlung an eine andere öffentliche Stelle ist es erforderlich, dass die übermittelnde Stelle zur Übermittlung an die empfangende Stelle befugt sein muss, und die empfangende Stelle berechtigt sein muss, die Daten in Empfang zu nehmen und zu verarbeiten.

---

[102] Martini/Wenzel DVBl 2017, 749.
[103] S. Frenzel in Paal/Pauly BDSG § 25 Rn. 4 mwN.
[104] S. BR-Drs. 110/17, Anlage, 95.
[105] Frenzel in Paal/Pauly BDSG § 25 Rn. 4.
[106] Frenzel in Paal/Pauly BDSG § 25 Rn. 8.
[107] Frenzel in Paal/Pauly BDSG § 25 Rn. 5 f.

51 Eine Verarbeitung für andere Zwecke als für die, für den die Daten erhoben wurden, soll unter den Voraussetzungen des § 23 BDSG zulässig sein. Ob eine Verarbeitung zu einem anderen Zweck zulässig ist, kann sich aber kaum nach dem § 23 BDSG richten, da die empfangene Stelle an ihre rechtlich zugewiesenen Aufgaben gebunden ist. Zwar kann sich der Zweck, zu dem die Daten verarbeitet werden, ändern, jedoch kann dies nur aufgrund einer Rechtsgrundlage erfolgen, auf die sich die empfangene Stelle im Rahmen ihrer Aufgabenzuweisung berufen kann. Ob eine zweckändernde Verarbeitung bei der empfangenden Stelle durch § 23 BDSG gerechtfertigt werden kann, bleibt zweifelhaft.

52 Insgesamt ist daher zu fragen, ob die Regelung des § 23 BDSG seiner Funktion, die Öffnungsklauseln der DS-GVO umzusetzen mit Blick auf die pauschale und abstrakte Regelungstiefe, die kaum über das hinausgeht, was die DS-GVO ohnehin als Rahmen vorgibt, gerecht wird. Die sehr detaillierten Regelungen der jeweiligen Fachgesetze zeigen insoweit, wie eine sachgerechte Umsetzung der Übermittlungsbefugnisse zwischen öffentlichen Stellen aussehen können. So regeln § 11 GewO (Daten zur Beurteilung der Zuverlässigkeit) sowie § 11b GewO (Übermittlung personenbezogener Daten innerhalb der Europäischen Union) die Verarbeitungs- und Übermittlungsbefugnisse gemäß der Vorgaben des Volkszählungsurteil bereichsspezifisch und präzise[108] und füllen damit auch die Rahmenbedingungen der DS-GVO sehr viel passender aus als dies durch die insoweit überflüssigen Generalklauseln des BDSG erfolgt.

53 Die Übermittlung personenbezogener Daten von einer öffentlichen Stelle an nicht-öffentliche Stellen[109] wird durch den § 25 Abs. 2 BDSG in drei Alternativen erfasst. Gemeinsam ist den Alternativen, dass sich die empfangende Stelle der öffentlichen Stelle gegenüber verpflichten muss, die Daten nur für den Zweck zu verwenden, zu dem sie ihr übermittelt wurden (§ 25 Abs. 2 Hs. 2 BDSG). Warum eine solche Verpflichtungserklärung gegenüber der übermittelnden Stelle abzugeben sein soll und welche rechtliche Bedeutung ihr zukommt, ergibt sich aus der Regelung nicht.[110] Anzunehmen ist, dass es bei der Verpflichtungserklärung zumindest auch darum gehen soll, der empfangenden Stelle die Zweckbindung der Daten zu vermitteln und es sich insoweit auch um eine edukative Regelung handeln könnte. Denn die Zweckbindung ergibt sich freilich bereits aus Art. 5 Abs. 1 lit b DS-GVO. Allerdings kann die nicht-öffentliche Stelle auch erklären, dass sie die Daten für andere Zwecke weiterverwenden möchte. Einer solchen Verwendung muss die öffentliche Stelle gem. § 25 Abs. 2 S. 2 BDSG zustimmen.

54 Die Übermittlung kann gem. § 25 Abs. 2 Nr. 1 BDSG zu Zwecken der Aufgabenerfüllung der öffentlichen Stelle erfolgen, soweit dies erforderlich ist und die Voraussetzungen vorliegen, die eine Verarbeitung für andere Zwecke nach § 23 BDSG ermöglichen. Bei der Anwendung wird zu bedenken sein, dass § 23 BDSG gerade die Übermittlung an nicht-öffentliche Stellen nicht erfasst. Insoweit muss sich die Rechtfertigung für die Übermittlung aus der zu erfüllenden Aufgabe ergeben.[111] Ein Beispiel könnte hier eine behördliche Nachfrage zur Überprüfung der Richtigkeit von Angaben im Hinblick auf das Bestehen eines Beschäftigungsverhältnisses der betroffenen Person sein, weil tatsächliche Anhaltspunkte für deren Unrichtigkeit sprechen. Die Beantwortung dieser Frage müsste die Übermittlung personenbezogener Daten an eine private Stelle nach § 23 Abs. 1 Nr. 2 BDSG im Rahmen der Aufgabenerfüllung der öffentlichen Stelle erforderlich machen.

55 Nach Nr. 2 ist für eine Übermittlung das Vorliegen eines berechtigten Interesses an der Kenntnis der zu übermittelnden Daten glaubhaft darzulegen und die betroffene Person darf kein schutzwürdiges Interesse am Ausschluss der Übermittlung haben. Die nicht-öffentliche Stelle muss dazu Tatsachen vortragen, aus denen sich ihr berechtigtes Interesse

---

[108] Siehe etwa die Darstellung bei Marcks in Landmann/Rohmer GewO § 11 Rn. 16.
[109] Der Begriff wird in § 2 Abs. 4 BDSG definiert.
[110] Herbst in Kühling/Buchner BDSG § 25 Rn. 12, der darauf hinweist, dass die Verpflichtungserklärung weitergehende zivilrechtliche Ansprüche der öffentlichen Stelle gegenüber dem Empfänger begründen kann.
[111] Vgl. Frenzel in Paal/Pauly BDSG § 25 Rn. 12.

ergibt.[112] Die Beurteilung, wann ein solches berechtigtes Interesse vorliegt und wann ein schutzwürdiges Interesse der betroffenen Person, ist dabei der Abwägung und Beurteilung der öffentlichen Stelle zu überlassen. Zu Recht wird daher eine „Konkretisierung und Typisierungen von Übermittlungslagen"[113] vom Gesetzgeber eingefordert. In der Praxis sollte daher stets auf eine ausführliche Dokumentation der Abwägungsentscheidung geachtet werden. Dabei ist insbesondere auf die abwehrrechtliche Dimension der Grundrechte zu Gunsten des Betroffenen zu achten. Es ist zweifelhaft, ob Übermittlungen nach Nr. 2 einer gerichtlichen Überprüfung standhalten können. Dazu wird es Gelegenheit in den Fällen geben, in denen die Informationen zu Zwecken der Geltendmachung von zivilrechtlichen Rechtsansprüchen der nicht-öffentlichen Stelle gegenüber der betroffenen Person übermittelt wurden und es zu einem Gerichtsverfahren kommt.

Die Alternative des § 25 Abs. 2 Nr. 3 BDSG ist nach dem Wortlaut erfüllt, wenn die 56 Übermittlung zur Geltendmachung, Ausübung oder Verteidigung rechtlicher Ansprüche der öffentlichen Stelle erforderlich ist. Dazu wird zT vertreten,[114] dass eine Übermittlung auch dann unter den Tatbestand fallen soll, wenn die Merkmale auch für eine Übermittlung für eine nicht-öffentliche Stelle erforderlich sind. Im Hinblick auf den weiten Anwendungsbereich der Alternative auf gerichtliche und außergerichtliche Verfahren[115] erscheint jedoch eine restriktive Wortlautauslegung geboten.

> **Praxistipp:**
> Eine Übermittlung einer öffentlichen Stelle an eine nicht-öffentliche Stelle ist nur unter bestimmten Bedingungen möglich.

Öffentliche Stellen dürfen besondere Kategorien von personenbezogenen Daten iSv 57 Art. 9 Abs. 1 DS-GVO nach § 25 Abs. 3 BDSG nur übermitteln, wenn die Voraussetzungen für die Übermittlung nach § 25 Abs. 1 oder Abs. 2 BDSG erfüllt sind und ein Ausnahmetatbestand nach Art. 9 Abs. 2 DS-GVO oder § 22 BDSG vorliegt. Dies ergibt sich ohnehin aus Art. 9 DS-GVO.[116]

2. Videoüberwachung bei und durch öffentliche Stellen

Die Überwachung mit optisch-elektronischen Einrichtungen (Videoüberwachung)[117] 58 durch oder bei öffentlichen Stellen hat eine besondere Bedeutung für das Verhältnis zwischen Bürgerinnen und Bürgern und dem Staat. Im Bereich der Prävention und der Gefahrenabwehr kommt ihr eine hohe emotionale Bedeutung für das (subjektive) Sicherheitsgefühl zu. Tatsächlich zeigen Untersuchungen aber den geringen Wirkungsgrad gerade im Bereich der Prävention. Oftmals bleibt sie schon darum wirkungslos, weil kein Live-Monitoring stattfindet und damit eine Rechtsgutverletzung durch rechtzeitiges Eingreifen nicht verhindert werden kann. Eine etwas größere Bedeutung kommt ihr bei der Aufklärung von Straftaten zu. Viel Aufsehen hat ein Feldversuch zur Gesichtserkennung am Berliner Bahnhof Südkreuz gesorgt. Ergebnisse dazu liegen noch nicht vor. Die Einschränkung der unbeobachteten Bewegungsfreiheit im öffentlichen Raum und die anlasslose Überwachung unbescholtener Bürgerinnen und Bürger sind die wesentlichen Kritikpunkte in der Diskussion.[118]

---

[112] S. Herbst in Kühling/Buchner BDSG § 25 Rn. 14.
[113] Frenzel in Paal/Pauly BDSG § 25 Rn. 13.
[114] So Herbst in Kühling/Buchner BDSG § 25 Rn. 15.
[115] Vgl. ErwGr 111 DS-GVO.
[116] § 25 Abs. 3 BDSG hat lediglich klarstellenden Charakter; vgl. BT-Drs. 18/11325, 96; BR-Drs. 110/17, Anlage, 95.
[117] Legaldefinition, § 4 Abs. 1 Hs. 1 BDSG.
[118] Siehe etwa Jandt ZRP 2018, 16.

59 Eine spezielle Norm für die Videoüberwachung sieht die DS-GVO nicht vor. Dies ist hauptsächlich dem grundsätzlich technikneutralen Ansatzes der DS-GVO geschuldet, aber wohl auch dem sehr heterogenen Umgang der Mitgliedstaaten mit der Videoüberwachung im öffentlichen Raum. In der aufsichtsbehördlichen Praxis ist die Videoüberwachung bislang ein „Dauerbrenner". Entsprechend hat sich die Datenschutzkonferenz des Bundes und der Länder (DSK) frühzeitig dem Themenkomplex in einem Kurzpapier gewidmet.[119] Der Europäische Datenschutzausschuss (EDSA) wird sich ab Ende 2018 mit der Thematik befassen.[120]

60 Eine Videoüberwachung durch öffentliche Stellen kann sich auf Rechtsgrundlagen nach Art. 6 Abs. 1 lit. e DS-GVO stützen, soweit dafür eine mitgliedstaatliche Regelung nach Art. 6 Abs. 3 DS-GVO vorliegt. Der deutsche Gesetzgeber hat von dieser Möglichkeit für die Videoüberwachung öffentlich zugänglicher Räume in § 4 Gebrauch gemacht. Die Regelung sah sich früh europarechtlichen Bedenken ausgesetzt.[121] Für einen Rückgriff auf die informierte, freiwillige Einwilligung, Art. 6 Abs. 1 lit. a DS-GVO, wird aufgrund der dabei zu berücksichtigenden Bedingungen gemäß Art. 7 DS-GVO nur in seltenen Fällen Raum bleiben, da ua die Einholung der Einwilligung durch eine eindeutig, bestätigende Handlung in voller Kenntnis der Sachlage erfolgen muss. Das bloße Betreten einer zB durch Schilder gekennzeichneten überwachten Zone reicht dafür nicht aus. In jedem Fall unzulässig ist der Einsatz von Videoanlagen zudem in den Umkleide- und Duschbereichen von Schwimmbädern, in Aufenthaltsräumen der Mitarbeiter, sowie im Bereich der Sanitäranlagen. In diesen Bereichen überwiegt stets das schutzwürdige Interesse der Betroffenen gegenüber dem öffentlichen Interesse, da die Intimsphäre berührt ist.

61 Der Eingriff in die Rechte der von der Videoüberwachung Betroffenen ist möglichst datenminimierend und eingriffsrestriktiv vorzunehmen. Nach den Vorgaben des Art. 25 DS-GVO kommen dazu nach dem Stand der Technik Verfahren in Betracht, die Personen und deren nahes Umfeld sofort verpixeln. Somit wird der Eingriff in die Privatsphäre minimiert und gleichzeitig der Zweck der Überwachung sichergestellt. Auch die Wahl der Kamera ist zu prüfen. Weitere, vorhandene Funktionalitäten, wie zB eine Audioaufnahme,[122] sind kontrolliert zu deaktivieren. Der Einsatz unterfällt den Anforderungen nach Art. 32 DS-GVO zur Sicherheit der Verarbeitung. Eine Videoaufnahme ist nicht unmittelbar auch eine Verarbeitung besonderer Kategorien von Daten, auch wenn aus den Aufnahmen Aussagen über die ethnische Herkunft oder religiöse Zugehörigkeit von aufgenommenen Personen, zB durch das Tragen religiöser Symbole, abgeleitet werden können. Erst wenn biometrische oÄ Analyseverfahren für die Auswertung zum Einsatz kommen, liegt eine Verarbeitung besonderer Daten nach Art. 9 DS-GVO vor. Dies ist beispielsweise bei Gesichtserkennungssoftware stets der Fall. Eine Besonderheit stellt schließlich der Einsatz von Webcams dar. Sie dienen zwar in der Regel nicht der Überwachung, sondern zumeist der touristischen Bewerbung eines Ortes. Jedoch ist auch in diesen Fällen eine sorgfältige Prüfung vorzunehmen, ob Personen erfasst werden können.

62 Die Betroffenen sind vorab über den Umstand der Videoüberwachung nach Art. 13 Abs. 1 und Abs. 2 DS-GVO zu informieren. Personenbezogene Daten dürfen nur in einer für den oder die Betroffenen nachvollziehbaren Weise verarbeitet werden. Das bedeutet, der oder die Betroffene muss verstehen können, dass eine Videoaufnahme und von wem gemacht wird, zu welchen Zwecken und auf welcher Rechtsgrundlage dies erfolgt

---

[119] DSK Kurzpapier Nr. 15 Videoüberwachung nach der Datenschutz-Grundverordnung, Stand: 8.1.2018, abrufbar unter https://www.bfdi.bund.de/SharedDocs/Downloads/DE/Datenschutz/Kurzpapier_Video%C3%BCberwachung.pdf?__blob=publicationFile&v=2, zuletzt abgerufen am 21.6.2018.
[120] Siehe Pressemitteilung der Artikel 29-Datenschutzgruppe zur Plenarsitzung April 2018, online abrufbar unter http://ec.europa.eu/newsroom/article29/document.cfm?action=display&doc_id=51425, zuletzt abgerufen am 21.6.2018.
[121] Lachenmann ZD 2017, 407.
[122] Das BDSG sowie die LDSG sehen lediglich eine Überwachung durch optisch-visuelle Erfassung vor, nicht jedoch akustische Maßnahmen.

und was mit den Aufnahmen geschieht. Ihm muss zudem eine Kontaktadresse des behördlichen Datenschutzbeauftragten genannt werden (Art. 13 Abs. 1 lit. b DS-GVO) und wie er oder sie sich beschweren oder Auskunft verlangen kann (Art. 13 Abs. 1 und 2 DS-GVO). § 4 Abs. 4 BDSG normiert eine doppelte Informationspflicht. Die Informationspflichten der Art. 13 und 14 DS-GVO sind nämlich schon zum Zeitpunkt der Erhebung zu erfüllen. Soweit § 4 Abs. 4 BDSG eine Informationspflicht bei Zuordnung der bereits erhobenen Daten zu einer bestimmten Person erforderlich macht, kann diese aufgrund des Vorrangs der DS-GVO nur zusätzlich erfolgen, die Erstinformation vor Erhebung aber nicht ersetzen.

> **Praxistipp:**
> Bei einer Videoüberwachung öffentlich zugänglicher Räume ist diese zu kennzeichnen und über die Verarbeitung und den dafür Verantwortlichen verständlich zu informieren.

Die bei einer Videoüberwachung verarbeiteten Daten sind unverzüglich zu löschen, 63
wenn sie zu der Erreichung der Zwecke, für die sie erhoben wurden, nicht mehr notwendig sind (Art. 17 Abs. 1 lit. a DS-GVO), die Betroffenen die Einwilligung zurückgezogen haben oder schutzwürdige Interessen der Betroffenen einer weiteren Speicherung entgegenstehen. Die Erforderlichkeit der Speicherung einer Videoaufnahme ist unverzüglich zu klären. Die DSK geht von einer Erforderlichkeit von in der Regel ein bis zwei Tagen aus.[123] Bei einem Live-Monitoring dürfte es sich allenfalls um Minuten oder nur wenige Stunden handeln. Eine Videoüberwachung stellt eine Verarbeitungstätigkeit nach Art. 30 DS-GVO dar und ist in das Verzeichnis aufzunehmen. Für umfangreiche und systematische Überwachungen oder beim Einsatz biometrischer Analyseverfahren ist vor dem Einsatz eine Datenschutzfolgenabschätzung durchzuführen, Art. 35 Abs. 3 lit. c DS-GVO.

3. Einlasskontrollen

Bei der Einlasskontrolle handelt es sich um eine Datenschutz-Maßnahme zur Gewährleistung der Vertraulichkeit nach Art. 5 Abs. 1 lit. f, 32 DS-GVO. Elektronische Schließmechanismen und Einlasskontrollen als technische Maßnahmen werden zunehmend in Bereichen der öffentlichen Verwaltung eingesetzt, die einem Publikumsverkehr unzugänglich oder kontrolliert zugänglich sein sollen. Sie werden eingesetzt, um sicherzustellen, dass nur Berechtigte Zutritt erhalten (Zutrittskontrolle).[124] Beispiele sind die Landtage, Ministerien oder auch die IT-Abteilungen zB der Kommunen. Elektronische Zutrittsverfahren zielen in der Regel auf drei verschiedene Komponenten ab: Wissen, zB ein Passwort oder ein Nummerncode; Besitz, zB einen Schlüssel, eine Smartcard, einen RFID-Transponder oder auf Biometrie, zB Fingerabdruck oder Irisscan. Eine Kombination von mindestens zwei Komponenten erhöht idR den Schutz vor unberechtigtem Zutritt.

Beim Einsatz technischer Maßnahmen sind die Gewährleistungsziele,[125] die sich aus 65
den Grundsätzen des Art. 5 und 32 DS-GVO ergeben, zu berücksichtigen und gegenein-

---

[123] DSK Kurzpapier Nr. 15 Videoüberwachung nach der Datenschutz-Grundverordnung, Stand: 8.1.2018, 3, abrufbar unter https://www.bfdi.bund.de/SharedDocs/Downloads/DE/Datenschutz/Kurzpapier_Video%C3%BCberwachung.pdf?__blob=publicationFile&v=2, zuletzt abgerufen am 21.6.2018.
[124] Von den Zutrittskontrollen können die Zugangs- und die Zugriffskontrollen unterschieden werden; vgl. § 64 BDSG zu den Anforderungen an die Sicherheit der Datenverarbeitung.
[125] Gewährleistungsziele werden von der DSK im Rahmen des Standard-Datenschutzmodells (SDM) beschrieben. Sie erfassen die in Art. 5 DS-GVO genannten Grundsätze und machen sie einer technologischen Umsetzung zugänglich. Soweit die DS-GVO auf Maßnahmen zur Umsetzung der rechtlichen Anforderungen Bezug nimmt, können diese mit Hilfe der Gewährleistungsziele den Grundsätzen zugeordnet werden. Im Unterschied zu den Schutzzielen der IT-Sicherheit, die primär der Sicherheit der Organisation dienen, gewährleisten die Datenschutzziele die Rechte und Freiheiten natürlicher Personen

ander abzuwägen. Bei Einlasskontrollen ist die Erhebung und Weiterverarbeitung von Informationen über die den Zutritt suchenden Personen zum einen möglichst gering zu halten (Gewährleistungsziel der Nichtverkettung und der Datenminimierung aus Art. 5 Abs. 1 lit. c DS-GVO),[126] zum anderen handelt es sich bei Einlass- bzw. Zutrittskontrollen um eine Maßnahme zur Gewährleistung der Vertraulichkeit bei der Verarbeitung personenbezogener Daten.[127] Als organisatorische Maßnahme sind die Zutrittsberechtigungen in einem Rechte- und Rollenkonzept niederzulegen, das durch technische Maßnahmen umgesetzt werden kann.

66 Bei der Umsetzung von Einlasskontrollen können die Interessen der kontrollierenden Stelle und die der Betroffenen über die Gewährleistungsziele sorgsam abgewogen werden. Unter Berücksichtigung des Schutzbedarfs der Verarbeitung sind die Ziele der Vertraulichkeit mit den Zielen der Nichtverkettung (zB Schutz vor Erstellung von Bewegungsprofilen) und Datenminimierung abzuwägen. Die Zutrittssysteme dürfen keine Protokollierung vorsehen, die die Erstellung von Bewegungsprofilen der Mitarbeiter zu Leistungs- und Verhaltenskontrolle erlauben.[128] Trotzdem soll die Integrität des Verfahrens gesichert und zu den Öffnungszeiten verfügbar sein. Des Weiteren muss das Verfahren zur Einlasskontrolle im Hinblick auf die verarbeiteten Daten, die genutzten Systeme und Prozesse hinreichend transparent, dh prüffähig gestaltet und die Betroffenen iSd Art. 12 ff. DS-GVO informiert werden können sowie kontrollierte Eingriffe zB zu Zwecken des Patchings oder der Auskunftserteilung müssen möglich sein. Eine nur gering eingriffsintensive Einlasskontrolle ist nach wie vor die Kontrolle eines Ausweisdokumentes durch in Augenscheinnahme des Wachpersonals.

4. Informations- und Auskunftspflichten

67 Betroffene Personen sollen gem. Art. 12 Abs. 1 DS-GVO bei der Erhebung ihrer personenbezogenen Daten sogleich über den Umfang und die Zwecke der Datenverarbeitung sowie ihre Rechte in für sie verständlicher Form informiert werden. Ihnen soll zudem mitgeteilt werden, an wen sie sich zwecks Geltendmachung ihrer Rechte und insbesondere weiterer Auskünfte wenden können, Art. 13 Abs. 1 DS-GVO. Dazu soll der Verantwortliche gem. Art. 13 Abs. 2 DS-GVO eine ganze Reihe weiterer Informationen bereithalten. Die Empfänger der Informationen sollen sowohl die Möglichkeit der Kenntnisnahme, insbesondere Zugang haben und sie verstehen können. Grundsätzlich sollen Informationen auch in einfacher Sprache zu Verfügung gestellt werden. Im Zweifel und insbesondere in Einzelfällen ist auf den Empfängerhorizont der Betroffenen abzustellen.

68 Im Hinblick auf die Informationspflichten öffentlicher Stellen ergeben sich gegenüber den Pflichten privater Stellen keine grundsätzlichen Unterschiede. Allerdings hat der Bundesgesetzgeber über die Öffnungsklausel des Art. 23 DS-GVO mit § 32 Abs. 1 Nr. 1–5 BDSG und § 33 Abs. 1 Nr. 1 BDSG bei Erhebungen durch öffentliche Stellen eine Reihe von Ausnahmetatbeständen geschaffen, die die Rechte der Betroffenen nach Art. 13 Abs. 3 und Art. 14 Abs. 1–4 DS-GVO einschränken bzw. vorübergehend aussetzen. Auch die Unionrechtskonformität dieser Normen ist umstritten.[129]

69 Bei der Erhebung von personenbezogenen Daten bei der betroffenen Person wird die verantwortliche Stelle nach § 32 Abs. 1 BDSG von der Pflicht zur Informationserteilung über einer Weiterverarbeitung für einen anderen Zweck entbunden, wenn sie analog gespeicherte Daten in mit dem Ersterhebungszweck kompatibler Weise verwendet und sich damit zugleich auf analogem Wege an die betroffene Person wendet (Nr. 1). Der An-

---

bei der Verarbeitung ihrer personenbezogenen Daten. Vgl. DSK Das Standard-Datenschutzmodell, 5, 11 ff., Rost in Schmidt/Weichert Datenschutz, 354 ff.
[126] S. DSK Das Standard-Datenschutzmodell, 10, 11 ff., sowie Robrahn/Bock DuD 2018, 7 ff.
[127] Vgl. auch Anlage zu § 9 BDSG aF zur Zutrittssicherung der IT-Betriebsräume und Büros zur Verhinderung des körperlichen Zutritts; Ernestus in Simitis BDSG § 9 Rn. 77.
[128] Vgl. Schmieder in FHS Betrieblicher Datenschutz Teil XI Kap. 1 Rn. 22.
[129] Siehe Zusammenfassung bei Hennemann in Paal/Pauly BDSG § 32 Rn. 4.

wendungsbereich wird also auf analog erhobene und gespeicherte Daten beschränkt.[130] Im Bereich der öffentlichen Stellen des Bundes wird es für diesen Tatbestand kaum Anwendungsfälle geben. Solange und soweit keine landesrechtlichen Regelungen vorliegen oder die Länder diese Regelung übernehmen, könnte die Regelung für kleine Kommunen anwendbar sein, zB für Verarbeitungen auf der Basis analoger Datenbestände eines Bürgermeisters oder durch Schiedsfrauen und -männer.

Als weitere Ausnahme von der Informationspflicht bei kompatibler Weiterverarbeitung für öffentliche Stellen sieht § 32 Abs. 1 Nr. 2 BDSG vor, dass diese entfällt, wenn die ordnungsgemäße Erfüllung der in der Zuständigkeit des Verantwortlichen liegenden Aufgaben im Sinne des Art. 23 Abs. 1 lit. a bis e DS-GVO gefährden würde und die Interessen des Verantwortlichen an der Nichterteilung der Information die Interessen der betroffenen Person überwiegen. Die Verursachung einer bloßen zeitlichen Verzögerung der Aufgabenerfüllung durch die Informationspflicht soll dabei in der Regel keinen Ausnahmefall darstellen. Eine Gefährdung soll in solchen Fällen nur in begründeten Ausnahmefällen vorliegen.[131] 70

Eine Ausnahme nach § 32 Abs. 1 Nr. 3 BDSG liegt des Weiteren vor, wenn die öffentliche Sicherheit oder Ordnung gefährdet oder sonst Nachteile für das Wohl des Bundes oder eines Landes entstehen und die Interessen des Verantwortlichen an der Nichterteilung der Information die Interessen der betroffenen Person überwiegen. 71

Findet die Weiterverarbeitung zu Zwecken der Geltendmachung, Ausübung oder Verteidigung rechtlicher Ansprüche statt und könnten sie diese beeinträchtigen, so kann die Informationspflicht gegenüber den Betroffenen bei Überwiegen der Interessen des Verantwortlichen an der Nichterteilung der Information gem. § 32 Abs. 1 Nr. 4 BDSG ebenfalls entfallen. Ebenso entfällt die Informationspflicht, wenn dies eine vertrauliche Übermittlung von Daten an eine öffentliche Stelle gefährden würde, Art. 32 Abs. 1 Nr. 5 BDSG, zB in Fällen, in denen Whistleblower Hinweise an Behörden geben. 72

Entfällt die Informationspflicht und wird der Betroffenen nicht über die Weiterverarbeitung unterrichtet, hat die öffentliche Stelle, mit Ausnahme der Fälle des Nr. 4 und 5, die Gründe dafür zu dokumentieren und geeignete Maßnahmen zum Schutz der berechtigten Interessen der betroffenen Person vorzusehen und für die Aufsichtsbehörde zu Kontrollzwecken bereitzuhalten. Zu den geeigneten Schutzmaßnahmen können auch Informationen für die Öffentlichkeit gehören, die in präziser, transparenter, verständlicher und leicht zugänglicher Form in einer klaren und einfachen Sprache abzufassen sind. Sind die Gründe für die Nichterteilung der Information nur vorübergehend, ist die Information gem. § 32 Abs. 3 BDSG nach Wegfall des Hinderungsgrundes innerhalb von zwei Wochen nachzuholen. Eine Information der Öffentlichkeit kann zB über eine allgemein zugängliche Website des Verantwortlichen erfolgen.[132] 73

Wurden die personenbezogenen Daten nicht bei der betroffenen Person erhoben, kann die Informationspflicht für öffentliche Stellen nach § 33 Abs. 1 Nr. 1 lit. a und b BDSG entfallen, wenn die Aufgabenerfüllung der öffentlichen Stelle oder die öffentliche Sicherheit und Ordnung gefährdet oder sonst dem Wohl des Bundes oder eines Landes Nachteile bereitet würden. Auch in diesen Fällen hat der Verantwortliche die Gründe für die Nichterteilung schriftlich festzuhalten und die Öffentlichkeit in geeigneter Weise zu unterrichten, § 33 Abs. 2 BDSG. 74

Praxistipp:
Werden personenbezogene Daten nicht bei der betroffenen Person erhoben oder werden die Daten zu einem anderen als dem ursprünglichen Zweck verarbeitet, so ist die

---

[130] Für analog gespeicherte Daten vgl. Hennemann in Paal/Pauly BDSG § 32 Rn. 14; Schantz in Schantz/Wolff Das neue DatenschutzR Teil F Rn. 1165.
[131] Hennemann in Paal/Pauly BDSG § 32 Rn. 15.
[132] Vgl. ErwGr 58 S. 2 DS-GVO.

> betroffene Person darüber zu informieren. Das BDSG lässt dazu aber eine Reihe von Ausnahmen zu.

75 Übermittelt die öffentliche Stelle personenbezogene Daten an Verfassungsschutzbehörden, den Bundesnachrichtendienst, den Militärischen Abschirmdienst und, soweit die Sicherheit des Bundes berührt wird, andere Behörden des Bundesministeriums der Verteidigung, ist die Informationserteilung gem. § 33 Abs. 3 BDSG nur mit Zustimmung dieser Stellen zulässig.

5. Die digitale Organisation der Verwaltung

76 Der Staat als Ordnungssystem ist aufgerufen, sich in seiner Verwaltungsstruktur und seinen Verwaltungsinstrumenten auf die Dynamik technologischer Innovationen einzulassen und sich dort mit „technologischen Innovationen zu synchronisieren,"[133] wo dies der Verwaltung ermöglicht, ihre Aufgabenwahrnehmung zu optimieren und das Verhältnis zu seinen Bürgerinnen und Bürgern im Sinne der freiheitlich rechtstaatlichen Grundordnung auszugestalten. Dabei darf die Digitalisierung weder zum Selbstzweck werden, noch zur Erziehung der Bürgerinnen und Bürger zum „idealen Citoyen" benutzt werden.

77 Dem Bereich der Digitalisierung der Verwaltung werden enorme Kosteneinsparungspotentiale zugesprochen. Bisher uneinheitliche Strategien von Bund und Ländern einerseits, aber auch der Unwille bei Bürgerinnen und Bürgern diese auch zu nutzen, stehen sich gegenüber. Erfolgreiche Anreize dafür sind bislang nicht in Sicht. Letztlich steht und fällt die Nutzung des eGovernments durch Bürgerinnen und Bürger mit dem Vertrauen: „Nur dann, wenn die Bürger sich hinreichend gewiss wähnen, dass die Behörden ihre Daten ausschließlich bestimmungsgemäß verarbeiten, sie insbesondere nicht ohne Rechtsgrundlage an andere staatliche Stellen oder gar an private Dritte weitergeben, werden die Bürger die digitalen Angebote der Verwaltung nutzen."[134] Das steht und fällt nicht nur mit den elektronischen Identifikationsmöglichkeiten.[135] Seit der Einführung des sog. Neuen Personalausweises (nPA) nutzen nicht nur wenige, sondern immer weniger Menschen die Funktionalitäten. Aufwand und Nutzen scheinen nicht in einem angemessenen Verhältnis zu stehen. Bei einem durchschnittlichen Behördenkontakt von 1,7 pro Jahr[136] ist dies auch nicht verwunderlich. Es erscheint vor diesem Hintergrund sinnvoller, die Verwaltungsbereich in den Fokus zu nehmen, die auch von den Bürgerinnen und Bürgern häufiger in Anspruch genommen werden. Dieser Bereich dürfte sich zuvorderst auf den Bereich der Sozialleistungen erstrecken. In den allgemeinen Verwaltungsbereichen, scheint es daher sinnvoller, die eigene Verwaltung, die elektronische Aktenführung und den Bereich der Auskünfte und Informationsbereitstellung in den Blick zu nehmen.

78 **a) Rollen und Verantwortlichkeiten.** Verantwortlicher im Sinne der DS-GVO ist, wer „allein oder gemeinsam mit anderen über die Zwecke und Mittel der Verarbeitung von personenbezogenen Daten entscheidet," Art. 4 Abs. 7 Hs. 1 DS-GVO. Die Frage des „ob" einer Datenverarbeitung wird dabei normativ vorgegeben. Soweit durch Gesetz der öffentlichen Stelle nicht explizit die Aufgabe eines Auftragsverarbeiters für eine andere Stelle zugewiesen ist, ist die öffentliche Stelle für die ihr zugewiesenen Verarbeitungen personenbezogener Daten zuständig und damit auch verantwortlich.

79 War bisher der Geschäftsverteilungsplan einer Behörde maßgeblich für die internen Zuständigkeiten, so macht die digitale Organisation der Verwaltung es erforderlich, im Rahmen der Zuweisung von Rechten, die Zugriff auf Informationen gewähren, zusätzlich Rollen bzw. Funktionen und Verantwortlichkeiten zu definieren und festzulegen.

---
[133] Martini DÖV 2017, 443.
[134] Martini DÖV 2017, 443 (447).
[135] Vgl. Martini DÖV 2017, 443 (449).
[136] Martini DÖV 2017, 443 (444).

Unter dem BDSG aF wurden diese Zuweisungen im Rahmen eines Berechtigungskonzepts als Maßnahme der Zugriffskontrolle iSd Anlage zu § 9 BDSG aF geführt. In der DS-GVO ist Anknüpfungspunkt dafür nun der Grundsatz der Verantwortlichkeit aus Art. 5 Abs. 2 DS-GVO, der die Pflicht erfasst, die Einhaltung der datenschutzrechtlichen Vorgaben nachweisen zu können (Rechenschaftspflicht). Aus dieser Pflicht erwächst die Anforderung nach Prüftransparenz. Damit wird die Fähigkeit einer Organisation bezeichnet, ihre Verarbeitungstätigkeiten so zu organisieren und dokumentieren, dass sie einer Prüfung zugänglich wird (Prüffähigkeit).[137] Prüffähigkeit ist nur dann gegeben, wenn die Verarbeitungstätigkeiten bekannt und ausreichend beschrieben sind und die Verantwortlichkeiten im Hinblick auf die Verarbeitungstätigkeiten geklärt sind. Gem. Art. 24 Abs. 1 DS-GVO setzt der Verantwortliche dafür geeignete technische und organisatorische Maßnahmen um, um einerseits sicherzustellen und andererseits nachweisen zu können, dass er die datenschutzrechtlichen Anforderungen erfüllt. Entsprechend verlangt Art. 30 Abs. 1 S. 1 DS-GVO von den Verantwortlichen ein Verzeichnis der Verarbeitungstätigkeiten, die ihrer Zuständigkeit unterliegen. Während sich Art. 30 DS-GVO auf die Informationen konzentriert, die für einen Betroffenen relevant sind, erfordert Verantwortlichkeit Kontrolle über die Datenverarbeitung und über die verarbeiteten Daten, die verwendeten Systeme und die Prozesse der Datenverarbeitung. Ein Rollen- und Rechtekonzept ist eine organisatorische Maßnahme, mit der die Rollen der für den Verantwortlichen handelnden Personen festgelegt und ihnen Rechte zugewiesen werden. So ist beispielsweise für ein Verfahren festzulegen wer in welcher Funktion auf welche Datensätze (zB Meldedatensatz in einer Gemeinde) wo (zB an einem Arbeitsplatzrechner oder einem Mobilgerät) und wie (zB lesend und schreibend) und in welchem Umfang (alles oder Teile) zugreifen darf. Dies ermöglicht dem Verantwortlichen die internen Abläufe zu kontrollieren.

> **Praxistipp:**
> Der Grundsatz der Verantwortlichkeit erfordert von einer modernen IT-gestützten Verwaltung das Führen eines Verzeichnisses der Verarbeitungstätigkeiten und eines Berechtigungskonzepts.

b) Auftragsverarbeitung im Bereich der Verwaltung. Mit der Auftragsverarbeitung im Datenschutz wird den praktischen Gegebenheiten der Arbeitsteilung Rechnung getragen. Im Bereich der Verwaltung ist dies aus rechtstaatlichen Gesichtspunkten nicht unproblematisch, denn die Aufgaben und Funktionen im Rechtsstaat lassen sich nicht willkürlich auf andere Stellen verteilen. Allerdings kann die Verwaltung nicht alle, für ihr Funktionieren wesentlichen Leistungen selbst erbringen. So ist sie beispielsweise auf Telefondienstleister und andere Dienstleister für die IT-Infrastruktur oder für die Bereitstellung von Software angewiesen. Dadurch entstehen sowohl Abhängigkeiten als auch Einblicke in Verwaltungshandeln, womit weitere Fragen, zB der Vertraulichkeit folgen.

„Auftragsverarbeiter" ist gem. Art. 4 Abs. 8 DS-GVO eine natürliche oder juristische Person, Behörde, Einrichtung oder andere Stelle, die personenbezogene Daten im Auftrag des Verantwortlichen verarbeitet. Zwar ist der Auftragsverarbeiter im Sinne des Datenschutzrechts kein Dritter, er erhält aber faktisch die Möglichkeit personenbezogene Daten zu verarbeiten und ggfs. auch zur Kenntnis zu nehmen, ohne dafür eine „eigene" Berechtigung zu haben. Daraus ergeben sich bei einer Einbindung für öffentliche Stellen besondere Herausforderungen.

Erfolgt eine Verarbeitung im Auftrag eines Verantwortlichen, so soll dieser nur mit Auftragsverarbeitern zusammenarbeiten, die hinreichend Garantien dafür bieten, dass geeignete technische und organisatorische Maßnahmen so durchgeführt werden, dass die

---

[137] Vgl. ErwGr. 74 DS-GVO; DSK Das Standard-Datenschutzmodell, 5; Albrecht/Jotzo Das neue DatenschutzR Teil 2 Rn. 19; Frenzel in Paal/Pauly DS-GVO Art. 5 Rn. 52.

Verarbeitung im Einklang mit den Anforderungen der DS-GVO steht, Art. 28 Abs. 1 DS-GVO. Diese Anforderungen gelten auch, soweit dem Auftragsverarbeiter von der verantwortlichen Stelle zugestanden wird, weitere Sub-Auftragnehmer einzubinden.

83 Grundlage der Auftragsverarbeitung ist ein Vertrag oder eine mitgliedstaatliche Rechtsvorschrift, die den Auftragsverarbeiter in Bezug auf den Verantwortlichen bindet, Art. 28 Abs. 3 S. 1 DS-GVO. Lange war eine Auftragsverarbeitung im öffentlichen Bereich nicht möglich und musste für die Länder in den Landesgesetzen geregelt werden, nachdem eine Verwaltungstätigkeit ohne Inanspruchnahme von externen Dienstleistern unter den Bedingungen einer zunehmend technisierten und digitalisierten Verwaltungsinfrastruktur kaum mehr möglich war.

84 Besondere Probleme ergeben sich für die Verwaltung bei Beauftragung von Dienstleistern, die an der US-Börse notiert sind oder Unternehmen mit Sitz in Drittstaaten, insbesondere in den USA und anderen Staaten, deren Datenschutzniveau nicht dem der DS-GVO vergleichbar ist und in denen eine anlasslose Massenüberwachung von Kommunikationsdaten üblich ist.[138] Solche Einsichtnahmemöglichkeiten beeinträchtigen die staatliche Souveränität und machen die Verwaltung abhängig von Organisationen, die nicht der staatlichen Hoheitsgewalt unterfallen und sich damit auch dem Rechtssystem entziehen können.[139]

85 Erhält der Auftragsverarbeiter eigene Entscheidungsbefugnisse und entscheidet er ggfs. eigenständig über Teile der Datenverarbeitung, wird er selbst zum Verantwortlichen. Entscheidet er gemeinsam mit einem oder auch mehreren Verantwortlichen über die Zwecke und Mittel der Verarbeitung, so regelt Art. 26 DS-GVO weitere Anforderungen an die Vereinbarung. Eine gemeinsame Verantwortlichkeit kann beispielsweise bei gemeinsam betriebenen Fachverfahren oder bei gemeinsamen Betrieb von Serviceportalen mehrerer öffentlicher Stellen vorliegen.[140]

> **Praxistipp:**
>
> Auftragsverarbeitung ist mehr als Vertrauenssache: es sind aussagekräftige Garantien dafür zu erbringen, dass geeignete technische und organisatorische Maßnahmen so durchgeführt werden, dass die Verarbeitung im Einklang mit den Anforderungen der DS-GVO und dem BDSG steht.

6. Einsatz zertifizierter Produkte, Verfahren und Dienstleistungen – Ausschreibung und Vergabe

86 Nachdem der Bundesgesetzgeber es über Jahre nicht geschafft hatte, den § 9a BDSG aF durch ein Ausführungsgesetz auszufüllen und über die Schaffung einer Stiftung Datenschutz nicht hinaus gekommen ist, hat die DS-GVO über die Art. 42, 43 DS-GVO die Grundlagen für Zertifizierungsverfahren geschaffen, die es Verantwortlichen und Verarbeitern ermöglichen sollen ihre Verarbeitungen als ein Element zum Nachweis der Einhaltung der Vorgaben der DS-GVO bei einer dafür akkreditierten Stelle zertifizieren zu lassen. Für öffentliche Stellen ergeben sich damit zwei Möglichkeiten. Zum einen können sie eigene Verarbeitungsvorgänge im Rahmen eines Zertifizierungsverfahrens auf die Vereinbarkeit mit der DS-GVO prüfen und zertifizieren lassen, zum anderen können sie bei Ausschreibungen die Zertifizierung(en) von Dienstleistungen berücksichtigen.

87 Der Bereich der Datenschutz-Zertifizierungen war bisher in Europa ungeregelt. Entsprechend muss sich der Markt, angefangen von vorab zu akkreditierenden Zertifizierungsstellen, erst finden. Zwar waren vereinzelt auch Aufsichtsbehörden im Bereich der

---

[138] BVerfG NJW 2015, 3151 – Schrems.
[139] Bock/Engeler DVBl 2016, 597 f.
[140] Zur Klärung der Frage der gemeinsamen Verantwortlichkeit beim Betrieb einer sog „Fanpage" EuGH Urt. v. 5.6.2018 C-210/16.

Datenschutz-Zertifizierung von Dienstleistungen und Produkten tätig,[141] allerdings war mangels gesetzlicher Regelung der Nutzen solcher Zertifizierungen nicht immer klar. Für eine Behörde kann die Zertifizierung einer Verarbeitungsaktivität oder einer Verarbeitung gegenüber den Bürgerinnen und Bürgern Vertrauen aufbauen. Durch die Prüfung einer unabhängigen Dritten Stelle in einem nachvollziehbaren Verfahren nach transparenten Kriterien kann die Einhaltung der datenschutzrechtlichen Vorschriften nachgewiesen und in einem aussagekräftigen Gutachten dokumentiert werden.[142]

Bei der Auswahl eines Dienstleisters können Datenschutz-Zertifizierungen Licht in das Dunkel der Datenverarbeitung beim Dienstleister bringen und eine bessere Beurteilung des Angebotes und der Sicherstellung der datenschutzrechtlichen Anforderungen ermöglichen, wenn ein aussagekräftiges Gutachten vorgelegt wird. Damit kommt die Verwaltung ihrer Verantwortlichkeit nach und kann nachweisen, dass sie bei der Auswahl ihren Pflichten aus Art. 28 DS-GVO nachgekommen ist. 88

> **Praxistipp:**
> Bei Datenschutz-Zertifizierungen ermöglicht ein aussagekräftiges Gutachten die Auswahl eines geeigneten Dienstleisters.

7. Einzelfragen der IT-gestützten Verwaltung

a) Zentralisierung der IT und gemeinsame Nutzung. Art. 91c GG erlaubt Bund und Ländern bei der Planung, der Errichtung und dem Betrieb der für ihre Aufgabenerfüllung benötigten informationstechnischen Systeme zusammenwirken. Dem Bund und den Ländern wird damit eine gemeinsame Handlungsoption eröffnet, bei der Planung, Errichtung und dem Betrieb informationstechnischer Systeme gemeinsam aktiv zu werden. Online-Dienstleistungen sollen damit über einen zentralen Bürgerportalverbund erreichbar sein. Konflikte entstehen allerdings mit Blick auf das Verbot der Mischverwaltung.[143] Danach muss grundsätzlich jedes Verwaltungshandeln einem bestimmten Verwaltungsträger zuzuordnen sein. Der Verwaltungsträger hat seine Aufgaben „mit eigenem Personal, eigenen Sachmitteln und eigener Organisation wahrzunehmen."[144] Ganz überwiegend wird die Auffassung vertreten, es lasse sich aus diesen Prinzipien kein absolutes Verbot der Mischverwaltung entnehmen. Art. 20 Abs. 1–3 GG iVm Art. 79 Abs. 3 GG hindere den Gesetzgeber nicht, „in begrenzten Ausnahmefällen die konkreten Ausprägungen der dort verankerten Grundsätze aus sachgerechten Gründen zu modifizieren."[145] Eine solche zulässige Modifikation bildet nach überwiegender Auffassung bereits Art. 91c Abs. 1 GG, der allgemein die Zusammenarbeit von Bund und Ländern im Bereich informationstechnischer Systeme erlaubt.[146] Des Weiteren lässt der Art. 91c Abs. 5 GG eine Zusammenarbeit bei dem Betrieb gemeinsamer Systeme zu und auch die Länder können darüber hinaus den gemeinschaftlichen Betrieb informationstechnischer Systeme sowie die Errichtung von dazu bestimmten Einrichtungen vereinbaren, Art. 91c Abs. 3 GG. Jedoch ist dabei zu bedenken, dass gerade das Gebot, das jede Entscheidung der Verwaltung auf einen Entscheidungsträger zurückführbar sein muss, aus dem Demokratie- und Rechtsstaatsprinzip 89

---

[141] S. zB das Europäische Datenschutz-Gütesiegel EuroPriSe, das von 2009 bis 2013 vom Unabhängigen Landeszentrum für Datenschutz (ULD) in Schleswig-Holstein angeboten wurde und seit 2013 eigenständig ist, diente der Regelung in der DS-GVO als Vorbild, http://www.europarl.europa.eu/pdfs/news/expert/infopress/20101215IPR10208/20101215IPR10208_en.pdf, zuletzt abgerufen am 21.6.2018.
[142] Bock in Wright/DeHert Enforcing Privacy, 335 (342).
[143] Dazu BVerfG Urt. v. 20.12.2007 2 BvR 2433/04, 2 BvR 2434/04, Rn. 183 ff.
[144] BVerfGE 119, 331 (364).
[145] BVerfGE 137, 108 (145) zur Mischverwaltung nach Art. 91e GG; vgl. auch Dietlein in BeckOK GG Art. 79 Rn. 44.
[146] Heun in Dreier GG Art. 91c Rn. 6; Suerbaum in BeckOK GG Art. 91c Rn. 3 ff.; Gröpl in Maunz/Dürig GG Art. 91c Rn. 5 ff., hält Art. 91 Abs. 1 GG sogar für deklaratorisch und verzichtbar.

folgt.¹⁴⁷ Dieser Anspruch ist auch bei Nutzung informationstechnischer Systeme nicht aufzugeben.

90   Bei einer zunehmenden Mischverwaltung ist für die Bürgerinnen und Bürger, aber oft auch für die Verwaltung nicht mehr klar, wer als verantwortliche Stelle handelt. Zwar sieht auch die DS-GVO eine gemeinsame Verantwortlichkeit bei Verwaltungshandeln vor. Letztlich muss aber stets eindeutig zu klären sein, welche Entscheidungen in welche Fachkompetenz fallen. Insoweit müssen für die technischen Systeme klare Zuweisungen von Verantwortlichkeit auch für den Bereich von Schnittstellen getroffen werden. Gerade Fehler bei der „Übergabe" von Informationen können für Bürgerinnen und Bürger empfindliche Folgen haben. Ihnen wird es zumeist an den Möglichkeiten fehlen, den Fehlerursachen nachzugehen. Soweit die Verwaltung im Rahmen von gemeinsamen Angeboten, zB über Portale, Aufgaben wahrnimmt, muss sie den Bürgerinnen und Bürgern auch bei Auskunftsverlangen, Beschwerden und der Fehlerbehebung einen einheitlichen Ansprechpartner zur Verfügung stellen und darf den Bürger nicht mit der Begründung mangelnder Zuständigkeit abweisen.

> **Praxistipp:**
> Auch bei digitalen Angeboten der Verwaltung muss für die Bürgerinnen und Bürger stets klar sein, wer als zuständige Behörde hinter dem Angebot steht.

91   **b) Kommunikation mit Bürgerinnen und Externen via E-Mail.** Der elektronische Brief (E-Mail) ist eine schnelle und auch bei Behörden beliebte Form der Kommunikation untereinander sowie mit den Bürgerinnen und Bürgern. Auch wenn die noch immer überwiegende Zahl der Behörden nicht über einen elektronischen Posteingang verfügt, so hindert sie dies nicht, Informationen per E-Mail zu versenden. Die einfache E-Mail wird allerdings zu Recht mit einer Postkarte verglichen, bei der es im Belieben des Zustellers steht, ob er den Inhalt zur Kenntnis nimmt oder nicht. Zumindest hindert ihn keine technische Zugangsbarriere daran, Postkarten zu lesen. So ähnlich verhält es sich mit einer unverschlüsselten E-Mail, auf deren Inhalt der Provider ungehindert zugreifen kann. Tatsächlich erfolgt dies auch bei kostenlos zu Verfügung gestellten E-Mail-Diensten häufig, um zielgerichtete Werbefläche verkaufen zu können.

92   Damit wird deutlich, dass bei Nutzung unverschlüsselter E-Mails Vertraulichkeit nicht gewährleistet werden kann.¹⁴⁸ Werden per E-Mail personenbezogene Daten versendet, und das ist regelmäßig schon allein aufgrund von personenbeziehbaren E-Mail-Adressen der Fall, darf der Umstand und der Inhalt der Kommunikation nicht ohne weiteres an Dritte übermittelt werden. Insbesondere die Verwaltung bedarf zur Übermittlung eine Rechtsgrundlage. Wird die Behörde von einem Bürger oder einer Bürgerin per E-Mail angeschrieben kann dies als eindeutige Handlung verstanden werden, mit der Behörde auf elektronischem Wege kommunizieren zu wollen und damit in diese Kommunikationsform einzuwilligen. Auf Seiten der Behörde ist dabei aber darauf zu achten, dass sie auch bei Vorlage einer Einwilligung dazu verpflichtet ist, als verantwortliche Stelle die geeigneten technischen und organisatorischen Mittel zu wählen. Das bedeutet beispielsweise, dass für die Verarbeitung besonderer Kategorien von Daten auch ein erhöhter Schutzbedarf besteht, der berücksichtigt werden muss. Werden beispielsweise Gesundheits- oder Sozialdaten versendet, kann dies nur über eine Ende-zu-Ende-Verschlüsselung angemessen vertraulich erfolgen.¹⁴⁹ Eine Ende-zu-Ende Verschlüsselung ist erforderlich, damit sichergestellt werden kann, dass ausschließlich der Empfänger die Nachricht entschlüsseln kann.

---

¹⁴⁷ BVerfGE 137, 108 (143f.).
¹⁴⁸ Dies gilt ebenso für unverschlüsselte E-Fax-Kommunikation.
¹⁴⁹ S. Anlage zu § 78a S. 2 Nr. 4 SGB X besagt, dass Maßnahmen zu treffen sind, „die je nach der Art der zu schützenden Sozialdaten oder Kategorien von Sozialdaten geeignet sind, zu gewährleisten, dass Sozialdaten bei der elektronischen Übertragung oder während ihres Transports oder ihrer Speicherung auf Da-

> **Praxistipp:**
> Beim Beantworten von E-Mails ist darauf zu achten, dass keine sensiblen Informationen unverschlüsselt versendet werden.

8. Open Data und Informationsfreiheit

Zusammen mit dem Ruf nach Digitalisierung der Verwaltung erklingt ebenso der Ruf nach Veröffentlichung behördlicher Daten („open data"). Begründet wird dies mit einem öffentlichen Interesse an der Publizität der Informationen. Handelt es sich dabei um personenbezogene Informationen, gilt zunächst einmal aber unverändert der datenschutzrechtliche Regelungsvorbehalt. Die personenbezogenen Daten können folglich nur dann veröffentlicht werden, wenn für diesen Verarbeitungsschritt eine Rechtsgrundlage besteht. Ein Beispiel in diesem Bereich bilden etwa die sog. Geo-Daten. Es handelt sich dabei um georeferenzierte Informationen, deren Veröffentlichung die Europäische INSPIRE-Richtlinie[150] vorsieht, die landesrechtlich umgesetzt ist. Danach können Geo-Informationen dann von der Verwaltung veröffentlicht werden, wenn dies im öffentlichen Interesse liegt und die datenschutzrechtlichen Vorgaben eingehalten werden. Als öffentliche Interessen werden dabei Umweltbelange und kommunale Planungsentscheidungen genannt.[151]

93

Behördliche Veröffentlichung können eine hohe Eingriffsintensität haben, da die Informationen dauerhaft einem großen Kreis von Empfängern bereitgestellt wird. Gerade im Hinblick auf Fachinformationen ist eine Beurteilung des Risikos für die Rechte und Freiheiten der Betroffenen kaum möglich. Maßgeblich können in diesem Zusammenhang nur wichtige Interessen der Allgemeinheit sein. So dient es beispielsweise dem Rechtsstaat, wenn Gerichtsurteile der Öffentlichkeit zur Verfügung gestellt werden. Eine Veröffentlichung dient insofern demselben Zweck, wie es die öffentliche Verhandlung vorsieht. Je detaillierter aber die Informationen und je genauer eine Bestimmung des Individuums möglich ist, desto strenger sind die Maßstäbe, die an die Erforderlichkeit und Verhältnismäßigkeit von Veröffentlichungen gestellt werden.

94

Die DS-GVO hat das Bedürfnis nach Transparenz der Verwaltung in Art 86 DS-GVO anerkannt und sieht vor, das personenbezogene Daten in amtlichen Dokumenten, die sich im Besitz einer Behörde oder einer öffentlichen Einrichtung oder einer privaten Einrichtung zur Erfüllung einer im öffentlichen Interesse liegenden Aufgabe befinden, von der Behörde oder der Einrichtung gemäß dem Unionsrecht oder dem Recht des Mitgliedstaats, dem die Behörde oder Einrichtung unterliegt, offengelegt werden dürfen, um den Zugang der Öffentlichkeit zu amtlichen Dokumenten mit dem Recht auf Schutz personenbezogener Daten gemäß dieser Verordnung in Einklang zu bringen. Es handelt sich dabei aber lediglich um eine Rechtsgrundlage für die Veröffentlichung, nicht um eine Pflicht zur Veröffentlichung im Sinne der Informationsfreiheits- und Transparenzgesetze des Bundes und der Länder. Es bleibt damit auch unter dem Geltungsbereich der DS-GVO dem Bund- und den Ländern überlassen, inwiefern Sie – im Rahmen der verfassungsrechtlichen Verpflichtung zur Informationsfreiheit[152] – Transparenzpflichten der Verwaltung normieren.[153]

95

---

tenträger nicht unbefugt gelesen, kopiert, verändert oder entfernt werden können, und dass überprüft und festgestellt werden kann, an welche Stellen eine Übermittlung von Sozialdaten durch Einrichtungen zur Datenübertragung vorgesehen ist (Weitergabekontrolle)".

[150] ABl. EU 2007 L 108, 1.
[151] Buchner/Petri in Kühling/Buchner DS-GVO Art. 6 Rn. 127.
[152] Zur Gewährleistung des Zugangs zu Daten der Exekutive durch das Grundrecht der Informationsfreiheit s Nolte NVwZ 2018, 521.
[153] Specht in Sydow DS-GVO Art. 86 Rn. 13.

9. Öffentlichkeits- und Pressearbeit der Verwaltung

96 Zum Tätigkeitsbereich öffentlicher Stellen gehört vielfach nicht mehr nur die Erfüllung der originären öffentlichen Aufgaben, sondern auch ein gewisses Maß an Öffentlichkeits- und Pressearbeit. Die Veröffentlichung von Pressemitteilungen, die Selbstdarstellung der Behörde in der Öffentlichkeit oder die Nutzung von Social Media-Auftritten geht in aller Regel aber immer auch mit der Verarbeitung personenbezogener Daten einher. Neben spezifischen äußerungsrechtlichen Fragestellungen[154] stellen sich dabei also auch Fragen nach den Vorgaben des Datenschutzrechts hinsichtlich der Erhebung, Speicherung und Nutzung von personenbezogenen Daten zu Zwecken der Öffentlichkeitsarbeit.

97 **a) Die fehlende Umsetzung des Art. 85 DS-GVO.** Grundsätzlich unterliegt auch die Datenverarbeitung öffentlicher Stellen zu Zwecken der Öffentlichkeitsarbeit dem Verbot mit Erlaubnisvorbehalt und bedarf damit einer Rechtsgrundlage. Konkrete Regelungen dazu sieht die DS-GVO jedoch nicht vor, sodass öffentliche Stellen insoweit entweder auf den allgemeinen Katalog des Art. 6 Abs. 1 DS-GVO zurückgreifen müssen oder die nationalen Gesetzgeber den Spielraum der Öffnungsklauseln zur Schaffung entsprechender Rechtsgrundlagen nutzen müssen. Eine entsprechende Öffnungsklausel sieht die DS-GVO in Art. 85 DS-GVO auch ausdrücklich vor, wo in Abs. 1 vorgesehen ist, dass die Mitgliedstaaten durch Rechtsvorschriften das Recht auf den Schutz personenbezogener Daten gemäß der DS-GVO mit dem Recht auf freie Meinungsäußerung und Informationsfreiheit, einschließlich der Verarbeitung zu journalistischen Zwecken und zu wissenschaftlichen, künstlerischen oder literarischen Zwecken, in Einklang bringen. In Art. 85 Abs. 2 DS-GVO wird den Mitgliedstaaten zudem die Möglichkeit eingeräumt für Verarbeitungen, die zu journalistischen Zwecken oder zu wissenschaftlichen, künstlerischen oder literarischen Zwecken erfolgt, Abweichungen oder Ausnahmen von Kapitel II, Kapitel III, Kapitel V, Kapitel VI, Kapitel VII und Kapitel IX vorzunehmen, wenn dies erforderlich ist, um das Recht auf Schutz der personenbezogenen Daten mit der Freiheit der Meinungsäußerung und der Informationsfreiheit in Einklang zu bringen.

98 Einigkeit fehlt dabei bereits dahingehend, ob es sich bei Abs. 1 und Abs. 2 um verschiedene[155] oder eine einzelne (durch Abs. 2 konkretisierte)[156] Öffnungsklauseln handelt. Nicht geklärt ist ebenso, ob der in Art. 85 DS-GVO enthaltene Ausgestaltungsauftrag auch durch eine umfassende Bereichsausnahme[157] erfüllt werden kann, wie ihn § 41 BDSG aF bisher vorsah oder ob eine konkrete, eine Abwägung ermöglichende, Rechtsgrundlagen für die Datenverarbeitung zu Zwecken der Öffentlichkeitsarbeit unter angemessener Relativierung der Betroffenenrechte erforderlich sind.[158] Vertreten wird nicht zuletzt sogar, dass es in Deutschland gar keiner Umsetzung des Art. 85 DS-GVO bedürfe, da Art. 5 GG bereits auf der Ebene der praktischen Konkordanz die DS-GVO mit den Schutzgütern des Art. 85 DS-GVO in Einklang bringen.[159]

99 Relevant ist all dies deshalb, weil eine aktive und konkrete Umsetzung des Ausgestaltungsauftrags mit Blick auf die Öffentlichkeitsarbeit öffentlicher Stellen bisher nicht erfolgt ist. Öffentliche Stellen sind, da sie als Teil der öffentlichen Gewalt, nicht selbst Grundrechtsträger im Sinne des Art. 5 GG sein können, folglich darauf angewiesen, die zu Zwecken ihrer Öffentlichkeitsarbeit erforderlichen Datenverarbeitungen über andere Rechtsgrundlagen zu legitimieren. Während nicht-öffentliche Stellen bis auf Weiteres mit

---

[154] Vgl. etwa zur Verletzung des Rechts einer Partei auf chancengleiche Teilnahme am politischen Wettbewerb durch Äußerungen eines Bundesministeriums die Entscheidung des BVerfG NVwZ 2018, 485.
[155] Schulz/Heilmann in Gierschmann DS-GVO Art. 85 Rn. 6; Albrecht/Janson CR 2016, 500 (502).
[156] So wohl Buchner/Tinnefeld in Kühling/Buchner DS-GVO Art. 85 Rn. 1; unklar bei Pauly in Paal/Pauly DS-GVO Art. 85 Rn. 5.
[157] Dies bejahend Schulz/Heilmann in Gierschmann DS-GVO Art. 85 Rn. 6.
[158] So hinsichtlich der Umsetzung für die Meinungsfreiheit Engeler Telemedicus v. 19. 3. 2018, abrufbar unter http://tlmd.in/a/3272, zuletzt abgerufen am 21. 6. 2018.
[159] In diese Richtung wohl Brink K&R 2018, 3.

Einwilligungen (Art. 6 Abs. 1 lit. a DS-GVO), Vertragsgestaltungen (Art. 6 Abs. 1 lit. b DS-GVO) und der allgemeinen Interessenabwägung (Art. 6 Abs. 1 lit. f DS-GVO) arbeiten müssen, stellt sich die Situation für öffentliche Stellen schwieriger dar. Eine Einwilligung begegnet grundsätzlichen Bedenken (siehe unter → Rn. 27 f.) und Art. 6 Abs. 1 lit. f DS-GVO ist gemäß Art. 6 Abs. 1 S. 2 DS-GVO weitestgehend unanwendbar. Als Lösung wird teilweise vertreten, dass die Öffentlichkeitsarbeit von Verwaltung und Behörden ohnehin zu deren erweiterten Aufgabenkreis gehöre und daher bereits durch Art. 6 Abs. 1 lit. c DS-GVO iVm § 3 BDSG gerechtfertigt sei.[160] Dem wird man jedenfalls entgegenhalten müssen, dass aus einer Aufgabenbeschreibung eben nicht in jedem Fall auch eine Verarbeitungsbefugnis folgt und die Rechtsprechung derartige Äußerungsrechte und Öffentlichkeitsarbeit tendenziell nur bei Behörden mit staatsleitender Funktion anerkannt hat. Ohne Schaffung konkreter Rechtsgrundlagen für die Öffentlichkeitsarbeit öffentlicher Stellen in Umsetzung der Art. Art. 6 Abs. 1 lit. c und e DS-GVO ist die Datenverarbeitung zu entsprechenden Zwecken daher kaum zu erfassen.

> **Praxistipp:**
> Die Verarbeitung personenbezogener Daten zu Zwecken der Öffentlichkeitsarbeit der Verwaltung ist problematisch, soweit der Landesgesetzgeber zur Umsetzung des Art. 85 DS-GVO keine Rechtsgrundlage geschaffen hat.

Eine Besonderheit bilden hier die Datenschutzaufsichtsbehörden, denen die DS-GVO in Art. 57 Abs. 1 lit. b DS-GVO unmittelbar eine Befugnis zur Aufklärung und Sensibilisierung der Öffentlichkeit über die Risiken, Vorschriften, Garantien und Rechte im Zusammenhang mit der Datenverarbeitung einräumt. Auch hier wird man nicht ohne Weiteres auch eine Befugnis zur diesbezüglichen Datenverarbeitung annehmen können, da die reine Aufgabenbeschreibung mangels hinreichender Bestimmtheit kaum den Anforderungen an eine taugliche Rechtsgrundlage gerecht wird. Konkretisierende Normen sind also auch insoweit erforderlich. 100

b) Social Media-Nutzung durch öffentliche Stellen. Einen erheblichen Teil der Öffentlichkeitsarbeit von Behörden und Verwaltung stellen die Nutzung modernen Kommunikationsplattformen wie Facebook, Twitter, Instagram und andere Social Media-Angebote dar. Auch hier stellen sich neben inhaltlichen Fragen, etwa bezüglich der Zulässigkeit, bestimmte Nutzerinnen und Nutzer von den geteilten Inhalten auszuschließen,[161] datenschutzrechtliche Fragen. 101

Insbesondere die Frage der Verantwortlichkeit für die Nutzung dieser Dienste war dabei viele Jahre umstritten. Der entscheidende Diskussionspunkt ist die Abgrenzung zwischen einer selbstständigen Verantwortlichkeit der öffentlichen Stelle und einer möglichen Verantwortlichkeit für die genutzten Dienste als Auftragsverarbeiter. Die Rechtsprechung hat sich bisher zurückhaltend bezüglich der Annahme einer Auftragsverarbeitung der Social Media-Dienste für die öffentlichen Stellen gezeigt.[162] Die entsprechenden Entscheidungen ergingen jedoch allesamt unter der Geltung des BDSG aF und ließen eine genauere Würdigung der früheren DS-RL vermissen. In der Literatur wird mittlerweile mit Blick auf Wortlaut und Systematik des europäischen Datenschutzrechts überzeugend vertreten, dass eine Verantwortlichkeit für Dritte immer dann anzunehmen ist, wenn diese 102

---

[160] So ein Vertreter des BMI im DSGVO-Tagungsbericht des Bundesverbands deutscher Pressesprecher, 15, abrufbar unter https://www.bdp-net.de/sites/default/files/tagungsbericht_dsgvo-fachkonferenz_22032018.pdf, zuletzt abgerufen am 21.6.2018.
[161] Siehe die Ausarbeitung der Wissenschaftlichen Dienste des Bundestages, Zugang zur Öffentlichkeitsarbeit der Polizei in sozialen Medien („Twitter"), WD 3-3000-044/18.
[162] Grundlegend anhand von FacebookSeiten VG Schleswig ZD 2014, 51; bestätigt durch OVG Schleswig ZD 2014, 643.

im Interesse einer öffentlichen Stelle für deren Zwecke tätig wird.[163] Nutzen öffentliche Stellen folglich moderne Social Media-Dienste zu Zwecken der eigenen Öffentlichkeitsarbeit sind sie für die in ihrem Interesse stattfindende Verarbeitung der Daten von Seitenbesuchern genauso verantwortlich wie sie es etwa für den Betrieb der eigenen Website wären. Der Generalanwalt beim EuGH Bot bestätigte diese Sichtweise in seinen Schlussanträgen in dem Rechtsstreit bezüglich des Betriebs von Facebook-Seiten zuletzt.[164] Der EuGH hat darauf in seinem Urteil vom 5.6.2018 (C-210/16) eine gemeinsame Verantwortlichkeit festgestellt.

103   Neben der rein datenschutzrechtlichen Diskussion über die Verantwortlichkeit für Social Media-Angebote kommen bezüglich der Öffentlichkeitsarbeit von Verwaltung und Behörden auch verfassungsrechtliche Erwägungen hinzu. Das BVerfG entschied in seiner Entscheidung zu Sektenwarnungen, dass auch solche Folgen grundrechtserheblich sind, „die indirekt mit dem eingesetzten Mittel oder dem verwirklichten Zweck zusammen hängen".[165] Öffentliche Stellen sind daher jedenfalls aufgrund ihrer unmittelbaren Bindung an die Grundrechte angehalten, bei der Nutzung entsprechender Dienste zu prüfen, ob die damit einhergehende Verarbeitung personenbezogener Daten der Bürgerinnen und Bürgern mit geltendem Datenschutzrecht vereinbar ist und können nicht auf die vermeintliche fehlende Kontrolle über die in ihrem Interesse tätig werdenden Dienstanbieter verweisen.

> **Praxistipp:**
> Bei der Nutzung von Social Media zu Zwecken der eigenen Öffentlichkeitsarbeit ist zu bedenken, dass sie für die in ihrem Interesse stattfindende Verarbeitung der Daten von Seitenbesuchern genauso verantwortlich ist wie für den Betrieb der eigenen Website.

10. Die behördliche Datenschutzbeauftragte

104   Mit einer Ausnahme für die justizielle Tätigkeit der Gerichte (dazu im Detail → § 22 Rn. 56) bestimmt Art. 37 Abs. 1 lit. a DS-GVO, dass öffentliche Stellen und Behörden für die Verarbeitung personenbezogener Daten eine oder einen Datenschutzbeauftragten zu benennen haben. Sie können auch einen gemeinsamen Beauftragten benennen, wenn ihre Organisationsstruktur und ihrer Größe dies zulassen (Abs. 3). Die Intention des Europäischen Gesetzgebers war es mit Art. 37 alle öffentlichen Stellen und Behörden zu erfassen. Dem entspricht der Bundesgesetzgeber mit der Regelung in § 5 Abs. 1 S. 2 BDSG und bezieht öffentliche Stellen, die als öffentlich-rechtliche Unternehmen am Wettbewerb teilnehmen – und insofern als nicht-öffentliche Stellen im BDSG gelten – in die Benennungspflicht ein. Abermals muss an dieser Stelle attestiert werden, dass Teile der Regelung, nämlich § 5 Abs. 1 S. 1 und Abs. 2 BDSG, dem Wiederholungsverbot anheimfallen.[166] Sie enthalten gegenüber der DS-GVO keine eigenständigen Regelungen.[167] Die Bestellpflicht dürfte auch für kommunale Einrichtungen gelten. Eine Unterscheidung zum Begriff der Behörde und öffentlichen Stelle ergibt sich jedoch für Beliehene. Diese werden im BDSG im Hinblick auf die Wahrnehmung öffentlicher Aufgaben über § 2 Abs. 4 S. 2 BDSG aber ausdrücklich einbezogen.

---

[163] Ausführlich Engeler MMR 2017, 651.
[164] Vorabentscheidungsersuchen des BVerwG, eingereicht am 14.4.2016 – C210/16.
[165] BVerfGE 105, 279 Rn. 79.
[166] AA Bergt in Kühling/Buchner BDSG § 5 Rn. 1, die den § 5 BDSG im Ergebnis für anwendbar halten, ohne den Vorrang der DS-GVO berücksichtigen zu müssen. Dies trifft nur insoweit zu, als § 5 BDSG zulässige Ergänzungsregeln trifft. Die Reglungen, die gegen das Wiederholungsverbot verstoßen fallen aber nicht darunter.
[167] Zwar regelt das BDSG auch solche Verarbeitungstätigkeiten, die nicht in den Anwendungsbereich der DS-GVO und der Richtlinie fallen, jedoch hätte der Bundesgesetzgeber dies an den entsprechenden Stellen deutlich machen müssen.

Besteht ihre Kerntätigkeit in einer Verarbeitung, die eine regelmäßigen Überwachung der 105
betroffenen Personen in großem Umfang erfordert oder die in einer umfangreichen Verarbeitung besonderer Kategorien von personenbezogenen Daten oder von Daten über strafrechtliche Verurteilungen und Straftaten besteht, so „empfiehlt" der ErwGr 97 DS-GVO dem Verantwortlichen, er solle der oder dem Datenschutzbeauftragten weiteres Fachpersonal an die Seite stellen. Zu den Kerntätigkeiten sollen diejenigen Tätigkeiten eines Verantwortlichen zählen, die zu seinen Haupttätigkeiten gehören (ErwGr 97 DS-GVO).[168] Zwar nimmt der ErwGr 97 DS-GVO nur für den privaten Sektor Nebentätigkeiten aus, ErwGr 97 DS-GVO wird aber relevant, wenn die Behörde oder öffentliche Stelle einen privaten Dienstleister beauftragt, zB für die Digitalisierung der Akten. Die Ausnahme von Nebentätigkeit ist jedoch auch für den privaten Bereich nicht nachzuvollziehen. Ob sich eine verantwortliche Stelle im Kern mit intensiver Überwachung oder damit „nur" im Nebengeschäft beschäftigt, ist für die davon ausgehenden Risiken und die Beeinträchtigung der Rechte und Freiheiten der Betroffenen nebensächlich. Gerade dort, wo eine intensive oder sehr umfangreiche Verarbeitung als Nebentätigkeit stattfindet und damit nicht im unmittelbaren Augenmerk des Verantwortlichen steht, scheint eine Betreuung durch mehr als eine oder einen Datenschutzbeauftragten, der oder die durch weiteres Fachpersonal unterstützt wird, angezeigt Eine besondere Absicherung in diesen Bereichen erscheint auch vor dem Hintergrund der Rechenschaftspflicht des Verantwortlichen (Art. 5 Abs. 2 DS-GVO) angeraten. Im öffentlichen Bereich wird diese Empfehlung vor allem für Krankenhäuser, Sozialstationen, die mit Videoüberwachung befassten Stellen sowie die Straßenverkehrsüberwachung zutreffen, bei der Beauftragung von Dienstleistern aus dem nicht-öffentlichen Bereich beispielsweise für den Betrieb von Videoüberwachungsanlagen und der Digitalisierung von Akten.

a) Benennung. Anders als noch im BDSG aF muss der oder die Datenschutzbeauftragte 106
nicht bestellt, sondern lediglich benannt werden, Art. 31 Abs. 1 DS-GVO. Die Benennung kann sowohl befristet als auch auf unbestimmte Zeit erfolgen.[169] Sie muss allerdings nachweisbar sein, sodass sich schon aus diesem Grunde eine schriftliche Benennung empfiehlt. Um seinen in Art. 39 DS-GVO und § 7 BDSG genannten Aufgaben nachkommen zu können, muss der oder die Datenschutzbeauftragte über das dafür erforderliche Fachwissen verfügen und sich dafür entsprechend fortbilden. Das für die Aufgabenwahrnehmung erforderliche Fachwissen bemisst sich nach der Art der Verarbeitung und dem Schutzbedarf[170] im Hinblick auf die durch die Verarbeitung bestehenden und möglichen Risiken für die Betroffenen.[171] Er oder sie muss nicht Beschäftigte der öffentlichen Stelle sein, sondern kann auch als „Externe" die Aufgaben auf der Grundlage eines Dienstleistungsvertrages erfüllen, § 5 Abs. 4 BDSG. Zu den Fähigkeiten des oder der Datenschutzbeauftragten gehört neben Zuverlässigkeit und Integrität[172] auch, dass eine sprachliche Verständigung sowohl mit den Beschäftigten als auch den Betroffenen möglich sein muss, um die Aufgaben des Art. 39 DS-GVO zu erfüllen. Ob dafür auch eine räumliche Nähe zum Verarbeitungsort, dem Ort der Beschäftigten und den Betroffenen bestehen muss, hängt von der Art der Verarbeitung ab. Grundsätzlich ist ein vor-Ort-sein nicht in jedem Fall erforderlich, es sollte aber möglich sein und nicht mit erheblichen Aufwänden verbunden sein.

---

[168] Paal in Paal/Pauly DS-GVO Art. 37 Rn. 8.
[169] Marschall/Müller ZD 2016, 415.
[170] Zur Bestimmung des Schutzbedarfs siehe DSK Das Standard-Datenschutzmodell, 36.
[171] S. Art. 39 Abs. 2 DS-GVO, der die Anforderungen im Hinblick auf die Erfüllung der Aufgaben beschreibt; ErwGr 97 DS-GVO stellt auf die durchgeführten Datenverarbeitungsvorgängen und den erforderlichen Schutz für die von dem Verantwortlichen oder Auftragsverarbeiter verarbeiteten personenbezogenen Daten ab.
[172] Paal in Paal/Pauly DS-GVO Art. 37 Rn. 13.

107 Unter Berücksichtigung ihrer Organisationsstruktur können öffentliche Stellen auch einen oder eine gemeinsame Datenschutzbeauftragte benennen. Dies kann auch ein oder eine bereichsübergreifende Datenschutzbeauftragte sein, wie es das BDSG bisher vorsah. Maßgeblich ist, dass die oder der Datenschutzbeauftragte tatsächlich in der Lage ist, die Aufgabe angemessen zu übernehmen.[173] Das bedeutet, das er oder sie über ausreichende zeitliche Kapazitäten verfügen muss, um die Aufgaben aus Art. 39 DS-GVO wahrzunehmen, insbesondere für die Beschäftigten und Betroffenen ansprechbar zu sein. Unverändert muss es sich um eine natürliche Person handeln.[174]

108 Wichtig ist zudem, dass der oder die Beauftragte durch die Benennung keinen Interessenkonflikten ausgesetzt ist. Interessenkonflikte können entstehen, wenn der Verantwortliche der einzige Kunde eines externen Datenschutzbeauftragten ist oder dieser maßgeblich finanziell von dem Verantwortlichen abhängig ist und Pflichten und Aufgaben nicht in vollständiger Unabhängigkeit ausgeübt werden können. Weiterhin dürfen aufgrund der Aufgabenstellung keine Konflikte entstehen. Dies wird regelmäßig der Fall sein, wenn der oder die Datenschutzbeauftragte Leiter einer Abteilung ist oder zugleich IT-Sicherheitsbeauftragte, da die Schutzziele der Aufgabenbereiche gegenläufig sein können. Auch wenn der oder die Mitarbeiterin, nicht an Entscheidungen mitwirkt, so sind Interessenkonflikte bei der Umsetzung von Anweisungen mit der IT-Leitung vorprogrammiert. Im Zentrum der Aufgaben des oder der IT-Sicherheitsbeauftragten steht der Schutz der Behörde vor Angriffen. Im Zentrum der Aufgaben des oder der Datenschutzbeauftragten steht die Einhaltung der datenschutzrechtlichen Bestimmungen und damit der Schutz der Rechte und Freiheiten der Betroffen. So wird es beispielsweise dem oder der IT-Sicherheitsbeauftragten darauf ankommen, die Systeme so zu konfigurieren, dass maximale Kontrolle möglich ist. Der oder die Datenschutzbeauftragte ist demgegenüber gehalten, die Rechte der Beschäftigten bei der Systemgestaltung angemessen zu gewährleisten. So sind beispielsweise besondere Schutzmaßnahmen für die Kommunikationsmöglichkeiten von Personalräten vorzuhalten.

> **Praxistipp:**
> Grundsätzlich soll der Datenschutzbeauftragte, wenn er noch eine weitere Tätigkeit in der öffentlichen Stelle ausübt, sich nicht selbst kontrollieren müssen.

109 **b) Aufgaben, Rechte und Pflichten.** Dem oder der Datenschutzbeauftragten obliegt die Unterrichtung und Schulung der Mitarbeitenden in allen datenschutzrechtlichen Belangen der öffentlichen Stelle. Wesentliche Aufgabe ist die Überwachung der Einhaltung der datenschutzrechtlichen Vorschriften sowie der internen Vorgaben,[175] etwa durch ein Datenschutz-Managementsystem, einer Datenschutz-Governance, der Einhaltung von verbindlichen Unternehmensregeln (BCR) oder Verhaltensregeln (codes of conduct). Der Leitung berichtet er direkt und berät diese auf deren Anfrage zur Datenschutzfolgenabschätzung. Für Betroffene ist die oder der Datenschutzbeauftragte Anlaufstelle für Aus-

---

[173] Vgl. Heberlein in Ehmann/Selmayr DS-GVO Art. 37 Rn. 31.
[174] Die DS-GVO schließt nicht explizit aus, dass auch juristische Personen Datenschutzbeauftragte sein können. Jedoch ergibt sich aus dem Wortlaut und den aufgezählten Fähigkeiten und Kompetenzen, dass diese nur von einer natürlichen Person wahrgenommen werden können. Dies mag im Hinblick auf die wachsende Komplexität der Materie unglücklich sein. Ziel war es aber eine Ansprechperson im Unternehmen oder der öffentlichen Stelle zu bestimmen, die für Datenschutzfragen zuständig sein und die Umsetzung der Anforderungen der DS-GVO koordinieren sollte; ebenso iE Kühling/Buchner in Kühling/Buchner DS-GVO Art. 37 Rn. 36; Heberlein in Ehmann/Selmayr DS-GVO Art. 37 Rn. 43; Paal in Paal/Pauly DS-GVO Art. 37 Rn. 15.
[175] Art. 39 Abs. 1 lit b DS-GVO, § 7 Abs. 2 BDSG.

künfte und Beschwerden über die Verarbeitung ihrer personenbezogenen Daten bei der öffentlichen Stelle gem. 37 Abs. 7 DS-GVO.[176]

Die Kontaktaufnahme zum Datenschutzbeauftragten kann über eine Funktionsadresse 110 erfolgen, zB über datenschutz@verwaltung.de oder Datenschutzbeauftragter@xy.deDatenschutzbeauftragter@xy.de. Eine namentliche Bezeichnung der oder des Datenschutzbeauftragten zur Kontaktaufnahme ist hingegen nicht erforderlich.[177] Jedoch ist die benannte Person namentlich bei der zuständigen Aufsichtsbehörde zu melden. Art. 37 Abs. 7 DS-GVO[178] ist in dieser Hinsicht unglücklich formuliert. Der Wortlaut legt nahe, dass nur die veröffentlichten Informationen der Aufsichtsbehörde mitzuteilen sind. Dies wäre nicht sachgerecht. Vielmehr muss die Aufsichtsbehörde in die Lage versetzt werden, die Benennung auch nachzuprüfen und ggfs. einen Verstoß nach Art. 83 Abs. 4 lit. a DS-GVO festzustellen. Daraus lässt sich aber andersherum nicht ableiten, dass auch der Name der oder des Datenschutzbeauftragten veröffentlicht werden muss. Eine Kontaktaufnahme mag mit Namen persönlicher und vertrauensbildend[179] ausfallen, erforderlich ist sie aber nicht. Die namentliche Nennung des Datenschutzbeauftragten in der Kontaktinformation ist daher auch aus Gründen der Datenminimierung jedenfalls gegenüber der Öffentlichkeit entbehrlich, bei der Meldung an die Aufsichtsbehörde jedoch geboten. Soweit die Aufsichtsbehörde kein Verfahren zur Meldung vorsieht kann diese formlos erfolgen. Anzugeben sind der Name des oder der Datenschutzbeauftragten, der Hinweis, ob es sich um eine Mitarbeiterin der öffentlichen Stelle oder eine externe Person handelt, die Information zur Kontaktaufnahme, zB eine E-Mail-Adresse, Anschrift und Telefonnummer, der Name und die Anschrift der öffentlichen Stelle und das Benennungsdatum.

Der oder die Datenschutzbeauftragte ist gem. Art. 39 abs. 1 lit. e DS-GVO Anlaufstelle 111 und damit Ansprechpartner für die Aufsichtsbehörde. Die Beratungen für den oder die Datenschutzbeauftragte durch die Aufsichtsbehörde sind kostenlos. Dadurch soll ein Vertrauensverhältnis zwischen der behördlich-internen und der institutionell-externen Aufsichtsinstanz geschaffen werden. So sehr das Anliegen des Gesetzgebers nach einer konstruktiven Zusammenarbeit nachvollziehbar ist, birgt diese Konstellation auch Konfliktpotential. Weder soll sich die Aufsichtsbehörde durch den Kontakt mit dem oder der Datenschutzbeauftragten in ihrer Unabhängigkeit bei einer Prüfung einschränken lassen, noch soll innerhalb der öffentlichen Stelle ein Misstrauensklima zwischen der Leitung und dem oder der Datenschutzbeauftragten entstehen. Vielmehr scheint hier eine klare Grenzziehung sachgerechter. Ansprechpartner der Aufsichtsbehörde sollte stets die Leitung der öffentlichen Stelle sein. Der oder die Datenschutzbeauftragte sollte sich ganz der Überwachung der Verarbeitung und Beratung der Leitung widmen können. Die Regelung der DS-GVO schließt dies nicht aus. Während einer Prüfung kann der oder die Datenschutzbeauftragte als Ansprechpartner der öffentlichen Stelle dienen, jedoch sollte die Aufsichtsbehörde stets vorher die Leitung einbinden.

> **Praxistipp:**
> Der oder die Datenschutzbeauftragte sollte gut zu erreichen sein.

c) Beteiligung und Mitwirkung bei Datenschutz-Folgenabschätzungen. Der oder 112 die Datenschutzbeauftragte soll so früh wie möglich bei allen mit dem Schutz personenbezogener Daten zusammenhängenden Fragen eingebunden werden, Art. 38 Abs. 1 DS-GVO. Damit wird der Einbindungszeitpunkt erst einmal zurückverlegt, denn tatsächlich

---

[176] § 6 Abs. 5 BDSG entspricht dem Art. 37 Abs. 7 DS-GVO und tritt daher aufgrund des Wiederholungsverbots zurück.
[177] Artikel 29-Datenschutzgruppe, Guidelines on Data Protection Officers ('DPOs'), WP 243 rev.01, 5.4.2017, Ziff. 2.6; ebenso Bergt in Kühling/Buchner DS-GVO Art. 37 Rn. 38.
[178] § 5 Abs. 5 BDSG ist inhaltsgleich.
[179] Dazu näher Bergt in Kühling/Buchner DS-GVO Art. 37 Rn. 38.

ist es eine Aufgabe des oder der Datenschutzbeauftragten festzustellen, ob bei einer Verarbeitung der Schutz personenbezogener Daten betroffen ist. Insofern ist es allemal ratsam, die Datenschutzbeauftragte schon im Rahmen einer gelebten Privacy by Design-Strategie bei der Planung und Konzeption von Verarbeitungen einzubeziehen.[180]

113 Wird die oder der Datenschutzbeauftragter beteiligt, hat ihn die öffentliche Stelle bei der Erfüllung ihrer oder seiner Aufgaben durch Bereitstellung der erforderlichen Ressourcen (räumlich, finanziell, personell und zeitlich)[181] sowie durch Zugang zu den Verarbeitungsvorgängen und den davon betroffenen personenbezogenen Daten zu unterstützen, Art. 38 Abs. 2 DS-GVO. Dazu gehört die Bereitstellung aller Informationen die auf der räumlichen, finanziellen, personellen und zeitlichen Ebene vorhanden sind, beispielsweise die Bereitstellung des Geschäftsverteilungsplans, der unterschiedlichen Geschäftsprozesse, und, soweit vorhanden, eines Rechte- und Rollenkonzepts der IT sowie Informationen zur verwendeten Hardware. Des Weiteren ist der Zugang zu den Verarbeitungen in den Organisationseinheiten zu gewähren und letztlich das Recht zu gewähren, von der Leitungsebene angehört zu werden.[182] Im Idealfall führt dies zu einem beständigen Austausch zwischen der Leitungsebene und dem oder der Datenschutzbeauftragten.

114 Auch wenn eine Zusammenarbeit mit der Leitungsebene durchaus erwünscht ist, so soll der oder die Datenschutzbeauftragte grundsätzlich weisungsfrei arbeiten und bei der Erfüllung ihrer Aufgaben unabhängig sein. Einer funktionsbezogenen Unabhängigkeit stehen organisatorische Anweisungen in der Regel nicht entgegen. Bei Benennung eines externen Datenschutzbeauftragten, werden sich zur Ausübung der Tätigkeit Anweisungen auch nicht vermeiden lassen. In einem geringen Umfang können so beispielsweise anstehende Prüfungen oder Beratungen geplant werden.[183] Wie diese dann aber ablaufen und welche Art der Beratung die oder der Datenschutzbeauftragte wählt, ist allein seiner Fachkompetenz unterstellt. Kontroll- oder Überwachungsmaßnahmen der Leitung dürfen dabei nur hinsichtlich des „Ob" der Aufgabenerfüllung und der Ergebnisse erfolgen, nicht jedoch hinsichtlich des „Wie" der Ausübung der Tätigkeit.

115 Ob der oder die Datenschutzbeauftragte tatsächlich zur „Anwältin des Betroffenen" werden kann, mag dahinstehen. Letztlich sollte die Positionierung im Spannungsfeld zwischen Betroffenen und Leitung nicht außer Acht bleiben. Erfolg wird sich erst dann einstellen, wenn es dem oder der Datenschutzbeauftragten gelingt, den Bogen zwischen den Anforderungen der DS-GVO und den Belangen der öffentlichen Stelle im Hinblick auf Rechtstaatlichkeit und Bürgerinnenvertrauen zu schlagen und dessen Bedeutung für eine moderne Verwaltung herauszuarbeiten; Eine Herkulesaufgabe.

> **Praxistipp:**
> DSB ist man nicht „nebenbei". Die Aufgaben erfordern ausreichend Zeit und eine gute Kenntnis der Verarbeitungsvorgänge der öffentlichen Stelle sowie datenschutzrechtliche als auch eine gute informationstechnische Auffassungsgabe, vorzugsweise solide IT- und Rechtskenntnisse, die nicht mal eben auf die Schnelle in einem Kurs erworben werden können. Nur dann profitiert auch die Leitung und es entsteht eine win-win Situation.

11. Aufsichtsbehördliche Kontrolle der Verwaltung

116 Zu den vielleicht größten Veränderungen, die die DS-GVO gegenüber der bisherigen Rechtslage in Deutschland mit sich bringt, zählt der veränderte Kompetenzenkatalog, der den Datenschutz-Aufsichtsbehörden erstmals auch gegenüber öffentlichen Stellen effektive

---

[180] Ebenso Moos in BeckOK DatenschutzR DS-GVO Art. 38 Rn. 2; Heberlein in Ehmann/Selmayr DS-GVO Art. 38 Rn. 8.
[181] S. dazu die Ausführungen bei Bergt in Kühling/Buchner DS-GVO Art. 38 Rn. 21.
[182] Paal in Paal/Pauly DS-GVO Art. 38 Rn. 4.
[183] Paal in Paal/Pauly DS-GVO Art. 38 Rn. 9.

Kontroll- und Vollzugsbefugnisse verleiht. Das BDSG aF sowie die vorherigen Landesdatenschutzgesetze sahen zwar Untersuchungs- und Kontrollbefugnisse, aber keine Vollzugs- oder Durchsetzungsbefugnisse außerhalb formeller Beanstandungen vor, die zudem keinerlei Rechtswirkung entfalten[184] und mangels materieller Regelungswirkung nicht einmal ein Rechtsschutzbedürfnis der adressierten Behörde auslösten.[185] Als schärfste Mittel der Aufsicht im öffentlichen Bereich bot das BDSG aF sowie die Landesdatenschutzgesetze folglich eher das Pendant zu mahnenden Worten, deren Wirkung sich in einer erhofften Prangerwirkung erschöpften.

Demgegenüber sieht Art. 58 DS-GVO nunmehr einen Gleichklang zwischen den Befugnissen der Aufsichtsbehörden gegenüber öffentlichen und nicht-öffentlichen Stellen vor. Die Aufsichtsbehörden der Länder und des Bundes können damit erstmals auch öffentlichen Stellen anweisen, Verarbeitungsvorgänge gegebenenfalls auf bestimmte Weise und innerhalb eines bestimmten Zeitraums in Einklang mit der DS-GVO zu bringen (Art. 58 Abs. 2 lit. d DS-GVO) oder ihnen gegenüber vorübergehende oder endgültige Beschränkungen der Verarbeitung, einschließlich eines Verbots, verhängen (Art. 58 Abs. 2 lit. f DS-GVO). Zusammen mit dem in Art. 78 Abs. 2 DS-GVO nunmehr ausdrücklich normierten Rechtsbehelf Betroffener gegen Untätigkeit der Aufsichtsbehörden ist folglich zu erwarten, dass diese unter der Geltung der DS-GVO häufiger zu verbindlichem und justiziablem Vorgehen gegenüber Datenschutzverstößen öffentlicher Stellen veranlasst werden. Diese nunmehr einheitlich in der EU geregelten erweiterten Befugnisse bilden daher zu Recht eine der wesentlichen Errungenschaften der DS-GVO,[186] um dem Datenschutzrecht die notwendige Durchsetzungskraft zu verleihen. 117

Der Bundesgesetzgeber hat die Aufgaben (Art. 57 DS-GVO) und Befugnisse (Art. 58 DS-GVO) des oder der Bundesbeauftragten in §§ 13 ff. BDSG ebenfalls aufgriffen und in § 16 Abs. 1 S. 1 BDSG zunächst einmal festgestellt, dass die Bundesbeauftragte die Befugnisse gemäß Art. 58 DS-GVO wahrnimmt. Im weiteren Verlauf des § 16 BDSG finden sich dennoch einige Regelungen, die kaum anders als Beschränkung dieser Befugnisse verstanden werden können. So sieht § 16 Abs. 1 S. 2 BDSG vor, dass gerade die intensiveren und wirksameren Befugnisse des Art. 58 Abs. 2 lit. b bis g, i und j DS-GVO davon abhängig gemacht werden, dass etwaige Mängel zunächst der Rechts- oder Fachaufsichtsbehörde mitgeteilt werden, damit diese dem Verantwortlichen Gelegenheit zur Stellungnahme innerhalb einer angemessenen Frist gewähren kann. Eine derartige Beschränkung ist angesichts des Ziels, konkurrierenden Anweisungen der Fach- sowie der Datenschutzaufsicht zu verhindern,[187] zwar nachvollziehbar, findet in der DS-GVO unmittelbar aber keine Stütze. Soweit die Gesetzesbegründung zum BDSG diesbezüglich für sich in Anspruch nimmt, mit dieser Beschränkung die Öffnungsklausel des Art. 58 Abs. 4 DS-GVO umzusetzen,[188] ist anzumerken, dass insofern nur eine Befugnis zum Erlass ordnungsgemäßer Verfahrensvorgaben im Einklang mit der Charta, insbesondere also Art. 8 GRCh, besteht. Ob diese Pflicht zur Vorabkonsultation mit den Zielen der Charta vereinbar ist und ob die Eilkompetenz der oder des Bundesbeauftragten gemäß § 16 Abs. 1 S. 3 BDSG insofern ausreicht, darf kritisch gesehen werden. Den Zielen des Art. 8 GRCh hätte es unter Umständen mehr entsprochen, wenn im Grundsatz keine Vorabkonsultation vorgesehen wäre und diese nur dann im Sinne einer Kann-Vorschrift bestünde, wenn es aus unabhängiger Bewertung der oder des Bundesbeauftragten für hilfreich erachtet wird. Im gleichen Maße zu hinterfragen ist die Regelung des § 20 Abs. 4 BDSG, der zufolge der oder des Bundesbeauftragten gegenüber öffentlichen Stellen nicht die aufschiebende Wirkung der Anfechtungsklage auszuschließen. Es soll an dem dafür nötigen Subordinations- 118

---

[184] Dammann in Simitis BDSG § 25 Rn. 1.
[185] Dammann in Simitis BDSG § 25 Rn. 20.
[186] Vgl. Roßnagel DuD 2017, 279.
[187] BT-Drs. 18/11325, 88.
[188] BT-Drs. 18/11325, 88.

verhältnis fehlen.[189] Mit Blick auf das Ziel des Europäischen Gesetzgebers die Aufsichtsbehörde als spezifische Rechtsaufsichtsbehörde auszugestalten, erscheint die Argumentation der Bundesregierung diesbezüglich zweifelhaft, wie Bergt mit Verweis auf weitere europarechtliche Bedenken zutreffend ausführt.[190]

119 Für öffentliche Stellen außerhalb des Anwendungsbereichs der DS-GVO, also insbesondere Stellen, die Aufgaben nach der JI-RL wahrnehmen, sieht § 16 Abs. 2 BDSG in Umsetzung der JI-RL abweichende, zumeist schwächere Befugnisse vor, insbesondere wie das Mittel der Beanstandung. Die Landesdatenschutzgesetze verfolgen schließlich in der Regel einen ähnlichen Ansatz und weisen den entsprechenden Behörden die Wahrnehmung der Aufgaben und Befugnisse nach der DS-GVO zu. Versuche, die Ausübung der Kompetenzen jedenfalls gegenüber öffentlichen Stelle von einer vorherigen Absprache mit der Fach- und Rechtsaufsicht abhängig zu machen, sind auf Landesebene ebenso zu beobachten. Sie sind derselben Kritik ausgesetzt wie die entsprechenden Bundesregelungen.

120 Neben den Aufgaben und Befugnissen der Aufsichtsbehörden nach Art. 57 DS-GVO sieht die DS-GVO als zweites Mittel zur Sicherung eines effektiven Rechtsschutzes für Betroffene die Verhängung von Bußgeldern vor. Anders als im Bereich nicht-öffentlicher Stellen gestattet die DS-GVO den Mitgliedsstaaten insoweit jedoch in Art. 83 Abs. 7 DS-GVO Vorschriften dafür festzulegen, ob und in welchem Umfang gegen Behörden und öffentliche Stellen, die in dem betreffenden Mitgliedstaat niedergelassen sind, Geldbußen verhängt werden können. Von dieser Möglichkeit haben sowohl das BDSG (§ 43 Abs. 3 BDSG) als auch die Landesgesetze dahingehend Gebrauch gemacht, dass gegen Behörden und sonstige öffentliche Stellen keine Geldbußen verhängt werden können.

IV. Fazit

121 Der Bundesgesetzgeber hat mit dem BDSG der Verwaltung das Leben nicht leicht gemacht. Anstatt die Öffnungsklausel der DS-GVO sinnvoll zu nutzen und der Verwaltung eine verlässliche Richtschnur zur Anwendung des Datenschutzrechts zu geben, vermehrt er die Rechtsunsicherheit durch unklare, wenig konkrete normative Ausgestaltungen. Der Rechtsanwender wird im Regen stehen gelassen, weil er oder sie zu prüfen hat, ob das BDSG oder doch die DS-GVO zur Anwendung kommt. Im Zweifel wird er gut beraten sein, sich auf die DS-GVO zu stützen, die Anwendungsvorrang vor dem BDSG genießt. In vielen Fällen, können aber auch schon die Fachgesetze weiterhelfen. Liegen konkrete Rechtsgrundlagen vor, die die Verarbeitung personenbezogener Daten im Rahmen der Fachaufgaben der Verwaltung beschreiben, genügen diese als Rechtsgrundlage oft bereits den Anforderungen der DS-GVO. Die Verwaltung steht dann jedoch vor der Aufgabe, zu prüfen, inwieweit die Informationspflichten der Grundverordnung greifen und die betroffenen Personen über die Datenverarbeitung zu informieren sind.

---

[189] BT-Drs. 18/11325, 93.
[190] Bergt in Kühling/Buchner BDSG § 20 Rn. 13 ff.

§ 21 Datenschutz und präventive Tätigkeit der Polizei

Übersicht

	Rn.
I. Einleitung	1
II. Anwendbare Vorschriften	2
1. Bereichsspezifisches Datenschutzrecht im Polizeirecht	2
2. Europäische Einflüsse – JI-RL und DS-GVO	3
a) Die JI-RL	3
b) Abgrenzung der Anwendungsbereiche JI-RL/DS-GVO	5
c) Vorgaben zur Rechtmäßigkeit der Datenverarbeitung	11
d) Verarbeitung aufgrund von Einwilligung	15
e) Datenschutzfreundliche Technikgestaltung	16
f) Datenschutzfolgenabschätzung	17
g) Informationspflichten und Auskunftsrecht	18
h) Umsetzungs- und Anpassungsaktivitäten	19
III. Ausgewählte Einzelfragen	20
1. Erhebung	20
a) Datenerhebungsgeneralklausel	21
b) Identitätsfeststellung	25
aa) Identitätsfeststellung zur Gefahrenabwehr	26
bb) Identitätsfeststellung zur Straftatenverhütung	28
c) Online-Streife	32
d) Verdeckte Datenerhebung	34
aa) Längerfristige Observation	36
bb) Einsatz technischer Mittel	38
cc) Präventive Telekommunikationsüberwachung	42
dd) Quellen-Telekommunikationsüberwachung	44
ee) Online-Durchsuchung	47
ff) Insbesondere: Infiltration des Zielsystems	48
gg) Verdeckte „personale" Ermittlungen durch NoeP und VE	51
hh) Insbesondere: Datenerhebung in sozialen Netzwerken	53
e) Einsatz von Videokameras	57
aa) Videoüberwachung	58
bb) Intelligente Videoüberwachung	61
cc) Einsatz sog Body-Cams	62
2. Speicherung, Veränderung und Nutzung	65
a) Grundsätze	65
b) Erfordernis rechtmäßiger Datenerhebung?	66
c) Zweck Aufgabenerfüllung	67
d) Zweckänderungen	68
3. Übermittlung	73
a) Datenübermittlungen zwischen Polizeibehörden	75
b) Datenübermittlungen an ausländische Polizeibehörden	77
c) Datenübermittlungen an öffentliche Stellen	81
d) Datenübermittlungen an nicht-öffentliche Stellen	82
aa) Eigeninitiative	83
bb) Auf Anfrage	84
3. Betroffenenrechte	87
a) Informationspflichten und Benachrichtigung	88
aa) Informationspflichten	89
bb) Benachrichtigung	91
b) Auskunft	92
c) Berichtigung	93
d) Löschung	94
IV. Ausblick	95

Teil C

Datenschutzrecht im öffentlichen Sektor

Literatur:
Albrecht/Dienst, JurPC Web-Dok. 5/2012; *Baller/Eiffler/Tschisch,* Allgemeines Sicherheits- und Ordnungsgesetz Berlin, 1. Aufl. 2004; *Braun,* jurisPR-ITR 1/2017, Anm 2; *Ebert,* Entwicklung und Tendenzen im Recht der Gefahrenabwehr, LKV 2017, 10; *Eidam,* Anmerkung zu einer Entscheidung des BVerfG, Beschluss vom 6.7.2016 (2 BvR 1454/13) – Zur Frage der Überwachung der Internetnutzung im Ermittlungsverfahren, NJW 2016, 3508; *Fetzer/Zöller,* Verfassungswidrige Videoüberwachung, NVwZ 2007, 775; *Graf,* BeckOK StPO mit RiStBV und MiStra, 29. Ed. 2018; *Hannich,* Karlsruher Kommentar zur Strafprozessordnung, 7. Aufl. 2013; *Hiéramente,* Surfen im Internet doch Telekommunikation im Sinne des § 100a StPO?, HRRS 2016, 448; *Hörauf,* Ordnungswidrigkeiten und der europäische Straftatenbegriff – Subkategorie- oder aliud-Verhältnis?, ZIS 2013, 276; *Hornung/Schindler,* Das biometrische Auge der Polizei, ZD 2017, 203; *Johannes/Weinhold,* Das neue Datenschutzrecht bei Polizei und Justiz, 1. Aufl. 2018; *Kirchhoff,* Übermittlung von Gefährderdaten durch die Polizei an Fußballveranstalter, NJW 2017, 294; *Lisken/Denninger,* Handbuch des Polizeirechts, 5. Aufl. 2012; *Martini/Nink/Wentzel,* Bodycams zwischen Bodyguard und Big Brother – Zu den rechtlichen Grenzen filmischer Erfassung von Sicherheitseinsätzen druch Miniaturkameras und Smartphones, NVwZ-Extra, 24/2016; *Möstl/Kugelmann,* BeckOK Polizeirecht Nordrhein-Westfalen, 8. Ed. 2018; *Möstl/Mühl,* BeckOK Polizeirecht Hessen, 11. Ed. 2018; *Möstl/Trurnit,* BeckOK Polizeirecht Baden-Württemberg, 10. Ed. 2018; *Möstl/Weiner,* BeckOK Polizeirecht Niedersachsen, 10. Ed. 2018; *Parma,* Rechtsgrundlagen für den Einsatz von „Body-Cams", DÖV 2016, 809; *Roggan,* Die „Technikoffenheit" von strafprozessualen Ermittlungsbefugnissen und ihre Grenzen, NJW 2015, 1995; *Roggan,* Die strafprozessuale Quellen-TKÜ und Online-Durchsuchung: Elektronische Überwachungsmaßnahmen mit Risiken für Beschuldigte und die Allgemeinheit, StV 2017, 821; *Ruthig,* Der Einsatz mobiler Videotechnik im Polizeirecht, GSZ 2018, 12; *Saipa,* Niedersächsisches Gesetz über die öffentliche Sicherheit und Ordnung (NdsSOG), Stand: 24. Aktualisierung 2017; *Schindler,* Noch einmal: Pilotprojekt zur intelligenten Videoüberwachung am Bahnhof Berlin Südkreuz, ZD-Aktuell 2017, 05799; *Schmidbauer/Steiner,* Bayerisches Polizeiaufgabengesetz und Bayerisches Polizeiorganisationsgesetz Kommentar, 4. Aufl. 2014; *Schoch,* Der Schutz privater Rechte im Polizei- und Ordnungsrecht, JURA 2013, 468; *Schulz/Hoffmann,* Grundrechtsrelevanz staatlicher Beobachtungen im Internet, CR 2010, 131; *Schwichtenberg,* Die „kleine Schwester" der DSGVO: Die Richtlinie zur Datenverarbeitung bei Polizei und Justiz, DuD 2016, 605; *Siegel,* Grundlagen und Grenzen polizeilicher Videoüberwachung, NVwZ 2012, 738; *Tinnefeld,* Die „Staatstrojaner" aus verfassungsrechtlicher Sicht, ZD 2012, 451; *Tomerius,* „Gefährliche Orte" im Polizeirecht – Straftatenverhütung als Freibrief für polizeirechtliche Kontrollen? Eine Beurteilung aus verfassungs- und polizeirechtlicher Perspektive, DVBl 2017, 1399; *Waechter,* Bayern: Polizeirecht in neuen Bahnen, NVwZ 2018, 458; *Weinhold,* RL zum Datenschutz für Polizei und Justiz – Überblick und Umsetzung, ZD-Aktuell 2017, 05451; *Wendt,* Einsatz von intelligenter Videoüberwachung: BMI plant Testlauf an Bahnhöfen, ZD-Aktuell 2017, 05724.

I. Einleitung

1 Ziel und Gegenstand der **präventiv-polizeilichen Datenerhebung und -verarbeitung** ist einerseits die Abwehr von Gefahren für die öffentliche Sicherheit (und in der Regel[1] die öffentliche Ordnung). Ebenfalls zur präventiv-polizeilichen Aufgabe gehört die Verhütung von Straftaten, also das Verhindern und Beenden strafrechtlich relevanter Tätigkeiten (vgl. zB § 1 Abs. 1 S. 3 Nds. SOG). Ob und welche Maßnahmen zu ergreifen sind, um das jeweilige Ziel zu erreichen, ist das Ergebnis eines Erkenntnisbildungsprozesses, welcher nur auf einer möglichst umfassenden Informationengrundlage sinnvoll abgeschlossen werden kann. Dies setzt die Arbeit des Sammelns, des Bewertens und des Umgangs mit Informationen voraus.[2] Die polizeiliche Tätigkeit ist dementsprechend ganz maßgeblich vom Umgang mit personenbezogenen Daten geprägt. Dies gilt sowohl für den repressiven Bereich, also die Strafverfolgung, als auch die hier schlaglichtartig[3] zu betrachtende präventive Tätigkeit.

---

[1] Nicht zB in Bremen, vgl. § 1 Abs. 1 BremPolG.
[2] Weiner in BeckOK PolR Nds Nds. SOG § 31 Rn. 5.
[3] Zur Vertiefung sei die ausführliche Darstellung von Petri in Lisken/Denninger PolizeiR-HdB Teil G empfohlen.

II. Anwendbare Vorschriften

1. Bereichsspezifisches Datenschutzrecht im Polizeirecht

Das Recht der Gefahrenabwehr – und damit das **Polizeirecht** – ist grundsätzlich[4] Ländersache. Dementsprechend existieren sechzehn teilweise stark divergierende Regelungswerke auf Länderebene sowie Regelungen des Bundes für die Bundespolizei und das BKA (iW zusammenfassend als „Polizeigesetze" bezeichnet). Der Zersplitterung des Polizeirechts hatte der 1977 von der Innenministerkonferenz vorgelegte „Musterentwurf für ein einheitliches Polizeigesetz des Bundes und der Länder" (MEPolG) entgegengewirkt,[5] insbesondere auf der Ebene der sogenannten Standardmaßnahmen wie Platzverweis, Ingewahrsamnahme etc. In Reaktion auf die Volkszählungsentscheidung des BVerfG[6] sind – ohne eine im Umfang vergleichbare übergreifende Bund-Länder-Koordination – bereichsspezifische Regelungen der Datenerhebung und -verarbeitung geschaffen worden. Dementsprechend unterscheiden sich die entsprechenden Befugnisse von Bundesland zu Bundesland teilweise erheblich in Umfang und Reichweite (vgl. zB zu Body-Cams → Rn. 62).[7] Ergänzend gelten die Regelungen des jeweiligen allgemeinen Datenschutzrechts, also des Landes- oder Bundesdatenschutzgesetzes (vgl. zB § 48 Nds. SOG, § 48 PolG BW).[8]

2

2. Europäische Einflüsse – JI-RL und DS-GVO

a) Die JI-RL. Entgegen der bisherigen Annahme, dass zumindest die **innerstaatliche Datenverarbeitung** im Bereich Polizei und Strafverfolgung Angelegenheit des jeweils zuständigen nationalen Gesetzgebers verbleibt, enthält die gewissermaßen als „kleine Schwester"[9] der Datenschutz-Grundverordnung (iW „DS-GVO") geschaffene Richtlinie (EU) 216/680[10] (iW „JI-RL") „Bestimmungen zum Schutz natürlicher Personen bei der Verarbeitung personenbezogener Daten durch die zuständigen Behörden zum Zwecke der Verhütung, Ermittlung, Aufdeckung oder Verfolgung von Straftaten oder der Strafvollstreckung, einschließlich des Schutzes vor und der Abwehr von Gefahren für die öffentliche Sicherheit.", Art. 1 Abs. 1 JI-RL.

3

Aus ErwGr 5 JI-RL wird deutlich, dass diese Bestimmungen ab dem 6.5.2018 (vgl. Art. 63 Abs. 1 JI-RL) auch für die innerstaatliche Datenverarbeitung gelten sollen.[11] Die JI-RL bezweckt im Gegensatz zur DS-GVO allerdings „lediglich" eine **Harmonisierung der Mindeststandards** und erfordert eine Umsetzung in nationales Recht (vgl. Art. 288 UAbs. 3 AEUV). Insbesondere strengere Vorgaben sind also möglich (vgl. Art. 1 Abs. 3 JI-RL).

4

b) Abgrenzung der Anwendungsbereiche JI-RL/DS-GVO. Mit dem og Art. 1 Abs. 1 zieht die JI-RL die Grenze zum **Anwendungsbereich** der DS-GVO im polizeilichen Bereich, in welchem zukünftig bei der Frage nach dem anwendbaren Regelungsregime der Zweck der Datenverarbeitung eine entscheidende Rolle spielt. Die DS-GVO schließt mit Art. 2 Abs. 2 lit. d spiegelbildlich zu Art. 1 Abs. 1 JI-RL die behördliche Verarbeitung von Daten zum „Zwecke der Verhütung, Ermittlung, Aufdeckung oder Verfol-

5

---

[4] Vgl. aber Art. 73 Abs. 1 Nr. 9a GG.
[5] Hierzu sowie zu Tendenzen in der weiteren Entwicklung Ebert LKV 2017, 10.
[6] BVerfGE 65, 1.
[7] Deutlich wird dies insbes. zu Regelungen der sog Quellen-TKÜ, Online-Durchsuchung oder dem Einsatz von sog Body-Cams.
[8] Petri in Lisken/Denninger PolizeiR-HdB Teil G Rn. 147.
[9] Schwichtenberg DuD 2016, 605.
[10] ABl. EU 2016 L 119, 89; vgl. auch die ausführliche Darstellung von Johannes/Weinhold DatenschutzR bei Polizei und Justiz.
[11] Zur Kritik näher Roggenkamp in Plath BDSG § 45 Rn. 4.

gung von Straftaten oder der Strafvollstreckung, einschließlich des Schutzes vor und der Abwehr von Gefahren für die öffentliche Sicherheit" vom sachlichen Anwendungsbereich aus. E contrario unterfallen alle anderen Verarbeitungszwecke der DS-GVO. Der sowohl in JI-RL als auch DS-GVO verwendete Begriff der **Straftat** ist weit auszulegen (vgl. ErwGr 13 DS-GVO). Er umfasst jedwede hoheitlich missbilligte und mit Sanktionen bedrohte schuldhafte Handlung/Unterlassung.[12] Dementsprechend ist auch die Verhütung, Verfolgung und Ahndung von **Ordnungswidrigkeiten** nicht dem Regime der DS-GVO unterworfen.

6   Insofern als Verarbeitungszweck der zu einer Anwendbarkeit der JI-RL führt in Art. 1 Abs. 1 JI-RL bzw. Art. 2 Abs. 2 lit d DS-GVO die „Abwehr von Gefahren für die öffentliche Sicherheit" genannt wird, ist dies hingegen restriktiv dahingehend zu interpretieren, dass die abzuwehrende Gefahr bei Realisierung eine Ordnungswidrigkeit oder Straftat darstellen müsse. Die präventiv-polizeiliche Datenverarbeitungstätigkeit fällt also nicht vollständig unter die JI-RL. Mit Geltung der JI-RL und der DS-GVO geht dementsprechend eine **Spaltung des Datenschutzrechts für das allgemeine Polizeirecht** einher.[13]

7   Albrecht/Jotzo[14] wissen zu berichten, dass ursprünglich der gesamte Bereich der öffentlichen Sicherheit und Ordnung zum Anwendungsbereich der PolizeiRL gehören sollte. Am Ende hätten sich die Institutionen auf den Zusatz „einschließlich des Schutzes vor und der Abwehr von Gefahren für die öffentliche Sicherheit" in Art. 2 Abs. 2 lit. d DS-GVO geeinigt. Die Verwendung des Wortes „einschließlich" habe verdeutlichen sollen, dass sich die Gefahrenabwehr auf die Verhütung, Ermittlung, Aufdeckung oder Verfolgung von Straftaten beziehen müsse, damit sie in den Anwendungsbereich der JI-RL und nicht der DS-GVO falle.[15]

8   Wenn der Zweck der polizeilichen Datenverarbeitung nicht „in Beziehung" zu einer Straftat oder Ordnungswidrigkeit steht, findet also die DS-GVO Anwendung.[16]

Beispielhaft kann die Verarbeitung von personenbezogenen Daten im Rahmen einer **Vermisstensuche** genannt werden. Als Rechtsgrundlage findet dann über Art. 6 Abs. 1 lit. e, Abs. 3 DS-GVO die jeweils einschlägige Befugnisnorm in den Polizeigesetzen Anwendung.[17] Im Gegensatz dazu unterliegt Verarbeitung von Daten im Zusammenhang mit der Suche nach einer entführten Person nicht der DS-GVO, da eine „Beziehung" zu einer Straftat – auch der gefahrenabwehrenden Tätigkeit – gegeben ist.

9   Ungeklärt ist die Frage nach dem Regelungsregime in Fällen, in denen (noch) nicht feststeht, ob eine Beziehung zu einer Straftat (oder Ordnungswidrigkeit) gegeben ist. Kann zB im Fall einer Vermisstensuche eine Entführung nicht ausgeschlossen werden, könnte sowohl die DS-GVO als auch die JI-RL iVm nationalem Recht Anwendung finden. Nach hier vertretener Auffassung kommt es – wie auch für die Frage, ob vom Vorliegen einer Gefahr ausgegangen werden kann – für die Einordnung auf die subjektive Einschätzung auf Basis einer pflichtgemäßen, verständigen und besonnenen Lagebeurteilung[18] zum Zeitpunkt des Beginns der Maßnahme an. Sofern ein unmittelbarer Zusammenhang einer abzuwehrenden Gefahr mit einer Straftat oder Ordnungswidrigkeit im

---

[12] Roggenkamp in Plath BDSG § 45 Rn. 10 mwN auch zur aA; ausführlich Hörauf ZIS 2013, 276.
[13] Wolff in Schantz/Wolff Das neue DatenschutzR Teil C Rn. 243.
[14] Albrecht/Jotzo Das neue DatenschutzR Teil 3 Rn. 27.
[15] Albrecht/Jotzo Das neue DatenschutzR Teil 3 Rn. 27.
[16] Vgl. Kühling/Raab in Kühling/Buchner DS-GVO Art. 2 Rn. 29; Albrecht/Jotzo Das neue DatenschutzR Teil 3 Rn. 27; Zerdick in Ehmann/Selmayr DS-GVO Art. 2 Rn. 12; Johannes/Weinhold Datenschutz bei Polizei und Justiz Rn. 26; Roggenkamp in Plath BDSG § 45 Rn. 25.
[17] Der Art. 6 Abs. 1 lit. d DS-GVO (Verarbeitung zum Schutz lebenswichtiger Interessen) kommt nur zur Anwendung, wenn keine andere Rechtsgrundlage greift, vgl. Albers in BeckOK DatenschutzR DS-GVO Art. 6 Rn. 37 unter Hinweis auf ErwGr 46 S. 2 DS-GVO.
[18] Vgl. Denninger in Lisken/Denninger PolizeiR-HdB Teil D Rn. 46f. unter Hinweis auf PrOVGE 77, 333 (338).

Rahmen des Möglichen ist, ist das Vorliegen einer „Beziehung" ebenso zu bejahen wie in Fällen, in denen sich im Nachhinein herausstellt, dass eine solche tatsächlich nie bestanden hatte.

Ebenfalls in den Anwendungsbereich der DS-GVO fällt aufgrund fehlender Beziehung 10 zu Straftaten-/Ordnungswidrigkeiten die Datenerhebung und -verarbeitung zum **„Schutz privater Rechte"**. Der Schutz privater Rechte bzw. Rechtspositionen ist nur ausnahmsweise Aufgabe der Polizei,[19] wenn (und soweit) „gerichtlicher Schutz nicht rechtzeitig zu erlangen ist und wenn ohne polizeiliche Hilfe die Verwirklichung des Rechts vereitelt oder wesentlich erschwert würde" (vgl. zB § 1 Abs. 4 ASOG Bln). Auch hier finden die Befugnisnormen der Polizeigesetze über Art. 6 Abs. 1 lit e, Abs. 3 DS-GVO Anwendung.

> **Praxistipp:**
> Die gesamte polizeiliche Datenverarbeitung mit repressiv-polizeilicher Zielrichtung sowie die polizeiliche Datenverarbeitung zum Zweck der Gefahrenabwehr mit Bezug zu Straftaten/Ordnungswidrigkeiten ist aus dem Anwendungsbereich der DS-GVO ausgenommen. Im Übrigen finden die Befugnisnormen der Polizeigesetze über Art. 6 Abs. 1 lit. e DS-GVO Anwendung, wenn sie den Anforderungen des Art. 6 Abs. 3 DS-GVO genügen.

c) Vorgaben zur Rechtmäßigkeit der Datenverarbeitung. Bezüglich der Rechtmä- 11 ßigkeit einer Datenverarbeitung bestimmt Art. 8 Abs. 1 JI-RL lediglich, dass die Mitgliedstaaten „vorsehen müssen", dass diese „für die Erfüllung einer Aufgabe erforderlich ist, die von der zuständigen Behörde zu den in Artikel 1 Absatz 1 genannten Zwecken wahrgenommenen wird, und auf Grundlage des Unionsrechts oder des Rechts der Mitgliedstaaten erfolgt". Zudem müssen im jeweiligen Recht der Mitgliedstaaten „zumindest die Ziele der Verarbeitung, die personenbezogenen Daten, die verarbeitet werden sollen, und die Zwecke der Verarbeitung angegeben" werden, Art. 8 Abs. 2 JI-RL.

Die Verarbeitung **„besonderer Kategorien personenbezogener Daten"** (also zB 12 politische Einstellung/Meinung, Gesundheitsdaten) ist nur zulässig, wenn die (weiteren) Voraussetzungen des Art. 10 JI-RL erfüllt sind. Sie ist nur gestattet, wenn (und soweit) sie unbedingt erforderlich ist, die Rechte und Freiheiten der Person garantiert werden und entweder eine rechtliche Regelung die Verarbeitung erlaubt, sie der „Wahrung lebenswichtiger Interessen" einer natürlichen Person dient oder die Daten von der betroffenen Person „offensichtlich öffentlich gemacht wurden".

Daneben müssen die nationalen Regelungen vorsehen, dass zwischen den verschiede- 13 nen **Kategorien betroffener Personen** klar unterschieden wird. Art. 6 JI-RL nennt beispielhaft als mögliche Kategorien Tatverdächtige, Personen bei denen der begründete Verdacht besteht, dass sie eine Straftat begehen, verurteilte Straftäter, Opfer und potentielle Opfer von Straftaten, Zeugen, Hinweisgeber und sog Kontakt- bzw. Verbindungspersonen.

Schließlich ist nach Art. 7 Abs. 1 JI-RL eine **Unterscheidung** zwischen „faktenbasier- 14 ten Daten und auf persönlichen Einschätzungen beruhenden Daten" vorzusehen.

d) Verarbeitung aufgrund von Einwilligung. Nicht explizit aus Art. 8 JI-RL folgt die 15 Zulässigkeit der Datenverarbeitung auf Basis einer **Einwilligung.**[20] In ErwGr 35[21] (dort S. 5) JI-RL wird jedoch von der Möglichkeit „Rechtsvorschriften vorzusehen, [nach denen] die betroffene Person der Verarbeitung ihrer personenbezogenen Daten für die Zwecke dieser Richtlinie zustimmen kann" ausgegangen.

---

[19] Ausführlich Schoch JURA 2013, 468.
[20] Vgl. hierzu insbes. für den strafprozessualen Bereich Schwichtenberg DuD 2016, 605 (606).
[21] Vgl. zudem ErwGr 37 aE DS-GVO.

16 **e) Datenschutzfreundliche Technikgestaltung.** Aus Art. 20 Abs. 1 JI-RL folgt die Verpflichtung „angemessene technische und organisatorische Maßnahmen" zu treffen, um Datenschutzgrundsätze wirksam umzusetzen (sog **Datenschutz durch Technikgestaltung**). Nach Art. 20 Abs. 2 JI-RL muss der Verantwortliche gesetzlich verpflichtet werden, sicherzustellen, dass „durch Voreinstellung grundsätzlich nur personenbezogene Daten, deren Verarbeitung für den jeweiligen bestimmten Verarbeitungszweck erforderlich ist, verarbeitet werden" (sog Datenschutz durch **datenschutzfreundliche Voreinstellung**).

17 **f) Datenschutzfolgenabschätzung.** Nach Art. 27 JI-RL ist, wenn eine Datenverarbeitung „insbesondere bei Verwendung neuer Technologien, aufgrund der Art, des Umfangs, der Umstände und der Zwecke der Verarbeitung voraussichtlich ein hohes Risiko für die Rechte und Freiheiten natürlicher Personen zur Folge" hat[22] eine **Datenschutzfolgenabschätzung** – unter Beteiligung der Aufsichtsbehörde, vgl. Art. 28 JI-RL – durchzuführen.[23]

Beispiel:
Die Datenschutzfolgenabschätzung wird insbesondere bei der Einführung „neuer" Datenerhebungsmaßnahmen (zB Videoüberwachung, Body-Cam, Online-Durchsuchung etc – hierzu jeweils sogleich) von praktischer Relevanz werden.

18 **g) Informationspflichten und Auskunftsrecht.** Relativ ausführlich sind in den Art. 12f. JI-RL die zu erfüllenden **Informationspflichten** umrissen (→ Rn. 88). Aus Art. 14 JI-RL ergeben sich grundsätzlich umfangreiche **Auskunftsrechte**. Sowohl Informationspflichten als auch Auskunftsrechte können jedoch durch nationales Recht teilweise oder vollständig eingeschränkt werden, „soweit und so lange wie diese teilweise oder vollständige Einschränkung in einer demokratischen Gesellschaft erforderlich und verhältnismäßig ist und den Grundrechten und den berechtigten Interessen der betroffenen natürlichen Person Rechnung getragen wird" (Art. 15 Abs. 1 JI-RL; ähnlich Art. 13 Abs. 3 JI-RL).

19 **h) Umsetzungs- und Anpassungsaktivitäten.** Aktivitäten bezüglich der Umsetzung bzw. **Anpassung des bereichsspezifischen Datenschutzrechts** in den Polizeigesetzen der Länder[24] an die Vorgaben der Richtlinie, sind (zum Zeitpunkt der Abfassung dieses Beitrags) – außer in Bayern[25] – nicht ersichtlich. Insbesondere die aus der Unterwerfung des präventiven Bereichs der polizeilichen Tätigkeit unter zwei unterschiedliche Regelungsregime resultierende Problematik[26] ist bislang nicht adressiert worden.

---

[22] Vgl. hierzu ausführlich ErwGr 51 und 52 JI-RL.
[23] Hierzu ausführlich Johannes/Weinhold DatenschutzR bei Polizei und Justiz Rn. 267–287.
[24] Im Gegensatz dazu ist zB das BKAG unter Berücksichtigung der Vorgaben der JI-RL modernisiert worden, vgl. BT-Drs. 18/11363.
[25] Vgl. Bay. LT-Drs. 17/20425 sowie das am 25.5.2018 in Kraft getretene novellierte BayPAG.
[26] Die durchaus als bekannt gelten kann, vgl. Beschluss Nr. 13 der 202. Sitzung der Ständigen Konferenz der Innenminister -und Senatoren der Länder sowie Anlage „Bericht zur Bewertung der Auswirkungen einer Datenschutzgrundverordnung auf die Polizeigesetze der Länder" v. 8.4.2015, abrufbar unter https://www.bundesrat.de/IMK/DE/termine/to-beschluesse/2015-06-24_26/beschluesse.pdf?__blob=publicationFile&v=3, zuletzt abgerufen am 30.5.2018.

III. Ausgewählte Einzelfragen

1. Erhebung

Die präventiv-polizeiliche Erhebung personenbezogener Daten muss grundsätzlich auf Basis einer verfassungsgemäßen, hinreichend bestimmten gesetzlichen Grundlage erfolgen, bei welcher der Gesetzgeber – den Vorgaben des BVerfG entsprechend[27] – den Verwendungszweck bereichsspezifisch und präzise bestimmt hat.

a) Datenerhebungsgeneralklausel. Den vom BVerfG formulierten Anforderungen an die Erhebung personenbezogener Daten wird in den Polizeigesetzen typischerweise durch eine **Datenerhebungsgeneralklausel** (vgl. zB § 31 Nds. SOG, § 13 HSOG, § 18 ASOG Bln) Rechnung getragen, die Grundlage für die „klassische Grundform der Informationsgewinnung durch die Polizei", nämlich die offene Datenerhebung ist.[28]

Die Datenerhebungsgeneralklauseln berechtigen die Polizei zunächst zur Erhebung personenbezogener Daten, „soweit dies zur Abwehr einer Gefahr erforderlich" (beispielhaft § 31 Abs. 1 S. 1 Alt. 1 Nds. SOG) ist. **Voraussetzung** ist also das **Vorliegen einer Gefahr,** deren Abwehr der Zweck der Erhebung ist. Die Datenerhebung muss nicht unmittelbar zur Gefahrenabwehr führen. Ausreichend ist es, wenn die Datenerhebung objektiv betrachtet einen Beitrag hierzu leisten kann, sie also „geeignet" ist. Das folgt aus der typischerweise ausdrücklich vorgesehenen Voraussetzung der Erforderlichkeit der Datenerhebung zur Zielerreichung: Damit eine Datenerhebung „erforderlich" sein kann, muss sie denknotwendigerweise geeignet sein.

Unter dem **Begriff der Gefahr,** genauer einer „konkreten Gefahr" wird dabei im Polizei- und Ordnungsrecht eine Sachlage verstanden, bei der die hinreichende Wahrscheinlichkeit besteht, dass in absehbarer Zeit ein Schaden für ein Rechtsgut der öffentlichen Sicherheit (und öffentlichen Ordnung) eintreten wird (vgl. zB § 2 Nr. 1 lit. a Nds. SOG).[29] Liegt lediglich ein sog „Gefahrenverdacht" vor, also eine Situation, bei der zwar Anhaltspunkte für eine Gefahr gegeben sind, aber mangels ausreichender Tatsachenbasis unklar ist, ob wirklich eine Gefahr vorliegt, so ist die Datenerhebung als „Gefahrerforschungseingriff" zulässig.[30]

Daneben ist eine Datenerhebung regelmäßig auch zulässig, wenn sie zur Straftatenverhütung, zum Schutz privater Rechte oder zur Leistung von Vollzugshilfe erforderlich ist (vgl. zB § 18 Abs. 1 S. 3 ASOG Bln).

> **Praxistipp:**
> Die polizeiliche Datenerhebung ist regelmäßig auf Basis der Datenerhebungsgeneralklausel zulässig, wenn sie zur Erreichung eines polizeilichen Ziels erforderlich ist.

b) Identitätsfeststellung. Die in jedem Polizeigesetz vorhandene Befugnis zur **Identitätsfeststellung** (auch Personenfeststellung) ist eine der in der täglichen Praxis relevantesten polizeilichen Datenerhebungsmaßnahmen. Sie berechtigt die Polizei zu allen Maßnahmen, die erforderlich sind, um die Identität einer Person (eindeutig) festzustellen (vgl. zB § 13 Nds. SOG). Typischerweise erfolgt die mit ihr verbundene Datenerhebung anhand der von der betroffenen Person mitgeführten Ausweispapiere, die entweder abgefor-

---

[27] BVerfGE 65, 1 Rn. 179.
[28] Weiner in BeckOK PolR Nds Nds. SOG § 31 Rn. 7.
[29] Mit der Novellierung des BayPAG hat der bayerische Gesetzgeber den Begriff der „drohenden Gefahr" (und lediglich diese voraussetzende) Maßnahmen zur Verhinderung einer konkreten Gefahr geschaffen. Eine „drohende Gefahr" im Sinne des bayerischen Gesetzgebers liegt nach der Legaldefinition in Art. 11 Abs. 3 S. 1 BayPAG vor, „wenn im Einzelfall […] in absehbarer Zeit Angriffe von erheblicher Intensität oder Auswirkung zu erwarten sind". Hierzu ausführlich Wachter NVwZ 2018, 458.
[30] Vgl. Ullrich in BeckOK PolR Nds Nds. SOG § 2 Rn. 92, 95 f. mwN.

dert oder im Wege der Durchsuchung (zB bei bewusstlosen Personen) aufgefunden werden. Der Umfang der Datenerhebung darf das zur Erreichung des Ziels der eindeutigen Feststellung der Personalien Erforderliche nicht überschreiten.

26 **aa) Identitätsfeststellung zur Gefahrenabwehr.** Die Identitätsfeststellung ist zunächst zum **Zweck der Abwehr von Gefahren** für die öffentliche Sicherheit (oder Ordnung), deren Vorliegen grundsätzliche Voraussetzung ist, zulässig. Lediglich in den seltensten Fällen dürfte sie unmittelbar zur Erreichung dieses Ziels geeignet[31] sein. In der Regel ist die Identitätsfeststellung **Zwischenschritt** zur Gefahrenabwehr, zB als Gefahrerforschungsmaßnahme (bei bloßem Gefahrenverdacht) oder sie hat **Folge- oder begleitenden Charakter** bei anderen polizeilichen Maßnahmen (zB zur Ermöglichung einer späteren Rückgabe eines sichergestellten Gegenstands, zur korrekten Adressierung einer Gebührenforderung).

27 Insofern eine Identitätsfeststellung lediglich zum **„Schutz privater Rechte"** oder ohne Bezug zu einer Straftat oder Ordnungswidrigkeit erfolgt (zB Identitätsfeststellung einer hilflosen Person), ist nunmehr richtige Rechtsgrundlage Art. 6 Abs. 1 lit. e DS-GVO iVm der jeweiligen Befugnisnorm im Polizeigesetz (die den Anforderungen des Art. 6 Abs. 3 DS-GVO entsprechen muss).[32]

28 **bb) Identitätsfeststellung zur Straftatenverhütung.** Eine Identitätsfeststellung kann auch im Rahmen der **Straftatenverhütung** erfolgen. Hier ist das Vorliegen einer (konkreten) Gefahr nicht erforderlich. Die Polizeigesetze sehen eine entsprechende Befugnis an bestimmten Orten[33] vor, an denen – die Anforderungen unterscheiden sich im einzelnen in den Bundesländern – eine erhöhte Wahrscheinlichkeit besteht (potentielle) Straftäter aufzufinden. Die Verpflichtung einer betroffenen Person, einer entsprechenden polizeilichen Anordnung nachzukommen bzw. eine polizeiliche Maßnahme zu dulden, wird hier an das „Antreffen" (so zB § 13 Abs. 1 Nr. 2 Nds. SOG) bzw. den „Aufenthalt" der Person (so zB § 18 Abs. 2 Nr. 1 HSOG) an einem dieser näher umrissenen „gefährlichen Orte" geknüpft. Ziel der Identitätsfeststellung ist die Aufdeckung von (bisher nicht bekannten) Straftaten sowie das Auffinden und die Verunsicherung von (potenziellen) Straftätern.[34]

29 Liegen Tatsachen vor, die die Annahme rechtfertigen, dass in oder an (je nach Bundesland konkret oder abstrakt) bestimmten Orten bzw. Objekten Straftaten von einiger Bedeutung begangen werden sollen, ist zu rein präventiven Zwecken ebenfalls eine Identitätsfeststellung von allen Personen möglich, die sich im Nahbereich aufhalten bzw. dort angetroffen werden.

30 Im Unterschied zur Identitätsfeststellung zur Gefahrenabwehr, die lediglich bei sog Störern (vgl. zB §§ 13, 14 ASOG Bln) und nur unter strengen Voraussetzungen bei Nichtstörern (vgl. zB § 16 ASOG Bln) zulässig ist, ist diese auch als **Ortshaftung**[35] bezeichnete Möglichkeit der verdachtsunabhängigen Inanspruchnahme von „Jedermann", wie sie sich derzeit in den Polizeigesetzen findet, verfassungsrechtlich bedenklich.[36] Es handelt sich nach zutreffender Auffassung bei Identitätsfeststellungsbefugnissen, die lediglich an das Antreffen bzw. den Aufenthalt an einem bestimmten Ort anknüpfen, um Eingriffe in das

---

[31] Vgl. für einen Fall, in welchem die Identitätsfeststellung ein „Herausreißen aus der Anonymität" zum Gegenstand hatte VGH Mannheim NVwZ-RR 2011, 231.
[32] Art. 6 Abs. 1 lit. d DS-GVO kommt wegen seines subsidiären Charakters nur zur Anwendung, wenn Art. 6 Abs. 1 lit e DS-GVO zB mangels Rechtsgrundlage im nationalen Recht nicht zur Anwendung kommt.
[33] Zur Unzulässigkeit der Ausweisung ganzer „Gefahrengebiete" nach § 4 HmbPolDVG aF siehe OVG Hamburg NVwZ-RR 2015, 695.
[34] Rachor in Lisken/Denninger PolizeiR-HdB Teil E Rn. 330.
[35] Rachor in Lisken/Denninger PolizeiR-HdB Teil E Rn. 334.
[36] Vgl. Enders in BeckOK PolR BW PolG § 26 Rn. 34.

Recht auf informationelle Selbstbestimmung von erheblicher Intensität.[37] Eine ortsbezogene Identitätsfeststellung ist nach hier vertretener Auffassung dementsprechend nur zulässig, wenn die konkret (und nicht nur einer abstrakt umschriebenen „Kontrollgruppe" zugehörige) betroffene Person eine persönliche Nähe zur im konkreten Fall zu verhütenden Straftat aufweist.[38]

Mit ähnlichen Erwägungen ist eine – ebenfalls als „Standardmaßnahme" im Polizeirecht etablierte – **Durchsuchung** an gefährlichen bzw. kriminalitätsbelasteten Orten[39] entgegen dem Wortlaut der entsprechenden Befugnisnormen (vgl. zB § 22 Abs. 1 Nr. 4 Nds. SOG) nur dann als zulässig anzusehen, wenn konkrete Tatsachen die Annahme rechtfertigen, dass die zu durchsuchende Person als Urheber einer Gefährdung anzusehen ist bzw. die Person in einem „tatsachenuntermauerten konkreten Bezug zu einer konkreten Gefahr an dem – abstrakt – gefährlichen Ort steht".[40]   31

c) Online-Streife. Nach der **Onlinedurchsuchungsentscheidung** des BVerfG[41] ist ein Eingriff in das Recht auf informationelle Selbstbestimmung nicht anzunehmen, wenn die Polizei im Internet zugängliche Informationen und Kommunikationsinhalte erhebt, die sich an jedermann bzw. einen nicht weiter abgegrenzten Personenkreis richten.   32

Daraus folgt, dass die sog **Online-Streife** als schlicht-hoheitliches Handeln ohne weitere Eingriffsermächtigung zulässig ist. Das gilt jedoch bereits dann nicht mehr, wenn gezielt nach Informationen zu einer bestimmten Person gesucht wird, da dann ein Beschaffen von personenbezogenen Daten, also eine Datenerhebung vorliegt, die einen rechtfertigungsbedürftigen hoheitlichen Eingriff darstellt. Die hierfür erforderliche Ermächtigungsgrundlage[42] ist jedoch in der jeweils einschlägigen Datenerhebungsgeneralklausel zu finden.   33

d) Verdeckte Datenerhebung. Polizeiliche Datenerhebung muss grundsätzlich **offen** erfolgen (vgl. zB § 27 Abs. 2 S. 1 BremPolG, Art. 31 Abs. 3 S. 1 BayPAG). Die Erreichung des Maßnahmezwecks kann es jedoch erforderlich machen, eine Datenerhebung „verdeckt" durchzuführen. Eine solche **verdeckte Datenerhebungsmaßnahme** liegt immer dann vor, wenn sie zielgerichtet getarnt wird, insbesondere die Zugehörigkeit bzw. Verbundenheit einer Person zur Polizei bewusst nicht offenbart oder verschleiert wird.[43]   34

Eine verdeckte Datenerhebung ist dementsprechend regelmäßig (vgl. ausdrücklich zB § 27 Abs. 2 S. 2 BremPolG) zulässig, wenn (1) sie durch Gesetz zugelassen ist, oder (2) die Zweckerreichung/Aufgabenerfüllung bei offener Erhebung gefährdet wäre oder (3) die verdeckte Erhebung dem Interesse des Betroffenen entspricht.   35

aa) Längerfristige Observation. Die Datenerhebung durch eine sog **längerfristige Observation** (einer Person) ist zunächst durch eine gewisse Planmäßigkeit gekennzeichnet. Sie muss bewusst und gewollt erfolgen.[44] Sie unterscheidet sich vom kurzzeitigen oder gar flüchtigen Beobachten, für welche die Datenerhebungsgeneralklausel als ausreichend angesehen wird,[45] insbesondere durch das zeitliche Element. Der Übergang von kurz- zu langfristiger Observation wird abrupt ab einem Beobachtungszeitraum von meist 24 Stunden oder einer wiederholten Beobachtung über einen definierten Zeitraum (in der Regel mehr als zwei Tage, vgl. zB § 25 Abs. 1 Nr. 1 ASOG Bln – mitunter aber   36

---

[37] OVG Hamburg NVwZ-RR 2015, 695 (701).
[38] Vgl. OVG Hamburg NVwZ-RR 2015, 695 (701).
[39] Hierzu Tomerius DVBl 2017, 1399.
[40] Neuhäuser in BeckOK PolR Nds Nds. SOG § 22 Rn. 37.
[41] BVerfG NJW 2008, 822 (836).
[42] BVerfG NJW 2008, 822 (836).
[43] Saipa Nds. SOG § 30 Rn. 30.1.
[44] Roggenkamp/Albrecht in BeckOK PolR Nds Nds. SOG § 34 Rn. 8.
[45] Zustimmend, aber kritisch Petri in Lisken/Denninger PolizeiR-HdB Teil G Rn. 229.

länger, zB § 38 Abs. 1 Nr. 1 SächsPolG – ein Monat) angenommen. Wird diese zeitliche Begrenzung überschritten, ist die Datenerhebung durch Observation nur zulässig,[46] wenn die Abwehr einer konkreten (in Bayern auch einer „drohenden") Gefahr für besonders hochrangige bzw. bedeutende Rechtsgüter bzw. die Verhütung von Straftaten „von erheblicher Bedeutung" (die in den Bundesländern unterschiedlich definiert wird, vgl. zB § 17 Abs. 3 ASOG Bln oder § 2 Nr. 11 Nds. SOG) zu besorgen ist.

37 Im letzteren Fall müssen zumindest Tatsachen die Annahme rechtfertigen, dass eine solche Straftat begangen werden soll. Lediglich Vermutungen (oder Befürchtungen) reichen nicht aus. Dementsprechend sind die Regelungen über die längerfristige Observation keine ausreichende Rechtsgrundlage für die polizeiliche Beobachtung vermeintlich rückfallgefährdeter Straftäter.[47]

38 **bb) Einsatz technischer Mittel.** Die Zulässigkeit des **verdeckten Einsatzes „technischer Mittel"** zur Erhebung personenbezogener Daten (zB durch Richtmikrofone, GPS-Sender) unterliegt typischerweise den gleichen Voraussetzungen wie die längerfristige Observation (so zB § 35 Abs. 1 S. 1 Nds. SOG, § 15 Abs. 2 HSOG). Ziel ist entweder die Erhebung von Bild- und/oder Tonaufzeichnungen oder die Bestimmung des Aufenthaltsortes des Betroffenen. Eine Eingrenzung der zulässigen „technischen Mittel" enthalten die Polizeigesetze nicht.[48]

39 Aus dem Wohnungsgrundrecht (Art. 13 Abs. 1 GG) und dem besonderen Schutzbedürfnis der „räumlichen Sphäre, in der sich das Privatleben entfaltet",[49] folgt, dass die Zulässigkeit der Datenerhebung in und aus Wohnungen erhöhten Anforderungen unterliegt. Dementsprechend findet sich eine Differenzierung zwischen der Datenerhebung mit technischen Mitteln „außerhalb" und „innerhalb" von Wohnungen.

40 Die zu überschreitende Eingriffsschwelle ist für den **Einsatz technischer Mittel zur Datenerhebung in oder aus Wohnungen** (im repressiven Bereich auch als „Großer Lauschangriff" bezeichnet) im Sinne des Art. 13 Abs. 1 GG nochmals erhöht. Maßgebliches verfassungsrechtliches Kriterium für Eingriffsbefugnisse sind Art. 13 Abs. 4 und 5 GG. Ziel muss die Abwehr „dringender Gefahren für die öffentliche Sicherheit, insbesondere einer gemeinen Gefahr oder einer Lebensgefahr" (Art. 13 Abs. 4 GG) sein. Sie bedürfen, außer bei Gefahr im Verzug, stets einer richterlichen Anordnung. Dies reflektieren die entsprechenden polizeirechtlichen Befugnisnormen.

41 Während die repressive Wohnraumobservation mit technischen Mitteln explizit auf die akustische Überwachung begrenzt ist (vgl. Art. 13 Abs. 3 GG), ist eine optische Wohnraumüberwachung zu präventiven Zwecken grundsätzlich zulässig. Sie muss allerdings im Gesetz explizit vorgesehen sein.[50]

42 **cc) Präventive Telekommunikationsüberwachung.** Einige Polizeigesetze (zB Niedersachsen, Bayern, nicht aber zB Berlin, NRW) enthalten Befugnisse zur **präventiven Telekommunikationsüberwachung** (iW „TKÜ"). Eine solche kann der Landesgesetzgeber zum Zweck der Abwehr (erheblicher) Gefahren, nicht aber zur Strafverfolgungsvorsorge – insb. nicht jenseits eines konkreten Anfangsverdachts zur Beweisbeschaffung in einem (eventuellen) künftigen Strafverfahren – vorsehen.[51]

---

[46] Sie ist idR durch einen Richter zu gestatten, vgl. zB Art. 36 Abs. 4 BayPAG.
[47] Roggenkamp/Albrecht in BeckOK PolR Nds Nds. SOG § 34 Rn. 20.
[48] Vgl. aber den Verweis auf eine entsprechende Verordnung in § 35 Abs. 1 S. 4 Nds. SOG.
[49] BVerfG NJW 2008, 822 (826).
[50] Petri in Lisken/Denninger PolizeiR-HdB Teil G Rn. 245.
[51] BVerfG MMR 2005, 674 (675) unter Verweis auf Art. 74 Abs. 1 Nr. 1 GG und die Tatsache, dass der Bundesgesetzgeber insofern bereits von seiner konkurrierenden Gesetzgebungskompetenz Gebrauch gemacht hat.

Im Rahmen einer TKÜ-Maßnahme darf nach Auffassung des BVerfG[52] nicht nur die Erhebung menschlicher Kommunikation (über Telefon, SMS, Chat, etc) sowie der Umstände dieser Kommunikation erfolgen, sondern auch die **Erhebung der Internetkommunikation,** also des über den IP-basierten Telefonanschluss der Zielperson laufenden Rohdatenstroms. Damit besteht – lediglich begrenzt durch das Übermaßverbot – die Möglichkeit der Überwachung des „Surfverhaltens" der Zielperson einschließlich des Abgreifens der zB im Rahmen der Synchronisation mit Cloud-Diensten übermittelten Daten. Die im Rahmen eines Nichtannahmebeschlusses getroffene Entscheidung der dritten Kammer des zweiten Senats trifft zu Recht auf breite Ablehnung.[53] Der mit der Überwachung des „Surfverhaltens" einhergehende Eingriff in die Persönlichkeitsrechte des Betroffenen stellt sich ob der Fülle der möglichen zu erlangenden Informationen als gleichrangig mit der Online-Durchsuchung dar. Eine entsprechende Befugnis muss sich dementsprechend an den hierzu niedergelegten Grundsätzen des ersten Senats des BVerfG (→ Rn. 47) messen lassen.

43

dd) Quellen-Telekommunikationsüberwachung. Auch wenn im Rahmen einer TKÜ-Maßnahme der Rohdatenstrom ausgeleitet wird, heißt das noch nicht, dass die Kommunikationsinhalte für die Polizei verwertbar sind. Ist die Kommunikation verschlüsselt und ist eine Entschlüsselungsmöglichkeit, wie regelmäßig zB bei den gängigen Messengerdiensten, nicht gegeben, sind die ausgeleiteten Kommunikationsinhalte nicht lesbar. Um dennoch die Inhalte der Kommunikation mitlesen bzw. mithören zu können, kann eine Softwarelösung eingesetzt werden, mithilfe derer diese vor der Verschlüsselung bzw. nach der Entschlüsselung ausgeleitet werden. Hierzu ist es nach dem derzeitigen Stand der Technik erforderlich, auf dem Smartphone oder dem PC der Zielperson (der „Quelle" der Kommunikation) die og Softwarelösung (heimlich) zu installieren um dann aus der Ferne auf diese zugreifen zu können.

44

Diese Maßnahme wird als **Quellen-Telekommunikationsüberwachung**[54] (iW „Quellen-TKÜ") bezeichnet und ist zB nach dem bayerischen Polizeiaufgabengesetz (Art. 42 Abs. 2 BayPAG) zulässig. Die entsprechende Regelung orientiert sich an den Vorgaben des BVerfG,[55] nach welcher eine Quellen-TKÜ-Maßnahme grundsätzlich „nur" an Art. 10 Abs. 1 GG (und nicht wie die sog Online-Durchsuchung am Recht auf Integrität und Vertraulichkeit informationstechnischer Systeme) zu messen ist und dementsprechend als Unterfall der TKÜ grundsätzlich unter denselben Voraussetzungen wie diese eingesetzt werden kann, wenn – so Art. 42 Abs. 2 S. 1 Nr. 2 BayPAG[56] – „der Zugriff auf das informationstechnische System notwendig ist, um die Überwachung und Aufzeichnung der Telekommunikation insbesondere auch in unverschlüsselter Form zu ermöglichen". Voraussetzung ist aber, so das BVerfG, dass „sich die Überwachung ausschließlich auf Daten aus einem laufenden Telekommunikationsvorgang beschränkt", was „durch technische Vorkehrungen und rechtliche Vorgaben sichergestellt sein" muss. Mit anderen Worten: Eine Ausleitung von Daten bereits abgeschlossener Telekommunikationsvorgänge (zB Chat-Verlauf) oder von Telekommunikationsentwürfen darf ebenso wenig technisch möglich sein wie die Möglichkeit zB Audiosignale oder andere Inhalte „abzugreifen", die (noch)[57] nicht Teil eines laufenden Kommunikationsvorgangs sind. Diese

45

---

[52] BVerfG NJW 2016, 3508 (3510).
[53] Roggan StV 2017, 821; Braun jurisPR-ITR 1/2017 Anm. 2; Eidam NJW 2016, 3508 (3512); vgl. Hiéramente HRRS 2016, 448 (451); näher Roggenkamp/Albrecht in BeckOK PolR Nds. SOG § 33a Rn. 13.6.
[54] Ausführlich Albrecht/Dienst JurPC Web-Dok. 5/2012 Abs. 20 ff.
[55] BVerfG NJW 2008, 822.
[56] Eine ähnliche Regelung findet sich im repressiven Bereich nunmehr in § 100a Abs. 1 S. 2 StPO ferner § 51 Abs. 2 BKAG nF, § 15b HSOG, § 23b Abs. 2 PolG BW.
[57] ZB Kommunikationsinhalte, die vor Beginn des Telekommunikationsvorgangs (zB durch PGP/GPG) verschlüsselt werden, Buermeyer StV 2013, 470.

46 Es wird bezweifelt, ob eine derart eingeschränkte Softwarelösung überhaupt existiert bzw. möglich ist. Diese Zweifel führen nach Auffassung des BVerfG[58] jedoch nicht zur Verfassungswidrigkeit derartiger Regelungen, da sie die „Anwendung der Norm" beträfen, „nicht aber ihre Gültigkeit". Maßgeblich sei, dass „das Programm so ausgestaltet ist, dass es – hinreichend abgesichert auch gegenüber Dritten – [...] inhaltlich eine ausschließlich auf die laufenden Kommunikationsinhalte begrenzte Kenntnisnahme ermöglicht." Ob dies der Fall ist, bedarf nach hier geteilter Auffassung einer Überprüfung durch eine unabhängige Stelle, die weder mit der Anordnung noch der Durchführung der Maßnahme befasst ist.[59] Da vor dem Einsatz einer bestimmten Quellen-TKÜ-Software[60] eine **Datenschutz-Folgenabschätzung** (Art. 27 JI-RL) durchzuführen sein wird, weil es sich um eine besonders eingriffsintensive Verarbeitungsmaßnahme handelt, bietet sich die Überprüfung durch die jeweils zuständige Aufsichtsbehörde an. Dieser ist die Datenschutz-Folgenabschätzung nach Art. 28 Abs. 4 JI-RL zur Prüfung vorzulegen und ihr sind „alle sonstigen Informationen vorzulegen, die sie benötigt, um die Ordnungsgemäßheit der Verarbeitung sowie insbesondere die in Bezug auf den Schutz der personenbezogenen Daten der betroffenen Person bestehenden Gefahren und die diesbezüglichen Garantien bewerten zu können." Dies wird in der Regel auch eine Prüfung des Quellcodes der verwendeten Software durch die Aufsichtsbehörde erforderlich machen.[61] Das bayerische PAG enthält in Art. 64 Abs. 2 S. 8 BayPAG eine Beschränkung der Vorlagepflicht auf die „der Polizei verfügbaren Informationen". Diese Einschränkung begegnet Bedenken hinsichtlich der Richtlinienkonformität. In keinem Fall kann hieraus ein Wegfall der Verpflichtung zur Vorlage des Quellcodes gefolgert werden. Vielmehr muss bereits die Softwarebeschaffung davon abhängig gemacht werden, dass vertraglich sichergestellt ist, dass eine Einsichtnahme in den Quellcode zumindest durch die Aufsichtsbehörde (ggf. abgesichert durch Geheimhaltungsvereinbarungen) möglich ist.

47 **ee) Online-Durchsuchung.** Wird eine Softwarelösung eingesetzt, die mehr als die Überwachung der laufenden Telekommunikation ermöglicht, liegt keine zulässige Quellen-TKÜ-Maßnahme vor, sondern eine **Online-Durchsuchung**.[62] Hiermit wird der heimliche Zugriff auf IT-Systeme bezeichnet, der zwar punktuell sein kann, in der Regel aber auf eine längerfristige Überwachung abzielt.[63] Aufgrund der damit verbundenen Möglichkeit, tiefe Einblicke in die Persönlichkeit eines Menschen – insbesondere auch höchstpersönlicher Natur – zu erhalten, gewichtet ihn das BVerfG als Eingriff besonderer Intensität der „seinem Gewicht nach mit dem Eingriff in die Unverletzlichkeit der Wohnung vergleichbar" sei.[64] Ein Eingriff in das vom BVerfG als „Recht auf Integrität und Vertraulichkeit informationstechnischer Systeme" bezeichnete Grundrecht darf – so die Onlinedurchsuchungsentscheidung – nur „vorgesehen werden, wenn die Eingriffsermächtigung ihn davon abhängig macht, dass tatsächliche Anhaltspunkte einer konkreten Gefahr für ein überragend wichtiges Rechtsgut vorliegen." Als derartig überragend wichtige Rechtsgüter werden „Leib, Leben und Freiheit der Person" angesehen, sowie „solche

---

[58] BVerfG NJW 2016, 1781 Rn. 234 zu entsprechenden Regelungen im BKAG.
[59] Vgl. Roggan StV 2017, 821 (824).
[60] Es ist nicht ausreichend, lediglich abstrakt zB „den Einsatz von Quellen-TKÜ-Software" zu prüfen, da hierbei nicht die mit dem Einsatz einer konkreten Softwarelösung verbundenen Gefahren bewertet werden können.
[61] Vgl. bereits Schaar, zitiert (vgl. auch die im Artikel verlinkten Dokumente) nach Kuri, Staatstrojaner: Schaar konnte Quellcode nicht prüfen, hält an Kritik fest, heise.de v. 11.9.2012, abrufbar unter https://www.heise.de/newsticker/meldung/Staatstrojaner-Schaar-konnte-Quellcode-nicht-pruefen-haelt-an-Kritik-fest-1704133.html, zuletzt abgerufen am 29.5.2018.
[62] Vgl. BVerfG NJW 2016, 1781 Rn. 234.
[63] Petri in Lisken/Denninger PolizeiR-HdB Teil G Rn. 355.
[64] BVerfG NJW 2016, 1781 Rn. 210.

Güter der Allgemeinheit, deren Bedrohung die Grundlagen oder den Bestand des Staates oder die Grundlagen der Existenz der Menschen berührt".[65] Nur wenige Polizeigesetze (Art. 45 BayPAG, § 49 BKAG) enthalten eine – die Vorgaben des BVerfG[66] teilweise wörtlich wiedergebende – Befugnis zur präventiv-polizeilichen Online-Durchsuchung.

ff) Insbesondere: Infiltration des Zielsystems. Problematisch – und in den bislang existierenden Befugnissen zur Durchführung einer Quellen-TKÜ oder Online-Durchsuchung nicht geregelt – ist, über **welche Mittel und Wege** die Softwarelösung auf das Zielsystem **aufgespielt** werden darf. Als unbedenklich werden das heimliche Aufspielen etwa bei einer Grenzkontrolle und auch das Zusenden einer E-Mail mit einem getarnten Staatstrojaner angesehen, soweit dieser E-Mail-Anhang keine Sicherheitslücken ausnutzt.[67] 48

Als verfassungsrechtlich unzulässig stellt sich in diesem Zusammenhang das heimliche Eindringen in Wohnräume (oder im Rahmen einer fingierten Wohnungsdurchsuchung) – und der damit verbundene Eingriff in Art. 13 GG – dar, um die Software zu installieren.[68] 49

Die **Ausnutzung von Sicherheitslücken** in Hard- und Software zur Infiltration eines Zielsystems ist nur als zulässig anzusehen, wenn es sich um bereits bekannte Lücken handelt und die Möglichkeit der Ausnutzung nur der Nachlässigkeit des Betreibers des Zielsystems zuzuschreiben ist. Die Ausnutzung von eigens ermittelten oder „angekauften" Informationen über noch unbekannte Sicherheitslücken (sog zero day exploits) stünde im Widerspruch zur staatlichen Verpflichtung zum Schutz der Bevölkerung vor möglichen Beeinträchtigungen der IT-Infrastruktur.[69] Diese Verpflichtung kann aus dem IT-Grundrecht gefolgert werden. Dieses ist nicht nur als Abwehrrecht des Bürgers gegen den Staat zu verstehen. Es enthält auch einen verfassungsrechtlichen Schutz- und Gewährleistungsauftrag zur Verwirklichung der Wertvorstellungen des Grundrechts.[70] 50

gg) Verdeckte „personale" Ermittlungen durch NoeP und VE. Wenn der datenerhebende Beamte nicht offen als der Polizeibehörde zugehörend auftritt, ist das als zielgerichtete Tarnung und damit (ebenfalls) als verdeckte Datenerhebungsmaßnahme zu werten. Diese Datenerhebung als **„nicht offen ermittelnder Polizeibeamter"** (iW „NoeP") wird auf die Datenerhebungsgeneralklausel (→ Rn. 21) gestützt.[71] Sie wird als zulässig angesehen, wenn die Aufgabenerfüllung „andernfalls erheblich gefährdet wäre" (vgl. zB § 27 Abs. 2 S. 2 Nr. 2 BremPolG) und nur „gelegentlich" erfolgt. In bestimmten Fällen ist eine verdeckte Erhebung mitunter ausdrücklich ausgeschlossen (vgl. zB § 19 S. 2 ASOG Bln). 51

Wird der Polizeibeamte unter einer ihm verliehenen, „auf Dauer angelegten veränderten Identität (Legende)" tätig, so ist er nicht (mehr) lediglich NoeP, sondern **verdeckter Ermittler** (iW „VE"), vgl. zB § 36a Nds. SOG. Die Datenerhebung durch Einsatz eines VE steht typischerweise unter Richtervorbehalt (zB § 36a Abs. 3 Nds. SOG) oder zumindest qualifizierter Polizeibeamter (zB Art. 37 Abs. 3 iVm Art. 36 Abs. 4 BayPAG) und ist 52

---

[65] BVerfG Urt. v. 27.2.2008 – 1 BvR 370/07, Rn. 247.
[66] Siehe in diesem Zusammenhang auch BVerfG NJW 2016, 1781 Rn. 211 ff.
[67] Buermeyer Stellungnahme zur Öffentlichen Anhörung zur „Formulierungshilfe" des BMJV zur Einführung von Rechtsgrundlagen für Online-Durchsuchung und Quellen-TKÜ im Strafprozess v. 29.5.2017, Ausschuss-Drs. 18(6)334, 21 (iW Buermeyer Stellungnahme).
[68] In diese Richtung bereits Tinnefeld ZD 2012, 451 (454); Roggenkamp Stellungnahme zur Öffentlichen Anhörung anlässlich der öffentlichen Anhörung im Innenausschuss des Hess Landtages am 8.2.2018 zu dem Gesetzentwurf für ein Gesetz zur Neuausrichtung des Verfassungsschutzes in Hessen, Drs. 19/5412; Änderungsantrag der Fraktionen der CDU und BÜNDNIS 90/DIE GRÜNEN – Drs. 19/5782, 7 ff. (iW Roggenkamp Stellungnahme) – die dortigen Ausführungen – die auch Grundlage der folgenden Absätze sind – betreffen eine entsprechende Regelung im geplanten HessVerfSchG.
[69] Vgl. auch Buermeyer, Stellungnahme, 21 f.; zur Problematik ausführlich Pohlmann/Riedel DuD 2018, 37.
[70] Heckmann in Heckmann jurisPK-InternetR Kap. 5 Rn. 125.
[71] So zB Schmidbauer in Schmidbauer/Steiner BayPAG Art. 33 Rn. 36.

nur zur Abwehr von Gefahren für (im Einzelnen in den Polizeigesetzen genannten) hochrangige Rechtsgüter oder zur Verhütung von Straftaten erheblicher Bedeutung zulässig.

53 **hh) Insbesondere: Datenerhebung in sozialen Netzwerken.** Die Abgrenzung zwischen NoeP und VE erscheint insbesondere bei verdeckten Datenerhebungen im Internet – namentlich in **Sozialen Netzwerken** wie Facebook schwierig. Mit Blick auf die dort vermeintlich zu erlangenden Erkenntnisgewinne wird mitunter die Erstellung eines sog Fake-Accounts – also eines Accounts einer Phantasieperson – zum Zwecke der Datenerhebung in Erwägung gezogen.

54 Leitfunktion erfüllen dabei in der Onlinedurchsuchungsentscheidung enthaltene Erwägungen des BVerfG zur Grundrechtsrelevanz staatlicher **„Internetaufklärung"**.[72] Danach ermöglichen

„die Kommunikationsdienste des Internet [...] in weitem Umfang den Aufbau von Kommunikationsbeziehungen, in deren Rahmen das Vertrauen eines Kommunikationsteilnehmers in die Identität und Wahrhaftigkeit seiner Kommunikationspartner nicht schutzwürdig ist, da hierfür keinerlei Überprüfungsmechanismen bereitstehen."

Das gelte selbst dann,

„wenn bestimmte Personen – etwa im Rahmen eines Diskussionsforums – über einen längeren Zeitraum an der Kommunikation teilnehmen und sich auf diese Weise eine Art „elektronische Gemeinschaft" gebildet hat. Auch im Rahmen einer solchen Kommunikationsbeziehung ist jedem Teilnehmer bewusst, dass er die Identität seiner Partner nicht kennt oder deren Angaben über sich jedenfalls nicht überprüfen kann. Sein Vertrauen darauf, dass er nicht mit einer staatlichen Stelle kommuniziert, ist in der Folge nicht schutzwürdig."

55 Erfolgt die (gezielte) **polizeiliche Datenerhebung** im Rahmen einer Teilnahme an einem offenen Chat oder einer jedermann offenen Diskussion in einem **Internetforum** oder zB einer **„Facebook-Gruppe"**, ist das Handeln des einzelnen Polizeibeamten nur am Maßstab der Tätigkeit als NoeP zu messen, also auf Basis der Datenerhebungsgeneralklausel zulässig. Daran ändert auch die Notwendigkeit einer Registrierung nichts, wenn die hierbei abgefragten Daten nicht auf ihre Wahrhaftigkeit überprüft werden. Hier besteht kein schutzwürdiges Vertrauen in die Identität der Kommunikationspartner.

56 Insbesondere dann, wenn zB durch sog Freundschaftsanfragen bei Facebook der Zugang zu (und die Erhebung von) ansonsten aufgrund entsprechender „Datenschutzeinstellungen" nicht zugänglichen Kommunikations- oder Profilinhalten erfolgen soll, ist jedoch nach zutreffender Ansicht eine solche Situation nicht anzunehmen. Wie Graf[73] zutreffend festhält, kann nicht angenommen werden, dass es Facebook-Nutzern allgemein gleichgültig ist, wem sie als „Freund" Einblicke in ansonsten verborgene Inhalte gewähren. Ihm ist darin zuzustimmen, dass das Gegenteil der Fall sein dürfte. Eine „legendierte" Teilnahme an einem Sozialen Netzwerk bei welcher aktiv auf Daten zugegriffen werden soll, die ansonsten nicht zugänglich sind, ist dementsprechend nur bei Vorliegen der Voraussetzungen für die Datenerhebung als VE[74] zulässig. Anderes kann nur dann gelten, wenn (zB durch einen entsprechend eindeutigen Nutzernamen wie „Arno Anonym") eindeutig erkennbar ist, dass es sich um einen „Fake-Account" handelt.[75]

57 **e) Einsatz von Videokameras.** Die Polizeigesetze enthalten eine Reihe von Datenerhebungsbefugnissen (unterschiedlicher Ausgestaltung und Reichweite) **mit technischen**

---

[72] BVerfG NJW 2008, 822 (836).
[73] Graf in BeckOK StPO § 100a Rn. 87.
[74] Roggan plädiert (im Zusammenhang mit der repressiven Befugnis) für die Schaffung einer speziellen Befugnis für „virtuelle VE", Roggan NJW 2015, 1995 (1996).
[75] Graf in BeckOK StPO § 100a Rn. 87.

Mitteln im öffentlichen Raum, von denen insbes. die Herstellung von Bild- und Videoaufzeichnungen bzw. die Videoüberwachung Gegenstand juristischer Auseinandersetzung waren und sind.

aa) Videoüberwachung. Bereits die **Beobachtung mittels Videokameras** stellt einen Eingriff in das Grundrecht auf informationelle Selbstbestimmung dar.[76] Die Aufzeichnung bzw. Speicherung ist zudem ein Eingriff in das Recht am eigenen Bild. Der mit einer Videoüberwachung öffentlicher Räume verbundene Eingriff ist von großer Streubreite, da er eine Vielzahl von Personen betrifft, die keinen Anlass für die Überwachung gegeben haben.[77] Insbesondere bei Videoaufzeichnungen konstatierte das BVerfG bereits 2007 eine erhöhte Gefahr des Missbrauchs zum Nachteil der gefilmten Personen, da 58

„die beobachteten Lebensvorgänge […] in der Folge abgerufen, aufbereitet und ausgewertet sowie mit anderen Daten verknüpft werden [können]. So kann eine Vielzahl von Informationen über bestimmte identifizierbare Betroffene gewonnen werden, die sich im Extremfall zu Profilen des Verhaltens der betroffenen Personen in dem überwachten Raum verdichten lassen."[78]

Diese Gefährdungslage hat sich durch den technischen Fortschritt in den vergangenen Jahren vervielfacht. Es ist inzwischen dank digitaler hochauflösender Videotechnologie ohne weiteres möglich, in kürzester Zeit ein umfangreiches Persönlichkeitsprofil einer Person zu erstellen.[79] Nichtsdestotrotz enthalten einige Polizeigesetze weitreichende Befugnisse zur Überwachung des öffentlichen Raums. So können ausweislich § 14 Abs. 3 HSOG die dortigen Polizeibehörden „zur Abwehr einer Gefahr oder wenn tatsächliche Anhaltspunkte die Annahme rechtfertigen, dass Straftaten drohen, öffentlich zugängliche Orte mittels Bildübertragung offen beobachten und aufzeichnen" (ähnlich zB Art. 33 Abs. 2 BayPAG; § 15a Abs. 1 PolG NRW). Insofern Tatbestandsvoraussetzung die Abwehr einer einfachen (konkreten) Gefahr ist, kann bereits bezweifelt werden, ob dieses Ziel einen Eingriff mit der og Streubreite rechtfertigen kann. Nach hier vertretener Auffassung ist zumindest eine erhebliche Gefahr, also eine Gefahr für ein bedeutsames Rechtsgut wie Bestand des Staates, Leben, Gesundheit, Freiheit, nicht unwesentliche Vermögenswerte sowie andere strafrechtlich geschützte Güter (vgl. § 2 Nr. 1 lit. c Nds. SOG) zu fordern. Wenn Ziel die Straftatenverhütung ist, muss es sich um Straftaten von erheblicher Bedeutung handeln. Zudem ist eine Begrenzung auf Kriminalitätsbrennpunkte angezeigt.[80] 59

Eine dauerhafte, stationäre Videoüberwachung (allein) zu Zwecken der Abwehr konkreter Gefahren ist ausgeschlossen.[81] Ob der Zweck der Straftatenverhütung durch eine offene Videoüberwachung wegen des mit ihr möglicherweise zusammenhängenden Effekts der schlichten **Verlagerung der Kriminalität** an andere, unbeobachtete Orte geeignet ist, wird teilweise grundsätzlich bezweifelt.[82] Hier erscheint indes eine differenzierte Betrachtung angezeigt. Ist die zu bekämpfende Kriminalität (zB Drogenhandel) nicht fest mit dem zu beobachtenden Ort verbunden und ist eine Verlagerung an einen anderen Ort hochwahrscheinlich, erscheint die Geeignetheit (und damit die Verhältnismäßigkeit) durchaus fraglich. Bei ortsbezogener Kriminalität (zB banden- und gewerbsmäßiger Diebstahl/Raub an stark frequentierten Orten touristischer Bedeutung) erscheint zumindest eine Teilgeeignetheit vertretbar. Dementsprechend erscheint ein Vorgehen, wie zB nach 15a.0 VVPolG NRW vorgesehen angezeigt: 60

---

[76] VG Hannover Urt. v. 9.6.2016 – 10 A 4629/11; Roggenkamp/Albrecht in BeckOK PolR Nds Nds. SOG § 32 Rn. 3 mwN; Roggenkamp Stellungnahme, 18f. (zur geplanten Erweiterung der Regelung im HSOG); weiter noch Roggan NVwZ 2001, 134 (136) mwN auch zur aA.
[77] BVerfG NVwZ 2007, 688 (691).
[78] BVerfG NVwZ 2007, 688 (690).
[79] Roggenkamp Stellungnahme, 18 mwN.
[80] Bäuerle in BeckOK PolR Hessen HSOG § 14 Rn. 76.; Roggenkamp Stellungnahme, 20 mwN.
[81] Bäuerle in BeckOK PolR Hessen HSOG § 14 Rn. 72.1.
[82] ZB Fetzer/Zöller NVwZ 2007, 775 (778f.).

„Die Videoüberwachung ist im Rahmen eines Gesamtkonzepts einzusetzen, das auf die spezifischen Gegebenheiten abgestimmt ist und ergänzende Maßnahmen vorsieht. Vor einem Einsatz dieser Maßnahme ist zu prüfen, ob die Videoüberwachung aller Wahrscheinlichkeit nach nur zu einem Verdrängungseffekt führt; in diesem Fall ist die Videoüberwachung unzulässig."

61 bb) Intelligente Videoüberwachung. Bislang nur in Pilot- bzw. Testprojekten wird eine Kombination von Videoüberwachung mit Gesichts- und/oder Verhaltenserkennung (sog **intelligente Videoüberwachung**)[83] durchgeführt. Ausreichende Regelungen existieren nach zutreffender Auffassung[84] bislang[85] in keinem Polizeigesetz. Die Regelungen zur „einfachen" Videoüberwachung sind – auch in Kombination mit den Regelungen zum Datenabgleich – hierfür einerseits (insb. mit Blick auf die mit der intelligenten Videoüberwachung verbundene Eingriffstiefe) zu unbestimmt[86] und andererseits erfordert Art. 10 JI-RL für die Verarbeitung biometrischer Daten[87] ua (vgl. → Rn. 12) eine diese gestattende Rechtsgrundlage.[88] Der bayerische Gesetzgeber hat von einer entsprechenden Regelung[89] mit der Begründung Abstand genommen, dass die praktischen Erfahrungen zeigten, dass „im Hinblick auf einen sachgerechten Einsatz die Fehlerquote […] derartiger Systeme noch gesenkt werden" müsste.[90]

62 cc) Einsatz sog Body-Cams. Der Einsatz sog **Body-Cams**[91] (also idR am Körper des bzw. der Polizeibeamten getragene Videokameras) zielt weniger auf die Erhebung personenbezogener Daten als auf die Einschüchterung und Abschreckung potentieller Angreifer. Zulässig[92] ist er zB in Hessen (§ 14 Abs. 6 HSOG), wenn dies „nach den Umständen zum Schutz von Polizeivollzugsbeamtinnen und Polizeivollzugsbeamten oder Dritten gegen eine Gefahr für Leib oder Leben erforderlich ist".

63 Umstritten ist insb. die Zulässigkeit einer sog **Pre-Recording-Funktion,** also eine permanent laufende Aufzeichnung, die dann dauerhaft gespeichert wird, wenn es tatsächlich zu einem Einschalten der Aufnahmefunktion der Kamera kommt. So soll es ermöglicht werden, auch Geschehnisse zu sichern, die sich eine gewisse Zeit (je nach Einstellung/Kameramodell zwischen wenigen Sekunden bis einigen Minuten) vor dem Einschalten ereignet haben. Unter Heranziehung der Entscheidung des BVerfG zur automatisierten Kfz-Kennzeichenerfassung[93] wird dieser „kurzzeitigen Datenerfassung" (vgl. § 27a Abs. 3 BPolG) zumindest dann der Eingriffscharakter abgesprochen, wenn technisch sichergestellt ist, dass die automatisiert gelöschten Daten tatsächlich nicht mehr lesbar sind.[94]

64 Dem ist entgegenzuhalten,[95] dass im Gegensatz zur Kfz-Kennzeichenerfassung eine Speicherung der Videodaten für mindestens ca. 30–60 Sekunden im RAM der Kamera

---

[83] Ausführlich Hornung/Schindler ZD 2017, 203.
[84] Wendt ZD-Aktuell 2017, 05724; Schindler ZD-Aktuell 2017, 05799.
[85] Eine derartige Maßnahme ist nicht grundsätzlich unzulässig Hornung/Schindler ZD 2017, 203 (206).
[86] Hornung/Schindler ZD 2017, 203 (208).
[87] Lichtbilder von Personen sind als biometrische Daten einzuordnen, wenn sie „*mit speziellen technischen Mitteln verarbeitet werden, die die eindeutige Identifizierung oder Authentifizierung einer natürlichen Person ermöglichen*" (ErwGr 51 S. 3 DS-GVO).
[88] Wendt ZD-Aktuell 2017, 05724, der zudem zutreffend darauf hinweist, dass Art. 11 JI-RL bei der Schaffung einer Rechtsgrundlage Berücksichtigung finden muss, da dieser automatisierte Entscheidungsfindungsprozesse auf Basis von besonderen Kategorien von Daten nur eingeschränkt zulässt (vgl. Art. 11 Abs. 2 JI-RL).
[89] Vgl. Art. 33 Abs. 5 BayPAG-Entwurf in Bay. LT-Drs. 17/20425, 12 f.
[90] Bay. LT-Drs. 17/21887.
[91] Ausführlicher Überblick bei Ruthig GSZ 2018, 12.
[92] Zu den Rechtsgrundlagen Parma DÖV 2016, 809.
[93] BVerfGE 120, 378 (399).
[94] Ruthig GSZ 2018, 12 (18), der aber eine Datenschutzfolgenabschätzung für erforderlich hält.
[95] Roggenkamp Stellungnahme, 23 (auch für die folgenden Ausführungen), zur geplanten Erweiterung der hessischen Regelung.

und nicht nur für Sekundenbruchteile stattfindet. Die „Erfassung" im Rahmen des Pre-Recordings dient zudem nicht nur dem rein technischen Abgleich mit bestimmten Suchkriterien, sondern erfolgt gewissermaßen „auf Vorrat", ohne dass bereits ein konkreter Verwendungszweck zum Zeitpunkt der Speicherung feststeht. Die jederzeit mögliche Perpetuierung der im RAM abgelegten Videosequenzen steht im konkreten Einzelfall im „Ermessen" der die Body-Cam bedienenden Person. Zu berücksichtigen ist weiter, dass moderne Body-Cams nicht nur im Nahbereich des sie tragenden Beamten aufzeichnen, sondern eine Identifizierung von Personen ermöglichen, die sich zehn oder mehr Meter entfernt aufhalten.[96] Es werden nicht gezielt – wie bei der Kennzeichenerfassung – Buchstaben- und Zahlenkombinationen erhoben, sondern detaillierte Aufnahmen der Umgebung des Kameraträgers gefertigt. Dementsprechend ist das Pre-Recording einer Body-Cam als Eingriff in das Recht auf informationelle Selbstbestimmung und Recht am eigenen Bild anzusehen, der einer zureichenden gesetzlichen Grundlage bedarf, wenn man ihn denn überhaupt als geeignet zur Erreichung des Ziels der Verhütung von Gefahren für Leib oder Leben ansehen möchte.[97]

2. Speicherung, Veränderung und Nutzung

a) Grundsätze. Die Polizeigesetze enthalten bereichsspezifische **Regelungen zur Speicherung, Veränderung und Nutzung** von personenbezogenen Daten, die entweder in allgemeinen, vorangestellten Regelungen (zB § 42 ASOG Bln, Art. 53 ff. BayPAG) oder im Kontext der Befugnisnormen selbst zu finden sind.[98] Typischerweise wird generalklauselartig die Speicherung, Veränderung und Nutzung gestattet, soweit dies zur (polizeilichen) „Aufgabenerfüllung", zur „zeitlich befristeten Dokumentation"[99] oder zur „Vorgangsverwaltung" erforderlich ist, vgl. zB Art. 54 Abs. 1 BayPAG. 65

b) Erfordernis rechtmäßiger Datenerhebung? Teilweise ist die **Rechtmäßigkeit der Datenerhebung** bzw. Erlangung der Daten ausdrücklich als Voraussetzung für die (weitere) Speicherung, Veränderung und Nutzung vorgegeben (zB § 38 Abs. 1 Nds. SOG, § 42 Abs. 1 ASOG Bln, § 24 Abs. 1 PolG NRW). Wo dies nicht der Fall ist (zB § 20 Abs. 1 HSOG) wird mit Blick auf die „auf dem Spiel stehenden" „zumeist gewichtigeren" zu schützenden Rechtsgüter eine Abwägung vorgeschlagen.[100] An anderer Stelle wird die Auffassung vertreten, dass eine Verwendung dann ausscheide, wenn die in Rede stehenden Daten nicht auf andere, rechtmäßige Weise hätten erhoben werden können.[101] In engen Grenzen wird man die (sofortige) Nutzung (!) der rechtswidrig erlangten Daten zur Abwehr von erheblichen Gefahren im Einzelfall (auch unabhängig von der Art der konkreten Erlangung) für vertretbar halten können. Eine Speicherung, und damit eine Perpetuierung einer (Grund-)Rechtsverletzung dürfte hingegen nicht zu rechtfertigen sein. 66

c) Zweck Aufgabenerfüllung. Der Zweck der „Aufgabenerfüllung" erscheint zunächst unbestimmt, soll aber lediglich den „äußeren Rahmen" der Datenverarbeitung vorgeben, welcher durch den Zweckbindungsgrundsatz eingehegt wird.[102] Zwischen der Datenerhebung und der weiteren Verarbeitung dieser Daten muss Zweckidentität bestehen (vgl. zB § 38 Abs. 1 Nds. SOG, § 42 Abs. 2 S. 1 ASOG Bln). Dabei ist nicht auf den 67

---
[96] Arzt in BeckOK PolR NRW PolG NRW § 15c Rn. 10 mwN.
[97] Insbes. bei nicht-offenem Betrieb wohl abzulehnen, näher Roggenkamp Stellungnahme, 24 f.
[98] Petri in Lisken/Denninger, PolizeiR-HdB Teil G Rn. 147.
[99] ZB Aufzeichnung von Notrufen, vgl. 38.1 VollzBek zu Art. 38 BayPAG aF.
[100] Bäuerle in BeckOK PolR Hessen HSOG § 20 Rn. 33.
[101] Petri in Lisken/Denninger PolizeiR-HdB Teil G Rn. 377.
[102] Petri in Lisken/Denninger PolizeiR-HdB Teil G Rn. 371.

allgemeinen Zweck (zB Gefahrenabwehr), sondern auf den konkreten Einzelfall („Abwehr Lebensgefahr für XY am 28. 5. 2018") abzustellen.[103]

68 **d) Zweckänderungen.** Eine **Zweckänderung** – also die Speicherung, Veränderung oder Nutzung zu einem anderen polizeilichen Zweck – ist nach den Polizeigesetzen umfänglich möglich, wenn und soweit die Polizei die in Rede stehenden Daten auch zu diesem Zweck erheben dürfte (vgl. zB § 23 Abs. 1 S. 2 PolG NRW, Art. 53 Abs. 2 S. 2 BayPAG).

> **Praxistipp:**
> Es ist zu prüfen, ob ein **hypothetischer Ersatzeingriff**[104] zulässig wäre, dh (1) ob eine Befugnisnorm die Datenerhebung auch für diesen neuen Zweck gestattet würde, (2) ob durch die Zweckänderung verfahrensrechtliche Sicherungen umgangen würden und (3) ob die Zweckänderung im Einzelfall erforderlich ist.[105]

69 Sind die in Rede stehenden Daten im Rahmen von **Maßnahmen „mit besonderen Mitteln und Methoden"** (zB TKÜ, Einsatz verdeckter Ermittler) erhoben worden, die besonders intensive Grundrechtseingriffe beinhalten und dementsprechend nur eingeschränkt zulässig sind, ist Voraussetzung, dass die Daten auch zu diesem neuen Zweck mit dieser „besonderen Maßnahme" hätten erhoben werden dürfen.[106]

70 Als (massive[107] – aber mit Art. 4 Abs. 2 JI-RL vereinbare) **Durchbrechung des Zweckbindungsgrundsatzes** stellt sich die in den Polizeigesetzen in Verbindung mit den §§ 481 Abs. 1, 483 Abs. 3 StPO regelmäßig (zB Art. 54 Abs. 2 BayPAG, § 42 Abs. 3 ASOG Bln) vorgesehene Zulässigkeit der „Übernahme von Strafermittlungsdaten"[108] für Zwecke der Gefahrenabwehr bzw. der Straftatenverhütung dar. § 481 Abs. 1 S. 1 StPO gestattet die „Verwendung"[109] personenbezogener Daten aus Strafverfahren „nach Maßgabe der Polizeigesetze". Unzulässig ist eine Zweckänderung allerdings, wenn die Polizei „ausschließlich zum Schutz privater Rechte tätig wird", § 481 Abs. 1 S. 3 StPO. War die repressive Datenerhebungsmaßnahme „nur bei Verdacht bestimmter Straftaten zulässig" (zB TKÜ nach § 100a StPO), ist eine präventiv-polizeiliche Verwendung nur „zur Abwehr einer erheblichen Gefahr für die öffentliche Sicherheit" zulässig, § 481 Abs. 2 iVm § 477 Abs. 2 S. 3 Nr. 1 StPO.

71 Inwieweit weitere Einschränkungen vorgenommen werden, ist in den Polizeigesetzen unterschiedlich geregelt. So spielen bspw. im BayPAG Kriterien wie Art, Schwere und Begehungsweise der Straftat nur im Zusammenhang mit der zulässigen Dauer der Speicherung eine Rolle[110] während bspw. nach § 39 Abs. 3 S. 2 Nds. SOG bereits die grundsätzliche Erforderlichkeit der Speicherung, Veränderung oder Nutzung zum Zweck der Straftatenverhütung hiervon abhängig ist. Unter Berücksichtigung des Art. 4 Abs. 2 lit b JI-RL, nach welchem die Erforderlichkeit für den „anderen Zweck" gegeben sein muss, dürfte die letztere Lösung vorzugswürdig sein.

72 Die Möglichkeit der Verwendung von zu präventiven Zwecken erhobenen Daten zu Zwecken der Strafverfolgung wird auf Basis der in der Regel allgemein gehaltenen Regelungen in den Polizeigesetzen für zulässig erklärt, „soweit die Polizei die Daten auch zu

---

[103] Graf in BeckOK PolR Nds Nds. SOG § 38 Rn. 24.
[104] Arzt in BeckOK PolR NRW PolG NRW § 23 Rn. 13.
[105] Arzt in BeckOK PolR NRW PolG NRW § 23 Rn. 13 mwN.
[106] Vgl. Schmidbauer in Schmidbauer/Steiner BayPAG Art. 30 Rn. 69; ausdrücklich zB § 39 Abs. 1 Nr. 1 Nds. SOG.
[107] Weßlau in SK-StPO § 481 Rn. 3 – „nahezu vollkommene Außerkraftsetzung des Zweckbindungsgebots".
[108] Vgl. 38.3 VollzBek zu Art. 38 BayPAG aF.
[109] Also das „Verarbeiten" und „Nutzen" iSd BDSG aF; Gieg in KK-StPO § 481 Rn. 1.
[110] Schmidbauer in Schmidbauer/Steiner BayPAG Art. 38 Rn. 29 – „Kriterien, die keinerlei Einfluss auf die Rechtmäßigkeit der Speicherung nehmen".

diesem Zweck erheben darf" (so zB § 23 Abs. 1 S. 2 PolG NRW). Mitunter existieren Beschränkungen im Kontext bestimmter eingriffsintensiver Befugnisse, (vgl. zB § 17 Abs. 4e SOG LSA). Zu beachten ist in diesem Zusammenhang, dass es der StPO an einer Einlassklausel iSd Doppeltür-Rechtsprechung des BVerfG[111] fehlt. Nach §§ 161 Abs. 1, 163 Abs. 1 S. 2 StPO hat die Staatsanwaltschaft eine Befugnis zur Abfrage präventiv-polizeilich erhobener Daten, die Polizei jedoch keine originäre Übermittlungsbefugnis.[112]

3. Übermittlung

Bei den bereichsspezifischen Regelungen zur Datenübermittlung wird in den Polizeigesetzen typischerweise zwischen Datenübermittlungen zwischen Polizeibehörden, Datenübermittlungen an öffentliche Stellen und an nicht-öffentliche Stellen differenziert (vgl. zB §§ 44 Abs. 1, Abs. 2 und 3 sowie § 45 ASOG Bln). 73

Vom Vorliegen einer Datenübermittlung wird bereits dann ausgegangen, wenn innerhalb einer Behörde Stellen mit unterschiedlichen Aufgaben personenbezogene Daten austauschen.[113] Werden personenbezogene Daten innerhalb einer Behörde innerhalb derselben Stelle ausgetauscht, liegt demgegenüber eine Nutzung vor.[114] 74

a) Datenübermittlungen zwischen Polizeibehörden. Eine **Datenübermittlung zwischen Polizeibehörden** wird in den Polizeigesetzen generalklauselartig für zulässig erklärt, soweit dies zur Aufgabenerfüllung erforderlich ist (zB Art. 56 Abs. 1 Nr. 1 BayPAG, § 27 Abs. 1 S. 1 PolG NRW). Unter dem Begriff „Polizeibehörden" wurden (bisher, vgl. → Rn. 78) sämtliche Polizeibehörden innerhalb Deutschlands (also der Bundesländer und des Bundes) verstanden (so ausdrücklich noch Art. 40 Abs. 1 S. 2 BayPAG aF, umfassender bereits § 22 Abs. 1 S. 2 HSOG). 75

Der Grundsatz der Zweckbindung gilt auch für die Datenübermittlung. Die empfangende Polizeibehörde darf die Daten daher nur zu dem Zweck nutzen, zu dem sie erhoben wurden (vgl. § 44 Abs. 1 S. 2 iVm § 42 Abs. 2 ASOG Bln). Der Zweckbindungsgrundsatz kann aber regelmäßig[115] durchbrochen werden, wenn eine **hypothetische Alternativerhebung** (vgl. → Rn. 68) rechtmäßig wäre (vgl. zB § 27 Abs. 1 S. 2 PolG NRW). 76

b) Datenübermittlungen an ausländische Polizeibehörden. Die Datenübermittlung **an ausländische und über- und zwischenstaatliche Polizeibehörden** ist in Nuancen bislang unterschiedlich geregelt. So ist beispielsweise in Berlin eine Datenübermittlung grundsätzlich – unter bestimmten Voraussetzungen (siehe § 44 Abs. 3 S. 1 ASOG Bln) – zugelassen, hat jedoch zu unterbleiben, „soweit Grund zu der Annahme besteht, dass dadurch gegen den Zweck eines deutschen Gesetzes verstoßen würde oder schutzwürdige Belange der betroffenen Personen beeinträchtigt würden" (§ 44 Abs. 3 S. 2 ASOG Bln). Das PolG NRW enthält in § 27 Abs. 2 eine Verordnungsermächtigung, nach welcher bestimmt werden kann,[116] dass die Datenübermittlung „an Polizeibehörden bestimmter ausländischer Staaten zulässig ist, wenn dies wegen der internationalen polizeilichen Zusammenarbeit oder der polizeilichen Zusammenarbeit im Grenzgebiet erforderlich ist." In 77

---

[111] BVerfG MMR 2012, 410 (412); danach gilt „Der Gesetzgeber muss, bildlich gesprochen, nicht nur die Tür zur Übermittlung von Daten öffnen, sondern auch die Tür zu deren Abfrage. Erst beide Rechtsgrundlagen gemeinsam, die wie bei einer Doppeltür zusammenwirken müssen, berechtigen zu einem Austausch personenbezogener Daten.".
[112] Arzt in BeckOK PolR NRW PolG NRW § 23 Rn. 14.
[113] Petri in Lisken/Denninger PolizeiR-HdB Teil G Rn. 435; Tschisch in BET ASOG Bln § 44 Rn. 3; ausdrücklich § 44 Abs. 1 S. 3 ASOG Bln.
[114] Petri in Lisken/Denninger PolizeiR-HdB Teil G Rn. 436; Tschisch in BET ASOG Bln § 44 Rn. 4.
[115] Eine Ausnahme beinhaltet zB § 27 Abs. 1 S. 3 PolG NRW für Personaldaten, die zur Vorbereitung für die Hilfeleistung und das Handeln in Gefahrenfällen erhoben wurden.
[116] Vgl. Verordnung über die Zulassung der Datenübermittlung von der Polizei an ausländische Polizeibehörden (Polizeidatenübermittlungsverordnung – PolDÜV NRW) v. 10.12.2008.

jedem Fall ist die ausländische Stelle auf die Zweckbindung hinzuweisen (ausdrücklich und ohne Differenzierung zwischen EU und Nicht-EU-Staaten, § 44 Abs. 3 S. 3 ASOG Bln; anders aber zB § 22 HSOG). Ist zu erwarten, dass dieser nicht beachtet wird, muss die Datenübermittlung unterbleiben, da im og Sinne anzunehmen ist, dass gegen den „Zweck eines deutschen Gesetzes" verstoßen würde.[117]

78 Aus Art. 9 Abs. 4 JI-RL kann gefolgert werden, dass eine **Übermittlung an Stellen in anderen Mitgliedstaaten** (oder einer Organisationen der EU oder sog schengenassoziierten Staaten) unter denselben Voraussetzungen möglich sein kann und soll wie die innerstaatliche Übermittlung. Eine gesonderte Regelung ist somit nur für die sog Drittstaaten zu treffen (vgl. auch die bereits angepassten § 26 BKAG sowie Art. 57 BayPAG).

79 Der **Übermittlung personenbezogener Daten an Drittländer** bzw. internationale Organisationen widmet die JI-RL ein ganzes Kapitel (Kapitel V). Dieses ist bislang[118] (vgl. aber § 27 BKAG, Art. 58 BayPAG) nicht in den Polizeigesetzen der Länder umgesetzt worden. Aus der JI-RL (dort Art. 35 Abs. 1 lit. a und b JI-RL) folgt, dass eine Datenübermittlung an einen sog Drittstaat möglich ist, wenn es für einen in Art. 1 Abs. 1 JI-RL genannten Zweck (also im präventiven Bereich die Gefahrenabwehr mit Bezug zu Straftaten/Ordnungswidrigkeiten) erforderlich ist und der Empfänger eine hierfür zuständige Behörde, sonstige öffentliche Stelle oder Organisation ist. Überdies muss entweder: (1) ein sog Angemessenheitsbeschluss (vgl. Art. 36 JI-RL) vorliegen, welcher ein angemessenes Datenschutzniveau konstatiert, oder (2) „geeignete Garantien" in einem „rechtsverbindlichen Instrument" (zB einer völkerrechtlichen Vereinbarung) vorgesehen sein oder (3) „der Verantwortliche alle Umstände beurteilt [haben], die bei der Übermittlung personenbezogener Daten eine Rolle spielen, und zu der Auffassung gelangt ist, dass geeignete Garantien zum Schutz personenbezogener Daten bestehen" (Art. 37 JI-RL). Gibt es weder einen Angemessenheitsbeschluss oder „geeignete Garantien" kann eine Übermittlung dennoch stattfinden, wenn einer der Ausnahmetatbestände des Art. 38 JI-RL greift. Danach ist eine Übermittlung zB zum Schutz lebenswichtiger Interessen (Art. 38 Abs. 1 lit. a JI-RL) stets, zur „einfachen" Gefahrenabwehr (mit Bezug zu Straftaten/Ordnungswidrigkeiten) (Art. 38 Abs. 1 lit. d JI-RL) aber nur dann zulässig, wenn „Grundrechte und Grundfreiheiten der betroffenen Person das öffentliche Interesse an der Übermittlung" nicht überwiegen (Art. 38 Abs. 2 JI-RL).

80 Mit Blick auf die konkrete Verwendung muss es nach der Rechtsprechung des BVerfG „gewährleistet erscheinen", dass die Daten „weder zu politischer Verfolgung noch unmenschlicher oder erniedrigender Bestrafung oder Behandlung verwendet werden".[119] Das gilt freilich auch, wenn die Vorgaben an das Datenschutzniveau (formal) erfüllt sind.

81 **c) Datenübermittlungen an öffentliche Stellen.** Die Datenübermittlung durch die Polizei an **öffentliche Stellen** ist in den nationalen Polizeigesetzen ebenfalls unterschiedlich geregelt. Mitunter wird zwischen „anderen Gefahrenabwehrbehörden" und „sonstigen öffentlichen Stellen" unterschieden und danach, ob die Polizei „von sich aus" oder „auf Ersuchen" tätig wird (vgl. zB Art. 56 BayPAG). Anderenorts findet sich nur eine oder weder die eine noch die andere Differenzierung (vgl. zB § 43 Abs. 1 Nds. SOG). Ebenso unterscheiden sich die geforderten Voraussetzungen für die Übermittlung. In der Regel ist eine Übermittlung zur Erfüllung (eigener) polizeilicher Aufgaben (vgl. zB Art. 56 Abs. 1 Nr. 2 BayPAG) oder „zur Aufgabenerfüllung des Empfängers für den Bereich der Gefahrenabwehr" (so § 28 Abs. 2 PolG NRW; ähnlich zB § 44 Abs. 2 Nr. 2 ASOG Bln) zulässig. Insofern die Datenübermittlung an jedwede öffentliche Stelle zugelassen wird, „soweit die Kenntnis dieser Daten zur Erfüllung der Aufgaben der empfangenden Stelle erforder-

---

[117] Petri in Lisken/Denninger PolizeiR-HdB Teil G Rn. 472.
[118] Stand: 31.5.2018.
[119] BVerfGE 141, 220.

lich erscheint" (§ 22 Abs. 1 S. 3 HSOG; ähnlich § 34 Abs. 2 POG RhPf), werden zutreffend Zweifel an der hinreichenden Bestimmtheit erhoben.[120]

d) Datenübermittlungen an nicht-öffentliche Stellen. Die Übermittlung von personenbezogenen Daten an **nicht-öffentliche Stellen** ist ebenfalls von hoher praktischer Relevanz. Die Polizeigesetze differenzieren (auch) hier regelmäßig (zB Art. 59 BayPAG, § 45 ASOG Bln) zwischen der Datenübermittlung, die die Polizeibehörden auf Eigeninitiative („von sich aus") vornehmen und die „auf Ersuchen" einer nicht-öffentlichen Stelle erfolgt. 82

aa) Eigeninitiative. Die **eigeninitiative Datenübermittlung** ist nach einigen Polizeigesetzen bereits zulässig, wenn sie „zur Erfüllung polizeilicher Aufgaben erforderlich" ist. Daneben werden als alternative Voraussetzungen mitunter die Erforderlichkeit zur Abwehr bzw. Verhütung „erheblicher Nachteile für das Allgemeinwohl" (zB § 45 Abs. 1 Nr. 2 ASOG Bln, § 29 Abs. 1 Nr. 2 1. Alt PolG NRW) genannt.[121] Insofern vertreten wird, dass dies zur Folge hat, dass eine Übermittlung an jedwede private Stelle auch ohne Vorliegen einer konkreten Gefahr möglich sein soll,[122] kann dem nicht zugestimmt werden. Durch eine derartige Regelung werden, wie das OVG Hamburg[123] für das HmbPolDVG aF festgestellt hat, Grundrechtseingriffe unterschiedlichster Intensität gestattet: 83

„Sie reichen [...] bis hin zur – in Zeiten moderner Kommunikationsmittel zwangsläufig weltweit möglichen – Veröffentlichung auch sensibler personenbezogener Daten in allen Medien. [...] Es ist weder vorhersehbar noch bestimmbar, wer von diesen Daten Kenntnis erlangen wird und wie diese Daten künftig verwendet werden."

Die viel zu unbestimmten Übermittlungsregelungen sind daher verfassungskonform dahingehend auszulegen, dass eine eigeninitiative Übermittlung personenbezogener Daten durch die Polizei an Stellen außerhalb des öffentlichen Bereichs nur zulässig ist, wenn dies – wie zB in § 44 Abs. 1 Nr. 1 Nds. SOG vorgesehen – für die Abwehr einer konkreten Gefahr erforderlich ist. Das OVG Hamburg fordert, dass zudem bereits auf der Tatbestandsebene eine Gefahr für Leib, Leben oder Freiheit der Person vorliegen müsse.[124] Nach hier vertretener Auffassung bedarf es vielmehr einer sorgfältigen Prüfung der Angemessenheit der Übermittlung im konkreten Einzelfall und zwar sowohl bezüglich des „Ob" als auch des Umfangs und der Art der übermittelten Informationen.

> **Praxishinweis:**
> Die Übermittlung personenbezogener Daten an nicht-öffentliche Stellen auf Eigeninitiative der Polizei ist nur zur Abwehr einer konkreten Gefahr zulässig. Ob und in welcher Form eine Übermittlung im Einzelfall mit Blick auf die (möglichen) Folgen für den Betroffenen angemessen ist, bedarf der gewissenhaften Überprüfung.

bb) Auf Anfrage. Die Zulässigkeit einer **Datenübermittlung** durch die Polizei an nicht-öffentliche Stellen **auf Anfrage** wird in der Regel von der Glaubhaft- bzw. der Geltendmachung eines rechtlichen oder eines berechtigten Interesses abhängig gemacht (vgl. zB § 29 Abs. 2 PolG NRW, § 45 Abs. 1 Nr. 4, 5 ASOG Bln, § 44 Abs. 1 Nr. 2 Nds. SOG iVm § 13 Abs. 1 Nr. 2 und 3 NDSG). 84

---

[120] Petri in Lisken/Denninger PolizeiR-HdB Teil G Rn. 477 mit weiteren Beispielen.
[121] Inwieweit hier überhaupt ein eigenständiger Anwendungsbereich eröffnet ist, ist fraglich vgl. Ogorek in BeckOK PolR NRW PolG NRW § 29 Rn. 16 mwN zum Streitstand.
[122] Kirchhoff NJW 2017, 294 (296) für § 45 Abs. 1 Nr. 1 ASOG Bln.
[123] OVG Hamburg NVwZ-RR 2009, 878 (881).
[124] OVG Hamburg NVwZ-RR 2009, 878 (883).

85   Ist das rechtliche Interesse hinreichend glaubhaft gemacht, bedarf es einer Abwägung mit den „schutzwürdigen Interessen der betroffenen Person" (so zB § 45 Abs. 1 Nr. 4 ASOG Bln). Überwiegen diese, ist die Übermittlung unzulässig.

86   Wird ein berechtigtes Interesse – also ein von der Rechtsordnung als schutzwürdig anerkanntes ideelles oder vermögenswertes Interesse[125] – geltend gemacht, muss offensichtlich sein, dass die Datenübermittlung im Interesse des Betroffenen liegt, und kein Grund zu der Annahme besteht, dass er in Kenntnis der Sachlage seine Einwilligung[126] verweigern würde (so Art. 59 Abs. 2 Nr. 2 BayPAG).

3. Betroffenenrechte

87   Die Betroffenenrechte, dh insbesondere **Benachrichtigung, Auskunftsanspruch sowie „Rechte" auf Berichtigung und Löschung**,[127] sind in den Polizeigesetzen unterschiedlich geregelt. Die Regelungen in den Polizeigesetzen finden im Falle präventiv-polizeilicher Datenverarbeitungstätigkeit ohne „Bezug" zu Straftaten und Ordnungswidrigkeiten, also im Anwendungsbereich der DS-GVO (hierzu → Rn. 5 ff.), vor den Art. 12 ff. DS-GVO Anwendung. Das folgt aus dem Umstand, dass Art. 23 DS-GVO den Mitgliedstaaten die umfassende Möglichkeit[128] verleiht, die Betroffenenrechte gegenüber (Polizei-) Behörden durch nationales Recht zu beschränken.[129]

88   **a) Informationspflichten und Benachrichtigung.** Damit das Recht auf informationelle Selbstbestimmung wirksam geltend gemacht werden kann, ist es für den Betroffenen einer Verarbeitungsmaßnahme von Bedeutung über diese umfänglich informiert zu werden. Im Falle, dass dieser, entweder weil zB die Datenerhebung nicht direkt oder nicht offen erfolgt ist, überhaupt keine Kenntnis hat, ist ihm grundsätzlich eine solche zu verschaffen. Dementsprechend sieht die JI-RL grundsätzlich **umfassende Informationspflichten** (vgl. Art. 13 Abs. 1 und 2 JI-RL) vor, von denen allerdings – bei Vorliegen ausreichender Gründe – auch umfassend (vgl. Art. 13 Abs. 3 JI-RL) abgewichen werden kann, wenn, wie dies zT bereits in einigen Polizeigesetzen ausdrücklich vorgesehen ist, „hierdurch die Erfüllung der […] polizeilichen Aufgaben erheblich erschwert oder gefährdet würde" (so zB § 18 Abs. 5 S. 2 ASOG Bln).

89   **aa) Informationspflichten.** Die Polizeigesetze enthalten zwar Vorgaben zu den **Informationspflichten,** die jedoch (bislang[130]) sowohl vom Umfang als auch den Modalitäten hinter den Anforderungen der JI-RL (vgl. Art. 12 und 13 JI-RL) zurückbleiben. Grundsätzlich verpflichtend sind nach Art. 13 Abs. 1 JI-RL „zumindest" die Information über „a) den Namen und Kontaktdaten des Verantwortlichen, b) gegebenenfalls die Kontaktdaten des Datenschutzbeauftragten, c) die Zwecke, für die die personenbezogenen Daten verarbeitet werden, d) das Bestehen eines Beschwerderechts bei der Aufsichtsbehörde sowie deren Kontaktdaten, e) das Bestehen eines Rechts auf Auskunft und Berichtigung oder Löschung personenbezogener Daten und Einschränkung der Verarbeitung der personenbezogenen Daten der betroffenen Person durch den Verantwortlichen" „zur Verfügung zu stellen". Aus ErwGr 42 und daraus, dass die in Abs. 1 genannten Informationen

---

[125] 41.3 VollzBek zu Art. 41 BayPAG aF – als Beispiel werden „Auskünfte der Polizei gegenüber Angehörigen von Verkehrsunfallopfern, die sich nach deren Verbleib erkundigen" genannt.
[126] Insofern zB § 45 Abs. 1 Nr. 5 ASOG Bln auch die Einwilligung des Betroffenen in die Übermittlung nennt, handelt es sich um eine Klarstellung.
[127] Die Berichtigung unrichtiger und die Löschung rechtswidrig gespeicherter Daten muss „von Amts wegen" erfolgen.
[128] Ausreichend ist bereits ein „wichtiges Ziel des öffentlichen Interesses".
[129] Grages in Plath DSGVO Art. 23 Rn. 5 f. – Ob die jeweils einschlägige Regelung im jeweiligen Polizeigesetz den in Art. 23 Abs. 2 DS-GVO niedergelegten Anforderungen entspricht, bedarf der Prüfung im Einzelfall.
[130] Vgl. aber nunmehr Art. 31 Abs. 3 S. 2 BayPAG.

§ 21 Datenschutz und präventive Tätigkeit der Polizei

nur „zur Verfügung zu stellen" und nicht – wie in Abs. 2 vorgesehen – „zu erteilen" sind, folgt dass es sich um allgemeine Informationspflichten handelt.[131] Die genannten Informationen sollen nach ErwGr 42 zB auch auf einer Website bereitgehalten werden können. Im Zusammenhang mit einer konkreten Verarbeitungsmaßnahme (zB Identitätsfeststellung und Datenabgleich am kriminalitätsbelasteten Ort) erscheint dies allein jedoch nicht ausreichend.

> **Praxishinweis:**
> Ergänzend sind die allgemeinen Informationen iSd Art. 13 Abs. 1 JI-RL dem Betroffenen zB in Form eines Informationsblattes auszuhändigen. Es ist in jedem Fall darauf zu achten, dass die Informationen „in präziser, verständlicher und leicht zugänglicher Form in einer klaren und einfachen Sprache" übermittelt werden, Art. 12 Abs. 1 JI-RL.

Der Betroffene einer Datenerhebung ist de lege lata regelmäßig auf die **Rechtsgrundlage** der Datenerhebung sowie ggf. auf eine bestehende **Auskunftspflicht** oder die Freiwilligkeit einer Auskunft hinzuweisen (vgl. zB § 18 Abs. 5 S. 1 ASOG Bln), mitunter jedoch – ohne nähere Begründung – nur „auf Verlangen" (zB Art. 31 Abs. 3 S. 3 BayPAG; § 30 Abs. 1 S. 3 Nds. SOG)[132]. Die Information über die Rechtsgrundlage der Datenverarbeitung soll nach Art. 13 Abs. 2 lit. a JI-RL zwar nur „in besonderen Fällen" erforderlich sein,[133] damit ist aber nicht etwa das Vorliegen eines Verlangens oder Antrags gemeint.[134]

bb) Benachrichtigung. Eine Verpflichtung zur **Benachrichtigung** der betroffenen Person, bei welcher die Daten nicht offen und/oder unmittelbar bei dieser erhoben wurden ist lediglich bei verdeckten Maßnahmen (sog Maßnahmen mit besonderen Mitteln und Methoden) vorgesehen (vgl. zB § 30 Abs. 4 bis 6 Nds. SOG, § 25 Abs. 7 ASOG Bln). Einschränkungen sind nur begrenzt möglich. Art. 13 Abs. 3 JI-RL enthält eine abschließende Auflistung möglicher Gründe für ein Aufschieben, Einschränken oder Unterlassen der Benachrichtigung. Danach ist zB die Vorgabe, dass eine Benachrichtigung erst erfolgt, „sobald dies ohne Gefährdung des Maßnahmezwecks" möglich ist (§ 25 Abs. 7 S. 4 ASOG Bln), zulässig.[135]

b) Auskunft. Nach den Polizeigesetzen bzw. den jeweils einschlägigen Datenschutzgesetzen sind ausdifferenzierte **Auskunftsrechte** der betroffenen Person vorgesehen (vgl. zB § 50 ASOG Bln). Der inhaltliche Umfang der Auskünfte muss sich nunmehr an Art. 14 JI-RL messen lassen, wenn und soweit nicht – wie durch Art. 15 JI-RL ermöglicht – das Auskunftsrecht durch „Gesetzgebungsmaßnahmen" zu einem der in Art. 15 Abs. 1 JI-RL abschließend aufgelisteten Zwecke eingeschränkt wurde. Eine Einschränkung zB für Fälle, in denen die Auskunft „die öffentliche Sicherheit gefährden oder sonst dem Wohle des Bundes oder eines Landes Nachteile bereiten würde" (so zB § 16 Abs. 4 Nr. 2 NDSG) ist danach (weiter) zulässig. Eine Einschränkung des Auskunftsrechts zum Schutz der öffent-

---

[131] Johannes/Weinhold DatenschutzR Polizei und Justiz Rn. 178.
[132] Freilich wäre der Betroffene auf sein Recht, diese Information zu verlangen hinzuweisen, vgl. § 25 Abs. 1 VwVfG.
[133] Eine nach Art. 13 Abs. 2 JI-RL ebenfalls „in besonderen Fällen" erforderliche Information über Speicherfristen (lit b), Empfängerkategorien (lit c) sowie eventuell erforderliche „weitere Informationen" (insb. bei Datenerhebung ohne Wissen der betroffenen Person) (lit d) ist ebenfalls grundsätzlich (zu Ausnahmen siehe Art. 13 Abs. 3 JI-RL) in den Polizeigesetzen de lege ferenda vorzusehen.
[134] Nach ErwGr 42 DS-GVO besteht die Informationspflicht, „soweit diese zusätzlichen Informationen unter Berücksichtigung der spezifischen Umstände, unter denen die Daten verarbeitet werden, notwendig sind, um gegenüber der betroffenen Person eine Verarbeitung nach Treu und Glauben zu gewährleisten".
[135] Problematisch ist demgegenüber zB ein „Verzicht" auf eine Benachrichtigung „wenn es sich nur um einen kurzfristigen Eingriff handelt, an den sich keine Folgemaßnahmen anschließen" (vgl. Art. 31 Abs. 4 S. 4 BayPAG).

lichen Ordnung (wie zB in Art. 65 Abs. 1 Nr. 2 BayPAG vorgesehen) dürfte mit Art. 15 Abs. 1 JI-RL nicht in Einklang stehen, da dieser lediglich den Schutz der öffentlichen Sicherheit als möglichen Zweck nennt.

> **Praxishinweis:**
> Die Geltendmachung des – nicht zu begründenden – Auskunftsanspruchs ist zwar mündlich, telefonisch oder per E-Mail möglich. Die um Auskunft ersuchte Stelle muss sich aber der Identität des Antragstellers bspw. durch Vorlage von Ausweispapieren versichern.[136]

93   **c) Berichtigung.** Kein Anspruch, sondern Amtspflicht ist die **Berichtigung unrichtiger personenbezogener Daten,** der auch ohne „Antrag", „Verlangen" (vgl. Art. 16 Abs. 1 JI-RL) oder sonstiges Zutun der betroffenen Person (unverzüglich) zu entsprechen ist.[137] Die Polizeigesetze (bzw. Regelungen im allgemeinen Datenschutzrecht) enthalten diesbezüglich klarstellende Ausführungen (zB § 48 Abs. 1 S. 1 ASOG Bln).

> **Praxishinweis:**
> Die Berichtigung unrichtiger Daten kann im Zweifel als Verpflichtungsklage geltend gemacht werden.[138]

94   **d) Löschung.** Auch die Regelungen zur **Löschung bzw. Sperrung personenbezogener Daten** sind de lege lata nicht als Anspruch oder „Recht" (vgl. Art. 16 Abs. 2 JI-RL) anzusehen, sondern als zwingende Vorgabe bzw. Klarstellung von verfassungsrechtlichen Selbstverständlichkeiten. In letztere Kategorie fällt die Verpflichtung zur Löschung, wenn sich die Speicherung als unzulässig erweist[139] (vgl. zB § 48 Abs. 2 Nr. 1 ASOG Bln). Im Übrigen sehen die Polizeigesetze vor, dass personenbezogene Daten zu löschen sind, wenn sie nicht mehr zur Aufgabenerfüllung erforderlich sind (zB § 48 Abs. 2 Nr. 2 ASOG Bln). Ob dies der Fall ist, ist regelmäßig – einige Polizeigesetze enthalten hierzu Fristenregelungen (vgl. zB § 48 Abs. 4 ASOG Bln, Art. 53 Abs. 5 BayPAG) – zu überprüfen.

IV. Ausblick

95   Es finden sich bereits heute umfangreiche bereichsspezifische Datenverarbeitungsregelungen in den Polizeigesetzen, die hier **nur exemplarisch** und schlaglichtartig behandelt werden konnten. Mit der Umsetzung der JI-RL[140] in den Polizeigesetzen haben sich zum Zeitpunkt der Abfassung dieses Beitrags – soweit ersichtlich – nur der Bund und der Freistaat Bayern befasst, obwohl nach Art. 63 Abs. 1 JI-RL diese Umsetzung bis zum 6. 5. 2018 hätte erfolgt und die entsprechenden Regelungen in Kraft sein müssen. Dass die bestehenden Regelungen der Polizeigesetze vielfach (aber eben nicht immer und notwendigerweise) den Anforderungen der JI-RL entsprechen, vermag dies nicht zu rechtfertigen.

---

[136] Petri in Lisken/Denninger PolizeiR-HdB Teil G Rn. 587.
[137] Vgl. Roggenkamp in Plath, 2. Aufl. 2016, BDSG aF § 20 Rn. 2.
[138] Vgl. Roggenkamp in Plath, 2. Aufl. 2016, BDSG aF § 20 Rn. 34 mwN.
[139] Bei Streit über die Zulässigkeit der Speicherung kommt zunächst eine Sperrung in Betracht (vgl. Art. 16 Abs. 3 JI-RL).
[140] Die hier ebenfalls nur schlaglichtartig beleuchtet werden konnte.

§ 22 Datenschutz in der Justiz

Übersicht

	Rn.
I. Einleitung	1
II. Anwendbare Vorschriften	5
1. Anwendung der DS-GVO auf die Datenverarbeitung der Justiz	6
2. Anwendung JI-Richtlinie auf justizielle Datenverarbeitung	9
3. Konkretisierung der DS-GVO für den Bereich der Justiz durch die Mitgliedstaaten	12
a) Nationales Sonderrecht für die Datenverarbeitung der Justiz	15
b) Die Regelungen des neuen BDSG hinsichtlich der Datenverarbeitung der Justiz	18
c) Landesrechtliche Vorgaben hinsichtlich der Datenverarbeitung der Justiz	20
III. Einzelfragen	22
1. Datenschutzrechtliche Verantwortlichkeit in der Justiz	22
a) Selbständige Verantwortlichkeit	25
b) Gemeinsame Verantwortlichkeit	29
c) Verantwortlichkeit für justiznahe Auftragsverarbeiter	33
2. Der Erforderlichkeitsgrundsatz in der Justiz	35
3. Betroffenenrechte im Rahmen der justiziellen Datenverarbeitung	39
a) Justizielle Transparenzpflichten nach der DS-GVO	41
b) Akteneinsichtsrechte nach dem Prozessrecht	46
c) Konkurrenz der Transparenzpflichten	47
4. Datenschutz und eJustice	48
a) Datenschutz bei der elektronischen Aktenführung	49
b) Datenschutz im elektronischen Rechtsverkehr	51
5. Der justizielle Datenschutzbeauftragte	55
6. Aufsichtsbehördliche Kontrolle und Selbstkontrolle der Justiz	59
7. Justizielle Unabhängigkeit und Zentralisierung der Datenverarbeitung	61
IV. Ausblick	63

Literatur:

Alexy, Theorie der Grundrechte, 1989; *Bachmann,* Akteneinsicht in elektronische Behördenakten, MMR 2004, 370; *Berlit,* JurPC Web-Dok. 77/2012; *Berlit,* Elektronische Verwaltungsakten und verwaltungsgerichtliche Kontrolle, NVwZ 2015, 197; *Bertrams,* Eingriff in die Unabhängigkeit der Dritten Gewalt durch Zentralisierung der IT-Organisation unter dem Dach der Exekutive, NWVBl. 2010, 209; *Bock/Engeler,* Die verfassungsrechtliche Wesensgehaltsgarantie als absolute Schranke im Datenschutzrecht, DVBl 2016, 593; *Engeler,* Der staatliche Twitter-Auftritt, MMR 2017, 651; *Gola,* Datenschutz bei der Kontrolle „mobiler" Arbeitnehmer – Zulässigkeit und Transparenz, NZA 2007, 1139; *Hitzelberger-Kijima,* Die elektronische Personalakte, öAT 2016, 87; *Köbler,* Missbräuchliches Verhalten bei der Bereitstellung von Endkunden-Telefonanschlüssen, MMR 2009, 357; *Kokott/Sobotta,* The distinction between privacy and data protection in the jurisprudence oft he CJEU and the ECtHR, IDPL 3 (2013), 222; *Krüger/Möllers,* Metadaten in Justiz und Verwaltung, MMR 2016, 728; *Müller,* eJustice – Praxishandbuch, 3. Aufl. 2018; *Niklas/Faas,* Der Datenschutzbeauftragte nach der Datenschutz-Grundverordnung, NZA 2017, 1091; *Papier,* Zur Selbstverwaltung der Dritten Gewalt, NJW 2002, 2585; *Petri/Dorfner,* E-Justiz und Datenschutz – Ausgewählte Rechtsfragen, ZD 2011, 122; *Pohl/Nordmann,* Die Übermittlung personenbezogener Daten durch Gerichte aus Staatsanwaltschaften nach den §§ 12–22 EGGVG, SchlHA 2017, 165; *Rost,* Zur Soziologie des Datenschutzes, DuD 2013, 85; *Roßnagel/Schmücker,* Beweiskräftige elektronische Archivierung, 2005; *Schroeder,* JuS 2004, 180; *Vieflues,* Rechtliche Grundlagen des beA und des elektronischen Rechtsverkehrs, NJW-Beil. 2016, 86.

I. Einleitung

Die Justiz befindet sich in der besonderen Situation, gleichzeitig Garant für den Schutz Betroffener vor möglichen Verletzungen ihrer verfassungsrechtlich verbürgten Freiheiten zu sein als auch selbst zum Ursprung eben jener Eingriffe werden zu können. Die Ge- 1 richte gewähren einerseits Rechtsschutz, wo es Rechtsverletzungen abzuwehren gilt, andererseits aber hat die Digitalisierung der Justiz auch dazu geführt, dass sie selbst zum Ausgangspunkt für Gefährdungen von Rechten der Bürger geworden ist. Dies gilt insbesondere für die mit der modernen Datenverarbeitung einhergehenden Bedrohungen für Persönlichkeitsrechte und das Recht auf Datenschutz.[1] Die Gerichte erteilen diesbezüglich nicht länger nur Rechtsschutz, sondern werden in gleichem Maße wie die justizielle Digitalisierung voranschreitet, auch selbst zur datenverarbeitenden Organisationen, der sich Einzelne gegenübersehen.

2 Das Urteil eines Verwaltungsgerichts über die rechtswidrig durchgeführte Digitalisierung von Personalakten[2] ist beispielsweise in gleichem Maß grundrechtsschützend wie die elektronische Aktenführung der Gerichte (zu den diesbezüglichen datenschutzrechtlichen Erörterungen → Rn. 49) in Grundrechte Beteiligter eingreift. Ein dem verfassungsrechtlichen Anspruch genügendes Verständnis von Datenschutz in der Justiz kann daher nur darin bestehen, datenschutzrechtliche Überlegungen nicht mehr nur mit dem Fokus auf Maßnahmen zum Schutz der justizinternen Informationstechnik gegenüber Datenverlust oder unberechtigter Kenntnisnahme, sondern gerade auch mit dem Bewusstsein zu erörtern, dass es die Gerichtsorganisation selbst ist, vor der es zu schützen gilt.

3 Die mit Hilfe des Datenschutzrechts adressierte Machtungleichheit zwischen datenverarbeitender Organisation und schutzbedürftigem Individuum[3] tritt dabei zwischen den Gerichten einerseits und den Betroffenen ihrer Datenverarbeitung andererseits zutage. Konfliktlinien entstehen dabei unter anderem entlang des berechtigten Bedürfnisses der Justiz, Verfahren durch Digitalisierung und Automatisierung effizienter und kostensparsamer zu gestalten[4] und der Interessen von Verfahrensbeteiligten und den Beschäftigten in der Justiz selbst. Die etwa im Rahmen der digitalen Aktenführung verarbeiteten Daten sind einerseits relevant für den Grundrechtsschutz derjenigen, deren Daten in den Akten verarbeitet werden und eröffnen andererseits auch für die Justizmitarbeitenden grundrechtlich geschützte Abwehrinteressen, etwa hinsichtlich einer sie betreffenden automatisierten Leistungs- und Verhaltenskontrolle.

4 Schließlich hat das Datenschutzrecht auch grundsätzliche Bedeutung für die Funktionsfähigkeit der Justiz erhalten. Sie muss auch in einer digitalisierten Gesellschaft in der Lage bleiben, in technischer und organisatorischer Unabhängigkeit ihre korrigierende Funktion im Rechtsstaat auszuüben. Diese besonderen Bedürfnisse der Justiz stellen alle datenschutzrechtlichen Überlegungen vor die Herausforderung, die informationstechnologische Unabhängigkeit der Justiz mit der trotzdem nötigen datenschutzrechtlichen Kontrolle zu vereinbaren.

II. Anwendbare Vorschriften

5 Konkretes datenschutzrechtliches Sonderrecht ist für den justiziellen Bereich bisher europarechtlich oder mitgliedstaatlich nur in sehr geringem Umfang kodifiziert worden. Ein einheitlicher Gesetzeskörper, der als sektorspezifisches Sonderrecht die Datenverarbeitung der Justiz erfassen würde, existiert nicht. Nur vereinzelt finden sich im deutschen Gerichtsverfassungs- sowie Prozessrecht bzw. den auf ihrer Basis ergangenen Verordnungen

---

[1] Zur notwendigen Unterscheidung zwischen Privatheitsschutz und Datenschutz Kokott/Sobotta IDPL 2013, 222; Bock/Engeler DVBl 2016, 593 (595); Wolff in PNH Frankfurter Kommentar I GRC Art. 8 Rn. 3; Johannes in Roßnagel DatenschutzR-HdB Kap. 2 Rn. 57.
[2] OVG Schleswig NVwZ 2017, 171; grundsätzlich zur elektronischen Verwaltungsakte Berlit NVwZ 2015, 197.
[3] Vgl. zu diesem Kernanliegen des Datenschutzes Steinmüller ua, Grundfragen des Datenschutzes; BT-Drs. VI/3826, Anlage 1, 36 sowie aktuell insbesondere die theoretischen Arbeiten von Rost DuD 2013, 85.
[4] Diesem Ziel dienen im Ergebnis viele der Digitalisierungsvorhaben der Justiz. So verweist der BT-Drs. 18/9416, 31 auf wesentliche Vorteile der elektronischen Akte, wie die schnellere Übermittlung von Akten oder schnellere Durchsuchungsmöglichkeiten des Akteninhalts.

Regelungen zu einzelnen Verarbeitungszwecken innerhalb der justiziellen Datenverarbeitung. In weiten Teilen unterliegt die Datenverarbeitung bei den Gerichten daher primär den allgemeinen datenschutzrechtlichen Vorgaben.

1. Anwendung der DS-GVO auf die Datenverarbeitung der Justiz

Damit wird die Datenverarbeitung der Gerichte, von vereinzelten Ausnahmen abgesehen, in vollem Umfang von den inhaltlichen Vorgaben der DS-GVO erfasst.[5] Die DS-GVO enthält zwar keine ausdrücklichen Sonderregelungen für die justizielle Datenverarbeitung, spricht die Justiz und die Gerichte aber immerhin jeweils ein knappes dutzend Mal an. Gemäß ErwGr 20 S. 1 soll die DS-GVO uneingeschränkt auch für die Tätigkeit der Gerichte und anderer Justizbehörden gelten, sofern nicht das Unionsrecht oder das Recht der Mitgliedstaaten festlegt, wie die Verarbeitungsvorgänge und Verarbeitungsverfahren bei der Verarbeitung personenbezogener Daten durch Gerichte und andere Justizbehörden im Einzelnen auszusehen haben.

Als unmittelbar der DS-GVO zu entnehmende Ausnahme ist Art. 9 Abs. 2 lit. f DS-GVO anzusprechen. Während Art. 9 Abs. 1 DS-GVO die Verarbeitung besonderer Kategorien von Daten sogar noch gegenüber dem ohnehin im Rahmen der DS-GVO geltenden Verbot mit Erlaubnisvorbehalt einschränkt,[6] findet diese Verschärfung gemäß Art. 9 Abs. 2 lit. f DS-GVO dann keine Anwendung, wenn die Verarbeitung bei Handlungen der Gerichte im Rahmen ihrer justiziellen Tätigkeit erforderlich ist. Die automatisierte Verarbeitung von Gesundheitsdaten im Rahmen von zivilrechtlichen Schmerzensgeldklagen oder die Verarbeitung von Daten über den Grad einer Behinderung in arbeitsrechtlichen Verfahren unterliegen damit, die Erforderlichkeit der Datenverarbeitung (zum Erforderlichkeitsbegriff in der Datenverarbeitung der Gerichte → Rn. 35) vorausgesetzt, nicht den erhöhten Anforderungen des Art. 9 Abs. 1 DS-GVO.

Ausdrücklich eingeschränkt ist gemäß Art. 55 Abs. 3 sowie ErwGr 20 S. 2 DS-GVO zudem die Zuständigkeit der Datenschutzaufsichtsbehörden bezüglich der Datenverarbeitung der Gerichte. Mit dieser Beschränkung der Kontrollzuständigkeit geht allerdings keine Begrenzung der Anwendbarkeit der DS-GVO für Datenverarbeitungen im Rahmen der justiziellen Tätigkeit einher. Auch in diesem Kernbereich der richterlichen Arbeit unterliegt die Justiz vollumfänglich den inhaltlichen Vorgaben der DS-GVO.[7] Es ist lediglich die Überwachung ihrer Einhaltung, die einer anderen Stelle anvertraut ist, nämlich nach Intention von ErwGr 20 S. 3 DS-GVO einer besonderen Stelle im Justizsystem (vertiefend → Rn. 59).

> **Praxistipp:**
> Die Datenverarbeitung der Gerichte unterliegt grundsätzlich vollumfänglich den Vorgaben der DS-GVO.

2. Anwendung JI-Richtlinie auf justizielle Datenverarbeitung

Neben der DS-GVO hat zum 25.5.2018 auch die JI-RL Geltungskraft erlangt. Trotz ihrer wiederholten wörtlichen Bezugnahme auf die Justiz erfasst sie diese doch nur inso-

---

[5] Die Gerichte sind also keineswegs ein „datenschutzrechtlich rechtsfreier Raum", wie Schild in BeckOK DatenschutzR Justiz Rn. 5, zutreffend anmerkt. Entgegenstehende mitgliedstaatliche Versuche, einzelne Bereiche der justiziellen Datenverarbeitung außerhalb vorgesehener Ausnahmen aus dem Anwendungsbereich der DS-GVO auszuklammern, würden scheitern, da nach ständiger Rechtsprechung des EuGH jedes im Rahmen seiner Zuständigkeit angerufene nationale Gericht als Organ eines Mitgliedstaats verpflichtet ist, das unmittelbar geltende Unionsrecht uneingeschränkt anzuwenden, indem es jede möglicherweise entgegenstehende Bestimmung des nationalen Rechts, gleichgültig, ob sie früher oder später als die Unionsnorm ergangen ist, unangewandt lässt, EuGH NVwZ 2010, 1419 (1420).
[6] Schiff in Ehmann/Selmayr DS-GVO Art. 9 Rn. 6; Korge in GSSV DS-GVO Art. 10 Rn. 32.
[7] Wolff in Schantz/Wolff Das neue DatenschutzR Teil G Rn. 1374.

weit, als dass die zuständigen Behörden zum Zwecke der Verhütung, Ermittlung, Aufdeckung oder Verfolgung von Straftaten oder der Strafvollstreckung, einschließlich des Schutzes vor und der Abwehr von Gefahren für die öffentliche Sicherheit tätig werden (Art. 1 Abs. 1 JI-RL). Dies führt zu einer in der Praxis nicht ganz einfachen Abgrenzung insbesondere bezüglich der Datenverarbeitung durch die Strafgerichte. In Konflikt gerät Art. 1 Abs. 1 JI-RL hier mit Art. 2 Nr. 2 lit. d DS-GVO sowie § 45 BDSG. Während Art. 2 Nr. 2 lit. d DS-GVO in wörtlich mit der JI-RL übereinstimmender Weise die Datenverarbeitung der für die Strafverfolgung „zuständigen Behörden" als Abgrenzungsmerkmal heranzieht, verwendet § 45 BDSG den weiteren Begriff der „zuständigen öffentlichen Stellen", zu denen zunächst einmal auch die Organe der Rechtspflege zu gehören scheinen. Dies hat in der Literatur zu Uneinigkeit darüber geführt, ob die Datenverarbeitung der Strafgerichte, die im wörtlichen Sinne durchaus dem Zweck der Strafverfolgung zugerechnet werden könnte, unter den Anwendungsbereich der DS-GVO oder der JI-RL fällt.[8]

10   Nach hier vertretender Auffassung unterfällt die Datenverarbeitung der Strafgerichte dem Anwendungsbereich der DS-GVO. Dafür spricht der übereinstimmende Wortlaut der DS-GVO sowie der JI-RL, die jeweils nur von Behörden als Abgrenzungskriterien sprechen. Die gleiche Abgrenzung findet sich bei der Frage der Ausnahme von der eingeschränkten Prüfkompetenz eines justiziellen Datenschutzbeauftragten gemäß Art. 37 Abs. 1 lit. a DS-GVO (→ Rn. 55). Hier wie dort muss die Auslegung des Begriffs der „Behörde" europarechtsautonom erfolgen und führt zu dem Ergebnis, dass die Gerichte nicht als Behörde anzusehen sind. Dafür spricht unter anderem auch die Wortwahl der englischen Sprachfassung, die in Art. 2 Nr. 2 lit. d GDPR von „prosecution" und „execution" spricht, was im deutschen Rechtssystem der Tätigkeit der Staatsanwaltschaft und des Justizvollzugs entspräche, nicht jedoch der Urteilsfindung. Zudem vermeidet diese Sichtweise auch, dass unterschiedliche Datenschutzregime einen Riss mitten durch die Dezernate der ordentliche Gerichtsbarkeit treiben.[9] Eine weitergehende Lesart, die auch die Gerichte als Organe der Rechtspflege im Sinne des § 45 BDSG den Umsetzungsregelungen der JI-RL unterwerfen würde, begegnet demgegenüber ebenso wie vereinzelte Regelung in den Landesgesetzen[10] europarechtlichen Bedenken.

11   Die JI-RL erfasst den justiziellen Bereich also primär in Bezug auf die Tätigkeit der Ermittlungs- und Vollzugsbehörden im Bereich der Strafverfolgung und Gefahrenabwehr. Diesbezüglich wird auf die Ausführungen in Kapitel → § 21 Bezug genommen. Offen bleibt unter Zugrundelegung dieser Sichtweise einzig, wie der Bereich zu bewerten ist, in dem die Strafgerichte etwa im Rahmen des Richtervorbehalts bei der Anordnung von Ermittlungsmaßnahmen tatsächlich unmittelbar an der Strafverfolgung mitwirken. Zwar lässt sich die diesbezüglich nötige Datenverarbeitung mit guten Gründen jenen Zwecken zuordnen, die die JI-RL zum Regelungsgegenstand hat, dies ändert allerdings nichts daran, dass die Gerichte unverändert als Teil der Rechtsprechung, nicht als Justizbehörde agieren. Die Einzelheiten der Abgrenzung zwischen DS-GVO und JI-RL bleiben diesbezüglich also weiterhin Gegenstand von Diskussion.

---

[8] Für eine Anwendung der JI-RL: Körffer in Paal/Pauly DS-GVO Art. 55 Rn. 5, mit Verweis auf Selmayr in Ehmann/Selmayr DS-GVO Art. 55 Rn. 13, der sich an der dortigen Fundstelle aber nicht zur Abgrenzung zwischen der Strafgerichtsbarkeit und der Zivil- sowie der Fachgerichtsbarkeit verhält. Für eine Anwendung der DS-GVO auch auf die Datenverarbeitung der Strafgerichte wohl: Kühling/Martini et al. DSGVO und nationales Recht, 175 sowie Wolff in Schantz/Wolff Das neue DatenschutzR Teil G Rn. 1373, die insgesamt stets von „Gerichte" als Ganzes sprechen.
[9] Frenzel in Paal/Pauly BDSG § 45 Rn. 13.
[10] Siehe Art. 28 Abs. 1 S. 1 Nr. 2 BayDSG (GVBl. S. 230).

§ 22 Datenschutz in der Justiz   Teil C

> **Praxistipp:**
> Auch auf die Datenverarbeitung der Strafgerichte zu Zwecken der Rechtsprechung und Urteilsfindung ist wie in der Zivil- und Fachgerichtsbarkeit die DS-GVO, nicht die JI-RL, anwendbar.

3. Konkretisierung der DS-GVO für den Bereich der Justiz durch die Mitgliedstaaten

Die DS-GVO sieht zahlreiche – unter dem nicht in jedem Fall idealen Begriff „Öffnungsklauseln" diskutierte – Regelungsbereiche vor, in denen die Mitgliedstaaten die Regelungen der DS-GVO konkretisieren, ergänzen und modifizieren können.[11] Diese Ergänzungs- und Abweichungsmöglichkeiten[12] betreffen auch in großer Zahl den Bereich der Justiz. Neben den zentralen allgemeinen Öffnungsklauseln in Art. 6 Abs. 1 lit. c und e, Abs. 3 DS-GVO spielen für die Datenverarbeitung durch die Justiz auch jene spezifischen Öffnungsklauseln eine Rolle, die für den öffentlichen Bereich spezielle Regelungen zulassen. 12

Für die Datenverarbeitung der Gerichte besonders erwähnenswerte spezielle Öffnungsklauseln sind beispielsweise die Möglichkeit, die Verantwortlichkeit der Gerichte im Rahmen der Anwendung von Justizfachverfahren zu konkretisieren, wenn die Zwecke und Mittel der Fachverfahren durch das nationale Recht vorgegeben sind (Art. 4 Nr. 7 DS-GVO) oder die Aufgaben im Rahmen gemeinsamer Verantwortlichkeiten zu regeln (Art. 26 DS-GVO). Auch die Verarbeitung von Daten über Straftaten (Art. 10 DS-GVO), die Konkretisierung der Informations- und Auskunftspflichten (Art. 23 DS-GVO), etwa bezüglich der Verarbeitung bei der elektronischen Aktenführung, sowie die Möglichkeit, das Verhältnis von Gerichten zu justiziellen Auftragsverarbeitern anhand besonderer Rechtsinstrumente zu gestalten (Art. 28 Abs. 3 DS-GVO), spielen für die gerichtliche Datenverarbeitung eine Rolle. Des Weiteren ist der eröffnete Spielraum im Bereich der Datenschutz-Folgenabschätzung (Art. 38 Abs. 10 DS-GVO) angesichts der in weiten Teilen erstmals erfolgenden Umstellung auf elektronische Verfahrensführung der Gerichte erörterungswürdig. Relevant ist schließlich auch die Möglichkeit, für die justiziellen Datenschutzbeauftragten besondere Anforderungen an die Wahrung der Geheimhaltung und Vertraulichkeit aufzustellen (Art. 38 Abs. 4 DS-GVO). 13

Von diesen Regelungsmöglichkeiten hat der deutsche Gesetzgeber bisher nur abstrakt für den öffentlichen Bereich durch das mit dem DSAnpUG-EU eingeführte neue Bundesdatenschutzgesetz Gebrauch gemacht, nicht jedoch für die Justiz im Konkreten. Hinsichtlich der bereits vor Geltungsbeginn der DS-GVO geltenden Regelungen im deutschen Gerichtsverfassungs- sowie Prozessrecht stehen konkrete Anpassungen an die DS-GVO noch aus. In diesem Bereich besteht vor allem die Notwendigkeit, das vorhandene Sonderrecht mindestens begrifflich an die DS-GVO anzupassen, wo nötig aber auch inhaltlich darauf zu überprüfen, inwiefern der deutsche Gesetzgeber sich noch innerhalb der durch Art. 6 Abs. 3 DS-GVO gesetzten Grenzen bewegt oder doch eher die Anpassungsmöglichkeiten „als Hintertür zu einem eigenständigen Datenschutzrecht missbraucht".[13] 14

> **Praxistipp:**
> Bisher hat der deutsche Gesetzgeber von den vielfältigen Öffnungsklauseln der DS-GVO kaum konkret für den Bereich der Justiz Gebrauch gemacht.

---

[11] Zur Typologie Kühling/Martini et al. DSGVO und nationales Recht, 9 ff.
[12] Ausführliche Übersicht bei Kühling/Martini et al. DSGVO und nationales Recht, 14 ff.
[13] Albrecht/Jotzo, Das neue DatenschutzR Teil 3 Rn. 46.

15 **a) Nationales Sonderrecht für die Datenverarbeitung der Justiz.** Die wenigen vereinzelten deutschen Regelungen für die justizielle Datenverarbeitung stammen zum Großteil noch aus der Zeit vor dem Volkszählungs-Urteil[14] des Bundesverfassungsgerichts. Sie gehen damit zumeist weder in der vom Bundesverfassungsgericht geforderten Normenklarheit[15] auf die Voraussetzungen und den Umfang der Beschränkungen des Rechts auf informationelle Selbstbestimmung durch die justizielle Datenverarbeitung ein[16] noch berücksichtigen sie den Anpassungsspielraum der DS-GVO.

16 In Einzelfällen nahm der Gesetzgeber zwar die Entscheidung des Bundesverfassungsgerichts zum Anlass, um einzelne Bereiche der justiziellen Datenverarbeitung auf ein neues verfassungsrechtliches Fundament zu stellen. Dazu gehört etwa das 1998 in Kraft getretene Justizmitteilungsgesetz,[17] das die justiziellen Mitteilungspflichten nach MiStra und MiZi auf eine neue gesetzliche Grundlage stellen wollte, dazu einen neuen zweiten Abschnitt in das EGGVG einführte[18] und dort auch (begrenzte) Auskunftsrechte aufnahm (zum Verhältnis der Auskunftspflichten nach EGGVG zu jenen der Ds-GVO → Rn. 47). Als weitere Beispiele werden von Schild[19] das Justizkommunikationsgesetz,[20] das Gesetz zur Reform der Sachaufklärung in der Zwangsvollstreckung,[21] das Gesetz zur Einführung der elektronischen Akte in der Justiz und zur weiteren Förderung des elektronischen Rechtsverkehrs[22] und die vielerorts vorhandenen Normen zur elektronischen Aktenführung[23] genannt. Diese Regelungen dürften dabei überwiegend den allgemeinen Öffnungsklauseln der Art. 6 Abs. 1 lit. c und e, Abs. 3 DSGVO unterfallen.

> **Praxistipp:**
> Das vorhandene nationale Sonderrecht, das fragmentarisch einzelne Aspekte der Datenverarbeitung der Gerichte betrifft, ist weitgehend noch nicht vor dem Hintergrund der DS-GVO ergangen und auf Vereinbarkeit geprüft.

17 Regelungen, die die oben exemplarisch dargestellten spezifischen Anpassungsmöglichkeiten der DS-GVO ausnutzen, sind bisher im deutschen Prozess- und Gerichtsverfassungsrecht hingegen nicht ergangen. Das DSAnpUG-EU sieht Änderungen am GVG oder den Prozessordnungen der Gerichtsbarkeiten jedenfalls nicht vor. Auch die großen Gesetzespakete rund um die Digitalisierung der Justiz gehen trotz teilweiser Beschlussfassung nach Inkrafttreten der DS-GVO noch nicht auf den neuen Rahmen ein, sondern beziehen sich in ihren Begründungen[24] noch auf das BDSG aF. Auch die Landesgesetzgeber machen in ihren Landesdatenschutz- und Landesjustizgesetzen für den Bereich der Datenverarbeitung der Gerichte nur ganz vereinzelten Gebrauch von den konkreten Anpassungsmöglichkeiten.

18 **b) Die Regelungen des neuen BDSG hinsichtlich der Datenverarbeitung der Justiz.** Das am 25. 5. 2018 in Kraft getretene neue BDSG spricht die Datenverarbeitung der Gerichte nur an wenigen Stellen ausdrücklich an. In Teil 1 und Teil 2 des neuen Bundesdatenschutzgesetzes, die die gemeinsamen Bestimmungen (Teil 1) sowie die Durchführungsbestimmungen zur DS-GVO (Teil 2) enthalten, wird die Justiz als Organ

---

[14] BVerfG NJW 1984, 419.
[15] BVerfG NJW 1984, 419 (422).
[16] Schild in BeckOK DatenschutzR Justiz Rn. 1.
[17] BGBl I 1430.
[18] Ausführlich Pohl/Nordmann SchlHA 2017, 165; auch Schild in BeckOK DatenschutzR Justiz Rn. 33.
[19] Schild in BeckOK DatenschutzR Justiz Rn. 1.
[20] BGBl I 837.
[21] BGBl I 2258.
[22] BGBl I 2208.
[23] Ausführliche Schild in BeckOK DatenschutzR Justiz Rn. 1.
[24] BT-Drs. 18/9416.

der Rechtspflege zunächst im Rahmen der Begriffsbestimmungen als Teil der Definition der öffentlichen Stellen für den Anwendungsbereich des BDSG aufgegriffen (§§ 2 Abs. 1, 1 Abs. 1 Nr. 1 BDSG). Erfasst sind insofern zunächst einmal nur die Gerichte des Bundes. Die Gerichte der Länder unterliegen den Regelungen des BDSG nur insoweit, als dass der Datenschutz nicht durch Landesgesetze geregelt ist und soweit sie als Organe der Rechtspflege außerhalb reiner Verwaltungsangelegenheiten tätig werden (§ 1 Abs. 1 Nr. 2 lit. a, b BDSG). Damit berücksichtigt der Bundesgesetzgeber die konkurrierende Gesetzgebungskompetenz des Bundes für den Bereich des gerichtlichen Verfahrens (Art. 74 Abs. 1 Nr. 1 GG)[25] und erklärt das BDSG für die Datenverarbeitung der Gerichte der Länder im Bereich ihrer justiziellen Tätigkeit für anwendbar.[26] Die Datenverarbeitung der Justiz unterliegt damit stets zwei nationalen Regelungsregimen, nämlich den Regelungen des BDSG für den Bereich der justiziellen Tätigkeit und den landesrechtlichen Vorgaben für den Bereich der Verwaltungsangelegenheiten. Gesagt ist damit allerdings noch nicht, wer über die Anwendung des BDSG im Bereich der justiziellen Datenverarbeitung der Gerichte der Länder die Aufsicht führt (→ Rn. 61).

Im Verlauf greift das BDSG in § 7 Abs. 1 S. 2 die Aufgabenbeschränkung des bei einem Gericht bestellten Datenschutzbeauftragten auf und regelt parallel dazu in § 9 Abs. 2 BDSG bzw. in § 60 Abs. 1 S. 2 BDSG die beschränkte Aufsichtskompetenz der oder des Bundesbeauftragten für Datenschutz für die Datenverarbeitung im Rahmen der justiziellen Tätigkeit der Gerichte. Vereinzelt enthält das neue Bundesdatenschutzgesetz zudem Modifikationen der VwGO hinsichtlich der Zuständigkeit der Verwaltungsgerichte, etwa in örtlicher Hinsicht für den gerichtlichen Rechtsschutz gegenüber Maßnahmen der Aufsichtsbehörden (§ 20 BDSG) oder hinsichtlich der Zuständigkeit für Klagen gegen Verantwortliche oder Auftragsverarbeiter (§ 44 BDSG). Diese Vorgaben stellen jedoch kein materielles Datenschutzrecht dar, sodass insgesamt festzuhalten ist, dass das BDSG für die Datenverarbeitung der Gerichte wenig Konkretes vorsieht und diese stattdessen weitgehend den gleichen Vorgaben unterwirft, die für die Verwaltung im Übrigen gelten (→ § 20 Rn. 1 ff.). 19

c) Landesrechtliche Vorgaben hinsichtlich der Datenverarbeitung der Justiz. Dort, 20 wo der sich durch Öffnungsklauseln ergebene Anpassungsspielraum eine Gesetzesmaterie betrifft, die in die Zuständigkeit der Länder fällt[27] und hinsichtlich derer der Bund nicht von seiner konkurrierenden Gesetzgebungskompetenz Gebrauch gemacht hat, ist es an den Landesgesetzgebern, entsprechende Regelungen in ihren Landesdatenschutz- und Landesjustizgesetzen aufzunehmen.

Auch die Landesdatenschutzgesetze, selbst in den bereichsspezifischen Artikelgesetzen,[28] 21 haben allerdings nur ganz vereinzelt von den für die Justiz vorhandenen Anpassungsmöglichkeiten Gebrauch gemacht. So haben die Anpassungsgesetze in Hessen[29] mit § 62 HDSG sowie in Schleswig-Holstein[30] mit § 43 LDSG-SH von der Möglichkeit des Art. 38 Abs. 10 DS-GVO Gebrauch gemacht und auch für die Datenverarbeitung im Anwendungsbereich des Landesrechts an dem Erfordernis der Datenschutz-Folgenabschätzung festgehalten. Diese geschriebene Rückausnahme ist für die Datenverarbeitung der Justiz deshalb notwendig, weil ohne eine solche im Rahmen der Anwendung der Öff-

---

[25] Degenhart in Sachs GG Art. 74 Rn. 22; der Begriff des „gerichtlichen Verfahrens" gemäß Art. 74 Abs. 1 Nr. 1 GG dürfte aber weiter als der Begriff „justizielle Tätigkeit" im Sinne der DS-GVO sein, sodass das BDSG die volle Reichweite der konkurrierenden Gesetzgebungskompetenz nicht ausgenutzt hat.
[26] Vgl. Gusy in BeckOK DatenschutzR BDSG § 1 Rn. 71; dementsprechend haben die Bundesländer den Anwendungsbereich ihrer Landesregelungen auf denjenigen Bereich der Datenverarbeitung der Gerichte beschränkt, der nicht die justizielle Tätigkeit betrifft, s. etwa § 2 Abs. 1 Nr. 3 HmbDSG, (Senatsdrs. 2018/00119).
[27] Degenhart in Sachs GG Art. 74 Rn. 23 mit Verweis auf Oeter in MKS GG Art. 74 Rn. 24.
[28] Landtag Bbg LT-Drs. 6/7947.
[29] Hess GVBl. 2018, 82.
[30] SchlH GVOBl. 2018, 162.

nungsklausel des Art. 6 Abs. 1 lit. c und e, Abs. 3 DS-GVO ansonsten die Durchführung der Datenschutz-Folgenabschätzung ausgeschlossen wäre.[31] Angesichts der vielfältigen technischen und organisatorischen Herausforderungen der Digitalisierung der Justiz ist dies zu begrüßen. Ein ähnliches aktives Aufgreifen der Datenschutz-Folgenabschätzung fehlt im neuen Sächsischen Datenschutzdurchführungsgesetz[32] und Hamburgischen Datenschutzgesetz[33] hingegen. Anders als der Bundesgesetzgeber haben einige Landesgesetzgeber auch von der Möglichkeit Gebrauch gemacht, die Vorgaben der DS-GVO bezüglich der Informations- und Auskunftspflichten anzupassen (→ Rn. 45).

III. Einzelfragen

1. Datenschutzrechtliche Verantwortlichkeit in der Justiz

22 Zwar hat die DS-GVO auch Auftragsverarbeiter verstärkt mit originären Pflichten belegt,[34] die entscheidende Weiche für die Frage der Reichweite datenschutzrechtlicher Verpflichtungen stellt aber nach wie vor die Verantwortlichkeit im Sinne des Art. 4 Nr. 7 DS-GVO dar. Anders als im BDSG aF sieht die DS-GVO ebenso wie die früheren DS-RL 95/46/EG zudem nunmehr auch eine gemeinsame Verantwortlichkeit vor.

23 Für die Datenverarbeitung der Justiz folgt daraus, dass neben der Frage, welche Verfahren tatsächlich selbst verantwortet werden, verstärkt die Frage in den Mittelpunkt rückt, inwiefern eine gemeinsame Verantwortlichkeit mehrerer Gerichte für gemeinsame Fachverfahren besteht. Zu denken ist dabei etwa an forumSTAR in der ordentlichen Gerichtsbarkeit sowie das Fachgerichtsverfahren EUREKA. Einige Landesdatenschutzgesetze sahen unter dem Stichwort „gemeinsame Verfahren" zwar schon einen Begriff vor, der der gemeinsamen Verantwortlichkeit des Art. 4 Nr. 7 iVm Art. 26 DS-GVO jedenfalls begrifflich ähnelte. Voraussetzungen und Rechtsfolgen der gemeinsamen Verfahren sind allerdings nicht immer identisch mit der gemeinsamen Verantwortlichkeit iSd Art. 4 Nr. 7 DS-GVO.

24 Hinzu kommt schließlich, dass es bereits schwierig sein kann, zu klären, welche der gerichtlichen Verarbeitungsverfahren überhaupt datenschutzrechtlich von den einzelnen Gerichten selbständig zu verantworten sind. Die justiziellen Verfahren werden nicht selten auf Initiative und unter weitgehender Gestaltungsmacht der Justizministerien vorgegeben und sind von den Gerichten meist praktisch unverändert zu übernehmen oder finden schlicht in Erfüllung gesetzlicher Vorgaben statt.

25 **a) Selbständige Verantwortlichkeit.** Bei der Beurteilung, ob Gerichte für die von ihnen eingesetzten Verfahren verantwortlich im Sinne des Art. 4 Nr. 7 DS-GVO sind, ist weiterhin darauf abzustellen, ob sie die Mittel und Zwecke der Verarbeitung bestimmen. Führend ist dabei auch im justiziellen Kontext die Bestimmung über die Zwecke, während der Kontrolle über die Mittel geringere (bis gar keine) Bedeutung zukommt.[35] Insofern ergeben sich keine Besonderheiten gegenüber anderen öffentlichen oder nicht-öffentlichen Stellen.[36]

26 Eine eigene datenschutzrechtliche Verantwortlichkeit besteht damit unproblematisch etwa für die in Justizgebäuden eingesetzte Videoüberwachung, automatisierte Zugangs-

---

[31] Kühling/Martini et al. DSGVO und nationales Recht, 28 u. 89.
[32] Sachs GVBl. 2018, 198 (199).
[33] Hmb GVBl. 2018, 145.
[34] Zu den Änderungen des Pflichtenkreises der Auftragsverarbeiter Schmitz/von Dall'Armi ZD 2016, 427.
[35] Siehe Hartung in Kühling/Buchner DS-GVO Art. 4 Nr. 7 Rn. 13.
[36] Aufgrund der im Vergleich zur DS-RL im Wesentlichen identischen Regelung ist die Stellungnahme der Artikel 29-Datenschutzgruppe 1/2010 zu den Begriffen „für die Verarbeitung Verantwortlicher" und „Auftragsverarbeiter" 00264/10/DE, WP 169, 16. 2. 2010, weiterhin hilfreich.

kontrollsystemen (wenn dadurch personenbeziehbare Bewegungsmuster[37] ermöglicht werden), den Zugriff der Dienststellenleitung auf elektronische Akten, Anforderung und Übermittlung von Akten,[38] Zugriff auf dienstliche Kommunikation im Rahmen der Dienstaufsicht sowie der Verarbeitung von Informationen aus der elektronischen Aktenführung für Beurteilungszwecke.[39] Gleiches gilt für eingesetzte Textverarbeitungs-, E-Mail-, Kalender-[40] oder sonstige IT-Anwendungen, wenn zB das Nutzungsverhalten der justiziellen Mitarbeiter aus zentralen Logfiles ersichtlich wird. Da in all diesen Beispielen die Zwecksetzung eindeutig durch die Gerichte erfolgt, schließt eine eventuell fehlende Kontrolle über das technische Mittel die Verantwortlichkeit nicht aus. Auch Websites oder vergleichbare Web-Auftritte, etwa in Sozialen Netzwerken, führen zu einer Verantwortlichkeit der Gerichte für die damit einhergehende Verarbeitung der Daten von Seitenbesuchern.[41]

Organisatorisch trifft die Verantwortung die Gerichtsdirektoren oder -präsidenten bzw. die Leiter der jeweiligen Staatsanwaltschaft.[42] Abzulehnen ist diesbezüglich die Auffassung von Schild,[43] der eine selbständige Verantwortlichkeit der Richter annimmt, sofern im Rahmen der Rechtsprechungstätigkeit automatisierte Verarbeitungen initiiert werden. Zwar ist die Verarbeitung und ggf. zentrale Speicherung von Daten über Verfahrensbeteiligte (etwa in modernen Textverarbeitungsanwendungen) unzweifelhaft eine Verarbeitung personenbezogener Daten im Sinne des Art. 4 Nr. 1 DS-GVO. Die Verantwortlichkeit trifft dennoch weiterhin das Gericht als Organisation. Erst wenn Richter oder sonstige Justizmitarbeiter außerhalb ihres üblichen Tätigkeitsbereichs und der möglichen Kontrolle ihrer Organisation Daten verarbeiten,[44] können sie selbst als Verantwortliche angesehen werden.[45] Daran ändert auch die grundsätzliche richterliche Unabhängigkeit nichts, die alle der Rechtsfindung auch nur mittelbar dienenden Sach- und Verfahrensentscheidungen umfasst,[46] denn diese Unabhängigkeit soll keine datenschutzrechtlich kontrollfreie Zone[47] zur Folge haben. Dies zeigt bereits ErwGr 20 DS-GVO, der die Datenverarbeitung im Rahmen der justiziellen Tätigkeit ausdrücklich einer, wenn auch justizinternen, Kontrolle unterstellt. 27

Praxistipp:

Einzelne Richter sind nur dann selbst datenschutzrechtlich verantwortlich, wo sie außerhalb des üblichen richterlichen Tätigkeitsbereichs personenbezogene Daten verarbeiten. Die Dienststelle bleibt auch für die Datenverarbeitung im Bereich der richterlichen Unabhängigkeit verantwortlich.

Auch dort, wo die Gerichte Verarbeitungsverfahren kraft gesetzlicher oder rechtlicher Vorgaben innerhalb ihrer Gerichtsorganisation einsetzen müssen, ändert dies an der daten- 28

---

[37] Vgl. Gola NZA 2007, 1139.
[38] Schild in BeckOK DatenschutzR Justiz Rn. 32; zu den Problemen der Akteneinsicht in elektronische Behördenakten Bachmann MMR 2004, 370.
[39] Zur gesteigerten Kontrolldichte der Dienstaufsicht mithilfe von Meta-Daten vgl. BVerfG NJW 2013, 2102, dazu Anmerkungen bei Krüger/Möllers MMR 2016, 728 (729); weiterführend Seifert in Simitis BDSG § 32 Rn. 12; bzgl. Justizangestellten im Angestelltenverhältnis s. Hitzelberger-Kijima öAT 2016, 87.
[40] Vgl. zur Einsichtnahme in digitale Kalender LAG Rheinland-Pfalz ZD 2015, 488.
[41] EuGH Urt. v. 5.6.2018 C-210/16; Engeler MMR 2017, 651; anders noch das OVG Schleswig ZD 2014, 643.
[42] Schild in BeckOK DatenschutzR Justiz Rn. 9.
[43] Schild in BeckOK DatenschutzR Justiz Rn. 10.
[44] Schantz in Schantz/Wolff Das neue DatenschutzR Teil C Rn. 360, spricht hier etwa die Einsicht in behördliche Datenbanken für private Zwecke an. Gleiches dürfte für die Einsicht zu nicht-dienstlichen Zwecken in gerichtliche Datenbanken durch Richter gelten.
[45] Hartung in Kühling/Buchner DS-GVO Art. 4 Nr. 7 Rn. 9.
[46] BGHZ 42, 163 (169); s. auch Hillgruber in Maunz/Dürig GG Art. 97 Rn. 80 mwN.
[47] Schild in BeckOK DatenschutzR Justiz Rn. 5.

schutzrechtlichen Verantwortlichkeit grundsätzlich nichts. Nach Art. 4 Nr. 7 S. 2 DS-GVO besteht zwar die Möglichkeit, bei rechtlich vorgegebenen Verarbeitungszwecken und -verfahren auch den Verantwortlichen durch Unionsrecht oder dem Recht der Mitgliedstaaten zu bestimmen. Dies führt aber nicht dazu, dass bezüglich solcher Verfahren eine Verantwortlichkeit in jedem Fall automatisch entfällt. Aus Art. 4 Nr. 7 S. 2 DS-GVO ist im Umkehrschluss vielmehr herzuleiten, dass auch bei derartigen „fremdbestimmten Verfahren" die Verantwortlichkeit der einzelnen Gerichte so lange gemäß der allgemeinen Definition des Art. 4 Nr. 7 S. 1 DS-GVO bestehen bleibt, wie sie nicht gesetzlich konkretisiert wurde. Vor diesem Hintergrund weist daher Schild zurecht darauf hin,[48] dass der Gerichtspräsident bzw. Behördenleiter auch für den Einsatz automatisierter Verarbeitungen im Rahmen von Verfahren wie dem elektronischen Rechtsverkehr oder den digitalen Fachverfahren verantwortlich bleibt, obwohl diese teilweise zentral, zB durch ein Justizministerium, eingeführt werden. Damit obliegt es im Falle von Fehlern in den eingesetzten Verfahren[49] auch den unverändert verantwortlichen Gerichten, die Datenverarbeitung auszusetzen. Es bleibt aber zu beobachten, in welchem Umfang die an den Fachverfahren beteiligten Bundesländer im Rahmen gemeinsamer gesetzlicher Bemühungen zentrale verantwortliche Stellen und Gerichte im Sinne des Art. 4 Nr. 7 S. 2 DS-GVO bestimmen (zur Frage der damit einhergehenden Abhängigkeit der Justiz von der Exekutive → Rn. 61).

> **Praxistipp:**
> Die Verantwortlichkeit richtet sich auch im justiziellen Kontext danach, wer über Zwecke und Mittel der Datenverarbeitung bestimmt. Für gesetzlich vorbestimmte Verfahren bleiben die Gerichte solange verantwortlich, wie keine abweichenden gesetzlichen Regelungen getroffen wurden.

29 **b) Gemeinsame Verantwortlichkeit.** Der gemeinsamen Verantwortlichkeit[50] im Sinne des Art. 4 Abs. 7 iVm Art. 26 DS-GVO kam bisher in der deutschen Praxis wenig Bedeutung zu, da § 3 Abs. 7 BDSG aF auf europarechtlich zweifelhafte Art und Weise nur die selbständige Verantwortlichkeit sowie die Verantwortlichkeit für Auftragsdatenverarbeiter erfasste.[51] Viele Landesgesetzgeber regelten zwar begrifflich ähnliche „gemeinsame Verfahren",[52] die gemeinsame Verantwortlichkeit blieb aber ein Fremdkörper. Viele Gerichte kommen mit der DS-GVO daher erstmals in die Situation, die Voraussetzungen und Rechtsfolgen der gemeinsamen Verantwortlichkeit anwenden zu müssen.

30 In der Anwendung des Art. 4 Nr. 7 DS-GVO gegenüber den bisherigen landesrechtlichen Regelungen dürfte der weitere Anwendungsbereich der gemeinsamen Verantwortlichkeit die entscheidende Veränderung sein. Während viele Landesgesetze das Vorhandensein gemeinsamer Verfahren von bewussten Akten der Einrichtung abhängig machen,[53] sieht die DS-GVO zunächst eine rein tatsächliche Entstehung vor. Die Vereinbarung iSd Art. 26 Abs. 1 S. 2 DS-GVO ist in gleicher Weise wie die Existenz eines Ver-

---

[48] Schild in BeckOK DatenschutzR Justiz Rn. 11.
[49] Schild in BeckOK DatenschutzR Justiz Rn. 11, verweist zB auf fehlende Löschroutinen, vgl. VG Wiesbaden RDV 2005, 17. Die Gerichte hätten also aufgrund der erkannten Mängel im besonderen elektronischen Anwaltspostfach, vgl. Müller, eJustice – Praxishandbuch, 19, uU die Zustellung an Verfahrensbeteiligter eigenverantwortlich aussetzen müssen.
[50] Grundlegend nunmehr auch EuGH Urt. v. 5.6.2018 C-210/16.
[51] S. dazu auch Kühling in Kühling/Buchner DS-GVO Art. 26 Rn. 3; sowie zur Notwendigkeit das BDSG aF insofern europarechtskonform auszulegen Monreal ZD 2014, 611 (614), mit Verweis auf Schreiner in Plath BDSG § 3 Rn. 91.
[52] Siehe etwa Art. 27a BayDSG aF, § 15 HDSG aF, § 8 LDSG-SH aF, die allesamt „gemeinsame Verfahren" vorsahen, aber abweichende und teilweise engere Voraussetzungen nannten als der Begriff der DS-GVO; zur Unterscheidung andeutungsweise Gola in Gola DS-GVO Art. 4 Rn. 52.
[53] S. § 8 Abs. 1 LDSG-SH aF; § 15 HDSG aF.

arbeitsvertrages iSd Art. 28 DS-GVO[54] nicht konstitutiv für die gemeinsame Verantwortlichkeit.[55] Lediglich Verfahren (oder deren Teilverfahren), bei denen keine gemeinsame Mittel- und Zweckbestimmung besteht, würden aus der Anwendung der Vorschriften über die gemeinsame Verantwortlichkeit hinausfallen.

Gemeinsam verantwortlich sind Gerichte bereits dann, wenn sie gemeinsam mit anderen über die Zwecke und Mittel der Verarbeitung von personenbezogenen Daten entscheiden. Weitere Voraussetzungen sind nicht zu erfüllen.[56] Die Formen der justiziellen Kooperation zwischen Gerichten, Dienstleistern und Justizbehörden sind äußerst vielfältig und flexibel, so dass es nicht überall unmittelbar ersichtlich sein wird, ob ein Fall der gemeinsamen Verantwortlichkeit vorliegt. Als zu eng erweist sich insofern Schilds Auffassung, der darauf hinweist, dass es für das Entstehen einer gemeinsamen Verantwortlichkeit innerstaatliche Rechtsvorschriften bedarf und dazu auf das Justizkostenverfahren oder das elektronische Gerichtspostfach verweist.[57] Beide Verfahren wären, unabhängig von einer möglichen und zweifelsohne sinnvollen gesetzlichen Konkretisierung auch schon aufgrund der gemeinsamen Zweckbestimmung, nämlich der gemeinsamen automatisierten Justizkostenverarbeitung als gemeinsame Verantwortlichkeit anzusehen. Und zwar unabhängig davon, ob sie auch als gemeinsames Verfahren im Sinne der Landesgesetze anzusehen gewesen wären. 31

Es kommt damit auch bei großen Justizverfahren wie dem elektronischen Gerichtspostfach primär darauf an, ob und in welchem Maße die teilnehmenden Gerichte gemeinsam über Zwecke und Mittel des Verfahrens entscheiden. Dementsprechend sind mögliche gesetzliche Regelungen nicht konstituierend für eine gemeinsame Verantwortlichkeit. Vor diesem Hintergrund sind die bisherigen Regelungen auf ihre Vereinbarkeit mit der DS-GVO hin zu überprüfen. Die Regelung über gemeinsame Verfahren in § 11 EGovG,[58] die in Teilen auch die Datenverarbeitung der Gerichte betrifft (siehe § 1 Abs. 3 EGovG), soll beispielsweise nach § 11 Abs. 1 EGovG nur solche Verfahren erfassen, die mehreren verantwortlichen Stellen im Sinne des BDSG aF die Verarbeitung personenbezogener Daten in oder aus einem Datenbestand ermöglichen. Da diese Voraussetzung des § 11 Abs. 1 EGovG aber nicht mit jener der DS-GVO („gemeinsam mit anderen über die Zwecke und Mittel der Verarbeitung von personenbezogenen Daten entscheiden") identisch ist, könnten so durchaus Fälle auftreten, in denen am Verfahren teilnehmende Stellen für das Verfahren mitverantwortlich sind, die nach dem EGovG bisher nicht als am gemeinsamen Verfahren teilnehmende Stelle angesehen wurden. 32

> **Praxistipp:**
> Der Begriff der gemeinsamen Verfahren ist nicht identisch mit der gemeinsamen Verantwortlichkeit iSd DS-GVO. Die bisherigen justizinternen Regelungen über gemeinsame Verfahren sind an die neuen Termini der DS-GVO anzupassen sowie auf Kongruenz mit den weiteren Voraussetzungen der gemeinsamen Verantwortlichkeit zu überprüfen.

c) Verantwortlichkeit für justiznahe Auftragsverarbeiter. Hinsichtlich der rechtlichen Rahmenbedingungen der Auftragsverarbeitung bestehen im justiziellen Kontext nur wenige Besonderheiten. Auch im Zusammenspiel zwischen Gerichten und ihren Dienstleistern kommt es primär darauf an, wer die Entscheidungsbefugnis über den Zweck, dh über das Ob, Wofür und Wieweit einer Datenverarbeitung hat, während bei der Entscheidungsbefugnis über die Mittel der Verarbeitung große Entscheidungs- bzw. Beurtei- 33

---

[54] Ausführlich zur Ablehnung der „Vertragstheorie" Engeler MMR 2017, 651 (653 ff.).
[55] Hartung in Kühling/Buchner DS-GVO Art. 26 Rn. 20 mit Verweis auf Martini in Paal/Pauly DS-GVO Art. 26 Rn. 22.
[56] Hartung in Kühling/Buchner DS-GVO Art. 4 Nr. 7 Rn. 13.
[57] Schild in BeckOK DatenschutzR Justiz Rn. 12.
[58] BGBl I 2749.

lungsspielräume des Verarbeiters verbleiben können.[59] So ist beispielsweise das Unternehmen Microsoft im Rahmen des Einsatzes von Microsoft Office-Anwendungen für die Zwecke der täglichen justiziellen Aufgabenerfüllung als Betreiber der technischen Anwendung dann als Auftragsverarbeiter tätig, wenn im Hintergrund Remote-Server- oder Clouddienstleistungen eingebunden sind (etwa bei Office 365 oder Azure). Dies gilt, obwohl die Gerichte in solchen Fällen praktisch keine eigene Kontrolle über die dabei eingesetzten konkreten technischen Verfahren haben. Entsprechende vertragliche Vereinbarungen über die Rechte und Pflichten der verantwortlichen Gerichte mit Microsoft sind die Folge.[60] Die Existenz dieser Verträge ist allerdings nicht Voraussetzung für die Verantwortlichkeit der Gerichte für die Datenverarbeitung derart eingebundener Verarbeiter. Die Verantwortlichkeit folgt bereits aus dem tatsächlichen Einsatz der Verarbeiter für eigene Interessen. Die Verpflichtung, der Beziehung zu den Verarbeitern einen formellen Rahmen zu geben, ist lediglich eine sich aus Art. 28 DS-GVO ergebende Rechtsfolge, nicht Voraussetzung für die Annahme einer Auftragsverarbeitung.[61] Zu berücksichtigen ist aber, dass – wie auch im beamtenrechtlichen Bereich[62] – in der Justiz rechtliche Sondervorgaben den Rückgriff auf nicht-öffentliche Auftragsverarbeiter im Einzelfall ausschließen können. So verweist Schild beispielsweise auf § 126 Abs. 3 GBO, der das Führen des Grundbuchs in maschineller Form als automatisierte Datei im Rahmen einer Auftragsdatenverarbeitung durch eine nicht-öffentliche Stelle ausschließt.[63]

34 Gemäß Art. 28 Abs. 3 DS-GVO können die Landesgesetzgeber bzw. der Bundesgesetzgeber für die Landes- und Bundesgerichte abseits individueller Auftragsverarbeitungsverträge zudem abstrakte Regelungen für Auftragsverarbeitungen treffen, in denen Gegenstand und Dauer der Verarbeitung, Art und Zweck der Verarbeitung, die Art der personenbezogenen Daten, die Kategorien betroffener Personen und die Pflichten und Rechte des Verantwortlichen festgelegt sind. Beispiele für derartige gesetzlich fixierte Auftragsverarbeitungen finden sich bisher – auch außerhalb der Justiz – jedoch nur wenige. Hartung verweist diesbezüglich auf § 80 SGB X oder § 1 Abs. 1 AZRG, kritisiert aber zu Recht, dass es dort an der Erfüllung aller in Art. 28 Abs. 3 DS-GVO genannten Kriterien fehlen dürfte.[64] Auch im justiziellen Kontext werden entsprechende (unter-)gesetzliche Regelungen daher kritisch auf ihre Kompatibilität mit Art. 28 Abs. 3 DS-GVO zu überprüfen sein.

> **Praxistipp:**
> Auch in der Justiz ist zu überprüfen, an welchen Stellen die Gerichte Daten durch andere in ihrem Interesse verarbeiten lassen. Dort, wo dies der Fall ist, sind die Gerichte unabhängig von getroffenen Verträgen verantwortlich und sollten entsprechende Vereinbarungen nachholen.

2. Der Erforderlichkeitsgrundsatz in der Justiz

35 Der Erforderlichkeitsgrundsatz ist ein bestimmender Grundsatz des Datenschutzrechts,[65] der auch die Datenverarbeitung der Gerichte prägt. Er ist eng verwandt mit dem Zweckbindungsgrundsatz. Nur eine Datenverarbeitung, die notwendig zur Erreichung eines

---

[59] Hartung in Kühling/Buchner DS-GVO Art. 4 Nr. 7 Rn. 13.
[60] Siehe im Zusammenhang mit den Standardvertragsklauseln für Microsoft Office 365 etwa Auer-Reinsdorff/Conrad HdB IT und DatenschutzR § 22 Rn. 181.
[61] Vgl. zu der insoweit missverständlichen Übersetzung von „on behalf" mit „Auftrag" in Art. 4 Abs. 1 Nr. 7 DS-GVO: Engeler SchlHA 2017, 337 sowie Engeler in Telemedicus, 24.11.2016, online abrufbar unter http://tlmd.in/a/3150, zuletzt abgerufen am 7.7.2018.
[62] OVG Schleswig-Holstein ZD 2016, 545 (546).
[63] Schild in BeckOK DatenschutzR Justiz Rn. 22.
[64] Hartung in Kühling/Buchner DS-GVO Art. 28 Rn. 63.
[65] Buchner/Petri in Kühling/Buchner DS-GVO Art. 6 Rn. 15.

konkreten Zweckes ist, ist auch erforderlich im Sinne des Erforderlichkeitsgrundsatz. Deshalb verlangt der Zweckbindungsgrundsatz auch eine konkrete vorherige Benennung der Zwecke, da nur so die Frage der Erforderlichkeit überhaupt beantwortet werden kann.[66]

Im Kontext der justiziellen Datenverarbeitung hat der Erforderlichkeitsgrundsatz vielfältige Relevanz, sowohl in der DS-GVO als auch in justizspezifischem Datenverarbeitungsrecht. So macht etwa Art. 9 Abs. 2 lit. f DS-GVO die uneingeschränkte Verarbeitung besonderer Kategorien personenbezogener Daten durch die Gerichte davon abhängig, dass dies im Rahmen ihrer justiziellen Tätigkeit erforderlich ist. Während also die Darstellung einer strafrechtlich relevanten sexuellen Motivation bei der Prüfung eines Mordmerkmals erforderlich für den Urteilsspruch im Strafverfahren sein kann, lässt sich andererseits durchaus hinterfragen, ob etwa die Nennung der Geschlechter der Ehegatten[67] im Tatbestand eines verwaltungsrechtlichen Urteils über beamtenrechtliche Versorgungsansprüche erforderlich ist. 36

Auch abseits der in Art. 9 DS-GVO besonders erfassten Datenkategorien wirkt sich der Erforderlichkeitsgrundsatz im Bereich der justiziellen Datenverarbeitung aus. Zum einen gibt Art. 5 Abs. 1 lit. c DS-GVO grundsätzlich vor, dass Datenverarbeitungen auf das zum Zweck der Verarbeitung notwendige Maß beschränkt sein müssen. Zum anderen sehen die für die Justiz relevanten Öffnungsklauseln vielfach das Merkmal der Erforderlichkeit vor, insbesondere Art. 6 Abs. 1 lit. c und lit. f DS-GVO. Damit ist im Rahmen der bald rein elektronischen Führung der Verfahrensakten beispielsweise die Frage zu stellen, ob die vielfach für die Entscheidungsgründe nicht erforderlichen biografischen Angaben zu den Beteiligten im Tatbestand erforderlich sind. Maßstab ist insoweit das Gebot des § 313 Abs. 1 Nr. 5, Abs. 2 ZPO, die Darstellung des Tatbestandes knapp zu halten und auf den wesentlichen Inhalt zu beschränken.[68] Ein vollständig anonymes Urteil ist damit zwar ausgeschlossen, gleichzeitig sind inhaltliche Angaben, die über das durch § 313 Abs. 1 Nr. 5, Abs. 2 ZPO geforderte Maß hinausgehen, für die justizielle Tätigkeit allerdings nicht notwendig und daher mit Blick auf den Erforderlichkeitsgrundsatz kritisch zu sehen. 37

Auch in den Prozessordnungen findet sich das Gebot der Erforderlichkeit. So regelt § 474 Abs. 1 StPO ausdrücklich, dass Gerichte, Staatsanwaltschaften und andere Justizbehörden Akteneinsicht erhalten, wenn dies für Zwecke der Rechtspflege erforderlich ist. Parallel dazu ist der Grundsatz der Erforderlichkeit auch bei der Aktenanforderung und Übersendung zwischen Gerichten im Rahmen der Rechts- und Amtshilfe zu beachten.[69] Auch diesbezüglich gilt der strenge Erforderlichkeitsgrundsatz, so dass Schild zu Recht darauf hinweist, dass Erforderlichkeit nicht etwa Nützlichkeit bedeutet,[70] sondern vorauszusetzen ist, dass ohne Beiziehung der Akten ein Beweis nicht erhoben, eine Entscheidung nicht gefällt oder der Amtsermittlungspflicht des Gerichtes nicht nachgekommen werden kann.[71] Damit gewinnen im Rahmen des Erforderlichkeitsgrundsatzes nicht zuletzt auch die unterschiedlichen Prozessmaximen an Bedeutung. Ob die Beiziehung einer bestimmten Akte sich aber als erforderlich erweist, ist selten im Voraus bestimmbar. Diesen Konflikt zwischen strenger Erforderlichkeit und dem Auftrag zur Sachverhaltsaufklärung wird man in Grenzfällen wohl nur über eine weite Definition des Zwecks (Aufklärung des Sachverhalts) lösen können. 38

---

[66] Zusammen genommen stellen Erforderlichkeitsgrundsatz und Zweckbindungsgrundsatz so durchaus die Frage nach dem selbständigen Gehalt der Grundsatz der Datenminimierung iSd Art. 5 Abs. 1 lit. c DS-GVO, siehe etwa Reimer in Sydow DS-GVO Art. 5 Rn. 32, der Überschneidungen feststellt.
[67] Hier sind ua die Folgen des Beschlusses des BVerfG NZFam 2017, 1141, zur Abkehr von der Dichotomie der Geschlechter zu untersuchen.
[68] Musielak in Musielak/Voit ZPO § 313 Rn. 8 mit Verweis auf AG Frankfurt aM NJW 2002, 2328.
[69] Schild in BeckOK DatenschutzR Justiz Rn. 32 mit Verweis auf OLG Köln NJW 1994, 1075.
[70] Der Erforderlichkeitsgrundsatz stellt insoweit normentheoretisch eine Regel dar, die nur erfüllt oder nicht erfüllt sein kann, vgl. Alexy Theorie der Grundrechte, 71.
[71] Schild in BeckOK DatenschutzR Justiz Rn. 32.

> **Praxistipp:**
> Auch die justizielle Datenverarbeitung ist dem Erforderlichkeitsbegriff unterworfen. Im Rahmen der elektronischen Verarbeitung in elektronischen Akten ist daher auf Datensparsamkeit zu achten.

3. Betroffenenrechte im Rahmen der justiziellen Datenverarbeitung

39 Für die wirksame Umsetzung der Interessen der Betroffenen ist Transparenz bezüglich der justiziellen Datenverarbeitung allein zwar noch nicht ausreichend, sie ist aber Voraussetzung für die darauf aufbauenden Rechte wie Korrektur-, Lösch- und Portabilitätsansprüche. Die Rechte auf Auskunftserteilung und die selbständigen Informationspflichten der Gerichte sind daher eine der entscheidenden Vorgaben, denen die justizielle Datenverarbeitung gerecht werden muss.

40 Im justiziellen Kontext konkurrieren dabei die allen Betroffenen zur Verfügung stehenden Informations- und Auskunftspflichten der DS-GVO mit den Akteneinsichtsansprüchen der Prozessordnungen, die grundsätzlich nur Beteiligten offenstehen (zum Konkurrenzverhältnis eingehender → Rn. 47). Ein Jedermann-Recht auf Einsicht in das bei Gerichten zu führende[72] Verzeichnis von Verarbeitungstätigkeiten iSd Art. 30 DS-GVO gibt es darüber hinaus nicht mehr.[73]

41 **a) Justizielle Transparenzpflichten nach der DS-GVO.** Bezüglich Betroffener gelten dabei die allgemeinen Pflichten zur Auskunftserteilung nach Art. 15 DS-GVO. Dies gilt zunächst einmal für alle personenbezogenen Daten, die in den papierbasierten Gerichtsakten, Beiakten, oder sonst strukturiert bei Gericht geführten schriftlichen Unterlagen verarbeitet werden. Der Anwendungsbereich der DS-GVO bezieht sich gemäß Art. 2 Abs. 1 2. Alt. DS-GVO iVm Art. 4 Nr. 6 DS-GVO auch auf Dateisysteme, also „jede strukturierte Sammlung personenbezogener Daten, die nach bestimmten Kriterien zugänglich sind, unabhängig davon, ob diese Sammlung zentral, dezentral oder nach funktionalen oder geografischen Gesichtspunkten geordnet geführt wird".[74] Sofern die Gerichtsakten also, was allein schon aufgrund der Vorgaben der Aktenordnungen und Geschäftsstellenanweisungen die Regel sein wird, strukturiert und sortiert aufbewahrt werden, unterfallen die darin enthaltenen personenbezogenen Daten der Auskunftspflicht des Art. 15 DS-GVO. Anders als bei den prozessualen Akteneinsichtsrechten (dazu → Rn. 46) besteht aber keine Pflicht zur Bereitstellung der physischen Akte, sondern zur Bereitstellung von Kopien gemäß Art. 15 Abs. 3 DSGVO. Unklar ist allerdings, ob sich dieses „Recht auf Kopie" nur auf die personenbezogenen Daten oder alle Informationen gemäß Art 15 Abs. 1 lit. a–h DS-GVO bezieht.[75]

42 Auf Anfrage müssen Gerichte allerdings auch mitteilen, ob und in welcher Form Betroffene im Rahmen der elektronischen Aktenführung in der Datenverarbeitung der Gerichte erfasst sind. Aufwändig ist dies insbesondere hinsichtlich solcher Betroffener, denen in den Fachprogrammen der Justiz keine konkreten Beteiligtenrollen zugeordnet sind, sondern deren Informationen im Rahmen des Parteivortrags im (elektronischen) Rechtsverkehr in den Gerichtsakten gespeichert werden. Umfasst sind aber darüber hinaus auch

---

[72] Da Gerichte in aller Regel besondere Kategorien von Daten im Sinne des Art. 9 Abs. 1 DS-GVO verarbeiten, dürften sie kaum unter die Ausnahme des Art. 30 Abs. 5 DS-GVO fallen, unabhängig davon, ob sie Gerichte als öffentliche Stellen überhaupt unter die Privilegierung von Einrichtungen mit weniger als 250 Beschäftigten fallen, vgl. zum Streit Martini in Paal/Pauly DS-GVO Art. 30 Rn. 27.
[73] Martini in Paal/Pauly DS-GVO Art. 30 Rn. 36.
[74] Ernst in Paal/Pauly DS-GVO Art. 2 Rn. 8; entscheidend ist, dass eine automatisierte Datenverarbeitung erleichterte Zugänglichkeit und Auswertbarkeit der Daten in einem Datenbestand zur Folge hat, vgl. Ennöckl in Sydow DS-GVO Art. 2 Rn. 6 mit Verweis auf Dammann in Simitis BDSG § 3 Rn. 79.
[75] Im Sinne der weitergehenden Auskunftspflicht auch bezüglich der Informationen in Art 15 Abs. 1 lit. a–h DS-GVO: Specht in Sydow DS-GVO Art. 15 Rn. 19.

alle anderen durch das Gericht gespeicherten Daten über die Betroffenen, etwa in Entwürfen und sonstigen Dateien in der persönlichen digitalen Ablage der Richter. Zu lösen wird dies nur im Rahmen von Volltextsuchen in den Fachprogrammen und der Dateiverwaltung der Gerichte sein. Um allerdings nicht Informationen über namensgleiche andere Betroffene mit zu beauskunften[76] bzw. gemäß Art. 15 Abs. 3 DS-GVO in Kopie bereitzustellen, wird im Zweifel eine manuelle Prüfung des jeweiligen Speicherkontextes unerlässlich sein. Auch können Rückfrage beim Betroffenen im Sinne des Art. 12 Abs. 6 DS-GVO notwendig werden.

> **Praxistipp:**
> Urteile, Verfügungen und sonstige Dokumente sollten nach deren Versand an die Beteiligten in der justiziellen Dateiablage anonymisiert werden, um so einerseits weiter als Vorlage dienen zu können und andererseits keine mühsame Recherche in Fällen von Auskunftsersuchen auszulösen. Eine diesbezügliche Dienstvereinbarung ist zu empfehlen.

Der aktiven Auskunftspflicht gegenüber stehen die Informationspflichten gemäß Art. 13, 14 DS-GVO. Diese sind trotz sprachlicher Unterschiede („Mitteilen" jeweils in Abs. 1 und „zur Verfügung stellen" jeweils in Abs. 2) durch aktives Handeln des Verantwortlichen zu erfüllen.[77] Trotz der getrennten Anknüpfung an die Erhebung beim Betroffenen selbst gemäß Art. 13 DS-GVO (zB im Rahmen einer Zeugenvernehmung) und der Erhebung bei Dritten gemäß Art. 14 DS-GVO (zB im Rahmen der Bezugnahme auf Dritte in Schriftsätzen) unterscheiden sich die diesbezüglichen Pflichten kaum.[78] Praktisch dürfte in der Regel ein Hinweis auf online verfügbare Informationen genügen. Auch bedarf die Website eines Gerichts unter Geltung der DS-GVO in jedem Fall einer Datenschutzerklärung.[79] Bezüglich der sonstigen Datenverarbeitung der Gerichte, sei es im Rahmen der elektronischen Aktenführung oder des elektronischen Rechtsverkehrs, besteht nach Art. 13 Abs. 1 DS-GVO grundsätzlich die Pflicht zur Information über die Datenverarbeitung ab Erhebung. Die Gerichte müssten also Betroffene bereits bei erstmaliger Erhebung informieren, etwa bei Eingang eines digitalen Schriftsatzes, wenn darin sie betreffende Informationen über persönliche und sachliche Verhältnisse enthalten sind. Eine selbständige und aktive Information der Betroffenen ist zwar gegenüber Verfahrensteilnehmern mit geringem Aufwand möglich, etwa in Form von Hinweisen auf online verfügbare Informationen in gerichtlichen Schreiben. Bei nicht an Verfahren Beteiligten wird eine Information oft aber rein faktisch nicht zu leisten sein, weil schon nicht immer eindeutig ist, welche natürliche Person sich hinter Schilderungen eines Randgeschehens in einem Schriftsatz verbirgt. Die eindeutige Benennung zB eines Sachverständigen samt ladungsfähiger Anschrift würde somit zu einer Informationspflicht nach Art. 14 DS-GVO führen, während der Verweis auf einen Zeugen unter bloßer Nennung des Nachnamens ohne weitergehende Recherche nicht ausreichend sein dürfte, um eine Information zu ermöglichen. Denn gemäß ErwGr 57 DS-GVO soll auch die Justiz nicht angehalten sein, einzig zur Erfüllung der Informationspflichten weitere Daten über die Betroffenen zu erheben (zur möglichen Erleichterung der Informationspflichten in diesem Kontext → Rn. 45).

Praktisch dürfte der Verweis auf abstrakte Informationen der geeignete Weg sein, um im Rahmen der justiziellen Datenverarbeitung den Informationspflichten nachzukom-

---

[76] Die Herausgabe personenbezogener Daten an einen anderen als den Betroffenen kann Schadensersatzansprüche nach Art. 82 DS-GVO sowie Sanktionen gem. Art. 83 DS-GVO auslösen, s. dazu Specht in Sydow DS-GVO Art. 15 Rn. 9.
[77] Knyrim in Ehmann/Selmayr DS-GVO Art. 13 Rn. 12.
[78] Veil in GSSV DS-GVO Art. 13 und 14 Rn. 1.
[79] Knyrim in Ehmann/Selmayr DS-GVO Art. 13 Rn. 13.

men. Jedenfalls gegenüber den Aktiv- und Passivbeteiligten sowie sonstigen Beteiligten, die in dem Verfahren in einer konkreten Prozessrolle (Sachverständige, Zeugen, ehrenamtliche Richter) durch das Gericht adressiert werden, kann anlässlich des üblichen Schriftverkehrs auf eine gerichtszugehörige Website verwiesen werden. Auf dieser können dann etwa über die im Rahmen der elektronischen Aktenführung verarbeiteten Daten aufgeklärt und die Kontaktdaten der justizinternen Ansprechpartner benannt werden, damit Betroffene ihre Rechte nach Art. 15 DS-GVO geltend machen können. Auch eine gerichtsübergreifende Website, auf die alle an einem bestimmten Fachverfahren beteiligten Gerichte verweisen, wäre denkbar, solange das Ziel, den Betroffenen hinreichend spezifische Informationen zur Verfügung zu stellen, erreicht wird.[80] Aus Art. 14 Abs. 5 lit. c DS-GVO dürfte für den justiziellen Bereich schließlich keine Ausnahme folgen, da damit nur die Informationspflicht für solche personenbezogenen Daten ausgeschlossen werden soll, die aufgrund gesetzlicher Pflichten an den Verantwortlichen, etwa im Rahmen des Melderechts,[81] übermittelt wurden. Die in den Prozessordnungen vorgesehene Sollvorgabe (zB § 130 Abs. 5 ZPO) zur Benennung von Beweismitteln (samt Informationen über Zeugen und Sachverständige) dürften jedenfalls eher als generalklauselartige Rechtsvorschriften,[82] statt als „spezielle Rechtsvorschrift" in diesem Sinne zu verstehen sein und die Informationspflicht damit unberührt lassen.

45 Bezüglich solcher Betroffenen, die nicht im Rahmen des gerichtlichen Schriftverkehrs adressiert werden, stellt sich die Erfüllung der Informationspflichten als schwierig dar. Eine mögliche Lösung bietet hier die Öffnungsklausel des Art. 23 Abs. 1 lit. f DS-GVO. Von ihr haben zwar nicht das BDSG, wohl aber einige Landesgesetzgeber, Gebrauch gemacht. So sieht § 8 Abs. 4 LDSG-SH vor, dass die Gerichte zu ihrer Entlastung die Informationspflichten gegenüber nicht an Verfahren Beteiligten nur unter den gleichen Bedingungen erfüllen müssen, wie dies für die Staatsanwaltschaften gemäß der JI-RL der Fall ist. Gemäß § 31 LDSG-SH ist dort also nur das Bereithalten von jedermann zugänglichen Informationen, praktisch meist als Abruf auf der Gerichtswebseite, vorgesehen. Das Ziel ist ausweislich der Gesetzesbegründung,[83] die rechtlichen Vorgaben für die Auskunftspflichten zwischen DS-GVO und JI-RL zu vereinen und die Justiz handlungsfähig zu halten. Auch in der sonstigen juristischen Kommentierung[84] wird dafür plädiert, die Transparenzpflichten im Bereich der Justiz zugunsten ihrer Handlungsfähigkeit einzuschränken. Einer zu weitgehenden Beschränkung der Informationspflichten ist allerdings zu erwidern, dass es zuvörderst Aufgabe der Gerichte ist, die von ihnen eingesetzten Verfahren von Anfang an so zu gestalten, dass die Informationspflichten keine unverhältnismäßig schwer zu erfüllenden Pflichten darstellen. Die Anpassung der entsprechenden Gerichts-IT und der genutzten Fachverfahren muss daher Priorität gegenüber einer leichtfertigen Beschränkung der Transparenzpflichten haben. Zudem weist Peuker zutreffend darauf hin, dass die Ausnahmemöglichkeit des Art. 23 Abs. 1 lit. f DS-GVO nur zum „Schutz der Unabhängigkeit der Justiz und dem Schutz von Gerichtsverfahren" greift, sodass die weitgehende Ausnahme aller Auskunftsbegehren gegenüber Gerichten wie etwa im LDSG-SH die Reichweite der Öffnungsklausel überschreiten dürfte.[85] Entsprechend sind derartige Beschränkungen der Informationspflichten im justiziellen Kontext europarechtskonform eng auszulegen.

---

[80] Bäcker in Kühling/Buchner DS-GVO Art. 13 Rn. 59, 60.
[81] Bäcker in Kühling/Buchner DS-GVO Art. 14 Rn. 66.
[82] Paal/Hennemann in Paal/Pauly DS-GVO Art. 14 Rn. 42; Bäcker in Kühling/Buchner DS-GVO Art. 14 Rn. 65 ff.
[83] SchlH LT-Drs. 19/429, 138 f.
[84] Veil in GSSV DS-GVO Art. 15 Rn. 199.
[85] Peuker in Sydow DS-GVO Art. 23 Rn. 29 ff.

> **Praxistipp:**
> Technische und organisatorische Herausforderungen dürfen der Erfüllung der gerichtlichen Transparenzpflichten nicht leichtfertig entgegengehalten werden, ihnen ist im Vorfeld durch entsprechende Gestaltung der Fachverfahren zu begegnen.

b) Akteneinsichtsrechte nach dem Prozessrecht. Den Informations- und Auskunfts- 46
pflichten der DS-GVO stehen die Akteneinsichtsrechte der Prozessordnungen[86] zur Seite. Im Verhältnis zu den Auskunftspflichten der DS-GVO können diese Einsichtsrechte des Prozessrechts sowohl weiter sein, da sie den Gegenstand über personenbezogene Daten hinaus auf alle Inhalte der (schriftlichen und elektronischen) Akten ausdehnen, aber auch enger sein, soweit sie anders als die voraussetzungslos geltenden Auskunftspflichten der DS-GVO ergänzende subjektive Anforderungen aufstellen. Das Akteneinsichtsrecht nach § 100 Abs. 1 S. 1 VwGO berechtigt beispielsweise nur Verfahrensbeteiligte im Sinne des § 63 VwGO[87] und im Anwendungsbereich des § 299 Abs. 2 ZPO ist stets ein berechtigtes Interesse für die Akteneinsicht erforderlich,[88] erstreckt sich dann aber auf die gesamten Prozessakten[89] (auch in der elektronischen Form des § 298a ZPO), nicht nur auf die darin enthaltenen personenbezogen Daten.

c) Konkurrenz der Transparenzpflichten. Für den justiziellen Bereich folgt aus die- 47
sem Nebeneinander unweigerlich die Frage der Gesetzeskonkurrenz zwischen den justizspezifischen Einsichtsrechten und den datenschutzrechtlichen Informations- und Auskunftspflichten. Dies gilt freilich einzig für den Bereich, in dem beide Regelungsregime sich sachlich decken, nämlich dort, wo personenbezogene Daten betroffen sind. Den europarechtlichen Grundsätzen folgend, gilt dabei, dass die DS-GVO grundsätzlich Anwendungsvorrang beansprucht.[90] Eine Begrenzung der Informations- und Auskunftspflichten der DS-GVO kann also nur im Rahmen der diesbezüglichen Öffnungsklauseln erfolgen. Eine solche sieht Art. 23 Abs. 1 lit. f DS-GVO auch ausdrücklich vor. Allerdings sind die genannten, möglicherweise engeren Einsichtsrechte des deutschen Prozessrechts in keinem Fall als Umsetzung dieser Öffnungsklausel erlassen worden und erfüllen kaum die Anforderungen, die die DS-GVO in Art. 23 Abs. 1 lit. f DS-GVO aufstellt.[91] Es muss daher davon ausgegangen werden, dass die prozessrechtlichen Einsichtsrechte die Informationspflichten der DS-GVO für den Bereich der Justiz nicht einengen können, sondern neben ihnen gelten.

> **Praxistipp:**
> Die allgemeinen Transparenzpflichten der DS-GVO gelten neben den Akteneinsichtsrechten der Prozessordnungen.

4. Datenschutz und eJustice

Nach der Einführung der Informationstechnik, die die Gerichte seit Langem in ihrer in- 48
ternen Verwaltung und bei Richterarbeitsplätzen einsetzen, werden der elektronische

---

[86] Überblick bei Schild in BeckOK DatenschutzR Justiz Rn. 23 ff.
[87] Rudisile in SSB VwGO § 100 Rn. 10.
[88] OLG Frankfurt Justiz-Ministerial-Blatt für Hessen 1997, 413.
[89] Prütting in MüKoZPO § 299 Rn. 4.
[90] Die DS-GVO entfaltet gem. Art. 288 Abs. 2 AEUV unmittelbare Geltung in jedem Mitgliedstaat. Das nationale Recht bleibt gültig, tritt aber in seiner Anwendung hinter dem Europarecht zurück, s. EuGH NJW 1964, 2371.
[91] Zur mangelnden Bestimmtheit im Vergleich zu den Vorgaben des Art. 23 Abs. 2 vgl. Buchholtz/Stentzel in GSSV DS-GVO Art. 23 Rn. 24.

Rechtsverkehr und die elektronische Akte unter dem Stichwort „eJustice"[92] in den nächsten Jahren der Schwerpunkt der zu prüfenden Datenverarbeitungen darstellen. Ging es bisher primär darum, bei der Aufbewahrung von Gerichts- und Beiakten Vertraulichkeit zu gewährleisten und im Schriftverkehr auf Zustellungs- und Fristenprobleme zu beachten, werden in beiden Bereichen nun informationstechnologische und vor allem datenschutzrechtliche Aspekte relevant.

49 **a) Datenschutz bei der elektronischen Aktenführung.** Die elektronische Aktenführung bietet neben unbestreitbaren Vorteilen (Teleheimarbeit, Volltextsuche, gleichzeitige Bearbeitung durch mehrere Benutzer, schnelle Akteneinsicht für Beteiligte) vor allem auch datenschutzrechtliche Herausforderungen. Neben den nun zu erfüllenden informationstechnischen Anforderungen für ihre Speicherung und Integritätssicherung[93] ermöglicht die elektronische Akte vor allem sehr viel detailliertere Einsicht in die Arbeitsabläufe der Richter. Die bei jedem Öffnen, Schließen oder Verändern der Aktendatei hinzugespeicherten Metadaten,[94] erlauben nunmehr eine (je nach Konfiguration) sekundengenaue Nachvollziehbarkeit der richterlichen Tätigkeit sowohl durch die Gerichtsverwaltung als auch durch Akteneinsicht nehmende Dritte. Die elektronische Akte hat daher zu Recht Bedenken hinsichtlich der Vereinbarkeit mit der richterlichen Unabhängigkeit hervorgerufen.[95] Das Bundesverfassungsgericht hat das Gefühl des unkontrollierbaren Beobachtetwerdens bei der Verwendung der richterlichen Arbeitsmittel zwar grundsätzlich als relevant für den Schutzbereich des Art. 97 Abs. 1 GG anerkannt, eine die zentralisierte Informationstechnik im Bereich der hessischen Justiz betreffende Verfassungsbeschwerde aber wegen Begründungsmängeln nicht zur Entscheidung angenommen.[96] Solange keine Anhaltspunkte für einen Missbrauch der faktischen Zugriffsmöglichkeiten auf die elektronischen Akten vorliegen, bestehe demnach kein Anlass dafür, von der Verwendung der dienstlichen IT Abstand zu nehmen.[97] Diese Sichtweise ist jedenfalls insofern zu hinterfragen, als dass es nach der DS-GVO grundsätzlich Sache der datenverarbeitenden Organisation ist, Rechenschaft für angemessene technische und organisatorische Maßnahmen nach erfolgter Datenschutz-Folgenabschätzung abzugeben und nicht etwa des Betroffenen, dessen Fehlen nachzuweisen.[98]

50 Neben den Eingriffen in die Rechte der aktenbearbeitenden Mitarbeiter in der Justiz betrifft die Datenverarbeitung im Rahmen elektronischer Aktenführung auch diejenigen, deren Informationen personenbeziehbar in den Akten gespeichert. Hier kommen dann vor allem die Betroffenenrechte der DS-GVO sowie die darauf aufbauenden Interventionsrechte zum Tragen (→ Rn. 39). Für die Gerichtsverwaltung bedeutet dies zunächst, dass ein den Grundsätzen der Erforderlichkeit entsprechendes Konzept zur Aktenlöschung vorhanden sein muss.[99] Die Speicherung personenbezogener Daten in Gerichtsakten benötigt sowohl während der laufenden Verfahren als auch nach deren Beendigung einer Rechtsgrundlage.[100] Diese findet sich dem Grunde nach in der mit § 2 Abs. 2 SchrAG[101] eingeführten Verordnungsermächtigung und stellt in entsprechender Anwendung auf die Interessen der Betroffenen, sonstiger Beteiligter sowie der Justiz ab, die Akten für spätere Einsichtsgesuche, Wiederaufnahmeanträge oder Rechtsabgleichungen verfügbar zu halten.[102] Darüber hinaus ist sicherzustellen, dass die Akten für die Dauer ihrer Speicherung

---

[92] Zur Begrifflichkeit Müller eJustice – Praxishandbuch, 6 ff.
[93] Vgl. Petri/Dorfner ZD 2011, 122 (126).
[94] S. insbes. Krüger/Möllers MMR 2016, 728; kritisch auch Müller eJustice – Praxishandbuch, 28 ff.
[95] Berlit JurPC Web-Dok. 77/2012.
[96] BVerfG NJW 2013, 2102.
[97] BVerfG NJW 2013, 2102 (2013).
[98] Pötters in Gola DS-GVO Art. 5 Rn. 30.
[99] S. dazu VG Wiesbaden RDV 2005, 177.
[100] BT-Drs. 15/4067, 55.
[101] Schriftgutaufbewahrungsgesetz, eingeführt durch Art. 11 JKomG, BGBl I 837.
[102] Rudisile in SSB VwGO § 55b Rn. 33.

den Vorgaben des Art. 5 Abs. 1 DS-GVO entsprechend verarbeitet werden, also insbesondere nicht zu anderen als den Archivierungszwecken verarbeitet werden, langfristig verfügbar[103] und gegen Verlust und Schädigung gesichert sind.

> **Praxistipp:**
> Auch die Speicherung personenbezogener Daten im Rahmen der elektronischen Akte bedarf einer Rechtsgrundlage und einer Prüfung der Erforderlichkeit bei der Speicherdauer. Zweckwidrige Verarbeitungen sind durch technische und organisatorische Maßnahmen zu verhindern.

b) Datenschutz im elektronischen Rechtsverkehr. Im Rahmen des elektronischen 51 Rechtsverkehrs spielt vorrangig die Vertraulichkeit der Kommunikation eine Rolle. Diese ist sowohl durch Wahl eines tauglichen Übertragungsweges als auch durch begleitende technische und organisatorische Maßnahmen bei Empfänger und Absender zu gewährleisten.

Hinsichtlich der Wahl der elektronischen Kommunikationswege legen die Prozessord- 52 nungen für den gerichtlichen Posteingang mit § 130a ZPO (bzw. § 55a VwGO, § 46c ArbGG, § 65a SGG und § 52a FGO) und für den Postausgang mit § 174 Abs. 3 S. 1 ZPO (iVm den Verweisnormen aus den Fachgerichtprozessordnungen) seit 1.1.2018[104] „sichere Übermittlungswege" fest. Dies sind die De-Mail, die besonderen elektronischen Postfächer, ua das besondere elektronische Anwaltspostfach (beA), sowie weitere durch Rechtsverordnung bestimmbare Übermittlungswege. Das bereits verbreitete Gerichts- und Verwaltungspostfach (EGVP) bleibt daneben für den Posteingang bei Gericht weiterhin zulässig, setzt aber nunmehr gemäß § 130a Abs. 3 ZPO zwingend die Verwendung einer elektronischen Signatur voraus.[105] Eine solche ist bei den „sicheren Kommunikationswegen" entbehrlich (aber keineswegs nutzlos).[106]

Die Unterscheidung ist darin begründet, dass die „sicheren Übermittlungswege" vor- 53 rangig die Authentizität der Kommunikationspartner sicherstellen. Im datenschutzrechtlichen Sinne entspricht das dem IT-Schutzziel der Integrität, während die DS-GVO sowie das daraus abgeleitete standardisierte Datenschutz-Prüfmodell (dazu → § 20 Rn. 46) der Datenschutzaufsichtsbehörden zusätzlich Vertraulichkeit und Verfügbarkeit sowie Datenminimierung, Transparenz, Intervenierbarkeit und Nichtverkettung verlangen.[107] Gerade die Vertraulichkeit der über die „sicheren Übermittlungswege" versandten Informationen ist dabei kritisch zu betrachten, da weder De-Mail[108] noch das von Ende 2017 bis September 2018 wegen gravierender Sicherheitsmängel offline geschaltete[109] beA[110] eine Ende-zu-Ende-Verschlüsselung vorsehen. Damit ist auch die angemessene Erfüllung des Grundsatzes der Zweckbindung kritisch zu betrachten, da nicht ausgeschlossen ist, dass Dritte auf den Inhalt der über diese „sicheren Übermittlungswege" versandten Dokumente zu anderen Zwecken als der Erfüllung justizieller Aufgaben zugreifen.

---

[103] Siehe zum Problem der langfristigen Verfügbarkeit Rudisile in SSB VwGO § 55b Rn. 34 mit Verweis auf Roßnagel/Schmücker Beweiskräftige elektronische Archivierung.
[104] Neu gefasst mit Wirkung vom 1.1.2018 durch BGBl I 3786.
[105] Zum Missverständnis, dass das EGVP seit dem 1.1.2018 ausgedient hätte, siehe Müller, eJustice – Praxishandbuch, 16.
[106] Müller, eJustice – Praxishandbuch, 107.
[107] Zur Bedeutung dieser Schutzziele im Bereich der eJustice auch Petri/Dorfner ZD 2011, 122 (127).
[108] Pressemitteilung des Chaos Computer Clubs vom 19.3.2013 abrufbar unter http://www.ccc.de/de/updates/2013/stellungnahmedemail, zuletzt abgerufen am 8.7.2018; s. auch Viefhues NJW-Beil. 2016, 86 (87).
[109] Beck-aktuell, Meldung vom 2.1.2018, becklink 2008704.
[110] Siehe etwa https://www.golem.de/news/bea-so-geht-es-mit-dem-anwaltspostfach-weiter-1801-132430-4.html, zuletzt abgerufen am 8.7.2018; auch Reinemann NJW-aktuell Heft 3/2018, 18; die mit Verweis auf Art. 12 GG gegen die Nutzungspflicht des beA eingelegte Verfassungsbeschwerde hatte das BVerfG MDR 2018, 179 noch wegen fehlender Substantiierung zurückgewiesen.

54 Das EGVP hingegen nutzt zwar eine Ende-zu-Ende-Verschlüsselung, erlaubt aber eine unter Umständen täuschende Anlegung von EGVP-Konten, die denen anderer Kommunikationsteilnehmer zum Verwechseln ähnlich sehen können.[111] Daraus folgt, dass beim Einsatz von EGVP stets die Authentizität des Empfängers elektronisch übermittelter Schriftsätze vor dem Versand kontrolliert werden sollte, um eine nach Art. 82 DS-GVO sanktionierte Übermittlung personenbezogener Daten an Unberechtigte zu vermeiden. Das vereinzelt eingesetzte DigiFax ist in keinem Fall ein tauglicher Kommunikationsweg im elektronischen Rechtsverkehr. Es gewährleistet unabhängig von Problemen der Wahrung der Schriftform[112] weder Authentizität noch Vertraulichkeit der übermittelten Daten, da es sich lediglich um ein nach Eingang digitalisiertes Telefax handelt, das unverändert analog übermittelt wurde und damit einer elektronischen Signatur im Sinne des § 130a Abs. 3 ZPO nicht zugänglich ist.[113] Von der Verwendung klassischer E-Mails sollte im Kontext der gerichtlichen elektronischen Kommunikation ebenfalls abgesehen werden.[114]

> **Praxistipp:**
> Digifax und E-Mail sind keine tauglichen elektronischen Kommunikationswege im elektronischen Rechtsverkehr.

5. Der justizielle Datenschutzbeauftragte

55 Art. 37 Abs. 1 lit. a DS-GVO normiert auch für die Justiz die Bestellpflicht eines Datenschutzbeauftragen. Ausgenommen von dessen Kontrolltätigkeit ist die Datenverarbeitung, die im Rahmen justizieller Tätigkeit erfolgt. Die Bestellpflicht betrifft damit vorrangig den Bereich der eigenen Justizverwaltung[115] also Geschäftsstellenverfahren, Kostenverfahren oder die Videoüberwachung eines Gerichtsgebäudes.[116]

56 Die Ausnahme von der Bestellpflicht für den Bereich der justiziellen Tätigkeit erfasst sonstige Justizbehörden nicht. Heberlein[117] verneint dies zu Recht mit Verweis auf den Wortlaut des Art. 37 Abs. 1 lit. a DS-GVO und einen Umkehrschluss aus Art. 32 Abs. 1 der JI-RL. Zwar tritt Paal[118] dem unter Betonung des ErwGr 97 DS-GVO und einer entsprechenden Anwendung des § 23 EGGVG entgegen. Die Auffassung von Paal begegnet aber insofern Bedenken, als dass der EuGH eine autonome Auslegungsmethode entwickelt hat,[119] die einen Rückgriff auf entsprechende Begriffe des nationalen Rechts nur ausnahmsweise zulässt, wenn die betreffende Vorschrift ausdrücklich auf das nationale Recht verweist.[120] Den Begriff der „sonstigen Justizbehörde" in Art. 37 Abs. 1 lit. a DS-GVO unter Rückgriff auf gleichlautende Begriffe des deutschen Rechts auszulegen, würde zu dem Ergebnis[121] führen, dass es den Mitgliedstaaten überlassen bliebe, zu bestimmen, welche Behörden der Ausnahmevorschrift unterfallen und welche nicht.[122] Die

---

[111] Stellungnahme der Arbeitsgruppe „IT-Standards in der Justiz" der Bund-Länder-Kommission für Informationstechnik in der Justiz vom 8.2.2018, 1 Ziffer 1 abrufbar unter https://egvp.justiz.de/Information_IT_Sicherheit_EGVP_2018_02_08.pdf, zuletzt abgerufen am 8.7.2018.
[112] AG Hünfeld MMR-Aktuell 2013, 353159.
[113] Müller eJustice – Praxishandbuch, 86.
[114] Zutreffend hier die Kritik von Müller eJustice – Praxishandbuch, 162 an der ERV-light-Rechtsprechung des BGH MMR 2009, 357.
[115] Niklas/Faas NZA 2017, 1091 (1091).
[116] Schild in BeckOK DatenschutzR Justiz Rn. 7.
[117] Heberlein in Ehmann/Selmayr DS-GVO Art. 37 Rn. 22.
[118] Paal in Paal/Pauly DS-GVO Art. 37 Rn. 7.
[119] Selmayr/Ehmann in Ehmann/Selmayr DS-GVO Einf. Rn. 91.
[120] EuGH BeckRS 2004, 76104 – EMU Tabac ua; Schroeder JuS 2004, 180 (185).
[121] Vgl. abermals Schroeder JuS 2004, 180 (185).
[122] Ablehnend gegenüber einer solchen Auslegung, etwa unter Verweis auf § 23 EGGVG, auch Helfrich in Sydow DS-GVO Art. 37 Rn. 57.

Wortlautgrenze[123] des Art. 37 Abs. 1 lit. a DS-GVO verbietet dies jedoch. Der weitergehende Anwendungsbereich des nicht selbst verbindlichen[124] ErwGr 97 DS-GVO lässt sich nicht in Art. 37 Abs. 1 lit. a DS-GVO abbilden.

Hinsichtlich der erforderlichen beruflichen Qualifikation und des Fachwissens (Art. 37 Abs. 5 DS-GVO) bleibt es auch im justiziellen Kontext dabei, dass der Datenschutzbeauftragte sein Fachwissen bereits bei Ernennung besitzen muss.[125] Dieses Fachwissen muss sich entsprechend ErwGr 97 S. 2 DS-GVO an den besonderen Umständen der digitalisierten Justiz orientieren. Wie im Unternehmensumfeld kann es auch im gerichtlichen Kontext lohnenswert sein, für mehrere Gerichte einen gemeinsamen Beauftragten zu benennen. Da sich die Kontrolltätigkeit des justiziellen Datenschutzbeauftragten gerade nicht auf den Bereich der justiziellen Tätigkeit erstreckt, ist hingegen nicht zu fordern, dass das Amt durch einen Richter oder Juristen ausgeübt wird. 57

> **Praxistipp:**
> Der justizielle Datenschutzbeauftragte muss das nötige Fachwissen bereits vor Ernennung besitzen, muss aber nicht zwingend selbst Staatsanwalt oder Richter sein.

Entscheidend für die erfolgreiche Aufgabenerfüllung ist auch im justiziellen Kontext die frühzeitige Einbindung in die Einführung und Gestaltung neuer Verarbeitungsverfahren. Schild kritisiert diesbezüglich zu Recht die Praxis, dass Verfahren durch Justizministerium oder Obergericht vorgeschrieben und angeschafft werden und der Datenschutzbeauftragte faktisch darauf beschränkt ist, nachträglich Kritik zu üben.[126] So wird nicht zuletzt verhindert, dass der Datenschutzbeauftragte gemäß Art. 35 Abs. 2 DS-GVO an der vor Einführung und wesentlicher Änderungen neuer Fachverfahren erforderlichen Datenschutz-Folgeabschätzung mitwirken kann. 58

6. Aufsichtsbehördliche Kontrolle und Selbstkontrolle der Justiz

Ergänzt und begleitet wird die Kontrolle der justiziellen Datenverarbeitung durch die Aufsichtstätigkeit der Datenschutzaufsichtsbehörden und eine justizinterne Selbstkontrolle.[127] Die Kontrollkompetenz nimmt dabei jene Datenverarbeitung aus, die im Rahmen der justiziellen Tätigkeit der Justiz stattfindet. Insbesondere die in ErwGr 20 S. 3 DS-GVO vorgesehene Möglichkeit einer justizinternen Selbstkontrolle der Datenverarbeitung stellt sich derzeit noch als exotisch dar. Weder das BDSG noch der Großteil der angepassten Landesgesetze greifen diese Möglichkeit ausdrücklich auf. Denkbar wäre etwa, den zum Datenschutzbeauftragten iSd Art. 37 Abs. 1 lit. a DS-GVO ernannten Justizmitarbeiter auch als Kontrollstelle im Sinne des ErwGr 20 S. 3 DS-GVO zu bestimmen.[128] Wird hingegen eine selbständige gerichtsinterne Aufsicht mit der Kontrolltätigkeit für diesen Kernbereich der richterlichen Tätigkeit betraut, so ist sicherzustellen, dass eine solche Stelle von den Justizministerien unabhängig ist,[129] damit die richterliche Unabhängigkeit gewahrt bleibt.[130] 59

Konkrete Ansätze für die organisatorische Umsetzung dieser neuen justizinternen Selbstkontrolle böten sich in Form der als Reaktion auf den Beschluss des BVerfG zur 60

---

[123] Vgl. zur Bedeutung der Wortlautgrenze mit Blick auf die Verbindlichkeit aller Sprachfassungen Wegener in Calliess/Ruffert EUV Art. 19 Rn. 13.
[124] Kühling/Raab in Kühling/Buchner DS-GVO Einf. Rn. 84; Kreße in Sydow DS-GVO Art.81 Rn. 8.
[125] Mayer in GSSV DSGVO Art. 37 Rn. 82 f.
[126] Schild in BeckOK DatenschutzR Justiz Rn. 15.
[127] Vgl. Selmayr in Ehmann/Selmayr DS-GVO Art. 55 Rn. 13; Peuker in Sydow DS-GVO Art. 23 Rn. 30 ff.
[128] So im Ergebnis Heberlein in Ehmann/Selmayr DS-GVO Art. 37 Rn. 22.
[129] Schild in BeckOK DatenschutzR Justiz Rn. 15a.
[130] Wolff in Schantz/Wolff, Das neue DatenschutzrechtR Teil G Rn. 1374.

Zentralisierung der Justiz-IT in Hessen[131] eingesetzten Kontrollstellen. Die in Schleswig-Holstein durch § 5 ITJG[132] geschaffenen IT-Kontrollkommission wurde im Rahmen der Anpassung des Landesrechts an die DS-GVO allerdings nicht ausdrücklich zur justizinternen Datenschutzkontrolle iSd ErwGr 20 S. 3 DS-GVO eingesetzt.[133] Wollte man diese existierenden IT-Kontrollstellen zu Stellen iSd ErwGr 20 S. 3 DS-GVO erweitern, müsste ohnehin deren Aufgabenzuschnitt verändert werden, denn diese Kontrollstellen haben bisher die Aufgabe, den Schutz der richterlichen Unabhängigkeit, der sachlichen Unabhängigkeit der Rechtspflegerinnen und Rechtspfleger und des Legalitätsprinzips bei der Organisation und dem Einsatz von IT in den Gerichten und Staatsanwaltschaften der Länder zu gewährleisten.[134] Während die derzeitigen Kontrollstellen also vorrangig der IT-Sicherheit der Gerichte und der Unabhängigkeit der Justiz dienen, müssten sie nach ErwGr 20 S. 3 DS-GVO nunmehr eine neue selbstkritische Perspektive einnehmen, die gerade auch die Datenverarbeitung der Gerichte als Eingriff in Rechte Dritter versteht und kontrolliert.

7. Justizielle Unabhängigkeit und Zentralisierung der Datenverarbeitung

61 Mit der Digitalisierung der Justiz ist auch eine Zentralisierung der Justiz-IT einhergegangen.[135] Kritisch ist insofern der jederzeitige Zugriff der justiziellen Dienstleister auf die Inhalte der elektronischen Akte. Aber auch die Möglichkeit der Zertifizierungsdiensteanbieter, bei der Signaturprüfung nach § 5 Abs. 1 S. 3 SigG[136] anhand von Metadaten die Kommunikation zwischen Gerichten und Beteiligten nachzuvollziehen, wirft Fragen auf. Bisher hat das Bundesverfassungsgericht in dieser Entwicklung noch im Zweifel zugunsten der Kontrollierbarkeit der technischen und strukturellen Risiken entschieden und darauf abgestellt, dass ein Eingriff in die richterliche Unabhängigkeit solange nicht erkennbar sei, wie es an Anhaltspunkten dafür fehlt, dass die den Administratoren und Dienstleistern der Gerichts-IT eröffneten faktischen Zugriffsmöglichkeiten ohne entsprechende Erlaubnis und zu Ausforschungen der richterlichen Tätigkeit, zur inhaltlichen Kontrolle richterlicher Dateien oder gar zur Manipulation von Dokumenten genutzt werden könnten.[137] Damit schätzt das Bundesverfassungsgericht die Effektivität technisch organisatorischer Maßnahmen derzeit noch höher ein als die Risiken, die aus der geschaffenen und weiter ausgebauten zentralisierten justizielle Datenverarbeitung erwachsen.

62 Der Optimismus dieser Einschätzung ist bemerkenswert. Angesichts gesellschaftlicher Entwicklungen mit rechtsstaatsfernen Tendenzen ist sie aber keineswegs ohne Risiko. Ziel des Datenschutzrechts ist stets auch der Ausgleich des aus der Datenverarbeitung stammenden Risikos der Entstehung von Machtungleichgewichten.[138] Eine Justiz, deren Handlungsfähigkeit zunehmend von wenigen Dritten abhängt,[139] birgt jedoch die Gefahr, dass sie im Falle des Versagens kritischer Verarbeitungsverfahren ihrer Rolle als dritte Gewalt nicht mehr in erforderlicher Weise nachkommen kann und sich so das rechtsstaatliche Machtgleichgewicht zugunsten einer übermächtigen Exekutive verschiebt.

> **Praxistipp:**
> Mit der zunehmenden Zentralisierung der Datenverarbeitung der Justiz hat sie erstmals eine Art „Aus-Schalter" erhalten. Dies wirft angesichts stürmischer Zeiten in der Demo-

---

[131] BVerfG DRiZ 2013, 142.
[132] SchlH GVOBl. 2016, 122.
[133] Art. 6 des Anpassungsgesetzes (LT-Drs. 19/429) sieht lediglich vor, dass die Regeln der DS-GVO unberührt bleiben.
[134] S. etwa §§ 2 Abs. 1, 5 Abs. 1 ITJG-SH.
[135] Ausführlich Bertrams NWVBl. 2010, 209.
[136] S. auch Müller NJW 2015, 822 (824).
[137] BVerfG DRiZ 2013, 142.
[138] Steinmüller ua, Grundfragen des Datenschutzes; BT-Drs. VI/3826, Anlage 1, 36.
[139] Zur Forderung einer Selbstverwaltung der Justiz s. Papier NJW 2002, 2585.

> kratie staatsrechtliche Bedenken auf. Bei der Wahl technischer Verfahren sollte daher dezentralen, föderierten Systemen Vorrang eingeräumt werden.

IV. Ausblick

So wie die Digitalisierung der Justiz erst an ihrem Anfang steht, sind auch die damit zusammenhängenden datenschutzrechtlichen Fragen bisher nur oberflächlich bearbeitet. Der Beginn der Geltungskraft der DS-GVO kommt für die digitalen Großprojekte der Justiz durchaus zur Unzeit. Die in Jahren des Projektbetriebs und der Erprobung nun langsam Kontur annehmenden Fachverfahren sind allesamt zu Zeiten konzipiert worden, als die DS-GVO noch nicht einmal absehbar war. Das führt beispielsweise dazu, dass für all diese Verfahren bei Geltungsbeginn der DS-GVO keine Datenschutz-Folgenabschätzungen durchgeführt worden sein wird. Ob diese nachgeholt werden, bleibt abzuwarten. Angesichts der geschichtlich einmaligen Veränderung, die die Digitalisierung für die Gerichtsbarkeit bedeutet, wäre es dringend zu wünschen. 63

Der Zeitplan für die weiteren Meilensteine marschiert derweil unnachgiebig voran. Spätestens 2022 wird die elektronische Einreichung von Schriftsätzen für professionelle Einreicher verbindlich und spätestens 2026 wird auch die elektronische Akte für alle Gerichtsbarkeiten verbindlich. Das Bewusstsein dafür, dass die Justiz bis dahin zu einem der größten Verarbeiter personenbezogener Daten im öffentlichen Bereich anwachsen wird, ist jedoch noch unterentwickelt. Bisher stellten organisatorische und technische Überlegungen primär auf die Sicherung der justiziellen Unabhängigkeit als auch auf den Schutz der Gerichts-IT vor Angriffen von außen ab. Die DS-GVO zwingt der Justiz jedoch einen Perspektivwechsel auf, der insbesondere die Richterschaft selbst herausfordern mag, die ihrem Selbstverständnis nach doch stets im Dienste der Wahrheit und Gerechtigkeit[140] steht, statt sich als Bedrohung für die Rechte und Freiheiten der Beteiligten in einer digitalisierten Welt wahrzunehmen. Aus der Pflicht des Staates, seine das staatliche Gewaltmonopol besonders verkörpernde Justiz so zu organisieren, dass sie ihrer verfassungsrechtlichen Verpflichtung effektiv zu entsprechen vermag,[141] folgt dennoch ohne Zweifel auch der Schutz des Rechts auf informationelle Selbstbestimmung sowie der Grundrechte des Art. 7 und Art. 8 GRCh. 64

---

[140] Siehe den Richtereid, § 38 DRiG.
[141] Papier NJW 2002, 2585 (2593).

§ 23 Datenschutz in Forschung und Hochschullehre

Übersicht

Rn.
- I. Einleitung 1
- II. Forschung 7
    - 1. Anwendbare Vorschriften 10
    - 2. Einzelprobleme 14
        - a) Begriff der Forschung 14
        - b) Erlaubnistatbestände zur Datenverarbeitung 20
            - aa) Einwilligungen im Forschungskontext 21
            - bb) Gesetzliche Erlaubnistatbestände 24
        - c) Geeignete Garantien und technische und organisatorische Maßnahmen 46
            - aa) Art. 89 Abs. 1 DS-GVO als Mindeststandard für die Datenverarbeitung zu Forschungszwecken 46
            - bb) Besonderes Anonymisierungsgebot nach § 27 Abs. 3 BDSG 50
        - d) Sonderregelungen zu den Verarbeitungsgrundsätzen (Art. 5 Abs. 1 DS-GVO) 55
            - aa) Zweckvereinbarkeit (Art. 5 Abs. 1 lit. b DS-GVO) 56
            - bb) Speicherbegrenzung (Art. 5 Abs. 1 lit. e DS-GVO) 59
        - e) Sonderregelungen zu Betroffenenrechten 60
            - aa) Öffnungsklausel (Art. 89 Abs. 2 DS-GVO) 61
            - bb) Informationspflicht für nicht bei der betroffenen Person erhobene Daten (Art. 14 Abs. 5 lit. b DS-GVO) 68
            - cc) Recht auf Vergessenwerden (Art. 17 Abs. 3 lit. d DS-GVO) 71
            - dd) Widerspruchsrecht (Art. 21 Abs. 6 DS-GVO) 72
- III. Lehre an Hochschulen 74
    - 1. Anwendbare Vorschriften 77
    - 2. Einzelprobleme 79
        - a) Erlaubnistatbestände zur Datenverarbeitung 79
            - aa) Einwilligung (Art. 6 Abs. 1 lit. a; Art. 9 Abs. 2 lit. a DS-GVO) 80
            - bb) Erfüllung der Aufgaben von öffentlichen Hochschulen 83
            - cc) Interessenabwägung 84
        - b) Ausgewählte Aspekte der Hochschullehre 85
            - aa) E-Learning 86
            - bb) Aufzeichnung und Übertragung von Lehrveranstaltungen 90
            - cc) Evaluation der Lehre 92
            - dd) Prüfungen 93
- IV. Fazit 96

Literatur:

Arning/Forgó/Krügel, Datenschutzrechtliche Aspekte der Forschung mit genetischen Daten, DuD 2006, 700; *Beyvers/Gärtner/Kipker,* Data Processing for Research Purposes, Current Basics and Future Needs from a Legal Point of View, PinG 2015, 241; *Bischoff,* E-Learning und Datenschutz an Hochschulen, im Spannungsfeld zwischen Praktikabilität und Privatheit, 2013; *Flisek,* Datenschutzrechtliche Fragen des E-Learning an Hochschulen, Lernplattformen im Spannungsfeld zwischen didaktischem Nutzen und datenschutzrechtlichen Risiken, CR 2004, 62; *Gerling,* Einwilligung und Datenweitergabe in der Forschung, DuD 2008, 733; *Golla/Hofmann/Bäcker,* Connecting the Dots – Sozialwissenschaftliche Forschung in Sozialen Online-Medien im Lichte von DS-GVO und BDSG-neu, DuD 2018, 89; *Herbst,* Rechtliche und ethische Probleme des Umgangs mit Proben und Daten bei großen Biobanken, DuD 2016, 371; *Hornung/Hofmann,* Die Auswirkungen der europäischen Datenschutzreform auf die Markt- und Meinungsforschung, ZD-Beilage 2017, 1; *Internationale Arbeitsgruppe für Datenschutz in der Telekommunikation,* Arbeitspapier zum Thema E-Learning-Plattformen, 2017; *Johannes/Richter,* Privilegierte Verarbeitung im BDSG-E, Regeln für Archivierung, Forschung und Statistik, DuD 2017, 300; *Kalberg,* Rechtsfragen computergestützter Präsenzprüfungen im Antwort-Wahl-Verfahren, DVBl 2009, 21; *Kalberg,* Datenschutz an Hochschulen: Eine Analyse der Rechtsgrundlagen und ihrer Umsetzung in integriertem Informationsmanagement und Forschung, 2014; *Karaalp,* Der Schutz von Patientendaten für die medizinische Forschung in Krankenhäusern, 2017; *Kilian,* Medizinische Forschung und Datenschutzrecht – Stand und Entwicklung in der Bundesrepublik Deutschland und in der Europäischen Union, NJW 1998, 787; *von Lewinski,* Melderegisterdaten als Grundlage für empirische Sozialstudien, VR 2017, 1; *Loser,* Zum Stand der Entwicklung von E-Learning-Systemen zwischen informationeller Selbstbestimmung und Freiheit der Lehre, DANA 2008, 14; *Magnusson Sjöberg,* Scientific Research and Academic e-Learning in Light of the EU's Legal Framework for Data Protection, in: Corrales/Fenwick/Forgó, New Technology, Big Data and the Law, 2017, S. 43–63; *Mayen,* Die Auswirkungen der Europäischen Datenschutzrichtlinie auf die Forschung in Deutschland, NVwZ 1997, 446; *Molnár-Gábor,* Der Einfluss von Big Data in der Biomedizin auf die informierte Einwilligung und die Patientenrechte, in: Taeger, Recht 4.0 – Innovationen aus den rechtswissenschaftlichen Laboren, 2017, S. 345–357; *Molnár-Gábor/Korbel,* Verarbeitung von Patientendaten in der Cloud – Die Freiheit translationaler Forschung und der Datenschutz in Europa, ZD 2016, 274; *Paals,* Verarbeitung von personenbezogenen Daten zu wissenschaftlichen Zwecken auf Basis des § 28 DSG NRW, DVP 2015, 234; *Pflüger/Dobel,* Datenschutz in der Online-Forschung, in: Welker/Taddicken/Schmidt/Jackob, Handbuch Online-Forschung, 2014, S. 485–518; *Richter,* Big Data, Statistik und die Datenschutz-Grundverordnung, DuD 2016, 581; *Roßnagel/Schnabel,* Aufzeichnung und Übertragung von Lehrveranstaltungen, Datenschutz- und urheberrechtliche Grundlagen, DuD 2009, 411; *Rost,* Datenschutz und Datensicherheit an deutschen Hochschulen, DANA 2008, 11; *Schaar,* DS-GVO: Geänderte Vorgaben für die Wissenschaft, Was sind die neuen Rahmenbedingungen und welche Fragen bleiben offen?, ZD 2016, 224; *Spindler,* Big Data und Forschung mit Gesundheitsdaten in der gesetzlichen Krankenversicherung, MedR 2016, 691; *Spranger/Schulz,* Auswirkungen der Datenschutz-Grundverordnung auf die pharmazeutische Forschung, PharmR 2017, 128; *Steinhauer,* Datenschutz im Mobile Learning, in: de Witt/Gloerfeld, Handbuch Mobile Learning, 2018, S. 221–230; *Watteler/Kinder-Kurlanda,* Anonymisierung und sicherer Umgang mit Forschungsdaten in der empirischen Sozialforschung, DuD 2015, 515; *Wettern,* Schutz von Studierenden-Daten, RDV 2006, 14; *Zilkens/Heinrich,* Entbindet die Freiheit von Forschung und Lehre den Hochschullehrer von der Beachtung des Datenschutzes?, RDV 2007, 9.

I. Einleitung

Die Wissenschaft ist in Forschung und Lehre in vielen Bereichen auf die Verarbeitung personenbezogener Daten angewiesen und macht sich die Möglichkeiten komplexer Datenverarbeitungen zu Nutze. Während in der Forschung in unterschiedlichsten Disziplinen ein großes Interesse an der Analyse großer Datenmengen („**Big Data Driven Research**") besteht,[1] werden für die Lehre multifunktionale **E-Learning-Plattformen** (dazu näher → Rn. 86 ff.) attraktiv, bei deren Betrieb umfangreich Nutzerdaten verarbeitet werden.

Grundsätzlich ist die Verarbeitung personenbezogener Daten zu Zwecken von Forschung und Lehre **privilegiert zu behandeln.** Dies hat gesetzlich Tradition: Bereits im BDSG 1977[2] fanden sich vereinzelte Privilegierungen für die wissenschaftliche Forschung.[3] Eigene Erlaubnistatbestände für die Datenverarbeitung zu Zwecken der wissenschaftlichen Forschung waren im deutschen Recht erstmals im BDSG 1990[4] enthalten.[5] Auch die DS-RL sah diverse Möglichkeiten zur Privilegierung von Wissenschaft und Forschung vor.[6]

Im Rahmen der DS-GVO begründen wissenschaftliche Zwecke **besondere (öffentliche) Interessen** an der Verarbeitung personenbezogener Daten. Diese Privilegierung folgt im Regelungskontext der DS-GVO auch aus dem **Primärrecht** der Europäischen Union: Art. 3 Abs. 3 UAbs. 1 S. 3 EUV nennt den wissenschaftlichen Fortschritt gleichrangig mit dem nachhaltigen wirtschaftlichen Wachstum und dem sozialen Fortschritt als Zielbestimmung der Union.[7] Nach Art. 179 Abs. 1 AEUV soll dafür ein europäischer Raum der Forschung geschaffen werden. Die Verarbeitung personenbezogener Daten zu Forschungszwecken ist dabei eine wesentliche Grundbedingung, um dieses Ziel zu erreichen.[8] Neben der **institutionellen Gewährleistung** schützen Art. 11 GRCh (Freiheit der Meinungsäußerung und Informationsfreiheit) und Art. 13 GRCh (Freiheit der Wis-

---

[1] Vgl. etwa zur (bio-)medizinischen Forschung Herbst DuD 2016, 371 ff.; Molnár-Gábor in Taeger Recht 4.0 – Innovationen aus den rechtswissenschaftlichen Laboren, 345 ff.
[2] BGBl I 201.
[3] § 14 Abs. 2 S. 3, § 36 Abs. 1 S. 3 BDSG 1977.
[4] BGBl I 2954.
[5] § 14 Abs. 2 Nr. 9, § 28 Abs. 1 Nr. 4, Abs. 2 Nr. 2, § 40 BDSG 1990.
[6] Art. 6 Abs. 1 lit. b und lit. e, Art. 11 Abs. 2, Art. 13 Abs. 2, Art. 32 Abs. 2 DS-RL.
[7] Vgl. Heintschel von Heinegg in NK-EuropaR EUV Art. 3 Rn. 14.
[8] ErwGr 159 S. 3 DS-GVO.

senschaft) die **individuelle Forschungsfreiheit**. Art. 13 GRCh umfasst jedwede Tätigkeit mit dem Ziel, in methodischer, systematischer und nachprüfbarer Weise neue Erkenntnisse zu gewinnen[9] sowie die Publikation wissenschaftlicher Ergebnisse.[10] Der persönliche Schutzbereich erstreckt sich sowohl auf natürliche Personen, die eigenverantwortlich in wissenschaftlicher Weise tätig sind, als auch auf juristische Personen, insbesondere Universitäten und andere Hochschulen.[11]

4   Die **DS-GVO enthält keine umfassende Privilegierung wissenschaftlicher Zwecke.** Sie privilegiert in einzelnen Bereichen wissenschaftliche und historische Forschungszwecke, nicht aber die Lehre. Im Gesetzgebungsverfahren wirkte das Europäische Parlament darauf hin, nicht „wissenschaftliche Zwecke" im Allgemeinen zu privilegieren.[12]

5   Die einzige Vorschrift, die wissenschaftliche Zwecke weitergehend in Bezug nimmt und eine über den Bereich der Forschung hinausgehende Privilegierung ermöglicht, ist **Art. 85 DS-GVO.** Dieser enthält spezifische Vorgaben für die Mitgliedstaaten, den Datenschutz und die **freie Meinungsäußerung und Informationsfreiheit** in Einklang zu bringen (vgl. im Einzelnen → § 19 Rn. 1 ff.). Nach Art. 85 Abs. 2 DS-GVO sehen die Mitgliedstaaten zu diesem Zweck Abweichungen oder Ausnahmen zu den Kapiteln II bis VII und IX der Verordnung vor.[13] Der Schutz der Meinungsfreiheit und der Informationsfreiheit schließt nach Art. 85 Abs. 1 und Abs. 2 DS-GVO ausdrücklich auch die **Datenverarbeitung zu wissenschaftlichen Zwecken** ein. Dies umfasst neben dem Bereich der Forschung auch jenen der Lehre.[14]

6   Fraglich ist dabei, wie sich Art. 85 Abs. 2 DS-GVO **zu Art. 89 Abs. 2 DS-GVO verhält,** der die Regelung von Ausnahmen von den Betroffenenrechten nach Art. 15, 16, 18 und 21 DS-GVO bei der Verarbeitung personenbezogener Daten zu wissenschaftlichen Forschungszwecken ermöglicht. Nach dem deutschen Wortlaut von Art. 85 Abs. 2 DS-GVO erscheint Art. 89 Abs. 2 DS-GVO als redundant, da Art. 5 Abs. 2 DS-GVO umfassend Ausnahmeregelungen zu den Betroffenenrechten nach Kapitel III DS-GVO für wissenschaftliche Zwecke ermöglicht.[15] Im Vergleich von verschiedenen Sprachfassungen wird jedoch deutlich, dass Art. 85 DS-GVO wissenschaftliche Zwecke nicht umfassend privilegiert, sondern sich auf den Bereich der Wissenschaftskommunikation bezieht.[16] Im englischsprachigen Verordnungstext ist etwa in Art. 85 DS-GVO von „academic expression" und in Art. 89 DS-GVO von „scientific research" die Rede.[17] In den privilegierten Bereich fallen neben wissenschaftlichen Publikationen auch Lehrtätigkeiten.[18]

---

[9] Jarass GRCh Art. 13 Rn. 6 mwN.
[10] Calliess/Ruffert GRCh Art. 13 Rn. 8.
[11] Jarass GRCh Art. 13 Rn. 10.
[12] Wohl um eine zu weitgehende Privilegierung von Big Data-Anwendungen zu vermeiden; Albrecht/Jotzo Das neue DatenschutzR Teil 3 Rn. 71.
[13] Die Mitgliedstaaten sind dabei zum Tätigwerden verpflichtet, haben aber aufgrund der weitreichenden Ausnahmen einen weiten Handlungsspielraum; Pötters in Gola DS-GVO Art. 85 Rn. 14.
[14] Tinnefeld in TBPH DatenschutzR, 177.
[15] Golla/Hofmann/Bäcker DuD 2018, 89 (96); Pötters in Gola DS-GVO Art. 89 Rn. 12f.
[16] So auch Hornung/Hofmann ZD-Beilage 4/2017, 1 (12); Schulz/Heilmann in GSSV DS-GVO Art. 85 Rn. 32.
[17] Ähnlich die spanische („expresión académica" und „investigación científica") und französische Fassung („recherche scientifique" und „expression universitaire").
[18] Vgl. Schulz/Heilmann in GSSV DS-GVO Art. 85 Rn. 49.

II. Forschung[19]

Ziele und Methoden der wissenschaftlichen Forschung stehen oftmals in einem **Spannungsverhältnis** zum Datenschutz, da ein besonderes Interesse an der größtmöglichen Genauigkeit und Nachvollziehbarkeit von Forschungsdaten sowie ihrer Weiterverwendung für im Vornhinein nicht genau festlegbare Zwecke besteht.[20] Dabei ist die Forschung oftmals auch gerade auf die Verarbeitung personenbezogener Daten angewiesen.[21] Auch bei der Geltendmachung von Informationszugangsrechten ergeben sich häufig Konflikte zwischen Forschungsinteressen und dem Datenschutz.[22]

In einzelnen Bereichen treten die Konflikte zwischen Grundprinzipien des Datenschutzrechts und Forschungsmethoden besonders deutlich hervor. So steht beispielsweise die für die moderne **genetische Forschung** erforderliche internationale und weitreichende Zusammenführung von Patientendaten offensichtlich im Konflikt mit dem Prinzip der Speicherbegrenzung bzw. Datensparsamkeit (Art. 5 Abs. 1 lit. e DS-GVO; das Prinzip der Speicherbegrenzung erfährt allerdings für die wissenschaftliche Forschung eine Einschränkung, vgl. → Rn. 59).[23] Noch fundamentaler erscheint der Widerspruch zwischen den Prinzipien des Datenschutzrechts und neuen Richtungen der **Hirnforschung**, die die Selbstbestimmung des Menschen grundlegend in Frage stellen.[24]

Allerdings ist das allgemeine **Vertrauen** in die Integrität der Wissenschaft und den damit verbundenen verantwortlichen Umgang mit Forschungsdaten auch Grundbedingung für ihre Funktion.[25] Nicht nur aus diesem Grund ist die Verarbeitung personenbezogener Daten in der Forschung regelmäßig neben der rechtlichen Bewertung auch Gegenstand einer **ethischen Betrachtung.** Es ist davon auszugehen, dass sich die Grenzen des rechtlich Möglichen nach den ethischen Vorgaben für die jeweiligen Forschungsbereiche nicht immer ausschöpfen lassen werden. Andererseits haben die ethischen Standards auch direkten Einfluss auf die rechtliche Bewertung, wenn etwa zu prüfen ist, ob Daten „nach Treu und Glauben" (Art. 5 Abs. 1 lit. a DS-GVO) verarbeitet werden oder die Voraussetzungen eines „broad consent" vorliegen (dazu näher → Rn. 22).[26]

1. Anwendbare Vorschriften

DS-GVO und BDSG enthalten diverse **Sonderregelungen** zugunsten der Datenverarbeitung zum Zwecke wissenschaftlicher Forschung. Die Regelungen der DS-GVO, die die Datenverarbeitung zu Forschungszwecken betreffen, orientieren sich dabei im Wesentlichen an jenen der DS-RL.

Eine besondere Regelung zur Verarbeitung **besonderer Kategorien personenbezogener Daten** enthält zunächst Art. 9 Abs. 2 lit. j DS-GVO iVm § 27 Abs. 1 S. 1 BDSG (dazu im Einzelnen → Rn. 27 ff.). Art. 5 Abs. 1 lit. b und lit. e DS-GVO treffen Sonderregelungen für die wissenschaftliche Forschung hinsichtlich der Verarbeitungsgrundsätze der **Zweckbindung** und **Speicherbegrenzung** (dazu im Einzelnen → Rn. 55 ff.). Im Hinblick auf die **Betroffenenrechte** nach Kapitel III ermöglichen und regeln Art. 89 Abs. 2 DS-GVO (iVm § 27 Abs. 2 BDSG); Art. 14 Abs. 5 lit. b DS-GVO; Art. 17 Abs. 3 lit. d DS-GVO und Art. 21 Abs. 6 DS-GVO diverse Ausnahmen (dazu im Einzelnen → Rn. 60 ff.). Als Ausgleich zu diesen Privilegierungen erfordert Art. 89 Abs. 1 DS-GVO

---

[19] Der Abschnitt zum Forschungsdatenschutz entstand im Rahmen des vom BMBF geförderten Verbundvorhabens „Aspekte und Maßnahmen der Terrorismusbekämpfung" im Projekt „Propaganda, Mobilisierung und Radikalisierung zur Gewalt in der virtuellen und realen Welt" (PANDORA).
[20] Vgl. BfDI, 26. Bericht, 78; Mayen NVwZ 1997, 446 (451).
[21] Zilkens/Heinrich RDV 2007, 9 (11 f.).
[22] Tinnefeld in TBPH DatenschutzR, 180.
[23] Vgl. Molnár-Gábor/Korbel ZD 2016, 274 (277).
[24] Tinefeld in TBPH DatenschutzR, 178 f.
[25] Tinnefeld in TBPH DatenschutzR, 188.
[26] Vgl. ErwGr 33 S. 2 DS-GVO.

bei der Datenverarbeitung zu Forschungszwecken **geeignete Garantien sowie technische und organisatorische Maßnahmen,** um personenbezogene Daten zu schützen (dazu im Einzelnen → Rn. 46 ff.).

12 Auch die Entwürfe der **Landesdatenschutzgesetze** enthalten Sonderregelungen für die wissenschaftliche Forschung in ihrem Anwendungsbereich. Hierbei handelt es sich im Wesentlichen um an die Regelungen des BDSG angelehnte Erlaubnistatbestände zur Datenverarbeitung.[27]

13 Außerdem bestehen diverse **spezialgesetzliche Erlaubnistatbestände** für die Datenverarbeitung zu Forschungszwecken. Für die Bereiche **Strafverfolgung und Gefahrenabwehr** ermöglicht Art. 4 Abs. 3 JI-RL die Regelung von Erlaubnistatbeständen für die wissenschaftliche Verwendung personenbezogener Daten. In Umsetzung dessen regelt § 50 S. 1 BDSG eine Erlaubnis für die Verarbeitung personenbezogener Daten wissenschaftlicher Form, wenn diese im Rahmen der in § 45 BDSG genannten Zwecke erfolgt. Hierunter fällt beispielsweise die kriminologische und kriminaltechnische Forschung durch das Bundeskriminalamt (§ 21 BKAG).[28] Weitere spezielle Regelungen finden sich im Bundesrecht etwa in den Sozialgesetzbüchern, dem Arzneimittelgesetz, dem Gendiagnostikgesetz, dem Transplantationsgesetz und dem Stasi-Unterlagengesetz.[29] Für die Forschung mit Melderegisterdaten sind die Vorschriften des Bundesmeldegesetzes zu beachten.[30] Auch diverse bereichsspezifische Landesgesetze enthalten zum Teil kleinteilige Regelungen zum Umgang mit personenbezogenen Daten zu Forschungszwecken.[31]

2. Einzelprobleme

14 a) **Begriff der Forschung.** Die DS-GVO enthält wie bereits die DS-RL **keine eigene Definition** des Begriffs „wissenschaftliche Forschung". Eine Interpretationshilfe bietet allerdings ErwGr 159 S. 2 DS-GVO. Hiernach sind wissenschaftliche Forschungszwecke im Sinne der DS-GVO **weit auszulegen** und umschließen „die Verarbeitung für beispielsweise die technologische Entwicklung und die Demonstration, die Grundlagenforschung, die angewandte Forschung und die privat finanzierte Forschung". Damit stimmt der Begriff der Forschung in der DS-GVO weitgehend mit dem Begriff in Art. 179 Abs. 1 AEUV und Art. 13 S. 1 GRCh überein.[32] Er ist für eine weite Auslegung offen, die unter anderem privatwirtschaftliche Tätigkeiten mit umfasst.[33] Der privilegierte Bereich der Forschung nach der DS-GVO erfasst auch die Forschung mit **Big Data**-Anwendungen.[34] In diese Richtung deutet auch ErwGr 157 DS-GVO, der auf die Vorzüge der Verknüpfung von Informationen aus Registern zu Forschungszwecken verweist.

15 Andererseits erfasst der Begriff „wissenschaftliche Forschung" nicht jede Datenverarbeitung, die nach wissenschaftlicher Methode erfolgt.[35] Erforderlich ist eine Tätigkeit mit dem **Ziel der Gewinnung neuartiger Erkenntnisse** von der Unterrichtung über den aktuellen Stand der Wissenschaft sowie die experimentelle Verarbeitung von Daten bis hin zur Anwendung der Forschung. Auch Markt- und Meinungsforschung kann im Einzelfall

---

[27] Vgl. § 8 Abs. 2 Nr. 7, § 16 Abs. 1, Abs. 3 DSG NRW-E; § 24 Abs. 1, Abs. 4, § 45 Abs. 1, Abs. 2 und Abs. 6 HessDSG-E.
[28] BT-Drs. 18/11325, 111.
[29] Vgl. BT-Drs. 18/11325, 100.
[30] Vgl. hierzu von Lewinski VR 2017, 1 ff.
[31] Vgl. etwa § 84 HessSchulG; §§ 88 f. Sächs. UntersuchungshaftvollzugsG; § 11 Abs. 2 S. 2 Hundegesetz Bln.
[32] Hornung/Hofmann ZD-Beilage 4/2017, 1 (4).
[33] Spindler DB 2016, 937 (939); vgl. auch Buchner/Tinnefeld in Kühling/Buchner DS-GVO Art. 89 Rn. 13; Johannes/Richter DuD 2017, 300; Spranger/Schulz PharmR 2017, 128 (129).
[34] Herbst in Auernhammer BDSG § 27 Rn. 10; Keßler MMR 2017, 589 (591); Paal/Hennemann NJW 2017, 1697 (1700).
[35] Greve in Auernhammer DS-GVO Art. 89 Rn. 4; ein solches Verständnis hätte die im Gesetzgebungsprozess alternativ vorgeschlagene Formulierung „wissenschaftliche Zwecke" zugelassen.

wissenschaftliche Forschung sein, wenn sie auf die Gewinnung neuartiger Erkenntnisse (und nicht nur neuer Informationen unter Anwendung bekannter Methoden) ausgerichtet ist.[36]

Die DS-GVO unterscheidet begrifflich zwischen wissenschaftlicher und **historischer** 16 **Forschung.** Zu letzterer soll unter anderem der Bereich der Genealogie (Familienforschung) zählen (ErwGr 160 S. 2 DS-GVO). Die Abgrenzung zur wissenschaftlichen Forschung und der Grund der begrifflichen Trennung erscheinen nicht ganz eindeutig. Historische Forschung lässt sich ebenfalls dem wissenschaftlichen Bereich zuordnen, eine Klarstellung erscheint hierfür nicht erforderlich.[37] Dass das Datenschutzrecht die historische Forschung, die oftmals mit personenbezogenen Daten Verstorbener operiert,[38] weniger stark berührt als andere Forschungsbereiche, macht eine begriffliche Trennung auch nicht unbedingt erforderlich. Ein Grund für die gesonderte Nennung könnte sein, dass für die historische Forschung geringere Anforderungen (bzgl. der Methodik und Gewinnung neuartiger Erkenntnisse) gestellt werden sollten als an die wissenschaftliche Forschung.[39] Dies würde es ermöglichen, unter den Begriff der historischen Forschung beispielsweise auch freizeitmäßige Stammbaumforschungen zu fassen.[40] Eine besondere Privilegierung der historischen Forschung regelt konkret § 27 Abs. 4 BDSG (dazu im Einzelnen → Rn. 34 ff.).

Historische Forschungszwecke überschneiden sich dabei mit den nach der DS-GVO 17 gesondert privilegierten **Archivzwecken.**[41] Die Archivzwecke sind im Einzelnen nach den (mitgliedstaatlichen) Vorschriften zu bestimmen, die die Aufgaben öffentlicher Archive regeln. Diese sehen auch Forschungsaufgaben für die Archive vor.[42]

Auch **statistische Zwecke**[43] und wissenschaftliche Forschungszwecke überschneiden 18 sich teilweise.[44] Unter die Privilegierungen für die wissenschaftlichen Forschungszwecke fallen statistische Datenverarbeitungen, die nach wissenschaftlicher Methode zur Gewinnung neuartiger Erkenntnisse erfolgen.[45] Die „Anwendung bereits erforschter statistischer Methoden auf einen konkreten Fall, die keine völlig neuen Zusammenhänge erschließt",[46] fällt hingegen nicht unter die wissenschaftliche Forschung – so etwa im Rahmen der Markt- und Meinungsforschung.[47]

Der Forschungsbegriff der DS-GVO erfährt **keine institutionelle** (etwa auf Hoch- 19 schulen und Institute) **oder handlungsspezifische Beschränkung** (etwa auf bestimmte Forschungszwecke).[48] Enger war insofern das BDSG aF.[49] Dessen engerer Forschungsbegriff ist damit überholt.[50]

b) Erlaubnistatbestände zur Datenverarbeitung. Als Rechtsgrundlage für die Verar- 20 beitung personenbezogener Daten im Anwendungsbereich der DS-GVO kommt zu-

---

[36] Schlösser-Rost in BeckOK DatenschutzR BDSG § 27 Rn. 19; noch weitergehend Tinnefeld in TBPH DatenschutzR, 184.
[37] Pötters in Gola DS-GVO Art. 89 Rn. 12.
[38] Für diese gilt die DS-GVO nicht; vgl. ErwGr 27 DS-GVO.
[39] Schlösser-Rost in BeckOK DatenschutzR BDSG § 27 Rn. 21.
[40] Hierfür dürfte allerdings regelmäßig der Anwendungsbereich der DS-GVO nach Art. 2 Abs. 2 lit. c nicht eröffnet sein; vgl. von Lewinski in Auernhammer DS-GVO Art. 2 Rn. 26.
[41] Johannes/Richter DuD 2017, 300.
[42] Vgl. § 3 Abs. 1 BArchG; § 6 Abs. 4 ArchG RhPf.; § 4 Abs. 6 HessArchivG.
[43] Nach ErwGr 162 S. 3 DS-GVO ist unter dem Begriff „statistische Zwecke" „jeder für die Durchführung statistischer Untersuchungen und die Erstellung statistischer Ergebnisse erforderliche Vorgang der Erhebung und Verarbeitung personenbezogener Daten zu verstehen."
[44] Johannes/Richter DuD 2017, 300 (301).
[45] Johannes/Richter DuD 2017, 300 (301).
[46] Johannes/Richter DuD 2017, 300 (301).
[47] Schlösser-Rost in BeckOK DatenschutzR BDSG § 27 Rn. 19.
[48] Hornung/Hofmann ZD-Beilage 4/2017, 1 (4).
[49] In §§ 28 Abs. 2 Nr. 3 und 40 BDSG aF war explizit von Forschungseinrichtungen die Rede, für welche eine Ausnahme von der Zweckbindung griff.
[50] Golla/Hofmann/Bäcker DuD 2018, 89 (91); Hornung/Hofmann ZD-Beilage 4/2017, 1 (5).

nächst eine Einwilligung des Betroffenen in Betracht (→ Rn. 21 ff.). Dazu kommen auch gesetzliche Erlaubnistatbestände in Frage (→ Rn. 24 ff.), wobei hier zwischen der Verarbeitung besonderer Kategorien personenbezogener Daten (Art. 9 DS-GVO) und der Verarbeitung sonstiger personenbezogener Daten zu unterscheiden ist (Art. 6 DS-GVO).

21 **aa) Einwilligungen im Forschungskontext.** Eine große Bedeutung kommt als Rechtsgrundlage für die Datenverarbeitung im Forschungskontext der Einwilligung zu. Dies gilt sowohl für besondere Kategorien personenbezogener Daten (Art. 9 Abs. 2 lit. a DS-GVO) als auch für sonstige personenbezogene Daten (Art. 6 Abs. 1 lit. a DS-GVO). Soweit die Einholung einer Einwilligung praktisch möglich ist, empfiehlt sie sich im Forschungsbereich oftmals schon aus Gründen der **Rechtssicherheit**.[51] Auch unter ethischen Gesichtspunkten wird sich oftmals der Weg der Einwilligung empfehlen.

22 Eine besondere Herausforderung ist in diesem Bereich die Erteilung der Einwilligung für einen oder mehrere **bestimmte Zwecke**, da sich Forschungsziele und -fragen nicht immer im Vorfeld präzise festlegen lassen.[52] Daher ist in dem Bereich der Forschung anzuerkennen, dass eine Einwilligung auch mit einer weiten Zweckfestlegung („**broad consent**") erteilt werden kann.[53] Nach ErwGr 33 S. 1 DS-GVO sollte es den Betroffenen „erlaubt sein, ihre Einwilligung für bestimmte Bereiche wissenschaftlicher Forschung zu geben, wenn dies unter Einhaltung der anerkannten ethischen Standards der wissenschaftlichen Forschung geschieht." Damit kann eine Einwilligung beispielsweise allgemein für die medizinische Forschung oder einen ihrer Teilbereiche erteilt werden, ohne dass es im Ausgangspunkt einer näheren Zweckfestlegung bedarf, sofern dies dem eindeutigen Willen des Betroffenen entspricht. Durch die Einhaltung der anerkannten ethischen Standards sollen die Risiken einer weiten Einwilligungserklärung in diesem Bereich aufgefangen werden.[54] Es ist ebenfalls zu beachten, dass die Einwilligung auch bei einem „broad consent" frei widerruflich bleibt, sodass das Recht auf Datenschutz trotz der weiten Zweckfestlegung gewahrt werden kann.[55]

23 Auch die **Informiertheit** der Einwilligung kann im Forschungskontext besondere Herausforderungen bereiten. Eine möglichst allgemeinverständliche Beschreibung von Forschungskonzepten und -zielen ist hierbei unabdingbar. Damit dürfte regelmäßig zumindest faktisch die Schriftform für die Erteilung einer Einwilligung notwendig werden,[56] auch wenn die DS-GVO diese grundsätzlich nicht mehr vorsieht. In manchen Fällen kann die Informiertheit ein schier unüberwindbares Hindernis darstellen, wenn etwa das Forschungsvorhaben den Betroffenen kulturell oder intellektuell nicht vermittelbar ist.[57] Aufgrund des weiten räumlichen Anwendungsbereiches der DS-GVO (vgl. hierzu → § 3 Rn. 1 ff.) könnte das Erfordernis der Informiertheit beispielsweise für die anthropologische Forschung so durchaus zum ernsthaften Problem werden.

24 **bb) Gesetzliche Erlaubnistatbestände.** Die DS-GVO enthält **keinen besonderen Erlaubnistatbestand** für die Verarbeitung von personenbezogenen Daten für Zwecke der wissenschaftlichen Forschung. Ob eine solche Datenverarbeitung zulässig ist, richtet sich somit zunächst nach den allgemeinen Regelungen, also insbesondere Art. 5, 6 und 9 DS-

---

[51] Vgl. aber für einen eingeschränkten Rückgriff auf die Einwilligung im Rahmen der medizinischen Forschung Kilian NJW 1998, 787 (791).
[52] Vgl. ErwGr 33 S. 1 DS-GVO.
[53] Vgl. Gierschmann in GSSV DS-GVO Art. 7 Rn. 32; Herbst DuD 2016, 371 (373).
[54] Gierschmann in GSSV DS-GVO Art. 7 Rn. 75.
[55] Herbst DuD 2016, 371 (373 f.).
[56] Vgl. Tinnefeld in TBPH DatenschutzR, 186.
[57] Gerling DuD 2008, 733 (734) nennt als Beispiel hierfür die (anthropologische) Forschung bei bedrohten Naturvölkern, bei denen schon die unterschiedliche Wahrnehmung der Welt eine informierte Einwilligung für eine weltweite Datenverarbeitung (etwa über das Internet) kaum möglich macht.

GVO.⁵⁸ Im BDSG findet sich allerdings in § 27 auf Grundlage von Art. 9 Abs. 2 lit. j DS-GVO ein spezifischer Erlaubnistatbestand für die wissenschaftliche Forschung.

(1) Besondere Kategorien personenbezogener Daten. Wissenschaftliche Forschung betrifft oftmals **besondere Kategorien** personenbezogener Daten im Sinne von Art. 9 Abs. 1 DS-GVO. Hierzu gehören Daten, aus denen rassische und ethnische Herkunft, politische Meinung, religiöse und weltanschauliche Überzeugung und Gewerkschaftszugehörigkeit hervorgehen, ebenso wie Gesundheitsdaten,⁵⁹ Daten zum Sexualleben oder der sexuellen Orientierung sowie genetische Daten⁶⁰ bzw. biometrische Daten⁶¹ zur eindeutigen Identifizierung einer natürlichen Person. All diese Datenkategorien können in verschiedenen Forschungsgebieten eine Rolle spielen. Während Gesundheitsdaten und biometrische Daten oftmals im Zusammenhang mit naturwissenschaftlicher Forschung verarbeitet werden, können Informationen über politische Einstellungen oder Religionszugehörigkeit beispielsweise im Rahmen sozialwissenschaftlicher Milieustudien von Interesse sein. 25

Die Zulässigkeit der Verarbeitung dieser Daten richtet sich nach Art. 9 Abs. 2 DS-GVO sowie den **allgemeinen Anforderungen aus Art. 5, 6 DS-GVO,** die **zusätzlich zu beachten** sind.⁶² Unter den Tatbeständen von Art. 9 Abs. 2 DS-GVO sind neben der Möglichkeit einer Einwilligung (lit. a, hierzu im Einzelnen → Rn. 21 ff.) insbesondere die Ausnahmetatbestände in lit. j und lit. e im Forschungskontext relevant. 26

(a) Zulässigkeit nach Interessenabwägung (Art. 9 Abs. 2 lit. j DS-GVO iVm § 27 Abs. 1 S. 1 BDSG). Art. 9 Abs. 2 lit. j DS-GVO ermöglicht den Mitgliedsstaaten die Schaffung von Erlaubnistatbeständen für die Verarbeitung besonderer Kategorien personenbezogener Daten zu Forschungszwecken. Von dieser **Öffnungsklausel** hat der deutsche Gesetzgeber in § 27 BDSG Gebrauch gemacht. Diese Regelung ist an § 13 Abs. 2 Nr. 8, § 14 Abs. 5 S. 1 Nr. 2 und § 28 Abs. 6 Nr. 4 BDSG aF angelehnt. Die Voraussetzung einer Datenverarbeitung nach Art. 9 Abs. 2 lit. j DS-GVO iVm § 27 Abs. 1 S. 1 BDSG sind im Einzelnen folgende: 27

(1) Es muss eine **Datenverarbeitung für wissenschaftliche oder historische Forschungszwecke** vorliegen. Für einen Zweck wissenschaftlicher Forschung ist ein eigenes „konkretes Forschungsvorhaben, das seinem ganzen Aufbau und Inhalt nach wissenschaftlichen Ansprüchen genügt"⁶³ erforderlich. Dass diese Voraussetzungen erfüllt sind, sollte in der Praxis in einem **Forschungskonzept** dokumentiert werden. 28

(2) Die Datenverarbeitung muss zur Durchführung des Forschungsvorhabens **erforderlich** sein. Dafür muss das Vorhaben, ohne dass die konkreten personenbezogenen Daten verarbeitet werden, undurchführbar sein und die Verarbeitung sich auf das zur Durchführung notwendige Maß beschränken.⁶⁴ Insbesondere dürfen die Zwecke des Forschungsvorhabens nicht auch mit anonymisierten Daten erfüllt werden können (vgl. dazu 29

---

⁵⁸ Von der Regelung einer eigenständigen Rechtsgrundlage für die Datenverarbeitung zu Forschungszwecken wurde im Gesetzgebungsverfahren bewusst abgesehen; vgl. dazu Albrecht/Jotzo Das neue DatenschutzR Teil 3 Rn. 71.
⁵⁹ Art. 4 Nr. 15 DS-GVO.
⁶⁰ Art. 4 Nr. 13 DS-GVO.
⁶¹ Art. 4 Nr. 14 DS-GVO.
⁶² Weichert in Kühling/Buchner DS-GVO Art. 9 Rn. 77; die Anwendbarkeit von Art. 6 DS-GVO wird bei Einschlägigkeit von Art. 9 Abs. 2 DS-GVO zwar von Teilen der Literatur verneint, vgl. Albrecht/Jotzo Das neue DatenschutzR Teil 3 Rn. 58; Greve in Auernhammer DS-GVO Art. 9 Rn. 7; Piltz K&R 2016, 557 (567); dies überzeugt allerdings aufgrund des Wortlautes von Art. 9 Abs. 2 DS-GVO und wertungsmäßig nicht; vgl. dazu im Einzelnen Golla/Hofmann/Bäcker DuD 2018, 89 (92f.) mwN.
⁶³ So zu § 28 Abs. 6 Nr. 4 BDSG aF Simitis in Simitis BDSG § 28 Rn. 310.
⁶⁴ Herbst in Auernhammer BDSG § 27 Rn. 14; vgl. auch zu § 28 Abs. 6 Nr. 4 BDSG aF Simitis in Simitis BDSG § 28 Rn. 310.

→ Rn. 46 ff.).[65] Praktisch dürfte die Voraussetzung der Erforderlichkeit einen höheren **Begründungsaufwand** mit sich bringen als die Voraussetzung, dass ein Vorhaben wissenschaftlichen Ansprüchen genügt.[66] Welche spezifischen Daten mit Personenbezug für die konkrete Forschung benötigt werden, sollte sorgfältig dokumentiert werden.

30 (3) Es ist eine **Interessenabwägung** im Einzelfall vorzunehmen, bei der das wissenschaftliche Interesse das Interesse des Betroffenen an einem Ausschluss der Verarbeitung im Ergebnis erheblich überwiegen muss. Die **wissenschaftlichen Interessen** lassen sich dabei nur **schwer gewichten.** Zwar erscheint der Nutzen von Forschung und ihrer Anwendung für die Allgemeinheit auf den ersten Blick als geeignetes Kriterium.[67] Allerdings ist dieser zu Beginn eines Forschungsvorhabens teilweise kaum präzise einzuschätzen und von außen zu beurteilen. Es stünde auch im Widerspruch mit der Forschungsfreiheit, Forschungsvorhaben mit bestimmten Zielen oder aus bestimmten Forschungsbereichen (wie der medizinischen Forschung)[68] verallgemeinernd als bedeutender einzustufen als andere. Zwar deutet etwa ErwGr 157 S. 1 DS-GVO[69] darauf hin, dass die DS-GVO der medizinischen Forschung einen hohen Stellenwert beimisst.[70] Allerdings erwähnt ErwGr 157 S. 3 DS-GVO ebenso die sozialwissenschaftliche Forschung. Im Ergebnis dürfte eine Gewichtung wissenschaftlicher Interessen nur unter Betrachtung des Einzelfalles sowie der Berücksichtigung der Einschätzungsprärogative der durchführenden Forscher und der Offenheit bestimmter Forschungsvorhaben zulässig sein. Hinsichtlich der **Interessen der Betroffenen** am Ausschluss der Verarbeitung gelten im Wesentlichen die gleichen Grundsätze wie bei der Verarbeitung nach Art. 6 Abs. 1 lit. f DS-GVO (vgl. dazu → § 3 Rn. 1 ff.).

31 Durch die Voraussetzung, dass die Interessen an der Datenverarbeitung **erheblich** überwiegen müssen, stellt § 27 Abs. 1 S. 1 BDSG gegenüber der Datenverarbeitung auf Grundlage einer Interessenabwägung nach Art. 6 Abs. 1 lit. f DS-GVO erhöhte Anforderungen. Das Kriterium der Erheblichkeit fand sich auch in §§ 13 Abs. 2 Nr. 8; 14 Abs. 5 Nr. 2; 28 Abs. 6 Nr. 4 BDSG aF. Es begründet neben der – ohnehin schon herausfordernden – allgemeinen Interessenabwägung zusätzliche Auslegungsschwierigkeiten. Um zuverlässig beurteilen zu können, wann ein Forschungsinteresse erheblich überwiegt, werden für einzelne Forschungsbereiche praktisch Leitlinien zu entwickeln sein.[71] Der im Gesetzgebungsverfahren vom Bundesrat eingebrachte Vorschlag, den Begriff „erheblich" wegen seiner **zu starken Einschränkung** zu streichen,[72] hat sich nicht durchgesetzt. Dabei wies die Bundesregierung darauf hin, dass dieses Erfordernis dem bis dahin geltenden Recht entspreche.[73]

32 (4) Des Weiteren hat der für die Datenverarbeitung Verantwortliche gem. § 27 Abs. 1 S. 2 BDSG angemessene und spezifische Maßnahmen zur **Wahrung der Interessen** der betroffenen Person gem. § 22 Abs. 2 S. 2 BDSG, der die Maßnahmen näher spezifiziert, vorzusehen. Dieses Erfordernis beruht auf der Voraussetzung von Art. 9 Abs. 2 lit. j DS-GVO, dass das Recht „angemessene und spezifische Maßnahmen zur Wahrung der Grundrechte und Interessen der betroffenen Person vorsieht". Letztlich ist es nach § 27

---

[65] Bei der Datenverarbeitung zu Forschungszwecken gebietet dazu Art. 89 Abs. 1 S. 4 DS-GVO (auch für andere als besondere Kategorien personenbezogener Daten) eine Anonymisierung im Rahmen des Möglichen.
[66] Golla/Hofmann/Bäcker DuD 2017, 89 (98).
[67] Buchner/Tinnefeld in Kühling/Buchner BDSG § 27 Rn. 12 mwN.
[68] Vgl. Paals DVP 2015, 234 (235).
[69] Dieser betont vor allem dem Wert der „Verknüpfung von Informationen aus Registern", durch die „Forscher neue Erkenntnisse von großem Wert in Bezug auf weit verbreiteten Krankheiten wie Herz-Kreislauferkrankungen, Krebs und Depression erhalten" können.
[70] Schlösser-Rost in BeckOK DatenschutzR BDSG § 27 Rn. 31.
[71] So etwa für die sozialwissenschaftliche Forschung in Sozialen Medien Golla/Hofmann/Bäcker DuD 2017, 89 (98 ff.).
[72] BR-Drs. 110/1/17, 34; BT-Drs. 18/11655, 15 f.; vgl. auch Schlösser-Rost in BeckOK DatenschutzR BDSG § 27 Rn. 34.
[73] BT-Drs. 18/11655, 31.

Abs. 1 S. 2 BDSG vor allem Sache des **Forschers oder seiner Institution als Verantwortlichen,** die konkreten Maßnahmen zu wählen und zu ergreifen. Die Verantwortlichen trifft dazu auch nach anderen Vorschriften[74] die Pflicht, Maßnahmen zur Wahrung der Rechte und Interessen der Betroffenen zu treffen. Insofern ist der Mehrwert von § 27 Abs. 1 S. 2 BDSG nicht ganz klar.[75] Die Regelung genügt in ihrer pauschalen Form den Anforderungen von Art. 9 Abs. 2 lit. j DS-GVO wohl nicht.[76] Zwar sieht § 22 Abs. 2 S. 2 BDSG eine gewisse Konkretisierung der Maßnahmen vor, diese Regelung hat aber keinen spezifischen Bezug zur wissenschaftlichen Forschung.

(5) Wenn die Voraussetzungen von Art. 9 Abs. 2 lit. j DS-GVO iVm § 27 Abs. 1 S. 1 33 BDSG erfüllt sind, muss **daneben ein Verarbeitungsgrund nach Art. 6 DS-GVO** vorliegen, damit die Datenverarbeitung rechtmäßig ist.[77] Da § 27 Abs. 1 S. 1 BDSG strengere Anforderungen an die Datenverarbeitung aufstellt als die allgemeine Interessenabwägung nach Art. 6 Abs. 1 lit. f DS-GVO, liegt bei Erfüllung der Voraussetzungen von § 27 Abs. 1 S. 1 BDSG allerdings stets auch ein Verarbeitungsgrund nach der DS-GVO vor.[78]

(b) Sonderfall: Veröffentlichung. Eine Sonderregelung trifft § 27 Abs. 4 BDSG für die 34 Veröffentlichung personenbezogener Daten. Die Regelung entspricht inhaltlich § 40 Abs. 3 BDSG aF. Nach dem Wortlaut sieht § 27 Abs. 4 BDSG zwar keine Beschränkung auf Forschungszwecke (und statistische Zwecke) vor, dies ergibt sich aber aus der Überschrift und dem Zusammenhang mit Abs. 1 – Abs. 3 der Vorschrift.[79] Auch bei der Veröffentlichung handelt es sich um eine **Form der Datenverarbeitung.**[80] Die Veröffentlichung ist als Unterfall der Offenlegung im Sinne von Art. 4 Nr. 2 DS-GVO zu behandeln.[81]

Es ist fraglich, auf **welche Öffnungsklausel** der DS-GVO § 27 Abs. 4 BDSG sich 35 stützt. Liest man die Regelung als Einschränkung von § 27 Abs. 1 S. 1 BDSG, stellt auch hier Art. 9 Abs. 2 lit. j DS-GVO die Grundlage dar. Andererseits könnte sich die Regelung als eigenständiger Erlaubnistatbestand zur Datenverarbeitung auf Art. 85 Abs. 1 DS-GVO stützen.[82] Der systematische Zusammenhang innerhalb von § 27 BDSG spricht für ersteres Verständnis. Dies ergibt auch wertungsmäßig Sinn, da die Veröffentlichung als besonders eingriffsintensive Form der Datenverarbeitung zu verstehen ist.[83]

Voraussetzung für eine Veröffentlichung ist nach § 27 Abs. 4 BDSG, dass die betroffene 36 Person eingewilligt hat oder dies für die Darstellung von Forschungsergebnissen über Ereignisse der Zeitgeschichte unerlässlich ist. Die Voraussetzungen der **Einwilligung** richten sich hierbei nach Art. 6 Abs. 1 lit. a; Art. 7; Art. 9 Abs. 2 lit. a DS-GVO (vgl. zur Einwilligung im Forschungskontext → Rn. 21 ff.).

Die Regelung zur Darstellung von Forschungsergebnissen über **Ereignisse der Zeit-** 37 **geschichte** lässt sich als besondere Privilegierung der **historischen Forschung** verstehen.[84] Das Merkmal „unerlässlich" bereitet Schwierigkeiten bei der Auslegung,[85] dürfte aber im Ausgangspunkt ähnlich wie das Merkmal „erforderlich" in § 27 Abs. 1 S. 1

---

[74] Vgl. etwa Art. 32 DS-GVO.
[75] So auch Johannes/Richter DuD 2017, 300 (302).
[76] Golla/Hofmann/Bäcker DuD 2017, 89 (93); aA Herbst in Auernhammer BDSG § 27 Rn. 16; Schlösser-Rost in BeckOK DatenschutzR BDSG § 27 Rn. 35.
[77] BT-Drs. 18/11325, 99; aA Herbst in Auernhammer BDSG § 27 Rn. 8.
[78] Golla/Hofmann/Bäcker DuD 2018, 89 (93); Johannes/Richter DuD 2017, 300 (302).
[79] So auch Johannes/Richter DuD 2017, 300 (304).
[80] So auch Herbst in Auernhammer BDSG § 27 Rn. 28; Tinnefeld in TBPH DatenschutzR, 188 („idR die folgenreichste Form").
[81] Vgl. ErwGr 159 S. 5 DS-GVO, der von der „Veröffentlichung oder sonstigen Offenlegung personenbezogener Daten" spricht; aA Veil in GSSV DS-GVO Art. 4 Nr. 9 Rn. 22.
[82] So Johannes/Richter DuD 2017, 300 (304).
[83] Vgl. Herbst in Auernhammer BDSG § 27 Rn. 28; Tinnefeld in TBPH DatenschutzR, 188.
[84] Herbst in Auernhammer BDSG § 27 Rn. 30; Schlösser-Rost in BeckOK DatenschutzR BDSG § 27 Rn. 46.
[85] Vgl. Tinnefeld in TBPH DatenschutzR, 188 f.

BDSG ausgelegt werden, wenngleich der Wortlaut ein noch strengeres Verständnis nahelegt. Um zu beurteilen, ob eine Veröffentlichung personenbezogener Daten zur zeitgeschichtlichen Darstellung unerlässlich ist, sind zusätzlich die historischen Forschungsinteressen und die Interessen am Schutz der Persönlichkeitsrechte gegeneinander abzuwägen. Hierbei können hilfsweise die Kriterien der Rechtsprechung zur Veröffentlichung von Bildnissen aus dem Bereich der Zeitgeschichte nach § 23 Abs. 1 Nr. 1 KUG herangezogen werden. Es ist besonders zu prüfen, welchen Informationswert personenbezogene Daten in Bezug auf ein Ereignis der Zeitgeschichte haben.[86]

38 **(c) Offensichtlich vom Betroffenen veröffentlichte Daten (Art. 9 Abs. 2 lit. e DS-GVO).** Art. 9 Abs. 2 lit. e DS-GVO hebt das Verarbeitungsverbot des Art. 9 Abs. 1 DS-GVO auf, wenn und soweit der Betroffene sensible Daten offensichtlich öffentlich gemacht hat. Die Regelung ist wortgleich mit Art. 8 Abs. 2 lit. e DS-RL. Daten sind dann im Sinne der Vorschrift öffentlich gemacht, wenn „diese dem Zugriff einer unbestimmten Anzahl von Personen ohne wesentliche Zulassungsschranke offenstehen"[87]. Die „**Offensichtlichkeit**" setzt einen bewussten Willensakt zur Entäußerung der Informationen voraus.[88] Insofern ist der Begriff der offensichtlich öffentlich gemachten Daten auch enger als jener der allgemein zugänglichen Daten nach dem BDSG aF.[89] Bei der willentlichen Entäußerung von Informationen an die Öffentlichkeit fehlt es an einer besonderen Schutzbedürftigkeit des Betroffenen.[90] Man kann darin eine Art von „Verzicht" auf den besonderen Schutz des Art. 9 DS-GVO sehen.[91]

39 Dennoch bleibt neben Art. 9 Abs. 2 lit. e DS-GVO ein **Verarbeitungsgrund nach Art 6 DS-GVO erforderlich**.[92] Hier wird regelmäßig Art. 6 Abs. 1 lit. f DS-GVO erfüllt sein. Es liegt nahe, dass bei selbst veröffentlichten Daten das Interesse an der Verarbeitung das Interesse des Betroffenen an deren Ausschluss regelmäßig überwiegt.[93] Anders könnte der Fall etwa liegen, wenn der Verarbeiter mit der Absicht einer Schädigung oder rechtswidrigen Bereicherung handelt.

40 Art. 9 Abs. 2 lit. e DS-GVO ermöglicht im Ergebnis in einem erheblichen Maße die Verarbeitung öffentlich zugänglicher Daten zu Forschungszwecken, wenn davon auszugehen ist, dass die Betroffenen diese selbst öffentlich gemacht haben. Die Regelung ist angesichts der zunehmenden Bedeutung der Forschung anhand offener Datenquellen auch äußerst praxisrelevant. So werden beispielsweise die offenen Bereiche Sozialer Medien im Internet[94] als Datenquellen immer wichtiger.[95] Diese haben als Raum der persönlichen Entfaltung für ihre Nutzer eine größere Bedeutung denn je.[96]

---

[86] Herbst in Auernhammer BDSG § 27 Rn. 31.
[87] Schulz in Gola DS-GVO Art. 9 Rn. 24.
[88] Siehe auch Schiff in Ehmann/Selmayr DS-GVO Art. 9 Rn. 40.
[89] Vgl. etwa § 28 Abs. 1 S. 1 Nr. 3, § 29 Abs. 1 S. 1 Nr. 2 BDSG aF; mit einer Übersicht zu den Regelungen Härting DS-GVO-HdB Rn. 454; gemäß § 10 Abs. 5 S. 2 BDSG aF sind allgemein zugänglich solche Daten, „die jedermann, sei es ohne oder nach vorheriger Anmeldung, Zulassung oder Entrichtung eines Entgelts, nutzen kann." Eine rechtliche Beschränkung des Zugangs schließt dabei die allgemeine Zugänglichkeit aus, BGH ZD 2013, 502 (505).
[90] Schulz in Gola DS-GVO Art. 9 Rn. 23; nach der Rechtsprechung des BVerfG ist die Erhebung allgemein zugänglicher Daten durch eine staatliche Stelle grundsätzlich kein Eingriff in das Recht auf informationelle Selbstbestimmung, BVerfGE 120, 274 (345);120, 351 (351).
[91] Weichert in Kühling/Buchner DS-GVO Art. 9 Rn. 77.
[92] Vgl. dazu im Einzelnen Golla/Hofmann/Bäcker DuD 2018, 89 (92 f.) mwN.
[93] Vgl. Härting DS-GVO-HdB Rn. 454.
[94] Hierzu gehören unter anderem Blogs, Foren, Communities und Soziale Netzwerke; vgl. näher zu der Definition Sozialer Medien Verbände der Markt- und Sozialforschung, Richtlinie für Untersuchungen in den und mittels der Sozialen Medien, 2 Definition Sozialer Medien, abrufbar unter http://rat-marktforschung.de/fileadmin/user_upload/pdf/R11_RDMS_D.pdf, zuletzt abgerufen am 15.6.2018.
[95] Golla/Hofmann/Bäcker DuD 2018, 89; vgl. auch Pflüger/Dobel in WTSJ HdB Online-Forschung, 485 (508 f.).
[96] Mehr als drei Milliarden Menschen nutzen monatlich Soziale Medien im Internet; in Deutschland verbringen die Nutzer Sozialer Medien im Durchschnitt eine Stunde und 13 Minuten mit deren Nutzung;

(2) Sonstige personenbezogene Daten. Sofern die Forschung Daten nutzt, die nicht 41 den besonderen Kategorien des Art. 9 Abs. 1 DS-GVO zuzuordnen sind, richtet sich die Rechtmäßigkeit ihrer Verarbeitung nach Art. 6 DS-GVO. Neben der Einwilligung der betroffenen Person (Art. 6 Abs. 1 lit. a DS-GVO), sind hier vor allem Art. 6 Abs. 1 lit. e und lit. f DS-GVO als Grundlagen der Verarbeitung relevant.

(a) Wahrnehmung von Aufgaben im öffentlichen Interesse. Art. 6 Abs. 1 lit. e DS- 42 GVO eröffnet iVm Abs. 2 und 3 der Regelung einen Spielraum für Erlaubnistatbestände für Datenverarbeitungen zu Forschungszwecken, die für die Wahrnehmung einer Aufgabe im öffentlichen Interesse erforderlich sind.[97] Aufgaben im öffentlichen Interesse im Sinne der Vorschrift sind klassische **Staatsaufgaben,**[98] die in erster Linie öffentliche Stellen wahrnehmen. Sie können allerdings auch von Privaten ausgeführt werden, wenn sie diesen übertragen wurden.[99] Private können sich also nicht schon dann auf Art. 6 Abs. 1 lit. e DS-GVO berufen, wenn sie für die Allgemeinheit relevante Forschung betreiben, da es an der Erfüllung einer hoheitlichen Aufgabe und der Übertragung öffentlicher Gewalt fehlt. Die Datenverarbeitung zu Forschungszwecken im Allgemeinen kann, muss aber nicht in jedem Fall im öffentlichen Interesse liegen.[100] Jedenfalls sofern wissenschaftliche Forschung und wissenschaftlicher Fortschritt nach Art. 3 Abs. 3 UAbs. 1 S. 3 EUV und Art. 179 Abs. 1 AEUV als Allgemeinwohlziele anerkannt werden, sind sie allerdings auch als Gegenstände öffentlichen Interesses zu betrachten.[101]

Art. 6 Abs. 1 lit. e DS-GVO begründet für sich selbst noch keinen Erlaubnistatbe- 43 stand.[102] Im BDSG hat der Gesetzgeber von der Öffnungsklausel nur in allgemeiner Weise durch § 3 BDSG Gebrauch gemacht, wonach die Verarbeitung personenbezogener Daten durch eine öffentliche Stelle zulässig ist, wenn sie zur Erfüllung der in der Zuständigkeit des Verantwortlichen liegenden Aufgabe oder in Ausübung öffentlicher Gewalt, die dem Verantwortlichen übertragen wurde, erforderlich ist. Damit erfasst Art. 6 Abs. 1 lit. e DS-GVO iVm § 3 BDSG regelmäßig die Datenverarbeitung zu Forschungszwecken durch **öffentlich-rechtliche Forschungseinrichtungen wie Universitäten.**[103] Öffentlichen Hochschulen (Universitäten und Fachhochschulen) sind durch die Hochschulgesetze der Länder ausdrücklich Forschungsaufgaben zugewiesen.[104] Die Befugnisse der Hochschulen zur Datenverarbeitung zu Forschungszwecken nach Art. 6 Abs. 1 lit. e DS-GVO sind damit in erster Linie durch die den Hochschulen zugewiesenen Forschungsaufgaben begrenzt. Diese werden in den Hochschulgesetzen großteils sehr allgemein beschrieben. Gegenstand der Forschung in den Hochschulen im Rahmen ihrer Aufgabenstellung können demnach alle wissenschaftlichen Bereiche sowie die Anwendung wissenschaftlicher Erkenntnisse in der Praxis einschließlich der Folgen sein, die sich aus der Anwendung wissenschaftlicher Erkenntnisse ergeben können.[105]

(b) Allgemeine Interessenabwägung. Art. 6 Abs. 1 lit. f DS-GVO ermöglicht die Ver- 44 arbeitung personenbezogener Daten, wenn sie zur Wahrung der berechtigten Interessen

---

We Are Social, Global Digital Report 2018, abrufbar unter https://wearesocial.com/de/blog/2018/01/global-digital-report-2018, zuletzt abgerufen am 15.6.2018.
[97] Vgl. Buchner/Tinnefeld in Kühling/Buchner DS-GVO Art. 89 Rn. 29.
[98] Buchner/Petri in Kühling/Buchner DS-GVO Art. 6 Rn. 111.
[99] So im Fall von Beliehenen; Schulz in Gola DS-GVO Art. 6 Rn. 49.
[100] Beyvers/Gärtner/Kipker PinG 2015, 241 (244).
[101] Reimer in Sydow DS-GVO Art. 6 Rn. 40.
[102] Vgl. ErwGr 45 S. 1 DS-GVO; Schulz in Gola DS-GVO Art. 6 Rn. 46.
[103] Reimer in Sydow DS-GVO Art. 6 Rn. 40.
[104] Vgl. etwa § 2 Abs. 1 S. 1, §§ 12 ff. HochSchG RhPf.; § 3 Abs. 1 S. 1, §§ 70 ff. HG NRW; § 3 Abs. 1 S. 1, §§ 28 ff. HessHochSchG; § 2 Abs. 1 S. 1, §§ 40 ff. LHG BW; § 3 Abs. 1. S. 1 Nr. 1 NHG; Art. 2 Abs 1 S. 1, Art. 6 ff BayHSchG.
[105] § 12 Abs. 1 S. 2 HochSchG RhPf.; § 70 Abs. 1 S. 2 HG NRW; Art. 6 Abs. 1 S. 2 BayHSchG; § 40 Abs. 1 S. 2 LHG BW.

des Verantwortlichen oder eines Dritten erforderlich ist, sofern nicht die Interessen oder Grundrechte und Grundfreiheiten der betroffenen Person, die den Schutz personenbezogener Daten erfordern, überwiegen. Die **wissenschaftliche Forschung ist ein berechtigtes Interesse**, das gegen die Interessen der Betroffenen abzuwägen ist. Für die Interessenabwägung gelten dabei im Wesentlichen die Ausführungen zu § 27 Abs. 1 S. 1 BDSG entsprechend (siehe → Rn. 30 ff.), wobei zu beachten ist, dass im Rahmen von Art. 6 Abs. 1 lit. f DS-GVO kein erhebliches Überwiegen wissenschaftlicher Interessen erforderlich ist.

45 Auf Art. 6 Abs. 1 lit. f DS-GVO können sich allerdings grundsätzlich nur private Akteure berufen. **Behörden** im Sinne der DS-GVO ist dies gem. Art. 6 Abs. 1 UAbs. 2 DS-GVO verwehrt, sofern sie Daten zur Erfüllung ihrer Aufgaben verarbeiten. In diesem Fall ist Art. 6 Abs. 1 lit. e DS-GVO einschlägig. Der Behördenbegriff in Art. 6 Abs. 1 UAbs. 2 DS-GVO ist dabei in Zusammenschau mit Art. 6 Abs. 1 lit. e DS-GVO und anderen Sprachfassungen[106] weit zu verstehen.[107] Er umfasst damit auch öffentliche Hochschulen. Die Abgrenzung der beiden Erlaubnistatbestände Art. 6 Abs. 1 lit. e und lit. f DS-GVO erfolgt im Ergebnis nach der Organisation der jeweiligen Forschungseinrichtung.[108]

46 **c) Geeignete Garantien und technische und organisatorische Maßnahmen. aa) Art. 89 Abs. 1 DS-GVO als Mindeststandard für die Datenverarbeitung zu Forschungszwecken.** Nach Art. 89 Abs. 1 S. 1 DS-GVO bedarf die Verarbeitung personenbezogener Daten zu Forschungszwecken geeigneter Garantien für die Rechte und Freiheiten der betroffenen Person gemäß der DS-GVO. Die Vorschrift regelt damit für die Datenverarbeitung zu Forschungszwecken einen erhöhten **Mindeststandard** gegenüber anderen Datenverarbeitungen.[109] Dies lässt sich als eine Art Ausgleich zu den Erleichterungen, die die DS-GVO im Übrigen für wissenschaftliche Forschungszwecke vorsieht, verstehen.[110]

47 Nach Art. 89 Abs. 1 S. 2 DS-GVO müssen die Garantien technische und organisatorische Maßnahmen enthalten, mit denen insbesondere die **Achtung des Grundsatzes der Datenminimierung** (Art. 5 Abs. 1 lit. c DS-GVO) gewährleistet wird.[111] Wichtige Aspekte sind hierbei eine Reduzierung der Menge der erhobenen Daten sowie des Umfangs der Verarbeitung auf das für den Zweck erforderliche Maß, die Festlegung einer Speicherfrist und eine Regelung der Zugänglichkeit der Daten.[112] Die konkret zu ergreifenden Maßnahmen hängen dabei vom jeweiligen Forschungsvorhaben ab. Es ist hier unter anderem zu berücksichtigen, welche personenbezogenen Daten verarbeitet werden und wer hieran beteiligt ist.[113] Als organisatorische Maßnahme dürften sich regelmäßig Geheimhaltungsvereinbarungen anbieten, technisch dürfte oftmals eine Verschlüsselung geboten sein. Für die Archivierung von Daten bieten sich als technisch-organisatorische Maßnahmen Rollenkonzepte und Secure Access-Lösungen an.[114]

48 Aus Art. 89 Abs. 1 S. 3 und 4 DS-GVO ergibt sich zudem ein **Gebot der Anonymisierung bzw. Pseudonymisierung** der Daten, sofern die verfolgten Zwecke auch mit anonymisierten oder pseudonymisierten Daten zu erreichen sind.[115] Dies lässt sich als Aus-

---

[106] So verwendet die englischsprachige Fassung den weiten Begriff „public authorities".
[107] Reimer in Sydow DS-GVO Art. 6 Rn. 66; Wolff in Schantz/Wolff Das neue DatenschutzR Teil D Rn. 641; aA Heberlein in Ehmann/Selmayr DS-GVO Art. 6 Rn. 21; Assion/Nolte/Veil in GSSV DS-GVO Art. 6 Rn. 126.
[108] Golla/Hofmann/Bäcker DuD 2018, 89 (93 f.).
[109] Pauly in Paal/Pauly DS-GVO Art. 89 Rn. 1.
[110] Pauly in Paal/Pauly DS-GVO Art. 89 Rn. 10; vgl. auch Johannes/Richter DuD 2017, 300 (302).
[111] ErwGr 156 S. 2 DS-GVO.
[112] Pauly in Paal/Pauly DS-GVO Art. 89 Rn. 12.
[113] Johannes/Richter DuD 2017, 300 (302).
[114] Buchner/Tinnefeld in Kühling/Buchner DS-GVO Art. 89 Rn. 20; vgl. hierzu am Beispiel der empirischen Sozialforschung Watteler/Kinder-Kurlanda DuD 2015, 515 (518 f.).
[115] Ähnlich Greve in Auernhammer DS-GVO Art. 89 Rn. 6; Pauly in Paal/Pauly DS-GVO Art. 89 Rn. 12.

druck der Gebote der Datenminimierung (Art. 5 Abs. 1 lit. c DS-GVO) und Speicherbegrenzung (Art. 5 Abs. 1 lit. d DS-GVO) verstehen.[116] Die Erreichung von Forschungszwecken mit anonymisierten Daten dürfte sich allerdings in diversen Bereichen als schwierig erweisen. So sind ua die medizinische Forschung und die sozialwissenschaftliche Forschung in hohem Maße auf den Umgang mit personenbezogenen Daten angewiesen.[117] In diesen Fällen bleibt regelmäßig nur die Möglichkeit der Pseudonymisierung.

Der tatsächliche **Mehrwert der Regelung in Art. 89 DS-GVO ist zweifelhaft.**[118] 49
Schon nach der allgemeinen Regelung des Art. 25 Abs. 1 DS-GVO sind bei der Datenverarbeitung „geeignete technische und organisatorische Maßnahmen" zu treffen, „die dafür ausgelegt sind, die Datenschutzgrundsätze wie etwa Datenminimierung wirksam umzusetzen und die notwendigen Garantien in die Verarbeitung aufzunehmen, um den Anforderungen dieser Verordnung zu genügen und die Rechte der betroffenen Personen zu schützen".[119] Art. 89 DS-GVO sieht gegenüber dieser bereits allgemein geltenden Vorgabe keine nennenswerten Konkretisierungen vor.

bb) Besonderes Anonymisierungsgebot nach § 27 Abs. 3 BDSG. § 27 Abs. 3 S. 1 50
BDSG enthält ein besonderes Anonymisierungsgebot für besondere Kategorien personenbezogener Daten, die zu Forschungszwecken verarbeitet werden. Die Vorschrift ergänzt insofern im Hinblick auf besondere Kategorien personenbezogener Daten § 22 Abs. 2 BDSG sowie im Hinblick auf die Verarbeitung von Daten zu Forschungszwecken Art. 89 Abs. 1 DS-GVO. Eine ähnliche Regelung enthielt auch § 40 Abs. 2 BDSG aF,[120] dessen persönlicher Anwendungsbereich allerdings auf Forschungseinrichtungen beschränkt war.[121]

Eine Anonymisierung ist dabei erst notwendig, sobald dies **nach dem Forschungs-** 51
zweck möglich ist. Dies dürfte regelmäßig erst nach Abschluss des Forschungsvorhabens der Fall sein.[122] Dieser Zeitpunkt kann auch erst noch später eintreten, wenn zur Nachvollziehbarkeit der Forschungsergebnisse Daten nach Abschluss des Projektes (persönlich) im Detail nachvollziehbar sein müssen. Teilweise können Forschungszwecke oder die Natur eines Forschungsvorhabens die Anonymisierung sogar schier unmöglich machen. Eine kaum überwindbare Herausforderung bedeutet die Anonymisierung beispielsweise für bestimmte Projekte in der Genomforschung.[123] Auch gesetzliche Vorgaben (wie etwa § 40 Abs. 2a AMG), die zur personenbezogenen Speicherung von Daten verpflichten, können der Anonymisierung entgegenstehen.[124]

Gem. § 27 Abs. 3 S. 1 Hs. 2 BDSG ist eine Anonymisierung nicht notwendig, wenn 52
berechtigte Interessen der betroffenen Person dem entgegenstehen.[125] Dies ist etwa dann denkbar, wenn die Verarbeitung von Daten in der medizinischen Forschung Informationen hervorbringen kann, die zur Diagnose oder Behandlung bei dem Betroffenen konkret hilfreich sein können.[126] In diesem Fall könnte eine Anonymisierung gerade schädlich für den Betroffenen sein.

Teilweise wird die **Vereinbarkeit von § 27 Abs. 3 S. 1 BDSG mit Art. 89 Abs. 1** 53
DS-GVO bezweifelt, da Art. 89 Abs. 1 S. 4 DS-GVO eine weitergehende Pflicht zur Anonymisierung ohne die Ausnahme bei entgegenstehenden berechtigten Interessen des

---

[116] Johannes/Richter DuD 2017, 300 (302).
[117] Arning/Forgó/Krügel DuD 2006, 700 (701).
[118] So auch Buchner/Tinnefeld in Kühling/Buchner DS-GVO Art. 89 Rn. 3.
[119] Vgl. zudem Art. 32 Abs. 1 DS-GVO.
[120] BT-Drs. 18/11325, 100.
[121] Simitis in Simitis BDSG § 40 Rn. 17 f.
[122] Herbst in Auernhammer BDSG § 27 Rn. 26.
[123] Molnár-Gábor in Taeger Recht 4.0 – Innovationen aus den rechtswissenschaftlichen Laboren, 345 (348).
[124] Schlösser-Rost in BeckOK DatenschutzR BDSG § 27 Rn. 41.
[125] Insofern ist die Vorschrift weniger streng als § 40 Abs. 2 BDSG aF.
[126] Vgl. Johannes/Richter DuD 2017, 300 (304).

Betroffenen vorsieht.[127] § 27 Abs. 3 S. 1 Hs. 2 BDSG lässt sich aber unionsrechtskonform so auslegen, dass entgegenstehende berechtigte Interessen des Betroffenen nur anzunehmen sind, wenn ein privilegierter Zweck zur Weiterverarbeitung der Daten nach Art. 9 Abs. 2 DS-GVO vorliegt. Dies kann beispielsweise in der medizinischen Forschung zur Wahrung lebenswichtiger Interessen (Art. 9 Abs. 2 lit. c DS-GVO) der Fall sein.[128] Letztlich wird die Ausnahme in § 27 Abs. 3 S. 1 Hs. 2 BDSG bei dieser engen Auslegung aber kaum praktische Relevanz entfalten können.

54   Nach § 27 Abs. 3 S. 2 BDSG sind personenbezogene Merkmale bis zur Anonymisierung von anderen Informationen getrennt zu speichern.[129] Diese **Separierungspflicht** führt praktisch zu einer Pseudonymisierung der Daten.[130] Eine Zusammenführung ist nach § 27 Abs. 3 S. 3 BDSG nur zulässig, wenn der Forschungszweck dies erfordert.[131]

55   **d) Sonderregelungen zu den Verarbeitungsgrundsätzen (Art. 5 Abs. 1 DS-GVO).** Art. 5 Abs. 1 lit. b und lit. e DS-GVO regeln zur Privilegierung der wissenschaftlichen Forschung Einschränkungen der Grundsätze für die Verarbeitung personenbezogener Daten. Aus den hier vorgesehenen Einschränkungen der Grundsätze der Zweckvereinbarkeit und Speicherbegrenzung folgt, dass die DS-GVO insbesondere **bezüglich bereits rechtmäßig erhobener Daten einen forschungsfreundlichen Ansatz** verfolgt und deren weitere Verwendung ermöglicht.[132]

56   **aa) Zweckvereinbarkeit (Art. 5 Abs. 1 lit. b DS-GVO).** Art. 5 Abs. 1 lit. b Hs. 2 DS-GVO schränkt den Grundsatz der Zweckvereinbarkeit ein und erklärt eine Weiterverarbeitung von Daten für wissenschaftliche oder historische Forschungszwecke **nicht als unvereinbar mit den ursprünglichen Zwecken.**[133] Die Regelung entspricht in ihren Grundzügen Art. 6 Abs. 1 lit. b DS-RL.[134] Sie war aufgrund ihrer Weite im Gesetzgebungsverfahren umstritten.[135] Ihre Wirkung lässt sich als **Fiktion** der Vereinbarkeit der Weiterverarbeitung zu Forschungszwecken mit den ursprünglich verfolgten Zwecken verstehen.[136] Der Datenverarbeiter kann sich dadurch im Ergebnis bei der Weiterverarbeitung auf die gleiche Rechtsgrundlage stützen, auf der die ursprüngliche Verarbeitung erfolgte.[137]

57   Hinsichtlich ihrer **inhaltlichen Reichweite** lässt die Regelung dabei einen gewissen Interpretationsspielraum. Die Formulierung „nicht als unvereinbar" ließe sich in einem weiten Sinne so interpretieren, dass wissenschaftliche oder historische Forschungszwecke stets als vereinbar mit den ursprünglichen Zwecken gelten.[138] Dies erscheint aber auch nach dem Wortlaut der Vorschrift als zu weitgehend. Die Formulierung „nicht unvereinbar" legt nahe, dass die Vorschrift zunächst klarstellt, dass eine Verarbeitung zu Forschungszwecken mit den ursprünglichen Zwecken grundsätzlich vereinbar sein kann und

---

[127] BR-Drs 110/17 (B), 27; Johannes/Richter DuD 2017, 300 (304); anders aber Herbst in Auernhammer BDSG § 27 Rn. 24.
[128] Johannes/Richter DuD 2017, 300 (304).
[129] Ähnlich § 40 Abs. 2 S. 2 BDSG aF.
[130] Herbst in Auernhammer BDSG § 27 Rn. 27.
[131] Ähnlich § 40 Abs. 2 S. 3 BDSG aF.
[132] Vgl. Molnár-Gábor/Korbel ZD 2016, 274 (277).
[133] Vgl. auch ErwGr 50 S. 4 DS-GVO.
[134] Zu den Unterschieden im Einzelnen Herbst in Kühling/Buchner DS-GVO Art. 5 Rn. 50.
[135] Veil in GSSV DS-GVO Art. 21 Rn. 83.
[136] Kramer in Auernhammer DS-GVO Art. 5 Rn. 16; Herbst in Kühling/Buchner DS-GVO Art. 5 Rn. 50; vgl. auch Johannes/Richter DuD 2017, 300 (301).
[137] Herbst in Auernhammer BDSG § 27 Rn. 15.
[138] Richter DuD 2016, 581 (584); Magnusson Sjöberg in CFF New Technology Big Data and the Law, 43 (54).

hierfür weniger strenge Bedingungen gelten als nach Art. 6 Abs. 4 DS-GVO.[139] Im Ergebnis lässt sich die Regelung so verstehen, dass die Weiterverarbeitung zu Forschungszwecken im Regelfall als mit dem ursprünglichen Verarbeitungszweck vereinbar gilt.[140]

Diese Ausnahme ist für den Bereich der Forschung **sachgerecht**. Die Datenverarbeitung in der wissenschaftlichen Forschung bedarf einer gewissen Ergebnisoffenheit, um Innovationen zu ermöglichen. Forschungsziele und -fragen können nicht immer im Vorfeld präzise festgelegt werden.[141]

bb) Speicherbegrenzung (Art. 5 Abs. 1 lit. e DS-GVO). Art. 5 Abs. 1 lit. e Hs. 2 DS-GVO enthält eine Ausnahme vom Grundsatz der Speicherbegrenzung als zeitlicher Grenze für die Verarbeitung personenbezogener Daten.[142] Es bleibt allerdings bei dem Erfordernis nach Art. 89 Abs. 1 DS-GVO, bei der Datenverarbeitung für Forschungszwecke geeignete technische und organisatorische Maßnahmen zur Datenminimierung zu ergreifen. Art. 5 Abs. 1 lit. e Hs. 2 DS-GVO ermöglicht damit nur dann eine längere Speicherung, wenn zu dem ursprünglich verfolgten Zweck der Verarbeitung ein **Forschungszweck hinzutritt, der eine längere Speicherung erfordert.**

e) Sonderregelungen zu Betroffenenrechten. Für die Betroffenenrechte nach Kapitel III DS-GVO gelten **besondere Privilegierungen** zugunsten der wissenschaftlichen Forschung. Zusätzlich gelten ebenso die **allgemeinen Beschränkungen** der Betroffenenrechte.[143] Auch im Rahmen dieser Beschränkungen können wissenschaftliche Forschungszwecke eine Rolle spielen, wenn es etwa zu prüfen gilt, ob ein Betroffenenrecht einen unverhältnismäßigen Aufwand verursacht.[144]

aa) Öffnungsklausel (Art. 89 Abs. 2 DS-GVO). Art. 89 Abs. 2 DS-GVO enthält eine **Öffnungsklausel** bezüglich der Rechte in Art. 15 (Auskunftsrecht), Art. 16 (Berichtigungsrecht), Art. 18 (Recht auf Einschränkung der Verarbeitung) und Art. 21 (Widerspruchsrecht) DS-GVO. Voraussetzung für den Erlass eigener mitgliedstaatlicher Ausnahmeregelungen ist dabei, dass die genannten Rechte die Verwirklichung wissenschaftlicher Forschungszwecke unmöglich machen oder ernsthaft beeinträchtigen und die Ausnahmeregelungen für die Erfüllung dieser Zwecke notwendig sind. Grund für die Regelung ist, dass die genannten Betroffenenrechte bzw. ihre Ausübung die wissenschaftliche Forschung „verkomplizieren, unwirtschaftlich oder sogar unmöglich" machen können, wenn „die Betroffenen durch die Ausübung ihrer Rechte bspw. einen hohen Verwaltungsaufwand verursachen oder aber den von Art. 89 DS-GVO privilegierten Stellen die Daten- und damit Arbeitsgrundlage entziehen."[145]

Der Bundesgesetzgeber hat von der Öffnungsklausel **in § 27 Abs. 2 BDSG Gebrauch gemacht.** Wenngleich § 27 Abs. 1 BDSG nur für besondere Kategorien personenbezogener Daten gilt, gilt die Beschränkung in Abs. 2 für alle Kategorien personenbezogener Daten.[146]

---

[139] Art. 6 Abs. 4 DS-GVO formuliert bestimmte Bedingungen, unter denen die Verarbeitung personenbezogener Daten zu einem anderen Zweck mit demjenigen, zu dem die personenbezogenen Daten ursprünglich erhoben wurden, vereinbar sein kann.
[140] Johannes/Richter DuD 2017, 300 (301).
[141] Härting NJW 2015, 3284 (3285); Schaar ZD 2016, 224 (225); vgl. auch Zilkens/Heinrich RDV 2007, 9 (11 f.).
[142] Vgl. ähnlich Art. 6 Abs. 1 lit. e DS-RL.
[143] BT-Drs. 18/11325, 102 f.; aA Johannes/Richter DuD 2017, 300 (305).
[144] So etwa bei der Mitteilungspflicht nach Art. 19 S. 1 DS-GVO; vgl. dazu Veil in GSSV DS-GVO Art. 19 Rn. 36.
[145] Pauly in Paal/Pauly DS-GVO Art. 89 Rn. 14.
[146] BT-Drs. 18/11325, 100.

63 **(1) Einschränkung von Berichtigungsrecht, Recht auf Einschränkung der Verarbeitung und Widerspruchsrecht (§ 27 Abs. 2 S. 1 BDSG).** § 27 Abs. 2 S. 1 BDSG schränkt die Betroffenenrechte nach Art. 15, 16, 18 und 21 der DS-GVO (dazu im Einzelnen → § 3 Rn. 1 ff.) ein, wenn und soweit mit der Wahrnehmung der Rechte voraussichtlich der Forschungszweck unmöglich gemacht oder ernsthaft beeinträchtigt wird und eine derartige Beschränkung zur Erfüllung des Forschungszwecks notwendig ist. § 27 Abs. 2 S. 1 BDSG gibt damit letztlich nur die Voraussetzungen der Öffnungsklausel in Art. 89 Abs. 2 DS-GVO wieder.[147] Dies erscheint **nicht als unionsrechtskonforme Umsetzung** der Öffnungsklausel. Da § 27 Abs. 2 S. 1 BDSG keinerlei weitere Spezifikationen dafür enthält, wann Betroffenenrechte eingeschränkt werden, genießen die für die Datenverarbeitung Verantwortlichen selbst insofern einen sehr weiten Entscheidungsspielraum.[148]

64 Wann die Wahrnehmung der Rechte zumindest zu einer **ernsthaften Beeinträchtigung** führt, die ihre Einschränkung notwendig macht, wird letztlich nur anhand des Einzelfalles verlässlich beurteilt werden können.[149] Unmöglich sein kann die Wahrnehmung etwa dann, wenn sie dazu führen würde, dass ein Forschungsvorhaben schon methodisch nicht mehr durchführbar ist. Dies kann beispielsweise der Fall sein, wenn ein Beforschter während eines Vorhabens zur Verhaltensforschung, zu dessen Verlauf er für die Durchführung keine Informationen erhalten darf, das Auskunftsrecht nach Art. 15 DS-GVO geltend macht.[150]

65 **(2) Einschränkung des Auskunftsrechts (§ 27 Abs. 2 S. 2 BDSG).** Überdies schränkt § 27 Abs. 2 S. 2 BDSG das Auskunftsrecht nach Art. 15 DS-GVO für die Fälle ein, in denen die Daten für Zwecke der wissenschaftlichen Forschung erforderlich sind und die Auskunftserteilung einen unverhältnismäßigen Aufwand erfordern würde. Die Einschränkung lehnt sich an die Vorgängerregelungen in Art. 11 Abs. 2 DS-RL und § 33 Abs. 2 S. 1 Nr. 5 iVm § 34 Abs. 7 sowie § 19a Abs. 2 Nr. 2 BDSG aF an. Hierbei wird nach der Gesetzesbegründung von der Öffnungsklausel des Art. 23 Abs. 1 lit. i DS-GVO Gebrauch gemacht.[151] Die Zugrundelegung von Art. 23 Abs. 1 lit. i DS-GVO ist aber mit Blick auf die speziellere Regelung in Art. 89 Abs. 2 DS-GVO unzutreffend.[152] Es ist auch zweifelhaft, ob sich eine Ausnahme wegen eines unverhältnismäßigen Aufwandes auf Art. 23 Abs. 1 lit. i DS-GVO stützen ließe.[153]

66 Die Voraussetzung, dass die Daten **für Zwecke der wissenschaftlichen Forschung erforderlich** sind, lässt sich ähnlich der entsprechenden Voraussetzung in § 27 Abs. 1 S. 1 BDSG auslegen (siehe dazu → Rn. 29). Wann eine Auskunftserteilung einen **unverhältnismäßigen Aufwand** erfordern würde, ist im Einzelnen schwer zu bestimmen. Im Zusammenhang mit den ähnlich formulierten § 33 Abs. 2 S. 1 Nr. 5 iVm § 34 Abs. 7 sowie § 19a Abs. 2 Nr. 2 BDSG sind sowohl die Literatur als auch die Rechtsprechung bisher eine Konkretisierung der Voraussetzung schuldig geblieben. Dies ist angesichts der Bedeutung des Auskunftsrechts im Datenschutzrecht[154] unbefriedigend. Im Kontext der DS-GVO wird die Formulierung gleichbedeutend mit der Formulierung in Art. 14 Abs. 5 lit. b DS-GVO auszulegen sein (dazu im Einzelnen → § 3 Rn. 1 ff.). Hierfür ist eine Abwägung der Interessen des Betroffenen und der Interessen des Verantwortlichen vorzunehmen.[155] Im Rahmen von § 27 Abs. 2 S. 2 BDSG in Abwägung zu stellen sind der

---

[147] Vgl. Johannes/Richter DuD 2017, 300 (303).
[148] Johannes/Richter DuD 2017, 300 (303).
[149] Herbst in Auernhammer BDSG § 27 Rn. 20.
[150] Herbst in Auernhammer BDSG § 27 Rn. 20.
[151] BT-Drs. 18/11325, 99.
[152] Herbst in Auernhammer BDSG § 27 Rn. 22; Johannes/Richter DuD 2017, 300 (303).
[153] Vgl. Bäcker in Kühling/Buchner DS-GVO Art. 23 Rn. 12.
[154] Vgl. Art. 8 Abs. 2 S. 2 GRCh.
[155] Roggenkamp in Plath BDSG § 19 Rn. 17 (zu § 19 Abs. 2 BDSG aF).

konkrete Aufwand des Verantwortlichen bei der Auskunftserteilung und das Forschungsinteresse einerseits sowie andererseits das Informationsinteresse des Betroffenen.[156] Für die Abwägung sind unter anderem die Zahl der betroffenen Personen, das Alter der Daten und Garantien des Verantwortlichen relevant.[157] Auf der Seite des Verantwortlichen sind auch die Anzahl der Auskunftsersuchen sowie seine personellen und finanziellen Mittel zu berücksichtigen.[158] Aufgrund der Bedeutung des Auskunftsrechts für die Betroffenen ist die Voraussetzung des unverhältnismäßigen Aufwands **eng auszulegen.** Ob die Erteilung einer Auskunft einen unverhältnismäßigen Aufwand erfordern würde, ist kritisch anhand des jeweiligen Einzelfalles zu prüfen. Praktisch dürften sich Schwierigkeiten bei der Abwägung und der Erteilung der Auskunft vermeiden lassen, indem technische **Strukturen für die Wahrung des Auskunftsrechts** frühzeitig geschaffen werden.

Der Gesetzesbegründung zufolge kann ein unverhältnismäßiger Aufwand beispielsweise dann vorliegen, wenn ein Forschungsvorhaben mit einem überaus **großen Datenstamm** arbeitet.[159] Dies überzeugt nicht gänzlich. Ein großer Datenstamm bedeutet nicht zwangsläufig einen erhöhten Grad an Komplexität, aufgrund dessen die Betroffenenrechte zurücktreten müssen. Der Aufwand der verarbeitenden Stelle bemisst sich nicht nach der Komplexität der Datenverarbeitung, sondern nach der spezifischen Auskunftshandlung gegenüber dem Betroffenen.[160] Große Datenstämme können mit Hilfe durch neue Technologien gewährleisteter Recherchemöglichkeiten zum Zwecke der Auskunft ausgewertet werden. Automatisierte Systeme ermöglichen es dazu, eine Vielzahl von Betroffenen mit geringem Aufwand von Arbeit und Kosten zu informieren.[161]   67

bb) Informationspflicht für nicht bei der betroffenen Person erhobene Daten (Art. 14 Abs. 5 lit. b DS-GVO). Für die – gegenüber der bisherigen Rechtslage erweiterten – Informationspflichten nach der DS-GVO gilt gem. Art. 14 Abs. 5 lit. b Hs. 2 DS-GVO für wissenschaftliche Forschungszwecke eine Ausnahme.[162] Sie greift nur dann, wenn **Daten nicht direkt beim Betroffenen erhoben werden.** Art. 13 DS-GVO, der für die Erhebung von personenbezogenen Daten bei der betroffenen Person gilt, sieht keine entsprechende Ausnahme vor.   68

Die Erteilung der Informationen ist nach Art. 14 Abs. 5 lit. b Hs. 2 DS-GVO nicht erforderlich, wenn sie die Ziele einer Datenverarbeitung für wissenschaftliche oder historische Forschungszwecke **unmöglich macht oder ernsthaft beeinträchtigt.** Es ist nicht zusätzlich nach Art. 14 Abs. 5 lit. b Hs. 1 DS-GVO Voraussetzung, dass sich die Erteilung der Informationen als unmöglich erweist oder einen unverhältnismäßigen Aufwand erfordern würde.[163]   69

Um zu beurteilen, wann der Aufwand für die Erteilung von Informationen als unverhältnismäßig anzusehen ist, lassen sich die bereits **im Zusammenhang mit § 27 Abs. 2 S. 2 BDSG erwähnten Kriterien** heranziehen (vgl. dazu → Rn. 65f.). Ein unverhältnismäßiger Aufwand bei der Information ist beispielsweise anzunehmen, wenn im Rahmen der sozialwissenschaftlichen Forschung offen zugängliche personenbezogene Daten aus Sozialen Medien verarbeitet werden.[164]   70

cc) Recht auf Vergessenwerden (Art. 17 Abs. 3 lit. d DS-GVO). Für das Recht auf Vergessenwerden nach Art. 17 Abs. 1 und Abs. 2 DS-GVO (dazu im Einzelnen → § 3   71

---

[156] Gola/Klug/Körffer in Gola/Schomerus BDSG § 33 Rn. 36.
[157] ErwGr 62 S. 3 DS-GVO.
[158] Vgl. Johannes/Richter DuD 2017, 300 (303).
[159] BT-Drs. 18/11325, 99.
[160] Simitis in Simitis BDSG § 33 Rn. 71.
[161] Vgl. Golla/Hofmann/Bäcker DuD 2018, 89 (95).
[162] Eine ähnliche Regelung enthielt bereits Art. 11 Abs. 2 DS-RL.
[163] Art. 14 Abs. 5 lit. b Hs. 2 DS-GVO ist nur scheinbar ein Regelbeispiel zu Hs. 1 der Vorschrift; Bäcker in Kühling/Buchner DS-GVO Art. 14 Rn. 53.
[164] Golla/Hofmann/Bäcker DuD 2018, 89 (95).

Rn. 130) regelt Abs. 3 lit. d der Vorschrift eine verordnungsunmittelbare Ausnahme, wenn die Datenverarbeitung für wissenschaftliche Forschungszwecke erforderlich ist, soweit das Recht voraussichtlich die Verwirklichung der Ziele dieser Verarbeitung unmöglich macht oder diese ernsthaft beeinträchtigen würde.[165] Ob eine Datenverarbeitung **für wissenschaftliche Forschungszwecke erforderlich** ist, ist nach den im Zusammenhang mit § 27 Abs. 1 S. 1 BDSG genannten Kriterien zu beurteilen (siehe dazu im Einzelnen → Rn. 29). Ob das Recht auf Vergessenwerden die **Verwirklichung der Ziele der Verarbeitung unmöglich macht oder ernsthaft beeinträchtigt**, ist nach den im Zusammenhang mit Art. 89 Abs. 2 DS-GVO und § 27 Abs. 2 BDSG genannten Kriterien zu beurteilen (siehe → Rn. 66 f.).

72 dd) **Widerspruchsrecht (Art. 21 Abs. 6 DS-GVO).** Nach Art. 21 Abs. 6 DS-GVO haben Betroffene das Recht, aus **Gründen, die sich aus ihrer besonderen Situation ergeben** (vgl. zu diesem Kriterium → § 3 Rn. 1 ff.),[166] der Verarbeitung ihrer personenbezogenen Daten zu wissenschaftlichen Forschungszwecken zu widersprechen, wenn nicht die Verarbeitung zur Erfüllung einer im öffentlichen Interesse liegenden Aufgabe erforderlich ist.

73 Es fragt sich, ob bei einem begründeten Widerspruch gegen die Verarbeitung personenbezogener Daten zu wissenschaftlichen Forschungszwecken die Verarbeitung stets einzustellen ist, wenn sie nicht zur Erfüllung einer im öffentlichen Interesse liegenden Aufgabe erforderlich ist.[167] Art. 21 Abs. 6 DS-GVO könnte im Zusammenhang mit Art. 21 Abs. 1 S. 2 DS-GVO auch so auszulegen sein, dass die Verarbeitung auch bei wissenschaftlichen Forschungszwecken dann **nicht einzustellen ist, wenn der Verantwortliche zwingende schutzwürdige Gründe für die Verarbeitung nachweisen kann,** die die Interessen, Rechte und Freiheiten der betroffenen Person überwiegen. Für ein niederschwelliges Widerspruchsrecht nach Abs. 6 der Regelung spricht die Entstehungsgeschichte der Vorschrift.[168] Dagegen lässt sich aber anführen, dass Abs. 6 dem Wortlaut nach nur die Voraussetzungen des Widerspruchs, nicht aber seine Folge besonders regelt. Auch die Systematik der DS-GVO, die wissenschaftliche Forschungszwecke unter der Bedingung angemessener Garantien nach Art. 89 Abs. 1 DS-GVO privilegiert behandelt, spricht dafür, Art. 21 Abs. 1 S. 2 DS-GVO neben Abs. 6 der Vorschrift zu prüfen. Ein bei wissenschaftlichen Datenverarbeitungen wesentlich weiteres Widerspruchrecht als bei sonstigen (privatwirtschaftlichen) Verarbeitungen stünde dazu konträr.[169] Im Ergebnis ist Art. 21 Abs. 6 DS-GVO daher als **Privilegierung gegenüber dem allgemeinen Widerspruchsrecht** in Art. 21 Abs. 1 S. 1 DS-GVO zu lesen, bei dem zwingende schutzwürdige Gründe für die Verarbeitung nachzuweisen sind, um diese trotz Widerspruchs fortzusetzen.[170] Art. 21 Abs. 1 S. 2 DS-GVO bleibt als Rechtsfolge des Widerspruchs auch im Falle von Art. 21 Abs. 6 DS-GVO zu prüfen.

III. Lehre an Hochschulen

74 Der Bereich der (Hochschul-)Lehre steht nicht in einem Zielkonflikt mit dem Datenschutzrecht, der mit jenem im Forschungsbereich vergleichbar ist.[171] Beide Bereiche sind zwar dadurch verknüpft, dass (personenbezogene) Erkenntnisse aus der Forschung in die Lehre Eingang finden können. Die Lehre steht jedoch vor **eigenen komplexen daten-**

---

[165] Vgl. hierzu im Einzelnen Herbst in Kühling/Buchner DS-GVO Art. 17 Rn. 82.
[166] Schulz in Gola DS-GVO Art. 21 Rn. 8 ff.
[167] So Veil in GSSV DS-GVO Art. 21 Rn. 82.
[168] Veil in GSSV DS-GVO Art. 21 Rn. 83.
[169] Dies erkennt auch Veil in GSSV DS-GVO Art. 21 Rn. 81 ff. an.
[170] So auch Kramer in Auernhammer DS-GVO Art. 21 Rn. 23.
[171] Zilkens/Heinrich RDV 2007, 9 (12).

schutzrechtlichen Herausforderungen. Diese stellen sich vor allem durch automatisierte, mobile und international ausgelegte Lern- und Lehrsysteme, die auf vielfältige Weise personenbezogene Daten verarbeiten (dazu näher → Rn. 86 ff.).

Es ist grundlegend zu beachten, dass die **Anliegen des Datenschutzrechts und die Ziele von Bildung und Lehre sich nahestehen**.[172] Beiden geht es um den Schutz und die (Möglichkeit zur) Entwicklung der Persönlichkeit. Infolge der zunehmenden automatisierten Datenverarbeitung besteht das Risiko, dass sich Bildungsprozesse derart verengen, dass sie „am Ende mehr als Konditionierung denn als wirkliche Bildungserfahrung erlebt werden."[173] Nicht nur aufgrund der Nähe von Anliegen und Zielen von Datenschutz und Bildung besteht ein erhebliches Interesse an der Vermittlung von technischen und rechtlichen Grundlagen des Datenschutzes (Datenschutz als **Bildungsaufgabe**).[174] 75

Speziell mit Blick auf die Hochschullehre fällt auf, dass diese – im Vergleich zu der **schulischen Lehre** (siehe umfassend zum Schuldatenschutz → § 24 Rn. 1 ff.)[175] – in den Berichten der Datenschutzaufsicht aktuell nur eine untergeordnete Rolle spielt.[176] Dabei stellen sich diverse Probleme in Schule und Hochschule in ähnlicher Weise. Zum Teil verschärfen sich die Probleme im Hochschulbereich noch, etwa durch die oftmals größere Anzahl der betroffenen Personen.[177] 76

1. Anwendbare Vorschriften

Die wissenschaftliche Lehre ist von der wissenschaftlichen Forschung begrifflich zu unterscheiden und erfährt **keine ausdrückliche Privilegierung in der DS-GVO**.[178] Dies wird vor allem aus ErwGr 159 DS-GVO deutlich, der zwar die Demonstration wissenschaftlicher Forschung in den Forschungsbegriff einbezieht, aber nicht deren Vermittlung durch die Lehre. 77

Teilweise sehen die (noch nicht infolge der DS-GVO reformierten) **Hochschul(freiheits)gesetze** Erlaubnistatbestände vor, die die Verarbeitung personenbezogener Daten für die Lehre ausdrücklich regeln. So erlaubt beispielsweise § 14 Abs. 1 SächsHG die Datenverarbeitung zur Durchführung des Studiums (Nr. 1), für die Zulassung zu Prüfungen (Nr. 2) und für die Evaluation der Lehre (Nr. 3).[179] Weitere Spezialvorschriften finden sich ua in den Landeskrankenhausgesetzen (zur Demonstration von Patienten zu Lehrzwecken)[180]. 78

2. Einzelprobleme

a) **Erlaubnistatbestände zur Datenverarbeitung.** Im Rahmen der Hochschullehre sind die allgemeinen Erlaubnistatbestände der DS-GVO zur Datenverarbeitung (Art. 6 und 9 DS-GVO) anzuwenden. 79

aa) **Einwilligung (Art. 6 Abs. 1 lit. a; Art. 9 Abs. 2 lit. a DS-GVO).** Für eine Verarbeitung personenbezogener Daten zu Lehrzwecken kommt zunächst die Einwilligung als Rechtsgrundlage in Betracht (Art. 6 Abs. 1 lit. a; Art. 9 Abs. 2 lit. a DS-GVO). Zu beach- 80

---

[172] Dazu eingehend Steinhauer in de Witt/Gloerfeld HdB Mobile Learning, 221 (229).
[173] Steinhauer in de Witt/Gloerfeld HdB Mobile Learning, 221 (229).
[174] Vgl. LfD RhPf., 25. Bericht, 28 ff.; Sachs. BSD, 16. Bericht, 86 f.
[175] Vgl. zur Übersicht auch Bay. LfD, 27. Bericht, 194 ff.
[176] Mit einem vernichtenden Urteil aus damaliger Sicht aber Rost DANA 2008, 11: „[E]in Blick in die Tätigkeitsberichte der Landesdatenschutzbeauftragten allein der letzten vier Jahre bestätigt die nachfolgend aufgelisteten Einzelbefunde. Die Datenschutzsituation an deutschen Hochschulen ist von je her bestürzend schlecht."
[177] Einige Probleme entschärfen sich andererseits dadurch, dass die Nutzer von Hochschulen anders als in Schulen regelmäßig volljährig sind.
[178] Vgl. Johannes in Roßnagel DatenschutzR-HdB Kap. 4 Rn. 59.
[179] Ein ähnlich weiter Erlaubnistatbestand findet sich in § 6 Abs. 1 S. 1 Nr. 1 BerlHG.
[180] § 27 Abs. 1 ThürKHG.

ten ist dabei, dass öffentliche Hochschulen neben der Datenverarbeitung zur Erfüllung ihrer Aufgaben (Art. 6 Abs. 1 lit. e DS-GVO; dazu näher → Rn. 83) nur eingeschränkt die Einwilligung als Rechtsgrundlage heranziehen werden können. Im Verhältnis zu den Studierenden bzw. anderen Adressaten der Lehre wird regelmäßig die **Freiwilligkeit** der Einwilligung problematisch sein, da sie in einem Abhängigkeitsverhältnis zur Lehrinstitution stehen.[181] In diesen Fällen kann unter Umständen ein klares Ungleichgewicht im Sinne von ErwGr 43 S. 1 DS-GVO vorliegen.[182]

81 Eine Einwilligung dürfte aber auch im Fall öffentlich-rechtlicher Hochschulen besonders dann als Rechtsgrundlage in Betracht gezogen werden, wenn die Datenverarbeitung zwar zur Aufgabenerfüllung in der Lehre erforderlich ist, Art. 6 Abs. 1 lit. e DS-GVO aber als Rechtsgrundlage nicht ausreicht. Dies ist der Fall, wenn **besondere Kategorien personenbezogener Daten** verarbeitet werden. So kann beispielsweise dann, wenn Gesundheitsdaten eines Patienten zu Lehrzwecken verarbeitet werden (etwa bei einer Demonstration des Patienten)[183] dessen Einwilligung eingeholt werden, um die Datenverarbeitung nach Art. 9 Abs. 2 lit. a; Art. 6 Abs. 1 lit. e DS-GVO zu legitimieren.

82 Wird die Einwilligung als Rechtsgrundlage für die Verarbeitung von Daten herangezogen, die **zu Forschungszwecken erhoben** wurden, ist auch darauf zu achten, dass der Hinweis auf die Verarbeitung zu Lehrzwecken in der Einwilligungserklärung deutlich und getrennt von der Verarbeitung zu Forschungszwecken erfolgt. Forschung und Lehre stehen zwar in einem engen Zusammenhang, eine Einwilligung zu Forschungszwecken wird aber regelmäßig nicht so zu verstehen sein, dass davon auch die Vermittlung zu Lehrzwecken erfasst ist. Auch die Lockerung der Zweckbindung nach Art. 5 Abs. 1 lit. b Hs. 2 DS-GVO greift für wissenschaftliche Lehrzwecke nicht.[184]

83 **bb) Erfüllung der Aufgaben von öffentlichen Hochschulen.** Öffentlich-rechtlich organisierte Hochschulen können sich im Zusammenhang mit Lehrtätigkeiten bei der Verarbeitung personenbezogener Daten auf Art. 6 Abs. 1 lit. e DS-GVO iVm einer Norm zur Aufgabenzuweisung berufen. Die Aufgaben der öffentlichen Hochschulen in der Lehre ergeben sich dabei aus den **Hochschulgesetzen** der Länder.[185] Ob eine Datenverarbeitung im Rahmen der Lehre zur Wahrnehmung der Aufgaben erforderlich ist, ist hierbei nach den der Hochschule zugewiesenen Aufgaben anhand des jeweiligen Einzelfalles zu beurteilen. Die Aufgaben in der Lehre decken jedenfalls grundsätzlich auch den Einsatz technischer Hilfsmittel ab,[186] wie beispielsweise im Rahmen des E-Learning (dazu im Einzelnen → Rn. 86 ff.). Den Hochschulen ist auch aufgegeben, den Studierenden die Teilnahme an der Lehre zu ermöglichen.[187] Dies kann den Einsatz technischer Hilfsmittel, bei dem personenbezogene Daten verarbeitet werden, sogar gebieten (zB die Übertragung von Vorlesungen über Online-Plattformen; dazu im Einzelnen → Rn. 90 f.).[188]

84 **cc) Interessenabwägung.** Im Fall von **privat organisierten Hochschulen** kommt als Rechtsgrundlage für die Datenverarbeitung zu Lehrzwecken vor allem Art. 6 Abs. 1 lit. f

---

[181] Magnusson Sjöberg in CFF New Technology Big Data and the Law, 43 (58).
[182] Öffentlich-rechtliche Hochschulen sind auch als Behörden im Sinne von ErwGr 43 S. 1 DS-GVO einzuordnen.
[183] Vgl. § 27 Abs. 1 ThürKHG.
[184] Art. 6 Abs. 1 lit. b DS-RL ging in dieser Hinsicht weiter.
[185] Vgl. etwa § 2 Abs. 1 S. 1, §§ 16 ff. HochSchG RhPf.; § 3 Abs. 1 S. 1, §§ 58 ff. HG NRW; § 3 Abs. 1 S. 1, §§ 13 ff. HessHochSchG; § 2 Abs. 1 S. 1, §§ 29 ff. LHG BW; § 3 Abs. 1. S. 1 Nr. 1, §§ 6 ff. NHG; Art. 2 Abs. 1 S. 1, Art. 54 ff. BayHSchG.
[186] Flisek CR 2004, 62 (64).
[187] Vgl. etwa Art. 2 Abs. 1 S. 6 BayHSchG; § 49 Abs. 1 und 2 HessHochSchG; § 1 Abs. 2 S. 1 und 2 NHG; § 58 Abs. 2 HG NRW; § 21 S. 1 HochSchG RhPf.
[188] Vgl. auch § 49 Abs. 1 HessHochSchG (zur „Versorgung mit Literatur und anderen Medien sowie die Grundversorgung mit Einrichtungen zur Kommunikation und zur Informationsverarbeitung").

DS-GVO in Betracht,[189] wobei das Interesse der Hochschule zur Bereitstellung ihrer Lehrangebote gegen die Interessen der Betroffenen am Ausschluss der Datenverarbeitung abzuwägen ist.

b) Ausgewählte Aspekte der Hochschullehre. Im Folgenden sollen einige ausgewählte Aspekte der Hochschullehre, die besondere datenschutzrechtliche Fragen aufwerfen, behandelt werden. 85

aa) E-Learning. Zahlreiche datenschutzrechtliche Fragen wirft der Einsatz von **E-Learning-Plattformen** auf. Der Begriff E-Learning ist weit[190] und entsprechende Plattformen weisen eine Vielzahl von Funktionen auf. Die vorliegende Betrachtung beschränkt sich auf Plattformen, die online betrieben werden und registrierungspflichtig sind.[191] Über diese können Lehrende Studierenden Lehrinhalte zur Verfügung stellen und die Teilnehmer untereinander kommunizieren. Personenbezogene Daten fallen hierbei unter anderem in Form der Profilinformationen, der Kommunikationsdaten und der aufgezeichneten Aktivitäten der Teilnehmer der Plattformen an.[192] Teilweise dienen E-Learning-Plattformen zur Unterstützung reeller Kursangebote. Bisweilen können die virtuellen Angebote diese aber auch **vollständig ersetzen,** wie etwa im Falle von „Massive Open Online Courses" (MOOCs). In letzterem Fall gewinnt die Datenverarbeitung oftmals eine **internationale Dimension,** die Fragen des anwendbaren Rechts aufwirft.[193] E-Learning-Plattformen können auch gleichzeitig dem Management von Prüfungsleitungen dienen. Der Aspekt der Prüfung soll hier gesondert behandelt werden (vgl. dazu → Rn. 93 ff.). 86

E-Learning-Plattformen fallen als elektronische Informations- und Kommunikationsdienste (**Telemediendienste**) regelmäßig in den Anwendungsbereich des TMG (§ 1 Abs. 1 TMG).[194] Dessen spezifische Datenschutzregelungen (§§ 11 ff. TMG) dürften aber in ihrer geltenden Fassung gegenüber der DS-GVO unanwendbar sein.[195] Nach der DS-GVO kann die Verarbeitung personenbezogener Daten im Rahmen von E-Learning-Plattformen für den öffentlichen Bereich vor allem auf Art. 6 Abs. 1 lit. e DS-GVO gestützt werden, während im privaten Bereich Art. 6 Abs. 1 lit. a DS-GVO und Art. 6 Abs. 1 lit. f DS-GVO in Betracht kommen.[196] Bei der **Einwilligung** (Art. 6 Abs. 1 lit. a DS-GVO) kann dabei die **Freiwilligkeit** ihrer Erteilung problematisch sein, insbesondere wenn Studierende von der Nutzung einer E-Learning-Plattform abhängen, um ihr Studium absolvieren und einen Abschluss erhalten zu können.[197] Die Frage, ob die Datenverar- 87

---

[189] Allerdings kann auch hier in einzelnen Bereichen Art. 6 Abs. 1 lit. e DS-GVO zur Anwendung kommen, soweit die privaten Hochschulen mit hoheitlichen Befugnissen ausgestattet sind.
[190] Internationale Arbeitsgruppe für Datenschutz in der Telekommunikation Arbeitspapier zum Thema E-Learning-Plattformen, 3 definiert E-Learning als „Nutzung technischer Instrumente und Medien […], die die Kommunikation von Wissen, die Wissensentwicklung sowie die Interaktion zwischen Lehrkräften, Lernenden und Lehranstalten technisch unterstützt."; vgl. auch Konferenz der unabhängigen Datenschutzbehörden des Bundes und der Länder, Orientierungshilfe der Datenschutzaufsichtsbehörden für Online-Lernplattformen im Schulunterricht, April 2016, 3.
[191] Dabei ist notwendig, dass die Angebote vollständig in der Verantwortlichkeit einer Bildungseinrichtung betrieben werden. Auch eine geschlossene Facebook-Gruppe, in der Lehrmaterialien ausgetauscht werden, kann eine E-Learning-Plattform darstellen, wobei diese Praxis zahlreiche spezielle datenschutzrechtliche Fragen aufwirft.
[192] Vgl. Konferenz der unabhängigen Datenschutzbehörden des Bundes und der Länder Orientierungshilfe der Datenschutzaufsichtsbehörden für Online-Lernplattformen im Schulunterricht, April 2016, 4; Steinhauer in Witt/Gloerfeld HdB Mobile Learning, 221 (223).
[193] Vgl. Internationale Arbeitsgruppe für Datenschutz in der Telekommunikation Arbeitspapier zum Thema E-Learning-Plattformen, 1 f.
[194] Vgl. Flisek CR 2004, 62 (65).
[195] Sydow in Sydow BDSG Einl. Rn. 43.
[196] Vgl. Magnusson Sjöberg in CFE New Technology Big Data and the Law, 43 (57 f.).
[197] Internationale Arbeitsgruppe für Datenschutz in der Telekommunikation Arbeitspapier zum Thema E-Learning-Plattformen, 3.

beitung im Rahmen von E-Learning-Plattformen zur Aufgabenerfüllung oder auf Grundlage überwiegender Interessen zulässig ist, kann nur im Einzelfall beantwortet werden. Ein besonderes Augenmerk wird bei der Prüfung darauf zu legen sein, ob die Funktionalitäten der Plattform sich tatsächlich auf Bildungszwecke beschränken und inwiefern diese in den privaten Bereich der Nutzer hineinreichen.[198] Auch die Notwendigkeit jeder Funktion, die eine Verarbeitung personenbezogener Daten mit sich bringt, sollte kritisch überprüft werden.[199]

88   E-Learning-Plattformen können auch Funktionen zur **Verfolgung des Lernfortschritts** bereithalten („Learning Analytics"). Solche Funktionen bergen besondere datenschutzrechtliche Risiken, da eine Verwendung der hier anfallenden Informationen aufgrund ihrer Aussagekraft über den Zweck des Lernmanagements hinaus als besonders attraktiv erscheint.[200] Hieraus können sich unter anderem Konflikte mit den Grundsätzen der Zweckbindung (Art. 5 Abs. 1 lit. b DS-GVO), Datenminimierung (Art. 5 Abs. 1 lit. c DS-GVO) und Speicherbegrenzung (Art. 5 Abs. 1 lit. e DS-GVO) ergeben. Der Umgang mit den im Rahmen des Lernprozesses anfallenden Daten sollte vor allem darauf beschränkt werden, den Lernprozess nachzuvollziehen, zu evaluieren und weiterzuentwickeln.[201]

89   Regelmäßig dürfte der Einsatz von E-Learning-Plattformen durch Hochschulen aufgrund der damit verbundenen Risiken auch eine **Datenschutz-Folgenabschätzung** (Art. 35 DS-GVO) sowie umfassende **technische und organisatorische Schutzmaßnahmen** (Art. 32 DS-GVO) erfordern.

90 **bb) Aufzeichnung und Übertragung von Lehrveranstaltungen.** Spezielle Fragen wirft auch der praktisch häufige Fall auf, dass Lehrveranstaltungen audiovisuell aufgezeichnet und live übertragen oder zum Abruf bereitgestellt werden. Dabei erfolgt nicht nur eine Verarbeitung personenbezogener Daten des Dozenten, sondern auch der Teilnehmer, wenn diese beispielsweise Fragen stellen oder (allein aufgrund ihrer Anwesenheit) visuell von der Aufzeichnung miterfasst werden. Als Grundlage für diese Datenverarbeitung kommt im öffentlichen Bereich Art. 6 Abs. 1 lit. e DS-GVO (**Erfüllung von Aufgaben der Hochschule**) in Betracht. Eine Aufzeichnung und Übertragung ist beispielsweise dann zur Aufgabenwahrnehmung erforderlich, wenn eine Vorlesung per Live-Stream in einen anderen Hörsaal übertragen wird, weil der Hörsaal nicht genügend Platz für alle teilnehmenden Studierenden bietet.[202] Ähnliches wird gelten, wenn eine Lehrveranstaltung auf den Kreis der Teilnehmer beschränkt über eine Online-Plattform übertragen wird.[203] In diesen Fällen sichert die Übertragung den Anspruch der Studierenden auf Teilnahme an den Lehrveranstaltungen, dessen Erfüllung Aufgabe der Hochschule ist. Auch die Möglichkeit eines zeitversetzten Abrufs der Veranstaltungen dürfte vom Auftrag zur Ausbildung und Lehre noch gedeckt sein.[204] Hierbei ist besonders zu beachten, dass dieser zeitversetzte Abruf für einige Teilnehmer (die zB berufstätig oder mit der Kinderbetreuung beschäftigt sind)[205] die einzige Möglichkeit sein dürfte, die Veranstaltungen re-

---

[198] Vgl. Internationale Arbeitsgruppe für Datenschutz in der Telekommunikation Arbeitspapier zum Thema E-Learning-Plattformen, 4.
[199] So dürfte der Befund von Loser DANA 2008, 14 (15), dass E-Learning-Plattformen an Hochschulen nur in einzelnen Funktionalitäten (und vorwiegend als Content-Management-Systeme) genutzt werden, weiterhin zutreffen.
[200] Steinhauer in de Witt/Gloerfeld HdB Mobile Learning, 221 (225).
[201] Vgl. Konferenz der unabhängigen Datenschutzbehörden des Bundes und der Länder Orientierungshilfe der Datenschutzaufsichtsbehörden für Online-Lernplattformen im Schulunterricht, April 2016, 8.
[202] Roßnagel/Schnabel DuD 2009, 411 (412).
[203] Roßnagel/Schnabel DuD 2009, 411 (412).
[204] Roßnagel/Schnabel DuD 2009, 411 (413).
[205] Deren Bedürfnisse sind etwa nach § 2 Abs. 4 S. 2 HochSchG RhPf.; § 3 Abs. 4 S. 2 HessHochSchG besonders zu berücksichtigen.

gelmäßig zu verfolgen.[206] Die öffentliche Übertragung von Lehrveranstaltungen hingegen dürfte regelmäßig nicht erforderlich sein, um die Aufgaben der Hochschule in der Lehre zu erfüllen, sondern könnten allenfalls im Rahmen der Öffentlichkeitsarbeit zulässig sein.[207] Für den nicht-öffentlichen Bereich kann die Datenverarbeitung in dieser Form nach einer **Interessenabwägung** (Art. 6 Abs. 1 lit. f DS-GVO) zulässig sein. Es ist dabei anzunehmen, dass in den Konstellationen, in denen die Datenverarbeitung zur Aufgabenerfüllung der Hochschulen erforderlich ist, grundsätzlich auch überwiegende Interessen der privaten Hochschulen als Verarbeiter vorliegen.

Zu beachten ist in allen Fällen, dass die Datenverarbeitung **möglichst sparsam** bzw. schonend gegenüber den Betroffenen zu erfolgen hat. Bei jeder Form der Übertragung sollten daher Aufzeichnungen der Teilnehmer – soweit möglich – vermieden werden. Bei der zeitversetzten Bereitstellung sollten Fragen von Teilnehmern oder weitere Elemente mit persönlichem Bezug zu den Teilnehmern aus der Aufzeichnung herausgeschnitten werden, soweit sie nicht für den Lehrzweck notwendig sind. 91

cc) Evaluation der Lehre. Auch die Evaluation der Lehre bringt eine Verarbeitung personenbezogener Daten mit sich. Hier sind **neben dem Dozenten auch die Studierenden betroffen,** soweit sie sich etwa durch handschriftliche Kommentare identifizierbar machen. Die Verarbeitung von personenbezogenen Daten zur Evaluation der Lehre ist im Rahmen der Aufgabenerfüllung (Art. 6 Abs. 1 lit. e DS-GVO) bzw. nach einer Interessenabwägung (Art. 6 Abs. 1 lit. f DS-GVO) zulässig. Teilweise ist sie in den Hochschulgesetzen der Länder oder hierzu erlassenen Verordnungen spezifisch geregelt. Beispielsweise erlauben Art. 5 Abs. 3 S. 1 LHG BW und Art. 10 Abs. 2 S. 2 BayHSchG den Hochschulen die Datenerhebung und weitere Datenverarbeitungen zur Erfüllung ihrer gesetzlich festgelegten Aufgabe, Eigenevaluationen durchzuführen. Dabei werden jedoch auch Einschränkungen festgelegt. So wird zB die Veröffentlichung der Ergebnisse der Bewertungen in personenbezogener Form entweder gänzlich verboten oder durch Satzungen der Hochschulen beschränkt.[208] Eine **Veröffentlichung** der Evaluationsergebnisse, die keine Rückschlüsse auf die Teilnehmer eine Lehrveranstaltung zulässt, ist aber auch ohne deren Einwilligung jedenfalls durch den Dozenten selbst zulässig. Dafür müssen Identifizierungsmerkmale wie handschriftliche Kommentare der Teilnehmer getilgt werden. 92

dd) Prüfungen. Auch die Durchführung von Prüfungen lässt sich noch dem Bereich der Lehre zuordnen.[209] Hierbei werden in mehreren Schritten personenbezogene Daten verarbeitet.[210] Die Verantwortung für die Datenverarbeitung liegt innerhalb der Hochschulen regelmäßig bei Studiendekanen oder Prüfungsausschüssen.[211] Zunächst bedarf die **Durchführung und Kontrolle** von Prüfungen der Verarbeitung personenbezogener Daten der Teilnehmer. Im Rahmen des Erforderlichen wird diese Verarbeitung für öffentliche Hochschulen nach Art. 6 Abs. 1 lit. e DS-GVO und für private Hochschulen nach Art. 6 Abs. 1 lit. f DS-GVO zulässig sein. Insbesondere bei elektronisch gestützten Verfahren ist dabei zu hinterfragen, in welchen Situationen die Datenverarbeitung mit welcher Intensität erforderlich ist. 93

Bei dem Umgang mit Teilnehmerlisten, Zugangs- und Identitätskontrollen wird durch **technische und organisatorische Maßnahmen** sicherzustellen sein, dass diese nicht zur Kenntnis Dritter gelangen. Bei der Personenkontrolle sind auch die Vorgaben des 94

---

[206] Vgl. Roßnagel/Schnabel DuD 2009, 411.
[207] Roßnagel/Schnabel DuD 2009, 411 (413).
[208] Vgl. Art. 10 Abs. 1 S. 2 BayHSchG; vgl. dazu auch Petri in TBPH DatenschutzR, 376, der sich für eine zurückhaltende Veröffentlichungspraxis ausspricht.
[209] Vgl. hierzu aus urheberrechtlicher Sicht BT-Drs. 10/837, 16.
[210] Vgl. Wettern RDV 2006, 14 (16).
[211] Wettern RDV 2006, 14 (16).

PAuswG zu beachten, das die Inbesitznahme von Ausweisdokumenten grundsätzlich verbietet (§ 1 Abs. 1 S. 2 PAuswG).

95 Bezüglich der **Korrektur** von Prüfungen ist zu beachten, dass nicht nur die Ausführungen von Prüfungsteilnehmern, sondern auch die Anmerkungen von Prüfern personenbezogene Daten sind.[212] Hierbei handelt es sich um auf die Leistung des Prüflings bezogene Informationen, die auch vom datenschutzrechtlichen Auskunftsrecht erfasst sind.[213] Bei der Korrektur und Bewertung von Prüfungen setzt schließlich auch das **Verbot automatisierter Einzelentscheidungen** (Art. 22 DS-GVO) Grenzen.[214] Dieses schließt eine automatisierte Bewertung von Prüfungsleistungen im Hochschulbereich regelmäßig aus, da hier davon auszugehen ist, dass auch einzelne Noten bzw. Prüfungsergebnisse den Werdegang von Studierenden und damit ihre Interessen erheblich beeinträchtigen können.[215] Nicht von einer automatisierten Entscheidungsfindung auszugehen ist allerdings, wenn bei Multiple Choice-Tests die Bewertung unter eindeutigen Bedingungen menschlich festgelegt und automatisiert angewandt wird. Unter diesen Bedingungen ist das Merkmal „Entscheidung" teleologisch zu reduzieren, da das Verbot automatisierter Einzelentscheidungen vor Gefahren komplexer informationstechnischer Anwendungen (Software und Expertensystemen) schützen soll.[216] Die Abfrage einer menschlich festgelegten Zuordnung fällt nicht hierunter. Auch bei einer menschlichen Nachkorrektur wird jedenfalls keine ausschließlich automatische Entscheidung anzunehmen sein.[217]

IV. Fazit

96 Die **wissenschaftliche Forschung** erfährt durch die DS-GVO diverse Sonderregelungen. Diese lehnen sich zu großen Teilen an die bekannten Regelungen der DS-RL an, sind aber **insgesamt weitreichender**.[218] Die Sonderregelungen zu den **Verarbeitungsgrundsätzen** der Zweckvereinbarkeit und Speicherbegrenzung (Art. 5 Abs. 1 lit. b und lit. e DS-GVO) werden dabei den vorprogrammierten Konflikt der wissenschaftlichen Forschung mit diesen Prinzipien gerecht. Auch die Einschränkungen der **Betroffenenrechte** im Kontext der wissenschaftlichen Forschung ermöglichen im Wesentlichen sachgerechte Lösungen. Die Nutzung des durch Art. 89 Abs. 2 DS-GVO eingeräumten Spielraums zur Einschränkung der Betroffenenrechte durch den deutschen Gesetzgeber in § 27 Abs. 2 BDSG erscheint hingegen als zu unspezifisch (siehe im Einzelnen → Rn. 61 f.).

97 Als **Ausgleich zu den Privilegierungen** im Zusammenhang mit Verarbeitungsgrundsätzen und Betroffenenrechten lässt sich die **Verpflichtung zu geeigneten Garantien sowie technischen und organisatorischen Maßnahmen** in Art. 89 DS-GVO verstehen. Der Mehrwert dieser Regelung gegenüber den allgemeinen Verpflichtungen der DS-GVO zu geeigneten Garantien sowie technischen und organisatorischen Maßnahmen (Art. 25 Abs. 1 DS-GVO) ist allerdings äußerst zweifelhaft (siehe im Einzelnen → Rn. 49).

98 Keine eigene Sonderregelung trifft die DS-GVO zur **Rechtmäßigkeit der Verarbeitung personenbezogener Daten zu Forschungszwecken**. Für besondere Kategorien personenbezogener Daten ist allerdings der auf Grundlage der Öffnungsklausel in Art. 9 Abs. 2 lit. j DS-GVO erlassene § 27 Abs. 1 S. 1 BDSG zu beachten. Für sonstige personenbezogene Daten kommen im Kontext der wissenschaftlichen Forschung als gesetzliche Erlaubnistatbestände vor allem Art. 6 Abs. 1 lit. e und lit. f DS-GVO in Betracht. Beson-

---

[212] EuGH NJW 2018, 767 f. – Nowak.
[213] EuGH NJW 2018, 767 (769) – Nowak.
[214] Vgl. von Lewinski in BeckOK DatenschutzR DS-GVO Art. 22 Rn. 17.
[215] Kalberg DVBl 2009, 21 (23).
[216] Vgl. hierzu KOM (92) 422 endg., 26.
[217] Kalberg DVBl 2009, 21 (23).
[218] Vgl. Tinnefeld in TBPH DatenschutzR, 180.

ders im privaten Bereich ist damit regelmäßig eine **Interessenabwägung im Einzelfall** notwendig, um die Rechtmäßigkeit der Datenverarbeitung zu beurteilen. Dies macht die Beurteilung äußerst kompliziert, sofern keine verlässlichen Leitlinien hierfür durch Rechtsprechung und Aufsichtsbehörden aufgestellt worden sind. Die **Rechtsunsicherheit** im Bereich der Forschung hat sich durch die Novellierung des Datenschutzrechts im Ergebnis gegenüber der bisherigen Rechtslage noch verschärft.

Anders als die Forschung muss die **(Hochschul-)Lehre ohne ausdrücklich privilegierende Sonderregelungen in der DS-GVO** auskommen. Hier sind vor allem die Erlaubnistatbestände in Art. 6 Abs. 1 lit. e und lit. f DS-GVO von Bedeutung, um die Rechtmäßigkeit von Datenverarbeitungen zu beurteilen (vgl. dazu im Einzelnen → Rn. 83 f.).[219] Ob hierbei der Einsatz moderner Methoden der Lehre – wie zB E-Learning-Plattformen – im Rahmen der gesetzlichen Aufgabenerfüllung (nach den Landeshochschulgesetzen) oder einer Interessenabwägung zulässig ist, ist teilweise schwer einzuschätzen. Das Versäumnis der DS-GVO, den Bereich der Lehre zumindest über die Erwägungsgründe zu würdigen, könnten allerdings die Gesetzgeber der Länder auffangen. Nicht nur über die Aufgabenzuweisungen in den Hochschulgesetzen, sondern auch im Rahmen von **Art. 85 DS-GVO** besteht die Möglichkeit, die Rechtssicherheit zu erhöhen und Sonderregelungen für die Lehre zu treffen. Ob dies geschehen wird, ist allerdings fraglich. 99

---

[219] Dabei ist zwischen diesen Tatbeständen im Wesentlichen nach der Organisationsform der Hochschule abzugrenzen.

§ 24 Datenschutz in Schule und Schulverwaltung

Übersicht

	Rn.
I. Einleitung	1
II. Rechtsquellen des schulischen Datenschutzes	2
1. DS-GVO	2
2. Ermächtigungen und Konkretisierungen im Landesrecht	4
III. Schwerpunkte des Schuldatenschutzes	8
1. Die betroffenen Personen	8
a) Schüler	9
b) Eltern/Erziehungsberechtigte	10
c) Lehrer	11
d) Schulleiter	12
e) Mitarbeiter der Schulverwaltung	13
2. Sachlicher Schutzumfang	14
a) Besondere persönliche Merkmale	15
b) Identifizierbarkeit	16
c) Profiling	20
3. Der Verantwortliche	25
a) Entscheidungsgewalt und fachaufsichtliche Weisungen	26
b) Entscheidungsbefugnis	29
c) Übertragung der datenschutzrechtlichen Verantwortlichkeit auf den Schulleiter	30
d) Transparenz	32
4. Die Einwilligung	33
a) Allgemeine Anforderungen an die Einwilligung	35
b) Freiwilligkeit	36
c) Einwilligung im Einzelfall (Zweckbezogenheit)	39
d) Form der Einwilligung	40
e) Einwilligungen bei Minderjährigen	42
5. Bedeutung der Datenschutzfolgenabschätzung für die Noten- und Zeugnisverwaltung	49
6. Auftragsdatenverarbeitung im schulischen Umfeld (insbes. Nutzung von Online-Diensten, Webanwendungen, Cloud-Diensten)	54
7. Schulwebsite	56
8. Datenschutzbeauftragter an Schulen	60
9. Vergleichsarbeiten (Lernstandserhebungen)	63
10. Datengestütztes Bildungsmonitoring	74
11. Datenschutzrechtliche Fragen bei der Schulbuchzulassung	75
12. Elektronisches Klassenbuch	78
13. Tablet-Klassen	79
14. Dienstgeräte von Lehrern	82
15. Lern-Apps	84
IV. Aufsicht, Maßnahmen und Rechtsschutz	87
1. Aufsicht	87
2. Rechte der Schüler	88
3. Rechte der Lehrer (insbes. Remonstration)	91
4. Haftungsfragen (insbes. Grad der Verantwortung des Verantwortlichen)	92

Literatur:

Abel, Gebrauch privater Datenverarbeitungsgeräte, SchVw BW 2016, 52; *Artikel-29-Datenschutzgruppe,* Stellungnahme 02/2013 zu Apps auf intelligenten Endgeräten, 00461/13/DE, WP 202, 27.2.2013; *Baumgartner/Ewald,* Apps und Recht, 2016; *Berendt/Coudert,* I Neues Handbuch Hochschullehre. Lehren und Lernen effizient gestalten Interdisziplinäre Unterrichtsreihe „Privatsphäre und Datenschutz" und ein Weg zu Privacy by Design, S. E1-E9/2015; *Brocks,* Datenschutz in der Schulcloud, Computer + Unterricht 106/2017, 26; *Brüggemann,* Bring Your Own Device – Einsparungspotenzial mit Sicherheitsrisiko?, PinG 2014, 10; *Datenschutzbeauftragter Kanton Zürich,* Leitfaden „Datenschutzlexikon Volksschule" 2018; *Department for Education,*

Data Protection: a toolkit for schools, 2018; *Düsseldorfer Kreis,* Aufsichtsbehörden für den Datenschutz im nicht-öffentlichen Bereich, Orientierungshilfe zu den Datenschutzanforderungen an App-Entwickler und App-Anbieter, 2014; *Eckert,* Datenschutz: Die neue europäische Datenschutzgrundverordnung (EU-DSGVO), Kultus und Unterricht 2018, 126; *Forgo/Graupe/Pfeiffenbring,* Datenschutzrechtliche Fragen der personenbezogenen Bildungsdokumentation in Deutschland und Österreich, Die Deutsche Schule 2015, 341; *Fuster/Kloza,* The European Handbook for Teaching Privacy and Data Protection at Schools 2016; *Herbst,* Datenschutz an niedersächsischen Schulen, SchVw Nl 2015, 149; *Joachim,* Besonders schutzbedürftige Personengruppen, Einordnung gruppenspezifischer Schutzbedürftigkeit in der DS-GVO, ZD 2017, 414; *Kugler,* New European General Data Protection Regulation; *Lorenz,* Die Anbieterkennzeichnung der Schulen und Hochschulen, RdJB 2008, 486; *Meinel/Renz/Grella/Karn/Hagedorn,* Die Cloud für Schulen in Deutschland: Konzept und Pilotierung der Schul-Cloud, Technische Berichte Nr. 116 des Hasso-Plattner-Instituts für Softwaresystemtechnik an der Universität Potsdam 2017; *Mörsberger/Wapler,* Das Bundeskinderschutzgesetz und der Datenschutz, FPR 2012, 437; *Murauer,* BYO[m]D – BRING YOUR OWN [mobile] DEVICE, Eine empirische Analyse der, aus Sicht der Lehrkräfte, erforderlichen Rahmenbedingungen für die Implementierung von schülereigenen Smartphones und Tablets im Unterricht, 2017; *Schuntermann,* Die Konzepte der WHO und des deutschen Sozialrechts, Die neue Sonderschule, Zeitschrift für Theorie und Praxis der pädagogischen Rehabilitation 1999, 342; *Steinemann,* Clouds in der Schule rechtskonform nutzen, Computer + Unterricht 106/2017, 30; *Stiftung Warentest ua,* Best Pratctice Katalog „Verbraucherfreundliche Best-Practice für Apps, Eine Orientierungshilfe für die Praxis", erstellt unter Mitwirkung von App-Store-Betreibern, App-Entwicklern, App-Anbietern, App-Testern sowie Verbraucher- Daten- und Jugendschutzern, 2017; *Stöber,* Schulbuchzulassung in Deutschland, Grundlagen, Verfahrensweisen und Diskussionen, 2010.

I. Einleitung

„Für Lehrer wäre es mit weniger Datenschutz leichter"[1] – so titelt nicht nur der SPIEGEL, sondern denken auch viele Lehrer, welche Privacy by Design zwar durchaus mit großem Engagement lehren,[2] mit der technischen Umsetzung datenschutzrechtlicher Vorgaben zusätzlich zu ihren originären Aufgaben jedoch nicht selten überfordert sind.[3] Grund für die Aktualität des Themas Datenschutz an Schulen ist die deutlich zunehmende Digitalisierung an Schulen.[4] Derzeit befinden sich etwa mehrere Bildungsplattformen im Aufbau, wie „n-21" in Niedersachsen,[5] „Logineo" in NRW[6] oder die Elektronische Lehr- und Lernassistenz „ELLA" in Baden-Württemberg.[7] Auch eine bundesweite Lösung für eine „Schul-Cloud"[8] ist in der Diskussion,[9] scheiterte aber bislang an der Kulturhoheit der Länder. Tatsächlich dürfte „zeitgemäße Bildung (…) nur Hand in Hand mit

1

---

[1] Kaufmann Für Lehrer wäre es mit weniger Datenschutz leichter, Spiegel Online am 29.3.2018, http://www.spiegel.de/lebenundlernen/schule/computer-im-unterricht-die-besten-beispiele-fuer-digitale-schule-a-1198843.html, zuletzt abgerufen am 24.6.2018.
[2] Berendt/Coudert Neues Handbuch Hochschullehre. Lehren und Lernen effizient gestalten – Interdisziplinäre Unterrichtsreihe „Privatsphäre und Datenschutz" und ein Weg zu Privacy by Design, E1-E9/2015.
[3] In dieser Hinsicht sind jedoch nicht nur deutsche Lehrer betroffen, vgl. dazu auch Fuster/Kloza The European Handbook for Teaching Privacy and Data Protection at Schools 2016, 15 ff. oder den Leitfaden „Datenschutzlexikon Volksschule" des Datenschutzbeauftragten Kanton Zürich 2018.
[4] Kultusministerkonferenz (KMK) Bildung in der digitalen Welt, Strategiepapier der Kultusministerkonferenz laut Beschluss vom 8.12.2016, https://www.kmk.org/fileadmin/Dateien/pdf/PresseUndAktuelles/2016/Bildung_digitale_Welt_Webversion.pdf, zuletzt abgerufen am 24.6.2018.
[5] „n-21" ist seit Februar 2018 im Pilotbetrieb, vgl. https://www.niedersachsen.cloud/, zuletzt abgerufen am 24.6.2018.
[6] Der Start von Logineo wurde vorerst ausgesetzt, vgl. http://www.logineo.schulministerium.nrw.de/LOGINEO/Startseite/, zuletzt abgerufen am 24.6.2018.
[7] Vgl. zu „ELLA" hier http://www.km-bw.de/,Lde/Startseite/Schule/Digitale+Bildungsplattform, zuletzt abgerufen am 24.6.2018; der im Februar 2018 geplante Start von „ELLA" wurde verschoben, vgl. die Pressemitteilung des Kultusministeriums vom 23.2.2018, abrufbar unter http://www.km-bw.de/,Lde/5044978/?LISTPAGE=344894, zuletzt abgerufen am 24.6.2018.
[8] Die Umsetzung könnte durch eine Kooperation mit dem Hasso-Plattner-Institut durchgeführt werden, vgl. dazu auch https://hpi.de/open-campus/hpi-initiativen/schul-cloud/, zuletzt abgerufen am 24.6.2018.
[9] Becker Eine Supercloud soll die Schulen digitalisieren, FAZ vom 25.8.2017, abrufbar unter http://www.faz.net/aktuell/wirtschaft/digitalisierung-und-bildung-probleme-bei-der-digitalisierung-des-bildungswesens-15161922.html, zuletzt abgerufen am 24.6.2018.

zeitgemäßem Datenschutz möglich sein".[10] Das nachfolgende Kapitel soll einen ersten Überblick über die aktuellen Themenfelder des Datenschutzes in Schulen geben.

II. Rechtsquellen des schulischen Datenschutzes

1. DS-GVO

2 Ziel der DS-GVO ist es, einen „soliden, kohärenten und klar durchsetzbaren Rechtsrahmen im Bereich des Datenschutzes in der Union"[11] zu gestalten und so ein „gleichmäßiges und hohes Datenschutzniveau für natürliche Personen (…) zu gewährleisten".[12] Im schulischen Bereich ist die DS-GVO grundsätzlich anwendbar. Der sachliche Anwendungsbereich der DS-GVO ist nach Art. 2 Abs. 2 lit. a DS-GVO zwar nicht eröffnet, wenn Sachverhalte betroffen sind, die dem Unionsrecht nicht unterliegen und das Bildungswesen liegt in den Regelungskompetenzen der jeweiligen Mitgliedstaaten (vgl. Art. 5 Abs. 1 S. 1, Abs. 2, 165 AEUV). Harmonisierungsmaßnahmen der EU sind im Bildungswesen daher nicht zulässig; die EU darf hier lediglich im Rahmen von Unterstützungs-, Koordinierungs- oder Ergänzungsmaßnahmen tätig werden. Regelungen zu Lehrinhalten und der Gestaltung des Bildungssystems sind jedoch von der Zuständigkeit der EU im Bereich des Datenschutzes (vgl. Art. 16 Abs. 2 AEUV) zu trennen. Außerhalb der DS-GVO bestehende Regelungskompetenzen der Länder, welche im schulischen Bereich Relevanz erfahren (können), finden sich insbesondere in den nachfolgend genannten Fällen (wobei die nachfolgende Übersicht nicht abschließend sein soll).

3 **Art. 6 Abs. 2 DS-GVO, Rechtmäßigkeit der Verarbeitung:**
Mitgliedstaaten können Bestimmungen beibehalten oder einführen, um Anforderungen und Maßnahmen präziser zu bestimmen. Hierbei bedarf es der Übereinstimmung mit Art. 6 Abs. 1 UAbs. 1 lit. c und e DS-GVO – also eine Datenverarbeitung zur Erfüllung einer rechtlichen Verpflichtung bzw. im öffentlichen Interesse oder in Ausübung öffentlicher Gewalt.[13] Es bedarf damit einer rechtlichen Grundlage, welche nach DS-GVO zwar kein Parlamentsgesetz sein muss, allerdings ein Gesetz.[14] Insbesondere bedarf es eines öffentlichen Interesses – worunter die Förderung und Weiterentwicklung der Schulen bzw. der Lehre allgemein fällt. Die Erfüllung einer rechtlichen Verpflichtung ergibt sich dabei aus dem in den Schulgesetzen normierten Erziehungs- und Bildungsauftrag der Länder. Darüber hinaus bedarf es einer Erforderlichkeit, wobei dieser Begriff der nationalen Auslegung nicht zugänglich ist, sondern nach dem Ziel der DS-GVO, insbes. dem Schutz der Grundrechte und der Privatsphäre auszulegen ist.[15] So bedarf es einer Zweckgebundenheit der Datenerhebung sowie einer Beschränkung auf das absolut Notwendige ebenso wie einer Verhältnismäßigkeit. Denkbare nationale Regelungsinhalte sind im schulischen Bereich etwa gesetzliche Regelungen zu den Vergleichsarbeiten (Lernstandserhebungen), der Bildungsberichterstattung (soweit personenbezogene Daten überhaupt betroffen sind) oder der Durchführung von Projekten und Schulversuchen.

Art. 8 Abs. 1, 2 DS-GVO, Einwilligungen von Kindern:
Es bestehen Regelungsmöglichkeiten zur Festlegung der relevanten Altersgrenze von Kindern innerhalb des von der DS-GVO vorgesehenen Korridors von 13 bis 16 Jahren, so-

---

[10] Krommer Bildung unter Bedingungen der Digitalität, Anzeichen der Krise (II): Datenschutz statt Dienst, abrufbar unter https://axelkrommer.com/2018/03/20/anzeichen-der-krise-ii-datenschutz-statt-dienst/, zuletzt abgerufen am 24.6.2018.
[11] ErwGr 7 DS-GVO.
[12] ErwGr 7 DS-GVO.
[13] Kühling/Martini et al. DSGVO und nationales Recht, 28.
[14] Kühling/Martini et al. DSGVO und nationales Recht, 28.
[15] Kühling/Martini et al. DSGVO und nationales Recht, 30 ff.

fern von der – in der DS-GVO zunächst angenommenen – Altersgrenze von 16 Jahren abgewichen werden soll, für die Fälle, in denen dem Kind Dienste der Informationsgesellschaft direkt angeboten werden. Sofern die Bundesländer hier untereinander abweichende Altersgrenzen zu vergleichbaren Regelungssachverhalten schaffen sollten, kann dies inhaltlich jedoch kaum begründet werden, zumal der BGH[16] die (notwendige) Einsichtsfähigkeit bei Jugendlichen im Alter von 15 bis 17 Jahren noch nicht annimmt. Es ist damit davon auszugehen, dass die Bundesländer an dieser Stelle von der Öffnungsklausel keinen Gebrauch machen werden.

Art. 9 Abs. 2, 4 DS-GVO, Verarbeitung besonderer Kategorien von personenbezogenen Daten:
Eine allgemeine Ausstrahlungswirkung auf den „Sektor Schule" im Sinne einer Lockerung des Datenschutzes an Schulen existiert nicht. Denkbar sind hier jedoch Sonderregelungen hinsichtlich Maßnahmen iSv Art. 9 Abs. 2 lit. j DS-GVO im öffentlichen Interesse zu wissenschaftlichen Forschungszwecken oder für statistische Zwecke. In Betracht kommt hier insbesondere die Durchführung der Vergleichsarbeiten (Lernstandserhebungen) sowie die Bildungsberichterstattung. Rechtlicher Rahmen sind Verhältnismäßigkeitsgrundsatz und die Wesensgehaltgarantie sowie die Schaffung „angemessener und spezifischer Maßnahmen zur Wahrung der Rechte und Freiheiten der betroffenen Person", was ein über die allgemeinen Verpflichtungen der DS-GVO hinausgehendes Kriterium[17] darstellt. Geeignete Maßnahme in diesem Sinne kann ein gesetzlich normiertes Kontrollgremium[18] oder Kontrollverfahren sein. Auch denkbar sind Sonderregelungen im Bereich der Gesundheitsversorgung iSv Art. 9 Abs. 2 lit. b iVm Art. 9 Abs. 3 sowie Art. 9 Abs. 2 lit. i DS-GVO im Bereich des Schulärztlichen- und -psychologischen Dienstes. Sonderregelungen nach Art. 9 Abs. 2 lit. g DS-GVO bedürfen eines gehobenen bedeutsamen öffentlichen Interesses,[19] der im schulischen Bereich in der Regel nicht angenommen werden kann.

Art. 14 Abs. 5 lit. c und d DS-GVO, Informationspflichten, wenn die personenbezogenen Daten nicht bei der betroffenen Person erhoben werden:
Sofern in diesen Fällen von Informationspflichten abgesehen werden soll, bedarf es nationaler gesetzlicher Regelungen über die Erlangung und Weitergabe der Informationen.

Art. 17 Abs. 3 lit. b DS-GVO, Recht auf Löschung/Recht auf „Vergessenwerden":
In Betracht kommt eine Beschränkung der Löschpflicht; vgl. zu den relevanten Fällen oben zu Art. 6 Abs. 1 UAbs. 1 lit. c, e DS-GVO.

Art. 22 Abs. 2 lit. b DS-GVO, Automatisierte Generierung von Einzelfallentscheidungen einschließlich Profiling:
Die Erstellung von Persönlichkeitsprofilen, die etwa im Rahmen schulischer Leistungsbewertungen entstehen, kann zulässig sein, wenn die Mitgliedstaaten entsprechende Regelungen erlassen. Die Wahrung der Rechte und Freiheiten sowie die berechtigten Interessen der betroffenen Person müssen dabei gewährleistet sein. Geeignete Schutzmaßnahmen können hier beispielsweise sein, dass die betroffene Person konkret und altersgerecht informiert wird, darüber hinaus zusätzlich die Erziehungsberechtigten informiert werden. Es muss eine Einsichtnahmemöglichkeit in die Bewertungsmaßstäbe sichergestellt werden, wobei Algorithmen nicht offengelegt werden müssen. Profiling, das auf besonderen Kate-

---

[16] BGH Urt. v. 22.1.2014 – I ZR 218/12.
[17] Kühling/Martini et al. DSGVO und nationales Recht, 53.
[18] Kühling/Martini et al. DSGVO und nationales Recht, 53.
[19] Kühling/Martini et al. DSGVO und nationales Recht, 54.

gorien von Daten iSv Art. 9 Abs. 1 DS-GVO beruht, darf von den Mitgliedstaaten nicht erlaubt werden (Rückausnahme). Die ethnische Herkunft von Schülerinnen oder Schülern beispielsweise darf daher nicht in automatisierte Einzelentscheidungen einbezogen werden.

Art. 26 DS-GVO, Gemeinsam Verantwortlicher:
Art. 26 DS-GVO setzt voraus, dass mehrere Verantwortliche gemeinsam Zwecke und Mittel der Datenverarbeitung festlegen.[20] Die Öffnungsklausel kann somit ggf. im Rahmen von Kollaborationen relevant werden – nicht aber im Bereich der behördlichen Aufsicht, solange die für die Fachaufsicht zuständige Stelle die alleinige Entscheidungsbefugnis über die Zwecke und Mittel der Datenverarbeitung hat.

Art. 35 Abs. 10 DS-GVO, Datenschutz-Folgenabschätzung:
Die Datenschutz-Folgenabschätzung kann entfallen, wenn die Verarbeitung für die Wahrnehmung einer Aufgabe, die im öffentlichen Interesse liegt, erfolgt. Sofern die Länder Regelungen iSv Art. 6 Abs. 2 DS-GVO treffen, muss eine Datenschutz-Folgenabschätzung erfolgen, sofern nicht im Rahmen von Art. 35 Abs. 10 DS-GVO eine Ausnahme besteht. Voraussetzung ist, dass der konkrete Verarbeitungsvorgang tatbestandlich erfasst ist.[21]

2. Ermächtigungen und Konkretisierungen im Landesrecht

4 Aufgrund der Kulturhoheit der Länder (Art. 30 GG) ist das Bildungswesen Kernstück der staatlichen Eigenständigkeit der Länder. Entsprechend finden sich aktuell mehrere im schulischen Bereich relevante Normen in den Schulgesetzen der Länder sowie in Verwaltungsvorschriften. Die Landesdatenschutzgesetze fungieren als Auffangnormen (→ § 20 Rn. 23 f.).

5 Das bislang bundesweit einzige Schuldatenschutzgesetz existiert in Bremen (Bremisches Schuldatenschutzgesetz – BremSchulDSG). Es regelt die Zulässigkeit von Datenverarbeitung in der Schule, Einwilligungen und Datenübermittlungen, außerdem die Zulässigkeit der Datenverarbeitung in der Schulverwaltung und im Schulärztlichen und Schulpsychologischen Dienst. Andere Länder regeln den Schuldatenschutz in einzelnen Normen der Schulgesetze und – ggf. darüber hinaus – in Verwaltungsvorschriften.

6 Die Regelungsgegenstände sind in den Ländern inhaltlich sehr unterschiedlich ausgestaltet und zum Teil deutlich voneinander abweichend. Viele Bundesländer verfügen beispielsweise über Regelungen zu den Bereichen der statistischer Erhebungen und Evaluation, während Schulversuche in datenschutzrechtlicher Hinsicht von den Ländern bisher kaum geregelt werden.

7 Ab dem 25.5.2018 müssen sich diese Vorschriften nach den Maßgaben des Art. 6 Abs. 2 DS-GVO richten.
- Baden-Württemberg
  - Schulgesetz für Baden-Württemberg (SchulG BW)
    - § 115 SchulG BW – Datenverarbeitung und Statistik
  - Gesetz für die Schulen in freier Trägerschaft – Privatschulgesetz (PSchG)
    - § 18a PSchG – Kosten des Schulwesens; Nachweis der Höhe der Eigenleistungen
- Bayern
  - Bayerisches Gesetz über das Erziehungs- und Unterrichtswesen (BayEUG)
    - Art. 82 BayEUG – Schulversuche
    - Art. 84 BayEUG – Kommerzielle und politische Werbung
    - Art. 85 BayEUG – Erhebung, Verarbeitung und Nutzung
    - Art. 85a BayEUG – Automatisierte Verfahren zur Unterstützung der Schulen

---

[20] Kühling/Martini et al. DSGVO und nationales Recht, 77.
[21] Kühling/Martini et al. DSGVO und nationales Recht, 90.

- Art. 113a BayEUG – Automatisierte Verfahren zur Unterstützung der Schulverwaltung
- Art. 113b, 121 BayEUG – Statistik
- Art. 113c BayEUG – Evaluationen
- Berlin
  - Schulgesetz für das Land Berlin (SchulG Berlin)
    - §§ 5a, 64 Abs. 3 S. 1 SchulG Berlin – Zusammenarbeit zwischen Schule und Jugendamt
    - § 19 Abs. 6, 7 Nr. 10 SchulG Berlin – Ganztagsschulen, ergänzende Förderung und Betreuung
    - § 64 SchulG Berlin – Datenverarbeitung und Auskunftsrechte
    - § 64a SchulG Berlin – Automatisierte Schülerdatei
    - § 64b SchulG Berlin – Evaluationsbericht
    - § 65 SchulG Berlin – Evaluation, wissenschaftliche Untersuchungen in Schulen, statistische Erhebungen
    - § 66 SchulG Berlin – Nähere Ausgestaltung der Datenverarbeitung
    - § 94 Abs. 4 SchulG Berlin – Schulen in freier Trägerschaft
    - § 107 Abs. 4 SchulG Berlin – Psychologischer Dienst
- Brandenburg
  - Brandenburgisches Schulgesetz (BbgSchulG)
    - § 65 BbgSchulG – Verarbeitung personenbezogener Daten
    - § 65a BbgSchulG – Automatisierte zentrale Schülerdatei und Schülerlaufbahnstatistiken
    - § 66 BbgSchulG – Wissenschaftliche Untersuchungen
    - § 119 Abs. 2 BbgSchulG – Übermittlung durch freie Träger zu statistischen Zwecken
    - § 145 BbgSchulG – Einschränkung von Grundrechten
- Bremen
  - Bremisches Schuldatenschutzgesetz (BremSchulDSG)
    - Das Gesetz widmet sich dem Datenschutz.
  - Bremisches Schulgesetz (BremSchulG)
    - § 55 Abs. 8 S. 2 BremSchulG – Erfüllung der Schulpflicht
  - Bremisches Schulverwaltungsgesetz (BremSchulVwG)
    - § 14 Abs. 3 BremSchulVwG – Psychologische Beratung
  - Gesetz über das Privatschulwesen und den Privatunterricht (Privatschulgesetz)
    - § 18 Abs. 3 S. 2 Privatschulgesetz – Staatliche Aufsicht (Übermittlung zu statistischen Zwecken)
- Hamburg
  - Hamburgisches Schulgesetz (HmbSG)
    - § 31 Abs. 4 HmbSG – Videoüberwachung
    - § 32 Abs. 3, 4 HmbSG – Informationsrechte der Sorgeberechtigten
    - § 98 HmbSG – Datenverarbeitung im Schulbereich
    - § 98a HmbSG – Vertrauensstelle
    - § 98b HmbSG – Pädagogische Netzwerke und Lernportale
    - § 99 HmbSG – Datenverarbeitung beim Schulärztlichen Dienst und Schulberatungsdienst
    - § 100 HmbSG – Evaluation
    - § 101 HmbSG – Verordnungsermächtigung
  - Hamburgisches Gesetz über Schulen in freier Trägerschaft (HmbSfTG)
    - § 3 HmbSfTG – Datenschutz
    - § 23 HmbSfTG – Prüfung der Verwendung
- Hessen
  - Hessisches Schulgesetz (HSchG)

- § 72 HSchG – Informationsrechte der Eltern und der Schülerinnen und Schüler
- § 83 HSchG – Erhebung und Verarbeitung von personenbezogenen Daten
- § 84 HSchG – Wissenschaftliche Forschung
- § 84 HSchG – Statistische Erhebungen
- § 103 HSchG – Verschwiegenheitspflicht und Datenschutz
- Mecklenburg-Vorpommern
  - Schulgesetz für das Land Mecklenburg-Vorpommern (SchulG M-V)
    - § 39a SchulG M-V – Qualitätsentwicklung und Qualitätssicherung an der Selbständigen Schule
    - § 55 Abs. 4 SchulG M-V – Informationsrechte der Erziehungsberechtigten und der Schülerinnen und Schüler
    - § 70 SchulG M-V – Umgang mit personenbezogenen Daten
    - § 71 SchulG M-V – Wissenschaftliche Forschung
    - § 72 SchulG M-V – Statistische Erhebungen
- Niedersachsen
  - Niedersächsisches Schulgesetz (NSchG)
    - § 30 NSchG – Erhebungen
    - § 31 NSchG – Verarbeitung personenbezogener Daten
- Nordrhein-Westfalen
  - Schulgesetz für das Land Nordrhein-Westfalen (SchulG NRW)
    - § 104 SchulG NRW – Schulaufsicht über Ersatzschulen
    - § 120 SchulG NRW – Schutz der Daten von Schülerinnen und Schülern und Eltern
    - § 121 SchulG NRW – Schutz der Daten von Lehrerinnen und Lehrern
    - § 122 SchulG NRW – Ergänzende Regelungen
- Rheinland-Pfalz
  - Schulgesetz Rheinland-Pfalz (SchulG Rh-Pf)
    - § 21 SchulG Rh-Pf – Pädagogisches Landesinstitut
    - § 49 SchulG Rh-Pf – Verfahrensgrundsätze
    - § 67 SchulG Rh-Pf – Verarbeitung von Daten, statistische Erhebungen
- Saarland
  - Schulordnungsgesetz (SchoG)
    - § 20 Abs. 3 SchoG – Schulgesundheitspflege
    - § 20a SchoG – Schulpsychologischer Dienst, Schulsozialarbeit
    - § 20b SchoG – Erhebung, Verarbeitung und sonstige Nutzung von Daten
    - § 20d SchoG – Durchführung laufender Landesstatistiken
    - § 20e SchoG – Qualitätsentwicklung und Qualitätssicherung
    - § 20f SchoG – Information der früheren Erziehungsberechtigten volljähriger Schülerinnen und Schüler
  - Schulpflichtgesetz
    - § 2 Abs. 3 Schulpflichtgesetz – Beginn der allgemeinen Vollschulpflicht
  - Allgemeine Schulordnung (ASchO)
    - § 10 Abs. 4 ASchO – Eigentum an Schülerarbeiten und Prüfungsarbeiten, Aufbewahrung und Rückgabe
- Sachsen
  - Schulgesetz für den Freistaat Sachsen (SächsSchulG)
    - § 15 SächsSchulG – Schulversuche
    - § 31 SächsSchulG – Verantwortung für die Erfüllung der Schulpflicht
    - § 63a SächsSchulG – Schuldatenschutz
    - § 63b SächsSchulG – Statistik
  - Sächsisches Gesetz über Schulen in freier Trägerschaft (SächsFrTrSchulG)
    - § 17 SächsFrTRSchulG – Schulaufsicht und Schulaufsichtsbehörden
    - § 18 SächsFrTRSchulG – Ordnungswidrigkeiten

- Sachsen-Anhalt
  - Schulgesetz des Landes Sachsen-Anhalt (SchulG LSA)
    - § 84a SchulG LSA – Erhebung, Verarbeitung und Nutzung personenbezogener Daten
    - § 84b SchulG LSA – Schulbezogene statistische Erhebungen
    - § 84c SchulG LSA – Automatisierte zentrale Schülerdatei
    - § 84d SchulG LSA – Schülerlaufbahnstatistiken
    - § 84e SchulG LSA – Aufbewahrung, Berichtigung, Löschung und Sperrung
- Schleswig-Holstein
  - Schleswig-Holsteinisches Schulgesetz (SchulG SH)
    - § 27 SchulG SH – Schulärztliche, schulpsychologische und schulpädagogische Untersuchungen
    - § 29 SchulG SH – Warenverkauf, Werbung, Sammlungen, Sponsoring und politische Betätigungen
    - § 30 SchulG SH – Verarbeitung von Daten
    - § 31 SchulG SH – Datenübermittlung an Eltern volljähriger Schülerinnen und Schüler
    - § 32 SchulG SH – Wissenschaftliche Forschung in Schulen, Praktika und Prüfungsarbeiten im Rahmen der Lehrkräfteausbildung
    - § 132 SchulG SH – Aufgaben des schulpsychologischen Dienstes
- Thüringen
  - Thüringer Schulgesetz (ThürSchulG)
    - § 40a ThürSchulG – Institut für Lehrerfortbildung, Lehrplanentwicklung und Medien
    - § 57 ThürSchulG – Datenschutz
    - § 58 ThürSchulG – Statistik
  - Thüringer Gesetz über Schulen in freier Trägerschaft (ThürSchfTG)
    - § 2 Abs. 5, 7 ThürSchfTG – Schulen in freier Trägerschaft

Neben den Schulgesetzen existiert eine Vielzahl von Verwaltungsvorschriften und Dienstvereinbarungen in den einzelnen Bundesländern, welche sich ganz oder zum Teil dem Thema Datenschutz an Schulen widmen. Da diese sich häufig ändern, wurde auf eine Zusammenstellung aller Verwaltungsvorschriften und Dienstvereinbarungen verzichtet. Beispielhaft genannt sei an dieser Stelle die Verwaltungsvorschrift Datenschutz an öffentlichen Schulen vom 5.12.2014[22] oder die Rahmendienstvereinbarung zum Einsatz einer landeseinheitlichen digitalen Bildungsplattform vom 6.2.2018[23].

III. Schwerpunkte des Schuldatenschutzes

1. Die betroffenen Personen

Betroffene Personen iSv Art. 1 Abs. 1 DS-GVO iVm Art. 4 Nr. 1 DS-GVO sind nur natürliche Personen.[24] Juristische Personen wie Schulen oder Schulverwaltungen sind damit vom Schutzumfang der Norm nicht umfasst; gleichwohl sind sie als Verantwortliche zur Einhaltung des Datenschutzes verpflichtet. Der potenziell betroffene Personenkreis im

---

[22] Kultus und Unterricht Amtsblatt des Ministeriums für Kultus, Jugend und Sport Baden-Württemberg, 2015, 15 ff.
[23] Kultus und Unterricht Amtsblatt des Ministeriums für Kultus, Jugend und Sport Baden-Württemberg, 2018, 104 ff.
[24] In diesem Beitrag wurde aus Gründen des besseren Leseflusses von gegenderten Begriffen abgesehen durchgehend das generische Maskulin verwendet. Nichtsdestotrotz beziehen sich die Angaben auf alle Geschlechter.

Schuldatenschutz ist groß.²⁵ Neben den Schülern kommen auch Erziehungsberechtigte, Lehrkräfte, Schulleiter und Mitarbeiter der Schulverwaltung in Betracht.

9 **a) Schüler.** Datenschutz ist ein Menschenrecht gemäß der EU-Menschenrechtscharta sowie Teil des grundrechtlich geschützten Rechts auf informationelle Selbstbestimmung, das als Ausprägung des allgemeinen Persönlichkeitsrechts (Art. 2 Abs. 1 iVm Art. 1 Abs. 1 GG) Jedermann zusteht – auch und insbesondere Kindern,²⁶ deren besonderes Schutzbedürfnis in Form von Sonderregelungen in der DS-GVO Ausdruck gefunden hat. Hauptanwendungsfall des persönlichen Schutzumfangs des Schuldatenschutzes sind Schüler als betroffene Personen, da das Verarbeiten großer Mengen von Daten und von aussagekräftigen Informationen erfolgt.

10 **b) Eltern/Erziehungsberechtigte.** Vom persönlichen Schutzumfang erfasst sind auch Eltern/Erziehungsberechtigte. Eine Betroffenheit kann sich aus der Verarbeitung des Namens ergeben oder aus persönlichen Merkmalen wie Aktivitäten im Elternbeirat oder aus Gesprächen im Rahmen von Elternabenden oder Lehrergesprächen. Darunter fallen ebenso Rückschlüsse auf die soziale, ethnische, religiöse oder finanzielle Situation der Eltern/Erziehungsberechtigten, etwa bei Entscheidungen über die Teilnahme von Schülern am Religions- oder Schwimmunterricht oder an Klassenfahrten.

11 **c) Lehrer.** Auch Lehrer unterfallen dem Schutz der DS-GVO. Denkbare Fallkonstellationen sind beispielsweise im Rahmen der Evaluation von Lehrveranstaltungen²⁷ gewonnene Informationen, Informationen über die Mitgliedschaft bei Gewerkschaften oder Beurteilungsgespräche über die Leistungen mit dem Vorgesetzten, aber auch die Verarbeitung von Daten im Rahmen digitaler Bildungsplattformen. Die Rechtmäßigkeit der Verarbeitung personenbezogener Daten von Lehrern ergibt sich in vielen Fällen aus beamtenrechtlichen oder arbeitsrechtlichen Ermächtigungsnormen. Denkbar sind auch Ermächtigungen aus Kollektiv- bzw. (Rahmen-) Dienstvereinbarungen, sofern das Landesrecht dies vorsieht (vgl. etwa § 15 Abs. 1, 2 LDSG Baden-Württemberg).

12 **d) Schulleiter.** Schulleiter sind vom Anwendungsbereich der DS-GVO ebenso umfasst wie Lehrer. Insofern ergibt sich hier keine Sonderstellung. Etwas anderes ergibt sich auch nicht aus der besonderen Stellung des Schulleiters als Funktionsträger. Zwar nehmen sie als solche kraft ihres Amtes öffentliche Aufgaben wahr und sind in Ausübung ihrer Funktion nicht Träger von Grundrechten.²⁸ Bei den Daten handelt es sich jedoch weiterhin um personenbezogene Daten iSd DS-GVO,²⁹ die aufgrund der besonderen Stellung der Person einen Doppelcharakter³⁰ erhalten. So ist beispielsweise die Angabe des Namens, der Telefonnummer und der E-Mail-Adresse des Schulleiters auf der Homepage einer Schule zwar grundsätzlich vom Geltungsbereich der DS-GVO umfasst, allerdings rechtlich zulässig, da in diesem Zusammenhang davon ausgegangen wird, dass die persönliche Individualität des Schulleiters nicht betroffen ist.

13 **e) Mitarbeiter der Schulverwaltung.** Auch Mitarbeiter der Schulverwaltung nehmen als Funktionsträger eine Doppelfunktion ein. Insofern gilt das für Schulleiterinnen und Schulleiter Ausgeführte analog. Denkbare Fälle der Zulässigkeit der Datenverarbeitung sind etwa die Nennung von Namen und Kontaktdaten im Rahmen von Ankündigungen

---

²⁵ Vgl. Schaubild „Case study: Dobcroft Infant School, Sheffield: Pupil Data", Department for Education, Data Protection: a toolkit for schools, 2018, 13.
²⁶ Mörsberger/Wapler FPR 2012, 437 (438).
²⁷ Vgl. Schild in BeckOK DatenschutzR DS-GVO Art. 4 Rn. 13.
²⁸ Schild in BeckOK DatenschutzR DS-GVO Art. 4 Rn. 13.
²⁹ Schild in BeckOK DatenschutzR DS-GVO Art. 4 Rn. 13.
³⁰ Weichert in DKWW BDSG § 3 Rn. 5.

von Lehr- und Lernveranstaltungen, sofern eine vortragende Tätigkeit ausgeführt wird, oder als zuständiger Ansprechpartner in der öffentlichen Verwaltung.

2. Sachlicher Schutzumfang

Als Daten umfasst sind alle Informationen, die sich auf eine identifizierte oder identifizierbare Person beziehen (→ § 3 Rn. 8f.).[31] Darunter fallen Namen, Altersangaben, Informationen über Herkunft, Geschlecht, Geburtsdatum, Kenn- oder Identifikationsnummern oder sonstige persönliche Merkmale, welche sich sowohl auf die Gegenwart als auch die Vergangenheit und Zukunft beziehen können.[32] 14

a) Besondere persönliche Merkmale. Darüber hinaus sind im Schuldatenschutz insbesondere bei Schülerinnen und Schülern besondere persönliche Merkmale relevant. Neben den oben genannten Daten gehören dazu auch leistungs- und verhaltensspezifische Merkmale wie Fähigkeiten, Interessen und Neigungen, Merkfähigkeit, Schnelligkeit bei der Aufgabenbearbeitung oder die Lernbereitschaft,[33] Informationen über das Sozialverhalten, ferner Informationen über mögliche Einschränkungen wie etwa eine Lese-Rechtschreib-Schwäche. Darunter fallen auch aus diesen Informationen gewonnene Erkenntnisse wie etwa Rückschlüsse aus der sozialen oder ethnischen Herkunft im Zusammenhang mit Leistungsdaten oder berufliche oder private Zukunftsprognosen. Ebenso fallen in den sachlichen Anwendungsbereich Informationen über den physischen oder psychischen Zustand von Schülerinnen und Schülern, etwa Bewertungen aus dem Sportunterricht sowie Videoaufnahmen oder Informationen aus Gesprächen mit dem Schulpsychologen. 15

b) Identifizierbarkeit. Der Schutzumfang der DS-GVO ist auch dann eröffnet, wenn die Informationen einer Person zwar nicht namentlich zugeordnet sind, eine Zuordnung aber von dem Verantwortlichen oder einer anderen Person sowie unter Hinzuziehung weiterer verfügbarer Informationen möglich ist, etwa durch Aussondern.[34] Dabei sollen zur Ermittlung der Wahrscheinlichkeit der Identifizierung objektive Faktoren zugrunde gelegt werden wie die Kosten der Identifizierung, der erforderliche Zeitaufwand und die verfügbaren Technologien,[35] wobei der dabei aufgebrachte Aufwand „im Verhältnis"[36] stehen muss. Die Verarbeitung anonymer Daten ist vom Geltungsbereich der DS-GVO ausgenommen. 16

Dies gilt jedoch nicht für alle Datenverarbeitungen zu statistischen Zwecken oder zu Forschungszwecken, da es sich hier nicht automatisch um anonyme Daten handelt. So kann aus dem Wortlaut der Erwägungsgründe[37] der DS-GVO – vgl. überdies auch die Regelungen zu Art. 14 Abs. 5 lit. b, 17 Abs. 3 lit. d, 21 Abs. 6 DS-GVO – nicht geschlossen werden, dass sämtliche Datenverarbeitungen für statische Zwecke oder für Forschungszwecke vom Geltungsbereich der DS-GVO ausgenommen sind. Denn der Personenbezug von Daten entfällt bei Pseudonymisierung nicht, da die betroffene Person identifizierbar bleibt (Art. 4 Nr. 5 DS-GVO). 17

So ist im Zusammenhang mit statistischen Erhebungen insbesondere an kleinen Schulen denkbar, dass in kleineren Klassen eine Identifikation über das Geschlecht oder eine persönliche Lernschwäche eindeutig erkennbar ist. Neben rein technischen Maßnahmen 18

---

[31] Vgl. statt vieler Ernst in Paal/Pauly DS-GVO Art. 4 Rn. 3, Klar/Kühling in Kühling/Buchner DS-GVO Art. 4 Rn. 8.
[32] Klar/Kühling in Kühling/Buchner DS-GVO Art. 4 Rn. 8, 14.
[33] Vgl. dazu Schulzki-Haddouti Der gläserne Schüler, 8.9.2017, abrufbar unter www.stuttgarter-zeitung.de, zuletzt abgerufen am 24.6.2018; Padtberg Kultusminister wollen gläserne Schüler, 28.9.2006, abrufbar unter www.spiegel.de, zuletzt abgerufen am 24.6.2018.
[34] Vgl. ErwGr 26 DS-GVO.
[35] Vgl. ErwGr 26 DS-GVO.
[36] Schild in BeckOK DatenschutzR DS-GVO Art. 4 Rn. 18.
[37] Vgl. ErwGr 26 DS-GVO.

ist es daher notwendig, auch entsprechende organisatorische Maßnahmen zu treffen. Kann ein Personenbezug gleichwohl nicht ausgeschlossen werden, sind diese Daten nicht vom Geltungsbereich der DS-GVO ausgenommen. Um ganze statistische Erhebungen nicht aufgrund beispielsweise eines Löschungsantrags „wie ein Kartenhaus in sich zusammenstürzen zu lassen", empfiehlt es sich für den nationalen Gesetzgeber auch in Fällen, in denen der sachliche Anwendungsbereich der DS-GVO aufgrund von Pseudonymisierungen überwiegend – aber nicht vollkommen – nicht eröffnet ist, von der Öffnungsklausel des Art. 6 Abs. 2 DS-GVO Gebrauch zu machen und entsprechende gesetzliche Regelungen zu erlassen.

19 Problematisch kann im schulischen Bereich außerdem der sog relative Personenbezug sein. Sofern ein Lehrer den Bezug herstellen kann (etwa über das Schriftbild des Schülers) und aufgrund von Weisungsrechten gegenüber der Schulverwaltung zur Auskunft gezwungen werden kann, besteht trotz Pseudonymisierung weiterhin ein Personenbezug, mit dem Ergebnis, dass der sachliche Anwendungsbereich der DS-GVO eröffnet ist.

20 **c) Profiling.** Unter Profiling iSv Art. 4 Nr. 4 DS-GVO versteht man eine konkrete Art und Weise der automatisierten Verarbeitung personenbezogener Daten durch „das Sammeln von Daten mit Bezug zu einer bestimmten natürlichen Person aus verschiedenen Quellen und über bestimmte Zeiträume, um aufgrund dieser Daten Interaktionen mit dieser Person zu steuern".[38] Auf ein stattfindendes Profiling und die sich daraus ergebenden Folgen sind die Betroffenen besonders hinzuweisen.[39] Der Schutz der Kinder soll dabei besondere Beachtung finden.[40] Aus dem Profiling folgende Entscheidungen sollen daher Kinder nicht betreffen.[41]

21 Fraglich ist, welche Maßnahmen an Schulen Profiling in diesem Sinne darstellen. Da es beim Profiling auch auf das mit der Datenerhebung verfolgte Ziel der Bewertung[42] einer natürlichen Person ankommt bzw. die Datenerhebung einer Entscheidungsfindung über diese Person dient,[43] unterfallen nicht alle Datenverarbeitungen dem von der DS-GVO normierten Profiling.

22 Zu statistischen und wissenschaftlichen Zwecken im Bildungswesen gesammelte Daten – etwa im Rahmen von Lernstandserhebungen und Vergleichsarbeiten – stellen dann kein Profiling iSv Art. 4 Nr. 4 DS-GVO dar, wenn es sich um anonymisierte Daten handelt, deren Datenverarbeitungsziel nicht die Bewertung einer natürlichen Person ist, sondern die Analyse des aggregierten Kompetenzstandes der Schüler eines Jahrgangs, wohl aber, wenn – auch – eine datengestützte Analyse und Steuerung des Lernprozesses individueller Schüler erfolgt (vgl. dazu → Rn. 63 ff.).

23 Nicht unter den Begriff des Profilings fallen idR Leistungsnachweise (Klassenarbeiten) oder Zeugnisnoten, da diese nicht automatisch durchgeführt werden.

24 Anders ist dies bei der Erhebung, Verarbeitung und Auswertung von Lernstoffen im Rahmen interaktiver digitaler Lernumgebungen wie digitalen Lernplattformen oder Lernanwendungen, welche darauf angelegt sind, die Kompetenzen und Fähigkeiten eines Schülers zu bewerten. Auch ein Zusammenführen von personenbezogenen Daten im Rahmen „smarter" Anwendungen, also Apps, ist Profiling in diesem Sinne,[44] was im Zusammenhang mit eLearning-Formaten auf Smartphones oder Tablets Bedeutung hat.

---

[38] Klabunde in Ehmann/Selmayr DS-GVO Art. 4 Rn. 21.
[39] Vgl. ErwGr 60 DS-GVO.
[40] Joachim ZD 2017, 414 (417).
[41] ErwGr 71 DS-GVO.
[42] Vgl. Buchner in Kühling/Buchner DS-GVO Art. 4 Rn. 6.
[43] Kugler New European General Data Protection Regulation, Rn. 1170.
[44] Vgl. Ernst in Paal/Pauly DS-GVO Art. 4 Rn. 39.

3. Der Verantwortliche

Der Verantwortliche iSv Art. 4 Nr. 7 DS-GVO ist Adressat der in der DS-GVO festgelegten Pflichten und zuständig für die Einhaltung der datenschutzrechtlichen Vorgaben. Verantwortliche Stelle kann grundsätzlich die Schule selbst oder der Schulleiter in seiner Funktion sein sowie Stellen der mittleren und oberen Schulverwaltung/Schulaufsicht (zB staatliche Schulämter, Regierungspräsidien, Kultusministerien oder andere Landesbehörden) oder die kommunalen Schulträger.

a) Entscheidungsgewalt und fachaufsichtliche Weisungen. Zur Beurteilung der Frage, welche der genannten Behörden verantwortlich iSd DS-GVO ist, kommt es nach Art. 4 Nr. 7 DS-GVO nicht mehr auf die Zweckbestimmung der Datenverarbeitung an, sondern darauf, ob die jeweilige Stelle alleine oder gemeinsam mit anderen über die Zwecke und Mittel der Verarbeitung von personenbezogenen Daten entscheidet.[45] Die Entscheidungsgewalt kann sich dabei auf mehrere Personen oder Organisationen aufteilen.[46] Gemeinsam Verantwortliche legen die Zwecke und Mittel der Verarbeitung gemeinsam fest, vgl. Art. 26 Abs. 1 S. 1 DS-GVO. Indiz für die Entscheidungsgewalt kann der Umstand sein, dass ein direkter Kontakt zu der betroffenen Person gepflegt wird oder personenbezogene Daten von der Organisation oder Behörde direkt verarbeitet werden.

Bei der Feststellung des Verantwortlichen bedarf es der sorgfältigen Analyse der jeweiligen Entscheidungsstrukturen.[47] Dies gilt insbesondere für verwaltungsrechtliche Aufsichtsbehörden.[48] Hat die Fachaufsichtsbehörde ein Durchgriffsrecht, besteht vermutlich (auch) für diese Fachaufsichtsbehörde ein personenbezogenes Datum.[49] Fachaufsicht dient jedoch nicht nur einer nachträglichen Kontrolle, sondern auch der proaktiven Anleitung und Steuerung der nachgeordneten Behörden. Im Fall von staatlichen Schulen, die nichtrechtsfähige Anstalten des öffentlichen Rechts sind, kann der Verantwortliche iSd Datenschutzrechts stets nur die Fachaufsichtsbehörde sein, sofern keine gesetzliche Ausnahmeregelung getroffen wurde.

Die Fachaufsicht ausübende Behörde muss daher im Rahmen der datenschutzrechtlichen Verantwortlichkeit stets dafür Sorge tragen, dass die Voraussetzungen dafür geschaffen werden, dass datenschutzrechtliche Bestimmungen durch die untergeordneten Behörden eingehalten werden können. Dies kann durch Informationen, Schaffung von Prozessen und Orientierungsmöglichkeiten oder Weisungen im Einzelfall erfolgen. Die Annahme, die datenschutzrechtliche Verantwortung liege auf Basis der Landesdatenschutzgesetze stets und ausschließlich bei der Schulleitung, geht damit fehl.[50] Sofern komplexe Verarbeitungsvorgänge im Rahmen von fachaufsichtlichen Weisungen erfolgen, verbleibt – sofern nicht ohnehin ein datenschutzrechtlich relevantes Durchgriffsrecht angenommen werden kann – zumindest eine Teilverantwortlichkeit stets bei der weisungsbefugten Behörde.

Beispiel:

Ein Ministerium führt einen Schulversuch zu einem Digitalisierungsprojekt an mehreren Schulen durch. Die Schulen haben sich zuvor für die Teilnahme an dem Schulversuch beworben.

Das Ministerium hat hier dafür Sorge zu tragen, dass die Schulen über die datenschutzrechtlichen Anforderungen des Projekts in ausreichendem Maß informiert sind und in die Lage versetzt werden, die datenschutzrechtlichen Anforderungen einzuhalten. Letzteres

---

[45] Hartung in Kühling/Buchner DS-GVO Art. 4 Rn. 13 mwN.
[46] Klabunde in Ehmann/Selmayr DS-GVO Art. 4 Rn. 25.
[47] Klabunde in Ehmann/Selmayr DS-GVO Art. 4 Rn. 28.
[48] Klabunde in Ehmann/Selmayr DS-GVO Art. 4 Rn. 28.
[49] Im Ergebnis wohl EuGH Urt. v. 19.10.2016 – C-582/14.
[50] AA zB Abel SchVw BW 2016, 53.

> kann etwa durch das Bereitstellen von schriftlichen Anleitungen oder durch das Zurverfügungstellen von Muster-Vorlagen erfolgen. Sofern die datenschutzrechtliche Umsetzung des Projekts besondere Kenntnisse und Fähigkeiten erfordert, welche nicht von Lehrern im Rahmen der Ausübung ihrer üblichen Tätigkeit erwartet werden können, bedarf das Projekt der fachlichen Unterstützung und Kontrolle des Ministeriums. Der Schule wiederum obliegt es, die Vorgaben des Ministeriums zu beachten und einzuhalten.

29 **b) Entscheidungsbefugnis.** Verantwortlicher ist nach Art. 4 Nr. 7 DS-GVO die Behörde. Innerhalb einer Behörde ist regelmäßig der Behördenleiter iSd Datenschutzes verantwortlich.[51] Die Delegierung der Verantwortung durch den Behördenleiter auf eine andere Person, ist nur beschränkt möglich,[52] weil diejenigen Personen regelmäßig dem Weisungsrecht des Behördenleiters und seiner Beaufsichtigung und Kontrolle unterstehen. Sofern eine teilweise Übertragung der Verantwortlichkeit auf eine dem Behördenleiter untergeordnete Person erfolgen soll, bedarf es jedenfalls weiterer Handlungsspielräume der jeweiligen Person, welche über das traditionelle Rollenverständnis der Organisationsstruktur der öffentlichen Verwaltung regelmäßig hinausgehen dürfte.

30 **c) Übertragung der datenschutzrechtlichen Verantwortlichkeit auf den Schulleiter.** Sofern Verwaltungsvorschriften die datenschutzrechtliche Verantwortlichkeit auf den Schulleiter übertragen,[53] müssen diese Vorschriften am Maßstab der DS-GVO überprüft werden. So muss eine Öffnungsklausel die Übertragung erlauben; zudem müssen Zwecke und Mittel durch das Recht der Mitgliedstaaten vorgegeben sein.[54]

31 Eine damit erforderliche nationale Rechtsnorm muss, nach der DS-GVO grundsätzlich gesehen, zwar kein Parlamentsgesetz sein, allerdings im Einklang mit mitgliedstaatlichem Verfassungsrecht stehen. In Deutschland bedarf es aufgrund des Gesetzesvorbehalts bei Grundrechtseingriffen durch öffentliche Stellen – was hier der Fall ist, da es sich nicht um einen Eingriff in die Amtsstellung, sondern aufgrund des damit verbundenen rechtlichen Risikos (vgl. Art. 79 Abs. 2 und Art. 82 Abs. 2 S. 1 DS-GVO) um einen Eingriff in die persönliche (Rechts-)Stellung des Schulleiters handelt – eines formellen Gesetzes,[55] eine Verwaltungsvorschrift genügt zur Übertragung der Verantwortlichkeit nicht.

32 **d) Transparenz.** Den betroffenen Personen gegenüber muss die verantwortliche Stelle transparent erkennbar sein.[56] Dies kann etwa über einen Hinweis auf der Website der Behörde und eine Zuordnung im Geschäftsverteilungsplan erfolgen.

4. Die Einwilligung

33 Sinn und Zweck der Einwilligung ist es, Verarbeitungsvorgänge zu legitimieren, für die nicht bereits eine gesetzliche Ermächtigungsgrundlage vorhanden ist.[57] Der Einwilligung wird daher im öffentlichen Sektor – im Vergleich zum privaten Sektor – eine untergeordnete Bedeutung zugeschrieben,[58] da staatliche Aufgabenerfüllung regelmäßig einer gesetzlichen Grundlage bedarf.[59] Erforderliche datenschutzrechtliche Ermächtigungsnormen für die Datenverarbeitung im Schulbildungswesen sollten daher bereits in den Landesgesetzen

---

[51] Schild in BeckOK DatenschutzR DS-GVO Art. 4 Rn. 89.
[52] Vgl. Schild in BeckOK DatenschutzR DS-GVO Art. 4 Rn. 89.
[53] Vgl. etwa Datenschutz an öffentlichen Schulen Verwaltungsvorschrift des Ministeriums für Kultus, Jugend und Sport Baden-Württemberg v. 5. 12. 2014, Ziffer I.
[54] Gola in Gola DS-GVO Art. 4 Rn. 54.
[55] Vgl. Wolff/Brink in BeckOK DatenschutzR BDSG § 4 Rn. 8.
[56] Klabunde in Ehmann/Selmayr DS-GVO Art. 4 Rn. 25.
[57] Buchner/Kühling in Kühling/Buchner DS-GVO Art. 7 Rn. 14.
[58] Buchner/Kühling in Kühling/Buchner DS-GVO Art. 7 Rn. 14.
[59] Buchner/Kühling in Kühling/Buchner DS-GVO Art. 7 Rn. 15; Kühling in BeckOK DatenschutzR BDSG § 4a Rn. 6.

verankert sein, sodass lediglich in Ausnahmefällen auf die Einwilligung iSv Art. 7, 4 Nr. 11 DS-GVO zur Legitimierung von Verarbeitungsvorgängen an den Schulen und in der Schulverwaltung, aber ggf. auch für Kooperationen zwischen Schulen und der Privatwirtschaft, denkbar auch im Rahmen von Schulfahrten oder einem Schüleraustausch, zurückzugreifen ist.

In diesem Zusammenhang kann auch die digitale Kommunikation zwischen Lehrern, Eltern und Schülern eine Rolle spielen. So ist der Einsatz des Messenger-Dienstes WhatsApp als Kommunikations-, Informations- und Organisationsinstrument datenschutzrechtlich aufgrund der technisch bedingten und idR ohne vorherige Einwilligung der betroffenen Personen durchgeführten Datenweitergabe höchst problematisch[60] und sollte daher im schulischen Umfeld nicht erfolgen.[61]

a) Allgemeine Anforderungen an die Einwilligung. Erfolgt eine Einwilligung nicht im Einklang mit der DS-GVO, ist sie nicht verbindlich erteilt worden und damit unwirksam (vgl. Art. 7 Abs. 2 S. 2 DS-GVO, → eingehend § 3 Rn. 55). Zu den allgemein gültigen Wirksamkeitsvoraussetzungen einer informierten Einwilligung wird auf → § 2 Rn. 59 verwiesen.

Auf Art. 8 DS-GVO ist zu achten.

b) Freiwilligkeit. Einwilligungen müssen freiwillig erteilt werden, vgl. Art. 7 Abs. 4 DS-GVO.[62] Im Verhältnis zwischen dem Staat bzw. einer Schule und den Schülern ist allerdings idR von einem Über-/Unterordnungsverhältnis und damit einem klaren Ungleichgewicht auszugehen und daher fraglich, ob von Freiwilligkeit in dieser Konstellation überhaupt ausgegangen werden kann. Dies gilt zum einen, da es sich bei dem Verantwortlichen um eine Behörde handelt, aber auch deshalb, da viele Schüler minderjährig und damit besonders schutzbedürftig sind. Außerdem besteht aufgrund der gesetzlich verankerten Schulpflicht keine Alternative zur Teilnahme am Schulunterricht. Es handelt sich damit um eine Machtdisparität, die im Regelfall zu einer Unwirksamkeit der Einwilligungen führt.

In Einzelfällen können Einwilligungen jedoch auch im klaren Ungleichgewicht wirksam sein,[63] sofern die betroffene Person nicht den Eindruck hat, dass sie sich beugen[64] müsse. Die allgemeine Teilnahme am Schulunterricht darf also nicht an die Abgabe einer datenschutzrechtlichen Einwilligung gekoppelt sein; hier bedarf es stets einer gesetzlichen Ermächtigungsnorm. Ein Koppelungsverbot gilt aber auch für die Teilnahme an einzelnen Klassen oder Kursen (etwa einem eLearning-Kurs), sofern die Teilnahme daran für eine Versetzung in die nächsthöhere Klasse oder zum Erreichen eines Schulabschlusses erforderlich ist.

> **Beispiel**
> Fraglich ist, ob noch Freiwilligkeit bei einer Entscheidung angenommen werden kann, wenn ein eLearning-Kurs nur dann durchgeführt werden soll, wenn zuvor **alle** Schüler bzw. deren Erziehungsberechtigte in die Datenverarbeitung eingewilligt haben, einige wenige Schüler bzw. deren Erziehungsberechtigten diese Einwilligung jedoch nicht erwägen. Nicht selten ist hier der „Gruppendruck"[65] hoch, sodass solche Situationen zu einer tatsächlichen oder gefühlten sozialen Zwangslage führen.

---

[60] Vgl. AG Bad Hersfeld BeckRS 2017, 112602.
[61] Vgl. statt vieler LfD Nds., Merkblatt für die Nutzung von „WhatsApp" in Schulen, 19.10.2017, abrufbar unter www.lfd.niedersachsen.de, zuletzt abgerufen am 24.6.2018.
[62] Vgl. auch ErwGr 42 und 43 DS-GVO.
[63] Vgl. Stemmer in BeckOK DatenschutzR DS-GVO Art. 7 Rn. 50f.
[64] Frenzel in Paal/Pauly DS-GVO Art. 7 Rn. 19.
[65] Ohne Bezug zum Datenschutzrecht, aber mit ähnlicher Argumentation zum UWG BGH MMR 2008, 248 – Tony Taler.

> Der Gesetzgeber fordert an dieser Stelle eine echte oder freie Wahlmöglichkeit, bei welcher die betroffene Person die Einwilligung verweigern kann, „ohne Nachteile zu erleiden".[66] Von Teilen der Literatur werden dabei soziale Ansehensverluste tatsächlich als Beeinträchtigung der Freiwilligkeit diskutiert,[67] von anderen Teilen jedoch als „sehr weitgehend"[68] bezeichnet. Tatsächlich scheint es als zu weitgehend, wenn sich der Verantwortliche Umstände, welche nicht in seinem direkten Einflussbereich liegen, zurechnen lassen muss. Gleichwohl setzt im Beispielsfall die Schule durch ihr Handeln erst die Ausgangslage fest. Im Ergebnis wird es daher nicht richtig sein können, wenn jeder nur subjektiv empfundene Nachteil zu einer Unwirksamkeit von datenschutzrechtlichen Einwilligungen führen kann, jedoch ein Mindestmaß an objektiver Überprüfbarkeit des Merkmals des Nachteils ausreichend sein soll. Legt ein Lehrer den Schülern „nahe", dass jeder in die Datenverarbeitung einwillige, wird eine darauf basierende Einwilligung unwirksam sein.

38 Die Durchführung von datenschutzrechtlich relevanten Klassenprojekten auf Basis von Einwilligungserklärungen ist durch diese Vorgaben in der Praxis erheblich erschwert.

> **Praxistipp:**
> Es sollte vordergründig stets geprüft werden, ob nicht andere Ermächtigungsgrundlagen den konkreten Verarbeitungsvorgang zu rechtfertigen vermögen, bevor auf die Einwilligung zurückgegriffen wird.

39 **c) Einwilligung im Einzelfall (Zweckbezogenheit).** Eine Einwilligung muss stets auf einen „bestimmten Fall" bezogen sein und darf nicht pauschal durch allgemeine Formulierungen oder gar als Blanko-Einwilligung[69] verfasst sein (vgl. Art. 4 Nr. 11 DS-GVO und ErwGr 32 DS-GVO). Erforderlich ist, dass sie sich auf denselben Zweck eines Verarbeitungsvorgangs bezieht.[70] Wenn die Verarbeitung mehreren Zwecken dient, soll für jeden einzelnen Verarbeitungszweck eine Einwilligung gegeben werden.[71] Somit können mehrere Verarbeitungsvorgänge, die demselben Zweck dienen, durch eine Einwilligungserklärung erlaubt sein.

Beispiel:[72]
Eine Schule unterhält eine eigene Website. Um diese aktuell und interessant zu halten, sollen dort regelmäßig Fotografien eingestellt werden, auf denen auch Schüler erkennbar zu sehen sind. Bei Eintritt in die Schule soll daher zu diesem Zweck von jedem Schüler bzw. dessen Erziehungsberechtigten eine Einwilligung eingeholt werden.

Hier bedarf es nicht zwingend für jedes einzelne Foto einer gesonderten Einwilligungserklärung; das Verwenden von „Standard-Formularen" ist nicht ausgeschlossen. Pauschale Einwilligungserklärungen sind jedoch nicht wirksam. Um den Schüler bzw. seinen Erziehungsberechtigten in die Lage zu versetzen, eine informierte und selbstbestimmte Entscheidung zu treffen, ist es notwendig (zusätzlich zu den weiteren allgemeinen datenschutzrechtlichen Anforderungen einer Einwilligung), in verständlicher Weise über den Umfang (zB: Klassenfotos auf der Website oder Fotografien von Theateraufführungen, ...) und die Dauer der

---

[66] Vgl. ErwGr 42 DS-GVO.
[67] Vgl. Radlanski Das Konzept der Einwilligung in der datenschutzrechtlichen Realität, 14 ff. und 82 ff. mwN.
[68] Vgl. Ingold in Sydow DS-GVO Art. 7 Rn. 27.
[69] Ernst in Paal/Pauly DS-GVO Art. 4 Rn. 78.
[70] Vgl. ErwGr 32 DS-GVO.
[71] Vgl. Schild in BeckOK DatenschutzR DS-GVO Art 4 Rn. 124.
[72] Hier sind zusätzlich die Vorgaben zum Recht am eigenen Bild (vgl. § 22 KUG) zu beachten – das Verhältnis von § 22 KUG zum Datenschutz ist noch nicht abschließend geklärt (→ § 4 Rn. 129).

Nutzung der Fotografie auf der Website (zB: Für die Dauer des aktuellen Schuljahres) zu informieren.

d) Form der Einwilligung. Die Einwilligung ist nicht an die Schriftform gebunden, allerdings muss der Verantwortliche nachweisen, dass die betroffene Person in die Datenverarbeitung eingewilligt hat (vgl. Art. 7 Abs. 1 DS-GVO und ErwGr 42 DS-GVO). Daraus ergibt sich eine umfassende Dokumentationsverpflichtung für den Verantwortlichen.[73] Die Einholung einer schriftlichen Einwilligungserklärung ist daher zu empfehlen. Sofern die Einwilligung in Textform (zB per E-Mail) oder über ein elektronisches Formularfeld auf einer Website eingeholt wird, kann eine ordnungsgemäße Dokumentation erfolgen, indem der Text der Einwilligungserklärung zusammen mit einem zuverlässigen Identifikationsmerkmal der betroffenen Person wie etwa der E-Mail-Adresse sowie einem sog „timestamp", also einer Dokumentation des Zeitpunkts der Abgabe der Einwilligungserklärung, erfolgt.[74] Sofern die Einwilligung auf dem Weg der sog „Ranzenpost" erfolgt, sollte auch dies im Rahmen der Dokumentationspflicht nachgewiesen werden können.

Keinesfalls sollten in einer vorformulierten Einwilligungserklärung implizierte Erklärungen vorhanden sein, durch die bestätigt werden soll, dass die betroffene Person ein bestimmtes Alter erreicht hat, da solche Klauseln einer AGB-rechtlichen Inhaltskontrolle nach § 309 Nr. 12 lit. b BGB nicht standhalten dürften,[75] zumal der Schule idR bekannt ist, welches Alter die Schüler haben.

e) Einwilligungen bei Minderjährigen. Als Altersgrenze zum besonderen Schutz von Minderjährigen setzt Art. 8 DS-GVO ein Alter von 16 Jahren als „Mindesteinwilligungsalter"[76] fest, um eine umfassende Persönlichkeitsprofilbildung[77] zu vermeiden. Bei betroffenen Personen, welche das 16. Lebensjahr noch nicht vollendet haben – wie es bei den meisten Schülern der Fall ist – sind die Voraussetzungen des Art. 8 DS-GVO kumulativ[78] zu den Voraussetzungen nach Art. 7 DS-GVO anzuwenden, wenn es sich um die Nutzung von Diensten der Informationsgesellschaft handelt, also digitalen Medien,[79] wie etwa dem Beitritt zu Sozialen Netzwerken, dem Nutzen von Smartphone-Apps oder dem Interagieren auf eLearning-Plattformen und das Angebot sich direkt an Kinder richtet. Letzteres ist der Fall, wenn gezielt das Interesse von Kindern geweckt werden soll oder eine Interaktion mit Kindern stattfindet, wobei es hier ausreicht, wenn auf einer etablierten medienpädagogischen Plattform ein Link zu anderen Inhalten gesetzt ist.[80] Willigt also ein 15-jähriger Schüler ohne Zustimmung seiner Erziehungsberechtigten in eine entsprechende Datenverarbeitung ein, ist diese Einwilligung unwirksam.[81] Da eine Einwilligung auch dann unwirksam ist, wenn die Datenschutzbestimmung selbst nicht eindeutig und verständlich ist,[82] müssen Datenschutzbestimmungen, welche sich an minderjährige Schüler richten, in einer der Altersgruppe entsprechenden Sprache verfasst sein. Für den schulischen Alltag bedeutet dies, dass verschiedene Datenschutzbestimmungen für vergleichbare Lebenssachverhalte zu verwenden sind.

---

[73] Ingold in Sydow DS-GVO Art. 7 Rn. 53.
[74] Laue/Nink/Kremer in LNK Das neue DatenschutzR § 2 Rn. 7.
[75] Laue/Nink/Kremer in LNK Das neue DatenschutzR § 2 Rn. 9.
[76] Schulz in Gola DS-GVO Art. 8 Rn. 2.
[77] Vgl. Karg in BeckOK DatenschutzR DS-GVO Art 8 Rn. 8.
[78] Schulz in Gola DS-GVO Art. 8 Rn. 3.
[79] Vgl. Karg in BeckOK DatenschutzR DS-GVO Art 8 Rn. 8.
[80] Vgl. Schulz in Gola DS-GVO Art. 8 Rn. 15.
[81] Vgl. Heckmann/Paschke in Ehmann/Selmayr DS-GVO Art. 8 Rn. 22; Schreiber Apps und die Datenschutzgrundverordnung, 5.3.2018, abrufbar unter https://www.adzine.de/2018/02/apps-und-die-datenschutz-grundverordnung-dsgvo/, zuletzt abgerufen am 24.6.2018.
[82] Vgl. LG Nürnberg-Fürth BeckRS 2018, 8230.

43 Der nationale Gesetzgeber hat die Möglichkeit, durch Gesetz eine niedrigere Altersgrenze festzulegen, sofern diese nicht unter 13 Jahren liegt. Ein entsprechendes deutsches Gesetz existiert um schulischen Bereich bislang nicht.

44 Zur Einhaltung der Voraussetzungen wird ein zweistufiges Prüfungsverfahren[83] empfohlen:

> Stufe 1:
> Ermitteln des Alters des Nutzers, etwa durch die Frage: „Wie alt bist du?"
> Um dem Grundsatz der Datensparsamkeit zu genügen, ist bei Beantwortung der Frage die Angabe des Geburtsdatums idR nicht erforderlich und sollte daher nicht abgefragt werden.
>
> Stufe 2:
> Ist der Nutzer über 16 Jahre alt, ist eine Einwilligung/Zustimmung der Eltern nicht erforderlich.[84] Ist der Nutzer unter 16 Jahren alt, muss die Einwilligung des Erziehungsberechtigten eingeholt werden.

45 Zum Nachweis der Einwilligung der Erziehungsberechtigten (vgl. Art. 8 Abs. 2 DS-GVO) bedarf es einer Authentifizierung der Erziehungsberechtigten[85] – was jedoch nicht über das Einholen einer Ausweiskopie erfolgen darf.[86] Vielmehr besteht die Möglichkeit, dass minderjährige Nutzer die E-Mail-Adresse ihrer Eltern angeben, an welche ein Bestätigungslink gesandt wird, über welchen die Einwilligung der Eltern eingeholt wird.[87] Bei mehrjährig genutzten digitalen Lernangeboten wie zB einer digitalen Bildungscloud, welche grundsätzlich dem Profiling zugänglich sind, empfiehlt sich aufgrund des erhöhten schutzwürdigen Interesses des Kindes, die Anforderungen an den Nachweis der Einwilligung zu erhöhen. Denkbar ist hier eine Identifikation des Erziehungsberechtigten über – dem jeweiligen Stand der Technik entsprechende – technische Maßnahmen wie eine qualifizierte elektronische Signatur, einen elektronischen Personalausweis oder eine eingescannte Unterschrift.[88]

46 Einer gemeinschaftlichen Einwilligung bei mehreren Erziehungsberechtigten bedarf es nach europäischem Recht nicht.[89] Im deutschen Recht wird eine gemeinschaftliche Einwilligung gefordert (vgl. § 1629 Abs. 1 BGB), wobei ein Elternteil den anderen (konkludent) ermächtigen kann.

47 Die Forderung eines sog Double Opt In, bei dem zusätzlich zur Einwilligung der Erziehungsberechtigten die Einwilligung des Kindes eingeholt[90] werden muss,[91] wird als zu weitgehend angesehen. Der Höchstpersönlichkeit des Datenschutzrechts (vgl. Art. 8 GRCh) wird dadurch Rechnung getragen, dass auf Verlangen des Kindes oder der mittlerweile volljährigen Person die gespeicherten Daten jederzeit vollständig zu löschen sind (Art. 17 Abs. 1 lit. f DS-GVO).

---

[83] Schulz in Gola DS-GVO Art. 8 Rn. 20.
[84] Karg in BeckOK DatenschutzR DS-GVO Art 8 Rn. 52.
[85] Zur Problematik des Nachweises und der Dokumentation familienrechtlicher Beziehungen in der Praxis vgl. Heckmann/Paschke in Ehmann/Selmayr DS-GVO Art. 8 Rn. 342.
[86] Schulz in Gola DS-GVO Art. 8 Rn. 21.
[87] Schulz in Gola DS-GVO Art. 8 Rn. 21; Frenzel in Paal/Pauly DS-GVO Art. 8 Rn. 13; Laue/Nink/Kremer in LNK Das neue DatenschutzR § 2 Rn. 54; kritisch dazu Karg in BeckOK DatenschutzR DS-GVO Art 8 Rn. 57, wonach missbrauchsrobuste, praxistaugliche Verifikationssysteme derzeit fehlen.
[88] David/Kampert in Sydow DS-GVO Art. 8 Rn. 13.
[89] Heckmann/Paschke in Ehmann/Selmayr DS-GVO Art. 8 Rn. 22.
[90] Besonders schwierig wird es, wenn nicht nur eine datenschutzrechtliche Einwilligung eingeholt werden muss, sondern zugleich ein rechtsgeschäftliche Erklärung erfolgen muss, zB im Rahmen einer Teilnahme an einem Schulausflug/einer Klassenfahrt. Für das schuldrechtliche Rechtsgeschäft des Minderjährigen bedarf es der Zustimmung der Eltern, für die datenschutzrechtliche Erklärung je nach Alter die Einwilligung der betroffenen Person.
[91] Heckmann/Paschke in Ehmann/Selmayr DS-GVO Art. 8 Rn. 26.

Da Art. 8 DS-GVO sich ausdrücklich nur auf die Datenverarbeitung in Bezug auf Dienste der Informationsgesellschaft bezieht, gilt die Altersgrenze von 16 Jahren nicht in Bezug auf andere Datenverarbeitungen minderjähriger Kinder. In diesen Fällen bedarf es also nicht der Einwilligung der Erziehungsberechtigten, sofern das Kind selbst in der Lage ist, eine freiwillige, informierte Einwilligung abzugeben,[92] sodass es hier auf die individuelle Einsichtsfähigkeit des Kindes ankommt. Zur Fortgeltung eingeholter Einwilligungen nach altem Recht vgl. → § 9 Rn. 45.

5. Bedeutung der Datenschutzfolgenabschätzung für die Noten- und Zeugnisverwaltung

Eine Datenschutz-Folgenabschätzung (dazu → § 3 Rn. 153 f.) ist nach Art. 35 Abs. 1 DS-GVO bei Verarbeitungsvorgängen mit einem hohen Risiko für die betroffene Person erforderlich. Nach dem Wortlaut von Art. 35 Abs. 3 lit. a DS-GVO ist dies der Fall, wenn eine systematische und umfassende Bewertung persönlicher Aspekte natürlicher Personen erfolgt, die sich auf automatisierte Verarbeitung einschließlich Profiling gründet und ihrerseits als Grundlage für Entscheidungen dient, die Rechtswirkungen gegenüber natürlichen Personen entfalten oder diese in ähnlicher Weise beeinträchtigen. Auffassungen, wonach erforderlich ist, dass die in Art. 35 Abs. 3 DS-GVO genannten Faktoren nur wahrscheinlich zu einem hohen Risiko führen,[93] sind abzulehnen; vielmehr ist bei Vorliegen eines dort genannten Regelbeispiels von einer zwingend[94] durchzuführenden Datenschutzfolgenabschätzung auszugehen.

Solche auch als „Risikodaten"[95] bezeichneten Daten haben teilweise höchstpersönlichen Charakter[96] und sind geeignet, auf eine Bewertung einzelner Persönlichkeitsaspekte abzuzielen[97] und diese zuzulassen.

Schulnoten bzw. schulische Beurteilungen stellen als Beurteilungen der Leistung und der Leistungsfähigkeit, der Lernfähigkeit und der persönlichen Stärken und Schwächen solche Daten dar.

Als Folge besteht die Pflicht, eine Datenschutz-Folgenabschätzung durchzuführen,[98] sofern nicht die Aufsichtsbehörde eine Negativliste für Ausnahmen von der Durchführungspflicht iSv Art. 35 Abs. 5 DS-GVO erstellt und veröffentlicht hat, in denen als „nicht riskant" bewertete Datenverarbeitungsvorgänge aufgelistet sind, die auch die konkrete Datenverarbeitung im Schulbereich umfasst.

Datenschutz-Folgenabschätzungen stellen einen aufwändigen Vorgang dar, welcher zudem einer regelmäßigen Überprüfung und Fortschreibung bedarf.

6. Auftragsdatenverarbeitung im schulischen Umfeld (insbes. Nutzung von Online-Diensten, Webanwendungen, Cloud-Diensten)

Bei Bildungsclouds bzw. Verwaltungsclouds,[99] in denen in beiden Fällen[100] personenbezogene Daten gespeichert werden, handelt es sich idR um Auftragsverarbeitungen. Eine Auftragsverarbeitung liegt bei arbeitsteiliger Datenverarbeitung iSv Art. 28 Abs. 1 DS-GVO vor. Staatliche Schulen sind nicht-rechtsfähige Anstalten des öffentlichen Rechts, sodass diese Schulen selbst keine rechtsverbindlichen Verträge eingehen können. Je nach individuellem Sachverhalt ist denkbar, dass entweder der öffentliche Schulträger (zB für

---

[92] Heckmann/Paschke in Ehmann/Selmayr DS-GVO Art. 8 Rn. 37.
[93] Vgl. DSK Kurzpapier Nr. 5 Datenschutz-Folgenabschätzung nach Art. 35 DS-GVO, Stand: 24.7.2017.
[94] Vgl. Martini in Paal/Pauly DS-GVO Art. 35 Rn. 28; Baumgartner in Ehmann/Selmayr DS-GVO Art. 35 Rn. 20; Sassenberg/Schwendemann in Sydow DS-GVO Art. 35 Rn. 11.
[95] Vgl. Jandt in Kühling/Buchner DS-GVO Art. 35 Rn. 12.
[96] Vgl. zur Definition Weichert in Kühling/Buchner DS-GVO Art. 9 Rn. 14 ff.
[97] Vgl. Buchner in Kühling/Buchner DS-GVO Art. 22 Rn. 17 ff.
[98] Vgl. auch Eckert KuU 2018, 126.
[99] Vgl. zur Unterscheidung Brocks C+U 106/2017, 26.
[100] Vgl. Brocks C+U 106/2017, 27.

eine Schule in seinem Zuständigkeitsbereich) oder die Fachaufsichtsbehörde (zB für alle Schulen im Bundesland) entsprechende Dienste Dritter beschafft. Die Vorgaben des Art. 28 DS-GVO sind jeweils einzuhalten. Zum Nachweis der Einhaltung der Vorgaben der DS-GVO können Zertifikate dienen.[101]

55 Hinsichtlich der Inanspruchnahme Dritter ist es zum einen möglich, das Hosting nur auf deutschen Rechenzentren zu betreiben.[102] Dies erfolgt derzeit etwa bei der zur digitalen Lernprozessbegleitung weiterentwickelten Moodle-Anwendung DAKORA.[103] Nichtsdestotrotz ist dem Grunde nach auch eine Einbindung internationaler Anbieter möglich: Der EU/US Privacy Shield[104] etwa gilt aktuell[105] zugunsten der unterzeichnenden Unternehmen auch in Bezug auf Schulen.[106] Gleichwohl wird eine datenschutzrechtliche Vereinbarkeit mancher Software-Angebote mit der DS-GVO unterschiedlich beurteilt. So hat der baden-württembergische Landesdatenschutzbeauftragte erhebliche technische Sicherheitsbedenken bei Windows 10 von Microsoft.[107] Das baden-württembergische Kultusministerium sieht den EU/US Privacy Shield an sich kritisch und empfiehlt daher, „nur mit Dienstleistern zusammen zu arbeiten, die ihren Sitz im Geltungsbereich der DS-GVO haben".[108] Der hessische Datenschutzbeauftragte wiederum sieht Microsoft Office 365 als an hessischen Schulen datenschutzkonform einsetzbar an.[109] Widersprüchliche Aussagen führen zu erheblicher Anwenderunsicherheit insbes. bei Lehrern und sollten vermieden werden. Die Schaffung eines datenschutzkonformen Arbeitsumfelds für Lehrer, in welchem Rahmen Fragen der Auftragsdatenverarbeitung von dem datenschutzrechtlich Verantwortlichen geklärt werden, ist notwendig.

7. Schulwebsite

56 Die nachfolgende Darstellung berücksichtigt die derzeit in der Diskussion befindliche ePrivacy-VO nicht (siehe dazu → § 5 Rn. 1 ff.). Viele Schulen verfügen über eine Schulwebsite. Diese benötigt ein Impressum. Die Pflichtangaben des Impressums bestimmen sich nach den allgemeinen gesetzlichen Anforderungen von § 5 TMG (sowie idR § 55 Abs. 2 RStV). Pflichtangaben sind danach Name und Postadresse der Schule, Angabe einer Kontaktmöglichkeit (Telefon und/oder E-Mail-Adresse) und Nennung der redaktionell für den Inhalt verantwortlichen Person, was idR die Schulleitung ist. Das Land als

---

[101] Steinemann C+U 106/2017, 31.
[102] Diesen Ansatz verfolgt etwa das Hasso-Plattner-Institut, vgl. Meinel/Renz/Grella/Karn/Hagedorn Die Cloud für Schulen in Deutschland: Konzept und Pilotierung der Schul-Cloud, Technische Berichte Nr. 116 des Hasso-Plattner-Instituts für Softwaresystemtechnik an der Universität Potsdam 2017, 29.
[103] Zu DAKORA vgl. Landesinstitut für Schulentwicklung Baden-Württemberg, abrufbar unter https://www.ls-bw.de/,Lde/5200158, zuletzt abgerufen am 24.6.2018.
[104] Durchführungsbeschluss 2016/1250 der EU-Kommission ABl. EU 2016 L 207, 1.
[105] Vgl. zur massiven Kritik am EU/US Privacy Shield zB Artikel 29-Datenschutzgruppe, Opinion 01/2016 on the EU – U.S. Privacy Shield draft adequacy decision, WP 238, 23.4.2016 oder Pressemitteilung des Europäischen Parlaments vom 6.4.2017, http://www.europarl.europa.eu/news/en/press-room/20170329IPR69067/data-privacy-shield-meps-alarmed-at-undermining-of-privacy-safeguards-in-the-us, zuletzt abgerufen am: 10.7.2018.
[106] AA für Cloudlösungen an Schulen Murauer BYO[m]D – BRING YOUR OWN [mobile] DEVICE, Eine empirische Analyse der, aus Sicht der Lehrkräfte, erforderlichen Rahmenbedingungen für die Implementierung von schülereigenen Smartphones und Tablets im Unterricht, 114.
[107] Vgl. Schulzki-Haddouti Landes-Datenschutzaufsicht: Microsoft muss Datenübertragung in Windows 10 ausschalten, Heise Online, 24.3.2018, abrufbar unter https://www.heise.de/newsticker/meldung/Landes-Datenschutzaufsicht-Microsoft-muss-Datenuebertragung-in-Windows-10-abschalten-4003291.html, zuletzt abgerufen am 24.6.2018; so auch die Niederländische Datenschutzaufsichtsbehörde AP, vgl. dies. Niederländischer Datenschützer, Microsoft bricht mit Windows 10 Datenschutzrecht, Heise Online vom 13.10.2017, abrufbar unter https://www.heise.de/newsticker/meldung/Niederlaendischer-Datenschuetzer-Microsoft-bricht-mit-Windows-10-Datenschutzrecht-3861753.html, zuletzt abgerufen am 24.6.2018.
[108] So Lehrerfortbildung Baden-Württemberg, FAQ Datenschutz an Schulen, abrufbar unter https://lehrerfortbildung-bw.de/st_recht/daten/faq_ds/, zuletzt abgerufen am 24.6.2018.
[109] Pressemitteilung des Hess LfD vom 22.8.2017, abrufbar unter https://datenschutz.hessen.de/pressemitteilungen/microsoft-office-365-hessischen-schulen-datenschutzkonform-einsetzbar, zuletzt abgerufen am 24.6.2018.

Diensteanbieter[110] muss ebenfalls mit den entsprechend erforderlichen og Kontaktdaten genannt sein.

Darüber hinaus bedarf es zusätzlich einer Datenschutzerklärung, welche den Anforderungen der Art. 12 ff. DS-GVO genügen muss. Hierbei muss eine Kontaktmöglichkeit zum Datenschutzbeauftragten der Schule genannt werden. Weitere Informationspflichten, die sich bisher auch aus § 13 TMG ergaben, umfassen beispielsweise die Informationen über Art und Umfang der Protokollierung personenbezogener Daten, über den Einsatz von Cookies, Webtracking-Systemen/Analytics, Aktive Komponenten oder die sich aus der Nutzung von Social Media ergebenden datenschutzrechtlichen Belangen. Der Nutzer muss hierbei über die ihm zustehenden Rechte in verständlicher Weise informiert werden. 57

Nach Auffassung der Aufsichtsbehörde Baden-Württemberg – dem Landesbeauftragten für den Datenschutz und die Informationsfreiheit – bedarf es bei der Nutzung von Social Media wie etwa Twitter, Facebook, Google+, Pinterest, Instagram oä zusätzlich zur (bisher allein ausreichenden) Einhaltung der Voraussetzungen von § 13 TMG weiterer Anforderungen.[111] Danach muss die Schule (als öffentliche Stelle) ein Nutzungskonzept festlegen, den Internetauftritt kontinuierlich betreuen und alternative Informations- und Kommunikationswege anbieten.[112] Das Nutzungskonzept soll Zweck, Art und Umfang der Nutzung des Social Media-Accounts beschreiben.[113] Im Rahmen dieses Konzepts ist eine Datenschutz-Folgenabschätzung (→ § 3 Rn. 1 ff.) iSv Art. 35 DS-GVO vorzunehmen.[114] 58

Sobald Schulen Plattformen zur Kommunikation anbieten, auf denen auch Linking stattfindet (zB Social Media-Tools oder auch Blogs), sind zusätzlich zu datenschutzrechtlichen Fragestellungen Haftungsfragen im Falle von Persönlichkeitsrechtsverletzungen relevant. Schulen sollten im Ergebnis daher peer2peer-Kommunikationstools auf ihrer Website vermeiden. 59

8. Datenschutzbeauftragter an Schulen

Für öffentliche Schulen ist nach Art. 37 Abs. 1 lit. a DS-GVO stets ein Datenschutzbeauftragter zu benennen. Kleinere Schulen können nach Art. 37 Abs. 3 DS-GVO einen gemeinsamen Datenschutzbeauftragten benennen. Voraussetzung ist, dass der jeweilige Datenschutzbeauftragte zur Wahrnehmung der Aufgaben in der Lage ist.[115] Ein wesentliches Kriterium ist die „leichte Erreichbarkeit", was durch örtliche Nähe, aber auch durch übliche Fernkommunikationsmittel (Telefon, E-Mail, Videokonferenz etc)[116] sichergestellt werden kann. 60

Da der Datenschutzbeauftragte seine Aufgaben innerhalb der ihm zur Verfügung stehenden Arbeitszeit überblicken und erfüllen[117] können muss, ist er, soweit er beispielsweise, wie es bisher häufig an Schulen der Fall ist, darüber hinaus einer Lehrverpflichtung 61

---

[110] Lorenz RdJB 4/2008, 488.
[111] Vgl. LfDI BW Richtlinie des LfDI zur Nutzung von Sozialen Netzwerken durch öffentliche Stellen vom 24.11.2017, abrufbar unter https://www.baden-wuerttemberg.datenschutz.de, zuletzt abgerufen am 24.6.2018.
[112] Vgl. LfDI BW Richtlinie des LfDI zur Nutzung von Sozialen Netzwerken durch öffentliche Stellen vom 24.11.2017, abrufbar unter https://www.baden-wuerttemberg.datenschutz.de, zuletzt abgerufen am 24.6.2018.
[113] Die detaillierten Anforderungen ergeben sich aus der Richtlinie des LfDI BW zur Nutzung von Sozialen Netzwerken durch öffentliche Stellen vom 24.11.2017, abrufbar unter https://www.baden-wuerttemberg.datenschutz.de, zuletzt abgerufen am 24.6.2018.
[114] Vgl. LfDI BW Richtlinie des LfDI zur Nutzung von Sozialen Netzwerken durch öffentliche Stellen vom 24.11.2017, abrufbar unter https://www.baden-wuerttemberg.datenschutz.de, zuletzt abgerufen am 24.6.2018.
[115] Vgl. Paal in Paal/Pauly DS-GVO Art. 37 Rn. 11 mwN.
[116] Moos in BeckOK DatenschutzR DS-GVO Art. 37 Rn. 16.
[117] Bergt in Kühling/Buchner DS-GVO Art. 37 Rn. 30.

nachkommt, von dieser im erforderlichen Umfang ganz oder teilweise freizustellen. Auch muss der Datenschutzbeauftragte für die Erfüllung seiner ihm obliegenden Aufgaben die fachliche Kompetenz aufweisen. Eine Fortbildungsverpflichtung wird als erforderlich angesehen. Zudem muss die notwendige Ausstattung gewährleistet werden.

62 Sofern es vom Aufgabenumfang her notwendig ist, sind neue Stellen einzurichten. Diese können, müssen aber nicht, an der Schule eingerichtet werden. In Frage kommt auch, dass der Datenschutzbeauftragte für die Schulen von einer Ober- oder Mittelbehörde,[118] also beispielsweise von (und örtlich an) den Regierungspräsidien benannt wird.

9. Vergleichsarbeiten (Lernstandserhebungen)

63 Bei den im Rahmen der Vergleichsarbeiten durchgeführten Vor- und Begleitprozessen werden regelmäßig keine oder nur im geringen Umfang personenbezogene Daten erhoben, etwa bei der Aufgabenentwicklung samt Skalierung, der Testhefterstellung samt Druck und Versand oder der Erarbeitung begleitender didaktischer Materialien. In diesen Fällen wird in Bezug auf die Einhaltung des Datenschutzes auf den allgemeinen Teil (→ § 3 Rn.1 ff.) verwiesen.

64 Der erste Kernprozess der Vergleichsarbeiten stellt hingegen eine Datenerhebung, Datenspeicherung und Datenverarbeitungsvorgänge in großem Ausmaß dar. Dies betrifft insbesondere die Testdurchführung. Die landesweiten Tests (VERA 3 und VERA 8, sowie, in den einzelnen Bundesländern unterschiedlich bezeichnet, Lernstandserhebungen, KERMIT, Kompetenztests) sind für die Schüler verpflichtende Tests an allen allgemein bildenden Schulen. Erhoben werden Daten zu den Kompetenzbereichen der Schüler in den Fächern Deutsch und Mathematik sowie in höheren Klassen zusätzlich in der ersten Fremdsprache (Englisch oder Französisch). Dies betrifft Kompetenzmessungen im Bereich Lesen, Zuhören, Orthografie, Sprache und Sprachgebrauch, Schreiben, Zahlen und Operationen, Daten, Häufigkeit und Wahrscheinlichkeit.[119] Ebenfalls erfasst wird das Geschlecht, Angaben zu einer ggf. vorhandenen Teilleistungsstörung Deutsch (Lese-Rechtschreib-Schwäche), Angaben zur familiär verwendeten Alltagssprache und Angaben zu einer ggf. vorhandenen sonderpädagogischen Bildungsunterstützung. Außerdem werden Kontextdaten erhoben wie etwa Informationen zur Herkunft und einem möglichen Migrationshintergrund.

65 Bei der Durchführung dieser Vergleichsarbeiten handelt es sich um die Erhebung personenbezogener Daten iSv Art. 4 Nr. 1 DS-GVO. Sofern Namen angegeben werden, handelt es sich zweifelsohne um personenbezogene Daten. Aber auch Test- und Prüfungsergebnisse des Schülers stellen personenbezogene Daten dar, ebenso wie die entsprechenden Anmerkungen der korrigierenden Person.[120] Dabei ist es unerheblich, ob das Prüfungsergebnis einem Schüler direkt über eine Namensangabe oder indirekt über ein Pseudonym oder eine Kennnummer zugeordnet werden kann.[121]

66 Darüber hinaus handelt es sich bei dem Datenverarbeitungsvorgang auch um die Verwendung besonderer Daten iSv Art. 9 DS-GVO, da Informationen über besonders sensible Aspekte einer Person aus den abgefragten Informationen direkt oder unmittelbar[122] hervorgehen. So können sich Informationen über die ethnische Herkunft eines Schülers ergeben, wie etwa die sprachlichen und kulturellen Beziehungen eines Schülers. Auch eine Information über das Vorliegen einer schulischen Entwicklungsstörung wie etwa einer Lese-Rechtschreib-Schwäche ist[123] als Information über eine Behinderung ein beson-

---

[118] Heberlein in Ehmann/Selmayr DS-GVO Art. 37 Rn. 31.
[119] Vgl. IQB Institut zur Qualitätsentwicklung im Bildungswesen, abrufbar unter https://www.iqb.hu-berlin.de/vera, zuletzt abgerufen am 1.4.2018.
[120] EuGH Urt. v. 20.12.2017 – C 434/16.
[121] EuGH Urt. v. 20.12.2017 – C 434/16.
[122] Vgl. Schulz in Gola DS-GVO Art. 9 Rn. 11–13.
[123] Teilweise wird angeführt, dass nur solche Normabweichungen Behinderungen sind, die ein *„gesundheitliches Problem als Ausgang"* haben, vgl. Schuntermann Zeitschrift für Theorie und Praxis der pädagogischen

ders sensibles Datum iSv Art. 9 DS-GVO. Die Information über eine ggf. vorliegende schulische Entwicklungsstörung kann sich dabei direkt über eine entsprechende Angabe der den Test durchführenden Person als auch indirekt über einen Rückschluss bzw. eine fachliche Auswertung der Testergebnisse ergeben.

Offen dürfte die Frage sein, ob auch Informationen über eine überdurchschnittlich 67 hohe Intelligenz oder besonders gute schulische Leistungen ein Datum iSv Art. 9 DS-GVO sind. Mit Blick auf Sinn und Zweck der Vorschrift, nämlich dem Schutz besonders sensibler Daten hinsichtlich der Grundrechte und Grundfreiheiten,[124] dürfte diese Frage bejaht werden.

Es handelt sich bei den Lernstandserhebungen um ein statistisch-mathematisches Eva- 68 luationsverfahren,[125] das grundsätzlich üblich für Profiling[126] ist. Zu den bewerteten Persönlichkeitsaspekten zählen hier Wissens- und Kompetenzstände der Schüler, was vergleichbar mit dem Regelbeispiel der Arbeitsleistung nach Art. 4 Nr. 4 DS-GVO ist, aber auch die Regelbeispiele Gesundheit und Interessen fallen darunter. Gleichwohl stellt dies nicht per se Profiling iSv Art. 4 Nr. 4 DS-GVO dar. Denn originärer Zweck der Lernstandserhebungen ist es nicht, den Wissens- und Kompetenzstand des einzelnen teilnehmenden Schülers zu erfassen, um anschließend genau diesen Schüler zu analysieren, sondern vielmehr, Kompetenzmessungen zu statistischen und wissenschaftlichen Zwecken durchzuführen, um Steuerungswissen für die Bildungsentwicklung zu generieren. Anders kann sich dies jedoch gestalten, wenn im Rahmen der Lernstandserhebungen die individuelle Zuordnung zu einem Kind im Sinne einer Profilbildung erhalten bleibt und auf der Grundlage der erhobenen Daten eine Analyse des Wissens- und Kompetenzstands erfolgt, um (pädagogisches) Steuerungswissen zu generieren. In diesem Fall sind die Vorgaben von Art. 22 DS-GVO einzuhalten.

Lernstandserhebungen werden verpflichtend[127] durchgeführt. Einwilligungen kommen 69 daher mangels Freiwilligkeit nicht in Betracht. Es bedarf vielmehr für die Durchführung der Lernstandserhebungen einer gesetzlichen Ermächtigungsgrundlage. Eine rechtmäßige Verarbeitung zur Wahrung berechtigter Interessen iSv Art. 6 Abs. 1 S. 1 lit. f DS-GVO kommt dabei nicht in Betracht, weil diese Rechtsgrundlage nicht für Behörden gilt (Art. 6 Abs. 1 S. 2 DS-GVO). Eine rechtmäßige Verarbeitung nach Art. 6 Abs. 1 S. 1 lit. c und/oder lit. e DS-GVO kommt ebenfalls nicht in Betracht.[128] Eine damit erforderliche nationale Rechtsnorm muss nach der DS-GVO grundsätzlich gesehen zwar kein Parlamentsgesetz sein, allerdings im Einklang mit mitgliedstaatlichem Verfassungsrecht stehen. In Deutschland bedarf es aufgrund des Gesetzesvorbehalts bei Grundrechtseingriffen durch öffentliche Stellen – was hier der Fall ist – eines formellen Gesetzes.[129] Verwaltungsvorschriften beispielsweise sind keine formellen Gesetze und stellen daher keine den Anforderungen der DS-GVO genügende datenschutzrechtliche Ermächtigungsnorm dar. Manche Schulgesetze der Länder wiederum genügen nicht den Anforderungen an eine hinreichend konkrete datenschutzrechtliche Ermächtigungsgrundlage, weil sie etwa nur als Kann-Vorschrift ausgestaltet sind. Wichtig ist in diesem Zusammenhang auch, dass sich

---

Rehabilitation 1999, 342 ff. Danach stellen schulische Entwicklungsstörungen in vielen Fällen keine Behinderung dar. Nach der internationalen statistischen Klassifikation der Krankheiten und verwandter Gesundheitsprobleme – aktuell die ICD-10-Klassifikation, Version 2016 – werden Störungen wie beispielsweise die Lese-Rechtschreib-Schwäche, Leserückstand, Dyskalkulie etc jedoch als Entwicklungsstörungen unter der Chiffre ICD-10 F81 zusammengefasst. Im Rahmen dieses Beitrags wird daher, auch mit Blick auf das hohe Schutzgut des Datenschutzes, davon ausgegangen, dass schulische Entwicklungsstörungen besonders sensible (Gesundheits-) Daten iSvArt. 9 Abs. 1 DS-GVO darstellen.

[124] Vgl. ErwGr 51 DS-GVO.
[125] Ziel der Lernstandserhebungen ist eine evidenzbasierte Qualitätsentwicklung und -sicherung der Länder, vgl. Gesamtstrategie der Kultusministerkonferenz zum Bildungsmonitoring 2015, 13.
[126] Vgl. Buchner in Kühling/Buchner DS-GVO Art. 4 Rn. 6.
[127] Abrufbar unter https://www.iqb.hu-berlin.de/vera, zuletzt abgerufen am 24.6.2018.
[128] Vgl. Buchner/Petri in Kühling/Buchner DS-GVO Art. 6 Rn. 78.
[129] Vgl. Wolff/Brink in BeckOK DatenschutzR BDSG § 4 Rn. 8.

aus der Ermächtigungsnorm heraus möglichst präzise die Datenschutzinteressen abbilden[130] und sich ergibt, „welche Stelle unter welchen Voraussetzungen zu welchen Zwecken welche personenbezogenen Daten in welcher Weise verwenden darf".[131] Aus diesem Grund kann auch nicht ohne Weiteres auf die Auffangnormen der Landesdatenschutzgesetze als Ermächtigungsnorm zurückgegriffen werden, sofern sich nicht die Aufgaben und Befugnisse der Behörde aus weiteren (Schul-) Gesetzen hinreichend konkret und den Grundsätzen wie Datensparsamkeit und Zweckbindung entsprechend ergeben. Dies gilt umso mehr, da im Rahmen der Lernstandserhebungen besonders sensible Daten verarbeitet werden. Eine alleinige Subsumtion unter den gesetzlich normierten Erziehungs- und Bildungsauftrag genügt daher nicht.[132]

70 Die Erhebung der Kontextdaten, also etwa Informationen zur Herkunft und einem möglichen Migrationshintergrund, muss in diesem Zusammenhang ebenfalls inhaltlich von der Ermächtigungsnorm abgedeckt sein. In Bezug auf den Grundsatz der Datenminimierung nach Art. 5 Abs. 1 lit. c DS-GVO stellt sich hingegen die Frage, ob die Erhebung von Daten, welche über die Zweckerfüllung, also die Erhebung und Analyse des Wissens- und Kompetenzstands der Schüler, hinausgeht, noch rechtmäßig ist – was hier verneint wird.

71 Die oben genannten Grundsätze gelten auch für die Pilotierungen der Lernstandserhebungen.

72 Der zweite Kernprozess der Vergleichsarbeiten betrifft die statistische Auswertung und Rückmeldung an die Schulen. Ergänzend zu den oben gemachten Ausführungen kommt hier idR zum Tragen, dass die Daten bei den Auswertungen und Rückmeldungen anonymisiert sind, die Daten einer bestimmten Person also nicht mehr zugeordnet werden können.[133] Die Grundsätze des Datenschutzrechts sind in diesem Fall also nicht mehr auf den Vorgang anwendbar.[134] Dies gilt aber nicht, wenn es sich nur um scheinbar anonyme Daten handelt.[135] Solche scheinbar anonymen Daten kann es in diesem Zusammenhang geben, wenn etwa in einer Klasse einer Person über ihr Geschlecht oder sonstige persönliche Merkmale (etwa eine Lese-Rechtschreib-Schwäche) Daten zugeordnet werden können.

73 Grundsätzlich nicht zulässige[136] nachträgliche Zweckänderungen bei der Auswertung der Vergleichsarbeiten sind unter bestimmten Voraussetzungen möglich. Der Zweckbindungsgrundsatz des Art. 5 Abs. 1 lit. b DS-GVO kann zwar nicht durch mitgliedstaatliches Recht abbedungen werden. Art. 6 Abs. 4 DS-GVO stellt keine entsprechende Öffnungsklausel dar.[137] Aus Art. 5 Abs. 1 lit. b DS-GVO geht jedoch hervor, dass eine Weiterverarbeitung von personenbezogenen Daten für im öffentlichen Interesse liegende Archivzwecken, für wissenschaftliche oder historische Zwecke grundsätzlich mit dem Zweckbindungsgrundsatz der DS-GVO im Einklang steht. Allerdings ergibt sich aus Art. 89 DS-GVO, dass auch diese Zwecke den allgemeinen Voraussetzungen der DS-GVO entsprechen müssen, insbesondere dem Grundsatz der Datenminimierung. Lernstandserhebungen und darauf basierende Studien dienen dem öffentlichen Interesse[138] im Rahmen des staatlichen Bildungs- und Erziehungsauftrags und unterfallen den wissenschaftlichen Zwecken im Sinne dieser Normen. Nachträgliche Zweckänderungen der im Rahmen von Lernstandserhebungen gesammelten Daten sind daher möglich, solange sie wissenschaftlichen Zwecken zur Wahrnehmung des staatlichen Bildungs- und Erziehungs-

---

[130] Forgo/Graupe/Pfeiffenbring Die Deutsche Schule 2015, 351.
[131] Wolff/Brink in BeckOK DatenschutzR BDSG § 4 Rn. 5.
[132] AA wohl Herbst SchVw Nl 5/2015, 149.
[133] Ernst in Paal/Pauly DS-GVO Art. 4 Rn. 48.
[134] Vgl. ErwGr 26 DS-GVO.
[135] Ernst in Paal/Pauly DS-GVO Art. 4 Rn. 50.
[136] Forgo/Graupe/Pfeiffenbring Die Deutsche Schule 2015, 346.
[137] Buchner/Petri in Kühling/Buchner DS-GVO Art. 6 Rn. 180.
[138] Der Bereich der öffentlichen Gesundheit unterfällt ausdrücklich dem öffentlichen Interesse, vgl. ErwGr 159 DS-GVO.

auftrags dienen und insbes. den Grundsatz der Datenminimierung beachten, was bei Anonymisierung der Daten stets unterstellt werden kann.

10. Datengestütztes Bildungsmonitoring

Bei statistischen Analysen des Bildungsmonitorings wie etwa dem Ländervergleich und IQB-Bildungstrend ist die DS-GVO anwendbar, wenn personenbezogene Daten verarbeitet werden. Lediglich anonyme Daten unterfallen nicht der DS-GVO. Insofern gilt das zu den Lernstandserhebungen Ausgeführte analog. 74

11. Datenschutzrechtliche Fragen bei der Schulbuchzulassung

Traditionell sind Schulbücher analoge Medien. Deren Einsatz im Unterricht wird in den meisten Bundesländern[139] überwiegend durch Gesetze, Verordnungen oder Erlasse geregelt.[140] Von der Schulbuchzulassung ausgenommen sind teilweise bestimmte Lernmittel wie Atlanten oder Wörterbücher. 75

Zunehmend werden analoge Schulbücher jedoch durch digitale Medien ergänzt oder ersetzt. Dabei handelt es sich zum einen um Schulbücher, die ein elektronisches Format bekommen, etwa ein PDF, aber ggf. auch um Cloud-Services und (interaktive) Apps. Aktuell ist die Prüfung ggf. vorhandener datenschutzrechtlicher Anforderungen an digitale Schulmedien nicht Bestandteil der Schulbuchzulassungsverfahren. Im Ergebnis bedeutet das allerdings, dass zugelassene digitale Schulbücher nicht automatisch auch datenschutzrechtlichen Anforderungen genügen. 76

Es stellt sich daher die Frage, ob der Prüfungskatalog des Schulbuchzulassungsverfahrens für digitale Schulbücher erweitert werden sollte. Dafür spricht, dass auf diesem Weg Klarheit für alle Beteiligten geschaffen würde – vom Lehrer über den Schüler und seine Eltern bis hin zum Anbieter des digitalen Lernmediums, sowie dass Sinn und Zweck der Schulbuchzulassung, nämlich die Durchführung einer Qualitätskontrolle, auch den Aspekt des Datenschutzes abdecken könnte.[141] Da der Datenschutz aber unabhängig von einer Prüfung im Schulbuchzulassungsverfahren einzuhalten ist, kann seine Einhaltung grundsätzlich nicht von einer Aufnahme in das Prüfungsverfahren abhängig gemacht werden. 77

12. Elektronisches Klassenbuch

Ein elektronisches Klassenbuch kann mit Krankheitsmeldungen auch besondere Kategorien personenbezogener Daten enthalten. Ebenfalls kann grundsätzlich gemäß Art. 9 DS-GVO das elektronische Klassenbuch (zB bei Kommentaren zum Verhalten von Schülern oder Notenrelevanz) in den Bereich des Profilings fallen. 78

13. Tablet-Klassen

Bei dem Einsatz von Tablets im Unterricht ist zu unterscheiden zwischen von den Schülern privat erworbenen und sodann (auch) für schulische Zwecke eingesetzten Endgeräten, von der öffentlichen Hand gestellten Endgeräten und – im Bereich der beruflichen Schulen – vom Arbeitgeber/Ausbilder zur Verfügung gestellten Endgeräten. 79

Bei privat erworbenen Endgeräten, welche im schulischen Alltag eingesetzt werden, gelten die im Rahmen des Instituts Bring your own device (BYOD) entwickelten Grundsätze analog. Der sachliche Anwendungsbereich der DS-GVO ist nach Art. 2 Abs. 2 lit. c DS-GVO nicht eröffnet, wenn eine natürliche Person Daten zur ausschließli- 80

---

[139] Vgl. Stöber Schulbuchzulassung in Deutschland, Grundlagen, Verfahrensweisen und Diskussionen, 3f.
[140] Vgl. Stöber Schulbuchzulassung in Deutschland, Grundlagen, Verfahrensweisen und Diskussionen, 3.
[141] So im Ergebnis auch Kultusministerkonferenz (KMK) Bildung in der digitalen Welt, Strategiepapier der Kultusministerkonferenz laut Beschluss vom 8.12.2016, 31, abrufbar unter https://www.kmk.org/fileadmin/Dateien/pdf/PresseUndAktuelles/2016/Bildung_digitale_Welt_Webversion.pdf, zuletzt abgerufen am 24.6.2018.

chen persönlichen oder familiären Nutzung verarbeitet (→ § 3 Rn. 27f.). Nicht erfasst sind also Verarbeitungen von personenbezogenen Daten, soweit sie ohne (jeden)[142] Bezug zu einer beruflichen oder wirtschaftlichen Tätigkeit vorgenommen werden.[143] Die schulische Nutzung unterfällt dieser Ausnahmeregelung – nach Sinn und Zweck der Vorschrift – nicht. Eine Vermengung von Tätigkeiten „infiziert" die private Nutzung und führt dazu, dass die gesamte Nutzung dem Anwendungsbereich der DS-GVO unterfällt.[144]

81 Endgeräte, welche vom Arbeitgeber bzw. Ausbilder zu schulischen (und ggf. zudem beruflichen) Zwecken zur Verfügung gestellt werden, sowie Endgeräte, welche von der öffentlichen Hand zum Einsatz in der Schule beschafft wurden, dienen einer nicht-privaten Nutzung und unterliegen daher nicht der Ausnahmeregelung des Art. 2 Abs. 2 lit. c DS-GVO.

14. Dienstgeräte von Lehrern

82 Lehrer arbeiten derzeit idR mit privaten Endgeräten, häufig von zu Hause aus. Um die datenschutzrechtlichen Anforderungen zu gewährleisten, sollen Dienstanweisungen oder Verwaltungsvorschriften befolgt werden. Eine solche Dienstanweisung des Landes NRW,[145] welche die Lehrkräfte aufforderte, einen Antrag auf Genehmigung des privaten Endgeräts zu stellen, geriet als nicht durchführbar in die Kritik,[146] wenngleich dies in den vergangenen Jahren in vergleichbarer Form bereits gängige Praxis war.[147]

83 Um datenschutz-, lizenz-, haftungs- und strafrechtliche Konfliktfälle zu reduzieren und grundlegende Sicherheitsstandards in Bezug auf die Konfiguration des Geräts aber auch die darüber erfolgende Kommunikation einhalten zu können,[148] sind dienstlicher Geräte zur ausschließlichen dienstlichen Nutzung für Lehrer eine Möglichkeit zur Gewährleistung der datenschutzrechtlichen Anforderungen.

15. Lern-Apps

84 Wie bei anderen Apps gilt auch bei speziell auf Lehr- und Lern-Apps zugeschnittenen Angeboten[149] der Grundsatz der Datenminimierung. Da App-Anbietern häufig vorgeworfen wird, übermäßig viele personenbezogene Daten zu erheben,[150] müssen bereits bei der Entwicklung der Apps, aber auch bei Auslieferung der App datenschutzkonforme Einstellungen vorgenommen werden („Privacy by Design" und „Privacy by Default").[151] Dies

---

[142] Ernst in Paal/Pauly DS-GVO Art. 2 Rn. 16.
[143] ErwGr 18 DS-GVO.
[144] Vgl. Ernst in Paal/Pauly DS-GVO Art. 2 Rn. 16.
[145] Geänderte Dienstanweisung für die automatisierte Verarbeitung personenbezogener Daten in der Schule (DA ADV-BASS 10–41 Nr. 4) vom 19.1.2018.
[146] Bialdiga Datenschutz-Regelung erschwert Arbeit der NRW-Lehrer, General-Anzeiger vom 25.3.2018, abrufbar unter http://www.general-anzeiger-bonn.de/news/politik/nrw/Datenschutz-Regelung-erschwert-Arbeit-der-NRW-Lehrer-article3815903.html, zuletzt abgerufen am 24.6.2018; Lorenz Tipps zum Umgang mit privaten Endgeräten in Schule, Fragen und Antworten zu Laptops, Handys, Tablets und Co., abrufbar unter https://www.gew-nrw.de/meldungen/detail-meldungen/news/tipps-zum-umgang-mit-privaten-endgeraeten-in-schule.html, zuletzt abgerufen am 24.6.2018; Korfmann Datenschutz: Debatte um Lehrer-PC spitzt sich zu, Westfälische Rundschau vom 20.3.2018, abrufbar unter https://www.wr.de/politik/debatte-um-lehrer-pc-spitzt-sich-zu-id213776723.html, zuletzt abgerufen am 24.6.2018. Vgl. Brüggemann PinG 2014, 10 ff.
[147] Vgl. Abel SchVw BW 2016, 52 ff.
[148] Vgl. Brüggemann PinG 2014, 10 ff.
[149] Welche bei Erhebung sensibler Daten einem erhöhten Schutzanspruch genügen müssen, vgl. dazu grundsätzlich Düsseldorfer Kreis Orientierungshilfe zu den Datenschutzanforderungen an App-Entwickler und App-Anbieter, 2014.
[150] Vgl. Artikel-29-Datenschutzgruppe, Stellungnahme 02/2013 zu Apps auf intelligenten Endgeräten, 00461/13/DE, WP 202, 27.2.2013, 34.
[151] Schreiber Apps und die Datenschutzgrundverordnung, 5.3.2018, abrufbar unter https://www.adzine.de/2018/02/apps-und-die-datenschutz-grundverordnung-dsgvo/, zuletzt abgerufen am 24.6.2018.

bedeutet etwa eine frühestmögliche Anonymisierung der Daten,[152] aber bei Erhebung personenbezogener Daten auch die Zurverfügungstellung leicht verständlicher Informationen für Eltern und für Kinder darüber, „welche Daten die App erhebt, speichert oder weiterreicht, um mögliche Risiken abschätzen zu können bzw. die Abschätzung zu lernen".[153]

Der räumliche Anwendungsbereich der DS-GVO ist – die Verarbeitung personenbezogener Daten an dieser Stelle vorausgesetzt – bei der Verwendung der Apps im Unterricht spätestens nach Art. 3 Abs. 2 lit. a und/oder b DS-GVO gegeben. 85

Die datenschutzrechtliche Verantwortlichkeit[154] liegt zum einen bei dem jeweiligen Anbieter der App. Darüber hinaus kommt eine gemeinsame Verantwortlichkeit iSv Art. 26 DS-GVO in Betracht, wenn Apps an Schulen eingesetzt werden. In diesem Zusammenhang sind die oben benannten Kriterien zur Ermittlung des Verantwortlichen relevant. 86

IV. Aufsicht, Maßnahmen und Rechtsschutz

1. Aufsicht

Es besteht für jede betroffene Person die Möglichkeit, Beschwerde bei der Aufsichtsbehörde nach Art. 77 DS-GVO einzulegen. Zuständige Aufsichtsbehörde ist der für das jeweilige Bundesland zuständige Landesbeauftragte für den Datenschutz. 87

2. Rechte der Schüler

Schülern steht das Auskunftsrecht nach Art. 15 DS-GVO, das Recht auf Berichtigung nach Art. 16 DS-GVO sowie das Recht auf Löschung nach Art. 17 DS-GVO zu (dazu → § 3 Rn. 116 ff.). Das Recht auf Löschung umfasst dabei nicht das Recht, schulinterne Dokumentationen bei Pflichtverletzungen durch den Schüler zu unterbinden.[155] 88

Das Recht auf Berichtigung nach Art. 16 DS-GVO betrifft die Korrektur unrichtiger personenbezogener Daten und steht Schülern grundsätzlich zu. Hinsichtlich der Korrektur von Leistungsnachweisen dürfte die Rechtsprechung des EuGH[156] zur RL 95/46 EG (Datenschutz-Richtlinie) auf die DS-GVO übertragbar sein. Denn obgleich die gegebenen Antworten im Rahmen von Leistungsnachweisen wie Klassenarbeiten oder Klausuren dabei zwar aufgrund der Widerspiegelung des Kenntnisstandes und Kompetenzniveaus eines Schülers sowie seiner Gedankengänge, seines Urteilsvermögen und seines kritischen Denkens ebenfalls personenbezogene Daten sind, erstreckt sich das Recht auf Berichtigung nicht auf eine Korrektur falsch gegebener Antworten, denn diese Art von „Berichtigung" ist nicht von Sinn und Zweck der DS-GVO umfasst. 89

Die bei einem Schulwechsel (zB zwischen Grundschule und einer weiterführenden Schule oder aufgrund eines Umzugs) notwendige Datenübermittlung fällt jedenfalls nicht unter Art. 20 DS-GVO (Datenportabilität), sondern stellt eine Datenverarbeitung im Sinne einer Offenlegung durch Übermittlung nach Art. 4 Nr. 2 DS-GVO dar. Auf die Art der Übermittlung kommt es nicht an; eine Übermittlung kann daher sowohl durch einen Brief als auch elektronisch erfolgen.[157] 90

---

[152] Schreiber Apps und die Datenschutzgrundverordnung, 5.3.2018, abrufbar unter https://www.adzine.de/ 2018/02/apps-und-die-datenschutz-grundverordnung-dsgvo/, zuletzt abgerufen am 24.6.2018.
[153] Best Prattcice Katalog „Verbraucherfreundliche Best-Practice bei Apps, Eine Orientierungshilfe für die Praxis", erstellt unter Mitwirkung von App-Store-Betreibern, App-Entwicklern, App-Anbietern, App-Testern sowie Verbraucher- Daten- und Jugendschützern, 2017.
[154] Vgl. eingehend zur Bestimmung der verantwortlichen Stelle Baumgartner/Ewald Apps und Recht, Rn. 190 ff.
[155] VG Hannover BeckRS 2004, 23787.
[156] EuGH NJW 2018, 767 – Nowak.
[157] Ernst in Paal/Pauly DS-GVO Art. 4 Rn. 30.

3. Rechte der Lehrer (insbes. Remonstration)

91 Neben dem Recht auf Beschwerde bei der Aufsichtsbehörde nach Art. 77 DS-GVO kommen bei Lehrern Rechte aus dem Dienstverhältnis in Betracht, bei verbeamteten Lehrern insbes. die Remonstration. Regelungen dazu finden sich in den jeweiligen Landesbeamtengesetzen.

4. Haftungsfragen (insbes. Grad der Verantwortung des Verantwortlichen)

92 Bei Beteiligung mehrerer Verantwortlicher haftet nach Art. 82 Abs. 4 DS-GVO im Außenverhältnis jeder für den vollen Schaden. Im Innenverhältnis kann ein Ausgleich entsprechend des jeweiligen Verantwortungsbeitrags erfolgen.[158] Konkurrierende Ansprüche bleiben unberührt,[159] etwa Ansprüche im Rahmen der Staatshaftung nach Art. 34 GG, § 839 BGB oder aufgrund vertraglicher oder deliktischer Haftung, auch gegen den eventuell persönlich haftenden Bediensteten.[160]

---

[158] Quaas in BeckOK DatenschutzR DS-GVO Art. 82 Rn. 45.
[159] ErwGr 146 DS-GVO.
[160] Gola/Piltz in Gola DS-GVO Art. 82 Rn. 28.

§ 25 Datenschutz in Kultureinrichtungen, Bibliotheken und Archiven

Übersicht

Rn.

I. Einleitung 1
II. Rechtsgrundlagen 7
   1. EU-Recht 8
   2. Bundesrecht 12
   3. Landesrecht 13
III. Bestandsdatenschutz in Archiven und Bibliotheken 17
   1. Sammeln 21
   2. Erschließen 32
   3. Zugänglichmachen 39
IV. Nutzerdatenschutz in Archiven und Bibliotheken 44
   1. Zulassung zur Benutzung 45
   2. Erfassung von Benutzungsvorgängen 52
V. Datenschutz in anderen Kultureinrichtungen 61
VI. Datenschutz im Denkmalschutz 65
VII. Rechtsschutz 66

Literatur:
Albrecht, Verwaiste Werke, 2017; *Assmann*, Das kulturelle Gedächtnis, 6. Aufl. 2007; *Becker/Oldenhage*, Bundesarchivgesetz, 2006; *Becker/Rehm*, Archivrecht für die Praxis, 2017; *Bleyl*, Archivwesen und Datenschutz, Brandenburgische Archive (6) 1995, 12; *Brunnert*, Handlungsfelder der präventiven Konservierung, in: Walz, Handbuch Museum, 2016, S. 222–235; *Diesterhöft*, Persönlichkeits- und datenschutzrechtliche Probleme der digitalen Zugangseröffnung zu analogen Inhalten durch Archive und Bibliotheken, in: Hinte/Steinhauer, Digitale Bibliotheken und ihr Recht – ein Stiefkind der Informationsgesellschaft, 2014, S. 51–84; *Euler/Steinhauer*, Pflichtexemplare im digitalen Zeitalter, in: Hinte/Steinhauer, Digitale Bibliotheken und ihr Recht – ein Stiefkind der Informationsgesellschaft, 2014, S. 109–140; *Graef*, Recht der E-Books und des Electronic Publishing, 2016; *Hausmann*, Archivrecht, 2016; *Herkenhoff*, Datenschutz versus Bestandsschutz in Sondersammlungen, Bibliothek Forschung und Praxis 30 (2006), 203; *Heckmann*, Die retrospektive Digitalisierung von Printpublikationen, 2011; *Kaiser*, Archiv und Recht, in: Lepper/Raulff, Handbuch Archiv, 2016, S. 107–117; *Kirchner*, Bibliotheks- und Dokumentationsrecht, 1981; *Klein*, Rechtliche Aspekte bei der Veröffentlichung elektronischer Findmittel, in: Andre/Rehm, Schutzwürdig – Zu Aspekten des Zugangs bei Archivgut, 2013, S. 50–67; *Manegold*, Archivrecht, 2002; *Meilinger*, Datenschutz im Bereich von Information und Dokumentation, 1984; *Müller*, Rechtsprobleme bei Nachlässen in Bibliotheken und Archiven, 1983; *Rasche*, Datenschutz in Bibliotheken – Speicherung von Benutzerdaten nach Rückgabe der Medien, in: Bibliotheksdienst 22 (1988), S. 361–365; *Schiffers*, Ombudsmann und Kommission zur Aufklärung wissenschaftlichen Fehlverhaltens an Hochschulen, 2012; *Schneider*, Autonome Satzung und Rechtsverordnung, in: Hefermehl/Nipperdey, Festschrift für Philipp Möhring zum 65. Geburtstag, 1965, S. 521–542; *Seiler*, Zulässigkeit des Scannens oder Kopierens von Personalausweisen, DSRITB 2014, 685; *Vogt*, Bayerisches Datenschutzgesetz und Bibliotheken, in: Bibliotheksforum Bayern 2 (1974), 3; *Vogt*, Datenschutz in Geschichte und Gegenwart, in: Dietz/Pannier, Festschrift für Hildebert Kirchner zum 65. Geburtstag, 1985, S. 385–391; *Winkler*, Datenschutz in Bibliotheken mit öffentlicher Trägerschaft, 1980.

I. Einleitung

Ein intensiver Umgang mit personenbezogenen Daten kennzeichnet seit jeher die Arbeit von **Archiven** und **Bibliotheken.** Sie sammeln diese Daten in Form von Veröffentlichungen unterschiedlichster Art und erschließen sie in speziellen Verzeichnissen und Katalogen. Daher können Inhalte mit Personenbezug in Archiven und Bibliotheken besonders leicht gefunden und genutzt werden. Während Bibliotheken in der Regel nur bereits publiziertes Material sammeln, finden sich in Archiven Unterlagen, die nicht zur Veröffentlichung bestimmt und daher besonders schützenswert sind. Neben Archiven und Bibliotheken verarbeiten auch **Museen** und andere Kultureinrichtungen bei der Wahrnehmung ihrer Aufgaben personenbezogene Daten. 1

2   Soweit Kultureinrichtungen die Funktionen von Gedächtnisinstitutionen haben, lassen sich die datenschutzrechtlichen Probleme **zwei Bereichen** zuordnen. Zum einen geht es um den gesammelten, erschlossenen und Nutzern vermittelten Bestand, zum anderen um personenbezogene Daten der Nutzer selbst. Während sich Fragen des **Bestandsdatenschutzes** nur in Gedächtnisinstitutionen stellen, ist der **Nutzerdatenschutz** (zu den anders verstandenen Begriffen Bestandsdaten und Nutzerdaten im TK-Recht → § 18 Rn. 24 ff.) für alle Kultureinrichtungen relevant.

3   Der **Bestandsdatenschutz** in Gedächtnisinstitutionen steht in einer gewissen Spannung zu ihrem Auftrag, ein generationenübergreifendes kulturelles Gedächtnis aufzubauen. Datenschutzfragen beziehen sich auf das kommunikative Gedächtnis der Gegenwart.[1] Eingriffe in dieses Gedächtnis durch Löschungen oder Berichtigungen schützen zwar die informationelle Selbstbestimmung jetzt lebender Personen, sie setzen sich aber als Überlieferungslücken und Leerstellen im kulturellen Gedächtnis dauerhaft fort, obwohl sich datenschutzrechtliche Probleme durch Zeitablauf, vor allem aber durch den Tod der betroffenen Personen erledigen.[2] Im historischen Rückblick erweist sich die datenschutzrechtliche Unbekümmertheit früherer Generationen oft als Segen für die historische Forschung, während ein hoher Datenschutzstandard künftige historische Quellen beeinträchtigen kann oder gar nicht erst entstehen lässt. Diese **Spannung zwischen dem kommunikativen und dem kulturellen Gedächtnis** gilt es zu sehen, um die Problemstellungen beim Bestandsdatenschutz in Gedächtnisinstitutionen richtig einordnen zu können.

4   Hinzu kommt ein weiterer Konfliktbereich, nämlich das Verhältnis zwischen der in Art. 5 GG sowie Art. 11, 13 GRCh gewährleisteten **Forschungs- und Informationsfreiheit** auf der einen und dem Recht auf informationelle Selbstbestimmung aus Art. 2 Abs. 1 iVm Art. 1 Abs. 1 GG bzw. Art. 7, 8 GRCh auf der anderen Seite. Vor allem im Bereich der zeitgeschichtlichen Forschung wird Datenschutz oft als Forschungshindernis empfunden.[3]

5   Als **Kultureinrichtungen** werden in diesem Abschnitt die **von der öffentlichen Hand getragenen Kulturinstitutionen** wie Archive, Bibliotheken und Museen als Gedächtnisinstitutionen sowie Einrichtungen der kulturellen Bildung und Praxis wie Theater, Orchester, Musik- und Jugendkunstschulen verstanden. Miteinbezogen wird der sachlich eng damit verbundene Denkmalschutz.

6   Datenschutzrechtliche Probleme von Kultureinrichtungen beschäftigen nur selten die Gerichte. Auch die einschlägige Literatur ist, sieht man von spezifisch archivrechtlichen Arbeiten einmal ab, überschaubar.[4] Wichtigste Grundlage der nachfolgenden Ausführungen bilden daher die **Tätigkeitsberichte der Landesdatenschutzbeauftragten,** die sich regelmäßig auch mit Datenschutzproblemen im Kulturbereich befassen und so die in der Praxis relevanten Problembereiche gut widerspiegeln.

II. Rechtsgrundlagen

7   Datenschutzrechtliche Bestimmungen für Kultureinrichtungen finden sich auf allen Ebenen der Rechtsordnung. Besondere Bedeutung für eine konkrete Einrichtung haben Datenschutzbestimmungen in den jeweiligen **Benutzungsregelungen.** Diese Bestimmungen konkretisieren oder vervollständigen europäische und parlamentsgesetzliche Vorgaben. Sie enthalten, soweit das höherrangige Recht hier Regelungsspielräume eröffnet, zudem für ihren Bereich spezielle Befugnisse zur Verarbeitung personenbezogener Daten.

---

[1] Dazu grundlegend Assmann Das kulturelle Gedächtnis, 48–56.
[2] ErwGr 158, 160 DS-GVO.
[3] Bay. LfD, LT-Drs. 11/14417, 45 f.; Hess LfD, LT-Drs. 9/5873, 20.
[4] Hess LfD, LT-Drs. 8/438, 22 bezeichnet das Bibliothekswesen als „abgelegene(s) Gebiet".

§ 25 Datenschutz in Kultureinrichtungen, Bibliotheken und Archiven   Teil C

1. EU-Recht

Die für Kultureinrichtungen zentrale datenschutzrechtliche Rechtsgrundlage ist die **DS-** 8
GVO. Zwar gilt sie nach Art. 2 Abs. 2 lit. a DS-GVO nur im Anwendungsbereich des Unionsrechts, sodass fraglich sein könnte, ob mangels einer umfassenden europäischen Kulturkompetenz die Verarbeitung personenbezogener Daten in Kultureinrichtungen überhaupt erfasst wird.[5] Jedoch zielt die DS-GVO auf eine Vollharmonisierung des Datenschutzrechts ab. Dieses Ziel lässt sich nur mit einer alle Bereiche umfassenden europäischen Regelung erreichen, sodass die DS-GVO wegen Art. 5 Abs. 3 EUV auch den kulturellen Bereich betrifft.[6] Für dieses Ergebnis spricht zudem, dass gerade im Kulturbereich die Verarbeitung personenbezogener Daten häufig im Zusammenhang mit der bereits stark europarechtlich regulierten Nutzung von geistigem Eigentum erfolgt. Der Datenschutz stellt damit ein ergänzendes und paralleles Politik- und Handlungsfeld der EU dar, das insoweit auch gleichen Harmonisierungszielen unterliegen sollte.

Die DS-GVO ist als europäische Verordnung nach Art. 288 Abs. 2 AEUV **unmittel-** 9
bar geltendes Recht. Soweit sie Regelungen enthält, kommt es auf nationale Bestimmungen auf Bundes- oder Landesebene nur noch insoweit an, als diese Regelungen in der DS-GVO vorgesehene Öffnungsklauseln umsetzen oder eingeräumte Regelungsspielräume nutzen. In diesem Fall ist die DS-GVO funktional als Richtlinie zu verstehen, die durch nationale Gesetzgebung ausgefüllt wird.[7]

Nationale Bestimmungen sollen die DS-GVO nicht einfach wiederholen, um die un- 10
mittelbare Wirkung der Richtlinie nicht zu verschleiern.[8] Wiederholende Bestimmungen sollen künftig nur noch zulässig sein, wenn dies für die Verständlichkeit einer nationalen Regelung erforderlich ist.[9] Für die Rechtsanwendung bedeutet dies, dass vorrangig die DS-GVO zu beachten ist. Im nationalen Recht ist danach nur noch nach in der Regel bereichsspezifischen Ausnahmen oder Modifizierungen sowie nach gesetzlichen Erlaubnissen für die Verarbeitung personenbezogener Daten in bestimmten Fällen zu suchen. Gerade für Kultureinrichtungen, die von der öffentlichen Hand getragen werden, verweist Art. 6 Abs. 1 lit. e DS-GVO über Art. 6 Abs. 2 und 3 S. 1 lit. b DS-GVO in das nationale Recht und stellt damit eine **„Scharniernorm"** für eine im Wesentlichen nationale bereichsspezifische Gesetzgebung dar.[10] Besondere Bedeutung wird daher in Zukunft einer sorgfältigen Formulierung der jeweiligen **Aufgaben von Kultureinrichtungen in Rechtsvorschriften** zukommen.

Zweifelhaft ist, ob von der öffentlichen Hand getragene Kultureinrichtungen sich bei 11
der Verarbeitung personenbezogener Daten auch auf Art. 6 Abs. 1 lit. f DS-GVO berufen können, der nach Art. 6 Abs. 1 S. 2 DS-GVO nicht für **Behörden** in Erfüllung ihrer Aufgaben gilt. Teilweise wird angenommen, dass immer dann, wenn eine Einrichtung der öffentlichen Hand schlicht-hoheitlich handelt, keine Behördeneigenschaft vorliegt.[11] Danach könnten sich viele Datenverarbeitungen in den Kultureinrichtungen gerade im Zusammenhang mit der Digitalisierung und der Erschließung von Beständen auf eine Erlaubnis aus einer Interessenabwägung stützen. Andererseits hatte das nationale Datenschutzrecht vor dem Inkrafttreten der DS-GVO für öffentliche Stellen, zu denen auch die Kultureinrichtungen der öffentlichen Hand gehören, regelmäßig eine gesetzliche Grundlage für die Zulässigkeit der Datenverarbeitung verlangt.[12] Zudem können auch Bibliotheken etwa im Pflichtexemplarrecht hoheitlich handeln und sogar Bußgelder verhängen,

---

[5] Vgl. Kaiser Archiv und Recht, 108.
[6] So auch BfDI, BT-Drs. 18/12500, 137.
[7] Eßer in Auernhammer BDSG § 2 Rn. 25.
[8] Sydow in Sydow DS-GVO Einl. Rn. 40.
[9] Sydow in Sydow DS-GVO Einl. Rn. 39.
[10] Nebel in Roßnagel Das neue DatenschutzR § 3 Rn. 98.
[11] Vgl. Assion/Nolte/Veil in GSSV DS-GVO Art. 6 Rn. 126; anders wohl Gola/Schulz in Gola DS-GVO Art. 6 Rn. 50.
[12] Meilinger Datenschutz, 166 f.

Steinhauer   701

was dann auch eine Behördeneigenschaft im Sinne der DS-GVO begründet. Aus Gründen der Rechtssicherheit sollten Datenverarbeitungen in Kultureinrichtungen daher, sofern sie nicht auf einer wirksamen Einwilligung im Sinne von Art. 6 Abs. 1 lit. a DS-GVO beruhen, stets auf eine Rechtsgrundlage nach Art. 6 Abs. 1 lit. e iVm Abs. 3 DS-GVO gestützt werden.

2. Bundesrecht

12 Für Kultureinrichtungen in Trägerschaft des Bundes und bundesunmittelbarer juristischer Personen gilt das **BDSG**, soweit keine speziellen bereichsspezifischen Regelungen bestehen, § 1 Abs. 1 S. 1 und 2 BDSG. So gibt es für das Bundesarchiv mit dem **BArchG** einen bereichsspezifischen Datenschutz für Bestandsinhalte. Als weitere bereichsspezifische Regelung sind §§ 77 bis 80 **KGSG** zu nennen, die sowohl für Behörden des Bundes als auch für die jeweils zuständigen Stellen der Länder gelten, sowie das **StUG**.

3. Landesrecht

13 Als Ausfluss ihrer Kulturhoheit werden die allermeisten Kultureinrichtungen von den Ländern, landesunmittelbaren juristischen Personen sowie in hohem Maße von den Kommunen unterhalten. Für die Verarbeitung personenbezogener Daten in diesen Einrichtungen ist daher ergänzend zur DS-GVO das jeweilige **Landesdatenschutzgesetz** einschlägig, soweit keine speziellen bereichsspezifischen Regelungen bestehen. Für die Archive sind hier die in allen Ländern bestehenden **Landesarchivgesetze** zu nennen. Zudem finden sich in den bislang verabschiedeten **Bibliotheksgesetzen** sowie in einigen Denkmalschutzgesetzen datenschutzrechtliche Bestimmungen. Bei den wissenschaftlichen Bibliotheken, die meist die von Hochschulen getragen werden, sind auch die **Hochschulgesetze** mit ihren datenschutzrechtlichen Bestimmungen zu beachten.[13] Für Schulbibliotheken sind die Datenschutzregelungen der **Schulgesetze** heranzuziehen.[14] Einen Sonderfall stellt das Berliner „Gesetz über Datenverarbeitung im Bereich der Kulturverwaltung" dar.

14 Im Landesrecht sind neben parlamentsgesetzlichen Vorgaben untergesetzliche Normen von erheblicher praktischer Bedeutung.[15] Hierbei handelt es sich um **Benutzungsordnungen** von Archiven und Bibliotheken, die, sofern eine gesetzliche Ermächtigungsgrundlage gegeben ist, eine Rechtsverordnung darstellen, ansonsten bei Einrichtungen in Trägerschaft von Selbstverwaltungskörperschaften, rechtsfähigen Stiftungen und Anstalten Satzungen sind. In den Benutzungsbestimmungen wird meist die Verarbeitung von Nutzerdaten geregelt. Die Benutzungsordnung ersetzt als gesetzliche Erlaubnis im Sinne von Art. 6 Abs. 1 S. 1 lit. e, Abs. 2 bzw. Abs. 3 S. 1 lit. b DS-GVO insoweit eine Einwilligung der betroffenen Personen in die Datenverarbeitung.

15 Um wirksam zu sein, muss die Benutzungsregelung ein **materielles Gesetz mit Außenwirkung** sein.[16] Hier ergeben sich in der Praxis zwei Probleme: Zum einen ist bei Benutzungsordnungen von Hochschulbibliotheken die Einbeziehung von hochschulexternen Nutzern in den Anwendungsbereich der Benutzungsordnung als Hochschulsatzung fraglich.[17] Hier sollte bei der Anmeldung zur Benutzung eine den Bestimmungen in der Benutzungsordnung inhaltlich entsprechende Datenschutzerklärung zur Einwilligung vorgelegt werden, sofern nicht im einschlägigen Hochschulgesetz oder in einem Bibliotheksgesetz die Nutzung der Hochschulbibliotheken durch Jedermann vorgesehen ist. Zum anderen gibt es immer noch Bibliotheken und Archive als unselbständige Anstalt im nachgeordneten Bereich oberster Landesbehörden, deren Benutzungsordnung in Form ei-

---

[13] LfD Nds., LT-Drs. 14/4000, 113.
[14] Hess LfD, LT-Drs. 14/2701, 34.
[15] Vgl. auch ErwGr 41 DS-GVO.
[16] Kühling/Klar/Sackmann DatenschutzR Rn. 381.
[17] Zum Problem Schneider FS Möhring, 521 (530).

§ 25 Datenschutz in Kultureinrichtungen, Bibliotheken und Archiven

ner sog Sonderverordnung, letztlich also einer **Verwaltungsvorschrift** ohne Normcharakter geregelt ist.[18] Auch hier ist die Vorlage einer gesonderten Datenschutzerklärung bei der Anmeldung zu empfehlen, am besten aber die Umwandlung der Benutzungsordnung in eine Rechtsverordnung anzustreben, wie dies bei vielen Landesarchiven bereits der Fall ist.

Auch wenn im Grundsatz Datenverarbeitungen öffentlicher Stellen nach Art. 6 Abs. 1 lit. e, Abs. 2, Abs. 3 S. 1 lit. b DS-GVO durch Rechtsvorschriften zu regeln sind, so bedeutet das nicht, dass für jede nur denkbare Verarbeitung eine **bereichsspezifische Regelung** vorhanden sein muss.[19] So kann eine hinreichend klare gesetzliche Zuweisung von Aufgaben, die im öffentlichen Interesse liegen, zusammen mit einer Auffangbestimmung in einem allgemeinen Datenschutzgesetz, bereits eine ausreichende Rechtsgrundlage für eine Datenverarbeitung bilden.[20] 16

III. Bestandsdatenschutz in Archiven und Bibliotheken

In **Bibliotheken** finden sich meist nur bereits **veröffentlichte Inhalte**. Wenn man hier nicht schon von einer Einwilligung insbesondere betroffener Autoren in die Verarbeitung ihrer personenbezogenen Daten ausgehen will,[21] so kann als Grundlage für die Verarbeitung der Sammlungs- und Erschließungsauftrag der Bibliotheken in Verbindung mit einer allgemeinen datenschutzrechtlichen Erlaubnisnorm gesehen werden.[22] 17

Anders stellt sich die Situation in den **Archiven** dar. Als Reaktion auf das Volkszählungsurteil des BVerfG wurden sowohl im Bund als auch in den Ländern eigene **Archivgesetze als bereichsspezifische Datenschutzgesetze** erlassen.[23] Sie regeln vor allem die Übernahme von Unterlagen in das Archiv sowie die Nutzung der Archivalien durch außenstehende Dritte. Ohne diese archivspezifischen Regelungen wären die Sammlung von Inhalten mit personenbezogenen Daten und deren Nutzung allein nach datenschutzrechtlichen Bestimmungen kaum möglich.[24] 18

Archivgesetze dienen dem Interessenausgleich zwischen dem Recht auf informationelle Selbstbestimmung und dem Informationsinteresse der Wissenschaft sowie der allgemeinen Öffentlichkeit.[25] Sie bilden die gesetzliche Grundlage für eine erlaubte Datenverarbeitung im Sinne von Art. 6 Abs. 1 lit. e, Abs. 2 bzw. Abs. 3 S. 1 lit. b DS-GVO. Zudem enthalten sie die nach Art. 89 Abs. 3 DS-GVO für Archive möglichen Ausnahmen von den strengen Verpflichtungen der DS-GVO.[26] Allerdings bleiben nach Art. 89 Abs. 1 DS-GVO die Grundentscheidungen der DS-GVO gültig. Das betrifft insbesondere 19

---

[18] Nach LDI NRW, LT-Vorlage 9/795, 209 f. reicht eine Verwaltungsvorschrift als gesetzliche Grundlage nicht aus; wenigstens eine Satzung ist zu fordern.
[19] Vgl. ErwGr 45 DS-GVO; Kühling/Martini et al. DSGVO und nationales Recht, 373 f.
[20] Heberlein in Ehmann/Selmayr DS-GVO Art. 6 Rn. 34; Petri in Kühling/Buchner DS-GVO BDSG § 3 Rn. 9; vgl. auch Bay. LT-Drs. 17/19628, 33.
[21] Eine Einwilligung für die Titelaufnahme durch öffentlich-rechtlich organisierte Einrichtungen lehnt Meilinger Datenschutz, 166 f. ab; siehe aber Gola/Klug/Körffer in Gola/Schomerus BDSG § 28 Rn. 33: „da der Autor davon ausgeht, dass seine einmal publizierte Autoreneigenschaft auch weiter verbreitet werden darf und soll".
[22] Vgl. Meilinger Datenschutz, 167–170; Vogt Bayerisches Datenschutzgesetz, 9 f.
[23] LfD Nds., LT-Drs. 10/4140, 29; Hess LfD, LT-Drs. 11/473, 13: Keine bloßen Generalklauseln, sondern bereichsspezifische, auf den Verwendungszweck zugeschnittene Informationsverarbeitungsregelungen; Becker/Oldenhage BArchG Einl. Rn. 9 f.
[24] LfD Nds., LT-Drs. 9/2235, 22; LfD Nds., LT-Drs. 10/5710, 42: Bloße „Archivklausel" im Datenschutzgesetz reicht nicht; LDI NRW, LT-Vorlage 9/795, 121.
[25] Zentrale Inhalte eines Archivgesetzes zählt LDI NRW, LT-Vorlage 9/1269, 233–235 sowie ULD SchlhH, LT-Drs. 9/1738, 29 f. auf; Rechtsgüter, die im Archivrecht zum Ausgleich zu bringen sind, nennt ULD SchlH, LT-Drs. 9/1326, 13.
[26] Vgl. Bay. LT-Drs. 17/19628, 45.

den Bereich der Datenminimierung sowie mögliche Pseudonymisierungen und Anonymisierungen bei der Vorlage von Archivalien.

20 Im Gegensatz zum Archivbereich finden sich im **Bibliothekswesen** nur wenige spezifische Datenschutzbestimmungen. Zwar wurde vereinzelt die Schaffung von Bibliotheksgesetzen als notwendige bereichsspezifische Rechtsgrundlage gefordert,[27] doch wurde der in den Bibliotheken vorhandene Bestand in der Praxis stets als datenschutzrechtlich unproblematisch qualifiziert.[28] Hier wird übersehen, dass auch in Bibliotheken in Gestalt von **Nachlässen** unveröffentlichte Archivalien zu finden sind. In jüngerer Zeit wirft die **Digitalisierung** gedruckter Bestandsinhalte neue, bislang kaum diskutierte datenschutzrechtliche Fragen auf.[29] Gleiches gilt für genuin digitale Inhalte wie Netzpublikationen, die seit einigen Jahren ebenfalls von Bibliotheken gesammelt werden, vgl. § 3 Abs. 3 DNBG. Hinzu kommen immer umfangreichere, mit ergänzenden Informationen versehene Katalogeinträge, die oftmals personenbezogene Daten enthalten, die über das in der zu katalogisierenden Vorlage zu findende durch die Verwendung von Normdateien oder die Verknüpfung mit weiteren Informationen deutlich hinausgehen.

1. Sammeln

21 Archive und Bibliotheken sammeln Inhalte, die mehr oder weniger durchgängig personenbezogene Daten enthalten. Sammeln bedeutet die Aufnahme dieser Inhalte in den Bestand der Einrichtung. Zum Bestandsaufbau gehören auch die **Mikroverfilmung** und die **Digitalisierung.** Aus datenschutzrechtlicher Sicht stellt bereits das Sammeln einen erlaubnispflichtigen Vorgang dar, wenn dabei personenbezogene Daten verarbeitet werden. Hierbei ist zwischen analog und digital vorliegenden Inhalten zu unterscheiden.

22 Die Sammlung von veröffentlichten **Druckschriften** wird erst bei der formalen Erschließung in Katalogen und Verzeichnissen datenschutzrechtlich relevant. Die bibliographische Verzeichnung ist als im öffentlichen Interesse liegende Aufgabe von Bibliotheken nach Art. 6 Abs. 1 lit. e, Abs. 3 S. 1. lit. b DS-GVO iVm § 3 BDSG bzw. entsprechenden landesrechtlichen Regelungen als Datenverarbeitung zur Erledigung von Verwaltungsaufgaben gestattet.[30]

23 Anders liegt der Fall bei **Netzpublikationen.** Sie werden schon mit der Aufnahme in ein Repositorium bzw. eine digitale Bibliothek verarbeitet. Die Zulässigkeit dieser Verarbeitung ergibt sich bei **Pflichtexemplarbibliotheken** aus ihrem gesetzlichen Sammelauftrag.[31] Zudem dürften jedenfalls mit Blick auf die Persönlichkeitsrechte von Autoren alle diejenigen Verarbeitungen zulässig sein, die zugleich einen Eingriff in das **Urheberrecht** darstellen und durch gesetzliche Schrankenbestimmungen, die ihrerseits ein auch öffentliches Interesse an einer Werknutzung zum Ausdruck bringen, gedeckt sind.[32]

24 Im Einzelfall können Publikationen **persönlichkeitsrechtlich problematische Inhalte** enthalten. So haben Landesdatenschutzbeauftragte die Praxis, Lebensläufe verpflichtend in Dissertationen zu publizieren, wiederholt beanstandet.[33] Da jedoch solche Lebensläufe auch einer vom Verfasser gewollten akademischen Selbstdarstellung dienen können,[34] sind **Bibliotheken** erst dann gehalten zu reagieren und die Arbeiten gegebenenfalls zu

---

[27] Bln. LfD, LT-Drs. 11/427, 32.
[28] Bln. LfD, LT-Drs. 12/5480, 46.
[29] Zur Digitalisierung von Zeitungen kritisch LfD RhPf., LT-Drs. 15/4300, 45 f.
[30] Vgl. Meilinger Datenschutz, 167–170; Vogt Bayerisches Datenschutzgesetz, 9 f.
[31] LfD Saarl., 24. Bericht, 117 f., abrufbar unter https://www.thm.de/zaftda/tb-bundeslaender/doc_download/616-24-tb-lfd-saarland-2011-12-o-drs-nr-vom-26-06-2013, zuletzt abgerufen am 18.6.2018.
[32] So dienen die in § 16a Abs. 1 DNBG beschriebenen Verarbeitungen dem öffentlichen Interesse am Aufbau eines digitalen kulturellen Gedächtnisses, vgl. auch ErwGr 4 DS-GVO.
[33] LfD BW, LT-Drs. 11/2900, 122; Bay. LfD, LT-Drs. 15/6700, 95 f. bzgl. Online-Dissertationen; LfD Nds., LT-Drs. 13/610, 210 f.; LfD Bbg, LT-Drs. 2/2601, 64 f.
[34] LfD LSA, LT-Drs. 3/1587, 58.

§ 25 Datenschutz in Kultureinrichtungen, Bibliotheken und Archiven   Teil C

sekretieren, also für die normale Benutzung zu sperren, oder den Lebenslauf zu entfernen, wenn eine konkrete Beanstandung des Betroffenen vorliegt.[35]

In den **Archiven** ist bereits die **Sammlung nicht veröffentlichter Inhalte** mit personenbezogenen Daten datenschutzrechtlich rechtfertigungsbedürftig.[36] Aus dem Grundsatz der Datensparsamkeit sowie der Zweckbindung folgt zunächst, dass nicht mehr benötigte Daten grundsätzlich zu löschen sind. Die Aufnahme in ein Archiv stellt insoweit eine nach Art. 5 Abs. 1 lit. b iVm Art. 89 Abs. 1 DS-GVO zulässige Zweckänderung (dazu → § 3 Rn. 88 ff.) sowie eine Ausnahme von der grundsätzlichen Löschverpflichtung dar. Die Archivierung nicht mehr benötigter personenbezogener Unterlagen wird als gesetzlich vorgesehenes Löschsurrogat verstanden.[37] Die Übermittlung an ein Archiv verhindert zudem, dass die abgebende Stelle weiterhin Zugriff auf die Daten hat. Die archivrechtliche **Anbietungspflicht** nicht mehr benötigter Unterlagen kann somit als institutioneller Datenschutz verstanden werden.[38] Diesem Ziel dienen auch die organisatorische Trennung von Verwaltung und Archiv[39] sowie die zwingend öffentlich-rechtliche Organisationsform von Archiven.[40] Die Archivierung selbst hat wegen der vorgelagerten **Kassationspraxis** ebenfalls datenschutzrechtliche Wirkung. Durch eine gesetzliche Auswahl- und Bewertungsverpflichtung verhindern die Archivgesetze eine Totalarchivierung und unterbinden damit ein datenschutzrechtlich unverhältnismäßiges ewiges Verwaltungsgedächtnis. Die festgestellte Archivwürdigkeit von Unterlagen wirkt als gesetzlicher Erlaubnistatbestand für die Verarbeitung personenbezogener Daten im Archiv. Entfällt sie, so sind nicht mehr archivwürdige Daten zu löschen bzw. zu vernichten.[41]

Die Übermittlung von Unterlagen mit personenbezogenen Daten an ein Archiv als **Löschsurrogat** ist in den einzelnen Archivgesetzen unterschiedlich geregelt. Während § 4 Abs. 2 Nr. 1 ArchivG NRW die Archivierung als Löschsurrogat für alle Verwaltungsbereiche vorsieht, verweist § 6 Abs. 2 Nr. 2 BArchG auf bereichsspezifische Regelungen in den Fachgesetzen. Auch wenn eine Normierung im Archivgesetz gesetzessystematisch vorzugswürdig ist, werden bereichsspezifische Bestimmungen von den jeweiligen Verwaltungszweigen in der Praxis eher beachtet.

Die Frage, ob an die Stelle der datenschutzrechtlich gebotenen Löschung auch eine Archivierung treten kann, wird besonders bei **unzulässig erhobenen Daten** relevant.[42] Überwiegend ist die Archivierung dieser Daten nicht möglich, vgl. § 4 Abs. 1 Nr. 1 LArchG NRW. Dagegen wird argumentiert, dass etwa Opfer rechtswidrigen Verwaltungshandelns durch die Löschung in ihren Rehabilitationsmöglichkeiten beschränkt werden. Teilweise wird daher in manchen Archivgesetzen auch die Aufbewahrung rechtswidrig erhobener Inhalte gestattet, wobei betroffene Archivalien jedoch besonders zu kennzeichnen sind, vgl. § 5 Abs. 2 SächsArchivG oder § 8 Abs. 2 HArchivG.

Die aus Gründen der Bestandserhaltung und -schonung durchgeführte **Verfilmung** kann, soweit es um personenbezogene Inhalte geht, als Auftragsverarbeitung zu qualifizieren sein.[43] Bei der Nutzung der verfilmten Inhalte gibt es gegenüber den Originalen keine Besonderheiten.

---

[35] Die Idee der Sekretierung als Maßnahme zum Schutz der informationellen Selbstbestimmung findet sich auch in ErwGr 67 DS-GVO.
[36] LfD Thür., LT-Drs. 3/4055, 157.
[37] Bay. LfD, LT-Drs. 15/2074, 18 f.; nach LfD Brem., LT-Drs. 10/800, 35 braucht Archivierung als Löschsurrogat eine gesetzliche Grundlage; mit Blick auf Akten aus Disziplinarverfahren kritisch zur Anbietungspflicht Sachs. DSB, LT-Drs. 3/4541, 66–68.
[38] LfD Nds., LT-Drs. 12/1270, 40.
[39] ULD SchlH, LT-Drs. 13/21, 66.
[40] LDI NRW, LT-Vorlage 13/3225, 134–136; LfD MV, LT-Drs. 5/1440, 98 f.; LfD Bbg, LT-Drs. 4/2679, 116 f.
[41] Sachs. DSB, LT-Drs. 2/9004, 87 f.
[42] Kritisch dazu Hess LfD, LT-Drs. 18/7202, 104–106.
[43] Bay. LfD, LT-Drs. 10/1664, 61 f.

29 Werden Inhalte nicht bloß verfilmt, sondern **digitalisiert,** ermöglicht dies eine Durchsuchbarkeit und Weiterverarbeitung.[44] Bereits publizierte Materialien werden so in ganz anderer Weise nutzbar. Dies stellt einen intensiveren Eingriff in das Recht auf informationelle Selbstbestimmung über das mit der Erstpublikation gegebene Maß hinaus dar.[45] Dies gilt insbesondere bei einer **Veröffentlichung im Internet.**[46] Es stellt sich die Frage, ob in der Digitalisierung einer Printpublikation nicht eine rechtfertigungsbedürftige Zweckänderung zu sehen ist[47] und diese daher einer besonderen Rechtsgrundlage bedarf.[48] Im Ergebnis wird eine solche Digitalisierung grundsätzlich zulässig sein. Will man nicht schon im Auftrag von Bibliotheken und Archiven, ihre Bestände zugänglich zu machen,[49] in Verbindung mit der Befugnis der Datenverarbeitung zur Erfüllung dieser im öffentlichen Interesse liegenden Aufgabe eine ausreichende datenschutzrechtliche Grundlage für eine spätere Digitalisierung sehen, so kann diese Grundlage auch in den urheberrechtlichen Bestimmungen für die Digitalisierung und öffentliche **Zugänglichmachen verwaister und vergriffener Werke** in § 61 UrhG sowie § 51 VGG erblickt werden. Diese Vorschriften, die im Falle des § 61 UrhG sogar auf einer unionsrechtlichen Grundlage zur Förderung der Zugänglichkeit von Büchern im Internet beruhen,[50] wären kulturpolitisch sinnlos, wenn für eine spätere Digitalisierung Urheber, die ja gerade nicht kontaktiert werden können oder sollen, aus datenschutzrechtlichen Gründen gleichwohl um Erlaubnis gefragt werden müssten.[51] Sollten im Einzelfall durch die Digitalisierung und vor allem das spätere öffentliche Zugänglichmachen im Internet einzelnen Betroffenen unverhältnismäßige Nachteile erwachsen, so kann darauf mit dem **Recht auf Vergessenwerden** aus Art. 17 DS-GVO (dazu → § 3 Rn. 130, § 19 Rn. 48) reagiert werden. Um aber datenschutzrechtlichen Bedenken durch den Medienwandel zu begegnen, empfiehlt es sich, die Digitalisierung von Beständen als Auftrag von Archiven und Bibliotheken gesetzlich im Sinne von Art. 6 Abs. 1 lit. e, Abs. 3 S. 1 lit. b DS-GVO zu regeln,[52] wie dies in manchen Archiv- und Bibliotheksgesetzen bereits geschehen ist, vgl. § 3 Abs. 1 S. 2 BArchG, § 5 Abs. 1 S. 1 LBibG Rhpf.

30 Einen weiteren Fall der Datenverarbeitung im Rahmen von Digitalisierung stellt die Nutzung von Bibliotheksbestand an einem **elektronischen Leseplatz** im Sinne von § 60e Abs. 4 UrhG dar. Dabei geht es nicht nur um eine bloße Formatumwandlung. Wegen § 60e Abs. 1 UrhG dürfen Bibliotheken ihre Bestände auch indexieren, was zu einer **Volltextdurchsuchbarkeit** am Leseplatz führt und damit eine im Vergleich zum ge-

---

[44] Zu Personenstandsbüchern, die nur mit ausdrücklicher parlamentsgesetzlicher Grundlage digitalisiert werden dürfen Bay. LfD, 27. Bericht, 104–107, abrufbar unter https://www.thm.de/zaftda/tb-bundeslaender/doc_download/666-27-tb-lfd-bayern-2015-16-o-drs-nr-vom-31-01-2017, zuletzt abgerufen am 18.6.2018.
[45] Neuveröffentlichung als unzulässige Übermittlung personenbezogener Daten LfD Nds., LT-Drs. 13/610, 87.
[46] LDI NRW, 18. Bericht, 108, abrufbar unter https://www.thm.de/zaftda/tb-bundeslaender/doc_download/21-18-tb-lfd-nrw-2005-06-14-920-vom-06-02-2007, zuletzt abgerufen am 18.6.2018; aus Sicht des allgemeinen Persönlichkeitsrechts Heckmann Digitalisierung, 375–388.
[47] So etwa LfD BW, LT-Drs. 8/2220, 51 f.
[48] Kritisch zu einer Internetpublikation von Digitalisaten durch Archive und Bibliotheken LfD RhPf., LT-Drs. 15/4300, 45 f.
[49] § 4 S. 2 ThürBibG etwa nennt Digitalisierung zum öffentlichen Gebrauch als gesetzlichen Auftrag von Bibliotheken; vgl. auch ErwGr 158 DS-GVO: Wenn schon Aufzeichnungen von bleibendem Wert zugänglich gemacht werden sollen, dann erst Recht bereits publizierte Inhalte.
[50] Vgl. ABl. EU 2012 L 299, 5.
[51] Vgl. auch ErwGr 50 DS-GVO sowie Art. 5 Abs. 1 lit. b DS-GVO, wonach Archivzwecke, zu denen auch die Arbeit von Gedächtnisinstitutionen zu rechnen ist, sogar in weitem Umfang Zweckänderungen zulassen. Im Ergebnis wie hier Albrecht Verwaiste Werke, 423; anders Diesterhöft Probleme, 83, der eine eigenständige Ermächtigungsgrundlage fordert.
[52] Auf das Vorhandensein eines solches Auftrages stellt Bay. LfD, 25. Bericht, 116, abrufbar unter https://www.thm.de/zaftda/tb-bundeslaender/doc_download/608-25-tb-lfd-bayern-2011-12-o-drs-nr-vom-23-01-2013, zuletzt abgerufen am 18.6.2018, ab.

druckten Buch sehr intensive Form der Verarbeitung personenbezogener Daten darstellt.[53] Die tiefere Erschließung publizierter Inhalte durch Digitalisierung liegt im öffentlichen Interesse, zumal am elektronischen Leseplatz die allgemeine Medienkompetenz der Bevölkerung gestärkt werden soll.[54] Fraglich ist, ob die genannten urheberrechtlichen Bestimmungen, die zum Datenschutz nichts aussagen, dem Rechtsaktvorbehalt in Art. 6 Abs. 1 lit. e, Abs. 3 S. 1 lit. b DS-GVO entsprechen. Andererseits würden **urheberrechtliche Digitalisierungsbefugnisse** ohne eine datenschutzrechtliche Begleitgesetzgebung weitgehend entwertet. Zudem handelt es sich bei Digitalisierungen in Bibliotheken um bereits publiziertes und damit öffentlich zugängliches Material. Daher sollten vor allem bei der Nutzung an Terminals in den Räumen einer Bibliothek keine überspannten datenschutzrechtlichen Anforderungen gestellt werden, die die ohnehin engen urheberrechtlichen Nutzungsmöglichkeiten noch weiter einschränken. Wegen der sehr geringen Eingriffsintensität kann eine solche Datenverarbeitung auch über § 3 BDSG bzw. entsprechende landesrechtliche Regelungen als zulässige Datenverarbeitung zur Erledigung der den Gedächtnisinstitutionen zugewiesenen Aufgaben gerechtfertigt werden, wobei diese Aufgaben durch die explizite Nennung von Bibliotheken, Archiven und Museen im UrhG ja gerade zum Ausdruck kommen.

Die Digitalisierung von Archiv- und Bibliotheksbeständen löst keine **Informationspflichten nach Art. 14 DS-GVO** (dazu → § 3 Rn. 101 ff.) aus. Die Nutzung der Digitalisate dient privaten Studien und Forschungsinteressen sowie archivischen Zwecken, sodass die Ausnahme von Art. 14 Abs. 5 lit. b DS-GVO greift. Überdies würde durch Informationspflichten im Zusammenhang mit der Digitalisierung bereits anderweitig publizierter Inhalte die Nutzung allgemein zugänglicher Quellen erschwert und damit die Informationsfreiheit unnötig beeinträchtigt.[55]

2. Erschließen

Die Erschließung von Bestandsinhalten in Bibliotheken und Archiven durch Kataloge und andere Findmittel ist für die Benutzbarkeit unerlässlich. Durch die Nennung von Verfassernamen oder in Publikationen und Unterlagen behandelten Personen ergibt sich für die Erschließung bzw. Verzeichnung von Beständen, die im Falle der **Bibliothekskataloge** nahezu ausschließlich in Form von öffentlich zugänglichen Datenbanken erfolgt, ein Datenschutzbezug.[56]

Die übliche **bibliographische Verzeichnung** von Publikationen scheint zunächst datenschutzrechtlich unbedenklich zu sein, da von der regelmäßig mit Zustimmung des Verfassers erfolgten Publikation, vgl. § 17 Abs. 2 UrhG, auch die bibliographische Verzeichnung des betreffenden Werkes erfasst sein wird.[57] Jedenfalls aber gehört die Verzeichnung zu den meist in den Benutzungsbestimmungen niedergelegten im öffentlichen Interesse liegenden Aufgaben von Bibliotheken,[58] sodass auch über Art. 6 Abs. 1 lit. e DS-GVO eine Verarbeitung von Katalogdaten zulässig ist.[59]

Wie schon bei der Digitalisierung von Bestandsinhalten, so wird auch im Falle ihrer Katalogisierung die **Informationspflicht aus Art. 14 DS-GVO** allein schon wegen der Unmöglichkeit, einzelne Betroffene über Katalogaufnahmen ihrer Publikationen zu infor-

---
[53] Derzeit schließt die VG Wort freilich in ihren Tarifen und Rahmenverträgen eine Volltextsuche am Leseplatz aus.
[54] BT-Drs. 16/1828, 26.
[55] ErwGr 4 DS-GVO; vgl. auch Veil in GSSV DS-GVO Art. 13 u. 14 Rn. 171–174.
[56] Bln. LfD, LT-Drs. 11/427, 32: Autorennamen im Katalog sind personenbezogene Daten.
[57] Die geringe datenschutzrechtliche Relevanz von Katalogdaten zeigt sich ua in § 4 Abs. 2 Nr. 1 BbgDSG (Entwurf nach LT-Drs. 6/7365), wonach Bibliothekskataloge vom Freigabeverfahren nebst Risikoanalyse und Datenschutzfolgeabschätzung ausgenommen sind; siehe auch Gola/Klug/Körffer in Gola/Schomerus BDSG § 28 Rn. 33.
[58] Kirchner Bibliotheks- und Dokumentationsrecht, 51 f.
[59] Ausdrücklich erlaubt etwa § 8 S. 1 LBibG RhPf. die Erschließung und Verzeichnung der Bestände.

mieren,⁶⁰ nach Art. 14 Abs. 5 lit. b DS-GVO entfallen. Zudem kann man die Erstellung von Katalogen und Bibliographien durch Gedächtnisinstitutionen als einen im öffentlichen Interesse liegenden Archivzweck ansehen. Da **Bibliothekskataloge und Bibliographien** von den Betroffenen selbst publizierte Werke umfassen und sie daher auch mit der Sammlung ihrer Werke in Bibliotheken rechnen müssen, dürfte mit der öffentlichen Zugänglichkeit und leichten Auffindbarkeit der Kataloge den berechtigten Interessen der Betroffenen vor allem hinsichtlich einer transparenten Datenverarbeitung Genüge getan sein.⁶¹ Die langjährige Praxis in den Bibliotheken, **Pseudonyme** bei der bibliographischen Verzeichnung nicht aufzulösen,⁶² kann zudem als geeignete Maßnahme zum Schutz der Rechte der Betroffenen im Sinn von Art. 14 Abs. 5 lit. b S. 2 DS-GVO angesehen werden.⁶³

35   Kataloge enthalten nicht nur der zu erfassenden Vorlage zu entnehmende Informationen. Zur Verbesserung der Suchergebnisse werden Katalogisate mit **Normdatensätzen** verbunden, die beispielsweise individualisierende Angaben zu Autoren wie Geburtsjahr oder Beruf enthalten. Werden diese Daten allgemein zugänglichen Quellen entnommen,⁶⁴ wird ihre Verarbeitung wegen der dem öffentlichen Interesse dienenden Aufgabe der Bibliothek, Publikationen bibliographisch eindeutig zu verzeichnen, von Art. 6 Abs. 1 S. 1 lit. e iVm Abs. 3 S. 1 lit. b DS-GVO gedeckt sein.⁶⁵ Allerdings müssen die erhobenen Daten im Sinne der Datenminimierung des Art. 5 Abs. 1 lit. c DS-GVO noch Katalogzwecken dienen. Problematisch wäre daher ein Ausbau von Personennormdatensätzen zu kleinen Dossiers oder Lexikoneinträgen, weil damit das für die Individualisierung von Veröffentlichungen notwendige Maß der Datenverarbeitung überschritten wäre und Betroffene nicht mit derartigen Datensammlungen in einem Bibliothekskatalog rechnen müssen.

36   Gleiches dürfte auch für Hinweise auf den **Entzug eines Doktortitels** im Hochschulschriftenvermerk einer Titelaufnahme gelten. Da diese Angabe der Vorlage nicht entnommen werden kann und für eine exakte bibliographische Beschreibung auch nicht erforderlich ist, ist der Hinweis auf den Titelentzug in einem Bibliothekskatalog ohne eine gesetzliche Grundlage problematisch.⁶⁶ Gerade wegen der unterschiedlichen Prominenz der einzelnen Fälle, dürfe auch eine Güterabwägung nach Art. 6 Abs. 1 lit. f DS-GVO, sofern man diese Norm wegen Art. 6 Abs. 1 S. 2 DS-GVO überhaupt im Bibliotheksbereich anwenden kann, zu einer uneinheitlichen Verzeichnung führen und damit den Sinn des Hinweises, akademisch unzureichende Arbeiten durchgängig zu kennzeichnen, hinfällig machen.

37   Von einem Bibliothekskatalog zu unterscheiden ist die vielerorts von Bibliotheken geführte **Hochschulbibliographie**.⁶⁷ Gegenüber einem Bibliothekskatalog ist hier die Besonderheit zu beachten, dass dort teilweise auch nicht veröffentlichte studentische Abschlussarbeiten nebst den betreuenden Lehrpersonen zu finden sind. Wird eine solche Bibliographie über die internen Zwecke der Hochschulplanung hinaus genutzt, müssen die Autoren und Betreuer nicht-publizierter Arbeiten in die Verarbeitung ihrer Daten einwilligen oder muss die Hochschule im Satzungsrecht eine normklare Rechtsgrundlage

---

⁶⁰ Vgl. ErwGr. 62 DS-GVO; siehe auch Kirchner Bibliotheks- und Dokumentationsrecht 54.
⁶¹ Vgl. Eßer in Auernhammer DS-GVO Art. 14 Rn. 38.
⁶² Vogt FS Kirchner, 385 (387f.); Winkler Datenschutz in Bibliotheken, 54.
⁶³ Vgl. ErwGr 78 DS-GVO.
⁶⁴ LfD MV, LT-Drs. 3/2780, 77; AG München ZD 2016, 588 zu einem Geburtsdatum, das von der betroffenen Person in ihrer Dissertation publiziert worden ist.
⁶⁵ Nach Art. 4 Abs. 2 S. 1 BayDSG ist die Erhebung personenbezogener Daten aus allgemein zugänglichen Quellen für Verwaltungsaufgaben ausdrücklich gestattet.
⁶⁶ Schiffers Ombudsmann, 124f.
⁶⁷ Für den Betrieb von Forschungsinformationssystemen ist eine spezifische Rechtsgrundlage notwendig Hess LfD, 44. Bericht, 81, abrufbar unter https://www.thm.de/zaftda/tb-bundeslaender/doc_download/664-44-tb-lfd-hessen-2015-o-drs-nr-vom-11-07-2016, zuletzt abgerufen am 18.6.2018; vgl. Hessen GVBl. 2017, 44.

schaffen.⁶⁸ Ein bloß thematisches Verzeichnis von Abschlussarbeiten ohne Personenbezug ist demgegenüber unbedenklich.⁶⁹

Dem Katalog in Bibliotheken entsprechen **Findbücher** in den Archiven. Dort werden die Bestände in einer Weise verzeichnet, dass auch in den Unterlagen enthaltene Informationen in gebotener Kürze mitgeteilt werden können. Soweit Archivalien einen Personenbezug haben, setzt sich dieser bei der Verzeichnung im Findbuch fort. Alle Archivgesetze weisen den Archiven die Erschließung als gesetzliche Aufgabe zu, sodass für die interne Verzeichnung insoweit die Verarbeitung personenbezogener Daten – auch in elektronischer Form – für eben diesen Zweck zulässig ist.⁷⁰ Eine darüber hinaus gehende Verarbeitung wird teilweise erlaubt, wenn die Interessen des Betroffenen nicht entgegenstehen, vgl. Art. 9 Abs. 2 BayArchivG. Da Findmittel anders als Kataloge keine bereits öffentlich zugänglichen Informationen verzeichnen, erfordert ihre Publikation oder öffentliches Zugänglichmachen, wenn sie personenbezogene Daten enthalten, eine gesetzliche Grundlage, wobei im Veröffentlichungsfall die berechtigten Belange der Betroffenen zu berücksichtigen sind, vgl. § 8 ArchivG NRW.⁷¹ 38

3. Zugänglichmachen

Das Zugänglichmachen von personenbezogenen Daten in Gedächtniseinrichtungen stellt eine Übermittlung an Dritte dar.⁷² Eine solche Übermittlung kann bereits durch bloße **Einsichtnahme** oder Kenntniserlangung geschehen, ohne dass Daten tatsächlich herausgegeben oder übergeben werden. Datenschutzrechtliche Probleme ergeben sich hier fast ausnahmslos bei unpubliziertem Material, also im Archiv. In Bibliotheken stellen sich entsprechende Fragen im Bereich der Nachlässe.⁷³ 39

Der Zugang zu Archivalien wird in erster Linie durch **Schutzfristen** reglementiert.⁷⁴ Manche Archivgesetze verlangen darüber hinaus noch ein berechtigtes Interesse des Nutzers.⁷⁵ Neben einer allgemeinen Schutzfrist, die sich nach der Entstehung der Unterlagen berechnet und in der Regel 30 Jahre beträgt, vgl. Art. 10 Abs. 3 BayArchG, gelten für personenbezogenes Archivgut abweichende Schutzfristen von zumeist 10 Jahren nach Tod der betroffenen Person oder 90 Jahren nach ihrer Geburt, wenn der Todestermin unbekannt ist, vgl. Art. 10 Abs. 4 BayArchG. Bei Archivgut, das älter als 150 Jahre ist, wird allgemein kein Personenbezug mehr angenommen, zumal Daten Verstorbener nicht unter die DS-GVO fallen (→ § 3 Rn. 10).⁷⁶ Dass Archivgut überhaupt personenbezogene Daten enthält, macht es noch nicht automatisch zu personenbezogenem Archivgut.⁷⁷ Datenschutzrechtlich liegt bei diesen vereinzelten Angaben mangels gesonderter Zugriffsmöglichkeit ohnehin keine Verarbeitungssituation vor, sofern es sich nicht um digitale Unterlagen handelt.⁷⁸ 40

Archivische **Schutzfristen** stellen einen formalisierten Interessenausgleich zwischen dem Informationsinteresse der Archivnutzer und dem Recht auf informationelle Selbstbe- 41

---

⁶⁸ Beispielhaft § 25 Abs. 8 der Prüfungsordnung – Allgemeine Bestimmungen – für Studiengänge mit dem Studienabschluss „Bachelor" und „Master" der Technischen Universität Ilmenau vom 22.2.2013 Verkündungsblatt der Technischen Universität Ilmenau Nr. 115.
⁶⁹ LfD Bbg, LT-Drs. 2/83, 90.
⁷⁰ LfD Nds., LT-Drs. 11/740, 52f. fordert, dass Archivnutzern nur abgespeckte Versionen zugänglich sind; LfD Bbg, LT-Drs. 2/5253, 81 sieht eine berechtigte Nutzererwartung, dass elektronische Findbücher vorliegen; LfD NRW, LT-Vorlage 3225, 179 fordert für Findmittel im Internet eine gesetzliche Grundlage.
⁷¹ Zur Internetpublikation von Findbüchern Brinkhus in Becker/Rehm Archivrecht, 123–129 sowie Klein Findmittel.
⁷² LDI NRW, LT-Vorlage 10/1043, 109.
⁷³ Müller Nachlässe, 127–132.
⁷⁴ Johannes in Roßnagel Das neue DatenschutzR § 7 Rn. 214.
⁷⁵ Bay. LfD, LT-Drs. 11/14417, 45.
⁷⁶ LfD Bbg, LT-Drs. 4/76, 109.
⁷⁷ Hausmann Archivrecht, 85.
⁷⁸ Vgl. ErwGr 15 DS-GVO.

stimmung von Betroffenen dar.[79] Alle Archivgesetze sehen die Möglichkeit einer **Schutzfristverkürzung** vor.[80] Bei personenbezogenem Archivgut kann dies immer mit Zustimmung des Betroffenen geschehen. Liegt eine solche Zustimmung nicht vor, sehen die Archivgesetze insbesondere für Zwecke der wissenschaftlichen Forschung Ausnahmemöglichkeiten vor,[81] wobei personenbezogenes Archivgut möglichst anonymisiert werden soll.[82] Diese Anforderungen entsprechen den Vorgaben von Art. 89 Abs. 1 DS-GVO.

42   Die Frage des Zugangs ist zu trennen von der Frage, ob personenbezogene **Informationen aus Archivalien** oder gar die Archivalien selbst **publiziert** werden dürfen.[83] Da hier eine Verarbeitung nicht durch das Archiv, sondern durch die publizierende Stelle bzw. Person erfolgt, wird diese Frage nicht in den Archiv-, sondern in den sog Historikerklauseln der Datenschutzgesetze behandelt, vgl. § 27 Abs. 4 BDSG.[84] Dabei kann es vorkommen, dass der Zugang zu Archivalien nur mit der Auflage gewährt wird, bestimmte Inhalte nicht zu publizieren oder Anonymisierungen vorzunehmen.[85] Um die Einhaltung dieser Auflagen zu kontrollieren, verlangen viele Archivgesetze ein kostenfreies **Belegexemplar** der späteren Publikation.[86]

43   In Bibliotheken stellt sich die Frage des Zugangs zu unpubliziertem Bestand bei **Nachlässen.** Wenn auch die Interessenlage mit der im Archivrecht vergleichbar ist, kommen wegen des Erfordernisses einer bereichsspezifischen Regelung archivrechtliche Bestimmungen nur dann entsprechend zur Anwendung, wenn dies ausdrücklich gesetzlich vorgesehen ist,[87] vgl. § 4 Abs. 3 ThürBibG, § 8 S. 2 LBibG Rhpf., § 8 S. 2 BiblG Schlh. Wo eine solche Regelung fehlt, gelten die allgemeinen datenschutzrechtlichen Bestimmungen.[88]

IV. Nutzerdatenschutz in Archiven und Bibliotheken

44   Aus Gründen des Datenschutzes sind auch für die Verarbeitung von Nutzerdaten ausreichende Rechtsgrundlagen erforderlich. Nutzerdaten fallen zum einen bei der **Zulassung zur Benutzung,** zum anderen bei der **Erfassung einzelner Nutzungsvorgänge** im laufenden Benutzungsbetrieb an. Insbesondere im Bibliotheksbereich wurde in der Vergangenheit eine ausreichende gesetzliche Grundlage für die Verarbeitung von Nutzerdaten eingefordert.[89] Sie findet sich jetzt zumeist in den Benutzungsordnungen der einzelnen Einrichtungen.[90] Das gilt auch für Archive,[91] da in den Archivgesetzen vor allem der Bestandsdatenschutz normiert ist.

1. Zulassung zur Benutzung

45   Für die Benutzung von Freihandbeständen in den **Bibliotheken** ist eine förmliche Zulassung mit Anmeldung meist nicht erforderlich, insoweit werden auch keine personenbezo-

---

[79] LfD BW, LT-Drs. 8/2220, 95–97; Bay. LfD, LT-Drs. 11/14417, 45f.; zum Interessenausgleich vor dem Erlass von Archivgesetzen LfD BW, LT-Drs. 9/4015, 88–90; Bay. LfD, LT-Drs. 10/8252, 60f.
[80] Schneider in Roßnagel DatenschutzR-HdB Kap. 8.9 Rn. 17.
[81] Zum Interessenausgleich zwischen Forschungsfreiheit und Persönlichkeitsrecht vgl. ULD SchlH, LT-Drs. 10/1990, 48–50.
[82] Ein entsprechender Verfahrensvorschlag findet sich bei Bln. LfD, LT-Drs. 13/1731, 23–26.
[83] LfD Thür., LT-Drs. 3/2268, 169–171; siehe auch Bleyl Archivwesen und Datenschutz, 14. f.
[84] Manegold Archivrecht, 317–319.
[85] Sachs. DSB, LT-Drs. 2/6035, 108–110.
[86] Bay. LfD, LT-Drs. 11/60, 52f.; Bay. LfD, LT-Drs. 11/4766, 53.
[87] Vgl. Hess LfD, LT-Drs. 15/1101, 157.
[88] Sachs. DSB, LT-Drs. 2/0930, 103f.
[89] Bln. LfD, LT-Drs. 10/2652, 29.
[90] Hess LfD, LT-Drs. 16/3746, 66f.; Sachs. DSB, LT-Drs. 2/9004, 151.
[91] Sachs. DSB, LT-Drs. 3/9041, 64–70; Hess LfD, LT-Drs. 14/3697, 45f.; Hess LfD, LT-Drs. 15/2500, 49f.

genen Daten verarbeitet. Bei einer **förmlichen Zulassung** mit Ausstellung eines Benutzerausweises werden notwendigerweise personenbezogene Daten erhoben und in einer Stammdatei gespeichert.[92] Dabei sind nur solche Daten zu erheben, die für die Durchführung des Benutzungsverhältnisses unerlässlich sind.[93] Für die Ausleihe sind der Name und eindeutige Kontaktdaten sowie an Hochschulbibliotheken Angaben zur Statusgruppe (wegen der Zuordnung zu Leihfristen und besonderen Ausleihberechtigungen) unverzichtbar. Die Angabe des Berufs ist demgegenüber nicht erforderlich, er kann aber für statistische Zwecke anonym, also getrennt und ohne Bezug zur Stammdatei, erfasst werden.[94] Nicht notwendig ist auch die Speicherung der **Personalausweisnummer**.[95] Unzulässig ist ferner die in der Praxis weit verbreitete, aber gegen § 1 Abs. 1 S. 3 PAuswG verstoßende Übung, den **Personalausweis als Pfand** für die Ausgabe besonderer Medien einzufordern.[96]

Bibliotheken und Archive müssen nach Art. 13 DS-GVO (→ § 3 Rn. 106 ff.) ihre Nutzer über die Verarbeitung der bei ihnen erhobenen personenbezogenen Daten transparent informieren. Das kann zum einen in einer gesonderten Information in Form eines **Transparenzdokuments** bei der Anmeldung geschehen, sollte aber auch in den Benutzungsbestimmungen erfolgen. Ohnehin empfiehlt es sich, die notwendigen Daten nicht über eine Einwilligung, sondern auf Grundlage einer normklaren Rechtsvorschrift zu verarbeiten.[97] 46

In **Archiven** wird neben Nutzerdaten wie Name und Anschrift regelmäßig auch der **Nutzungszweck** erhoben.[98] Dies ist mit Blick auf die Zulassungsbestimmungen der Archivgesetze notwendig. Auch wenn in vielen Archivgesetzen ein besonderes Interesse an der Nutzung von Archivalien nicht mehr dargelegt werden muss, so kennen alle Archivgesetze gleichwohl Versagungsgründe im Einzelfall, sodass alle notwendigen Angaben, um eben diesen Einzelfall prüfen zu können, auch erhoben werden dürfen.[99] 47

Datenschutzrechtlich problematisch sind **Freitextfelder in den Benutzerstammdaten.** Hier ist sorgfältig darauf zu achten, dass nur solche Angaben hinterlegt und bei Nichterforderlichkeit auch wieder gelöscht werden, die für die ordnungsgemäße Durchführung des Benutzungsverhältnisses unerlässlich sind, von einer Rechtsvorschrift gedeckt sind oder in deren Verarbeitung der Betroffene eingewilligt hat.[100] 48

An **Hochschulbibliotheken** findet vor allem dort, wo sog **Multifunktionskarten** eingesetzt werden, anstelle einer förmlichen Anmeldung von Hochschulangehörigen lediglich die Freischaltung einer auf der Karte bereits vermerkten Nutzernummer verbunden mit Übernahme von Daten aus der Personal- bzw. Studierendenverwaltung statt.[101] Die Grundlage für diese Datenverarbeitung findet sich in den allgemeinen Datenschutzbestimmungen der Hochschule. Dort ist auch zu regeln, welche Daten auf Multifunktionskarten gespeichert werden. Als Bibliotheksausweise können Multifunktionskarten sehr datensparsam ausgestattet werden, da zum Aufruf des Nutzerkontos im Ausleihsystem der Bibliothek eine bloße Nutzernummer bzw. ein Barcode ausreicht.[102] 49

---

[92] Brem. LfD, LT-Drs. 10/800, 46; LDI NRW, LT-Vorlage 10/410, 119 f.
[93] LfD BW, LT-Drs. 12/2242, 105 f.
[94] LfD Nds., LT-Drs. 10/720, 49.
[95] LfD Nds., LT-Drs. 12/4400, 161 f.; LfD Nds., LT-Drs. 13/610, 212; LfD RhPf., LT-Drs. 10/1922, 25.
[96] Bay. LfD, 26. Bericht, 220 f., abrufbar unter https://www.thm.de/zaftda/tb-bundeslaender/doc_download/630-26-tb-lfd-bayern-2013-14-o-drs-nr-vom-20-01-2014, zuletzt abgerufen am 18.6.2018, zu einer Fallkonstellation im Museumsbereich; vgl. auch Seiler DSRITB 2014, 685 zum Scannen von Personalausweisen.
[97] Brem. LfD, LT-Drs. 12/815, 33 f.
[98] Sachs. DSB, LT-Drs. 1/4580, 75–77; Hess LfD, LT-Drs. 13/7165, 42.
[99] Sachs. DSB, LT-Drs. 6/10549, 73.
[100] LfD BW, LT-Drs. 13/520, 85.
[101] Bln. LfD, LT-Drs. 13/2918, 93 f.
[102] HmbBfDI, LT-Drs. 19/5867, 71–73; Hess LfD, LT-Drs., 15/4790, 77–80; LfD Thür., LT-Drs. 4/4055, 101–104.

50 Im Rahmen der Anmeldung insbesondere im Archiv muss nicht nur transparent über die Verarbeitung von Nutzerdaten informiert werden. Es sollte auch eine **datenschutzrechtliche Belehrung der Nutzer** selbst stattfinden, wie sie mit personenbezogenen Angaben in Archivalien umzugehen haben, vor allem wenn sie eine Publikation ihrer Archivrecherchen beabsichtigen.[103]

51 Aus Gründen der Datenminimierung sind **inaktive Nutzerkonten** nach Ablauf einer angemessenen Zeit zu löschen, vgl. Art. 5 Abs. 1 lit. e DS-GVO, da für eine Datenverarbeitung bei offensichtlichen Nichtnutzern kein Grund mehr besteht.[104] Anders verhält es sich mit **gesperrten Archiv- und Bibliotheksnutzern**. Hier soll aus Gründen des Bestandsschutzes eine versehentliche Wiederzulassung verhindert werden.[105] Benutzungsordnungen sehen manchmal nicht nur die Führung einer entsprechenden Liste vor, sie ermächtigen die Einrichtung auch, den Ausschluss von der Benutzung mit Gründen anderen Einrichtungen mitzuteilen, um Schäden von deren Bestand abzuwehren.[106]

2. Erfassung von Benutzungsvorgängen

52 Nach der Zulassung zur Benutzung kommt es in Archiven und Bibliotheken im Zusammenhang mit der Bereitstellung bzw. der Ausleihe von Beständen zu weiteren Datenverarbeitungen. Gerade in Bibliotheken sind das **Ausleihkonto** und die dort gespeicherten Nutzungsvorgänge häufig Gegenstand von Beanstandungen gewesen.[107] Problematisch war hier insbesondere die dauerhafte Speicherung von Ausleihinformationen nach Rückgabe entliehener Medien. Damit war es möglich, regelrechte **„Leserbiographien"** zu erstellen.[108] Aus Gründen der Datensparsamkeit jedoch sind Ausleihdaten grundsätzlich nach Ende des Ausleihvorgangs zu löschen.[109] Neben dem Grundrecht auf informationelle Selbstbestimmung greift hier auch das Grundrecht auf Informationsfreiheit, denn eine ungehinderte Unterrichtung aus frei zugänglichen Quellen bedeutet auch, diese Quellen unbeobachtet nutzen zu dürfen.[110] Zulässig ist es jedoch, die Daten eine kurze Zeit nach der Rückgabe des Buches weiterhin zu speichern, um Schäden am Leihgut, die vielleicht erst beim Rückstellen ins Regal bemerkt werden, dem Verursacher zuordnen zu können.[111] In der Praxis dürfte eine Frist von einer Woche ausreichend sein.[112] Bei wertvollen Altbeständen besteht jedoch ein Bedürfnis nach erheblich längerer Dokumentation.[113] Hier empfiehlt es sich, in den Benutzungsbestimmungen eine entsprechende Befugnis zur dauerhaften Dokumentation von Nutzungsvorgängen explizit vorzusehen.

53 Bibliotheken dürfen ihnen bekannte Kontaktdaten nutzen, um von sich aus beispielsweise per E-Mail über den bevorstehenden Ablauf einer Leihfrist zu informieren.[114] Werden **Mahnschreiben** wegen der Nichtrückgabe von Medien verschickt, so muss dies in einem verschlossenen Umschlag erfolgen.[115]

---

[103] Hess LfD, LT-Drs. 15/4790, 82f.; Hess LfD, LT-Drs. 16/6929, 74.
[104] Bln. LfD, LT-Drs. 16/0772, 139f.
[105] LfD Bbg, LT-Drs. 2/5253, 78f.
[106] Vogt Bayerisches Datenschutzgesetz, 16.
[107] LfD BW, LT-Drs. 12/2242, 105f.; LfD BW, LT-Drs. 9/940, 78–80; LfD BW, LT-Drs. 10/4540, 107; LfD Nds., LT-Drs. 11/3820, 104f.; Bln. LfD, LT-Drs. 9/885 17; Bln. LfD, LT-Drs. 10/1139, 16 u. 24; Bln. LfD, LT-Drs. 12/5480, 47: Lesegewohnheiten als „schutzbedürftigste Daten, die zu einer Person existieren können"; Hess LfD, LT-Drs. 13/1756, 28f.; Hess LfD, LT-Drs. 15/3705, 80f.; allgemein dazu Winkler Datenschutz in Bibliotheken, 15ff.
[108] Hess LfD, LT-Drs. 16/5359, 45f.
[109] Vgl. auch ErwGr 39 DS-GVO.
[110] Sachs. DSB, LT-Drs. 4/10370, 244: Keine Videoüberwachung von Computerbildschirmen; Fink in Spindler/Schuster 1. Teil Abschn. C Rn. 23.
[111] Rasche Bibliotheksdienst, 361–365.
[112] Nach LDI NRW, LT-Vorlage 10/410, 119f. sind sogar noch 4 Wochen angemessen.
[113] Herkenhoff Sondersammlungen, 203–207; Vogt FS Kirchner, 385 (388–390).
[114] Sachs. DSB, LT-Drs. 5/7448, 190–192.
[115] Brem. LfD, LT-Drs. 10/150, 24f.

§ 25 Datenschutz in Kultureinrichtungen, Bibliotheken und Archiven   Teil C

Auskünfte, wer ein Buch entliehen hat, darf eine Bibliothek grundsätzlich nur erteilen, wenn eine entsprechende Einwilligung der betroffenen Person vorliegt. Eine solche Praxis ist gerade an kleinen Hochschulbibliotheken üblich.[116] 54

Nutzerdaten werden nicht nur für die Vermittlung eigener Bestände erhoben, sondern auch im Rahmen der **Fernleihe**. Hier ist darauf zu achten, dass an andere Bibliotheken nutzerbezogene Daten nur insoweit übermittelt werden, als dies zur Abwicklung der Fernleihbestellung unbedingt erforderlich ist.[117] 55

Anfallende **Gebühren** werden im Nutzerkonto nachgewiesen und sind nach Begleichung zu löschen. Das Benutzerkonto dient nicht dazu, die Zahlungsmoral oder das Rückgabeverhalten einzelner Nutzer zu dokumentieren. 56

Zum Zweck der einfacheren Bestandpflege und als technische Voraussetzung für den Betrieb von Selbstverbuchungsanlagen setzen Bibliotheken vermehrt **RFID (Radio Frequency Identification)** ein.[118] RFID-Etiketten in Büchern enthalten bloß medienbezogene Informationen. Bei der Selbstverbuchung werden diese Informationen an einem Lesegerät ausgelesen und dort mit einem Nutzerkonto verbunden. Sofern es sich bei den Mediendaten um Nummern handelt, die erst mit den Daten aus dem Bibliothekskatalog bibliographisch aufgelöst werden können, besteht auch keine Gefahr, dass beispielsweise Dritte den Bücherinhalt einer Aktentasche heimlich auslesen können.[119] Anders zu beurteilen sind mit RFID-Technik ausgestattete Benutzerausweise.[120] Da auf dem Ausweis selbst personenbezogene Daten gespeichert werden, ist hierfür eine ausreichende und transparente Grundlage in der Benutzungsordnung der jeweiligen Einrichtung erforderlich.[121] Generell sollte RFID im Bibliotheksbereich möglichst datensparsam eingesetzt werden.[122] Jedoch können mit Hilfe von RFID betriebene Selbstverbuchungsanlagen für Nutzer sogar einen besseren Datenschutz bedeuten, wenn häufig wechselnde ehrenamtlich tätige Personen den Betrieb einer ansonsten geschlossenen Bibliothek ohne Zugriff auf Nutzerdaten aufrechterhalten.[123] 57

Eine besondere Maßnahme der Erfassung von Nutzungsvorgängen ist die **Videoüberwachung**. Gerade in Freihandbeständen, die nicht durchgängig durch anwesendes Personal beaufsichtigt werden können, ist die Videoüberwachung ein grundsätzlich geeignetes Mittel, um den Bestand vor Verlust oder Beschädigungen zu schützen.[124] Sie bedarf jedoch einer gesetzlichen Grundlage, die regelmäßig in den allgemeinen Datenschutzgesetzen zu finden ist, vgl. § 4 BDSG.[125] Danach ist eine solche Überwachung zur Aufrechterhaltung 58

---

[116] LDI NRW, LT-Vorlage 09/20, 146 f.; LfD RhPf., LT-Drs. 13/2427, 60 f. zu einer Regelung in der Benutzungsordnung.
[117] LfD Nds., LT-Drs. 14/425, 115 f.; LfD MV, LT-Drs. 3/2780, 77; LfD Thür., LT-Drs. 3/409, 208 zur internationalen Fernleihe.
[118] Bay. LfD, LT-Drs. 15/6700, 148; LfD BW, LT-Drs. 13/4910, 85–89; Bln. LfD, LT-Drs. 16/2576, 14.
[119] Bay. LfD, LT-Drs. 15/2074, 148 f.
[120] Bay. LfD, LT-Drs. 16/6336, 45 f. zu einer sehr datensparsamen Variante.
[121] Die Informationspflichten im Zusammenhang mit RFID, wie sie etwa in § 6c BDSG aF geregelt waren, ergeben sich jetzt direkt aus Art. 13 bzw. 14 DS-GVO, vgl. Kühling/Martini et al. DSGVO und nationales Recht, 347–349.
[122] Vgl. zum datensparsamen Einsatz von RFID LfD Bbg, LT-Drs. 4/6022, 191 f.
[123] Bln. LfD Bericht 2011, 133, abrufbar unter https://www.thm.de/zaftda/tb-bundeslaender/doc_download/595-tb-lfd-berlin-2011-o-drs-nr-vom-28-03-2012, zuletzt abgerufen am 18.6.2018.
[124] Zurückhaltend zur Videoüberwachung in Bibliotheken LDI NRW, 18. Bericht, 34–36, abrufbar unter https://www.thm.de/zaftda/tb-bundeslaender/doc_download/21-18-tb-lfd-nrw-2005-06-14-920-vom-06-02-2007, zuletzt abgerufen am 18.6.2018; zur Videoüberwachung in einer „Open Library" HmbBfDI, 25. Bericht, 203 f., abrufbar unter https://www.thm.de/zaftda/tb-bundeslaender/doc_download/657-25-tb-lfd-hamburg-2014-15-o-ds-nr-vom-25-02-2016, zuletzt abgerufen am 18.6.2018; allgemein zur Videoüberwachung an Hochschulen Hess LfD, LT-Drs. 15/3705, 21 f.; sowie in kommunalen Einrichtungen Bay. LfD, LT-Drs. 16/6336, 120–123; Bay. LfD, LT-Drs. 16/6336, 120–123, abrufbar unter https://www.thm.de/zaftda/tb-bundeslaender/doc_download/630_26-tb-lfd-bayern-2013-14-o-drs-nr-vom-20-01-2014, zuletzt abgerufen am 18.6.2018, mit einem ausführlichen Leitfaden. In Bln. LT-Drs. 18/12740 findet sich eine informative Auflistung zur Videoüberwachung in den Bibliotheken der Humboldt-Universität.
[125] Etwa Art. 24 BayDSG oder § 20 DSG NRW.

der Funktionsfähigkeit eines Archivs oder einer Bibliothek zulässig, sofern schutzwürdige Interessen betroffener Personen nicht überwiegen. Findet eine Videoüberwachung statt, muss darüber informiert werden, dass eine solche Überwachung stattfindet und wer der verantwortliche Ansprechpartner ist. Aus Gründen der Verhältnismäßigkeit ist eine Speicherung der Aufnahmen in der Regel nicht angezeigt, um das Ziel der Videoüberwachung, nämlich die Schonung des Bestandes zu gewährleisten, zu erreichen.[126] Die neuen allgemeinen Datenschutzgesetze ordnen in der Regel auch eine unverzügliche Löschung an, erlauben jedoch teilweise eine Speicherung von mehreren Wochen, um die Aufnahmen auswerten zu können. Soweit es zur Verfolgung einer Straftat oder zur Sicherung von Rechtsansprüchen notwendig ist, dürfen Aufnahmen jedoch über diesen Zeitraum hinaus gespeichert werden.[127]

59 Bibliotheken bieten viele Inhalte mittlerweile in elektronischer Form an. Dabei werden von Verlagen lizenzierte **eBooks, eJournals oder Datenbanken** durch kommerzielle Anbieter im **authentifizierten Fernzugriff** zur Verfügung gestellt. Soweit Nutzer elektronische Ressourcen an frei zugänglichen Bibliotheksrechnern nutzen, werden keine personenbezogenen Daten verarbeitet. Eine solche Verarbeitung findet jedoch statt, wenn eine vorherige Authentifizierung am Bibliotheksrechner notwendig ist oder wenn über Remote-Access ein Fernzugriff auf die lizenzierten Bibliotheksangebote erfolgt. So wenig wie bei der Ausleihe von gedruckten Büchern, so darf auch hier kein Leser- oder Interessenprofil einzelner Nutzer erstellt werden.[128] In der Praxis wird beim Fernzugriff in der Regel nur die IP-Adresse der zugriffsberechtigten Institution als Authentifizierungsmerkmal übermittelt. Der Inhalteanbieter kann diese Information keiner bestimmten Person zuordnen. Daneben setzen die Websites der Anbieter Cookies oder Dienste wie Google Analytics ein.[129] Über diese Datenverarbeitungen sind die Nutzer transparent zu informieren (→ allgemein § 3 Rn. 99ff.).

60 Bei den zwischen Bibliotheken und Inhalteanbietern geschlossenen Lizenzverträgen werden regelmäßig bestimmte Verhaltensweisen wie etwa der **systematische Download von Inhalten** ausgeschlossen. Bei Nichtbeachtung kann es zu einer Sperrung der lizenzierten Inhalte kommen. In diesem Fall muss die Bibliothek die Möglichkeit haben, für die Sperrung verantwortliche Nutzer identifizieren zu können, um sie über die Nutzungsbedingungen eindringlich zu belehren und sie im Wiederholungsfall auf Grundlage der Benutzungsordnung von der weiteren Nutzung der elektronischen Ressourcen ausschließen zu können. Bei den zur Identifizierung erforderlichen personenbezogenen Daten handelt es sich um Verkehrsdaten im Sinne von § 96 TKG (dazu → § 18 Rn. 32ff.), die beim Rechenzentrum der Hochschule anfallen. Da es um die Behebung einer Zugangsstörung zu lizenzierten Inhalten geht, sollte die Bibliothek auf diese Daten nach § 100 Abs. 1 TKG zugreifen dürfen. Um aber eine klare Rechtsgrundlage zu haben, sollte in einem eigenen Abschnitt in der Benutzungsordnung nicht nur auf die Datenverarbeitung bei lizenzierten Drittinhalten hingewiesen, sondern auch die Nutzung der Zugriffsdaten zur Identifikation von Störern zur Aufrechterhaltung des Zugangs vorgesehen werden. In diesem Falle wäre die Benutzungsordnung eine Rechtsgrundlage im Sinne von Art. 6 Abs. 1 lit. e, Abs. 3 S. 1 lit. b DS-GVO.[130]

---

[126] OVG Münster NWVBl. 2009, 382.
[127] Vgl. § 20 Abs. 4 DSG NRW.
[128] Treffend LfD Bbg, LT-Drs. 3/5635 Abschn. 3.1.4: „Bisher muss niemand ... in einer öffentlichen Bibliothek registrieren lassen, welche Seite er in welchem Buch aufschlägt. Eine vergleichbar umfassende Kontrolle entsprechender Online-Aktivitäten ... ist daher ebenso wenig hinnehmbar"
[129] Vgl. dazu allgemein Bay. LfD, LT-Drs. 16/6336, 32–34; Bay. LfD, 25. Bericht, 52f., abrufbar unter https://www.thm.de/zaftda/tb-bundeslaender/doc_download/608-25-tb-lfd-bayern-2011-12-o-drs-nr-vom-23-01-2013, zuletzt abgerufen am 18.6.2018; zur Datenverarbeitung bei eBook-Anbietern Graef Recht der E-Books, Rn. 434–465.
[130] Vgl. auch ErwGr 49 DS-GVO.

V. Datenschutz in anderen Kultureinrichtungen

Nicht nur Archive und Bibliotheken, auch andere Kultureinrichtungen verarbeiten perso- 61
nenbezogene Daten. Gegenüber den bisher behandelten Gedächtnisinstitutionen gibt es
nur wenige Besonderheiten. Die Verarbeitung personenbezogener Nutzerdaten in **Theatern** oder **Musikschulen** unterscheidet sich kaum von Praxis in einer Bibliothek.[131] Auch
in den anderen Kultureinrichtungen dürfen Daten nur sparsam und aufgabenbezogen erhoben werden.[132] Ein gegenüber Archiven und Bibliotheken spezifischeres Problemfeld
stellen unzulässige Datenweitergaben an Dritte zu Werbe- oder Marketingzwecken dar,
sind die Besucher von Oper und Theater oder die Mitglieder eines **Museumsfördervereins** doch ein interessantes Werbepublikum.[133] Dass Theater im Verhinderungsfall
aufgrund von Krankheit von einem Abonnenten keine detaillierte Auskunft über seine
Erkrankung verlangen dürfen,[134] gilt auch für die Gebührenberechnung bei Leihfristüberschreitungen in Bibliotheken.

Zum Zwecke der Berechnung von **Gebühren und Eintrittsgeldern** bei Theatern 62
oder Musikschulen sind Angaben zu Einkommensverhältnissen möglichst datensparsam zu
erheben.[135] Werden in Musikschulen zur Abrechnung öffentlicher Zuwendungen Nachweise über angebotene Veranstaltungen geführt, die auch personenbezogene Daten von
Lehrenden enthalten, so muss dies wie die Führung jeder anderen Dozentendatenbank
gegenüber den Betroffenen transparent sein.[136]

Noch mehr als in Bibliotheken ist bei den Museen das Thema **Videoüberwachung** 63
bedeutsam.[137] Angesichts der erheblichen Werte im Ausstellungsbereich sind, sofern die
gesetzlichen Vorgaben in den jeweils einschlägigen allgemeinen Datenschutzgesetzen eingehalten werden, wozu immer auch eine transparente Information über stattfindende
Überwachung gehört, solche Überwachungen datenschutzrechtlich nicht zu beanstanden.[138]

Wenn **Museen ihre Bestände digitalisieren,** kann damit bei neueren Exponaten 64
auch die Verarbeitung personenbezogener Daten verbunden sein. Einen Datenschutzbezug weisen zudem in Museen vorhandene Nachlässe auf. Problematisch ist an dieser Stelle, dass es im Kulturverwaltungsrecht im Gegensatz zum Archiv- und Bibliothekswesen
kaum rechtliche Grundlagen für die Arbeit von Museen gibt, sieht man von ganz vereinzelten und nur für einzelne Häuser geltenden Normen wie etwa § 2 Abs. 2 Nr. 2 DHMG
ab, wo Inventarisierung und Dokumentation als gesetzliche Aufgabe genannt werden. Als
Einrichtungen des kulturellen Gedächtnisses können Museen als Archive im Sinne der
DS-GVO gelten und damit auch von den dort vorgesehenen Öffnungsklauseln profitieren.[139] Eine gesetzliche Regelung ihrer Aufgaben, wozu auch die Digitalisierung ihrer Be-

---

[131] Dazu Bln. LfD, LT-Drs. 9/1458, 9; Brem. LfD, LT-Drs. 17/1240, 50 f.
[132] Brem. LfD, 35. Bericht, 67 f., abrufbar unter https://www.thm.de/zaftda/tb-bundeslaender/doc_download/609-35-tb-lfd-bremen-2012-o-drs-nr-vom-08-03-2013, zuletzt abgerufen am 18.6.2018.
[133] Brem. LfD, 36. Bericht, 48 f., abrufbar unter https://www.thm.de/zaftda/tb-bundeslaender/doc_download/622-36-tb-lfd-bremen-2013-o-drs-nr-vom-21-03-2014, zuletzt abgerufen am 18.6.2018; vgl. auch BGH, NJW 2012, 1431.
[134] Brem. LfD, 37. Bericht, 54 f., abrufbar unter https://www.thm.de/zaftda/tb-bundeslaender/doc_download/637-37-tb-lfd-bremen-2014-o-drs-nr-vom-20-03-2015, zuletzt abgerufen am 18.6.2018.
[135] LfD Bbg, LT-Drs. 2/2601, 108 f.; LDI NRW, LT-Vorlage 9/1783, 241–244; Sachs. DSB, LT-Drs. 1/4580, 100; LfD MV, LT-Drs. 4/1137, 75 f.
[136] LfD MV, LT-Drs. 2/3531, 114; Bln. LfD, Bericht 2013, 142–144, abrufbar unter https://www.thm.de/zaftda/tb-bundeslaender/doc_download/623-tb-lfd-berlin-2013-o-drs-nr-vom-02-04-2014, zuletzt abgerufen am 18.6.2018.
[137] Brunnert Handlungsfelder, 233.
[138] Hess LfD, LT-Drs. 15/2500, 12; Bay. LfD, 26. Bericht, 216 f., abrufbar unter https://www.thm.de/zaftda/tb-bundeslaender/doc_download/630-26-tb-lfd-bayern-2013-11-o-drs-nr-vom-20-01-2014, zuletzt abgerufen am 18.6.2018; Art. 24 Abs. 1 Nr. 2 BayDSG sieht Kulturgutschutz als Grund für eine Videoüberwachung ausdrücklich vor.
[139] Johannes in Roßnagel Das neue DatenschutzR § 7 Rn. 197, 232.

stände gehören sollte, ist daher und wegen des Rechtssatzvorbehalts in Art. 6 Abs. 3 S. 1 lit. b DS-GVO anzustreben.[140]

VI. Datenschutz im Denkmalschutz

65 Rechtliche Bestimmungen zum Schutz von Denkmälern greifen vielfach in die Privatsphäre von Denkmaleigentümern ein. Dabei geht es nicht nur um gesetzliche Betretungsrechte, die etwa das Grundrecht auf Unverletzlichkeit der Wohnung betreffen, sondern auch um die Verarbeitung personenbezogener Daten.[141] Hier sind vor allem **Denkmallisten** unterschiedlichster Art zu nennen, die jedenfalls im internen Verwaltungsgebrauch auch verantwortliche Eigentümer als Adressaten denkmalschutzrechtlicher Pflichten aufführen. Die Denkmalschutzgesetze enthalten nur sehr vereinzelt Bestimmungen, die die Verarbeitung personenbezogener Daten betreffen,[142] vgl. etwa § 14a DSchG Brem. oder § 7 DSchG Schlh. sowie die Landesverordnung über die Denkmallisten für Kulturdenkmale Schlh. vom 10.6.2015, die genaue Vorgaben über die zu verarbeitenden Daten und ihre Veröffentlichung enthält. Dies ist umso verwunderlicher, als gerade die Führung von Denkmallisten und die in ihnen enthaltenen Angaben wiederholt Gegenstand von Beanstandungen der Landesdatenschutzbeauftragten waren.[143] Unabhängig davon, ob die Eintragung in eine Denkmalliste nur nachrichtlich erfolgt oder für die Denkmaleigenschaft des betroffenen Objekts konstitutive Wirkung hat, ist allein schon aus datenschutzrechtlichen Gründen eine Information des Betroffenen zu fordern.[144] Aus Gründen der Transparenz und Datensparsamkeit sollten eindeutige Vorgaben über Art und Umfang von Denkmallisten existieren,[145] wodurch auch eine einheitliche Handhabung gewährleistet wird.[146] Die Denkmalschutzgesetze beschränken die Veröffentlichung von Denkmallisten auf Baudenkmale. Werden Auskünfte über einzelne Denkmäler erteilt, so dürfen ohne Einwilligung oder eine ausreichende gesetzliche Grundlage keine personenbezogenen Daten an Dritte übermittelt werden.[147]

VII. Rechtsschutz

66 Fragen des Rechtsschutzes gegen die Verarbeitung personenbezogener Daten in Kultureinrichtungen stellen sich sowohl beim Bestands- als auch beim Nutzerdatenschutz. Hier stehen den Betroffenen zunächst **alle Reche auf Auskunft, Berichtigung oder Löschung aus der DS-GVO** (→ § 3 Rn. 237) zu, soweit nicht der Gesetzgeber **Ausnahmen** nach Art. 89 Abs. 3 DS-GVO für im öffentlichen Interesse liegende Archivzwecke geschaffen hat oder die DS-GVO solche Ausnahmen selbst vorsieht, etwa in Art. 14 Abs. 5 lit. b DS-GVO.

67 Solche Ausnahmen sind die bereichsspezifischen Rechtsschutzmöglichkeiten der **Archivgesetze**.[148] Zunächst gewähren diese Gesetze, teilweise auch unter Verweis auf allgemeine datenschutzrechtliche Bestimmungen, einen Auskunftsanspruch über das Vorhandensein von personenbezogenen Inhalten, vgl. Art. 11 BayArchG. Ein solcher Anspruch ist die Voraussetzung dafür, dass Betroffene weitere Rechte geltend machen können, etwa

---

[140] Vgl. auch ErwGr 45 DS-GVO.
[141] Brem. LfD, LT-Drs. 12/449, 78.
[142] Zur Notwendigkeit gesetzlicher Regelungen vgl. Sachs. DSB, LT-Drs. 1/3075, 117–119.
[143] LfD Nds., LT-Drs. 10/2400, 65; Bay. LfD, LT-Drs. 12/223, 48f.; Bay. LfD, LT-Drs. 12/9430, 75f.
[144] LfD Saarl., LT-Drs. 13/460, 101f.
[145] LfD Nds., LT-Drs. 10/5710, 86.
[146] LfD Nds., LT-Drs. 11/3820, 139.
[147] Bay. LfD. LT-Drs. 12/9430, 75f.
[148] Schneider in Roßnagel DatenschutzR-HdB Kap. 8.9 Rn. 20.

das Recht, unrichtige Angaben zu berichtigen oder eine Gegendarstellung zu den Unterlagen zu geben, vgl. Art. 11 Abs. 2 und 3 BayArchG. Berichtigungen und Gegendarstellungen lassen die ursprünglichen Unterlagen unverändert und werden nur als zusätzliche Information in das Archiv übernommen.

Mit dem in § 42 UrhG aus dem Urheberpersönlichkeitsrecht fließenden Recht, ein Werk wegen **gewandelter Überzeugung zurückzurufen,** enthält auch das UrhG eine Bestimmung mit datenschutzrechtlicher Wirkung. Im Bereich digitaler Netzpublikationen kann mangels Erschöpfung nach § 17 Abs. 2 UrhG der Rückruf wegen gewandelter Überzeugung zu einer Depublizierung von Netzinhalten führen und damit auch die Verarbeitung von dort enthaltenen personenbezogenen Daten beenden.[149] Soweit Bibliotheken aufgrund pflichtexemplarrechtlicher Bestimmungen ein gesetzliches Nutzungsrecht erworben haben, vgl. § 4 Abs. 5 und 6 PflExemplG NRW, wird man aber keine Löschpflicht aufgrund des Rückrufs annehmen können. Sofern nicht ohnehin schon aus urheberrechtlichen Gründen geschehen, sollte in diesen Fällen die Zugänglichkeit zu den fraglichen Inhalten nur in den Räumen der Bibliothek möglich sein.

68

---

[149] Euler/Steinhauer Pflichtexemplare, 136; Euler LT-Stellungnahme NRW 16/264, 27.

§ 26 Sozialdatenschutz

Übersicht

	Rn.
I. Einleitung	1
II. Bedeutung und Entwicklung des Sozialdatenschutzes	2
1. Ausgestaltung als Vollregelung	3
2. Abgrenzungsfragen und Systematik im Sozialdatenschutz	4
a) Systematik innerhalb des SGB	5
b) Abgrenzung zu anderen nationalen Datenschutzvorschriften	7
c) Sozialdatenschutz und europäisches Recht	10
III. Sozialgeheimnis	16
1. Sozialdatum	20
2. Leistungsträger	26
IV. Allgemeine sozialgesetzliche Datenverarbeitungsmodalitäten und Begriffsbestimmungen	29
1. Anwendungsbereich	30
2. Allgemeine Grundsätze: §§ 67 ff. SGB X	34
a) Erhebung von Sozialdaten	36
aa) Erforderlichkeitsprinzip	37
bb) Prinzip der Direkterhebung	38
cc) Einwilligung als Legitimation für die Erhebung von Sozialdaten	41
b) Sonstige Verarbeitungsmodalitäten	45
c) Übermittlung von Sozialdaten: §§ 67d – 77 SGB X	52
aa) Allgemeine Grundsätze	52
bb) Spezielle Übermittlungstatbestände	57
d) Besondere Datenverarbeitungsarten	67
aa) Automatisierte Verfahren	67
bb) Auftragsverarbeitung	68
e) Betroffenenrechte, Datenschutzkontrolle	69
aa) Informationspflichten	71
bb) Recht auf Auskunft	73
cc) Recht auf Löschung und Berichtigung	78
dd) Widerspruchsrecht	80
f) Sanktionierung von Datenschutzverstößen	81
V. Der bereichsspezifische Schutz von Sozialdaten	82
1. Grundsicherung für Arbeitsuchende (§§ 50–52 SGB II)	84
2. Arbeitsförderung (§§ 394–397 SGB III)	92
3. Sozialversicherung (§§ 18f, 18g SGB IV)	97
4. Gesetzliche Krankenversicherung/GKV (§§ 284–305 SGB V)	100
5. Gesetzliche Rentenversicherung (§§ 145–152 SGB VI)	114
6. Gesetzliche Unfallversicherung (§§ 199–208 SGB VII)	119
7. Kinder- und Jugendhilfe (§§ 61–68 SGB VIII)	124
8. Soziale Pflegeversicherung (§§ 93–109 SGB XI)	126
VI. Rechtsschutz	130

Literatur:

Bieresborn, Sozialdatenschutz nach Inkrafttreten der EU-Datenschutzgrundverordnung – Anpassungen des nationalen Sozialdatenschutzes an das europäische Recht, NZS 2017, 887; *Bieresborn,* Sozialdatenschutz nach Inkrafttreten der EU-Datenschutzgrundverordnung – Verarbeiten von Sozialdaten, Reichweite von Einwilligungen, grenzüberschreitende Datenübermittlung und Auftragsverarbeitung, NZS 2017, 926; *Bieresborn,* Sozialdatenschutz nach Inkrafttreten der EU-Datenschutzgrundverordnung – Betroffenenrechte, Aufsichtsbehörden und Datenschutzbeauftragte, neue Zuständigkeiten für die Sozialgerichtsbarkeit, NZS 2018, 10; *Binne,* Das neue Recht des Sozialdatenschutzes, NZS 1995, 97; *Buchner/Schwichtenberg,* Gesundheitsdatenschutz unter der Datenschutz-Grundverordnung, GuP 2016, 218; *Burger,* Der Schutz gesundheitsbezogener Beschäftigtendaten 2013; *Hartmann,* Gleichbehandlung und Tarifautonomie, 1994; *Hoffmann,* Einwilligung der betroffenen Person als Legitimationsgrundlage eines datenverarbeitenden Vorgangs im Sozialrecht nach dem Inkrafttreten der DSGVO, NZS 2017, 807; *Jung,* Vielschichtige Regelungen beim Schutz der Sozialdaten, WzS 2012, 3; *Kircher,* Der Schutz personenbezogener Gesundheitsdaten im Gesundheitswesen, 2016; *Kuchler,* „Anvertraute" Sozialdaten und kindbezogener Elternstreit, NJW 2012, 2321; *Kunkel/Rosteck/Vetter,* Schweigepflicht und Sozialdatenschutz versus Zeugnispflicht, StV 2017, 829; *Paland/Holland,* Das Gesetz für sichere digitale Kommunikation und Anwendungen im Gesundheitswesen, NZS 2016, 247; *Pickel,* Die Zulässigkeit der Übermittlung von Sozialdaten und ihre Einschränkungen, SGb 1999, 493; *Schaar,* Europäischer Datenschutz: Ende gut, alles gut?, DANA 2016, 80; *Schaar,* Anpassung von Einwilligungserklärungen für wissenschaftliche Forschungsprojekte, ZD 2017, 213; *Weichert,* Die Europäische Datenschutz-Grundverordnung – ein Überblick, DANA 2016, 48; *Wiese,* Der Schutz der Sozialdaten: Zur Neuordnung des Sozialgeheimnisses, DRV 1980, 353; *Wybitul,* Betriebsvereinbarungen im Spannungsverhältnis von arbeitgeberseitigem Informationsbedarf und Persönlichkeitsschutz des Arbeitnehmers, NZA 2017, 1488; *Ziebarth,* Lebenslange Speicherung der Lichtbilder aller gesetzlich Krankenversicherten?, WzS 2016, 51.

I. Einleitung

Das deutsche Sozialrecht bildet mit seinen zwölf Büchern eines der umfassendsten Sozialrechtssysteme in der Europäischen Union. Trotz einiger Koordinierungsbestrebungen auf EU-Ebene organisieren die einzelnen Mitgliedstaaten ihr jeweiliges Sozialschutzsystem weiterhin selbst. Das gilt auch für die Vorschriften zum Schutz der durch Sozialleistungsträger verarbeiteten personenbezogenen Daten. Die europäische Datenschutz-Grundverordnung hat den nationalen Regelungsspielraum allerdings weiter beschränkt und Anpassungen notwendig gemacht. Der deutsche Gesetzgeber reagierte hierauf mit dem Gesetz zur Änderung des Bundesversorgungsgesetzes und anderer Vorschriften vom 17.7.2017, welches insbesondere die Datenschutzbestimmungen des SGB I und SGB X an die europäischen Vorgaben angleicht. 1

II. Bedeutung und Entwicklung des Sozialdatenschutzes

Eine Sozialverwaltung ohne die Erhebung und Verarbeitung von personenbezogenen Daten ist undenkbar. Hinzu tritt, dass gerade in diesem Bereich nicht selten hochsensible personenbezogene Daten preisgegeben werden, woraus ein qualifizierter Schutzbedarf folgt. Dieser Risikolage sollte noch vor dem das Datenschutzrecht prägenden Volkszählungsurteil des Bundesverfassungsgerichts durch das Sozialgeheimnis Rechnung getragen werden, welches Schutzvorschriften gegen die unbefugte Übermittlung von Sozialdaten vorsieht. Die später durch das Bundesverfassungsgericht im Rahmen der Volkszählung entwickelten Grundsätze des Rechts auf informationelle Selbstbestimmung sind auf die personenbezogenen Sozialdaten übertragbar: Auch hier darf die betroffene Person grundsätzlich selbst über die Preisgabe und über die Verwendung ihrer persönlichen Daten bestimmen. Zum bereits bestehenden Sozialgeheimnis stellte das Gericht hingegen fest, dass der § 35 SGB I aF inhaltlich zwar bereits in die „verfassungsrechtlich gebotene Richtung" wies, allerdings insbesondere im präventiven Bereich des Schutzes personenbezogener Daten noch verschiedene Defizite vorhanden waren.[1] Da die sozialrechtlichen Rahmenbedingungen zudem eine Vielzahl von Lebenssachverhalten umfassen, schien es umso wichtiger, ein dieser Situation angemessenes Datenschutzrecht zu schaffen, denn der Betroffene sollte keine Nachteile fürchten müssen, wenn er sich an den Sozialleistungsträger wendet – allerdings benötigt jeder Sozialleistungsträger zur Entscheidung und für die Erbringung seiner Leistungen eben auch persönliche Daten von und über den Betroffenen und ist insoweit zwingend auf seine Kooperation und Mitarbeit angewiesen. Wie so oft im Recht, muss deshalb auch im Sozialdatenschutz ein angemessener Ausgleich zwischen den Interessen des Betroffenen auf informationelle Selbstbestimmung und den Datenverarbeitungsinteressen der Sozialleistungsträger herbeigeführt werden. Dies geschieht in ers-

---

[1] BVerfGE 65, 1 (45) – Volkszählung.

ter Linie durch verschiedene Durchbrechungen des Verbotsprinzips, das selbstredend auch für den Sozialdatenschutz gilt.

1. Ausgestaltung als Vollregelung

3 Der Sozialdatenschutz ist als Vollregelung konzipiert.[2] Dies bedeutet, dass das BDSG insoweit über keinen eigenen Anwendungsbereich verfügt – sei es denn, dass das SGB als spezielle datenschutzrechtliche Regelung explizit auf das BDSG verweist. So begrüßenswert der gewählte Ansatz zunächst auch scheinen mag, soll er doch dem Rechtsanwender ein mühsames Wechseln zwischen dem BDSG und dem SGB ersparen, so stellt sich die Arbeits- und Anwendungspraxis des Sozialdatenschutzes mittlerweile anders dar: So wird vornehmlich kritisiert, dass die erarbeitete Doppelstruktur zwischen dem Sozial- und dem allgemeinen Datenschutz dazu geführt hat, dass die Normzahl so drastisch erhöht wurde, dass allein schon dadurch der ursprünglich intendierte, vereinfachende Effekt verpufft sein dürfte. Die zunehmende Schaffung von bereichsspezifischen Normen hat ferner dazu geführt, dass eben doch wieder eine Unterscheidung zwischen BDSG und SGB durchzuführen und von Fall zu Fall mal die eine, mal die andere Regelung anzuwenden ist. Hinzu tritt die Abgrenzung von landesdatenschutzrechtlichen und kirchenrechtlichen Vorschriften.[3] Überdies ist der Sozialdatenschutz auch vom Gesundheitsdatenschutz und von der medizinischen Datenverarbeitung abzugrenzen, zum Beispiel im Hinblick auf die ärztliche Schweigepflicht.[4] Last, but not least dürfte schon die erhebliche Länge mancher Vorschriften des Sozialdatenschutzes den ungeübten Anwender, der erstmals mit ihnen konfrontiert wird, abschrecken. Alles in allem führt dies dazu, dass das Sozialdatenschutzrecht nicht nur komplex in seiner Handhabung ist, sondern zu Recht in mancherlei Hinsicht auch als unpraktikabel bezeichnet werden kann, was verschiedentlich auch zu Forderungen nach einer generellen Überarbeitung bis hin zur „Totalrevision" geführt hat.[5]

2. Abgrenzungsfragen und Systematik im Sozialdatenschutz

4 Infolge des Verhältnisses der bereichsspezifischen zu den allgemeinen datenschutzrechtlichen Vorgaben stellen sich im Sozialdatenschutz verschiedene Abgrenzungsprobleme. Zudem bedingt die europäische Überformung der sozialdatenschutzrechtlichen Vorschriften eine systematische Differenzierung zwischen den europäischen und den nationalen Regelungen.

5 **a) Systematik innerhalb des SGB.** Innerhalb des SGB untergliedern sich die sozialdatenschutzrechtlichen Regelungen in allgemeine Grundsätze sowie in bereichsspezifische Vorgaben. Der Aufbau des Sozialdatenschutzes ist somit wenig überraschend und folgt in der Anwendung dem Spezialitätsgrundsatz. Die Vorschriften nach § 35 SGB I iVm §§ 67–85a SGB X können dabei als allgemeiner bereichsspezifischer Datenschutz angesehen werden, wohingegen der spezielle bereichsspezifische Datenschutz durch die Regelungen in den fachspezifischen Sozialgesetzbüchern abgebildet wird.[6] Eine solche Auffassung der SGB-internen Systematik entspricht auch dem Grundsatz des § 37 S. 1 Hs. 2 SGB I, wonach das SGB I und das SGB X für sämtliche Sozialleistungsbereiche gelten, soweit sich aus den übrigen Büchern nicht etwas Abweichendes ergibt.

6 Gegen diese zunächst grundsätzlich bestehende Spezialitätsregelung auch im Sozialdatenschutz spricht aber, dass § 37 S. 2 SGB I festlegt, dass der Vorbehalt für Spezialvorschriften unter anderem nicht für § 35 SGB I gilt. Diese Norm bestimmt in ihrem zwei-

---

[2] Dix in Simitis BDSG aF § 1 Rn. 160.
[3] Kircher Der Schutz personenbezogener Gesundheitsdaten im Gesundheitswesen, 276.
[4] Dazu Greiner in KKW SGB I § 35 Rn. 1.
[5] Siehe zur teils erheblichen Kritik am Sozialdatenschutzrecht Weichert DANA 2016, 48 (51); Buchner/Schwichtenberg GuP 2016, 218 (223) und Schaar DANA 2016, 80 (81).
[6] Kircher Der Schutz personenbezogener Gesundheitsdaten im Gesundheitswesen, 211.

ten Absatz, dass die Erhebung, Verarbeitung und Nutzung von Sozialdaten nur unter den Voraussetzungen des zweiten Kapitels des SGB X zulässig ist, wo der Sozialdatenschutz explizit in den §§ 67–85a SGB X adressiert wird. Dies hätte jedoch zur Folge, dass die insoweit doch allgemeinen Vorgaben des Sozialdatenschutzes nicht durch bereichsspezifische Gesetze ergänzt werden könnten, die aber tatsächlich zum Beispiel im SGB V vorhanden sind. Im Ergebnis wird man deshalb, soweit es das Verhältnis der verschiedenen SGB untereinander im Hinblick auf den Datenschutz anbelangt, nicht von einem Spezialitätsverhältnis, sondern von einem Gleichrang ausgehen müssen.[7] Diese Auffassung deckt sich zudem mit der Rechtsprechung des BSG, welches die Datenschutzregelungen aus dem SGB I und aus dem SGB X grundsätzlich gleichberechtigt neben den anderen Büchern des SGB stehen sieht.[8]

b) Abgrenzung zu anderen nationalen Datenschutzvorschriften. Der im SGB geregelte Datenschutz ist gegenüber dem BDSG speziell. Dies ergibt sich schon aus § 1 Abs. 2 BDSG, wonach andere Rechtsvorschriften des Bundes über den Datenschutz vorrangig zu behandeln sind – es sei denn, sie regeln einen Sachverhalt nicht oder nicht abschließend.[9]

Für das Verhältnis des SGB zu den landesrechtlichen Datenschutzvorschriften ergibt sich Folgendes: Auf Landesebene gelten die allgemeinen Landesdatenschutzgesetze (LDSG) für die Datenverarbeitung von öffentlichen Stellen der Länder und der Gemeinden sowie der Gemeindeverbände. Darüber hinaus verfügen einige Länder (zurzeit noch) über eigene Landeskrankenhausgesetze mit teils selbständigen Datenschutzregelungen, so zum Beispiel das Land Bremen mit dem Krankenhausdatenschutzgesetz und das Land Nordrhein-Westfalen mit dem Gesundheitsdatenschutzgesetz.

Soweit die Verarbeitung von Sozialdaten in Rede steht, kann die Betrachtung des Verhältnisses zum kirchlichen Datenschutzrecht nicht außen vor bleiben (s. auch → § 27 Rn. 1 ff.). Für die evangelische Kirche gilt hier das Kirchengesetz über den Datenschutz in der Evangelischen Kirche in Deutschland (DSG-EKD); für die katholische Kirche ist die Anordnung über den Kirchlichen Datenschutz (KDO) in Verbindung mit der entsprechenden Durchführungsverordnung (KDO-DVO) einschlägig. Das kirchliche Datenschutzrecht basiert in verfassungsrechtlicher Hinsicht auf Art. 140 GG iVm Art. 137 Abs. 3 WRV, wonach den Kirchen für eigene Angelegenheiten ein Selbstverwaltungsrecht zukommt. Begründet werden kann diese Zuständigkeit für den Bereich des Datenschutzes beispielsweise mit der Krankenpflege, die durch ihren Wohlfahrtscharakter über einen engen Bezug zum kirchlichen Wirk- und Tätigkeitskreis verfügt. Die kirchliche Kompetenz, die eigenen Angelegenheiten durch selbständige Vorschriften zu regeln, wird durch die „Schranken des für alle geltenden Gesetzes" begrenzt, Art. 137 Abs. 3 WRV. Das BDSG, welches zwar grundsätzlich ein solches beschränkendes Gesetz darstellt, gilt allerdings nicht für kirchliche Stellen. Anders stellt sich die Situation aber für die Landeskrankenhausgesetze dar, die grundsätzlich auch auf kirchliche Einrichtungen anwendbar sind. Auch das SGB erfasst kirchliche Leistungserbringer, soweit diese iSd SGB V zugelassen sind.

c) Sozialdatenschutz und europäisches Recht. Mit der Schaffung der DS-GVO durch den EU-Gesetzgeber erfahren die nationalen Regulierungsspielräume im Datenschutzrecht eine deutliche Eingrenzung. So kommt der DS-GVO als europäische Verordnung gem. Art. 288 Abs. 2 AEUV nicht nur unmittelbare Geltung zu, sondern es gilt auch der Anwendungsvorrang des EU-Rechts, sodass der DS-GVO entgegenstehende nationale Regelungen unanwendbar sind. Hierdurch wird ein faktischer Anpassungszwang begrün-

---

[7] So im Ergebnis auch Kircher Der Schutz personenbezogener Gesundheitsdaten im Gesundheitswesen, 211.
[8] BSG NZS 2011, 582.
[9] Bezogen auf das BDSG aF auch BSGE 102, 134; NZS 2011, 582 (584).

det, der zu einer weitgehenden Überformung des nationalen Datenschutzrechts durch das EU-Recht führt.

11 Begrenzt wird dieser Anpassungszwang durch die Öffnungsklauseln in der DS-GVO. Diese können als „Ausfluss des Respekts der Union vor den mitgliedstaatlichen, durch den Grundsatz der begrenzten Einzelermächtigung (Art. 5 Abs. 2 AEUV) gesicherten Kompetenzen"[10] gesehen werden und sollen einen Ausgleich für das intensive rechtliche Einwirken der EU auf das mitgliedstaatliche Datenschutzgefüge herbeiführen. In diesem Zusammenhang verfolgen die Öffnungsklauseln das Ziel, den unterschiedlichen Interessen und Ausgangspositionen der Mitgliedstaaten in der Realisierung von Datenschutz Rechnung zu tragen und kommen ihnen auf diese Weise im Harmonisierungsprozess entgegen.[11] In der Natur der Sache liegend ist es vor allem der öffentlich-rechtliche Bereich, der in die ureigensten Interessen des staatlichen Regelungsgefüges fällt; dementsprechend sind hier auch mehr Öffnungsklauseln und damit Freiheiten für die Mitgliedstaaten als im nicht-öffentlichen Bereich zu finden, der stärker reglementiert ist und innerhalb dessen die DS-GVO auf eine Vollharmonisierung ganz im Sinne eines vereinheitlichten europäischen Datenverkehrs abzielt.[12]

12 Begrifflich können die Öffnungsklauseln in der DS-GVO weit verstanden werden und umfassen nicht nur die mitgliedstaatlichen Gesetze, sondern auch Rechtsverordnungen. Dies ergibt sich schon aus ErwGr 41 DS-GVO, demgemäß eine Gesetzgebungsmaßnahme nicht notwendigerweise einen vom Parlament angenommenen Gesetzgebungsakt erfordert. Es ist den Mitgliedstaaten hier anheimgestellt, selbständig die Anforderungen innerhalb der Grenzen ihrer jeweiligen Verfassungsordnung festzulegen. Für Deutschland ist hier die Wesentlichkeitstheorie von Relevanz, wonach der Gesetzgeber verpflichtet ist, alle wesentlichen Entscheidungen selbst zu treffen, und diese dementsprechend nicht in einem unbegrenzten Umfang an andere Normgeber delegieren kann.[13]

13 Soweit es die gesetzlichen Regelungen zum Schutz von Sozialdaten betrifft, bilden im Verhältnis des nationalen zum europäischen Recht die Vorschriften des SGB die Rechtsgrundlage für eine Datenverarbeitung gem. Art. 6 Abs. 1 lit. c bzw. e DS-GVO. So kann eine Datenverarbeitung dann rechtmäßig sein, wenn diese zur Erfüllung einer rechtlichen Verpflichtung erforderlich ist, der der Verantwortliche unterliegt; oder aber die Datenverarbeitung ist für die Wahrnehmung einer Aufgabe erforderlich, die im öffentlichen Interesse liegt oder in Ausübung öffentlicher Gewalt erfolgt, die dem Verantwortlichen übertragen wurde. In Bezug auf Art. 6 Abs. 1 lit. c und e DS-GVO gestattet Art. 6 Abs. 2 DS-GVO den Mitgliedstaaten, spezifischere Bestimmungen beizubehalten oder einzuführen, indem sie spezifische Anforderungen für die Verarbeitung sowie für sonstige Maßnahmen präziser bestimmen. Art. 6 Abs. 3 DS-GVO legt – ebenfalls bezogen auf Art. 6 Abs. 1 lit. c und e DS-GVO – die Anforderungen dar, die an eine nationale Vorschrift über die Erfüllung einer rechtlichen Verpflichtung (lit. c) oder der Datenverarbeitung zur Wahrnehmung einer im öffentlichen Interesse liegenden Aufgabe (lit. e) anzulegen sind. Für die Verarbeitung von Sozialdaten ist es notwendig, dass der Verarbeitungszweck in der entsprechenden nationalen Vorschrift klar bestimmt ist; darüber hinaus muss eine zulässige Datenverarbeitung vorhersehbar sein.[14] Dies setzt voraus, dass die im Sozialwesen zu erfüllende Aufgabe durch das Recht zumindest hinreichend fixiert wird.[15]

14 § 35 Abs. 2 S. 2 SGB I stellt zudem klar, dass die Regelungen zum Datenschutz im SGB sowie in der DS-GVO auch auf solche Verarbeitungen von Sozialdaten Anwendung finden, welche nicht in den sachlichen Anwendungsbereich der Verordnung fallen. Dieser

---

[10] Kühling/Martini et al. DSGVO und nationales Recht, 3.
[11] Kühling/Martini et al. DSGVO und nationales Recht, 1.
[12] Siehe auch ErwGr 10 DS-GVO.
[13] BVerfGE 98, 218 (251).
[14] Vgl. Buchner/Petri in Kühling/Buchner DS-GVO Art. 6 Rn. 91.
[15] Vgl. Buchner/Petri in Kühling/Buchner DS-GVO Art. 6 Rn. 121.

Auffangtatbestand stellt sicher, dass für die Verarbeitung aller Arten von Sozialdaten der gleiche hohe Schutzstandard gilt.[16]

Die Datenverarbeitung im SGB kann insbesondere auch besondere Kategorien von personenbezogenen Daten betreffen; die auf EU-Ebene entsprechende Regelung findet sich in Art. 9 DS-GVO. Systematisch wird in dessen Abs. 1 zunächst das grundsätzliche Verbot der Verarbeitung ebenjener Daten bestimmt, wohingegen Abs. 2 verschiedene Ausnahmetatbestände vorsieht. Zwar sind die Vorschriften des zweiten Absatzes dem Grunde nach vollharmonisierte Regelungen, eröffnen aber verschiedene Abweichungsmöglichkeiten für das Recht der Mitgliedstaaten, so zB im Rahmen der Erfüllung von bestimmten Pflichten im Bereich der sozialen Sicherheit und des Sozialschutzes, Art. 9 Abs. 2 lit. b DS-GVO. Hierbei handelt es sich um eine fakultative und um eine gemischte Öffnungsklausel, die in die Sektoren des Sozial- und des Gesundheitsdatenschutzes ausstrahlt und von erheblicher und tendenziell horizontaler Bedeutung ist.[17] Art. 9 Abs. 2 lit. b DS-GVO verlangt, dass die Mitgliedstaaten geeignete Garantien für die Grundrechte und die Interessen der betroffenen Person vorsehen. Dies bedeutet, dass die nationale Ermächtigung datenschutzrechtliche Garantien wie Zweckbindung, Transparenz und Vertraulichkeit, sowie Datenverschlüsselung, Pseudonymisierung und angemessene Betroffenenrechte vorsehen muss. Sicherlich wird man auch für Art. 9 Abs. 2 lit. b DS-GVO argumentieren können, dass eine derartige Öffnungsklausel der eigentlich angestrebten Harmonisierung des EU-Datenschutzrechts im Bereich der medizinischen Forschung und der Datenverarbeitung im Gesundheits- und Sozialsystem entgegensteht.[18] Jedoch stellt sich auch hier – wie letztlich für alle durch die DS-GVO vorgesehenen Öffnungsklauseln – die Frage, ob eine unionsweite Rechtsvereinheitlichung auch dann Sinn macht, wenn die in den Mitgliedstaaten schon bestehenden Verwaltungsstrukturen eigentlich zu divergent sind, als dass man diese in einer EU-weiten gesetzlichen Regelung angemessen und praktikabel abbilden könnte.[19]

III. Sozialgeheimnis

Dreh- und Angelpunkt des deutschen Sozialdatenschutzes bildet seit jeher das Sozialgeheimnis. Dieses Grundprinzip schützt den Betroffenen nicht nur vor einer unbefugten Erhebung, Verbreitung oder Nutzung der ihn betreffenden Sozialdaten, sondern soll zudem sicherstellen, dass die Daten nur befugten Stellen zugänglich gemacht werden.

Eine Geheimhaltungsverpflichtung für sensible Daten war bereits in der Reichsversicherungsordnung (RVO) von 1913 enthalten. Diese untersagte in ihren Strafvorschriften die unbefugte Offenbarung von Krankheitsinformationen sowie Betriebs- und Geschäftsgeheimnissen.[20] Allerdings genügte eine Normierung als Straftatbestände – mit der Strafrechtsreform von 1975 dann in den §§ 203, 204 StGB – bald den Anforderungen der Sozialverwaltung nicht mehr.[21] Deren steigender Bedarf an persönlichen Daten der Bürger sowie die Fortschritte in den Datenverarbeitungstechnologien erforderten eigene sozialrechtliche Normen zum Schutz der Daten. Seit Inkrafttreten des SGB normiert daher § 35 SGB I den Anspruch für jeden, dass „die ihn betreffenden Sozialdaten von den Leistungsträgern nicht unbefugt verarbeitet werden" sowie „die Verpflichtung, auch innerhalb des Leistungsträgers sicherzustellen, dass die Sozialdaten nur Befugten zugänglich sind oder nur an diese weitergegeben werden". Das Sozialgeheimnis schützt auf diese Weise

---

[16] Vgl. BT-Drs. 18/12611, 97.
[17] Kühling/Martini et al. DSGVO und nationales Recht, 48.
[18] Schulz in Gola DS-GVO Art. 9 Rn. 3.
[19] Albers in BeckOK DatenschutzR DS-GVO Art. 9 Rn. 11.
[20] Lücking in Sodan KrankenversicherungsR § 41 Rn. 1.
[21] Binne/Rixen in MRB SozialR-HdB § 10 Rn. 1 f.; Paulus in BeckOK DatenschutzR Sozialdatenschutz Rn. 2.

vor unzulässigen Eingriffen der Sozialverwaltung in das Recht auf informationelle Selbstbestimmung. Gerade innerhalb komplexer Behördenstrukturen ist es für den Einzelnen nur eingeschränkt möglich, nachzuvollziehen, wer welche personenbezogenen Daten über ihn verarbeitet und zu welchen Zwecken dies erfolgt.

18 Im Laufe der Zeit passte der Gesetzgeber das Sozialgeheimnis an die allgemeinen Vorschriften zum Datenschutz an, zB durch Regelungen über die Erhebung und Nutzung von Sozialdaten, und entwickelte so den Sozialdatenschutz immer weiter fort.

19 Die Konzeption des § 35 SGB I als Geheimhaltungsverpflichtung erzeugt unweigerlich einen Konflikt mit der Zeugnispflicht in den Prozessordnungen (§ 48 StPO, §§ 390, 395 I ZPO, § 65 VwVfG). Aus diesem Grund sieht § 35 III SGB I sowohl ein Zeugnisverweigerungsrecht als auch ein Auskunfts-, Vorlegungs- und Auslieferungsverweigerungsrecht für die betroffenen Leistungsträger vor, welches allerdings nur unter der Voraussetzung besteht, dass keine Befugnis zur Übermittlung der Sozialdaten besteht. Eine solche kann sich aus den Vorschriften der §§ 68, 69 SGB X oder – sofern ein richterlicher Beschluss vorliegt – aus § 73 SGB X ergeben. Liegt eine Übermittlungsbefugnis und damit eine Aussagegenehmigung vor, stellt dies eine legitime Durchbrechung des Sozialgeheimnisses dar, sodass eine Strafbarkeit nach § 203 StGB entfällt.[22]

1. Sozialdatum

20 Gegenstand des Sozialgeheimnisses sind die Sozialdaten der von einer Datenverarbeitung betroffenen Person. Sozialdaten sind gem. § 67 Abs. 2 SGB X personenbezogene Daten iSv Art. 4 Nr. 1 DS-GVO, welche von einer in § 35 SGB I genannten Stelle im Hinblick auf ihre Aufgaben nach dem SGB verarbeitet werden. Die unmittelbare Anwendbarkeit der DS-GVO verlangte eine Anpassung der Legaldefinition, um divergierende Auslegungsergebnisse zu vermeiden. § 67 SGB X aF beinhaltete ein etwas engeres Begriffsverständnis, das lediglich Einzelangaben über persönliche oder sachliche Verhältnisse einer bestimmten oder bestimmbaren Person umfasste. Letztendlich ist die Anpassung an die DS-GVO aber nur eine begriffliche Klarstellung. Auch zuvor war anerkannt, dass jedes personenbezogene Datum potenziell zu einem Sozialdatum werden kann, wenn es durch eine in § 35 SGB I genannte Stelle verarbeitet wird.[23] Da der Begriff des personenbezogenen Datums europarechtskonform auszulegen ist, ist die deutsche Rechtsprechung zu dem Begriff des Sozialdatums nicht ohne Weiteres auf die neue Fassung des § 67 SGB X zu übertragen. So wird zB durch den EuGH zu klären sein, ob auch reine Werturteile wie Ergebnisse in Gutachten unter den Begriff fallen. Während die Sozialrechtsprechung dies bislang ablehnte,[24] fasste der BGH in seiner Spickmich-Entscheidung auch Werturteile unter den Begriff des personenbezogenen Datums.[25] Bis zu einer Klärung durch den EuGH sollte bei etwaigen Löschungs- oder Berichtigungsbegehren in Bezug auf Gutachtenergebnisse direkt auf die Art. 17 Abs. 3, Art. 18 Abs. 2 DS-GVO bzw. § 84 Abs. 2 SGB X zurückgegriffen werden.[26]

21 Die DS-GVO unterscheidet zwischen „einfachen" personenbezogenen Daten und besonderen Kategorien personenbezogener Daten und knüpft jeweils unterschiedliche Anforderung an ihre Verarbeitung. Einfache personenbezogene Daten, also beispielsweise die reine Tatsache eines Leistungsbezugs,[27] dürfen verarbeitet werden, sofern die Voraussetzungen eines der in Art. 6 Abs. 1 lit. a-f DS-GVO aufgeführten Legitimationstatbestände erfüllt sind.

---

[22] Kunkel/Rosteck/Vetter StV 2017, 829 (834).
[23] Greiner in KKW SGB I § 35 Rn. 7 mit Verweis auf VGH Hessen ZKJ 2014, 493.
[24] Beispielsweise LSG Niedersachsen-Bremen Urt. v. 15.3.2007 L 12 AL 195/07.
[25] BGH NJW 2009, 2888.
[26] So auch Bieresborn NZS 2017, 887 (889).
[27] Bieresborn NZS 2017, 926 (927).

Zu den besonderen Kategorien personenbezogener Daten zählen gem. Art. 9 Abs. 1 DS-GVO Daten über rassische und ethnische Herkunft, politische Meinungen, religiöse und weltanschauliche Überzeugungen, Gewerkschaftszugehörigkeit, genetische, biometrische Daten zur eindeutigen Identifizierung einer Person oder Daten über Gesundheit oder Sexualleben und sexuelle Ausrichtung. Eine Verarbeitung dieser Datenarten unterliegt den Voraussetzungen der Art. 9 Abs. 2 lit. a-j DS-GVO. Sie gelten als besonders sensibel (vgl. ErwGr 51 DS-GVO) und unterliegen daher einem erhöhten Schutzbedarf. Für den Sozialbereich sind sowohl genetische und biometrische Daten als auch Gesundheitsdaten von erhöhter Relevanz. Der Begriff der Gesundheitsdaten bezeichnet gem. Art. 4 Nr. 15 DS-GVO personenbezogene Daten, die sich auf die körperliche oder geistige Gesundheit einer natürlichen Person, einschließlich der Erbringung von Gesundheitsdienstleistungen, beziehen und aus denen Informationen über deren Gesundheitszustand hervorgehen. Neben den allgemeinen persönlichen Angaben wie Alter, Geschlecht oder Wohnort bilden Gesundheitsdaten eine wesentliche Kategorie der Sozialdaten, sofern sie sich auf die Gesundheit des Hilfeempfängers oder auf die Erbringung von Gesundheitsleistungen an ihn beziehen.[28] Dies ist bei einer Datenverarbeitung im Rahmen der Kranken-, Unfall- und Pflegeversicherung sowie dem Behindertenschutz regelmäßig der Fall. Auch wenn sich die Information zu denen in Art. 9 DS-GVO genannten Datenkategorien auch mittelbar ergeben können, ist nicht jede mittelbare Angabe den besonderen Kategorien zuzuordnen. So stellt bspw. die rein geographische Angabe des Geburtsortsorts noch keine Aussage über die rassische oder ethnische Herkunft dar.[29] ErwGr 51 DS-GVO betont darüber hinaus, dass Lichtbilder nicht per se als biometrische Daten anzusehen sind, sondern nur dann, wenn sie mit speziellen technischen Mitteln verarbeitet werden, die die eindeutige Identifizierung oder Authentifizierung einer natürlichen Person ermöglichen.

Die DS-GVO überlässt den Mitgliedstaaten sowohl in Bezug auf die Verarbeitung „einfacher" Daten als auch der besonderen Kategorien einen eigenen Regelungsspielraum mithilfe von Öffnungsklauseln. Auffällig ist allerdings, dass den Mitgliedstaaten bei der Verarbeitung besonderer Kategorien personenbezogener Daten mehr Möglichkeiten eingeräumt sind, von den Erlaubnistatbeständen abzuweichen. Deutlich ist dies vor allem an der Einwilligung zu erkennen. Während diese im Rahmen von Art. 6 DS-GVO nicht durch nationales Recht begrenzbar ist, überlässt Art. 9 Abs. 2 lit. a DS-GVO den Mitgliedstaaten die Wahl, ob und in welchem Umfang die Einwilligung als Legitimation für die Verarbeitung besonderer Kategorien personenbezogener Daten fungieren kann. Darüber hinaus sehen Abs. 2 lit. b, h und i Abweichungsmöglichkeiten im nationalen Recht der Mitgliedstaaten vor.

Betrifft die Verarbeitung genetische, biometrische oder Gesundheitsdaten können die Mitgliedstaaten gem. Art. 9 Abs. 4 DS-GVO auch für andere Erlaubnistatbestände zusätzliche Bedingungen einführen oder aufrechterhalten.

Dem Begriff des Sozialdatums werden außerdem gem. § 35 Abs. 4 SGB I Betriebs- und Geschäftsgeheimnisse gleichgestellt. Hierunter fallen jegliche betriebs- oder geschäftsbezogene Daten, welche im Zusammenhang mit einem sozialrechtlichen Sachverhalt verarbeitet werden und nicht für die Öffentlichkeit bestimmt sind.[30] Mit dieser Gleichstellung dehnt § 35 Abs. 4 SGB I den Schutzbereich des Sozialgeheimnisses auch auf nicht personengebundene Daten und somit auch auf juristische Personen aus.

2. Leistungsträger

Damit ein personenbezogenes Datum überhaupt als Sozialdatum bezeichnet werden kann, muss es durch einen Leistungsträger im Sinne des § 35 Abs. 1 SGB I verarbeitet werden. Leistungsträger sind die in den §§ 18–29 SGB I genannten Körperschaften, Anstalten und

---

[28] Weichert in Kühling/Buchner DS-GVO Art. 4 Nr. 15 Rn. 5.
[29] DSK Kurzpapier Nr. 17 Besondere Kategorien personenbezogener Daten, Stand: 27.3.2018, 1.
[30] Körner in KassKoSGB SGB I § 35 Rn. 7b.

Behörden, die für Sozialleistungen zuständig sind. Dem Sozialgeheimnis unterliegen darüber hinaus gem. § 35 Abs. 1 S. 4 SGB I auch die Verbände der Leistungsträger, Arbeitsgemeinschaften der Leistungsträger und ihrer Verbände sowie alle weiteren dort aufgeführten Stellen, welche Aufgaben nach dem SGB wahrnehmen. Diese und gem. § 78 Abs. 1 SGB X auch diejenigen, denen Sozialdaten übermittelt worden sind, bilden für das Sozialrecht den Kreis der Verantwortlichen iSv Art. 4 Nr. 7 DS-GVO. Von anderen Stellen – zB privaten Leistungserbringern – erhobene personenbezogene Daten sind per se keine Sozialdaten. Sie können diese Eigenschaft allerdings noch annehmen, wenn der private Erbringer in Beziehung zu einer der in § 35 SGB I genannten Stellen tritt. Dies ist etwa der Fall, wenn die durch einen Arzt erhobenen Daten an einen Sozialversicherungsträger übermittelt und von diesem gespeichert werden.[31]

27 Ferner muss der Leistungsträger das personenbezogene Datum gemäß der Bestimmung in § 67 Abs. 2 SGB X auch im Hinblick auf seine Aufgaben nach dem SGB verarbeiten. Die Vorschriften zum Sozialdatenschutz finden dementsprechend erst Anwendung, wenn der Leistungserbringer die Datenverarbeitung in seiner dem SGB unterliegenden Funktion vornimmt. Der Aufgabenbegriff ist dabei weit zu verstehen und umfasst sogar die irrige Annahme des Leistungserbringers, die Datenverarbeitung gehöre zu seinen Aufgaben.[32] Auch Tätigkeiten, die die eigentliche Gewährung von Sozialleistungen lediglich tangieren, wie die Zulassung von Leistungserbringern oder Beratungstätigkeiten, sind begrifflich eingeschlossen.[33] Ergänzend stellt § 67 Abs. 3 SGB X zudem klar, dass sich Aufgaben auch aus dem vom SGB abgeleiteten Sekundärrecht (Verordnungen) (Nr. 1) sowie aus über- oder zwischenstaatlichem Recht im Bereich der sozialen Sicherheit (Nr. 2), aus vom SGB I oder X benannten Rechtsvorschriften (Nr. 3) sowie aus dem Arbeitssicherheitsgesetz und weiteren gesetzlichen Zuweisungen an die in § 35 SGB I genannten Stellen ergeben können.

28 Fehlen im konkreten Fall ein oder mehrere Merkmale eines Sozialdatums, so ist hinsichtlich der Verarbeitung der betroffenen personenbezogenen Daten auf die allgemeinen datenschutzrechtlichen Vorschriften der DS-GVO zurückzugreifen.

IV. Allgemeine sozialgesetzliche Datenverarbeitungsmodalitäten und Begriffsbestimmungen

29 Um trotz der unterschiedlichen Anforderungen, die die Leistungserbringer an die Verarbeitung von Sozialdaten stellen, die Rechtsanwendung möglichst übersichtlich zu gestalten, entschied sich der Gesetzgeber für die Systematisierung der Vorschriften nach dem Klammerprinzip. Die allgemeinen sozialdatenschutzrechtlichen Vorgaben sind dabei in den §§ 67–85 SGB X zusammengefasst und gelten für die bereichsspezifischen Modalitäten in den übrigen Büchern. § 37 SGB I stellt insofern klar, dass für den Bereich des Sozialdatenschutzes die Vorschriften des SGB I und des SGB X grundsätzlich uneingeschränkt gelten. Unüblicherweise ist der allgemeine Teil den besonderen Vorschriften allerdings nicht vorgelagert, sondern mit dem Sozialgeheimnis in § 35 SGB I und den übrigen allgemeinen Vorschriften im SGB X sehr weit auseinandergezogen. Der Zugang zu den Regelungen wird hierdurch für Rechtsanwender erheblich erschwert. Außerdem weist der Anwendungsbereich der nationalen Vorschriften zu Sozialdaten einige Spezifika auf, die sich von der DS-GVO als Grundregularium abheben.

---

[31] Bieresborn in von Wulffen/Schütze SGB X § 67 Rn. 10b.
[32] BSGE 90, 162 (171).
[33] Leopold in KassKoSGB SGB X § 67 Rn. 13.

1. Anwendungsbereich

In persönlicher Hinsicht geht der Schutz der Sozialdaten nicht nur über den Anwendungsbereich des SGB, sondern auch über den Anwendungsbereich der DS-GVO hinaus. Im Gegensatz zu anderen SGB-Normen, welche ausschließlich im Inland Anwendung findet, sind von den §§ 67 ff. SGB X auch im Ausland lebende Personen anderer Staatsangehörigkeit geschützt.[34] Darüber hinaus fallen gem. § 35 Abs. 5 SGB I auch Verstorbene unter die Datenschutzvorschriften des SGB X, sodass beispielsweise die Übermittlung von Versichertendaten auch nach dem Tod des Versicherten den Voraussetzungen der §§ 67d ff. SGB X sowie den jeweiligen bereichsspezifischen Vorgaben unterliegt. 30

Auch der sachliche Anwendungsbereich ist weiter gefasst als in der DS-GVO, da das Sozialgeheimnis gem. § 35 Abs. 4 SGB I Betriebs- und Geschäftsgeheimnisse und damit Daten, die sich nicht zwingend auf eine identifizierte oder identifizierbare Person beziehen, miteinschließt. 31

Der räumliche Anwendungsbereich des Sozialdatenschutzes erstreckt sich auch auf ausländische Verantwortliche. Umfasst sind zum einen diejenigen Stellen mit Sitz außerhalb der EU, die Sozialdaten im Inland ohne Niederlassung in einem EU-Mitgliedsstaat verarbeiten und zum anderen auf Verantwortliche mit Niederlassung in Deutschland, welche Sozialdaten zwar im Ausland, aber im Rahmen der Tätigkeiten dieser Niederlassung verarbeiten. Diese ausdrückliche Bestimmung ist insbesondere deshalb notwendig, da § 77 SGB X den Leistungsträgern unter bestimmten Voraussetzungen eine Übermittlung von Sozialdaten ins Europäische Ausland und in Drittländer gestattet.[35] Zunächst gilt das Sozialgeheimnis für ausländische Verantwortliche, die Sozialdaten im Inland verarbeiten (§ 35 VI Nr. 1 SGB I). Eine solche Anknüpfung an das Territorium fand sich auch in der EU-Datenschutzrichtlinie (DS-RL), wurde jedoch im Zuge der Datenschutzreform durch das Marktortprinzip in Art. 3 Abs. 2 DS-GVO ersetzt. Danach fallen ausländische Datenverarbeiter ohne EU-Niederlassung unter die DS-GVO, wenn sie Personen in der EU Waren oder Dienstleistungen anbieten oder ihr Verhalten beobachten. Mangels praktischen Anwendungsbereichs wurde für den sozialrechtlichen Bereich von der Einführung des Marktortprinzips abgesehen.[36] 32

§ 35 Abs. 6 SGB I stellt klar, dass Verantwortliche, die Sozialdaten im Rahmen einer inländischen Niederlassung verarbeiten unter das Sozialgeheimnis fallen. Mit dieser Klarstellung im SGB passt der Gesetzgeber den Sozialdatenschutz an die allgemeinen datenschutzrechtlichen Vorschriften der DS-GVO und an die Rechtsprechung des EuGH an.[37] 33

2. Allgemeine Grundsätze: §§ 67 ff. SGB X

Das Mehrebenensystem im Datenschutzrecht bedeutet für Rechtsanwender insbesondere bei der Anwendung der allgemeinen Vorschriften zum Sozialdatenschutz ein Nebeneinander von DS-GVO, SGB I und SGB X. Legaldefinitionen von allgemeinen datenschutzrechtlichen Begriffen finden sich nun nicht mehr im SGB, wie zuvor noch in § 67 SGB X. Das europarechtliche Wiederholungsverbot hindert den nationalen Gesetzgeber daran, Definitionen von Begriffen aus der DS-GVO erneut in die nationalen Regelungen aufzunehmen. Der EuGH sieht hierbei die Gefahr divergierender Begriffsverständnisse und einer daraus resultierenden Umgehung seines Auslegungsmonopols.[38] ErwGr 8 DS-GVO stellt dennoch klar, dass es den Mitgliedstaaten gestattet ist, für eine bessere Verständlichkeit oder zur Wahrung der Kohärenz Teile der Verordnung in die nationalen Vorschriften zur Ausfüllung der Öffnungsklauseln aufzunehmen. 34

---

[34] BSGE 27, 129 (132); 31, 288 (290); 47, 118 (120); Diering/Seidel in Diering/Timme SGB X Vor §§ 67–85a Rn. 6.
[35] Vgl. BT-Drs. 18/12611, 97.
[36] BT-Drs. 18/12611, 97.
[37] EuGH ZD 2015, 580 – Weltimmo.
[38] EuGH Slg. 1973, 981 Rn. 9 ff. – Variola; Kühling/Martini et al. DSGVO und nationales Recht, 7.

35 In der bisherigen Fassung der §§ 67 ff. SGB X unterschied der Gesetzgeber zwischen der Erhebung, Verarbeitung und Nutzung von Sozialdaten. Die DS-GVO hingegen differenziert hier nicht: Gemäß Art. 4 Nr. 2 DS-GVO beinhaltet die Verarbeitung jeden mit oder ohne Hilfe automatisierten Vorgang im Zusammenhang mit personenbezogenen Daten. Obgleich nun aufgrund der unmittelbaren Anwendbarkeit der DS-GVO deren Begriffsverständnis maßgeblich ist, hält das SGB weiterhin an der Unterscheidung fest, ordnet die Begriffe Erhebung und Nutzung nun aber dem Oberbegriff der Verarbeitung unter.

36 **a) Erhebung von Sozialdaten.** Die Öffnungsklauseln des Art. 6 Abs. 1 lit. c und e iVm. Abs. 2, 3 S. 1 lit. b sowie Art. 9 Abs. 2 lit. b, g-i DS-GVO erlauben es dem nationalen Gesetzgeber, spezifischere Bestimmungen in Bezug auf die Datenverarbeitung zur Erfüllung einer rechtlichen Verpflichtung sowie für die Wahrnehmung einer Aufgabe im öffentlichen Interesse oder in Ausübung öffentlicher Gewalt zu erlassen. In Ausfüllung dieses Regelungsspielraums enthält § 67a SGB X die Erlaubnis für die in § 35 Abs. 1 SGB I genannten Stellen, diejenigen Sozialdaten, die für die Erfüllung der ihnen zugewiesenen Aufgaben erforderlich sind, zu erheben.

37 **aa) Erforderlichkeitsprinzip.** Sowohl Art. 6 Abs. 1 lit. c und e DS-GVO als auch § 67a SGB X setzen voraus, dass die Erhebung für die Aufgabenerfüllung erforderlich ist (Erforderlichkeitsprinzip). Dieses grundlegende Prinzip bestand bereits vor der Datenschutzreform und findet sich sowohl in den allgemeinen als auch in den bereichsspezifischen Datenschutzbestimmungen. Es stellt eine zusätzliche Einschränkung der gesetzlichen Erlaubnistatbestände für die Verarbeitung von Sozialdaten dar, mithilfe dessen der Eingriff in das Recht auf informationelle Selbstbestimmungsrecht auf das notwendige Maß begrenzt werden soll. Das Erfordernis der Aufgabenerforderlichkeit stellt somit sowohl den Zweck als auch die Begrenzung für die Datenverarbeitung dar und schließt insbesondere eine Datenspeicherung auf Vorrat aus.[39] In welchem Umfang eine Datenverarbeitung für die Aufgabenerfüllung der Leistungsträger erforderlich ist, kann erst durch eine Auslegung dieses unbestimmten Rechtsbegriffs ermittelt werden. Das BSG vertrat bislang eine enge Auslegung des Begriffs und begründete dies damit, dass der Gesetzgeber diesen Terminus für eine Durchbrechung des Verbotsprinzips – also als Ausnahmeregelung – verwendete.[40] Aufgrund der unmittelbaren Geltung der DS-GVO ist nun jedoch eine europarechtskonforme Auslegung geboten. Der EuGH hat den Begriff der Erforderlichkeit im Bereich des Datenschutzrechts bereits als eigenständigen Begriff des Gemeinschaftsrechts anerkannt und herausgestellt, dass eine Auslegung den Zielen des europäischen Datenschutzrechts entsprechen muss.[41] Eingriffe in Art. 7 und 8 GRCh sind aus Sicht des EuGH dann erforderlich, wenn sie absolut notwendig sind.[42] Dies spiegelt ein ebenso enges Begriffsverständnis wieder wie es das BSG verfolgt, sodass dessen Auslegung auch nach der Datenschutzreform weiterhin seine Gültigkeit behält. Eine reine Nützlichkeit der Datenverarbeitung, zB die lebenslange Speicherung von Lichtbildern für Versichertenkarten, reicht somit auch zukünftig nicht aus.[43]

38 **bb) Prinzip der Direkterhebung.** Die Erhebung von Sozialdaten unterliegt ferner gem. § 67a Abs. 2 SGB X dem Prinzip der Direkterhebung, wonach diese grundsätzlich bei der betroffenen Person zu erfolgen hat. Der Einzelne hat auf diese Weise die Möglichkeit,

---

[39] Bieresborn in von Wulffen/Schütze SGB X § 67c Rn. 4.
[40] BSG NJW 2003, 2932 in Bezug auf § 13 I BDSG.
[41] Buchner/Petri in Kühling/Buchner DS-GVO Art. 6 Rn. 118 mit Verweis auf EuGH Slg. 2008, I-9705 Rn. 52 – Huber.
[42] Vgl. zB EuGH DuD 2011, 137 (140–142) – Schecke.
[43] So auch Ziebarth WzS 2016, 51 (52) und damit kritisch in Bezug auf die Feststellung des SG Mainz, das sich in einer Pressemitteilung vom 1.12.2005 für die Zulässigkeit einer lebenslangen Speicherung von Lichtbildern durch die GKV ausgesprochen hatte.

über die Preisgabe und Verwendung seiner personenbezogenen Daten zu entscheiden – so wie es das Bundesverfassungsgericht im Volkszählungs-Urteil forderte. Allerdings sieht das Gesetz in einigen Fällen eine Mitwirkungspflicht der betroffenen Person. So kann die Behörde zur Ermittlung der Anspruchsvoraussetzungen dem Betroffenen auch einen Hausbesuch abstatten, den dieser zu dulden hat.[44]

Zugleich schränkt der Vorrang der Direkterhebung den sozialrechtlichen Amtsermittlungsgrundsatz ein, welcher den Behörden grundsätzlich die Wahl lässt, auf welche Weise sie entscheidungsrelevante Tatsachen ermitteln.[45] Diese Vorrangregelung ist in § 37 S. 3 SGB I normiert. Der Gesetzgeber betont dadurch den grundrechtlichen Wert des Rechts auf informationelle Selbstbestimmung. 39

In engen Grenzen ist ausnahmsweise eine Erhebung von Sozialdaten bei Dritten erlaubt. Da hiermit aufgrund der fehlenden Mitwirkung des Betroffenen eine Beeinträchtigung seines Rechts auf informationelle Selbstbestimmung einhergeht, sind die gesetzlichen Ausnahmen nur unter Wahrung des Verhältnismäßigkeitsprinzips zulässig. Der Gesetzgeber unterscheidet zwischen den in § 35 SGB I genannten, und damit dem Sozialgeheimnis unterliegenden Stellen, auf der einen Seite und den übrigen Stellen wie zB Meldebehörden auf der anderen Seite. Eine Datenerhebung bei Letzteren erfordert zunächst das Bestehen einer entsprechenden gesetzlichen Ermächtigungsgrundlage. Alternativ ist die Erhebung bei anderen Personen oder Stellen auch zulässig, wenn die Aufgaben nach dem SGB dies erfordern. Dies ist zB der Fall, wenn die Behörde im Zuge einer Leistungsgewährung den Verdacht hat, dass die von der betroffenen Person gemachten Angaben unrichtig sind. In allen Fällen, in denen Sozialdaten ohne Mitwirkung der betroffenen Person erhoben werden, ist zudem sicherzustellen, dass keine überwiegenden Interessen des Betroffenen beeinträchtigt werden. 40

cc) Einwilligung als Legitimation für die Erhebung von Sozialdaten. Neben dem gesetzlichen Erlaubnistatbestand des § 67a SGB X kann aufgrund des Mehrebenensystems im Sozialdatenschutz auch auf die Legitimationstatbestände in der DS-GVO zurückgegriffen werden. Die Erhebung von Sozialdaten kann daher insbesondere auch dann erfolgen, wenn eine Einwilligung der betroffenen Person iSv Art. 6 Abs. 1 lit. a DS-GVO bzw. Art. 9 Abs. 2 lit. a DS-GVO vorliegt. Bislang erkannte das BSG die Möglichkeit der Einwilligung als Legitimation für die Erhebung von Sozialdaten nur durch die in § 35 I SGB I genannten Stellen an, lehnte dies für private Leistungserbringer jedoch ab. Das Gericht stützte seine Argumentation dabei auf die Ausgestaltung des Sozialdatenschutzes als Vollregelung, was einen Rückgriff auf die allgemeinen Regelungen des BDSG in der Regel nicht zulasse. Zudem sei die Möglichkeit einer Einwilligung in die Verarbeitung von Sozialdaten gem. §§ 67d, 67b I SGB X auf die Stellen iSv § 35 I SGB I beschränkt.[46] Unter der Geltung der DS-GVO ist die Rechtsprechung des BSG allerdings neu zu beurteilen. Die Erteilung einer Einwilligung als Legitimationstatbestand gem. Art. 6 Abs. 1 lit. a, Art. 9 Abs. 2 lit. a DS-GVO gilt grundsätzlich auch für den Sozialdatenschutz. Dies ergibt sich einerseits aus der unmittelbaren Anwendbarkeit der DS-GVO sowie aus der Klarstellung des § 67a Abs. 1 DS-GVO. Für besondere Kategorien personenbezogener Daten ist es den Mitgliedstaaten gem. Art. 9 Abs. 2 lit. a DS-GVO ausnahmsweise jedoch erlaubt, diesen Erlaubnistatbestand zu begrenzen oder sogar aufzuheben. Insbesondere Situationen, in denen die Freiwilligkeit der Einwilligung nicht gewährleistet werden kann oder Rechte Dritter entgegenstehen, können derartige Einschränkungen rechtfertigen.[47] Allerdings hat der deutsche Gesetzgeber von dieser Möglichkeit noch keinen Gebrauch gemacht. 41

---

[44] Bieresborn in von Wulffen/Schütze SGB X § 67a Rn. 7.
[45] Binne NZS 1995, 97 (101); Bieresborn in von Wulffen/Schütze SGB X § 67a Rn. 6a.
[46] BSG NJOZ 2009, 2959 (2969).
[47] Weichert in Kühling/Buchner DS-GVO Art. 9 Rn. 48.

42 Sowohl für öffentliche als auch für private Leistungserbringer besteht somit die Möglichkeit, die Verarbeitung von Sozialdaten mithilfe einer Einwilligung der betroffenen Person zu legitimieren. Dadurch dass die DS-GVO keine weitere Einschränkung enthält, gilt dies auch für solche personenbezogenen Daten, welche für die Aufgabenerfüllung nicht zwingend erforderlich sind. Die Einwilligung stellt den Legitimationstatbestand dar, der die Selbstbestimmung des Einzelnen am ehesten abbilden kann. Sofern alle Wirksamkeitsvoraussetzungen erfüllt sind, ist gerade auch eine Einwilligung in die Verarbeitung nicht erforderlicher Daten mit dem Grundrecht vereinbar. Insbesondere die Freiwilligkeit führt im Sozialbereich jedoch oft zu Schwierigkeiten. Das liegt unter anderem schon an der Tatsache, dass ErwGr 43 S. 1 DS-GVO dieses Kriterium als nicht erfüllt ansieht, wenn ein klares Ungleichgewicht zwischen dem Verantwortlichen und der betroffenen Person besteht. Ein solches sei anzunehmen, wenn der Verantwortliche eine Behörde ist. Eine nur auf die Einwilligung des Betroffenen gestützte Datenverarbeitung hat im Rahmen der Nachweispflicht gem. Art. 7 Abs. 1 DS-GVO daher eine ausdrückliche Begründung der Freiwilligkeit zu enthalten.[48] Zudem ist auf die Widerrufsmöglichkeit gem. Art. 7 Abs. 3 DS-GVO hinzuweisen.

43 Darüber hinaus verlangt § 67b Abs. 2 S. 1 SGB X, dass die Einholung der Einwilligung schriftlich erfolgen soll. Das strenge Schriftformerfordernis gem. § 67b Abs. 2 S. 3 SGB X aF wurde in Anpassung an die DS-GVO gelockert und in eine Soll-Vorschrift umgewandelt. Anders als § 4a Abs. 1 S. 3 BDSG aF verlangt die DS-GVO keine spezielle Form der Einwilligung. Das ausdrückliche Schriftformerfordernis gem. § 67b Abs. 2 S. 1 SGB X nF dient in erster Linie der Erfüllung der Nachweispflicht gem. Art. 7 Abs. 1 DS-GVO. Der Verantwortliche soll nachweisen können, dass die betroffene Person unmissverständlich zu verstehen gegeben hat, dass sie mit der Verarbeitung ihrer personenbezogenen Daten einverstanden ist.[49] In der Einwilligungserklärung ist vor allem auf den Verarbeitungszweck hinzuweisen, § 67b Abs. 2 S. 2 SGB X. Mit diesem Erfordernis bekräftigt der Gesetzgeber den datenschutzrechtlichen Zweckbindungsgrundsatz gem. Art. 5 Abs. 1 lit. b DS-GVO, nach welchem personenbezogene Daten nur für einen festgelegten Zweck verarbeitet werden dürfen. Dadurch wird sichergestellt, dass einmal erhobene Daten nicht für beliebig viele Zwecke verarbeitet werden, ohne dass der Einzelne hiervon Kenntnis erlangt.[50] Im Bereich der wissenschaftlichen Forschung ist allerdings eine Abweichung von diesem Grundprinzip möglich. § 67b Abs. 3 SGB X stellt heraus, dass eine Einwilligung in diesem Kontext auch für bestimmte Bereiche der wissenschaftlichen Forschung erteilt werden kann. Im Vergleich zur vorherigen Rechtslage stellt dies eine Lockerung der datenschutzrechtlichen Anforderungen dar, welche sich ua aus ErwGr 33 DS-GVO ergibt.[51] Dieser fordert für den Forschungsbereich das Konzept des „broad consent" einzuführen, um dem Umstand Rechnung zu tragen, dass bei Erhebung der Sozialdaten häufig nur bestimmte Forschungsbereiche, aber noch nicht das konkrete Forschungsvorhaben, feststehen. Teilnehmer einer Studie können somit darin einwilligen, dass ihre Sozialdaten auch über ein konkretes Projekt hinaus verarbeitet werden. Um dennoch dem Recht auf informationelle Selbstbestimmung die größtmögliche Wirkung zu verschaffen, bieten sich zur Umsetzung Opt In/OptOut-Lösungen an, mit denen einzelnen Forschungszwecken zugestimmt sowie die Zulässigkeit der Speicherung bestimmt werden kann.[52] Zweifelhaft erscheint, ob die betroffene Person bei einem „broad consent" auch tatsächlich informiert einwilligen kann. Die Informiertheit der Einwilligung erfordert, dass der Verantwortliche die betroffene Person soweit über den Zweck der Verarbeitung und die Art der zu verarbeitenden Daten in Kenntnis setzt, als dass diese den Umfang der Datenverarbeitung ab-

---

[48] Hoffmann NZS 2017, 807 (810).
[49] Siehe auch BT-Drs. 18/12611, 104.
[50] Herbst in Kühling/Buchner DS-GVO Art. 5 Rn. 22.
[51] BT-Drs. 18/12611, 104.
[52] Schaar ZD 2017, 213 (215); Ernst in Paal/Pauly DS-GVO Art. 4 Rn. 69.

schätzen kann.⁵³ Da das konkrete Forschungsvorhaben und damit der genaue Verarbeitungszweck vor der Erhebung der Sozialdaten gem. § 67b Abs. 3 SGB X noch nicht feststeht, kann der „broad consent" den Anforderungen an die Informiertheit nicht vollends gerecht werden. Für die Praxis wird daher gefordert, die Zulässigkeit der konkreten Verarbeitung von der Einhaltung anerkannter ethischer Standards der Wissenschaftsforschung abhängig zu machen.⁵⁴

Geschuldet der erhöhten Sensibilität besonderer Kategorien personenbezogener Daten verlangen Art. 9 Abs. 2 lit. b, g, h und i DS-GVO, dass der Verantwortliche bei der Verarbeitung „geeignete Garantien" bzw. „angemessene und spezifische Maßnahmen" zum Schutz der Sozialdaten vorsieht. § 67a S. 3 DS-GVO verweist hierzu auf § 22 Abs. 2 BDSG,⁵⁵ welcher eine nicht abschließende Aufzählung von Maßnahmen zur Wahrung der Betroffeneninteressen enthält. Neben technischen Vorkehrungen zur Einhaltung der DS-GVO können dies auch Maßnahmen sein, mithilfe derer nachträglich festgestellt werden kann, ob und von wem personenbezogene Daten eingegeben, verändert oder gelöscht worden sind. Darüber hinaus haben Verantwortliche, die Daten iSv Art. 9 DS-GVO verarbeiten, gem. Art. 30 Abs. 5 DS-GVO ein Verzeichnis aller ihrer Zuständigkeit unterliegenden Verarbeitungstätigkeiten zu führen. Sofern die Verarbeitung der besonderen Datenkategorien umfangreich ist, muss ferner regelmäßig eine Datenschutz-Folgenabschätzung gem. Art. 35 Abs. 3 lit. b DS-GVO durchgeführt werden und ein Datenschutzbeauftragter benannt werden, sofern die umfangreiche Verarbeitung die Kerntätigkeit des Verantwortlichen oder Auftragsverarbeiter darstellt. 44

b) Sonstige Verarbeitungsmodalitäten. Der neue Verarbeitungsbegriff sowie die beibehaltene Trennung zwischen der Erhebung und der Nutzung von Sozialdaten erforderten eine Anpassung des § 67b SGB X. Die Norm stellt klar, dass für die „Speicherung, Veränderung, Nutzung, Übermittlung, Einschränkung der Verarbeitung und Löschung von Sozialdaten" das Verbotsprinzip mit Erlaubnisvorbehalt gilt. Die Vorschrift wird ergänzt durch § 67c SGB X, der den gesetzlichen Erlaubnistatbestand für die Speicherung, Veränderung und Nutzung von Sozialdaten enthält, sofern dies zur Erfüllung der Aufgaben, die das SGB dem Verantwortlichen zuweist, erforderlich ist und im Rahmen des Zweckbindungsgrundsatzes erfolgt. Eine Zweckänderung ist gem. § 67c Abs. 2 SGB X zulässig, wenn die Erfüllung anderer Aufgaben nach dem SGB (Nr. 1) oder die Durchführung eines bestimmten Forschungsvorhabens dies erfordern (Nr. 2). Für Sozialdaten, die zu Zwecken der Datenschutzkontrolle, Datensicherung oder Sicherstellung eines ordnungsgemäßen Betriebes einer Datenverarbeitungsanlage gespeichert werden, gibt es hingegen keine Möglichkeit, nachträglich den Verarbeitungszweck anzupassen. Hier sieht § 67c Abs. 4 SGB X eine strikte Einhaltung des Zweckbindungsgrundsatzes vor. 45

Sozialdaten dürfen gem. § 67c Abs. 5 SGB X die für die Zwecke der wissenschaftlichen Forschung oder Planung im Sozialleistungsbereich durch die in § 35 Abs. 1 SGB I genannten Stellen verarbeitet werden. Die Sozialdaten sind allerdings zu anonymisieren und zuvor gesondert von anderen Daten zu speichern. Die Entscheidung des Gesetzgebers, in § 67c Abs. 5 S. 3 DS-GVO auf die alte Definition des Begriffs Sozialdaten zurückzugreifen und nicht auf § 67 Abs. 2 SGB X nF zu verweisen, erschließt sich an dieser Stelle nicht. Dem Verantwortlichen ist es gestattet, die gespeicherten Daten für andere Zwecke zu verarbeiten, sofern das Forschungsvorhaben oder die Planung im Sozialleistungsbereich dies erfordert. Allerdings ist dafür ein gesonderter Antrag gem. § 75 Abs. 1, 2, 4a S. 1 SGB X durch den Verantwortlichen zu stellen. 46

Neben der Erfüllung gesetzlicher Aufgaben ist eine Verarbeitung von Sozialdaten gem. § 67c Abs. 3 SGB X auch zulässig, wenn sie zur Erfüllung von Aufsichts-, Kontroll- und 47

---
⁵³ Buchner/Kühling in Kühling/Buchner DS-GVO Art. 7 Rn. 59.
⁵⁴ Bieresborn NZS 2017, 926 (931).
⁵⁵ BT-Drs. 18/12611, 102.

Disziplinarbefugnissen, der Rechnungsprüfung oder der Durchführung von Organisationsuntersuchungen erforderlich ist. Darüber hinaus darf der Verantwortliche Sozialdaten auch zu Ausbildungs- und Prüfzwecken verarbeiten, wobei hier zunächst zu prüfen ist, ob schutzwürdige Interessen der betroffenen Person der Datenverarbeitung entgegenstehen.

48   Der Gesetzgeber beabsichtigte, in § 67b SGB X sämtliche Verarbeitungsvorgänge außerhalb der Datenerhebung zu erfassen.[56] Die Aufzählung der einzelnen Verarbeitungsvorgänge erscheint daher unglücklich. Um – wie es die Legaldefinition in Art. 4 Nr. 2 DS-GVO verlangt – jeden Vorgang im Zusammenhang mit personenbezogenen Daten zu umfassen, wäre ein Abstellen auf den Verarbeitungsbegriff sinnvoller gewesen. Unter der derzeitigen Fassung sind nämlich durchaus Vorgänge vorstellbar, die zwar eine Verarbeitung iSv Art. 4 Nr. 2 DS-GVO darstellen, aber nicht von § 67b Abs. 1 SGB X umfasst sind. Beispielhaft sei hier das Auslesen oder Abfragen von Sozialdaten genannt. Ein zusätzlicher Verweis auf die Zulässigkeitsvoraussetzungen der DS-GVO hätte an dieser Stelle sicherlich zu mehr Verständlichkeit beigetragen.

49   § 67b Abs. 1 S. 3 SGB X macht von der Öffnungsklausel des Art. 9 Abs. 4 DS-GVO Gebrauch, die eine Einschränkung der Verarbeitung bei genetischen, biometrischen oder Gesundheitsdaten zulässt. So erklärt § 67b Abs. 1 S. 3 SGB X eine Übermittlung dieser Datenkategorien nur dann für zulässig, wenn das SGB, insbesondere die §§ 68–77 SGB X, eine entsprechende Befugnis vorsieht. Jede dieser Kategorien ist in der DS-GVO legaldefiniert, was die entsprechende Konkretisierung in § 67 Abs. 12 SGB X aF überflüssig machte.

50   Genetische Daten definiert Art. 4 Nr. 13 DS-GVO als personenbezogene Daten zu ererbten oder erworbenen genetischen Eigenschaften einer natürlichen Person, die eindeutige Informationen über die Physiologie oder die Gesundheit dieser natürlichen Person liefern. Unter biometrischen Daten versteht die DS-GVO solche personenbezogenen Daten, die mit speziellen technischen Verfahren gewonnen wurden und sich auf physische, physiologische oder verhaltenstypische Merkmale einer natürlichen Person beziehen und letztere dadurch eindeutig identifizieren oder bestätigen lassen (Art. 4 Nr. 14 DS-GVO). Die Verordnung nennt beispielhaft Finger- bzw. Fußabdrücke oder Gesichtsbilder. Letztere werden insbesondere im Rahmen der Datenverarbeitung durch die GKV erhoben und sind auf der elektronischen Gesundheitskarte platziert. Gesundheitsdaten umfassen gem. Art. 4 Nr. 15 DS-GVO personenbezogene Daten, die sich auf die Gesundheit einer natürlichen Person beziehen und umfassen auch die Erbringung von Gesundheitsdienstleistungen.

51   Da § 67b Abs. 1 S. 3 SGB X eine Einschränkung lediglich für die Übermittlung der betroffenen Datenkategorien vorsieht, sind für alle anderen Verarbeitungsformen weiterhin die Legitimationstatbestände der DS-GVO und des SGB anwendbar. Im Wesentlichen konnte damit die vorherige Rechtslage beibehalten werden.[57]

52 **c) Übermittlung von Sozialdaten: §§ 67d – 77 SGB X. aa) Allgemeine Grundsätze.** Die Offenlegung von Sozialdaten bildet seit jeher ein zentrales Regelungsanliegen des Sozialdatenschutzes und ist in der Praxis von enormer Bedeutung. Wie bei anderen Verarbeitungsphasen ist auch die Übermittlung nur zulässig, sofern diese durch eine Rechtsnorm legitimiert ist oder die betroffene Person in die Übermittlung ihrer Daten eingewilligt hat. Die §§ 67d-77 SGB X enthalten gesetzliche Erlaubnistatbestände für die Übermittlung von Sozialdaten, auf die sich alle Leistungsträger berufen können. In § 67d SGB X sind zunächst allgemeine Grundsätze aufgeführt, die für jedwede Übermittlung gelten. Die folgenden Vorschriften unterscheiden dann im Wesentlichen zwischen verschiedenen Verarbeitungszwecken und legen daran abgestimmte Bedingungen fest. Neben

---

[56] BT-Drs. 18/12611, 103.
[57] BT-Drs. 18/12611, 103.

den Regelungen der §§ 67d-77 SGB X sehen die bereichsspezifischen Vorschriften in den anderen Büchern für einzelne Verantwortliche und Empfänger weitere Voraussetzungen bzw. Einschränkungen vor.

Insgesamt führte die Anpassung der Übermittlungstatbestände an die Vorgaben der DS-GVO zu einer Absenkung des Schutzniveaus in Bezug auf solche Sozialdaten, die nicht als besondere Kategorien personenbezogener Daten unter die speziellen Regelungen des Art. 9 DS-GVO fallen. Die frühere Rechtslage erlaubte eine Übermittlung von Sozialdaten an Dritte nur, wenn entweder eine spezifische Befugnisnorm vorlag oder die betroffene Person in die Übermittlung eingewilligt hatte. Da nun mit Art. 6 Abs. 1 lit. b, d, f DS-GVO auch solche Übermittlungsbefugnisse gelten, die nicht durch nationale Bestimmungen beschränkt werden können, musste der Gesetzgeber auch die sozialdatenschutzrechtlichen Bestimmungen im SGB entsprechend lockern.[58]

Klarstellend weist § 67d Abs. 1 SGB X darauf hin, dass die übermittelnde Stelle auch die Verantwortung für die Zulässigkeit der Datenübermittlung trägt. Dies muss allein schon deshalb gelten, weil die Übermittlung personenbezogener Daten eine Verarbeitung iSv Art. 4 Nr. 2 DS-GVO darstellt.[59] Die übermittelnde Stelle ist somit der für die Datenverarbeitung Verantwortliche, welcher grundsätzlich die Verantwortung für die Zulässigkeit seiner Datenverarbeitungstätigkeit trägt. Handelt der Verantwortliche auf Ersuchen eines Dritten, ist Letzterer gem. § 67d Abs. 1 S. 2 SGB X für die Richtigkeit der Angaben in seinem Ersuchen verantwortlich. Dies stellt den Regelfall dar, denn das SGB X enthält – bis auf wenige Ausnahmen in § 69 Abs. 1 Nr. 1 2. Alt., § 71 Abs. 1 und § 78 Abs. 1 S. 5 SGB X – keine Befugnis zu Initiativübermittlungen seitens der Behörden.[60]

§ 67d Abs. 2 SGB X regelt den Fall, dass Sozialdaten, die zulässigerweise übermittelt werden dürfen, derart mit anderen personenbezogenen Daten derselben betroffenen Person oder einer anderen Person verbunden sind, dass eine Trennung nicht oder nur unter erheblichen Aufwand möglich ist. Die Vorschrift ist Ausdruck des in allen Zulässigkeitstatbeständen festgeschriebenen Erforderlichkeitsprinzips,[61] nach welchem der Verantwortliche nur die für die Erfüllung seiner Aufgabe absolut notwendigen Daten verarbeiten darf. Obgleich nicht ausdrücklich genannt, bezieht sich die Vorschrift wohl in erster Linie auf Akten, da eine Trennung hier regelmäßig einen hohen technischen sowie zeitlichen Aufwand mit sich bringt. Eine Übermittlung ist trotz der Verbundenheit der Daten möglich, es sei denn, die schutzwürdigen Interessen an der Geheimhaltung der Daten überwiegen. Dies könnte zB angenommen werden, wenn der betroffenen Person durch die Übermittlung ein Nachteil entstehen könnte. Der Verantwortliche muss folglich eine Einzelfallabwägung vornehmen. Kann durch Heraustrennung einzelner Blätter oder durch Schwärzen von nicht benötigten personenbezogenen Daten die Übermittlung auf den zur Aufgabenerfüllung erforderlichen Bestand reduziert werden, ist der Aufwand vertretbar.[62]

Die Übermittlung von Sozialdaten ist gem. § 67d Abs. 3 SGB X auch im Rahmen einer Auftragsverarbeitung durch Vermittlungsstellen gestattet. Zweck dieser Regelung ist es vor allem, den Fortbestand des Rentenauskunftsverfahrens der Deutschen Post AG zu gewährleisten.[63] Die Durchführung der Auftragsverarbeitung richtet sich nach § 80 SGB X sowie Art. 28 DS-GVO.

bb) Spezielle Übermittlungstatbestände. Die speziellen Erlaubnistatbestände zur Übermittlung von Sozialdaten sind in den §§ 67e-77 SGB X geregelt. Das Gesetz unter-

---
[58] BT-Drs. 18/12611, 105.
[59] Vgl. Ernst in Paal/Pauly DS-GVO Art. 4 Rn. 30.
[60] Bieresborn in von Wulffen/Schütze SGB X § 67d Rn. 3g.
[61] Paulus in BeckOK DatenschutzR Sozialdatenschutz Rn. 43.
[62] Stähler in Krahmer Sozialdatenschutz SGB X § 67d Rn. 9; Bieresborn in von Wulffen/Schütze SGB X § 67d Rn. 8.
[63] Siehe dazu Pickel SGb 1999, 493.

scheidet nach verschiedenen Übermittlungszwecken und knüpft daran entsprechend angepasste Voraussetzungen.

58 Die für den Sozialbereich zentrale Vorschrift bildet § 69 SGB X. Diese gestattet eine Übermittlung, wenn sie für die Erfüllung sozialer Aufgaben erforderlich ist. Ziel dieser Erlaubnisnorm ist es, eine vielfältige Behördenstruktur zu ermöglichen und eine Konzentration der von Natur aus sensiblen Sozialdaten an einer Stelle weitestgehend zu vermeiden.[64] § 69 Abs. 1 SGB X unterscheidet zwischen drei unterschiedlichen Fallkonstellationen. Zum einen ist die Übermittlung erlaubt für die Erfüllung der Erhebungszwecke oder gesetzlicher Aufgaben der übermittelnden Stelle oder eines Dritten, an den die Daten übermittelt werden, sofern der Dritte als eine Stelle iSd § 35 Abs. 1 SGB I handelt (Nr. 1). Diese Fallgruppen besitzen die größte Praxisrelevanz.[65] Darüber hinaus ist eine Übermittlung für die Durchführung eines gerichtlichen Verfahrens zulässig, wenn dies mit der Erfüllung einer Aufgabe nach § 69 Abs. 1 Nr. 1 SGB X zusammenhängt (Nr. 2) sowie für die Richtigstellung unwahrer Tatsachenbehauptungen der betroffenen Person im Zusammenhang mit einem Verfahren über die Erbringungen von Sozialleistungen (Nr. 3). Dies erfordert die vorherige Genehmigung durch die zuständige Bundes- oder Landesbehörde. § 69 Abs. 2 SGB X erweitert den Kreis der Normadressaten des § 69 Abs. 1 Nr. 1 SGB X, für den Fall, dass sich die zu erfüllende Aufgabe aus einem Tarifvertrag ergibt. Mit dieser Ausweitung begegnet der Gesetzgeber dem Umstand, dass nicht alle sozialrechtliche Regelungen im SGB niedergeschrieben sind, sondern auch Stellen außerhalb der in § 35 Abs. 1 SGB X existieren, die sozialrechtliche Aufgaben wahrnehmen.[66] § 69 Abs. 3–5 SGB X enthalten spezielle Erlaubnistatbestände für die Übermittlung durch die Bundesagentur für Arbeit an die Krankenkassen zur Erfüllung von Aufgaben aus dem Aufwendungsausgleichsgesetz (Abs. 3), für die Übermittlung von Angaben hinsichtlich der Arbeitsunfähigkeit von Versicherungsnehmern durch Krankenkassen an Arbeitgeber (Abs. 4) sowie für die Übermittlung zur Erfüllung der gesetzlichen Aufgaben der Rechnungshöfe (Abs. 5).

59 Des Weiteren erklärt der Gesetzgeber in § 71 SGB X den Vorrang bestimmter gesetzlicher Pflichten vor dem Sozialgeheimnis. § 71 Abs. 1 SGB X enthält eine Aufzählung unterschiedlicher gesetzlicher Mitteilungspflichten, im Rahmen derer die Verpflichteten Sozialdaten übermitteln dürfen. Die Übermittlung ist auch im Rahmen dieser Vorschrift strikt an den Zweck der Aufgabenerfüllung gebunden und unterliegt dem Erforderlichkeitsprinzip. Ferner sind im Einzelfall, dh nicht im Rahmen von Rasterübermittlungen,[67] Übermittlungen gem. § 71 Abs. 2 SGB X auch zulässig, um Verpflichtungen aus dem Aufenthaltsgesetz nachkommen zu können. Gesundheitsdaten sind jedoch grundsätzlich von dieser Befugnis ausgenommen und dürfen nur in Ausnahmefällen (Abs. 2 S. 2) an die Ausländerbehörden übermittelt werden. § 71 Abs. 2a–4 SGB X enthalten weitere Erlaubnistatbestände für die Durchführung des Asylbewerberleistungsgesetzes (Abs. 2a), zur Bestellung eines Betreuers durch ein Betreuungsgericht (Abs. 3) und für die Erfüllung der Aufgaben nach § 28 Abs. 1 S. 2 Nr. 2 Geldwäschegesetz durch die Zentralstelle für Finanztransaktionsuntersuchungen (Abs. 4).

60 Eine Übermittlung von Sozialdaten ist ferner zulässig zur Prävention, Ermittlung und gerichtlichen Verfolgung von Straftaten. Wenn ein entsprechendes Ersuchen gestellt wurde, dürfen Sozialdaten gem. § 68 Abs. 1 SGB X an Polizeibehörden, Staatsanwaltschaften, Gerichte, Behörden der Gefahrenabwehr und Justizvollzugsanstalten weitergegeben werden. Auch die Behörden für Verfassungsschutz, des Bundesnachrichtendienstes, des Militärischen Abschirmdienstes und des Bundeskriminalamtes sind gem. § 72 Abs. 1 SGB X berechtigte Übermittlungsempfänger. Die Erlaubnis umfasst nur Stammdaten der betroffe-

---

[64] Vgl. Höfer in Krahmer Sozialdatenschutz SGB X § 69 Rn. 5.
[65] Paulus in BeckOK DatenschutzR Sozialdatenschutz Rn. 55.
[66] Diering/Seidel in Diering/Timme SGB X § 69 Rn. 8; Bieresborn in von Wulffen/Schütze SGB X § 69 Rn. 32.
[67] Bieresborn in von Wulffen/Schütze SGB X § 71 Rn. 23.

nen Person sowie im Fall des § 72 SGB X noch frühere Anschriften und Angaben zu früheren Arbeitgebern. Eine Offenlegung muss dabei der Erfüllung der behördlichen Aufgaben dienen bzw. – bei den Behörden iSv § 72 SGB X – in ihrem Zuständigkeitsbereich liegen. Die Erlaubnistatbestände der §§ 68, 72, 73 SGB X sind grundsätzlich auf Einzelfälle beschränkt. Allerdings erlaubt § 68 Abs. 3 SGB X ausnahmsweise eine Übermittlung, welche zur Durchführung einer nach Bundes- oder Landesrecht zulässigen Rasterfahndung erforderlich ist und erweitert die zulässigen Datenarten um Angaben zur Staats- und Religionszugehörigkeit, frühere Anschriften der betroffenen Person, Namen und Anschriften früherer Arbeitgeber sowie Angaben über erbrachte oder zu erbringende Geldleistungen. Ausnahmsweise ist hierbei der Ermittlungsempfänger für die Übermittlung verantwortlich. Diese Verschiebung der Verantwortlichkeit stellt eine Ausfüllung des Regelungsspielraums gem. Art. 4 Nr. 7 DS-GVO dar, welcher dann besteht, wenn Zwecke und Mittel der Datenverarbeitung durch das nationale Recht festgelegt werden. Eine Übermittlung von Sozialdaten zu strafprozessualen Zwecken regelt § 73 SGB X und ist insofern lex specialis zu § 72 SGB X. Die Norm bildet eine Ausnahme der Beschränkung des allgemeinen Auskunftsrechts gem. § 161 StPO durch § 35 SGB I. Allerdings beschränkt sich die uneingeschränkte Befugnis unter Wahrung des Erforderlichkeitsprinzips auf Strafverfahren wegen eines Verbrechens oder einer sonstigen Straftat von erheblicher Bedeutung. Verbrechen sind gem. § 12 Abs. 1 StGB rechtswidrige Taten, die mit einer Mindestfreiheitsstrafe von einem Jahr bedroht sind. Straftaten von besonderer Bedeutung können bspw. Taten im Rahmen der Wirtschaftskriminalität oder Straftaten gegen die sexuelle Selbstbestimmung sein.[68] Bei Strafverfahren wegen Vergehen – also rechtswidrige Taten, die mit einer geringeren Freiheitsstrafe oder Geldstrafe bedroht sind – ist die Übermittlung auf die in § 72 Abs. 1 S. 2 SGB X genannten Daten sowie erbrachte oder zu erbringende Geldleistungen beschränkt. Auch Daten Dritter wie zB potenzieller Zeugen sind hiervon umfasst.[69]

Zur Durchsetzung öffentlich-rechtlicher Ansprüche oder im Zuge eines Vollstreckungsverfahren, bei dem die Anspruchshöhe bei mindestens EUR 500 liegt, dürfen die in § 74a SGB X abschließend aufgelisteten personenbezogenen Daten übermittelt werden. Die Anspruchsgrundlage muss sich aus dem öffentlichen Recht ergeben. Typischerweise handelt es sich hierbei um Abgabeforderungen, Ausgleichsforderungen, Zwangsgelder, Geldbußen oder Forderungen aus öffentlich-rechtlichen Verträgen.[70] § 75a SGB X berechtigt nur für einzelne Übermittlungen, welche das schutzwürdige Interesse der betroffenen Person nicht beeinträchtigen dürfen. Weitere einschränkende Bedingungen gelten für eine Übermittlung an einen Gerichtsvollzieher durch die Träger der gesetzlichen Rentenversicherung (Abs. 2). 61

§ 75 SGB X enthält eine Erlaubnis zur Übermittlung von Sozialdaten zu Zwecken der Forschung und Planung. In Anpassung an die Datenschutz-Grundverordnung erfuhr die Vorschrift weitreichende Änderungen, welche vor allem Effektivität und Langfristigkeit der Forschungsergebnisse fördern sollen.[71] Die DS-GVO ist „forschungsfreundlich", was sich insbesondere in Art. 5 Abs. 1 lit. b DS-GVO (→ § 23 Rn. 1 ff.) und der Einschränkung des Rechts auf Vergessenwerden gem. Art. 17 Abs. 3 lit. d DS-GVO wiederspiegelt. Um dem Erfordernis der Datenminimierung gerecht zu werden, sieht Art. 89 DS-GVO außerdem besondere Garantien in Bezug auf die Verarbeitung personenbezogener Daten zu Forschungszwecken vor. § 75 SGB X trifft darüber hinaus auf Grundlage von Art. 6 Abs. 2 DS-GVO, weitere Schutzmaßnahmen, um der besonderen Sensibilität von Sozialdaten gerecht zu werden. Ziel der Norm ist es, einen angemessenen Ausgleich zwischen den Erfordernissen der Forschung und dem berechtigten Interesse der betroffenen Person 62

---

[68] BT-Drs. 12/6334, 10.
[69] OLG Karlsruhe NJW 2006, 3656f. mAnm Vahle DVP 2007, 84.
[70] Bieresborn in von Wulffen/Schütze SGB X § 74a Rn. 6 mwN.
[71] BT-Drs. 18/12611, 108.

herzustellen.[72] Eine Datenübermittlung zu Forschungszwecken ist gem. § 75 SGB X zulässig, wenn sie für ein bestimmtes Vorhaben der wissenschaftlichen Forschung (Nr. 1) oder Planung im Sozialleistungsbereich (Nr. 2) erforderlich ist und sie die schutzwürdigen Interessen der betroffenen Person nicht beeinträchtigt oder das öffentliche Interesse erheblich überwiegt. Ohne Einwilligung der betroffenen Person ist eine Übermittlung zu Forschungszwecken nur zulässig, wenn es für den Verantwortlichen unzumutbar ist, eine Einwilligung einzuholen. Der Forschende oder die Forschungseinrichtung hat ferner ein Datenschutzkonzept vorzulegen, mit dem er die Erfüllung der technischen und organisatorischen Anforderungen sowie des Grundsatzes der Datenminimierung bestätigt. Außerdem unterliegt die Übermittlung der vorherigen Genehmigung durch die oberste Bundes- oder Landesbehörde, welche für den Bereich, aus dem die Daten stammen, zuständig ist. § 75 Abs. 4 SGB X legt die entsprechenden Verfahrensvoraussetzungen fest. § 75 Abs. 2 SGB X gibt dem Verantwortlichen darüber hinaus die Möglichkeit, die Aufbewahrungsfrist nach § 75 Abs. 4 S. 5 SGB X auf Antrag zu verlängern, eine neue Frist festzulegen oder weitere Daten zu übermitteln, falls sich eine Folgeforschungsfrage ergibt. Diese muss allerdings in einem inhaltlichen Zusammenhang zu dem Ursprungsvorhaben stehen.[73] Ein solcher Zusammenhang besteht, wenn dadurch „das ursprüngliche Vorhaben hinsichtlich einzelner Elemente ab[ge]ändert bzw. ergänzt [wird], ohne den Charakter des ursprünglichen Vorhabens zu verändern".[74] Dies kann bspw. der Fall sein, wenn bei der Erforschung von Arzneimittelrisiken zuvor nicht berücksichtigte Nebenwirkungen miteinbezogen werden.[75] Soweit besondere Kategorien personenbezogener Daten betroffen sind, ruft § 75 Abs. 3 SGB X die technisch-organisatorischen Maßnahmen zur Wahrung der Betroffeneninteressen gem. § 22 BDSG zur Anwendung und verpflichtet den Verantwortlichen darüber hinaus, die Daten – sofern nach dem Forschungszweck möglich – zu anonymisieren. § 75 Abs. 4 S. 3 SGB X verlangt zudem bei der Übermittlung an eine nicht-öffentliche Stelle, dass sich diese selbst verpflichtet, die Sozialdaten entsprechend dem Zweckbindungsgrundsatz gem. § 78 Abs. 1 S. 1 SGB X zu verarbeiten. Diese Selbstverpflichtung soll verhindern, dass sich der Verantwortliche als Legitimationstatbestand auf die Wahrnehmung berechtigter Interessen gem. Art. 6 Abs. 1 lit. f DS-GVO berufen kann.[76] Außerdem ersetzt die neue Verpflichtung die bisherige Regelung, nach welcher die Zweckbindung durch Auflagen sichergestellt werden sollte. Darüber hinaus unterliegt eine solche Übermittlung der Aufsicht der zuständigen Behörde gem. § 40 Abs. 1 BDSG. Nach dieser Vorschrift ist die Behörde nach dem Landesrecht zu ermitteln. Das Sozialdatenschutzrecht öffnet sich durch diesen Verweis ausnahmsweise für die Anwendung des BDSG bzw. eines LDSG.

63 Spezielle Erlaubnisvorschriften betreffen ferner die Bekämpfung von Leistungsmissbrauch (§ 67e SGB X), den Arbeitsschutz (§ 70 SGB X) sowie die Klärung der Einkommensverhältnisse von Unterhaltspflichtigen (§ 74 SGB X).

64 Im Gegensatz zu den §§ 67d–75 SGB X stellt § 76 SGB X keine eigenständige Übermittlungsbefugnis dar, sondern schränkt die voranstehenden Legitimationstatbestände lediglich ein. Die Vorschrift bestimmt, dass Daten, die durch einen Arzt oder einer anderen dem Arztgeheimnis nach § 203 Abs. 1 Nr. 1 StGB unterliegenden Person zugänglich gemacht worden sind, durch die empfangende Stelle nur unter den Voraussetzungen weiterübermittelt werden dürfen, unter denen dies auch dem Arzt oder der anderen Person erlaubt wäre. Es ist also bei den betreffenden Daten in jedem Fall nachzuprüfen, ob die Übermittlung mit § 203 Abs. 1 und 3 StGB vereinbar ist. Die Vorschrift weitet auf diese Weise die ärztliche Schweigepflicht auf die Sozialleistungsträger iSv § 35 Abs. 1 SGB I

---

[72] BT-Drs. 18/12611, 108.
[73] BT-Drs. 18/12611, 109.
[74] BT-Drs. 18/12611, 109.
[75] BT-Drs. 18/12611, 109.
[76] Biesresborn NZS 2017, 926 (930).

aus.[77] Daten, die einem Arzt oder einer anderen Vertrauensperson iSv § 203 Abs. 1 und 3 StGB offenbart werden, gelten als besonders schutzwürdig und stehen daher unter dem zusätzlichen Schutz der ärztlichen Schweigepflicht. Diese soll nicht dadurch umgangen werden, dass die Daten einem Sozialleistungsträger regelmäßig übermittelt werden.[78] Die Ausdehnung der Verschwiegenheitsverpflichtung erfolgt jedoch nicht gegen den Willen der betroffenen Person. Diese kann – unter den Voraussetzungen der DS-GVO – in eine Übermittlung ihrer personenbezogenen Daten einwilligen. Darüber hinaus soll trotz der Schweigepflicht der Datenfluss unter den Sozialleistungsträgern nicht beeinträchtigt werden. Daher sieht § 76 Abs. 2 SGB X Ausnahmen vor, die eine Übermittlung rechtfertigen. So bleiben zB Begutachtungsdaten unter Leistungsträgern grundsätzlich austauschbar, um Doppeluntersuchungen zu vermeiden. Diese umfassen allerdings keine Behandlungsdaten, sondern nur die Sozialdaten, die im Zusammenhang mit einer Behandlung erfasst wurden, wie bspw. die Frage nach der Berufsunfähigkeit.[79] Darüber hinaus dürfen Sozialdaten entgegen § 76 Abs. 1 SGB X auch von Krankenkassen an Arbeitgeber zwecks Berufsunfähigkeit und von Pflegekassen an Betreuungsgerichte zur Feststellung der Pflegebedürftigkeit übermittelt werden. In den letzten beiden Fällen steht der betroffenen Person kein Widerspruchsrecht zu.

Der Schutz von Sozialdaten muss auch außerhalb Deutschlands gewährleistet sein. Daher regelt § 77 SGB X das Schicksal von Sozialdaten im Ausland. Auf Botschaften und Konsulate findet § 77 SGB X keine Anwendung, da diese aufgrund des Exterritorialitätsprinzips nicht als Ausland gelten.[80] Eine Übermittlung an Personen oder Stellen anderer EU-Mitgliedstaaten oder Staaten des Europäischen Wirtschaftsraums sowie an Organe der Europäischen Union ist zulässig, sofern es für die Erfüllung einer gesetzlichen Pflicht der in § 35 SGB I genannten Stellen erforderlich ist (Abs. 1 Nr. 1). Daneben sind weiterhin die Übermittlungstatbestände der DS-GVO anwendbar, sofern sie nicht – wie im Fall der genetischen, biometrischen oder Gesundheitsdaten durch § 67b Abs. 1 S. 3 SGB X – auf Grundlage einer Öffnungsklausel durch nationales Recht abbedungen wurden. Systematisch in Einklang mit der DS-GVO unterscheidet § 77 SGB X bei der Datenübermittlung in Drittländer zwischen Drittländern, bei denen durch einen Angemessenheitsbeschluss der Kommission ein angemessenes Datenschutzniveau festgestellt wurde und Drittländern ohne einen solchen Beschluss. Während die erste Gruppe EU-Mitgliedstaaten gleichgestellt wird, erlaubt die Regelung für die Empfängerländer ohne Angemessenheitsbeschluss die Übermittlung von Sozialdaten nur auf Grundlage eines zwischenstaatlichen Übereinkommens auf dem Gebiet der sozialen Sicherheit und für die Erfüllung sozialer Aufgaben iSv § 69 SGB X sowie für die Durchführung des Arbeitsschutzes iSv § 70 SGB X. Allerdings stehen diese Erlaubnistatbestände unter der Bedingung, dass die betroffene Person kein schutzwürdiges Interesse am Ausschluss der Übermittlung hat. Darüber hinaus ist eine Übermittlung in ein Drittland auch gem. Art. 49 Abs. 1 lit. a DS-GVO zulässig, wenn die betroffene Person nach ausführlicher Information darin eingewilligt hat. Ein rechtlich bindendes Dokument zwischen den sich austauschenden Stellen iSv Art. 46 Abs. 2 lit. a DS-GVO reicht ausweislich § 77 Abs. 3 SGB X nicht aus. Die DS-GVO gibt den Mitgliedstaaten in Art. 49 Abs. 5 DS-GVO die Möglichkeit, Beschränkungen für Übermittlungen ohne Vorliegen eines Angemessenheitsbeschlusses zu regeln. Der ausländische Empfänger ist gem. Abs. 4 in jedem Fall auf den Übermittlungszweck hinzuweisen.

§ 78 SGB X regelt den Fall, dass Sozialdaten an Personen oder Stellen übermittelt werden, die nicht in § 35 SGB I genannt sind und somit nicht dem Sozialgeheimnis unterliegen. Diese Stellen gelten als Dritte iSv Art. 4 Nr. 10 DS-GVO. § 77 SGB X stellt heraus,

---

[77] Burger Der Schutz gesundheitsbezogener Beschäftigtendaten, 87.
[78] Paulus in BeckOK DatenschutzR Sozialdatenschutz Rn. 112.
[79] BT-Drs. 8/4022, 87.
[80] Biesborn in von Wulffen/Schütze SGB X § 77 Rn. 2a.

dass Dritte die ihnen übermittelten Sozialdaten nur zu dem Zweck verarbeiten dürfen, zu dem sie ihnen übermittelt worden sind. Nur durch eine strikte Zweckbindung kann dem Recht auf informationellen Selbstbestimmung auch bei Empfängern, die nicht unmittelbare Adressaten des SGB sind, angemessen Rechnung getragen werden. Gem. § 78 Abs. 1 S. 3 SGB X wird zudem das Sozialgeheimnis nach § 35 SGB I auf die Dritten ausgedehnt. Ist der Dritte eine nicht-öffentliche Stelle, muss sich diese der Zweckbindung selbstverpflichten, § 78 Abs. 1 S. 2 SGB X. Die strikte Zweckbindung wird allerdings in geringem Umfang für Zwecke der Gefahrenabwehr, Strafverfolgung und -vollstreckung eingeschränkt. Auf diese Weise macht der nationale Gesetzgeber Gebrauch von der Öffnungsklausel in Art. 23 DS-GVO, nach welcher zu Zwecken der Gefahrenabwehr die Vorschriften zur Transparenz, zu Informationspflichten, zu einzelnen Betroffenenrechten beschränkt werden dürfen.[81]

67 **d) Besondere Datenverarbeitungsarten. aa) Automatisierte Verfahren.** Je weiter die Automatisierung in der Verarbeitung personenbezogener Daten voranschreitet und je geringer dabei die Kontrolle über den einzelnen Datenzugriff für den Betroffenen ausfällt, desto höher ist das Gefährdungspotenzial dieses Verfahrens für die betroffene Person.[82] Zusätzlich zu dem Recht gemäß Art. 22 DS-GVO, nicht einer ausschließlich auf einer automatisierten Verarbeitung beruhenden Entscheidung unterworfen zu werden, verlangt § 79 SGB X besondere Schutzvorkehrung für die Einrichtung automatisierter Verfahren, die eine Datenübermittlung auf Abruf ermöglichen. Die Vorschrift beschränkt den automatisierten Abruf auf die in § 35 SGB I genannten Stellen sowie – für konkret benannte Aufgaben – die Deutsche Rentenversicherung. Die Einrichtung eines automatisierten Verfahrens für ein Dateisystem der Sozialversicherung für Landwirtschaft, Forsten und Gartenbau ist begrenzt auf die Träger der gesetzlichen Rentenversicherung, die Deutsche Rentenversicherung Bund in ihrer Funktion als zentrale Stelle bei der Riester-Rente, die Krankenkassen, die Bundesagentur für Arbeit und die Deutsche Post AG, soweit sie mit der Berechnung oder Auszahlung von Sozialleistungen betraut ist. Es handelt sich bei § 79 SGB X nicht um einen Erlaubnistatbestand zur Übermittlung von Sozialdaten, sondern um eine Pflicht, technische Vorkehrung im Vorfeld einer automatisierten Übermittlung durchzuführen, um der durch das bloße Bereithalten der Daten hervorgerufenen abstrakten Gefährdungslage zu begegnen.[83] Der konkrete Datenabruf regelt sich somit nach den §§ 67d-77 SGB X bzw. nach den spezifischen Regelungen der einzelnen Sozialgesetzbücher. Voraussetzung für die Einrichtung eines automatisierten Abrufverfahrens ist, dass ein solches wegen der Menge an Übermittlungen oder einer besonderen Eilbedürftigkeit angemessen ist. Dies kann zB im Rahmen von Rentenanpassungen oder aus Interessen der Verwaltung bzw. des Betroffenen der Fall sein.[84] Darüber hinaus erfordert § 79 SGB X eine die Berücksichtigung der schutzwürdigen Interessen der betroffenen Person im Rahmen einer Angemessenheitsprüfung und lässt die Zulässigkeit schließlich von einer Genehmigung der zuständigen Aufsichtsbehörde abhängen. Die Kontrolle über die Einrichtung eines automatisierten Abrufverfahrens übernimmt der Bundesdatenschutzbeauftragte bzw. der zuständige Landesbeauftragte. Die beteiligten Stellen, dh sowohl die speichernde als auch die abrufende Stelle, tragen gem. § 79 Abs. 2 SGB X die Verantwortung für die Zulässigkeit des Verfahrens und haben schriftlich oder elektronisch den Anlass, Zweck, Dritte, an die übermittelt wird, Art der übermittelten Daten sowie die erforderlichen technischen und organisatorischen Maßnahmen gem. Art. 32 DS-GVO festzulegen. Für den einzelnen Abruf ist hingegen die abrufende Stelle verantwortlich; die speichernde Stelle unterliegt lediglich einer Prüfpflicht bei konkretem Anlass sowie einer Protokollie-

---

[81] BT-Drs. 18/12611, 113.
[82] Vgl. Hartmann Gleichbehandlung und Tarifautonomie, 125.
[83] Rixen in Krahmer Sozialdatenschutz SGB X § 79 Rn. 2; Biersborn in von Wulffen/Schütze SGB X § 79 Rn. 3.
[84] Biersborn in von Wulffen/Schütze SGB X § 79 Rn. 5.

rungspflicht (§ 79 Abs. 4 S. 3 SGB X). Letztere ergibt sich aus der allgemeinen Verpflichtung des Verantwortlichen gem. Art. 5 Abs. 2 DS-GVO, die Grundsätze der Verarbeitung personenbezogener Daten einzuhalten und dies auch nachweisen zu können. Sofern die betroffene Person in die Einrichtung eines automatisierten Dateisystems eingewilligt hat und dieses jedermann zur Benutzung offensteht, gelten die zusätzlichen Anforderungen des § 79 Abs. 1–4 SGB X nicht.

bb) Auftragsverarbeitung. Auch im Sozialleistungsbereich wird die Datenverarbeitung teilweise in Form einer Auftragsverarbeitung an externe Stellen ausgelagert. Die Beauftragten unterliegen dann in der Regel nicht dem Sozialgeheimnis nach § 35 Abs. 1 SGB I. Wegen der besonderen Schutzbedürftigkeit von Sozialdaten knüpft § 80 SGB X in Ergänzung zu den Bestimmungen über die inhaltliche Ausgestaltung gem. Art. 28 DS-GVO spezielle Voraussetzungen an eine Datenverarbeitung im Auftrag. Der Verantwortliche muss eine Auftragsverarbeitung gem. § 80 Abs. 1 SGB X seiner Rechts- oder Fachaufsicht anzeigen. Dabei hat er den Auftragsverarbeiter und die bei diesem vorhandenen technischen und organisatorischen Maßnahmen iSv Art. 32 DS-GVO zu benennen. Ferner muss er die Art der Daten, den Kreis der Betroffenen, die Aufgabe, die mit der Auftragsverarbeitung erfüllt wird sowie den Abschluss etwaiger Unterauftragsverhältnisse bezeichnen. § 80 Abs. 3 SGB X aF verlangte eine Anzeige bei der Aufsichtsbehörde des Verantwortlichen. Da in der DS-GVO mit dem Begriff Aufsichtsbehörde die datenschutzrechtliche Aufsichtsbehörde gemeint ist (vgl. Art. 51 DS-GVO), ersetzte der deutsche Gesetzgeber die Bezeichnung durch die Fach- und Rechtsaufsichtsbehörde.[85] In Ausübung des Regelungsspielraumes in Bezug auf die Datenübermittlung in Drittländer ohne Angemessenheitsbeschluss gem. Art. 49 Abs. 5 DS-GVO legt § 80 Abs. 2 SGB X fest, dass eine Auftragsverarbeitung durch einen Auftragnehmer aus einem solchen Staat nicht gestattet ist. Sozialdaten dürfen im Auftrag lediglich durch Auftragnehmer aus einem anderen EU-Mitgliedstaat, einem diesen nach § 35 Abs. 7 SGB I gleichgestellten Staat oder aus einem Drittland, dem die Kommission ein angemessenes Datenschutzniveau attestiert hat, verarbeitet werden. Eine Auftragsverarbeitung durch nicht-öffentliche Stellen ist nur ausnahmsweise und in engen Grenzen zulässig. Entweder müssen sonst Störungen im Betriebsablauf bei dem Verantwortlichen drohen oder die Verarbeitung durch die nicht-öffentliche Stelle ist wesentlich kostengünstiger. Diese Einschränkungen gelten gem. § 80 Abs. 5 SGB X jedoch nicht für Verträge über die Prüfung oder Wartung automatisierter Verfahren oder von Datenverarbeitungsanlagen durch andere Stellen im Auftrag, bei denen ein Zugriff auf Sozialdaten nicht ausgeschlossen werden kann. Durch diese Ausnahme sollen Wartungsarbeiten möglichst verwaltungsökonomisch und effizient gestaltet werden können.[86] Die zusätzliche Bedingung, dass die beauftragte nicht-öffentliche Stelle keinen ganzen Datenbestand speichern darf (§ 80 Abs. 5 S. 1 Nr. 2 SGB X aF) wurde gestrichen, da die hierdurch bezweckte Verfügungskontrolle angesichts der weitgehend elektronischen Speichermedien nicht gewährleistet werden kann.[87] Jobcenter wurden ohnehin bereits durch § 51 SGB II von der Speicherbegrenzung ausgenommen. Wenn die Verarbeitung durch einen Leistungsträger iSv § 35 SGB I erfolgt, sind ferner die Straf- und Bußgeldvorschriften gem. §§ 85, 85a SGB X anwendbar sowie §§ 9, 13, 14, 16 BDSG bzw. die entsprechenden landesrechtlichen Vorschriften. § 85 SGB X verweist auf die Strafvorschriften des § 42 Abs. 1, 2 BDSG.

e) Betroffenenrechte, Datenschutzkontrolle. Die Durchsetzung durch die betroffene Person selbst trägt wesentlich zur Effektivität der Datenschutzschutzvorschriften bei und

---

[85] BT-Drs. 18/12611, 114.
[86] Paulus in BeckOK DatenschutzR Sozialdatenschutz Rn. 155.
[87] BT-Drs. 18/12611, 115.

bildet zudem den Kern ihrer grundrechtskonformen Ausgestaltung.[88] Die Rechte der betroffenen Person sind unabdingbar, da sie zum Wesensgehalt des Art. 8 GRCh gehören[89] und zudem in den Transparenzgrundsatz des Art. 5 Abs. 1 lit. a iVm ErwGr 39 DS-GVO aufgenommen wurden, welcher wiederum selbst unabdingbar ist.[90] Während dies in § 84a SGB X aF noch ausdrücklich festgehalten wurde, ist der Hinweis auf die Unabdingbarkeit von Betroffenenrechten mit der Datenschutzreform nun aufgrund des Wiederholungsverbotes weggefallen.

70 Die Ausdifferenzierung der Betroffenenrechte des Kapitels III der DS-GVO war ein wesentliches Ziel der Reformbemühungen.[91] Dem von einer Datenverarbeitung Betroffenen stehen danach gegenüber dem Verantwortlichen Rechte auf Information, Auskunft, Widerspruch, Berichtigung, Löschung, Einschränkung der Verarbeitung und Datenübertragbarkeit zu. Um eine Harmonisierung auf diesem Gebiet nicht durch nationale Sonderwege zu gefährden, erlaubt die DS-GVO eine Abweichung der Art. 12–23 DS-GVO nur in engen Grenzen. Art. 23 DS-GVO enthält formelle und materielle Voraussetzungen für nationale Beschränkungen der Betroffenenrechte. Konkret verlangt Art. 23 DS-GVO, dass die nationalen Vorschriften den in den Art. 12–22 DS-GVO festgelegten Rechten und Pflichten entsprechen, den Wesensgehalt der Grundrechte und -freiheiten achten und eine in einer demokratischen Gesellschaft notwendige und verhältnismäßige Maßnahme darstellen sowie eine der abschließend aufgelisteten Zwecke verfolgen. Beschränkungen im Bereich des Sozialdatenschutzes können sich auf den Zweck der Sicherstellung des Schutzes wichtiger Ziele des öffentlichen Interesses (Art. 23 Abs. 1 lit. e DS-GVO) oder des Schutzes der betroffenen Person oder Rechte und Freiheiten anderer Person (Art. 23 Abs. 1 lit. i DS-GVO) stützen.

71 **aa) Informationspflichten.** Um die Funktionsfähigkeit der Verwaltung zu gewährleisten, nutzt der deutsche Gesetzgeber den Regelungsspielraum des Art. 23 DS-GVO, welcher es ihm erlaubt, die Informationspflichten nach Art. 13 Abs. 1 lit. e DS-GVO bezüglich der Information über Empfängerkategorien zu beschränken. Grundsätzlich ist der Verantwortliche verpflichtet, der betroffenen Person die Empfänger oder Kategorien von Empfängern ihrer personenbezogenen Daten mitzuteilen. Diese besteht gem. § 82 Abs. 1 SGB X in Bezug auf Sozialdaten nur, wenn die betroffene Person nach den Umständen des Einzelfalls nicht mit der Nutzung oder Übermittlung an diese Kategorie von Empfängern rechnen muss (Nr. 1), wenn es sich nicht um Speicherung, Veränderung, Nutzung, Übermittlung, Einschränkung der Verarbeitung oder Löschung von Sozialdaten innerhalb einer in § 35 SGB I genannten Stelle handelt (Nr. 2) oder wenn es sich nicht um eine Kategorie von in § 35 SGB I genannten Stellen oder von Organisationseinheiten iSv § 67 Abs. 4 S. 2 SGB X handelt, die aufgrund eines Gesetzes zur Zusammenarbeit verpflichtet sind (Nr. 3). Zudem sieht der Gesetzgeber gem. § 82 Abs. 2 SGB X auch von einer Informationspflicht bei einer Weiterverarbeitung zu einem anderen Zweck ab, sofern dies die ordnungsgemäße Erfüllung der in der Zuständigkeit des Verantwortlichen liegenden Aufgaben gefährden würde, die öffentliche Sicherheit oder Ordnung gefährden oder sonst dem Wohl des Bundes oder eines Landes Nachteile bereiten würde oder eine vertrauliche Datenübermittlung an öffentliche Stellen gefährden würde. Nichtsdestotrotz muss der Verantwortliche gem. § 82 Abs. 3 SGB X geeignete Maßnahmen zum Schutz der berechtigten Interessen der betroffenen Person treffen und schriftlich die Gründe benennen, warum er von der Information abgesehen hat. Außerdem hat der Verantwortliche die betroffene Person gem. § 82 Abs. 4 SGB X auch zu informieren, sofern ein Ausschließungsgrund nach § 82 Abs. 2 SGB X weggefallen ist. Obgleich Art. 23 Abs. 2 DS-GVO für die

---

[88] Bäcker in Kühling/Buchner DS-GVO Art. 23 Rn. 6.
[89] Bäcker in Kühling/Buchner DS-GVO Art. 23 Rn. 6.
[90] Wybitul NZA 2017, 1488 (1489).
[91] Vgl. Worms in BeckOK DatenschutzR DS-GVO Art. 16 Rn. 2; vgl. auch ErwGr 11 DS-GVO.

nationalen Beschränkungsregelungen die Benennung von Verarbeitungszwecken, Datenkategorien, Garantien gegen Missbrauch, unrechtmäßigen Zugang oder Übermittlung sowie jeweiligen Speicherfristen verlangt, erfüllt § 82 SGB X diese Anforderungen nicht. Da die bereichsspezifischen Vorschriften des SGB § 82 SGB X noch weiter ausgestalten können, darf jedoch hiervon abgesehen werden.[92]

Grundsätzlich gilt im Sozialdatenschutz das Direkterhebungsprinzip, nach welchem Sozialdaten bei der betroffenen Person selbst erhoben werden müssen. Da jedoch von diesem Grundsatz in einigen Fällen abgewichen werden darf, sind auch die Informationspflichten des Art. 14 DS-GVO für den Fall, dass personenbezogene Daten nicht bei der betroffenen Person erhoben werden, teilweise anwendbar. Mit § 82a SGB X sieht der Gesetzgeber auch für diese Konstellation Beschränkungen vor und ergänzt somit die Ausnahmetatbestände des Art. 14 Abs. 5 DS-GVO. Nach § 82a Abs. 1 Nr. 1 SGB X darf die Information der betroffenen Person unterbleiben, wenn dadurch die ordnungsgemäße Erfüllung der gesetzlichen Aufgaben des Verantwortlichen (lit. a) oder die öffentliche Sicherheit oder Ordnung gefährdet würden bzw. dem Wohl des Bundes oder eines Landes Nachteile bereiten würde (lit. b). Darüber hinaus kann der Verantwortliche auf die Informationserteilung verzichten, wenn entweder aufgrund einer Rechtsvorschrift oder aufgrund des Wesens der Daten, insbesondere wegen der überwiegenden Interessen eines Dritten, diese geheim gehalten werden müssen. Hierdurch wird Art. 14 Abs. 5 DS-GVO, welcher eine Ausnahme bei Vorliegen von Vorschriften zu Berufsgeheimnissen vorsieht, auch auf andere Gemeinhaltungsregelungen ausgedehnt.[93] Auch wenn sich der Verantwortliche auf einen Ausnahmetatbestand berufen kann, muss er gem. § 82a Abs. 3 SGB X geeignete Maßnahmen zum Schutz der berechtigten Interessen der betroffenen Person treffen. Dies beinhaltet auch die Bereitstellung der in Art. 14 Abs. 1 und 2 DS-GVO aufgeführten Informationen für die Öffentlichkeit, zB auf einer Website. Diese Verpflichtung entspricht § 82 Abs. 2 SGB X. Werden Sozialdaten bei einer nicht-öffentlichen Stelle erhoben, so muss ist diese gem. § 82a Abs. 2 SGB X entweder auf die zur Auskunft verpflichtende Rechtsvorschrift oder auf die Freiwilligkeit der Angabe hinzuweisen. Diese Hinweispflicht soll verhindern, dass nicht-öffentliche Stellen ohne rechtliche Grundlage – möglicherweise irrtümlich – Sozialdaten zB an eine öffentliche Stelle übermitteln.[94]

bb) Recht auf Auskunft. Der Gesetzgeber nutzte den Regelungsspielraum des Art. 23 DS-GVO auch für eine Einschränkung des Auskunftsrechts gem. Art. 15 DS-GVO, um die in § 35 SGB I genannten Stellen vor einer übermäßigen Inanspruchnahme zu schützen.[95] Nach Art. 15 Abs. 1 DS-GVO kann die betroffene Person von dem Verantwortlichen eine Bestätigung verlangen, ob dieser sie betreffende personenbezogene Daten verarbeitet. § 83 Abs. 1 SGB X schließt das Recht auf Auskunft für die Fälle aus, in denen die betroffene Person nach § 82a Abs. 1, 4, 5 SGB X nicht zu informieren ist oder wenn die Sozialdaten nur deshalb gespeichert sind, weil sie aufgrund gesetzlicher oder satzungsmäßiger Aufbewahrungsvorschriften nicht gelöscht werden dürfen oder nur der Datensicherung oder Datenschutzkontrolle dienen. Ferner ist ein solcher Ausschluss nur dann zulässig, wenn die Auskunftserteilung für die verarbeitende Stelle einen unverhältnismäßigen Aufwand erfordert und sie durch technische oder organisatorische Maßnahmen eine Verarbeitung der Sozialdaten zu anderen Zwecken ausschließt. Als unverhältnismäßig kann der Aufwand bezeichnet werden, wenn das Interesse der betroffenen Person in keinem angemessenen Verhältnis zum zeitlichen und finanziellen Aufwand des Verantwortlichen steht. ErwGr 62 DS-GVO nennt in diesem Zusammenhang beispielhaft Verarbeitungen für im öffentlichen Interesse liegende Archivzwecke, zu wissenschaftlichen oder histori-

---

[92] BT-Drs. 18/12611, 128.
[93] BT-Drs. 18/12611, 119.
[94] Diering/Seidel in Diering/Timme SGB X § 67a Rn. 14.
[95] BT-Drs. 18/12611, 120.

schen Forschungszwecken oder zu statistischen Zwecken. Allerdings ist der Begriff der Unverhältnismäßigkeit restriktiv auszulegen, sodass eine Einschränkung in jedem Fall gegenläufigen Interessen von größerem Gewicht dienen muss.[96] Der Verantwortliche kann den eigenen Aufwand auch dadurch begrenzen, dass er der betroffenen Person zB Akteneinsicht gewährt.[97] Jedenfalls unterliegt die Einschränkung eines Betroffenenrechts in besonderer Weise einer Rechtfertigungspflicht, da sich hierin der Kern des informationellen Selbstbestimmungsrechts wiederfindet: Nur wer weiß, wer welche Daten von ihm speichert oder verarbeitet, kann auch eine Entscheidung über weitere Verwendungen treffen.[98] Daher trifft den Verantwortlichen bei Verweigerung der Auskunftserteilung gem. § 83 Abs. 3 SGB X eine Pflicht, diese schriftlich zu begründen.

74 Zur Ausübung des Auskunftsrechts muss die betroffene Person einen Antrag stellen, in dem sie die Art der Sozialdaten benennt, über die Auskunft erteilt werden soll, § 83 Abs. 2 SGB X. Bei nicht-automatisierten Dateisystemen muss die Angabe derart konkret sein, dass sie ein Auffinden der Datei ermöglicht, ohne dass der hierzu benötigte Aufwand außer Verhältnis zu dem Informationsinteresse der betroffenen Person steht, § 83 Abs. 2 S. 2 SGB X.

75 Inhaltlich umfasst das Auskunftsrecht neben den verarbeiteten Daten auch die in Art. 15 Abs. 1 lit. a-h, Abs. 2 DS-GVO aufgelisteten Metadaten, welche die betroffene Person benötigt, um einen vollständigen Überblick über die Verarbeitung ihrer personenbezogenen Daten durch den Verantwortlichen zu erhalten.[99] Nach der Rechtsprechung des BSG muss der Verantwortliche auch Auskunft über das Medium erteilen, mithilfe dessen Sozialdaten übermittelt wurden, sofern diese Information erforderlich ist, um Rechte auf künftiges Unterlassen, Löschung und Schadensersatz verfolgen zu können, wenn die Information zur Kenntnis einer unzulässigen Verarbeitung führt, also zB der Übermittlungsweg den Zugriff unberechtigter Dritter eröffnet.[100] Da sich das BDSG in seiner Argumentation auf Art. 23 und 17 Abs. 1 DS-RL stützt, welche im Wesentlichen den Art. 82, 24 Abs. 1 DS-GVO entsprechen, behält die Rechtsprechung auch nach der Datenschutzreform ihre Gültigkeit. Für die Erteilung der Auskunft gilt das Genauigkeitsgebot und das Verständlichkeitsgebot des Art. 12 Abs. 1 S. 1 DS-GVO. Die Auskunft muss derart aufbereitet und erläutert werden, dass die betroffene Person ihre Rechte umfassend ausüben kann.[101]

76 Über die verfahrensrechtlichen Anforderungen der Art. 15 und 12 DS-GVO hinaus, bestimmt nach § 83 Abs. 3 SGB X der Verantwortliche das Verfahren nach pflichtgemäßen Ermessen. Hiermit soll die rechtssichere Abwicklung des Auskunftsverfahrens sichergestellt werden.[102] Betrifft das Auskunftsersuchen Angaben über gesundheitliche Verhältnisse, ist gem. § 25 SGB X ggf. ein Arzt zur Vermittlung zwischenzuschalten; jedenfalls dann, wenn zu befürchten ist, dass die Akteneinsicht dem Beteiligten einen unverhältnismäßigen Nachteil, insbesondere an der Gesundheit zufügen würde, § 83 Abs. SGB X. Diese zusätzliche Voraussetzung ist aufgrund der Öffnungsklausel des Art. 23 Abs. 1 lit. i DS-GVO zum Schutz der betroffenen Person zulässig.

77 Eine Informationspflicht des Verantwortlichen besteht auch für Verletzungen des Schutzes personenbezogener Daten, sowohl an die zuständige Aufsichtsbehörde (Art. 33 DS-GVO) als auch an die betroffene Person (Art. 34 DS-GVO). Die in § 35 SGB I genannten Stellen müssen gem. § 83a SGB X die Datenschutzverletzung darüber hinaus auch der Rechts- oder Fachaufsichtsbehörde melden. Im Gegensatz zur früheren Regelung, die

---

[96] BSG NVwZ 2013, 526 Rn. 21.
[97] BSG NVwZ 2013, 526 Rn. 23.
[98] BVerfGE 65, 1 Rn. 148.
[99] Bäcker in Kühling/Buchner DS-GVO Art. 15 Rn. 10.
[100] BSG NVwZ 2013, 526 Rn. 17.
[101] Bäcker in Kühling/Buchner DS-GVO Art. 15 Rn. 32 mit Verweis auf EuGH Urt. v. 17.7.2014 – C 141/12 und C-372/12, Rn. 58.
[102] Biesborn NZS 2018, 10 (12).

sich auf die besonderen Arten personenbezogener Daten beschränkte, erfasst § 83a SGB X nF nunmehr alle Sozialdaten.

cc) Recht auf Löschung und Berichtigung. Das Recht der betroffenen Person auf Löschung ihrer personenbezogenen Daten ist in Art. 17 DS-GVO geregelt. § 84 Abs. 1 SGB X schränkt dieses Recht für eine nicht-automatisierte Verarbeitung von Sozialdaten ein. An die Stelle einer Löschung tritt danach eine Einschränkung der Datenverarbeitung, sofern die besondere Art der Speicherung bedingt, dass die Löschung mit einem unverhältnismäßig hohen Aufwand verbunden ist. Da die Datenverarbeitungsvorgänge heute fast ausschließlich automatisiert ablaufen, dürfte der Einschränkung nur eine geringe Bedeutung zukommen. Sie betrifft vor allem Archivierungen auf Papier oder alter Speichermedien wie Mikrofiches, bei denen eine selektive Entfernung einzelner Daten nicht möglich oder äußerst aufwendig ist.[103] Die Beschränkung ist außerdem nur anwendbar, wenn die Sozialdaten rechtmäßig verarbeitet werden, da der Verantwortliche ansonsten nicht mehr schützenswert wäre.[104] 78

Gem. Art. 16 DS-GVO kann die betroffene Person die Berichtigung der sie betreffenden unrichtigen personenbezogenen Daten verlangen. Sofern die (Un-)Richtigkeit nicht festgestellt werden kann, hat die betroffene Person außerdem das Recht gem. Art. 18 Abs. 1 lit. a DS-GVO, die Einschränkung der Verarbeitung zu verlangen. § 84 Abs. 2 SGB X erlaubt dennoch eine Nutzung zur Erfüllung sozialer Aufgaben. Dies gibt den Verantwortlichen für den betroffenen Zeitraum weitreichende Möglichkeiten, da der Ausnahmetatbestand begrifflich sogar weiter gefasst ist als die Formulierung „Aufgaben nach diesem Gesetz" und auch Aufgaben außerhalb des SGB umfasst. Grundsätzlich setzt Art. 18 DS-GVO voraus, dass die betroffene Person ihr Recht auf Beschränkung der Verarbeitung gegenüber dem Verantwortlichen geltend macht. § 84 Abs. 3 SGB X ergänzt diese Bedingung um eine Pflicht des Verantwortlichen zur Beschränkung, wenn dieser Grund zur Annahme hat, dass durch eine Löschung schutzwürdige Interessen der betroffenen Person beeinträchtigt würden. Dies erlaubt der betroffenen Person, sich trotz der generellen Löschungsverpflichtung des Verantwortlichen bei Wegfall des Verarbeitungszweckes gem. Art. 17 Abs. 1 lit. a DS-GVO für eine Einschränkung der Verarbeitung zu entscheiden.[105] Darüber hinaus wird die Löschungspflicht des Art. 17 DS-GVO gem. § 84 Abs. 4 SGB X auch dann zu Sperrpflicht, wenn satzungsmäßige oder vertragliche Aufbewahrungspflichten einer Löschung entgegenstehen. 79

dd) Widerspruchsrecht. Das Recht der betroffenen Person gem. Art. 21 DS-GVO, gegen eine Verarbeitung ihrer personenbezogenen Daten Widerspruch einzulegen, besteht gem. § 84 Abs. 4 SGB X gegenüber einer öffentlichen Stelle nicht, wenn an der Verarbeitung ein zwingendes öffentliches Interesse besteht, das die Interessen der betroffenen Person überwiegt oder wenn eine Rechtsvorschrift zur Verarbeitung verpflichtet. Ohnehin besteht das Widerspruchsrecht nur, wenn die Datenverarbeitung auf Art. 6 Abs. 1 lit. e oder f DS-GVO beruht. Eine Verarbeitung im Rahmen einer Ermittlung von Versicherungs- oder Leistungsfällen geschieht wegen des Amtsermittlungsgrundsatzes gem. § 20 SGB X idR auf Grundlage von Art. 6 Abs. 1 lit. c DS-GVO. § 84 Abs. 4 SGB X hat für diese Fälle dann keine Bedeutung. 80

f) Sanktionierung von Datenschutzverstößen. Die Sanktionierung von Datenschutzverstößen durch die Verhängung von Bußgeldern regelt Art. 83 DS-GVO, ohne den Mitgliedstaaten dabei eigene Spielräume zu eröffnen. Aus diesem Grund wurde § 85 SGB X aF inhaltlich gestrichen. § 85 SGB X verweist auf § 41 BDSG und stellt so klar, dass die 81

---

[103] Vgl. Bieresborn NZS 2018, 10 (13); BT-Drs. 18/12611, 121.
[104] Bieresborn NZS 2018, 10 (13); BT-Drs. 18/12611, 121.
[105] Bieresborn NZS 2018, 10 (14).

Vorschriften des OWiG auch weiterhin auf Verstöße gegen Art. 83 Abs. 4 und 6 DS-GVO anwendbar sind. Gegen Behörden und ihre Mitglieder[106] dürfen gem. § 85a Abs. 3 SGB X jedoch keine Bußgelder verhängt werden. Diesen Ausschluss lässt die Öffnungsklausel in Art. 83 Abs. 7 DS-GVO zu. Daneben sind die Mitgliedstaaten gem. Art. 84 Abs. 1 SGB X aufgefordert, strafrechtliche Sanktionen für Verstöße gegen die Verordnung festzulegen. § 85 SGB X nF macht von dieser Öffnungsklausel Gebrauch, indem die Norm auf § 42 Abs. 1 und 2 BDSG verweist. Diese Norm sieht für gewerbsmäßig handelnde Datenverarbeiter eine Freiheitsstrafe bis zu drei Jahren oder eine Geldstrafe vor, wenn sie unzulässigerweise personenbezogene Daten einer großen Zahl von Personen offenlegen. Nicht gewerbsmäßig Handelnden droht eine Freiheitsstrafe bis zu zwei Jahren oder Geldstrafe, wenn sie nicht-öffentliche personenbezogene Daten unzulässigerweise verarbeiten oder durch unrichtige Angaben erschleichen. Aufgrund des strafrechtlichen Rückwirkungsverbots ist § 85 SGB X für Straftaten, welche vor Geltung der DS-GVO verübt wurden, nur maßgeblich, wenn durch die Neuregelung eine mildere Strafe eingeführt wird.[107] Sowohl § 85a Abs. 2 als auch § 85 Abs. 3 SGB X dienen – gestützt auf Art. 84 Abs. 1 DS-GVO – dem verfassungsrechtlichen Verbot einer Selbstbezichtigung und entsprechen § 42 Abs. 4 BDSG. Das Bundesministerium des Innern, für Bau und Heimat hat jedoch im Juni 2018 den Referentenentwurf eines „Zweiten Gesetzes zur Anpassung des Datenschutzrechts an die Verordnung (EU) 2016/679 und zur Umsetzung der Richtlinie (EU) 2016/680" (2. DSanpUG-EU) vorgelegt, der unter anderem auch Änderungen in den Vorschriften des bereichsspezifischen Sozialdatenschutzes in den SGB II bis SGB XII vorsieht.

V. Der bereichsspezifische Schutz von Sozialdaten

82 Der bereichsspezifische Schutz von Sozialdaten folgt mit der Aufteilung nach den einzelnen Büchern der inneren Systematik des SGB. Während die allgemeinen Grundsätze der zulässigen Erhebung, Verarbeitung und Nutzung von Sozialdaten in den §§ 67 ff. SGB X (Schutz der Sozialdaten) geregelt sind, finden sich in den weiteren Büchern über das gesamte SGB verteilt die bereichsspezifischen Datenschutz-Vorschriften. Zu nennen sind hier folgende Abschnitte:
- Grundsicherung für Arbeitsuchende (§§ 50–52a SGB II)
- Arbeitsförderung (§§ 394–397 SGB III)
- Sozialversicherung (§§ 18f, 18g SGB IV)
- Gesetzliche Krankenversicherung (§§ 284–305b SGB V)
- Gesetzliche Rentenversicherung (§§ 145–152 SGB VI)
- Gesetzliche Unfallversicherung (§§ 199–208 SGB VII)
- Kinder- und Jugendhilfe (§§ 61–68 SGB VIII)
- Soziale Pflegeversicherung (§§ 93–109 SGB XI)

83 Das SGB IX (Rehabilitation und Teilhabe von Menschen mit Behinderungen) enthält keine eigenen datenschutzrechtlichen Regelungen, sondern orientiert sich an den anderen Büchern des SGB, wobei die trägerübergreifende Zusammenarbeit im Mittelpunkt steht. Die für die Datenverarbeitung zu verwendenden Rechtsgrundlagen sind dementsprechend vielfältig und eigenständig für jeden Aufgabenbereich zu ermitteln.[108] Dies führt im Ergebnis auch dazu, dass es für die Bereiche Rehabilitation und Teilhabe keinen bereichsspezifischen Datenschutz gibt, der mit den anderen Büchern des SGB vergleichbar wäre. Damit vergleichbar ist auch das SGB XII, das die gesetzlichen Regelungen zur Sozialhilfe enthält. Hier wird in zahlreichen Vorschriften, die die Verarbeitung von personenbezoge-

---

[106] Bieresborn NZS 2018, 10 (16).
[107] BT-Drs. 18/12611, 123.
[108] Dazu Buchner/Stähler Datenschutz im Gesundheitswesen Kap. A/6.6.

nen Daten betreffen, auf den allgemeinen Sozialdatenschutz in den §§ 67 ff. SGB X verwiesen, sodass hier insbesondere auch keine eigenständige Ermächtigung zur Datenverarbeitung vorliegt.

Generell ist im Hinblick auf die Anpassung des Sozialdatenschutzes an die Vorgaben der DS-GVO anzumerken, dass die bereichsspezifischen Datenschutzvorschriften bisher keine entsprechende Änderung erfahren haben, sodass der gesetzliche Sozialdatenschutz insoweit der „alten" Rechtslage entspricht, soweit keine Verweise beispielsweise auf den allgemeinen Sozialdatenschutz stattfinden.

1. Grundsicherung für Arbeitsuchende (§§ 50–52 SGB II)

§ 1 SGB II bestimmt Aufgabe und Ziel der Grundsicherung für Arbeitsuchende. Demgemäß soll die Grundsicherung es dem Leistungsberechtigten ermöglichen, ein menschenwürdiges Leben zu führen. Die Leistungen zur Grundsicherung umfassen Beratungsangebote, die Beendigung der Verringerung der Hilfebedürftigkeit insbesondere durch Eingliederung in Ausbildung oder Arbeit und die Sicherung des Lebensunterhalts. Die Leistungsangebote sind unter anderem darauf auszurichten, dass durch eine Erwerbstätigkeit Hilfebedürftigkeit vermieden oder beseitigt bzw. verkürzt wird und die Erwerbsfähigkeit von leistungsberechtigten Personen erhalten, verbessert oder wiederhergestellt wird. Darüber hinaus sollen Anreize zur Aufnahme und Ausübung einer Erwerbstätigkeit geschaffen und aufrechterhalten werden. Soweit in diesem Rahmen der Grundsicherung für Arbeitsuchende eine Verarbeitung personenbezogener Daten stattfindet, richtet sich diese vornehmlich nach dem bereichsspezifischen Datenschutz, der im 6. Kapitel des SGB II (Datenerhebung, -verarbeitung und -nutzung, datenschutzrechtliche Verantwortung) in den §§ 50–52 geregelt ist. Ergänzt werden die Vorschriften durch den allgemeinen Sozialdatenschutz in den §§ 67 ff. SGB X bzw. durch die Vorgaben der DS-GVO. 84

Nach § 50 Abs. 1 S. 1 SGB II sollen sich die Bundesagentur, die kommunalen Träger iSv § 6 Abs. 1 Nr. 2 SGB II, die zugelassenen kommunalen Träger gem. § 6a Abs. 1 SGB II, gemeinsame Einrichtungen nach § 44b SGB II, die für die Bekämpfung von Leistungsmissbrauch und illegaler Beschäftigung zuständigen Stellen und mit der Wahrnehmung von Aufgaben beauftragte Dritte gegenseitig Sozialdaten übermitteln, soweit dies zur Erfüllung der Aufgaben nach dem SGB II oder dem SGB III erforderlich ist. Dabei handelt es sich um eine Ausnahme vom Direkterhebungsgrundsatz mit dem Ziel der Erhaltung der Funktionsfähigkeit der Verwaltung und zur Vermeidung einer Mehrfacherhebung von Daten, sodass die in § 50 SGB II getroffene Regelung insoweit auch im Interesse der betroffenen Person liegt. In der Möglichkeit zur Übermittlung der Sozialdaten kann zugleich auch eine Offenbarungsbefugnis gem. § 203 StGB gesehen werden.[109] Die Vorschrift, die mit Inkrafttreten des GSiFoG[110] zum 1.8.2006 eingeführt wurde und die zuvor optionale Datenübermittlung („dürfen") in eine „Soll"-Vorschrift umwandelte, stellt jedoch keine Ermächtigungsgrundlage für weitere Datenverarbeitungsvorgänge nach der DS-GVO dar, die über die Übermittlung hinausgehen.[111] Dies ergibt sich klarstellend aus § 50 Abs. 4 S. 1 SGB II, sodass sich die sonstige Datenverarbeitung nach den §§ 67 ff. SGB X bzw. nach den Art. 6, 9 DS-GVO richtet. Der Begriff der Übermittlung ist im Sinne von Art. 4 Nr. 2 DS-GVO auszulegen und umfasst damit alle Formen der Bekanntgabe an einen Dritten.[112] Dritter ist gem. Art. 4 Nr. 10 DS-GVO eine natürliche oder juristische Person, Behörde oder Einrichtung oder andere Stelle außer der betroffenen Person, dem Verantwortlichen, dem Auftragsverarbeiter und den Personen, die unter der unmittelbaren Verantwortung des Verantwortlichen oder der Auftragsverarbeiter befugt sind, personenbezogene Daten zu verarbeiten. Soweit deshalb in § 50 Abs. 1 S. 1 SGB II 85

---
[109] Str., dazu Harich in Eicher/Luik SGB II § 50 Rn. 6.
[110] BGBl I 1706 f.
[111] Schmidt in Gagel SGB II § 50 Rn. 14.
[112] Schild in BeckOK DatenschutzR DS-GVO Art. 4 Rn. 50.

von „mit der Wahrnehmung von Aufgaben beauftragte Dritte" die Rede ist, kommen Auftragsverarbeiter nicht in Betracht, sondern vielmehr karitativ tätige Institutionen wie Kirchen und Einrichtungen der freien Wohlfahrtspflege, sowie Träger von Fortbildungs- und Arbeitsbeschaffungsmaßnahmen, denen nur die für die übertragene Aufgabe notwendigen Sozialdaten zu übermitteln sind.[113] Die Datenübermittlung zu Zwecken der Aufgabenerfüllung nach SGB II oder SGB III soll den Übergang ehemaliger Bezieher von Arbeitslosengeld in das System der Grundsicherung für Arbeitsuchende erleichtern.[114] Zwar ist mit der Übermittlung zur Aufgabenerfüllung nach SGB III eine Zweckänderung gegenüber der ursprünglichen Erhebung verbunden. Diese wird jedoch als im Wesentlichen unschädlich angesehen, da sie zur Erfüllung der Aufgaben nach SGB II notwendig ist.[115] Die in § 50 SGB II postulierte Erforderlichkeit der Datenübermittlung zur Aufgabenerfüllung ergibt sich schon aus den allgemeinen datenschutzrechtlichen Prinzipien der Zweckbindung, der Datensparsamkeit sowie der Datenvermeidung und ist darüber hinaus eine besondere Ausformung des Verhältnismäßigkeitsgrundsatzes. Da die gesetzliche Grundlage jedoch tatbestandlich schon weit gefasst ist, ist eine enge Auslegung der Erforderlichkeit gefordert, sodass die Aufgabenerfüllung ohne die Daten schlichtweg unmöglich sein sollte.[116] Dies bedeutet im Gegenzug, dass die Übermittlung der Sozialdaten nicht schon dann erforderlich sein kann, wenn sie nur geeignet ist bzw. lediglich zweckmäßig erscheint.[117]

86 § 50a SGB II regelt die Verarbeitung und Nutzung von Daten für die Ausbildungsvermittlung und bestimmt innerhalb dieses Rahmens die zulässigen Verarbeitungszwecke für gemeinsame Einrichtungen nach § 44b SGB II – also die Jobcenter – in Bezug auf Sozialdaten, die ihnen von der Bundesagentur gem. § 282b Abs. 4 SGB III übermittelt wurden. Die Begriffe „Verarbeitung" und „Nutzung" sind dabei nach Art. 4 Nr. 2 DS-GVO auszulegen. Die Art der Daten wird explizit auf eintragungsfähige oder eingetragene Ausbildungsverhältnisse begrenzt. Diese Daten können nach § 28 Abs. 7 Nr. 1–4 HwO bzw. nach § 34 Abs. 2 Nr. 1, 4, 6 oder 8 BBiG (Name und Anschrift des Lehrlings sowie seine Ausbildungsstätte) erhoben werden. Die Verwendungszwecke nach § 50a SGB II sind abschließend aufgelistet: Verbesserung der Ausbildungsvermittlung, der Zuverlässigkeit und Aktualität der Ausbildungsvermittlungsstatistik oder der Feststellung von Angebot und Nachfrage auf dem Ausbildungsmarkt. Die Zulässigkeit der Datenverarbeitung und -nutzung beschränkt sich auf die Daten von Auszubildenden, die ihren Wohnsitz im Zuständigkeitsbereich des Jobcenters haben. Dies ergibt sich aus § 383b Abs. 4 SGB III, der die Übermittlung durch die Bundesagentur regelt. Danach darf die Bundesagentur die ihr übermittelten Daten auch an das für den Wohnort der oder des Auszubildenden zuständige Jobcenter weiter übermitteln.[118] § 50a SGB II bestimmt abschließend eine einjährige Löschfrist der übermittelten Daten.

87 Vorschriften zur Erhebung, Verarbeitung und Nutzung von Sozialdaten durch nichtöffentliche Stellen finden sich in § 51 SGB II. In diesem Zusammenhang stellt sich das besondere Problem, dass nicht-öffentliche Stellen über keine unmittelbare Grundrechtsbindung verfügen, sodass das Recht auf informationelle Selbstbestimmung bzw. Art. 8 der GRCh nicht unmittelbar anwendbar sind. Allerdings trifft den Staat die Pflicht, den Grundrechtsschutz auch gegenüber Privaten zu gewährleisten. Der Gesetzgeber kommt dieser Verpflichtung durch grundsätzlich strenge Anforderungen an eine Verarbeitung von Sozialdaten im Auftrag nach.[119] § 51 SGB II hingegen sieht eine Privilegierung bei der

---

[113] Vgl. BT-Drs. 15/1516, 64; siehe zur Datenübermittlung an Haus- und Grundbesitzervereine sowie an Vermieter, die nicht auf § 50 SGB II gestützt werden kann BSGE 110, 75 Rn. 40.
[114] Vgl. BT-Drs. 16/1410, 29.
[115] Vgl. BT-Drs. 16/1410, 29; so auch Schmidt in Gagel SGB II § 50 Rn. 17.
[116] Schmidt in Gagel SGB II § 50 Rn. 22.
[117] So auch BSGE 90, 162 (168).
[118] Harich in Eicher/Luik SGB II § 50a Rn. 5.
[119] Merten in BeckOK SozR SGB II § 51 Rn. 1.

Erhebung, Verarbeitung und Nutzung von Sozialdaten im Rahmen der Aufgaben des SGB II vor, indem für eine Auftragsverarbeitung durch Private keine behördlichen Gründe notwendig sind. Hierdurch soll vor allem dem Gedanken Rechnung getragen werden, eine „Verschlankung" von staatlichen Verwaltungsstrukturen herbeizuführen.[120] Zwar handelt es sich bei § 51 SGB II somit um eine Ausnahmevorschrift zu § 80 Abs. 3 SGB X, die anderen Voraussetzungen des § 80 SGB X bleiben daneben aber anwendbar (partielle Spezialität, der Gesetzestext des § 51 SGB II bezieht sich an dieser Stelle auch noch auf § 80 Abs. 5 SGB X aF). Die Anpassung des § 80 SGB X an die DS-GVO in der Beschränkung der Speichermenge hat auf Jobcenter keine Auswirkung. Eine Definition der nicht-öffentlichen Stelle findet sich in § 67 Abs. 11 SGB X: Hierunter sind natürliche und juristische Personen, Gesellschaften und andere Personenvereinigungen des privaten Rechts zu verstehen, soweit sie nicht unter § 81 Abs. 3 SGB X fallen. Eine dem § 51 SGB II vergleichbare Regelung findet sich für das Arbeitsförderungsrecht in § 395 Abs. 2 SGB III.

§ 51a SGB II regelt die Vergabe der sog „Kundennummer", hierbei handelt es sich um 88 eine spezielle Identifikationsnummer, die an Leistungsbezieher nach dem SGB II vergeben wird. Insoweit ist der gewählte Begriff einer „Kundennummer" auch ein wenig missverständlich, suggeriert er doch eine privatrechtliche Beziehung. Die dahinterstehende Intention allerdings sieht gerade die Wahl eines modernen Begriffs vor, der in das Konzept der Bundesanstalt als leistungsfähigen und kundenorientierten Dienstleister passen soll.[121] Die Kundennummer stellt ein Sozialdatum gem. § 67 SGB X dar und unterliegt der Zweckbindung. Als legitime Zwecke bestimmt werden unter anderem die zukünftige Leistungsgewährung nach SGB II oder SGB III, die auch die Angabe der Nummer im Überweisungsvermerk bei der Überweisung von ALG II einschließt,[122] die Überprüfung der Leistungträger auf korrekte und wirtschaftliche Leistungserbringung und die Erstellung von Statistiken, Eingliederungsbilanzen, die laufende Berichterstattung sowie die Wirkungsforschung. Im Sinne der Datensparsamkeit ist diejenige Kundennummer, die bereits aufgrund einer Leistungsgewährung nach dem SGB III vergeben wurde, auch für einen Leistungsbezug nach SGB II zu verwenden; dies gilt ebenso für einen Wohnortwechsel. Erst bei einer erneuten Leistung nach längerer Zeit ohne Inanspruchnahme von Leistungen nach dem SGB II oder dem SGB III wird eine neue Nummer vergeben. „Längere Zeit" ist dabei ein unbestimmter Rechtsbegriff und sollte grundsätzlich eng ausgelegt werden, um den datenschutzrechtlichen Prinzipien der Zweckbindung und Speicherbegrenzung iSv Art. 5 Abs. 1 lit. b und e DS-GVO gerecht zu werden. Ausgehend von § 51a S. 6 SGB II sind die Regelungen über die Vergabe der Kundennummer entsprechend auch auf Bedarfsgemeinschaften anwendbar. Der Begriff der Bedarfsgemeinschaft entstammt dem Sozialhilferecht und umschreibt eine Gruppe, die aus einem Leistungsberechtigten und aus mindestens einer weiteren Person besteht, die in einem näher definierten Näheverhältnis zum Berechtigten steht, sodass die Mitglieder zueinander bestimmte Einstandspflichten treffen.[123]

§ 51b SGB II hat die Datenerhebung und -verarbeitung durch die Träger der Grundsi- 89 cherung für Arbeitsuchende zum Gegenstand. Zweck der Vorschrift ist die Schaffung eines einheitlichen Informationssystems zwischen der Bundesagentur und den kommunalen Trägern.[124] Als gesetzlicher Erlaubnistatbestand ermöglicht § 51b SGB II die Erhebung von bestimmten personenbezogenen Daten durch die Grundsicherungsträger, welche diese für festgelegte Zwecke an die Bundesagentur übermitteln. Die Art der zu verarbeitenden Daten bestimmt sich dabei nach der Verordnung zur Erhebung der Daten nach § 51b

---

[120] Harich in Eicher/Luik SGB II § 51 Rn. 4.
[121] Harich in Eicher/Luik SGB II § 51a Rn. 2.
[122] LSG Bayern BeckRS 2013, 70688 mit krit. Anm. Ziebarth ZD 2014, 45 sowie LSG Bayern BeckRS 2011, 75925.
[123] Zur Kritik am Begriff der „Bedarfsgemeinschaft" Brandmayer in BeckOK SozR SGB II § 7 Rn. 11.
[124] Harich in Eicher/Luik SGB II § 51b Rn. 1.

des Zweiten Buches Sozialgesetzbuch des Bundesministeriums für Arbeit und Soziales. Datenschutzrechtlich problematisch dabei ist, dass der mit der Datenerhebung verbundene Eingriff in das Recht auf informationelle Selbstbestimmung letztlich nicht durch ein Parlamentsgesetz erfolgt und damit die in § 51b Abs. 1 S. 2 SGB II bestimmte Verordnungsermächtigung als mit dem GG unvereinbare Blankoermächtigung kritisiert werden kann.[125] Die in Abs. 3 bestimmten Verwendungszwecke für die Datenverarbeitung sind abschließend und umfassen die zukünftige Leistungsgewährung nach SGB II oder SGB III, die Überprüfung der Leistungsträger auf korrekte und wirtschaftliche Leistungserbringung, die Erstellung von Statistiken, Eingliederungsbilanzen, die laufende Berichterstattung und die Wirkungsforschung, die Durchführung des automatischen Datenabgleichs und die Bekämpfung von Leistungsmissbrauch. Ausgehend von § 51b Abs. 4 SGB II regelt die Bundesagentur gemeinsam mit den kommunalen Spitzenverbänden den Umfang der Datenübermittlung. Genaue Verfahrenshinweise werden in diesem Zusammenhang zwar nicht gegeben, der Wortlaut der Vorschrift legt aber nahe, dass das vorausgesetzte „Benehmen" wohl weniger als eine förmliche Einigung, aber doch mehr als eine einseitige Festlegung voraussetzt.[126] Damit einhergehend ist die Rechtsverbindlichkeit für die einzelnen kommunalen Träger fraglich. Soweit kein Benehmen bestehen sollte, muss hinsichtlich einer Löschung der Kundennummern auf Art. 17 DS-GVO zurückgegriffen werden bzw. ergibt sich das Erfordernis einer solchen schon aus dem Prinzip der Zweckbindung.

90 § 52 SGB II ermöglicht der Bundesagentur und den zugelassenen kommunalen Trägern die verdachts- und anlasslose Überprüfung der wirtschaftlichen und persönlichen Verhältnisse der Leistungsempfänger nach SGB II, um Missbräuchen vorzubeugen und entgegenzuwirken.[127] Derlei automatisierte Datenabgleichsverfahren bergen ein hohes Risiko für die informationelle Selbstbestimmung und bedürfen deshalb besonderer gesetzlicher Schutzvorkehrungen; insbesondere infolge der Anlasslosigkeit der Maßnahme drängt sich eine Prüfung im Hinblick auf die Vereinbarkeit mit dem Grundrecht auf informationelle Selbstbestimmung auf. Das BSG hält die Norm dabei für verfassungsgemäß, da sie dem Gebot der Normenklarheit und -bestimmtheit genügt, indem eine abschließende Aufzählung von Datenarten und Beteiligten stattfindet. Darüber hinaus sei auch das Verhältnismäßigkeitsprinzip gewahrt – dies insbesondere vor dem Hintergrund, dass die Verhinderung von Leistungsmissbrauch ein bedeutendes Gemeinwohlinteresse darstellt.[128] Zu kritisieren ist jedoch die Bestimmung des Umfanges betroffener Personen, die Leistungen nach dem SGB II beziehen. Der in § 52 Abs. 1 S. 1 SGB II der Vorschrift verwendete Leistungsbegriff dehnt den durch den anlasslosen Datenabgleich erfolgenden Eingriff übermäßig aus, da er auch Bezieher lediglich von Förderungen und von Zuschüssen umfasst, die gerade nicht vom Einkommen oder dem Vermögen des Betroffenen abhängen.[129] Daher muss der Begriff eine verfassungskonforme Auslegung erfahren, und mittels einer teleologischen Reduktion auf den Kreis der Bezieher von ALG II beschränkt werden.[130]

91 § 52a SGB II enthält das zweckgebundene Recht zur Datenerhebung durch die Agentur für Arbeit und die zugelassenen kommunalen Träger über Daten von Leistungsbeziehern nach dem SGB II ohne Mitwirkung des Betroffenen. Die gesetzlich bestimmte Zwecksetzung ist die Erforderlichkeit zur Bekämpfung von Leistungsmissbrauch. Diese ist

---

[125] Merten in BeckOK SozR SGB II § 51b Rn. 4; zur weiteren Kritik an der Vorschrift auch Harich in Eicher/Luik SGB II § 51b Rn. 4 mit Hinweis auf die Betonung des BVerfG des Gebots der Normenklarheit bei Eingriffen in das Recht auf informationelle Selbstbestimmung BVerfGE 65, 1 (44); sowie ausf. 118, 168 (186 ff.); 120, 378 (407 f.) mwN.
[126] Schmidt in Gagel SGB II § 51b Rn. 22.
[127] Merten in BeckOK SozR SGB II § 52 Rn. 1.
[128] BSG NZS 2015, 792 (793 f.).
[129] Schmidt in Gagel SGB II § 52 Rn. 12.
[130] So auch Schmidt in Gagel SGB II § 52 Rn. 12.

nur dann gegeben, wenn dem Missbrauch auf andere Weise nur mit unverhältnismäßigen Schwierigkeiten begegnet werden kann.[131] Im Gegensatz zu § 52 SGB II ist hier ein Verdacht des Leistungsmissbrauchs notwendig, sodass die Datenerhebung als Bestandteil von Präventiv- oder Routinemaßnahmen ausscheidet. Möglich ist eine Überprüfung deshalb zum Beispiel bei widersprüchlichen Angaben in der Antragstellung,[132] eine bloße Unvollständigkeit hingegen genügt aufgrund des Direkterhebungsgrundsatzes nicht.[133] Mögliche Datenarten sind Fahrzeugdaten sowie Daten aus dem Melde- und dem Ausländerzentralregister. § 52a Abs. 2 S. 4 SGB II bestimmt eine Löschungspflicht nach Abschluss der Überprüfung und wiederholt damit das Löschungsgebot nach Art. 17 Abs. 1 lit. a DS-GVO.

2. Arbeitsförderung (§§ 394–397 SGB III)

Ausgehend von § 1 Abs. 1 SGB III soll die Arbeitsförderung dem Entstehen von Arbeitslosigkeit entgegenwirken, die Dauer der Arbeitslosigkeit verkürzen und den Ausgleich von Angebot und Nachfrage auf dem Ausbildungs- und Arbeitsmarkt unterstützen. Damit soll nicht nur ein hoher Beschäftigungsstand erreicht und die Beschäftigungsstruktur ständig verbessert werden, sondern gleichzeitig wird auch das Ziel verfolgt, Transparenz auf dem Ausbildungs- und Arbeitsmarkt herzustellen, die individuelle Beschäftigungsfähigkeit zu fördern, unterwertiger Beschäftigung entgegenzuwirken und die berufliche Situation von Frauen zu verbessern. Das SGB III verfügt in den §§ 394 ff. über einen eigenen Abschnitt zum Datenschutz, der Vorgaben zur Erhebung, Verarbeitung und Nutzung von Daten durch die Bundesagentur (§ 394 SGB III), zur Datenübermittlung an Dritte und zur Datenerhebung und -verarbeitung durch nicht-öffentliche Stellen (§ 395 SGB III), zum Kennzeichnungs- und Maßregelungsverbot (§ 396 SGB III), zum automatisierten Datenabgleich (§ 397 SGB III), sowie zur Datenübermittlung durch beauftragte Dritte (§ 398 SGB III) enthält. 92

§ 394 SGB III stellt eine bereichsspezifische gesetzliche Erlaubnis zur Datenerhebung und -verarbeitung durch die Bundesagentur für Arbeit dar. Die Datenverarbeitung wird dabei auf die Erforderlichkeit zur Erfüllung der gesetzlichen Aufgaben beschränkt, so zum Beispiel zur Erbringung von Leistungen der Arbeitsförderung oder zur Erstellung von Statistiken, zur Arbeitsmarkt- sowie zur Berufsforschung. Eine Verwendung für andere als die in § 394 Abs. 1 SGB III genannten Zwecke ist nur zulässig, soweit dies durch Rechtsvorschriften des SGB angeordnet oder erlaubt ist, so beispielsweise im Rahmen der Übermittlungstatbestände des SGB X, insbesondere § 69 Abs. 3 SGB X. 93

Die Datenübermittlung an Dritte sowie die Erhebung, Verarbeitung und Nutzung von Sozialdaten durch nichtöffentliche Stellen hat § 395 SGB III zum Gegenstand. Hierbei gilt ebenso das Erforderlichkeitsprinzip, zudem muss der Dritte mit der Erfüllung von Aufgaben nach dem SGB III beauftragt worden sein, dies trifft zum Beispiel auf private Arbeitsvermittler zu.[134] Ebenso wie für die Datenverarbeitung nach § 51 SGB II ist für die Auftragsverarbeitung durch nicht-öffentliche Stellen in § 395 Abs. 2 SGB III eine Ausnahme zu § 80 Abs. 3 SGB X vorgesehen – auch hier wird mit dem Verweis auf Abs. 5 fälschlicherweise aber noch auf § 80 SGB X aF Bezug genommen. 94

§ 396 SGB III enthält mit dem „Kennzeichnungs- und Maßregelungsverbot" ein Neutralitätsgebot für die Speicherung und Übermittlung von Daten; Adressaten sind die Bundesagentur sowie von ihr beauftragte Dritte. Das in § 396 S. 1 SGB III geregelte Kennzeichnungsverbot besagt, dass Berechtigte und Arbeitgeber nicht in einer Weise gekennzeichnet werden dürfen, die zur Erfüllung der Aufgaben nicht erforderlich ist. Dennoch ist die Bundesagentur befugt – und teilweise dazu verpflichtet – auch negative 95

---

[131] Merten BeckOK SozR SGB II § 52a Rn. 5.
[132] Merten BeckOK SozR SGB II § 52a Rn. 5.
[133] Harich in Eicher/Luik SGB II § 52a Rn. 10.
[134] Braun in BeckOK SozR SGB III § 395 Rn. 2.

Merkmale, wie zum Beispiel Vorstrafen, dem Arbeitgeber mitzuteilen.[135] § 396 S. 2 SGB III enthält das Maßregelungsverbot, demgemäß die Bundesagentur bei Maßregelungen von Berechtigten oder Maßnahmen gegen den Arbeitgeber nicht mitwirken darf – dies entspricht dem „Gebot der Unparteilichkeit".[136] Eine Maßregelung ist jede Maßnahme, die geeignet ist, Berechtigte verächtlich zu machen oder unter Druck zu setzen, so zum Beispiel die Androhung einer Kündigung, einer Versetzung oder einer Gehaltskürzung.[137] Der Begriff der Mitwirkung ist dabei weit auszulegen und umfasst auch die Duldung oder die Einwirkung auf den Betriebsrat.[138]

96 Das Verfahren des automatisierten Datenabgleichs findet in § 397 SGB III eine Rechtsgrundlage. Der Normzweck liegt dabei in der Vermeidung einer missbräuchlichen Inanspruchnahme von Leistungen, zum Beispiel durch einen nicht angezeigten Nebenerwerb. Im Rahmen des automatisierten Datenabgleichs wird die Bundesagentur berechtigt, Angaben von Leistungsbeziehern automatisiert mit den von der Datenstelle der Träger der Rentenversicherung übermittelten Daten abzugleichen. Damit stellt die Vorschrift eine gesetzliche Ermächtigungsgrundlage für den monatlichen Einsatz des DALEB[139]-Verfahrens dar, bei dem die Zeiten des Bezugs von Lohnersatzleistungen der Bundesagentur und die von den Arbeitgebern gemeldeten Beschäftigungszeiten maschinell abgeglichen werden.[140] Entsprechende Einzelheiten sind in der Datenerfassungs- und -übermittlungsverordnung (DEÜV) festgeschrieben. Erfasst sind Betroffene, die Leistungen beantragt haben, beziehen oder innerhalb der letzten neun Monate bezogen haben; dies gilt auch für geringfügig Beschäftigte. Die Art der abzugleichenden Daten ist begrenzt und abschließend in § 397 Abs. 1 S. 1 Nr. 1–7 SGB III aufgelistet. Die abzugleichenden Daten dürfen von der Bundesagentur auch zusammengeführt werden, § 397 Abs. 1 S. 4 SGB III. In Konkretisierung des Art. 17 Abs. 1 lit. a DS-GVO enthält § 397 Abs. 2 SGB III nach Durchführung des Datenabgleichs eine Löschungsverpflichtung für Daten, die für die Erbringung oder für die Erstattung von Leistungen nicht erforderlich sind.

3. Sozialversicherung (§§ 18f, 18g SGB IV)

97 Die Sozialversicherung umfasst Personen, die kraft Gesetzes oder Satzung im Rahmen der Versicherungspflicht, oder aber aufgrund des freiwilligen Beitritts oder freiwilliger Fortsetzung der Versicherung (sog Versicherungsberechtigung) versichert sind. Die Vorschriften des Vierten Buches Sozialgesetzbuch gelten dabei für die gesetzliche Kranken-, Unfall- und Rentenversicherung sowie für die soziale Pflegeversicherung, in Teilen aber auch für die Arbeitsförderung. Die Bundesagentur für Arbeit gilt als Versicherungsträger iSd SGB IV, § 1 Abs. 1 SGB IV. Die datenschutzrechtlichen Regelungen zur Sozialversicherung sind in den §§ 18f, 18g SGB IV zu verorten und befassen sich mit der Erhebung, Verarbeitung und Nutzung der Versicherungsnummer.

98 Bei § 18f SGB IV handelt es sich um einen gesetzlichen Erlaubnistatbestand und zugleich um eine Spezialregelung zu den allgemeinen §§ 67a, 67b SGB X. Detailliert legt die Vorschrift fest, welche Einrichtungen zur Erhebung und Verarbeitung der Versicherungsnummer berechtigt sind; die Erforderlichkeit zur Aufgabenerfüllung wird dabei vorausgesetzt. Die Versicherungsnummer ist ein zentrales Identifikationsmerkmal der gesetzlichen Rentenversicherung und wird gem. § 147 SGB VI von der Datenstelle der Rentenversicherung vergeben. Da diese eine in § 35 SGB I genannte Stelle ist, handelt es sich bei der Versicherungsnummer um ein Sozialdatum. Für die in § 18f IV genannten Stellen ist eine Verwendung der Versicherungsnummer dann zulässig, wenn diese für die

---

[135] Düe in Brand SGB III § 396 Rn. 2.
[136] Ambs in Erbs/Kohlhaas SGB III § 395 Rn. 5.
[137] Ambs in Erbs/Kohlhaas SGB III § 395 Rn. 5.
[138] Ambs in Erbs/Kohlhaas SGB III § 395 Rn. 5; Braun in BeckOK SozR SGB III § 396 Rn. 4.
[139] Datenabgleich Leistungsempfänger-/Beschäftigtendatei zur Aufdeckung unberechtigten Leistungsbezugs.
[140] Düe in Brand SGB III § 397 Rn. 2; Ambs in Erbs/Kohlhaas SGB III § 397 Rn. 3.

Erfüllung einer gesetzlichen Aufgabe nach dem SGB erforderlich ist. § 18f Abs. 1 S. 3 und 4 SGB IV sehen besondere Einschränkungen vor, wenn die Versicherungsnummer für Untersuchungen zu Zwecken der Prävention (zB arbeitsmedizinische Vorsorgeuntersuchungen einschließlich Wiederholungsuntersuchungen),[141] Rehabilitation oder Forschung (zB Dokumentation Asbest; zentrale Dokumentation über Personen, die krebserzeugenden Arbeitsstoffen ausgesetzt sind)[142] in Bezug auf den Gesundheitsschutz des Betroffenen verwendet wird. Gem. § 18f Abs. 2 SGB IV darf die Versicherungsnummer über die in § 18f Abs. 1 SGB IV genannten Stellen hinaus von anderen Stellen gem. § 35 SGB I nur erhoben oder verarbeitet werden, wenn im Einzelfall eine Übermittlung von Daten ggü. den in § 18f Abs. 1 SGB IV genannten Stellen für die Erfüllung einer gesetzlichen Aufgabe erforderlich ist. Dasselbe gilt für die in § 69 Abs. 2 SGB X genannten Stellen für die Erfüllung ihrer dort genannten Aufgaben. § 69 Abs. 3 SGB X legt zusätzliche Voraussetzungen für andere Behörden, Gerichte, Arbeitgeber oder Dritte fest, die die Versicherungsnummer zur Erfüllung einer gesetzlichen Aufgabe verarbeiten. Die Verarbeitung der Versicherungsnummer darf auch durch Dritte im Wege der Auftragsverarbeitung stattfinden, § 18f Abs. 4 SGB IV. § 18f Abs. 5 SGB IV bestimmt, dass die Versicherungsnummer nur durch die in § 18f Abs. 1 SGB IV genannten Stellen als Ordnungsmerkmal verwendet werden darf, nicht aber durch die in § 18f Abs. 2 und 3 SGB IV erwähnten Stellen, hierdurch wird dem Zweckentfremdungsverbot Rechnung getragen.[143]

§ 18g SGB IV (Angabe der Versicherungsnummer) ergänzt § 18f SGB IV und muss daher auch im Zusammenhang mit der Vorschrift gelesen werden. Zwar schließt § 18f SGB IV eine freiwillige Übermittlung der Versicherungsnummer durch den Betroffenen nicht aus, § 18g SGB IV stellt aber klar, dass die betroffene Person vertraglich nur dann zur Angabe ihrer Versicherungsnummer verpflichtet werden darf, wenn die Verwendung durch § 18f SGB IV zugelassen ist. Die ansonsten angeordnete Unwirksamkeit der entsprechenden Vertragsbestimmungen kann unter Umständen gem. § 139 BGB zur Unwirksamkeit des gesamten Rechtsgeschäfts führen.[144] Liegt der vertraglichen Abrede keine Verwendung gem. § 18f SGB IV zugrunde, darf die Versicherungsnummer trotz vertraglicher Vereinbarung nicht gespeichert werden, unabhängig davon, ob die betroffene Person in die Speicherung eingewilligt hat.[145]

4. Gesetzliche Krankenversicherung/GKV (§§ 284–305 SGB V)

Ziel der datenschutzrechtlichen Regelungen zur gesetzlichen Krankenversicherung ist es, den Informationsfluss zwischen Krankenhäusern, Leistungserbringern und Versicherten zu verbessern sowie die Effektivität und die Wirtschaftlichkeit der Krankenversicherung zu erhöhen;[146] dieses Ziel ist mit dem Recht des Betroffenen auf informationelle Selbstbestimmung in Einklang zu bringen. Die Datenverarbeitung in der GKV ist vor allem auch durch eine erhebliche Menge an Belegen gekennzeichnet, die bewilligt, abgerechnet und damit ausgewertet werden müssen. Hinzu kommt der Umgang mit sensiblen Sozialdaten, die in der Regel gleichermaßen der ärztlichen Schweigepflicht unterliegen.[147] Aus diesem Grunde unterliegt der Datenschutz in der GKV im Vergleich zu den anderen SGB umfassenden Regelungen, die im zehnten Kapitel des SGB V (Versicherungs- und Leistungsdaten, Datenschutz, Datentransparenz) aufgeführt sind. Das zehnte Kapitel SGB V untergliedert sich inhaltlich in die drei folgenden Abschnitte: Grundsätze der Datenverwendung und Informationsgrundlagen der Krankenkassen; Übermittlung und Aufbereitung von Leistungsdaten, Datentransparenz; Datenlöschung und Auskunftspflicht.

---

[141] Zieglmeier in KassKoSGB SGB IV § 18f Rn. 14a.
[142] Zieglmeier in KassKoSGB SGB IV § 18f Rn. 15.
[143] Zieglmeier in KassKoSGB SGB IV § 18f Rn. 26.
[144] Seewald in KassKoSGB SGB IV § 18g Rn. 2.
[145] Baier in Krauskopf Soziale Krankenversicherung Pflegeversicherung SGB IV § 18g Rn. 4.
[146] Lücking in Sodan KrankenversicherungsR § 41 Rn. 21.
[147] Leopold in KassKoSGB SGB V § 284 Rn. 4.

101 Den Ausgangspunkt der sozialdatenschutzrechtlichen Betrachtungen bildet der § 284 SGB V (Sozialdaten bei den Krankenkassen). Bei dieser Vorschrift handelt es sich um eine Erlaubnisnorm iSv § 67b SGB X, unterschieden wird zwischen der Erhebung und Speicherung (Abs. 1) sowie der Verarbeitung und Nutzung (Abs. 3) – nach der DS-GVO fallen alle Modalitäten unter den Begriff der „Datenverarbeitung", Art. 4 Nr. 2 DS-GVO. Der § 284 SGB V listet die Verarbeitungszwecke für die Verarbeitung von Sozialdaten durch die Krankenkassen abschließend auf. Die genannten Zwecke stehen wie üblich unter dem Erforderlichkeitsprinzip, zudem besteht eine Löschungspflicht nach Zweckerfüllung für versichertenbezogene Angaben über ärztliche Leistungen oder ärztlich verordnete Leistungen (§ 284 Abs. 1 S. 4 SGB V). § 284 Abs. 1 S. 5 SGB V enthält einen Verweis auf die allgemeinen Datenschutzbestimmungen in SGB I und SGB X, die als legi generali jedoch nur nachrangig zur Anwendung gelangen. Auch in der GKV gilt der Grundsatz der Direkterhebung, sodass die Daten gem. § 67a Abs. 2 S. 1 SGB X vorrangig beim Betroffenen selbst zu erheben sind. Eine Erhebung bei Ärzten erfordert eine ausdrückliche Übermittlungsbefugnis an die Krankenkassen, die sich idR aus den §§ 294f. SGB V ergibt.[148] Zum Verhältnis zwischen den gesetzlichen Erlaubnistatbeständen und der datenschutzrechtlichen Einwilligung als Grundlage für eine rechtmäßige Datenverarbeitung hat das Bundessozialgericht entschieden, dass es gerade keinen Grundsatz dergestalt gibt, dass unabhängig von einer gesetzlichen Ermächtigung eine Datennutzung und -übermittlung stets zulässig wäre, sofern nur eine Einwilligung des Betroffenen vorliegt. Dem stehe schon entgegen, dass es der Gesetzgeber an anderer Stelle für erforderlich gehalten habe, die Zulässigkeit einer auf eine Einwilligung gestützten Datenübermittlung durch Leistungserbringer ausdrücklich zu regeln.[149] Hierdurch kommt es im Ergebnis zwar zu einer Beschränkung der informationellen Selbstbestimmung des Betroffenen. Dennoch kann in diesem Zusammenhang richtigerweise auch festgestellt werden, dass bei der sozialdatenschutzrechtlichen Einwilligung nicht selten schon die Annahme der Freiwilligkeit des Betroffenen fragwürdig sein dürfte, wenn dieser auf die Erbringung von Sozialleistungen angewiesen ist.[150] § 284 Abs. 2 SGB V bestimmt, dass im Rahmen einer Wirtschaftlichkeitsprüfung eine Speicherung von Versichertendaten auf maschinell verwertbaren Datenträgern nur zulässig ist, soweit die Daten für die Zufälligkeitsprüfung gem. § 297 SGB V erforderlich sind; Grund hierfür ist die infolge der elektronischen Speicherung gesteigerte Gefährdungslage. Die weitere Datenverarbeitung und -nutzung wird durch § 284 Abs. 3 SGB V geregelt, der einen Verweis auf die in § 284 Abs. 1 SGB V aufgeführten Zwecke enthält. Daneben besteht im Rahmen eines Erlaubnisvorbehalts die Möglichkeit, darüber hinaus Sozialdaten zu verarbeiten, soweit dies durch eine Vorschrift des SGB angeordnet ist. § 284 Abs. 4 SGB V gestattet den Krankenkassen vor dem Hintergrund des Versichertenwahlrechts und des daraus folgenden Wettbewerbs ferner eine Datenerhebung und -verarbeitung zur Gewinnung von Mitgliedern unter der Voraussetzung, dass die Daten allgemein zugänglich sind und das schutzwürdige Interesse des Betroffenen an dem Ausschluss der Verarbeitung nicht überwiegt.

102 Regelungen zur Datenverarbeitung bei den Kassenärztlichen Vereinigungen (KÄV) finden sich in § 285 SGB V. § 285 Abs. 1 SGB V enthält eine abschließende Aufzählung der Zwecke, zu denen die KÄV personenbezogene Daten der Ärzte erheben und speichern dürfen, soweit dies zur Aufgabenerfüllung erforderlich ist. Für die personenbezogenen Daten der Versicherten beschränken sich die Zwecke auf die Sicherstellung und Vergütung der vertragsärztlichen Versorgung, die Durchführung von Wirtschaftlichkeitsprüfungen, Qualitätsprüfungen, Abrechnungsprüfungen gem. § 106d SGB V oder auf die Erteilung von Auskünften an die Versicherten gem. § 305 SGB V, § 285 Abs. 2 SGB V –

---

[148] Zum Verhältnis zu § 100 SGB X siehe BSGE 102, 134 Rn. 35; Urt. v. 2.11.2010 – B1 KR 12/10 R; danach sind die Datenschutzregelungen der SGB I, X, V grds. nebeneinander anwendbar, es sei denn, das Gesetz sieht etwas anderes vor.
[149] BSGE 102, 134 Rn. 35.
[150] Wiese DRV 1980, 353.

hierdurch wird dem Grundsatz der Verhältnismäßigkeit und dem Direkterhebungsgrundsatz Rechnung getragen. § 285 Abs. 3 SGB V ermächtigt zur Verarbeitung und Nutzung der nach § 285 Abs. 1 SGB V erhobenen und gespeicherten Sozialdaten für die darin festgelegten wie auch für andere Zwecke, soweit dies durch das SGB angeordnet wird. In diesem Zusammenhang sieht § 285 Abs. 3 S. 8 SGB V eine Pseudonymisierungspflicht für versichertenbezogene Daten vor der Übermittlung vor und bildet damit eine Konkretisierung der Pflicht zu geeigneten technischen und organisatorischen Maßnahmen gem. Art. 25 Abs. 1 DS-GVO, die eine Risikominimierung für die betroffene Person zur Folge haben (ErwGr 28 DS-GVO). § 285 Abs. 3a SGB V gestattet die Übermittlung personenbezogener Daten der Ärzte, die diese aufgrund ihrer Aufgabenerfüllung erlangt haben, an die zuständigen Behörden und Heilberufskammern zu Zwecken der Entscheidung über die Approbation oder für berufsrechtliche Verfahren. Versichertenbezogene Daten dürfen dabei nicht übermittelt werden.[151] § 285 Abs. 4 SGB V stellt den KÄV und Ärzten Psychotherapeuten, Zahnärzte und Kassenzahnärztliche Vereinigungen gleich.

§ 286 SGB V enthält in Abs. 1 die Verpflichtung der Krankenkassen und der KÄV zur Erstellung einer jährlichen Übersicht über die Art der von ihnen oder in ihrem Auftrag gespeicherten Sozialdaten, die der zuständigen Aufsichtsbehörde vorzulegen ist. Die Zuständigkeit ergibt sich für die Kassenärztliche Bundesvereinigung aus § 78 Abs. 1 SGB V, für Versicherungsträger und die Deutsche Rentenversicherung aus § 90 SGB IV. Notwendige Angaben sind die Bezeichnung der Datei, der betroffene Personenkreis, die Art der gespeicherten Daten (zB Versichertendaten, Leistungsdaten, Abrechnungsdaten).[152] Die Vorschrift dient der Transparenz und Kontrolle durch die Aufsichtsbehörden und die Öffentlichkeit[153] und setzt somit das datenschutzrechtliche Grundprinzip aus Art. 5 Abs. 1 lit. a DS-GVO um (vgl. ErwGr 58 DS-GVO). § 286 Abs. 3 SGB V verpflichtet die Krankenkassen und die KÄV zudem, weitere Voraussetzungen ihrer Datenverarbeitung in Dienstanweisungen zu regeln. Dies ist auch mit den Vorgaben der DS-GVO vereinbar, da die Vorschrift lediglich eine lückenfüllende Funktion hat, die letztlich dem Schutz des Betroffenen zugutekommt.[154] 103

Gem. § 287 Abs. 1 SGB V dürfen die Krankenkassen und die KÄV mit Erlaubnis der Aufsichtsbehörde die Datenbestände leistungserbringer- oder fallbeziehbar für zeitlich befristete und im Umfang begrenzte Forschungsvorhaben verwenden. Die Vorschrift stellt eine rechtfertigungsbedürftige Ergänzung der Verarbeitungszwecke gem. §§ 284, 285 SGB V für interne Forschungsvorhaben dar; jedoch nur für die Verarbeitungsmodalitäten der Auswertung und Aufbewahrung, nicht aber für eine zusätzliche Erhebung. Im Rahmen der Datenverwertung zu Forschungszwecken sind Schutzvorkehrungen zu beachten: Die Auswertung muss durch die Krankenkasse oder die KÄV selbst erfolgen, sodass eine Auftragsverarbeitung ausgeschlossen ist.[155] Zudem sind die Daten gem. § 287 Abs. 2 SGB V zu anonymisieren. Diese Pflicht gilt uneingeschränkt und unabhängig vom Forschungszweck und ist somit strenger als die allgemeine Vorschrift des § 67c Abs. 5 S. 2 SGB X sowie auch Art. 89 Abs. 1 S. 4 DS-GVO. 104

§ 288 SGB V verpflichtet die Krankenkassen, ein Versichertenverzeichnis zu führen, das alle notwendigen Angaben zur Beurteilung des Versicherungsverhältnisses (zB Angaben zur Identifikation und Versicherungsverlauf, evtl. Arbeitgeber), des Anspruchs auf Versicherungsleistungen (zB Art der Versicherung, zur Wahl des Kostenerstattungsverfahrens) und für die Bemessung und Einbeziehung der Beiträge (zB Angabe des Zahlungspflichtigen, bei freiwilligen Mitgliedern die Beitragshöhe) enthält. Diese Pflicht besteht unabhängig von einer etwaigen Pflicht zur Erstellung eines Verfahrensverzeichnisses nach 105

---

[151] Fischinger in Spickhoff MedizinR SGB V § 285 Rn. 6.
[152] Scholz in BeckOK SozR SGB V § 286 Rn. 3.
[153] Scholz in BeckOK SozR SGB V § 286 Rn. 1.
[154] Ähnlich auch Waschull in Krauskopf Soziale Krankenversicherung Pflegeversicherung SGB V § 286 Rn. 10f.
[155] Michels in Becker/Kingreen SGB V § 287 Rn. 4.

Art. 30 DS-GVO. Während Letzteres den Aufsichtsbehörden zur Kontrolle der Verarbeitungstätigkeiten dient, bildet das Versichertenverzeichnis gemäß § 288 SGB V die Informationsgrundlage der Krankenkassen und ermöglicht diesen eine schnelle und umfassende Erbringung von Sozialleistungen, da die Sozialdaten nicht in jedem Fall von Neuem ermittelt werden müssen.[156] Die Vorschrift stellt keine eigene Ermächtigungsgrundlage zur Erhebung von Sozialdaten dar, diese ist in § 284 SGB V enthalten; § 288 SGB V ermöglicht vielmehr nur eine Datenverarbeitung in Form von Speichern, Verändern und Löschen.

106 Die Nachweispflicht bei der Familienversicherung, die in § 289 SGB V geregelt ist, ist im Zusammenhang mit § 288 SGB V zu lesen. Bei der Aufnahme in das Versichertenverzeichnis muss die Krankenkasse prüfen, ob die Voraussetzungen für eine Familienversicherung gem. § 10 SGB V vorliegen. Für die Erfüllung dieses Zwecks darf sie die erforderlichen Daten bei dem Mitglied oder den Angehörigen erheben; insoweit handelt es sich um eine Vorschrift iSd § 284 Abs. 3 SGB V. Auf Seiten der Versicherten besteht eine Mitwirkungspflicht, § 10 Abs. 6 SGB V.

107 Die Krankenkasse verwendet gem. § 290 SGB V für jeden Versicherten eine Krankenversichertennummer, die ein Sozialdatum darstellt und damit dem Sozialgeheimnis nach § 35 SGB I unterfällt.[157] Spätestens seit dem Inkrafttreten der DS-GVO ist dies nicht mehr strittig, da Art. 4 Nr. 1 DS-GVO ausdrücklich eine „Kennnummer" als personenbezogenes Datum erwähnt. Inhaltlich besteht die Krankenversichertennummer aus einem veränderbaren Teil mit Angaben zur Kassenzugehörigkeit bzw. zum Stammmitglied bei Familienversicherten sowie einem unveränderbaren Teil zur Identifikation des Versicherten. Es besteht keine Inhaltsgleichheit mit der Rentenversicherungsnummer.[158] Die Regelung der Vergabe der Krankenversichertennummer erfolgt durch Richtlinien, die durch den Spitzenverband Bund der Krankenkassen erlassen werden. Die Vergabe erfolgt durch die Vertrauensstelle, die sowohl räumlich, als auch organisatorisch und personell von der Krankenkasse und ihren Verbänden getrennt ist. Sie unterliegt dem Sozialgeheimnis.

108 Von besonderer Bedeutung sind im SGB V die Regelungen zur elektronischen Gesundheitskarte (eGK) als Versicherungsnachweis, die sich in den §§ 291 ff. SGB V befinden. Schrittweise wurde die frühere Krankenversichertenkarte durch die elektronische Gesundheitskarte ersetzt, die seit dem 1.1.2015 als ausschließlicher Nachweis für die Berechtigung zur Inanspruchnahme von Leistungen gilt.[159] In diesem Zusammenhang verpflichtet § 291 SGB V die Krankenkassen zur Erstellung einer elektronischen Gesundheitskarte für jeden Versicherten zu Zwecken des Versicherungsnachweises sowie der Abrechnung mit den Leistungserbringern. Die gesetzliche Ermächtigung für die Datenerhebung zu Zwecken der eGK findet sich in § 284 Abs. 1 S. 1 Nr. 2 SGB V, die zulässigen Angaben auf der Gesundheitskarte sind in § 291 Abs. 2 S. 1 SGB V abschließend aufgezählt, sodass darüber hinausgehende Angaben widerrechtlich sind. § 291 Abs. 2b SGB V ermöglicht einen Online-Datenabgleich durch die Vertragsärzte und ihnen gleichgestellte Leistungserbringer mit den Krankenkassen.

109 § 291a SGB V (Elektronische Gesundheitskarte und Telematikinfrastruktur) regelt die Anwendung der eGK im Zusammenhang mit der Bereitstellung medizinischer Behandlungsdaten. Systematisch ist die Vorschrift äußerst komplex aufgebaut, weshalb von verschiedener Seite Kritik an der Verständlichkeit und der Übersichtlichkeit der Norm geübt wird.[160] Hervorzuheben sind folgende Vorgaben:

---

[156] Waschull in Krauskopf Soziale Krankenversicherung Pflegeversicherung SGB V § 288 Rn. 2 f.; Schifferdecker in KassKoSGB SGB V § 288 Rn. 2.
[157] Zum Streit siehe Waschull in Krauskopf Soziale Krankenversicherung Pflegeversicherung SGB V § 290 Rn. 3 ff.
[158] Siehe zur Begründung auch BT-Drs. 15/4924, 8.
[159] Waltermann in KKW SGB V § 15 Rn. 6.
[160] Mehr dazu s. Schifferdecker in KassKoSGB SGB V § 291a Rn. 9.

- Abs. 1 regelt weitere Verarbeitungszwecke der eGK in der GKV, die über § 291 SGB V hinaus gehen;
- Abs. 1a betrifft die Ausgabe einer eGK in der privaten Krankenversicherung;
- Abs. 2 bestimmt Informationspflichten der Krankenkasse unter anderem über Funktionsweise, Art der erhobenen Daten sowie Auskunfts-, Berichtigungs-, Löschungs- und Widerrufsrechte;
- Abs. 3 enthält Informationspflichten der Krankenkasse gegenüber den Versicherten und regelt das Einwilligungserfordernis für die Erhebung, Verarbeitung und Nutzung von Versichertendaten;
- Abs. 4 bestimmt den zugriffsberechtigten Personenkreis für einen Teil der Anwendungen;
- Abs. 5 und 5a definieren technische Zugriffsvoraussetzungen und Zugriffsrechte;
- Abs. 5b-5d enthalten Zuständigkeits- und Verfahrensregeln;
- Abs. 6 trifft Aussagen zur Datenlöschung;
- Abs. 7-7e regeln die Grundlagen zur Schaffung der Telematikinfrastruktur und deren Finanzierung und
- Abs. 8 begründet das Verbot, von Inhabern der eGK eine sachfremde Nutzung zu verlangen.

Ein Großteil der Anwendungen der eGK wird vom Einverständnis des Versicherten abhängig gemacht, was im Sinne des Rechts auf informationelle Selbstbestimmung dem Einzelnen eine möglichst große Autonomie über die Verwendung seiner Sozialdaten verschafft (vgl. § 291a Abs. 5 SGB V). Eine Befreiung von der Nutzung der Gesundheitskarte aufgrund von datenschutzrechtlichen Bedenken ist jedoch nicht möglich. Das SG Düsseldorf verwies in diesem Zusammenhang darauf, dass ein Eingriff in das Recht auf informationelle Selbstbestimmung im Interesse des Allgemeinwohls gerechtfertigt werden kann und nennt als ein überwiegendes Allgemeininteresse das System der gesetzlichen Krankenversicherung, Sachleistungen in Anspruch zu nehmen.[161] In diesem Sinne entschied später auch das BSG.[162] Eine gegen die eGK gerichtete Verfassungsbeschwerde wurde als unzulässig verworfen: Das BVerfG verwies in seinem Beschluss an die Fachgerichte, welche aufgrund ihrer Sachnähe die Verknüpfungs- und Verwendungsmöglichkeiten im Zusammenhang mit der eGK besser ermitteln könnten.[163] Für die eGK ergeben sich umfassende Änderungen und Ergänzungen im Rahmen des E-Health-Gesetzes, das am 29.12.2015 in Kraft getreten ist und das Ziel verfolgt, die digitale Vernetzung im Gesundheitswesen noch weiter voran zu treiben.[164] Die nähere Ausgestaltung der Telematikinfrastruktur im Gesundheitswesen ist in den §§ 291b-g SGB V geregelt.

In § 292 SGB V (Angaben über Leistungsvoraussetzungen) wird die Pflicht der Krankenkassen bestimmt, erforderliche Angaben über Leistungen zur Prüfung späterer Leistungsgewährungsvoraussetzungen zu speichern. § 292 S. 1 SGB V nennt beispielhaft Angaben zur Feststellung der Voraussetzungen von Leistungsansprüchen bei Krankenhausbehandlung, medizinischen Leistungen zur Gesundheitsvorsorge und Rehabilitation oder der Kostenerstattung und zur Leistung von Zuschüssen. Die Vorschrift konkretisiert § 284 Abs. 1 S. 1 Nr. 4 SGB V; die Speicherfrist für Daten bemisst sich nach § 304 Abs. 1 S. 1 Nr. 1 SGB V und ist auf maximal zehn Jahre festgesetzt.

§ 293 SGB V verpflichtet die Krankenkassen zur Verwendung von bundeseinheitlichen Kennzeichen, die durch eine eindeutige Identifizierung der Verwaltungsvereinfachung und Verfahrensbeschleunigung dienen.[165] Vergleichbare Vorschriften sind enthalten in § 103 SGB XI für die Pflegekassen sowie in § 301 Abs. 1 S. 1 Nr. 2 SGB V für die Kran-

---

[161] SG Düsseldorf Urt. v. 28.6.2012 – S 9 KR 111/09; LSG Hessen Urt. v. 26.8.2013 – L 1 KR 50/13.
[162] BSG Urt. v. 18.11.2014 – B 1 KR 35/13, Rn. 26ff.; so auch LSG Sachsen-Anhalt Beschl. v. 1.10.2012 – L 4 KR 57/12 B ER.
[163] BVerfG Beschl. v. 13.2.2006 – 1 BvR 1184/04, Rn. 66.
[164] Paland/Holland NZS 2016, 247 (248).
[165] Schifferdecker in KassKoSGB SGB V § 293 Rn. 2.

kenhäuser und Krankenhausträger in Bezug auf die Kennzeichnung von Krankenkassen und des Krankenhauses.

113 Die Vorschriften zur Übermittlung der Leistungsdaten sind in den §§ 294–303 SGB V geregelt. § 294 SGB V bestimmt, dass die an der vertragsärztlichen Versorgung teilnehmenden Ärzte und die übrigen Leistungserbringer verpflichtet sind, die für die Erfüllung der Aufgaben der Krankenkassen sowie der KÄV notwendigen Angaben, die aus der Erbringung, der Verordnung sowie der Abgabe von Versicherungsleistungen entstehen, aufzuzeichnen und den Krankenkassen, den KÄV oder den mit der Datenverarbeitung beauftragten Stellen mitzuteilen. Bei der Vorschrift handelt es sich um eine besondere Übermittlungspflicht ua für Berufskrankheiten, Folgen eines Arbeitsunfalls, einer Körperverletzung oder eines Impfschadens. Die zu übermittelnden, erforderlichen Daten umfassen auch Angaben über Ursache und den möglichen Verursacher. § 295 SGB V enthält eine Vorschrift zur Datenübermittlung durch die Versorgungsärzte und -einrichtungen an die KÄV zur Abrechnung von ärztlichen Leistungen. Die Übermittlung von Daten durch die KÄV an die Krankenkassen umfasst nicht automatisch auch die Übermittlung der unverschlüsselten Arzt- bzw. Zahnarztnummer.[166] (Verdachts-)Diagnosen sind im Rahmen der Datenübermittlung zu verschlüsseln.[167] Für die Leistungserbringer besteht die Möglichkeit, sich zur Speicherung einer privaten Abrechnungsstelle oder eines Rechenzentrums zu bedienen; diese wiederum unterliegen dem Sozialgeheimnis gem. § 35 SGB I, was durch § 295a Abs. 2 S. 3 Hs. 1 SGB V klargestellt wird. Soweit eine Auftragsverarbeitung vorliegt, gelten ergänzend die Anforderungen der § 80 Abs. 2 SGB X sowie Art. 28 DS-GVO. Bei neuen Versorgungsformen ist für Übermittlung der Versicherte zunächst umfassend zu informieren und seine schriftliche Einwilligung einzuholen.[168]

5. Gesetzliche Rentenversicherung (§§ 145–152 SGB VI)

114 Die §§ 145–152 SGB VI enthalten spezielle Regelungen für die Datenverarbeitung durch die Datenstelle der Träger der Rentenversicherung sowie Vorgaben zu datenschutzrechtlichen Fragen im Hinblick auf die Versicherungsnummer und zur Datenverarbeitung in der Rentenversicherung. Die Datenstelle der Träger der Rentenversicherung (§ 145 SGB VI) wird von der Deutschen Rentenversicherung Bund verwaltet; die Datenstelle ist somit eigenständig.[169] Die einzelnen Träger der Rentenversicherung bleiben für die Verarbeitung der personenbezogenen Daten die Verantwortlichen[170] iSv Art. 4 Nr. 7 DS-GVO; die Datenbestände der Datenstelle sind von den Datenbeständen der Deutschen Rentenversicherung Bund zu trennen, § 145 Abs. 1 S. 2 SGB VI. Gem. § 145 Abs. 2 SGB VI ist es der Deutschen Rentenversicherung Bund erlaubt, eine Datei mit Sozialdaten einzurichten, die nicht ausschließlich einer Versicherungsnummer der bei ihr Versicherten zugeordnet ist; diese Datei muss bei der Datenstelle geführt werden, wodurch die Kontrolle des Datenschutzes gefördert und die Befürchtung einer Anhäufung von umfangreichen Daten bei einer zentrale Stelle gemindert wird.[171] Die Datenstelle untersteht der Aufsicht des Bundesministeriums für Arbeit und Soziales, § 145 Abs. 4 SGB VI.

115 § 147 SGB VI gestattet der Datenstelle die Vergabe einer Versicherungsnummer, soweit die Erforderlichkeit zur Erfüllung einer gesetzlichen Aufgabe nach dem SGB VI besteht; für nach dem SGB VI Versicherte besteht gem. § 147 Abs. 1 S. 2 SGB VI eine entsprechende Verpflichtung. Die Versicherungsnummer darf sich nur aus den in § 147 Abs. 2 SGB VI genannten personenbezogenen Merkmalen zusammensetzen (Nummer des zuständigen Rentenversicherungsträgers, Geburtsdatum, Anfangsbuchstabe des Geburtsna-

---

[166] LSG Bayern Urt. v. 10.12.2012 – L 12 KA 5021/09.
[167] Zur Verfassungsmäßigkeit der vorgesehenen Verschlüsselungstechnik s. BVerfG NZS 2000, 455.
[168] Scholz in BeckOK SozR SGB V § 295a Rn. 5.
[169] Polster in KassKoSGB SGB VI § 145 Rn. 5.
[170] Paulus in BeckOK DatenschutzR Sozialdatenschutz Rn. 197.
[171] Polster in KassKoSGB SGB VI § 145 Rn. 10 mit Verweis auf die Gesetzesbegründung zur Vorgängerregelung.

mens, Seriennummer, aus der sich das Geschlecht ergeben kann, Prüfziffer), hierdurch wird das Gebot der Datensparsamkeit und -minimierung realisiert. § 147 Abs. 3 SGB VI verpflichtet dazu, die Person über die Vergabe der Versicherungsnummer zu unterrichten. Dies dient der Verwirklichung der informationellen Selbstbestimmung des Betroffenen, denn nur mit der Hilfe dieses Identifikationsmerkmals ist eine umfassende Datenzusammenführung über das Versicherungsleben des Versicherten möglich.[172]

Die Datenerhebung, Datenverarbeitung und Datennutzung beim Rentenversicherungsträger wird umfassend in § 148 SGB VI geregelt. Die Vorschrift bildet die Erlaubnisnorm zur Erfüllung der gesetzlichen Aufgaben, die in § 148 Abs. 1 S. 2 SGB VI abschließend aufgelistet sind. Darüber hinaus darf der Rentenversicherungsträger auch bestimmte Daten verarbeiten, die ihm nach § 91 Abs. 1 S. 1 EstG übermittelt werden. § 148 Abs. 2 SGB VI sieht technische und organisatorische Schutzmaßnahmen vor, um einen Datenzugriff durch unbefugte Dritte zu verhindern. Gem. § 148 Abs. 3 SGB VI ist die Einrichtung eines automatisierten Abrufverfahrens zur Übermittlung von Sozialdaten nur zwischen den in § 35 SGB I genannten Stellen zulässig, wodurch die Gefahr eines Zugriffs durch Dritte minimiert wird. 116

§ 149 SGB VI regelt das Versicherungskonto. Der Rentenversicherungsträger ist demgemäß verpflichtet, für jeden Versicherten ein entsprechendes Versicherungskonto zu führen, das Daten, die für die Durchführung der Versicherung, die Feststellung und die Erbringung von Leistungen einschließlich der Rentenauskunft erforderlich sind, enthält. Gem. § 150 SGB VI darf bei der Datenstelle zusätzlich eine Stammsatzdatei geführt werden. Einer in diesem Zusammenhang entstehenden Datenkonzentration wird dadurch entgegengewirkt, dass das Führen der Datei nur unter Beachtung der Zweckbestimmungen und des Erforderlichkeitsgrundsatzes möglich ist. Weitere Sozialdaten dürfen darüber hinaus nur gespeichert werden, wenn eine Verarbeitung in anonymisierter Form nicht ausreichend ist. 117

Das Verfahren der Rentenauskunft ist in § 151 SGB VI geregelt. Die Deutsche Post AG ist für die Abwicklung der Zahlung, Anpassung, Überwachung, Einstellung und Abrechnung von Renten und anderen Geldleistungen zuständig und erhebt in diesem Zusammenhang personenbezogene Daten. § 151 SGB VI bestimmt nicht nur die Art der Daten, die an den jeweiligen Empfänger (Leistungs- oder Rentenversicherungsträger) übermittelt werden dürfen, sondern beschränkt auch die Befugnis der Deutschen Post AG, Sozialdaten des Rentenzahlverfahrens an gem. §§ 67 ff. SGB X berechtigte Stellen zu übermitteln. 118

6. Gesetzliche Unfallversicherung (§§ 199–208 SGB VII)

Die Aufgaben der gesetzlichen Unfallversicherung sind in § 1 SGB VII beschrieben: Die Verhütung von Arbeitsunfällen und Berufskrankheiten sowie arbeitsbedingten Gesundheitsgefahren und die Wiederherstellung der Leistungsfähigkeit der Versicherten und die Entschädigung durch Geldleistungen nach dem Eintritt von Arbeitsunfällen oder Berufskrankheiten. Auch im SGB VII gilt dabei das Verbotsprinzip mit Erlaubnisvorbehalt; die datenschutzrechtlichen Regelungen finden sich im eigenständigen achten Kapitel. 119

Die Grundsätze der Erhebung, Verarbeitung und Nutzung von Daten durch den Unfallversicherungsträger werden in § 199 SGB VII bestimmt, hier findet auch die Festlegung der Verarbeitungszwecke statt. Während § 199 Abs. 1 S. 1 sowie Abs. 2 S. 1 SGB VII mit der für das SGB typischerweise vorhandenen Differenzierung zwischen Erhebung, Speicherung, Verarbeitung und Nutzung auf das Verbotsprinzip verweisen, beschränkt § 199 Abs. 3 SGB VII[173] eine Einholung von Auskünften über Erkrankungen des Betroffenen bei anderen Stellen auf Fälle, in denen hinreichende Anhaltspunkte bestehen, dass zwischen versicherter Tätigkeit und Erkrankung ein Kausalzusammenhang besteht.

---

[172] Paulus in BeckOK DatenschutzR Sozialdatenschutz Rn. 201.
[173] Zu sprachlichen Mängeln des Abs. 3 siehe Ricke in KassKoSGB SGB II § 199 Rn. 15.

Dabei erfordern die tatsächlichen Gegebenheiten aber häufig gerade Parallelermittlungen, zB bei Berufskrankheiten,[174] sodass parallele Ermittlungen zur Vermeidung von Nachteilen für den Betroffenen sogar durchaus geboten sein können.[175]

120   § 200 Abs. 1 SGB VII (Einschränkung der Übermittlungsbefugnis) modifiziert § 76 SGB X in Bezug auf die Unfallversicherung und sieht eine Hinweispflicht für die Fälle vor, in denen die betroffene Person über ein Widerspruchsrecht gegenüber einem anderen Sozialleistungsträger verfügt. Die Geltendmachung des Widerspruchsrechts führt zu einem absoluten Datenübermittlungsverbot.[176] § 200 Abs. 2 SGB VII beinhaltet die Verpflichtung des Unfallversicherungsträgers, vor Erteilung eines Gutachtenauftrags mehrere Gutachter zur Auswahl zu benennen und den Betroffenen auf sein Widerspruchsrecht gem. § 76 Abs. 2 SGB X hinzuweisen. Die Hinweispflicht gilt somit nicht nur zu Beginn des Verwaltungsverfahrens gem. § 76 SGB X, sondern vor jeder einzelnen Begutachtung. Gerade die Unfallversicherungsträger sind in einem besonderen Maße auf eine externe medizinische Begutachtung angewiesen.[177] In diesem Zusammenhang sprach das BSG infolge einer Verletzung von § 200 Abs. 2 SGB VII ein Beweisverwertungsverbot für ein zweites Gutachten aus, das der Unfallversicherungsträger eingeholt hatte.[178]

121   Die §§ 201–203 SGB VII betreffen Gesundheitsdaten und die Datenerhebung und -verarbeitung durch Ärzte. Geregelt wird hier die Datenübermittlung an die Unfallversicherungsträger, die Anzeigepflicht der Ärzte im Falle des begründeten Verdachts von Berufskrankheiten, und die Auskunftspflicht der Ärzte über Behandlung und Zustand, Erkrankungen und Vorerkrankungen, wenn sie nicht an einer Heilbehandlung nach § 34 SGB VII beteiligt sind.

122   § 204 SGB VII ermöglicht die Errichtung einer Datei für mehrere Unfallversicherungsträger. Abs. 1 listet dementsprechend die Zwecke auf, zu denen die Errichtung einer solchen Datei zulässig ist. Für diese Fälle ist die Anwendung des § 76 SGB X grundsätzlich aufgehoben.

123   Die Übermittlung von personenbezogenen Daten für die Forschung zur Bekämpfung von Berufskrankheiten ist in § 206 SGB VII geregelt. Die Vorschrift ist lex specialis zu § 75 SGB X und ermöglicht es Ärzten und Heilberuflern unter Entbindung von der ärztlichen Schweigepflicht,[179] personenbezogene Daten an die Unfallversicherungsträger zu übermitteln.

7. Kinder- und Jugendhilfe (§§ 61–68 SGB VIII)

124   Ziel der Kinder- und Jugendhilfe ist der Schutz des Rechts junger Menschen auf Förderung der eigenen Entwicklung und auf Erziehung zu einer eigenverantwortlichen und gemeinschaftsfähigen Persönlichkeit.[180] Der bereichsspezifische Schutz von Sozialdaten ist in diesem Kontext im vierten Kapitel in den §§ 61 ff. SGB VIII geregelt; die hier enthaltenen Vorgaben entfalten unmittelbare Wirkung für alle Stellen des Trägers der öffentlichen Jugendhilfe für die Aufgabenerfüllung nach dem SGB VIII und entsprechend auch für kreisangehörige Gemeinden und Gemeindeverbände, wenn sie Aufgaben nach dem SGB VIII wahrnehmen.

125   Besonders hervorzuheben ist die Vorschrift des § 65 SGB VIII (Besonderer Vertrauensschutz in der persönlichen und erzieherischen Hilfe). Sozialdaten, die zum Zweck der persönlichen und erzieherischen Hilfe einem Mitarbeiter eines Jugendhilfeträgers anvertraut wurden, dürfen nur unter den normierten Bedingungen und Zwecken übermittelt werden und dürfen vom Empfänger auch nur für diese Zwecke weitergegeben werden.

---

[174] Ricke in KassKoSGB SGB II § 199 Rn. 16.
[175] Schläger in BeckOK SozR SGB VII § 199 Rn. 8.
[176] Schläger in BeckOK SozR SGB VII § 200 Rn. 3.
[177] Jung WzS 2012, 3 (7).
[178] BSG Urt. v. 5.2.2008 – B 2 U10/07 R sowie Urt. v. 5.2.2008 – B 2 U8/07 R.
[179] Schläger in BeckOK SozR SGB VII § 206 Rn. 1.
[180] Vgl. Paulus in BeckOK DatenschutzR Sozialdatenschutz Rn. 219.

Durch die Vorschrift kann auch das allgemeine Akteneinsichtsrecht gem. § 25 Abs. 3 SGB X beschränkt werden.[181] Ähnliches gilt für die Beamten und Angestellten, denen die Ausübung der Beistandschaft, Amtspflegschaft oder Amtsvormundschaft übertragen wurde.[182]

8. Soziale Pflegeversicherung (§§ 93–109 SGB XI)

Ziel des SGB XI ist die Abmilderung der aus der Pflegebedürftigkeit entstehenden finanziellen Belastungen. Die entsprechenden Regeln zum Datenschutz im neunten Kapitel in den §§ 93 ff. SGB XI ähneln dabei denjenigen des SGB V, insbesondere die §§ 99–103 SGB XI (Informationsgrundlagen der Pflegekassen) entsprechen im Wesentlichen §§ 280–290, 292, 293 SGB V. § 93 SGB XI verweist auf die zusätzliche Geltung der Vorschriften zum Sozialdatenschutz aus dem SGB I und SGB X; diese explizite Benennung ist aufgrund des lex specialis-Grundsatzes jedoch eigentlich nicht notwendig. Das SGB XI enthält strikte Zweckbestimmungen in den Auflistungen für Pflegekassen in § 94 SGB XI, für die Verbände der Pflegekassen in § 95 SGB XI und für den Medizinischen Dienst in § 97 Abs. 1, 2 SGB XI. 126

§ 96 SGB XI durchbricht die strikte Trennung zwischen den einzelnen Büchern, indem er Pflegekassen und Krankenkassen eine gemeinsame Verarbeitung erlaubt, sofern dies zur Erfüllung ihrer gesetzlichen Aufgaben erforderlich ist. Dies ist auch notwendig, da die Pflege- und Krankenkassen organisatorisch aneinander angegliedert sind. Eine Erhebung von Sozialdaten ist nicht erfasst.[183] Zu Zwecken der Qualitätssicherung ist es auch Sachverständigen erlaubt, Sozialdaten zu verarbeiten und zu übermitteln, § 97a SGB XI; eine Ermächtigung zum Erheben von Sozialdaten sieht § 97a SGB XI jedoch nicht vor. Das gleiche gilt für die nach heimrechtlichen Vorschriften zuständigen Aufsichtsbehörden und Sozialhilfeträger (§ 97b SGB XI) sowie für den Prüfdienst des Verbandes der privaten Krankenversicherung e.V. (§ 97c SGB XI). 127

§ 98 SGB XI sieht eine eigene Ermächtigungsgrundlage für die Erhebung und Verarbeitung von Sozialdaten durch Pflegekassen zu Forschungszwecken vor – vorausgesetzt, es liegt eine Erlaubnis der Aufsichtsbehörde vor und die personenbezogenen Daten werden anonymisiert (Abs. 2). 128

Die §§ 107, 108 SGB XI enthalten Betroffenenrechte. In Ergänzung zu § 84 SGB X und Art. 17 DS-GVO sind die durch Pflegekassen und ihre Verbände gespeicherten Daten, die zur Prüfung der Voraussetzungen späterer Leistungsgewährung erforderlich sind (§ 102 SGB XI), spätestens nach zehn Jahren zu löschen (§ 107 Abs. 1 S. 1 Nr. 1 SGB XI). 129

§ 108 SGB XI stellt eine Erweiterung des Auskunftsanspruchs dar (Art. 15 DS-GVO). Danach kann der Versicherte Informationen über die in einem Zeitraum von mindestens 18 Monaten vor Antragstellung in Anspruch genommenen Leistungen und deren Kosten beantragen. Diese Unterrichtung darf jedoch nicht an die Leistungserbringer weitergegeben werden.

VI. Rechtsschutz

Jede von einer Verarbeitung ihrer personenbezogenen Daten betroffene Person hat gem. Art. 77 DS-GVO das Recht, Beschwerde bei einer Aufsichtsbehörde einzulegen, wenn sie der Ansicht ist, dass die Datenverarbeitung gegen die Verordnung verstößt. Hinsichtlich der Verarbeitung von Sozialdaten durch eine in § 35 SGB I genannte Stelle kann sich die betroffene Person gem. § 81 Abs. 1 SGB X dazu an den Bundesdatenschutzbeauftrag- 130

---

[181] Dazu ausführlich Kuchler NJW 2012, 2321 in Bezug auf VG Augsburg NJW 2012, 1529.
[182] Paulus in BeckOK DatenschutzR Sozialdatenschutz Rn. 222.
[183] Wilcken in BeckOK SozR SGB XI § 96 Rn. 1.

ten (Nr. 1) bzw. – wenn es sich um eine andere Stelle handelt – an die nach Landesrecht zuständige Stelle für die Kontrolle des Datenschutzrechts (Nr. 2) wenden. Die Aufsichtsbehörden nach § 40 BDSG gehören nicht zum Adressatenkreis, da sie für die Kontrolle nicht-öffentlicher Stellen zuständig sind. Die Verbände und Arbeitsgemeinschaften der in § 35 SGB I genannten Stellen gelten gem. § 81 Abs. 3 SGB X als öffentliche Stellen, sofern sie Aufgaben nach dem SGB wahrnehmen.

131 Im Zuge der Überholung der Sozialdatenschutzvorschriften nahm der Gesetzgeber mit §§ 81a, 81b SGB X erstmalig auch Zuständigkeitsregeln zugunsten der Sozialgerichtsbarkeit in das SGB X auf.[184] Diese dienen der Durchführung des Art. 78 Abs. 1, 2 DS-GVO, welcher jeder betroffenen Person das Recht auf wirksamen gerichtlichen Rechtsschutz gegen eine Aufsichtsbehörde gewährt. §§ 81a, 81b SGB X eröffnen in bestimmten Fällen den Rechtsweg zu den Sozialgerichten und stellen somit bereichsspezifische Rechtsvorschriften iSv § 51 Abs. 1 Nr. 10 SGG dar. Die Aufnahme expliziter Zuständigkeitsregelungen ist insofern nachvollziehbar, als dass sich sozialdatenschutzrechtliche Fragestellungen oft nicht vom zugrundeliegenden materiellen Sozialrecht trennen lassen und daher von den Fachgerichten zu beantworten sind, um die sozialrechtlichen Besonderheiten angemessen berücksichtigen zu können.[185]

132 Auch vor der Ergänzung hatten die Sozialgerichte bereits über Datenschutzfragen zu entscheiden, an einer ausdrücklichen Regelung mangelte es jedoch. Nach § 81a Abs. 1 SGB X sind die Sozialgerichte immer dann auch für datenschutzrechtliche Angelegenheiten zuständig, wenn es sich um einen aufsichtsrechtlichen Konflikt zwischen Datenaufsichtsbehörden und natürlichen oder juristischen Personen aufgrund der Verarbeitung von Sozialdaten im Zusammenhang mit einer Angelegenheit nach § 51 Abs. 1 und 2 SGG handelt. Darüber hinaus ist gem. § 81b Abs. 1 SGB X der Sozialrechtsweg auch für Klagen der betroffenen Person gegen einen Verantwortlichen oder Auftragsverarbeiter bei Verletzung datenschutzrechtlicher Verpflichtungen der DS-GVO oder der Verletzung von Betroffenenrechten eröffnet. Insofern erstreckt sich die Zuständigkeit für Datenschutzsachen lediglich auf die Materie, die auch zuvor im Zuständigkeitsbereich der Sozialgerichte lag. Übrige Streitigkeiten, so zB Angelegenheiten bezüglich der Verarbeitung von Sozialdaten im Rahmen des Bundesausbildungsförderungsgesetzes,[186] gem. Art. 78 Abs. 1 und 2 SGB X unterliegen der Verwaltungsgerichtsbarkeit. Dies stellt der Verweis auf § 20 BDSG klar. Eine Ausnahme bilden die Fälle, in denen die Datenschutzbehörde des Bundes oder eines Landes die Rechtmäßigkeit eines Angemessenheitsbeschlusses der Kommission anzweifelt und dagegen gem. Art. 58 Abs. 5 DS-GVO gerichtlich vorgeht. Diese unterliegen gem. § 81c SGB X weiterhin der Verwaltungsgerichtsbarkeit, auch wenn Sozialdaten betroffen sind. Für die Verarbeitung von Daten nach § 20 AO ist die Finanzgerichtsbarkeit zuständig und für Bußgeldverfahren ist der Weg zur ordentlichen Gerichtsbarkeit eröffnet.

133 Im Rahmen der örtlichen Zuständigkeit enthält § 81a Abs. 3 SGB X eine Neuregelung für Klagen von juristischen Personen gegen eine Aufsichtsbehörde. Hierfür ist nun das Sozialgericht am Sitz der Aufsichtsbehörde zuständig, damit dort vorhandenes Erfahrungswissen gebündelt werden kann.[187] Natürliche Personen sind bei Klagen vor Sozialgerichten besonders schutzwürdig. Daher sollen diese auch weiterhin durch einen ortsnahen Gerichtsstand am Ort ihres Wohnsitzes privilegiert werden. Handelt es sich um einen Kläger mit Wohnsitz im Ausland, ist das Sozialgericht zuständig, in dessen Bezirk der Beklagte seinen Sitz bzw. Wohnsitz oder in Ermangelung dessen seinen Aufenthaltsort hat. Der Vertreter nach Art. 27 Abs. 1 DS-GVO einer beklagten verantwortlichen juristischen Person, ist gem. § 81b Abs. 3 SGB X auch bevollmächtigt, Zustellungen in sozialgerichtli-

---

[184] Ausführlich dazu Bieresborn NZS 2018, 10 (15).
[185] BT-Drs. 18/12611, 116 mit Verweis auf BSGE 100, 25–43; 110, 75–83.
[186] BT-Drs. 18/12611, 116.
[187] BT-Drs. 18/12611, 116.

chen Verfahren, die im Zusammenhang mit der Verarbeitung von Sozialdaten stehen, entgegenzunehmen. Ausländische Behörden können gem. Art. 79 Abs. 2 S. 2 DS-GVO nur im Sitzstaat verklagt werden.[188] Schließlich klärt § 81a Abs. 7 SGB X das Hierarchieverhältnis zwischen Leistungsträgern und den Bundes- bzw. Landesdatenschutzbeauftragten. Diese stehen nicht in einem Über-/Unterordnungsverhältnis, sodass durch Anordnung des Datenschutzbeauftragten nicht die aufschiebende Wirkung einer Anfechtungsklage ausgeschlossen werden kann. Nur das Sozialgericht kann eine verbindliche Entscheidung treffen.

Bei einer unbefugten Offenbarung von Sozialdaten durch eine in § 35 SGB I genannte Stelle kann die betroffene Person ihren Anspruch entweder mit einer Unterlassungsklage gerichtlich durchsetzen, oder – sofern keine Wiederholungsgefahr besteht – die Unzulässigkeit der Offenbarung auf dem Wege einer Feststellungsklage feststellen lassen.[189] Ein Versicherungsverhältnis zwischen einer in § 35 SGB I genannten Stelle und der betroffenen Person stellt eine Rechtsbeziehung dar, die einer Feststellungsklage zugänglich ist.[190]

134

---

[188] Biereshorn NZS 2018, 10 (15).
[189] BSGE 47, 118–123.
[190] BSGE 4, 184 (185); 7, 3 (5); 17, 124 (128).

§ 27 Kirchliches Datenschutzrecht

Übersicht

	Rn.
I. Einleitung	1
II. Religionsgemeinschaftliches Selbstbestimmungsrecht	2
III. Rechtlicher Regelungsrahmen	3
1. Die DS-GVO im Lichte des religionsgemeinschaftlichen Selbstbestimmungsrechts	3
2. Gesetz über den Kirchlichen Datenschutz der römisch-katholischen Kirche in Deutschland (KDG)	7
3. Kirchengesetz über den Datenschutz der Evangelischen Kirche in Deutschland (DSG-EKD)	9
4. Spezialgesetzliche staatliche Datenschutzregelungen	10
IV. Sonderfragen zum kirchlichen Datenschutzrecht	11
1. Datenschutz bei kirchlichen Dienst- und Arbeitsverhältnissen	11
2. Videoüberwachung in Kirchen und die Aufzeichnungen und Übertragungen von Gottesdiensten und kirchlichen Veranstaltungen	14
V. Rechtsschutz	15
1. Betroffenenrechte	15
2. Recht auf Beschwerde	16
3. (Kirchen-)Gerichtliche Rechtsbehelfe	17
4. Schadensersatz	19
5. Sanktionen	20

Literatur:
Germann, Das kirchliche Datenschutzrecht als Ausdruck kirchlicher Selbstbestimmung, ZevKR 48 (2003), 446; *Golland*, Reformation 2.0 – Umsetzung der Anforderungen der Datenschutz-Grundverordnung durch die evangelische und die katholische Kirche, RDV 2018, 8; *Hoeren*, Kirchlicher Datenschutz nach der Datenschutzgrundverordnung, NVwZ 2018, 373; *Joussen*, Neues aus Europa – die Europäische Datenschutz-Grundverordnung, ZMV 2017, 151; *Kampp/Tölle*, Datenschutz und Compliance: zwei Bausteine für kirchliche Einrichtungen, neue Caritas 2017, 19; *Losem*, Arbeitnehmerdatenschutz in der Kirche im Spannungsfeld zwischen europäischem und nationalem Recht, KuR 2013, 231; *Preuß*, Das Datenschutzrecht der Religionsgesellschaften, ZD 2015, 217; *Robbers*, Europäisches Datenschutzrecht und die Kirchen, 1994; *Ziegenhorn/von Aswege*, Kirchlicher Datenschutz nach staatlichen Gesetzen?, KuR 2015, 198; *Ziegenhorn/Drossel*, Die Anwendung kirchlicher Regeln zum Datenschutz unter der EU-Datenschutz-Grundverordnung am Beispiel des § 2 Abs. 8 KDO, KuR 2016, 230.

I. Einleitung

1 Die christlichen Großkirchen gehören in Deutschland zu den mitgliedsstärksten Gemeinschaften,[1] die insbesondere im sozialen Bereich viele gemeinwohlbezogene Aufgaben (ua im Rahmen der Gesundheits-, Alten- und Kinder- und Jugendhilfe) übernehmen, aber auch als Arbeitgeber über 1 Mio. Arbeitnehmer beschäftigen.[2] Die Kirchen handeln in diesem Kontext einerseits als öffentlich-rechtliche Religionsgesellschaften (zB die Bistümer der Katholischen Kirche und die Evangelische Kirche in Deutschland) oder andererseits in Form selbständiger kirchlicher Einrichtungen in privatrechtlicher Organisationsform (zB kirchliche Stiftungen, wirtschaftlich tätige Unternehmen und Vereine).[3] Im

---
[1] Vgl. https://www.dbk.de/kirche-in-zahlen/kirchliche-statistik/, zuletzt abgerufen am 15.6.2018; https://archiv.ekd.de/statistik/105157.html, zuletzt abgerufen am 15.6.2018.
[2] Da die Zeugen Jehovas keine den Großkirchen entsprechende gesellschaftliche Bedeutung besitzen, werden diese im Folgenden ausgeblendet, auch wenn diese zumindest bisher über ein eigenes Datenschutzgesetz (DSGJZ) verfügt haben und nach Auffassung des EuGH im Rahmen ihrer „von Tür zu Tür durchgeführten Verkündungstätigkeit" sich an geltende Datenschutzbestimmungen halten müssen, EuGH NZA 2018, 991.
[3] BVerfGE 46, 73 (85 ff.); Preuß ZD 2015, 217 (222).

Rahmen dieser Tätigkeit verarbeiten sie insbesondere die personenbezogenen Daten ihrer Mitglieder, Arbeitnehmer aber auch all derjenigen, die ihre Dienste in der Seelsorge, im Gesundheitssektor sowie der Kinder- und Altenbetreuung in Anspruch nehmen.[4]

II. Religionsgemeinschaftliches Selbstbestimmungsrecht

Aufgrund des Selbstbestimmungsrechts der Religionsgemeinschaften, das verfassungsrechtlich durch Art. 137 Abs. 3 WRV iVm Art. 140 GG abgesichert ist, können die Kirchen in Deutschland ihre eigenen Angelegenheiten in den Schranken der für alle geltenden Gesetze eigenständig regeln. Hierzu gehört auch der innerkirchliche Umgang mit personenbezogenen Daten.[5] Daraus folgend haben die Kirchen einen eigenen „Dritten Weg" im Datenschutzrecht beschritten und bereits vor Inkrafttreten der DS-GVO ihre eigenen Datenschutzregelungen aufgestellt.[6] Aufgrund der Trennung von Staat und Kirche unterliegen die Kirchen in diesem Kontext auch grundsätzlich keiner staatlichen Aufsicht. Das europäische Primärrecht achtet und wahrt über Art. 17 AEUV ebenfalls den Status, den Kirchen, religiöse und weltanschauliche Vereinigungen oder Gemeinschaften in den Mitgliedstaaten nach deren Rechtsvorschriften genießen.

2

III. Rechtlicher Regelungsrahmen

1. Die DS-GVO im Lichte des religionsgemeinschaftlichen Selbstbestimmungsrechts

Obwohl die EU keine Kompetenz zum Erlass von Regelungen zum Staatskirchenrecht besitzt, können europäische Regelungen „auf die Tätigkeit der Religionsgemeinschaften einwirken".[7] Die DS-GVO enthält aufgrund der unterschiedlichen Sonderregelungen für Religionsgemeinschaften in den Mitgliedstaaten für Kirchen oder religiöse Vereinigungen oder Gemeinschaften allerdings eine Ausnahmeregelung in Art. 91 Abs. 1 DS-GVO.[8] Danach dürfen diese Einrichtungen, sofern sie im Zeitpunkt des Inkrafttretens der DS-GVO in dem entsprechenden Mitgliedstaat über umfassende Regeln zum Schutz natürlicher Personen bei der Verarbeitung verfügen, diese Regeln weiter anwenden, sofern sie mit dieser Verordnung in Einklang gebracht werden.[9] Die Ausnahmevorschrift adressiert primär die Mitgliedstaaten und ermöglicht diesen, die genannten Religionsgesellschaften vom Anwendungsbereich der DS-GVO auszunehmen.[10] In Deutschland ist eine entsprechende datenschutzrechtliche Ausnahme nicht einfachgesetzlich geregelt, sodass die Reichweite des kirchlichen Datenschutzrechts auch weiterhin umstritten bleibt.[11] So stellt sich insbesondere die Frage, ob die kirchlichen Datenschutzgesetze auch für privatrechtliche Organisationsformen der Kirche und innerkirchliche Gruppierungen[12] Anwendung

3

---

[4] Hoeren NVwZ 2018, 373 (373).
[5] Can. 220 des Codex Iuris Canonici schützt innerkirchlich die Intimsphäre.
[6] Die kirchlichen Datenschutzregelungen werden jedoch auch kritisch aufgenommen, da diese Regelungen einerseits als wenig kirchlich angesehen werden, zumal sie teilweise den Wortlaut der DS-GVO nur übernehmen und andererseits aufgrund sprachlicher Ungenauigkeiten und gradueller Wortlautänderungen zur DS-GVO im Detail viele Rechtsfragen aufwerfen, abrufbar unter http://www.katholisch.de/aktuelles/aktuelle-artikel/kirchlicher-datenschutz-gut-gemeint-schlecht-umgesetzt, zuletzt abgerufen am 15.6.2018.
[7] Herbst in Kühling/Buchner DS-GVO Art. 91 Rn. 1.
[8] Vgl. ErwGr 165 DS-GVO.
[9] Daraus ergibt sich auch, dass die kirchlichen Datenschutzrechte im Lichte der DS-GVO auszulegen sind, Hoeren NVwZ 2018, 373 (374).
[10] Herbst in Kühling/Buchner DS-GVO Art. 91 Rn. 2.
[11] Preuß ZD 2015, 217 (218 ff.); Herbst in Kühling/Buchner DS-GVO Art. 91 Rn. 22.
[12] http://www.katholisch.de/aktuelles/aktuelle-artikel/kirchlicher-datenschutz-gut-gemeint-schlecht-umgesetzt, zuletzt abgerufen am 15.6.2018.

finden, und ob eine Unterscheidung nach Art der Tätigkeit kirchlichen Handelns zulässig ist.[13]

4   Aufgrund des klaren Wortlauts von Art. 91 Abs. 1 DS-GVO sind lediglich solche Gemeinschaften hiervon privilegiert, die bereits im Zeitpunkt des Inkrafttretens der DS-GVO über umfassende Regelungen zum Datenschutz verfügt haben. Dies sind in Deutschland die römisch-katholische Kirche, aufgrund deren Anordnung über den Kirchlichen Datenschutz (KDO), und die Evangelische Kirche in Deutschland mit dem Kirchengesetz über den Datenschutz der Evangelischen Kirche in Deutschland (DSG-EKD). Diese haben eine Anpassung der bisherigen Datenschutzvorschriften an den Wortlaut und die Wertungen der DS-GVO vorgenommen, sodass nahtlos mit Einführung der DS-GVO weiterhin das jeweilige kirchliche Datenschutzrecht Anwendung findet.[14] Die Bewertung von Art. 91 Abs. 1 DS-GVO als reine Bestandsschutzregelung[15] steht allerdings nicht in Einklang mit der primärrechtlichen Intention, die kirchliche Autonomie (auch von neu gegründeten Institutionen) zu schützen, insbesondere im Hinblick auf Institutionen, die bisher über keine Datenschutzgesetze verfügt haben.[16]

5   Die Kirchen und religiöse Vereinigungen oder Gemeinschaften, die eigene umfassende Datenschutzregeln anwenden, unterliegen der Aufsicht durch eine unabhängige Aufsichtsbehörde, die spezifischer Art sein kann, sofern sie die in Art. 51 ff. DS-GVO niedergelegten Bedingungen erfüllt, vgl. Art. 91 Abs. 2 DS-GVO. Die Evangelische Kirche hat in Art. 39 ff. DSG-EKD, die Katholische Kirche in §§ 42 ff. KDG eine eigene unabhängige Datenschutzaufsichtsbehörde errichtet.

6   Für religiöse Gemeinschaften, die sich hingegen kein eigenes Datenschutzgesetz geben und die keine staatliche Sonderstellung in den Mitgliedstaaten erfahren, gelten die DS-GVO sowie die weiteren staatlichen Datenschutzgesetze. Dies gilt unabhängig davon, ob eine Religionsgemeinschaft als Körperschaft des öffentlichen Rechts (Art. 140 GG iVm Art. 137 Abs. 5 WRV) handelt[17] oder privatrechtlich organisiert ist.

2. Gesetz über den Kirchlichen Datenschutz der römisch-katholischen Kirche in Deutschland (KDG)

7   Die römisch-katholische Kirche hat sich mit dem Gesetz über den Kirchlichen Datenschutz (KDG)[18] ein umfassendes Datenschutzgesetz gegeben, das in weiten Teilen an die DS-GVO angelehnt ist.[19] Der organisatorische Anwendungsbereich des Gesetzes ist weit gesteckt, sodass dieses Gesetz für alle kirchlichen Rechtsträger in der römisch-katholischen Kirche Anwendung findet, ohne Rücksicht auf ihre Rechtsform (vgl. § 3 KDG). Zudem wird die Ermächtigung der Datenverarbeitung nach § 6 Abs. 1 lit. a KDG nicht nur auf die Regelungen des KDG beschränkt, sondern auch für alle anderen kirchlichen sowie staatlichen Rechtsvorschriften herangezogen, die eine Datenverarbeitung erlauben oder anordnen. Diese Regelung schafft damit den Kirchen einen weiten Verarbeitungsspiel-

---

[13] Vgl. Preuß ZD 2015, 217 (220 f., 224 f.); ErwGr 165 DS-GVO hilft in diesem Kontext auch nicht weiter, da dieser lediglich auf Art. 17 AEUV Bezug nimmt und klarstellt, dass die DS-GVO den Status, den Kirchen in den Mitgliedstaaten nach deren bestehenden verfassungsrechtlichen Vorschriften genießen, achtet und nicht beeinträchtigt.
[14] ABl. EKD 2017, 353.
[15] Herbst in Kühling/Buchner DS-GVO Art. 91 Rn. 13.
[16] Preuß ZD 2015, 217 (224).
[17] Hierzu gehören ua die Alt-Katholische Kirche, der Bund freikirchlicher Pfingstgemeinden, die Dänische Seemannskirche in Hamburg, die Deutschen Unitarier, die Evangelisch-Methodistische Kirche, die Heilsarmee in Deutschland, die Kirche Jesu Christi der Heiligen der Letzten Tage (Mormonen), die Neuapostolische Kirche, die Russisch-Orthodoxe Kirche (Moskauer Patriarchat) uam, vgl. BVerfGE 102, 370 (372).
[18] Dieses löst am 1.5.2018 die KDO ab, vgl. https://www.datenschutz-kirche.de/node/292, zuletzt abgerufen am 15.6.2018.
[19] Kritisch zur handwerklichen Umsetzung vgl. http://www.katholisch.de/aktuelles/aktuelle-artikel/kirchlicher-datenschutz-gut-gemeint-schlecht-umgesetzt, zuletzt abgerufen am 15.6.2018.

raum bei personenbezogenen Daten, der allerdings zu Rechtsunsicherheit bei den Betroffenen führen kann.

Des Weiteren wurde eine kirchliche Datenschutzgerichtsordnung (KDSGO) geschaffen, wonach ein Kirchliches Gericht in Datenschutzangelegenheiten (§ 3) errichtet und deren Besetzung (§§ 5 f.) und der Verfahrensgang (§§ 11 ff.) vorgeschrieben wird.

3. Kirchengesetz über den Datenschutz der Evangelischen Kirche in Deutschland (DSG-EKD)

Die Evangelische Kirche hat mit ihrem Kirchengesetz über den Datenschutz der Evangelischen Kirchen in Deutschland[20] ihre Datenschutzregelungen ebenfalls in sprachlicher und inhaltlicher Hinsicht weitgehend an die DS-GVO angepasst.

4. Spezialgesetzliche staatliche Datenschutzregelungen

Aufgrund des Umstandes, dass die Kirchen ihre Angelegenheiten nur innerhalb der für alle geltenden Gesetze selbständig regeln dürfen, vgl. Art. 140 GG iVm Art. 137 Abs. 3 WRV, können ferner spezialgesetzliche staatliche Datenschutzregelungen, insbesondere im Gesundheitsbereich auch für kirchlich geführte Krankenhäuser zur Anwendung kommen.[21] Hierfür spricht insbesondere die Anwendung eines differenzierten Verhältnismäßigkeitsmaßstabs sowie eine Güterabwägung, um einerseits der Kirchenfreiheit und andererseits den verfassungsrechtlich geschützten Individualinteressen in angemessener Weise gerecht zu werden.[22] Danach gelten auch für kirchliche Einrichtungen spezialgesetzliche staatliche Datenschutzregelungen, insbesondere, wenn diese dem Gesundheits- und Lebensschutz dienen (zB Gendiagnostikgesetz, Transplantationsgesetz, Transfusionsgesetz, Strahlenschutzgesetz uam).

IV. Sonderfragen zum kirchlichen Datenschutzrecht

1. Datenschutz bei kirchlichen Dienst- und Arbeitsverhältnissen

Die Kirchen regeln ebenfalls die Datenverarbeitung für Zwecke ihrer Beschäftigungsverhältnisse (vgl. § 49 DSG-EKD, § 53 KDG). Beschäftigte iSd § 4 Nr. 24 KDG bzw. § 4 Nr. 20 DSG-EKD sind insbesondere Kleriker und Ordensangehörige bzw. die einem Pfarrdienst- oder in einem kirchlichen Beamtenverhältnis oder in einem sonstigen kirchlichen öffentlich-rechtlichen Dienstverhältnis stehenden Personen. Außerdem zählen dazu Arbeitnehmer, zur Berufsausbildung Beschäftigte sowie Personen, die wegen ihrer wirtschaftlichen Unselbständigkeit als arbeitnehmerähnliche Personen anzusehen sind, die sich für ein Beschäftigungsverhältnis Bewerbenden sowie Personen, deren Beschäftigungsverhältnis beendet ist; daneben auch die in anerkannten Werkstätten für Menschen mit Behinderungen tätigen Personen.

§ 49 Abs. 1 DSG-EKD sowie § 53 Abs. 1 KDG gestatten eine Verarbeitung von Daten von Beschäftigten, soweit dies zur Begründung, Durchführung, Beendigung oder Abwicklung des Beschäftigungsverhältnisses (oder zur Durchführung organisatorischer, personeller und sozialer Maßnahmen, insbesondere auch für Zwecke der Personalplanung und des Personaleinsatzes) erforderlich ist. Hierbei gestattet die römisch-katholische Kirche ausdrücklich die Datenverarbeitung über die Religionszugehörigkeit, die religiöse Überzeugung und die Erfüllung von Loyalitätsobliegenheiten für Zwecke des Beschäftigungsverhältnisses.[23]

---

[20] ABl. EKD 2017, 353.
[21] Zur Auslegung dieser Schrankenklausel vgl. Korioth in Maunz/Dürig GG WRV Art. 137 Rn. 44 ff.
[22] Korioth in Maunz/Dürig GG WRV Art. 137 Rn. 47.
[23] Vgl. zu Letzteren jüngst EuGH NZA 2018, 1187.

13 In diesem Kontext ist jedoch § 11 KDG zu beachten, der in Anlehnung an Art. 9 DS-GVO ein Verarbeitungsverbot für die besonderen Kategorien personenbezogener Daten normiert. Hierzu gehören insbesondere die ethnische Herkunft, religiöse oder weltanschauliche Überzeugungen sowie genetische Daten und Gesundheitsdaten. Besonders schutzbedürftig sind in diesem Kontext auch Daten zum Sexualleben oder der sexuellen Orientierung einer natürlichen Person. Letzteres betrifft insbesondere Informationen zu dessen Hetero- oder Homosexualität. Ferner ist eine Datenerhebung zur Person des Lebenspartners hiernach unzulässig.[24] Eine Rechtfertigung einer entsprechenden Datenverarbeitung wird insbesondere nicht durch § 11 Abs. 2 lit. g KDG gewährt. Danach ist die Verarbeitung dieser sensitiven Daten auch auf der Grundlage kirchlichen Rechts nur gestattet, wenn dieses in angemessenem Verhältnis zu dem verfolgten Ziel steht, den Wesensgehalt des Rechts auf Datenschutz wahrt, angemessene und spezifische Maßnahmen zur Wahrung der Grundrechte und Interessen der betroffenen Person vorsieht und aus Gründen eines erheblichen kirchlichen Interesses erforderlich ist. Fragen zum Familienstand von Arbeitnehmern werden insbesondere zur Abführung von Sozialabgaben weiterhin statthaft sein. Ebenso präzisiert die Begriffsbestimmung in § 4 Nr. 2 KDG besondere Kategorien personenbezogener Daten insoweit, dass die Zugehörigkeit zu einer Kirche oder Religionsgemeinschaft als keine besondere Kategorie personenbezogener Daten anzusehen ist.

2. Videoüberwachung in Kirchen und die Aufzeichnungen und Übertragungen von Gottesdiensten und kirchlichen Veranstaltungen

14 § 52 KDG/§ 52 DSG-EKD regeln die Videoüberwachung öffentlich zugänglicher Räume. Die Evangelische Kirche in Deutschland gestattet zudem in § 53 DSG-EKD die Aufzeichnung oder Übertragung von Gottesdiensten oder kirchlichen Veranstaltungen, wenn die Teilnehmenden durch geeignete Maßnahmen über Art und Umfang der Aufzeichnung oder Übertragung informiert werden.[25]

V. Rechtsschutz

1. Betroffenenrechte

15 Wie bei der DS-GVO sind auch nach kirchlichem Datenschutzrecht die Betroffenen umfassend über die Datenverarbeitung zu informieren (§§ 16 ff. DSG-EKD, §§ 14 ff. KDG). Ferner stehen den Betroffenen das Recht auf Auskunft (vgl. § 19 DSG-EKD, § 17 KDG), das Recht auf Berichtigung (vgl. § 20 DSG-EKD, § 18 KDG), das Recht auf Löschung (vgl. § 21 DSG-EKD, § 19 KDG), das Recht auf Einschränkung der Verarbeitung (vgl. § 22 DSG-EKD, § 20 KDG), die Informations- bzw. Mitteilungspflicht im Zusammenhang mit der Berichtigung oder Löschung personenbezogener Daten oder der Einschränkung der Verarbeitung (vgl. § 23 DSG-EKD, § 21 KDG), das Recht auf Datenübertragung (vgl. § 23 DSG-EKD, § 22 KDG) sowie das Widerspruchsrecht (vgl. § 25 DSG-EKD, § 23 KDG) zu. In § 25 KDG wurde ergänzend die Unabdingbarkeit der Betroffenenrechte vorgeschrieben. Die kirchlichen Betroffenenrechte orientieren sich im Wesentlichen an den entsprechenden Regelungen der DS-GVO.

2. Recht auf Beschwerde

16 Jedem Betroffenen steht nach § 46 DSG-EKD bzw. § 48 KDG ein Recht auf Beschwerde bei der Datenschutzaufsicht zu, wenn er der Ansicht ist, bei der Verarbeitung seiner personenbezogenen Daten verletzt worden zu sein. Dabei hielt man es offenbar für not-

---

[24] Weichert in Kühling/Buchner DS-GVO Art. 9 Rn. 42.
[25] Diese Regelung steht nach Auffassung von Golland RDV 2018, 8 (12 f.) im Widerspruch zur DS-GVO.

wendig, ausdrücklich festzuhalten, dass niemand gemaßregelt oder benachteiligt werden darf, wenn er sich an die Datenschutzaufsicht wendet, § 46 Abs. 3 S. 1 DSG-EKD, § 48 Abs. 3 KDG. Die Datenschutzaufsichten sind zwar von den Kirchen errichtet worden, jedoch unabhängig, dh diese sind insbesondere nicht weisungsgebunden, vgl. §§ 39, 40 DSG-EKD, §§ 42, 43 Abs. 1 KDG. Allerdings ist die Datenschutzaufsicht in der römisch-katholischen Kirche dem kirchlichen Recht unterworfen, § 43 Abs. 1 S. 1 KDG. Die Aufsichtsbehörden haben unterschiedliche Befugnisse, um rechtmäßige Zustände wiederherzustellen oder eine drohende Verletzung abzuwenden, vgl. § 44 DSG-EKD.

3. (Kirchen-)Gerichtliche Rechtsbehelfe

Zudem steht den Betroffenen der Rechtsweg zu den kirchlichen Verwaltungsgerichten bzw. dem kirchlichen Gericht in Datenschutzangelegenheiten offen (vgl. § 47 DSG-EKD, § 49 Abs. 3 KDG). Die Evangelische Kirche in Deutschland schaltet allerdings ein Vorverfahren vor die Möglichkeit der Rechtswegbeschreitung (§ 47 Abs. 2 DSG-EKD). Im Rahmen des gerichtlichen Verfahrens kann sich der Betroffene gegen die Entscheidungen der Aufsichtsbehörde sowie gegen die kirchliche Stelle und den Auftragsverarbeiter wegen einer Verletzung des kirchlichen Datenschutzrechts wenden. Die römisch-katholische Kirche hat ergänzend die Kirchliche Datenschutzgerichtsordnung (KDSGO) ausgearbeitet, wonach ein eigenes kirchliches Gericht in Datenschutzangelegenheiten errichtet wird. Hiernach ist der Antrag schriftlich bei der Geschäftsstelle des Gerichts oder der Datenschutzaufsicht, deren Entscheidungen beanstandet wird, einzureichen, § 11 Abs. 1 KDSGO. 17

Die Anrufung staatlicher Gerichte bzw. ein Berufen auf staatliches Recht ist hingegen nicht bzw. nur eingeschränkt möglich. Dies entspricht grundsätzlich auch der staatlichen Rechtsprechung.[26] Aus diesem Grund ist das Bestehen einer Vorlageberechtigung bzw. -verpflichtung der kirchlichen Verwaltungs- bzw. Datenschutzgerichte gegenüber dem EuGH bislang noch unklar.[27] 18

4. Schadensersatz

Der Betroffene besitzt auch nach § 48 Abs. 1 S. 1 DSG-EKD bzw. § 50 Abs. 1 KDG einen Anspruch auf Schadensersatz, soweit ihm aufgrund einer Verletzung des kirchlichen Datenschutzrechts ein Schaden entstanden ist. Ferner kann der Betroffene bei immateriellen Schäden eine angemessene Entschädigung in Geld verlangen, § 48 Abs. 1 S. 2 DSG-EKD bzw. § 50 Abs. 1, Abs. 4 KDG. 19

5. Sanktionen

Die Kirchen legen den verantwortlichen Stellen sowie ihren Auftragsverarbeitern[28] Geldbußen auf, wenn diese vorsätzlich oder fahrlässig gegen das KDG bzw. DSG-EKD verstoßen (vgl. § 45 Abs. 1 S. 1 DSG-EKD, § 51 Abs. 1 KDG). Gegen kirchliche verantwortliche Stellen sind Geldbußen allerdings nur zu verhängen, soweit diese als Unternehmen am Wettbewerb teilnehmen, § 45 Abs. 1 S. 2 DSG-EKD, § 51 Abs. 6 KDG.[29] Die Geldbußen werden durch die Datenschutzaufsicht verhängt, die sicherstellt, dass die Verhängung der Geldbuße für Verstöße gegen das kirchliche Datenschutzgesetz in jedem Einzelfall wirksam, verhältnismäßig und abschreckend ist (vgl. § 45 Abs. 2 DSG-EKD, § 51 Abs. 2 KDG). Es können jedoch lediglich Geldbußen von bis zu EUR 500.000 verhängt werden, 45 Abs. 5 DSG-EKD, § 51 Abs. 5 KDG. 20

---

[26] EGMR BeckRS 2010, 24774; BVerfGE 137, 273; 111, 1 (1 ff.); aA BGH NJW 2003, 2097; NJW 2000, 1555.
[27] Golland RDV 2018, 8 (13).
[28] Zur Frage der Anwendbarkeit der kirchlichen Datenschutzgesetze auf nicht-kirchliche Auftragsverarbeiter vgl. Golland RDV 2018, 8 (10 f.).
[29] Der damit zusammenhängende Ausschluss kirchlichen Handelns von Sanktionen bei Datenschutzverstößen wird kritisch gesehen, Hoeren NVwZ 2018, 373 (374).

Sachverzeichnis

Die fett gedruckten Zahlen verweisen auf die Paragrafen des Handbuchs, die mageren Zahlen auf die Randnummern.

Abgabenordnung (AO) **4** 160
Abgrenzung **26** 4 ff., 7 ff.
– Auffangtatbestand **26** 14
– BDSG **26** 7
– DS-GVO **26** 10 ff.
– Kirchlicher Datenschutz **26** 9
– LDSG **26** 8
Abhängigkeit des Beschäftigten **10** 60
Abhilfe **3** 207
Ableitbare Daten *s. Daten*
Abrechnung **18** 34, 74
Abrechnungsprüfung **26** 102
Abschreckung **3** 237; **8** 43, 48, 53, 56, 58, 81
Absicherungskette **12** 24
Absoluter Personenbezug *s. Personenbezug*
Abtretbarkeitsbestimmung **14** 22
Ad-hoc-Vertragsklauseln **7** 61 f.
Administratorenrechte **11** 38
Adresshandel **9** 50, 93
AGB-Bank *s. Allgemeine Geschäftsbedingungen*
Agentur der Europäischen Union für Grundrechte **2** 67, 72
– Aufgaben **2** 72
Aggregation **17** 34
Akte **11** 16, 83
Akteneinsicht **22** 38, 41, 46, 47; **26** 125
Aktenlöschung **22** 50
Aktienoptionsprogramme **7** 73
Aktenübermittlung *s. Übermittlung*
Algorithmen **9** 90
– selbstlernende **2** 75
Algorithmische Entscheidung **9** 76
Allgemeine Geschäftsbedingungen (AGB) **9** 34; **24** 41
– Kontrolle **9** 81
– AGB-Bank **14** 4, 5, 7
Allgemeines Persönlichkeitsrecht **2** 42
Allgemeinverbindlichkeit **3** 189
Altersangabe **24** 14, 41, 42
Altersgrenze **24** 43
Altersrückstellung **12** 23
Altverstoß **8** 36
Amtsgericht **8** 90, 93, 94
Amtshilfe **3** 221
Analyse **9** 90
Angemessenes Datenschutzniveau *s. Datenschutzniveau*
Angemessenheitsbeschluss/-entscheidung **7** 7 ff.
Anhörung **8** 14
Anlageziel **14** 63
Anonym **3** 15

Anonymisierung **3** 15; **11** 48; **15** 1, 61 f., 63, 65 ff.; **16** 43, 44; **23** 48, 50; **24** 16, 17, 22, 72, 73, 74, 84
– Datenschutz durch Technikgestaltung *s. Datenschutz durch Technikgestaltung*
– Identifikationsmerkmale *s. Identifikationsmerkmale*
– Identifikationsnummer **15** 71 ff.
– k-Anonymität **15** 77 ff.
– Löschung **15** 35 ff.
– Noise Addition **15** 73 ff.
– Organisatorische Maßnahmen *s. Technische und organisatorische Maßnahmen*
– Permutation **15** 76
– Technische Anforderungen **15** 65 ff.
– Testdatenmanagement **15** 55 ff.
Anpassung **9** 18
Anreizfunktion **9** 4
Anschluss
– -nehmer **17** 18
– -nutzer **17** 18, 25, 28, 43, 53
Anschlussnehmer *s. Anschluss*
Anschlussnutzer *s. Anschluss*
Anspruch auf ein faires Verfahren **8** 16
Antrag einer der beteiligten Aufsichtsbehörden **8** 12
Antragsdelikt, absolutes **8** 75, 96
Anweisungen **8** 13
– der Aufsichtsbehörden **8** 31
Anwendungsbereich **3** 8 ff.; **22** 6; **24** 2
– persönlicher **26** 30
– räumlicher **26** 32
– sachlicher **26** 31
Anwendungsvorrang **4** 3, 46; **8** 34, 40; **20** 15, 43, 121
– Durchbrechung **8** 34
– Unionsrecht **2** 52
Anzeigetafel **17** 30
Application Management **12** 66
Application Service Provider **7** 96
Apps **24** 24, 34, 42, 76, 84, 85, 86
Arbeit 4.0 **2** 2
Arbeitnehmerbegriff **10** 12 f.
Arbeitsförderung **26** 93
Arbeitsrecht **9** 30; **22** 7
Archiv **23** 17; **25** 18, 25
Archivgesetz **25** 12, 13, 19, 67
Asset-backed securities **14** 35
Asyldaten **11** 15, 91
Aufbewahrungspflicht **11** 9, 75 f.; **13** 76; Aufenthaltsort **3** 30
Aufgaben öffentlicher Stellen **20** 34
– Aufgabenbeschreibung **20** 33

769

Sachverzeichnis

Fette Zahlen = Paragraphen

- Aufgabenerfüllung **20** 49
- bei Übermittlung **20** 49
- Öffentlichkeitsarbeit **20** 99
Aufklärungspflichten **13** 80
Aufsicht **24** 87
Aufsichtsbehörden **3** 198 ff.; **20** 14
- Kontrolle **20** 116 ff.
- Kompetenzen **20** 117 f., 119 f.
Aufsichtspflicht, Verletzung der **8** 72
Auftragsverarbeiter **3** 23 ff., 145 ff.; **20** 81
- Auswahl **20** 88
- Entscheidungsbefugnisse **20** 85
- im Drittland **20** 84
- Zertifizierung **20** 86 ff.
Auftragsverarbeitung **9** 72; **8** 28; **12** 6, 56, 66 ff., 72, 83, 95; **20** 80 ff.; **22** 33, 34; **24** 54; **26** 68
- Anzeige **26** 68
- Drittländer **26** 68
- Garantien **20** 82
- Grundlagen **20** 83
- nicht-öffentliche Stellen **26** 68
- -situation **9** 71
- -vereinbarung **18** 54, 55, 56
- -vertrag **9** 71
- Wartung **26** 68
Auftragsdatenverarbeitungssituation *s. Auftragsverarbeitung*
Auftragsdatenverarbeitungsvertrag *s. Auftragsverarbeitung*
Aufzeichnungspflicht **14** 46, 66, 101
Ausbildungsvermittlung **26** 86
Ausbildungsvermittlungsstatistik **26** 86
Ausforschung **17** 28
Ausgestaltungsspielräume **20** 15
Ausgliederung **12** 6, 70 f.
Auskunft **20** 67 ff.; **24** 88
Auskunfteien **9** 50; **12** 9, 19; **14** 16, 20
- Umfang **2** 33
Auskunftspflicht **21** 90
- der Justiz **22** 40, 42, 47
Auskunftsrecht **2** 24, 32, 33; **3** 116 ff.; **4** 136 ff.; **9** 54; **17** 46, 55; **21** 18, 92M; *s. auch Betroffenenrechte*
Auskunftsverlangen **3** 117
Auslagerung **14** 33, 36, 87, 89
Auslegung **12** 47, 69, 91
- des Merkmals personenbezogene Daten **2** 14
Auslegungshilfe **3** 190
Ausleihkonto **25** 52, 54
Ausnahmen **22** 7
Ausweis **18** 29
Auszahlungssysteme *s. System*
Automatisiert **3** 17
Automatisierung **11** 1
Automatisierte Entscheidung **3** 75; **4** 146; **9** 76
Automatisierte Verarbeitung *s. Verarbeitung*
Automatisierte Verfahren **26** 67
Automatisierter Datenabgleich **26** 96

Backup **3** 127
Backup Kopie **11** 104
BaFin **14** 30, 33, 41, 44, 45, 47, 68, 69, 70, 72
Bankbilanz **14** 21
Bankgeheimnis **14** 3, 4, 5, 6, 7, 8, 9, 10, 24, 26
BCR *s. Binding Corporate Rules*
BDSG
- Adressdaten **4** 60 ff.
- Allgemein **9** 11; **17** 8
- Anwendungsbereich, räumlich **4** 68 ff.
- Anwendungsbereich, sachlich **4** 41 ff.
- Anwendungsbereich, zeitlich **4** 64 ff.
- Betroffenenrechte **4** 122 ff.; **9** 46
- Erlaubnistatbestände **4** 74 ff.
- Grundrechte, Auslegung im Lichte der europäischen oder der deutschen **4** 13
- Inkrafttreten **4** 64 ff.
- JI-RL, Umsetzung der **4** 28; **21** 95
- Struktur **4** 27 ff.
- Subsidiarität **4** 56 ff.
- Verhaltensregeln nach § 38a BDSG aF **12** 77
- Videoüberwachung **4** 53, 93 ff.
Begründung **8** 83, 8
Begründungserwägungen **8** 54, 55
Behörde **20** 11; **23** 45; **25** 11
- und öffentliche Stellen **8** 8
Beiakten **22** 41
Beiwerk, Personen als **4** 129; *s. KUG*
Belastbarkeit **11** 101
Benachrichtigung **3** 179; **21** 91
Benachrichtigungspflicht **11** 9, 77 ff.
Benutzerdaten in Kultureinrichtungen **25** 45, 47, 48, 51
Benutzungsordnung **25** 7, 13
Beratungsdienste **3** 70
Berechtigte Interessen **3** 63 ff.
Berechtigter **17** 12
Bereichsausnahme **11** 4
Berichtigung **3** 121 ff.; **9** 55; **21** 93; **23** 63; **24** 88, 89
Berichtigungsanspruch **2** 24, 32
Berichtigungskonzept **20** 79
Berufsgeheimnis **3** 114; **11** 2, 5, 9, 45 ff., 62, 71, 99; **14** 5, 24, 59
Berufsgeheimnisträger **12** 47, 73, 75
Berufshaftpflichtversicherung **11** 97
Berufskrankheit **26** 123
Berufsrecht **11** 20, 51 ff., 98
Berufsunfähigkeitsversicherung **12** 14, 37, 49
Beschäftigtenbegriff **10** 11 ff., 25, 30
Beschäftigtendaten *s. Daten*
Beschäftigungskontext **10** 9 f.
Beschwerde **3** 239
- -recht **2** 34
Besondere Kategorien personenbezogener Daten **3** 71 ff.; **22** 36; **26** 15; **23** 25, 50
Besonderes Anwaltspostfach **22** 43, 52
Bestandsanalyse **3** 157

Magere Zahlen = Randnummern

Sachverzeichnis

Bestandsdaten *s. Daten*
- -erhebung **18** 27
Bestandsübertragung **12** 90 ff.
Bestellpflicht **22** 56
Bestellung **11** 86 ff.
Beteiligungsrechte **8** 89
- des Betriebsrats **10** 70 ff.
Betretungsrechte **11** 115
Betriebsanleitung **16** 27, 28, 48
Betriebsvereinbarungen **10** 91 ff.
Betroffener **3** 26
Betroffenenrechte **3** 96 ff.; **4** 122 ff.; **9** 53, 86; **11** 34, 66; **13** 79; **19** 75 ff.; **21** 87; **26** 69 ff.
- Antrag auf Auskunft **26** 74
- Auskunft **19** 78, 83
- Auskunftsrecht **26** 73 ff.
- Ausnahmen **23** 6, 60
- Berichtigung **19** 80, 86
- Beschränkungen **26** 70
- Datenschutzverletzung **26** 77
- Hinzufügung **19** 80, 86
- Informationspflichten **26** 71, 72
- Recht auf Löschung und Berichtigung **26** 78, 79
- Speicherung **19** 77, 82, 89
- Sperrpflicht **26** 79
- Übermittlungsmedium **26** 75
- Unabdingbarkeit **26** 69
- Verfahren **26** 76
- Widerspruchsrecht **26** 80
Beurteilungen **22** 26
Beweislast **3** 140, 243, 245; **6** 22, 23
Beweismittel **11** 23
Beweisverwendungsverbot **8** 76, 96
Beweisverwertungsverbot **26** 120
Bewegungsprofil **16** 16, 33, 37, 38
Bewerbungen **10** 41
Bewertung von Ärzten **13** 86
Bewertung von Persönlichkeitsmerkmalen **9** 73
Bewirtungsnachweis **11** 27
Bibliographie **25** 33, 34, 37
Bibliothek **25** 17, 20
Bibliotheksgesetz **25** 13
Bibliothekskatalog **25** 32, 34
Big Data **2** 2; **3** 114; **23** 1, 4, 14
- Analyse **9** 90
- Datenbestände **9** 23
Bildaufnahmen **16** 7, 17, 35, 40, 42
Bild- und/oder Tonaufzeichnungen **21** 38
Bildsymbole
- standardisierte **9** 26
Bildüberlegenheitseffekt **9** 26
Bildung **23** 75
Bildungsberichterstattung **24** 2
Bildungscloud **24** 45, 54, 76
Bildungsmonitoring **24** 74
Binding Corporate Rules (BCR) **7** 24 ff.
- Definition **7** 25
- Genehmigung **7** 43

- Inhalt **7** 28 ff.
- Anwendungsbereich, persönlich **7** 26
- Anwendungsbereich, sachlich **7** 27
Binnenmarktrelevanz **2** 13
Binnenmarktrichtlinie
- Strom **17** 4
- Gas **17** 5
Biomedizin **23** 1
Blackbox **16** 2, 8, 52, 54, 55, 57, 59
Blogs **19** 31, 33 f. 42
BND-Gesetz **4** 159
Body Cam **21** 17, 62
Bonitätsauskunft **4** 111; **9** 62; **14** 19
Bontitätsdaten **12** 9
Breyer (Entscheidung) **3** 14; **17** 24, 27
Brexit **7** 102
Browsereinstellungen **9** 16
BSI-Kritisverordnung (BSI-KritisV) **12** 86
Buchungsunterlagen **11** 33
Bürgerportalverbund **20** 89
Bürogemeinschaft **11** 37
Bundesamt für die Sicherheit in der Informationstechnologie (BSI) **12** 84
Bundesanstalt für Finanzdienstleistungsaufsicht (BaFin) **12** 70
Bundesbeauftragte
- Allgemein **4** 151 ff.
- Bundesbeauftragte für den Datenschutz und die Informationsfreiheit **4** 157
- Verschwiegenheitspflicht **4** 153
- Zeugnisverweigerungsrecht **4** 153
Bundesbeauftragter für den Datenschutz und die Informationsfreiheit *s. Bundesbeauftragte*
Bundesgerichte **22** 18
Bundeskriminalamt (BKA) **23** 13
Bußgeld **8** 6, 14, 19, 20, 29, 37, 40, 43, 45, 53, 60, 70, 71; **26** 81
- -bescheid **8** 19, 21, 67, 82, 83, 86, 87, 88, 92
- -höhe **8** 17, 46, 51, 58, 95
- -praxis **8** 60
- -rahmen **8** 60, 72
- -senat **8** 95
- -tatbestände **8** 1, 20, 33, 37, 45, 68, 70
- -verfahren **8** 2, 4, 6, 7, 9, 13, 15, 69, 88; **20** 14, 120
- -vorschrift(en) **8** 1, 2, 17, 19, 31, 32, 38, 68, 71

Bußgeldbescheid *s. Bußgeld*
Bußgeldhöhe *s. Bußgeld*
Bußgeldpraxis *s. Bußgeld*
Bußgeldrahmen *s. Bußgeld*
Bußgeldsenat *s. Bußgeld*
Bußgeldtatbestände *s. Bußgeld*
Bußgeldverfahren *s. Bußgeld*
Bundesverfassungsgericht (BVerfG) **2** 4
Bußgeldvorschrift(en) *s. Bußgeld*
BVerfG *s. Bundesverfassungsgericht*
Bundesverfassungsschutzgesetz (BVerfSchG) **4** 159; **20** 22

771

Sachverzeichnis

Fette Zahlen = Paragraphen

Buy-Out-Verträge **9** 49
BYOD **24** 80, 82, 83

Carsharing **16** 8, 9, 16, 36
Chat-Verlauf **21** 45
Clearing and Settlement Mechanism **14** 51
Clearingstelle **14** 51, 57, 58, 94
Cloud **11** 48, 62
– Computing **2** 2
– Hosting **12** 66
– -dienste **22** 33
Code of Conduct (CoC) **7** 54 ff.; **12** 2, 24, 69, 76 f.
Compliance
– Anforderungen (Definition und Dokumentation) **6** 32
– Audits **6** 27, 28, 29
– Begriff **6** 2
– Bestandsanalyse **6** 33
– Beweislast **6** 22, 23, 24
– Compliance-Management-System **6** 6, 7
– Compliance-Methode **6** 30, 31
– Dokumentationspflichten **6** 21, 22, 23, 24, 25
– Einleitung **6** 1
– Einzelprobleme **6** 30, 31, 32, 33, 34, 35, 36, 37, 38
– Informationspflichten **6** 26
– Kontrolle **6** 37
– Lösungsentwicklung **6** 35, 36
– Lückenanalyse **6** 34
– Nachweispflichten **6** 21, 22, 23, 24, 25
– Pflichten **6** 6
– Projektmanagement **6** 30, 31
– Risikoanalyse **6** 34
– Risikomanagement **6** 19, 20
– Technische und organisatorische Maßnahmen (TOM) **6** 14, 15, 16, 17, 18
– Überprüfungspflichten **6** 27, 28, 29
– Verantwortung **6** 5, 8, 9, 10, 11, 12, 13
– Verantwortung im Unternehmen **6** 8, 9, 10, 11
– Verantwortung zwischen Unternehmen **6** 12, 13
Connected Cars **3** 137; **5** 12
Cookies **5** 2, 11, 21, 28 ff., 34; **9** 15
– Banner **9** 65
– First-Party **9** 63
– legitime Nutzung **9** 68
– Regelung **9** 15
– Session **9** 63
– Third-Party **9** 63
– Tracking **9** 14, 65, 69
– Trackingwerkzeuge **9** 15
Cookie Walls **5** 28
Cyberangriff **16** 50, 51

Dakora **24** 55
Darlegungslast **3** 65
Darlehensvertrag **14** 19, 22, 26

Dashcam **16** 17, 18, 40
– -urteil **10** 124
Data Breach **12** 68, 77
Data Breach Notification **3** 166
Data Protection by Design **3** 160 ff.; s. Datenschutz durch Technikgestaltung
Data Protection Impact Assessment s. Datenschutz-Folgeabschätzung
Dateisystem **3** 17; **4** 48; **11** 26
Daten **20** 1, 4
– ableitbare **9** 90
– als limitierender Wettbewerbsfaktor **9** 3
– als Marktverhaltensregel **9** 4
– an ausländische und über- und zwischenstaatliche Polizeibehörden **21** 77
– Basis **17** 54
– Beschäftigten- **10** 9
– Bestands- **17** 20, 25, 65; **18** 3
– biometrische **3** 72; **12** 14, 44; **26** 22, 24, 49
– -erhebung **11** 69
– Exporteur **7** 19
– -format **11** 84
– Forschungs- **23** 7
– -geheimnis **19** 52 f., 64; **20** 4
– genetische **3** 72; **12** 13 f., 44; **26** 22, 24, 49, 50
– Gesundheits- **3** 72; **11** 15, 91; **12** 2, 5 f., 14, 18, 25 ff., 56, 63, 69, 81; **13** 4; **22** 7; **23** 81; **26** 22, 24, 49, 59
– -hoheit **17** 43
– Importeur **7** 19
– -kategorien, besondere **11** 107; **20** 41, 105; **26** 21, 22
– Kommunikations- **18** 62, 68
– Kunden- **9** 1
– Löschung **9** 56; **16** 27, 52, 58
– -management **11** 42; **15** 38 ff., 50 ff.
– Melderegisterdaten **23** 13
– Meta- **22** 49
– -minimierung **2** 29, 30; **9** 20; **15** 1, 11, 18 ff., 54, 60, 89; **23** 47, 48
– -minimierung, Grundsatz **2** 29, 30, 47, 74
– Open Data **20** 93
– Patienten- **23** 8, 78
– personenbezogen, einfach **2** 1, 13; **26** 21
– -portabilität **3** 95, 135 ff.; **9** 10; **24** 90
– -richtigkeit s. Grundsatz
– Risiko- **24** 50
– sensible **3** 65, 71 ff., 135 ff.; **12** 60, 80
– Sicherheit **16** 50, 51
– -sparsamkeit **2** 29, 30, 47; **9** 20; **17** 14
– Speicherung **16** 19, 27, 36, 40, 43, 46, 52, 54, 55, 58, 59, 60
– Speicherung, analog **20** 69
– Speicherung von Bestands- **18** 28
– Standort- **17** 21; **18** 37, 44, 64
– -stelle **11** 88, 91, 95, 107, 110
– Straf- **26** 117

Magere Zahlen = Randnummern **Sachverzeichnis**

- technische **16** 6, 7, 9, 10, 11, 20, 21, 33, 38, 43
- Treuhänder **16** 55
- Übermittlung **9** 72; **13** 64; **20** 47 ff.; **21** 73; **24** 90; **26** 52 ff.
- -übermittlung, eigeninitiative **21** 83
- -übermittlung, internationale **4** 109; **16** 52, 54, 56, 57
- -übertragbarkeit **9** 59; **11** 80 ff.
- Umwelt- **3** 135 ff.; **25** 27
- unzulässig erhobene **3** 12
- -wirtschaft **5** 4
- Verkehrs- **2** 40; **18** 32, 44
- -vermeidung **9** 20; **17** 14
- -zugriff **11** 38
- zwischen Polizeibehörden **21** 75
Datenabgleichsverfahren **26** 90
Datenexporteur *s. Daten*
Datenerhebung *s. Daten*
- -generalklausel **21** 21
- präventiv-polizeilich **21** 1
- verdeckte Maßnahme **21** 34
- zum Schutz privater Rechte **21** 10, 24
- zur Leistung von Vollzugshilfe **21** 24
- zur Straftatenverhütung **21** 24
Datenerhebungsmaßnahme, verdeckte *s. Datenerhebung*
Datenformat *s. Daten*
Datengeheimnis *s. Daten*
Datengetriebene Wirtschaft **9** 3
Datenhoheit *s. Daten*
Datenimporteur *s. Daten*
Datenkategorien *s. Daten*
Datenmanagement *s. Daten*
Datenminimierung *s. Daten*
Datenportabilität *s. Daten*
Datenqualitätsmanagement **15** 48
- Besondere Kategorie personenbezogener Daten **15** 39, 41 f., 44, 46 ff.
- Datenrichtigkeit **15** 39, 41 f., 44, 46 ff.
- Erlaubnistatbestände **15** 46 ff.
Datenrichtigkeit *s. Grundsatz*
Datenschutzaufsichtsbehörde *s. Datenschutz*
- Aufgaben **9** 95
- Befugnisse **9** 96
Datenschutzausschuss, Europäischer **2** 36
Datenschutz durch Technik *s. Datenschutz*
Datenschutz
- Aufsicht **4** 154, 157; **9** 95; **12** 2, 19 f., 47, 54 f., 69, 76, 81, 93, 95; **17** 22; **19** 90 ff.; **22** 8, 59
- -beauftragter **3** 173 ff.; **11** 85 ff.; **22** 55; **24** 60, 61, 62
- -behörde **2** 24, 34, 47
- bereichsspezifischer **2** 46
- durch Technik **3** 160 ff.; **7** 20
- durch Technikgestaltung **9** 84; **15** 1, 2 ff., 11, 95; **21** 16
- Europäisierung **2** 66, 73

- Folgenabschätzung **3** 183; **8** 17; **9** 75; **11** 7, 109 ff.; **15** 5 f., 82, 105; **20** 46, 112 ff.; **21** 17, 46; **22** 21, 58; **23** 89; **24** 49, 52, 58
- -gesetzgebung **2** 3, 75
- Grundprinzipien des **2** 24
- kirchlicher **13** 39; **27** 1
- -kommission **2** 35
- Kunden- **9** 2
- Mehrebenensystem **2** 51, 65, 66
- -niveau **9** 6
- -prinzipien **2** 25, 47
- -reform **2** 5, 65, 66
- -richtlinie **2** 5
- -schulungen **7** 42
- sektorspezifischer **22** 5
- -stelle **2** 34
- -strafrecht **8** 73
- -strukturprinzipien **2** 24
- verfassungsrechtliche Grundprinzipien **2** 47
Datenschutzbeauftragter
- Aufgaben **20** 109, 111, 112, 115
- Ausstattung **20** 105, 113
- behördlich **20** 104 ff.
- Benennung **20** 106
- Europäischer **2** 34, 36
- gemeinsame **20** 107
- Interessenkonflikte **20** 108
- justiziell **22** 19
- Kontakt **20** 110
- Weisungsfreiheit **20** 114
Datenschutzbehörde *s. Datenschutz*
- Reichweite der Unabhängigkeit **2** 36
- Unabhängigkeit **2** 34, 35
- Weisungsfreiheit **2** 34, 35
Datenschutz-Compliance-System **12** 80
Datenschutz durch Technikgestaltung *s. Datenschutz*
- Apps **15** 17
- Bußgelder **15** 7
- Smart-TV **15** 17
- Technische Maßnahmen *s. Technische und organisatorische Maßnahmen*
- Verschlüsselung *s. Verschlüsselung*
- Vier-Augen-Prinzip *s. Vier-Augen-Prinzip*
Datenschutz durch Voreinstellung **15** 12 f.; *s. Privacy by Default*
Datenschutz-Folgenabschätzung *s. Datenschutz*
Datenschutzfreundliche Voreinstellungen **7** 20; **21** 16; *s. Privacy by Default*
Datenschutzgesetz
- hessisch **2** 3; **20** 4
Datenschutzgesetzgebung *s. Datenschutz*
Datenschutzkommission *s. Datenschutz*
Datenschutzniveau *s. Datenschutz*
- Absenkung **9** 11
- angemessenes **7** 6
Datenschutzrechtliche Aufsicht
- Aufsichtsbehörden **3** 198 ff.; **19** 101
- Presse **19** 104 f.

773

Sachverzeichnis

Fette Zahlen = Paragraphen

- Pressekodex **19** 103
- Rundfunk **19** 91 ff.
- Rundfunkbeauftragter **19** 94 ff.
- Selbstregulierung der Presse **19** 103 f., 108
- Telemedien **19** 101 ff.

Datenschutzrechtliche Sekundärrechtsakte **2** 37
Datenschutzrechtliches Medienprivileg
  s. Medienprivileg
Datenschutzregelung
- allgemein **9** 8
- bereichsspezifisch **9** 8, 17

Datenschutzrichtlinie *s. Datenschutz*
Datenschutzschulung *s. Datenschutz*
Datenschutzstelle *s. Datenschutz*
Datensicherheit **3** 164; **19** 58 f.
Datensparsamkeit *s. Daten*
Datensparsamkeitsgrundsatz *s. Daten*
Datensparsamkeitsprinzip *s. Daten*
Datenstelle *s. Daten*
Datentreuhändermodell **7** 101
Datenübermittlung *s. Daten*
Datenübertragbarkeit *s. Daten*
Datenvermeidung *s. Daten*
Datenwirtschaft *s. Daten*
Datenverarbeitung
- Offenlegung **23** 34
- sicherheits- und polizeirechtliche **2** 22
- zum Schutz privater Rechte **21** 10
- zu Zwecken von Vertragsschluss, -durchführung, - beendigung **9** 47
- zweckändernd **9** 52

Datenzugriff *s. Daten*
Dauerdelikt **8** 38, 66
Deanonymisierung **15** 81
Deckungsregister **14** 32, 39, 40, 41, 42
Deckungsregisterverordnung **14** 40, 42
Deckungsumfang der Versicherung **12** 50
Deep Learning **2** 2
Delegierte Rechtsakte **3** 6
Delegierte Verordnung **14** 61
De-Mail **22** 53
Denkmalliste **25** 65
Denkmalschutz **25** 65
Department of Transportation (DoT) **7** 15
Depseudonymisierung **15** 94
Deutsche Rentenversicherung Bund **26** 114
Dienstaufsicht **22** 26
Dienst der Informationsgesellschaft **3** 45, 69
Dienste mit Zusatznutzen **18** 38, 72
Dienstleister **11** 49
DigiFax **22** 54
Digitalisierung **2** 1, 2; **11** 1; **20** 3; **25** 21, 29, 64
- systemisch **2** 2, 75
Digitalisierung der Energiewende *s. Energie*
Direkterhebung **3** 114; **26** 38
- Amtsermittlungsgrundsatz **26** 39
- Grundsatz **26** 85
- Mitwirkungspflicht **26** 38
Direktmarketing **9** 93

Direktwerbeanruf, persönliche **9** 80
Direktwerbung **3** 67; **5** 21, 44 ff.; **12** 89; **14** 98
Discovery **7** 98 ff.
- E-Discovery **7** 98 ff.
- Pre-trial Discovery **7** 98 ff.
DNT-Mechanismen **9** 39, 68
Doktortitel **25** 36
Dokumentation **8** 17, 35, 44
Dokumentationspflichten **11** 13, 31 ff.; **14** 66
Dokumente zwischen Behörden und öffentlichen Stellen **7** 22
Dolmetscher **8** 85
Do-not-Track-Mechanismen *s. DNT-Mechanismen*
Doppeltür-Rechtsprechung **21** 72
DoS-Attacke **11** 102
Drahtlosnetzwerk **11** 103
Dringlichkeitsverfahren **3** 226
Dritter **3** 24
Dritterhebung **3** 114
Drittland **8** 31
Drittstaat **3** 145
Drittwirkung **2** 62, 63
- Grenzen **2** 64
- mittelbar **2** 62, 63, 64
- Reichweite **2** 64
- unmittelbar **2** 62, 63, 64
Drittwirkung des Datenschutzgrundrechts *s. Grundrechte*
3-V-Modell **9** 23
DSAnpUG-EU **9** 11
DS-GVO **3**
- Allgemein **2** 5, 38; **9** 9
- Anwendbarkeit **4** 65, 66
- Anwendungsbereich im polizeilichen Bereich **21** 5
- autonome Auslegung **4** 6
- Inkrafttreten **4** 65, 66
- Medienprivileg *s. Medienprivileg*
- Sprachfassungen **4** 85
- Übergangsfrist **4** 65
D&O-Versicherung **12** 15
Durchbrechung des Anwendungsvorrangs *s. Anwendungsvorrang*
Durchführungsrechtsakt **3** 6; **7** 12
Durchgriffsrecht **24** 28
Durchsetzbarkeit des materiellen Datenschutzrechts **2** 74
Durchsuchung **21** 31
Durchsuchungsbefugnis **11** 9

eBooks **25** 59
eCall **16** 2, 7, 23, 24, 25, 26, 27, 28, 29, 34, 36, 49, 50
eCommerce-RL **3** 45
E-Discovery *s. Discovery*
Effektivitätsgrundsatz **8** 47, 48, 56, 81
Effet Utile **3** 211; **8** 47, 56
EGMR **2** 69

Magere Zahlen = Randnummern

Sachverzeichnis

eGovernment **20** 77; **22** 32
EGVP **22** 52, 54
E-Health-Gesetz **26** 110
Ehrenamtliche Richter **22** 44
Eigenortung **18** 39
Eingriffsrechte **11** 115
Einheitliches elektronisches Format **9** 86
Einlasskontrolle **20** 64 ff.
Einsatz technischer Mittel, verdeckt **21** 38
Einschränkung der Verarbeitung *s. Verarbeitung*
Einsichtsfähigkeit bei Jugendlichen **24** 2
Einspeisemanagement **17** 37
Einspruch **8** 82, 83, 85, 86, 90, 92, 95
Einstellung des Bußgeldverfahrens **8** 83, 88
Einstweilige Maßnahmen **3** 226
Einverständnis **26** 110
Einwilligung *s. ePrivacy-VO*
– Allgemein **2** 18, 19, 24, 31, 59; **3** 55; **4** 77; **9** 5; **11** 14, 64; **13** 53; **16** 29, 30, 31, 32, 33, 34, 35, 37; **18** 71; **20** 27, 28; **21** 15; **23** 21, 36, 80; **24** 33, 35, 37, 38, 39, 47; **26** 41
– als Eingriffsausschluss **2** 59
– als Schrankenregelung **2** 59
– Alteinwilligung **9** 45
– Anwendungsbereiche **20** 28
– besondere Datenkategorien **26** 41
– besondere Kategorien personenbezogener Daten **26** 44
– broad consent **23** 9, 22; **26** 43
– dogmatische Einordnung **2** 18, 59
– Einwilligungsfähigkeit von Minderjährigen **4** 78 ff.; **24** 2, 42, 48
– Erklärung **9** 24
– Erziehungsberechtigte **24** 45, 46, 47
– Form **4** 77; **24** 40
– Forschungszwecke **26** 43
– Freiwilligkeit **2** 19; **23** 80, 87; **26** 41, 42
– General- **12** 46
– im Beschäftigungskontext **10** 25, 56 ff., 108
– in der Leistungsverwaltung **20** 30
– Informiertheit **26** 43
– Kinder **9** 44
– mutmaßliche **12** 43
– Nachweispflicht **26** 43
– nicht erforderliche Daten **26** 42
– private Leistungsträger **26** 41
– Schriftform **23** 23; **26** 43
– vermutete **20** 39
– Voraussetzungen **2** 19
– vorformulierte Erklärung **9** 34, 79
– weitergehende Regelungen **20** 29
– wettbewerbsrechtlich **9** 40
– Zweckbestimmtheit **23** 22
Einwilligung im Beschäftigungskontext *s. Einwilligung*
Einwilligungsvoraussetzungen *s. Einwilligung*
Einzelfallentscheidung **8** 58
Einzelrichter **8** 90, 91
Einziehung **8** 65

eJournals **25** 59
eJustice **22** 48, 63
Ella@bw **24** 1
eLearning **23** 1, 83, 86; **24** 24, 37, 42
Elektronische Akte **11** 83; **22** 2, 3, 37, 49, 63
Elektronische Gesundheitskarte **26** 108, 109
Elektronische Kommunikation **5** 1 ff.; **9** 13
Elektronischer Leseplatz **25** 30
Elektronischer Rechtsverkehr **22** 16, 28, 42, 51
Elektronisches Gerichtspostfach **22** 31
Elektronische Signatur **11** 102; **22** 52
Eltern **3** 69
E-Mail **18** 20; **20** 91 ff.; **22** 26, 54
– Verschlüsselung **20** 92
E-Mail-Werbung **9** 78
E-Mobility **2** 2
Empfänger **3** 25, 128
Empfängerkreis **9** 84
EMRK als Rechtserkenntnisquelle **2** 41
Ende-zu-Ende-Verschlüsselung **11** 48, 100; **22** 54
Endeinrichtungen **5** 28 ff., 34 ff.; **9** 67
Energie
– -sektor **17** 1
– -effizienz **17** 38
– -effizienzrichtlinie **17** 7
– Digitalisierung der Energiewende **17** 9
Energieeffizienz *s. Energie*
Energieeffizienzrichtlinie *s. Energie*
Energiesektor *s. Energie*
Entgelt **3** 118
Entgeltliche Datenschutzverstöße **8** 65
Entscheidungseffizienz, subjektive **9** 26
Entscheidungspraxis **11** 24
Entwicklungsstörung **24** 66
ePrivacy-RL **5** 1 f.
ePrivacy-VO
– Allgemein **5** 1 ff.; **9** 13, 67; **18** 58
– Anwendungsbereich **5** 9 ff.
– Aufsicht **5** 39
– Durchsetzung **5** 40 ff.
– Einwilligung **5** 23 ff.
– gesetzliche Legitimationstatbestände **5** 32 ff.
– Verhältnis zur DS-GVO **5** 7 f.
– zentrale Vorschriften **5** 6
– Ziele **5** 5
Erforderlichkeit **9** 48; **22** 7
Erforderlichkeitsgrundsatz *s. Grundsatz*
Erforderlichkeitsprinzip **2** 29; **26** 37
– Vorratsdatenspeicherung **26** 37
Erfüllung einer rechtlichen Verpflichtung **3** 60
Erfüllung eines Vertrages **3** 58
Erhebung **20** 36, 74
Erhebung bei Dritten **26** 40
Erhebung der Internetkommunikation **21** 43
Erhebung personenbezogener Daten **9** 5
Erlaubnistatbestände **2** 24, 31
– im Beschäftigungskontext **10** 25, 31 ff., 56 ff., 83 ff., 98 ff.

775

Sachverzeichnis

Fette Zahlen = Paragraphen

Erlaubnisvorbehalt **11** 11
Ermächtigungsnorm **24** 4, 11, 33, 37, 69
Ermessen **8** 45, 46, 47
Ermessensspielraum **8** 46
Ermittlungs- und Vollzugsbehörden **22** 11
Ersatzeingriff, hypothetisch **21** 68
Erstanfrage **11** 16, 68
Erstversicherer **12** 1, 24
Erwägungsgründe **4** 6; **8** 55
Erwerbsunfähigkeitsversicherung **12** 14
eTracker **9** 70
Ethik **23** 9, 21, 22
EU-Geldtransfer-Verordnung **14** 49
EuGH-Vorlage **4** 7
EUREKA **22** 23
Europäischer Datenschutzausschuss **3** 229 ff.; **4** 156
Europäischer Gerichtshof für Menschenrechte s. *EGMR*
European Securities and Markets Authority **14** 68
EU/US Privacy Shield **7** 17 f., 68
Evaluierung **3** 16; **11** 106; **24** 6, 68
Evangelische Kirche **27** 9
Exzess **8** 23

Facebook **7** 16; **23** 86
Facebook-Party **9** 84
Fachaufsicht **24** 27, 54
Fachgesetze **20** 18, 19
Fachkunde **11** 96
Fachwissen **22** 57
Fähigkeiten **24** 15
Fahrlässigkeit **8** 39, 40, 41, 44
Fahrtenbuch **11** 27
Fahrzeug
– automatisiert **16** 2, 6, 7, 28, 22, 32, 34, 39, 41, 49, 50, 52, 53
– autonom **2** 49; **16** 1, 4, 6, 8, 17, 32, 34, 38, 41, 52
– -daten **12** 61
– -eigentümer **16** 14, 15
– -führer **16** 7, 14, 16, 18, 43, 46, 53, 57
– -halter **16** 10, 11, 12, 13, 15, 16, 18, 35, 42, 53, 54, 55, 57, 58
– -hersteller **16** 1, 3, 7, 8, 18, 19, 20, 24, 27, 28, 33, 35, 38, 39, 44, 46, 47, 48, 49, 51, 54, 55, 57
– Identifizierungsnummer **16** 12, 13, 25, 26, 44
– -sensorik **12** 59
Fahrzeugdaten s. *Fahrzeug*
Fahrzeugeigentümer s. *Fahrzeug*
Fahrzeugführer s. *Fahrzeug*
Fahrzeughalter s. *Fahrzeug*
Fahrzeughersteller s. *Fahrzeug*
Fahrzeugsensorik s. *Fahrzeug*
Faires Verfahren **8** 16
Fake-Accounts **21** 53
Faktische Zwangssituation **9** 47

Familiäre Tätigkeiten **3** 27; **4** 51, 54, 59; **17** 31; s. *KUG*
Federal Trade Commission (FTC) **7** 15
Federführende Behörde **3** 215
Fernleihe **25** 55
Fernmeldegeheimnis **18** 15, 77
Finanzdienstleistung **14** 61
Finanzmarkt **14** 61
Finanzmarktrichtlinie **14** 1, 61
Finanzunternehmen **14** 21
Finanzwesen **14** 1, 2, 32
Findbuch **25** 38
Fingerabdrücke **2** 40
Firewall **11** 105
Fitnesstracker **2** 49; **13** 13
Flatrate **18** 34
Fluggastdatensatz s. *Passenger Name Records*
Folgenabschätzung s. *Datenschutz*
Follow-up-Marketing s. *Nachfassmarketing*
Forderungsabtretung **14** 24, 32
Forderungseinziehung **14** 29
Form **3** 108
– explizit **9** 32
– formularmäßig **9** 32
– konkludent **9** 32
– schriftlich **9** 32
Forschung
– anthropologische **23** 23
– -freiheit **23** 3, 30; **25** 4
– genetische **23** 8
– Genom- **23** 51
– Grundlagen- **23** 14
– Hirn- **23** 8
– historische **23** 16, 28, 37
– kriminologische **23** 13
– medizinische **23** 22, 30, 48, 52, 53
– sozialwissenschaftliche **23** 25, 30, 48, 52, 53
– Verhaltens- **23** 64
– -vorhaben **26** 104
– wissenschaftliche **23** 14, 28, 66
Forschungsdaten s. *Daten*
Forschungsfreiheit s. *Forschung*
Forschungsvorhaben s. *Forschung*
Forschungszwecke s. *Zweck*
forumSTAR **22** 23
Fotografien **4** 129; s. *KUG*
Freier Datenverkehr **9** 9
Freiheitsstrafe **8** 78, 79
Freiwilligkeit **3** 56; **9** 28; **13** 55; **20** 27; **24** 36
Fremdortung **18** 39
Frist **3** 118
Funktionsübertragung **3** 145; **7** 96; **12** 68

Garantien **3** 73 ff.
Gatekeeper **9** 16
Gebündelter Messstellenbetrieb s. *Messsystem*
Gefährliche Orte **21** 28
Gefahr
– Begriff **21** 23

Sachverzeichnis

Magere Zahlen = Randnummern

– -erforschungsmaßnahme 21 25
Gefahrenabwehr 4 55; 21 22; 23 13
Geheimhaltung 3 180; 14 8
Geheimhaltungspflichten 11 5, 9, 45 ff., 76, 115 ff.; 12 33, 40 f., 43, 95
Geheimnisschutz 11 45 ff.
Gehilfen 11 46
Geldbußen 3 237; 8 1, 8, 14, 15, 21, 22, 24, 25, 26, 27, 30, 37, 39, 40, 43, 45, 46, 47, 48, 49, 52, 56, 57, 58, 59, 62, 63, 64, 68, 72, 91; 11 119
– Gesamt- 8 64
– Leitlinien über die Festsetzung 8 59
Geldstrafe 8 78, 79
Geldtransfer 14 49, 93, 95, 98
Geldwäsche 14 44, 48, 79, 81, 93, 96, 102
Geldwäscherichtlinie 14 44, 48, 81, 92
GeLi Gas 17 16
Gemeinsame Außen- und Sicherheitspolitik 3 41
Gemeinsame Maßnahmen 3 222
Gemeinschaftsrechtsakt 8 54
Gendiagnostikgesetz 12 13 f.
Gemeinsame Verfahren 22 23, 30
Gendatenbank 2 40
Genealogie 23 16
Genehmigte Verhaltensregeln 7 54 ff.
Genehmigung 3 189, 208
Genetische Daten *s. Daten*
Genomforschung *s. Forschung*
Gerichte 3 43, 240
Gerichtsakten 22 41
Gerichtspräsident 22 27
Gerichtsverwaltung 22 8, 18, 55
Gesamtgeldbuße *s. Geldbuße*
Gesamtschuld 3 144
Gesamtschuldnerische Haftung *s. Haftung*
Geschäftsbriefe 11 33
Geschäftsgeheimnisse 11 20
Geschäftsmäßig 18 11
Geschlossene Benutzergruppe 18 4
Gesetzgebungskompetenz 22 18
– Datenschutz 2 38
Gesetzliche Krankenkasse 13 34
Gesetzliches Verbot 9 47
Gesichts- und/oder Verhaltenserkennung 21 61; *s. Videoüberwachung*
Gesundheitsapps 13 62
Gesundheitsberuf 12 33
Gesundheitsdaten *s. Daten*
Gesundheitsdatenmarkt 13 15
Gesundheitsverwaltungsdaten 13 4
Gesundheitsvorsorge 12 33
Gesundheitswesen 13 2
Gewährleistungsziele 20 46, 65 f.
Gewaltenteilung 20 6
Gewerberegister 8 67
Gewerbesteuerpflicht 11 97
Gewerbsmäßiges Handeln 8 78

Gewerkschaft 3 71
Gewinnerzielungsabsicht 9 98
Gewinnspielteilnahme 9 1, 87
GmbH 11 40 ff.
Google Analytics 9 70
Google Spain 3 32
GPKE 17 16
GPS-Sender 21 38
Granularität 17 34, 41
Grenzüberschreitende Verarbeitung *s. Verarbeitung*
Großer Lauschangriff 21 40
Grundbuch 22 33
Grundlagenforschung *s. Forschung*
Grundrecht auf Gewährleistung der Vertraulichkeit und Integrität informationstechnischer Systeme *s. Grundrechte*
– Schutzbereich 2 49
Grundrechte 17 52
– auf Gewährleistung der Vertraulichkeit und Integrität informationstechnischer Systeme 2 4, 8, 42, 48
– Computer- 2 48
– Drittwirkung des Datenschutz- 2 45
– IT- 2 48; 21 50
– Rechtliche Verortung des Datenschutz- 2 53
– Wohnungs- 21 39
Grundrechtsberechtigung 2 55, 56, 57, 58
– juristischer Personen 2 15
– juristischer Personen 2 57
– natürlicher Personen 2 15
Grundrechtskatalog 2 7
Grundrechtskonkurrenz 2 11
Grundrechtsrelevanz 17 10
Grundrechtsschutzentwicklung 2 7, 9
Grundrechtsträger 2 15, 55, 56
Grundrechtsträgerschaft 2 56
Grundrechtsverpflichtete 2 55, 58
Grundsatz
– Datenrichtigkeit 15 1, 41 f., 44, 46 ff., 51
– der Integrität und Vertraulichkeit 19 55
– Erforderlichkeit 2 29, 47; 22 35
– für die Verarbeitung personenbezogener Daten 8 31
– Rechtmäßigkeit 9 91
– Speicherbegrenzung 9 91
– Transparenz 2 32, 74; 3 80; 9 22, 50, 94; 16 27, 32, 47, 48, 49; 24 32
– Verhältnismäßigkeit 2 46; 8 39
– Zweckbindung 2 26, 47; 18 23; 20 19; 26 45
Gruppenversicherung 12 17
GVG 8 5, 69, 85, 91, 94, 95; 22 17

Haftung 3 184 ff.; 9 101; 24 83, 92
– gesamtschuldnerisch 8 62, 63
Handakte 11 21, 32
Handel mit Adressen oder anderen Daten 9 1
Hardware 3 21

777

Sachverzeichnis

Fette Zahlen = Paragraphen

Harmonisierungsmaßnahmen im Bildungswesen **24** 2
Hauptniederlassung **3** 31, 215; **8** 11
Haupttätigkeit **11** 92
Hauptverhandlung **8** 89, 92
Haushaltsausnahme **3** 27
Haushaltsmitglieder **17** 26, 30, 51, 54
Heilbehandlungen **12** 31 f.
Herkunft **3** 71; **24** 14, 64, 66
Hervorgehobene Erklärung **9** 87
Hilfs- und Beteiligungsunternehmen **19** 60, 66
Hilfsinformationen **11** 24
Hinweis- und Informationssystem (HIS) **12** 11, 19 f., 80
Hirnforschung *s. Forschung*
Hochschulbibliographie **25** 37
Hochschulen **23** 3, 19, 43, 76, 83, 90
Hochschulgesetz **25** 13
Höchstgrenze **8** 29
Honoraransprüche **11** 30
Horizontalwirkung **2** 62, 63
Hybrid **3** 3

Identifikationsmerkmale **3** 12; **15** 65 ff.
Identifizierbarkeit **3** 13; **24** 16
Identifiziert **3** 13
Identitätsfeststellung **21** 25
– einer hilflosen Person **21** 27
– im Rahmen der Straftatenverhütung **21** 28
– ortsbezogene **21** 30
Illegale Beschäftigung **26** 85
Individualverfassungsbeschwerde **2** 69
Industrie 4.0 **2** 2
Information **3** 11, 96
Informationsasymmetrien **9** 31
Informationsaufnahme **9** 26
Informationsfreiheit **20** 93 ff.; **23** 5
Informationsgesellschaft **2** 2
Informations-Intermediäre **19** 35 f.
Informationspflichten **3** 96 ff.; **4** 130; **9** 87; **11** 6, 9, 67 ff.; **17** 46; **20** 67 ff., 121; **21** 18, 88; **23** 68
– Ausnahmen **20** 68 ff.
– der Justiz **22** 39, 43, 45, 47
– Unterrichtung der Öffentlichkeit **20** 73 f.
Informationsrecht **2** 24
Informationssystem **26** 89
Informationstechnologie **15** 1 ff.
Informationsvermittlung **9** 25
Informationsvisualisierung **9** 26
Informationszugangsrechte **23** 7
Informationelle Selbstbestimmung
– Eingriff **2** 45
– Gefährdung **2** 43
– Geltungsbereich **2** 45
– Recht auf **2** 8, 42, 43, 70; **9** 1
– Rechtfertigungsanforderungen **2** 46
– Schutzbereich **2** 44
– Verfahrensrechtliche Absicherung **2** 46
Inhalt der Telekommunikation **18** 19, 44, 73

Inhaltsleistung **18** 9
Institutionenkooperation **2** 65
Insurtech **12** 1
Integrität **2** 49; **11** 101
Intelligentes Messsystem *s. Messsystem*
Interesse **20** 31
– berechtigtes **3** 63 ff.; **20** 32; **21** 86
– lebenswichtige **3** 61; **20** 43
– öffentliches **20** 31 ff.
– rechtliches **21** 85
– Rechtsgrundlage **20** 31
Interessenabwägung **9** 50
Interessenausgleich **2** 23
Interessenkonflikte **3** 181; **11** 97
Internationale Datentransfers **3** 195 ff.
Internationaler Gerichtsstand **3** 241
Interne Revision **14** 33
Internetforum **21** 55
Internetnutzung am Arbeitsplatz **2** 40
Internet of Things **5** 12, 28, 36; **18** 40
Interoperabilität **11** 84
Intranet **5** 17
IoT *s. Internet of Things*
IP-Adresse **18** 32
IQB Bildungstrend **24** 74
IT-Grundrecht *s. Grundrechte*
IT-Hosting **12** 86
IT-Sicherheit **3** 164 ff.; **15** 1, 97 ff.
– Datenschutz durch Technikgestaltung **15** 11
– -konzept **12** 80
– Löschungskonzept **15** 27
– Testdatenmanagement **15** 50 ff.
IT-Sicherheitskonzept *s. IT-Sicherheit*
IT-Stelle, zentrale **22** 28, 60
IT-System **15** 1, 2, 29, 50 ff.

Jahresumsatz **8** 15, 27, 30, 51, 52
JI-RL **2** 38; **3** 42; **21** 3; **22** 9
– Anwendungsbereich **21** 7
Jobcenter **26** 86
Joint Controllership **9** 72
Journalismus **19** 41
Journalistische Tätigkeit **19** 33, 42, 71
Journalistische Zwecke **4** 129; **19** 16, 21, 43 f., 51 f., 69, 74, 114; *s. KUG*
Journalistisch-redaktionelle Bearbeitung **19** 34 f.
Juristische Personen **8** 20, 22, 52, 72
– Daten von **4** 43
Justiz **20** 13; **22** 1
Justizbehörden **3** 43; **22** 6, 56
Justizfachverfahren **22** 13
Justizielle Tätigkeit **22** 8, 56
Justizkostenverfahren **22** 31
Justizministerium **22** 24

Kammer für Bußgeldsachen **8** 91
Kanzlei **11** 40 ff., 114
Karte
– Kunden- **9** 88

Sachverzeichnis

Magere Zahlen = Randnummern

- anonyme Kunden- **9** 89
- Prämien- **9** 88
- Rabatt- **9** 88
Kassenärztliche Vereinigung **26** 102
Kategorien
- besondere **20** 41, 105
- betroffener Personen **21** 13
- Einwilligung **20** 44
- geeignete Garantien **20** 46
- Privilegierungen **20** 45
- Übermittlung durch öffentliche Stellen **20** 57
Kauf- und Abtretungsvertrag **14** 29
Kennzeichen **26** 112
Kennzeichnungsverbot **26** 95
Kettenabtretungen **18** 53
Keylogger-Software **10** 122
KfZ-Kennzeichen **16** 12, 13
- -erfassung **2** 4; **21** 63
Kinder **3** 63, 69 ff.
Kirchliche Dienst- und Arbeitsverhältnisse **27** 11
Kirchlicher Datenschutz *s. Datenschutz*
Klagebefugnis **3** 209, 251
Klammerprinzip **26** 29
Klassenarbeiten **24** 23
Klassenbuch, elektronisches **24** 78
Klassenfoto **24** 39
Klimawandel **17** 38
Know your customer-Prinzip **14** 82
Kodex-E **18** 58
Kohärenzverfahren **3** 223 ff.
Kollektivvereinbarungen **10** 5 f., 16 ff., 56 ff., 83 ff., 98 ff.
Kommunikation
- -dienste **18** 13
- -inhalte **5** 24, 33; **18** 19, 44, 73
- -smetdaten **5** 24, 33; **18** 63
- -sschnittstelle **17** 6
- unerbetene **9** 78
- verschlüsselt **21** 44
Kommunikationsdaten *s. Daten*
Kommunikationsdienste *s. Kommunikation*
Kommunikationsinhalte *s. Kommunikation*
Kommunikationsmetadaten *s. Kommunikation*
Kommunikationsschnittstelle *s. Kommunikation*
Konfliktprüfung **11** 17
Konkretisierungen **20** 16
Konkretisierungs- und Öffnungsklausel **9** 10
Konsularische Vertretung **3** 38
Konsultationsverfahren **3** 219
Kontenabrufverfahren **14** 43
Kontextdaten **24** 70
Konsumentenpersönlichkeit **9** 74
Konsumverhalten **9** 88
Kontaktdaten **3** 101; **11** 19
Kontoinformationsdienst **14** 43
Kontrolle über Daten **9** 59
Kontrollstelle **2** 24
- nationale **2** 34
Konzern **3** 215

Konzernprivileg **7** 94; **11** 60
Konzernumsatz **8** 57
Koppelungsverbot **3** 56; **7** 72; **9** 27; **12** 14; **18** 31; **24** 37
Kooperationspflicht **8** 15, 16, 17
Korrektur **24** 89
Korrespondenz **11** 18
Kostenfreiheit **3** 112
Krankenakten **2** 40
Krankenhäuser **13** 37
Krankenversichertennummer **26** 107
Kreditderivat **14** 30, 31
Kreditinstitut **14** 4, 5, 6, 9, 10, 11, 15, 16, 17, 19, 20, 21, 30, 32, 34, 35, 37, 39, 43, 45, 47
Kreditkonsortium **14** 29
Kreditwürdigkeit **14** 19
Kritische Infrastruktur **12** 85 ff.
Kündigungsschutzprozess **10** 109 ff.
Künstliche Intelligenz **2** 75
KUG
- Allgemein **4** 12, 129; **9** 18
- Beiwerk, Personen als **4** 129
- Fotografien **4** 129
- journalistische Zwecke **4** 129
- Meinungs- und Informationsfreiheit **4** 128, 129
- persönliche oder familiäre Tätigkeit **4** 51, 54, 59
- postmortaler Schutz **4** 44, 45
- Recht am eigenen Bild **4** 79
- Soziale Netzwerke **4** 51
Kultureinrichtung **25** 5
Kulturgutschutzgesetz **25** 12
Kulturhoheit der Länder **24** 4
Kulturelles Gedächtnis **25** 3
Kultur und DS-GVO **25** 8
Kumulkontrolle **12** 24
Kundenbindungssysteme **3** 67
Kundendaten *s. Daten*
Kundendatenschutz *s. Daten*
Kundennummer **26** 88
Kundenprofil **3** 67
KYC *s. Know your customer-Prinzip*

Ländervergleich **24** 74
Landesbehörden **3** 216
Landesdatenschutzgesetz **4** 3, 164; **8** 3, 8, 68; **20** 24
Landesrecht **8** 4, 6, 69, 71
Landgericht (LG) **8** 91, 93, 95; **22** 20
Laptops **2** 49
Lastprofile **17** 33
Lastschrift **14** 50
Lebenslauf **25** 24
Legal Outsourcing *s. Outsourcing*
Legal Tech **11** 1
Lehre **23** 6, 74
- Evaluation **23** 92
Leistungsbeurteilung **24** 51, 67

Sachverzeichnis

Fette Zahlen = Paragraphen

Leistungsbezieher **26** 88
Leistungsdatenübermittlung **26** 113
Leistungsfall **12** 17
Leistungskontrolle **10** 107
Leistungsmerkmale **24** 15
Leistungsmissbrauch **26** 85, 91
Leistungsnachweise **24** 23, 89
Leistungssysteme *s. System*
Leistungsträger **26** 26 ff.
- Aufgaben **26** 27
- private Leistungserbringer **26** 26
Leistungs- und Verhaltenskontrolle **22** 3
Leistungsvoraussetzungen **26** 110
Leitfaden Verkehrsdatenspeicherung **18** 41
Leitlinienkompetenz **9** 75
Leitlinien über die Festsetzung von Geldbußen *s. Geldbuße*
Leitungspersonal **8** 22, 23
Letter of Intent (LoI) **7** 23
Lex specialis, Art. 8 GRCh **2** 54
LG *s. Landgericht*
Lichtbilder **3** 72; *s. Fotografien*
Lindqvist **3** 28
Liquidität **14** 34
Liquiditätsmäßige Unterbeteiligung **14** 30
Live Stream **23** 90
loan syndicate **14** 29
Location Based Services **18** 38
Lock-In-Effekt **9** 59
Löschbegehren *s. Löschung*
Löschkonzept *s. Löschung*
Löschpflicht *s. Löschung*
Löschsurrogat *s. Löschung*
Löschung **3** 124 ff.
- Ansprüche **4** 140 ff.
- Begehren **3** 126; **11** 34
- Konzept **3** 161; **15** 1, 21 ff.
- personenbezogener Daten **21** 94
- Pflicht **9** 56
- Recht auf **9** 56, 86; **17** 47
- Surrogat **25** 26
Löschungsansprüche *s. Löschung*
Löschungskonzept
- Informationspflichten **15** 34
- Löschfrist **15** 34
- Rollback **15** 32 f.
- Sicherheitskopien **15** 26 ff.
Lernbereitschaft **24** 15
Lernfähigkeit **24** 51
Lernplattform **24** 24, 42
Lernschwäche **24** 18
Lernstanderhebung **24** 2, 22, 63, 64, 68, 69, 71, 73
Lese-Rechtschreib-Schwäche **24** 15, 64, 66
Linking **24** 59
Logfiles **22** 26
Logineo **24** 1

Machine-to-Machine-Kommunikation *s. M2M-Kommunikation*
Machtungleichgewicht **22** 3, 62
Machtverhältnisse, asymmetrische **20** 27
MAD-Gesetz **4** 159
Mandantendaten **11** 13 ff.
Mandatsgeheimnis **11** 73
MaRisk **14** 33
Marktforschung **9** 70
- und Meinungsforschung **23** 15, 18
Marktort **5** 18
Marktortprinzip **3** 33 ff.; **9** 10, 13
Marktregulierung **14** 32
Marktregulierungsvorschrift **9** 59
Marktverhaltensregeln **9** 100
Maschinendaten **3** 12
Massenabmahnung **9** 100
Massendownload **25** 60
Massive Open Online Courses **23** 86
Maßnahme mit besonderen Mitteln und Methoden **21** 69
Maßregelungsverbot **26** 95
Matrixorganisation **7** 94
Medienfreiheit **19** 7, 15, 31, 73
Medienprivileg **19** 3, 20, 37 ff.
- DS-GVO **19** 9 f., 39 ff.
- Deutsche Welle **19** 16
- Europarechtskonformität nationaler Medienprivilegien **19** 72 ff.
- „Großes Medienprivileg" **19** 9, 38
- Landesmediengesetze **19** 24
- Landespressegesetze **19** 24, 67 ff.
- Öffnungsklausel **19** 38, 40, 51
- Regelungsauftrag **19** 16, 38
- Rundfunkstaatsvertrag **19** 21 ff., 51 ff.
- Telemedien **19** 21
Medizinische Diagnostik **12** 33
Medizinischer Dienst **26** 126
Medizinsektor **13** 2
Mehrebenensystem **4** 31, 34
- Stellung Gerichte im **2** 66
Meinungsfreiheit **23** 5
- und Informationsfreiheit **4** 128, 129
Meldepflicht **11** 77 f.
Melderegisterdaten *s. Daten*
Meldung von Verletzungen **3** 166
Meldewesen **20** 21
Memorandum of Understanding (MoU) **7** 23
Messdatenerhebung **17** 41
Messdatenübermittlung **17** 42
Messenger **24** 34
Messsystem
- gebündelter Messstellenbetrieb **17** 44
- Intelligentes **17** 10
- Messstellenbetreiber **17** 13
- Moderne Messeinrichtung **17** 11
Messstellenbetreiber *s. Messsystem*
Metadaten **9** 14
Microsoft Azure **22** 33

Magere Zahlen = Randnummern

Sachverzeichnis

MiFID II **14** 1, 61, 65, 66, 67, 68, 69, 72, 74, 75, 76, 78
Migrationshintergrund **24** 64
Mikrofilm **25** 21
Mindestanforderungen an die Geschäftsorganisation von Versicherungsunternehmen (MaGO) **12** 70
Mischverwaltung **20** 5, 90
MiStra **22** 16
Mitbestimmungsrecht **14** 66
Mitteilungspflicht **9** 58; **22** 16
Mittel der Verarbeitung **3** 21
Mitwirkungspflicht **3** 156; **26** 106
MiZi **22** 16
Mobilität 4.0 **2** 75
Moderne Messeinrichtung *s. Messsystem*
Monitoring gesundheitsbezogener Daten **12** 62
Moodle **24** 55
M2M-Kommunikation **5** 12, 36; **9** 14; **18** 78
Multifunktionskarte **25** 49
Musikschule **25** 61
Musterentwurf für ein einheitliches Polizeigesetz des Bundes und der Länder (MEPolG) **21** 2
Muttergesellschaft **8** 62, 63
Mutual Recognition **7** 24

Nachfassmarketing **7** 76
Nachlass **25** 20, 43
Nachweis von Garantien **3** 151
Nachweispflicht **3** 140; **26** 106
Nähere Umstände **18** 19
Nebenfolge **8** 22, 65
Nebenpflichtverletzung **9** 47
Nebentäter **8** 25
N21 **24** 1
Nicht-automatisierte Verarbeitung personenbezogener Daten **4** 48
Nichtigkeitsklage **2** 68
Nicht-öffentliche Stellen *s. Stellen*
Niederlassung **3** 29; **11** 59, 114
Niederlassungsprinzip **3** 29
Non-legal Outsourcing *s. Outsourcing*
Non performing loan **14** 21
Normdatensatz **25** 35
Normenklarheit **22** 15
Normwiederholungsverbot **4** 15, 16, 20, 34, 36, 37, 46
Notizen **11** 26
Notleidender Kredit **14** 27
Nutzer **18** 14
Nutzungskonzept **24** 58
Nutzungsprofile **9** 68

Oberlandesgericht (OLG) **8** 94
Objektiver Umfang der Beeinträchtigung **9** 101
Observation, langerfristig **21** 36
Öffentliche Gesundheitsinteressen **12** 35
Öffentliches Interesse **17** 37, 52

Öffentliche Stellen
– des Bundes **4** 60
– der Länder **4** 61
Öffentlichkeitsarbeit **20** 96 ff.
– der Aufsichtsbehörden **20** 100
– Rechtmäßigkeit **20** 98 f.
– Social Media *s. Social Media*
Öffnungsklausel
– Allgemein **3** 4, 53; **4** 5, 10 ff., 20, 27, 75; **8** 8, 32, 68; **9** 62; **11** 3 ff.; **20** 7, 19; **26** 11, 12, 23
– für Beschäftigtendatenschutz **10** 4 f., 7, 9 ff. 14 f., 19 ff., 22, 26
– in der Justiz **22** 12, 21
Office 365 **22** 3; **24** 55
OLG *s. Oberlandesgericht*
Once-Only-Prinzip **20** 3, 48
One-Stop-Shop **3** 213
Online-Archive **19** 110 ff.
– Datenschutzrechtlicher Löschungsanspruch **19** 110, 114, 117 ff.
– Google-Spain **19** 112 f.
– Recht auf Vergessenwerden **19** 112
Online-Dienste **3** 68
Online-Durchsuchung **2** 4; **21** 17, 47
Online-Durchsuchungsentscheidung **21** 32, 47
Online-Gewinnspiel **9** 87
Online-Kredit **3** 75
Online-Portal **17** 51
Online-Streife **21** 33
Onward Transfer *s. Weiterverlagerung*
Open Data **23** 40
Opt Out-/Opt In-Verfahren **9** 35
– bedingtes Opt Out **9** 41
– Double Opt In **9** 36
– Single Opt In **9** 36
– Triple Opt In **9** 38
Ordnungswidrigkeit **8** 3, 4, 6, 9, 19, 22, 37, 38, 42
Ordnungswidrigkeitenrecht **8** 22, 41, 71
Organisationseinheit **3** 20
Organisationsform **11** 36 ff.
Organisationsverschulden **8** 41
Ortshaftung **21** 30
OTT-Dienste **5** 2, 13 ff., 45; **9** 14; **18** 10, 59
Outsourcing **7** 96; **12** 1, 6, 7, 33, 65, 66, 68–75
– Legal **11** 56
– Non-Legal **11** 1, 44 ff.
Over-the-Top-Dienste *s. OTT-Dienste*

Patientensouveränität **13** 50
Pay-as-you-drive **12** 1, 59 f., 80
Pay-as-you-live **12** 62 ff.
Partnerschaft **11** 40 ff.
Passenger Name Records (PNR) **7** 7, 14, 68
Patientendaten *s. Daten*
Payment Services Directive **14** 49
Person
– betroffene **24** 8
Personalakte **22** 2

781

Sachverzeichnis

Fette Zahlen = Paragraphen

Personalausweis **25** 45
Persönliche Tätigkeit **3** 27; **4** 51, 54, 59; *s. KUG*
Persönlichkeitsaspekte **24** 50
Persönlichkeitsprofilbildung **9** 74
Persönlichkeitsrecht **8** 48
Personalisierte Werbung **9** 41, 73
Personenbezug
- absoluter **3** 14; **17** 23
- allgemein **3** 9ff., 127; **4** 34; **17** 17, 20, 25, 33, 35
- besondere Kategorien **4** 81, 106, 116; **23** 25, 50
- relativer **3** 14; **24** 19; **17** 23
Personenbezogene Daten *s. Daten*
- Definition **2** 44; **3** 10ff.
- Verstorbener **4** 44
Personengruppe **3** 12
Personenmehrheit **17** 27
Pfandbrief **14** 32, 39, 40
Pfandbriefbank **14** 39, 40, 41, 42
Pflegekasse **26** 126
Pflegerentenversicherung **12** 14
Pflichtexemplar **25** 23
Pflichtverletzung durch Schüler **24** 88
Piktogramme **3** 109
Politische Meinungen **3** 71
Politische Überzeugungen **3** 71
Polizeibeamter, nicht offen ermittelnder **21** 51
Polizeirecht **21** 2
- Spaltung des Datenschutzrechts für das allgemeine Polizeirecht **21** 6
Portabilität *s. Daten*
Positionsdaten **16** 9, 33, 35, 36, 44, 53
Positive Angemessenheitsentscheidung **7** 7
Postmortaler Schutz **4** 44, 45; *s. KUG*
Präventionsdienste **3** 70
Präventives Verbot mit Erlaubnisvorbehalt *s. Verbot mit Erlaubnisvorbehalt*
Präventivkontrolle **10** 48
Praktische Konkordanz **10** 35, 111
Praxisübernahme **13** 91
Pre-Recording-Funktion **21** 63
Presse **19** 26ff., 73
- elektronische Presse **19** 28, 30
- Pressearchiv **19** 46
- Pressebegriff **19** 27f., 36, 63
- Pressefreiheit **19** 14, 73
Pre-trial discovery *s. Discovery*
Primärrecht **17** 55
- europäisches **2** 6
PRISM **7** 15
Privacy by Default **3** 162; **7** 20, 33; **9** 16; **16** 41, 46; **24** 84
Privacy by Design **3** 160ff.; **5** 29; **7** 20, 33; **16** 27, 41, 42, 43, 44, 45; *s. Datenschutz durch Technikgestaltung*
Privacy Paradox **9** 6
Privacy Shield **24** 55; *s. EU/US Privacy Shield*
Privat- und Familienleben **2** 10, 39

Private Krankenversicherung **13** 36
Privatleben **2** 10, 39
Privatrechtswirkung **2** 62, 63, 64
Privilegierung **3** 145
Produktbeobachtung **16** 39, 47
Profiling **3** 75, 116; **4** 146; **7** 30; **9** 73; **11** 89, 110; **12** 31, 60; **24** 20, 21, 22, 45, 49, 68, 78
- einfaches **9** 74
Prozessbeteiligte **22** 43
Prozessparteien **22** 43
Prozessrecht **22** 14, 17
Prüfdienst **26** 127
Prüffähigkeit **20** 79
Prüfungen **23** 93
- Korrektur **23** 95
Prüfzwecke **26** 47
Pseudonym **3** 16; **9** 71
Pseudonymisierung **3** 16, 127, 165; **9** 74; **11** 48, 100; **15** 1, 61f., 64, 84ff.; **16** 43, 45; **23** 48; **24** 17, 65, 72
- Datenschutz durch Technikgestaltung **15** 11
- Hash-Funktion **15** 91
- Salt **15** 91
- Testdatenmanagement **15** 58f.
- Verschlüsselung **15** 91
- Voraussetzungen **15** 86ff.
Pseudonymisierungspflicht **26** 102
Pseudonymisierte Nutzungsprofile **9** 66
Publikation von Archivalien **25** 42

Qualifikation **22** 57
Qualitätsprüfung **26** 102
Qualitätssicherung **26** 127
Quellcode
- Einsichtnahme **21** 46
QR-Codes **3** 111; **12** 81

Rahmenbetriebsvereinbarung **10** 94
Ranzenpost **24** 40
Rasterfahndung **2** 4
Ratenzahlung **8** 61
Rating **14** 19
Ratingagentur **14** 20
Rechenschaftspflicht **3** 139; **6** 22, 25; **8** 17, 44; **19** 55
Rechnungsstellung **11** 28
Recht am eigenen Bild **4** 12, 79, 129; *s. KUG; s. Rechtsschutz*
Recht am eingerichteten und ausgeübten Gewerbebetrieb **9** 79
Recht auf Berichtigung *s. Verarbeitung*
Recht auf Datenportabilität **15** 1, 106ff.; **17** 49
- Apps **15** 135
- Auftragsdatenverarbeitung **15** 141
- Ausnahmen **15** 124ff.
- Behinderungsverbot **15** 113ff.
- Cloud Computing **15** 111, 117, 121, 135
- HR-System **15** 136
- Informationspflichten **15** 140

- interoperables Format **15** 108, 120
- proprietäres Format **15** 121
- standardisierte Schnittstelle **15** 106, 117, 138
- technische Anforderungen **15** 120 ff., 138

Recht auf Datenübertragbarkeit *s. Recht auf Datenportabilität*

Recht auf Datenübertragung *s. Recht auf Datenportabilität*

Recht auf Einschränkung *s. Verarbeitung*

Recht auf Löschung *s. Löschung*

Recht auf Unterrichtung **9** 54

Recht auf Vergessenwerden **3** 130; **9** 10; **23** 71; **25** 29; *s. Online-Archive*

Rechte des Anschlussnutzers **17** 45

Rechtliche Verortung des Datenschutzgrundrechts *s. Grundrechte*

Rechtsansprüche, Verteidigung von **20** 43

Rechtsbehelf **9** 97; **11** 120
- Beschwerde **9** 97
- Vorrang fachgerichtlicher **2** 71

Rechtsbeschwerde **8** 93

Rechtsform **3** 30

Rechtsinstrument **3** 149

Rechtmäßigkeit **3** 51 ff.

Rechtmäßigkeit der Verarbeitung *s. Verarbeitung*

Rechtsmittel **8** 93

Rechtsquellenpluralismus **2** 6, 9, 11, 51

Rechtsschutz **2** 67; **3** 240; **17** 56; **19** 120 f.; **22** 19; **26** 130 ff.
- Beschwerderecht **26** 130
- Feststellungsklage **26** 134
- Gerichtsstand **3** 241; **26** 133
- kollektiver **9** 99
- Persönlichkeitsverletzungen **19** 121
- Presserat **19** 121
- Recht am eigenen Bild **19** 121
- Sozialgerichtsbarkeit **26** 131
- Unterlassungsklage **26** 134
- Verwaltungsgerichtsbarkeit **26** 132

Rechtsstaat **22** 4

Rechtsverletzung
- Gewicht **9** 101

Refinanzierung **14** 27, 32, 34, 35, 39
- -mittler **14** 36
- -register **14** 32, 34, 35, 36, 38, 40, 42
- -registerverordnung **14** 37, 38
- -unternehmen **14** 34, 35, 36

Refinanzierungsmittler *s. Refinanzierung*

Refinanzierungsregister *s. Refinanzierung*

Refinanzierungsregisterverordnung *s. Refinanzierung*

Refinanzierungsunternehmen *s. Refinanzierung*

Regelungen
- bereichsspezifische **20** 9

Regelungskompetenzen der Länder **24** 2

Register **23** 14, 30

Regressansprüche **11** 35

Reichweite der Zweckbindung *s. Zweckbindung*

Reichweite des Zweckbindungsgrundsatzes *s. Zweckbindungsgrundsatz*

Relative Theorie *s. Personenbezug*

Remonstration **24** 91

Rentenauskunft **26** 117

Ressourcen **3** 178

RFID in Bibliotheken **25** 57

Richterliche Unabhängigkeit **22** 27, 49, 60, 61

Richtigkeit **3** 98

Richtlinie zur Netz- und Informationssicherheit (NIS-Richtlinie) **12** 84

Richtmikrofone **21** 38

Risiko **3** 158

Risikoabschätzung **3** 157

Risikobeherrschung **3** 153 ff.

Risikobeurteilung **12** 8, 11, 21

Risikodaten *s. Daten*

Risikomäßige Unterbeteiligung **14** 30

Risikosteuerung **14** 21, 30

Risikoträger **12** 8, 65

Roam-like-at-Home **18** 36

Römisch-katholische Kirche **27** 7

Rückgriffsverbot **14** 28

Rückversicherer **12** 1, 24

Rundfunk **19** 20

Sachverständige **22** 44

Safe Harbor/Safe-Harbor-Abkommen **7** 15 f.

Safe Haven **7** 25, 95

Sammelangaben **3** 12

Sanktions- und Bußgeldvorschriften **3** 184, 237 ff.; **9** 12, 97; **19** 106 ff.

Schadenersatz **3** 242 ff.; **8** 48; **9** 99, 101
- immateriell **9** 101

Schadenfreiheitsklassen **12** 23

Schadensystem *s. System*

Schäden **8** 48

Schöffen **8** 91

Schranke **2** 60

Schrankenregelung **2** 60, 61

Schrems/Schrems vs. Protection Commissioner **3** 209; **7** 16, 41, 51

Schriftformerfordernis **8** 19

Schriftliches Verfahren **8** 84

Schriftsatz **11** 23

Schufa **7** 85

Schulausflug **24** 33

Schuldprinzip **8** 39, 41

Schuldverschreibung **14** 39

Schutzbedürftigkeit sensibler Daten **9** 46

Schulbücher **24** 75, 76, 77

Schulcloud **24** 1

Schuldatenschutzgesetz **24** 5

Schule **23** 76

Schulgesetz **24** 7; **25** 13

Schulleiter **24** 12, 31

Schulnoten **24** 51

Schulpflicht **24** 36

Schulpsychologe **24** 15

783

Sachverzeichnis

Fette Zahlen = Paragraphen

Schulungen **3** 161, 183
Schulversuche **24** 2, 6
Schulwechsel **24** 90
Schutzfrist
– archivische **25** 40, 41
Schutzniveau **11** 63, 99
Schutzumfang
– Eltern/Erziehungsberechtigte **24** 10
– Lehrer **24** 11
– Mitarbeiter der Schulverwaltung **24** 13
– sachlich **24** 14
– Schüler **24** 9
– Schulleiter **24** 12
Schutzziel **22** 53
Schweigen **9** 33
Schweigepflicht **12** 2, 25 f., 36, 37 ff., 54 ff., 69
Schwerwiegende Datenschutzverstöße **8** 77
Scorewert **9** 54; **12** 59
Scoring **4** 111; **9** 62; **12** 60
Secure Access **23** 47
Security by Design **3** 164 ff.
Selbstauskunft **14** 64
Selbstbelastungsfreiheit **8** 16
Selbstbestimmungsrecht, informationelles
  s. Informationelle Selbstbestimmung
Selbstbezichtigung **8** 18
Selbstregulierung **3** 174, 185 ff.
Sensible Daten *s. Daten*
Separierungspflicht **23** 54
Server-Housing **12** 86
Serverspiegelung **11** 102
Sexualleben **3** 72
SGB X **4** 160
Shared Service Center (SSC) **7** 96
Sichere Drittländer **7** 5 ff.
Sicherheit **3** 164 ff.; **20** 10 ff.
– nationale **20** 10
– öffentliche **20** 10
Sicherheit der Verarbeitung *s. IT-Sicherheit*
Sicherheitsaudit **12** 87
Sicherheitslücke **21** 48
– Ausnutzung von **21** 50
Sicherheitsüberprüfungsgesetz **4** 159; **20** 22
Sicherungsgeber **14** 21, 23, 30, 31, 32
Signalübertragung **18** 9
Smart Cities **5** 12
Smart Data **2** 2
Smart Grid **2** 2
Smart Homes **5** 12
Smart Meter **2** 49; **3** 137
Smart Watch *s. Fitnesstracker*
Social Media **20** 96, 101 ff.; **22** 26; **23** 40, 70; **24** 57, 58, 59
– Verantwortlichkeit **20** 102
– Rechtmäßigkeit **20** 103
Social Media-Buttons **9** 83
Smartphone **2** 49
Software **3** 21
Software as a Service (SaaS) **11** 48; **12** 66

Sonderwissen **17** 32, 51
Sonstige Krankenanstalten **12** 45
Sorgfaltspflichten **13** 72
Sorgfaltspflichtverletzung **9** 47
Sozialdaten **11** 91, 110
– Erhebung **26** 36
Soziale Netzwerke **3** 28; **4** 51; **9** 83; **19** 31, 33 f., 35 f., 42; **21** 53; *s. KUG*
Sozialgeheimnis **26** 2, 16 ff.
– Besondere Kategorien personenbezogener Daten *s. Daten*
– Betriebs- und Geschäftsgeheimnisse **26** 25
– einfache personenbezogene Daten *s. Daten*
– Entwicklung **26** 17, 18
– inländische Niederlassung **26** 33
– Sozialdatum **26** 20 ff.
– Werturteile **26** 20
– Zeugnisverweigerungsrecht **26** 19
Sozialschutz **26** 1
Sozietät **11** 40 ff.
Spam-Filter **18** 23
Special purpose vehicle **14** 22
Speicherbegrenzung **15** 1, 18 ff., 60; **23** 8, 59, 88
Speicherfristen **15** 22 ff.
Speicherkonzept **15** 21 ff.
Speicherung von Bestandsdaten *s. Daten*
Sperrung
– personenbezogener Daten **21** 94
Spezialitätsgrundsatz **26** 5, 6
Spezifizierung **17** 39, 51
– -klausel **17** 2, 36
Spezifizierungsklausel *s. Spezifizierung*
Sprache **3** 109
Sprache der Website **3** 34
Staatsangehörigkeit **3** 30
Staatsanwaltschaft **8** 84, 86, 87, 88
Staatstrojaner **21** 48
Stammsatzdatei **26** 117
Standard Contractual Clauses (SCC) *s. Standarddatenschutzklauseln*
Standarddatenschutzklauseln **7** 44 ff.
– Anwendungsbereich **7** 45
– der Kommission **7** 44 ff.
– der Aufsichtsbehörden **7** 53
– existierende **7** 44
– Genehmigungsfreiheit **7** 50
– Inhalte **7** 46 ff.
– Unabänderlichkeit **7** 46
Standarddatenschutzmodell **20** 46
Standardvertragsklauseln **3** 150; *s. Standarddatenschutzklauseln*
Stand der Technik **17** 15
Standortdaten *s. Daten*
Stasi-Unterlagen-Gesetz **25** 12
Statistik **23** 18; **24** 17, 72
Stellen
– der Länder **20** 8
– nicht-öffentliche **4** 62
– öffentliche **8** 2, 8, 71, 80; **20** 17

784

Magere Zahlen = Randnummern

Sachverzeichnis

– sonstige **20** 11 f.
– Verantwortliche in der Justiz **22** 25
Stellung des Betriebsrats **10** 77 ff.
Stellvertretung **9** 42
Steuer-CD **2** 40
Stock Options **7** 73
StPO **8** 5, 12, 13, 14, 18, 69, 76
Strafbarkeit **11** 10, 20, 37, 39, 45 ff., 63
Strafdaten *s. Daten*
Strafgericht **8** 90; **22** 10
Strafrechtliche Verurteilung **3** 74
Strafsachen, Richtlinie **20** 12
Straftaten **3** 74
– im Beschäftigungsverhältnis **10** 42 ff.
– -verhütung *s. Datenerhebung; Identitätsfeststellung*
Strafverfahren **8** 2, 5, 14, 74, 96
Strafverfolgung **3** 42; **4** 55; **22** 9; **23** 13
Strafvollstreckung **4** 55
Strafvorschriften **8** 2, 3, 80
Strafzumessung **8** 81
Suchmaschinen **19** 31, 35 f., 42, 113
Syndizierung **14** 29
System
– Auszahlungs- **12** 86
– Leistungs- **12** 86
– Schaden- **12** 86
– vernetze **2** 49
– Verwaltungs- **12** 86
– Zutritts- **20** 66
Systeme und Dienste im Gesundheits- und Sozialbereich **12** 33

Tablets **2** 49; **24** 24, 79, 80, 81
Täter **8** 9, 20, 22, 24, 37, 39, 70
Tätigkeitsberichte LfD **25** 6
Tätigkeitsverbot **11** 97
Taping **14** 66
Tatbestand **22** 36
Tateinheit **8** 64
Technik
– Innovationen **20** 76
– Neutralität **20** 59
– Stand der **20** 61
Technische Mindestanforderungen **17** 15
Technische und organisatorische Maßnahmen **3** 161; **15** 11 ff., 81 ff.; **20** 25, 46
Teilnehmer **18** 14
Telefax **22** 54
Telefonwerbung **9** 80
Telekommunikation **18** 10
Telekommunikationsüberwachung **2** 4
– präventiv **21** 42
– Quellen- **21** 45
Telematik **16** 8, 27, 35, 36, 37, 45
– Box **12** 59
  Infrastruktur **26** 109
– Unternehmen **12** 59 ff.
Telematik-Infrastruktur *s. Telematik*

Telematik-Box *s. Telematik*
Telematik-Unternehmen *s. Telematik*
Telemedien **19** 30
Telemediendienst **16** 4, 5; **23** 87
Tell-a-Friend-Funktion **9** 36
Terrorismusfinanzierung **14** 48, 54, 79, 81, 93, 96, 102
Testdatenmanagement
– Erlaubnistatbestände **15** 50 ff.
– Evaluationstest **15** 59
– Hotfixes **15** 53, 56
– Integrations- und Abnahmetest **15** 55
– Funktionstest **15** 55
– Sicherheit der Verarbeitung **15** 50 ff., 55
– Unit-Test **15** 59
Testen von IT-Systemen *s. Testdatenmanagement*
Theater **25** 61
TK-Dienst **16** 3, 4
TKG **9** 17
TMG **4** 4; **9** 17
Tochtergesellschaft **8** 62, 63
TPS-eCall **16** 28, 29, 36
Tracking **5** 28, 31, 34, 36; **12** 61
– Blockers **9** 68
– Tool **9** 70
– Walls **9** 68
– Webtracking **9** 70
Transparenzanspruch *s. Transparenz*
Transparenz
– Anspruch **2** 32
– der Verwaltung **20** 95
– Register **14** 85
Transparenzgrundsatz *s. Grundsatz*
Transparenzregister *s. Transparenz*
Trennung, funktionale **20** 5
Trennungsgebot **9** 71
Treu und Glauben **2** 19, 21, 24, 25; **3** 79; **23** 9
Übermittlung
– Akten- **22** 26
– an Stellen in anderen Mitgliedstaaten **21** 78
– Auftragsverarbeitung **26** 56
– Befugnis **20** 50, 52
– bei rechtlichen Ansprüchen **20** 56
– Bekämpfung von Leistungsmissbrauch **26** 63
– berechtigtes Interesse **20** 55
– Dritte **26** 66
– durch die Polizei an nicht-öffentliche Stellen auf Anfrage **21** 84
– durch die Polizei an öffentliche Stellen **21** 81
– durch öffentliche an nicht-öffentliche Stellen **20** 49, 53
– Erfüllung sozialer Aufgaben **26** 58
– Forschungszwecke **26** 62
– Grundsätze **26** 52
– in das EU-Ausland **26** 65
– in Drittländer **26** 65
– Initiativ- **26** 54
– Mitteilungspflichten **26** 59

785

Sachverzeichnis

Fette Zahlen = Paragraphen

- öffentlich-rechtliche Ansprüche **26** 61
- personenbezogener Daten an Drittländer/ internationale Organisationen **21** 79
- personenbezogener Daten an nicht-öffentliche Stellen **21** 82
- Rasterfahndung **26** 60
- Schutzniveau **26** 53
- Schweigepflicht **26** 64
- sichere -wege **22** 52
- Strafermittlungsbehörden **26** 60
- Strafprozess **26** 60
- Verantwortung **26** 54
- verbundene Sozialdaten **26** 55
- Verkehrsdaten- **18** 35, 53
- Vollstreckungsverfahren **26** 61
- -zwecke **26** 57

Übernahme von Strafermittlungsdaten **21** 70
Übersicht **26** 103
Übertragungsberechtigte **14** 35, 37
Übertragungsbestimmung **14** 22
Überwachung des Surfverhaltens **21** 43
Überwachungsgarant **3** 184; **6** 11
Überwachungsmaßnahmen **13** 83
Überwachungsstellen **8** 27
Überweisung **14** 50, 51
UKlaG **9** 100
ULD/WAK Schleswig-Holstein **3** 142; **9** 72
Ultima ratio **8** 48
Umfang **2** 64
Umsetzung, JI-RL **20** 23; **21** 95
Umsetzung, überschießend **18** 3
Umwandlungsrecht **12** 46
Umweltdaten *s. Daten*
Unabhängigkeit **3** 174, 201
Unbestimmte Rechtsbegriffe **8** 33
Ungleichgewicht **9** 29
Unionsrechtskonform **12** 95
Unsichere Drittländer **7** 5
Universalsukzession **12** 90
Unterbeauftragung **11** 56
Unterbeteiligung **14** 30, 31
Unternehmen **8** 9, 15, 23, 27, 30, 51, 52, 54, 57, 72, 85
Unternehmer – Verbraucher **9** 31
Unternehmensbefugnisse **3** 206
Unternehmensbegriff **3** 237
- kartellrechtlicher **8** 52, 53, 57, 62
Unternehmensgruppe **8** 54; **10** 90
Unternehmerische Freiheit **10** 38
Unverhältnismäßiger Aufwand **23** 60, 65
Urheberrecht **25** 23, 68
USB-Stick **11** 105
UWG **9** 41, 80

Vehicle Backend **16** 19, 44, 51, 54, 57
Verantwortlicher **3** 19 ff.; **20** 78 ff.; **24** 25, 26, 27, 28, 29, 30, 31, 86, 92
- gemeinsam **3** 20, 142 ff.; **8** 63; **11** 37; **12** 6; **22** 29;

Verantwortliche im Beschäftigungskontext **10** 101 ff.
Verantwortlichkeit
- selbständige **22** 25
Verantwortung der Rundfunkanbieter **19** 56 f.
Verarbeitung **18** 67; **20** 25, 26
- analoge **20** 27
- Auslegung des Merkmals Verarbeitung **2** 17
- automatisiert **9** 92; **20** 5
- Bedingungen **20** 25
- Befugnis **9** 5, 46
- Begriff **2** 17; **26** 35, 48
- besonderer Kategorien personenbezogener Daten **3** 71 ff.; **4** 112 ff.; **9** 51; **21** 12
- Berichtigung **17** 47
- biometrischer Daten **21** 61
- Daten- *s. Datenverarbeitung*
- Einschränkung der **3** 132 ff.; **23** 63
- Interesse **9** 46
- durch öffentliche Stellen **4** 89 ff.; **20** 34
- Einschränkung **9** 57; **17** 48
- grenzüberschreitende **11** 58
- Grundsätze **9** 19
- Illegitimität des Verarbeitungszwecks **9** 74
- Löschung **17** 47
- personenbezogener Daten **2** 16; **4** 42
- personenbezogener Daten als Grundrechtseingriff **2** 16, 45
- Rechtmäßigkeit **24** 2; **20** 25
- Text- **22** 27
- Verzeichnis **3** 155; **11** 107 ff.
- -vorgang **11** 88
- zu anderen Zwecken **20** 40
- Zweck **20** 32
Verarbeitungsbefugnis *s. Verarbeitung*
Verarbeitungsinteresse *s. Verarbeitung*
Verarbeitungsverzeichnis *s. Verarbeitung*
Verarbeitungsvorgang *s. Verarbeitung*
Verbände **3** 186, 248
Verbandsklage **3** 248; **9** 98, 100
Verband der Automobilindustrie (VDA) **16** 19, 44, 51, 54, 57
Verbindliche interne Datenschutzvorschriften *s. Binding Corporate Rules (BCR)*
Verbot mit Erlaubnisvorbehalt *s. Verbotsprinzip*
- präventiv **7** 2
Verbotsprinzip **2** 24, 25, 31; **9** 13, 85
- mit Erlaubnisvorbehalt **2** 31; **3** 50; **4** 75; **5** 22 ff.; **9** 41; **20** 42; **22** 7
Verbraucherschutzvorschrift **9** 59
Verbrauchsverhalten **17** 53
Verbriefung **14** 29, 35
Verbundsystem **20** 3
Verdeckte Überwachung **12** 48
Verdeckte Videoüberwachung *s. Videoüberwachung*
Verdeckter Ermittler **21** 52
Verfassungsbeschwerde **2** 70
Verfassungsidentität **8** 34

Magere Zahlen = Randnummern

Sachverzeichnis

Verfassungsrecht **2** 1
Verfilmung **25** 28
Verfolgungsbehörde **8** 88
Verfügbarkeit **3** 165; **11** 101
Vergleichsarbeiten **24** 2, 22, 64, 65
Vergriffenes Werk **25** 29
Verhältnismäßigkeit **2** 21; **8** 39, 43, 47, 48, 49, 50, 53, 56, 58, 81
Verhältnismäßigkeitsgrundsatz *s. Grundsatz*
Verhältnismäßigkeitsprinzip **17** 3, 51, 54
Verhaltensbeobachtung **3** 35
Verhaltenskodizes **19** 61
Verhaltenskontrolle **10** 108
Verhaltensregeln **3** 63, 186
Verhaltensforschung *s. Forschung*
Verjährung **8** 66
Verjährungsfrist **11** 35
Verkehrsdaten *s. Daten*
Verkehrsdatenübermittlung *s. Übermittlung*
Verkehrsdatenweitergabe **18** 7
Verletzung des Schutzes personenbezogener Daten **8** 18
Verletzung von Privatgeheimnissen **11** 10, 39, 45 ff.
Vermisstensuche **21** 8
Vernehmung **8** 10, 14
Veröffentlichung **23** 34
– behördliche **20** 94
Verordnung zur Bestimmung Kritischer Infrastrukturen nach dem BSI-Gesetz *s. BSI-Kritisverordnung*
Verordnungskonformität des MsbG **17** 40
Verschlechterungsverbot **8** 92
Verschlüsselung **3** 165; **11** 48, 100; **12** 83; **15** 11
Verschulden **8** 39, 41
Verschwiegenheitspflicht **11** 10, 30, 51 ff.
Versichertenverzeichnis **26** 105
Versicherung **16** 36, 45; **12** 1 ff.
Versicherungskonto **26** 117
Versicherungsleistung **12** 20, 38, 52
Versicherungsmakler **12** 1, 26
Versicherungsnehmer **12** 9 ff., 17 f., 22, 24, 26, 30, 37, 49, 59 ff., 88, 90, 95
Versicherungsnummer **26** 98, 99, 115
Versicherungsprämie **12** 62
Versicherungsrechtliche Beratungspflichten **12** 3, 89
Versicherungsunternehmen **12** 3 ff.
Versicherungsvermittler **12** 1, 26
Versicherungsvertrag **12** 4, 7, 9, 11, 13, 22, 31, 38, 40, 60, 63
Versorgungssicherheit **17** 38, 52
Versuch **8** 42
Vertragserfüllung **9** 47; **11** 14
Vertragsübernahmevereinbarung **14** 29
Vertragsverletzungsverfahren **2** 68
Vertragsverwaltungssysteme *s. System*
Vertrag zu Gunsten Dritter **12** 17
Vertrauen **20** 87

Vertrauensschutz **26** 125
Vertraulichkeit **2** 49; **3** 165, 180; **11** 101; **14** 7, 47, 78, 100; **19** 55
– der Kommunikation **9** 14
– -verpflichtung **14** 4
Vertraulichkeits- und Integritätserwartung **2** 49
Vertraulichkeitsverpflichtung *s. Vertraulichkeit*
Vertreter **3** 37; **8** 21, 23, 28, 89
Verwaistes Werk **25** 29
Verwaltung
– Eingriffs- **9** 30
– Funktion **20** 2
– Leistungs- **9** 30
– öffentliche **20** 1, 11
– Vertrauenswürdigkeit **20** 58 ff.
Verwaltungsrecht **20** 1
– allgemeines **20** 20
– Sonderregelungen, datenschutzrechtliche **20** 20
Verwaltungsrechtsweg **11** 120
Verwaltungsvereinbarung **7** 23
Verwaltungsvorschrift **25** 15
Verwarnung **3** 207; **8** 49
Verwendungszusammenhang **2** 14, 44
Verzeichnis von Verarbeitungstätigkeiten **8** 17, 28; *s. Verarbeitung*
Videoaufnahmen **24** 15
Videoüberwachung **2** 4, 40; **4** 53, 93 ff.; **20** 58 ff.; **21** 17, 58; **25** 58, 63
– Erforderlichkeit der Speicherung **20** 63
– in der Justiz **22** 26
– in Kirchen **27** 14
– intelligente **2** 2; **21** 61
– -snetzwerk **2** 49
– öffentlich zugängliche Räume **20** 60; **21** 58
– Stand der Technik **20** 61
– stationäre **21** 60
– verdeckte **10** 124
– Voraussetzungen **20** 62
Vier-Augen-Prinzip **3** 161; **15** 14
Virenscanner **11** 105
Virensoftware **18** 23
Völkerrecht **3** 38
Vollkaskoversicherung **12** 23
Vollregelung **26** 3
Vollzugshilfe, Leistung von *s. Datenerhebung*
Volkszählungsurteil **2** 3, 42, 43
Vorabentscheidungsverfahren **2** 68
Vorgang **20** 26
Vorgangsreihe **20** 26
Vorhersehbarkeit **9** 50
Vorlesung **23** 90
Vorrangprinzip **2** 52
Vorrang des Unionsrecht *s. Anwendungsvorrang*
Vorratsdatenspeicherung **2** 4, 22; **5** 16; **14** 43, 87; **18** 43, 48
Vorsatz **8** 39, 44
Vorversichereranfrage **12** 10, 12
Vorvertragliche Maßnahmen **3** 58

787

Sachverzeichnis

Fette Zahlen = Paragraphen

Währung **3** 34
Wahrung lebenswichtiger Interessen **3** 61; **21** 12
Wearables **3** 137; **12** 1, 58, 62
Webanalystedienste **9** 71
Website **24** 39, 56, 57
Weisung **3** 23, 146, 152
Weisungs- und Kontrollrecht **18** 53; *s. Weisung*
Weiterverarbeitung **20** 35
– zweckändernde **20** 37, 51
– zweckkompatible **20** 37, 39, 70
Weiterverlagerung **7** 51
Weltanschauliche Überzeugungen **3** 71
Weltimmo **3** 31
Werbeanalysetools **9** 70
Werbeanruf **9** 80
Werbespezifische Datenschutzvorgaben **9** 61
Werbezweck **9** 50
Werbliche Nutzung **9** 1
Werbung **3** 767 ff.; **9** 70
Werkstatt **16** 1, 7, 8, 18, 19, 20, 21, 38, 55
Wertpapierdienstleistungsunternehmen **14** 61, 63, 64, 66, 69, 71, 74, 77, 78
Wertpapiere **14** 22, 29, 35
Wertpapierhandel **14** 61, 77
Wertpapierhandelsgesetz **14** 61, 66
Wesensgehaltsgarantie **2** 21
Wettbewerber **3** 251
Wettbewerbsrechtliche Relevanz **9** 4
Wettbewerbsvorteil **9** 59
Whistleblower **20** 72
Widerruf **3** 70; **9** 5; 42
Widerspruchsrecht **3** 65, 138; **9** 60; **17** 50, 53; **23** 63, 72
Wiederherstellbarkeit **11** 104
Wiederholungsverbot **20** 15, 16; **26** 34
Wiedervorlage **11** 89
Wirksam **8** 43, 48, 53, 56, 58, 81, 85, 86
Wirtschaftsakademie **3** 28, 32; **9** 72
Wirtschaftsauskunftei **7** 85
Wirtschaftlichkeitsprüfung **26** 102
Wissen **2** 2
Wissensgesellschaft **2** 2
WLAN *s. Drahtlosnetzwerk*
Wohnraumüberwachung, optisch **21** 41
Wohnungsgrundrecht *s. Grundrechte*

Zahlungsdienst **14** 49, 51, 52, 54, 57, 99
Zahlungsdiensterahmenvertrag **14** 53
Zahlungsdiensterichtlinie **14** 49
Zahlungsdienstleister **14** 49, 51, 52, 53, 54, 55, 56, 57, 58, 59, 80, 93, 94, 95, 97, 98, 101
Zahlungserleichterung **8** 61
Zahlungsinstitut **14** 80
Zahlungskarte **14** 50
Zahlungsverkehr **14** 48, 49, 50, 51, 52, 54, 56, 58, 59, 80, 93, 94, 99
Zeit der Begehung **8** 37
Zeiterfassung **11** 28
Zentralisierung **20** 89; **22** 61

Zentralstelle für Finanztransaktionsuntersuchung **14** 44
Zertifizierung **3** 193; **20** 86 f.
Zertifizierungsstellen **8** 27
Zeugen **22** 45
Zeugen Jehovas **3** 48, 51, 143; **27** 1
Zeugen vernehmen **8** 13
Zeugnis **24** 23
Zivilrechtsweg **11** 121
Zugang **3** 178
Zugangskontrolle **11** 102
Zugangskontrollsystem **22** 26
Zugangs-Tokens **12** 81
Zugriffsmöglichkeit **3** 28
Zugriffsrechte **11** 115
Zukunftsprognose **24** 15
Zulassung **11** 96
Zulieferer **16** 1, 22
Zurechnung **8** 22, 23
Zusammenarbeit **3** 212 ff.
– und Kohärenz **4** 156
Zuständigkeit **22** 8
– örtlich **8** 9
– Parallel- **8** 10
– sachlich **8** 6
Zutrittskontrolle **11** 115
Zutrittsrecht **17** 19
Zutrittssysteme *s. System*
Zu versicherndes Risiko **12** 49
Zwangsvollstreckung **11** 89; **22** 16
Zweck *s. Zweckbindung*
– Archiv **9** 24
– -beschreibung **2** 27
– der Aufgabenerfüllung **21** 67
– festgelegt **2** 27; **3** 85; **9** 21
– Forschung **9** 24; **26** 46, 62, 128
– eindeutig **9** 21
– legitim **9** 21
– Statistik **9** 24
– wissenschaftliche **23** 4, 5
Zweckänderung **3** 88 ff.; **4** 111; **9** 22; **20** 40; **21** 68; **26** 45
Zweckangabe **9** 23
Zweckbeschreibung **2** 27
Zweckbestimmungsklauseln **9** 49
Zweckbezogenheit **24** 39, 73
Zweckbindung **2** 19, 21, 24, 27, 47; **3** 81 ff.; **4** 97; **9** 21; **20** 35; **22** 38; **23** 56, 88
– Durchbrechung **21** 70
– Reichweite **2** 26, 27, 28
Zweck der Aufgabenerfüllung *s. Zweck*
Zweckfestlegung *s. Zweck*
Zweckgesellschaft **14** 22, 29, 35
Zwei-Faktor-Authentifizierung **12** 81
Zwei-Klick-Methode **9** 83
Zwei-Stufen-Prüfung **7** 3
Zwingendes Recht **9** 47
Zwischenverfahren **8** 86